Código do Trabalho

Código do Trabalho

COMENTADO

2020 • 4ª Edição

Diogo Vaz Marecos

Advogado Especialista em Direito do Trabalho – Título atribuído pela Ordem dos Advogados

Mestre em Direito do Trabalho pela Faculdade de Direito da Universidade Católica Portuguesa

Pós-Graduado em Direito do Trabalho pela Faculdade de Direito da Universidade Católica Portuguesa

Advogado

Licenciado em Direito pela Faculdade de Direito da Universidade de Lisboa

Lei n.º 7/2009, de 12 de Fevereiro, alterada pelas Leis n.os 105/2009, de 14 de Setembro; 53/2011, de 14 de Outubro; 23/2012, de 25 de Junho; 47/2012, de 29 de Agosto; 69/2013, de 30 de Agosto; 27/2014, de 8 de Maio; 55/2014, de 25 de Agosto; 28/2015, de 14 de Abril; 120/2015, de 1 de Setembro; 8/2016, de 1 de Abril; 28/2016, de 23 de Agosto; 73/2017, de 16 de Agosto; 14/2018, de 19 de Março; 90/2019, de 4 de Setembro; e 93/2019, de 4 de Setembro.

ALMEDINA

CÓDIGO DO TRABALHO
COMENTADO
AUTOR
Diogo Vaz Marecos
EDITOR
EDIÇÕES ALMEDINA, S.A.
Rua Fernandes Tomás nºs 76, 78, 80
3000-167 Coimbra
Tel.: 239 851 904 · Fax: 239 851 901
www.almedina.net · editora@almedina.net
Design de colecção: FBA.
Capa: Edições Almedina
PRÉ-IMPRESSÃO
EDIÇÕES ALMEDINA, S.A.
IMPRESSÃO E ACABAMENTO
PAPELMUNDE
Fevereiro, 2020
DEPÓSITO LEGAL
467087/20

ALMEDINA | GRUPOALMEDINA

BIBLIOTECA NACIONAL DE PORTUGAL – CATALOGAÇÃO NA PUBLICAÇÃO

PORTUGAL. Leis, decretos, etc. Código do trabalho

Código do trabalho comentado / Diogo Vaz Marecos. - 4ª ed. – (Códigos anotados)
ISBN 978-972-40-8294-3

I – MARECOS, Diogo Vaz

CDU 349

PREFÁCIO À 1.ª EDIÇÃO

O leitor tem em mãos um excelente contributo para bem compreender a nossa complicada legislação do trabalho. Sempre sustentei que nenhumas leis mais que as do trabalho devem ser de fácil e seguro entendimento. Mas não é o que se passa, mesmo depois do assinalável esforço sistemático e consolidador da codificação de 2003, agora retomado em 2009. E, assim, torna-se tarefa difícil aquela a que se expõe quem pretende anotar ou comentar a nossa legislação do trabalho, tão sujeita a flutuações e sobretudo a obscuridades. Explicar algumas centenas de preceitos complexos e agora de volume desmedido, concatenar estes com as diversas normas com que necessariamente se prendem, às vezes longínquas e que parecem pensadas por outras cabeças quando não por outros princípios, dar conta de doutrina cada vez mais profusa, referenciar jurisprudência, aliás desenvolvida à sombra de outra legislação (pois o novo Código de 2009 vai muito para além de uma mera revisão do de 2003) é a colossal faina que se espera de quem se arroja a anotar o Código do Trabalho.

A amabilidade do Dr. Diogo Marecos, ao pedir-me para prefaciar este "Código do Trabalho Anotado", talvez se deva também ao facto de, quanto a este tipo de tarefas, eu saber por experiência um pouco do que falo. Foi há quarenta anos que me dei a anotar, com o contributo de meu saudoso Irmão Alexandre, magistrado no foro laboral, a Lei do Contrato de Trabalho, diploma avançado para a época e que iria durar tempos e tempos contra ventos e marés e atravessar tantos regimes e tanta insânia. Meu Irmão e eu tivemos sorte, pois para além do perdurar da própria lei, comentávamos regras cristalinas, na linha do Dec.-Lei n.º 47 032, aticamente formulado pela pena de Pessoa Jorge, no seguimento de tentativas anteriormente elaboradas por juristas da envergadura de Galvão Telles. De facto, anotámos a nova Lei do Contrato de Trabalho que revia aquele diploma, mantendo-o em larga medida e aperfeiçoando-o um pouco, atendendo a dúvidas entretanto suscitadas. A revisão foi preparada e estudada por funcionários experimentados e por investigadores então jovens (entre outros lembro os contributos de Almeida Policarpo e Monteiro Fernandes e também – passe a vaidade – o meu próprio, que tive a honra e responsabilidade de esboçar o relatório do Dec.-Lei n.º 49 408). Apesar de se tratar de revisão, o novo diploma foi cuidado meticulosamente: ouvidas altas instâncias, o diploma seria ainda, antes de publicado, submetido ao crivo rigorosíssimo de um magistrado do Conselho Consultivo da Procuradoria, cujo nome infelizmente não recordo. Pude observá-lo no seu trabalho escrupuloso e percuciente: não lhe escapava uma vírgula ou uma fórmula menos indiscutível...

Mas não é tempo de evocar o passado. Ao anotar o Código do Trabalho, cujo processo legislativo não pôde ser tão cuidado tecnicamente, toma agora sobre si uma tarefa bem mais difícil e ingrata o Dr. Diogo Marecos, advogado com decisivo pendor para o Direito laboral. Quero evocar o nosso primeiro encontro, em livraria jurídica, em que me dei conta de um seu volume sobre o processo disciplinar, que me prendeu a atenção pelo interesse teórico e prático que revestia: adquiri-o e li-o com o maior proveito. Tenho o livro em duplicado, pois o Dr. Diogo Marecos generosamente vir-mo-ia a oferecer mais tarde, quando o conheci em pessoa, como auditor de pós-graduação, primeiro, e depois como mestrando nos cursos de Direito do Trabalho que coordeno na Universidade Católica, nos quais pude confirmar os seus dotes de estudo reflectido e de argumentação aprimorada. Esse reencontro suscitou-me conhecer a meditação que o Dr. Diogo Marecos estava fazendo sobre as novidades quanto ao procedimento disciplinar do Código do Trabalho, na sua versão de 2009, e que tive o gosto de ver publicada na "Revista de Direito e de Estudos Sociais". Ora é precisamente no seguimento deste assinalável labor, que o ilustre advogado se abalança agora à presente anotação que penso ser muito útil a quem se dedica ao Direito do Trabalho e para a qual auguro o merecido sucesso.

Lisboa, 5 de Julho de 2010

BERNARDO DA GAMA LOBO XAVIER

Ao meu Avô, Luís Adriano Ferreira Pacheco.
Possam as anotações brigar a uma memória ausente.

NOTA PRÉVIA À 4.ª EDIÇÃO

O Código do Trabalho aprovado pela Lei n.º 7/2009, de 12 de Fevereiro, cumpriu em 2019 dez anos de vigência. Têm sido 10 anos com alguns sobressaltos, que se saldam já em 15 alterações ao texto original publicado em 2009.

Mesmo tendo em conta que a lei laboral é dos textos legais que mais espelha a ideologia política dos partidos com assento na Assembleia da República, e que por isso a tornam um dos diplomas mais susceptíveis a frequentes modificações, a média de alterações de 1,5 por cada ano de vigência é sintomático da pouca estabilidade legislativa. Ainda assim, não deixa de constituir surpresa que a 14.ª alteração, e a 15.ª alteração ao Código do Trabalho, respectivamente a Lei n.º 90/2019, e a Lei n.º 93/2019, tenham sido publicadas no mesmo dia (4 de Setembro de 2019), sem que o legislador tenha tido sequer o cuidado de concentrar num único diploma legal todas as alterações a fazer.

Procurando manter a vertente prática de tentar auxiliar todos os que carecem de compreender e aplicar o Código do Trabalho, esta obra foi novamente revista, tendo em conta a publicação das Leis n.os 73/2017, de 16 de Agosto; 14/2018, de 19 de Março; 90/2019, de 4 de Setembro; e 93/2019, de 4 de Setembro.

Deixamos mais uma vez uma palavra de agradecimento quer à Almedina, quer aos nossos leitores, que são a verdadeira razão de ser desta obra.

Lisboa, Novembro de 2019.

NOTA PRÉVIA À 1.ª EDIÇÃO

Pretende-se com este trabalho analisar o conteúdo normativo do Código do Trabalho 2009, antecipando, quando tal seja possível, os principais problemas que se poderão suscitar na aplicação concreta das normas, através de uma visão prática, o mais próxima possível dos problemas concretos do dia a dia. E porque não se poderá esquecer que algumas dessas situações concretas, só judicialmente serão resolvidas, sendo que na preparação que necessariamente terá de fazer o profissional do foro, carecerá também de indicações bibliográficas e jurisprudenciais que lhe permitam pugnar pela melhor aplicação da lei, estas constam em lugar próprio.

Contudo, não se pretendendo enfadar o leitor com excessivas indicações bibliográficas e jurisprudênciais, tanto mais que esta é uma obra fundamentalmente de consulta, remete-se por isso, quando seja intenção do leitor obter mais daqueles elementos, para as obras indicadas ao longo deste trabalho. Estas são as premissas de que partimos, e que nos acompanharam ao longo deste trabalho.

Ao Professor Doutor Bernardo Lobo Xavier e ao Dr. Albino Mendes Baptista fico devedor dos ensinamentos e da disponibilidade, por me permitiram aclarar algumas dúvidas e inquietações. A responsabilidade pelos erros, omissões e insuficiências do presente trabalho, essas, são obviamente exclusivas do autor.

Ao leitor, destinatário das páginas seguintes, duas notas: uma primeira de agradecimento, e uma segunda de solicitação. A presente obra pretende receber o contributo de todos aqueles que desejem torná-la mais didáctica e completa. Caso o leitor assim o entenda, pode contactar o autor, através do seguinte endereço de correio electrónico: diogomarecos@msn.com.

Deixadas as notas que se impunham, não podemos deixar de fazer um comentário global e breve sobre o Código do Trabalho que nos ocupará nas páginas subsequentes. Se é certo que o Código do Trabalho, aprovado pela Lei n.º 99/2003, de 27 de Agosto já previa que, decorridos quatro anos após o seu início de vigência, se procederia a uma revisão das suas disposições, a verdade é que a Lei n.º 7/2009, de 12 de Fevereiro, foi muito mais longe, alterando significativamente a estrutura do diploma. Esta instabilidade da legislação laboral não traz nenhum benefício para quem tem de conhecer e por em prática os seus comandos normativos, sejam eles empregadores, trabalhadores, sindicatos, associações de empregadores, comissões de trabalhadores, tribunais, advogados ou mesmo a própria administração do trabalho. Como se não fosse suficiente, durante algum tempo, um número vasto de matérias continuou a reger-se simultaneamente pelo Código do Trabalho aprovado pela Lei n.º 7/2009, e pelo Código do Trabalho, aprovado pela Lei n.º 99/2003, bem como pela Lei que regulamentava este último, a Lei n.º 35/2004, de 29 de Julho, enquanto não foi aprovada e publicada nova legislação, o que trouxe uma complexidade suplementar na fixação do regime aplicável. Sempre se diga, e como em lugar próprio se deixará exposto, que na data em que se traz à luz este trabalho, pontualmente ainda há matérias regidas pela legislação anterior.

Em termos substanciais, o Código do Trabalho aprovado pela Lei n.º 7/2009 representa, uma solução de continuidade da reforma realizada em 2003 e não, uma ruptura. No essencial não parece poder falar-se de uma verdadeira reforma dos resultados a que o legislador já havia chegado com o anterior Código do Trabalho. A grave crise financeira, que há muito se abateu sobre Portugal, com consequências directas na diminuição da criação de emprego, talvez exigissem do legislador um maior arrojo nas soluções, em sentido de facilitar a célere criação de postos de trabalho.

Em virtude das críticas precedentes, como súmula final, julgamos poder concluir que o legislador deveria ter dado maior relevância às críticas que a doutrina vem fazendo, pelo que se poderia, e deveria, ter ido muito mais longe. Sem prejuízo de em muitas normas se ter tornado mais claro o seu sentido, a verdade é que o Código do Trabalho tinha a oportunidade de encurtar a extensíssima regulamentação laboral, tornando-a mais manejável e elementar, a todos aqueles que dela carecem no dia à dia: empregadores e trabalhadores, oportunidade que entendemos perdida.

O tempo dirá se o principal propósito de conferir uma maior efectividade da legislação laboral foi atingido, ou se a reforma da legislação laboral teve o resultado exactamente contrário.

Avançada esta palavra prévia, é tempo de passarmos ao essencial.

NOTA PRÉVIA À 2.ª EDIÇÃO

Volvidos apenas pouco mais de três anos desde a entrada em vigor do Código do Trabalho, este voltou a ser alvo de uma profunda reforma, por efeito da Lei n.º 23/2012, de 25 de Junho, que realizou a terceira alteração àquele Código. Antes da Lei n.º 23/2012, o legislador havia já sentido a necessidade de introduzir algumas modificações no mais relevante dos diplomas laborais, através da Lei n.º 53/2011, de 14 de Outubro. Todavia a última destas Leis não teve o impacto que a primeira que se referiu expressa, sendo que sinteticamente se poderá dizer que as alterações trazidas pela Lei n.º 53/2011 acabaram por, em grande parte, serem absorvidas pela Lei n.º 23/2012. Ambas justificam esta segunda edição, a qual foi ainda enriquecida com uma quarta alteração ao Código do Trabalho, desta feita consubstanciada pela Lei n.º 47/2012, de 29 de Agosto. Ou seja, poucos dias após se terem concluído dois meses sobre a publicação da Lei n.º 23/2012, a qual empreendeu a mais significativa das reformas às leis do trabalho, foi efectuada nova alteração.

Independentemente das opções políticas subjacentes a cada reforma – e mesmo do contexto económico e financeiro Português – esta inconstância da legislação laboral, que já havíamos dado nota na edição anterior, não traz qualquer benefício para os seus mais diversos operadores. Não se pode esquecer que todas as Leis referidas foram produzidas quando Portugal se encontrava já, pela terceira vez após o 25 de Abril de 1974, sob assistência financeira externa, que ditou, face à débil situação nacional, a celebração do Memorando de Políticas Económicas e Financeiras, assinado em 17 de Maio de 2011 entre o Estado Português por um lado, e a União Europeia, o Fundo Monetário Internacional e o Banco Central Europeu por outro. Ainda assim cremos que tal não justifica, nem se deve aceitar, que uma das mais estruturantes legislações de qualquer país se caracterize mais pelas constantes alterações do que pela estabilidade, e mesmo previsibilidade, das suas soluções.

As demais críticas que assinalámos em nota à 1.ª edição desta obra mantêm-se válidas – permanece demasiado extensa a regulamentação laboral (só o Código do Trabalho conta com cerca de 570 artigos) e a protecção jurídica conferida aos que têm um vínculo laboral continua a parecer excessiva, o que é comprovado não só pela grande dificuldade na criação de novos postos de trabalho, como os poucos lugares que o mercado concebe são relegados para vínculos débeis.

Continua vigorar um sistema dual, em que à protecção de muitos trabalhadores se opõe a precariedade de muitos outros. Com efeito, enquanto aos primeiros se assegura um emprego durante uma vida, garantida pela admissibilidade da cessação do contrato exclusivamente por motivos económicos e com indemnizações, os segundos vivem em constante rotatividade, por efeito de um regime de cessação fácil, que permite, com baixos custos, o ajustamento das empresas aos ciclos económicos. As consequências oriundas da dualidade são manifestas: grande divergência salarial, pouca mobilidade dos candidatos a emprego, adiamento da progressão social, favorecimento do conflito geracional, e fomento das relações laborais ineficientes.

Requer-se por isso ao legislador que arrepie da legislação o experimentalismo e os ensaios que lhe devem ser prévios, e adopte medidas de verdadeira flexibilidade, que se traduzam na concepção efectiva de novos postos de trabalho, o que poderá passar por um único vínculo laboral, por alargar o despedimento a motivos não económicos, contrabalançando-o pelo aumento das indemnizações e com pré-avisos mais ampliados.

NOTA PRÉVIA À 3.ª EDIÇÃO

Desde a edição anterior desta obra, foram publicados sete novos diplomas que vieram alterar o Código do Trabalho, as Leis n.os 69/2013, de 30 de Agosto, 27/2014, de 8 de Maio, 55/2014, de 25 de Agosto, 28/2015, de 14 de Abril, 120/2015, de 1 de Setembro, 8/2016, de 1 de Abril, e 28/2016, de 23 de Agosto, tendo ainda sido conhecido mais um Acórdão do Tribunal Constitucional, desta feita, o Acórdão n.º 602/2013, publicado no Diário da República, 1.ª série, n.º 206, de 24 de Outubro de 2013, que entre outros efeitos, foi determinante para a publicação da Lei n.º 27/2014.

A importância dos sete textos legais mencionados, bem como dos entendimentos do Tribunal Constitucional justificam a revisão da presente obra, a qual foi actualizada em mais alguns pontos, sempre no intuito de a manter na matriz que fundamentou a sua realização: uma ajuda eminentemente prática a todos aqueles que, como nós, têm necessidade de conhecer e aplicar as normas laborais. A frenética actividade legislativa e a adopção de soluções nem sempre consentâneas fundamentam quanto a nós que sejam incluídos todos os textos explicativos, e que poderão auxiliar o leitor quando se encontrar a interpretar as normas jurídicas estabelecidas.

As críticas que efectuámos, em edições anteriores não carecem, contrariamente ao que gostaríamos, de actualização, mantendo-se por isso tão válidas hoje quanto o eram há sete, ou mesmo há quatro, anos atrás, e para as quais remetemos na íntegra. Não deixamos de salientar que, face ao texto inicial de 2009 – o qual já não era uma novidade face à Lei n.º 99/2003 – a Lei n.º 7/2009, de 12 de Fevereiro, na presente data já conta com uma média de alterações em valor bem superior a uma, por cada ano de vigência.

Como aspecto positivo, com a entrada em vigor do Decreto-Lei n.º 59/2015, o que ocorreu em 4 de Maio de 2015, dá-se, finalmente, por concluída para os privados a revogação faseada do anterior Código do Trabalho (aprovado pela Lei n.º 99/2003), e da Lei que o regulamentava (a Lei n.º 35/2004) – por efeito do artigo 12.º da Lei n.º 7/2009.

No demais, esperamos que esta terceira edição vá de encontro às expectativas dos nossos leitores, a quem deixamos uma palavra de apreço, não só pelos singelos contributos que de quando em vez nos fazem chegar, como pela distinção a que têm votado esta obra.

Por fim, deixamos uma palavra de agradecimento à Almedina e toda a sua equipa, por ter acolhido este projecto.

BREVE DICIONÁRIO DAS EXPRESSÕES UTILIZADAS

ab initio de inicío, inicialmente.

a contrario rgumento que faculta retirar-se de uma norma a solução, para uma situação não expressamente prevista nessa norma, através do seu sentido contrário.

doutrina é a formulação dos jurisconsultos, geralmente docentes de Direito em Universidades, acerca de uma questão de Direito. Apesar de não ser reconhecida pela lei como uma forma de criação directa e imediata do Direito, a doutrina desempenha um papel essencial no mundo jurídico, podendo influenciar quer a feitura das leis, quer a orientação da jurisprudência.

ed. edição

infra abaixo, em baixo.

inter alia entre outras

jurisprudência decisões dos tribunais judiciais superiores.

legislador qualquer órgão competente constitucionalmente (Assembleia da República, Governo ou Assembleias Regionais dos Açores e da Madeira) a quem compete a produção de actos legislativos.

pág. página(s)

ratio razão.

seg.(s) seguinte(s).

supra acima.

vol.(s) volume(s)

Os antecedentes da Lei n.º 7/2009, 12 de Fevereiro

Aprovado pela Lei n.º 99/2003, de 27 de Agosto, o Código do Trabalho[1] pretendia não só adequar as normas jurídicas laborais à realidade, como também sistematizar a vasta legislação laboral dispersa por vários diplomas, num único. Logo no artigo 20.º da própria Lei n.º 99/2003, de 27 de Agosto, previa-se que o Código do Trabalho deveria ser revisto no prazo de quatro anos a contar da data da sua entrada em vigor. Não o disse expressamente o legislador de então, mas a revisão que se viesse a empreender deveria ter em conta a experiência decorrente da sua aplicação. Nesse sentido, da Exposição de Motivos da Lei n.º 99/2003, de 27 de Agosto resultava que a codificação então efectuada não vedava a que as regras fossem alteradas, melhoradas e adaptadas a novas realidades[2].

Posteriormente, o Programa do Governo do XVII Governo Constitucional apresentado na Assembleia da República incluía a promessa de rever o Código do Trabalho, aprovado pela Lei n.º 99/2003, de 27 de Agosto, com base na avaliação dos seus efeitos, comprometendo-se a que essa avaliação fosse cometida a uma comissão de peritos de reconhecida competência.

A identificação dos principais problemas do sistema de relações laborais, bem como a sua análise, foi sintetizada no Livro Verde sobre as Relações Laborais, que tinha como objectivo recolher, analisar, sintetizar e divulgar informação considerada relevante sobre aspectos fundamentais das relações laborais em Portugal, tendo em vista contribuir para a identificação de problemas que seriam ponderados ulterior-

[1] O Código do Trabalho foi aprovado pela Lei n.º 99/2003, de 27 de Agosto, e alterado pelas Leis n.ºs 9/2006, de 20 de Março, 59/2007, de 4 de Setembro, e 12-A/2008, de 27 de Fevereiro.

[2] Cfr. 3.2 da Exposição de Motivos da Lei n.º 99/2003, de 27 de Agosto: "A codificação não obsta, evidentemente, a que as regras agora enunciadas sejam alteradas, melhoradas e adaptadas a novas circunstâncias, pois qualquer ramo do Direito está permanentemente em mutação e a sua evolução não pode ser posta em causa pela existência de um conjunto sistemático – tendencialmente sintético e científico – de normas, denominado Código. Um Código não pressupõe, por isso, nem a estagnação das relações sociais, nem dos preceitos que as regem.".

mente pela Comissão do Livro Branco sobre as Relações Laborais[3]. Em momento subsequente o Livro Verde sobre as Relações Laborais foi debatido na concertação social e no espaço público.

Pela Resolução do Conselho de Ministros n.º 160/2006, publicada no Diário da República, 1.ª Série, n.º 231, de 30 de Novembro, foi criada a Comissão do Livro Branco das Relações Laborais, com a missão de reavaliar o quadro legal vigente e propor alterações com vista à promoção do emprego, à redução da segmentação do sistema de emprego, à mobilidade protegida entre os diferentes tipos de contrato de trabalho e de actividade profissional, ao desenvolvimento da adaptabilidade dos trabalhadores e das empresas, à mudança económica e social, e ao fomento da contratualidade[4]. Esta Comissão do Livro Branco das Relações Laborais foi presidida pelo Professor Dr. António de Lemos Monteiro Fernandes, tinha um mandato com a duração de doze meses, competindo-lhe nomeadamente propor as medidas e o conteúdo dos instrumentos legislativos necessários para o cumprimento da missão que lhe foi atribuída[5]. O resultado dos trabalhos levados a cabo pela Comissão do Livro Branco das Relações Laborais foi consubstanciado num relatório final, como determinava o n.º 7 da Resolução do Conselho de Ministros n.º 160/2006, sob a designação de Livro Branco das Relações Laborais.

Foram várias as propostas e recomendações do Livro Branco das Relações Laborais acolhidas no texto final da Lei que aprovou o novo Código do Trabalho.

Tendo como suporte o Livro Branco das Relações Laborais, o Governo fez aprovar o texto da Proposta de Lei n.º 216/X, em Conselho de Ministros de 26 de Junho de 2008, que depois de discutida e aprovada pela Assembleia da República, veio a transformar-se, com ligeiras alterações, no Decreto n.º 255/X da Assembleia da República. Este último, o Decreto n.º 255/X da Assembleia da República foi enviado em Dezembro de 2008 ao Presidente da República, que requereu a fiscalização da constitucionalidade da norma constante da alínea a) do n.º 1 do artigo 112.º, norma essa que veio a ser julgada inconstitucional pelo Tribunal Constitucional[6].

Devolvido o diploma à Assembleia da República, foi expurgada a norma julgada inconstitucional, e depois de promulgado como Lei, o novo Código do Trabalho foi publicado no Diário da República de 12 de Fevereiro de 2009, em anexo à Lei n.º 7/2009, de 12 de Fevereiro.

[3] Cfr. pág. 13 do Livro Verde sobre as Relações Laborais. Excluídos da análise do Livro Verde sobre as Relações Laborais ficaram questões tão prementes quanto os direitos de personalidade; as relações entre a lei, a negociação colectiva e o contrato individual de trabalho; as modalidades de trabalho e emprego; a formação profissional; a segurança, higiene e saúde no trabalho ou o regime sancionatório das infracções às normas do trabalho.

[4] Cfr. n.º 2 da Resolução do Conselho de Ministros n.º 160/2006, publicada no Diário da República, 1.ª Série, n.º 231, de 30 de Novembro.

[5] Cfr. alínea a) do n.º 9, n.os 5 e 3 da Resolução do Conselho de Ministros n.º 160/2006, publicada no Diário da República, 1.ª Série, n.º 231, de 30 de Novembro.

[6] Cfr. Acórdão do Tribunal Constitucional n.º 632/2008, publicado no Diário da República, 1.ª Série, de 9 de Janeiro de 2009.

Exposição de Motivos que acompanhou a Proposta de Lei n.º 216/X, aprovada em Conselho de Ministros de 26 de Junho de 2008[7]

1. O Código do Trabalho, aprovado pela Lei 99/2003, de 27 de Agosto, procedeu à revisão e à unificação da legislação laboral, até então dispersa por inúmeros diplomas. Parte significativa das suas disposições entraram em vigor mais tarde do que se previa inicialmente, por terem tido que aguardar a entrada em vigor da Lei 35/2004, de 29 de Julho, a qual, seguindo a preocupação sistematizadora do Código, se encontra organizada por capítulos que correspondem, em regra, à sequência das disposições do Código que cuidam de regulamentar.

Tais leis previam a sua revisão no prazo de quatro anos, contados a partir da sua entrada em vigor.

2. Dando cumprimento a tais comandos e, por outro lado, o que deixou vertido no seu Programa, o XVII Governo Constitucional definiu uma estratégia de revisão da legislação laboral. Após o trabalho de avaliação do impacto da legislação na realidade social e económica e de diagnóstico das necessidades de intervenção legislativa, foi fomentado o debate no seio do diálogo social e impulsionada a discussão, em sede de concertação social.

3. Numa primeira iniciativa, alinhada com os compromissos assumidos no Programa do Governo e impulsionada pelo acordo tripartido alcançado em sede de concertação social, em 18 de Julho de 2005, a Lei 9/2006, de 20 de Março, corporizou uma iniciativa legislativa urgente, que introduziu alterações ao Código do Trabalho no sentido de facilitar a produção de instrumentos ao nível da contratação colectiva, e de criar um modelo de arbitragem obrigatória que permitisse ultrapassar os bloqueios que dificultavam o diálogo social.

[7] A Exposição de Motivos que acompanhou a Proposta de Lei n.º 216/X não veio a acompanhar o Decreto n.º 255/X da Assembleia da República, nem posteriormente a Lei n.º 7/2009, de 12 de Fevereiro, que aprovou o Código do Trabalho.

4. Posteriormente, o Livro Verde sobre as Relações Laborais, apresentado e submetido a discussão pública em 20 de Abril de 2006, apontava para a necessidade de modernizar o ordenamento jurídico laboral, enquanto instrumento orientado ao alcance dos desejáveis níveis de competitividade das empresas e de desenvolvimento da economia e à solução dos problemas com que se deparavam, em particular, alguns sectores e, tendo em conta, por outro lado, as necessidades de ajustamento ou reacção às recentes tendências de evolução do emprego, das condições de trabalho, das relações laborais e dos indicadores do desemprego. O Livro Verde lançava um debate público generalizado, particularmente fértil no seio da Comissão Permanente de Concertação Social (CPCS).

5. É neste contexto que a Resolução do Conselho de Ministros n.º 160/2006, de 30 de Novembro, criou a Comissão do Livro Branco das Relações Laborais (CLBRL), composta por um grupo de peritos com a missão de produzir um diagnóstico as necessidades de intervenção legislativa, tendo em conta o conjunto de conclusões vertidas no Livro Verde, designadamente em matéria de emprego, protecção social e relações de trabalho.

6. Da apresentação do relatório de progresso dos trabalhos da CLBRL à Comissão Permanente de Concertação Social, em 31 de Maio de 2007, resultaram iniciativas de emissão de pareceres por parte de diversas entidades, incluindo os parceiros com assento naquela Comissão Permanente, documentos que foram apreciados e tidos em conta durante os ulteriores trabalhos da Comissão do Livro Branco.

7. O Livro Branco das Relações Laborais (LBRL), relatório final da Comissão que foi publicado em Novembro de 2007 e que constituiu, também ele, alvo de debate em sede de Comissão Permanente de Concertação Social, identifica os principais problemas da realidade económica e social do país e enuncia as propostas de intervenção legislativa que considera adequadas.

As soluções propostas prendem-se com a necessidade de intervir no sentido: i) da sistematização do acervo legislativo; ii) da promoção da flexibilidade interna das empresas, da melhoria das possibilidades de conciliação da vida profissional com a vida pessoal e familiar, da igualdade de género; iii) da melhoria da articulação entre entre a lei, as convenções colectivas de trabalho e os contratos de trabalho; iv) da desburocratização e simplificação do relacionamento entre as empresas e os trabalhadores, e de uns e de outros com a Administração Pública.

Da apreciação pública do LBRL, entre 20 de Dezembro de 2007 e 31 de Janeiro de 2008, resultou uma alargada discussão pública e um vasto conjunto de contributos da sociedade civil e dos parceiros sociais.

É na sequência destes acontecimentos que o Governo, em 22 de Abril de 2008, apresenta ao Conselho Permanente de Concertação Social um documento que deverá servir de base à formalização de um novo acordo em matéria de regulação das relações de trabalho, de protecção social e emprego, e no qual reflecte o acolhimento da generalidade das propostas apresentadas pela CLBRL no tocante à sistematização e simplificação dos instrumentos legislativos em vigor, em particular, do Código do Trabalho e do seu Regulamento. Reflectidas nesse documento vão, igualmente, as preocupações com a necessidade de assumir um compromisso social capaz de compatibilizar as exigências de competitividade das empresas com a valorização do diálogo social e de promover a reforma necessária à combinação entre a inevitável intervenção no domínio da legislação do trabalho e as alterações necessárias nos sistemas de protecção social e de emprego. Nesse sentido, a revisão da legislação laboral enquadra-se numa estratégia de reforma mais ampla, que prevê a criação de outros instrumentos indispensáveis ao efectivo crescimento económico, à melhoria da competitividade empresarial, ao aumento da produtividade, à melhoria da empregabilidade dos cidadãos e da qualidade do emprego, uma estratégia norteada, também no sentido do combate às desigualdades e da promoção da partilha mais equitativa dos resultados do progresso económico.

8. É neste quadro programático e com este cenário de intensivo e alargado debate, que o Governo e a maioria dos parceiros com assento na CPCS alcançaram, em 25 de Junho de 2008, o acordo tripartido que esteve na origem da iniciativa legislativa que ora se concretiza, a qual será complementada por intervenções específicas na área da protecção social e do emprego, e que é, por isso mesmo, o resultado de uma reflexão esclarecida, participativa e sedimentada ao longo de um período de dois anos.

O significado das implicações económicas e sociais de uma reforma como esta não poderia, pois, prescindir do diálogo que a precedeu e que é capaz de legitimar o conjunto de soluções propostas, e que, necessariamente, deveria ocorrer ainda antes de se iniciar o debate parlamentar.

Assim, em cumprimento do disposto no artigo 20.º da Lei 99/2003, de 27 de Agosto, no artigo 9.º da Lei 35/2004, de 29 de Julho, e de acordo com o que foi vertido no Programa do XVII Governo Constitucional, a presente proposta de Lei procede à revisão do Código do Trabalho e da respectiva regulamentação. Propõe-se, deste modo, no seguimento da proposta plasmada no Livro Branco das Relações de Trabalho, um quadro normativo mais eficaz, que unifica os dois principais instrumentos legislativos que disciplinam as relações de trabalho – o Código do Trabalho e o seu Regulamento –, tornando-os mais inteligíveis, mais acessíveis, sendo previsíveis os ganhos ao nível da divulgação efectiva do seu conteúdo normativo pelos destinatários e, assim, também no que respeita ao seu cumprimento. Está também subjacente a intenção de simplificar e desburocratizar aspectos das relações entre trabalhadores, empregadores e Administração e, bem assim, o propósito de, também por essa outra via, reforçar o cumprimento efectivo da legislação, inclusive, no que respeita ao cumprimento do regime sancionatório que lhe está associado. Aproveita-se, finalmente, para proceder a ajustamentos de carácter sistemático e melhorar aspectos de racionalização.

Com as alterações propostas, fomenta-se a adaptabilidade das empresas e facilita-se a conciliação entre a vida profissional e a vida pessoal e familiar dos trabalhadores. Nessa medida, mantêm-se os limites da duração do tempo de trabalho – quer normal, quer suplementar – e aumentam-se os mecanismos de flexibilização por via negocial individual e colectiva. Entre os regimes inovadores contam-

-se a possibilidade de criação de "bancos de horas", de definição de horários que concentram a duração do trabalho durante alguns dias da semana, de adopção de medidas especificamente vocacionadas para alguns sectores de actividade com acentuada incidência de sazonalidade, como o contrato de muito curta duração na agricultura, o regime especial de férias no turismo ou o contrato de trabalho intermitente sem termo.

O regime de protecção da maternidade e da paternidade previsto no Código do Trabalho é objecto de significativas alterações, concretizando-se importantes mecanismos de facilitação da conciliação da vida familiar com a vida profissional, de promoção da igualdade de género, numa lógica de igualdade de oportunidades entre homens e mulheres, não apenas no que respeita ao emprego e às condições de trabalho, mas também e, neste ponto com carácter particularmente inovador, no quadro do exercício dos direitos da parentalidade. Com o regime ora proposto, a protecção na adopção passa a beneficiar do mesmo regime que a maternidade e paternidade, salvaguardando as especificidades que lhe são inerentes, corrigindo-se, assim, uma solução, de profunda injustiça e desigualdade social, que não vinha valorizando e reconhecendo a importância do instituto da adopção, quer pelo papel que desempenha na sociedade portuguesa, quer pela grandeza dos valores que lhe estão associados e que justificam também a sua merecida tutela.

Por outro lado, tendo em vista a promoção das dinâmicas da negociação colectiva, simplificam-se os requisitos administrativos dos processos negociais, altera-se o regime de sobrevigência e caducidade das convenções colectivas de trabalho, explicita-se e melhora-se a articulação entre a estas e lei e alarga-se o elenco das matérias reguláveis por contratação colectiva. Assim, aumenta-se a eficácia do quadro normativo, ao mesmo tempo que se cria um cenário favorável ao reforço do protagonismo dos parceiros sociais na definição das orientações de mudança da realidade social e económica.

Em matéria de cessação do contrato de trabalho, respeitando integralmente o princípio constitucional da proibição de despedimento sem justa causa, a proposta simplifica e encurta o procedimento disciplinar e aumenta a segurança jurídica das partes nos processos de despedimento, garantido o reforço da tutela da trabalhadora grávida, puérpera ou lactante e agravando as contra-ordenações previstas para a violação de regras de procedimento no caso de trabalhador representante sindical.

Finalmente, com o desiderato de combater a precariedade e a segmentação dos mercados de trabalho, alteram-se os pressupostos que operam para a presunção da caracterização do contrato de trabalho e cria-se de uma nova contra-ordenação, considerada muito grave, para cominar as situações de dissimulação de contrato de trabalho, com o desiderato de combater o recurso aos "falsos recibos verdes" e melhorar a eficácia da fiscalização neste domínio.

9. Tal como foi proposto no Livro Branco das Relações Laborais, da revisão do Código do Trabalho e da Lei que o regulamenta resultará a incorporação de parte substancial do conteúdo normativo desta última no articulado do novo Código do Trabalho e, bem assim, a aprovação de outros diplomas que o complementarão, tendo por objecto: (i) o regime jurídico do trabalho no domicílio; (ii) o do Fundo de Garantia Salarial; (iii) a matéria da segurança, higiene e saúde no trabalho, bem como a dos acidentes de trabalho e doenças profissionais; (iv) o regime dos conselhos de empresa europeus; (v) a disciplina da arbitragem obrigatória ou necessária de conflitos colectivos emergentes de contratação colectiva e da arbitragem de fixação de serviços mínimos em situações de greve, para além de (vi) aspectos de regulamentação do Código.

No Código do Trabalho, as principais alterações no que se prende com a sua organização sistemática são as seguintes:

- Incorporação de regimes que ora constam da Lei n.º 35/2004, de 29 de Julho, referentes a: (i) destacamento de trabalhadores; (ii) direitos de personalidade; (iii) igualdade e não discriminação; (iv) licenças, dispensas e faltas, regimes de trabalho especiais e protecção no despedimento, no âmbito da protecção da maternidade e da paternidade; (v) regulamentação de trabalhos leves prestados por menor; (vi) trabalhador-estudante; (vii) trabalhadores estrangeiros e apátridas; (viii) formação profissional; (ix) períodos de funcionamento, horários de trabalho, prestação de trabalho nocturno, trabalho suplementar; (x) faltas para assistência a membros do agregado familiar; (xi) retribuição mínima mensal garantida; (xii) redução da actividade e suspensão do contrato de trabalho; (xiii) efeitos do não pagamento pontual da retribuição; (xiv) comissões de trabalhadores e comissões coordenadoras; (xv) reuniões de trabalhadores no quadro da actividade sindical na empresa, créditos de horas e faltas de membros de direcção de associações sindicais; (xvi) participação na elaboração da legislação do trabalho; (xvii) responsabilidade penal e contra-ordenacional e regime da pluralidade de infracções contra-ordenacionais.
- No título relativo ao contrato de trabalho, a subsecção sobre o empregador e a empresa integra disposições sobre o poder de direcção, o poder disciplinar, o regulamento interno de empresa, os tipos de empresas e a pluralidade de empregadores.
- No título relativo ao contrato de trabalho, a secção referente à actividade do trabalhador integra as regras sobre mudança para categoria inferior, polivalência e mobilidade funcional.
- No título relativo ao contrato de trabalho, prevê-se uma secção sobre modalidades de contrato de trabalho, que agrega o regime do contrato de trabalho a termo, do trabalho a tempo parcial, do trabalho intermitente, da comissão de serviço, do teletrabalho e do trabalho temporário.
- No título relativo ao contrato de trabalho, a secção referente ao local de trabalho integra as regras sobre transferência de local de trabalho.
- A subsecção sobre limites à duração do trabalho integra as novas disposições sobre adaptabilidade grupal, banco de horas e horário concentrado.
- O capítulo sobre incumprimento do contrato integra a suspensão de contrato de trabalho por não pagamento pontual da retribuição.

- No capítulo da cessação do contrato de trabalho, as modalidades de despedimento por iniciativa do empregador são reguladas agrupando, por um lado, o regime dos fundamentos, procedimento e direitos do trabalhador em cada modalidade e, por outro, as causas de ilicitude do despedimento e os seus efeitos.
- A secção referente a comissões de trabalhadores integra toda a legislação referente a constituição, estatutos, eleição e direitos de comissões de trabalhadores, comissões coordenadoras e subcomissões de trabalhadores.
- As associações sindicais e das associações de empregadores são reguladas de modo unitário, aplicando a umas e outras as mesmas normas quando os respectivos regimes são iguais, e mantendo as especificidades próprias nomeadamente, no caso de associações sindicais, o direito de tendência, a cobrança de quotização sindical e a actividade sindical na empresa.
- A tipificação das contra-ordenações, a respectiva classificação quanto ao grau de gravidade e a tipificação de ilícitos criminais são inseridas imediatamente a seguir aos preceitos a que se referem.

10. Salientam-se, em seguida, as principais medidas inovadoras e as regras fundamentais que se mantêm inalteráveis:

FONTES DO DIREITO DO TRABALHO:

- Explicita-se a articulação entre lei, instrumento de regulamentação colectiva de trabalho e contrato de trabalho, e define-se o elenco das matérias cujas normas legais reguladoras só podem ser afastadas por instrumento de regulamentação colectiva de trabalho que, sem oposição daquelas normas, disponha em sentido mais favorável aos trabalhadores.
- Prevê-se que o instrumento de regulamentação colectiva de trabalho permite sempre que o contrato de trabalho estabeleça tratamento mais favorável ao trabalhador.

APLICAÇÃO DO DIREITO DO TRABALHO

- Destacamento de trabalhadores: institui-se o dever de o empregador comunicar, com cinco dias de antecedência, ao serviço com competência inspectiva do ministério responsável pela área laboral, a identidade dos trabalhadores a destacar para o estrangeiro, o respectivo utilizador, o local de trabalho, o início e o termo previsíveis da deslocação.
- Situações equiparadas: as normas legais respeitantes a direitos de personalidade, igualdade e não discriminação e segurança e saúde no trabalho são aplicáveis a situações em que ocorra prestação de trabalho por uma pessoa a outra, sem subordinação jurídica, sempre que o prestador de trabalho deva considerar-se na dependência económica do beneficiário da actividade.

CONTRATO DE TRABALHO

- Altera-se a noção de contrato de trabalho, especificando que o trabalhador é uma pessoa singular e que este presta a sua actividade no âmbito de organização do empregador ou empregadores.
- Aperfeiçoa-se a presunção da existência de subordinação jurídica e, assim, a caracterização do contrato como contrato de trabalho, baseado aquela na verificação de alguns elementos caracterizadores de contrato de trabalho que possam actuar como indícios de subordinação.
- Sanciona-se a dissimulação de contrato de trabalho, passando a constituir contra-ordenação muito grave a prestação de actividade, por forma aparentemente autónoma, em condições características de contrato de trabalho, que possa causar prejuízo ao trabalhador ou ao Estado. A reincidência importa a aplicação da sanção acessória de privação do direito a subsídio ou benefício outorgado por entidade ou serviço público, por período até dois anos. Prevê-se, quanto ao pagamento da coima, a responsabilidade solidária entre os responsáveis o empregador, as sociedades que com este se encontrem em relações de participações recíprocas, de domínio ou de grupo, bem como o gerente, administrador ou director em determinadas condições.

IGUALDADE E NÃO DISCRIMINAÇÃO

- Alarga-se o âmbito de substituição *ope legis* de regras contidas em instrumento de regulamentação colectiva de trabalho que se afigurem contrárias ao princípio da igualdade, seja qual for o factor de discriminação em causa.
- Altera-se a definição de assédio, passando a abarcar situações não relacionadas com qualquer factor de discriminação.

PROTECÇÃO DA PARENTALIDADE

- A matéria de protecção social é definida em diploma específico onde se estabelece o elenco das prestações substitutivas dos rendimentos não auferidos durante os períodos de ausência ao trabalho em virtude do exercício dos direitos de parentalidade.
- Consideram-se equivalentes a períodos de licença parental os períodos de concessão das prestações sociais correspondentes, atribuídas a um dos progenitores no âmbito do subsistema previdencial da Segurança Social ou outro regime de protecção social de enquadramento obrigatório.
- Promove-se a igualdade de direitos no que se refere ao exercício da parentalidade.
- A licença de maternidade e paternidade passa a denominar-se licença parental a qual pode ser inicial, de gozo exclusivo pelo pai ou pela mãe.
- Fomenta-se a partilha da licença parental: sem prejuízo dos direitos exclusivos da mãe, nomeadamente o gozo das seis semanas seguintes ao parto e a possibilidade de antecipar o início da licença, o direito ao gozo da licença

parental passa a ser de ambos os progenitores que conjuntamente decidem o modo como vão partilhar a licença parental. Na falta de decisão conjunta, a lei determina que o gozo da licença é da trabalhadora progenitora.

- Alarga-se a duração da licença parental inicial, a qual é acrescida em 30 dias, no caso de cada um dos progenitores gozar em exclusivo um período de 30 dias seguidos ou interpolados de licença parental.
- Reforçam-se os direitos do pai trabalhador, quer pelo aumento do período de gozo obrigatório de licença inicial após o nascimento do filho, de cinco para 10 dias úteis, sendo que cinco devem ser gozados imediatamente a seguir ao nascimento do filho, quer pela concessão de licença de gozo facultativo de 10 dias úteis, seguidos ou interpolados, em simultâneo com o gozo de licença pela mãe.
- A licença por adopção passa a beneficiar do mesmo período de duração da licença parental.
- Concede-se ao pai o direito a três dispensas ao trabalho para acompanhar a mãe a consultas pré-natais.
- Concede-se aos avós o direito a faltar ao trabalho para assistência a neto menor, em substituição dos pais quando estes não faltem pelo mesmo motivo ou estejam impossibilitados de prestar a assistência devida.

TRABALHADOR-ESTUDANTE

- Prevê-se a possibilidade de controlo de assiduidade do trabalhador-estudante directamente pelo empregador, mediante acordo com o trabalhador, através dos serviços administrativos do estabelecimento de ensino.

O EMPREGADOR E A EMPRESA

- Adapta-se a definição de micro, pequena, média e grande empresa tendo em conta o disposto na Recomendação da Comissão Europeia, de 6 de Maio de 2003, quanto ao critério do número de trabalhadores.

PERÍODO EXPERIMENTAL

- Aplica-se à generalidade dos trabalhadores o período experimental de 180 dias, mantendo o regime em vigor para pessoal de direcção e quadros superiores, e reduz-se ou elimina-se o período experimental em função da duração de contratação anterior com a mesma entidade, qualquer que seja a modalidade.

MOBILIDADE FUNCIONAL E GEOGRÁFICA

- Estabelece-se o prazo limite de dois anos para a vigência de cláusulas contratuais sobre hipotéticas modificações do objecto e do local de trabalho não activadas pelo empregador.

FORMAÇÃO PROFISSIONAL

- Uniformizam-se as exigências em matéria de formação nos domínios dos contratos a termo e dos contratos sem termo, tendo o trabalhador direito, em cada ano, a um número mínimo de 35 horas de formação certificada ou, sendo contratado a termo por período igual ou superior a três meses, um número mínimo de horas proporcional à duração do contrato nesse ano.
- Prevê-se que o empregador pode antecipar a realização da formação anual até dois anos, ou diferi-la por igual período, desde que o plano de formação o preveja, sendo que o período de antecipação é de cinco anos, no caso de frequência de processo de reconhecimento, validação e certificação de competências ou de formação que confira dupla certificação.
- Favorece-se o acesso a formação profissional, através de uma melhor regulamentação do crédito de horas para formação contínua: assim, as horas de formação anual que não sejam asseguradas pelo empregador até ao termo dos dois anos posteriores ao seu vencimento, transformam-se em crédito de horas em igual número para formação por iniciativa do trabalhador; o crédito de horas para formação é referido ao período normal de trabalho, confere direito a retribuição e conta como tempo de serviço efectivo; o trabalhador pode utilizar o crédito de horas para a frequência de acções de formação certificada, mediante comunicação ao empregador com a antecedência mínima de 10 dias; por instrumento de regulamentação colectiva de trabalho ou acordo individual, pode ser estabelecido um subsídio para pagamento do custo da formação, até ao valor da retribuição do período de crédito de horas utilizado; em caso de cumulação de créditos, a formação realizada é imputada ao crédito vencido há mais tempo; o crédito de horas que não seja utilizado cessa passados três anos sobre a sua constituição.

MODALIDADES DE CONTRATO DE TRABALHO

- O contrato de trabalho a termo certo pode ser renovado até três vezes e a sua duração não pode exceder i) 18 meses, quando se tratar de pessoa à procura de primeiro emprego; ii) dois anos, quando se tratar de lançamento de nova actividade de duração incerta, bem como início de laboração de empresa ou de estabelecimento pertencente a empresa com menos de 750 trabalhadores; iii) três anos, nos restantes casos.
- O limite de 3 anos de duração dos contratos a termo certo aplica-se ao conjunto dos contratos a termo ou temporários para o mesmo posto de trabalho, ou de prestação de serviços para o mesmo objecto, celebrados entre um trabalhador e o mesmo empregador ou empregadores entre os quais exista uma relação societária de domínio ou de grupo.
- A duração do contrato de trabalho a termo incerto não pode ser superior a seis anos.
- O contrato de trabalho em actividade sazonal agrícola ou para realização de evento turístico de duração não superior a uma semana não está sujeito a

forma escrita, devendo o empregador comunicar a sua celebração ao serviço competente da Segurança Social, mediante formulário electrónico.

- A cessação de contrato de trabalho a termo por motivo não imputável ao trabalhador, impede nova admissão ou afectação de trabalhador através de contrato de trabalho a termo ou de trabalho temporário cuja execução se concretize no mesmo posto de trabalho ou, ainda, de contrato de prestação de serviços para o mesmo objecto, celebrado com o mesmo empregador ou sociedade que com este se encontre em relação de participações recíprocas, de domínio ou de grupo, antes de decorrido um período de tempo equivalente a 1/3 da duração do contrato, incluindo renovações.
- Considera-se trabalho a tempo parcial o que corresponda a um período normal de trabalho semanal inferior ao praticado a tempo completo em situação comparável; prevê-se que, por instrumento de regulamentação colectiva de trabalho, possa estabelecer-se o limite máximo de percentagem do tempo completo a partir do qual o regime de duração do tempo de trabalho é qualificado como sendo de trabalho a tempo parcial.
- Prevê-se a possibilidade de, em empresa que exerça actividade com descontinuidade ou intensidade variável, as partes acordarem que a prestação de trabalho seja intercalada por um ou mais períodos de inactividade. ("trabalho intermitente").
- O regime de comissão de serviço também pode ser aplicado a chefia directamente dependente de director-geral ou equivalente.

DURAÇÃO E ORGANIZAÇÃO DO TEMPO DE TRABALHO:

- Mantêm-se as regras atinentes à definição de tempo de trabalho, interrupções e intervalos considerados como tempo de trabalho e de período de descanso.
- Mantêm-se os limites dos períodos normais de trabalho diário e semanal.
- Mantém-se o regime da adaptabilidade do tempo de trabalho, quer por estipulação no contrato individual quer por regulamentação colectiva do tempo de trabalho.
- Prevê-se a possibilidade de, por instrumento de regulamentação colectiva de trabalho, ser instituído um regime de adaptabilidade grupal que preveja que o empregador possa aplicar esse regime ao conjunto dos trabalhadores de uma equipa, secção ou unidade económica caso, pelo menos, 60% dos trabalhadores dessa estrutura sejam por ele abrangidos, mediante filiação em associação sindical celebrante da convenção e por escolha dessa convenção como aplicável, enquanto os trabalhadores da equipa, secção ou unidade económica em causa abrangidos pelo regime de acordo forem em número igual ou superior ao correspondente à percentagem nele indicada. Esta modalidade de adaptabilidade não se aplica a trabalhador abrangido por convenção colectiva que afaste esse regime ou a trabalhador representado por associação sindical que tenha deduzido oposição a portaria de extensão que incida sobre a convenção colectiva em causa.

- Prevê-se a possibilidade de, por instrumento de regulamentação colectiva de trabalho, ser instituído um regime de adaptabilidade grupal que preveja que, caso o acordo que defina o período normal de trabalho em termos médios, celebrado entre o trabalhador e o empregador seja aceite por, pelo menos, 75% dos trabalhadores da equipa, secção ou unidade económica a quem for dirigida, o empregador pode aplicar o mesmo regime ao conjunto dos trabalhadores dessa estrutura, enquanto os trabalhadores da equipa, secção ou unidade económica em causa que aceitam o regime forem em número igual ou superior ao correspondente à percentagem nele indicada. Esta modalidade de adaptabilidade não se aplica a trabalhador abrangido por convenção colectiva que disponha de modo contrário a esse regime.
- Prevê-se a possibilidade de, por instrumento de regulamentação colectiva de trabalho, ser instituído um regime de banco de horas, em que a organização do tempo de trabalho pode ser aumentado até quatro horas diárias e pode atingir 60 horas semanais, tendo o acréscimo por limite 200 horas por ano, devendo a compensação do trabalho prestado em acréscimo, ser feita mediante redução equivalente do tempo de trabalho, pagamento em dinheiro ou ambas as modalidades.
- Prevê-se a possibilidade de, por instrumento de regulamentação colectiva de trabalho ou acordo entre empregador e trabalhador, ser criado um regime de horário concentrado, em que período normal de trabalho diário pode ser aumentado até 12 horas, para concentrar o trabalho semanal em três ou quatro dias consecutivos, devendo a duração do período normal de trabalho semanal ser respeitada em média de um período de referência até 45 dias.
- Mantêm-se as regras atinentes ao regime da isenção de horário de trabalho.
- Mantêm-se os limites de duração máxima do trabalho dos trabalhadores nocturnos.
- Mantêm-se os limites máximos do trabalho suplementar.
- Prevê-se a possibilidade de as regras sobre descanso compensatório remunerado relativo a trabalho suplementar prestado em dia útil, em dia de descanso complementar ou em feriado poderem ser afastadas por instrumento de regulamentação colectiva de trabalho que estabeleça a compensação pela prestação de trabalho suplementar mediante redução equivalente do tempo de trabalho, pagamento em dinheiro ou ambas as modalidades.
- Prevê-se que o trabalhador, por sua iniciativa e com o acordo do empregador, possa ter ausências ao trabalho remuneradas, compensando-as com trabalho que, em tais casos, não se considera trabalho suplementar.
- Mantém-se a duração mínima dos períodos de repouso intercalar, diário, semanal e anual.

FÉRIAS

- Mantém-se a regra de aumento da duração do período de férias no caso de o trabalhador não ter faltado ou ter registado apenas faltas justificadas no ano a que as férias se reportam, esclarecendo-se que é considerado como período de trabalho efectivo o período de gozo da licença parental.

- Eliminação das restrições à duração e à época do encerramento da empresa ou do estabelecimento para férias.
- Prevê-se, para os casos de cessação de contrato no ano civil subsequente ao da admissão ou quando a duração não seja superior a 12 meses, uma nova regra de cálculo do cômputo total das férias ou da correspondente retribuição a que o trabalhador tenha direito, esclarecendo-se que este não pode exceder o proporcional ao período anual de férias, tendo em conta a duração do contrato.

FALTAS

- Qualifica-se como falta justificada a motivada por deslocação a estabelecimento de ensino de responsável pela educação de menor por motivo da situação educativa deste, pelo tempo estritamente necessário, até quatro horas por trimestre, por cada filho.
- Qualificam-se como justificadas as faltas de candidato a cargo político, nos termos da correspondente lei eleitoral.
- Prevê-se a possibilidade de afastar as disposições relativas aos motivos de justificação de faltas e à sua duração, em relação a trabalhador eleito para estrutura de representação colectiva dos trabalhadores, através de instrumento de regulamentação colectiva de trabalho ou por contrato de trabalho, desde que em sentido mais favorável ao trabalhador.
- Consagra-se o direito de o trabalhador faltar ao trabalho até 15 dias por ano para prestar assistência inadiável e imprescindível, em caso de doença ou acidente, para além do cônjuge ou pessoa que viva em união de facto ou economia comum com o trabalhador, também a parente ou afim na linha recta ascendente, não se exigindo a pertença ao mesmo agregado familiar, ou no 2.º grau da linha colateral.

REDUÇÃO TEMPORÁRIA DO PERÍODO NORMAL DE TRABALHO OU SUSPENSÃO DO CONTRATO DE TRABALHO POR FACTO RESPEITANTE AO EMPREGADOR

- Prevê-se que a formação profissional, a frequentar pelos trabalhadores durante o período de redução ou suspensão, deve orientar-se para a viabilização da empresa e a manutenção dos postos de trabalho, ou o desenvolvimento da qualificação profissional dos trabalhadores que aumente a sua empregabilidade.

CESSAÇÃO DE CONTRATO DE TRABALHO

a) Despedimento por facto imputável ao trabalhador

- Mantém-se a proibição o despedimento sem justa causa ou por motivos políticos ou ideológicos.
- Mantém-se a imperatividade do regime de cessação do contrato de trabalho, no sentido de não poder ser afastado por instrumento de regulamentação

colectiva de trabalho ou por contrato de trabalho, salvo quanto aos critérios de definição de indemnizações, os prazos de procedimento e de aviso prévio e quanto aos valores de indemnizações, que poderão, dentro dos limites estabelecidos pelo Código do Trabalho, ser regulados por instrumento de regulamentação colectiva de trabalho.

- Redefine-se o elenco das modalidades de cessação do contrato de trabalho, passando a prever-se: a) caducidade; b) revogação; c) despedimento por facto imputável ao trabalhador; d) despedimento colectivo; e) despedimento por extinção de posto de trabalho; f) despedimento por inadaptação; g) resolução pelo trabalhador; h) denúncia pelo trabalhador.
- Mantém-se a noção de justa causa de despedimento.
- Mantém-se a exigência de nota de culpa, acompanhada de comunicação à comissão de trabalhadores e, no caso de o trabalhador ser representante sindical, à associação sindical respectiva. Mantém-se a consagração do princípio do contraditório, explicitado através das garantias do direito de consulta do processo e do direito de resposta à nota de culpa, oportunidade para o trabalhador deduzir por escrito o que entender que releva para a sua defesa e promover as diligências instrutórias que tiver por adequadas ao apuramento da verdade. Permite-se, ainda, que o trabalhador decida que o parecer sobre o processo seja emitido por determinada associação sindical, em substituição da comissão de trabalhadores.
- Elimina-se o carácter obrigatório da instrução, passando a caber ao empregador decidir sobre a realização das diligências probatórias requeridas na resposta à nota de culpa, excepto no caso de o despedimento respeitar a trabalhadora grávida, puérpera ou lactante.
- Exige-se que, no caso do empregador optar por não realizar as diligências probatórias requeridas pelo trabalhador, a decisão só poder ser tomada depois de decorridos cinco dias úteis após a recepção dos pareceres dos representantes dos trabalhadores ou o decurso do prazo para o efeito ou, caso não exista comissão de trabalhadores e o trabalhador não seja representante sindical, após a recepção da resposta à nota de culpa ou o decurso do prazo para este efeito.
- Mantém-se a exigência de a decisão de despedimento ser fundamentada e constar de documento escrito, que é comunicada, por cópia ou transcrição, ao trabalhador, à comissão de trabalhadores, ou à associação sindical respectiva, caso aquele seja representante sindical.
- Agravam-se as contra-ordenações previstas para a violação de regras de procedimento do despedimento por facto imputável ao trabalhador, passando de grave para muito grave, no caso deste ser representante sindical.

b) Despedimento colectivo

- Reduz-se para cinco dias posteriores à data da comunicação inicial o prazo para o empregador promover uma fase de informações e negociação com a estrutura representativa dos trabalhadores, com vista a um acordo sobre a dimensão e efeitos das medidas a aplicar e, bem assim, de outras medidas que reduzam o número de trabalhadores a despedir.

- Estabelecem-se novos prazos de aviso prévio em caso de despedimento colectivo:
  a) Quinze dias, no caso de trabalhador com antiguidade inferior a um ano;
  b) 30 dias, no caso de trabalhador com antiguidade igual ou superior a um ano e inferior a cinco anos;
  c) 60 dias, no caso de trabalhador com antiguidade igual ou superior a cinco anos e inferior a 10 anos;
  d) 75 dias, no caso de trabalhador com antiguidade igual ou superior a 10 anos.
- Esclarece-se que, não sendo observado o prazo mínimo de aviso prévio de despedimento colectivo, o contrato cessa decorridos sessenta dias a contar da comunicação de despedimento, devendo o empregador pagar a retribuição correspondente a este período.

DESPEDIMENTO POR EXTINÇÃO DO POSTO DE TRABALHO

- Estabelecem-se prazos de aviso prévio iguais aos que se encontram fixados para o despedimento colectivo.

DESPEDIMENTO POR INADAPTAÇÃO

- Estabelecem-se prazos de aviso prévio iguais aos que se encontram fixados para o despedimento colectivo.

ILICITUDE DE DESPEDIMENTO

- Consagra-se como fundamento geral de ilicitude de despedimento a não solicitação de parecer prévio pelo empregador à entidade competente na área da igualdade de oportunidades entre homens e mulheres em caso de trabalhadora grávida, puérpera ou lactante ou de trabalhador durante o gozo de licença parental inicial, em qualquer das suas modalidades.
- Consagra-se como fundamento de ilicitude de despedimento colectivo a aplicação pelo empregado de critério discriminatório na selecção dos trabalhadores a despedir.
- Reduz-se para 60 dias o prazo para ser intentada acção de apreciação judicial de ilicitude de despedimento, contado a partir da recepção da comunicação de despedimento.
- Consagra-se o prazo de 60 dias para intentar a acção judicial de apreciação da licitude de despedimento.
- Consagra-se o princípio que o tribunal deve sempre pronunciar-se sobre a verificação e procedência dos fundamentos invocados para o despedimento, sem prejuízo da apreciação de vícios formais.

- Consagra-se que, em caso de ilicitude de despedimento, a reintegração do trabalhador se fará no mesmo estabelecimento da empresa, sem prejuízo da sua categoria e antiguidade.
- Consagra-se que, em caso de ilicitude de despedimento, a opção do trabalhador por indemnização em substituição da reintegração deve ser feita até ao termo da discussão em audiência final de julgamento.
- Esclarece-se o critério do grau de ilicitude relevante para graduar a indemnização substitutiva da reintegração.
- Consagra-se que, nos casos em que ocorra mera irregularidade consubstanciada em deficiência de procedimento que não determine a ilicitude do despedimento, se forem procedentes os motivos justificativos do despedimento, o trabalhador tem apenas direito a indemnização correspondente a metade do valor por que poderia optar em caso de ilicitude de despedimento.
- Elimina-se a possibilidade de reabertura do processo disciplinar, nos casos em que não é determinada a ilicitude do despedimento, em virtude da verificação de mera irregularidade fundada em deficiência de procedimento.

SUJEITOS COLECTIVOS:

- Entre as estruturas de representação colectiva dos trabalhadores, passam a ser expressamente referidos os representantes dos trabalhadores para a segurança e saúde no trabalho e alude-se a outras estruturas previstas em lei específica, como o conselho de trabalhadores na sociedade europeia ou na sociedade cooperativa europeia.
- Permite-se que a convocatória de assembleia geral de associação sindical ou associação de empregadores seja comunicada por escrito a todos os associados, em substituição da sua publicação em jornal,
- Prevê-se que os estatutos de comissões de trabalhadores, comissões coordenadoras, associações sindicais e associações de empregadores sejam entregues, para registo, em documento electrónico, de modo a facilitar a edição electrónica do *Boletim do Trabalho e Emprego*.
- No âmbito da apreciação da legalidade dos estatutos de estruturas de representação colectiva dos trabalhadores e de associações de empregadores, prevê-se que o serviço competente do ministério responsável pela área laboral, caso os estatutos contenham disposições contrárias à lei, notifica a organização em causa para que esta tenha a possibilidade de alterar as mesmas disposições, no prazo de 180 dias, antes do envio da apreciação fundamentada sobre a legalidade dos estatutos ao magistrado do Ministério Público junto do tribunal competente.
- No mesmo âmbito, prevê-se ainda que, caso os estatutos contenham disposição contrária à lei, haverá lugar a acção tendente à declaração judicial, não de extinção da associação, mas de nulidade dessa disposição se a matéria em causa for regulada por lei imperativa ou se a regulamentação da mesma não for essencial ao funcionamento da organização.

- Determina-se que os estatutos de associações sindicais, associações de empregadores, comissões de trabalhadores e comissões coordenadoras vigentes na data da entrada em vigor da presente lei que não estejam em conformidade com o regime constante do Código do Trabalho devem ser revistos no prazo de três anos; à apreciação da legalidade desses estatutos será aplicável o regime estabelecido no Código do Trabalho.
- Prevê-se para a extinção voluntária de associação sindical ou associação de empregadores um procedimento, análogo ao da constituição, conducente à apreciação judicial da deliberação de extinção a qual, no caso de desconformidade com a lei ou os estatutos, pode conduzir à declaração judicial de nulidade da deliberação.
- No âmbito do direito de informação e consulta de delegados sindicais, afasta-se a excepção referente a estabelecimento com menos de 20 trabalhadores pertencente a média ou grande empresa, para adequar o regime ao disposto na Directiva n.º 2002/14/CE, do Parlamento Europeu e do Conselho, de 11 de Março.

INSTRUMENTOS DE REGULAMENTAÇÃO COLECTIVA DE TRABALHO

- Prevê-se que o contrato de trabalho, quando estabeleça condições mais favoráveis para o trabalhador, possa sempre afastar disposições de instrumento de regulamentação colectiva de trabalho, eliminando-se a possibilidade de este impedir a prevalência de contrato de trabalho mais favorável.
- Institui-se um procedimento de apreciação fundamentada sobre a legalidade, em matéria de igualdade e não discriminação, das disposições de convenções colectivas e decisões arbitrais, posterior à respectiva publicação, que pode conduzir à declaração judicial da nulidade dessas disposições, em acção proposta pelo Ministério Público; as disposições discriminatórias nulas consideram-se substituídas pelas disposições mais favoráveis aplicáveis à generalidade dos trabalhadores.
- Mantém-se que não exista prazo inicial para a apresentação de proposta de revisão de uma convenção colectiva, passando a prever-se que a entidade destinatária pode recusar-se a negociar antes de decorrerem seis meses de vigência da convenção, devendo informar o proponente no prazo de 10 dias úteis.
- Em matéria de celebração de convenção colectiva, mantém-se que esta pode ser assinada por pessoa titular de mandato escrito com poderes para contratar, o qual deve ser conferido pela associação sindical ou associação de empregadores, nos termos dos respectivos estatutos.
- Permite-se que as associações sindicais confiram a outra estrutura de representação colectiva dos trabalhadores poderes para contratar com empresa com, pelo menos, 500 trabalhadores.
- Prevê-se que a convenção colectiva deve regular os efeitos dela decorrentes, em caso de caducidade, relativamente aos trabalhadores abrangidos pela

mesma, até à entrada em vigor de outro instrumento de regulamentação colectiva de trabalho.

- Prevê-se que o texto consolidado que deve acompanhar a terceira revisão parcial consecutiva de uma convenção, para efeito de depósito, seja assinado nos mesmos termos da convenção, e que o mesmo, em caso de divergência, prevalece sobre os textos a que se refere.
- A convenção colectiva e o texto consolidado devem ser entregues em documento electrónico, de modo a facilitar a edição electrónica do *Boletim do Trabalho e Emprego*.
- Permite-se que o trabalhador não filiado em qualquer associação sindical escolha como aplicável uma convenção colectiva ou decisão arbitral aplicável no âmbito da empresa, e que essa aplicação cessa caso o trabalhador seja abrangido por outra convenção celebrada por associação sindical em que posteriormente se filie.
- Permite-se que a convenção colectiva determine que o trabalhador não sindicalizado que a escolha como aplicável pague determinado montante à associação sindical celebrante, a título de comparticipação nos encargos da negociação.
- Em matéria de período de vigência de convenção colectiva, prevê-se que esta vigora pelo prazo que dela constar ou, na sua falta, pelo prazo de um ano, e que a mesma se renova nos termos nela previstos ou por prazos sucessivos de um ano.
- Prevê-se que qualquer das partes pode denunciar a convenção colectiva, mediante comunicação escrita dirigida à outra parte, desde que seja acompanhada de proposta de revisão global; porém, não se considera denúncia a mera proposta de revisão de convenção.
- Em matéria de sobrevigência e caducidade de convenção colectiva, estabelece-se que a cláusula de convenção que faça depender a cessação da vigência desta da substituição por outro instrumento caduca decorridos cinco anos sobre a última publicação integral da convenção, a denúncia da convenção ou a proposta de revisão da convenção que inclua a revisão da referida cláusula.
- Prevê-se um regime transitório aplicável a convenção colectiva anterior que contenha cláusula que faça depender a cessação da sua vigência da substituição por outro instrumento, de acordo com o qual a convenção, caso a sua caducidade não tenha ocorrido em data anterior, cessa os seus efeitos na data da entrada em vigor da presente lei, verificados os seguintes factos:
  i) A última publicação integral da convenção que contenha a referida cláusula tenha entrado em vigor há, pelo menos, cinco anos;
  ii) A convenção tenha sido denunciada validamente na vigência do Código do Trabalho;
  iii) Tenham decorrido pelo menos 18 meses a contar da denúncia;
  iv) Não tenha havido revisão da convenção após a denúncia.

  A convenção em causa caduca, verificando-se todos os outros factos, logo que decorram 18 meses a contar da denúncia.

- Prevê-se, em articulação com a caducidade de convenções colectivas, a instituição de arbitragem necessária, a determinar no caso de, após a caducidade de uma ou mais convenções colectivas aplicáveis a uma empresa, grupo de empresas ou sector de actividade, não ser celebrada nova convenção nos 12 meses subsequentes e não haver outra convenção aplicável a pelo menos 50% dos trabalhadores da mesma empresa, grupo de empresas ou sector de actividade; a arbitragem necessária pode ser requerida por qualquer das partes nos 12 meses seguintes ao decurso do prazo de 12 meses após a caducidade da convenção.
- Em matéria de arbitragem obrigatória, a mesma pode ser determinada a requerimento de qualquer das partes apenas quando se trate de conflito resultante da celebração de primeira convenção.
- A extensão de convenção colectiva ou decisão arbitral passa a poder ter lugar, no âmbito do mesmo sector de actividade e profissional, em área diversa da do referido instrumento, ainda que nesta exista associação sindical ou associação de empregadores; mantêm-se, porém, a regra decorrente do regime de concorrência de instrumentos segundo a qual a extensão não se aplica no âmbito de outras convenções existentes, bem como o procedimento de não abranger trabalhadores ou empregadores quando as respectivas associações representativas o solicitem.
- Reduz-se de 15 para 10 dias após o pedido, o prazo para início do procedimento de conciliação de conflitos colectivos de trabalho.
- Estabelece-se que a apreciação do pedido de mediação de conflitos colectivos de trabalho e a nomeação de mediador devem ter lugar no prazo de 10 dias.

Em consonância com a previsão de que a convenção colectiva regule os serviços necessários à segurança e manutenção de equipamentos e instalações e os serviços mínimos indispensáveis para ocorrer à satisfação de necessidades sociais impreteríveis, permite-se que a convenção dispense o aviso prévio de greve de conter proposta sobre os mesmos serviços, devendo neste caso identificar devidamente a convenção em causa.

- No quadro da excepção à proibição de substituição de grevistas em caso de incumprimento dos serviços mínimos, prevê-se que a empresa contratada para realizar tarefas de trabalhadores em greve deve restringir a sua actividade à estrita medida necessária à prestação desses serviços.
- Prevê-se que, em matéria de negociação de serviços mínimos a prestar durante a greve, no caso de haver para duas greves anteriores substancialmente idênticas, definição de serviços mínimos por arbitragem com igual conteúdo, o serviço competente do ministério responsável pela área laboral deve propor às partes que aceitem essa definição, devendo a eventual rejeição constar da acta da negociação.
- Prevê-se que, uma vez determinados os serviços mínimos a prestar durante a greve, os representantes dos trabalhadores que designem os trabalhadores

adstritos à prestação desses serviços devem, dentro do mesmo prazo, informar do facto o empregador.

- Prevê-se que as disposições de instrumento de regulamentação colectiva de trabalho contrárias a normas imperativas do Código do Trabalho devem ser alteradas na primeira revisão que ocorra no prazo de 12 meses após a entrada em vigor da lei, sob pena de nulidade.

CONTRA-ORDENAÇÕES LABORAIS

- Em matéria de sujeitos responsáveis por contra-ordenações laborais, prevê-se que o empregador é responsável por contra-ordenação praticada pelos seus trabalhadores no exercício das respectivas funções.
- No quadro do reforço das sanções acessórias, prevê-se que, no caso de contra-ordenação muito grave ou de reincidência em contra-ordenação grave, praticada com dolo ou negligência grosseira, seja aplicada ao agente a sanção acessória de publicidade, e que, tendo em conta os efeitos gravosos para o trabalhador ou o benefício económico retirado pelo empregador com o incumprimento, possam ainda ser aplicadas as sanções acessórias de interdição do exercício de actividade no estabelecimento, unidade fabril ou estaleiro onde se verificar a infracção, por um período até dois anos ou de privação do direito de participar em arrematações ou concursos públicos, por um período até dois anos.
- Prevê-se que a sanção acessória de publicidade pode ser dispensada, tendo em conta as circunstâncias da infracção, se o agente tiver pago imediatamente a coima a que for condenado e se não tiver praticado qualquer contra-ordenação grave ou muito grave nos cinco anos anteriores.
- Prevê-se que a sanção acessória de publicidade consista na inclusão em registo público, disponibilizado na página electrónica do serviço com competência inspectiva do ministério responsável pela área laboral, de um extracto com a caracterização da contra-ordenação, a norma violada, a identificação do infractor, o sector de actividade, o lugar da prática da infracção e a sanção aplicada.

Esta proposta, a submeter à Assembleia da República, visa criar em Portugal um novo compromisso entre direitos e deveres laborais, assente num quadro normativo mais eficaz e no desenvolvimento do papel dos parceiros sociais na regulação socioeconómica, e reflecte as medidas constantes do acordo alcançado com os parceiros sociais em sede de Concertação Social.

Devem ser ouvidos os órgãos de governo próprios das Regiões Autónomas, bem como a Comissão Nacional de Protecção de Dados, e devem assegurar-se todos os procedimentos necessários à garantia da participação das estruturas representativas dos trabalhadores e empregadores, em cumprimento do previsto nos artigos 524.º e seguintes do Código do Trabalho e da alínea *a)* do n.º 2 do artigo 56.º da Constituição.

Lei n.º 7/2009, de 12 de Fevereiro, rectificada pela Declaração de Rectificação n.º 21/2009 publicada no Diário da República, 1.ª série, de 18 de Março

Aprova a revisão do Código do Trabalho. A Assembleia da República decreta, nos termos da alínea c) do artigo 161.º da Constituição, o seguinte:

ARTIGO 1.º – Aprovação do Código do Trabalho

É aprovado o Código do Trabalho, que se publica em anexo à presente lei e dela faz parte integrante.

Este preceito corresponde ao artigo 1.º da Lei n.º 99/2003, de 27 de Agosto.

ARTIGO 2.º – Transposição de directivas comunitárias

O Código do Trabalho transpõe para a ordem jurídica interna, total ou parcialmente, as seguintes directivas comunitárias:

a) Directiva do Conselho n.º 91/533/CEE, de 14 de Outubro, relativa à obrigação de o empregador informar o trabalhador sobre as condições aplicáveis ao contrato ou à relação de trabalho;

b) Directiva n.º 92/85/CEE, do Conselho, de 19 de Outubro, relativa à implementação de medidas destinadas a promover a melhoria da segurança e da saúde das trabalhadoras grávidas, puérperas ou lactantes no trabalho;

c) Directiva n.º 94/33/CE, do Conselho, de 22 de Junho, relativa à protecção dos jovens no trabalho;

d) Directiva n.º 96/34/CE, do Conselho, de 3 de Junho, relativa ao acordo quadro sobre a licença parental celebrado pela União das Confederações da Indústria e dos Empregadores da Europa (UNICE), pelo Centro Europeu das Empresas Públicas (CEEP) e pela Confederação Europeia dos Sindicatos (CES);

e) Directiva n.º 96/71/CE, do Parlamento Europeu e do Conselho, de 16 de Dezembro, relativa ao destacamento de trabalhadores no âmbito de uma prestação de serviços;

f) Directiva n.º 97/81/CE, do Conselho, de 15 de Dezembro, respeitante ao acordo quadro relativo ao trabalho a tempo parcial celebrado pela UNICE, pelo CEEP e pela CES;

g) Directiva n.º 98/59/CE, do Conselho, de 20 de Julho, relativa à aproximação das legislações dos Estados membros respeitantes aos despedimentos colectivos;

h) Directiva n.º 1999/70/CE, do Conselho, de 28 de Junho, respeitante ao acordo quadro CES, UNICE e CEEP relativo a contratos de trabalho a termo;

i) Directiva n.º 2000/43/CE, do Conselho, de 29 de Junho, que aplica o princípio da igualdade de tratamento entre as pessoas, sem distinção de origem racial ou étnica;

j) Directiva n.º 2000/78/CE, do Conselho, de 27 de Novembro, que estabelece um quadro geral de igualdade de tratamento no emprego e na actividade profissional;

l) Directiva n.º 2001/23/CE, do Conselho, de 12 de Março, relativa à aproximação das legislações dos Estados membros respeitantes à manutenção dos direitos dos trabalhadores em caso de transferência de empresas ou de estabelecimentos, ou de partes de empresas ou de estabelecimentos;

m) Directiva n.º 2002/14/CE, do Parlamento Europeu e do Conselho, de 11 de Março, que estabelece um quadro geral relativo à informação e à consulta dos trabalhadores na Comunidade Europeia;

n) Directiva n.º 2003/88/CE, do Parlamento Europeu e do Conselho, de 4 de Novembro, relativa a determinados aspectos da organização do tempo de trabalho;

o) Directiva 2006/54/CE, do Parlamento Europeu e do Conselho, de 5 de Julho de 2006, relativa à aplicação do princípio da igualdade de tratamento entre homens e mulheres em domínios ligados ao emprego e à actividade profissional (reformulação).

1. Este preceito corresponde ao artigo 2.º da Lei n.º 99/2003, de 27 de Agosto.

2. As Directivas encontram-se previstas no artigo 288.º do Tratado Sobre o Funcionamento da União Europeia. Uma Directiva é um acto juridico emanado de instituições comunitárias, com competência normativa, adoptada para execução dos Tratados e das políticas das Comunidades, que vincula o Estado membro destinatário quanto ao resultado a alcançar, deixando às instâncias nacionais desse mesmo Estado membro a competência quanto à forma e aos meios para o fazer, e através da qual se pretende harmonizar as diferentes legislações nacionais dos Estados membros da União Europeia. As Directivas não são dotadas de generalidade, vinculando apenas os destinatários a que se dirigem, e que em regra são os Estados, nem de aplicabilidade directa, carecendo de ser transpostas para o ordenamento jurídico interno. Ainda assim, pode uma norma de uma directiva produzir efeito directo, ou seja pode ser invocada por um particular, se contiver um direito e desde que se trate de uma norma incondicional e suficientemente precisa (Acórdão Ratti, 1979, considerando 12), e se já tiver decorrido o prazo de transposição (Acórdão Ratti, 1979, considerando 24).

Para maiores desenvolvimentos, *vide* João Mota de Campos, *Manual de Direito Comunitário*, Fundação Calouste Gulbenkian, Lisboa 2000, página 307 e segs.

3. O anterior Código do Trabalho, aprovado pela Lei n.º 99/2003, de 27 de Agosto, já havia procedido à transposição para o ordenamento jurídico português de várias directivas comunitárias. Contudo, e para que não se verifique o incumprimento do Estado português relativamente às obrigações assumidas no âmbito da União Europeia, não basta proceder à transposição de directivas, é também necessário que o conteúdo normativo por estas visado se mantenha em vigor. Por este motivo, repete-se neste artigo 2.º a maioria das Directivas que anteriormente já haviam sido transpostas. Com a entrada em vigor desta Lei n.º 7/2009, de 12 de Fevereiro (*vide* quanto a esta o artigo 14.º e respectiva anotação), procedeu-se à transposição para a ordem jurídica interna, total ou parcialmente, das Directivas n.º 2003/88/CE, do Parlamento Europeu e do Conselho, de 4 de Novembro, relativa a determinados aspectos da organização do tempo de trabalho, e n.º 2006/54/CE, do Parlamento Europeu e do Conselho, de 5 de Julho de 2006, relativa à aplicação do princípio da igualdade de tratamento entre homens e mulheres em domínios ligados ao emprego e à actividade profissional.

ARTIGO 3.º – Trabalho autónomo de menor

1 – O menor com idade inferior a 16 anos não pode ser contratado para realizar uma actividade remunerada prestada com autonomia, excepto caso tenha concluído a escolaridade obrigatória ou esteja matriculado e a frequentar o nível secundário de educação e se trate de trabalhos leves.

2 – À celebração do contrato previsto no número anterior aplicam-se as regras gerais previstas no Código Civil.

3 – Consideram-se trabalhos leves para efeitos do n.º 1 os que assim forem definidos para o contrato de trabalho celebrado com menor.

4 – Ao menor que realiza actividades com autonomia aplicam-se as limitações estabelecidas para o contrato de trabalho celebrado com menor.

1. Este preceito corresponde ao artigo 16.º da Lei n.º 99/2003, de 27 de Agosto.

2. Nos termos da lei, menor é quem não tiver completado dezoito anos de idade, cfr. artigo 122.º do Código Civil.

3. Este preceito define as regras aplicáveis ao desempenho, remunerado, de uma actividade por menor. Estabelece o n.º 1 que o menor que não tenha ainda completado dezasseis anos não pode ser contratado para desenvolver, a título oneroso, uma actividade com autonomia, ou seja, veda-se, em princípio, que seja celebrado um contrato de prestação de serviços com um menor. Já será válido o contrato de prestação de serviços se o menor já tiver, à data da celebração, concluído a escolaridade obrigatória, ou se não a terminou, desde que esteja matriculado e a frequentar o nível secundário de educação e se a actividade a desenvolver abranger apenas "trabalhos leves". Para preencher o conceito de trabalhos leves remete-se, no n.º 3, para a definição constante do regime do contrato de trabalho com menor, no qual se entende que trabalhos leves são aqueles que consistem em tarefas simples e definidas que, pela sua natureza, pelos esforços físicos ou mentais exigidos ou pelas condições específicas em que são realizadas, não sejam susceptíveis de prejudicar o menor no que respeita à integridade física, segurança e saúde, assiduidade escolar, participação em programas de orientação ou de formação, capacidade para beneficiar da instrução ministrada, ou ainda ao desenvolvimento físico, psíquico, moral, intelectual e cultural do menor, cfr. n.º 3 do artigo 68.º do Código do Trabalho aprovado por esta Lei n.º 7/2009, de 12 de Fevereiro.

Quanto à escolaridade obrigatória, é a Lei n.º 85/2009, de 27 de Agosto que fixa o regime da escolaridade obrigatória para as crianças e jovens que se encontram em idade escolar, estabelecendo o n.º 1 do seu artigo 2.º que se consideram em idade escolar as crianças e jovens com idades compreendidas entre os 6 e os 18 anos. Já o n.º 4 do artigo 2.º deste mesmo diploma, determina que a escolaridade obrigatória cessa com a obtenção do diploma de curso conferente de nível secundário da educação, ou independentemente da obtenção do diploma de qualquer ciclo ou nível de ensino, no momento do ano escolar em que o aluno perfaça 18 anos.

4. O n.º 2 estabelece expressamente que ao contrato de prestação de serviços remunerado celebrado com menor, são aplicáveis as disposições do Código Civil, além deste artigo 3.º Trata-se de uma remissão que não era necessária. O Código Civil regula o contrato de prestação de serviços nos artigos 1154.º e segs., regulando ainda a condição jurídica dos menores nos artigos 122.º e segs., preceitos que seriam sempre aplicáveis caso não fosse previsto este n.º 2. Nos termos previstos no Código Civil, salvo disposição em contrário, os menores carecem de capacidade para o exercício de direitos, razão pela qual não têm capacidade para celebrar um contrato de prestação de serviços, incapacidade essa que é suprida pelo poder paternal ou pela tutela, cfr. artigos 123.º e 124.º Ou seja, um contrato de prestação de serviços remunerado, quando o contraente seja menor não emancipado, dado que a emancipação (que se obtém por celebração de casamento, cfr. artigo 132.º do Código Civil) tem por efeito atribuir-lhe plena capacidade de exercício de direitos, cfr. artigo 133.º do Código Civil, deve ser celebrado pelo representante legal do próprio menor. Se assim não for, o contrato de prestação de serviços remunerado é anulável, cfr. artigo 125.º do Código Civil.

5. Por sua vez, o contrato de trabalho celebrado com menor encontra-se regulado nos artigos 66.º a 83.º do Código do Trabalho, aprovado por esta Lei n.º 7/2009, de 12 de Fevereiro, aí se dispondo, entro outras, relativamente à capacidade do menor para celebrar este tipo de contrato.

6. O n.º 4 manda aplicar ao contrato de prestação de serviços, em que um dos contraentes seja menor, as restrições estabelecidas no contrato de trabalho celebrado com menor. Entre as normas aplicáveis por este n.º 4 devem contar-se a protecção da segurança e saúde de menor, cfr. artigo 72.º e os limites relativos à duração do tempo de trabalho, cfr. artigo 73.º, limites máximos do período normal de trabalho de menor; artigo 76.º, trabalho de menor no período nocturno; artigo 77.º, intervalo de descanso de menor; artigo 78.º, descanso diário de menor; artigo 79.º, descanso semanal de menor; e artigo 80.º descanso semanal e períodos de trabalho de menor em caso de pluriemprego. Note-se contudo que a verificação do cumprimento destas restrições à prestação de serviços, quando um dos contraentes seja menor, é difícil, quando a actividade do menor não seja realizada em local pertencente ao beneficiário da prestação, ou por este último controlado. Designadamente, prestando o menor a sua actividade através de uma prestação de serviços em local por si controlado, como seja a sua residência, em princípio, e porquanto se terá obrigado a um resultado, é o menor que controla a duração do tempo de actividade, e que procede à sua organização.

Ainda por decorrência deste n.º 4, à participação de menor em actividade de natureza cultural, artística ou publicitária, aplicam-se as limitações estabelecidas na Lei n.º 105/2009, de 14 de Setembro, alterada pelas Leis n.os 60/2018, de 21 de Agosto, e 93/2019, de 4 de Setembro, que regulamenta a participação de menor naquelas actividades, cfr. alínea a) do n.º 1 do artigo 1.º da Lei n.º 105/2009, de 14 de Setembro. Ver quanto a esta matéria, a anotação ao artigo 81.º

ARTIGO 4.º – Acidentes de trabalho e doenças profissionais

1 – O regime relativo a acidentes de trabalho e doenças profissionais, previsto nos artigos 283.º e 284.º do Código do Trabalho, com as necessárias adaptações, aplica-se igualmente:

a) A praticante, aprendiz, estagiário e demais situações que devam considerar-se de formação profissional;

b) A administrador, director, gerente ou equiparado, sem contrato de trabalho, que seja remunerado por essa actividade;

c) A prestador de trabalho, sem subordinação jurídica, que desenvolve a sua actividade na dependência económica, nos termos do artigo 10.º do Código do Trabalho.

2 – O trabalhador que exerça actividade por conta própria deve efectuar um seguro que garanta o pagamento das prestações previstas nos artigos indicados no número anterior e respectiva legislação regulamentar.

1. Este preceito corresponde ao artigo 18.º da Lei n.º 99/2003, de 27 de Agosto.

2. Este preceito estende a protecção que é conferida a trabalhador em matéria de acidentes de trabalho e doenças profissionais a outros profissionais que não devem ser qualificados como trabalhadores.

3. A alínea a) do n.º 1 procede a uma extensão do regime relativo a acidentes de trabalho e doenças profissionais, que passa, por efeito desta norma, a englobar o praticante, o aprendiz, o estagiário e demais casos que devam entender-se de formação profissional. Tratam-se de situações contratuais que consubstanciam uma modalidade do contrato de prestação de serviços, não regulada especialmente por lei.

Importa contudo ter em conta que a alínea a) do n.º 1 não se aplica a todos os estágios. É o que sucede relativamente ao estágio extracurricular, ao qual são aplicáveis as disposições do Decreto-Lei n.º 66/2011, de 1 de Junho, que estabelece as regras a que deve obedecer a realização de estágios profissionais extracurriculares, incluindo os que tenham como objectivo a aquisição de uma habilitação profissional legalmente exigível para o acesso ao exercício de determinada profissão, não sendo nenhum daqueles estágios considerados uma relação de trabalho subordinado. O estágio profissional, para efeitos do Decreto-Lei n.º 66/2011, consiste nos termos do n.º 1 do seu artigo 2.º, na formação prática em contexto de trabalho que se destina a complementar e a aperfeiçoar as competências do estagiário, visando a sua inserção ou reconversão para a vida activa de forma mais célere e fácil, ou a obtenção de uma formação técnico-profissional e deontológica legalmente obrigatória para aceder ao exercício de determinada profissão. Nos termos do n.º 4 do artigo 9.º do Decreto-Lei n.º 66/2011, a entidade promotora do estágio (aquela que concede o estágio ao estagiário) deve contratar, em benefício do estagiário, um seguro de acidentes pessoais que cubra os riscos de eventualidades que possam ocorrer durante e por causa das actividades desenvolvidas pelo estagiário no decurso do estágio, bem como nas deslocações entre a residência e o local de estágio. Ou seja, constituindo o n.º 4 do artigo 9.º do Decreto-Lei n.º 66/2011 uma cláusula especial aplicável aos estágios extracurricular, esta norma sobrepõe-se à alínea a) do n.º 1 deste artigo 4.º

Já quanto aos demais estágios, não existindo uma disposição específica, vale o disposto na alínea a) do n.º 1 deste artigo 4.º, e assim ser contratado um seguro de acidentes de trabalho. É o que sucederá com os estágios curriculares, ou seja, os estágios que sejam exigidos pelo programa de um curso escolar, para conclusão de cursos secundários, licenciaturas ou mestrados. Trata-se de formação prática em contexto de trabalho que se destinará a complementar a formação do estagiário, enquanto o estagiário se encontra matriculado numa qualquer instituição de ensino. Nesses estágios curriculares, deverá ser contratado um seguro de acidentes de trabalho, por força da alínea a) do n.º 1 deste artigo 4.º, sendo que tal contratação deverá incumbir à entidade que recebe o estagiário.

Quando o estagiário tenha a qualidade de trabalhador, existindo subordinação jurídica, é aplicável o artigo 283.º do Código do Trabalho, e não a alínea a) do n.º 1 do artigo 4.º

4. A extensão do regime relativo a acidentes de trabalho e doenças profissionais de trabalhador operada na alínea b) do n.º 1 abrange o desempenho de certos cargos societários, como o de administrador, em sociedade anónima, ou de gerente nas sociedades por quotas, desde que remunerados pelo desempenho desses cargos. Já o exercício de um cargo de direcção é frequentemente realizado por um trabalhador, contratado especificamente para o desempenho dessas funções, ou por alteração contratual, através de uma promoção, ou ainda por efeito da celebração de contrato em regime de comissão de serviço, cfr. artigo 161.º a 164.º do Código do Trabalho, aprovado pela Lei n.º 7/2009, o que sendo o caso torna directamente aplicáveis, a esse trabalhador, os artigos 283.º e 284.º, sem necessidade de fazer operar a extensão prevista neste artigo 4.º Quando o cargo de direcção não seja desempenhado por trabalhador, mas o prestador da actividade seja por esse desempenho remunerado, o regime da protecção em matéria de acidentes de trabalho e doenças profissionais é aplicável por efeito desta alínea b) do n.º 1.

Quando um trabalhador é designado administrador de uma sociedade anónima, o n.º 1 do artigo 398.º do Código das Sociedades Comerciais, aprovado pelo Decreto-Lei n.º 262/86, de 2 de Setembro, proíbe o exercício de quaisquer funções temporárias ou permanentes ao abrigo de contrato de trabalho, subordinado ou autónomo, proibindo igualmente a celebração de contrato de trabalho quando cessarem as funções de administrador. De acordo com o n.º 2 do mesmo artigo 398.º do Código das Sociedade Comerciais, quando antes da designação o administrador desempenhava o seu trabalho ao abrigo de um contrato de trabalho, esse contrato extingue-se se foi celebrado há menos de um ano antes da designação. Quando tenha durado mais do que um ano, o contrato de trabalho suspende-se. De acordo com o Código das Sociedades Comerciais não se permite o cúmulo, num mesmo sujeito, das qualidades de administrador e de trabalhador, independentemente da constituição do vínculo laboral ser anterior, simultânea ou posterior à da relação de administração. Alerte-se contudo que o entendimento de que o contrato de trabalho celebrado há menos de um ano, com trabalhador que veio a ser designado administrador, se extingue já foi considerado inconstitucional, por violação da alínea d) do artigo 55.º e da alínea a) do n.º 2 do artigo 57.º da Constituição da República Portuguesa, cfr. Acórdão do Tribunal Constitucional n.º 1018/96, de 9 de Outubro de 1996, processo n.º 714/95, em www.tribunalconstitucional.pt/tc/acordaos, por a norma em questão ter sido aprovada sem audiência prévia dos organismos representativos dos trabalhadores. A parte da norma que admite a suspensão do contrato de trabalho já foi entendido como conforme à Constituição da República Portuguesa, cfr. Acórdão do Tribunal Constitucional n.º 259/01, de 30 de Maio de 2001, processo n.º 328/00, em www.tribunalconstitucional.pt/tc/acordaos. Não existe uma norma correspondente ao n.º 1 do artigo 398.º do Código das Sociedades Comerciais para os gerentes das sociedades por quotas, nem aquela é aplicável a estes. A situação dos sócios gerentes é de difícil conciliação com a subordinação jurídica que o contrato de trabalho supõe, dado que os gerentes, na sua actividade, geralmente não se apresentam adstritos às ordens de quem quer que seja, tendo apenas que prestar contas dos seus actos de gestão à própria sociedade, cujos órgãos directivos integram. A actividade dos gerentes reveste a natureza da posição do empregador, não podendo encabeçar-se na mesma pessoa a direcção e fiscalização, por um lado, e a subordinação, por outro. O especial laço social com a pessoa colectiva dificulta a afirmação de que existe subordinação e, consequentemente, de que existe contrato de trabalho. Existindo alguma dificuldade, certo é que inexiste impedimento legal à coexistência do exercício da gerência com a execução de um contrato individual de trabalho subordinado. Quando o gerente, antes da designação, desempenhava o seu trabalho ao abrigo de um contrato de trabalho, esse contrato deve entender-se que se suspende. Será, nestas situações, regra geral, uma promoção que é conferida ao trabalhador, pela boa prestação do seu trabalho, em termos de lhe permitir desempenhar funções dirigentes, coadjuvando o empregador, o que faz assumindo o exercício de funções sociais na pessoa colectiva. Para mais desenvolvimentos, ver anotação ao artigo 11.º do Código do Trabalho, aprovado por esta Lei n.º 7/2009, de 12 de Fevereiro.

5. A previsão da alínea c) do n.º 1, face ao disposto no artigo 10.º do Código do Trabalho, aprovado por esta Lei n.º 7/2009 parece desnecessária. Estabelece-se naquele artigo 10.º que as normas respeitantes a direitos de personalidade, igualdade e não discriminação e segurança e saúde no trabalho, são aplicáveis a situações em que ocorra prestação de trabalho por uma pessoa a outra, sem subordinação jurídica, sempre que o prestador de trabalho deva considerar-se na dependência económica do beneficiário da actividade. Ou seja, aquele artigo 10.º tem um âmbito de aplicação superior face a esta alínea c) do n.º 1, pelo que, e atento o seu conteúdo normativo, consome esta mesma alínea c) do n.º 1.

Note-se que não é somente o regime relativo a acidentes de trabalho e doenças profissionais, previsto nos artigos 283.º e 284.º do Código do Trabalho, que é aplicável ao prestador de trabalho, sem subordinação jurídica. Nos termos do artigo 33.º da Lei n.º 105/2009, de 14 de Setembro, alterada pelas Leis n.os 60/2018, de 21 de Agosto, e 93/2019, de 4 de Setembro, na informação anual sobre a actividade social da empresa, que o empregador tem de prestar, deve ser considerado quem esteja vinculado ao empregador mediante contrato de prestação de serviço.

6. O n.º 2 exige que o trabalhador que exerça actividade por conta própria celebre um contrato de seguro que garanta o pagamento das prestações por ocorrência de acidente de trabalho ou doença profissional, de acordo com o disposto nos artigos 283.º e 284.º do Código do Trabalho e em legislação regulamentar. A legislação regulamentar mencionada neste n.º 2 é a Lei n.º 98/2009, de 4 de Setembro, que entrou em vigor no dia 1 de Janeiro de 2010, revogando a Lei n.º 100/97, de 13 de Setembro, cfr. alínea a) do artigo 186.º da Lei n.º 98/2009.

ARTIGO 5.º – Regime do tempo de trabalho

O disposto na alínea a) do n.º 2 do artigo 197.º do Código do Trabalho não é aplicável até à entrada em vigor de convenção colectiva que disponha sobre a matéria, mantendo-se em vigor, durante esse período, o previsto no artigo 1.º da Lei n.º 21/96, de 23 de Julho, e na alínea a) do n.º 1 do artigo 2.º da Lei n.º 73/98, de 10 de Novembro.

1. Este preceito corresponde ao artigo 10.º da Lei n.º 99/2003, de 27 de Agosto.

2. Considera-se tempo de trabalho qualquer período durante o qual o trabalhador exerce a actividade ou permanece adstrito à realização da prestação, bem como as interrupções e os intervalos que se considerem compreendidos no tempo de trabalho, cfr. n.º 1 do artigo 197.º O tempo de trabalho que o trabalhador está obrigado a prestar tem uma duração temporal, a qual é medida em número de horas por dia e por semana, que se designa por período normal de trabalho, cfr. artigo 198.º, cuja duração consta actualmente do n.º 1 do artigo 203.º – quarenta horas por semana e oito horas por dia. A Lei n.º 21/96, de 23 de Julho pretendeu reduzir o período normal de trabalho para as quarenta horas por semana, (antes deste diploma o período normal de trabalho era de quarenta e quatro horas por semana). De acordo com o n.º 3 do artigo 1.º da Lei n.º 21/96, a redução do período normal de trabalho devia ser realizada pela diminuição dos períodos de trabalho efectivo, excluindo-se dessa redução as interrupções de actividade que implicassem a paragem do posto de trabalho ou a substituição do trabalhador. Estabelece a alínea a) do n.º 2 do artigo 2.º da Lei n.º 73/98, de 10 de Novembro que são considerados tempo de trabalho as interrupções de trabalho como tal consideradas nas convenções colectivas ou as resultantes de usos e costumes reiterados das empresas. Por sua vez, a alínea a) do n.º 2 do artigo 197.º considera compreendida no tempo de trabalho a interrupção de trabalho como tal considerada por convenção colectiva do trabalho, regulamento interno ou uso da empresa.

Salvo melhor opinião, deste artigo 5.º não resulta um regime de medição do tempo de trabalho diferente daquele que resulta do n.º 1 do artigo 197.º, pelo que este artigo 5.º era desnecessário, por mandar suspender a aplicação de um preceito, a alínea a) do n.º 2 do artigo 197.º, cujo conteúdo normativo é análogo ao que resulta da interpretação do artigo 1.º da Lei n.º 21/96, de 23 de Julho, e na alínea a) do n.º 2 do artigo 2.º da Lei n.º 73/98, de 10 de Novembro. A noção de período normal de trabalho não resulta do artigo 1.º da Lei n.º 21/96, mas sim e como *supra* referido, dos actuais artigos 198.º e n.º 1 do 197.º, preceitos estes que se encontram em vigor, tendo-se limitado o artigo 1.º da Lei n.º 21/96, de 23 de Julho, a reduzir em 1996 o período normal de trabalho, e a estabelecer, no seu n.º 3, o modo como devia ser realizada essa redução. Já a alínea a) do n.º 2 do artigo 2.º da Lei n.º 73/98, de 10 de Novembro estabelece que o período normal de trabalho inclui as interrupções de trabalho como tal consideradas nas convenções colectivas ou as resultantes de usos das empresas. No mesmo sentido da alínea a) do n.º 2 do artigo 2.º da Lei n.º 73/98, estabelece precisamente a alínea a) do n.º 2 do artigo 197.º, que este artigo 5.º manda suspender...

Sobre os problemas de compatibilização entre a Lei n.º 21/96, de 23 de Julho, e a Lei n.º 73/98, de 10 de Novembro, *vide* Albino Mendes Baptista, "Tempo de trabalho efectivo, tempos de pausa e tempo de «terceiro tipo»", *Revista de Direito e de Estudos Sociais*, XLIII, 2002.

ARTIGO 6.º – Deveres do Estado em matéria de formação profissional

1 – Compete ao Estado garantir o acesso dos cidadãos à formação profissional, permitindo a todos a aquisição e a permanente actualização dos conhecimentos e competências, desde a entrada na vida activa, e proporcionar os apoios públicos ao funcionamento do sistema de formação profissional.

2 – Compete ao Estado, em particular, garantir a qualificação inicial de jovens que pretendem ingressar no mercado de trabalho, a qualificação ou a reconversão profissional de desempregados, com vista ao seu rápido ingresso no mercado de trabalho, e promover a integração sócio-profissional de grupos com particulares dificuldades de inserção, através do desenvolvimento de acções de formação profissional especial.

1. Este preceito não tem correspondência com qualquer outro do anterior Código do Trabalho, aprovado pela Lei n.º 99/2003, de 27 de Agosto, sendo um artigo novo.

2. Este artigo 6.º consagra uma norma programática, estatuindo os deveres do Estado português em matéria de formação profissional, e que é repetido em alguns preceitos do Código do Trabalho, cfr. n.º 1 do artigo 67.º relativamente a menor que tenha concluído a escolaridade obrigatória. Note-se contudo dois aspectos determinantes. A formação profissional não é um exclusivo do Estado. O trabalhador, por si, pode aceder a formação profissional, sendo que esta é também um dever do empregador.

A obrigação de proporcionar formação profissional incide também sob o empregador, que deve proporcionar esta ao trabalhador, para que este último desenvolva a sua qualificação, de acordo com a alínea d) do n.º 1 do artigo 127.º Além deste dever genérico estabelecido no artigo 127.º, há vários outros preceitos que determinam a obrigação do empregador proporcionar formação profissional, cfr. n.º 2 do artigo 67.º, relativamente a menor ao seu serviço, artigo 86.º relativamente a trabalhador com deficiência ou doença crónica, n.º 4 do artigo 118.º relativamente a trabalhador a quem seja exigido o exercício de funções acessórias que imponham especial qualificação, n.º 2 do artigo 131.º relativamente a todos os trabalhadores ao seu serviço, ainda que contratados a termo, que têm direito a pelo menos quarenta horas anuais de formação, ou na proporção da duração do contrato nesse ano, se contratados a termo por período igual ou superior a três meses, ou em regime de teletrabalho (n.º 1 do artigo 169.º), n.º 1 do artigo 187.º relativamente ao trabalhador temporário (cujo dever incide sob a empresa de trabalho temporário, podendo contudo ser assegurada pelo utilizador, cfr. n.º 8 do artigo 131.º), alínea b) do n.º 1 e alínea d) do n.º 2, ambas do artigo 375.º, em caso de despedimento por inadaptação, independentemente de ter havido ou não modificações no posto de trabalho.

O trabalhador também poderá, por sua iniciativa, aceder a formação profissional, o que pode até constituir um direito a usufruir de uma licença sem retribuição concedida pelo empregador, cfr. n.º 2 do artigo 317.º, ou por concessão do estatuto de trabalhador estudante, cfr. artigo 89.º e segs., ou mesmo, fora de uma destas situações.

Nada veda também que o cidadão, ainda que não seja trabalhador, consiga obter formação profissional celebrando um contrato de estágio ou um contrato de aprendizagem. O estágio é regulado pelo Decreto-Lei n.º 66/2011, de 1 de Junho, que estabelece as regras a que deve obedecer a realização de estágios profissionais extracurriculares, incluindo os que tenham como objectivo a aquisição de uma habilitação profissional legalmente exigível para o acesso ao exercício de determinada profissão, não sendo nenhum daqueles estágios considerados uma relação de trabalho subordinado. O estágio profissional, para efeitos do Decreto-Lei n.º 66/2011, consiste nos termos do n.º 1 do seu artigo 2.º, na formação prática em contexto de trabalho que se destina a complementar e a aperfeiçoar as competências do estagiário, visando a sua inserção ou reconversão para a vida activa de forma mais célere e fácil, ou a obtenção de uma formação técnico-profissional e deontológica legalmente obrigatória para aceder ao exercício de determinada profissão. Já a regulamentação do contrato de aprendizagem consta da Portaria n.º 1497/2008, de 19 de

Dezembro, alterada pelas Portarias n.os 289/2009, de 20 de Março, e 73/2010, de 4 de Fevereiro. O contrato de aprendizagem é permitido no âmbito dos cursos de aprendizagem, ou seja, cursos de formação profissional inicial, em alternância, dirigidos a jovens, privilegiando a sua inserção no mercado de trabalho e permitindo o prosseguimento de estudos. Estes cursos de aprendizagem apenas podem ser realizados pelos centros de formação profissional da rede do Instituto do Emprego e Formação Profissional, I.P. (I.E.F.P.), por outras entidades tuteladas pelo ministério responsável pela área da formação profissional, e por entidades formadoras públicas e privadas devidamente certificadas no âmbito do sistema de certificação de entidades formadoras, à excepção das escolas básicas, secundárias e profissionais, cfr. n.º 1 do artigo 4.º da Portaria n.º 1497/2008, entidades estas designadas por entidades formadoras.

ARTIGO 7.º – Aplicação no tempo

1 – Sem prejuízo do disposto no presente artigo e nos seguintes, ficam sujeitos ao regime do Código do Trabalho aprovado pela presente lei os contratos de trabalho e os instrumentos de regulamentação colectiva de trabalho celebrados ou adoptados antes da entrada em vigor da referida lei, salvo quanto a condições de validade e a efeitos de factos ou situações totalmente passados anteriormente àquele momento.

2 – As disposições de instrumento de regulamentação colectiva de trabalho contrárias a normas imperativas do Código do Trabalho devem ser alteradas na primeira revisão que ocorra no prazo de 12 meses após a entrada em vigor deste diploma, sob pena de nulidade.

3 – O disposto no número anterior não convalida as disposições de instrumento de regulamentação colectiva de trabalho nulas ao abrigo da legislação revogada.

4 – As estruturas de representação colectiva de trabalhadores e de empregadores constituídas antes da entrada em vigor do Código do Trabalho ficam sujeitas ao regime nele instituído, salvo quanto às condições de validade e aos efeitos relacionados com a respectiva constituição ou modificação.

5 – O regime estabelecido no Código do Trabalho, anexo à presente lei, não se aplica a situações constituídas ou iniciadas antes da sua entrada em vigor e relativas a:

a) Duração de período experimental;

b) Prazos de prescrição e de caducidade;

c) Procedimentos para aplicação de sanções, bem como para a cessação de contrato de trabalho;

d) Duração de contrato de trabalho a termo certo.

6 – O regime estabelecido no n.º 4 do artigo 148.º do Código do Trabalho, anexo à presente lei, relativo à duração de contrato de trabalho a termo incerto aplica-se a situações constituídas ou iniciadas antes da sua entrada em vigor, contando-se o período de seis anos aí previsto a partir da data de entrada em vigor da presente lei.

1. Este preceito corresponde aos artigos 8.º, 9.º e 14.º da Lei n.º 99/2003, de 27 de Agosto.

2. A Lei n.º 7/2009, de 12 de Fevereiro, contém normas de aplicação transitória, ou seja, esta Lei fixou a solução para alguns casos que se encontram na fronteira entre a lei anterior, a Lei n.º 99/2003, de 27 de Agosto, e esta mesma lei, resolvendo alguns problemas específicos de situações duradouras que foram iniciadas no domínio da lei antiga, mas cujos efeitos se prolongam no domínio da lei nova. Entre as normas com natureza de norma de aplicação transitória integra-se este artigo 7.º O n.º 1 enuncia a regra geral de aplicação das leis no tempo, consagrada no artigo 12.º do Código Civil, de que a lei só dispõe para o futuro, mas quando dispuser directamente sobre o conteúdo de certas relações jurídicas entende-se que a lei nova abrange as próprias relações constituídas anteriormente, que persistam à data da sua entrada em vigor. A mesma regra geral é enunciada no n.º 4 deste mesmo artigo 7.º, relativamente às estruturas de representação colectiva de trabalhadores e empregadores.

3. O n.º 5 é uma regra especial face ao critério geral fixado no n.º 1 e no n.º 4.

Da alínea a) deste n.º 5 resulta claramente que o período experimental que esteja em execução à data da entrada em vigor da Lei n.º 7/2009, de 12 de Fevereiro, mantém a duração prevista na lei anterior (que é a mesma no actual Código do Trabalho, cfr. n.os 1, 2 e 3 do artigo 112.º), fazendo-se a contagem do prazo nos termos do Código do Trabalho aprovado pela Lei n.º 99/2003, de 27 de Agosto. Assim, não há qualquer acréscimo de prazo pelo facto de na pendência da execução do período experimental entrar em vigor uma nova lei, lei esta que não releva para efeito da duração do período experimental.

Da alínea b) resulta que os prazos de prescrição e de caducidade iniciados antes da entrada em vigor da Lei n.º 7/2009, de 12 de Fevereiro, não são inflectidos pela nova lei, aferindo-se a sua duração pelo disposto na Lei n.º 99/2003, de 27 de Agosto. Se o prazo é aferido pela lei anterior, o mesmo já não se pode dizer relativamente às consequências da caducidade e da prescrição, cujos efeitos são aferidos pela lei nova, ou seja, pelo Código do Trabalho aprovado pela Lei n.º 7/2009, de 12 de Fevereiro.

A alínea c) tem por efeito determinar que o procedimento disciplinar, independentemente da intenção manifestada (de proceder à aplicação da sanção de despedimento ou de outra) rege-se pela lei anterior, ou seja a Lei n.º 99/2003, de 27 de Agosto, desde que tenha sido iniciado até ao dia 16 de Fevereiro de 2009. Para aferir do início do procedimento disciplinar, o critério deverá ser a decisão do empregador de instaurar procedimento prévio de inquérito (quando este teve lugar), ou a comunicação dos factos imputados ao trabalhador, designadamente quando esta comunicação tenha sido reduzida a escrito, através de Nota de culpa. Note-se que na redacção anterior da norma equivalente ao actual artigo 352.º, o artigo 412.º do Código do Trabalho aprovado pela Lei n.º 99/2003, de 27 de Agosto, se dizia que os prazos de caducidade e prescrição disciplinar se interrompiam com a instauração do procedimento prévio de inquérito, enquanto que na redacção do actual artigo 352.º se diz que aqueles mesmos prazos se interrompem com o início do procedimento prévio de inquérito. Ou seja, entendia-se no domínio do Código do Trabalho aprovado pela Lei n.º 99/2003, de 27 de Agosto que a declaração do empregador de instaurar o procedimento prévio de inquérito, realizada frequentemente em documento escrito a que se dá o nome de despacho, ou de termo de abertura de procedimento prévio de inquérito, era suficiente para definir o início do procedimento prévio de inquérito, não sendo necessária a realização de uma diligência para se obter o efeito interruptivo. Neste sentido, *vide* Acórdão do Tribunal da Relação de Lisboa, de 27 de Abril de 2005, processo 742/2005-4, sumários em www.dgsi.pt: "Embora, em princípio, só com a abertura de processo disciplinar se possa, em rigor, considerar que estamos perante um procedimento disciplinar, entende-se que a razão de ser que subjaz à norma que manda atribuir à instauração de inquérito prévio o efeito de suspender ou interromper a contagem dos prazos para o exercício da acção disciplinar, permite afirmar que, nesses casos (de necessidade de averiguação prévia para a emissão da nota de culpa), o procedimento conducente à aplicação de sanção deve considerar-se iniciado com a decisão patronal de iniciar a dita averiguação. Tendo a Ré, em 10.11.2003, ordenado a "abertura de um inquérito com vista ao apuramento dos factos e eventual procedimento disciplinar", tendo a nota de culpa sido notificada ao arguido em 11.05.2004, e mostrando-se necessária averiguação e conduzida com diligência, temos de concluir que o caso se integra na previsão da alínea c) do artigo 9.º do CT, o que significa que as normas do CT (aprovado pela Lei n.º 99/2003, de 27 de Agosto) sobre procedimento disciplinar não são aplicáveis.". Assim, quando tenha havido uma decisão do empregador até ao dia 16 de Fevereiro de 2009 de instaurar um procedimento prévio de inquérito, a lei aplicável a todo o procedimento disciplinar será o Código do Trabalho aprovado pela Lei n.º 99/2003, de 27 de Agosto. Quando o procedimento disciplinar não tiver de ser reduzido a escrito, designadamente por a intenção do empregador não ser a de proceder ao despedimento do trabalhador, ou a decisão de instaurar procedimento prévio de inquérito, quando este tiver tido lugar, não tenha assumido a forma escrita, porque inexiste obrigação legal de o fazer, torna-se mais difícil aferir do momento em concreto, em que foi iniciado o procedimento disciplinar, e assim determinar qual a lei aplicável.

Na alínea d) estabelece-se que a duração do contrato de trabalho a termo certo celebrado na vigência da lei anterior, e em execução aquando da entrada em vigor da Lei n.º 7/2009, de 12 de Fevereiro (em 17 de Fevereiro) é aferida pelo Código do Trabalho aprovado pela Lei n.º 99/2003, de 27 de Agosto. Dado que este último admitia que decorrido o período de três anos ou verificado o número máximo de renovações (duas), o contrato podia ainda ser objecto de uma última e derradeira renovação, desde que a respectiva duração não fosse inferior a um, nem superior a três anos, excepto quando se tratasse de lançamento de uma nova actividade de duração incerta, bem como início de laboração de uma empresa ou estabelecimento e contratação de trabalhadores à procura de primeiro emprego ou de desempregados de longa duração ou noutras situações previstas em legislação especial de política de emprego, cfr. n.os 2 e 3 do artigo 139.º daquele diploma, pode, por efeito desta alínea d), um contrato de trabalho a termo certo iniciado na vigência do Código do Trabalho de 2003 atingir os seis anos de duração, mesmo depois da entrada em vigor da Lei n.º 7/2009, de 12 de Fevereiro. Esta renovação extraordinária do contrato a termo certo prevista na legislação anterior estava contudo sujeita à verificação do motivo que justificava a contratação a termo, razão pela qual é de entender que, em princípio, esta exigência é de muito difícil confirmação: um período de seis anos configurará ainda uma verdadeira necessidade temporária da empresa? O regime previsto no n.º 2 do artigo 139.º do Código do Trabalho aprovado pela Lei n.º 99/2003, de 27 de Agosto não tem paralelo no Código do Trabalho aprovado pela Lei n.º 7/2009, de 12 de Fevereiro, que limitou a duração máxima do contrato a termo certo primeiro a três anos (até 30 de Setembro de 2019), e posteriormente a dois anos, com a entrada em vigor da Lei n.º 93/2019, de 4 Setembro, cfr. n.º 1 do artigo 148.º

4. A solução consagrada no n.º 6 resultava já do n.º 1 do artigo 297.º do Código Civil. Não obstante, o legislador entendeu afastar qualquer dúvida que pudesse surgir relativamente à duração do contrato de trabalho a termo incerto. O contrato de trabalho a termo incerto durava, no Código do Trabalho aprovado pela Lei n.º 99/2003, de 27 de Agosto, por todo o tempo necessário para a substituição do trabalhador ausente ou para a conclusão da actividade, tarefa, obra ou projecto cuja execução justificava a celebração, cfr. artigo 144.º da Lei n.º 99/2003, pelo que em abstracto poderia ter uma duração superior àquela que veio a ser permitida pelo Código do Trabalho aprovado pela Lei n.º 7/2009, de seis anos, e hoje limitada a quatro anos, cfr. n.º 5 do artigo 148.º Nos termos do n.º 6, ao contrato de trabalho a termo incerto celebrado antes do actual Código do Trabalho, aprovado pela Lei n.º 7/2009, de 12 de Fevereiro é aplicável esta nova lei, sendo que o limite do prazo de seis anos só se começa a contar a partir da entrada em vigor da Lei n.º 7/2009, de 12 de Fevereiro, ou seja, a partir de 17 de Fevereiro de 2009. Em abstracto, pode um contrato de trabalho a termo incerto durar há oito anos, sendo que a partir de 17 de Fevereiro de 2009, esse mesmo contrato só pode durar, no máximo, por mais seis anos.

ARTIGO 8.º – Revisão de estatutos existentes

1 – Os estatutos de associações sindicais, associações de empregadores, comissões de trabalhadores e comissões coordenadoras vigentes na data da entrada em vigor da presente lei que não estejam em conformidade com o regime constante do Código do Trabalho devem ser revistos no prazo de três anos.

2 – Decorrido o prazo referido no número anterior, o serviço competente do ministério responsável pela área laboral procede à apreciação fundamentada sobre a legalidade dos estatutos que não tenham sido revistos e, caso haja disposições contrárias à lei, notifica a estrutura em causa para que esta altere os estatutos, no prazo de 180 dias.

3 – Se houver alteração de estatutos no prazo referido no número anterior, ou fora desse prazo, mas antes da remessa destes ao Ministério Público no tribunal competente, aplica-se o disposto nos n.os 3 a 6, 8 e 9 do artigo 447.º do Código do Trabalho, com as necessárias adaptações.

4 – Caso não haja alteração de estatutos nos prazos referidos nos n.os 2 e 3, o serviço competente do ministério responsável pela área laboral remete ao magistrado do Ministério Público no tribunal competente a apreciação fundamentada sobre a legalidade dos mesmos, para os efeitos previstos nos n.os 8 e 9 do artigo 447.º do Código do Trabalho.

5 – Caso a apreciação fundamentada sobre a legalidade da alteração de estatutos conclua que não existem disposições contrárias à lei, o processo é remetido ao magistrado do Ministério Público, para os efeitos previstos na alínea b) do n.º 4 do artigo 447.º do Código do Trabalho.

6 – As entidades referidas no n.º 1 podem requerer a suspensão da instância pelo prazo de seis meses em caso de processo judicial em curso tendente à extinção judicial da mesma, ou declaração de nulidade de normas dos estatutos com fundamento em desconformidade com a lei, e apresentar no processo a alteração dos estatutos no mesmo prazo.

1. Este preceito não tem correspondência com qualquer outro do anterior Código do Trabalho, aprovado pela Lei n.º 99/2003, sendo um artigo novo.

2. Sobre as associações sindicais, ver alínea a) do artigo 404.º e segs., e artigos 440.º e segs. Sobre as associações de empregadores, ver artigos 440.º e segs. Sobre as comissões de trabalhadores e comissões coordenadoras, ver alínea b) do artigo 404.º e segs., e artigos 415.º e segs.

3. A Lei n.º 7/2009, de 12 de Fevereiro, contém normas de aplicação transitória, ou seja, esta Lei fixou a solução para alguns casos que se encontram na fronteira entre a lei anterior, a Lei n.º 99/2003, de 27 de Agosto, e o Código do Trabalho de 2009, resolvendo alguns problemas específicos. Entre estes está a validade dos estatutos de associações sindicais, associações de empregadores, comissões de trabalhadores e comissões coordenadoras, que à data da entrada em vigor da Lei n.º 7/2009 não estejam em conformidade com o regime do Código do Trabalho. Contudo, a validade destes estatutos nunca estaria posta em causa no seu todo, mas apenas, e em obediência ao princípio do aproveitamento dos actos jurídicos, relativamente àquelas normas que a lei torna imperativas. Note-se que, não fosse este artigo 8.º, e as disposições dos estatutos contrárias a normas imperativas do Código do Trabalho seriam nulas a partir do momento em que este entrou em vigor, dia 17 de Fevereiro, cfr. artigo 14.º

4. O serviço competente do ministério responsável pela área laboral referido neste artigo 8.º é a Direcção Geral do Emprego e das Relações de Trabalho (D.G.E.R.T.), cfr. alínea e) do n.º 3 do artigo 2.º do Decreto Regulamentar n.º 40/2012, de 12 de Abril.

5. De acordo com o n.º 1 deste artigo 8.º, concede-se um prazo transitório de três anos para que aqueles estatutos sejam alterados, de modo a que passem a respeitar as normas imperativas deste Código do Trabalho. Caso as normas dos estatutos de associações sindicais, associações de empregadores, comissões de trabalhadores ou comissões coordenadoras, que estejam em contradição com normas imperativas, não sejam alteradas no prazo de três anos, contados a partir de 17 de Fevereiro de 2009, o serviço competente do ministério responsável pela área laboral procede à apreciação a legalidade dos estatutos que não tenham sido revistos e notifica, de forma fundamentada a estrutura em causa para que esta altere os estatutos, no prazo de 180 dias. Se mesmo depois da notificação fundamentada, a associação sindical, a associação de empregadores, a comissão de trabalhadores ou a comissão coordenadora não realizar a alteração dos estatutos, então o serviço competente do ministério responsável pela área laboral remete ao magistrado do Ministério Público do tribunal competente a apreciação da legalidade dos estatutos, apreciação que tem de ser fundamentada, bem como os próprios estatutos. Depois de recebida a apreciação da legalidade dos estatutos, e os próprios estatutos, o magistrado do Ministério Público promove, no prazo de 15 dias a contar da recepção da apreciação, a declaração judicial de nulidade da norma, ou normas dos estatutos. A associação sindical, a associação de empregadores, a comissão de trabalhadores ou a comissão coordenadora pode ainda requerer a suspensão da instância, pelo prazo de seis meses, quando já esteja em curso o processo judicial para declaração de nulidade de normas dos estatutos, ou quando a violação das normas imperativas da lei seja de tal modo grave que o processo judicial em curso vise mesmo a extinção judicial da estrutura em causa, desde que no prazo da suspensão apresente no processo a alteração dos estatutos. Declarada a nulidade da norma, ou normas do estatuto, o serviço competente do Ministério responsável pela área laboral, promove a publicação imediata de aviso no Boletim do Trabalho e Emprego.

6. A apreciação fundamentada sobre a legalidade dos estatutos, que não tenham sido revistos, por parte do serviço competente do ministério responsável pela área laboral é um procedimento administrativo, aplicando-se àquele serviço o disposto no Código do Procedimento Administrativo. A contagem do prazo de 180 dias, referido no n.º 2 foi realizada de acordo com o disposto no n.º 1 do artigo 72.º do Código do Procedimento Administrativo, aprovado pelo Decreto-Lei n.º 442/91, de 15 Novembro, e alterado pela Declaração de Rectificação n.º 265/91, de 31 de Dezembro, pela Declaração de Rectificação 22-A/92, de 29 de Fevereiro, Decreto-Lei n.º 6/96, de 31 de Janeiro, e pelo Acórdão do Tribunal Constitucional n.º 118/97, de 24 de Abril, diploma este entretanto revogado. De acordo com a alínea b) do n.º 1 daquele mesmo artigo 72.º, o prazo suspendia-se aos sábados, domingos e feriados, sendo que nos termos da alínea b) do mesmo preceito, o termo do prazo que caisse em dia em que o serviço perante o qual devesse ser praticado o acto não estivesse aberto ao público, ou não funcionasse durante o período normal, transferir-se-ia para o primeiro dia útil seguinte. O Código do Procedimento Administrativo actualmente em vigor foi aprovado pelo Decreto-Lei n.º 4/2015, de 7 de Janeiro.

7. De acordo com os n.os 3 e 5, se a associação sindical, a associação de empregadores, a comissão de trabalhadores ou a comissão coordenadora, consoante a estrutura em causa, proceder à alteração dos estatutos nos 180 dias posteriores à notificação fundamentada do serviço competente do Ministério responsável pela área laboral, ou ainda que seja posterior ao final desse prazo, mas antes da remessa dos estatutos e da apreciação de legalidade dos próprios estatutos ao magistrado do Ministério Público do tribunal competente, os estatutos têm de ser entregues em documento electrónico ao serviço competente do Ministério responsável pela área laboral, para registo. Depois de proceder ao registo dos estatutos, o serviço competente do Ministério responsável pela área laboral publica os estatutos no Boletim do Trabalho e Emprego, nos 30 dias posteriores à sua recepção, e remete ao magistrado do Ministério Público no tribunal competente certidão ou cópia certificada da acta da assembleia que aprovou a alteração do estatuto, dos próprios estatutos e do pedido de registo, acompanhados de apreciação fundamentada sobre a legalidade dos estatutos, nos oito dias posteriores à publicação.

8. A alínea a) do artigo 5.º-A do Código de Processo do Trabalho foi aprovado pelo Decreto-Lei n.º 480/99, de 9 de Novembro, e alterado pelos Decretos-Leis n.os 323/2001, de 17 de Dezembro, 38/2003, de 8 de Março, 295/2009, de 13 de Outubro, pelas Leis n.os 63/2013, de 27 de Agosto, 55/2017, de 17 de Julho, 73/2017, de 16 de Agosto, e 107/2019 de 9 de Setembro, estabelece que o Ministério Público tem legitimidade activa nas acções relativas ao controlo da legalidade da constituição e dos estatutos de associações sindicais, associações de empregadores e comissões de trabalhadores. Semelhante acção judicial é regulada pelo artigo 164.º-A do Código de Processo do Trabalho.

ARTIGO 9.º - Extinção de Associações

1 – As associações sindicais e as associações de empregadores que, nos últimos seis anos, não tenham requerido, nos termos legalmente previstos, a publicação da identidade dos respectivos membros da direcção, dispõem de 12 meses, contados a partir da entrada em vigor deste diploma, para requerer aquela publicação.

2 – Decorrido o prazo referido no número anterior, sem que tal requerimento se tenha verificado, o ministério responsável pela área laboral dá desse facto conhecimento ao magistrado do Ministério Publico no tribunal competente, para efeitos de promoção da declaração judicial de extinção da associação.

3 – À extinção judicial nos termos do artigo anterior aplica-se o disposto nos n.os 1 a 3 e 7 do artigo 456.º, com as devidas adaptações.

1. Este preceito não tem correspondência com qualquer outro do anterior Código do Trabalho, aprovado pela Lei n.º 99/2003, sendo um artigo novo.

2. Sobre as associações sindicais, ver alínea a) do artigo 404.º e artigos 440.º e segs. Sobre as associações de empregadores, ver artigos 440.º e segs.

3. A Lei n.º 7/2009, de 12 de Fevereiro, contém normas de aplicação transitória, ou seja, esta Lei fixou a solução para alguns casos que se encontram na fronteira entre a lei anterior, a Lei n.º 99/2003, de 27 de Agosto, e o Código do Trabalho de 2009, resolvendo alguns problemas específicos. Entre estes está a publicação da identidade dos membros de direcção das associações sindicais e das associações de empregadores, que à data da entrada em vigor da Lei n.º 7/2009 (dia 17 de Fevereiro de 2009, cfr. artigo 14.º) não tenha sido requerida, nos últimos seis anos, pelas próprias associações sindicais ou associações de empregadores. De acordo com o n.º 1 deste artigo 9.º, quando nos últimos seis anos a associação sindical, ou a asso-

ciação de empregadores, não tenha requerido a publicação no Boletim do Trabalho e Emprego, da identidade dos membros da respectiva direcção, goza ainda do prazo de 12 meses para o fazer, contados a partir de 17 de Fevereiro de 2009. Note-se que, não fosse este artigo 9.º, a partir do momento em que entrou em vigor o Código do Trabalho de 2009, no dia 17 de Fevereiro, o serviço competente do ministério responsável pela área laboral deveria comunicar a ausência do pedido de publicação da identidade dos membros da direcção da associação sindical, ou da associação de empregadores, ao magistrado do Ministério Público do tribunal competente, para que este promovesse, a declaração judicial de extinção da associação.

4. De acordo com o n.º 2, caso seja ultrapassado o prazo de 12 meses, após a entrada em vigor da Lei n.º 7/2009, de 12 de Fevereiro, ou seja, se até 16 de Fevereiro de 2010, a associação sindical, ou a associação de empregadores, não tenha requerido a publicação no Boletim do Trabalho e Emprego, da identidade dos membros da respectiva direcção, o ministério responsável pela área laboral procede à comunicação da ausência do requerimento de publicação ao magistrado do Ministério Público do tribunal competente, para que este promova a declaração judicial de extinção da associação. Nesta situação, o magistrado do Ministério Público no tribunal competente, tem 15 dias a contar da recepção dessa comunicação, para promover a declaração judicial de extinção da associação. A extinção judicial de associação sindical ou associação de empregadores deve ser comunicada ao serviço competente do ministério responsável pela área laboral pelo tribunal, mediante cópia da decisão que determine a extinção, transitada em julgado. O serviço competente do ministério responsável pela área laboral procede então ao cancelamento do registo dos estatutos da associação em causa, e promove a publicação imediata de aviso no Boletim do Trabalho e Emprego. A publicação do aviso de extinção da associação determina a extinção da própria associação.

5. A remissão do n.º 3 ao determinar que à extinção judicial se aplica o disposto nos n.os 1 a 3 e 7 do artigo 456.º, com as devidas adaptações, deve entender-se para os n.os 1 a 4 e 8 do artigo 456.º, dado que este artigo 456.º foi alterado pelo artigo 2.º da Lei n.º 93/2019, de 4 de Setembro.

ARTIGO 10.º – Regime transitório de sobrevigência e caducidade de convenção colectiva

1 – É instituído um regime específico de caducidade de convenção colectiva da qual conste cláusula que faça depender a cessação da sua vigência de substituição por outro instrumento de regulamentação colectiva de trabalho, de acordo com os números seguintes.

2 – A convenção colectiva caduca na data da entrada em vigor da presente lei, verificados os seguintes factos:

a) A última publicação integral da convenção que contenha a cláusula referida no n.º 1 tenha entrado em vigor há, pelo menos, seis anos e meio, aí já compreendido o período decorrido após a denúncia;

b) A convenção tenha sido denunciada validamente na vigência do Código do Trabalho;

c) Tenham decorrido pelo menos 18 meses a contar da denúncia;

d) Não tenha havido revisão da convenção após a denúncia.

3 – A convenção referida no n.º 1 também caduca, verificando-se todos os outros factos, logo que decorram 18 meses a contar da denúncia.

4 – O disposto nos n.os 2 e 3 não prejudica as situações de reconhecimento da caducidade dessa convenção reportada a momento anterior.

5 – O aviso sobre a data da cessação da vigência da convenção é publicado:

a) Oficiosamente, caso tenha havido requerimento anterior cujo indeferimento tenha sido fundamentado apenas na existência da cláusula referida no n.º 1;

b) Dependente de requerimento, nos restantes casos.

1. Este preceito corresponde ao artigo 13.º, da Lei n.º 99/2003, de 27 de Agosto.

2. Em termos históricos, o legislador entendeu, no passado, e durante largo tempo, que as convenções colectivas haviam de ter uma tendencial perpetuação no tempo. Este entendimento traduziu-se, na prática, em sérias dificuldades para que se verificasse a caducidade de convenções colectivas, o que constituiu um obstáculo à promoção da regulação contratual colectiva. Desta forma mantiveram-se em vigor convenções colectivas de há décadas, negociadas e celebradas em determinado contexto social, as quais não previram mecanismos de revisão, ou prevendo-o, fizeram-no em termos claramente insuficientes.

3. Prevê-se neste artigo 10.º um mecanismo extraordinário de denúncia de convenção colectiva, através de um regime transitório aplicável a convenção colectiva anterior, que contenha cláusula que faça depender a cessação da sua vigência da substituição por outro instrumento. De acordo com este regime, a convenção colectiva, caso a sua caducidade não tenha ocorrido em data anterior, cessa os seus efeitos na data da entrada em vigor da presente lei, (ou seja 17 de Fevereiro de 2009), verificados os seguintes factos:

i) A última publicação integral da convenção que contenha a referida cláusula tenha entrado em vigor há, pelo menos, cinco anos;

ii) A convenção tenha sido denunciada validamente na vigência do Código do Trabalho aprovado pela Lei n.º 99/2003, de 27 de Agosto;

iii) Tenham decorrido pelo menos 18 meses a contar da denúncia;

iv) Não tenha havido revisão da convenção após a denúncia.

Relativamente ao requisito da validade da denúncia, para que este se verifique torna-se necessário que a denúncia tenha sido subscrita por quem tinha poderes para o acto, o que em princípio constará dos estatutos de quem procedeu à denúncia. E não obsta à denúncia o facto daquele contra quem esta foi invocada vir alegar que a denúncia não é válida em virtude de não ter sido dirigida a todas as restantes entidades que celebraram a convenção colectiva e que tinham a mesma posição jurídica, ou seja as demais compartes. É que partes no negócio jurídico são as pessoas que emitem ou recebem uma declaração negocial. Apesar de poder haver uma parte composta por um ou vários contraentes, em lado algum o Código do Trabalho aprovado pela Lei n.º 99/2003, de 27 de Agosto exigia que a denúncia fosse dirigida a todos eles. Tendo uma das partes dirigido a denúncia apenas a uma das entidades, das várias que assumiam a posição de contraparte, a denúncia só produz efeitos relativamente à entidade que recebeu a denúncia.

4. O n.º 5 tem por efeito, com a entrada em vigor do Código do Trabalho aprovado por esta Lei n.º 7/2009, obstar ao entendimento que durante a vigência do anterior Código do Trabalho, aprovado pela Lei n.º 99/2003, de 27 de Agosto, vinha sendo feito pelos serviços do ministério responsável pela área laboral. Estes serviços indeferiram inúmeros pedidos, que lhes eram dirigidos, para publicação de aviso no Boletim de Trabalho e Emprego, sobre a data da cessação de vigência de convenções colectivas denunciadas por aplicação do anterior regime transitório, com fundamento de que a convenção colectiva denunciada ao abrigo desse regime excepcional – que a Lei de 2003 também permitiu – continha uma cláusula que fazia depender a cessação da sua vigência, de substituição por outro instrumento de regulamentação colectiva de trabalho, instrumento esse que não existia, porquanto uma das partes pretendia tão somente fazer cessar a convenção há décadas vigente.

Nos termos da alínea a) do n.º 5, os serviços do ministério responsável pela área laboral devem oficiosamente publicar o aviso de cessação de vigência da convenção no Boletim de Trabalho e Emprego, caso tenha havido um requerimento anterior cujo indeferimento tenha sido fundamentado apenas na existência de cláusula que fazia depender a cessação da sua vigência de substituição por outro instrumento de regulamentação colectiva de trabalho. Apesar do aviso de cessação da convenção dever ser publicado oficiosamente, os serviços do ministério responsável pela área laboral não estão dispensados de cumprir a tramitação do procedimento administrativo, e em especial realizar a audiência dos interessados, informando-os do sentido provável da decisão, estabelecida no Código do Procedimento Administrativo. O Código do Procedimento Administrativo actualmente em vigor foi aprovado pelo Decreto-Lei n.º 4/2015, de 7 de Janeiro.

6. Este regime suscita ainda uma outra questão. Não raro, as convenções colectivas de trabalho celebradas foram alvo de uma portaria de extensão, tendo o Governo de então decidido estender os efeitos das convenções colectivas a trabalhadores não filiados nos sindicatos que as subscreveram. Quando tal ocorreu, e verificando-se posteriormente a caducidade da convenção colectivo, deve entender-se que essa portaria de extensão se mantém em vigor ou não? As portarias de extensão são instrumentos de regulamentação colectiva do trabalho não negociais (cfr. n.º 4 do artigo 2.º do Código do Trabalho aprovado pela Lei n.º 7/2009, de 12 de Fevereiro). Estas portarias surgiram pela circunstância de, nas associações intervenientes nas convenções colectivas não estarem filiados todos os empregadores e todos os trabalhadores, o que torna conveniente que as normas negociadas sejam estendidas na sua aplicação a todos os sujeitos da relação de trabalho do sector. Apesar da lei prever a existência de portarias de extensão, consagrando igualmente a possibilidade de caducidade das convenções colectivas, não regulou em termos expressos o que sucede com uma portaria de extensão que estende os efeitos de uma convenção colectiva, que entretanto cessou. Não obstante a ausência de norma expressa, entendemos que a solução se encontra no regime da própria portaria de extensão.

Ou seja, um dos pressupostos da portaria de extensão é que a convenção colectiva que lhe serve de base se encontre em vigor (neste sentido prescreve o n.º 1 do actual artigo 514.º, princípio que já se encontrava no artigo 573.º do anterior Código do Trabalho). Cessando a convenção colectiva por algum motivo, *ex vi* denúncia, a portaria de extensão deixa de ter objecto extensível, pelo que a única consequência possível é a caducidade da própria portaria de extensão.

Cessando a convenção colectiva, e caducando a portaria de extensão que eventualmente estendeu os efeitos daquela, cremos que ainda assim não haverá um vazio de regulamentação. As relações laborais passarão, a partir desse momento, a ser reguladas pelo Código do Trabalho, sem prejuízo dos efeitos produzidos pela contratação colectiva na esfera jurídica do trabalhador, *maxime* os relativos à retribuição. Assim, tendo estabelecido uma convenção colectiva, o pagamento de determinada remuneração base, ou um acréscimo de remuneração pela prestação de trabalho por turnos que por turnos tem vindo a ser prestada, ou outras prestações que sejam devidas por corresponderem a contrapartida da actividade do trabalhador, cessando essa convenção colectiva, a consequência é que, e em obediência ao princípio da irredutibilidade da retribuição, previsto no na alínea d) do n.º 1 do artigo 129.º o trabalhador não terá relativamente a estas qualquer alteração na sua remuneração. Já quanto a outras prestações a cessação da convenção colectiva poderá ter um efeito na relação jurídica laboral *ex vi* naquelas prestações que não constituem remuneração. Assim será quando por exemplo a convenção colectiva estabelecia o pagamento do trabalho suplementar com um acréscimo de por exemplo 100% na primeira hora e 200% na segunda hora e subsequentes, valores estes que permanecendo acima do valor fixado por lei, cfr. n.º 1 do artigo 268.º, a este se devem limitar se a convenção colectiva cessar. Só assim não será se, por força dos usos, cfr. artigo 1.º, o empregador tenha vindo sempre a pagar aqueles dias a todos os trabalhadores, independentemente de lhes ser ou não aplicável uma convenção colectiva.

Pela aplicação deste artigo 10.º não há, cremos, uma desconsideração da autonomia privada, pelo contrário. A autonomia privada é reforçada, por se permitir de forma explícita que a vontade de manutenção de determinada convenção colectiva seja comum, e não imposta por uma das partes, o que sucederia caso se entendesse que as convenções colectivas deveriam manter-se no ordenamento jurídico sem possibilidade de cessarem. A imposição a uma das partes, por vontade unilateral da outra, da perpetuação de uma vinculação não desejada, seria um efeito que o direito sempre repudiou. No fundo, o legislador assume o que, há muito, é um princípio geral: a resolução do contrato por alteração das circunstâncias, cfr. artigo 437.º do Código Civil.

ARTIGO 11.º – Regiões Autónomas

1 – Na aplicação do Código do Trabalho às Regiões Autónomas são tidas em conta as competências legais atribuídas aos respectivos órgãos e serviços regionais.

2 – Nas Regiões Autónomas, as publicações são feitas nas respectivas séries dos jornais oficiais.

3 – Nas Regiões Autónomas, a regulamentação das condições de admissibilidade de emissão de portarias de extensão e de portarias de condições de trabalho compete às respectivas Assembleias Legislativas Regionais.

4 – As Regiões Autónomas podem estabelecer, de acordo com as suas tradições, outros feriados, para além dos previstos no Código do Trabalho, desde que correspondam a usos e práticas já consagrados.

5 – As Regiões Autónomas podem ainda regular outras matérias laborais enunciadas nos respectivos estatutos político-administrativos.

1. Este preceito corresponde ao artigo 4.º da Lei n.º 99/2003, de 27 de Agosto.

2. As regiões autónomas são dotadas de um regime político-administrativo próprio, com autonomia política, administrativa, financeira, económica e fiscal, cujo estatuto tem evoluído no sentido de uma progressiva autonomia, através de uma contínua transferência de poderes e competências, o que é facilmente constatável pela análise do artigo 227.º da Constituição da República Portuguesa ao longo das revisões constitucionais que tiveram lugar desde 1976. O Estatuto Político-Administrativo da Região Autónoma dos Açores consta da Lei n.º 39/80, de 5 de Agosto, enquanto que o mesmo Estatuto, mas da Região Autónoma da Madeira, foi aprovado pela Lei n.º 13/91 de 5 de Junho.

3. De acordo com o n.º 2, nas Regiões Autónomas, a publicação de instrumentos de regulamentação colectiva do trabalho, negociais e não negociais, cfr. artigo 2.º, é feita nas respectivas séries dos jornais oficiais. Na Região Autónoma dos Açores a publicação é realizada na 2.ª série do Jornal Oficial da Região Autónoma dos Açores, cfr. alínea d) do n.º 3 do artigo 21.º do Decreto Legislativo Regional n.º 25/2003/A, de 27 de Maio, alterado pelo Decreto Legislativo Regional n.º 14/2007/A, de 25 de Junho. O Jornal Oficial da Região Autónoma dos Açores encontra-se disponível em www.azores.gov.pt/JO. Na Região Autónoma da Madeira a publicação é realizada na 3.ª série do Jornal Oficial da Região Autónoma da Madeira, cfr. artigo 3.º do Decreto Legislativo Regional n.º 21/2009/M, de 4 de Agosto e artigo 3.º do Decreto Legislativo Regional n.º 39/2012/M, de 21 de Dezembro. O Jornal Oficial da Região Autónoma da Madeira (JORAM), encontra-se disponível em www.gov-madeira.pt/joram/.

4. De acordo com o n.º 4 permite-se que as Regiões Autónomas fixem além dos feriados consagrados no Código do Trabalho outros feriados, os quais acrescem àqueles que são consagrados no n.º 1 do artigo 234.º e no n.º 1 do artigo 235.º

5. Na vigência do Código do Trabalho aprovado pela Lei n.º 99/2003, as Regiões Autónomas aprovaram dois diplomas que, ao abrigo da norma equivalente a este artigo 11.º, instituíram novos feriados. A Região Autónoma dos Açores, com o Decreto Legislativo Regional n.º 19/2006/A, de 2 de Junho, alterado pelo Decreto Legislativo Regional n.º 24/2010/A, de 22 de Julho, no seu artigo 6.º, estabeleceu como feriado regional a Segunda-Feira do Espírito Santo. O diploma aprovado pela Região Autónoma da Madeira na vigência do Código do Trabalho aprovado pela Lei n.º 99/2003, o Decreto Legislativo Regional n.º 3/2004/M, de 18 de Março de 2004, já foi revogado, encontrando-se actualmente em vigor o Decreto Legislativo

Regional n.º 21/2009/M, de 4 de Agosto, e o Decreto Legislativo Regional n.º 39/ /2012/M, de 21 de Dezembro. Neste último, a Região Autónoma da Madeira instituiu o dia 1 de Julho e o dia 26 de Dezembro como feriados, cfr. artigo 4.º do Decreto Legislativo Regional n.º 39/2012/M.

6. Antes do anterior artigo 4.º do Código do Trabalho aprovado pela Lei n.º 99/ /2003, de 27 de Agosto – norma equivalente a este artigo 11.º – a Assembleia Legislativa da Região Autónoma da Madeira fez aprovar o Decreto Legislativo Regional n.º 18/2002/M, de 8 de Novembro, que entrou em vigor no dia 9 de Novembro de 2002, e que no seu artigo 1.º dispunha que "O dia 26 de Dezembro é feriado na Região Autónoma da Madeira.". Atendendo a que a prestação de trabalho em dia que consubstancie feriado confere ao trabalhador o direito a um acréscimo retributivo, cfr. n.º 1 do artigo 269.º, que não sendo pago é um crédito laboral, crédito esse que segundo a doutrina dominante não prescreve enquanto vigorar o contrato de trabalho, cfr. artigo 337.º n.º 1, teremos de nos deter um pouco mais sobre o Decreto Legislativo Regional n.º 18/2002/M dado que, nos tempos vindouros, esta questão pode ainda suscitar-se. À data da publicação deste diploma regional o regime jurídico das férias, feriados e faltas constava do Decreto-Lei n.º 874/76, de 28 de Dezembro (vulgarmente designado como "lei das férias, feriados e faltas"), que no seu artigo 18.º estabelecia taxativamente os dias que eram considerados feriados obrigatórios, enquanto que no artigo 19.º determinava que só poderiam ser observados como feriados facultativos o feriado municipal da localidade ou, quando este não existisse, o feriado distrital, e a terça-feira de Carnaval. O artigo 21.º do Decreto-Lei n.º 874/76 cominava de nulidade as disposições do contrato individual de trabalho ou de instrumento de regulamentação colectiva de trabalho, vigentes ou futuros, que estabelecessem feriados diferentes dos indicados nos artigos anteriores. Afastou-se assim a possibilidade de uma fonte de direito inferior criar um regime mais favorável ao trabalhador, pretendendo-se com estas normas do Decreto-Lei n.º 874/76 uniformizar em todo o território nacional o regime de feriados, através da definição dos feriados obrigatórios impondo ainda um condicionamento aos feriados facultativos, cuja existência se limitava a um único feriado em cada região, distrito ou município. Sucede que através do Decreto Regional n.º 27/79/M, de 9 de Novembro, a Assembleia Regional da Região Autónoma da Madeira, já anteriormente havia instituído o dia 1 de Julho como feriado da Região Autónoma da Madeira, comemorativo da descoberta da Ilha da Madeira por Gonçalves Zarco e Bartolomeu Perestelo. Assim, a Assembleia Regional da Madeira, através do Decreto Legislativo Regional n.º 18/2002/M, de 8 de Novembro, não poderia decretar que o dia 26 de Dezembro era feriado, uma vez que já anteriormente havia instituído o dia 1 de Julho como feriado. Acresce ainda que o n.º 4 do artigo 112.º da Constituição da República Portuguesa vigente à data da publicação do Decreto Legislativo Regional n.º 18/2002/M vedava a que os decretos legislativos regionais pudessem dispor contra os princípios fundamentais das leis gerais da República. A aceitar-se a institucionalização do dia 26 de Dezembro como feriado teríamos uma colisão com o princípio fundamental da lei da República, que impede a existência de mais do que um feriado facultativo, dado que já havia sido instituído o dia 1 de Julho como feriado regional. A determinação do dia 26 de Dezembro como feriado equivaleria ao estabelecimento de um segundo feriado regional, o que a admitir-se contrariaria a unidade do sistema jurídico, razão pela qual se deve entender o artigo 1.º do Decreto 18/2002/M como materialmente inconstitucional, por violação da alínea a) do artigo 227.º e 112.º n.º 4 da Constituição da República Portuguesa, antes da Lei Constitucional n.º 1/2004. Nestes termos, apenas com a entrada em vigor do Código do Trabalho aprovado pela Lei n.º 99/2003, de 27 de Agosto, e do Decreto Legislativo Regional n.º 3/2004/M, de 18 de Março, é que foi permitido à Assembleia Legislativa Regional legislar sobre tal matéria. Pelo que, deve concluir-se que antes do Decreto Legislativo Regional n.º 3/2004/M, de 18 de Março, o dia 26 de Dezembro não deveria ser considerado feriado, pelo que não haverá lugar ao pagamento de qualquer acréscimo de retribuição pelo trabalho prestado no dia 26 de Dezembro até ao ano de 2002. Neste sentido, veja-se o Acórdão da Relação de Lisboa, de 17 de Maio de 2006, processo n.º 1172/2006-4, sumários em www.dgsi.pt.

ARTIGO 12.º – Norma revogatória

1 – São revogados:

a) A Lei n.º 99/2003, de 27 de Agosto, na redacção dada pela Lei n.º 9/2006, de 20 de Março, pela Lei n.º 59/2007, de 4 de Setembro, e pela Lei n.º 12-A/2008, de 27 de Fevereiro;

b) A Lei n.º 35/2004, de 29 de Julho, na redacção dada pela Lei n.º 9/2006, de 20 de Março, e pelo Decreto-Lei n.º 164/2007, de 3 de Maio;

c) As alíneas d) a f) do artigo 2.º, os n.os 2 e 9 do artigo 6.º, os n.os 2 e 3 do artigo 13.º, os artigos 7.º, 14.º a 40.º, 42.º, 44.º na parte relativa a contra-ordenações por violação de normas revogadas e o n.º 1 e alíneas d) e e) do n.º 2 do artigo 45.º, todos da Lei n.º 19/2007, de 22 de Maio.

2 – O artigo 6.º do Código do Trabalho, aprovado pela Lei n.º 99/2003, de 27 de Agosto, sobre lei aplicável ao contrato de trabalho é revogado na medida em que seja aplicável o Regulamento CE/593/2008 do Parlamento Europeu e do Conselho, de 17 de Junho de 2008, sobre a lei aplicável às obrigações contratuais (Roma I).

3 – A revogação dos preceitos a seguir referidos do Código do Trabalho, aprovado pela Lei n.º 99/2003, de 27 de Agosto, produz efeitos a partir da entrada em vigor do diploma que regular a mesma matéria:

a) Artigos 272.º a 280.º e 671.º, sobre segurança, higiene e saúde no trabalho, na parte não referida na actual redacção do Código;

b) (Revogado.)

c) Artigos 471.º a 473.º, sobre conselhos de empresa europeus;

d) Artigos 569.º e 570.º e n.º 1 do artigo 688.º, sobre designação de árbitros para arbitragem obrigatória e listas de árbitros;

e) Artigos 630.º a 640.º, sobre procedimento de contra-ordenações laborais.

4 – A revogação dos artigos 34.º a 43.º, 50.º e 643.º do Código do Trabalho, aprovado pela Lei n.º 99/2003, de 27 de Agosto, e dos artigos 68.º a 77.º, e 99.º a 106.º e 475.º da Lei n.º 35/2004, de 29 de Julho, sobre protecção da maternidade e da paternidade produz efeitos a partir da entrada em vigor da legislação que regule o regime de protecção social na parentalidade.

5 – A revogação dos artigos 414.º, 418.º, 430.º e 435.º, do n.º 2 do artigo 436.º, do n.º 1 do artigo 438.º e do artigo 681.º, este na parte referente aos dois primeiros artigos, do Código do Trabalho, aprovado pela Lei n.º 99/2003, de 27 de Agosto, produz efeitos a partir da entrada em vigor da revisão do Código de Processo do Trabalho.

6 – A revogação dos preceitos a seguir referidos da Lei n.º 35/2004, de 29 de Julho, na redacção dada pela Lei n.º 9/2006, de 20 de Março, e pelo Decreto-Lei n.º 164/2007, de 3 de Maio, produz efeitos a partir da entrada em vigor do diploma que regular a mesma matéria:

a) Artigos 14.º a 26.º, 469.º e 470.º, sobre trabalho no domicílio;

b) Artigos 41.º a 65.º e 474.º, sobre protecção do património genético;

c) Artigos 84.º a 95.º, sobre protecção de trabalhadora grávida, puérpera ou lactante;

d) Artigos 103.º a 106.º, sobre regime de segurança social em diversas licenças, faltas e dispensas;

e) Artigos 107.º a 113.º, sobre regimes aplicáveis à Administração Pública;

f) Artigos 115.º a 126.º e 476.º, sobre protecção de menor no trabalho;

g) Artigos 139.º a 146.º e 477.º, sobre participação de menor em espectáculo ou outra actividade de natureza cultural, artística ou publicitária;

h) Artigos 155.º e 156.º, sobre especificidades da frequência de estabelecimento de ensino por parte de trabalhador-estudante, incluindo quando aplicáveis a trabalhador por conta própria e a estudante que, estando abrangido pelo estatuto de trabalhador-estudante, se encontre em situação de desemprego involuntário, inscrito em centro de emprego;

i) Artigos 165.º a 167.º, 170.º e 480.º, sobre formação profissional;

j) Artigo 176.º e 481.º, sobre período de funcionamento;

l) Artigos 191.º a 201.º e 206.º, sobre verificação de situação de doença;

m) Artigos 212.º a 280.º, 484.º e 485.º, este na parte referente àqueles artigos, sobre segurança e saúde no trabalho;

n) Artigos 306.º, sobre direito a prestações de desemprego, e 310.º a 315.º, sobre suspensão de execuções;

o) Artigos 317.º a 326.º, sobre Fundo de Garantia Salarial;

p) Artigos 365.º a 395.º e 489.º, sobre conselhos de empresa europeus;

q) Artigos 407.º a 449.º, sobre arbitragem obrigatória e arbitragem de serviços mínimos;

r) Artigos 452.º a 464.º, n.º 2 do artigo 469.º e artigos 490.º e 491.º, sobre mapa do quadro de pessoal e balanço social;

s) Artigos 494.º a 499.º, sobre a Comissão para a Igualdade no Trabalho e no Emprego, na parte não revogada pelo Decreto-Lei n.º 164/2007, de 3 de Maio.

7 – O regime sancionatório constante do Código do Trabalho não revoga qualquer disposição do Código Penal.

1. Este artigo tem uma redacção distinta da redacção que foi publicada com a Lei n.º 7/2009, de 12 de Fevereiro, redacção esta que resultou da Declaração de Rectificação n.º 21/2009, publicada no Diário da República, 1.ª série, de 18 de Março.

Pela importância que assume este artigo 12.º transcreve-se a sua redacção original aquando da publicação da Lei n.º 7/2009, de 12 de Fevereiro, e antes da Declaração de Rectificação n.º 21/2009, de 18 de Março:

"Norma revogatória

1 – São revogados:

a) A Lei n.º 99/2003, de 27 de Agosto, na redacção dada pela Lei n.º 9/2006, de 20 de Março, pela Lei n.º 59/2007, de 4 de Setembro, e pela Lei n.º 12-A/2008, de 27 de Fevereiro;

b) A Lei n.º 35/2004, de 29 de Julho, na redacção dada pela Lei n.º 9/2006, de 20 de Março, e pelo Decreto-Lei n.º 164/2007, de 3 de Maio;

c) As alíneas d) a f) do artigo 2.º, os n.os 2 e 9 do artigo 6.º, os n.os 2 e 3 do artigo 13.º, os artigos 7.º, 14.º a 40.º, 42.º, 44.º na parte relativa a contra-ordenações por violação de normas revogadas e o n.º 1 e as alíneas d) e e) do n.º 2 do artigo 45.º, todos da Lei n.º 19/2007, de 22 de Maio.

2 – O artigo 6.º do Código do Trabalho, aprovado pela Lei n.º 99/2003, de 27 de Agosto, sobre lei aplicável ao contrato de trabalho é revogado na medida em que seja aplicável o Regulamento CE/593/2008 do Parlamento Europeu e do Conselho, de 17 de Junho de 2008, sobre a lei aplicável às obrigações contratuais (Roma I).

3 – A revogação dos preceitos a seguir referidos do Código do Trabalho, aprovado pela Lei n.º 99/2003, de 27 de Agosto, produz efeitos a partir da entrada em vigor do diploma que regular a mesma matéria:

a) Artigos 272.º a 312.º, sobre segurança, higiene e saúde no trabalho, acidentes de trabalho e doenças profissionais, na parte não referida na actual redacção do Código;

b) Artigo 344.º, sobre comparticipação na compensação retributiva;

c) Artigos 471.º a 473.º, sobre conselhos de empresa europeus;

d) Artigos 569.º e 570.º, sobre designação de árbitros para arbitragem obrigatória e listas de árbitros;

e) Artigos 630.º a 640.º, sobre procedimento de contra-ordenações laborais.

4 – A revogação dos artigos 34.º a 43.º e 50.º, do Código do Trabalho, aprovado pela Lei n.º 99/2003, de 27 de Agosto, e dos artigos 68.º a 77.º, e 99.º a 106.º da Lei n.º 35/2004, de 29 de Julho, sobre protecção da maternidade e da paternidade produz efeitos a partir da entrada em vigor da legislação que regule o regime de protecção social na parentalidade.

5 – A revogação dos artigos 414.º, 418.º, 430.º e 435.º, do n.º 2 do artigo 436.º e do n.º 1 do artigo 438.º do Código do Trabalho, aprovado pela Lei n.º 99/2003, de 27 de Agosto, produz efeitos a partir da entrada em vigor da revisão do Código de Processo do Trabalho.

6 – A revogação dos preceitos a seguir referidos da Lei n.º 35/2004, de 29 de Julho, na redacção dada pela Lei n.º 9/2006, de 20 de Março, e pelo Decreto-Lei n.º 164/2007, de 3 de Maio, produz efeitos a partir da entrada em vigor do diploma que regular a mesma matéria:

a) Artigos 14.º a 26.º, sobre trabalho no domicílio;

b) Artigos 41.º a 65.º, sobre protecção do património genético;

c) Artigos 84.º a 95.º, sobre protecção de trabalhadora grávida, puérpera ou lactante;

d) Artigos 103.º a 106.º, sobre regime de segurança social em diversas licenças, faltas e dispensas;

e) Artigos 107.º a 113.º, sobre regimes aplicáveis à Administração Pública;

f) Artigos 115.º a 126.º, sobre protecção de menor no trabalho;

g) Artigos 139.º a 146.º, sobre participação de menor em espectáculo ou outra actividade de natureza cultural, artística ou publicitária;

h) Artigos 155.º e 156.º, sobre especificidades da frequência de estabelecimento de ensino por parte de trabalhador-estudante, incluindo quando aplicáveis a trabalhador por conta própria e a estudante que, estando abrangido pelo estatuto de trabalhador-estudante, se encontre em situação de desemprego involuntário, inscrito em centro de emprego;

i) Artigos 165.º a 167.º e 170.º, sobre formação profissional;

j) Artigo 176.º, sobre período de funcionamento;

l) Artigos 191.º a 201.º e 206.º, sobre verificação de situação de doença;

m) Artigos 212.º a 280.º, sobre segurança e saúde no trabalho;

n) Artigos 306.º, sobre direito a prestações de desemprego, e 310.º a 315.º, sobre suspensão de execuções;

o) Artigos 317.º a 326.º, sobre Fundo de Garantia Salarial;

p) Artigos 365.º a 395.º, sobre conselhos de empresa europeus;

q) Artigos 407.º a 449.º, sobre arbitragem obrigatória e arbitragem de serviços mínimos;

r) Artigos 452.º a 464.º, sobre mapa do quadro de pessoal e balanço social;

s) Artigos 494.º a 499.º, sobre a Comissão para a Igualdade no Trabalho e no Emprego, na parte não revogada pelo Decreto-Lei n.º 164/2007, de 3 de Maio.

7 – O regime sancionatório constante do Código do Trabalho não revoga qualquer disposição do Código Penal.".

A importância da redacção original deste artigo 12.º prende-se com o facto de, por força dessa redacção, se poder entender que houve várias normas que, face ao Código do Trabalho aprovado pela Lei n.º 99/2003, e com a entrada em vigor do Código do Trabalho de 2009, não tiveram qualquer sanção, durante largo tempo. Entre estas normas contavam-se as relativas à segurança e saúde no trabalho, anteriormente designadas no Código do Trabalho, aprovado pela Lei n.º 99/2003, de 27 de Agosto, por normas de segurança, higiene e saúde no trabalho. O mesmo se diga relativamente às normas que disciplinam os acidentes de trabalho e doenças profissionais. E também se podem acrescentar várias outras, como o despedimento de trabalhador sem realização das diligências probatórias em procedimento disciplinar, que entre a entrada em vigor deste Código do Trabalho, aprovado pela Lei n.º 7/2009 e a entrada em vigor da revisão do Código de Processo do Trabalho (em 1 de Janeiro de 2010) configuraram meras normas substantivas, sem previsão de normas sancionatórias.

A título exemplificativo, na legislação anterior, ou seja, no Código do Trabalho aprovado pela Lei n.º 99/2003, de 27 de Agosto, as normas relativas à segurança, higiene e saúde no trabalho (actualmente designadas normas de segurança e saúde no trabalho), tinham um preceito que previa as contra-ordenações aplicáveis em matéria de segurança, higiene e saúde no trabalho, cfr. artigo 671.º do Código do Trabalho aprovado pela Lei n.º 99/2003. O Código do Trabalho, aprovado pela Lei n.º 7/2009, de 12 de Fevereiro, revogou o Código do Trabalho aprovado pela Lei n.º 99/2003, de 27 de Agosto, revogação que é expressamente consagrada na alínea a) do n.º 1 do artigo 12.º da própria Lei n.º 7/2009, com excepção para alguns preceitos que só se aplicam depois da entrada em vigor da legislação especial que regular a mesma matéria, cfr. n.os 3, 4 e 5 deste mesmo artigo 12.º A alínea a) do n.º 3 deste artigo 12.º da Lei n.º 7/2009, de 12 de Fevereiro, na redacção publicada no Diário da República, 1.ª série, n.º 30, estabelecia que a revogação dos artigos 272.º a 312.º do Código do Trabalho, aprovado pela Lei n.º 99/2003, de 27 de Agosto, sobre segurança, higiene e saúde no trabalho, acidentes de trabalho e doenças profissionais, na parte não referida na actual redacção do Código do Trabalho aprovado pela Lei n.º 7/2009, de 12 de Fevereiro, produzia efeitos a partir da entrada em vigor do diploma que regulasse a mesma matéria. Na verdade, em detrimento de um único diploma, o legislador acabou por aprovar dois diplomas, a Lei n.º 98/2009, de 4 de Setembro, que regulamenta o regime de reparação de acidentes de trabalho e de doenças profissionais e a Lei n.º 102/2009, de 10 de Setembro, que estabelece o regime jurídico da promoção da segurança e saúde no trabalho. Estes dois diplomas entraram em vigor em 1 de Janeiro de 2010, cfr. artigo 188.º da Lei n.º 98/2009, e em 1 de Outubro de 2009, cfr. artigo 121.º da Lei n.º 102/2009. Sucede que o artigo 671.º do Código do Trabalho aprovado pela Lei n.º 99/2003, de 27 de Agosto, que tipificava as violações dos seus artigos 272.º a 312.º foi revogado com a entrada em vigor da Lei n.º 7/2009, de 12 de Fevereiro, o que sucedeu no dia 17 de Fevereiro de 2009, cfr. n.º 2 do artigo 2.º da Lei n.º 74/98, de 11 de Novembro. Tendo sido revogado aquele artigo 671.º do Código de 2003, deixou de consubstanciar qualquer contra-ordenação a violação das normas relativas à segurança, higiene e saúde no trabalho. E em matéria contra-ordenacional, vigorando o princípio da legalidade, com tutela constitucional, cfr. n.os 1 e 3 do artigo 29.º da Constituição da República Portuguesa, não se permite uma interpretação através da qual se entendesse que, por se manter em vigor a norma substantiva, também a norma punitiva se deve ter por vigente. Semelhante entendimento, quer se enquadre como interpretação extensiva, quer como redução teleológica, seria sempre incriminador, efeito que o princípio da legalidade afasta determinantemente.

Assim, e desde 17 de Fevereiro de 2009, que houve vários comportamentos infractores não puníveis, cfr. artigo 548.º e artigos 1.º e 2.º do Decreto-Lei n.º 433/82, de 27 de Outubro. Estabelece o artigo 548.º que: "Constitui contra-ordenação laboral o facto típico, ilícito e censurável que consubstancie a violação de uma norma que consagre direitos ou imponha deveres a qualquer sujeito no âmbito de relação laboral e que seja punível com coima.". No mesmo sentido dispõe o artigo 1.º do

Decreto-Lei n.º 433/82, de 27 de Outubro. Atendendo a que o artigo 671.º do Código do Trabalho de 2003 não tem paralelo no Código do Trabalho, aprovado pela Lei n.º 7/2009, no exemplo *supra* referido, o comportamento violador de normas de segurança e saúde no trabalho deixou de ser punível com coima, sendo que em obediência ao princípio da legalidade, só é punível como contra-ordenação o facto descrito e declarado passível de coima por lei anterior ao momento da sua prática, cfr. artigo 2.º do Decreto-Lei n.º 433/82, de 27 de Outubro.

Sucede contudo, que em 18 de Março de 2009 foi publicada no Diário da República, 1.ª série, n.º 54, a Declaração de Rectificação n.º 21/2009, que reportando os seus efeitos à data da entrada em vigor do Código do Trabalho de 2009 (17 de Fevereiro), veio declarar que a Lei n.º 7/2009, de 12 de Fevereiro, havia saído com inexactidões, que através daquela se rectificavam, não mais fazendo do que adicionar à redacção original a ressalva da vigência de disposições do Código do Trabalho aprovado pela Lei n.º 99/2003 e da lei que o regulamentou, a Lei n.º 35/2004, relativas à responsabilidade contra-ordenacional. É verdade que a Lei admite que, em determinados casos, possa ser rectificado o texto de qualquer diploma que venha a ser publicado, não obstante não se permite, nem se poderia faze-lo, que se legisle através de rectificações. Atente-se ao conteúdo do n.º 1 do artigo 5.º da Lei n.º 74/98, de 11 de Novembro: "As rectificações são admissíveis exclusivamente para correcção de lapsos gramaticais, ortográficos, de cálculo ou de natureza análoga ou para correcção de erros materiais provenientes de divergências entre o texto original e o texto de qualquer diploma publicado na 1.ª série do Diário da República e são feitas mediante declaração do órgão que aprovou o texto original, publicada na mesma série.". A introdução de um novo artigo no conteúdo das várias alíneas dos n.ºs 3, 4, 5 e 6 deste artigo 12.º da Lei n.º 7/2009, de 12 de Fevereiro, não corresponde à correcção de um lapso gramatical, ortográfico, ou de cálculo. E não corresponde igualmente à correcção de um erro material porquanto não há qualquer divergência entre o texto original aprovado na Assembleia da República, e o texto da lei que foi publicado no Diário da República, 1.ª série, n.º 30. Desta forma, a Declaração de Rectificação n.º 21/2009 publicada no Diário da República, 1.ª série, n.º 54, ilegalmente violou a Lei n.º 74/98, de 11 de Novembro, alterando materialmente uma lei, o Código do Trabalho, aprovado pela Lei n.º 7/2009, que foi aprovada pela Assembleia da República, o que consubstancia uma violação das normas constitucionais, por ausência de promulgação pelo Presidente da República, cfr. alínea b) do artigo 134.º da Constituição da República, o que implica a sua inexistência jurídica, cfr. artigo 137.º da própria Constituição da República Portuguesa. Entender o contrário, parece-nos, é ir contrariamente ao que dispõe a própria Constituição da República Portuguesa no n.º 5 do artigo 112.º, que estabelece que: "Nenhuma lei pode criar outras categorias de actos legislativos ou conferir a actos de outra natureza o poder de, com eficácia externa, interpretar, integrar, modificar, suspender ou revogar qualquer dos seus preceitos". Nos termos em que foi publicada, ainda que a mencionada declaração de rectificação fosse aceitável, sempre violaria o princípio da irretroactividade das leis penais, também constitucionalmente consagrado no n.º 4 do artigo 29.º da Constituição da República Portuguesa: "Ninguém pode sofrer pena ou medida de segurança mais graves do que as previstas no momento da correspondente conduta ou da verificação dos respectivos pressupostos, aplicando-se retroactivamente as leis penais de conteúdo mais favorável ao arguido".

Como tal, e pretendendo-se, por exemplo que as normas relativas a segurança e saúde no trabalho, as normas relativas a acidentes de trabalho e doenças profissionais, e outras do Código do Trabalho de 2009, previssem sanções para a sua violação, não restaria ao legislador outra solução senão introduzir uma alteração à Lei n.º 7/2009, de 12 de Fevereiro, na linha do que tem sucedido nos últimos anos, em que muito pouco tempo após a aprovação de um diploma, o legislador, por má técnica legislativa, inexperiência, incerteza das soluções consagradas, motivos políticos ou outros, faz-lhes introduzir alterações substanciais. Ou, em alternativa, fazia aprovar um novo diploma legal avulso em que se previsse as sanções aplicáveis, como veio a suceder em matéria de segurança e saúde no trabalho, com a Lei n.º 102/2009, de 10 de Setembro, que estabelece o regime jurídico da promoção da segurança e saúde no trabalho, que entrou em vigor em 1 de Outubro de 2009.

Em conclusão, o comportamento infractor do agente, que não tivesse à data da entrada em vigor do Código do Trabalho de 2009, ainda sido condenado por decisão definitiva ou transitada em julgado e já executada, ou seja, os processos pendentes de contra-ordenação em matéria não sancionada neste diploma, deveria beneficiar da aplicação da lei mais favorável, cfr. n.º 2 do artigo 3.º do Decreto-Lei n.º 433/82 e n.º 4 do artigo 29.º da Constituição da República Portuguesa. O Código do Trabalho aprovado pela Lei n.º 7/2009, de 12 de Fevereiro é, claramente, de conteúdo mais favorável, porquanto não prevê, por exemplo, a punibilidade em matéria das anteriores normas de segurança, higiene e saúde no trabalho. Assim, e no estrito cumprimento da Lei, relativamente a factos praticados até à entrada em vigor da Lei n.º 102/2009 (1 de Outubro de 2009), deviam as autoridades competentes em matéria de inspecção do trabalho, extinguir os procedimentos contra-ordenacionais instaurados ao abrigo do Código do Trabalho aprovado pela Lei n.º 99/2003, de 27 de Agosto, por violação de disposições da lei laboral que ficaram sem sanção, como em matéria de segurança, higiene e saúde no trabalho, acidentes de trabalho e doenças profissionais, o que se não fosse feito devia ser suscitado em sede de impugnação judicial da coima que for aplicada. Encontrando-se pendente à data da entrada em vigor da Lei n.º 102/2009, de 10 de Setembro, um procedimento contra-ordenacional instaurado em matéria não sancionada pelo Código do Trabalho de 2009 (porque a autoridade competente em matéria de inspecção do trabalho entendeu não julgar extinto o procedimento), deve, em sede de impugnação judicial da coima aplicada, ser alegada a lei vigente à prática do facto, bem como a lei mais favorável ao agente infractor. Obviamente, nos casos em que a conduta do agente era simultaneamente qualificada como contra-ordenação no Código do Trabalho, aprovado pela Lei n.º 99/2003, de 27 de Agosto, e num outro diploma especial, (cfr. a título de exemplo o Decreto-Lei n.º 273/2003, de 29 de Outubro, que estabeleceu regra gerais de planeamento, organização e coordenação para promover a segurança, higiene e saúde no trabalho em estaleiros de construção), o comportamento do agente não deixará de ser punível por este outro diploma em concreto.

No dia 28 de Setembro de 2009, o Tribunal Constitucional, no Acórdão n.º 490/2009, processo n.º 448/09, disponível em www.tribunalconstitucional.pt/tc/acordaos/20090490.html, entendeu julgar inconstitucional, por: "violação do princípio da segurança jurídica, inerente ao modelo do Estado de direito democrático consagrado no artigo 2.º, da C.R.P., a norma constante da alínea a), do n.º 3, do artigo 12.º do Código do Trabalho, na redacçãoconferida pela Declaração de Rectificação n.º 21/2009, de 18 de Março de 2009.".

JURISPRUDÊNCIA:

Acórdão do Tribunal da Relação de Évora, de 10 de Março de 2009, processo 2595/08-2-I, sumários em www.dgsi.pt:

"1. As infracções ao art.º 273.º do Código do Trabalho de 2003 (aprovado pela Lei n.º 99/2003, de 27/8), onde se enunciavam as obrigações gerais do empregador em matéria de segurança, higiene e saúde no trabalho, configuravam a prática de contra-ordenações qualificadas como muito graves, nos termos do art.º 671.º, n.º 1, do mesmo código.

2. Tendo o art.º 12.º, n.º 1, alínea a), da Lei n.º 7/2009, de 12/2, operado a revogação do referido diploma, e não constituindo aquela matéria objecto do novo Código, aprovado pelo art.º 1.º da mesma Lei, há que considerar como eliminadas do número das infracções as condutas que antes integravam os referidos ilícitos contra-ordenacionais.

3. Com efeito, muito embora a vigência do citado art.º 273.º tenha sido transitoriamente mantida pelo n.º 3, al. a), do art.º 12.º desta Lei n.º 7/2009, não foi ressalvada a manutenção em vigor do aludido art.º 671.º".

Acórdão do Tribunal da Relação de Évora, de 5 de Maio de 2009, processo 2595/08-2-II, sumários em www.dgsi.pt:

"1. A revogação do Código de Trabalho de 2003, operada pelo art.º 12.º, n.º 1, alínea a), da Lei n.º 7/2009, de 12/2, implicou a eliminação do número das infracções das contra-ordenações tipificadas no art.º 671.º do mesmo código, já que a manutenção em vigor desta disposição não foi ressalvada, designadamente pelo n.º 3, alínea a), do referido art.º 12.º

2. A Declaração de Rectificação n.º 21/2009, publicada no Diário da República, 1.ª série, de 18/3/2009, pretendendo corrigir as 'inexactidões' existentes naquele mesmo art.º 12.º, traduz sim uma alteração substancial do texto aprovado em sede parlamentar, e constante do Decreto da Assembleia da República n.º 262/X (publicado no Diário da Assembleia da República, 2.ª série A, n.º 61/X/4, de 26/1/2009), representando por isso uma abusiva e ilegítima utilização do expediente legal da rectificação, previsto no art.º 5.º, n.º 1, da Lei n.º 74/98, de 11/11, e apenas admitido para a correcção de lapsos gramaticais ou ortográficos, ou de erros materiais prove-

nientes de divergências entre o texto original do diploma, e aquele que foi publicado na 1.ª série do Diário da República.

3. Essa alteração substancial do texto original, na medida em que não foi objecto de promulgação pelo Presidente da República, implica para o acto rectificativo as mesmas consequências que as que resultam do art.º 137.º da Constituição: a sua inexistência jurídica.".

2. A alínea b) do n.º 3 foi revogada pelo n.º 1 do artigo 9.º da Lei n.º 23/2012, de 25 de Junho. Na versão originária do Código do Trabalho, aprovado pela Lei n.º 7/2009, de 12 de Fevereiro, aquela norma tinha a seguinte redacção:

"b) Artigo 344.º, sobre comparticipação na compensação retributiva;".

3. A Lei n.º 99/2003, de 27 de Agosto, procedeu à aprovação do Código do Trabalho, tendo sido alterada pelas Leis n.os 9/2006, de 20 de Março, 59/2007, de 4 de Setembro, e 12-A/2008, de 27 de Fevereiro, diploma este que pelo n.º 1 é revogado pela presente Lei n.º 7/2009, de 12 de Fevereiro. Sucede contudo que a revogação não foi operada num único momento, com a entrada em vigor da Lei n.º 7/2009, de 12 de Fevereiro. Vide quanto à entrada em vigor da Lei n.º 7/2009, de 12 de Fevereiro a anotação ao artigo 14.º Atendendo ao disposto nos n.os 3, 4 e 5, a produção de efeitos da revogação da Lei n.º 99/2003, de 27 de Agosto foi faseada.

4. A produção de efeitos da revogação dos artigos 272.º a 312.º do Código do Trabalho, aprovado pela Lei n.º 99/2003, de 27 de Agosto, prevista na alínea a) do n.º 3, ocorreu com a entrada em vigor da Lei n.º 102/2009, de 10 de Setembro, que estabelece o regime jurídico da segurança e saúde no trabalho, e com a entrada em vigor da Lei n.º 98/2009, de 4 de Setembro, que regulamenta o regime de reparação de acidentes de trabalho e de doenças profissionais.

5. A produção de efeitos da revogação dos artigos 471.º a 473.º do Código do Trabalho, aprovado pela Lei n.º 99/2003, de 27 de Agosto, prevista na alínea c) do n.º 3, ocorreu com a entrada em vigor da Lei n.º 96/2009, de 3 de Setembro, que regulamenta os Conselhos de empresa europeus.

6. A produção de efeitos da revogação dos artigos 569.º e 570.º do Código do Trabalho, aprovado pela Lei n.º 99/2003, de 27 de Agosto, prevista na alínea d) do n.º 3, ocorreu com a entrada em vigor do Decreto-Lei n.º 259/2009, de 25 de Setembro, que regulamenta a arbitragem obrigatória e a arbitragem necessária.

7. A produção de efeitos da revogação dos artigos 630.º a 640.º do Código do Trabalho, aprovado pela Lei n.º 99/2003, de 27 de Agosto, prevista na alínea e) do n.º 3, ocorreu com a entrada em vigor da Lei n.º 107/2009, de 14 de Setembro, alterada pelas n.os 63/2013, de 27 de Agosto, e 55/2017, de 17 de Julho, que estabelece o regime jurídico do procedimento aplicável às contra-ordenações laborais e de segurança social.

8. A produção de efeitos da revogação dos preceitos referidos no n.º 4 ocorreu com a entrada em vigor da legislação que regula o regime de protecção social na parentalidade, o Decreto-Lei n.º 91/2009, de 9 de Abril, alterado pelos Decretos-Leis n.os 70/2010, de 16 de Junho, e 133/2012, de 27 de Junho, pela Lei n.º 120/2015, de 1 de Setembro, pelos Decretos-Leis n.os 53/2018, de 2 de Julho, e 84/2019, de 28 de Junho, e pela Lei n.º 90/2019, de 4 de Setembro, o qual entrou em vigor em 1 de Maio de 2009, cfr. artigo 88.º do próprio Decreto-Lei n.º 91/2009, de 9 de Abril.

9. A revogação dos artigos 414.º, 418.º, 430.º e 435.º, do n.º 2 do artigo 436.º, do n.º 1 do artigo 438.º e do artigo 681.º, este na parte referente aos dois primeiros artigos, do Código do Trabalho, aprovado pela Lei n.º 99/2003, de 27 de Agosto, prevista no n.º 5, produziu efeitos a partir da entrada em vigor do Decreto-Lei n.º 295/2009, de 13 de Outubro, ou seja, 1 de Janeiro de 2010, cfr. n.º 1 do artigo 9.º daquele Decreto-Lei. O Código de Processo do Trabalho foi aprovado pelo Decreto--Lei n.º 480/99, de 9 de Novembro, e alterado pelos Decretos-Leis n.os 323/2001, de 17 de Dezembro, 38/2003, de 8 de Março, 295/2009, de 13 de Outubro, pelas Leis n.os 63/2013, de 27 de Agosto, 55/2017, de 17 de Julho, 73/2017, de 16 de Agosto, e 107/2019 de 9 de Setembro.

10. A revogação dos artigos 14.º a 26.º da Lei n.º 35/2004, de 29 de Julho, prevista na alínea a) do n.º 6, produziu efeitos a partir da entrada em vigor da Lei n.º 101/2009, de 8 de Setembro, que estabelece o regime jurídico do trabalho no domicílio.

11. A revogação dos artigos 41.º a 65.º da Lei n.º 35/2004, de 29 de Julho, prevista na alínea b) do n.º 6, produziu efeitos a partir da entrada em vigor da Lei n.º 102/2009, de 10 de Setembro, que regulamenta a protecção do património genético.

12. A revogação dos artigos 84.º a 95.º da Lei n.º 35/2004, de 29 de Julho, prevista na alínea c) do n.º 6, produziu efeitos a partir da entrada em vigor da Lei n.º 102/2009, de 10 de Setembro, que regulamenta a protecção de trabalhadora grávida, puérpera ou lactante em caso de actividades susceptíveis de apresentar risco específico de exposição a agentes, processos ou condições de trabalho.

13. A revogação dos artigos 103.º a 106.º da Lei n.º 35/2004, de 29 de Julho, prevista na alínea d) do n.º 6, produziu efeitos a partir da entrada em vigor do Decreto--Lei n.º 91/2009, de 9 de Abril, alterado pelos Decretos-Leis n.os 70/2010, de 16 de Junho, e 133/2012, de 27 de Junho, pela Lei n.º 120/2015, de 1 de Setembro, pelos Decretos-Leis n.os 53/2018, de 2 de Julho, e 84/2019, de 28 de Junho, e pela Lei n.º 90/2019, de 4 de Setembro, que regula o regime de protecção social na parentalidade.

14. A revogação dos artigos 115.º a 126.º da Lei n.º 35/2004, de 29 de Julho, prevista na alínea f) do n.º 6, produziu efeitos a partir da entrada em vigor da Lei n.º 102/2009, de 10 de Setembro, que regulamenta as actividades proibidas ou condicionadas a menor.

15. A revogação dos artigos 139.º a 146.º da Lei n.º 35/2004, de 29 de Julho, prevista na alínea g) do n.º 6, produziu efeitos a partir da entrada em vigor da Lei n.º 105/2009, de 14 de Setembro, alterada pelas Leis n.os 60/2018, de 21 de Agosto, e 93/2019, de 4 de Setembro, que regula a participação de menor em actividade de natureza cultural, artística ou publicitária.

16. A revogação dos artigos 155.º e 156.º da Lei n.º 35/2004, de 29 de Julho, prevista na alínea h) do n.º 6, produziu efeitos a partir da entrada em vigor da Lei n.º 105/2009, de 14 de Setembro, alterada pelas Leis n.os 60/2018, de 21 de Agosto, e 93/2019, de 4 de Setembro, que regula as especificidades da frequência de estabelecimento de ensino por trabalhador-estudante.

17. A revogação dos artigos 165.º a 167.º e 170.º da Lei n.º 35/2004, de 29 de Julho, prevista na alínea i) do n.º 6, produziu efeitos a partir da entrada em vigor da Lei n.º 105/2009, de 14 de Setembro, alterada pelas Leis n.os 60/2018, de 21 de Agosto, e 93/2019, de 4 de Setembro, que regula aspectos da formação profissional. Sempre se diga que, nos termos do artigo 34.º da Lei n.º 105/2009, de 14 de Setembro, a revogação do artigo 166.º, dos n.os 3 e 4 do artigo 167.º, dos artigos 170.º, 259.º, 452.º a 464.º e 480.º, do n.º 3 do artigo 484.º e dos artigos 490.º e 491.º, determinada pelo n.º 6 deste artigo 12.º da Lei n.º 7/2009, de 12 de Fevereiro, produz efeitos no início do primeiro ano abrangido pelo regime da informação relativa à actividade social da empresa.

18. A revogação do artigo 176.º da Lei n.º 35/2004, de 29 de Julho, prevista na alínea j) do n.º 6, produziu efeitos a partir da entrada em vigor da Lei n.º 105/2009, de 14 de Setembro, alterada pelas Leis n.os 60/2018, de 21 de Agosto, e 93/2019, de 4 de Setembro, que regula o período de laboração.

19. A revogação dos artigos 191.º a 201.º e 206.º da Lei n.º 35/2004, de 29 de Julho, prevista na alínea l) do n.º 6, produziu efeitos a partir da entrada em vigor da Lei n.º 105/2009, de 14 de Setembro, alterada pelas Leis n.os 60/2018, de 21 de Agosto, e 93/2019, de 4 de Setembro, que regula a verificação de situação de doença de trabalhador.

20. A revogação dos artigos 212.º a 280.º da Lei n.º 35/2004, de 29 de Julho, prevista na alínea m) do n.º 6, produziu efeitos a partir da entrada em vigor da Lei n.º 102/2009, de 10 de Setembro, que estabelece o regime jurídico da segurança e saúde no trabalho.

21. A revogação dos artigos 306.º e 310.º a 315.º da Lei n.º 35/2004, de 29 de Julho, prevista na alínea n) do n.º 6, produziu efeitos a partir da entrada em vigor da Lei n.º 105/2009, de 14 de Setembro, alterada pelas Leis n.os 60/2018, de 21 de Agosto, e 93/2019, de 4 de Setembro, que regula as prestações de desemprego em caso de suspensão do contrato de trabalho pelo trabalhador com fundamento em não pagamento pontual da retribuição, e que regula igualmente a suspensão de execuções quando o executado seja trabalhador com retribuições em mora.

22. A revogação dos artigos 317.º a 326.º da Lei n.º 35/2004, de 29 de Julho, prevista na alínea o) do n.º 6, produziu efeitos a partir da entrada em vigor da Lei n.º 59/2015, de 21 de Abril, que aprovou o novo regime do Fundo de Garantia Salarial, ou seja, 4 de Maio de 2015, cfr. artigo 5.º daquele Decreto-Lei.

23. A revogação dos artigos 365.º a 395.º da Lei n.º 35/2004, de 29 de Julho, prevista na alínea p) do n.º 6, produziu efeitos a partir da entrada em vigor da Lei n.º 96/2009, de 3 de Setembro, que regula os Conselhos de empresa europeus.

24. A revogação dos artigos 407.º a 449.º da Lei n.º 35/2004, de 29 de Julho, prevista na alínea q) do n.º 6, produziu efeitos a partir da entrada em vigor do Decreto-Lei n.º 259/2009, de 25 de Setembro, que regulamenta a arbitragem obrigatória e a arbitragem necessária, bem como a arbitragem sobre serviços mínimos.

25. A revogação dos artigos 452.º a 464.º da Lei n.º 35/2004, de 29 de Julho, prevista na alínea r) do n.º 6, produziu efeitos no início do primeiro ano abrangido pelo regime da informação relativa à actividade social da empresa (2010), cfr. artigo 34.º da Lei n.º 105/2009, de 14 de Setembro, alterada pelas Leis n.os 60/2018, de 21 de Agosto, e 93/2019, de 4 de Setembro, que regula a informação periódica sobre a actividade social da empresa.

ARTIGO 13.º – Aplicação das licenças parental inicial e por adopção a situações em curso

1 – As licenças previstas nas alíneas a), b) e c) do artigo 39.º e no artigo 44.º são aplicáveis aos trabalhadores que estejam a gozar licença por maternidade, paternidade e adopção nos termos do artigo 35.º, da alínea c) do n.º 2 do artigo 36.º, e do artigo 38.º do Código do Trabalho, aprovado pela Lei n.º 99/2003, de 27 de Agosto, e nos termos do artigo 68.º, do n.º 3 do artigo 69.º e do artigo 71.º da Lei n.º 35/2004, de 29 de Julho, contando-se, para efeito daquelas licenças, os períodos de gozo de licença já decorridos.

2 – Para efeito do disposto no número anterior, os trabalhadores devem informar os respectivos empregadores de acordo com os procedimentos previstos naqueles artigos, no prazo de 15 dias a contar da entrada em vigor da legislação que regule o regime de protecção social na parentalidade.

1. Este preceito não tem correspondência com qualquer outro do anterior Código do Trabalho, aprovado pela Lei n.º 99/2003, sendo um artigo novo.

2. O n.º 1 determina expressamente que a licença parental inicial, a licença parental inicial exclusiva da mãe, a licença parental inicial a gozar pelo pai por impossibilidade da mãe e a licença por adopção se aplicam aos trabalhadores que se encontrem a gozar uma licença por maternidade, paternidade ou adopção ao abrigo da legislação anterior, o Código do Trabalho, aprovado pela Lei n.º 99/2007, e respectiva regulamentação, sendo que para efeitos das licenças primeiramente referidas, se contam os períodos de tempo já gozados pelo trabalhador, por força das licenças do Código do Trabalho de 2003.

3. O prazo de quinze dias previsto no n.º 2 contou-se a partir da data em que entrou em vigor a legislação que regula o regime de protecção social na parentalidade, o Decreto-Lei n.º 91/2009, de 9 de Abril, alterado pelos Decretos-Leis n.os 70/2010, de 16 de Junho, e 133/2012, de 27 de Junho, pela Lei n.º 120/2015, de 1 de Setembro, pelos Decretos-Leis n.os 53/2018, de 2 de Julho, e 84/2019, de 28 de Junho, e pela Lei n.º 90/2019, de 4 de Setembro, o que sucedeu em 1 de Maio de 2009, de acordo com o artigo 88.º daquele mesmo Decreto-Lei.

ARTIGO 14.º – Entrada em vigor

*1 – Os n.*os *1, 3 e 4 do artigo 356.º, os artigos 358.º, 382.º, 387.º e 388.º, o n.º 2 do artigo 389.º e o n.º 1 do artigo 391.º entram em vigor na data de início de vigência da legislação que proceda à revisão do Código de Processo do Trabalho.*

2 – Os artigos 34.º a 62.º entram em vigor na data de início de vigência da legislação que regule o regime de protecção social da parentalidade.

1. Os actos legislativos entram em vigor no dia neles fixado, não podendo em caso algum, o início da vigência verificar-se no próprio dia da publicação. Este artigo 14.º não fixou o dia da entrada em vigor do próprio Código do Trabalho. Quando os diplomas não estabelecem o período de *vacatio legis*, ou seja, o prazo que medeia entre a publicação da Lei e a sua entrada em vigor, há um diploma avulso que regula supletivamente esta matéria, a Lei n.º 74/98, de 11 de Novembro, alterada pelas Leis n.os 2/2005, de 24 de Janeiro, 26/2006, de 30 de Junho, 42/2007, de 24 de Agosto, e 43/2014, de 11 de Julho. Estabelece o n.º 2 do artigo 2.º da Lei n.º 74/98, de 11 de Novembro que: "Na falta de fixação do dia, os diplomas referidos no número anterior entram em vigor, em todo o território nacional e no estrangeiro, no 5.º dia após a publicação.". Nestes termos, o Código do Trabalho, aprovado pela Lei n.º 7/2009, de 12 de Fevereiro, entrou em vigor no dia 17 de Fevereiro de 2009.

2. Os n.os 1, 3 e 4 do artigo 356.º, os artigos 358.º, 382.º, 387.º e 388.º, o n.º 2 do artigo 389.º e o n.º 1 do artigo 391.º entraram em vigor em 1 de Janeiro de 2010, a partir do início de vigência do Decreto-Lei n.º 295/2009, de 13 de Outubro, cfr. n.º 1 do artigo 9.º daquele Decreto-Lei. O Código de Processo do Trabalho foi aprovado pelo Decreto-Lei n.º 480/99, de 9 de Novembro, e alterado pelos Decretos-Leis n.os 323/2001, de 17 de Dezembro, 38/2003, de 8 de Março, 295/2009, de 13 de Outubro, pelas Leis n.os 63/2013, de 27 de Agosto, 55/2017, de 17 de Julho, 73/2017, de 16 de Agosto, e 107/2019 de 9 de Setembro.

3. A legislação que regula o regime de protecção social na parentalidade é o Decreto-Lei n.º 91/2009, de 9 de Abril, alterado pelos Decretos-Leis n.os 70/2010, de 16 de Junho, e 133/2012, de 27 de Junho, pela Lei n.º 120/2015, de 1 de Setembro, pelos Decretos-Leis n.os 53/2018, de 2 de Julho, e 84/2019, de 28 de Junho, e pela Lei n.º 90/2019, de 4 de Setembro, o qual entrou em vigor em 1 de Maio de 2009, cfr. artigo 88.º do Decreto-Lei n.º 91/2009, de 9 de Abril, data em que, por expressa previsão do n.º 2 deste artigo 14.º, entraram em vigor os artigos 34.º a 62.º

Aprovada em 21 de Janeiro de 2009.

O Presidente da Assembleia da República, *Jaime Gama.*

Promulgada em 4 de Fevereiro de 2009.

Publique-se.

O Presidente da República, Aníbal Cavaco Silva.

Referendada em 9 de Fevereiro de 2009.

O Primeiro-Ministro, *José Sócrates Carvalho Pinto de Sousa.*

ANEXO

Código do Trabalho

LIVRO I - PARTE GERAL

TÍTULO I - Fontes e aplicação do direito do trabalho

CAPÍTULO I - Fontes do direito do trabalho

ARTIGO 1.º - Fontes específicas

O contrato de trabalho está sujeito, em especial, aos instrumentos de regulamentação colectiva de trabalho, assim como aos usos laborais que não contrariem o princípio da boa fé.

1. Este preceito corresponde ao artigo 1.º do anterior Código do Trabalho, aprovado pela Lei n.º 99/2003.

2. As fontes do direito são tradicionalmente entendidas como os modos de formação ou de revelação das normas jurídicas, cfr. José de Oliveira Ascensão, *O Direito, Introdução e Teoria Geral*, 10.ª Edição, Livraria Almedina, Coimbra, 1997, página 244 e Bernardo Lobo Xavier, *Curso de Direito do Trabalho*, I, 3.ª edição, Verbo, 2004, página 457, e *Manual de Direito do Trabalho*, Verbo, 2011, página 229.

3. Este preceito deixa de fora as fontes comuns, ou seja, as fontes do direito que o direito do trabalho partilha com outros ramos do direito, e as fontes internacionais, entre as quais as convenções e os tratados internacionais, as normas das organizações de que Portugal é membro, bem como o direito comunitário.

Entre as fontes comuns, conta-se desde logo a Constituição da República Portuguesa, de 2 de Abril de 1976, alterada pelas Leis Constitucionais n.os 1/82, de 30 de Setembro, 1/89, de 8 de Julho, 1/92, de 25 de Novembro, 1/97, de 20 de Setembro, 1/2001, de 12 de Dezembro e 1/2004, de 24 de Julho, e a Lei. Relativamente a esta última, a relação de trabalho encontra-se sujeita não só às leis especiais que regulam o contrato de trabalho (como sucede com o Código do Trabalho), mas também a vários outros diplomas que contêm normas jurídicas que lhe sejam aplicáveis, como sucede com o Código Civil, aprovado pelo Decreto-Lei n.º 47 344, de 25 de Novembro de 1966.

Entre as fontes internacionais encontra-se desde logo a Declaração Universal dos Direitos do Homem, publicada no Diário da República, 1.ª Série, por Aviso de 9 de Março de 1978, Declaração esta que por determinação do n.º 2 do artigo 16.º da Constituição da República Portuguesa releva para efeitos de interpretação dos direitos fundamentais previstos na Lei Fundamental. Estabelece o n.º 2 do artigo 16.º da Constituição da República Portuguesa que: "Os preceitos constitucionais e legais relativos aos direitos fundamentais devem ser interpretados e integrados de harmonia com a Declaração Universal dos Direitos do Homem.". Nesta sede, importa referir igualmente a Convenção Europeia dos Direitos do Homem, aprovada para ratificação pela Lei n.º 65/78, de 13 de Outubro, o Pacto Internacional sobre Direitos Civis e Políticos, aprovado pela Lei n.º 29/78, de 12 de Junho, o Pacto Internacional sobre Direitos Económicos, Sociais e Culturais, aprovado pela Lei n.º 45/78, de 11 de Junho, a Carta Social Europeia, aprovada para ratificação por Resolução da Assembleia da República n.º 21/91, de 6 de Agosto. Além destes, também as inúmeras convenções da Organização Internacional do Trabalho (O.I.T.) são fontes do direito do trabalho.

Em matéria de convenções internacionais, deve atender-se ao disposto no artigo 8.º da Constituição da República Portuguesa, que sob a epígrafe: "Direito Internacional", estabelece que:

> "1. As normas e os princípios de direito internacional geral ou comum fazem parte integrante do direito português.
>
> 2. As normas constantes de convenções internacionais regularmente ratificadas ou aprovadas vigoram na ordem interna após a sua publicação oficial e enquanto vincularem internacionalmente o Estado Português.
>
> 3. As normas emanadas dos órgãos competentes das organizações internacionais de que Portugal seja parte vigoram directamente na ordem interna, desde que tal se encontre estabelecido nos respectivos tratados constitutivos.
>
> 4. As disposições dos tratados que regem a União Europeia e as normas emanadas das suas instituições, no exercício das respectivas competências, são aplicáveis na ordem interna, nos termos definidos pelo direito da União, com respeito pelos princípios fundamentais do Estado de direito democrático.".

Ou seja, o n.º 2 do artigo 8.º da Constituição da República Portuguesa constitui uma cláusula de recepção plena das normas de direito internacional, sendo que estas normas de direito internacional prevalecem mesmo, em termos hierárquicos, sobre as normas do direito interno, assumindo-se como supralegais. Contudo, e como decorre da letra do n.º 2 do artigo 8.º da Constituição da República Portuguesa, as normas das convenções internacionais não são aplicáveis directamente aos cidadãos, não podendo os empregadores nem os trabalhadores valerem-se do seu conteúdo, antes de realizado um processo interno da sua publicação. Sobre o direito internacional vejam-se Jorge Miranda, Direito Internacional Público – I, Faculdade de Direito da Universidade de Lisboa, Lisboa, 1995, página 165 e segs., Gomes Canotilho e Vital Moreira, *Constituição da República Portuguesa Anotada*, 4.ª edição, Coimbra Editora, 2007, página 251 e segs.

Enquanto fonte internacional, importa ainda atender ao direito comunitário, numa dupla perspectiva, abrangendo o direito comunitário originário, ou seja, os tratados que instituiram a União Europeia e que a regem, e o direito comunitário derivado, ou seja, os actos jurídicos emanados de instituições comunitárias, que para tal tenham competência. Relativamente a este último, ao direito comunitário derivado, relevam os Regulamentos e as Directivas, ambos previstos no artigo 288.º do Tratado Sobre o Funcionamento da União Europeia. O Regulamento é um acto jurídico que é directamente aplicável em todos os Estados-Membros da União Europeia, ou seja, não está dependente da adopção de qualquer medida de recepção do direito nacional. Significa isto que os efeitos jurídicos do Regulamento prevalecem sobre todas as ordens jurídicas, sendo vinculativo quer para os Estados-Membros, quer para os particulares, que o podem invocar nas suas relações com os Estados-Membros e com outros particulares. Já uma Directiva é um acto juridico emanado de instituições comunitárias, com competência normativa, adoptada para execução dos Tratados e das políticas das Comunidades, que vincula o Estado membro destinatário quanto ao resultado a alcançar, deixando às instâncias nacionais desse mesmo Estado membro a competência quanto à forma e aos meios para o fazer, e através da qual se pretende harmonizar as diferentes legislações nacionais dos Estados membros da União Europeia. As Directivas não são dotadas de generalidade, vinculando apenas os destinatários a que se dirigem, e que em regra são os Estados, nem de aplicabilidade directa, carecendo de ser transpostas para o ordenamento jurídico interno. Ainda assim, pode uma norma de uma directiva produzir efeito directo, ou seja pode ser invocada por um particular, se contiver um direito e desde que se trate de uma norma incondicional e suficientemente precisa (Acórdão Ratti, 1979, considerando 12), e se já tiver decorrido o prazo de transposição (Acórdão Ratti, 1979, considerando 24). Para maiores desenvolvimentos, *vide* João Mota de Campos, *Manual de Direito Comunitário*, Fundação Calouste Gulbenkian, Lisboa 2000, página 307 e segs.

4. Constituem instrumentos de regulamentação colectiva de trabalho, cfr. n.os 2, 3 e 4 do artigo 2.º, a convenção colectiva (que pode ser um contrato colectivo, acordo colectivo, ou um acordo de empresa), o acordo de adesão, a decisão arbitral, a portaria de extensão, e a portaria de condições de trabalho. Estes são, por força deste artigo 1.º, fontes específicas do direito do trabalho.

5. A definição dos usos contrapõe-se ao costume, sendo geralmente tratada na doutrina em paralelo. Por costume entende-se uma prática reiterada, com convicção de obrigatoriedade. Já os usos correspondem a uma prática reiterada, embora sem a convicção da sua obrigatoriedade. Face a esta definição, os usos caracterizam-se pela reiteração, espontaneidade e generalidade. Sobre os usos pode consultar-se José de Oliveira Ascensão, *O Direito, Introdução e Teoria Geral*, 10.ª Edição, Livraria

Almedina, Coimbra, 1997, página 253 e segs. De acordo com este artigo 1.º, o contrato de trabalho está sujeito, em especial, aos usos laborais que não contrariem o princípio da boa fé, o que significa que os usos vinculam o empregador e o trabalhador. Para tanto, os usos não poderão contrariar o princípio da boa fé. Sobre este *vide* António Menezes Cordeiro, *Tratado de Direito Civil Português*, Tomo I, Livraria Almedina, Coimbra, Março 1999, página 175 e segs. Exemplificando, constituirá um uso o pagamento pelo empregador ao trabalhador, do subsídio de refeição quando o seu pagamento não seja obrigatório por um instrumento de regulamentação colectiva de trabalho.

Como refere este artigo 1.º, os usos que relevam são os laborais, ou seja aqueles que digam respeito à profissão ou à empresa. Neste sentido vejam-se, respectivamente, o n.º 1 do artigo 272.º, segundo o qual compete ao tribunal determinar o valor da retribuição quando as partes o não fizeram e ela não resulte de instrumento de regulamentação colectiva de trabalho aplicável, tendo em conta a prática da empresa e os usos do sector ou locais, e a alínea b) do n.º 3 do artigo 154.º, que estabelece que o trabalhador a tempo parcial tem direito ao subsídio de refeição no montante previsto em instrumento de regulamentação colectiva de trabalho ou, caso seja mais favorável, ao praticado na empresa. Para maiores desenvolvimentos sobre os usos da empresa, poderá consultar-se Júlio Vieira Gomes, "Dos usos da empresa em direito do trabalho", *Revista de Direito e de Estudos Sociais*, XLIX, Almedina, Novembro 2009, página 101 e segs.

Simultaneamente, exige-se que os usos não contrariem as demais fontes de direito. Com efeito, uma prática repetida ilícita tornar-se-ia lícita se os usos pudessem contrariar as demais fontes de direito.

Tratando-se de uma prática reiterada que vincula as partes num contrato de trabalho, como se disse, qualquer uma das partes deve achar-se impedida de, unilateralmente, afastar a aplicação dos usos, contudo, nada parece obstar que semelhante resultado seja conseguido através de acordo entre empregador e trabalhador.

6. São várias as disposições, ao longo do Código do Trabalho, que se referem expressamente aos usos. É o que sucede na alínea b) do n.º 3 do artigo 154.º, que estabelece que o trabalhador a tempo parcial tem direito ao subsídio de refeição no montante previsto em instrumento de regulamentação colectiva de trabalho ou, caso seja mais favorável, ao praticado na empresa; na alínea a) do n.º 2 do artigo 197.º, que considera compreendida no tempo de trabalho a interrupção de trabalho como tal considerada por uso da empresa; no n.º 1 do artigo 258.º, que determina que se considera retribuição a prestação a que, nos termos dos usos, o trabalhador tem direito em contrapartida do seu trabalho; na alínea a) do n.º 1 do artigo 260.º, que estabelece que não se consideram retribuição as importâncias recebidas a título de ajudas de custo, abonos de viagem, despesas de transporte, abonos de instalação e outras equivalentes, devidas ao trabalhador por deslocações, novas instalações ou despesas feitas em serviço do empregador, salvo quando, sendo tais deslocações ou despesas frequentes, essas importâncias, na parte que exceda os respectivos montantes normais, se devam considerar pelos usos como elemento integrante da retribuição do trabalhador; no n.º 3 do artigo 260.º, de acordo com o qual consideram-se retribuição as gratificações que, pela sua importância e carácter regular e permanente, devam, segundo os usos, considerar-se como elemento integrante da retribuição do trabalhador; no n.º 1 do artigo 272.º, segundo o qual compete ao tribunal, tendo em conta a prática da empresa e os usos do sector ou locais, determinar o valor da retribuição quando as partes o não fizeram e ela não resulte de instrumento de regulamentação colectiva de trabalho aplicável; e, no n.º 1 do artigo 278.º, que determina que o crédito retributivo se vence por períodos certos e iguais, que salvo uso diverso são a semana, a quinzena e o mês de calendário.

7. Sobre as fontes do direito do trabalho *vide* Bernardo Lobo Xavier, *Manual de Direito do Trabalho*, Verbo, 2011, página 229 e segs., António Monteiro Fernandes, *Direito do Trabalho*, 15.ª Edição, Almedina, Abril 2010, página 63 e segs., e Maria do Rosário Palma Ramalho, *Direito do Trabalho*, Parte I Dogmática Geral, Almedina, 2.ª edição, Almedina, Outubro 2009, página 155 e segs.

ARTIGO 2.º – Instrumentos de regulamentação colectiva de trabalho

1 – Os instrumentos de regulamentação colectiva de trabalho podem ser negociais ou não negociais.

2 – Os instrumentos de regulamentação colectiva de trabalho negociais são a convenção colectiva, o acordo de adesão e a decisão arbitral em processo de arbitragem voluntária.

3 – As convenções colectivas podem ser:

a) Contrato colectivo, a convenção celebrada entre associação sindical e associação de empregadores;

b) Acordo colectivo, a convenção celebrada entre associação sindical e uma pluralidade de empregadores para diferentes empresas;

c) Acordo de empresa, a convenção celebrada entre associação sindical e um empregador para uma empresa ou estabelecimento.

4 – Os instrumentos de regulamentação colectiva de trabalho não negociais são a portaria de extensão, a portaria de condições de trabalho e a decisão arbitral em processo de arbitragem obrigatória ou necessária.

1. Este preceito corresponde ao artigo 2.º do anterior Código do Trabalho, aprovado pela Lei n.º 99/2003.

2. A convenção colectiva assenta na autonomia colectiva de que beneficiam as associações sindicais e as associações de empregadores, e que se consubstancia no direito de celebrarem convenções colectivas de trabalho, de acordo com a alínea a) do n.º 1 do artigo 443.º, direito este com previsão constitucional relativamente às associações sindicais, cfr. n.º 3 do artigo 56.º da Constituição da República Portuguesa. Nas convenções colectivas há liberdade de estipulação e liberdade de celebração. A liberdade de estipulação caracteriza-se pela admissibilidade das partes poderem seleccionar o tipo de efeitos jurídicos que se irão produzir, seleccionando, nos limites da lei o conteúdo da convenção colectiva. A liberdade de celebração caracteriza-se pela possibilidade que é conferida por lei, de alguém poder optar pela prática de um acto, vinculando-se por efeito dessa decisão. A convenção colectiva encontra-se regulada nos artigos 485.º e segs. Para que as normas de uma convenção colectiva sejam aplicáveis, quer o empregador quer o trabalhador têm, em regra, de se encontrar filiados nas respectivas associações outorgantes da convenção colectiva (de empregadores e sindicais, respectivamente), o que é designado como o princípio da dupla filiação, cfr. n.os 1 e 2 do artigo 496.º Este princípio não se verifica contudo quando o empregador celebra a convenção colectiva directamente, como sucede no acordo colectivo e no acordo de empresa.

Note-se que não obstante a designação do acordo de empresa, nada veda que este, como qualquer outra convenção colectiva, não possa ser aplicável a um empregador cuja natureza se afasta de uma organização empresarial, como sucede relativamente às associações e às fundações. O mesmo se diga quanto à capacidade destas últimas para celebrarem um acordo colectivo ou um acordo de empresa.

Sobre a convenção colectiva *vide* Bernardo Lobo Xavier, *Manual de Direito do Trabalho*, Verbo, 2011, página 248 e segs. e António Monteiro Fernandes, *Direito do Trabalho*, 15.ª Edição, Almedina, Abril 2010, página 763 e segs.

3. O acordo de adesão encontra-se regulado no artigo 504.º e assenta na autonomia colectiva de que beneficiam as associações sindicais e as associações de empregadores, cfr. alínea a) do n.º 1 do artigo 443.º e n.º 3 do artigo 56.º da Constituição da República Portuguesa. O direito de celebrar convenções colectivas postula a opção de as não celebrar, como implica a liberdade de, mais tarde, aderir a uma convenção colectiva já celebrada ou aderir a uma decisão arbitral (instrumento este que produz os efeitos da convenção colectiva, cfr. n.º 3 do artigo 505.º). Para que uma associação sindical, uma associação de empregadores, ou o empregador possa aderir a uma convenção colectiva ou decisão arbitral, exige-se que esta esteja em vigor. A adesão é um mero acto jurídico porquanto falta àquele que adere a convenção colectiva, ou a decisão arbitral, a liberdade de estipulação.

Sobre o acordo de adesão *vide* Bernardo Lobo Xavier, *Manual de Direito do Trabalho*, Verbo, 2011, página 266 e segs. e António Monteiro Fernandes, *Direito do Trabalho*, 15.ª Edição, Almedina, Abril 2010, página 840 e segs.

4. A decisão arbitral é um instrumento de regulamentação colectiva de trabalho, que resulta de um processo de arbitragem. A arbitragem é um procedimento decisório que se caracteriza pela submissão a um terceiro, um ou mais árbitros, de uma ou mais questões laborais, incumbindo àquele terceiro proferir uma decisão que vincula as partes. A arbitragem comporta três modalidades: a arbitragem voluntária, cfr. artigos 506.º e 507.º, a arbitragem obrigatória, cfr. artigos 508.º, 509.º, 512.º e 513.º, e a arbitragem necessária, cfr. artigos 510.º a 513.º Independentemente da modalidade de arbitragem, e por expressa determinação do n.º 3 do artigo 505.º, a decisão arbitral produz os efeitos da convenção colectiva.

Sobre a decisão arbitral *vide* Bernardo Lobo Xavier, *Manual de Direito do Trabalho*, Verbo, 2011, página 267 e segs. e António Monteiro Fernandes, *Direito do Trabalho*, 15.ª Edição, Almedina, Abril 2010, página 913 e segs.

5. A portaria de extensão é um regulamento administrativo, cfr. artigos 96.º e segs., e artigos 135.º e segs. do Código do Procedimento Administrativo, aprovado pelo Decreto-Lei n.º 4/2015, de 7 de Janeiro. A portaria de extensão encontra-se regulada nos artigos 514.º e segs. Nos termos do n.º 1 do artigo 514.º, a convenção colectiva ou a decisão arbitral pode ser aplicada a empregadores e a trabalhadores integrados no âmbito do sector de actividade e profissional definido na convenção colectiva ou na decisão arbitral. Trata-se de uma extensão dos efeitos de um daqueles instrumentos, cujas normas são estendidas no seu âmbito de aplicação, para passarem a abranger sujeitos que de outra forma não seriam delas destinatários. De acordo com o n.º 2 do artigo 514.º, a entidade competente para a emissão da portaria de extensão deve atender às circunstâncias sociais e económicas que justifiquem a portaria de extensão, designadamente a identidade ou semelhança económica e social das situações no âmbito da extensão e no do instrumento a que se refere. Nos termos do n.º 1 do artigo 516.º, incumbe à Administração pública a emissão de portaria de extensão, sendo a competência para tal exclusiva do ministro responsável pela área laboral, ou conjunta, do ministro responsável pela área laboral e do ministro responsável pelo sector de actividade em causa, quando tenha havido oposição dos interessados no procedimento de emissão, por razões de ordem económica. O controlo de legalidade das portarias de extensão compete aos Tribunais Administrativos, seguindo a acção judicial os trâmites previstos no Código de Processo nos Tribunais Administrativos, aprovado pela Lei n.º 15/2002, de 22 de Fevereiro, e alterado pela Declaração de Rectificação n.º 17/2002, de 6 de Abril, pelas Leis n.ºs 4-A/2003, de 19 de Fevereiro 59/2008, de 11 de Setembro, 63/2011, de 14 de Dezembro, e pelo Decreto-Lei n.º 214-G/2015, de 2 de Outubro.

Sobre a portaria de extensão *vide* Bernardo Lobo Xavier, *Manual de Direito do Trabalho*, Verbo, 2011, página 268 e segs., e António Monteiro Fernandes, *Direito do Trabalho*, 15.ª Edição, Almedina, Abril 2010, página 110 e segs. No domínio da legislação anterior, pelo que será necessário proceder às adaptações necessárias, *vide* Gonçalves da Silva, "Pressupostos, Requisitos e Eficácia da Portaria de Extensão", *Estudos do Instituto de Direito do Trabalho*, Volume I, Almedina Coimbra, 2001, página 669 e segs.

6. A portaria de condições de trabalho é um regulamento administrativo, cfr. artigos 96.º e segs., e artigos 135.º e segs. do Código do Procedimento Administrativo, e encontra-se regulada nos artigos 517.º e segs. Para que seja possível o recurso à portaria de condições de trabalho, o n.º 1 do artigo 517.º estabelece vários requisitos cumulativos, ou seja, é necessário a verificação de todos eles, para que se possa emitir este instrumento de regulamentação colectiva do trabalho. Entre estes requisitos, determina-se expressamente que a portaria de condições de trabalho só pode ser emitida quando não seja admissível legalmente recorrer a uma portaria de extensão. Outro dos requisitos é a inexistência de associação sindical ou de associação de empregadores, sendo suficiente a inexistência de uma destas estruturas para que este requisito se encontre preenchido. O último dos requisitos necessários é a subsistência de circunstâncias sociais e económicas que fundamentem a emissão de portaria de condições de trabalho. Por expressa determinação do n.º 2 do artigo 517.º, uma vez verificados aqueles requisitos, ainda assim a portaria de condições de trabalho só pode ser emitida na falta de instrumento de regulamentação colectiva de trabalho negocial, ou seja, quando não exista uma convenção colectiva (contrato colectivo, acordo colectivo, e acordo de empresa) um acordo de adesão ou uma decisão arbitral em processo de arbitragem voluntária. A competência para a emissão de uma portaria de condições de trabalho é da Administração pública, através, conjuntamente, do ministro responsável pela área laboral e do ministro responsável pela área laboral, cfr. n.º 1 do artigo 518.º O controlo de legalidade da portaria de condições do trabalho compete aos Tribunais Administrativos, seguindo a acção judicial os trâmites previstos no Código de Processo nos Tribunais Administrativos.

Sobre a portaria de condições de trabalho *vide* Bernardo Lobo Xavier, *Manual de Direito do Trabalho*, Verbo, 2011, página 270 e segs., e António Monteiro Fernandes, *Direito do Trabalho*, 15.ª Edição, Almedina, Abril 2010, página 110 e segs.

ARTIGO 3.º - Relações entre fontes de regulação

1 – As normas legais reguladoras de contrato de trabalho podem ser afastadas por instrumento de regulamentação colectiva de trabalho, salvo quando delas resultar o contrário.

2 – As normas legais reguladoras de contrato de trabalho não podem ser afastadas por portaria de condições de trabalho.

3 – As normas legais reguladoras de contrato de trabalho só podem ser afastadas por instrumento de regulamentação colectiva de trabalho que, sem oposição daquelas normas, disponha em sentido mais favorável aos trabalhadores quando respeitem às seguintes matérias:

a) Direitos de personalidade, igualdade e não discriminação;

b) Protecção na parentalidade;

c) Trabalho de menores;

d) Trabalhador com capacidade de trabalho reduzida, com deficiência ou doença crónica;

e) Trabalhador-estudante;

f) Dever de informação do empregador;

g) Limites à duração dos períodos normais de trabalho diário e semanal;

h) Duração mínima dos períodos de repouso, incluindo a duração mínima do período anual de férias;

i) Duração máxima do trabalho dos trabalhadores nocturnos;

j) Forma de cumprimento e garantias da retribuição, bem como pagamento de trabalho suplementar;

l) Capítulo sobre prevenção e reparação de acidentes de trabalho e doenças profissionais e legislação que o regulamenta;

m) Transmissão de empresa ou estabelecimento;

n) Direitos dos representantes eleitos dos trabalhadores.

4 – As normas legais reguladoras de contrato de trabalho só podem ser afastadas por contrato individual que estabeleça condições mais favoráveis para o trabalhador, se delas não resultar o contrário.

5 – Sempre que uma norma legal reguladora de contrato de trabalho determine que a mesma pode ser afastada por instrumento de regulamentação colectiva de trabalho entende-se que o não pode ser por contrato de trabalho.

1. Este preceito corresponde aos artigos 4.º e 5.º do anterior Código do Trabalho, aprovado pela Lei n.º 99/2003.

2. A redacção da alínea j) do n.º 3 foi alterada pelo artigo 2.º da Lei n.º 93/2019, de 4 de Setembro. Na versão originária do Código do Trabalho, aprovado pela Lei n.º 7/2009, de 12 de Fevereiro, aquela alínea tinha a seguinte redacção: "j) Forma de cumprimento e garantias da retribuição;".

3. As normas legais reguladoras de contrato de trabalho são constituídas não só pelas normas previstas neste Código do Trabalho, como nas normas previstas em legislação avulsa.

4. Constituem instrumentos de regulamentação colectiva de trabalho, cfr. n.os 2, 3 e 4 do artigo 2.º, a convenção colectiva (que pode ser um contrato colectivo, acordo colectivo, ou um acordo de empresa), o acordo de adesão, a decisão arbitral, a portaria de extensão, e a portaria de condições de trabalho. Estes são, por força do artigo 1.º, fontes específicas do direito do trabalho.

5. Do n.º 1 resulta que as normas legais reguladoras de contrato de trabalho podem ser afastadas por instrumento de regulamentação colectiva de trabalho, excepto quando daquelas normas legais resultar que são imperativas, e ainda quando o instrumento de regulamentação colectiva de trabalho em causa seja uma portaria de condições de trabalho, cfr. n.º 2. Não se mostra fácil aferir se uma determinada norma é, ou não, imperativa, atendendo a que o legislador nem sempre cuidou de esclarecer quando é que uma norma é imperativa, pelo que cabe frequentemente ao intérprete apurar qual o seu sentido. Uma norma legal reguladora do contrato de trabalho que após um processo interpretativo permita concluir pela sua não imperatividade, poderá ser afastada por instrumento de regulamentação colectiva de trabalho independentemente do sentido desse afastamento, ou seja, independentemente do instrumento de regulamentação colectiva de trabalho estabelecer um regime mais benéfico para o trabalhador.

6. De acordo com o n.º 2, as normas legais reguladoras de contrato de trabalho não podem ser afastadas por portaria de condições de trabalho. Significa isto que face aos demais instrumentos de regulamentação colectiva de trabalho, a portaria de condições de trabalho terá um alcance menor, atendendo a que o n.º 1 permite, em regra, que os instrumentos de regulamentação colectiva de trabalho podem afastar as soluções legais.

7. O n.os 3 e 4 estabelecem o princípio do tratamento mais favorável ao trabalhador, ou *favor laboratoris*. Trata-se de um princípio vigente no Direito de Trabalho que pretende equilibrar a desigualdade substancial que se verifica, em regra, entre as partes num contrato de trabalho, encontrando-se em posição mais débil o contraente trabalhador, e que foi acolhido pelo legislador. Em ordem a este princípio, permite-se que o trabalhador possa, em determinadas matérias, beneficiar de uma maior protecção face às soluções que resultariam da mera aplicação das normas legais reguladoras de contrato de trabalho. Com efeito, permite-se que as normas legais previstas neste Código do Trabalho, como noutros diplomas que regulam o contrato de trabalho, sejam afastadas, caso não se tratem de normas imperativas, por instrumento de regulamentação colectiva de trabalho (embora apenas no conjunto de matérias previstas nas alíneas a) a n) do n.º 2), ou pelo próprio contrato de trabalho celebrado entre o empregador e o trabalhador, estatuindo disciplina diferente, desde que tal seja realizado em benefício do trabalhador. No n.º 3 estabelece-se um elenco de matérias que correspondem em grande parte às matérias fundamentais do estatuto contratual do trabalhador, resultando ainda desta norma que nas demais matérias as normas legais reguladoras de contrato de trabalho podem ser afastadas por instrumento de regulamentação colectiva de trabalho, salvo se dessas normas resultar o contrário, cfr. n.º 1.

8. A alínea j) do n.º 3 determina que as normas legais reguladoras de contrato de trabalho só podem ser afastadas por instrumento de regulamentação colectiva de trabalho que, sem oposição daquelas normas, disponha em sentido mais favorável aos trabalhadores quando respeitem à forma de cumprimento e garantias da retribuição, bem como pagamento de trabalho suplementar. A inclusão expressa da menção a pagamento de trabalho suplementar naquela alínea foi uma novidade trazida artigo 2.º da Lei n.º 93/2019, de 4 de Setembro, e que parece redundante.

Com efeito, o pagamento do trabalho suplementar encontra-se previsto no artigo 268.º, preceito este que se encontra na Secção I, disposições gerais sobre retribuição, que por sua vez se acha incluída no Capítulo III retribuição e outras prestações patrimoniais. A prestação de trabalho suplementar obriga o empregador a pagar um acréscimo retributivo por tal prestação, o qual constitui retribuição. O pagamento pela prestação trabalho suplementar é por si só um modo de cumprir a retribuição. Assim, antes da Lei n.º 93/2019, já se entendia que o pagamento do trabalho suplementar se encontrava entre as matérias que os instrumentos de regulamentação colectiva de trabalho podiam ordenar ou regrar, desde que tal pagamento fosse mais benéfico ao trabalhador. Ou seja, em termos práticos, já se admitia antes de 2019 que por força de um instrumento de regulamentação colectiva de trabalho, a prestação de trabalho suplementar impusesse o seu pagamento em montantes acrescidos face aos que se encontram no artigo 268.º

9. O n.º 5 reforça a autonomia colectiva. Com efeito, nos instrumentos de regulamentação colectiva de trabalho negociais – convenção colectiva, acordo de adesão e decisão arbitral em processo de arbitragem voluntária – as normas neles consagradas resultam de soluções negociadas, não se verificando a desigualdade substancial que, em regra, subsiste entre as partes num contrato de trabalho. Por esta razão, o equilíbrio que, por princípio, se consegue através de um instrumento de regulamentação colectiva de trabalho seria descaracterizado se se admitisse iguais faculdades ao instrumento de regulamentação colectiva de trabalho e ao contrato de trabalho, permitindo que por via individual as partes viessem, sem mais, a criar regimes próprios, afastando, no limite o reconhecimento que é assegurado pela

Constituição da República Portuguesa às convenções colectivas, cfr. n.º 3 do artigo 56.º da Constituição da República Portuguesa.

10. Sobre este preceito *vide* Bernardo Lobo Xavier, *Manual de Direito do Trabalho*, Verbo, 2011, página 883 e segs., e António Monteiro Fernandes, *Direito do Trabalho*, 15.ª Edição, Almedina, Abril 2010, página 126 e segs.

CAPÍTULO II – Aplicação do direito do trabalho

ARTIGO 4.º – Igualdade de tratamento de trabalhador estrangeiro ou apátrida

Sem prejuízo do estabelecido quanto à lei aplicável ao destacamento de trabalhadores e do disposto no artigo seguinte, o trabalhador estrangeiro ou apátrida que esteja autorizado a exercer uma actividade profissional subordinada em território português goza dos mesmos direitos e está sujeito aos mesmos deveres do trabalhador com nacionalidade portuguesa.

1. Este preceito corresponde aos artigos 86.º, 87.º e 90.º do anterior Código do Trabalho, aprovado pela Lei n.º 99/2003.

2. De acordo com este artigo 4.º, ao cidadão estrangeiro que se encontrar a trabalhar em Portugal sem a respectiva autorização, e não se tratando de um caso de destacamento, não é aplicável o regime laboral estabelecido no Código do Trabalho.

Assim, para que o trabalhador estrangeiro beneficie do regime específico do Código do Trabalho, e em especial, aquele que resulta da caracterização jurídica da relação como sendo trabalho subordinado, é necessário que o trabalhador estrangeiro que se encontre a trabalhar em Portugal esteja autorizado a exercer a sua actividade em território nacional. Como tal, o cidadão estrangeiro que não esteja autorizado a exercer uma actividade profissional em Portugal não beneficia do regime do contrato de trabalho previsto neste Código, com os efeitos decorrentes da sua não aplicação. Assim, não poderá por exemplo, ocorrer um despedimento ilícito, pelo que, quando ocorra uma situação que em teoria pudesse ser enquadrada naquele, não são aplicáveis as suas consequências: direito à indemnização por antiguidade (em substituição da reintegração do trabalhador) e aos salários intercalares. Neste sentido, veja-se o Acórdão do Tribunal da Relação de Coimbra, de 17 de Março de 2009, processo n.º 773/06.7TTAVR.C1, sumários em www.dgsi.pt.

3. De acordo com este artigo 4.º, proíbe-se qualquer forma de discriminação, positiva ou negativa, do trabalhador estrangeiro face aos trabalhadores com a nacionalidade portuguesa. Este artigo deve ser conciliado com o artigo 14.º do Código Civil, bem como com o artigo 15.º da Constituição da República Portuguesa. Estes preceitos, da lei civil e da Lei Fundamental, estabelecem a equiparação e a reciprocidade, ou seja, os estrangeiros e apátridas que se encontrem ou residam em Portugal gozam dos mesmos direitos que os cidadãos portugueses, com excepção daqueles que os seus estados de origem reconheçam aos seus nacionais, não reconheçam aos cidadãos portugueses ali residentes. De acordo com a Constituição da República Portuguesa constitui uma excepção à equiparação os direitos políticos, o exercício de funções públicas que não tenham carácter predominantemente técnico e os direitos e deveres reservados pela Constituição e pela lei exclusivamente aos cidadãos portugueses, cfr. n.º 2 do artigo 15.º da Lei Fundamental. Não obstante a excepção supra referida, a Constituição da República Portuguesa admite a possibilidade da lei poder atribuir, em condições de reciprocidade capacidade eleitoral activa e passiva, cfr. n.os 3 a 5 do mesmo artigo 15.º Daquele preceito constitucional resulta ainda que os cidadãos dos Estados de língua portuguesa, com residência permanente em Portugal podem ter direitos reconhecidos não conferidos a estrangeiros, nos termos da lei e em condições de reciprocidade. Ou seja, o artigo 15.º da Constituição da República Portuguesa pressupõe na sua essência que os cidadãos estrangeiros tenham legalizado a sua situação em território nacional.

4. Da interpretação deste preceito, com o artigo 5.º, resulta, no que diz respeito aos trabalhadores estrangeiros ou apátridas, que há que distinguir três situações que se podem verificar, e cujos efeitos são distintos: cidadãos não autorizados a exercer a sua actividade em Portugal, trabalhadores destacados ao abrigo do disposto no artigo 6.º, e os trabalhadores autorizados a exercer a sua actividade no território nacional para os quais são estabelecidas as regras deste artigo 4.º e do artigo seguinte.

5. O presente Código do Trabalho nada dispõe relativamente a normas de conflitos, que permitam apurar qual a lei aplicável ao contrato de trabalho, matéria a que a disciplina de Direito Internacional Privado tem por objecto de estudo. Nesta matéria, rege o Regulamento CE/593/2008, do Parlamento Europeu e do Conselho, de 17 de Junho de 2008, sobre a lei aplicável às obrigações contratuais (Roma I), o qual é aplicável aos contratos celebrados após 17 de Dezembro de 2009, cfr. artigo 28.º do próprio Regulamento. Antes de mais importa salientar que os Regulamentos se encontram previstos no artigo 288.º do Tratado Sobre o Funcionamento da União Europeia. O Regulamento é um acto jurídico que é directamente aplicável em todos os Estados-Membros da União Europeia, ou seja, não está dependente da adopção de qualquer medida de recepção do direito nacional. Significa isto que os efeitos jurídicos do Regulamento prevalecem sobre todas as ordens jurídicas, sendo vinculativo quer para os Estados-Membros, quer para os particulares, que o podem invocar nas suas relações com os Estados-Membros e com outros particulares. Sob a epígrafe "Contratos individuais de trabalho", o artigo 8.º do Regulamento CE/593/2008, que se transcreve na íntegra, estabelece:

> "1. O contrato de trabalho é regulado pela lei escolhida pelas partes, nos termos do artigo 3.º Esta escolha da lei não pode, porém, ter como consequência privar o trabalhador da protecção que lhe proporcionam as disposições não derrogáveis por acordo, ao abrigo da lei que, na falta de escolha, seria aplicável nos termos dos n.os 2, 3 e 4 do presente artigo.
>
> 2. Se a lei aplicável ao contrato individual de trabalho não tiver sido escolhida pelas partes, o contrato é regulado pela lei do país em que o trabalhador presta habitualmente o seu trabalho em execução do contrato de trabalho ou, na sua falta, a partir do qual o trabalhador presta habitualmente o seu trabalho em execução do

contrato. Não se considera que o país onde o trabalhador presta habitualmente o seu trabalho mude quando o trabalhador estiver temporariamente empregado noutro país.

3. Se não for possível determinar a lei aplicável nos termos do n.º 2, o contrato é regulado pela lei do país onde se situa o estabelecimento que contratou o trabalhador.

4. Se resultar do conjunto das circunstâncias que o contrato apresenta uma conexão mais estreita com um país diferente do indicados nos n.os 2 ou 3, é aplicável a lei desse outro país.".

O artigo 3.º do Regulamento CE/593/2008 prevê a liberdade de escolha, estabelecendo que a escolha, pelas partes, da lei que irá regular o contrato deve ser expressa ou resultar de forma clara das disposições do contrato, ou das circunstâncias do caso, permitindo-se que as partes designem a lei aplicável à totalidade, ou apenas a parte do contrato. A mais, admite-se que em qualquer momento as partes podem acordar em subordinar o contrato a uma lei diferente da que precedentemente o regulava.

Note-se que a lei aplicável, em resultado do disposto no Regulamento CE/593//2008, prevalece sobre as normas de conflitos dos Estados-Membros da União Europeia, expressamente se excluindo o reenvio, no seu artigo 20.º

6. Sobre este preceito *vide* Bernardo Lobo Xavier, *Manual de Direito do Trabalho*, Verbo, 2011, página 863 e segs.

ARTIGO 5.º – Forma e conteúdo de contrato com trabalhador estrangeiro ou apátrida

1 – O contrato de trabalho celebrado com trabalhador estrangeiro ou apátrida está sujeito a forma escrita e deve conter, sem prejuízo de outras exigíveis no caso de ser a termo, as seguintes indicações:

a) Identificação, assinaturas e domicílio ou sede das partes;

b) Referência ao visto de trabalho ou ao título de autorização de residência ou permanência do trabalhador em território português;

c) Actividade do empregador;

d) Actividade contratada e retribuição do trabalhador;

e) Local e período normal de trabalho;

f) Valor, periodicidade e forma de pagamento da retribuição;

g) Datas da celebração do contrato e do início da prestação de actividade.

2 – O trabalhador deve ainda anexar ao contrato a identificação e domicílio da pessoa ou pessoas beneficiárias de pensão em caso de morte resultante de acidente de trabalho ou doença profissional.

3 – O contrato de trabalho deve ser elaborado em duplicado, entregando o empregador um exemplar ao trabalhador.

4 – O exemplar do contrato que ficar com o empregador deve ter apensos documentos comprovativos do cumprimento das obrigações legais relativas à entrada e à permanência ou re-

sidência do cidadão estrangeiro ou apátrida em Portugal, sendo apensas cópias dos mesmos documentos aos restantes exemplares.

5 – O empregador deve comunicar ao serviço com competência inspectiva do ministério responsável pela área laboral, mediante formulário electrónico:

a) A celebração de contrato de trabalho com trabalhador estrangeiro ou apátrida, antes do início da sua execução;

b) A cessação de contrato, nos 15 dias posteriores.

6 – O disposto neste artigo não é aplicável a contrato de trabalho de cidadão nacional de país membro do Espaço Económico Europeu ou de outro Estado que consagre a igualdade de tratamento com cidadão nacional em matéria de livre exercício de actividade profissional.

7 – Constitui contra-ordenação grave a violação do disposto nos n.os 1, 3, 4 ou 5.

1. Este preceito corresponde aos artigos 88.º e 89.º do anterior Código do Trabalho, aprovado pela Lei n.º 99/2003.

2. O contrato de trabalho com trabalhador estrangeiro ou apátrida é um negócio jurídico contratual, onde os contraentes, além de liberdade de celebração têm liberdade de estipulação, ou seja podem optar não só pela prática do acto, como ainda seleccionar o tipo de efeitos jurídicos que irão produzir, admitindo-se a possibilidade de negociação do parte do seu conteúdo, sem prejuízo das indicações, e dos anexos, que nos termos do n.os 1, 2 e 4, o devem integrar.

3. As obrigações legais relativas à entrada e à permanência ou residência do cidadão estrangeiro ou apátrida em Portugal, referidas no n.º 4, encontram-se previstas na Lei n.º 23/2007, de 4 de Julho, que aprovou regime jurídico de entrada, permanência, saída e afastamento de estrangeiros do território nacional, com as alterações introduzidas pelas Leis n.os 29/2012, de 9 de Agosto, 56/2015, de 23 de Junho, e 63/2015, de 30 de Junho. A Lei n.º 23/2007 foi regulamentada pelo Decreto Regulamentar n.º 84/2007, de 5 de Novembro.

Nos termos do n.º 5 do artigo 198.º-A da Lei n.º 23/2007, de 4 de Julho, o empregador, o utilizador por força de contrato de prestação de serviços, de acordo de cedência ocasional ou de utilização de trabalho temporário, e o empreiteiro geral são responsáveis solidariamente pelo pagamento não só das coimas previstas pela utilização de cidadão estrangeiro não habilitado com autorização de residência, ou visto que o autorize a exercer uma actividade profissional, como também pelas créditos salariais decorrentes do trabalho efectivamente recebido, pelas sanções decorrentes do incumprimento da legislação laboral, pela não declaração de rendimentos sujeitos a descontos para a administração fiscal e para a segurança social, relativamente ao trabalho prestado pelo trabalhador estrangeiro ilegal, e pelo pagamento das despesas necessárias à estada e ao afastamento dos cidadãos estrangeiros envolvidos. Estabelece ainda o n.º 6 do artigo 198.º-A da Lei n.º 23/2007 que responde também solidariamente o dono da obra que não obtenha da outra parte contraente declaração de cumprimento das obrigações decorrentes da lei relativamente a trabalhadores estrangeiros eventualmente contratados. Nos termos do n.º 9 daquele mesmo artigo 198.º-A, constitui contra-ordenação muito grave nos termos da legislação laboral, o incumprimento das obrigações referidas. De referir ainda que se o infractor das obrigações mencionadas for pessoa colectiva ou equiparada, respondem pelo pagamento da coima, solidariamente com aquela, os respectivos administradores, gerentes ou directores.

4. O serviço com competência inspectiva do ministério responsável pela área laboral referido no n.º 5 é a Autoridade para as Condições do Trabalho, cfr. alínea a) do n.º 2 do artigo 11.º do Decreto-Lei n.º 167-C/2013, de 31 de Dezembro, alterado pelo Decreto-Lei n.º 28/2015, de 10 de Fevereiro, que aprovou a Lei Orgânica do Ministério da Solidariedade, Emprego e Segurança Social, e alínea a) do n.º 2 do artigo 2.º do Decreto Regulamentar n.º 47/2012, de 31 de Julho, que aprovou a orgânica da Autoridade para as Condições do Trabalho, nos termos das quais a Autoridade para as Condições do Trabalho prossegue, entre outras, a atribuição de fiscalizar o cumprimento das disposições legais, regulamentares e convencionais respeitantes às relações de trabalho. Além desta atribuição, a Autoridade para as Condições do trabalho tem também como atribuição a de exercer as competências em matéria de trabalho de estrangeiros que lhe sejam atribuídas por lei, cfr. alínea o) do n.º 2 do artigo 2.º do Decreto Regulamentar n.º 47/2012, de 31 de Julho.

5. Para efeitos de aplicação do n.º 6, importa conhecer quem pode ser cidadão nacional de país membro do Espaço Económico Europeu ou de outro Estado que consagre a igualdade de tratamento com cidadão nacional em matéria de livre exercício de actividade profissional. De acordo com o Aviso publicado no Boletim do Trabalho e Emprego, 1.ª série, n.º 17, de 8 de Maio de 1999, entende-se que são cidadãos do Espaço Económico Europeu os cidadãos da Alemanha, Áustria, Bélgica, Dinamarca, Espanha, Finlândia, França, Grécia, Irlanda, Islândia, Itália, Liechtenstein, Luxemburgo, Noruega, Países Baixos, Reino Unido da Grã-Bretanha e Irlanda do Norte, e Suécia, por força do disposto no Acordo sobre o Espaço Económico Europeu, tal como os cidadãos do Chipre, Eslováquia, Malta, Polónia e Turquia, por força do disposto na Carta Social Europeia. O Aviso supra referido considera ainda que são cidadãos de Estado que consagra a igualdade de tratamento com cidadão nacional, os nacionais do Brasil, por força do disposto na Convenção de Brasília sobre Igualdade de Direitos e Deveres entre Brasileiros e Portugueses, os nacionais de Cabo Verde e os nacionais da Guiné-Bissau, por força de Acordo Especial Regulador do Estatuto das Pessoas e Regime dos Seus Bens, em desenvolvimento de Acordo Geral de Cooperação e Amizade. Também os nacionais de São Tomé e Príncipe, por força do princípio da reciprocidade, são encarados como cidadãos de Estado que consagra a igualdade de tratamento com cidadão nacional.

Não obstante o conteúdo do Aviso publicado no Boletim do Trabalho e Emprego, 1.ª série, n.º 17, de 8 de Maio de 1999, este deve ser alvo de interpretação actualista, no sentido de incluir os demais países que entretanto aderiram à União Europeia, pelo que além dos países *supra* referidos, deve entender-se que são também cidadãos do Espaço Económico Europeu os cidadãos da Bulgária, Eslovénia, Estónia, Hungria, Letónia, Lituânia, República Checa e Roménia.

6. Nada obsta que a forma escrita imposta por este preceito seja satisfeita através de documento electrónico, ou seja, por documento elaborado mediante processamento electrónico de dados. Por outras palavras, nada impede que a forma escrita seja adoptada através de uma declaração escrita enviada por correio electrónico (e-mail) para um endereço electrónico. Sobre a validade, eficácia e valor probatório dos documentos electrónicos remete-se para a anotação 4. ao artigo 107.º

7. Sobre este preceito *vide* Bernardo Lobo Xavier, *Manual de Direito do Trabalho*, Verbo, 2011, página 863 e segs.

ARTIGO 6.º - Destacamento em território português

1 – Consideram-se submetidas ao regime de destacamento as seguintes situações, nas quais o trabalhador, contratado por empregador estabelecido noutro Estado, presta a sua actividade em território português:

a) Em execução de contrato entre o empregador e o beneficiário que exerce a actividade, desde que o trabalhador permaneça sob a autoridade e direcção daquele;

b) Em estabelecimento do mesmo empregador, ou empresa de outro empregador com o qual exista uma relação societária de participações recíprocas, de domínio ou de grupo;

c) Ao serviço de um utilizador, à disposição do qual foi colocado por empresa de trabalho temporário ou outra empresa.

2 – O regime é também aplicável ao destacamento efectuado nas situações referidas nas alíneas a) e b) do número anterior por um utilizador estabelecido noutro Estado, ao abrigo da respectiva legislação nacional, desde que o contrato de trabalho subsista durante o destacamento.

3 – O regime de destacamento em território português não é aplicável ao pessoal navegante da marinha mercante.

1. Este preceito corresponde ao artigo 7.º do anterior Código do Trabalho, aprovado pela Lei n.º 99/2003, e ao artigo 11.º da Lei n.º 35/2004, de 29 de Julho, que regulamentou o anterior Código do Trabalho.

2. Da primeira parte do n.º 1 resulta o que se deve entender por destacamento: é a prestação, em determinado território, da actividade de trabalhador, contratado por um empregador estabelecido noutro Estado. Note-se contudo que o n.º 1 não abrange todas as situações de destacamento. Na verdade, este artigo 6.º delimita o destacamento de trabalhadores estrangeiros ou apátrias que acorrem a prestar a sua actividade no território português. Por seu turno, o artigo 8.º regulamenta o destacamento de trabalhador contratado por uma empresa estabelecida em Portugal, que presta a sua actividade no território de um outro Estado.

3. O conceito de Estado referido neste artigo abrange qualquer Estado que, ao abrigo das normas de Direito Internacional deva como tal ser considerado, não se limitando aos Estados que sejam membros da União Europeia.

4. O destacamento de trabalhadores estrangeiros ou apátrias que prestam a sua actividade em território português supõe a existência de um contrato de trabalho. Note-se contudo que a subsistência de tal contrato não tem de se verificar entre

o trabalhador destacado e o beneficiário da actividade. Com efeito, a alínea a) do n.º 1 permite que o trabalhador destacado, contratado por empregador estabelecido noutro Estado, preste o seu trabalho em território português, em execução de contrato celebrado entre o empregador e o beneficiário que exerce a actividade, desde que aquele trabalhador permaneça sob a autoridade e direcção do empregador. Já a alínea c) do n.º 1 permite que o trabalhador destacado, contratado por empregador estabelecido noutro Estado, preste o seu trabalho em território português, ao serviço de um utilizador, à disposição do qual foi colocado por empresa de trabalho temporário ou outra empresa.

5. Sobre este preceito *vide* Bernardo Lobo Xavier, *Manual de Direito do Trabalho*, Verbo, 2011, página 863 e segs.

ARTIGO 7.º – Condições de trabalho de trabalhador destacado

1 – Sem prejuízo de regime mais favorável constante de lei ou contrato de trabalho, o trabalhador destacado tem direito às condições de trabalho previstas na lei e em regulamentação colectiva de trabalho de eficácia geral aplicável que respeitem a:

a) Segurança no emprego;

b) Duração máxima do tempo de trabalho;

c) Períodos mínimos de descanso;

d) Férias;

e) Retribuição mínima e pagamento de trabalho suplementar;

f) Cedência de trabalhadores por parte de empresa de trabalho temporário;

g) Cedência ocasional de trabalhadores;

h) Segurança e saúde no trabalho;

i) Protecção na parentalidade;

j) Protecção do trabalho de menores;

l) Igualdade de tratamento e não discriminação.

2 – Para efeito do disposto no número anterior:

a) A retribuição mínima integra os subsídios ou abonos atribuídos ao trabalhador por causa do destacamento que não constituam reembolso de despesas efectuadas, nomeadamente com viagens, alojamento e alimentação;

b) As férias, a retribuição mínima e o pagamento de trabalho suplementar não são aplicáveis ao destacamento de trabalhador qualificado por parte de empresa fornecedora de um bem, para efectuar a montagem ou a instalação inicial indispensável ao seu funcionamento, desde que a mesma esteja integrada no contrato de fornecimento e a sua duração não seja superior a oito dias no período de um ano.

3 – O disposto na alínea b) do número anterior não abrange o destacamento em actividades de construção que visem a realização, reparação, manutenção, alteração ou eliminação de construções, nomeadamente escavações, aterros, construção, montagem e desmontagem de elementos prefabricados, arranjo ou instalação de equipamentos, transformação, renovação, reparação, conservação ou manutenção, designadamente pintura e limpeza, desmantelamento, demolição e saneamento.

1. Este preceito corresponde ao artigo 8.º do anterior Código do Trabalho, aprovado pela Lei n.º 99/2003, e ao artigo 12.º da Lei n.º 35/2004, de 29 de Julho, que regulamentou o anterior Código do Trabalho.

2. As matérias referidas nas várias alíneas do n.º 1 são aplicáveis ao trabalhador destacado, independentemente da regulação dessas matérias se encontrar prevista na lei portuguesa ou em instrumentos de regulamentação colectiva de trabalho. Pretende-se com este n.º 1, sem prejuízo de um regime mais favorável que seja aplicável ao trabalhador destacado, atribuir-lhe condições de trabalho em tudo semelhantes às condições de trabalho vigentes em Portugal para os trabalhadores que se acham submetidos à legislação portuguesa. Desta forma, assegura-se que os trabalhadores destacados beneficiam não só de protecção semelhante aos demais trabalhadores que prestam o seu trabalho no território português, e aos quais é aplicável a lei portuguesa, como se protege a concorrência entre empresas que operem no mesmo mercado. Caso não existisse, por força da lei, esta equiparação de regimes, e não fosse assim aplicável ao trabalhador destacado a multiplicidade das condições de trabalho de que beneficiam os trabalhadores a quem é aplicável a legislação nacional, a verdade é que o destacamento, por si só, seria apto a subverter as regras da concorrência entre empresas, ao permitir tornar os custos do trabalho mais baixos.

3. Sobre este preceito *vide* Bernardo Lobo Xavier, *Manual de Direito do Trabalho*, Verbo, 2011, página 863 e segs.

ARTIGO 8.º – Destacamento para outro Estado

1 – O trabalhador contratado por uma empresa estabelecida em Portugal, que preste actividade no território de outro Estado em situação a que se refere o artigo 6.º, tem direito às condições de trabalho previstas no artigo anterior, sem prejuízo de regime mais favorável constante da lei aplicável ou do contrato.

2 – O empregador deve comunicar, com cinco dias de antecedência, ao serviço com competência inspectiva do ministério responsável pela área laboral a identidade dos trabalhadores a destacar para o estrangeiro, o utilizador, o local de trabalho, o início e o termo previsíveis da deslocação.

3 – Constitui contra-ordenação grave a violação do disposto no número anterior.

1. Este preceito corresponde ao artigo 9.º do anterior Código do Trabalho, aprovado pela Lei n.º 99/2003.

2. O destacamento de trabalhador para outro Estado em execução de contrato entre o empregador e o beneficiário que exerce a actividade constitui uma excepção à proibição de que o empregador não pode ceder trabalhador para utilização de terceiro, cfr. alínea g) do n.º 1 do artigo 129.º

3. O âmbito de aplicação deste artigo 8.º é distinto do âmbito de aplicação do artigo 6.º Enquanto que este artigo 8.º regulamenta o destacamento de trabalhador contratado por uma empresa estabelecida em Portugal, que presta a sua actividade no território de um outro Estado, o artigo 6.º delimita o destacamento de trabalhadores estrangeiros ou apátrias que acorrem a prestar a sua actividade no território português.

4. O conceito de Estado referido neste artigo 8.º abrange qualquer Estado que, ao abrigo das normas de Direito Internacional deva como tal ser considerado, não se limitando aos Estados que sejam membros da União Europeia.

5. O n.º 1 estabelece relativamente a trabalhador contratado por uma empresa estabelecida em Portugal, e que é destacado para outro Estado, que, salvo regime mais favorável da lei aplicável ou do contrato de trabalho, lhe são aplicáveis as condições de trabalho previstas na lei portuguesa ou em instrumentos de regulamentação colectiva de trabalho. Ou seja, se por qualquer motivo não for aplicável a legislação portuguesa, o trabalhador destacado para outro Estado beneficia da aplicação de um conjunto de matérias previstas no artigo anterior, o artigo 7.º, as quais constituem assim uma protecção mínima do trabalhador destacado. Visa-se desta forma que o trabalhador destacado para outro Estado não seja prejudicado pelo regime permitido pela lei do Estado concreto onde exerce a sua actividade, passando, por exemplo, a encontrar-se obrigado a prestar o seu trabalho durante 80 horas semanais, em detrimento das 40 horas semanais que constituem o limite máximo admitido por este Código do Trabalho, cfr. n.º 1 do artigo 203.º

6. O serviço com competência inspectiva do ministério responsável pela área laboral referido no n.º 2 é a Autoridade para as Condições do Trabalho, cfr. alínea a) do n.º 2 do artigo 11.º do Decreto-Lei n.º 167-C/2013, de 31 de Dezembro, alterado pelo Decreto-Lei n.º 28/2015, de 10 de Fevereiro, que aprovou a Lei Orgânica do Ministério da Solidariedade, Emprego e Segurança Social, e alínea a) do n.º 2 do artigo 2.º do Decreto Regulamentar n.º 47/2012, de 31 de Julho, que aprovou a orgânica da Autoridade para as Condições do Trabalho, nos termos das quais a Autoridade para as Condições do Trabalho prossegue, entre outras, a atribuição de fiscalizar o cumprimento das disposições legais, regulamentares e convencionais respeitantes às relações de trabalho.

7. O trabalhador contratado por uma empresa estabelecida em Portugal, que preste actividade no território de outro Estado deve ser informado pelo empregador das informações referidas no n.º 3 do artigo 106.º, por escrito, cfr. n.º 1 do artigo 107.º, nos 60 dias subsequentes ao início da execução do contrato, ou se este cessar antes deste prazo, até ao respectivo termo, cfr. n.º 4 do artigo 107.º Além daquelas informações, o n.º 1 do artigo 108.º determina que se o trabalhador cujo contrato de trabalho seja regulado pela lei portuguesa exercer a sua actividade no território de outro Estado por período superior a um mês, o empregador deve prestar-lhe, por escrito e até à sua partida, as seguintes informações complementares:

a) Duração previsível do período de trabalho a prestar no estrangeiro;

b) Moeda e lugar do pagamento das prestações pecuniárias;

c) Condições de repatriamento;

d) Acesso a cuidados de saúde.

8. Sobre este preceito *vide* Bernardo Lobo Xavier, *Manual de Direito do Trabalho*, Verbo, 2011, página 863 e segs.

ARTIGO 9.º – Contrato de trabalho com regime especial

Ao contrato de trabalho com regime especial aplicam-se as regras gerais deste Código que sejam compatíveis com a sua especificidade.

1. Este preceito corresponde ao artigo 11.º do anterior Código do Trabalho, aprovado pela Lei n.º 99/2003.

2. De acordo com este preceito, não obstante as especificidades próprias estabelecidas em legislação especial, não deixa de ser aplicável o presente Código do Trabalho à relação laboral prevista nessa legislação especial. Nesses casos, a aplicação do Código do Trabalho sofre uma restrição não despicienda: é aplicável conquanto as regras neste previstas se mostrem compatíveis com as específicidades próprias estabelecidas nessa legislação especial, o que se compreende, por assim se salvaguardar o regime especial.

Na verdade, e através de legislação avulsa, há uma multiplicidade de regimes especiais, entre os quais figuram:

- O regime jurídico do contrato de trabalho do serviço doméstico, previsto no Decreto-Lei n.º 235/92, de 24 de Outubro, com as alterações introduzidas pela Declaração de Rectificação n.º 174/92, de 31 de Outubro, e pela Lei n.º 114/99, de 3 de Agosto;
- O regime jurídico do contrato de trabalho do praticante desportivo, do contrato de formação desportiva, e do contrato de representação ou intermediação, previsto na Lei n.º 54/2017, de 14 de Julho;
- O regime jurídico do trabalho portuário, previsto no Decreto-Lei n.º 280/93, 13 de Agosto, com as alterações introduzidas pela Declaração de Rectificação n.º 202/93, de 30 de Outubro, e pela Lei n.º 3/2013 de 14 de Janeiro;
- O regime jurídico do contrato individual de trabalho a bordo das embarcações de pesca, previsto na Lei n.º 15/97, de 31 de Maio, alterada pelas Leis n.os 114/99, de 03 de Agosto, e 29/2018, de 16 de Julho;
- A actividade de marítimos a bordo de navios que arvoram bandeira portuguesa, bem como as responsabilidades do Estado português enquanto Estado de bandeira ou do porto, previsto na Lei n.º 146/2015 de 9 de Setembro, alterada pela Lei n.º 29/2018, de 16 de Julho;
- O regime jurídico da actividade profissional dos marítimos, previsto no Decreto-Lei n.º 280/2001, de 23 de Outubro e alterado pelos Decretos-Leis n.os 51/2005, de 25 de Fevereiro, 206/2005, de 28 de Novembro, 226/2007, de 31 de Maio, 181/2014, de 24 de Dezembro, e 53/2016, de 24 de Agosto.
- O regime dos contratos de trabalho dos profissionais dos espectáculos, previsto na Lei n.º 4/2008, de 07 de Fevereiro, alterado pelas Leis n.os 105/2009, de 14 de Setembro, 28/2011, de 16 de Junho, e 22/2019, de 26 de Fevereiro.

É ainda frequente mencionar-se, a propósito dos regimes especiais, o trabalho em funções públicas. Relativamente a este, em concreto, releva a Lei Geral do Trabalho em Funções Públicas, aprovada pela Lei n.º 35/2014, de 20 de Junho, e alterada pelas Leis n.ºs 82-B/2014, de 31 de Dezembro, 84/2015, de 7 de Agosto, 18/2016, de 20 de Junho, 42/2016, de 28 de Dezembro, 25/2017, de 30 de Maio, 70/2017, de 14 de Agosto, 73/2017, de 16 de Agosto, 49/2018, de 14 de Agosto, 71/2018, de 31 de Dezembro, pelo Decreto-Lei n.º 6/2019, de 14 de Janeiro, e pela Lei n.º 79/2019, de 2 de Setembro.

3. Sobre este preceito, *vide* Bernardo Lobo Xavier, *Manual de Direito do Trabalho*, Verbo, 2011, página 360 e segs. e António Monteiro Fernandes, *Direito do Trabalho*, 15.ª Edição, Almedina, Abril 2010, página 164 e segs.

ARTIGO 10.º – Situações equiparadas

As normas legais respeitantes a direitos de personalidade, igualdade e não discriminação e segurança e saúde no trabalho são aplicáveis a situações em que ocorra prestação de trabalho por uma pessoa a outra, sem subordinação jurídica, sempre que o prestador de trabalho deva considerar-se na dependência económica do beneficiário da actividade.

1. Este preceito corresponde ao artigo 13.º do anterior Código do Trabalho, aprovado pela Lei n.º 99/2003.

2. Este preceito estende a protecção que é conferida ao trabalhador em matéria de direitos de personalidade, igualdade e não discriminação, e segurança e saúde no trabalho, a outros profissionais que não devem ser qualificados como trabalhadores. Ou seja, este artigo 10.º sujeita os contratos equiparados ao contrato de trabalho às normas legais previstas neste Código do Trabalho relativamente a direitos de personalidade, igualdade e não discriminação e segurança e saúde no trabalho.

3. A subordinação jurídica referida neste preceito é uma característica do contrato de trabalho, que se traduz na circunstância do trabalhador ter de prestar a sua actividade intelectual ou manual, sob a autoridade e direcção do empregador. A subordinação jurídica resulta desde logo do conceito de contrato de trabalho, cfr. artigo 11.º e artigo 1152.º do Código Civil. Sobre esta, ver artigo 11.º e respectivas anotações.

4. A equiparação prevista neste artigo 10.º reporta-se a situações em que existe uma prestação de trabalho, sem subordinação jurídica, mas em que o prestador do serviço se encontra economicamente dependente daquele que recebe o produto da sua actividade (o que é também designado de subordinação económica). Como vem entendendo a jurisprudência cfr. Acórdão do Supremo Tribunal de Justiça, de 15 de Setembro de 2010, processo 237/04.3TTPTG.E1.S1, sumários em www.dgsi.pt, não resulta da equiparação que se tenha alterado a conceptualização típica do contrato de trabalho ou do contrato de prestação de serviço, por forma a que este último possa beneficiar, sem mais, da protecção legalmente conferida ao primeiro. Este preceito tem uma função residual, destinando-se a prevenir que situações que não se encontrem juridicamente bem definidas como contrato de trabalho ou como contrato de prestação de serviço, possam igualmente beneficiar da protecção das normas legais respeitantes a direitos de personalidade, igualdade e não discriminação e segurança e saúde no trabalho.

Para que se ache preenchido o conceito de dependência económica não basta que o prestador da actividade necessite das quantias auferidas para prover ao seu sustento ou ao da sua família. Este subentende a integração do prestador da actividade no processo empresarial de outrem, o que ocorrerá sempre que se verifique a continuidade no exercício da actividade ou uma continuidade da vinculação para prestar a actividade.

5. Nos termos da alínea c) do n.º 1 do artigo 4.º da Lei n.º 7/2009, de 12 de Fevereiro, o regime relativo a acidentes de trabalho e doenças profissionais, previsto nos artigos 283.º e 284.º do Código do Trabalho, com as necessárias adaptações, aplica-se igualmente a prestador de trabalho, sem subordinação jurídica, que desenvolve a sua actividade na dependência económica. Salvo melhor opinião, a previsão da alínea c) do n.º 1 do artigo 4.º da Lei n.º 7/2009, face ao disposto neste artigo 10.º parece desnecessária. Ou seja, este artigo 10.º tem um âmbito de aplicação superior face a àquela alínea c) do n.º 1 do artigo 4.º da Lei n.º 7/2009, pelo que, e atento o seu conteúdo normativo, consome aquela alínea c) do n.º 1 do artigo 4.º da Lei n.º 7/2009.

Note-se que não é somente o regime relativo a acidentes de trabalho e doenças profissionais, previsto nos artigos 283.º e 284.º do Código do Trabalho, que é aplicável ao prestador de trabalho, sem subordinação jurídica. Nos termos do artigo 33.º da Lei n.º 105/2009, de 14 de Setembro, alterada pelas Leis n.os 60/2018, de 21 de Agosto, e 93/2019, de 4 de Setembro, na informação anual sobre a actividade social da empresa, que o empregador tem de prestar, deve ser considerado quem esteja vinculado ao empregador mediante contrato de prestação de serviço.

6. Uma situação equiparada ao contrato de trabalho encontra-se prevista na Lei n.º 101/2009, de 8 de Setembro, que estabelece o regime jurídico do trabalho no domicílio. De acordo com o n.º 1 do artigo 1.º daquela Lei n.º 101/2009 é por ela regulada a prestação de actividade, sem subordinação jurídica, no domicílio ou em instalação do trabalhador, bem como a que ocorre para, após comprar a matéria-prima, fornecer o produto acabado por certo preço ao vendedor dela, desde que em qualquer caso o trabalhador esteja na dependência económica do beneficiário da actividade. Estabelece o n.º 2 do mesmo artigo 1.º da Lei n.º 101/2009 que se compreende no âmbito do trabalho no domicílio, a situação em que vários trabalhadores sem subordinação jurídica nem dependência económica entre si, até ao limite de quatro, executam a actividade para o mesmo beneficiário, no domicílio ou instalação de um deles. Esta legislação especial consagra ainda vários deveres a que o beneficiário do trabalho no domicílio se encontra adstrito. Neste sentido, o n.º 1 do artigo 5.º da Lei n.º 101/2009 determina que o trabalhador no domicílio é abrangido pelos regimes jurídicos relativos à segurança e saúde no trabalho e a acidentes de trabalho e doenças profissionais, assumindo para o efeito o beneficiário da actividade a posição de empregador. E estabelece o n.º 1 do artigo 6.º da mesma Lei n.º 101/2009, que o beneficiário da actividade deve assegurar ao trabalhador no domicílio formação adequada à sua prestação, que não deve ser inferior à proporcionada a trabalhador que realize idêntico trabalho em estabelecimento em cujo processo produtivo se insere a actividade por aquele prestada. Nos termos do n.º 1 do artigo 12.º da Lei n.º 101/2009, o beneficiário da actividade deve manter no estabelecimento em cujo processo produtivo se insere a actividade realizada um registo actualizado de trabalhadores no domicílio.

7. Sobre este preceito *vide* Bernardo Lobo Xavier, *Manual de Direito do Trabalho,* Verbo, 2011, página 316 e segs.

TÍTULO II – Contrato de trabalho

CAPÍTULO I – Disposições gerais

SECÇÃO I – Contrato de trabalho

ARTIGO 11.º – Noção de contrato de trabalho

Contrato de trabalho é aquele pelo qual uma pessoa singular se obriga, mediante retribuição, a prestar a sua actividade a outra ou outras pessoas, no âmbito de organização e sob a autoridade destas.

1. Este preceito corresponde ao artigo 10.º do anterior Código do Trabalho, aprovado pela Lei n.º 99/2003.

2. A noção de contrato de trabalho estabelecida neste artigo 11.º afasta-se da noção consagrada no artigo 1152.º do Código Civil. O artigo 1152.º do Código Civil estabelece que: "Contrato de trabalho é aquele pelo qual uma pessoa se obriga, mediante retribuição, a prestar a sua actividade intelectual ou manual a outra pessoa, sob a autoridade e direcção desta.". Neste preceito estabelece-se que a actividade a prestar pelo trabalhador pode efectivar-se a outras pessoas, ou seja, a vários empregadores, através de um só contrato de trabalho, situação esta que é designada por pluralidade de empregadores, e que se encontra expressamente prevista no artigo 101.º Contrariamente ao que sucede neste artigo 11.º, no artigo 101.º restringe-se a admissibilidade do trabalhador poder obrigar-se a prestar trabalho a vários empregadores, permitindo-se que o faça apenas quando exista entre esses empregadores uma relação societária de participações recíprocas, de domínio ou de grupo, ou quando tenham estruturas organizativas comuns.

3. Da letra deste preceito resulta desde logo que o contrato de trabalho só pode ser celebrado entre uma pessoa singular, o trabalhador e outra, ou outras pessoas, o empregador ou vários empregadores. Significa isto que uma pessoa colectiva não pode assumir a qualidade de trabalhador.

4. Para que se possa qualificar como contrato de trabalho a prestação de trabalho, exige-se que esta seja remunerada, correspondendo a retribuição, cfr. artigo 258.º e segs., à contrapartida pela actividade desempenhada. Por isto se pode qualificar o contrato de trabalho como um contrato oneroso. Quando assim não seja, quando o trabalho prestado seja gratuito ou não remunerado, deve entender-se que a situação fáctica é insusceptível de ser reconduzida a uma relação laboral.

5. O contrato de trabalho é um negócio jurídico contratual, onde os contraentes, além de liberdade de celebração têm liberdade de estipulação, ou seja podem optar não só pela prática do acto, como ainda seleccionar o tipo de efeitos jurídicos que irão produzir, admitindo-se a possibilidade de negociação de parte do seu conteúdo.

6. Com a celebração de um contrato de trabalho, a pessoa singular que se obriga, mediante retribuição, a prestar a sua actividade a outra ou outras pessoas, no âmbito de organização e sob a autoridade desta ou destas, disponibiliza a sua força de trabalho ao empregador, para que este a aproveite, correndo o risco da actividade, por conta deste último.

7. Da definição legal de contrato de trabalho prevista neste artigo 11.º resulta que o contraente que se vincula a prestar a sua actividade, se encontra sujeito à autoridade daquele que a recebe, no âmbito da organização. A expressão utilizada pelo legislador: "no âmbito da organização e sob a autoridade" corresponde ao que tradicionalmente se vinha designando na doutrina e na jurisprudência como a autoridade e direcção a que o trabalhador se encontra submetido. O significado parece ser o mesmo, preferindo-se agora a adopção de uma expressão mais abrangente, em ordem a compreender na noção de contrato de trabalho realidades, que por força da especialização do trabalho, estão cada vez mais presentes nas actividades profissionais hodiernas: a autonomia técnica do trabalhador. Com efeito, o Código do Trabalho continua a prever no artigo 97.º, que o trabalhador, com a celebração do contrato de trabalho, encontra-se sujeito ao poder de direcção do empregador, de acordo com o qual compete ao empregador estabelecer os termos em que o trabalho deve ser prestado, aos quais o trabalhador tem o dever de obedecer, cfr. alínea e) do n.º 1 do artigo 128.º Significa isto que cabe ao empregador delimitar o modo como a prestação de trabalho é cumprida, adaptando-a em cada momento aos fins prosseguidos pela organização produtiva, o que faz através de ordens e instruções, as quais são cada vez menos manifestas e por isso terão justificado a alteração conceptual empreendida. Não obstante as ordens ou instruções nem sempre serem evidentes, o poder de direcção do empregador caracteriza-se ainda pela possibilidade deste fiscalizar a prestação de trabalho, bastando a mera susceptibilidade destas terem lugar para que se deva qualificar como sendo de trabalho a relação estabelecida entre as partes. Ou seja, é suficiente a potencialidade das ordens e instruções, bem como a faculdade de ser fiscalizada a prestação, para que o trabalhador se ache subordinado jurídicamente ao empregador. Assim entendida, a subordinação jurídica é um dos elementos constitutivos do contrato de trabalho, e o que verdadeiramente distingue o contrato de trabalho de outros contratos susceptíveis de com ele se confundirem. É o que sucede relativamente ao contrato de prestação de serviço, previsto no artigo 1154.º do Código Civil, e que aí é definido como "aquele em que uma das partes se obriga a proporcionar à outra certo resultado do seu trabalho intelectual ou manual, com ou sem retribuição". Das definições legais do contrato de trabalho e do contrato de prestação de serviço resulta que os elementos principais que os distinguem são quer o objecto do contrato, caracterizando-se o contrato de trabalho como a prestação de uma actividade, ou obtenção de um resultado, própria do contrato de prestação de serviço, quer o relacionamento entre as partes, denotando-se a subordinação no primeiro ou a autonomia no segundo. Não é fácil distinguir este tipo de contrato, do contrato de trabalho, na medida em que nem sempre é possível descortinar se se assegura trabalho ou o seu resultado, já que todo o trabalho conduz a um resultado e este não existe sem aquele. Assim sendo, para efeitos de qualificação da relação jurídica aprazada entre as partes, o intérprete terá de investigar os modos como ela se desenvolve, analisando o comportamento das próprias partes na execução do contrato, com o objectivo de descortinar a subsistência de subordinação jurídica, independentemente daquilo que resulte formalmente do negócio jurídico concreto. A jurisprudência construiu um critério técnico-juridico para destrinçar o que na prática é um contrato de prestação de serviço ou um contrato de trabalho. Esse critério, o método indiciário, refere que através dos índices de subordinação, é possível aferir se a relação é de trabalho ou se é autónoma. Constituem índices de subordinação a sujeição do prestador a um horário de trabalho determinado pelo beneficiário, a propriedade dos meios e instrumentos necessários à prestação, o local onde é executada a actividade, a duração do vínculo, a quem incumbe a organização do trabalho bem como a existência ou não de controlo, a obediência a ordens e a submissão à disciplina do beneficiário da prestação da actividade, a existência ou não de exclusividade, por quem corre o risco da actividade, a existência ou inexistência de trabalhadores por conta do prestador da actividade, a coadjuvação ou não de colegas de profissão para a prestação da actividade, o prestador encontrar-se ou não na dependência económica do beneficiário da actividade, o pagamento de prestações típicas de uma relação laboral como o subsídio de Natal e o subsídio de férias, a qualificação e modo de cumprimento das obrigações em matéria fiscal e de segurança social do prestador da actividade, entre outros. Exemplificando, se as instalações onde a actividade é desempenhada pertencem ao beneficiário, indicia uma relação jurídica subordinada, enquanto que se pertencerem àquele que presta a actividade indicia contrato de prestação de serviço. Sobre os índices de subordinação, *vide* Bernardo Lobo Xavier, *Manual de Direito do Trabalho*, Verbo, 2011, página 331 e segs. e, entre outros, o Acórdão do Supremo Tribunal de Justiça, de 26 de Setembro de 1990, *Boletim do Ministério da Justiça*, n.º 399, página 405 a 412.

No artigo seguinte, o artigo 12.º, o legislador estabeleceu uma presunção de contrato de trabalho, servindo-se para tanto de alguns dos índices de subordinação.

8. Quando o trabalhador é designado administrador de uma sociedade anónima, o n.º 1 do artigo 398.º do Código das Sociedades Comerciais, aprovado pelo Decreto-Lei n.º 262/86, de 2 de Setembro, proíbe o exercício de quaisquer funções temporárias ou permanentes ao abrigo de contrato de trabalho, subordinado ou autónomo, proibindo igualmente a celebração de contrato de trabalho quando cessarem as funções de administrador. De acordo com o n.º 2 do mesmo artigo 398.º do Código das Sociedade Comerciais o administrador, quando antes da designação desempenhava o seu trabalho ao abrigo de um contrato de trabalho, esse contrato extingue-se se foi celebrado há menos de um ano antes da designação. Quando tenham durado mais do que um ano, o contrato de trabalho suspende-se. De acordo com o Código das Sociedades Comerciais não se permite o cúmulo, num mesmo sujeito, das qualidades de administrador e de trabalhador, independentemente da constituição do vínculo laboral ser anterior, simultânea ou posterior à da relação de administração. Alerte-se contudo que o entendimento de que o contrato de trabalho celebrado há menos de um ano, com trabalhador que veio a ser designado administrador, se extingue já foi considerado inconstitucional, por violação da alínea d) do artigo 55.º e da alínea a) do n.º 2 do artigo 57.º da Constituição da República Portuguesa, cfr. Acórdão do Tribunal Constitucional n.º 1018/96, de 9 de Outubro de 1996, processo n.º 714/95, em www.tribunalconstitucional.pt/tc/acordaos por a norma em questão ter sido aprovada com ausência da audiência prévia dos organismos representativos dos trabalhadores. A parte da norma que admite a suspensão do contrato de trabalho já foi entendido como conforme à Constituição da República Portuguesa, cfr. Acórdão do Tribunal Constitucional n.º 259/01, de 30 de Maio de 2001, processo n.º 328/00, em www.tribunalconstitucional.pt/tc/acordaos.

Não existe uma norma correspondente ao n.º 1 do artigo 398.º do Código das Sociedades Comerciais para os gerentes das sociedades por quotas, nem aquela é aplicável a estes. A situação dos sócios gerentes é de difícil conciliação com a subordinação jurídica que o contrato de trabalho supõe, dado que os gerentes, na sua actividade, geralmente não se apresentam adstritos às ordens de quem quer que seja, tendo apenas que prestar contas dos seus actos de gestão à própria sociedade, cujos órgãos directivos integram. A actividade dos gerentes reveste a natureza da posição do empregador, não podendo encabeçar-se na mesma pessoa a direcção e fiscalização, por um lado, e a subordinação, por outro. O especial laço social com a pessoa colectiva dificulta a afirmação de que existe subordinação e, consequentemente, de que existe contrato de trabalho. Existindo alguma dificuldade, certo é que inexiste impedimento legal à coexistência do exercício da gerência com a execução de um contrato individual de trabalho subordinado. Um pouco à semelhança do que o sucede quando se pretende distinguir a natureza laboral ou não de determinado contrato, têm os tribunais recorrido a alguns índices que permitam apurar, no caso concreto, a existência, ou inexistência, de subordinação jurídica em cumulação com a situação de sócio gerente, os seguintes aspectos:

- a anterioridade ou não do contrato de trabalho face à aquisição da qualidade de sócio gerente;
- a retribuição auferida, procurando surpreender alterações significativas ou dualidade de retribuições;
- a natureza das funções concretamente exercida antes e depois da ascensão à gerência, com vista a apurar se existe exercício de funções tipicamente de gerência e se há nítida separação de actividades;
- a composição da gerência, designadamente número de sócios gerente e respectivas quotas;

- a existência de sócios maioritários com autoridade e domínio sobre os restantes;
- a dependência hierárquica e funcional dos sócios gerentes que desempenhem tarefas não tipicamente de gerência relativamente a tais actividades. Neste sentido, cfr. Acórdão do Supremo Tribunal de Justiça, de 29 de Setembro de 1999, processo 98S364, sumários em www.dgsi.pt.

Entendeu o Acórdão da Relação de Lisboa, de 13 de Julho de 1988, Colectânea de Jurisprudência, Ano XIII, tomo IV, página 150, que: "não basta para afastar o contrato de trabalho, a qualidade formal de gerente; há que ver o que efectivamente se passa". Ou seja é na análise do caso concreto que se deve alcançar a verificação da relação de subordinação. Nessas situações cumpre aplicar o princípio geral da primazia da realidade, cfr. Acórdão do Supremo Tribunal de Justiça, de 2 de Outubro de 2002, e de 29 de Setembro de 1999, *Acórdãos Doutrinais do Supremo Tribunal Administrativo*, n.º 497, 2003 e *Colectânea de Jurisprudência STJ*, Ano VII, tomo III, página 248, respectivamente.

Quando o gerente, antes da designação, desempenhava o seu trabalho ao abrigo de um contrato de trabalho, esse contrato deve entender-se que se suspende. Será, nestas situações, regra geral, uma promoção que é conferida ao trabalhador, pela boa prestação do seu trabalho, em termos de lhe permitir desempenhar funções dirigentes, coadjuvando o empregador, o que faz assumindo o exercício de funções sociais na pessoa colectiva.

Assim, gerente ou administrador, quando anteriormente fossem exercidas funções de cariz laboral junto da mesma entidade para a qual se foi posteriormente designado, esse contrato de trabalho suspende-se, para eventualmente ser em momento subsequente retomado. Mantendo-se durante a suspensão de contrato de trabalho, os direitos e deveres das partes que não pressuponham a efectiva prestação de trabalho, persiste, durante aquele período, o poder disciplinar do empregador com vista ao sancionamento de comportamentos do trabalhador violadores daqueles deveres que continuaram operativos. Quando o contrato de trabalho subordinado se encontrar suspenso por o trabalhador ter passado a exercer funções de administrador na mesma empresa onde até então laborara, não pode ser punido disciplinarmente como trabalhador, por factos praticados na qualidade de administrador, sendo em tal hipótese, o sancionamento de comportamento incorrecto como administrador realizado pela destituição desse cargo, cfr. Acórdão do Supremo Tribunal de Justiça, de 27 de Março de 2001, *Acórdãos Doutrinais do Supremo Tribunal Administrativo*, 476-477, 1221 e Acórdão da Relação de Lisboa, de 12 de Novembro de 1997, *Colectânea de Jurisprudência*, 1997, 5, 162.

Da interpretação da alínea c) do artigo 63.º e do artigo 53.º do Código dos Regimes Contributivos do Sistema Previdencial de Segurança Social, aprovado pela Lei n.º 110/2009, de 16 de Setembro, resulta que as contribuições para a Segurança Social relativas a membro de órgão estatutário de pessoa colectiva que seja trabalhador eleito, nomeado ou designado para cargo de gestão nas entidades a cujo quadro pertencem, como seja administrador ou gerente, devem ser realizadas ao abrigo do Regime Geral de Segurança Social dos Trabalhadores por Conta de Outrem, à taxa de 34,75%, ou seja 23,75% e 11% ao empregador e ao trabalhador, respectivamente. A obrigação do pagamento das quotizações e das contribuições para a Segurança Social prescreve no prazo de cinco anos a contar da data em que aquela obrigação deveria ter sido cumprida, cfr. n.º 1 do artigo 187.º da Lei n.º 110/2009. A prescrição interrompe-se por qualquer diligência administrativa, realizada com conhecimento do responsável pelo pagamento, conducente à liquidação ou à cobrança da dívida, cfr. n.º 2 do mesmo artigo 187.º da Lei n.º 110/2009.

9. Jurisprudência:

Acórdão do Supremo Tribunal de Justiça, de 27 de Setembro de 2000, processo 00S126, documento SJ200009270001264, sumários em www.dgsi.pt: "Como índices de um contrato de trabalho podem apontar-se: organização do trabalho – se ela é do próprio trabalhador, indicia-se um contrato que não de trabalho (trabalho autónomo), se é de outrem, indicia-se um trabalho subordinado; resultado do trabalho – se o contrato tem em vista o resultado, indicia-se um contrato autónomo, se tem em vista a actividade em si mesma, indicia-se um contrato de trabalho; propriedade dos instrumentos de trabalho – se estes pertencem ao trabalhador, presume-se a autonomia, se não, indicia-se um contrato de trabalho; lugar de trabalho – se este pertence ao trabalhador, indicia-se autonomia, se não temos indícios de um contrato de trabalho; horário de trabalho – a sua existência, definido pela entidade empregadora, constitui um dos mais fortes índices de subordinação; retribuição – a sua existência certa e por determinado espaço temporal indicia um contrato de trabalho, enquanto o pagamento à peça, à comissão ou por produto acabado indicia trabalho autónomo, sendo certo que este elemento, só por si, é bastante equívoco, já que o contrato de prestação de serviços pode ser retribuído em condições similares ao contrato de trabalho; exclusividade da prestação do serviço – relativamente a um único empresário indica um contrato de trabalho, havendo ainda que tomar em conta, quanto a este ponto, o gozo de férias, sendo certo que a sua prova não leva à conclusão, sem mais, da existência de um contrato de trabalho, não sendo igualmente decisiva a declaração ao CRSS das remunerações do trabalhador, pois tal não implica, sem mais, a existência de um contrato de trabalho.".

10. Sobre este preceito *vide* Bernardo Lobo Xavier, *Manual de Direito do Trabalho*, Verbo, 2011, página 291 e segs., e António Monteiro Fernandes, *Direito do Trabalho*, 15.ª Edição, Almedina, Abril 2010, página 131 e segs.

ARTIGO 12.º – Presunção de contrato de trabalho

1 – Presume-se a existência de contrato de trabalho quando, na relação entre a pessoa que presta uma actividade e outra ou outras que dela beneficiam, se verifiquem algumas das seguintes características:

a) A actividade seja realizada em local pertencente ao seu beneficiário ou por ele determinado;

b) Os equipamentos e instrumentos de trabalho utilizados pertençam ao beneficiário da actividade;

c) O prestador de actividade observe horas de início e de termo da prestação, determinadas pelo beneficiário da mesma;

d) Seja paga, com determinada periodicidade, uma quantia certa ao prestador de actividade, como contrapartida da mesma;

e) O prestador de actividade desempenhe funções de direcção ou chefia na estrutura orgânica da empresa.

2 – Constitui contra-ordenação muito grave imputável ao empregador a prestação de actividade, por forma aparentemente autónoma, em condições características de contrato de trabalho, que possa causar prejuízo ao trabalhador ou ao Estado.

3 – Em caso de reincidência, é aplicada a sanção acessória de privação do direito a subsídio ou benefício outorgado por entidade ou serviço público, por período até dois anos.

4 – Pelo pagamento da coima, são solidariamente responsáveis o empregador, as sociedades que com este se encontrem em relações de participações recíprocas, de domínio ou de grupo, bem como o gerente, administrador ou director, nas condições a que se referem o artigo 334.º e o n.º 2 do artigo 335.º

1. Este preceito corresponde ao artigo 12.º do anterior Código do Trabalho, aprovado pela Lei n.º 99/2003.

2. O n.º 1 estabelece uma presunção de contrato de trabalho. O legislador incluiu uma lista de indícios que corresponde em parte aos índices de subordinação que há muito vêm sendo utilizados pela jurisprudência e pela doutrina como método para apurar a subsistência de subordinação jurídica na relação aprazada pelas partes. Sobre os índices de subordinação, vejam-se as anotações ao artigo anterior. De acordo com o n.º 1, a verificação de apenas duas das situações previstas nas alíneas a) a e) é condição suficiente para presumir a existência de contrato de trabalho.

3. A presunção referida no n.º 1 é uma presunção ilidível, ou seja, pode ser afastada mediante prova em contrário, cfr. n.º 2 do artigo 350.º do Código Civil. Trata-se de uma presunção que a doutrina designa por *iuris tantum*, ou seja, que admite prova em contrário, e que acarreta a inversão do ónus da prova, fazendo recair sobre a outra parte a prova do contrário do facto que serve de base à presunção ou do próprio facto presumido.

4. De acordo com a alínea a) do n.º 1, um dos elementos que pode preencher a presunção de existência de contrato de trabalho, é que a actividade seja realizada em local pertencente ao seu beneficiário ou por ele determinado. Ou seja, exige-se que as instalações onde a actividade é desempenhada pertençam ao beneficiário, ou que seja este último quem estabelece o local onde o prestador deverá exercer a actividade. A verificação deste elemento não constitui sempre um factor próprio do trabalho subordinado. Pense-se por exemplo no técnico contratado para proceder à reparação durante determinado tempo, de maquinaria existente numa fábrica e cuja remoção não se mostrando impossível é desnecessária atendendo aos custos que acarretaria, ou na situação analisada pelo Acórdão do Supremo Tribunal de

Justiça, de 2 de Maio de 2007, processo 06S4368, documento SJ200705020043684, sumários em www.dgsi.pt: "O facto da actividade da autora ser prestada em local definido pela ré não assume relevo significativo, já que um professor de natação exerce, habitualmente, a sua actividade em piscinas, não sendo normal que estes profissionais disponham de equipamentos desportivos próprios onde possam cumprir a prestação de actividade ajustada.".

5. Nos termos da alínea b) do n.º 1, outro elemento que pode preencher a presunção é a pertença àquele que beneficia da actividade, dos equipamentos e instrumentos de trabalho de que o prestador tem de se socorrer para desempenhar a própria actividade. A verificação deste elemento nem sempre permite concluir que a relação entre as partes era de trabalho subordinado, atendendo a que os equipamentos podem encontrar-se no domínio do beneficiário da actividade, sem que em concreto se deva subsumir os factos à noção de trabalho subordinado. Pense-se por exemplo no caso do técnico informático contratado para desenvolver uma complexa aplicação informática para uma instituição bancária, durante determinado período de tempo, necessariamente transitório, que utiliza para tanto os complexos e sofisticados instrumentos daquela entidade.

6. De acordo com a alínea c) do n.º 1, quando se verifique que a gestão do tempo de prestação da actividade é efectuada pelo seu beneficiário, fixando o seu início e termo, encontra-se preenchida uma das características que permitem o funcionamento da presunção.

7. Nos termos da alínea d) do n.º 1, quando se apure o pagamento, com determinada periodicidade, de uma quantia certa ao prestador de actividade, como contrapartida da mesma, esta característica, conjuntamente com pelo menos mais outra, permite o preenchimento da presunção de contrato de trabalho. O pagamento de uma quantia como contrapartida de uma actividade encontra-se ligado à natureza do próprio contrato de trabalho, enquanto que o pagamento de uma quantia como contrapartida de um resultado, quando exista é próprio de um contrato de prestação de serviço, cfr. artigo 1154.º Quando se trata de uma quantia certa, não obstante um trabalhador também poder ser retribuído com base na produtividade, cfr. n.º 3 do artigo 31.º, exibe-se um esquema remuneratório que é sobretudo vigente no trabalho subordinado, em correndo o risco por conta do empregador, o pagamento da retribuição é devido independentemente das vicissitudes que incidam sobre a actividade. Tratando-se de uma quantia incerta poderá ficar patente a remuneração de acordo com o resultado atingido.

8. O desempenho de funções de direcção ou chefia na estrutura orgânica da empresa constitui, de acordo com a alínea e) do n.º 1, uma das características que conjuntamente com pelo menos mais outra, permitem o preenchimento da presunção de contrato de trabalho. Com efeito, e no que respeita a este tipo de funções, não se deve olvidar que se tratam de funções que pressupõem confiança, confiança que em regra é própria de quem é trabalhador, e que revela afinal que o prestador se encontra inserido na estrutura organizativa do beneficiário da actividade. A mais, e entendendo-se que as funções de direcção ou chefia envolvem o exercício de um "mandato" do empregador, facultando o exercício de poderes que não são próprios, mas cuja titularidade *ab initio* é do empregador, a quem incumbe delimitar esse exercício. Assim entendidas, do exercício destas funções decorre a potencialidade de ordens e instruções, que caracterizam a subordinação jurídica.

9. Nada impede que, não obstante a verificação de duas ou mais das características previstas nas alíneas a) a e) do n.º 1, o beneficiário da actividade logre provar que o contrato celebrado não é de trabalho subordinado, mas antes relativo a uma actividade autónoma.

10. O n.º 2 visa sancionar a dissimulação de contrato de trabalho, prática que durante largo tempo tem vindo a ser utilizada com alguma frequência por alguns empregadores, em clara fraude à lei, procurando com tal conduta obstar à aplicação das regras relativas à cessação do contrato de trabalho, designadamente daquelas que impõe o pagamento de uma indemnização ou de uma compensação. A dissimulação de contrato de trabalho ocorre frequentemente através do recurso ao contrato de prestação de serviço, previsto no artigo 1154.º do Código Civil, prática esta que quando encubra uma relação subordinada, é susceptível por si só de lesar o Estado em matéria fiscal e de segurança social. É que o contrato de prestação de serviço tem por pressuposto que o prestador presta a actividade a mais do que uma entidade, podendo revelar flutuações da actividade e bem assim dos respectivos rendimentos, razão pela qual se terá permitido que procedesse ao pagamento de quantias inferiores às que seriam efectivamente devidas se a relação fosse de trabalho subordinado.

11. O n.º 4 deve ser interpretado conjuntamente com o disposto no Código das Sociedades Comerciais, aprovado pelo Decreto-Lei n.º 262/86, de 2 de Setembro. Nos termos do artigo 482.º do Código das Sociedades Comerciais, as sociedades em relação de participações recíprocas, as sociedades em relação de domínio e as sociedades em relação de grupo, consideram-se sociedades coligadas. De acordo com o n.º 1 do artigo 486.º do Código das Sociedades Comerciais, considera-se que duas sociedades estão em relação de domínio quando uma delas, dita dominante, pode exercer, directamente ou por sociedades ou pessoas, sobre a outra, dita dependente, uma influência dominante.

O n.º 4 estabelece um regime excepcional, segundo o qual a sociedade, ou sociedades que com o empregador se encontrem em relação de participações recíprocas, de domínio ou de grupo são solidariamente responsáveis pelo pagamento da coima. Nas condições referidas no n.º 2 do artigo 335.º, para o qual se remete, o gerente, administrador ou o director responderá solidariamente com a sociedade. Diz-se que a obrigação é solidária, quando cada um dos devedores responde pela prestação integral e esta a todos liberta, ou quando cada um dos credores tem a faculdade de exigir, por si só, a prestação integral e esta libera o devedor para com todos eles, cfr. n.º 1 do artigo 512.º do Código Civil. No ordenamento jurídico português a regra é a parcialidade ou conjunção, cfr. artigo 513.º do Código Civil, sendo que a solidariedade só existe quando resulte da lei, ou da vontade das partes. Assim, quando a sociedade, ou uma das sociedades que com o empregador se encontrem em relação de participações recíprocas, de domínio ou de grupo, pague a coima aplicada na sequência do procedimento de contra-ordenação pela prestação de actividade aparentemente autónoma em condições características de contrato de trabalho, tem direito de regresso contra o empregador, cfr. artigo 524.º do Código Civil.

12. O n.º 4 ao estabelecer que a responsabilidade pelo pagamento da coima é solidária não determina que as sociedades que com o empregador se encontrem em relações de participações recíprocas, de domínio ou de grupo, bem como o gerente, administrador ou director assumam a qualificação de arguidos no procedimento de contra-ordenação laboral. Com efeito no n.º 4 trata-se apenas de uma regra de responsabilidade pelo pagamento, pelo que aqueles no processo contra-ordenacional em concreto, não são arguidos.

13. Sobre este preceito, *vide* Bernardo Lobo Xavier, *Manual de Direito do Trabalho,* Verbo, 2011, página 337 e segs., e António Monteiro Fernandes, *Direito do Trabalho,* 15.ª Edição, Almedina, Abril 2010, página 157 e segs.

SECÇÃO II – Sujeitos

SUBSECÇÃO I – Capacidade

ARTIGO 13.º – Princípio geral sobre capacidade

A capacidade para celebrar contrato de trabalho regula-se nos termos gerais do direito e pelo disposto neste Código.

1. Este preceito corresponde ao artigo 14.º do anterior Código do Trabalho, aprovado pela Lei n.º 99/2003.

2. No Código do Trabalho, em matéria de capacidade não há um afastamento latente das regras previstas na lei civil, pelo que a aplicação destas continua a fazer-se em sede de capacidade para celebrar um contrato de trabalho.

A capacidade jurídica consiste, em termos simples, na medida de direitos e de vinculações de que uma pessoa é susceptível, cfr. Luís Carvalho Fernandes, *Teoria Geral do Direito Civil,* volume I, Lex, 1995, página 110 e segs. A capacidade jurídica subdivide-se em capacidade de gozo e capacidade de exercício. A capacidade de gozo corresponde, seguindo o mesmo autor, à medida de direitos e vinculações de que uma pessoa pode ser titular e a que pode estar adstrita, sendo a esta que se refere o artigo o artigo 67.º do Código Civil, não obstante nele se mencionar capacidade jurídica. Estabelece o artigo 67.º do Código Civil: "As pessoas podem ser sujeitos de quaisquer relações jurídicas, salvo disposição legal em contrário: nisto consiste a sua capacidade jurídica.". A capacidade de exercício consiste na medida dos direitos e das vinculações que uma pessoa pode exercer e cumprir por si, pessoal e livremente. Destas noções resulta desde logo que uma pessoa pode ter capacidade de gozo, mas não de exercício. Por contraponto à capacidade jurídica surge a incapacidade jurídica, a qual pode ser definida como a medida de direitos e vinculações de que uma pessoa não é susceptível, designando-se aquele que sofre de incapacidade como incapaz. A incapacidade de gozo não permite suprimento – sob pena de se contrariar a própria natureza da incapacidade de gozo pois o seu suprimento conduziria à concessão do direito – enquanto que a capacidade de exercício já é suprível. Assim, na incapacidade de exercício o que sucede é que a impossibilidade de certa pessoa, enquanto titular de um determinado direito, de o exercer pessoalmente é obviada através de uma outra pessoa que vem a exercer esse mesmo direito em conjunto com o incapaz, ou sua substituição. Por determinação da lei são incapazes os menores, os interditos, cfr. artigo 138.º e segs. do Código Civil, os inabilitados, cfr. artigo 152.º e segs. do Código Civil, e os insolventes, cfr. artigo 81.º e segs. do Código da Insolvência e da Recuperação de Empresas, que foi aprovado pelo Decreto-Lei n.º 53/2004, de 18 de Março, e foi alterado pelos Decretos-Leis n.os 200/2004, de 18 de Agosto, 76-A/2006, de 29 de Março, 282/2007, de 7 de Agosto, 116/2008, de 4 de Julho e 185/2009, de 12 de Agosto, pelas Leis n.os 16/2012, de 20 de Abril, e 66-B/2012, de 31 de Dezembro, pelos Decretos-Leis n.os 26/2015, de 6 de Fevereiro, 79/2017, de 30 de Junho, pela Rectificação n.º 21/2017, de 25 de Agosto, pelas Leis n.os 114/2017, de 29 de Dezembro, 8/2018, de 2 de Março, e pelo Decreto-Lei n.º 84/2019, de 28 de Junho.

Quanto à capacidade do empregador, vale o que ficou supra referido, quando este for uma pessoa singular. Tratando-se de pessoa colectiva, e não obstante as querelas doutrinárias, a lei reconhece-lhe capacidade de gozo e capacidade de exercício, sendo que quanto a esta última a pessoa colectiva não é incapaz. Sobre a capacidade das pessoas colectivas pode consultar-se Luís Carvalho Fernandes, *Teoria Geral do Direito Civil*, volume I, Lex, 1995, página 487 e segs. e José de Oliveira Ascensão, *Direito Civil Teoria Geral*, volume I, Coimbra Editora, 1997, página 227 e segs.

Relativamente ao trabalhador há um desvio das regras civis quanto à capacidade de exercício do menor, prevendo-se no artigo 127.º do Código Civil que só excepcionalmente pode o menor por si próprio celebrar negócios jurídicos, o que se revela no artigo 70.º Nos termos do n.º 1 do artigo 70.º, para o qual se remete, bem como para as respectivas anotações, é válido o contrato de trabalho celebrado por menor que tenha completado 16 anos de idade e tenha concluído a escolaridade obrigatória ou esteja matriculado e a frequentar o nível secundário de educação, salvo oposição escrita dos seus representantes legais. Nos termos do n.º 2 do mesmo artigo 70.º, o contrato celebrado por menor que não tenha completado 16 anos de idade, não tenha concluído a escolaridade obrigatória ou não esteja matriculado e a frequentar o nível secundário de educação, só é válido mediante autorização escrita dos seus representantes legais.

3. Da noção de contrato de trabalho, prevista no artigo 11.º, resulta que, sendo o contrato de trabalho aquele pelo qual uma pessoa singular se obriga, mediante retribuição, a prestar a sua actividade a outra ou outras pessoas, no âmbito de organização e sob a autoridade destas, as pessoas colectivas não têm capacidade jurídica para celebrar um contrato de trabalho na qualidade de trabalhador. Têm capacidade jurídica para celebrar este negócio jurídico na qualidade de empregador, a qual já lhes falta enquanto trabalhador.

SUBSECÇÃO II – Direitos de personalidade

ARTIGO 14.º – Liberdade de expressão e de opinião

É reconhecida, no âmbito da empresa, a liberdade de expressão e de divulgação do pensamento e opinião, com respeito dos direitos de personalidade do trabalhador e do empregador, incluindo as pessoas singulares que o representam, e do normal funcionamento da empresa.

1. Este preceito corresponde ao artigo 15.º do anterior Código do Trabalho, aprovado pela Lei n.º 99/2003.

2. A Subecção II deste Código do Trabalho conservou a importação para o Direito do Trabalho a que o anterior Código do Trabalho, aprovado pela Lei n.º 99/2003 havia procedido, dos direitos de personalidade, matéria que há muito é comummente aceite no Direito Civil. O legislador preocupou-se pois com a tutela da situação pessoal do trabalhador, o que fez através da expressa consagração de regras sobre direitos de personalidade no âmbito laboral. Ou seja, os direitos de personalidade previstos neste artigo 14.º e segs. constituem um regime especial comparativamente às regras previstas no artigo 70.º e segs. do Código Civil.

3. Nos termos deste preceito, reconhece-se, no âmbito da empresa, a liberdade de expressão e de divulgação do pensamento e opinião, com respeito dos direitos de personalidade do trabalhador e do empregador, incluindo as pessoas singulares que o representam, e do normal funcionamento da empresa. A liberdade de expresso é um direito fundamental consagrado no artigo 37.º da Constituição da República Portuguesa. Estatui o n.º 1 do artigo 37.º da Lei Fundamental que: "Todos têm o direito de exprimir e divulgar livremente o seu pensamento pela palavra, pela imagem ou por qualquer outro meio, bem como o direito de informar, de se informar e de ser informados, sem impedimentos nem discriminações.". Já o n.º 2 daquele mesmo preceito constitucional determina que: "O exercício destes direitos não pode ser impedido ou limitado por qualquer tipo ou forma de censura.", o que é aplicável quer a entidades públicas quer a entidades privadas, cfr. n.º 1 do artigo 18.º da Constituição da República Portuguesa, o que incluí por isso o empregador. Se o direito de expressão não pode ser limitado por qualquer tipo de censura, já o poderá ser por força da lei. Expressamente admite o n.º 2 do artigo 18.º da Constituição da República Portuguesa que: "A lei só pode restringir os direitos, liberdades e garantias nos casos expressamente previstos na Constituição, devendo as restrições limitar-se ao necessário para salvaguardar outros direitos ou interesses constitucionalmente protegidos.". Admite-se por isso que um trabalhador possa exprimir no seu local de trabalho a sua preferência por determinada ideologia, clube futebolístico, religião, etc.. Justifica-se este regime porquanto na empresa o trabalhador não deixa de ser um cidadão, ao mesmo tempo que não perde a sua dignidade enquanto pessoa humana, mantendo após a celebração do contrato de trabalho todos os seus direitos enquanto tal.

Excepcionalmente, e como *supra* referido, a liberdade de expressão poderá ser coarctada por respeito dos direitos de personalidade do trabalhador e do empregador, e do normal funcionamento da empresa. É o que poderá suceder relativamente a um trabalhador que tenha celebrado um contrato de trabalho com um partido político. Quanto a estes, o n.º 2 do artigo 38.º da Lei dos Partidos Políticos, aprovada pela Lei Orgânica n.º 2/2003, de 22 de Agosto, e alterada pela Lei Orgânica n.º 2/2008, de 14 de Maio, considera justa causa de despedimento o facto de um funcionário fazer propaganda contra o partido que o emprega ou a favor de uma candidatura sua concorrente.

4. O Código do Trabalho não tem nenhuma definição de empresa. Não obstante, o Código da Insolvência e da Recuperação de Empresas contém, no seu artigo 5.º, apesar de expressamente se referir naquele preceito que é para efeitos daquele diploma, uma noção de empresa, considerando-se como tal toda a organização de capital e de trabalho destinada ao exercício de qualquer actividade económica. O Código da Insolvência e da Recuperação de Empresas, que foi aprovado pelo Decreto-Lei n.º 53/2004, de 18 de Março, e foi alterado pelos Decretos-Leis n.os 200/2004, de 18 de Agosto, 76-A/2006, de 29 de Março, 282/2007, de 7 de Agosto, 116/2008, de 4 de Julho e 185/2009, de 12 de Agosto, pelas Leis n.os 16/2012, de 20 de Abril, e 66-B/2012, de 31 de Dezembro, pelos Decretos-Leis n.os 26/2015, de 6 de Fevereiro, 79/2017, de 30 de Junho, pela Rectificação n.º 21/2017, de 25 de Agosto, pelas Leis n.os 114/2017, de 29 de Dezembro, 8/2018, de 2 de Março, e pelo Decreto-Lei n.º 84/2019, de 28 de Junho. Também no artigo 3.º da Lei n.º 19/2012, de 8 de Maio, alterada pela Lei n.º 23/2018, de 5 de Junho, que aprovou o novo regime jurídico da concorrência, se estabelece uma noção de empresa – referindo-se expressamente, mais uma vez, que a definição é para efeitos daquela Lei – nele se determinando que se considera empresa qualquer entidade que exerça uma actividade económica que consista na oferta de bens ou serviços num determinado mercado, independentemente do seu estatuto jurídico e do seu modo de financiamento.

5. A ordem do empregador que restrinja a liberdade de expressão e de opinião fora das hipóteses previstas neste preceito permite que o trabalhador lhe desobedeça, sem que tal configure ilicitude, cfr. alínea e) do n.º 1 do artigo 128.º

6. Sobre os direitos de personalidade, no domínio da legislação anterior, pelo que será necessário proceder às adaptações necessárias, vejam-se José João Abrantes, "O novo Código do Trabalho e os Direitos de Personalidade do Trabalhador", *Reforma do Código do Trabalho*, Coimbra Editora, 2004, página 139 e segs., e Maria Regina Redinha, "Os Direitos de Personalidade no Código do Trabalho: Actualidade e Oportunidade da sua Inclusão", *Reforma do Código do Trabalho*, Coimbra Editora, 2004, página 161 e segs. Sobre a liberdade de expressão na Constituição da República Portuguesa *vide* Gomes Canotilho e Vital Moreira, *Constituição da República Portuguesa Anotada*, 4.ª edição, Coimbra Editora, 2007, página 569 e segs.

ARTIGO 15.º – Integridade física e moral

O empregador, incluindo as pessoas singulares que o representam, e o trabalhador gozam do direito à respectiva integridade física e moral.

1. Este preceito corresponde ao artigo 18.º do anterior Código do Trabalho, aprovado pela Lei n.º 99/2003.

2. Este preceito estatui, no domínio laboral um princípio que decorre da própria Constituição da República Portuguesa, o direito à integridade pessoal, direito este que constitui um direito liberdade e garantia, e que se encontra consagrado no artigo 25.º da Constituição da República Portuguesa. Estabelece o n.º 1 do artigo 25.º da Constituição da República Portuguesa que: "A integridade moral e física das pessoas é inviolável.". Já o n.º 2 daquele mesmo artigo 25.º determina que: "Ninguém pode ser submetido a tortura, nem a tratos ou penas cruéis, degradantes ou desumanos.".

3. Este preceito deve ser relacionado com o artigo 29.º, proibição de assédio, constituindo o assédio uma ofensa à integridade do trabalhador, que deste é alvo.

4. Intrinsecamente ligada à integridade do trabalhador encontra-se a revista ou inspecção pessoal do trabalhador, pelo que se suscita a questão da sua admissibilidade no ordenamento jurídico português.

A inspecção pessoal ou revista, apesar de não se encontrar prevista no presente Código do Trabalho, nem por isso se deve achar inadmissível, pelo menos em situações excepcionais. Com efeito, e tendo o trabalhador direito a prestar o trabalho em condições de segurança, cfr. n.º 1 do artigo 281.º, constituindo um dever do empregador prevenir riscos e doenças profissionais, tendo em conta a protecção da segurança do trabalhador, cfr. alínea g) do n.º 1 do artigo 127.º, a revista pode constituir um meio de assegurar a segurança dos próprios trabalhadores. Pense-se por exemplo no caso de trabalhadores que prestem o seu trabalho para empregador que utilize substâncias e preparações perigosas. Por outro lado, a natureza da actividade do empregador, e em especial a protecção do património do empregador, pode fundamentar a realização do exame de revista, como poderá suceder no caso de empregador que se dedique ao comércio ou à produção de jóias, ou de outros bens de valor patrimonial elevado e facilmente dissimuláveis. Nas situações mencionadas poderá admitir-se a realização da revista, sendo que quando assim for, esta deverá constituir o último expediente, atendendo aos princípios da boa-fé, cfr. n.º 1 do artigo 126.º, e n.º 2 do artigo 762.º do Código Civil, da necessidade, proporcionalidade, razoabilidade e suficiência, que devem presidir na escolha, pelo empregador dos meios de controlo. Assim, deve o empregador optar por meios não invasivos, socorrendo-se de meios tecnológicos que tenham um menor impacto sobre os direitos fundamentais dos trabalhadores, de modo a procurar salvaguardar a privacidade e a dignidade do próprio trabalhador. De modo a poder proceder à inspecção ou revista pessoal do trabalhador, o empregador deverá obter previamente a autorização do trabalhador, o que poderá ser acordado com o mesmo no contrato de trabalho, ou através de instrumento de regulamentação colectiva de trabalho, cfr. artigo 2.º Também nada veda que o trabalhador prefira que a inspecção ou a revista seja realizada por uma autoridade policial, ou que o empregador, suspeitando da prática de um crime, e não tendo autorização do trabalhador para proceder à inspecção, solicite a intervenção de uma autoridade policial. Assim entendida, a revista, quando acolhida, deverá verificar-se em local próprio, distinto daquele onde o trabalhador exerce o seu trabalho, ser realizada por pessoa do mesmo sexo do trabalhador, e com a maior reserva. Quando o empregador realize uma revista ou inspecção pessoal do trabalhador que não seja lícita, o resultado desse revista, por exemplo detectando-se um objecto furtado, o mesmo não poderá ser utilizado como prova em procedimento disciplinar, cfr. artigo 98.º e 328.º e segs., nem em procedimento criminal, cfr. no n.º 8 do artigo 32.º da Constituição da República Portuguesa.

Note-se que as revistas pessoais já são admissíveis pela Lei n.º 34/2013, de 16 de Maio, alterada pela Lei n.º 46/2019 de 8 de Julho, que estabelece o regime do exercício da actividade de segurança privada, a qual determina nos n.os 1 a 8 do seu artigo 19.º que:

> "1 – Os assistentes de recinto desportivo, no controlo de acesso aos recintos desportivos, bem como os assistentes de portos e aeroportos, no controlo de acesso a zonas restritas de segurança de instalações portuárias e aeroportuárias, podem efetuar revistas pessoais de prevenção e segurança com o estrito objectivo de impedir a entrada de objetos e substâncias proibidas ou suscetíveis de gerar ou possibilitar actos de violência.
>
> 2 – Para efeitos do disposto no número anterior, o pessoal de vigilância pode:
>
> a) Recorrer ao uso de raquetes de deteção de metais e de explosivos ou operar outros equipamentos de revista não intrusivos com a mesma finalidade, previamente autorizados;
>
> b) Realizar revistas intrusivas por palpação e vistorias dos bens transportados pelos visados, estando, neste caso, obrigatoriamente sob a supervisão das forças de segurança territorialmente competentes.
>
> 3 – Os assistentes de outros recintos de espetáculos podem, igualmente, efetuar revistas pessoais de prevenção e segurança por recurso a equipamentos não intrusivos, previstos na alínea a) do número anterior.
>
> 4 – Por um período delimitado no tempo, e mediante despacho do membro do Governo responsável pela área da administração interna, podem ser autorizadas revistas pessoais de prevenção e segurança em locais de acesso vedado ou condicionado ao público, que justifiquem proteção reforçada, nos termos do n.º 2.
>
> 5 – A revista por palpação apenas pode ser realizada por pessoal de vigilância do mesmo sexo que a pessoa controlada.
>
> 6 – A supervisão das forças de segurança, prevista na alínea b) do n.º 2, a requerer pela entidade responsável pela gestão do espaço ou do evento, deve atender ao número de seguranças privados a realizar revistas, ao número de pessoas a ela sujeitos e a outros fatores e circunstâncias que contribuam para a avaliação de risco.
>
> 7 – A entidade autorizada a realizar revistas pessoais de prevenção e segurança nos termos do n.º 3 promove a afixação da autorização concedida, em local visível, junto dos locais de controlo de acesso.
>
> 8 – A recusa à submissão a revista, realizada nos termos da presente lei, pode determinar a impossibilidade de entrada no local controlado.". Salvo melhor opinião, entendemos que as revistas pessoais, tal como previstas no artigo 19.º da Lei

n.º 34/2013 se destinam a inspeccionar pessoas em locais de acesso público, e não num âmbito mais restrito, como sucede relativamente a trabalhadores à entrada ou saída de locais de trabalho, que são propriedade, possuídos, ou simplesmente detidos, pelo empregador, na execução de uma relação de trabalho subordinado.

5. Caso se consubstancie uma ofensa da integridade física do trabalhador, através da qual se tenha obtido uma prova, esta prova é nula, por expressa consagração do n.º 8 do artigo 32.º da Constituição da República Portuguesa. Em consequência do n.º 8 do artigo 32.º da Constituição da República Portuguesa, o Código de Processo Penal, aprovado pelo Decreto-Lei n.º 78/87, de 17 de Fevereiro, estabelece no n.º 1 do artigo 126.º que: "São nulas, não podendo ser utilizadas, as provas obtidas mediante tortura, coacção ou, em geral, ofensa da integridade física ou moral das pessoas. O n.º 2 do mesmo artigo 126.º determina que são ofensivas da integridade física ou moral das pessoas as provas obtidas, mesmo que com consentimento delas, mediante:

a) Perturbação da liberdade de vontade ou de decisão através de maus tratos, ofensas corporais, administração de meios de qualquer natureza, hipnose ou utilização de meios cruéis ou enganosos;
b) Perturbação, por qualquer meio, da capacidade de memória ou de avaliação;
c) Utilização da força, fora dos casos e dos limites permitidos pela lei;
d) Ameaça com medida legalmente inadmissível e, bem assim, com denegação ou condicionamento da obtenção de benefício legalmente previsto;
e) Promessa de vantagem legalmente inadmissível.

Em decorrência do n.º 8 do artigo 32.º da Constituição da República Portuguesa, ao empregador não é permitido utilizar a prova assim obtida em sede de procedimento disciplinar, cfr. artigo 98.º e 328.º e segs.

6. Sobre o direito à integridade pessoal na Constituição da República Portuguesa *vide* Gomes Canotilho e Vital Moreira, *Constituição da República Portuguesa Anotada*, 4.ª edição, Coimbra Editora, 2007, página 453.

ARTIGO 16.º – Reserva da intimidade da vida privada

1 – O empregador e o trabalhador devem respeitar os direitos de personalidade da contraparte, cabendo-lhes, designadamente, guardar reserva quanto à intimidade da vida privada.

2 – O direito à reserva da intimidade da vida privada abrange quer o acesso, quer a divulgação de aspectos atinentes à esfera íntima e pessoal das partes, nomeadamente relacionados com a vida familiar, afectiva e sexual, com o estado de saúde e com as convicções políticas e religiosas.

1. Este preceito corresponde ao artigo 16.º do anterior Código do Trabalho, aprovado pela Lei n.º 99/2003.

2. Nos termos do n.º 1 do artigo 26.º da Constituição da República Portuguesa: "A todos são reconhecidos os direitos à identidade pessoal, ao desenvolvimento da personalidade, à capacidade civil, à cidadania, ao bom nome e reputação, à imagem, à palavra, à reserva da intimidade da vida privada e familiar e à protecção legal contra quaisquer formas de discriminação. De acordo com o n.º 2 do mesmo artigo 26.º da Lei Fundamental: "A lei estabelecerá garantias efectivas contra a obtenção e utilização abusivas, ou contrárias à dignidade humana, de informações relativas às pessoas e famílias.".

A lei não define o que se deve entender por vida privada, o que é realizado casuisticamente pelos tribunais.

3. A reserva da intimidade da vida privada estabelecida neste preceito é concretizada nos artigos 17.º, 19.º, 20.º e 22.º

4. Nos termos do n.º 2, o empregador ou o trabalhador não devem obter ou divulgar informações relativas à esfera íntima e pessoal das partes, nomeadamente relacionados com a vida familiar, afectiva e sexual, com o estado de saúde e com as convicções políticas e religiosas. Mesmo que qualquer uma das partes, empregador ou trabalhador dê o seu consentimento, os aspectos atinentes à esfera íntima e pessoal das partes não podem ser divulgados. Sem prejuízo de outros, constituem aspectos atinentes à esfera íntima e pessoal os elementos relacionados com a vida familiar, afectiva e sexual, com o estado de saúde e com as convicções políticas e religiosas. Assim, quando uma das partes tenha conhecimento de que a outra mantém uma ligação afectiva extra-conjugal, ou que tem estado envolvido em desavenças conjugais não deverá divulgar tais factos. A redacção do n.º 2 não é taxativa, permitindo abranger outros aspectos atinentes à esfera íntima e pessoal nele não referidos, como resulta da utilização do advérbio "nomeadamente". Entre estes pode encontrar-se a falta ou excesso de higiene de uma das partes. Já elementos como o nome, a freguesia e o conselho da naturalidade, a data de nascimento ou as habilitações não integram o conceito de " intimidade da vida privada".

5. Estabelece o artigo 192.º do Código Penal, aprovado pelo Decreto-Lei n.º 400/82, de 23 de Setembro, sob a epígrafe "Devassa da vida privada":

> "1 – Quem, sem consentimento e com intenção de devassar a vida privada das pessoas, designadamente a intimidade da vida familiar ou sexual:
>
> a) Interceptar, gravar, registar, utilizar, transmitir ou divulgar conversa, comunicação telefónica, mensagens de correio electrónico ou facturação detalhada;
>
> b) Captar, fotografar, filmar, registar ou divulgar imagem das pessoas ou de objectos ou espaços íntimos;
>
> c) Observar ou escutar às ocultas pessoas que se encontrem em lugar privado; ou
>
> d) Divulgar factos relativos à vida privada ou a doença grave de outra pessoa;
>
> é punido com pena de prisão até um ano ou com pena de multa até 240 dias.".
>
> 2 – O facto previsto na alínea d) do número anterior não é punível quando for praticado como meio adequado para realizar um interesse público legítimo e relevante.

Já o artigo 195.º do mesmo Código Penal, sob a epígrafe: "Violação de segredo", determina que: "Quem, sem consentimento, revelar segredo alheio de que tenha tomado conhecimento em razão do seu estado, ofício, emprego, profissão ou arte é punido com pena de prisão até um ano ou com pena de multa até 240 dias.".

6. Sobre o direito à reserva da intimidade da vida privada na Constituição da República Portuguesa *vide* Gomes Canotilho e Vital Moreira, *Constituição da República Portuguesa Anotada*, 4.ª edição, Coimbra Editora, 2007, página 458.

ARTIGO 17.º – Protecção de dados pessoais

1 – O empregador não pode exigir a candidato a emprego ou a trabalhador que preste informações relativas:

a) À sua vida privada, salvo quando estas sejam estritamente necessárias e relevantes para avaliar da respectiva aptidão no que respeita à execução do contrato de trabalho e seja fornecida por escrito a respectiva fundamentação;

b) À sua saúde ou estado de gravidez, salvo quando particulares exigências inerentes à natureza da actividade profissional o justifiquem e seja fornecida por escrito a respectiva fundamentação.

2 – As informações previstas na alínea b) do número anterior são prestadas a médico, que só pode comunicar ao empregador se o trabalhador está ou não apto a desempenhar a actividade.

3 – O candidato a emprego ou o trabalhador que haja fornecido informações de índole pessoal goza do direito ao controlo dos respectivos dados pessoais, podendo tomar conhecimento do seu teor e dos fins a que se destinam, bem como exigir a sua rectificação e actualização.

4 – Os ficheiros e acessos informáticos utilizados pelo empregador para tratamento de dados pessoais do candidato a emprego ou trabalhador ficam sujeitos à legislação em vigor relativa à protecção de dados pessoais.

5 – Constitui contra-ordenação muito grave a violação do disposto nos n.os 1 ou 2.

1. Este preceito corresponde ao artigo 17.º do anterior Código do Trabalho, aprovado pela Lei n.º 99/2003.

2. A alínea a) do n.º 1 pretende evitar que o trabalhador ou o candidato prestem informações relativas à sua vida privada, informações estas que se acham tuteladas pela reserva da intimidade da vida privada, protegida pela Constituição da República Portuguesa, cfr. n.º 1 do artigo 26.º da Constituição da República Portuguesa e pelo artigo anterior, cfr. artigo 16.º Excepcionalmente permite-se que o empregador possa licitamente requerer semelhantes informações, desde que o faça por escrito, juntando a respectiva fundamentação.

3. A alínea b) do n.º 1 obsta a que o empregador, por princípio, possa exigir a candidato a emprego, ou a trabalhador, informações relativas à sua saúde. Pretende-se com esta norma inviabilizar que o empregador pudesse subordinar a celebração do contrato de trabalho, ou a sua subsistência às condições de saúde do trabalhador. A informação relativa à saúde é tutelada por Lei, a qual decorre igualmente do n.º 1 do artigo 26.º da Constituição da República Portuguesa, encontrando-se abrangida pelo direito à privacidade. Ainda assim, e como resulta da própria alínea b) do n.º 1, o direito à privacidade em matéria de dados relativos à saúde pode sofrer limitações, as quais se admitem por particulares exigências inerentes à natureza da actividade, pelo que, excepcionalmente se aceita que em algumas situações sejam prestadas informações pelos trabalhadores. Para tanto, a exigência da sua disponibilização deve ser concretamente justificada, por escrito, ao candidato a emprego ou ao trabalhador. É o que poderá suceder, em termos exemplificativos, relativamente a candidato ou a trabalhador contratado para pilotar aeronaves. Os dados de saúde do trabalhador ou do candidato são de acesso restrito ao médico do trabalho ou, a outros profissionais de saúde obrigados a segredo profissional, que se encontrem sob a direcção e controlo do médico do trabalho, e que com este colaborem. Nos termos do artigo 139.º do Estatuto da Ordem dos Médicos, aprovado pelo Decreto-Lei n.º 282/77, de 5 de Julho, alterado pelo Decreto-Lei n.º 217/94, de 20 de Agosto, e pela Lei n.º 117/2015, de 31 de Agosto, é dever dos médicos guardar segredo profissional, dever esse igualmente consagrado no Código Deontológico da Ordem dos Médicos.

Quanto à admissibilidade de testes médicos, veja-se o artigo 19.º, em sentido aliás, muito próximo deste artigo 17.º

4. Ainda que o candidato a emprego ou o trabalhador dê o seu consentimento para que o médico preste ao empregador informações relativas à sua saúde ou estado de gravidez que vão para além da comunicação ao empregador se o próprio trabalhador está ou não apto a desempenhar a actividade, essas informações não podem ser comunicadas.

5. Fora das hipóteses previstas no n.º 1, o empregador não poderá exigir ao candidato a emprego nem a trabalhador a prestação dos dados pessoais nele mencionados, podendo o candidato negar-se à sua prestação, enquanto que o trabalhador poderá desobedecer à ordem que vise aquela prestação, sem que tal configure ilicitude, cfr. alínea e) do n.º 1 do artigo 128.º

6. A legislação a que os ficheiros e acessos informáticos utilizados pelo empregador para tratamento de dados pessoais do candidato a emprego ou trabalhador ficam sujeitos é o Regulamento (UE) 2016/679 do Parlamento Europeu e do Conselho, de 27 de Abril de 2016, e a Lei n.º 58/2019, de 8 de Agosto. Os regulamentos encontram-se previstos no artigo 288.º do Tratado Sobre o Funcionamento da União Europeia, sendo um acto juridico emanado de instituições comunitárias, com competência normativa, adoptada para execução dos Tratados e das políticas das Comunidades, que tem caráter geral, é obrigatório em todos os seus elementos, e é directamente aplicável em todos os Estados-Membros.

7. Nada obsta que a forma escrita da fundamentação imposta pelas alíneas a) e b) do n.º 1 seja satisfeita através de documento electrónico, ou seja, por documento elaborado mediante processamento electrónico de dados. Por outras palavras, nada impede que a forma escrita seja adoptada através de uma declaração escrita enviada por correio electrónico (e-mail) para um endereço electrónico. Sobre a validade, eficácia e valor probatório dos documentos electrónicos remete-se para a anotação 4. ao artigo 107.º

ARTIGO 18.º – Dados biométricos

1 – O empregador só pode tratar dados biométricos do trabalhador após notificação à Comissão Nacional de Protecção de Dados.

2 – O tratamento de dados biométricos só é permitido se os dados a utilizar forem necessários, adequados e proporcionais aos objectivos a atingir.

3 – Os dados biométricos são conservados durante o período necessário para a prossecução das finalidades do tratamento a que se destinam, devendo ser destruídos no momento da transferência do trabalhador para outro local de trabalho ou da cessação do contrato de trabalho.

4 – A notificação a que se refere o n.º 1 deve ser acompanhada de parecer da comissão de trabalhadores ou, não estando este disponível 10 dias após a consulta, de comprovativo do pedido de parecer.

5 – Constitui contra-ordenação grave a violação do disposto no n.º 3.

1. Este preceito não tinha correspondência no anterior Código do Trabalho, aprovado pela Lei n.º 99/2003, de 27 de Agosto. Corresponde ao artigo 27.º da Lei n.º 35/2004, de 29 de Julho, que regulamentou o anterior Código do Trabalho.

2. Constituem dados biométricos a impressão digital, a geometria da mão, a geometria facial, o padrão da irís e o reconhecimento da retina. Nada veda que sejam utilizados sistemas multimodais, ou seja, a associação de duas ou mais técnicas biométricas, de modo a conceder uma maior eficácia e rigor à identificação do trabalhador. Sobre as técnicas biométricas pode consultar-se Amadeu Guerra, *A privacidade no local de trabalho,* Almedina, Maio 2004.

3. Entre os objectivos que pode ter o tratamento de dados biométricos encontra-se o controlo do horário de trabalho do trabalhador, cfr. artigo 212.º e segs. Deve ter-se presente que os sistemas biométricos não são infalíveis.

4. O n.º 6 do artigo 28.º da Lei n.º 58/2019, de 8 de Agosto, determina que o tratamento de dados biométricos dos trabalhadores só é considerado legítimo para controlo de assiduidade e para controlo de acessos às instalações do empregador, devendo assegurar-se que apenas se utilizem representações dos dados biométricos e que o respetivo processo de recolha não permita a reversibilidade dos referidos dados. Caso o empregador proceda ao tratamento de dados biométricos do trabalhador em violação desta norma, incorre na prática de contra-ordenação, prevista na alínea l) do n.º 1 do artigo 37.º da Lei n.º 58/2019, de 8 de Agosto.

5. Em matéria de dados biométricos, deve também ter-se em conta o Regulamento (UE) 2016/679 do Parlamento Europeu e do Conselho, de 27 de Abril de 2016. Os regulamentos encontram-se previstos no artigo 288.º do Tratado Sobre o Funcionamento da União Europeia, sendo um acto juridico emanado de instituições comunitárias, com competência normativa, adoptada para execução dos Tratados e das políticas das Comunidades, que tem caráter geral, é obrigatório em todos os seus elementos, e é directamente aplicável em todos os Estados-Membros.

O n.º 1 do artigo 9.º Regulamento (UE) 2016/679 proibe o tratamento de dados pessoais que revelem a origem racial ou étnica, as opiniões políticas, as convicções religiosas ou filosóficas, ou a filiação sindical, bem como o tratamento de dados genéticos, dados biométricos para identificar uma pessoa de forma inequívoca, dados relativos à saúde ou dados relativos à vida sexual ou orientação sexual de uma pessoa.

O disposto no n.º 1 do artigo 9.º Regulamento (UE) 2016/679 não se aplica se se verificar um dos seguintes casos:

"a) Se o titular dos dados tiver dado o seu consentimento explícito para o tratamento desses dados pessoais para uma ou mais finalidades específicas, exceto se o direito da União ou de um Estado-Membro previr que a proibição a que se refere o n.º 1 não pode ser anulada pelo titular dos dados;

b) Se o tratamento for necessário para efeitos do cumprimento de obrigações e do exercício de direitos específicos do responsável pelo tratamento ou do titular dos dados em matéria de legislação laboral, de segurança social e de proteção social, na medida em que esse tratamento seja permitido pelo direito da União ou dos Estados-Membros ou ainda por uma convenção coletiva nos termos do direito dos Estados-Membros que preveja garantias adequadas dos direitos fundamentais e dos interesses do titular dos dados;

c) Se o tratamento for necessário para proteger os interesses vitais do titular dos dados ou de outra pessoa singular, no caso de o titular dos dados estar física ou legalmente incapacitado de dar o seu consentimento;

d) Se o tratamento for efectuado, no âmbito das suas atividades legítimas e mediante garantias adequadas, por uma fundação, associação ou qualquer outro organismo sem fins lucrativos e que prossiga fins políticos, filosóficos, religiosos ou sindicais, e desde que esse tratamento se refira exclusivamente aos membros ou antigos membros desse organismo ou a pessoas que com ele tenham mantido contactos regulares relacionados com os seus objetivos, e que os dados pessoais não sejam divulgados a terceiros sem o consentimento dos seus titulares;

e) Se o tratamento se referir a dados pessoais que tenham sido manifestamente tornados públicos pelo seu titular;

f) Se o tratamento for necessário à declaração, ao exercício ou à defesa de um direito num processo judicial ou sempre que os tribunais atuem no exercício da suas função jurisdicional;

g) Se o tratamento for necessário por motivos de interesse público importante, com base no direito da União ou de um Estado-Membro, que deve ser proporcional ao objetivo visado, respeitar a essência do direito à proteção dos dados pessoais e prever medidas adequadas e específicas que salvaguardem os direitos fundamentais e os interesses do titular dos dados;

h) Se o tratamento for necessário para efeitos de medicina preventiva ou do trabalho, para a avaliação da capacidade de trabalho do empregado, o diagnóstico médico, a prestação de cuidados ou tratamentos de saúde ou de ação social ou a gestão de sistemas e serviços de saúde ou de ação social com base no direito da União ou dos Estados-Membros ou por força de um contrato com um profissional de saúde, sob reserva das condições e garantias previstas no n.º 3;

i) Se o tratamento for necessário por motivos de interesse público no domínio da saúde pública, tais como a proteção contra ameaças transfronteiriças graves para a saúde ou para assegurar um elevado nível de qualidade e de segurança dos cuidados de saúde e dos medicamentos ou dispositivos médicos, com base no direito da

União ou dos Estados-Membros que preveja medidas adequadas e específicas que salvaguardem os direitos e liberdades do titular dos dados, em particular o sigilo profissional;

j) Se o tratamento for necessário para fins de arquivo de interesse público, para fins de investigação científica ou histórica ou para fins estatísticos, em conformidade com o artigo 89.º, n.º 1, com base no direito da União ou de um Estado-Membro, que deve ser proporcional ao objetivo visado, respeitar a essência do direito à proteção dos dados pessoais e prever medidas adequadas e específicas para a defesa dos direitos fundamentais e dos interesses do titular dos dados.".

ARTIGO 19.º – Testes e exames médicos

1 – Para além das situações previstas em legislação relativa a segurança e saúde no trabalho, o empregador não pode, para efeitos de admissão ou permanência no emprego, exigir a candidato a emprego ou a trabalhador a realização ou apresentação de testes ou exames médicos, de qualquer natureza, para comprovação das condições físicas ou psíquicas, salvo quando estes tenham por finalidade a protecção e segurança do trabalhador ou de terceiros, ou quando particulares exigências inerentes à actividade o justifiquem, devendo em qualquer caso ser fornecida por escrito ao candidato a emprego ou trabalhador a respectiva fundamentação.

2 – O empregador não pode, em circunstância alguma, exigir a candidata a emprego ou a trabalhadora a realização ou apresentação de testes ou exames de gravidez.

3 – O médico responsável pelos testes e exames médicos só pode comunicar ao empregador se o trabalhador está ou não apto para desempenhar a actividade.

4 – Constitui contra-ordenação muito grave a violação do disposto nos n.ᵒˢ 1 ou 2.

1. Este preceito corresponde ao artigo 19.º do anterior Código do Trabalho, aprovado pela Lei n.º 99/2003.

2. O n.º 1 obsta a que o empregador, por princípio, possa exigir a candidato a emprego, ou a trabalhador, a realização ou apresentação de testes ou exames médicos, de qualquer natureza, para comprovação das condições físicas ou psíquicas, para efeitos de admissão ou permanência na empresa. Pretende-se com esta norma inviabilizar que o empregador pudesse subordinar a celebração do contrato de trabalho, ou a sua subsistência às condições de saúde do trabalhador. A informação relativa à saúde é tutelada por Lei, a qual decorre de um direito fundamental de natureza pessoal que é protegido pela Constituição da República Portuguesa, a reserva da intimidade da vida privada e familiar, cfr. n.º 1 do artigo 26.º da Constituição da República Portuguesa, encontrando-se abrangida pelo direito à privacidade. Esta interdição vigora, ainda que o próprio trabalhador autorize o empregador a aceder aos seus testes e exames de saúde, ou conceda na realização destes, com vista a atingir a finalidade que o legislador quis impedir: a comprovação das suas condições físicas e psíquicas.

Não obstante, e como resulta do disposto no n.º 1 deste artigo 19.º, o direito à privacidade pode sofrer restrições, as quais se admitem por razões de interesse público relevante ou para salvaguarda de outros direitos constitucionalmente consagrados. Em ordem a estes, aceita-se que em algumas situações sejam realizados testes ou exames médicos, os quais visam prevenir perigos para a integridade física do trabalhador ou de terceiros, desde que devida e concretamente justificados. Esta justificação, por determinação da parte final do n.º 1 terá, quando seja de admitir a realização de testes ou exames médicos, de ser entregue, por escrito àquele que será sujeito ao teste ou exame médico. Exemplificando, impõe-se a realização de testes ou exames médicos ao trabalhador contratado para pilotar aeronaves, os quais se justificam por razões de interesse público, e para protecção de terceiros.

Do disposto na primeira parte do n.º 1 deste artigo 19.º resulta ainda que o empregador poderá exigir a realização de testes ou exames médicos a qualquer trabalhador, quando a legislação relativa a segurança e saúde no trabalho o permita. A segurança e saúde no trabalho é matéria prevista neste Código do Trabalho, no artigo 281.º a 284.º, encontrando-se regulada na Lei n.º 102/2009, de 10 de Setembro.

3. A Lei n.º 102/2009, de 10 de Setembro, determina no n.º 1 do artigo 108.º que o empregador deve promover a realização de exames de saúde adequados a comprovar e avaliar a aptidão física e psíquica do trabalhador para o exercício da actividade, bem como a repercussão desta e das condições em que é prestada na saúde do mesmo. Nos termos do n.º 3 do mesmo artigo 108.º, são de três tipos os exames de saúde que devem ser realizados. Um deles é designado por exame de admissão, o qual terá de ocorrer antes do início da prestação de trabalho ou, se a urgência da admissão o justificar, nos 15 dias seguintes. Outro tipo de exames é designado por exames periódicos, os quais devem ser realizados anualmente para os menores e para os trabalhadores com idade superior a 50 anos, e de dois em dois anos para os restantes trabalhadores. O terceiro tipo é constituído pelos exames ocasionais, os quais devem ter lugar sempre que haja alterações substanciais nos componentes materiais de trabalho que possam ter repercussão nociva na saúde do trabalhador, bem como no caso de regresso ao trabalho depois de uma ausência superior a 30 dias por motivo de doença ou acidente. Não obstante a periodicidade referida, ao médico do trabalho é permitido aumenta-la ou reduzi-la, face ao estado de saúde do trabalhador e aos resultados da prevenção dos riscos profissionais na empresa, cfr. n.º 4 do artigo 108.º da Lei n.º 102/2009.

Além destes exames, podem ainda ter lugar os exames de saúde impostos pela verificação de agentes ou factores que possam ter efeitos prejudiciais para o património genético do trabalhador. Neste sentido, o n.º 1 do artigo 44.º da Lei n.º 102/2009 estabelece que: "Sem prejuízo das obrigações gerais em matéria de saúde no trabalho, o empregador deve assegurar a vigilância adequada da saúde dos trabalhadores em relação aos quais o resultado da avaliação revele a existência de riscos para o património genético, através de exames de saúde, devendo ser realizado um exame antes da primeira exposição.".

Nos termos da alínea g) do n.º 1 do artigo 73.º-B da Lei n.º 102/2009, a realização de exames de vigilância da saúde, elaboração dos relatórios e das fichas, a organização e a manutenção dos registos clínicos actualizados é competência do serviço de segurança e de saúde no trabalho. Quanto aos encargos com exames de saúde, avaliações de exposições, testes e outras acções dos riscos profissionais e vigilância da saúde, são da responsabilidade do empregador, que não os pode repercutir aos trabalhadores, cfr. n.º 12 do artigo 15.º da Lei n.º 102/2009. Significa isto que a Lei é avessa a que o empregador tenha conhecimento dos dados de saúde do trabalhador, mesmo nas situações em que o direito à privacidade deve ceder perante razões de interesse público relevante ou para salvaguarda de outros direitos constitucionalmente consagrados, como resulta do n.º 3 deste artigo 19.º Por efeito dos n.os 1 e 3 do artigo 110.º da Lei n.º 102/2009, logo que seja conhecido o resultado do exame de admissão, o médico do trabalho deve preencher uma ficha de aptidão e remeter uma cópia ao responsável dos recursos humanos da empresa, sendo que a ficha de aptidão não pode conter elementos que envolvam segredo profissional. O mesmo sucede relativamente ao exame de vigilância da saúde do trabalhador, em relação ao qual possa haver a existência de riscos para o património genético, em que o médico do trabalho comunica ao empregador o resultado da vigilância da saúde com interesse para a prevenção de riscos, sem prejuízo do sigilo profissional a que se encontra vinculado, cfr. alínea c) do n.º 1 do artigo 45.º da Lei n.º 102/2009. Ou seja, a informação de saúde do trabalhador é de acesso restrito ao médico do trabalho ou, – e à semelhança do que sucede com os diferente profissionais vinculados ao segredo profissional, como os advogados – a outros profissionais de saúde obrigados a segredo profissional, que se encontrem sob a direcção e controlo do médico do trabalho, e que com este colaborem.

Quanto ao segredo profissional, o artigo 139.º do Estatuto da Ordem dos Médicos, aprovado pelo Decreto-Lei n.º 282/77, de 5 de Julho, alterado pelo Decreto-Lei n.º 217/94, de 20 de Agosto, e pela Lei n.º 117/2015, de 31 de Agosto, estabelece que é dever dos médicos guardar segredo profissional, dever esse igualmente consagrado no Código Deontológico da Ordem dos Médicos.

4. Por determinação do n.º 2 deste artigo 19.º, os testes ou exames médicos que o trabalhador tenha de realizar, tal como previsto na Lei n.º 102/2009, não podem abranger a gravidez.

5. Fora das hipóteses previstas neste preceito, o empregador não poderá exigir ao candidato a emprego nem a trabalhador a realização ou a apresentação de testes e exames médicos, podendo o candidato negar-se a fazê-lo, enquanto que o trabalhador poderá desobedecer à ordem que vise semelhante fim, sem que tal configure ilicitude, cfr. alínea e) do n.º 1 do artigo 128.º

6. Também a Lei n.º 12/2005, de 26 de Janeiro, alterada pela Lei n.º 26/2016, de 22 de Agosto, Lei da Informação Genética Pessoal e Informação de Saúde, no seu artigo 13.º estabelece o princípio de que o empregador não pode exigir a realização ou resultados de testes genéticos. Pela sua importância, transcreve-se na íntegra aquele preceito:

"Testes genéticos no emprego

1 – A contratação de novos trabalhadores não pode depender de selecção assente no pedido, realização ou resultados prévios de testes genéticos.

2 – Às empresas e outras entidades patronais não é permitido exigir aos seus trabalhadores, mesmo que com o seu consentimento, a realização de testes genéticos ou a divulgação de resultados previamente obtidos.

3 – Nos casos em que o ambiente de trabalho possa colocar riscos específicos para um trabalhador com uma dada doença ou susceptibilidade, ou afectar a sua capacidade de desempenhar com segurança uma dada tarefa, pode ser usada a informação genética relevante para benefício do trabalhador e nunca em seu prejuízo, desde que tenha em vista a protecção da saúde da pessoa, a sua segurança e a dos restantes trabalhadores, que o teste genético seja efectuado após consentimento informado e no seguimento do aconselhamento genético apropriado, que os resultados sejam entregues exclusivamente ao próprio e ainda desde que não seja nunca posta em causa a sua situação laboral.

4 – As situações particulares que impliquem riscos graves para a segurança ou a saúde pública podem constituir uma excepção ao anteriormente estipulado, observando-se no entanto a restrição imposta no número seguinte.

5 – Nas situações previstas nos números anteriores os testes genéticos, dirigidos apenas a riscos muito graves e se relevantes para a saúde actual do trabalhador, devem ser seleccionados, oferecidos e supervisionados por uma agência ou entidade independente e não pelo empregador.

6 – Os encargos da realização de testes genéticos a pedido ou por interesse directo de entidades patronais são por estas suportados.".

Nos termos do artigo 12.º da Lei n.º 12/2005, de 26 de Janeiro, veda-se que as companhias de seguros solicitem ou utilizem qualquer tipo de informação genética, incluindo a realização de testes genéticos, para recusar um seguro ou estabelecer prémios aumentados ou para outros efeitos. Trata-se de uma proibição relevante, dado que, por efeito do n.º 5 do artigo 283.º, o empregador é obrigado a transferir a responsabilidade pela reparação de acidentes de trabalho e doenças profissionais para entidades legalmente autorizadas a realizar este seguro, o que permitiria que o empregador viesse a conhecer, ainda que indirectamente, da susceptibilidade de determinada pessoa para vir a padecer de determinada doença.

7. Nada obsta que a forma escrita da fundamentação imposta pelo n.º 1 seja satisfeita através de documento electrónico, ou seja, por documento elaborado mediante processamento electrónico de dados. Por outras palavras, nada impede que a forma escrita seja adoptada através de uma declaração escrita enviada por correio electrónico (e-mail) para um endereço electrónico. Sobre a validade, eficácia e valor probatório dos documentos electrónicos remete-se para a anotação 4. ao artigo 107.º

ARTIGO 20.º – Meios de vigilância a distância

1 – O empregador não pode utilizar meios de vigilância a distância no local de trabalho, mediante o emprego de equipamento tecnológico, com a finalidade de controlar o desempenho profissional do trabalhador.

2 – A utilização de equipamento referido no número anterior é lícita sempre que tenha por finalidade a protecção e segurança de pessoas e bens ou quando particulares exigências inerentes à natureza da actividade o justifiquem.

3 – Nos casos previstos no número anterior, o empregador informa o trabalhador sobre a existência e finalidade dos meios de vigilância utilizados, devendo nomeadamente afixar nos locais sujeitos os seguintes dizeres, consoante os casos: «Este local encontra-se sob vigilância de um circuito fechado de televisão» ou «Este local encontra-se sob vigilância de um circuito fechado de televisão, procedendo-se à gravação de imagem e som», seguido de símbolo identificativo.

4 – Constitui contra-ordenação muito grave a violação do disposto no n.º 1 e constitui contra-ordenação leve a violação do disposto no n.º 3.

1. Este preceito corresponde ao artigo 20.º do anterior Código do Trabalho, aprovado pela Lei n.º 99/2003.

2. Meios de vigilância a distância constitui um conceito indeterminado, não se exemplificando sequer que situações preencherão este conceito. Trata-se pois de um conceito flexível, em ordem a que este se possa adaptar às circunstâncias mais variadas da realidade, em constante mutação, designadamente em matéria tão próxima da evolução tecnológica quando esta. Integram, por exemplo, este conceito as câmaras de vídeo, mecanismos de registo de som e mecanismo de escuta telefónica.

Em sentido que suscita dúvidas, o Acórdão do Supremo Tribunal de Justiça, de 22 de Maio de 2007, documento n.º SJ200705220000544, processo 07S054, disponível em www.dgsi.pt, entendeu que: "Embora a formulação literal do n.º 1 do artigo 20.º do Código do Trabalho não permita restringir o âmbito da previsão daquela norma à videovigilância, a verdade é que a expressão adoptada pela lei, «meios de vigilância a distância no local de trabalho, mediante o emprego de equipamento tecnológico, com a finalidade de controlar o desempenho profissional do trabalhador», por considerações sistemáticas e teleológicas, remete para formas de captação à distância de imagem, som ou imagem e som que permitam identificar pessoas e detectar o que fazem, quando e durante quanto tempo, de forma tendencialmente ininterrupta, que podem afectar direitos fundamentais pessoais, tais como o direito à reserva da vida privada e o direito à imagem.". Acrescenta este Acórdão que: "Não se pode qualificar o dispositivo de GPS instalado no veículo automóvel atribuído a um técnico de vendas como meio de vigilância a distância no local de trabalho, já que esse sistema não permite captar as circunstâncias, a duração e os resultados das visitas efectuadas aos seus clientes, nem identificar os respectivos intervenientes.". Em sentido semelhante entendeu o Acórdão do mesmo tribunal, de 13 de Novembro de 2013, processo 73/12.3TTVNF.P1.S1, disponível em www.dgsi.pt.

Se é verdade que o sistema de Global Positioning System (GPS) não permite afectar o direito à imagem, já assim poderá não suceder com os demais direitos que integram os direitos de personalidade, como ocorrerá com a reserva da vida privada do trabalhador. Na verdade, é possível entender o sistema de GPS como um dispositivo que permite um controlo tendencialmente ininterrupto, ou contínuo, do desempenho profissional do trabalhador, sobretudo quando instalado em equipamentos utilizados por trabalhadores que exerçam regularmente a actividade fora do estabelecimento. Designadamente, o sistema GPS, quando associado a tecnologia Global System for Mobile Communications, ou Sistema Global para Comunicações Móveis (GSM) permite não só localizar um veículo automóvel num espaço geográfico considerável, que facilmente poderá abranger toda a Europa, como proceder ao tratamento da informação obtida pelo sistema, no sentido de serem obtidos relatórios com informação referente a percursos realizados, velocidades, consumos, comparação de consumos, etc.. Este sistema de GPS, agremiado em vários instrumentos de trabalho (veículo automóvel, computador portátil, telemóvel, ou outros) permite conhecer com uma fiabilidade muito elevada a localização exacta do trabalhador – com margens de erro de algumas centenas de centímetros – e tempos de permanência do mesmo em determinado local. Por estes motivos, a Comissão Nacional de Protecção de Dados entende o GPS como um meio de vigilância à distância, cfr. Deliberação n.º 7680/2014, de 28 de Outubro de 2014.

E, apesar do entendimento contrário do Supremo Tribunal de Justiça, existem outros tribunais que qualificam igualmente o GPS como um meio de vigilância à distância. Neste sentido, entendeu o Acórdão do Tribunal da Relação de Guimarães, processo 20/14.7T8VRL.G1, disponível em www.dgsi.pt: "1 – A utilização de um equipamento GPS num veículo, que tem por finalidade – provada – controlar o trabalho do A., não é permitida por se tratar de um meio de vigilância à distância. 2 – Deste modo, todas as provas obtidas pela utilização do mesmo e que se reportem ao controlo do desempenho profissional do trabalhador são ilícitas. 3 – O conceito de desempenho profissional não prescinde da concatenação com as funções que estão cometidas ao trabalhador e prende-se com a forma como o mesmo leva a cabo tais funções, ou seja, onde, como e quando desempenha aquelas funções. 4 – Se a empregadora recorre ao aparelho em causa para obter outro tipo de dados, designadamente a conferência da quilometragem percorrida em confronto com os dados transmitidos pelo próprio trabalhador, não está a avaliar o desempenho profissional, situação em que os dados obtidos são lícitos. (...) 7 – Revelando o acervo fático que o trabalhador declarou mais 7851 quilómetros percorridos a título profissional do que os transmitidos pelos GPS e que interferiu no funcionamento deste retirando o cartão ali inserido da sua posição correta com intenção de impedir a transmissão fidedigna de dados, a sanção de despedimento é justificada e proporcional.". De referir igualmente o Acórdão do Tribunal da Relação de Évora, de 8 de Maio de 2014, processo 273/11.3TTSTR.E1, disponível em www.dgsi.pt, que embora não qualifique o GPS, entendeu que: "A instalação de um equipamento de GPS em viatura atribuída pelo empregador ao trabalhador para uso total, constitui, sem autorização deste, uma ingerência inadmissível na sua vida privada.".

3. O n.º 1 estabelece que o empregador não pode utilizar meios de vigilância a distância no local de trabalho, mediante o emprego de equipamento tecnológico, com a finalidade de controlar o desempenho profissional do trabalhador. Ou seja, deste n.º 1 resulta que quando possam ser utilizados meios de vigilância a distância no local de trabalho (n.º 2 do artigo em anotação), a vigiância não poderá consubstanciar uma vigilância individualmente dirigida a um trabalhador, enquanto este presta o seu trabalho, preferindo-o como se se tratasse de um potencial suspeito da prática de um crime.

4. De acordo com o n.º 2, a utilização de meios de vigilância já é lícita quando a sua finalidade seja a protecção e segurança de pessoas e bens. A protecção da segurança das pessoas e bens visa a prevenção da prática de crimes contra as pessoas ou contra o património. Exemplificadamente esta finalidade pode verificar-se em estabelecimentos de venda ao público, aeroportos, e outros locais. O n.º 2 permite ainda a utilização de meios de vigilância quando a natureza da actividade justifique aquela utilização, o que sucederá quando o trabalhador preste o seu trabalho num centro telefónico de relacionamento (call center), cfr. Decreto-Lei n.º 134/2009, de 2 de Junho, alterado pelo Decreto-Lei n.º 72-A/2010, de 18 de Junho, ou seja, a estrutura organizada e dotada de tecnologia que permite a gestão de um elevado tráfego telefónico para contacto com consumidores ou utentes, no âmbito de uma actividade económica, destinado, designadamente, a responder às suas solicitações e a contactá-los, com vista à promoção de bens ou serviços ou à prestação de informação e apoio.

De acordo com o n.º 2 do artigo 21.º, exige-se que a utilização de meios de vigilância se encontra subordinada aos princípios da necessidade, adequação e proporcionalidade aos objectivos a atingir. Em termos práticos, quando a utilização de meios de vigilância tenha por finalidade a protecção e segurança de pessoas e bens, a aplicação destes princípios determina que a utilização se cinja aos locais onde exista um risco razoável de ocorrência de crimes contra pessoas ou contra o património, dirigindo-se a vigilância a qualquer pessoa que acidental ou esporadicamente interfira no espaço de observação.

5. O Acórdão do Supremo Tribunal de Justiça, de 8 de Fevereiro de 2009, processo 05S3139, documento n.º SJ200602080031394, sumários em www.dgsi.pt, entendeu que: "I – A instalação de sistemas de vídeovigilância nos locais de trabalho envolve a restrição do direito de reserva da vida privada e apenas poderá mostrar-se justificada quando for necessária à prossecução de interesses legítimos e dentro dos limites definidos pelo princípio da proporcionalidade. II – O empregador pode utilizar meios de vigilância à distância sempre que tenha por finalidade a protecção e segurança de pessoas e bens, devendo entender-se, contudo, que essa possibilidade se circunscreve a locais abertos ao público ou a espaços de acesso a pessoas estranhas à empresa, em que exista um razoável risco de ocorrência de delitos contra as pessoas ou contra o património. III – Por outro lado, essa utilização deverá traduzir-se numa forma de vigilância genérica, destinada a detectar factos, situações ou acontecimentos incidentais, e não numa vigilância directamente dirigida aos postos de trabalho ou ao campo de acção dos trabalhadores; IV – Os mesmos princípios têm aplicação mesmo que o fundamento da autorização para a recolha de gravação de imagens seja constituído por um potencial risco para a saúde pública que possa advir do desvio de medicamentos do interior de instalações de entidade que se dedica à actividade farmacêutica; V – Nos termos das precedentes proposições, é ilícita, por violação do direito de reserva da vida privada, a captação de imagem através de câmaras de vídeo instaladas no local de trabalho e direccionadas para os trabalhadores, de tal modo que a actividade laboral se encontre sujeita a uma contínua e permanente observação.".

6. Dúvida frequente é saber se o empregador poderá utilizar imagens captadas por meios de vigilância à distância em procedimento disciplinar, cfr. artigo 328.º e seguintes, e em processo judicial.

Num primeiro momento, os tribunais começaram por entender que, independentemente da recolha de imagens ser lícita, por ter sido autorizada pela Comissão Nacional de Protecção de Dados, cfr. n.º 1 do artigo 21.º, a sua utilização, para efeitos disciplinares, pelo empregador contra o trabalhador não o seria, mesmo nas situações em que o comportamento do trabalhador exposto através de meios de vigilância à distância configuraria justa causa para o despedimento. Argumentavam então os tribunais que, se a utilização em matéria disciplinar fosse permitida, acabaria por resultar sempre no controlo do desempenho profissional do trabalhador, o que sucederia quer quando as imagens fossem fruto de uma recolha direccionada quer quando fossem fruto de uma recolha meramente incidental. A jurisprudência chegou mesmo a entender que tais imagens, quando a sua recolha fosse lícita, tinham a sua utilização limitada à sede ou no âmbito de investigação criminal, em que se admite que o direito à reserva da intimidade da vida privada e à imagem possam ser preteridos, o que já não sucederia relativamente à responsabilidade disciplinar.

Em sentido de que as gravações captadas por videovigilância não podem ser utilizadas como meio de prova quer em procedimento disciplinar, quer no processo judicial, pronunciaram-se designadamente os Acórdãos do Supremo Tribunal de Justiça, de 14 de Maio de 2008, processo 08S643, documento n.º SJ2008051406434, do Tribunal da Relação de Lisboa de 19 de Novembro de 2008, processo 7125/2008-4, do Tribunal da Relação do Porto, de 9 de Maio de 2011, processo 379/10.6TTBCL-A.P1, documento n.º RP20110509379/10.6TTBCL-A.P1, todos disponíveis em www.dgsi.pt. Sempre se diga que nas situações analisadas pelos Acórdãos referidos, não existia autorização prévia da Comissão Nacional de Protecção de Dados para a colocação das câmaras de vigilância.

Na 2.ª edição da presente obra insurgimo-nos quanto a semelhante entendimento, exemplificando com uma conduta ilícita do trabalhador de tal modo grave que constituiria justa causa para o despedimento, cfr. artigo 351.º – por exemplo, furto de algo pertença do próprio empregador – em que existindo apenas como prova as imagens recolhidas através de um meio de vigilância à distância autorizado, constituiria uma limitação demasiado elevada, entender semelhante prova como inadmissível em sede disciplinar.

Em sentido de que as gravações captadas por videovigilância são susceptíveis de utilização, pronunciaram-se mais recentemente os Acórdãos do Tribunal da Relação de Lisboa, de 16 de Novembro de 2011, processo 17/10.7TTBRR.L1-4, de 6 de Junho de 2012, processo 18/09.8TTALM.L1-4 e o Acórdão do Supremo Tribunal de Justiça, de 27 de Maio de 2010, processo 467/06.3TTCBR.C1.S1, todos disponíveis em www.dgsi.pt. No último dos Acórdãos referidos, o Acórdão do Supremo Tribunal de Justiça, de 27 de Maio de 2010, entendeu-se que: "*a utilização dos meios de vigilância será sempre ilícita (ainda que com aviso prévio da sua instalação feito ao trabalhador), desde que tenha a finalidade de controlar o desempenho profissional do ou dos trabalhadores. Apenas será, então, lícita a sua utilização quando a tal finalidade se não destine e, outrossim, se destine à protecção e segurança de pessoas e bens ou quando as exigências inerentes à natureza da actividade o justifiquem, sendo, neste caso, imprescindível que a entidade empregadora cumpra o dever de informar o trabalhador.*".

Ora, se as imagens obtidas através de meios de vigilância à distância não se destinam a controlar o desempenho profissional de um trabalhador, antes tendo uma finalidade genérica de protecção de pessoas e bens, e se relativamente ao apuramento de uma infracção de natureza penal seria lícita a utilização de tais imagens, não se vê que não possam as mesmas ser utilizadas quer para efeitos disciplinares laborais, quer em processo judicial laboral. Com efeito, o trabalhador antes mesmo de adoptar a conduta que veio a ser detectada em tais imagens, saberia que tal poderia ocorrer, conformando-se com tal resultado, o que pode mesmo equivaler a uma aquiescência da sua parte.

Assim, quando o empregador detecte uma actuação ilícita de um dos seus trabalhadores, poderá então não só exercer o poder disciplinar através do procedimento disciplinar, efectuando as adequadas averiguações internas, recorrendo a meios de vigilância à distância – desde que tal meio de prova não se destine a controlar o desempenho profissional do trabalhador – como ainda participar criminalmente às entidades de investigação criminal competentes, as quais poderão determinar no processo criminal as diligências instrutórias que se mostrarem convenientes.

Mais recentemente com a publicação da Lei n.º 58/2019, de 8 de Agosto, o legislador parece ter adoptado uma visão mais redutora, limitando a utilização das imagens obtidas através meios de vigilância à distância em procedimentos disciplinares, quando a sua utilização seja efectuada no âmbito do processo penas. Com efeito, os n.os 4 e 5 do artigo 28.º da Lei n.º 58/2019, de 8 de Agosto, determinam, respectivamente que:

> "4 – As imagens gravadas e outros dados pessoais registados através da utilização de sistemas de vídeo ou outros meios tecnológicos de vigilância à distância, nos termos previstos no artigo 20.º do Código do Trabalho, só podem ser utilizados no âmbito do processo penal.
>
> 5 – Nos casos previstos no número anterior, as imagens gravadas e outros dados pessoais podem também ser utilizados para efeitos de apuramento de responsabilidade disciplinar, na medida em que o sejam no âmbito do processo penal.".

Da interpretação conjugada dos n.os 4 e 5 do artigo 28.º da Lei n.º 58/2019, de 8 de Agosto parece resultar que o empregador, quando pretenda utilizar imagens em sede de procedimento disciplinar, terá de simultaneamente lançar mão do processo penal. Ou seja, a utilização das imagens para prova disciplinar apenas subsiste em termos de validade, na exacta medida em que o empregador não só inicie o procedimento criminal competente, mas também que aquelas imagens sejam admitidas como provas licitas nesse processo judicial.

7. Pela sua importância, transcreve-se na integra o artigo 28.º da Lei n.º 58/2019, de 8 de Agosto (cuja violação constitui uma contra-ordenação muito grave, cfr. alínea l) do n.º 1 do artigo 37.º da própria Lei n.º 58/2019), que sob a epígrafe "Relações laborais", estabelece que:

> "1 – O empregador pode tratar os dados pessoais dos seus trabalhadores para as finalidades e com os limites definidos no Código do Trabalho e respetiva legislação complementar ou noutros regimes sectoriais, com as especificidades estabelecidas no presente artigo.
>
> 2 – O número anterior abrange igualmente o tratamento efetuado por subcontratante ou contabilista certificado em nome do empregador, para fins de gestão das relações laborais, desde que realizado ao abrigo de um contrato de prestação de serviços e sujeito a iguais garantias de sigilo.
>
> 3 – Salvo norma legal em contrário, o consentimento do trabalhador não constitui requisito de legitimidade do tratamento dos seus dados pessoais:
>
> a) Se do tratamento resultar uma vantagem jurídica ou económica para o trabalhador; ou
>
> b) Se esse tratamento estiver abrangido pelo disposto na alínea b) do n.º 1 do artigo 6.º do RGPD.
>
> 4 – As imagens gravadas e outros dados pessoais registados através da utilização de sistemas de vídeo ou outros meios tecnológicos de vigilância à distância, nos termos previstos no artigo 20.º do Código do Trabalho, só podem ser utilizados no âmbito do processo penal.
>
> 5 – Nos casos previstos no número anterior, as imagens gravadas e outros dados pessoais podem também ser utilizados para efeitos de apuramento de responsabilidade disciplinar, na medida em que o sejam no âmbito do processo penal.
>
> 6 – O tratamento de dados biométricos dos trabalhadores só é considerado legítimo para controlo de assiduidade e para controlo de acessos às instalações do empregador, devendo assegurar-se que apenas se utilizem representações dos dados biométricos e que o respectivo processo de recolha não permita a reversibilidade dos referidos dados.".

8. Entendeu o Acórdão do Supremo Tribunal de Justiça, de 14 de Maio de 2008, processo 08S643, documento n.º SJ2008051406434, sumários em www.dgsi.pt que: "Sendo ilícitas as filmagens utilizadas pelo empregador no processo disciplinar, daí não resulta a nulidade de todo o processo, antes determinando essa ilicitude que a sobredita recolha de imagens não possa ser considerada na indagação da justa causa de despedimento.".

ARTIGO 21.º - Utilização de meios de vigilância à distância

1 – A utilização de meios de vigilância à distância no local de trabalho está sujeita a autorização da Comissão Nacional de Protecção de Dados.

2 – A autorização só pode ser concedida se a utilização dos meios for necessária, adequada e proporcional aos objectivos a atingir.

3 – Os dados pessoais recolhidos através dos meios de vigilância a distância são conservados durante o período necessário para a prossecução das finalidades da utilização a que se destinam, devendo ser destruídos no momento da transferência do trabalhador para outro local de trabalho ou da cessação do contrato de trabalho.

4 – O pedido de autorização a que se refere o n.º 1 deve ser acompanhado de parecer da comissão de trabalhadores ou, não estando este disponível 10 dias após a consulta, de comprovativo do pedido de parecer.

5 – Constitui contra-ordenação grave a violação do disposto no n.º 3.

1. Este preceito não tinha correspondência no anterior Código do Trabalho, aprovado pela Lei n.º 99/2003, de 27 de Agosto. Corresponde ao artigo 28.º da Lei n.º 35/2004, de 29 de Julho, que regulamentou o anterior Código do Trabalho.

2. A autorização a que se refere o n.º 1 e o n.º 4 encontrava-se regulada na Lei n.º 67/98, de 26 de Outubro (Lei da Protecção de Dados Pessoais), a qual foi revogada pelo n.º 1 do artigo 66.º da Lei n.º 58/2019, de 8 de Agosto. Com a entrada em vigor do Regulamento (UE) 2016/679 do Parlamento Europeu e do Conselho, de 27 de Abril de 2016, deixou de ser necessário solicitar autorização à Comissão Nacional de Protecção de Dados para ter um sistema de videovigilância. Não obstante, a instalação de um sistema de videovigilância continuar a ter de observar o disposto na lei, designadamente terá de ter como finalidade a protecção de pessoas e bens.

Nos termos do n.º 2 do artigo 19.º da Lei n.º 58/2019, de 8 de Agosto, as câmaras não podem incidir sobre:

a) Vias públicas, propriedades limítrofes ou outros locais que não sejam do domínio exclusivo do responsável, excepto no que seja estritamente necessário para cobrir os acessos ao imóvel;
b) A zona de digitação de códigos de caixas multibanco ou outros terminais de pagamento ATM;
c) O interior de áreas reservadas a clientes ou utentes onde deva ser respeitada a privacidade, designadamente instalações sanitárias, zonas de espera e provadores de vestuário;
d) O interior de áreas reservadas aos trabalhadores, designadamente zonas de refeição, vestiários, ginásios, instalações sanitárias e zonas exclusivamente afetas ao seu descanso.

O n.º 3 do artigo 19.º da Lei n.º 58/2019, de 8 de Agosto, determina que nos estabelecimentos de ensino, as câmaras de videovigilância só podem incidir sobre os perímetros externos e locais de acesso, e ainda sobre espaços cujos bens e equipamentos requeiram especial proteção, como laboratórios ou salas de informática.

Nos casos em que é admitida a videovigilância, é proibida a captação de som, excepto no período em que as instalações vigiadas estejam encerradas ou mediante autorização prévia da Comissão Nacional de Protecção de Dados – o que constitui uma excepção ao princípio de que as autorização deixaram de ser necessárias.

4. Não obstante o disposto no n.º 3, de que os dados pessoais recolhidos através dos meios de vigilância a distância são conservados durante o período necessário para a prossecução das finalidades da utilização a que se destinam, devendo ser destruídos no momento da transferência do trabalhador para outro local de trabalho, ou da cessação do contrato de trabalho, a verdade é que a destruição poderá não ocorrer, licitamente, nos momentos fixados nesta norma. Tal poderá suceder porquanto os dados pessoais devem ser conservados de forma a permitir a identificação dos seus titulares apenas durante o período necessário para a prossecução das finalidades da recolha ou do tratamento posterior, pelo que, se a finalidade do tratamento tiver sido a produção de prova em processo criminal, e em procedimento disciplinar, então os dados poderão não ser destruídos quando cessa o contrato de trabalhalho, ou quando o trabalhador é transferido. Neste sentido, o n.º 3 do artigo 21.º da Lei n.º 58/2019, de 8 de Agosto estabelece que quando os dados pessoais sejam necessários para o responsável pelo tratamento, ou o subcontratante, comprovar o cumprimento de obrigações contratuais ou de outra natureza, os mesmos podem ser conservados enquanto não decorrer o prazo de prescrição dos direitos correspectivos. Obrigações de outra natureza podem, e devem ser entendidas, como obrigações legais.

Também a Lei n.º 34/2013, de 16 de Maio, alterada pela Lei n.º 46/2019, de 8 de Julho, que estabelece o regime do exercício da actividade de segurança privada, dispõe no mesmo sentido referido, determinando nos n.os 2 e 4 do seu artigo 31.º, respectivamente, que: "As gravações de imagem obtidas pelos sistemas videovigilância são conservadas, em registo codificado, pelo prazo de 30 dias contados desde a respetiva captação, findo o qual são destruídas, no prazo máximo de 48 horas.", e "É proibida a cessão ou cópia das gravações obtidas de acordo com a presente lei, só podendo ser utilizadas nos termos da legislação processual penal.".

5. Atendendo a que o pedido de autorização referido no n.º 4 deixou de ser necessário por força do Regulamento (UE) 2016/679 do Parlamento Europeu e do Conselho, de 27 de Abril de 2016, o parecer da comissão de trabalhadores, ou o comprovativo do pedido de parecer, referido no n.º 4 deve entender-se igualmente como já não sendo aplicável.

6. O Acórdão do Supremo Tribunal de Justiça, de 8 de Fevereiro de 2009, processo 05S3139, documento n.º SJ200602080031394, sumários em www.dgsi.pt, entendeu que, o facto da Comissão Nacional de Protecção de Dados ter concedido autorização para a utilização de meios de vigilância à distância no local de trabalho, não impossibilita que um tribunal de trabalho possa entender a utilização daqueles como ilícita, condenando o empregrador a retirar as câmaras de vídeo de determinado local.

7. Caso a utilização de meios de vigilância a distância seja ilícita, e através daquela utilização se tenha obtido uma prova, esta prova é nula, por expressa consagração do n.º 8 do artigo 32.º da Constituição da República Portuguesa. É o que sucede designadamente quando são recolhidas imagens através de "câmaras ocultas", utilizadas sem o conhecimento, e a autorização do trabalhador. Em consequência do n.º 8 do artigo 32.º da Constituição da República Portuguesa, o Código de Processo Penal, aprovado pelo Decreto-Lei n.º 78/87, de 17 de Fevereiro, estabelece no n.º 1 do artigo 126.º que: "São nulas, não podendo ser utilizadas, as provas obtidas mediante tortura, coacção ou, em geral, ofensa da integridade física ou moral das pessoas. O n.º 2 do mesmo artigo 126.º determina que são ofensivas da integridade física ou moral das pessoas as provas obtidas, mesmo que com consentimento delas, mediante:

a) Perturbação da liberdade de vontade ou de decisão através de maus tratos, ofensas corporais, administração de meios de qualquer natureza, hipnose ou utilização de meios cruéis ou enganosos;
b) Perturbação, por qualquer meio, da capacidade de memória ou de avaliação;
c) Utilização da força, fora dos casos e dos limites permitidos pela lei;
d) Ameaça com medida legalmente inadmissível e, bem assim, com denegação ou condicionamento da obtenção de benefício legalmente previsto;
e) Promessa de vantagem legalmente inadmissível.

Em decorrência do n.º 8 do artigo 32.º da Constituição da República Portuguesa, ao empregador não é igualmente permitido utilizar a prova assim obtida, em sede de procedimento disciplinar, cfr. artigo 98.º e 328.º e segs.

8. Sobre a utilização de meios de vigilância à distância para efeitos disciplinares, ver anotações ao artigo anterior.

ARTIGO 22.º – Confidencialidade de mensagens e de acesso a informação

1 – O trabalhador goza do direito de reserva e confidencialidade relativamente ao conteúdo das mensagens de natureza pessoal e acesso a informação de carácter não profissional que envie, receba ou consulte, nomeadamente através do correio electrónico.

2 – O disposto no número anterior não prejudica o poder de o empregador estabelecer regras de utilização dos meios de comunicação na empresa, nomeadamente do correio electrónico.

1. Este preceito corresponde ao artigo 21.º do anterior Código do Trabalho, aprovado pela Lei n.º 99/2003.

2. A Constituição da República Portuguesa consagra, no seu artigo 34.º, a inviolabilidade do domicílio e da correspondência, o que constitui um direito fundamental. Estabelece este preceito constitucional, sob a epígrafe "Inviolabilidade do domicílio e da correspondência", que: "1. O domicílio e o sigilo da correspondência e dos outros meios de comunicação privada são invioláveis. 2. A entrada no domicílio dos cidadãos contra a sua vontade só pode ser ordenada pela autoridade judicial competente, nos casos e segundo as formas previstos na lei. 3. Ninguém pode entrar durante a noite no domicílio de qualquer pessoa sem o seu consentimento, salvo em situação de flagrante delito ou mediante autorização judicial em casos de criminalidade especialmente violenta ou altamente organizada, incluindo o terrorismo e o tráfico de pessoas, de armas e de estupefacientes, nos termos previstos na lei. 4. É proibida toda a ingerência das autoridades públicas na correspondência, nas telecomunicações e nos demais meios de comunicação, salvos os casos previstos na lei em matéria de processo criminal.".

A inviolabilidade do domicílio e da correspondência acolhida pela Lei Fundamental, decorre de um outro direito fundamental de natureza pessoal que é também protegido pela Constituição da República Portuguesa, a reserva da intimidade da vida privada e familiar, cfr. n.º 1 do artigo 26.º da Constituição da República Portuguesa.

Por consequência das garantias constitucionais, este artigo 22.º concretiza em matéria laboral, o âmbito da protecção do trabalhador.

3. O n.º 1 abrange não só as cartas que o trabalhador envie ou receba, como as mensagens que receba ou envie através do telefone, bem como as mensagens de correio electrónico que o trabalhador envie ou receba, e ainda quaisquer outras mensagens enviadas ou recebidas, utilizando meios da empresa, independentemente do meio tecnológico em causa, que tenham carácter pessoal. A mais, incluindo no seu âmbito de aplicação o acesso a informação de carácter profissional que o trabalhador envie, receba ou consulte, a norma abrange também os websites ou sítios da Internet a que o trabalhador aceda, utilizando meios do empregador.

Quando se trate de meios próprios do trabalhador, e portanto propriedade deste último, como sucede com o telemóvel do próprio trabalhador, a protecção encontra-se assegurada pelas normas civis e penais que tutelam o direito de propriedade, cfr. artigo 1311.º e segs. do Código Civil, e artigo 203.º do Código Penal.

4. No que se refere às mensagens telefónicas, ou melhor dizendo, às chamadas telefónicas, importa antes de mais referir que ao empregador não é lícito proibir a utilização do telefone no local de trabalho, quando o próprio empregador o tenha colocado à disposição do trabalhador, enquanto instrumento de trabalho. Com efeito, o desenvolvimento tecnológico, cultural, social e económico determina que a esfera privada do trabalhador acabe por penetrar no seu local de trabalho durante o tempo de trabalho, não raro sem que o trabalhador o consiga evitar. A própria dignidade da pessoa humana, princípio estruturante e matriz de vários direitos constitucionalmente consagrados, não obsta a tal penetração conduzindo a semelhante resultado. A Comissão Nacional de Protecção de Dados (CNPD) tem assim entendido que é proibido ao empregador impedir que os trabalhadores, no local e durante o tempo de trabalho, respondam a necessidades estritamente privadas, pelo que a resolução de alguns problemas pessoais do trabalhador podem ser soluccionadas pelo recurso ao telefone. Não sendo permitido ao empregador proibir absolutamente a utilização do telefone que pertença ao próprio empregador, já lhe será admitido restringir o seu uso, no âmbito do seu poder de direcção e de conformação da actividade do trabalhador, impondo, por exemplo, que todas as chamadas telefónicas para fins pessoais dos trabalhadores sejam recebidas ou realizadas através de uma única linha telefónica. Quando não exista uma restrição como a acabada de referir, então, com moderação e razoabilidade poderá o trabalhador utilizar o telefone da empresa, que seja colocado à sua disposição.

Em matéria de chamadas telefónicas, deve ter-se presente o disposto nos n.os 2 e 3 do artigo 4.º da Lei n.º 41/2004, de 18 de Agosto, alterada pela Lei n.º 46/2012, de 29 de Agosto. Estabelece o n.º 2 do artigo 4.º da Lei n.º 41/2004, que: "É proibida a escuta, a instalação de dispositivos de escuta, o armazenamento ou outros meios de interceção ou vigilância de comunicações e dos respetivos dados de tráfego por terceiros sem o consentimento prévio e expresso dos utilizadores, com exceção dos casos previstos na lei.". Não obstante, e como previsto no n.º 3 daquele artigo 4.º, não se proíbe a gravação de comunicações, no âmbito de práticas comerciais lícitas, para o efeito de prova de uma transacção comercial nem de qualquer outra comunicação feita no âmbito de uma relação contratual, desde que o titular dos dados tenha sido disso informado e dado o seu consentimento expresso.

Caso o empregador faça o controlo das chamadas telefonicas, o tratamento dos dados deve limitar-se à identificação do utilizador, à sua categoria e/ou função, número de telefone marcado com supressão dos últimos quatro digitos, tipo de chamada, duração da chamada e custo da mesma. Importa ter presente que existem actividades profissionais em que existem a imposição de um dever de segredo profissional, como sucede com o advogado, o médico, e o jornalista, relativamente às fontes, pelo que nestas não é permitido ao empregador efectuar qualquer tipo de controlo, pelo que a facturação detalhada e a informação registada em centrais telefónicas devem assegurar que a informação neles constante não permita efectuar qualquer controlo.

5. Quanto às mensagens de correio electrónico, deve atender-se às considerações *supra* referidas a propósito das mensagens telefónicas, no sentido de se entender que ao empregador não é lícito proibir a utilização do correio electrónico para finalidades que não sejam profissionais. O mesmo é valido para o acesso a informação de carácter profissional que o trabalhador envie, receba ou consulte, como os websites ou sítios da Internet a que o trabalhador aceda, utilizando meios do empregador.

Constituindo um direito fundamental a inviolabilidade do domicílio e da correspondência, ao empregador não é licito invocar a segurança dos meios informáticos para aceder ao conteúdo das mensagens electrónicas. Ou seja, tratando-se de equipamentos vulneráveis à intrusão de terceiros, o empregador deve adoptar as medidas técnicas adequadas para proteger a rede informática de que se socorre, não lhe sendo permitido que em nome da segurança da rede controle o conteúdo das mensagens. Entre as medidas técnicas que o empregador pode adoptar encontra-se a «filtragem» de determinados ficheiros, como por exemplo ficheiros de imagens, os quais podem até nada ter a ver com a actividade do empregador. Caso seja adoptada esta limitação, deve a mesma ser publicitada ao trabalhador. E poderá o empregador determinar que todas as mensagens de correio electrónico que sejam pessoais do trabalhador estejam identificadas (por exemplo tendo no assunto a menção

"Pessoal"), bem como poderá impor que todos os trabalhadores a quem seja disponibilizado um endereço de correio electrónico e uma caixa de correio electrónico devem, no interior desta última, proceder à criação de uma ou mais pastas próprias, devidamente identificadas, onde o próprio trabalhador deve arquivar as mensagens de correio electrónico de conteúdo pessoal que lhe foram, bem como as mensagens que teve necessidade de enviar da caixa de correio electrónico.

Não se veda que o empregador aceda à caixa de correio electrónico que foi por si disponibilizada ao trabalhador. Conduto, este acesso deverá constituir o último recurso, o qual deve ser realizado não só na presença do trabalhador, como limitar-se à visualização dos endereços electrónicos dos destinatários, do assunto, e da data e hora do envio da mensagem. Neste sentido, veja-se a Deliberação n.º 1638/2013 da Comissão Nacional de Protecção de Dados (CNPD), aplicável aos tratamentos de dados pessoais decorrentes do controlo da utilização para fins privados das tecnologias de informação e comunicação no contexto laboral, aprovado pela CNPD, na sessão plenária de 16 de Julho de 2013, disponível em www.cnpd.pt.

Quando se trate de actividades profissionais em que existe a imposição de um dever de segredo profissional, como sucede com o advogado, o médico, e o jornalista, relativamente às fontes, não é permitido ao empregador efectuar qualquer tipo de controlo. O conteúdo das mensagens destes profissionais não deve sr acedido em qualquer circunstância, o mesmo sucedendo relativamente aos dados de tráfego reveladores dos remetentes ou destinatários exteriores.

6. Quando ao empregador seja lícito proceder ao tratamento de dados pessoais, deve – antes de iniciar qualquer tipo de tratamento – informar o trabalhador sobre as condições de utilização dos meios da empresa para efeitos particulares ou do grau de tolerância admitido, sobre a existência de tratamento, suas finalidades, existência de controlo (formas e metodologias adoptadas), sobre os dados tratados e o tempo de conservação, bem como sobre as consequências da má utilização ou utilização indevida dos meios de comunicação colocados à sua disposição. Quando, na qualidade de empregador, este proceda a um controlo da actividade, deve privilegiar metodologias genéricas, evitando a consulta individualizada de dados pessoais. Constituirá uma metodologia genérica uma mera amostragem, através da qual se obtenha a quantidade de chamadas feitas por uma extensão, número de e-mails enviados, tempo gasto em consultas na Internet, etc.. Neste sentido, veja-se a Deliberação n.º 1638/2013 da Comissão Nacional de Protecção de Dados (CNPD), aplicável aos tratamentos de dados pessoais decorrentes do controlo da utilização para fins privados das tecnologias de informação e comunicação no contexto laboral, aprovado pela CNPD, na sessão plenária de 16 de Julho de 2013, disponível em www.cnpd.pt.

7. O n.º 2 permite que o empregador estabeleça regras de utilização dos meios de comunicação na empresa, entre os quais se contam o correio electrónico, a Internet, ou qualquer outro meio, independentemente do instrumento tecnológico em causa. Ou seja, e como decorre da letra desta norma, o correio electrónico é exemplificativo.

As regras de utilização podem desde logo constar de regulamento interno da empresa, elaborado pelo empregador, e relativo à organização e disciplina do trabalho, cfr. artigo 99.º

SUBSECÇÃO III – Igualdade e não discriminação

DIVISÃO I – Disposições gerais sobre igualdade e não discriminação

ARTIGO 23.º – Conceitos em matéria de igualdade e não discriminação

1 – Para efeitos do presente Código, considera-se:

a) Discriminação directa, sempre que, em razão de um factor de discriminação, uma pessoa seja sujeita a tratamento menos favorável do que aquele que é, tenha sido ou venha a ser dado a outra pessoa em situação comparável;

b) Discriminação indirecta, sempre que uma disposição, critério ou prática aparentemente neutro seja susceptível de colocar uma pessoa, por motivo de um factor de discriminação, numa posição de desvantagem comparativamente com outras, a não ser que essa disposição, critério ou prática seja objectivamente justificado por um fim legítimo e que os meios para o alcançar sejam adequados e necessários;

c) Trabalho igual, aquele em que as funções desempenhadas ao serviço do mesmo empregador são iguais ou objectivamente semelhantes em natureza, qualidade e quantidade;

d) Trabalho de valor igual, aquele em que as funções desempenhadas ao serviço do mesmo empregador são equivalentes, atendendo nomeadamente à qualificação ou experiência exigida, às responsabilidades atribuídas, ao esforço físico e psíquico e às condições em que o trabalho é efectuado.

2 – Constitui discriminação a mera ordem ou instrução que tenha por finalidade prejudicar alguém em razão de um factor de discriminação.

1. Este preceito não tinha correspondência no anterior Código do Trabalho, aprovado pela Lei n.º 99/2003, de 27 de Agosto. Corresponde ao artigo 32.º da Lei n.º 35/2004, de 29 de Julho, que regulamentou o anterior Código do Trabalho.

2. A indicação do que se entende por discriminação directa, discriminação indirecta, trabalho igual e trabalho de valor igual, auxilia o intérprete na aplicação e interpretação das normas jurídicas.

3. De acordo com a alínea a) do n.º 1, a discriminação directa corresponderá a uma diferenciação manifesta, que não resulta de critérios objectivos. Exemplificando, será o caso em que o empregador promove um anúncio de oferta de emprego dirigido apenas a mulheres. Já a discriminação indirecta, definida na alínea b) do n.º 1, corresponde a uma situação em que sob uma capa aparentemente inócua se diferencia uma pessoa baseando-se em qualquer motivo inadmissível em termos legais. Será o caso em que uma instituição bancária exige que os candidatos a uma vaga de operador telefónico tenham carta de condução. Atendendo a que a carta de condução não constitui um requisito essencial para o exercício da função em causa, a empresa estará a discriminar indirectamente, porquanto o preenchimento daquela condição poderá afastar as pessoas com deficiência.

Para que uma prática não possa qualificada como discriminação, exige-se que seja objectivamente justificada por um fim legítimo, ou seja, que existe um motivo legítimo e justificável.

4. A definição de trabalho igual e a definição de trabalho de valor igual, constantes das alíneas c) e d) do n.º 1, encontram-se em consonância com o consagrado na alínea a) do n.º 1 do artigo 59.º da Constituição da República Portuguesa, de acordo com a qual: "Todos os trabalhadores, sem distinção de idade, sexo, raça, cidadania, território de origem, religião, convicções políticas ou ideológicas, têm direito à retribuição do trabalho, segundo a quantidade, natureza e qualidade, observando-se o princípio de que para trabalho igual salário igual, de forma a garantir uma existência condigna.".

Estes conceitos relevam para a aplicação da igualdade de retribuição entre trabalhadores de sexo diferente, cfr. n.os 1 e 2 do artigo 31.º, a qual deverá cumprir, nos termos do artigo 270.º, os critérios de determinação da retribuição. Ou seja, quando for fixado o valor da retribuição, deve ter-se em conta a quantidade, natureza e qualidade do trabalho, observando-se o princípio de que, para trabalho igual ou de valor igual, salário igual.

ARTIGO 24.º – Direito à igualdade no acesso a emprego e no trabalho

1 – O trabalhador ou candidato a emprego tem direito a igualdade de oportunidades e de tratamento no que se refere ao acesso ao emprego, à formação e promoção ou carreira profissionais e às condições de trabalho, não podendo ser privilegiado, beneficiado, prejudicado, privado de qualquer direito ou isento de qualquer dever em razão, nomeadamente, de ascendência, idade, sexo, orientação sexual, identidade de género, estado civil, situação familiar, situação económica, instrução, origem ou condição social, património genético, capacidade de trabalho reduzida, deficiência, doença crónica, nacionalidade, origem étnica ou raça, território de origem, língua, religião, convicções políticas ou ideológicas e filiação sindical, devendo o Estado promover a igualdade de acesso a tais direitos.

2 – O direito referido no número anterior respeita, designadamente:

a) A critérios de selecção e a condições de contratação, em qualquer sector de actividade e a todos os níveis hierárquicos;

b) A acesso a todos os tipos de orientação, formação e reconversão profissionais de qualquer nível, incluindo a aquisição de experiência prática;

c) A retribuição e outras prestações patrimoniais, promoção a todos os níveis hierárquicos e critérios para selecção de trabalhadores a despedir;

d) A filiação ou participação em estruturas de representação colectiva, ou em qualquer outra organização cujos membros exercem uma determinada profissão, incluindo os benefícios por elas atribuídos.

3 – O disposto nos números anteriores não prejudica a aplicação:

a) De disposições legais relativas ao exercício de uma actividade profissional por estrangeiro ou apátrida;

b) De disposições relativas à especial protecção de património genético, gravidez, parentalidade, adopção e outras situações respeitantes à conciliação da actividade profissional com a vida familiar.

4 – O empregador deve afixar na empresa, em local apropriado, a informação relativa aos direitos e deveres do trabalhador em matéria de igualdade e não discriminação.

5 – Constitui contra-ordenação muito grave a violação do disposto no n.º 1 e constitui contra-ordenação leve a violação do disposto no n.º 4.

1. Este preceito corresponde ao artigo 22.º do anterior Código do Trabalho, aprovado pela Lei n.º 99/2003.

2. A redacção do n.º 1 deste preceito foi alterada pelo artigo 2.º da Lei n.º 28/2015, de 14 de Abril. Na versão originária do Código do Trabalho, aprovado pela Lei n.º 7/2009, de 12 de Fevereiro, aquele número tinha a seguinte redacção:

> "O trabalhador ou candidato a emprego tem direito a igualdade de oportunidades e de tratamento no que se refere ao acesso ao emprego, à formação e promoção ou carreira profissionais e às condições de trabalho, não podendo ser privilegiado, beneficiado, prejudicado, privado de qualquer direito ou isento de qualquer dever em razão, nomeadamente, de ascendência, idade, sexo, orientação sexual, estado civil, situação familiar, situação económica, instrução, origem ou condição social, património genético, capacidade de trabalho reduzida, deficiência, doença crónica, nacionalidade, origem étnica ou raça, território de origem, língua, religião, convicções políticas ou ideológicas e filiação sindical, devendo o Estado promover a igualdade de acesso a tais direitos.".

3. Ver conceitos em matéria de igualdade e não discriminação, estabelecidos no n.º 1 do artigo 23.º

4. O n.º 1 tem por base o disposto quer no artigo 13.º quer na alínea a) do n.º 1 do artigo 59.º, ambos da Lei Fundamental. Sob a epígrafe "Princípio da igualdade", o n.º 1 do artigo 13.º da Constituição da República Portuguesa estabelece que: "Todos os cidadãos têm a mesma dignidade social e são iguais perante a lei.". O n.º 2 do mesmo preceito constitucional consagra que: " Ninguém pode ser privilegiado, beneficiado, prejudicado, privado de qualquer direito ou isento de qualquer dever em razão de ascendência, sexo, raça, língua, território de origem, religião, convicções políticas ou ideológicas, instrução, situação económica, condição social ou orientação sexual.". A alínea a) do n.º 1 do artigo 59.º da Constituição da República Portuguesa, por sua vez, sob a epígrafe "Direitos dos trabalhadores", determina que: "Todos os trabalhadores, sem distinção de idade, sexo, raça, cidadania, território de origem, religião, convicções políticas ou ideológicas, têm direito à retribuição do trabalho, segundo a quantidade, natureza e qualidade, observando-se o princípio de que para trabalho igual salário igual, de forma a garantir uma existência condigna".

5. Quanto ao património genético, na Lei n.º 12/2005, de 26 de Janeiro, alterada pela Lei n.º 26/2016, de 22 de Agosto, Lei da Informação Genética Pessoal e Informação de Saúde, consagra-se igualmente no seu artigo 11.º, o princípio da não discriminação. Nos termos daquele preceito:

"1 – Ninguém pode ser prejudicado, sob qualquer forma, em função da presença de doença genética ou em função do seu património genético.

2 – Ninguém pode ser discriminado, sob qualquer forma, em função dos resultados de um teste genético diagnóstico, de heterozigotia, pré-sintomático ou preditivo, incluindo para efeitos de obtenção ou manutenção de emprego, obtenção de seguros de vida e de saúde, acesso ao ensino e, para efeitos de adopção, no que respeita quer aos adoptantes quer aos adoptandos.

3 – Ninguém pode ser discriminado, sob qualquer forma, nomeadamente no seu direito a seguimento médico e psicossocial e a aconselhamento genético, por se recusar a efectuar um teste genético.".

6. Sobre o trabalhador com capacidade de trabalho reduzida, veja-se o artigo 84.º

7. Sobre o trabalhador com deficiência ou doença crónica, vejam-se os artigos 85.º e segs.

8. A alínea d) do n.º 2 deve ser relacionada com o n.º 3 do artigo 415.º

9. O dever de afixação, previsto no n.º 4, em local apropriado da empresa, destina-se a permitir aos trabalhadores que estes conheçam efectivamente os seus direitos e deveres em matéria de igualdade e não discriminação. Desta norma resulta desde logo que ao empregador não é permitido apenas divulgar a informação em matéria de igualdade e não discriminação na intranet da empresa (rede interna de partilha de ficheiros e gestão de conhecimento da empresa), ou mesmo no website (sitio na Internet) da empresa. Simultaneamente por efeito deste n.º 4, não cumpre o dever de afixação o empregador que apenas divulgue a informação relativa aos direitos e deveres do trabalhador em matéria de igualdade e não discriminação através de documento electrónico, ou seja, por documento elaborado mediante processamento electrónico de dados, enviado por correio electrónico (e-mail) para os endereços electrónicos dos trabalhadores da empresa.

O dever de afixação pressupõe que a informação relativa aos direitos e deveres do trabalhador em matéria de igualdade e não discriminação seja efectivamente publicitada através da sua colocação em lugar visível do local de trabalho dos trabalhadores, o que pode ser cumprido se a mesma for colocada, por mera reprodução dos preceitos correspondentes deste Código do Trabalho, ou através de documento explicativo, numa parede acessível a todos.

10. Sobre este preceito, no domínio da legislação anterior, pelo que será necessário proceder às adaptações necessárias, *vide* Júlia Campos, "Igualdade e não discriminação no Direito do Trabalho", *IV Congresso Nacional de Direito do Trabalho*, Almedina, Janeiro 2002, página 267 e segs.

ARTIGO 25.º – Proibição de discriminação

1 – O empregador não pode praticar qualquer discriminação, directa ou indirecta, em razão nomeadamente dos factores referidos no n.º 1 do artigo anterior.

2 – Não constitui discriminação o comportamento baseado em factor de discriminação que constitua um requisito justificável e determinante para o exercício da actividade profissional, em virtude da natureza da actividade em causa ou do contexto da sua execução, devendo o objectivo ser legítimo e o requisito proporcional.

3 – São nomeadamente permitidas diferenças de tratamento baseadas na idade que sejam necessárias e apropriadas à realização de um objectivo legítimo, designadamente de política de emprego, mercado de trabalho ou formação profissional.

4 – As disposições legais ou de instrumentos de regulamentação colectiva de trabalho que justifiquem os comportamentos referidos no número anterior devem ser avaliadas periodicamente e revistas se deixarem de se justificar.

5 – Cabe a quem alega discriminação indicar o trabalhador ou trabalhadores em relação a quem se considera discriminado, incumbindo ao empregador provar que a diferença de tratamento não assenta em qualquer factor de discriminação.

6 – O disposto no número anterior é designadamente aplicável em caso de invocação de qualquer prática discriminatória no acesso ao trabalho ou à formação profissional ou nas condições de trabalho, nomeadamente por motivo de dispensa para consulta pré-natal, protecção da segurança e saúde de trabalhadora grávida, puérpera ou lactante, licenças por parentalidade ou faltas para assistência a menores.

7 – É inválido o acto de retaliação que prejudique o trabalhador em consequência de rejeição ou submissão a acto discriminatório.

8 – Constitui contra-ordenação muito grave a violação do disposto nos n.os 1 ou 7.

1. Este preceito corresponde ao artigo 23.º do anterior Código do Trabalho, aprovado pela Lei n.º 99/2003.

2. Constituem instrumentos de regulamentação colectiva de trabalho, cfr. n.os 2, 3 e 4 do artigo 2.º, a convenção colectiva (que pode ser um contrato colectivo, acordo colectivo, ou um acordo de empresa), o acordo de adesão, a decisão arbitral, a portaria de extensão, e a portaria de condições de trabalho.

3. Ver conceitos em matéria de igualdade e não discriminação, estabelecidos no n.º 1 do artigo 23.º, que nas alíneas a) e b) estabelecem o conceito de discriminação directa e indirecta.

4. Não obstante o disposto neste preceito, deve ainda atender-se à Lei n.º 46/2006, de 28 de Agosto, que proíbe e pune a discriminação em razão da deficiência e da existência de risco agravado de saúde. Nos termos do artigo 5.º da Lei n.º 46/2006, sob a epígrafe "Discriminação no trabalho e no emprego", cujo conteúdo se transcreve na íntegra, estabelece-se:

> "1 – Consideram-se práticas discriminatórias contra pessoas com deficiência, para além do disposto no Código do Trabalho:
>
> a) A adopção de procedimento, medida ou critério, directamente pelo empregador ou através de instruções dadas aos seus trabalhadores ou a agência de emprego, que subordine a factores de natureza física, sensorial ou mental a oferta de emprego, a cessação de contrato de trabalho ou a recusa de contratação;

b) A produção ou difusão de anúncios de ofertas de emprego, ou outras formas de publicidade ligada à pré-selecção ou ao recrutamento, que contenham, directa ou indirectamente, qualquer especificação ou preferência baseada em factores de discriminação em razão da deficiência;

c) A adopção pelo empregador de prática ou medida que no âmbito da relação laboral discrimine um trabalhador ao seu serviço.

2 – É proibido despedir, aplicar sanções ou prejudicar por qualquer outro meio o trabalhador com deficiência por motivo do exercício de direito ou de acção judicial contra prática discriminatória.

3 – As práticas discriminatórias definidas no n.º 1 não constituirão discriminação se, em virtude da natureza da actividade profissional em causa ou do contexto da sua execução, a situação de deficiência afecte níveis e áreas de funcionalidade que constituam requisitos essenciais e determinantes para o exercício dessa actividade, na condição de o objectivo ser legítimo e o requisito proporcional.

4 – Para efeitos de aplicação do disposto no número anterior deverá ser analisada a viabilidade de a entidade empregadora levar a cabo as medidas adequadas, em função das necessidades de uma situação concreta, para que a pessoa portadora de deficiência tenha acesso a um emprego, ou que possa nele progredir, ou para que lhe seja ministrada formação, excepto se essas medidas implicarem encargos desproporcionados para a entidade empregadora.

5 – Os encargos não são considerados desproporcionados quando forem suficientemente compensados por medidas promovidas pelo Estado em matéria de integração profissional de cidadãos com deficiência.

6 – A decisão da entidade empregadora relativa à alínea a) do n.º 1 e a aferição do disposto nos n.os 4 e 5 do presente artigo carecem sempre de parecer prévio do Secretariado Nacional para a Reabilitação e Integração das Pessoas com Deficiência.".

Nos termos do artigo 13.º do Decreto-Lei n.º 217/2007, de 29 de Maio, o Instituto Nacional de Reabilitação, I. P. (INR, I. P.), sucedeu nas atribuições do Secretariado Nacional para a Reabilitação e Integração das Pessoas com Deficiência, pelo que o parecer prévio a ser emitido é da competência daquela primeira entidade. Determina o n.º 2 do artigo 8.º do Decreto-Lei n.º 34/2007, de 15 de Fevereiro, que regulamenta a Lei n.º 46/2006, que o parecer referido no n.º 6 do artigo 5.º da Lei n.º 46/2006, é obrigatório e vinculativo, devendo ser emitido no prazo de 20 dias úteis contados a partir do envio da informação necessária por parte da entidade empregadora.

5. Porque o n.º 1 proíbe qualquer discriminação, directa ou indirecta, em razão nomeadamente dos factores referidos no n.º 1 do artigo 24.º não pode, por exemplo, uma empresa a operar em Portugal adoptar, em exclusivo, a língua inglesa, como língua de trabalho, se algum dos seus trabalhadores não for apto a entender aquela língua.

6. O n.º 1 do artigo 35.º-A acrescenta ao n.º 1, mais um caso de discriminação, determinando que é proibida qualquer forma de discriminação em função do exercício pelos trabalhadores dos seus direitos de maternidade e paternidade.

7. O disposto no n.º 2 concede que não constitui discriminação o comportamento baseado em factor de discriminação que constitua um requisito justificável e determinante para o exercício da actividade profissional, em virtude da natureza da actividade ou do contexto da sua execução, devendo o objectivo ser legítimo e o requisito proporcional. O n.º 3 exemplifica situações em que são permitidas diferenças de tratamento, embora essas diferenças não constituam, por força do n.º 2, uma discriminação. O n.º 3, porque é exemplificativo, e não taxativo, não limita os casos que não devem ser entendidos como discriminação às diferenças de tratamento baseadas na idade que sejam necessárias e apropriadas à realização de um objectivo legítimo, designadamente de política de emprego, mercado de trabalho ou formação profissional. Muitas outras situações não devem ser entendidas, ao abrigo do n.º 2, como discriminação. É o que sucederá quando uma empresa que se dedique à tradução pretenda contratar um trabalhador para o exercício de funções que, pela sua natureza, imponham uma escolha em razão da língua. Neste caso, apresentando-se um trabalhador que não reuna o requisito da língua que constitua condição essencial da vontade de contratar pelo empregador, o n.º 2 permite que o empregador o exclua, sem que por isso pratique uma discriminação. No mesmo sentido, deve admitir-se que um partido político poderá limitar a contratação de trabalhadores àqueles que defendam igual ideologia. Quanto a estes, o n.º 2 do artigo 38.º da Lei dos Partidos Políticos, aprovada pela Lei Orgânica n.º 2/2003, de 22 de Agosto, e alterada pela Lei Orgânica n.º 2/2008, de 14 de Maio, considera justa causa de despedimento o facto de um funcionário se desfiliar ou fazer propaganda contra o partido que o emprega ou a favor de uma candidatura sua concorrente.

Para mais exemplos de casos que não devem ser enquadráveis como uma discriminação, mas em função do sexo, veja-se a anotação ao artigo 30.º

8. O n.º 5 determina uma inversão da regra geral do ónus da prova estabelecido no artigo 342.º do Código Civil. Nos termos desta norma, incumbe a quem alega a discriminação indicar o trabalhador ou trabalhadores em relação a quem se considera discriminado, incumbindo ao empregador provar que a diferença de tratamento não assenta em qualquer factor de discriminação. A mais, cabendo ao trabalhador indicar o trabalhador ou trabalhadores em relação a quem se considera discriminado, impende sobre si o dever de provar os factos que fundamentam a sua pretensão. Ao empregador, por seu turno, cabe provar que ao tratamento desfavorável não subjaz um qualquer factor de discriminação, independentemente de se tratar de discriminação, directa ou indirecta, baseada, nomeadamente, na ascendência, idade, sexo, orientação sexual, estado civil, situação familiar, situação económica, instrução, origem ou condição social património genético, capacidade de trabalho reduzida, deficiência, doença crónica, nacionalidade, origem étnica ou raça, território de origem, língua, religião, convicções políticas ou ideológicas e filiação sindical. Neste sentido, veja-se o Acórdão do Supremo Tribunal de Justiça, de 21 de Outubro de 2009, processo 838/05.2TTCBR.C1.S1, sumários em www.dgsi.pt: "Nos termos do n.º 3 do art.º 23.º do CT incumbe a quem alegar a discriminação, fundamentá-la, indicando o trabalhador ou trabalhadores em relação aos quais se considera discriminado, cabendo ao empregador provar que as condições de trabalho não assentam em nenhum dos factores indicados no n.º 1 daquele artigo, consagrando, assim, uma inversão da regra geral do ónus da prova estabelecido no art.º 342.º do CC, de sorte a fazer impender sobre a entidade empregadora a prova de que o tratamento desfavorável conferido ao trabalhador se não fundou naqueles factores, antes tendo esse tratamento justificação bastante, dotada de plausibilidade.".

9. O n.º 6 estabelece expressamente que a inversão do ónus da prova, por efeito do n.º 5 deste artigo 25.º, é aplicável em caso de invocação de qualquer prática discriminatória no acesso ao trabalho ou à formação profissional ou nas condições de trabalho. Na segunda parte, o n.º 6 exemplifica situações relativas às condições de trabalho, em que a inversão do ónus da prova tem lugar. Esta inversão deverá assim ocorrer quando o trabalhador invoque uma qualquer prática discriminatória nas condições de trabalho, nomeadamente por motivo de dispensa para consulta pré-natal (cfr. artigo 46.º), protecção da segurança e saúde de trabalhadora grávida, puérpera ou lactante (cfr. artigo 62.º), licenças por parentalidade (cfr. artigos 37.º a 44.º, 51.º a 53.º, e alínea b) do n.º 1 do artigo 64.º), ou faltas para assistência a menores (cfr. artigos 49.º e 50.º, e alínea c) do n.º 1 do artigo 64.º).

10. Sobre este preceito, no domínio da legislação anterior, pelo que será necessário proceder às adaptações necessárias, *vide* Júlia Campos, "Igualdade e não discriminação no Direito do Trabalho", *IV Congresso Nacional de Direito do Trabalho*, Almedina, Janeiro 2002, página 267 e segs.

ARTIGO 26.º – Regras contrárias ao princípio da igualdade e não discriminação

1 – A disposição de instrumento de regulamentação colectiva de trabalho ou de regulamento interno de empresa que estabeleça profissão ou categoria profissional que respeite especificamente a trabalhadores de um dos sexos considera-se aplicável a trabalhadores de ambos sexos.

2 – A disposição de instrumento de regulamentação colectiva de trabalho ou de regulamento interno de empresa que estabeleça condições de trabalho, designadamente retribuição, aplicáveis exclusivamente a trabalhadores de um dos sexos para categoria profissional correspondente a trabalho igual ou a trabalho de valor igual considera-se substituída pela disposição mais favorável aplicável a trabalhadores de ambos sexos.

3 – O disposto nos números anteriores é aplicável a disposição contrária ao princípio da igualdade em função de outro factor de discriminação.

4 – A disposição de estatuto de organização representativa de empregadores ou de trabalhadores que restrinja o acesso a emprego, actividade profissional, formação profissional, condições de trabalho ou carreira profissional exclusivamente a trabalhadores de um dos sexos, fora dos casos previstos no n.º 2 do artigo 25.º e dos previstos em lei específica decorrentes da protecção do património genético do trabalhador ou dos seus descendentes, considera-se aplicável a trabalhadores de ambos os sexos.

1. Este preceito corresponde ao artigo 31.º do anterior Código do Trabalho, aprovado pela Lei n.º 99/2003.

2. Constituem instrumentos de regulamentação colectiva de trabalho, cfr. n.os 2, 3 e 4 do artigo 2.º, a convenção colectiva (que pode ser um contrato colectivo, acordo colectivo, ou um acordo de empresa), o acordo de adesão, a decisão arbitral, a portaria de extensão, e a portaria de condições de trabalho.

3. O regulamento interno de empresa encontra-se previsto no artigo 99.º, correspondendo a um documento elaborado pelo empregador para regrar a organização e disciplina do trabalho. Além deste papel, o regulamento interno tem um outro, não menos relevante, o de poder manifestar a vontade contratual do empregador, cfr. n.º 1 do artigo 104.º

4. Ver conceitos em matéria de igualdade e não discriminação, estabelecidos no n.º 1 do artigo 23.º

5. Por efeito deste preceito, comina-se com a nulidade a disposição de instrumento de regulamentação colectiva de trabalho, de regulamento interno e de estatuto de organização representativa de empregadores, ou de trabalhadores que seja discriminatória, ou que conduza a resultados discriminatórios.

Quanto à disposição discriminatória incluída em instrumento de regulamentação colectiva de trabalho, o n.º 1 do artigo 479.º determina que, no prazo de 30 dias a contar da publicação de instrumento de regulamentação colectiva de trabalho negocial (convenção colectiva, acordo de adesão, e decisão arbitral em processo de arbitragem voluntária, cfr. n.º 2 do artigo 2.º) ou decisão arbitral em processo de arbitragem obrigatória ou necessária, o serviço competente do ministério responsável pela área laboral, ouvidos os interessados, procede à apreciação fundamentada da legalidade das suas disposições em matéria de igualdade e não discriminação e, caso existam disposições discriminatórias, notifica as partes nos instrumentos para em 60 dias procederem às alterações, decorridos os quais, e na ausência de alterações, envia a apreciação ao magistrado do Ministério Público junto do tribunal competente.

6. O n.º 4 determina que a disposição de estatuto de organização representativa de empregadores, (sobre estas estruturas *vide* artigo 440.º e segs.), ou de trabalhadores, (sobre estas estruturas *vide* artigo 404.º), que restrinja o acesso a emprego, actividade profissional, formação profissional, condições de trabalho ou carreira profissional exclusivamente a trabalhadores de um dos sexos, considera-se aplicável a trabalhadores de ambos os sexos. Só assim não sucederá quando o tratamento diferenciado tenha resultado de critérios objectivos, cfr. n.º 2 do artigo 25.º e nos casos decorrentes da protecção do património genético do trabalhador ou dos seus descendentes, previstos na Lei n.º 102/2009, de 10 de Setembro, que nos artigos 41.º e segs. regulamenta a protecção do património genético.

ARTIGO 27.º - Medida de acção positiva

Para os efeitos deste Código, não se considera discriminação a medida legislativa de duração limitada que beneficia certo grupo, desfavorecido em função de factor de discriminação, com o objectivo de garantir o exercício, em condições de igualdade, dos direitos previstos na lei ou corrigir situação de desigualdade que persista na vida social.

1. Este preceito corresponde ao artigo 25.º do anterior Código do Trabalho, aprovado pela Lei n.º 99/2003.

2. Ver conceitos em matéria de igualdade e não discriminação, estabelecidos no n.º 1 do artigo 23.º

3. Este preceito estabelece uma definição de medida de acção positiva. Deve entender-se por medida de acção positiva, a medida legislativa de duração limitada que beneficia certo grupo, desfavorecido em função de factor de discriminação, com o objectivo de garantir o exercício, em condições de igualdade, dos direitos previstos na lei ou corrigir situação de desigualdade que persista na vida social, medida esta que não constitui discriminação.

4. Como exemplos de medida de acção positiva verifica-se o caso das quotas, ou seja a fixação no acesso ao emprego de pessoas desfavorecidas em função de factor de discriminação. Actualmente, na sociedade portuguesa, e atentos os dados disponíveis em matéria de desigualdade das mulheres no mercado de trabalho, há quem defenda a adopção de quotas para estas, como modo eliminar preconceitos historicamente erigidos na necessidade de protecção da mulher enquanto ser fisiologicamente mais débil, e mais apto a assistir na vida familiar. Se estes preconceitos se revelam inexactos, já a questão das quotas é matéria controvertida, mostrando-se válidos os argumentos daqueles que advogam que a imposição ao empregador de sistemas de quotas são perniciosas. Invoca-se para tanto que o sistema de quotas impõe aos privados o cumprimento de desígnios que cabem ao Estado assumir, limitando em termos pouco admissíveis a livre iniciativa económica privada, e a propriedade privada, que entre outros direitos deve abranger a sua livre administração, e que são constitucionalmente reconhecidos, cfr. n.º 1 do artigo 61.º, no n.º 1 do artigo 86.º e n.º 1 do artigo 62.º da Constituição da República Portuguesa.

5. As medidas de acção positiva não tem consagração apenas neste artigo 27.º O n.º 3 do artigo 30.º estabelece que em acção de formação profissional dirigida a profissão exercida predominantemente por trabalhadores de um dos sexos deve ser dada, sempre que se justifique, preferência a trabalhadores do sexo com menor representação, bem como, sendo apropriado, a trabalhador com escolaridade reduzida, sem qualificação ou responsável por família monoparental ou no caso de licença parental ou adopção. Por sua vez, o n.º 1 do artigo 84.º admite que podem ser estabelecidas, por lei ou instrumento de regulamentação colectiva de trabalho, especiais medidas de protecção de trabalhador com capacidade de trabalho reduzida, particularmente no que respeita à sua admissão e condições de prestação da actividade, tendo sempre em conta os interesses do trabalhador e do empregador. Já o n.º 1 do artigo 86.º determina que o empregador deve adoptar medidas adequadas para que a pessoa com deficiência ou doença crónica tenha acesso a um emprego, o possa exercer e nele progredir, ou para que tenha formação profissional, excepto se tais medidas implicarem encargos desproporcionados. Em sentido idêntico, o n.º 4 do mesmo artigo 86.º, determina que podem ser estabelecidas por lei ou instrumento de regulamentação colectiva de trabalho medidas de protecção específicas de trabalhador com deficiência ou doença crónica e incentivos a este ou ao empregador, particularmente no que respeita à admissão, condições de prestação da actividade e adaptação de posto de trabalho, tendo em conta os respectivos interesses.

6. Em matéria de acção positiva, importa referir o acórdão do Tribunal de Justiça das Comunidades Europeias, de 17 de Outubro de 1995 no Processo C-450/93, Kalanke centro Freie Hansestadt Bremen, 1995, página 3051, que colocou em causa a legitimidade das quotas e outras formas de acção positiva destinadas a aumentar o número de mulheres em certos sectores ou níveis de emprego. Neste acórdão o Tribunal de Justiça das Comunidades Europeias entendeu que as "disposições nacionais que garantam às mulheres prioridade absoluta e incondicional numa nomeação ou promoção vão para além da promoção da igualdade de oportunidades". Contudo, o Tribunal limitou-se a condenar o automatismo da medida, concedendo às mulheres um direito absoluto e incondicional em matéria de nomeação ou promoção. Como tal, o Tribunal de Justiça das Comunidades Europeias apenas considerou ilegal o regime de quotas que seja totalmente rígido e não deixe a mínima possibilidade de tomar em consideração circunstâncias individuais. Os empregadores podem assim recorrer a todas as demais formas de acção positiva, as quais podem favorecer activamente o acesso ao emprego de pessoas do sexo que está em minoria, à nomeação e à promoção para certos postos, incluindo a concessão de preferência ao sexo que está em minoria, quando se verifique igualdade de qualificações e/ou méritos dos candidatos. Essencial é que qualquer sistema que preveja semelhante preferência permita que se tomem em consideração as circunstâncias particulares de cada caso. Significa isto, que à luz da jurisprudência do Tribunal de Justiça das Comunidades Europeias as medidas de acção positiva são admissíveis, e entre estas se incluem as quotas flexíveis.

ARTIGO 28.º – Indemnização por acto discriminatório

A prática de acto discriminatório lesivo de trabalhador ou candidato a emprego confere-lhe o direito a indemnização por danos patrimoniais e não patrimoniais, nos termos gerais de direito.

1. Este preceito corresponde ao artigo 26.º do anterior Código do Trabalho, aprovado pela Lei n.º 99/2003.

2. Ver conceitos em matéria de igualdade e não discriminação, estabelecidos no n.º 1 do artigo 23.º

3. Por determinação deste preceito a prática de acto discriminatório pelo empregador origina não só responsabilidade contra-ordenacional, como responsabilidade civil, nos termos gerais, podendo o empregador vir a ter de indemnizar o trabalhador pelos danos patrimoniais e não patrimoniais que sofreu. Estes danos não patrimoniais podem advir da vergonha, dor, humilhação, etc., que aquele, que foi vítima da diferença infundada de tratamento pelo empregador, padeceu.

4. Este preceito é aplicável independentemente da pessoa que teve um tratamento diferenciado, que não resultou de critérios objectivos, ter a qualidade de trabalhador, ou de candidato a emprego. Ou seja, não se exige, para que a pessoa que foi discriminada tenha direito a uma indemnização, que tenha um contrato de trabalho com o empregador.

DIVISÃO II – Proibição de assédio

ARTIGO 29.º – Assédio

1 – É proibida a prática de assédio.

2 – Entende-se por assédio o comportamento indesejado, nomeadamente o baseado em factor de discriminação, praticado aquando do acesso ao emprego ou no próprio emprego, trabalho ou formação profissional, com o objectivo ou o efeito de perturbar ou constranger a pessoa, afectar a sua dignidade, ou de lhe criar um ambiente intimidativo, hostil, degradante, humilhante ou desestabilizador.

3 – Constitui assédio sexual o comportamento indesejado de carácter sexual, sob forma verbal, não verbal ou física, com o objectivo ou o efeito referido no número anterior.

4 – À prática de assédio confere à vítima o direito de indemnização, aplicando-se o disposto no artigo anterior.

5 – A prática de assédio constitui contra-ordenação muito grave, sem prejuízo de eventual responsabilidade penal prevista nos termos da lei.

6 – O denunciante e as testemunhas por si indicadas não podem ser sancionados disciplinarmente, a menos que atuem com dolo, com base em declarações ou factos constantes dos autos de processo, judicial ou contra-ordenacional, desencadeado por assédio até decisão final, transitada em julgado, sem prejuízo do exercício do direito ao contraditório.

1. Este preceito corresponde ao artigo 24.º do anterior Código do Trabalho, aprovado pela Lei n.º 99/2003.

2. A redacção do n.os 1, 3 e 4 foi alterada pelo artigo 2.º da Lei n.º 73/2017, de 16 de Agosto, que introduziu também os n.os 5 e 6, e renumerou ainda os originários n.os 1 e 2, que passaram a n.os 2 e 3. Na versão originária do Código do Trabalho, aprovado pela Lei n.º 7/2009, de 12 de Fevereiro, este artigo 29.º tinha a seguinte redacção:

> "1 – Entende-se por assédio o comportamento indesejado, nomeadamente o baseado em factor de discriminação, praticado aquando do acesso ao emprego ou no próprio emprego, trabalho ou formação profissional, com o objectivo ou o efeito de perturbar ou constranger a pessoa, afectar a sua dignidade, ou de lhe criar um ambiente intimidativo, hostil, degradante, humilhante ou desestabilizador.
>
> 2 – Constitui assédio sexual o comportamento indesejado de carácter sexual, sob forma verbal, não verbal ou física, com o objectivo ou o efeito referido no número anterior.
>
> 3 – À prática de assédio aplica-se o disposto no artigo anterior.
>
> 4 – Constitui contra-ordenação muito grave a violação do disposto neste artigo.".

3. O n.º 1 estabelece a proibição de assédio de forma expressa desde 1 de Outubro de 2017, data em que entrou em vigor a Lei n.º 73/2017, de 16 de Agosto. Antes disso o assédio já não era admissível, o que se inferia quer da definição de assédio, quer da inserção sistemática deste artigo 29.º, na Divisão II Proibição de assédio.

4. O n.º 2 estabelece a definição de assédio. O assédio encontra-se estreitamente ligado com a integridade física e moral de que gozam quer o trabalhador quer o empregador, e que é tutelada pela lei. Desde logo, o próprio artigo 15.º determina que o empregador, incluindo as pessoas singulares que o representam, e o trabalhador gozam do direito à respectiva integridade física e moral.

5. Não obstante o assédio ser facilmente reconhecido enquanto assédio sexual, a verdade é que o assédio não se esgota no assédio sexual, tendo, contráriamente, um âmbito mais vasto. Abrange por isso todo o comportamento não pretendido, quer este tenha o objectivo de perturbar ou constranger a pessoa, afectar a sua dignidade, ou de lhe criar um ambiente intimidativo, hostil, degradante, humilhante ou desestabilizador, quer, não tendo esse objectivo, gere o efeito de perturbar ou constranger a pessoa, afectar a sua dignidade, ou de lhe criar um ambiente intimidativo, hostil, degradante, humilhante ou desestabilizador. Frequentemente, trata-se de um conjunto de situações que separadamente poderiam até não ter relevo jurídico, mas que pelo seu carácter reiterado são aptas a atingir um objectivo ou a produzir um efeito em outrém, que não é por este último pretendido. Trata-se pois de um processo, não consubstanciando um mero fenómeno ou um acto isolado, antes pressupõe um conjunto mais ou menos encadeado de actos e condutas que ocorrem de forma sistemática. Parte da doutrina tem reconduzido tais comportamentos a um conceito, o "mobbing", também designado por assédio moral.

A título exemplificativo, deverá entender-se como consubstanciando um caso de assédio moral as situações em que o empregador esvazia funcionalmente o trabalhador, procurando com semelhante conduta que este último, por si próprio, proceda à cessação do contrato de trabalho, denunciando-o, cfr. artigo 400.º e segs., ou mesmo que aceite a revogação do contrato de trabalho, cfr. artigo 349.º e seguinte, mediante uma compensação de valor diminuto. Note-se que a alínea a) do n.º 1 do artigo 129.º estabelece que é proibido ao empregador opor-se, por qualquer forma, a que o trabalhador exerça os seus direitos, bem como despedi-lo, aplicar-lhe outra sanção, ou tratá-lo desfavoravelmente por causa desse exercício. Simultaneamente, a alínea b) do n.º 1 do mesmo artigo 129.º proíbe que o empregador obste injustificadamente à prestação efectiva de trabalho.

Nas sábias palavras de Júlio Manuel Vieira Gomes, *Direito do Trabalho,* Volume I, Coimbra Editora, 2007, página 433 "(...) frequentemente adoptam-se medidas para impor o isolamento social do trabalhador, que podem consistir em proibir aos outros trabalhadores que lhe dirijam a palavra, em reduzir-lhe os contactos com os clientes ou, mesmo, em impor-lhe um isolamento físico.".

Outros exemplos de situações que deverão achar-se incluídas no conceito de assédio moral:

– Desvalorizar sistematicamente o trabalho de colegas ou subordinados hierárquicos;

- Ridicularizar, de forma directa ou indirecta, uma característica física ou psicológica de colegas de trabalho ou de subordinados;
- Fazer recorrentes ameaças de despedimento;
- Estabelecer sistematicamente metas e objectivos impossíveis de atingir ou estabelecer prazos inexequíveis;
- Desprezar, ignorar ou humilhar colegas ou trabalhadores/as, forçando o seu isolamento face a outros colegas e superiores hierárquicos;
- Pedir sistematicamente trabalhos urgentes sem necessidade;
- Fazer sistematicamente críticas em público, ou divulgar sistematicamente rumores e comentários maliciosos ou fazer críticas reiteradas a colegas de trabalho, a subordinados ou a outros superiores hierárquicos;
- Falar sistematicamente aos gritos, de forma a intimidar colegas ou subordinados;
- Criar sistematicamente situações objectivas de stresse, de molde a provocar no destinatário da conduta o seu descontrolo.

Entendeu o Acórdão do Supremo Tribunal de Justiça, de 13 de Janeiro de 2010, processo 1466/03.2TTPRT.S1, sumários em www.dgsi.pt, que a figura do "mobbing": "se caracteriza por três facetas: a prática de determinados comportamentos; a sua duração e as consequências destes, sendo usual associar-se a intencionalidade da conduta persecutória, o seu carácter repetitivo e a verificação de consequências na saúde física e psíquica do trabalhador e no próprio emprego.".

6. Nos termos do n.º 2, não se exige que o assédio seja baseado num factor de discriminação, o que resulta da utilização do advérbio "nomeadamente" a propósito do motivo em que se pode basear o comportamento indesejado que tem o objectivo ou o efeito de perturbar ou constranger a pessoa, afectar a sua dignidade, ou de lhe criar um ambiente intimidativo, hostil, degradante, humilhante ou desestabilizador.

7. Não obstante apenas no n.º 3 se referir que o comportamento indesejado com o objectivo ou o efeito de perturbar ou constranger a pessoa, afectar a sua dignidade, ou de lhe criar um ambiente intimidativo, hostil, degradante, humilhante ou desestabilizador pode assumir a forma verbal, não verbal ou física, o assédio que não seja sexual pode também adoptar qualquer uma destas formas.

8. Exemplos de situações que deverão achar-se incluídas no conceito de assédio sexual:

- Fazer sistematicamente observações sugestivas, piadas ou comentários sobre a aparência ou condição sexual de colegas ou subordinados;
- Enviar reiteradamente desenhos, fotografias ou imagens, indesejados e de teor sexual;
- Realizar sistematicamente telefonemas, enviar cartas, mensagens de correio electrónico, ou outras mensagens, indesejadas de carácter sexual;
- Promover o contacto físico intencional e não solicitado;
- Apresentar convites e pedidos de favores sexuais associados a promessa de obtenção de emprego ou melhoria das condições de trabalho, estabilidade no

emprego, ou na carreira profissional, podendo esta relação ser expressa e directa, ou insinuada.

9. Caso o empregador profira uma instrução ou ordem, que configure a prática de assédio tal como prevista neste preceito, deve entender-se que poderá o candidato negar-se a efectua-la, enquanto que o trabalhador poderá desobedecer, sem que tal configure ilicitude, cfr. alínea e) do n.º 1 do artigo 128.º

10. De acordo com o n.º 4, aplica-se à prática de assédio o direito a indemnização por danos patrimoniais e não patrimoniais, nos termos gerais de direito. Verificando-se um comportamento que deve ser entendido como assédio, o dever de indemnizar surge independentemente da pessoa visada pelo comportamento indesejado ter a qualidade de trabalhador, de candidato a emprego, ou mesmo de empregador.

11. O disposto no n.º 6 é redundante. O empregador que eventualmente decidisse punir disciplinarmente um trabalhador por o mesmo ter denunciado uma situação de prática de assédio, estaria a incorrer ele próprio, o empregador, em assédio.

Com efeito, o exercício da acção disciplinar em tal caso, sempre se acharia abusivo, constituindo a sanção que viesse a ser decidida a final pelo empregador, como uma sanção disciplinar abusiva, nos termos da alínea b) do n.º 2 do artigo 331.º Tais comportamentos são tidos como sendo de tal modo graves que o legislador consagrou uma presunção legal de aplicação de sanção disciplinar abusiva naquele n.º 2 do artigo 331.º

No n.º 6 deste artigo 29.º o legislador também excepciona o legitimo direito do empregador punir disciplinarmente um trabalhador ou uma testemunha, aplicando-lhes uma das sanções disciplinares previstas no artigo 328.º, por algum deles ter actuado com dolo. Também esta solução já resultava dos preceitos previstos nos artigos 328.º e segs.

Doutrinalmente divide-se a culpa em duas modalidades: o dolo e a mera culpa ou negligência. Enquanto que esta última consiste na omissão da diligência exigível ao agente, por falta de cuidado, imprudência ou inabilidade, no dolo o agente representa o resultado danoso, praticando o acto com a intenção maléfica de o produzir. Sobre a culpa *vide* Mário Júlio de Almeida Costa, *Direito das Obrigações*, 8.ª edição, Almedina, página 424 e segs., e António Menezes Cordeiro, *Direito das Obrigações*, 2.º volume, A.A.F.D.L., 1999, página 314 e segs.

Ou seja, quando um trabalhador denuncie uma prática de assédio, que afinal inexistia na realidade, o que era do conhecimento do trabalhador, mas ainda assim foi por este último decidido empreender a denúncia, pode então ser iniciado um procedimento disciplinar, e no seu final ser decidido punir aquele trabalhador.

12. A alínea f) do n.º 2 do artigo 394.º estabelece que constituem justa causa de resolução do contrato pelo trabalhador, a ofensa à integridade física ou moral, liberdade, honra ou dignidade do trabalhador, punível por lei, incluindo a prática de assédio denunciada ao serviço com competência inspectiva na área laboral, praticada pelo empregador ou pelo seu representante.

13. Sobre este preceito, no domínio da legislação anterior, pelo que será necessário proceder às adaptações necessárias, *vide* Júlio Manuel Vieira Gomes, *Direito do*

Trabalho, Volume I, Coimbra Editora, 2007, página 425 e segs., bem como a profícua bibliografia aí referida, e Isabel Ribeiro Parreira, "O assédio sexual no trabalho", *IV Congresso Nacional de Direito do Trabalho*, Almedina, Janeiro 2002, página 159 e segs.

DIVISÃO III – Igualdade e não discriminação em função do sexo

ARTIGO 30.º – Acesso ao emprego, actividade profissional ou formação

1 – A exclusão ou restrição de acesso de candidato a emprego ou trabalhador em razão do sexo a determinada actividade ou à formação profissional exigida para ter acesso a essa actividade constitui discriminação em função do sexo.

2 – O anúncio de oferta de emprego e outra forma de publicidade ligada à pré-selecção ou ao recrutamento não pode conter, directa ou indirectamente, qualquer restrição, especificação ou preferência baseada no sexo.

3 – Em acção de formação profissional dirigida a profissão exercida predominantemente por trabalhadores de um dos sexos deve ser dada, sempre que se justifique, preferência a trabalhadores do sexo com menor representação, bem como, sendo apropriado, a trabalhador com escolaridade reduzida, sem qualificação ou responsável por família monoparental ou no caso de licença parental ou adopção.

4 – Constitui contra-ordenação muito grave a violação do disposto nos n.os 1 ou 2.

1. Este preceito corresponde ao artigo 27.º do anterior Código do Trabalho, aprovado pela Lei n.º 99/2003.

2. O disposto no n.º 2 pode não ser aplicável em determinados casos, sem que esta norma se mostre violada. Designadamente é o que sucederá quando o empregador pretenda contratar um trabalhador para o exercício de funções que, pela sua natureza, imponham uma escolha em razão do sexo. Pense-se, por exemplo, nos casos em que o empregador pretende contratar um trabalhador para uma loja de roupa interior feminina, em que o trabalhador que vier a ser admitido prestará o seu trabalho num balneário masculino, ou aquele cujas funções consistam em proceder a inspecção pessoal ou a revista a passageiros num aeroporto, assegurando a segurança de pessoas e bens. Em todas estas situações o sexo do trabalhador constituirá uma condição essencial para o empregador contratar, o que fundamenta o afastamento do disposto no n.º 2. Nesses casos, apresentando-se um trabalhador de outro sexo que não aquele que se mostra necessário para preencher o posto de trabalho específico, deve entender-se que o empregador pode exclui-lo, sem que pratique uma discriminação em função do sexo, e por isso sem que incorra na contra-ordenação prevista no n.º 4. Neste sentido, o n.º 2 do artigo 25.º estabelece que não constitui discriminação o comportamento baseado em factor de discriminação que constitua um requisito justificável e determinante para o exercício da actividade profissional, em virtude da natureza da actividade em causa ou do contexto da sua execução, devendo o objectivo ser legítimo e o requisito proporcional.

3. Em matéria de acesso a emprego o n.º 1 do artigo 32.º impõe que o empregador conserve durante cinco anos o registo dos processos de recrutamento realizados, contendo os elementos previstos nas alíneas a) a g) do n.º 1 daquele artigo 32.º que existam, como os anúncios de oferta de emprego, dever esse que pretende facilitar a verificação, por parte das entidades com competência fiscalizadora, do cumprimento, pelo empregador, dos n.os 1 e 2 deste artigo 30.º

ARTIGO 31.º – Igualdade de condições de trabalho

1 – Os trabalhadores têm direito à igualdade de condições de trabalho, em particular quanto à retribuição, devendo os elementos que a determinam não conter qualquer discriminação fundada no sexo.

2 – A igualdade de retribuição implica que, para trabalho igual ou de valor igual:

a) Qualquer modalidade de retribuição variável, nomeadamente a paga à tarefa, seja estabelecida na base da mesma unidade de medida;

b) A retribuição calculada em função do tempo de trabalho seja a mesma.

3 – As diferenças de retribuição não constituem discriminação quando assentes em critérios objectivos, comuns a homens e mulheres, nomeadamente, baseados em mérito, produtividade, assiduidade ou antiguidade.

4 – Sem prejuízo do disposto no número anterior, as licenças, faltas ou dispensas relativas à protecção na parentalidade não podem fundamentar diferenças na retribuição dos trabalhadores.

5 – Os sistemas de descrição de tarefas e de avaliação de funções devem assentar em critérios objectivos comuns a homens e mulheres, de forma a excluir qualquer discriminação baseada no sexo.

6 – Constitui contra-ordenação muito grave a violação do disposto no n.º 1, e constitui contra-ordenação grave a violação do disposto no n.º 5.

1. Este preceito corresponde ao artigo 28.º do anterior Código do Trabalho, aprovado pela Lei n.º 99/2003.

2. Sobre os conceitos de trabalho igual e de trabalho de valor igual, vejam-se as alíneas c) e d) do n.º 1 do artigo 23.º

3. Os n.os 1 a 4 concretizam um dos princípios fundamentais do direito do trabalho, com consagração constitucional na alínea a) do n.º 1 do artigo 59.º da Constituição da República Portuguesa: a trabalho igual, salário igual. Neste Código do Trabalho, este princípio é repetido no artigo 270.º Este princípio concretiza, no que diz respeito à retribuição do trabalho, o princípio da igualdade, consagrado na Lei Fundamental, cfr. artigo 13.º da Constituição da República Portuguesa, e traduz-se em termos simples, no entendimento que o trabalho igual em natureza, qualidade e quantidade, deve ser remunerado com o mesmo salário, independentemente do sexo do trabalhador. O princípio da igualdade retributiva não significa contudo uma igualdade absoluta em todas as circunstâncias, nem obsta ou proíbe um tratamento diferenciado, cfr. n.º 3 deste artigo 31.º O que se exige é que a diferenciação seja materialmente fundada, sob o ponto de vista da segurança jurídica e não se baseie em qualquer motivo inadmissível em termos legais. Assim, a diferenciação de tratamento é aceitável quando se baseia numa distinção objectiva de situações, não se fundamente em qualquer dos motivos indicados no n.º 2 do artigo 13.º da Constituição (distinção em razão de ascendência, sexo, raça, língua, território de origem, religião, convicções políticas ou ideológicas, instrução, situação económica, condição social ou orientação sexual), tenha um fim legítimo, e se revele necessária, adequada e proporcionada à satisfação do objectivo que se pretende atingir. Desta forma, apenas haverá violação do princípio da igualdade em termos retributivos, se a diferenciação não resultar de critérios objectivos, isto é, se o trabalho prestado pelo trabalhador, independentemente da categoria profissional que lhe é atribuída, não for igual ao dos restantes trabalhadores, não só quanto à natureza, mas também qualidade e quantidade.

4. A antiguidade referida no n.º 3 "é a qualidade correspondente à duração da situação jurídica laboral", Menezes Cordeiro, *Manual de Direito do Trabalho*, Livraria Almedina, 1991, página 675 e segs., e Acórdão do Tribunal da Relação de Lisboa, de 22 de Junho de 2005, processo 10307/2004-4, sumários em www.dgsi.pt. Significa isto que a duração de situações que não são de qualificar como sendo de trabalho subordinado não devem entrar no cômputo da antiguidade. A título exemplificativo, a duração de um contrato de estágio que não corresponda à prestação de trabalho subordinado, ainda que posteriormente à sua cessação venha a ser celebrado um contrato de trabalho, não dá lugar à contagem de antiguidade.

5. O n.º 4, ao estabelecer que as licenças, faltas ou dispensas relativas à protecção na parentalidade não podem fundamentar diferenças na retribuição dos trabalhadores, visa afastar quaisquer dúvidas quanto ao impedimento que incide sobre o empregador de diferenciar trabalhadores em matéria de retribuição apenas por estes exercerem os direitos previstos neste Código em matéria de parentalidade. A parentalidade encontra-se prevista no artigo 33.º e segs. Por efeito do artigo 65.º, deve notar-se que os trabalhadores que beneficiem do regime de protecção na parentalidade não devem ter reflexos na retribuição quando a sua menor assiduidade resulte do exercício dos direitos previstos naquele regime.

6. O n.º 5 já decorria do n.º 1 que estabelece a igualdade de condições de trabalho, limitando-se esta norma a concretizar a igualdade no que se refere à descrição de tarefas e aos sistemas de avaliação. Para tanto, quer na descrição de tarefas como nos sistemas de avaliação, como nas demais matérias, acrescente-se, devem ser utilizados critérios objectivos comuns a homens e mulheres.

ARTIGO 32.º – Registo de processos de recrutamento

1 – Todas as entidades devem manter durante cinco anos o registo dos processos de recrutamento efectuados, devendo constar do mesmo, com desagregação por sexo, os seguintes elementos:

a) Convites para o preenchimento de lugares;

b) Anúncios de oferta de emprego;

c) Número de candidaturas para apreciação curricular;

d) Número de candidatos presentes em entrevistas de pré-selecção;

e) Número de candidatos aguardando ingresso;

f) Resultados de testes ou provas de admissão ou selecção;

g) Balanços sociais relativos a dados, que permitam analisar a existência de eventual discriminação de pessoas de um dos sexos no acesso ao emprego, formação e promoção profissionais e condições de trabalho.

2 – Constitui contra-ordenação leve a violação do disposto neste artigo.

1. Este preceito não tinha correspondência no anterior Código do Trabalho, aprovado pela Lei n.º 99/2003, de 27 de Agosto. Corresponde ao artigo 40.º da Lei n.º 35/2004, de 29 de Julho, que regulamentou o anterior Código do Trabalho.

2. O n.º 1 deste artigo 32.º impõe que o empregador conserve durante cinco anos o registo dos processos de recrutamento realizados. Este registo dos processos de recrutamento deve ser efectuado com separação do sexo, e conter os elementos previstos nas alíneas a) a g) do n.º 1 que existam. Este dever subsiste quer o processo de recrutamento tenha sido concluído com sucesso, tendo sido recrutado um candidato e celebrado um contrato de trabalho, quer o processo de recrutamento tenha sido finalizado sem que tenha sido celebrado um, ou mais contratos de trabalho.

3. O legislador, com a consagração deste dever, de manter o registo dos processos de recrutamento, parece ter pretendido facilitar a verificação, por parte das entidades com competência fiscalizadora, do cumprimento, pelo empregador, das normas relativas à igualdade e não discriminação, como as previstas nos n.os 1 e 2 do artigo 30.º

SUBSECÇÃO IV - Parentalidade

ARTIGO 33.º - Parentalidade

1 – A maternidade e a paternidade constituem valores sociais eminentes.

2 – Os trabalhadores têm direito à protecção da sociedade e do Estado na realização da sua insubstituível acção em relação ao exercício da parentalidade.

1. Este preceito corresponde ao artigo 33.º do anterior Código do Trabalho, aprovado pela Lei n.º 99/2003.

2. O n.º 1 tem consagração constitucional, encontrando-se estabelecido no n.º 2 do artigo 68.º da Constituição da República Portuguesa que, a maternidade e a paternidade constituem valores sociais eminentes.

3. O n.º 2 tem por base o consagrado no n.º 1 do artigo 68.º da Constituição da República Portuguesa que estabelece que: “Os pais e as mães têm direito à protecção da sociedade e do Estado na realização da sua insubstituível acção em relação aos filhos, nomeadamente quanto à sua educação, com garantia de realização profissional e de participação na vida cívica do país.”.

4. A maternidade e a paternidade referidos na Lei Fundamental, são substituídos na legislação laboral por um conceito único, o da parentalidade. A protecção à parentalidade constitui um direito constitucionalmente reconhecido. Nesse sentido, logo no n.º 1 do artigo 36.º da Constituição da República Portuguesa se estabelece que: "Todos têm o direito de constituir família e de contrair casamento em condições de plena igualdade.", dispondo-se no n.º 7 do mesmo artigo 36.º da Lei Fundamental, que a adopção é regulada e protegida nos termos da lei. O direito de constituir família só será exequível se aos trabalhadores for permitido conciliar a sua actividade profissional com a vida familiar, o que foi assumido pelo legislador constituinte, que na alínea b) do n.º 1 do artigo 59.º da Constituição da República Portuguesa consagrou que: "Todos os trabalhadores, sem distinção de idade, sexo, raça, cidadania, território de origem, religião, convicções políticas ou ideológicas, têm direito a organização do trabalho em condições socialmente dignificantes, de forma a facultar a realização pessoal e a permitir a conciliação da actividade profissional com a vida familiar.". Reconhecendo a importância da conciliação, consagrou-se na alínea h) do n.º 2 do artigo 67.º da Constituição da República Portuguesa, que: "Incumbe, designadamente, ao Estado para protecção da família: promover, através da concertação das várias políticas sectoriais, a conciliação da actividade profissional com a vida familiar.". Do texto constitucional resultam ainda as directrizes a que o legislador ordinário se acha vinculado, tendo-se consagrado no n.º 3 do artigo 68.º da Constituição da República Portuguesa que: "As mulheres têm direito a especial protecção durante a gravidez e após o parto, tendo as mulheres trabalhadoras ainda direito a dispensa do trabalho por período adequado, sem perda da retribuição ou de quaisquer regalias.", enquanto que no n.º 4 do mesmo artigo 68.º se estabeleceu que: "A lei regula a atribuição às mães e aos pais de direitos de dispensa de trabalho por período adequado, de acordo com os interesses da criança e as necessidades do agregado familiar.".

Em ordem a estas normas constitucionais *supra* referidas, nos preceitos que se seguem a este artigo 33.º em anotação, são estabelecidos e desenvolvidos a protecção de que beneficiam os trabalhadores progenitores em matéria de maternidade e paternidade.

5. O n.º 4 do artigo 127.º determina que o empregador afixe nas instalações da empresa toda a informação sobre a legislação referente ao direito de parentalidade ou, se for elaborado regulamento interno a que alude o artigo 99.º, consagrar no mesmo toda essa legislação.

ARTIGO 33.º-A – Referências

1 – Todas as referências feitas na presente subsecção à mãe e ao pai consideram-se efectuadas aos titulares do direito de parentalidade, salvo as que resultem da condição biológica daqueles.

2 – O titular do direito de parentalidade que se enquadre no disposto nas alíneas a) ou b) do n.º 1 do artigo 36.º goza da licença parental exclusiva da mãe, gozando o outro titular do direito de parentalidade da licença exclusiva do pai.

3 – Às situações de adopção por casais do mesmo sexo aplica-se o disposto nos artigos 44.º e 64.º

1. Este preceito não tem correspondência com qualquer outro do anterior Código do Trabalho, aprovado pela Lei n.º 99/2003, nem mesmo com o Código do Trabalho aprovado pela Lei n.º 7/2009, de 12 de Fevereiro, sendo um artigo novo, introduzido pela Lei n.º 90/2019, de 4 de Setembro.

2. Nos termos do n.º 3, nos casos de adopção por casais do mesmo sexo são aplicáveis a licença por adopção prevista no artigo 44.º, bem como a extensão de direitos atribuídos a progenitores prevista no artigo 64.º, que permite que o adoptante, o tutor, a pessoa a quem for deferida a confiança judicial ou administrativa do menor, bem como o cônjuge ou a pessoa em união de facto com qualquer daqueles ou com o progenitor, desde que viva em comunhão de mesa e habitação com o menor, beneficie de vários direitos. Em concreto, admitem-se os direitos de dispensa para aleitação, licença parental complementar, falta para assistência a filho, redução do tempo de trabalho para assistência a filho menor, trabalho a tempo parcial ou horário fléxivel, ambos estes últimos de trabalhador com responsabilidades familiares.

3. A Lei que permite a adopção por casais do mesmo sexo é a Lei n.º 2/2016, de 29 de Fevereiro.

ARTIGO 34.º – Articulação com regime de protecção social

1 – A protecção social nas situações previstas na presente subsecção, designadamente os regimes de concessão de prestações sociais para os diferentes períodos de licença por parentalidade, consta de legislação específica.

2 – Para efeitos do disposto na presente subsecção, consideram-se equivalentes a períodos de licença parental os períodos de concessão das prestações sociais correspondentes, atribuídas a um dos progenitores no âmbito do subsistema de solidariedade e do sistema previdencial da Segurança Social ou outro regime de protecção social de enquadramento obrigatório.

1. Este preceito não tem correspondência com qualquer outro do anterior Código do Trabalho, aprovado pela Lei n.º 99/2003, sendo um artigo novo.

2. Nos termos do n.º 2 do artigo 14.º da Lei n.º 7/2009, de 12 de Fevereiro, os artigos 34.º a 62.º entraram em vigor na data de início de vigência da legislação que regula o regime de protecção social da parentalidade. A legislação que regula o regime de protecção social na parentalidade é o Decreto-Lei n.º 91/2009, de 9 de Abril, alterado pelos Decretos-Leis n.os 70/2010, de 16 de Junho, e 133/2012, de 27 de Junho, pela Lei n.º 120/2015, de 1 de Setembro, pelos Decretos-Leis n.os 53/2018, de 2 de Julho, e 84/2019, de 28 de Junho, e pela Lei n.º 90/2019, de 4 de Setembro, o qual entrou em vigor em 1 de Maio de 2009, cfr. artigo 88.º do Decreto-Lei n.º 91/2009, de 9 de Abril.

3. A subsecção referida no n.º 1 é a Subsecção IV, incluindo os artigos 33.º a 65.º Já a legislação específica referida no mesmo n.º 1 é o Decreto-Lei n.º 91/2009, de 9 de Abril, alterado pelos Decretos-Leis n.os 70/2010, de 16 de Junho, e 133/2012, de 27 de Junho, pela Lei n.º 120/2015, de 1 de Setembro, pelos Decretos-Leis n.os 53/2018, de 2 de Julho, e 84/2019, de 28 de Junho, e pela Lei n.º 90/2019, de 4 de

Setembro, que nos termos do artigo 1.º desse diploma define e regulamenta a protecção na parentalidade no âmbito da eventualidade maternidade, paternidade e adopção do sistema previdencial e do subsistema de solidariedade. No que se refere aos montantes dos subsídios previstos no Decreto-Lei n.º 91/2009, veja-se também a Lei n.º 7/2016, de 17 de Março, que determina que nas regiões autónomas da Madeira e dos Açores exista uma majoração de 2%.

ARTIGO 35.º – Protecção na parentalidade

1 – A protecção na parentalidade concretiza-se através da atribuição dos seguintes direitos:

a) Licença em situação de risco clínico durante a gravidez;

b) Licença para deslocação a unidade hospitalar localizada fora da ilha de residência para realização de parto;

c) Licença por interrupção de gravidez;

d) Licença parental, em qualquer das modalidades;

e) Licença por adopção;

f) Dispensa da prestação de trabalho por parte de trabalhadora grávida, puérpera ou lactante, por motivo de protecção da sua segurança e saúde, e respectivo acompanhante, nas deslocações inter-ilhas das regiões autónomas;

g) Licença parental complementar em qualquer das modalidades;

h) Dispensa da prestação de trabalho por parte de trabalhadora grávida, puérpera ou lactante, por motivo de protecção da sua segurança e saúde;

i) Dispensa para consulta pré-natal;

j) Dispensa para avaliação para adopção;

k) Dispensa para amamentação ou aleitação;

l) Faltas para assistência a filho;

m) Faltas para assistência a neto;

n) Licença para assistência a filho;

o) Licença para assistência a filho com deficiência, doença crónica ou doença oncológica;

p) Trabalho a tempo parcial de trabalhador com responsabilidades familiares;

q) Horário flexível de trabalhador com responsabilidades familiares;

r) Dispensa de prestação de trabalho em regime de adaptabilidade;

s) Dispensa de prestação de trabalho suplementar;

t) Dispensa de prestação de trabalho no período nocturno.

2 – Os direitos previstos no número anterior apenas se aplicam, após o nascimento do filho, a trabalhadores progenitores que não estejam impedidos ou inibidos totalmente do exercício do poder paternal, com excepção do direito de a mãe gozar 14 semanas de licença parental inicial e dos referentes a protecção durante a amamentação.

1. Este preceito não tinha correspondência no anterior Código do Trabalho, aprovado pela Lei n.º 99/2003, de 27 de Agosto. Corresponde ao artigo 100.º da Lei n.º 35/2004, de 29 de Julho, que regulamentou o anterior Código do Trabalho.

2. A redacção da alínea b), f) e o) do n.º 1 foi introduzida pelo artigo 2.º da Lei n.º 90/2019, de 04 de Setembro, que renumerou as demais alineas. Na versão originária do Código do Trabalho, aprovado pela Lei n.º 7/2009, de 12 de Fevereiro, o n.º 1 deste artigo 35.º tinha a seguinte redacção:

"1 – A protecção na parentalidade concretiza-se através da atribuição dos seguintes direitos:

a) Licença em situação de risco clínico durante a gravidez;
b) Licença por interrupção de gravidez;
c) Licença parental, em qualquer das modalidades;
d) Licença por adopção;
e) Licença parental complementar em qualquer das modalidades;
f) Dispensa da prestação de trabalho por parte de trabalhadora grávida, puérpera ou lactante, por motivo de protecção da sua segurança e saúde;
g) Dispensa para consulta pré-natal;
h) Dispensa para avaliação para adopção;
i) Dispensa para amamentação ou aleitação;
j) Faltas para assistência a filho;
l) Faltas para assistência a neto;
m) Licença para assistência a filho;
n) Licença para assistência a filho com deficiência ou doença crónica;
o) Trabalho a tempo parcial de trabalhador com responsabilidades familiares;
p) Horário flexível de trabalhador com responsabilidades familiares;
q) Dispensa de prestação de trabalho em regime de adaptabilidade;
r) Dispensa de prestação de trabalho suplementar;
s) Dispensa de prestação de trabalho no período nocturno.".

3. A licença em situação de risco clínico durante a gravidez, referida na alínea a) do n.º 1, encontra-se prevista no artigo 37.º

4. A licença para deslocação a unidade hospitalar localizada fora da ilha de residência para realização de parto, referida na alínea b), encontra-se prevista no artigo 37.º-A.

5. A licença por interrupção de gravidez, referida na alínea c) do n.º 1, encontra-se prevista no artigo 38.º

6. A licença parental, referida na alínea d) do n.º 1, admite quatro modalidades, a licença parental inicial, a licença parental inicial exclusiva da mãe, a licença parental inicial a gozar pelo pai por impossibilidade da mãe, e a licença parental exclusiva do pai, encontrando-se prevista nos artigos 39.º e segs.

7. A licença por adopção, referida na alínea e) do n.º 1, encontra-se prevista no artigo 44.º

8. A dispensa da prestação de trabalho por parte de trabalhadora grávida, puérpera ou lactante, por motivo de protecção da sua segurança e saúde, e respectivo acompanhante, nas deslocações inter-ilhas das regiões autónomas, referida na alínea f) do n.º 1, encontra-se prevista no artigo 62.º

9. A licença parental complementar, referida na alínea g) do n.º 1, admite quatro modalidades, e encontra-se prevista no artigo 51.º

10. A dispensa da prestação de trabalho por parte de trabalhadora grávida, puérpera ou lactante, por motivo de protecção da sua segurança e saúde, referida na alínea h) do n.º 1, encontra-se prevista no artigo 62.º

11. A dispensa para consulta pré-natal, referida na alínea i) do n.º 1, encontra-se prevista no artigo 46.º

12. A dispensa para avaliação para adopção, referida na alínea j) do n.º 1, encontra-se prevista no artigo 45.º

13. A dispensa para amamentação ou aleitação, referida na alínea k) do n.º 1, encontra-se prevista no artigo 47.º

14. As faltas para assistência a filho, referidas na alínea l) do n.º 1, encontram-se previstas no artigo 49.º

15. As faltas para assistência a neto, referidas na alínea m) do n.º 1, encontram-se previstas no artigo 50.º

16. A licença para assistência a filho, referida na alínea n) do n.º 1, encontra-se prevista no artigo 52.º

17. A licença para assistência a filho com deficiência, doença crónica ou doença oncológica, referida na alínea o) do n.º 1, encontra-se prevista no artigo 53.º

18. O trabalho a tempo parcial de trabalhador com responsabilidades familiares, referido na alínea p) do n.º 1, encontra-se previsto no artigo 55.º

19. O horário flexível de trabalhador com responsabilidades familiares, referido na alínea q) do n.º 1, encontra-se previsto no artigo 56.º

20. A dispensa de prestação de trabalho em regime de adaptabilidade, referida na alínea r) do n.º 1, encontra-se prevista no artigo 58.º

21. A dispensa de prestação de trabalho suplementar, referida na alínea s) do n.º 1, encontra-se prevista no artigo 59.º

22. A dispensa de prestação de trabalho no período nocturno, referida na alínea t) do n.º 1, encontra-se prevista no artigo 60.º

23. Apesar de não referido no n.º 1 (o que cremos apenas por a consagração desse direito ter sido posterior à redacção originária deste artigo 35.º, com o artigo 2.º da Lei n.º 120/2015, de 1 de Setembro), a protecção na parentalidade concretiza-se ainda através do direito previsto no n.º 3 do artigo 166.º Estabelece o n.º 3 daquele artigo 166.º que o trabalhador com filho com idade até 3 anos tem direito a exercer a actividade em regime de teletrabalho, quando esse regime seja compatível com a actividade desempenhada e o empregador disponha de recursos e meios para o efeito.

24. O poder paternal encontra-se previsto nos artigos 1877.º e segs. do Código Civil.

25. Alguns dos direitos previstos no n.º 1 deste artigo 35.º são ainda aplicáveis ao apadrinhamento civil, por força do disposto na alínea a) do n.º 1 do artigo 23.º da Lei n.º 103/2009, de 11 de Setembro, alterada pela Lei n.º 141/2015 de 8 de Setembro, que determina que os padrinhos e o afilhado têm direito a beneficiar do regime jurídico de faltas e licenças equiparado ao dos pais e dos filhos. O apadrinhamento civil consiste numa relação jurídica, tendencialmente de carácter permanente, entre uma criança ou jovem e uma pessoa singular ou uma família que exerça os poderes e deveres próprios dos pais e que com ele estabeleçam vínculos afectivos que permitam o seu bem-estar e desenvolvimento, constituída por homologação ou decisão judicial e sujeita a registo civil, cfr. artigo 2.º da Lei n.º 103/2009, de 11 de Setembro, regulamentada pelo Decreto-Lei n.º 121/2010, de 27 de Outubro, alterado pela Lei n.º 2/2016 de 29 de Fevereiro.

ARTIGO 35.º-A – Proibição de discriminação pelo exercício dos direitos de maternidade e paternidade

1 – É proibida qualquer forma de discriminação em função do exercício pelos trabalhadores dos seus direitos de maternidade e paternidade.

2 – Incluem-se na proibição do n.º 1, nomeadamente, discriminações remuneratórias relacionadas com a atribuição de prémios de assiduidade e produtividade, bem como afetações desfavoráveis em termos da progressão na carreira.

1. Este preceito não tem correspondência com qualquer outro do anterior Código do Trabalho, aprovado pela Lei n.º 99/2003, nem mesmo com o Código do Trabalho aprovado pela Lei n.º 7/2009, de 12 de Fevereiro, sendo um artigo novo, introduzido pela Lei n.º 90/2019, de 4 de Setembro.

2. Ver conceitos em matéria de igualdade e não discriminação, estabelecidos no n.º 1 do artigo 23.º

3. O n.º 1 estabelece mais uma proibição de discriminação, a discriminação motivada pelo exercício dos direitos de parentalidade por parte do trabalhador.

4. O n.º 2 vem esclarecer que se incluem na proibição de discriminação com fundamento em exercício dos direitos de parentalidade, a diferenciação remuneratória efectuada sem motivo, relacionada com a atribuição de prémios de assiduidade e produtividade.

Em matéria de pagamento de prestação retributivas, este n.º 2 deve ser interpretado conjuntamente com o artigo 65.º Determina o n.º 1 do artigo 65.º, que as ausências ao trabalho resultantes das situações previstas nas suas alíneas a) a j) daquele n.º 1, não determinam perda de quaisquer direitos, e são consideradas como prestação efectiva de trabalho, excepto quanto à retribuição. Ou seja, o empregador não tem de proceder ao pagamento da remuneração relativa àquelas ausências. Nesta situação encontram-se a:

- licença em situação de risco clínico durante a gravidez, cfr. artigo 37.º;
- licença para deslocação a unidade hospitalar localizada fora da ilha de residência para realização de parto, cfr. artigo 37.º-A;
- licença por interrupção de gravidez, cfr. artigo 38.º;
- licença parental, em qualquer das modalidades, cfr. artigo 39.º a 43.º;
- licença por adopção, cfr. artigo 44.º;

- licença parental complementar em qualquer das modalidades, cfr. artigo 51.º;
- falta para assistência a filho, cfr. artigo 49.º;
- falta para assistência a neto, cfr. artigo 50.º;
- dispensa de prestação de trabalho no período nocturno, cfr. artigo 60.º;
- dispensa da prestação de trabalho por parte de trabalhadora grávida, puérpera ou lactante, por motivo de protecção da sua segurança e saúde, cfr. artigo 62.º;
- dispensa para avaliação para adopção, cfr. artigo 45.º

Assim, as ausências que o trabalhador tenha ao trabalho por efeito das situações previstas no n.º 1 do artigo 65.º não devem ser remuneradas pelo empregador, deixando o pagamento de ser devido enquanto perdurarem aquelas situações. Tal não significa que o trabalhador fique sem protecção, devendo beneficiar dos apoios criados para o efeito. Sobre estes, ver anotações ao artigo 65.º

Afastado o pagamento da retribuição, por força do artigo 65.º, qual é o escopo do n.º 2? Salvo melhor opinião, o n.º 2 deste artigo 35.º-A visa assegurar o pagamento de prémios que não devam ser considerados retribuição.

Com efeito, a alínea c) do n.º 1 do artigo 260.º determina que não se consideram retribuição as prestações decorrentes de factos relacionados com o desempenho ou mérito profissionais, bem como a assiduidade do trabalhador, cujo pagamento, nos períodos de referência respectivos, não esteja antecipadamente garantido. Da interpretação a contrario da alínea c) do n.º 1 do artigo 260.º resulta que as prestações decorrentes de factos relacionados com o desempenho ou mérito profissionais, cujo pagamento, nos períodos de referência respectivos, esteja antecipadamente garantido, consideram-se retribuição.

Determina a alínea a) do n.º 3 daquele artigo 260.º, que já se deve considerar retribuição as prestações decorrentes de factos relacionados com o desempenho ou mérito profissionais, bem como a assiduidade do trabalhador, cujo pagamento sejam devido por força do contrato ou das normas que o regem, ainda que a sua atribuição esteja condicionada aos bons serviços do trabalhador. E, devem também ser consideradas retribuição as prestações que, pela sua importância e carácter regular e permanente, devam, segundo os usos, considerar-se como elemento integrante da retribuição do trabalhador.

A alínea c) do n.º 1 do artigo 260.º inclui, no seu âmbito de aplicação, os vulgarmente designados prémios de desempenho, de produtividade, e os prémios de equipa, os quais não são considerados retribuição desde que o seu pagamento não esteja antecipadamente garantido. Em termos práticos, a alínea c) do n.º 1 do artigo 260.º considera que os prémios anuais pagos por muitos empregadores, em função dos resultados quer da empresa, quer da performance, produtividade ou desempenho do próprio trabalhador, quando não estejam antecipadamente garantidos, não recaem na definição técnica de retribuição. Tais prémios, caso constituissem retribuição, cairiam no âmbito de aplicação do n.º 1 do artigo 65.º Quando os mencionados prémios não constituam retribuição, e o seu destinatário – o trabalhador – tenha exercido os seus direitos em matéria de parentalidade, então o n.º 2 proibe que o pagamento de tais prémios não tenha lugar apenas porque o trabalhador esteve ausente por se encontrar a beneficiar de um direito de maternidade ou de paternidade. Por outras palavras, o n.º 2 deste artigo 35.º parece ser aplicável aos casos em que o prémio em causa não constitui retribuição, porque não está antecipadamente garantido. Neste sentido parece apontar a letra da Lei, que neste n.º 2 fala em remuneração, e não retribuição em sentido técnico.

Quando estejam em causa a atribuição de prémios que não estejam garantidos, e que sejam duplamente condicionados aos resultados quer da empresa, quer da avaliação concreta da performance, produtividade ou desempenho do próprio trabalhador que tenha utilizado alguma das faculdades permitidas por Lei em maternidade ou paternidade, como devem actuar os empregadores? Caso os resultados da empresa não sejam atingidos, o pagamento de tais prémios não deve ser efectuado, desde que tal medida seja de aplicação genérica aos trabalhadores que seriam elegíveis para o receber. Já se os resultados da empresa foram atingidos, então a avaliação que for efectuada pelo empregador deve adaptar o cumprimento dos objectivos, da performance, produtividade ou desempenho, ao tempo efectivo em que o trabalhador desempenhou o seu trabalho, antes de ter gozado um direito de maternidade ou paternidade. Ou seja, a avaliação deve ser feita de modo a que o tempo de ausência da empresa por motivo de parentalidade não possa prejudicar o trabalhador.

ARTIGO 36.º – Conceitos em matéria de protecção da parentalidade

1 – No âmbito do regime de protecção da parentalidade, entende-se por:

a) Trabalhadora grávida, a trabalhadora em estado de gestação que informe o empregador do seu estado, por escrito, com apresentação de atestado médico;

b) Trabalhadora puérpera, a trabalhadora parturiente e durante um período de 120 dias subsequentes ao parto que informe o empregador do seu estado, por escrito, com apresentação de atestado médico ou certidão de nascimento do filho;

c) Trabalhadora lactante, a trabalhadora que amamenta o filho e informe o empregador do seu estado, por escrito, com apresentação de atestado médico.

2 – O regime de protecção da parentalidade é ainda aplicável desde que o empregador tenha conhecimento da situação ou do facto relevante.

1. Este preceito corresponde ao artigo 34.º do anterior Código do Trabalho, aprovado pela Lei n.º 99/2003.

2. O n.º 1 estabelece a definição legal de trabalhadora grávida, puérpera ou lactante. A indicação do que se entende por trabalhadora grávida, por trabalhadora puérpera e por trabalhadora lactante assume uma importância relevante, coadjuvando o intérprete na aplicação e interpretação das normas jurídicas.

3. Nos termos do n.º 2, a qualificação de uma trabalhadora como sendo trabalhadora grávida, puérpera ou lactante, para que aquela possa beneficiar do regime de protecção da parentalidade, não a dispensa de informar o empregador do seu estado, o que sucede é que caso a trabalhadora não o faça, não deixa de ser aplicável o regime de pretecção da parentalidade, se o empregador tiver conhecimento do estado da trabalhadora.

4. Nada obsta que a forma escrita imposta pelo n.º 1 seja satisfeita através de documento electrónico, ou seja, por documento elaborado mediante processamento electrónico de dados. Por outras palavras, nada impede que a forma escrita seja adoptada através de uma declaração escrita enviada por correio electrónico (e-mail) para um endereço electrónico. Sobre a validade, eficácia e valor probatório dos documentos electrónicos remete-se para a anotação 4. ao artigo 107.º

ARTIGO 37.º - Licença em situação de risco clínico durante a gravidez

1 – Em situação de risco clínico para a trabalhadora grávida ou para o nascituro, impeditivo do exercício de funções, independentemente do motivo que determine esse impedimento e esteja este ou não relacionado com as condições de prestação do trabalho, caso o empregador não lhe proporcione o exercício de actividade compatível com o seu estado e categoria profissional, a trabalhadora tem direito a licença, pelo período de tempo que por prescrição médica for considerado necessário para prevenir o risco, sem prejuízo da licença parental inicial.

2 – Para o efeito previsto no número anterior, a trabalhadora informa o empregador e apresenta atestado médico que indique a duração previsível da licença, prestando essa informação com a antecedência de 10 dias ou, em caso de urgência comprovada pelo médico, logo que possível.

3 – Constitui contra-ordenação muito grave a violação do disposto no n.º 1.

1. Este preceito corresponde ao n.º 3 do artigo 35.º do anterior Código do Trabalho, aprovado pela Lei n.º 99/2003.

2. Nos termos da alínea a) do n.º 1 do artigo 35.º, a licença em situação de risco clínico durante a gravidez é um direito atribuído, que materializa a protecção na parentalidade.

3. O n.º 2 estabelece o procedimento que a trabalhadora deve cumprir para poder beneficiar da licença em situação de risco clínico durante a gravidez.

4. Nos termos da alínea a) do n.º 1 do artigo 65.º, não determina perda de quaisquer direitos, salvo quanto à retribuição, e é considerada como prestação efectiva de trabalho as ausências ao trabalho resultantes de licença em situação de risco clínico durante a gravidez. Estabelece o n.º 3 do mesmo artigo 65.º, que a licença por situação de risco clínico durante a gravidez tem por efeito: suspender o gozo das férias, devendo os dias remanescentes ser gozados após o seu termo, mesmo que tal se verifique no ano seguinte; não prejudica o tempo já decorrido de estágio ou acção ou curso de formação, devendo o trabalhador cumprir apenas o período em falta para o completar; e adia a prestação de prova para progressão na carreira profissional, a qual deve ter lugar após o termo da licença.

5. Tal como previsto no n.º 1 do artigo 34.º, os regimes de concessão de prestações sociais para os diferentes períodos de licença por parentalidade, consta de legislação específica, o Decreto-Lei n.º 91/2009, de 9 de Abril, alterado pelos Decretos-Leis n.os 70/2010, de 16 de Junho, e 133/2012, de 27 de Junho, pela Lei n.º 120/2015, de 1 de Setembro, pelos Decretos-Leis n.os 53/2018, de 2 de Julho, e

84/2019, de 28 de Junho, e pela Lei n.º 90/2019, de 4 de Setembro, que institui no seu artigo 9.º o subsídio por risco clínico durante a gravidez, ao estabelecer que: "O subsídio por risco clínico durante a gravidez é concedido nas situações em que se verifique a existência de risco clínico, para a grávida ou para o nascituro, medicamente certificado, impeditivo do exercício de actividade laboral, durante o período de tempo considerado necessário para prevenir o risco.".

No que se refere aos montantes dos subsídios previstos no Decreto-Lei n.º 91/2009, veja-se também a Lei n.º 7/2016, de 17 de Março, que determina que nas regiões autónomas da Madeira e dos Açores exista uma majoração de 2%.

ARTIGO 37.º-A – Licença para deslocação a unidade hospitalar localizada fora da ilha de residência para realização de parto

1 – A trabalhadora grávida que se desloque a unidade hospitalar localizada fora da sua ilha de residência para realização de parto, por indisponibilidade de recursos técnicos e humanos na ilha de residência, tem direito a licença pelo período de tempo que, por prescrição médica, for considerado necessário e adequado à deslocação para aquele fim, sem prejuízo da licença parental inicial.

2 – Para o efeito previsto no n.º 1, a trabalhadora informa o empregador e apresenta atestado médico que indique a duração previsível da licença, prestando essa informação com a antecedência de 10 dias ou, em caso de urgência comprovada pelo médico, logo que possível.

3 – Constitui contra-ordenação muito grave a violação do disposto no n.º 1.

1. Este preceito não tem correspondência com qualquer outro do anterior Código do Trabalho, aprovado pela Lei n.º 99/2003, nem mesmo com o Código do Trabalho aprovado pela Lei n.º 7/2009, de 12 de Fevereiro, sendo um artigo novo, introduzido pela Lei n.º 90/2019, de 4 de Setembro.

2. Nos termos da alínea b) do n.º 1 do artigo 35.º, a licença para deslocação a unidade hospitalar localizada fora da ilha de residência para realização de parto é um direito atribuído, que materializa a protecção na parentalidade.

3. Nos termos da alínea b) do n.º 1 do artigo 65.º, não determina perda de quaisquer direitos, salvo quanto à retribuição, e é considerada como prestação efectiva de trabalho as ausências ao trabalho resultantes de licença para deslocação a unidade hospitalar localizada fora da ilha de residência para realização de parto. Estabelece o n.º 3 do mesmo artigo 65.º que a licença para deslocação a unidade hospitalar localizada fora da ilha de residência para realização de parto tem por efeito suspender o gozo das férias, devendo os dias remanescentes ser gozados após o seu termo, mesmo que tal se verifique no ano seguinte; não prejudica o tempo já decorrido de estágio ou acção ou curso de formação, devendo o trabalhador cumprir apenas o período em falta para o completar; e, adia a prestação de prova para progressão na carreira profissional, a qual deve ter lugar após o termo da licença.

4. Tal como previsto no n.º 1 do artigo 34.º, os regimes de concessão de prestações sociais para os diferentes períodos de licença por parentalidade, consta de legislação específica, o Decreto-Lei n.º 91/2009, de 9 de Abril, alterado pelos Decretos-Leis n.os 70/2010, de 16 de Junho, e 133/2012, de 27 de Junho, pela Lei n.º 120/2015, de 1 de Setembro, pelos Decretos-Leis n.os 53/2018, de 2 de Julho, e 84/2019, de 28 de Junho, e pela Lei n.º 90/2019, de 4 de Setembro, que institui no seu artigo 9.º-A o subsídio por necessidade de deslocação a unidade hospitalar localizada fora da ilha de residência da grávida para realização de parto, ao estabelecer que: "O subsídio por necessidade de deslocação a unidade hospitalar localizada fora da ilha de residência da grávida para realização de parto é atribuído nas situações em que a grávida necessite fazer essa deslocação por indisponibilidade ou inexistência de recursos técnicos e humanos na sua ilha de residência, durante o período de tempo que for considerado necessário e adequado para esse fim, o que deve constar expressamente de prescrição médica.".

ARTIGO 38.º – Licença por interrupção da gravidez

1 – Em caso de interrupção da gravidez, a trabalhadora tem direito a licença com duração entre 14 e 30 dias.

2 – Para o efeito previsto no número anterior, a trabalhadora informa o empregador e apresenta, logo que possível, atestado médico com indicação do período da licença.

3 – Constitui contra-ordenação muito grave a violação do disposto no n.º 1.

1. Este preceito corresponde ao n.º 6 do artigo 35.º do anterior Código do Trabalho, aprovado pela Lei n.º 99/2003.

2. Nos termos da alínea c) do n.º 1 do artigo 35.º, a licença por interrupção da gravidez é um direito atribuído, que materializa a protecção na parentalidade.

3. Apesar deste preceito não o prever, deve entender-se abrangido por este artigo 38.º as situações em que o nascituro venha a nascer morto, ou quando o filho venha a falecer imediatamente após o parto.

4. Nos termos da alínea c) do n.º 1 do artigo 65.º, não determina perda de quaisquer direitos, salvo quanto à retribuição, e é considerada como prestação efectiva de trabalho as ausências ao trabalho resultantes de licença por interrupção de gravidez. Estabelece o n.º 3 do mesmo artigo 65.º que a licença por interrupção de gravidez tem por efeito suspender o gozo das férias, devendo os dias remanescentes ser gozados após o seu termo, mesmo que tal se verifique no ano seguinte; não prejudica o tempo já decorrido de estágio ou acção ou curso de formação, devendo o trabalhador cumprir apenas o período em falta para o completar; e, adia a prestação de prova para progressão na carreira profissional, a qual deve ter lugar após o termo da licença.

5. Tal como previsto no n.º 1 do artigo 34.º, os regimes de concessão de prestações sociais para os diferentes períodos de licença por parentalidade, consta de legislação específica, o Decreto-Lei n.º 91/2009, de 9 de Abril, alterado pelos Decretos-Leis n.os 70/2010, de 16 de Junho, e 133/2012, de 27 de Junho, pela Lei n.º 120/2015, de 1 de Setembro, pelos Decretos-Leis n.os 53/2018, de 2 de Julho, e 84/2019, de 28 de Junho, e pela Lei n.º 90/2019, de 4 de Setembro, que institui no seu artigo 10.º o subsídio por interrupção da gravidez, ao estabelecer que: "O subsídio por interrupção da gravidez é concedido nas situações de interrupção de gravidez impeditivas do exercício de actividade laboral, medicamente certificadas, durante um período variável entre 14 e 30 dias.".

No que se refere aos montantes dos subsídios previstos no Decreto-Lei n.º 91/2009, veja-se também a Lei n.º 7/2016, de 17 de Março, que determina que nas regiões autónomas da Madeira e dos Açores exista uma majoração de 2%.

ARTIGO 39.º – Modalidades de licença parental

A licença parental compreende as seguintes modalidades:

a) Licença parental inicial;

b) Licença parental inicial exclusiva da mãe;

c) Licença parental inicial a gozar pelo pai por impossibilidade da mãe;

d) Licença parental exclusiva do pai.

1. Este preceito não tem correspondência com qualquer outro do anterior Código do Trabalho, aprovado pela Lei n.º 99/2003, sendo um artigo novo.

2. Nos termos da alínea d) do n.º 1 do artigo 35.º, a licença parental, qualquer que seja a sua modalidade, é um direito atribuído, que materializa a protecção na parentalidade.

3. A licença parental substitui, enquanto conceito, os conceitos de maternidade e de paternidade, utilizados anteriormente pelo legislador durante anos.

4. As várias modalidades de licença parental encontram-se reguladas nos vários preceitos subsequentes a este artigo 39.º Assim, a licença parental inicial encontra-se regulada no artigo 40.º, a licença parental inicial exclusiva da mãe no artigo 41.º, a licença parental inicial a gozar pelo pai por impossibilidade da mãe no artigo 42.º, e a licença parental exclusiva do pai do artigo 43.º

Note-se contudo que apesar da alínea c) deste artigo 39.º prever, como modalidade da licença parental, a licença parental inicial a gozar pelo pai por impossibilidade da mãe, na realidade esta norma parece encontrar-se em desacerto com o disposto no artigo 42.º É que o artigo 42.º revela um âmbito de aplicação superior, pretendendo salvaguardar o gozo efectivo da licença parental inicial em caso de incapacidade física ou psíquica, ou ainda de morte, do progenitor que se encontrar a gozá-la, razão pela qual cremos que a designação desta licença, tal como consta da alínea c) deste artigo 39.º, se deve a um lapso de redacção do legislador. Em detrimento de a designar de "licença parental inicial a gozar pelo pai por impossibilidade da mãe", deveria o legislador tê-la denominado de "licença parental inicial a gozar por um progenitor em caso de impossibilidade do outro", tal como resulta da epígrafe do artigo 42.º

5. Nos termos da alínea d) do n.º 1 do artigo 65.º, não determina perda de quaisquer direitos, salvo quanto à retribuição, e é considerada como prestação efectiva de trabalho as ausências ao trabalho resultantes de licença parental, em qualquer das modalidades. Estabelece o n.º 3 do mesmo artigo 65.º que a licença parental em qualquer das modalidades, tem por efeito suspender o gozo das férias, devendo os dias remanescentes ser gozados após o seu termo, mesmo que tal se verifique no ano seguinte; não prejudica o tempo já decorrido de estágio ou acção ou curso de formação, devendo o trabalhador cumprir apenas o período em falta para o completar; e, adia a prestação de prova para progressão na carreira profissional, a qual deve ter lugar após o termo da licença.

6. Tal como previsto no n.º 1 do artigo 34.º, os regimes de concessão de prestações sociais para os diferentes períodos de licença por parentalidade, consta de legislação específica, o Decreto-Lei n.º 91/2009, de 9 de Abril, alterado pelos Decretos-Leis n.os 70/2010, de 16 de Junho, e 133/2012, de 27 de Junho, pela Lei n.º 120/2015, de 1 de Setembro, pelos Decretos-Leis n.os 53/2018, de 2 de Julho, e 84/2019, de 28 de Junho, e pela Lei n.º 90/2019, de 4 de Setembro, que institui no seu artigo 11.º e segs., o subsídio parental.

No que se refere aos montantes dos subsídios previstos no Decreto-Lei n.º 91/2009, veja-se também a Lei n.º 7/2016, de 17 de Março, que determina que nas regiões autónomas da Madeira e dos Açores exista uma majoração de 2%.

ARTIGO 40.º – Licença parental inicial

1 – A mãe e o pai trabalhadores têm direito, por nascimento de filho, a licença parental inicial de 120 ou 150 dias consecutivos, cujo gozo podem partilhar após o parto, sem prejuízo dos direitos da mãe a que se refere o artigo seguinte.

2 – O gozo da licença referida no número anterior pode ser usufruído em simultâneo pelos progenitores entre os 120 e os 150 dias.

3 – A licença referida no n.º 1 é acrescida em 30 dias, no caso de cada um dos progenitores gozar, em exclusivo, um período de 30 dias consecutivos, ou dois períodos de 15 dias consecutivos, após o período de gozo obrigatório pela mãe a que se refere o n.º 2 do artigo seguinte.

4 – No caso de nascimentos múltiplos, o período de licença previsto nos números anteriores é acrescido de 30 dias por cada gémeo além do primeiro.

5 – Em situação de internamento hospitalar da criança imediatamente após o período recomendado de internamento pós-parto, devido a necessidade de cuidados médicos especiais para a criança, a licença referida no n.º 1 é acrescida do período de internamento, até ao limite máximo de 30 dias, sem prejuízo do disposto nos n.os 3 e 4.

6 – Nas situações previstas no n.º 5 em que o parto ocorra até às 33 semanas inclusive, a licença referida no n.º 1 é acrescida de todo o período de internamento.

7 – Sem prejuízo do disposto no n.º 6, nas situações em que o parto ocorra até às 33 semanas inclusive a licença referida no n.º 1 é acrescida em 30 dias.

8 – Em caso de partilha do gozo da licença, a mãe e o pai informam os respectivos empregadores, até sete dias após o parto, após o termo do período do internamento referido nos n.os 5 e 6 ou do período de 30 dias estabelecido no n.º 7, do início e termo dos períodos a gozar por cada um, entregando, para o efeito, declaração conjunta ou, quando aplicável, declaração do outro progenitor da qual conste que o mesmo exerce actividade profissional.

9 – O gozo da licença parental inicial em simultâneo, de mãe e pai que trabalhem na mesma empresa, sendo esta uma microempresa, depende de acordo com o empregador.

10 – Caso a licença parental não seja partilhada pela mãe e pelo pai, e sem prejuízo dos direitos da mãe a que se refere o artigo seguinte, o progenitor que gozar a licença informa o respectivo empregador, até sete dias após o parto, da duração da licença e do início do respectivo período, juntando declaração do outro progenitor da qual conste que o mesmo exerce actividade profissional e que não goza a licença parental inicial.

11 – Na falta da declaração referida no n.º 8 a licença é gozada pela mãe.

12 – Em caso de internamento hospitalar da criança ou do progenitor que estiver a gozar a licença prevista nos n.os 1, 2 ou 3 durante o período após o parto, o período de licença suspende-se, a pedido do progenitor, pelo tempo de duração do internamento.

13 – O acréscimo da licença previsto nos n.os 5, 6 e 7 e a suspensão da licença prevista no n.º 12 são feitos mediante comunicação ao empregador, acompanhada de declaração emitida pelo estabelecimento hospitalar.

14 – A situação de suspensão da licença em caso de internamento hospitalar da criança, prevista no n.º 12, não se aplica às situações nem durante os períodos previstos nos n.os 5 e 6.

15 – Constitui contra-ordenação muito grave a violação do disposto nos n.os 1, 2, 3, 4, 5, 6, 7, 8, 10 ou 11.

1. Este preceito corresponde aos n.os 1 e 2 do artigo 35.º do anterior Código do Trabalho, aprovado pela Lei n.º 99/2003.

2. A redacção deste preceito foi alterada pelo artigo 2.º da Lei n.º 120/2015, de 1 de Setembro, bem como pelo artigo 2.º da Lei n.º 90/2019, de 4 de Setembro. Na versão originária do Código do Trabalho, aprovado pela Lei n.º 7/2009, de 12 de Fevereiro, este preceito tinha a seguinte redacção:

> "1 – A mãe e o pai trabalhadores têm direito, por nascimento de filho, a licença parental inicial de 120 ou 150 dias consecutivos, cujo gozo podem partilhar após o parto, sem prejuízo dos direitos da mãe a que se refere o artigo seguinte.
>
> 2 – A licença referida no número anterior é acrescida em 30 dias, no caso de cada um dos progenitores gozar, em exclusivo, um período de 30 dias consecutivos, ou dois períodos de 15 dias consecutivos, após o período de gozo obrigatório pela mãe a que se refere o n.º 2 do artigo seguinte.
>
> 3 – No caso de nascimentos múltiplos, o período de licença previsto nos números anteriores é acrescido de 30 dias por cada gémeo além do primeiro.
>
> 4 – Em caso de partilha do gozo da licença, a mãe e o pai informam os respectivos empregadores, até sete dias após o parto, do início e termo dos períodos a gozar por cada um, entregando para o efeito, declaração conjunta.
>
> 5 – Caso a licença parental não seja partilhada pela mãe e pelo pai, e sem prejuízo dos direitos da mãe a que se refere o artigo seguinte, o progenitor que gozar a licença informa o respectivo empregador, até sete dias após o parto, da duração da licença e do início do respectivo período, juntando declaração do outro progenitor da qual conste que o mesmo exerce actividade profissional e que não goza a licença parental inicial.

6 – Na falta da declaração referida nos n.os 4 e 5 a licença é gozada pela mãe.

7 – Em caso de internamento hospitalar da criança ou do progenitor que estiver a gozar a licença prevista nos n.os 1, 2 ou 3 durante o período após o parto, o período de licença suspende-se, a pedido do progenitor, pelo tempo de duração do internamento.

8 – A suspensão da licença no caso previsto no número anterior é feita mediante comunicação ao empregador, acompanhada de declaração emitida pelo estabelecimento hospitalar.

9 – Constitui contra-ordenação muito grave a violação do disposto nos n.os 1, 2, 3, 7 ou 8.".

3. Nos termos da alínea a) do artigo 39.º, a licença parental inicial é uma modalidade da licença parental. Nos termos da alínea d) do n.º 1 do artigo 35.º, a licença parental, qualquer que seja a sua modalidade, é um direito atribuído, que materializa a protecção na parentalidade.

4. A partilha da licença parental referida no n.º 1 exige que ambos os progenitores sejam trabalhadores. Neste sentido veja-se o elemento literal, através da redacção dos n.os 1, 5 e 7 deste artigo 40.º Na jurisprudência, entendeu o Acórdão do Tribunal da Relação do Porto, de 11 de Abril de 2011, processo 371/09.3TTOAZ.P1, documento n.º RP20110411371/09.3TTOAZ.P1, disponível em www.dgsi.pt, que: "O direito do trabalhador ao gozo da licença por paternidade, por decisão conjunta dos pais, não se verifica se a mãe for trabalhadora independente ou sócia gerente de uma sociedade por quotas.".

5. O n.º 2 e o n.º 9 admitem que a licença parental incial, quando os progenitores partilhem esta licença, seja gozada em simultâneo pelo pai e pela mãe. Ou seja, permite-se que a utilização da licença parental inicial coincida temporalmente relativamente a ambos os progenitores, em detrimento do gozo se fazer de modo seguido ou consecutivo (primeiro um dos progenitores, e após o gozo deste, o gozo imediato do outro progenitor). Atribui-se assim aos progenitores a faculdade de separada ou simultaneamente fruírem da licença parental inicial, incumbindo-lhes decidirem conjuntamente o que entendem ser o melhor para o seu caso concreto.

Para que o gozo seja simultâneo, exige-se que já tenha decorrido o período de gozo obrigatório pela mãe de seis semanas de licença a seguir ao parto, e que seja efectuado entre os 120 dias e os 150 dias.

O n.º 9 limita o gozo simultâneo da licença parental inicial da existência de um acordo prévio por parte do empregador, quando os progenitores, o pai e a mãe, exerçam o seu trabalho na mesma empresa e esta seja uma microempresa. Microempresas são as empresas que empreguem até dez trabalhadores, sendo que se empregar dez trabalhadores já é considerada pequena empresa, cfr. alíneas a) e b) do n.º 1 do artigo 100.º Não se exige que o acordo do empregador tenha de ser reduzido a escrito, podendo ser celebrado verbalmente. Inexistindo o acordo, o gozo não pode ser simultâneo, apenas podendo ser consecutivo, ou seja, primeiro um dos progenitores, e após o outro.

6. Nos termos do n.º 3, a duração da licença parental inical (antes designada licença de maternidade e paternidade) tem uma duração de 180 dias, no caso de cada um dos progenitores gozar em exclusivo um período de 30 dias seguidos, ou dois períodos de 15 dias consecutivos, após o período de gozo obrigatório pela mãe de seis semanas de licença a seguir ao parto. Ou seja, e tal como resultava do texto da exposição de motivos que acompanhou a Lei n.º 7/2009, de 12 de Fevereiro, o legislador fomenta a partilha da licença parental, sendo o direito ao gozo da licença parental de ambos os progenitores, que conjuntamente decidem o modo como vão partilhar a licença parental. Na falta de decisão conjunta, o n.º 11 determina que o gozo da licença é da trabalhadora progenitora.

7. Os n.ºs 8 e 10 estabelecem o procedimento que o trabalhador progenitor deve cumprir para poder beneficiar da licença parental inicial.

8. Nos termos da alínea d) do n.º 1 do artigo 65.º, não determina perda de quaisquer direitos, salvo quanto à retribuição, e é considerada como prestação efectiva de trabalho as ausências ao trabalho resultantes de licença parental, em qualquer das modalidades. Estabelece o n.º 3 do mesmo artigo 65.º que a licença parental em qualquer das modalidades, tem por efeito suspender o gozo das férias, devendo os dias remanescentes ser gozados após o seu termo, mesmo que tal se verifique no ano seguinte; não prejudica o tempo já decorrido de estágio ou acção ou curso de formação, devendo o trabalhador cumprir apenas o período em falta para o completar; e, adia a prestação de prova para progressão na carreira profissional, a qual deve ter lugar após o termo da licença.

9. Tal como previsto no n.º 1 do artigo 34.º, os regimes de concessão de prestações sociais para os diferentes períodos de licença por parentalidade, consta de legislação específica, o Decreto-Lei n.º 91/2009, de 9 de Abril, alterado pelos Decretos-Leis n.ºs 70/2010, de 16 de Junho, e 133/2012, de 27 de Junho, pela Lei n.º 120/2015, de 1 de Setembro, pelos Decretos-Leis n.ºs 53/2018, de 2 de Julho, e 84/2019, de 28 de Junho, e pela Lei n.º 90/2019, de 4 de Setembro, que institui na alínea a) do seu artigo 11.º e no artigo 12.º, o subsídio parental inicial.

No que se refere aos montantes dos subsídios previstos no Decreto-Lei n.º 91/2009, veja-se também a Lei n.º 7/2016, de 17 de Março, que determina que nas regiões autónomas da Madeira e dos Açores exista uma majoração de 2%.

ARTIGO 41.º – Períodos de licença parental exclusiva da mãe

1 – A mãe pode gozar até 30 dias da licença parental inicial antes do parto.

2 – É obrigatório o gozo, por parte da mãe, de seis semanas de licença a seguir ao parto.

3 – A trabalhadora que pretenda gozar parte da licença antes do parto deve informar desse propósito o empregador e apresentar atestado médico que indique a data previsível do parto, prestando essa informação com a antecedência de 10 dias ou, em caso de urgência comprovada pelo médico, logo que possível.

4 – Constitui contra-ordenação muito grave a violação do disposto nos n.ºs 1 ou 2.

1. Este preceito corresponde ao n.º 4 do artigo 35.º do anterior Código do Trabalho, aprovado pela Lei n.º 99/2003.

2. Nos termos da alínea b) do artigo 39.º, a licença parental inicial exclusiva da mãe é uma modalidade da licença parental. Nos termos da alínea d) do n.º 1 do artigo 35.º, a licença parental, qualquer que seja a sua modalidade, é um direito atribuído, que materializa a protecção na parentalidade.

3. Da redacção dos n.os 1 e 2 resulta que existem períodos de gozo de licença parental que são exclusivos da trabalhadora progetinora, e que por força deste artigo 41.º constituem um direito seu.

4. O n.º 3 estabelece o procedimento que a trabalhadora deve cumprir para gozar parte da licença antes do parto.

5. Nos termos da alínea d) do n.º 1 do artigo 65.º, não determina perda de quaisquer direitos, salvo quanto à retribuição, e é considerada como prestação efectiva de trabalho as ausências ao trabalho resultantes de licença parental, em qualquer das modalidades. Estabelece o n.º 3 do mesmo artigo 65.º que a licença parental em qualquer das modalidades, tem por efeito suspender o gozo das férias, devendo os dias remanescentes ser gozados após o seu termo, mesmo que tal se verifique no ano seguinte; não prejudica o tempo já decorrido de estágio ou acção ou curso de formação, devendo o trabalhador cumprir apenas o período em falta para o completar; e, adia a prestação de prova para progressão na carreira profissional, a qual deve ter lugar após o termo da licença.

6. Tal como previsto no n.º 1 do artigo 34.º, os regimes de concessão de prestações sociais para os diferentes períodos de licença por parentalidade, consta de legislação específica, o Decreto-Lei n.º 91/2009, de 9 de Abril, alterado pelos Decretos-Leis n.os 70/2010, de 16 de Junho, e 133/2012, de 27 de Junho, pela Lei n.º 120/2015, de 1 de Setembro, pelos Decretos-Leis n.os 53/2018, de 2 de Julho, e 84/2019, de 28 de Junho, e pela Lei n.º 90/2019, de 4 de Setembro, que institui na alínea b) do seu artigo 11.º e no artigo 13.º, o subsídio parental inicial exclusivo da mãe.

No que se refere aos montantes dos subsídios previstos no Decreto-Lei n.º 91/2009, veja-se também a Lei n.º 7/2016, de 17 de Março, que determina que nas regiões autónomas da Madeira e dos Açores exista uma majoração de 2%.

ARTIGO 42.º – Licença parental inicial a gozar por um progenitor em caso de impossibilidade do outro

1 – O pai ou a mãe tem direito a licença, com a duração referida nos n.os 1, 3, 4, 5, 6 ou 7 do artigo 40.º, ou do período remanescente da licença, nos casos seguintes:

a) Incapacidade física ou psíquica do progenitor que estiver a gozar a licença, enquanto esta se mantiver;

b) Morte do progenitor que estiver a gozar a licença.

2 – Apenas há lugar à duração total da licença referida no n.º 3 do artigo 40.º caso se verifiquem as condições aí previstas, à data dos factos referidos no n.º 1.

3 – Em caso de morte ou incapacidade física ou psíquica da mãe, a licença parental inicial a gozar pelo pai tem a duração mínima de 30 dias.

4 – Em caso de morte ou incapacidade física ou psíquica de mãe não trabalhadora nos 120 dias a seguir ao parto, o pai tem direito a licença nos termos do n.º 1, com a necessária adaptação, ou do número anterior.

5 – Para efeito do disposto nos números anteriores, o pai informa o empregador, logo que possível e, consoante a situação, apresenta atestado médico comprovativo ou certidão de óbito e, sendo caso disso, declara o período de licença já gozado pela mãe.

6 – Constitui contra-ordenação muito grave a violação do disposto nos n.os 1 a 4.

1. Este preceito corresponde aos n.os 2, 3 e 4 do artigo 36.º do anterior Código do Trabalho, aprovado pela Lei n.º 99/2003.

2. A redacção dos n.os 1 e 2 foi alterada pelo artigo 2.º da Lei n.º 90/2019, de 4 de Setembro. Na versão originária do Código do Trabalho, aprovado pela Lei n.º 7/2009, de 12 de Fevereiro, aqueles n.os 1 tinham a seguinte redacção:

"1 – O pai ou a mãe tem direito a licença, com a duração referida nos n.os 1, 2 ou 3 do artigo 40.º, ou do período remanescente da licença, nos casos seguintes:

a) Incapacidade física ou psíquica do progenitor que estiver a gozar a licença, enquanto esta se mantiver;

b) Morte do progenitor que estiver a gozar a licença.

2 – Apenas há lugar à duração total da licença referida no n.º 2 do artigo 40.º caso se verifiquem as condições aí previstas, à data dos factos referidos no número anterior.".

3. Nos termos da alínea c) do artigo 39.º, a licença parental inicial a gozar pelo pai por impossibilidade da mãe é uma modalidade da licença parental. Nos termos da alínea d) do n.º 1 do artigo 35.º, a licença parental, qualquer que seja a sua modalidade, é um direito atribuído, que materializa a protecção na parentalidade.

Apesar da alínea c) do artigo 39.º apenas prever, como modalidade da licença parental, a licença parental inicial a gozar pelo pai por impossibilidade da mãe, na realidade, este artigo 42.º têm um âmbito de aplicação superior, razão pela qual cremos que a designação desta licença, tal como consta da alínea c) do artigo 39.º, se deve a um lapso de redacção do legislador, que em detrimento de a designar de "licença parental inicial a gozar pelo pai por impossibilidade da mãe", deveria tê-la denominado de "licença parental inicial a gozar por um progenitor em caso de impossibilidade do outro", tal como resulta da epígrafe deste artigo 42.º Na verdade, este artigo 42.º pretende salvaguardar que a licença parental inicial é efectivamente gozada, ainda que se verifique a morte ou a incapacidade física ou psíquica do progenitor que se encontrava a gozá-la.

4. O n.º 5 estabelece o procedimento que o trabalhador deve cumprir para poder beneficiar da licença parental inicial a gozar pelo pai por impossibilidade da mãe.

5. Nos termos da alínea d) do n.º 1 do artigo 65.º, não determina perda de quaisquer direitos, salvo quanto à retribuição, e é considerada como prestação efectiva de trabalho as ausências ao trabalho resultantes de licença parental, em qualquer das modalidades. Estabelece o n.º 3 do mesmo artigo 65.º que a licença parental em qualquer das modalidades, tem por efeito suspender o gozo das férias, devendo os dias remanescentes ser gozados após o seu termo, mesmo que tal se verifique no ano seguinte; não prejudica o tempo já decorrido de estágio ou acção ou curso de formação, devendo o trabalhador cumprir apenas o período em falta para o completar; e, adia a prestação de prova para progressão na carreira profissional, a qual deve ter lugar após o termo da licença.

6. Tal como previsto no n.º 1 do artigo 34.º, os regimes de concessão de prestações sociais para os diferentes períodos de licença por parentalidade, consta de legislação específica, o Decreto-Lei n.º 91/2009, de 9 de Abril, alterado pelos Decretos-Leis n.os 70/2010, de 16 de Junho, e 133/2012, de 27 de Junho, pela Lei n.º 120/2015, de 1 de Setembro, pelos Decretos-Leis n.os 53/2018, de 2 de Julho, e 84/2019, de 28 de Junho, e pela Lei n.º 90/2019, de 4 de Setembro, que institui na alínea c) do seu artigo 11.º e no artigo 14.º, o subsídio parental inicial de um progenitor em caso de impossibilidade do outro.

No que se refere aos montantes dos subsídios previstos no Decreto-Lei n.º 91/2009, veja-se também a Lei n.º 7/2016, de 17 de Março, que determina que nas regiões autónomas da Madeira e dos Açores exista uma majoração de 2%.

ARTIGO 43.º – Licença parental exclusiva do pai

1 – É obrigatório o gozo pelo pai de uma licença parental de 20 dias úteis, seguidos ou interpolados, nas seis semanas seguintes ao nascimento da criança, cinco dos quais gozados de modo consecutivo imediatamente a seguir a este.

2 – Após o gozo da licença prevista no n.º 1, o pai tem ainda direito a cinco dias úteis de licença, seguidos ou interpolados, desde que gozados em simultâneo com o gozo da licença parental inicial por parte da mãe.

3 – No caso de nascimentos múltiplos, à licença prevista nos números anteriores acrescem dois dias por cada gémeo além do primeiro.

4 – Para efeitos do disposto nos números anteriores, o trabalhador deve avisar o empregador com a antecedência possível que, no caso previsto no n.º 2, não deve ser inferior a cinco dias.

5 – Constitui contra-ordenação muito grave a violação do disposto nos n.os 1, 2 ou 3.

1. Este preceito corresponde ao n.º 1 do artigo 36.º do anterior Código do Trabalho, aprovado pela Lei n.º 99/2003.

2. A redacção do n.º 1 foi alterada pela Lei n.º 120/2015, de 1 de Setembro, e pela Lei n.º 90/2019, de 4 de Setembro. A redacção do n.º 2 foi alterada pelo artigo 2.º da Lei n.º 90/2019, de 4 de Setembro. Na versão originária do Código do Trabalho, aprovado pela Lei n.º 7/2009, de 12 de Fevereiro, aqueles n.os tinham a seguinte redacção:

> "1 – É obrigatório o gozo pelo pai de uma licença parental de 10 dias úteis, seguidos ou interpolados, nos 30 dias seguintes ao nascimento do filho, cinco dos quais gozados de modo consecutivos imediatamente a seguir a este.

2 – Após o gozo da licença prevista no número anterior, o pai tem ainda direito a 10 dias úteis de licença, seguidos ou interpolados, desde que gozados em simultâneo com o gozo da licença parental inicial por parte da mãe.".

3. Nos termos da alínea d) do artigo 39.º, a licença parental exclusiva do pai é uma modalidade da licença parental. Nos termos da alínea d) do n.º 1 do artigo 35.º, a licença parental, qualquer que seja a sua modalidade, é um direito atribuído, que materializa a protecção na parentalidade.

4. Dias úteis são Segunda-Feira, Terça-Feira, Quarta-Feira, Quinta-Feira e Sexta-Feira. Sábado, Domingo e Feriados não constituem dias úteis, sendo que para o conceito de dias úteis é irrelevante que a empresa se encontre em funcionamento ao Sábado, Domingo ou Feriado. Este é o sentido da alínea e) do artigo 279.º do Código Civil, conjugado com o n.º 1 do artigo 137.º do Código de Processo Civil.

5. O n.º 4 estabelece o procedimento que o trabalhador deve cumprir para poder beneficiar da licença parental exclusiva do pai.

6. Nos termos da alínea d) do n.º 1 do artigo 65.º, não determina perda de quaisquer direitos, salvo quanto à retribuição, e é considerada como prestação efectiva de trabalho as ausências ao trabalho resultantes de licença parental, em qualquer das modalidades. Estabelece o n.º 3 do mesmo artigo 65.º que a licença parental em qualquer das modalidades, tem por efeito suspender o gozo das férias, devendo os dias remanescentes ser gozados após o seu termo, mesmo que tal se verifique no ano seguinte; não prejudica o tempo já decorrido de estágio ou acção ou curso de formação, devendo o trabalhador cumprir apenas o período em falta para o completar; e, adia a prestação de prova para progressão na carreira profissional, a qual deve ter lugar após o termo da licença.

7. Tal como previsto no n.º 1 do artigo 34.º, os regimes de concessão de prestações sociais para os diferentes períodos de licença por parentalidade, consta de legislação específica, o Decreto-Lei n.º 91/2009, de 9 de Abril, alterado pelos Decretos-Leis n.ºs 70/2010, de 16 de Junho, e 133/2012, de 27 de Junho, pela Lei n.º 120/2015, de 1 de Setembro, pelos Decretos-Leis n.ºs 53/2018, de 2 de Julho, e 84/2019, de 28 de Junho, e pela Lei n.º 90/2019, de 4 de Setembro, que institui na alínea d) do seu artigo 11.º e no artigo 15.º, o subsídio parental inicial exclusivo do pai.

No que se refere aos montantes dos subsídios previstos no Decreto-Lei n.º 91/2009, veja-se também a Lei n.º 7/2016, de 17 de Março, que determina que nas regiões autónomas da Madeira e dos Açores exista uma majoração de 2%.

ARTIGO 44.º – Licença por adopção

1 – Em caso de adopção de menor de 15 anos, o candidato a adoptante tem direito à licença referida nos n.ºs 1 a 3 do artigo 40.º

2 – No caso de adopções múltiplas, o período de licença referido no número anterior é acrescido de 30 dias por cada adopção além da primeira.

3 – Havendo dois candidatos a adoptantes, a licença deve ser gozada nos termos dos n.ºs 1 a 3 do artigo 40.º

4 – O candidato a adoptante não tem direito a licença em caso de adopção de filho do cônjuge ou de pessoa com quem viva em união de facto.

5 – Em caso de incapacidade ou falecimento do candidato a adoptante durante a licença, o cônjuge sobrevivo, que não seja candidato a adoptante e com quem o adoptando viva em comunhão de mesa e habitação, tem direito a licença correspondente ao período não gozado ou a um mínimo de 14 dias.

6 – A licença tem início a partir da confiança judicial ou administrativa, nos termos do regime jurídico da adopção.

7 – Quando a confiança administrativa consistir na confirmação da permanência do menor a cargo do adoptante, este tem direito a licença, pelo período remanescente, desde que a data em que o menor ficou de facto a seu cargo tenha ocorrido antes do termo da licença parental inicial.

8 – Em caso de internamento hospitalar do candidato a adoptante ou do adoptando, o período de licença é suspenso pelo tempo de duração do internamento, devendo aquele comunicar esse facto ao empregador, apresentando declaração comprovativa passada pelo estabelecimento hospitalar.

9 – Em caso de partilha do gozo da licença, os candidatos a adoptantes informam os respectivos empregadores, com a antecedência de 10 dias ou, em caso de urgência comprovada, logo que possível, fazendo prova da confiança judicial ou administrativa do adoptando e da idade deste, do início e termo dos períodos a gozar por cada um, entregando para o efeito declaração conjunta.

10 – Caso a licença por adopção não seja partilhada, o candidato a adoptante que gozar a licença informa o respectivo empregador, nos prazos referidos no número anterior, da duração da licença e do início do respectivo período.

11 – Constitui contra-ordenação muito grave a violação do disposto nos n.os 1 a 3, 5, 7 ou 8.

1. Este preceito corresponde ao artigo 38.º do anterior Código do Trabalho, aprovado pela Lei n.º 99/2003.

2. A redacção dos n.os 1 e 3 foi alterada pelo artigo 2.º da Lei n.º 90/2019, de 4 de Setembro. Na versão originária do Código do Trabalho, aprovado pela Lei n.º 7/2009, de 12 de Fevereiro, aqueles n.os tinham a seguinte redacção:

> 1 – Em caso de adopção de menor de 15 anos, o candidato a adoptante tem direito à licença referida nos n.os 1 ou 2 do artigo 40.º
>
> 3 – Havendo dois candidatos a adoptantes, a licença deve ser gozada nos termos dos n.os 1 e 2 do artigo 40.º

3. Nos termos da alínea e) do n.º 1 do artigo 35.º, a licença por adopção é um direito atribuído, que materializa a protecção na parentalidade.

4. O n.º 1 atribui ao candidato a adoptante de menor de 15 anos o direito à licença por adopção pelo mesmo período da duração da licença parental inicial. Nos termos da lei, menor é quem não tiver completado dezoito anos de idade, cfr. artigo 122.º do Código Civil.

5. Os n.os 9 e 10 estabelecem o procedimento que o trabalhador progenitor deve cumprir para poder beneficiar da licença por adopção, consoante esta seja ou não repartida, respectivamente.

6. Nos termos da alínea e) do n.º 1 do artigo 65.º, não determina perda de quaisquer direitos, salvo quanto à retribuição, e é considerada como prestação efectiva de trabalho as ausências ao trabalho resultantes de licença por adopção. Estabelece o n.º 3 do mesmo artigo 65.º que a licença por adopção, tem por efeito suspender o gozo das férias, devendo os dias remanescentes ser gozados após o seu termo, mesmo que tal se verifique no ano seguinte; não prejudica o tempo já decorrido de estágio ou acção ou curso de formação, devendo o trabalhador cumprir apenas o período em falta para o completar; e, adia a prestação de prova para progressão na carreira profissional, a qual deve ter lugar após o termo da licença.

7. Tal como previsto no n.º 1 do artigo 34.º, os regimes de concessão de prestações sociais para os diferentes períodos de licença por parentalidade, consta de legislação específica, o Decreto-Lei n.º 91/2009, de 9 de Abril, alterado pelos Decretos-Leis n.os 70/2010, de 16 de Junho, e 133/2012, de 27 de Junho, pela Lei n.º 120/2015, de 1 de Setembro, pelos Decretos-Leis n.os 53/2018, de 2 de Julho, e 84/2019, de 28 de Junho, e pela Lei n.º 90/2019, de 4 de Setembro, que institui no seu artigo 17.º, o subsídio por adopção.

No que se refere aos montantes dos subsídios previstos no Decreto-Lei n.º 91/2009, veja-se também a Lei n.º 7/2016, de 17 de Março, que determina que nas regiões autónomas da Madeira e dos Açores exista uma majoração de 2%.

ARTIGO 45.º – Dispensa para avaliação para a adopção

Para efeitos de realização de avaliação para a adopção, os trabalhadores têm direito a três dispensas de trabalho para deslocação aos serviços da Segurança Social ou recepção dos técnicos em seu domicílio, devendo apresentar a devida justificação ao empregador.

1. Este preceito não tem correspondência com qualquer outro do anterior Código do Trabalho, aprovado pela Lei n.º 99/2003, sendo um artigo novo.

2. Nos termos da alínea j) do n.º 1 do artigo 35.º, a dispensa para avaliação para a adopção é um direito atribuído, que materializa a protecção na parentalidade.

3. Por efeito deste artigo 45.º, os trabalhadores que sejam candidatos a adoptantes beneficiam de até três dispensas do trabalho para realização de avaliação para a adopção, independentemente desta avaliação ter lugar nos serviços da Segurança Social ou no domicílio dos trabalhadores. Este preceito, à semelhança dos demais relativos à adopção, tem em vista valorizar e reconhecer a importância do instituto da adopção.

4. Nos termos da alínea k) do n.º 1 do artigo 65.º, não determina perda de quaisquer direitos, salvo quanto à retribuição, e é considerada como prestação efectiva de trabalho as ausências ao trabalho resultantes de dispensa para avaliação para adopção.

ARTIGO 46.º – Dispensa para consulta pré-natal

1 – A trabalhadora grávida tem direito a dispensa do trabalho para consultas pré-natais, pelo tempo e número de vezes necessários.

2 – A trabalhadora deve, sempre que possível, comparecer a consulta pré-natal fora do horário de trabalho.

3 – Sempre que a consulta pré-natal só seja possível durante o horário de trabalho, o empregador pode exigir à trabalhadora a apresentação de prova desta circunstância e da realização da consulta ou declaração dos mesmos factos.

4 – Para efeito dos números anteriores, a preparação para o parto é equiparada a consulta pré-natal.

5 – O pai tem direito a três dispensas do trabalho para acompanhar a grávida às consultas pré-natais.

6 – Constitui contra-ordenação grave a violação do disposto neste artigo.

1. Este preceito corresponde ao artigo 39.º do anterior Código do Trabalho, aprovado pela Lei n.º 99/2003.

2. A redacção do n.º 5 foi alterada pelo artigo 2.º da Lei n.º 90/2019, de 4 de Setembro. Na versão originária do Código do Trabalho, aprovado pela Lei n.º 7/2009, de 12 de Fevereiro, aquele número tinha a seguinte redacção: "O pai tem direito a três dispensas do trabalho para acompanhar a trabalhadora às consultas pré-natais.".

3. Nos termos da alínea i) do n.º 1 do artigo 35.º, a dispensa para consulta pré-natal é um direito atribuído, que materializa a protecção na parentalidade.

4. Sobre o conceito de trabalhadora grávida, veja-se a alínea a) do artigo 36.º

5. Por efeito do n.º 4, a preparação para o parto da trabalhadora grávida é equiparada a consulta pré-natal, pelo que se encontra sujeita ao mesmo regime da dispensa do trabalho, pelo tempo e número de vezes necessários, sendo que a comparência da trabalhadora naquelas deve fazer-se sempre que possível fora do horário de trabalho. Quando assim não for, o empregador pode exigir a apresentação de prova de que a preparação para o parto só era possível durante o horário de trabalho, e prova da realização da preparação para o parto, prova que poderá ser realizada através de declaração dos mesmos factos.

6. Apesar de, por efeito do n.º 1, a trabalhadora grávida ter direito a dispensa do trabalho para consultas pré-natais, pelo tempo e número de vezes necessários, o pai apenas tem direito a três dispensas do trabalho para acompanhar a trabalhadora às consultas pré-natais, cfr. n.º 5.

7. Nos termos do n.º 2 do artigo 65.º, a dispensa para consulta pré-natal não determina perda de quaisquer direitos, e é considerada como prestação efectiva de trabalho. Ou seja, a dispensa para consulta pré-natal não implica a perda de remuneração, que deve ser satisfeita pelo empregador.

ARTIGO 46.º-A – Dispensa para consulta de procriação medicamente assistida

1 – O trabalhador tem direito a três dispensas do trabalho para consultas no âmbito de cada ciclo de tratamentos de procriação medicamente assistida (PMA).

2 – O empregador pode exigir ao trabalhador a apresentação de prova desta circunstância e da realização da consulta ou declaração dos mesmos factos.

3 – Constitui contra-ordenação grave a violação do disposto neste artigo.

1. Este preceito não tem correspondência com qualquer outro do anterior Código do Trabalho, aprovado pela Lei n.º 99/2003, nem mesmo com o Código do Trabalho aprovado pela Lei n.º 7/2009, de 12 de Fevereiro, sendo um artigo novo, introduzido pela Lei n.º 90/2019, de 4 de Setembro.

2. A procriação medicamente assistida visa favorecer a gravidez em caso de doença do sistema reprodutivo, através da aplicação de técnicas e de tratamentos médicos, para ultrapassar a infertilidade masculina, feminina ou ambas.

3. Nos termos do n.º 2 do artigo 65.º, a dispensa para consulta de procriação medicamente assistida não determina perda de quaisquer direitos, e é considerada como prestação efectiva de trabalho. Ou seja, a dispensa para consulta de procriação medicamente assistida não implica a perda de remuneração, que deve ser satisfeita pelo empregador.

ARTIGO 47.º – Dispensa para amamentação ou aleitação

1 – A mãe que amamenta o filho tem direito a dispensa de trabalho para o efeito, durante o tempo que durar a amamentação.

2 – No caso de não haver amamentação, desde que ambos os progenitores exerçam actividade profissional, qualquer deles ou ambos, consoante decisão conjunta, têm direito a dispensa para aleitação, até o filho perfazer um ano.

3 – A dispensa diária para amamentação ou aleitação é gozada em dois períodos distintos, com a duração máxima de uma hora cada, salvo se outro regime for acordado com o empregador.

4 – No caso de nascimentos múltiplos, a dispensa referida no número anterior é acrescida de mais 30 minutos por cada gémeo além do primeiro.

5 – Se qualquer dos progenitores trabalhar a tempo parcial, a dispensa diária para amamentação ou aleitação é reduzida na proporção do respectivo período normal de trabalho, não podendo ser inferior a 30 minutos.

6 – Na situação referida no número anterior, a dispensa diária é gozada em período não superior a uma hora e, sendo caso disso, num segundo período com a duração remanescente, salvo se outro regime for acordado com o empregador.

7 – Constitui contra-ordenação grave a violação do disposto neste artigo.

1. Este preceito corresponde aos n.os 2 e 3 do artigo 39.º do anterior Código do Trabalho, aprovado pela Lei n.º 99/2003, e ao artigo 73.º da Lei n.º 35/2004, de 29 de Julho, que regulamentou o anterior Código do Trabalho.

2. Nos termos da alínea k) do n.º 1 do artigo 35.º, a dispensa para amamentação ou aleitação é um direito atribuído, que materializa a protecção na parentalidade.

3. A amamentação é distinta da aleitação. O conceito de amamentação refere-se ao acto de extracção do leite materno directamente da mama, e sempre pelo filho. Já o conceito de aleitação refere-se à ingestão de leite pelo filho, directamente ou através de biberão ou copo, nada vedando que o leite tenha sido retirado manual ou mecanicamente da mama.

4. A progenitora mãe que amamenta o filho tem direito a dispensa diária de trabalho para o efeito, por dois períodos distintos de duração máxima de uma hora cada, durante todo o tempo que durar a amamentação. Por acordo com o empregador este período pode ser acumulado. No caso de não haver amamentação, desde que ambos os progenitores exerçam actividade profissional, qualquer deles ou ambos, consoante decisão conjunta dos próprios progenitores, têm direito a dispensa para aleitação, até o filho perfazer um ano.

5. De acordo com o n.º 4, verificando-se uma situação de nascimentos múltiplos, a dispensa diária para amamentação ou aleitação de uma hora em cada período é acrescida de mais 30 minutos por cada gémeo além do primeiro.

Em termos práticos, salvo outro regime acordado com o empregador, o disposto no n.º 4 traduz-se no seguinte:

2 filhos gémeos – A dispensa diária para amamentação ou aleitação é gozada em dois períodos distintos, e tem uma duração total de 2:30h;

3 filhos gémeos – A dispensa diária para amamentação ou aleitação é gozada em dois períodos distintos, e tem uma duração total de 3h;

4 filhos gémeos – A dispensa diária para amamentação ou aleitação é gozada em dois períodos distintos, e tem uma duração total de 3:30h;

5 filhos gémeos – A dispensa diária para amamentação ou aleitação é gozada em dois períodos distintos, e tem uma duração total de 4h;

6 filhos gémeos – A dispensa diária para amamentação ou aleitação é gozada em dois períodos distintos, e tem uma duração total de 4:30h.

7 filhos gémeos – A dispensa diária para amamentação ou aleitação é gozada em dois períodos distintos, e tem uma duração total de 5h;

8 filhos gémeos – A dispensa diária para amamentação ou aleitação é gozada em dois períodos distintos, e tem uma duração total de 5:30h;

9 filhos gémeos – A dispensa diária para amamentação ou aleitação é gozada em dois períodos distintos, e tem uma duração total de 6h;

10 filhos gémeos – A dispensa diária para amamentação ou aleitação é gozada em dois períodos distintos, e tem uma duração total de 6:30h;

11 filhos gémeos – A dispensa diária para amamentação ou aleitação é gozada em dois períodos distintos, e tem uma duração total de 7h;

12 filhos gémeos – A dispensa diária para amamentação ou aleitação é gozada em dois períodos distintos, e tem uma duração total de 7:30h.

6. Considera-se trabalho a tempo parcial o que corresponda a um período normal de trabalho semanal inferior ao praticado a tempo completo, em situação comparável, cfr. n.º 1 do artigo 150.º Sobre o trabalho a tempo parcial vejam-se os artigos 150.º e segs.

7. Para poder beneficiar de dispensa para amamentação ou aleitação, o progenitor deve cumprir o procedimento fixado no artigo seguinte, o artigo 48.º

8. Nos termos do n.º 2 do artigo 65.º, a dispensa para amamentação ou aleitação não determina perda de quaisquer direitos, e é considerada como prestação efectiva de trabalho. Ou seja, a dispensa para amamentação ou aleitação não implica a perda de remuneração, que deve ser satisfeita pelo empregador.

9. Note-se que o n.º 1 do artigo 64.º procede a uma extensão de direitos atribuídos a progenitores. Com efeito, estabelece aquela norma que o adoptante, o tutor, a pessoa a quem for deferida a confiança judicial ou administrativa do menor, bem como o cônjuge ou a pessoa em união de facto com qualquer daqueles ou com o progenitor, desde que viva em comunhão de mesa e habitação com o menor, beneficia do direito de dispensa para aleitação.

ARTIGO 48.º – Procedimento de dispensa para amamentação ou aleitação

1 – Para efeito de dispensa para amamentação, a trabalhadora comunica ao empregador, com a antecedência de 10 dias relativamente ao início da dispensa, que amamenta o filho, devendo apresentar atestado médico se a dispensa se prolongar para além do primeiro ano de vida do filho.

2 – Para efeito de dispensa para aleitação, o progenitor:

a) Comunica ao empregador que aleita o filho, com a antecedência de 10 dias relativamente ao início da dispensa;

b) Apresenta documento de que conste a decisão conjunta;

c) Declara qual o período de dispensa gozado pelo outro progenitor, sendo caso disso;

d) Prova que o outro progenitor exerce actividade profissional e, caso seja trabalhador por conta de outrem, que informou o respectivo empregador da decisão conjunta.

1. Este preceito não tinha correspondência no anterior Código do Trabalho, aprovado pela Lei n.º 99/2003, de 27 de Agosto. Corresponde ao artigo 73.º da Lei n.º 35/2004, de 29 de Julho, que regulamentou o anterior Código do Trabalho.

2. Este preceito estabelece o procedimento que o trabalhador progenitor deve cumprir para poder beneficiar da dispensa para amamentação ou aleitação.

3. O conceito de amamentação é distinto do conceito da aleitação. Sobre estes, ver anotações ao artigo anterior.

ARTIGO 49.º – Falta para assistência a filho

1 – O trabalhador pode faltar ao trabalho para prestar assistência inadiável e imprescindível, em caso de doença ou acidente, a filho menor de 12 anos ou, independentemente da idade, a filho com deficiência ou doença crónica, até 30 dias por ano ou durante todo o período de eventual hospitalização.

2 – O trabalhador pode faltar ao trabalho até 15 dias por ano para prestar assistência inadiável e imprescindível em caso de doença ou acidente a filho com mais de 12 anos de idade que, no caso de ser maior, faça parte do seu agregado familiar.

3 – Aos períodos de ausência previstos nos números anteriores acresce um dia por cada filho além do primeiro.

4 – A possibilidade de faltar prevista nos números anteriores não pode ser exercida simultaneamente pelo pai e pela mãe.

5 – Para efeitos de justificação da falta, o empregador pode exigir ao trabalhador:

a) Prova do carácter inadiável e imprescindível da assistência;

b) Declaração de que o outro progenitor tem actividade profissional e não falta pelo mesmo motivo ou está impossibilitado de prestar a assistência;

c) Em caso de hospitalização, declaração comprovativa passada pelo estabelecimento hospitalar.

6 – No caso referido no n.º 3 do artigo seguinte, o pai ou a mãe informa o respectivo empregador da prestação de assistência em causa, sendo o seu direito referido nos n.º 1 ou 2 reduzido em conformidade.

7 – Constitui contra-ordenação grave a violação do disposto nos n.os 1, 2 ou 3.

1. Este preceito corresponde aos artigos 40.º e 42.º do anterior Código do Trabalho, aprovado pela Lei n.º 99/2003.

2. Nos termos da alínea l) do n.º 1 do artigo 35.º, a falta para assistência a filho é um direito atribuído, que materializa a protecção na parentalidade.

3. Nos termos do n.º 1, a idade do filho menor até à qual o trabalhador pode faltar até 30 dias por ano para lhe dar assistência inadiável e imprescindível, é 12 anos. Quando se verifique uma situação de hospitalização do filho, o direito a faltar extende-se por todo o período em que esta durar. Quando se trate de filho com deficiência ou doença crónica, o direito a faltar até 30 dias por ano, ou durante todo o período em que durar a hospitalização, não se encontra condicionado à idade do filho.

Menor é quem não tiver completado dezoito anos de idade, cfr. artigo 122.º do Código Civil.

4. De acordo com o n.º 2, o trabalhador pode faltar até 15 dias por ano para dar assistência inadiável e imprescindível a filho com 12 ou mais anos. Quando o filho for maior, o exercício deste direito do trabalhador faltar exige que o filho integre o agregado familiar do próprio trabalhador.

5. Note-se que o Código do Trabalho não define o que entende por assistência inadiável e imprescindível, devendo, para nós, este conceito ser preenchido por recurso à impretabilidade e necessidade da assistência, próximo do estado de necessidade, cfr. artigo 339.º do Código Civil. Dito de outra forma, constituirá prestação de assistência inadiável e imprescindível, a assistência do trabalhador que não pode fazer substituir-se, que vise afastar um perigo actual e não removível de outro modo, que ameace interesses juridicamente protegidos de filho, neto ou membro do agregado familiar, como a vida, a integridade física e a saúde.

6. A alínea e) do n.º 2 do artigo 249.º determina que são consideradas faltas justificadas a motivada pela prestação de assistência inadiável e imprescindível a filho, nos termos deste artigo 49.º

7. Nos termos da alínea g) do n.º 1 do artigo 65.º, não determina perda de quaisquer direitos, salvo quanto à retribuição, e é considerada como prestação efectiva de trabalho as ausências ao trabalho resultantes de falta para assistência a filho.

8. Tal como previsto no n.º 1 do artigo 34.º, os regimes de concessão de prestações sociais para os diferentes períodos de licença por parentalidade, consta de legislação específica, o Decreto-Lei n.º 91/2009, de 9 de Abril, alterado pelos Decretos-Leis n.os 70/2010, de 16 de Junho, e 133/2012, de 27 de Junho, pela Lei n.º 120/2015, de 1 de Setembro, pelos Decretos-Leis n.os 53/2018, de 2 de Julho, e 84/2019, de 28 de Junho, e pela Lei n.º 90/2019, de 4 de Setembro, que institui no seu artigo 19.º o subsídio para assistência a filho, em caso de doença ou acidente.

No que se refere aos montantes dos subsídios previstos no Decreto-Lei n.º 91/2009, veja-se também a Lei n.º 7/2016, de 17 de Março, que determina que nas regiões autónomas da Madeira e dos Açores exista uma majoração de 2%.

9. Note-se que o n.º 1 do artigo 64.º procede a uma extensão de direitos atribuídos a progenitores. Com efeito, estabelece aquela norma que o adoptante, o tutor, a pessoa a quem for deferida a confiança judicial ou administrativa do menor, bem como o cônjuge ou a pessoa em união de facto com qualquer daqueles ou com o progenitor, desde que viva em comunhão de mesa e habitação com o menor, beneficia do direito a falta para assistência a filho.

10. O disposto neste artigo 49.º é ainda aplicável ao apadrinhamento civil, por força do disposto nas alíneas a) e c) do n.º 1 do artigo 23.º da Lei n.º 103/2009, de 11 de Setembro, alterada pela Lei n.º 141/2015 de 8 de Setembro,que determina que os padrinhos e o afilhado têm direito a beneficiar do regime jurídico de faltas e licenças equiparado ao dos pais e dos filhos, e de acompanhar-se reciprocamente na assistência na doença, como se fossem pais e filhos. O apadrinhamento civil consiste numa relação jurídica, tendencialmente de carácter permanente, entre uma criança ou jovem e uma pessoa singular ou uma família que exerça os poderes e deveres próprios dos pais e que com ele estabeleçam vínculos afectivos que permitam o seu bem-estar e desenvolvimento, constituída por homologação ou decisão judicial e sujeita a registo civil, cfr. artigo 2.º da Lei n.º 103/2009, de 11 de Setembro, regulamentada pelo Decreto-Lei n.º 121/2010, de 27 de Outubro, alterado pela Lei n.º 2/2016 de 29 de Fevereiro.

ARTIGO 50.º – Falta para assistência a neto

1 – O trabalhador pode faltar até 30 dias consecutivos, a seguir ao nascimento de neto que consigo viva em comunhão de mesa e habitação e que seja filho de adolescente com idade inferior a 16 anos.

2 – Se houver dois titulares do direito, há apenas lugar a um período de faltas, a gozar por um deles, ou por ambos em tempo parcial ou em períodos sucessivos, conforme decisão conjunta.

3 – O trabalhador pode também faltar, em substituição dos progenitores, para prestar assistência inadiável e imprescindível, em caso de doença ou acidente, a neto menor ou, independentemente da idade, com deficiência ou doença crónica.

4 – Para efeitos dos n.os 1 e 2, o trabalhador informa o empregador com a antecedência de cinco dias, declarando que:

a) O neto vive consigo em comunhão de mesa e habitação;

b) O neto é filho de adolescente com idade inferior a 16 anos;

c) O cônjuge do trabalhador exerce actividade profissional ou se encontra física ou psiquicamente impossibilitado de cuidar do neto ou não vive em comunhão de mesa e habitação com este.

5 – O disposto neste artigo é aplicável a tutor do adolescente, a trabalhador a quem tenha sido deferida a confiança judicial ou administrativa do mesmo, bem como ao seu cônjuge ou pessoa em união de facto.

6 – No caso referido no n.º 3, o trabalhador informa o empregador, no prazo previsto nos n.os 1 ou 2 do artigo 253.º, declarando:

a) O carácter inadiável e imprescindível da assistência;

b) Que os progenitores são trabalhadores e não faltam pelo mesmo motivo ou estão impossibilitados de prestar a assistência, bem como que nenhum outro familiar do mesmo grau falta pelo mesmo motivo.

7 – Constitui contra-ordenação grave a violação do disposto nos n.os 1, 2 ou 3.

1. Este preceito corresponde ao artigo 41.º do anterior Código do Trabalho, aprovado pela Lei n.º 99/2003.

2. Nos termos da alínea m) do n.º 1 do artigo 35.º, a falta para assistência a neto é um direito atribuído, que materializa a protecção na parentalidade.

3. Os n.os 1 e 2 estabelecem o direito do trabalhador faltar até 30 dias consecutivos, a seguir ao nascimento de neto que consigo viva em comunhão de mesa e habitação, e que o neto seja filho de adolescente com idade inferior a 16 anos. Note-se que para efeitos deste artigo 50.º não se exige que o progenitor viva em comunhão de mesa e habitação com o avô ou a avó, mas apenas que o neto do trabalhador cumpra este requisito. Outro dos requisitos é que o progenitor seja adolescente, com idade inferior a 16 anos.

O n.º 4 estabelece o procedimento que o trabalhador que seja avô ou avó deve cumprir para poder beneficiar do regime das faltas para assistência a neto que seja filho de adolescente com idade inferior a 16 anos.

4. De acordo com o n.º 3 e com a alínea b) do n.º 6, concede-se aos avós o direito a faltar ao trabalho para assistência inadiável e imprescindível a neto menor, em substituição dos pais, quando estes não faltem pelo mesmo motivo ou estejam impossibilitados de prestar a assistência devida. Nos termos da lei, menor é quem não tiver completado dezoito anos de idade, cfr. artigo 122.º do Código Civil.

Note-se que o Código do Trabalho não define o que entende por assistência inadiável e imprescindível, devendo, para nós, este conceito ser preenchido por recurso à impretabilidade e necessidade da assistência, próximo do estado de necessidade, cfr. artigo 339.º do Código Civil. Dito de outra forma, constituirá prestação de assistência inadiável e imprescindível, a assistência do trabalhador que não pode fazer substituir-se, que vise afastar um perigo actual e não removível de outro modo, que ameace interesses juridicamente protegidos de filho, neto ou membro do agregado familiar, como a vida, a integridade física e a saúde.

O n.º 6 estabelece o procedimento que o trabalhador que seja avô ou avó deve cumprir para poder beneficiar do regime das faltas para assistência a neto, em substituição dos progenitores.

De acordo com o n.º 6 do artigo 49.º, no caso referido no n.º 3 deste artigo 50.º, o pai ou a mãe informa o respectivo empregador da prestação de assistência em causa, sendo o seu direito referido nos n.º 1 ou 2 daqule artigo 49.º reduzido em conformidade.

5. A alínea e) do n.º 2 do artigo 249.º determina que são consideradas faltas justificadas a motivada pela prestação de assistência inadiável e imprescindível a neto, nos termos deste artigo 50.º

6. Nos termos da alínea h) do n.º 1 do artigo 65.º, não determina perda de quaisquer direitos, salvo quanto à retribuição, e é considerada como prestação efectiva de trabalho as ausências ao trabalho resultantes de falta para assistência a neto.

7. Tal como previsto no n.º 1 do artigo 34.º, os regimes de concessão de prestações sociais para os diferentes períodos de licença por parentalidade, consta de legislação específica, o Decreto-Lei n.º 91/2009, de 9 de Abril, alterado pelos Decretos-Leis n.os 70/2010, de 16 de Junho, e 133/2012, de 27 de Junho, pela Lei n.º 120/2015, de 1 de Setembro, pelos Decretos-Leis n.os 53/2018, de 2 de Julho, e 84/2019, de 28 de Junho, e pela Lei n.º 90/2019, de 4 de Setembro, que institui no seu artigo 21.º o subsídio para assistência a neto.

No que se refere aos montantes dos subsídios previstos no Decreto-Lei n.º 91/2009, veja-se também a Lei n.º 7/2016, de 17 de Março, que determina que nas regiões autónomas da Madeira e dos Açores exista uma majoração de 2%.

8. Note-se que o n.º 1 do artigo 64.º procede a uma extensão de direitos atribuídos a progenitores. Com efeito, estabelece aquela norma que o adoptante, o tutor, a pessoa a quem for deferida a confiança judicial ou administrativa do menor, bem como o cônjuge ou a pessoa em união de facto com qualquer daqueles ou com o progenitor, desde que viva em comunhão de mesa e habitação com o menor, beneficia do direito a falta para assistência a neto.

ARTIGO 51.º – Licença parental complementar

1 – O pai e a mãe têm direito, para assistência a filho ou adoptado com idade não superior a seis anos, a licença parental complementar, em qualquer das seguintes modalidades:

a) Licença parental alargada, por três meses;

b) Trabalho a tempo parcial durante 12 meses, com um período normal de trabalho igual a metade do tempo completo;

c) Períodos intercalados de licença parental alargada e de trabalho a tempo parcial em que a duração total da ausência e da redução do tempo de trabalho seja igual aos períodos normais de trabalho de três meses;

d) Ausências interpoladas ao trabalho com duração igual aos períodos normais de trabalho de três meses, desde que previstas em instrumento de regulamentação colectiva de trabalho.

2 – O pai e a mãe podem gozar qualquer das modalidades referidas no número anterior de modo consecutivo ou até três períodos interpolados, não sendo permitida a cumulação por um dos progenitores do direito do outro.

3 – Se ambos os progenitores pretenderem gozar simultaneamente a licença e estiverem ao serviço do mesmo empregador, este pode adiar a licença de um deles com fundamento em exigências imperiosas ligadas ao funcionamento da empresa ou serviço, desde que seja fornecida por escrito a respectiva fundamentação.

4 – Durante o período de licença parental complementar em qualquer das modalidades, o trabalhador não pode exercer outra actividade incompatível com a respectiva finalidade, nomeadamente trabalho subordinado ou prestação continuada de serviços fora da sua residência habitual.

5 – O exercício dos direitos referidos nos números anteriores depende de informação sobre a modalidade pretendida e o início e o termo de cada período, dirigida por escrito ao empregador com antecedência de 30 dias relativamente ao seu início.

6 – Constitui contra-ordenação grave a violação do disposto nos n.ºs 1, 2 ou 3.

1. Este preceito corresponde aos n.ºs 1 e 2 do artigo 43.º do anterior Código do Trabalho, aprovado pela Lei n.º 99/2003.

2. Nos termos da alínea g) do n.º 1 do artigo 35.º, a licença parental complementar em qualquer das modalidades é um direito atribuído, que materializa a protecção na parentalidade.

3. As alíneas a), b), c) e d) do n.º 1, estabelecem as várias modalidades da licença parental complementar.

4. Para efeitos da alínea b) do n.º 1, considera-se trabalho a tempo parcial o que corresponda a um período normal de trabalho semanal inferior ao praticado a tempo completo, em situação comparável, cfr. n.º 1 do artigo 150.º Sobre o trabalho a tempo parcial vejam-se os artigos 150.º e segs.

5. Constituem instrumentos de regulamentação colectiva de trabalho, cfr. n.ºs 2, 3 e 4 do artigo 2.º, a convenção colectiva (que pode ser um contrato colectivo, acordo colectivo, ou um acordo de empresa), o acordo de adesão, a decisão arbitral, a portaria de extensão, e a portaria de condições de trabalho.

6. Nos termos da alínea f) do n.º 1 do artigo 65.º, não determina perda de quaisquer direitos, salvo quanto à retribuição, e é considerada como prestação efectiva de trabalho as ausências ao trabalho resultantes de licença parental complementar em qualquer das suas modalidades.

7. Tal como previsto no n.º 1 do artigo 34.º, os regimes de concessão de prestações sociais para os diferentes períodos de licença por parentalidade, consta de legislação específica, o Decreto-Lei n.º 91/2009, de 9 de Abril, alterado pelos

Decretos-Leis n.os 70/2010, de 16 de Junho, e 133/2012, de 27 de Junho, pela Lei n.º 120/2015, de 1 de Setembro, pelos Decretos-Leis n.os 53/2018, de 2 de Julho, e 84/2019, de 28 de Junho, e pela Lei n.º 90/2019, de 4 de Setembro, que institui no seu artigo 16.º o subsídio parental alargado.

No que se refere aos montantes dos subsídios previstos no Decreto-Lei n.º 91/2009, veja-se também a Lei n.º 7/2016, de 17 de Março, que determina que nas regiões autónomas da Madeira e dos Açores exista uma majoração de 2%.

8. Nada obsta que a forma escrita imposta pelos n.os 3 e 5, seja satisfeita através de documento electrónico, ou seja, por documento elaborado mediante processamento electrónico de dados. Por outras palavras, nada impede que a forma escrita seja adoptada através de uma declaração escrita enviada por correio electrónico (e-mail) para um endereço electrónico. Sobre a validade, eficácia e valor probatório dos documentos electrónicos remete-se para a anotação 4. ao artigo 107.º

9. Note-se que o n.º 1 do artigo 64.º procede a uma extensão de direitos atribuídos a progenitores. Com efeito, estabelece aquela norma que o adoptante, o tutor, a pessoa a quem for deferida a confiança judicial ou administrativa do menor, bem como o cônjuge ou a pessoa em união de facto com qualquer daqueles ou com o progenitor, desde que viva em comunhão de mesa e habitação com o menor, beneficia do direito a licença parental complementar em qualquer das modalidades.

10. O disposto neste artigo 51.º é ainda aplicável ao apadrinhamento civil, por força do disposto na alínea a) do n.º 1 do artigo 23.º da Lei n.º 103/2009, de 11 de Setembro, alterada pela Lei n.º 141/2015 de 8 de Setembro, que determina que os padrinhos e o afilhado têm direito a beneficiar do regime jurídico de faltas e licenças equiparado ao dos pais e dos filhos. O apadrinhamento civil consiste numa relação jurídica, tendencialmente de carácter permanente, entre uma criança ou jovem e uma pessoa singular ou uma família que exerça os poderes e deveres próprios dos pais e que com ele estabeleçam vínculos afectivos que permitam o seu bem-estar e desenvolvimento, constituída por homologação ou decisão judicial e sujeita a registo civil, cfr. artigo 2.º da Lei n.º 103/2009, de 11 de Setembro, regulamentada pelo Decreto-Lei n.º 121/2010, de 27 de Outubro, alterado pela Lei n.º 2/2016 de 29 de Fevereiro.

ARTIGO 52.º – Licença para assistência a filho

1 – Depois de esgotado o direito referido no artigo anterior, os progenitores têm direito a licença para assistência a filho, de modo consecutivo ou interpolado, até ao limite de dois anos.

2 – No caso de terceiro filho ou mais, a licença prevista no número anterior tem o limite três anos.

3 – O trabalhador tem direito a licença se o outro progenitor exercer actividade profissional ou estiver impedido ou inibido totalmente de exercer o poder paternal.

4 – Se houver dois titulares, a licença pode ser gozada por qualquer deles ou por ambos em períodos sucessivos.

5 – Durante o período de licença para assistência a filho, o trabalhador não pode exercer outra actividade incompatível com a respectiva finalidade, nomeadamente trabalho subordinado ou prestação continuada de serviços fora da sua residência habitual.

6 – Para exercício do direito, o trabalhador informa o empregador, por escrito e com a antecedência de 30 dias:

a) Do início e do termo do período em que pretende gozar a licença;

b) Que o outro progenitor tem actividade profissional e não se encontra ao mesmo tempo em situação de licença, ou que está impedido ou inibido totalmente de exercer o poder paternal;

c) Que o menor vive com ele em comunhão de mesa e habitação;

d) Que não está esgotado o período máximo de duração da licença.

7 – Na falta de indicação em contrário por parte do trabalhador, a licença tem a duração de seis meses.

8 – À prorrogação do período de licença pelo trabalhador, dentro dos limites previstos nos n.ºs 1 e 2, é aplicável o disposto no n.º 6.

9 – Constitui contra-ordenação grave a violação do disposto nos n.ºs 1 ou 2.

1. Este preceito corresponde aos n.ºs 3 e 4 do artigo 43.º do anterior Código do Trabalho, aprovado pela Lei n.º 99/2003.

2. Nos termos da alínea n) do n.º 1 do artigo 35.º, a licença para assistência a filho é um direito atribuído, que materializa a protecção na parentalidade.

3. O n.º 6 estabelece o procedimento que o trabalhador deve cumprir para poder beneficiar da licença para assistência a filho.

4. Nos termos do n.º 4 do artigo 65.º, a licença para assistência a filho:

a) Suspende-se por doença do trabalhador, se este informar o empregador e apresentar atestado médico comprovativo, e prossegue logo após a cessação desse impedimento;
b) Não pode ser suspensa por conveniência do empregador;
c) Não prejudica o direito do trabalhador a aceder à informação periódica emitida pelo empregador para o conjunto dos trabalhadores;
d) Termina com a cessação da situação que originou a respectiva licença que deve ser comunicada ao empregador no prazo de cinco dias.

Estabelece o n.º 5 do mesmo artigo 65.º, que, no termo da situação de licença para assistência a filho, o trabalhador tem direito a retomar a actividade contratada, devendo, no caso de cessação da situação que originou a licença para assistência a filho, retomá-la na primeira vaga que ocorrer na empresa ou, se esta entretanto se não verificar, no termo do período previsto para a licença.

Determina o n.º 6 do mesmo artigo 65.º, a licença para assistência a filho suspende os direitos, deveres e garantias das partes na medida em que pressuponham a efectiva prestação de trabalho, designadamente a retribuição, mas não prejudica os benefícios complementares de assistência médica e medicamentosa a que o trabalhador tenha direito.

5. Nada obsta que a forma escrita, imposta pelo n.º 6, seja satisfeita através de documento electrónico, ou seja, por documento elaborado mediante processamento electrónico de dados. Por outras palavras, nada impede que a forma escrita seja adoptada através de uma declaração escrita enviada por correio electrónico (e-mail) para um endereço electrónico. Sobre a validade, eficácia e valor probatório dos documentos electrónicos remete-se para a anotação 4. ao artigo 107.º

6. Note-se que o n.º 1 do artigo 64.º procede a uma extensão de direitos atribuídos a progenitores. Com efeito, estabelece aquela norma que o adoptante, o tutor, a pessoa a quem for deferida a confiança judicial ou administrativa do menor, bem como o cônjuge ou a pessoa em união de facto com qualquer daqueles ou com o progenitor, desde que viva em comunhão de mesa e habitação com o menor, beneficia do direito a licença para assistência a filho.

7. O disposto neste artigo 52.º é ainda aplicável ao apadrinhamento civil, por força do disposto na alínea a) do n.º 1 do artigo 23.º da Lei n.º 103/2009, de 11 de Setembro, alterada pela Lei n.º 141/2015 de 8 de Setembro, que determina que os padrinhos e o afilhado têm direito a beneficiar do regime jurídico de faltas e licenças equiparado ao dos pais e dos filhos. O apadrinhamento civil consiste numa relação jurídica, tendencialmente de carácter permanente, entre uma criança ou jovem e uma pessoa singular ou uma família que exerça os poderes e deveres próprios dos pais e que com ele estabeleçam vínculos afectivos que permitam o seu bem-estar e desenvolvimento, constituída por homologação ou decisão judicial e sujeita a registo civil, cfr. artigo 2.º da Lei n.º 103/2009, de 11 de Setembro, regulamentada pelo Decreto-Lei n.º 121/2010, de 27 de Outubro, alterado pela Lei n.º 2/2016 de 29 de Fevereiro.

ARTIGO 53.º – Licença para assistência a filho com deficiência, doença crónica ou doença oncológica

1 – Os progenitores têm direito a licença por período até seis meses, prorrogável até quatro anos, para assistência de filho com deficiência, doença crónica ou doença oncológica.

2 – Caso o filho com deficiência, doença crónica ou doença oncológica tenha 12 ou mais anos de idade a necessidade de assistência é confirmada por atestado médico.

3 – A licença prevista no n.º 1 pode ser prorrogável até ao limite máximo de seis anos, nas situações de necessidade de prolongamento da assistência, confirmada por atestado médico.

4 – O limite máximo definido no n.º 3 não é aplicável no caso de filhos com doença prolongada em estado terminal, confirmada por atestado médico.

5 – É aplicável à licença prevista nos n.os 1, 3 e 4 o regime constante dos n.os 3 a 8 do artigo anterior.

6 – Constitui contra-ordenação grave a violação do disposto nos n.os 1, 3 ou 4.

1. Este preceito corresponde ao artigo 44.º do anterior Código do Trabalho, aprovado pela Lei n.º 99/2003.

2. A redacção deste preceito foi alterada pelo artigo 2.º da Lei n.º 90/2019, de 4 de Setembro. Na versão originária do Código do Trabalho, aprovado pela Lei n.º 7/2009, de 12 de Fevereiro, este artigo 53.º tinha a seguinte redacção:

> "1 – Os progenitores têm direito a licença por período até seis meses, prorrogável até quatro anos, para assistência de filho com deficiência ou doença crónica.
>
> 2 – Caso o filho com deficiência ou doença crónica tenha 12 ou mais anos de idade a necessidade de assistência é confirmada por atestado médico.
>
> 3 – É aplicável à licença prevista no n.º 1 o regime constante dos n.os 3 a 8 do artigo anterior.
>
> 4 – Constitui contra-ordenação grave a violação do disposto no n.º 1.".

3. Nos termos da alínea o) do n.º 1 do artigo 35.º, a licença para assistência a filho com deficiência, doença crónica ou doença oncológica, é um direito atribuído, que materializa a protecção na parentalidade.

4. Por força do n.º 5, é aplicável à licença para assistência a filho com deficiência, doença crónica ou doença oncológica o regime previsto nos n.os 3 a 8 do artigo 52.º, pelo que é o n.º 6 do artigo 52.º que se estabelece o procedimento que o trabalhador deve cumprir para poder beneficiar da licença para assistência a filho com deficiência, doença crónica ou doença oncológica. Sobre os n.os 3 a 8 do artigo 52.º vejam-se as anotações àquele preceito.

5. Nos termos do n.º 4 do artigo 65.º, a licença para assistência a filho com deficiência, doença crónica ou doença oncológica:

a) Suspende-se por doença do trabalhador, se este informar o empregador e apresentar atestado médico comprovativo, e prossegue logo após a cessação desse impedimento;

b) Não pode ser suspensa por conveniência do empregador;

c) Não prejudica o direito do trabalhador a aceder à informação periódica emitida pelo empregador para o conjunto dos trabalhadores;

d) Termina com a cessação da situação que originou a respectiva licença que deve ser comunicada ao empregador no prazo de cinco dias.

Estabelece o n.º 5 do mesmo artigo 65.º, que, no termo da situação de licença para assistência a filho com deficiência, doença crónica ou doença oncológica, o trabalhador tem direito a retomar a actividade contratada, devendo, no caso de cessação da situação que originou a licença para assistência a filho com deficiência ou doença crónica, retomá-la na primeira vaga que ocorrer na empresa ou, se esta entretanto se não verificar, no termo do período previsto para a licença.

Determina o n.º 6 do mesmo artigo 65.º, que a licença para assistência a filho com deficiência, doença crónica ou doença oncológica suspende os direitos, deveres e garantias das partes na medida em que pressuponham a efectiva prestação de trabalho, designadamente a retribuição, mas não prejudica os benefícios complementares de assistência médica e medicamentosa a que o trabalhador tenha direito.

6. Tal como previsto no n.º 1 do artigo 34.º, os regimes de concessão de prestações sociais para os diferentes períodos de licença por parentalidade, consta de legislação específica, o Decreto-Lei n.º 91/2009, de 9 de Abril, alterado pelos Decretos-Leis n.os 70/2010, de 16 de Junho, e 133/2012, de 27 de Junho, pela Lei n.º 120/2015, de 1 de Setembro, pelos Decretos-Leis n.os 53/2018, de 2 de Julho, e 84/2019, de 28 de Junho, e pela Lei n.º 90/2019, de 4 de Setembro, que institui no seu artigo 20.º o subsídio para assistência a filho com deficiência, doença crónica ou doença oncológica.

No que se refere aos montantes dos subsídios previstos no Decreto-Lei n.º 91/2009, veja-se também a Lei n.º 7/2016, de 17 de Março, que determina que nas regiões autónomas da Madeira e dos Açores exista uma majoração de 2%.

7. Note-se que o n.º 1 do artigo 64.º procede a uma extensão de direitos atribuídos a progenitores. Com efeito, estabelece aquela norma que o adoptante, o tutor, a pessoa a quem for deferida a confiança judicial ou administrativa do menor, bem como o cônjuge ou a pessoa em união de facto com qualquer daqueles ou com o progenitor, desde que viva em comunhão de mesa e habitação com o menor, beneficia do direito a licença para assistência a filho com deficiência ou doença crónica.

8. O disposto neste artigo 53.º é ainda aplicável ao apadrinhamento civil, por força do disposto nas alíneas a) e c) do n.º 1 do artigo 23.º da Lei n.º 103/2009, de 11 de Setembro, alterada pela Lei n.º 141/2015 de 8 de Setembro, que determina que os padrinhos e o afilhado têm direito a beneficiar do regime jurídico de faltas e licenças equiparado ao dos pais e dos filhos, e de acompanhar-se reciprocamente na assistência na doença, como se fossem pais e filhos. O apadrinhamento civil consiste numa relação jurídica, tendencialmente de carácter permanente, entre uma criança ou jovem e uma pessoa singular ou uma família que exerça os poderes e deveres próprios dos pais e que com ele estabeleçam vínculos afectivos que permitam o seu bem-estar e desenvolvimento, constituída por homologação ou decisão judicial e sujeita a registo civil, cfr. artigo 2.º da Lei n.º 103/2009, de 11 de Setembro, regulamentada pelo Decreto-Lei n.º 121/2010, de 27 de Outubro, alterado pela Lei n.º 2/2016 de 29 de Fevereiro.

ARTIGO 54.º – Redução do tempo de trabalho para assistência a filho menor com deficiência ou doença crónica

1 – Os progenitores de menor com deficiência ou doença crónica, com idade não superior a um ano, têm direito a redução de cinco horas do período normal de trabalho semanal, ou outras condições de trabalho especiais, para assistência ao filho.

2 – Não há lugar ao exercício do direito referido no número anterior quando um dos progenitores não exerça actividade profissional e não esteja impedido ou inibido totalmente de exercer o poder paternal.

3 – Se ambos os progenitores forem titulares do direito, a redução do período normal de trabalho pode ser utilizada por qualquer deles ou por ambos em períodos sucessivos.

4 – O empregador deve adequar o horário de trabalho resultante da redução do período normal de trabalho tendo em conta a preferência do trabalhador, sem prejuízo de exigências imperiosas do funcionamento da empresa.

5 – A redução do período normal de trabalho semanal não implica diminuição de direitos consagrados na lei, salvo quanto à retribuição, que só é devida na medida em que a redução, em cada ano, exceda o número de faltas substituíveis por perda de gozo de dias de férias.

6 – Para redução do período normal de trabalho semanal, o trabalhador deve comunicar ao empregador a sua intenção com a antecedência de 10 dias, bem como:

a) Apresentar atestado médico comprovativo da deficiência ou da doença crónica;

b) Declarar que o outro progenitor tem actividade profissional ou que está impedido ou inibido totalmente de exercer o poder paternal e, sendo caso disso, que não exerce ao mesmo tempo este direito.

7 – Constitui contra-ordenação grave a violação do disposto nos n.os 1, 3, 4 ou 5.

1. Este preceito não tinha correspondência no anterior Código do Trabalho, aprovado pela Lei n.º 99/2003, de 27 de Agosto. Corresponde ao artigo 70.º da Lei n.º 35/2004, de 29 de Julho, que regulamentou o anterior Código do Trabalho.

2. De acordo com o n.º 1, os progenitores de menor com deficiência ou doença crónica, com idade não superior a um ano, têm direito a redução de cinco horas do período normal de trabalho semanal, ou outras condições de trabalho especiais, para assistência ao filho. Este direito de beneficiar da redução de cinco horas do período normal de trabalho semanal, ou outras condições de trabalho especiais, só poderá ser exercido desde que o outro progenitor tenha actividade profissional, cfr. n.º 2.

3. Por determinação do n.º 5, a redução do período normal de trabalho semanal implica diminuição da retribuição, que só é devida na medida em que a redução do período normal de trabalho, em cada ano, exceda o número de faltas substituíveis por perda de gozo de dias de férias. Para o efeito, releva o disposto no n.º 1 do artigo 257.º, que permite que o trabalhador renuncie ao gozo de dias de férias que excedam 20 dias úteis, ou a correspondente proporção no caso de férias no ano de admissão.

4. O n.º 6 estabelece o procedimento que o trabalhador deve cumprir para poder beneficiar da redução do tempo de trabalho para assistência a filho menor com deficiência ou doença crónica.

5. Note-se que o n.º 1 do artigo 64.º procede a uma extensão de direitos atribuídos a progenitores. Com efeito, estabelece aquela norma que o adoptante, o tutor, a pessoa a quem for deferida a confiança judicial ou administrativa do menor, bem como o cônjuge ou a pessoa em união de facto com qualquer daqueles ou com o progenitor, desde que viva em comunhão de mesa e habitação com o menor, beneficia do direito a redução do tempo de trabalho para assistência a filho menor com deficiência ou doença crónica.

6. O disposto neste artigo 54.º é ainda aplicável ao apadrinhamento civil, por força do disposto nas alíneas a) e c) do n.º 1 do artigo 23.º da Lei n.º 103/2009, de

11 de Setembro, alterada pela Lei n.º 141/2015 de 8 de Setembro, que determina que os padrinhos e o afilhado têm direito a beneficiar do regime jurídico de faltas e licenças equiparado ao dos pais e dos filhos, e de acompanhar-se reciprocamente na assistência na doença, como se fossem pais e filhos. O apadrinhamento civil consiste numa relação jurídica, tendencialmente de carácter permanente, entre uma criança ou jovem e uma pessoa singular ou uma família que exerça os poderes e deveres próprios dos pais e que com ele estabeleçam vínculos afectivos que permitam o seu bem-estar e desenvolvimento, constituída por homologação ou decisão judicial e sujeita a registo civil, cfr. artigo 2.º da Lei n.º 103/2009, de 11 de Setembro, regulamentada pelo Decreto-Lei n.º 121/2010, de 27 de Outubro, alterado pela Lei n.º 2/2016 de 29 de Fevereiro.

7. O trabalhador com filho com idade até 3 anos tem direito, nos termos do n.º 3 do artigo 166.º, a exercer a actividade em regime de teletrabalho, quando esse regime seja compatível com a actividade desempenhada e o empregador disponha de recursos e meios para o efeito.

ARTIGO 55.º – Trabalho a tempo parcial de trabalhador com responsabilidades familiares

1 – O trabalhador com filho menor de 12 anos ou, independentemente da idade, filho com deficiência ou doença crónica que com ele viva em comunhão de mesa e habitação tem direito a trabalhar a tempo parcial.

2 – O direito pode ser exercido por qualquer dos progenitores ou por ambos em períodos sucessivos, depois da licença parental complementar, em qualquer das suas modalidades.

3 – Salvo acordo em contrário, o período normal de trabalho a tempo parcial corresponde a metade do praticado a tempo completo numa situação comparável e, conforme o pedido do trabalhador, é prestado diariamente, de manhã ou de tarde, ou em três dias por semana.

4 – A prestação de trabalho a tempo parcial pode ser prorrogada até dois anos ou, no caso de terceiro filho ou mais, três anos, ou ainda, no caso de filho com deficiência ou doença crónica, quatro anos.

5 – Durante o período de trabalho em regime de tempo parcial, o trabalhador não pode exercer outra actividade incompatível com a respectiva finalidade, nomeadamente trabalho subordinado ou prestação continuada de serviços fora da sua residência habitual.

6 – A prestação de trabalho a tempo parcial cessa no termo do período para que foi concedida ou no da sua prorrogação, retomando o trabalhador a prestação de trabalho a tempo completo.

7 – O trabalhador que opte pelo trabalho em regime de tempo parcial nos termos do presente artigo não pode ser penalizado em matéria de avaliação e de progressão na carreira.

8 – Constitui contra-ordenação grave a violação do disposto neste artigo.

1. Este preceito corresponde aos n.ºs 1 e 2 do artigo 45.º do anterior Código do Trabalho, aprovado pela Lei n.º 99/2003. A redacção do actual n.º 7 foi introduzida pela Lei n.º 120/2015, de 1 de Setembro, que renumerou aquele anterior n.º 7, que passou ao actual n.º 8.

2. Nos termos da alínea p) do n.º 1 do artigo 35.º, o trabalho a tempo parcial de trabalhador com responsabilidades familiares é um direito atribuído, que materializa a protecção na parentalidade.

3. Nos termos da lei, menor é quem não tiver completado dezoito anos de idade, cfr. artigo 122.º do Código Civil.

4. Considera-se trabalho a tempo parcial o que corresponda a um período normal de trabalho semanal inferior ao praticado a tempo completo, em situação comparável, cfr. n.º 1 do artigo 150.º Sobre o trabalho a tempo parcial vejam-se os artigos 150.º e segs.

5. O n.º 2 faz depender o direito de qualquer dos progenitores, ou de ambos em períodos sucessivos, a trabalhar a tempo parcial, do gozo anterior da licença parental complementar, em qualquer das suas modalidades. As modalidades da licença parental complementar encontram-se previstas no n.º 1 do artigo 51.º, sendo uma das seguintes:

a) Licença parental alargada, por três meses;
b) Trabalho a tempo parcial durante 12 meses, com um período normal de trabalho igual a metade do tempo completo;
c) Períodos intercalados de licença parental alargada e de trabalho a tempo parcial em que a duração total da ausência e da redução do tempo de trabalho seja igual aos períodos normais de trabalho de três meses;
d) Ausências interpoladas ao trabalho com duração igual aos períodos normais de trabalho de três meses, desde que previstas em instrumento de regulamentação colectiva de trabalho.

6. O n.º 4 determina a duração máxima do exercício do direito a trabalho a tempo parcial de trabalhador com responsabilidades familiares, que pode atingir os dois anos ou, no caso de terceiro filho ou mais, três anos, ou ainda, no caso de filho com deficiência ou doença crónica, quatro anos, nestes períodos se incluindo qualquer eventual prorrogação que tenha lugar, a pedido do trabalhador. Note-se contudo que a lei não estabelece qualquer período mínimo, cabendo ao trabalhador delinear o período de tempo mínimo em que irá exercer o direito a trabalhar a tempo parcial. Também não estabelece a lei qual o momento relevante para início da contagem do prazo de dois, três ou quatro anos, devendo entender-se que a contagem do prazo tem início com o gozo efectivo do direito a trabalho a tempo parcial.

7. O n.º 4 e o n.º 6 admitem que a prestação de trabalho a tempo parcial de trabalhador com responsabilidades familiares pode ser prorrogada. Juridicamente a prorrogação pressupõe uma continuidade no tempo, ou seja, subentende-se a inexistência de qualquer interrupção do exercício do direito. Significa isto que um trabalhador que preste o seu trabalho a tempo parcial enquanto trabalhador com responsabilidades familiares durante seis meses, retomando posteriormente a prestação do trabalho a tempo completo durante algum tempo, sem que se achem ainda decorridos os dois anos, não poderá, ainda que necessite, beneficiar novamente da prestação de trabalho a tempo parcial ao abrigo do regime da parentalidade. Caso necessite de o fazer, terá de se socorrer do regime do trabalho a tempo parcial, previsto no artigo 150.º, e que se mostra mais exigente face ao disposto neste artigo 55.º que consagra a prestação do trabalho a tempo parcial como um direito do trabalhador com responsabilidades familiares, exigindo-se no regime geral do trabalho a tempo parcial o acordo do empregador, cfr. n.º 1 do artigo 155.º

8. A lei não limita o número de vezes que o exercício do direito a trabalhar a tempo parcial, por parte de trabalhador com responsabilidades familiares, pode ser prorrogado. As palavras da lei não inculcam outro sentido. Ou seja, do elemento literal deste preceito não se retira que a prorrogação só pode ser feita por uma só vez. O legislador utilizou o termo "prorrogado", sem fixação de qualquer número máximo de prorrogações. Se o legislador tivesse querido limitar o número de vezes da prorrogação, tê-lo-ia dito, por exemplo, através de uma fórmula idêntica a esta: "pode ser prorrogado por uma só vez".

9. O n.º 5 estabelece expressamente que durante o período de trabalho em regime de tempo parcial, aplicável por força do regime de protecção na parentalidade, o trabalhador não pode exercer outra actividade incompatível com a respectiva finalidade, nomeadamente trabalho subordinado ou prestação continuada de serviços fora da sua residência habitual. A solução prevista neste n.º 5 decorreria sempre do princípio da boa fé que deve presidir na relação entre empregador e trabalhador, previsto no n.º 1 do artigo 126.º, e n.º 2 do artigo 762.º do Código Civil. Ou seja, solicitando o trabalhador a aplicação de um regime estabelecido por lei para protecção na parentalidade, o trabalhador que conseguisse a sua aplicação para, em detrimento de acompanhar o filho, exercer outra actividade, durante o tempo de trabalho a que estaria obrigado perante o empregador – não fosse o exercicio do direito previsto neste artigo 55.º – estaria a faltar ao seu dever de lealdade ao empregador, cfr. alínea f) do do n.º 1 do artigo 128.º

A violação, pelo trabalhador, do n.º 5 pode gerar responsabilidade disciplinar e civil, consoante as circunstâncias verificadas em concreto.

10. O disposto no n.º 7 é redundante. Se constitui um direito do trabalhador que tenha um filho menor de 12 anos ou, independentemente da idade, filho com deficiência ou doença crónica que com ele viva em comunhão de mesa e habitação, trabalhar a tempo parcial, tal já significava que o exercício de uma faculdade legal não poderia, juridicamente, ter como consequência uma qualquer penalização na eventual avaliação a que fosse sujeito, ou em termos de desenvolvimento na sua carreira. E se dúvidas pudessem existir, o artigo 24.º, que estabelece que o trabalhador tem direito a igualdade de oportunidades e de tratamento no que se refere à promoção ou carreira profissionais e às condições de trabalho, sempre impediria que o trabalhador pudesse ser prejudicado em matéria de avaliação e de progressão na carreira.

11. Para poder beneficiar do regime do trabalho a tempo parcial de trabalhador com responsabilidades familiares, o trabalhador deve cumprir o procedimento fixado no artigo 57.º

12. Note-se que o n.º 1 do artigo 64.º procede a uma extensão de direitos atribuídos a progenitores. Com efeito, estabelece aquela norma que o adoptante, o tutor, a pessoa a quem for deferida a confiança judicial ou administrativa do menor, bem como o cônjuge ou a pessoa em união de facto com qualquer daqueles ou com o progenitor, desde que viva em comunhão de mesa e habitação com o menor, beneficia do direito a trabalho a tempo parcial de trabalhador com responsabilidades familiares.

13. O disposto neste artigo 55.º é ainda aplicável ao apadrinhamento civil, por força do disposto nas alíneas a) e c) do n.º 1 do artigo 23.º da Lei n.º 103/2009, de 11 de Setembro, alterada pela Lei n.º 141/2015 de 8 de Setembro, que determina que os padrinhos e o afilhado têm direito a beneficiar do regime jurídico de faltas e licenças equiparado ao dos pais e dos filhos, e de acompanhar-se reciprocamente na assistência na doença, como se fossem pais e filhos. O apadrinhamento civil consiste numa relação jurídica, tendencialmente de carácter permanente, entre uma criança ou jovem e uma pessoa singular ou uma família que exerça os poderes e deveres próprios dos pais e que com ele estabeleçam vínculos afectivos que permitam o seu bem-estar e desenvolvimento, constituída por homologação ou decisão judicial e sujeita a registo civil, cfr. artigo 2.º da Lei n.º 103/2009, de 11 de Setembro, regulamentada pelo Decreto-Lei n.º 121/2010, de 27 de Outubro, alterado pela Lei n.º 2/2016 de 29 de Fevereiro.

14. O trabalhador com filho com idade até 3 anos tem direito, nos termos do n.º 3 do artigo 166.º, a exercer a actividade em regime de teletrabalho, quando esse regime seja compatível com a actividade desempenhada e o empregador disponha de recursos e meios para o efeito.

ARTIGO 56.º – Horário flexível de trabalhador com responsabilidades familiares

1 – O trabalhador com filho menor de 12 anos ou, independentemente da idade, filho com deficiência ou doença crónica que com ele viva em comunhão de mesa e habitação, tem direito a trabalhar em regime de horário de trabalho flexível, podendo o direito ser exercido por qualquer dos progenitores ou por ambos.

2 – Entende-se por horário flexível aquele em que o trabalhador pode escolher, dentro de certos limites, as horas de início e termo do período normal de trabalho diário.

3 – O horário flexível, a elaborar pelo empregador, deve:

a) Conter um ou dois períodos de presença obrigatória, com duração igual a metade do período normal de trabalho diário;

b) Indicar os períodos para início e termo do trabalho normal diário, cada um com duração não inferior a um terço do período normal de trabalho diário, podendo esta duração ser reduzida na medida do necessário para que o horário se contenha dentro do período de funcionamento do estabelecimento;

c) Estabelecer um período para intervalo de descanso não superior a duas horas.

4 – O trabalhador que trabalhe em regime de horário flexível pode efectuar até seis horas consecutivas de trabalho e até dez horas de trabalho em cada dia e deve cumprir o correspondente período normal de trabalho semanal, em média de cada período de quatro semanas.

5 – O trabalhador que opte pelo trabalho em regime de horário flexível, nos termos do presente artigo, não pode ser penalizado em matéria de avaliação e de progressão na carreira.

6 – Constitui contra-ordenação grave a violação do disposto no n.º 1.

1. Este preceito corresponde aos n.os 1 e 2 do artigo 45.º do anterior Código do Trabalho, aprovado pela Lei n.º 99/2003. A redacção do actual n.º 5 foi introduzida pela Lei n.º 120/2015, de 1 de Setembro, que renumerou o anterior n.º 5, que passou ao actual n.º 6.

2. Nos termos da alínea q) do n.º 1 do artigo 35.º, o horário flexível de trabalhador com responsabilidades familiares é um direito atribuído, que materializa a protecção na parentalidade.

3. Nos termos da lei, menor é quem não tiver completado dezoito anos de idade, cfr. artigo 122.º do Código Civil.

4. Para poder beneficiar do regime do horário flexível de trabalhador com responsabilidades familiares, o trabalhador deve cumprir o procedimento fixado no artigo 57.º

5. A lei não estabelece qualquer período mínimo de exercício do direito a trabalhar em regime de horário de trabalho flexível, cabendo ao trabalhador delineá-lo.

O direito a trabalhar em regime de horário de trabalho flexível não tem qualquer outro limite máximo que não seja aquele que resulta do n.º 1. Isto significa, que o trabalhador com responsabilidades familiares pode, no limite, prestar o seu trabalho neste regime horário até ao momento em que o filho atinja os 12 anos, limite que inexiste relativamente a trabalhador com filho com deficiência ou doença crónica que com ele viva em comunhão de mesa e habitação. Temporalmente, e constituindo o horário flexível um direito do trabalhador com responsabilidades familiares, o limite da sua duração é aquele que for fixado pelo trabalhador no pedido de autorização que dirigir ao empregador, cfr. alínea a) do n.º 1 do artigo 57.º Contudo, e apesar deste artigo 56.º não mencionar a possibilidade do prazo de exercício do direito do trabalhador ser prorrogado, caso não se mostrem ultrapassados os doze anos de idade do filho, a verdade é que o n.º 9 do artigo 57.º que fixa o procedimento para a autorização quer de trabalho a tempo parcial, quer em regime de horário flexível, admite a sua verificação. Aquele n.º 9 do artigo 57.º estabelece, sem distinguir, que ao pedido inicial é aplicável o disposto na lei para o pedido inicial.

6. O disposto neste artigo 56.º do Código do Trabalho, não pode ser encarado em termos absolutos. Ou seja, mesmo nas hipóteses contempladas neste preceito, a concessão de um horário flexível não é automática nem pode ser desligada da situação da empresa. Pode por exemplo ocorrer uma situação de colisão de direitos, cfr. artigo 335.º do Código Civil, o que terá maior probabilidade de ocorrer sempre que que a empresa ou estabelecimento tenha um período de funcionamento, cfr. artigo 201.º, que ultrapasse os limites máximos do período normal de trabalho, cfr. artigo 203.º É o que sucederá quando, por exemplo, um muito elevado número de trabalhadoras com filhos menores de 12 anos da mesma empresa ou estabelecimento com horário de funcionamento das 09:00 às 20:00 horas, que venha cumprindo um horário rotativo, pretenda exercer o mesmo horário, das 09:00 às 18:00 horas, apresentando assim necessidades idênticas decorrentes da condição de mães, sendo que a concessão do horário flexível a algumas delas poderia prejudicar as demais trabalhadoras. Em semelhante exemplo as trabalhadoras a quem não fosse autorizado o horário flexível teriam de garantir o período de funcionamento da empresa ou estabelecimento que deixasse de ser assegurado pelas trabalhadoras que passassem a beneficiar do horário flexível, com o que teriam maiores dificuldades em acompanhar o filho, além de que teriam uma diferenciação de tratamento sem motivo. Quando se verificar uma situação de colisão de direitos, impor-se-á a cedência dos respectivos titulares dos direitos na medida do necessário "para que todos produzam igualmente os seus efeitos, sem maior detrimento para qualquer das partes". Em concreto, poderá significar que se justifique a manutenção do horário de trabalho que vinha sendo cumprido antes do pedido de horário flexível, designadamente se esse horário for aquele que se mostre mais apto a permitir a todas as trabalhadoras que são mães de menores de 12 anos exercer de modo mais igualitário possível as suas responsabilidades familiares. Neste sentido, veja-se o Acórdão do Tribunal da Relação do Porto, de 26 de Abril de 2010, processo 123/09.0TTVNG.P2, documento n.º RP20100426123/09.0TTVNG.P2, disponível em www.dgsi.pt.

7. O disposto no n.º 5 é redundante. Se constitui um direito do trabalhador que tenha um filho menor de 12 anos ou, independentemente da idade, filho com deficiência ou doença crónica que com ele viva em comunhão de mesa e habitação, trabalhar em regime de horário de trabalho flexível, tal já significava que o exercício de uma faculdade legal não poderia, juridicamente, ter como consequência uma qualquer penalização na eventual avaliação a que fosse sujeito, ou em termos de desenvolvimento na sua carreira. E se dúvidas pudessem existir, o artigo 24.º, que estabelece que o trabalhador tem direito a igualdade de oportunidades e de tratamento no que se refere à promoção ou carreira profissionais e às condições de trabalho, sempre impediria que o trabalhador pudesse ser prejudicado em matéria de avaliação e de progressão na carreira.

8. Note-se que o n.º 1 do artigo 64.º procede a uma extensão de direitos atribuídos a progenitores. Com efeito, estabelece aquela norma que o adoptante, o tutor, a pessoa a quem for deferida a confiança judicial ou administrativa do menor, bem como o cônjuge ou a pessoa em união de facto com qualquer daqueles ou com o progenitor, desde que viva em comunhão de mesa e habitação com o menor, beneficia do direito a horário flexível de trabalhador com responsabilidades familiares.

9. O disposto neste artigo 56.º é ainda aplicável ao apadrinhamento civil, por força do disposto nas alíneas a) e c) do n.º 1 do artigo 23.º da Lei n.º 103/2009, de 11 de Setembro, alterada pela Lei n.º 141/2015 de 8 de Setembro, que determina que os padrinhos e o afilhado têm direito a beneficiar do regime jurídico de faltas e licenças equiparado ao dos pais e dos filhos, e de acompanhar-se reciprocamente na assistência na doença, como se fossem pais e filhos. O apadrinhamento civil consiste numa relação jurídica, tendencialmente de carácter permanente, entre uma criança ou jovem e uma pessoa singular ou uma família que exerça os poderes e deveres próprios dos pais e que com ele estabeleçam vínculos afectivos que permitam o seu bem-estar e desenvolvimento, constituída por homologação ou decisão judicial e sujeita a registo civil, cfr. artigo 2.º da Lei n.º 103/2009, de 11 de Setembro, regulamentada pelo Decreto-Lei n.º 121/2010, de 27 de Outubro, alterado pela Lei n.º 2/2016 de 29 de Fevereiro.

10. O trabalhador com filho com idade até 3 anos tem direito, nos termos do n.º 3 do artigo 166.º, a exercer a actividade em regime de teletrabalho, quando esse regime seja compatível com a actividade desempenhada e o empregador disponha de recursos e meios para o efeito.

ARTIGO 57.º – Autorização de trabalho a tempo parcial ou em regime de horário flexível

1 – O trabalhador que pretenda trabalhar a tempo parcial ou em regime de horário de trabalho flexível deve solicitá-lo ao empregador, por escrito, com a antecedência de 30 dias, com os seguintes elementos:

a) Indicação do prazo previsto, dentro do limite aplicável;

b) Declaração da qual conste:

i) que o menor vive com ele em comunhão de mesa e habitação;

ii) no regime de trabalho a tempo parcial, que não está esgotado o período máximo de duração;

iii) no regime de trabalho a tempo parcial, que o outro progenitor tem actividade profissional e não se encontra ao mesmo tempo em situação de trabalho a tempo parcial ou que está impedido ou inibido totalmente de exercer o poder paternal;

c) A modalidade pretendida de organização do trabalho a tempo parcial.

2 – O empregador apenas pode recusar o pedido com fundamento em exigências imperiosas do funcionamento da empresa, ou na impossibilidade de substituir o trabalhador se este for indispensável.

3 – No prazo de 20 dias contados a partir da recepção do pedido, o empregador comunica ao trabalhador, por escrito, a sua decisão.

4 – No caso de pretender recusar o pedido, na comunicação o empregador indica o fundamento da intenção de recusa, podendo o trabalhador apresentar, por escrito, uma apreciação no prazo de cinco dias a partir da recepção.

5 – Nos cinco dias subsequentes ao fim do prazo para apreciação pelo trabalhador, o empregador envia o processo para apreciação pela entidade competente na área da igualdade de oportunidades entre homens e mulheres, com cópia do pedido, do fundamento da intenção de o recusar e da apreciação do trabalhador.

6 – A entidade referida no número anterior, no prazo de 30 dias, notifica o empregador e o trabalhador do seu parecer, o qual se considera favorável à intenção do empregador se não for emitido naquele prazo.

7 – Se o parecer referido no número anterior for desfavorável, o empregador só pode recusar o pedido após decisão judicial que reconheça a existência de motivo justificativo.

8 – Considera-se que o empregador aceita o pedido do trabalhador nos seus precisos termos:

a) Se não comunicar a intenção de recusa no prazo de 20 dias após a recepção do pedido;

b) Se, tendo comunicado a intenção de recusar o pedido, não informar o trabalhador da decisão sobre o mesmo nos cinco dias subsequentes à notificação referida no n.º 6 ou, consoante o caso, ao fim do prazo estabelecido nesse número;

c) Se não submeter o processo à apreciação da entidade competente na área da igualdade de oportunidades entre homens e mulheres dentro do prazo previsto no n.º 5.

9 – Ao pedido de prorrogação é aplicável o disposto para o pedido inicial.

10 – Constitui contra ordenação grave a violação do disposto nos n.os 2, 3, 5 ou 7.

1. Este preceito não tinha correspondência no anterior Código do Trabalho, aprovado pela Lei n.º 99/2003, de 27 de Agosto. Corresponde ao artigo 80.º da Lei n.º 35/2004, de 29 de Julho, que regulamentou o anterior Código do Trabalho.

2. Este artigo 57.º fixa o procedimento que o trabalhador deve cumprir para poder beneficiar do regime de trabalho a tempo parcial de trabalhador com responsabilidades familiares, cfr. artigo 55.º, ou do horário flexível de trabalhador com responsabilidades familiares, cfr. artigo 56.º

3. Nos termos da alínea a) do n.º 1, entre os elementos que o pedido de autorização ao empregador, e realizado pelo trabalhador, deve conter, encontra-se a indicação do prazo previsto. Significa isto que este pedido terá de ser objectivado, isto é, tem de ser traduzido numericamente, de forma que, sendo deferido pelo empregador, se possa saber antecipadamente, e com precisão, a data em que o trabalhador cessa a prestação de trabalho a tempo parcial, ou em regime de horário de trabalho flexível.

4. De acordo com o n.º 2 o empregador apenas pode recusar o pedido com fundamento em exigências imperiosas do funcionamento da empresa, ou na impossibilidade de substituir o trabalhador se este for indispensável. Não basta por isso uma qualquer exigência, exigindo-se em seu lugar uma exigência impreterível.

Salvo melhor opinião, deverá entender-se que constitui uma exigência imperiosa do funcionamento da empresa quando, por exemplo, exista já um número elevado de trabalhadores a usufruírem de um horário flexível, e a concessão de mais algum acarretaria que o horário de funcionamento da empresa ou estabelecimento deixasse de ser assegurado. A protecção na parentalidade, sendo um direito constitucionalmente reconhecido, não deverá colocar em causa a sustentabilidade da empresa ou estabelecimento, e assim a viabilidade dos seus postos de trabalho, caso contrário consubstanciaria uma restrição à livre iniciativa económica privada, e mesmo uma clara ofensa ao direito constitucional à propriedade privada, cfr. n.º 1 do artigo 61.º, no n.º 1 do artigo 86.º e n.º 1 do artigo 62.º da Constituição da República Portuguesa.

5. A entidade competente na área da igualdade de oportunidades entre homens e mulheres, referida no n.º 5 é actualmente a Comissão para a Igualdade no Trabalho e no Emprego (C.I.T.E.).

6. Nos termos do n.º 6, a C.I.T.E. dispõe de 30 dias para se pronunciar, devendo comunicar o seu parecer ao empregador e ao trabalhador, considerando-se o seu silêncio como favorável à intenção do empregador. Trata-se de um caso de deferimento tácito, cfr. n.º 1 do artigo 130.º do Código do Procedimento Administrativo, aprovado pelo Decreto-Lei n.º 4/2015, de 7 de Janeiro.

7. Nada obsta que a forma escrita, imposta pelos n.os 1, 3 e 4; seja satisfeita através de documento electrónico, ou seja, por documento elaborado mediante processamento electrónico de dados. Por outras palavras, nada impede que a forma escrita seja adoptada através de uma declaração escrita enviada por correio electrónico (e-mail) para um endereço electrónico. Sobre a validade, eficácia e valor probatório dos documentos electrónicos remete-se para a anotação 4. ao artigo 107.º

ARTIGO 58.º – Dispensa de prestação de trabalho em regime de adaptabilidade

1 – A trabalhadora grávida, puérpera ou lactante tem direito a ser dispensada de prestar trabalho em horário de trabalho organizado de acordo com regime de adaptabilidade, de banco de horas ou de horário concentrado.

2 – O direito referido no número anterior aplica-se a qualquer dos progenitores em caso de aleitação, quando a prestação de trabalho nos regimes nele referidos afecte a sua regularidade.

3 – Constitui contra-ordenação grave a violação do disposto neste artigo.

1. Este preceito corresponde aos n.os 3 e 4 do artigo 45.º do anterior Código do Trabalho, aprovado pela Lei n.º 99/2003.

2. Nos termos da alínea r) do n.º 1 do artigo 35.º, a dispensa de prestação de trabalho em regime de adaptabilidade é um direito atribuído, que materializa a protecção na parentalidade.

3. Sobre o conceito de trabalhadora grávida, puérpera ou lactante, ver artigo 36.º

4. O regime da adaptabilidade encontra-se previsto no artigo 204.º e segs. O banco de horas encontra-se estabelecido nos artigos 208.º e 208.º-B, e o horário concentrado no artigo 209.º

5. O Código do Trabalho não estabelece uma definição de aleitação. O conceito de aleitação refere-se à ingestão de leite pelo filho, directamente ou através de biberão ou copo, nada vedando que o leite tenha sido retirado manual ou mecanicamente da mama.

6. A trabalhadora tem ainda direito à dispensa de prestação de trabalho suplementar, cfr. artigo 59.º, e à dispensa de trabalho no período nocturno, cfr. artigo 60.º

7. O trabalhador com filho com idade até 3 anos tem direito, nos termos do n.º 3 do artigo 166.º, a exercer a actividade em regime de teletrabalho, quando esse regime seja compatível com a actividade desempenhada e o empregador disponha de recursos e meios para o efeito.

ARTIGO 59.º – Dispensa de prestação de trabalho suplementar

1 – A trabalhadora grávida, bem como o trabalhador ou trabalhadora com filho de idade inferior a 12 meses, não está obrigada a prestar trabalho suplementar.

2 – A trabalhadora não está obrigada a prestar trabalho suplementar durante todo o tempo que durar a amamentação se for necessário para a sua saúde ou para a da criança.

3 – Constitui contra-ordenação grave a violação do disposto neste artigo.

1. Este preceito corresponde ao artigo 46.º do anterior Código do Trabalho, aprovado pela Lei n.º 99/2003.

2. Nos termos da alínea s) do n.º 1 do artigo 35.º, a dispensa de prestação de trabalho suplementar é um direito atribuído, que materializa a protecção na parentalidade.

3. Sobre o conceito de trabalhadora grávida, ver artigo 36.º

4. Considera-se trabalho suplementar o prestado fora do horário de trabalho, cfr. n.º 1 do artigo 226.º O trabalho suplementar encontra-se previsto no artigo 226.º e segs.

5. O Código do Trabalho não estabelece uma definição de amamentação. O conceito de amamentação refere-se ao acto de extracção do leite materno directamente da mama, e sempre pelo filho.

6. A trabalhadora grávida, puérpera ou lactante tem direito a ser dispensada de prestar trabalho em horário de trabalho organizado de acordo com regime de adaptabilidade, de banco de horas ou de horário concentrado, cfr. n.º 1 do artigo 58.º A trabalhadora tem ainda direito à dispensa de trabalho no período nocturno, cfr. artigo 60.º

7. O trabalhador com filho com idade até 3 anos tem direito, nos termos do n.º 3 do artigo 166.º, a exercer a actividade em regime de teletrabalho, quando esse regime seja compatível com a actividade desempenhada e o empregador disponha de recursos e meios para o efeito.

ARTIGO 60.º – Dispensa de prestação de trabalho no período nocturno

1 – A trabalhadora tem direito a ser dispensada de prestar trabalho entre as 20 horas de um dia e as sete horas do dia seguinte:

a) Durante um período de 112 dias antes e depois do parto, dos quais pelo menos metade antes da data previsível do mesmo;

b) Durante o restante período de gravidez, se for necessário para a sua saúde ou para a do nascituro;

c) Durante todo o tempo que durar a amamentação, se for necessário para a sua saúde ou para a da criança.

2 – À trabalhadora dispensada da prestação de trabalho nocturno deve ser atribuído, sempre que possível, um horário de trabalho diurno compatível.

3 – A trabalhadora é dispensada do trabalho sempre que não seja possível aplicar o disposto no número anterior.

4 – A trabalhadora que pretenda ser dispensada de prestar trabalho nocturno deve informar o empregador e apresentar atestado médico, no caso da alínea b) ou c) do n.º 1, com a antecedência de 10 dias.

5 – Em situação de urgência comprovada pelo médico, a informação referida no número anterior pode ser feita independentemente do prazo.

6 – Sem prejuízo do disposto nos números anteriores, a dispensa da prestação de trabalho nocturno deve ser determinada por médico do trabalho sempre que este, no âmbito da vigilância da saúde dos trabalhadores, identificar qualquer risco para a trabalhadora grávida, puérpera ou lactante.

7 – Constitui contra-ordenação grave a violação do disposto nos n.os 1, 2 ou 3.

1. Este preceito corresponde ao artigo 47.º do anterior Código do Trabalho, aprovado pela Lei n.º 99/2003.

2. Nos termos da alínea t) do n.º 1 do artigo 35.º, a dispensa de prestação de trabalho no período nocturno é um direito atribuído, que materializa a protecção na parentalidade.

3. Considera-se trabalho nocturno o prestado num período que tenha a duração mínima de sete horas e máxima de onze horas, compreendendo o intervalo entre as 0:00 e as 5:00 horas, cfr. n.º 1 do artigo 223.º O trabalho nocturno encontra-se previsto no artigo 223.º e segs. Por efeito do n.º 1, a trabalhadora tem direito a ser dispensada de prestar trabalho entre as vinte horas de um dia e as sete horas do dia seguinte, devendo-lhe ser atribuído, sempre que possível, um horário de trabalho diurno compatível. Ou seja, por efeito do n.º 1, a trabalhadora grávida, puérpera ou lactante beneficia de dispensa de prestação de trabalho por um período superior àquele que resulta da definição legal de trabalho nocturno. Quando não seja possível atribuir-lhe um horário de trabalho diurno, a trabalhadora é dispensada do trabalho, cfr. n.º 3.

4. Os n.os 4 e 5 estabelecem o procedimento que a trabalhador deve cumprir para poder beneficiar da dispensa de prestação de trabalho no período nocturno.

5. Nos termos da alínea i) do n.º 1 do artigo 65.º, não determina perda de quaisquer direitos, salvo quanto à retribuição, e é considerada como prestação efectiva de trabalho as ausências ao trabalho resultantes de dispensa de prestação de trabalho no período nocturno.

6. Tal como previsto no n.º 1 do artigo 34.º, os regimes de concessão de prestações sociais para os diferentes períodos de licença por parentalidade, consta de legislação específica, o Decreto-Lei n.º 91/2009, de 9 de Abril, alterado pelos Decretos-Leis n.os 70/2010, de 16 de Junho, e 133/2012, de 27 de Junho, pela Lei n.º 120/2015, de 1 de Setembro, pelos Decretos-Leis n.os 53/2018, de 2 de Julho, e 84/2019, de 28 de Junho, e pela Lei n.º 90/2019, de 4 de Setembro, que institui no seu artigo 18.º o subsídio por riscos específicos. Este subsídio é concedido nas situações de impedimento para o exercício de actividade laboral determinadas pela existência de risco específico para a beneficiária grávida, puérpera e lactante que desempenhe trabalho nocturno ou esteja exposta a agentes, processos ou condições de trabalho, que constituam risco para a sua segurança e saúde nos termos definidos na lei, durante o período necessário para prevenir o risco e na impossibilidade de o empregador lhe conferir outras tarefas.

No que se refere aos montantes dos subsídios previstos no Decreto-Lei n.º 91/2009, veja-se também a Lei n.º 7/2016, de 17 de Março, que determina que nas regiões autónomas da Madeira e dos Açores exista uma majoração de 2%.

7. A trabalhadora grávida, puérpera ou lactante tem direito a ser dispensada de prestar trabalho em horário de trabalho organizado de acordo com regime de adaptabilidade, de banco de horas ou de horário concentrado, cfr. n.º 1 do artigo 58.º A trabalhadora tem ainda direito à dispensa de prestação de trabalho suplementar, cfr. artigo 59.º

8. O trabalhador com filho com idade até 3 anos tem direito, nos termos do n.º 3 do artigo 166.º, a exercer a actividade em regime de teletrabalho, quando esse regime seja compatível com a actividade desempenhada e o empregador disponha de recursos e meios para o efeito.

ARTIGO 61.º – Formação para reinserção profissional

O empregador deve facultar ao trabalhador, após a licença para assistência a filho ou para assistência a pessoa com deficiência ou doença crónica, a participação em acções de formação e actualização profissional, de modo a promover a sua plena reinserção profissional.

1. Este preceito corresponde ao artigo 48.º do anterior Código do Trabalho, aprovado pela Lei n.º 99/2003.

2. A licença para assistência a filho encontra-se prevista no artigo 52.º Já a licença para assistência a filho com deficiência ou doença crónica, – que desde a Lei n.º 90/2019, de 4 de Setembro, abrange igualmente o filho com doença oncológica –, encontra-se prevista no artigo 53.º

3. O disposto neste artigo 61.º justifica-se pela suspensão do contrato de trabalho do trabalhador que se encontra a beneficiar da licença para assistência a filho, ou para assistência a filho com deficiência ou doença crónica, e que atenta a situação concreta o pode levar a afastar-se da empresa durante um período de tempo considerável. Com efeito, nos termos do n.º 6 do artigo 65.º, a licença para assistência a filho ou para assistência a filho com deficiência ou doença crónica suspende os direitos, deveres e garantias das partes na medida em que pressuponham a efectiva prestação de trabalho, designadamente a retribuição, mas não prejudica os benefícios complementares de assistência médica e medicamentosa a que o trabalhador tenha direito.

Atendendo ao afastamento do trabalhador, poderá este encontrar-se alheado das mais recentes técnicas de fabrico ou comercialização, bem como de novas tecnologias que entretanto tenham sido introduzidas, o que para o legislador fundamenta o dever estabelecido neste preceito.

ARTIGO 62.º – Protecção da segurança e saúde de trabalhadora grávida, puérpera ou lactante

1 – A trabalhadora grávida, puérpera ou lactante tem direito a especiais condições de segurança e saúde nos locais de trabalho, de modo a evitar a exposição a riscos para a sua segurança e saúde, nos termos dos números seguintes.

2 – Sem prejuízo de outras obrigações previstas em legislação especial, em actividade susceptível de apresentar um risco específico de exposição a agentes, processos ou condições de trabalho, o empregador deve proceder à avaliação da natureza, grau e duração da exposição de trabalhadora grávida, puérpera ou lactante, de modo a determinar qualquer risco para a sua segurança e saúde e as repercussões sobre a gravidez ou a amamentação, bem como as medidas a tomar.

3 – Nos casos referidos no número anterior, o empregador deve tomar a medida necessária para evitar a exposição da trabalhadora a esses riscos, nomeadamente:

a) Proceder à adaptação das condições de trabalho;

b) Se a adaptação referida na alínea anterior for impossível, excessivamente demorada ou demasiado onerosa, atribuir à trabalhadora outras tarefas compatíveis com o seu estado e categoria profissional;

c) Se as medidas referidas nas alíneas anteriores não forem viáveis, dispensar a trabalhadora de prestar trabalho durante o período necessário.

4 – Sem prejuízo dos direitos de informação e consulta previstos em legislação especial, a trabalhadora grávida, puérpera ou lactante tem direito a ser informada, por escrito, dos resultados da avaliação referida no n.º 2 e das medidas de protecção adoptadas.

5 – É vedado o exercício por trabalhadora grávida, puérpera ou lactante de actividades cuja avaliação tenha revelado riscos de exposição a agentes ou condições de trabalho que ponham em perigo a sua segurança ou saúde ou o desenvolvimento do nascituro.

6 – As actividades susceptíveis de apresentarem um risco específico de exposição a agentes, processos ou condições de trabalho referidos no n.º 2, bem como os agentes e condições de trabalho referidos no número anterior, são determinados em legislação específica.

7 – A trabalhadora grávida, puérpera ou lactante, ou os seus representantes, têm direito de requerer ao serviço com competência inspectiva do ministério responsável pela área laboral uma acção de fiscalização, a realizar com prioridade e urgência, se o empregador não cumprir as obrigações decorrentes deste artigo.

8 – Constitui contra-ordenação muito grave a violação do disposto nos n.os 1, 2, 3 ou 5 e constitui contra-ordenação grave a violação do disposto no n.º 4.

1. Este preceito corresponde ao artigo 49.º do anterior Código do Trabalho, aprovado pela Lei n.º 99/2003.

2. Sobre o conceito de trabalhadora grávida, puérpera ou lactante, veja-se o artigo 36.º

3. A legislação específica referida no n.º 6 é a Lei n.º 102/2009, de 10 de Setembro, que estabelece o regime jurídico da segurança e saúde no trabalho, e em concreto os artigos 50.º e segs. daquele diploma, que regulamentam a protecção de trabalhadora grávida, puérpera ou lactante em caso de actividades susceptíveis de apresentar risco específico de exposição a agentes, processos ou condições de trabalho.

4. O serviço com competência inspectiva do ministério responsável pela área laboral referido no n.º 7 é a Autoridade para as Condições do Trabalho, cfr. alínea a) do n.º 2 do artigo 11.º do Decreto-Lei n.º 167-C/2013, de 31 de Dezembro, alterado pelo Decreto-Lei n.º 28/2015, de 10 de Fevereiro, que aprovou a Lei Orgânica do Ministério da Solidariedade, Emprego e Segurança Social, e alínea a) do n.º 2 do artigo 2.º do Decreto Regulamentar n.º 47/2012, de 31 de Julho, que aprovou a orgânica da Autoridade para as Condições do Trabalho, nos termos das quais a Autoridade para as Condições do Trabalho prossegue, entre outras, a atribuição de fiscalizar o cumprimento das disposições legais, regulamentares e convencionais respeitantes às relações de trabalho.

5. Nos termos da alínea j) do n.º 1 do artigo 65.º, não determina perda de quaisquer direitos, salvo quanto à retribuição, e é considerada como prestação efectiva de trabalho as ausências ao trabalho resultantes de dispensa da prestação de trabalho por parte de trabalhadora grávida, puérpera ou lactante, por motivo de protecção da sua segurança e saúde.

6. Tal como previsto no n.º 1 do artigo 34.º, os regimes de concessão de prestações sociais para os diferentes períodos de licença por parentalidade, consta de legislação específica, o Decreto-Lei n.º 91/2009, de 9 de Abril, alterado pelos Decretos-Leis n.os 70/2010, de 16 de Junho, e 133/2012, de 27 de Junho, pela Lei n.º 120/2015, de 1 de Setembro, pelos Decretos-Leis n.os 53/2018, de 2 de Julho, e 84/2019, de 28 de Junho, e pela Lei n.º 90/2019, de 4 de Setembro, que institui no seu artigo 18.º o subsídio por riscos específicos. Este subsídio é concedido nas situações de impedimento para o exercício de actividade laboral determinadas pela existência de risco específico para a beneficiária grávida, puérpera e lactante que desempenhe trabalho nocturno ou esteja exposta a agentes, processos ou condições de trabalho, que constituam risco para a sua segurança e saúde nos termos definidos na lei, durante o período necessário para prevenir o risco e na impossibilidade de o empregador lhe conferir outras tarefas.

No que se refere aos montantes dos subsídios previstos no Decreto-Lei n.º 91/2009, veja-se também a Lei n.º 7/2016, de 17 de Março, que determina que nas regiões autónomas da Madeira e dos Açores exista uma majoração de 2%.

7. Nada obsta que a forma escrita, imposta pelo n.º 4, seja satisfeita através de documento electrónico, ou seja, por documento elaborado mediante processamento electrónico de dados. Por outras palavras, nada impede que a forma escrita seja adoptada através de uma declaração escrita enviada por correio electrónico (e-mail) para um endereço electrónico. Sobre a validade, eficácia e valor probatório dos documentos electrónicos remete-se para a anotação 4. ao artigo 107.º

ARTIGO 63.º – Protecção em caso de despedimento

1 – O despedimento de trabalhadora grávida, puérpera ou lactante ou de trabalhador no gozo de licença parental carece de parecer prévio da entidade competente na área da igualdade de oportunidades entre homens e mulheres.

2 – O despedimento por facto imputável a trabalhador que se encontre em qualquer das situações referidas no número anterior presume-se feito sem justa causa.

3 – Para efeitos do n.º 1, o empregador deve remeter cópia do processo à entidade competente na área da igualdade de oportunidades entre homens e mulheres:

a) Depois das diligências probatórias referidas no n.º 1 do artigo 356.º, no despedimento por facto imputável ao trabalhador;

b) Depois da fase de informações e negociação prevista no artigo 361.º, no despedimento colectivo;

c) Depois das consultas referidas no n.º 1 do artigo 370.º, no despedimento por extinção de posto de trabalho;

d) Depois das consultas referidas no artigo 377.º, no despedimento por inadaptação.

4 – A entidade competente deve comunicar o parecer referido no n.º 1 ao empregador e ao trabalhador, nos 30 dias subsequentes à recepção do processo, considerando-se em sentido favorável ao despedimento quando não for emitido dentro do referido prazo.

5 – Cabe ao empregador provar que solicitou o parecer a que se refere o n.º 1.

6 – Se o parecer for desfavorável ao despedimento, o empregador só o pode efectuar após decisão judicial que reconheça a existência de motivo justificativo, devendo a acção ser intentada nos 30 dias subsequentes à notificação do parecer.

7 – A suspensão judicial do despedimento só não é decretada se o parecer for favorável ao despedimento e o tribunal considerar que existe probabilidade séria de verificação da justa causa.

8 – Se o despedimento for declarado ilícito, o empregador não se pode opor à reintegração do trabalhador nos termos do n.º 1 do artigo 392.º e o trabalhador tem direito, em alternativa à reintegração, a indemnização calculada nos termos do n.º 3 do referido artigo.

9 – Constitui contra-ordenação grave a violação do disposto nos n.os 1 ou 6.

1. Este preceito corresponde ao artigo 51.º do anterior Código do Trabalho, aprovado pela Lei n.º 99/2003.

2. O corpo do n.º 3 foi alterado pelo artigo 2.º da Lei n.º 93/2019, de 4 de Setembro. A redacção da alínea a) do n.º 3 deste preceito foi alterada pelo artigo 2.º da Lei n.º 23/2012, de 25 de Junho. Na versão originária do Código do Trabalho, aprovado pela Lei n.º 7/2009, de 12 de Fevereiro, aquelas normas tinham a seguinte redacção:

> "Para efeitos do número anterior, o empregador deve remeter cópia do processo à entidade competente na área da igualdade de oportunidade entre homens e mulheres:
>
> a) Depois das diligências probatórias referidas no n.º 2 do artigo 356.º, no despedimento por facto imputável ao trabalhador;".

3. A actual redacção da alínea a) do n.º 3 visa harmonizar esta norma com a actual redacção do n.º 1 do artigo 356.º, de acordo com o qual, no procedimento disciplinar com intenção de despedimento, as diligências probatórias requeridas pelo trabalhador na resposta à nota de culpa são, em princípio, obrigatórias. Não era assim na versão originária do Código do Trabalho, aprovado pela Lei n.º 7/2009, tendo-se agora retomado – por força da declaração de inconstitucionalidade do n.º 1 do artigo 356.º, na sua redacção inicial, pelo Acórdão do Tribunal Constitucional n.º 338/2010, processo n.º 175/09, publicado no Diário da República, 1.ª série, n.º 216, de 8 de Novembro de 2010, disponível em www.tribunalconstitucional.pt –

o que se pode designar como uma tradição do procedimento disciplinar, enquanto autêntico processo sancionatório, no qual deve ser garantido o direito de defesa.

Sucede contudo que a redacção da alínea a) do n.º 3 não se mostra a mais feliz, pois vem reacender uma querela antiga. Com efeito, determina-se agora que, no despedimento por facto imputável ao trabalhador, o empregador deve remeter cópia do processo após as diligências probatórias referidas no n.º 1 do artigo 356.º Ou seja, a letra da lei aponta em sentido de que apenas interessam as diligências probatórias solicitadas pelo trabalhador, de nada interessando as diligências probatórias que o empregador entenda convenientes ao esclarecimento e apuramento dos factos, e que possam elas próprias ser aptas a atenuarem a responsabilidade do trabalhador. Salvo melhor opinião, a apresentação de cópia integral do processo disciplinar prevista na alínea a) do n.º 3 deste artigo 63.º só deve fazer-se quanto se achar terminada definitivamente a instrução, ou seja, depois de concluídas as diligências probatórias, independentemente de quem as requereu, ou entendeu necessárias.

4. A entidade competente na área da igualdade de oportunidades entre homens e mulheres é actualmente a Comissão para a Igualdade no Trabalho e no Emprego (C.I.T.E.).

5. Atenta a redacção do n.º 2, se a decisão de procedimento disciplinar de trabalhadora grávida, puérpera ou lactante, ou de trabalhador em gozo de licença parental, for o despedimento, ainda que precedido do pedido de parecer à C.I.T.E., a qual veio a emitir parecer favorável ao despedimento, ou não tendo emitido parecer, foi o mesmo deferido tacitamente, n.º 4, este despedimento beneficia da presunção de ter sido realizado sem justa causa. Salvo melhor opinião, e dado o regime estabelecido neste artigo 63.º, a presunção estabelecida neste n.º 2 não é isenta de criticas. Ou seja, atendendo ao disposto nos n.ºs 4 e 6, em que caso a C.I.T.E. nada diga nos 30 dias que tem para se pronunciar, considera-se que é favorável ao despedimento, sendo que quando se pronuncie em sentido desfavorável ao despedimento, o empregador não pode despedir, este n.º 2 só faz sentido se o legislador pretendeu introduzir uma válvula de escape para todos os casos em que a C.I.T.E. não se pronuncia tempestivamente, valorando deste modo a inércia e o silêncio da Administração pública, em detrimento de a responsabilizar, quando não se pronuncie fundamentadamente. A título de exemplo, num procedimento disciplinar, a nota de culpa é presente a uma entidade, que não o empregador, para exercer a sua censura e decidir perante as provas apresentadas, se existe ou não justa causa para o despedimento. Não se opondo a C.I.T.E. ao despedimento de trabalhadora grávida, puérpera ou lactante, ou de trabalhador em gozo de licença parental, e sabendo que nos termos do n.º 1 do artigo 342.º do Código Civil, o ónus da prova dos factos que integram a justa causa do despedimento do trabalhador incumbe ao empregador, porque razão se há-de dificultar ainda mais a sua posição em juízo, fazendo-lhe incidir uma presunção de despedimento sem justa causa?

6. Se a decisão de procedimento disciplinar de trabalhadora grávida, puérpera ou lactante, ou de trabalhador em gozo de licença parental, for o despedimento, sem a precedência do pedido de parecer à C.I.T.E., o despedimento é ilícito, alínea d) do artigo 381.º

7. A C.I.T.E. dispõe de 30 dias para se pronunciar, devendo comunicar o seu parecer ao empregador e à trabalhadora, considerando-se o seu silêncio como favorável ao despedimento. Trata-se de um caso de deferimento tácito, cfr. n.º 1 do artigo 130.º do Código do Procedimento Administrativo, aprovado pelo Decreto-Lei n.º 4/2015, de 7 de Janeiro.

8. Atendendo ao n.º 5 deste artigo 63.º, que o ónus da prova do pedido de parecer prévio à CITE cabe ao empregador, deve o mesmo processo ser expedido mediante carta registada com aviso de recepção, ou mediante a sua apresentação, em mão, nos serviços da C.I.T.E..

9. Se o parecer da C.I.T.E. for desfavorável, o despedimento só poderá ser efectuado pelo empregador após decisão judicial que reconheça a existência de motivo justificativo.

Assim, o empregador, caso entenda prosseguir com o procedimento disciplinar com vista ao despedimento, deve, nos termos do n.º 6, solicitar ao tribunal, através de uma acção de simples apreciação, que declare a existência de justa causa, alegando e demonstrando os factos que constituem tal fundamento da cessação do contrato. O juízo sobre a existência de justa causa, a formular em tal acção, não pode basear-se apenas na verificação de meros indícios resultantes do exame do procedimento disciplinar, que, podendo ser suficientes para se concluir pela probabilidade séria da existência de justa causa a que se refere o n.º 7 do mesmo artigo para efeito de não ser decretada a providência cautelar de suspensão de despedimento, não são suficientes para suportar a certeza da declaração judicial dessa mesma existência, certeza essa que só pode ser alcançada mediante a produção de prova em tribunal dos factos imputados à trabalhadora arguida na nota de culpa. A presunção estabelecida no n.º 2, de inexistência de justa causa do despedimento de trabalhadora grávida, opera tanto na acção de reconhecimento de justa causa como na acção de impugnação de despedimento. Neste sentido veja-se o Acórdão do Supremo Tribunal de Justiça, de 25 de Junho de 2009, processo n.º 09S0090, sumários em www.dgsi.pt.

Realce-se o estreito prazo a que esta acção está submetida, devendo ser instaurada nos trinta dias subsequentes ao conhecimento do parecer em sentido desfavorável ao despedimento.

10. A providência cautelar de suspensão de despedimento referida no n.º 7 é o meio através do qual o trabalhador pode requerer a suspensão preventiva do despedimento, e encontra-se regulada nos artigos 33.º-A a 40.º-A do Código de Processo do Trabalho. O Código de Processo do Trabalho foi aprovado pelo Decreto-Lei n.º 480/99, de 9 de Novembro, e alterado pelos Decretos-Leis n.os 323/2001, de 17 de Dezembro, 38/2003, de 8 de Março, 295/2009, de 13 de Outubro, pelas Leis n.os 63/2013, de 27 de Agosto, 55/2017, de 17 de Julho, 73/2017, de 16 de Agosto, e 107/2019 de 9 de Setembro. A providência cautelar de suspensão do despedimento deve ser apresentada em tribunal no prazo de cinco dias úteis a contar da data da recepção da comunicação de despedimento, cfr. artigo 386.º

11. Ocorrendo a gravidez no decurso da instrução de procedimento disciplinar, ainda que depois de entregue a nota de culpa e desde que a trabalhadora informe o empregador do seu estado de gestação até ao momento em que deveria ser solicitado o parecer prévio da C.I.T.E., ou que o empregador tenha conhecimento do seu estado, cfr. artigo 36.º, ao empregador cabe sempre cumprir o regime exposto neste artigo 63.º Ou seja, e para que a trabalhadora grávida beneficie de protecção no despedimento, é irrelevante o seu estado à data da infracção, antes importando o seu estado depois de realizadas todas as diligências probatórias que tenham lugar. Pode assim suceder, até pelo tempo necessário para a instrução do procedimento disciplinar, que uma trabalhadora a quem tenha sido instaurado um procedimento disciplinar engravide enquanto este decorre.

ARTIGO 64.º – Extensão de direitos atribuídos a progenitores

1 – O adoptante, o tutor, a pessoa a quem for deferida a confiança judicial ou administrativa do menor, bem como o cônjuge ou a pessoa em união de facto com qualquer daqueles ou com o progenitor, desde que viva em comunhão de mesa e habitação com o menor, beneficia dos seguintes direitos:

a) Dispensa para aleitação;

b) Licença parental complementar em qualquer das modalidades, licença para assistência a filho e licença para assistência a filho com deficiência ou doença crónica;

c) Falta para assistência a filho ou a neto;

d) Redução do tempo de trabalho para assistência a filho menor com deficiência ou doença crónica;

e) Trabalho a tempo parcial de trabalhador com responsabilidades familiares;

f) Horário flexível de trabalhador com responsabilidades familiares.

2 – Sempre que o exercício dos direitos referidos nos números anteriores dependa de uma relação de tutela ou confiança judicial ou administrativa do menor, o respectivo titular deve, para que o possa exercer, mencionar essa qualidade ao empregador.

1. Este preceito não tinha correspondência no anterior Código do Trabalho, aprovado pela Lei n.º 99/2003, de 27 de Agosto. Corresponde ao artigo 99.º da Lei n.º 35/2004, de 29 de Julho, que regulamentou o anterior Código do Trabalho.

2. Nos termos da lei, menor é quem não tiver completado dezoito anos de idade, cfr. artigo 122.º do Código Civil.

3. O n.º 1 vem concretizar o que já se encontrava previsto em legislação específica, relativamente à união de facto. Nos termos da Lei n.º 7/2001, de 11 de Maio, alterada pelas Leis n.ºs 23/2010, de 30 de Agosto, 2/2016, de 29 de Fevereiro, 49/2018, de 14 de Agosto e 71/2018, de 31 de Dezembro, quando duas pessoas, independentemente do sexo, vivam em união de facto há mais de dois anos, cfr. n.º 2 do artigo 1.º daquele diploma, beneficiam, por expressa previsão da alínea c) do artigo 3.º daquela Lei n.º 7/2001, do regime jurídico equiparado ao aplicável a pessoas casadas vinculadas por contrato de trabalho, em matéria de férias, feriados, faltas e licenças.

4. A dispensa para aleitação encontra-se prevista no artigo 47.º A licença parental complementar em qualquer das modalidades, encontra-se prevista no artigo 51.º A licença para assistência a filho encontra-se prevista no artigo 52.º A licença para assistência a filho com deficiência ou doença crónica – que desde a Lei n.º 90/2019, de 4 de Setembro abrange igualmente o filho com doença oncológica – encontra-se prevista no artigo 53.º A falta para assistência a filho encontra-se prevista no artigo 49.º A falta para assistência a neto encontra-se prevista no artigo 50.º A redução do tempo de trabalho para assistência a filho menor com deficiência ou doença crónica encontra-se prevista no artigo 54.º O trabalho a tempo parcial de trabalhador com responsabilidades familiares encontra-se previsto no artigo 55.º Por fim, o horário flexível de trabalhador com responsabilidades familiares encontra-se previsto no artigo 56.º

ARTIGO 65.º – Regime de licenças, faltas e dispensas

1 – Não determinam perda de quaisquer direitos, salvo quanto à retribuição, e são consideradas como prestação efectiva de trabalho as ausências ao trabalho resultantes de:

a) Licença em situação de risco clínico durante a gravidez;

b) Licença para deslocação a unidade hospitalar localizada fora da ilha de residência para realização de parto;

c) Licença por interrupção de gravidez;

d) Licença parental, em qualquer das modalidades;

e) Licença por adopção;

f) Licença parental complementar em qualquer das modalidades;

g) Falta para assistência a filho;

h) Falta para assistência a neto;

i) Dispensa de prestação de trabalho no período nocturno;

j) Dispensa da prestação de trabalho por parte de trabalhadora grávida, puérpera ou lactante, por motivo de protecção da sua segurança e saúde;

k) Dispensa para avaliação para adopção;

l) Dispensa do acompanhante da mulher grávida, que se encontre numa das ilhas das regiões autónomas sem unidade hospitalar, nas deslocações desta à unidade hospitalar onde decorrerá o parto.

2 – A dispensa para consulta de PMA ou pré-natal, amamentação ou aleitação não determina perda de quaisquer direitos e é considerada como prestação efectiva de trabalho.

3 – As licenças por situação de risco clínico durante a gravidez, para deslocação a unidade hospitalar localizada fora da ilha de residência para realização de parto, por interrupção de gravidez, por adopção e licença parental em qualquer modalidade:

a) Suspendem o gozo das férias, devendo os dias remanescentes ser gozados após o seu termo, mesmo que tal se verifique no ano seguinte;

b) Não prejudicam o tempo já decorrido de estágio ou acção ou curso de formação, devendo o trabalhador cumprir apenas o período em falta para o completar;

c) Adiam a prestação de prova para progressão na carreira profissional, a qual deve ter lugar após o termo da licença.

4 – A licença parental e a licença parental complementar, em quaisquer das suas modalidades, por adopção, para assistência a filho e para assistência a filho com deficiência, doença crónica ou doença oncológica:

a) Suspendem-se por doença do trabalhador, se este informar o empregador e apresentar atestado médico comprovativo, e prosseguem logo após a cessação desse impedimento;

b) Não podem ser suspensas por conveniência do empregador;

c) Não prejudicam o direito do trabalhador a aceder à informação periódica emitida pelo empregador para o conjunto dos trabalhadores;

d) Terminam com a cessação da situação que originou a respectiva licença que deve ser comunicada ao empregador no prazo de cinco dias.

5 – No termo de qualquer situação de licença, faltas, dispensa ou regime de trabalho especial, o trabalhador, tem direito a retomar a actividade contratada, devendo, no caso previsto na alínea d) do número anterior, retomá-la na primeira vaga que ocorrer na empresa ou, se esta entretanto se não verificar, no termo do período previsto para a licença.

6 – A licença para assistência a filho ou para assistência a filho com deficiência, doença crónica ou doença oncológica suspende os direitos, deveres e garantias das partes na medida em que pressuponham a efectiva prestação de trabalho, designadamente a retribuição, mas não prejudica os benefícios complementares de assistência médica e medicamentosa a que o trabalhador tenha direito.

7 – Constitui contra-ordenação grave a violação do disposto nos n.os 1, 2, 3 ou 4.

1. Este preceito corresponde ao artigo 50.º do anterior Código do Trabalho, aprovado pela Lei n.º 99/2003.

2. A redacção da alínea b) n.º 1 foi alterada pelo artigo 2.º da Lei n.º 90/2019, de 4 de Setembro, que renumerou as alíneas originárias subsequentes, e introduziu a l), tendo aquele artigo 2.º da Lei n.º 90/2019 alterado também os n.os 2 e 6, e ainda o corpo dos n.os 3 e 4. Na versão originária do Código do Trabalho, aprovado pela Lei n.º 7/2009, de 12 de Fevereiro, aquelas normas tinham a seguinte redacção:

> "1 – Não determinam perda de quaisquer direitos, salvo quanto à retribuição, e são consideradas como prestação efectiva de trabalho as ausências ao trabalho resultantes de:
>
> a) Licença em situação de risco clínico durante a gravidez;
>
> b) Licença por interrupção de gravidez;
>
> c) Licença parental, em qualquer das modalidades;
>
> d) Licença por adopção;
>
> e) Licença parental complementar em qualquer das modalidades;
>
> f) Falta para assistência a filho;
>
> g) Falta para assistência a neto;
>
> h) Dispensa de prestação de trabalho no período nocturno;
>
> i) Dispensa da prestação de trabalho por parte de trabalhadora grávida, puérpera ou lactante, por motivo de protecção da sua segurança e saúde;
>
> j) Dispensa para avaliação para adopção.

2 – A dispensa para consulta pré-natal, amamentação ou aleitação não determina perda de quaisquer direitos e é considerada como prestação efectiva de trabalho.

3 – As licenças por situação de risco clínico durante a gravidez, por interrupção de gravidez, por adopção e licença parental em qualquer modalidade:

4 – A licença parental e a licença parental complementar, em quaisquer das suas modalidades, por adopção, para assistência a filho e para assistência a filho com deficiência ou doença crónica:

6 – A licença para assistência a filho ou para assistência a filho com deficiência ou doença crónica suspende os direitos, deveres e garantias das partes na medida em que pressuponham a efectiva prestação de trabalho, designadamente a retribuição, mas não prejudica os benefícios complementares de assistência médica e medicamentosa a que o trabalhador tenha direito.".

3. Nos termos do n.º 1, as ausências ao trabalho resultantes das situações previstas nas suas alíneas a) a l), não determinam perda de quaisquer direitos, e são consideradas como prestação efectiva de trabalho, excepto quanto à retribuição. Ou seja, o empregador não tem de proceder ao pagamento da remuneração relativa àquelas ausências. Nesta situação encontram-se a:

- licença em situação de risco clínico durante a gravidez, cfr. artigo 37.º;
- licença para deslocação a unidade hospitalar localizada fora da ilha de residência para realização de parto, cfr. artigo 37.º-A;
- licença por interrupção de gravidez, cfr. artigo 38.º;
- licença parental, em qualquer das modalidades, cfr. artigo 39.º a 43.º;
- licença por adopção, cfr. artigo 44.º;
- licença parental complementar em qualquer das modalidades, cfr. artigo 51.º;
- falta para assistência a filho, cfr. artigo 49.º;
- falta para assistência a neto, cfr. artigo 50.º;
- dispensa de prestação de trabalho no período nocturno, cfr. artigo 60.º;
- dispensa da prestação de trabalho por parte de trabalhadora grávida, puérpera ou lactante, por motivo de protecção da sua segurança e saúde, cfr. artigo 62.º;
- dispensa para avaliação para adopção, cfr. artigo 45.º
- Dispensa do acompanhante da mulher grávida, que se encontre numa das ilhas das regiões autónomas sem unidade hospitalar, nas deslocações desta à unidade hospitalar onde decorrerá o parto, cfr. artigo 252.º-A.

Não obstante o empregador não ter de proceder ao pagamento da retribuição relativamente às ausências ao trabalho *supra* referidas, tal não significa que o trabalhador fique sem auferir qualquer montante pecuniário. Na realidade, e tal como previsto no n.º 1 do artigo 34.º, os trabalhadores beneficiam de protecção social em matéria de parentalidade, constando de legislação específica os regimes de concessão de prestações sociais, o Decreto-Lei n.º 91/2009, de 9 de Abril, alterado pelos Decretos-Leis n.os 70/2010, de 16 de Junho, e 133/2012, de 27 de Junho, pela Lei n.º 120/2015, de 1 de Setembro, pelos Decretos-Leis n.os 53/2018, de 2 de Julho, e

84/2019, de 28 de Junho, e pela Lei n.º 90/2019, de 4 de Setembro, pelo que deve ser consultado este diploma.

4. O n.º 2, ao estabelecer que a dispensa para consulta pré-natal, cfr. artigo 46.º, ou para procriação medicamente assistida (PMA), cfr. artigo 46.º-A, e a dispensa para amamentação ou aleitação, cfr. artigo 47.º, não determinam perda de quaisquer direitos, sendo consideradas como prestação efectiva de trabalho, significa que nestas não há perda de retribuição.

5. A procriação medicamente assistida visa favorecer a gravidez em caso de doença do sistema reprodutivo, através da aplicação de técnicas e de tratamentos médicos, para ultrapassar a infertilidade masculina, feminina ou ambas.

6. Nos termos do n.º 6, a licença para assistência a filho, cfr. artigo 52.º, e a licença para assistência a filho com deficiência, doença crónica ou doença oncológica, cfr. artigo 53.º, suspendem os direitos, deveres e garantias das partes na medida em que pressuponham a efectiva prestação de trabalho, designadamente a retribuição, mas não prejudica os benefícios complementares de assistência médica e medicamentosa a que o trabalhador tenha direito. Sobre os deveres do trabalhador que se mantêm durante a suspensão do contrato de trabalho ver anotação ao artigo 295.º

SUBSECÇÃO V – Trabalho de menores

ARTIGO 66.º – Princípios gerais relativos ao trabalho de menor

1 – O empregador deve proporcionar ao menor condições de trabalho adequadas à idade e ao desenvolvimento do mesmo e que protejam a segurança, a saúde, o desenvolvimento físico, psíquico e moral, a educação e a formação, prevenindo em especial qualquer risco resultante da sua falta de experiência ou da inconsciência dos riscos existentes ou potenciais.

2 – O empregador deve, em especial, avaliar os riscos relacionados com o trabalho, antes de o menor o iniciar ou antes de qualquer alteração importante das condições de trabalho, incidindo nomeadamente sobre:

a) Equipamento e organização do local e do posto de trabalho;

b) Natureza, grau e duração da exposição a agentes físicos, biológicos e químicos;

c) Escolha, adaptação e utilização de equipamento de trabalho, incluindo agentes, máquinas e aparelhos e a respectiva utilização;

d) Adaptação da organização do trabalho, dos processos de trabalho ou da sua execução;

e) Grau de conhecimento do menor no que se refere à execução do trabalho, aos riscos para a segurança e a saúde e às medidas de prevenção.

3 – O empregador deve informar o menor e os seus representantes legais dos riscos identificados e das medidas tomadas para a sua prevenção.

4 – A emancipação não prejudica a aplicação das normas relativas à protecção da saúde, educação e formação do trabalhador menor.

5 – Constitui contra-ordenação muito grave a violação do disposto nos n.os 1, 2 ou 3.

1. Este preceito corresponde ao artigo 53.º do anterior Código do Trabalho, aprovado pela Lei n.º 99/2003.

2. A Subsecção V, que se inicia com este artigo 66.º e termina no artigo 83.º, regula o trabalho subordinado de menores. Quando não se verifique a subordinação jurídica que caracteriza a relação de trabalho, em detrimento desta Subsecção, é aplicável ao menor o disposto no artigo 3.º da Lei n.º 7/2009, de 12 de Fevereiro. Estabelece o n.º 1 do artigo 3.º da Lei n.º 7/2009, de 12 de Fevereiro, que o menor que não tenha ainda completado dezasseis anos não pode ser contratado para desenvolver, a título oneroso, uma actividade com autonomia, ou seja, veda-se, em princípio, que seja celebrado um contrato de prestação de serviços com um menor. Já será válido o contrato de prestação de serviços se o menor já tiver, à data da celebração, concluído a escolaridade obrigatória, ou caso não a tenha terminado, se se encontrar matriculado e a frequentar o nível secundário de educação e se a actividade a desenvolver abranger apenas "trabalhos leves". Para preencher o conceito de trabalhos leves remete-se, no n.º 3 do artigo 3.º da Lei n.º 7/2009, de 12 de Fevereiro, para a definição constante do regime do contrato de trabalho com menor que é iniciado por este artigo 66.º em anotação, regime este em que se entende que trabalhos leves são aqueles que consistem em tarefas simples e definidas que, pela sua natureza, pelos esforços físicos ou mentais exigidos ou pelas condições específicas em que são realizadas, não sejam susceptíveis de prejudicar o menor no que respeita à integridade física, segurança e saúde, assiduidade escolar, participação em programas de orientação ou de formação, capacidade para beneficiar da instrução ministrada, ou ainda ao desenvolvimento físico, psíquico, moral, intelectual e cultural do menor, cfr. n.º 3 do artigo 68.º

3. A presente Subsecção V concretiza o disposto na alínea c) do n.º 2 do artigo 59.º da Constituição da República Portuguesa, nos termos da qual, incumbe ao Estado assegurar as condições de trabalho, retribuição e repouso a que os trabalhadores têm direito, nomeadamente: a especial protecção do trabalho dos menores. A Lei Fundamental estabelece ainda, no n.º 3 do artigo 69.º da Constituição da República Portuguesa, que é proibido, nos termos da lei, o trabalho de menores em idade escolar, consagrando igualmente que os jovens gozam de protecção especial para efectivação dos seus direitos económicos, sociais e culturais, nomeadamente, e sem prejuízo de outros, no ensino, na formação profissional e na cultura; no acesso ao primeiro emprego, no trabalho e na segurança social, cfr. alíneas a), b) e c) do n.º 1 do artigo 70.º da Constituição. A mais, consagrou-se ainda no n.º 2 do mesmo artigo 70.º da Constituição da República Portuguesa, que a política de juventude deverá ter como objectivos prioritários o desenvolvimento da personalidade dos jovens, a criação de condições para a sua efectiva integração na vida activa, o gosto pela criação livre e o sentido de serviço à comunidade.

4. A emancipação, referida no n.º 4, obtém-se por celebração de casamento, cfr. artigo 132.º do Código Civil, tem por efeito atribuir ao menor plena capacidade de exercício de direitos, cfr. artigo 133.º do Código Civil. Não obstante a emancipação do menor, determina o n.º 4 que são-lhe aplicáveis as normas relativas à protecção da saúde, educação e formação do trabalhador menor, visando-se assim assegurar o desenvolvimento físico, psíquico e moral, a educação e a formação do menor.

Ou seja, o facto do menor emancipado ter plena capacidade para o exercício de direitos, não obstou a que o legislador entendesse que que o mesmo não deve ser prejudicado, ainda que potencialmente, pela sua falta de experiência ou inconsciência.

ARTIGO 67.º – Formação profissional de menor

1 – O Estado deve proporcionar a menor que tenha concluído a escolaridade obrigatória a formação profissional adequada à sua preparação para a vida activa.

2 – O empregador deve assegurar a formação profissional de menor ao seu serviço, solicitando a colaboração dos organismos competentes sempre que não disponha de meios para o efeito.

3 – É, em especial, assegurado ao menor o direito a licença sem retribuição para a frequência de curso profissional que confira habilitação escolar ou curso de educação e formação para jovens, salvo quando a mesma for susceptível de causar prejuízo grave à empresa, e sem prejuízo dos direitos do trabalhador-estudante.

4 – O menor que se encontre na situação do n.º 1 do artigo 69.º tem direito a passar ao regime de trabalho a tempo parcial, fixando-se, na falta de acordo, a duração semanal do trabalho num número de horas que, somado à duração escolar ou de formação, perfaça 40 horas semanais.

1. Este preceito corresponde ao artigo 54.º do anterior Código do Trabalho, aprovado pela Lei n.º 99/2003.

2. O preceito em anotação concretiza o disposto na alínea c) do n.º 2 do artigo 59.º da Constituição da República Portuguesa, nos termos da qual, incumbe ao Estado assegurar as condições de trabalho, retribuição e repouso a que os trabalhadores têm direito, e nomeadamente a especial protecção do trabalho dos menores. A Lei Fundamental estabelece ainda, no n.º 3 do artigo 69.º da Constituição da República Portuguesa, que é proibido, nos termos da lei, o trabalho de menores em idade escolar, consagrando igualmente que os jovens gozam de protecção especial para efectivação dos seus direitos económicos, sociais e culturais, nomeadamente, e sem prejuízo de outros, na formação profissional, cfr. alínea a) do n.º 1 do artigo 70.º da Constituição. A mais, consagrou-se ainda no n.º 2 do mesmo artigo 70.º da Constituição da República Portuguesa, que a política de juventude deverá ter como objectivos prioritários, entre outros, o desenvolvimento da personalidade dos jovens e a criação de condições para a sua efectiva integração na vida activa.

3. Quanto à escolaridade obrigatória, é a Lei n.º 85/2009, de 27 de Agosto que fixa o regime da escolaridade obrigatória para as crianças e jovens que se encontram em idade escolar, estabelecendo o n.º 1 do seu artigo 2.º que se consideram em idade escolar as crianças e jovens com idades compreendidas entre os 6 e os 18 anos. Já o n.º 4 do artigo 2.º deste mesmo diploma, determina que a escolaridade obrigatória cessa com a obtenção do diploma de curso conferente de nível secundário da educação, ou independentemente da obtenção do diploma de qualquer ciclo ou nível de ensino, no momento do ano escolar em que o aluno perfaça 18 anos.

4. A licença sem retribuição, referida no n.º 3, encontra-se prevista no artigo 317.º Já o regime do trabalhador-estudante encontra-se previsto no artigo 89.º e segs.

5. Nos termos do n.º 4, o menor admitido a prestar de trabalho, que se encontre a frequentar modalidade de educação ou formação que confira, consoante o caso, a escolaridade obrigatória, qualificação profissional, ou ambas, tem direito a passar ao regime de trabalho a tempo parcial, fixando-se, na falta de acordo, a duração semanal do trabalho num número de horas que, somado à duração escolar ou de formação, perfaça 40 horas semanais. O trabalho a tempo parcial encontra-se previsto no artigo 150.º e segs., estabelecendo-se no n.º 1 daquele artigo 150.º, que se considera trabalho a tempo parcial o que corresponda a um período normal de trabalho semanal inferior ao praticado a tempo completo em situação comparável.

ARTIGO 68.º – Admissão de menor ao trabalho

1 – Só pode ser admitido a prestar trabalho o menor que tenha completado a idade mínima de admissão, tenha concluído a escolaridade obrigatória ou esteja matriculado e a frequentar o nível secundário de educação e disponha de capacidades físicas e psíquicas adequadas ao posto de trabalho.

2 – A idade mínima de admissão para prestar trabalho é de 16 anos.

3 – O menor com idade inferior a 16 anos que tenha concluído a escolaridade obrigatória ou esteja matriculado e a frequentar o nível secundário de educação pode prestar trabalhos leves que consistam em tarefas simples e definidas que, pela sua natureza, pelos esforços físicos ou mentais exigidos ou pelas condições específicas em que são realizadas, não sejam susceptíveis de o prejudicar no que respeita à integridade física, segurança e saúde, assiduidade escolar, participação em programas de orientação ou de formação, capacidade para beneficiar da instrução ministrada, ou ainda ao seu desenvolvimento físico, psíquico, moral, intelectual e cultural.

4 – Em empresa familiar, o menor com idade inferior a 16 anos deve trabalhar sob a vigilância e direcção de um membro do seu agregado familiar, maior de idade.

5 – O empregador comunica ao serviço com competência inspectiva do ministério responsável pela área laboral a admissão de menor efectuada ao abrigo do n.º 3, nos oito dias subsequentes.

6 – Constitui contra-ordenação grave a violação do disposto nos n.os 3 ou 4 e constitui contra-ordenação leve a violação do disposto no número anterior.

1. Este preceito corresponde ao artigo 55.º do anterior Código do Trabalho, aprovado pela Lei n.º 99/2003.

2. Nos termos da lei, menor é quem não tiver completado dezoito anos de idade, cfr. artigo 122.º do Código Civil.

3. Quanto à escolaridade obrigatória, é a Lei n.º 85/2009, de 27 de Agosto que fixa o regime da escolaridade obrigatória para as crianças e jovens que se encontram em idade escolar, estabelecendo o n.º 1 do seu artigo 2.º que se consideram em idade escolar as crianças e jovens com idades compreendidas entre os 6 e os 18 anos. Já o n.º 4 do artigo 2.º deste mesmo diploma, determina que a escolaridade obrigatória cessa com a obtenção do diploma de curso conferente de nível secundário da educação, ou independentemente da obtenção do diploma de qualquer ciclo ou nível de ensino, no momento do ano escolar em que o aluno perfaça 18 anos.

4. Não obstante o disposto neste artigo, nos termos do n.º 1 do artigo 69.º estabelece-se que o menor com idade inferior a 16 anos que tenha concluído a escolaridade obrigatória ou esteja matriculado e a frequentar o nível secundário de educação mas não possua qualificação profissional, ou o menor com pelo menos 16 anos idade mas não tenha concluído a escolaridade obrigatória, não esteja matriculado e a frequentar o nível secundário de educação ou não possua qualificação profissional só pode ser admitido a prestar trabalho desde que frequente modalidade de educação ou formação que confira, consoante o caso, a escolaridade obrigatória, qualificação profissional, ou ambas.

5. Caso seja celebrado um contrato de trabalho com menor, em violação da idade de admissão ou sem escolaridade obrigatória, e que não frequente modalidade de educação ou formação que a confira, a consequência é que o contrato de trabalho é nulo, cfr. n.º 1 do artigo 280.º e artigo 294.º, ambos do Código Civil.

6. Nos termos do n.º 4, estabelece-se um dever específico aplicável nas empresas familiares, segundo o qual o menor com idade inferior a 16 anos deve trabalhar sob a vigilância e direcção de um membro do seu agregado familiar, que seja maior de idade.

O conceito de empresa familiar utilizado no n.º 4, e na alínea b) do n.º 3 do artigo 78.º, não é definido no Código do Trabalho. Este Código limita-se, no artigo 100.º, a definir os vários tipos de empresa, microempresa, pequena empresa, média empresa e grande empresa, cfr. alíneas a), b), c) e d) do n.º 1 do artigo 100.º O Código do Trabalho não tem igualmente qualquer definição de empresa. Não obstante, o Código da Insolvência e da Recuperação de Empresas contém, no seu artigo 5.º, apesar de expressamente se referir naquele preceito que é para efeitos daquele diploma, uma noção de empresa, considerando-se como tal toda a organização de capital e de trabalho destinada ao exercício de qualquer actividade económica. O Código da Insolvência e da Recuperação de Empresas foi aprovado pelo Decreto-Lei n.º 53/2004, de 18 de Março, e foi alterado pelos Decretos-Leis n.os 200/2004, de 18 de Agosto, 76-A/2006, de 29 de Março, 282/2007, de 7 de Agosto, 116/2008, de 4 de Julho e 185/2009, de 12 de Agosto, pelas Leis n.os 16/2012, de 20 de Abril, e 66-B/2012, de 31 de Dezembro, pelos Decretos-Leis n.os 26/2015, de 6 de Fevereiro, 79/2017, de 30 de Junho, pela Rectificação n.º 21/2017, de 25 de Agosto, pelas Leis n.os 114/2017, de 29 de Dezembro, 8/2018, de 2 de Março, e pelo Decreto-Lei n.º 84/2019, de 28 de Junho. Também no artigo 3.º da Lei n.º 19/2012, de 8 de Maio, alterada pela Lei n.º 23/2018, de 5 de Junho, que aprovou o novo regime jurídico da concorrência, se estabelece uma noção de empresa – referindo-se expressamente, mais uma vez, que a definição é para efeitos daquela Lei – nele se determinando que se considera empresa qualquer entidade que exerça uma actividade económica que consista na oferta de bens ou serviços num determinado mercado, independentemente do seu estatuto jurídico e do seu modo de financiamento.

7. O serviço com competência inspectiva do ministério responsável pela área laboral referido no n.º 5 é a Autoridade para as Condições do Trabalho, cfr. alínea a) do n.º 2 do artigo 11.º do Decreto-Lei n.º 167-C/2013, de 31 de Dezembro, alterado pelo Decreto-Lei n.º 28/2015, de 10 de Fevereiro, que aprovou a Lei Orgânica do Ministério da Solidariedade, Emprego e Segurança Social, e alínea a) do n.º 2 do artigo 2.º do Decreto Regulamentar n.º 47/2012, de 31 de Julho, que aprovou a orgânica da Autoridade para as Condições do Trabalho, nos termos das quais a Autoridade para as Condições do Trabalho prossegue, entre outras, a atribuição de fiscalizar o cumprimento das disposições legais, regulamentares e convencionais respeitantes às relações de trabalho.

8. Nos termos do n.º 1 do artigo 82.º, a utilização de trabalho de menor em violação do disposto no n.º 1 deste artigo 68.º é punida com pena de prisão até 2 anos ou com pena de multa até 240 dias, se pena mais grave não couber por força de outra disposição legal. No caso de o menor não ter completado a idade mínima de admissão ou não ter concluído a escolaridade obrigatória, ou não estar matriculado e a frequentar o nível secundário de educação, os limites das penas são elevados para o dobro, cfr. n.º 2 do artigo 82.º Determina o artigo 83.º que quando o serviço com competência inspectiva do ministério responsável pela área laboral verificar a violação do disposto no n.º 1 deste artigo 68.º, notifica por escrito o infractor para que faça cessar de imediato a actividade do menor, com a cominação de que, se o não fizer, incorre em crime de desobediência qualificada.

ARTIGO 69.º – Admissão de menor sem escolaridade obrigatória, frequência do nível secundário de educação ou sem qualificação profissional

1 – O menor com idade inferior a 16 anos que tenha concluído a escolaridade obrigatória ou esteja matriculado e a frequentar o nível secundário de educação mas não possua qualificação profissional, ou o menor com pelo menos 16 anos idade mas não tenha concluído a escolaridade obrigatória, não esteja matriculado e a frequentar o nível secundário de educação ou não possua qualificação profissional só pode ser admitido a prestar trabalho desde que frequente modalidade de educação ou formação que confira, consoante o caso, a escolaridade obrigatória, qualificação profissional, ou ambas.

2 – O disposto no número anterior não é aplicável a menor que apenas preste trabalho durante as férias escolares.

3 – Na situação a que se refere o n.º 1, o menor beneficia do estatuto de trabalhador-estudante, tendo a dispensa de trabalho para frequência de aulas duração em dobro da prevista no n.º 3 do artigo 90.º

4 – O empregador comunica ao serviço com competência inspectiva do ministério responsável pela área laboral a admissão de menor efectuada nos termos dos n.os 1 e 2, nos oito dias subsequentes.

5 – Constitui contra-ordenação muito grave a violação do disposto no n.º 1, contra-ordenação grave a violação do disposto no n.º 3 e contra-ordenação leve a falta de comunicação prevista no número anterior.

6 – Em caso de admissão de menor com idade inferior a 16 anos e sem que tenha concluído a escolaridade obrigatória ou esteja matriculado e a frequentar o nível secundário de educação, é aplicada a sanção acessória de privação do direito a subsídio ou benefício outorgado por entidade ou serviço público, por período até dois anos.

1. Este preceito corresponde ao artigo 56.º do anterior Código do Trabalho, aprovado pela Lei n.º 99/2003.

2. Quanto à escolaridade obrigatória, é a Lei n.º 85/2009, de 27 de Agosto que fixa o regime da escolaridade obrigatória para as crianças e jovens que se encontram em idade escolar, estabelecendo o n.º 1 do seu artigo 2.º que se consideram em idade escolar as crianças e jovens com idades compreendidas entre os 6 e os 18 anos. Já o n.º 4 do artigo 2.º deste mesmo diploma, determina que a escolaridade obrigatória cessa com a obtenção do diploma de curso conferente de nível secundário da educação, ou independentemente da obtenção do diploma de qualquer ciclo ou nível de ensino, no momento do ano escolar em que o aluno perfaça 18 anos.

3. Nos termos do n.º 4 do artigo 67.º, o menor admitido a prestar de trabalho, que se encontre a frequentar modalidade de educação ou formação que confira, consoante o caso, a escolaridade obrigatória, qualificação profissional, ou ambas, tem direito a passar ao regime de trabalho a tempo parcial, fixando-se, na falta de acordo, a duração semanal do trabalho num número de horas que, somado à duração escolar ou de formação, perfaça 40 horas semanais. O trabalho a tempo parcial encontra-se previsto no artigo 150.º e segs., estabelecendo-se no n.º 1 daquele artigo 150.º, que se considera trabalho a tempo parcial o que corresponda a um período normal de trabalho semanal inferior ao praticado a tempo completo em situação comparável.

4. Caso seja celebrado um contrato de trabalho com menor, em violação da idade de admissão, cfr. artigo 68.º, ou que não tenha a escolaridade obrigatória concluída ou não esteja matriculado e a frequentar o nível secundário de educação, e que não frequente modalidade de educação ou formação que a confira, a consequência é que o contrato de trabalho é nulo, cfr. n.º 1 do artigo 280.º e artigo 294.º, ambos do Código Civil. Além desta, o empregador incorre em responsabilidade contra-ordenacional, punida com coima, e, nos termos do n.º 6, com sanção acessória de privação do direito a subsídio ou benefício outorgado por entidade ou serviço público, por período até dois anos.

5. O serviço com competência inspectiva do ministério responsável pela área laboral referido no n.º 4 é a Autoridade para as Condições do Trabalho, cfr. alínea a) do n.º 2 do artigo 11.º do Decreto-Lei n.º 167-C/2013, de 31 de Dezembro, alterado pelo Decreto-Lei n.º 28/2015, de 10 de Fevereiro, que aprovou a Lei Orgânica do Ministério da Solidariedade, Emprego e Segurança Social, e alínea a) do n.º 2 do artigo 2.º do Decreto Regulamentar n.º 47/2012, de 31 de Julho, que aprovou a orgânica da Autoridade para as Condições do Trabalho, nos termos das quais a Autoridade para as Condições do Trabalho prossegue, entre outras, a atribuição de fiscalizar o cumprimento das disposições legais, regulamentares e convencionais respeitantes às relações de trabalho.

ARTIGO 70.º - Capacidade do menor para celebrar contrato de trabalho e receber a retribuição

1 – É válido o contrato de trabalho celebrado por menor que tenha completado 16 anos de idade e tenha concluído a escolaridade obrigatória ou esteja matriculado e a frequentar o nível secundário de educação, salvo oposição escrita dos seus representantes legais.

2 – O contrato celebrado por menor que não tenha completado 16 anos de idade, não tenha concluído a escolaridade obrigatória ou não esteja matriculado e a frequentar o nível secundário de educação só é válido mediante autorização escrita dos seus representantes legais.

3 – O menor tem capacidade para receber a retribuição, salvo oposição escrita dos seus representantes legais.

4 – Os representantes legais podem a todo o tempo declarar a oposição ou revogar a autorização referida no n.º 2, sendo o acto eficaz decorridos 30 dias sobre a sua comunicação ao empregador.

5 – No caso previsto nos n.os 1 ou 2, os representantes legais podem reduzir até metade o prazo previsto no número anterior, com fundamento em que tal é necessário para a frequência de estabelecimento de ensino ou de acção de formação profissional.

6 – Constitui contra-ordenação grave o pagamento de retribuição ao menor caso haja oposição escrita dos seus representantes legais.

1. Este preceito corresponde ao artigo 58.º do anterior Código do Trabalho, aprovado pela Lei n.º 99/2003.

2. Quanto à escolaridade obrigatória, é a Lei n.º 85/2009, de 27 de Agosto que fixa o regime da escolaridade obrigatória para as crianças e jovens que se encontram em idade escolar, estabelecendo o n.º 1 do seu artigo 2.º que se consideram em idade escolar as crianças e jovens com idades compreendidas entre os 6 e os 18 anos. Já o n.º 4 do artigo 2.º deste mesmo diploma, determina que a escolaridade obrigatória cessa com a obtenção do diploma de curso conferente de nível secundário da educação, ou independentemente da obtenção do diploma de qualquer ciclo ou nível de ensino, no momento do ano escolar em que o aluno perfaça 18 anos.

3. Decorre do n.º 1 que o contrato de trabalho com menor é celebrado por este último, e não pelos seus representantes legais. Não obstante, e atendendo a que por princípio os menores carecem de capacidade para o exercício de direitos, cfr. artigo 123.º do Código Civil, os representantes legais do menor podem interferir, tornando o contrato invalido, cfr. n.os 1 e 2 do artigo em anotação. Caso seja celebrado um contrato de trabalho com menor que tenha completado 16 anos de idade e tenha concluído a escolaridade obrigatória, ou não a tendo terminado que esteja matriculado e a frequentar o nível secundário de educação, com oposição escrita dos seus representantes legais, ou caso seja celebrado um contrato de trabalho com menor que não tenha completado 16 anos de idade, não tenha concluído a escolaridade obrigatória ou não esteja matriculado e a frequentar o nível secundário de educação, e sem autorização escrita dos seus representantes legais, a consequência, quer no primeiro caso, quer no segundo, é que o contrato de trabalho é anulável, cfr. n.º 1 do artigo 125.º e artigo 287.º, ambos do Código Civil.

4. Caso o menor obtenha a emancipação por celebração de casamento, cfr. artigo 132.º do Código Civil, e atendendo a que a emancipação tem por efeito atribuir ao menor plena capacidade de exercício de direitos, cfr. artigo 133.º do Código Civil, a oposição escrita referida no n.º 1, ou a autorização escrita mencionada no n.º 2, que seja realizada pelos seus anteriormente representantes legais, após o casamento, não é eficaz. Não obstante a emancipação do menor, que tem os efeitos *supra* referidos, determina o n.º 4 do artigo 66.º que ao menor emancipado são-lhe aplicáveis as normas relativas à protecção da saúde, educação e formação do trabalhador menor.

5. Nada obsta que a forma escrita, imposta pelos n.os 1, 2 e 3, seja satisfeita através de documento electrónico, ou seja, por documento elaborado mediante processamento electrónico de dados. Por outras palavras, nada impede que a forma escrita seja adoptada através de uma declaração escrita enviada por correio electrónico (e-mail) para um endereço electrónico. Sobre a validade, eficácia e valor probatório dos documentos electrónicos remete-se para a anotação 4. ao artigo 107.º

ARTIGO 71.º – Denúncia de contrato por menor

1 – O menor na situação referida no artigo 69.º que denuncie o contrato de trabalho sem termo durante a formação, ou num período imediatamente subsequente de duração igual àquela, deve compensar o empregador do custo directo com a formação que este tenha suportado.

2 – O disposto no número anterior é igualmente aplicável caso o menor denuncie o contrato de trabalho a termo depois de o empregador lhe haver proposto por escrito a conversão do mesmo em contrato sem termo.

1. Este preceito corresponde ao artigo 59.º do anterior Código do Trabalho, aprovado pela Lei n.º 99/2003.

2. A denúncia pelo trabalhador é uma modalidade de cessação do contrato de trabalho, cfr. alínea h) do artigo 340.º, e encontra-se prevista nos artigos 400.º e segs. A denúncia é uma das formas típicas de cessação de contratos, definindo-se como uma manifestação de vontade de uma das partes, dirigida à outra, que visa pôr termo a um contrato duradouro ou obstar à renovação de um contrato, que sem aquela declaração teria lugar. Em regra, no regime da denúncia, a declaração não carece de qualquer justificação.

3. A denúncia, por menor, de contrato de trabalho sem termo durante a formação, ou num período imediatamente subsequente de duração igual àquela, ou do contrato de trabalho a termo depois de o empregador lhe haver proposto por escrito a conversão do mesmo em contrato sem termo constitui uma das duas situações em que o empregador poderá exigir a devolução do montante correspondente às despesas realizadas com a formação profissional. A restante situação encontra-se prevista no artigo 137.º, e respeita à celebração válida de um pacto de permanência.

Com excepção destas duas situações referidas, não existe o dever do trabalhador restituir as despesas realizadas pelo empregador com a sua formação profissional, quando o trabalhador cesse ilícitamente o contrato de trabalho, cfr. artigo 399.º e 401.º

Deste artigo 71.º resulta assim que quando o menor proceda à resolução do contrato de trabalho, cfr. artigo 394.º e segs., não se encontra adstrito a compensar o empregador do custo da formação dispendido por este último.

4. O contrato de trabalho a termo constitui uma modalidade do contrato de trabalho, e encontra-se previsto no artigo 139.º e segs.

5. Nada obsta que a forma escrita referida no n.º 2 seja satisfeita através de documento electrónico, ou seja, por documento elaborado mediante processamento electrónico de dados. Por outras palavras, nada impede que a forma escrita seja adoptada através de uma declaração escrita enviada por correio electrónico (e-mail) para um endereço electrónico. Sobre a validade, eficácia e valor probatório dos documentos electrónicos remete-se para a anotação 4. ao artigo 107.º

ARTIGO 72.º – Protecção da segurança e saúde de menor

1 – Sem prejuízo das obrigações estabelecidas em disposições especiais, o empregador deve submeter o menor a exames de saúde, nomeadamente:

a) Exame de saúde que certifique a adequação da sua capacidade física e psíquica ao exercício das funções, a realizar antes do início da prestação do trabalho, ou nos 15 dias subsequentes à admissão se esta for urgente e com o consentimento dos representantes legais do menor;

b) Exame de saúde anual, para que do exercício da actividade profissional não resulte prejuízo para a sua saúde e para o seu desenvolvimento físico e psíquico.

2 – Os trabalhos que, pela sua natureza ou pelas condições em que são prestados, sejam prejudiciais ao desenvolvimento físico, psíquico e moral dos menores são proibidos ou condicionados por legislação específica.

3 – Constitui contra-ordenação grave a violação do disposto no n.º 1.

1. Este preceito corresponde ao artigo 60.º do anterior Código do Trabalho, aprovado pela Lei n.º 99/2003.

2. A legislação específica referida no n.º 2 é a Lei n.º 102/2009, de 10 de Setembro, que estabelece o regime jurídico da segurança e saúde no trabalho, e em concreto os artigos 61.º e segs. daquele diploma. O legislador terá entendido, e bem, que a extensão, a minúcia e a complexidade técnica da matéria, bem como a sua sujeição a uma maior volatilidade, não se compaginavam com alguma perpetuidade no tempo a que um diploma codificador como o Código do Trabalho se deve achar submetido, razão pela qual terá subtraído a regulamentação dos trabalho prejudiciais ao menor deste Código, remetendo-a para legislação específica.

3. Caso o menor obtenha a emancipação por celebração de casamento, cfr. artigo 132.º do Código Civil, o que tem por efeito atribuir ao menor plena capacidade de exercício de direitos, cfr. artigo 133.º do Código Civil, não obstante, determina o n.º 4 do artigo 66.º que ao menor emancipado são-lhe aplicáveis as normas relativas à protecção da saúde, educação e formação do trabalhador menor, o que significa ser aplicável ao menor emancipado este preceito em anotação.

4. Nos termos do n.º 1 do artigo 82.º, a utilização de menor em violação do disposto no n.º 2 deste artigo 72.º, é punida com pena de prisão até 2 anos ou com pena de multa até 240 dias, se pena mais grave não couber por força de outra disposição legal. Determina o n.º 2 do mesmo artigo 72.º que no caso de o menor não ter completado a idade mínima de admissão ou não ter concluído a escolaridade obrigatória, os limites das penas são elevados para o dobro. Por sua vez, o artigo 83.º, determina que quando o serviço com competência inspectiva do ministério responsável pela área laboral verificar a violação das normas relativas a trabalhos proibidos a que se refere o n.º 2 deste artigo 72.º, notifica por escrito o infractor para que faça cessar de imediato a actividade do menor, com a cominação de que, se o não fizer, incorre em crime de desobediência qualificada.

ARTIGO 73.º – Limites máximos do período normal de trabalho de menor

1 – O período normal de trabalho de menor não pode ser superior a oito horas em cada dia e a quarenta horas em cada semana.

2 – Os instrumentos de regulamentação colectiva de trabalho devem reduzir, sempre que possível, os limites máximos do período normal de trabalho de menor.

3 – No caso de trabalhos leves efectuados por menor com idade inferior a 16 anos, o período normal de trabalho não pode ser superior a sete horas em cada dia e trinta e cinco horas em cada semana.

4 – Constitui contra-ordenação grave a violação do disposto nos n.os 1 ou 3.

1. Este preceito corresponde ao artigo 62.º do anterior Código do Trabalho, aprovado pela Lei n.º 99/2003.

2. Os limites máximos do período normal de trabalho encontram-se previstos no artigo 203.º

3. Constituem instrumentos de regulamentação colectiva de trabalho, cfr. n.os 2, 3 e 4 do artigo 2.º, a convenção colectiva (que pode ser um contrato colectivo, acordo colectivo, ou um acordo de empresa), o acordo de adesão, a decisão arbitral, a portaria de extensão, e a portaria de condições de trabalho.

4. Os trabalhos leves referidos no n.º 3 são aqueles que consistem em tarefas simples e definidas que, pela sua natureza, pelos esforços físicos ou mentais exigidos ou pelas condições específicas em que são realizadas, não sejam susceptíveis de prejudicar o menor no que respeita à integridade física, segurança e saúde, assiduidade escolar, participação em programas de orientação ou de formação, capacidade para beneficiar da instrução ministrada, ou ainda ao desenvolvimento físico, psíquico, moral, intelectual e cultural do menor, cfr. n.º 3 do artigo 68.º

5. Note-se que se o menor trabalhar para vários empregadores, nos termos do n.º 1 do artigo 80.º, a soma dos períodos de trabalho não deve exceder os limites máximos do período normal de trabalho.

ARTIGO 74.º – Dispensa de menor de horário em regime de adaptabilidade

1 – O menor é dispensado de prestar trabalho em horário organizado de acordo com o regime de adaptabilidade, banco de horas ou horário concentrado quando o mesmo puder prejudicar a sua saúde ou segurança no trabalho.

2 – Para efeito do número anterior, o menor deve ser submetido a exame de saúde previamente ao início da aplicação do horário em causa.

3 – Constitui contra-ordenação grave a violação do disposto neste artigo.

1. Este preceito corresponde ao artigo 63.º do anterior Código do Trabalho, aprovado pela Lei n.º 99/2003.

2. O regime da adaptabilidade encontra-se previsto no artigo 204.º e segs. O banco de horas encontra-se estabelecido nos artigos 208.º e 208.º-B, e o horário concentrado no artigo 209.º

3. Por expressa determinação do n.º 2, o menor apenas poderá prestar o seu trabalho em horário organizado de acordo com o regime de adaptabilidade, banco de horas ou horário concentrado, depois de ter sido submetido a exame de saúde, que certifique que aquele horário não prejudica a sua saúde ou segurança no trabalho. Da redacção deste n.º 2 resulta que o exame de saúde do menor será realizado por conta do empregador, sendo este último quem deve custear o mesmo.

ARTIGO 75.º – Trabalho suplementar de menor

1 – O trabalhador menor não pode prestar trabalho suplementar.

2 – O disposto no número anterior não é aplicável se a prestação de trabalho suplementar por parte de menor com idade igual ou superior a 16 anos for indispensável para prevenir ou reparar prejuízo grave para a empresa, devido a facto anormal e imprevisível ou a circunstância excepcional ainda que previsível, cujas consequências não podiam ser evitadas, desde que não haja outro trabalhador disponível e por um período não superior a cinco dias úteis.

3 – Na situação referida no número anterior, o menor tem direito a período equivalente de descanso compensatório, a gozar nas três semanas seguintes.

4 – Constitui contra-ordenação grave a violação do disposto neste artigo.

1. Este preceito corresponde ao artigo 64.º do anterior Código do Trabalho, aprovado pela Lei n.º 99/2003.

2. Por trabalho suplementar considera-se o trabalho prestado fora do horário de trabalho, cfr. n.º 1 do artigo 226.º

3. O n.º 1 estabelece o princípio de que o trabalhador menor não pode prestar trabalho suplementar. Este princípio, por sua vez, é uma excepção ao princípio de que o trabalhador é obrigado a realizar a prestação de trabalho suplementar, estabelecido no n.º 3 do artigo 227.º O n.º 2 deste artigo 75.º permite que o trabalhador menor preste trabalho suplementar quando tenha idade igual ou superior a 16 anos, e o trabalho suplementar for indispensável para prevenir ou reparar prejuízo grave para a empresa, devido a facto anormal e imprevisível ou a circunstância excepcional ainda que previsível, cujas consequências não podiam ser evitadas, desde que não haja outro trabalhador disponível, e por um período não superior a cinco dias úteis. Quando o menor, nestas condições, preste trabalho suplementar, o n.º 3 estabelece que tem direito a período equivalente ao trabalho suplementar prestado de descanso compensatório, o qual terá de ser gozado pelo trabalhador nas três semanas seguintes.

4. Dias úteis são Segunda-Feira, Terça-Feira, Quarta-Feira, Quinta-Feira e Sexta-Feira. Sábado, Domingo e Feriados não constituem dias úteis, sendo que para o conceito de dias úteis é irrelevante que a empresa se encontre em funcionamento ao Sábado, Domingo ou Feriado. Este é o sentido da alínea e) do artigo 279.º do Código Civil, conjugado com o n.º 1 do artigo 137.º do Código de Processo Civil.

ARTIGO 76.º – Trabalho de menor no período nocturno

1 – É proibido o trabalho de menor com idade inferior a 16 anos entre as 20 horas de um dia e as sete horas do dia seguinte.

2 – O menor com idade igual ou superior a 16 anos não pode prestar trabalho entre as 22 horas de um dia e as sete horas do dia seguinte, sem prejuízo do disposto nos números seguintes.

3 – O menor com idade igual ou superior a 16 anos pode prestar trabalho nocturno:

a) Em actividade prevista em instrumento de regulamentação colectiva de trabalho, excepto no período compreendido entre as zero e as cinco horas;

b) Que se justifique por motivos objectivos, em actividade de natureza cultural, artística, desportiva ou publicitária, desde tenha um período equivalente de descanso compensatório no dia seguinte ou no mais próximo possível.

4 – No caso do número anterior, a prestação de trabalho nocturno por menor deve ser vigiada por um adulto, se for necessário para protecção da sua segurança ou saúde.

5 – O disposto nos n.os 2 e 3 não é aplicável se a prestação de trabalho nocturno ocorrer em circunstância referida no n.º 2 do artigo anterior, sendo devido o descanso previsto no n.º 3 do mesmo artigo.

6 – Constitui contra-ordenação grave a violação do disposto nos n.os 1, 2 ou 4.

1. Este preceito corresponde ao artigo 65.º do anterior Código do Trabalho, aprovado pela Lei n.º 99/2003.

2. Constituem instrumentos de regulamentação colectiva de trabalho, cfr. n.os 2, 3 e 4 do artigo 2.º, a convenção colectiva (que pode ser um contrato colectivo, acordo colectivo, ou um acordo de empresa), o acordo de adesão, a decisão arbitral, a portaria de extensão, e a portaria de condições de trabalho.

3. O n.º 1 estabelece, relativamente ao trabalho de menor com idade inferior a 16 anos, que é proibido a prestação de trabalho daquele entre o período das 20 horas de um dia e as sete horas do dia seguinte. Tratando-se de menor com idade igual ou superior a 16 anos, só poderá prestar trabalho nocturno, cfr. n.os 2 e 3:

a) Em actividade prevista em instrumento de regulamentação colectiva de trabalho, excepto no período compreendido entre as 0 e as 5 horas;

b) Que se justifique por motivos objectivos, em actividade de natureza cultural, artística, desportiva ou publicitária, desde que tenha um período equivalente de descanso compensatório no dia seguinte ou no mais próximo possível.

Apenas quando o trabalho de menor com idade igual ou superior a 16 anos for indispensável para prevenir ou reparar prejuízo grave para a empresa, devido a facto anormal e imprevisível ou a circunstância excepcional ainda que previsível, cujas consequências não podiam ser evitadas, desde que não haja outro trabalhador disponível e por um período não superior a cinco dias úteis, é que o menor poderá prestar trabalho nocturno, cfr. n.º 5.

4. As partes num contrato de trabalho, empregador e trabalhador, não poderão afastar o disposto na alínea a) do n.º 3, acordando que o menor com idade igual ou superior a 16 anos pode prestar trabalho nocturno, excepto no período compreendido entre as 0:00 e as 5:00 horas. É que, nos termos do n.º 5 do artigo 3.º, sempre que uma norma legal reguladora do contrato de trabalho determine que a mesma pode ser afastada por instrumento de regulamentação colectiva de trabalho, entende-se que o não pode ser por contrato de trabalho.

ARTIGO 77.º – Intervalo de descanso de menor

1 – O período de trabalho diário de menor deve ser interrompido por intervalo de duração entre uma e duas horas, por forma a não prestar mais de quatro horas de trabalho consecutivo se tiver idade inferior a 16 anos, ou quatro horas e 30 minutos se tiver idade igual ou superior a 16 anos.

2 – O instrumento de regulamentação colectiva de trabalho pode estabelecer duração do intervalo de descanso superior a duas horas, bem como a frequência e a duração de outros intervalos de descanso no período de trabalho diário ou, no caso de menor com idade igual ou superior a 16 anos, redução do intervalo até 30 minutos.

3 – Constitui contra-ordenação grave a violação do disposto no n.º 1.

1. Este preceito corresponde ao artigo 66.º do anterior Código do Trabalho, aprovado pela Lei n.º 99/2003.

2. Constituem instrumentos de regulamentação colectiva de trabalho, cfr. n.os 2, 3 e 4 do artigo 2.º, a convenção colectiva (que pode ser um contrato colectivo, acordo colectivo, ou um acordo de empresa), o acordo de adesão, a decisão arbitral, a portaria de extensão, e a portaria de condições de trabalho.

3. Os n.os 1 e 2 constituem uma excepção ao regime do intervalo de descanso previsto no artigo 213.º, e de acordo com o qual o período de trabalho diário deve ser interrompido por um intervalo de descanso, de duração não inferior a uma hora nem superior a duas, de modo que o trabalhador não preste mais de cinco horas de trabalho consecutivo. De acordo com este artigo 77.º, prevê-se além de uma duração do intervalo de descanso que pode ser diversa do regime geral previsto naquele artigo 213.º, que o menor preste trabalho durante um período de tempo consecutivo inferior às cinco horas previsto no n.º 1 do artigo 213.º

4. As partes num contrato de trabalho, empregador e trabalhador, não poderão afastar o disposto no n.º 2, acordando uma duração do intervalo de descanso superior a duas horas, bem como a frequência e a duração de outros intervalos de descanso no período de trabalho diário ou, no caso de menor com idade igual ou superior a 16 anos, redução do intervalo até 30 minutos. É que, nos termos do n.º 5 do artigo 3.º, sempre que uma norma legal reguladora do contrato de trabalho determine que a mesma pode ser afastada por instrumento de regulamentação colectiva de trabalho, entende-se que o não pode ser por contrato de trabalho.

ARTIGO 78.º - Descanso diário de menor

1 – O menor tem direito a descanso diário, entre os períodos de trabalho de dois dias sucessivos, com a duração mínima de catorze horas consecutivas se tiver idade inferior a 16 anos, ou doze horas consecutivas se tiver idade igual ou superior a 16 anos.

2 – Em relação a menor com idade igual ou superior a 16 anos, o descanso diário previsto no número anterior pode ser reduzido por instrumento de regulamentação colectiva de trabalho se for justificado por motivo objectivo, desde que não afecte a sua segurança ou saúde e a redução seja compensada nos três dias seguintes, no sector da agricultura, turismo, hotelaria ou restauração, em embarcação da marinha do comércio, hospital ou outro estabelecimento de saúde ou em actividade caracterizada por períodos de trabalho fraccionados ao longo do dia.

3 – O disposto no n.º 1 não se aplica a menor com idade igual ou superior a 16 anos que preste trabalho cuja duração normal não seja superior a vinte horas por semana, ou trabalho ocasional por período não superior a um mês:

a) Em serviço doméstico realizado em agregado familiar;

b) Em empresa familiar, desde que não seja nocivo, prejudicial ou perigoso para o menor.

4 – Constitui contra-ordenação grave a violação do disposto nos n.os 1 ou 2 deste artigo.

1. Este preceito corresponde ao artigo 67.º do anterior Código do Trabalho, aprovado pela Lei n.º 99/2003.

2. Constituem instrumentos de regulamentação colectiva de trabalho, cfr. n.os 2, 3 e 4 do artigo 2.º, a convenção colectiva (que pode ser um contrato colectivo, acordo colectivo, ou um acordo de empresa), o acordo de adesão, a decisão arbitral, a portaria de extensão, e a portaria de condições de trabalho.

3. Os n.os 1 e 2 constituem uma excepção ao regime do descanso diário previsto no n.º 1 do artigo 214.º, e de acordo com o qual o trabalhador tem direito a um período de descanso de, pelo menos, onze horas seguidas entre dois períodos diários de trabalho consecutivos. De acordo com este artigo 78.º, prevê-se que o menor tem direito a descanso diário, entre os períodos de trabalho de dois dias sucessivos, com uma duração mínima que difere consoante a sua idade. O descanso diário do menor será de catorze horas consecutivas se tiver idade inferior a 16 anos, ou de doze horas consecutivas se tiver idade igual ou superior a 16 anos. Permite-se que o descanso diário do menor com idade igual ou superior a 16 anos, e só deste, (de doze horas consecutivas) seja reduzido por instrumento de regulamentação colectiva de trabalho, nas condições estabelecidas no n.º 2.

4. As partes num contrato de trabalho, empregador e trabalhador, não poderão afastar o disposto no n.º 2, acordando um descanso diário reduzido, entre os períodos de trabalho de dois dias sucessivos, em relação a menor com idade igual ou superior a 16 anos. É que, nos termos do n.º 5 do artigo 3.º, sempre que uma norma legal reguladora do contrato de trabalho determine que a mesma pode ser afastada por instrumento de regulamentação colectiva de trabalho, entende-se que o não pode ser por contrato de trabalho.

5. O conceito de empresa familiar utilizado na alínea b) do n.º 3 deste artigo 78.º e no n.º 4 do artigo 68.º, não é definido no Código do Trabalho. Este Código limita-se, no artigo 100.º, a definir os vários tipos de empresa, microempresa, pequena empresa, média empresa e grande empresa, cfr. alíneas a), b), c) e d) do n.º 1 do artigo 100.º O Código do Trabalho não tem igualmente qualquer definição de empresa. Não obstante, o Código da Insolvência e da Recuperação de Empresas contém, no seu artigo 5.º, apesar de expressamente se referir naquele preceito que é para efeitos daquele diploma, uma noção de empresa, considerando-se como tal toda a organização de capital e de trabalho destinada ao exercício de qualquer actividade económica. O Código da Insolvência e da Recuperação de Empresas foi aprovado pelo Decreto-Lei n.º 53/2004, de 18 de Março, e foi alterado pelos Decretos-Leis n.ºs 200/2004, de 18 de Agosto, 76-A/2006, de 29 de Março, 282/2007, de 7 de Agosto, 116/2008, de 4 de Julho e 185/2009, de 12 de Agosto, pelas Leis n.ºs 16/2012, de 20 de Abril, e 66-B/2012, de 31 de Dezembro, pelos Decretos-Leis n.ºs 26/2015, de 6 de Fevereiro, 79/2017, de 30 de Junho, pela Rectificação n.º 21/2017, de 25 de Agosto, pelas Leis n.ºs 114/2017, de 29 de Dezembro, 8/2018, de 2 de Março, e pelo Decreto-Lei n.º 84/2019, de 28 de Junho. Também no artigo 3.º da Lei n.º 19/2012, de 8 de Maio, alterada pela Lei n.º 23/2018, de 5 de Junho, que aprovou o novo regime jurídico da concorrência, se estabelece uma noção de empresa – referindo-se expressamente, mais uma vez, que a definição é para efeitos daquela Lei – nele se determinando que se considera empresa qualquer entidade que exerça uma actividade económica que consista na oferta de bens ou serviços num determinado mercado, independentemente do seu estatuto jurídico e do seu modo de financiamento.

ARTIGO 79.º – Descanso semanal de menor

1 – O descanso semanal de menor tem a duração de dois dias, se possível, consecutivos, em cada período de sete dias, salvo havendo razões técnicas ou de organização do trabalho, a definir por instrumento de regulamentação colectiva de trabalho, que justifiquem que o descanso semanal de menor com idade igual ou superior a 16 anos tenha a duração de trinta e seis horas consecutivas.

2 – O descanso semanal de menor com idade igual ou superior a 16 anos pode ser de um dia em situação a que se referem os n.ºs 2 ou 3 do artigo anterior, desde que a redução se justifique por motivo objectivo e, no primeiro caso, seja estabelecida em instrumento de regulamentação colectiva de trabalho, devendo em qualquer caso ser assegurado descanso adequado.

3 – Constitui contra-ordenação grave a violação do disposto neste artigo.

1. Este preceito corresponde ao artigo 68.º do anterior Código do Trabalho, aprovado pela Lei n.º 99/2003.

2. Constituem instrumentos de regulamentação colectiva de trabalho, cfr. n.os 2, 3 e 4 do artigo 2.º, a convenção colectiva (que pode ser um contrato colectivo, acordo colectivo, ou um acordo de empresa), o acordo de adesão, a decisão arbitral, a portaria de extensão, e a portaria de condições de trabalho.

3. O descanso semanal encontra-se previsto nos artigos 232.º e 233.º

4. As partes num contrato de trabalho, empregador e trabalhador, não poderão afastar o disposto nos n.os 1 e 2, acordando um descanso semanal de menor com idade igual ou superior a 16 anos de trinta e seis horas consecutivas, ou de um dia. É que, nos termos do n.º 5 do artigo 3.º, sempre que uma norma legal reguladora do contrato de trabalho determine que a mesma pode ser afastada por instrumento de regulamentação colectiva de trabalho, entende-se que o não pode ser por contrato de trabalho.

5. Nos termos do n.º 1 do artigo 80.º, o menor que se encontre em situação de pluriemprego, ou seja, que trabalhar para vários empregadores, deve ter os descansos semanais coincidentes.

ARTIGO 80.º – Descanso semanal e períodos de trabalho de menor em caso de pluriemprego

1 – Se o menor trabalhar para vários empregadores, os descansos semanais devem ser coincidentes e a soma dos períodos de trabalho não deve exceder os limites máximos do período normal de trabalho.

2 – Para efeitos do disposto no número anterior, o menor ou, se este tiver idade inferior a 16 anos, os seus representantes legais, devem informar por escrito:

a) Antes da admissão, o novo empregador, sobre a existência de outro emprego e a duração do trabalho e os descansos semanais correspondentes;

b) Aquando de uma admissão ou sempre que haja alteração das condições de trabalho em causa, os outros empregadores, sobre a duração do trabalho e os descansos semanais correspondentes.

3 – O empregador que, sendo informado nos termos do número anterior, celebre contrato de trabalho com o menor ou altere a duração do trabalho ou dos descansos semanais, é responsável pelo cumprimento do disposto no n.º 1.

4 – Constitui contra-ordenação grave a violação do disposto no n.º 1, pela qual é responsável o empregador que se encontre na situação referida no número anterior.

1. Este preceito corresponde ao artigo 69.º do anterior Código do Trabalho, aprovado pela Lei n.º 99/2003.

2. Sobre o descanso semanal de menor veja-se o artigo anterior, e respectivas anotações.

3. Nos termos do n.º 1 do artigo 73.º, o período normal de trabalho de menor não pode ser superior a oito horas em cada dia e a quarenta horas em cada se-mana.

4. Nada obsta que a forma escrita, imposta pelo n.º 2, seja satisfeita através de documento electrónico, ou seja, por documento elaborado mediante processamento electrónico de dados. Por outras palavras, nada impede que a forma escrita seja adoptada através de uma declaração escrita enviada por correio electrónico (e-mail) para um endereço electrónico. Sobre a validade, eficácia e valor probatório dos documentos electrónicos remete-se para a anotação 4. ao artigo 107.º

ARTIGO 81.º – Participação de menor em espectáculo ou outra actividade

A participação de menor em espectáculo ou outra actividade de natureza cultural, artística ou publicitária é regulada em legislação específica.

1. Este preceito corresponde ao artigo 70.º do anterior Código do Trabalho, aprovado pela Lei n.º 99/2003.

2. A legislação prevista neste preceito é a Lei n.º 105/2009, de 14 de Setembro, alterada pelas Leis n.os 60/2018, de 21 de Agosto, e 93/2019, de 4 de Setembro, que regulamenta este Código do Trabalho. *Infra* transcrevem-se na íntegra os preceitos daquela Lei que disciplinam a participação de menor em espectáculo ou outra actividade de natureza cultural, artística ou publicitária, os artigos 2.º a 11.º:

“ARTIGO 2.º

Actividades permitidas a menor

1 – O menor pode participar em espectáculo ou outra actividade de natureza cultural, artística ou publicitária, designadamente como actor, cantor, dançarino, figurante, músico, modelo ou manequim.

2 – A situação prevista no número anterior não pode envolver contacto com animal, substância ou actividade perigosa que possa constituir risco para a segurança ou a saúde do menor.

3 – Sem prejuízo do previsto no número anterior, o menor só pode participar em espectáculos que envolvam animais desde que tenha pelo menos 12 anos e a sua actividade, incluindo os respectivos ensaios, decorra sob a vigilância de um dos progenitores, representante legal ou irmão maior.

4 – Constitui contra-ordenação muito grave, imputável à entidade promotora da actividade, a violação do disposto nos n.os 2 e 3, podendo ser aplicada a sanção acessória de publicidade da condenação, nos termos gerais, e ainda, tendo em conta os efeitos gravosos para o menor ou o benefício económico retirado pela entidade promotora:

a) Interdição do exercício de profissão ou actividade cujo exercício dependa de título público ou de autorização ou homologação de autoridade pública;

b) Privação do direito a subsídio ou benefício outorgado por entidade ou serviço público;

c) Encerramento de estabelecimento cujo funcionamento dependa de autorização ou licença de autoridade administrativa.

Artigo 3.º
Duração do período de participação em actividade

1 – A participação do menor na actividade, incluindo ensaios e outros actos preparatórios, não pode exceder, consoante a idade daquele:

a) Menos de 1 ano, uma hora por semana;

b) De 1 a menos de 3 anos, duas horas por semana;

c) De 3 a menos de 7 anos, duas horas por dia e quatro horas por semana;

d) De 7 a menos de 12 anos, três horas por dia e nove horas por semana, podendo qualquer dos limites ser excedido até três horas, caso o acréscimo de actividade ocorra em dia sem actividades escolares;

e) De 12 a menos de 16 anos, quatro horas por dia e doze horas por semana, podendo qualquer dos limites ser excedido até três horas, caso o acréscimo de actividade ocorra em dia sem actividades escolares.

2 – Durante o período de aulas, a actividade do menor deve não coincidir com o horário escolar, respeitar um intervalo mínimo de uma hora entre ela e a frequência das aulas e não impossibilitar de qualquer modo a participação em actividades escolares.

3 – A actividade do menor deve ser suspensa pelo menos um dia por semana, coincidente com dia de descanso durante o período de aulas.

4 – A actividade pode ser exercida em metade do período de férias escolares e não pode exceder, consoante a idade do menor:

a) De 6 a menos de 12 anos, seis horas por dia e doze horas por semana;

b) De 12 a menos de 16 anos, sete horas por dia e dezasseis horas por semana.

5 – Em situação referida nas alíneas c) a e) do n.º 1 ou no número anterior deve haver uma ou mais pausas de, pelo menos, trinta minutos cada, de modo que a actividade consecutiva não seja superior a metade do período diário referido naqueles preceitos.

6 – O menor só pode exercer a actividade entre as 8 e as 20 horas ou, tendo idade igual ou superior a 7 anos e apenas para participar em espectáculos de natureza cultural ou artística, entre as 8 e as 24 horas.

7 – Os n.os 1 a 5 são aplicáveis a menor que esteja abrangido pela escolaridade obrigatória.

8 – Constitui contra-ordenação muito grave, imputável à entidade promotora, a violação do disposto no presente artigo, podendo ser aplicadas as sanções acessórias referidas no n.º 4 do artigo anterior.

Artigo 4.º
Responsabilidade por acidente de trabalho

1 – O menor tem direito a reparação de danos emergentes de acidente de trabalho, nos termos do correspondente regime geral, assumindo, para este efeito, a entidade promotora a posição de empregadora.

2 – A entidade promotora deve transferir a responsabilidade por acidente de trabalho para entidade autorizada por lei a realizar este seguro.

3 – Constitui contra-ordenação grave a violação do disposto no número anterior, podendo ser aplicadas as sanções acessórias previstas no n.º 4 do artigo 2.º em caso de reincidência em contra-ordenação praticada com dolo ou negligência grosseira.

Artigo 5.º
Autorização ou comunicação de participação em actividade

1 – A participação de menor em actividade referida no artigo 2.º está sujeita a autorização ou comunicação.

2 – A comunicação só pode ter lugar no caso de participação que decorra num período de vinte e quatro horas e respeite a menor com, pelo menos, 13 anos de idade que não tenha participado, nos 180 dias anteriores, em actividade a que se refere o artigo 2.º

3 – É competente para a autorização e para receber a comunicação referidas no n.º 1 a Comissão de Protecção de Crianças e Jovens (CPCJ) cuja área abranja o domicílio do menor ou, na sua falta, aquela cuja sede estiver mais próxima, funcionando em comissão restrita.

4 – A autorização é válida pelo período da participação do menor na actividade a que respeita, no máximo de nove meses, devendo ser renovada sempre que a participação for de duração superior.

5 – Constitui contra-ordenação muito grave, imputável à entidade promotora, a violação do disposto nos n.os 1, 2 ou 4, podendo ser aplicadas as sanções acessórias referidas no n.º 4 do artigo 2.º

Artigo 6.º
Pedido de autorização de participação em actividade

1 – A entidade promotora da actividade requer a autorização por escrito, indicando os seguintes elementos:

a) Identificação e data do nascimento do menor;

b) Estabelecimento de ensino frequentado pelo menor se este estiver abrangido pela escolaridade obrigatória;

c) Actividade em que o menor participará e local onde a mesma se realiza;

d) Tipo de participação do menor, referenciada através de sinopse detalhada;

e) Duração da participação do menor, que pode ser para uma ou várias actuações, por uma temporada ou outro prazo certo, ou ainda o período em que o espectáculo permaneça em cartaz ou outro prazo incerto;

f) Número de horas diárias e semanais de actividade do menor em actuação e actos preparatórios;

g) Pessoa disponível para, sendo caso disso, vigiar a participação do menor.

2 – O requerimento deve ser instruído com:

a) Ficha de aptidão que certifique que o menor tem capacidade física e psíquica adequadas à natureza e à intensidade da sua participação, emitido pelo médico do trabalho da entidade promotora, depois de ouvido o médico assistente do menor;

b) Declaração do horário escolar e informação sobre o aproveitamento escolar do menor abrangido pela escolaridade obrigatória, emitidas pelo estabelecimento de ensino;

c) Autorização dos representantes legais do menor, que deve mencionar os elementos referidos nas alíneas c) a f) do número anterior;

d) Parecer de sindicato e de associação de empregadores representativos sobre a compatibilidade entre a participação prevista e a idade do menor ou, na falta de resposta, prova de que o mesmo foi solicitado pelo menos cinco dias úteis antes da apresentação do requerimento;

e) Apreciação da entidade promotora relativamente a parecer desfavorável do sindicato ou da associação de empregadores, caso exista.

3 – São competentes para dar parecer sobre o pedido:

a) Qualquer sindicato representativo da actividade a exercer pelo menor, que tenha celebrado uma convenção colectiva que abranja a actividade promovida pela requerente;

b) Qualquer associação de empregadores em que a entidade promotora esteja inscrita, ou que tenha celebrado convenção colectiva que abranja a actividade promovida pela requerente.

4 – À renovação da autorização aplica-se o disposto nos números anteriores.

Artigo 7.º
Deliberação da Comissão de Protecção de Crianças e Jovens

1 – Antes de deliberar sobre o requerimento, a CPCJ deve ouvir o menor em causa, sempre que tal seja possível.

2 – A CPCJ autoriza a participação do menor se a actividade, o tipo de participação e o correspondente número de horas por dia e por semana respeitarem o disposto nos artigos anteriores e não prejudicarem a segurança, a saúde, o desenvolvimento físico, psíquico e moral, a educação e a formação do menor.

3 – A Comissão pode autorizar a participação com a condição de que esta decorra sob a vigilância de um dos representantes legais ou de pessoa maior indicada por estes.

4 – A decisão deve ser proferida no prazo de 20 dias.

5 – Considera-se deferido o requerimento que não seja decidido no prazo previsto no número anterior se os documentos referidos nas alíneas a) a d) do n.º 2 do artigo anterior forem favoráveis à participação do menor na actividade ou se este já não estiver abrangido pela escolaridade obrigatória.

6 – Considera-se indeferido o requerimento que não seja decidido no prazo referido no n.º 4, sem prejuízo do previsto no número anterior.

7 – A autorização deve identificar a entidade promotora e mencionar os elementos referidos no n.º 1 do artigo anterior.

8 – A CPCJ comunica a autorização e o prazo de validade da mesma ao requerente, ao serviço com competência inspectiva do ministério responsável pela área

laboral, aos representantes legais do menor e, caso este esteja abrangido pela escolaridade obrigatória, ao estabelecimento de ensino.

Artigo 8.º
Procedimento de comunicação de participação em actividade

1 – A entidade promotora comunica a participação de menor em actividade, por escrito, à CPCJ, com a antecedência mínima de cinco dias úteis, indicando os elementos referidos no n.º 1 do artigo 6.º, bem como a data e as horas de início e termo da participação.

2 – A comunicação deve ser acompanhada dos documentos a que se referem as alíneas a) a c) do n.º 2 do artigo 6.º

Artigo 9.º
Celebração do contrato e formalidades

1 – O contrato que titula a prestação de actividade do menor é celebrado entre os seus representantes legais e a entidade promotora, por escrito e em dois exemplares, devendo indicar a actividade a realizar e a duração da participação do menor, o correspondente número de horas por dia e por semana, a retribuição e a pessoa que exerce a vigilância do menor, no caso previsto no n.º 3 do artigo 7.º

2 – O exemplar do contrato que ficar na posse da entidade promotora deve ter anexas cópias da autorização da CPCJ ou da comunicação feita a esta entidade, do certificado de que o menor tem capacidade física e psíquica adequadas e da declaração comprovativa do horário escolar inicial e de alterações que ocorram durante a validade da autorização, se o menor estiver abrangido pela escolaridade obrigatória, bem como de documento comprovativo do seguro de acidentes de trabalho.

3 – Antes do início da actividade do menor, a entidade promotora deve enviar cópia do contrato e dos anexos ao serviço com competência inspectiva do ministério responsável pela área laboral, bem como ao estabelecimento de ensino de menor abrangido pela escolaridade obrigatória.

4 – Constitui contra-ordenação grave, imputável à entidade promotora, a violação do disposto neste artigo, podendo ser aplicadas as sanções acessórias previstas no n.º 3 do artigo 2.º em caso de reincidência em contra-ordenação praticada com dolo ou negligência grosseira.

Artigo 10.º
Consequências de alteração do horário ou do aproveitamento escolar de menor

1 – Em caso de alteração de horário, o estabelecimento de ensino deve comunicar de imediato tal facto à entidade promotora, à CPCJ e aos representantes legais do menor.

2 – Quando o período de validade da autorização abranger mais de um ano escolar, os representantes legais do menor devem enviar à entidade promotora e à CPCJ, no início de novo ano escolar, uma declaração de horário escolar emitida pelo estabelecimento de ensino.

3 – Nas situações referidas nos números anteriores, para que a prestação da actividade do menor possa prosseguir, a entidade promotora deve proceder às alterações do horário necessárias para respeitar o disposto nos n.os 2 e 3 do artigo 3.º, e comunicá-las ao estabelecimento de ensino e à CPCJ.

4 – No caso de menor abrangido pela escolaridade obrigatória, o estabelecimento de ensino deve comunicar à CPCJ qualquer relevante diminuição do aproveitamento escolar ou relevante afectação do comportamento do menor durante o prazo de validade da autorização.

5 – Sempre que a actividade exercida pelo menor tenha como consequência uma relevante diminuição do aproveitamento escolar ou uma relevante afectação do seu comportamento, a CPCJ notifica a entidade promotora para que lhe apresente, bem como ao serviço com competência inspectiva do ministério responsável pela área laboral, aos representantes legais do menor e, caso este esteja abrangido pela escolaridade obrigatória, ao estabelecimento de ensino, uma alteração das condições de participação adequada a corrigir a situação.

6 – A CPCJ revoga a autorização sempre que não seja feita a alteração prevista no número anterior ou esta não seja adequada a corrigir a situação.

7 – A CPCJ notifica a revogação da autorização à entidade promotora e às demais entidades referidas no n.º 5.

8 – A revogação prevista no n.º 6 produz efeitos 30 dias após a notificação, salvo se existirem riscos graves para o menor, caso em que a CPCJ determina a data de produção de efeitos.

9 – Constitui contra-ordenação grave, imputável à entidade promotora, a violação do disposto no n.º 3, podendo ser aplicadas as sanções acessórias previstas no n.º 4 do artigo 2.º em caso de reincidência em contra-ordenação praticada com dolo ou negligência grosseira.

Artigo 11.º

Autorização judicial

1 – Caso a CPCJ não autorize a participação ou revogue autorização anterior, os representantes legais do menor podem requerer ao tribunal de família e menores que autorize a participação ou mantenha a autorização anterior, observando-se, até ao trânsito em julgado, a deliberação da CPCJ.

2 – Ao processo referido no número anterior é aplicável, com as devidas adaptações, o regime do processo judicial de promoção e protecção previsto no diploma que regula a CPCJ.".

ARTIGO 82.º – Crime por utilização indevida de trabalho de menor

1 – A utilização de trabalho de menor em violação do disposto no n.º 1 do artigo 68.º ou do n.º 2 do artigo 72.º é punida com pena de prisão até dois anos ou com pena de multa até 240 dias, se pena mais grave não couber por força de outra disposição legal.

2 – No caso de o menor não ter completado a idade mínima de admissão, não ter concluído a escolaridade obrigatória ou não estar matriculado e a frequentar o nível secundário de educação, os limites das penas são elevados para o dobro.

3 – Em caso de reincidência, os limites mínimos das penas previstas nos números anteriores são elevados para o triplo.

1. Este preceito corresponde ao artigo 608.º do anterior Código do Trabalho, aprovado pela Lei n.º 99/2003.

2. Quanto à escolaridade obrigatória, é a Lei n.º 85/2009, de 27 de Agosto que fixa o regime da escolaridade obrigatória para as crianças e jovens que se encontram em idade escolar, estabelecendo o n.º 1 do seu artigo 2.º que se consideram em idade escolar as crianças e jovens com idades compreendidas entre os 6 e os 18 anos. Já o n.º 4 do artigo 2.º deste mesmo diploma, determina que a escolaridade obrigatória cessa com a obtenção do diploma de curso conferente de nível secundário da educação, ou independentemente da obtenção do diploma de qualquer ciclo ou nível de ensino, no momento do ano escolar em que o aluno perfaça 18 anos.

ARTIGO 83.º – Crime de desobediência por não cessação da actividade de menor

Quando o serviço com competência inspectiva do ministério responsável pela área laboral verificar a violação do disposto no n.º 1 do artigo 68.º ou das normas relativas a trabalhos proibidos a que se refere o n.º 2 do artigo 72.º, notifica por escrito o infractor para que faça cessar de imediato a actividade do menor, com a cominação de que, se o não fizer, incorre em crime de desobediência qualificada.

1. Este preceito corresponde ao artigo 609.º do anterior Código do Trabalho, aprovado pela Lei n.º 99/2003.

2. O serviço com competência inspectiva do ministério responsável pela área laboral referido neste preceito é a Autoridade para as Condições do Trabalho, cfr. alínea a) do n.º 2 do artigo 11.º do Decreto-Lei n.º 167-C/2013, de 31 de Dezembro, alterado pelo Decreto-Lei n.º 28/2015, de 10 de Fevereiro, que aprovou a Lei Orgânica do Ministério da Solidariedade, Emprego e Segurança Social, e alínea a) do n.º 2 do artigo 2.º do Decreto Regulamentar n.º 47/2012, de 31 de Julho, que aprovou a orgânica da Autoridade para as Condições do Trabalho, nos termos das quais a Autoridade para as Condições do Trabalho prossegue, entre outras, a atribuição de fiscalizar o cumprimento das disposições legais, regulamentares e convencionais respeitantes às relações de trabalho.

3. Nada obsta que a forma escrita imposta por este preceito seja satisfeita através de documento electrónico, ou seja, por documento elaborado mediante processamento electrónico de dados. Por outras palavras, nada impede que a forma escrita seja adoptada através de uma declaração escrita enviada por correio electrónico (e-mail) para um endereço electrónico. Sobre a validade, eficácia e valor probatório dos documentos electrónicos remete-se para a anotação 4. ao artigo 107.º

4. O n.º 2 do artigo 348.º do Código Penal, aprovado pelo Decreto-Lei n.º 400/82, de 23 de Setembro, estabelece que: "A pena é de prisão até dois anos ou de multa até 240 dias nos casos em que uma disposição legal cominar a punição da desobediência qualificada.". Este artigo 83.º constitui, para efeitos daquele n.º 2 do artigo 348.º do Código Penal, uma disposição que comina a punição da desobediência qualificada.

SUBSECÇÃO VI – Trabalhador com capacidade de trabalho reduzida

ARTIGO 84.º – Princípios gerais quanto ao emprego de trabalhador com capacidade de trabalho reduzida

1 – O empregador deve facilitar o emprego a trabalhador com capacidade de trabalho reduzida, proporcionando-lhe adequadas condições de trabalho, nomeadamente a adaptação do posto de trabalho, retribuição e promovendo ou auxiliando acções de formação e aperfeiçoamento profissional apropriadas.

2 – O Estado deve estimular e apoiar, pelos meios convenientes, a acção das empresas na realização dos objectivos definidos no número anterior.

3 – Independentemente do disposto nos números anteriores, podem ser estabelecidas, por lei ou instrumento de regulamentação colectiva de trabalho, especiais medidas de protecção de trabalhador com capacidade de trabalho reduzida, particularmente no que respeita à sua admissão e condições de prestação da actividade, tendo sempre em conta os interesses do trabalhador e do empregador.

4 – O regime do presente artigo consta de legislação específica.

5 – Constitui contra-ordenação muito grave a violação do disposto no n.º 1.

1. Este preceito corresponde ao artigo 71.º do anterior Código do Trabalho, aprovado pela Lei n.º 99/2003.

2. A presente Subsecção VI concretiza o disposto na alínea c) do n.º 2 do artigo 59.º da Constituição da República Portuguesa, nos termos da qual, incumbe ao Estado assegurar as condições de trabalho, retribuição e repouso a que os trabalhadores têm direito, nomeadamente a especial protecção do trabalho dos diminuídos.

3. O dever previsto no n.º 1 consubstancia o princípio da igualdade, consagrado no artigo 13.º da Constituição da República Portuguesa. No n.º 1 do artigo 13.º da Constituição da República Portuguesa consagra-se que: "Todos os cidadãos têm a mesma dignidade social e são iguais perante a lei.". No n.º 2 do mesmo artigo 13.º da Lei Fundamental estabelece-se que: "Ninguém pode ser privilegiado, beneficiado, prejudicado, privado de qualquer direito ou isento de qualquer dever em razão de ascendência, sexo, raça, língua, território de origem, religião, convicções políticas ou ideológicas, instrução, situação económica, condição social ou orientação sexual.".

4. O dever do empregador facilitar o emprego a trabalhador com capacidade de trabalho reduzida, proporcionando-lhe adequadas condições de trabalho, nomeadamente a adaptação do posto de trabalho, retribuição e promovendo ou auxiliando acções de formação e aperfeiçoamento profissional apropriadas decorre do direito à igualdade no acesso a emprego e no trabalho previsto no artigo 24.º Nos termos do n.º 1 do artigo 24.º, o trabalhador ou candidato a emprego tem direito a igualdade de oportunidades e de tratamento no que se refere ao acesso ao emprego, à formação e promoção ou carreira profissionais e às condições de trabalho, não podendo ser privilegiado, beneficiado, prejudicado, privado de qualquer direito ou isento de qualquer dever em razão, nomeadamente, de capacidade de trabalho reduzida, deficiência, doença crónica, entre outras, devendo o Estado promover a igualdade de acesso a tais direitos. Este direito à igualdade respeita, por expressa determinação das alíneas a), b) e c) do n.º 2 do artigo 24.º: a critérios de selecção e a condições de contratação, em qualquer sector de actividade e a todos os níveis hierárquicos; a acesso a todos os tipos de orientação, formação e reconversão profissionais de qualquer nível, incluindo a aquisição de experiência prática; e, a retribuição e outras prestações patrimoniais, promoção a todos os níveis hierárquicos e critérios para selecção de trabalhadores a despedir.

5. Constituem instrumentos de regulamentação colectiva de trabalho, cfr. n.os 2, 3 e 4 do artigo 2.º, a convenção colectiva (que pode ser um contrato colectivo, acordo colectivo, ou um acordo de empresa), o acordo de adesão, a decisão arbitral, a portaria de extensão, e a portaria de condições de trabalho.

6. Nos termos da alínea b) do n.º 1 do artigo 275.º, permite-se que a retribuição mínima mensal garantida tenha, relativamente a trabalhador com capacidade de trabalho reduzida, uma redução correspondente à diferença entre a capacidade plena para o trabalho e o coeficiente de capacidade efectiva para a actividade contratada, se a diferença for superior a 10%, com o limite de 50%.

7. Ao trabalhador com capacidade de trabalho reduzida pode ser aplicado o disposto na Lei n.º 38/2004, de 18 de Agosto, que define as bases gerais do regime jurídico da prevenção, habilitação, reabilitação e participação da pessoa com deficiência, com as necessárias adaptações. Sobre esta Lei vejam-se as anotações ao artigo seguinte, o artigo 85.º

SUBSECÇÃO VII - Trabalhador com deficiência ou doença crónica

ARTIGO 85.º - Princípios gerais quanto ao emprego de trabalhador com deficiência, doença crónica ou doença oncológica

1 – O trabalhador com deficiência, doença crónica ou doença oncológica é titular dos mesmos direitos e está adstrito aos mesmos deveres dos demais trabalhadores no acesso ao emprego, à formação, promoção ou carreira profissionais e às condições de trabalho, sem prejuízo das especificidades inerentes à sua situação.

2 – O Estado deve estimular e apoiar a acção do empregador na contratação de trabalhador com deficiência, doença crónica ou doença oncológica e na sua readaptação profissional.

3 – Constitui contra-ordenação muito grave a violação do disposto no n.º 1.

1. Este preceito corresponde ao artigo 73.º do anterior Código do Trabalho, aprovado pela Lei n.º 99/2003.

2. A redacção da epígrafe e dos n.os 1 e 2 foi alterada pelo artigo 2.º da Lei n.º 93/2019, de 4 de Setembro, de modo a abranger em termos expressos, a doença oncológica. Na versão originária do Código do Trabalho, aprovado pela Lei n.º 7/2009, de 12 de Fevereiro, a epígrafe e aqueles n.os tinham a seguinte redacção:

> "Princípios gerais quanto ao emprego de trabalhador com deficiência ou doença crónica
>
> 1 – O trabalhador com deficiência ou doença crónica é titular dos mesmos direitos e está adstrito aos mesmos deveres dos demais trabalhadores no acesso ao emprego, à formação, promoção ou carreira profissionais e às condições de trabalho, sem prejuízo das especificidades inerentes à sua situação.
>
> 2 – O Estado deve estimular e apoiar a acção do empregador na contratação de trabalhador com deficiência ou doença crónica e na sua readaptação profissional.".

3. A presente Subsecção VII decorre do princípio da igualdade, consagrado no artigo 13.º da Constituição da República Portuguesa. No n.º 1 do artigo 13.º da Constituição da República Portuguesa consagra-se que: "Todos os cidadãos têm a mesma dignidade social e são iguais perante a lei.". No n.º 2 do mesmo artigo 13.º da Lei Fundamental estabelece-se que: "Ninguém pode ser privilegiado, beneficiado, prejudicado, privado de qualquer direito ou isento de qualquer dever em razão de ascendência, sexo, raça, língua, território de origem, religião, convicções políticas ou ideológicas, instrução, situação económica, condição social ou orientação sexual.". Através deste artigo 85.º e dos artigos seguintes concretiza-se o disposto na alínea c) do n.º 2 do artigo 59.º da Constituição da República Portuguesa, nos termos da qual, incumbe ao Estado assegurar as condições de trabalho, retribuição e repouso a que os trabalhadores têm direito, nomeadamente a especial protecção do trabalho dos diminuídos. E consubstancia ainda esta subsecção o disposto no artigo 71.º da Constituição da República Portuguesa, que consagra no seu n.º 1 que: "Os cidadãos portadores de deficiência física ou mental gozam plenamente dos direitos e estão sujeitos aos deveres consignados na Constituição, com ressalva do exercício ou do cumprimento daqueles para os quais se encontrem incapacitados.". Já o n.º 2 do mesmo artigo 71.º da Lei Fundamental estabelece que: "O Estado obriga-se a realizar uma política nacional de prevenção e de tratamento, reabilitação e integração dos cidadãos portadores de deficiência e de apoio às suas famílias, a desenvolver uma pedagogia que sensibilize a sociedade quanto aos deveres de respeito e solidariedade para com eles e a assumir o encargo da efectiva realização dos seus direitos, sem prejuízo dos direitos e deveres dos pais ou tutores.".

4. O disposto no n.º 1 deve ligar-se com as disposições gerais sobre igualdade e não discriminação, previstas no artigo 23.º a 32.º, e entre estas, com o direito à igualdade no acesso a emprego e no trabalho, previsto no artigo 24.º De acordo com o n.º 1 do artigo 24.º, o trabalhador ou candidato a emprego tem direito a igualdade de oportunidades e de tratamento no que se refere ao acesso ao emprego, à formação e promoção ou carreira profissionais e às condições de trabalho, não podendo ser privilegiado, beneficiado, prejudicado, privado de qualquer direito ou isento de qualquer dever em razão, e entre outros, de deficiência e doença crónica, ou de doença oncológica, devendo o Estado promover a igualdade de acesso a tais direitos. Determinam as alíneas a), b) e c) do n.º 2 do artigo 24.º que o direito à igualdade no acesso a emprego e no trabalho respeita, designadamente: a critérios de selecção e a condições de contratação, em qualquer sector de actividade e a todos os níveis hierárquicos; a acesso a todos os tipos de orientação, formação e reconversão profissionais de qualquer nível, incluindo a aquisição de experiência prática; e, a retribuição e outras prestações patrimoniais, promoção a todos os níveis hierárquicos e critérios para selecção de trabalhadores a despedir.

5. Não obstante o disposto nesta Subsecção VII, deve atender-se ao disposto na Lei n.º 38/2004, de 18 de Agosto, que define as bases gerais do regime jurídico da prevenção, habilitação, reabilitação e participação da pessoa com deficiência. O artigo 2.º da Lei n.º 38/2004 prevê uma noção de pessoa com deficiência: "Considera-se pessoa com deficiência aquela que, por motivo de perda ou anomalia, congénita ou adquirida, de funções ou de estruturas do corpo, incluindo as funções psicológicas, apresente dificuldades específicas susceptíveis de, em conjugação com os factores do meio, lhe limitar ou dificultar a actividade e a participação em condições de igualdade com as demais pessoas.".

Estabelece o n.º 1 do artigo 26.º da Lei n.º 38/2004 que compete ao Estado adoptar medidas específicas necessárias para assegurar o direito de acesso ao emprego, ao trabalho, à orientação, formação, habilitação e reabilitação profissionais e a adequação das condições de trabalho da pessoa com deficiência. Para tanto, e de acordo com o n.º 2 do mesmo artigo 26.º, o Estado deve fomentar e apoiar o recurso ao auto-emprego, teletrabalho, trabalho a tempo parcial e no domicílio. De acordo com o artigo 27.º da Lei n.º 38/2004, repete-se um comando normativo já consagrado na alínea b) do n.º 1 do artigo 59.º da Constituição da República Portuguesa, ou seja, de que todos os trabalhadores têm direito a organização do trabalho de forma a facultar a realização pessoal e a permitir a conciliação da actividade profissional com a vida familiar, mas desta feita relativamente a pessoa com deficiência. Estabelece então o artigo 27.º da Lei n.º 38/2004 que: "Compete ao Estado adoptar medidas específicas necessárias para assegurar o direito de conciliação entre a actividade profissional e a vida familiar da pessoa com deficiência, bem como dos familiares com pessoas com deficiência a cargo.". Nos termos do n.º 1 do artigo 28.º da Lei n.º 38/2004, as empresas devem, tendo em conta a sua dimensão, contratar pessoas com deficiência, mediante contrato de trabalho ou de prestação de serviço, em número até 2% do total de trabalhadores.

6. Em matéria de trabalhador com deficiência, importa ainda considerar a Lei n.º 46/2006, de 28 de Agosto, que proíbe e pune a discriminação em razão da deficiência e da existência de risco agravado de saúde. Nos termos do artigo 5.º da Lei n.º 46/2006, sob a epígrafe "Discriminação no trabalho e no emprego", cujo conteúdo se transcreve na íntegra, estabelece-se:

> "1 – Consideram-se práticas discriminatórias contra pessoas com deficiência, para além do disposto no Código do Trabalho:

a) A adopção de procedimento, medida ou critério, directamente pelo empregador ou através de instruções dadas aos seus trabalhadores ou a agência de emprego, que subordine a factores de natureza física, sensorial ou mental a oferta de emprego, a cessação de contrato de trabalho ou a recusa de contratação;

b) A produção ou difusão de anúncios de ofertas de emprego, ou outras formas de publicidade ligada à pré-selecção ou ao recrutamento, que contenham, directa ou indirectamente, qualquer especificação ou preferência baseada em factores de discriminação em razão da deficiência;

c) A adopção pelo empregador de prática ou medida que no âmbito da relação laboral discrimine um trabalhador ao seu serviço.

2 – É proibido despedir, aplicar sanções ou prejudicar por qualquer outro meio o trabalhador com deficiência por motivo do exercício de direito ou de acção judicial contra prática discriminatória.

3 – As práticas discriminatórias definidas no n.º 1 não constituirão discriminação se, em virtude da natureza da actividade profissional em causa ou do contexto da sua execução, a situação de deficiência afecte níveis e áreas de funcionalidade que constituam requisitos essenciais e determinantes para o exercício dessa actividade, na condição de o objectivo ser legítimo e o requisito proporcional.

4 – Para efeitos de aplicação do disposto no número anterior deverá ser analisada a viabilidade de a entidade empregadora levar a cabo as medidas adequadas, em função das necessidades de uma situação concreta, para que a pessoa portadora de deficiência tenha acesso a um emprego, ou que possa nele progredir, ou para que lhe seja ministrada formação, excepto se essas medidas implicarem encargos desproporcionados para a entidade empregadora.

5 – Os encargos não são considerados desproporcionados quando forem suficientemente compensados por medidas promovidas pelo Estado em matéria de integração profissional de cidadãos com deficiência.

6 – A decisão da entidade empregadora relativa à alínea a) do n.º 1 e a aferição do disposto nos n.os 4 e 5 do presente artigo carecem sempre de parecer prévio do Secretariado Nacional para a Reabilitação e Integração das Pessoas com Deficiência.".

Nos termos do artigo 13.º do Decreto-Lei n.º 217/2007,de 29 de Maio, o Instituto Nacional de Reabilitação, I. P. (INR, I. P.), sucedeu nas atribuições do Secretariado Nacional para a Reabilitação e Integração das Pessoas com Deficiência, pelo que o parecer prévio a ser emitido é da competência daquela primeira entidade. Determina o n.º 2 do artigo 8.º do Decreto-Lei n.º 34/2007, de 15 de Fevereiro, que regulamenta a Lei n.º 46/2006, que o parecer referido no n.º 6 do artigo 5.º da Lei n.º 46/2006, é obrigatório e vinculativo, devendo ser emitido no prazo de 20 dias úteis contados a partir do envio da informação necessária por parte da entidade empregadora.

ARTIGO 86.º – Medidas de acção positiva em favor de trabalhador com deficiência ou doença crónica

1 – O empregador deve adoptar medidas adequadas para que a pessoa com deficiência ou doença crónica, nomeadamente doença oncológica activa em fase de tratamento, tenha acesso a um emprego, o possa exercer e nele progredir, ou para que tenha formação profissional, excepto se tais medidas implicarem encargos desproporcionados.

2 – O Estado deve estimular e apoiar, pelos meios convenientes, a acção do empregador na realização dos objectivos referidos no número anterior.

3 – Os encargos referidos no n.º 1 não são considerados desproporcionados quando forem compensados por apoios do Estado, nos termos previstos em legislação específica.

4 – Podem ser estabelecidas por lei ou instrumento de regulamentação colectiva de trabalho medidas de protecção específicas de trabalhador com deficiência ou doença crónica, nomeadamente doença oncológica activa em fase de tratamento, e incentivos a este ou ao empregador, particularmente no que respeita à admissão, condições de prestação da actividade e adaptação de posto de trabalho, tendo em conta os respectivos interesses.

1. Este preceito corresponde ao artigo 74.º do anterior Código do Trabalho, aprovado pela Lei n.º 99/2003.

2. A redacção dos n.os 1 e 4 foi alterada pelo artigo 2.º da Lei n.º 93/2019, de 4 de Setembro, de modo a abranger em termos expressos a doença oncológica. Na versão originária do Código do Trabalho, aprovado pela Lei n.º 7/2009, de 12 de Fevereiro, aqueles n.os tinham a seguinte redacção:

1 – O empregador deve adoptar medidas adequadas para que a pessoa com deficiência ou doença crónica tenha acesso a um emprego, o possa exercer e nele progredir, ou para que tenha formação profissional, excepto se tais medidas implicarem encargos desproporcionados.

4 – Podem ser estabelecidas por lei ou instrumento de regulamentação colectiva de trabalho medidas de protecção específicas de trabalhador com deficiência ou doença crónica e incentivos a este ou ao empregador, particularmente no que respeita à admissão, condições de prestação da actividade e adaptação de posto de trabalho, tendo em conta os respectivos interesses.".

3. O n.os 1 e 2 devem ligar-se com o artigo 27.º, nos termos do qual, para os efeitos deste Código, não se considera discriminação a medida legislativa de duração limitada que beneficia certo grupo, desfavorecido em função de factor de discriminação, com o objectivo de garantir o exercício, em condições de igualdade, dos direitos previstos na lei ou corrigir situação de desigualdade que persista na vida social. Independentemente do Estado apoiar e estimular a adopção pelo empregador de medidas de acção positiva, legislando, o empregador poderá adoptar medidas de acção positiva, ou seja discriminar positivamente, adoptando um comportamento activo relativamente a pessoa com deficiência, para a favorecer no acesso ao emprego, na formação que lhe for ministrada e mesmo na execução do contrato de trabalho. Trata-se, no fundo, de uma concretização do princípio da igualdade com consagração constitucional no artigo 13.º da Constituição da República Portuguesa.

Postula o princípio da igualdade que se deve tratar de forma igual o que é igual, e de modo desigual o que não é igual. O princípio da igualdade não significa assim uma igualdade absoluta em todas as circunstâncias, nem obsta ou proíbe um tratamento diferenciado. O que se exige é que a diferenciação seja materialmente fundada, sob o ponto de vista da segurança jurídica e não se baseia em qualquer motivo inadmissível em termos legais. Assim, a diferenciação de tratamento é aceitável quando se baseia numa distinção objectiva de situações, não se fundamente em qualquer dos motivos indicados no n.º 2, do artigo 13.º da Constituição (distinção em razão de ascendência, sexo, raça, língua, território de origem, religião, convicções políticas ou ideológicas, instrução, situação económica, condição social ou orientação sexual), tenha um fim legítimo e se revele necessária, adequada e proporcionada à satisfação do objectivo que se pretende atingir. É por isso aceitável a diferenciação de tratamento quando se pretenda, por intermédio do direito, por fim a desigualdades de facto, o que se designa por discriminação positiva, ou seja, situações de vantagem fundamentada.

4. Constituem instrumentos de regulamentação colectiva de trabalho, cfr. n.os 2, 3 e 4 do artigo 2.º, a convenção colectiva (que pode ser um contrato colectivo, acordo colectivo, ou um acordo de empresa), o acordo de adesão, a decisão arbitral, a portaria de extensão, e a portaria de condições de trabalho.

ARTIGO 87.º – Dispensa de algumas formas de organização do trabalho de trabalhador com deficiência ou doença crónica

1 – O trabalhador com deficiência ou doença crónica, nomeadamente doença oncológica activa em fase de tratamento, é dispensado da prestação de trabalho se esta puder prejudicar a sua saúde ou segurança no trabalho:

a) Em horário organizado de acordo com o regime de adaptabilidade, de banco de horas ou horário concentrado;

b) Entre as 20 horas de um dia e as sete horas do dia seguinte.

2 – Para efeito do disposto no número anterior, o trabalhador deve ser submetido a exame de saúde previamente ao início da aplicação do horário em causa.

3 – Constitui contra-ordenação grave a violação do disposto neste artigo.

1. Este preceito corresponde aos artigos 75.º e 77.º do anterior Código do Trabalho, aprovado pela Lei n.º 99/2003.

2. A redacção do corpo do n.º 1 foi alterada pelo artigo 2.º da Lei n.º 93/2019, de 4 de Setembro, de modo a abranger em termos expressos a doença oncológica. Na versão originária do Código do Trabalho, aprovado pela Lei n.º 7/2009, de 12 de Fevereiro, o corpo do n.º 1 tinha a seguinte redacção: "O trabalhador com deficiência ou doença crónica é dispensado da prestação de trabalho, se esta puder prejudicar a sua saúde ou segurança no trabalho:".

3. O regime da adaptabilidade encontra-se previsto no artigo 204.º e segs. O banco de horas encontra-se estabelecido nos artigos 208.º e 208.º-B, e o horário concentrado no artigo 209.º

4. Por expressa determinação do n.º 2, o trabalhador com deficiência, doença crónica ou doença oncológica activa em fase de tratamento, apenas poderá prestar o seu trabalho em horário organizado de acordo com o regime de adaptabilidade, banco de horas ou horário concentrado, depois de ter sido submetido a exame de saúde, que certifique que aquele horário não prejudica a sua saúde ou segurança no trabalho. Da redacção deste n.º 2 resulta que o exame de saúde do trabalhador será realizado por conta do empregador, sendo este último que deve custear o mesmo.

ARTIGO 88.º – Trabalho suplementar de trabalhador com deficiência ou doença crónica

1 – O trabalhador com deficiência ou doença crónica não é obrigado a prestar trabalho suplementar.

2 – Constitui contra-ordenação grave a violação do disposto neste artigo.

1. Este preceito corresponde ao artigo 76.º do anterior Código do Trabalho, aprovado pela Lei n.º 99/2003.

2. Por trabalho suplementar considera-se o trabalho prestado fora do horário de trabalho, cfr. n.º 1 do artigo 226.º

3. O n.º 1 estabelece o princípio de que o trabalhador com deficiência ou doença crónica não é obrigado a prestar trabalho suplementar. Este princípio, por sua vez, é uma excepção ao princípio de que o trabalhador é obrigado a realizar a prestação de trabalho suplementar, estabelecido no n.º 3 do artigo 227.º

SUBSECÇÃO VIII – Trabalhador-estudante

ARTIGO 89.º – Noção de trabalhador-estudante

1 – Considera-se trabalhador-estudante o trabalhador que frequenta qualquer nível de educação escolar, bem como curso de pós-graduação, mestrado ou doutoramento em instituição de ensino, ou ainda curso de formação profissional ou programa de ocupação temporária de jovens com duração igual ou superior a seis meses.

2 – A manutenção do estatuto de trabalhador-estudante depende de aproveitamento escolar no ano lectivo anterior.

1. Este preceito corresponde ao artigo 79.º do anterior Código do Trabalho, aprovado pela Lei n.º 99/2003.

2. O trabalhador que seja simultaneamente estudante beneficia de uma especial protecção, de modo a que possa ter acesso a uma maior formação, angariando novos conhecimentos teórico-práticos. Neste sentido, a alínea f) do n.º 2 do artigo 59.º da Constituição da República Portuguesa consagra que incumbe ao Estado assegurar as condições de trabalho, retribuição e repouso a que os trabalhadores têm direito, nomeadamente a protecção das condições de trabalho dos trabalhadores estudantes.

3. Nos termos do n.º 1 apenas pode entender-se como trabalhador-estudante a pessoa singular que se haja obrigado, mediante retribuição, a prestar a sua actividade a outra ou outras pessoas, no âmbito de organização e sob a autoridade destas, cfr. artigo 11.º, ou seja, aquele que possa ser considerado trabalhador juridicamente subordinado, e que frequente qualquer nível de educação escolar, curso de formação profissional ou programa de ocupação temporária de jovens.

De acordo com a definição de trabalhador-estudante, não se exige que o nível de educação escolar, o curso de pós-graduação, mestrado, doutoramento, o curso de formação profissional ou programa de ocupação temporária de jovens, que seja frequentado pelo trabalhador, tenha qualquer conexão com a actividade do empregador. Assim, e por exemplo, um trabalhador fabril poderá, na pendência do contrato de trabalho, frequentar um curso de aviação, beneficiando para tanto de um conjunto de direitos (horário de trabalho ajustado ou a dispensa de trabalho para frequência de aulas, marcação do período de férias de acordo com as necessidades escolares, licença sem retribuição, faltas justificadas, etc.) que são assegurados a expensas do empregador, tendo o trabalhador-estudante em vista, uma vez terminado com aproveitamento a formação, passar a prestar o seu trabalho para um outro empregador. Ou seja, o legislador, na ponderação dos diferentes interesses em causa, privilegiou os interesses do trabalhador-estudante, possibilitando-lhe a obtenção de qualificações que, no limite, beneficiarão não só o próprio trabalhador, como a sociedade. A mais, sempre se diga, ao empregador não é lícito obstar a que o trabalhador possa beneficiar do regime de trabalhador-estudante, afastando a aplicação das normas previstas neste artigo 89.º e segs., ainda que obtivesse o consentimento do trabalhador, porquanto tal constituiria um negócio contrário à lei, cuja consequência é a nulidade, cfr. n.º 1 do artigo 280.º e artigo 294.º, ambos do Código Civil.

4. O n.º 1, quando se refere a instituição de ensino não distingue entre as instituições particulares, cooperativas ou oficiais, pelo que o conceito de trabalhador-estudante abrange a frequência de qualquer uma delas.

5. O n.º 2 exige que para a subsistência do estatuto de trabalhador-estudante, o trabalhador tenha aproveitamento escolar no ano lectivo anterior. Para que lhe seja aplicável o estatuto de trabalhador-estudante, o trabalhador deve comprovar perante o empregador a sua condição de estudante, apresentando igualmente o horário das actividades educativas a frequentar, cfr. n.º 1 do artigo 94.º O aproveitamento escolar referido neste n.º 2 é definido nos n.os 3 e 4 do artigo 94.º, considerando-se enquanto tal a transição de ano ou a aprovação ou progressão em, pelo menos, metade das disciplinas em que o trabalhador-estudante esteja matriculado, a aprovação ou validação de metade dos módulos ou unidades equivalentes de cada disciplina, definidos pela instituição de ensino ou entidade formadora para o ano lectivo ou para o período anual de frequência, no caso de percursos educativos organizados em regime modular ou equivalente que não definam condições de transição de ano ou progressão em disciplinas. Considera-se ainda que tem aproveitamento escolar o trabalhador que não satisfaça o *supra* referido devido a acidente de trabalho ou doença profissional, doença prolongada, licença em situação de risco clínico durante a gravidez, ou por ter gozado licença parental inicial, licença por adopção ou licença parental complementar por período não inferior a um mês. No que ao aproveitamente se refere, estabelece o n.º 1 do artigo 96.º que o trabalhador-estudante deve comprovar perante o empregador o respectivo aproveitamento, o que tem de efectuar no final de cada ano lectivo.

6. O estatuto de trabalhador-estudante não está ligado a um nível de educação determinado ou curso específico, mas sim ao exercício dos direitos por ele conferidos junto do mesmo empregador, podendo o trabalhador, enquanto mantiver aquele estatuto, mudar de curso, de pós-graduação, de mestrado, de doutoramento, ou outro, quando o desejar. O que releva é que tenha aproveitamento escolar. Assim, um trabalhador poderá, por exemplo, ir variando a frequência de curso, desde que vá tendo aproveitamento escolar, e desde que tenha um interesse legítimo em receber a formação. O que já não será de admitir, e que é distinto, é a situação do trabalhador que sucessivamente muda de curso ou de nível escolar apenas para poder continuamente beneficiar do estatuto de trabalhador-estudante, com fundamento em abuso de direito do próprio trabalhador, figura jurídica esta prevista no artigo 334.º do Código Civil.

7. Deve notar-se que não obstante a diversa dificuldade e exigência dos diferentes níveis de educação, o regime aplicável ao trabalhador estudante é o mesmo. Ou seja, não obstante um doutoramento exigir, na prática, a realização de um trabalho escrito de envergadura, a demonstração contínua da evolução desse trabalho, dos resultados obtidos e da sua originalidade, e uma pós-graduação bastar-se com a frequência de um determinado número de aulas e uma ou duas provas escritas de avaliação, o regime aplicável e o conjunto de direitos de que beneficia o trabalhador-estudante é o mesmo.

8. Nos termos da alínea d) do n.º 1 do artigo 127.º, constitui dever do empregador contribuir para a elevação da produtividade e empregabilidade do trabalhador, nomeadamente proporcionando-lhe formação profissional adequada a desenvolver a sua qualificação. Determina o n.º 2 do artigo 131.º, que o trabalhador tem direito, em cada ano, a um número mínimo de quarenta horas de formação contínua ou, sendo contratado a termo por período igual ou superiora três meses, um número mínimo de horas proporcional à duração do contrato nesse ano. Para efeito de cumprimento do direito do trabalhador à formação contínua, são consideradas as horas de dispensa de trabalho para frequência de aulas e de faltas para prestação de provas de avaliação, ao abrigo do regime de trabalhador-estudante, cfr. n.º 4 do artigo 131.º Esta formação pode ser desenvolvida pelo empregador, por entidade formadora certificada para o efeito ou por estabelecimento de ensino reconhecido pelo ministério competente, cfr. n.º 3 do artigo 131.º Estabelece ainda o artigo 134.º, que, cessando o contrato de trabalho, o trabalhador tem direito a receber a retribuição correspondente ao número mínimo anual de horas de formação que não lhe tenha sido proporcionado, ou ao crédito de horas para formação de que seja titular à data da cessação. Da conjugação do regime da formação profissional, previsto nos artigos 130.º e segs., com o regime do trabalhador-estudante, resulta que nada obsta a que manifestando o trabalhador interesse em frequentar um determinado nível de educação escolar, pós-graduação, mestrado ou doutoramento, o empregador aproveite aquela disponibilidade, e caso se encontrem reunidos os demais requisitos, considere que a frequência do trabalhador, do estabelecimento de ensino, seja considerada formação profissional. Alias, em muitos casos poderá até ser benéfico que o empregador classifique a frequência de um determinado nível de educação escolar, pós-graduação, mestrado ou doutoramento como formação profissional, porquanto o isenta de ter de proporcionar ao trabalhador que pretenda beneficiar do estatuto de trabalhador-estudante, com as custas inerentes, e recebendo o trabalhador dois tipos de formação – aquela que pretendia frequentar, e aquela que lhe tem de ser prestada pelo empregador, com, entre outras, duplicação do afastamento do local de trabalho. Para tanto, as despesas com a formação, para que o empregador possa considerar esta como formação profissional, devem ser satisfeitas pelo próprio trabalhador.

Nesta matéria, importa ainda referir o disposto no n.º 1 do artigo 137.º, nos termos do qual, quando o empregador, por acordo com o trabalhador, proceder ao pagamento das propinas e material que seja exigido pelo estabelecimento de ensino, ou tão só de uma parte daquelas, e as despesas constituam despesas avultadas, podem as partes convencionar que o trabalhador se obriga a não denunciar o contrato de trabalho, por um período não superior a três anos, como compensação ao empregador pelas despesas avultadas feitas com a sua formação profissional.

ARTIGO 90.º – Organização do tempo de trabalho de trabalhador-estudante

1 – O horário de trabalho de trabalhador-estudante deve, sempre que possível, ser ajustado de modo a permitir a frequência das aulas e a deslocação para o estabelecimento de ensino.

2 – Quando não seja possível a aplicação do disposto no número anterior, o trabalhador-estudante tem direito a dispensa de trabalho para frequência de aulas, se assim o exigir o horário escolar, sem perda de direitos e que conta como prestação efectiva de trabalho.

3 – A dispensa de trabalho para frequência de aulas pode ser utilizada de uma só vez ou fraccionadamente, à escolha do trabalhador-estudante, e tem a seguinte duração máxima, dependendo do período normal de trabalho semanal:

a) Três horas semanais para período igual ou superior a 20 horas e inferior a 30 horas;

b) Quatro horas semanais para período igual ou superior a 30 horas e inferior a 34 horas;

c) Cinco horas semanais para período igual ou superior a 34 horas e inferior a 38 horas;

d) Seis horas semanais para período igual ou superior a 38 horas.

4 – O trabalhador-estudante cujo período de trabalho seja impossível ajustar, de acordo com os números anteriores, ao regime de turnos a que está afecto, tem preferência na ocupação de posto de trabalho compatível com a sua qualificação profissional e com a frequência de aulas.

5 – Caso o horário de trabalho ajustado ou a dispensa de trabalho para frequência de aulas comprometa manifestamente o funcionamento da empresa, nomeadamente por causa do número de trabalhadores-estudantes existente, o empregador promove um acordo com o trabalhador interessado e a comissão de trabalhadores ou, na sua falta, a comissão intersindical, comissões sindicais ou delegados sindicais, sobre a medida em que o interesse daquele pode ser satisfeito ou, na falta de acordo, decide fundamentadamente, informando o trabalhador por escrito.

6 – O trabalhador-estudante não é obrigado a prestar trabalho suplementar, excepto por motivo de força maior, nem trabalho em regime de adaptabilidade, banco de horas ou horário concentrado quando o mesmo coincida com o horário escolar ou com prova de avaliação.

7 – Ao trabalhador-estudante que preste trabalho em regime de adaptabilidade, banco de horas ou horário concentrado é assegurado um dia por mês de dispensa, sem perda de direitos, contando como prestação efectiva de trabalho.

8 – O trabalhador-estudante que preste trabalho suplementar tem direito a descanso compensatório com duração de metade do número de horas prestadas.

9 – Constitui contra-ordenação grave a violação do disposto nos n.os 1 a 4 e 6 a 8.

1. Este preceito corresponde aos artigos 80.º e 82.º do anterior Código do Trabalho, aprovado pela Lei n.º 99/2003.

2. A redacção do n.º 8 deste preceito foi alterada pelo artigo 2.º da Lei n.º 23/2012, de 25 de Junho. Na versão originária do Código do Trabalho, aprovado pela Lei n.º 7/2009, de 12 de Fevereiro, aquele n.º 8 tinha a seguinte redacção:

> "O trabalhador-estudante que preste trabalho suplementar tem direito a descanso compensatório de igual número de horas.".

3. Entende-se por horário de trabalho a determinação das horas de início e termo do período normal de trabalho diário e do intervalo de descanso, bem como do descanso semanal, cfr. n.º 1 do artigo 200.º

4. O n.º 1 admite que o horário de trabalho de trabalhador-estudante seja adaptado, de forma a possibilitar a frequência das aulas, bem como a deslocação que seja necessária para comparecer naquelas. Ou seja, a adequação que se faça ao horário de trabalho tem de ter em conta o tempo necessário para que o trabalhador-estudante consiga abandonar o local de trabalho e chegar ao estabelecimento de ensino para assistir às aulas por inteiro. Importa referir que o n.º 2 do artigo 94.º determina que trabalhador-estudante deve escolher, entre as possibilidades existentes, o horário escolar mais compatível com o horário de trabalho, sob pena de não beneficiar dos direitos inerentes ao estatuto de trabalhador-estudante.

5. De acordo com o n.º 2, quando não seja possível adequar o horário de trabalho à frequência das aulas, o trabalhador-estudante tem direito a dispensa de trabalho para frequência das aulas. Contudo, este direito encontra-se sujeito à condição do horário escolar ser incompatível com o horário de trabalho. Ainda assim, esta dispensa de trabalho não tem uma duração igual à duração do tempo de trabalho, antes se encontrando a duração, por efeito do n.º 3, subordinada ao período normal de trabalho. O período normal de trabalho constitui o tempo de trabalho que o trabalhador se obriga a prestar, medido em número de horas por dia e por semana, cfr. artigo 198.º, não podendo exceder oito horas por dia e quarenta horas por semana, cfr. n.º 1 do artigo 203.º Tratando-se de trabalhador-estudante, a dispensa de trabalho para frequência de aulas tem uma duração variável, de acordo com o período normal de trabalho semanal do próprio trabalhador-estudante. Esta dispensa pode ser utilizada de uma só vez, ou fraccionadamente, incumbindo a escolha, do modo em como se fará a utilização, ao trabalhador-estudante. A dispensa de trabalho para frequência de aulas não acarreta a perda de quaisquer direitos, contando como prestação efectiva de trabalho, pelo que o empregador não poderá não proceder ao pagamento da retribuição que seja devida pelo período de tempo em que o trabalhador se encontra a beneficiar da dispensa, em detrimento de se encontrar a prestar o seu trabalho.

6. O n.º 4 estabelece que quando o trabalhador-estudante se encontre a prestar o seu trabalho em regime de trabalho por turnos, cfr. artigo 220.º e segs., e não seja possível adequar o seu horário de trabalho àquele regime de turnos, o trabalhador-estudante passa a ter preferência na ocupação de posto de trabalho compatível com a sua qualificação, e compatível com a frequência de aulas, enquanto durar a incompatibilidade. A preferência na ocupação de posto de trabalho compatível encontra-se dependente da existência de um outro posto de trabalho que seja compatível, e pela vagatura desse mesmo posto de trabalho, independentemente do motivo que determinar a vacatura.

7. Nos termos do n.º 5, apenas quando o horário de trabalho ajustado ou a dispensa de trabalho para frequência de aulas comprometa manifestamente o funcionamento da empresa, o empregador promove um acordo com o trabalhador interessado e a comissão de trabalhadores ou, na sua falta, a comissão intersindical, comissões sindicais ou delegados sindicais, sobre a medida em que o interesse daquele pode ser satisfeito ou, na falta de acordo, decide fundamentadamente, informando o trabalhador por escrito. O legislador oferece uma situação que pode comprometer manifestamente o funcionamento da empresa: um elevado número de trabalhadores-estudantes existente na própria empresa, sendo que este caso é exemplificativo, como resulta da expressão utilizada na norma: "nomeadamente", podendo verificar-se outras situações que comprometam, manifestamente, o funcionamento da empresa.

Da própria redacção do n.º 5, resulta que o empregador não está vinculado a obter um acordo com a comissão de trabalhadores ou, na sua falta, a comissão intersindical, comissões sindicais ou delegados sindicais, quando estas existam. O empregador tem conhecimento da existência de uma comissão de trabalhadores porquanto os resultados da votação, da constituição e aprovação dos estatutos da comissão de trabalhadores, são-lhe comunicados, cfr. n.º 6 do artigo 432.º Quanto à comissão intersindical, comissões sindicais e delegados sindicais, o empregador tem conhecimento da existência destes porquanto a direcção do sindicato tem de comunicar por escrito ao empregador a identidade de cada delegado sindical, bem como dos delegados sindicais que fizerem parte de comissão sindical ou intersindical, cfr. n.º 4 do artigo 462.º

Impõe-se a decisão do empregador por escrito, de modo a que aquela decisão possa ser sindicada judicialmente.

8. Sobre o trabalho suplementar veja-se o artigo 226.º e segs. A prestação de trabalho suplementar pode conferir ao trabalhador o direito a descanso compensatório, o qual, relativamente a trabalhador-estudante, e nos termos do n.º 8, corresponde a metade do número de horas do trabalho suplementar que foi prestado.

9. O regime da adaptabilidade encontra-se previsto no artigo 204.º e segs. O banco de horas encontra-se estabelecido nos artigos 208.º e 208.º-B, e o horário concentrado no artigo 209.º

De acordo com o n.º 7, o trabalhador-estudante que preste trabalho em regime de adaptabilidade, banco de horas ou horário concentrado, tem direito a um dia por mês de dispensa. Esta dispensa de trabalho não acarreta a perda de quaisquer direitos, contando como prestação efectiva de trabalho, pelo que o empregador não poderá não proceder ao pagamento da retribuição que seja devida pelo período de tempo em que o trabalhador-estudante se encontra a beneficiar da dispensa, em detrimento de se encontrar a prestar o seu trabalho.

10. Nada obsta que a forma escrita, imposta no n.º 5, seja satisfeita através de documento electrónico, ou seja, por documento elaborado mediante processamento electrónico de dados. Por outras palavras, nada impede que a forma escrita seja adoptada através de uma declaração escrita enviada por correio electrónico (e-mail) para um endereço electrónico. Sobre a validade, eficácia e valor probatório dos documentos electrónicos remete-se para a anotação 4. ao artigo 107.º

ARTIGO 91.º – Faltas para prestação de provas de avaliação

1 – O trabalhador-estudante pode faltar justificadamente por motivo de prestação de prova de avaliação, nos seguintes termos:

a) No dia da prova e no imediatamente anterior;

b) No caso de provas em dias consecutivos ou de mais de uma prova no mesmo dia, os dias imediatamente anteriores são tantos quantas as provas a prestar;

c) Os dias imediatamente anteriores referidos nas alíneas anteriores incluem dias de descanso semanal e feriados;

d) As faltas dadas ao abrigo das alíneas anteriores não podem exceder quatro dias por disciplina em cada ano lectivo.

2 – O direito previsto no número anterior só pode ser exercido em dois anos lectivos relativamente a cada disciplina.

3 – Nos casos em que o curso esteja organizado no regime de sistema europeu de transferência e acumulação de créditos (ECTS), o trabalhador-estudante pode, em alternativa ao disposto no n.º 1, optar por cumular os dias anteriores ao da prestação das provas de avaliação, num máximo de três dias, seguidos ou interpolados ou do correspondente em termos de meios-dias, interpolados.

4 – A opção pelo regime cumulativo a que refere o número anterior obriga, com as necessárias adaptações, ao cumprimento do prazo de antecedência previsto no disposto nas alíneas a) e b) do n.º 4 do artigo 96.º

5 – Só é permitida a cumulação nos casos em que os dias anteriores às provas de avaliação que o trabalhador-estudante tenha deixado de usufruir não tenham sido dias de descanso semanal ou feriados.

6 – Consideram-se ainda justificadas as faltas dadas por trabalhador-estudante na estrita medida das deslocações necessárias para prestar provas de avaliação, sendo retribuídas até 10 faltas em cada ano lectivo, independentemente do número de disciplinas.

7 – Considera-se prova de avaliação o exame ou outra prova, escrita ou oral, ou a apresentação de trabalho, quando este o substitua ou complemente e desde que determine directa ou indirectamente o aproveitamento escolar.

8 – Constitui contra-ordenação grave a violação do disposto nos n.os 1, 3 e 6.

1. Este preceito corresponde aos artigos 81.º do anterior Código do Trabalho, aprovado pela Lei n.º 99/2003, e 151.º da Lei n.º 35/2004, de 29 de Julho, que regulamentou o anterior Código do Trabalho.

2. A redacção dos n.os 3, 4 e 5 foi alterada pelo artigo 2.º da Lei n.º 23/2012, de 25 de Junho, que introduziu ainda o n.º 8, e renumerou ainda os originários n.os 3 e 4, que passaram a n.os 6 e 7. Na versão originária do Código do Trabalho, aprovado pela Lei n.º 7/2009, de 12 de Fevereiro, aqueles números tinham a seguinte redacção:

> "3 – Consideram-se ainda justificadas as faltas dadas por trabalhador-estudante na estrita medida das deslocações necessárias para prestar provas de avaliação, sendo retribuídas até 10 faltas em cada ano lectivo, independentemente do número de disciplinas.
>
> 4 – Considera-se prova de avaliação o exame ou outra prova, escrita ou oral, ou a apresentação de trabalho, quando este o substitua ou complemente e desde que determine directa ou indirectamente o aproveitamento escolar.
>
> 5 – Constitui contra-ordenação grave a violação do disposto nos n.os 1 ou 3.".

3. Nos termos do n.º 1, o trabalhador-estudante pode faltar justificadamente quando a falta seja motivada pela prestação de prova de avaliação, considerando-se enquanto tal o exame ou outra prova, escrita ou oral, ou a apresentação de trabalho, quando este o substitua ou complemente e desde que determine directa ou indirectamente o aproveitamento escolar, cfr. n.º 7. A falta justificada tem por efeito não afectar qualquer direito do trabalhador, sendo que tratando-se de falta por prestação de prova de avaliação esta não determina a perda de retribuição, pelo que o trabalhador mantém o direito à retribuição não obstante não se encontrar a prestar o seu trabalho, cfr. n.os 1 e 2 do artigo 255.º Note-se contudo que por força do n.º 6 deste artigo 91.º, o número de faltas justificadas sem perda de retribuição se encontra limitado a 10 faltas em cada ano lectivo, independentemente do número de disciplinas em que o trabalhador se apresente para prestar prova de avaliação. Significa isto que as faltas para prestação de provas de avaliação que excedam as 10 faltas em cada ano lectivo, não deixam de ser consideradas justificadas, contudo implicam a perda da retribuição. Quando a falta justificada tenha por efeito perda da retribuição, ainda assim, nos termos do n.º 1 do artigo 257.º, permite-se que a perda de retribuição possa ser substituída por renúncia a dias de férias ou por prestação de trabalho em acréscimo ao período normal de trabalho, neste último caso quando semelhante solução seja permitida por instrumento de regulamentação colectiva do trabalho aplicável.

4. O n.º 3 estabelece um regime específico, aplicável apenas nas situações em que o curso frequentado pelo trabalhador-estudante se encontre estruturado no regime de sistema europeu de transferência e acumulação de créditos (ECTS). Quando assim seja, o trabalhador-estudante pode, em alternativa ao determinado no n.º 1, optar por cumular os dias anteriores ao da prestação das provas de avaliação, num máximo de três dias, seguidos ou interpolados ou do correspondente em termos de meios-dias, interpolados. A opção do trabalhador estudante que frequente curso organizado no regime de sistema europeu de transferência e acumulação de créditos está dependente da verificação de dois requisitos, de acordo com o disposto nos n.os 4 e 5. Um dos requisitos é o trabalhador-estudante cumprir um prazo de aviso prévio à empresa, o qual é distinto consoante o número de dias cumulados. Assim, o gozo de um dia cumulado obriga a uma comunicação ao empregador com uma antecedência mínima de 48 horas, excepto nas situações em que semelhante antecedência seja inviável, caso em que a comunicação deve ser feita logo que possível. Quando o trabalhador-estudante pretenda gozar entre dois e três dias, deverá comunicá-lo à empresa com uma antecedência de 8 dias. O segundo requisito, previsto no n.º 5, é que a cumulação se refira a dias anteriores às provas de avaliação que o trabalhador-estudante tenha deixado de usufruir, que não sejam dias de descanso semanal ou feriados.

5. Atendendo ao disposto neste artigo 91.º, que permite que as faltas do trabalhador-estudante para prestação de provas de avaliação sejam justificadas, a alínea c) do n.º 2 do artigo 249.º, que estabelece taxativamente as faltas que se consideram justificadas, prevê precisamente a falta que seja motivada pela prestação de prova, nos termos deste artigo 91.º

6. Não basta, para que a falta seja justificada, que a situação concreta recaia no âmbito de aplicação deste artigo 91.º Ainda que assim seja, exige-se que o trabalhador-estudante comunique previamente a ausência, quando previsível, cfr. n.os 1, 2 e 3 do artigo 253.º, ou que a comunique logo que possível, quando imprevisível, cfr. n.º 2 do mesmo artigo 253.º, mais se exigindo ainda que o trabalhador-estudante prove o motivo justificativo da falta, quando o empregador ordene que faça essa prova, cfr. n.os 1, 2 e 3 do artigo 254.º

ARTIGO 92.º – Férias e licenças de trabalhador-estudante

1 – O trabalhador-estudante tem direito a marcar o período de férias de acordo com as suas necessidades escolares, podendo gozar até 15 dias de férias interpoladas, na medida em que tal seja compatível com as exigências imperiosas do funcionamento da empresa.

2 – O trabalhador-estudante tem direito, em cada ano civil, a licença sem retribuição, com a duração de 10 dias úteis seguidos ou interpolados.

3 – Constitui contra-ordenação grave a violação do disposto no n.º 1 e constitui contra-ordenação leve a violação do disposto no número anterior.

1. Este preceito corresponde aos artigos 83.º do anterior Código do Trabalho, aprovado pela Lei n.º 99/2003, e 152.º da Lei n.º 35/2004, de 29 de Julho, que regulamentou o anterior Código do Trabalho.

2. A marcação do período de férias encontra-se prevista no artigo 241.º, ali se estabelecendo que o período de férias é marcado por acordo entre o empregador e o trabalhador, sendo que na falta de acordo, compete ao empregador proceder à marcação de férias. De acordo com o n.º 1 deste artigo 92.º, o trabalhador-estudante tem direito a marcar o período de férias em conformidade com as suas necessidades escolares, podendo gozar até 15 dias de férias interpoladas, na medida em que tal seja compatível com as exigências imperiosas do funcionamento da empresa, o que constitui um regime próprio da marcação de férias, relativo a trabalhador-estudante, e que se afasta do previsto no n.º 8 do artigo 241.º Ou seja, nos termos gerais, permite-se que o trabalhador goze o período de férias (que tem a duração de 22 dias úteis, cfr. n.º 1 do artigo 238.º) de modo interpolado, quando haja acordo entre o empregador e o trabalhador, gozo este que se encontra subordinado ao gozo mínimo, de 10 dias úteis consecutivos. A qualidade de trabalhador-estudante confere a este último regalias acrescidas face ao trabalhador que não tem este estatuto, permitindo-lhe, como resulta do n.º 1, que goze até 15 dias de férias interpoladas, em detrimento de apenas poder gozar 12 dias de férias interpoladas, como sucede com o trabalhador comum. Para tanto, exige-se a verificação de uma necessidade escolar (a qual não será de difícil ocorrência, sendo suficiente a preparação para prova de avaliação, por exemplo) e a compatibilidade do gozo de férias interpoladas com as exigências imperiosas do funcionamento da empresa. A marcação de férias cabe, em última circunstância, ao empregador, cuja decisão unilateral deve ser obedecida pelos trabalhadores: de outro modo, instituir-se-ia o descrédito e a indisciplina, vaticínio fidedigno de fracasso da organização produtiva. Caso o empregador não observe o disposto no n.º 1, o trabalhador poderá recorrer à Autoridade para as Condições do Trabalho, a quem incumbe controlar e fiscalizar o cumprimento das disposições legais, regulamentares e convencionais, respeitantes às relações de trabalho (cfr. alínea a) do n.º 2 do artigo 11.º do Decreto-Lei n.º 167-C/2013, de 31 de Dezembro, alterado pelo Decreto-Lei n.º 28/2015, de 10 de Fevereiro, que aprovou a Lei Orgânica do Ministério da Solidariedade, Emprego e Segurança Social, e alínea a) do n.º 2 do artigo 2.º do Decreto Regulamentar n.º 47/2012, de 31 de Julho, que aprovou a orgânica da Autoridade para as Condições do Trabalho), ou instaurar uma providência cautelar (cfr. artigo 32.º e segs. do Código de Processo do Trabalho foi aprovado pelo Decreto-Lei n.º 480/99, de 9 de Novembro, e alterado pelos Decretos-Leis n.os 323/2001, de 17 de Dezembro, 38/2003, de 8 de Março, 295/2009, de 13 de Outubro, pelas Leis n.os 63/2013, de 27 de Agosto, 55/2017, de 17 de Julho, 73/2017, de 16 de Agosto, e 107/2019 de 9 de Setembro). Ou seja, quando o empregador não cumpra o disposto neste artigo 92.º, o trabalhador-estudante não poderá exercer unilateralmente o direito a férias, sendo que se o fizer, incorre em faltas injustificadas, cfr. n.os 1 e 3 do artigo 249.º, n.º 5 do artigo 253.º e artigo 256.º, podendo o empregador instaurar-lhe um procedimento disciplinar, cfr. artigo 328.º e segs., que nas situações mais graves poderá constituir justa causa de despedimento, cfr. artigo 351.º

3. O n.º 2 determina que o trabalhador-estudante tem direito, em cada ano civil, a licença sem retribuição, com a duração de 10 dias úteis, seguidos ou interpolados. Dias úteis são Segunda-Feira, Terça-Feira, Quarta-Feira, Quinta-Feira e Sexta-Feira. Sábado, Domingo e Feriados não constituem dias úteis, sendo que para o conceito de dias úteis é irrelevante que a empresa se encontre em funcionamento ao Sábado, Domingo ou Feriado. Este é o sentido da alínea e) do artigo 279.º do Código Civil, conjugado com o n.º 1 do artigo 137.º do Código de Processo Civil. A licença sem retribuição encontra-se prevista no artigo 317.º O direito do trabalhador-estudante a licença sem retribuição cessa quando o trabalhador-estudante não tenha aproveitamento no ano em que beneficie desse direito, cfr. n.º 1 do artigo 95.º Nos termos do n.º 4 do artigo 96.º, o trabalhador-estudante deve solicitar a licença sem retribuição com a seguinte antecedência:

a) Quarenta e oito horas ou, sendo inviável, logo que possível, no caso de um dia de licença;
b) Oito dias, no caso de dois a cinco dias de licença;
c) Quinze dias, no caso de mais de cinco dias de licença.

ARTIGO 93.º - Promoção profissional de trabalhador-estudante

O empregador deve possibilitar a trabalhador-estudante promoção profissional adequada à qualificação obtida, não sendo todavia obrigatória a reclassificação profissional por mero efeito da qualificação.

1. Este preceito corresponde ao artigo 84.º do anterior Código do Trabalho, aprovado pela Lei n.º 99/2003.

2. Nos termos deste preceito, o trabalhador não tem um verdadeiro direito à reclassificação profissional, por efeito de ter adquirido maior qualificação através da frequência de qualquer nível de educação escolar, curso de pós-graduação, mestrado, doutoramento, curso de formação profissional ou programa de ocupação temporária de jovens. Assim, nada obsta a que o trabalhador, não obstante ter obtido melhor qualificação, mantenha o exercício das funções correspondentes à actividade para que se encontra contratado.

ARTIGO 94.º - Concessão do estatuto de trabalhador-estudante

1 – O trabalhador-estudante deve comprovar perante o empregador a sua condição de estudante, apresentando igualmente o horário das actividades educativas a frequentar.

2 – Para concessão do estatuto junto do estabelecimento de ensino, o trabalhador-estudante deve fazer prova, por qualquer meio legalmente admissível, da sua condição de trabalhador.

3 – O trabalhador-estudante deve escolher, entre as possibilidades existentes, o horário mais compatível com o horário de trabalho, sob pena de não beneficiar dos inerentes direitos.

4 – Considera-se aproveitamento escolar a transição de ano ou a aprovação ou progressão em, pelo menos, metade das disciplinas em que o trabalhador-estudante esteja matriculado, a aprovação ou validação de metade dos módulos ou unidades equivalentes de cada disciplina, definidos pela instituição de ensino ou entidade formadora para o ano lectivo ou para o período anual de frequência, no caso de percursos educativos organizados em regime modular ou equivalente que não definam condições de transição de ano ou progressão em disciplinas.

5 – Considera-se ainda que tem aproveitamento escolar o trabalhador que não satisfaça o disposto no n.º 4 devido a acidente de trabalho ou doença profissional, doença prolongada, licença em situação de risco clínico durante a gravidez, ou por ter gozado licença para deslocação a unidade hospitalar localizada fora da ilha de residência para realização de parto, licença parental inicial, licença por adopção ou licença parental complementar por período não inferior a um mês.

6 – O trabalhador-estudante não pode cumular os direitos previstos neste Código com quaisquer regimes que visem os mesmos fins, nomeadamente no que respeita a dispensa de trabalho para frequência de aulas, licenças por motivos escolares ou faltas para prestação de provas de avaliação.

1. Este preceito não tinha correspondência no anterior Código do Trabalho, aprovado pela Lei n.º 99/2003, de 27 de Agosto. Corresponde ao artigo 148.º e ao artigo 156.º, ambos da Lei n.º 35/2004, de 29 de Julho, que regulamentou o anterior Código do Trabalho.

2. A redacção do n.º 2 foi alterada pelo artigo 2.º da Lei n.º 23/2012, de 25 de Junho. Na versão originária do Código do Trabalho, aprovado pela Lei n.º 7/2009, de 12 de Fevereiro aquele n.º 2 correspondia ao actual n.º 3, o n.º 3 correspondia ao actual n.º 4, o n.º 4 correspondia ao actual n.º 5, e por fim, o n.º 5 correspondia ao actual n.º 6. Posteriormente, a redacção do n.º 5 foi alterada pelo artigo 2.º da Lei n.º 90/2019, de 4 de Setembro. Como referido, o n.º 5 correspondia ao n.º 4 na versão originária do Código do Trabalho, aprovado pela Lei n.º 7/2009, de 12 de Fevereiro, e tinha a seguinte redacção:

> "Considera-se ainda que tem aproveitamento escolar o trabalhador que não satisfaça o disposto no número anterior devido a acidente de trabalho ou doença profissional, doença prolongada, licença em situação de risco clínico durante a gravidez ou por ter gozado licença parental inicial, licença por adopção ou licença parental complementar por período não inferior a um mês.".

3. O n.º 1 determina que o trabalhador-estudante tem de comprovar junto do empregador a sua qualidade de estudante, sendo que quando o fizer deverá oferecer também o horário das actividades educativas que irá frequentar.

4. O n.º 2 determina que o trabalhador-estudante tem de comprovar junto do estabelecimento de ensino que é trabalhador, dever este que a versão originária do Código do Trabalho, estranhamente não contemplava. A prova pode ser realizada por qualquer meio legalmente admissível, o que significa que o trabalhador-estudante poderá socorrer-se de prova testemunhal ou documental (documentos escritos, reproduções mecânicas).

5. Os n.os 4 e 5 têm por efeito delimitar o conceito de aproveitamento escolar. A indicação do que se entende por aproveitamento escolar assume uma importância relevante, coadjuvando o intérprete na aplicação e interpretação das normas jurídicas.

6. O n.º 6 determina que não são cumuláveis os direitos previstos relativamente ao trabalhador-estudante com os direitos que tenham a mesma finalidade, exemplificando-se alguns dos direitos estabelecidos no regime de trabalhador-estudante, insusceptíveis de acumulação.

7. A Lei n.º 105/2009, de 14 de Setembro, alterada pelas Leis n.os 60/2018, de 21 de Agosto, e 93/2019, de 4 de Setembro, que regulamenta este Código do Trabalho contém um preceito, o artigo 12.º, relativo à frequência de estabelecimento de ensino por trabalhador-estudante, o qual *infra* se transcreve na íntegra:

"Artigo 12.º

Especificidades da frequência de estabelecimento de ensino por trabalhador-estudante

1 – O trabalhador-estudante não está sujeito:

a) A frequência de um número mínimo de disciplinas de determinado curso, em graus de ensino em que isso seja possível, nem a regime de prescrição ou que implique mudança de estabelecimento de ensino;

b) A qualquer disposição legal que faça depender o aproveitamento escolar de frequência de um número mínimo de aulas por disciplina;

c) A limitação do número de exames a realizar em época de recurso.

2 – Caso não haja época de recurso, o trabalhador-estudante tem direito, na medida em que seja legalmente admissível, a uma época especial de exame em todas as disciplinas.

3 – O estabelecimento de ensino com horário pós-laboral deve assegurar que os exames e as provas de avaliação, bem como um serviço mínimo de apoio ao trabalhador-estudante decorram, na medida do possível, no mesmo horário.

4 – O trabalhador-estudante tem direito a aulas de compensação ou de apoio pedagógico que sejam consideradas imprescindíveis pelos órgãos do estabelecimento de ensino.

5 – O disposto nos números anteriores não é cumulável com qualquer outro regime que vise os mesmos fins.

6 – O regime previsto no presente capítulo aplica-se ao trabalhador por conta própria, bem como ao trabalhador que, estando abrangido pelo estatuto do trabalhador-estudante, se encontre entretanto em situação de desemprego involuntário, inscrito em centro de emprego.".

ARTIGO 95.º – Cessação e renovação de direitos

1 – O direito a horário de trabalho ajustado ou a dispensa de trabalho para frequência de aulas, a marcação do período de férias de acordo com as necessidades escolares ou a licença sem retribuição cessa quando o trabalhador-estudante não tenha aproveitamento no ano em que beneficie desse direito.

2 – Os restantes direitos cessam quando o trabalhador-estudante não tenha aproveitamento em dois anos consecutivos ou três interpolados.

3 – Os direitos do trabalhador-estudante cessam imediatamente em caso de falsas declarações relativamente aos factos de que depende a concessão do estatuto ou a factos constitutivos de direitos, bem como quando estes sejam utilizados para outros fins.

4 – O trabalhador-estudante pode exercer de novo os direitos no ano lectivo subsequente àquele em que os mesmos cessaram, não podendo esta situação ocorrer mais de duas vezes.

1. Este preceito não tinha correspondência no anterior Código do Trabalho, aprovado pela Lei n.º 99/2003, de 27 de Agosto. Corresponde ao artigo 153.º da Lei n.º 35/2004, de 29 de Julho, que regulamentou o anterior Código do Trabalho.

2. O conceito de aproveitamento escolar referido nos n.os 1 e 2 encontra-se previstos nos n.os 3 e 4 do artigo 94.º

3. Os direitos a que se refere o n.º 2 encontram-se previstos no artigo 91.º, ou seja, é o direito a faltar justificadamente por motivo de prestação de provas de avaliação.

4. Determina o n.º 3 que os direitos do trabalhador-estudante cessam imediatamente em caso de falsas declarações relativamente aos factos de que depende a concessão do estatuto de trabalhador-estudante ou a factos constitutivos de direitos, bem como quando estes sejam utilizados para outros fins. Quando assim seja, o trabalhador viola o dever de lealdade, cfr. alínea f) do n.º 1 do artigo 128.º, incorrendo em responsabilidade disciplinar, podendo o empregador instaurar-lhe um procedimento disciplinar, cfr. artigo 328.º e segs., que nas situações mais graves pode mesmo ter intenção de despedimento, cfr. n.os 1 e 2 do artigo 351.º e 353.º e segs. Para efeitos disciplinares, nada impede que o empregador contacte o estabelecimento de ensino e utilize a informação fornecida por este – uma relação de presenças, por exemplo – como prova. Neste sentido, veja-se o Acórdão do Supremo Tribunal de Justiça, de 17 de Dezembro de 2014, processo 1552/07.0TTLSB.L1.S1, disponível em www.dgsi.pt: "Constatadas, pela entidade empregadora, as ausências do trabalhador, um dia por semana, para frequência de um mestrado, constitui meio lícito de prova a solicitação de informação à respetiva Faculdade, no sentido de se certificar que as ausências ao trabalho coincidiam com os dias de frequência do mestrado.".

5. O n.º 4 constitui uma cláusula de salvaguarda, em sentido de limitar o exercício dos direitos conferidos pelo estatuto de trabalhador-estudante. Permite-se que mesmo após a cessação dos direitos conferidos por lei ao trabalhador-estudante, este último possa ainda beneficiar novamente desses mesmos direitos, renovação esta que não pode ocorrer por mais de duas vezes.

Em termos práticos, e da interpretação desta norma, com o n.º 1, significa que o trabalhador-estudante que não tenha aproveitamento escolar no ano lectivo de

2015-2016, condição para que mantenha o estatuto de trabalhador-estudante, cfr. n.º 2 do artigo 89.º, no ano lectivo seguinte, 2016-2017, não beneficiará do direito a horário de trabalho ajustado ou a dispensa de trabalho para frequência de aulas, a marcação do período de férias de acordo com as necessidades escolares ou a licença sem retribuição, direitos esses que, já poderá exercer no ano lectivo subsequente, 2017-2018, independentemente de no ano lectivo de 2016-2017 ter aproveitamento escolar.

ARTIGO 96.º – Procedimento para exercício de direitos de trabalhador-estudante

1 – O trabalhador-estudante deve comprovar perante o empregador o respectivo aproveitamento, no final de cada ano lectivo.

2 – O controlo de assiduidade do trabalhador-estudante pode ser feito, por acordo com o trabalhador, directamente pelo empregador, através dos serviços administrativos do estabelecimento de ensino, por correio electrónico ou fax, no qual é aposta uma data e hora a partir da qual o trabalhador-estudante termina a sua responsabilidade escolar.

3 – Na falta de acordo o empregador pode, nos 15 dias seguintes à utilização da dispensa de trabalho para esse fim, exigir a prova da frequência de aulas, sempre que o estabelecimento de ensino proceder ao controlo da frequência.

4 – O trabalhador-estudante deve solicitar a licença sem retribuição com a seguinte antecedência:

a) 48 horas ou, sendo inviável, logo que possível, no caso de um dia de licença;

b) Oito dias, no caso de dois a cinco dias de licença;

c) 15 dias, no caso de mais de cinco dias de licença.

1. Este preceito não tinha correspondência no anterior Código do Trabalho, aprovado pela Lei n.º 99/2003, de 27 de Agosto. Corresponde ao n.º 2 do artigo 148.º, ao n.º 3 do artigo 149.º e ao n.º 2 do artigo 152.º, todos da Lei n.º 35/2004, de 29 de Julho, que regulamentou o anterior Código do Trabalho.

2. O n.º 1 determina que o trabalhador-estudante deve comprovar perante o empregador o respectivo aproveitamento, no final de cada ano lectivo. Esta obrigação do trabalhador permite-lhe, nos termos do n.º 2 do artigo 89.º, manter o estatuto de trabalhador-estudante.

3. Estabelece o n.º 2, que por acordo entre o empregador e o trabalhador, o controlo de assiduidade do trabalhador-estudante pode ser efectuado pelo empregador, utilizando para tanto os serviços administrativos do estabelecimento de ensino onde o trabalhador se encontra a receber a formação. Da própria noção de controlo de assiduidade resulta que esta fiscalização pode ser exercida em mais do que uma ocasião, não se limitando a um único momento, caso contrário frustrar-se-ia a natureza da averiguação, que tem em vista aferir da frequência ou não das aulas, bem como da presença do trabalhador em prova de avaliação, cfr. n.º 4 do artigo 91.º

4. Nos termos do n.º 3 na falta de acordo entre o empregador e o trabalhador, para que o primeiro proceda ao controlo de assiduidade do trabalhador-estudante às aulas e às provas de avaliação, o empregador pode exigir ao trabalhador a prova da frequência de aulas, e bem assim da presença em prova de avaliação. O exercício deste direito, por parte do empregador encontra-se subordinado à realização do controlo de assiduidade por parte do estabelecimento de ensino.

5. O direito do trabalhador-estudante a licença sem retribuição, referida no n.º 4, encontra-se previsto no n.º 2 do artigo 92.º

ARTIGO 96.º-A – Legislação complementar

O disposto na presente subsecção é objecto de regulamentação em lei especial.

1. Este preceito não tem correspondência com qualquer outro do anterior Código do Trabalho, aprovado pela Lei n.º 99/2003, nem mesmo com o Código do Trabalho aprovado pela Lei n.º 7/2009, de 12 de Fevereiro, sendo um artigo novo, introduzido pela Lei n.º 23/2012, de 25 de Junho.

2. O legislador terá entendido, e bem, que a extensão, a minúcia e a complexidade técnica da matéria, bem como a sua sujeição a uma maior volatilidade, não se compaginavam com alguma perpetuidade no tempo a que um diploma codificador como o Código do Trabalho se deve achar submetido, razão pela qual terá subtraído a regulamentação do trabalhador-estudante deste Código, remetendo-a para legislação específica.

SUBSECÇÃO IX – O empregador e a empresa

ARTIGO 97.º – Poder de direcção

Compete ao empregador estabelecer os termos em que o trabalho deve ser prestado, dentro dos limites decorrentes do contrato e das normas que o regem.

1. Este preceito corresponde ao artigo 150.º do anterior Código do Trabalho, aprovado pela Lei n.º 99/2003.

2. O poder de direcção, ou poder directivo, previsto neste artigo 97.º, conjuntamente com o poder disciplinar, cfr. artigo 98.º, e o poder regulamentar, cfr. artigo 99.º, constituem os três poderes próprios do empregador, os quais, e por força da lei, decorrem da autoridade em que se acha investido enquanto organizador da actividade, cfr. artigo 11.º

3. Por força deste preceito, o trabalhador, com a celebração do contrato de trabalho, encontra-se sujeito ao poder de direcção do empregador, de acordo com o qual compete a este último estabelecer os termos em que o trabalho deve ser prestado, aos quais o trabalhador tem o dever de obedecer, cfr. alínea e) do n.º 1 do artigo 128.º Significa isto que cabe ao empregador delimitar o modo como a prestação de trabalho é cumprida, adaptando-a em cada momento aos fins prosseguidos pela organização produtiva, cabendo-lhe ainda a determinação da organização e disciplina do trabalho, cfr. artigo 99.º, do local de trabalho, cfr. artigo 193.º e segs. e da duração do tempo de trabalho, cfr. artigo 197.º e segs. O poder de direcção consubstancia-se assim na faculadade do empregador poder durante a execução do contrato de trabalho dar ordens e instruções ao trabalhador, visando em cada momento determinar o objecto da prestação, e assim satisfazer a indeterminação que caracteriza a prestação de trabalho, sujeita às vicissitudes futuras da organização produtiva.

Incumbindo ao empregador regular o modo como a prestação é cumprida, este pode, em princípio, dirigir técnicamente o trabalho do trabalhador, que se encontra dependente técnicamente daquele. Em princípio, porquanto há actividades prestadas por trabalhadores que envolvem autonomia técnica, tutelada por normas legais ou deontológicas. Neste último caso, o artigo 116.º determina que a sujeição à autoridade e direcção do empregador não prejudica a autonomia técnica do trabalhador inerente à actividade prestada. Contudo, ainda que o trabalhador beneficie de autonomia técnica, nem por isso deixa de competir ao empregador o poder de direcção, contudo este tem uma abrangência menor do que teria caso o trabalhador não tivesse autonomia técnica, circunscrevendo-se o poder de direcção à determinação da organização e disciplina do trabalho, do local de trabalho, e da duração do tempo de trabalho.

4. Sobre este preceito, *vide* Bernardo Lobo Xavier, *Manual de Direito do Trabalho*, Verbo, 2011, página 415 e segs. e António Monteiro Fernandes, *Direito do Trabalho*, 15.ª Edição, Almedina, Abril 2010, página 272 e segs.

ARTIGO 98.º – Poder disciplinar

O empregador tem poder disciplinar sobre o trabalhador ao seu serviço, enquanto vigorar o contrato de trabalho.

1. Este preceito corresponde ao n.º 1 do artigo 365.º do anterior Código do Trabalho, aprovado pela Lei n.º 99/2003.

2. O poder disciplinar, previsto neste artigo 98.º, conjuntamente com o poder de direcção, ou poder directivo, cfr. artigo 97.º, e o poder regulamentar, cfr. artigo 99.º, constituem os três poderes próprios do empregador, os quais, e por força da lei, decorrem da autoridade em que se acha investido enquanto organizador da actividade, cfr. artigo 11.º

3. Constata-se, face à anterior legislação, uma alteração de enquadramento sistemático. Enquanto que no Código do Trabalho aprovado pela Lei n.º 99/2003, de 27 de Agosto, o regime do poder disciplinar encontrava-se na Secção II do Capítulo VIII, respeitante ao "Incumprimento do Contrato", entre a matéria relativa ao incumprimento das prestações pecuniárias a cargo do empregador, cfr. artigos 365.º e segs. do Código do Trabalho aprovado pela Lei n.º 99/2003, neste Código do Trabalho há um retoque sistemático, cfr. este artigo 98.º, estando agora o poder disciplinar, em termos genéricos, inserido sistematicamente na Subsecção IX "O empregador e a empresa, da Secção II "Sujeitos", do Capítulo I "Disposições Gerais", do Título II

"Contrato de Trabalho". A correcção agora realizada revela que o legislador parece ter acolhido as críticas de alguma doutrina que viam no anterior enquadramento sistemático o pendor contratualista da concepção então adoptada, pouco sensível às dimensões colectiva e organizacional das relações de trabalho, cfr. por todos António Monteiro Fernandes, *Direito do Trabalho*, 13.ª Edição, Almedina, 2007.

4. Em termos genéricos, pode-se definir o poder disciplinar como a faculdade que assiste ao empregador de aplicar sanções ao trabalhador pela violação dos deveres laborais, visando puni-lo e afastá-lo da prática de novas infracções, ao mesmo tempo que prevenir que os restantes trabalhadores venham a assumir condutas semelhantes. No mesmo sentido Bernardo Lobo Xavier: "trata-se do poder de pré-fixar e aplicar medidas coactivas adequadas (sanções disciplinares) aos trabalhadores cuja conduta prejudique ou ponha em perigo a empresa ou não seja adequada à correcta efectivação dos deveres contratuais", cfr. *Iniciação ao Direito do Trabalho*, Editorial Verbo, 1994, página 176.

5. Não há na lei uma definição legal de infracção disciplinar, remetendo-se à jurisprudência e à doutrina o encargo de construir os critérios da qualificação. Por infracção disciplinar tem-se entendido o comportamento culposo, imputável ao trabalhador, por acção ou omissão, que viola os deveres contratuais ou a disciplina do empregador, decorrentes do contrato de trabalho e das normas que o regem, e que é susceptível de perturbar o normal funcionamento da organização em que se insere ou de lhe provocar prejuízos. Doutrinalmente divide-se a culpa em duas modalidades: o dolo e a mera culpa ou negligência. Enquanto que esta última consiste na omissão da diligência exigível ao agente, por falta de cuidado, imprudência ou inabilidade, no dolo o agente representa o resultado danoso, praticando o acto com a intenção maléfica de o produzir. Sobre a culpa *vide* Mário Júlio de Almeida Costa, *Direito das Obrigações*, 8.ª edição, Almedina, página 424 e segs., e António Menezes Cordeiro, *Direito das Obrigações*, 2.º volume, A.A.F.D.L., 1999, página 314 e segs.

A noção de infracção disciplinar tem vindo a ser traçada pela jurisprudência, que valoriza o factor confiança, na detecção de comportamentos que podem merecer uma censura disciplinar. É uma confiança objectivável, ou seja trata-se de condutas que são susceptíveis de abalar a confiança do empregador, que se traduz na expectativa negativa acerca do comportamento futuro do trabalhador, que é sindicável pelo tribunal. Para saber se houve violação dos deveres laborais do trabalhador que fundamentam o exercício do poder disciplinar, é necessário conhecer esses deveres. Os deveres do trabalhador encontram-se consagrados no artigo 128.º

6. Para que o poder disciplinar possa ser exercido, é necessário um determinado processo, com regras próprias, que o legislador designa por procedimento disciplinar, cfr. n.os 2, 3 e 5 do artigo 329.º e que é vulgarmente designado por processo disciplinar. Por questões de correcção técnico-jurídicas, preferimos a denominação legal. Quanto à tramitação do procedimento disciplinar *vide* artigo 328.º e segs., e anotações aos mesmos. Para maiores desenvolvimentos relativamente à tramitação do procedimento disciplinar, *vide* o nosso *Prática e Procedimentos do Processo Disciplinar*, 2.ª Edição, Princípia Editora, Fevereiro 2011, página 22 e segs.

7. O poder disciplinar enquanto manifestação de autoridade compreende a faculdade de exercício, como a decisão de não o exercer. A alínea l) do n.º 1 do artigo 127.º vem instituir uma excepção ao princípio de livre opção por parte do empregador, ao impor um dever de conduta, encontrando-se este obrigado a fazer uso do poder disciplinar, quando lhe chegar ao conhecimento, alegadas situações de assédio no trabalho. Ou seja, em matéria de exercício disciplinar a alínea l) do n.º 1 do artigo 127.º consagra um entendimento único, inexistindo qualquer outra norma semelhante, que determina a obrigatoriedade do empregador dar inicio a um procedimento disciplinar, sempre que tenha informação de que possam ter sido praticados comportamentos que possam ser entendidos como assédio. Sobre a definição de assédio, ver n.º 2 do artigo 29.º

Note-se que a alínea l) do n.º 1 do artigo 127.º, apesar de obrigar o empregador a iniciar um procedimento disciplinar, não impõe que no seu final, o empregador venha a decidir aplicar uma sanção disciplinar, podendo o procedimento ser concluído com um arquivamento.

8. O fundamento do poder disciplinar é matéria que têm suscitado ao longo das décadas acesa discussão na doutrina. Genericamente são duas as teorias que têm sido argumentadas: a contratualista e a institucional. Em termos sintéticos, para a primeira destas, a génese do poder disciplinar encontra-se no contrato de trabalho e visa defender o seu cumprimento. Já a tese institucional advoga que o poder disciplinar radica na organização empresarial, a qual carece, para manter a sua subsistência e satisfazer os fins a que se destina, da agregação e da ligação funcional entre os elementos que a compõem, à qual o trabalhador terá de se subjugar. A uma e outra teoria são comummente aduzidas criticas. À primeira, por exemplo, de que a origem do poder disciplinar é a lei e não o contrato, e à segunda que o poder disciplinar não é exclusivo do empregador, existindo por exemplo nas associações relativamente aos associados, ou de que o poder disciplinar existe mesmo quando o trabalhador tem uma relação laboral não inserida numa organização empresarial. Para maiores desenvolvimentos sobre o fundamento do poder disciplinar, *vide* Maria do Rosário Palma Ramalho, *Do fundamento do poder disciplinar laboral*, Livraria Almedina, Coimbra, 1993.

9. Sobre este preceito, *vide* Bernardo Lobo Xavier, *Manual de Direito do Trabalho*, Verbo, 2011, página 427 e segs. e António Monteiro Fernandes, *Direito do Trabalho*, 15.ª Edição, Almedina, Abril 2010, página 279 e segs.

ARTIGO 99.º – Regulamento interno de empresa

1 – O empregador pode elaborar regulamento interno de empresa sobre organização e disciplina do trabalho.

2 – Na elaboração do regulamento interno de empresa é ouvida a comissão de trabalhadores ou, na sua falta, as comissões intersindicais, as comissões sindicais ou os delegados sindicais.

3 – O regulamento interno produz efeitos após a publicitação do respectivo conteúdo, designadamente através de afixação na sede da empresa e nos locais de trabalho, de modo a possibilitar o seu pleno conhecimento, a todo o tempo, pelos trabalhadores.

4 – A elaboração de regulamento interno de empresa sobre determinadas matérias pode ser tornada obrigatória por instrumento de regulamentação colectiva de trabalho negocial.

5 – Constitui contra-ordenação grave a violação do disposto nos n.os 2 e 3.

1. Este preceito corresponde ao artigo 153.º do anterior Código do Trabalho, aprovado pela Lei n.º 99/2003.

2. A redacção dos n.os 3 e 5 deste preceito foi alterada pelo artigo 2.º da Lei n.º 23/2012, de 25 de Junho. Na versão originária do Código do Trabalho, aprovado pela Lei n.º 7/2009, de 12 de Fevereiro, aqueles números tinham a seguinte redacção:

> "3 – O regulamento interno apenas produz efeitos após:
>
> a) Publicitação do respectivo conteúdo, designadamente afixação na sede da empresa e nos locais de trabalho, de modo a possibilitar o seu pleno conhecimento, a todo o tempo, pelos trabalhadores;
>
> b) Enviá-lo ao serviço com competência inspectiva do ministério responsável pela área laboral.
>
> 5 – Constitui contra-ordenação grave a violação do disposto no n.º 2 e da alínea a) do n.º 3, e leve a violação da alínea b) do n.º 3.".

Através da Lei n.º 23/2012, de 25 de Junho pretendeu-se também adoptar algumas medidas de simplificação administrativa, reduzindo alguns procedimentos burocráticos impostos às empresas. No que ao regulamento interno diz respeito foi eliminada a obrigatoriedade do seu envio ao serviço com competência inspectiva do ministério responsável pela área laboral, que na redacção originária do Código do Trabalho constituia um requisito de eficácia.

3. O poder regulamentar, previsto neste artigo 99.º, conjuntamente com o poder de direcção, ou poder directivo, cfr. artigo 97.º, e o poder disciplinar, cfr. artigo 98.º, constituem os três poderes próprios do empregador, os quais, e por força da lei, decorrem da autoridade em que se acha investido enquanto organizador da actividade, cfr. artigo 11.º

4. O regulamento interno corresponde a um documento elaborado pelo empregador que pode ter dois papéis distintos: manifestar o poder regulamentar do empregador, como decorre deste preceito, e um outro não menos relevante, de exteriorizar a vontade contratual do empregador, cfr. n.º 1 do artigo 104.º Sobre este último deve ver-se esse preceito, bem como as respectivas anotações.

5. As normas inseridas em regulamento interno não deverão violar as disposições imperativas da lei, encontrando-se ainda sujeitas às disposições de instrumento de regulamentação colectiva do trabalho que sejam aplicáveis. Constituem instrumentos de regulamentação colectiva de trabalho, cfr. n.os 2, 3 e 4 do artigo 2.º, a convenção colectiva (que pode ser um contrato colectivo, acordo colectivo, ou um acordo de empresa), o acordo de adesão, a decisão arbitral, a portaria de extensão, e a portaria de condições de trabalho.

6. O n.º 2 estabelece expressamente que na elaboração do regulamento interno é ouvida a comissão de trabalhadores. Não se diz que a comissão de trabalhadores é consultada. Não obstante a letra não ser clara, parece-nos que a audição da comissão de trabalhadores é um direito de consulta desta, carecendo portanto o regulamento interno de parecer prévio da comissão de trabalhadores. Neste sentido, a alínea c) do artigo 425.º estabelece que o empregador deve solicitar o parecer da comissão de trabalhadores, relativamente a qualquer medida de que resulte ou possa resultar, de modo substancial, agravamento das condições de trabalho ou mudanças na organização de trabalho, o que se não sucede sempre, sucederá na maioria das vezes em que é elaborado um regulamento interno. Carecendo então o regulamento interno de parecer da comissão de trabalhadores, o exercício da consulta obedece a um procedimento próprio para este efeito, que se encontra regulado nos n.os 4 a 7 do artigo 427.º Na falta da comissão de trabalhadores são ouvidas as comissões intersindicais, as comissões sindicais, ou os delegados sindicais. O empregador tem conhecimento da existência de uma comissão de trabalhadores porquanto os resultados da votação, da constituição e aprovação dos estatutos da comissão de trabalhadores, são-lhe comunicados, cfr. n.º 6 do artigo 432.º Quanto à comissão intersindical, comissões sindicais e delegados sindicais, o empregador tem conhecimento da existência destes porquanto a direcção do sindicato tem de comunicar por escrito ao empregador a identidade de cada delegado sindical, bem como dos delegados sindicais que fizerem parte de comissão sindical ou intersindical, cfr. n.º 4 do artigo 462.º

Do confronto entre a redacção do n.º 2 com o disposto no n.º 3 resulta que a falta de audição da comissão de trabalhadores ou, na sua falta, as comissões intersindicais, as comissões sindicais ou os delegados sindicais, aquando da elaboração do regulamento interno de empresa, não tem por efeito gerar a ineficácia do regulamento interno. Contudo esta ausência de audição constitui, nos termos do n.º 5, uma contra-ordenação grave.

7. Do n.º 3 resulta que o regulamento interno só é eficáz após a publicitação do respectivo conteúdo. Não é obrigatório que o empregador o afixe na sede da empresa e nos locais de trabalho. Com efeito, o legislador limitou-se a exemplificar que a afixação do regulamento permite cumprir o requisito de eficácia do regulamento, o que resulta da utilização do advérbio "designadamente" no n.º 3. Significa isto que ao empregador é permitido divulgar o conteúdo do regulamento interno na intranet da empresa (rede interna de partilha de ficheiros e gestão de conhecimento da empresa), ou mesmo no website (sitio na Internet) da empresa, desde que tal divulgação seja integral, em termos de permitir o seu pleno conhecimento pelos trabalhadores, e que estes o possam conhecer a todo o tempo.

Cumprido pelo empregador o requisito de eficácia do regulamento interno, o trabalhador deve obediências às normas respeitantes a organização e disciplina, cfr. alínea e) do n.º 1 do artigo 128.º

8. Apesar do regulamento interno da empresa não carecer de qualquer autorização do serviço com competência inspectiva do ministério responsável pela área laboral – actualmente a Autoridade para as Condições do Trabalho –, nem necessitar de lhe ser enviado, atentas as competências fiscalizadoras daquele serviço, poderá o mesmo vir a aferir do cumprimento das normas legais. Com efeito, a

Autoridade para as Condições do Trabalho tem, entre outras, a atribuição de promover, controlar e fiscalizar o cumprimento das disposições legais, regulamentares e convencionais, respeitantes às relações de trabalho, cfr. alínea a) do n.º 2 do artigo 11.º do Decreto-Lei n.º 167-C/2013, de 31 de Dezembro, alterado pelo Decreto-Lei n.º 28/2015, de 10 de Fevereiro, que aprovou a Lei Orgânica do Ministério da Solidariedade, Emprego e Segurança Social, e alínea a) do n.º 2 do artigo 2.º do Decreto Regulamentar n.º 47/2012, de 31 de Julho, que aprovou a orgânica da Autoridade para as Condições do Trabalho.

9. De acordo com o n.º 4, a elaboração de regulamento interno de empresa sobre determinadas matérias pode ser imposta por instrumento de regulamentação colectiva de trabalho negocial. Constituem instrumentos de regulamentação colectiva de trabalho negociais, a convenção colectiva, o acordo de adesão e a decisão arbitral em processo de arbitragem voluntária, cfr. n.os 2 e 3 do artigo 2.º

10. O empregador não se encontra limitado à elaboração de um regulamento interno para que possa regrar a organização e disciplina do trabalho. Sem que tenha de cumprir o dever de audição previsto no n.º 2, o empregador poderá, adoptando uma forma menos solene daquela que se impõe para a emissão de um regulamento interno, regrar a organização e disciplina do trabalho através de um despacho, uma ordem de serviço, uma instrução, etc., cfr. Bernardo Lobo Xavier, *Iniciação ao Direito do Trabalho*, 3.ª Edição, Verbo, Lisboa – São Paulo, 2005 página 276.

11. O n.º 4 do artigo 127.º determina que o empregador afixe nas instalações da empresa toda a informação sobre a legislação referente ao direito de parentalidade ou, se for elaborado regulamento interno, consagrar no mesmo toda essa legislação.

12. Sobre este preceito, no domínio da legislação anterior, pelo que será necessário proceder às adaptações necessárias, *vide* Bernardo Lobo Xavier, *Manual de Direito do Trabalho*, Verbo, 2011, página 438 e segs. e António Monteiro Fernandes, *Direito do Trabalho*, 15.ª Edição, Almedina, Abril 2010, página 275 e segs.

ARTIGO 100.º – Tipos de empresas

1 – Considera-se:

a) Microempresa a que emprega menos de 10 trabalhadores;

b) Pequena empresa a que emprega de 10 a menos de 50 trabalhadores;

c) Média empresa a que emprega de 50 a menos de 250 trabalhadores;

d) Grande empresa a que emprega 250 ou mais trabalhadores.

2 – Para efeitos do número anterior, o número de trabalhadores corresponde à média do ano civil antecedente.

3 – No ano de início da actividade, o número de trabalhadores a ter em conta para aplicação do regime é o existente no dia da ocorrência do facto.

1. Este preceito corresponde ao artigo 91.º do anterior Código do Trabalho, aprovado pela Lei n.º 99/2003.

2. Comparativamente à legislação anterior, constata-se uma ligeira alteração relativa ao conceito de microempresa. Microempresas são as empresas que empreguem até dez trabalhadores, sendo que se empregar dez trabalhadores já é considerada pequena empresa, cfr. alíneas a) e b) do n.º 1 do artigo 100.º

3. O Código do Trabalho não tem nenhuma definição de empresa. Não obstante, o Código da Insolvência e da Recuperação de Empresas contém, no seu artigo 5.º, apesar de expressamente se referir naquele preceito que é para efeitos daquele diploma, uma noção de empresa, considerando-se como tal toda a organização de capital e de trabalho destinada ao exercício de qualquer actividade económica. O Código da Insolvência e da Recuperação de Empresas foi aprovado pelo Decreto-Lei n.º 53/2004, de 18 de Março, e foi alterado pelos Decretos-Leis n.os 200/2004, de 18 de Agosto, 76-A/2006, de 29 de Março, 282/2007, de 7 de Agosto, 116/2008, de 4 de Julho e 185/2009, de 12 de Agosto, pelas Leis n.os 16/2012, de 20 de Abril, e 66-B/2012, de 31 de Dezembro, pelos Decretos-Leis n.os 26/2015, de 6 de Fevereiro, 79/2017, de 30 de Junho, pela Rectificação n.º 21/2017, de 25 de Agosto, pelas Leis n.os 114/2017, de 29 de Dezembro, 8/2018, de 2 de Março, e pelo Decreto-Lei n.º 84/2019, de 28 de Junho. Também no artigo 3.º da Lei n.º 19/2012, de 8 de Maio, alterada pela Lei n.º 23/2018, de 5 de Junho, que aprovou o novo regime jurídico da concorrência, se estabelece uma noção de empresa – referindo-se expressamente, mais uma vez, que a definição é para efeitos daquela Lei – nele se determinando que se considera empresa qualquer entidade que exerça uma actividade económica que consista na oferta de bens ou serviços num determinado mercado, independentemente do seu estatuto jurídico e do seu modo de financiamento.

4. Os tipos de empresas assentes neste preceito reflectem-se em várias soluções regulamentadas neste Código do Trabalho, nelas avultando um princípio de adaptar alguns procedimentos laborais à dimenção das diferentes organizações empresarias, no sentido de se opter uma certa proporcionalidade. Estas diferentes soluções repercutem-se nas seguintes especificidades:

MICROEMPRESA:

- o prazo de antecedência para afixar na empresa a alteração de horário de trabalho, relativamente ao início da sua aplicação é, em caso de microempresa, menor, cfr. n.º 2 do artigo 217.º;
- o limite de duração anual de prestação de trabalho suplementar, por trabalhador, é superior em caso de trabalhador de microempresa face aos trabalhadores de média e de grande empresa, cfr. alínea a) do n.º 1 do artigo 228.º;
- na falta de acordo entre o empregador e o trabalhador quanto à marcação do período de férias, o empregador, em microempresa, não tem qualquer limitação quanto ao período em que pode marcar, unilateralmente as férias do trabalhador, podendo faze-lo entre 1 de Janeiro e 31 de Dezembro, cfr. n.º 3 do artigo 241.º;
- permite-se a recusa do empregador ao pedido do trabalhador de lhe ser concedida licença sem retribuição, para frequência de curso de formação ministrado sob responsabilidade de instituição de ensino ou de formação profissional, ou no âmbito de programa específico aprovado por autoridade competente e

executado sob o seu controlo pedagógico, ou para frequência de curso ministrado em estabelecimento de ensino, quando se trate de microempresa, e não seja possível a substituição adequada do trabalhador, caso necessário, cfr. n.º 3 do artigo 317.º;

- o procedimento de despedimento colectivo em encerramento total e definitivo de empresa é inaplicável a microempresa, cfr. n.º 4 do artigo 346.º;
- o procedimento de despedimento colectivo em encerramento do estabelecimento por insolvência é inaplicável a microempresa, cfr. n.º 4 do artigo 347.º;
- o procedimento disciplinar com vista ao despedimento do trabalhador tem uma regulamentação própria, cfr. artigo 358.º;
- o número de trabalhadores necessário para preencher o conceito de despedimento colectivo é menor em microempresa, comparativamente a média ou grande empresa, cfr. n.º 1 do artigo 359.º;
- em caso de microempresa o empregador pode requerer ao tribunal que exclua a reintegração, quando se trate de despedimento ilícito, cfr. n.º 1 do artigo 392.º;
- o número de horas de crédito mensal de horas do membro da subcomissão de trabalhadores, comissão de trabalhadores e comissão coordenadora, para exercício das suas funções é menor em microempresa, n.º 2 do artigo 422.º;
- o direito a informação e consulta de delegado sindical não é aplicável a microempresa, cfr. n.º 3 do artigo 466.º;

PEQUENA EMPRESA:

- o limite de duração anual de prestação de trabalho suplementar, por trabalhador, é superior em caso de trabalhador de pequena empresa face aos trabalhadores de média e de grande empresa, cfr. alínea a) do n.º 1 do artigo 228.º;
- na falta de acordo entre o empregador e o trabalhador quanto à marcação do período de férias, o empregador, em pequena empresa, só pode marcar, unilateralmente, as férias do trabalhador, em princípio, entre 1 de Maio e 31 de Outubro, cfr. n.º 3 do artigo 241.º;
- permite-se a recusa do empregador ao pedido do trabalhador de lhe ser concedida licença sem retribuição, para frequência de curso de formação ministrado sob responsabilidade de instituição de ensino ou de formação profissional, ou no âmbito de programa específico aprovado por autoridade competente e executado sob o seu controlo pedagógico, ou para frequência de curso ministrado em estabelecimento de ensino, quando se trate de pequena empresa, e não seja possível a substituição adequada do trabalhador, caso necessário, cfr. n.º 3 do artigo 317.º;
- o número de trabalhadores necessário para preencher o conceito de despedimento colectivo é menor em pequena empresa, comparativamente a média ou grande empresa, cfr. n.º 1 do artigo 359.º;
- o direito a informação e consulta de delegado sindical não é aplicável a pequena empresa, cfr. n.º 3 do artigo 466.º;

MÉDIA EMPRESA

- o limite de duração anual de prestação de trabalho suplementar, por trabalhador, é superior em caso de trabalhador de média empresa, face aos trabalhadores de microempresa e de pequena empresa, cfr. alínea b) do n.º 1 do artigo 228.º;
- na falta de acordo entre o empregador e o trabalhador, quanto à marcação do período de férias, o empregador, em média empresa, só pode marcar, unilateralmente, as férias do trabalhador, em princípio, entre 1 de Maio e 31 de Outubro, cfr. n.º 3 do artigo 241.º;
- o número de trabalhadores necessário para preencher o conceito de despedimento colectivo é maior em média empresa, comparativamente a microempresa ou pequena empresa, cfr. n.º 1 do artigo 359.º;

GRANDE EMPRESA:

- as grande empresas não poderão celebrar contratos a termo certo com fundamento em início de laboração de empresa ou de estabelecimento, cfr. alínea a) do n.º 4 do artigo 140.º;
- o limite de duração anual de prestação de trabalho suplementar, por trabalhador, é superior em caso de trabalhador de grande empresa face aos trabalhadores de microempresa e de pequena empresa, cfr. alínea b) do n.º 1 do artigo 228.º;
- na falta de acordo entre o empregador e o trabalhador quanto à marcação do período de férias, o empregador, em grande empresa, só pode marcar, unilateralmente, as férias do trabalhador, em princípio, entre 1 de Maio e 31 de Outubro, cfr. n.º 3 do artigo 241.º;
- o número de trabalhadores necessário para preencher o conceito de despedimento colectivo é maior em grande empresa, comparativamente a microempresa ou pequena empresa, cfr. n.º 1 do artigo 359.º

5. Sobre este preceito, relativamente às criticas que podem ser realizadas, pelo legislador ter optado por um esquema geral de uniformização da aplicação das normas laborais, o que tem acarretado a violação constante das regras previstas na legislação laboral, com adulteração da concorrência, *vide* Bernardo Lobo Xavier, *Manual de Direito do Trabalho*, Verbo, 2011, página 393 e segs.

ARTIGO 101.º – Pluralidade de empregadores

1 – O trabalhador pode obrigar-se a prestar trabalho a vários empregadores entre os quais exista uma relação societária de participações recíprocas, de domínio ou de grupo, ou que tenham estruturas organizativas comuns.

2 – O contrato de trabalho com pluralidade de empregadores está sujeito a forma escrita e deve conter:

a) Identificação, assinaturas e domicílio ou sede das partes;

b) Indicação da actividade do trabalhador, do local e do período normal de trabalho;

c) Indicação do empregador que representa os demais no cumprimento dos deveres e no exercício dos direitos emergentes do contrato de trabalho.

3 – Os empregadores são solidariamente responsáveis pelo cumprimento das obrigações decorrentes do contrato de trabalho, cujo credor seja o trabalhador ou terceiro.

4 – Cessando a situação referida no n.º 1, considera-se que o trabalhador fica apenas vinculado ao empregador a que se refere a alínea c) do n.º 2, salvo acordo em contrário.

5 – A violação de requisitos indicados nos n.os 1 ou 2 confere ao trabalhador o direito de optar pelo empregador ao qual fica vinculado.

6 – Constitui contra-ordenação grave a violação do disposto nos n.os 1 ou 2, sendo responsáveis pela mesma, todos os empregadores, os quais são representados para este efeito por aquele a que se refere a alínea c) do n.º 2.

1. Este preceito corresponde ao artigo 92.º do anterior Código do Trabalho, aprovado pela Lei n.º 99/2003.

2. A prestação de trabalho a vários empregadores, através de um só contrato de trabalho, prevista neste artigo encontra-se em consonância com a noção de contrato de trabalho estabelecida no artigo 11.º, nos termos do qual: "Contrato de trabalho é aquele pelo qual uma pessoa singular se obriga, mediante retribuição, a prestar a sua actividade a outra ou outras pessoas, no âmbito de organização e sob a autoridade destas.".

3. O n.º 1 deve ser interpretado conjuntamente com o disposto no Código das Sociedades Comerciais, aprovado pelo Decreto-Lei n.º 262/86, de 2 de Setembro. Nos termos do artigo 482.º do Código das Sociedades Comerciais, as sociedades em relação de participações recíprocas, as sociedades em relação de domínio e as sociedades em relação de grupo, consideram-se sociedades coligadas. De acordo com o n.º 1 do artigo 486.º do Código das Sociedades Comerciais, considera-se que duas sociedades estão em relação de domínio quando uma delas, dita dominante, pode exercer, directamente ou por sociedades ou pessoas, sobre a outra, dita dependente, uma influência dominante.

4. O Código do Trabalho não contém uma definição de sociedades que mantenham estruturas organizativas comuns. Tratam-se de sociedades que partilham entre si elementos típicos de uma instituição corporativa, como sejam as mesmas instalações, equipamentos, ou os mesmos recursos, como serviços de segurança ou limpeza, os quais aproveitam assim a mais do que uma entidade.

5. O n.º 2, ao dispor que o contrato de trabalho com pluralidade de empregadores se encontra sujeito a forma escrita, constitui uma excepção à liberdade de forma prevista no artigo 219.º do Código Civil, que vigora no ordenamento jurídico português, e de acordo com o qual a validade da declaração negocial não depende da observância de forma especial, salvo quando a lei a exigir. Isto significa que, por princípio, o contrato de trabalho pode ser celebrado verbalmente, a não ser quando a lei determinar uma forma especial, como resulta do artigo 110.º Constituindo, como se disse o n.º 2 deste artigo 101.º uma excepção à liberdade de forma, impõe-se a observância da forma escrita relativamente ao contrato de trabalho com vários empregadores.

6. O n.º 2 contém uma enumeração taxativa dos elementos que devem constar do contrato de trabalho com pluralidade de empregadores. A inexistência ou irregularidade do documento que titula a prestação de trabalho a vários empregadores, tem por consequência a ilicitude da prestação de trabalho a uma pluralidade de empregadores, concedendo ao trabalhador o direito de optar pelo empregador ao qual fica subordinado, por força do disposto no n.º 5. Ou seja, faltando algum daqueles elementos, ou quando não tenha sido observada a forma escrita, e em termos práticos, atribui-se ao trabalhador a qualificação jurídica da sua própria situação, e face à conclusão que retirar dessa qualificação, permite-se que o próprio trabalhador opte por uma das empresas. O mesmo efeito tem a prestação de trabalho a vários empregadores, quando entre eles não exista uma relação societária de participações recíprocas, de domínio ou de grupo, ou que não tenham estruturas organizativas comuns.

7. A alínea b) do n.º 2 exige que o contrato de trabalho com pluralidade de empregadores contenha a indicação do período normal de trabalho. O período normal de trabalho corresponde ao tempo de trabalho que o trabalhador se obriga a prestar, medido em número de horas por dia e por semana, cfr. artigo 198.º Os limites máximos do período normal de trabalho, cfr. artigo 203.º são os mesmos que vigoram para os trabalhadores que prestam o seu trabalho a apenas um empregador. Como tal, e por determinação do n.º 1 do artigo 203.º, o período normal de trabalho não pode exceder oito horas por dia e quarenta horas por semana.

8. A alínea c) do n.º 2 determina que o contrato de trabalho com pluralidade de empregadores contenha a indicação de quem, entre os vários empregadores, é a responsabilidade pela representação dos demais empregadores no cumprimento dos deveres que advém da posição de empregador, bem como quem de entre eles representa os demais no exercício dos direitos decorrentes do contrato de trabalho. Pretende-se com esta norma clarificar em concreto quem é, nas relações com terceiros, e com o próprio trabalhador, o empregador, prevenindo eventuais litígios futuros que pudessem advir da indefinição.

9. O contrato de trabalho com pluralidade de empregadores pode ser celebrado *ab initio*. Em detrimento de ser constituído um vínculo inicial com vários empregadores, nada obsta a que as partes, durante a vigência de um contrato de trabalho, acordem na prestação de trabalho neste regime, desde que sejam observadas as exigências de forma e de conteúdo do contrato de trabalho com pluralidade de empregadores, cfr. n.º 2 deste artigo 101.º

10. O n.º 3 estabelece um regime excepcional, segundo o qual os empregadores são solidariamente responsáveis pelo cumprimento das obrigações decorrentes do contrato de trabalho celebrado com mais do que um empregador. Diz-se que a obrigação é solidária, quando cada um dos devedores responde pela prestação integral e esta a todos liberta, ou quando cada um dos credores tem a faculdade de exigir, por si só, a prestação integral e esta libera o devedor para com todos eles, cfr. n.º 1 do artigo 512.º do Código Civil. No ordenamento jurídico português a regra é a parcialidade ou conjunção, cfr. artigo 513.º do Código Civil, sendo que a solidariedade só existe quando resulte da lei, ou da vontade das partes. Assim, quando um dos empregadores pague um crédito a um trabalhador por força do n.º 3, tem direito de regresso contra o empregador que deveria ter cumprido a obrigação, cfr. artigo 524.º do Código Civil. Da redacção deste n.º 3 resulta que às partes no contrato de trabalho não é admissível afastar este regime, o que não lhes é igualmente permitido fazer ainda que tenham o assentimento do trabalhador.

11. O regime da pluralidade de empregadores previsto neste preceito pode assumir-se como uma alternativa à prestação de trabalho por parte de um trabalhador a uma outra entidade, que não seja ao abrigo da cedência ocasional, cfr. artigo 288.º e segs. É que a não ser que o instrumento de regulamentação colectiva de trabalho disponha mais favoravelmente, cfr. n.º 2 do artigo 289.º, a cedência ocasional encontra-se limitada, por lei, a uma duração máxima de cinco anos, cfr. alínea d) do n.º 1 do mesmo artigo 289.º, enquanto que a pluralidade de empregadores não tem um prazo máximo de vigência.

12. Nada obsta que a forma escrita, imposta pelo n.º 2, seja satisfeita através de documento electrónico, ou seja, por documento elaborado mediante processamento electrónico de dados. Por outras palavras, nada impede que a forma escrita seja adoptada através de uma declaração escrita enviada por correio electrónico (e-mail) para um endereço electrónico. Sobre a validade, eficácia e valor probatório dos documentos electrónicos remete-se para a anotação 4. ao artigo 107.º

SECÇÃO III – Formação do contrato

SUBSECÇÃO I – Negociação

ARTIGO 102.º – Culpa na formação do contrato

Quem negoceia com outrem para a conclusão de um contrato de trabalho deve, tanto nos preliminares como na formação dele, proceder segundo as regras da boa fé, sob pena de responder pelos danos culposamente causados.

1. Este preceito corresponde ao artigo 93.º do anterior Código do Trabalho, aprovado pela Lei n.º 99/2003.

2. O dever de proceder de boa fé impõe-se não só nos preliminares como na formação de um contrato de trabalho, mas também, uma vez celebrado este, no exercício dos seus direitos e no cumprimento das respectivas obrigações, cfr. n.º 1 do artigo 126.º O princípio da boa fé decorre não só do n.º 1 do artigo 126.º, como também do n.º 2 do artigo 762.º do Código Civil.

3. Este preceito repete, em matéria laboral, um princípio geral previsto no artigo 227.º do Código Civil, e que seria sempre plicável ainda que este princípio não lograsse consagração expressa neste Código do Trabalho.

4. Caso alguma das partes não proceda de acordo com as regras da boa fé, a parte final deste preceito determina que a parte que tenha inobservado a boa fé deve responder pelos danos causados. Impõe-se assim que sejam ressarcidos todos os danos causados, o que abrange não só os danos emergentes (derivam da frustração de uma vantagem já existente), como os lucros cessantes (resultam da não concretização duma vantagem que, de outro modo, operaria).

5. A boa-fé é um princípio aplicável igualmente no processo de negociação colectiva, cfr. n.º 1 do artigo 489.º, bem como na pendência de um conflito colectivo de trabalho.

6. Sobre a boa fé *vide* António Menezes Cordeiro, *Tratado de Direito Civil Português,* Tomo I, Livraria Almedina, Coimbra, Março 1999, página 175 e segs.

SUBSECÇÃO II – Promessa de contrato de trabalho

ARTIGO 103.º – Regime da promessa de contrato de trabalho

1 – A promessa de contrato de trabalho está sujeita a forma escrita e deve conter:

a) Identificação, assinaturas e domicílio ou sede das partes;

b) Declaração, em termos inequívocos, da vontade de o promitente ou promitentes se obrigarem a celebrar o referido contrato;

c) Actividade a prestar e correspondente retribuição.

2 – O não cumprimento da promessa de contrato de trabalho dá lugar a responsabilidade nos termos gerais.

3 – À promessa de contrato de trabalho não é aplicável o disposto no artigo 830.º do Código Civil.

1. Este preceito corresponde ao artigo 94.º do anterior Código do Trabalho, aprovado pela Lei n.º 99/2003.

2. Por contrato-promessa de contrato de trabalho deve entender-se a convenção pela qual, dentro de certo prazo, ou verificados determinados pressupostos, alguém se obriga a celebrar um contrato de trabalho. Trata-se de uma figura jurídica que pretende salvaguardar a realização do contrato prometido – o contrato de trabalho – quando se verifique um obsctáculo que veda à celebração do contrato prometido, ou por um qualquer motivo é mais benéfico protelar a celebração do contrato prometido para um outro momento. Exemplificando, pode ser celebrado um contrato-promessa de contrato de trabalho por alguém que ainda se encontra a estabelecer a organização produtiva e pretende assegurar a contratação futura de certo profissional, com um trabalhador que ainda se encontra ligado a outro empregador, com um trabalhador estrangeiro que ainda não obteve autorização de permanência em território nacional, por parte das entidades portuguesas, etc..

Este contrato-promessa de contrato de trabalho, à semelhança do que sucede com qualquer outro contrato-promessa (cfr. artigo 410.º e segs. do Código Civil), deve definir o conteúdo do contrato prometido – o contrato de trabalho – de modo a dispensarem-se subsequentes negociações para a sua celebração.

3. Não obstante a alínea a) do n.º 1 mencionar que o contrato-promessa de contrato de trabalho deve ser assinado pelas partes, nada veda que a promessa de contrato de trabalho seja realizada apenas por uma das partes no contrato-promessa de contrato de trabalho, ou seja, do conteúdo jurídico pode resultar que só uma das partes se vincula à celebração do negócio prometido – o contrato de trabalho. Quando só uma das partes se vincula, este contrato designa-se de contrato-promessa de contrato de trabalho unilateral. Nesta situação, o contrato-promessa de contrato de trabalho deve ser assinado apenas por aquele que se vinculou (o promitente).

4. O n.º 1, ao dispor que a promessa de contrato de trabalho se encontra sujeita a forma escrita, constitui uma excepção à liberdade de forma prevista no artigo 219.º do Código Civil, que vigora no ordenamento jurídico português, e de acordo com o qual a validade da declaração negocial não depende da observância de forma especial, salvo quando a lei a exigir. Isto significa que, por princípio, o contrato de trabalho entre o empregador e o trabalhador pode ser celebrado verbalmente, a não ser quando a lei determinar uma forma especial, como resulta do artigo 110.º Constituindo, como se disse o n.º 1 deste artigo 103.º uma excepção à liberdade de forma, impõe-se a observância da forma escrita relativamente a contrato-promessa de contrato de trabalho.

5. O n.º 1 contém uma enumeração taxativa dos elementos que devem constar do contrato-promessa de contrato de trabalho. Faltando algum desses elementos, a consequência é que a promessa de trabalho é nula, cfr. artigo 220.º do Código Civil.

6. O n.º 2 determina que o incumprimento do contrato-promessa de contrato de trabalho gera responsabilidade, nos termos gerais de direito. Para o efeito, ter-se-á de distinguir se houve ou não entrega de sinal por efeito da promessa de trabalho, apesar do sinal não ser comum no contrato-promessa de contrato de trabalho. Quando tenha havido a entrega de sinal, se quem constituiu o sinal deixar de cumprir a obrigação por causa que lhe seja imputável, tem o outro contraente a faculdade de fazer sua a coisa entregue; se o não cumprimento do contrato-promessa for devido a este último, tem aquele a faculdade de exigir o dobro do que prestou, cfr. primeira parte do n.º 2 do artigo 442.º do Código Civil. Na ausência de estipulação em contrário, não há lugar, pelo não cumprimento do contrato-promessa, a qualquer outra indemnização, nos casos de perda do sinal ou de pagamento do dobro deste, cfr. n.º 4 do mesmo artigo 442.º do Código Civil.

Na falta de sinal, como sucede frequentemente na promessa de contrato de trabalho, a parte que incumpriu o contrato-promessa de contrato de trabalho deve indemnizar, por aplicação das regras previstas no artigo 798.º e segs. do Código Civil.

Nada obsta, o que configura uma situação distinta do incumprimento do contrato-promessa de contrato de trabalho, que as partes, por acordo, revoguem o contrato-promessa de contrato de trabalho, estabelecendo os efeitos da sua revogação.

7. De acordo com o n.º 3, caso não seja cumprido o contrato-promessa de contrato de trabalho, a parte que pretendia o seu cumprimento não poderá obter uma sentença judicial que produza os efeitos da declaração negocial do faltoso. Assim, o não cumprimento da promessa de contrato de trabalho tem apenas os efeitos previstos no n.º 2.

8. Não despiciendo em matéria de contrato-promessa de contrato de trabalho é o disposto no artigo 412.º do Código Civil, que estabelece que: "Os direitos e obrigações resultantes do contrato-promessa que não sejam exclusivamente pessoais transmitem-se aos sucessores das partes.". Os efeitos do artigo 412.º diferem consoante a posição contratual em causa. Tratando-se de trabalhador promitente (o que promete prestar o seu trabalho) os direitos e obrigações resultantes do contrato-promessa de contrato de trabalho têm caracter pessoal, porquanto a prestação de trabalho só poderia ser executada por aquele trabalhador concreto, o que obsta à transmissão. Já quando o trabalhador tenha a qualidade de promissário (o que beneficia da promessa), e tendo a parte promitente vinculado-se a celebrar um contrato de trabalho, o princípio é de que a posição do empregador transmite-se aos seus sucessores, cfr. artigo 346.º

9. O contrato-promessa de contrato de trabalho não deve confundir-se com o contrato de trabalho em que é aposta condição ou termo suspensivo, cfr. artigo 135.º Enquanto que neste último o contrato de trabalho já foi celebrado, dependendo apenas o início da produção dos seus efeitos da verificação do evento, que constitui a condição ou o termo, no contrato-promessa de contrato de trabalho o contrato prometido – o contrato de trabalho – terá ainda de ser celebrado, sendo que tal pode nunca vir a ocorrer.

10. Nada obsta que a forma escrita, imposta pelo n.º 1, seja satisfeita através de documento electrónico, ou seja, por documento elaborado mediante processamento electrónico de dados. Por outras palavras, nada impede que a forma escrita seja adoptada através de uma declaração escrita enviada por correio electrónico (e-mail) para um endereço electrónico. Sobre a validade, eficácia e valor probatório dos documentos electrónicos remete-se para a anotação 4. ao artigo 107.º

11. Sobre este preceito, *vide* Bernardo Lobo Xavier, *Manual de Direito do Trabalho*, Verbo, 2011, página 615 e segs. e António Monteiro Fernandes, *Direito do Trabalho*, 15.ª Edição, Almedina, Abril 2010, página 314 e segs.

SUBSECÇÃO III – Contrato de adesão

ARTIGO 104.º – Contrato de trabalho de adesão

1 – A vontade contratual do empregador pode manifestar-se através de regulamento interno de empresa, e a do trabalhador pela adesão expressa ou tácita ao mesmo regulamento.

2 – Presume-se a adesão do trabalhador quando este não se opuser por escrito no prazo de 21 dias, a contar do início da execução do contrato ou da divulgação do regulamento, se esta for posterior.

1. Este preceito corresponde ao artigo 95.º do anterior Código do Trabalho, aprovado pela Lei n.º 99/2003.

2. O regulamento interno de empresa encontra-se previsto no artigo 99.º, correspondendo a um documento elaborado pelo empregador para regrar a organização e disciplina do trabalho. Além deste papel, o regulamento interno tem um outro, não menos relevante, e que encontra reconhecimento no n.º 1 deste artigo 104.º: o de poder manifestar a vontade contratual do empregador. Significa isto que o contrato de trabalho pode ser celebrado através da adesão do trabalhador.

A adesão é um mero acto jurídico porquanto falta àquele que adere a contrato de trabalho a liberdade de estipulação. A liberdade de estipulação caracteriza-se pela admissibilidade de se poder seleccionar o tipo de efeitos jurídicos que se irão produzir, sendo que o trabalhador aderente não tem qualquer poder de introduzir alterações ao conteúdo do contrato de trabalho. Aquele que adere goza apenas de liberdade de celebração, ou seja, pode optar pela celebração do contrato de trabalho, mas não lhe é permitido seleccionar a presença de determinados efeitos jurídicos, o que determina que estejamos perante um acto jurídico e não perante um negócio jurídico. Ou seja, o que adere ou aceita, ou rejeita o conjunto de normas não lhe sendo permitido introduzir alterações. Porque este é o regime aplicável ao contrato de trabalho de adesão, é-lhe aplicável o regime das cláusulas contratuais gerais, como determina o artigo seguinte, o artigo 105.º, quando se verifiquem os pressupostos previstos naquele preceito.

3. Quando o vínculo laboral seja constituído através do contrato de trabalho de adesão, o empregador terá de cumprir os deveres de informação previstos no artigo 106.º, relativamente aos aspectos que não constem do regulamento interno da empresa.

4. O regulamento interno da empresa pode dispor sobre várias matérias, como o horário de trabalho, cfr. artigo 212.º e segs., retribuição, cfr. artigo 258.º e segs., entre outras, que passam a integrar o conteúdo do contrato de trabalho. Em regra é um documento extenso, com alguma complexidade e cuja apreensão é, também pela sua dimensão, mais morosa.

5. Nos termos do n.º 1, a adesão do trabalhador ao regulamento interno pode ser expressa ou tácita. Será expressa quando o trabalhador declare que aceita o regulamento interno da empresa, o que poderá fazer por escrito, assinando um qualquer documento onde manifeste a sua vontade, por palavras, ou por qualquer outro meio directo de manifestação da vontade, cfr. n.º 1 do artigo 217.º do Código Civil. Será tácita quando se possa deduzir de factos que, com toda a probabilidade revelem a declaração negocial, cfr. o mesmo n.º 1 do artigo 217.º do Código Civil. O n.º 2 deste artigo 104.º, admite assim, uma forma de adesão tácita.

6. O n.º 2 consagra uma presunção ilidível, ou seja, pode ser afastada mediante prova em contrário, cfr. n.º 2 do artigo 350.º do Código Civil.

7. O contrato de trabalho pode ser celebrado quando se encontrava já em vigor um regulamento interno da empresa, como o regulamento interno pode entrar em vigor depois de ter sido celebrado o contrato de trabalho. Quando o contrato de trabalho seja celebrado quando se encontrava em vigor um regulamento interno da empresa, este último passa a integrar o primeiro, depois da adesão do trabalhador.

Se o regulamento interno só entra em vigor após a celebração do contrato de trabalho, o regulamento interno da empresa consubstancia uma proposta de alteração do contrato de trabalho dirigida aos trabalhadores da empresa, que só integrará o conteúdo do contrato de trabalho se o trabalhador não se oposer ao conteúdo do regulamento interno.

8. Caso o trabalhador se oponha ao regulamento interno da empresa, este último não integrará o contrato de trabalho, na parte em que o trabalhador tenha manifestado a sua oposição, mas apenas relativamente às normas que não derivem do poder de direcção do empregador, cfr. artigo 97.º Ou seja, as normas do regulamento interno da empresa que derivem do poder do empregador conformar a prestação de trabalho são sempre aplicáveis, independentemente de ter havido ou não oposição do trabalhador. Já não são aplicáveis aquelas normas inseridas no regulamento interno que contenham matéria para a qual a lei exige o acordo entre o empregador e o trabalhador, e este último não deu a sua concordância, manifestando a sua oposição. A oposição do trabalhador não tem por efeito a cessação automática do contrato de trabalho nem deve ser interpretado como uma declaração do trabalhador de pretender cessar o contrato de trabalho. Quando o trabalhador se oponha, ocorre uma de três possibilidades. Uma delas será o empregador e o trabalhador renegociarem o contrato de trabalho, em termos de permitir que este se aproxime do regime estipulado no regulamento interno. Outra possibilidade será a situação concreta permatecer tal e qual como determinada pela oposição do trabalhador: o regulamento interno será aplicável aos demais trabalhadores, integrando o seu contrato de trabalho, e inaplicável ao trabalhador que deduziu a oposição. Trata-se de uma situação rara, mas ainda assim admissível, pois os empregadores procuram escapulir-se o mais possível à multiplicidade de regimes vigentes na empresa, evitando os transtornos que semelhante gestão poderá trazer na organização do trabalho. A última possibilidade é o empregador fazer cessar o contrato de trabalho, o que poderá fazer apenas se o trabalhador se encontrar no período experimental, cfr. artigo 111.º e segs., em que qualquer das partes pode denunciar o contrato sem aviso prévio e invocação de justa causa, nem direito a indemnização da contraparte, cfr. n.º 1 do artigo 114.º

9. Nada obsta que a forma escrita, imposta pelo n.º 2, seja satisfeita através de documento electrónico, ou seja, por documento elaborado mediante processamento electrónico de dados. Por outras palavras, nada impede que a forma escrita seja adoptada através de uma declaração escrita enviada por correio electrónico (e-mail) para um endereço electrónico. Sobre a validade, eficácia e valor probatório dos documentos electrónicos remete-se para a anotação 4. ao artigo 107.º

10. Sobre este preceito *vide* Bernardo Lobo Xavier, *Manual de Direito do Trabalho*, Verbo, 2011, página 610 e segs. e António Monteiro Fernandes, *Direito do Trabalho*, 15.ª Edição, Almedina, Abril 2010, página 312 e segs.

ARTIGO 105.º – Cláusulas contratuais gerais

O regime das cláusulas contratuais gerais aplica-se aos aspectos essenciais do contrato de trabalho que não resultem de prévia negociação específica, mesmo na parte em que o seu conteúdo se determine por remissão para instrumento de regulamentação colectiva de trabalho.

1. Este preceito corresponde ao artigo 96.º do anterior Código do Trabalho, aprovado pela Lei n.º 99/2003.

2. O regime das cláusulas contratuais gerais encontra-se previsto no Decreto-Lei n.º 446/86, de 25 de Outubro, alterado pelos Decretos-Leis n.ºs 220/95, de 31 de Agosto, 249/99, de 7 de Julho, e 323/2001, de 17 de Dezembro.

3. Constituem instrumentos de regulamentação colectiva de trabalho, cfr. n.ºs 2, 3 e 4 do artigo 2.º, a convenção colectiva (que pode ser um contrato colectivo, acordo colectivo, ou um acordo de empresa), o acordo de adesão, a decisão arbitral, a portaria de extensão, e a portaria de condições de trabalho.

4. De acordo com este preceito, o regime das cláusulas contratuais gerais aplica-se quer às cláusulas do regulamento interno da empresa em que o empregador realiza uma proposta de contrato de trabalho, manifestando a sua vontade contratual, como ao contrato de trabalho que corresponda a um contrato-tipo, ou seja, em que o conteúdo do próprio contrato foi previamente elaborado pelo proponente, sem qualquer intervenção do outro contraente. Uma e outra situação espelham uma mesma realidade. Trata-se de casos em que um dos contraentes, o trabalhador, não tem possibilidade de influir no teor substancial do contrato, seleccionando o tipo de efeitos jurídicos que se irão produzir, ou seja, uma das partes não tem qualquer poder de lhe introduzir alterações, limitando-se a aderir ou rejeitá-lo no seu conjunto, o que se designa por contrato de trabalho de adesão. Tendo como destinatários um número indeterminado de pessoas que se limitem a subscrevê-lo, sem prévia negociação, o contrato de trabalho revela o desequilíbrio real que, em termos negociais, apresentam empregador e trabalhador. É este desequilíbrio que fundamenta que quando seja celebrado um contrato de adesão, é aplicável a este o regime das cláusulas contratuais gerais quanto aos aspectos essenciais desse acordo.

5. O regime das cláusulas contratuais gerias, aprovado pelo Decreto-Lei n.º 446/85, de 25 de Outubro, impõe a observância de vários deveres, entre eles deveres de comunicação, cfr. artigo 5.º do Decreto-Lei n.º 446/85, e de informação, cfr. artigo 6.º do Decreto-Lei n.º 446/85. Estabelece o artigo 5.º do Decreto-Lei n.º 446/85, que as cláusulas contratuais gerais devem ser comunicadas na íntegra aos aderentes que se limitem a subscrevê-las ou a aceitá-las. A comunicação deve ser realizada de modo adequado e com a antecedência necessária para que, tendo em conta a importância do contrato e a extensão e complexidade das cláusulas, se torne possível o seu conhecimento completo e efectivo por quem use de comum diligência. O ónus da prova da comunicação adequada e efectiva cabe ao contratante que submeta a outrem as cláusulas contratuais gerais. O artigo 6.º do Decreto-Lei n.º 446/85 determina que o contratante que recorra a cláusulas contratuais gerais deve informar, de acordo com as circunstâncias, a outra parte dos aspectos nelas compreendidos cuja aclaração se justifique, devendo ainda ser prestados todos os esclarecimentos razoáveis solicitados. De acordo com o consignado no artigo 8.º do Decreto-Lei n.º 446/85, consideram-se excluídas dos contratos singulares:

a) As cláusulas que não tenham sido comunicadas nos termos do artigo 5.º daquele diploma;
b) As cláusulas comunicadas com violação do dever de informação, de molde que não seja de esperar o seu conhecimento efectivo;
c) As cláusulas que, pelo contexto em que surjam, pela epígrafe que as precede ou pela sua apresentação gráfica, passem despercebidas a um contratante normal, colocado na posição do contratante real;
d) As cláusulas inseridas em formulários, depois da assinatura de algum dos contratantes.

Salienta-se que, nos termos das alíneas b) e c) n.º 1 do artigo 26.º do Decreto-Lei n.º 446/85, a acção destinada a obter a condenação na abstenção do uso ou da recomendação de cláusulas contratuais gerais só pode ser intentada por associações sindicais, profissionais ou de interesses económicos legalmente constituídas, actuando no âmbito das suas atribuições, bem como pelo Ministério Público, oficiosamente, por indicação do Provedor de Justiça ou quando entenda fundamentada a solicitação de qualquer interessado.

6. Por determinação da parte final deste preceito, o regime das cláusulas contratuais gerais impõe-se relativamente às normas do instrumento de regulamentação colectiva de trabalho que sejam aplicáveis por remissão para este último, no contrato de trabalho. Por consequência deste preceito, verifica-se uma derrogação do disposto na alínea e) do n.º 1 do artigo 3.º do regime das cláusulas contratuais gerais, que estabelece que aquele regime não se aplica às cláusulas de instrumentos de regulamentação colectiva de trabalho. Esta derrogação tem, contudo, efeitos apenas relativamente às cláusulas normativas dos instrumentos de regulamentação colectiva de trabalho – aquelas que são imediatamente aplicáveis aos contratos de trabalho. Significa então que, quanto às cláusulas obrigacionais dos instrumentos de regulamentação colectiva de trabalho – aquelas que visam reger as relações entre os outorgantes –, o regime das cláusulas contratuais gerais continua a não lhes ser aplicável.

7. Quando o vínculo laboral seja constituído através do contrato de trabalho de adesão, o empregador terá de cumprir os deveres de informação previstos no artigo 106.º, relativamente aos aspectos que não constem do próprio contrato de trabalho.

8. Sobre este preceito *vide* Bernardo Lobo Xavier, *Manual de Direito do Trabalho*, Verbo, 2011, página 610 e segs. e António Monteiro Fernandes, *Direito do Trabalho*, 15.ª Edição, Almedina, Abril 2010, página 313 e 314.

SUBSECÇÃO IV – Informação sobre aspectos relevantes na prestação de trabalho

ARTIGO 106.º – Dever de informação

1 – O empregador deve informar o trabalhador sobre aspectos relevantes do contrato de trabalho.

2 – O trabalhador deve informar o empregador sobre aspectos relevantes para a prestação da actividade laboral.

3 – O empregador deve prestar ao trabalhador, pelo menos, as seguintes informações:

a) A respectiva identificação, nomeadamente, sendo sociedade, a existência de uma relação de coligação societária, de participações recíprocas, de domínio ou de grupo, bem como a sede ou domicílio;

b) O local de trabalho ou, não havendo um fixo ou predominante, a indicação de que o trabalho é prestado em várias localizações;

c) A categoria do trabalhador ou a descrição sumária das funções correspondentes;

d) A data de celebração do contrato e a do início dos seus efeitos;

e) A duração previsível do contrato, se este for celebrado a termo;

f) A duração das férias ou o critério para a sua determinação;

g) Os prazos de aviso prévio a observar pelo empregador e pelo trabalhador para a cessação do contrato, ou o critério para a sua determinação;

h) O valor e a periodicidade da retribuição;

i) O período normal de trabalho diário e semanal, especificando os casos em que é definido em termos médios;

j) O número da apólice de seguro de acidentes de trabalho e a identificação da entidade seguradora;

l) O instrumento de regulamentação colectiva de trabalho aplicável, se houver;

m) A identificação do fundo de compensação do trabalho ou de mecanismo equivalente, bem como do fundo de garantia de compensação do trabalho, previstos em legislação específica.

4 – A informação sobre os elementos referidos nas alíneas f) a i) do número anterior pode ser substituída pela referência às disposições pertinentes da lei, do instrumento de regulamentação colectiva de trabalho aplicável ou do regulamento interno de empresa.

5 – Constitui contra-ordenação grave a violação do disposto em qualquer alínea do n.º 3.

1. Este preceito corresponde aos artigos 97.º e 98.º do anterior Código do Trabalho, aprovado pela Lei n.º 99/2003.

2. O artigo 1.º da Lei n.º 53/2011, de 14 de Outubro introduziu uma alínea m) ao número 3 deste artigo 106.º com a seguinte redacção: "A identificação do fundo de compensação do trabalho a que o empregador está vinculado". Na versão originária do Código do Trabalho, aprovado pela Lei n.º 7/2009, de 12 de Fevereiro, aquela alínea m) inexistia. A redacção da alínea m) do n.º 3 deste preceito foi posteriormente alterada pelo artigo 2.º da Lei n.º 23/2012, de 25 de Junho, que estabeleceu a seguinte redacção: "A identificação do fundo de compensação do trabalho ou mecanismo equivalente, nos termos de legislação específica.", redacção essa que foi depois alterada pelo artigo 2.º da Lei n.º 69/2013, de 30 de Agosto.

3. Os deveres estabelecidos nos n.os 1 e 2 decorrem do princípio da boa fé, cfr. n.º 1 do artigo 126.º, e n.º 2 do artigo 762.º do Código Civil. Tratando-se o contrato de trabalho, de um contrato sinalagmático, ou bilateral, ou seja, em que as obrigações das partes se encontram em permanente correlação e são reciprocamente dependentes uma da outra – o sinalagma – impõe-se, até para que seja possível o cumprimento das obrigações que derivam do próprio contrato de trabalho, que ambas as partes possuam a informação indispensável para tanto, devendo a parte prestar à contraparte a informação relativa a aspectos relevantes. Note-se contudo que, por força do disposto na Constituição da República Portuguesa e no Código Civil o dever de informação que incide sobre o trabalhador tem importantes restrições, esbatendo-se perante os direitos de personalidade, que visam assegurar a defesa da esfera nuclear das pessoas, cfr. artigo 14.º e segs. Por este motivo, o trabalhador, em regra, não é obrigado a prestar ao empregador informações relacionadas com as suas convicções políticas e religiosas, vida afectiva e sexual, entre outras.

4. No ordenamento jurídico português vigora a liberdade de forma, prevista no artigo 219.º do Código Civil, e de acordo com o qual a validade da declaração negocial não depende da observância de forma especial, salvo quando a lei a exigir. Isto significa que, por princípio, o contrato de trabalho entre o empregador e o trabalhador pode ser celebrado verbalmente, a não ser quando a lei determinar uma forma especial, como resulta do artigo 110.º O facto de, em regra, o contrato de trabalho não ter de ser reduzido a escrito poderia permitir uma ignorância da parte mais débil, o trabalhador, quanto aos aspectos relevantes do próprio contrato de trabalho. Por este motivo, o n.º 3 estabelece um conjunto de elementos que o empregador tem de informar o trabalhador.

5. O dever de informação previsto na alínea a) do n.º 3, pretende munir o trabalhador do conhecimento indispensável para que, por exemplo, verificando-se um crédito emergente de contrato de trabalho, ou da sua violação ou cessação, vencido há mais de três meses, o próprio trabalhador possa responsabilizar a sociedade, ou sociedades que com o empregador se encontrem em relação de participações recíprocas, de domínio ou de grupo, uma vez que estas são solidariamente responsáveis pelo crédito laboral, cfr. artigo 334.º

A alínea a) do n.º 3 deve ser interpretada conjuntamente com o disposto no Código das Sociedades Comerciais, aprovado pelo Decreto-Lei n.º 262/86, de 2 de Setembro. Nos termos do artigo 482.º do Código das Sociedades Comerciais, consideram-se sociedades coligadas as sociedades em relação de simples participação, as sociedades em relação de participações recíprocas, as sociedades em relação de domínio e as sociedades em relação de grupo. O n.º 1 do artigo 483.º do Código das Sociedades Comerciais estabelece que se considera que uma sociedade está em relação de simples participação com outra quando uma delas é titular de quotas ou acções da outra em montante igual ou superior a 10% do capital desta, mas entre ambas não existe nem uma relação de participações recíprocas, nem uma relação de domínio, nem uma relação de grupo. Nos termos do n.º 1 do artigo 486.º do Código das Sociedades Comerciais, considera-se que duas sociedades estão em relação de domínio quando uma delas, dita dominante, pode exercer, directamente ou por sociedades ou pessoas, sobre a outra, dita dependente, uma influência dominante.

6. Sobre o local de trabalho, referido na alínea b) do n.º 3, veja-se o artigo 193.º e segs.

7. Sobre a categoria do trabalhador, referido na alínea c) do n.º 3, veja-se o artigo 115.º e segs.

8. Sobre o contrato a termo, referido na alínea e) do n.º 3, veja-se o artigo 139.º e segs., e em especial, quanto à sua duração, o artigo 148.º

9. Sobre as férias, referidas na alínea f) do n.º 3, veja-se o artigo 237.º e segs., e em especial, quanto à sua duração, os artigos 238.º e 239.º

Note-se que o n.º 4 permite que a informação sobre os elementos referidos na alínea f) do n.º 3, seja substituída pela referência às disposições relevantes da lei, ou seja, deste Código do Trabalho, do instrumento de regulamentação colectiva de trabalho aplicável ou do regulamento interno da empresa.

10. Atendendo ao disposto na alínea g) do n.º 3, incidindo sobre o empregador o dever de informar o trabalhador sobre os prazos de aviso prévio para a cessação do contrato de trabalho, são várias as situações que recaiem no âmbito de aplicação desta norma. Uma delas é a possibilidade do contrato de trabalho cessar por efeito de denúncia durante o período experimental, cfr. artigo 114.º Outra possibilidade, é o contrato de trabalho cessar por decisão do empregador de proceder a um despedimento colectivo, cfr. artigo 363.º Também a decisão do empregador de despedir o trabalhador por extinção de posto de trabalho, recai no âmbito de aplicação desta norma, encontrando-se este despedimento sujeito a um pré-aviso do empregador fixado no artigo 371.º O mesmo se diga quando ao despedimento por inadaptação, cujo pré-aviso do empregador se encontra estabelecido no n.º 2 do artigo 378.º Outra ainda, é a possibilidade do trabalhador denunciar o contrato de trabalho independentemente de justa causa, cfr. artigo 400.º Além das situações referidas, quando o contrato de trabalho seja celebrado a termo, pode este ainda cessar por caducidade, cfr. artigo 344.º ou 345.º, consoante o contrato de trabalho seja, respectivamente, a termo certo, ou incerto, estabelecendo-se naqueles preceitos os prazos de aviso prévio.

Note-se que o n.º 4 permite que a informação sobre os elementos referidos na alínea g) do n.º 3, seja substituída pela referência às disposições relevantes da lei, ou seja, deste Código do Trabalho, do instrumento de regulamentação colectiva de trabalho aplicável ou do regulamento interno da empresa.

11. O valor da retribuição é uma informação que incube ao empregador prestar ao trabalhador, cfr. alínea h) do n.º 3. Sobre a retribuição, veja-se o artigo 258.º e segs. Quando as partes não determinem o valor da retribuição poderá o trabalhador requerer ao tribunal que determine o valor da retribuição, nos termos do n.º 1 do artigo 272.º Quanto à periodicidade da retribuição, a data de vencimento da retribuição pode diferir, consoante o que tenha sido acordado entre o empregador e o trabalhador, sendo que, nos termos do n.º 1 do artigo 278.º o crédito retributivo vence-se por períodos certos e iguais, que salvo estipulação ou uso diverso, são a semana, a quinzena e o mês de calendário. Esta informação releva, entre outros aspectos, para aferir da falta de pagamento pontual da retribuição, cfr. artigo 323.º e segs.

Note-se que o n.º 4 permite que a informação sobre os elementos referidos na alínea h) do n.º 3, seja substituída pela referência às disposições relevantes da lei, ou seja, deste Código do Trabalho, do instrumento de regulamentação colectiva de trabalho aplicável ou do regulamento interno da empresa.

12. O período normal de trabalho, referido na alínea i) do n.º 3, constitui o tempo de trabalho que o trabalhador se obriga a prestar, medido em número de horas por dia e por semana, cfr. artigo 198.º, não podendo exceder oito horas por dia e quarenta horas por semana, cfr. n.º 1 do artigo 203.º Sobre o período normal de trabalho, e os casos em que este pode ser definido em termos médios, veja-se o artigo 203.º e segs.

Note-se que o n.º 4 permite que a informação sobre os elementos referidos na alínea i) do n.º 3 seja substituída pela referência às disposições relevantes da lei, ou seja, deste Código do Trabalho, do instrumento de regulamentação colectiva de trabalho aplicável ou do regulamento interno da empresa.

13. O dever de informação previsto na alínea j) do n.º 3, pretende munir o trabalhador do conhecimento indispensável para que, verificando-se um acidente de trabalhado, e sendo o empregador obrigado a transferir a responsabilidade pela sua reparação para entidades legalmente autorizadas a realizar semelhante seguro, cfr. n.º 5 do artigo 283.º, o trabalhador, caso necessite, possa invocar os direitos previstos na Lei n.º 98/2009, de 4 de Setembro, que regulamenta o regime de reparação de acidentes de trabalho e de doenças profissionais, incluindo a reabilitação e reintegração profissionais.

14. Constituem instrumentos de regulamentação colectiva de trabalho, cfr. n.ºs 2, 3 e 4 do artigo 2.º, a convenção colectiva (que pode ser um contrato colectivo, acordo colectivo, ou um acordo de empresa), o acordo de adesão, a decisão arbitral, a portaria de extensão, e a portaria de condições de trabalho.

O empregador deve não só informar por escrito cada trabalhador de quais os instrumentos de regulamentação colectiva de trabalho aplicáveis, nos termos da alínea l) do n.º 3, como deve também publicitar os instrumentos de regulamentação colectiva de trabalho aplicáveis em local apropriado da empresa, cfr. n.º 1 do artigo 480.º

Note-se ainda que nada impede também que apesar de não ser aplicável um instrumento de regulamentação colectiva de trabalho, as partes, empregador e trabalhador, acordem por contrato na aplicação de um, ao qual ficam vinculadas. Com efeito, ao abrigo do princípio da liberdade contratual consagrada no artigo 405.º do Código Civil, podem remeter para um instrumento de regulamentação colectiva de trabalho. Quando assim seja, é então aplicável o instrumento que as partes tenham ajustado, excepto quando aquilo que for convencionado no contrato de trabalho o contrarie. Neste sentido veja-se o Acórdão do Tribunal da Relação de Lisboa, de 20 de Junho de 2012, processo 627/10.2TTBRR.L1-4, disponível em www.dgsi.pt, e os

Acórdãos do Supremo Tribunal de Justiça de 25 de Maio de 2005, processo 05S259, documento n.º SJ200505250002594, e de 2 de Novembro de 2005, Recurso n.º 1454/05, da 4.ª Secção, disponível em www.stj.pt.

15. O fundo de compensação do trabalho (FCT) e o fundo de garantia de compensação do trabalho (FGCT) referidos na actual alínea m) do n.º 3 são fundos destinados a assegurar o direito dos trabalhadores ao recebimento efetivo de metade do valor da compensação devida por cessação do contrato de trabalho, calculada nos termos do artigo 366.º, cfr. n.º 1 do artigo 3.º da Lei n.º 70/2013, de 30 de Agosto, alterada pelo Decreto-Lei n.º 210/2015, de 25 de Setembro, sendo esta Lei a legislação específica referida na alínea m) do n.º 3. Aqueles dois fundos são fundos de adesão individual e obrigatória, pelo empregador, e também de contribuição obrigatória por parte do próprio empregador. O empregador pode ainda aderir a mecanismo equivalente (ME), em alternativa à adesão ao fundo de compensação do trabalho, desde que se vincule a conceder ao trabalhador, através do mecanismo equivalente, garantia igual à que resultaria da vinculação do empregador ao fundo de compensação do trabalho. O mecanismo equivalente apenas pode ser constituído pelo empregador junto de instituições sujeitas a supervisão do Banco de Portugal ou do Instituto de Seguros de Portugal, e na condição de aquelas instituições se encontrarem legalmente autorizadas a exercer a gestão e comercialização desse instrumento, cfr. n.º 7 do artigo 36.º da Lei n.º 70/2013, de 30 de Agosto.

Com efeito, em caso de despedimento colectivo, o trabalhador tem direito a uma compensação, compensação esta que nos contratos de trabalho celebrados a partir de 1 de Outubro de 2013 é suportada integralmente pelo empregador, cfr. n.º 3 do artigo 366.º e n.º 1 do artigo 33.º da Lei n.º 70/2013, de 30 de Agosto. Em qualquer caso de cessação do contrato de trabalho o empregador pode solicitar ao fundo de compensação do trabalho, com uma antecedência máxima de 20 dias relativamente à data da cessação do contrato de trabalho, o reembolso do saldo da conta de registo individualizado do respectivo trabalhador, incluindo a eventual valorização positiva. Caso a cessação do contrato de trabalho não determine a obrigação de pagamento de compensação calculada nos termos do artigo 366.º, como sucede quando o trabalhador é despedido na sequência de um procedimento disciplinar, o valor reembolsado pelo fundo de compensação do trabalho reverte para o empregador, cfr. n.os 1 e 3 do artigo 34.º da Lei n.º 70/2013.

Sempre que o empregador não efetue, total ou parcialmente, o pagamento da compensação por si devida, o trabalhador pode accionar o fundo de garantia de compensação do trabalho, pelo valor necessário à cobertura de metade do valor da compensação, cfr. n.º 2 do artigo 33.º da Lei n.º 70/2013.

A compensação devida ao trabalhador abrangido por um despedimento colectivo supra referida é também aplicável ao trabalhador que seja abrangido por um despedimento por extinção de posto de trabalho, e ao trabalhador que seja abrangido por um despedimento por inadaptação, de acordo com o estabelecido nos artigos 372.º e 379.º, respectivamente, valendo igualmente nestes outros dois despedimentos o que se referiu relativamente à compensação no despedimento colectivo.

Note-se que nos termos do artigo 12.º da Lei n.º 70/2013, o valor das entregas a efectuar pelo empregador ao fundo de compensação do trabalho estão fixadas em 0,925% da retribuição base e diuturnidades, devidas a cada trabalhador abrangido, e, relativamente ao fundo de garantia de compensação do trabalho em 0,075% da retribuição base e diuturnidades, devidas a cada trabalhador abrangido pelo fundo de compensação do trabalho ou por mecanismo equivalente. As entregas são efectuadas mensalmente, doze vezes por ano.

Os procedimentos e os elementos necessários à operacionalização do fundo de compensação do trabalho e do fundo de garantia de compensação do trabalho foram definidos na Portaria n.º 294-A/2013, de 30 de Setembro.

16. O dever do empregador prestar a informação prevista no n.º 3 deve ser realizado por escrito, nos sessenta dias subsequentes ao início da execução do contrato, ou até ao termo do contrato se este cessar antes dos sessenta dias, n.os 1 e 4 do artigo 107.º Este dever de informação a cada trabalhador considera-se cumprido quando a indicação desses instrumentos de regulamentação colectiva de trabalho constem de contrato de trabalho, ou de contrato-promessa de contrato de trabalho, reduzido a escrito, cfr. n.º 3 do artigo 107.º

17. Note-se, que por força do n.º 1 do artigo 109.º, o empregador deve informar o trabalhador sobre a alteração relativa a qualquer elemento referido no n.º 3 deste artigo 106.º, por escrito, e no prazo de 30 dias contados da alteração, dever este que não é aplicável quando a alteração resulte de lei, de instrumento de regulamentação colectiva de trabalho, ou de regulamento de empresa, cfr. n.º 2 do mesmo artigo 109.º

18. O regulamento interno referido no n.º 4, encontra-se previsto no artigo 99.º

19. Sobre este preceito, *vide* Bernardo Lobo Xavier, *Manual de Direito do Trabalho*, Verbo, 2011, página 605 e segs. e António Monteiro Fernandes, *Direito do Trabalho*, 15.ª Edição, Almedina, Abril 2010, página 185 e 186.

ARTIGO 107.º – Meios de informação

1 – A informação prevista no artigo anterior deve ser prestada por escrito, podendo constar de um ou de vários documentos, assinados pelo empregador.

2 – Quando a informação seja prestada através de mais de um documento, um deles deve conter os elementos referidos nas alíneas a) a d), h) e i) do n.º 3 do artigo anterior.

3 – O dever previsto no n.º 1 do artigo anterior considera-se cumprido quando a informação em causa conste de contrato de trabalho reduzido a escrito ou de contrato-promessa de contrato de trabalho.

4 – Os documentos referidos nos n.os 1 e 2 devem ser entregues ao trabalhador nos 60 dias subsequentes ao início da execução do contrato ou, se este cessar antes deste prazo, até ao respectivo termo.

5 – Constitui contra-ordenação grave a violação do disposto nos n.os 1, 2 ou 4.

1. Este preceito corresponde ao artigo 99.º do anterior Código do Trabalho, aprovado pela Lei n.º 99/2003.

2. Quanto à alínea i) do n.º 3 do artigo 106.º, que estabelece o dever do empregador informar o trabalhador do período normal de trabalho diário e semanal, especificando os casos em que é definido em termos médios, deve notar-se que quando o empregador celebre contrato de trabalho, não está obrigado a fazer constar dele o horário de trabalho do trabalhador, cfr. artigo 200.º, sendo que o empregador terá até vantagem em não o fazer. É que, uma vez acordado o horário de trabalho no contrato de trabalho, não mais o empregador poderá unilateralmente alterá-lo.

3. O contrato-promessa de contrato de trabalho encontra-se previsto no artigo 103.º

4. Nada obsta que a forma escrita, imposta pelos n.os 1 e 3, seja satisfeita através de documento electrónico, ou seja, por documento elaborado mediante processamento electrónico de dados. Por outras palavras, nada impede que a forma escrita seja adoptada através de uma declaração escrita enviada por correio electrónico (e-mail) para um endereço electrónico.

Para que a declaração escrita contida em documento electrónico tenha o efeito probatório de um documento particular assinado, ou seja, para que o valor da declaração contida em documento electrónico seja igual ao de um documento particular assinado, é necessário que a esse documento electrónico seja aposta uma assinatura electrónica certificada por uma entidade certificadora credenciada. A lei refere mesmo que a aposição deste tipo de assinatura electrónica equivale à assinatura autógrafa dos documentos com forma escrita sobre suporte de papel. Esta assinatura electrónica tem de preencher alguns requisitos que lhe conferem a segurança necessária para que se possa verificar o regime de equiparação: identificar de forma unívoca o titular como autor do documento, a sua aposição depender apenas da vontade do seu titular, a sua criação ser feita com meios que o titular pode manter sob seu controlo exclusivo, e a sua conexão com o documento permitir detectar toda e qualquer alteração superveniente do conteúdo do próprio documento. Para que se considere que o documento electrónico, comunicado por um meio de telecomunicações, é recebido pelo destinatário, tem esse documento de ser transmitido para o endereço electrónico definido por acordo das partes, e nele ser recebido. Equivale à remessa por via postal registada a comunicação do documento electrónico, ao qual seja aposta a assinatura electrónica, por meio de telecomunicações que assegure a efectiva recepção. Se a recepção for comprovada por mensagem de confirmação dirigida ao remetente pelo destinatário que revista forma idêntica, equivale à remessa por via postal registada com aviso de recepção. Quando o conteúdo de um documento electrónico seja susceptível de representação como declaração escrita e contenha uma assinatura electrónica certificada por uma entidade certificadora credenciada, tem força probatória de um documento particular assinado, nos termos do artigo 376.º do Código Civil. Em princípio, o documento electrónico ao qual não seja aposta uma assinatura electrónica certificada por entidade credenciada é apenas apreciado livremente pelo tribunal.

O diploma legal que regula a validade, eficácia e valor probatório dos documentos electrónicos e a assinatura electrónica é o Decreto-Lei n.º 290-D/99, de 2 de

Agosto, alterado pelos Decretos-Leis n.ºs 62/2003, de 3 de Abril, 165/2004, de 7 de Junho, 116-A/2006, de 16 de Junho e 88/2009, de 9 de Abril.

ARTIGO 108.º – Informação relativa a prestação de trabalho no estrangeiro

1 – Se o trabalhador cujo contrato de trabalho seja regulado pela lei portuguesa exercer a sua actividade no território de outro Estado por período superior a um mês, o empregador deve prestar-lhe, por escrito e até à sua partida, as seguintes informações complementares:

a) Duração previsível do período de trabalho a prestar no estrangeiro;

b) Moeda e lugar do pagamento das prestações pecuniárias;

c) Condições de repatriamento;

d) Acesso a cuidados de saúde.

2 – A informação referida na alínea b) ou c) do número anterior pode ser substituída por referência a disposições de lei, instrumento de regulamentação colectiva de trabalho ou regulamento interno de empresa que regulem a matéria nela referida.

3 – Constitui contra-ordenação grave a violação do disposto neste artigo.

1. Este preceito corresponde ao artigo 100.º do anterior Código do Trabalho, aprovado pela Lei n.º 99/2003.

2. Vejam-se o disposto no artigo 8.º, bem como as respectivas anotações.

3. Constituem instrumentos de regulamentação colectiva de trabalho, cfr. n.ºs 2, 3 e 4 do artigo 2.º, a convenção colectiva (que pode ser um contrato colectivo, acordo colectivo, ou um acordo de empresa), o acordo de adesão, a decisão arbitral, a portaria de extensão, e a portaria de condições de trabalho.

4. Note-se, que por força do n.º 1 do artigo 109.º, o empregador deve informar o trabalhador sobre a alteração relativa a qualquer elemento referido no n.º 1 deste artigo 108.º, por escrito, e no prazo de 30 dias contados da alteração, dever este que não é aplicável quando a alteração resulte de lei, de instrumento de regulamentação colectiva de trabalho, ou de regulamento de empresa, cfr. n.º 2 do mesmo artigo 109.º

5. Nada obsta que a forma escrita, imposta pelo n.º 1, seja satisfeita através de documento electrónico, ou seja, por documento elaborado mediante processamento electrónico de dados. Por outras palavras, nada impede que a forma escrita seja adoptada através de uma declaração escrita enviada por correio electrónico (e-mail) para um endereço electrónico. Sobre a validade, eficácia e valor probatório dos documentos electrónicos remete-se para a anotação 4. ao artigo 107.º

ARTIGO 109.º – Actualização da informação

1 – O empregador deve informar o trabalhador sobre alteração relativa a qualquer elemento referido no n.º 3 do artigo 106.º ou no n.º 1 do artigo anterior, por escrito e nos 30 dias subsequentes.

2 – O disposto no número anterior não é aplicável quando a alteração resulte de lei, de instrumento de regulamentação colectiva de trabalho ou de regulamento interno de empresa.

3 – O trabalhador deve prestar ao empregador informação sobre todas as alterações relevantes para a prestação da actividade laboral, no prazo previsto no n.º 1.

4 – Constitui contra-ordenação grave a violação do disposto no n.º 1.

1. Este preceito corresponde ao artigo 101.º do anterior Código do Trabalho, aprovado pela Lei n.º 99/2003.

2. Constituem instrumentos de regulamentação colectiva de trabalho, cfr. n.ºs 2, 3 e 4 do artigo 2.º, a convenção colectiva (que pode ser um contrato colectivo, acordo colectivo, ou um acordo de empresa), o acordo de adesão, a decisão arbitral, a portaria de extensão, e a portaria de condições de trabalho.

3. Entre as informações que devem ser consideradas relevantes para a prestação da actividade laboral e portanto abrangidas pelo n.º 3, deve incluir-se a mudança de residência do trabalhador, devendo este actualizar a sua morada perante o empregador, no prazo de 30 dias, sempre que altere o local do seu domicílio. Note-se que o n.º 3 basta-se com a comunicação, não exigindo que esta seja feita por escrito. Na verdade, o local de residência do trabalhador releva para efeitos de comunicação entre o empregador e o trabalhador, podendo o empregador utilizar a morada indicada pelo trabalhador para lhe comunicar factos que modificam a prestação do trabalho. Entre estes contam-se: a transferência do local de trabalho temporária ou definitiva, n.º 1 do artigo 196.º, a caducidade do contrato a termo certo ou incerto, n.º 1 do artigo 344.º e n.º 1 do artigo 345.º, a intenção de despedimento ao abrigo de um despedimento colectivo, n.º 3 do artigo 360.º, a decisão final de despedimento colectivo, n.º 1 do artigo 363.º, a nota de culpa, o local, hora e data das testemunhas indicadas pelo próprio trabalhador quando haja lugar à instrução e a decisão final no procedimento disciplinar, artigos 353.º, 356.º e 357.º, a intenção de despedimento por extinção de posto de trabalho, n.º 1 do artigo 369.º, a decisão final de despedimento por extinção de posto de trabalho, n.º 3 do artigo 371.º, a intenção de despedimento por inadaptação, a decisão final de despedimento por inadaptação, artigos 376.º e 378.º, o abandono do trabalho, artigo 403.º, etc..

4. Nada obsta que a forma escrita, imposta pelo n.º 1, seja satisfeita através de documento electrónico, ou seja, por documento elaborado mediante processamento electrónico de dados. Por outras palavras, nada impede que a forma escrita seja adoptada através de uma declaração escrita enviada por correio electrónico (e-mail) para um endereço electrónico. Sobre a validade, eficácia e valor probatório dos documentos electrónicos remete-se para a anotação 4. ao artigo 107.º

SUBSECÇÃO V- Forma de contrato de trabalho

ARTIGO 110.º – Regra geral sobre a forma de contrato de trabalho

O contrato de trabalho não depende da observância de forma especial, salvo quando a lei determina o contrário.

1. Este preceito corresponde ao artigo 102.º do anterior Código do Trabalho, aprovado pela Lei n.º 99/2003.

2. A regra geral prevista neste preceito decorre do princípio de liberdade de forma, previsto no artigo 219.º do Código Civil, que vigora no ordenamento jurídico português, e de acordo com o qual a validade da declaração negocial não depende da observância de forma especial, salvo quando a lei a exigir. Isto significa que, por princípio, o contrato de trabalho entre o empregador e o trabalhador pode ser celebrado verbalmente, a não ser quando a lei determinar uma forma especial.

3. A parte final deste preceito constitui uma excepção à liberdade de forma. De acordo com esta excepção, impõe-se a observância da forma escrita relativamente a:

a) Contrato de trabalho com trabalhador estrangeiro ou apátria, cfr. n.º 1 do artigo 5.º;
b) Contrato de trabalho com pluralidade de empregadores, crf. n.º 2 do artigo 101.º;
c) Contrato-promessa de trabalho, cfr. n.º 1 do artigo 103.º;
d) Contrato de trabalho a termo, cfr. n.º 1 do artigo 141.º;
e) Contrato de trabalho a tempo parcial, cfr. n.º 1 do artigo 153.º;
f) Contrato de trabalho intermitente, cfr. n.º 1 do artigo 158.º;
g) Contrato de trabalho em comissão de serviço, cfr. n.º 3 do artigo 162.º;
h) Contrato para prestação subordinada de teletrabalho, cfr. n.º 5 do artigo 166.º;
i) Contrato de utilização de trabalho temporário, cfr. n.º 1 do artigo 177.º;
j) Contrato de trabalho temporário, cfr. n.º 1 do artigo 181.º;
l) Contrato de trabalho por tempo indeterminado para cedência temporária, cfr. n.º 1 do artigo 183.º;
m) Contrato de cedência ocasional de trabalhadores, cfr. n.º 1 do artigo 290.º;
n) Contrato de pré-reforma, cfr. artigo 319.º
o) Contratos de trabalho do pessoal de vigilância, do coordenador de segurança e do director de segurança, cfr. n.º 1 do artigo 21.º da Lei n.º 34/2013, de 16 de Maio, alterada pela Lei n.º 46/2019 de 8 de Julho, que estabelece o regime do exercício da actividade de segurança privada.

4. Nem sempre se estabelece qual é a consequência da inobservância de forma especial, quando a lei impuser esta última. Por aplicação do princípio previsto no artigo 220.º do Código Civil, o contrato de trabalho que não respeite a forma especial exigida por lei será nulo, contudo, este princípio, em matéria laboral, sofre importantes desvios, justificados pela maior fragilidade em que se encontra o contraente trabalhador, que poderia ver declarado nulo o seu contrato de trabalho por inobservância de uma exigência legal, inobservância essa que lhe havia sido imposta pelo empregador. Em regra, o legislador impõe a forma escrita relativamente a contratos de trabalho que se distanciam do regime geral (o contrato de trabalho sem termo), sendo que, quando não seja observada a forma especial prevista para esses contratos, há como que uma conversão, por força da lei, desses mesmos contratos, àquele regime geral. Assim, o contrato de trabalho a termo que não seja reduzido a escrito considera-se celebrado sem termo, cfr. alínea c) do n.º 1 do artigo 147.º, o mesmo sucedendo relativamente ao contrato de trabalho temporário que não observe a forma escrita, em que se considera ser o trabalho prestado no regime de contrato de trabalho sem termo, à empresa de trabalho temporário, cfr. n.º 2 do artigo 181.º No mesmo sentido, o contrato de trabalho a tempo parcial que não tenha sido reduzido a escrito considera-se celebrado a tempo completo, cfr. n.º 3 do artigo 153.º Também o contrato de trabalho intermitente a que falte a forma escrita, considera-se celebrado sem período de inactividade, cfr. n.º 2 do artigo 158.º Já o contrato de trabalho em comissão de serviço que não tenha a forma escrita, não se considera em regime de comissão de serviço, cfr. n.º 4 do artigo 162.º O contrato de cedência ocasional de trabalhadores não reduzido a escrito confere ao trabalhador cedido o direito de optar pela permanência ao serviço do cessionário em regime de contrato de trabalho sem termo, cfr. n.º 1 do artigo 292.º

5. O trabalhador contratado, independentemente da forma a que o contrato de trabalho se encontre sujeito, deve ser informado pelo empregador das informações referidas no n.º 3 do artigo 106.º, por escrito, cfr. n.º 1 do artigo 107.º, informações estas que constituem aspectos relevantes do contrato de trabalho. O dever do empregador informar o trabalhador dos aspectos relevantes do contrato de trabalho considera-se cumprido quando a informação conste de contrato de trabalho reduzido a escrito, ou de contrato-promessa de trabalho, cfr. n.º 3 do artigo 107.º O documento ou documentos escritos através dos quais o empregador preste a informação dos aspectos relevantes do contrato devem ser entregues ao trabalhador nos 60 dias subsequentes ao início da execução do contrato, ou se este cessar antes deste prazo, até ao respectivo termo, cfr. n.º 4 do artigo 107.º

6. Sobre este preceito, *vide* Bernardo Lobo Xavier, *Manual de Direito do Trabalho*, Verbo, 2011, página 616 e segs. e António Monteiro Fernandes, *Direito do Trabalho*, 15.ª Edição, Almedina, Abril 2010, página 183 e segs.

SECÇÃO IV – Período experimental

ARTIGO 111.º – Noção de período experimental

1 – O período experimental corresponde ao tempo inicial de execução do contrato de trabalho, durante o qual as partes apreciam o interesse na sua manutenção.

2 – No decurso do período experimental, as partes devem agir de modo a que possam apreciar o interesse na manutenção do contrato de trabalho.

3 – O período experimental pode ser excluído por acordo escrito entre as partes.

1. Este preceito corresponde ao artigo 104.º e ao n.º 2 do artigo 110.º do anterior Código do Trabalho, aprovado pela Lei n.º 99/2003.

2. O contrato de trabalho por tempo indeterminado, ou sem termo, corresponde ao regime regra da vinculação laboral no ordenamento jurídico português.

Este princípio resulta de várias normas, e de entre estas, a dirigir as demais, encontra-se a garantia dos trabalhadores à segurança no emprego, e à proibição de despedimentos sem justa causa, prevista no artigo 53.º da Constituição da República Portuguesa. De acordo com o entendimento do Tribunal Constitucional, cfr. por todos o Acórdão n.º 372/91, disponível em www.tribunalconstitucional.pt, este contrato configura mesmo: "o tipo de contrato que melhor assegura os interesses do trabalhador e os fins sociais que a actividade laboral visa realizar.". Tratando-se de um contrato tendencialmente duradouro, em que as partes, empregador e trabalhador, não se encontram numa posição idêntica, o ordenamento jurídico português preferiu conferir maior protecção ao trabalhador, ao não estabelecer facilidades iguais relativamente à possibilidade de, por vontade sua, fazer cessar o vínculo. Assim, e quanto ao empregador admite-se que este faça cessar o vínculo laboral apenas com o acordo do trabalhador, cfr artigo 349.º, ou através de despedimento por justa causa objectiva, ou ainda por despedimento por justa causa subjectiva. O despedimento colectivo, cfr. artigo 359.º e segs. bem como o despedimento por extinção de posto de trabalho, cfr. artigo 367.º e segs. e o despedimento por inadaptação, cfr. artigo 373.º e segs., configuram os casos previstos na lei, cujo despedimento assenta numa justa causa objectiva, ou seja por razões ligadas à empresa. Já a justa causa subjectiva assenta num comportamento imputável, a título de culpa, ao trabalhador, cfr. n.º 1 do artigo 351.º, que estabelece que constitui justa causa de despedimento o comportamento culposo do trabalhador que, pela sua gravidade e consequências, torne imediata e praticamente impossível a subsistência da relação de trabalho. O despedimento por justa causa subjectiva exige que o empregador inicie um procedimento disciplinar, cfr. artigo 328.º e segs., manifestando a sua intenção de proceder ao despedimento do trabalhador, cfr. artigo 353.º, e segs. O trabalhador, por seu turno pode cessar o vínculo, por sua iniciativa a qualquer momento, mediante aviso prévio e independentemente de justa causa, cfr. artigo 400.º e segs. Neste circunstancialismo impõe-se que ambas as partes, e não só o empregador, possam avaliar o interesse de cada uma delas na manutenção do vínculo laboral, sendo esta a finalidade do período experimental, tal como decorre da letra do n.º 1 deste artigo 111.º Ambas comungam um mesmo interesse: saber se o juízo de prognose que fizeram quanto à utilidade da contratação se conforma com as condições efectivas em que se verifica a prestação de trabalho. Separadamente, ao empregador interessa conhecer as competências técnicas e as qualidades pessoais do trabalhador, e saber se estas se ajustam às necessidades laborais que carece que sejam satisfeitas, enquanto que ao trabalhador interessa saber se o empregador lhe concede e possibilita um tratamento assente na dignidade da pessoa humana. Trata-se enfim de averiguar se cada um dos contraentes cumpre com os deveres jurídicos que sobre si incidem, cfr. artigo 126.º, 127.º e 128.º, ou pelo menos de entre aqueles os que se mostram essenciais: o dever de prestar o trabalho, que incumbe ao trabalhador, e o dever de proceder ao pagamento da retribuição, que correspectivamente compete ao empregador. A avaliação ou prova que ambas as partes no contrato de trabalho empreendem através do período experimental, determina que o vínculo laboral entre o empregador e o trabalhador se ache submetido a uma natureza precária, em sentido de ser facilmente permitida a cessação do contrato de trabalho, admitindo-se que qualquer uma das partes possa cessa-lo sem invocação de justa causa, e sem que tenha de indemnizar o outro contraente, cfr. n.º 1 do artigo 114.º Achando-se o trabalhador sob o poder de direcção e de autoridade do empregador, parece ser notório que o período experimental será mais conveniente para o empregador.

3. Como resulta do n.º 1, quando se inicia o período experimental o vínculo laboral já se encontra estabelecido, contudo, não goza ainda do regime de protecção jurídica em toda a sua extensão. Significa isto que o período experimental está delimitado ao tempo inicial do contrato de trabalho. No escopo de experimentação de que se reveste esta figura, só num momento inicial é que a mesma tem sentido, enquanto as partes não se conhecem ainda. Admiti-lo em momento posterior seria desprovê-lo de interesse e vota-lo à inutilidade.

4. Da redacção do n.º 2 resulta que existe um dever das partes pautarem a sua conduta em termos de permitir que a manutenção do contrato de trabalho seja efectivamente avaliada. Pretendeu pois o legislador salvaguardar que o período experimental realize o seu desígnio. Caso tal não suceda afigura-se que a única solução jurídica será a ilicitude da cessação do contrato de trabalho. Quando assim seja, e exemplificando, o empregador não poderá denunciar o contrato de trabalho. Se o fizer, a consequência é que a cessação do contrato de trabalho a que tenha procedido configurará um despedimento ilícito, cfr. artigo 381.º e 382.º, com as consequências deste. Significa isto que o empregador é condenado a indemnizar o trabalhador por todos os danos causados, patrimoniais e não patrimoniais, cfr. alínea a) do n.º 1 do artigo 389.º, na reintegração do trabalhador, cfr. alínea b) do n.º 1 do mesmo artigo 389.º, e no pagamento de todas as retribuições que o trabalhador deixar de auferir, cfr. n.º 1 do artigo 390.º

5. O n.º 3 permite que o período experimental seja excluído por acordo entre as partes, empregador e trabalhador, achando-se contudo sujeito a forma escrita. A redução a escrito da cláusula contratual através da qual se fixa o período experimental constitui uma formalidade *ad substantiam*, ou seja, a observância desta forma escrita é um requisito de validade, sem a qual se deve entender que é nula a estipulação, cfr. artigo 220.º do Código Civil.

6. De acordo com o n.º 3, conjugado com o n.º 5 do artigo 112.º, e com o n.º 1 do artigo 3.º, o instrumento de regulamentação colectiva de trabalho não pode excluir o período experimental, apenas lhe sendo permitido reduzi-lo. A faculdade de excluir o período experimental é apenas concedida às partes, observando o dever de forma.

7. Nada obsta que a forma escrita, imposta pelo n.º 3, seja satisfeita através de documento electrónico, ou seja, por documento elaborado mediante processamento electrónico de dados. Por outras palavras, nada impede que a forma escrita seja adoptada através de uma declaração escrita enviada por correio electrónico (e-mail) para um endereço electrónico. Sobre a validade, eficácia e valor probatório dos documentos electrónicos remete-se para a anotação 4. ao artigo 107.º

8. Jurisprudência:

Entendeu o Acórdão do Tribunal da Relação de Lisboa, de 25 de Março de 2009, processo 3988/05.1TTLSB-4, sumários em www.dgsi.pt, que:

"I – O contrato de trabalho é um *contrato consensual*, uma vez que não dependente da observância de forma especial a não ser que se determine o contrário (art. 102.º do Código do Trabalho), e, como qualquer outro contrato, constitui o resultado de, pelo menos, duas declarações negociais convergentes, uma consubstanciada na formulação de uma determinada *proposta* por um dos contratantes – em regra a entidade empregadora enquanto carente da prestação de trabalho – e a outra consubstanciada na *aceitação* dessa proposta por parte do outro contratante – em regra o trabalhador enquanto detentor da força de trabalho bem como da vontade de o prestar – aceitação que pode ser feita de uma forma expressa ou tácita (art. 217.º n.º 1 do Cod. Civil);

II – Não é necessário que a *proposta* abranja todos os pontos a integrar no futuro contrato. Basta que contenha os elementos essenciais do mesmo, ou seja, os elementos indispensáveis para que o destinatário possa, desde logo, concluir qual a efectiva relação contratual que, com ele, se pretende estabelecer e aquilatar sobre a correspondente aceitação;

III – No contrato de trabalho os elementos essenciais são os que respeitam às prestações principais das partes contratantes, ou seja, o trabalho a efectuar (isto é, o objecto do contrato), e a retribuição a auferir (enquanto contrapartida da prestação do trabalho), podendo entender-se ainda como essenciais, a indicação do local da prestação do trabalho, bem como o período durante o qual este será prestado;

IV – Tendo as partes contratantes concretizado, entre si, um verdadeiro contrato de trabalho, embora sujeito à fixação de termo suspensivo inicial, estipulando, para além do mais, um período experimental, a quebra do vínculo contratual pelo empregador numa altura em que o negócio entre elas estabelecido, estando perfeitamente concluído, aguardava apenas a data a partir da qual e por acordo deveria começar a ser executado, configura um autêntico despedimento ilícito, na medida em que declarado num momento em que ainda se não verificava a liberdade de desvinculação a que se alude no art. 105.º/1 do Código do Trabalho, e levado a efeito sem a observância das condições legalmente previstas.".

9. Sobre o período experimental *vide* Bernardo Lobo Xavier, *Manual de Direito do Trabalho*, Verbo, 2011, página 616 e segs. e António Monteiro Fernandes, *Direito do Trabalho*, 15.ª Edição, Almedina, Abril 2010, página 345 e segs. No domínio da legislação anterior, pelo que será necessário proceder às adaptações necessárias, Tatiana Guerra de Almeida, *Do período experimental no contrato de trabalho*, Almedina, Fevereiro 2007.

ARTIGO 112.º - Duração do período experimental

1 – No contrato de trabalho por tempo indeterminado, o período experimental tem a seguinte duração:

a) 90 dias para a generalidade dos trabalhadores;

b) 180 dias para os trabalhadores que:

i) Exerçam cargos de complexidade técnica, elevado grau de responsabilidade ou que pressuponham uma especial qualificação;

ii) Desempenhem funções de confiança;

iii) Estejam à procura de primeiro emprego e desempregados de longa duração;

c) 240 dias para trabalhador que exerça cargo de direcção ou quadro superior.

2 – No contrato de trabalho a termo, o período experimental tem a seguinte duração:

a) 30 dias em caso de contrato com duração igual ou superior a seis meses;

b) 15 dias em caso de contrato a termo certo com duração inferior a seis meses ou de contrato a termo incerto cuja duração previsível não ultrapasse aquele limite.

3 – No contrato em comissão de serviço, a existência de período experimental depende de estipulação expressa no acordo, não podendo exceder 180 dias.

4 – O período experimental, de acordo com qualquer dos números anteriores, é reduzido ou excluído, consoante a duração de anterior contrato a termo para a mesma actividade, de trabalho de trabalho temporário executado no mesmo posto de trabalho, de contrato de prestação de serviços para o mesmo objecto, ou ainda de estágio profissional para a mesma actividade, tendo sido inferior ou igual ou superior à diração daquele, desde que em qualquer dos casos sejam celebrados pelo mesmo empregador.

5 – A duração do período experimental pode ser reduzida por instrumento de regulamentação colectiva de trabalho ou por acordo escrito entre partes.

6 – A antiguidade do trabalhador conta-se desde o início do período experimental.

1. Este preceito corresponde aos artigos 107.º, 108.º, 109.º, ao n.º 1 do artigo 110.º e ao n.º 3 do artigo 104.º, todos do anterior Código do Trabalho, aprovado pela Lei n.º 99/2003.

2. A redacção da alínea b) do n.º 1, e do n.º 4 foi alterada pelo artigo 2.º da Lei n.º 93/2019, de 4 de Setembro. Na versão originária do Código do Trabalho, aprovado pela Lei n.º 7/2009, de 12 de Fevereiro, aquela alínea e o n.º 4 tinham a seguinte redacção:

> "b) 180 dias para os trabalhadores que exerçam cargos de complexidade técnica, elevado grau de responsabilidade ou que pressuponham uma especial qualificação, bem como os que desempenhem funções de confiança;
>
> 4 – O período experimental, de acordo com qualquer dos números anteriores, é reduzido ou excluído, consoante a duração de anterior contrato a termo para a mesma actividade, ou de trabalho temporário executado no mesmo posto de trabalho, ou ainda de contrato de prestação de serviços para o mesmo objecto, com o mesmo empregador, tenha sido inferior ou igual ou superior à duração daquele.".

3. Constituem instrumentos de regulamentação colectiva de trabalho, cfr. n.os 2, 3 e 4 do artigo 2.º, a convenção colectiva (que pode ser um contrato colectivo, acordo colectivo, ou um acordo de empresa), o acordo de adesão, a decisão arbitral, a portaria de extensão, e a portaria de condições de trabalho.

4. A figura do período experimental tem vindo ao longo do tempo a revelar uma trajectória de ampliação, quanto à sua duração. Em consonância com semelhante percurso, o texto do Decreto n.º 255/X da Assembleia da República, aprovado por esta última, e que antecedeu o presente Código do Trabalho, não lhe foi indiferente. Com efeito, estabelecia na alínea a) do n.º 1 do artigo 112.º do Decreto n.º 255/X da Assembleia da República que o período experimental, no contrato de trabalho por tempo indeterminado, teria a duração de 180 dias para a generalidade dos trabalhadores. Enviado, em Dezembro de 2008, ao Presidente da República, foi por este requerida a fiscalização da constitucionalidade da norma constante da alínea a) do n.º 1 do artigo 112.º O Tribunal Constitucional veio a pronunciar-se pela inconstitucionalidade daquela norma, quando aplicada a trabalhadores indiferenciados, cfr. Acórdão do Tribunal Constitucional n.º 632/2008, publicado no Diário da República, 1.ª Série, de 9 de Janeiro de 2009. Fundamentou o Tribunal Constitucional o seu entendimento na violação, por aquela norma, do disposto nos artigos 53.º e 18.º n.º 2 da Constituição. Devolvido o diploma à Assembleia da República, foi expurgada a norma julgada inconstitucional, retomando-se a anterior redacção, e depois de promulgado como Lei, o novo Código do Trabalho foi publicado no Diário da República de 12 de Fevereiro de 2009, em anexo à Lei n.º 7/2009, de 12 de Fevereiro.

5. Para que uma determinada situação possa ser enquadrável nas alíneas a), b) ou c) do n.º 1 releva o circunstancialismo concreto. Para aferir qual será a duração máxima do período experimental interessa não a qualificação em concreto do trabalhador contratado, mas também as funções que irá exercer, e ainda a sua qualidade no momento imediatamente anterior à celebração do contrato. Significa isto que um trabalhador altamente qualificado, por exemplo com um doutoramento em ciências médicas, contratado para exercer o seu trabalho numa obra, enquanto pedreiro deverá ter um período experimental com uma duração avaliada de acordo com as funções efectivamente desempenhadas (de pedreiro), e não as habilitações obtidas (doutoramento em ciências médicas).

A alínea a) do n.º 1 corresponderá ao regime geral em matéria de duração do período experimental, sendo aplicável aos trabalhadores que exerçam funções indiferenciadas, ou para as quais não se exigem especiais qualificações. Nestas situações, o período experimental tem a duração de 90 dias.

A alínea b) do n.º 1 será aplicável ao exercício das funções que envolve um maior grau de responsabilidade, que revele complexidade técnica ou que pressuponha uma especial qualificação, bem como alguma confiança, comparativamente às funções exercidas pela generalidade dos trabalhadores. Nestas situações, o período experimental será de 180 dias. Será o caso do exercício de funções de jurista numa empresa, para o qual se exigirá os conhecimentos jurídicos suficientes para analisar contratos, realizar pareceres, etc..

A alínea b) do n.º 1 será igualmente aplicável aos que embora já sejam trabalhadores, no momento imediatamente antes à celebração do contrato de trabalho, encontravam-se em situação de procura do primeiro emprego, ou de desempregado de longa duração. Por trabalhador à procura de primeiro emprego deve entender-se o trabalhador que nunca trabalhou mediante contrato de trabalho sem termo, ou seja, quem nunca esteve contratado por tempo indeterminado cfr., por todos, o Acórdão do Supremo Tribunal de Justiça, de 24 de Outubro de 2007, processo 07S2622, documento n.º SJ200710240026224, sumários em www.dgsi.pt. De acordo com a jurisprudência, trata-se de situação de facto, não relevando para este efeito a idade do trabalhador, mas apenas se em algum momento já se encontrou numa posição de contratado a título duradouro.

Quanto ao conceito de desempregado de longa duração referido na alínea b) do n.º 1, este Código do Trabalho não contém uma definição. Este conceito de desempregado de longa duração tem sido preenchido com recurso à definição constante, inicialmente, no n.º 1 do artigo 4.º, do Decreto-Lei n.º 64-C/89, de 27 de Fevereiro, a qual foi praticamente mantida nos diplomas posteriores, cfr. n.º 1 do artigo 4.º do Decreto-Lei n.º 89/95, de 6 de Maio, n.º 1 do artigo 3.º do Decreto-Lei n.º 34/96, de 18 de Abril, no n.º 4 do artigo 6.º da Portaria n.º 196-A/2001, de 10 de Março, e na alínea c) do n.º 1 do artigo 3.º da Portaria 130/2009, de 30 de Janeiro (entretanto revogada pela Portaria n.º 125/2010, de 1 de Março). De acordo com a legislação referida, será desempregado de longa duração, o trabalhador que se encontra inscrito em centro de emprego há mais de nove meses. Neste sentido, veja-se o Acórdão do Supremo Tribunal de Justiça de 12 de Abril de 2012, processo 1683/10.9TTPNF.P1.S1, disponível em www.dgsi.pt.

Quanto a uns e a outros, o legislador preocupou-se, relativamente a trabalhadores à procura de primeiro emprego, e desempregados de longa duração, a fomentar a sua ocupação laboral, ainda que de forma precária, confiando que essa ocasião facilite a subsistência da relação laboral após o término da duração do período experimental.

A alínea c) do n.º 1, por sua vez, será aplicável a trabalhador que exerce funções de maior complexidade técnica, ou que pressupõem mais elevada confiança, mais elevado grau de responsabilidade ou mais especial qualificação do que as dos trabalhadores cujo período experimental é de 180. Nestas situações, o período experimental será de 240 dias. Será o caso do exercício de funções de Director de Marketing, que envolva a administração dos assuntos de marketing, promovendo a imagem da organização em que se encontra inserido, seleccionando de entre aqueles que se encontram disponíveis, os meios que se lhe afigurem adequados a atingir esse resultado, etc..

6. O pessoal de direcção e os quadros superiores das empresas, referidos na alínea c) do n.º 1, correspondem aos trabalhadores que ocupam determinados cargos na organização postulando um posicionamento que os distingue da generalidade dos trabalhadores. A sua classificação pode diferir de organização para organização, atento o circunstancialismo próprio de cada realidade uma, sendo possível identificar características comuns. Em regra, beneficiam de poder decisório, e assim da necessária autonomia que aquele pressupõe, um elevado grau de responsabilidade, e de especial confiança no exercício das suas funções, auferindo correspondentemente, uma retribuição superior. Não obstante, não se mostra essencial que as funções exercidas por pessoal de direcção e por quadros superiores impliquem a existência de trabalhadores subordinados.

7. O exercício de cargo de direcção é assumido pelo legislador como uma situação que carece de menor protecção jurídica, pressupondo que o desempenho de funções de dirigente envolve uma especial valoração dos elementos confiança e nível de responsabilidade atribuída, acarretando por isso, em regra e na prática, um estatuto diferente face aos trabalhadores comuns, que se manifesta em diversos aspectos, entre os quais o retributivo. Este é o sentido dos trabalhadores que ocupam estes cargos poderem ter um período experimental de 240 dias, bem como de outras faculdades consentidas pelo legislador relativamente àqueles que os ocupam, em que se permite o seu exercício em comissão de serviço, cfr. artigo 161.º, o aumento do período de referência na adaptabilidade, alínea b) do n.º 2 do artigo 207.º, ausência de limites máximos da duração média do trabalho semanal quando o trabalhador que ocupe cargo de direcção esteja isento de horário de trabalho, n.º 4 do artigo 211.º, admissibilidade da alteração de intervalo de descanso ainda que implique mais de seis horas de trabalho consecutivo, desde que estejam isentos de horário de trabalho, n.º 5 do artigo 213.º, inaplicabilidade do direito a um período de descanso de, pelo menos, onze horas seguidas entre dois períodos diários de trabalho consecutivos, desde que aqueles trabalhadores se encontrem isentos de horário de trabalho, alínea a) do n.º 2 do artigo 214.º, possibilidade de serem isentos de horário de trabalho, alínea a) do n.º 1 do artigo 218.º, inaplicabilidade de limites quanto à prestação de trabalho nocturno, quando os trabalhadores estejam isentos de horário e trabalho, n.º 5 do artigo 224.º, inaplicabilidade da cumulação de descanso semanal e de descanso diário alínea a) do n.º 3 do artigo 233.º, possibilidade de renunciar à retribuição específica por isenção de horário de trabalho, n.º 2 do artigo 265.º, possibilidade do tribunal excluir a reintegração em caso de despedimento ilícito, n.º 1 do artigo 392.º

8. A contratação a termo referida no n.º 2 permite que o vínculo laboral entre o empregador e o trabalhador tenha uma natureza precária, em sentido de ao primeiro ser facilmente permitido cessar o contrato de trabalho, quando se verificar o evento futuro e certo que o admite. É uma modalidade do contrato de trabalho, assumindo um carácter excepcional face ao contrato de trabalho por tempo indeterminado, e encontra-se prevista no artigo 139.º e segs. Por efeito do n.º 2, a natureza precária do vínculo não percute a admissibilidade de um período experimental no contrato de trabalho a termo. A sua admissibilidade tem a idoneidade de permitir depurar vínculos laborais que não se mostram aptos a satisfazer a necessidade temporária da empresa, cfr. n.ºs 1, 2 e 3 do artigo 140.º ou a diminuição do risco laboral quando se trate de lançamento de nova actividade ou início de empresa ou estabelecimento, cfr. alínea a) do n.º 4 do artigo 140.º ou ainda a satisfação de necessidades permanentes da empresa o recurso à contratação a termo assenta em razões de estímulo à criação de emprego, cfr. alínea b) do n.º 4 do artigo 140.º

9. A comissão de serviço constitui, tal como a contratação a termo, um regime excepcional face ao regime geral, que é constituído pelo contrato de trabalho por tempo indeterminado, encontrando-se prevista no artigo 161.º e segs. Trata-se de uma figura que permite ao empregador preencher cargos específicos da empresa que envolvem uma estreita relação de confiança, sem que esse preenchimento envolva um direito irreversível do trabalhador ao lugar que lhe é atribuído pelo empregador. Pressupõe sempre a existência de um contrato de trabalho, o qual pode ser anterior à comissão de serviço ou, em alternativa, pode ser especialmente celebrado para que se possa verificar esse instituto. Entre as particularidades da comissão de serviço conta-se uma maior precariedade, dado que pode cessar a todo o tempo, desde que seja observado um prazo de aviso prévio, e que esse aviso prévio revista a forma escrita, cfr. n.º 1 do artigo 163.º Ao contrário do que sucede no regime geral, na comissão de serviço a existência de um período experimental depende das partes, empregador e trabalhador, terem expressamente acordado na sua subsistência, exigindo-se a sua estipulação no contrato de trabalho que fundamenta a comissão de serviço. Este período experimental é relativo à comissão de serviço. Significa isto que quando o trabalhador seja contratado *ab initio* para prestar o seu trabalho em regime de comissão de serviço, caso o contrato de trabalho seja denunciado durante o período experimental, (independentemente do ter sido acordado que o trabalhador permaneceria ao serviço do empregador após a cessação da comissão de serviço, cfr. alínea d) do n.º 3 do artigo 162.º), a consequência é que cessa o contrato de trabalho que permite a comissão de serviço, pelo que o trabalhador não terá direito a permanecer na empresa. Quando se trate de trabalhador vinculado à empresa que posteriormente acorda no exercício de cargo ou de funções em comissão de serviço, cfr. alínea c) do n.º 3 do artigo 162.º, a natureza do período experimental colide com a natureza da comissão de serviço. Sendo a comissão de serviço um regime excepcional, que permite a cessação a todo o tempo, cfr. n.º 1 do artigo 163.º, quando as partes, no decorrer da vigência de um contrato de trabalho, tenham acordado na transição do trabalhador para o regime da comissão de serviço, não se poderá falar em tecnicamente em cessação do contrato de trabalho durante o período experimental, que inexiste, pelo que não poderá ser estipulado um período experimental. No caso de trabalhadores anteriormente vinculados à empresa, o empregador não só já conhece as aptidões e competências do trabalhador (as quais terão mesmo fundamentado a proposta do empregador para que o trabalhador passasse ao regime da comissão de serviço), apenas desconhecendo se o mesmo se o mesmo se conseguirá adaptar às novas funções, como os seus interesses já se mostram suficientemente acautelados pelo regime da comissão de serviço, porquanto poderá decidir cessar a comissão de serviço. Quando se trate de trabalhadores já anteriormente subordinados, cessando a comissão de serviço, o trabalhador terá direito a exercer a actividade desempenhada antes da comissão de serviço, ou a exercer a actividade correspondente à categoria a que tenha sido promovido ou, ainda, a desempenhar actividade prevista no próprio contrato que fundamenta a comissão de serviço, cfr. alínea a) do n.º 1 do artigo 164.º

10. O trabalho temporário encontra-se estabelecido no artigo 172.º e segs.

11. O n.º 4 limita os casos de sucessão de diferentes contratos para efeitos do período experimental. De acordo com este n.º 4, o período experimental é encortado ou mesmo eliminado, conforme a duração de anterior contrato de trabalho a termo para a mesma actividade, ou de contrato de trabalho temporário executado no mesmo posto de trabalho, de contrato de prestação de serviços para o mesmo objecto, ou ainda de estágio profissional para a mesma actividade, desde que celebrado com o mesmo empregador.

O entendimento do n.º 4, ao fazer incluir o contrato de estágio entre os contratos susceptíveis de fazer reduzir ou excluir o período experimental não é isento de criticas. Com efeito, objecto de um estágio profissional não é o mesmo de um contrato de trabalho, nem de um contrato de prestação de serviços. Num contrato de estágio o objecto é a formação do estagiário ou formando, sendo que quando é celebrado um contrato de trabalho por tempo indeterminado, ou sem termo, não obstante ser dever do empregador proporcionar ao trabalhador formação profissional ao trabalhador, cfr. alínea d) do n.º 1 do artigo 127.º, o objecto do contrato é a prestação de trabalho subordinado.

O estágio é regulado por diplomas distintos, consoante seja objecto de comparticipação pública, ou não a tendo, a sua realização seja financiada exclusivamente pela entidade que concede o estágio. No primeiro caso é aplicável a Portaria n.º 131/2017, de 7 de Abril, rectificada pela Declaração de Rectificação n.º 15/2017, de 27 de Abril, e alterada pela Portaria n.º 70/2019 de 27 de Fevereiro, que criou estágios para promover a inserção de jovens no mercado de trabalho ou a reconversão profissional de desempregados, encontrando-se o estágio dependente de candidatura que tem de ser decidida favoravelmente pelo Instituto do Emprego e Formação Profissional, I.P. (I.E.F.P.). No segundo caso é aplicável o Decreto-Lei n.º 66/2011, de 1 de Junho, que estabelece as regras a que deve obedecer a realização de estágios profissionais extracurriculares, incluindo os que tenham como objectivo a aquisição de uma habilitação profissional legalmente exigível para o acesso ao exercício de determinada profissão. Seja qual for o estágio em causa, nenhum deles é considerado uma relação de trabalho subordinado. Não obstante, quer os estágios regulados pela Portaria n.º 131/2017, de 7 de Abril, rectificada pela Declaração de Rectificação n.º 15/2017, de 27 de Abril, e alterada pela Portaria n.º 70/2019 de 27 de Fevereiro, quer os estágios previstos no Decreto-Lei n.º 66/2011, de 1 de Junho, ambos parecem recair no âmbito de aplicação do n.º 4 deste artigo 112.º Ou seja, o empregador que ministre aqueles estágios, independentemente de terem comparticipação pública ou não, deverá reduzir ou até eliminar por completo o período experimental – dependendo da duração do contrato de estágio – caso venha mais tarde a celebrar um contrato de trabalho.

Já não será de aplicar o n.º 4 quando anteriormente tenha sido celebrado um contrato de aprendizagem, nem quando tenha sido celebrado um contrato de estágio curricular.

A regulamentação do contrato de aprendizagem consta da Portaria n.º 1497/2008, de 19 de Dezembro, alterada pelas Portarias n.os 289/2009, de 20 de Março, e 73/2010, de 4 de Fevereiro. O contrato de aprendizagem é permitido no âmbito dos cursos de aprendizagem, ou seja, cursos de formação profissional inicial, em alternância, dirigidos a jovens, privilegiando a sua inserção no mercado de trabalho e permitindo o prosseguimento de estudos. Estes cursos de aprendizagem apenas podem ser realizados pelos centros de formação profissional da rede do I.E.F.P., por outras entidades tuteladas pelo ministério responsável pela área da formação profissional, e por entidades formadoras públicas e privadas devidamente certificadas no âmbito do sistema de certificação de entidades formadoras, à excepção das escolas básicas, secundárias e profissionais, cfr. n.º 1 do artigo 4.º da Portaria n.º 1497/2008, entidades estas designadas por entidades formadoras.

Já os estágios curriculares, embora consubstanciem um estágio, ou seja, uma formação que poderá ser prática e em contexto de trabalho, a aprendizagem deles decorrente encontra-se ainda inserida no âmbito do sistema educativo, sendo frequentemente uma etapa necessária à conclusão, com sucesso, de um curso ministrado por estabelecimento de ensino reconhecido pelo Estado. Ou seja, não obstante o estágio poder ser efectuado junto de uma entidade empresarial, com a prestação de algum trabalho no âmbito da própria formação, e podendo mesmo haver financiamento estatal, a verdade é que o investimento na formação do estagiário efectuado por quem o recebe – enquadrado num estágio curricular – tende a ser diminuído. Em regra trata-se de um estágio supervisionado, quer pela entidade que na sua organização recebe o estagiário, quer pela instituição de ensino onde o mesmo se encontra, implicando não raro a realização de relatórios ou de um trabalho escrito relativo aos conhecimentos adquiridos, mantendo o estagiário, na pendência do estágio curricular, a qualidade de aluno. A letra do n.º 4, ao mencioar expressamente estágio profissional, aponta no sentido de que a duração de contrato de estágio curricular, mesmo quando celebrados anteriormente pelas mesmas partes, embora então na qualidade de aluno e formador, não se deve relevar para a diminuição ou exclusão de um contrato de trabalho celebrado em momento posterior àquele contrato.

Ou seja, quando anteriormente tenha sido efectuado um contrato de estagio curricular ou um contrato de aprendizagem, o n.º 4 deste artigo 112.º não terá aplicação.

12. O n.º 4 não estabelece qualquer limite temporal para a sucessão contratual. Ou seja, importa saber se o empregador que tenha contratado a termo, ou que tenha beneficiado da actividade de trabalhador temporário, ou de prestador de serviços, para o exercício de determinadas funções no mesmo posto de trabalho ou com o mesmo objecto, se encontra impedido de utilizar o período experimental *ad aeternum*, ou se a restrição se limita a determinado período de tempo. Salvo melhor opinião, a *ratio* da norma em apreço é obstar à contratação sucessiva de vínculos menos estáveis quando comparados com o contrato de trabalho por tempo indeterminado ou sem termo, permitindo que o empregador mantenha sobre o trabalhador uma perspectiva de possível cessação unilateral do contrato, sem ter de proceder ao pagamento de uma indemnização, como uma ameaça indefinidamente suspensa sobre o trabalhador, o que só se verificará, em princípio, quando a relação entre as partes perdure no tempo, sem interrupções. Isto significa que o legislador terá tido em vista, antes de mais evitar a contratação consecutiva. Por outro lado, não cremos justificável que o facto do empregador ter conhecido um determinado profissional, em certa data e circunstâncias, constitua motivo suficiente para o legislador conjecturar que as qualidades daquele tenham permanecido imutáveis. Assim, e uma vez decorrido um período de tempo com alguma duração, deverá entender-se que o empregador, querendo contratar por tempo indeterminado poderá dispor de um período de prova, destinado a comprovar se se conservam as qualidades daquele profissional que anteriormente já exerceu a sua actividade. Exemplificando, um empregador que contrate novamente o mesmo trabalhador após terem decorridos cinco anos da cessação do primeiro contrato que lhe permitiu beneficiar da prestação de trabalho, da actividade de trabalhador temporário, ou de prestador de serviços, deve poder usufruir de um novo período experimental, visando a atestar se tem, ou se se mantêm as qualidades daquele profissional, ainda que se trate do exercício de funções no mesmo posto de trabalho ou com o mesmo objecto do contrato primeiramente celebrado.

13. De acordo com o n.º 5, conjugado com o n.º 3 do artigo 112.º, e com o n.º 1 do artigo 3.º, o instrumento de regulamentação colectiva de trabalho não pode excluir o período experimental, apenas lhe sendo permitido reduzi-lo. A faculdade de excluir o período experimental é apenas concedida às partes, empregador e trabalhador observando a forma escrita do acordo.

14. Nada veda que as partes acordem alterar a duração do período experimental, antecipando o termo deste período. E dentro dos limites deste artigo 112.º o mesmo valerá para os casos em que as partes ajustem prorrogar o período experimental.

Tratando-se por natureza de um período de prova, podem as partes no decorrer da experiência em situação de trabalho, e sem que se tenha ainda atingido o termo do período experimental, concluir que é bastante o conhecimento que angariaram uma da outra, encontrando-se suficientemente avaliado o interesse na manutenção do contrato de trabalho celebrado. Quando assim seja, o n.º 5 exige que seja celebrado um acordo, o qual tem de ser reduzido a escrito, sob pena de invalidade. Significa isto que caso o empregador, em detrimento de reduzir a escrito o acordo de redução do período experimental, emita uma declaração donde conste que o período experimental cessou, sem que tenha ainda decorrido o período experimental acordado no contrato de trabalho, ou resultante da aplicação deste artigo 112.º, não cumpre semelhante declaração o disposto neste n.º 5. Não obstante, quando o empregador tenha emitido semelhante declaração, não poderá posteriormente denunciar o contrato de trabalho dentro do prazo de duração do período experimental que fosse aplicável antes da declaração emitida, pois semelhante comportamento constituirá abuso de direito, cfr. artigo 334.º do Código Civil, na vertente *venire contra factum proprium*. Se o fizer, a consequência é que a cessação do contrato de trabalho a que tenha procedido configurará um despedimento ilícito, cfr. artigo 381.º e 382.º, com as consequências deste. Significa isto que o empregador é condenado a indemnizar o trabalhador por todos os danos causados, patrimoniais e não patrimoniais, cfr. alínea a) do n.º 1 do artigo 389.º, na reintegração do trabalhador, cfr. alínea b) do n.º 1 do mesmo artigo 389.º, e no pagamento de todas as retribuições que o trabalhador deixar de auferir, cfr. n.º 1 do artigo 390.º

Situação distinta é a admissibilidade de prorrogação do período experimental. Os prazos do período experimental previstos neste artigo 112.º configuram prazos imperativos quanto à sua duração máxima, pelo que não poderão ser prorrogados. Contudo, quando as partes tenham acordado reduzir o período experimental, de 180 dias, para 60 dias, vindo no decorrer deste último prazo a concluir que tal prazo é insuficiente para avaliar o interesse da manutenção do contrato de trabalho, deverá ser-lhes permitido, por acordo, mediante a mesma forma requerida para a redução, ou seja por escrito, prorrogar o prazo inicialmente ajustado, até ao limite do prazo permitido por lei, ou seja, no exemplo, os 180 dias. Do mesmo modo, nada veda que as partes acordem alterar a duração do período experimental, procedendo à sua prorrogação, quando no decurso do período experimental, tendo sido o trabalhador contratado para determinadas funções, o empregador o vem a prover noutras, enquadráveis, para efeitos de período experimental, numa duração superior àquelas que exercia anteriormente. Trata-se de permitir às partes, sem necessidade de denunciar o contrato de trabalho inicialmente aprazado, e celebrar um novo contrato, aproveitar a prova já realizada em situação de trabalho. Tal será o caso do trabalhador que detendo licenciatura em Direito, é contratado para o exercício de funções que não requerem especial qualificação, como de vendedor, e no decorrer do correspondente período experimental, acorda em passar em exercer as funções de jurista, por entretanto ter vagado este posto de trabalho na empresa.

15. A antiguidade, referida no n.º 6, "é a qualidade correspondente à duração da situação jurídica laboral", Menezes Cordeiro, *Manual de Direito do Trabalho*, Livraria Almedina, 1991, página 675 e segs., e Acórdão do Tribunal da Relação de Lisboa, de 22 de Junho de 2005, processo 10307/2004-4, sumários em www.dgsi.pt. Significa isto que a duração de situações que não são de qualificar como sendo de trabalho subordinado não devem entrar no cômputo da antiguidade. A título exemplificativo, a duração de um contrato de estágio extracurricular, cfr. Decreto-Lei n.º 66/2011, de 1 de Junho, não correspondendo à prestação de trabalho subordinado, não dá lugar à contagem de antiguidade, ainda que posteriormente à cessação deste contrato venha a ser celebrado um contrato de trabalho.

16. Nada obsta que a forma escrita, imposta pelo n.º 5, seja satisfeita através de documento electrónico, ou seja, por documento elaborado mediante processamento electrónico de dados. Por outras palavras, nada impede que a forma escrita seja adoptada através de uma declaração escrita enviada por correio electrónico (e-mail) para um endereço electrónico. Sobre a validade, eficácia e valor probatório dos documentos electrónicos remete-se para a anotação 4. ao artigo 107.º

17. Jurisprudência:

Acórdão do Tribunal da Relação de Lisboa, de 12 de Março de 2003, processo 0085934, documento RL200303120085934, sumários em www.dgsi.pt: "I – Jornalista é aquele que, como ocupação principal, permanente e remunerada, exerce funções de pesquisa, recolha, selecção e tratamento de factos, notícias ou opiniões, através de texto, imagem ou som, destinados a divulgação informativa, pela imprensa, por agência noticiosa, pela rádio, pela televisão ou por outra forma de divisão electrónica. II – Quaisquer destas funções podem ser exercidas com um grau maior ou menor de responsabilidade, tudo dependendo das circunstâncias concretas em que as mesmas são desempenhadas, designadamente em termos da organização em que se enquadram. III – Só nos casos em que o exercício das funções envolve um maior grau de responsabilidade, o período experimental será de 180 dias. IV – Sendo as empresas estruturas hierarquizadas, o grau de responsabilidade será tanto mais elevado quanto mais elevado for o nível hierárquico que se ocupa na organização da empresa. O mesmo se diga em relação às funções de confiança que, em princípio, estão também associadas ao desempenho de funções hierárquicas. V – Embora possa haver cargos que exijam elevado grau de responsabilidade ou funções de confiança independentemente do desempenho de funções hierárquicas, é sempre indispensável articular os factos que consubstanciem os conceitos de "elevado grau de responsabilidade" e de "funções de confiança", cabendo o respectivo ónus à parte que pretende prevalecer-se do período experimental fundado naqueles requisitos.";

Acórdão do Supremo Tribunal de Justiça, de 24 de Setembro de 2008, processo 08S1540, documento SJ200809240015404, sumários em www.dgsi.pt: "I – O período experimental destina-se a proporcionar ao empregador que comprove se o trabalhador possui as qualidades e aptidões laborais que procura e ao trabalhador que se certifique de que o trabalho que desenvolve é o que corresponde aos seus interesses e expectativas, antes de a relação laboral se estabilizar. II – Para fixar o período experimental de duzentos e quarenta dias, nos contratos de trabalho por tempo indeterminado, as expressões *«pessoal de direcção»* e *«quadros superiores»*, constantes da alínea c) do art. 107.º do Código do Trabalho, não exigem que o trabalhador dirija ou supervisione outros trabalhadores nem que se insira numa organização na qual detenha, em termos hierárquicos, uma posição superior em relação a quaisquer outros elementos da mesma: o que releva é que se averigúe, e que se apure, que o trabalhador exerce funções de maior complexidade técnica, ou que pressupõem mais elevada confiança, mais elevado grau de responsabilidade ou mais especial qualificação do que as dos trabalhadores cujo período experimental é de cento e oitenta dias. III – Mostra-se conforme àquele normativo legal o período experimental de duzentos e quarenta dias fixado no contrato de trabalho celebrado entre a ré, empresa dedicada ao comércio de motos, e o autor, nos termos do qual este foi contratado com a categoria profissional de "Director comercial", para organizar e desenvolver todo o serviço de vendas, atender e contactar clientes, gizar planos de inserção e desenvolvimento de mercado e tudo fazer para que a ré viesse a obter um bom nome no mercado em que se insere e a obter quota apreciável nesse mesmo mercado, constatando-se que, efectivamente, o autor, embora sendo o único trabalhador da ré, contactou directamente clientes (concessionários), efectuou vendas, créditos e consignações, diligenciou pela obtenção de contratos de representação e promoveu a inserção da ré no mercado, com lhe competia como director comercial, e gozava de isenção de horário de trabalho, veículo automóvel atribuído pela ré, cartão de rédito desta com um limite mensal de € 1.000,00, e uma remuneração fixa e comissões de cerca de € 4.000,00.";

Acórdão do Tribunal da Relação de Lisboa, de 12 de Maio de 2004, processo 606/2004-4, sumários em www.dgsi.pt: "Incorre em abuso de direito, por agir em contradição com a conduta anterior e as expectativas criadas, a entidade patronal que, na vigência de um contrato de trabalho a termo por um ano, propõe ao trabalhador, quando estão decorridos quase cinco meses de execução do contrato, a conversão do mesmo em contrato por tempo indeterminado, sujeitando-o a um novo período experimental de cento e oitenta dias e, aceite pelo trabalhador a conversão, vem, cerca de três semanas depois, rescindir o contrato ao abrigo do novo período experimental.".

ARTIGO 113.º – Contagem do período experimental

1 – O período experimental conta a partir do início da execução da prestação do trabalhador, compreendendo acção de formação determinada pelo empregador, na parte em que não exceda metade da duração daquele período.

2 – Não são considerados na contagem os dias de falta, ainda que justificada, de licença, de dispensa ou de suspensão do contrato.

1. Este preceito corresponde ao artigo 106.º do anterior Código do Trabalho, aprovado pela Lei n.º 99/2003.

2. Sucede por vezes que o início da prestação de trabalho é realizado com formação ministrada ao trabalhador, que o empregador entende necessária para a sua prossecução do trabalho. O n.º 1 estabelece que quando assim seja, a contagem do período experimental abrange a acção de formação que seja ministrada enquanto o período experimental estiver a decorrer, estabelecendo contudo um limite: a duração da acção de formação só incluirá até metade da duração do período experimental, ainda que a duração da formação seja superior ao período experimental. Da articulação do n.º 1 com o n.º 2 do artigo 111.º resulta que o período experimental pode comportar a formação do trabalhador, conquanto a sua duração não obste à finalidade desta figura: permitir que ambas as partes, empregador e trabalhador possam apreciar o interesse na manutenção do contrato de trabalho. Como tal, ainda que uma parte da duração do período experimental seja ocupado com a formação do trabalhador, até metade da duração do período experimental, esta formação não pode por em causa que se avalie se as condições efectivas em que se verifica a prestação de trabalho correspondem ao juízo de prognose que cada um dos contraentes empreendeu.

Quando a duração da formação do trabalhador exceda a metade da duração do período experimental, este último deve suspender-se a partir do momento em que ultrapasse metade da duração do período experimental, retomando a sua contagem logo que cesse a formação.

3. Quando a acção de formação implique o dispêndio, pelo empregador, de despesas avultadas, as partes podem convencionar que o trabalhador se obriga a não denunciar o contrato de trabalho, por período não superior a três anos, como compensação ao empregador pelas despesas avultadas feitas com a sua formação profissional, o que se designa por pacto de permanência, cfr. n.º 1 do artigo 137.º Nesta situação, o trabalhador pode desobrigar-se do cumprimento do pacto de permanência mediante o pagamento do montante correspondente às despesas realizadas, cfr. n.º 2 do artigo 137.º

4. Por efeito do n.º 2, em caso de suspensão do contrato durante o período experimental (por doença, por exemplo) o período experimental também se suspende pelo mesmo tempo. Ou seja, esse tempo não releva para a contagem do período experimental.

Do n.º 2 resulta assim que para a contagem do período experimental são considerados apenas os dias em que seja efectivamente prestado trabalho, os dias de descanso semanal e os feriados, mesmo quando nestes dias de descanso semanal e de feriado não é prestado trabalho. Este é o sentido da redacção deste n.º 2, conjugado com os prazos estabelecidos no artigo 112.º, dado que os prazos referidos neste último preceito não são dias úteis.

ARTIGO 114.º – Denúncia do contrato durante o período experimental

1 – Durante o período experimental, salvo acordo escrito em contrário, qualquer das partes pode denunciar o contrato sem aviso prévio e invocação de justa causa, nem direito a indemnização.

2 – Tendo o período experimental durado mais de 60 dias, a denúncia do contrato por parte do empregador depende de aviso prévio de sete dias.

3 – Tendo o período experimental durado mais de 120 dias, a denúncia do contrato por parte do empregador depende de aviso prévio de 15 dias.

4 – O não cumprimento, total ou parcial, do período de aviso prévio previsto nos n.os 2 e 3, determina o pagamento da retribuição correspondente ao aviso prévio em falta.

5 – O empregador deve comunicar, no prazo de cinco dias úteis a contar da data da denúncia, à entidade com competência na área da igualdade de oportunidades entre homens e mulheres a denúncia do contrato de trabalho durante o período experimental sempre que estiver em causa uma trabalhadora grávida, puérpera ou lactante ou um trabalhador no gozo de licença parental.

6 – Constitui contra-ordenação grave a violação do disposto no n.º 5.

1. Este preceito corresponde ao artigo 105.º do anterior Código do Trabalho, aprovado pela Lei n.º 99/2003.

2. Os n.os 5 e 6 foram introduzidos pelo artigo 2.º da Lei n.º 90/2019, de 4 de Setembro. Na versão originária do Código do Trabalho, aprovado pela Lei n.º 7/2009, de 12 de Fevereiro, aqueles n.os 5 e 6 inexistiam.

3. A denúncia é uma das formas típicas de cessação de contratos, definindo-se como uma manifestação de vontade de uma das partes, dirigida à outra, que visa pôr termo a um contrato duradouro ou obstar à renovação de um contrato, que sem aquela declaração teria lugar. Em regra, no regime da denúncia, a declaração não carece de qualquer justificação.

4. A denúncia pelo trabalhador é uma modalidade de cessação do contrato de trabalho, cfr. alínea h) do artigo 340.º, e encontra-se prevista nos artigos 400.º e segs. Estranhamente aquele artigo 340.º não contempla, entre as modalidades de cessação do contrato de trabalho, a denúncia pelo empregador.

5. A denúncia do contrato de trabalho durante o período experimental, constitui uma declaração receptícia que carece de ser dada a conhecer ao destinatário, sendo eficaz logo que chega ao poder do destinatário ou dele é conhecida, artigo 224.º do Código Civil.

6. O n.º 1 estabelece que em regra, enquanto decorrer o período experimental qualquer das partes, empregador ou trabalhador, pode provocar a cessação do contrato de trabalho celebrado, sem obrigatoriedade de invocação de justa causa, sem necessidade de aviso prévio, e sem que daí advenha uma obrigação de indemnização a cargo do denunciante. Não obstante, permite este n.º 1 que as partes acordem diferentemente, desde que esse acordo seja reduzido a escrito. Observada esta forma, podem as partes ajustar que a denúncia do contrato confere um direito a indemnização, como podem acordar que só uma delas pode denunciar o contrato, como podem assentar que a denúncia carece de aviso prévio, como também podem ajustar que a cessação do contrato só é permitida com invocação de justa causa, sendo-lhes permitido ainda combinar alguns destes direitos, ou todos eles.

7. A denúncia do contrato de trabalho durante o período experimental não está sujeita a qualquer forma, pelo que pode ser comunicada verbalmente. Contudo, e por motivos de segurança jurídica do empregador, deve a denúncia ser reduzida a escrito.

8. O n.º 1 não particulariza os motivos que poderão alicerçar a decisão de denunciar o contrato de trabalho durante o período experimental. Resulta assim que o empregador não necessita de expor ao trabalhador quais os motivos concretos em que firmou a sua decisão. Significa isto que o empregador goza de uma considerável margem de discricionariedade na decisão que venha a proferir, e que se justifica pela natureza do período experimental. São vários os fundamentos que podem determinar a decisão do empregador proceder à denunciar o contrato de trabalho durante o período experimental. Não taxativamente, elencam-se alguns: quebra de confiança patenteada através de comportamentos imputáveis ao trabalhador e susceptíveis de colocar em causa a capacidade futura da sua actuação, inadaptação do trabalhador, ausência de qualidades para o exercício das funções, frustração de expectativas, reestruturação da organização, bem como outras. Não obstante, discricionariedade não é arbitrariedade, pelo que a lei imporá que a decisão seja vinculada pelo menos relativamente a alguns aspectos. Designadamente, o empregador não está dispensado de observar princípios estruturantes do ordenamento jurídico, como sucede relativamente ao direito de igualdade e à proibição de discriminação, cfr. artigo 23.º e segs., com tutela constitucional. Por outras palavras, impor-se-á uma interpretação conforme à Constituição da República Portuguesa sempre que uma decisão de denunciar o contrato de trabalho durante o período experimental constitua uma manifestação discriminatória dos trabalhadores. Assim, é vedado ao empregador decidir denunciar o contrato de trabalho durante o período experimental quando a sua decisão se enraíze apenas em razões de ascendência, sexo, raça, língua, território de origem, religião, convicções políticas ou ideológicas, instrução, situação económica, condição social ou orientação sexual. Quando assim seja, a consequência é que a cessação do contrato de trabalho a que tenha procedido configurará um despedimento ilícito, cfr. artigo 381.º e 382.º, com as consequências deste. Significa isto que o empregador é condenado a indemnizar o trabalhador por todos os danos causados, patrimoniais e não patrimoniais, cfr. alínea a) do n.º 1 do artigo 389.º, na reintegração do trabalhador, cfr. alínea b) do n.º 1 do mesmo artigo 389.º, e no pagamento de todas as retribuições que o trabalhador deixar de auferir, cfr. n.º 1 do artigo 390.º

9. O n.º 4 determina que o empregador que não cumpra integralmente ou parcialmente, o prazo de aviso prévio de 7 ou 15 dias, conforme o período experimental tenha durado, respectivamente, mais de 60 dias e até 120 dias, ou mais de 120 dias, se encontra obrigado a pagar à outra parte uma indemnização. A indemnização que o empregador que proceder à cessação do contrato de trabalho deve pagar ao trabalhador é no valor da retribuição base e diuturnidades (quando estas últimas existam, cfr. alínea b) do n.º 2 do artigo 262.º), correspondente ao período de aviso prévio em falta. Além desta indemnização, a parte que não cumprir o aviso prévio pode ainda ter de pagar uma indemnização pelos danos causados pela inobservância daquele prazo de aviso prévio, pelo que se mostra necessário que tenham existido esses danos para que surja o dever de os ressarcir.

10. O n.º 5 determina que o empregador comunique, no prazo de cinco dias úteis a contar da data da denúncia, à entidade com competência na área da igualdade de oportunidades entre homens e mulheres, a própria denúncia do contrato de trabalho durante o período experimental, sempre que estiver em causa uma trabalhadora grávida, puérpera ou lactante, ou um trabalhador no gozo de licença parental.

A entidade competente na área da igualdade de oportunidades entre homens e mulheres, referida no n.º 5, é actualmente a Comissão para a Igualdade no Trabalho e no Emprego (C.I.T.E.).

Nos termos do n.º 1 do artigo 36.º, entende-se por trabalhadora grávida, a trabalhadora em estado de gestação que informe o empregador do seu estado, por escrito, com apresentação de atestado médico. Por trabalhadora puérpera, entende-se a trabalhadora parturiente e durante um período de 120 dias subsequentes ao parto que informe o empregador do seu estado, por escrito, com apresentação de atestado médico ou certidão de nascimento do filho. Por fim, trabalhadora lactante, é a trabalhadora que amamenta o filho e informe o empregador do seu estado, por escrito, com apresentação de atestado médico.

11. Dias úteis são Segunda-Feira, Terça-Feira, Quarta-Feira, Quinta-Feira e Sexta-Feira. Sábado, Domingo e Feriados não constituem dias úteis, sendo que para o conceito de dias úteis é irrelevante que a empresa se encontre em funcionamento ao Sábado, Domingo ou Feriado. Este é o sentido da alínea e) do artigo 279.º do Código Civil, conjugado com o n.º 1 do artigo 137.º do Código de Processo Civil. Sempre se diga, que nos termos da alínea b) do artigo 279.º do Código Civil, na contagem de qualquer prazo não se inclui o dia em que ocorrer o evento a partir do qual o prazo começa a correr.

12. Quais são as consequências que acarreta a denúncia pelo empregador de um contrato de trabalho em que a duração do período experimental foi feita em violação da duração prevista no artigo 112.º? Ou seja, o que sucede quando o período experimental tenha tido, por exemplo, uma duração de 180 dias, mas, face às funções efectivamente exercidas pelo trabalhador, deveria ter tido uma duração de apenas 90 dias, e o empregador vem a denunciar o contrato após 160 dias (e assim ultrapassando os 90 dias que na realidade deveria ter sido a duração máxima)?

A consequência é que a cessação do contrato de trabalho a que o empregador tenha procedido, mesmo que designada de denúncia do contrato, configurará um despedimento ilícito, cfr. artigo 381.º e 382.º, com as consequências deste. Significa isto que o empregador é condenado a indemnizar o trabalhador por todos os danos causados, patrimoniais e não patrimoniais, cfr. alínea a) do n.º 1 do artigo 389.º, na reintegração do trabalhador, cfr. alínea b) do n.º 1 do mesmo artigo 389.º, e no pagamento de todas as retribuições que o trabalhador deixar de auferir, cfr. n.º 1 do artigo 390.º

13. Nos termos da alínea g) do n.º 3 do artigo 106.º, os prazos de aviso prévio a observar pelo empregador e pelo trabalhador para a cessação do contrato, ou o critério para a sua determinação, constitui uma das informações que o empregador tem de prestar, por escrito, em documento por si assinado, nos 60 dias subsequentes ao início da execução do contrato de trabalho ou, se este cessar antes deste prazo, até ao respectivo termo cfr. n.ºs 1 e 4 do artigo 107.º Nos termos do n.º 3 do artigo 107.º, este dever considera-se cumprido quando a informação em causa conste de contrato de trabalho reduzido a escrito ou de contrato-promessa de contrato de trabalho.

14. Nada obsta que a forma escrita, imposta pelo n.º 1, seja satisfeita através de documento electrónico, ou seja, por documento elaborado mediante processamento electrónico de dados. Por outras palavras, nada impede que a forma escrita seja adoptada através de uma declaração escrita enviada por correio electrónico (e-mail) para um endereço electrónico. Sobre a validade, eficácia e valor probatório dos documentos electrónicos remete-se para a anotação 4. ao artigo 107.º

SECÇÃO V – Actividade do trabalhador

ARTIGO 115.º – Determinação da actividade do trabalhador

1 – Cabe às partes determinar por acordo a actividade para que o trabalhador é contratado.

2 – A determinação a que se refere o número anterior pode ser feita por remissão para categoria de instrumento de regulamentação colectiva de trabalho ou de regulamento interno de empresa.

3 – Quando a natureza da actividade envolver a prática de negócios jurídicos, considera-se que o contrato de trabalho concede ao trabalhador os necessários poderes, salvo se a lei exigir instrumento especial.

1. Este preceito corresponde ao artigo 111.º do anterior Código do Trabalho, aprovado pela Lei n.º 99/2003.

2. A actividade para que o trabalhador é contratado é definida por acordo entre o empregador e o próprio trabalhador, nos termos do n.º 1, incumbindo assim às partes delimitar o objecto do contrato de trabalho. Esta definição tem uma não despicienda limitação, que resulta do n.º 1 do artigo 124.º, e do artigo 280.º do Código Civil, em termos de ao contrato de trabalho não ser admissível ter por objecto ou fim uma actividade contrária à lei ou à ordem pública.

3. De acordo com o n.º 2, a definição da actividade para que o trabalhador é contratado pode ser feita por remissão para categoria de instrumento de regulamentação colectiva de trabalho ou de regulamento interno de empresa. Constituem instrumentos de regulamentação colectiva de trabalho, cfr. n.os 2, 3 e 4 do artigo 2.º, a convenção colectiva (que pode ser um contrato colectivo, acordo colectivo, ou um acordo de empresa), o acordo de adesão, a decisão arbitral, a portaria de extensão, e a portaria de condições de trabalho. Por sua vez, o regulamento interno de empresa encontra-se previsto no artigo 99.º, correspondendo a um documento elaborado pelo empregador para regrar a organização e disciplina do trabalho.

Como resulta da redacção do próprio n.º 1, a definição da actividade não se restringe à faculdade de remissão para instrumento de regulamentação colectiva de trabalho ou para regulamento interno na empresa, podendo as partes estipular em concreto as funções a desempenhar pelo trabalhador, ou adoptar uma formulação genérica como: "vendedor", "comercial", "secretária", etc.. Note-se que por determinação da alínea e) do n.º 1 do artigo 129.º, em regra, é proibido ao empregador mudar o trabalhador para categoria inferior. Nos termos do n.º 2 do artigo 118.º, a actividade contratada, ainda que determinada por remissão para categoria profissional de instrumento de regulamentação colectiva de trabalho ou regulamento interno de empresa, compreende as funções que lhe sejam afins ou funcionalmente ligadas, para as quais o trabalhador tenha qualificação adequada e que não impliquem desvalorização profissional. A mais, permite-se que o empregador, quando o interesse da empresa o exija, encarregue o trabalhador de exercer temporariamente funções não compreendidas na actividade contratada, desde que tal não implique modificação substancial da posição do trabalhador, cfr. n.º 1 do artigo 120.º

4. Nos termos da alínea c) do n.º 3 do artigo 106.º, a categoria do trabalhador ou a descrição sumária das funções correspondentes, constitui uma das informações que o empregador tem de prestar, por escrito, em documento por si assinado, nos 60 dias subsequentes ao início da execução do contrato de trabalho ou, se este cessar antes deste prazo, até ao respectivo termo cfr. n.os 1 e 4 do artigo 107.º Nos termos do n.º 3 do artigo 107.º, este dever considera-se cumprido quando a informação em causa conste de contrato de trabalho reduzido a escrito ou de contrato-promessa de contrato de trabalho.

5. O n.º 3 determina expressamente que, em princípio, o contrato de trabalho é título bastante para que o trabalhador possa representar o empregador na prática dos negócios jurídicos necessários ao desempenho da actividade contratada. Ou seja, os poderes de representação do empregador ao trabalhador decorrem automáticamente do contrato de trabalho, e por efeito da lei. Significa isto que o negócio jurídico que seja realizado pelo trabalhador em nome do representado, nos limites dos poderes que lhe competem, produz os seus efeitos na esfera jurídica do empregador, cfr. artigo 258.º do Código Civil. Só assim não será quando a lei imponha que o representante tenha de ter poderes especiais para a prática de determinados negócios jurídicos. Visa-se pois que o exercício de uma qualquer actividade subordinada não constitua um embaraço ao tráfico jurídico, permitindo que o trabalhador, em nome do empregador, conclua os negócios jurídicos imprescindíveis à natureza da actividade, sem dependência do empregador ter, constantemente, de os ratificar.

6. Sobre este preceito *vide* Bernardo Lobo Xavier, *Manual de Direito do Trabalho*, Verbo, 2011, página 400 e segs. e António Monteiro Fernandes, *Direito do Trabalho*, 15.ª Edição, Almedina, Abril 2010, página 202 e segs.

ARTIGO 116.º – Autonomia técnica

A sujeição à autoridade e direcção do empregador não prejudica a autonomia técnica do trabalhador inerente à actividade prestada, nos termos das regras legais ou deontológicas aplicáveis.

1. Este preceito corresponde ao artigo 112.º do anterior Código do Trabalho, aprovado pela Lei n.º 99/2003.

2. Nos termos da alínea e) do n.º 1 do artigo 127.º, o empregador deve respeitar a autonomia técnica do trabalhador que exerça actividade cuja regulamentação ou deontologia profissional a exija.

3. A autonomia técnica, por força deste preceito, prevalece sobre a autoridade e direcção do empregador, o que consubstancia um limite a esta última. Não é este o regime regra, razão pela qual se justifica a inserção deste artigo no Código do Trabalho.

O trabalhador, com a celebração do contrato de trabalho, encontra-se sujeito ao poder de direcção do empregador, cfr. artigo 97.º, de acordo com o qual compete ao empregador estabelecer os termos em que o trabalho deve ser prestado, aos quais o trabalhador tem o dever de obedecer, cfr. alínea e) do n.º 1 do artigo 128.º Significa isto que cabe ao empregador delimitar o modo como a prestação de trabalho é cumprida, adaptando-a em cada momento aos fins prosseguidos pela organização produtiva, para o que, o próprio empregador pode dirigir técnicamente o trabalho do trabalhador. Assim, e por princípio, o trabalhador encontra-se dependente técnicamente do empregador. Contudo, algumas actividades há que implicam autonomia técnica, como sucede com profissionais que tradicionalmente eram encarados como profissionais liberais sem que se encontrassem – ou mesmo pudessem encontrar-se – subordinados juridicamente a um empregador. É o que sucede, por exemplo com os advogados, ou os médicos. A evolução económica, social e jurídica viria a permitir que esses profissionais pudessem desempenhar a sua actividade numa organização produtiva, celebrando um contrato de trabalho, e consequentemente se achassem submetidos ao poder de direcção do empregador. Entre a conciliação da autonomia técnica de determinadas actividades e o poder de direcção em que o empregador se acha investido, o legislador, e bem, preferiu tutelar a primeira, afastando, por força deste artigo 116.º, que o empregador possa proferir uma ordem que à partida seria legítima, deixando-o de o ser quando dirigida a matéria que se ache coberta pela autonomia técnica do trabalhador. Ainda assim, e para efeitos deste artigo 116.º, não releva toda e qualquer autonomia técnica, o que se compreende, pois por princípio todas as actividades comportam alguma autonomia técnica, a qual pode é ser em maior ou menor grau. Tal como se refere na parte final deste preceito, para que a autonomia técnica não seja consumida pelo poder de autoridade e direcção do empregador é necessário que resulte de normas legais ou deontológicas aplicáveis.

4. Caso o contrato de trabalho, ou o empregador profira uma ordem, que envolva o sacrifício da autonomia técnica prevista neste preceito, deve entender-se que tal cláusula ou semelhante ordem é nula, configurando um caso em que o trabalhador pode desobedecer, sem que tal configure ilicitude, cfr. alínea e) do n.º 1 do artigo 128.º

ARTIGO 117.º – Efeitos de falta de título profissional

1 – Sempre que o exercício de determinada actividade se encontre legalmente condicionado à posse de título profissional, designadamente carteira profissional, a sua falta determina a nulidade do contrato.

2 – Quando o título profissional é retirado ao trabalhador, por decisão que já não admite recurso, o contrato caduca logo que as partes sejam notificadas da decisão.

1. Este preceito corresponde ao artigo 113.º do anterior Código do Trabalho, aprovado pela Lei n.º 99/2003.

2. O regime jurídico das carteiras profissionais encontrava-se previsto no Decreto-Lei n.º 358/84, de 13 de Novembro, alterado pela Lei n.º 118/99, de 11 de Agosto, sendo que por força da alínea n) do n.º 2 do artigo 3.º do Decreto-Lei n.º 326-B/2007, de 28 de Setembro, e posteriormente a alínea m) do n.º 2 do artigo 2.º do Decreto Regulamentar n.º 47/2012, de 31 de Julho, que aprovou a orgânica da Autoridade para as Condições do Trabalho, a competência para a emissão das carteiras profissionais incumbia à Autoridade para as Condições do Trabalho. Sucede contudo que as carteiras profissionais foram eliminadas pelo Decreto-Lei n.º 92/2011, de 27 de Julho, que simplificou o acesso a profissões e actividades profissionais.

3. Os títulos profissionais condicionam o exercício de determinadas profissões, condicionamento esse que se admite quando o excercício da profissão exija especiais qualificações, e por razões de ordem pública, se deva assegurar o seu exercício por profissionais habilitados, de modo a salvaguardar a defesa da saúde, da integridade física e moral das pessoas, da segurança de pessoas e bens, bem como de outros valores juridicamente relevantes. Este condicionamento não afronta o direito ao trabalho consagrado no n.º 1 do artigo 58.º da Constituição da República Portuguesa, que estabelece que: "Todos têm direito ao trabalho.", porquanto a tutela daqueles valores, também eles com consagração constitucional, sobrepõe-se a este direito. A natureza dos valores que se pretende proteger pelo condicionamento do exercício de algumas profissões à posse de título profissional comina de nulidade o contrato de trabalho que seja celebrado com trabalhador que não possui aquele título profissional. Nem poderia ser de outra forma, sob pena de manifesta incoerência do sistema. Nos termos gereais, o n.º 2 do artigo 280.º do Código Civil já cominava de nulidade o negócio jurídico contrário à ordem pública, desvalor que o n.º 1 deste artigo 117.º importa para o Direito do Trabalho. Se o contrato de trabalho celebrado entre empregador e trabalhador para o exercício de determinada profissão, em que se exige a posse de título profissional, que o trabalhador não teria, fosse válido, não seriam retirados quaisquer efeitos do impedimento jurídico que obsta a que o trabalhador possa prestar o seu trabalho.

4. O n.º 1 abrange qualquer título profissional, o que resulta da expressão "designadamente carteira profissional". No âmbito de aplicação desta norma recaem, por exemplo, a cédula profissional de advogado, necessária para o exercício subordinado da advocacia, ou o título de condução de veículos automóveis, necessário para empreender a condução daqueles veículos na via pública.

5. Nos termos do n.º 1 do artigo 122.º, o contrato de trabalho declarado nulo produz efeitos como válido em relação ao tempo em que seja executado.

6. A caducidade referida no n.º 2 é uma modalidade de cessação do contrato de trabalho, cfr. alínea a) do artigo 340.º Relativamente a trabalhador que exerce actividade condicionada à posse de título profissional, verifica-se a caducidade do contrato de trabalho quando as partes, empregador e trabalhador, sejam notificadas de decisão de cassação desse título, que já não admita recurso. Trata-se de uma impossibilidade definitiva e superveniente. Quando as partes sejam notificadas de decisão de retirar o título profissional do trabalhador que ainda admite recurso, não se verifica a caducidade do contrato de trabalho, porquanto não configura ainda um caso de impossibilidade definitiva.

ARTIGO 118.º – Funções desempenhadas pelo trabalhador

1 – O trabalhador deve, em princípio, exercer funções correspondentes à actividade para que se encontra contratado, devendo o empregador atribuir-lhe, no âmbito da referida actividade, as funções mais adequadas às suas aptidões e qualificação profissional.

2 – A actividade contratada, ainda que determinada por remissão para categoria profissional de instrumento de regulamentação colectiva de trabalho ou regulamento interno de empresa, compreende as funções que lhe sejam afins ou funcionalmente ligadas, para as quais o trabalhador tenha qualificação adequada e que não impliquem desvalorização profissional.

3 – Para efeitos do número anterior e sem prejuízo do disposto em instrumento de regulamentação colectiva de trabalho, consideram-se afins ou funcionalmente ligadas, designadamente, as funções compreendidas no mesmo grupo ou carreira profissional.

4 – Sempre que o exercício de funções acessórias exigir especial qualificação, o trabalhador tem direito a formação profissional não inferior a dez horas anuais.

5 – Constitui contra-ordenação grave a violação do disposto no número anterior.

1. Este preceito corresponde ao artigo 151.º do anterior Código do Trabalho, aprovado pela Lei n.º 99/2003.

2. A actividade para que o trabalhador se encontra contratado é determinada por acordo entre o empregador e o trabalhador, cfr. n.º 1 do artigo 115.º Por imposição do n.º 1, o trabalhador deve, em princípio, exercer funções correspondentes à actividade para que se encontra contratado. Em princípio, como decorre da letra do n.º 1, porque não só podem as partes acordar alterar a actividade contratada, como pode ainda o empregador, unilateralmente, quando o interesse da empresa o exija, encarregar o trabalhador de exercer temporariamente funções não compreendidas na actividade contratada, desde que tal não implique modificação substancial da posição do trabalhador, cfr. n.º 1 do artigo 120.º, faculdade esta designada por mobilidade funcional ou *jus variandi*.

3. A posição hierárquica que um trabalhador ocupa numa empresa, ou seja, o seu enquadramento no organigrama da empresa corresponde à categoria profissional do trabalhador.

Em matéria de mudança de categoria rege um princípio comum à retribuição, ou seja, o princípio da irreversibilidade, cfr. alínea e) do n.º 1 do artigo 129.º Por outras palavras, em regra, as alterações à categoria profissional só são admissíveis quando seja para categoria superior, e sempre, desde que aceites pelo trabalhador. Neste sentido, Acórdão do Supremo Tribunal de Justiça, de 18 de Maio de 2006, sumários em www.dgsi.pt: "A categoria profissional obedece ao princípio da irreversibilidade, o que significa que uma vez alcançada certa categoria, o trabalhador não pode dela ser retirado ou despromovido.".

Numa primeira abordagem, poder-se-ia pensar que a categoria profissional se limita à classificação de determinado trabalhador. Não é assim. A categoria compreende também o grau hierárquico das funções efectivamente exercidas na empresa. De acordo com aquele que é o entendimento da jurisprudência, a categoria profissional do trabalhador é definida não apenas em função do nível retributivo que lhe respeita, mas fundamentalmente em função do nível das funções, das responsabilidades e do grau hierárquico que lhe correspondem dentro da empresa. Daí que seja legalmente inadmissível que a pretexto de uma reestruturação ou em nome de uma harmonização na integração das categorias profissionais, uma empresa possa colocar na mesma categoria ou no mesmo conjunto profissional o anterior chefe ou responsável e os que até então tinham sido seus inferiores hierárquicos. Semelhante integração corresponde a uma despromoção, a qual não é consentida por lei, cfr. Acórdão do Tribunal da Relação de Lisboa, de 22 de Junho de 2005, sumários em www.dgsi.pt. Noutra decisão judicial, cfr. Acórdão do Supremo Tribunal de Justiça, de 22 de Setembro de 1993, *Colectânea de Jurisprudência (STJ)* 1993, T. III, entendeu-se que baixa de categoria o trabalhador que, continuando a exercer as mesmas funções, passou a ficar na dependência (chefe de departamento) de quem era inferior hierárquico do anterior (director). Ou seja, atendendo aos ditames da jurisprudência, se uma empresa decidir reestruturar, alterar a organização do trabalho da empresa, ou proceder a uma harmonização (num qualquer processo de integração), deve fazê-lo sem sacrificar os direitos nem a categoria dos trabalhadores ao seu serviço. Estes devem ser colocados em cargos equivalentes aos que vinham exercendo – atendendo-se para isso às tarefas nucleares de cada categoria – não sendo legalmente permitido que de uma reestruturação, reorganização do trabalho da empresa ou de uma harmonização (na integração das categorias profissionais) resulte para os trabalhadores uma desqualificação ou qualquer prejuízo para a sua carreira profissional. E se, em alguma dessas situações, se verificar que o trabalhador exerce funções previstas (ou que passaram a estar previstas) em duas ou mais categorias institucionalizadas, o mesmo deve ser integrado na categoria que, tendo em conta as tarefas nucleares de cada uma delas, mais se aproxime das funções efectivamente exercidas e que respeite o seu nível hierárquico relativamente aos (até então) seus subordinados. Em caso de dúvida, a classificação deve fazer-se sempre para a categoria profissional mais favorável ao trabalhador – quer no caso de as funções efectivamente desempenhadas corresponderem a mais de uma categoria profissional, quer no de não serem executadas todas as tarefas de uma determinada categoria – pois o "princípio da justiça social de protecção ao economicamente mais débil, impõe que o enquadramento se faça na categoria mais favorável e não naquela que o prejudique", cfr. Acórdãos do Supremo Tribunal de Justiça, de 15 de Novembro de 1995, *Acórdãos Doutrinais 414.º*, 756; de 6 de Março de 1996, *Colectânea de Jurisprudência (STJ 1996)*, 1.º; de 14 de Janeiro de 1969, *Boletim do Ministério da Justiça 182.º*; de 17 de Maio de 1985, *Boletim do Ministério da Justiça 347.º*; de 9 de Junho de 1998, *Colectânea de Jurisprudência (STJ 1998)*, 2.º; de 9 de Julho de 1998, *Boletim do Ministério da Justiça 479.º* e Acórdão da Relação de Évora, de 24 de Maio de 1994, *Boletim do Ministério da Justiça 437.º*

4. De acordo com o n.º 2, a actividade contratada abrange as funções que lhe sejam afins ou funcionalmente ligadas, desde que o trabalhador tenha qualificação adequada para o seu exercício, e que aquelas não acarretem desvalorização profissional, em sentido de afectarem a dignidade da pessoa humana, valor intrínseco à própria Constituição da República Portuguesa, agora enquanto trabalhador.

5. Quando o trabalhador não cumpra a ordem do empregador para que exerça as funções acessórias, para as quais tenha qualificação adequada e que não envolvam desvalorização profissional, viola o dever de obediência, cfr. alínea e) do n.º 1 do artigo 128.º, incorrendo em responsabilidade disciplinar, podendo o empregador instaurar-lhe um procedimento disciplinar, cfr. artigo 328.º e segs., que nas situações mais graves pode mesmo ter intenção de despedimento, cfr. n.os 1 e 2 do artigo 351.º e 353.º e segs., e no limite poderá levar à aplicação da sanção de despedimento, sem indemnização ou compensação.

6. Caso o trabalhador exerça, para além das funções para que foi contratado, as funções que sejam afins ou funcionalmente ligadas àquelas (ou seja as funções para que foi contratado), independenpende de as desempenhar a título acessório, sendo estas funções conexas melhor remuneradas, o n.º 1 do artigo 267.º determina que é esta a retribuição que deve auferir. Por outras palavras, podendo o empregador atribuir ao trabalhador, de modo duradouro ou temporário, actividades acessórias – relativamente àquelas que fundamentaram a sua contratação – que envolvam uma retribuição superior, é esta retribuição mais elevada que lhe deverá ser paga.

7. Constituem instrumentos de regulamentação colectiva de trabalho, cfr. n.os 2, 3 e 4 do artigo 2.º, a convenção colectiva (que pode ser um contrato colectivo, acordo colectivo, ou um acordo de empresa), o acordo de adesão, a decisão arbitral, a portaria de extensão, e a portaria de condições de trabalho.

8. O n.º 4 estabelece que sempre que o exercício de funções acessórias exigir especial qualificação, o trabalhador tem direito a formação profissional não inferior a dez horas anuais. Note-se que o empregador tem o dever de contribuir para a elevação da produtividade e empregabilidade do trabalhador, nomeadamente proporcionando-lhe formação profissional adequada a desenvolver a sua qualificação, cfr. alínea d) do n.º 1 do artigo 127.º e alíneas a) e b) do n.º 1 do artigo 131.º, determinando-se no n.º 4 deste artigo 118.º que o exercício de funções acessórias que imponham especial qualificação conferem ao trabalhador um direito específico a formação profissional, em termos desta se orientar para as qualificações necessárias ao desempenho das funções acessórias. A formação profissional encontra-se prevista no artigo 130.º e segs. Segundo cremos, as dez horas de formação exigidas por este n.º 4 não acrescem ao número de horas de formação profissional a que o trabalhador tem direito em cada ano, e previstas no n.º 2 do artigo 131.º, antes significando que das quarenta horas a que o trabalhador tem direito, em regra, em cada ano, dez devem destinar-se à formação imposta pelo exercício de funções acessórias. Ainda assim, o exercício de funções acessórias revela uma particularidade em matéria de formação profissional, devendo ser ministrada ao trabalhador antes de iniciado aquele exercício, em ordem a que ao empregador seja legítimo exigir a prestação laboral que abrange estas funções. Ou seja, só depois de ministrada a formação profissional devida para o exercício de funções acessórias, é que o empregador poderá ordenar a realização dessas funções.

9. Para maiores desenvolvimentos sobre este preceito *vide* Bernardo Lobo Xavier, *Manual de Direito do Trabalho*, Verbo, 2011, página 415 e segs. e António Monteiro Fernandes, *Direito do Trabalho*, 15.ª Edição, Almedina, Abril 2010, página 202 e segs.

ARTIGO 119.º – Mudança para categoria inferior

A mudança do trabalhador para categoria inferior àquela para que se encontra contratado pode ter lugar mediante acordo, com fundamento em necessidade premente da empresa ou do trabalhador, devendo ser autorizada pelo serviço com competência inspectiva do ministério responsável pela área laboral no caso de determinar diminuição da retribuição.

1. Este preceito corresponde ao artigo 313.º do anterior Código do Trabalho, aprovado pela Lei n.º 99/2003.

2. O serviço com competência inspectiva do ministério responsável pela área laboral é actualmente a Autoridade para as Condições do Trabalho, cfr. alínea a) do n.º 2 do artigo 11.º do Decreto-Lei n.º 167-C/2013, de 31 de Dezembro, alterado pelo Decreto-Lei n.º 28/2015, de 10 de Fevereiro, que aprovou a Lei Orgânica do Ministério da Solidariedade, Emprego e Segurança Social, e alínea a) do n.º 2 do artigo 2.º do Decreto Regulamentar n.º 47/2012, de 31 de Julho, que aprovou a orgânica da Autoridade para as Condições do Trabalho, nos termos das quais a Autoridade para as Condições do Trabalho prossegue, entre outras, a atribuição de fiscalizar o cumprimento das disposições legais, regulamentares e convencionais respeitantes às relações de trabalho.

3. Da alínea e) do n.º 1 do artigo 129.º, resulta como regra que a categoria profissional é irreversível. Contudo, nem sempre é assim. Na realidade, e salvo melhor opinião, há apenas dois casos em que é possível baixar a categoria profissional de um trabalhador.

O primeiro deles encontra-se consagrado neste artigo 119.º, estabelecendo-se que a mudança da categoria profissional para categoria profissional inferior àquela para que o trabalhador foi contratado ou a que foi promovido, apenas é possível quando imposta por necessidades prementes da empresa ou do trabalhador, seja por este último aceite, e autorizada pela Autoridade para as Condições do Trabalho, quando implicar diminuição da retribuição. Ou seja, para que se possa reduzir a categoria profissional, fixam-se três requisitos cumulativos: haja uma necessidade urgente da empresa, (a título exemplificativo pode referir-se a situação em que a mudança se não ocorrer, pode pôr em causa os restantes postos de trabalho), que o trabalhador acorde no acto de mudança de categoria, e que a mesma tenha o deferimento, ainda que tácito, da Autoridade para as Condições do Trabalho, sendo que esta autorização administrativa é necessária apenas quando a mudança para categoria inferior determinar a diminuição da retribuição. Trata-se neste caso de situações limite, pensadas sobretudo para situações de vicissitudes laborais. Este preceito admite mesmo que a vicissitude tenha fundamento em necessidade premente do trabalhador, o que abrange as situações de impossibilidade superveniente parcial do trabalhador prestar o seu trabalho, ou seja, de casos em que se verifica uma incapacidade do trabalhador para parte do trabalho, podendo contudo ser colocado a exercer outras funções. Exemplificando, será o caso do enólogo que perde o paladar, podendo contudo exercer outras funções ligadas ao marketing da empresa. (Em polo oposto, sobre a impossibilidade superveniente, absoluta e definitiva, veja-se o disposto na alínea b) do artigo 343.º, e respectivas anotações.) Abrange igualmente outros casos, como aqueles em que o trabalhador por motivos profissionais, económicos, familiares ou outros, tem uma necessidade de passar a desempenhar funções que imponham menores aptidões, em detrimento daquelas que vinha exercendo.

O segundo caso em que é possível mudar a categoria profissional de trabalhador para categoria inferior é, para alguma jurisprudência, em situações de perda de confiança da empresa no trabalhador titular de cargos de chefia.

Alguma jurisprudência entende que as funções de direcção ou chefia envolvem o exercício de um "mandato" do empregador, exercendo poderes que não são próprios, mas cuja titularidade *ab initio* é do empregador, a quem incumbe delimitar esse exercício e em que a confiança surge como um elemento preponderante. Em apoio deste argumento, o n.º 4 do artigo 329.º estabelece: "O poder disciplinar pode ser exercido directamente pelo empregador, ou por superior hierárquico do trabalhador, nos termos estabelecidos por aquele.". Nesta configuração na atribuição de funções de chefia deve imperar o interesse do empregador, pelo que, e à semelhança do que sucede no mandato, deve ser entendida como unilateralmente revogável. O facto de anteriormente o empregador ter contratado determinada pessoa para o exercício de funções de chefia ou direcção, ou quando posteriormente à contratação a veio a prover nessas funções, não deve ser razão bastante para pugnar pela imutabilidade da nomeação nesse tipo concreto de funções. Consequentemente, deve permitir-se a destituição dessas funções concretas, sem desprimor de se poder e dever exigir ao trabalhador o desempenho de funções equiparáveis ao nível da complexidade técnica das que vinha desempenhando até então. Neste sentido decidiram os Acórdãos do Supremo Tribunal de Justiça, de 29 de Novembro de 1995, de 20 de Janeiro de 2000, e de 6 de Dezembro de 2000, sumários em www.dgsi.pt, bem como o Acórdão do Tribunal da Relação de Lisboa, de 24 de Novembro de 2004, sumários em www.dgsi.pt, tendo todos eles referido que atenta a especificidade dos cargos de direcção e chefia, resultante de neles se projectar o poder directivo originário do empregador, envolvendo, por isso, uma especial valoração dos elementos confiança e nível de responsabilidade atribuída, não pode considerar-se a nomeação para cargos de chefia um direito irreversível do trabalhador. Embora esta faculdade do empregador (que perde a confiança num trabalhador em quem delegou funções de direcção ou de chefia), de fazer cessar essas funções, pareça para alguma jurisprudência insindicável, por motivos de segurança jurídica, entendemos que a vir ser decidido pelo empregador aplicar esta doutrina, em cada caso concreto devem ser esclarecidas as razões da quebra de confiança no trabalhador para o desempenho das funções de chefia para que tinha sido nomeado.

A título exemplificativo, refere-se o que sucede as mais das vezes em empresas com estruturas hierarquizadas: depois da empresa prover determinado trabalhador para exercer funções de responsável de departamento, cabendo-lhe coordenar uma equipa de trabalho composta por certo número de elementos, vê-se mais tarde forçada a retirá-lo desse lugar, por aquele trabalhador não ter revelado as qualidades de coordenação e de liderança que eram requeridas para o exercício do cargo. No exemplo *supra* referido, a empresa, ao retirar, ao trabalhador anteriormente nomeado, as funções de chefe de departamento, mais não fez do que exercer o seu direito de organizar o trabalho da empresa segundo critérios racionais de gestão. Nestas situações devem ser respeitados os direitos do trabalhador, ou seja, os relacionados com a sua categoria profissional, e os relacionados com a sua retribuição. Ponto assente é que as novas funções a desempenhar pelo trabalhador que viu ser-lhe retirada a confiança são de natureza diferente (isto é, não hierárquicas), devendo contudo ser equiparáveis às anteriormente exercidas sob o ponto de vista das exigências técnico-profissionais envolvidas. Não obstante tudo o que ficou *supra* referido quanto a este segundo caso em que, para alguma jurisprudência, é possível mudar a categoria profissional de trabalhador para categoria inferior, em situações de perda de confiança da empresa no trabalhador titular de cargos de chefia, alguma jurisprudência não é toda. Neste sentido, podemos mesmo referir que, quer na jurisprudência quer na doutrina, o princípio vigente é que a empresa não pode em sede de reestruturação, independentemente da dimensão da própria reestruturação, colocar o trabalhador numa posição hierárquica inferior, comparativamente à posição que ocupava antes, cfr. por todos Acórdão do Supremo Tribunal de Justiça, de 15 de Novembro de 1995, *Boletim do Ministério da Justiça* 451. Aliás, mais recentemente, entendeu o Supremo Tribunal de Justiça, cfr. Acórdão do Supremo Tribunal de Justiça, de 27 de Fevereiro de 2008, sumários em www.dgsi.pt que: "Ainda que se entendesse, na esteira de Monteiro Fernandes que as funções do autor eram de chefia e que, por envolveram o exercício de um mandato, podiam ser unilateralmente revogadas pelo empregador, à semelhança do mandato, a verdade é que dessa revogação nunca poderia resultar uma despromoção do trabalhador.".

Assim, a baixa de categoria será admissível quando imposta por necessidades prementes da empresa, e em situações de perda de confiança da empresa no trabalhador titular de cargos de chefia, o que deverá ser comprovado caso a caso, uma vez que o sentido das decisões dos tribunais é favorável a impedir alterações à categoria profissional de forma unilateral e discricionária por parte do empregador.

4. A Administração Pública deve comunicar a sua decisão, que pode ser de autorizar, ou de negar a mudança do trabalhador para categoria inferior àquela para que foi contratado, quando semelhante mudança implique a diminuição da retribuição. Caso a Administração pública – a Autoridade para as Condições do Trabalho – nada diga depois de recebido o requerimento do empregador, deve considerar-se o seu silêncio como desfavorável à intenção do empregador e do trabalhador. Trata-se de um caso de indeferimento tácito, cfr. n.º 1 do artigo 130.º, *a contrario* do Código do Procedimento Administrativo. O Código do Procedimento Administrativo actualmente em vigor foi aprovado pelo Decreto-Lei n.º 4/2015, de 7 de Janeiro. Com efeito, não há qualquer norma habilitante que permita atribuir ao silêncio o valor de deferimento. Se outro fosse o entendimento do legislador, em ordem aos princípios e normas vigentes em matéria administrativa, deveria ter estabelecido uma norma especial, prevendo nesta situação o deferimento tácito. A tutela dos interesses em causa – assegurar que a protecção dos direitos do trabalhador, garantindo que a mudança de categoria tem o seu acordo livre e cumpre o disposto neste artigo 119.º – e que o simples temor reverencial próprio da relação laboral pode pôr em causa, impõe que a mudança de categoria com diminuição de retribuição careça de uma autorização expressa do serviço com competência inspectiva do ministério responsável pela área laboral.

5. Para maiores desenvolvimentos sobre este preceito *vide* Bernardo Lobo Xavier, *Manual de Direito do Trabalho*, Verbo, 2011, página 455 e segs. e António

Monteiro Fernandes, *Direito do Trabalho*, 15.ª Edição, Almedina, Abril 2010, página 206 e segs.

ARTIGO 120.º – Mobilidade funcional

1 – O empregador pode, quando o interesse da empresa o exija, encarregar o trabalhador de exercer temporariamente funções não compreendidas na actividade contratada, desde que tal não implique modificação substancial da posição do trabalhador.

2 – As partes podem alargar ou restringir a faculdade conferida no número anterior, mediante acordo que caduca ao fim de dois anos se não tiver sido aplicado.

3 – A ordem de alteração deve ser justificada, mencionando se for caso disso o acordo a que se refere o número anterior, e indicar a duração previsível da mesma, que não deve ultrapassar dois anos.

4 – O disposto no n.º 1 não pode implicar diminuição da retribuição, tendo o trabalhador direito às condições de trabalho mais favoráveis que sejam inerentes às funções exercidas.

5 – Salvo disposição em contrário, o trabalhador não adquire a categoria correspondente às funções temporariamente exercidas.

6 – O disposto nos números anteriores pode ser afastado por instrumento de regulamentação colectiva de trabalho.

7 – Constitui contra-ordenação grave a violação do disposto nos n.os 1, 3 ou 4.

1. Este preceito corresponde ao n.º 2 do artigo 313.º e ao artigo 314.º do anterior Código do Trabalho, aprovado pela Lei n.º 99/2003.

2. O n.º 1 estabelece a mobilidade funcional, figura jurídica designada tradicionalmente na doutrina como *jus variandi*. Em termos sintéticos poder-se-á definir a mobilidade funcional como o poder do empregador de acometer transitoriamente ao trabalhador tarefas não compreendidas no objecto do contrato. Assim, o n.º 1 deste artigo 120.º consagra um verdadeiro direito potestativo, conferindo-se ao empregador o poder de, unilateralmente, introduzir uma modificação no objecto do contrato de trabalho, modificação esta que não é definitiva, mas temporária. Trata-se de uma figura excepcional, desde logo porque se afasta do princípio de que os contratos devem ser pontualmente cumpridos, previsto no n.º 1 do artigo 406.º do Código Civil, conferindo-se ao empregador um instrumento de gestão flexível, em termos de permitir que a mão-de-obra ao seu serviço satisfaça necessidades da empresa que não foram abrangidas aquando da contratação, e sem que tenha de recorrer à admissão de um novo trabalhador. Esta mobilidade funcional consubstancia-se numa ordem do empregador em sentido do trabalhador passar, a título temporário, a desempenhar funções não compreendidas na actividade contratada.

3. Para que o empregador possa recorrer à mobilidade funcional, ou *jus variandi*, exige-se a verificação, cumulativa, dos seguintes requisitos:

a) a existência de um interesse da empresa que justifique a ordem de alteração;
b) as funções a exercer não se encontrarem compreendidas na actividade contratada;

c) o exercício das novas funções ser temporário;
d) a insusceptibilidade de modificação substancial da posição do trabalhador.

4. Ao limitar-se a mobilidade funcional à exigência de um interesse da empresa significa que a ordem de alteração de funções não se pode mostrar manifestamente infundada e arbitrária, sob pena do empregador incorrer em abuso do direito, cfr. artigo 334.º do Código Civil, pelo que semelhante alteração não poderá ter o sentido de punição do trabalhador.

5. Nada impede, não obstante a mobilidade funcional ter carácter temporário, que esta seja parcial, em sentido do trabalhador exercer funções não compreendidas na actividade contratada durante apenas uma parte do período normal de trabalho, cfr. artigo 198.º, diário ou semanal, ou apenas durante um período de tempo anual, em detrimento de ser total, ocupando todo o tempo de trabalho do trabalhador, enquanto subsistir a mobilidade funcional.

6. A mobilidade funcional encontra-se condicionada a não implicar a modificação da posição do trabalhador, o que significa que não poderá verificar-se uma desvalorização do posicionamento do trabalhador da empresa, susceptível de por em causa o seu estatuto. Modificará a posição do trabalhador, sendo ilicita, a alteração que vise que um trabalhador que exerça funções de Director Comercial passe a desempenhar funções correspondentes a auxiliar de limpeza.

7. Estabelece o n.º 2 que as partes, empregador e trabalhador, podem alargar ou restringir, através de acordo, a possibilidade do empregador encarregar o trabalhador de exercer temporariamente funções não compreendidas na actividade contratada, acordo esse que caduca ao fim de dois anos se não tiver sido aplicado. O legislador partiu do princípio de que a não utilização do acordo significa que o mesmo era destituído de interesse efectivo, cominando a sua caducidade quando o mesmo não seja utilizado. Ainda assim, a lei não impede que posteriormente à caducidade do acordo, venha a ser celebrado um novo acordo entre as partes, com o mesmo conteúdo.

8. A alteração de funções exige o cumprimento de um procedimento, cfr. n.º 3, que se consubstancia, como referido, numa ordem do empregador. Quando o trabalhador não cumpra a ordem de exercer temporáriamente funções não compreendidas na actividade contratada, viola o dever de obediência, cfr. alínea e) do n.º 1 do artigo 128.º, incorrendo em responsabilidade disciplinar, podendo o empregador instaurar-lhe um procedimento disciplinar, cfr. artigo 328.º e segs., que nas situações mais graves pode mesmo ter intenção de despedimento, cfr. n.ºs 1 e 2 do artigo 351.º e 353.º e segs., e no limite poderá levar à aplicação da sanção de despedimento, sem indemnização ou compensação.

9. Nos termos do n.º 3 constituem requisitos do procedimento de alteração de funções:

- uma comunicação;
- uma comunicação fundamentada, ou seja exige-se que a comunicação contenha o fundamento de gestão que leva o empregador a determinar o exercício das funções não compreendidas na actividade contratada;

- a indicação da duração previsível do exercício das funções não compreendidas na actividade contratada;
- a indicação do acordo que alargue o poder do empregador encarregar o trabalhador de exercer as novas funções, quando este acordo seja aplicável.

A falta de observância destes requisitos não tem por efeito operar a conversão da alteração de funções temporária em alteração definitiva. Contudo, verificando-se uma preterição destes requisitos, o trabalhador poderá desobedecer à ordem que vise a alteração de funções, sem que tal configure ilicitude. Significa isto que o incumprimento dos requisitos procedimentais se consubstancia numa ordem do empregador de alteração de funções que é ineficaz, podendo o trabalhador permanecer a exercer as funções compreendidas na actividade contratada. Quando assim seja, caso o empregador obste à prestação de trabalho, a consequência é que entrará em mora.

10. A comunicação ao trabalhador de que é encarregue de exercer funções não compreendidas na actividade contratada constitui uma declaração receptícia que carece de ser dada a conhecer ao destinatário, sendo eficaz logo que chega ao poder do destinatário ou dele é conhecida, artigo 224.º do Código Civil.

11. De acordo com o n.º 3, o exercício das funções não compreendidas na actividade contratada tem um limite temporal: não pode exceder dois anos, os quais se devem contar a partir do início do desempenho dessas novas funções. Caso o exercício das novas funções ao abrigo da mobilidade funcional se mantenham após este período de tempo, estas perdem o seu carácter temporário, pelo que nessa situação, caso as funções correspondam a categoria superior àquela que o trabalhador tinha antes da mobilidade funcional, deve entender-se que o próprio trabalhador adquire essa categoria superior. Neste sentido parece dispor a letra do n.º 5, interpretado *a contrario*.

12. A exigência da comunicação referir o acordo que alarga ou restringe a possibilidade do empregador encarregar o trabalhador de exercer funções não compreendidas na actividade contratada, previsto no n.º 2 está dependente deste acordo existir, pelo que inexistindo não terá, obviamente de ser mencionado.

13. O disposto no n.º 3 visa essencialmente permitir a apreciação judicial dos motivos ou fundamentos invocados para a mobilidade funcional. Na hipótese de um tribunal vir a sindicar a fundamentação aduzida, este encontra-se circunscrito aos fundamentos invocados pelo empregador que determinaram o exercício das funções não compreendidas na actividade contratada, não sendo considerados os motivos que o empregador venha a apresentar em sede judicial que extrapolem a comunicação realizada.

14. O n.º 4 determina expressamente que a mobilidade funcional não pode envolver a diminuição da retribuição, em obediência ao princípio da irredutibilidade da retribuição, previsto na alínea d) do n.º 1 do artigo 129.º, em sentido de que não pode ser diminuída a retribuição do trabalhador, salvo nas hipóteses previstas neste Código do Trabalho e nos instrumentos de regulamentação colectiva de trabalho.

Mas estabelece ainda mais o n.º 4, ao determinar que o trabalhador tem direito às condições de trabalho mais favoráveis, próprias das funções exercidas. Entre as condições de trabalho encontra-se a retribuição, pelo que se esta for mais elevada nas novas funções temporárias, é esta que deve ser paga ao trabalhador, enquanto perdurar o exercício das funções não compreendidas na actividade contratada. Caso o empregador não proceda ao pagamento da retribuição mais elevada, inerente às funções, nem por isso o trabalhador poderá deixar de obedecer à ordem de alteração das funções. Nesta situação, há incumprimento do contrato, cfr. artigo 323.º e segs., passando o trabalhador a ter um crédito laboral, em montante resultante da diferença entre a retribuição que lhe deveria ser paga pelo empregador, e aquela que é efectivamente paga. Sobre o regime da prescrição dos créditos laborais ver artigo 337.º e respectivas anotações.

15. De acordo com o n.º 5, em regra o trabalhador não adquire a categoria correspondente às funções temporariamente exercidas, a não ser que as partes, empregador e trabalhador, acordem o contrário. Com esta norma o legislador procurou precaver os litígios futuros que se viessem a verificar pelo exercício de funções de nível superior não compreendidas na actividade contratada, estabelecendo-se que o trabalhador não tem, em princípio, direito à reclassificação após aquele exercício temporário.

16. Constituem instrumentos de regulamentação colectiva de trabalho, cfr. n.ºˢ 2, 3 e 4 do artigo 2.º, a convenção colectiva (que pode ser um contrato colectivo, acordo colectivo, ou um acordo de empresa), o acordo de adesão, a decisão arbitral, a portaria de extensão, e a portaria de condições de trabalho.

17. O n.º 6 estabelece que o disposto nos n.ºˢ 1 a 5 deste artigo 120.º pode ser afastado por instrumento de regulamentação colectiva de trabalho, conferindo a estes instrumentos um alcance muito superior na regulamentação da mobilidade funcional comparativamente ao contrato individual de trabalho. É que nos termos do n.º 5 do artigo 3.º, sempre que uma norma legal reguladora do contrato de trabalho determine que a mesma pode ser afastada por instrumento de regulamentação colectiva de trabalho, entende-se que o não pode ser por contrato de trabalho, pelo que em matéria de mobilidade funcional o contrato de trabalho apenas poderá dispor em sentido diferente daquele que resulta das soluções legais previstas neste artigo 120.º, no caso previsto no n.º 1, e nos termos e condições do n.º 2, e no n.º 5.

18. Relativamente à mobilidade funcional em sede de contrato de trabalho a termo, cfr. artigo 139.º e segs., afigura-se-nos duvidoso que, nessa modalidade de contrato de trabalho, possa o empregador, quando o interesse da empresa o exigir, encarregar o trabalhador de exercer temporariamente funções não compreendidas na actividade contratada. Pelo menos nos casos em que a celebração do contrato de trabalho a termo tem em vista satisfazer uma necessidade temporária, e pelo período estritamente necessário à satisfação dessa necessidade, cfr. n.º 1 do artigo 140.º É que semelhante faculdade mostra-se de difícil conciliação com os fins do contrato de trabalho a termo. Com efeito, uma vez celebrado um contrato de trabalho a termo, o trabalhador irá desempenhar determinadas funções que satisfazem uma necessidade temporária da empresa, pelo que se deve entender, que, em regra, o desempenho de outras funções satisfaz necessidades permanentes da empresa, o que é susceptível de colocar em crise o recurso à contratação precária. Já assim não sucederá, sendo de admitir a mobilidade funcional, no contrato de trabalho a termo certo, quando a necessidade temporária que o fundamentou cessou, mas ainda não foi atingido o final do prazo estipulado, ou da sua renovação. Ou seja, o contrato de trabalho a termo certo só caduca no final do prazo estipulado, ou da sua renovação, devendo o contrato ser pontualmente cumprido, ainda que a necessidade temporária que permitiu a sua celebração cesse antes, cfr. n.º 1 do artigo 344.º e no n.º 1 do artigo 406.º do Código Civil. É também aceitável a mobilidade funcional nos contratos de trabalho a termo celebrados com fundamento em situações que nada tem a ver com a satisfação de necessidades temporárias, previstas no n.º 4 do artigo 140.º

19. Sobre este preceito *vide* Bernardo Lobo Xavier, *Manual de Direito do Trabalho*, Verbo, 2011, página 420 e segs. e página 462 e segs., e António Monteiro Fernandes, *Direito do Trabalho*, 15.ª Edição, Almedina, Abril 2010, página 222 e segs.

SECÇÃO VI – Invalidade do contrato de trabalho

ARTIGO 121.º – Invalidade parcial de contrato de trabalho

1 – A nulidade ou a anulação parcial não determina a invalidade de todo o contrato de trabalho, salvo quando se mostre que este não teria sido celebrado sem a parte viciada.

2 – A cláusula de contrato de trabalho que viole norma imperativa considera-se substituída por esta.

1. Este preceito corresponde ao artigo 114.º do anterior Código do Trabalho, aprovado pela Lei n.º 99/2003.

2. A invalidade é uma figura importada do Direito Civil para o Direito do Trabalho, e corresponde à inaptidão do negócio jurídico gerar os efeitos jurídicos a que propendia, por verificação de um vício que o impede. A invalidade abrange dois tipos legais: a nulidade e a anulabilidade. Sobre estas poderá dizer-se, em termos sintéticos, que a primeira caracteriza-se por ser mais grave do que a segunda, obstando, em regra, a que o negócio jurídico produza efeitos, enquanto que a anulabilidade permite que o negócio jurídico embora padeça de um vício que permite destruí-lo da ordem juridica, produza efeitos como se fosse válido, até à sua destruição, que opera retroactivamente.

3. O n.º 1 repete o disposto no artigo 292.º do Código Civil: "A nulidade ou anulação parcial não determina a invalidade de todo o negócio, salvo quando se mostre que este não teria sido concluído sem a parte viciada.".

4. Nos termos do n.º 1, a regra é pois a do aproveitamento do negócio jurídico, o contrato de trabalho, o que no Direito Civil se designa por redução do negócio jurídico, circunscrevendo-se à matéria que não se acha afectada por um vício que a torne nula ou anulável. Ou seja, por princípio, o contrato de trabalho mantém-se, a não ser que se prove que esse contrato não teria sido celebrado sem a parte viciada. Esta prova incumbirá a quem tiver interesse na manutenção do contrato.

5. De acordo com o n.º 2, a cláusula de contrato de trabalho que viole norma imperativa considera-se substituída por esta. Significa isto que por força da lei, a cláusula que seja inválida deve ser substituída pela disposição imperativa aplicável, independentemente da norma imperativa resultar de instrumento de regulamentação colectiva do trabalho. Nos termos dos n.os 2, 3 e 4 do artigo 2.º, constituem instrumentos de regulamentação colectiva de trabalho, a convenção colectiva (que pode ser um contrato colectivo, acordo colectivo, ou um acordo de empresa), o acordo de adesão, a decisão arbitral, a portaria de extensão, e a portaria de condições de trabalho.

6. Sobre este preceito *vide* Bernardo Lobo Xavier, *Manual de Direito do Trabalho,* Verbo, 2011, página 620 e segs.

ARTIGO 122.º – Efeitos da invalidade de contrato de trabalho

1 – O contrato de trabalho declarado nulo ou anulado produz efeitos como válido em relação ao tempo em que seja executado.

2 – A acto modificativo de contrato de trabalho que seja inválido aplica-se o disposto no número anterior, desde que não afecte as garantias do trabalhador.

1. Este preceito corresponde ao artigo 115.º do anterior Código do Trabalho, aprovado pela Lei n.º 99/2003.

2. Não obstante o Direito do Trabalho ter na sua génese os institutos civis, onde foi absorver parte das soluções que hoje prevalecem em matéria de relações laborais, em muitos aspectos esta disciplina do Direito afasta-se daquela outra disciplina que lhe esteve na origem. Se há matéria em que é manifesto este afastamento, este revela-se desde logo nos efeitos da invalidade do contrato de trabalho. Com efeito, no direito civil estabelece-se que tanto a declaração de nulidade como a anulação do negócio têm efeito retroactivo, devendo ser restituído tudo o que tiver sido prestado ou, se a restituição em espécie não for possível, o valor correspondente, cfr. n.º 1 do artigo 289.º do Código Civil. Já no no quadro da relação jurídica laboral determina-se, por força do n.º 1 deste artigo 122.º, que o contrato de trabalho declarado nulo ou anulado produz efeitos como se fosse válido em relação ao tempo durante o qual esteve em execução. Ou seja, a nulidade do contrato de trabalho não impede que este produza efeitos, como se fosse válido, durante o período em que esteve a ser executado. O que se exige é que o contrato de trabalho que tenha tido efectiva execução entre as partes contratantes, o empregador e o trabalhador. Significa isto que o legislador, quando seja aplicável o n.º 1, como que ficcionou legalmente a validade do contrato durante o tempo da sua execução. Compreende-se este regime. Caso se recorresse à lei civil, nos termos em que se encontra preceituada, verificar-se-ia uma inutilização dos próprios efeitos da invalidade em relação ao tempo em que o contrato invalido esteve em execução. Se este fosse o entendimento aplicável, ao trabalhador não restaria outra solução que não fosse restituir a retribuição, para em momento imediatamente a seguir a voltar a receber, porquanto o trabalho prestado ao empregador é insusceptível de ser restituído por este.

3. Uma vez ficcionado por força da lei a validade de um contrato inválido, significa isto que o trabalhador terá direito à retribuição, cfr. artigo 258.º e segs., ao subsídio de Natal, cfr. artigo 263.º, à retribuição do período de férias, cfr. n.º 1 do artigo 264.º, ao subsídio de férias, cfr. n.º 2 do mesmo artigo 264.º, e demais direitos que lhe assistiriam, caso o contrato não fosse nulo ou anulável. Estes direitos do trabalhador são relativos ao tempo em que o contrato seja executado.

4. De acordo com o n.º 2, o acto modificativo de contrato de trabalho que seja inválido produz efeitos como válido em relação ao tempo em que seja executado, desde que não afecte as garantias do trabalhador. Como resulta da letra da norma, o n.º 2 é relativo a acto modificativo inválido, aplicando-se portanto independentemente do contrato de trabalho ser válido ou inválido. Ou seja, no n.º 2, e à semelhança do que sucede no n.º 1, o legislador como que ficcionou legalmente a validade do acto modificativo do contrato de trabalho, excepto quando este afecte as garantias do trabalhador. Exemplificando, a promoção que se verifique e seja inválida não obsta a que produza efeitos. A promoção consiste numa alteração da categoria profissional, cfr. artigo 118.º, a título definitivo, acordada entre as partes de um contrato de trabalho, expressa ou tacitamente, ou aplicável por força de uma disposição prevista em instrumento de regulamentação colectiva de trabalho (promoção automática) e que modifica o conteúdo do negócio jurídico.

Já o acto modificativo de contrato de trabalho que seja inválido e que afecte as garantias do trabalhador não produz efeitos. Em termos exemplificativos será o caso do empregador que diminua a retribuição do trabalhador em violação do disposto na alínea d) do n.º 1 do artigo 129.º, que estabelece que é proibido ao empregador diminuir a retribuição, salvo nos casos previstos no Código do Trabalho ou em instrumento de regulamentação colectiva do trabalho.

5. O contrato de trabalho declarado nulo ou anulado que não tenha sido executado, não beneficia de uma previsão especial como este artigo 122.º, relativo ao contrato de trabalho declarado nulo ou anulado que seja executado. Como tal, aquele primeiro contrato de trabalho recairá no regime previsto no Código Civil, cfr. artigo 285.º e segs. do Código Civil.

6. Sobre este preceito *vide* Bernardo Lobo Xavier, *Manual de Direito do Trabalho*, Verbo, 2011, página 620 e segs. e António Monteiro Fernandes, *Direito do Trabalho*, 15.ª Edição, Almedina, Abril 2010, página 342 e segs.

ARTIGO 123.º – Invalidade e cessação de contrato de trabalho

1 – A facto extintivo ocorrido antes da declaração de nulidade ou anulação de contrato de trabalho aplicam-se as normas sobre cessação do contrato.

2 – Se for declarado nulo ou anulado o contrato a termo que já tenha cessado, a indemnização tem por limite o valor estabelecido no artigo 393.º ou 401.º, respectivamente para despedimento ilícito ou denúncia sem aviso prévio.

3 – À invocação de invalidade pela parte de má fé, estando a outra de boa fé, seguida de imediata cessação da prestação de trabalho, aplica-se o regime da indemnização prevista no n.º 3 do artigo 392.º ou no artigo 401.º para o despedimento ilícito ou para a denúncia sem aviso prévio, conforme o caso.

4 – A má fé consiste na celebração do contrato ou na manutenção deste com o conhecimento da causa de invalidade.

1. Este preceito corresponde ao artigo 116.º do anterior Código do Trabalho, aprovado pela Lei n.º 99/2003.

2. O n.º 1 determina que um contrato de trabalho que padeça de um vício que o torne inválido, mas que seja extinto antes da declaração judicial de nulidade ou anulação, são aplicáveis as normas previstas neste Código do Trabalho relativas à cessação do contrato de trabalho, cfr. artigo 338.º e segs. Ou seja, por efeito deste n.º 1, tratando-se de contrato de trabalho inválido que cesse em momento anterior à declaração de invalidade, através de um acto extintivo que não tenha por causa a própria invalidade, serão os preceitos estabelecidos no artigo 338.º e segs. que devem ser aplicáveis. Neste caso, tudo se passa pois, como se não se verificasse qualquer invalidade, tratando-se o contrato de trabalho como sendo válido. Não obstante a aplicação das normas relativas à cessação do contrato de trabalho não é absoluta, admitindo-se que o trabalhador não pode, nestas situações, ser reintegrado (alínea b) do n.º 1 do artigo 389.º), uma vez que a reintegração subentende que o contrato de trabalho celebrado entre o empregador e o trabalhador, enquanto fonte de uma relação jurídica, é válido, o que sucede neste caso.

Neste sentido, entendeu, por exemplo, o Acórdão do Supremo Tribunal de Justiça, 25 de Junho de 2009, processo 08S2566, documento SJ200906250025664, sumários em www.dgsi.pt: "Aplica-se à cessação do contrato de trabalho por iniciativa do empregador, verificada antes da declaração oficiosa da sua nulidade, o regime jurídico da cessação do contrato individual de trabalho.".

3. O n.º 2 deve ser interpretado conjuntamente com o n.º 1, em sentido de que os limites da indemnização a que haja lugar, calculada de acordo com o artigo 393.º ou com o artigo 401.º, só é aplicável se for declarado nulo ou anulado o contrato de trabalho que já tivesse cessado em momento anterior àquela declaração, quando se trate de contrato de trabalho a termo, e o despedimento efectuado pelo empregador seja ilícito, ou o trabalhador tenha cessado o contrato sem cumprir o prazo de aviso prévio. Sobre o cálculo da indemnização prevista no artigo 393.º e da indemnização estabelecida no artigo 401.º, *vide* anotações a esses artigos.

4. O n.º 3 determina que caso uma das partes invoque a invalidade do contrato de trabalho e imediatamente depois ponha termo à prestação de trabalho, quando essa mesma parte aquando da celebração do contrato já conhecia a invalidade, ou não a conhecendo naquele momento, veio a conhece-la mais tarde, e ainda assim manteve o contrato de trabalho (o que nos termos do n.º 4 é considerado má fé), terá de indemnizar a outra parte em valor calculado de acordo com o n.º 3 do artigo 392.º, ou do artigo 401.º, consoante a parte de má fé seja o empregador, ou o trabalhador. Sobre o cálculo da indemnização prevista no n.º 3 do artigo 392.º e da indemnização estabelecida no artigo 401.º, *vide* anotações a esses artigos.

5. Sobre este preceito *vide* Bernardo Lobo Xavier, *Manual de Direito do Trabalho*, Verbo, 2011, página 620 e segs. e António Monteiro Fernandes, *Direito do Trabalho*, 15.ª Edição, Almedina, Abril 2010, página 342 e segs.

ARTIGO 124.º – Contrato com objecto ou fim contrário à lei ou à ordem pública

1 – Se o contrato de trabalho tiver por objecto ou fim uma actividade contrária à lei ou à ordem pública, a parte que conhecia a ilicitude perde a favor do serviço responsável pela gestão financeira do orçamento da Segurança Social as vantagens auferidas decorrentes do contrato.

2 – A parte que conhecia a ilicitude não pode eximir-se ao cumprimento de qualquer obrigação contratual ou legal, nem reaver aquilo que prestou ou o seu valor, quando a outra parte ignorar essa ilicitude.

3 – Constitui contra-ordenação grave a violação do disposto no n.º 1.

1. Este preceito corresponde ao artigo 117.º do anterior Código do Trabalho, aprovado pela Lei n.º 99/2003.

2. Este artigo 124.º deve ser interpretado com o artigo 280.º do Código Civil. Estabelece o n.º 1 do artigo 280.º do Código Civil que: “É nulo o negócio jurídico cujo objecto seja física ou legalmente impossível, contrário à lei ou indeterminável.”. Já o n.º 2 do mesmo artigo 280.º do Código Civil dispõe que: “É nulo o negócio contrário à ordem pública, ou ofensivo dos bons constumes.”. Significa isto que as consequências de um contrato de trabalho que tiver por objecto ou fim uma actividade contrária à lei ou à ordem pública não se limitam à perda das vantagens auferidas, achando-se o mesmo ferido de nulidade. Quando assim seja, nos termos do n.º 1 do artigo 122.º, o contrato de trabalho declarado nulo produz efeitos como válido em relação ao tempo em que seja executado.

3. O conceito de ordem pública é um conceito indeterminado, correspondendo a um princípio geral a ser preenchido pelo julgador, atendendo à moral vigente em cada momento. Ou seja, é um conceito flexível, adaptável às circinstâncias mais variadas da realidade, em constante mutação, que permite salvaguardar o ordenamento jurídico dos pactos privados que contra este actuem.

4. Nos termos do n.º 1, para que a parte que conhecia a ilicitude perca as vantagens auferidas por efeito do contrato de trabalho mostra-se necessário que o contrato de trabalho tenha por objecto ou fim uma actividade contrária à lei ou à ordem pública. Enquadra-se no âmbito de aplicação desta norma todo o contrato de trabalho que tenha por objecto ou fim uma actividade que, por exemplo, constitua um crime, previsto e punido pelo Código Penal, aprovado pelo Decreto-Lei n.º 400/82, de 23 de Setembro, como sucederá no caso do trabalhador que se vinculou a praticar ofensas à integridade física a clientes de uma instituição financeira, visando obter a restituição de quantias pecuniárias mutuadas.

5. De acordo com os n.os 1 e 2, se o contrato de trabalho tiver por objecto ou fim uma actividade contrária à lei ou à ordem pública, a parte que conhecia a ilicitude perde para determinado serviço as vantagens recebidas por efeito do contrato, acrescendo ainda que não poderá eximir-se ao cumprimento de qualquer obrigação contratual ou legal, nem reaver aquilo que prestou ou o seu valor, quando a outra parte ignorar essa ilicitude. Apesar do preceito não o referir, deve entender-se que caso ambas as partes, empregador e trabalhador, conheciam a ilicitude, ambas perderão para o serviço responsável pela gestão financeira do orçamento da Segurança Social as vantagens auferidas.

6. Sobre este preceito *vide* Bernardo Lobo Xavier, *Manual de Direito do Trabalho*, Verbo, 2011, página 613 e António Monteiro Fernandes, *Direito do Trabalho*, 15.ª Edição, Almedina, Abril 2010, página 325 e segs.

ARTIGO 125.º – Convalidação de contrato de trabalho

1 – Cessando a causa da invalidade durante a execução de contrato de trabalho, este considera-se convalidado desde o início da execução.

2 – No caso de contrato a que se refere o artigo anterior, a convalidação só produz efeitos a partir do momento em que cessa a causa da invalidade.

1. Este preceito corresponde ao artigo 118.º do anterior Código do Trabalho, aprovado pela Lei n.º 99/2003.

2. A convalidação corresponde à sanação automática do vício que feria a validade do contrato, através da verificação superveniente do requisito até então em falta. Da redacção deste artigo 125.º resulta que, para que a convalidação possa ocorrer, é indiferente que o vício que afectava a validade do contrato originasse a sua nulidade ou a sua anulabilidade.

3. Por determinação do n.º 1, quando cesse a causa da invalidade do contrato de trabalho, durante a execução deste mesmo contrato, considera-se que o próprio contrato é válido desde o início da execução, ou seja, os efeitos da convalidação retroagem ao início da execução do contrato de trabalho. É o que sucederá relativamente ao contrato de trabalho celebrado com trabalhador para proceder à condução de veículos automóveis, que vem a ser exercido, mas a quem falta o título de condução de veículos automóveis, necessário para empreender a condução daqueles veículos na via pública, e que o vem a obter mais tarde, quando o contrato de trabalho se encontrava em plena execução. Significa isto que o legislador tutelou as situações em que o contrato de trabalho, não obstante se ter encontrado ferido de invalidade, foi executado pelas partes, sendo que por efeito da cessação da causa que o invalidava se convalidou por força da lei. Já assim não sucede relativamente aos contratos de trabalho inválidos e que poderiam ser convalidados, mas que nunca foram executados, aos quais não é aplicável o disposto no n.º 1.

4. De acordo com o n.º 2, se o contrato de trabalho tiver por objecto ou fim uma actividade contrária à lei ou à ordem pública, a convalidação só produz efeitos a partir do momento em que cessa a causa de invalidade. Significa isto que o n.º 2 constitui uma excepção ao disposto no n.º 1. Enquanto que no n.º 1 a validade do contrato de trabalho como que retroage ao início da sua execução, quando se trate de contrato de trabalho com objecto ou fim contrário à lei ou à ordem pública, cessando a causa de invalidade, só se considera convalidado o contrato de trabalho a partir desse momento, não tendo por isso efeitos retroactivos.

SECÇÃO VII – Direitos, deveres e garantias das partes

SUBSECÇÃO I – Disposições gerais

ARTIGO 126.º – Deveres gerais das partes

1 – O empregador e o trabalhador devem proceder de boa fé no exercício dos seus direitos e no cumprimento das respectivas obrigações.

2 – Na execução do contrato de trabalho, as partes devem colaborar na obtenção da maior produtividade, bem como na promoção humana, profissional e social do trabalhador.

1. Este preceito corresponde ao artigo 119.º do anterior Código do Trabalho, aprovado pela Lei n.º 99/2003.

2. O n.º 1 estabelece que o princípio da boa fé deve presidir às partes, empregador e trabalhador, na vigência do contrato de trabalho, ou seja, na sua execução. Contudo, não é só na execução do contrato de trabalho que a boa fé é aplicável: antes mesmo de ser celebrado o próprio contrato, no decorrer da sua formação o artigo 102.º impõe um dever genérico de actuar segundo as regras da boa fé nos preliminares e na formação do contrato. O princípio da boa fé decorre não só deste n.º 1 do artigo 126.º, como também do n.º 2 do artigo 762.º do Código Civil.

3. O n.º 2 determina que constitui igualmente um dever geral, quer do empregador quer do trabalhador, de colaboração ou cooperação mútua, no cumprimento das respectivas prestações a que se encontram vinculados, por força da celebração do contrato de trabalho. Assim se compreende, que face a alguns deveres de uma das partes se estabeleça, em contraponto, um outro direito da contraparte. É o que sucede, por exemplo relativamente ao dever do empregador contribuir para a elevação da produtividade e empregabilidade do trabalhador, nomeadamente proporcionando-lhe formação profissional adequada a desenvolver a sua qualificação, cfr. alínea d) do n.º 1 do artigo 127.º e alíneas a) e b) do n.º 1 do artigo 131.º Por contraposição a este dever, o trabalhador tem o dever de participar de modo diligente em acções de formação profissional que lhe sejam proporcionadas pelo empregador, cfr. alínea d) do n.º 1 do artigo 128.º

4. A boa-fé é um princípio aplicável igualmente no processo de negociação colectiva, cfr. n.º 1 do artigo 489.º, bem como na pendência de um conflito colectivo de trabalho.

5. Sobre a boa fé *vide* António Menezes Cordeiro, *Tratado de Direito Civil Português*, Tomo I, Livraria Almedina, Coimbra, Março 1999, página 175 e segs.

ARTIGO 127.º – Deveres do empregador

1 – O empregador deve, nomeadamente:

a) Respeitar e tratar o trabalhador com urbanidade e probidade, afastando quaisquer actos que possam afectar a dignidade do trabalhador, que sejam discriminatórios, lesivos, intimidatórios, hostis ou humilhantes para o trabalhador, nomeadamente assédio;

b) Pagar pontualmente a retribuição, que deve ser justa e adequada ao trabalho;

c) Proporcionar boas condições de trabalho, do ponto de vista físico e moral;

d) Contribuir para a elevação da produtividade e empregabilidade do trabalhador, nomeadamente proporcionando-lhe formação profissional adequada a desenvolver a sua qualificação;

e) Respeitar a autonomia técnica do trabalhador que exerça actividade cuja regulamentação ou deontologia profissional a exija;

f) Possibilitar o exercício de cargos em estruturas representativas dos trabalhadores;

g) Prevenir riscos e doenças profissionais, tendo em conta a protecção da segurança e saúde do trabalhador, devendo indemnizá-lo dos prejuízos resultantes de acidentes de trabalho;

h) Adoptar, no que se refere a segurança e saúde no trabalho, as medidas que decorram de lei ou instrumento de regulamentação colectiva de trabalho;

i) Fornecer ao trabalhador a informação e a formação adequadas à prevenção de riscos de acidente ou doença;

j) Manter actualizado, em cada estabelecimento, o registo dos trabalhadores com indicação de nome, datas de nascimento e admissão, modalidade de contrato, categoria, promoções, retribuições, datas de início e termo das férias e faltas que impliquem perda da retribuição ou diminuição de dias de férias;

k) Adotar códigos de boa conduta para a prevenção e combate ao assédio no trabalho, sempre que a empresa tenha sete ou mais trabalhadores;

l) Instaurar procedimento disciplinar sempre que tiver conhecimento de alegadas situações de assédio no trabalho.

2 – Na organização da actividade, o empregador deve observar o princípio geral da adaptação do trabalho à pessoa, com vista nomeadamente a atenuar o trabalho monótono ou cadenciado em função do tipo de actividade, e as exigências em matéria de segurança e saúde, designadamente no que se refere a pausas durante o tempo de trabalho.

3 – O empregador deve proporcionar ao trabalhador condições de trabalho que favoreçam a conciliação da actividade profissional com a vida familiar e pessoal.

4 – O empregador deve afixar nas instalações da empresa toda a informação sobre a legislação referente ao direito de parentalidade ou, se for elaborado regulamento interno a que alude o artigo 99.º, consagrar no mesmo toda essa legislação.

5 – O empregador deve comunicar ao serviço com competência inspectiva do ministério responsável pela área laboral a adesão ao fundo de compensação do trabalho ou a mecanismo equivalente, previstos em legislação específica.

6 – A alteração do elemento referido no número anterior deve ser comunicada no prazo de 30 dias.

7 – Constitui contra-ordenação grave a violação do disposto nas alíneas k) e l) do n.º 1 e contra-ordenação leve a violação do disposto na alínea j) do n.º 1 e nos n.os 5 e 6.

1. Este preceito corresponde aos artigos 120.º, 149.º e 161.º, todos do anterior Código do Trabalho, aprovado pela Lei n.º 99/2003.

2. A alínea a) do n.º 1 deste preceito foi alterada pelo artigo 2.º da Lei n.º 93/2019, de 4 de Setembro. As alíneas k) e l) do n.º 1 deste preceito foram introduzidas pelo artigo 2.º da Lei n.º 73/2017, de 16 de Agosto. O n.º 5 deste artigo 127.º foi introduzido pelo artigo 1.º da Lei n.º 53/2011, de 14 de Outubro, e posteriormente foi alterado pelo artigo 2.º da Lei n.º 69/2013, de 30 de Agosto. Na versão originária do Código do Trabalho, aprovado pela Lei n.º 7/2009, de 12 de Fevereiro o n.º 5 correspondia ao actual n.º 6, o actual n.º 7 era o anterior o n.º 6, que foi actualizado de modo a abranger no seu âmbito de aplicação a violação do n.º 5. Posteriormente, o n.º 4 deste preceito foi revogado pelo n.º 2 do artigo 9.º da Lei n.º 23/2012, de 25 de Junho, enquanto que a redacção dos n.os 5, 6 e 7 deste preceito foi alterada pelo artigo 2.º da Lei n.º 23/2012, de 25 de Junho. Com a Lei n.º 120/2015, de 1 de Setembro, foi introduzida a redacção do actual n.º 4, renumerando-se os anteriores n.os 4, 5 e 6, que passaram aos actuais 5, 6 e 7, respectivamente. Na versão originária do Código do Trabalho, aprovado pela Lei n.º 7/2009, de 12 de Fevereiro, a alínea a) do n.º 1, e aqueles n.os 4, 5 e 6 tinham a seguinte redacção:

> "1 – O empregador deve, nomeadamente respeitar e tratar o trabalhador com urbanidade e probidade;
>
> 4 – O empregador deve comunicar ao serviço com competência inspectiva do ministério responsável pela área laboral, antes do início da actividade da empresa, a denominação, sector de actividade ou objecto social, endereço da sede e outros locais de trabalho, indicação da publicação oficial do respectivo pacto social, estatuto ou acto constitutivo, identificação e domicílio dos respectivos gerentes ou administradores, o número de trabalhadores ao serviço e a apólice de seguro de acidentes de trabalho.
>
> 5 – A alteração dos elementos referidos no número anterior deve ser comunicada no prazo de 30 dias.
>
> 6 – Constitui contra-ordenação leve a violação do disposto na alínea *j*) do n.º 1 ou nos n.os 4 ou 5.".

Através da Lei n.º 23/2012, de 25 de Junho, pretendeu-se adoptar, entre outras, algumas medidas de simplificação administrativa, reduzindo alguns procedimentos burocráticos impostos às empresas. No que às informações a prestar pela empresa diz respeito foi aligeirado o conteúdo das comunicações antes do início da actividade da empresa, ou em caso de alteração.

3. Como resulta do texto inicial do n.º 1 os deveres do empregador previstos neste artigo 127.º são exemplificativos.

4. Nos termos da alínea a) do n.º 1, o empregador deve respeitar e tratar com urbanidade e probidade o trabalhador. Na doutrina este dever é designado apenas por dever de urbanidade. Trata-se de um dever de tratamento cordato que abrange não só a linguagem verbal, mas também a linguagem gestual e mesmo a conduta fora do local de trabalho. Este dever resulta desde logo do princípio da dignidade da pessoa humana, que é um princípio estruturante e matriz de vários direitos constitucionalmente consagrados, impondo-se igualmente na relação laboral, exigindo ao empregador que conceda ao trabalhador um tratamento assente na dignidade da pessoa humana. A violação deste dever pode mesmo permitir que o trabalhador resolva o contrato de trabalho com fundamento numa justa causa subjectiva, ou seja, na verificação de um situação imputável a título de culpa ao empregador, caso se verifique uma ofensa à integridade física ou moral, liberdade, honra ou dignidade do trabalhador, punível por lei, praticada pelo empregador ou seu representante, cfr. alínea f) do n.º 2 do artigo 394.º, o que conferirá ainda ao trabalhador o direito à indemnização prevista no artigo 396.º A própria alínea f) do n.º 2 do artigo 394.º determina agora expressamente que constitui justa causa de resolução do contrato pelo trabalhador a ofensa à integridade física ou moral, liberdade, honra ou dignidade do trabalhador, punível por lei, incluindo a prática de assédio denunciada ao serviço com competência inspetiva na área laboral, praticada pelo empregador ou seu representante.

5. De acordo com a alínea b) do n.º 1, a retribuição do trabalhador deve ser justa e adequada ao trabalho. Além disto, a retribuição do trabalhador está ainda sujeita ao princípio da igualdade. Um dos princípios fundamentais do direito do trabalho, com consagração constitucional na alínea a) do n.º 1 do artigo 59.º da Constituição da República Portuguesa é o de que a trabalho igual, salário igual. Neste Código do Trabalho é repetido no artigo 270.º Este princípio concretiza, no que diz respeito à retribuição do trabalho, o princípio da igualdade, consagrado na Lei Fundamental, cfr. artigo 13.º da Constituição da República Portuguesa, e traduz-se em termos simples, no entendimento que o trabalho igual em natureza, qualidade e quantidade, deve ser remunerado com o mesmo salário. O princípio da igualdade retributiva não significa contudo uma igualdade absoluta em todas as circunstâncias, nem obsta ou proíbe um tratamento diferenciado. O que se exige é que a diferenciação seja materialmente fundada, sob o ponto de vista da segurança jurídica e não se baseia em qualquer motivo inadmissível em termos legais. Assim, a diferenciação de tratamento é aceitável quando se baseia numa distinção objectiva de situações, não se fundamente em qualquer dos motivos indicados no n.º 2, do artigo 13.º da Constituição (distinção em razão de ascendência, sexo, raça, língua, território de origem, religião, convicções políticas ou ideológicas, instrução, situação económica, condição social ou orientação sexual), tenha um fim legítimo e se revele necessária, adequada e proporcionada à satisfação do objectivo que se pretende atingir. Desta forma, apenas haverá violação do princípio da igualdade em termos retributivos, se a diferenciação não resultar de critérios objectivos, isto é, se o trabalho prestado pelo trabalhador, independentemente da categoria profissional que lhe é atribuída, não for igual ao dos restantes trabalhadores, não só quanto à natureza, mas também qualidade e quantidade.

Quando se verifique uma situação de falta de pagamento pontual da retribuição, o trabalhador pode fazer cessar o contrato de trabalho, resolvendo-o, cfr. alínea a) do n.º 2 e alínea c) do n.º 3 do artigo 394.º, para o qual se remete, bem como para as respectivas anotações.

6. Nos termos da alínea c) do n.º 1 é dever do empregador proporcionar boas condições de trabalho, do ponto de vista físico e moral. Em resultado deste dever, a alínea c) do n.º 1 do artigo 129.º proibe que o empregador exerça pressão sobre o trabalhador para que actue no sentido de influir desfavoravelmente nas condições de trabalho dele ou dos companheiros.

7. Por determinação da alínea d) do n.º 1, o empregador tem o dever de contribuir para a elevação da produtividade e empregabilidade do trabalhador, nomeadamente proporcionando-lhe formação profissional adequada a desenvolver a sua qualificação, dever que é repetido nas alíneas a) e b) do n.º 1 do artigo 131.º Por contraposição a este dever, o trabalhador tem o dever de participar de modo diligente em acções de formação profissional que lhe sejam proporcionadas pelo empregador, cfr. alínea d) do n.º 1 do artigo 128.º A formação profissional encontra-se prevista no artigo 130.º e segs.

8. De acordo com a alínea e) do n.º 1, o empregador deve respeitar a autonomia técnica do trabalhador que exerça actividade cuja regulamentação ou deontologia profissional a exija, dever que já resultava do disposto no artigo 116.º, segundo o qual, a sujeição à autoridade e direcção do empregador não prejudica a autonomia técnica do trabalhador inerente à actividade prestada, nos termos das regras legais ou deontológicas aplicáveis. Explicita-se pois, na alínea e) do n.º 1 deste artigo 127.º que a autonomia técnica deve prevalecer sobre o poder de direcção do empregador.

9. A alínea f) do n.º 1 determina que constitui um dever do empregador possibilitar o exercício de cargos em estruturas representativas dos trabalhadores. Nos termos das alíneas a), b), c) e d) do artigo 404.º, constituem estruturas de representação colectiva dos trabalhadores as associações sindicais, as comissões de trabalhadores e subcomissões de trabalhadores, os representantes dos trabalhadores para a segurança e saúde no trabalho, e outras estruturas previstas em lei específica, designadamente conselhos de empresa europeus. Além destas, há ainda outras estruturas de representação colectiva dos trabalhadores em lei avulsa, como o conselho de trabalhadores numa sociedade anónima europeia, cfr. n.º 1 do artigo 2.º do Decreto-Lei n.º 215/2005, de 13 de Dezembro. Trata-se de permitir que o trabalhador participe nas actividades das estruturas representativas, de modo a que possa através destas exercer direitos que àquelas estruturas são atribuídos por lei, em sentido de influenciar a melhoria das condições de trabalho.

10. Nos termos da alínea g) do n.º 1, o empregador tem o dever prevenir riscos e doenças profissionais, tendo em conta a protecção da segurança e saúde no trabalho, devendo indemnizá-lo dos prejuízos resultantes de acidentes de trabalho. A prevenção e reparação de acidentes de trabalho e doenças profissionais é matéria prevista no artigo 281.º e segs., onde é desenvolvida, sendo regulada em legislação específica como determinado no artigo 284.º, através da Lei n.º 102/2009, de 10 de Setembro, que estabelece o regime jurídico da segurança e saúde no trabalho, e a Lei n.º 98/2009, de 4 de Setembro, que regulamenta o regime de reparação de acidentes de trabalho e de doenças profissionais.

11. De acordo com a alínea h) do n.º 1, o empregador tem também o dever adoptar em matéria de segurança e saúde no trabalho, as medidas que estabelecidas nas disposições legais ou em instrumento de regulamentação colectiva de trabalho aplicável. Constituem instrumentos de regulamentação colectiva de trabalho, cfr. n.os 2, 3 e 4 do artigo 2.º, a convenção colectiva (que pode ser um contrato colectivo, acordo colectivo, ou um acordo de empresa), o acordo de adesão, a decisão arbitral, a portaria de extensão, e a portaria de condições de trabalho. A segurança e saúde no trabalho, tal como referido na anotação anterior, encontra-se prevista no artigo 281.º e segs., bem como na Lei n.º 102/2009, de 10 de Setembro, que estabelece o regime jurídico da segurança e saúde no trabalho.

Por contraposição ao dever previsto na alínea h) do n.º 1, e de acordo com a alínea j) do n.º 1 do artigo 128.º, o trabalhador tem o dever de cumprir as prescrições sobre segurança e saúde no trabalho que decorram da lei ou de instrumento de regulamentação colectiva de trabalho aplicável.

12. O dever que incide sobre o empregador estabelecido na alínea i) do n.º 1, de acordo com o qual o empregador deve fornecer ao trabalhador a informação e a formação adequadas à prevenção de riscos de acidente ou doença é desenvolvido no artigo 282.º, e por força deste último na legislação específica para a qual remete o artigo 284.º, para os quais se remetem, bem como para as respectivas anotações.

13. No registo dos trabalhadores a que se refere a alínea j) do n.º 1 devem ainda constar, com excepção da sanção de repreensão, e da sanção de despedimento sem indemnização ou compensação, as demais sanções previstas nos n.os 1 e 2 do artigo 328.º Dois são os motivos para que este registo seja completado com estas informações. Um primeiro por este registo constituir um documento onde consta toda a informação do trabalhador, como se infere da própria alínea j), o qual é consultado pelo empregador quando pretende, entre outros, negociar com o trabalhador a atribuição de maiores responsabilidades na prestação do trabalho, premiá-lo com uma remuneração superior, aferir do absentismo ou não do trabalhador, designadamente para efeitos do cômputo do número de faltas não justificadas em cada ano civil, cfr. alínea g) do n.º 2 do artigo 351.º, sendo através deste registo que o empregador conhece, em termos sintéticos, o trabalhador. Não fazer constar deste registo as sanções disciplinares de repreensão registada, de sanção pecuniária, de perda de dias de férias e de suspensão do trabalho com perda de retribuição e de antiguidade, é incorrer desnecessariamente em possibilidade de extravio de informação, não existindo nenhuma norma que impeça a concentração, pelo empregador, destas sanções neste registo. Por outro lado, a sanção pecuniária, de perda de dias de férias e de suspensão do trabalho com perda de retribuição e de antiguidade são sanções que influem directamente na retribuição (a sanção pecuniária e a sanção de suspensão do trabalho) ou na duração das férias (sanção de perda de dias de férias), pelo que ainda que se entendesse não poder constar neste registo dos trabalhadores a sanção disciplinar aplicada, a realidade é que esse entendimento só conseguiria vedar à referência à sanção de repreensão registada. Quando à sanção disciplinar de repreensão, sendo um mero admoestamento não poderá constar deste registo, sendo que a sanção de despedimento sem indemnização ou compensação também não deverá constar deste registo, uma vez que tornando-se o despedimento eficaz logo que chega ao conhecimento do trabalhador ou é dele conhecida, cfr. n.º 7 do artigo 357.º, determinando a cessação do contrato, esta cessação é incompatível com o dever de actualização que incide sob o registo: se perdeu a qualidade de trabalhador não deve constar do registo dos trabalhadores.

14. A alínea k) do n.º 1 impõe que cada empregador, em empresa que tenha um minimo de 7 trabalhadores, faça aprovar códigos de boa conduta em matéria de prevenção e combate ao assédio no trabalho.

15. A alínea l) do n.º 1 impõe uma conduta ao empregador, encontrando-se este obrigado a fazer uso do poder disciplinar, cfr. artigo 98.º e artigos 328.º e segs., quando lhe chegar ao conhecimento, alegadas situações de assédio no trabalho. Ou seja, em matéria de exercício disciplinar a alínea l) do n.º 1 consagra um entendimento único, inexistindo qualquer outra norma semelhante, determinando a obrigatoriedade do empregador dar inicio a um procedimento disciplinar, sempre que tenha informação de que possam ter sido praticados comportamentos que possam ser entendidos como assédio. Sobre a definição de assédio, ver n.º 2 do artigo 29.º

O poder disciplinar enquanto manifestação de autoridade compreende a faculdade de exercício, como a decisão de não o exercer. A alínea l) do n.º 1 vem instituir uma excepção ao princípio de livre opção por parte do empregador, ao impor um dever de conduta.

O modo como o empregador obtém o conhecimento de alegadas práticas de assédio parece ser indiferente, tanto podendo através de uma comunicação escrita, como verbal, pela própria vitima, pelo seu representante, por testemunha, pelo próprio infractor, como por qualquer outro meio.

Note-se que a alínea l) do n.º 1 apesar de obrigar o empregador a iniciar um procedimento disciplinar, não impõe que no seu final, o empregador venha a decidir aplicar uma sanção disciplinar, podendo o procedimento ser concluído com um arquivamento.

16. O disposto nos n.os 2 e 3 têm por fundamento o princípio da dignidade da pessoa humana consagrado desde logo na Constituição da República Portuguesa.

17. O n.º 2 determina que o empregador se acha submetido a um princípio geral, o da adaptação do trabalho à pessoa, na organização do trabalho, e que tem reflexos em vários preceitos do Código do Trabalho. É o que sucede, por exemplo, relativamente às interrupções que se consideram compreendidas no tempo de trabalho, cfr. n.º 2 do artigo 197.º

18. O n.º 3 repete o que já se achava consagrado na alínea b) do n.º 1 do artigo 59.º da Constituição da República Portuguesa: "Todos os trabalhadores, sem distinção de idade, sexo, raça, cidadania, território de origem, religião, convicções políticas ou ideológicas, têm direito a organização do trabalho em condições socialmente dignificantes, de forma a facultar a realização pessoal e a permitir a conciliação da actividade profissional com a vida familiar.". Reconhecendo a importância da conciliação, consagrou-se na alínea h) do n.º 2 do artigo 67.º da Constituição da República Portuguesa, que: "Incumbe, designadamente, ao Estado para protecção da família: promover, através da concertação das várias políticas sectoriais, a conciliação da actividade profissional com a vida familiar.". De modo a assegurar a conciliação, várias são as normas que impõem limites à duração e à organização do trabalho, estabelecidas no artigo 197.º e segs., tendo em vista permitir a recuperação física e psíquica, condições de disponibilidade pessoal, integração na vida familiar e participação social e cultural do trabalhador.

19. O n.º 4 determina que o empregador publicite nas instalações da empresa informação sobre a legislação relativa à parentalidade. Trata-se de um dever que já havia sido previsto no artigo 67.º da Lei n.º 35/2004, de 29 de Julho, e que com a aprovação do Código do Trabalho através da Lei n.º 7/2009 desapareceu, até ser novamente consagrado com a Lei n.º 120/2015, de 1 de Setembro. Sobre a parentalidade vejam-se os artigos 33.º e seguintes.

O dever de afixação previsto no n.º 4 destina-se a permitir aos trabalhadores que estes conheçam efectivamente os seus direitos e deveres em matéria de parentalidade. Da redacção do n.º 4 resulta desde logo que ao empregador não é permitido somente divulgar a informação em matéria de parentalidade na intranet da empresa (rede interna de partilha de ficheiros e gestão de conhecimento da empresa), ou mesmo no website (sitio na Internet) da empresa. Simultaneamente por efeito deste n.º 4, não cumpre o dever de afixação o empregador que apenas divulgue a informação relativa à parentalidade através de documento electrónico, ou seja, por documento elaborado mediante processamento electrónico de dados, enviado por correio electrónico (e-mail) para os endereços electrónicos dos trabalhadores da empresa.

O dever de afixação pressupõe que a informação relativa aos direitos dos trabalhadores em matéria de parentalidade seja efectivamente publicitada através da sua colocação em lugar visível do local de trabalho dos trabalhadores, o que pode ser cumprido se a mesma for colocada, por mera reprodução dos preceitos correspondentes deste Código do Trabalho, e ainda do Decreto-Lei n.º 91/2009, de 9 de Abril, alterado pelos Decretos-Leis n.ºs 70/2010, de 16 de Junho, e 133/2012, de 27 de Junho, pela Lei n.º 120/2015, de 1 de Setembro, pelos Decretos-Leis n.ºs 53/2018, de 2 de Julho, e 84/2019, de 28 de Junho, e pela Lei n.º 90/2019, de 4 de Setembro, ou através de documento explicativo, numa parede acessível a todos.

No que se refere aos montantes dos subsídios previstos no Decreto-Lei n.º 91/2009, veja-se também a Lei n.º 7/2016, de 17 de Março, que determina que nas regiões autónomas da Madeira e dos Açores exista uma majoração de 2%.

Em alternativa à afixação, o n.º 4 permite que toda a informação sobre a legislação relativa à parentalidade seja feita no regulamento interno. Sobre este veja-se o artigo 99.º e as respectivas anotações.

20. O serviço com competência inspectiva do ministério responsável pela área laboral, referido no n.º 5, é, actualmente, a Autoridade para as Condições do Trabalho, cfr. alínea a) do n.º 2 do artigo 11.º do Decreto-Lei n.º 167-C/2013, de 31 de Dezembro, alterado pelo Decreto-Lei n.º 28/2015, de 10 de Fevereiro, que aprovou a Lei Orgânica do Ministério da Solidariedade, Emprego e Segurança Social, e alínea a) do n.º 2 do artigo 2.º do Decreto Regulamentar n.º 47/2012, de 31 de Julho, que aprovou a orgânica da Autoridade para as Condições do Trabalho, nos termos das quais a Autoridade para as Condições do Trabalho prossegue, entre outras, a atribuição de fiscalizar o cumprimento das disposições legais, regulamentares e convencionais respeitantes às relações de trabalho.

21. O fundo de compensação do trabalho referido no n.º 5 é um fundo destinado a assegurar o direito dos trabalhadores ao recebimento efetivo de metade do valor da compensação devida por cessação do contrato de trabalho, calculada nos termos do artigo 366.º, cfr. n.º 1 do artigo 3.º da Lei n.º 70/2013, de 30 de Agosto, alterada pelo Decreto-Lei n.º 210/2015, de 25 de Setembro, sendo esta Lei a legislação específica referida na parte final deste mesmo n.º 5. Este fundo é um fundo de adesão individual e obrigatória, pelo empregador, e ainda de contribuição obrigatória também por parte do empregador. O próprio empregador pode aderir a mecanismo equivalente (ME), em alternativa à adesão ao fundo de compensação do trabalho, desde que se vincule a conceder ao trabalhador, através do mecanismo equivalente, garantia igual à que resultaria da vinculação do empregador ao fundo de compensação do trabalho. O mecanismo equivalente apenas pode ser constituído pelo empregador junto de instituições sujeitas a supervisão do Banco de Portugal ou do Instituto de Seguros de Portugal, e na condição de aquelas instituições se encontrarem legalmente autorizadas a exercer a gestão e comercialização desse instrumento, cfr. n.º 7 do artigo 36.º da Lei n.º 70/2013, de 30 de Agosto.

Com efeito, em caso de despedimento colectivo, o trabalhador tem direito a uma compensação, compensação esta que nos contratos de trabalho celebrados a partir de 1 de Outubro de 2013 é suportada integralmente pelo empregador, cfr. n.º 3 do artigo 366.º e n.º 1 do artigo 33.º da Lei n.º 70/2013, de 30 de Agosto. Em qualquer caso de cessação do contrato de trabalho o empregador pode solicitar ao fundo de compensação do trabalho, com uma antecedência máxima de 20 dias relativamente à data da cessação do contrato de trabalho, o reembolso do saldo da conta de registo individualizado do respectivo trabalhador, incluindo a eventual valorização positiva. Caso a cessação do contrato de trabalho não determine a obrigação de pagamento de compensação calculada nos termos do artigo 366.º, como sucede quando o trabalhador é despedido na sequência de um procedimento disciplinar, o valor reembolsado pelo fundo de compensação do trabalho reverte para o empregador, cfr. n.ºs 1 e 3 do artigo 34.º da Lei n.º 70/2013.

Sempre que o empregador não efetue, total ou parcialmente, o pagamento da compensação por si devida, o trabalhador pode accionar o fundo de garantia de compensação do trabalho, pelo valor necessário à cobertura de metade do valor da compensação, cfr. n.º 2 do artigo 33.º da Lei n.º 70/2013.

A compensação devida ao trabalhador abrangido por um despedimento colectivo supra referida é também aplicável ao trabalhador que seja abrangido por um despedimento por extinção de posto de trabalho, e ao trabalhador que seja abrangido por um despedimento por inadaptação, de acordo com o estabelecido nos artigos 372.º e 379.º, respectivamente, valendo igualmente nestes outros dois despedimentos o que se referiu relativamente à compensação no despedimento colectivo.

Note-se que nos termos do artigo 12.º da Lei n.º 70/2013, o valor das entregas a efectuar pelo empregador ao fundo de compensação do trabalho estão fixadas em 0,925% da retribuição base e diuturnidades, devidas a cada trabalhador abrangido, e, relativamente ao fundo de garantia de compensação do trabalho em 0,075% da retribuição base e diuturnidades, devidas a cada trabalhador abrangido pelo fundo de compensação do trabalho ou por mecanismo equivalente. As entregas são efectuadas mensalmente, doze vezes por ano.

Os procedimentos e os elementos necessários à operacionalização do fundo de compensação do trabalho e do fundo de garantia de compensação do trabalho foram definidos na Portaria n.º 294-A/2013, de 30 de Setembro.

22. Além dos deveres previstos nos n.os 6 e 7 deste artigo 127.º, há ainda outros que o empregador deve cumprir. Nos termos do artigo 32.º da Lei n.º 105/2009, de 14 de Setembro, alterada pelas Leis n.os 60/2018, de 21 de Agosto, e 93/2019, de 4 de Setembro, que regulamenta este Código do Trabalho, o empregador deve prestar anualmente, por meio informático, informação sobre a actividade social da empresa, nomeadamente sobre remunerações, duração do trabalho, trabalho suplementar, contratação a termo, formação profissional, segurança e saúde no trabalho e quadro de pessoal.

23. Sobre os deveres do empregador *vide* Bernardo Lobo Xavier, *Manual de Direito do Trabalho*, Verbo, 2011, página 442 e segs., e António Monteiro Fernandes, *Direito do Trabalho*, 15.ª Edição, Almedina, Abril 2010, página 293 e segs.

ARTIGO 128.º – Deveres do trabalhador

1 – Sem prejuízo de outras obrigações, o trabalhador deve:

a) Respeitar e tratar o empregador, os superiores hierárquicos, os companheiros de trabalho e as pessoas que se relacionem com a empresa, com urbanidade e probidade;

b) Comparecer ao serviço com assiduidade e pontualidade;

c) Realizar o trabalho com zelo e diligência;

d) Participar de modo diligente em acções de formação profissional que lhe sejam proporcionadas pelo empregador;

e) Cumprir as ordens e instruções do empregador respeitantes a execução ou disciplina do trabalho, bem como a segurança e saúde no trabalho, que não sejam contrárias aos seus direitos ou garantias;

f) Guardar lealdade ao empregador, nomeadamente não negociando por conta própria ou alheia em concorrência com ele, nem divulgando informações referentes à sua organização, métodos de produção ou negócios;

g) Velar pela conservação e boa utilização de bens relacionados com o trabalho que lhe forem confiados pelo empregador;

h) Promover ou executar os actos tendentes à melhoria da produtividade da empresa;

i) Cooperar para a melhoria da segurança e saúde no trabalho, nomeadamente por intermédio dos representantes dos trabalhadores eleitos para esse fim;

j) Cumprir as prescrições sobre segurança e saúde no trabalho que decorram de lei ou instrumento de regulamentação colectiva de trabalho.

2 – O dever de obediência respeita tanto a ordens ou instruções do empregador como de superior hierárquico do trabalhador, dentro dos poderes que por aquele lhe forem atribuídos.

1. Este preceito corresponde ao artigo 121.º do anterior Código do Trabalho, aprovado pela Lei n.º 99/2003.

2. Como resulta do texto inicial do n.º 1 os deveres do trabalhador previstos neste artigo 128.º são exemplificativos.

3. A violação dos deveres laborais consagrados neste preceito pode consubstanciar uma infracção disciplinar, o que fundamenta o exercício do poder disciplinar, cfr. artigo 98.º

4. Este preceito não deve perder de vista o artigo 351.º Os deveres compilados neste artigo 128.º são susceptíveis de, em caso de violação de apenas um deles, poder tornar imediata e praticamente impossível a subsistência da relação de trabalho – a designada justa causa –, desde que as circunstâncias permitam depreendê-lo. O artigo 351.º oferece também exemplos, mas agora de comportamentos do trabalhador que constituem justa causa, de violação dos deveres laborais.

5. Nos termos da alínea a) do n.º 1, o trabalhador deve respeitar e tratar com urbanidade e probidade o empregador, os superiores hierárquicos, os companheiros de trabalho e as demais pessoas que se relacionem com a empresa. Na doutrina é designado apenas por dever de urbanidade. Trata-se de um dever de tratamento cordato que abrange não só a linguagem verbal, mas também a linguagem gestual, a higiene, o vestuário e até a conduta fora do local de trabalho. Viola este dever o trabalhador que dirige palavras insultuosas a alguma das pessoas ali mencionadas, ou que pretende ofendê-las. Este dever está intrinsecamente ligado à prática corrente no local de trabalho, sendo tanto mais grave quanto a conduta habitual nesse local for de rectidão e formação moral das pessoas que por aí passam ou aí exercem o seu trabalho, já sendo de menor gravidade ou até desculpável disciplinarmente quando se constata que se generalizaram entre os trabalhadores, e mesmo entre estes e o empregador, práticas de desleixo e incúria. Ou seja, sendo corrente o tratamento insultuoso entre colegas e superiores hierárquicos, o trabalhador que adopte semelhante comportamento não deixará de violar o dever de urbanidade, mas fá-lo-á de forma que é, à partida, de gravidade diminuta. A ausência ou insuficiência de cortesia no atendimento a clientes recai na violação deste preceito normativo. A violação deste dever pode mesmo constituir motivo para tornar a manutenção da relação de trabalho impossível, quando o trabalhador provoque repetidamente conflitos com outros trabalhadores da empresa, cfr. alínea c) do n.º 2 do artigo 351.º ou quando pratique, no âmbito da empresa, violência física, injúrias ou outras ofensas punidas por lei sobre trabalhadores da empresa, elementos dos corpos sociais ou o empregador individual não pertencente aos mesmos órgãos, seus delegados ou representantes, cfr. alínea i) do n.º 2 do artigo 351.º Assim entendido, a violação do dever de urbanidade afere-se tendo em conta o caso concreto.

6. Nos termos da alínea b) do n.º 1, o trabalhador deve também comparecer ao serviço com assiduidade e pontualidade. Na doutrina este dever é designado apenas por dever de assiduidade. Trata-se de um corolário do próprio contrato de trabalho. Por força deste último o empregador assegura a disponibilidade da força de trabalho dentro de certo período e em determinado local. Consequentemente, a disponibilidade que o trabalhador coloca para aproveitamento do empregador só poderá ser eficaz se a este último for permitido utiliza-la em momento e local previamente fixados, o que obsta a que aquela disponibilidade seja oferecida segundo a mera vontade do trabalhador. Assim, deve o trabalhador apresentar-se de modo contínuo para prestar o trabalho, e em regra, observando as horas de início e de termo do período normal de trabalho diário, ou jornada de trabalho, cfr. artigo 200.º Só assim não será quando se verifique um motivo juridicamente atendível, e desde que a não apresentação do trabalhador – a ausência – seja comunicada ao empregador, cfr. artigo 255.º, o que tem por efeito desresponsabilizar o trabalhador. Neste sentido, o n.º 1 do artigo 255.º é peremptório, ao estabelecer que, em regra, a falta justificada não afecta qualquer direito do trabalhador. Viola este dever o trabalhador que consecutivamente falta ao trabalho, bem como aquele que sucessivamente inicia a prestação de trabalho com atrasos. De acordo com o n.º 4 do artigo 256.º, no caso de apresentação do trabalhador com atraso injustificado superior a trinta minutos, o empregador pode não aceitar a prestação do trabalho durante essa parte do período normal de trabalho (por exemplo durante a manhã), enquanto que se o atraso for superior a sessenta minutos e se se tratar de início do trabalho diário, o empregador pode recusar a prestação do trabalho durante todo o período normal de trabalho, ficando o trabalhador consequentemente com uma falta por um dia. Quando a ausência do trabalhador seja por períodos inferiores ao período normal de trabalho diário, os respectivos tempos são adicionados para determinação da falta, cfr. n.º 2 do artigo 248.º A violação do dever de assiduidade pode mesmo constituir motivo para tornar a manutenção da relação de trabalho inexigível, quando determine directamente prejuízos ou riscos graves para a empresa, ou quando o número de faltas injustificadas atinja 5, em cada ano civil, ou 10 faltas intercaladas, cfr. alínea g) do n.º 2 do artigo 351.º Assim, viola com gravidade o dever de assiduidade a trabalhadora que, desempenhando funções de secretária, falta injustificadamente no dia em que se realiza uma reunião com um cliente que iria contratar com a empresa, determinando essa falta um atraso significativo ou mesmo o adiamento da reunião, por a trabalhadora possuir no computador que lhe estava distribuído material essencial à realização da reunião, assim comprometendo a imagem de profissionalismo da empresa.

7. O trabalhador encontra-se igualmente adstrito ao dever de realizar o trabalho com zelo e diligência, cfr. alínea c) do n.º 1. Trata-se de um dever genérico de cuidado, que pressupõe que o trabalhador realiza o trabalho no interesse do empregador. Têm-se pacificamente entendido, quer na doutrina, quer na jurisprudência, que o grau de diligência se afere segundo o critério de um bom pai de família, ou seja, em face das circunstâncias de cada caso, o que, no quadro da relação jurídica laboral, significa um trabalhador normal, colocado perante o condicionalismo concreto em apreciação. Violará este o trabalhador que for detectado a conduzir um veículo automóvel do empregador em excesso de velocidade; o trabalhador que decida proceder à limpeza de um móvel eléctrico utilizando água proveniente de uma mangueira de incêndio, provocando a carbonização dos respectivos motores; o trabalhador que, desempenhando as suas funções numa peixaria, envia para o lixo produtos que se apresentavam em condições de ser comercializados, etc.. A violação deste dever pode mesmo constituir motivo para tornar a manutenção da relação de trabalho imediatamente impossível, quando o trabalhador revele desinteresse repetido pelo cumprimento, com a diligência devida, de obrigações inerentes ao exercício do cargo ou posto de trabalho a que está afecto, cfr. alínea d) do n.º 2 do artigo 351.º, ou quando lese interesses patrimoniais sérios da empresa, cfr. alínea e) do mesmo n.º 2 do artigo 351.º

Entendeu a propósito deste dever, embora ainda no âmbito do Código do Trabalho aprovado pela Lei n.º 99/2003, o Acórdão do Supremo Tribunal de Justiça, de 17 de Junho de 2009, processo 08S3698, documento SJ200906170036984, sumários em www.dgsi.pt, que: "Incorre em violação grave do dever de executar o trabalho com zelo e diligência, consignado no artigo 121.º, n.º 1, alínea c), daquele Código, preenchendo a previsão da alínea d) do n.º 3 do artigo 396.º do mesmo diploma, o trabalhador que, exercendo funções de Controlador de Tráfego de transporte público colectivo de passageiros, incumprindo instruções da empregadora, segundo as quais deveria entregar o dinheiro das multas cobradas e, bem assim, os respectivos autos de notícia e os documentos anexos aos recibos de multa, devidamente preenchidos, no prazo de três dias após a autuação ao passageiro encontrado sem título de transporte, excede, largamente, por três vezes, esse prazo, retendo as importâncias cobradas, e, por duas vezes, omite o preenchimento dos documentos anexos aos recibos de multa, para recolha de informação necessária à elaboração dos autos de notícia, e onde são mencionados, designadamente, os dados relativos à carreira, autocarro, e hora a que são passadas as multas, o que impossibilitou que tais elementos constassem dos respectivos autos de notícia.".

8. Por determinação da alínea d) do n.º 1, o trabalhador tem o dever de participar de modo diligente em acções de formação profissional que lhe sejam proporcionadas pelo empregador. Corresponde à contraposição do dever que incide sobre o empregador de contribuir para a elevação da produtividade e empregabilidade do trabalhador, nomeadamente proporcionando-lhe formação profissional adequada a desenvolver a sua qualificação, cfr. alínea d) do n.º 1 do artigo 127.º e alíneas a) e b) do n.º 1 do artigo 131.º Assim, deve não só o trabalhador apresentar-se em acção de formação que lhe seja facultada pelo empregador, como participar na mesma de modo interessado. Viola este dever o trabalhador que sem a ocorrência de um motivo juridicamente atendível falte à acção de formação profissional, ou não faltando, revele ostencivamente ausência de empenho na mesma.

9. Na alínea e) do n.º 1 estabelece-se o dever do trabalhador cumprir as ordens e instruções do empregador respeitantes a execução ou disciplina do trabalho, bem como a segurança e saúde no trabalho, que não sejam contrárias aos seus direitos ou garantias. Na doutrina este dever é designado apenas por dever de obediência.

É uma decorrência do poder de direcção previsto no artigo 97.º, de acordo com o qual, compete ao empregador estabelecer os termos em que o trabalho deve ser prestado, dentro dos limites do contrato e das normas que o regem. Consequentemente, o dever de obediência não pode por isso ser livremente condicionado pelo trabalhador, como entendeu o Acórdão do Supremo Tribunal de Justiça, de 7 de Dezembro de 2005, processo 05S1919, documento n.º SJ200512070019194, sumários em www.dgsi.pt: "Não resultando dos autos qualquer razão justificativa para a autora exigir uma ordem por escrito, o condicionamento do dever de obediência à observância da forma escrita, equivale a uma recusa de cumprimento da ordem.". Assim, o trabalhador tem o dever geral de obediência ao empregador, que há-de poder conformar a prestação do trabalho nos moldes que entender, observando os limites impostos pela lei, com o intuito de obter um resultado. Este dever de obediência respeita tanto a ordens ou instruções dadas directamente pelo empregador como às emanadas dos superiores hierárquicos do trabalhador, dentro dos poderes que por aquele lhe foram atribuídos, cfr. n.º 2.

O dever de obediência do trabalhador em matéria de segurança e saúde no trabalho encontra-se ainda previsto no n.º 7 do artigo 281.º

O dever de obediência não é absoluto, admitindo-se que em determinadas situações o trabalhador possa desobedecer a uma ordem, sem que tal configure ilicitude. Este é o sentido desde logo da parte final da alínea e) do n.º 1, que determina que o dever de cumprir as ordens e instruções se confina às que não sejam contrárias aos direitos e garantias do trabalhador. Assim, configurará uma ordem ilegítima aquela que determinar que o trabalhador passe a prestar o seu trabalho noutro local consubstanciando uma transferência ao arrepio do disposto no artigo 194.º, cfr. alínea f) do n.º 1 do artigo 129.º, a ordem para que o trabalhador adquira bens ou produtos ao próprio empregador, ou a pessoa por este indicada, cfr. alínea h) do n.º 1 do artigo 129.º, a ordem com proveniência em quem não tinha competência para a dar, etc..

Em sentido oposto, viola este dever de obediência o trabalhador que, tendo recebido ordem para entregar um documento a um cliente, não o faz. Nos termos da alínea a) do n.º 2 do artigo 351.º, a desobediência ilegítima às ordens dadas por responsáveis hierarquicamente superiores, que incluem obrigatoriamente o empregador, é fundamento para tornar a relação laboral imediata e praticamente impossível.

10. Nos termos da alínea f) do n.º 1, o trabalhador encontra-se igualmente submetido ao dever de guardar lealdade ao empregador, nomeadamente não negociando por conta própria ou alheia em concorrência com ele, nem divulgando informações referentes à sua organização, métodos de produção ou negócios. Na doutrina este dever é simplesmente designado por dever de lealdade. Da redacção da própria norma resulta que o legislador entendeu premente consagrar, em termos exemplificativos, duas situações que integram a violação do dever de lealdade por parte do trabalhador: não negociar por conta própria ou alheia em concorrência com o empregador, nem divulgar informações referentes à organização, métodos de produção ou negócios. Consubstanciam-se, pois, duas obrigações que se acham abrangidas pelo dever de lealdade: a obrigação de não concorrência, e a obrigação de sigilo.

O dever de lealdade caracteriza-se assim por constituir um dever geral de lealdade que deve estar presente em toda e qualquer relação de trabalho subordinado, e que impõe ao trabalhador que nas relações com o empregador aja com franqueza e honestidade, de acordo com a boa fé que deve presidir à execução do contrato, cfr. 1 do artigo 126.º e n.º 2 do artigo 762.º do Código Civil. Neste sentido entendeu o Acórdão do Supremo Tribunal de Justiça, de 22 de Abril de 2009, processo 09S0153, documento SJ2009042201534, sumários em www.dgsi.pt.

Viola o dever de lealdade quem utiliza recursos do empregador, em proveito próprio, sem autorização expressa ou tácita, como quando alguém utiliza a fotocopiadora, sem autorização, para fotocopiar documentos que irão instruir um processo de crédito do próprio trabalhador; quem se apropria de bens do empregador, independentemente do seu valor, o trabalhador que, apercebendo-se do perigo de derrocada de parte do armazém onde desempenha o seu trabalho, não dá conhecimento desse facto ao empregador, para que este possa eliminar o risco de acidente, etc..

O conceito de concorrência constitui um conceito indeterminado, que se afere tendo em conta o caso concreto e a realidade económica do momento. Pressupõe que a actividade de um agente económico afecte a actividade de um outro agente económico, através do pleito de uma das empresas pelos mesmos meios de que se socorre a outra empresa, com a finalidade de obtenção de uma posição vantajosa no mercado, em detrimento da restante empresa. A disputa pode por isso visar matérias-primas, produtos, fornecedores, distribuidores, trabalhadores, etc., sendo frequente que se refira directamente à clientela, ou quando não o é objectivamente, este é o fim último da disputa, porquanto é a clientela que assegura a permanência da empresa no mercado. A concorrência pode ser total, em termos de coincidir integralmente com a actividade da empresa, ou parcial, quando incide apenas sobre uma parte da actividade da empresa. Como entendeu o Acórdão do Supremo Tribunal de Justiça, de 9 de Abril de 2008, processo 07S3388, documento SJ20080409033884, sumários em www.dgsi.pt: "A violação do dever de lealdade, através da criação de uma situação de concorrência pelo trabalhador, não exige ou implica a efectividade de prejuízos para o empregador em causa, nem o efectivo desvio de clientela, sendo suficiente que esse desvio seja potencial, isto é, não é imperioso que se verifique a prática efectiva de negócios, bastando que o comportamento do trabalhador seja meramente preparatório ou de molde a criar a expectativa de uma actividade concorrencial. O referido dever de lealdade é tanto mais acentuado quanto mais extensas e qualificadas forem as funções desempenhadas pelo trabalhador, sendo particularmente elevado o grau de confiança exigível a um trabalhador colocado em posição cimeira na hierarquia da empresa.". Significa isto que para que se verifique uma situação de concorrência relevante para a aplicação da alínea f) deste n.º 1, não se exige um dano, mas tão só a potencialidade da sua ocorrência, consubstanciando-se a concorrência, em termos laborais, numa infracção de perigo. Caso o empregador confira, ainda que o faça tacitamente, o seu consentimento a uma situação de concorrência, inexiste violação do dever de lealdade.

Para que se verifique uma situação de concorrência é indiferente que o trabalhador se tenha organizado em empresa que concorra com o empregador, ou que o faça por si só. Não se veda, por efeito desta alínea e) do n.º 1, que o trabalhador exerça outras actividades cumulativamente com a actividade subordinada – o que constitui pluriemprego, cfr. n.º 1 do artigo 80.º – desde que o faça fora do local e do horário de trabalho, que a actividade não concorra com a do empregador, que não viole o sigilo relativamente a informações referentes à organização, métodos de produção ou negócios, e que não tenha sido convencionada uma cláusula de exclusividade entre si e o empregador, ou seja, deverá inexistir um acordo entre o trabalhador e a empresa que vede a prestação de trabalho a terceiros.

Ainda quanto à concorrência, sempre se diga que o trabalhador se encontra vinculado à obrigação de não concorrência durante todo o tempo em que dura o contrato de trabalho, cessando esta apenas quando cessar o próprio contrato de trabalho, excepto se, nos termos do n.º 2 do artigo 136.º, for estabelecido um pacto de concorrência, entre o empregador e o trabalhador, caso em que o trabalhador pode encontrar-se limitado ao exercicio da actividade durante o período máximo de dois anos, após a cessação do contrato de trabalho.

11. Nos termos da alínea g) do n.º 1, constitui dever do trabalhador velar pela conservação e boa utilização de bens relacionados com o seu trabalho que lhe forem confiados pelo empregador. Na doutrina este dever é designado apenas por dever de custódia. Como resulta da redacção da alínea g) do n.º 1, o dever de custódia não se limita aos bens exclusivamente utilizados pelo trabalhador na prestação do trabalho, tendo antes uma extensão superior, abrangendo todos os bens sobre os quais tenha de agir e relacionados com a prestação de trabalho, ainda que indirectamente. O dever de custódia é semelhante aos deveres que incidem sobre o depositário no contrato de depósito, cfr. artigo 1185.º e segs. do Código Civil, contudo não se deve confundir com este, porquanto o primeiro é uma decorrência da celebração do contrato de trabalho e não o fim visado por este contrato, finalidade esta que já é prosseguida pelo segundo. A mais, enquanto que o contrato de depósito permite o direito de retenção, cfr. artigo 754.º e segs. do Código Civil, já o trabalhador não beneficia, em princípio, do direito de retenção relativamente aos créditos que tenha de receber do empregador, cfr. n.º 1 do artigo 755.º do Código Civil. Viola este dever o trabalhador que utiliza o veículo automóvel da empresa para empreender uma competição de todo o terreno, para a qual aquele não se mostrava preparado.

12. Tem também o trabalhador o dever de promover ou executar todos os actos tendentes à melhoria da produtividade da empresa, cfr. alínea h) do n.º 1. Significa isto que o trabalhador deve não só assumir uma conduta activa na procura de aperfeiçoamento da produtividade da empresa, como ainda não contrariar as medidas implementadas pelo empregador com semelhante finalidade. Assim entendido, a violação deste dever afere-se tendo em conta o caso concreto. Viola este dever o trabalhador que consecutivamente se dirige aos colegas perguntando-lhes como se realizam tarefas que conhece e a que tem de proceder diariamente, com o que interrompe o trabalho dos outros; o trabalhador que envia diariamente mensagens electrónicas a um seu colega de trabalho, em que descreve os procedimentos que deve respeitar no cumprimento do seu trabalho, procedimentos esses que são por todos conhecidos na empresa, sendo o único efeito pretendido ocupa-lo com a análise dessas mensagens, em detrimento de poder continuar a desempenhar outras tarefas de maior importância. Nos termos da alínea m) do n.º 2 do artigo 351.º, as reduções anormais de produtividade são fundamento para tornar a relação laboral imediata e praticamente impossível.

13. Nos termos da alínea i), o trabalhador deve cooperar para a melhoria do sistema de segurança e saúde no trabalho, designadamente por intermédio dos representantes dos trabalhadores eleitos para esse fim. Na doutrina este dever é designado apenas por dever de prevenção, tendo uma extensão colectiva e individual, emergindo da alínea i) do n.º 1 deste artigo 128.º com uma natureza acentuadamente colectiva. O dever de cooperação, enquanto conduta activa não pressupõe o seu cumprimento apenas através dos representantes dos trabalhadores, como resulta expressamente desta norma, que prevê a cooperação por intermédio daqueles representantes a título exemplificativo. Parece poder exemplificar-se a violação deste dever com o comportamento do trabalhador que, conhecendo a existência de determinada técnica mais evoluída de prevenção, que gera ganhos de celeridade, pode substituir uma outra já implementada na empresa, não contribui com a informação de que dispõe.

14. De acordo com a alínea j) do n.º 1, o trabalhador tem também de cumprir as prescrições sobre segurança e saúde no trabalho estabelecidas nas disposições legais ou em instrumento de regulamentação colectiva de trabalho aplicável. Constituem instrumentos de regulamentação colectiva de trabalho, cfr. n.os 2, 3 e 4 do artigo 2.º, a convenção colectiva (que pode ser um contrato colectivo, acordo colectivo, ou um acordo de empresa), o acordo de adesão, a decisão arbitral, a portaria de extensão, e a portaria de condições de trabalho.

Na doutrina este dever é designado apenas por dever de prevenção. Na norma em causa, a alínea j) do n.º 1 este dever surge na sua natureza individual. Viola este dever o trabalhador que, desempenhando as suas funções na secção de talho de um hipermercado, é detectado a urinar junto às câmaras de refrigeração da secção, em vez de o fazer na casa de banho. A violação deste dever é susceptível de tornar a relação laboral imediata e praticamente impossível, nos termos da alínea h) do n.º 2 do artigo 351.º

15. Sobre os deveres do trabalhador *vide* Bernardo Lobo Xavier, *Manual de Direito do Trabalho*, Verbo, 2011, página 444 e segs., António Monteiro Fernandes, *Direito do Trabalho*, 15.ª Edição, Almedina, Abril 2010, página 240 e segs., e Nuno Abranches Pinto, *Instituto Disciplinar Laboral*, Coimbra Editora, Novembro 2009, página 58 e segs.

ARTIGO 129.º – Garantias do trabalhador

1 – É proibido ao empregador:

a) Opor-se, por qualquer forma, a que o trabalhador exerça os seus direitos, bem como despedi-lo, aplicar-lhe outra sanção, ou tratá-lo desfavoravelmente por causa desse exercício;

b) Obstar injustificadamente à prestação efectiva de trabalho;

c) Exercer pressão sobre o trabalhador para que actue no sentido de influir desfavoravelmente nas condições de trabalho dele ou dos companheiros;

d) Diminuir a retribuição, salvo nos casos previstos neste Código ou em instrumento de regulamentação colectiva de trabalho;

e) Mudar o trabalhador para categoria inferior, salvo nos casos previstos neste Código;

f) Transferir o trabalhador para outro local de trabalho, salvo nos casos previstos neste Código ou em instrumento de regulamentação colectiva de trabalho, ou ainda quando haja acordo;

g) Ceder trabalhador para utilização de terceiro, salvo nos casos previstos neste Código ou em instrumento de regulamentação colectiva de trabalho;

h) Obrigar o trabalhador a adquirir bens ou serviços a ele próprio ou a pessoa por ele indicada;

i) Explorar, com fim lucrativo, cantina, refeitório, economato ou outro estabelecimento directamente relacionado com o trabalho, para fornecimento de bens ou prestação de serviços aos seus trabalhadores;

j) Fazer cessar o contrato e readmitir o trabalhador, mesmo com o seu acordo, com o propósito de o prejudicar em direito ou garantia decorrente da antiguidade.

2 – Constitui contra-ordenação muito grave a violação do disposto neste artigo.

1. Este preceito corresponde ao artigo 122.º do anterior Código do Trabalho, aprovado pela Lei n.º 99/2003.

2. Este artigo 129.º estabelece as garantias do trabalhador, as quais, em caso de violação pelo empregador, permitem que o trabalhador resolva o contrato com fundamento numa justa causa subjectiva, ou seja, imputáveis a título de culpa ao empregador, cfr. n.º 2 do artigo 394.º, conferindo-lhe ainda o direito à indemnização prevista no artigo 396.º

3. A alínea a) do n.º 1 proibe que o empregador se oponha, por qualquer forma, a que o trabalhador exerça os seus direitos, bem como despedi-lo, aplicar-lhe outra sanção, ou tratá-lo desfavoravelmente por causa desse exercício. Esta garantia decorre do princípio da boa fé, cfr. n.º 1 do artigo 126.º, e n.º 2 do artigo 762.º do Código Civil, imponto que uma das partes, neste caso o trabalhador, não seja prejudicada por exercer os direitos que a lei lhe concede.

O ordenamento jurídico português apenas admite o despedimento por justa causa objectiva, ou seja, por motivos não imputáveis ao empregador nem ao trabalhador, mas antes por razões ligadas à própria organização, e por justa causa subjectiva. Quanto à primeira, o despedimento colectivo, cfr. artigo 359.º e segs., o despedimento por extinção de posto de trabalho, cfr. artigo 367.º e segs., e o despedimento por inadaptação, cfr. artigo 373.º e segs., constituem os casos previstos na lei em que o despedimento assenta numa justa causa objectiva. Já a justa causa subjectiva assenta num comportamento imputável, a título de culpa, ao trabalhador, cfr. n.º 1 do artigo 351.º, exigindo-se que o empregador inicie um procedimento disciplinar, cfr. artigo 328.º e segs., manifestando a sua intenção de proceder ao despedimento do trabalhador, cfr. artigo 353.º, seguindo-se os demais termos previstos nos artigos 353.º e segs.

Por consequência desta garantia, a alínea d) do n.º 1 do artigo 331.º considera abusiva a sanção disciplinar pelo facto de o trabalhador exercer, ter exercido, pretender exercer ou invocar os seus direitos ou garantias. Ainda em resultado da garantia prevista nesta alínea a) do n.º 1, o n.º 1 do artigo 29.º proibe o assédio, ou seja, o comportamento indesejado, nomeadamente o baseado em factor de discriminação, praticado aquando do acesso ao emprego ou no próprio emprego, trabalho ou formação profissional, com o objectivo ou o efeito de perturbar ou constranger a pessoa, afectar a sua dignidade, ou de lhe criar um ambiente intimidativo, hostil, degradante, humilhante ou desestabilizador.

4. O disposto na alínea b) deste n.º 1 é designado por dever de ocupação efectiva do trabalhador. Configura um verdadeiro dever de prestação por parte do empregador, e traduz-se na exigência de ser dada ao trabalhador a oportunidade de exercer efectivamente, e sem quaisquer dificuldades ou obstáculos, a actividade contratada. O dever de ocupação efectiva do trabalhador decorre do princípio da boa fé, cfr. n.º 1 do artigo 126.º, e n.º 2 do artigo 762.º do Código Civil. A violação deste dever legal de ocupação efectiva faz incorrer o empregador na obrigação de indemnizar, designadamente por danos não patrimoniais causados ao trabalhador, desde que se verifiquem os elementos constitutivos da responsabilidade civil: o facto, a ilicitude, a culpa, o dano e o nexo de causalidade entre o facto e o dano, cfr. artigo 483.º do Código Civil. Há mais de uma década que a jurisprudência vem admitindo a existência de um dever de ocupação efectiva do trabalhador, mesmo quando o mesmo não encontrava na letra da lei uma formulação expressa, como decorre da alínea b) do n.º 1, cfr. Acórdão do Supremo Tribunal de Justiça, de 2 de Maio de 2007, processo 06S4474, sumários em www.dgsi.pt.

Não obstante a expressa previsão do dever de ocupação efectiva, este dever não significa que o trabalhador tenha de permanecer a todo o tempo activo. Na verdade, é desde logo interesse do empregador que o trabalhador se encontre ocupado, mais que não seja porquanto a retribuição, em princípio, terá de lhe ser paga independentemente das variação que incidam sobre a actividade da empresa. Contudo, em algumas situações pontuais pode ser interesse do empregador que o trabalhador permaneça temporáriamente desocupado, sem que tal configure uma ilícitude. Para tanto, a desocupação do trabalhador terá de mostrar-se objectivamente fundada, como sucederá, por exemplo, quando se verifique uma reestruturação da empresa, em que durante determinado período de tempo não foi possível conceber o posto de trabalho que será preenchido pelo trabalhador. Assim, o que a lei veda, é a desocupação que seja objectivamente infundada.

Note-se que, nos termos do n.º 1 do artigo 155.º da Lei n.º 98/2009, de 4 de Setembro (que regulamenta o regime de reparação de acidentes de trabalho e de doenças profissionais, incluindo a reabilitação e reintegração profissionais), o empregador é obrigado a ocupar o trabalhador que, ao seu serviço, ainda que a título de contrato a termo, sofreu acidente de trabalho ou contraiu doença profissional de que tenha resultado qualquer das incapacidades previstas no artigo anterior, em funções e condições de trabalho compatíveis com o respectivo estado, nos termos previstos na presente lei.

5. A garantia prevista na alínea c) do n.º 1 decorre, à semelhança de outras garantias estabelecidas neste preceito, das regras gerais, e em especial do princípio da boa fé, cfr. n.º 1 do artigo 126.º, e n.º 2 do artigo 762.º do Código Civil. Pretende-se assim vedar a que o empregador utilize o temor reverencial que a relação laboral é susceptível de implicar para dele retirar um proveito que a lei não permite, colocando em causa as condições de trabalho. Neste sentido, o empregador tem o dever de proporcionar boas condições de trabalho, do ponto de vista físico e moral, cfr. alínea c) do n.º 1 do artigo 127.º

6. A alínea d) do n.º 1 deste artigo 129.º estabelece o princípio de irredutibilidade da retribuição, no sentido de que não pode ser diminuída a retribuição do trabalhador, salvo nas hipóteses previstas neste Código do Trabalho e nos instrumentos de regulamentação colectiva de trabalho (sobre os instrumentos de regulamentação colectiva de trabalho ver artigo 2.º). Quanto às situações específicas neste Código em que se admite a diminuição da retribuição do trabalhador, estas encontram-se previstas em caso de mudança do trabalhador para categoria inferior (artigo 119.º), no caso de mobilidade funcional (artigo 120.º), no caso do trabalhador passar a prestar o trabalho a tempo parcial (alínea a) do n.º 3 do artigo 154.º), no caso do trabalhador acordar em prestar trabalho intermitente, durante o período de inactividade (n.º 2 do artigo 160.º), na situação do trabalhador que cessa a comissão de serviço e regressa às anteriores funções (alínea a) do n.º 1 do artigo 164.º) e durante o período de redução temporária do período normal de trabalho ou suspensão do contrato por facto respeitante ao empregador, vulgarmente designado por *lay-off* (n.º 1 do artigo 305.º). Com excepção destas situações, não é permitido ao empregador diminuir a retribuição do trabalhador, aqui se compreendendo, nos termos do artigo 258.º, n.os 1 e 2, a remuneração base e todas as outras prestações regulares e periódicas, feitas como contrapartida do trabalho. Porém, a proibição de diminuir a retribuição do trabalhador contemplada na alínea d), do n.º 1 deste artigo, não implica, sem mais, uma proibição do empregador alterar unilateralmente o conteúdo de uma retribuição, dita mista, do trabalhador. A lei (artigo 261.º) prevê três modalidades de retribuição: certa, variável ou mista, sendo esta ultima a retribuição que seja constituída por uma parte certa e outra variável. O Supremo Tribunal de Justiça tem vindo a entender, nos casos em que a retribuição é constituída por diversas parcelas ou elementos, que é lícito ao empregador não só alterar o quantitativo de algumas delas, como proceder à sua eliminação, desde que o quantitativo da retribuição global (apurado pelo somatório das parcelas retributivas) resultante da alteração, não se mostre inferior ao que resultaria do somatório das parcelas retributivas anterior a essa alteração. Neste sentido *vide*, entre outros, os Acórdãos do Supremo Tribunal de Justiça de 16 de Janeiro de 2008, processo 07S3786, 26 de Março de 2008, processo 07S3791, e 4 de Junho de 2008, processo n.º 08S456, todos com sumários em www.dgsi.pt. E é também permitido ao empregador retirar ao trabalhador determinados complementos salariais se cessar, licitamente, a situação que serviu de fundamento à atribuição dos mesmos, sem que daí decorra a violação do princípio da irreversibilidade da retribuição. É que, as prestações complementares auferidas em função da natureza das funções ou da especificidade do desempenho de que o subsídio nocturno, a isenção de horário de trabalho e outros subsídios são exemplo, apenas são devidas enquanto persistirem as situações que lhes servem de fundamento, podendo o empregador suprimir as mesmas logo que cesse a situação específica que esteve na base da sua atribuição, sem que isso implique violação do princípio da irredutibilidade da retribuição – neste sentido, entre outros, os Acórdãos do Supremo Tribunal de Justiça, de 25 de Setembro de 2002, processo 02S1197, 4 de Maio de 2005, processo 04S779, e 17 de Janeiro de 2007, processo 06S2188, todos com sumários em www.dgsi.pt. Embora sejam de natureza retributiva, estas remunerações não se encontram submetidas ao princípio da irredutibilidade da retribuição, pelo que só serão devidas enquanto perdurar a situação que lhes serve de fundamento, podendo o empregador suprimi-las quando cesse a situação específica que esteve na base da sua atribuição.

7. A alínea e) do n.º 1 deste artigo 129.º estabelece em matéria de categoria o princípio da irreversibilidade. Ou seja, a regra é que as alterações à categoria profissional só são admissíveis quando seja para categoria superior, e sempre, desde que aceites pelo trabalhador. Neste sentido, Acórdão do Supremo Tribunal de Justiça de 18 de Maio de 2006, sumários em www.dgsi.pt: "A categoria profissional obedece ao princípio da irreversibilidade, o que significa que uma vez alcançada certa categoria, o trabalhador não pode dela ser retirado ou despromovido.". Apesar da regra de que a categoria profissional é irreversível, resulta da letra da alínea e) do n.º 1 que casos há em que é possível mudar o trabalhador para categoria inferior. Na verdade, há dois casos em que é possível baixar a categoria profissional de um trabalhador. O primeiro deles encontra-se previsto no artigo 119.º, para o qual se remete, bem como para as respectivas anotações. O segundo caso em que é possível mudar a categoria profissional de trabalhador para categoria inferior é, para alguma jurisprudência, em situações de perda de confiança da empresa no trabalhador titular de cargos de chefia. Quanto a este ver igualmente as anotações ao artigo 119.º

8. A alínea f) do n.º 1 estabelece o princípio da inamovibilidade do trabalhador. Pretende-se garantir que o trabalhador pode organizar com segurança a sua vida em determinado lugar, conhecendo de antemão o lugar onde deve cumprir a prestação a que se encontra vinculado por força do contrato de trabalho. Não obstante, esta garantia não é absoluta, como decorre da própria letra da alínea f) do n.º 1 deste artigo 129.º, que depois de enunciar a proibição do empregador transferir o trabalhador para outro local de trabalho, admite-a nos casos previstos no presente Código do Trabalho, e nos casos previstos em instrumento de regulamentação colectiva do trabalho. Constituem instrumentos de regulamentação colectiva de trabalho, cfr. n.os 2, 3 e 4 do artigo 2.º, a convenção colectiva (que pode ser um contrato colectivo, acordo colectivo, ou um acordo de empresa), o acordo de adesão, a decisão arbitral, a portaria de extensão, e a portaria de condições de trabalho.

Quanto ao local onde o trabalhador deve exercer a prestação, o n.º 1 do artigo 193.º estabelece a regra de que este corresponde ao local contratualmente definido. Nos artigos seguintes àquele artigo 193.º, ou seja nos artigos 194.º e 195.º, estabelecem-se as excepções ao princípio de que o trabalhador não pode ser transferido de local de trabalho. Além destas, e como referido, também o instrumento de regulamentação colectiva de trabalho pode prever a transferência para outro local de trabalho. Exemplificadamente, poderá este instrumento prever a aplicação de sanção disciplinar de transferência do trabalhador para outro local de trabalho, cfr. n.º 2 do artigo 328.º

9. O princípio de que o empregador não pode ceder trabalhador para utilização de terceiro, previsto na alínea g) do n.º 1, é afastado quer pelo destacamento de trabalhador para outro Estado em execução de contrato entre o empregador e o beneficiário que exerce a actividade, cfr. artigo 8.º, quer pelo trabalho temporário, cfr. artigo 172.º e segs., quer ainda pela cedência ocasional, cfr. artigo 288.º e segs. Apesar de não prevista neste Código do Trabalho, admite-se a licitude da cessão da posição contratual do empregador, cfr. artigo 424.º e segs. do Código Civil, figura esta que permite a transmissão definitiva do trabalhador, do seu anterior empregador para um terceiro, o novo empregador, que se substitui ao primeiro na relação contratual, desde que o trabalhador consinta na cessão.

10. Nos termos da alínea h) do n.º 1 o empregador não pode obrigar o trabalhador a adquirir bens ou serviços a ele próprio ou a pessoa por ele indicada. Não se proibe que uma parte da retribuição seja satisfeita em espécie, desde que observado o disposto no artigo 259.º De acordo com o artigo 259.º, a prestação retributiva não pecuniária deve destinar-se à satisfação de necessidades pessoais do trabalhador ou da sua família e não lhe pode ser atribuído valor superior ao corrente na região, sendo que o valor das prestações retributivas não pecuniárias não pode exceder o da parte em dinheiro, salvo o disposto em instrumento de regulamentação colectiva de trabalho.

Por força do disposto nesta alínea h) do n.º 1, também não se proibe que o empregador, por força de relações contratuais celebradas com terceiros, estabeleça condições mais favoráveis de aquisições de bens ou serviços aos seus trabalhadores, não se proibindo igualmente que o próprio trabalhador permita que os seus trabalhadores lhe adquiram produtos ou serviços em circunstâncias mais vantajosas. O que se impede é que o empregador imponha semelhantes aquisições.

11. Por efeito do disposto na alínea i) do n.º 1, é proibido ao empregador explorar, com fim lucrativo, cantina, refeitório, economato ou outro estabelecimento directamente relacionado com o trabalho, para fornecimento de bens ou prestação de serviços aos seus trabalhadores. Resulta desta norma que ao empregador não é vedado deter cantina, refeitório, economato ou outro estabelecimento directamente relacionado com o trabalho, para fornecimento de bens ou prestação de serviços aos seus trabalhadores. O que se impede é que o empregador explore qualquer uma dessas actividades tendo em vista o lucro. Significa isto que o empregador pode, excepcionalmente, apresentar lucro, conquanto a exploração que faça de um daqueles estabelecimentos não vise o lucro. Da redacção desta alínea i) do n.º 1 decorre ainda que ao empregador que explore um dos estabelecimentos referidos não terá de o fazer em prejuízo. O que se pretende é que os preços que sejam pagos pelos trabalhadores, sejam razoáveis, apelando-se à adequação e proporcionalidades dos interesses em causa.

12. Nos termos da alínea j) do n.º 1, é proibido ao empregador fazer cessar o contrato e readmitir o trabalhador, mesmo com o seu acordo, com o propósito de o prejudicar em direito ou garantia decorrente da antiguidade. A antiguidade "é a qualidade correspondente à duração da situação jurídica laboral", Menezes Cordeiro, *Manual de Direito do Trabalho*, Livraria Almedina, 1991, página 675 e segs., e Acórdão do Tribunal da Relação de Lisboa, de 22 de Junho de 2005, processo 10307/2004-4, sumários em www.dgsi.pt. Significa isto que a duração de situações que não são de qualificar como sendo de trabalho subordinado não devem entrar no cômputo da antiguidade. A título exemplificativo, a duração de um contrato de estágio extracurricular, cfr. Decreto-Lei n.º 66/2011, de 1 de Junho, não correspondendo à prestação de trabalho subordinado, não dá lugar à contagem de antiguidade, ainda que posteriormente à cessação deste contrato venha a ser celebrado um contrato de trabalho.

Não são despiciendos os efeitos da antiguidade no contrato de trabalho. Esta releva sobretudo em matéria de duração do período de férias, cfr. n.os 1 e 4 do artigo 239.º, para o direito do trabalhador a auferir diuturnidades – desde que previstas em instrumento de regulamentação colectiva do trabalho, por contrato de trabalho, ou correspondam a um uso – para os prazos de aviso prévio da decisão de despedimento colectivo, cfr. n.º 1 do artigo 363.º, e respectiva compensação, cfr. n.os 1 e 2 do artigo 366.º, para os prazos de aviso prévio da decisão de despedimento por extinção de posto de trabalho, cfr. n.º 3 do artigo 371.º e respectiva compensação, cfr. artigo 372.º, para os prazos de aviso prévio da decisão de despedimento por inadaptação, cfr. n.º 2 do artigo 378.º e respectiva compensação, cfr. n.º 1 do artigo 379.º, para a indemnização em substituição de reintegração a pedido do trabalhador no caso de ilicitude do despedimento, cfr. n.os 1 e 3 do artigo 391.º, para a indemnização em substituição de reintegração a pedido do empregador no caso de ilicitude do despedimento, cfr. n.º 3 do artigo 392.º, para a indemnização devida ao trabalhador em caso de resolução por este com justa causa do contrato de trabalho n.os 1 e 2 do artigo 396.º, e para o prazo de aviso prévio que o trabalhador deve observar na denúncia do contrato de trabalho, cfr. n.º 1 do artigo 400.º

De acordo com esta alínea j) do n.º 1, ao empregador é negado o direito de fazer cessar o contrato de trabalho, independentemente da modalidade de cessação do contrato de trabalho em causa, cfr. artigo 340.º, para subsequentemente constituir novo vínculo laboral, com o propósito de prejudicar a antiguidade do trabalhador. Visa-se prevenir a fraude à lei, ou seja, em que a finalidade do empregador é simular uma cessação do contrato de trabalho, quando verdadeiramente o negócio desejado é a manutenção da relação laboral, que passa a ser titulada por um novo contrato de trabalho, exigindo-se que subsista a intenção de iludir as disposições legais em matéria de protecção da antiguidade do trabalhador.

Salienta-se ainda que esta norma é aplicável independentemente da modalidade de contrato de trabalho em concreto, valendo quer relativamente a um contrato de trabalho por tempo indeterminado (ou sem termo), como relativamente a um contrato de trabalho a termo, cfr. artigo 139.º e segs., etc..

13. Sobre este preceito *vide* Bernardo Lobo Xavier, *Manual de Direito do Trabalho*, Verbo, 2011, página 400 e segs.

SUBSECÇÃO II - Formação profissional

ARTIGO 130.º - Objectivos da formação profissional

São objectivos da formação profissional:

a) Proporcionar qualificação inicial a jovem que ingresse no mercado de trabalho sem essa qualificação;

b) Assegurar a formação contínua dos trabalhadores da empresa;

c) Promover a qualificação ou reconversão profissional de trabalhador em risco de desemprego;

d) Promover a reabilitação profissional de trabalhador com deficiência, em particular daquele cuja incapacidade resulta de acidente de trabalho;

e) Promover a integração sócio-profissional de trabalhador pertencente a grupo com particulares dificuldades de inserção.

1. Este preceito corresponde ao artigo 124.º do anterior Código do Trabalho, aprovado pela Lei n.º 99/2003.

2. A formação profissional pode ser definida como a formação com objectivo de dotar o indivíduo de competências com vista ao exercício de uma ou mais actividades profissionais, cfr. alínea e) do artigo 3.º do Decreto-Lei n.º 396/2007, de 31 de Dezembro, alterado pelo Decreto-Lei n.º 14/2017 de 26 de Janeiro.

3. A formação profissional incumbe desde logo ao próprio Estado. Esta incumbência é reconhecida no artigo 6.º da Lei n.º 7/2009, de 12 de Fevereiro, que aprovou o presente Código do Trabalho. Com efeito, o n.º 1 do artigo 6.º da Lei n.º 7/2009 estabelece que compete ao Estado garantir o acesso dos cidadãos à formação profissional, permitindo a todos a aquisição e a permanente actualização dos conhecimentos e competências, desde a entrada na vida activa, e proporcionar os apoios públicos ao funcionamento do sistema de formação profissional. Aquela norma programática designa ainda no seu n.º 2 que compete ao Estado, em particular, garantir a qualificação inicial de jovens que pretendem ingressar no mercado de trabalho, a qualificação ou a reconversão profissional de desempregados, com vista ao seu rápido ingresso no mercado de trabalho, e promover a integração sócio-profissional de grupos com particulares dificuldades de inserção, através do desenvolvimento de acções de formação profissional especial.

Não obstante, a formação profissional não é um exclusivo do Estado. O trabalhador, por si, pode aceder a formação profissional, sendo que esta é também um dever do empregador, cfr. alínea d) do n.º 1 do artigo 127.º Para mais desenvolvimentos ver anotações ao artigo 6.º da Lei n.º 7/2009.

4. Neste preceito estabelecem-se as finalidades da formação profissional.

5. A minúcia da regulação da formação profissional nesta Subsecção II, bem como a sua sujeição a uma maior volatilidade, não se compaginam com alguma perpetuidade no tempo a que um diploma codificador como o Código do Trabalho se deve achar submetido, razão pela qual a regulamentação da formação profissional deveria ser remetida para legislação específica, à semelhança do que ocorre com outras matérias, sujeitas a semelhante vicissitude.

ARTIGO 131.º – Formação contínua

1 – No âmbito da formação contínua, o empregador deve:

a) Promover o desenvolvimento e a adequação da qualificação do trabalhador, tendo em vista melhorar a sua empregabilidade e aumentar a produtividade e a competitividade da empresa;

b) Assegurar a cada trabalhador o direito individual à formação, através de um número mínimo anual de horas de formação, mediante acções desenvolvidas na empresa ou a concessão de tempo para frequência de formação por iniciativa do trabalhador;

c) Organizar a formação na empresa, estruturando planos de formação anuais ou plurianuais e, relativamente a estes, assegurar o direito a informação e consulta dos trabalhadores e dos seus representantes;

d) Reconhecer e valorizar a qualificação adquirida pelo trabalhador.

2 – O trabalhador tem direito, em cada ano, a um número mínimo de quarenta horas de formação contínua ou, sendo contratado a termo por período igual ou superior a três meses, um número mínimo de horas proporcional à duração do contrato nesse ano.

3 – A formação referida no número anterior pode ser desenvolvida pelo empregador, por entidade formadora certificada para o efeito ou por estabelecimento de ensino reconhecido pelo ministério competente e dá lugar à emissão de certificado e a registo na Caderneta Individual de Competências nos termos do regime jurídico do Sistema Nacional de Qualificações.

4 – Para efeito de cumprimento do disposto no n.º 2, são consideradas as horas de dispensa de trabalho para frequência de aulas e de faltas para prestação de provas de avaliação, ao abrigo do regime de trabalhador-estudante, bem como as ausências a que haja lugar no âmbito de processo de reconhecimento, validação e certificação de competências.

5 – O empregador deve assegurar, em cada ano, formação contínua a pelo menos 10% dos trabalhadores da empresa.

6 – O empregador pode antecipar até dois anos ou, desde que o plano de formação o preveja, diferir por igual período, a efectivação da formação anual a que se refere o n.º 2, imputando-se a formação realizada ao cumprimento da obrigação mais antiga.

7 – O período de antecipação a que se refere o número anterior é de cinco anos no caso de frequência de processo de reconhecimento, validação e certificação de competências, ou de formação que confira dupla certificação.

8 – A formação contínua que seja assegurada pelo utilizador ou pelo cessionário, no caso de, respectivamente, trabalho temporário ou cedência ocasional de trabalhador, exonera o empregador, podendo haver lugar a compensação por parte deste em termos a acordar.

9 – O disposto na lei em matéria de formação contínua pode ser adaptado por convenção colectiva que tenha em conta as características do sector de actividade, a qualificação dos trabalhadores e a dimensão da empresa.

10 – Constitui contra-ordenação grave a violação do disposto nos n.os 1, 2 ou 5.

1. Este preceito corresponde aos artigos 125.º e 137.º do anterior Código do Trabalho, aprovado pela Lei n.º 99/2003.

2. A redacção do n.º 2 foi alterada pelo artigo 2.º da Lei n.º 93/2019, de 4 de Setembro. Na versão originária do Código do Trabalho, aprovado pela Lei n.º 7/2009, de 12 de Fevereiro, aquele número tinha a seguinte redacção: "O trabalhador tem direito, em cada ano, a um número mínimo de trinta e cinco horas de formação contínua ou, sendo contratado a termo por período igual ou superior a três meses, um número mínimo de horas proporcional à duração do contrato nesse ano.".

3. Nos termos da alínea d) do n.º 1 do artigo 127.º, constitui dever do empregador contribuir para a elevação da produtividade e empregabilidade do trabalhador, nomeadamente proporcionando-lhe formação profissional adequada a desenvolver a sua qualificação. Este artigo 131.º concretiza aquele direito. Não pode deixar de denotar-se que matéria que constitui uma incumbência do Estado, é protelada para o empregador que suporta os respectivos custos. Neste sentido, veja-se o disposto no n.º 4 que *infra* se tratará.

4. Pode definir-se formação contínua como a actividade de educação e formação empreendida após a saída do sistema de ensino ou após o ingresso no mercado de trabalho que permita ao indivíduo aprofundar competências profissionais e relacionais, tendo em vista o exercício de uma ou mais actividades profissionais, uma melhor adaptação às mutações tecnológicas e organizacionais e o reforço da sua empregabilidade, cfr. alínea h) do artigo 3.º do Decreto-Lei n.º 396/2007, de 31 de Dezembro, alterado pelo Decreto-Lei n.º 14/2017 de 26 de Janeiro.

5. A Lei n.º 105/2009, de 14 de Setembro, alterada pelas Leis n.os 60/2018, de 21 de Agosto, e 93/2019, de 4 de Setembro, que regulamenta este Código do Trabalho contém três preceitos, os artigos 13.º, 14.º e 15.º, relativos à formação profissional, os quais *infra* se transcrevem na íntegra:

"ARTIGO 13.º

Plano de formação

1 – O empregador deve elaborar o plano de formação, anual ou plurianual, com base no diagnóstico das necessidades de qualificação dos trabalhadores.

2 – O plano de formação deve especificar, nomeadamente, os objectivos, as entidades formadoras, as acções de formação, o local e o horário de realização destas.

3 – Os elementos que o plano de formação não possa especificar devem ser comunicados logo que possível aos trabalhadores interessados, à comissão de trabalha-

dores ou, na sua falta, à comissão intersindical, à comissão sindical ou aos delegados sindicais.

4 – O disposto nos números anteriores não se aplica às microempresas.

5 – Constitui contra-ordenação grave a violação do disposto no presente artigo.

ARTIGO 14.º

Informação e consulta sobre o plano de formação

1 – O empregador deve dar conhecimento do diagnóstico das necessidades de qualificação e do projecto de plano de formação a cada trabalhador, na parte que lhe respeita, bem como à comissão de trabalhadores ou, na sua falta, à comissão intersindical, à comissão sindical ou aos delegados sindicais.

2 – Os trabalhadores, na parte que a cada um respeita, bem como os representantes dos trabalhadores a que se refere o número anterior podem emitir parecer sobre o diagnóstico de necessidades de qualificação e o projecto de plano de formação, no prazo de 15 dias.

3 – Constitui contra-ordenação grave a violação do disposto no n.º 1.

ARTIGO 15.º

Informação sobre a formação contínua

O empregador deve incluir os elementos sobre a formação contínua assegurada em cada ano no quadro da informação sobre a actividade social da empresa.".

6. Sobre o número mínimo anual de 40 horas de formação contínua ou, o número mínimo de horas proporcional à duração do contrato quando se trate de contrato a termo por período igual ou superior a três meses, veja-se o n.º 2 do artigo seguinte.

7. Por entidade formadora certificada, cfr. n.º 3, deve entender-se a entidade com personalidade jurídica, dotada de recursos e capacidade técnica e organizativa para desenvolver processos associados à formação, objecto de avaliação e reconhecimento oficiais de acordo com o referencial de qualidade estabelecido para o efeito, cfr. alínea f) do artigo 3.º do Decreto-Lei n.º 396/2007, de 31 de Dezembro, alterado pelo Decreto-Lei n.º 14/2017 de 26 de Janeiro.

8. O regime jurídico do Sistema Nacional de Qualificações, referido no n.º 3, consta do Decreto-Lei n.º 396/2007, de 31 de Dezembro, alterado pelo Decreto-Lei n.º 14/2017 de 26 de Janeiro. O Sistema Nacional de Qualificações assume como objectivos, entre outros, promover a generalização do nível secundário como qualificação mínima da população e elevar a formação de base da população activa, possibilitando a sua progressão escolar e profissional. Estes objectivos aplicam-se tanto a jovens como a adultos, por forma a promover novas oportunidades de qualificação das pessoas inseridas no mercado de trabalho, muitas das quais sofreram os efeitos do abandono e da saída escolar precoce. Com o Decreto-Lei n.º 396/2007 pretende-se reconhecer as competências já adquiridas pelos adultos – por via da educação, da formação, da experiência profissional ou outras – como via de estruturar percursos de qualificação adequados à realidade de cada cidadão e orientados para o seu desenvolvimento pessoal e para as necessidades do mercado de trabalho, num contexto económico particularmente exigente e em acelerada mudança.

9. A caderneta individual de competências, referida no n.º 3, constitui o instrumento de orientação e registo individual de qualificações e competências onde são registadas todas as qualificações e competências que um indivíduo adquire ou desenvolve ao longo da vida, referidas no Catálogo Nacional de Qualificações, bem como as restantes acções de formação concluídas, distintas das que deram origem a qualificações e competências registadas, cfr. n.º 1 do artigo 8.º do Decreto-Lei n.º 396/2007, alterado pelo Decreto-Lei n.º 14/2017 de 26 de Janeiro.

10. Quando a formação contínua seja realizada pelo empregador, não sendo este uma entidade formadora certificada, e o trabalhador conclua com aproveitamento a acção de formação, nos termos do n.º 8 do artigo 7.º do Decreto-Lei n.º 396/2007, de 31 de Dezembro, alterado pelo Decreto-Lei n.º 14/2017 de 26 de Janeiro, o empregador terá de comprovar aquela conclusão através de certificado por si emitido, nomeadamente de acordo com o certificado de formação profissional, devendo essa formação ser registada no instrumento de orientação e registo individual de qualificações e competências.

11. Por determinação do n.º 4, o número mínimo de horas anual de formação contínua a que o trabalhador tem direito, inclui as horas de dispensa de trabalho para frequência de aulas e de faltas para prestação de provas de avaliação, bem como as ausências a que haja lugar no âmbito de processo de reconhecimento, validação e certificação de competências.

Significa isto que, e de acordo com o n.º 2 do artigo 90.º, aplicável por força do n.º 4 deste artigo 131.º, quando não seja possível adequar o horário de trabalho à frequência das aulas, o trabalhador que receba formação contínua tem direito a dispensa de trabalho para a frequência das aulas. A dispensa de trabalho para frequência de aulas não acarreta a perda de quaisquer direitos, contando como prestação efectiva de trabalho, pelo que o empregador não poderá não proceder ao pagamento da retribuição que seja devida pelo período de tempo em que o trabalhador se encontra a beneficiar da dispensa, em detrimento de se encontrar a prestar o seu trabalho.

Quando a formação contínua implique a prestação de provas de avaliação, o trabalhador pode faltar justificadamente quando a falta seja motivada pela prestação de prova de avaliação. Considera-se prova de avaliação o exame ou outra prova, escrita ou oral, ou a apresentação de trabalho, quando este o substitua ou complemente e desde que determine directa ou indirectamente o aproveitamento da formação, cfr. n.º 4 do artigo 91.º Nos termos do n.º 1 do artigo 91.º, o trabalhador pode faltar justificadamente no dia da prova e no dia imediatamente anterior, sendo que o dia imediatamente anterior inclui dias de descanso semanal e feriados. No caso de provas em dias consecutivos ou de mais de uma prova no mesmo dia, os dias imediatamente anteriores são tantos quantas as provas a prestar, sendo que também nesta situação os dias imediatamente anteriores incluem dias de descanso semanal e feriados. A falta justificada tem por efeito não afectar qualquer direito do trabalhador, sendo que tratando-se de falta por prestação de prova de avaliação esta não determina a perda de retribuição, pelo que o trabalhador mantém o direito à retribuição não obstante não se encontrar a prestar o seu trabalho, cfr. n.os 1 e 2 do artigo 255.º Para que a falta motivada pela prestação de prova de avaliação seja justificada, exige-se que o trabalhador comunique previamente a ausência, quando previsível, cfr. n.os 1, 2 e 3 do artigo 253.º, ou que a comunique logo que possível, quando imprevisível, cfr. n.º 2 do mesmo artigo 253.º, mais se exigindo ainda que o trabalhador prove o motivo justificativo da falta, quando o empregador ordene que faça essa prova, cfr. n.os 1, 2 e 3 do artigo 254.º

Nesta matéria, importa ainda atender ao disposto na alínea d) do n.º 3 do artigo 226.º, que determina que não constitui trabalho suplementar a formação profissional que seja realizada fora do horário de trabalho, e que não exceda as duas horas diárias.

12. O n.º 5 ao estabelecer que o empregador deve assegurar, em cada ano, formação contínua a pelo menos 10% dos trabalhadores da empresa, determina que anualmente esta é a percentagem de trabalhadores que deverão receber formação. Esta percentagem, ao não distinguir a modalidade de contrato de trabalho dos trabalhadores significa que abrange a totalidade dos trabalhadores, não diferenciando entre trabalhadores a termo e trabalhadores com contrato de trabalho por tempo indeterminado, ou sem termo, como já sucedeu no passado.

13. Por dupla certificação, referida no n.º 7, deve entender-se o reconhecimento de competências para exercer uma ou mais actividades profissionais e de uma habilitação escolar, através de um diploma, cfr. alínea d) do artigo 3.º do Decreto-Lei n.º 396/2007, alterado pelo Decreto-Lei n.º 14/2017 de 26 de Janeiro.

14. O trabalho temporário encontra-se previsto no artigo 172.º e segs., enquanto que a cedência ocasional se encontra prevista no artigo 288.º e segs.

15. A convenção colectiva referida no n.º 9 constitui um instrumento de regulamentação colectiva de trabalho negocial, cfr. n.os 1, 2 e 3 do artigo 2.º, e pode ser um contrato colectivo, um acordo colectivo, ou um acordo de empresa, encontrando-se prevista no artigo 485.º e segs.

ARTIGO 132.º - Crédito de horas e subsídio para formação contínua

1 – As horas de formação previstas no n.º 2 do artigo anterior, que não sejam asseguradas pelo empregador até ao termo dos dois anos posteriores ao seu vencimento, transformam-se em crédito de horas em igual número para formação por iniciativa do trabalhador.

2 – O crédito de horas para formação é referido ao período normal de trabalho, confere direito a retribuição e conta como tempo de serviço efectivo.

3 – O trabalhador pode utilizar o crédito de horas para a frequência de acções de formação, mediante comunicação ao empregador com a antecedência mínima de 10 dias.

4 – Por instrumento de regulamentação colectiva de trabalho ou acordo individual, pode ser estabelecido um subsídio para pagamento do custo da formação, até ao valor da retribuição do período de crédito de horas utilizado.

5 – Em caso de cumulação de créditos de horas, a formação realizada é imputada ao crédito vencido há mais tempo.

6 – O crédito de horas para formação que não seja utilizado cessa passados três anos sobre a sua constituição.

1. Este preceito não tinha correspondência no anterior Código do Trabalho, aprovado pela Lei n.º 99/2003, de 27 de Agosto. Corresponde aos n.os 1, 3 e 5 do artigo 168.º da Lei n.º 35/2004, de 29 de Julho, que regulamentou o anterior Código do Trabalho.

2. Constituem instrumentos de regulamentação colectiva de trabalho, cfr. n.os 2, 3 e 4 do artigo 2.º, a convenção colectiva (que pode ser um contrato colectivo, acordo colectivo, ou um acordo de empresa), o acordo de adesão, a decisão arbitral, a portaria de extensão, e a portaria de condições de trabalho.

3. Por determinação do n.º 1, as horas de formação, anualmente em número mínimo de 40 horas de formação contínua, ou em número mínimo proporcional à duração nesse ano de contrato de trabalho a termo, que não sejam garantidas pelo empregador até ao termo dos dois anos subsequentes ao seu vencimento, transformam-se em crédito de horas em igual número para formação, por iniciativa do trabalhador. Pretende-se acautelar que o trabalhador tenha acesso a formação profissional, desde logo através do empregador, ou caso este não a proporcione, subsidiáriamente permite-se que seja o próprio trabalhador a diligenciar pelo acesso à mesma. Compreende-se que nesta lógica, o n.º 2 estabeleça que o crédito de horas conta como tempo de serviço efectivo, conferindo direito a retribuição. Significa isto que o crédito de horas não acarreta a perda de quaisquer direitos, pelo que o empregador não poderá deixar de proceder ao pagamento da retribuição que seja devida pelo período de tempo em que o trabalhador se encontra a beneficiar deste crédito, em detrimento de se encontrar a prestar o seu trabalho.

Para que o trabalhador possa utilizar o crédito de horas em formação exige-se, não só que as horas de formação se tenham já vencido há mais de dois anos, que não tenham sido asseguradas pelo empregador, cfr. n.º 1, que o trabalhador comunique a utilização ao empregador com antecedência mínima de 10 dias, cfr. n.º 3, e que não tenha ainda decorrido o prazo de três anos sobre a constituição do crédito de horas, cfr. n.º 6.

4. O n.º 2 consigna que o crédito de horas para formação é referido ao período normal de trabalho. O período normal de trabalho corresponde ao tempo de trabalho que o trabalhador se obriga a prestar, medido em número de horas por dia e por semana, cfr. artigo 198.º O período normal de trabalho encontra-se sujeito a limites máximos, não podendo exceder oito horas por dia e quarenta horas por semana, cfr. n.º 1 do artigo 203.º

5. O n.º 4 permite que por instrumento de regulamentação colectiva de trabalho, ou acordo individual entre o empregador e o trabalhador, seja estabelecido um subsídio para pagamento do custo da formação, até ao valor da retribuição do período de crédito de horas utilizado. Significa isto que não há qualquer obrigatoriedade do empregador proceder ao pagamento deste subsídio para formação, excepto quando a tanto se encontrar obrigado por instrumento de regulamentação colectiva de trabalho.

6. O n.º 6 determina que o crédito de horas para formação cessa passados três anos sobre a sua constituição, se não for utilizado. Ou seja, por efeito do n.º 6, há uma extinção de um direito pelo decurso de tempo. Trata-se de caducidade ou de prescrição? Deve distinguir-se a caducidade da prescrição, pois esta última é também uma forma de extinção de um direito pelo decurso de tempo. Na prescrição o direito extingue-se pelo seu não exercício, ou seja, se o titular o exercer, o direito, em princípio, não se extingue. Também em princípio, o direito não está sujeito a qualquer prazo, sendo que a prescrição só resulta da lei. Já na caducidade, que pode resultar da lei ou da vontade das partes, o direito a exercer está sujeito a um prazo, a uma morte pré-determinada à nascença. Assim, enquanto a prescrição extingue aqueles direitos subjectivos, a caducidade torna-os inexigíveis. Ora, nos termos do n.º 2 do artigo 298.º do Código Civil, quando por força da lei ou por vontade das partes, um direito deva ser exercido dentro de certo prazo, são aplicáveis as regras da caducidade, a menos que a lei se refira expressamente à prescrição. No caso do n.º 6 deste artigo 132.º estaremos pois perante uma situação de caducidade.

ARTIGO 133.º – Conteúdo da formação contínua

1 – A área da formação contínua é determinada por acordo ou, na falta deste, pelo empregador, caso em que deve coincidir ou ser afim com a actividade prestada pelo trabalhador.

2 – A área da formação a que se refere o artigo anterior é escolhida pelo trabalhador, devendo ter correspondência com a actividade prestada ou respeitar a tecnologias de informação e comunicação, segurança e saúde no trabalho ou língua estrangeira.

3 – Constitui contra-ordenação grave a violação do disposto no n.º 1.

1. Este preceito não tinha correspondência no anterior Código do Trabalho, aprovado pela Lei n.º 99/2003, de 27 de Agosto. Corresponde ao artigo 164.º e ao n.º 4 do artigo 168.º, ambos da Lei n.º 35/2004, de 29 de Julho, que regulamentou o anterior Código do Trabalho.

2. Nos termos do n.º 1, só na falta de acordo entre o empregador e o trabalhador é que existe o dever, que incide sobre o empregador, da formação contínua convergir com a actividade desempenhada pelo trabalhador.

3. Nos termos do n.º 3 do artigo 282.º, o empregador deve assegurar formação adequada, que habilite os trabalhadores a prevenir os riscos associados à respectiva actividade. Daquela norma, conjugada com o n.º 2 deste artigo 133.º, nada veda que a formação contínua incida sobre segurança e saúde no trabalho, sendo que quando assim for, o empregador beneficiará do cumprimento simultâneo do dever de formação contínua do trabalhador, e do dever de formar este último em matéria de segurança e saúde no trabalho. Na verdade, a Lei n.º 102/2009, de 10 de Setembro, que regula o disposto no artigo 282.º, cfr. artigo 284.º, estabelece também o dever do trabalhador receber uma formação adequada no domínio da segurança e saúde no trabalho, tendo em atenção o posto de trabalho e o exercício de actividades de risco elevado, cfr. n.º 1 do seu artigo 20.º Por sua vez, o n.º 2 do artigo 20.º da Lei n.º 102/2009, determina que aos trabalhadores designados para se ocuparem de todas ou algumas das actividades de segurança e de saúde no trabalho deve ser assegurada, pelo empregador, a formação permanente para o exercício das respectivas funções. Não obstante a formação que cada trabalhador deve receber, o empregador deve ainda formar, em número suficiente, tendo em conta a dimensão da empresa e os riscos existentes, os trabalhadores responsáveis pela aplicação das medidas de primeiros socorros, de combate a incêndios e de evacuação de trabalhadores, bem como facultar-lhes material adequado, cfr. n.º 3 do artigo 20.º da Lei n.º 102/2009. A formação dos trabalhadores da empresa sobre segurança e saúde no trabalho deve ser assegurada de modo a que não possa resultar prejuízo para os mesmos, cfr. n.º 4 do artigo 20.º da Lei n.º 102/2009. Em matéria de formação dos trabalhadores, o empregador e as respectivas associações representativas podem solicitar o apoio dos organismos públicos competentes quando careçam dos meios e condições necessários à realização da formação cfr. n.º 5 do artigo 20.º da Lei n.º 102/2009.

ARTIGO 134.º – Efeito da cessação do contrato de trabalho no direito a formação

Cessando o contrato de trabalho, o trabalhador tem direito a receber a retribuição correspondente ao número mínimo anual de horas de formação que não lhe tenha sido proporcionado, ou ao crédito de horas para formação de que seja titular à data da cessação.

1. Este preceito não tinha correspondência no anterior Código do Trabalho, aprovado pela Lei n.º 99/2003, de 27 de Agosto. Corresponde ao artigo 169.º da Lei n.º 35/2004, de 29 de Julho, que regulamentou o anterior Código do Trabalho.

2. Cessando o contrato de trabalho, o trabalhador não tem apenas direito a receber a retribuição correspondente ao número mínimo anual de horas de formação que não lhe tenha sido proporcionado, ou direito ao crédito de horas para formação de que seja titular à data da cessação. Salvo melhor opinião o emprego da conjunção alternativa "ou" deverá entender-se como um lapso do legislador. Na verdade, o conceito de número mínimo anual de horas de formação é distinto de crédito de horas para formação, sendo que estes dois conceitos na letra deste artigo 134.º são tratados, em matéria de efeitos da cessação do contrato de trabalho, como se se tratassem de uma mesma realidade. Nos termos do n.º 2 do artigo 131.º, o trabalhador tem direito, em cada ano, a um número mínimo de quarenta horas de formação, horas estas que se vencem anualmente. De acordo com o n.º 1 do artigo 132.º, as 40 horas de formação anual que não sejam asseguradas pelo empregador até ao termo dos dois anos posteriores ao seu vencimento, transformam-se em crédito de horas em igual número para formação por iniciativa do trabalhador, crédito esse que, nos termos do n.º 6 do mesmo artigo 132.º só cessa passados três anos sobre a sua constituição. Cessando o contrato de trabalho, o trabalhador poderá ter horas de formação vencidas, mas que ainda não se converteram em crédito de horas para formação, podendo ainda ter crédito de horas para formação, por formação não ministrada há mais tempo. Nesta situação, cessando o contrato de trabalho, deve o trabalhador receber a retribuição correspondente ao número mínimo anual de horas de formação não proporcionadas pelo empregador e que já se tenham vencido, bem como a retribuição correspondente ao crédito de horas para formação de que beneficie, e que ainda não tenha caducado.

3. Por efeito da cessação do contrato de trabalho, cfr. artigo 338.º e segs., o trabalhador tem ainda direito aos demais créditos laborais, como sejam a retribuição de férias e respectivo subsídio correspondentes a férias vencidas e não gozadas, e aos proporcionais ao tempo de serviço prestado no ano da cessação, cfr. n.º 1 do artigo 245.º E terá ainda direito ao subsídio de Natal, proporcional ao tempo de serviço prestado no ano civil da cessação do contrato de trabalho, cfr. alínea b) do n.º 2 do artigo 263.º

SECÇÃO VIII – Cláusulas acessórias

SUBSECÇÃO I – Condição e termo

ARTIGO 135.º – Condição ou termo suspensivo

Ao contrato de trabalho pode ser aposta, por escrito, condição ou termo suspensivo, nos termos gerais.

1. Este preceito corresponde ao artigo 127.º do anterior Código do Trabalho, aprovado pela Lei n.º 99/2003.

2. Condição e termo são institutos diferentes. A condição é uma figura com origem no Direito Civil, correspondendo à estipulação que subordine à verificação de um acontecimento futuro e incerto a produção dos efeitos do negócio jurídico, ou a sua resolução, cfr. artigo 270.º do Código Civil. Quando o início da produção de efeitos se encontre dependente da verificação do evento futuro e incerto, estar-se-á perante uma condição suspensiva. É o que sucede quando se estipula que o contrato de trabalho terá início quando o empregador adquirir determinada instalação. Quando se trate de um acontecimento futuro e incerto cuja verificação terá por efeito cessar o negócio jurídico estar-se-á perante uma condição resolutiva. Em termos exemplificativos é o que sucede quando o empregador contrata um trabalhador para substituir outro, em relação ao qual esteja pendente em juízo uma acção de apreciação da licitude de despedimento, caso em que, se e quando esse trabalhador opte pela reintegração na empresa cessará o contrato de trabalho do trabalhador substituto. Em qualquer caso, a condição é uma cláusula acessória típica.

O termo é também uma figura com origem no Direito Civil, entendendo-se como tal a estipulação que consigna que os efeitos do negócio jurídico comecem ou cessem a partir de um acontecimento futuro e certo, cfr. artigo 278.º do Código

Civil. O termo divide-se em termo inicial ou suspensivo, a este se referindo este artigo 135.º, e em termo final ou resolutivo, previsto no artigo 139.º e segs. O termo suspensivo constitui uma cláusula acessória típica que é aposta ao contrato de trabalho, e que determina que o contrato só produza efeitos com a verificação do evento futuro e certo, que constitui o termo. Ou seja, uma vez verificado o termo, tem início a produção de efeitos do contrato de trabalho. É o que sucede quando as partes celebram um contrato de trabalho em 1 de Abril, nele acordando que o seu início ocorrerá dia 15 desse mesmo mês.

3. O contrato de trabalho em que seja aposta condição ou termo suspensivo, não deve confundir-se com o contrato-promessa de contrato de trabalho, cfr. artigo 103.º Enquanto que no primeiro o contrato de trabalho já foi celebrado, dependendo apenas o início da produção dos seus efeitos da verificação do evento, que constitui a condição ou o termo, no contrato-promessa de contrato de trabalho o contrato prometido – o contrato de trabalho – terá ainda de ser celebrado, sendo que tal pode nunca vir a ocorrer.

4. Determina este preceito que o contrato de trabalho ao qual seja aposta uma condição ou seja aposto um termo suspensivo terá de observar a forma escrita.

5. Nada obsta que a forma escrita, imposta por este preceito, seja satisfeita através de documento electrónico, ou seja, por documento elaborado mediante processamento electrónico de dados. Por outras palavras, nada impede que a forma escrita seja adoptada através de uma declaração escrita enviada por correio electrónico (e-mail) para um endereço electrónico. Sobre a validade, eficácia e valor probatório dos documentos electrónicos remete-se para a anotação 4. ao artigo 107.º

6. Sobre este preceito, *vide* Bernardo Lobo Xavier, *Manual de Direito do Trabalho*, Verbo, 2011, página 614 e 615, e António Monteiro Fernandes, *Direito do Trabalho*, 15.ª Edição, Almedina, Abril 2010, página 327 e segs., e página 341 e 342.

SUBSECÇÃO II – Cláusulas de limitação da liberdade de trabalho

ARTIGO 136.º – Pacto de não concorrência

1 – É nula a cláusula de contrato de trabalho ou de instrumento de regulamentação colectiva de trabalho que, por qualquer forma, possa prejudicar o exercício da liberdade de trabalho após a cessação do contrato.

2 – É lícita a limitação da actividade do trabalhador durante o período máximo de dois anos subsequente à cessação do contrato de trabalho, nas seguintes condições:

a) Constar de acordo escrito, nomeadamente de contrato de trabalho ou de revogação deste;

b) Tratar-se de actividade cujo exercício possa causar prejuízo ao empregador;

c) Atribuir ao trabalhador, durante o período de limitação da actividade, uma compensação que pode ser reduzida equitativamente quando o empregador tiver realizado despesas avultadas com a sua formação profissional.

3 – Em caso de despedimento declarado ilícito ou de resolução com justa causa pelo trabalhador com fundamento em acto ilícito do empregador, a compensação a que se refere a alínea

c) do número anterior é elevada até ao valor da retribuição base à data da cessação do contrato, sob pena de não poder ser invocada a limitação da actividade prevista na cláusula de não concorrência.

4 – São deduzidas do montante da compensação referida no número anterior as importâncias auferidas pelo trabalhador no exercício de outra actividade profissional, iniciada após a cessação do contrato de trabalho, até ao valor decorrente da aplicação da alínea c) do n.º 2.

5 – Tratando-se de trabalhador afecto ao exercício de actividade cuja natureza suponha especial relação de confiança ou que tenha acesso a informação particularmente sensível no plano da concorrência, a limitação a que se refere o n.º 2 pode durar até três anos.

1. Este preceito corresponde ao artigo 146.º do anterior Código do Trabalho, aprovado pela Lei n.º 99/2003.

2. Constituem instrumentos de regulamentação colectiva de trabalho, cfr. n.os 2, 3 e 4 do artigo 2.º, a convenção colectiva (que pode ser um contrato colectivo, acordo colectivo, ou um acordo de empresa), o acordo de adesão, a decisão arbitral, a portaria de extensão, e a portaria de condições de trabalho.

3. O disposto no n.º 1 corresponde a um princípio geral, que se encontra em consonância com o disposto no n.º 1 do artigo 47.º da Constituição da República Portuguesa, de acordo com o qual: "Todos têm o direito de escolher livremente a profissão ou o género de trabalho, salvas as restrições legais impostas pelo interesse colectivo ou inerentes à sua própria capacidade.". E porque a liberdade de trabalho é um pressuposto do qual parte o legislador na configuração da relação laboral, o n.º 1 comina de nulidade a cláusula de contrato de trabalho ou de instrumento de regulamentação colectiva de trabalho que, por qualquer forma, possa prejudicar o exercício da liberdade de trabalho após a cessação do contrato.

Sucede contudo que a liberdade de trabalho não é plena, como desde logo resulta da norma constitucional, comportando, como não poderia deixar de ser, importantes limitações. Uma dessas limitações encontra-se prevista no n.º 2 deste artigo 136.º, ao permitir que, empregador e trabalhador, acordem na limitação da actividade do trabalhador durante o período máximo de dois anos subsequente à cessação do contrato de trabalho, ou até três anos, quando se trate de trabalhador que exerça cargo de confiança, ou que tenha acesso a informação sensível, cfr. n.º 5. Justifica-se esta limitação pelo facto do trabalhador ter angariado, por força da prestação do seu trabalho, e enquanto esta durou, conhecimento específicos, que caso fossem colocados ao dispor de outros empregadores – designadamente aqueles que concorrem no mercado com o empregador que possibilitou a obtenção daqueles conhecimentos – seriam aptos a causar prejuízos à organização produtiva, prejuízos esses que no limite poderiam por em causa a subsistência dos demais postos de trabalho. Na pendência do contrato de trabalho, o dever de lealdade a que o trabalhador se encontra vinculado, que abrange o dever do trabalhador não negociar por conta própria ou alheia em concorrência com o empregador, nem divulgar informações referentes à organização, métodos de produção ou negócios, cfr. alínea f) do n.º 1 do artigo 128.º, e o princípio estabelecido no n.º 1 do artigo 323.º, segundo o qual a parte que faltar culposamente ao cumprimento dos seus deveres torna-se responsável pelo prejuízo que causa à contraparte, parecem ser suficientes para assegurar uma protecção adequada dos interesses do empregador. Uma vez terminado o contrato de trabalho, e em consequência, cessando em princípio os deveres recíprocos a que as partes se achavam vinculadas por força do contrato (cfr. artigos 126.º e segs.), importava proteger os diferentes interesses em causa, tendo entendido o legislador que a posição do empregador lograva ser tutelada. Para tanto, o empregador e o trabalhador devem acordar num pacto de não concorrência.

4. De acordo com a alínea a) do n.º 2, o pacto de não concorrência está sujeito à observância da forma escrita, podendo constar em cláusula de contrato de trabalho ou de revogação de contrato de trabalho, cfr. alínea b) do artigo 340.º e artigo 349.º e segs. Nada veda que, em alternativa, o pacto de concorrência conste de um outro documento escrito, constituindo um documento próprio. Neste sentido, a alínea a) do n.º 2 utiliza a expressão "nomeadamente" quando se refere que a limitação da actividade do trabalhador conste de contrato de trabalho ou de revogação deste.

Não vigora relativamente ao pacto de não concorrência uma limitação temporal da sua celebração. Este tanto pode ser acordado aquando da celebração do contrato de trabalho, como durante vigência deste último, ou mesmo aquando da sua cessação.

5. Um dos requisitos de licitude do pacto de não concorrência, nos termos da alínea c) do n.º 2, é que seja atribuída ao trabalhador uma compensação pecuniária, durante o período em que o trabalhador se ache limitado ao exercício da actividade em empresa concorrente do empregador, como contrapartida dessa mesma limitação.

Do n.º 3, ao estabelecer que: "a compensação a que se refere a alínea c) do número anterior é elevada até ao valor da retribuição base à data da cessação do contrato", resulta que o montante da compensação durante a limitação da actividade do trabalhador, não tem de ser igual ao montante recebido pelo trabalhador a título de retribuição, na pendência do contrato de trabalho, podendo ser menor do que aquela. Também nada veda que a compensação seja paga pelo empregador ao trabalhador de uma só vez.

Este artigo 136.º não exige que o valor da compensação seja determinado no acordo escrito de não concorrência. Compreende-se que assim seja. Na realidade, o pacto de não concorrência é, na prática, e frequentemente, acordado no início da relação laboral, sendo que nesse momento nem sempre as partes, trabalhador e empregador, dispõem de todos os dados necessários para delimitar o montante da compensação. Contudo, a compensação, por força do n.º 2 deste artigo 136.º integra o objecto do negócio, pelo que, e face ao disposto no artigo 280.º do Código Civil, que estabelece que é nulo o negócio jurídico cujo objecto seja indeterminável, exige-se, para que o pacto de não concorrência seja válido, que a prestação devida pela celebração deste pacto seja determinável. Na verdade, nada veda que o objecto do negócio seja indeterminado no momento da celebração. Ainda assim, do acordo dever constar os critérios para a sua determinação. Assim, quando as partes acordem no estabelecimento de um pacto de não concorrência, devem ou estipular desde logo o montante da compensação a pagar pelo empregador ao trabalhador, ou caso não o façam, estabelecer os critérios para a respectiva quantificação, constituindo alternativa a esta última, consagrar que a determinação do montante da compensação seja confiada a qualquer das partes ou a terceiro, ao abrigo do n.º 1 do artigo 400.º do Código Civil.

6. A alínea c) do n.º 2 permite que a compensação possa ser reduzida equitativamente quando o empregador tiver realizado despesas elevadas com a sua formação profissional. Para que se possa proceder à redução, exige-se que as despesas realizadas pelo empregador com a formação do trabalhador sejam avultadas. Nada veda que a formação profissional a que o empregador se acha obrigado a proporcionar ao trabalhador, cfr. alínea d) do n.º 1 do artigo 127.º e artigo 130.º e segs., seja considerada habilitada a permitir a redução, conquanto essa formação profissional tenha obrigado o empregador a despender despesas avultadas para a sua efectivação.

Da alínea c) do n.º 2 não resulta qualquer noção do que se deve entender por despesas avultadas. Trata-se, mais uma vez, da utilização de um conceito indeterminado. Para o preenchimento deste conceito, julgamos conveniente socorrermo-nos de outras normas que permitam delinear o âmbito de aplicação desta alínea c) do n.º 2. Para o efeito, de acordo com as alíneas a), b) e c) do artigo 202.º do Código Penal, aprovado pelo Decreto-Lei n.º 400/82, de 23 de Setembro, entende-se por valor elevado aquele que exceder 50 unidades de conta avaliadas no momento da prática do facto, por valor consideravelmente elevado aquele que exceder 200 unidades de conta avaliadas no momento da prática do facto e por valor diminuto aquele que não exceder uma unidade de conta avaliada no momento da prática do facto. Importa assim conhecer qual o valor da unidade de conta.

Nos termos do artigo 22.º do Decreto-Lei n.º 34/2008, de 26 de Fevereiro, alterado pelas Leis n.os 43/2008, de 27 de Agosto, 64-A/2008, de 31 de Dezembro, 3-B/2010, de 28 de Abril, pelo Decreto-Lei n.º 52/2011, de 13 de Abril, pelas Leis n.os 7/2012, de 13 de Fevereiro, 66-B/2012, de 31 de Dezembro, pelo Decreto-Lei n.º 126/2013, de 30 de Agosto, e pelas Leis n.os 72/2014, de 2 de Setembro, 7-A/2016, de 30 de Março, 42/2016, de 28 de Dezembro, 49/2018, de 14 de Agosto, pelo Decreto-Lei n.º 86/2018, de 29 de Outubro, e pela Lei n.º 27/2019, de 28 de Março, a unidade de conta é fixada em um quarto do valor do indexante dos apoios sociais (IAS) vigente em Dezembro do ano anterior, arredondada à unidade Euro, sendo actualizada anualmente com base na taxa de actualização do IAS. Assim, nos termos do n.º 3 do artigo 5.º da Lei n.º 53-B/2006, de 29 de Dezembro, alterada pela Lei n.º 3-B/2010, de 28 de Abril, pelo Decreto-Lei n.º 254-B/2015, de 31 de Dezembro, e pela Lei n.º 42/2016, de 28 de Dezembro, bem como da Portaria n.º 24/2019, de 17 de Janeiro, o valor do IAS para o ano de 2019 é de 435,76 €. Contudo, o artigo 182.º da Lei n.º 71/2018, de 31 de Dezembro, manteve a suspensão da actualização automática da unidade de conta processual, sendo que o valor da unidade de conta a vigorar em 2019 continua a ser, desde 20 de Abril de 2009, de 102,00 €.

Da interpretação conjunta daquelas normas do Código Penal, com a alínea c) do n.º 2 deste artigo 136.º, resulta assim que a realização de formação profissional relativamente a um determinado colaborador, que exceda as 50 unidades de conta, já poderá ser considerada uma despesa avultada.

7. Nada obsta que a forma escrita imposta pela alínea a) do n.º 2, seja satisfeita através de documento electrónico, ou seja, por documento elaborado mediante processamento electrónico de dados. Por outras palavras, nada impede que a forma escrita seja adoptada através de uma declaração escrita enviada por correio electrónico (e-mail) para um endereço electrónico. Sobre a validade, eficácia e valor probatório dos documentos electrónicos remete-se para a anotação 4. ao artigo 107.º

8. Sobre este preceito, *vide* Bernardo Lobo Xavier, *Manual de Direito do Trabalho*, Verbo, 2011, página 602 e 603, e António Monteiro Fernandes, *Direito do Trabalho*, 15.ª Edição, Almedina, Abril 2010, página 655 e segs.

ARTIGO 137.º - Pacto de permanência

1 – As partes podem convencionar que o trabalhador se obriga a não denunciar o contrato de trabalho, por um período não superior a três anos, como compensação ao empregador por despesas avultadas feitas com a sua formação profissional.

2 – O trabalhador pode desobrigar-se do cumprimento do acordo previsto no número anterior mediante pagamento do montante correspondente às despesas nele referidas.

1. Este preceito corresponde ao artigo 147.º do anterior Código do Trabalho, aprovado pela Lei n.º 99/2003.

2. A denúncia pelo trabalhador é uma modalidade de cessação do contrato de trabalho, cfr. alínea h) do artigo 340.º, e encontra-se prevista nos artigos 400.º e segs. A denúncia é uma das formas típicas de cessação de contratos, definindo-se como uma manifestação de vontade de uma das partes, dirigida à outra, que visa pôr termo a um contrato duradouro ou obstar à renovação de um contrato, que sem aquela declaração teria lugar. Em regra, no regime da denúncia, a declaração não carece de qualquer justificação.

3. O pacto de permanência tanto pode ser acordado aquando da celebração do contrato de trabalho, como durante a vigência deste último.

4. Para que se possa proceder à celebração de um pacto de permanência, exige-se que o empregador tenha despendido, ou venha a fazê-lo, despesas avultadas com a formação profissional do trabalhador. Nada veda que a formação profissional a que o empregador se acha obrigado a proporcionar ao trabalhador, cfr. alínea d) do n.º 1 do artigo 127.º e artigo 130.º e segs. seja considerada habilitada a permitir que seja convencionado um pacto de permanência, desde que essa formação profissional tenha obrigado, ou venha a obrigar o empregador a realizar despesas avultadas para a sua efectivação.

Do n.º 1 não resulta qualquer noção do que se deve entender por despesas avultadas. Trata-se, mais uma vez, da utilização de um conceito indeterminado. Para o preenchimento deste conceito, julgamos conveniente socorrermo-nos de outras normas que permitam delinear o âmbito de aplicação desta alínea c) do n.º 2. Para o efeito, de acordo com as alíneas a), b) e c) do artigo 202.º do Código Penal, aprovado pelo Decreto-Lei n.º 400/82, de 23 de Setembro, entende-se por valor elevado aquele que exceder 50 unidades de conta avaliadas no momento da prática do facto, por valor consideravelmente elevado aquele que exceder 200 unidades de conta avaliadas no momento da prática do facto e por valor diminuto aquele que não exceder uma unidade de conta avaliada no momento da prática do facto. Importa assim conhecer qual o valor da unidade de conta.

Nos termos do artigo 22.º do Decreto-Lei n.º 34/2008, de 26 de Fevereiro, alterado pelas Leis n.os 43/2008, de 27 de Agosto, 64-A/2008, de 31 de Dezembro, 3-B/2010, de 28 de Abril, pelo Decreto-Lei n.º 52/2011, de 13 de Abril, pelas Leis n.os 7/2012, de 13 de Fevereiro, 66-B/2012, de 31 de Dezembro, pelo Decreto-Lei n.º 126/2013, de 30 de Agosto, e pelas Leis n.os 72/2014, de 2 de Setembro, 7-A/2016, de 30 de Março, 42/2016, de 28 de Dezembro, 49/2018, de 14 de Agosto, pelo Decreto-Lei n.º 86/2018, de 29 de Outubro, e pela Lei n.º 27/2019, de 28 de Março, a unidade de conta é fixada em um quarto do valor do indexante dos apoios sociais (IAS) vigente em Dezembro do ano anterior, arredondada à unidade Euro, sendo actualizada anualmente com base na taxa de actualização do IAS. Assim, nos termos do n.º 3 do artigo 5.º da Lei n.º 53-B/2006, de 29 de Dezembro, alterada pela Lei n.º 3-B/2010, de 28 de Abril, pelo Decreto-Lei n.º 254-B/2015, de 31 de Dezembro, e pela Lei n.º 42/2016, de 28 de Dezembro, bem como da Portaria n.º 24/2019, de 17 de Janeiro, o valor do IAS para o ano de 2019 é de 435,76 €. Contudo, o artigo 182.º da Lei n.º 71/2018, de 31 de Dezembro, manteve a suspensão da actualização automática da unidade de conta processual, sendo que o valor da unidade de conta a vigorar em 2019 continua a ser, desde 20 de Abril de 2009, de 102,00 €.

Da interpretação conjunta daquelas normas do Código Penal, com o n.º 1 deste artigo 137.º, resulta que a realização de formação profissional relativamente a um determinado colaborador, que exceda as 50 unidades de conta, já poderá ser considerada uma despesa avultada.

5. A celebração válida de um pacto de permanência constitui uma das duas situações em que o empregador poderá exigir a devolução do montante correspondente às despesas realizadas com a formação profissional do trabalhador. A restante situação encontra-se prevista no artigo 71.º, e refere-se ao menor sem escolaridade obrigatória ou sem qualificação profissional que denuncie o contrato de trabalho. Com excepção destas duas situações referidas, não existe o dever do trabalhador restituir as despesas realizadas pelo empregador com a sua formação profissional, quando o trabalhador cesse ilícitamente o contrato de trabalho, cfr. artigo 399.º e 401.º

6. O n.º 2 permite que o trabalhador se exima ao cumprimento do pacto de permanência, desde que proceda ao pagamento ao empregador do montante correspondente às despesas de formação profissional que aquele acordo pretende compensar. Da letra da lei resulta pois que o pagamento das despesas é integral, sendo indiferente o tempo remanescente até se achar cumprido o período durante o qual o trabalhador se obrigou a não denunciar o contrato de trabalho. Assim, e exemplificando, se o trabalhador se pretende exonerar ao cumprimento do pacto quando faltam apenas seis meses para o período acordado de três anos, o pagamento das despesas não é proporcional àqueles seis meses. Contra António Monteiro Fernandes, *Direito do Trabalho*, 15.ª Edição, Almedina, Abril 2010, página 660, que entende que quando a duração estipulada não é cumprida, a restituição deve limitar-se à proporção do tempo em falta. Em nosso entender, pode o empregador ter investido avultadas quantias na formação profissional do trabalhador, esperando retirar desse investimento um resultado com o trabalho prestado que só poderia ocorrer, no limite, no final do período dos três anos, efeito esse que não obterá porque o trabalhador denunciou o contrato de trabalho. Em termos exemplificativos, poderá um trabalhador de um laboratório ter recebido formação profissional dispendiosa, com vista a produzir um fármaco, o que só seria viável após vários meses de experiência, sendo que pouco tempo após ser-lhe ministrada tal formação, ao trabalhador bastaria pagar parte do valor daquela formação para se achar desvinculado do pacto de permanência, e sem que tivesse sequer iniciado a realização do medicamento.

Sempre se diga que ao empregador não é permitido, na pendência do contrato de trabalho, compensar a retribuição em dívida com crédito que tenha sobre o trabalhador, nem fazer desconto ou dedução no montante daquela, cfr. n.º 1 do artigo 279.º, imposição que já não vigora quando cessar o contrato de trabalho.

7. Apesar deste preceito em anotação não o mencionar, ao contrário do que era referido pelo artigo 147.º do anterior Código do Trabalho, aprovado pela Lei n.º 99/2003, em caso de resolução do contrato de trabalho pelo trabalhador com justa causa, cfr. artigo 394.º e segs. ou quando, tendo sido declarado ilícito o despedimento, o trabalhador não opte pela reintegração, cfr. artigo 391.º, não existe a obrigação do trabalhador restituir o montante correspondente às despesas avultadas feitas pelo empregador com a sua formação profissional, e que seriam devidas por força do pacto de permanência. É que se assim não se entender, semelhante situação é susceptível de implicar o constrangimento do trabalhador, no sentido de manter o vínculo laboral ou de retornar à empresa, apenas porque se acharia obrigado a restituir o montante das despesas avultadas da sua formação profissional, o que tolheria de modo intolerável a sua liberdade, quando passou a inexistir o suporte psicológico mínimo para o desenvolvimento dessa relação laboral.

8. Sobre este preceito, *vide* Bernardo Lobo Xavier, *Manual de Direito do Trabalho*, Verbo, 2011, página 602, e António Monteiro Fernandes, *Direito do Trabalho*, 15.ª Edição, Almedina, Abril 2010, página 659 e segs.

ARTIGO 138.º - Limitação da liberdade de trabalho

É nulo o acordo entre empregadores, nomeadamente em cláusula de contrato de utilização de trabalho temporário, que proíba a admissão de trabalhador que a eles preste ou tenha prestado trabalho, bem como obrigue, em caso de admissão, ao pagamento de uma indemnização.

1. Este preceito corresponde ao artigo 148.º do anterior Código do Trabalho, aprovado pela Lei n.º 99/2003.

2. O disposto neste artigo encontra-se em consonância com o disposto no n.º 1 do artigo 47.º da Constituição da República Portuguesa, de acordo com o qual: "Todos têm o direito de escolher livremente a profissão ou o género de trabalho, salvas as restrições legais impostas pelo interesse colectivo ou inerentes à sua própria capacidade.", bem como com o consagrado no n.º 1 do artigo 58.º da Constituição da República Portuguesa: "Todos têm direito ao trabalho". E porque a liberdade de trabalho é um pressuposto do qual parte o legislador na configuração da relação laboral, este preceito comina de nulidade o acordo entre dois ou mais empregadores que vise proibir a contratação de trabalhador que a um deles, ou a mais do que um, preste trabalho, ou que tenha anteriormente prestado o seu trabalho. E será igualmente nulo o acordo que imponha ao trabalhador ou a um dos empregadores, em caso de admissão, o pagamento de uma indemnização a um ou alguns dos empregadores. Pretende-se assim obstar a que os empregadores, entre si, possam prejudicar o exercício da liberdade de trabalho após a cessação de contratos de trabalho, independentemente dos argumentos que para tanto poderiam ser aduzidos, como a protecção da concorrência, que pode ser colocada em causa quando um trabalhador passa a prestar o seu trabalho para outro empregador – prevendo-se para estas situações a figura do pacto de concorrência, cfr. artigo 136.º Prevalece pois, a liberdade de trabalho.

3. O legislador exemplifica uma situação que integra o âmbito de previsão deste preceito, a cláusula inserida em contrato de utilização de trabalho temporário que proíba a admissão de trabalhador que a eles preste ou tenha prestado trabalho, bem como obrigue, em caso de admissão, ao pagamento uma indemnização, sem prejuízo, como não poderia deixar de ser, da verificação de outras situações. O contrato de utilização de trabalho temporário constitui um contrato de prestação de serviço a termo resolutivo entre um utilizador e uma empresa de trabalho temporário, pelo qual esta se obriga, mediante retribuição, a ceder àquele um ou mais trabalhadores temporários, cfr. alínea c) do artigo 172.º A expressa menção ao contrato de utilização de trabalho temporário visa afastar quaisquer dúvidas que podessem subsistir por a entidade que utiliza o trabalhador temporário não tem um vínculo de trabalho subordinado com este último, ou seja, não é o empregador do trabalhador temporário (posição que pertença à empresa de trabalho temporário), cfr. alíneas a) e b) do artigo 172.º

4. Deve notar-se que de acordo com o princípio do aproveitamento dos negócios jurídicos, quando seja celebrado um acordo entre empregadores com um determinado conteúdo jurídico, figurando entre esse conteúdo uma cláusula que proíba a admissão de trabalhador que a eles preste ou tenha prestado trabalho, bem como obrigue, em caso de admissão, ao pagamento de uma indemnização, não será todo o acordo nulo, mas tão somente aquela cláusula. Neste sentido, o artigo 292.º do Código Civil estabelece que a nulidade não determina a invalidade de todo o negócio, salvo quando se mostre que este não teria sido concluído sem a parte viciada. Por seu turno, o artigo 293.º do Código Civil prevê que, o negócio nulo, pode converter-se num negócio de tipo ou conteúdo diferente, do qual contenha os requisitos essenciais de substância e de forma, quando o fim prosseguido pelas partes permita supor que elas o teriam querido, se tivessem previsto a invalidade.

5. Sobre este preceito, *vide* António Monteiro Fernandes, *Direito do Trabalho*, 15.ª Edição, Almedina, Abril 2010, página 655 e 656.

SECÇÃO IX – Modalidades de contrato de trabalho

SUBSECÇÃO I – Contrato a termo resolutivo

ARTIGO 139.º – Regime do termo resolutivo

O regime do contrato de trabalho a termo resolutivo, constante da presente subsecção, não pode ser afastado por instrumento de regulamentação colectiva de trabalho, com excepção do n.º 2 do artigo seguinte e do artigo 145.º

1. Este preceito corresponde ao artigo 128.º do anterior Código do Trabalho, aprovado pela Lei n.º 99/2003.

2. A redacção deste preceito foi alterada pelo artigo 2.º da Lei n.º 93/2019, de 4 de Setembro. Na versão originária do Código do Trabalho, aprovado pela Lei n.º 7/2009, de 12 de Fevereiro, tinha a seguinte redacção: "O regime do contrato de trabalho a termo resolutivo, constante da presente subsecção, pode ser afastado por instrumento de regulamentação colectiva de trabalho, com excepção da alínea b) do n.º 4 do artigo seguinte e dos n.os 1, 4 e 5 do artigo 148.º".

3. O termo é uma figura com origem no Direito Civil, entendendo-se como tal a estipulação que consigna que os efeitos do negócio jurídico comecem ou cessem a partir de certo momento, cfr. artigo 278.º do Código Civil, cuja ocorrência futura é certa. O termo divide-se em termo inicial ou suspensivo, a este se referindo o artigo 135.º, e em termo final ou resolutivo, previsto neste artigo 139.º e segs. O termo resolutivo constitui uma cláusula acessória típica que é aposta ao contrato de trabalho, e que determina que o contrato produza efeitos até à verificação do evento futuro e certo, que constitui o termo. Ou seja, uma vez verificado o termo, o contrato de trabalho cessa. Permite-se que o termo resolutivo assuma uma de duas modalidades: termo resolutivo certo ou termo resolutivo incerto. Assim, o contrato de trabalho a termo resolutivo poderá ser celebrado a termo certo ou incerto. A diferença entre ambos é que enquanto no contrato de trabalho a termo certo a verificação do termo é exacta, delimitando-se precisamente a data em que ocorrerá, no contrato de trabalho a termo incerto a verificação do termo, não obstante ser certo, ocorrerá num momento que não é conhecido à data em que as partes o celebram.

4. Constituem instrumentos de regulamentação colectiva de trabalho, cfr. n.os 2, 3 e 4 do artigo 2.º, a convenção colectiva (que pode ser um contrato colectivo, acordo colectivo, ou um acordo de empresa), o acordo de adesão, a decisão arbitral, a portaria de extensão, e a portaria de condições de trabalho.

5. Este preceito determina que os instrumentos de regulamentação colectiva de trabalho não podem alterar o que se encontra previsto nesta subsecção, ou seja entre este artigo 139.º e o artigo 149.º, inclusivamente, com excepção das situações que podem ser consideradas necessidades temporárias do empregador, cfr. n.º 1 do artigo 140.º, e da preferência na admissão, cfr. artigo 145.º O princípio vigente em matéria de contratação a termo é pois de obediência ao prescrito na lei.

Significa isto que um instrumento de regulamentação colectiva não pode admitir (como até à Lei n.º 93/2019, de 4 de Setembro se permitia) que seja celebrado um contrato de trabalho a termo certo apenas com fundamento de que o trabalhador se encontrava numa situação de primeiro emprego, ou em situação de desemprego de longa duração. E por efeito deste artigo 139.º, um instrumento de regulamentação colectiva de trabalho não poderá alterar as regras relativas à duração do contrato de trabalho a termo previstas nos n.os 1, 4 e 5 do artigo 148.º Ou seja, a regra de que o contrato de trabalho a termo certo só pode ser renovado até três vezes e a sua duração não pode exceder dois anos. O mesmo vale em matéria de duração de contrato de trabalho a termo incerto, não podendo o instrumento de regulamentação colectiva de trabalho estabelecer que este tenha uma duração superior a quatro anos. De igual modo, o instrumento de regulamentação colectiva de trabalho não poderá dispor em sentido de não ser incluída no cômputo do limite dos dois anos a duração de contratos de trabalho a termo ou de trabalho temporário cuja execução se concretiza no mesmo posto de trabalho, bem como de contrato de prestação de serviço para o mesmo objecto, entre o trabalhador e o mesmo empregador ou sociedades que com este se encontrem em relação de domínio ou de grupo.

Por efeito deste artigo 139.º, a autonomia colectiva encontra-se com limitações, não se permitindo que o instrumento de regulamentação colectiva de trabalho estabeleça o que aqueles que nele são partes, entenderem por conveniente. Há pois um primado da lei sobre soluções negociadas, procurando evitar-se soluções que eram frequentemente acordadas em sede colectiva, em que um instrumento de regulamentação colectiva admitia que um contrato de trabalho a termo resolutivo fosse celebrado em situações que nada tinham a ver com necessidades temporárias da empresa. Em termos exemplificativos, não fosse este artigo 139.º poderia um instrumento de regulamentação colectiva de trabalho autorizar a celebração de contrato de trabalho a termo para o exercício de funções de operador de *call center*, ainda que não enquadrável em qualquer uma das situações de admissibilidade do contrato de trabalho a termo resolutivo previstas na lei, cfr. artigo 140.º De igual modo, se a letra deste artigo 139.º não o impedisse expressamente, poderia o instrumento de regulamentação colectiva de trabalho estabelecer que a cessação, por motivo não imputável ao trabalhador, de contrato de trabalho a termo não impedia nova admissão a termo para o mesmo posto de trabalho, afastando a aplicação do n.º 1 do artigo 143.º

Ainda assim, este artigo 139.º admite excepções, admitindo que em duas situações a autonomia colectiva possa prevalecer. Com efeito, o instrumento de regulamentação colectiva de trabalho poderá aumentar o catálogo de situações que se considerem necessidade temporária da empresa. Já não poderá por exemplo excluir o n.º 1 do artigo 140.º, o que significa que toda e qualquer situação que deva ser considerada necessidade temporária da empresa por força do disposto no instrumento de regulamentação colectiva de trabalho, terá de ser sempre uma necessidade temporária. Por outras palavras, o instrumento de regulamentação colectiva do trabalho parece que apenas poderá aduzir novos eventos, os quais devem ser sempre necessidades temporárias. É por isso duvidoso que um instrumento de regulamentação colectiva de trabalho possa excluir situações temporárias, dado que tais situações já são permitidas pelo n.º 1 do artigo 140.º, a que o próprio instrumento de regulamentação colectiva de trabalho deve obediência. Em termos práticos, poderá um instrumento de regulamentação colectiva de trabalho reproduzir apenas parcialmente o n.º 2 do artigo 140.º, o que não significa que a não reprodução do demais conteúdo em falta do n.º 2 do artigo 140.º deixe de poder ser entendido como uma necessidade temporária, por aplicação do n.º 1 do artigo 140.º

No que se refere ao artigo 145.º, admite este artigo 139.º que o instrumento de regulamentação colectiva de trabalho estabeleça condições de preferência relativamente a trabalhadores que cessaram o seu contrato, em processos de recrutamento efectuados após a cessação, podendo por exemplo ser dilatado o período de tempo durante o qual o ex-trabalhador poderá beneficiar de preferência (conferindo-lhe por exemplo um período de 6 meses de preferência), ou aumentar o montante da indmnização a pagar. Mas, também pode o instrumento de regulamentação colectiva de trabalho excluir qualquer preferência como pode excluir o dever de indemnizar por parte do empregador, em casos de violação da preferência.

6. Importa referir que as partes, empregador e trabalhador, num contrato de trabalho a termo, não poderão afastar o regime do contrato de trabalho a termo resolutivo, constante da presente subsecção, alargando, por exemplo, os prazos de duração do contrato de trabalho a termo. É que, nos termos do n.º 5 do artigo 3.º, sempre que uma norma legal reguladora do contrato de trabalho determine que a mesma pode ser afastada por instrumento de regulamentação colectiva de trabalho, entende-se que o não pode ser por contrato de trabalho.

7. Assinala-se que o contrato de trabalho a termo resolutivo constitui uma modalidade de contrato de trabalho, tendo sido inserido sistemáticamente entre aquelas modalidades. Não era assim antes da Lei n.º 7/2009, de 12 de Fevereiro, que aprovou o presente Código do Trabalho. O legislador veio assim acolher os ensinamentos de Bernardo Lobo Xavier que, há muito, pugnava já que: "Na verdade, no contrato de trabalho o termo extintivo não é uma simples cláusula acessória típica, mas em regra constitui qualquer coisa que passa a identificar-se uma particular espécie de contrato de trabalho.", *Curso de Direito do Trabalho*, Verbo, página 468.

8. Sobre este preceito, no domínio da legislação anterior, pelo que será necessário proceder às adaptações necessárias, *vide* Bernardo Lobo Xavier, *Manual de Direito do Trabalho*, Verbo, 2011, página 696 e segs., e António Monteiro Fernandes, *Direito do Trabalho*, 15.ª Edição, Almedina, Abril 2010, página 328 e segs. No domínio da legislação anterior, pelo que será necessário proceder às adaptações necessárias, *vide* João Leal Amado, "Contrato de trabalho e condição resolutiva (Breves considerações a propósito do Código do Trabalho)", *Temas Laborais*, Coimbra Editora, 2005, página 41 e segs., e Jorge Leite, "Contrato de trabalho a prazo: direito português e direito comunitário", *Questões Laborais*, Ano XIII, n.º 27, 2006, página 30 e segs.

ARTIGO 140.º – Admissibilidade de contrato de trabalho a termo resolutivo

1 – O contrato de trabalho a termo resolutivo só pode ser celebrado para a satisfação de necessidades temporárias, objectivamente definidas pela entidade empregadora e apenas pelo período estritamente necessário à satisfação dessas necessidades.

2 – Considera-se, nomeadamente, necessidade temporária da empresa:

a) Substituição directa ou indirecta de trabalhador ausente ou que, por qualquer motivo, se encontre temporariamente impedido de trabalhar;

b) Substituição directa ou indirecta de trabalhador em relação ao qual esteja pendente em juízo acção de apreciação da licitude de despedimento;

c) Substituição directa ou indirecta de trabalhador em situação de licença sem retribuição;

d) Substituição de trabalhador a tempo completo que passe a prestar trabalho a tempo parcial por período determinado;

e) Actividade sazonal ou outra cujo ciclo anual de produção apresente irregularidades decorrentes da natureza estrutural do respectivo mercado, incluindo o abastecimento de matéria-prima;

f) Acréscimo excepcional de actividade da empresa;

g) Execução de tarefa ocasional ou serviço determinado precisamente definido e não duradouro;

h) Execução de obra, projecto ou outra actividade definida e temporária, incluindo a execução, direcção ou fiscalização de trabalhos de construção civil, obras públicas, montagens e reparações industriais, em regime de empreitada ou em administração directa, bem como os respectivos projectos ou outra actividade complementar de controlo e acompanhamento.

3 – Sem prejuízo do disposto no n.º 1, só pode ser celebrado contrato de trabalho a termo incerto em situação referida em qualquer das alíneas a) a c) ou e) a h) do número anterior.

4 – Além das situações previstas no n.º 1, pode ser celebrado contrato de trabalho a termo certo para:

a) Lançamento de nova actividade de duração incerta, bem como início do funcionamento de empresa ou de estabelecimento pertencente a empresa com menos de 250 trabalhadores, nos dois anos posteriores a qualquer um desses factos;

b) Contratação de trabalhador em situação de desemprego de muito longa duração.

5 – Cabe ao empregador a prova dos factos que justificam a celebração de contrato de trabalho a termo.

6 – Constitui contra-ordenação muito grave a violação do disposto em qualquer dos n.os 1 a 4.

1. Este preceito corresponde aos artigos 129.º, n.º 1 do artigo 130.º e 143.º do anterior Código do Trabalho, aprovado pela Lei n.º 99/2003.

2. A redacção do n.º 1 e das alíneas a) e b) do n.º 4 foi alterada pelo artigo 2.º da Lei n.º 93/2019, de 4 de Setembro. Na versão originária do Código do Trabalho, aprovado pela Lei n.º 7/2009, de 12 de Fevereiro, aquelas normas tinham a seguinte redacção:

> "1 – O contrato de trabalho a termo resolutivo só pode ser celebrado para satisfação de necessidade temporária da empresa e pelo período estritamente necessário à satisfação dessa necessidade.

4 – Além das situações previstas no n.º 1, pode ser celebrado contrato de trabalho a termo certo para:

a) Lançamento de nova actividade de duração incerta, bem como início de laboração de empresa ou de estabelecimento pertencente a empresa com menos de 750 trabalhadores;

b) Contratação de trabalhador à procura de primeiro emprego, em situação de desemprego de longa duração ou noutra prevista em legislação especial de política de emprego.".

3. O artigo 53.º da Constituição da República Portuguesa consagra que: "É garantida aos trabalhadores a segurança no emprego, sendo proibidos os despedimentos sem justa causa ou por motivos políticos ou ideológicos.", aclamando o que se vêm designando por princípio da segurança no emprego. Sendo admitido apenas para satisfação de necessidades temporárias, e em ordem aquele princípio, o contrato de trabalho a termo surge assim como uma figura excepcional face ao contrato de trabalho por tempo indeterminado ou sem termo, que constitui a regra. A contratação a termo resolutivo permite que o vínculo laboral entre o empregador e o trabalhador tenha uma natureza precária, em sentido de ao primeiro ser facilmente permitido cessar o contrato de trabalho, quando se verificar o evento futuro e certo que o admite. Na lógica que preside ao legislador, pretendendo-se salvaguardar a segurança no emprego, estabeleceram-se exigentes requisitos materiais e formais relativamente ao contrato de trabalho a termo resolutivo, em molde a que este não subverta a manutenção de uma certa rigidez na cessação dos vínculos laborais. O contrato de trabalho a termo resolutivo só é admitido para certos fins, e na exacta medida em que esses fins o justifiquem.

4. Nada veda que as necessidades temporárias sejam previsíveis, ou seja, em termos que permitam antever a sua indispensabilidade.

5. O regime do contrato de trabalho a termo resolutivo exige que a estipulação do termo seja devidamente justificada, devendo essa justificação constar expressamente do contrato escrito, com a concreta indicação dos factos e circunstâncias que a integram, cfr. alínea e) do n.º 1 do artigo 141.º O empregador deve pois definir em termos objectivos as necessidades temporárias que presidem à celebração do contrato a termo resolutivo. Esta concretização permite não só que o trabalhador tenha conhecimento das circunstâncias em que contratou, como caso o tribunal seja chamado a apreciar a licitude do termo, este possa sindicar a veracidade do motivo justificativo invocado. Exclui-se assim o uso de fórmulas genéricas, como a mera remissão no contrato para uma norma legal, fórmulas genéricas essas que compreendem uma diversidade de situações de facto, e que vedariam à apreciação jurisdicional da veracidade do motivo justificativo aduzido. Ao afastar a utilização de fórmulas genéricas, impossibilita-se que o empregador oferecesse, em momento posterior, uma qualquer situação concreta que se enquadrasse na fórmula genérica, sem correspondência com a real motivação da contratação do trabalhador. Não obstante, os tribunais têm entendido que pode haver situações concretas em que a utilização de uma fórmula genérica basta para justificar o motivo, desde que semelhante fórmula seja suficientemente esclarecedora acerca do circunstancialismo factual que suportou a contratação, como sucede nas situações previstas no n.º 4.

6. O n.º 1 estabelece uma cláusula geral de admissibilidade de celebração de um contrato de trabalho a termo resolutivo, exemplificando-se no n.º 2 um conjunto de situações que integram aquela cláusula geral, mas sem que se encontrem limitadas a esses mesmos exemplos. Assim, as situações previstas no n.º 2 são exemplificativas, e não taxativas, o que resulta da expressão: "nomeadamente". Utiliza-se uma técnica que revela flexibilidade, em ordem a que o regime da contratação a termo se possa adaptar às circunstâncias mais variadas da realidade, em constante mutação. Como tal, nada veda que seja celebrado um contrato de trabalho a termo resolutivo para vacatura de posto de trabalho quando decorra processo de recrutamento para o seu preenchimento. Esta motivação é expressamente admitida para a celebração de um contrato de utilização de trabalho temporário, cfr. alínea a) do n.º 1 do artigo 175.º, não havendo nenhum motivo para a excluir das situações que legitimamente permitem o recurso à contratação a termo, atenta a sua natureza temporária. Com efeito, não se vê motivo para obrigar que uma empresa tenha de socorrer-se de uma terceira empresa, procedendo ao pagamento das quantias para tanto necessárias, para satisfazer uma necessidade intrinsecamente temporária, quando pode, por si, proceder a esse recrutamento.

7. Deve considerar-se também necessidade temporária a situação prevista no n.º 4 do artigo 55.º do Código da Insolvência e da Recuperação de Empresas, em que se permite que o administrador da insolvência pode contratar a termo certo ou incerto os trabalhadores necessários à liquidação da massa insolvente ou à continuação da exploração da empresa, mas os novos contratos caducam no momento do encerramento definitivo do estabelecimento onde os trabalhadores prestam serviço, ou, salvo convenção em contrário, no da sua transmissão. O Código da Insolvência e da Recuperação de Empresas, que foi aprovado pelo Decreto-Lei n.º 53/2004, de 18 de Março, e foi alterado pelos Decretos-Leis n.ºs 200/2004, de 18 de Agosto, 76-A/2006, de 29 de Março, 282/2007, de 7 de Agosto, 116/2008, de 4 de Julho e 185/2009, de 12 de Agosto, pelas Leis n.ºs 16/2012, de 20 de Abril, e 66-B/2012, de 31 de Dezembro, pelos Decretos-Leis n.ºs 26/2015, de 6 de Fevereiro, 79/2017, de 30 de Junho, pela Rectificação n.º 21/2017, de 25 de Agosto, pelas Leis n.ºs 114/2017, de 29 de Dezembro, 8/2018, de 2 de Março, e pelo Decreto-Lei n.º 84/2019, de 28 de Junho.

8. Relativamente ao disposto na alínea a) do n.º 2, o conceito de ausência ali utilizado não corresponde ao conceito de ausência previsto no Código Civil, neste último se entendendo como ausência o desaparecimento de alguém, sem que dele se saiba parte, cfr. n.º 1 do artigo 89.º do Código Civil.

9. Resulta da própria redacção da alínea a) do n.º 2 (o mesmo sucedendo nas alíneas b) e c) do mesmo n.º 2), que a substituição do trabalhador ausente ou temporariamente impedido de trabalhar pode ser em cadeia ou em cascata, ao estabelecer-se que a substituição pode ocorrer directa ou indirectamente. Ou seja, o trabalhador contratado a termo não substitui o trabalhador ausente ou impedido, mas outro trabalhador da empresa que se encontre a substituir o trabalhador ausente ou impedido, no âmbito de uma alteração funcional ou de *jus variandi*, cfr. artigo 120.º Em todo o caso, parece ser de exigir que o trabalhador contratado exerça as mesmas funções que vinham sendo exercidas pelo trabalhador substituído (mesmas funções não pressupõe o desempenho das mesmas tarefas) ou que haja entre elas uma proximidade bastante. Haverá uma proximidade bastante quando as tarefas de que o trabalhador contratado a termo foi incumbido, integrem o conteúdo funcional da categoria profissional do trabalhador que foi substituir. Como entendeu o Acórdão do Supremo Tribunal de Justiça, de 26 de Setembro de 2007, processo n.º 07S1933, documento SJ200709260019334, sumários em www.dgsi.pt, inexistirá proximidade bastante quando a trabalhadora substituta, contratada a termo, tenha ido trabalhar para a Secção de Módulos, não obstante a trabalhadora substituída se encontrar a laborar, à data da baixa, na Secção de Fabrico e Montagem de Rádios.

As situações de substituição de trabalhador ausente ou temporariamente impossibilitado de prestar serviço, não podem decorrer da própria vontade do empregador. Ou seja, ao empregador não é licito criar situações em que a ausência do trabalhador a substituir, ou temporariamente impedido de trabalhar, é causada por uma actuação do empregador. Nesta situação encontra-se o caso do empregador que determinou, no seio da própria empresa, que certo trabalhador passasse a desempenhar o seu trabalho noutro local, contratando para o primeiro onde este tinha estado antes, um trabalhador a termo, com fundamento na substituição daquele. Neste sentido, veja-se o Acórdão do Supremo Tribunal de Justiça, de 5 de Fevereiro de 2009, processo n.º 08S3367, documento SJ200902050033674, sumários em www.dgsi.pt.

A alínea a) do n.º 2 permite, por exemplo, que seja contratado a termo um trabalhador, para substituir, directa ou indirectamente um trabalhador que se encontre suspenso preventivamente por lhe ter sido instaurado um procedimento disciplinar, cfr. artigo 328.º e segs.

O Acórdão do Supremo Tribunal de Justiça, de 14 de Maio de 2009, processo n.º 08S3916, documento SJ200905140039164, sumários em www.dgsi.pt, entendeu que: "Dedicando-se a ré com intuito lucrativo à actividade de distribuição postal, correios e telecomunicações, são suficientes e adequadas para justificar a estipulação dos termos apostos e a respectiva duração, em contratos de trabalho a termo celebrados com a autora, em 1 de Junho de 2004 e 25 de Maio de 2006, a menção nos mesmos, respectivamente, entre o mais, que são celebrados *«ao abrigo da alínea a) do n.º 2 do art.º 129.º do Código do Trabalho, isto é, para substituição de trabalhadores em férias, conforme escala anexa»* e *«ao abrigo do n.º 1 e da alínea a) do n.º 2 do art.º 129.º do Código do Trabalho, isto é, para suprir necessidades temporárias de serviço que se prevêem durante esse prazo, por motivo de substituição de trabalhadores em situação de férias»*, constando em anexo a cada um dos contratos, e com referência ao local de trabalho onde a autora iria exercer a actividade, a lista de férias dos trabalhadores da ré.".

10. As alíneas b) a d) do n.º 2 mais não fazem do que concretizar situações que seriam enquadráveis na alínea a) do n.º 2. Não obstante, o legislador entendeu por bem conferir-lhes a autonomia suficiente, clarificando que as situações previstas naquelas alíneas b) a d) do n.º 2 constituem um fundamento para a celebração de contrato de trabalho a termo resolutivo.

11. Para efeitos da alínea e) do n.º 2, deve entender-se que a actividade sazonal é aquela que só ocorre em determinado período do ano, sendo esse período limitado. A motivação prevista na alínea e) do n.º 2 abrange duas situações distintas, embora ambas admitam o recurso à contratação a termo resolutivo. Uma dessas situações é a actividade a que a empresa se dedica ter uma natureza sazonal, como sucede com a empresa que explore uma concessão balnear, tendo para tanto necessidades de mão-de-obra que permitam prestar por exemplo serviços de vigilância, limpeza, manutenção das infra-estruturas e outros. A outra situação considerada é a actividade cujo ciclo anual de produção apresente irregularidades decorrentes da natureza estrutural do mercado. Nesta última o ciclo de produção legalmente atendível é o ciclo anual, tornando-se ainda necessário que as suas irregularidades decorram da natureza estrutural, e não conjuntural, do respectivo mercado. Tratar-se-á da empresa que se dedique à produção de gelados, que embora já sejam consumidos durante todo o ano, o seu consumo continua a fazer-se maioritariamente em determinados meses. Ambas as situações consideradas na alínea e) do n.º 2, pressupõem uma natureza cíclica, previsível e regular.

Entendeu o Acórdão do Supremo Tribunal de Justiça, de 10 de Julho de 2008, processo 08S0325, documento SJ200807100003254, sumários em www.dgsi.pt que: "Falar-se em actividade sazonal impõe a obrigatória referência, no contrato, à época do ano durante a qual se desenvolve a actividade, uma vez que tal conceito é incompatível com o exercício da actividade durante todo o ciclo anual.".

12. A alínea f) do n.º 2 contém uma das motivações mais utilizadas pelas empresas quando admitem um trabalhador para a prestação de trabalho subordinado. Exige-se para que a admissibilidade do contrato possa radicar nesta norma, uma intensificação da actividade da empresa, em termos daquela ser extraordinária. Não basta pois que a empresa se encontre em crescimento, impondo-se que haja um pico de actividade anómalo o qual, e atenta a sua natureza singular, não justifica a admissão de um trabalhador por tempo indeterminado, uma vez que este crescimento anormal da actividade é transitório, e perderá posteriormente a sua utilidade. No contrato de trabalho a termo resolutivo que tenha como fundamento esta norma deve concretizar-se o tipo de actividade, explicitando-se de que acréscimo se trata, a sua causa, bem como a previsão temporal dessa intensificação. Subentendido está que deve existir uma proximidade entre as funções que venham a ser desempenhadas pelo trabalhador contratado a termo, e o acréscimo excepcional. Assim, para a aclaração do acréscimo pode, tratando-se de empresa que se dedique à comercialização de produtos, o contrato indicar o número de produtos lançados no mercado nos anos anteriores, e qual o número daqueles que se prevem vir a lançar.

13. Relativamente à alínea g) do n.º 2, entendeu o Acórdão do Supremo Tribunal de Justiça, de 6 de Fevereiro de 2013, processo 154/11.0TTVNF.P1.S1, disponível em www.dgsi.pt, que: "Não constitui justificação válida da aposição do termo a indicação de que se trata da execução de um serviço determinado e não duradouro, apenas porque a actividade contratada se insere no âmbito de um contrato de prestação de serviço, com duração previsível de cinco anos, outorgado entre a sociedade empregadora e um terceiro.".

14. Do n.º 4 resulta que a contratação a termo não é legalmente admissível apenas quando o objectivo da mesma seja a satisfação de necessidades temporárias da empresa, permitindo-se a celebração de contratos de trabalho a termo em situações que nada tem a ver com a satisfação daquele tipo de necessidades.

Nos termos da alínea a) do n.º 4, o início de funcionamento ou de laboração de um novo estabelecimento, ou de uma nova empresa constitui, apenas quanto a empresas com menos de 250 trabalhadores, um motivo para a celebração de contrato de trabalho a termo, nos dois anos posteriores a qualquer um desses factos. Trata-se de um fundamento que assenta em razões de estímulo à criação de emprego e à diminuição do risco empresarial que assume especial relevância na fase de arranque da laboração da empresa e no início da laboração de um novo estabelecimento, cfr. Acórdão do Supremo Tribunal de Justiça, de 9 de Setembro de 2009, documento n.º SJ200909090002254, processo 09S0225, sumários em www.dgsi.pt. Ou seja, admite-se que, à semelhança do que sucede com o estabelecimento, que se desconhece ainda se se encontra em condições para subsistir, os contratos de trabalho celebrados para exercer a actividade se encontrem também eles à experiência durante certo período. Empresa, estabelecimento e aqueles que nele laboram encontram-se como que no âmago de um balão de ensaio: se a empresa ou estabelecimento ultrapassar os primeiros tempos – economicamente mais débeis – os vínculos jurídicos encontram-se aptos a beneficiar de todas as protecções legais, estabilizando. Se pelo contrário a empresa ou estabelecimento não transpuser com sucesso o seu início, os trabalhadores acompanham o seu fracasso. Note-se contudo que o lançamento de nova actividade é, por si só, motivo suficiente para permitir a celebração de um contrato de trabalho a termo. Também se admite como fundamento para a celebração de um contrato a termo resolutivo o lançamento de uma nova actividade de "duração incerta". Com a expressão "duração incerta", terá o legislador pretendido referir-se a uma actividade ainda não consolidada, em sentido que não se verificava à data da celebração do contrato, nem era previsível, que aquela actividade fosse persistir. Quanto à concretização do motivo justificativo que tenha por fundamento a alínea a) deste n.º 4, deve ter-se por devidamente concretizado, no documento que titula o contrato, o motivo justificativo do termo, quando no mesmo se refere que o motivo da contratação é a abertura de um novo estabelecimento e que o local de trabalho do trabalhador seria na morada desse estabelecimento, como aceitou aquele Acórdão do Supremo Tribunal de Justiça, *supra* mencionado, de 9 de Setembro de 2009, processo 09S0225, sumários em www.dgsi.pt.

Importa recordar que, nos termos da alínea d) do n.º 1 do artigo 100.º, grande empresa é aquela que emprega duzentos e cinquenta ou mais trabalhadores, pelo que as grandes empresas não poderão recorrer à alinea a) do n.º 4.

Deve notar-se ainda, no que se refere à alínea a) do n.º 4 que a celebração do contrato a termo com fundamento nesta norma está limitada aos dois anos posteriores ao lançamento da nova actividade de duração incerta, ou ao início do funcionamento de empresa ou de estabelecimento. Significa isto que os contratos a termo resolutivos celebrados ao abrigo desta norma devem ter a sua duração adaptada aos primeiros dois anos da actividade da empresa ou do estabelecimento. Ou seja, para a contagem da duração máxima de dois anos do contrato de trabalho a termo certo, quando a motivação tenha sido o lançamento de nova actividade de duração incerta, o início de laboração de empresa ou de estabelecimento, importa a data do início da nova actividade ou o início de laboração, e não a data de início do trabalho do trabalhador contratado a termo, ou a data de celebração do contrato. Em termos práticos, um contrato a termo resolutivo celebrado após um ano e meio do lançamento da actividade da empresa, estará limitado a uma duração total de seis meses, de modo a perfazer os dois anos admitidos pela parte final da alínea a) do n.º 4.

Já a alínea b) do n.º 4 permite que seja celebrado um contrato de trabalho a termo certo com trabalhador em situação de desemprego de muito longa duração. O legislador preocupou-se, relativamente a trabalhadores nesta situação, a fomentar a sua ocupação laboral, ainda que de forma precária, confiando que essa ocasião facilite a subsistência da relação laboral após o término da duração do contrato de trabalho a termo certo.

Atendendo a que se admite a celebração de contratos de trabalho a termo em situações que nada tem a ver com a satisfação de necessidades temporárias, a contratação realizada ao abrigo desta alínea b) do n.º 4, apresenta três especificidades face ao regime geral da contratação a termo, cfr. n.os 1 e 2. Uma primeira particularidade prende-se com a licitude da contratação a termo, que, neste caso, não pressupõe uma necessidade transitória do empregador, porquanto a sua motivação apenas se destina a combater o desemprego, podendo coexistir com a natureza permanente das funções que venham a ser desempenhadas pelo trabalhador. Uma segunda daquelas especificidades liga-se com a exigência de concretização do motivo justificativo, que em regra não se basta com a mera reprodução das fórmulas legais, e na situação concreta que recaía no âmbito de aplicação da alínea b) do n.º 4 se deve entender como realizável, dados os diferentes fins visados. A restante especificidade verifica-se no ónus probatório, porquanto caberá ao trabalhador produzir a declaração de que se encontra em situação de desemprego de muito longa duração, regime que só não será aplicável nas situações em que o empregador conhecia, ou devia conhecer, a eventual falsidade daquela declaração. Note-se que quando o trabalhador tenha declarado no contrato de trabalho a termo certo celebrado que imediatamente antes à celebração do contrato era desempregado de longa duração, e vem mais tarde propor uma acção judicial contra o empregador, invocando a nulidade da estipulação do termo por na verdade estar sem emprego há muito pouco tempo, incorre em abuso de direito, cfr. artigo 334.º do Código Civil.

Quanto ao conceito de desempregado de muito longa duração referido na alínea b) do n.º 4 deste artigo 140.º, o Código do Trabalho não contém uma definição.

O conceito de desempregado de longa duração tem sido preenchido com recurso à definição constante, inicialmente, no n.º 1 do artigo 4.º, do Decreto-Lei n.º 64-C/89, de 27 de Fevereiro, a qual foi praticamente mantida nos diplomas posteriores, cfr. n.º 1 do artigo 4.º do Decreto-Lei n.º 89/95, de 6 de Maio, n.º 1 do artigo 3.º do Decreto-Lei n.º 34/96, de 18 de Abril, no n.º 4 do artigo 6.º da Portaria n.º 196-A/2001, de 10 de Março, e na alínea c) do n.º 1 do artigo 3.º da Portaria 130/2009, de 30 de Janeiro (entretanto revogada pela Portaria n.º 125/2010, de 1 de Março). De acordo com a legislação referida, será desempregado de longa duração, o trabalhador que se encontra inscrito em centro de emprego há mais de nove meses. Neste sentido, veja-se o Acórdão do Supremo Tribunal de Justiça de 12 de Abril de 2012, processo 1683/10.9TTPNF.P1.S1, disponível em www.dgsi.pt. Assim, o conceito de desempregado de muito longa duração deverá conseguir-se atendendo ao que se vem entendendo como desempregado de longa duração, e aditar-lhe um espaço temporal maior.

Quer a alínea c) do n.º 1 do artigo 4.º do Decreto-Lei n.º 72/2017, de 21 de Junho, quer a alínea c) do n.º 2 do artigo 4.º da Portaria n.º 12-A/2019, de 12 de Abril, considera desempregados de muito longa duração, as pessoas que tenham 45 ou mais anos de idade e que se encontrem inscritas como desempregadas no Instituto do Emprego e da Formação Profissional, I. P., há 25 meses ou mais.

15. O disposto no n.º 2 pode ser afastado por instrumento de regulamentação colectiva de trabalho, cfr. artigo 139.º

16. O n.º 5 estabelece uma importante regra em matéria probatória: é ao empregador que incumbe a prova da veracidade do motivo justificativo da celebração de contrato de trabalho a termo. Compreende-se semelhante consignação. Se o contrato de trabalho a termo resolutivo se encontra profundamente ligado à empresa, à satisfação das suas necessidades temporárias ou ao risco de subsistência de certas actividades, a determinação de que o ónus da prova dos factos que justificam o recurso a uma modalidade precária de admissão acaba por corresponder a um contrapeso, desonerando o trabalhador do encargo de ter de fazer prova de factos que porventura até desconhece.

17. Jurisprudência:

Entendeu o Acórdão do Supremo Tribunal de Justiça, de 10 de Janeiro de 2007, processo 06S2836, documento SJ200701100028364, sumários em www.dgsi.pt, que: "Nada impede que, ao abrigo do princípio da liberdade contratual, consignado no artigo 405.º do Código Civil, as partes estipulem uma antiguidade superior à efectivamente existente, designadamente para efeitos de conferir ao trabalhador um estatuto remuneratório mais favorável. O reconhecimento dessa antiguidade não é, de nenhum modo, incompatível com a celebração de um contrato a termo certo, quando este contrato é realizado dentro dos limites legalmente definidos, e apenas significa que, enquanto perdura o contrato, o trabalhador beneficia das vantagens profissionais ou estatutárias que o tempo de serviço na empresa lhe confere.".

18. Sobre este preceito, *vide* Bernardo Lobo Xavier, *Manual de Direito do Trabalho*, Verbo, 2011, página 696 e segs., e António Monteiro Fernandes, *Direito do Trabalho*, 15.ª Edição, Almedina, Abril 2010, página 329 e segs. No domínio da legislação anterior, pelo que será necessário proceder às adaptações necessárias, *vide* Jorge Leite, "Contrato de trabalho a prazo: direito português e direito comunitário", *Questões Laborais*, Ano XIII, n.º 27, 2006, página 30 e segs.

ARTIGO 141.º - Forma e conteúdo de contrato de trabalho a termo

1 – O contrato de trabalho a termo está sujeito a forma escrita e deve conter:

a) Identificação, assinaturas e domicílio ou sede das partes;

b) Actividade do trabalhador e correspondente retribuição;

c) Local e período normal de trabalho;

d) Data de início do trabalho;

e) Indicação do termo estipulado e do respectivo motivo justificativo;

f) Datas de celebração do contrato e, sendo a termo certo, da respectiva cessação.

2 – Na falta da referência exigida pela alínea d) do número anterior, considera-se que o contrato tem início na data da sua celebração.

3 – Para efeitos da alínea e) do n.º 1, a indicação do motivo justificativo do termo deve ser feita com menção expressa dos factos que o integram, devendo estabelecer-se a relação entre a justificação invocada e o termo estipulado.

4 – Constitui contra-ordenação grave a violação do disposto na alínea e) do n.º 1 ou no n.º 3.

1. Este preceito corresponde alínea c) do n.º 1 do artigo 103.º e ao artigo 131.º do anterior Código do Trabalho, aprovado pela Lei n.º 99/2003.

2. O n.º 1, ao dispor que o contrato de trabalho a termo se encontra sujeito a forma escrita, constitui uma excepção à liberdade de forma prevista no artigo 219.º do Código Civil, que vigora no ordenamento jurídico português, e de acordo com o qual a validade da declaração negocial não depende da observância de forma especial, salvo quando a lei a exigir. Isto significa que, por princípio, o contrato de trabalho entre o empregador e o trabalhador pode ser celebrado verbalmente, a não ser quando a lei determinar uma forma especial, como resulta do artigo 110.º Constituindo, como se disse o n.º 1 deste artigo 141.º uma excepção à liberdade de forma, impõe-se a observância da forma escrita relativamente a contrato de trabalho a termo.

3. A alínea b) do n.º 1 obriga a que, entre os vários elementos que devem constar do contrato, figure a actividade a exercer pelo trabalhador. A actividade contratada pode ser determinada por remissão para categoria profissional de instrumento de regulamentação colectiva de trabalho, ou para regulamento interno da empresa, cfr. n.º 2 do artigo 118.º

Relativamente à actividade contratada afigura-se-nos ambíguo que no contrato de trabalho a termo possa constar uma cláusula segundo a qual o empregador poderá, quando o interesse da empresa o exigir, encarregar o trabalhador de exercer temporariamente funções não compreendidas na actividade contratada, desde que tal não implique modificação substancial da posição do trabalhador, cfr. n.º 1 do artigo 120.º Pelo menos nos casos em que a celebração do contrato de trabalho a termo tem em vista satisfazer uma necessidade temporária, e pelo período estritamente necessário à satisfação dessa necessidade, cfr. n.º 1 do artigo 140.º Semelhante cláusula, típica nos contratos de trabalho por tempo indeterminado, ou sem termo, mostra-se de díficil conciliação com os fins do contrato de trabalho a termo. Com efeito, uma vez celebrado um contrato de trabalho a termo, o trabalhador irá desempenhar determinadas funções que satisfazem uma necessidade temporária da empresa, pelo que se deve entender, que, em regra, o desempenho de outras funções satisfaz necessidades permanentes da empresa, o que é susceptível de colocar em crise o recurso à contratação precária.

4. A alínea c) do n.º 1 exige que o contrato de trabalho a termo contenha a indicação do local e do período normal de trabalho. O local de trabalho corresponde ao lugar ou espaço geográfico onde o trabalhador deve cumprir a sua prestação, cfr. artigo 193.º O período normal de trabalho corresponde ao tempo de trabalho que o trabalhador se obriga a prestar, medido em número de horas por dia e por semana, cfr. artigo 198.º O período normal de trabalho encontra-se sujeito a limites máximos, não podendo exceder oito horas por dia e quarenta horas por semana, cfr. n.º 1 do artigo 203.º

5. Por efeito do n.º 3, exige-se que a indicação do motivo justificativo do termo deve ser feita com menção expressa dos factos que o integram, devendo estabelecer-se a relação entre a justificação invocada e o termo estipulado. Ou seja, a indicação do motivo justificativo implica a concretização dos factos e circunstâncias que fundamentam que o vínculo laboral seja constituído através de um contrato de trabalho, ao qual é aposto um termo resolutivo. Significa isto que a redacção do motivo justificativo deve permitir estabelecer com clareza, a relação entre a justificação invocada e o termo estipulado. Assim, e por exemplo, quando seja indicado que o contrato de trabalho a termo é celebrado com fundamento na substituição de determinado trabalhador, deve identificar-se o trabalhador concreto.

Não se exige que o contrato contenha a referência ao preceito legal em que se subsume a motivação, dado que a concretização dos factos e circunstâncias será apta a justificar aquele motivo. Contrariamente, a mera indicação do preceito legal, sem aquela concretização, não cumpre a determinação legal da indicação do motivo. Assim, o que pretendeu o legislador, em ordem a obedecer ao comando constitucional que consagra a segurança no emprego, cfr. artigo 53.º da Constituição da República Portuguesa, é que o motivo justificativo vise uma situação concreta, objectiva e adequada à explicação do recurso à contratação precária, em termos que permitam a sua aferição judicial.

6. É irrelevante a localização sistemática do motivo justificativo no texto contratual. Pode assim a fundamentação ser inserida no início ou no final do texto, como constar de um excerto que contém denominados "considerandos", ou de um outro que as partes dividiram em "cláusulas", como entendeu, e bem, o Acórdão do Supremo Tribunal de Justiça, de 14 de Março de 2007, processo 06S3410, documento SJ20070314034104, sumários em www.dgsi.pt.

7. Nos termos da alínea c) do n.º 1 do artigo 147.º, considera-se sem termo o contrato de trabalho em que falte a redução a escrito, a identificação ou a assinatura das partes, ou, simultaneamente, as datas de celebração do contrato e de início do trabalho, bem como aquele em que se omitam ou sejam insuficientes as referências ao termo e ao motivo justificativo. Ou seja, na falta de observância da forma ou na falta de indicação daqueles elementos, o contrato de trabalho celebrado será sem termo, ou por tempo indeterminado. Quando assim seja, o empregador não poderá fazer cessar unilateralmente o contrato de trabalho a termo, porquanto este não é o regime aplicável. Se o fizer, a consequência é que a cessação do contrato de trabalho a que tenha procedido com fundamento em caducidade do contrato de trabalho a termo, cfr. artigo 344.º ou 345.º, configurará um despedimento ilícito, cfr. artigo 381.º e 382.º, com as consequências deste. Significa isto que o empregador é condenado a indemnizar o trabalhador por todos os danos causados, patrimoniais e não patrimoniais, cfr. alínea a) do n.º 1 do artigo 389.º, na reintegração do trabalhador, cfr. alínea b) do n.º 1 do mesmo artigo 389.º, e no pagamento de todas as retribuições que o trabalhador deixar de auferir, cfr. n.º 1 do artigo 390.º

8. Nada obsta que a forma escrita do contrato de trabalho a termo, imposta pelo n.º 1, seja satisfeita através de documento electrónico, ou seja, por documento elaborado mediante processamento electrónico de dados. Por outras palavras, nada impede que a forma escrita seja adoptada através de uma declaração escrita enviada por correio electrónico (e-mail) para um endereço electrónico. Sobre a validade, eficácia e valor probatório dos documentos electrónicos remete-se para a anotação 4. ao artigo 107.º

9. Acórdão do Supremo Tribunal de Justiça, de 13 de Janeiro de 2010, processo 362/07.9TTCBR.C1.S1, sumários em www.dgsi.pt: "Na contratação de trabalhador a termo certo, com excepção das situações de estipulação de prazo inferior a 6 meses, o termo pode ser inferior ao necessário para a satisfação da necessidade temporária invocada como sua justificação, sendo certo que a lei se limita a impor que a duração do contrato não exceda a duração da justificação, mas não proíbe que fique aquém desta.".

ARTIGO 142.º – Casos especiais de contrato de trabalho de muito curta duração

1 – O contrato de trabalho para fazer face a acréscimo excepcional e substancial da actividade de empresa cujo ciclo anual apresente irregularidades decorrentes do respectivo mercado ou de natureza estrutural que não seja passível de assegurar pela sua estrutura permanente, nomeadamente em actividade sazonal no setor agrícola ou do turismo, de duração não superior a 35 dias, não está sujeito a forma escrita, devendo o empregador comunicar a sua celebração e o local de trabalho ao serviço competente da segurança social, mediante formulário eletrónico que contém os elementos referidos nas alíneas a), b) e d) do n.º 1 do artigo anterior.

2 – Nos casos previstos no número anterior, a duração total de contratos de trabalho a termo celebrados entre o mesmo trabalhador e empregador não pode exceder 70 dias de trabalho no ano civil.

3 – Em caso de violação do disposto em qualquer dos números anteriores, o contrato considera-se celebrado pelo prazo de seis meses, contando-se neste prazo a duração de contratos anteriores celebrados ao abrigo dos mesmos preceitos.

1. Este preceito não tem correspondência com qualquer outro do anterior Código do Trabalho, aprovado pela Lei n.º 99/2003, sendo um artigo novo.

2. A redacção dos n.os 1 e 2 deste preceito foi alterada pelo artigo 2.º da Lei n.º 23/2012, de 25 de Junho, e posteriormente pelo artigo 2.º da Lei n.º 93/2019, de 4 de Setembro. Na versão originária do Código do Trabalho, aprovado pela Lei n.º 7/2009, de 12 de Fevereiro, aqueles n.os 1 e 2 tinham a seguinte redacção:

> "1 – O contrato de trabalho em actividade sazonal agrícola ou para realização de evento turístico de duração não superior a uma semana não está sujeito a forma escrita, devendo o empregador comunicar a sua celebração ao serviço competente da segurança social, mediante formulário electrónico que contém os elementos referidos nas alíneas a), b) e d) do n.º 1 do artigo anterior, bem como o local de trabalho.
>
> 2 – Nos casos previstos no número anterior, a duração total de contratos de trabalho a termo com o mesmo empregador não pode exceder 60 dias de trabalho no ano civil.".

3. O contrato de muito curta duração é uma nova modalidade de contrato de trabalho a termo resolutivo introduzida pelo Código do Trabalho aprovado pela Lei n.º 7/2009. É permitido para qualquer sector de actividade, desde que a contratação se deva a um acréscimo excepcional e substancial da actividade de empresa, em que o mercado apresente irregularidades que não sejam passível de assegurar pela sua mão-de-obra permanente, e desde que a contratação não seja superior a 35 dias. A existência de necessidades de mão-de-obra específicas de sectores de actividade com acentuada incidência de sazonalidade, como a agricultura e o turismo, levou o legislador a atender àquelas exigências agilizando a contratação de trabalhadores para a prestação subordinada de trabalho, por um escasso período de tempo.

4. Este contrato não está sujeito a forma escrita, bastando a comunicação por via electrónica à Segurança Social. O contrato de muito curta duração afasta-se assim do regime geral do contrato de trabalho a termo resolutivo, o qual, por força do n.º 1 do artigo 141.º se encontra sujeito à forma escrita. Retoma-se, relativamente a esta modalidade de contrato de trabalho, a liberdade de forma prevista no artigo 219.º do Código Civil, que vigora no ordenamento jurídico português, e de acordo com o qual a validade da declaração negocial não depende da observância de forma especial, salvo quando a lei a exigir. Isto significa que, por princípio, o contrato de trabalho entre o empregador e o trabalhador pode ser celebrado verbalmente, a não ser quando a lei determinar uma forma especial, como resulta do artigo 110.º

5. O n.º 2 determina que a duração total destes contratos de trabalho celebrados entre as mesmas partes (os mesmos empregador e trabalhador), não pode exceder 70 dias de trabalho no mesmo ano civil.

6. O n.º 3 determina que quando não tenha sido observada a comunicação ao serviço competente da Segurança Social, ou sendo realizada, não sejam indicados a identificação, assinaturas e domicílio ou sede das partes, a actividade do trabalhador e correspondente retribuição, a data de início do trabalho e o local de trabalho, ou tão somente um deste elementos, ou ainda quando sejam celebrados vários contratos de trabalho de muito curta duração que no seu conjunto ultrapassem 70 dias de trabalho no mesmo ano civil, há uma conversão daquele contrato, ou contratos, neste último caso, num único contrato por período de seis meses. Quando assim seja, o trabalhador poderá prestar o seu trabalho para o empregador durante seis meses, e consequentemente, o empregador terá de proceder ao pagamento da retribuição. Caso o trabalhador já não tenha interesse na manutenção do vinculo após o período acordado com o empregador, e até perfazer os seis meses, este contrato não obriga o trabalhador a ter de aguardar pelo seu termo, porquanto o próprio trabalhador poderá denunciar o contrato de trabalho nos termos do n.º 3 do artigo 400.º, desde que respeite uma antecedência mínima de 30 dias, de acordo com a duração total do contrato. Também nada veda que as partes, empregador e trabalhador acordem na revogação do contrato de trabalho, a qual terá por efeito a sua cessação, cfr. artigo 349.º e 350.º

7. Quando tenha aplicação o n.º 3, e sendo o contrato de trabalho de curta duração uma modalidade do contrato de trabalho a termo resolutivo, caso o trabalhador permaneça ao serviço do empregador decorrido aquele prazo de seis meses, deve considerar-se que o contrato de trabalho se converte em contrato sem termo ou por tempo indeterminado, cfr. alínea b) do n.º 2 do artigo 147.º E também nada veda que o trabalhador prove que o recurso ao contrato de trabalho de curta duração teve por fim iludir as disposições que regulam o contrato sem termo, cfr. alínea a) do n.º 1 do artigo 147.º, sendo que se o conseguir fazer, a sua antiguidade conta-se desde o início da prestação de trabalho, cfr. n.º 3 do artigo 147.º É que esta modalidade do contrato de trabalho a termo apenas dispensa a redução a escrito do contrato, pelo que o empregador só logra afastar a aplicação das normas do regime geral do contrato de trabalho a termo que se ligam com aquela exigência.

8. Importa ainda referir que quando tenha aplicação o n.º 3 deste artigo 142.º, e o contrato se deva considerar celebrado pelo prazo de seis meses, o empregador não terá de cumprir o disposto no n.º 1 do artigo 344.º, que estabelece que o contrato de trabalho a termo certo caduca no final do prazo estipulado, ou da sua renovação, desde que o empregador ou o trabalhador comunique à outra parte a vontade de o fazer cessar, por escrito, respectivamente, 15 ou oito dias antes de o prazo expirar. Ou seja, o prazo dos seis meses de duração do contrato é estipulado por força da lei, pelo que a caducidade opera automaticamente, sem depender de qualquer comunicação do empregador ao trabalhador. Quando este for o caso, tem aplicação o n.º 2 daquele artigo 344.º, que determina que em caso de caducidade de contrato a termo certo, o trabalhador tem direito a uma compensação correspondente a 18 dias de retribuição base e diuturnidades (quando estas existam) por cada ano completo de antiguidade, calculada de acordo com o previsto no artigo 366.º A caducidade do contrato decorre, quando é convencionado que o contrato de trabalho a termo não será renovado, do acordo de vontades entre empregador e trabalhador, aquando da celebração do contrato de trabalho a termo certo, resultando por determinação do n.º 2 do artigo 344.º que o trabalhador ainda assim terá direito a auferir uma compensação pela caducidade do contrato.

9. O trabalhador no contrato de trabalho de muito curta duração encontra-se sujeito a um exame de vigilância da saúde de admissão, à semelhança de todos os trabalhadores, alínea a) do n.º 3 do artigo 108.º da Lei n.º 102/2009, de 10 de Setembro. Se for contratado uma segunda vez, poderá ser dispensado de efectuar o exame de vigilância da saúde de admissão, caso seja contratado, por um período não superior a 45 dias, para um trabalho idêntico, esteja exposto aos mesmos riscos e não seja conhecida qualquer inaptidão desde o último exame médico efectuado nos dois anos anteriores, devendo a ficha clínica desse mesmo exame ser do conhecimento do médico do trabalho, cfr. alínea b) do n.º 6 do artigo 108.º da Lei n.º 102/2009, de 10 de Setembro.

10. Sobre este preceito, no domínio da legislação anterior, pelo que será necessário proceder às adaptações necessárias, *vide* Bernardo Lobo Xavier, *Manual de Direito do Trabalho*, Verbo, 2011, página 703, e António Monteiro Fernandes, *Direito do Trabalho*, 15.ª Edição, Almedina, Abril 2010, página 338.

ARTIGO 143.º – Sucessão de contrato de trabalho a termo

1 – A cessação de contrato de trabalho a termo, por motivo não imputável ao trabalhador, impede nova admissão ou afectação de trabalhador através de contrato de trabalho a termo ou de trabalho temporário cuja execução se concretize no mesmo posto de trabalho, ou ainda de contrato de prestação de serviços para o mesmo objecto, celebrado com o mesmo empregador ou sociedade que com este se encontre em relação de participações recíprocas, de domínio ou de grupo, ou mantenha estruturas organizativas comuns, antes de decorrido um período de tempo equivalente a um terço da duração do contrato, incluindo renovações.

2 – O disposto no número anterior não é aplicável nos seguintes casos:

a) Nova ausência do trabalhador substituído, quando o contrato de trabalho a termo tenha sido celebrado para a sua substituição;

b) Acréscimo excepcional da actividade da empresa, após a cessação do contrato;

c) Actividade sazonal;

d) (Revogado).

3 – Constitui contra-ordenação grave a violação do disposto no n.º 1.

1. Este preceito corresponde ao artigo 132.º do anterior Código do Trabalho, aprovado pela Lei n.º 99/2003.

2. A alínea d) do n.º 2 foi revogada pelo artigo 10.º da Lei n.º 93/2019, de 4 de Setembro. Na versão originária do Código do Trabalho, aprovado pela Lei n.º 7/2009, de 12 de Fevereiro, aquela norma tinha a seguinte redacção: "O disposto no número anterior não é aplicável nos seguintes casos:

d) Trabalhador anteriormente contratado ao abrigo do regime aplicável à contratação de trabalhador à procura de primeiro emprego.".

3. Para que tenha aplicação o n.º 1, ou seja para que o empregador se ache impedido de proceder à celebração de um novo contrato de trabalho a termo, exige-se que a cessação do anterior contrato de trabalho não tenha sido imputável ao trabalhador. Ou seja, sempre que o empregador tenha comunicado a vontade de cessar o contrato a termo certo por caducidade, cfr. n.º 1 do artigo 344.º, ou comunique a cessação do contrato a termo incerto, cfr. n.º 1 do artigo 345.º, proceda a um despedimento colectivo, cfr. artigo 359.º e segs., a um despedimento por extinção de posto de trabalho, cfr. artigo 367.º e segs., a um despedimento por inadaptação, cfr. artigo 373.º, ou a um despedimento ilícito, encontra-se, em princípio, impedido de proceder a nova contratação com o mesmo trabalhador ou com outro, para o mesmo posto de trabalho, antes de decorrido um período de tempo correspondente a um terço da duração do contrato. O mesmo vale quando o trabalhador resolva o contrato com fundamento numa justa causa subjectiva, ou seja, na verificação de uma situação imputável a título de culpa ao empregador, cfr. n.º 2 do artigo 394.º

4. O n.º 1 pretende obstar a que por meio da celebração sucessiva de contratos de trabalho a termo, o empregador, lograsse obter um efeito que a lei visa arredar: recorrer ao trabalho a termo para satisfazer necessidades permanentes da empresa, em detrimento de, como se exige, fazer face a necessidades transitórias. Aquele efeito seria facilmente alcançável se ao empregador fosse admitido celebrar continuamente contratos de trabalho a termo, desvirtuando as disposições que regulam quer o contrato de trabalho, quer o contrato de trabalho a termo. Na realidade, carecendo a organização de mão-de-obra para prossecução da sua actividade, deve o empregador recorrer ao contrato de trabalho por tempo indeterminado, ou sem termo, enquanto regime regra, a não ser que a necessidade seja temporária, sendo que quando se verifique esta última já poderá o empregador optar pelo contrato de trabalho a termo, ou pelo trabalho temporário, cfr. artigo 172.º e segs., enquanto regimes excepcionais ao primeiro. Ao fixar um limite temporal (um terço da duração total do contrato), dentro do qual não pode o empregador celebrar um contrato de trabalho a termo, um contrato de utilização de trabalho temporário com uma empresa de trabalho temporário, nem um contrato de prestação de serviços com o mesmo objecto, para o desempenho de funções no mesmo posto de trabalho, visa-se assegurar que a necessidade é de facto temporária, e não verdadeiramente uma necessidade duradoura, nem contínua da empresa. Note-se contudo, que a proibição de contratos sucessivos se refere apenas ao mesmo posto de trabalho, já não valendo relativamente a outros postos de trabalho. Por outro lado, é indiferente que os fundamentos aduzidos em dois contratos de trabalho a termo (duas contratações sucessivas) não sejam os mesmos: para a aplicação da proibição basta que a sucessão se materialize no mesmo posto de trabalho.

Sem prejuízo do que se deixou exposto, o n.º 2 constitui uma excepção ao impedimento de contratos sucessivos previsto no n.º 1, admitindo-se nos casos taxativamente estabelecidos nas alíneas a) a d) do n.º 2 quais as situações que não constituindo impedimento, permitem a contratação sucessiva para o mesmo posto de trabalho, ou a celebração de contrato de prestação de serviços com o mesmo objecto. Não obstante, a contratação sucessiva não é infinda, encontrando-se em todo o caso a celebração de contratos de trabalho a termo consecutivos subordinada, em princípio, a necessidades temporárias da empresa, pelo que o preenchimento sucessivo do mesmo posto de trabalho ao abrigo das alíneas a) a d) do n.º 2 terá como limite a alínea a) do n.º 1 do artigo 147.º, em termos de não poder iludir as disposições que regulam o contrato sem termo, e que correspondem ao regime regra de prestação de trabalho subordinado.

Caso o empregador viole a inibição de celebração de contratos sucessivos para o mesmo posto de trabalho, ou o preencha através da celebração de contrato de prestação de serviços com o mesmo objecto, a consequência é que se deve considerar que o trabalho é prestado pelo trabalhador ao empregador em regime de contrato de trabalho sem termo, cfr. artigo 147.º

5. No mesmo sentido deste artigo 143.º, pode ver-se, embora no âmbito do trabalho temporário, o artigo 179.º

6. Para que tenha aplicação o n.º 1 releva a execução no mesmo posto de trabalho, ou ainda o desempenho de um contrato de prestação de serviços com o mesmo objecto, sendo por isso irrelevante que venha a ser celebrado um novo contrato de trabalho a termo resolutivo com motivação diferente do anterior. Sempre se diga que a qualificação dada pelas partes ao contrato não é vinculativa para qualquer tribunal. Ou seja, o que interessa é o modo como é desempenhada a prestação de trabalho, pelo que a designação dada pela empresa e o trabalhador ou o prestador de serviços aquando da celebração do contrato tem pouco valor para a decisão de um tribunal.

7. O n.º 1 deve ser interpretado conjuntamente com o disposto no Código das Sociedades Comerciais, aprovado pelo Decreto-Lei n.º 262/86, de 2 de Setembro. Nos termos do artigo 482.º do Código das Sociedades Comerciais, as sociedades em relação de domínio e as sociedades em relação de grupo consideram-se sociedades coligadas. Nos termos do n.º 1 do artigo 486.º do Código das Sociedades Comerciais, considera-se que duas sociedades estão em relação de domínio quando uma delas, dita dominante, pode exercer, directamente ou por sociedades ou pessoas, sobre a outra, dita dependente, uma influência dominante.

8. O Código do Trabalho não contém uma definição de sociedades que mantenham estruturas organizativas comuns. Tratam-se de sociedades que partilham entre si elementos típicos de uma instituição corporativa, como sejam as mesmas instalações, equipamentos, ou os mesmos recursos, como serviços de segurança ou limpeza, os quais aproveitam assim a mais do que uma entidade.

9. O período de tempo durante o qual o empregador se acha impedido de proceder a nova contratação para o mesmo posto de trabalho, um terço da duração do contrato a termo, inclui as eventuais renovações que tenham sido realizadas ao contrato de trabalho a termo certo, cfr. artigo 149.º, sendo que a menção às renovações pretende apenas aclarar o que resultava já do regime do próprio contrato de trabalho a termo certo, em que se considera como único contrato aquele que seja objecto de renovação, cfr. n.º 5 do artigo 149.º

ARTIGO 144.º – Informações relativas a contrato de trabalho a termo

1 – O empregador deve comunicar a celebração de contrato de trabalho a termo, com indicação do respectivo motivo justificativo, bem como a cessação do mesmo à comissão de trabalhadores e à associação sindical em que o trabalhador esteja filiado, no prazo de cinco dias úteis.

2 – O empregador deve comunicar, nos termos a prever em portaria do ministro responsável pela área laboral, ao serviço com competência inspectiva do ministério responsável pela área laboral os elementos a que se refere o número anterior.

3 – O empregador deve comunicar à entidade com competência na área da igualdade de oportunidades entre homens e mulheres, com a antecedência mínima de cinco dias úteis à data do aviso prévio, o motivo da não renovação de contrato de trabalho a termo sempre que estiver em causa uma trabalhadora grávida, puérpera ou lactante ou um trabalhador no gozo de licença parental.

4 – O empregador deve afixar informação relativa à existência de postos de trabalho permanentes que estejam disponíveis na empresa ou estabelecimento.

5 – Constitui contra-ordenação leve a violação do disposto nos n.os 1, 2 e 4 e contra-ordenação grave a violação do disposto no n.º 3.

1. Este preceito corresponde ao artigo 133.º do anterior Código do Trabalho, aprovado pela Lei n.º 99/2003.

2. A redacção do n.º 3 foi alterada pelo artigo 2.º da Lei n.º 90/2019, de 4 de Setembro. Já a redacção do n.º 5 foi introduzida pela Lei n.º 120/2015, de 1 de Setembro. Na redacção originária do Código do Trabalho aprovado pela Lei n.º 7/2009, aqueles n.os 3 e 5 tinham o seguinte o conteúdo:

> "3 – O empregador deve comunicar, no prazo de cinco dias úteis, à entidade com competência na área da igualdade de oportunidades entre homens e mulheres o motivo da não renovação de contrato de trabalho a termo sempre que estiver em causa uma trabalhadora grávida, puérpera ou lactante.
>
> 5 – Constitui contra-ordenação leve a violação do disposto neste artigo.".

3. A comunicação pelo empregador da celebração de contrato a termo, bem como a cessação do mesmo à comissão de trabalhadores e à associação sindical em que o trabalhador esteja filiado é um dever que só incide sobre o empregador se existir uma comissão de trabalhadores na empresa, e se o empregador tiver conhecimento de que o trabalhador é filiado em associação sindical. O empregador tem conhecimento da existência de uma comissão de trabalhadores porquanto os resultados da votação, da constituição e aprovação dos estatutos da comissão de trabalhadores, são-lhe comunicados, cfr. n.º 6 do artigo 432.º

4. Dias úteis são Segunda-Feira, Terça-Feira, Quarta-Feira, Quinta-Feira e Sexta-Feira. Sábado, Domingo e Feriados não constituem dias úteis, sendo que para o conceito de dias úteis é irrelevante que a empresa se encontre em funcionamento ao Sábado, Domingo ou Feriado. Este é o sentido da alínea e) do artigo 279.º do Código Civil, conjugado com o n.º 1 do artigo 137.º do Código de Processo Civil. Sempre se diga, que nos termos da alínea b) do artigo 279.º do Código Civil, na contagem de qualquer prazo não se inclui o dia em que ocorrer o evento a partir do qual o prazo começa a correr.

5. O serviço com competência inspectiva do ministério responsável pela área laboral, referido no n.º 2, é, actualmente, a Autoridade para as Condições do Trabalho, cfr. alínea a) do n.º 2 do artigo 11.º do Decreto-Lei n.º 167-C/2013, de 31 de Dezembro, alterado pelo Decreto-Lei n.º 28/2015, de 10 de Fevereiro, que aprovou a Lei Orgânica do Ministério da Solidariedade, Emprego e Segurança Social, e alínea a) do n.º 2 do artigo 2.º do Decreto Regulamentar n.º 47/2012, de 31 de Julho, que aprovou a orgânica da Autoridade para as Condições do Trabalho, nos termos das quais a Autoridade para as Condições do Trabalho prossegue, entre outras, a atribuição de fiscalizar o cumprimento das disposições legais, regulamentares e convencionais respeitantes às relações de trabalho. A comunicação da celebração de contrato de trabalho a termo, com indicação do respectivo motivo justificativo, bem como a cessação do mesmo, ao serviço com competência inspectiva do ministério responsável pela área laboral, é efectuada na informação anual sobre a actividade social da empresa que o empregador tem de prestar, no relatório único, cfr. n.º 1 do artigo 32.º da Lei n.º 105/2009, de 14 de Setembro, alterada pelas Leis n.os 60/2018, de 21 de Agosto, e 93/2019, de 4 de Setembro, e Portaria n.º 55/2010, de 21 de Janeiro, alterada pela Portaria n.º 108-A/2011, de 14 de Março. Estes elementos são entregues por meio informático, durante o período de 16 de Março a 15 de Abril do ano seguinte àquele a que respeita, em modelo de relatório único, cfr. n.º 1 do artigo 4.º e artigo 1.º, ambos da Portaria n.º 55/2010, de 21 de Janeiro, e n.º 2 do artigo 32.º da Lei n.º 105/2009, de 14 de Setembro, que regulamentou o presente Código do Trabalho.

6. A entidade competente na área da igualdade de oportunidades entre homens e mulheres, referida no n.º 3, é actualmente a Comissão para a Igualdade no Trabalho e no Emprego (C.I.T.E.). Nos termos do n.º 1 do artigo 36.º, entende-se por trabalhadora grávida, a trabalhadora em estado de gestação que informe o empregador do seu estado, por escrito, com apresentação de atestado médico. Por trabalhadora puérpera, entende-se a trabalhadora parturiente e durante um período de 120 dias subsequentes ao parto que informe o empregador do seu estado, por escrito, com apresentação de atestado médico ou certidão de nascimento do filho. Por fim, trabalhadora lactante, é a trabalhadora que amamenta o filho e informe o empregador do seu estado, por escrito, com apresentação de atestado médico.

7. O n.º 4 procura assegurar a manutenção de emprego daqueles que são contratados a termo, que em detrimento de poderem vir a perdê-lo, por cessação do contrato de trabalho a termo por iniciativa do empregador, poderão concorrer aos postos de trabalho que o empregador disponibilize.

Nos termos do n.º 1 do artigo 145.º, o trabalhador admitido na empresa através de contrato a termo resolutivo, beneficia de um direito de preferência na celebração de um contrato sem termo, para o exercício de funções idênticas àquelas para que foi contratado.

ARTIGO 145.º – Preferência na admissão

1 – Até 30 dias após a cessação do contrato, o trabalhador tem, em igualdade de condições, preferência na celebração de contrato sem termo, sempre que o empregador proceda a recrutamento externo para o exercício de funções idênticas àquelas para que foi contratado.

2 – A violação do disposto no número anterior obriga o empregador a indemnizar o trabalhador no valor correspondente a três meses de retribuição base.

3 – Cabe ao trabalhador alegar a violação da preferência prevista no n.º 1 e ao empregador a prova do cumprimento do disposto nesse preceito.

4 – Constitui contra-ordenação grave a violação do disposto no n.º 1.

1. Este preceito corresponde ao artigo 135.º do anterior Código do Trabalho, aprovado pela Lei n.º 99/2003.

2. Na lógica que subjaz ao legislador, de permanente procura de assegurar a manutenção do posto de trabalho do trabalhador, valorizou-se as expectativas do trabalhador admitido na empresa através de contrato a termo resolutivo, estabelendo-se um direito de preferência na sua admissão, sendo-lhe atribuindo uma preferência na celebração de contrato de trabalho por tempo indeterminado ou sem termo. A preferência vale contudo apenas relativamente a candidatos externos, e não relativamente àqueles que sejam já trabalhadores da empresa.

3. Por efeito do n.º 2, o empregador que viole a preferência legal estabelecida no n.º 1, encontra-se obrigado a indemnizar o trabalhador no montante correspondente a três meses de retribuição base. Por retribuição base entende-se a prestação correspondente à actividade do trabalhador no período normal de trabalho, cfr. alínea a) do n.º 2 do artigo 262.º A retribuição base prevista neste n.º 2 é aquela que era auferida pelo trabalhador preterido.

ARTIGO 146.º – Igualdade de tratamento no âmbito de contrato a termo

1 – O trabalhador contratado a termo tem os mesmos direitos e está adstrito aos mesmos deveres de trabalhador permanente em situação comparável, salvo se razões objectivas justificarem tratamento diferenciado.

2 – Os trabalhadores contratados a termo são considerados, para efeitos da determinação das obrigações sociais relacionadas com o número de trabalhadores, com base na média dos existentes na empresa no final de cada mês do ano civil anterior.

1. Este preceito corresponde aos artigos 136.º e 134.º do anterior Código do Trabalho, aprovado pela Lei n.º 99/2003.

2. O n.º 1 tem por efeito esclarecer que ao trabalhador contratado a termo é aplicável o princípio da igualdade. Este princípio da igualdade tem consagração constitucional no artigo 13.º da Constituição da República Portuguesa. Postula o princípio da igualdade que se deve tratar de forma igual o que é igual, e de modo desigual o que não é igual. O princípio da igualdade não significa assim uma igualdade absoluta em todas as circunstâncias, nem obsta ou proíbe um tratamento diferenciado. O que se exige é que a diferenciação seja materialmente fundada, sob o ponto de vista da segurança jurídica e não se baseia em qualquer motivo inadmissível em termos legais. Assim, a diferenciação de tratamento é aceitável quando se baseia numa distinção objectiva de situações, não se fundamente em qualquer dos motivos indicados no n.º 2, do artigo 13.º da Constituição (distinção em razão de ascendência, sexo, raça, língua, território de origem, religião, convicções políticas ou ideológicas, instrução, situação económica, condição social ou orientação sexual), tenha um fim legítimo e se revele necessária, adequada e proporcionada à satisfação do objectivo que se pretende atingir. Por força do princípio da igualdade, o trabalhador enquanto subsistir o contrato de trabalho a termo celebrado beneficia, em princípio, dos mesmos direitos, e encontra-se sujeito aos mesmos deveres dos trabalhadores que se acham submetidos ao regime geral. Em princípio, porquanto poderá subsistir, relativamente ao trabalhador contratado a termo, um tratamento diferenciado, como sucede relativamente à atribuição pelo empregador de determinadas vantagens que prevêem a permanência do trabalhador na empresa durante certo período temporal. Exemplificadamente, poderá o empregador atribuir um seguro de saúde a todos os trabalhadores que se encontrem ao seu serviço há pelo menos quatro anos. Assim, e de acordo com o n.º 1, e não obstante a pouca utilidade de semelhante determinação, o trabalhador contratado a termo acha-se adstrito aos mesmos deveres, e goza dos mesmos direitos que os demais trabalhadores.

3. Em obediência ao princípio da igualdade, os trabalhadores contratados a termo estão abrangidos pelo dever que sobre a empresa incide de assegurar a formação contínua de 10% dos trabalhadores. Ou seja, nestes 10% incluem-se os contratados a termo, cfr. n.º 5 do artigo 131.º

4. O n.º 2 estabelece uma importante critério, de acordo com o qual, na informação anual sobre a actividade social da empresa que o empregador tem de prestar, no relatório único, cfr. n.º 1 do artigo 32.º da Lei n.º 105/2009, de 14 de Setembro, alterada pelas Leis n.os 60/2018, de 21 de Agosto, e 93/2019, de 4 de Setembro, e Portaria n.º 55/2010, de 21 de Janeiro, alterada pela Portaria n.º 108-A/2011, de 14 de Março, os trabalhadores contratados a termo são considerados com base na média dos existentes na empresa no final de cada mês do ano civil anterior.

ARTIGO 147.º – Contrato de trabalho sem termo

1 – Considera-se sem termo o contrato de trabalho:

a) Em que a estipulação de termo tenha por fim iludir as disposições que regulam o contrato sem termo;

b) Celebrado fora dos casos previstos nos n.os 1, 3 ou 4 do artigo 140.º;

c) Em que falte a redução a escrito, a identificação ou a assinatura das partes, ou, simultaneamente, as datas de celebração do contrato e de início do trabalho, bem como aquele em que se omitam ou sejam insuficientes as referências ao termo e ao motivo justificativo;

d) Celebrado em violação do disposto no n.º 1 do artigo 143.º

2 – Converte-se em contrato de trabalho sem termo:

a) Aquele cuja renovação tenha sido feita em violação do disposto no artigo 149.º;

b) Aquele em que seja excedido o prazo de duração ou o número de renovações a que se refere o artigo seguinte;

c) O celebrado a termo incerto, quando o trabalhador permaneça em actividade após a data de caducidade indicada na comunicação do empregador ou, na falta desta, decorridos 15 dias após a verificação do termo.

3 – Em situação referida no n.º 1 ou 2, a antiguidade do trabalhador conta-se desde o início da prestação de trabalho, excepto em situação a que se refere a alínea d) do n.º 1, em que compreende o tempo de trabalho prestado em cumprimento dos contratos sucessivos.

1. Este preceito corresponde ao n.º 2 do artigo 130.º, ao n.º 4 do artigo 131.º, ao n.º 3 do artigo 132.º, ao n.º 4 do artigo 140.º, ao artigo 141.º e ao artigo 145.º do anterior Código do Trabalho, aprovado pela Lei n.º 99/2003.

2. A alínea a) do n.º 1 visa prevenir a fraude à lei, ou seja, em que a finalidade é simular um contrato de trabalho a termo quando verdadeiramente o negócio desejado é um contrato de trabalho sem termo, ou por tempo indeterminado, exigindo-se que subsista a intenção de iludir as disposições legais.

3. A alínea b) do n.º 1 deve ligar-se com o disposto no n.º 5 do artigo 140.º, que determina que cabe ao empregador a prova dos factos que justificam a celebração do contrato de trabalho a termo.

4. Por efeito da alínea c) do n.º 1, considera-se o contrato de trabalho celebrado a termo como sendo sem termo, ou por tempo indeterminado quando não seja observada a forma escrita imposta pelo n.º 1 do artigo 141.º, ou falte algumas das formalidades previstas naquela norma.

O motivo justificativo da contratação a termo constitui uma formalidade *ad substantiam*, ou seja, o motivo justificativo é um requisito de validade do contrato de trabalho a termo, cfr. alínea e) do n.º 1 do artigo 141.º, que deve por isso encontrar-se suficientemente explicitado no texto contratual do documento que titula o vínculo. Significa isto que ainda que o empregador tenha razões válidas para ter procedido à contratação a termo, semelhante circunstância de nada relevará, se as razões subjacentes não tiverem sido divulgadas no documento escrito exigido para que se possa estabelecer o vínculo. É que na hipótese de um tribunal vir a sindicar a conformidade da justificação aduzida face ao disposto no presente Código, aquele encontra-se circunscrito aos motivos constantes do texto que titula a relação laboral, não sendo considerados os motivos que o empregador venha a apresentar em sede judicial que extrapolem o clausulado. Neste sentido, Acórdão do Supremo Tribunal de Justiça, de 22 de Abril de 2009, processo 08S3769, documento SJ20090422037694, sumários em www.dgsi.pt.

Assim, e para que se seja lícita a validade do termo resolutivo, é necessário:

a) que se mostrem vertidas no texto contratual factos reconduzíveis a algum dos tipos legais de justificação constantes do n.º 2 do artigo 140.º, ou noutros que possam ser entendidos como integrando uma necessidade temporária da empresa, cfr. n.º 1 do artigo 140.º, e
b) que esses factos tenham correspondência com a realidade.

Na ausência destas, a consequência é que o contrato de trabalho aprazado entre o empregador e o trabalhador, em detrimento do termo nele aposto ser considerado válido, deve entender-se que é nulo, cfr. artigo 220.º do Código Civil, e consequentemente deve considerar-se que esse contrato foi celebrado sem a estipulação do termo.

5. A alínea d) do n.º 1 determina que o contrato de trabalho a termo se considere sem termo quando o empregador proceda a nova admissão ou afectação de trabalhador através de contrato de trabalho a termo ou de trabalho temporário cuja execução se concretize no mesmo posto de trabalho, ou ainda de contrato de prestação de serviços para o mesmo objecto, após a cessação de contrato de trabalho a termo, por motivo não imputável ao trabalhador. Quando o empregador viole a proibição de contratação sucessiva prevista no n.º 1 do artigo 143.º, o n.º 3 manda que a antiguidade do trabalhador abrange o tempo de trabalho prestado em cumprimento dos contratos sucessivos celebrados pelo empregador. Salvo melhor opinião, e ainda que estejam em causa trabalhadores diferentes, um primeiro que ocupou determinado posto de trabalho, tendo depois cessado o seu contrato de trabalho a termo, posto aquele que foi ininterruptamente ocupado por outro trabalhador contratado a termo, ou por trabalhador temporário, ou por prestador de serviços, este último beneficiará de todo o tempo de trabalho decorrido naquele posto de trabalho, ainda que o tenha ocupado por menos tempo.

6. Por força da lei, cfr. alínea a) do n.º 2, converte-se em contrato de trabalho sem termo, ou por tempo indeterminado, quando a renovação do contrato de trabalho a termo certo não observe as exigências materiais do contrato a termo, (dado que por imposição do n.º 3 do artigo 149.º, estas devem verificar-se no momento da sua renovação), ou quando não cumpra as exigências formais determinadas para a própria celebração do contrato de trabalho a termo certo, se a renovação for por prazo diferente daquele que a antecede. O mesmo efeito, conversão do contrato a termo em contrato sem termo, tem o contrato de trabalho a termo certo em que sejam excedidas as três renovações a que este último pode ser sujeito, cfr. n.º 4 do artigo 149.º

7. A alínea b) do n.º 2 determina que se converte em contrato sem termo, o contrato de trabalho a termo certo cuja duração total ultrapasse os dois anos:

a) Quando a motivação tenha sido o lançamento de nova actividade de duração incerta, o início de laboração de empresa ou de estabelecimento pertencente a empresa com menos de 250 trabalhadores;
b) Quando a motivação tenha sido a contratação de trabalhador em situação de desemprego de muito longa duração;

c) Quando o contrato de trabalho a termo certo tenha sido celebrado para satisfação de necessidade temporária da empresa e pelo período estritamente necessário à satisfação dessa necessidade.

Também o contrato de trabalho a termo incerto se converte em contrato de trabalho sem termo, ou por tempo indeterminado quando a sua duração exceda os quatro anos, cfr. n.º 5 do artigo 148.º

A alínea b) contém um lapso ao mencionar "o número de renovações a que se refere o artigo seguinte", dado que a admissibilidade de renovação do contrato a termo deixou de se encontrar prevista no artigo 148.º, e passou com a Lei n.º 93/2019, de 4 de Setembro, para o n.º 4 do artigo 149.º

8. A comunicação de cessação do contrato de trabalho a termo incerto referida na alínea c) do n.º 2 encontra-se sujeita a um pré-aviso, consoante a duração efectiva do contrato, cfr. n.º 1 do artigo 345.º Caso a comunicação não seja realizada, o contrato só se converte em contrato de trabalho sem termo quando o trabalhador se mantenha ao serviço do empregador passados 15 dias após a verificação do termo. Significa isto que prevendo-se a verificação do termo, por exemplo anteve-se que a empreitada termine dentro de alguns dias, e quando está iminente a conclusão da obra esta vem a desmoronar, afinal o termo não vem a verificar-se, pelo que o trabalhador pode continuar a desempenhar a sua actividade até que termine a necessidade temporária, sem que tenha lugar a conversão do contrato.

9. A antiguidade, referida no n.º 3, "é a qualidade correspondente à duração da situação jurídica laboral", Menezes Cordeiro, *Manual de Direito do Trabalho*, Livraria Almedina, 1991, página 675 e segs., e Acórdão do Tribunal da Relação de Lisboa, de 22 de Junho de 2005, processo 10307/2004-4, sumários em www.dgsi.pt. Significa isto que a duração de situações que não são de qualificar como sendo de trabalho subordinado não devem entrar no cômputo da antiguidade. A título exemplificativo, a duração de um contrato de estágio extracurricular, cfr. Decreto-Lei n.º 66/2011, de 1 de Junho, não correspondendo à prestação de trabalho subordinado, não dá lugar à contagem de antiguidade, ainda que posteriormente à cessação deste contrato venha a ser celebrado um contrato de trabalho.

10. Por efeito do n.º 1 ou do n.º 2, quando o contrato de trabalho deva ser entendido como contrato sem termo ou por tempo indeterminado, o empregador não poderá fazer cessar unilateralmente o contrato de trabalho a termo, porquanto este não é o regime aplicável. Se o fizer, a consequência é que a cessação do contrato de trabalho a que tenha procedido com fundamento em caducidade do contrato de trabalho a termo, cfr. artigo 344.º ou 345.º, configurará um despedimento ilícito, cfr. artigo 381.º e 382.º, com as consequências deste. Significa isto que o empregador é condenado a indemnizar o trabalhador por todos os danos causados, patrimoniais e não patrimoniais, cfr. alínea a) do n.º 1 do artigo 389.º, na reintegração do trabalhador, cfr. alínea b) do n.º 1 do mesmo artigo 389.º, e no pagamento de todas as retribuições que o trabalhador deixar de auferir, cfr. n.º 1 do artigo 390.º

11. Nada obsta que a forma escrita, imposta pela alínea c) do n.º 1, seja satisfeita através de documento electrónico, ou seja, por documento elaborado mediante processamento electrónico de dados. Por outras palavras, nada impede que a forma escrita seja adoptada através de uma declaração escrita enviada por correio electrónico (e-mail) para um endereço electrónico. Sobre a validade, eficácia e valor probatório dos documentos electrónicos remete-se para a anotação 4. ao artigo 107.º

ARTIGO 148.º – Duração de contrato de trabalho a termo

1 – A duração do contrato de trabalho a termo certo não pode ser superior a dois anos.

2 – O contrato de trabalho a termo certo só pode ser celebrado por prazo inferior a seis meses em situação prevista em qualquer das alíneas a) a g) do n.º 2 do artigo 140.º, não podendo a duração ser inferior à prevista para a tarefa ou serviço a realizar.

3 – Em caso de violação do disposto na primeira parte do número anterior, o contrato considera-se celebrado pelo prazo de seis meses desde que corresponda à satisfação de necessidades temporárias da empresa.

4 – Na situação prevista na alínea a) do n.º 4 do artigo 140.º, a duração do contrato de trabalho a termo certo não pode exceder os dois anos posteriores ao início do motivo justificativo.

5 – A duração do contrato de trabalho a termo incerto não pode ser superior a quatro anos.

6 – É incluída no cômputo do limite referido no n.º 1 a duração de contratos de trabalho a termo ou de trabalho temporário cuja execução se concretiza no mesmo posto de trabalho, bem como de contrato de prestação de serviço para o mesmo objeto, entre o trabalhador e o mesmo empregador ou sociedades que com este se encontrem em relação de domínio ou de grupo ou mantenham estruturas organizativas comuns.

1. Este preceito corresponde aos artigos 139.º, 142.º e 144.º do anterior Código do Trabalho, aprovado pela Lei n.º 99/2003.

2. A redacção dos n.os 1, 4 e 5 foi alterada pelo artigo 2.º da Lei n.º 93/2019, de 4 de Setembro, que introduziu também o n.º 6. Na versão originária do Código do Trabalho, aprovado pela Lei n.º 7/2009, de 12 de Fevereiro, aqueles n.os tinham a seguinte redacção:

"1 – O contrato de trabalho a termo certo pode ser renovado até três vezes e a sua duração não pode exceder:

a) 18 meses, quando se tratar de pessoa à procura de primeiro emprego;

b) Dois anos, nos demais casos previstos no n.º 4 do artigo 140.º;

c) Três anos, nos restantes casos.

4 – A duração do contrato de trabalho a termo incerto não pode ser superior a seis anos.

5 – É incluída no cômputo do limite referido na alínea c) do n.º 1 a duração de contratos de trabalho a termo ou de trabalho temporário cuja execução se concretiza no mesmo posto de trabalho, bem como de contrato de prestação de serviço para o mesmo objecto, entre o trabalhador e o mesmo empregador ou sociedades que com este se encontrem em relação de domínio ou de grupo.".

3. Por determinação do n.º 1 a duração total do contrato de trabalho a termo certo não pode ultrapassar dois anos, independentemente da motivação que tenha fundamentado o termo. Ou seja, a duração dos dois anos vale:

a) Quando a motivação tenha sido o lançamento de nova actividade de duração incerta, o início de laboração de empresa ou de estabelecimento pertencente a empresa com menos de 250 trabalhadores;
b) Quando a motivação tenha sido a contratação de trabalhador em situação de desemprego de muito longa duração;
c) Quando o contrato de trabalho a termo certo tenha sido celebrado para satisfação de necessidade temporária da empresa e pelo período estritamente necessário à satisfação dessa necessidade.

A duração prevista neste artigo 148.º para o contrato de trabalho a termo certo corresponde à duração total do contrato, incluindo renovações, porquanto o n.º 5 do artigo 149.º estabelece que se considera como único contrato aquele que seja objecto de renovação.

4. Quando o contrato de trabalho a termo certo seja celebrado pelo prazo de seis meses já não tem aplicação a restrição constante do n.º 2, que apenas permite o recurso a uma duração inferior a seis meses nos casos previstos nas alíneas a) a g) do n.º 2 do artigo 140.º Caso seja celebrado um contrato um contrato de trabalho a termo certo por período inferior a seis meses em qualquer outro caso que não possa ser enquadrável nas alíneas a) a g) do n.º 2 do artigo 140.º, a consequência é que se considera tal contrato celebrado pelo prazo de seis meses, por determinação do n.º 3. Esta consequência só é aplicável caso o contrato de trabalho a termo certo celebrado vise satisfazer necessidades temporárias da empresa, ou seja desde que se verifique a admissibilidade do recurso à contratação a termo, o que a não suceder determinará que o contrato se considere sem termo, cfr. alínea b) do n.º 1 do artigo 147.º

5. Só no contrato de trabalho a termo certo com uma duração inferior a seis meses vigora a regra estabelecida na parte final do n.º 2, ou seja, de que o contrato a termo não pode ter duração inferior à tarefa ou serviço a realizar. Nos contratos a termo certo com duração igual ou superior a seis meses a duração destes pode ser inferior à tarefa ou serviço a realizar.

6. Nos termos do n.º 4, para a contagem da duração máxima de dois anos do contrato de trabalho a termo certo, quando a motivação tenha sido o lançamento de nova actividade de duração incerta, o início de laboração de empresa ou de estabelecimento pertencente a empresa com menos de 250 trabalhadores, importa a data do início da nova actividade ou o início de laboração, e não a data de início do trabalho do trabalhador contratado a termo. O mesmo se diga quanto à data de celebração do contrato a termo, que neste caso é irrelevante, sendo de atender, como referido a data do inicio de funcionamento, ou a data de início da nova actividade.

7. Quanto à contagem dos prazos previsto nos n.ºs 1, 2, 3, 4 e 5, são aplicáveis as regras previstas no artigo 279.º do Código Civil, por força do artigo 296.º do mesmo

Código Civil, a não ser que outra coisa resulte do contrato reduzido a escrito e celebrado pelas partes. No contrato de trabalho a termo certo não só terá de constar a data de início do trabalho, como, nos termos da alínea f) do n.º 1 do artigo 141.º, a data da cessação do contrato.

8. O n.º 6 deve ser interpretado conjuntamente com o disposto no Código das Sociedades Comerciais, aprovado pelo Decreto-Lei n.º 262/86, de 2 de Setembro. Nos termos do artigo 482.º do Código das Sociedades Comerciais, as sociedades em relação de domínio e as sociedades em relação de grupo consideram-se sociedades coligadas. Nos termos do n.º 1 do artigo 486.º do Código das Sociedades Comerciais, considera-se que duas sociedades estão em relação de domínio quando uma delas, dita dominante, pode exercer, directamente ou por sociedades ou pessoas, sobre a outra, dita dependente, uma influência dominante.

9. O Código do Trabalho não contém uma definição de sociedades que mantenham estruturas organizativas comuns. Tratam-se de sociedades que partilham entre si elementos típicos de uma instituição corporativa, como sejam as mesmas instalações, equipamentos, ou os mesmos recursos, como serviços de segurança ou limpeza, os quais aproveitam assim a mais do que uma entidade.

10. De acordo com o n.º 6, é incluída na contagem dos dois anos a duração de anterior contrato a termo, ou de trabalho temporário executado no mesmo posto de trabalho, ou ainda de contrato de prestação de serviços para o mesmo objecto, com o mesmo empregador. Pretende-se impedir que o empregador contorne a duração do contrato de trabalho estabelecida no n.º 1, recorrendo para tanto a outras formas de contratação. Não obstante, não será de aplicar o entendimento deste n.º 5 quando anteriormente tenha sido celebrado um contrato de estágio ou um contrato de aprendizagem, dado que o objecto do contrato de estágio e o objecto do contrato de aprendizagem não é o mesmo.

O estágio é regulado por diplomas distintos, consoante seja objecto de comparticipação pública, ou não a tendo, a sua realização seja financiada exclusivamente pela entidade que concede o estágio. No primeiro caso é aplicável a Portaria n.º 131/2017, de 7 de Abril, rectificada pela Declaração de Rectificação n.º 15/2017, de 27 de Abril, e alterada pela Portaria n.º 70/2019 de 27 de Fevereiro, que criou estágios para promover a inserção de jovens no mercado de trabalho ou a reconversão profissional de desempregados, encontrando-se o estágio dependente de candidatura que tem de ser decidida favoravelmente pelo Instituto do Emprego e Formação Profissional, I.P. (I.E.F.P.). No segundo caso é aplicável o Decreto-Lei n.º 66/2011, de 1 de Junho, que estabelece as regras a que deve obedecer a realização de estágios profissionais extracurriculares, incluindo os que tenham como objectivo a aquisição de uma habilitação profissional legalmente exigível para o acesso ao exercício de determinada profissão. Seja qual for o estágio em causa, nenhum deles é considerado uma relação de trabalho subordinado. Já a regulamentação do contrato de aprendizagem consta da Portaria n.º 1497/2008, de 19 de Dezembro, alterada pelas Portarias n.ºs 289/2009, de 20 de Março, e 73/2010, de 4 de Fevereiro. O contrato de aprendizagem é permitido no âmbito dos cursos de aprendizagem, ou seja, cursos de formação profissional inicial, em alternância, dirigidos a jovens, privilegiando a sua inserção no mercado de trabalho e permitindo o prosseguimento de estudos. Estes cursos de aprendizagem apenas podem ser realizados pelos centros de formação profissional da rede do I.E.F.P., por outras entidades tuteladas pelo ministério responsável pela área da formação profissional, e por entidades formadoras públicas e privadas devidamente certificadas no âmbito do sistema de certificação de entidades formadoras, à excepção das escolas básicas, secundárias e profissionais, cfr. n.º 1 do artigo 4.º da Portaria n.º 1497/2008, entidades estas designadas por entidades formadoras.

Ou seja, quando anteriormente tenha sido efectuado um contrato de estágio ou um contrato de aprendizagem, o objecto de qualquer destes contratos foi a formação do formando, sendo que quando é celebrado um contrato de trabalho a termo, não obstante ser dever do empregador proporcionar ao trabalhador formação profissional ao trabalhador, cfr. alínea d) do n.º 1 do artigo 127.º, o objecto do contrato é a prestação de trabalho subordinado.

11. O n.º 6 não estabelece qualquer limite temporal para a sua aplicação. Ou seja, importa saber se o empregador que tenha contratado a termo, ou que tenha beneficiado da actividade de trabalhador temporário, ou de prestador de serviços, para o exercício de determinadas funções no mesmo posto de trabalho ou com o mesmo objecto, se encontra impedido de contratar a termo aquele trabalhador ou profissional *ad aeternum*, por ter de incluir no cômputo dos dois anos a duração daqueles contratos, ou se a restrição se limita a determinado período de tempo. Salvo melhor opinião, a *ratio* da norma em apreço é obstar à contratação sucessiva de vínculos menos estáveis quando comparados com o contrato de trabalho por tempo indeterminado ou sem termo, permitindo que o empregador mantenha sobre o trabalhador uma perspectiva de possível cessação unilateral do contrato, sem ter de proceder ao pagamento de uma indemnização, como uma ameaça indefinidamente suspensa sobre o trabalhador, o que só se verificará, em princípio, quando a relação entre as partes perdure no tempo, sem interrupções. Isto significa que o legislador terá tido em vista, antes de mais, evitar a contratação consecutiva com o mesmo trabalhador. Assim, e uma vez decorrido um determinado período de tempo, deverá entender-se que o empregador, querendo contratar a termo, e verificando-se a admissibilidade de semelhante estipulação no contrato de trabalho, poderá recorrer àquele que já contratou, e formou no passado, ou que já utilizou no exercício da sua actividade. Salvo melhor opinião, este tempo de interrupção deverá ter uma duração de um terço da duração total do contrato anterior, por aplicação analógica do n.º 1 do artigo 143.º

12. Por efeito do artigo 139.º, o instrumento de regulamentação colectiva de trabalho, não pode afastar a aplicação deste artigo 148.º Significa isto que a duração do contrato de trabalho a termo é imperativa.

13. Em matéria de duração do contrato de trabalho há uma questão premente, susceptível de causar dúvidas: tendo sido celebrado um contrato de trabalho a termo certo com uma determinada duração, (por exemplo um ano) para satisfazer uma encomenda extraordinária que originou uma necessidade temporária que se previa perdurar por um ano, o que sucede se essa necessidade temporária cessa antes do prazo do contrato celebrado (a encomenda foi satisfeita apenas no prazo de oito meses)? A resposta a esta questão emerge do disposto no n.º 2 do artigo 149.º, no n.º 1 do artigo 344.º e no n.º 1 do artigo 406.º do Código Civil. Ou seja, o contrato de trabalho a termo certo só caduca no final do prazo estipulado, ou da sua renovação, devendo o contrato ser pontualmente cumprido.

14. Existiu um regime excepcional previsto na Lei n.º 76/2013, de 7 de Novembro, que aprovou um regime de renovação extraordinária dos contratos de trabalho a termo certo, que entrou em vigor em 8 de Novembro de 2013. Esta Lei n.º 76/2013 aplicou-se aos contratos de trabalho a termo certo celebrados após 17 de Fevereiro de 2009, e permitia que fossem objecto de duas renovações extraordinárias (ou seja, mais 2 renovações face às 3 renovações permitidas pelo agora n.º 4 do artigo 149.º do Código do Trabalho), os contratos de trabalho a termo certo que, entre 8 de Novembro de 2013 e 7 de Novembro de 2015 atingissem os limites de duração previstos no n.º 1 deste artigo 148.º Exemplificando, um contrato a termo certo que até 7 de Novembro de 2015 atingisse os 18 meses de duração máxima, podia ter duas renovações extraordinárias por expressa previsão da Lei n.º 76/2013. Nos termos deste diploma, as duas renovações extraordinárias não podiam ter uma duração superior a 12 meses. Exigia-se ainda que a duração de cada renovação extraordinária não fosse inferior a um sexto da duração máxima do contrato de trabalho a termo certo, ou da sua duração efectiva, consoante a que fosse inferior. Sem prejuízo desta regra, o limite máximo de vigência do contrato de trabalho a termo certo, já contando com as renovações extraordinárias, é 31 de Dezembro de 2016.

Deve ter-se em conta que a Lei n.º 76/2013, tal como sucedia com a anterior Lei n.º 3/2012, de 10 de Janeiro, que a antecedeu (e que também aprovou um regime de renovação extraordinária dos contratos de trabalho a termo certo), procedeu a uma mera prorrogação do prazo dos contratos a termo certo, que não tem efeitos ao nível da sua motivação. Isto significa que um contrato de trabalho a termo certo celebrado inicialmente em que tenham sido omitidos ou fossem insuficientes as referências ao termo e ao motivo justificativo, ou mesmo em que o motivo justificativo não tinha correspondência com a realidade, continuará a ser ilícito caso este contrato tenha uma ou mais renovações extraordinárias. Ou seja, sendo o termo do contrato a termo certo nulo, manterá tal nulidade durante o período de prorrogação realizada ao abrigo da Lei n.º 76/2013.

15. Jurisprudência:

Acórdão do Supremo Tribunal de Justiça, de 13 de Janeiro de 2010, processo 362/07.9TTCBR.C1.S1, disponível em www.dgsi.pt: "Na contratação de trabalhador a termo certo, com excepção das situações de estipulação de prazo inferior a 6 meses, o termo pode ser inferior ao necessário para a satisfação da necessidade temporária invocada como sua justificação, sendo certo que a lei se limita a impor que a duração do contrato não exceda a duração da justificação, mas não proíbe que fique aquém desta.".

ARTIGO 149.º – Renovação de contrato de trabalho a termo certo

1 – As partes podem acordar que o contrato de trabalho a termo certo não fica sujeito a renovação.

2 – Na ausência de estipulação a que se refere o número anterior e de declaração de qualquer das partes que o faça cessar, o contrato renova-se no final do termo, por igual período se outro não for acordado pelas partes.

3 – A renovação do contrato está sujeita à verificação da sua admissibilidade, nos termos previstos para a sua celebração, bem como a iguais requisitos de forma no caso de se estipular período diferente.

4 – O contrato de trabalho a termo certo pode ser renovado até três vezes e a duração total das renovações não pode exceder a do período inicial daquele.

5 – Considera-se como único contrato aquele que seja objecto de renovação.

1. Este preceito corresponde ao artigo 140.º do anterior Código do Trabalho, aprovado pela Lei n.º 99/2003.

2. A redacção do n.º 4 foi alterada pelo artigo 2.º da Lei n.º 93/2019, de 4 de Setembro, que renumerou ainda o original n.º 4, que passou a n.º 5.

3. A declaração de não renovação, referida no n.º 1, é contemporânea do contrato de trabalho a termo certo celebrado. Frequentemente esta declaração toma a forma de uma cláusula contratual, onde se estabelece que o contrato de trabalho a termo certo não será renovado uma vez atingido o prazo acordado, nada impedindo que essa declaração conste de um outro documento, conquanto esta seja reduzida a escrito, atenta as exigências de forma a que o contrato de trabalho a termo se encontra sujeito, cfr. n.º 1 do artigo 141.º e artigo 221.º do Código Civil. Estabelece o n.º 1 do artigo 221.º do Código Civil que as estipulações verbais acessórias anteriores ao documento legalmente exigido para a declaração negocial, ou contemporâneas dele, são nulas, salvo quando a razão determinante da forma lhes não seja aplicável e se prove que correspondem à vontade do autor da declaração. O n.º 2 do mesmo artigo 221.º do Código Civil, por sua vez, determina que as estipulações posteriores ao documento só estão sujeitas à forma legal prescrita para a declaração se as razões da exigência especial da lei lhe forem aplicáveis.

Uma vez ajustada a não renovação do contrato de trabalho a termo, o empregador não terá de cumprir o disposto no n.º 1 do artigo 344.º, que estabelece que o contrato de trabalho a termo certo caduca no final do prazo estipulado, ou da sua renovação, desde que o empregador ou o trabalhador comunique à outra parte a vontade de o fazer cessar, por escrito, respectivamente, 15 ou oito dias antes de o prazo expirar. Ou seja, quando seja acordada a não renovação do contrato, a caducidade opera automaticamente, sem depender de qualquer comunicação do empregador ao trabalhador. Quando este for o caso, por força do n.º 2 daquele artigo 344.º, que determina que em caso de caducidade de contrato a termo certo, o trabalhador tem direito a uma compensação correspondente a 18 dias de retribuição base e diuturnidades (quando estas existam) por cada ano completo de antiguidade, calculada de acordo com o previsto no artigo 366.º A caducidade do contrato decorre, quando é convencionado que o contrato de trabalho a termo não será renovado, do acordo de vontades entre empregador e trabalhador, aquando da celebração do contrato de trabalho a termo certo, resultando por determinação do n.º 2 do artigo 344.º que o trabalhador ainda assim terá direito a auferir uma compensação pela caducidade do contrato.

4. Quando o trabalhador permaneça ao serviço do empregador depois de atingido o prazo contratual deve, em princípio, entender-se que o contrato de trabalho a termo certo celebrado se converte em contrato de trabalho por tempo indeterminado, ou sem termo. Não obstante, a jurisprudência já admitiu que a permanência do trabalhador ao serviço, para além do termo do prazo contratual, não tem por efeito a conversão do contrato, quando se verifique a execução de um trabalho pelo trabalhador contratado a termo certo, que devia ter sido feito antes de expirado o prazo, e que só aquele trabalhador podia realizar, por tal situação corresponder ao cumprimento de uma obrigação essencial, em relação à qual o trabalhador estava em mora, cfr. Acórdão do Supremo Tribunal de Justiça, de 13 de Novembro de 1991, processo 003066, documento SJ199111130030664, sumários em www.dgsi.pt.

5. Não obstante as partes terem acordado que o contrato de trabalho a termo certo não seria renovado, durante a sua execução, poderão as mesmas entender que, afinal, seria melhor prolongarem o vínculo, procedendo-se à renovação do contrato aprazado. Neste caso, as partes poderão ajustar na revogação da cláusula inserida no contrato de trabalho a termo certo inicialmente celebrado, ou na revogação da declaração de não renovação (quando esta não ficou a constar do contrato). Em tal caso, as partes terão de cumprir as exigências de forma, aplicando-se o n.º 3 deste artigo 149.º

6. A declaração de qualquer das partes que faça cessar o contrato de trabalho a termo certo, referida no n.º 2, tem de obedecer a forma escrita, exigindo-se ainda que seja antecedida de um prazo de 15 dias, no caso de essa declaração ser emitida pelo empregador, ou de 8 dias, se for pelo trabalhador, nos termos do n.º 1 do artigo 344.º

7. Quando não tenha sido acordado que o contrato de trabalho a termo não se encontrava sujeito a renovação, e nenhuma das partes tenha comunicado à contraparte a vontade de fazer cessar o contrato, então o contrato de trabalho a termo certo renova-se automáticamente no final do prazo, sendo que esta renovação terá uma duração igual à imediatamente anterior. Em termos exemplificativos, um contrato de trabalho a termo certo celebrado pelo prazo de um ano, prorroga-se por mais um ano. Esta é uma regra supletiva, pois às partes é permitido acordarem que a renovação terá a duração que estas ajustarem, desde que a duração total das renovações não exceda a duração do período inicial do contrato, de acordo com o n.º 4. E pode até suceder que ambas as soluções sejam aplicadas no mesmo contrato, ou seja, depois de celebrado um contrato, este renovou-se por acordo das partes por um prazo diferente do inicialmente contratado, e mais tarde veio a ter nova renovação, desta feita por aplicação da regra supletiva, como vice-versa. No primeiro exemplo referido, quando seja celebrado um contrato de trabalho a termo certo por um prazo de um ano, o qual veio a ser renovado por um prazo distinto, através de acordo das partes que entenderam suficiente prorrogar o contrato por apenas mais seis meses, uma vez atingido este último prazo, se as partes nada fizerem, o contrato renovar-se-á novamente por mais seis meses, por aplicação da parte final do n.º 2.

8. O n.º 4, como referido, limita a duração das renovações ao contrato de trabalho a termo certo. Após a celebração do contrato de trabalho a termo certo, admite-se que aquele contrato seja renovado até três vezes. Ou seja, com a celebração do contrato as partes contratualizam a sua duração, sendo que por efeito do n.º 4, pode o vínculo ser prolongado até mais três vezes, o que se designa de renovação do contrato aprazado. Relevante igualmente é a restrição da parte final do n.º 4 que imõe que a duração total das renovações não pode exceder a duração do período inicial do contrato, o que significa que as partes devem agora proceder a uma gestão contratual de modo a melhor beneficiarem do regime do contrato a termo certo. Significa isto que as partes deverão proceder a um juízo prévio de como melhor executar o contrato a termo, o qual tem uma duração máxima de dois anos, pode ser renovado até três vezes, e a duração total das renovação não pode exceder a duração do período inicial do contrato (mas o período de duração das renovação pode ser igual à duração inicial). Em termos práticos, para uma duração máxima de dois anos, um contrato a termo pode – caso subsitam os motivos que presidiram à sua celebração – ter a seguinte configuração:

a) Celebração inicial por prazo de 12 meses + renovação por 4 meses + renovação por 4 meses + renovação por 4 meses;
b) Celebração inicial por prazo de 12 meses + renovação por 6 meses + renovação por 6 meses;
c) Celebração inicial por prazo de 12 meses + renovação por 12 meses.

9. De acordo com o n.º 3, as exigências materiais do contrato a termo devem verificar-se no momento da sua renovação, cfr. artigo 140.º, ou seja deve subsistir na renovação o motivo justificativo em que se apoiou a aposição do termo no contrato de trabalho. Quanto às exigências formais, a renovação do contrato de trabalho a termo só deve respeitar estas quando a própria renovação seja por prazo diferente daquele que a antecede. Sobre os requisitos de forma, veja-se o artigo 141.º e respectivas anotações.

10. Nos termos da alínea a) do n.º 2 do artigo 147.º converte-se em contrato de trabalho sem termo, o contrato cuja renovação tenha sido feita em violação do disposto neste artigo 149.º

11. O n.º 5 estabelece uma importante regra: sendo materialmente o mesmo, o contrato que apenas seja renovado considera-se como um só. *A contrario*, quando depois de celebrado um contrato de trabalho a termo certo com determinado motivo justificativo, seja celebrado um outro contrato de trabalho a termo certo com um motivo justificativo distinto do primeiro, não deve entender-se como um único contrato, mas sim dois contratos diversos.

SUBSECÇÃO II – Trabalho a tempo parcial

ARTIGO 150.º – Noção de trabalho a tempo parcial

1 – Considera-se trabalho a tempo parcial o que corresponda a um período normal de trabalho semanal inferior ao praticado a tempo completo em situação comparável.

2 – Para efeitos número anterior, se o período normal de trabalho não for igual em cada semana, é considerada a respectiva média no período de referência aplicável.

3 – O trabalho a tempo parcial pode ser prestado apenas em alguns dias por semana, por mês ou por ano, devendo o número de dias de trabalho ser estabelecido por acordo.

4 – As situações de trabalhador a tempo parcial e de trabalhador a tempo completo são comparáveis quando estes prestem idêntico trabalho no mesmo estabelecimento ou, não havendo neste trabalhador em situação comparável, noutro estabelecimento da mesma empresa com idêntica actividade, devendo ser levadas em conta a antiguidade e a qualificação.

5 – Se não existir trabalhador em situação comparável nos termos do número anterior, atende-se ao disposto em instrumento de regulamentação colectiva de trabalho ou na lei para trabalhador a tempo completo e com as mesmas antiguidade e qualificação.

6 – O instrumento de regulamentação colectiva de trabalho pode estabelecer o limite máximo de percentagem do tempo completo que determina a qualificação do tempo parcial, ou critérios de comparação além dos previstos na parte final do n.º 4.

1. Este preceito corresponde aos artigos 180.º e 182.º do anterior Código do Trabalho, aprovado pela Lei n.º 99/2003.

2. O trabalho a tempo parcial é enquadrado como uma modalidade de contrato de trabalho, sendo vulgarmente designado como "part-time".

3. Entre as vantagens associadas a esta modalidade de contrato de trabalho encontra-se a possibilidade de conceder uma gestão mais flexível dos tempos de trabalho, bem como uma redução dos custos com a mão-de-obra.

4. Nos termos do n.º 1, entende-se por trabalho a tempo parcial o que corresponda a um período normal de trabalho semanal inferior ao praticado a tempo completo em situação comparável. O período normal de trabalho corresponde ao tempo de trabalho que o trabalhador se obriga a prestar, medido em número de horas por dia e por semana, cfr. do artigo 198.º, sendo que o período normal de trabalho semanal não pode ser superior a quarenta horas por semana, cfr. n.º 1 do artigo 203.º

5. O trabalho a tempo parcial pode justificar-se por variadíssimas razões, algumas com socorro na lei. É o que sucede relativamente a trabalhadores com responsabilidades familiares, cfr. alínea o) do n.º 1 do artigo 37.º, artigo 55.º, 57.º, e alínea e) do n.º 1 do artigo 64.º E é também o que ocorre relativamente ao menor com idade inferior a 16 anos que tenha concluído a escolaridade obrigatória mas não possua qualificação profissional, ou o menor com pelo menos 16 anos idade mas que não tenha concluído a escolaridade obrigatória ou não possua qualificação profissional, que tem direito a passar ao regime de trabalho a tempo parcial, cfr. n.º 1 do artigo 67.º para frequência de modalidade de educação ou formação que confira, consoante o caso, a escolaridade obrigatória, qualificação profissional, ou ambas. Também poderá suceder para substituição de trabalhador a tempo completo que passe a prestar trabalho a tempo parcial por período determinado, cfr. alínea d) do n.º 2 do artigo 140.º E é ainda o que ocorre quando se justifique a admissão de trabalhador, atendendo a que a prestação de trabalho suplementar pelos que sejam trabalhadores se encontra limitada à necessidade da empresa fazer face a acréscimo eventual e transitório de trabalho, cfr. n.º 1 do artigo 227.º Por outro lado, trabalhadores há que preferem exercer o seu trabalho em regime de trabalho a tempo parcial, embora o façam permanentemente a mais do que um empregador – o que constitui pluriemprego, cfr. n.º 1 do artigo 80.º, porquanto lhes é economicamente mais vantajoso. Há ainda determinadas actividades cujo ciclo de trabalho pode favorecer esta modalidade de contrato de trabalho, como sucede relativamente à informática e à limpeza.

6. O trabalho a tempo parcial pode assumir várias modalidades. Uma delas é o trabalho a tempo parcial horizontal, em que a redução da duração do trabalho é realizada através da diminuição de horas em cada dia. Uma outra modalidade é o trabalho a tempo parcial vertical, em que a redução da duração do trabalho é realizada através da diminuição de dias de trabalho durante a semana. Por fim, configura-se ainda o trabalho a tempo parcial cíclico, em que a diminuição da duração do trabalho é realizada através da redução de algumas semanas ou meses por ano.

7. Este preceito não estabelece qualquer limite mínimo de duração relativamente ao período normal de trabalho semanal que seja inferior ao praticado a tempo completo. Significa isto que um trabalhador pode ser contratado para prestar trabalho apenas por uma ou duas horas por semana.

8. Do n.º 2 resulta que o trabalhador a tempo parcial pode prestar o seu trabalho em regime de adaptabilidade, cfr. artigo 204.º e segs.

9. A antiguidade, referida no n.º 4, "é a qualidade correspondente à duração da situação jurídica laboral", Menezes Cordeiro, *Manual de Direito do Trabalho*, Livraria Almedina, 1991, página 675 e segs., e Acórdão do Tribunal da Relação de Lisboa, de 22 de Junho de 2005, processo 10307/2004-4, sumários em www.dgsi.pt. Significa isto que a duração de situações que não são de qualificar como sendo de trabalho subordinado não devem entrar no cômputo da antiguidade. A título exemplificativo, a duração de um contrato de estágio extracurricular, cfr. Decreto-Lei n.º 66/2011, de 1 de Junho, não correspondendo à prestação de trabalho subordinado, não dá lugar à contagem de antiguidade, ainda que posteriormente à cessação deste contrato venha a ser celebrado um contrato de trabalho.

10. Para efeitos do n.º 5, constituem instrumentos de regulamentação colectiva de trabalho, cfr. n.os 2, 3 e 4 do artigo 2.º, a convenção colectiva (que pode ser um contrato colectivo, acordo colectivo, ou um acordo de empresa), o acordo de adesão, a decisão arbitral, a portaria de extensão, e a portaria de condições de trabalho.

11. O trabalho a tempo parcial não veda a que possa ser prestado trabalho suplementar, cfr. alínea c) do n.º 1 do artigo 228.º Nos termos dos n.os 1 e 2 do artigo 227.º, o trabalho suplementar só pode ser prestado quando a empresa tenha de fazer face a acréscimo eventual e transitório de trabalho e não se justifique para tal a admissão de trabalhador, e em caso de força maior ou quando seja indispensável para prevenir ou reparar prejuízo grave para a empresa ou para a sua viabilidade.

Relativamente ao trabalhador a tempo parcial, a prestação de trabalhado suplementar encontra-se limitada a oitenta horas por ano ou o número de horas correspondente à proporção entre o respectivo período normal de trabalho e o de trabalhador a tempo completo em situação comparável, quando superior, cfr. alínea c) do n.º 1 do artigo 228.º Note-se contudo que nos termos do n.º 3 do mesmo artigo 228.º, este limite pode ser aumentado, mediante acordo escrito entre o trabalhador e o empregador, até cento e trinta horas por ano ou, por instrumento de regulamentação colectiva de trabalho, até duzentas horas por ano.

12. O n.º 1 do artigo 156.º estabelece o dever do empregador tomar em consideração o pedido de mudança do trabalhador que se encontre a prestar o seu trabalho a tempo completo para o passar a fazer a tempo parcial, e vice versa, pelo que não há uma obrigatoriedade do empregador proceder a essa mudança. Sucede contudo que nem sempre é assim. Há um direito do trabalhador passar ao regime de trabalho a tempo parcial, quando se trate de menor com idade inferior a 16 anos que tenha concluído a escolaridade obrigatória mas não possua qualificação profissional, ou de menor com pelo menos 16 anos de idade mas que não tenha concluído a escolaridade obrigatória ou não possua qualificação profissional, que frequenta modalidade de educação ou formação que confira, consoante o caso, a escolaridade obrigatória, qualificação profissional, ou ambas, cfr. n.º 4 do artigo 67.º Também nos casos de licença parental complementar, cfr. alínea g) do n.º 1 do artigo 35.º, artigo 51.º e artigo 57.º, e de trabalhador com responsabilidades familiares, cfr. alínea p) do n.º 1 do artigo 35.º, artigo 55.º e artigo 57.º, é imposto ao empregador que admita que o trabalhador progenitor, após o nascimento do filho, e que não esteja impedido ou inibido totalmente do exercício do poder paternal, desempenhe o seu trabalho a tempo parcial, sendo apenas permitido ao empregador recusar o pedido com fundamento, por escrito, em exigências imperiosas do funcionamento da empresa, ou na impossibilidade de substituir o trabalhador se este for indispensável.

13. Os preceitos que antecederam este artigo 150.º, o artigo 180.º do Código do Trabalho, aprovado pela Lei n.º 99/2003, de 27 de Agosto, e antes deste o artigo 1.º da Lei n.º 103/99, de 26 de Julho, consagravam uma limitação relevante ao regime do trabalho a tem parcial, ao estabeleceram que se considerava trabalho a tempo parcial o que corresponda a um período normal de trabalho semanal igual ou inferior a 75% do praticado a tempo completo numa situação comparável. Não obstante o disposto naquelas normas, a jurisprudência, cfr. Acórdão do Supremo Tribunal de Justiça, de 30 de Setembro de 2009, processo 08S2587, documento n.º SJ200909300025874, sumários em www.dgsi.pt, não tardou em asseverar que semelhante redacção não significava que a celebração de contratos de trabalho com duração superior a 75% do contrato de trabalho a tempo completo fosse contrária à lei, invocando que um entendimento contrário atentaria contra os interesses dos próprios trabalhadores. Entendeu-se que não fazia sentido que um trabalhador pudesse ser contratado por uma ou duas horas por semana e já não pudesse sê-lo por mais de 30 horas por semana, adoptando os ensinamentos que nesse sentido vinham fazendo Júlio Gomes "Trabalho a Tempo Parcial", *III Congresso Nacional de Direito do Trabalho*, Coimbra, 2000, e Paula Ponces Camanho "Contrato de Trabalho a Tempo Parcial", *Estudos do Instituto de Direito do Trabalho*, Volume IV, Almedina 2003, página 209.

14. Sobre o trabalho a tempo parcial, *vide* Bernardo Lobo Xavier, *Manual de Direito do Trabalho*, Verbo, 2011, página 524 e segs., e António Monteiro Fernandes, *Direito do Trabalho*, 15.ª Edição, Almedina, Abril 2010, página 396 e segs.

ARTIGO 151.º – Liberdade de celebração de contrato de trabalho a tempo parcial

A liberdade de celebração de contrato de trabalho a tempo parcial não pode ser excluída por instrumento de regulamentação colectiva de trabalho.

1. Este preceito corresponde ao artigo 181.º do anterior Código do Trabalho, aprovado pela Lei n.º 99/2003.

2. Constituem instrumentos de regulamentação colectiva de trabalho, cfr. n.os 2, 3 e 4 do artigo 2.º, a convenção colectiva (que pode ser um contrato colectivo, acordo colectivo, ou um acordo de empresa), o acordo de adesão, a decisão arbitral, a portaria de extensão, e a portaria de condições de trabalho.

3. O disposto neste preceito justifica-se pela necessidade que o legislador sentiu de consagrar expressamente que os instrumentos de regulamentação colectiva de trabalho não podem excluir a liberdade do empregador e trabalhador adoptarem esta modalidade de contrato de trabalho. Tal necessidade, em termos históricos, surgiu pela adversidade revelada por alguns sindicados relativamente a esta figura, porquanto se verifica frequentemente uma elevada dificuldade em que os trabalhadores a tempo parcial se inscrevam, cfr. n.º 1 do artigo 444.º, em qualquer sindicato.

ARTIGO 152.º – Preferência na admissão para trabalho a tempo parcial

1 – Os instrumentos de regulamentação colectiva de trabalho devem estabelecer, para a admissão em regime de tempo parcial, preferências em favor de pessoa com responsabilidades familiares, com capacidade de trabalho reduzida, com deficiência ou doença crónica ou que frequente estabelecimento de ensino.

2 – Constitui contra-ordenação grave o desrespeito de preferência estabelecida nos termos do n.º 1.

1. Este preceito corresponde ao artigo 183.º do anterior Código do Trabalho, aprovado pela Lei n.º 99/2003.

2. Constituem instrumentos de regulamentação colectiva de trabalho, cfr. n.os 2, 3 e 4 do artigo 2.º, a convenção colectiva (que pode ser um contrato colectivo, acordo colectivo, ou um acordo de empresa), o acordo de adesão, a decisão arbitral, a portaria de extensão, e a portaria de condições de trabalho.

3. O n.º 1 dispõe que os instrumentos de regulamentação colectiva de trabalho devem estabelecer, para a admissão em regime de tempo parcial, preferências em favor de pessoa com responsabilidades familiares, com capacidade de trabalho reduzida, com deficiência ou doença crónica ou que frequente estabelecimento de ensino. Por pessoa com responsabilidades familiares deve entender-se o trabalhador com filho menor de 12 anos ou, independentemente da idade, filho com deficiência ou doença crónica que com ele viva em comunhão de mesa e habitação, cfr. n.º 1 do artigo 55.º e n.º 1 do artigo 56.º, bem como o adoptante, o tutor, a pessoa a quem for deferiada a confiança judicial ou administrativa do menor, bem como o cônjuge ou a pessoa em união de facto com qualquer daqueles ou com o progenitor, desde que viva em comunhão de mesa e habitação com o menor, cfr. n.º 1 do artigo 64.º Sobre trabalhador com capacidade de trabalho reduzida, veja-se o artigo 84.º Sobre trabalhador com deficiência ou doença crónica, veja-se o artigo 85.º e segs. Quanto ao trabalhador que frequente estabelecimento de ensino, mencionado no n.º 1, abrange o trabalhador-estudante, cfr. artigo 89.º e segs., bem como o trabalhador que embora não beneficie do estatuto de trabalhador-estudante, designadamente porque cessaram os direitos decorrentes daquele estatuto, cfr. artigo 95.º, frequenta um estabelecimento de ensino.

4. No âmbito da autonomia colectiva de que beneficiam as associações sindicais e as associações de empregadores, podem estas estabelecer para a admissão em regime de trabalho a tempo parcial outras preferências que transcendam as mencionadas no n.º 1.

5. Por determinação do artigo 44.º da Lei n.º 112/2009, de 16 de Setembro, alterada pelas Leis n.os 19/2013, de 21 de Fevereiro, 82-B/2014, de 31 de Dezembro, 129/2015, de 3 de Setembro, 42/2016, de 28 de Dezembro, e 24/2017, de 24 de Maio, que estabelece o regime jurídico aplicável à prevenção da violência doméstica e à protecção e assistência das suas vítimas, os instrumentos de regulamentação colectiva de trabalho, sempre que possível, devem estabelecer, para a admissão em regime de tempo parcial e para a mobilidade geográfica, preferências em favor dos trabalhadores que beneficiem do estatuto de vítima de violência doméstica. Este estatuto de vítima de violência doméstica é, nos termos do n.º 1 do artigo 14.º da Lei n.º 112/2009, de 16 de Setembro, atribuído pelas autoridades judiciárias ou pelos órgãos de polícia criminal competentes após a apresentação da denúncia da prática do crime de violência doméstica, se não existirem fortes indícios de que a própria denúncia é infundada. No mesmo acto é entregue à vítima documento comprovativo do referido estatuto, que compreende os direitos e deveres estabelecidos na Lei n.º 112/2009, de 16 de Setembro, além da cópia do respectivo auto de notícia, ou da apresentação de queixa-crime.

ARTIGO 153.º – Forma e conteúdo de contrato de trabalho a tempo parcial

1 – O contrato de trabalho a tempo parcial está sujeito a forma escrita e deve conter:

a) Identificação, assinaturas e domicílio ou sede das partes;

b) Indicação do período normal de trabalho diário e semanal, com referência comparativa a trabalho a tempo completo.

2 – Na falta da indicação referida na alínea b) do número anterior, presume-se que o contrato é celebrado a tempo completo.

3 – Quando não tenha sido observada a forma escrita, considera-se o contrato celebrado a tempo completo.

1. Este preceito corresponde à alínea g) do n.º 1 e n.º 2 do artigo 103.º, e ao artigo 184.º do anterior Código do Trabalho, aprovado pela Lei n.º 99/2003.

2. O n.º 1, ao dispor que o contrato de trabalho a tempo parcial se encontra sujeito a forma escrita, constitui uma excepção à liberdade de forma prevista no artigo 219.º do Código Civil, que vigora no ordenamento jurídico português, e de acordo com o qual a validade da declaração negocial não depende da observância de forma especial, salvo quando a lei a exigir. Isto significa que, por princípio, o contrato de trabalho entre o empregador e o trabalhador pode ser celebrado verbalmente, a não ser quando a lei determinar uma forma especial, como resulta do artigo 110.º Constituindo, como se disse o n.º 1 deste artigo 153.º uma excepção à liberdade de forma, impõe-se a observância da forma escrita relativamente ao contrato de trabalho a tempo parcial.

3. Por efeito do n.º 3, quando não tenha sido observada a forma escrita, ou no caso previsto no n.º 2, quando falte no contrato de trabalho a tempo parcial a indicação do período normal de trabalho diário e semanal, com referência a trabalho a tempo completo, considera-se o contrato celebrado a tempo completo. Ou seja, na falta de observância da forma ou na falta de indicação daquele elemento, o contrato de trabalho celebrado será por tempo completo, o que obsta a que o trabalhador possa prestar o seu trabalho a tempo parcial. Quando assim seja, o empregador terá de proceder ao pagamento da retribuição por inteiro, e não apenas na proporção do período normal de trabalho, porquanto não haverá qualquer redução do período normal de trabalho.

4. O contrato de trabalho a tempo parcial pode ser celebrado *ab initio*. Em detrimento de ser constituído um vínculo inicial, nada obsta a que as partes, durante a vigência de um contrato de trabalho acordem na passagem, temporária ou definitiva, do trabalhador para este regime, como inversamente, cfr. n.º 1 do artigo 155.º

5. Nada obsta que a forma escrita do contrato a tempo parcial, imposta pelo n.º 1, seja satisfeita através de documento electrónico, ou seja, por documento elaborado mediante processamento electrónico de dados. Por outras palavras, nada impede que a forma escrita seja adoptada através de uma declaração escrita enviada por correio electrónico (e-mail) para um endereço electrónico. Sobre a validade, eficácia e valor probatório dos documentos electrónicos remete-se para a anotação 4. ao artigo 107.º

ARTIGO 154.º – Condições de trabalho a tempo parcial

1 – A trabalhador a tempo parcial é aplicável o regime previsto na lei e em instrumento de regulamentação colectiva de trabalho que, pela sua natureza, não implique a prestação de trabalho a tempo completo.

2 – O trabalhador a tempo parcial não pode ter tratamento menos favorável do que o trabalhador a tempo completo em situação comparável, a menos que um tratamento diferente seja justificado por razões objectivas, que podem ser definidas por instrumento de regulamentação colectiva de trabalho.

3 – O trabalhador a tempo parcial tem direito:

a) À retribuição base e outras prestações, com ou sem carácter retributivo, previstas na lei ou em instrumento de regulamentação colectiva de trabalho ou, caso sejam mais favoráveis, às auferidas por trabalhador a tempo completo em situação comparável, na proporção do respectivo período normal de trabalho semanal;

b) Ao subsídio de refeição, no montante previsto em instrumento de regulamentação colectiva de trabalho ou, caso seja mais favorável, ao praticado na empresa, excepto quando o período normal de trabalho diário seja inferior a cinco horas, caso em que é calculado em proporção do respectivo período normal de trabalho semanal.

4 – Constitui contra-ordenação grave a violação do disposto neste artigo.

1. Este preceito corresponde ao artigo 185.º do anterior Código do Trabalho, aprovado pela Lei n.º 99/2003.

2. Constituem instrumentos de regulamentação colectiva de trabalho, cfr. n.os 2, 3 e 4 do artigo 2.º, a convenção colectiva (que pode ser um contrato colectivo, acordo colectivo, ou um acordo de empresa), o acordo de adesão, a decisão arbitral, a portaria de extensão, e a portaria de condições de trabalho.

3. Do n.º 1 resulta o princípio geral da equiparação do trabalhador parcial ao trabalhador a tempo completo, excepto quando a natureza deste último não permita aquela equiparação.

4. A retribuição base constitui a prestação correspondente à actividade do trabalhador no período normal de trabalho, cfr. alínea a) do n.º 2, do artigo 262.º

5. O n.º 2 tem por efeito esclarecer que ao trabalhador a tempo parcial é aplicável o princípio da igualdade. Este princípio da igualdade tem consagração constitucional no artigo 13.º da Constituição da República Portuguesa. Postula o princípio da igualdade que se deve tratar de forma igual o que é igual, e de modo desigual o que não é igual. O princípio da igualdade não significa assim uma igualdade absoluta em todas as circunstâncias, nem obsta ou proíbe um tratamento diferenciado. O que se exige é que a diferenciação seja materialmente fundada, sob o ponto de vista da segurança jurídica e não se baseia em qualquer motivo inadmissível em termos legais. Assim, a diferenciação de tratamento é aceitável quando se baseia numa distinção objectiva de situações, não se fundamente em qualquer dos motivos indicados no n.º 2, do artigo 13.º da Constituição (distinção em razão de ascendência, sexo, raça, língua, território de origem, religião, convicções políticas ou ideológicas, instrução, situação económica, condição social ou orientação sexual), tenha um fim legítimo e se revele necessária, adequada e proporcionada à satisfação do objectivo que se pretende atingir. É por isso aceitável a diferenciação de tratamento quando se pretenda, por intermédio do direito, por fim a desigualdades de facto, ou a situações de vantagem fundamentada. Exemplificativamente, o trabalhador a tempo parcial beneficia do mesmo período de férias, cfr. artigo 238.º, de que os demais trabalhadores a tempo completo, é remunerado pelo valor da retribuição horária com acréscimo das mesmas taxas aplicáveis em matéria de trabalho suplementar, cfr. n.º 1 do artigo 268.º, etc..

6. Do n.º 3 resulta a vigência, em matéria retributiva do trabalhador a tempo parcial, do princípio da proporcionalidade. Se a igualdade é, por força do n.º 2, em regra aplicável aos direitos e deveres, de que beneficia, no primeiro caso, ou a que se encontra sujeito, no segundo, o trabalhador a tempo parcial, o mesmo já não se poderá dizer em matéria retributiva. Assim, e nos termos da alínea a) do n.º 3, a retribuição do trabalhador a tempo parcial equivale à retribuição base bem como às outras prestações, tenham ou não natureza retributiva fixada em instrumento de regulamentação colectiva de trabalho aplicável, ou prevista na lei, na proporção do período normal de trabalho semanal a que se tenha vinculado o trabalhador a tempo parcial. Só assim não sucederá quando a retribuição e as outras prestações correspondentes às mesmas funções que sejam desempenhadas por trabalhador a tempo completo (e por isso em situação comparável) sejam mais elevadas, caso em que o trabalhador a tempo parcial auferirá estas, embora na proporção do período normal de trabalho semanal a que se tenha vinculado.

7. A referência ao subsídio de refeição na alínea b) do n.º 3 deve restringir-se aos casos em que o empregador pague o subsídio de refeição, por uso, ou porque a tanto se encontra obrigado por instrumento de regulamentação colectiva de trabalho. É que o Código do Trabalho não obriga ao pagamento deste subsídio em concreto, sendo que o mesmo é frequentemente pago, ainda que inexista instrumento de regulamentação colectiva de trabalho, designadamente por motivos fiscais. O subsídio de refeição apenas é considerado base de incidência de imposto sobre o rendimento das pessoas singulares a partir de determinado limite, relevando para o apuramento daquele limite o valor anualmente fixado para os subsídios de refeição dos trabalhadores da Administração pública, nos termos da alínea b) do n.º 3 e do n.º 14, ambos do artigo 2.º do Código do Imposto sobre o Rendimento das Pessoas Singulares, aprovado pelo Decreto-Lei n.º 442-A/88, de 30 de Novembro. O mesmo sucede relativamente à base de incidência contributiva em matéria de segurança social, que tem o mesmo regime estabelecido em sede de Imposto sobre o Rendimento das Pessoas Singulares, razões pelas quais os empregadores preferem proceder ao seu pagamento cfr. alínea l) do n.º 2 e n.º 3, ambos do artigo 46.º do Código dos Regimes Contributivos do Sistema Previdencial de Segurança Social, aprovado pela Lei n.º 110/2009, de 16 de Setembro.

ARTIGO 155.º – Alteração da duração do trabalho a tempo parcial

1 – O trabalhador a tempo parcial pode passar a trabalhar a tempo completo, ou o inverso, a título definitivo ou por período determinado, mediante acordo escrito com o empregador.

2 – O trabalhador pode fazer cessar o acordo referido no número anterior por meio de comunicação escrita enviada ao empregador até ao sétimo dia seguinte à celebração.

3 – Exceptua-se do disposto no número anterior o acordo de modificação do período de trabalho devidamente datado e cujas assinaturas sejam objecto de reconhecimento notarial presencial.

4 – Quando a passagem de trabalho a tempo completo para trabalho a tempo parcial, nos termos do n.º 1, se verifique por período determinado, decorrido este, o trabalhador tem direito a retomar a prestação de trabalho a tempo completo.

5 – Constitui contra-ordenação grave a violação do disposto no n.º 4.

1. Este preceito corresponde ao artigo 186.º do anterior Código do Trabalho, aprovado pela Lei n.º 99/2003.

2. Da redacção do n.º 1 resulta que o trabalhador pode ser contratado *ab initio* para prestar o seu trabalho a tempo parcial, como poderão as partes, no decorrer da vigência de um contrato de trabalho, acordar na passagem do trabalhador para este regime, como inversamente, passando o trabalhador a prestar o seu trabalho a tempo parcial, quando antes o fazia a tempo completo.

3. O n.º 1 admite que o regime do trabalho a tempo parcial vigore apenas por período determinado, em detrimento de ser celebrado a título definitivo. Não se estabelece nenhuma limitação ao prazo máximo durante o qual podem as partes acordar de que a prestação de trabalho será realizada a tempo parcial. Assim, nada veda que as partes, empregador e trabalhador, acordem, por exemplo, que o segundo desempenhe o seu trabalho a termo parcial durante o período de dez anos.

4. O n.º 2 consagra uma figura jurídica que se vem designando como um direito de arrependimento, que assume por vezes na lei outras designações: direito de retratação, cfr. n.º 4 do artigo 8.º da Lei de Defesa do Consumidor, Lei n.º 24/96, de 31 de Julho, de livre revogação, cfr. artigo 17.º do Decreto-Lei n.º 133/2009, de 2 de Junho, de resolução, cfr. artigo 16.º do Decreto-Lei n.º 275/93, de 5 de Agosto, ou ainda de livre resolução, cfr. artigo 10.º do Decreto-Lei n.º 24/2014, de 14 de Fevereiro, e artigo 19.º do Decreto-Lei n.º 95/2006, de 29 de Maio. Ao direito de arrependimento refere-se o n.º 2 do artigo 322.º do Código de Valores Mobiliários, aprovado pelo Decreto-Lei n.º 486/99, de 13 de Novembro. O arrependimento do trabalhador não carece de indicação do motivo, não acarreta qualquer penalização do trabalhador – não lhe podendo ser assacada qualquer responsabilidade disciplinar – e não confere ao empregador qualquer direito a indemnização.

5. Nos termos estabelecidos no n.º 3 o empregador que pretenda obstar a um eventual direito de arrependimento do trabalhador – que poderá até ao sétimo dia seguinte à data da celebração do acordo de alteração da duração do trabalho fazer cessar o próprio acordo – deverá ajustar com o trabalhador que as assinaturas do acordo sejam objecto de reconhecimento notarial presencial. Com a consagração de que o acordo de alteração da duração do trabalho cujas assinaturas sejam objecto de reconhecimento notarial presencial, inibe o trabalhador de cessar esse mesmo acordo, pretendeu-se dar uma garantia especial de certeza, razão pela qual o trabalhador não poderá utilizar o direito de arrependimento, cessando unilateralmente os efeitos do acordo celebrado com o empregador.

6. Nos termos do n.º 5 do artigo 153.º do Código do Notariado, aprovado pelo Decreto-Lei n.º 207/95, de 14 de Agosto designa-se presencial o reconhecimento da letra e assinatura, ou só da assinatura, em documentos escritos e assinados ou apenas assinados, na presença do notário, ou o reconhecimento que é realizado estando o signatário presente ao acto.

7. Quando as assinaturas do acordo de alteração da duração do trabalho tenham sido objecto de reconhecimento notarial presencial, o acordo deixa de ser um mero documento particular para passar a ser um documento particular autenticado, cuja força probatória é plena, cfr. artigo 377.º do Código Civil. Não obstante a força probatória plena, e dado que o documento, seja particular ou autenticado, não prova nem garante que as declarações do trabalhador não sejam viciadas por erro, dolo, coacção ou mesmo simuladas, pode o trabalhador recorrer aos meios comuns para demonstrar a falta ou os vícios da vontade, para impugnar a declaração documentada. Neste caso admitem-se todos os meios de prova de que o trabalhador se possa socorrer, incluindo a prova por testemunhas, não tendo aplicação o n.º 2 do artigo 393.º do Código Civil quanto à falta e vícios da vontade.

8. Note-se que no caso do acordo de alteração da duração do trabalho, a lei estabelece a necessidade de serem ambas as assinaturas objecto de reconhecimento notarial presencial, e não apenas a do trabalhador.

9. Realça-se que o n.º 2 consagra que o poder potestativo concedido ao trabalhador de fazer cessar o acordo de alteração da duração do trabalho dentro de certo prazo, é aferido pela data de celebração do próprio acordo, e não da sua produção de efeitos. Melhor seria que o momento relevante para início da contagem de prazo para cessar o acordo de alteração da duração do trabalho fosse a data de produção de efeitos do próprio acordo. Se a cessação do acordo de alteração da duração do trabalho fosse aferida pela data de produção de efeitos, obstar-se-ia às situações em que o empregador, no momento da contratação, faz depender esta da assinatura, pelo trabalhador de um acordo de alteração da duração do trabalho onde a data não consta, ficando o empregador com o poder discricionário de a exarar. Ou seja, numa situação hipotética como esta, no dia em que o empregador exigisse que a prestação de trabalho passasse a ter uma determinada duração, invocando a alteração por efeito de um acordo assinado pelo trabalhador, caso o direito de arrependimento ou de retratação fosse admitido nos dias seguintes à produção de efeitos, o próprio trabalhador poderia comunicar por escrito ao empregador a cessação do acordo de alteração da duração do trabalho nos sete dias posteriores à data em que o empregador exigiu que fosse cumprida a alteração da duração do trabalho.

10. O n.º 3 ao estabelecer que o acordo de alteração da duração do trabalho devidamente datado e cujas assinaturas sejam objecto de reconhecimento notarial presencial, nos termos da lei, obsta a que o trabalhador possa fazer cessar o acordo de alteração da duração do trabalho, até ao sétimo dia seguinte à data da respectiva celebração, suscita a questão de saber se o advogado da empresa, ou mesmo do trabalhador, pode realizar o reconhecimento das assinaturas, valendo esse reconhecimento como se realizado presencialmente perante notário. O n.º 1 do artigo 5.º do Decreto-Lei n.º 237/2001, de 30 de Agosto, confere às câmaras de comércio e indústria, reconhecidas nos termos do Decreto-Lei n.º 244/92, de 29 de Outubro, alterado pelo Decreto-Lei n.º 154/2017, de 28 de Dezembro, aos advogados e aos solicitadores, competência para fazerem reconhecimentos com menções especiais, por semelhança, nos termos previstos no Código do Notariado. Nos termos do artigo 6.º do mesmo Decreto-Lei n.º 237/2001, de 30 de Agosto, os reconhecimentos efectuados pelas câmaras de comércio e indústria, por advogados e por solicitadores, têm a mesma força probatória que teria se tais actos tivessem sido realizados com intervenção notarial. Por sua vez, o artigo 38.º do Decreto-Lei n.º 76-A/2006, de 29 de Março, alterado pelo Decreto-Lei n.º 8/2007, de 17 de Janeiro de 2007, diploma que tem por objecto a adopção de medidas de simplificação e eliminação de actos e procedimentos registrais e notariais, tais como o alargamento das entidades que podem reconhecer assinaturas em documentos e autenticar e traduzir documentos, permitindo que tanto os notários como os advogados, os solicitadores, as câmaras de comércio e indústria e as conservatórias possam fazê-lo, cfr. alínea f) do n.º 1 do artigo 1.º procedeu à extensão do regime dos reconhecimentos de assinaturas e da autenticação e tradução de documentos. Dispõe o n.º 1 do artigo 38.º do Decreto-Lei n.º 76-A/2006, que "sem prejuízo da competência atribuída a outras entidades, as câmaras de comércio e indústria, reconhecidas nos termos do Decreto-Lei n.º 244/92, de 29 de Outubro, os conservadores, os oficiais de registo, os advogados e os solicitadores podem fazer reconhecimentos simples e com menções especiais, presenciais e por semelhança, autenticar documentos particulares, certificar, ou fazer e certificar, traduções de documentos, nos termos previstos na lei notarial, bem como certificar a conformidade das fotocópias com os documentos originais e tirar fotocópias dos originais que lhes sejam presentes para certificação, nos termos do Decreto-Lei n.º 28/2000, de 13 de Março. O n.º 2 do mesmo artigo 38.º estabelece que "os reconhecimentos, as autenticações e as certificações efectuados pelas entidades previstas nos números anteriores conferem ao documento a mesma força probatória que teria se tais actos tivessem sido realizados com intervenção notarial", mediante registo em sistema informático, cujo funcionamento, respectivos termos e custos associados são definidos por portaria do Ministro da Justiça, cfr. n.º 3. Nestes termos, a questão de saber se o advogado da empresa, ou mesmo do trabalhador, pode realizar o reconhecimento das assinaturas não é despicienda. Atendendo aos preceitos *supra* referidos, poderia pensar-se que o reconhecimento das assinaturas do acordo de alteração da duração do trabalho quando seja realizado por advogado, obsta a que o trabalhador possa fazer cessar o acordo de alteração da duração do trabalho, até ao sétimo dia seguinte à data da respectiva celebração. Não cremos que seja assim, por duas ordens de razões: a primeira fundamenta-se no elemento literal do n.º 4, em que se refere expressamente "objecto de reconhecimento notarial presencial.", pelo que o legislador pretendeu explicitamente que o reconhecimento seja realizado perante o notário. Um segundo argumento vai no sentido de que o reconhecimento feito por advogado, no caso concreto do acordo de alteração da duração do trabalho, não tem por efeito precludir o direito de arrependimento do trabalhador: aquando da entrada em vigor quer do Código do Trabalho aprovado pela Lei n.º 99/2003, de 27 de Agosto, quer do actual Código do Trabalho, já se encontrava em vigor o Decreto-Lei n.º 237/2001, de 30 de Agosto, que conferiu competência aos advogados para realizarem reconhecimentos nos termos previstos no Código do Notariado, pelo que a redacção do n.º 3 é mais exigente. Se o legislador tivesse pretendido que o reconhecimento das assinaturas do acordo de alteração da duração do trabalho pudesse ser realizado por advogado, teria sido suficiente uma formulação mais genérica onde se dissesse que as assinaturas teriam de ser objecto de reconhecimento presencial.

No sentido exposto, e aceitando os argumentos referidos, relativamente ao reconhecimento da assinatura numa situação de denúncia do contrato de trabalho, veio a entender o Acórdão do Tribunal da Relação do Porto, de 4 de Julho de 2011, processo 1050/08.4TTVNG.P1, n.º de documento RP201107041050/08.4TTVNG.P1, disponível em www.dgsi.pt: "O reconhecimento notarial presencial da assinatura da denúncia do contrato de trabalho a que se reporta o art. 449.º, n.ºs 1 e 4, do CT/2003 não pode, para efeitos do previsto nessa norma, ser efectuado por advogado pese embora o disposto no art. 38.º, n.ºs 1 e 2 do DL 76-A/2006, de 29.03.". E também o Acórdão do Tribunal da Relação de Lisboa, de 16 de Dezembro de 2015, processo 847/14.0TTLSB.L1-4, disponível em www.dgsi.pt: "II – O reconhecimento presencial notarial referido no n.º 1 do artigo 402.º do C.T./2009 só pode ser efectuado nos cartórios notariais e não por qualquer uma das entidades identificadas no artigo 38.º do Decreto-Lei n.º 76-A/2006 de 29 de Março. III – Ainda que tal reconhecimento presencial notarial pudesse ser também efectuado qualquer uma das entidades identificadas no artigo 38.º do Decreto-Lei n.º 76-A/2006 de 29 de Março, certo é que as mesmas estariam sujeitas não somente os princípios e impedimentos aplicáveis aos notários, quando da prática dos mesmos atos, como os advogados, apesar da inequívoca e valiosa qualidade de «auxiliares da justiça" teriam de cumprir as regras deontológicas constantes do seu Estatuto. IV – Resulta do confronto dessas normas regulamentares e éticas com a situação vivida na ação – reconhecimento, em ato contínuo e pelo advogado da Ré, da assinatura aposta pelo trabalhador da denúncia do vínculo laboral existente e que todo indica ter sido redigida pela própria entidade empregadora, assim impossibilitando, em termos imediatos, o exercício do seu direito de arrependimento por parte daquele – um conflito (irreconciliável) de interesses entre o papel ou função do ilustre causídico, enquanto advogado da Apelada e aquela pretensamente neutral ou imparcial que deve assumir, ao proceder ao (mero) reconhecimento da assinatura da «parte contrária» e ao defender e reforçar, dessa maneira e através dessa atuação equiparada a «notarial», a posição da sua cliente no conflito em presença.".

Em sentido contrário ao que defendemos, entendeu o Acórdão do Tribunal da Relação de Lisboa, de 30 de Junho de 2011, processo 243/09.1TTFUN.L1-4, disponível em www.dgsi.pt: "O entendimento de que um Advogado se encontra impedido de reconhecer presencialmente a assinatura de uma declaração de rescisão unilateral de um contrato de trabalho de um trabalhador de uma cliente sua afigura-se incompatível não só com a intenção do legislador ao atribuir aos Advogados tal possibilidade, assim como com a sua qualidade de "colaborador da justiça".", o Acórdão do Tribunal da Relação do Porto de 9 de Julho de 2014, processo 461/12.5TTMAI.P1, documento n.º RP20140709461/12.5TTMAI.P1, disponível em www.dgsi.pt, o Acórdão do Tribunal da Relação de Coimbra de 20 de Março de 2014, processo 1736/12.9TTCBR.C1, disponível em www.dgsi.pt, e ainda o Acórdão do Tribunal da Relação de Évora de 27 de Fevereiro de 2014, processo 43/13.4TTSTB.E1, disponível em www.dgsi.pt. No último destes Acórdãos, entendeu o Tribunal que para a interpretação, deverá atender-se aos elementos literal, sistemático, histórico e teológico, que impõem que ao utilizar a expressão "reconhecimento notarial presencial", o legislador teve em consideração as entidades competentes para a realização do acto, tendo pretendido referir-se apenas ao acto em si, e não à entidade que o realiza, dando especial ênfase a que do preâmbulo do Decreto-Lei n.º 76-A/2006 resultou uma deliberada opção pelo alargamento da competência para a prática de actos notariais, por outras entidades idóneas e aptas.

11. A função notarial destina-se a dar forma legal e conferir fé pública aos actos jurídicos extrajudiciais, podendo o notário para cumprimento das suas funções prestar assessoria às partes na expressão da sua vontade negocial, cfr. n.º 1 e 2 do artigo 1.º do Código do Notariado, aprovado pelo Decreto-Lei n.º 207/95, de 14 de Agosto. Nos termos do n.º 1 do artigo 4.º do Código do Notariado, compete, em geral, ao notário redigir o instrumento público conforme a vontade das partes, a qual deve indagar, interpretar e adequar ao ordenamento jurídico, esclarecendo-as do seu valor e alcance, pelo que deve o notário explicar às partes o sentido e o alcance do acordo revogatório, designadamente que o mesmo tem por efeito cessar o contrato de trabalho.

12. No n.º 4 estabelece-se um direito de reversão, ao permitir que quando um trabalhador passe de trabalho a tempo completo, para trabalho a tempo parcial, apenas por um período determinado, verificando-se o seu termo, o trabalhador retome a prestação de trabalho a tempo completo.

13. Nos termos da alínea d) do n.º 2 do artigo 140.º, quando um trabalhador a tempo completo passar a prestar trabalho a tempo parcial por período determinado, a sua substituição poderá ser realizada por um trabalhador contratado a termo certo.

14. Nada obsta que a forma escrita, imposta pelos n.os 1 e 2, seja satisfeita através de documento electrónico, ou seja, por documento elaborado mediante processamento electrónico de dados. Por outras palavras, nada impede que a forma escrita seja adoptada através de uma declaração escrita enviada por correio electrónico (e-mail) para um endereço electrónico. Sobre a validade, eficácia e valor probatório dos documentos electrónicos remete-se para a anotação 4. ao artigo 107.º

ARTIGO 156.º – Deveres do empregador em caso de trabalho a tempo parcial

1 – Sempre que possível, o empregador deve:

a) Tomar em consideração o pedido de mudança do trabalhador a tempo completo para trabalho a tempo parcial disponível no estabelecimento;

b) Tomar em consideração o pedido de mudança do trabalhador a tempo parcial para trabalho disponível a tempo completo, ou de aumento do seu tempo de trabalho;

c) Facilitar o acesso a trabalho a tempo parcial a todos os níveis da empresa, incluindo os cargos de direcção.

2 – O empregador deve, ainda:

a) Fornecer aos trabalhadores, em tempo oportuno, informação sobre os postos de trabalho a tempo parcial e a tempo completo disponíveis no estabelecimento, de modo a facilitar as mudanças a que se referem as alíneas a) e b) do número anterior;

b) Fornecer às estruturas de representação colectiva dos trabalhadores da empresa informações adequadas sobre o trabalho a tempo parcial praticado na empresa.

3 – Constitui contra-ordenação leve a violação do disposto no número anterior.

1. Este preceito corresponde ao artigo 187.º do anterior Código do Trabalho, aprovado pela Lei n.º 99/2003.

2. O n.º 1 estabelece o dever do empregador tomar em consideração o pedido de mudança do trabalhador que se encontre a prestar o seu trabalho a tempo completo para o passar a fazer a tempo parcial, e vice versa, pelo que não há uma obrigatoriedade do empregador proceder a essa mudança. Aliás, apesar de consagrar o dever de considerar o pedido do trabalhador, este dever não comporta, e bem, em nosso entender, qualquer consequência no caso de não ser considerado o pedido do trabalhador. A inexistência de obrigatoriedade do empregador passar o trabalhador a tempo parcial para tempo completo, ou vice versa, *supra* referida comporta excepções. Há um direito do trabalhador passar ao regime de trabalho a tempo parcial, quando se trate de menor com idade inferior a 16 anos que tenha concluído a escolaridade obrigatória mas não possua qualificação profissional, ou de menor com pelo menos 16 anos de idade mas que não tenha concluído a escolaridade obrigatória ou não possua qualificação profissional, que frequenta modalidade de educação ou formação que confira, consoante o caso, a escolaridade obrigatória, qualificação profissional, ou ambas, cfr. n.º 4 do artigo 67.º Também nos casos de licença parental complementar, cfr. alínea g) do n.º 1 do artigo 35.º, artigo 51.º e artigo 57.º, e de trabalhador com responsabilidades familiares, cfr. alínea p) do n.º 1 do artigo 35.º, artigo 55.º e artigo 57.º, é imposto ao empregador que admita que o trabalhador progenitor, após o nascimento do filho, e que não esteja impedido ou inibido totalmente do exercício do poder paternal, desempenhe o seu trabalho a tempo parcial, sendo apenas permitido ao empregador recusar o pedido com fundamento, por escrito, em exigências imperiosas do funcionamento da empresa, ou na impossibilidade de substituir o trabalhador se este for indispensável. Semelhantes direitos, são extensíveis, por efeito do n.º 1 do artigo 64.º, a adoptante, tutor, a pessoa a quem for deferida a confiança judicial ou administrativa do menor, bem como o cônjuge ou a pessoa em união de facto com qualquer daqueles ou com o progenitor, desde que viva em comunhão de mesa e habitação com o menor.

3. Nos termos do artigo 41.º da Lei n.º 112/2009, de 16 de Setembro, alterada pelas Leis n.ºs 19/2013, de 21 de Fevereiro, 82-B/2014, de 31 de Dezembro, 129/2015, de 3 de Setembro, 42/2016, de 28 de Dezembro, e 24/2017, de 24 de Maio, que estabelece o regime jurídico aplicável à prevenção da violência doméstica e à protecção e assistência das suas vítimas, sempre que possível, e quando a dimensão e a natureza do empregador o permitam, este último deve tomar em consideração de forma prioritária quer o pedido de mudança do trabalhador a tempo completo que seja vítima de violência doméstica para um trabalho a tempo parcial, quer o pedido de mudança do trabalhador a tempo parcial para um trabalho a tempo completo ou de aumento do seu tempo de trabalho.

SUBSECÇÃO III – Trabalho intermitente

ARTIGO 157.º – Admissibilidade de trabalho intermitente

1 – Em empresa que exerça actividade com descontinuidade ou intensidade variável, as partes podem acordar que a prestação de trabalho seja intercalada por um ou mais períodos de inactividade.

2 – O contrato de trabalho intermitente não pode ser celebrado a termo resolutivo ou em regime de trabalho temporário.

1. Este preceito não tem correspondência com qualquer outro do anterior Código do Trabalho, aprovado pela Lei n.º 99/2003, sendo um artigo novo.

2. O trabalho intermitente é uma figura nova no Código do Trabalho. Contudo não era desconhecido do direito do trabalho, encontrando-se consagrado por exemplo no artigo 8.º da Lei n.º 4/2008, de 7 de Fevereiro, que aprovou o regime dos contratos de trabalho dos profissionais de espectáculos, e em vários instrumentos de regulamentação colectiva de trabalho. Constituem instrumentos de regulamentação colectiva de trabalho, cfr. n.ºs 2, 3 e 4 do artigo 2.º, a convenção colectiva (que pode ser um contrato colectivo, acordo colectivo, ou um acordo de empresa), o acordo de adesão, a decisão arbitral, a portaria de extensão, e a portaria de condições de trabalho.

Estes regimes terão influenciado o legislador, que estendeu a aplicabilidade do trabalho intermitente a todos os empregadores, desde que estes exerçam uma actividade com descontinuidade ou intensidade variável, cfr. n.º 1. Da redacção do n.º 1 decorre pois que a admissibilidade do trabalho intermitente se encontra condicionada ao exercício, pelo empregador, de uma actividade, que não tenha carácter de continuidade, o que se verificará quando a empresa não execute qualquer actividade durante certo período de tempo, ou que revele ciclos de laboração inconstantes, para os quais, e para lhes fazer face, carece de mais recursos humanos. Verificado este requisito, empregador e trabalhador podem acordar que a prestação de trabalho seja interpolada por um ou mais períodos de inactividade. Por período de inactividade deve ter-se os tempos de não trabalho.

3. Entre as vantagens associadas a esta modalidade de contrato de trabalho encontra-se a possibilidade de conceder uma gestão mais flexível dos tempos de trabalho, bem como uma redução dos custos com a mão-de-obra.

4. O trabalho intermitente constitui uma excepção ao princípio de que o empregador não pode obstar injustificadamente à prestação efectiva de trabalho, cfr. alínea b) do n.º 1 do artigo 129.º

5. O n.º 2 estabelece que o contrato de trabalho intermitente não pode ser celebrado a termo resolutivo, nem em regime de trabalho temporário. O contrato a termo resolutivo encontra-se previsto no artigo 139.º e segs. O trabalho temporário, por sua vez, encontra-se previsto no artigo 172.º e segs. Deste n.º 2 resulta que o contrato de trabalho intermitente constitui um contrato de trabalho por tempo indeterminado, ou sem termo. Assim, sendo celebrado um contrato de trabalho intermitente ao qual é aposto um termo resolutivo este último deverá entender-se como sendo nulo, considerando-se o contrato de trabalho como tendo sido celebrado ao abrigo do contrato de trabalho intermitente.

ARTIGO 158.º – Forma e conteúdo de contrato de trabalho intermitente

1 – O contrato de trabalho intermitente está sujeito a forma escrita e deve conter:

a) Identificação, assinaturas e domicílio ou sede das partes;

b) Indicação do número anual de horas de trabalho, ou do número anual de dias de trabalho a tempo completo.

2 – Quando não tenha sido observada a forma escrita, ou na falta da indicação referida na alínea b) do número anterior, considera-se o contrato celebrado sem período de inactividade.

3 – O contrato considera-se celebrado pelo número anual de horas resultante do disposto no n.º 2 do artigo seguinte, caso o número anual de horas de trabalho ou o número anual de dias de trabalho a tempo completo seja inferior a esse limite.

1. Este preceito não tem correspondência com qualquer outro do anterior Código do Trabalho, aprovado pela Lei n.º 99/2003, sendo um artigo novo.

2. O n.º 1, ao dispor que o contrato de trabalho intermitente se encontra sujeito a forma escrita, constitui uma excepção à liberdade de forma prevista no artigo 219.º do Código Civil, que vigora no ordenamento jurídico português, e de acordo com o qual a validade da declaração negocial não depende da observância de forma especial, salvo quando a lei a exigir. Isto significa que, por princípio, o contrato de trabalho entre o empregador e o trabalhador pode ser celebrado verbalmente, a não ser quando a lei determinar uma forma especial, como resulta do artigo 110.º Constituindo, como se disse o n.º 1 deste artigo 158.º uma excepção à liberdade de forma, impõe-se a observância da forma escrita relativamente ao contrato de trabalho intermitente.

3. Por efeito do n.º 2, quando não tenha sido observada a forma escrita, ou na falta da indicação do número anual de horas de trabalho, ou do número anual de dias de trabalho a tempo completo, considera-se o contrato celebrado sem período de inactividade. Ou seja, na falta de observância da forma ou na falta de indicação daqueles elementos, o contrato de trabalho celebrado será sem termo, ou por tempo indeterminado, o que obsta a que o trabalhador possa prestar o seu trabalho de modo intermitente. Quando assim seja, o trabalhador não poderá desenvolver o seu trabalho de modo descontínuo, e correspondentemente o empregador terá de proceder ao pagamento da retribuição, e não apenas ao pagamento de uma compensação retributiva.

4. O contrato de trabalho intermitente pode ser celebrado *ab initio*. Quando assim seja, e atendendo a que o período experimental corresponde ao tempo inicial de execução do contrato de trabalho, durante o qual as partes apreciam o interesse na sua manutenção, cfr. n.º 1 do artigo 111.º, enquanto o trabalhador se encontrar em período de inactividade este período não conta para a aferição do interesse das partes na manutenção do contrato. Ou seja, para efeitos de período experimental releva apenas o tempo de trabalho efectivo que o trabalhador intermitente preste.

Em detrimento de ser constituído um vínculo inicial, nada obsta a que as partes, durante a vigência de um contrato de trabalho por tempo indeterminado, acordem na sua sujeição, temporária ou definitiva, ao exercício intermitente da prestação de trabalho, desde que a empresa exerça actividade com descontinuidade, cfr. n.º 1 do artigo 157.º, e sejam observadas as exigências de forma e de conteúdo do contrato de trabalho intermitente, cfr. n.º 1 deste artigo 158.º

5. Nada obsta que a forma escrita do contrato de trabalho intermitente, imposta pelo n.º 1, seja satisfeita através de documento electrónico, ou seja, por documento elaborado mediante processamento electrónico de dados. Por outras palavras, nada impede que a forma escrita seja adoptada através de uma declaração escrita enviada por correio electrónico (e-mail) para um endereço electrónico. Sobre a validade, eficácia e valor probatório dos documentos electrónicos remete-se para a anotação 4. ao artigo 107.º

ARTIGO 159.º – Período de prestação de trabalho

1 – As partes estabelecem a duração da prestação de trabalho, de modo consecutivo ou interpolado, bem como o início e termo de cada período de trabalho, ou a antecedência com que o empregador deve informar o trabalhador do início daquele.

2 – A prestação de trabalho referida no número anterior não pode ser inferior a cinco meses a tempo completo, por ano, dos quais pelo menos três meses devem ser consecutivos.

3 – A antecedência a que se refere o n.º 1 não pode ser inferior a 30 dias na situação do n.º 1 do artigo seguinte e a 20 dias nos restantes casos.

4 – Constitui contra-ordenação grave a violação do disposto no número anterior.

1. Este preceito não tem correspondência com qualquer outro do anterior Código do Trabalho, aprovado pela Lei n.º 99/2003, sendo um artigo novo.

2. A redacção dos n.os 2 e 3 foi alterada pelo artigo 2.º da Lei n.º 93/2019, de 4 de Setembro. Na versão originária do Código do Trabalho, aprovado pela Lei n.º 7/2009, de 12 de Fevereiro, aqueles n.os tinham a seguinte redacção:

> "2 – A prestação de trabalho referida no número anterior não pode ser inferior a seis meses a tempo completo, por ano, dos quais pelo menos quatro meses devem ser consecutivos.
>
> 3 – A antecedência a que se refere o n.º 1 não deve ser inferior a 20 dias.".

3. Do n.º 1 resulta que o contrato de trabalho intermitente pode revestir uma de duas modalidades: definição prévia de cada período de trabalho, ou seja, quando deve o trabalhador prestar efectivamente o seu trabalho, ou ausência daquela definição. Nesta última hipótese, durante os períodos de inactividade, o trabalhador deverá manter a disponibilidade para iniciar a sua prestação de trabalho desde que seja convocado pelo empregador com uma antecedência mínima de 20 dias ou nos termos previstos no contrato de trabalho, desde que respeitado este prazo. Num ou noutro caso, o n.º 3 do artigo seguinte permite que durante os períodos de inactividade o trabalhador exerça outra actividade.

4. O n.º 2 estabelece uma limitação relevante ao regime do trabalho intermitente: a prestação de trabalho a que o trabalhador se vincula terá de ter pelo menos uma duração de cinco meses a tempo completo, sendo que, desses cinco meses, três meses terão de ser sucessivos. Devido a estas restrições, a expressão prática do trabalho intermitente deverá ser residual, sendo muito pouco frequente o recurso, pelos empregadores, a esta figura.

5. Determina o n.º 3 que a antecedência com que o empregador deve informar o trabalhador do início, ou do reinício, da actividade não pode ser inferior a 30 dias, nos casos em que o trabalhador se encontra a exercer outra actividade por se encontrar em situação de inactividade com o empregador. Em todas as demais situações, a antecedência mínima com que o empregador deve informar o trabalhador é de 20 dias.

ARTIGO 160.º – Direitos do trabalhador

1 – Durante o período de inactividade, o trabalhador pode exercer outra actividade, devendo informar o empregador desse facto.

2 – Durante o período de inactividade, o trabalhador tem direito a compensação retributiva, a pagar pelo empregador com periodicidade igual à da retribuição, em valor estabelecido em instrumento de regulamentação colectiva de trabalho ou, na sua falta, de 20% da retribuição base.

3 – Se o trabalhador exercer outra actividade durante o período de inactividade, o montante da correspondente retribuição é deduzido à compensação retributiva calculada de acordo com o número anterior.

4 – Os subsídios de férias e de Natal são calculados com base na média dos valores de retribuições e compensações retributivas auferidas nos últimos 12 meses, ou no período de duração do contrato se esta for inferior.

5 – Durante o período de inactividade, mantêm-se os direitos, deveres e garantias das partes que não pressuponham a efectiva prestação de trabalho.

6 – Constitui contraordenação grave a violação do disposto nos n.os 2 ou 4.

1. Este preceito não tem correspondência com qualquer outro do anterior Código do Trabalho, aprovado pela Lei n.º 99/2003, sendo um artigo novo.

2. A redacção do n.os 1, 2 e 3 foi alterada pelo artigo 2.º da Lei n.º 93/2019, de 4 de Setembro, que introduziu também o n.º 6, e renumerou ainda os originários n.os 2 e 4, que passaram a n.os 4 e 5. Na versão originária do Código do Trabalho, aprovado pela Lei n.º 7/2009, de 12 de Fevereiro, estre preceito tinha a seguinte redacção:

> "1 – Durante o período de inactividade, o trabalhador tem direito a compensação retributiva em valor estabelecido em instrumento de regulamentação colectiva de trabalho ou, na sua falta, de 20% da retribuição base, a pagar pelo empregador com periodicidade igual à da retribuição.
>
> 2 – Os subsídios de férias e de Natal são calculados com base na média dos valores de retribuições e compensações retributivas auferidas nos últimos 12 meses, ou no período de duração do contrato se esta for inferior.
>
> 3 – Durante o período de inactividade, o trabalhador pode exercer outra actividade.
>
> 4 – Durante o período de inactividade, mantêm-se os direitos, deveres e garantias das partes que não pressuponham a efectiva prestação de trabalho.
>
> 5 – Constitui contra-ordenação grave a violação do disposto nos n.os 1 ou 2.".

3. O n.º 1 permite que durante os períodos de inactividade o trabalhador exerça outra actividade, remunerada ou não. Para tanto, deve informar o empregador em cada ocasião que inicie outra actividade. E, apesar de não referido no n.º 1, é do interesse do próprio trabalhador informar também o empregador quando, durante o período de inactividade, cesse o exercício de outra actividade que seja remunerada, de modo a que possa auferir em pleno a compensação retributiva prevista no n.º 2, sem o desconto ou dedução estabelecida no n.º 3.

4. Deve ter-se sempre presente que o exercício de qualquer outra actividade durante o període de inactividade não deve contender com a possibilidade de, a todo o tempo, o trabalhador retomar a actividade a que se encontra adstrito por força da celebração do contrato de trabalho intermitente, quando no contrato de trabalho não tenha sido determinado préviamente quando deve o trabalhador prestar efectivamente o seu trabalho, cfr. n.º 1 do artigo 159.º É que nos termos dos n.os 1 e 3 do artigo 159.º, durante os períodos de inactividade, e não tendo sido estabelecido o período de prestação efectiva de trabalho, o trabalhador deverá manter a disponibilidade para iniciar a sua prestação de trabalho, desde que seja convocado pelo empregador nos termos previstos no contrato de trabalho, embora sempre com uma antecedência mínima de 30 dias.

5. Constituem instrumentos de regulamentação colectiva de trabalho, cfr. n.os 2, 3 e 4 do artigo 2.º, a convenção colectiva (que pode ser um contrato colectivo, acordo colectivo, ou um acordo de empresa), o acordo de adesão, a decisão arbitral, a portaria de extensão, e a portaria de condições de trabalho.

6. A retribuição base constitui a prestação correspondente à actividade do trabalhador no período normal de trabalho, cfr. alínea a) do n.º 2, do artigo 262.º

7. A retribuição é paga por períodos certos e iguais, que, a não ser que as partes estabeleçam outros, ou por efeito dos usos, são a semana, a quinzena e o mês do calendário, cfr. n.º 1 do artigo 278.º

8. O subsídio de férias encontra-se previsto no n.º 2 do artigo 264.º Por sua vez, o subsídio de Natal encontra-se previsto no artigo 263.º

9. Nos termos dos n.os 2, 3 e 4, durante o período de inactividade (o tempo de não trabalho), o trabalhador intermitente tem direito:

a) A uma compensação retributiva de valor estabelecido em instrumento de regulamentação colectiva de trabalho, ou na ausência de previsão naquele instrumento, ou não havendo um aplicável, em valor não inferior a 20% da retribuição base;
b) Subsídios de férias e de Natal, calculados com base na média dos valores de retribuições e compensações retributivas auferidas nos últimos 12 meses, ou no período de duração do contrato, quando esta for inferior.

Estes direitos sofrem contudo a limitação do n.º 3, ou seja, se o trabalhador exercer outra actividade durante o período de inactividade, deve ser descontado o valor recebido nessa actividade, o que terá também efeitos nos subsídios de férias e de Natal.

10. O n.º 3 determina expressamente que, nos casos em que o trabalhador exerce uma outra actividade remunerada durante o período de inactividade, que então o montante auferido nessa outra actividade tem de ser descontado do valor auferido a título de compensação retributiva pelo trabalho intermitente. Nas situações em que eventualmente o trabalhador consiga, pelo seu mérito uma outra ocupação remunerada, pode até nada auferir pelo trabalho intermitente, se a outra actividade for remunerada em valor superior à compensação pela inactividade. Em termos práticos se um trabalhador conseguir auferir 1.000,00 euros mensais numa outra actividade, exercida durante o período de inactividade, em que aufere 300.00,00 euros mensais pelo trabalho intermitente, face ao n.º 2, o trabalhador manterá o rendimento dos 1.000,00 euros, mas deixará de auferir a compensação retributiva pelo trabalho intermitente.

Esta opção legislativa não é isenta criticas, pois penaliza o mérito e o empreendorismo individual daqueles poucos que em detrimento de revelarem esforço e iniciativa, preferem acomudar-se. Ao não se admitir a cumulação de rendimentos, premiando o desembaraço dos que buscam uma ocupação profissional activa, poderá estar-se até a condenar ao desuso o trabalho intermitente, pois um trabalhador mais activo apostará certamente na actividade melhor remunerada, abandonando a prestação de trabalho ao abrigo do trabalho intermitente.

11. De acordo com o n.º 5, durante o período de inactividade, mantêm-se os direitos, deveres e garantias das partes que não pressuponham a prestação efectiva de trabalho. Entre os deveres do trabalhador que se mantêm encontra-se o dever de urbanidade, ou seja o dever de respeitar e tratar o empregador, os superiores hierárquicos, os companheiros de trabalho e as pessoas que se relacionem com a empresa, com urbanidade e probidade, previsto na alínea a) do n.º 1 do artigo 128.º e o dever de lealdade, nomeadamente não negociando por conta própria ou alheia em concorrência com ele, nem divulgando informações referentes à sua organização, métodos de produção ou negócios, previsto na alínea f) do n.º 1 do mesmo artigo 128.º A violação pelo trabalhador dos deveres que se mantêm durante o período de inactividade pode consubstanciar uma infracção disciplinar, o que fundamenta o exercício do poder disciplinar, cfr. artigo 98.º, através de um procedimento disciplinar, cfr. artigo 328.º e segs., que no limite poderá levar à aplicação da sanção de despedimento, sem indemnização ou compensação.

Assim, e por força dos deveres que se conservam, o trabalhador poderá desempenhar outra actividade, encontrando-se contudo impossibilitado de o fazer em concorrência com o empregador.

12. Na lógica que subjaz ao legislador, de permanente procura de assegurar a manutenção do posto de trabalho do trabalhador, estranha-se que neste artigo não tenha sido estabelecido um direito de preferência na admissão de trabalhador para o exercício de funções idênticas àquelas que são realizadas pelo trabalhador intermitente, mas em regime de trabalho a tempo completo, em termos similares ao que sucede a propósito do trabalhador contrato a termo, artigo 145.º, ou mesmo um dever de tomar em consideração o pedido de mudança do trabalhador para o regime geral de trabalho a tempo completo em termos análogos ao que sucede no trabalho a tem parcial, cfr. alínea a) do n.º 1 do artigo 156.º, (que apesar de consagrado não comporta, e bem, em nosso entender, qualquer consequência se o pedido do trabalhador não for tomado em consideração).

SUBSECÇÃO IV – Comissão de serviço

ARTIGO 161.º – Objecto da comissão de serviço

Pode ser exercido, em comissão de serviço, cargo de administração ou equivalente, de direcção ou chefia directamente dependente da administração ou de director-geral ou equivalente, funções de secretariado pessoal de titular de qualquer desses cargos, ou ainda, desde que instrumento de regulamentação colectiva de trabalho o preveja, funções cuja natureza também suponha especial relação de confiança em relação a titular daqueles cargos e funções de chefia.

1. Este preceito corresponde ao artigo 244.º do anterior Código do Trabalho, aprovado pela Lei n.º 99/2003.

2. A redacção deste preceito foi alterada pelo artigo 2.º da Lei n.º 23/2012, de 25 de Junho. Na versão originária do Código do Trabalho, aprovado pela Lei n.º 7/2009, de 12 de Fevereiro, este preceito tinha a seguinte redacção:

"Pode ser exercido em comissão de serviço cargo de administração ou equivalente, de direcção ou chefia directamente dependente da administração ou de director-geral ou equivalente, funções de secretariado pessoal de titular de qualquer desses cargos, ou ainda, desde que instrumento de regulamentação colectiva de trabalho o preveja, funções cuja natureza também suponha especial relação de confiança em relação a titular daqueles cargos.".

3. Constituem instrumentos de regulamentação colectiva de trabalho, cfr. n.os 2, 3 e 4 do artigo 2.º, a convenção colectiva (que pode ser um contrato colectivo, acordo colectivo, ou um acordo de empresa), o acordo de adesão, a decisão arbitral, a portaria de extensão, e a portaria de condições de trabalho.

4. A comissão de serviço é uma figura há muito conhecida do ordenamento jurídico nacional, em particular do Direito Administrativo, tendo sido posteriormente importada para o Direito do Trabalho. Com efeito, a comissão de serviço teve consagração jurídica na Lei de 14 de Junho de 1913. Actualmente, por força do n.º 3 do artigo 6.º, e do artigo 9.º, ambos da Lei Geral do Trabalho em Funções Públicas, aprovada pela Lei n.º 35/2014, de 20 de Junho, e alterada pelas Leis n.os 82-B/2014, de 31 de Dezembro, 84/2015, de 7 de Agosto, 18/2016, de 20 de Junho, 42/2016, de 28 de Dezembro, 25/2017, de 30 de Maio, 70/2017, de 14 de Agosto, 73/2017, de 16 de Agosto, 49/2018, de 14 de Agosto, 71/2018, de 31 de Dezembro, pelo Decreto-Lei n.º 6/2019, de 14 de Janeiro, e pela Lei n.º 79/2019, de 2 de Setembro, a comissão de serviço é uma modalidade de constituição da relação jurídica de emprego público, sendo uma das três modalidades existentes, paralelamente à nomeação, e ao contrato de trabalho em funções públicas.

Genericamente, a comissão de serviço é um mecanismo de nomeação transitória para o exercício subordinado de certos cargos.

Como resulta da letra deste preceito, a comissão de serviço constitui um regime excepcional face ao regime geral, que é constituído pelo contrato de trabalho por tempo indeterminado, ou sem termo. Trata-se portanto de uma figura que permite ao empregador preencher cargos específicos da organização, e que envolvem uma estreita relação de confiança entre o empregador e aqueles que ocupam esses cargos. Esta confiança releva não só no momento em que o titular é investido no cargo, como deve permanecer enquanto durar o exercício dessas funções. Pretende-se pois com a comissão de serviço que o empregador possa preencher determinados lugares da organização sem que esse preenchimento envolva um direito irreversível do trabalhador ao lugar que lhe é atribuído pelo empregador. Com este instituto favorece-se o trabalhador ao permitir-lhe o acesso a cargos que lhe poderiam estar vedados, beneficiando do inerente estatuto, enquanto que ao empregador é conferido um instrumento de gestão flexível, em termos de permitir que a constante adaptação da organização à complexa realidade em que está inserida se possa reflectir directamente na criação ou abolição de certos cargos, bem como na nomeação ou destituição de determinadas pessoas atendendo a diferentes factores, nem sempre objectiváveis.

Configurada como uma modalidade do contrato de trabalho (inserida sistematicamente na Subsecção IV da Secção IV, Modalidades de contrato de trabalho, do Capítulo I, Disposições gerais, do Título II, Contrato de trabalho), a comissão de serviço pressupõe sempre a existência de um contrato de trabalho, o qual pode ser anterior à comissão de serviço ou, em alternativa, pode ser especialmente celebrado para que possa verificar-se uma situação de comissão de serviço. Simultaneamente, denota-se, na comissão de serviço certas particularidades face ao regime laboral comum. Semelhantes especificidades encontram justificação na necessidade que o instituto da comissão de serviço teve, em ordem a alcançar os seus fins, de romper com alguns dos princípios fundamentais do direito laboral, designadamente o princípio da irreversibilidade da categoria profissional cfr. alínea e) do artigo 129.º, a essência tendencialmente duradoura do vínculo laboral ou a proibição de despedimentos sem justa causa, cfr. artigo 338.º Entre as particularidades da comissão de serviço conta-se uma maior precariedade, dado que a comissão de serviço pode cessar a todo o tempo, desde que seja observado um prazo de aviso prévio, e que esse aviso prévio revista a forma escrita, cfr. n.º 1 do artigo 163.º

5. O cargo de administração ou equivalente, de direcção ou chefia directamente dependente da administração ou de director-geral ou equivalente, bem como as funções de secretariado pessoal de titular de qualquer daqueles cargos, mencionados neste artigo 161.º, são cargos de especial confiança. No sentido, de que se tratam de cargos de especial confiança, na parte final deste artigo 161.º, a letra da lei é clara quando, relativamente à extensão a outras funções pelo instrumento de regulamentação colectiva de trabalho, menciona: "(...) também suponha especial relação de confiança.". A especial confiança naqueles que podem exercer um cargo, ou funções em comissão de serviço, advém de poderem conformar a prestação daqueles que se lhes acham submetidos, cfr. n.º 2 do artigo 128.º, exercendo poderes próprios do empregador, cfr. n.º 4 do artigo 329.º, com vista a atingir certo resultado, ou da assessoria prestada a alguns daqueles que podem adequar a prestação de trabalho.

6. Prevê-se neste artigo 161.º que podem ser exercidos em comissão de serviço o cargo de administração ou equivalente. Importa assim aferir se a comissão de serviço pretende abranger o cargo de Administrador das sociedades anónimas, ou mesmo se o legislador, ao referir-se a administração, não pretendeu incluir no âmbito da comissão de serviço uma realidade ainda mais ampla, aplicando esta figura a todos os cargos ou funções que impliquem a direcção ou o governo de qualquer outro tipo de sociedade comercial que não as sociedades anónimas, como sucede com os Gerentes das sociedades por quotas.

Quanto aos Administradores das sociedades anónimas e aos Gerentes das sociedades por quotas, a lei mostra-se adversa à acumulação daquelas qualidades com as de trabalhador, subordinado ou autónomo, dessa mesma sociedade. No que aos primeiros diz respeito, proíbe-se o exercício de quaisquer funções temporárias ou permanentes ao abrigo de contrato de trabalho, subordinado ou autónomo, proibindo-se igualmente a celebração de contrato de trabalho quando cessarem as funções de administrador, cfr. artigo 398.º do Código das Sociedades Comerciais, aprovado pelo Decreto-Lei n.º 262/86, de 2 de Setembro. Como tal, não rejeitando a comissão de serviço o vínculo de subordinação jurídica do trabalhador ao empregador, é esta inconciliável com a figura do administrador societário. Em abono de que em momento algum o legislador pretendeu abranger com a comissão de serviço os cargos de administração societária, o n.º 6 do artigo 162.º deste Código do Trabalho estabelece que o cargo ou as funções de administração em comissão de serviço podem ser exercidas com carácter permanente, o que é desde logo inconciliável com o previsto no n.º 3 do artigo 391.º, e com o n.º 1 do artigo 403.º, ambos do Código das Sociedades Comerciais, em que se determina que, qualquer membro do Conselho de Administração pode ser destituído por deliberação da Assembleia geral, em qualquer momento.

Relativamente aos Gerentes, e na ausência de norma equivalente à que consta no Código das Sociedades Comerciais relativamente aos Administradores das sociedades anónimas, são os princípios fundamentais do direito do trabalho que restringem a verificação de um vínculo laboral. Com efeito, a subordinação jurídica que exige o contrato de trabalho revela-se contrária à natureza da actividade desempenhada pelos gerentes, que em regra não se apresentam submetidos a ordens, tendo apenas que prestar contas dos seus actos de gestão à própria sociedade. Administradores ou Gerentes, o exercício de semelhantes cargos societários não poderá ser empreendido alicerçado numa comissão de serviço. Para maiores desenvolvimentos, vejam-se as anotações ao artigo 12.º Como já referido, a comissão de serviço pressupõe sempre a existência de um contrato de trabalho, o qual pode ser anterior à comissão de serviço ou, em alternativa, pode ser especialmente celebrado para que esta possa verificar-se. Consequentemente, deve concluir-se que o legislador não utiliza neste artigo 161.º o conceito de administração enquanto órgão de um determinado tipo societário, a sociedade anónima, ou qualquer outro relativo à natureza societária que seja adoptada pela organização. Significa isto que o conceito de administração, neste artigo 161.º, não é utilizado em sentido orgânico estrito mas em sentido funcional, enquanto função a desempenhar por um trabalhador subordinado em comissão de serviço.

Assim, cargo de administração ou equivalente é empregue neste artigo 161.º como referindo-se aos cargos de administração superior empresarial, ou com poderes de direcção delegados, dependentes da administração societária.

7. Nos termos previstos na primeira parte deste artigo 161.º, a comissão de serviço é aplicável a cargo de administração ou equivalente, de direcção ou chefia directamente dependente da administração ou de director-geral ou equivalente, e a funções de secretariado pessoal dos titulares desses cargos. Excluindo as funções de secretariado pessoal, e o órgão de administração societário, a comissão de serviço abrange o que, na prática empresarial, se designa de primeiras e segundas linhas hierárquicas. É o que resulta da comissão de serviço poder ser aplicada a chefia directamente dependente de director-geral ou equivalente.

8. Por efeito da parte final do preceito em anotação, permite-se que o instrumento de regulamentação colectiva de trabalho alargue o âmbito da comissão de serviço, abrangendo outras funções. A extensão que seja realizada pelo instrumento de regulamentação colectiva de trabalho encontra-se limitada a funções cuja natureza também suponha especial relação de confiança em relação ao titular dos cargos de administração ou equivalente, de direcção ou chefia directamente dependente da administração ou de director-geral ou equivalente e a funções de chefia. Com efeito, possibilita-se que, mediante instrumento de regulamentação colectiva de trabalho, o regime da comissão de serviço seja também aplicado a um universo maior de trabalhadores, desde logo a todos aqueles que exerçam funções de chefia, como resulta da parte final do artigo 161.º, contudo, é só aos cargos e às funções referidas. Significa isto que o instrumento de regulamentação colectiva de trabalho não pode estabelecer que a comissão de serviço é aplicável a todo e a qualquer trabalhador.

Note-se que o contrato necessário para o exercício de cargo ou funções em comissão de serviço apenas será aplicável ao exercício de novas funções de chefia que tenham lugar a partir da entrada em vigor da Lei n.º 23/2012, de 25 de Junho, cfr. artigo 4.º da própria Lei n.º 23/2012.

9. Importa referir que as partes num contrato de trabalho, não poderão afastar o disposto neste preceito, acordando que um determinado cargo ou certas funções não abrangidas por este artigo 161.º, sejam exercidas em comissão de serviço, alargando assim o âmbito da comissão de serviço. É que, nos termos do n.º 5 do artigo 3.º, sempre que uma norma legal reguladora do contrato de trabalho determine que a mesma pode ser afastada por instrumento de regulamentação colectiva de trabalho, entende-se que o não pode ser por contrato de trabalho.

10. O exercício de cargo de administração ou direcção é assumido pelo legislador como uma situação que carece de menor protecção jurídica, pressupondo que o desempenho de funções de dirigente envolve uma especial valoração dos elementos confiança e nível de responsabilidade atribuída, acarretando por isso, em regra e na prática, um estatuto diferente face aos trabalhadores comuns, que se manifesta em diversos aspectos, entre os quais o retributivo. Este é o sentido dos trabalhadores que ocupam estes cargos poderem exercê-los em comissão de serviço, bem como de outras faculdades consentidas pelo legislador relativamente àqueles que os ocupam, em que se permite o aumento do período de referência na adaptabilidade, alínea b) do n.º 2 do artigo 207.º, ausência de limites máximos da duração média do trabalho semanal quando o trabalhador que ocupe cargo de administração ou de direcção esteja isento de horário de trabalho, n.º 4 do artigo 211.º, admissibilidade da alteração de intervalo de descanso ainda que implique mais de seis horas de trabalho consecutivo, desde que estejam isentos de horário de trabalho, n.º 5 do artigo 213.º, inaplicabilidade do direito a um período de descanso de, pelo menos, onze horas seguidas entre dois períodos diários de trabalho consecutivos, desde que aqueles trabalhadores se encontrem isentos de horário de trabalho, alínea a) do n.º 2 do artigo 214.º, possibilidade de serem isentos de horário de trabalho, alínea a) do n.º 1 do artigo 218.º, inaplicabilidade de limites quanto à prestação de trabalho nocturno, quando os trabalhadores estejam isentos de horário e trabalho, n.º 5 do artigo 224.º, inaplicabilidade da cumulação de descanso semanal e de descanso diário alínea a) do n.º 3 do artigo 233.º, possibilidade de renunciar à retribuição específica por isenção de horário de trabalho, n.º 2 do artigo 265.º, possibilidade do tribunal excluir a reintegração em caso de despedimento ilícito, n.º 1 do artigo 392.º

11. Sobre a comissão de serviço *vide* Bernardo Lobo Xavier, *Manual de Direito do Trabalho*, Verbo, 2011, página 466 e segs., e António Monteiro Fernandes, *Direito do Trabalho*, 15.ª Edição, Almedina, Abril 2010, página 232 e segs.

ARTIGO 162.º - Regime de contrato de trabalho em comissão de serviço

1 – Pode exercer cargo ou funções em comissão de serviço, um trabalhador da empresa ou outro admitido para o efeito.

2 – No caso de admissão de trabalhador para exercer cargo ou funções em comissão de serviço, pode ser acordada a sua permanência após o termo da comissão.

3 – O contrato para exercício de cargo ou funções em comissão de serviço está sujeito a forma escrita e deve conter:

a) Identificação, assinaturas e domicílio ou sede das partes;

b) Indicação do cargo ou funções a desempenhar, com menção expressa do regime de comissão de serviço;

c) No caso de trabalhador da empresa, a actividade que exerce, bem como, sendo diversa, a que vai exercer após cessar a comissão;

d) No caso de trabalhador admitido em regime de comissão de serviço que se preveja permanecer na empresa, a actividade que vai exercer após cessar a comissão.

4 – Não se considera em regime de comissão de serviço o contrato que não tenha a forma escrita ou a que falte a menção referida na alínea b) do número anterior.

5 – O tempo de serviço prestado em regime de comissão de serviço conta para efeitos de antiguidade do trabalhador como se tivesse sido prestado na categoria de que este é titular.

6 – Constitui contra-ordenação grave a falta da menção referida na alínea b) do n.º 3, salvo se o empregador reconhecer expressamente e por escrito que o cargo ou funções são exercidos com carácter permanente, e constitui contra-ordenação leve a falta de redução a escrito do contrato ou a violação da alínea c) do referido número.

1. Este preceito corresponde aos artigos 245.º e 248.º do anterior Código do Trabalho, aprovado pela Lei n.º 99/2003.

2. Da redacção dos n.ºs 1, 2 e 3 resulta que o trabalhador pode ser contratado *ab initio* para prestar o seu trabalho em regime de comissão de serviço, como poderão as partes, no decorrer da vigência de um contrato de trabalho, acordar na transição do trabalhador para este regime.

3. Não se estabelece nenhuma limitação ao prazo máximo durante o qual a prestação de trabalho será realizada em comissão de serviço, podendo as partes acordar que o exercício de cargo ou funções em comissão de serviço durará, em princípio, durante determinado período de tempo, como poderão nada estipular quanto à sua duração, dado que este instituto se alicerça numa especial relação de confiança, cfr. artigo 161.º, que quando deixe de subsistir permite ao empregador cessar a comissão de serviço, cfr. artigo 163.º

4. O n.º 3, ao dispor que o contrato para exercício de cargo ou funções em comissão de serviço se encontra sujeito a forma escrita, constitui uma excepção à liberdade de forma prevista no artigo 219.º do Código Civil, que vigora no ordenamento jurídico português, e de acordo com o qual a validade da declaração negocial não depende da observância de forma especial, salvo quando a lei a exigir. Isto significa que, por princípio, o contrato de trabalho entre o empregador e o trabalhador pode ser celebrado verbalmente, a não ser quando a lei determinar uma forma especial, como resulta do artigo 110.º Constituindo, como se disse o n.º 3 deste artigo 162.º uma excepção à liberdade de forma, impõe-se a observância da forma escrita relativamente ao contrato para exercício de cargo ou funções em comissão de serviço.

5. A alínea c) do n.º 3 é aplicável apenas quando o cargo ou funções em comissão de serviço seja exercido por trabalhador já vinculado através de um contrato de trabalho, e que posteriormente acordou em passar a prestar o seu trabalho em regime de comissão de serviço. Esta norma obriga a que, neste caso, entre os vários elementos que devem constar do contrato, figure não só a actividade que exerce imediatamente antes da comissão de serviço, como aquela que passará a exercer quando cesse a comissão de serviço. Justifica-se estas menções porquanto, relativamente aos trabalhadores anteriormente vinculados à empresa, a cessação da comissão de serviço não determina a cessação do contrato de trabalho, cfr. alínea a) do n.º 1 do artigo 164.º Cessando a comissão de serviço, o trabalhador terá direito a exercer a actividade desempenhada antes da comissão de serviço, ou a exercer a actividade correspondente à categoria a que tenha sido promovido (*vide* anotação 9. *infra*) ou, ainda, a desempenhar actividade prevista neste contrato que fundamenta a comissão de serviço. Note-se contudo que o contrato não pode, relativamente a estes trabalhadores, estipular que após a cessação da comissão de serviço o trabalhador passe a desempenhar uma actividade com categoria inferior àquela que tinha antes de exercer um cargo ou funções em comissão de serviço. Relativamente à categoria onde se inseria antes da comissão de serviço, o trabalhador beneficia da garantia da irreversibilidade dessa categoria profissional adquirida, consagrada na alínea e) do n.º 1 do artigo 129.º, proibindo-se o empregador de mudar o trabalhador para uma categoria inferior, a não ser no caso previsto no artigo 119.º

6. A alínea d) do n.º 3 é aplicável apenas quando o cargo ou funções em comissão de serviço seja exercido por trabalhador contratado *ab initio* para prestar o seu trabalho em regime de comissão de serviço, e em que as partes acordam que após a cessação da comissão de serviço o trabalhador se manterá a prestar o seu trabalho na empresa. Neste caso, no contrato para exercício de cargo ou funções em comissão de serviço, terá de constar a actividade que o trabalhador passará a exercer após a cessação da comissão de serviço. Caso nada conste no contrato, com a cessação da comissão de serviço cessa igualmente o contrato de trabalho que permite este instituto, cfr. alínea c) do n.º 1 do artigo 164.º

7. Por efeito do n.º 4, quando não tenha sido observada a forma escrita, ou na falta da indicação do cargo ou funções a desempenhar enquanto permanecer em regime de comissão de serviço, com menção expressa do regime da comissão de serviço, considera-se que o contrato não foi celebrado para exercício de cargo ou funções em comissão de serviço. Ou seja, na falta de observância da forma ou na falta de indicação daqueles elementos, o contrato de trabalho celebrado será por tempo indeterminado, o que obsta a que o trabalhador possa prestar o seu trabalho em regime de comissão de serviço. Quando assim seja, o empregador não poderá fazer cessar unilateralmente a comissão de serviço, porquanto este não é o regime aplicável. Significa isto que por determinação do n.º 4, em detrimento do carácter tendencialmente temporário do vínculo que distingue a comissão de serviço, o preenchimento de determinado cargo sem que tenha sido reduzido a escrito o contrato que a permitiria, ou não sendo cumprida a formalidade prevista na alínea b) do n.º 3, aquele preenchimento envolve um direito irreversível do trabalhador ao lugar que lhe é atribuído pelo empregador.

8. A antiguidade, referida no n.º 5, "é a qualidade correspondente à duração da situação jurídica laboral", Menezes Cordeiro, *Manual de Direito do Trabalho*, Livraria Almedina, 1991, página 675 e segs., e Acórdão do Tribunal da Relação de Lisboa, de 22 de Junho de 2005, processo 10307/2004-4, sumários em www.dgsi.pt. Significa isto que a duração de situações que não são de qualificar como sendo de trabalho subordinado não devem entrar no cômputo da antiguidade. A título exemplificativo, a duração de um contrato de estágio extracurricular, cfr. Decreto-Lei n.º 66/2011, de 1 de Junho, não correspondendo à prestação de trabalho subordinado, não dá lugar à contagem de antiguidade, ainda que posteriormente à cessação deste contrato venha a ser celebrado um contrato de trabalho.

9. Por força do disposto no n.º 5 o trabalhador que antes de exercer um cargo ou funções em comissão de serviço se encontrava já vinculado à empresa, conserva os benefícios que tinha antes de iniciada a comissão de serviço. Significa isto que, quando cessar a comissão de serviço e o trabalhador permaneça após essa cessação na empresa, cfr. alínea a) do n.º 1 do artigo 164.º, caso se tivesse verificado uma promoção para categoria superior enquanto o trabalhador exercia um cargo ou funções em comissão de serviço, por força do disposto em instrumento de regulamentação colectiva de trabalho, será nessa nova categoria que o trabalhador deve ingressar. O mesmo vale para os eventuais acréscimos retributivos. Ainda que o empregador e o trabalhador, no contrato para exercício de cargo ou funções em comissão de serviço, tenham acordado que o trabalhador, após a sua cessação passará para determinada categoria, a promoção automática que se verifique por aplicação de disposição de instrumento de regulamentação colectiva de trabalho prevalece sobre a estipulação, quando mais favorável, cfr. artigo 476.º

Relativamente ao trabalhador contratado *ab initio* para prestar o seu trabalho em regime de comissão de serviço, e em que as partes estipularam, no contrato para exercício de cargo ou funções em comissão de serviço, que após a cessação da comissão de serviço o trabalhador se manterá a prestar o seu trabalho na empresa, a antiguidade conta-se desde o início da comissão de serviço.

10. Nada obsta que a forma escrita, imposta pelo n.º 3, seja satisfeita através de documento electrónico, ou seja, por documento elaborado mediante processamento electrónico de dados. Por outras palavras, nada impede que a forma escrita seja adoptada através de uma declaração escrita enviada por correio electrónico (e-mail) para um endereço electrónico. Sobre a validade, eficácia e valor probatório dos documentos electrónicos remete-se para a anotação 4. ao artigo 107.º

ARTIGO 163.º – Cessação de comissão de serviço

1 – Qualquer das partes pode pôr termo à comissão de serviço, mediante aviso prévio por escrito, com a antecedência mínima de 30 ou 60 dias, consoante aquela tenha durado, respectivamente, até dois anos ou período superior.

2 – A falta de aviso prévio não obsta à cessação da comissão de serviço, constituindo a parte faltosa na obrigação de indemnizar a contraparte nos termos do artigo 401.º

1. Este preceito corresponde ao artigo 246.º do anterior Código do Trabalho, aprovado pela Lei n.º 99/2003.

2. Com efeito, o n.º 1 prevê a denúncia, por qualquer das partes, da comissão de serviço.

3. A comunicação de cessação da comissão de serviço deve ser realizada por escrito, constituindo uma declaração receptícia que carece de ser dada a conhecer ao destinatário, sendo eficaz logo que chega ao poder do destinatário ou dele é conhecida, artigo 224.º do Código Civil.

4. O n.º 1 não particulariza os motivos que poderão alicerçar a decisão de cessação da comissão de serviço. Resulta assim que o empregador não necessita de expor ao trabalhador quais os motivos concretos em que firmou a sua decisão. Significa isto que o empregador goza de uma considerável margem de discricionariedade na decisão que venha a proferir, e que se justifica pela relação que deve vigorar entre as partes. São vários os fundamentos que podem determinar a decisão do empregador proceder à cessação da comissão de serviço. Não taxativamente, elencam-se alguns: quebra de confiança patenteada através de comportamentos imputáveis ao trabalhador e susceptíveis de colocar em causa a capacidade futura da sua actuação, inadaptação do trabalhador à função, ausência de qualidades para o exercício da função, frustração de expectativas, eliminação da função na organização, reestruturação, bem como outras aliadas à organização ou funcionamento da empresa. Não obstante, discricionariedade não é arbitrariedade, pelo que a lei imporá que a decisão seja vinculada pelo menos relativamente a alguns aspectos. Designadamente, o empregador não está dispensado de observar princípios estruturantes do ordenamento jurídico, como sucede relativamente ao direito de igualdade e à proibição de discriminação, cfr. artigo 23.º e segs., com tutela constitucional. Por outras palavras, impor-se-á uma interpretação conforme à Constituição da República Portuguesa sempre que uma decisão de cessação da comissão de serviço constitua uma manifestação discriminatória dos trabalhadores. Assim, é vedado ao empregador decidir cessar a comissão de serviço quando a sua decisão se enraíze apenas em razões de ascendência, sexo, raça, língua, território de origem, religião, convicções políticas ou ideológicas, instrução, situação económica, condição social ou orientação sexual. Neste sentido, o Acórdão do Supremo Tribunal de Justiça, de 22 de Outubro de 2003, processo 02S2771, documento n.º SJ200310220027714, sumários em www.dgsi.pt, entendeu que: "Numa interpretação conforme à Constituição, a norma do artigo 4.º, n.º 1, do Decreto-Lei n.º 404/91, de 16 de Outubro – que admite que a comissão de serviço para cargos de direcção e de confiança, no âmbito das relações laborais de direito privado, possa ser feita cessar a todo o tempo -, deve entender-se em sentido restritivo, de modo a excluir que possam ser invocados como fundamentos para a cessação da comissão de serviço razões que objectivamente representem factores de discriminação ilegítimos, e designadamente razões de natureza política (artigo 13.º, n.º 1, da Constituição)".

5. O n.º 2 determina que o empregador ou o trabalhador que não cumpra integralmente ou parcialmente, o prazo de aviso prévio de 30 ou 60 dias, conforme a comissão de serviço tenha durado, respectivamente, até dois anos ou mais de dois anos de antiguidade, se encontra obrigado a pagar à outra parte uma indemnização. A indemnização que a parte, que proceder à cessação da comissão de serviço, deve pagar à contraparte é no valor da retribuição base e diuturnidades (quando estas últimas existam, cfr. alínea b) do n.º 2 do artigo 262.º), correspondente ao período de aviso prévio em falta. Além desta indemnização, a parte que não cumprir o aviso prévio pode ainda ter de pagar uma indemnização pelos danos causados pela inobservância daquele prazo de aviso prévio, pelo que se mostra necessário que tenham existido esses danos para que surja o dever de os ressarcir.

6. Nos termos do n.º 2 do artigo 164.º, os prazos de aviso prévio previstos no n.º 1 deste artigo 163.º podem ser aumentados por instrumento de regulamentação colectiva de trabalho, ou mesmo por contrato de trabalho.

7. Nada obsta que a forma escrita, imposta pelo n.º 1, seja satisfeita através de documento electrónico, ou seja, por documento elaborado mediante processamento electrónico de dados. Por outras palavras, nada impede que a forma escrita seja adoptada através de uma declaração escrita enviada por correio electrónico (e-mail) para um endereço electrónico. Sobre a validade, eficácia e valor probatório dos documentos electrónicos remete-se para a anotação 4. ao artigo 107.º

ARTIGO 164.º – Efeitos da cessação da comissão de serviço

1 – Cessando a comissão de serviço, o trabalhador tem direito:

a) Caso se mantenha ao serviço da empresa, a exercer a actividade desempenhada antes da comissão de serviço, ou a correspondente à categoria a que tenha sido promovido ou, ainda, a actividade prevista no acordo a que se refere a alínea c) ou d) do n.º 3 do artigo 162.º;

b) A resolver o contrato de trabalho nos 30 dias seguintes à decisão do empregador que ponha termo à comissão de serviço, com direito a indemnização calculada nos termos do artigo 366.º;

c) Tendo sido admitido para trabalhar em comissão de serviço e esta cesse por iniciativa do empregador que não corresponda a despedimento por facto imputável ao trabalhador, a indemnização calculada nos termos do artigo 366.º

2 – Os prazos previstos no artigo anterior e o valor da indemnização a que se referem as alíneas b) e c) do n.º 1 podem ser aumentados por instrumento de regulamentação colectiva de trabalho ou contrato de trabalho.

3 – Constitui contra-ordenação grave a violação do disposto no n.º 1.

1. Este preceito corresponde ao artigo 247.º do anterior Código do Trabalho, aprovado pela Lei n.º 99/2003.

2. A redacção das alíneas b) e c) do n.º 1 deste preceito foi alterada pelo artigo 1.º da Lei n.º 53/2011, de 14 de Outubro, e posteriormente foi alterada pelo artigo 2.º da Lei n.º 23/2012, de 25 de Junho. Esta última alteração retomou a redacção originária daquelas alíneas no Código do Trabalho, aprovado pela Lei n.º 7/2009, de 12 de Fevereiro.

3. Constituem instrumentos de regulamentação colectiva de trabalho, cfr. n.ºs 2, 3 e 4 do artigo 2.º, a convenção colectiva (que pode ser um contrato colectivo, acordo colectivo, ou um acordo de empresa), o acordo de adesão, a decisão arbitral, a portaria de extensão, e a portaria de condições de trabalho.

4. A alínea a) do n.º 1 trata dos efeitos da cessação da comissão de serviço nas situações designadas na doutrina como comissão de serviço com garantia de emprego. Abrange duas situações. Uma delas é a de trabalhador vinculado à empresa que posteriormente acorda no exercício de cargo ou de funções em comissão de serviço, cfr. alínea c) do n.º 3 do artigo 162.º, e a restante é relativa ao trabalhador que foi admitido para trabalhar em comissão de serviço, tendo sido acordado que permaneceria ao serviço do empregador após a cessação da comissão de serviço, cfr. alínea d) do n.º 3 do artigo 162.º Em qualquer uma das duas situações, esta alínea a) do n.º 1 determina que a cessação da comissão de serviço não tem por efeito cessar o contrato de trabalho que permite esta figura. Não cessando o contrato de trabalho, o trabalhador terá direito a exercer a actividade desempenhada antes da comissão de serviço, ou a exercer a actividade correspondente à categoria a que tenha sido promovido ou, ainda, a desempenhar actividade prevista no acordo que justificou a comissão de serviço.

A promoção referida na alínea a) do n.º 1 consiste numa alteração da categoria profissional, cfr. artigo 118.º, a título definitivo, acordada entre as partes de um contrato de trabalho, expressa ou tacitamente, ou aplicável por força de uma disposição prevista em instrumento de regulamentação colectiva de trabalho (promoção automática). A promoção caracteriza-se por compreender uma modificação estável e profunda do conteúdo do negócio jurídico, sendo que, uma vez verificada esta, o trabalhador beneficia da garantia da irreversibilidade dessa outra categoria profissional adquirida, consagrada na alínea e) do n.º 1 do artigo 129.º, proibindo-se o empregador de mudar o trabalhador para uma categoria inferior, a não ser no caso previsto no artigo 119.º Quando o trabalhador permaneça na empresa após a cessação da comissão de serviço, e dado que o tempo de serviço prestado em regime de comissão de serviço conta para efeitos de antiguidade do trabalhador, como se tivesse sido prestado na categoria de que este era titular antes da comissão, cfr. n.º 5 do artigo 162.º, caso se tivesse veridicado uma promoção automática, o trabalhador passará para a categoria em que se deveria encontrar não fosse o exercício da comissão de serviço. Realce-se que ainda que o empregador e o trabalhador, no contrato para exercício de cargo ou funções em comissão de serviço, tenham acordado que o trabalhador após a sua cessação passará para determinada categoria, a promoção automática que se verifique por aplicação de disposição de instrumento de regulamentação colectiva de trabalho prevalece sobre a estipulação, quando mais favorável, cfr. artigo 476.º

Não obstante o até agora referido, o trabalhador poderá sempre resolver o contrato de trabalho, nos termos da alínea b) do n.º 1.

5. Apesar da alínea a) do n.º 1 deste artigo 164.º não prever que quando cessar a comissão de serviço o trabalhador que permaneça na empresa terá direito a uma indemnização, nada veda que as partes, empregador e trabalhador, tenham acordado no pagamento de uma compensação por essa cessação, no âmbito da liberdade contratual de que dispõem, cfr. n.º 1 do artigo 405.º do Código Civil.

6. A alínea a) do n.º 1 deste artigo 164.º, constitui uma excepção ao princípio da irredutibilidade da retribuição. Este princípio encontra-se estabelecido na alínea d) do n.º 1 do artigo 129.º, em sentido de que não pode ser diminuída a retribuição do trabalhador, salvo nas hipóteses previstas neste Código do Trabalho ou em instrumento de regulamentação colectiva de trabalho. Quanto às situações específicas neste Código em que se admite a diminuição da retribuição do trabalhador, estas encontram-se previstas em caso de mudança do trabalhador para categoria inferior (artigo 119.º), no caso de mobilidade funcional (artigo 120.º), no caso do trabalhador passar a prestar o trabalho a tempo parcial (alínea a) do n.º 3 do artigo 154.º), no caso do trabalhador acordar em prestar trabalho intermitente, durante o período de inactividade (n.º 2 do artigo 160.º), na situação prevista nesta alínea a) do n.º 1, ou seja, do trabalhador que cessa a comissão de serviço e regressa às anteriores funções, ou naquelas que tenham sido previstas no contrato para exercício de cargo ou função em comissão de serviço (ambos os casos, em regra, determinam uma retribuição inferior àquela que era auferida na comissão de serviço), e durante o período de redução temporária do período normal de trabalho ou suspensão do contrato por facto respeitante ao empregador, vulgarmente designado por *lay-off* (n.º 1 do artigo 305.º). Com excepção destas situações, não é permitido ao empregador diminuir a retribuição do trabalhador, aqui se compreendendo, nos termos do artigo 258.º, n.os 1 e 2, a remuneração base e todas as outras prestações regulares e periódicas, feitas como contrapartida do trabalho.

7. A alínea b) do n.º 1 trata dos efeitos da cessação da comissão de serviço nas situações designadas na doutrina como comissão de serviço com garantia de emprego. A solução estabelecida na alínea b) do n.º 1 justifica-se pela posição que o trabalhador passaria a ter no seio da organização, após a cessação da comissão de serviço, susceptível, por si de só, de originar o desprestígio próprio de ter de conviver, na estrutura, com uma aparente "despromoção". Por efeito desta norma permite-se que o trabalhador decida não regressar às funções correspondentes à categoria profissional anteriores à própria comissão de serviço, liberando-o definitivamente do vínculo laboral, através de resolução do contrato de trabalho, com direito a uma indemnização. O legislador, deliberadamente, utilizou um termo técnico: "resolver", estabelecendo no instituto da comissão de serviço um caso específico de cessação com justa causa do contrato de trabalho por iniciativa do trabalhador, cfr. artigo 394.º e segs. Para tanto, o legislador fixou um prazo para que a resolução do trabalhador seja lícita: dentro dos 30 dias posteriores à decisão do empregar que ponha termo à comissão de serviço. Ou seja, o direito do trabalhador a resolver o contrato conta-se a partir da data da decisão do empregador, e não a partir da data do termo da comissão de serviço, pelo que o trabalhador pode resolver o seu contrato de trabalho ainda na pendência da comissão de serviço, desde que o faça motivado pela decisão do empregador de fazer cessar a comissão de serviço. Quanto à indemnização a que o trabalhador tem direito, é calculada de modo distinto consoante a data de celebração do contrato para exercício de cargo ou funções em comissão de serviço.

O artigo 366.º aplica-se relativamente a trabalhadores que tenham celebrado um contrato de trabalho no dia 1 de Outubro de 2013, ou em data posterior a esta, nos termos do artigo 10.º da Lei n.º 69/2013, de 30 de Agosto, dado que 1 de Outubro foi a data de entrada em vigor da própria Lei n.º 69/2013. Quanto aos contratos celebrados antes de 1 de Outubro de 2013 vale o disposto no artigo 5.º da Lei n.º 69/2013, de 30 de Agosto.

De acordo com o disposto no n.º 1 do artigo 366.º, o trabalhador tem direito a compensação correspondente a 12 dias de retribuição base e diuturnidades, quando estas últimas existam, por cada ano completo de antiguidade. A retribuição diária é calculada através da divisão por 30 da retribuição base e diuturnidades, quando estas últimas existam, sendo que em caso de fracção de ano, o montante da compensação é calculado proporcionalmente. A compensação a receber pelo trabalhador tem limites máximos, fixados nas alíneas a) e b) do n.º 2 do artigo 366.º Assim, de acordo com aquelas normas, o valor da retribuição base mensal e diuturnidades, quando estas últimas existam, a considerar para efeitos de cálculo da compensação não pode ser superior a 20 vezes a retribuição mínima mensal garantida. Há ainda um segundo limite: o montante global da compensação não pode ser superior a 12 vezes a retribuição base mensal e diuturnidades – quando estas diuturnidades existam – ou, quando seja aplicável o limite previsto no ponto anterior, a 240 vezes a retribuição mínima mensal garantida.

Exemplificando:

1) Trabalhador com nove anos de antiguidade e retribuição mensal de 1.000,00 €

1.º aferir se o valor da retribuição base mensal e diuturnidades não ultrapassa o limite legal

20 × 635,00 € = 12.700,00 €

1.000,00 € é menor do que 12.700,00 €

2.º calcular o valor diário da retribuição base e diuturnidades.

1.000,00 € : 30 = 33,33 €

3.º calcular a compensação correspondente a 12 dias de retribuição base e diuturnidades por cada ano completo de antiguidade

33,33 × 12 = 399,96 399,96 × 9 = 3.599,64 €

4.º aferir se o valor não ultrapassa o limite legal fixado para o montante global da compensação

12 × 1.000,00 = 12.000,00 €

3.599,64 € é menor do que 12.000,00€

A compensação é assim de 3.599,64 €

2) Trabalhador com nove anos de antiguidade e retribuição mensal de 15.000,00 €

1.º aferir se o valor da retribuição base mensal e diuturnidades não ultrapassa o limite legal

20 × 635,00 € = 12.700,00 €

15.000,00 € é maior do que 12.700,00 €.

2.º calcular o valor diário da retribuição base e diuturnidades.

12.700,00 € : 30 = 423,33 €

3.º calcular a compensação correspondente a 12 dias de retribuição base e diuturnidades por cada ano completo de antiguidade

423,33 × 12 = 5.079,96 5.079,96 × 9 anos de antiguidade = = 45.719,64 €

4.º aferir se o valor não ultrapassa o limite legal fixado para o montante global da compensação

240 × 635,00 € = 152.400,00 €

45.719,64 € é menor do que 152.400,00 €

A compensação é assim de 45.719,64 €

Já relativamente à cessação dos contratos de trabalho celebrados antes de 1 de Outubro de 2013 vejam-se as anotações ao artigo 366.º, bem como os exemplos práticos ali perspectivados.

Note-se contudo que o n.º 2 permite que o valor da indemnização a pagar ao trabalhador seja superior àquela que resultaria da aplicação do artigo 366.º, desde que o instrumento de regulamentação colectiva de trabalho o preveja, ou que o contrato de trabalho o estabeleça.

8. A alínea c) do n.º 1, por sua vez, regula os efeitos da cessação da comissão de serviço nas situações designadas na doutrina como de comissão de serviço sem garantia de emprego. Ou seja, tendo sido o trabalhador admitido para trabalhar em comissão de serviço, e não tendo sido acordado que o trabalhador permaneceria ao serviço do empregador após a cessação da comissão de serviço, cfr. alínea d) do n.º 3 do artigo 162.º *a contrario*, com a cessação da comissão de serviço cessa igualmente o contrato de trabalho que permite este instituto, pelo que o trabalhador terá direito a uma indemnização como compensação pela perda do seu posto de trabalho.

A indemnização é calculada nos termos do artigo 366.º, sendo o modo de a calcular igual ao que resulta da alínea b) do n.º 1, pelo que remetemos, nesta parte, para o disposto na anotação anterior.

O n.º 2 permite que o valor da indemnização a pagar ao trabalhador seja superior àquela que resultaria da aplicação do artigo 366.º, desde que o instrumento de regulamentação colectiva de trabalho o preveja, ou que o contrato de trabalho o estabeleça.

Como resulta da letra da alínea c) do n.º 1, o trabalhador não terá direito à indemnização quando a comissão de serviço cesse por sua iniciativa, bem como quando a cessação se deva a facto imputável ao trabalhador, desde que esta cessação tenha sido antecedida de um procedimento disciplinar com a aplicação da sanção de despedimento, cfr. artigo 351.º e segs.

9. Quando o empregador, na sequência de um procedimento disciplinar, tenha decidido aplicar a sanção de despedimento sem indemnização ou compensação, cfr. alínea f) do n.º 1 do artigo 328.º, enquanto o trabalhador exercia um cargo ou funções em comissão de serviço, despedimento esse que posteriormente é declarado ilícito, cfr. artigo 381.º e 382.º, são aplicáveis as disposições dos artigos 389.º e segs. Significa isto que o empregador é condenado a indemnizar o trabalhador por todos os danos causados, patrimoniais e não patrimoniais, cfr. alínea a) do n.º 1 do artigo 389.º, na reintegração do trabalhador, cfr. alínea b) do n.º 1 do mesmo artigo 389.º, e no pagamento de todas as retribuições que o trabalhador deixar de auferir, cfr. n.º 1 do artigo 390.º Quando o trabalhador despedido ilicitamente exercesse cargo ou funções em comissão de serviço, é no posto de trabalho que ocupava, enquanto permanecia nesse exercício, que deve ser reintegrado, não devendo entender-se que o despedimento ilícito efectuado consubstanciou uma decisão do empregador pôr termo à comissão de serviço. Subsequentemente à reintegração, o empregador poderá pôr termo à comissão de serviço, observando para tanto o disposto no artigo 163.º e neste artigo 164.º Este é o sentido das normas que estabelecem o direito à reintegração e compensação, previstas para o despedimento ilícito, impondo-se semelhante solução por motivos de coerência lógica na conciliação entre a figura da comissão de serviço, e do despedimento ilícito. E são esses motivos de harmonia do sistema que determinam que, quando o trabalhador opte por uma indemnização em substituição da reintegração, cfr. artigo 391.º, o montante mínimo desta deva ser superior aquele que se acha estabelecido no n.º 1 do artigo 391.º Ou seja, em detrimento de poder ser fixada entre 15 e 45 dias de retribuição base e diuturnidades por cada ano completo ou fracção de antiguidade, deverá estabelecer-se entre um mês e 45 dias de retribuição base e diuturnidades, percebida no exercício da comissão de serviço, por cada ano completo de antiguidade, calculada proporcionalmente em caso de fracção de ano.

SUBSECÇÃO V – Teletrabalho

ARTIGO 165.º – Noção de teletrabalho

Considera-se teletrabalho a prestação laboral realizada com subordinação jurídica, habitualmente fora da empresa e através do recurso a tecnologias de informação e de comunicação.

1. Este preceito corresponde ao artigo 233.º do anterior Código do Trabalho, aprovado pela Lei n.º 99/2003.

2. Este preceito consagra a noção de teletrabalho. Da definição de teletrabalho resultam dois aspectos fundamentais: a prestação é desempenhada habitualmente fora da empresa, ou seja em local que seja exterior às instalações do empregador, quer seja a sua sede ou estabelecimento, e o trabalhador recorre a tecnologias de informação e de comunicação para desempenhar o seu trabalho.

Não obstante a definição legal exigir a subordinação jurídica do trabalhador em teletrabalho, na realidade o teletrabalho não se esgota no vínculo laboral, podendo subsistir num vínculo de prestação de serviços, cfr. artigo 1154.º e segs. do Código Civil, bem como num vínculo de prestação de serviços em que o prestador se encontre na dependência económica do beneficiário da actividade, cfr. alínea c) do n.º 1 do artigo 4.º da Lei n.º 7/2009, de 12 de Fevereiro, e artigo 10.º A regulamentação do teletrabalho que configura subordinação jurídica no Código do Trabalho será inaplicável aos dois últimos, a não ser que devam considerar-se trabalhadores, cfr. artigo 12.º, justificando-se a sua inserção nesta Lei porquanto importava disciplinar os termos em que a prestação de trabalho dos que sejam trabalhadores deve ser realizada, bem como os direitos e deveres de que as partes beneficiam ou a que se acham sujeitas.

3. O conceito de teletrabalho abrange situações tão variadas como:

a) O teletrabalho no domicílio, em que o trabalhador presta o seu trabalho a partir do seu próprio domicílio, ou do domicílio de terceiro, neste se podendo incluir o cliente do empregador;
b) O teletrabalho em centro de trabalho comunitário, em que o trabalhador presta o seu trabalho num local que, sendo distinto da empresa, se caracteriza por congregar vários profissionais que partilham uma estrutura organizativa comum;
c) O teletrabalho itinerante ou móvel, em que o trabalhador presta o seu trabalho a partir de um local aleatório, atendendo à sua permanente deslocação, avião, veículo automóvel ou mesmo de uma unidade hoteleira.

4. Entre as vantagens do teletrabalho encontram-se:

Para o trabalhador:

- Diminuição do tempo dispendido nas deslocações entre a residência e o local de trabalho;
- Redução das despesas efectuadas em transportes;

- Proporcionar condições de trabalho que favorecem a conciliação da actividade profissional com a vida familiar e pessoal;
- Autonomia na organização do trabalho;

Para as empresas:

- Concede uma gestão mais flexível dos tempos de trabalho;
- Redução de custos (imobiliários, água, luz, etc.)
- Aumento da produtividade;
- Maior facilidade de recrutamento por este não se encontrar limitado a determinado âmbito geográfico;

Para a sociedade:

- Desconcentração das cidades;
- Descongestionamento do tráfego urbano;
- Menor consumo de combustíveis;
- Diminuição da poluição;
- Combate à exclusão social, através da integração no mercado de trabalho de pessoas com limitações físicas;

5. Sobre o teletrabalho *vide* Bernardo Lobo Xavier, *Manual de Direito do Trabalho*, Verbo, 2011, página 370 e segs., e no domínio da legislação anterior, pelo que será necessário proceder às adaptações necessárias, Maria Regina Redinha, "O teletrabalho", *II Congresso Nacional de Direito do Trabalho*, Almedina, Coimbra, 1999, página 85 e segs.

ARTIGO 166.º – Regime de contrato para prestação subordinada de teletrabalho

1 – Pode exercer a actividade em regime de teletrabalho um trabalhador da empresa ou outro admitido para o efeito, mediante a celebração de contrato para prestação subordinada de teletrabalho.

2 – Verificadas as condições previstas no n.º 1 do artigo 195.º, o trabalhador tem direito a passar exercer a actividade em regime de teletrabalho, quando este seja compatível com a actividade desempenhada.

3 – Além das situações referidas no número anterior, o trabalhador com filho com idade até 3 anos tem direito a exercer a actividade em regime de teletrabalho, quando este seja compatível com a actividade desempenhada e a entidade patronal disponha de recursos e meios para o efeito.

4 – O empregador não pode opor-se ao pedido do trabalhador nos termos dos números anteriores.

5 – O contrato está sujeito a forma escrita e deve conter:

a) Identificação, assinaturas e domicílio ou sede das partes;

b) Indicação da actividade a prestar pelo trabalhador, com menção expressa do regime de teletrabalho, e correspondente retribuição;

c) Indicação do período normal de trabalho;

d) Se o período previsto para a prestação de trabalho em regime de teletrabalho for inferior à duração previsível do contrato de trabalho, a actividade a exercer após o termo daquele período;

e) Propriedade dos instrumentos de trabalho bem como o responsável pela respectiva instalação e manutenção e pelo pagamento das inerentes despesas de consumo e de utilização;

f) Identificação do estabelecimento ou departamento da empresa em cuja dependência fica o trabalhador, bem como quem este deve contactar no âmbito da prestação de trabalho.

6 – O trabalhador em regime de teletrabalho pode passar a trabalhar no regime dos demais trabalhadores da empresa, a título definitivo ou por período determinado, mediante acordo escrito com o empregador.

7 – A forma escrita é exigida apenas para prova da estipulação do regime de teletrabalho.

8 – Constitui contra-ordenação grave a violação do disposto no n.º 3 e constitui contra-ordenação leve a violação do disposto no n.º 4.

1. Este preceito corresponde ao artigo 234.º do anterior Código do Trabalho, aprovado pela Lei n.º 99/2003.

2. A redacção deste preceito foi alterada pelo artigo 2.º da Lei n.º 120/2012, de 1 de Setembro, que introduziu o actual n.º 3, e alterou a redacção do originário n.º 3 que passou ao actual n.º 4, renumerando ainda os originários n.os 4, 5, 6 e 7, que passaram a n.os 5, 6, 7 e 8. Na versão originária do Código do Trabalho, aprovado pela Lei n.º 7/2009, de 12 de Fevereiro, o n.º 3 tinha a seguinte redacção:

> "O empregador não pode opor-se ao pedido do trabalhador nos termos do número anterior.".

3. Da redacção dos n.os 1 e 6 resulta que o trabalhador pode ser contratado *ab initio* para prestar o seu trabalho em regime de teletrabalho, como poderão as partes, no decorrer da vigência de um contrato de trabalho, acordar na transição do trabalhador para este regime, como inversamente, passando o trabalhador a desempenhar o seu trabalho em teletrabalho, quando antes não era este o regime da prestação.

O n.º 6 admite que o regime de teletrabalho vigore apenas por período determinado, em detrimento de ser celebrado a título definitivo. Não se estabelece nenhuma limitação ao prazo máximo durante o qual a prestação de trabalho será realizada em teletrabalho. Assim, nada veda que as partes, empregador e trabalhador, acordem, por exemplo, que o segundo desempenhe o seu trabalho em teletrabalho durante o período de dez anos. Contudo, deve ter-se em conta que quando se trate de trabalhador anteriormente vinculado ao empregador, vigora uma restrição quanto ao prazo máximo de duração do regime de teletrabalho: 3 anos, ou o prazo estabelecido em instrumento de regulamentação colectiva do trabalho, cfr. n.º 1 do artigo 167.º Como tal, quando o trabalhador tenha sido inicialmente contratado em regime de teletrabalho não há qualquer limite para que a prestação se mantenha neste regime, sendo que quando se trate de trabalhador admitido para prestar o seu trabalho no regime geral e posteriormente acorda em fazê-lo em teletrabalho, a aplicação deste último será sempre temporária.

4. O n.º 2 e o n.º 4 estabelecem que o trabalhador que seja vítima de violência doméstica pode, verificadas as condições previstas no n.º 1 do artigo 195.º, caso não pretenda ser transferido, temporária ou definitivamente, a seu pedido, para outro estabelecimento da empresa, passar a prestar o seu trabalho em regime de teletrabalho, desde que este seja compatível com o trabalho desempenhado pelo trabalhador, e que haja um pedido prévio do próprio trabalhador.

Para que o trabalhador possa socorrer-se deste direito, é necessária a verificação de alguns requisitos, que são cumulativos:

i) que o trabalhador seja vítima de violência doméstica, ou seja, que lhe sejam infligidos maus tratos físicos ou psíquicos, incluindo castigos corporais, privações da liberdade e ofensas sexuais, por cônjuge ou ex-cônjuge, ou por pessoa de outro ou do mesmo sexo com quem o trabalhador mantenha ou tenha mantido uma relação análoga à dos cônjuges, ou ainda por progenitor de descendente comum em 1.º grau;
ii) que o trabalhador coabite com o agente do crime de violência doméstica;
iii) que o trabalhador apresente denúncia, pelo crime de violência doméstica;
iv) que o trabalhador requeira a passagem da prestação do trabalho ao regime de teletrabalho;
v) que a prestação do trabalho realizada pelo trabalhador seja compatível com o regime de teletrabalho;
vi) que o trabalhador saia da casa de morada de família.

Para aplicação do direito de transição para o regime de teletrabalho, ao pedido do trabalhador deve ser junta prova de apresentação de queixa-crime. Em subsituição desta, o trabalhador pode comprovar que beneficia do estatuto de vítima de violência doméstica. Este estatuto de vítima de violência doméstica é, nos termos do n.º 1 do artigo 14.º da Lei n.º 112/2009, de 16 de Setembro, alterada pelas Leis n.os 19/2013, de 21 de Fevereiro, 82-B/2014, de 31 de Dezembro, 129/2015, de 3 de Setembro, 42/2016, de 28 de Dezembro, e 24/2017, de 24 de Maio, que estabelece o regime jurídico aplicável à prevenção da violência doméstica e à protecção e assistência das suas vítimas, atribuído pelas autoridades judiciárias ou pelos órgãos de polícia criminal competentes após a apresentação da denúncia da prática do crime de violência doméstica, se não existirem fortes indícios de que a própria denúncia é infundada. No mesmo acto é entregue à vítima documento comprovativo do referido estatuto, que compreende os direitos e deveres estabelecidos na Lei n.º 112/2009, de 16 de Setembro, além da cópia do respectivo auto de notícia, ou da apresentação de queixa-crime.

Quando assim seja, o empregador não pode sequer adiar a aplicação do regime de teletrabalho. Neste sentido, o n.º 4 deste artigo 166.º consagra expressamente que o empregador não pode opor-se ao pedido do trabalhador, oposição que é também proibida pela alínea a) do n.º 1 do artigo 129.º De acordo com o n.º 1, quando haja lugar à passagem de trabalhador vítima de violência doméstica para o regime de teletrabalho, essa passagem deve ser reduzida a escrito, mediante contrato, o qual deve conter os elementos referidos no n.º 5. Esta exigência de forma, se bem que não constitua um requisito de validade do contrato, servindo apenas para prova da estipulação do regime de teletrabalho, cfr. n.º 7, é difícil de coadunar com o direito do trabalhador que seja vítima de violência doméstica, dado que um contrato é por natureza um acordo de vontades, que pode inexistir nesta situação em concreto, dado que a passagem do trabalhador para o teletrabalho é, como se referiu, imposta ao empregador. Acresce que a ausência de redução a escrito faz incorrer o empregador na prática de uma contra-ordenação leve, cfr. n.º 8. Quanto à duração do regime de teletrabalho de trabalhador que a este tenha passado, com fundamento em ter sido vítima de violência doméstica, e dado que o legislador não distinguiu esta situação daquelas outras em que empregador e trabalhador acordaram livremente na aplicação do teletrabalho, distinção que não cabe ao intérprete fazer, terá uma duração máxima de três anos, ou outra duração desde que prevista em instrumento de regulamentação colectiva do trabalho, cfr. n.º 1 do artigo 167.º E porque o legislador também não distingue a situação de trabalhador que tenha sido vítima de violência doméstica, das situações em que as partes, na vigência do contrato de trabalho, por si estabeleceram a prestação do trabalho em teletrabalho, é aplicável o n.º 2 do artigo 167.º, que permite que qualquer das partes, (logo também o empregador), denuncie o contrato para prestação subordinada de teletrabalho nos primeiros 30 dias da sua execução. Esta denúncia, a ocorrer, tem por efeito a retoma, pelo trabalhador, da execução do trabalho nos termos inicialmente acordados antes do teletrabalho, ou nos termos previstos em instrumento de regulamentação colectiva do trabalho que disponha sobre esta matéria, cfr. n.º 3 do artigo 167.º Sempre se diga que esta denúncia não carece de invocação de justa causa, nem de ser reduzida a escrito, não conferindo ao trabalhador, em princípio, qualquer direito a indemnização.

A alteração do exercício da prestação de trabalho de vítima de violência doméstica, do local contratualmente definido, cfr. artigo 193.º, para um regime de teletrabalho, consagra um verdadeiro direito potestativo, conferindo-se ao trabalhador o poder de introduzir uma modificação que opera na esfera jurídica do empregador, com prejuízo para a própria gestão da empresa.

5. O n.º 3 permite que o trabalhador que tenha um filho com idade até 3 anos pode passar a prestar o seu trabalho em regime de teletrabalho, desde que:

a) a prestação em teletrabalho seja compatível com o trabalho desempenhado pelo trabalhador;
b) o empregador tenha recursos e meios para que o trabalho seja prestado em teletrabalho; e
c) exista um pedido prévio do próprio trabalhador.

Note-se que não se exige que o trabalhador viva com o filho menor de três anos em comunhão de mesa e habitação. Basta que o trabalhador seja pai, ou mãe, de um menor até três anos. Esta faculdade vale para o trabalhador enquanto o seu filho não atingir os três anos de idade.

A alteração do exercício da prestação de trabalho de trabalhador que tenha um filho com idade até 3 anos, do local contratualmente definido, cfr. artigo 193.º, para um regime de teletrabalho, consagra um verdadeiro direito potestativo, conferindo-se ao trabalhador o poder de introduzir uma modificação que opera na esfera jurídica do empregador, com prejuízo para a própria gestão da empresa.

6. O n.º 5, ao dispor que o contrato para prestação subordinada de teletrabalho se encontra sujeito a forma escrita, constitui uma excepção à liberdade de forma prevista no artigo 219.º do Código Civil, que vigora no ordenamento jurídico português, e de acordo com o qual a validade da declaração negocial não depende da observância de forma especial, salvo quando a lei a exigir. Isto significa que, por princípio, o contrato de trabalho entre o empregador e o trabalhador pode ser celebrado verbalmente, a não ser quando a lei determinar uma forma especial, como resulta do artigo 110.º Constituindo, como se disse o n.º 5 deste artigo 166.º uma excepção à liberdade de forma, impõe-se a observância da forma escrita relativamente ao contrato de trabalho para prestação subordinada de teletrabalho. Não obstante, e de acordo com o n.º 7, a forma escrita visa apenas a prova do regime de teletrabalho. Significa isto que, caso não seja respeitada a forma escrita, a consequência é que se deve entender que o contrato é celebrado não em regime de teletrabalho, mas sim no regime geral de trabalho.

7. A alínea c) do n.º 5 exige que o contrato para prestação subordinada de teletrabalho contenha a indicação do período normal de trabalho. O período normal de trabalho corresponde ao tempo de trabalho que o trabalhador se obriga a prestar, medido em número de horas por dia e por semana, cfr. artigo 198.º Os limites máximos do período normal de trabalho, cfr. artigo 203.º, no regime de teletrabalho são os mesmos que vigoram para os trabalhadores que não prestam o seu trabalho nesta modalidade, cfr. n.º 1 do artigo 169.º Como tal, e por determinação do n.º 1 do artigo 203.º, o período normal de trabalho não pode exceder oito horas por dia e quarenta horas por semana.

8. A alínea d) do n.º 5 obriga a que, entre os vários elementos que devem constar do contrato, figure a actividade a exercer pelo trabalhador quando cesse o período de prestação do trabalho em regime de teletrabalho, limitando esta exigência aos casos em que a prestação neste regime seja inferior à duração previsível do contrato de trabalho. Como resulta do n.º 6 o regime de teletrabalho pode vigorar apenas por período determinado, em detrimento de ser celebrado a título definitivo, havendo apenas uma restrição relativamente à duração desse período quanto a trabalhador anteriormente vinculado ao empregador, caso em que a duração do regime de teletrabalho pode durar até um máximo de 3 anos, ou pelo prazo estabelecido em instrumento de regulamentação colectiva do trabalho, cfr. n.º 1 do artigo 167.º Quando seja acordado que o regime de teletrabalho vigore apenas por determinado período, a alínea d) do n.º 5 impõe que se preveja logo no contrato a actividade a desempenhar pelo trabalhador uma vez terminado o período convencionado.

9. A alínea e) do n.º 5 estabelece que o contrato para prestação subordinada de teletrabalho contenha a indicação de quem é o proprietário dos instrumentos de trabalho, bem como de quem é a responsabilidade pela respectiva instalação e manutenção, e ainda a quem pertence a responsabilidade pelo pagamento das despesas de consumo e utilização dos instrumentos de trabalho. Pretende-se com esta norma clarificar o regime em concreto aplicável àqueles instrumentos, prevenindo eventuais litigios futuros. Neste sentido, o legislador consagrou no n.º 1 do artigo 168.º que na falta de estipulação no contrato, presume-se que os instrumentos de trabalho respeitantes a tecnologias de informação e de comunicação utilizados pelo trabalhador pertencem ao empregador, que deve assegurar as respectivas instalação e manutenção e o pagamento das inerentes despesas.

10. A alínea f) do n.º 5 ao estabelecer que o contrato deve conter a identificação do estabelecimento ou departamento da empresa em cuja dependência fica o trabalhador, bem como a identificação da pessoa que o próprio trabalhador deve contactar no âmbito da prestação de trabalho, visa não só obstar ao isolamento a que o trabalhador que presta o seu trabalho neste regime se encontra mais susceptível, como permitir-lhe a integração na organização, clarificando o seu posicionamento na mesma. O isolamento do trabalhador em regime de teletrabalho é uma situação que deve ser contrariada pelo empregador, que se acha onerado com um dever específico de o evitar, cfr. n.º 3 do artigo 169.º, através, fomentando, entre outras medidas que entenda adequadas ao cumprimento desse dever, contactos regulares do trabalhador com a empresa, e com os demais trabalhadores.

11. Nada obsta que a forma escrita, imposta pelos n.os 5 e 6, seja satisfeita através de documento electrónico, ou seja, por documento elaborado mediante processamento electrónico de dados. Por outras palavras, nada impede que a forma escrita seja adoptada através de uma declaração escrita enviada por correio electrónico (e-mail) para um endereço electrónico. Sobre a validade, eficácia e valor probatório dos documentos electrónicos remete-se para a anotação 4. ao artigo 107.º

ARTIGO 167.º – Regime no caso de trabalhador anteriormente vinculado ao empregador

1 – No caso de trabalhador anteriormente vinculado ao empregador, a duração inicial do contrato para prestação subordinada de teletrabalho não pode exceder três anos, ou o prazo estabelecido em instrumento de regulamentação colectiva de trabalho.

2 – Qualquer das partes pode denunciar o contrato referido no número anterior durante os primeiros 30 dias da sua execução.

3 – Cessando o contrato para prestação subordinada de teletrabalho, o trabalhador retoma a prestação de trabalho, nos termos acordados ou nos previstos em instrumento de regulamentação colectiva de trabalho.

4 – Constitui contra-ordenação grave a violação do disposto no número anterior.

1. Este preceito corresponde ao artigo 235.º do anterior Código do Trabalho, aprovado pela Lei n.º 99/2003.

2. Constituem instrumentos de regulamentação colectiva de trabalho, cfr. n.os 2, 3 e 4 do artigo 2.º, a convenção colectiva (que pode ser um contrato colectivo, acordo colectivo, ou um acordo de empresa), o acordo de adesão, a decisão arbitral, a portaria de extensão, e a portaria de condições de trabalho.

3. De acordo com a epígrafe deste artigo 167.º, o regime nele disposto é aplicável apenas quando o trabalhador tenha sido contratado para prestar o seu trabalho em determinado local e posteriormente passou a prestá-lo em regime de teletrabalho, não sendo aplicável ao trabalhador contratado inicialmente para prestar o seu trabalho em regime de teletrabalho. Terá sido até por esta razão que entre os elementos que devem constar do contrato reduzido a escrito, se encontra a menção expressa ao regime de teletrabalho, cfr. alínea b) do n.º 5 do artigo 166.º

4. O instrumento de regulamentação colectiva de trabalho pode estabelecer um prazo inferior a três anos, ou, em alternativa, pode determinar um prazo superior.

5. O trabalhador que passou a prestar o seu trabalho em regime de teletrabalho encontra-se sujeito a riscos de mais fácil verificação do que quando o fazia integrado fisicamente na organização do empregador onde podia conviver com os demais colegas, encontrando-se agora mais susceptível de se votar ao isolamento, cfr. n.º 3 do artigo 169.º, permanecendo igualmente, por inerência do local onde presta o trabalho no regime de teletrabalho, em princípio, mais atreito à invasão da sua privacidade e da sua família, cfr. n.os 1 e 2 do artigo 170.º, motivo pelo qual se compreende o regime fixado neste artigo 167.º, em que se estabelece um limite máximo à duração do regime de teletrabalho, de três anos, ou outra duração desde que prevista em instrumento de regulamentação colectiva do trabalho. Permite-se também que qualquer das partes denuncie o contrato para prestação subordinada de teletrabalho nos primeiros 30 dias da sua execução, denúncia que tem como efeito a retoma, pelo trabalhador, da execução do trabalho nos termos inicialmente acordados antes do teletrabalho, ou nos termos previstos em instrumento de regulamentação colectiva do trabalho que disponha sobre esta matéria, cfr. n.º 3.

6. A denúncia prevista no n.º 2 não carece de invocação de justa causa, nem de ser reduzida a escrito, não conferindo ao trabalhador, em princípio, qualquer direito a indemnização. Trata-se de um regime semelhante ao período experimental, cfr. artigo 111.º e segs., em que empregador e trabalhador apreciam o interesse na manutenção do regime de teletrabalho. Já conferirá um direito a indemnizar o trabalhador, o empregador que para execução da prestação em teletrabalho impõe ao trabalhador um avultado investimento, em instrumentos de trabalho, que este vem a fazer, como seja a aquisição por trabalhador subordinado que desempenhe as funções de corretor, de equipamento tecnológico de vanguarda, para, passado poucos dias do início do desempenho do trabalho em regime de teletrabalho, denunciar o contrato, fazendo o trabalhador passar a prestar o seu trabalho na empresa, e a manter em sua propriedade o equipamento adquirido, por manifesto abuso de direito, cfr. artigo 334.º do Código Civil.

7. No n.º 4 estabelece-se um direito de reversão, ao permitir que quando um trabalhador passe de trabalho no regime comum, para o regime de teletrabalho, apenas por um período determinado, verificando-se o seu termo, o trabalhador retome a prestação de trabalho, nos termos gerais. O desempenho do seu trabalho seguirá, quando seja retomado o regime geral, o disposto no contrato, ou no instrumento de regulamentação colectiva aplicável.

ARTIGO 168.º – Instrumentos de trabalho em prestação subordinada de teletrabalho

1 – Na falta de estipulação no contrato, presume-se que os instrumentos de trabalho respeitantes a tecnologias de informação e de comunicação utilizados pelo trabalhador pertencem ao empregador, que deve assegurar as respectivas instalação e manutenção e o pagamento das inerentes despesas.

2 – O trabalhador deve observar as regras de utilização e funcionamento dos instrumentos de trabalho que lhe forem disponibilizados.

3 – Salvo acordo em contrário, o trabalhador não pode dar aos instrumentos de trabalho disponibilizados pelo empregador uso diverso do inerente ao cumprimento da sua prestação de trabalho.

1. Este preceito corresponde ao artigo 238.º do anterior Código do Trabalho, aprovado pela Lei n.º 99/2003.

2. O n.º 1 consagra uma presunção ilidível, ou seja, pode ser afastada mediante prova em contrário, cfr. n.º 2 do artigo 350.º do Código Civil. A *ratio* da presunção é acautelar eventuais litígios futuros entre as partes.

Note-se que a alínea e) do n.º 5 do artigo 166.º estabelece que o contrato para prestação subordinada de teletrabalho deve conter a indicação de quem é o proprietário dos instrumentos de trabalho, bem como de quem é a responsabilidade pela respectiva instalação e manutenção, e ainda a quem pertence a responsabilidade pelo pagamento das despesas de consumo e utilização dos instrumentos de trabalho.

3. Pela natureza do modo específico da prestação, o controlo que o empregador pode fazer ao modo como o trabalhador em regime de teletrabalho exerce o seu trabalho é mais incipiente, razão pela qual se estabeleceu neste n.º 2 que o trabalhador deve observar as regras de utilização e funcionamento dos instrumentos de trabalho, e no n.º 3 que o uso que lhes deve ser dado é o que é inerente ao cumprimento da prestação de trabalho, se bem que tal não era necessário, sendo uma decorrência quer do princípio da boa fé, cfr. n.º 1 do artigo 126.º, e n.º 2 do artigo 762.º do Código Civil, como um dever que incide na pessoa do trabalhador, já estabelecido na alínea g) do n.º 1 do artigo 128.º, cuja violação, se culposa, pode ter repercussões disciplinares. Estabelece a alínea g) do n.º 1 do artigo 128.º que constitui um dever do trabalhador velar pela conservação e boa utilização de bens relacionados com o trabalho que lhe forem confiados pelo empregador. Assim se veda a situações em que o empregador disponibiliza ao trabalhador um aparelho para reprodução de documentos e este, sem a autorização daquele, o vem a utilizar no âmbito de uma outra actividade a que se dedica, ou permite o seu uso por algum dos membros do seu agregado familiar. A violação pelo trabalhador do dever de conservar e de utilizar convenientemente os instrumentos de trabalho pode consubstanciar uma infracção disciplinar, o que fundamenta o exercício do poder disciplinar, cfr. artigo 98.º, através de um procedimento disciplinar, cfr. artigo 328.º e segs., que no limite poderá levar à aplicação da sanção de despedimento, sem indemnização ou compensação.

4. Nos termos do n.º 2 do artigo 171.º prevê-se que o trabalhador em regime de teletrabalho pode utilizar as tecnologias de informação e de comunicação afectas à prestação de trabalho para participar em reunião promovida no local de trabalho por estrutura de representação colectiva dos trabalhadores.

ARTIGO 169.º Igualdade de tratamento de trabalhador em regime de teletrabalho

1 – O trabalhador em regime de teletrabalho tem os mesmos direitos e deveres dos demais trabalhadores, nomeadamente no que se refere a formação e promoção ou carreira profissionais, limites do período normal de trabalho e outras condições de trabalho, segurança e saúde no trabalho e reparação de danos emergentes de acidente de trabalho ou doença profissional.

2 – No âmbito da formação profissional, o empregador deve proporcionar ao trabalhador, em caso de necessidade, formação adequada sobre a utilização de tecnologias de informação e de comunicação inerentes ao exercício da respectiva actividade.

3 – O empregador deve evitar o isolamento do trabalhador, nomeadamente através de contactos regulares com a empresa e os demais trabalhadores.

1. Este preceito corresponde aos artigos 236.º, 239.º e 242.º do anterior Código do Trabalho, aprovado pela Lei n.º 99/2003.

2. O n.º 1 tem por efeito esclarecer que ao trabalhador em regime de teletrabalho é aplicável o princípio da igualdade. Este princípio da igualdade tem consagração constitucional no artigo 13.º da Constituição da República Portuguesa. Postula o princípio da igualdade que se deve tratar de forma igual o que é igual, e de modo desigual o que não é igual. O princípio da igualdade não significa assim uma igualdade absoluta em todas as circunstâncias, nem obsta ou proíbe um tratamento diferenciado. O que se exige é que a diferenciação seja materialmente fundada, sob o ponto de vista da segurança jurídica e não se baseia em qualquer motivo inadmissível em termos legais. Assim, a diferenciação de tratamento é aceitável quando se baseia numa distinção objectiva de situações, não se fundamente em qualquer dos motivos indicados no n.º 2, do artigo 13.º da Constituição (distinção em razão de ascendência, sexo, raça, língua, território de origem, religião, convicções políticas ou ideológicas, instrução, situação económica, condição social ou orientação sexual), tenha um fim legítimo e se revele necessária, adequada e proporcionada à satisfação do objectivo que se pretende atingir. Por força do princípio da igualdade, o trabalhador em regime de teletrabalho beneficia dos mesmos direitos, e encontra-se sujeito aos mesmos deveres dos trabalhadores que se acham submetidos ao regime geral. Assim, e de acordo com o n.º 1, e não obstante a pouca utilidade de semelhante determinação, o trabalhador em regime de teletrabalho encontra-se sujeito aos limites máximos do período normal de trabalho diário e semanal, definidos no n.º 1 do artigo 203.º O período normal de trabalho corresponde ao tempo de trabalho que o trabalhador se obriga a prestar, medido em número de horas por dia e por semana, cfr. artigo 198.º Estabelece o n.º 1 do artigo 203.º que o período normal de trabalho não pode exceder oito horas por dia e quarenta horas por semana. Nos termos da alínea c) do n.º 5 do artigo 166.º, o contrato para prestação subordinada de teletrabalho deverá conter obrigatóriamente a indicação do período normal de trabalho. Por se encontrar sujeito aos mesmos deveres, o trabalhador em regime de teletrabalho pode prestar trabalho suplementar, cfr. n.º 1 do artigo 226.º, nada vedando que seja isento de horário de trabalho, cfr. alínea c) do n.º 1 do artigo 218.º O mesmo se diga relativamente a segurança e saúde no trabalho, e em matéria de e reparação de danos emergentes de acidente de trabalho ou doença profissional, cfr. artigo 281.º e segs., achando-se o trabalhador adstrito aos mesmos deveres, e gozando dos mesmos direitos que os demais trabalhadores.

3. O n.º 2 visa assegurar que, ao trabalhador em regime de teletrabalho, a formação profissional se deve orientar para a utilização de tecnologias de informação e de comunicação inerentes ao exercício da respectiva actividade, caso o trabalhador careça desta formação. Não obstante, o referido no n.º 2, em matéria de formação profissional vale o disposto no artigo 130.º e segs.

4. Do n.º 3 resulta um dever específico do regime de teletrabalho que incide sobre o empregador, e que se justifica pelos riscos particulares associados a esta modalidade de contrato de trabalho: o trabalhador encontra-se muito mais susceptível ao isolamento, comparativamente aos trabalhadores que prestando o seu trabalho num mesmo local, comungam do contacto e presença física entre si. Assim, e não obstante a prestação de trabalho ser realizada habitualmente fora da empresa, o empregador deve favorecer contactos regulares do trabalhador em regime de teletrabalho com a empresa e os demais trabalhadores.

ARTIGO 170.º – Privacidade de trabalhador em regime de teletrabalho

1 – O empregador deve respeitar a privacidade do trabalhador e os tempos de descanso e de repouso da família deste, bem como proporcionar-lhe boas condições de trabalho, tanto do ponto de vista físico como psíquico.

2 – Sempre que o teletrabalho seja realizado no domicílio do trabalhador, a visita ao local de trabalho só deve ter por objecto o controlo da actividade laboral, bem como dos instrumentos de trabalho e apenas pode ser efectuada entre as 9 e as 19 horas, com a assistência do trabalhador ou de pessoa por ele designada.

3 – Constitui contra-ordenação grave a violação do disposto neste artigo.

1. Este preceito corresponde ao artigo 237.º do anterior Código do Trabalho, aprovado pela Lei n.º 99/2003.

2. O trabalhador que presta o seu trabalho em regime de teletrabalho encontra-se sujeito a riscos de mais fácil verificação, comparativamente aos demais trabalhadores que o fazem integrados fisicamente na organização do empregador, onde comparecem presencialmente, e onde é possivel controlar o desempenho do seu trabalho. Porque se encontra habitualmente afastado das instalações do empregador, o trabalhador em regime de teletrabalho está, em princípio, mais atreito à invasão da sua privacidade e da sua família. Sentindo a necessidade de clarificar que não obstante se encontrar fora da empresa, o trabalhador que preste o seu trabalho em teletrabalho tem direito à sua privacidade, o legislador repete neste preceito que devem ser respeitados os seus direitos de personalidade, à semelhança do que dispõe o n.º 1 do artigo 16.º Daquele artigo 16.º resulta ainda que cada uma das partes no contrato de trabalho deve guardar reserva quanto à intimidade da vida privada da contraparte, o que abrange o acesso a aspectos atinentes à esfera íntima e pessoal. Este acesso, só por si, já imporia que o empregador respeitasse os tempos de descanso e de repouso, contudo no n.º 1 deste artigo 170.º em termos que não permitem a subsistência de quaisquer dúvidas. O dever do empregador proporcionar boas condições de trabalho, do ponto de vista físico e psíquico, resultava já da alínea c) do n.º 1 do artigo 127.º, sendo também repetido na parte final do n.º 1 deste artigo 170.º

3. No n.º 2, coaduna-se, relativamente ao trabalhador em regime de teletrabalho no domicílio, a tutela dos direitos de personalidade, e em especial o direito à reserva da vida privada, cfr. artigo 16.º, e o princípio da inviolabilidade do domicílio, com consagração no artigo 34.º da Constituição da República Portuguesa com o poder do empregador controlar ou fiscalizar a prestação de trabalho. Permite-se pois que o empregador proceda a visitas ao local de trabalho, restringindo-se contudo o o âmbito, limitando-se as fiscalizações ao controlo da actividade laboral, bem como dos instrumentos de trabalho. Delimita-se ainda, no n.º 2, o período dentro do qual podem ser efectuadas as visitas à residência do trabalhador em regime de teletrabalho no domicílio: entre as 9:00 e as 19:00 horas. Acresce que à fiscalização que o empregador proceda, deverá ser assistida pelo próprio trabalhador em regime de teletrabalho, ou por pessoa designada pelo próprio trabalhador. Atendendo ao disposto no n.º 1, de que o empregador deve respeitar os tempos de descanso e repouso, o período temporal fixado das 9:00 às 19:00 horas terá de se articular com aquele dever.

4. Não obstante o disposto neste artigo 170.º, deve consultar-se o disposto nos artigos 14.º a 22.º, relativos aos direitos de personalidade, e igualmente aplicáveis ao trabalhador em regime de teletrabalho.

ARTIGO 171.º – Participação e representação colectivas de trabalhador em regime de teletrabalho

1 – O trabalhador em regime de teletrabalho integra o número de trabalhadores da empresa para todos os efeitos relativos a estruturas de representação colectiva, podendo candidatar-se a essas estruturas.

2 – O trabalhador pode utilizar as tecnologias de informação e de comunicação afectas à prestação de trabalho para participar em reunião promovida no local de trabalho por estrutura de representação colectiva dos trabalhadores.

3 – Qualquer estrutura de representação colectiva dos trabalhadores pode utilizar as tecnologias referidas no número anterior para, no exercício da sua actividade, comunicar com o trabalhador em regime de teletrabalho, nomeadamente divulgando informações a que se refere o n.º 1 do artigo 465.º

4 – Constitui contra-ordenação grave a violação do disposto nos n.os 2 ou 3.

1. Este preceito corresponde ao artigo 243.º do anterior Código do Trabalho, aprovado pela Lei n.º 99/2003.

2. Nos termos das alíneas a), b), c) e d) do artigo 404.º, constituem estruturas de representação colectiva dos trabalhadores as associações sindicais, as comissões de trabalhadores e subcomissões de trabalhadores, os representantes dos trabalhadores para a segurança e saúde no trabalho, e outras estruturas previstas em lei específica, designadamente conselhos de empresa europeus. Os conselhos de empresa europeus encontram-se regulados pela Lei n.º 96/2009, de 3 de Setembro, sendo que há ainda outras estruturas de representação colectiva dos trabalhadores em lei avulsa, como o conselho de trabalhadores numa sociedade anónima europeia, cfr. n.º 1 do artigo 2.º do Decreto-Lei n.º 215/2005, de 13 de Dezembro.

3. O n.º 1 estabelece que o trabalhador em regime de teletrabalho integra o número de trabalhadores da empresa para efeitos relativos a estruturas de representação colectiva, podendo candidatar-se a essas estruturas. Atento o disposto no n.º 1 do artigo 169.º, que concretiza o princípio da igualdade entre o trabalhador em regime de teletrabalho, e os demais trabalhadores do regime geral, crê-se que era pouco necessário o n.º 1 deste artigo 171.º Na realidade, a capacidade activa e passiva dos trabalhadores resulta do n.º 3 do artigo 415.º, relativamente às comissões de trabalhadores e às subcomissões de trabalhores, da alínea a) do n.º 1 do artigo 451.º, relativamente às associações sindicais, do n.º 1 do artigo 21.º e do artigo 26.º, ambos da Lei n.º 102/2009, de 10 de Setembro, que aprovou o regime jurídico da promoção da segurança e saúde no trabalho, relativamente aos representantes dos trabalhadores para a segurança e a saúde no trabalho.

4. O n.º 2 permite que o trabalhador em regime de teletrabalho utilize os instrumentos de trabalho para participar em reunião promovida no local de trabalho por estrutura de representação colectiva dos trabalhadores. Trata-se de uma permissão e não de um dever, pelo que ao trabalhador em regime de teletrabalho é sempre permitido participar presencialmente naquelas reuniões, à semelhança do que sucede com os demais trabalhadores, cfr. n.º 1 do artigo 169.º Sobre o regime aplicável em matéria de instrumentos de trabalho, veja-se o artigo 168.º Sobre a reunião de trabalhadores no local de trabalho convocada por comissão de trabalhadores veja-se o artigo 419.º Sobre a reunião no local de trabalho convocada por um terço ou cinquenta trabalhadores do respectivo estabelecimento, ou pela comissão sindical ou intersindical, veja o artigo 461.º

5. Nos termos do n.º 3, as estruturas de representação colectiva dos trabalhadores têm o direito, no âmbito da respectiva actividade, de utilizar os instrumentos de trabalho para comunicar com o trabalhador. Subjacente a esta norma encontra-se o disposto no n.º 1 do artigo 465.º que permite a afixação e distribuição de informação sindical, bem como o n.º 2 do artigo 421.º que estabelece o mesmo direito relativamente às comissões e subcomissões de trabalhores, que podem comunicar convocatórias, comunicações, informações ou outros textos relativos à sua actividade e aos interesses dos trabalhadores, na empresa. E de igual direito beneficiam os representantes dos trabalhadores para a segurança e a saúde no trabalho, por determinação do n.º 2 do artigo 24.º da Lei n.º 102/2009, de 10 de Setembro, que aprovou o regime jurídico da segurança e saúde no trabalho. Nem sempre o fim visado por aquelas normas – permitir a informação dos trabalhadores – pode ser atingido. É o que sucede com o trabalhador em regime de teletrabalho, pois este pode não se deslocar à empresa durante períodos de tempo bastante longos e não ter acesso àquela informação. Permite-se por efeito deste n.º 3 que as estruturas de representação colectiva dos trabalhadores, através da utilização das tecnologias de informação e de comunicação, comuniquem ao trabalhador em regime de teletrabalho convocatórias, comunicações, informações e outros textos relativos à actividade da estrutura em causa, bem como os textos que sejam do interesse do trabalhador.

SUBSECÇÃO VI – Trabalho temporário

DIVISÃO I – Disposições gerais relativas a trabalho temporário

ARTIGO 172.º – Conceitos específicos do regime de trabalho temporário

Considera-se:

a) Contrato de trabalho temporário, o contrato de trabalho a termo celebrado entre uma empresa de trabalho temporário e um trabalhador, pelo qual este se obriga, mediante retribuição daquela, a prestar a sua actividade a utilizadores, mantendo-se vinculado à empresa de trabalho temporário;

b) Contrato de trabalho por tempo indeterminado para cedência temporária, o contrato de trabalho por tempo indeterminado celebrado entre uma empresa de trabalho temporário e um trabalhador, pelo qual este se obriga, mediante retribuição daquela, a prestar temporariamente a sua actividade a utilizadores, mantendo-se vinculado à empresa de trabalho temporário;

c) Contrato de utilização de trabalho temporário, o contrato de prestação de serviço a termo resolutivo entre um utilizador e uma empresa de trabalho temporário, pelo qual esta se obriga, mediante retribuição, a ceder àquele um ou mais trabalhadores temporários.

1. Este preceito não tinha correspondência no anterior Código do Trabalho, aprovado pela Lei n.º 99/2003. Corresponde ao artigo 2.º da Lei n.º 19/2007, de 22 de Maio, que regulava o licenciamento e o exercício da actividade das empresas de trabalho temporário e bem assim as relações contratuais entre trabalhadores temporários, empresas de trabalho temporário e empresas utilizadoras.

2. O trabalho temporário constitui uma excepção à proibição de que o empregador não pode ceder trabalhador para utilização de terceiro, cfr. alínea g) do n.º 1 do artigo 129.º

3. Sobre a empresa de trabalho temporário ver o Decreto-Lei n.º 260/2009, de 25 de Setembro, alterado pelas Leis n.os 5/2014, de 12 de Fevereiro, 146/2015, de 9 de Setembro, e 28/2016, de 23 de Agosto, que regula o exercício e licenciamento da actividade da empresa de trabalho temporário.

4. Sem prejuízo das definições de contrato de trabalho temporário, de contrato de trabalho por tempo indeterminado para cedência temporária, e de contrato de utilização, previstas nas alíneas a), b) e c) deste artigo 172.º, o Código do Trabalho não estabelece outros conceitos que possam auxiliar o intérprete na aplicação da lei. Não obstantes, constam, no Decreto-Lei n.º 260/2009, de 25 de Setembro, alterado pelas Leis n.os 5/2014, de 12 de Fevereiro, 146/2015, de 9 de Setembro, e 28/2016, de 23 de Agosto, que regula o exercício e licenciamento da actividade da empresa de trabalho temporário, vários conceitos não despiciendos em matéria de trabalho temporário. Nos termos da alínea d) do artigo 2.º do Decreto-Lei n.º 260/2009, entende-se por empresa de trabalho temporário: "a pessoa singular ou colectiva cuja actividade consiste na cedência temporária a utilizadores da actividade de trabalhadores que, para esse efeito, admite e retribui.". Nos termos da alínea g) do mesmo artigo 2.º do Decreto-Lei n.º 260/2009, entende-se por trabalhador temporário: "a pessoa que celebra com uma empresa de trabalho temporário um contrato de trabalho temporário ou um contrato de trabalho por tempo indeterminado para cedência temporária.". Já nos termos da alínea h) do mesmo artigo 2.º do Decreto-Lei n.º 260/2009, entende-se por utilizador: "a pessoa singular ou colectiva, com ou sem fins lucrativos, que ocupa, sob a sua autoridade e direcção, trabalhadores cedidos por uma empresa de trabalho temporário.".

O trabalho temporário consubstancia-se numa relação triangular, entre uma empresa que carece de mão-de-obra (designada, para efeitos de trabalho temporário como utilizador), uma empresa de trabalho temporário que se dedica à cedência onerosa de trabalhadores, e um trabalhador. Por efeito desta relação triangular, o trabalhador tem uma relação jurídica laboral com a empresa de trabalho temporário, embora desempenhe a sua actividade na empresa utilizadora.

De acordo com este preceito, o exercício de trabalho temporário depende da celebração pela empresa de trabalho temporário de dois contratos: um contrato de utilização de trabalho temporário, cfr. artigo 175.º e segs., o qual é celebrado com a empresa cessionária (ou seja, com o utilizador), e um contrato de trabalho temporário, com o trabalhador temporário, cfr. artigo 180.º e segs., ou um contrato de trabalho por tempo indeterminado para cedência temporária com o trabalhador cfr. artigo 183.º e segs. No mesmo sentido, estabelece o n.º 1 do artigo 4.º do Decreto-Lei n.º 260/2009, de 25 de Setembro, que regula o exercício e licenciamento da actividade da empresa de trabalho temporário.

5. Esquematicamente o trabalho temporário pode representar-se da seguinte forma:

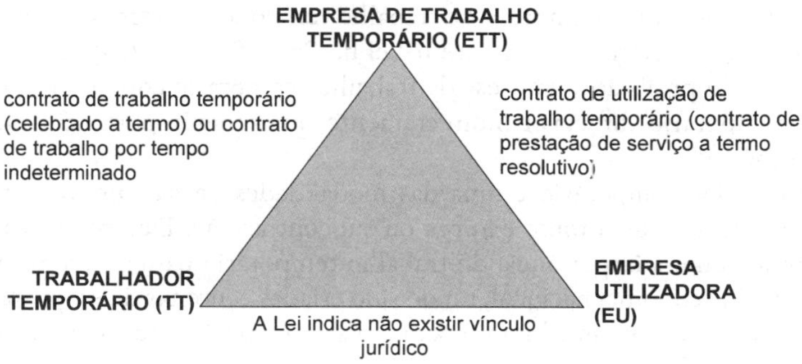

6. Da alínea a) e b) deste artigo resulta que, no trabalho temporário, o objectivo da contratação do trabalhador pela empresa de trabalho temporário é cedê-lo um terceiro. Da alínea c) advém que um dos pressupostos desta modalidade de contrato de trabalho é a interposição continuada, entre o trabalhador e a entidade para a qual este vem a desempenhar o seu trabalho, de uma empresa de trabalho temporário, que se dedica à cedência onerosa de trabalhadores a terceiros. Aliás, esta cedência de mão-de obra, constitui mesmo, nas empresas de trabalho temporário, o seu objecto social.

Quer o objectivo da contratação, quer a finalidade da cedência de mão-de-obra, que no trabalho temporário surge com intuitos lucrativos directos, constituem factores que permitem distinguir o trabalho temporário da cedência ocasional, cfr. artigo 288.º e segs., dado que nesta última o trabalhador não é contratado com o objectivo de ser cedido, mas sim com a finalidade de desenvolver uma actividade na empresa contratante. Por outro lado, deve distinguir-se o trabalho temporário da agência privada de colocação de candidatos a emprego, cujo exercício e licenciamento é regulado também pelo Decreto-Lei n.º 260/2009, de 25 de Setembro, alterado pelas Leis n.ºs 5/2014, de 12 de Fevereiro, 146/2015, de 9 de Setembro, e 28/2016, de 23 de Agosto. A intervenção, ao contrário do que sucede no trabalho temporário, da agência privada de colocação de candidatos a emprego limita-se à mediação, acabando, em princípio, quando se inicia uma relação de trabalho subordinado entre o candidato a emprego e o empregador, ou seja a entidade contratante que com o candidato vem a celebrar um contrato de trabalho. Assim, a agência privada de colocação de candidatos a emprego faz a intermediação entre a oferta e a procura de emprego, promove a colocação de candidatos a emprego, sem fazer parte das relações de trabalho que daí decorram, cfr. alínea a) do artigo 2.º do Decreto-Lei n.º 260/2009. O legislador foi claro na distinção entre o trabalho temporário e a agência privada de colocação de candidatos a emprego, determinando que a esta última é vedado o exercício da actividade de empresa de trabalho temporáio, sendo-lhe ainda vedado ter como sócio, membro dos corpos sociais ou responsável técnico, em regime de trabalho por conta de outrem ou a outro título, pessoa individual ou colectiva que tenha vínculo a empresas de trabalho temporário, cfr. n.ºs 1 e 2 do artigo 15.º do do Decreto-Lei n.º 260/2009.

7. Atendendo a que a empresa de trabalho temporário é remunerada pelo utilizador, o n.º 2 do artigo 4.º do Decreto-Lei n.º 260/2009, de 25 de Setembro determina que: "É proibido à empresa de trabalho temporário cobrar ao candidato a emprego temporário, directa ou indirectamente, quaisquer importâncias em numerário ou espécie.".

8. O trabalho temporário é uma das modalidades de *outsourcing* conhecidas, ou seja, o recurso a uma fonte externa ou subcontratação. Durante largos anos o legislador assumiu a importância do trabalho temporário para o desenvolvimento equilibrado da economia nacional, tendo sido criadas centenas de empresas de trabalho temporário, que contribuíram para a absorção, pelo mercado de trabalho, de milhares de trabalhadores.

Entre as vantagens que geralmente são apontadas para a empresa que recebe o trabalho do trabalhador temporário contam-se a diminuição dos custos e a delonga da realização do recrutamento directo, o aproveitamento de trabalho sem a ampliação do quadro de pessoal, a transição de custos fixos para custos variáveis, mais controlados, redução de custos operacionais através de um maior controlo e melhor orçamentação dos custos, partilha dos riscos do negócio com um subcontratado, a empresa de trabalho temporário e substituição, em teoria, mais facilitada de um colaborador menos apto profissionalmente, por um outro.

9. Sobre este preceito *vide* Bernardo Lobo Xavier, *Manual de Direito do Trabalho*, Verbo, 2011, página 387 e segs., e António Monteiro Fernandes, *Direito do Trabalho*, 15.ª Edição, Almedina, Abril 2010, página 168 e segs.

ARTIGO 173.º – Cedência ilícita de trabalhador

1 – É nulo o contrato de utilização, o contrato de trabalho temporário ou o contrato de trabalho por tempo indeterminado para cedência temporária celebrado por empresa de trabalho temporário não titular de licença para o exercício da respectiva actividade.

2 – É nulo o contrato celebrado entre empresas de trabalho temporário pelo qual uma cede à outra um trabalhador para que este seja posteriormente cedido a terceiro.

3 – No caso previsto no n.º 1, considera-se que o trabalho é prestado à empresa de trabalho temporário em regime de contrato de trabalho sem termo.

4 – No caso previsto no n.º 2, considera-se que o trabalho é prestado à empresa que contrate o trabalhador em regime de contrato de trabalho sem termo.

5 – No caso de o trabalhador ser cedido a utilizador por empresa de trabalho temporário licenciada sem que tenha celebrado contrato de trabalho temporário ou contrato de trabalho por tempo indeterminado para cedência temporária, considera-se que o trabalho é prestado à empresa utilizadora em regime de contrato de trabalho sem termo.

6 – Em substituição do disposto no n.º 3, 4 ou 5, o trabalhador pode optar, nos 30 dias seguintes ao início da prestação de actividade, por uma indemnização nos termos do artigo 396.º

7 – Constitui contra-ordenação muito grave, imputável à empresa de trabalho temporário e ao utilizador, a celebração de contrato de utilização de trabalho temporário por parte de empresa não titular de licença.

1. Este preceito não tinha correspondência no anterior Código do Trabalho, aprovado pela Lei n.º 99/2003. Corresponde ao artigo 16.º da Lei n.º 19/2007, de 22 de Maio, que regulava o licenciamento e o exercício da actividade das empresas de trabalho temporário e bem assim as relações contratuais entre trabalhadores temporários, empresas de trabalho temporário e empresas utilizadoras.

2. A redacção do n.º 5 foi alterada pelo artigo 2.º da Lei n.º 93/2019, de 4 de Setembro. Na versão originária do Código do Trabalho, aprovado pela Lei n.º 7/2009, de 12 de Fevereiro, aquele n.º 5 tinha a seguinte redacção:

> "No caso de o trabalhador ser cedido a utilizador por empresa de trabalho temporário licenciada sem que tenha celebrado contrato de trabalho temporário ou contrato de trabalho por tempo indeterminado para cedência temporária, considera-se que o trabalho é prestado a esta empresa em regime de contrato de trabalho sem termo.".

3. Sobre os conceitos de: contrato de trabalho temporário, contrato de trabalho por tempo indeterminado para cedência temporária e contrato de utilização de trabalho temporário, vejam as alíneas a), b) e c) do artigo 172.º Sobre os conceitos de empresa de trabalho temporário, e de utilizador, vejam-se as anotações àquele mesmo artigo.

4. O n.º 1 determina a nulidade do contrato de utilização, do contrato de trabalho temporário ou do contrato de trabalho por tempo indeterminado para cedência temporária que seja celebrado por empresa de trabalho temporário que não seja titular de licença. De acordo com o n.º 1 do artigo 8.º do Decreto-Lei n.º 260/2009, de 25 de Setembro, alterado pelas Leis n.ºs 5/2014, de 12 de Fevereiro, 146/2015, de 9 de Setembro, e 28/2016, de 23 de Agosto, que regula o exercício e licenciamento da actividade da empresa de trabalho temporário, o exercício da actividade de empresa de trabalho temporário está sujeito à emissão de licença, que deve constar de alvará numerado. Não despiciendo é o n.º 2 do mesmo artigo 8.º daquele diploma, que estabelece que o serviço público de emprego mantém actualizado e disponibiliza por via electrónica para acesso público o registo nacional das empresas de trabalho temporário, o qual identifica as empresas licenciadas e aquelas em que ocorra a suspensão da actividade, caducidade ou cessação da licença ou aplicação de sanção acessória, com indicação, face a cada uma, da sua denominação completa, domicílio ou sede social e número de alvará. Este registo tem carácter público, podendo qualquer interessado pedir certidão das inscrições nele constantes, cfr. n.º 3 do artigo 8.º do Decreto-Lei n.º 260/2009. Note-se que, nos termos da alínea a) do n.º 2 do artigo 9.º do Decreto-Lei n.º 260/2009, a empresa de trabalho temporário deve incluir em todos os contratos, correspondência, publicações, anúncios e de modo geral em toda a sua actividade externa, o número e a data do alvará de licença para o exercício da respectiva actividade.

Quando se verifique que a empresa de trabalho temporário não seja titular de licença, e ainda assim ceda trabalhadores, o n.º 3 determina que se considera que o trabalho do trabalhador temporário cedido (independentemente do contrato celebrado por esse trabalhador ter sido um contrato de trabalho temporário ou um contrato de trabalho por tempo indeterminado para cedência temporária) é prestado à empresa de trabalho temporário em regime de contrato de trabalho sem termo. Por efeito do n.º 6, a lei confere ao trabalhador temporário o direito de escolher, no prazo de 30 dias após o início da prestação da sua actividade, entre a integração na empresa de trabalho temporário que o contratou, em regime de contrato de trabalho sem termo, e uma indemnização, nos termos do artigo 396.º

Trata-se de uma solução estranha, esta que determina a prestação de trabalho em regime de contrato de trabalho sem termo, à empresa de trabalho temporário, quando esta última não é titular de licença para o exercício desta actividade. Na realidade, e depois de se estabelecer, como *supra* referido, o dever da empresa de trabalho temporário publicitar o alvará de licença de empresa de trabalho temporário, (em todos os contratos, correspondência, publicações, anúncios, etc.), bem como a existência de um registo nacional das empresas de trabalho temporário, com acesso público, que identifica as empresas licenciadas e aquelas em que ocorra a suspensão da actividade, caducidade ou cessação da licença, o utilizador pode conhecer da existência ou ausência de licença por parte da empresa de trabalho temporário, antes de com ela celebrar um contrato de utilização. Por outro lado, o licenciamento de empresa de trabalho temporário obriga, entre outros, à demonstração por esta de idoneidade, cfr. artigo 5.º do Decreto-Lei n.º 260/2009, e à prestação de caução para o exercício da actividade de trabalho temporário, para garantia do pagamento de créditos do trabalhador e de contribuições para a segurança social, cfr. artigo 7.º do Decreto-Lei n.º 260/2009 e artigos 190.º e 191.º Pretendeu-se com o procedimento de licenciamento salvaguardar os direitos do trabalhador em caso de violação do contrato de trabalho. Ora, não sendo a empresa de trabalho temporário titular de licença, e podendo o utilizador conhecer a ausência dessa licença, coerentemente deveria o legislador ter optado por se considerar que, em tal caso, o trabalho é prestado pelo trabalhador temporário, em regime de contrato de trabalho sem termo, ao utilizador.

5. Da interpretação dos n.ºs 2 e 4 resulta que o contrato celebrado entre empresas de trabalho temporário pelo qual uma cede à outra um trabalhador para que este seja posteriormente cedido a terceiro é nulo, sendo que se considera que o trabalho é prestado à empresa, que contrate o trabalhador, em regime de contrato de trabalho sem termo. Ou seja, quando uma empresa de trabalho temporário contrate um trabalhador temporário e posteriormente ceda este mesmo trabalhador a uma outra empresa congénere, para que esta última ceda aquele trabalhador a um terceiro, entende-se que o trabalhador é contratado sem termo pela primeira empresa de trabalhalho temporário. Não obstante, a lei concede ao trabalhador o direito de escolher entre a integração na empresa de trabalho temporário que o contratou, em regime de contrato de trabalho sem termo, ou por uma indemnização, nos termos do artigo 396.º, cfr. n.º 6. Caso o trabalhador opte pela indemnização, terá de o fazer nos 30 dias seguintes ao início da prestação da actividade.

6. Quando se verifique que a empresa de trabalho temporário tenha cedido um trabalhador a um utilizador, sem que tenha sido celebrado com este último um contrato de trabalho temporário ou um contrato de trabalho por tempo indeterminado para cedência temporária, o n.º 5 determina que se considera que o trabalho do trabalhador temporário cedido é prestado à empresa utilizadora, em regime de contrato de trabalho sem termo. Por efeito do n.º 6, a lei confere ao trabalhador temporário com quem não foi celebrado qualquer contrato, o direito de escolher, no prazo de 30 dias após o início da prestação da sua actividade, entre a integração na empresa utilizadora com contrato de trabalho sem termo, e uma indemnização, nos termos do artigo 396.º

Situação distinta, e não prevista neste artigo 173.º é a da ausência de celebração de contrato de utilização de trabalho temporário. Quando se verifique que a empresa de trabalho temporário ceda um trabalhador a um utilizador, sem que tenha sido celebrado o contrato de utilização de trabalho temporário, deve considerar-se que o trabalho é prestado pelo trabalhador ao utilizador em regime de contrato de trabalho sem termo, cfr. n.º 6 do artigo 177.º, sendo que também neste caso, o trabalhador pode optar por uma indemnização nos termos do artigo 396.º

7. Não se estabelece como é que o direito de opção do trabalhador, estabelecido no n.º 6, deve ser exercido. Diz-se apenas qual o prazo de que o trabalhador dispõe para optar: dentro dos 30 dias seguintes ao início da actividade. Em todo o caso, e independentemente da opção escolhida pelo trabalhador, a sua escolha deverá ser sempre comunicada por escrito, podendo faze-lo por exemplo, através de carta registada com aviso de recepção.

ARTIGO 174.º – Casos especiais de responsabilidade da empresa de trabalho temporário ou do utilizador

1 – A celebração de contrato de utilização de trabalho temporário por empresa de trabalho temporário não licenciada responsabiliza solidariamente esta e o utilizador pelos créditos do trabalhador emergentes do contrato de trabalho, da sua violação ou cessação, relativos aos últimos três anos, bem como pelos encargos sociais correspondentes.

2 – A empresa de trabalho temporário e o utilizador de trabalho temporário, bem como os respectivos gerentes, administradores ou directores, assim como as sociedades que com a empresa de trabalho temporário ou com o utilizador se encontrem em relação de participações recíprocas, de domínio ou de grupo, são subsidiariamente responsáveis pelos créditos do trabalhador e pelos encargos sociais correspondentes, assim como pelo pagamento das respectivas coimas.

1. Este preceito não tinha correspondência no anterior Código do Trabalho, aprovado pela Lei n.º 99/2003. Corresponde ao artigo 17.º da Lei n.º 19/2007, de 22 de Maio, que regulava o licenciamento e o exercício da actividade das empresas de trabalho temporário e bem assim as relações contratuais entre trabalhadores temporários, empresas de trabalho temporário e empresas utilizadoras.

2. A redacção do n.º 2 deste preceito foi alterada pelo artigo 2.º da Lei n.º 28/2016, de 23 de Agosto. Na versão originária do Código do Trabalho, aprovado pela Lei n.º 7/2009, de 12 de Fevereiro, aquele n.º 2 tinha a seguinte redacção: "O utilizador é subsidiariamente responsável pelos créditos do trabalhador relativos aos primeiros 12 meses de trabalho e pelos encargos sociais correspondentes.".

3. Sobre o conceito de contrato de utilização de trabalho temporário, veja a alínea c) do artigo 172.º Sobre os conceitos de empresa de trabalho temporário, e de utilizador, vejam-se as anotações àquele mesmo artigo.

4. O licenciamento de empresa de trabalho temporário encontra-se previsto no Decreto-Lei n.º 260/2009, de 25 de Setembro, alterado pelas Leis n.os 5/2014, de 12 de Fevereiro, 146/2015, de 9 de Setembro, e 28/2016, de 23 de Agosto, que regula o exercício e licenciamento da actividade da empresa de trabalho temporário. O n.º 1 do artigo 8.º deste diploma, o Decreto-Lei n.º 260/2009, de 25 de Setembro, determina que o exercício da actividade de empresa de trabalho temporário está sujeito à emissão de licença, que deve constar de alvará numerado.

5. O n.º 1 estabelece um regime excepcional, segundo o qual a celebração de contrato de utilização de trabalho temporário por empresa de trabalho temporário não licenciada, responsabiliza esta empresa e o utilizador, pelos créditos do trabalhador emergentes do contrato de trabalho, da sua violação ou cessação, relativos aos últimos três anos, bem como pelos encargos sociais correspondentes.

Diz-se que a obrigação é solidária, quando cada um dos devedores responde pela prestação integral e esta a todos liberta, ou quando cada um dos credores tem a faculdade de exigir, por si só, a prestação integral e esta libera o devedor para com todos eles, cfr. n.º 1 do artigo 512.º do Código Civil. No ordenamento jurídico português a regra é a parcialidade ou conjunção, cfr. artigo 513.º do Código Civil, sendo que a solidariedade só existe quando resulte da lei, ou da vontade das partes. Assim, quando o utilizador pague um crédito a um trabalhador por força deste n.º 1, tem direito de regresso contra a empresa de trabalho temporário não licenciada, cfr. artigo 524.º do Código Civil. Da redacção deste n.º 1 resulta que às partes no contrato de utilização de trabalho temporário, empresa de trabalho temporário não licenciada e utilizador, não é admissível afastar este regime, o que não lhes é igualmente permitido fazer ainda que tenham o assentimento dos trabalhadores temporários.

6. O n.º 2 deve ser interpretado conjuntamente com o disposto no Código das Sociedades Comerciais, aprovado pelo Decreto-Lei n.º 262/86, de 2 de Setembro. Nos termos do artigo 482.º do Código das Sociedades Comerciais, as sociedades em relação de participações recíprocas, as sociedades em relação de domínio e as sociedades em relação de grupo, consideram-se sociedades coligadas. De acordo com o n.º 1 do artigo 486.º do Código das Sociedades Comerciais, considera-se que duas sociedades estão em relação de domínio quando uma delas, dita dominante, pode exercer, directamente ou por sociedades ou pessoas, sobre a outra, dita dependente, uma influência dominante.

O n.º 2 estabelece, tal como o n.º 1, um regime excepcional, segundo o qual a empresa de trabalho temporário e o utilizador de trabalho temporário, bem como os respectivos gerentes, administradores ou directores, assim como as sociedades que com a empresa de trabalho temporário ou com o utilizador se encontrem em relação de participações recíprocas, de domínio ou de grupo, são subsidiariamente responsáveis quer pelos créditos do trabalhador, quer pelos encargos sociais, bem como pelo pagamento das respectivas coimas que venham a ser aplicadas. Ou seja, alarga-se a responsabilidade das entidades que são solidariamente responsáveis pelos créditos do trabalhador, pelas contribuições devidas à Segurança Social, e pelo valor das coimas que venham a ser decididas. Por outras palavras, não é apenas o utilizador o responsável solidário, mas também os seus gerentes, administradores ou directores, assim como são responsáveis solidários a empresa de trabalho temporário, os seus próprios gerentes, administradores ou directores, bem como as sociedades que com a empresa de trabalho temporário ou com o utilizador se encontrem em relação de participações recíprocas, de domínio ou de grupo.

Tal como referido na anotação anterior, sendo a obrigação solidária, pode ser demandado qualquer um dos responsáveis para proceder ao pagamento, tendo posteriormente direito de regresso contra a entidade empregadora incumpridora, cfr. artigo 524.º do Código Civil.

7. No que se refere a créditos do trabalhador, deve ter-se em conta o disposto no Acordão do Supremo Tribunal de Justiça n.º 1/2014, de 8 de Maio de 2013, publicado no Diário da República, 1.ª série, n.º 39, de 25 de Fevereiro de 2014, que uniformizou jurisprudência, fixando o seguinte entendimento: "Transitada em julgado a sentença que declara a insolvência, fica impossibilitada de alcançar o seu efeito útil normal a acção declarativa proposta pelo credor contra o devedor, destinada a obter o reconhecimento do crédito peticionado, pelo que cumpre decretar a extinção da instância, por inutilidade superveniente da lide, nos termos da alínea e) do art. 287.º do C.P.C.". Por força do novo Código de Processo Civil aprovado pela Lei n.º 41/2013, de 26 de Junho, a norma actualmente equivalente à alinea e) do artigo 287.º é agora a alínea e) do artigo 277.º

DIVISÃO II – Contrato de utilização de trabalho temporário

ARTIGO 175.º – Admissibilidade de contrato de utilização de trabalho temporário

1 – O contrato de utilização de trabalho temporário só pode ser celebrado nas situações referidas nas alíneas a) a g) do n.º 2 do artigo 140.º e ainda nos seguintes casos:

a) Vacatura de posto de trabalho quando decorra processo de recrutamento para o seu preenchimento;

b) Necessidade intermitente de mão-de-obra, determinada por flutuação da actividade durante dias ou partes de dia, desde que a utilização não ultrapasse semanalmente metade do período normal de trabalho maioritariamente praticado no utilizador;

c) Necessidade intermitente de prestação de apoio familiar directo, de natureza social, durante dias ou partes de dias;

d) Realização de projecto temporário, designadamente instalação ou reestruturação de empresa ou estabelecimento, montagem ou reparação industrial.

2 – Para efeito do disposto no número anterior, no que se refere à alínea f) do n.º 2 do artigo 140.º, considera-se acréscimo excepcional de actividade da empresa o que tenha duração até 12 meses.

3 – A duração do contrato de utilização não pode exceder o período estritamente necessário à satisfação da necessidade do utilizador a que se refere o n.º 1.

4 – Não é permitida a utilização de trabalhador temporário em posto de trabalho particularmente perigoso para a sua segurança ou saúde, salvo se for essa a sua qualificação profissional.

5 – Não é permitido celebrar contrato de utilização de trabalho temporário para satisfação de necessidades que foram asseguradas por trabalhador cujo contrato tenha cessado nos 12 meses anteriores por despedimento colectivo ou despedimento por extinção de posto de trabalho.

6 – Constitui contra-ordenação muito grave imputável ao utilizador a violação do disposto no n.º 4.

1. Este preceito não tinha correspondência no anterior Código do Trabalho, aprovado pela Lei n.º 99/2003. Corresponde ao artigo 18.º da Lei n.º 19/2007, de 22 de Maio, que regulava o licenciamento e o exercício da actividade das empresas de trabalho temporário e bem assim as relações contratuais entre trabalhadores temporários, empresas de trabalho temporário e empresas utilizadoras.

2. Sobre o conceito de contrato de utilização de trabalho temporário, veja-se a alínea c) do artigo 172.º Sobre os conceitos de trabalhador temporário, e de utilizador, vejam-se as anotações àquele mesmo artigo.

3. O trabalho temporário consubstancia-se numa relação triangular, entre uma empresa que carece de mão-de-obra, o utilizador, uma empresa de trabalho temporário que se dedica à cedência onerosa de trabalhadores, e um trabalhador. Por efeito desta relação triangular, o trabalhador tem uma relação jurídica laboral com a empresa de trabalho temporário, embora desempenhe a sua actividade na empresa utilizadora. Para que seja admissível a cedência de trabalhadores pela empresa de trabalho temporário, exige-se a celebração pela empresa de trabalho temporário de dois contratos: um contrato de utilização de trabalho temporário, o qual é celebrado com a empresa cessionária, ou seja, com o utilizador, e um contrato de trabalho temporário com o trabalhador temporário, ou um contrato de trabalho por tempo indeterminado para cedência temporária com trabalhador. Este artigo 175.º estabelece as situações em que é admissível celebrar um daqueles contratos, o contrato de utilização de trabalho temporário.

4. Por remissão expressa do n.º 1, o contrato de utilização de trabalho temporário só pode ser celebrado nas situações previstas nas alíneas a), b), c) e d), bem como nas situações mencionadas nas alíneas a) a g) do n.º 1 do artigo 140.º Sobre as alíneas a) a g) do n.º 1 do artigo 140.º vejam-se as anotações a este preceito.

Resulta assim que o contrato de utilização de trabalho temporário só pode ser celebrado nas seguintes situações:

a) Substituição directa ou indirecta de trabalhador ausente ou que, por qualquer motivo, se encontre temporariamente impedido de trabalhar;

b) Substituição directa ou indirecta de trabalhador em relação ao qual esteja pendente em juízo acção de apreciação da licitude de despedimento;
c) Substituição directa ou indirecta de trabalhador em situação de licença sem retribuição;
d) Substituição de trabalhador a tempo completo que passe a prestar trabalho a tempo parcial por período determinado;
e) Actividade sazonal ou outra cujo ciclo anual de produção apresente irregularidades decorrentes da natureza estrutural do respectivo mercado, incluindo o abastecimento de matéria-prima;
f) Acréscimo excepcional de actividade da empresa;
g) Execução de tarefa ocasional ou serviço determinado precisamente definido e não duradouro;
h) Vacatura de posto de trabalho quando decorra processo de recrutamento para o seu preenchimento;
i) Necessidade intermitente de mão-de-obra, determinada por flutuação da actividade durante dias ou partes de dia, desde que a utilização não ultrapasse semanalmente metade do período normal de trabalho maioritariamente praticado no utilizador;
j) Necessidade intermitente de prestação de apoio familiar directo, de natureza social, durante dias ou partes de dia;
l) Realização de projecto temporário, designadamente instalação ou reestruturação de empresa ou estabelecimento, montagem ou reparação industrial.

Estas situações são taxativas e não exemplificativas, o que veda à celebração de contrato de utilização de trabalho temporário que não possa ser enquadrado numa das alíneas referidas. Por efeito deste n.º 1, o contrato de utilização de trabalho temporário só é admitido para satisfação de necessidades temporárias. Sendo admitido apenas para satisfação de necessidades temporárias, o trabalho temporário surge assim como uma figura excepcional face ao contrato de trabalho por tempo indeterminado ou sem termo, que constitui a regra. Caso seja celebrado um contrato de utilização de trabalho temporário fora das situações previstas neste n.º 1, a consequência é que esse mesmo contrato é nulo, por determinação do n.º 2 do artigo 176.º, sendo que quando tal suceda, considera-se que o trabalho é prestado pelo trabalhador ao utilizador em regime de contrato de trabalho sem termo, a não ser que o trabalhador opte por uma indemnização nos termos do artigo 396.º, cfr. n.º 3 do mesmo artigo 176.º

Nada veda que as necessidades temporárias sejam previsíveis, ou seja, em termos que permitam antever a sua indispensabilidade.

5. O n.º 3, ao dispor que a duração do contrato de utilização de trabalho temporário não pode exceder o período estritamente necessário à satisfação da necessidade do utilizador justifica-se pela natureza excepcional de que se reveste o trabalho temporário.

6. O n.º 4 pretende vedar a que o trabalho temporário seja utilizado de modo a pôr em causa o direito do trabalhador temporário a prestar o trabalho em condições de segurança e saúde, cfr. n.º 1 do artigo 281.º, ou que esta figura seja usada para se contornar a proibição ou condicionamento de certos trabalhos que incide sobre o empregador, dado que no trabalho temporário o empregador é a empresa de trabalho temporário e não o utilizador, cfr. alíneas a) e b) do artigo 172.º

7. O despedimento colectivo encontra-se previsto no artigo 359.º e segs. O despedimento por extinção de posto de trabalho encontra-se previsto no artigo 367.º e segs. Prentende o legislador com o n.º 5 obstar a que o empregador proceda à cessação desenfreada de contratos de trabalho, através de um despedimento colectivo maciço ou de extinção de postos de trabalho, procedendo à substituição de trabalhadores com contrato de trabalho por tempo indeterminado, ou sem termo, por trabalho temporário, com o intuíto único de diminuir custos. Ao fixar um limite temporal dentro do qual não pode a empresa celebrar um contrato de utilização de trabalho temporário com empresa de trabalho temporário, visa-se assegurar que a necessidade é de facto temporária, e não verdadeiramente uma necessidade permanente ou contínua da empresa que procedeu ao despedimento colectivo ou por extinção de posto de trabalho.

ARTIGO 176.º – Justificação de contrato de utilização de trabalho temporário

1 – Cabe ao utilizador a prova dos factos que justificam a celebração de contrato de utilização de trabalho temporário.

2 – É nulo o contrato de utilização celebrado fora das situações a que se refere o n.º 1 do artigo anterior.

3 – No caso previsto no número anterior, considera-se que o trabalho é prestado pelo trabalhador ao utilizador em regime de contrato de trabalho sem termo, sendo aplicável o disposto no n.º 6 do artigo 173.º

1. Este preceito não tinha correspondência no anterior Código do Trabalho, aprovado pela Lei n.º 99/2003. Corresponde ao artigo 19.º da Lei n.º 19/2007, de 22 de Maio, que regulava o licenciamento e o exercício da actividade das empresas de trabalho temporário e bem assim as relações contratuais entre trabalhadores temporários, empresas de trabalho temporário e empresas utilizadoras.

2. Sobre o conceito de contrato de utilização de trabalho temporário, veja-se a alínea c) do artigo 172.º Sobre o conceito de utilizador, veja-se a anotação àquele mesmo artigo.

3. De acordo com o n.º 1, cabe ao utilizador a prova dos factos que justificam, nos termos do n.º 1 do artigo 175.º, a celebração de contrato de utilização de trabalho temporário.

4. Determina o n.º 2 que o contrato de utilização de trabalho temporário celebrado fora das situações previstas no n.º 1 do artigo 175.º é nulo, sendo que em tal caso, considera-se que o trabalho é prestado pelo trabalhador ao utilizador em regime de contrato de trabalho sem termo, sendo aplicável o disposto no n.º 6 do artigo 173.º, cfr. n.º 3. Ou seja, por efeito deste n.º 2, a lei confere ao trabalhador temporário, quando o contrato de utilização de trabalho temporário seja celebrado em violação do disposto no n.º 1 do artigo 175.º, o direito de escolher, nos 30 dias após o início da prestação da sua actividade, entre a integração no utilizador, em regime de contrato de trabalho sem termo, e uma indemnização, nos termos do artigo 396.º Não se estabelece neste artigo 176.º, nem no artigo 173.º, para o qual o n.º 3 remete, como é que o direito de opção do trabalhador, deve ser exercido. Diz-se apenas no n.º 6 do artigo 173.º qual o prazo de que o trabalhador temporário dispõe para optar: dentro dos 30 dias seguintes ao início da actividade. Em todo o caso, e independentemente da opção escolhida pelo trabalhador, a sua escolha deverá ser sempre comunicada por escrito, podendo fazer-se, por exemplo, através de carta registada com aviso de recepção.

5. Nos termos do n.º 3 do artigo 180.º, quando a nulidade do termo estipulado no contrato de trabalho temporário concorra com com a nulidade do contrato de utilização de trabalho temporário, prevista no n.º 2 deste artigo 176.º, considera-se que o trabalho é prestado ao utilizador em regime de contrato de trabalho sem termo, sendo aplicável o disposto no n.º 6 do artigo 173.º

ARTIGO 177.º – Forma e conteúdo de contrato de utilização de trabalho temporário

1 – O contrato de utilização de trabalho temporário está sujeito a forma escrita, é celebrado em dois exemplares e deve conter:

a) Identificação, assinaturas, domicílio ou sede das partes, os respectivos números de contribuintes e do regime geral da segurança social, bem como, quanto à empresa de trabalho temporário, o número e a data do alvará da respectiva licença;

b) Motivo justificativo do recurso ao trabalho temporário por parte do utilizador;

c) Caracterização do posto de trabalho a preencher, dos respectivos riscos profissionais e, sendo caso disso, dos riscos elevados ou relativos a posto de trabalho particularmente perigoso, a qualificação profissional requerida, bem como a modalidade adoptada pelo utilizador para os serviços de segurança e saúde no trabalho e o respectivo contacto;

d) Local e período normal de trabalho;

e) Retribuição de trabalhador do utilizador que exerça as mesmas funções;

f) Pagamento devido pelo utilizador à empresa de trabalho temporário;

g) Início e duração, certa ou incerta, do contrato;

h) Data da celebração do contrato.

2 – Para efeitos da alínea b) do número anterior, a indicação do motivo justificativo deve ser feita pela menção expressa dos factos que o integram, devendo estabelecer-se a relação entre a justificação invocada e o termo estipulado.

3 – O contrato de utilização de trabalho temporário deve ter em anexo cópia da apólice de seguro de acidentes de trabalho que englobe o trabalhador temporário e a actividade a exercer por este, sem o que o utilizador é solidariamente responsável pela reparação dos danos emergentes de acidente de trabalho.

4 – (Revogado).

5 – O contrato é nulo se não for celebrado por escrito ou não contiver qualquer uma das menções referidas nas alíneas do n.º 1.

6 – No caso previsto no número anterior, considera-se que o trabalho é prestado pelo trabalhador ao utilizador em regime de contrato de trabalho sem termo, sendo aplicável o disposto no n.º 6 do artigo 173.º

7 – Constitui contra-ordenação leve imputável à empresa de trabalho temporário e ao utilizador a violação do disposto nas alíneas a), c) ou f) do n.º 1.

1. Este preceito não tinha correspondência no anterior Código do Trabalho, aprovado pela Lei n.º 99/2003. Corresponde aos artigos 14.º e 20.º, ambos da Lei n.º 19/2007, de 22 de Maio, que regulava o licenciamento e o exercício da actividade das empresas de trabalho temporário e bem assim as relações contratuais entre trabalhadores temporários, empresas de trabalho temporário e empresas utilizadoras.

2. O n.º 4 deste preceito foi revogado pelo n.º 1 do artigo 9.º da Lei n.º 69/2013, de 30 de Agosto. A redacção do n.º 4 deste artigo 177.º foi introduzida pelo artigo 1.º da Lei n.º 53/2011, de 14 de Outubro, e tinha então a seguinte redacção:

> "O contrato de utilização de trabalho temporário deve ter ainda em anexo documento comprovativo de vinculação a fundo de compensação do trabalho, sem o que o utilizador é solidariamente responsável pelo pagamento do montante da compensação que caberia àquele fundo por cessação do respectivo contrato."

Posteriormente, a redacção foi alterada pelo artigo 2.º da Lei n.º 23/2012, de 25 de Junho:

> "O contrato de utilização de trabalho temporário deve ter ainda em anexo documento comprovativo de vinculação a fundo de compensação do trabalho ou a mecanismo equivalente, sem o que o utilizador é solidariamente responsável pelo pagamento do montante da compensação que caberia àquele fundo ou mecanismo equivalente por cessação do respectivo contrato.".

Na versão originária do Código do Trabalho, aprovado pela Lei n.º 7/2009, de 12 de Fevereiro o n.º 4 já existia, correspondendo ao actual n.º 5, com a redacção: "O contrato é nulo se não for celebrado por escrito ou omitir a menção exigida pela alínea b) do n.º 1.", redacção essa que foi alterada pelo artigo 2.º da Lei n.º 93/2019, de 4 de Setembro. O n.º 5 na versão originária do Código do Trabalho passou, com a Lei n.º 53/2011, a ser o actual n.º 6, e por efeito da mesma Lei, o anterior n.º 6 é actualmente o n.º 7.

3. Sobre o conceito de contrato de utilização de trabalho temporário, veja-se a alínea c) do artigo 172.º Sobre os conceitos de empresa de trabalho temporário, de trabalhador temporário e de utilizador, vejam-se as anotações àquele mesmo artigo.

4. O n.º 1, ao dispor que o contrato de utilização de trabalho temporário se encontra sujeito a forma escrita, constitui uma excepção à liberdade de forma prevista no artigo 219.º do Código Civil, que vigora no ordenamento jurídico português, e de acordo com o qual a validade da declaração negocial não depende da observância de forma especial, salvo quando a lei a exigir.

5. Como resulta da alínea a) do n.º 1, a empresa de trabalho temporário tem de possuir um alvará. De acordo com o n.º 1 do artigo 8.º do Decreto-Lei n.º 260/2009, de 25 de Setembro, alterado pelas Leis n.os 5/2014, de 12 de Fevereiro, 146/2015, de 9 de Setembro, e 28/2016, de 23 de Agosto, que regula o exercício e licenciamento da actividade da empresa de trabalho temporário, o exercício da actividade de empresa de trabalho temporário está sujeito à emissão de licença, que deve constar de alvará numerado. Não despiciendo é o n.º 2 do mesmo artigo 8.º daquele diploma, que estabelece que o serviço público de emprego mantém actualizado e disponibiliza por via electrónica para acesso público o registo nacional das empresas de trabalho temporário, o qual identifica as empresas licenciadas e aquelas em que ocorra a suspensão da actividade, caducidade ou cessação da licença ou aplicação de sanção acessória, com indicação, face a cada uma, da sua denominação completa, domicílio ou sede social e número de alvará. Este registo tem carácter público, podendo qualquer interessado pedir certidão das inscrições nele constantes, cfr. n.º 3 do artigo 8.º do Decreto-Lei n.º 260/2009. Note-se que, nos termos da alínea a) do n.º 2 do artigo 9.º do Decreto-Lei n.º 260/2009, de 25 de Setembro, a empresa de trabalho temporário deve incluir em todos os contratos, correspondência, publicações, anúncios e de modo geral em toda a sua actividade externa, o número e a data do alvará de licença para o exercício da respectiva actividade.

Se o contrato de utilização de trabalho temporário omitir a menção à identificação, assinaturas, domicílio ou sede das partes, os seus números de contribuintes e do regime da segurança social, bem como, quanto à empresa de trabalho temporário, o número e a data do alvará da respectiva licença, a consequência é que o contrato é nulo, cfr. n.º 5.

6. A alínea b) do n.º 1 impõe que o contrato de utilização de trabalho temporário contenha o motivo justificativo do recurso ao trabalho temporário por parte do utilizador, sendo que por determinação do n.º 2, a indicação do motivo justificativo deve ser feita pela menção expressa dos factos que integram o próprio motivo justificativo, devendo estabelecer-se a relação entre a justificação invocada e o termo estipulado. Exige-se assim que a estipulação do termo seja devidamente justificada, devendo essa justificação constar expressamente do contrato escrito, com a concreta indicação dos factos e circunstâncias que a integram. Esta concretização permite que a veracidade do motivo justificativo invocado possa ser sindicada judicialmente. Deste modo exclui-se o uso de fórmulas genéricas, como a mera remissão no contrato para uma norma legal, fórmulas genéricas essas que compreendem uma diversidade de situações de facto e que vedariam à apreciação jurisdicional da veracidade do motivo justificativo apresentado. Impossibilita-se, ao afastar a utilização de fórmulas genéricas, que o utilizador oferecesse, em momento posterior, uma qualquer situação concreta que se enquadrasse na fórmula genérica apresentada no contrato, sem correspondência real com a motivação do recurso ao trabalho temporário.

Se o contrato de utilização de trabalho temporário omitir a menção do motivo justificativo do recurso ao trabalho temporário, ou esta seja insuficiente, por não ter sido realizada nos termos do n.º 2, a consequência é que o contrato é nulo, cfr. n.º 5.

7. A modalidade dos serviços de segurança e saúde no trabalho referida na alínea c) do n.º 1 encontra-se regulada na Lei n.º 102/2009, de 10 de Setembro, que regulamenta o regime jurídico da promoção e prevenção da segurança e da saúde no trabalho, de acordo com o previsto no artigo 284.º, designadamente no artigo 73.º e segs. daquela Lei.

Se o contrato de utilização de trabalho temporário omitir a menção à caracterização do posto de trabalho a preencher, dos respectivos riscos profissionais e, sendo caso disso, dos riscos elevados ou relativos a posto de trabalho particularmente perigoso, a qualificação profissional requerida, bem como a modalidade adoptada pelo utilizador para os serviços de segurança e saúde no trabalho e o respectivo contacto, a consequência é que o contrato é nulo, cfr. n.º 5.

8. A alínea d) do n.º 1 estabelece que o contrato de utilização de trabalho temporário deve também conter o local e período normal de trabalho. Sobre o local de trabalho, ver artigo 193.º Sobre o período normal de trabalho, ver artigo 198.º e 203.º

Se o contrato de utilização de trabalho temporário omitir a menção ao local e período normal de trabalho, a consequência é que o contrato é nulo, cfr. n.º 5.

9. A alínea e) do n.º 1 estabelece que o contrato de utilização de trabalho temporário deve também conter a retribuição de trabalhador do utilizador que exerça as mesmas funções que o trabalhador temporário. Sobre o conceito de retribuição veja-se o artigo 258.º e segs. Este elemento no contrato de utilização de trabalho temporário permite que o cumprimento dos n.ºs 5 e 6 do artigo 185.º possa ser sindicado judicialmente. Determina o n.º 5 do artigo 185.º que o trabalhador temporário tem direito à retribuição mínima de instrumento de regulamentação colectiva de trabalho aplicável à empresa de trabalho temporário ou ao utilizador que corresponda às suas funções, ou à praticada por este para trabalho igual ou de valor igual, consoante a que for mais favorável. O n.º 6 daquele artigo 185.º estabelece que o trabalhador temporário tem direito, em proporção da duração do respectivo contrato, a férias, subsídios de férias e de Natal, bem como a outras prestações regulares e periódicas a que os trabalhadores do utilizador tenham direito por trabalho igual ou de valor igual.

Se o contrato de utilização de trabalho temporário omitir a menção à retribuição de trabalhador do utilizador que exerça as mesmas funções, a consequência é que o contrato é nulo, cfr. n.º 5.

10. Por efeito da alínea f) do n.º 1, o contrato de utilização de trabalho temporário deve conter o montante devido pelo utilizador à empresa de trabalho temporário. Como resulta da alínea c) do artigo 172.º, a cedência de trabalhador temporário, pela empresa de trabalho temporário a utilizador, confere à empresa de trabalho temporário o direito a retribuição, a qual é paga pelo utilizador.

Se o contrato de utilização de trabalho temporário omitir a menção ao pagamento devido pelo utilizador à empresa de trabalho temporário, a consequência é que o contrato é nulo, cfr. n.º 5.

11. A alínea g) do n.º 1 determina que o contrato de utilização de trabalho temporário contenha o início e duração, certa ou incerta, deste contrato. Nos termos do n.º 1 do artigo 178.º, o contrato de utilização de trabalho temporário é celebrado a termo resolutivo, certo ou incerto. Sobre a duração do contrato de utilização, veja-se o n.º 2 do artigo 178.º

Se o contrato de utilização de trabalho temporário omitir a menção ao início e duração, certa ou incerta, do contrato, a consequência é que o contrato é nulo, cfr. n.º 5.

12. Nos termos do n.º 3, o contrato de utilização de trabalho temporário deve ter em anexo cópia da apólice de seguro de acidentes de trabalho, que englobe o trabalhador temporário e a actividade a exercer por este. O seguro de acidentes de trabalho incumbe ao empregador, cfr. n.º 5 do artigo 283.º, ou seja, à empresa de trabalho temporário. Caso o contrato de utilização de trabalho temporário não tenha em anexo cópia da apólice de seguro de acidentes de trabalho, que englobe o trabalhador temporário e a actividade a exercer por este, ou tendo aquela em anexo, mas o seguro não englobe o trabalhador temporário ou a actividade a exercer por este trabalhador, o utilizador é solidariamente responsável pela reparação dos danos emergentes de acidente de trabalho. Diz-se que a obrigação é solidária, quando cada um dos devedores responde pela prestação integral e esta a todos liberta, ou quando cada um dos credores tem a faculdade de exigir, por si só, a prestação integral e esta libera o devedor para com todos eles, cfr. n.º 1 do artigo 512.º do Código Civil. No ordenamento jurídico português a regra é a parcialidade ou conjunção, cfr. artigo 513.º do Código Civil, sendo que a solidariedade só existe quando resulte da lei, ou da vontade das partes. Assim, quando o utilizador repare os danos emergentes de acidente de trabalho por força deste n.º 3, tem direito de regresso contra a empresa de trabalho temporário, cfr. artigo 524.º do Código Civil. Da redacção deste n.º 3 resulta que às partes no contrato de utilização de trabalho temporário, empresa de trabalho temporário e utilizador, não é admissível afastar este regime, o que não lhes é igualmente permitido fazer, ainda que tenham o assentimento do trabalhador temporário.

13. Por determinação do n.º 5, quando o contrato de utilização de trabalho temporário não for celebrado por escrito ou, como *supra* referido, omitir a identificação, assinaturas, domicílio ou sede das partes, os números de contribuintes e da segurança social, bem como, quanto à empresa de trabalho temporário, o número e a data do alvará da respectiva licença, omitir a caracterização do posto de trabalho a preencher, dos respectivos riscos profissionais, a qualificação profissional requerida, bem como a modalidade adoptada pelo utilizador para os serviços de segurança e saúde no trabalho e o respectivo contacto; omitir o local e período normal de trabalho; omitir a retribuição de trabalhador do utilizador que exerça as mesmas funções; omitir o pagamento devido pelo utilizador à empresa de trabalho temporário; omitir o início e duração, certa ou incerta, do contrato; omitir a data da celebração do contrato; ou omitir a menção do motivo justificativo do recurso ao trabalho temporário, ou ainda, quando não a omitir, mas a realize com violação do disposto no n.º 2, a consequência é que o contrato é nulo.

Quando tal suceder, considera-se que o trabalho é prestado pelo trabalhador temporário ao utilizador, em regime de contrato de trabalho sem termo, sendo aplicável o disposto no n.º 6 do artigo 173.º, cfr. n.º 6. Ou seja, por efeito do n.º 6, a lei confere ao trabalhador temporário, quando o contrato de utilização de trabalho temporário seja nulo, o direito de escolher, nos 30 dias após o início da prestação da sua actividade, entre a integração no utilizador, em regime de contrato de trabalho sem termo, e uma indemnização, nos termos do artigo 396.º Contudo, não se estabelece neste artigo 177.º, nem no artigo 173.º, para o qual o n.º 6 remete, como é que o direito de opção do trabalhador, deve ser exercido. Diz-se apenas no n.º 6 do artigo 173.º qual o prazo de que o trabalhador temporário dispõe para optar: dentro dos 30 dias seguintes ao início da actividade. Em todo o caso, e independentemente da opção escolhida pelo trabalhador, a sua escolha deverá ser sempre comunicada por escrito, podendo fazer-se, por exemplo, através de carta registada com aviso de recepção.

14. Nos termos do n.º 3 do artigo 180.º, quando a nulidade do termo estipulado no contrato de trabalho temporário concorra com a nulidade do contrato de utilização de trabalho temporário, prevista no n.º 5 deste artigo 177.º, considera-se que o trabalho é prestado ao utilizador em regime de contrato de trabalho sem termo, sendo aplicável o disposto no n.º 6 do artigo 173.º

15. Nada obsta que a forma escrita, imposta pelo n.º 1, seja satisfeita através de documento electrónico, ou seja, por documento elaborado mediante processamento electrónico de dados. Por outras palavras, nada impede que a forma escrita seja adoptada através de uma declaração escrita enviada por correio electrónico (e-mail) para um endereço electrónico. Sobre a validade, eficácia e valor probatório dos documentos electrónicos remete-se para a anotação 4. ao artigo 107.º

ARTIGO 178.º – Duração de contrato de utilização de trabalho temporário

1 – O contrato de utilização de trabalho temporário é celebrado a termo resolutivo, certo ou incerto.

2 – A duração do contrato de utilização de trabalho temporário, incluindo renovações, não pode exceder a duração da causa justificativa nem o limite de dois anos, ou de seis ou 12 meses em caso de, respectivamente, vacatura de posto de trabalho quando já decorra processo de recrutamento para o seu preenchimento ou acréscimo excepcional da actividade da empresa.

3 – Considera-se como um único contrato o que seja objecto de renovação.

4 – No caso de o trabalhador temporário continuar ao serviço do utilizador decorridos 10 dias após a cessação do contrato de utilização sem a celebração de contrato que o fundamente, considera-se que o trabalho passa a ser prestado ao utilizador com base em contrato de trabalho sem termo.

1. Este preceito não tinha correspondência no anterior Código do Trabalho, aprovado pela Lei n.º 99/2003. Corresponde aos artigos 21.º e 23.º da Lei n.º 19/2007, de 22 de Maio, que regulava o licenciamento e o exercício da actividade das empresas de trabalho temporário e bem assim as relações contratuais entre trabalhadores temporários, empresas de trabalho temporário e empresas utilizadoras.

2. Sobre o conceito de contrato de utilização de trabalho temporário, veja-se a alínea c) do artigo 172.º Sobre os conceitos de trabalhador temporário, e de utilizador, vejam-se as anotações àquele mesmo artigo.

Sobre o termo resolutivo, certo ou incerto, veja-se o artigo 139.º e segs.

3. Como decorria da alínea g) do n.º 1 do artigo 177.º, o contrato de utilização de trabalho temporário é celebrado a termo resolutivo, certo ou incerto, cfr. n.º 1.

4. Nos termos do n.º 2, a duração do contrato de utilização de trabalho temporário, incluindo as renovações que eventualmente tenham lugar, não pode exceder a duração da causa justificativa que o fundamenta, nem um determinado limite temporal fixado nesta norma. Resulta assim que a duração do contrato de utilização de trabalho temporário se encontra submetida a dois limites: um que veda que seja ultrapassada a duração da causa justificativa do contrato, e um outro que se manifesta pelo mero decurso do tempo. Tratam-se de limites conciliáveis entre si. Com efeito, da redacção deste n.º 2, e para que não seja violada a duração do contrato de utilização de trabalho temporário, este contrato cessa logo que se verifique a ocorrência de um daqueles limites.

Quanto ao segundo limite enunciado nesta norma, de natureza temporal, o contrato de utilização de trabalho temporário (incluindo renovações) poderá ter os seguintes prazos máximos:

a) Substituição directa ou indirecta de trabalhador ausente ou que, por qualquer motivo, se encontre temporariamente impedido de trabalhar – 2 anos;
b) Substituição directa ou indirecta de trabalhador em relação ao qual esteja pendente em juízo acção de apreciação da licitude de despedimento – 2 anos;
c) Substituição directa ou indirecta de trabalhador em situação de licença sem retribuição – 2 anos;
d) Substituição de trabalhador a tempo completo que passe a prestar trabalho a tempo parcial por período determinado – 2 anos;
e) Actividade sazonal ou outra cujo ciclo anual de produção apresente irregularidades decorrentes da natureza estrutural do respectivo mercado, incluindo o abastecimento de matéria-prima – 2 anos;
f) Acréscimo excepcional de actividade da empresa – 12 meses;
g) Execução de tarefa ocasional ou serviço determinado precisamente definido e não duradouro – 2 anos;
h) Vacatura de posto de trabalho quando decorra processo de recrutamento para o seu preenchimento – 6 meses;
i) Necessidade intermitente de mão-de-obra, determinada por flutuação da actividade durante dias ou partes de dia, desde que a utilização não ultrapasse semanalmente metade do período normal de trabalho maioritariamente praticado no utilizador – 2 anos;
j) Necessidade intermitente de prestação de apoio familiar directo, de natureza social, durante dias ou partes de dia – 2 anos;
l) Realização de projecto temporário, designadamente instalação ou reestruturação de empresa ou estabelecimento, montagem ou reparação industrial – 2 anos.

5. Quanto aos efeitos de se ter completado a duração máxima do contrato de utilização de trabalho temporário na liberdade do utilizador celebrar novo contrato, veja-se o artigo 179.º e as respectivas anotações.

6. O n.º 3 não estabelece qualquer limite ao número de renovações que o contrato de utilização de trabalho temporário possa ter, pelo que, dentro do prazo de duração deste contrato pode haver o número de renovações que as partes entenderem convencionar.

7. O n.º 4 releva a importância que o legislador atribui ao contrato de utilização de trabalho temporário. Cessando este contrato, e não sendo celebrado um novo contrato de utilização de trabalho temporário com o mesmo objecto (designadamente por não se verificar o fundamento que o admite, cfr. n.º 1 do artigo 175.º, ou por ser ilícita a contratação sucessiva, cfr. n.º 1 do artigo 179.º), considera-se que o trabalho passa a ser prestado ao utilizador com base em contrato de trabalho sem termo, no caso de o trabalhador temporário continuar ao serviço do utilizador decorridos 10 dias após a cessação do contrato de utilização.

ARTIGO 179.º – Proibição de contratos sucessivos

1 – No caso de se ter completado a duração máxima de contrato de utilização de trabalho temporário, é proibida a sucessão no mesmo posto de trabalho de trabalhador temporário ou de trabalhador contratado a termo, antes de decorrer um período de tempo igual a um terço da duração do referido contrato, incluindo renovações.

2 – O disposto no número anterior não é aplicável nos seguintes casos:

a) Nova ausência do trabalhador substituído, quando o contrato de utilização tenha sido celebrado para sua substituição;

b) Acréscimo excepcional de necessidade de mão-de-obra em actividade sazonal.

3 – Constitui contra-ordenação grave a violação do disposto no n.º 1.

1. Este preceito não tinha correspondência no anterior Código do Trabalho, aprovado pela Lei n.º 99/2003. Corresponde ao artigo 24.º da Lei n.º 19/2007, de 22 de Maio, que regulava o licenciamento e o exercício da actividade das empresas de trabalho temporário e bem assim as relações contratuais entre trabalhadores temporários, empresas de trabalho temporário e empresas utilizadoras.

2. Sobre o conceito de contrato de utilização de trabalho temporário, veja-se a alínea c) do artigo 172.º Sobre o conceito de trabalhador temporário, vejam-se as anotações àquele mesmo artigo.

Sobre o contrato a termo veja-se o artigo 139.º e segs.

3. O n.º 1 pretende obstar a que por meio da celebração sucessiva de contratos de utilização de trabalho temporário, o utilizador, lograsse obter um efeito que a lei visa arredar: recorrer ao trabalho temporário para satisfazer necessidades permanentes da empresa, em detrimento de, como se exige, fazer face a necessidades transitórias. Aquele efeito seria facilmente alcançável se ao utilizador fosse admitido celebrar continuamente contratos de utilização de trabalho temporário, desvirtuando as disposições que regulam quer o contrato de trabalho, quer o trabalho temporário. Na realidade, carecendo a organização de mão-de-obra para prossecução da sua actividade, deve o empregador recorrer ao contrato de trabalho por tempo indeterminado, ou sem termo, enquanto regime regra, a não ser que a necessidade seja temporária, sendo que quando se verifique esta última, já poderá o empregador optar pelo trabalho temporário, ou pelo contrato de trabalho a termo, cfr. artigo 139.º e segs., enquanto regimes excepcionais ao primeiro. Ao fixar um limite temporal (um terço da duração total do contrato), dentro do qual não pode o utilizador celebrar um contrato de utilização de trabalho temporário com uma empresa de trabalho temporário, nem admitir um trabalhador contratado a termo, para ocupar o mesmo posto de trabalho visa-se assegurar que a necessidade é de facto temporária, e não verdadeiramente uma necessidade duradoura nem contínua da empresa.

Note-se contudo, que a proibição de contratos sucessivos se refere apenas ao mesmo posto de trabalho, já não valendo relativamente a outros postos de trabalho. Por outro lado, é indiferente que os fundamentos aduzidos em dois contratos de utilização de trabalho temporário (duas contratações sucessivas) não sejam os mesmos: para a aplicação da proibição basta que a sucessão se materialize no mesmo posto de trabalho.

Sem prejuízo do que se deixou exposto, o n.º 2 constitui uma excepção à proibição de contratos sucessivos prevista no n.º 1, admitindo-se nos casos taxativamente estabelecidos nas alíneas a) e b) do n.º 2 quais as situações que não sendo proibidas, permitem a contratação sucessiva para o mesmo posto de trabalho.

Caso o utilizador viole a proibição de contratos sucessivos para o mesmo posto de trabalho, a consequência é que se deve considerar que o trabalho é prestado pelo trabalhador ao utilizador em regime de contrato de trabalho sem termo, a não ser que o trabalhador opte por uma indemnização nos termos do artigo 396.º, cfr. n.º 3 do artigo 176.º

4. No mesmo sentido deste artigo 179.º, pode ver-se, embora no âmbito da contratação a termo, o artigo 143.º

5. O n.º 3 estabelece que constitui contra-ordenação grave a violação do disposto no n.º 1. Contudo não determina a quem é imputável a contra-ordenação, devendo entender-se que é ao utilizador.

DIVISÃO III – Contrato de trabalho temporário

ARTIGO 180.º – Admissibilidade de contrato de trabalho temporário

1 – O contrato de trabalho temporário só pode ser celebrado a termo resolutivo, certo ou incerto, nas situações previstas para a celebração de contrato de utilização.

2 – É nulo o termo estipulado em violação do disposto no número anterior, considerando-se o trabalho efectuado em execução do contrato como prestado à empresa de trabalho temporário em regime de contrato de trabalho sem termo, e sendo aplicável o disposto no n.º 6 do artigo 173.º

3 – Caso a nulidade prevista no número anterior concorra com a nulidade do contrato de utilização de trabalho temporário, prevista no n.º 2 do artigo 176.º ou no n.º 5 do artigo 177.º, considera-se que o trabalho é prestado ao utilizador em regime de contrato de trabalho sem termo, sendo aplicável o disposto no n.º 6 do artigo 173.º

1. Este preceito não tinha correspondência no anterior Código do Trabalho, aprovado pela Lei n.º 99/2003. Corresponde ao artigo 25.º da Lei n.º 19/2007, de 22 de Maio, que regulava o licenciamento e o exercício da actividade das empresas de trabalho temporário e bem assim as relações contratuais entre trabalhadores temporários, empresas de trabalho temporário e empresas utilizadoras.

2. A redacção do n.º 3 foi actualizada pelo artigo 1.º da Lei n.º 53/2011, de 14 de Outubro, face à alteração da redacção do n.º 4 do artigo 177.º O n.º 3 já existia na versão originária do Código do Trabalho, aprovado pela Lei n.º 7/2009, de 12 de Fevereiro, cuja única diferença era a remissão para o n.º 4 do artigo 177.º, cujo conteúdo normativo consta actualmente do n.º 5 daquele mesmo artigo 177.º

3. Sobre os conceitos de contrato de trabalho temporário, e de contrato de utilização de trabalho temporário, vejam-se as alínea a) e c) do artigo 172.º Sobre os conceitos de empresa de trabalho temporário, e de utilizador, vejam-se as anotações àquele mesmo artigo.

4. O trabalho temporário consubstancia-se numa relação triangular, entre uma empresa que carece de mão-de-obra – o utilizador –, uma empresa de trabalho temporário que se dedica à cedência onerosa de trabalhadores, e um trabalhador. Por efeito desta relação triangular, o trabalhador tem uma relação jurídica laboral com a empresa de trabalho temporário, embora desempenhe a sua actividade na empresa utilizadora. Para que seja admissível a cedência de trabalhadores pela empresa de trabalho temporário, exige-se a celebração pela empresa de trabalho temporário de dois contratos: um contrato de utilização de trabalho temporário, o qual é celebrado com a empresa cessionária, ou seja, com o utilizador, e um contrato de trabalho temporário com o trabalhador temporário, ou um contrato de trabalho por tempo indeterminado para cedência temporária com trabalhador. Este artigo 180.º estabelece as situações em que é admissível celebrar um daqueles contratos, o contrato de trabalho temporário.

5. De acordo com o n.º 1, a celebração de contrato de trabalho temporário apenas admite duas modalidades: contrato de trabalho temporário a termo certo, ou contrato de trabalho temporário a termo incerto. Para aferir da admissibilidade de contrato de trabalho temporário, o n.º 1 remete para o artigo 175.º Resulta assim que o contrato de trabalho temporário só pode ser celebrado a termo certo ou incerto, nas seguintes situações:

a) Substituição directa ou indirecta de trabalhador ausente ou que, por qualquer motivo, se encontre temporariamente impedido de trabalhar;
b) Substituição directa ou indirecta de trabalhador em relação ao qual esteja pendente em juízo acção de apreciação da licitude de despedimento;

c) Substituição directa ou indirecta de trabalhador em situação de licença sem retribuição;
d) Substituição de trabalhador a tempo completo que passe a prestar trabalho a tempo parcial por período determinado;
e) Actividade sazonal ou outra cujo ciclo anual de produção apresente irregularidades decorrentes da natureza estrutural do respectivo mercado, incluindo o abastecimento de matéria-prima;
f) Acréscimo excepcional de actividade da empresa;
g) Execução de tarefa ocasional ou serviço determinado precisamente definido e não duradouro;
h) Vacatura de posto de trabalho quando decorra processo de recrutamento para o seu preenchimento;
i) Necessidade intermitente de mão-de-obra, determinada por flutuação da actividade durante dias ou partes de dia, desde que a utilização não ultrapasse semanalmente metade do período normal de trabalho maioritariamente praticado no utilizador;
j) Necessidade intermitente de prestação de apoio familiar directo, de natureza social, durante dias ou partes de dia;
l) Realização de projecto temporário, designadamente instalação ou reestruturação de empresa ou estabelecimento, montagem ou reparação industrial.

As situações *supra* referidas são taxativas e não exemplificativas, o que veda à celebração de contrato de trabalho temporário fora destas situações. Por efeito deste n.º 1, o contrato de trabalho temporário só é admitido para satisfação de necessidades temporárias. Sendo admitido apenas para satisfação de necessidades temporárias, o trabalho temporário surge assim como uma figura excepcional face ao contrato de trabalho por tempo indeterminado ou sem termo, que constitui a regra. Caso seja celebrado um contrato de trabalho temporário fora das situações previstas neste n.º 1, a consequência é que o termo aposto nesse mesmo contrato é nulo, por determinação do n.º 2. Quando o termo estipulado no contrato de trabalho temporário for nulo, considera-se que o trabalho é prestado pelo trabalhador à empresa de trabalho temporário em regime de contrato de trabalho sem termo, a não ser que o trabalhador opte por uma indemnização nos termos do artigo 396.º, cfr. n.º 3 do artigo 176.º, para o qual remete o n.º 2.

6. Por efeito do n.os 2 e 3, confere-se ao trabalhador temporário o direito de escolher, nos 30 dias após o início da prestação da sua actividade, entre a integração na empresa de trabalho temporário ou no utilizador, em regime de contrato de trabalho sem termo (consoante se verifique uma nulidade do termo aposto no contrato de trabalho temporário, ou esta nulidade concorra com a do contrato de utilização, respectivamente) e uma indemnização, nos termos do artigo 396.º Contudo, não se estabelece neste artigo 180.º, nem no artigo 173.º, para o qual os n.os 2 e 3 remetem, como é que o direito de opção do trabalhador, deve ser exercido. Diz-se apenas no n.º 6 do artigo 173.º qual o prazo de que o trabalhador temporário dispõe para optar:

dentro dos 30 dias seguintes ao início da actividade. Em todo o caso, e independentemente da opção escolhida pelo trabalhador, a sua escolha deverá ser sempre comunicada por escrito, podendo fazer-se, por exemplo, através de carta registada com aviso de recepção.

ARTIGO 181.º – Forma e conteúdo de contrato de trabalho temporário

1 – O contrato de trabalho temporário está sujeito a forma escrita, é celebrado em dois exemplares e deve conter:

a) Identificação, assinaturas, domicílio ou sede das partes e número e data do alvará da licença da empresa de trabalho temporário;

b) Motivo que justifica a celebração do contrato, com menção concreta dos factos que o integram, tendo por base o motivo justificativo do recurso ao trabalho temporário por parte do utilizador indicado no contrato de utilização de trabalho temporário, sem prejuízo do disposto nos artigos 412.º e 413.º, com as necessárias adaptações;

c) Actividade contratada;

d) Local e período normal de trabalho;

e) Retribuição;

f) Data de início do trabalho;

g) Termo do contrato;

h) Data da celebração.

2 – Na falta de documento escrito ou em caso de omissão ou insuficiência da indicação do motivo justificativo da celebração do contrato, considera-se que o trabalho é prestado à empresa de trabalho temporário em regime do contrato de trabalho sem termo, sendo aplicável o disposto no n.º 6 do artigo 173.º

3 – O contrato que não contenha a menção do seu termo considera-se celebrado pelo prazo de um mês, não sendo permitida a sua renovação.

4 – Um exemplar do contrato fica com o trabalhador.

5 – Constitui contra-ordenação grave, imputável à empresa de trabalho temporário, a violação do disposto nas alíneas a) a f) do n.º 1 ou no n.º 4.

1. Este preceito não tinha correspondência no anterior Código do Trabalho, aprovado pela Lei n.º 99/2003. Corresponde ao artigo 26.º da Lei n.º 19/2007, de 22 de Maio, que regulava o licenciamento e o exercício da actividade das empresas de trabalho temporário e bem assim as relações contratuais entre trabalhadores temporários, empresas de trabalho temporário e empresas utilizadoras.

2. A redacção da alínea b) do n.º 1, e do n.º 5 foi alterada pelo artigo 2.º da Lei n.º 93/2019, de 4 de Setembro. Na versão originária do Código do Trabalho, aprovado pela Lei n.º 7/2009, de 12 de Fevereiro, aquelas normas tinham a seguinte redacção:

> "O contrato de trabalho temporário está sujeito a forma escrita, é celebrado em dois exemplares e deve conter motivos que justificam a celebração do contrato, com menção concreta dos factos que os integram;

5 – Constitui contra-ordenação leve, imputável à empresa de trabalho temporário, a violação do disposto na alínea a) ou qualquer das alíneas c) a f) do n.º 1 ou no n.º 4.".

3. Sobre o conceito de contrato de trabalho temporário veja-se a alínea a) do artigo 172.º Sobre o conceito de empresa de trabalho temporário, veja-se a anotação àquele mesmo artigo.

4. O n.º 1, ao dispor que o contrato de trabalho temporário se encontra sujeito a forma escrita, constitui uma excepção à liberdade de forma prevista no artigo 219.º do Código Civil, que vigora no ordenamento jurídico português, e de acordo com o qual a validade da declaração negocial não depende da observância de forma especial, salvo quando a lei a exigir. Isto significa que, por princípio, o contrato de trabalho entre o empregador e o trabalhador pode ser celebrado verbalmente, a não ser quando a lei determinar uma forma especial, como resulta do artigo 110.º Constituindo, como se disse o n.º 1 deste artigo 181.º uma excepção à liberdade de forma, impõe-se a observância da forma escrita relativamente a contrato de trabalho temporário.

5. Não obstante a exigência do contrato de trabalho temporário ser celebrado por escrito, o empregador, a empresa de trabalho temporário, terá de cumprir os deveres de informação previstos no artigo 106.º

6. Como resulta da alínea a) do n.º 1, a empresa de trabalho temporário tem de possuir um alvará. De acordo com o n.º 1 do artigo 8.º do Decreto-Lei n.º 260/2009, de 25 de Setembro, alterado pelas Leis n.ºs 5/2014, de 12 de Fevereiro, 146/2015, de 9 de Setembro, e 28/2016, de 23 de Agosto, que regula o exercício e licenciamento da actividade da empresa de trabalho temporário, o exercício da actividade de empresa de trabalho temporário está sujeito à emissão de licença, que deve constar de alvará numerado. Não despiciendo é o n.º 2 do mesmo artigo 8.º daquele diploma, que estabelece que o serviço público de emprego mantém actualizado e disponibiliza por via electrónica para acesso público o registo nacional das empresas de trabalho temporário, o qual identifica as empresas licenciadas e aquelas em que ocorra a suspensão da actividade, caducidade ou cessação da licença ou aplicação de sanção acessória, com indicação, face a cada uma, da sua denominação completa, domicílio ou sede social e número de alvará. Este registo tem carácter público, podendo qualquer interessado pedir certidão das inscrições nele constantes, cfr. n.º 3 do artigo 8.º do Decreto-Lei n.º 260/2009. Note-se que, nos termos da alínea a) do n.º 2 do artigo 9.º do Decreto-Lei n.º 260/2009, de 25 de Setembro, a empresa de trabalho temporário deve incluir em todos os contratos, correspondência, publicações, anúncios e de modo geral em toda a sua actividade externa, o número e a data do alvará de licença para o exercício da respectiva actividade.

7. À semelhança do que sucede no contrato de utilização de trabalho temporário, cfr. alínea b) do n.º 1 e n.º 2, ambos do artigo 177.º, a alínea b) do n.º 1 deste artigo 181.º, impõe que o contrato de trabalho temporário contenha o motivo justificativo da celebração do contrato, com menção concreta dos factos que integram o próprio motivo justificativo. Ou seja, também no contrato de trabalho temporário deve estabelecer-se a relação entre a justificação invocada e o termo estipulado no contrato. Exige-se assim que a estipulação do termo seja devidamente justificada, devendo essa justificação constar expressamente do contrato escrito, com a expressa e concreta indicação dos factos e circunstâncias que a integram. Esta concretização permite que a veracidade do motivo justificativo invocado possa ser sindicada judicialmente. Deste modo exclui-se o uso de fórmulas genéricas, como a mera remissão no contrato de trabalho temporário para uma disposição legal, fórmulas genéricas essas que compreendem uma diversidade de situações de facto e que vedariam à apreciação jurisdicional da veracidade do motivo justificativo apresentado. Impossibilita-se, ao afastar a utilização de fórmulas genéricas, que o empregador (a empresa de trabalho temporário) oferecesse, em momento posterior, uma qualquer situação concreta que se enquadrasse na fórmula genérica apresentada no contrato, sem correspondência real com a motivação da celebração do contrato de trabalho temporário.

A alínea b) do n.º 1 determina mesmo, que o motivo que justifica a celebração do contrato deve ter por base o motivo justificativo do recurso ao trabalho temporário por parte do utilizador, que tenha sido indicado no contrato de utilização de trabalho temporário. Contudo, a própria alínea b) do n.º 1 admite que aquela base não seja utilizada, caso o empregador qualifique como confidencial a informação relativa ao motivo justificativo e constante do contrato de utilização de trabalho temporário. Ou seja, em termos práticos, o utilizador deve efectuar um juízo de prognoze quanto à sensibilidade da informação que justifica o recurso ao trabalho temporário, e caso conclua que tal informação é susceptível de prejudicar ou afectar gravemente o funcionamento da empresa ou do estabelecimento, deverá fazer constar por escrito no próprio contrato de utilização de trabalho temporário, de modo a que a empresa de trabalho temporário fique também ela vinculada a não revelar a informação a terceiros.

Caso o contrato de trabalho temporário omita a menção do motivo justificativo da celebração do próprio contrato, ou esta seja insuficiente, por não ter sido realizada nos termos da alínea b) do n.º 1, o efeito é que se considera que o trabalho é prestado pelo trabalhador temporário à empresa de trabalho temporário, em regime de contrato de trabalho sem termo, sendo aplicável o disposto no n.º 6 do artigo 173.º, cfr. n.º 2.

8. A alínea g) do n.º 1 determina que o contrato de trabalho temporário contenha o termo, certo ou incerto, deste contrato. Nos termos do n.º 1 do artigo 180.º, o contrato de trabalho temporário só pode ser celebrado a termo resolutivo, certo ou incerto. Na falta da indicação do termo no contrato de trabalho temporário, considera-se que este contrato é celebrado pelo prazo de um mês, sendo que neste caso não é permitida a sua renovação, cfr. n.º 3.

9. Por determinação do n.º 2, quando o contrato de utilização de trabalho temporário não for celebrado por escrito ou, como *supra* referido, omitir a menção do motivo justificativo da sua celebração, ou ainda, quando não a omitir, mas a realize com violação do disposto na alínea b) do n.º 1, a consequência é que se considera que o trabalho é prestado pelo trabalhador temporário à empresa de trabalho temporário, em regime de contrato de trabalho sem termo, sendo aplicável o disposto no n.º 6 do artigo 173.º Ou seja, por efeito do n.º 2, a lei confere ao trabalhador temporário o direito de escolher, nos 30 dias após o início da prestação da sua actividade, entre a integração na empresa de trabalho temporário, em regime de contrato de trabalho sem termo, e uma indemnização, nos termos do artigo 396.º Contudo, não se estabelece neste artigo 181.º, nem no artigo 173.º, para o qual o n.º 2 remete, como é que o direito de opção do trabalhador, deve ser exercido. Diz-se apenas no n.º 6 do artigo 173.º qual o prazo de que o trabalhador temporário dispõe para optar: dentro dos 30 dias seguintes ao início da actividade. Em todo o caso, e independentemente da opção escolhida pelo trabalhador, a sua escolha deverá ser sempre comunicada por escrito, podendo fazer-se, por exemplo, através de carta registada com aviso de recepção.

10. Nada obsta que a forma escrita, imposta pelo n.º 1, seja satisfeita através de documento electrónico, ou seja, por documento elaborado mediante processamento electrónico de dados. Por outras palavras, nada impede que a forma escrita seja adoptada através de uma declaração escrita enviada por correio electrónico (e-mail) para um endereço electrónico. Sobre a validade, eficácia e valor probatório dos documentos electrónicos remete-se para a anotação 4. ao artigo 107.º

ARTIGO 182.º – Duração de contrato de trabalho temporário

1 – A duração do contrato de trabalho temporário não pode exceder a do contrato de utilização.

2 – O contrato de trabalho temporário a termo certo não está sujeito ao limite de duração do n.º 2 do artigo 148.º e, enquanto se mantiver o motivo justificativo, pode ser renovado até seis vezes.

3 – Não está sujeito ao limite de renovações referido no número anterior o contrato de trabalho temporário a termo certo celebrado para substituição de trabalhador ausente, sem que a sua ausência seja imputável ao empregador, nomeadamente nos casos de doença, acidente, licenças parentais e outras situações análogas.

4 – A duração do contrato de trabalho temporário a termo certo, incluindo renovações, não pode exceder dois anos, ou seis ou 12 meses quando aquele seja celebrado, respectivamente, em caso de vacatura de posto de trabalho quando decorra processo de recrutamento para o seu preenchimento ou de acréscimo excepcional de actividade da empresa.

5 – O contrato de trabalho temporário a termo incerto dura pelo tempo necessário à satisfação de necessidade temporária do utilizador, não podendo exceder os limites de duração referidos no número anterior.

6 – É aplicável ao cômputo dos limites referidos nos números anteriores o disposto no n.º 6 do artigo 148.º

7 – À caducidade do contrato de trabalho temporário é aplicável o disposto no artigo 344.º ou 345.º, consoante seja a termo certo ou incerto.

1. Este preceito não tinha correspondência no anterior Código do Trabalho, aprovado pela Lei n.º 99/2003. Corresponde aos artigos 27.º, 28.º e 29.º da Lei n.º 19/2007, de 22 de Maio, que regulava o licenciamento e o exercício da actividade das empresas de trabalho temporário e bem assim as relações contratuais entre trabalhadores temporários, empresas de trabalho temporário e empresas utilizadoras.

2. A redacção dos n.os 2, 3 e 6 foi alterada pelo artigo 2.º da Lei n.º 93/2019, de 4 de Setembro, que renumerou ainda os originários n.os 3, 4 e 6, que passaram a n.os 4, 5 e 7. Na versão originária do Código do Trabalho, aprovado pela Lei n.º 7/2009, de 12 de Fevereiro, aqueles n.os tinham a seguinte redacção:

> "2 – O contrato de trabalho temporário a termo certo não está sujeito ao limite de duração do n.º 2 do artigo 148.º e pode ser renovado enquanto se mantenha o motivo justificativo.
>
> 3 – A duração do contrato de trabalho temporário a termo certo, incluindo renovações, não pode exceder dois anos, ou seis ou 12 meses quando aquele seja celebrado, respectivamente, em caso de vacatura de posto de trabalho quando decorra processo de recrutamento para o seu preenchimento ou de acréscimo excepcional de actividade da empresa.
>
> 6 – À caducidade do contrato de trabalho temporário é aplicável o disposto no artigo 344.º ou 345.º, consoante seja a termo certo ou incerto.".

3. Sobre os conceitos de: contrato de trabalho temporário, e contrato de utilização de trabalho temporário, vejam-se as alíneas a) e c) do artigo 172.º Sobre o conceito de utilizador, vejam-se as anotações àquele mesmo artigo.

4. Por efeito do n.º 2, há um limite ao número de renovações que o contrato de trabalho temporário pode ter – seis – pelo que, enquanto se mantiver o motivo justificativo deste contrato, as partes podem convencionar até seis renovações, após a celebração do contrato. Por outro lado, permite-se, ao afastar expressamente o n.º 2 do artigo 148.º, que o contrato de trabalho temporário tenha uma duração inferior a seis meses em qualquer uma das situações em que seja admissível este contrato.

5. Nos termos do n.º 3, já não qualquer limite ao número de renovações quando o contrato de trabalho temporário a termo certo tenha sido celebrado para a substituição de trabalhador ausente, sem que a sua ausência seja imputável ao empregador, nomeadamente nos casos de doença, acidente, licenças parentais (cfr. artigo 35.º e segs), e outras situações análogas.

O conceito de ausência utilizado no n.º 3, não corresponde ao conceito de ausência previsto no Código Civil, neste último se entendendo como ausência o desaparecimento de alguém, sem que dele se saiba parte, cfr. n.º 1 do artigo 89.º do Código Civil. As situações de substituição de trabalhador ausente não podem decorrer da própria vontade do empregador. Ou seja, ao empregador não é licito criar situações em que a ausência do trabalhador a substituir, ou temporariamente impedido de trabalhar, é causada por uma actuação do empregador.

6. Nos termos dos n.os 1, 4 e 5, a duração do contrato de trabalho temporário, incluindo as renovações que eventualmente tenham lugar, não pode exceder a duração do contrato de utilização de trabalho temporário, cfr. artigo 178.º, nem um determinado limite temporal. Resulta assim que a duração do contrato de trabalho temporário se encontra submetida a dois limites: um que veda que seja ultrapassada a duração do contrato de utilização de trabalho temporário, e um outro que se manifesta pelo mero decurso do tempo.

Quanto ao limite de natureza temporal, o contrato de trabalho temporário (incluindo renovações) poderá ter os seguintes prazos máximos:

a) Substituição directa ou indirecta de trabalhador ausente ou que, por qualquer motivo, se encontre temporariamente impedido de trabalhar – 2 anos;
b) Substituição directa ou indirecta de trabalhador em relação ao qual esteja pendente em juízo acção de apreciação da licitude de despedimento – 2 anos;
c) Substituição directa ou indirecta de trabalhador em situação de licença sem retribuição – 2 anos;
d) Substituição de trabalhador a tempo completo que passe a prestar trabalho a tempo parcial por período determinado – 2 anos;
e) Actividade sazonal ou outra cujo ciclo anual de produção apresente irregularidades decorrentes da natureza estrutural do respectivo mercado, incluindo o abastecimento de matéria-prima – 2 anos;
f) Acréscimo excepcional de actividade da empresa – 12 meses;
g) Execução de tarefa ocasional ou serviço determinado precisamente definido e não duradouro – 2 anos;
h) Vacatura de posto de trabalho quando decorra processo de recrutamento para o seu preenchimento – 6 meses;
i) Necessidade intermitente de mão-de-obra, determinada por flutuação da actividade durante dias ou partes de dia, desde que a utilização não ultrapasse semanalmente metade do período normal de trabalho maioritariamente praticado no utilizador – 2 anos;
j) Necessidade intermitente de prestação de apoio familiar directo, de natureza social, durante dias ou partes de dia – 2 anos;
l) Realização de projecto temporário, designadamente instalação ou reestruturação de empresa ou estabelecimento, montagem ou reparação industrial – 2 anos.

7. O n.º 6 determina que à contagem dos limites temporais de dois anos, doze e seis meses, consoante o motivo que determina a sua admissibilidade, é incluída a duração de contratos de trabalho a termo ou de trabalho temporário cuja execução se concretiza no mesmo posto de trabalho, bem como de contrato de prestação de serviço para o mesmo objecto, entre o trabalhador e o mesmo empregador ou sociedades que com este se encontrem em relação de domínio ou de grupo ou mantenham estruturas organizativas comuns.

Significa isto que o n.º 6 deve ser interpretado conjuntamente com o disposto no Código das Sociedades Comerciais, aprovado pelo Decreto-Lei n.º 262/86, de 2 de Setembro. Nos termos do artigo 482.º do Código das Sociedades Comerciais, as sociedades em relação de domínio e as sociedades em relação de grupo consideram-se sociedades coligadas. Nos termos do n.º 1 do artigo 486.º do Código das Sociedades Comerciais, considera-se que duas sociedades estão em relação de domínio quando uma delas, dita dominante, pode exercer, directamente ou por sociedades ou pessoas, sobre a outra, dita dependente, uma influência dominante.

Por outro lado, o Código do Trabalho não contém uma definição de sociedades que mantenham estruturas organizativas comuns. Tratam-se de sociedades que partilham entre si elementos típicos de uma instituição corporativa, como sejam as mesmas instalações, equipamentos, ou os mesmos recursos, como serviços de segurança ou limpeza, os quais aproveitam assim a mais do que uma entidade.

8. De acordo com o n.º 6, é incluída na contagem dos dois anos a duração de anterior contrato a termo, ou de trabalho temporário executado no mesmo posto de trabalho, ou ainda de contrato de prestação de serviços para o mesmo objecto, com o mesmo empregador. Pretende-se impedir que o empregador contorne a duração do contrato de trabalho estabelecida no n.º 1, recorrendo para tanto a outras formas de contratação. Não obstante, não será de aplicar o entendimento deste n.º 6 quando anteriormente tenha sido celebrado um contrato de estágio ou um contrato de aprendizagem, dado que o objecto do contrato de estágio e o objecto do contrato de aprendizagem não é o mesmo.

O estágio é regulado por diplomas distintos, consoante seja objecto de comparticipação pública, ou não a tendo, a sua realização seja financiada exclusivamente pela entidade que concede o estágio. No primeiro caso é aplicável a Portaria n.º 131/2017, de 7 de Abril, rectificada pela Declaração de Rectificação n.º 15/2017, de 27 de Abril, e alterada pela Portaria n.º 70/2019 de 27 de Fevereiro, que criou estágios para promover a inserção de jovens no mercado de trabalho ou a reconversão profissional de desempregados, encontrando-se o estágio dependente de candidatura que tem de ser decidida favoravelmente pelo Instituto do Emprego e Formação Profissional, I.P. (I.E.F.P.). No segundo caso é aplicável o Decreto-Lei n.º 66/2011, de 1 de Junho, que estabelece as regras a que deve obedecer a realização de estágios profissionais extracurriculares, incluindo os que tenham como objectivo a aquisição de uma habilitação profissional legalmente exigível para o acesso ao exercício de determinada profissão. Seja qual for o estágio em causa, nenhum deles é considerado uma relação de trabalho subordinado. Já a regulamentação do contrato de aprendizagem consta da Portaria n.º 1497/2008, de 19 de Dezembro, alterada pelas Portarias n.ºs 289/2009, de 20 de Março, e 73/2010, de 4 de Fevereiro. O contrato de aprendizagem é permitido no âmbito dos cursos de aprendizagem, ou seja, cursos de formação profissional inicial, em alternância, dirigidos a jovens, privilegiando a sua inserção no mercado de trabalho e permitindo o prosseguimento de estudos. Estes cursos de aprendizagem apenas podem ser realizados pelos centros de formação profissional da rede do I.E.F.P., por outras entidades tuteladas pelo ministério responsável pela área da formação profissional, e por entidades formadoras públicas e privadas devidamente certificadas no âmbito do sistema de certificação de entidades formadoras, à excepção das escolas básicas, secundárias e profissionais, cfr. n.º 1 do artigo 4.º da Portaria n.º 1497/2008, entidades estas designadas por entidades formadoras.

Ou seja, quando anteriormente tenha sido efectuado um contrato de estágio ou um contrato de aprendizagem, o objecto de qualquer destes contratos foi a formação do formando, sendo que quando é celebrado um contrato de trabalho a termo, não obstante ser dever do empregador proporcionar ao trabalhador formação profissional ao trabalhador, cfr. alínea d) do n.º 1 do artigo 127.º, o objecto do contrato é a prestação de trabalho subordinado.

9. O n.º 6 não estabelece qualquer limite temporal para a sua aplicação. Ou seja, importa saber se o empregador que tenha beneficiado da actividade de trabalhador temporário, ou que tenha contratado a termo, ou que tenha usufruido da actividade de prestador de serviços, para o exercício de determinadas funções no mesmo posto de trabalho ou com o mesmo objecto, se encontra impedido de contratar a termo aquele trabalhador ou profissional *ad aeternum*, por ter de incluir no cômputo dos dois anos a duração daqueles contratos, ou se a restrição se limita a determinado período de tempo. Salvo melhor opinião, a *ratio* da norma em apreço é obstar à contratação sucessiva de vínculos menos estáveis quando comparados com o contrato de trabalho por tempo indeterminado ou sem termo, permitindo que o empregador mantenha sobre o trabalhador uma perspectiva de possível cessação unilateral do contrato, sem ter de proceder ao pagamento de uma indemnização, como uma ameaça indefinidamente suspensa sobre o trabalhador, o que só se verificará, em princípio, quando a relação entre as partes perdure no tempo, sem interrupções. Isto significa que o legislador terá tido em vista, antes de mais, evitar a contratação consecutiva com o mesmo trabalhador. Assim, e uma vez decorrido um determinado período de tempo, deverá entender-se que o empregador, querendo contratar através de contrato de trabalho temporário, e verificando-se a admissibilidade de semelhante estipulação no contrato de trabalho, poderá recorrer àquele que já contratou, e formou no passado, ou que já utilizou no exercício da sua actividade. Salvo melhor opinião, este tempo de interrupção deverá ter uma duração de um terço da duração total do contrato anterior, por aplicação analógica do n.º 1 do artigo 143.º

10. De acordo com o n.º 7, é aplicável o artigo 344.º ou 345.º, à caducidade do contrato de trabalho temporário, consoante este tenha sido celebrado a termo certo ou incerto, respectivamente.

Relativamente ao contrato de trabalho temporário a termo certo, este caduca no final do prazo estipulado, ou da sua renovação, desde que o empregador (a empresa de trabalho temporário) ou o trabalhador temporário comunique à outra parte a vontade de fazer cessar o contrato, por escrito, respectivamente, 15 ou 8 dias antes de o prazo expirar. Em caso de caducidade do contrato de trabalho temporário a termo certo, o trabalhador temporário tem direito a uma compensação.

Quanto ao contrato de trabalho temporário a termo incerto, este caduca quando, prevendo-se a ocorrência do termo, a empresa de trabalho temporário comunique a cessação do contrato ao trabalhador temporário, com a antecedência mínima de 7 ou 30 dias conforme o contrato de trabalho temporário a termo incerto tenha durado até seis meses ou de seis meses a dois anos. Tendo-se tratado de uma situação de actividade sazonal ou outra cujo ciclo anual de produção apresente irregularidades decorrentes da natureza estrutural do respectivo mercado, incluindo o abastecimento de matéria-prima, e só nesta, que tenha dado lugar à contratação de vários trabalhadores temporários, a comunicação de cessação do contrato de trabalho a termo incerto, deve ser feita, sucessivamente, a partir da verificação da diminuição gradual da respectiva ocupação, em consequência da normal redução da actividade ou tarefa para que foram contratados. Na falta da comunicação de caducidade do contrato de trabalho temporário a termo incerto, a empresa de trabalho temporário deve pagar ao trabalhador temporário o valor da retribuição correspondente ao período de aviso prévio em falta. Em caso de caducidade de contrato de trabalho temporário a termo incerto, o trabalhador temporário tem também direito a compensação.

A compensação que o trabalhador tem direito, quando contratado a termo, pela caducidade de contrato de trabalho temporário a termo certo ou incerto, é a mesma que se encontra prevista no artigo 344.º, no caso de contrato a termo certo, e no artigo 345.º, no caso de contrato a termo incerto.

Ambos os artigos referidos só se aplicam relativamente a contratos a termo que tenham sido celebrados a partir de 1 de Outubro de 2013, data em que entrou em vigor a Lei n.º 69/2013, de 30 de Agosto, que deu a actual redacção daqueles preceitos. Relativamente a contratos de trabalho a termo certo e a termo incerto celebrados em data anterior a 1 de Outubro de 2013, ver as anotações aos artigos 344.º e 345.º, respectivamente, bem como os exemplos práticos ali perspectivados.

Comecemos pelo contrato de trabalho temporário a termo certo. Neste, a compensação a que o trabalhador temporário tem direito pela caducidade corresponde a 18 dias de retribuição base e diuturnidades – se existirem – por cada ano completo de antiguidade. Para se determinar o valor a pagar ao trabalhador deve-se proceder ao apuramento da retribuição diária. Para tanto, a retribuição base mensal e diuturnidades, quando estas últimas existam, deve ser dividida por 30. Em caso de fracção de ano, o montante da compensação é calculado proporcionalmente. A compensação a receber pelo trabalhador tem limites máximos. Assim, o valor da retribuição base mensal e diuturnidades, quando estas últimas existam, a considerar para efeitos de cálculo da compensação não pode ser superior a 20 vezes a retribuição mínima mensal garantida. Há ainda um segundo limite: o montante global da compensação não pode ser superior a 12 vezes a retribuição base mensal e diuturnidades, quando estas existam, ou, quando seja aplicável o limite previsto no ponto anterior, a 240 vezes a retribuição mínima mensal garantida.

Quanto à caducidade do contrato de trabalho temporário a termo incerto, o empregador tem o dever de pagar ao trabalhador uma compensação cujo calculo apesar de ter algumas parecenças com a compensação nos contratos de trabalho temporário a termo certo, é na realidade, distinta.

Assim, o trabalhador temporário contratado a termo incerto, quando este contrato cessar por caducidade, tem direito a uma compensação igual à soma das seguintes quantias: 18 dias de retribuição base e diuturnidades – se existirem – por cada ano completo de antiguidade, no que respeita aos 3 primeiros anos de duração do contrato, e 12 dias de retribuição base e diuturnidades – se existirem – por cada ano completo de antiguidade, após terem sido completados os 3 anos.

Para se determinar o valor a pagar ao trabalhador deve-se proceder ao apuramento da retribuição diária. Para tanto, a retribuição base mensal e diuturnidades, quando estas últimas existam, deve ser dividida por 30. Em caso de fracção de ano, o montante da compensação é calculado proporcionalmente. A compensação a receber pelo trabalhador temporário tem limites máximos. Assim, o valor da retribuição base mensal e diuturnidades, quando estas últimas existam, a considerar para efeitos de cálculo da compensação não pode ser superior a 20 vezes a retribuição mínima mensal garantida. Há ainda um segundo limite: o montante global da compensação não pode ser superior a 12 vezes a retribuição base mensal e diuturnidades, quando estas existam, ou, quando seja aplicável o limite previsto no ponto anterior, a 240 vezes a retribuição mínima mensal garantida.

Como se calcula o valor da compensação, pela caducidade do contrato de trabalho temporário a termo?

Exemplificando:

> Um trabalhador temporário contratado a termo, certo ou incerto, admitido em 1 de Janeiro de 2020, cessa o seu contrato de trabalho temporário a termo em 30 de Junho de 2020, tendo uma retribuição mensal de 900,00 €, e um período normal de trabalho de 40 horas semanais.
>
> 1.º aferir se o valor da retribuição base mensal e diuturnidades não ultrapassa o limite legal
>
> 20 × 635,00 € = 12.700,00 €
> 900,00 € é menor do que 12.700,00 €
>
> 2.º calcular o valor diário da retribuição base e diuturnidades.
>
> 900,00 € : 30 = 30 €
>
> 3.º calcular a compensação correspondente a 18 dias de retribuição base e diuturnidades por cada ano completo de antiguidade
>
> 30 € × 18 = 540 €
>
> 4.º calcular o montante da compensação proporcionalmente
>
> (540 : 12) × 6 meses de duração do contrato = 270 €
>
> 5.º aferir se o valor não ultrapassa o limite legal fixado para o montante global da compensação
>
> 12 × 900,00 = 10.800,00 €
> 270 € é menor do que 10.800,00€
>
> A compensação é assim de 270,00 €.

DIVISÃO IV – Contrato de trabalho por tempo indeterminado para cedência temporária

ARTIGO 183.º – Forma e conteúdo de contrato de trabalho por tempo indeterminado para cedência temporária

1 – O contrato de trabalho por tempo indeterminado para cedência temporária está sujeito a forma escrita, é celebrado em dois exemplares e deve conter:

a) Identificação, assinaturas, domicílio ou sede das partes e número e data do alvará da licença da empresa de trabalho temporário;

b) Menção expressa de que o trabalhador aceita que a empresa de trabalho temporário o ceda temporariamente a utilizadores;

c) Actividade contratada ou descrição genérica das funções a exercer e da qualificação profissional adequada, bem como a área geográfica na qual o trabalhador está adstrito a exercer funções;

d) Retribuição mínima durante as cedências que ocorram, nos termos do artigo 185.º

2 – Um exemplar do contrato fica com o trabalhador.

3 – Na falta de documento escrito ou no caso de omissão ou insuficiência das menções referidas na alínea b) ou c) do n.º 1, considera-se que o trabalho é prestado à empresa de trabalho temporário em regime de contrato de trabalho sem termo, sendo aplicável o disposto no n.º 6 do artigo 173.º

4 – Constitui contra-ordenação grave a violação do disposto na alínea b) do n.º 1.

1. Este preceito não tinha correspondência no anterior Código do Trabalho, aprovado pela Lei n.º 99/2003. Corresponde aos artigos 14.º, 30.º e 31.º da Lei n.º 19/2007, de 22 de Maio, que regulava o licenciamento e o exercício da actividade das empresas de trabalho temporário e bem assim as relações contratuais entre trabalhadores temporários, empresas de trabalho temporário e empresas utilizadoras.

2. Sobre o conceito de contrato de trabalho por tempo indeterminado para cedência temporária, veja-se a alínea b) do artigo 172.º Sobre os conceitos de empresa de trabalho temporário, e de utilizador, vejam-se as anotações àquele mesmo artigo.

3. O trabalho temporário consubstancia-se numa relação triangular, entre uma empresa que carece de mão-de-obra, o utilizador, uma empresa de trabalho temporário que se dedica à cedência onerosa de trabalhadores, e um trabalhador. Por efeito desta relação triangular, o trabalhador tem uma relação jurídica laboral com a empresa de trabalho temporário, embora desempenhe a sua actividade na empresa utilizadora. Para que seja admissível a cedência de trabalhadores pela empresa de trabalho temporário, exige-se a celebração pela empresa de trabalho temporário de dois contratos: um contrato de utilização de trabalho temporário, o qual é celebrado com a empresa cessionária, ou seja, com o utilizador, e um contrato de trabalho temporário com o trabalhador temporário, ou um contrato de trabalho por tempo indeterminado para cedência temporária, com trabalhador. Este artigo 183.º estabelece as situações em que é admissível celebrar um daqueles contratos, o contrato de trabalho por tempo indeterminado para cedência temporária.

4. O n.º 1, ao dispor que o contrato de trabalho por tempo indeterminado para cedência temporária se encontra sujeito a forma escrita, constitui uma excepção à liberdade de forma prevista no artigo 219.º do Código Civil, que vigora no ordenamento jurídico português, e de acordo com o qual a validade da declaração negocial não depende da observância de forma especial, salvo quando a lei a exigir. Isto significa que, por princípio, o contrato de trabalho entre o empregador e o trabalhador pode ser celebrado verbalmente, a não ser quando a lei determinar uma forma especial, como resulta do artigo 110.º Constituindo, como se disse o n.º 1 deste artigo 183.º uma excepção à liberdade de forma, impõe-se a observância da forma escrita relativamente a contrato de trabalho por tempo indeterminado para cedência temporária.

5. Não obstante a exigência do contrato de trabalho temporário ser celebrado por escrito, o empregador, a empresa de trabalho temporário, terá de cumprir os deveres de informação previstos no artigo 106.º

6. Como resulta da alínea a) do n.º 1, a empresa de trabalho temporário tem de possuir um alvará. De acordo com o n.º 1 do artigo 8.º do Decreto-Lei n.º 260/2009, de 25 de Setembro, alterado pelas Leis n.ºs 5/2014, de 12 de Fevereiro, 146/2015, de 9 de Setembro, e 28/2016, de 23 de Agosto, que regula o exercício e licenciamento da actividade da empresa de trabalho temporário, o exercício da actividade de empresa de trabalho temporário está sujeito à emissão de licença, que deve constar de alvará numerado. Não despiciendo é o n.º 2 do mesmo artigo 8.º daquele diploma, que estabelece que o serviço público de emprego mantém actualizado e disponibiliza por via electrónica para acesso público o registo nacional das empresas de trabalho temporário, o qual identifica as empresas licenciadas e aquelas em que ocorra a suspensão da actividade, caducidade ou cessação da licença ou aplicação de sanção acessória, com indicação, face a cada uma, da sua denominação completa, domicílio ou sede social e número de alvará. Este registo tem carácter público, podendo qualquer interessado pedir certidão das inscrições nele constantes, cfr. n.º 3 do artigo 8.º do Decreto-Lei n.º 260/2009.

7. A alínea b) do n.º 1 deste artigo 183.º, impõe que o contrato de trabalho por tempo indeterminado para cedência temporária a menção expressa de que o trabalhador temporário aceita que a empresa de trabalho temporário o ceda temporariamente a utilizadores. Exige-se ainda, por efeito da alínea c) do n.º 1, que a actividade contratada ou a descrição genérica das funções a exercer, a qualificação profissional adequada, e a área geográfica na qual o trabalhador temporário está obrigado a exercer funções constem expressamente do contrato escrito. A concretização destas menções permite que a veracidade da cedência possa ser sindicada judicialmente. Deste modo exclui-se a mera remissão, no contrato de trabalho por tempo indeterminado para cedência temporária, para uma disposição legal, remissões essas que caso fossem admitidas compreenderiam uma diversidade de situações de facto e que vedariam à apreciação jurisdicional da veracidade da cedência. Impossibilita-se assim que o empregador (a empresa de trabalho temporário) oferecesse, em momento posterior, uma qualquer situação concreta que se enquadrasse na disposição legal apresentada no contrato, sem correspondência real com a motivação da celebração do contrato de utilização de trabalho temporário.

Por determinação do n.º 3, quando o contrato de trabalho por tempo indeterminado para cedência temporária não for celebrado por escrito ou omitir as menções estabelecidas nas alíneas b) ou c) do n.º 1, ou ainda, quando não as omitir, mas as realize com insuficiência, ou seja violando o disposto naquelas normas, a consequência é que se considera que o trabalho é prestado pelo trabalhador temporário à empresa de trabalho temporário, em regime de contrato de trabalho sem termo, sendo aplicável o disposto no n.º 6 do artigo 173.º Ou seja, por efeito do n.º 3, a lei confere ao trabalhador temporário o direito de escolher, nos 30 dias após o início da prestação da sua actividade, entre a integração na empresa de trabalho temporário, em regime de contrato de trabalho sem termo, e uma indemnização, nos termos do artigo 396.º Contudo, não se estabelece neste artigo 183.º, nem no artigo 173.º, para o qual o n.º 3 remete, como é que o direito de opção do trabalhador, deve ser exercido. Diz-se apenas no n.º 6 do artigo 173.º qual o prazo de que o trabalhador temporário dispõe para optar: dentro dos 30 dias seguintes ao início da actividade. Em todo o caso, e independentemente da opção escolhida pelo trabalhador, a sua escolha deverá ser sempre comunicada por escrito, podendo fazer-se, por exemplo, através de carta registada com aviso de recepção.

8. Nada obsta que a forma escrita, imposta pelo n.º 1, seja satisfeita através de documento electrónico, ou seja, por documento elaborado mediante processamento electrónico de dados. Por outras palavras, nada impede que a forma escrita seja adoptada através de uma declaração escrita enviada por correio electrónico (e-mail) para um endereço electrónico. Sobre a validade, eficácia e valor probatório dos documentos electrónicos remete-se para a anotação 4. ao artigo 107.º

9. O n.º 4 estabelece que constitui contra-ordenação grave a violação do disposto na alínea b) do n.º 1. Contudo não determina a quem é imputável a contra-ordenação, devendo entender-se que é à empresa de trabalho temporário.

ARTIGO 184.º - Período sem cedência temporária

1 – No período em que não se encontre em situação de cedência, o trabalhador contratado por tempo indeterminado pode prestar actividade à empresa de trabalho temporário.

2 – Durante o período referido no número anterior, o trabalhador tem direito:

a) Caso não exerça actividade, a compensação prevista em instrumento de regulamentação colectiva de trabalho, ou no valor de dois terços da última retribuição ou da retribuição mínima mensal garantida, consoante o que for mais favorável;

b) Caso exerça actividade à empresa de trabalho temporário, a retribuição correspondente à actividade desempenhada, sem prejuízo do valor referido no contrato de trabalho a que se refere o artigo anterior.

3 – Constitui contra-ordenação grave imputável à empresa de trabalho temporário a violação do disposto neste artigo.

1. Este preceito não tinha correspondência no anterior Código do Trabalho, aprovado pela Lei n.º 99/2003. Corresponde ao artigo 32.º da Lei n.º 19/2007, de 22 de Maio, que regulava o licenciamento e o exercício da actividade das empresas de trabalho temporário e bem assim as relações contratuais entre trabalhadores temporários, empresas de trabalho temporário e empresas utilizadoras.

2. Sobre o conceito de empresa de trabalho temporário, vejam-se as anotações ao artigo 172.º

3. Constituem instrumentos de regulamentação colectiva de trabalho, cfr. n.ºs 2, 3 e 4 do artigo 2.º, a convenção colectiva (que pode ser um contrato colectivo, acordo colectivo, ou um acordo de empresa), o acordo de adesão, a decisão arbitral, a portaria de extensão, e a portaria de condições de trabalho.

4. Sobre a retribuição mínima mensal garantida veja-se o artigo 273.º e segs.

5. O disposto no n.º 1 é redundante. Sendo a empresa de trabalho temporário o empregador do trabalhador temporário, podendo conformar a prestação de trabalho daquele, deve entender-se que o trabalhador temporário sempre estaria vinculado a prestar o seu trabalho àquela.

6. Caso o trabalhador temporário não exerça a sua actividade, durante o período de inactividade, mantêm-se os direitos, deveres e garantias das partes que não pressuponham a efectiva prestação de trabalho, cfr. n.º 1 do artigo 295.º Entre os deveres do trabalhador que se mantêm durante a redução ou suspensão do contrato de trabalho encontra-se o dever de urbanidade, ou seja o dever de respeitar e tratar o empregador, os superiores hierárquicos, os companheiros de trabalho e as pessoas que se relacionem com a empresa, com urbanidade e probidade, previsto na alínea a) do n.º 1 do artigo 128.º e o dever de lealdade, nomeadamente não negociando por conta própria ou alheia em concorrência com ele, nem divulgando informações referentes à sua organização, métodos de produção ou negócios, previsto na alínea f) do n.º 1 do mesmo artigo 128.º A violação pelo trabalhador dos deveres que se mantêm durante a redução ou suspensão do contrato de trabalho pode consubstanciar uma infracção disciplinar, o que fundamenta o exercício do poder disciplinar, cfr. artigo 98.º, através de um procedimento disciplinar, cfr. artigo 328.º e segs., que no limite poderá levar à aplicação da sanção de despedimento, sem indemnização ou compensação.

7. Não despicienda é a questão de saber se o trabalhador temporário contratado através de contrato de trabalho por tempo indeterminado para cedência temporária poderá, durante o período de inactividade prestar o seu trabalho a um outro empregador, ou a sua actividade a terceiros. O exercício de outra actividade profissional remunerada pelo trabalhador temporário em situação de inactividade encontra-se dependente da não ter sido convencionada uma cláusula de exclusividade entre si e a empresa de trabalho temporário, ou seja, deverá inexistir um acordo entre o trabalhador temporário e a empresa de trabalho temporário que vede a prestação de trabalho a terceiros. Em todo o caso, deve ter-se sempre presente que o exercício de qualquer outra actividade durante o período de inactividade não deve contender com a possibilidade de, a todo o tempo, o trabalhador retomar a actividade a que se encontra adstrito por força da celebração do contrato de trabalho por tempo indeterminado para cedência temporária.

DIVISÃO V – Regime de prestação de trabalho de trabalhador temporário

ARTIGO 185.º – Condições de trabalho de trabalhador temporário

1 – O trabalhador temporário pode ser cedido a mais de um utilizador, ainda que não seja titular de contrato de trabalho por tempo indeterminado para cedência temporária, se o contrário não for estabelecido no respectivo contrato.

2 – Durante a cedência, o trabalhador está sujeito ao regime aplicável ao utilizador no que respeita ao modo, lugar, duração do trabalho e suspensão do contrato de trabalho, segurança e saúde no trabalho e acesso a equipamentos sociais.

3 – O utilizador deve elaborar o horário de trabalho do trabalhador e marcar o período das férias que sejam gozadas ao seu serviço.

4 – Durante a execução do contrato, o exercício do poder disciplinar cabe à empresa de trabalho temporário.

5 – O trabalhador tem direito à retribuição mínima de instrumento de regulamentação colectiva de trabalho aplicável à empresa de trabalho temporário ou ao utilizador que corresponda às suas funções, ou à praticada por este para trabalho igual ou de valor igual, consoante a que for mais favorável.

6 – O trabalhador tem direito, em proporção da duração do respectivo contrato, a férias, subsídios de férias e de Natal, bem como a outras prestações regulares e periódicas a que os trabalhadores do utilizador tenham direito por trabalho igual ou de valor igual.

7 – A retribuição do período de férias e os subsídios de férias e de Natal de trabalhador contratado por tempo indeterminado para cedência temporária são calculados com base na média das retribuições auferidas nos últimos 12 meses, ou no período de execução do contrato se este for inferior, excluindo as compensações referidas no artigo 184.º e os períodos correspondentes.

8 – O trabalhador temporário cedido a utilizador no estrangeiro por período inferior a oito meses tem direito ao pagamento de um abono mensal a título de ajudas de custo até ao limite de 25% do valor da retribuição base.

9 – O disposto no número anterior não se aplica a trabalhador titular de contrato de trabalho por tempo indeterminado para cedência temporária, ao qual são aplicáveis as regras de abono de ajudas de custo por deslocação em serviço previstas na lei geral.

10 – Sem prejuízo do disposto nos números anteriores, é aplicável ao trabalhador temporário o instrumento de regulamentação coletiva de trabalho aplicável a trabalhadores do utilizador que exerçam as mesmas funções.

11 – O utilizador deve informar o trabalhador temporário dos postos de trabalho disponíveis na empresa ou estabelecimento para funções idênticas às exercidas por este, com vista à sua candidatura.

12 – Constitui contra-ordenação grave a violação do disposto no n.º 3 e constitui o exercício de poder disciplinar por parte do utilizador ou a violação do disposto no número anterior.

1. Este preceito não tinha correspondência no anterior Código do Trabalho, aprovado pela Lei n.º 99/2003. Corresponde aos artigos 35.º, 37.º, 38.º e 40.º da Lei n.º 19/2007, de 22 de Maio, que regulava o licenciamento e o exercício da actividade das empresas de trabalho temporário e bem assim as relações contratuais entre trabalhadores temporários, empresas de trabalho temporário e empresas utilizadoras.

2. A redacção do n.º 10 foi alterada pelo artigo 2.º da Lei n.º 93/2019, de 4 de Setembro. Na versão originária do Código do Trabalho, aprovado pela Lei n.º 7/2009, de 12 de Fevereiro, aquele n.º 10 tinha a seguinte redacção: "Sem prejuízo do disposto nos números anteriores, após 60 dias de prestação de trabalho, é aplicável ao trabalhador temporário o instrumento de regulamentação colectiva de trabalho aplicável a trabalhadores do utilizador que exerçam as mesmas funções.".

3. Sobre os conceitos de contrato de trabalho por tempo indeterminado para cedência temporária, veja-se a alínea b) do artigo 172.º Sobre os conceitos de empresa de trabalho temporário, de trabalhador temporário, e de utilizador, vejam-se as anotações àquele mesmo artigo.

4. Por determinação do n.º 2, o trabalhador temporário está sujeito ao regime de trabalho aplicável na empresa utilizadora quanto ao modo, lugar, duração de trabalho e suspensão da prestação de trabalho. Por conseguinte, o utilizador pode utilizar o trabalhador temporário em qualquer um dos regimes de horários: horários fixos, trabalho a tempo parcial, cfr. artigo 150.º e segs., isenção de horário de trabalho, cfr. artigos 218.º e 219.º, trabalho por turnos, cfr. artigo 220.º e segs., em regime de adaptabilidade, cfr. artigo 204.º e segs., bancos de horas, cfr. artigos 208.º e 208.º-B, e horário concentrado, cfr. artigo 209.º

Significa isto que, estando o trabalhador temporário sujeito àquele regime, terá de o cumprir. Ainda assim pode o utilizador não ter, por qualquer motivo, interesse em sujeitá-lo àquele regime. Quando assim for, entendemos que, pelo menos num primeiro momento, o utilizador não é obrigado a aplicar ao trabalhador temporário na íntegra, o regime vigente no que se refere ao modo, lugar e duração do trabalho. A aplicação integral do mesmo regime pode já ocorrer num momento posterior por força do disposto no n.º 10, que estabelece que após 60 dias de prestação de trabalho, é aplicável ao trabalhador temporário o instrumento de regulamentação colectiva de trabalho aplicável a trabalhadores do utilizador que exerçam as mesmas funções. Vide sobre este n.º 10 a anotação a ele referente, *infra*.

5. O n.º 3 é uma decorrência do n.º 2, em que se prevê que o poder de direcção é do cessionário, a este cabendo por isso regular o modo e duração de trabalho. Como tal, é ao utilizador que cabe elaborar o horário de trabalho do trabalhador temporário, e marcar o período de férias que sejam gozadas ao seu serviço. Sobre o horário de trabalho vejam-se os artigos 212.º e segs. Sobre as férias vejam-se os artigos 237.º e segs., nos quais se incluem a sua marcação, cfr. artigo 241.º e segs.

6. Da conjugação do n.º 2 com o n.º 3, resulta que o registo dos tempos de trabalho previsto no artigo 202.º é aplicável ao trabalho temporário, incumbindo ao utilizador manter um registo que contenha a indicação das horas de início e de termo do tempo de trabalho, bem como das interrupções que nele não se compreendam, de modo a permitir apurar o número de horas de trabalho prestadas pelo trabalhador temporário, por dia e por semana.

Ao trabalhador temporário é aplicável o regime geral das faltas, cfr. artigo 248.º e segs., sendo a diminuição da retribuição do trabalhador temporário pela ausência, realizado pela empresa de trabalho temporário (uma vez que é esta empresa que tem a qualidade de empregador), e a quem a empresa utilizadora paga a remuneração pela cedência do trabalhador temporário. Quando a falta seja justificada e não implique a perda de retribuição do trabalhador temporário, cfr. artigo 252.º, será aplicável o disposto no contrato de utilização que regula a relação entre o utilizador e a empresa trabalho temporário. Ou seja, se no contrato de utilização de trabalho temporário a remuneração paga à empresa de trabalho temporário é feita com base nas horas efectivamente prestadas pelo trabalhador temporário, o utilizador estará salvaguardado. Se a remuneração à empresa de trabalho temporário é paga numa base mensal (avença), o utilizador nada poderá fazer quando o trabalhador temporário se ausente, tendo de proceder ao pagamento da remuneração à empresa de trabalho temporário, como se não tivesse havido ausência do trabalhador temporário.

7. No n.º 4 prevê-se expressamente que o exercício do poder disciplinar incumbe à empresa de trabalho temporário, sendo que o n.º 12 estabelece que o exercício do poder disciplinar pelo utilizador constitui uma contra-ordenação grave. O poder disciplinar encontra-se previsto no artigo 98.º, e constitui um dos poderes próprios do empregador, o qual, e por força da lei, decorre da autoridade em que se acha investido enquanto organizador da actividade, cfr. artigo 11.º Assim, e quando o trabalhador temporário pratique factos susceptíveis de constituir uma infracção disciplinar, o que fundamenta o exercício do poder disciplinar, através de um procedimento disciplinar, cfr. artigo 328.º e segs. – que no limite poderá levar à aplicação da sanção de despedimento, sem indemnização ou compensação – deverá o utilizador comunicar tais factos ao seu empregador, a empresa de trabalho temporário, para que esta querendo, use aquela faculdade.

8. Para efeitos dos n.ºs 5 e 10, constituem instrumentos de regulamentação colectiva de trabalho, cfr. n.ºs 2, 3 e 4 do artigo 2.º, a convenção colectiva (que pode ser um contrato colectivo, acordo colectivo, ou um acordo de empresa), o acordo de adesão, a decisão arbitral, a portaria de extensão, e a portaria de condições de trabalho.

9. O disposto nos n.ºs 5 e 6, justifica-se pela vigência no direito do trabalho, do princípio da igualdade retributiva, nos termos do qual a trabalho igual deve corresponder salário igual. Trata-se de um princípio estruturante do direito do trabalho, com consagração constitucional na alínea a) do n.º 1 do artigo 59.º da Constituição da República Portuguesa, e reprodução no artigo 270.º deste Código.

Nos termos do n.º 5 a retribuição do trabalhador temporário equivale à retribuição mínima fixada em instrumento de regulamentação colectiva de trabalho aplicável à empresa de trabalho temporário, se outra mais elevada correspondente às funções desempenhadas pelo trabalhador temporário não for praticada pelo utilizador ou se não houver retribuição mais elevada consagrada em instrumento de regulamentação colectiva de trabalho aplicável ao utilizador. Em obediência ao princípio da igualdade retributiva, ao trabalhador temporário devem ser asseguradas outras prestações regulares e periódicas que sejam devidos pelo utilizador aos seus trabalhadores, por idêntica prestação de trabalho.

10. O n.º 10 determina que ao trabalhador temporário é aplicável o instrumento de regulamentação colectiva de trabalho que seja aplicável a trabalhadores do utilizador que exerçam as mesmas funções. Por efeito deste n.º 10, a equiparação do trabalhador temporário aos trabalhadores do utilizador que exerçam as mesmas funções não é apenas retributiva, passando a ser integral, logo que tem inicio a prestação de trabalho, pelo trabalhador temporário, ao utilizador. Com o começo da prestação efectiva de trabalho, o trabalhador temporário passa a ter direito aos benefícios sociais, ao período normal de trabalho, ao tempo de trabalho, etc., que sejam previstos em instrumento de regulamentação colectiva de trabalho. Esta equiparação é susceptível de reduzir peremptoriamente, para o utilizador, uma das vantagens que geralmente é alvitrada ao trabalho temporário: a diminuição de custos, sendo por isso expectável que o recurso à figura do trabalho temporário venha a refrear.

11. O n.º 11 estabelece o dever do utilizador informar o trabalhador temporário dos postos de trabalho disponíveis na empresa ou estabelecimento para funções idênticas às exercidas por este, com vista à sua candidatura. Trata-se apenas de um dever de informar, não existindo qualquer preferência do trabalhador temporário na ocupação de um posto de trabalho que eventualmente o utilizador venha a criar, ainda que para o exercício de funções idênticas às exercidas pelo trabalhador temporário.

ARTIGO 186.º – Segurança e saúde no trabalho temporário

1 – O trabalhador temporário beneficia do mesmo nível de protecção em matéria de segurança e saúde no trabalho que os restantes trabalhadores do utilizador.

2 – Antes da cedência do trabalhador temporário, o utilizador deve informar, por escrito, a empresa de trabalho temporário sobre:

a) Os resultados da avaliação dos riscos para a segurança e saúde do trabalhador temporário inerentes ao posto de trabalho a que vai ser afecto e, em caso de riscos elevados relativos a posto de trabalho particularmente perigoso, a necessidade de qualificação profissional adequada e de vigilância médica especial;

b) As instruções sobre as medidas a adoptar em caso de perigo grave e iminente;

c) As medidas de primeiros socorros, de combate a incêndios e de evacuação dos trabalhadores em caso de sinistro, assim como os trabalhadores ou serviços encarregados de as pôr em prática;

d) O modo de o médico do trabalho ou o técnico de higiene e segurança da empresa de trabalho temporário aceder a posto de trabalho a ocupar.

3 – A empresa de trabalho temporário deve comunicar ao trabalhador temporário a informação prevista no número anterior, por escrito e antes da sua cedência ao utilizador.

4 – Os exames de saúde de admissão, periódicos e ocasionais são da responsabilidade da empresa de trabalho temporário, incumbindo ao respectivo médico do trabalho a conservação das fichas clínicas.

5 – A empresa de trabalho temporário deve informar o utilizador de que o trabalhador está considerado apto em resultado do exame de saúde, dispõe das qualificações profissionais adequadas e tem a informação referida no n.º 2.

6 – O utilizador deve assegurar ao trabalhador temporário formação suficiente e adequada ao posto de trabalho, tendo em conta a sua qualificação profissional e experiência.

7 – O trabalhador exposto a riscos elevados relativos a posto de trabalho particularmente perigoso deve ter vigilância médica especial, a cargo do utilizador, cujo médico do trabalho deve informar o médico do trabalho da empresa de trabalho temporário sobre eventual contra-indicação.

8 – O utilizador deve comunicar o início da actividade de trabalhador temporário, nos cinco dias úteis subsequentes, aos serviços de segurança e saúde no trabalho, aos representantes dos trabalhadores para a segurança e saúde no trabalho, aos trabalhadores com funções específicas neste domínio e à comissão de trabalhadores.

9 – Constitui contra-ordenação muito grave a violação do disposto no n.º 7, constitui contra-ordenação grave a violação do disposto nos n.os 4, 5 ou 6 e constitui contra-ordenação leve a violação do disposto nos n.os 3 ou 8.

1. Este preceito não tinha correspondência no anterior Código do Trabalho, aprovado pela Lei n.º 99/2003. Corresponde ao artigo 36.º da Lei n.º 19/2007, de 22 de Maio, que regulava o licenciamento e o exercício da actividade das empresas de trabalho temporário e bem assim as relações contratuais entre trabalhadores temporários, empresas de trabalho temporário e empresas utilizadoras.

2. Sobre os conceitos de empresa de trabalho temporário, de trabalhador temporário, e de utilizador, vejam-se as anotações ao artigo 172.º

3. Sobre a segurança e saúde no trabalho, vejam-se os artigos 281.º e 282.º e respectivas anotações, bem como o disposto na Lei n.º 102/2009, de 10 de Setembro, que estabelece o regime jurídico da segurança e saúde no trabalho.

4. O n.º 2 impõe o dever do utilizador informar, por escrito a empresa de trabalho temporário relativamente a aspectos relevantes em matéria de segurança e saúde no trabalho, previstos nas alíneas a) a d) do n.º 2. A empresa de trabalho temporário, por sua vez, nos termos do n.º 3 deve informar o próprio trabalhador temporário relativamente daqueles aspectos, também por escrito, e antes da cedência do próprio trabalhador ao utilizador, regime que se compreende porquanto o desenvolvimento da prestação de trabalho com a cedência passa a realizar-se no utilizador. Sobre a segurança e saúde no trabalho, vejam-se os artigos 281.º e 282.º e respectivas anotações, bem como o disposto na Lei n.º 102/2009, de 10 de Setembro, que estabelece o regime jurídico da segurança e saúde no trabalho.

5. Do n.º 4, ao dispor que os exames de saúde de admissão, periódicos e ocasionais são da responsabilidade da empresa de trabalho temporário, resulta que tais exames de saúde são realizados por conta do empregador, sendo este último que deve custear os mesmos.

6. O dever estabelecido no n.º 8 só incide sobre o utilizador quando aqueles serviços e estruturas existam. O empregador tem conhecimento da existência de representantes dos trabalhadores para a segurança e saúde no trabalho porquanto os resultados da eleição daqueles representantes, são-lhe comunicados, cfr. n.º 1 do artigo 39.º da Lei n.º 102/2009, de 10 de Setembro, que estabelece o regime jurídico da segurança e saúde no trabalho. E tem conhecimento da existência de uma comissão de trabalhadores porquanto os resultados da votação, da constituição e aprovação dos estatutos da comissão de trabalhadores, são-lhe comunicados, cfr. n.º 6 do artigo 432.º

7. Dias úteis são Segunda-Feira, Terça-Feira, Quarta-Feira, Quinta-Feira e Sexta-Feira. Sábado, Domingo e Feriados não constituem dias úteis, sendo que para o conceito de dias úteis é irrelevante que a empresa se encontre em funcionamento ao Sábado, Domingo ou Feriado. Este é o sentido da alínea e) do artigo 279.º do Código Civil, conjugado com o n.º 1 do artigo 137.º do Código de Processo Civil. Sempre se diga, que nos termos da alínea b) do artigo 279.º do Código Civil, na contagem de qualquer prazo não se inclui o dia em que ocorrer o evento a partir do qual o prazo começa a correr.

8. Nada obsta que a forma escrita, imposta pelos n.os 2 e 3, seja satisfeita através de documento electrónico, ou seja, por documento elaborado mediante processamento electrónico de dados. Por outras palavras, nada impede que a forma escrita seja adoptada através de uma declaração escrita enviada por correio electrónico (e-mail) para um endereço electrónico. Sobre a validade, eficácia e valor probatório dos documentos electrónicos remete-se para a anotação 4. ao artigo 107.º

ARTIGO 187.º – Formação profissional de trabalhador temporário

1 – A empresa de trabalho temporário deve assegurar a formação profissional de trabalhador temporário contratado a termo sempre que a duração do contrato, incluindo renovações, ou a soma de contratos de trabalho temporário sucessivos num ano civil seja superior a três meses.

2 – A formação profissional prevista no número anterior deve ter a duração mínima de oito horas, ou duração mais elevada de acordo com o n.º 2 do artigo 131.º

3 – A empresa de trabalho temporário deve afectar à formação profissional dos trabalhadores temporários, pelo menos, 1% do seu volume anual de negócios nesta actividade.

4 – A empresa de trabalho temporário não pode exigir ao trabalhador temporário qualquer quantia, seja a que título for, nomeadamente por serviços de orientação ou formação profissional.

5 – Constitui contra-ordenação grave a violação do disposto neste artigo.

6 – Em caso de violação do n.º 4, pode ser aplicada a sanção acessória de suspensão temporária do exercício da actividade até dois anos, a qual é averbada no registo nacional das empresas de trabalho temporário.

1. Este preceito não tinha correspondência no anterior Código do Trabalho, aprovado pela Lei n.º 99/2003. Corresponde ao artigo 39.º da Lei n.º 19/2007, de 22

de Maio, que regulava o licenciamento e o exercício da actividade das empresas de trabalho temporário e bem assim as relações contratuais entre trabalhadores temporários, empresas de trabalho temporário e empresas utilizadoras.

2. Sobre os conceitos de empresa de trabalho temporário e de trabalhador temporário, vejam-se as anotações ao artigo 172.º

3. Não obstante o n.º 1 fazer incidir a obrigação de proporcionar formação profissional sobre o empregador, a empresa de trabalho temporário, que de acordo com a alínea d) do n.º 1 do artigo 127.º, a deve proporcionar ao trabalhador, para que este último desenvolva a sua qualificação, pode contudo essa formação ser assegurada pelo utilizador, caso em que a empresa de trabalho temporário fica exonerada de cumprir a obrigação, podendo nesta mesma situação a empresa de trabalho temporário compensar o utilizador, cfr. n.º 8 do artigo 131.º

4. Nos termos do n.º 2 a formação profissional que o trabalhador temporário contratado a termo tem direito, sempre que a duração do contrato, incluindo renovações, ou a soma de contratos de trabalho temporário sucessivos num ano civil seja superior a três meses, deve ter a duração mínima de oito horas, sendo que poderá ter uma duração mínima superior por aplicação do critério da proporcionalidade da formação face à duração do contrato nesse ano. Quanto ao trabalhador temporário que tenha celebrado contrato de trabalho por tempo indeterminado, em matéria de formação profissional, terá direito, em cada ano, a um número mínimo de quarenta horas de formação contínua, cfr. n.º 2 do artigo 131.º

5. Pelos serviços que presta, de cedência de mão-de-obra a utilizadores, a empresa de trabalho temporário é remunerada pelo utilizador. É vedado à empresa de trabalho temporário exigir ao trabalhador temporário qualquer quantia, seja a que título for, cfr. n.º 4. Estão abrangidas na previsão do n.º 4 quaisquer quantias que a empresa de trabalho temporário pretendesse reclamar do trabalhador temporário, por serviços de orientação ou formação profissional, mas não só, uma vez que estes serviços são, na redacção do n.º 4 meramente exemplificativos. E é ainda vedado à empresa de trabalho temporário, receber quaisquer quantias daquele que pode vir a assumir a qualidade de trabalhador temporário, cfr. n.º 2 do artigo 4.º do Decreto-Lei n.º 260/2009, de 25 de Setembro, alterado pelas Leis n.ºs 5/2014, de 12 de Fevèreiro, 146/2015, de 9 de Setembro, e 28/2016, de 23 de Agosto, que determina que: "É proibido à empresa de trabalho temporário cobrar ao candidato a emprego temporário, directa ou indirectamente, quaisquer importâncias em numerário ou espécie.".

6. O registo nacional das empresas de trabalho temporário referido no n.º 6, é actualizado e disponibilizado pelo serviço público de emprego, por via electrónica, para acesso público, registo este que identifica as empresas licenciadas e aquelas em que ocorra a suspensão da actividade, caducidade ou cessação da licença ou aplicação de sanção acessória, com indicação, face a cada uma, da sua denominação completa, domicílio ou sede social e número de alvará, cfr. n.º 2 do artigo 8.º do Decreto-Lei n.º 260/2009, de 25 de Setembro, que regula o exercício e licenciamento da actividade da empresa de trabalho temporário. Este registo tem carácter público, podendo qualquer interessado pedir certidão das inscrições nele constantes, cfr. n.º 3 do artigo 8.º do Decreto-Lei n.º 260/2009.

ARTIGO 188.º – Substituição de trabalhador temporário

1 – Salvo acordo em contrário, em caso de cessação do contrato de trabalhador temporário ou ausência deste, a empresa de trabalho temporário deve ceder outro trabalhador ao utilizador, no prazo de quarenta e oito horas.

2 – O utilizador pode recusar a prestação do trabalhador temporário, nos primeiros 15 ou 30 dias de permanência deste ao seu serviço, consoante o contrato de utilização tenha ou não duração inferior a seis meses, caso em que a empresa de trabalho temporário deve proceder nos termos do número anterior.

1. Este preceito não tinha correspondência no anterior Código do Trabalho, aprovado pela Lei n.º 99/2003. Corresponde ao artigo 34.º da Lei n.º 19/2007, de 22 de Maio, que regulava o licenciamento e o exercício da actividade das empresas de trabalho temporário e bem assim as relações contratuais entre trabalhadores temporários, empresas de trabalho temporário e empresas utilizadoras.

2. Sobre o conceito de contrato de utilização de trabalho temporário, veja-se a alínea c) do artigo 172.º Sobre os conceitos de empresa de trabalho temporário, de trabalhador temporário e de utilizador, vejam-se as anotações àquele mesmo artigo.

3. De acordo com o n.º 1, a não ser que o contrato de utilização de trabalho temporário disponha noutro sentido, a empresa de trabalho temporário terá de ceder outro trabalhador temporário ao utilizador quando se verifique a cessação do contrato que liga o trabalhador temporário à empresa de trabalho temporário, ou quando se verifique uma situação de ausência do trabalhador temporário. Esta situação de ausência abrange por exemplo, a suspensão do contrato de trabalho por facto respeitante ao trabalhador, cfr. n.º 1 do artigo 296.º, a suspensão preventiva em sede de procedimento disciplinar que tenha sido instaurado ao trabalhador, cfr. n.º 5 do artigo 329.º e artigo 354.º, ou a aplicação ao trabalhador da sanção de suspensão do trabalho com perda de retribuição e de antiguidade, na sequência de um procedimento disciplinar, cfr. alínea e) do n.º 1 do artigo 328.º Deste n.º 1 decorre assim que o contrato de utilização de trabalho temporário não cessa por efeito da ausência do trabalhador temporário.

4. Nos termos do n.º 2, o utilizador pode recusar a prestação do trabalhador temporário, nos primeiros 15 ou 30 dias de permanência deste ao seu serviço. Esta recusa do utilizador não carece de motivação e terá de ser realizada no prazo de 15 ou 30 dias, contados do início da actividade do trabalhador temporário ao utilizador. O prazo de 15 dias é aplicável quando o contrato de utilização de trabalho temporário tenha uma duração inferior a seis meses. Já o prazo de 30 dias é aplicável quando o contrato de utilização de trabalho temporário tenha uma duração igual ou superior a seis meses. Caso o utilizador recuse a prestação do trabalhador temporário, a empresa de trabalho temporário deve ceder outro trabalhador temporário ao utilizador, no prazo de quarenta e oito horas.

ARTIGO 189.º – Enquadramento de trabalhador temporário

1 – O trabalhador temporário é considerado, no que diz respeito à empresa de trabalho temporário e ao utilizador, para efeitos de aplicação do regime relativo a estruturas de representação colectiva dos trabalhadores, consoante estejam em causa matérias referentes à empresa de trabalho temporário ou ao utilizador, nomeadamente a constituição das mesmas estruturas.

2 – O trabalhador temporário não é incluído no número de trabalhadores do utilizador para determinação das obrigações em função do número de trabalhadores, excepto no que respeita à organização de serviços de segurança e saúde no trabalho e à classificação de acordo com o tipo de empresa.

3 – O utilizador deve incluir a informação relativa a trabalhador temporário no balanço social e no relatório anual da actividade dos serviços de segurança e saúde no trabalho.

4 – A empresa de trabalho temporário deve incluir a informação relativa a trabalhador temporário no mapa do quadro de pessoal e nos relatórios anuais da formação profissional e da actividade dos serviços de segurança e saúde no trabalho.

5 – Constitui contra-ordenação leve a violação do disposto no n.º 3.

1. Este preceito não tinha correspondência no anterior Código do Trabalho, aprovado pela Lei n.º 99/2003. Corresponde aos artigos 33.º e 42.º da Lei n.º 19/2007, de 22 de Maio, que regulava o licenciamento e o exercício da actividade das empresas de trabalho temporário e bem assim as relações contratuais entre trabalhadores temporários, empresas de trabalho temporário e empresas utilizadoras.

2. Sobre os conceitos de empresa de trabalho temporário, de trabalhador temporário e de utilizador, vejam-se as anotações ao artigo 172.º

3. O trabalhador temporário, relativamente à empresa utilizadora, apesar de não ser juridicamente trabalhador desta empresa, mas sim da empresa de trabalho temporário, cfr. alínea a) do artigo 172.º, pode participar nas estruturas de representação colectiva dos trabalhadores da empresa utilizadora, por determinação expressa do n.º 1 deste artigo, bem como nas da empresa de trabalho temporário, podendo assim ter uma dupla participação. Neste sentido, este n.º 1 é exemplificativo no modo de participação do trabalhador temporário nas estruturas de representação colectiva dos trabalhadores, não se limitando a participar na sua constituição, porquanto na sua parte final é utilizado o advérbio "nomeadamente". Sobre as estruturas de representação colectiva dos trabalhadores *vide* artigo 404.º

4. Atendendo a que o trabalhador temporário tem um vínculo jurídico à empresa de trabalho temporário, coerentemente a primeira parte do n.º 2 determina que aquele não é incluído no número de trabalhadores do utilizador para determinação das obrigações em função do número de trabalhadores, nem no quadro de pessoal do utilizador, cfr. n.º 3. Não obstante, e visando assegurar ao trabalhador temporário a prestação do trabalho em condições de segurança e saúde, cfr. n.º 1 do artigo 281.º, este é tido em conta para efeitos de organização de serviços de segurança e saúde no trabalho e à classificação de acordo com o tipo de empresa, sendo que o utilizador deve a informação relativa a trabalhador temporário no relatório anual da actividade dos serviços de segurança e saúde no trabalho, cfr. n.º 3. O utilizador, por força do disposto no n.º 3, deve também incluir a informação relativa a trabalhador temporário no balanço social.

5. De acordo com o n.º 3, a empresa de trabalho temporário deve incluir a informação relativa a trabalhador temporário no mapa do quadro de pessoal, atendendo que é com esta empresa que o trabalhador tem um vínculo. A empresa de trabalho temporário deve também incluir informação relativa ao trabalhador temporário nos relatórios anuais da formação profissional, uma vez que é esta empresa que incumbe assegurar a formação profissional do trabalhador temporário, cfr. artigo 187.º Pretendo assegurar ao trabalhador temporário a prestação do trabalho em condições de segurança e saúde, cfr. n.º 1 do artigo 281.º, também a empresa de trabalho temporário deve incluir a informação relativa a trabalhador temporário no relatório anual da actividade dos serviços de segurança e saúde no trabalho.

6. O relatório anual referido nos n.os 3 e 4 é enviado ao serviço com competência inspectiva do ministério responsável pela área laboral, cfr. alínea a) do n.º 5 do artigo 32.º da Lei n.º 105/2009, de 14 de Setembro, alterada pelas Leis n.os 60/2018, de 21 de Agosto, e 93/2019, de 4 de Setembro, que regulamenta o presente Código do Trabalho, actualmente a Autoridade para as Condições do Trabalho, cfr. alínea a) do n.º 2 do artigo 11.º do Decreto-Lei n.º 167-C/2013, de 31 de Dezembro, alterado pelo Decreto-Lei n.º 28/2015, de 10 de Fevereiro, que aprovou a Lei Orgânica do Ministério da Solidariedade, Emprego e Segurança Social, e alínea a) do n.º 2 do artigo 2.º do Decreto Regulamentar n.º 47/2012, de 31 de Julho, que aprovou a orgânica da Autoridade para as Condições do Trabalho, nos termos das quais a Autoridade para as Condições do Trabalho prossegue, entre outras, a atribuição de fiscalizar o cumprimento das disposições legais, regulamentares e convencionais respeitantes às relações de trabalho. O conteúdo do relatório anual encontra-se previsto na Portaria n.º 55/2010, de 21 de Janeiro, alterada pela Portaria n.º 108-A/2011, de 14 de Março.

ARTIGO 190.º - Prestações garantidas pela caução para exercício da actividade de trabalho temporário

1 – A caução constituída pela empresa de trabalho temporário para o exercício da actividade garante, nos termos de legislação específica, o pagamento de:

a) Crédito do trabalhador temporário relativo a retribuição, indemnização ou compensação devida pelo empregador pela cessação do contrato de trabalho e outras prestações pecuniárias, em mora por período superior a 15 dias;

b) Contribuições para a segurança social, em mora por período superior a 30 dias.

2 – Os créditos referidos na alínea a) do número anterior não incluem os valores devidos a título de compensação por cessação do contrato de trabalho, calculada nos termos do artigo 366.º, para os novos contratos de trabalho.

3 – A existência de crédito do trabalhador em mora pode ser verificada mediante decisão definitiva de aplicação de coima por falta do respectivo pagamento, ou decisão condenatória transitada em julgado.

1. Este preceito não tinha correspondência no anterior Código do Trabalho, aprovado pela Lei n.º 99/2003. Corresponde ao n.º 2 do artigo 6.º e ao n.º 2 do artigo 7.º, ambos da Lei n.º 19/2007, de 22 de Maio, que regulava o licenciamento e o exercício da actividade das empresas de trabalho temporário e bem assim as relações contratuais entre trabalhadores temporários, empresas de trabalho temporário e empresas utilizadoras.

2. A redacção da alínea a) do n.º 1 deste preceito foi alterada pelo artigo 1.º da Lei n.º 53/2011, de 14 de Outubro. Na versão originária do Código do Trabalho, aprovado pela Lei n.º 7/2009, de 12 de Fevereiro, aquela alínea tinha a seguinte redacção:

> "a) Crédito do trabalhador temporário relativo a retribuição, indemnização ou compensação pela cessação do contrato de trabalho e outras prestações pecuniárias, em mora por período superior a 15 dias;".

O n.º 3 foi introduzido pelo artigo 2.º da Lei n.º 69/2013, de 30 de Agosto, que introduziu ainda a actual redacção do n.º 2. Na versão originária do Código do Trabalho, aprovado pela Lei n.º 7/2009, de 12 de Fevereiro, o n.º 2 tinha a redacção do actual n.º 3, que então inexistia.

3. Sobre os conceitos de empresa de trabalho temporário e de trabalhador temporário, vejam-se as anotações ao artigo 172.º

4. A alínea a) do n.º 1 determina expressamente que a retribuição, indemnização ou compensação que fundamenta o crédito do trabalhador temporário apenas é garantida pela caução quando aquela retribuição, indemnização ou compensação fosse devida pelo empregador. Clarifica-se assim que o crédito que um trabalhador temporário tenha apenas deverá ser satisfeito através da caução quando na sua origem se encontre uma retribuição, indemnização ou compensação pela cessação do contrato de trabalho que fosse devida pelo empregador, ou seja, pela empresa de trabalho temporário. Afasta-se assim a admissibilidade da caução satisfazer um crédito, uma indemnização ou compensação pela cessação do contrato de trabalho devida por outra entidade que não o empregador.

5. A constituição de caução é um requisito para a concessão da licença de que depende o exercício da actividade de cedência temporária de trabalhadores por empresa de trabalho temporário, cfr. alínea e) do n.º 1 do artigo 5.º do Decreto-Lei n.º 260/2009, de 25 de Setembro, alterado pelas Leis n.os 5/2014, de 12 de Fevereiro, 146/2015 de 9 de Setembro, e 28/2016, de 23 de Agosto, que regula o exercício da actividade da empresa de trabalho temporário. Do confronto entre o teor do Decreto-Lei n.º 260/2009 com o deste Código do Trabalho, resulta que a prestação de caução se encontra regulada naquele diploma, enquanto que para este Código foi deixada a regulação dos fins da caução, as prestações por esta garantidas, cfr. n.º 1 deste artigo 190.º e o procedimento que o trabalhador temporário deve cumprir para reclamar o pagamento dos créditos que lhe sejam devidos, por conta da caução, cfr. artigo 191.º

6. Pela sua relevância, transcreve-se na íntegra o artigo 7.º do Decreto-Lei n.º 260/2009, de 25 de Setembro, alterado pelas Leis n.os 5/2014, de 12 de Fevereiro, 146/2015 de 9 de Setembro, e 28/2016, de 23 de Agosto:

"Caução para o exercício da actividade de trabalho temporário

1 – O requerente constitui, a favor do serviço público de emprego, uma caução para o exercício da actividade de trabalho temporário, de valor correspondente a 100 meses da retribuição mínima mensal garantida, acrescida do montante da taxa social única incidente sobre aquele valor.

2 – A caução deve ser anualmente actualizada por referência ao montante da retribuição mínima mensal garantida fixado para cada ano e à dimensão da empresa de trabalho temporário.

3 – Para efeitos do disposto no n.º 2, a dimensão da empresa de trabalho temporário é definida em função do número médio de trabalhadores temporários ao serviço no ano anterior, de acordo com os seguintes escalões:

a) Até 100 trabalhadores, a caução corresponde ao valor equivalente a 100 meses da retribuição mínima mensal garantida, acrescida do montante da taxa social única incidente sobre aquele valor;

b) De 101 a 200 trabalhadores, a caução corresponde ao valor equivalente a 150 meses da retribuição mínima mensal garantida, acrescida do montante da taxa social única incidente sobre aquele valor;

c) De 201 a 300 trabalhadores, a caução corresponde ao valor equivalente a 200 meses da retribuição mínima mensal garantida, acrescida do montante da taxa social única incidente sobre aquele valor;

d) Mais de 300 trabalhadores, a caução corresponde ao valor equivalente a 250 meses da retribuição mínima mensal garantida, acrescida do montante da taxa social única incidente sobre aquele valor.

4 – A actualização referida no n.º 2 deve ser efectuada até ao final do primeiro trimestre de cada ano ou até 30 dias após a publicação do diploma que determine alteração ao valor da retribuição mínima mensal garantida, se posterior.

5 – Para os efeitos previstos nos n.os 2 e 4, a empresa de trabalho temporário comunica, por escrito, ao serviço público de emprego, até 31 de Janeiro de cada ano, o número médio de trabalhadores temporários ao serviço no ano anterior.

6 – Caso a empresa de trabalho temporário não proceda à comunicação referida no número anterior, o serviço público de emprego reposiciona a empresa no escalão correspondente, com base nas declarações de remunerações da segurança social.

7 – Sem prejuízo do disposto no artigo 190.º do Código do Trabalho, se no ano anterior se verificarem pagamentos de créditos a trabalhadores através da caução, deve a mesma ser reforçada para o valor correspondente a pelo menos 15% da massa salarial anual relativa a trabalhadores em cedência temporária naquele ano.

8 – O reforço da caução previsto no número anterior deve ser efectuado por iniciativa da empresa de trabalho temporário até ao final do primeiro trimestre de cada ano.

9 – Para os efeitos previstos nos n.os 7 e 8, a empresa de trabalho temporário comunica, por escrito, ao serviço público de emprego, até 31 de Janeiro de cada ano, o valor da massa salarial anual relativa a trabalhadores em cedência temporária naquele ano.

10 – Sempre que se verifiquem pagamentos por conta da caução, o serviço público de emprego notifica a empresa de trabalho temporário para, no prazo de 30 dias, fazer prova da sua reconstituição.

11 – A empresa responsável pelo depósito, garantia bancária na modalidade à primeira solicitação ou contrato de seguro só pode proceder à redução ou cessação da garantia prestada mediante autorização prévia expressa do serviço público de emprego.

12 – Provando a empresa de trabalho temporário, mediante declaração comprovativa, a liquidação dos créditos reclamados previstos no n.º 1 do artigo 191.º do Código do Trabalho e demais encargos com os trabalhadores, cessam os efeitos da caução e esta é devolvida pelo serviço público de emprego.

13 – Para efeitos do presente artigo, o número médio de trabalhadores temporários ao serviço resulta do somatório do número de trabalhadores temporários ao serviço em cada mês dividido por 12 meses.

14 – Para efeitos do número anterior, o número de trabalhadores temporários ao serviço em cada mês corresponde ao somatório do número de trabalhadores temporários ao serviço no início do mês com o número de trabalhadores temporários contratados no decurso do mês.

15 – Constitui contra-ordenação muito grave a violação do disposto no n.º 1, e contra-ordenação grave a violação do disposto nos n.os 2, 4, 5 e 7 a 10.".

7. Os novos contratos referidos no n.º 2 são os contratos de trabalho celebrados a partir de dia 1 de Outubro de 2013, nos termos do disposto no artigo 3.º da Lei n.º 69/2013, de 30 de Agosto, que determina que: "Para efeitos do disposto nos artigos 190.º e 191.º do Código do Trabalho consideram-se novos contratos de trabalho os contratos celebrados após a entrada em vigor da presente lei.". A Lei n.º 69/2013 entrou em vigor no dia 1 de Outubro de 2013, de acordo com o estabelecido no seu artigo 10.º

ARTIGO 191.º – Execução da caução

1 – O trabalhador deve reclamar os respectivos créditos no prazo de 30 dias a contar do termo do contrato de trabalho, bem como comunicar tal facto ao serviço público de emprego, para efeitos de pagamento através da caução.

2 – A falta de pagamento pontual de crédito do trabalhador que se prolongue por período superior a 15 dias deve ser declarada, a pedido deste, pelo empregador, no prazo de cinco dias ou, em caso de recusa, pelo serviço com competência inspectiva do ministério responsável pela área laboral, no prazo de 10 dias.

3 – A declaração referida no número anterior deve especificar a natureza, o montante e o período a que o crédito respeita.

4 – O trabalhador ou o credor dos demais encargos previstos no artigo anterior pode solicitar ao serviço público de emprego o pagamento do respectivo crédito através da caução, nos 30 dias seguintes à data do seu vencimento, apresentando a declaração referida no n.º 2.

5 – No caso de ser apresentada a declaração emitida pelo serviço com competência inspectiva do ministério responsável pela área laboral, o serviço público de emprego notifica a empresa de trabalho temporário de que o trabalhador requereu o pagamento de crédito por conta da caução e de que este é efectuado se a mesma não provar o pagamento no prazo de oito dias.

6 – No caso de a caução ser insuficiente face aos créditos cujo pagamento é solicitado, este é feito de acordo com os seguintes critérios de precedência:

a) Créditos retributivos dos trabalhadores relativos aos últimos 30 dias da actividade, com o limite correspondente ao montante de três vezes a retribuição mínima mensal garantida;

b) Outros créditos retributivos por ordem de pedido;

c) Indemnizações e compensações pela cessação do contrato de trabalho temporário;

d) Demais encargos com os trabalhadores.

7 – Relativamente aos trabalhadores com novos contratos de trabalho estão excluídas dos critérios de precedência as compensações por cessação de contrato de trabalho previstas na alínea c) do número anterior.

1. Este preceito não tinha correspondência no anterior Código do Trabalho, aprovado pela Lei n.º 99/2003. Corresponde ao n.º 9 do artigo 6.º, e ao artigo 7.º da Lei n.º 19/2007, de 22 de Maio, que regulava o licenciamento e o exercício da actividade das empresas de trabalho temporário e bem assim as relações contratuais entre trabalhadores temporários, empresas de trabalho temporário e empresas utilizadoras.

O n.º 7 foi introduzido pela Lei n.º 69/2013, de 30 de Agosto. Na versão versão originária do Código do Trabalho, aprovado pela Lei n.º 7/2009, de 12 de Fevereiro, o n.º 7 inexistia.

2. Sobre o conceito de contrato de trabalho temporário, veja-se a alínea a) do artigo 172.º Sobre os conceitos de empresa de trabalho temporário e de trabalhador temporário, vejam-se as anotações àquele mesmo artigo.

3. Nos termos do n.º 1, para que o trabalhador temporário possa iniciar o procedimento para pagamento dos créditos através da caução deverá reclamar os respectivos créditos ao empregador no prazo de 30 dias a contar do termo do contrato de trabalho, bem como comunicar tal facto ao serviço público de emprego. Caso o empregador não satisfaça o pagamento do crédito, quando tenham sido ultrapassados 15 dias, o trabalhador poderá solicitar ao empregador que declare a falta daquele pagamento. Caso o empregador nada diga, ou recuse a declaração da falta de pagamento no prazo de cinco dias após o pedido do trabalhador, o trabalhador deverá solicitar aquela declaração ao serviço com competência inspectiva do ministério responsável pela área laboral. Quando o trabalhador solicite a declaração àquele serviço, este dispõe de 10 dias para a emitir. Quer seja emitida pelo empregador a pedido do trabalhador, quer pelo serviço com competência inspectiva do ministério responsável pela área laboral, a declaração de falta de pagamento pontual de crédito do trabalhador deve especificar a natureza, o montante e o período a que o crédito respeita, cfr. n.º 3.

Tratando-se de crédito relativo a retribuição e outras prestações pecuniárias, cfr. n.º 4, e caso o empregador não satisfaça o seu pagamento, quando tenham sido ultrapassados 15 dias sobre a data do seu vencimento, o trabalhador poderá solicitar ao empregador que declare a falta daquele pagamento. Caso o empregador nada diga, ou recuse a declaração da falta de pagamento no prazo de cinco dias após o pedido do trabalhador, o trabalhador deverá solicitar aquela declaração ao serviço com competência inspectiva do ministério responsável pela área laboral. Quando o trabalhador solicite a declaração àquele serviço, este dispõe de 10 dias para a emitir. Quer seja emitida pelo empregador a pedido do trabalhador, quer pelo serviço com competência inspectiva do ministério responsável pela área laboral, a declaração de falta de pagamento pontual de crédito do trabalhador deve especificar a natureza, o montante e o período a que o crédito respeita, cfr. n.º 3.

4. O n.º 5 determina que no caso de ser apresentada a declaração emitida pelo serviço com competência inspectiva do ministério responsável pela área laboral, e só nesta situação, o serviço público de emprego notifica a empresa de trabalho temporário de que o trabalhador requereu o pagamento de crédito por conta da caução e de que este é efectuado se a mesma não provar o pagamento no prazo de oito dias. Caso a declaração de falta de pagamento pontual de crédito seja emitida pelo empregador, o serviço público de emprego deverá, caso a caução o permita, proceder ao imediato pagamento do crédito, por conta da própria caução.

5. O serviço com competência inspectiva do ministério responsável pela área laboral, referido no n.º 2 e no n.º 5, é actualmente a Autoridade para as Condições do Trabalho, cfr. alínea a) do n.º 2 do artigo 11.º do Decreto-Lei n.º 167-C/2013, de 31 de Dezembro, alterado pelo Decreto-Lei n.º 28/2015, de 10 de Fevereiro, que aprovou a Lei Orgânica do Ministério da Solidariedade, Emprego e Segurança Social, e alínea a) do n.º 2 do artigo 2.º do Decreto Regulamentar n.º 47/2012, de 31 de Julho, que aprovou a orgânica da Autoridade para as Condições do Trabalho, nos termos das quais a Autoridade para as Condições do Trabalho prossegue, entre outras, a atribuição de fiscalizar o cumprimento das disposições legais, regulamentares e convencionais respeitantes às relações de trabalho.

6. O n.º 6 estabelece os critérios de precedência quando a caução seja insuficiente para proceder ao pagamento de todos os créditos reclamados. Ou seja, estabelece-se nesta norma uma graduação de créditos, aplicável apenas quando a caução prestada se mostre exígua para proceder ao pagamento de todos eles.

7. Os novos contratos referidos no n.º 7 são os contratos de trabalho celebrados a partir de dia 1 de Outubro de 2013, nos termos do disposto no artigo 3.º da Lei n.º 69/2013, de 30 de Agosto, que determina que: "Para efeitos do disposto nos artigos 190.º e 191.º do Código do Trabalho consideram-se novos contratos de trabalho os contratos celebrados após a entrada em vigor da presente lei.". A Lei n.º 69/2013 entrou em vigor no dia 1 de Outubro de 2013, de acordo com o estabelecido no seu artigo 10.º

ARTIGO 192.º – Sanções acessórias no âmbito de trabalho temporário

1 – Juntamente com a coima, pode ser punida com a sanção acessória de interdição do exercício da actividade até dois anos a empresa de trabalho temporário que admita trabalhador em violação das normas sobre a idade mínima ou a escolaridade obrigatória.

2 – A empresa de trabalho temporário pode ainda ser punida com a sanção acessória de interdição do exercício da actividade até dois anos em caso de reincidência na prática das seguintes infracções:

a) Não constituição de seguro de acidentes de trabalho de trabalhador temporário;

b) Atraso por período superior a 30 dias no pagamento da retribuição devida a trabalhadores temporários;

c) Não adesão a fundo de compensação do trabalho ou a mecanismo equivalente, bem como não cumprimento da obrigação de contribuição para os mesmos e para o fundo de garantia de compensação do trabalho, previstos em legislação específica.

3 – A empresa de trabalho temporário, juntamente com a coima aplicável à contra-ordenação por celebração de contrato de utilização de trabalho temporário não sendo titular de licença, é ainda punível com ordem de encerramento do estabelecimento onde a actividade é exercida, até à regularização da situação.

4 – A sanção acessória referida nos números anteriores é averbada no registo nacional das empresas de trabalho temporário, previsto em legislação específica.

1. Este preceito não tinha correspondência no anterior Código do Trabalho, aprovado pela Lei n.º 99/2003. Corresponde aos n.ºs 1, 4 e 5 e às alíneas d) e) do n.º 2 do artigo 45.º da Lei n.º 19/2007, de 22 de Maio, que regulava o licenciamento e o exercício da actividade das empresas de trabalho temporário e bem assim as relações contratuais entre trabalhadores temporários, empresas de trabalho temporário e empresas utilizadoras.

2. A alínea c) do n.º 2 foi introduzida pelo artigo 1.º da Lei n.º 53/2011, e posteriormente foi alterada primeiro pelo artigo 2.º da Lei n.º 23/2012, de 25 de Junho, e posteriormente pelo artigo 2.º da Lei n.º 69/2013, de 30 de Agosto. Na versão originária do Código do Trabalho, aprovado pela Lei n.º 7/2009, de 12 de Fevereiro, esta alínea inexistia.

3. Sobre os conceitos de empresa de trabalho temporário e de trabalhador temporário, vejam-se as anotações ao artigo 172.º

4. Quanto à escolaridade obrigatória, é a Lei n.º 85/2009, de 27 de Agosto, que fixa o regime da escolaridade obrigatória para as crianças e jovens que se encontram em idade escolar, estabelecendo o n.º 1 do seu artigo 2.º que se consideram em idade escolar as crianças e jovens com idades compreendidas entre os 6 e os 18 anos. Já o n.º 4 do artigo 2.º deste mesmo diploma, determina que a escolaridade obrigatória cessa com a obtenção do diploma de curso conferente de nível secundário da educação, ou independentemente da obtenção do diploma de qualquer ciclo ou nível de ensino, no momento do ano escolar em que o aluno perfaça 18 anos.

5. O seguro de acidentes de trabalho referido na alínea a) do n.º 2, incumbe ao empregador, cfr. n.º 5 do artigo 283.º, ou seja, à empresa de trabalho temporário.

Caso o contrato de utilização de trabalho temporário não tenha em anexo cópia da apólice de seguro de acidentes de trabalho, que englobe o trabalhador temporário e a actividade a exercer por este, ou tendo aquela em anexo, mas o seguro não englobe o trabalhador temporário ou a actividade a exercer por este trabalhador, o utilizador é solidariamente responsável pela reparação dos danos emergentes de acidente de trabalho, cfr. n.º 3 do artigo 177.º

6. A alínea c) do n.º 2 prevê a possibilidade da empresa de trabalho temporário ser punida com a sanção acessória de interdição do exercício da actividade até dois anos em caso de reincidência na prática da infracção de não adesão a fundo de compensação do trabalho ou a mecanismo equivalente, bem como não cumprimento da obrigação de contribuição para os mesmos e para o fundo de garantia de compensação do trabalho. A sanção acessória será pois aplicável quando se consubstancie uma recidiva comprovada em anterior processo de contra-ordenação, pelo incumprimento da obrigação de financiamento. No trabalho temporário, o empregador é a empresa de trabalho temporário, sendo com esta que o trabalhador temporário tem uma relação jurídica laboral.

O fundo de compensação do trabalho (FCT) e o fundo de garantia de compensação do trabalho (FGCT) referidos na actual alínea c) do n.º 2 são fundos destinados a assegurar o direito dos trabalhadores ao recebimento efectivo de metade do valor da compensação devida por cessação do contrato de trabalho, calculada nos termos do artigo 366.º, cfr. n.º 1 do artigo 3.º da Lei n.º 70/2013, de 30 de Agosto, alterada pelo Decreto-Lei n.º 210/2015, de 25 de Setembro, sendo esta Lei a legislação específica referida na própria alínea c) do n.º 2. Aqueles dois fundos são fundos de adesão individual e obrigatória, pelo empregador, e também de contribuição obrigatória por parte do próprio empregador. O empregador pode ainda aderir a mecanismo equivalente (ME), em alternativa à adesão ao fundo de compensação do trabalho, desde que se vincule a conceder ao trabalhador, através do mecanismo equivalente, garantia igual à que resultaria da vinculação do empregador ao fundo de compensação do trabalho. O mecanismo equivalente apenas pode ser constituído pelo empregador junto de instituições sujeitas a supervisão do Banco de Portugal ou do Instituto de Seguros de Portugal, e na condição de aquelas instituições se encontrarem legalmente autorizadas a exercer a gestão e comercialização desse instrumento, cfr. n.º 7 do artigo 36.º da Lei n.º 70/2013, de 30 de Agosto.

Com efeito, em caso de despedimento colectivo, o trabalhador tem direito a uma compensação, compensação esta que nos contratos de trabalho celebrados a partir de 1 de Outubro de 2013 é suportada integralmente pelo empregador, cfr. n.º 3 do artigo 366.º e n.º 1 do artigo 33.º da Lei n.º 70/2013, de 30 de Agosto. Em qualquer caso de cessação do contrato de trabalho o empregador pode solicitar ao fundo de compensação do trabalho, com uma antecedência máxima de 20 dias relativamente à data da cessação do contrato de trabalho, o reembolso do saldo da conta de registo individualizado do respectivo trabalhador, incluindo a eventual valorização positiva. Caso a cessação do contrato de trabalho não determine a obrigação de pagamento de compensação calculada nos termos do artigo 366.º, como sucede quando o trabalhador é despedido na sequência de um procedimento disciplinar, o valor reembolsado pelo fundo de compensação do trabalho reverte para o empregador, cfr. n.os 1 e 3 do artigo 34.º da Lei n.º 70/2013.

Sempre que o empregador não efectue, total ou parcialmente, o pagamento da compensação por si devida, o trabalhador pode accionar o fundo de garantia de compensação do trabalho, pelo valor necessário à cobertura de metade do valor da compensação, cfr. n.º 2 do artigo 33.º da Lei n.º 70/2013.

A compensação devida ao trabalhador abrangido por um despedimento colectivo supra referida é também aplicável ao trabalhador que seja abrangido por um despedimento por extinção de posto de trabalho, e ao trabalhador que seja abrangido por um despedimento por inadaptação, de acordo com o estabelecido nos artigos 372.º e 379.º, respectivamente, valendo igualmente nestes outros dois despedimentos o que se referiu relativamente à compensação no despedimento colectivo.

Note-se que nos termos do artigo 12.º da Lei n.º 70/2013, o valor das entregas a efectuar pelo empregador ao fundo de compensação do trabalho estão fixadas em 0,925% da retribuição base e diuturnidades, devidas a cada trabalhador abrangido, e, relativamente ao fundo de garantia de compensação do trabalho em 0,075% da retribuição base e diuturnidades, devidas a cada trabalhador abrangido pelo fundo de compensação do trabalho ou por mecanismo equivalente. As entregas são efectuadas mensalmente, doze vezes por ano.

Os procedimentos e os elementos necessários à operacionalização do fundo de compensação do trabalho e do fundo de garantia de compensação do trabalho foram definidos na Portaria n.º 294-A/2013, de 30 de Setembro.

7. No mesmo sentido dos n.os 3 e 4, dispõe o artigo 32.º do Decreto-Lei n.º 260/2009, de 25 de Setembro, alterado pelas Leis n.os 5/2014, de 12 de Fevereiro, 146/2015, de 9 de Setembro, e 28/2016, de 23 de Agosto, que regula o exercício e licenciamento da actividade da empresa de trabalho temporário. Nos termos do n.º 1 do artigo 32.º daquele diploma, "Para além das sanções acessórias previstas no Código do Trabalho, o exercício da actividade de cedência de trabalhadores temporários a utilizadores sem licença ou com licença suspensa é ainda punível com ordem de encerramento do estabelecimento onde a actividade é exercida até à regularização da situação, juntamente com a coima.". Estabelece o n.º 2 do mesmo artigo 32.º que: "As sanções acessórias referidas no número anterior são averbadas no registo referido no artigo 8.º", ou seja no registo nacional das empresas de trabalho temporário.

8. Importa ainda referir o disposto no n.º 1 do artigo 12.º do Decreto-Lei n.º 260/2009, de acordo com o qual o serviço público de emprego suspende, durante dois meses, a licença de exercício de actividade de cedência temporária de trabalhadores para utilização de terceiros utilizadores sempre que se verifique que a empresa de trabalho temporário não fez prova junto do próprio serviço público de emprego, até ao final do 1.º trimestre de cada ano, do cumprimento dos requisitos de que depende a concessão da licença para o exercício da sua actividade, relativamente ao ano anterior. Entre estes requisitos conta-se a situação contributiva regularizada perante a administração tributária e a segurança social.

CAPÍTULO II – Prestação do trabalho

SECÇÃO I – Local de trabalho

ARTIGO 193.º – Noção de local de trabalho

1 – O trabalhador deve, em princípio, exercer a actividade no local contratualmente definido, sem prejuízo do disposto no artigo seguinte.

2 – O trabalhador encontra-se adstrito a deslocações inerentes às suas funções ou indispensáveis à sua formação profissional.

1. Este preceito corresponde ao artigo 154.º do anterior Código do Trabalho, aprovado pela Lei n.º 99/2003.

2. O local de trabalho corresponde à delimitação espacial da prestação, ao lugar onde o trabalhador deve desempenhar a actividade, ou seja, ao local onde cumprindo a prestação, se exonera perante o credor, o empregador. Trata-se de matéria extremamente relevante para qualquer uma das partes, independentemente de se tratar do empregador ou do trabalhador. Com efeito, o local de trabalho delimita espacialmente o lugar onde o empregador pode exigir ao trabalhador a prestação, enquanto que para o trabalhador permite-lhe organizar a sua vida de modo a poder executá-la.

3. De acordo com o n.º 1, o local de trabalho resulta do que for acordado pelas partes, empregador e trabalhador, aquando da celebração do contrato de trabalho, sem prejuízo dos casos que permitem a sua alteração unilateral pelo empregador, previstos no artigo 194.º, ou pelo trabalhador, estabelecido no artigo 195.º Não significa isto que o contrato de trabalho tenha de estabelecer expressamente o local de trabalho, podendo este inferir-se, como sucede não raramente, tácitamente, ou seja, deduzindo-se de factos que, com toda a probabilidade o revelem.

4. O n.º 2 estabelece que o trabalhador se encontra submetido às deslocações inerentes às suas funções. Não raro, trabalhadores há que prestam trabalho no exterior da empresa, por força das funções exercidas, as quais impõem que este se desloque. É o que sucede relativamente ao trabalhador que desempenhe as funções de vendedor numa empresa que esteja presente em feiras, exposições, salões, etc.. Sendo o trabalhador contratado para o desempenho de funções como a exemplificada, este encontra-se sujeito à realização das deslocações intrínsecas às próprias funções, emergentes do contrato de trabalho. Quando assim seja, e tendo o trabalhador de proceder a gastos necessários para efectuar semelhantes deslocações, o empregador deverá proceder ao seu reembolso.

5. A formação profissional referida no n.º 2 encontra-se prevista no artigo 130.º e segs. Nos termos da alínea d) do n.º 1 do artigo 127.º, constitui dever do empregador contribuir para a elevação da produtividade e empregabilidade do trabalhador, nomeadamente proporcionando-lhe formação profissional adequada a desenvolver a sua qualificação. Por contraposição a este dever, o trabalhador tem o dever de participar de modo diligente em acções de formação profissional que lhe sejam proporcionadas pelo empregador, cfr. alínea d) do n.º 1 do artigo 128.º

6. Nos termos da alínea b) do n.º 3 do artigo 106.º, o local de trabalho ou, não havendo um fixo ou predominante, a indicação de que o trabalho é prestado em várias localizações, constitui uma das informações que o empregador tem de prestar, por escrito, em documento por si assinado, nos 60 dias subsequentes ao início da execução do contrato de trabalho ou, se este cessar antes deste prazo, até ao respectivo termo cfr. n.ºs 1 e 4 do artigo 107.º Nos termos do n.º 3 do artigo 107.º, este dever considera-se cumprido quando a informação em causa conste de contrato de trabalho reduzido a escrito ou de contrato-promessa de contrato de trabalho.

7. Sobre o local de trabalho *vide* Bernardo Lobo Xavier, *Manual de Direito do Trabalho*, Verbo, 2011, página 479 e segs., e António Monteiro Fernandes, *Direito do Trabalho*, 15.ª Edição, Almedina, Abril 2010, página 443 e segs. No domínio da legislação anterior, pelo que será necessário proceder às adaptações necessárias, *vide* ainda de Bernardo Lobo Xavier, *O lugar da prestação de trabalho*, Estudos Sociais e Corporativos, ano 9, n.º 33, 1970, página 11 e segs.

ARTIGO 194.º – Transferência de local de trabalho

1 – O empregador pode transferir o trabalhador para outro local de trabalho, temporária ou definitivamente, nas seguintes situações:

a) Em caso de mudança ou extinção, total ou parcial, do estabelecimento onde aquele presta serviço;

b) Quando outro motivo do interesse da empresa o exija e a transferência não implique prejuízo sério para o trabalhador.

2 – As partes podem alargar ou restringir o disposto no número anterior, mediante acordo que caduca ao fim de dois anos se não tiver sido aplicado.

3 – A transferência temporária não pode exceder seis meses, salvo por exigências imperiosas do funcionamento da empresa.

4 – O empregador deve custear as despesas do trabalhador decorrentes do acréscimo dos custos de deslocação e da mudança de residência ou, em caso de transferência temporária, de alojamento.

5 – No caso de transferência definitiva, o trabalhador pode resolver o contrato se tiver prejuízo sério, tendo direito à compensação prevista no artigo 366.º

6 – O disposto nos números anteriores pode ser afastado por instrumento de regulamentação colectiva de trabalho.

7 – Constitui contra-ordenação grave a violação do disposto nos n.ºs 1 ou 4, no caso de transferência definitiva, e constitui contra-ordenação leve a violação do disposto no n.º 3.

1. Este preceito corresponde aos artigos 315.º e 316.º do anterior Código do Trabalho, aprovado pela Lei n.º 99/2003.

2. A redacção do n.º 5 deste artigo 194.º foi alterada pelo artigo 1.º da Lei n.º 53/2011, de 14 de Outubro, e posteriormente pela Lei n.º 23/2012, de 25 de

Junho, que retomou a redacção inicial da norma na versão originária do Código do Trabalho, aprovado pela Lei n.º 7/2009, de 12 de Fevereiro.

3. Constituem instrumentos de regulamentação colectiva de trabalho, cfr. n.os 2, 3 e 4 do artigo 2.º, a convenção colectiva (que pode ser um contrato colectivo, acordo colectivo, ou um acordo de empresa), o acordo de adesão, a decisão arbitral, a portaria de extensão, e a portaria de condições de trabalho.

4. Este preceito constitui uma excepção à garantia de inamovibilidade do trabalhador. Nos termos da alínea f) do n.º 1 do artigo 129.º, é proibido ao empregador transferir o trabalhador para outro local de trabalho, salvo nos casos previstos no Código do Trabalho ou em instrumento de regulamentação colectiva de trabalho, ou ainda quando haja acordo. Esta garantia pretende assegurar que o trabalhador pode organizar com segurança a sua vida em determinado lugar, conhecendo de antemão o lugar onde deve cumprir a prestação a que se encontra vinculado por força do contrato de trabalho. Não obstante, esta garantia não é absoluta, como decorre desde logo da própria letra da alínea f) do n.º 1 deste artigo 129.º

5. O n.º 1 estabelece os casos que permitem a alteração unilateral do local de trabalho pelo empregador. Dito de outra forma, este artigo 194.º abrange apenas a transferência do trabalhador fundamentada no poder do empregador de modificação unilateral do local de trabalho.

Significa isto que este artigo 194.º não é aplicável nas situações em que as partes, o empregador e o trabalhador, logo no contrato de trabalho estabeceram o local de trabalho, assegurando desde logo uma eventual mobilidade do trabalhador, acordando por exemplo que o trabalhador exercerá o seu trabalho em qualquer um dos estabelecimentos do empregador situados na área metropolitana do Porto. Nestes casos, quando o empregador ordenar ao trabalhador que se apresente no estabelecimento de Gaia, quando anteriormente o trabalhador se encontrava num outro situado no Porto, não se encontra a exercer o poder unilateral de modificar o local de trabalho, mas antes a faculdade, lícita, de exigir que o trabalhador se apresente noutro local que, por força da estipulação contratual, cabe ainda dentro do seu local de trabalho. Neste sentido, vejam-se, entre outros, os Acórdãos do Tribunal da Relação de Lisboa, de 31 de Outubro de 2012, processo 317/11.9TTCLD.L1-4, e de 30 de Maio de 2012, processo 26067/09.8T2SNT.L1-4, ambos disponíveis em www.dgsi.pt.

6. De acordo com o consignado na alínea a) do n.º 1, o empregador pode transferir o trabalhador para outro local de trabalho, temporária ou definitivamente, em caso de mudança ou extinção, total ou parcial, do estabelecimento onde aquele presta serviço. Trata-se de um caso designado como transferência colectiva. Note-se que nos termos da alínea b) do artigo 425.º, a mudança de local de actividade da empresa ou do estabelecimento deve ser antecedida de parecer da comissão de trabalhadores.

Quando se trate de transferência temporária, por determinação do n.º 3, esta não pode exceder seis meses, salvo por exigências imperiosas do funcionamento da empresa, sendo que o empregador deve custear as despesas de alojamento do trabalhador, cfr. n.º 4.

Tratando-se de transferência definitiva, o empregador deve custear as despesas do trabalhador decorrentes do acréscimo dos custos de deslocação e da mudança de residência. Neste caso, o trabalhador pode resolver o contrato se tiver prejuízo sério, caso em que terá direito à compensação prevista no artigo 366.º O conceito de prejuízo sério constitui um conceito indeterminado, que lhe confere a maleabilidade necessária para que se possa adaptar às circunstâncias mais variadas da realidade, em constante mutação. Entendeu o Acórdão do Supremo Tribunal de Justiça, de 12 de Novembro de 2009, processo 1906/05.6TTLSB.S1, sumários em www.dgsi.pt, que: "a determinação de prejuízo sério terá de ser efectuada pelo confronto entre as características da alteração do local de trabalho (distância, condições concretas do novo local) e as condições de vida do trabalhador, devendo o mesmo ser entendido como todo o dano que produza uma alteração substancial do plano de vida daquele e que não seja exigível ao mesmo ter de o suportar". Assim, e para que o trabalhador possa resolver o contrato de trabalho com direito a compensação, não basta conjecturar a verificação de alguns incómodos ou transtornos, dado que as modificações na vida pessoal, familiar e laboral do trabalhador sempre hão-de surgir por força da alteração definitiva do local de trabalho, exigindo-se antes um prejuízo sério, a aferir consoante o caso concreto. Prognosticando-se um prejuízo sério, a compensação a que o trabalhador tem direito é calculada de modo distinto consoante a data de celebração do contrato de trabalho.

O artigo 366.º aplica-se relativamente a trabalhadores que tenham celebrado um contrato de trabalho no dia 1 de Outubro de 2013, ou em data posterior a esta, nos termos do artigo 10.º da Lei n.º 69/2013, de 30 de Agosto, dado que 1 de Outubro foi a data de entrada em vigor da própria Lei n.º 69/2013. Quanto aos contratos celebrados antes de 1 de Outubro de 2013 vale o disposto no artigo 5.º da Lei n.º 69/2013, de 30 de Agosto.

De acordo com o disposto no n.º 1 do artigo 366.º, o trabalhador tem direito a compensação correspondente a 12 dias de retribuição base e diuturnidades, quando estas últimas existam, por cada ano completo de antiguidade. A retribuição diária é calculada através da divisão por 30 da retribuição base e diuturnidades, quando estas últimas existam, sendo que em caso de fracção de ano, o montante da compensação é calculado proporcionalmente. A compensação a receber pelo trabalhador tem limites máximos, fixados nas alíneas a) e b) do n.º 2 do artigo 366.º Assim, de acordo com aquelas normas, o valor da retribuição base mensal e diuturnidades, quando estas últimas existam, a considerar para efeitos de cálculo da compensação não pode ser superior a 20 vezes a retribuição mínima mensal garantida. Há ainda um segundo limite: o montante global da compensação não pode ser superior a 12 vezes a retribuição base mensal e diuturnidades – quando estas diuturnidades existam – ou, quando seja aplicável o limite previsto no ponto anterior, a 240 vezes a retribuição mínima mensal garantida.

Exemplificando:

1) Trabalhador com nove anos de antiguidade e retribuição mensal de 1.000,00 €

1.º aferir se o valor da retribuição base mensal e diuturnidades não ultrapassa o limite legal

$$20 \times 635{,}00\ € = 12.700{,}00\ €$$

1.000,00 € é menor do que 12.700,00 €

2.º calcular o valor diário da retribuição base e diuturnidades.

$$1.000{,}00\ € : 30 = 33{,}33\ €$$

3.º calcular a compensação correspondente a 12 dias de retribuição base e diuturnidades por cada ano completo de antiguidade

$$33{,}33 \times 12 = 399{,}96 \qquad 399{,}96 \times 9 = 3.599{,}64\ €$$

4.º aferir se o valor não ultrapassa o limite legal fixado para o montante global da compensação

$$12 \times 1.000{,}00 = 12.000{,}00\ €$$

3.599,64 € é menor do que 12.000,00€

A compensação é assim de 3.599,64 €

2) Trabalhador com nove anos de antiguidade e retribuição mensal de 15.000,00 €

1.º aferir se o valor da retribuição base mensal e diuturnidades não ultrapassa o limite legal

$$20 \times 635{,}00\ € = 12.700{,}00\ €$$

15.000,00 € é maior do que 12.700,00 €.

2.º calcular o valor diário da retribuição base e diuturnidades.

$$12.700{,}00\ € : 30 = 423{,}33\ €$$

3.º calcular a compensação correspondente a 12 dias de retribuição base e diuturnidades por cada ano completo de antiguidade

423,33 × 12 = 5.079,96 5.079,96 × 9 anos de antiguidade = = 45.719,64 €

4.º aferir se o valor não ultrapassa o limite legal fixado para o montante global da compensação

$$240 \times 600{,}00\ € = 152.400{,}00\ €$$

45.719,64 € é menor do que 152.400,00 €

A compensação é assim de 45.719,64 €

Já relativamente à cessação dos contratos de trabalho celebrados antes de 1 de Outubro de 2013 vejam-se as anotações ao artigo 366.º, bem como os exemplos práticos ali perspectivados.

Note-se contudo que o n.º 6 deste artigo 194.º permite que o valor da compensação a pagar ao trabalhador seja superior àquela que resultaria da aplicação do artigo 366.º, desde que o instrumento de regulamentação colectiva de trabalho o preveja.

Independentemente da verificação de um prejuízo sério, ao trabalhador, que assista à alteração unilateral do local de trabalho, deve ser conferido o direito de não a executar, podendo para tanto resolver o seu contrato de trabalho com justa causa, cfr. artigo 394.º, com fundamento de que aquela modificação configura uma alteração substancial e duradoura das condições de trabalho, embora no exercício legítimo de poderes do empregador, cfr. alínea b) do n.º 3 do artigo 394.º Consequentemente, e por força do disposto no n.º 1 do artigo 396.º, *a contrario*, aquela rescisão não conferirá um direito a indemnização.

7. Nos termos da alínea b) do n.º 1, o empregador pode transferir o trabalhador para outro local de trabalho, temporária ou definitivamente, quando outro motivo do interesse da empresa, que não seja a mudança ou extinção total ou parcial do estabelecimento, o exija e a transferência não implique prejuízo sério para o trabalhador. Significa isto que a alteração de local de trabalho não se pode mostrar manifestamente infundada e arbitrária, sob pena do empregador incorrer em abuso do direito, cfr. artigo 334.º do Código Civil. Justifica-se este direito potestativo do empregador alterar unilateralmente o local de trabalho, no poder de direcção de que beneficia, cfr. artigo 97.º sendo lícita desde que não envolva prejuízo sério para o trabalhador e desde que semelhante alteração não tenha o sentido de punição para o trabalhador. Quanto ao prejuízo sério, valem as considerações *supra* referidas na anotação anterior, em sentido de não ser relevante todo e qualquer transtorno.

8. Estabelece o n.º 2 que as partes, empregador e trabalhador, podem alargar ou restringir, através de acordo, a possibilidade do empregador transferir o trabalhador para outro local de trabalho, acordo esse que caduca ao fim de dois anos se não tiver sido aplicado. O legislador partiu do princípio de que a não utilização do acordo significa que o mesmo era destituído de interesse efectivo, cominando a sua caducidade quando o mesmo não seja utilizado. Ainda assim, a lei não impede que posteriormente à caducidade do acordo, venha a ser celebrado um novo acordo entre as partes, com o mesmo conteúdo.

9. De acordo com o n.º 3, quando se trate de transferência temporária, esta não pode exceder seis meses, salvo se a transferência temporária se dever a exigências imperiosas do funcionamento da empresa. O legislador socorreu-se mais uma vez de um conceito indeterminado, não fixando um prazo máximo para a duração da transferência temporária que tenha por motivo exigências imperiosas do funcionamento da empresa. Assim, e parar que a transferência temporária possa ter uma duração superior a seis meses, não basta uma qualquer exigência, exigindo-se antes uma exigência impreterível, em termos de ser, cremos, susceptivel de afectar a viabilidade da empresa.

10. O n.º 4 visa minurar os transtornos ou incómodos resultantes da alteração de local de trabalho para o trabalhador. O acréscimo dos custos de deslocação deve ser pago pelo empregador, quer se trate de transferência definitiva ou temporária. Da redacção do n.º 4 não resulta que o empregador tenha de suportar o agravamento do custo de vida caso este seja superior no novo local de trabalho. Sempre se diga que as partes num contrato de trabalho, não poderão afastar o disposto no n.º 4, acordando que o empregador não terá de custear as despesas do trabalhador decorrentes do acréscimo dos custos de deslocação e da mudança de residência ou, em caso de transferência temporária, de alojamento, pois, nos termos do n.º 5 do artigo 3.º, sempre que uma norma legal reguladora do contrato de trabalho determine que a mesma pode ser afastada por instrumento de regulamentação colectiva de trabalho, entende-se que o não pode ser por contrato de trabalho.

11. O n.º 5 determina que quando se trate de transferência definitiva que cause prejuízo sério, o trabalhador pode resolver o contrato de trabalho. A resolução do contrato de trabalho encontra-se prevista no artigo 394.º e segs., sendo uma modalidade de cessação do contrato de trabalho, cfr. alínea g) do artigo 340.º Para tanto, o trabalhador deverá cumprir o procedimento para a resolução estabelecido no artigo 395.º, sendo que por se prognosticar prejuízo sério, e por efeito deste n.º 5, terá direito, em detrimento da indemnização prevista no artigo 396.º, à compensação prevista no artigo 366.º

Quando o trabalhador resolva o contrato de trabalho por a transferência definitiva lhe provocar prejuízo sério, nos termos do n.º 5, o ónus da prova do prejuízo sério impende sobre o trabalhador, cfr. n.º 1 do artigo 342.º do Código Civil.

12. Para além da resolução do contrato de trabalho, o trabalhador pode reagir à ordem de transferência que lhe cause prejuízo sério, desobedecendo-lhe, sem que tal configure ilicitude. Este é o sentido desde logo da parte final da alínea e) do n.º 1 do artigo 128.º, que estabelece que o trabalhador deve cumprir as ordens e instruções do empregador respeitantes a execução ou disciplina do trabalho, bem como a segurança e saúde no trabalho, que não sejam contrárias aos seus direitos ou garantias. Se a transferência acarretar prejuizo sério para o trabalhador, a ordem é contrária aos direitos e garantias do trabalhador. Assim, configurará uma ordem ilegítima aquela que determinar que o trabalhador passe a prestar o seu trabalho noutro local em violação do disposto neste artigo 194.º, por ausência de substracto legal para o fezer. É que só a transferência de trabalhador efectuada nos casos previstos neste Código ou em instrumento de regulamentação colectiva de trabalho, ou ainda quando haja acordo é licita, cfr. alínea f) do n.º 1 do artigo 129.º

13. Sobre o que pode integrar o conceito de prejuízo sério, entendeu o Acórdão do Supremo Tribunal de Justiça, de 5 de Julho de 2007, processo 07S743, documento SJ20070705007434, disponível em www.dgsi.pt: "O que verdadeiramente releva é o dispêndio de tempo com as deslocações: porém, esse dispêndio – entre 1h a 1h15 por dia – não é superior àquele que a generalidade dos trabalhadores dos grandes centros urbanos também suporta diariamente.". Já o Acórdão do Tribunal da Relação de Lisboa, de 5 de Junho de 2013, processo 107/13.4TTBRR-A.L1-4, disponível em www.dgsi.pt, entendeu que: "Um acréscimo/gasto diário de cerca 3 horas e 45 minutos em transportes, deslocações a pé e tempos mortos a aguardar pelo início do trabalho ou por aqueles mesmos transportes (para mais e em parte, a horas tardias, sem grande circulação de pessoas e, por isso, mais perigosas para a Requerente), quando estamos face a uma trabalhadora que tem problemas de saúde (depressão e agorafobia), que são suscetíveis de ser agravados com a dita transferência, e que sempre laborou, no mesmo local de trabalho, situado a 8 minutos da sua residência, ao longo de 18 anos, tendo organizado a sua vida profissional e pessoal em torno dessa rotina, constitui um sacrifício inexigível e irrazoável para a Apelante, que demonstra suficientemente uma situação de prejuízo sério.".

14. Quando o trabalhador for membro de estrutura de representação colectiva dos trabalhadores o empregador não pode transferir o trabalhador para outro local de trabalho, temporária ou definitivamente, sem que o trabalhador dê o seu acordo, a não ser que a transferência resulte de extinção ou mudança total ou parcial do estabelecimento onde este trabalhador presta o seu trabalho, cfr. n.º 1 do artigo 411.º

15. A transferência do local de trabalho exige o cumprimento de um procedimento, o qual se encontra previsto no artigo 196.º

16. Sobre a transferência de local de trabalho *vide* Bernardo Lobo Xavier, *Manual de Direito do Trabalho*, Verbo, 2011, página 487 e segs., António Monteiro Fernandes, *Direito do Trabalho*, 15.ª Edição, Almedina, Abril 2010, página 446 e segs. e, no domínio da legislação anterior, pelo que será necessário proceder às adaptações necessárias, Albino Mendes Baptista, "Transferência do trabalhador para outro local de trabalho, aviso prévio e esclarecimento sobre as condições da mudança", *Questões Laborais*, Ano VI – 1999, Coimbra Editora, páginas 196 e segs.

ARTIGO 195.º – Transferência a pedido do trabalhador

1 – O trabalhador vítima de violência doméstica tem direito a ser transferido, temporária ou definitivamente, a seu pedido, para outro estabelecimento da empresa, verificadas as seguintes condições:

a) Apresentação de queixa-crime;

b) Saída da casa de morada de família no momento em que se efective a transferência.

2 – Em situação prevista no número anterior, o empregador apenas pode adiar a transferência com fundamento em exigências imperiosas ligadas ao funcionamento da empresa ou serviço, ou até que exista posto de trabalho compatível disponível.

3 – No caso previsto do número anterior, o trabalhador tem direito a suspender o contrato de imediato até que ocorra a transferência.

4 – É garantida a confidencialidade da situação que motiva as alterações contratuais do número anterior, se solicitado pelo interessado.

5 – Constitui contra-ordenação grave a violação do disposto no n.º 2.

1. Este preceito não tem correspondência com qualquer outro do anterior Código do Trabalho, aprovado pela Lei n.º 99/2003, sendo um artigo novo.

2. O disposto nos n.os 1 a 4 deste artigo 195.º é repetido nos n.os 1 a 4 do artigo 42.º da Lei n.º 112/2009, de 16 de Setembro, alterada pelas Leis n.os 19/2013, de 21 de Fevereiro, 82-B/2014, de 31 de Dezembro, 129/2015, de 3 de Setembro, 42/2016, de 28 de Dezembro, e 24/2017, de 24 de Maio, que estabelece o regime jurídico aplicável à prevenção da violência doméstica e à protecção e assistência das suas vítimas.

3. Consagra-se um direito do trabalhador que seja vítima de violência doméstica, à transferência, temporária ou definitiva, para outro estabelecimento. Sobre o crime de violência doméstica *vide* artigo 152.º do Código Penal, aprovado pelo Decreto-Lei n.º 400/82, de 23 de Setembro.

Para que o trabalhador possa socorrer-se deste direito, é necessário a verificação de alguns requisitos, que são cumulativos:

i) que o trabalhador seja vítima de violência doméstica, ou seja, que lhe sejam infligidos maus tratos físicos ou psíquicos, incluindo castigos corporais, privações da liberdade e ofensas sexuais, por cônjuge ou ex-cônjuge, ou por pessoa de outro ou do mesmo sexo com quem o trabalhador mantenha ou tenha mantido uma relação análoga à dos cônjuges, ou ainda por progenitor de descendente comum em 1.º grau;
ii) que o trabalhador coabite com o agente do crime de violência doméstica;
iii) que o trabalhador apresente denúncia, pelo crime de violência doméstica;
iv) que exista outro estabelecimento da empresa que não aquele onde o trabalhador presta o seu trabalho;
v) que o trabalhador requeira a transferência;
vi) que o trabalhador saia da casa de morada de família no momento em que se efective a transferência.

Este último requisito, o de que o trabalhador saia da casa de morada de família pode suscitar dúvidas interpretativas. A casa de morada de família admite-se apenas quando tenha sido celebrado um casamento, cfr. artigos 1576.º, 1577.º, 1673.º, n.º 2 do artigo 1682.º-A, 1682.º-B e 1793.º, todos do Código Civil, ou quando duas pessoas, independentemente do sexo, vivam em união de facto há mais de dois anos, cfr. n.º 2 do artigo 1.º, alínea a) do artigo 3.º e artigo 4.º, todos da Lei n.º 7/2001, de 11 de Maio, alterada pelas Leis n.os 23/2010, de 30 de Agosto, 2/2016, de 29 de Fevereiro, 49/2018, de 14 de Agosto e 71/2018, de 31 de Dezembro. Assim, e para que o trabalhador possa sair da casa de morada de família, exige-se a qualificação como tal do local onde coabita. Atendendo a que o conceito de casa de morada de família existe apenas quando o trabalhador celebrou um casamento, ou viva em união de facto há mais de dois anos com outra pessoa, independentemente do sexo, quando o trabalhador não seja casado ou quando não viva há mais de dois anos com pessoa do outro sexo, ou do mesmo, não terá aplicação o requisito que exige a saída do trabalhador da casa de morada de família. Sempre se diga que não há nenhum dever do trabalhador informar o empregador que vive em união de facto, ou mesmo que celebrou um casamento, comunicação essa que se torna necessária se o trabalhador pretender beneficiar dos direitos atribuídos pela lei, designadamente: em matéria de impostos sobre o rendimento; gozo do descanso semanal em simultâneo de ambos os companheiros ou conjugues que sejam trabalhadores do mesmo empregador, cfr. n.º 4 do artigo 232.º; gozo de férias em simultâneo de ambos os companheiros ou conjugues que sejam trabalhadores do mesmo empregador, cfr. n.º 7 do artigo 241.º; em matéria de faltas, cfr. alínea a) do n.º 2 do artigo 249.º, alínea a) do n.º 1 e n.º 2 do artigo 251.º, artigo 252.º, aviso prévio no caso do despedimento colectivo abranger ambos os companheiros ou conjugues que sejam trabalhadores do mesmo empregador, cfr. n.º 2 do artigo 363.º, etc.. Também prejudica a aplicação do direito de transferência previsto neste artigo 195.º o trabalhador que saia da casa de família antes de realizada a transferência, ou que já tenha saído antes mesmo de realizar o pedido ao empregador.

Para aplicação do direito de transferência, o trabalhador deve, no momento em que requer a transferência, fazer prova junto do empregador de que apresentou queixa-crime. Alternativamente o trabalhador poderá fazer prova de que beneficia do estatuto de vítima de violência doméstica. Este estatuto de vítima de violência doméstica é, nos termos do n.º 1 do artigo 14.º da Lei n.º 112/2009, de 16 de Setembro, atribuído pelas autoridades judiciárias ou pelos órgãos de polícia criminal competentes após a apresentação da denúncia da prática do crime de violência doméstica, se não existirem fortes indícios de que a própria denúncia é infundada. No mesmo acto é entregue à vítima documento comprovativo do referido estatuto, que compreende os direitos e deveres estabelecidos na Lei n.º 112/2009, além da cópia do respectivo auto de notícia, ou da apresentação de queixa.

3. O trabalhador que seja vítima de violência doméstica pode ainda, verificadas as condições previstas no n.º 1 deste artigo 195.º, caso não pretenda ser transferido, temporária ou definitivamente, a seu pedido, para outro estabelecimento da empresa, passar a prestar o seu trabalho em regime de teletrabalho, desde que este seja compatível com o trabalho desempenhado pelo trabalhador, cfr. n.º 2 do artigo 166.º e que haja um pedido prévio do próprio trabalhador, cfr. n.º 4 do artigo 166.º Para aplicação do direito de passagem ao regime de teletrabalho, o pedido prévio do trabalhador junto do empregador deve ser instruído com prova de apresentação de queixa-crime. Quando assim seja, o empregador não pode sequer adiar a aplicação do regime de teletrabalho, ou seja, a prestação de trabalho que seja realizada habitualmente fora da empresa e através do recurso a tecnologias de informação e comunicação. Neste sentido, o n.º 4 do artigo 166.º consagra expressamente que o empregador não pode opor-se ao pedido do trabalhador, oposição que é também proibida pela alínea a) do n.º 1 do artigo 129.º Quando haja lugar à passagem de trabalhador vítima de violência doméstica para o regime de teletrabalho, essa passagem deve ser reduzida a escrito, mediante contrato, o qual deve conter os elementos referidos no n.º 5 do artigo 166.º Esta exigência de forma, se bem que não constitua um requisito de validade do contrato, servindo apenas para prova da estipulação do regime de teletrabalho, cfr. n.º 7 do artigo 166.º, é difícil de coadunar com o direito do trabalhador que seja vítima de violência doméstica, dado que um contrato é por natureza um acordo de vontades, que pode inexistir nesta situação em concreto, dado que a passagem do trabalhador para o teletrabalho é imposta ao empregador. Acresce que a ausência de redução a escrito faz incorrer o empregador na prática de uma contra-ordenação leve, cfr. n.º 8 do artigo 166.º Quanto à duração do regime de teletrabalho de trabalhador que a este tenha passado com fundamento em ter sido vítima de violência doméstica, e dado que o legislador não distinguiu esta situação daquelas outras em que empregador e trabalhador acordaram livremente na aplicação do teletrabalho, terá uma duração máxima de três anos, ou outra duração desde que prevista em instrumento de regulamentação colectiva do trabalho, cfr. n.º 1 do artigo 167.º E porque o legislador também não distingue a situação de trabalhador que tenha sido vítima de violência doméstica, das situações em que as partes, na vigência do contrato de trabalho, por si estabeleceram a prestação do trabalho em teletrabalho, é aplicável o n.º 2 do artigo 167.º, que permite que qualquer das partes, (logo também o empregador), pode denunciar o contrato para prestação subordinada de teletrabalho nos primeiros 30 dias da sua execução, denúncia que tem como efeito a retoma, pelo trabalhador, da execução do trabalho, nos termos inicialmente acordados antes do teletrabalho, ou nos termos previstos em instrumento de regulamentação colectiva do trabalho que disponha sobre esta matéria, cfr. n.º 3 do artigo 167.º Sempre se diga que esta denúncia não carece de invocação de justa causa, nem de ser reduzida a escrito, não conferindo ao trabalhador, em princípio, qualquer direito a indemnização. Apesar da lei não exigir qualquer aviso prévio para a denúncia, entendemos, que ao abrigo da boa fé, cfr. n.º 1 do artigo 126.º e n.º 2 do artigo 762.º do Código Civil, deve a denúncia ser realizada com um aviso prévio razoável, de acordo com a duração efectiva do regime de teletrabalho. Já conferirá um direito a indemnizar o trabalhador, o empregador que para execução da prestação em teletrabalho impõe ao trabalhador um avultado investimento, em instrumentos de trabalho, que este vem a fazer, como seja a aquisição por trabalhador subordinado que desempenhe as funções de corrector, de equipamento tecnológico de vanguarda, para, passado poucos dias do início do desempenho do trabalho em regime de teletrabalho, denunciar o contrato, fazendo o trabalhador passar a prestar o seu trabalho na empresa, e a manter em sua propriedade o equipamento adquirido, por manifesto abuso de direito, cfr. artigo 334.º do Código Civil.

A alteração do exercício da prestação de trabalho de vítima de violência doméstica, do local contratualmente definido, cfr. artigo 193.º, para um regime de teletrabalho, consagra um verdadeiro direito potestativo, conferindo-se ao trabalhador o poder de introduzir uma modificação que opera na esfera jurídica do empregador, com prejuízo para a própria gestão da organização.

4. O n.º 2 determina que o empregador apenas pode adiar a transferência com fundamento em exigências imperiosas ligadas ao funcionamento da empresa ou serviço, ou até que exista posto de trabalho disponível, não estabelecendo que o empregador pode opor-se à transferência. É-lhe permitido apenas adiar. A escolha se a transferência é temporária ou definitiva parece ser do trabalhador, sem que ao empregador seja concedida a faculdade de se opor. Estranhamente, a transferência de trabalhador vítima de violência doméstica obedece ao procedimento do artigo 196.º, pelo que o empregador deve comunicar ao trabalhador a sua transferência, por escrito e fundamentadamente, com 8 dias de antecedência se a transferência pedida pelo trabalhador foi temporária, ou 30 dias de antecedência se foi definitiva. Em abono deste entendimento note-se que a inserção sistemática do artigo 196.º foi efectuada imediatamente a seguir a este artigo 195.º A aplicação do artigo 196.º a esta transferência pedida por trabalhador revela falta de coerência do legislador, pois este artigo 196.º foi inicialmente previsto para transferências do trabalhador por iniciativa do empregador, não havendo nenhum motivo que justifique que uma transferência pedida por trabalhador, por ter sido vítima de violência doméstica, esteja sujeita à verificação de um pré-aviso de comunicação que pode atingir os 30 dias. Parece perder-se em parte o objectivo pretendido pelo artigo 195.º: um trabalhador vítima de violência doméstica tem direito a ser transferido, o que deve ser realizado de forma célere, pretendendo-se porventura afastar a vítima – o trabalhador – do seu agressor. No sentido de que se pretendeu consagrar uma transferência célere, é que ao trabalhador é concedido o direito a suspender o contrato de trabalho, de imediato, até que ocorra a transferência, cfr. n.º 3. Não menos estranho é que caso venha a provar-se no processo crime de que de facto o trabalhador foi vítima de violência doméstica, o agente do crime pode ser condenado na pena acessória de proibição de contacto com a vítima, a qual pode incluir o afastamento do local de trabalho desta, podendo o cumprimento da sanção acessória ser fiscalizado por meios técnicos de controlo à distância, ou seja, onera-se desde logo o empregador com uma obrigação cuja satisfação deveria ser assegurada pelo próprio Estado, designadamente através de um procedimento criminal célere e justo.

5. No n.º 3, e como supra referido, é concedido ao trabalhador o direito a suspender o contrato de trabalho, de imediato, até que ocorra a transferência, quando exista outro estabelecimento da empresa para o qual o trabalhador vítima de violência doméstica possa pedir transferência, direito que é repetido na alínea b) do n.º 2 do artigo 296.º Quando a empresa não disponha de qualquer outro estabelecimento que não seja aquele onde o trabalhador vítima de violência doméstica presta o seu trabalho, o legislador concedeu-lhe também o direito a suspender o contrato de trabalho, o que pode fazer de imediato, cfr. alínea a) do n.º 2 do artigo 296.º Ver anotação ao artigo 296.º

6. Do n.º 4 resulta que o dever de confidencialidade incide quer sobre a situação que motiva a transferência, quer sobre a suspensão do contrato, quando esta ocorrer. Existindo violação por parte do empregador, incorre este no dever de indemnizar o trabalhador, cfr. artigo 483.º n.º 1 do Código Civil.

7. A doutrina prevista neste artigo, e bem assim no preceito equivalente da Lei n.º 112/2009, de 16 de Setembro, é susceptível das maiores reservas. Trata-se de uma norma que não constava nem das propostas de alteração ao Código do Trabalho apresentadas pela Comissão do Livro Branco das Relações Laborais, nem na Proposta de Lei n.º 216/X de Revisão do Código do Trabalho, enviada pelo Governo à Assembleia da República, tendo sido introduzida em momento subsequente. A inserção deste preceito parece confirmar as críticas que se vêm fazendo desde há muito à instabilidade da legislação laboral, oscilando de acordo com interesses políticos do momento, em que se procura resolver problemas ocasionais, sem grande ponderação, o que acaba por consagrar soluções que revelam uma clara escassez de uniformidade e de concepção global. A imposição ao empregador de um direito do trabalhador à transferência, quando este seja vítima de violência doméstica, é uma restrição à livre iniciativa económica privada, e mesmo uma clara ofensa ao direito constitucional à propriedade privada, o qual tem de abranger a sua livre administração. No sentido de que se trata de uma coarctação, o empregador só pode adiar a transferência por inexistência de posto de trabalho compatível, ou por imperiosas exigências de funcionamento da empresa ou serviço, não bastando uma qualquer exigência, mas antes uma exigência impreterível.

8. O trabalhador vítima de violência doméstica não beneficia apenas do disposto neste preceito em anotação. Com efeito, o artigo 41.º da Lei n.º 112/2009 determina ainda que sempre que possível, e quando a dimensão e a natureza do empregador o permitam, este deve tomar em consideração de forma prioritária quer o pedido de mudança do trabalhador a tempo completo que seja vítima de violência doméstica para um trabalho a tempo parcial, quer o pedido de mudança do trabalhador a tempo parcial para um trabalho a tempo completo ou de aumento do seu tempo de trabalho. A mais, o trabalhador vítima de violência doméstica tem ainda direito a que as faltas motivadas por impossibilidade de prestar trabalho em razão da prática do crime de violência doméstica sejam consideradas justificadas, cfr. artigo 43.º da Lei n.º 112/2009.

9. Por determinação do artigo 44.º da Lei n.º 112/2009, os instrumentos de regulamentação colectiva de trabalho, sempre que possível, devem estabelecer, para a admissão em regime de tempo parcial e para a mobilidade geográfica, preferências em favor dos trabalhadores que beneficiem do estatuto de vítima de violência doméstica.

ARTIGO 196.º Procedimento em caso de transferência do local de trabalho

1 – O empregador deve comunicar a transferência ao trabalhador, por escrito, com oito ou 30 dias de antecedência, consoante esta seja temporária ou definitiva.

2 – A comunicação deve ser fundamentada e indicar a duração previsível da transferência, mencionando, sendo caso disso, o acordo a que se refere o n.º 2 do artigo 194.º

1. Este preceito corresponde ao n.º 3 do artigo 316.º, e ao artigo 317.º do anterior Código do Trabalho, aprovado pela Lei n.º 99/2003.

2. Este preceito estabelece o procedimento que o empregador deve cumprir quando unilateralmente decida alterar o local de trabalho, cfr. artigo 194.º Sobre a sua aplicação à transferência a pedido do trabalhador, prevista no artigo anterior, vejam-se as anotações ao artigo 195.º, impondo-se pelos argumentos aduzidos uma interpretação restritiva deste artigo 196.º, em sentido de o limitar às alterações do local de trabalho estabelecidas no artigo 194.º

3. Atendendo a que a alteração do local de trabalho está condicionada à inexistência de um prejuízo sério para o trabalhador, que o empregador pode, e deve, nem conhecer (veja-se o disposto relativamente aos direitos de personalidade, artigo 14.º e segs., e em especial o direito à reserva da intimidade da vida particular do trabalhador, cfr. artigo 16.º), antes do empregador decidir pela alteração, deve questionar o trabalhador se na hipótese de vir a decidir alterar o local de trabalho, se esta alteração é apta a causar-lhe, ou não, prejuízo sério. Pelo menos quando se trate de transferência individual. Ou seja, e à semelhança do que vem sendo defendido por Bernardo Lobo Xavier, *Iniciação ao Direito do Trabalho*, 3.ª Edição, Verbo, Lisboa – São Paulo, 2005 página 301, e mais recentemente *Manual de Direito do Trabalho*, Verbo, 2011, página 490 e 491, a audiência prévia do trabalhador habilitará o empregador a fazer a prova da inexistência de prejuízo sério para o trabalhador.

4. O disposto neste artigo 196.º visa essencialmente não só possibilitar que o trabalhador disponha de um período de tempo mínimo para organizar a sua vida, como permitir a apreciação judicial dos motivos ou fundamentos invocados para a transferência do local de trabalho. Na hipótese de um tribunal vir a sindicar a fundamentação aduzida, este encontra-se circunscrito aos motivos constantes do texto que determina a transferência, não sendo considerados os motivos que o empregador venha a apresentar em sede judicial que extrapolem a comunicação realizada.

5. Nos termos deste artigo 196.º constituem requisitos da transferência do local de trabalho:

- uma comunicação escrita;
- uma comunicação fundamentada, ou seja exige-se que a comunicação contenha o fundamento de gestão que leva o empregador a promover a transferência;
- a observância de uma antecedência de 8 ou 30 dias face à transferência, de acordo com a transferência em causa;
- a indicação da duração previsível da transferência;
- a indicação do acordo que alargue o poder do empregador de transferir o trabalhador, quando este acordo seja aplicável.

A falta de observância destes requisitos não tem por efeito operar a conversão da transferência temporária em transferência definitiva, ou desta última em transferência temporária. Contudo, verificando-se uma preterição destes requisitos, o trabalhador poderá desobedecer à ordem que vise a transferência do local de trabalho, sem que tal configure ilicitude, de acordo com o princípio da inamovibilidade do trabalhador, estabelecido na alínea f) do n.º 1 do artigo 129.º Significa isto que o incumprimento dos requisitos para a transferência do local de trabalho se consubstancia numa ordem do empregador de alteração do local de trabalho que é ineficaz, podendo o trabalhador permanecer no local onde vinha desempenhando o seu trabalho. Quando assim seja, caso o empregador obste à prestação de trabalho, a consequência é que entrará em mora.

6. A comunicação ao trabalhador da transferência constitui uma declaração receptícia que carece de ser dada a conhecer ao destinatário, sendo eficaz logo que chega ao poder do destinatário ou dele é conhecida, artigo 224.º do Código Civil.

7. A exigência da comunicação referir o acordo que alarga ou restringe a possibilidade do empregador transferir o trabalhador para outro local de trabalho, previsto no n.º 2 do artigo 194.º está dependente deste acordo existir, pelo que inexistindo não terá, obviamente de ser mencionado.

8. Este preceito é inaplicável às deslocações inerentes às funções do trabalhador, ou indispensáveis à sua formação profissional, às quais o trabalhador se encontra adstrito, cfr. n.º 2 do artigo 193.º, porquanto semelhantes deslocações, sendo em princípio de curta duração, não comprometem a segurança de que o trabalhador deve beneficiar para poder organizar a sua vida em determinado lugar.

9. Nada obsta que a forma escrita, imposta pelo n.º 1, seja satisfeita através de documento electrónico, ou seja, por documento elaborado mediante processamento electrónico de dados. Por outras palavras, nada impede que a forma escrita seja adoptada através de uma declaração escrita enviada por correio electrónico (e-mail) para um endereço electrónico. Sobre a validade, eficácia e valor probatório dos documentos electrónicos remete-se para a anotação 4. ao artigo 107.º

SECÇÃO II – Duração e organização do tempo de trabalho

SUBSECÇÃO I – Noções e princípios gerais sobre duração e organização do tempo de trabalho

ARTIGO 197.º – Tempo de trabalho

1 – Considera-se tempo de trabalho qualquer período durante o qual o trabalhador exerce a actividade ou permanece adstrito à realização da prestação, bem como as interrupções e os intervalos previstos no número seguinte.

2 – Consideram-se compreendidos no tempo de trabalho:

a) A interrupção de trabalho como tal considerada em instrumento de regulamentação colectiva de trabalho, em regulamento interno de empresa ou resultante de uso da empresa;

b) A interrupção ocasional do período de trabalho diário inerente à satisfação de necessidades pessoais inadiáveis do trabalhador ou resultante de consentimento do empregador;

c) A interrupção de trabalho por motivos técnicos, nomeadamente limpeza, manutenção ou afinação de equipamento, mudança de programa de produção, carga ou descarga de mercadorias, falta de matéria-prima ou energia, ou por factor climatérico que afecte a actividade da empresa, ou por motivos económicos, designadamente quebra de encomendas;

d) O intervalo para refeição em que o trabalhador tenha de permanecer no espaço habitual de trabalho ou próximo dele, para poder ser chamado a prestar trabalho normal em caso de necessidade;

e) A interrupção ou pausa no período de trabalho imposta por normas de segurança e saúde no trabalho.

3 – Constitui contra-ordenação grave a violação do disposto no número anterior.

1. Este preceito corresponde aos artigos 155.º e 156.º do anterior Código do Trabalho, aprovado pela Lei n.º 99/2003.

2. O n.º 1 estabelece a noção de tempo de trabalho.

3. De acordo com o n.º 1, no caso de deslocação em serviço, deve entender-se o tempo dispendido no trajecto e nas esperas? Em termos exemplificativos, um trabalhador que presta o seu trabalho habitualmente num escritório, das 9:00 às 18:00

horas, demora 15 minutos a chegar ao seu local de trabalho quando proveniente da sua residência, e que em serviço necessita de se deslocar à Alemanha para uma reunião às 16:00 horas, deve entender-se como tempo de trabalho o tempo dispendido para chegar ao aeroporto, durante o voo, que teve início às 08:00 horas, a eventual escala que seja necessária, o tempo de reunião e o tempo de regresso? Se não há dúvidas relativamente ao tempo da reunião, estas já poderiam surgir relativamente aos demais períodos de tempo dispendidos na viagem. Parece-nos, salvo melhor opinião que todo o tempo de viagem deve ser considerado tempo de trabalho, com excepção do período de tempo equivalente àquele que a deslocação da residência do trabalhador para o escritório demoraria. Ou seja, e no exemplo mencionado, se o trabalhador demorava 15 minutos de sua residência até ao local de trabalho, e despendeu 45 minutos no trajecto entre casa e o aeroporto, destes 45 minutos só 30 devem ser considerados tempo de trabalho. No exemplo referido, todo o tempo de trabalho que exceda o período normal de trabalho diário, cfr. n.º 1 do artigo 203.º, deve ser considerado trabalho suplementar, cfr. artigo 226.º e segs.

4. O n.º 2 determina as interrupções e o intervalo que se devem considerar abrangidos no tempo de trabalho.

5. Para efeitos da alínea a) do n.º 2, constituem instrumentos de regulamentação colectiva de trabalho, cfr. n.os 2, 3 e 4 do artigo 2.º, a convenção colectiva (que pode ser um contrato colectivo, acordo colectivo, ou um acordo de empresa), o acordo de adesão, a decisão arbitral, a portaria de extensão, e a portaria de condições de trabalho. O regulamento interno de empresa encontra-se previsto no artigo 99.º, correspondendo a um documento elaborado pelo empregador para regrar a organização e disciplina do trabalho. Quanto ao uso, e para que este possa relevar em matéria de tempo de trabalho, exige-se que corresponda a uma prática reiterada, não bastando assim que ocasionalmente se tenha verificado uma interrupção de trabalho que tenha sido compeendida no tempo de trabalho, para que de futuro todas as interrupções possam vir a ser entendidas como incluídas no tempo de trabalho, ao abrigo de um uso.

6. De acordo com a alínea b) do n.º 2 considera-se incluída no tempo de trabalho a interrupção ocasional do período de trabalho diário intrínseca à satisfação de necessidades pessoais inadiáveis do trabalhador ou resultante de consentimento do empregador. Na primeira parte desta norma encontram-se abrangidas as necessidades fisiológicas do trabalhador, podendo-se ainda entender, embora com certa bondade e com algumas reservas, que esta primeira parte abarca ainda as necessidades do trabalhador que se encontre dependente do consumo de tabaco. Este último caso pode ainda achar-se compreendido no tempo de trabalho quando consentido pelo empregador, como previsto na segunda parte da alínea b) do n.º 2. Nesta segunda parte da norma pode ainda incluir-se a pausa para café, ou determinadas concessões que alguns empregadores fazem com o intuito de fomentar a produtividade e bem estar dos trabalhadores como a interrupção para que o trabalhador receba uma massagem.

7. Nos termos da alínea c) do n.º 2, devem também ser compreendidos no tempo de trabalho, os casos de impossibilidade temporária de prestação de trabalho, nela previstos em termos exemplificativos, como resulta dos advérbios: "nomeadamente" e "designadamente". Prevêem-se que sejam incluídos no tempo de trabalho a interrupção de trabalho por motivos técnicos, nomeadamente limpeza, manutenção ou afinação de equipamento, mudança de programa de produção, carga ou descarga de mercadorias, falta de matéria-prima ou energia, ou por factor climatérico que afecte a actividade da empresa, ou por motivos económicos, designadamente quebra de encomendas.

Do teor da alínea c) do n.º 2 não se delimita a duração da interrupção de trabalho, pelo que os casos de impossibilidade nela previstas podem permitir a redução temporária de período normal de trabalho ou a suspensão do contrato de trabalho, cfr. artigo 294.º e segs., o que pode ter interesse para o empregador porquanto a retribuição a pagar ao trabalhador poderá então ser menor. É que por efeito da alínea c) do n.º 2, a verificação de um dos casos nela estabelecidos não dispensa o empregador de pagar a retribuição ao trabalhador. Em todo o caso, a inserção sistemática desta alínea c) do n.º 2 aponta em sentido que a interrupção de trabalho nela prevista deverá verificar-se por um breve período de tempo. Ao contrário do que pressupõe esta norma em anotação, se a impossibilidade do empregador receber o trabalho for definitiva, e não temporária, a consequência é que o contrato de trabalho caduca, cfr. alínea b) do artigo 343.º

8. A alínea d) do n.º 2 estabelece que o intervalo para refeição em que o trabalhador tenha de permanecer no espaço habitual de trabalho ou próximo dele, para poder ser chamado a prestar trabalho normal em caso de necessidade é também considerado tempo de trabalho, por efeito da disponibilidade que o trabalhador mantém para prestar o seu trabalho. Trata-se de trabalho normal, como expressamente refere a norma, e não trabalho suplementar, cfr. artigo 226.º e segs.

9. A interrupção ou pausa prevista na alínea e) do n.º 2 pode decorrer das medidas que se mostrem necessárias para que o empregador cumpra os deveres de prevenir riscos e doenças profissionais, cfr. alínea g) do n.º 1 do artigo 127.º e de assegurar aos trabalhadores condições de segurança e saúde em todos os aspectos relacionados com o trabalho, tendo em conta os princípios gerais de prevenção cfr. n.º 2 do artigo 281.º, e n.º 2 do artigo 15.º da Lei n.º 102/2009, de 10 de Setembro, que estabelece o regime jurídico da promoção da segurança e saúde no trabalho.

10. Não obstante o disposto nos n.os 1 e 2, há vários preceitos que determinam que se considera tempo de trabalho períodos em que o trabalhador não se encontra a prestar a actividade, nem permanece adstrito à realização da prestação, e que também não constituem uma interrupção ou intervalo tal como estabelecido no n.º 2. É o que sucede, por determinação do n.º 2 do artigo 277.º, em que caso a retribuição deva ser paga ao trabalhador em lugar diverso do local de trabalho, o tempo que o trabalhador gastar para receber a retribuição considera-se tempo de trabalho. É o que sucede também relativamente ao crédito de horas de que beneficiam os trabalhadores eleitos para as estruturas de representação colectiva dos trabalhadores, que é referido ao período normal de trabalho e conta como tempo de serviço efectivo, inclusivamente para efeito de retribuição, que resulta genericamente do n.º 2 do artigo 408.º, sendo concretizado em várias outras disposições. Assim, o crédito de horas dos membros de subcomissão de trabalhadores, de comissão de trabalhadores e de comissão coordenadora encontra-se nos n.os 1, 2, 3, 4 e 5 do artigo 422.º Já o crédito de horas de delegado sindical encontra-se previsto no n.º 1 do artigo 467.º, enquanto que o crédito de horas de membro de direcção de associação sindical tem consagração no n.º 1 do artigo 468.º E é o que sucede ainda relativamente a reuniões de trabalhadores a realizar no local de trabalho durante o horário de trabalho da generalidade dos trabalhadores até um período máximo de 15 horas por ano, que conta como tempo de serviço efectivo, cfr. alínea b) do n.º 1 do artigo 419.º e alínea b) do n.º 1 do artigo 461.º

11. Sobre o tempo de trabalho *vide* Bernardo Lobo Xavier, *Manual de Direito do Trabalho*, Verbo, 2011, página 499 e segs., e António Monteiro Fernandes, *Direito do Trabalho*, 15.ª Edição, Almedina, Abril 2010, página 353 e segs.

ARTIGO 198.º – Período normal de trabalho

O tempo de trabalho que o trabalhador se obriga a prestar, medido em número de horas por dia e por semana, denomina-se período normal de trabalho.

1. Este preceito corresponde ao artigo 158.º do anterior Código do Trabalho, aprovado pela Lei n.º 99/2003.

2. O período normal de trabalho corresponde à unidade quantitativa da prestação do trabalhador, ou seja, à quantidade de trabalho correlativamente à qual auferirá determinada retribuição.

3. De acordo com o n.º 3 do artigo 200.º, o início e o termo do período normal de trabalho diário podem ocorrer em dias consecutivos.

4. Nos termos da alínea i) do n.º 3 do artigo 106.º, o período normal de trabalho diário e semanal, especificando os casos em que é definido em termos médios, constitui uma das informações que o empregador tem de prestar, por escrito, em documento por si assinado, nos 60 dias subsequentes ao início da execução do contrato de trabalho ou, se este cessar antes deste prazo, até ao respectivo termo cfr. n.os 1 e 4 do artigo 107.º Nos termos do n.º 3 do artigo 107.º, este dever considera-se cumprido quando a informação em causa conste de contrato de trabalho reduzido a escrito ou de contrato-promessa de contrato de trabalho.

5. Sobre este preceito *vide* Bernardo Lobo Xavier, *Manual de Direito do Trabalho*, Verbo, 2011, página 501 e segs., e António Monteiro Fernandes, *Direito do Trabalho*, 15.ª Edição, Almedina, Abril 2010, página 356 e segs.

ARTIGO 199.º – Período de descanso

Entende-se por período de descanso o que não seja tempo de trabalho.

1. Este preceito corresponde ao artigo 157.º do anterior Código do Trabalho, aprovado pela Lei n.º 99/2003.

2. O descanso constitui um direito constitucionalmente reconhecido. Nesse sentido, a alínea d) do n.º 1 do artigo 59.º da Constituição da República Portuguesa consagrou que: "Todos os trabalhadores, sem distinção de idade, sexo, raça, cidadania, território de origem, religião, convicções políticas ou ideológicas, têm direito ao repouso e aos lazeres, a um limite máximo da jornada de trabalho, ao descanso semanal e a férias periódicas pagas.". Em ordem a esta norma constitucional, neste receito estabelece-se que todo o tempo que não seja, nem deva considerar-se como sendo, tempo de trabalho, é tempo de descanso, ou seja, é tempo de que o trabalhador pode dispender para repousar. Este direito de que beneficiam os trabalhadores em matéria de descanso, decorre ainda do próprio texto constitucional, que consagra a existência de um limite máximo da jornada de trabalho, de modo a que aos próprios trabalhadores seja permitido readquirir as energias suficientes para que possam cumprir a prestação de trabalho.

ARTIGO 200.º – Horário de trabalho

1 – Entende-se por horário de trabalho a determinação das horas de início e termo do período normal de trabalho diário e do intervalo de descanso, bem como do descanso semanal.

2 – O horário de trabalho delimita o período normal de trabalho diário e semanal.

3 – O início e o termo do período normal de trabalho diário podem ocorrer em dias consecutivos.

1. Este preceito corresponde ao artigo 159.º do anterior Código do Trabalho, aprovado pela Lei n.º 99/2003.

2. O horário de trabalho corresponde à disposição do período normal de trabalho diário, cfr. artigos 198.º e 203.º, entre o período de funcionamento, cfr. artigo 201.º, observando o intervalo de descanso, cfr. artigo 213.º, o descanso diário, cfr. artigo 214.º, e o descanso semanal, cfr. artigos 232.º e 233.º O período normal de trabalho diário não pode exceder oito horas por dia, cfr. n.º 1 do artigo 203.º, sendo que o período de funcionamento, em regra, encontra-se estabelecido entre as 6 e as 24 horas quando se trate de estabelecimentos de venda ao público e de prestação de serviços, incluindo os localizados em centros comerciais, e entre as 7 e as 20 horas quando se trate de estabelecimento industrial. O intervalo de descanso corresponde a uma interrupção do período de trabalho diário, ou da jornada de trabalho, e que visa obstar a que o trabalhador preste mais de cinco horas de trabalho consecutivo, tendo, em regra este intervalo, uma duração não inferior a uma hora nem superior a duas. Quanto ao descanso diário visa permitir o repouso entre jornadas de trabalho, ou entre dias de trabalho, o qual deve ter, em princípio, uma duração mínima de onze horas seguidas. Quanto ao descanso semanal, o trabalhador tem direito a, pelo menos, um dia de descanso por semana, que constitui o descanso semanal obrigatório, ao qual acresce o descanso diário (mínimo de onze horas), que deve ser gozado em continuidade àquele. Por efeito do n.º 2 do artigo 233.º, o descanso diário considera-se cumprido, no todo ou em parte, pelo descanso semanal complementar gozado em continuidade ao descanso semanal obrigatório.

3. O horário de trabalho, quando não seja acordado entre o empregador e o trabalhador, incumbe ao empregador, cfr. n.º 1 do artigo 212.º, constituindo uma das mais importantes ferramentas de gestão do empregador. Com efeito, é através do horário de trabalho que o empregador adequa o conjunto das diferentes prestações de trabalho dos trabalhadores a si subordinados, com vista a que dessas prestações coordenadas, obtenha um determinado efeito: um produto manufacturado, um serviço prestado, etc..

4. Sobre este preceito *vide* Bernardo Lobo Xavier, *Manual de Direito do Trabalho*, Verbo, 2011, página 509 e segs., e António Monteiro Fernandes, *Direito do Trabalho*, 15.ª Edição, Almedina, Abril 2010, página 357 e segs.

ARTIGO 201.º – Período de funcionamento

1 – Entende-se por período de funcionamento o período de tempo diário durante o qual o estabelecimento pode exercer a sua actividade.

2 – O período de funcionamento de estabelecimento de venda ao público denomina-se período de abertura.

3 – O período de funcionamento de estabelecimento industrial denomina-se período de laboração.

4 – O regime dos períodos de funcionamento consta de legislação específica.

1. Este preceito corresponde ao artigo 160.º do anterior Código do Trabalho, aprovado pela Lei n.º 99/2003.

2. O período de funcionamento tem intercessão com o horário de trabalho do trabalhador, como resulta desde logo do n.º 1 do artigo 212.º, que estabelece que compete ao empregador determinar o horário de trabalho, dentro dos limites da lei, designadamente do regime de período de funcionamento aplicável. Ou seja, o horário de trabalho deve encontrar-se dentro do período de funcionamento. Neste sentido, o n.º 1 do artigo 221.º determina que sempre que o período de funcionamento ultrapasse os limites máximos do período normal de trabalho devem ser organizados turnos de pessoal diferente.

3. A legislação prevista no n.º 4 deste preceito é, em parte, composta pela Lei n.º 105/2009, de 14 de Setembro, alterada pelas Leis n.os 60/2018, de 21 de Agosto, e 93/2019, de 4 de Setembro, que regulamenta este Código do Trabalho. *Infra* transcreve-se na íntegra o preceito daquela Lei que disciplina o período de funcionamento, o artigo 16.º:

"ARTIGO 16.º

Período de laboração

1 – O período de laboração é o compreendido entre as 7 e as 20 horas, sem prejuízo do disposto no número seguinte.

2 – O membro do Governo responsável pela área laboral, ouvidas as entidades públicas competentes, pode autorizar períodos de laboração do estabelecimento com amplitude superior à definida no número anterior, por motivos económicos e tecnológicos.

3 – Os membros do Governo responsáveis pela área laboral e pelo sector de actividade em causa podem, mediante despacho conjunto, autorizar a laboração contínua do estabelecimento por motivos económicos ou tecnológicos.

4 – Para efeitos dos n.os 2 e 3, o empregador deve apresentar ao serviço com competência inspectiva do ministério responsável pela área laboral, a quem compete a direcção da instrução do processo, requerimento devidamente fundamentado, acompanhado de:

a) Parecer da comissão de trabalhadores ou, na sua falta, da comissão sindical ou intersindical ou dos delegados sindicais ou, 10 dias após a consulta, comprovativo do pedido de parecer;

b) Projecto de horário de trabalho a aplicar;

c) Comprovativo do licenciamento da actividade da empresa;

d) Declarações emitidas pelas autoridades competentes comprovativas de que tem a situação contributiva regularizada perante a administração tributária e segurança social.

5 – Constitui contra-ordenação grave a violação do disposto nos n.os 1, 2 e 3.".

4. Para além da Lei n.º 105/2009, de 14 de Setembro, alterada pelas Leis n.os 60/2018, de 21 de Agosto, e 93/2019, de 4 de Setembro, a legislação prevista no n.º 4 deste preceito é ainda constituída pelo regime dos horários de funcionamento dos estabelecimentos comerciais. Este regime encontra-se estabelecido no Decreto-Lei n.º 48/96, de 15 de Maio, alterado pelos Decretos-Lei n.os 126/96, de 10 de Agosto, 216/96, de 20 de Novembro, 111/2010, de 15 de Outubro, 48/2011, de 1 de Abril, e 10/2015, de 16 de Janeiro. Este diploma não obsta a que o legislador aprove um regime especial de actividades não especificadas no conteúdo do próprio Decreto-Lei n.º 48/96, tal como previsto no n.º 1 do seu artigo 1.º De acordo com este n.º 1 do artigo 1.º do Decreto-Lei n.º 48/96, os estabelecimentos de venda ao público, de prestação de serviços, de restauração ou de bebidas, os estabelecimentos de restauração ou de bebidas com espaço para dança ou salas destinadas a dança, ou onde habitualmente se dance, ou onde se realizem, de forma acessória, espetáculos de natureza artística, os recintos fixos de espetáculos e de divertimentos públicos não artísticos têm horário de funcionamento livre.

Nos termos do artigo 3.º do Decreto-Lei n.º 48/96, as câmaras municipais, ouvidos os sindicatos, as forças de segurança, as associações de empregadores, as associações de consumidores e a junta de freguesia onde o estabelecimento se situe, podem restringir os períodos de funcionamento, a vigorar em todas as épocas do ano ou apenas em épocas determinadas, em casos devidamente justificados e que se prendam com razões de segurança ou de proteção da qualidade de vida dos cidadãos.

Também o período de funcionamento das farmácias de oficina consta de legislação específica, o Decreto-Lei n.º 53/2007, de 8 de Março, alterado pelos Decretos-Lei n.ºs 7/2011, de 10 de Janeiro, e 172/2012, de 1 de Agosto, no qual se dispõe que o período de funcionamento semanal das farmácias de oficina está sujeito a um limite mínimo de funcionamento e a um horário padrão, a definir por portaria do membro do Governo responsável pela área da saúde, a Portaria n.º 277/2012, de 12 de Setembro.

5. Sobre este preceito *vide* Bernardo Lobo Xavier, *Manual de Direito do Trabalho*, Verbo, 2011, página 507 e segs., e António Monteiro Fernandes, *Direito do Trabalho*, 15.ª Edição, Almedina, Abril 2010, página 356 e segs.

ARTIGO 202.º - Registo de tempos de trabalho

1 - O empregador deve manter o registo dos tempos de trabalho, incluindo dos trabalhadores que estão isentos de horário de trabalho, em local acessível e por forma que permita a sua consulta imediata.

2 - O registo deve conter a indicação das horas de início e de termo do tempo de trabalho, bem como das interrupções ou intervalos que nele não se compreendam, por forma a permitir apurar o número de horas de trabalho prestadas por trabalhador, por dia e por semana, bem como as prestadas em situação referida na alínea b) do n.º 1 do artigo 257.º

3 - O empregador deve assegurar que o trabalhador que preste trabalho no exterior da empresa vise o registo imediatamente após o seu regresso à empresa, ou envie o mesmo devidamente visado, de modo que a empresa disponha do registo devidamente visado no prazo de 15 dias a contar da prestação.

4 - O empregador deve manter o registo dos tempos de trabalho, bem como a declaração a que se refere o artigo 257.º e o acordo a que se refere a alínea f) do n.º 3 do artigo 226.º, durante cinco anos.

5 - Constitui contra-ordenação grave a violação do disposto neste artigo.

1. Este preceito corresponde ao artigo 162.º do anterior Código do Trabalho, aprovado pela Lei n.º 99/2003.

2. Este registo de tempos de trabalho suplementar não se confunde com o registo do trabalho suplementar, previsto no artigo 231.º, sendo registos diferentes.

3. O registo dos tempos de trabalho abrange os trabalhadores que estão isentos de horário de trabalho, independentemente da modalidade de isenção acordada entre o empregador e o trabalhador. Sobre a isenção de horário de trabalho, vejam-se os artigos 218.º e 219.º, e respectivas anotações.

4. A obrigação de registo de tempos de trabalho que impende sobre o empregador, nos termos do n.º 1, visa permitir um controlo do cumprimento das normas em matéria de tempo de trabalho, desde logo pelo próprio empregador, como também pelo trabalhador, e bem assim pelas autoridades competentes em matéria de fiscalização do cumprimento das disposições legais respeitantes às relações e condições de trabalho. O registo de tempos de trabalho não tem de ser enviado ao serviço com competência inspectiva do ministério responsável pela área laboral, actualmente a Autoridade para as Condições do Trabalho.

5. O dever de manter o registo dos tempos de trabalho em local acessível da empresa, previsto no n.º 1, de modo a facultar a sua consulta imediata, não impõe uma forma a que o mesmo deve obedecer. Como tal, o registo de tempos de trabalho pode ser feito em livro ou noutro suporte documental adequado, como por exemplo, em impressos adaptados a sistemas de relógio de ponto, mecanográficos ou informáticos. Nada impede assim que o registo dos tempos de trabalho conste da intranet da empresa (rede interna de partilha de ficheiros e gestão de conhecimento da empresa), ou mesmo no website (sitio na Internet) da empresa, desde que nestes casos o acesso aos dados seja limitado, de modo a assegurar a protecção de dados pessoais do trabalhador. E também nada veda que o registo dos tempos de trabalho seja efectuado através da utilização de de dados biométricos, como sejam a impressão digital, a geometria da mão, a geometria facial, o padrão da irís e o reconhecimento da retina, desde que observado o disposto no artigo 18.º

6. Do n.º 1, ao estabelecer que o registo dos tempos de trabalho deve ser mantido em local que permita a sua consulta imediata, conjugado com o n.º 3, que determina um prazo máximo para que o registo visado por trabalhador que preste o seu trabalho no exterior da empresa (imediatamente após o seu regresso ou no prazo máximo de 15 dias após a prestação do trabalho), resulta que o registo dos tempos de trabalho deve ser facultado para consulta seguidamente ao termo do tempo de trabalho, quando se trate de trabalhador que não seja abrangido no âmbito de aplicação do n.º 3.

7. Quanto ao local onde o registo dos tempos de trabalho deve estar disponível para consulta, este não coincide obrigatoriamente com o local onde é prestado o trabalho, tanto mais quando o registo pode ser efectuado por via informática. A regra deve ser que o registo dos tempos de trabalho se deve encontrar no local de trabalho do trabalhador. Este princípio sofre, contudo, uma excepção. A excepção é relativa a trabalhador que realize trabalho fora das instalações da empresa, o qual deve visar o registo imediatamente após o seu regresso à empresa ou mediante envio do mesmo devidamente visado (ou seja, confirmado pelo trabalhador), não mediando nunca, entre a prestação do trabalho e a entrega do registo, um prazo superior a 15 dias. Significa isto que, quanto a trabalhador que habitualmente preste o seu trabalho fora das instalações da empresa, ou que se encontre em regime de teletrabalho, cfr. artigo 165.º e segs., o registo dos tempos de trabalho deve encontrar-se para consulta no estabelecimento ou departamento da empresa em cuja dependência fica o trabalhador.

O Acórdão do Tribunal da Relação de Lisboa, de 5 de Dezembro de 2012, processo 403/11.5TTCLD.L1-4, disponível em www.dgsi.pt, entendeu que:"I – A segunda parte do número 3 do artigo 202.º do Código do Trabalho refere-se a trabalhadores que possuem uma ligação residual, ténue ou meramente formal à sede ou outras instalações do empregador, por o seu normal e genuíno local de trabalho não se reconduzir às mesmas mas a lugar diverso destas últimas (v. g., instalações de terceiros, clientes da entidade patronal), onde nunca regressam ou fazem-no de forma pontual e/ou irregular. II – O registo dos tempos de trabalho, nessas situações, tem de ser efetuado e mantido acessível, para consulta imediata, nos termos exigidos pelo número 1 do artigo 202.º do citado diploma legal e por um período mínimo de 30 dias, nas instalações ou estabelecimentos onde esses trabalhadores (que prestam trabalho no exterior da empresa empregadora, de acordo com o número 3 desse mesmo artigo) desempenham efetiva e habitualmente funções. III – A inexistência de tal "registo dos tempos de trabalho" nesses locais de trabalho externos faz incorrer a entidade empregadora na contraordenação prevista no número 5 do artigo 202.º do Código do Trabalho de 2009.". Ou seja, o Tribunal, em sentido com o qual não concordamos por lhe faltar o suporte literal neste artigo 202.º, decidiu que o empregador de trabalhadores que desempenham funções em instalações de terceiros, está obrigado a manter naquelas instalações (mesmo não sendo pertença sua) o registo dos tempos de trabalho.

8. De acordo com o n.º 2, o registo dos tempos de trabalho deve conter a informação das horas em que foi iniciado o tempo de trabalho, bem como as horas em que o mesmo findou, além de todas as interrupções ou intervalos que não se incluam no tempo de trabalho. Recorda-se que, nos termos do n.º 2 do artigo 197.º, há interrupções e intervalos que devem ser considerados no tempo de trabalho, pelo que quando se verifique uma destas interrupções ou intervalos não deve ser discriminada no registo dos tempos de trabalho, que se basta com as interrupções ou intervalos que não se compreendam no tempo de trabalho. Significa isto que do registo dos tempos de trabalho deve resultar o momento em que o trabalhador observou o intervalo de descanso, cfr. artigo 213.º, o descanso diário, cfr. artigo 214.º, e o descanso semanal, cfr. artigos 232.º e 233.º O intervalo de descanso corresponde a uma interrupção do período de trabalho diário, ou da jornada de trabalho, e que visa obstar a que o trabalhador preste mais de cinco horas de trabalho consecutivo, tendo, em regra este intervalo, uma duração não inferior a uma hora nem superior a duas. Quanto ao descanso diário visa permitir o repouso entre jornadas de trabalho, ou entre dias de trabalho, o qual deve ter, em princípio, uma duração mínima de onze horas seguidas. Quanto ao descanso semanal, o trabalhador tem direito a, pelo menos, um dia de descanso por semana, que constitui o descanso semanal obrigatório, ao qual acresce o descanso diário (mínimo de onze horas), que deve ser gozado em continuidade àquele. Por efeito do n.º 2 do artigo 233.º, o descanso diário considera-se cumprido, no todo ou em parte, pelo descanso semanal complementar gozado em continuidade ao descanso semanal obrigatório.

Como refere o mesmo n.º 2 deste artigo 202.º, o registo dos tempos de trabalho, através da informação nele feita constar, deve possibilitar depreender o número de horas de trabalho efectuadas por cada trabalhador individualmente considerado, por dia e por semana. Além destas, o registo dos tempos de trabalho deve permitir ainda conhecer o trabalho que tenha sido prestado na situação de substituição da perda de retribuição por motivo de falta por prestação de trabalho, caso em que o trabalhador prestará o seu trabalho em acréscimo ao período normal, sendo que esta solução prevista na alínea b) do n.º 1 do artigo 257.º está dependente de permissão pelo instrumento de regulamentação colectiva de trabalho, que admita a substituição.

9. O n.º 4 deste artigo 202.º impõe que o empregador conserve durante cinco anos o registo dos tempos de trabalho. Este dever de conservação pelo prazo de cinco anos abrange também a declaração expressa do trabalhador que pretende a substituição de uma falta por um dia de férias, cfr. alínea a) do n.º 1 do artigo 257.º, e o acordo de prestação de trabalho para compensação de períodos de ausência do próprio trabalhador, cfr. alínea f) do n.º 3 do artigo 226.º Quer a declaração prevista na alínea a) do n.º 1 do artigo 257.º, quer o acordo exigido na alínea f) do n.º 3 do artigo 226.º não revestem forma especial, podendo ser realizados tanto escrito, como verbalmente, nada vedando que seja utilizada a via telefónica para o fazer, desde que a declaração de renúncia a dias de férias, ou a declaração de concordância seja expressa, e seja utilizado um suporte que permita o cumprimento do dever de conservação das declarações durante o prazo de cinco anos. Nada impede que seja adoptada uma declaração escrita enviada por correio electrónico (e-mail) para um endereço electrónico.

10. Pela sua importância, importa referir o disposto nos n.os 1 e 2 do artigo 111.º da Lei n.º 102/2009, de 10 de Setembro, que estabelece o regime jurídico da promoção da segurança e saúde no trabalho. Nos termos do n.º 1 do artigo 111.º daquela Lei, o empregador deve comunicar ao serviço com competência inspectiva do ministério responsável pela área laboral os acidentes mortais, bem como aqueles que evidenciem lesão física grave, nas vinte e quatro horas a seguir à ocorrência. Esta comunicação deve conter a identificação do trabalhador acidentado e a descrição dos factos, devendo ser acompanhado de informação e respectivos registos sobre os tempos de trabalho prestado pelo trabalhador nos 30 dias que antecederam o acidente, cfr. n.º 2 do mesmo artigo 111.º O serviço com competência inspectiva do ministério responsável pela área laboral é a Autoridade para as Condições do Trabalho, cfr. alínea a) do n.º 2 do artigo 11.º do Decreto-Lei n.º 167-C/2013, de 31 de Dezembro, alterado pelo Decreto-Lei n.º 28/2015, de 10 de Fevereiro, que aprovou a Lei Orgânica do Ministério da Solidariedade, Emprego e Segurança Social, e alínea a) do n.º 2 do artigo 2.º do Decreto Regulamentar n.º 47/2012, de 31 de Julho, que aprovou a orgânica da Autoridade para as Condições do Trabalho, nos termos das quais a Autoridade para as Condições do Trabalho prossegue, entre outras, a atribuição de fiscalizar o cumprimento das disposições legais, regulamentares e convencionais respeitantes às relações de trabalho.

SUBSECÇÃO II – Limites da duração do trabalho

ARTIGO 203.º – Limites máximos do período normal de trabalho

1 – O período normal de trabalho não pode exceder oito horas por dia e quarenta horas por semana.

2 – O período normal de trabalho diário de trabalhador que preste trabalho exclusivamente em dias de descanso semanal da generalidade dos trabalhadores da empresa ou estabelecimento pode ser aumentado até quatro horas diárias, sem prejuízo do disposto em instrumento de regulamentação colectiva de trabalho.

3 – Há tolerância de quinze minutos para transacções, operações ou outras tarefas começadas e não acabadas na hora estabelecida para o termo do período normal de trabalho diário, tendo tal tolerância carácter excepcional e devendo o acréscimo de trabalho ser pago ao perfazer quatro horas ou no termo do ano civil.

4 – Os limites máximos do período normal de trabalho podem ser reduzidos por instrumento de regulamentação colectiva de trabalho, não podendo daí resultar diminuição da retribuição dos trabalhadores.

5 – Constitui contra-ordenação grave a violação do disposto neste artigo.

1. Este preceito corresponde aos artigos 163.º e 168.º do anterior Código do Trabalho, aprovado pela Lei n.º 99/2003.

2. Constituem instrumentos de regulamentação colectiva de trabalho, cfr. n.os 2, 3 e 4 do artigo 2.º, a convenção colectiva (que pode ser um contrato colectivo, acordo colectivo, ou um acordo de empresa), o acordo de adesão, a decisão arbitral, a portaria de extensão, e a portaria de condições de trabalho.

3. Nos termos do artigo 198.º, o período normal de trabalho corresponde ao tempo de trabalho que o trabalhador se obriga a prestar, medido em número de horas por dia e por semana. Por tempo de trabalho entende-se qualquer período durante o qual o trabalhador exerce a actividade ou permanece adstrito à realização da prestação, bem como as interrupções e os intervalos previstos no n.º 2 do artigo 197.º Este artigo 203.º fixa os limites máximos do período normal de trabalho, de oito horas por dia e quarenta horas por semana, tendo em vista assegurar o descanso do trabalhador. A duração do período normal de trabalho diário tem ainda outro limite, que resulta do n.º 1 do artigo 214.º, nos termos do qual, o trabalhador tem direito a um descanso de, pelo menos, onze horas seguidas, entre dois períodos diários de trabalho consecutivos, ou seja, entre jornadas de trabalho.

O descanso constitui um direito constitucionalmente reconhecido. Nesse sentido, a alínea d) do n.º 1 do artigo 59.º da Constituição da República Portuguesa consagrou que: "Todos os trabalhadores, sem distinção de idade, sexo, raça, cidadania, território de origem, religião, convicções políticas ou ideológicas, têm direito ao repouso e aos lazeres, a um limite máximo da jornada de trabalho, ao descanso semanal e a férias periódicas pagas.". Em ordem a esta norma constitucional, neste preceito em anotação é estabelecido e desenvolvido o direito de que beneficiam os trabalhadores em matéria de limite máximo da jornada de trabalho.

4. Os limites máximos do período normal de trabalho, de oito horas por dia e quarenta horas por semana referem-se a cada contrato de trabalho. Significa isto que nada veda que o mesmo empregador celebre dois contratos de trabalho com o mesmo trabalhador, o que terá por consequência ultrapassar os limites estabelecidos no n.º 1, sendo que neste caso, e para que não se verifique um caso de fraude à lei, o objecto do contrato celebrado entre as mesmas partes deve ter objecto diferente. Do mesmo modo, e como os limites fixados no n.º 1 deste artigo 203.º se reportam a cada contrato de trabalho, quando trabalhador tiver mais do que um empregador – o que constitui pluriemprego – também estes limites serão ultrapassados, sem que haja violação do disposto nesta norma, excepto quando se trate de menor. No caso de menor, o n.º 1 do artigo 80.º prevê expressamente que se este trabalhar para vários empregadores a soma dos períodos de trabalho não deve exceder os limites máximos do período normal de trabalho previstos no n.º 1 deste artigo 203.º

5. Não obstante o disposto no n.º 1, os limites máximos do período normal de trabalho podem ser ultrapassados. É o que sucede, desde logo no n.º 2 deste artigo 203.º, relativamente a trabalhador que preste trabalho exclusivamente em dias de descanso semanal da generalidade dos trabalhadores da empresa ou estabelecimento. Para além das situações previstas no n.º 2, há ainda vários outros preceitos que permitem que sejam excedidos os limites previstos no n.º 1. É o caso do artigo 204.º, adaptabilidade por regulamentação colectiva; no artigo 205.º adaptabilidade individual; no artigo 206.º, adaptabilidade grupal; nos artigos 208.º e 208.º-B, banco de horas; no artigo 209.º, horário concentrado; e no artigo 219.º, quando se trate de isenção de horário de trabalho na modalidade de não sujeição aos limites máximos do período normal de trabalho, cfr. alínea a) do n.º 1 do artigo 219.º, ou de possibilidade de determinado aumento do período normal de trabalho, por dia ou por semana, cfr. alínea b) do n.º 1 do mesmo artigo 219.º Além de todos estes preceitos, há ainda que referir o n.º 1 do artigo 210.º, que permite que os limites do período normal de trabalho sejam excedidos quando instrumento de regulamentação colectiva de trabalho o permita, restringindo esta admissibilidade a duas situações expressamente delineadas. É o que sucede em relação a trabalhador de entidade sem fim lucrativo ou estreitamente ligada ao interesse público, desde que a sujeição do período normal de trabalho a esses limites seja incomportável, e em relação a trabalhador cujo trabalho seja acentuadamente intermitente ou de simples presença.

Fora destes casos, não é permitido aumentar o período normal de trabalho.

6. Como se referiu na anotação anterior, com excepção dos casos expressamente previstos neste Código do Trabalho, não é permitido aumentar o período normal de trabalho. Contudo, permite-se que o período normal de trabalho seja diminuído. Neste sentido, o Acórdão do Supremo Tribunal de Justiça, de 22 de Março de 2007, processo 06S3536, documento n.º SJ20070322035364, sumários em www.dgsi.pt, entendeu que o empregador tem a faculdade de alterar o período normal de trabalho de um trabalhador de 36 horas para 40 horas semanais se foi este o período inicialmente contratado, ainda que posteriormente o trabalhador tenha passado a trabalhar em regime especial de 4 turnos, com duração semanal da sua prestação de trabalho limitada a 36 horas, situação que mais tarde veio a cessar, por se ter alterado a situação específica que esteve na base da redução do período normal de trabalho de 40 para 36 horas. Em tal situação, o regresso do trabalhador ao horário inicial de 40 horas semanais não configura prestação de trabalho suplementar nem diminuição da retribuição.

7. Da redacção do n.º 3 resulta que a tolerância de quinze minutos para transacções, operações ou outras tarefas começadas e não acabadas na hora estabelecida para o termo do período normal de trabalho diário, se deve considerar tempo de trabalho. Esta tolerância tem carácter excepcional, e não se considera trabalho suplementar, cfr. alínea c) do n.º 3 do artigo 226.º Sendo tempo de trabalho, a prestação realizada ao abrigo desta tolerância deve ser paga quando perfazer quatro horas ou no termo do ano civil. Ou seja, o tempo de trabalho prestado, qualificado como tolerância para efeitos de limite máximo do período normal de trabalho diário deve ser adicionado a outros períodos de trabalho inferiores ao período normal de trabalho diário, até perfazer o tempo correspondente a quatro horas, ou independentemente de atingir as quatro horas, no fim do ano civil, 31 de Dezembro. Havendo recurso reiterado a esta tolerância prevista no n.º 3 deste artigo 203.º, a consequência será a qualificação do trabalho assim prestado como sendo trabalho suplementar, cfr. n.º 1 do artigo 226.º

8. O disposto neste preceito não obsta a que seja prestado trabalho suplementar, cfr. artigo 226.º e segs., quando o mesmo seja admissível.

9. Sobre este preceito *vide* Bernardo Lobo Xavier, *Manual de Direito do Trabalho*, Verbo, 2011, página 502 e segs., e António Monteiro Fernandes, *Direito do Trabalho*, 15.ª Edição, Almedina, Abril 2010, página 356 e segs.

ARTIGO 204.º – Adaptabilidade por regulamentação colectiva

1 – Por instrumento de regulamentação colectiva de trabalho, o período normal de trabalho pode ser definido em termos médios, caso em que o limite diário estabelecido no n.º 1 do artigo anterior pode ser aumentado até quatro horas e a duração do trabalho semanal pode atingir sessenta horas, só não se contando nestas o trabalho suplementar prestado por motivo de força maior.

2 – O período normal de trabalho definido nos termos previstos no número anterior não pode exceder cinquenta horas em média num período de dois meses.

3 – Constitui contra-ordenação grave a violação do disposto neste artigo.

1. Este preceito corresponde ao artigo 164.º do anterior Código do Trabalho, aprovado pela Lei n.º 99/2003.

2. Constituem instrumentos de regulamentação colectiva de trabalho, cfr. n.ºs 2, 3 e 4 do artigo 2.º, a convenção colectiva (que pode ser um contrato colectivo, acordo colectivo, ou um acordo de empresa), o acordo de adesão, a decisão arbitral, a portaria de extensão, e a portaria de condições de trabalho.

3. Nos termos do artigo 198.º, o período normal de trabalho corresponde ao tempo de trabalho que o trabalhador se obriga a prestar, medido em número de horas por dia e por semana. Por tempo de trabalho entende-se qualquer período durante o qual o trabalhador exerce a actividade ou permanece adstrito à realização da prestação, bem como as interrupções e os intervalos previstos no n.º 2 do artigo 197.º

Por adaptabilidade deve entender-se a organização do tempo de trabalho em que o cumprimento do período normal de trabalho é realizado em termos médios, por referência a determinados períodos de tempo. A composição do tempo de trabalho segundo o regime da adaptabilidade tem por efeito que o período normal de trabalho é assimétrico, ou seja, tem variações, não sendo igual diáriamente nem semanalmente adequando-se ao interesse do empregador. Não obstante a duração do trabalho ser menor num determinado período de tempo considerado, o trabalhador mantém o direito à retribuição sem que esta possa ser diminuida, o mesmo valendo quando a duração do trabalho é maior, de modo a que se verifique a observância do período normal de trabalho em termos médios, em que o trabalhador não auferirá uma retribuição superior.

4. O n.º 1 permite que o período normal de trabalho seja definido em termos médios, podendo o limite diário das oito horas estabelecido no n.º 1 do artigo 203.º ser aumentado até quatro horas, ou seja até doze horas por dia, e a duração do trabalho semanal pode atingir sessenta horas. Este limite das sessenta horas, compreende o trabalho suplementar que seja prestado para fazer face a acréscimo eventual e transitório de trabalho e não se justifique para tal a admissão de trabalhador, cfr. n.º 1 do artigo 227.º Ou seja, o trabalho suplementar prestado com fundamento no n.º 1 do artigo 227.º entra para o cômputo das sessenta horas referidas no n.º 1. Já assim não sucede relativamente ao trabalho suplementar prestado por motivo de força maior, o qual se encontra previsto no n.º 2 do artigo 227.º

Quanto ao período de referência a ter em conta na adaptabilidade, o n.º 1 do artigo 207.º estabelece que, em regra, a duração média do trabalho é apurada por referência a período estabelecido em instrumento de regulamentação colectiva de trabalho que não seja superior a doze meses ou, na sua falta, a um período de quatro meses. Além deste limite, há ainda um outro – designado por limite absoluto – previsto no n.º 1 do artigo 211.º, nos termos do qual a duração média do trabalho semanal, incluindo trabalho suplementar (independentemente do fundamento do trabalho suplementar que seja prestado) não pode ser superior a quarenta e oito horas, num período de referência estabelecido em instrumento de regulamentação colectiva de trabalho que não ultrapasse doze meses ou, na falta deste, num período de referência de quatro meses, ou de seis meses nas situações expressamente previstas no n.º 2 do artigo 207.º

5. Como se depreende quer da epígrafe deste preceito, quer da redacção do n.º 1, a adaptabilidade aqui prevista só é admissível quando o instrumento de regulamentação colectiva de trabalho a preveja. Significa isto que as partes num contrato de trabalho, empregador e trabalhador não poderão acordar a prestação de trabalho segundo o regime previsto neste artigo 204.º Não obstante, é-lhes permitido recorrerem à adaptabilidade individual, cfr. artigo 205.º e n.º 2 do artigo 206.º, excepto relativamente ao disposto no n.º 2 do artigo 206.º quando se verifique a situação prevista na primeira parte da alínea a) do n.º 4 do artigo 206.º

6. Quanto à extensão da regulamentação que o instrumento de regulamentação colectiva pode efectuar, veja-se o disposto no n.º 1 e na primeira parte da alínea a) do n.º 4 do artigo 206.º

7. Nos termos do n.º 2 do artigo 209.º, aos trabalhadores que se encontrem abrangidos pelo regime de adaptabilidade não pode ser simultaneamente aplicável o regime do horário concentrado. Contudo a aplicação da adaptabilidade não afasta a possibilidade de aplicação sucessiva do regime de banco de horas, cfr. artigo 208.º e 208.º-B, e do trabalho suplementar cfr. artigo 226.º e segs. Assim muito facilmente um trabalhador pode estar obrigado, durante um determinado período temporal, à prestação de mais de catorze horas de trabalho por dia, dado que os regimes da adaptabilidade, do trabalho suplementar e do banco de horas não excluem aplicações consecutivas. O limite absoluto ao trabalho realizado está previsto no artigo 211.º

8. A definição do período normal de trabalho em termos médios é um elemento que é conhecido do trabalhador porquanto o empregador deve informar por escrito o trabalhador do período normal de trabalho diário e semanal, especificando os casos em que é definido em termos médios, nos sessenta dias subsequentes ao início da execução do contrato, ou até ao termo do contrato se este cessar antes dos sessenta dias, cfr. alínea i) do n.º 3 do artigo 106.º, e n.ºs 1 e 4 do artigo 107.º A informação sobre este elemento pode ser substituída pela referência às disposições pertinentes da lei, do instrumento de regulamentação colectiva de trabalho aplicável ou do regulamento interno da empresa, cfr. n.º 4 do artigo 106.º Este dever de informação considera-se cumprido quando a indicação do período normal de trabalho diário e semanal, especificando os casos em que é definido em termos médios, conste de contrato de trabalho ou de contrato-promessa de contrato de trabalho, reduzidos a escrito, cfr. n.º 3 do artigo 107.º

9. Nos termos dos n.ºs 1 e 2 do artigo 58.º, a trabalhadora grávida, puérpera ou lactante tem direito a ser dispensada de prestar trabalho em horário de trabalho organizado de acordo com regime de adaptabilidade, aplicando-se este direito a qualquer um dos progenitores em caso de aleitação, quando a prestação de trabalho naquele regime afecte a sua regularidade. Esta dispensa de prestação do trabalho em regime de adaptabilidade é um direito que materializa a protecção na parentalidade, cfr. alínea r) do n.º 1 do artigo 35.º De igual dispensa beneficia o menor, cfr. n.º 1 do artigo 74.º, quando o regime da adaptabilidade puder prejudicar a saúde ou segurança do menor no trabalho. Também o trabalhador com deficiência ou doença crónica é dispensado de prestar o seu trabalho em horário organizado de acordo com o regime de adaptabilidade, quando este for susceptível de prejudicar a sua saúde ou segurança no trabalho, cfr. alínea a) do n.º 1 do artigo 87.º

De acordo com o n.º 1 do artigo 157.º da Lei n.º 98/2009, de 4 de Setembro (que regulamenta o regime de reparação de acidentes de trabalho e de doenças profissionais, incluindo a reabilitação e reintegração profissionais), o trabalhador com capacidade de trabalho reduzida resultante de acidente de trabalho ou de doença profissional, a quem o empregador, ao serviço do qual ocorreu o acidente ou a doença foi contraída, assegure ocupação em funções compatíveis, durante o período de incapacidade, tem direito a dispensa de horários de trabalho com adaptabilidade.

10. Sobre este preceito *vide* Bernardo Lobo Xavier, *Manual de Direito do Trabalho*, Verbo, 2011, página 521 e segs., e António Monteiro Fernandes, *Direito do Trabalho*, 15.ª Edição, Almedina, Abril 2010, página 375 e segs.

ARTIGO 205.º – Adaptabilidade individual

1 – O empregador e o trabalhador podem, por acordo, definir o período normal de trabalho em termos médios.

2 – O acordo pode prever o aumento do período normal de trabalho diário até duas horas e que o trabalho semanal possa atingir cinquenta horas, só não se contando nestas o trabalho suplementar prestado por motivo de força maior.

3 – Em semana cuja duração do trabalho seja inferior a quarenta horas, a redução pode ser até duas horas diárias ou, sendo acordada, em dias ou meios dias, sem prejuízo do direito a subsídio de refeição.

4 – O acordo pode ser celebrado mediante proposta, por escrito, do empregador presumindo-se a aceitação por parte de trabalhador que a ela não se oponha, por escrito, nos 14 dias seguintes ao conhecimento da mesma, aí incluídos os períodos a que se refere o n.º 2 do artigo 217.º

5 – O regime jurídico previsto nos números anteriores mantém-se até ao termo do período de referência em execução à data da entrada em vigor de instrumento de regulamentação colectiva de trabalho que incida sobre a matéria.

6 – Constitui contra-ordenação grave a violação do disposto neste artigo.

1. Este preceito corresponde ao artigo 165.º do anterior Código do Trabalho, aprovado pela Lei n.º 99/2003.

2. Constituem instrumentos de regulamentação colectiva de trabalho, cfr. n.os 2, 3 e 4 do artigo 2.º, a convenção colectiva (que pode ser um contrato colectivo, acordo colectivo, ou um acordo de empresa), o acordo de adesão, a decisão arbitral, a portaria de extensão, e a portaria de condições de trabalho.

3. Nos termos do artigo 198.º, o período normal de trabalho corresponde ao tempo de trabalho que o trabalhador se obriga a prestar, medido em número de horas por dia e por semana. Por tempo de trabalho entende-se qualquer período durante o qual o trabalhador exerce a actividade ou permanece adstrito à realização da prestação, bem como as interrupções e os intervalos previstos no n.º 2 do artigo 197.º

Por adaptabilidade deve entender-se a organização do tempo de trabalho em que o cumprimento do período normal de trabalho é realizado em termos médios, por referência a determinados períodos de tempo. A composição do tempo de trabalho segundo o regime da adaptabilidade tem por efeito que o período normal de trabalho é assimétrico, ou seja, tem variações, não sendo igual diáriamente nem semanalmente adequando-se ao interesse do empregador. Não obstante a duração do trabalho ser menor num determinado período de tempo considerado, o trabalhador mantém o direito à retribuição sem que esta possa ser diminuida, o mesmo valendo quando a duração do trabalho é maior, de modo a que se verifique a observância do período normal de trabalho em termos médios, em que o trabalhador não auferirá uma retribuição superior.

4. O n.º 2 permite que, por acordo entre o empregador e o trabalhador, o período normal de trabalho seja definido em termos médios, podendo o limite diário das oito horas estabelecido no n.º 1 do artigo 203.º ser aumentado até duas horas, ou seja até dez horas por dia, e a duração do trabalho semanal pode atingir cinquenta horas. Este limite das cinquentas horas, compreende o trabalho suplementar que seja prestado para fazer face a acréscimo eventual e transitório de trabalho e não se justifique para tal a admissão de trabalhador, cfr. n.º 1 do artigo 227.º Ou seja, o trabalho suplementar prestado com fundamento no n.º 1 do artigo 227.º entra para o cômputo das cinquenta horas referidas no n.º 2. Já assim não sucede relativamente ao trabalho suplementar prestado por motivo de força maior, o qual se encontra previsto no n.º 2 do artigo 227.º

Quanto ao período de referência a ter em conta na adaptabilidade, o n.º 1 do artigo 207.º estabelece que, em regra, a duração média do trabalho é apurada por referência a período estabelecido em instrumento de regulamentação colectiva de trabalho que não seja superior a doze meses ou, na sua falta, a um período de quatro meses. Além deste limite, há ainda um outro – designado por limite absoluto – previsto no n.º 1 do artigo 211.º, nos termos do qual a duração média do trabalho semanal, incluindo trabalho suplementar (independentemente do fundamento do trabalho suplementar que seja prestado) não pode ser superior a quarenta e oito horas, num período de referência estabelecido em instrumento de regulamentação colectiva de trabalho que não ultrapasse doze meses ou, na falta deste, num período de referência de quatro meses, ou de seis meses nas situações expressamente previstas no n.º 2 do artigo 207.º

5. A referência ao subsídio de refeição no n.º 3 deve restringir-se aos casos em que o empregador pague o subsídio de refeição, por uso, ou porque a tanto se encontra obrigado por instrumento de regulamentação colectiva de trabalho. É que o Código do Trabalho não obriga ao pagamento deste subsídio em concreto, sendo que o mesmo é frequentemente pago, ainda que inexista instrumento de regulamentação colectiva de trabalho, designadamente por motivos fiscais. O subsídio de refeição apenas é considerado base de incidência de imposto sobre o rendimento das pessoas singulares a partir de determinado limite, relevando para o apuramento daquele limite o valor anualmente fixado para os subsídios de refeição dos trabalhadores da Administração pública, nos termos da alínea b) do n.º 3 e do n.º 14, ambos do artigo 2.º do Código do Imposto sobre o Rendimento das Pessoas Singulares, aprovado pelo Decreto-Lei n.º 442-A/88, de 30 de Novembro. O mesmo sucede relativamente à base de incidência contributiva em matéria de segurança social, que tem o mesmo regime estabelecido em sede de Imposto sobre o Rendimento das Pessoas Singulares, razões pelas quais os empregadores preferem proceder ao seu pagamento, cfr. alínea l) do n.º 2 e n.º 3, ambos do artigo 46.º do Código dos Regimes Contributivos do Sistema Previdencial de Segurança Social, aprovado pela Lei n.º 110/2009, de 16 de Setembro.

6. Da redacção do n.º 4 resulta que o trabalhador pode ser contratado *ab initio* para prestar o seu trabalho em regime de adaptabilidade individual, dando para tanto o seu acordo no contrato de trabalho, como poderão as partes, no decorrer da vigência de um contrato de trabalho, acordar na passagem do trabalhador para este regime, como inversamente, passando o trabalhador a prestar o seu trabalho sem que o período normal de trabalho seja definido em termos médios, quando antes o fazia através de adaptabilidade individual.

Quando o contrato de trabalho seja celebrado através da adesão do trabalhador, cfr. artigo 104.º, e neste se preveja o regime da adaptabilidade individual, vejam-se as anotações a este preceito, e em especial como se articula o prazo em que se presume a adesão do trabalhador, com o prazo previsto no n.º 4 deste artigo 205.º Note-se contudo que, ainda que o trabalhador se oponha à adaptabilidade individual prevista em contrato de trabalho de adesão, esta pode ainda ser-lhe aplicável nos termos do n.º 2 do artigo 206.º

A definição do período normal de trabalho em termos médios é um elemento que é conhecido do trabalhador porquanto o empregador deve informar por escrito o trabalhador do período normal de trabalho diário e semanal, especificando os casos em que é definido em termos médios, nos sessenta dias subsequentes ao início da execução do contrato, ou até ao termo do contrato se este cessar antes dos sessenta dias, cfr. alínea i) do n.º 3 do artigo 106.º, e n.os 1 e 4 do artigo 107.º A informação sobre este elemento pode ser substituída pela referência às disposições pertinentes da lei, do instrumento de regulamentação colectiva de trabalho aplicável ou do regulamento interno da empresa, cfr. n.º 4 do artigo 106.º Este dever de informação considera-se cumprido quando a indicação do período normal de trabalho diário e semanal, especificando os casos em que é definido em termos médios, conste de contrato de trabalho ou de contrato-promessa de contrato de trabalho, reduzidos a escrito, cfr. n.º 3 do artigo 107.º

Quando as partes, no decorrer da vigência de um contrato de trabalho, acordem na passagem do trabalhador para este regime da adaptabilidade individual, como acordem em sentido inverso, passando o trabalhador a prestar o seu trabalho sem que o período normal de trabalho seja definido em termos médios, quando antes o fazia através de adaptabilidade individual, verificar-se-á uma nova composição do tempo de trabalho. Esta nova distribuição do tempo de trabalho determinará uma alteração do horário de trabalho, cfr. artigo 217.º Nos termos do n.º 2 do artigo 217.º, a alteração de horário de trabalho deve ser precedida de consulta aos trabalhadores envolvidos e à comissão de trabalhadores ou, na sua falta, à comissão sindical ou intersindical ou aos delegados sindicais, bem como, ainda que vigore o regime de adaptabilidade, ser afixada na empresa com antecedência de sete dias relativamente ao início da sua aplicação, ou três dias em caso de microempresa. Em resultado do disposto no n.º 4 deste artigo 205.º, o prazo de 14 dias não é cumulável com o prazo previsto no n.º 2 do artigo 217.º, mas antes inclui este último prazo.

7. Caso o trabalhador não dê o seu acordo para que lhe seja aplicável o regime da adaptabilidade individual, ainda assim este pode ter de a cumprir. Neste sentido, o n.º 2 do artigo 206.º estabelece que caso a proposta a que se refere o n.º 4 deste artigo 205.º seja aceite por, pelo menos, 75% dos trabalhadores da equipa, secção ou unidade económica a quem for dirigida, o empregador pode aplicar o mesmo regime ao conjunto dos trabalhadores dessa estrutura.

8. O disposto no n.º 5 pretende obstar a que, tendo sido acordado entre o empregador e o trabalhador a aplicação do regime da adaptabilidade individual, que começa a ser executado, e entrando entretanto em vigor um instrumento de regulamentação colectiva de trabalho que regula a adaptabilidade, se verifique um aumento do período normal de trabalho, ou do período de referência. Significa isto que quando o trabalho esteja a ser prestado em regime de adaptabilidade acordada entre as partes, a adaptabilidade estipulada em instrumento de regulamentação colectiva de trabalho só é aplicável após o termo do período de referência da adaptabilidade acordada entre empregador e trabalhador.

Não obstante a entrada em vigor de instrumento de regulamentação colectiva de travalho que regule a adaptabilidade, tal não significa que a adaptabilidade prevista nesse instrumento venha a ser sempre aplicável. Na verdade, o artigo 476.º, permite que se afaste a aplicabilidade de instrumento de regulamentação colectiva de trabalho quando o contrato de trabalho estabeleça condições mais favoráveis ao trabalhador. *A contrario*, deste artigo 476.º resulta que o empregador e o trabalhador não poderão, por acordo, afastar as normas de instrumento de regulamentação colectiva de trabalho, para ajustarem outras, menos favoráveis ao próprio trabalhador.

9. Nos termos do n.º 2 do artigo 209.º, aos trabalhadores que se encontrem abrangidos pelo regime de adaptabilidade não pode ser simultaneamente aplicável o regime do horário concentrado. Contudo a aplicação da adaptabilidade não afasta a possibilidade de aplicação sucessiva do regime de banco de horas, cfr. artigo 208.º e 208.º-B, e do trabalho suplementar cfr. artigo 226.º e segs. Assim muito facilmente um trabalhador pode estar obrigado, durante um determinado período temporal, à prestação de mais de catorze horas de trabalho por dia, dado que os regimes da adaptabilidade, do trabalho suplementar e do banco de horas não excluem aplicações consecutivas. O limite absoluto ao trabalho realizado está previsto no artigo 211.º

10. Nos termos dos n.os 1 e 2 do artigo 58.º, a trabalhadora grávida, puérpera ou lactante tem direito a ser dispensada de prestar trabalho em horário de trabalho organizado de acordo com regime de adaptabilidade, aplicando-se este direito a qualquer um dos progenitores em caso de aleitação, quando a prestação de trabalho naquele regime afecte a sua regularidade. Esta dispensa de prestação do trabalho em regime de adaptabilidade é um direito que materializa a protecção na parentalidade, cfr. alínea r) do n.º 1 do artigo 35.º De igual dispensa beneficia o menor, cfr. n.º 1 do artigo 74.º, quando o regime da adaptabilidade puder prejudicar a saúde ou segurança do menor no trabalho. Também o trabalhador com deficiência ou doença crónica é dispensado de prestar o seu trabalho em horário organizado de acordo com o regime de adaptabilidade, quando este for susceptível de prejudicar a sua saúde ou segurança no trabalho, cfr. alínea a) do n.º 1 do artigo 87.º

De acordo com o n.º 1 do artigo 157.º da Lei n.º 98/2009, de 4 de Setembro (que regulamenta o regime de reparação de acidentes de trabalho e de doenças profissionais, incluindo a reabilitação e reintegração profissionais), o trabalhador com capacidade de trabalho reduzida resultante de acidente de trabalho ou de doença profissional, a quem o empregador, ao serviço do qual ocorreu o acidente ou a doença foi contraída, assegure ocupação em funções compatíveis, durante o período de incapacidade, tem direito a dispensa de horários de trabalho com adaptabilidade.

11. Nada obsta que a forma escrita, imposta pelos n.º 4, seja satisfeita através de documento electrónico, ou seja, por documento elaborado mediante processamento electrónico de dados. Por outras palavras, nada impede que a forma escrita seja adoptada através de uma declaração escrita enviada por correio electrónico (e-mail) para um endereço electrónico. Sobre a validade, eficácia e valor probatório dos documentos electrónicos remete-se para a anotação 4. ao artigo 107.º

12. Sobre este preceito *vide* Bernardo Lobo Xavier, *Manual de Direito do Trabalho*, Verbo, 2011, página 523 e segs., e António Monteiro Fernandes, *Direito do Trabalho*, 15.ª Edição, Almedina, Abril 2010, página 379.

ARTIGO 206.º – Adaptabilidade grupal

1 – O instrumento de regulamentação colectiva de trabalho que institua o regime de adaptabilidade previsto no artigo 204.º pode prever que:

a) O empregador possa aplicar o regime ao conjunto dos trabalhadores de uma equipa, secção ou unidade económica caso, pelo menos, 60% dos trabalhadores dessa estrutura sejam por ele abrangidos, mediante filiação em associação sindical celebrante da convenção e por escolha dessa convenção como aplicável;

b) O disposto na alínea anterior se aplique enquanto os trabalhadores da equipa, secção ou unidade económica em causa abrangidos pelo regime de acordo com a parte final da alínea anterior forem em número igual ou superior ao correspondente à percentagem nele indicada.

2 – Caso a proposta a que se refere o n.º 4 do artigo anterior seja aceite por, pelo menos, 75% dos trabalhadores da equipa, secção ou unidade económica a quem for dirigida, o empregador pode aplicar o mesmo regime ao conjunto dos trabalhadores dessa estrutura.

3 – Ocorrendo alteração por entrada ou saída de trabalhadores na composição da equipa, secção ou unidade económica, o disposto no número anterior aplica-se enquanto dessa alteração não resultar percentagem inferior à nela indicada.

4 – Exceptua-se a aplicação do regime de adaptabilidade instituído nos termos dos n.os 1 ou 2 nas seguintes situações:

a) Trabalhador abrangido por convenção colectiva que disponha de modo contrário a esse regime ou, relativamente a regime referido no n.º 1, a trabalhador representado por associação sindical que tenha deduzido oposição a portaria de extensão da convenção colectiva em causa; ou

b) Trabalhador com filho menor de 3 anos de idade que não manifeste, por escrito, a sua concordância.

5 – Constitui contra-ordenação grave a prática de horário de trabalho em violação do disposto neste artigo.

1. Este preceito não tem correspondência com qualquer outro do anterior Código do Trabalho, aprovado pela Lei n.º 99/2003, sendo um artigo novo. A redacção

actual do n.º 4 foi introduzida pela Lei n.º 120/2015, de 1 de Setembro. Na redacção originária, era o seguinte o conteúdo do n.º 4:

> "4 – O regime de adaptabilidade instituído nos termos dos n.os 1 ou 2 não se aplica a trabalhador abrangido por convenção colectiva que disponha de modo contrário a esse regime ou, relativamente a regime referido no n.º 1, a trabalhador representado por associação sindical que tenha deduzido oposição a portaria de extensão da convenção colectiva em causa.".

2. Constituem instrumentos de regulamentação colectiva de trabalho, cfr. n.os 2, 3 e 4 do artigo 2.º, a convenção colectiva (que pode ser um contrato colectivo, acordo colectivo, ou um acordo de empresa), o acordo de adesão, a decisão arbitral, a portaria de extensão, e a portaria de condições de trabalho.

3. Por adaptabilidade deve entender-se a organização do tempo de trabalho em que o cumprimento do período normal de trabalho é realizado em termos médios, por referência a determinados períodos de tempo. A composição do tempo de trabalho segundo o regime da adaptabilidade tem por efeito que o período normal de trabalho é assimétrico, ou seja, tem variações, não sendo igual diáriamente nem semanalmente adequando-se ao interesse do empregador. Não obstante a duração do trabalho ser menor num determinado período de tempo considerado, o trabalhador mantém o direito à retribuição sem que esta possa ser diminuida, o mesmo valendo quando a duração do trabalho é maior, de modo a que se verifique a observância do período normal de trabalho em termos médios, em que o trabalhador não auferirá uma retribuição superior.

4. Nas organizações hodiernas o trabalho é realizado em equipa, constituindo a distribuição do tempo de trabalho uma das mais importantes ferramentas de gestão do empregador, que deverá adequar o conjunto das diferentes prestações de trabalho dos trabalhadores a si subordinados, com vista a obter um determinado efeito: um produto manufacturado, um serviço prestado, etc.. Não raro, a inaplicabilidade de instrumento de regulamentação e a recusa do trabalhador em acordar a aplicação da adaptabilidade individual frustrava por completo a utilização de um período normal de trabalho definido em termos médios. Este preceito prevê a extensão da adaptabilidade ao universo de trabalhadores de uma mesma equipa, secção ou unidade económica, ainda que este regime não lhes fosse à partida aplicável por não serem abrangidos pelo âmbito de aplicação de um instrumento de regulamentação colectiva de trabalho, cfr. artigo 204.º, ou por se terem oposto à aplicação da adaptabilidade, cfr. artigo 205.º A solução trazida por este artigo 206.º pretende ultrapassar os obstáculos criados na mesma estrutura, por a alguns trabalhadores ser aplicável uma organização do trabalho segundo o regime da adaptabilidade, enquanto que relativamente a outros não vigorava esta composição.

5. De acordo com o n.º 1 para que o regime da adaptabilidade previsto em instrumento de regulamentação colectiva de trabalho seja aplicável ao universo de trabalhadores de uma mesma equipa, secção ou unidade económica, através da adaptabilidade grupal, torna-se necessário que o próprio instrumento de regulamentação colectiva de trabalho estabeleça a solução consagrada na alínea a) do n.º 1. De acordo com esta norma, o empregador poderá aplicar o regime da adaptabilidade ao conjunto dos trabalhadores de uma equipa, secção ou unidade económica caso, pelo menos, 60% dos trabalhadores dessa estrutura sejam por ele abrangidos. Para que os trabalhadores sejam abrangidos pelo instrumento de regulamentação colectiva, para efeitos de aplicação desta alínea a) do n.º 1, deste artigo 206.º, deverão encontrar-se filiados em associação sindical, cfr. artigo 496.º, ou deverão ter escolhido a convenção em causa como aplicável, cfr. artigo 497.º Da redacção desta alínea a) do n.º 1, resulta que para efeitos desta norma, o instrumento de regulamentação colectiva de trabalho terá de ser negocial, cfr. n.º 2 do artigo 2.º

6. A alínea b) do n.º 1 e o n.º 3 estabelecem a mesma solução em caso de variação do número de trabalhadores. De acordo com a redacção de cada uma destas normas, a manutenção da extensão da adaptabilidade ao universo de trabalhadores de uma mesma equipa, secção ou unidade económica, depende dos trabalhadores dessa estrutura serem em número igual ou superior ao correspondente à percentagem necessária para permitir a própria extensão: 60% quando a adaptabilidade grupal resultar de instrumento de regulamentação colectiva de trabalho negocial, ou 75% quando resultar de aceitação da proposta do empregador. Num caso ou noutro, o empregador poderá obter a verificação das percentagens necessárias à manutenção do regime da adaptabilidade através da celebração de novos contratos de trabalho em que acorde a aplicação do regime da adaptabilidade, ou celebrando-os com trabalhadores filiados em associação sindical celebrante de convenção colectiva que permita a aplicação do disposto na alínea a) do n.º 1, ou com trabalhador que tenha escolhido esta.

7. O n.º 2 determina que caso a proposta, por escrito, do empregador, prevista no n.º 4 do artigo 205.º seja aceite por um mínimo de 75% dos trabalhadores da equipa, secção ou unidade económica a quem foi dirigida, o empregador pode aplicar o mesmo regime da adaptabilidade à totalidade dos trabalhadores incluídos na equipa secção ou unidade económica. Significa isto que ainda que o trabalhador se tenha oposto à adaptabilidade individual, observando a forma escrita da oposição e o prazo de 14 dias, pode este regime ser-lhe aplicável se pelo menos 75% dos trabalhadores aceitarem a proposta. Note-se que, caso os trabalhadores a quem foi dirigida a proposta, nada digam, presume-se a sua aceitação, cfr. n.º 4 do artigo 205.º

8. De acordo com o n.º 4 deste artigo 206.º, esta modalidade de adaptabilidade, a adaptabilidade grupal, não se aplica a trabalhador abrangido por convenção colectiva que afaste esse regime, ou a trabalhador representado por associação sindical que tenha deduzido oposição a portaria de extensão que incida sobre a convenção colectiva em causa, ou ainda a trabalhador que tenha filho menor de 3 anos, que não tenha manifestado por escrito a sua concordância em ser-lhe aplicada a adaptabilidade grupal.

Quanto à alínea b) do n.º 4, entendeu o legislador que o facto do trabalhador ter um filho menor de três anos, independentemente do trabalhador viver ou não com o filho em comunhão de mesa e habitação, é motivo bastante para paralisar a extensão da adaptabilidade, enquanto o filho não atingir os três anos de idade.

Caso o trabalhador declare que concorda que a adaptabilidade grupal lhe seja aplicável, então já este regime lhe poderá ser estendido, abrangendo-o.

Na adaptabilidade individual prevista no artigo 205.º o facto do trabalhador ter um filho menor de 3 anos não releva. Ou seja, sendo a adaptabilidade estabelecida por acordo entre empregador e trabalhador, a Lei entende que são os contraentes quem melhor conhecem a sua situação concreta, bem como os efeitos que o acordo pode gerar na sua situação em particular.

9. Nos termos do n.º 2 do artigo 209.º, aos trabalhadores que se encontrem abrangidos pelo regime de adaptabilidade não pode ser simultaneamente aplicável o regime do horário concentrado. Contudo a aplicação da adaptabilidade não afasta a possibilidade de aplicação sucessiva do regime de banco de horas, cfr. artigo 208.º e 208.º-B, e do trabalho suplementar cfr. artigo 226.º e segs. Assim muito facilmente um trabalhador pode estar obrigado, durante um determinado período temporal, à prestação de mais de catorze horas de trabalho por dia, dado que os regimes da adaptabilidade, do trabalho suplementar e do banco de horas não excluem aplicações consecutivas. O limite absoluto ao trabalho realizado está previsto no artigo 211.º

10. Nos termos dos n.os 1 e 2 do artigo 58.º, a trabalhadora grávida, puérpera ou lactante tem direito a ser dispensada de prestar trabalho em horário de trabalho organizado de acordo com regime de adaptabilidade, aplicando-se este direito a qualquer um dos progenitores em caso de aleitação, quando a prestação de trabalho naquele regime afecte a sua regularidade. Esta dispensa de prestação do trabalho em regime de adaptabilidade é um direito que materializa a protecção na parentalidade, cfr. alínea r) do n.º 1 do artigo 35.º De igual dispensa beneficia o menor, cfr. n.º 1 do artigo 74.º, quando o regime da adaptabilidade puder prejudicar a saúde ou segurança do menor no trabalho. Também o trabalhador com deficiência ou doença crónica é dispensado de prestar o seu trabalho em horário organizado de acordo com o regime de adaptabilidade, quando este for susceptível de prejudicar a sua saúde ou segurança no trabalho, cfr. alínea a) do n.º 1 do artigo 87.º

De acordo com o n.º 1 do artigo 157.º da Lei n.º 98/2009, de 4 de Setembro (que regulamenta o regime de reparação de acidentes de trabalho e de doenças profissionais, incluindo a reabilitação e reintegração profissionais), o trabalhador com capacidade de trabalho reduzida resultante de acidente de trabalho ou de doença profissional, a quem o empregador, ao serviço do qual ocorreu o acidente ou a doença foi contraída, assegure ocupação em funções compatíveis, durante o período de incapacidade, tem direito a dispensa de horários de trabalho com adaptabilidade.

11. Sobre este preceito *vide* Bernardo Lobo Xavier, *Manual de Direito do Trabalho*, Verbo, 2011, página 523 e 524, e António Monteiro Fernandes, *Direito do Trabalho*, 15.ª Edição, Almedina, Abril 2010, página 379 e 380.

ARTIGO 207.º – Período de referência

1 – Em regime de adaptabilidade, a duração média do trabalho é apurada por referência a período estabelecido em instrumento de regulamentação colectiva de trabalho que não seja superior a 12 meses ou, na sua falta, a um período de quatro meses.

2 – Na situação a que se refere a parte final do número anterior, o período de referência pode ser aumentado para seis meses quando esteja em causa:

a) Trabalhador familiar do empregador;

b) Trabalhador que ocupe cargo de administração ou de direcção, ou que tenha poder de decisão autónomo;

c) Actividade caracterizada por implicar afastamento entre o local de trabalho e a residência do trabalhador ou entre diversos locais de trabalho do trabalhador;

d) Actividade de segurança e vigilância de pessoas ou bens com carácter de permanência, designadamente de guarda, porteiro ou trabalhador de empresa de segurança ou vigilância;

e) Actividade caracterizada pela necessidade de assegurar a continuidade do serviço ou da produção, nomeadamente:

i) Recepção, tratamento ou cuidados providenciados por hospital ou estabelecimento semelhante, incluindo a actividade de médico em formação, ou por instituição residencial ou prisão;

ii) Porto ou aeroporto;

iii) Imprensa, rádio, televisão, produção cinematográfica, correios, telecomunicações, serviço de ambulâncias, sapadores bombeiros ou protecção civil;

iv) Produção, transporte ou distribuição de gás, água, electricidade, recolha de lixo ou instalações de incineração;

v) Indústria cujo processo de trabalho não possa ser interrompido por motivos técnicos;

vi) Investigação e desenvolvimento;

vii) Agricultura;

viii) Transporte de passageiros em serviço regular de transporte urbano.

f) Acréscimo previsível de actividade, nomeadamente na agricultura, no turismo e nos serviços postais;

g) Trabalhador de transporte ferroviário que preste trabalho intermitente a bordo de comboios ou tendo por fim assegurar a continuidade e regularidade do tráfego ferroviário;

h) Caso fortuito ou de força maior;

i) Acidente ou risco de acidente iminente.

3 – Sem prejuízo do disposto em instrumento de regulamentação colectiva de trabalho, o período de referência apenas pode ser alterado durante o seu decurso quando circunstâncias objectivas o justifiquem e o total de horas de trabalho prestadas não seja superior às que teriam sido realizadas caso não vigorasse o regime de adaptabilidade, aplicando-se com as necessárias adaptações o disposto no n.º 3 do artigo 205.º

4 – Constitui contra-ordenação grave a violação do disposto no número anterior.

1. Este preceito corresponde ao artigo 166.º do anterior Código do Trabalho, aprovado pela Lei n.º 99/2003.

2. Constituem instrumentos de regulamentação colectiva de trabalho, cfr. n.ºs 2, 3 e 4 do artigo 2.º, a convenção colectiva (que pode ser um contrato colectivo, acordo colectivo, ou um acordo de empresa), o acordo de adesão, a decisão arbitral, a portaria de extensão, e a portaria de condições de trabalho.

3. Por adaptabilidade deve entender-se a organização do tempo de trabalho em que o cumprimento do período normal de trabalho é realizado em termos médios, por referência a determinados períodos de tempo, os quais se encontram previstos neste preceito. A composição do tempo de trabalho segundo o regime da adaptabilidade tem por efeito que o período normal de trabalho é assimétrico, ou seja, tem variações, não sendo igual diáriamente nem semanalmente adequando-se ao interesse do empregador. Não obstante a duração do trabalho ser menor num determinado período de tempo considerado, o trabalhador mantém o direito à retribuição sem que esta possa ser diminuida, o mesmo valendo quando a duração do trabalho é maior, de modo a que se verifique a observância do período normal de trabalho em termos médios, em que o trabalhador não auferirá uma retribuição superior.

4. O período de referência fixado no n.º 1 é supletivo, ou seja, só na ausência de instrumento de regulamentação colectiva de trabalho que determine aquele período, é que é aplicável o critério temporal estabelecido nesta norma: a duração média do trabalho é apurada por referência a um período de quatro meses. Da redacção do n.º 1 resulta que quando o período de referência seja regulado por instrumento de regulamentação colectiva de trabalho, não pode este instrumento prever que a duração média do trabalho em regime de adaptabilidade seja realizada por referência a período superior a 12 meses, pelo que poderá determinar que o período de referência seja inferior a estes 12 meses, sem que vigore qualquer tempo mínimo que, abaixo dos doze meses, o instrumento de regulamentação colectiva de trabalho deva observar.

Além deste limite, há ainda um outro – designado por limite absoluto – previsto no n.º 1 do artigo 211.º, nos termos do qual a duração média do trabalho semanal, incluindo trabalho suplementar (independentemente do fundamento do trabalho suplementar que seja prestado) não pode ser superior a quarenta e oito horas, num período de referência estabelecido em instrumento de regulamentação colectiva de trabalho que não ultrapasse doze meses ou, na falta deste, num período de referência de quatro meses, ou de seis meses nas situações expressamente previstas no n.º 2 deste artigo 207.º

5. O período de referência previsto no n.º 2 é também ele supletivo, ou seja, e à semelhança do que sucede no n.º 1, só na ausência de instrumento de regulamentação colectiva de trabalho, é que o período de referência pode ser aumentado para seis meses.

6. O exercício de cargo de administração ou direcção, referido na alínea b) do n.º 2, é assumido pelo legislador como uma situação que carece de menor protecção jurídica, pressupondo que o desempenho de funções de dirigente envolve uma especial valoração dos elementos confiança e nível de responsabilidade atribuída, acarretando por isso, em regra e na prática, um estatuto diferente face aos trabalhadores comuns, que se manifesta em diversos aspectos, entre os quais o retributivo. Este é o sentido dos trabalhadores que ocupam estes cargos poderem exercer os mesmos em comissão de serviço, bem como de outras faculdades consentidas pelo legislador relativamente àqueles que os ocupam, em que se permite a ausência de limites máximos da duração média do trabalho semanal quando o trabalhador que ocupe cargo de administração ou de direcção esteja isento de horário de trabalho, n.º 4 do artigo 211.º, admissibilidade da alteração de intervalo de descanso ainda que implique mais de seis horas de trabalho consecutivo, desde que estejam isentos de horário de trabalho, n.º 5 do artigo 213.º, inaplicabilidade do direito a um período de descanso de, pelo menos, onze horas seguidas entre dois períodos diários de trabalho consecutivos, desde que aqueles trabalhadores se encontrem isentos de horário de trabalho, alínea a) do n.º 2 do artigo 214.º, possibilidade de serem isentos de horário de trabalho, alínea a) do n.º 1 do artigo 218.º, inaplicabilidade de limites quanto à prestação de trabalho nocturno, quando os trabalhadores estejam isentos de horário e trabalho, n.º 5 do artigo 224.º, inaplicabilidade da cumulação de descanso semanal e de descanso diário alínea a) do n.º 3 do artigo 233.º, possibilidade de renunciar à retribuição específica por isenção de horário de trabalho, n.º 2 do artigo 265.º, possibilidade do tribunal excluir a reintegração em caso de despedimento ilícito, n.º 1 do artigo 392.º

7. Sobre este preceito *vide* Bernardo Lobo Xavier, *Manual de Direito do Trabalho*, Verbo, 2011, página 522 e 523, e António Monteiro Fernandes, *Direito do Trabalho*, 15.ª Edição, Almedina, Abril 2010, página 380.

ARTIGO 208.º – Banco de horas por regulamentação colectiva

1 – Por instrumento de regulamentação colectiva de trabalho, pode ser instituído um regime de banco de horas, em que a organização do tempo de trabalho obedeça ao disposto nos números seguintes.

2 – O período normal de trabalho pode ser aumentado até quatro horas diárias e pode atingir sessenta horas semanais, tendo o acréscimo por limite duzentas horas por ano.

3 – O limite anual referido no número anterior pode ser afastado por instrumento de regulamentação colectiva de trabalho caso a utilização do regime tenha por objectivo evitar a redução do número de trabalhadores, só podendo esse limite ser aplicado durante um período até 12 meses.

4 – O instrumento de regulamentação colectiva de trabalho deve regular:

a) A compensação do trabalho prestado em acréscimo, que pode ser feita mediante, pelo menos, uma das seguintes modalidades:

i) Redução equivalente do tempo de trabalho;

ii) Aumento do período de férias;

iii) Pagamento em dinheiro;

b) A antecedência com que o empregador deve comunicar ao trabalhador a necessidade de prestação de trabalho;

c) O período em que a redução do tempo de trabalho para compensar trabalho prestado em acréscimo deve ter lugar, por iniciativa do trabalhador ou, na sua falta, do empregador, bem como a antecedência com que qualquer deles deve informar o outro da utilização dessa redução.

5 – Constitui contra-ordenação grave a prática de horário de trabalho em violação do disposto neste artigo.

1. Este preceito não tem correspondência com qualquer outro do anterior Código do Trabalho, aprovado pela Lei n.º 99/2003, sendo um artigo novo.

2. A redacção da epígrafe e da alínea a) do n.º 4 deste artigo 208.º foi alterada pelo artigo 2.º da Lei n.º 23/2012, de 25 de Junho. Na versão originária do Código do Trabalho, aprovado pela Lei n.º 7/2009, de 12 de Fevereiro a epígrafe e a alínea a) do n.º 4 tinham a seguinte redacção:

> "Banco de horas
> 4 – O instrumento de regulamentação colectiva de trabalho deve regular:
> a) A compensação do trabalho prestado em acréscimo, que pode ser feita mediante redução equivalente do tempo de trabalho, pagamento em dinheiro ou ambas as modalidades;".

3. Constituem instrumentos de regulamentação colectiva de trabalho, cfr. n.ºs 2, 3 e 4 do artigo 2.º, a convenção colectiva (que pode ser um contrato colectivo, acordo colectivo, ou um acordo de empresa), o acordo de adesão, a decisão arbitral, a portaria de extensão, e a portaria de condições de trabalho.

4. Nos termos do artigo 198.º, o período normal de trabalho corresponde ao tempo de trabalho que o trabalhador se obriga a prestar, medido em número de horas por dia e por semana. Por tempo de trabalho entende-se qualquer período durante o qual o trabalhador exerce a actividade ou permanece adstrito à realização da prestação, bem como as interrupções e os intervalos previstos no n.º 2 do artigo 197.º

5. Por banco de horas deve entender-se a organização do tempo de trabalho em que o cumprimento do período normal de trabalho pode ser realizado em termos médios, através de uma conta corrente, onde as horas de trabalho prestadas para além do período normal de trabalho são como que depositadas, para mais tarde serem convertidas integralmente em tempos de descanso em igual número, em retribuição, ou em dias de férias.

A composição do tempo de trabalho segundo o regime do banco de horas tem por efeito que o período normal de trabalho é assimétrico, ou seja, tem variações, não sendo igual diáriamente nem semanalmente, adequando-se ao interesse do empregador. Não obstante, a duração do trabalho ser menor num determinado período de tempo, o trabalhador mantém o direito à retribuição sem que esta possa ser diminuida. Já quando a duração do trabalho é maior o trabalhador poderá auferir uma retribuição superior, não sendo contudo obrigatório que tal suceda, uma vez que o trabalho prestado em acréscimo pode ser compensado apenas por diminuição do tempo de trabalho, ou compensado através da concessão de mais dias de férias. Nada obsta a que a contrapartida do trabalho realizado a mais ao abrigo do banco de horas seja feita mediante a cumulação de duas, ou mesmo de todas as modalidades de compensação previstas na alínea a) do n.º 4 deste artigo 208.º

6. Sobre as férias vejam-se os artigos 237.º e segs., nos quais se incluem a sua marcação, cfr. artigo 241.º e segs.

7. Da redacção do n.º 1 resulta que o banco de horas tal como definido neste artigo 208.º só é aplicável quando previsto em instrumento de regulamentação colectiva de trabalho. Significa isto que as partes num contrato de trabalho, empregador e trabalhador, não poderão acordar a prestação de trabalho segundo o regime previsto neste artigo 208.º E sucede ainda que, independentemente do banco de horas estar previsto em instrumento de regulamentação colectiva de trabalho, pode ocorrer que este modo de organização do tempo de trabalho seja aplicável ao trabalhador por força de ter sido aprovado em referendo, como previsto relativamente ao banco de horas grupal, cfr. artigo 208.º-B.

8. O acréscimo de trabalho, nos termos do n.º 2, tem por limite as 200 horas por ano. Para o cômputo deste limite interessam todas as horas prestadas em aumento do período normal de trabalho, independentemente dessas horas serem ou não compensadas. Significa isto que mesmo que exista redução equivalente do tempo de trabalho, imediatamente após a prestação de quatro horas trabalho em acréscimo, aquele trabalho prestado já entra para o cálculo das duzentas horas, sendo que neste exemplo, já só será possível prestar 196 horas. Caso assim não se entendesse, nunca seria atingido o limite estabelecido por lei, o que configuraria uma clara fraude à lei.

9. O regime do banco de horas pode constituir uma alternativa ao regime do trabalho suplementar, cfr. artigo 226.º e segs., permitindo uma gestão mais eficaz dos tempos de trabalho, bem como uma diminuição dos custos do empregador, pois a remuneração poderá não ser realizada segundo os critérios estabelecidos no artigo 268.º, não tem de se verificar o descanso compensatório que o trabalho suplementar pode pressupor, cfr. artigo 229.º, e inexiste o encargo de ter de proceder ao registo próprio da figura do trabalho suplementar, cfr. artigo 231.º

10. A definição do período normal de trabalho é um elemento que é conhecido do trabalhador porquanto o empregador deve informar por escrito o trabalhador do período normal de trabalho diário e semanal, especificando os casos em que é definido em termos médios, nos sessenta dias subsequentes ao início da execução do contrato, ou até ao termo do contrato se este cessar antes dos sessenta dias, cfr. alínea i) do n.º 3 do artigo 106.º, e n.os 1 e 4 do artigo 107.º A informação sobre este elemento pode ser substituída pela referência às disposições pertinentes da lei, do instrumento de regulamentação colectiva de trabalho aplicável ou do regulamento interno da empresa, cfr. n.º 4 do artigo 106.º Este dever de informação considera-se cumprido quando a indicação do período normal de trabalho diário e semanal, especificando os casos em que é definido em termos médios, conste de contrato de trabalho ou de contrato-promessa de contrato de trabalho, reduzidos a escrito, cfr. n.º 3 do artigo 107.º

11. O que sucede se o trabalhador, quando se acha abrangido pelo regime do banco de horas, se ausentar do local durante o período de tempo que deveria prestar o seu trabalho? A consequência é que deverá considerar-se a ausência como falta, cfr. n.º 1 do artigo 248.º, porquanto da própria noção de banco de horas resulta que este regime é tão só um modo de organização do tempo de trabalho, em que o período normal de trabalho é assimétrico, e que se consubstancia na prática de um horário de trabalho em que o trabalhador poderá prestar até mais duas horas diárias e atingir as 50 horas semanais. Não cumprindo o trabalhador o horário de trabalho em regime de banco de horas, quando a este regime se ache submetido, incorre ainda em responsabilidade disciplinar, podendo o empregador instaurar-lhe um procedimento disciplinar, cfr. artigo 328.º e segs., que nas situações mais graves pode mesmo ter intenção de despedimento, cfr. n.os 1 e 2 do artigo 351.º e 353.º e segs.

Só assim não será relativamente aos trabalhadores dispensados de prestar trabalho em horário de trabalho organizado de acordo com o regime de banco de horas. Quanto a estes ver anotação seguinte.

12. A aplicação do banco de horas não afasta a possibilidade de aplicação sucessiva do regime da adaptabilidade, cfr. artigos 204.º a 207.º, e do trabalho suplementar cfr. artigo 226.º e segs. Assim muito facilmente um trabalhador pode estar obrigado, durante um determinado período temporal, à prestação de mais de catorze horas de trabalho por dia, dado que os regimes da adaptabilidade, do trabalho suplementar e do banco de horas não excluem aplicações consecutivas. O limite absoluto ao trabalho realizado está previsto no artigo 211.º

13. Nos termos dos n.os 1 e 2 do artigo 58.º, a trabalhadora grávida, puérpera ou lactante tem direito a ser dispensada de prestar trabalho em horário de trabalho organizado de acordo com regime de banco de horas, aplicando-se este direito a qualquer um dos progenitores em caso de aleitação, quando a prestação de trabalho naquele regime afecte a sua regularidade. De igual dispensa beneficia o menor, cfr. n.º 1 do artigo 74.º, quando o regime de banco de horas puder prejudicar a saúde ou segurança do menor no trabalho. Também o trabalhador com deficiência ou doença crónica é dispensado de prestar o seu trabalho em horário organizado de acordo com o regime de banco de horas, quando este for susceptível de prejudicar a sua saúde ou segurança no trabalho, cfr. alínea a) do n.º 1 do artigo 87.º

ARTIGO 208.º-A – *(Revogado.)*

ARTIGO 208.º-B – Banco de horas grupal

1 – O instrumento de regulamentação colectiva de trabalho que institua o regime de banco de horas previsto no artigo 208.º pode prever que o empregador o possa aplicar ao conjunto dos trabalhadores de uma equipa, secção ou unidade económica quando se verifiquem as condições referidas no n.º 1 do artigo 206.º

2 – O regime de banco de horas pode ainda ser instituído e aplicado ao conjunto dos trabalhadores de uma equipa, secção ou unidade económica, desde que aprovado em referendo pelos trabalhadores a abranger, nos termos dos números seguintes.

3 – No caso previsto no número anterior, o período normal de trabalho pode ser aumentado até duas horas diárias e pode atingir 50 horas semanais, tendo o acréscimo o limite de 150 horas por ano.

4 – Para efeitos do n.º 2, o empregador elabora o projecto de regime de banco de horas, o qual deve regular:

a) O âmbito de aplicação, indicando a equipa, secção ou unidade económica a abranger e, nestas, os grupos profissionais excluídos, se os houver;

b) O período, não superior a quatro anos, durante o qual o regime é aplicável;

c) Os aspetos referidos no n.º 4 do artigo 208.º

5 – Para efeitos do n.º 2, o empregador publicita o projecto de regime de banco de horas nos locais de afixação dos mapas de horário de trabalho e comunica-o aos representantes dos trabalhadores e ao serviço com competência inspectiva do ministério responsável pela área laboral, com a antecedência mínima de 20 dias em relação à data do referendo.

6 – Caso o projecto de regime de banco de horas seja aprovado em referendo por, pelo menos, 65% dos trabalhadores abrangidos, de acordo com a alínea a) do n.º 4, o empregador pode aplicar o referido regime ao conjunto desses trabalhadores.

7 – Havendo alteração na composição da equipa, secção ou unidade económica, o disposto no número anterior aplica-se enquanto os trabalhadores que permanecem forem pelo menos 65% do número total dos trabalhadores abrangidos pela proposta de referendo.

8 – A realização do referendo é regulada em legislação específica.

9 – Caso o número de trabalhadores abrangidos pelo projecto de regime de banco de horas seja inferior a 10, o referendo é realizado sob a supervisão do serviço com competência inspectiva do ministério responsável pela área laboral.

10 – A aplicação do regime do banco de horas cessa se, decorrido metade do período de aplicação, um terço dos trabalhadores abrangidos solicitar ao empregador novo referendo e o mesmo não for aprovado nos termos do n.º 6, ou não for realizado no prazo de 60 dias.

11 – No caso referido no número anterior, a aplicação do regime do banco de horas cessa 60 dias após a realização do referendo, devendo a compensação do trabalho prestado em acréscimo efectuar-se neste prazo.

12 – Caso o projecto de regime de banco de horas não seja aprovado em referendo, o empregador só pode realizar novo referendo um ano após o anterior.

13 – Excetua-se a aplicação do regime de banco de horas instituído nos termos dos números anteriores nas seguintes situações:

a) Trabalhador abrangido por convenção colectiva que disponha de modo contrário a esse regime ou, relativamente ao regime referido no n.º 1, a trabalhador representado por associação sindical que tenha deduzido oposição a portaria de extensão da convenção colectiva em causa; ou

b) Trabalhador com filho menor de 3 anos de idade que não manifeste, por escrito, a sua concordância.

14 – Constitui contra-ordenação grave a prática de horário de trabalho em violação do disposto neste artigo.

1. Este preceito não tem correspondência com qualquer outro do anterior Código do Trabalho, aprovado pela Lei n.º 99/2003, nem mesmo com o Código do Trabalho aprovado pela Lei n.º 7/2009, de 12 de Fevereiro, sendo um artigo novo, introduzido pela Lei n.º 23/2012, de 25 de Junho. O n.º 3 seria posteriormente alterado pela Lei n.º 120/2015, de 1 de Setembro, e o artigo 2.º da Lei n.º 93/2019, de 4 de Setembro introduziu uma nova redacção aos n.ºs 2, 3 e 4, acrescentado os n.ºs 5, 6, 7, 8, 9, 10, 11 e 12, renumerou ainda os originários n.ºs 3 e 4, que passaram a n.ºs 13 e 14. Na redacção inicial da Lei n.º 23/2012, era o seguinte o conteúdo dos n.ºs 2, 3 e 4:

2 – Caso a proposta a que se refere o n.º 2 do artigo anterior seja aceite por, pelo menos, 75% dos trabalhadores da equipa, secção ou unidade económica a quem for dirigida, o empregador pode aplicar o mesmo regime de banco de horas ao conjunto dos trabalhadores dessa estrutura, sendo aplicável o disposto no n.º 3 do artigo 206.º

3 – O regime de banco de horas instituído nos termos dos números anteriores não se aplica a trabalhador abrangido por convenção colectiva que disponha de modo contrário a esse regime ou, relativamente ao regime referido no n.º 1, a trabalhador representado por associação sindical que tenha deduzido oposição a portaria de extensão da convenção colectiva em causa.

4 – Constitui contra-ordenação grave a prática de horário de trabalho em violação do disposto neste artigo.".

2. Constituem instrumentos de regulamentação colectiva de trabalho, cfr. n.os 2, 3 e 4 do artigo 2.º, a convenção colectiva (que pode ser um contrato colectivo, acordo colectivo, ou um acordo de empresa), o acordo de adesão, a decisão arbitral, a portaria de extensão, e a portaria de condições de trabalho.

3. Por banco de horas deve entender-se a organização do tempo de trabalho em que o cumprimento do período normal de trabalho pode ser realizado em termos médios, através de uma conta corrente, onde as horas de trabalho prestadas para além do período normal de trabalho são como que depositadas, para mais tarde serem convertidas integralmente em tempos de descanso em igual número, em retribuição, ou em dias de férias.

A composição do tempo de trabalho, segundo o regime do banco de horas, tem por efeito que o período normal de trabalho é assimétrico, ou seja, tem variações, não sendo igual diária nem semanalmente, adequando-se ao interesse do empregador. Não obstante, a duração do trabalho ser menor num determinado período de tempo, o trabalhador mantém o direito à retribuição sem que esta possa ser diminuida. Já quando a duração do trabalho é maior o trabalhador poderá auferir uma retribuição superior, não sendo contudo obrigatório que tal suceda, uma vez que o trabalho prestado em acréscimo pode ser compensado apenas por redução equivalente do tempo de trabalho, ou compensado através da concessão de mais dias de férias. Nada obsta a que a contrapartida do trabalho realizado a mais ao abrigo do banco de horas seja feita mediante a cumulação de duas, ou mesmo de todas as modalidades de compensação referidas, e previstas na alínea a) do n.º 4 deste artigo 208.º, ou seja, parte em dinheiro, parte em diminuição do tempo de trabalho e parte em dias de férias, que acumulam com a duração do período de férias que o trabalhador beneficia por efeitos dos artigos 238.º e 239.º

4. Nos termos do artigo 198.º, o período normal de trabalho corresponde ao tempo de trabalho que o trabalhador se obriga a prestar, medido em número de horas por dia e por semana. Por tempo de trabalho entende-se qualquer período durante o qual o trabalhador exerce a actividade ou permanece adstrito à realização da prestação, bem como as interrupções e os intervalos previstos no n.º 2 do artigo 197.º

5. A definição do período normal de trabalho é um elemento que é conhecido do trabalhador porquanto o empregador deve informar por escrito o trabalhador do período normal de trabalho diário e semanal, especificando os casos em que é definido em termos médios, nos sessenta dias subsequentes ao início da execução do contrato, ou até ao termo do contrato se este cessar antes dos sessenta dias, cfr. alínea i) do n.º 3 do artigo 106.º, e n.os 1 e 4 do artigo 107.º A informação sobre este elemento pode ser substituída pela referência às disposições pertinentes da lei, do instrumento de regulamentação colectiva de trabalho aplicável ou do regulamento interno da empresa, cfr. n.º 4 do artigo 106.º Este dever de informação considera-se cumprido quando a indicação do período normal de trabalho diário e semanal, especificando os casos em que é definido em termos médios, conste de contrato de trabalho ou de contrato-promessa de contrato de trabalho, reduzidos a escrito, cfr. n.º 3 do artigo 107.º

6. Nos termos do n.º 1, prevê-se a possibilidade de, por instrumento de regulamentação colectiva de trabalho, ser instituído um regime de banco de horas grupal que preveja que o empregador possa aplicar esse regime ao conjunto dos trabalhadores de uma equipa, secção ou unidade económica caso, pelo menos, 60% dos trabalhadores dessa estrutura sejam por ele abrangidos, mediante filiação em associação sindical celebrante da convenção e por escolha dessa convenção como aplicável, enquanto os trabalhadores da equipa, secção ou unidade económica em causa abrangidos pelo regime de acordo forem em número igual ou superior ao correspondente à percentagem nele indicada. De acordo com o n.º 13 deste artigo 208.º-B, esta modalidade de banco de horas, o banco de horas grupal, não se aplica a trabalhador abrangido por convenção colectiva que afaste esse regime ou a trabalhador representado por associação sindical que tenha deduzido oposição a portaria de extensão que incida sobre a convenção colectiva em causa, ou ainda a trabalhador que tenha filho menor de 3 anos, que não tenha manifestado por escrito a sua concordância em ser-lhe aplicado o banco de horas grupal.

7. O banco de horas apenas pode ser instituido por instrumento de regulamentação colectiva de trabalho, nos termos do n.º 1 do artigo 208.º Significa isto que o banco de horas não pode ser estabelecido directamente entre empregador e trabalhador, excepto se precedido de consulta aos trabalhadores, através de aprovação em referendo, como previsto nos n.os 2 e segs. deste artigo 208.º-B. Às partes, empregador e trabalhador, não é lícito acordarem na aplicação de um banco de horas, porquanto esta faculdade apenas é admitida se constar de instrumento de regulamentação colectiva de trabalho.

8. A utilização do banco de horas pode ser iniciada com o acréscimo do tempo de trabalho, mas nada impede que comece com a redução do tempo de trabalho ou mesmo com o aumento dos dias de férias, e só após o trabalhador beneficiar daquela redução de tempo, ou daquele gozo de férias, o trabalho seja prestado em acréscimo. Exemplificando, um trabalhador pode primeiro ter algumas horas, um dia inteiro, ou mesmo mais do que um dia, sem trabalhar, e só depois ter de realizar a compensação desse trabalho prestado a menos, com um acréscimo de trabalho de duração equivalente.

9. Nos termos do n.º 2, a adopção do banco de horas através de um acordo de grupo com os trabalhadores pode ser feita, desde que a instituição do banco de horas seja antecedida de consulta aos trabalhadores, através da realização de um referendo.

10. O acréscimo de trabalho, nos termos do n.º 3, tem por limite as 150 horas por ano. Para o cômputo deste limite interessam todas as horas prestadas em aumento do período normal de trabalho, independentemente dessas horas serem ou não compensadas. Significa isto que mesmo que exista redução equivalente do tempo de trabalho, imediatamente após a prestação de 4 horas trabalho em acréscimo, aquele trabalho prestado já entra para o cálculo das 150 horas, sendo que neste exemplo, já só será possível prestar 146 horas. Caso assim não se entendesse, nunca seria atingido o limite estabelecido por lei, o que configuraria uma clara fraude à lei.

11. Tendo o acréscimo de trabalho um limite anual de 150 horas, o critério para a regularização do banco de horas deve ser o ano civil – de 1 de Janeiro a 31 de Dezembro. Ou seja, no final de cada ano civil, deverá ser saldada a diferença entre, por um lado, o acréscimo, e por outro a modalidade ou modalidades de compensação (redução do tempo de trabalho, aumento de dias de férias e pagamento em dinheiro). Se no final do ano civil não houver a regularização e existir trabalho em acréscimo, a consequência é que o trabalho prestado a mais deverá ser considerado trabalho suplementar, cfr. artigo 226.º e segs.

12. Sobre as férias vejam-se os artigos 237.º e segs., nos quais se incluem a sua marcação, cfr. artigo 241.º e segs.

13. O n.º 4 obriga a que, entre os vários elementos que devem constar do projecto de banco de horas a sujeitar a referendo, figurem as regras do banco de horas quanto:

a) Ao âmbito de aplicação, indicando a equipa, secção ou unidade económica a abranger e, nestas, os grupos profissionais excluídos, se os houver;
b) O período de tempo durante o qual o regime do banco de horas irá ser aplicável caso seja aprovado no referendo (e que não pode ser superior a 4 anos);
c) O modo como será efectuada a compensação do trabalho prestado em acréscimo, que pode ser feita mediante, pelo menos, uma das seguintes modalidades:
    i) Redução equivalente do tempo de trabalho;
    ii) Aumento do período de férias;
    iii) Pagamento em dinheiro;
d) A antecedência com que o empregador deve comunicar ao trabalhador a necessidade de prestação de trabalho ao abrigo do banco de horas;
c) O período em que a redução do tempo de trabalho para compensar trabalho prestado em acréscimo deve ter lugar, por iniciativa do trabalhador ou, na sua falta, do empregador, bem como a antecedência com que qualquer deles deve informar o outro da utilização dessa redução.

14. Da redacção do n.º 4 resulta que o empregador deve realizar uma proposta de alteração do contrato de trabalho, manifestando a sua vontade contratual, dirigida aos trabalhadores visados, que só integrará o conteúdo do contrato de trabalho se o referendo for aprovado. Significa isto que uma das partes no contrato de trabalho, o trabalhador, não tem qualquer poder de introduzir alterações à proposta de banco de horas tal como elaborada no projecto pelo empregador, limitando-se a aderir ou rejeitá-la no seu conjunto. Assim, a proposta tem como destinatários um número indeterminado de pessoas que se limitam a subscrevê-la, sem prévia negociação, o que podem fazer expressamente aceitando a proposta através de votação no referendo, como podem recusar, votando desfavoralvelmente.

15. Nos termos da alínea b) do n.º 4, mesmo que o banco de horas seja instituido por ter sido aprovado em referendo, este regime não pode vigorar por período de tempo superior a 4 anos. Significa isto que, o empregador que mantenha interesse na manutenção e continuação ininterrupta do regime do banco de horas, deve preparar um novo projecto de banco de horas antes do final daqueles 4 anos, e submete-lo a referendo. Por efeito da alínea b) do n.º 4, o banco de horas está limitado a uma vigência máxima de 4 anos. Após aquele período terá de ser elaborado novo processo, com vista à instituição e nova aplicação de um novo banco de horas.

16. A alínea c) do n.º 4 impõe que o projecto discipline como será realizada a compensação do trabalho prestado em acréscimo, bem como a antecedência com que o empregador deve comunicar ao trabalhador a necessidade de prestação de trabalho ao abrigo do banco de horas, e ainda, o período em que a redução do tempo de trabalho para compensar trabalho prestado em acréscimo deve ter lugar, por iniciativa do trabalhador ou, na sua falta, do empregador, bem como a antecedência com que qualquer deles deve informar o outro da utilização dessa redução.

A compensação do trabalho prestado em acréscimo no regime do banco de horas poderá ser realizada, nos termos do n.º 4 do artigo 208.º, através da redução equivalente do tempo de trabalho, do aumento do período de férias ou do pagamento em dinheiro. Nada impede que a compensação, em detrimento de ser feita mediante uma das três formas de compensação, cumule duas delas, ou mesmo todas.

Nada obsta a que o pagamento do trabalho em acréscimo seja pago de acordo com o valor da retribuição horária, utilizando-se para apurar o seu montante a fórmula prevista no artigo 271.º Com efeito, da própria noção de banco de horas resulta que este regime é tão só um modo de organização do tempo de trabalho, em que o período normal de trabalho é assimétrico, e que se consubstancia na prática de um horário de trabalho em que o trabalhador poderá prestar até mais duas horas diárias e atingir as 50 horas semanais. Significa isto que o aumento do período normal de trabalho ao abrigo do banco de horas não é trabalho prestado fora do horário de trabalho, pelo que, não deve ser considerado trabalho suplementar, e consequentemente não tem de ser remunerado com os acréscimos previstos para este último.

17. O regime do banco de horas pode constituir uma alternativa ao regime do trabalho suplementar, cfr. artigo 226.º e segs., permitindo uma gestão mais eficaz dos tempos de trabalho, bem como uma diminuição dos custos do empregador, pois a remuneração poderá não ser realizada segundo os critérios estabelecidos no artigo 268.º, não tendo de se verificar o descanso compensatório que o trabalho suplementar pode pressupor, cfr. artigo 229.º, e inexiste o encargo de ter de proceder ao registo próprio da figura do trabalho suplementar, cfr. artigo 231.º

18. Para a realização do referendo que irá decidir a instituição e aplicação, ou não, do banco de horas, o n.º 5 determina que o empregador tem o dever de publicitação do projecto de regime de banco de horas.Este dever de publicitar o projecto consubstancia-se no dever de comunicar aquele projecto aos representantes dos trabalhadores, no dever de comunicar ao serviço com competência inspectiva do ministério responsável pela área laboral, e no dever de fazer constar o projecto nos locais de afixação dos mapas de horário de trabalho. Ou seja, o projecto deve ser também ele afixado em lugar visível do local de trabalho do trabalhador, nos mesmos locais onde são publicitados os mapas de horário de trabalho, cfr. artigo 216.º

Caso o empregador afixe o projecto de regime de banco de horas em locais distintos dos indicados no n.º 5, não cumpre com o requisito de eficácia do projecto. Significa isto que se o empregador se limitar a divulgar o conteúdo do projecto de regime de banco de horas na intranet da empresa (rede interna de partilha de ficheiros e gestão de conhecimento da empresa), ou mesmo no website (sitio na Internet) da empresa, ainda que tal divulgação permita o seu pleno conhecimento pelos trabalhadores, durante pelo menos os 20 dias anteriores à realização do referendo, o empregador não está a cumprir o dever de publicitação tal como previsto no n.º 5.

Determina igualmente o n.º 5 que a publicitação deve ser efectuada com uma antecedência mínima de 20 dias, relativamente à data do referendo. Ou seja, o projecto de regime de banco de horas deve ser afixado pelo menos 20 dias antes da data de realização do referendo. Afixado e mantida a sua afixação, o que significa que o empregador deve cuidar de assegurar que o projecto se mantêm publicitado durante os 20 dias, para permitir o seu efectivo conhecimento pelos trabalhadores.

19. Neste preceito não se refere como é realizado o referendo, designadamente se por voto secreto. Não obstante inexistir tal menção, a verdade é que no Código do Trabalho vigora, relativamente ao exercício do direito de voto, a regra de que este seja secreto, cfr. n.º 1 do artigo 443.º, n.º 1 do artigo 437.º, n.º 1 do artigo 462.º, e n.º 2 do artigo 531.º De acordo com o texto constitucional, no seu todo, é possível interpretar-se a existência de um princípio de organização democrática interna, cfr. n.º 2 do artigo 54.º, n.º 3 do artigo 55.º e n.º 3 do artigo 264.º, todos da Constituição da Republica Portuguesa, que impõe o voto secreto. Neste sentido, sabiamente Jorge Miranda, *Manual de Direito Constitucional*, Tomo IV, 2.ª Edição, Coimbra Editora, 1998, página 422 e segs.

20. O referendo para a instituição ou cessação de um regime de banco de horas grupal, a que se referem os n.os 2 e seguintes deste artigo 208.º-B, encontra-se regulado na Lei n.º 105/2009, de 14 de Setembro, alterada pelas Leis n.os 60/2018, de 21 de Agosto, e 93/2019, de 4 de Setembro, que regulamenta este Código do Trabalho. *Infra* transcrevem-se na íntegra os preceitos daquela Lei que estabelecem aquele regime, os artigos 32.º-A e 32.º-B.º:

Artigo 32.º-A
Convocação, informações e questão a referendar

1 – O referendo para a instituição ou cessação de um regime de banco de horas grupal, a que se referem os n.os 2 e seguintes do artigo 208.º-B do Código do Trabalho, é convocado pelo empregador com a antecedência mínima de 20 dias, com ampla publicidade, o qual deve informar os representantes dos trabalhadores e os próprios trabalhadores a abranger sobre o projecto do regime de banco de horas, e a data, hora e local do referendo, devendo simultaneamente remeter cópia da convocatória ao serviço com competência inspectiva do ministério responsável pela área laboral.

2 – Para efeitos do número anterior, consideram-se representantes dos trabalhadores a comissão de trabalhadores, as comissões intersindicais, as comissões sindicais e os delegados sindicais existentes na empresa, pela ordem de precedência indicada.

3 – Na falta de representantes dos trabalhadores abrangidos pelo regime de banco de horas grupal, estes podem designar, de entre eles, no prazo de cinco dias úteis a contar da recepção da informação referida no n.º 1, uma comissão representativa com o máximo de três ou cinco membros, consoante o regime abranja até cinco ou mais trabalhadores.

Artigo 32.º-B
Procedimento em caso de microempresa

1 – Tratando-se de microempresa, ou se o número de trabalhadores abrangidos pelo projecto de regime de banco de horas for inferior a 10, o empregador, caso não existam representantes dos trabalhadores, deve, juntamente com a comunicação a que se refere o n.º 1 do artigo anterior, requerer ao serviço com competência inspectiva do ministério responsável pela área laboral territorialmente competente a designação de uma data para a realização do referendo.

2 – O serviço a que se refere o número anterior notifica o empregador, nos 10 dias úteis a contar da recepção do requerimento, da data e do horário para a realização do referendo.

3 – Se no prazo de 90 dias o serviço com competência inspectiva do ministério responsável pela área laboral não marcar data para o referendo, a entidade patronal pode proceder à sua marcação, comunicando-a ao serviço inspectivo para o mesmo proceder à competente supervisão.

4 – O empregador comunica aos trabalhadores a abranger, por escrito, a data, horário e local do referendo, com a antecedência de 20 dias.

5 – A votação decorre sob supervisão de um representante do serviço com competência inspectiva do ministério responsável pela área laboral, e pode ser acompanhada por dois representantes dos trabalhadores.

6 – Terminada a votação, o representante do serviço com competência inspectiva do ministério responsável pela área laboral procede ao apuramento do resultado do referendo e comunica-o imediatamente ao empregador, por escrito.

7 – O empregador publicita o resultado do referendo nos locais de afixação dos mapas de horário de trabalho, comunica-o aos representantes dos trabalhadores, e, caso o regime de banco de horas tenha sido aprovado, designa o dia em que se inicia a sua aplicação, com a antecedência mínima de cinco dias úteis.".

21. O serviço com competência inspectiva na área laboral referido nos n.os 5 e 9, é a Autoridade para as Condições do Trabalho (A.C.T.), que prossegue, entre outras, as atribuições de promover, controlar e fiscalizar o cumprimento das disposições legais, regulamentares e convencionais, respeitantes às relações de trabalho, cfr. alínea a) do n.º 2 do artigo 11.º do Decreto-Lei n.º 167-C/2013, de 31 de Dezembro, alterado pelo Decreto-Lei n.º 28/2015, de 10 de Fevereiro, que aprovou a Lei Orgânica do Ministério da Solidariedade, Emprego e Segurança Social, e alínea a) do n.º 2 do artigo 2.º do Decreto Regulamentar n.º 47/2012, de 31 de Julho, que aprovou a orgânica da Autoridade para as Condições do Trabalho.

22. O n.º 6 determina que caso a proposta ou projecto, por escrito, do empregador, para instituir o regime do banco de horas seja aceite por um mínimo de 65% dos trabalhadores da equipa, secção ou unidade económica a quem foi dirigida, o empregador pode aplicar o mesmo regime do banco de horas à totalidade dos trabalhadores incluídos na equipa secção ou unidade económica. Significa isto que ainda que o trabalhador se tenha oposto ao banco de horas, votando em sentido de não ser instituído o banco de horas, pode este regime ser-lhe aplicável se pelo menos 65% dos trabalhadores aceitarem a proposta.

23. O n.º 10 impõe que o banco de horas cessa se, decorrido metade do período da sua aplicação, um terço dos trabalhadores abrangidos solicitar ao empregador a realização de um novo referendo, e este não for aprovado por, pelo menos, 65% dos trabalhadores abrangidos. De igual modo, o n.º 10 determina a cessação do banco de horas se, uma vez decorrido o período temporal referido, os trabalhadores solicitarem um novo referendo, e o novo referendo não é realizado no prazo de 60 dias, ou sendo-o o prazo da sua realização é ultrapassado.

A solução legislativa do n.º 10 não confere estabilidade nas relações laborais, ao permitir a constante admissibilidade de alteração da organização do tempo de trabalho.

24. Nos termos da alínea b) do n.º 13 o regime do banco de horas grupal é inaplicável a trabalhador com filho menor de 3 anos de idade, se o trabalhador não manifestar, por escrito, a sua concordância na aplicação daquele regime. Entendeu o legislador que o facto do trabalhador ter um filho menor de três anos, independentemente do trabalhador viver ou não com o filho em comunhão de mesa e habitação, é motivo bastante para paralisar a extensão do banco de horas, enquanto o filho não atingir os três anos de idade.

Caso o trabalhador declare que concorda que o banco de horas grupal lhe seja aplicável, então já este regime lhe poderá ser estendido, abrangendo-o.

25. A aplicação do banco de horas não afasta a possibilidade de aplicação sucessiva do regime da adaptabilidade, cfr. artigos 204.º a 207.º, e do trabalho suplementar cfr. artigo 226.º e segs. Assim muito facilmente um trabalhador pode estar obrigado, durante um determinado período temporal, à prestação de mais de catorze horas de trabalho por dia, dado que os regimes da adaptabilidade, do trabalho suplementar e do banco de horas não excluem aplicações consecutivas. O limite absoluto ao trabalho realizado está previsto no artigo 211.º

26. Nos termos dos n.os 1 e 2 do artigo 58.º, a trabalhadora grávida, puérpera ou lactante tem direito a ser dispensada de prestar trabalho em horário de trabalho organizado de acordo com regime de banco de horas, aplicando-se este direito a qualquer um dos progenitores em caso de aleitação, quando a prestação de trabalho naquele regime afecte a sua regularidade. De igual dispensa beneficia o menor, cfr. n.º 1 do artigo 74.º, quando o regime de banco de horas puder prejudicar a saúde ou segurança do menor no trabalho. Também o trabalhador com deficiência ou doença crónica é dispensado de prestar o seu trabalho em horário organizado de acordo com o regime de banco de horas, quando este for susceptível de prejudicar a sua saúde ou segurança no trabalho, cfr. alínea a) do n.º 1 do artigo 87.º

ARTIGO 209.º – Horário concentrado

1 – O período normal de trabalho diário pode ser aumentado até quatro horas diárias:

a) Por acordo entre empregador e trabalhador ou por instrumento de regulamentação colectiva, para concentrar o período normal de trabalho semanal no máximo de quatro dias de trabalho;

b) Por instrumento de regulamentação colectiva para estabelecer um horário de trabalho que contenha, no máximo, três dias de trabalho consecutivos, seguidos no mínimo de dois dias de descanso, devendo a duração do período normal de trabalho semanal ser respeitado, em média, num período de referência de 45 dias.

2 – Aos trabalhadores abrangidos por regime de horário de trabalho concentrado não pode ser simultaneamente aplicável o regime de adaptabilidade.

3 – O instrumento de regulamentação colectiva de trabalho que institua o horário concentrado regula a retribuição e outras condições da sua aplicação.

1. Este preceito não tem correspondência com qualquer outro do anterior Código do Trabalho, aprovado pela Lei n.º 99/2003, sendo um artigo novo.

2. Nos termos do artigo 198.º, o período normal de trabalho corresponde ao tempo de trabalho que o trabalhador se obriga a prestar, medido em número de horas por dia e por semana. Por tempo de trabalho entende-se qualquer período durante o qual o trabalhador exerce a actividade ou permanece adstrito à realização da prestação, bem como as interrupções e os intervalos previstos no n.º 2 do artigo 197.º

3. Constituem instrumentos de regulamentação colectiva de trabalho, cfr. n.os 2, 3 e 4 do artigo 2.º, a convenção colectiva (que pode ser um contrato colectivo, acordo colectivo, ou um acordo de empresa), o acordo de adesão, a decisão arbitral, a portaria de extensão, e a portaria de condições de trabalho.

4. Por horário concentrado deve entender-se a organização do tempo de trabalho em que o cumprimento do período normal de trabalho é concentrado, podendo realizar-se em termos médios, por referência a determinados períodos de tempo. A composição do tempo de trabalho segundo o regime do horário concentrado tem por efeito que o período normal de trabalho pode ser assimétrico, ou seja, poderá ter variações, sendo que quando assim for não será igual diáriamente nem semanalmente. Nada obsta a que em detrimento do horário concentrado se realizar em termos médios, antes assuma uma natureza regular. Quando seja realizado em termos médios e a duração do trabalho seja menor num determinado período de tempo, o trabalhador mantém o direito à retribuição sem que esta possa ser diminuida. Já quando a duração do trabalho é maior o trabalhador poderá auferir uma retribuição superior, não sendo contudo obrigatório que tal suceda.

5. De acordo com o n.º 1, o regime do horário concentrado, em que o período normal de trabalho diário pode ser aumentado até quatro horas por dia, pode ser instituído por duas vias, por acordo entre empregador e trabalhador ou por instrumento de regulamentação colectiva de trabalho.

Quando for aplicável por ter sido celebrado um acordo entre o empregador e o trabalhador a concentração do período normal de trabalho semanal será no máximo de quatro dias de trabalho.

Já quando a figura do horário concentrado seja aplicável por previsão em instrumento de regulamentação colectiva, o regime é mais amplo, permitindo que o período normal de trabalho diário seja aumentado até quatro horas diárias, para concentrar o período normal de trabalho semanal no máximo de quatro dias de trabalho, ou em alternativa, para estabelecer um horário de trabalho que contenha, no máximo, três dias de trabalho consecutivos, seguidos no mínimo de dois dias de descanso. Neste último caso, e por força do disposto na parte final da alínea b) do n.º 1, a duração do período normal de trabalho semanal deve ser observada, em média, num período de referência de 45 dias.

6. Por determinação do n.º 2, aos trabalhadores abrangidos por regime de horário de trabalho concentrado não pode ser simultaneamente aplicável o regime de adaptabilidade. A figura da adaptabilidade encontra-se prevista nos artigos 204.º, 205.º e 206.º

7. A organização do tempo de trabalho segundo o regime do horário concentrado pode favorecer a conciliação da actividade profissional com a vida familiar e pessoal do trabalhador bem como as necessidades específicas de determinados sectores de actividade, em que se verifique uma flutuação da procura dos bens ou serviços fornecidos, ou com carácter sazonal.

8. Relativamente ao regime do horário concentrado instituído por acordo entre empregador e trabalhador, este poderá ocorrer de dois modos. Desde logo, o trabalhador pode ser contratado *ab initio* para prestar o seu trabalho em regime de horário concentrado, dando para tanto o seu acordo no contrato de trabalho, como poderão as partes, no decorrer da vigência de um contrato de trabalho, acordar na passagem do trabalhador para este regime, como inversamente, passando o trabalhador a prestar o seu trabalho sem que o período normal de trabalho seja concentrado, quando antes o fazia em horário concentrado. Quando as partes, no decorrer da vigência de um contrato de trabalho, acordem na passagem do trabalhador para este regime de horário concentrado, como acordem em sentido inverso, passando o trabalhador a prestar o seu trabalho sem que o período normal de trabalho seja concentrado, quando antes o fazia neste regime, verificar-se-á uma nova composição do tempo de trabalho. Esta nova distribuição do tempo de trabalho determinará uma alteração do horário de trabalho, cfr. artigo 217.º Nos termos do n.º 2 do artigo 217.º, a alteração de horário de trabalho deve ser precedida de consulta aos trabalhadores envolvidos e à comissão de trabalhadores ou, na sua falta, à comissão sindical ou intersindical ou aos delegados sindicais, bem como, ainda que vigore o regime de adaptabilidade, ser afixada na empresa com antecedência de sete dias relativamente ao início da sua aplicação, ou três dias em caso de microempresa.

9. A definição do período normal de trabalho é um elemento que é conhecido do trabalhador porquanto o empregador deve informar por escrito o trabalhador do período normal de trabalho diário e semanal, especificando os casos em que é definido em termos médios, nos sessenta dias subsequentes ao início da execução do contrato, ou até ao termo do contrato se este cessar antes dos sessenta dias, cfr. alínea i) do n.º 3 do artigo 106.º, e n.ºs 1 e 4 do artigo 107.º A informação sobre este elemento pode ser substituída pela referência às disposições pertinentes da lei, do instrumento de regulamentação colectiva de trabalho aplicável ou do regulamento interno da empresa, cfr. n.º 4 do artigo 106.º Este dever de informação considera-se cumprido quando a indicação do período normal de trabalho diário e semanal, especificando os casos em que é definido em termos médios, conste de contrato de trabalho ou de contrato-promessa de contrato de trabalho, reduzidos a escrito, cfr. n.º 3 do artigo 107.º

10. Nos termos dos n.ºs 1 e 2 do artigo 58.º, a trabalhadora grávida, puérpera ou lactante tem direito a ser dispensada de prestar trabalho em horário de trabalho organizado de acordo com regime de horário concentrado, aplicando-se este direito a qualquer dos progenitores em caso de aleitação, quando a prestação de trabalho naquele regime afecte a sua regularidade. De igual dispensa beneficia o menor, cfr. n.º 1 do artigo 74.º, quando o regime de horário concentrado puder prejudicar a saúde ou segurança do menor no trabalho. Também o trabalhador com deficiência ou doença crónica é dispensado de prestar o seu trabalho em horário organizado de acordo com o regime de horário concentrado, quando este for susceptível de prejudicar a sua saúde ou segurança no trabalho, cfr. alínea a) do n.º 1 do artigo 87.º

ARTIGO 210.º – Excepções aos limites máximos do período normal de trabalho

1 – Os limites do período normal de trabalho constantes do artigo 203.º só podem ser ultrapassados nos casos expressamente previstos neste Código, ou quando instrumento de regulamentação colectiva de trabalho o permita nas seguintes situações:

a) Em relação a trabalhador de entidade sem fim lucrativo ou estreitamente ligada ao interesse público, desde que a sujeição do período normal de trabalho a esses limites seja incomportável;

b) Em relação a trabalhador cujo trabalho seja acentuadamente intermitente ou de simples presença.

2 – Sempre que entidade referida na alínea a) do número anterior prossiga actividade industrial, o período normal de trabalho não deve ultrapassar 40 horas por semana, na média do período de referência aplicável.

1. Este preceito corresponde ao artigo 167.º do anterior Código do Trabalho, aprovado pela Lei n.º 99/2003.

2. Constituem instrumentos de regulamentação colectiva de trabalho, cfr. n.os 2, 3 e 4 do artigo 2.º, a convenção colectiva (que pode ser um contrato colectivo, acordo colectivo, ou um acordo de empresa), o acordo de adesão, a decisão arbitral, a portaria de extensão, e a portaria de condições de trabalho.

3. O período normal de trabalho corresponde ao tempo de trabalho que o trabalhador se obriga a prestar, medido em número de horas por dia e por semana, cfr. artigo 198.º Por determinação do n.º 1 do artigo 203.º, o período normal de trabalho não pode exceder oito horas por dia e quarenta horas por semana. Não obstante, e como resulta do n.º 1 deste artigo 210.º, os limites referidos podem ser ultrapassados, prevendo-se neste Código do Trabalho vários casos em que tal pode ocorrer. É o que sucede no n.º 2 do artigo 203.º, relativamente a trabalhador que preste trabalho exclusivamente em dias de descanso semanal da generalidade dos trabalhadores da empresa ou estabelecimento; no artigo 204.º, adaptabilidade por regulamentação colectiva; no artigo 205.º adaptabilidade individual; no artigo 206.º, adaptabilidade grupal; nos artigos 208.º e 208.º-B, banco de horas; no artigo 209.º, horário concentrado; e no artigo 219.º, quando se trate de isenção de horário de trabalho na modalidade de não sujeição aos limites máximos do período normal de trabalho, cfr. alínea a) do n.º 1 do artigo 219.º, ou de possibilidade de determinado aumento do período normal de trabalho, por dia ou por semana, cfr. alínea b) do n.º 1 do mesmo artigo 219.º

ARTIGO 211.º – Limite máximo da duração média do trabalho semanal

1 – Sem prejuízo do disposto nos artigos 203.º a 210.º, a duração média do trabalho semanal, incluindo trabalho suplementar, não pode ser superior a quarenta e oito horas, num período de referência estabelecido em instrumento de regulamentação colectiva de trabalho que não ultrapasse 12 meses ou, na falta deste, num período de referência de quatro meses, ou de seis meses nos casos previstos no n.º 2 do artigo 207.º

2 – No cálculo da média referida no número anterior, os dias de férias são subtraídos ao período de referência em que são gozados.

3 – Os dias de ausência por doença, bem como os dias de licença parental, inicial ou complementar, e de licença para assistência a filho com deficiência ou doença crónica são considerados com base no correspondente período normal de trabalho.

4 – O disposto nos números anteriores não se aplica a trabalhador que ocupe cargo de administração ou de direcção ou com poder de decisão autónomo, que esteja isento de horário de trabalho, ao abrigo das alíneas a) ou b) do n.º 1 do artigo 219.º

1. Este preceito corresponde ao artigo 169.º do anterior Código do Trabalho, aprovado pela Lei n.º 99/2003.

2. Nos termos do n.º 1 do artigo 226.º, considera-se trabalho suplementar o prestado fora do horário de trabalho.

3. Constituem instrumentos de regulamentação colectiva de trabalho, cfr. n.os 2, 3 e 4 do artigo 2.º, a convenção colectiva (que pode ser um contrato colectivo, acordo colectivo, ou um acordo de empresa), o acordo de adesão, a decisão arbitral, a portaria de extensão, e a portaria de condições de trabalho.

4. Este artigo 211.º estabelece um limite absoluto ao trabalho realizado com duração em termos médios, nos termos do qual a duração média do trabalho semanal, incluindo trabalho suplementar, não pode ser superior a quarenta e oito horas, num período de referência estabelecido em instrumento de regulamentação colectiva de trabalho que não ultrapasse doze meses ou, na falta deste, num período de referência de quatro meses, ou de seis meses nas situações expressamente previstas no n.º 2 do artigo 207.º

5. O período de referência fixado no n.º 1 é supletivo, ou seja, só na ausência de instrumento de regulamentação colectiva de trabalho que determine aquele período, é que é aplicável o critério temporal estabelecido nesta norma: a duração média do trabalho semanal é apurada por referência a um período de quatro meses, ou de seis meses, embora quanto a este último apenas nos casos estabelecidos no n.º 2 do artigo 207.º Da redacção do n.º 1 resulta que quando o período de referência seja regulado por instrumento de regulamentação colectiva de trabalho, não pode este instrumento prever que a duração média do trabalho semanal seja realizada por referência a período superior a 12 meses, pelo que poderá determinar que o período de referência seja inferior a estes 12 meses. Desta norma resulta ainda que não vigora qualquer tempo mínimo que, abaixo dos doze meses, o instrumento de regulamentação colectiva de trabalho deva observar.

Note-se que o trabalho que seja realizado com duração em termos médios há ainda um outro limite, estabelecido no artigo 207.º

6. O n.º 1 determina que a duração média do trabalho semanal não pode ser superior a quarenta e oito horas, incluindo o trabalho suplementar. Significa isto que o limite absoluto da duração média do trabalho semanal abrange qualquer tipo de trabalho suplementar, ou seja, quer o trabalho suplementar prestado quando a empresa tenha de fazer face a acréscimo eventual e transitório de trabalho e não se justifique para tal a admissão de trabalhador, cfr. n.º 1 do artigo 227.º, quer o trabalho suplementar prestado em caso de força maior ou quando seja indispensável para prevenir ou reparar prejuízo grave para a empresa ou para a sua viabilidade, cfr. n.º 2 do artigo 227.º Do n.º 1 resulta que a duração do trabalho suplementar não se encontra apenas sujeita aos limites previstos no artigo 228.º

7. Quando o trabalhador se encontre em período anual de repouso, cfr. artigo 237.º e segs., por determinação do n.º 2 deste artigo 211.º, no cálculo da média do trabalho semanal os dias de férias deverão ser subtraídos ao período de referência em que são gozados.

8. De acordo com o n.º 3, os dias de ausência por doença, bem como os dias de licença parental, inicial, (artigo 39.º e segs.), ou complementar, (artigo 51.º), e de licença para assistência a filho com deficiência ou doença crónica – que desde a Lei n.º 90/2019, de 4 de Setembro abrange igualmente o filho com doença oncológica – (artigo 53.º), são considerados com base no correspondente período normal de trabalho. Significa isto que o legislador neste n.º 3 ficcionou, relativamente aos dias de ausência, a correspondência ao tempo do período normal de trabalho, e como tal os dias de ausência entram para o cômputo da média do trabalho semanal, em ordem a que o empregador não compense aquelas ausências com aumento de trabalho após o regresso do trabalhador, e ultrapassando os limites fixados na lei.

9. Por efeito do n.º 4, ao trabalhador que ocupe cargo de administração ou de direcção ou com poder de decisão autónoma que esteja isento de horário de trabalho, na modalidade de não sujeição aos limites máximos do período normal de trabalho, ou na modalidade de possibilidade de determinado aumento do período normal de trabalho, por dia ou por semana, não é aplicável o limite máximo de duração média do trabalho semanal. Do confronto desta norma com a alínea a) do n.º 1 do artigo 218.º, resulta que este limite já será aplicável a trabalhador que exerça funções de confiança, fiscalização ou de apoio a titular daqueles cargos.

O exercício de cargo de administração ou direcção é assumido pelo legislador como uma situação que carece de menor protecção jurídica, pressupondo que o desempenho de funções de dirigente envolve uma especial valoração dos elementos confiança e nível de responsabilidade atribuída, acarretando por isso, em regra e na prática, um estatuto diferente face aos trabalhadores comuns, que se manifesta em diversos aspectos, entre os quais o retributivo. Este é o sentido dos trabalhadores que ocupam estes cargos poderem exercer os mesmos em comissão de serviço, bem como de outras faculdades consentidas pelo legislador relativamente àqueles que os ocupam, em que se permite o aumento do período de referência na adaptabilidade, alínea b) do n.º 2 do artigo 207.º, admissibilidade da alteração de intervalo de descanso ainda que implique mais de seis horas de trabalho consecutivo, desde que estejam isentos de horário de trabalho, n.º 5 do artigo 213.º, inaplicabilidade do direito a um período de descanso de, pelo menos, onze horas seguidas entre dois períodos diários de trabalho consecutivos, desde que aqueles trabalhadores se encontrem isentos de horário de trabalho, alínea a) do n.º 2 do artigo 214.º, possibilidade de serem isentos de horário de trabalho, alínea a) do n.º 1 do artigo 218.º, inaplicabilidade de limites quanto à prestação de trabalho nocturno, quando os trabalhadores estejam isentos de horário e trabalho, n.º 5 do artigo 224.º, inaplicabilidade da cumulação de descanso semanal e de descanso diário alínea a) do n.º 3 do artigo 233.º, possibilidade de renunciar à retribuição específica por isenção de horário de trabalho, n.º 2 do artigo 265.º, possibilidade do tribunal excluir a reintegração em caso de despedimento ilícito, n.º 1 do artigo 392.º

10. Sobre este preceito *vide* Helena Tapp Barroso, "Notas sobre o efeito das férias e ausências na contagem do período normal de trabalho em regime de adaptabilidade", *Revista de Direito e de Estudos Sociais*, L, Almedina, 2010, página 39 e segs.

SUBSECÇÃO III – Horário de trabalho

ARTIGO 212.º – Elaboração de horário de trabalho

1 – Compete ao empregador determinar o horário de trabalho do trabalhador, dentro dos limites da lei, designadamente do regime de período de funcionamento aplicável.

2 – Na elaboração do horário de trabalho, o empregador deve:

a) Ter em consideração prioritariamente as exigências de protecção da segurança e saúde do trabalhador;

b) Facilitar ao trabalhador a conciliação da actividade profissional com a vida familiar;

c) Facilitar ao trabalhador a frequência de curso escolar, bem como de formação técnica ou profissional.

3 – A comissão de trabalhadores ou, na sua falta, as comissões intersindicais, as comissões sindicais ou os delegados sindicais devem ser consultados previamente sobre a definição e a organização dos horários de trabalho.

4 – Constitui contra-ordenação grave a violação do disposto nos n.os 2 ou 3.

1. Este preceito corresponde ao artigo 170.º, ao n.º 1 do artigo 171.º e ao artigo 172.º, todos do anterior Código do Trabalho, aprovado pela Lei n.º 99/2003.

2. Nos termos do n.º 1 do artigo 200.º, entende-se por horário de trabalho a determinação das horas de início e termo do período normal de trabalho diário e do intervalo de descanso, bem como do descanso semanal.

O horário de trabalho constitui uma das mais importantes ferramentas de gestão do empregador, permitindo-lhe adequar o conjunto das diferentes prestações de trabalho dos trabalhadores a si subordinados, com vista a que dessas prestações coordenadas, obtenha um determinado efeito: um produto manufacturado, um serviço prestado, etc..

3. Os limites legais a que o empregador se encontra sujeito na determinação do horário de trabalho, referido no n.º 1, decorrem desde logo dos limites máximos do período normal de trabalho, cfr. artigo 203.º, da necessidade de observar um intervalo de descanso entre períodos de trabalho diário, cfr. artigo 213.º, de satisfazer um descanso diário entre dois períodos diários de trabalho consecutivos, cfr. artigo 214.º, de observar um descanso semanal, cfr. artigos 232.º e 233.º, e como resulta do próprio n.º 1, do regime do período de funcionamento. Sobre o período de funcionamento, veja-se o disposto no artigo 201.º, bem como as respectivas anotações.

4. A elaboração do horário de trabalho incumbe ao empregador, como resulta dos n.os 1 e 2. Note-se que quando o empregador seja também utilizador de trabalhadores temporários é a si, nessa qualidade, que incumbe ainda elaborar o horário de trabalho do trabalhador, nos termos do n.º 3 do artigo 185.º

5. É no horário de trabalho que se concretizam, pelo menos em parte, alguns dos deveres que incidem sobre o empregador. Entre outros, o empregador tem o dever de prevenir riscos e doenças profissionais, tendo em conta a protecção da segurança e saúde do trabalhador, cfr. alínea g) do n.º 1 do artigo 127.º, pelo quando determinar o horário de trabalho deve ter em consideração prioritariamente as exigências de protecção da segurança e saúde do trabalhador, cfr. alínea a) do n.º 2. Nos mesmos termos, tendo o empregador o dever de proporcionar ao trabalhador condições de trabalho que favoreçam a conciliação da actividade profissional com a vida familiar e pessoal, cfr. n.º 3 do artigo 127.º, quando determinar o horário de trabalho, o empregador deve facilitar ao trabalhador aquela, cfr. alínea b) do n.º 2. De igual modo, tendo o empregador o dever de contribuir para a elevação da produtividade e empregabilidade do trabalhador, nomeadamente proporcionando-lhe formação profissional adequada a desenvolver a sua qualificação, cfr. alínea d) do n.º 1 do artigo 127.º, compreende-se que o legislador tenha estabelecido que quando o empregador determinar o horário de trabalho, deve facilitar ao trabalhador a frequência de curso escolar, bem como de formação técnica ou profissional, cfr. alínea c) do n.º 2. Relativamente à frequência de curso escolar, o n.º 1 do artigo 90.º, estipula que o horário de trabalho de trabalhador-estudante deve, sempre que possível, ser ajustado de modo a permitir a frequência das aulas e a deslocação para o estabelecimento de ensino, direito este que cessa quando o trabalhador-estudante não tenha aproveitamento no ano em que beneficie do direito a horário de trabalho ajustado.

6. O n.º 3 estabelece expressamente que o empregador deve consultar previamente a comissão de trabalhadores ou, na sua falta as comissões intersindicais, as comissões sindicais ou os delegados sindicais. O exercício desta consulta tem um procedimento próprio, que se encontra regulado nos n.os 4 a 7 do artigo 427.º, relativamente às comissões de trabalhadores, aplicável às comissões intersindicais, às comissões sindicais e aos delegados sindicais por força das alíneas h), g) e f) do n.º 1 do artigo 442.º e do n.º 2 do artigo 466.º O empregador tem conhecimento da existência de uma comissão de trabalhadores porquanto os resultados da votação, da constituição e aprovação dos estatutos da comissão de trabalhadores, são-lhe comunicados, cfr. n.º 6 do artigo 432.º Quanto à comissão intersindical, comissões sindicais e delegados sindicais, o empregador tem conhecimento da existência destes porquanto a direcção do sindicato tem de comunicar por escrito ao empregador a identidade de cada delegado sindical, bem como dos delegados sindicais que fizerem parte de comissão sindical ou intersindical, cfr. n.º 4 do artigo 462.º

7. O dever de consulta prescrito no n.º 3 abrange a isenção de horário de trabalho, cfr. artigos 218.º e 219.º Neste sentido – embora referindo-se ao Código de 2003, mas cujas soluções jurídicas, nesta matéria, pouca diferença apresentam no Código actual – entendeu o Acórdão do Tribunal da Relação de Lisboa, de 20 de Fevereiro de 2008, processo 10489/2007-4, sumários em www.dgsi.pt:"A isenção de horário de trabalho que possa ser objecto de acordo entre uma entidade patronal e um ou mais trabalhadores ao seu serviço, dentro das possibilidades legalmente estabelecidas no art.º 177.º do CT, é algo que tem a ver com a definição e organização do horário de trabalho desse ou desses trabalhadores. II – Como tal, e se na empresa houver Comissão de Trabalhadores, ao abrigo do disposto no aludido art. 357.º n.º 1 al. e) do Regulamento do Código do Trabalho a definição ou a organização do regime de isenção de horário em relação ao trabalhador ou trabalhadores que dele possam beneficiar deva ser precedida de parecer escrito por parte da referida Comissão.".

8. Em matéria de horário de trabalho, importa salientar que atendendo à flexibilidade que toda a organização deve beneficiar, em molde a poder satisfazer as necessidades que se venham a verificar, e a adaptar-se a diferentes conjunturas, sejam elas de ordem económica, estruturais, tecnológicas ou outras, Bernardo Xavier, *Curso de Direito do Trabalho*, 2.ª edição, Verbo, página 364, e *Manual de Direito do Trabalho*, Verbo, 2011, página 510 e 511, tem defendido que o horário de trabalho do trabalhador não pode ser estabelecido em cláusulas ou normas de instrumentos de regulamentação colectiva de trabalho. De acordo com os ensinamentos deste Ilustre Professor, a definição do horário de trabalho integra uma parcela das faculdades exclusivas do empregador no domínio da gestão da empresa, insusceptível de renúncia, e inapta a poder ser negociada.

9. Sobre este preceito *vide* Bernardo Lobo Xavier, *Manual de Direito do Trabalho*, Verbo, 2011, página 509 e segs., e António Monteiro Fernandes, *Direito do Trabalho*, 15.ª Edição, Almedina, Abril 2010, página 357 e 358.

ARTIGO 213.º – Intervalo de descanso

1 – O período de trabalho diário deve ser interrompido por um intervalo de descanso, de duração não inferior a uma hora nem superior a duas, de modo a que o trabalhador não preste mais de cinco horas de trabalho consecutivo, ou seis horas de trabalho consecutivo caso aquele período seja superior a 10 horas.

2 – Por instrumento de regulamentação colectiva de trabalho, pode ser permitida a prestação de trabalho até seis horas consecutivas e o intervalo de descanso pode ser reduzido, excluído ou ter duração superior à prevista no número anterior, bem como pode ser determinada a existência de outros intervalos de descanso.

3 – Compete ao serviço com competência inspectiva do ministério responsável pela área laboral, mediante requerimento do empregador, instruído com declaração escrita de concordância do trabalhador abrangido e informação à comissão de trabalhadores da empresa e ao sindicato representativo do trabalhador em causa, autorizar a redução ou exclusão de intervalo de descanso, quando tal se mostre favorável ao interesse do trabalhador ou se justifique pelas condições particulares de trabalho de certas actividades.

4 – Considera-se tacitamente deferido o requerimento a que se refere o número anterior que não seja decidido no prazo de 30 dias.

5 – Não é permitida a alteração de intervalo de descanso prevista nos números anteriores que implicar mais de seis horas de trabalho consecutivo, excepto quanto a actividades de pessoal operacional de vigilância, transporte e tratamento de sistemas electrónicos de segurança e indústrias em que o processo de laboração não possa ser interrompido por motivos técnicos e, bem assim, quanto a trabalhadores que ocupem cargos de administração e de direcção e outras pessoas com poder de decisão autónomo que estejam isentos de horário de trabalho.

6 – Constitui contra-ordenação grave a violação do disposto nos n.os 1 ou 5.

1. Este preceito corresponde aos artigos 174.º e 175.º do anterior Código do Trabalho, aprovado pela Lei n.º 99/2003.

2. A redacção dos n.os 1, 4 e 6 foi introduzida pelo artigo 2.º da Lei n.º 23/2012, de 25 de Junho, que manteve a redacção dos n.os 2 e 3, e ainda do anterior n.º 4, que com a nova redacção passou a n.º 5. Na versão originária do Código do Trabalho, aprovado pela Lei n.º 7/2009, de 12 de Fevereiro, os n.os 1, 4 e 5 tinham a seguinte redacção:

> "1 – O período de trabalho diário deve ser interrompido por um intervalo de descanso, de duração não inferior a uma hora nem superior a duas, de modo que o trabalhador não preste mais de cinco horas de trabalho consecutivo.
>
> 4 – Não é permitida a alteração de intervalo de descanso prevista nos números anteriores que implicar mais de seis horas de trabalho consecutivo, excepto quanto a actividades de pessoal operacional de vigilância, transporte e tratamento de sistemas electrónicos de segurança e indústrias em que o processo de laboração não possa ser interrompido por motivos técnicos e, bem assim, quanto a trabalhadores que ocupem cargos de administração e de direcção e outras pessoas com poder de decisão autónomo que estejam isentos de horário de trabalho.
>
> 5 – Constitui contra-ordenação grave a violação do disposto nos n.os 1 ou 4.".

3. O descanso constitui um direito constitucionalmente reconhecido. Nesse sentido, a alínea d) do n.º 1 do artigo 59.º da Constituição da República Portuguesa consagrou que: "Todos os trabalhadores, sem distinção de idade, sexo, raça, cidadania, território de origem, religião, convicções políticas ou ideológicas, têm direito ao repouso e aos lazeres, a um limite máximo da jornada de trabalho, ao descanso semanal e a férias periódicas pagas.". Em ordem a esta norma constitucional, neste preceito é estabelecido o direito de que beneficiam os trabalhadores em matéria de descanso no decorrer do período normal de trabalho diário, o qual não pode exceder, como determina o n.º 1 do artigo 203.º, as oito horas diárias.

4. Nos termos do n.º 1, o período de trabalho diário (em regra de 8 horas por dia, cfr. n.º 1 do artigo 203.º), deve ser interrompido por um intervalo de descanso. Este intervalo de descanso não deve ter uma duração menor do que uma hora, nem mais do que duas horas, de modo a que o trabalhador não preste mais de cinco horas seguidas de trabalho.

Nas situações excepcionais em que o trabalhador tenha de prestar mais de 10 horas por dia, permite-se, na parte final do n.º 1, que o intervalo de descanso seja realizado apenas após a sexta hora de trabalho consecutivo, e não logo ao final da quinta hora. Ou seja, a parte final do n.º 1 admite um tempo de trabalho consecutivo mais longo no caso das jornadas de trabalho superiores a 10 horas, mantendo-se contudo a duração do intervalo de descanso (entre uma e duas horas).

5. Constituem instrumentos de regulamentação colectiva de trabalho, cfr. n.os 2, 3 e 4 do artigo 2.º, a convenção colectiva (que pode ser um contrato colectivo, acordo colectivo, ou um acordo de empresa), o acordo de adesão, a decisão arbitral, a portaria de extensão, e a portaria de condições de trabalho.

6. Os n.os 1 e 2 do artigo 77.º prevêm uma excepção ao regime do intervalo de descanso previsto neste artigo 213.º, relativamente ao descanso diário de menor, estabelecendo-se naquelas normas, além de uma duração do intervalo de descanso que pode ser diversa do regime previsto neste artigo 213.º, que o menor preste trabalho durante um período de tempo consecutivo inferior às cinco horas previsto no n.º 1 deste artigo 213.º

7. O empregador tem conhecimento da existência de uma comissão de trabalhadores porquanto os resultados da votação, da constituição e aprovação dos estatutos da comissão de trabalhadores, são-lhe comunicados, cfr. n.º 6 do artigo 432.º

8. Nos termos do n.º 3, compete ao serviço com competência inspectiva do ministério responsável pela área laboral, autorizar a redução ou exclusão de intervalo de descanso. O serviço com competência inspectiva do ministério responsável pela área laboral referido no n.º 3 é a Autoridade para as Condições do Trabalho, cfr. alínea a) do n.º 2 do artigo 11.º do Decreto-Lei n.º 167-C/2013, de 31 de Dezembro, alterado pelo Decreto-Lei n.º 28/2015, de 10 de Fevereiro, que aprovou a Lei Orgânica do Ministério da Solidariedade, Emprego e Segurança Social, e alínea a) do n.º 2 do artigo 2.º do Decreto Regulamentar n.º 47/2012, de 31 de Julho, que aprovou a orgânica da Autoridade para as Condições do Trabalho, nos termos das quais a Autoridade para as Condições do Trabalho prossegue, entre outras, a atribuição de fiscalizar o cumprimento das disposições legais, regulamentares e convencionais respeitantes às relações de trabalho.

O requerimento do empregador a solicitar a redução ou exclusão de intervalo de descanso deve ser dirigido à Autoridade para as Condições do Trabalho, acompanhado de declaração escrita de concordância do trabalhador abrangido, bem como de informação à comissão de trabalhadores e ao sindicato representativo do trabalhador em causa.

9. A Administração Pública deve comunicar a sua decisão ao empregador e ao trabalhador, disponto, nos termos do n.º 4, de 30 dias para se pronunciar. Caso a Administração pública – a Autoridade para as Condições do Trabalho – nada diga depois de recebido o requerimento instruído nos termos do n.º 3, deve considerar-se o seu silêncio como favorável à intenção do empregador. Trata-se de um caso de deferimento tácito, cfr. n.º 1 do artigo 130.º do Código do Procedimento Administrativo, aprovado pelo Decreto-Lei n.º 4/2015, de 7 de Janeiro.

Com efeito, e ao contrário do que sucedia anteriormente com a redacção originária deste artigo 203.º do Código do Trabalho, aprovado pela Lei n.º 7/2009, de 12 de Fevereiro, o n.º 4 constitui agora uma norma habilitante que permite atribuir ao silêncio o valor de deferimento. Regressa-se com o actual n.º 4 a uma solução que já vigorou no nosso ordenamento, com o n.º 4 do artigo 175.º do Código do Trabalho, aprovado pela Lei n.º 99/2003, de 27 de Agosto, em que se previa expressamente que o pedido de redução ou dispensa de intervalo de descanso se considerava tacitamente deferido se não fosse proferida a decisão final dentro do prazo de 15 dias.

10. Nada obsta que o requerimento do empregador, a declaração escrita de concordância do trabalhador e a informação à comissão de trabalhadores e ao sindicato representativo do trabalhador, bem como a própria autorização do serviço com competência inspectiva do ministério responsável pela área laboral, referidos no n.º 3, sejam realizados através de documento electrónico, ou seja, por documento elaborado mediante processamento electrónico de dados. Por outras palavras, nada impede que a forma escrita seja adoptada através de uma declaração escrita enviada por correio electrónico (e-mail) para um endereço electrónico.

Para que a declaração escrita contida em documento electrónico tenha o efeito probatório de um documento particular assinado, ou seja, para que o valor da declaração contida em documento electrónico seja igual ao de um documento particular assinado, é necessário que a esse documento electrónico seja aposta uma assinatura electrónica certificada por uma entidade certificadora credenciada. A lei refere mesmo que a aposição deste tipo de assinatura electrónica equivale à assinatura autógrafa dos documentos com forma escrita sobre suporte de papel. Esta assinatura electrónica tem de preencher alguns requisitos que lhe conferem a segurança necessária para que se possa verificar o regime de equiparação: identificar de forma unívoca o titular como autor do documento, a sua aposição depende apenas da vontade do seu titular, a sua criação é feita com meios que o titular pode manter sob seu controlo exclusivo, e a sua conexão com o documento permite detectar toda e qualquer alteração superveniente do conteúdo do próprio documento. Para que se considere que o documento electrónico comunicado por um meio de telecomunicações é recebido pelo destinatário, tem esse documento de ser transmitido para o endereço electrónico definido por acordo das partes, e nele ser recebido. Equivale à remessa por via postal registada a comunicação do documento electrónico, ao qual seja aposta a assinatura electrónica, por meio de telecomunicações que assegure a efectiva recepção. Se a recepção for comprovada por mensagem de confirmação dirigida ao remetente pelo destinatário que revista forma idêntica, equivale à remessa por via postal registada com aviso de recepção. Quando o conteúdo de um documento electrónico seja susceptível de representação como declaração escrita e contenha uma assinatura electrónica certificada por uma entidade certificadora credenciada, tem força probatória de um documento particular assinado, nos termos do artigo 376.º do Código Civil. Em princípio, o documento electrónico ao qual não seja aposta uma assinatura electrónica certificada por entidade credenciada é apenas apreciado livremente pelo tribunal.

O diploma legal que regula a validade, eficácia e valor probatório dos documentos electrónicos e a assinatura electrónica é o Decreto-Lei n.º 290-D/99, de 2 de Agosto, alterado pelos Decretos-Leis n.os 62/2003, de 3 de Abril, 165/2004, de 7 de Junho, 116-A/2006, de 16 de Junho e 88/2009, de 9 de Abril, o qual deve ainda ser conjugado, no caso de entidades públicas, com o Decreto-Lei n.º 116-A/2006, de 16 de Junho, alterado pelo Decreto-Lei n.º 88/2009, de 9 de Abril.

ARTIGO 214.º – Descanso diário

1 – O trabalhador tem direito a um período de descanso de, pelo menos, onze horas seguidas entre dois períodos diários de trabalho consecutivos.

2 – O disposto no número anterior não é aplicável:

a) A trabalhador que ocupe cargo de administração ou de direcção ou com poder de decisão autónomo, que esteja isento de horário de trabalho;

b) Quando seja necessária a prestação de trabalho suplementar, por motivo de força maior, ou por ser indispensável para reparar ou prevenir prejuízo grave para a empresa ou para a sua viabilidade devido a acidente ou a risco de acidente iminente;

c) Quando o período normal de trabalho seja fraccionado ao longo do dia com fundamento em característica da actividade, nomeadamente em serviços de limpeza;

d) Em actividade caracterizada pela necessidade de assegurar a continuidade do serviço ou da produção, nomeadamente a referida em qualquer das alíneas d) e e) do n.º 2 do artigo 207.º, com excepção da subalínea viii) da alínea e), e em caso de acréscimo previsível de actividade no turismo, desde que instrumento de regulamentação colectiva de trabalho assegure ao trabalhador um período equivalente de descanso compensatório e regule o período em que o mesmo deve ser gozado.

3 – Em caso previsto na alínea a) ou b) do número anterior, entre dois períodos diários de trabalho consecutivos deve ser observado um período de descanso que permita a recuperação do trabalhador.

4 – Constitui contra-ordenação grave a violação do disposto nos n.os 1 ou 3.

1. Este preceito corresponde ao artigo 176.º e ao n.º 4 do artigo 178.º do anterior Código do Trabalho, aprovado pela Lei n.º 99/2003.

2. O descanso constitui um direito constitucionalmente reconhecido. Nesse sentido, a alínea d) do n.º 1 do artigo 59.º da Constituição da República Portuguesa consagrou que: "Todos os trabalhadores, sem distinção de idade, sexo, raça, cidadania, território de origem, religião, convicções políticas ou ideológicas, têm direito ao repouso e aos lazeres, a um limite máximo da jornada de trabalho, ao descanso semanal e a férias periódicas pagas.". Em ordem a esta norma constitucional, neste preceito é estabelecido e desenvolvido o direito de que beneficiam os trabalhadores em matéria de descanso, o qual decorre ainda da consagração constitucional da subsistência de um limite máximo da jornada de trabalho.

3. Constituem instrumentos de regulamentação colectiva de trabalho, cfr. n.os 2, 3 e 4 do artigo 2.º, a convenção colectiva (que pode ser um contrato colectivo, acordo colectivo, ou um acordo de empresa), o acordo de adesão, a decisão arbitral, a portaria de extensão, e a portaria de condições de trabalho.

4. O n.º 1 estabelece uma regra, segundo a qual deve ser observado um descanso diário entre dois períodos diários de trabalho consecutivos, relativamente ao mesmo trabalhador, ou seja, entre jornadas de trabalho, o qual deverá ter uma duração que não seja inferior a onze horas seguidas. Pretende-se assegurar que o trabalhador recupera física e psiquicamente durante determinado período de tempo, para que quando retomar a actividade possa cumprir satisfatoriamente os deveres emergentes do contrato de trabalho.

No n.º 2 estabelecem-se as excepções à regra prevista no n.º 1, prevendo-se expressamente que o n.º 1 não se aplica nos casos previstos no n.º 2. Além destes, o período de descanso de, pelo menos, 11 horas seguidas entre dois períodos diários de trabalho consecutivos também não se aplica a menor, que em princípio, e nos termos do n.º 1 do artigo 78.º, tem direito a descanso diário, entre os períodos de trabalho de dois dias sucessivos, com a duração mínima de catorze horas consecutivas se tiver idade inferior a 16 anos, ou doze horas consecutivas se tiver idade igual ou superior a 16 anos.

5. O exercício de cargo de administração ou direcção é assumido pelo legislador como uma situação que carece de menor protecção jurídica, pressupondo que o desempenho de funções de dirigente envolve uma especial valoração dos elementos confiança e nível de responsabilidade atribuída, acarretando por isso, em regra e na prática, um estatuto diferente face aos trabalhadores comuns, que se manifesta em diversos aspectos, entre os quais o retributivo. Este é o sentido dos trabalhadores que ocupam estes cargos poderem exercer os mesmos em comissão de serviço, bem como de outras faculdades consentidas pelo legislador relativamente àqueles que os ocupam, em que se permite o aumento do período de referência na adaptabilidade, alínea b) do n.º 2 do artigo 207.º, inaplicabilidade do limite máximo da duração média do trabalho semanal, desde que aqueles trabalhadores se encontrem isentos de horário de trabalho, n.º 4 do artigo 211.º, admissibilidade da alteração de intervalo de descanso ainda que implique mais de seis horas de trabalho consecutivo, desde que estejam isentos de horário de trabalho, n.º 5 do artigo 213.º, possibilidade de serem isentos de horário de trabalho, alínea a) do n.º 1 do artigo 218.º, inaplicabilidade de limites quanto à prestação de trabalho nocturno, quando os trabalhadores estejam isentos de horário e trabalho, n.º 5 do artigo 224.º, inaplicabilidade da cumulação de descanso semanal e de descanso diário alínea a) do n.º 3 do artigo 233.º, possibilidade de renunciar à retribuição específica por isenção de horário de trabalho, n.º 2 do artigo 265.º, possibilidade do tribunal excluir a reintegração em caso de despedimento ilícito, n.º 1 do artigo 392.º

6. O trabalho suplementar referido na alínea b) do n.º 2, é definido no n.º 1 do artigo 226.º, considerando-se como tal o trabalho prestado fora do horário de trabalho. O trabalho suplementar consubstancia um regime excepcional, ao qual é permitido recorrer apenas quando a empresa tenha de fazer face a acréscimo eventual e transitório de trabalho e não se justifique para tal a admissão de trabalhador, cfr. n.º 1 do artigo 227.º, ou em caso de força maior ou quando seja indispensável para prevenir ou reparar prejuízo grave para a empresa ou para a sua viabilidade, cfr. n.º 2 do artigo 227.º Um caso de força maior é um evento imprevisível ou inevitável. Entre as situações que constituem caso de força maior contam-se um terramoto, incêndio, inundação, intempérie, atentado terrorista, situação de guerra, falta de energia, impossibilidade de obtenção de matérias-primas, pandemia, etc.. Do confronto entre o n.º 2 do artigo 227.º com a alínea b) do n.º 2 deste artigo 214.º resulta que esta última norma é ainda mais limitativa face ao disposto na primeira. Com efeito, para que o trabalhador não possa ter direito a um descanso diário de pelo menos onze horas seguidas quando tenha prestado trabalho suplementar, exige-se que semelhante trabalho tenha sido prestado por motivo de força maior ou por ter sido indispensável para reparar ou prevenir prejuízo grave para a empresa ou para a sua viabilidade, acrescentando-se devido a acidente ou risco de acidente iminente.

7. O período normal de trabalho corresponde ao tempo de trabalho que o trabalhador se obriga a prestar, medido em número de horas por dia e por semana, cfr. artigo 198.º

8. Da alínea d) do n.º 2 resulta que o trabalhador não tem direito a um período de descanso de, pelo menos, onze horas seguidas quando exerça o seu trabalho em actividade caracterizada pela necessidade de assegurar a continuidade do serviço ou da produção, e em caso de acréscimo previsível de actividade no turismo, desde que o instrumento de regulamentação colectiva de trabalho assegure ao trabalhador um período equivalente de descanso compensatório e regule o período em que o mesmo deve gozado. Significa isto, que na ausência de estipulação em instrumento de regulamentação colectiva de trabalho, ou caso não haja um que seja aplicável, o empregador não se pode prevalecer da solução prevista nesta alínea d) do n.º 2. De igual modo, às partes, empregador e trabalhador, não é lícito acordarem na aplicação desta norma, porquanto o n.º 5 do artigo 3.º determina que sempre que uma norma legal reguladora de contrato de trabalho determine que a mesma pode ser afastada por instrumento de regulamentação colectiva de trabalho entende-se que o não pode ser por contrato de trabalho.

A alínea d) do n.º 2 exemplifica algumas actividades que no entender do legislador se caracterizam pela necessidade de assegurar a continuidade do serviço ou da produção:

a) Actividade de segurança e vigilância de pessoas ou bens com carácter de permanência, designadamente de guarda, porteiro ou trabalhador de empresa de segurança ou vigilância;
b) Actividade caracterizada pela necessidade de assegurar a continuidade do serviço ou da produção, nomeadamente:
   i) Recepção, tratamento ou cuidados providenciados por hospital ou estabelecimento semelhante, incluindo a actividade de médico em formação, ou por instituição residencial ou prisão;
   ii) Porto ou aeroporto;
   iii) Imprensa, rádio, televisão, produção cinematográfica, correios, telecomunicações, serviço de ambulâncias, sapadores bombeiros ou protecção civil;
   iv) Produção, transporte ou distribuição de gás, água, electricidade, recolha de lixo ou instalações de incineração;
   v) Indústria cujo processo de trabalho não possa ser interrompido por motivos técnicos;
   vi) Investigação e desenvolvimento;
   vii) Agricultura.

Este elenco não é taxativo, como resulta da expressão "nomeadamente", utilizada na alínea d) do n.º 2, podendo existir outras actividades susceptíveis de ser distinguidas pela necessidade de assegurar a continuidade do serviço ou da produção.

ARTIGO 215.º – Mapa de horário de trabalho

1 – O empregador elabora o mapa de horário de trabalho tendo em conta as disposições legais e o instrumento de regulamentação colectiva de trabalho aplicável, do qual devem constar:

a) Firma ou denominação do empregador;

b) Actividade exercida;

c) Sede e local de trabalho dos trabalhadores a que o horário respeita;

d) Início e termo do período de funcionamento e, se houver, dia de encerramento ou suspensão de funcionamento da empresa ou estabelecimento;

e) Horas de início e termo dos períodos normais de trabalho, com indicação de intervalos de descanso;

f) Dia de descanso semanal obrigatório e descanso semanal complementar, se este existir;

g) Instrumento de regulamentação colectiva de trabalho aplicável, se houver;

h) Regime resultante de acordo que institua horário de trabalho em regime de adaptabilidade, se houver.

2 – Quando as indicações referidas no número anterior não sejam comuns a todos os trabalhadores, o mapa de horário de trabalho deve conter a identificação dos trabalhadores cujo regime seja diferente do estabelecido para os restantes, sem prejuízo do disposto no n.º 4.

3 – Sempre que o horário de trabalho inclua turnos, o mapa deve ainda indicar o número de turnos e aqueles em que haja menores, bem como a escala de rotação se existir.

4 – A composição dos turnos, de harmonia com a respectiva escala, se existir, é registada em livro próprio ou em suporte informático e faz parte integrante do mapa de horário de trabalho.

5 – Constitui contra-ordenação grave a violação do disposto neste artigo.

1. Este preceito corresponde ao n.º 1 do artigo 179.º do anterior Código do Trabalho, aprovado pela Lei n.º 99/2003, e aos artigos 179.º e 180.º da Lei n.º 35/2004, de 29 de Julho, que regulamentou o anterior Código do Trabalho.

2. O mapa de horário de trabalho corresponde ao documento onde constam o conjunto dos horários de trabalho, e que se destina a ser afixado nos locais de rabalho.

3. A elaboração do mapa de horário de trabalho incumbe ao empregador, como resulta do n.º 1. Note-se que quando o empregador seja também utilizador de trabalhadores temporários sendo a si, nessa qualidade, que incumbe elaborar o horário de trabalho do trabalhador temporário, nos termos do n.º 3 do artigo 185.º, deve o horário de trabalho deste trabalhador constar também do mapa de horário de trabalho.

4. Constituem instrumentos de regulamentação colectiva de trabalho, cfr. n.os 2, 3 e 4 do artigo 2.º, a convenção colectiva (que pode ser um contrato colectivo, acordo colectivo, ou um acordo de empresa), o acordo de adesão, a decisão arbitral, a portaria de extensão, e a portaria de condições de trabalho.

5. Sobre o local de trabalho referido na alínea c) do n.º 1, ver artigo 193.º Sobre o horário de trabalho referido na alínea c) do n.º 1, ver artigos 200.º e 212.º Sobre o período de funcionamento referido na alínea d) do n.º 1, ver artigo 201.º Sobre o período normal de trabalho referido na alínea e) do n.º 1, ver artigo 198.º e 203.º Sobre o intervalo de descanso referido na alínea e) do n.º 1, ver artigo 213.º Sobre o dia de descanso semanal obrigatório referido na alínea f) do n.º 1, ver artigo 232.º Sobre o dia de descanso semanal complementar referido na alínea f) do n.º 1, ver artigo 233.º Sobre a adaptabilidade referida na alínea h) do n.º 1, ver artigo 205.º Sobre os turnos referidos nos n.os 3 e 4, ver artigo 220.º e segs.

6. Deste artigo 215.º resulta que deve haver uma correspondência entre a situação real e o conteúdo do mapa de horário de trabalho. Consequentemente, sempre que haja uma alteração dos elementos que compõem o mapa de horário de trabalho, o empregador deverá elaborar um novo mapa de horário, o qual se encontra sujeito ao disposto neste mesmo preceito.

7. O mapa de horário de trabalho tem de ser publicitado, impondo o artigo 216.º que este seja afixado no local de trabalho.

ARTIGO 216.º – Afixação do mapa de horário de trabalho

1 – O empregador afixa o mapa de horário de trabalho no local de trabalho a que respeita, em lugar bem visível.

2 – Quando várias empresas, estabelecimentos ou serviços desenvolvam, simultaneamente, actividades no mesmo local de trabalho, o titular das instalações deve consentir a afixação dos diferentes mapas de horário de trabalho.

3 – (Revogado).

4 – As condições de publicidade de horário de trabalho de trabalhador afecto à exploração de veículo automóvel são estabelecidas em portaria dos ministros responsáveis pela área laboral e pelo sector dos transportes.

5 – Constitui contra-ordenação leve a violação do disposto nos n.os 1 e 2.

1. Este preceito corresponde ao artigo 179.º do anterior Código do Trabalho, aprovado pela Lei n.º 99/2003.

2. O n.º 3 deste preceito foi revogado pelo n.º 2 do artigo 9.º da Lei n.º 23/2012, de 25 de Junho, enquanto que a redacção da epígrafe e do n.º 5 deste preceito foi alterada pelo artigo 2.º da mesma Lei. Na versão originária do Código do Trabalho, aprovado pela Lei n.º 7/2009, de 12 de Fevereiro, a epígrafe e aqueles n.os 3 e 5 tinham a seguinte redacção:

> "Afixação e envio de mapa de horário de trabalho
>
> 3 – Na mesma data, o empregador deve apresentar cópia do mapa de horário de trabalho ao serviço com competência inspectiva do ministério responsável pela área laboral, nomeadamente através de correio electrónico, com a antecedência mínima de 48 horas relativamente à sua entrada em vigor.
>
> 5 – Constitui contra-ordenação leve a violação do disposto nos n.os 1, 2 ou 3.".

3. O mapa de horário de trabalho corresponde ao documento onde constam o conjunto dos horários de trabalho e que se destina a ser afixado nos locais de trabalho.

4. Do dever de afixação do mapa de horário de trabalho previsto no n.º 1, resulta desde logo que ao empregador não é permitido apenas divulgar o mapa de horário de trabalho na intranet da empresa (rede interna de partilha de ficheiros e gestão de conhecimento da empresa), ou mesmo no website (sitio na Internet) da empresa, ainda que o acesso a estes seja condicionado ou limitado. O dever de afixação pressupõe que o mapa de horário de trabalho seja efectivamente publicitado através da sua colocação em lugar visível do local de trabalho do trabalhador, o que pode ser cumprido se o mesmo for aplicado numa parede acessível aos trabalhadores.

5. Inexiste a imposição de qualquer prazo de antecedência relativamente à entrada em vigor do mapa de horário de trabalho, para a afixação do mapa de horário de trabalho. Assim, a afixação poderá ser feita imediatamente antes do mapa de horário de trabalho entrar em vigor.

6. Atentas as competências fiscalizadoras do serviço com competência inspectiva do ministério responsável pela área laboral, apesar do mapa de horário de trabalho não ter de lhe ser enviado pelo empregador, nada impede que este serviço se desloque ao local de trabalho e aí afira do cumprimento das normas legais.

O serviço com competência inspectiva do ministério responsável pela área laboral é a Autoridade para as Condições do Trabalho, cfr. alínea a) do n.º 2 do artigo 11.º do Decreto-Lei n.º 167-C/2013, de 31 de Dezembro, alterado pelo Decreto-Lei n.º 28/2015, de 10 de Fevereiro, que aprovou a Lei Orgânica do Ministério da Solidariedade, Emprego e Segurança Social, e alínea a) do n.º 2 do artigo 2.º do Decreto Regulamentar n.º 47/2012, de 31 de Julho, que aprovou a orgânica da Autoridade para as Condições do Trabalho, nos termos das quais a Autoridade para as Condições do Trabalho prossegue, entre outras, a atribuição de fiscalizar o cumprimento das disposições legais, regulamentares e convencionais respeitantes às relações de trabalho.

7. Por efeito do disposto no n.º 2 do artigo 217.º, quando se verifique uma alteração do horário de trabalho, o dever de publicitação do mesmo através do mapa de horário de trabalho tem um prazo fixado, exigindo-se que as alterações que se venham a verificar sejam afixadas na empresa com sete dias de antecedência relativamente ao início da aplicação do novo horário, ou de três dias de antecedência quando se trate de microempresa.

8. Por trabalhador afecto à exploração de veículo automóvel, referido no n.º 4, deve entender-se o trabalhador cujo local de trabalho essencial seja o veículo automóvel, e cuja utilização é indissociável da actividade principal exercida. Para o preenchimento deste conceito não releva que o trabalhador se encontre adstrito a um estabelecimento, para efeitos organizacionais, como sucede habitualmente. Trata-se de casos como o do motorista, do distribuidor, ou de trabalhador com funções similares. Deste conceito resulta que não deve ser considerado trabalhador afecto à exploração de veículo automóvel, aquele cuja utilização do veículo automóvel é meramente instrumental ao exercício da sua actividade, utilização essa que tem por finalidade assegurar apenas deslocações, como sucede com o vendedor ou o comercial que utiliza um veículo do empregador para realizar os contactos intrínsecos à actividade. A portaria referida no n.º 4 é a Portaria n.º 983/2007, de 27 de Agosto, que regulamenta as condições de publicidade dos horários de trabalho do pessoal afecto à exploração de veículos automóveis propriedade de empresas de transportes ou privativos de outras entidades sujeitas às disposições do Código do Trabalho. Nesta matéria, deve ainda consultar-se o Decreto-Lei n.º 237/2007, de 19 de Junho, que regula a organização do tempo de trabalho dos trabalhadores móveis em actividades de transporte rodoviário efectuadas em território nacional, cfr. n.º 1 do artigo 1.º

ARTIGO 217.º – Alteração de horário de trabalho

1 – À alteração de horário de trabalho é aplicável o disposto sobre a sua elaboração, com as especificidades constantes dos números seguintes.

2 – A alteração de horário de trabalho deve ser precedida de consulta aos trabalhadores envolvidos e à comissão de trabalhadores ou, na sua falta, a comissão sindical ou intersindical ou os delegados sindicais, bem como, ainda que vigore o regime de adaptabilidade, ser afixada na empresa com antecedência de sete dias relativamente ao início da sua aplicação, ou três dias em caso de microempresa.

3 – Exceptua-se do disposto no número anterior a alteração de horário de trabalho cuja duração não seja superior a uma semana, desde que seja registada em livro próprio, com a menção de que foi consultada a estrutura de representação colectiva dos trabalhadores referida no número anterior, e o empregador não recorra a este regime mais de três vezes por ano.

4 – Não pode ser unilateralmente alterado o horário individualmente acordado.

5 – A alteração que implique acréscimo de despesas para o trabalhador confere direito a compensação económica.

6 – Constitui contra-ordenação grave a violação do disposto neste artigo.

1. Este preceito corresponde ao artigo 173.º do anterior Código do Trabalho, aprovado pela Lei n.º 99/2003.

2. Do n.º 1, conjugado com o n.º 1 do artigo 212.º, para o qual remete a primeira norma, resulta que, em regra, se permite a alteração do horário de trabalho pelo empregador. Com efeito, o horário de trabalho constitui uma das mais importantes ferramentas de gestão do empregador, que deverá adequar o conjunto das diferentes prestações de trabalho dos trabalhadores a si subordinados, com vista a obter um determinado efeito: um produto manufacturado, um serviço prestado, etc.. Justifica-se este direito potestativo do empregador alterar unilateralmente o horário de trabalho, no poder de direcção de que beneficia, podendo conformar a prestação de trabalho, cfr. artigo 97.º, desde que semelhante alteração não tenha o sentido de punição para o trabalhador, e que a alteração não se mostre manifestamente infundada e arbitrária, casos em que o empregador abusa do direito, cfr. artigo 334.º do Código Civil. Na realidade, e ainda que um trabalhador sempre tenha trabalhado no mesmo horário não se pode inferir de tal facto pela existência de um acordo nesse sentido, cfr. Acórdão do Supremo Tribunal de Justiça, de 17 de Setembro de 2009, processo

08S3844, documento SJ200909170038444, sumários em www.dgsi.pt. Entendeu este acórdão que: "Na falta disposição legal ou convencional em contrário, o direito que ao empregador assiste de fixar o horário de trabalho dos seus trabalhadores não se restringe à sua fixação inicial, mas abrange as posteriores alterações do mesmo, salvo se o trabalhador tiver sido contratado especificamente para trabalhar mediante determinado horário. O facto de se ter provado que os dias de descanso semanal dos autores sempre tinham sido, desde há muitos anos, aos sábados e domingos não prova que isso tenha resultado de um acordo expresso nesse sentido. E tal facto também não é suficiente, só por si, para concluir que a alteração dos horários levada a cabo unilateralmente pelo empregador fora abusiva.".

3. De acordo com o n.º 4, quando o horário de trabalho constar do contrato de trabalho, não pode ser alterado unilateralmente, podendo apenas ser alterado com base em acordo das partes, ou seja, empregador e trabalhador. Ainda que o horário de trabalho conste do contrato individual de trabalho, e sendo por isso necessário o acordo do trabalhador para proceder à sua alteração, pode esse acordo ser tácito, se o trabalhador cumprir o novo horário sem reclamar. Neste sentido, Acórdão do Supremo Tribunal de Justiça, de 21 de Janeiro de 1998, processo 97S187, documento SJ199801210001874, sumários em www.dgsi.pt. A jurisprudência tem entendido que ao empregador não é admissível modificar unilateralmente o horário de trabalho, nos casos em que este tenha constituído um elemento essencial do contrato, em termos tais que o trabalhador não o teria celebrado não fosse aquele horário específico (nesta situação o horário de trabalho faz parte do objecto do contrato), ou quando o instrumento de regulamentação colectiva de trabalho aplicável proíba que o horário seja alterado sem o acordo do trabalhador, cfr. Acórdãos do Supremo Tribunal de Justiça, de 17 de Janeiro de 1990, e de 29 de Setembro de 1993, respectivamente em *Acórdãos Doutrinais*, 342.º, página 863, e *Colectânea de Jurisprudência*, 111, página 276; Acórdão do Tribunal da Relação de Coimbra, de 18 de Janeiro de 1990, *Colectânea de Jurisprudência*, tomo 4, página 116; Acórdão da Relação do Porto, de 16 de Janeiro de 1989, *Colectânea de Jurisprudência*, tomo 1, página 224, etc.. Em ordem ao estabelecido no n.º 1 do artigo 342.º do Código Civil, o ónus da prova da essencialidade do horário de trabalho, aquando da contratação, incumbe ao trabalhador.

Quando a alteração do horário de trabalho seja acordada com o trabalhador o empregador não se encontra dispensado de observar o dever de consulta, de reelaboração, afixação e envio do horário de trabalho previstos nesta Subsecção III.

4. Se o horário não constar do contrato de trabalho, e se a empresa não tiver assumido alguma conduta positiva que tenha levado um trabalhador a confiar que o horário por si cumprido por determinação do empregador, não mais seria alterado sem o seu acordo, então o horário de trabalho pode ser alterado unilateralmente pelo empregador. Neste sentido, o Acórdão do Supremo Tribunal de Justiça, de 17 de Setembro de 2009, processo 08S3844, documento SJ200909170038444, sumários em www.dgsi.pt, entendeu que: "Na falta disposição legal ou convencional em contrário, o direito que ao empregador assiste de fixar o horário de trabalho dos seus trabalhadores não se restringe à sua fixação inicial, mas abrange as posteriores alterações do mesmo, salvo se o trabalhador tiver sido contratado especificamente para trabalhar mediante determinado horário.".

5. Não obstante o que ficou referido nas anotações anteriores, há jurisprudência que entende que o horário só não pode ser modificado unilateralmente pelo empregador quando a mudança cause prejuízo sério ou perturbação visível na vida do trabalhador, cfr. Acórdão do Tribunal da Relação do Porto, de 20 de Outubro de 2008, processo 0843391, documento RP200810200843391, sumários em www.dgsi.pt; Acórdão do Tribunal da Relação do Porto, de 19 de Junho de 2006, processo 0543923, documento RP200606190543923, sumários em www.dgsi.pt. De acordo com este entendimento, não basta a verificação de alguns incómodos ou transtornos, dado que as modificações na vida pessoal, familiar e laboral do trabalhador sempre hão-de surgir por força da alteração, exigindo-se antes um prejuízo sério, para que o empregador não deva unilateralmente proceder à alteração do horário de trabalho. O ónus da prova do prejuízo sério da alteração do horário, ou a perturbação visível da alteração na vida do trabalhador, impende sobre o trabalhador, cfr. n.º 1 do artigo 342.º do Código Civil.

Divergimos deste entendimento que limita a alteração unilateral do horário de trabalho à inexistência de um prejuízo sério ou perturbação visível na vida do trabalhador, que o empregador pode, e deve, nem conhecer (veja-se o disposto relativamente aos direitos de personalidade, artigo 14.º e segs., e em especial o direito à reserva da intimidade da vida particular do trabalhador, cfr. artigo 16.º). Salvo melhor opinião, em matéria de alteração unilateral do horário de trabalho apenas se deve condicionar aquela modificação aos casos em que a alteração seja manifestamente infundada, tenha sido estipulado um horário de trabalho no contrato de trabalho ou quando determinado horário tenha constituído um elemento essencial para a celebração do contrato, quando o instrumento de regulamentação colectiva de trabalho aplicável estipule um horário de trabalho, ou proíba que o horário seja alterado sem o acordo do trabalhador. Com excepção destas situações deve entender-se que o horário de trabalho pode ser alterado por decisão do empregador, ainda que tal alteração constitua um caso de prejuízo sério para o trabalhador. Fora dos casos descritos, ao empregador deve ser concedido o poder de, em caso de necessidade e melhor adequação do trabalho que lhe é prestado, poder conformar as diferentes prestações de trabalho que permitem a subsistência da organização. Defender o contrário poderá vetar a própria organização à estagnação suficiente para abalar a sua própria subsistência. Quando o empregador celebra um contrato de trabalho procura antes de mais a disponibilidade da força de trabalho que determinada pessoa lhe pode conceder, para que a possa aproveitar, aproveitamento este que poderá ser fortemente colocado em causa se ao empregador não for permitido alterar o horário de trabalho dos trabalhadores. Não se veda que ao trabalhador, que assista à alteração unilateral do horário de trabalho, deva ser conferido o direito de não o executar, podendo para tanto resolver o seu contrato de trabalho com justa causa, cfr. artigo 394.º, com fundamento de que aquela modificação configura uma alteração substancial e duradoura das condições de trabalho, embora no exercício legítimo de poderes do empregador, cfr. alínea b) do n.º 3 do artigo 394.º Consequentemente, e por força do disposto no n.º 1 do artigo 396.º, *a contrario*, aquela rescisão não conferirá um direito a indemnização.

6. O Acórdão do Supremo Tribunal de Justiça, de 22 de Março de 2007, processo 06S3536, documento n.º SJ20070322035364, sumários em www.dgsi.pt, entendeu que o empregador tem a faculdade de alterar o período normal de trabalho de um trabalhador de 36 horas para 40 horas semanais se foi este o período inicialmente contratado, ainda que posteriormente o trabalhador tenha passado a trabalhar em regime especial de 4 turnos, com duração semanal da sua prestação de trabalho limitada a 36 horas, situação que mais tarde veio a cessar, por se ter alterado a situação específica que esteve na base da redução do período normal de trabalho de 40 para 36 horas. Em tal situação, o regresso do trabalhador ao horário inicial de 40 horas semanais não configura prestação de trabalho suplementar nem diminuição da retribuição.

7. Microempresas são as empresas que empreguem até dez trabalhadores, sendo que se empregar dez trabalhadores já é considerada pequena empresa, cfr. alíneas a) e b) do n.º 1 do artigo 100.º

8. Os n.os 2 e 3 estabelecem expressamente que o empregador deve consultar previamente a comissão de trabalhadores ou, na sua falta as comissões intersindicais, as comissões sindicais ou os delegados sindicais. O exercício desta consulta tem um procedimento próprio, que se encontra regulado nos n.os 4 a 7 do artigo 427.º, relativamente às comissões de trabalhadores, aplicável às comissões intersindicais, às comissões sindicais e aos delegados sindicais por força das alíneas h), g) e f) do n.º 1 do artigo 442.º e do n.º 2 do artigo 466.º O empregador tem conhecimento da existência de uma comissão de trabalhadores porquanto os resultados da votação, da constituição e aprovação dos estatutos da comissão de trabalhadores, são-lhe comunicados, cfr. n.º 6 do artigo 432.º Quanto à comissão intersindical, comissões sindicais e delegados sindicais, o empregador tem conhecimento da existência destes porquanto a direcção do sindicato tem de comunicar por escrito ao empregador a identidade de cada delegado sindical, bem como dos delegados sindicais que fizerem parte de comissão sindical ou intersindical, cfr. n.º 4 do artigo 462.º

9. Nos termos do n.º 5, a alteração de horário de trabalho que implique acréscimo de despesas para o trabalhador confere direito a compensação económica.

10. Sobre este preceito *vide* Bernardo Lobo Xavier, *Manual de Direito do Trabalho*, Verbo, 2011, página 511 e 512, e António Monteiro Fernandes, *Direito do Trabalho*, 15.ª Edição, Almedina, Abril 2010, página 361 e 362.

SUBSECÇÃO IV – Isenção de horário de trabalho

ARTIGO 218.º – Condições de isenção de horário de trabalho

1 – Por acordo escrito, pode ser isento de horário de trabalho o trabalhador que se encontre numa das seguintes situações:

a) Exercício de cargo de administração ou direcção, ou de funções de confiança, fiscalização ou apoio a titular desses cargos;

b) Execução de trabalhos preparatórios ou complementares que, pela sua natureza, só possam ser efectuados fora dos limites do horário de trabalho;

c) Teletrabalho e outros casos de exercício regular de actividade fora do estabelecimento, sem controlo imediato por superior hierárquico.

2 – O instrumento de regulamentação colectiva de trabalho pode prever outras situações de admissibilidade de isenção de horário de trabalho.

3 – (Revogado).

4 – (Revogado).

1. Este preceito corresponde ao artigo 177.º do anterior Código do Trabalho, aprovado pela Lei n.º 99/2003.

2. Os n.os 3 e 4 deste preceito foram revogados pelo n.º 2 do artigo 9.º da Lei n.º 23/2012, de 25 de Junho. Na versão originária do Código do Trabalho, aprovado pela Lei n.º 7/2009, de 12 de Fevereiro, aquelas normas tinham a seguinte redacção:

> "3 – O acordo referido no n.º 1 deve ser enviado ao serviço com competência inspectiva do ministério responsável pela área laboral.
>
> 4 – Constitui contra-ordenação leve a violação do disposto no número anterior.".

3. Nos termos do artigo 165.º, considera-se teletrabalho a prestação laboral realizada com subordinação jurídica, habitualmente fora da empresa e através do recurso a tecnologias de informação e de comunicação. Sobre o teletrabalho vejam-se os artigos 165.º e segs.

4. Constituem instrumentos de regulamentação colectiva de trabalho, cfr. n.os 2, 3 e 4 do artigo 2.º, a convenção colectiva (que pode ser um contrato colectivo, acordo colectivo, ou um acordo de empresa), o acordo de adesão, a decisão arbitral, a portaria de extensão, e a portaria de condições de trabalho.

5. O exercício de cargo de administração ou direcção é assumido pelo legislador como uma situação que carece de menor protecção jurídica, pressupondo que o desempenho de funções de dirigente envolve uma especial valoração dos elementos confiança e nível de responsabilidade atribuída, acarretando por isso, em regra e na prática, um estatuto diferente face aos trabalhadores comuns, que se manifesta em diversos aspectos, entre os quais o retributivo. Compreende-se assim, que entre as situações em que se admite a isenção de horário de trabalho, figure o exercício de cargos de administração ou direcção, cfr. alínea a) do n.º 1. Idêntica valoração justifica que, o trabalhador que ocupe cargo de administração ou de direcção, ou com poder de decisão autónomo, que esteja isento de horário de trabalho não tenha um limite máximo da duração média do trabalho semanal, n.º 4 do artigo 211.º, não tenha também um limite de duração do trabalho nocturno, cfr. n.º 5 do artigo 224.º, e não tenha de gozar em continuidade o descanso semanal obrigatório e um período de onze horas correspondente ao descanso diário, cfr. alínea a) do n.º 3 do artigo

233.º E justifica igualmente que, nos termos do n.º 5 do artigo 213.º, não seja permitida a alteração de intervalo de descanso que implicar mais de seis horas de trabalho consecutivo, excepto quanto a trabalhadores que ocupem cargos de administração e de direcção e outras pessoas com poder de decisão autónomo que estejam isentos de horário de trabalho. Idêntica razão fundamenta que trabalhador que ocupe cargo de administração ou de direcção ou com poder de decisão autónomo, que esteja isento de horário de trabalho, não tenha direito a um período de descanso de, pelo menos, onze horas seguidas entre dois períodos diários de trabalho consecutivos, cfr. alínea a) do n.º 2 do artigo 214.º, sem prejuízo de lhe dever ser assegurado um período que permita a sua recuperação, cfr. n.º 3 do mesmo artigo 214.º

6. O acordo escrito, celebrado entre o empregador e o trabalhador, de isenção de horário de trabalho não tem de ser enviado ao serviço com competência inspectiva do ministério responsável pela área laboral, actualmente a Autoridade para as Condições do Trabalho. Não obstante, atentas as competências fiscalizadoras daquele serviço, poderá o mesmo aferir do cumprimento das normas legais no próprio local de trabalho. Com efeito, a Autoridade para as Condições do Trabalho, cfr. alínea a) do n.º 2 do artigo 11.º do Decreto-Lei n.º 167-C/2013, de 31 de Dezembro, alterado pelo Decreto-Lei n.º 28/2015, de 10 de Fevereiro, que aprovou a Lei Orgânica do Ministério da Solidariedade, Emprego e Segurança Social, e alínea a) do n.º 2 do artigo 2.º do Decreto Regulamentar n.º 47/2012, de 31 de Julho, que aprovou a orgânica da Autoridade para as Condições do Trabalho, nos termos das quais a Autoridade para as Condições do Trabalho prossegue, entre outras, a atribuição de fiscalizar o cumprimento das disposições legais, regulamentares e convencionais respeitantes às relações de trabalho.

7. A isenção de horáio de trabalho confere ao trabalhador o direito a um complemento remuneratório específico, ou seja, a retribuição por isenção de horário de trabalho, cfr. n.º 1 do artigo 265.º, sendo que só o trabalhador que exerça cargo de administração ou de direcção pode renunciar a esta retribuição. A renúncia é um direito que não carece de aceitação da outra parte, para que possa ser exercida.

8. Atendendo a que se exige o acordo, escrito, entre empregador e trabalhador, para que seja aplicável a este último a isenção de horário de trabalho, para que cesse a isenção, o empregador terá de obter o acordo do trabalhador. Ou seja, ao empregador não é permitido, unilateralmente fazer cessar a isenção de horário de trabalho. Cessando, licitamente, a situação que serviu de fundamento à atribuição da retribuição específica devida pela isenção, o empregador poderá retirar ao trabalhador esse complemento salariais, sem que incorra em violação do princípio da irredutibilidade da retribuição.

9. Nada obsta que a forma escrita, imposta pelo n.º 1, seja satisfeita através de documento electrónico, ou seja, por documento elaborado mediante processamento electrónico de dados. Por outras palavras, nada impede que a forma escrita seja adoptada através de uma declaração escrita enviada por correio electrónico (e-mail) para um endereço electrónico. Sobre a validade, eficácia e valor probatório dos documentos electrónicos remete-se para a anotação 4. ao artigo 107.º

10. Nos termos do n.º 3 do artigo 212.º, a comissão de trabalhadores ou, na sua falta, as comissões intersindicais, as comissões sindicais ou os delegados sindicais devem ser consultados previamente sobre a definição e a organização dos horários de trabalho. Este dever de consulta abrange a isenção de horário de trabalho. Neste sentido – embora referindo-se ao Código de 2003, mas cujas soluções jurídicas, nesta matéria, pouca diferença apresentam no Código actual – entendeu o Acórdão do Tribunal da Relação de Lisboa, de 20 de Fevereiro de 2008, processo 10489/2007-4, sumários em www.dgsi.pt:"A isenção de horário de trabalho que possa ser objecto de acordo entre uma entidade patronal e um ou mais trabalhadores ao seu serviço, dentro das possibilidades legalmente estabelecidas no art.º 177.º do CT, é algo que tem a ver com a definição e organização do horário de trabalho desse ou desses trabalhadores. II – Como tal, e se na empresa houver Comissão de Trabalhadores, ao abrigo do disposto no aludido art. 357.º n.º 1 al. e) do Regulamento do Código do Trabalho a definição ou a organização do regime de isenção de horário em relação ao trabalhador ou trabalhadores que dele possam beneficiar deva ser precedida de parecer escrito por parte da referida Comissão.".

11. Sobre este preceito *vide* Bernardo Lobo Xavier, *Manual de Direito do Trabalho*, Verbo, 2011, página 512 e segs., e António Monteiro Fernandes, *Direito do Trabalho*, 15.ª Edição, Almedina, Abril 2010, página 388 e segs.

ARTIGO 219.º – Modalidades e efeitos de isenção de horário de trabalho

1 – As partes podem acordar numa das seguintes modalidades de isenção de horário de trabalho:

a) Não sujeição aos limites máximos do período normal de trabalho;

b) Possibilidade de determinado aumento do período normal de trabalho, por dia ou por semana;

c) Observância do período normal de trabalho acordado.

2 – Na falta de estipulação das partes, aplica-se o disposto na alínea a) do número anterior.

3 – A isenção não prejudica o direito a dia de descanso semanal, obrigatório ou complementar, a feriado ou a descanso diário.

4 – Constitui contra-ordenação grave a violação do disposto no número anterior.

1. Este preceito corresponde ao artigo 178.º do anterior Código do Trabalho, aprovado pela Lei n.º 99/2003.

2. O período normal de trabalho corresponde ao tempo de trabalho que o trabalhador se obriga a prestar, medido em número de horas por dia e por semana, cfr. artigo 198.º Os limites máximos do período normal de trabalho encontram-se previstos no artigo 203.º, estabelecendo o seu n.º 1 que o período normal de trabalho não pode exceder oito horas por dia e quarenta horas por semana.

3. A modalidade de isenção de horário de trabalho de não sujeição aos limites máximos do período normal de trabalho, prevista na alínea a) do n.º 1, designa-se de isenção total e caracteriza-se pela admissibilidade em o trabalhador poder prestar um maior número de horas de trabalho, ultrapassando o período normal de trabalho diário e semanal, que em regra é de oito horas por dia, e quarenta horas por semana, cfr. n.º 1 do artigo 203.º

4. A modalidade de isenção de horário de trabalho de possibilidade de determinado aumento do período normal de trabalho, por dia ou por semana, prevista na alínea b) do n.º 1, designa-se de isenção parcial e caracteriza-se pela admissibilidade em o trabalhador poder prestar um maior número de horas de trabalho, ultrapassando o período normal de trabalho diário e semanal, que em regra é de oito horas por dia, e quarenta horas por semana, cfr. n.º 1 do artigo 203.º, alargamento este que é definido. Ou seja, pode ser exigível por força desta modalidade, a prestação de um maior número de horas de trabalho, as quais se encontram limitadas. Por exemplo, deverá enquadrar-se nesta modalidade de isenção de horário de trabalho a isenção de acordo com a qual o trabalhador se obriga a prestar até mais duas horas de trabalho por dia, e cinquenta horas semanais.

5. A modalidade de isenção de horário de trabalho com observância do período normal de trabalho acordado, prevista na alínea c) do n.º 1, designa-se de isenção modelada e caracteriza-se pelo cumprimento do período normal de trabalho acordado, sendo a sua execução variável. Ou seja, não é exigível por força desta modalidade, a prestação de um maior número de horas de trabalho. Assim, o início e o termo do período normal de trabalho diário é determinado pelo empregador, ou na ausência desta determinação, é o trabalhador que elege quando deve iniciar a sua jornada de trabalho, encontrando-se vinculado ao cumprimento do período normal de trabalho diário e semanal acordado, e que em regra é de oito horas por dia, e quarenta horas por semana, cfr. n.º 1 do artigo 203.º

6. A isenção de horário de trabalho não veda a que o trabalhador isento preste trabalho suplementar. Neste sentido, veja-se o artigo 226.º e respectivas anotações.

7. O n.º 2 estabelece que na falta de determinação da modalidade de isenção de horário de trabalho pelas partes, aplica-se supletivamente a modalidade de não sujeição aos limites máximos do período normal de trabalho.

8. Não obstante o disposto no n.º 3, de que a isenção de horário de trabalho não prejudica o direito a descanso diário, que se define como um período de descanso de, pelo menos, onze horas seguidas entre dois períodos diários de trabalho consecutivos, cfr. n.º 1 do artigo 214.º, a verdade é que se admitem excepções a esta norma. Uma delas é relativa ao trabalhador que ocupe cargo de administração ou de direcção ou com poder de decisão autónomo, que esteja isento de horário de trabalho, permitindo-se quanto a estes que o período de descanso diário seja inferior a onze horas, cfr. alínea a) do n.º 2 do artigo 214.º, sem prejuízo de lhe dever ser assegurado um período que permita a sua recuperação, cfr. n.º 3 do mesmo artigo 214.º

9. Quando a modalidade da isenção de horário de trabalho for a não sujeição aos limites máximos do período normal de trabalho, cfr. alínea a) do n.º 1 deste artigo 219.º, também designada por isenção total, o trabalho prestado por trabalhador isento de horário de trabalho em dia normal de trabalho, mesmo que ultrapasse o período normal de trabalho diário e semanal (que em regra é de oito horas por dia, e quarenta horas por semana, cfr. n.º 1 do artigo 203.º) não deve ser considerado trabalho suplementar, cfr. alínea a) do n.º 3 deste artigo 226.º Neste sentido – embora referindo-se ao Código de 2003, mas cujas soluções jurídicas, nesta matéria, não diferem no Código actual – entendeu o Supremo Tribunal de Justiça, que em Acórdão uniformizador de jurisprudência, o Acórdão do Supremo Tribunal de Justiça n.º 6/2012, publicado no Diário da República, 1.ª série, n.º 121, de 25 de Junho de 2012, estabeleceu: "Ao trabalhador isento de horário de trabalho, na modalidade de isenção total, não é devido o pagamento de trabalho suplementar em dia normal de trabalho, conforme resulta dos artigos 17.º, n.º 1, alínea *a)*, do Decreto-Lei n.º 409/71, de 27 de Setembro, e 197.º, n.º 4, alínea *a)*, do Código do Trabalho de 2003, mesmo que ultrapasse os limites legais diários ou anuais estabelecidos nos artigos 5.º, n.º 1, alíneas *a)* e *b)*, do Decreto-Lei n.º 421/83, de 2 de Dezembro, e 200.º, n.º 1, alíneas *a)* a *c)*, do Código do Trabalho de 2003, após a entrada em vigor deste diploma.".

10. Sobre este preceito *vide* Bernardo Lobo Xavier, *Manual de Direito do Trabalho*, Verbo, 2011, página 512 e segs., e António Monteiro Fernandes, *Direito do Trabalho*, 15.ª Edição, Almedina, Abril 2010, página 390.

SUBSECÇÃO V – Trabalho por turnos

ARTIGO 220.º – Noção de trabalho por turnos

Considera-se trabalho por turnos qualquer organização do trabalho em equipa em que os trabalhadores ocupam sucessivamente os mesmos postos de trabalho, a um determinado ritmo, incluindo o rotativo, contínuo ou descontínuo, podendo executar o trabalho a horas diferentes num dado período de dias ou semanas.

1. Este preceito corresponde ao artigo 188.º do anterior Código do Trabalho, aprovado pela Lei n.º 99/2003.

2. Trabalho por turnos é uma modalidade de organização do trabalho em que o mesmo posto de trabalho é sucessivamente ocupado por diferentes trabalhadores de modo a poder observar um período de funcionamento que é mais amplo do que período normal de trabalho estabelecido.

3. Por turnos rotativos devem entender-se aqueles em que os trabalhadores estão sujeitos às variações de horário resultantes da prestação de trabalho em todos ou em alguns dos turnos que sejam previstos, o que impõe que executem o trabalho a horas diferentes, no decurso de um dado período de tempo. Ou seja, nesta modalidade os trabalhadores mudam regular ou periodicamente de turno.

4. Turnos fixos são grupos de trabalho estáveis, em que o trabalhador cumpre sempre o mesmo horário de trabalho, e cuja soma, independentemente de se verificar ou não justaposição, equivale ao período de funcionamento da empresa.

5. É frequente os instrumentos de regulamentação colectiva estabelecerem uma prestação retributiva como contrapartida do modo específico da execução do trabalho em regime de turnos, de modo a compensá-lo da maior penosidade que em regra o trabalhador se encontra sujeito, e que será tanto maior se os turnos não forem fixos, pois o trabalhador terá maior dificuldade em conciliar a actividade profissional com a vida pessoal e familiar. Ainda assim, o subsídio de turno não é obrigatório por lei.

ARTIGO 221.º – Organização de turnos

1 – Devem ser organizados turnos de pessoal diferente sempre que o período de funcionamento ultrapasse os limites máximos do período normal de trabalho.

2 – Os turnos devem, na medida do possível, ser organizados de acordo com os interesses e as preferências manifestados pelos trabalhadores.

3 – A duração de trabalho de cada turno não pode ultrapassar os limites máximos dos períodos normais de trabalho.

4 – O trabalhador só pode mudar de turno após o dia de descanso semanal.

5 – Os turnos no regime de laboração contínua e os de trabalhadores que asseguram serviços que não podem ser interrompidos, nomeadamente nas situações a que se referem as alíneas d) e e) do n.º 2 do artigo 207.º, devem ser organizados de modo que os trabalhadores de cada turno gozem, pelo menos, um dia de descanso em cada período de sete dias, sem prejuízo do período excedente de descanso a que tenham direito.

6 – O empregador deve ter registo separado dos trabalhadores incluídos em cada turno.

7 – Constitui contra-ordenação grave a violação do disposto nos n.os 3, 4, 5 ou 6.

1. Este preceito corresponde aos artigos 189.º e 191.º do anterior Código do Trabalho, aprovado pela Lei n.º 99/2003.

2. Por período de funcionamento entende-se o período de tempo diário durante o qual o estabelecimento pode exercer a sua actividade, cfr. n.º 1 do artigo 201.º, compreendendo-se, em princípio, entre as 7 e as 20 horas relativamente a estabelecimento industrial, e, em regra, entre as 6 e as 24 horas nos estabelecimentos de venda ao público e de prestação de serviços. Para maiores desenvolvimentos acerca do período de funcionamento e respectivas especificidades, veja-se o artigo 201.º e as respectivas anotações.

O período normal de trabalho corresponde ao tempo de trabalho que o trabalhador se obriga a prestar, medido em número de horas por dia e por semana, cfr. artigo 198.º

3. O n.º 4 pretende obstar a que o empregador prolongasse indefinidamente o tempo de trabalho, sem permitir que o trabalhador gozasse pelo menos um dia de descanso semanal, efeito que lograria obter se o trabalhador sucessivamente variasse de turno antes de repousar efectivamente.

O descanso constitui um direito constitucionalmente reconhecido, cfr. alínea d) do n.º 1 do artigo 59.º da Constituição da República Portuguesa, estabelecendo-se no n.º 1 do artigo 232.º o princípio de que o trabalhador tem direito a gozar, pelo menos, um dia de descanso por semana. Este dia de descanso corresponde, em princípio, ao Domingo, contudo, a própria lei admite alguns casos em tal poderá não suceder, os quais recaem facilmente na necessidade do trabalho se encontrar organizado em turnos: quando o trabalhador presta actividade em empresa ou sector de empresa dispensado de encerrar ou suspender o funcionamento um dia completo por semana, ou que seja obrigado a encerrar ou a suspender o funcionamento em dia diverso do domingo, ou em empresa ou sector de empresa cujo funcionamento não possa ser interrompido.

Consistindo num dia de descanso por semana, o dia de descanso semanal coincide com um dia de calendário, ou seja compreende o período temporal que tem inicio às 0:00 horas de um dia, e termina às 23:59 desse mesmo dia.

4. Quando o dia de descanso semanal obrigatório não for o Domingo, por a empresa se enquadrar numa das situações previstas no n.º 2 do artigo 232.º como constituindo uma excepção à regra de que o dia de descanso semanal é o Domingo, o trabalho que seja prestado nesse dia da semana não deve ser considerado trabalho suplementar, ou seja, trabalho prestado fora do horário de trabalho, cfr. n.º 1 do artigo 226.º, correspondendo antes a um dia de trabalho normal. E porque se trata de um dia normal de trabalho o trabalhador não tem direito a qualquer acréscimo à retribuição, mas tão somente àquela que lhe seja devida à semelhança do que ocorre em qualquer outro dia vulgar de trabalho.

Em matéria de feriados, é outro o regime aplicável. Com efeito, o n.º 2 do artigo 269.º determina que o trabalhador que presta trabalho normal em dia feriado em empresa não obrigada a suspender o funcionamento nesse dia tem direito a descanso compensatório com uma duração de metade do número de horas de trabalho prestadas, ou a acréscimo de 50% da retribuição correspondente, cabendo a escolha ao empregador.

5. De acordo com o n.º 5, os turnos no regime de laboração contínua e os de trabalhadores que asseguram serviços que não podem ser interrompidos, devem ser organizados de modo que os trabalhadores de cada turno gozem, pelo menos, um dia de descanso em cada período de sete dias, sem prejuízo do período excedente de descanso a que tenham direito. Da redacção desta norma resulta desde logo que o dia de descanso que o trabalhador por turnos tem de gozar em cada período de sete dias não tem de coincidir com a semana de calendário.

Por outro lado, exemplificam-se nesta norma algumas actividades que se caracterizam como serviços que não podem ser interrompidos:

a) Actividade de segurança e vigilância de pessoas ou bens com carácter de permanência, designadamente de guarda, porteiro ou trabalhador de empresa de segurança ou vigilância;
b) Actividade caracterizada pela necessidade de assegurar a continuidade do serviço ou da produção, nomeadamente:
    i) Recepção, tratamento ou cuidados providenciados por hospital ou estabelecimento semelhante, incluindo a actividade de médico em formação, ou por instituição residencial ou prisão;
    ii) Porto ou aeroporto;

iii) Imprensa, rádio, televisão, produção cinematográfica, correios, telecomunicações, serviço de ambulâncias, sapadores bombeiros ou protecção civil;
iv) Produção, transporte ou distribuição de gás, água, electricidade, recolha de lixo ou instalações de incineração;
v) Indústria cujo processo de trabalho não possa ser interrompido por motivos técnicos;
vi) Investigação e desenvolvimento;
vii) Agricultura;
viii) Transporte de passageiros em serviço regular de transporte urbano.

Não obstante, e como referido, este n.º 5 é susceptível de poder abranger várias outras actividades que não apenas as ora elencadas, como resulta desde logo da utilização pelo legislador da expressão "nomeadamente".

6. O registo separado dos trabalhadores incluídos em cada turno, referido no n.º 6, é o registo mencionado no n.º 4 do artigo 215.º, ou seja, trata-se de um registo que incluí a composição dos turnos, de harmonia com a respectiva escala, se existir, sendo realizado em livro próprio ou em suporte informático, sendo parte integrante do mapa de horário de trabalho. Atendendo a este último factor, este registo tem de ser publicitado, impondo o artigo 216.º que este seja afixado no local de trabalho.

ARTIGO 222.º – Protecção em matéria de segurança e saúde no trabalho

1 – O empregador deve organizar as actividades de segurança e saúde no trabalho de forma que os trabalhadores por turnos beneficiem de um nível de protecção em matéria de segurança e saúde adequado à natureza do trabalho que exercem.

2 – O empregador deve assegurar que os meios de protecção e prevenção em matéria de segurança e saúde dos trabalhadores por turnos sejam equivalentes aos aplicáveis aos restantes trabalhadores e se encontrem disponíveis a qualquer momento.

3 – Constitui contra-ordenação grave a violação do disposto neste artigo.

1. Este preceito corresponde ao artigo 190.º do anterior Código do Trabalho, aprovado pela Lei n.º 99/2003.

2. Nos termos das alínea g) e h) do n.º 1 do artigo 127.º, constituem deveres do empregador prevenir riscos e doenças profissionais, tendo em conta a protecção da segurança e saúde do trabalhador, e adoptar, no que se refere a segurança e saúde no trabalho, as medidas que decorram de lei ou instrumento de regulamentação colectiva de trabalho.

3. Do n.º 1 e do n.º 2 do preceito em anotação resulta que aos trabalhadores por turnos é assegurada a protecção em matéria de segurança e saúde adaptada ao carácter do trabalho que prestam, o que se justifica pela maior penosidade que pode envolver o trabalho por turnos. Pretende-se com este preceito garantir que os trabalhadores por turnos beneficiam da mesma protecção dos demais trabalhadores, não devendo ser prejudicados por eventualmente prestarem o seu trabalho em diferentes períodos.

4. O regime de segurança e saúde no trabalho encontra previsão no artigo 281.º e segs., para os quais se remete, bem como para as respectivas anotações. Naqueles preceitos estabelecem-se apenas as normas fundamentais do regime de segurança e saúde no trabalho, sendo as demais reguladas em legislação específica, como determinado pelo artigo 284.º, a Lei n.º 102/2009, de 10 de Setembro.

SUBSECÇÃO VI – Trabalho nocturno

ARTIGO 223.º – Noção de trabalho nocturno

1 – Considera-se trabalho nocturno o prestado num período que tenha a duração mínima de sete horas e máxima de 11 horas, compreendendo o intervalo entre as zero e as cinco horas.

2 – O período de trabalho nocturno pode ser determinado por instrumento de regulamentação colectiva de trabalho, com observância do disposto no número anterior, considerando-se como tal, na falta daquela determinação, o compreendido entre as 22 horas de um dia e as sete horas do dia seguinte.

1. Este preceito corresponde ao artigo 192.º do anterior Código do Trabalho, aprovado pela Lei n.º 99/2003.

2. Constituem instrumentos de regulamentação colectiva de trabalho, cfr. n.os 2, 3 e 4 do artigo 2.º, a convenção colectiva (que pode ser um contrato colectivo, acordo colectivo, ou um acordo de empresa), o acordo de adesão, a decisão arbitral, a portaria de extensão, e a portaria de condições de trabalho.

3. Deste preceito resulta que só se considera trabalho nocturno o trabalho que seja prestado no período o compreendido entre as 22:00 horas de um dia e as 7:00 horas do dia seguinte.

4. O período de trabalho nocturno fixado no n.º 2 é supletivo, ou seja, só na ausência de instrumento de regulamentação colectiva de trabalho que determine aquele período, é que é aplicável o critério temporal estabelecido nesta norma: considera-se período de trabalho nocturno o que seja compreendido entre as 22:00 horas de um dia e as 7:00 horas do dia seguinte.

As partes num contrato de trabalho, empregador e trabalhador, não poderão afastar o disposto no n.º 2, acordando um período de trabalho nocturno diverso, pois, nos termos do n.º 5 do artigo 3.º, sempre que uma norma legal reguladora do contrato de trabalho determine que a mesma pode ser afastada por instrumento de regulamentação colectiva de trabalho, entende-se que o não pode ser por contrato de trabalho.

5. Nos termos do n.º 1 do artigo 60.º, a trabalhadora grávida, puérpera e lactante, tem direito a ser dispensada de prestar trabalho entre as 20:00 horas de um dia e as 7:00 horas do dia seguinte. De igual dispensa beneficia o trabalhador com deficiência ou doença crónica, que é dispensado de prestar o seu trabalho entre as 20:00

horas de um dia e as 7:00 horas do dia seguinte, quando a prestação de trabalho durante aquele período for susceptível de prejudicar a sua saúde ou segurança no trabalho, cfr. alínea b) do n.º 1 do artigo 87.º Já o menor com idade inferior a 16 anos é proibido de prestar trabalho durante este período, ou seja, entre as 20:00 horas de um dia e as 7:00 horas do dia seguinte, nos termos do n.º 1 do artigo 76.º Tratando-se de menor com idade igual ou superior a 16 anos, só poderá prestar trabalho nocturno, cfr. n.os 2 e 3 do mesmo artigo 76.º:

a) Em actividade prevista em instrumento de regulamentação colectiva de trabalho, excepto no período compreendido entre as 0:00 e as 5:00 horas;
b) Que se justifique por motivos objectivos, em actividade de natureza cultural, artística, desportiva ou publicitária, desde que tenha um período equivalente de descanso compensatório no dia seguinte ou no mais próximo possível.

Apenas quando o trabalho de menor com idade igual ou superior a 16 anos for indispensável para prevenir ou reparar prejuízo grave para a empresa, devido a facto anormal e imprevisível ou a circunstância excepcional ainda que previsível, cujas consequências não podiam ser evitadas, desde que não haja outro trabalhador disponível e por um período não superior a cinco dias úteis, é que o menor poderá prestar trabalho nocturno, cfr. n.º 5 do artigo 76.º

De acordo com o n.º 1 do artigo 157.º da Lei n.º 98/2009, de 4 de Setembro (que regulamenta o regime de reparação de acidentes de trabalho e de doenças profissionais, incluindo a reabilitação e reintegração profissionais), o trabalhador com capacidade de trabalho reduzida resultante de acidente de trabalho ou de doença profissional, a quem o empregador, ao serviço do qual ocorreu o acidente ou a doença foi contraída, assegure ocupação em funções compatíveis, durante o período de incapacidade, tem direito a dispensa de trabalho no período nocturno.

6. De acordo com o n.º 1 do artigo 266.º, em regra o trabalho nocturno deve ser pago com um acréscimo de 25%, relativamente ao pagamento de trabalho equivalente prestado durante o dia, com excepção das situações previstas no n.º 3 do artigo 266.º Pretende-se assim compensar o trabalhador nocturno pela maior penosidade a que se encontra sujeito, por prestar o seu trabalho em período de tempo oposto ao ciclo biológico humano, que prefere que o organismo tenha maior actividade em períodos coincidentes com a luz solar.

7. Sobre este preceito, *vide* Bernardo Lobo Xavier, *Manual de Direito do Trabalho*, Verbo, 2011, página 517, e António Monteiro Fernandes, *Direito do Trabalho*, 15.ª Edição, Almedina, Abril 2010, página 391 e segs.

ARTIGO 224.º – Duração do trabalho de trabalhador nocturno

1 – Considera-se trabalhador nocturno o que presta, pelo menos, três horas de trabalho normal nocturno em cada dia ou que efectua durante o período nocturno parte do seu tempo de trabalho anual correspondente a três horas por dia, ou outra definida por instrumento de regulamentação colectiva de trabalho.

2 – O período normal de trabalho diário de trabalhador nocturno, quando vigora regime de adaptabilidade, não deve ser superior a oito horas diárias, em média semanal, sem prejuízo do disposto em instrumento de regulamentação colectiva de trabalho.

3 – Para apuramento da média referida no número anterior não se contam os dias de descanso semanal obrigatório ou complementar e os dias feriados.

4 – O trabalhador nocturno não deve prestar mais de oito horas de trabalho num período de vinte e quatro horas em que efectua trabalho nocturno, em qualquer das seguintes actividades que implicam riscos especiais ou tensão física ou mental significativa:

a) Monótonas, repetitivas, cadenciadas ou isoladas;

b) Em obra de construção, demolição, escavação, movimentação de terras, ou intervenção em túnel, ferrovia ou rodovia sem interrupção de tráfego, ou com risco de queda de altura ou de soterramento;

c) Da indústria extractiva;

d) De fabrico, transporte ou utilização de explosivos e pirotecnia;

e) Que envolvam contacto com corrente eléctrica de média ou alta tensão;

f) De produção ou transporte de gases comprimidos, liquefeitos ou dissolvidos ou com utilização significativa dos mesmos;

g) Que, em função da avaliação dos riscos a ser efectuada pelo empregador, assumam particular penosidade, perigosidade, insalubridade ou toxicidade.

5 – O disposto nos números anteriores não é aplicável a trabalhador que ocupa cargo de administração ou de direcção ou com poder de decisão autónomo que esteja isento de horário de trabalho.

6 – O disposto no n.º 4 não é igualmente aplicável:

a) Quando a prestação de trabalho suplementar seja necessária por motivo de força maior ou para prevenir ou reparar prejuízo grave para a empresa ou para a sua viabilidade devido a acidente ou a risco de acidente iminente;

b) A actividade caracterizada pela necessidade de assegurar a continuidade do serviço ou da produção, nomeadamente a referida em qualquer das alíneas d) a f) do n.º 2 do artigo 207.º, desde que por convenção colectiva seja concedido ao trabalhador período equivalente de descanso compensatório.

7 – Constitui contra-ordenação grave a violação do disposto nos n.ºs 2 ou 4.

1. Este preceito corresponde aos artigos 193.º e 194.º do anterior Código do Trabalho, aprovado pela Lei n.º 99/2003.

2. Constituem instrumentos de regulamentação colectiva de trabalho, cfr. n.ºs 2, 3 e 4 do artigo 2.º, a convenção colectiva (que pode ser um contrato colectivo, acordo colectivo, ou um acordo de empresa), o acordo de adesão, a decisão arbitral, a portaria de extensão, e a portaria de condições de trabalho.

3. O regime da adaptabilidade encontra-se previsto no artigo 204.º e segs. Do confronto entre a redacção do n.º 1 do artigo 207.º, com a redacção do n.º 2 deste artigo 224.º, resulta que este último, relativo ao trabalho de trabalhador nocturno, constitui uma disposição especial, que afasta por isso a aplicação daquele n.º 1 do artigo 207.º No n.º 1 do artigo 207.º prevê-se que o período de referência é definido por instrumento de regulamentação colectiva, ou supletivamente se este faltar, é apurado por referência a período de quatro meses, enquanto que no n.º 2 deste preceito em anotação é mais restritivo, estabelecendo-se que o período de referência a atender é a semana, nesta não se incluindo os dias de descanso semanal e os feriados, cfr. n.º 3. Ou seja, por determinação do n.º 3 deste artigo 224.º, para o cálculo da média do trabalho semanal os dias de descanso semanal obrigatório ou complementar, cfr. artigo 232.º e 233.º, e os dias feriados, cfr. artigo 234.º e segs., não deverão ser incluídos. Só assim não será se o instrumento de regulamentação colectiva de trabalho consagrar uma solução.

4. O n.º 4 estabelece uma regra, segundo a qual o trabalhador nocturno não deve prestar mais de oito horas de trabalho num período de vinte e quatro horas em que efectua trabalho nocturno, em qualquer das seguintes actividades que implicam riscos especiais ou tensão física ou mental significativa. Pretende-se assegurar que o trabalhador recupera suficientemente, física e psiquicamente, durante determinado período de tempo, para que quando retomar a actividade possa cumprir satisfatoriamente os deveres emergentes do contrato de trabalho. Nos n.os 5 e 6 estabelecem-se as excepções à regra prevista no n.º 4, prevendo-se expressamente que o n.º 4 não se aplica nos casos previstos no n.os 5 e 6.

Não obstante as actividades previstas no n.º 4 serem taxativas, em termos de só as actividades estabelecidas nesta norma permitirem que o trabalhador nocturno não preste mais de oito horas de trabalho num período de vinte e quatro horas em que efectua trabalho nocturno, em actividades que implicam riscos especiais ou tensão física ou mental significativa, a verdade é que a qualificação de determinada actividade como tal é, atenta a redacção da norma, flexível o suficiente para poder abranger várias outras.

5. O exercício de cargo de administração ou direcção é assumido pelo legislador como uma situação que carece de menor protecção jurídica, pressupondo que o desempenho de funções de dirigente envolve uma especial valoração dos elementos confiança e nível de responsabilidade atribuída, acarretando por isso, em regra e na prática, um estatuto diferente face aos trabalhadores comuns, que se manifesta em diversos aspectos, entre os quais o retributivo. Este é o sentido dos trabalhadores que ocupam estes cargos poderem exercer os mesmos em comissão de serviço, bem como de outras faculdades consentidas pelo legislador relativamente àqueles que os ocupam, em que se permite o aumento do período de referência na adaptabilidade, alínea b) do n.º 2 do artigo 207.º, inaplicabilidade do limite máximo da duração média do trabalho semanal, desde que aqueles trabalhadores se encontrem isentos de horário de trabalho, n.º 4 do artigo 211.º, admissibilidade da alteração de intervalo de descanso ainda que implique mais de seis horas de trabalho consecutivo, desde que estejam isentos de horário de trabalho, n.º 5 do artigo 213.º, inaplicabilidade do direito a um período de descanso mínimo de onze horas seguidas entre dois períodos diários de trabalho consecutivos, alínea a) do n.º 2 do 214.º, possibilidade de serem isentos de horário de trabalho, alínea a) do n.º 1 do artigo 218.º, inaplicabilidade da cumulação de descanso semanal e de descanso diário alínea a) do n.º 3 do artigo 233.º, possibilidade de renunciar à retribuição específica por isenção de horário de trabalho, n.º 2 do artigo 265.º, e possibilidade do tribunal excluir a reintegração em caso de despedimento ilícito, n.º 1 do artigo 392.º

6. O trabalho suplementar referido na alínea a) do n.º 6, é definido no n.º 1 do artigo 226.º, considerando-se como tal o trabalho prestado fora do horário de trabalho. O trabalho suplementar consubstancia um regime excepcional, ao qual é permitido recorrer apenas quando a empresa tenha de fazer face a acréscimo eventual e transitório de trabalho e não se justifique para tal a admissão de trabalhador, cfr. n.º 1 do artigo 227.º, ou em caso de força maior ou quando seja indispensável para prevenir ou reparar prejuízo grave para a empresa ou para a sua viabilidade, cfr. n.º 2 do artigo 227.º Um caso de força maior é um evento imprevisível ou inevitável. Entre as situações que constituem caso de força maior contam-se um terramoto, incêndio, inundação, intempérie, atentado terrorista, situação de guerra, falta de energia, impossibilidade de obtenção de matérias-primas, pandemia, etc.. Do confronto entre o n.º 2 do artigo 227.º com a alínea a) do n.º 6 deste artigo 224.º resulta que esta última norma é ainda mais limitativa face ao disposto na primeira. Com efeito, para que o trabalhador possa prestar mais de oito horas de trabalho num período de vinte e quatro horas em que efectua trabalho nocturno, quando tenha prestado trabalho suplementar, exige-se que semelhante trabalho tenha sido prestado por motivo de força maior ou por ter sido indispensável para reparar ou prevenir prejuízo grave para a empresa ou para a sua viabilidade, acrescentando-se devido a acidente ou risco de acidente iminente.

7. Da alínea b) do n.º 6 resulta que o trabalhador pode prestar mais de oito horas de trabalho num período de vinte e quatro horas em que efectua trabalho nocturno, quando exerça o seu trabalho em actividade caracterizada pela necessidade de assegurar a continuidade do serviço ou da produção, desde que o instrumento de regulamentação colectiva de trabalho assegure ao trabalhador um período equivalente de descanso compensatório. Significa isto, que na ausência de estipulação em instrumento de regulamentação colectiva de trabalho, ou caso não haja um que seja aplicável, o empregador não se pode prevalecer da solução prevista nesta alínea b) do n.º 6. De igual modo, às partes, empregador e trabalhador, não é lícito acordarem na aplicação desta norma, porquanto o n.º 5 do artigo 3.º determina que sempre que uma norma legal reguladora de contrato de trabalho determine que a mesma pode ser afastada por instrumento de regulamentação colectiva de trabalho entende-se que o não pode ser por contrato de trabalho.

A alínea b) do n.º 6 exemplifica algumas actividades que no entender do legislador se caracterizam pela necessidade de assegurar a continuidade do serviço ou da produção:

a) Actividade de segurança e vigilância de pessoas ou bens com carácter de permanência, designadamente de guarda, porteiro ou trabalhador de empresa de segurança ou vigilância;

b) Actividade caracterizada pela necessidade de assegurar a continuidade do serviço ou da produção, nomeadamente:
   i) Recepção, tratamento ou cuidados providenciados por hospital ou estabelecimento semelhante, incluindo a actividade de médico em formação, ou por instituição residencial ou prisão;
   ii) Porto ou aeroporto;
   iii) Imprensa, rádio, televisão, produção cinematográfica, correios, telecomunicações, serviço de ambulâncias, sapadores bombeiros ou protecção civil;
   iv) Produção, transporte ou distribuição de gás, água, electricidade, recolha de lixo ou instalações de incineração;
   v) Indústria cujo processo de trabalho não possa ser interrompido por motivos técnicos;
   vi) Investigação e desenvolvimento;
   vii) Agricultura;
   viii) Transporte de passageiros em serviço regular de transporte;

c) Acréscimo previsível de actividade, nomeadamente na agricultura, no turismo e nos serviços postais.

Este elenco não é taxativo, como resulta da expressão "nomeadamente", utilizada na alínea b) do n.º 6, podendo existir outras actividades susceptíveis de ser distinguidas pela necessidade de assegurar a continuidade do serviço ou da produção.

8. A prestação de trabalho nocturno pode conferir ao trabalhador o direito a um acréscimo retributivo, cfr. artigo 266.º

9. Sobre este preceito, *vide* Bernardo Lobo Xavier, *Manual de Direito do Trabalho*, Verbo, 2011, página 517, e António Monteiro Fernandes, *Direito do Trabalho*, 15.ª Edição, Almedina, Abril 2010, página 393 e 394.

ARTIGO 225.º – Protecção de trabalhador nocturno

1 – O empregador deve assegurar exames de saúde gratuitos e sigilosos ao trabalhador nocturno destinados a avaliar o seu estado de saúde, antes da sua colocação e posteriormente a intervalos regulares e no mínimo anualmente.

2 – O empregador deve avaliar os riscos inerentes à actividade do trabalhador, tendo presente, nomeadamente, a sua condição física e psíquica, antes do início da actividade e posteriormente, de seis em seis meses, bem como antes de alteração das condições de trabalho.

3 – O empregador deve conservar o registo da avaliação efectuada de acordo com o número anterior.

4 – Aplica-se ao trabalhador nocturno o disposto no artigo 222.º

5 – Sempre que possível, o empregador deve assegurar a trabalhador que sofra de problema de saúde relacionado com a prestação de trabalho nocturno a afectação a trabalho diurno que esteja apto a desempenhar.

6 – O empregador deve consultar os representantes dos trabalhadores para a segurança e saúde no trabalho ou, na falta destes, o próprio trabalhador, sobre a afectação a trabalho

nocturno, a organização deste que melhor se adapte ao trabalhador, bem como sobre as medidas de segurança e saúde a adoptar.

7 – Constitui contra-ordenação grave a violação do disposto neste artigo.

1. Este preceito corresponde aos artigos 195.º e 196.º do anterior Código do Trabalho, aprovado pela Lei n.º 99/2003.

2. Do n.º 1, resulta que os exames de saúde são realizados por conta do empregador, sendo este último quem deve custear os mesmos. No mesmo sentido dispõe o n.º 12 do artigo 15.º da Lei n.º 102/2009, de 10 de Setembro, que estabelece o regime jurídico da promoção da segurança e saúde no trabalho.

3. O registo da avaliação dos riscos inerentes à actividade do trabalhador referido no n.º 3 deve ser conservado pelo prazo de cinco anos, cfr. n.º 5 do artigo 73.º-B da Lei n.º 102/2009, de 10 de Setembro.

4. Do n.º 4 resulta que aos trabalhadores nocturnos é assegurada a protecção em matéria de segurança e saúde adaptada ao carácter do trabalho que prestam, o que se justifica pela maior penosidade que envolve o trabalho noturno. Pretende-se com esta norma garantir que os trabalhadores nocturnos beneficiam da mesma protecção dos demais trabalhadores, não devendo ser prejudicados por prestarem o seu trabalho em diferentes períodos. O regime de segurança e saúde no trabalho encontra previsão no artigo 281.º e segs., para os quais se remete, bem como para as respectivas anotações. Naqueles preceitos estabelecem-se apenas as normas fundamentais do regime de segurança e saúde no trabalho, sendo as demais reguladas em legislação específica, como determinado pelo artigo 284.º, a Lei n.º 102/2009, de 10 de Setembro.

5. Os representantes dos trabalhadores para a segurança e saúde no trabalho referidos no n.º 6 constituem uma estrutura de representação colectiva dos trabalhadores, cfr. alínea c) do artigo 404.º Estes representantes dos trabalhadores para a segurança e saúde no trabalho são eleitos e visam, no fundo, asseverar que o empregador assegura aos trabalhadores condições de segurança e saúde em todos os aspectos relacionados com o trabalho, cfr. n.º 2 do artigo 281.º Para o cumprimento das suas funções, os representantes dos trabalhadores para a segurança e saúde no trabalho dispõem de várias prorrogativas, como as que se prevêm no n.º 6 do preceito em anotação. A regulação desta estrutura de representação colectiva dos trabalhadores encontra-se, de acordo com o disposto no artigo 284.º, na Lei n.º 102/2009, de 10 de Setembro, nos artigos 21.º e segs. O empregador tem conhecimento da existência de representantes para a segurança e saúde no trabalho porquanto os resultados da eleição daqueles representantes, são-lhe comunicados, cfr. n.º 1 do artigo 39.º da Lei n.º 102/2009.

SUBSECÇÃO VII – Trabalho suplementar

ARTIGO 226.º – Noção de trabalho suplementar

1 – Considera-se trabalho suplementar o prestado fora do horário de trabalho.

2 – No caso em que o acordo sobre isenção de horário de trabalho tenha limitado a prestação deste a um determinado período de trabalho, diário ou semanal, considera-se trabalho suplementar o que exceda esse período.

3 – Não se compreende na noção de trabalho suplementar:

a) O prestado por trabalhador isento de horário de trabalho em dia normal de trabalho, sem prejuízo do disposto no número anterior;

b) O prestado para compensar suspensão de actividade, independentemente da sua causa, de duração não superior a quarenta e oito horas, seguidas ou interpoladas por um dia de descanso ou feriado, mediante acordo entre o empregador e o trabalhador;

c) A tolerância de quinze minutos prevista no n.º 3 do artigo 203.º;

d) A formação profissional realizada fora do horário de trabalho, que não exceda duas horas diárias;

e) O trabalho prestado nas condições previstas na alínea b) do n.º 1 do artigo 257.º;

f) O trabalho prestado para compensação de períodos de ausência ao trabalho, efectuada por iniciativa do trabalhador, desde que uma e outra tenham o acordo do empregador.

g) O trabalho prestado para compensar encerramento para férias previsto na alínea b) do n.º 2 do artigo 242.º, por decisão do empregador.

4 – Na situação referida na alínea f) do n.º 3, o trabalho prestado para compensação não pode exceder os limites diários do n.º 1 do artigo 228.º

1. Este preceito corresponde ao artigo 197.º do anterior Código do Trabalho, aprovado pela Lei n.º 99/2003.

2. A alínea g) do n.º 3 deste preceito foi introduzida pelo artigo 2.º da Lei n.º 23/2012, de 25 de Junho. Na versão originária do Código do Trabalho, aprovado pela Lei n.º 7/2009, de 12 de Fevereiro, aquela alínea inexistia.

3. O horário de trabalho corresponde à disposição do período normal de trabalho diário, cfr. artigos 198.º e 203.º, entre o período de funcionamento, cfr. artigo 201.º, observando o intervalo de descanso, cfr. artigo 213.º, o descanso diário, cfr. artigo 214.º, e o descanso semanal, cfr. artigos 232.º e 233.º

4. Atendendo a que se considera trabalho suplementar o trabalho que seja prestado fora do horário de trabalho, não é considerada falta a ausência do trabalhador que devia prestar trabalho suplementar, porquanto se compreende por falta a ausência de trabalhador do local em que devia desempenhar a actividade, durante o período normal de trabalho diário, cfr. n.º 1 do artigo 248.º

5. Apesar do disposto no n.º 2, de que no caso em que o acordo sobre isenção de horário de trabalho tenha limitado a prestação deste a um determinado período de trabalho, diário ou semanal, considera-se trabalho suplementar o que exceda esse período, não é apenas nas modalidades a que se referem as alíneas b) e c) do n.º 1 do artigo 219.º que há possibilidade de ser prestado trabalho suplementar. Por efeito deste n.º 2, constituirá trabalho suplementar de trabalhador isento de horário de horário de trabalho, na modalidade de possibilidade de determinado aumento do período normal de trabalho, por dia ou por semana, o trabalho que for prestado a mais relativamente ao aumento acordado. Da mesma forma, e por previsão deste n.º 2, constituirá trabalho suplementar de trabalhador isento de horário de trabalho, na modalidade de observância do período normal de trabalho acordado, o trabalho que for prestado transcendendo o período normal de trabalho acordado. Assim, e não obstante este n.º 2 não se referir ao trabalho suplementar de trabalhador isento de horário de trabalho, na modalidade de não sujeição aos limites máximos do período normal de trabalho, cfr. alínea a) do n.º 1 do artigo 219.º, a verdade é que, a isenção não prejudica o direito a dia de descanso semanal, obrigatório ou complementar, nem a feriado, cfr. n.º 3 do artigo 219.º, pelo que o trabalho que for prestado nestes dias deve ser considerado trabalho suplementar.

Quando a modalidade da isenção de horário de trabalho for a não sujeição aos limites máximos do período normal de trabalho, cfr. alínea a) do n.º 1 do artigo 219.º, também designada por isenção total, o trabalho prestado por trabalhador isento de horário de trabalho em dia normal de trabalho, mesmo que ultrapasse o período normal de trabalho diário e semanal (que em regra é de oito horas por dia, e quarenta horas por semana, cfr. n.º 1 do artigo 203.º) não deve ser considerado trabalho suplementar, cfr. alínea a) do n.º 3 deste artigo 226.º Neste sentido – embora referindo-se ao Código de 2003, mas cujas soluções jurídicas, nesta matéria, não diferem no Código actual – entendeu o Supremo Tribunal de Justiça, que em Acórdão uniformizador de jurisprudência, o Acórdão do Supremo Tribunal de Justiça n.º 6/2012, publicado no Diário da República, 1.ª série, n.º 121, de 25 de Junho de 2012, estabeleceu: "Ao trabalhador isento de horário de trabalho, na modalidade de isenção total, não é devido o pagamento de trabalho suplementar em dia normal de trabalho, conforme resulta dos artigos 17.º, n.º 1, alínea *a)*, do Decreto-Lei n.º 409/71, de 27 de Setembro, e 197.º, n.º 4, alínea *a)*, do Código do Trabalho de 2003, mesmo que ultrapasse os limites legais diários ou anuais estabelecidos nos artigos 5.º, n.º 1, alíneas *a)* e *b)*, do Decreto-Lei n.º 421/83, de 2 de Dezembro, e 200.º, n.º 1, alíneas *a)* a *c)*, do Código do Trabalho de 2003, após a entrada em vigor deste diploma.".

6. A alínea c) do n.º 3 não considera como trabalho suplementar a tolerância de quinze minutos para transacções, operações ou outras tarefas começadas e não acabadas na hora estabelecida para o termo do período normal de trabalho diário. Este período de quinze minutos deve por isso entender-se como tempo de trabalho. Nos termos do n.º 3 do artigo 203.º esta tolerância tem carácter excepcional. Havendo recurso reiterado à tolerância de quinze minutos, a consequência será a qualificação do trabalho assim prestado como sendo trabalho suplementar, cfr. n.º 1.

7. Nos termos da alínea d) do n.º 3, não se considera como trabalho suplementar o tempo durante o qual a formação profissional que seja realizada fora do horário de trabalho, e se prolongue até um período de tempo de duas horas por dia. A formação profissional encontra-se prevista no artigo 130.º e segs., decorrendo do seu regime que o trabalhador tem direito, em cada ano, a um número mínimo de 40 horas de formação contínua ou, sendo contratado a termo por período igual ou superior a três meses, um número mínimo de horas proporcional à duração do contrato nesse ano, cfr. n.º 2 do artigo 131.º Por efeito da alínea d) do n.º 3 deste artigo 226.º, define-se assim um limite temporal máximo, de duas horas diárias, até ao qual não é considerado trabalho suplementar o tempo despendido pelo trabalhador na formação profissional que lhe for ministrada para além do horário de trabalho. Não sendo trabalho suplementar, por desqualificação desta normal, este tempo deve entender-se como tempo de trabalho, o que determina a sua retribuição.

8. De acordo com a alínea e) do n.º 3, não se compreende na noção de trabalho suplementar o trabalho que seja prestado em acréscimo ao período normal, para substituição da perda de retribuição por motivo de faltas, quando o instrumento de regulamentação colectiva de trabalho o permita. O trabalho que seja prestado com este fundamento tem como limite a prestação total de até doze horas diárias, sendo que a duração do trabalho semanal pode atingir no limite, as sessenta horas.

9. A alínea f) do n.º 3 não considera como trabalho suplementar o trabalho prestado para compensação de períodos de ausência ao trabalho, efectuada por iniciativa do trabalhador, desde que a própria ausência e a respectiva compensação tenham o acordo do empregador. Nada impõe que a compensação seja realizada no mesmo dia em que se verifica a ausência, podendo por isso efectuar-se num outro dia, de acordo com o que for acordado entre as partes, empregador e trabalhador. Por determinação do n.º 4 o trabalho prestado para compensação não pode contudo exceder o limite diário de duas horas, cfr. n.º 1 do artigo 228.º

O acordo a que se refere a alínea f) do n.º 3 terá, nos termos do n.º 4 do artigo 202.º, de ser mantido pelo empregador durante cinco anos. A declaração através da qual o empregador manifeste o acordo quer da ausência, quer da compensação desta não reveste forma especial, podendo ser realizada por escrito, como verbalmente, nada vedando que o empregador se socorra da via telefónica para o fazer, desde que essa declaração seja expressa, ou seja, que o empregador revele inequivocamente que assente no período de ausência e na compensação desta. Nada impede que seja adoptada uma declaração escrita enviada por correio electrónico (e-mail) para um endereço electrónico do trabalhador. Deve ter-se contudo em conta, como referido, o disposto no n.º 4 do artigo 202.º, pelo que deve ser adoptada a forma escrita, ou em alternativa, a declaração verbal do empregador terá de ser realizada através de um suporte que permita o cumprimento do dever do empregador manter o acordo durante o prazo de cinco anos.

10. A alínea g) do n.º 3 não considera como trabalho suplementar o trabalho prestado para compensar o encerramento da empresa ou do estabelecimento para férias, quando aquele encerramento se verifique em dia que esteja entre um feriado que ocorra à terça ou à quinta-feira e um dia de descanso semanal. Vulgarmente, o dia que esteja entre um feriado que ocorra à terça-feira ou quinta-feira e um dia de descanso semanal, é designado por "ponte". Assim, a alínea g) do n.º 3 não entende como trabalho suplementar o trabalho que seja prestado para compensar o encerramento da empresa ou do estabelecimento numa "ponte".

A parte final da alínea g) do n.º 3 determina expressamente que o encerramento da empresa ou estabelecimento só pode ser compensado com prestação de trabalho por parte do trabalhador, por decisão do empregador. Ou seja, é o empregador que define se poderá existir compensação ou não. Se permitir a compensação, também deverá determinar o modo de a efectuar, sendo que o trabalhador não deverá ser obrigado a realizar a compensação. Se não pretender a compensação, a "ponte" será considerada um dia de férias, cfr. n.º 2 do artigo 242.º

O trabalho prestado para compensação de uma "ponte" tem um importante limite: o período normal de trabalho diário. Significa isto que, um trabalhador que diáriamente preste oito horas de trabalho, face ao disposto no n.º 1 do artigo 203.º (em que o limite máximo do período normal de trabalho diário é de oito horas), não poderá compensar a ponte, totalmente ou parcialmente num dia normal de trabalho, pois se o fizesse, excederia aquele limite. O mesmo já não sucede relativamente a trabalhador que tenha um período normal de trabalho diário inferior às oito horas diárias, caso em que, poderá compensar uma "ponte" até a sua jornada de trabalho atingir o limite das oito horas diárias.

No exemplo referido, um trabalhador que diáriamente presta oito horas de trabalho, como poderá ser realizada a compensação de um encerramento da empresa ou estabelecimento durante uma "ponte", face aos limites do período normal de trabalho diário? O trabalhador poderá prestar o seu trabalho num dia que deveria ser de descanso semanal, cfr. artigo 232.º e 233.º

11. Sobre este preceito, *vide* Bernardo Lobo Xavier, *Manual de Direito do Trabalho*, Verbo, 2011, página 518 e segs., e António Monteiro Fernandes, *Direito do Trabalho*, 15.ª Edição, Almedina, Abril 2010, página 381 e segs.

ARTIGO 227.º – Condições de prestação de trabalho suplementar

1 – O trabalho suplementar só pode ser prestado quando a empresa tenha de fazer face a acréscimo eventual e transitório de trabalho e não se justifique para tal a admissão de trabalhador.

2 – O trabalho suplementar pode ainda ser prestado em caso de força maior ou quando seja indispensável para prevenir ou reparar prejuízo grave para a empresa ou para a sua viabilidade.

3 – O trabalhador é obrigado a realizar a prestação de trabalho suplementar, salvo quando, havendo motivos atendíveis, expressamente solicite a sua dispensa.

4 – Constitui contra-ordenação muito grave a violação do disposto nos n.os 1 ou 2.

1. Este preceito corresponde aos artigos 198.º e 199.º do anterior Código do Trabalho, aprovado pela Lei n.º 99/2003.

2. De acordo com os n.os 1 e 2, o trabalho suplementar só pode ser prestado quando a empresa tenha de fazer face a acréscimo eventual e transitório de trabalho, e não se justifique para tal a admissão de trabalhador, e em caso de força maior ou quando seja indispensável para prevenir ou reparar prejuízo grave para a empresa ou para a sua viabilidade. Assim entendido, o trabalho suplementar caracteriza-se como uma situação excepcional, devendo existir um nexo de causalidade entre o facto que determina o trabalho suplementar e a própria prestação de trabalho suplementar, em termos de esta poder ser sindicável judicialmente.

3. Um caso de força maior, referido no n.º 2, é um evento imprevisível ou inevitável. Entre as situações que constituem caso de força maior contam-se um terramoto, incêndio, inundação, intempérie, atentado terrorista, situação de guerra, falta de energia, impossibilidade de obtenção de matérias-primas, pandemia, etc..

4. O n.os 1 e 2 estabelecem casos distintos de admissibilidade de prestação de trabalho suplementar, o que acarreta consequências. É o que sucede relativamente ao trabalho suplementar que seja prestado com fundamento na verificação de um caso de força maior, ou quando seja indispensável para prevenir ou reparar prejuízo grave para a empresa ou para a sua viabilidade devido a acidente ou a risco de acidente iminente, em que se permite que o descanso diário de onze horas seguidas entre dois períodos diários de trabalho consecutivos, cfr. n.º 1 do artigo 214.º, seja inaplicável, cfr. alínea b) do n.º 2 do artigo 214.º Ou seja, neste caso, o período de descanso diário pode ter uma duração inferior a onze horas.

5. Não obstante o princípio de que o trabalhador é obrigado a realizar a prestação de trabalho suplementar, estabelecido no n.º 3, a lei admite várias excepções a este princípio. Uma dessas excepções encontra-se estabelecida no n.º 1 do artigo 59.º, que determina que a trabalhadora grávida, bem como o trabalhador ou trabalhadora com filho de idade inferior a 12 meses, não está obrigada a prestar trabalho suplementar. Relativamente à trabalhadora, esta excepção ao dever de realizar trabalho suplementar mantêm-se durante todo o tempo que durar a amamentação se for necessário para a sua saúde ou para a da criança, cfr. n.º 2 do mesmo artigo 59.º Outra excepção encontra-se consagrada no n.º 1 do artigo 75.º, que determina que, em regra, o menor não pode prestar trabalho suplementar, admitindo-se apenas uma excepção, prevista no n.º 2 do mesmo artigo 75.º O n.º 1 do artigo 88.º determina igualmente que o trabalhador com deficiência ou doença crónica não é obrigado a prestar trabalho suplementar. Também o n.º 6 do artigo 90.º estabelece que o trabalhador-estudante não é obrigado a prestar trabalho suplementar, excepto por motivo de força maior, quando o mesmo coincida com o horário escolar ou com prova de avaliação. De acordo com o n.º 1 do artigo 157.º da Lei n.º 98/2009, de 4 de Setembro (que regulamenta o regime de reparação de acidentes de trabalho e de doenças profissionais, incluindo a reabilitação e reintegração profissionais), o trabalhador com capacidade de trabalho reduzida resultante de acidente de trabalho ou de doença profissional, a quem o empregador, ao serviço do qual ocorreu o acidente ou a doença foi contraída, assegure ocupação em funções compatíveis, durante o período de incapacidade, tem direito a dispensa de trabalho suplementar.

6. Encontrando-se o trabalhador obrigado a prestar trabalho suplementar, por força do n.º 3, pode o empregador unilateralmente decidir que há lugar à sua prestação, ordenando ao trabalhador que o efectue. Quando o trabalhador não o cumpra, viola o dever de obediência, cfr. alínea e) do n.º 1 do artigo 128.º, incorrendo em responsabilidade disciplinar, podendo o empregador instaurar-lhe um procedimento disciplinar, cfr. artigo 328.º e segs., que nas situações mais graves pode mesmo ter intenção de despedimento, cfr. n.os 1 e 2 do artigo 351.º e 353.º e segs. Concomitantemente, o trabalhador pode ser responsabilizado pelo prejuízo causado ao empregador, cfr. n.º 1 do artigo 323.º

O trabalhador pode desobrigar-se da prestação de trabalho suplementar quando expressamente solicite ao empregador a sua dispensa, verificando-se motivos atendíveis para essa dispensa. Motivos atendíveis constitui um conceito indeterminado, não se exemplificando sequer que situações preencherão este conceito. Trata-se pois de um conceito flexível, em ordem a que este conceito se possa adaptar às circunstâncias mais variadas da realidade, em constante mutação. Competindo o poder de conformar a prestação de trabalho ao empregador, ao abrigo do poder de direcção, cfr. artigo 97.º, é a este que incumbe apreciar a admissibilidade dos motivos invocados pelo trabalhador, sem prejuízo daquela apreciação ser sindicável judicialmente, em momento posterior. Assim, não dispensando o empregador o trabalhador de prestar o trabalho suplementar, ao trabalhador não restará outra solução que não cumprir a prestação, sendo esta a posição da maioria da doutrina. Subsequentemente poderá o trabalhador demandar o empregador pelos prejuízos causados pelo próprio empregador. Contudo, há quem na doutrina defenda a subsistência de um direito de desobediência do trabalhador, cfr. Júlio Gomes, Direito do Trabalho, Volume I, Coimbra Editora, 2007. Note-se que a dispensa concedida pelo empregador em determinada circunstância não significa que o trabalhador se possa arrogar do direito de noutra ocasião lhe ter de ser concedida nova dispensa pelo simples facto de no passado aquela lhe ter sido dada.

7. Questão interessante, é de saber se em matéria de prestação de trabalho suplementar, o empregador está obrigado a efectuar a sua distribuição de modo igualitário entre todos os trabalhadores, ou se pode a distribuição recair apenas sobre determinados trabalhadores.

A celebração do contrato de trabalho implica o cumprimento para o empregador, entre outros, do dever de pagar pontualmente a retribuição, cfr. alínea b) do n.º 1 do artigo 127.º, ou seja, o empregador está vinculado à obrigação de pagamento do salário aprazado entre as partes (empregador e trabalhador), o qual pode ser feito semanalmente, quinzenalmente ou mensalmente, cfr. n.º 1 do artigo 278.º Na ausência de pagamento, a Lei permite ao trabalhador lançar mão de vários instrumentos jurídicos com vista a fazer valer o seu direito à retribuição, que no limite pode mesmo passar pela cessação do respectivo contrato de trabalho, com justa causa pelo próprio trabalhador. Por outras palavras, o pagamento do valor acordado a título de retribuição é assumido, e bem, pelo legislador, como um princípio mestre da prestação de trabalho subordinado.

Assim, por força da lei, o empregador "apenas" está obrigado, por força do contrato de trabalho, a permitir ao trabalhador exercer efectivamente, e sem quaisquer dificuldades ou obstáculos, a actividade contratada, cfr. alínea b) do n.º 1 do artigo 129.º, durante o período normal de trabalho, cfr. artigo 198.º e, em contrapartida pela prestação desse trabalho, a proceder ao pagamento de uma atribuição patrimonial. Ou seja, o empregador encontra-se adstrito a ocupar o trabalhador com trabalho, enquanto o trabalhador se obriga a prestar aquele trabalho durante determinado período de tempo, o qual está sujeito a limites máximos, não podendo exceder oito horas por dia e quarenta horas por semana, cfr. n.º 1 do artigo 203.º

Significa isto, que tudo quanto exceda o tempo de trabalho contratado, ou seja trabalho suplementar, já não deve corresponder a uma obrigação ou dever do empregador, o qual parece já não estar vinculado a ter de o atribuir a todos os trabalhadores.

Com efeito, o escopo do trabalho suplementar, tal como previsto nos n.os 1 e 2, visa permitir ao empregador a utilização dos seus trabalhadores, existentes no momento em que se verifica um acréscimo eventual e transitório de trabalho, para fazer face às necessidades circunstanciais da organização, que tem limites estabelecidos, cfr. artigo 228.º, e que tem caracter excepcional. É uma faculdade do empregador, um direito que a lei admite ao empregador recorrer, por sua própria decisão. Neste sentido, veja-se o n.º 3 deste artigo, que determina que o trabalhador é obrigado a realizar a prestação de trabalho suplementar, sendo que para semelhante prestação é exigível uma ordem prévia de prestação do trabalho suplementar pelo próprio empregador. Ou seja, o n.º 3 deste artigo 227.º tem implicito que é o empregador quem unilateralmente decide se há lugar à prestação de trabalho suplementar, sendo uma prorrogativa sua, e não um direito do trabalhador. Também o n.º 2 do artigo 268.º ao estabelecer que é exigível o pagamento de trabalho suplementar, cuja prestação tenha sido prévia e expressamente determinada pelo empregador (sendo igualmente devido o pagamento pela prestação de trabalho suplementar efectuada quando seja previsível a não oposição do empregador àquela prestação), impõe que tenha existido uma decisão e comunicação do empregador, afastando o dever de pagamento nos casos em que o trabalhador, por sua exclusiva e descricionária decisão entendeu prestar trabalho não solicitado fora do horário de trabalho acordado.

Assim, cumprindo o empregador o contrato de trabalho, concedendo ao trabalhador trabalho dentro do horário de trabalho, e pagando pela prestação de tal trabalho, inexiste o dever do empregador atribuir qualquer trabalho suplementar, cuja necessidade se possa verificar, não podendo o trabalhador invocar a constituição na sua esfera jurídica de qualquer direito à prestação de trabalho suplementar. De igual modo, parece inexistir qualquer violação do princípio da igualdade retributiva, se o empregador não efectuar uma distribuição igualitária do trabalho suplementar entre todos os trabalhadores, mas escolher apenas alguns deles. Sucede que a lei não exige, e bem, uma igualdade absoluta em todas as circustâncias, permitindo diferenciação que tenham subjacentes critérios objectivos. Assim, caso o empregador avalie a prestação de trabalho em qualidade e quantidade desigual face a uma prestação normal de trabalho, nada veda que a entidade patronal valorize aqueles critérios quando exigir trabalho suplementar (que por natureza é extraordinário), deixando-o para os trabalhadores que melhores desempenhos, produtividade ou performance venham apresentando durante a prestação do trabalho normal. Esta diferenciação pela negativa, ausência de igualdade no modo de prestação do trabalho face aos restantes trabalhadores pode impôr-se até por questões de viabilidade económica das empresas. Não se deve esquecer que o trabalho suplementar é pago com acréscimos retributivos, cfr. n.º 1 do artigo 268.º, o que implica custos superiores para o empregador, pelo que o próprio empregador deve poder escolher os trabalhadores que lhe possam assegurar uma produtividade elevada, o que constitui um fundamento legitimo. Entender o contrário constituiria uma limitação inadmissível aos direitos de liberdade de livre iniciativa económica privada, e à propriedade privada, que entre outros direitos deve abranger a livre administração de uma empresa, e que são todos Direitos constitucionalmente reconhecidos, cfr. n.º 1 do artigo 61.º, no n.º 1 do artigo 86.º e n.º 1 do artigo 62.º todos da Constituição da República Portuguesa.

Em conclusão, o empregador pode escolher, atendendo a critérios objectivos, os trabalhadores que vão desempenhar trabalho suplementar, nos casos em que seja possível o recurso a este.

8. A prestação de trabalho suplementar incontra-se sujeita a determinado número de horas, cfr. artigo 228.º

9. A prestação de trabalho suplementar pode conferir ao trabalhador o direito a um complemento remuneratório, cfr. artigo 268.º, e a descanso compensatório, cfr. artigos 229.º e 230.º

10. Sobre este preceito, *vide* Bernardo Lobo Xavier, *Manual de Direito do Trabalho*, Verbo, 2011, página 519, e António Monteiro Fernandes, *Direito do Trabalho*, 15.ª Edição, Almedina, Abril 2010, página 384 e segs.

ARTIGO 228.º – Limites de duração do trabalho suplementar

1 – O trabalho suplementar previsto no n.º 1 do artigo anterior está sujeito, por trabalhador, aos seguintes limites:

a) No caso de microempresa ou pequena empresa, cento e setenta e cinco horas por ano;

b) No caso de média ou grande empresa, cento e cinquenta horas por ano;

c) No caso de trabalhador a tempo parcial, oitenta horas por ano ou o número de horas correspondente à proporção entre o respectivo período normal de trabalho e o de trabalhador a tempo completo em situação comparável, quando superior;

d) Em dia normal de trabalho, duas horas;

e) Em dia de descanso semanal, obrigatório ou complementar, ou feriado, um número de horas igual ao período normal de trabalho diário;

f) Em meio dia de descanso complementar, um número de horas igual a meio período normal de trabalho diário.

2 – O limite a que se refere a alínea a) ou b) do número anterior pode ser aumentado até duzentas horas por ano, por instrumento de regulamentação colectiva de trabalho.

3 – O limite a que se refere a alínea c) do n.º 1 pode ser aumentado, mediante acordo escrito entre o trabalhador e o empregador, até cento e trinta horas por ano ou, por instrumento de regulamentação colectiva de trabalho, até duzentas horas por ano.

4 – O trabalho suplementar previsto no n.º 2 do artigo anterior apenas está sujeito ao limite do período de trabalho semanal constante do n.º 1 do artigo 211.º

5 – Constitui contra-ordenação muito grave a violação do disposto no n.º 1 e constitui contra-ordenação grave a violação do disposto no n.º 2.

1. Este preceito corresponde aos artigos 200.º e 201.º do anterior Código do Trabalho, aprovado pela Lei n.º 99/2003.

2. Microempresas são as empresas que empreguem até dez trabalhadores, sendo que se empregar dez trabalhadores já é considerada pequena empresa, qualificação que mantém se tiver menos de cinquenta trabalhadores, ou seja até quarenta e nove trabalhadores, cfr. alíneas a) e b) do n.º 1 do artigo 100.º Já média empresa é a aquela que emprega cinquenta, a menos de duzentos e cinquenta trabalhadores, enquanto que grande empresa é aquela que emprega duzentos e cinquenta ou mais trabalhadores, cfr. alíneas c) e d) do n.º 1 do artigo 100.º

3. O trabalhalho a tempo parcial encontra-se previsto no artigo 150.º e segs.

4. Quanto ao descanso semanal, o trabalhador tem direito a, pelo menos, um dia de descanso por semana, que constitui o descanso semanal obrigatório, e que em regra é o Domingo, cfr. n.os 1 e 2 do artigo 232.º, podendo ainda ser instituído um dia de descanso semanal complementar, cfr. n.º 3 do artigo 232.º Quanto aos feriados, estes subdividem-se em feriados obrigatórios, cfr. artigo 234.º e em feriados facultativos, cfr. artigo 235.º

5. Constituem instrumentos de regulamentação colectiva de trabalho, cfr. n.os 2, 3 e 4 do artigo 2.º, a convenção colectiva (que pode ser um contrato colectivo, acordo colectivo, ou um acordo de empresa), o acordo de adesão, a decisão arbitral, a portaria de extensão, e a portaria de condições de trabalho.

6. Nos termos do n.º 1 limita-se a prestação de trabalho suplementar com fundamento em que a empresa tem de fazer face a acréscimo eventual e transitório de trabalho e não se justifica para tal a admissão de trabalhador ao número de horas referido numa das suas várias alíneas, consoante o caso concreto.

7. De acordo com o disposto no n.º 2, o trabalho suplementar com fundamento em caso de força maior ou quando seja indispensável para prevenir ou reparar prejuízo grave para a empresa ou para a sua viabilidade está apenas sujeito ao limite do período de trabalho semanal fixado em 48 horas, num período de referência estabelecido em instrumento de regulamentação colectiva de trabalho que não ultrapasse 12 meses ou, na falta deste, num período de referência de quatro meses, ou de seis meses nos casos expressamente previstos no n.º 2 do artigo 207.º Em termos exemplificativos, um trabalhador que se tenha vinculado ao cumprimento de um período normal de trabalho de quarenta horas, só poderá prestar em média até 8 horas de trabalho suplementar por motivo de caso de força maior ou quando este seja indispensável para prevenir ou reparar prejuízo grave para a empresa ou para a sua viabilidade.

8. Nada obsta que a forma escrita, imposta pelos n.º 3, seja satisfeita através de documento electrónico, ou seja, por documento elaborado mediante processamento electrónico de dados. Por outras palavras, nada impede que a forma escrita seja adoptada através de uma declaração escrita enviada por correio electrónico (e-mail) para um endereço electrónico. Sobre a validade, eficácia e valor probatório dos documentos electrónicos remete-se para a anotação 4. ao artigo 107.º

ARTIGO 229.º – Descanso compensatório de trabalho suplementar

1 – (Revogado.)

2 – (Revogado.)

3 – O trabalhador que presta trabalho suplementar impeditivo do gozo do descanso diário tem direito a descanso compensatório remunerado equivalente às horas de descanso em falta, a gozar num dos três dias úteis seguintes.

4 – O trabalhador que presta trabalho em dia de descanso semanal obrigatório tem direito a um dia de descanso compensatório remunerado, a gozar num dos três dias úteis seguintes.

5 – O descanso compensatório é marcado por acordo entre trabalhador e empregador ou, na sua falta, pelo empregador.

6 – (Revogado.)

7 – Constitui contra-ordenação muito grave a violação do disposto nos n.os 3 e 4.

1. Este preceito corresponde ao artigo 202.º do anterior Código do Trabalho, aprovado pela Lei n.º 99/2003.

2. Os n.os 1, 2 e 6 deste preceito foram revogados pelo n.º 2 do artigo 9.º da Lei n.º 23/2012, de 25 de Junho, enquanto que a redacção do n.º 7 deste preceito foi alterada pelo artigo 2.º daquela mesma Lei. Na versão originária do Código do Trabalho, aprovado pela Lei n.º 7/2009, de 12 de Fevereiro, aqueles n.os 1, 2, 6 e 7 tinham a seguinte redacção:

> "1 – O trabalhador que presta trabalho suplementar em dia útil, em dia de descanso semanal complementar ou em feriado tem direito a descanso compensatório remunerado, correspondente a 25% das horas de trabalho suplementar realizadas, sem prejuízo do disposto no n.º 3.
>
> 2 – O descanso compensatório a que se refere o número anterior vence-se quando perfaça um número de horas igual ao período normal de trabalho diário e deve ser gozado nos 90 dias seguintes.
>
> 6 – O disposto nos n. os 1 e 2 pode ser afastado por instrumento de regulamentação colectiva de trabalho que estabeleça a compensação de trabalho suplementar mediante redução equivalente do tempo de trabalho, pagamento em dinheiro ou ambas as modalidades.
>
> 7 – Constitui contra-ordenação muito grave a violação do disposto nos n.os 1, 3 ou 4.".

3. O n.º 3 deve ser conjugado com a alínea b) do n.º 2 do artigo 214.º, nos termos do qual, e em matéria de trabalho suplementar, o trabalhador só não terá direito a um período de descanso de, pelo menos onze horas seguidas entre dois períodos diários de trabalho consecutivos quando seja necessária a prestação de trabalho suplementar, por motivo de força maior, ou por ser indispensável para reparar ou prevenir prejuízo grave para a empresa ou para a sua viabilidade devido a acidente ou a risco de acidente iminente. Ou seja, o trabalho suplementar que seja prestado que impeça o gozo do descanso diário não pode ter por motivação a empresa ter de fazer face a acréscimo eventual e transitório de trabalho e não se justifique para tal a admissão de trabalhador. O facto do n.º 3 deste artigo 229.º mencionar horas quando o n.º 3 do artigo 214.º prevê apenas que ao trabalhador que preste trabalho suplementar com fundamento em caso de força maior, ou por ser indispensável para reparar ou prevenir prejuízo grave para a empresa ou para a sua viabilidade devido a acidente iminente, terá direito a um período de descanso que permita a sua recuperação, sem mencionar semelhante medida temporal, deve entender-se insuficiente para se admitir o afastamento do regime previsto no artigo 214.º Este artigo 229.º limita-se a reunir as normas relativas ao descanso compensatório, não devendo ser entendido como estabelecendo, entre as normas nele contidas, uma excepção ao direito do trabalhador a um período de descanso mínimo previsto por lei, e constitucionalmente assegurado.

Se a prestação de trabalho suplementar por motivo de caso de força maior se justifica, com eventual prejuízo do direito ao descanso diário, atentos os valores em causa, de salvaguarda do património e da propriedade privada, tendo em conta até o carácter excepcional de que se reveste (e que numa secular tradição o ordenamento jurídico se preocupa em acolher), é dificil encontrar argumentos paralelos para defender uma coarctação semelhante ao direito ao descanso diário, em caso de trabalho suplementar para compelir um acréscimo eventual e transitório de trabalho. De facto, à primeira vista parece denotar-se a existência de uma tensão entre o direito ao descanso postulado na alínea d) do n.º 1 do artigo 59.º da Constituição da República Portuguesa, e os direitos estabelecidos na Lei Fundamental no n.º 1 do artigo 61.º, no n.º 1 do artigo 86.º e n.º 1 do artigo 62.º Ambos os direitos enunciados estão incluídos no Título III da Constituição, constituindo direitos fundamentais de natureza análoga, cfr. artigo 17.º *in fine* da Constituição. Uns e outros, vinculam, quer as entidades públicas, quer as privadas (n.º 1 do artigo 18.º da Constituição da República Portuguesa), só podendo ser restringidos ou comprimidos nos casos expressamente nela previstos, devendo as restrições limitarem-se ao necessário para a salvaguarda de outros direitos ou interesses constitucionalmente protegidos (n.º 2 do mesmo artigo 18.º). Sopesados devidamente o conflito de direitos e deveres que o sistema jurídico, na sua unidade, faz repercutir nas partes de um contrato de trabalho, afigura-se demasiado oneroso para uma das partes poder restringir-se-lhe um direito ao descanso efectivo, com tutela constitucional, por efeito de uma necessidade de fazer face a um mero acréscimo eventual e transitório de trabalho, insusceptível de acarretar outras consequências.

4. Dias úteis são Segunda-Feira, Terça-Feira, Quarta-Feira, Quinta-Feira e Sexta-Feira. Sábado, Domingo e Feriados não constituem dias úteis, sendo que para o conceito de dias úteis é irrelevante que a empresa se encontre em funcionamento ao Sábado, Domingo ou Feriado. Este é o sentido da alínea e) do artigo 279.º do Código Civil, conjugado com o n.º 1 do artigo 137.º do Código de Processo Civil. Sempre se diga, que nos termos da alínea b) do artigo 279.º do Código Civil, na contagem de qualquer prazo não se inclui o dia em que ocorrer o evento a partir do qual o prazo começa a correr.

5. Quanto ao descanso semanal, o trabalhador tem direito a, pelo menos, um dia de descanso por semana, que constitui o descanso semanal obrigatório, e que em regra é o Domingo, cfr. n.os 1 e 2 do artigo 232.º, podendo ainda ser instituído um dia de descanso semanal complementar, cfr. n.º 3 do artigo 232.º Quanto aos feriados, estes subdividem-se em feriados obrigatórios, cfr. artigo 234.º e em feriados facultativos, cfr. artigo 235.º

6. O n.º 4 determina que o trabalhador que presta trabalho em dia de descanso semanal obrigatório tem direito a um dia de descanso compensatório remunerado, a gozar num dos três dias úteis seguintes. Só assim não será quando a prestação de trabalho suplementar, em dia de descanso semanal obrigatório, não exceda duas horas, e tenha por motivo a falta imprevista de trabalhador que devia ocupar o posto de trabalho no turno seguinte, caso em que será aplicável o n.º 1 do artigo seguinte, o artigo 230.º

7. O trabalhador que presta trabalho suplementar em dia útil, em dia de descanso semanal complementar ou em feriado, neste último caso em empresa que tenha de encerrar ou suspender a laboração, não tem direito a descanso compensatório.

8. O trabalhador que preste a sua actividade num feriado, em empresa que tenha de encerrar ou suspender a laboração, encontra-se a prestar trabalho suplementar. Nesta situação, o trabalho suplementar é pago pelo valor da retribuição horária com o acréscimo de 50% por cada hora ou fracção, cfr. alínea b) do n.º 1 do artigo 268.º Caso seja aplicável um instrumento de regulamentação colectiva de trabalho poderá este efectuar um pagamento com acréscimos superiores, como poderá consagrar uma solução mista ou combinada, com o pagamento nos acréscimos previstos na lei, e simultaneamente redução do tempo de trabalho a ser prestado, cfr. n.º 3 do artigo 3.º

9. O trabalhador que presta trabalho normal em dia feriado, em empresa não obrigada a suspender o funcionamento nesse dia, não se encontra a prestar trabalho suplementar, pelo que não lhe é aplicável o disposto neste artigo 229.º, nem no artigo seguinte. Quando se trate de trabalho normal num feriado, prestado em empresa legalmente dispensada de suspender a laboração, o trabalhador tem direito a descanso compensatório com duração de metade do número de horas prestadas ou a acréscimo de 50% da retribuição correspondente, cabendo a escolha ao empregador, cfr. n.º 2 do artigo 269.º

ARTIGO 230.º – Regimes especiais de trabalho suplementar

1 – A prestação de trabalho suplementar, em dia de descanso semanal obrigatório, que não exceda duas horas por motivo de falta imprevista de trabalhador que devia ocupar o posto de trabalho no turno seguinte confere direito a descanso compensatório nos termos do n.º 3 do artigo anterior.

2 – (Revogado.)

3 – (Revogado.)

4 – Os limites de duração e o descanso compensatório de trabalho suplementar prestado para assegurar os turnos de serviço de farmácias de venda ao público constam de legislação específica.

5 – Constitui contra-ordenação grave a violação do disposto no n.º 1.

1. Este preceito corresponde ao artigo 203.º, ao n.º 3 do artigo 200.º e ao n.º 5 do artigo 202.º, todos do anterior Código do Trabalho, aprovado pela Lei n.º 99/2003.
2. Os n.os 2 e 3 deste preceito foram revogados pelo n.º 2 do artigo 9.º da Lei n.º 23/2012, de 25 de Junho. Na versão originária do Código do Trabalho, aprovado pela Lei n.º 7/2009, de 12 de Fevereiro, aquelas normas tinham a seguinte redacção:

> "2 – O descanso compensatório de trabalho suplementar prestado em dia útil ou feriado, com excepção do referido no n.º 3 do artigo anterior, pode ser substituído por prestação de trabalho remunerada com acréscimo não inferior a 100%, mediante acordo entre empregador e trabalhador.-
>
> 3 – Em microempresa ou pequena empresa, por motivo atendível relacionado com a organização do trabalho, o descanso compensatório a que se refere o n.º 1 do artigo anterior, com ressalva do disposto no n.º 3 do mesmo artigo, pode ser substituído por prestação de trabalho remunerada com um acréscimo não inferior a 100%.".

3. O dia de descanso semanal obrigatório resulta do trabalhador ter direito a, pelo menos, um dia de descanso por semana, e que em regra é o Domingo, cfr. n.os 1 e 2 do artigo 232.º
4. Nos termos do n.º 1, a prestação de trabalho suplementar, em dia de descanso semanal obrigatório, que não exceda duas horas por motivo de falta imprevista de trabalhador que, no regime do trabalho por turnos, cfr. artigo 220.º e segs., devia ocupar o posto de trabalho no turno seguinte confere direito a descanso compensatório remunerado equivalente às horas de descanso em falta, a gozar num dos três dias úteis seguintes. Trata-se, como se refere na epígrafe deste artigo 230.º, de um regime especial, que afasta a aplicação do disposto no n.º 4 do artigo anterior, o artigo 229.º, confinando-se a sua aplicação apenas às situações previstas neste n.º 1.
5. A legislação que regula o horário de funcionamento das farmácias de oficina é o Decreto-Lei n.º 53/2007, de 8 de Março, alterado pelos Decretos-Lei n.os 7/2011, de 10 de Janeiro, e 172/2012, de 1 de Agosto.

ARTIGO 231.º – Registo de trabalho suplementar

1 – O empregador deve ter um registo de trabalho suplementar em que, antes do início da prestação de trabalho suplementar e logo após o seu termo, são anotadas as horas em que cada uma das situações ocorre.

2 – O trabalhador deve visar o registo a que se refere o número anterior, quando não seja por si efectuado, imediatamente a seguir à prestação de trabalho suplementar.

3 – O trabalhador que realize trabalho suplementar no exterior da empresa deve visar o registo, imediatamente após o seu regresso à empresa ou mediante envio do mesmo devidamente visado, devendo em qualquer caso a empresa dispor do registo visado no prazo de 15 dias a contar da prestação.

4 – Do registo devem constar a indicação expressa do fundamento da prestação de trabalho suplementar e os períodos de descanso compensatório gozados pelo trabalhador, além de outros elementos indicados no respectivo modelo, aprovado por portaria do ministro responsável pela área laboral.

5 – A violação do disposto nos números anteriores confere ao trabalhador, por cada dia em que tenha prestado actividade fora do horário de trabalho, o direito a retribuição correspondente a duas horas de trabalho suplementar.

6 – O registo de trabalho suplementar é efectuado em suporte documental adequado, nomeadamente impressos adaptados ao sistema de controlo de assiduidade existente na empresa, que permita a sua consulta e impressão imediatas, devendo estar permanentemente actualizado, sem emendas ou rasuras não ressalvadas.

7 – O empregador deve comunicar, nos termos a prever em portaria do ministro responsável pela área laboral, ao serviço com competência inspectiva do ministério responsável pela área laboral, a relação nominal dos trabalhadores que prestaram trabalho suplementar durante o ano civil anterior, com discriminação do número de horas prestadas ao abrigo dos n.ºs 1 ou 2 do artigo 227.º, visada pela comissão de trabalhadores ou, na sua falta, em caso de trabalhador filiado, pelo respectivo sindicato.

8 – O empregador deve manter durante cinco anos relação nominal dos trabalhadores que efectuaram trabalho suplementar, com discriminação do número de horas prestadas ao abrigo dos n. os 1 e 2 do artigo 228.º e indicação dos dias de gozo dos correspondentes descansos compensatórios.

9 – Constitui contra-ordenação grave a violação do disposto nos n.ºs 1, 2, 4 ou 7 e constitui contra-ordenação leve a violação do disposto no n.º 8.

1. Este preceito corresponde ao artigo 204.º do anterior Código do Trabalho, aprovado pela Lei n.º 99/2003.

2. Este registo do trabalho suplementar não se confunde com o registo de tempos de trabalho, previsto no artigo 202.º, sendo registos diferentes, e por isso autónomos.

3. O registo do trabalho suplementar pode ser feito em livro ou noutro suporte documental adequado, como por exemplo, em impressos adaptados a sistemas de relógio de ponto, mecanográficos ou informáticos.

4. Da interpretação dos n.ºs 1, 2 e 3, o registo de trabalho suplementar não tem de estar fisicamente no local onde é prestado o trabalho suplementar, tanto mais quando o registo pode ser efectuado por via informática. A regra é que o visto do trabalhador no registo deve ser imediatamente aposto ao registo. Este princípio sofre duas excepções. A primeira quando a prestação do trabalho suplementar ocorra fora das horas normais de expediente dos serviços administrativos da empresa, caso em que o visto pode ser colocado até 24 horas após a prestação. A segunda excepção é relativa a trabalhador que realize trabalho suplementar no exterior da empresa, o qual deve visar o registo imediatamente após o seu regresso à empresa ou mediante envio do mesmo devidamente visado, não mediando nunca entre a prestação do trabalho suplementar e a entrega do registo um prazo superior a 15 dias.

5. Da interpretação deste artigo 231.º resultar que o empregador deverá manter, relativamente ao trabalho suplementar, dois registos diferentes:

i) o registo realizado nos termos dos n.os 1, 2, 3 e 4;
ii) o registo realizado nos termos do n.º 7.

Quanto ao registo realizado nos termos dos n.os 1, 2, 3 e 4, na vigência do Código do Trabalho, aprovado pela Lei n.º 99/2003, foi publicada no Diário da República, 1.ª série, n.º 134, a Portaria n.º 712/2006, de 13 de Julho, que estabeleceu os elementos que deve conter o registo do trabalho suplementar referido agora neste artigo 231.º Do registo de trabalho suplementar deve constar, de acordo com a Portaria n.º 712/2006, de 13 de Julho, a identificação do dia, mês e ano da prestação do trabalho suplementar, firma ou denominação do empregador, local de trabalho, nome do trabalhador, início e termo da prestação do trabalho suplementar em dias úteis, dias feriados, dias de descanso complementar ou dias de descanso semanal obrigatório, o total de horas de trabalho suplementar nos meses anteriores e no mês em curso, a retribuição base, o acréscimo da importância a pagar, o total ilíquido, o descanso compensatório, a substituição do descanso compensatório por período ou acréscimo de valor não inferior a 100%, o fundamento e o visto do trabalhador. Nos termos do 4.º da Portaria n.º 712/2006, de 13 de Julho, os suportes documentais de registo de trabalho temporário devem ser conservados em arquivo pelo prazo mínimo de cinco anos, como aliás estabelece o n.º 8 deste artigo 231.º

Quanto ao registo realizado nos termos do n.º 7, trata-se da relação nominal dos trabalhadores que prestaram trabalho suplementar durante o ano civil anterior, com discriminação do número de horas prestadas com fundamento em acréscimo eventual e transitório que não justifique a admissão de trabalhador, ou com fundamento em caso de força maior ou ainda com fundamento na indispensabilidade do trabalho suplementar para prevenir ou reparar prejuízo grave para a empresa ou para a sua viabilidade. Esta relação nominal deve ser visada, ou seja, confirmada pela comissão de trabalhadores ou, na sua falta, em caso de trabalhador filiado, pelo respectivo sindicato, através da assinatura de quem possa obrigar uma dessas estruturas. Posteriormente ao visto de uma daquelas estruturas, se aplicável, esta relação nominal deve ser enviada ao serviço com competência inspectiva do ministério responsável pela área laboral, actualmente a Autoridade para as Condições do Trabalho. Esta relação nominal é entregue por meio informático, durante o período de 16 de Março a 15 de Abril do ano seguinte àquele a que respeita, em modelo de relatório único, onde é apresentada a informação sobre a actividade social da empresa, cfr. n.º 1 do artigo 4.º e artigo 1.º, ambos da Portaria n.º 55/2010, de 21 de Janeiro, alterada pela Portaria n.º 108-A/2011, de 14 de Março, e n.º 2 do artigo 32.º da Lei n.º 105/2009, de 14 de Setembro, alterada pelas Leis n.os 60/2018, de 21 de Agosto, e 93/2019, de 4 de Setembro, que regulamentou o presente Código do Trabalho.

Salvo melhor opinião, a relação nominal dos trabalhadores que efectuaram trabalho suplementar, com discriminação do número de horas prestadas, referida no n.º 8 não consubstancia um terceiro registo. Na realidade, do elemento literal do n.º 8 deste artigo 231.º, ao mencionar que a relação nominal terá de discriminar o número de horas prestadas ao abrigo dos n.os 1 e 2 do artigo 228.º poder-se-ia entender que seria necessário proceder a um terceiro registo. Contudo, a referência no n.º 8, aos n.os 1 e 2 do artigo 228.º ter-se-á devido a lapso manifesto do legislador, devendo entender-se que em detrimento de se ler n.os 1 e 2 do artigo 228.º, se deverá ler n.os 1 e 2 do artigo 227.º Neste sentido, o n.º 7 refere os n.os 1 e 2 do artigo 227.º Por outro lado, a menção aos n.os 1 e 2 do artigo 228.º, que trata dos limites de duração, em horas, de prestação de trabalho suplementar por trabalhador não faria sentido, porquanto se o legislador pretendesse fazer constar mais um elemento relativo aos limites de duração do trabalho suplementar, teria referido n.os 1, 2 e 3 do artigo 228.º, e não somente n.os 1 e 2 do artigo 228.º Por outro lado, o dever do empregador manter durante cinco anos a relação nominal dos trabalhadores apenas com discriminação do número de horas prestadas ao abrigo dos n.os 1 e 2 do artigo 228.º e com a mera indicação dos dias de gozo dos descansos compensatórios, ou seja, sem indicação das horas de início e termo e sem constarem outros elementos que existirão no registo realizado nos termos dos n.os 1, 2, 3 e 4, não tem cabimento, se com este dever de conservação imposto pelo n.º 8 se pretendeu facilitar a prova a realizar pelo trabalhador em acção judicial.

6. O disposto no n.º 5, segundo o qual a violação das regras do registo estipuladas nos n.os 1, 2, 3 e 4 confere ao trabalhador, por cada dia em que tenha prestado actividade fora do horário de trabalho, o direito a retribuição correspondente a duas horas de trabalho suplementar, levanta a questão de saber se o direito neste consagrado configura um novo crédito laboral, ou se pelo contrário, funciona como uma sanção, nos termos de uma presunção ilídível. Passamos a explicar. O registo do trabalho suplementar pode ser utilizado em acção judicial do trabalhador contra o empregador, em que o primeiro pede o pagamento de trabalho suplementar. Nos termos em que este artigo 231.º se encontra redigido, o registo deste resultante pode ser suficiente para que o trabalhador garanta o sucesso da acção judicial, conseguindo com este registo fazer a prova de que prestou o trabalho suplementar nele constante. As dúvidas de aplicação do n.º 5 surgem quando o registo não foi realizado, como sucede frequentemente, ou foi incorrectamente realizado, nele se fazendo constar menos tempo de trabalho suplementar prestado do que aquele que efectivamente foi prestado na realidade. Para Luís Miguel Monteiro, *Código do Trabalho Anotado*, 2.ª edição revista, Almedina, 2004, página 341 e segs., o actual n.º 5 estabelece uma sanção, aplicável apenas quando o trabalhador não consegue fazer a prova dos momentos concretos em que prestou trabalho suplementar, por terem sido violadas as regras de registo, defendendo este autor que "(...) o conteúdo da norma perde a aparência de comando sancionatório, aproximando-se mais da ideia de presunção ilidível: sempre que o trabalhador demonstre que trabalhou fora do horário e quais os dias em que o fez, presume-se que o terá feito durante duas horas.". Não cremos que assim seja. O facto deste n.º 5 do artigo 231.º obrigar o empregador a um registo do trabalho suplementar, não retira ao trabalhador o encargo de, na acção em que reclama a falta de pagamento do trabalho suplementar, nos termos do n.º 1 do artigo 342.º do Código Civil, alegar e provar os factos pertinentes à procedência do seu pedido, nomeadamente que trabalhou para além do seu horário normal, indicando e concretizando os dias em que tal sucedeu, as horas concretas de trabalho e aquelas que não foram pagas. Quando assim for, o trabalhador terá direito ao pagamento do trabalho suplementar, de acordo com o n.º 1 do artigo 268.º, ou seja, o trabalho suplementar é pago pelo valor da retribuição horária, com o acréscimo de 25% pela primeira hora ou fracção desta e 37,5% por hora ou fracção subsequente, em dia útil, ou com o acréscimo de 50% por cada hora ou fracção, em dia de descanso semanal, obrigatório ou complementar. Por outro lado, estatui o n.º 2 do artigo 337.º que o crédito correspondente a pagamento de trabalho suplementar, vencido há mais de cinco anos, só pode ser provado por documento idóneo, o que confirma que o trabalhador não está limitado nos meios de prova que tenha de utilizar, ao registo do trabalho suplementar, nem mesmo quando o crédito se tenha vencido há mais de cinco anos. É certo que o crédito por prestação de trabalho suplementar vencido há mais de cinco anos só pode ser provado por documento idóneo, mas este documento não tem de ser o registo do trabalho suplementar. Nestes termos, entendemos que o n.º 5 deste artigo 231.º confere ao trabalhador um valor quantitativo autónomo daquele que resulta da prestação de trabalho suplementar, estabelecendo uma compensação por violação do direito ao registo, fazendo reflectir na esfera jurídica do trabalhador o direito a esta compensação quando o registo do trabalho suplementar seja feito com violação das regras estabelecidas nos n.os 1, 2, 3 e 4 do artigo 231.º Assim, provando o trabalhador a prestação de trabalho suplementar em determinado dia, durante certo tempo, terá direito não só ao pagamento desse trabalho suplementar, como ainda a esta compensação, não valendo este n.º 5 como qualquer presunção. Não conseguindo o trabalhador fazer a prova, o empregador não deve ser condenado no pagamento de quaisquer quantias. Esta solução parece-nos ser a que mais se coaduna não só com a oposição ao trabalho suplementar ilícito, como com a subordinação jurídica a que o trabalhador se acha sujeito pela natureza do contrato de trabalho, a qual é susceptível de o inibir de fazer valer os seus direitos, valendo esta compensação como um modo de estimular o trabalhador a requerer o pagamento de quantias que caso se achassem apenas limitadas ao acréscimo da retribuição horária poderiam ser consideradas diminutas.

7. Da redacção do n.º 7, resulta que a relação nominal dos trabalhadores que prestaram trabalho suplementar durante o ano civil anterior tem de ser visada pela comissão de trabalhadores. Para tanto, essa relação nominal deve ser previamente enviada à comissão de trabalhadores ou, na sua falta, tratando-se de trabalhador filiado, pelo sindicado onde o próprio trabalhador está filiado. A solicitação, pelo empregador, deste visto, aproxima-se do conceito de consulta, pelo que tendo esta última um procedimento próprio, que se encontra regulado nos n.os 4 a 7 do artigo 427.º, relativamente às comissões de trabalhadores, deve este ser aplicável. O empregador tem conhecimento da existência de uma comissão de trabalhadores porquanto os resultados da votação, da constituição e aprovação dos estatutos da comissão de trabalhadores, são-lhe comunicados, cfr. n.º 6 do artigo 432.º

8. Jurisprudência:

Acórdão do Supremo Tribunal de Justiça, de 19 de Novembro de 2008, processo 08S1871, sumários em www.dgsi.pt: "A obrigação de registo do trabalho suplementar que impende sobre o empregador visa permitir às autoridades competentes a fiscalização da sua prestação e da admissibilidade ao seu recurso pelo empregador, e não permitir ao trabalhador a prova do número de horas de trabalho suplementar prestado, prova esta que pode ser feita por qualquer outro meio de prova que legalmente seja admissível. Daí que a falta de registo do trabalho suplementar prestado pelo trabalhador não determine a inversão do ónus da prova quanto ao número de horas prestado, cumprindo, por isso, ao trabalhador a prova deste facto.".

SUBSECÇÃO VIII – Descanso semanal

ARTIGO 232.º – Descanso semanal

1 – O trabalhador tem direito a, pelo menos, um dia de descanso por semana.

2 – O dia de descanso semanal obrigatório pode deixar de ser o domingo, além de noutros casos previstos em legislação especial, quando o trabalhador presta actividade:

a) Em empresa ou sector de empresa dispensado de encerrar ou suspender o funcionamento um dia completo por semana, ou que seja obrigado a encerrar ou a suspender o funcionamento em dia diverso do domingo;

b) Em empresa ou sector de empresa cujo funcionamento não possa ser interrompido;

c) Em actividade que deva ter lugar em dia de descanso dos restantes trabalhadores;

d) Em actividade de vigilância ou limpeza;

e) Em exposição ou feira.

3 – Por instrumento de regulamentação colectiva de trabalho ou contrato de trabalho, pode ser instituído um período de descanso semanal complementar, contínuo ou descontínuo, em todas ou algumas semanas do ano.

4 – O empregador deve, sempre que possível, proporcionar o descanso semanal no mesmo dia a trabalhadores do mesmo agregado familiar que o solicitem.

5 – Constitui contra-ordenação grave a violação do disposto no n.º 1.

1. Este preceito corresponde aos artigos 205.º e 206.º do anterior Código do Trabalho, aprovado pela Lei n.º 99/2003.

2. Constituem instrumentos de regulamentação colectiva de trabalho, cfr. n.os 2, 3 e 4 do artigo 2.º, a convenção colectiva (que pode ser um contrato colectivo, acordo colectivo, ou um acordo de empresa), o acordo de adesão, a decisão arbitral, a portaria de extensão, e a portaria de condições de trabalho.

3. O descanso constitui um direito constitucionalmente reconhecido. Nesse sentido, a alínea d) do n.º 1 do artigo 59.º da Constituição da República Portuguesa consagrou que: "Todos os trabalhadores, sem distinção de idade, sexo, raça, cidadania, território de origem, religião, convicções políticas ou ideológicas, têm direito ao repouso e aos lazeres, a um limite máximo da jornada de trabalho, ao descanso semanal e a férias periódicas pagas.". Em ordem a esta norma constitucional, neste preceito e no seguinte é estabelecido e desenvolvido o direito de que beneficiam os trabalhadores em matéria de descanso semanal.

4. O n.º 1 estabelece o princípio de que o trabalhador tem direito a gozar, pelo menos, um dia de descanso por semana, o que é designado por dia de descanso semanal obrigatório. Este dia de descanso corresponde, em princípio, ao Domingo, como resulta da redacção do n.º 2, que consigna as várias excepções à regra de que o dia de descanso semanal obrigatório corresponde ao Domingo. A opção do legislador pelo Domingo, como dia de descanso semanal obrigatório, radica na influência da tradição cristã, que ao longo de vários séculos se tem mantido em Portugal.

Consistindo num dia de descanso por semana, o descanso semanal obrigatório coincide com um dia de calendário, ou seja compreende o período temporal que tem início às 0:00 horas de um dia, e termina às 23:59 desse mesmo dia.

5. Da redacção do n.º 2 resulta que o dia de descanso semanal obrigatório só pode deixar de ser o Domingo quando haja uma norma habilitante que o permita, em legislação especial, ou nos casos previstos nas alíneas a) a e) do n.º 2.

6. Quando o dia de descanso semanal obrigatório não for o Domingo, por aplicação do disposto no n.º 2, o trabalho que seja prestado nesse dia da semana não deve ser considerado trabalho suplementar, ou seja, trabalho prestado fora do horário de trabalho, cfr. n.º 1 do artigo 226.º, correspondendo antes a um dia de trabalho normal.

7. Quanto aos trabalhadores que prestam o seu trabalho por turnos, em regime de laboração contínua ou que asseguram serviços que não podem ser interrompidos, o n.º 5 do artigo 221.º estabelece expressamente que os turnos devem ser organizados de modo que os trabalhadores de cada turno gozem, pelo menos, um dia de descanso em cada período de sete dias (independentemente deste prazo coincidir com a semana de calendário), sem prejuízo do período excedente de descanso a que tenham direito.

8. O n.º 3 estabelece que pode ser instituído um período de descanso semanal complementar, contínuo ou descontínuo, em todas ou algumas semanas do ano, o que pode suceder quer através de instrumento de regulamentação colectiva de trabalho, como podem as partes no contrato de trabalho, empregador e trabalhador, acordar na sua observação. Desta norma resulta pois que o descanso semanal complementar não é obrigatório. Contudo, é frequente, quando existe um período de descanso semanal complementar, que este se verifique ao Sábado. Atendendo ao disposto no n.º 2 do artigo 233.º, que dispõe que o período de onze horas correspondente ao descanso diário previsto no artigo 214.º se considera cumprido, integralmente ou parcialmente, quando seja cumprido um descanso semanal complementar que seja gozado em continuidade ao descanso semanal obrigatório, pode ter interesse que o gozo do descanso semanal complementar seja adjacente ao gozo do dia de descanso semanal obrigatório.

9. Quando o trabalhador preste trabalho suplementar, ou seja, trabalho prestado fora do horário de trabalho, cfr. n.º 1 do artigo 226.º, em dia de descanso semanal obrigatório ou complementar, auferirá o valor da retribuição horária com o acréscimo de 50% por cada hora ou fracção, cfr. n.º 1 do artigo 268.º, a não ser que o instrumento de regulamentação colectiva de trabalho preveja outra solução. Tratando-se de trabalho suplementar em dia de descanso semanal obrigatório, e só neste, o trabalhador tem direito a um dia de descanso compensatório remunerado, a gozar num dos três dias úteis seguintes, cfr. n.º 4 do artigo 229.º Só assim não sucederá quando o trabalho suplementar prestado em dia de descanso obrigatório não exceda duas horas por motivo de falta imprevista de trabalhador que devia ocupar o posto de trabalho no turno seguinte, caso em que o trabalhador tem direito a descanso compensatório remunerado equivalente às horas de descanso em falta, a gozar num dos três dias úteis seguintes, cfr. n.º 1 do artigo 230.º

10. Não há nenhum dever do trabalhador informar o empregador que vive em união de facto, ou mesmo que celebrou um casamento, comunicação essa que se torna necessária se o trabalhador pretender beneficiar dos direitos atribuídos pela lei, designadamente: em matéria de impostos sobre o rendimento; gozo do descanso semanal em simultâneo de ambos os companheiros ou conjugues que sejam trabalhadores do mesmo empregador, cfr. n.º 4 deste artigo; gozo de férias em simultâneo de ambos os companheiros ou conjugues que sejam trabalhadores do mesmo empregador, cfr. n.º 7 do artigo 241.º; em matéria de faltas, cfr. alínea a) do n.º 2 do artigo 249.º, alínea a) do n.º 1 e n.º 2 do artigo 251.º, artigo 252.º, aviso prévio no caso do despedimento colectivo abranger ambos os companheiros ou conjugues que sejam trabalhadores do mesmo empregador, cfr. n.º 2 do artigo 363.º, etc..

11. Sobre o descanso semanal de menor veja-se o artigo 79.º

12. O dia de descanso semanal não é, em regra, remunerado. Neste sentido, o valor da retribuição horária prevista no artigo 271.º exclui o seu pagamento.

13. Sobre este preceito, *vide* Bernardo Lobo Xavier, *Manual de Direito do Trabalho*, Verbo, 2011, página 624 e segs., e António Monteiro Fernandes, *Direito do Trabalho*, 15.ª Edição, Almedina, Abril 2010, página 424 e segs.

ARTIGO 233.º – Cumulação de descanso semanal e de descanso diário

1 – Devem ser gozados em continuidade o descanso semanal obrigatório e um período de onze horas correspondente ao descanso diário estabelecido no artigo 214.º

2 – O período de onze horas referido no número anterior considera-se cumprido, no todo ou em parte, pelo descanso semanal complementar gozado em continuidade ao descanso semanal obrigatório.

3 – O disposto no n.º 1 não é aplicável:

a) A trabalhador que ocupe cargo de administração ou de direcção ou com poder de decisão autónomo que esteja isento de horário de trabalho;

b) Quando o período normal de trabalho é fraccionado ao longo do dia com fundamento em características da actividade, nomeadamente serviços de limpeza;

c) Em situação prevista na alínea d), e), h) ou i) do n.º 2 do artigo 207.º, com excepção da subalínea viii) da alínea e);

d) Em situação de acréscimo previsível de actividade no turismo.
4 – Constitui contra-ordenação grave a violação do disposto no n.º 1.

1. Este preceito corresponde ao artigo 207.º do anterior Código do Trabalho, aprovado pela Lei n.º 99/2003.

2. O n.º 1 estabelece uma regra, segundo a qual deve ser gozado em continuidade o descanso semanal obrigatório e um período de onze horas, correspondente ao descanso diário entre dois períodos diários de trabalho consecutivos, ou seja, entre jornadas de trabalho.

No n.º 3 estabelecem-se as excepções à regra referida no n.º 1, dispondo-se expressamente que o n.º 1 não se aplica nos casos previstos no n.º 3.

3. De acordo com o n.º 2, quando o descanso semanal complementar seja gozado em continuidade ao descanso semanal obrigatório, o primeiro consome o período de onze horas correspondente ao descanso diário entre dois períodos diários de trabalho consecutivos, o que faz apenas nesta situação. Em todos os demais casos em que deva ser prestado trabalho em dias consecutivos, a regra é de que o trabalhador tem direito àquele descanso diário, cfr. n.º 1 do artigo 214.º

4. Por efeito da alínea a) do n.º 3, ao trabalhador que ocupe cargo de administração ou de direcção ou com poder de decisão autónomo que esteja isento de horário de trabalho, em qualquer uma das suas modalidades, cfr. n.º 1 do 219.º, não é imposto que o dia de descanso semanal obrigatório se cumule com o descanso diário, em termos de ser gozado continuamente ao primeiro.

O exercício de cargo de administração ou direcção é assumido pelo legislador como uma situação que carece de menor protecção jurídica, pressupondo que o desempenho de funções de dirigente envolve uma especial valoração dos elementos confiança e nível de responsabilidade atribuída, acarretando por isso, em regra e na prática, um estatuto diferente face aos trabalhadores comuns, que se manifesta em diversos aspectos, entre os quais o retributivo. Este é o sentido dos trabalhadores que ocupam estes cargos poderem exerce-los em comissão de serviço, bem como de outras faculdades consentidas pelo legislador relativamente àqueles que os ocupam, em que se permite o aumento do período de referência na adaptabilidade, alínea b) do n.º 2 do artigo 207.º, inaplicabilidade do limite máximo da duração média do trabalho semanal, desde que aqueles trabalhadores se encontrem isentos de horário de trabalho, n.º 4 do artigo 211.º, admissibilidade da alteração de intervalo de descanso ainda que implique mais de seis horas de trabalho consecutivo, desde que estejam isentos de horário de trabalho, n.º 5 do artigo 213.º, inaplicabilidade do direito a um período de descanso mínimo de onze horas seguidas entre dois períodos diários de trabalho consecutivos, alínea a) do n.º 2 do 214.º, possibilidade de serem isentos de horário de trabalho, alínea a) do n.º 1 do artigo 218.º, inaplicabilidade de limites quanto à prestação de trabalho nocturno, quando os trabalhadores estejam isentos de horário e trabalho, n.º 5 do artigo 224.º, possibilidade de renunciar à retribuição específica por isenção de horário de trabalho, n.º 2 do artigo 265.º, e possibilidade do tribunal excluir a reintegração em caso de despedimento ilícito, n.º 1 do artigo 392.º

5. O período normal de trabalho corresponde ao tempo de trabalho que o trabalhador se obriga a prestar, medido em número de horas por dia e por semana, cfr. artigo 198.º

Não obstante as actividades previstas na alínea b) do n.º 3 serem taxativas, em termos de só nas actividades que pelas suas características permitam que o período normal de trabalho seja fraccionado ao longo do dia, permitirem que não sejam gozados em continuidade o descanso semanal obrigatório e um período de onze horas, correspondente ao descanso diário, a verdade é que o âmbito de aplicação desta norma mostra-se bastante flexível. Com efeito, esta alínea b) do n.º 3 é susceptível de poder abranger várias outras actividades que não apenas os serviços de limpeza nela referidos, como resulta desde logo da utilização pelo legislador da expressão "nomeadamente".

6. Da alínea c) do n.º 3 resulta que o trabalhador não tem direito a que o dia de descanso semanal obrigatório acumule com o descanso diário, em termos de ser gozado continuamente ao primeiro, quando preste o seu trabalho numa das seguintes actividades:

a) Actividade de segurança e vigilância de pessoas ou bens com carácter de permanência, designadamente de guarda, porteiro ou trabalhador de empresa de segurança ou vigilância;
b) Actividade caracterizada pela necessidade de assegurar a continuidade do serviço ou da produção, nomeadamente:
   i) Recepção, tratamento ou cuidados providenciados por hospital ou estabelecimento semelhante, incluindo a actividade de médico em formação, ou por instituição residencial ou prisão;
   ii) Porto ou aeroporto;
   iii) Imprensa, rádio, televisão, produção cinematográfica, correios, telecomunicações, serviço de ambulâncias, sapadores bombeiros ou protecção civil;
   iv) Produção, transporte ou distribuição de gás, água, electricidade, recolha de lixo ou instalações de incineração;
   v) Indústria cujo processo de trabalho não possa ser interrompido por motivos técnicos;
   vi) Investigação e desenvolvimento;
   vii) Agricultura;
c) Caso fortuito ou de força maior;
d) Acidente ou risco de acidente iminente.

7. Por aplicação do disposto na alínea d) do n.º 3, permite-se que o trabalhador que exerça o seu trabalho em actividade turística, e caso se verifique um caso de acréscimo previsível de actividade, não seja gozado em continuidade o descanso semanal obrigatório e um período de onze horas, correspondente ao descanso diário.

SUBSECÇÃO IX – Feriados

ARTIGO 234.º – Feriados obrigatórios

1 – São feriados obrigatórios os dias 1 de Janeiro, de Sexta-Feira Santa, de Domingo de Páscoa, 25 de Abril, 1 de Maio, de Corpo de Deus, 10 de Junho, 15 de Agosto, 5 de Outubro, 1 de Novembro, 1, 8 e 25 de Dezembro.

2 – O feriado de Sexta-Feira Santa pode ser observado em outro dia com significado local no período da Páscoa.

3 – Mediante legislação específica, determinados feriados obrigatórios podem ser observados na segunda-feira da semana subsequente.

1. Este preceito corresponde ao artigo 208.º do anterior Código do Trabalho, aprovado pela Lei n.º 99/2003.

2. A redacção do n.º 1 foi introduzida pelo artigo 2.º da Lei n.º 8/2016, de 1 de Abril, que retomou a redacção originária da mesma norma no Código do Trabalho, aprovado pela Lei n.º 7/2009, de 12 de Fevereiro. O artigo 2.º da Lei n.º 23/2012, de 25 de Junho, havia dado uma redacção distinta, e que era a seguinte:

> "São feriados obrigatórios os dias 1 de Janeiro, Sexta-Feira Santa, Domingo de Páscoa, 25 de Abril, 1 de Maio, 10 de Junho, 15 de Agosto, 8 e 25 de Dezembro.".

A Lei n.º 23/2012, de 25 de Junho, havia assim eliminado os feriados de Corpo de Deus, de 5 de Outubro, de 1 de Novembro e de 1 de Dezembro, eliminação essa que por determinação do n.º 1 do artigo 10.º da Lei n.º 23/2012, de 25 de Junho, produziu efeitos a partir de 1 de Janeiro de 2013, pelo que os feriados eliminados ainda foram gozados em 2012. Foram repostos a partir de 2 de Abril de 2016.

3. Os feriados correspondentes a Sexta-Feira Santa, ao Domingo de Páscoa, e ao Corpo de Deus, são feriados móveis, ou seja, não ocorrem sempre no mesmo dia do calendário.

O Domingo de Páscoa verifica-se no primeiro Domingo, depois da primeira lua cheia, que tiver lugar após o equinócio da Primavera, o qual sucede no dia 20 ou 21 de Março. Assim, o Domingo de Páscoa poderá ocorrer entre os dias 22 de Março e 25 de Abril de cada ano.

A Sexta-Feira Santa é a sexta-feira que antecede o Domingo de Páscoa.

O feriado de Corpo de Deus (eclesiasticamente designado por Solenidade do Santíssimo Corpo e Sangue de Cristo) celebra-se na quinta-feira a seguir ao primeiro domingo depois do Pentecostes (comemora a descida do Espírito Santo sobre os apóstolos de Jesus Cristo, e é celebrado 50 dias depois do domingo de Páscoa). Ou seja, o feriado do Corpo de Deus ocorre após 60 dias do Domingo de Páscoa, podendo ser entre os dias 21 de Maio e 24 de Junho.

4. Os feriados referidos no n.º 1 correspondem as datas históricas ou a datas com as quais a maioria da população portuguesa se identifica culturalmente, e pretendem comemorar:

1 de Janeiro – celebra a Virgem Maria, mãe de Jesus Cristo, a passagem de ano, início do ano novo;

Sexta-Feira Santa – data da crucificação de Jesus Cristo, celebrando-se a paixão e a sua morte;

Domingo de Páscoa – celebra a Ressurreição de Jesus Cristo, após a sua morte por crucificação;

25 de Abril – Dia da Liberdade. Celebra o golpe de estado ocorrido em 25 de Abril de 1974, que pos fim ao Estado Novo;

1 de Maio – Dia do trabalhador, celebrando-se o trabalhador, o trabalho; São José Operário (padroeiro dos trabalhadores), e as datas das manifestações de trabalhadores que ocorreram em Chicago, Estados Unidos, em 1886, e em Paris, França, em 1891, reclamando a limitação do trabalho às 8 horas diárias.

Corpo de Deus – celebra a presença de Cristo na Eucaristia;

10 de Junho – Dia de Portugal, e Dia de Camões, celebrando-se a data do falecimento de Luís Vaz de Camões, um dos maiores poetas portugueses;

15 de Agosto – assunção de Nossa Senhora ao céu, ou seja trata-se de uma celebração católica pelo transporte em corpo e alma da Virgem Maria para junto de Deus, até à eternidade;

5 de Outubro – implantação da República Portuguesa, que ocorreu a 5 de Outubro de 1910;

1 de Novembro – dia de todos os Santos, em que se recordam os falecidos;

1 de Dezembro – data da restauração da independência portuguesa, que ocorreu a 1 de Dezembro de 1640;

8 de Dezembro – Imaculada Conceição, patroeira de Portugal desde 1640;

25 de Dezembro – Natal, o dia do nascimento de Jesus Cristo.

5. As Regiões Autónomas gozam de competência para estabelecer outros feriados, para além dos previstos no n.º 1, cfr. n.º 4 do artigo 11.º da Lei n.º 7/2009, de 12 de Fevereiro e n.º 4 do artigo 8.º da Lei n.º 23/2012, de 25 de Junho. O diploma aprovado pela Região Autónoma da Madeira instituiu o dia 1 de Julho e o dia 26 de Dezembro como feriados, cfr. artigo 4.º do Decreto Legislativo Regional n.º 39/2012/M, de 21 de Dezembro, o primeiro como Dia da Região e das Comunidades Madeirenses, e o segundo como dia festivo tradicional secular nas celebrações natalícias regionais. Na vigência do Código do Trabalho aprovado pela Lei n.º 99/2003, a Região Autónoma dos Açores, com o Decreto Legislativo Regional n.º 19/2006/A, de 2 de Junho, alterado pelo Decreto Legislativo Regional n.º 24/2010/A, de 22 de Julho, no seu artigo 6.º, instituiu como feriado regional a Segunda-Feira do Espírito Santo, como Dia da Região Autónoma dos Açores.

6. O n.º 3 permite que através de legislação específica, alguns feriados obrigatórios possam ser gozados na Segunda-Feira da semana seguinte à semana em que esses feriados se verificaram. Subjacente a este n.º 3 está a possibilidade de aumentar a produtividade das empresas, que geralmente diminui por efeito da existência de feriados, sobretudo quando estes ocorrem a meio de uma semana de trabalho. Não raro os feriados têm por efeito aumentar os dias de ausência do local de trabalho dos trabalhadores, sobretudo quando se trata das vulgarmente designadas "pontes". Quer seja pelo facto de alguns trabalhadores aproveitarem para gozar algum dia ou dias de férias, (sendo estas marcadas, em principio, por acordo, cfr. n.º 1 do artigo 241.º, permitem ao empregador prever a ausência e na organização do trabalho socorrer-se de outro ou outros trabalhadores para desempenhar as funções do ausente), quer seja pelo recurso à falta, ou faltas injustificadas, (que em regra nem sequer são antecedidas de comunicação ao empregador, cfr. artigo 253.º, causando frequentemente distúrbios na organização do trabalho), a verdade é que é comum alguns trabalhadores estenderem os dias de descanso. Reconhecèndo a conduta de alguns trabalhadores, o legislador, no n.º 2 do artigo 256.º estabeleceu que a falta injustificada a um ou meio período normal de trabalho diário, imediatamente anterior ou posterior a dia ou meio dia de descanso ou a feriado, constitui infracção grave, tendo ainda determinado no n.º 3 daquele mesmo artigo 256.º que nestas situações o período de ausência a considerar para efeitos de perda de retribuição corresponderá à totalidade deste período.

Pretende-se com este n.º 3, que sem prejuízo do direito ao repouso, através do gozo do descanso permitido pelo feriado, que esse gozo ocorra em data posterior. Ainda assim, a opção tomada pelo legislador não é isenta de criticas. Na verdade, o entendimento previsto neste n.º 3 é susceptível não só de originar a desqualificação do significado dos feriados como comemorações de factos e crenças da comunidade, como por em causa a conciliação da actividade profissional com a vida familiar, através do gozo diferido do feriado no agregado familiar. Não obstante o conteúdo deste n.º 3, a legislação específica nele referida é ainda inexistente. No sentido de que a deslocalização de feriados para a semana seguinte descaracteriza a esssência do feriado entende igualmente Bernardo Lobo Xavier, *Iniciação ao Direito do Trabalho,* 3.ª Edição, Verbo, Lisboa - São Paulo, 2005 página 370, e *Manual de Direito do Trabalho*, Verbo, 2011.

7. O empregador tem de proceder ao pagamento dos feriados ao trabalhador, sem que possa compensar essa retribuição com trabalho suplementar, cfr. n.º 1 do artigo 269.º

Significa isto que, sendo eliminado um feriado obrigatório, o empregador passa, em princípio, a beneficiar da actividade do trabalhador, sem que tenha mais encargos por receber aquele trabalho, dado que já pagava sem, em regra, dele poder ser beneficiário.

ARTIGO 235.º - Feriados facultativos

1 – Além dos feriados obrigatórios, podem ser observados a título de feriado, mediante instrumento de regulamentação colectiva de trabalho ou contrato de trabalho, a terça-feira de Carnaval e o feriado municipal da localidade.

2 – Em substituição de qualquer feriado referido no número anterior, pode ser observado outro dia em que acordem empregador e trabalhador.

1. Este preceito corresponde ao artigo 209.º do anterior Código do Trabalho, aprovado pela Lei n.º 99/2003.

2. Os dias considerados feriados obrigatórios constam do n.º 1 do artigo 234.º

3. Constituem instrumentos de regulamentação colectiva de trabalho, cfr. n.os 2, 3 e 4 do artigo 2.º, a convenção colectiva (que pode ser um contrato colectivo, acordo colectivo, ou um acordo de empresa), o acordo de adesão, a decisão arbitral, a portaria de extensão, e a portaria de condições de trabalho.

4. De acordo com o n.º 1, o instrumento de regulamentação colectiva de trabalho ou o contrato de trabalho pode estabelecer que a terça-feira de Carnaval e o feriado municipal da localidade sejam considerados feriados, designando-se estes como feriados facultativos. Trata-se de uma faculdade, como decorre da letra da lei, nada obrigando que tenha de ser observado algum dos dias referidos no n.º 1, excepto quando os usos da empresa o imponham, cfr. artigo 1.º Significa isto que o trabalhador não poderá deixar de prestar o seu trabalho se o empregador não observar algum ou ambos os feriados referidos no n.º 1, sendo que quando, por si, se ausentar do local de trabalho incorre em falta injustificada. O regime das faltas injustificadas encontra-se previsto nos artigos 256.º e segs., estabelecendo-se no n.º 1 do artigo 256.º que a falta injustificada constitui violação do dever de assiduidade e determina perda da retribuição correspondente ao período de ausência, que não é contado na antiguidade do trabalhador. Acresce que uma falta injustificada é susceptível de fazer incorrer o trabalhador em infracção disciplinar, cfr. artigo 98.º, alínea b) do n.º 1 do artigo 128.º e n.º 2 do artigo 256.º, que em situações extremas poderá mesmo constituir justa causa do despedimento, cfr. n.º 1 e alínea g) do n.º 2, ambos do artigo 351.º

Nos termos do n.º 2 do artigo 236.º, inviabiliza-se que qualquer instrumento de regulamentação colectiva de trabalho designe feriados distintos dos feriados previstos neste Código do Trabalho, abrangendo os feriados obrigatórios previstos no artigo 234.º, e estes feriados facultativos previstos neste n.º 1. O mesmo entendimento vale para o contrato de trabalho, assim se impedindo que por acordo entre o empregador e o trabalhador sejam criados outros feriados, cfr. n.º 2 do mesmo artigo 236.º

5. O n.º 2 permite que em substituição da terça-feira de Carnaval ou do feriado munipal da localidade – que por força do instrumento de regulamentação colectiva do trabalho ou do contrato de trabalho sejam considerados feriados – o empregador e o trabalhador (e só estes) acordem o gozo pelo trabalhador de um daqueles feriados, ou de ambos os feriados, em outro dia. Sendo por substituição, o dia em que o trabalhador não tenha de prestar o seu trabalho, por tal ter sido acordado com o empregador, é pago enquanto feriado, cfr. n.º 1 do artigo 269.º

6. O empregador tem de proceder ao pagamento dos feriados ao trabalhador, sem que possa compensar essa retribuição com trabalho suplementar, cfr. n.º 1 do artigo 269.º

ARTIGO 236.º – Regime dos feriados

1 – Nos dias considerados como feriado obrigatório, têm de encerrar ou suspender a laboração todas as actividades que não sejam permitidas aos domingos.

2 – O instrumento de regulamentação colectiva de trabalho ou o contrato de trabalho não pode estabelecer feriados diferentes dos indicados nos artigos anteriores.

1. Este preceito corresponde ao artigo 210.º do anterior Código do Trabalho, aprovado pela Lei n.º 99/2003.

2. Os dias considerados feriados obrigatórios constam do n.º 1 do artigo 234.º

3. O empregador tem de proceder ao pagamento dos feriados ao trabalhador, sem que possa compensar essa retribuição com trabalho suplementar, cfr. n.º 1 do artigo 269.º

4. Quanto às empresas que poderão não encerrar ou suspender a laboração aos Domingos, veja-se o n.º 2 do artigo 232.º

5. Constituem instrumentos de regulamentação colectiva de trabalho, cfr. n.os 2, 3 e 4 do artigo 2.º, a convenção colectiva (que pode ser um contrato colectivo, acordo colectivo, ou um acordo de empresa), o acordo de adesão, a decisão arbitral, a portaria de extensão, e a portaria de condições de trabalho.

6. A proibição estabelecida no n.º 2 inviabiliza que qualquer instrumento de regulamentação colectiva de trabalho designe feriados distintos dos feriados mencionados nos artigos anteriores, abrangendo quer os feriados obrigatórios previstos no artigo 234.º, quer os feriados facultativos previstos no artigo 235.º O mesmo entendimento vale para o contrato de trabalho, assim se impedindo que por acordo entre o empregador e o trabalhador sejam criados outros feriados. Sempre se diga que apesar de vigorar esta proibição, o instrumento de regulamentação colectiva do trabalho ou o contrato de trabalho pode estabelecer que a terça-feira de Carnaval e o feriado munipal da localidade sejam considerados feriados, cfr. n.º 1 do artigo 235.º

SUBSECÇÃO X – Férias

ARTIGO 237.º – Direito a férias

1 – O trabalhador tem direito, em cada ano civil, a um período de férias retribuídas, que se vence em 1 de Janeiro.

2 – O direito a férias, em regra, reporta-se ao trabalho prestado no ano civil anterior, mas não está condicionado à assiduidade ou efectividade de serviço.

3 – O direito a férias é irrenunciável e o seu gozo não pode ser substituído, ainda que com o acordo do trabalhador, por qualquer compensação, económica ou outra, sem prejuízo do disposto no n.º 5 do artigo seguinte.

4 – O direito a férias deve ser exercido de modo a proporcionar ao trabalhador a recuperação física e psíquica, condições de disponibilidade pessoal, integração na vida familiar e participação social e cultural.

1. Este preceito corresponde ao artigo 211.º do anterior Código do Trabalho, aprovado pela Lei n.º 99/2003.

2. As férias caracterizam-se por constituirem interrupções da prestação de trabalho durante um certo número de dias consecutivos, a fim de proporcionarem ao trabalhador um repouso e um lazer anual, sem perda de retribuição, com vista a possibilitar a recuperação física e psíquica, condições de disponibilidade pessoal, integração na vida familiar e participação social e cultural. O direito a férias adquire-se com a celebração do contrato de trabalho, podendo e devendo ser encaradas como uma das formas de ambas as partes colaborarem na obtenção da maior produtividade, bem como na promoção humana, profissional e social do trabalhador, cfr. n.º 2 do artigo 126.º

3. As férias constituem um direito constitucionalmente reconhecido. Nesse sentido, a alínea d) do n.º 1 do artigo 59.º da Constituição da República Portuguesa consagrou que: "Todos os trabalhadores, sem distinção de idade, sexo, raça, cidadania, território de origem, religião, convicções políticas ou ideológicas, têm direito ao repouso e aos lazeres, a um limite máximo da jornada de trabalho, ao descanso semanal e a férias periódicas pagas.". Em ordem a esta norma constitucional, neste e nos preceitos que se seguem, é estabelecido e desenvolvido o direito de que beneficiam os trabalhadores em matéria de férias.

4. Sobre a retribuição do período de férias e o subsídio de férias, bem como o que cada uma destas prestações abrange, ver artigo 264.º e respectivas anotações.

5. Adquirindo-se com o contrato de trabalho, o direito a férias não é gozado de imediato. Em regra, como previsto no n.º 2, o direito a férias respeita ao trabalho prestado no ano civil anterior. As excepções a esta regra encontram-se estabelecidas: no n.º 1 do artigo 239.º, em que no ano da admissão o trabalhador pode gozar férias após seis meses completos de execução do contrato de trabalho; no n.º 4 do mesmo artigo 239.º quando se trate de contrato de trabalho com duração inferior a seis meses; no n.º 6 do ainda mesmo artigo 239.º, em que no ano da cessação de impedimento prolongado iniciado em ano anterior, o trabalhador pode gozar férias após seis meses completos de execução do contrato de trabalho; e, ainda, no n.º 5 do artigo 241.º, bem como no n.º 3 do artigo 243.º, quando o empregador determine (em caso de cessação do contrato de trabalho) que o gozo das férias tenha lugar imediatamente antes da cessação do contrato de trabalho.

6. O n.º 3 determina que o direito a férias é um direito irrenunciável e parcialmente indisponível, não podendo o seu gozo, em regra, substituir-se por qualquer compensação, fora dos casos previstos na lei, ainda que com o acordo do trabalhador. As excepções a esta regra encontram-se estabelecidas: no n.º 5 do artigo 238.º, ou seja, o trabalhador pode renunciar ao gozo de dias de férias que excedam 20 dias úteis, ou a correspondente proporção no caso de férias no ano de admissão, sem redução da retribuição e do subsídio relativos ao período de férias vencido, que cumulam com a retribuição do trabalho prestado nesses dias; na alínea a) do n.º 1 do artigo 245.º, em que quando cesse o contrato de trabalho o trabalhador tem direito a receber a retribuição de férias e respectivo subsídio correspondentes a férias vencidas e não gozadas; e ainda, na a) do n.º 1 do artigo 257.º que permite que o trabalhador substitua a perda de retribuição de faltas injustificadas ou justificadas, que determinem a perda da retribuição, por renúncia a dias de férias.

7. Nos termos do artigo 246.º, caso o empregador obste culposamente ao gozo das férias, o trabalhador tem direito a compensação no valor do triplo da retribuição correspondente ao período em falta, que deve ser gozado até 30 de Abril do ano civil subsequente. Além desta, a violação do direito a férias tem ainda por consequência fazer incorrer o empregador em responsabilidade contra-ordenacional.

8. Para maiores desenvolvimentos sobre as férias *vide* Bernardo Lobo Xavier, *Manual de Direito do Trabalho*, Verbo, 2011, página 628 e segs., e António Monteiro Fernandes, *Direito do Trabalho*, 15.ª Edição, Almedina, Abril 2010, página 431 e segs.

ARTIGO 238.º – Duração do período de férias

1 – O período anual de férias tem a duração mínima de 22 dias úteis.

2 – Para efeitos de férias, são úteis os dias da semana de segunda-feira a sexta-feira, com excepção de feriados.

3 – Caso os dias de descanso do trabalhador coincidam com dias úteis, são considerados para efeitos do cálculo dos dias de férias, em substituição daqueles, os sábados e os domingos que não sejam feriados.

4 – (Revogado.)

5 – O trabalhador pode renunciar ao gozo de dias de férias que excedam 20 dias úteis, ou a correspondente proporção no caso de férias no ano de admissão, sem redução da retribuição e do subsídio relativos ao período de férias vencido, que cumulam com a retribuição do trabalho prestado nesses dias.

6 – Constitui contra-ordenação grave a violação do disposto nos n.os 1 e 5.

1. Este preceito corresponde ao artigo 213.º do anterior Código do Trabalho, aprovado pela Lei n.º 99/2003.

2. A redacção dos n.os 3 e 6 deste preceito foi alterada pelo artigo 2.º da Lei n.º 23/2012, de 25 de Junho, enquanto que o n.º 4 foi revogado pelo n.º 2 do artigo 9.º da mesma Lei. Na versão originária do Código do Trabalho, aprovado pela Lei n.º 7/2009, de 12 de Fevereiro, aqueles n.os 3, 4 e 6 tinham a seguinte redacção:

> "3 – A duração do período de férias é aumentada no caso de o trabalhador não ter faltado ou ter apenas faltas justificadas no ano a que as férias se reportam, nos seguintes termos:
>
> a) Três dias de férias, até uma falta ou dois meios dias;
>
> b) Dois dias de férias, até duas faltas ou quatro meios dias;
>
> c) Um dia de férias, até três faltas ou seis meios dias.
>
> 4 – Para efeitos do número anterior, são considerados faltas os dias de suspensão do contrato de trabalho por facto respeitante ao trabalhador e são consideradas como período de trabalho efectivo as licenças constantes nas alíneas a) a e) do n.º 1 do artigo 35.º

6 – Constitui contra-ordenação grave a violação do disposto nos n.os 1, 3 ou 5.".

3. Apesar do n.º 1 estabelecer que o período anual de férias tem a duração mínima de 22 dias úteis, há situações especiais em que a duração do período de férias é menor, nos termos do artigo seguinte, o artigo 239.º

4. Ainda que o empregador atribua ao trabalhador alguns dias mais do que os 22 dias obrigatórios, esses dias a mais que sejam concedidos não conferem direito a subsídio de férias, é o que resulta da interpretação do n.º 1 com o n.º 2 do artigo 264.º

5. O n.º 3 deste artigo 238.º na redacção primitiva do Código do Trabalho aprovado pela Lei n.º 7/2009, permitia uma majoração ou um acréscimo dos dias de férias, que podia atingir até três dias de férias, em caso de inexistência ou de número reduzido de faltas justificadas. A Lei n.º 23/2012 não só eliminou aquela majoração da lei, como no seu n.º 3 do artigo 7.º obrigava que a eliminação da majoração tivesse caráter imperativo em relação às disposições de instrumentos de regulamentação colectiva de trabalho ou às cláusulas de contrato individual de trabalho que sejam posteriores a 1 de dezembro de 2003. Aquelas disposições ou cláusulas sofreriam, por determinação daquele n.º 3 do artigo 7.º da Lei n.º 23/2012, uma redução em montante equivalente, com o limite de três dias, devendo manter-se contudo a duração mínima do período de férias estabelecido neste artigo 238.º, ou no artigo 239.º Sucede contudo que o n.º 3 do artigo 7.º da Lei n.º 23/2012 foi julgado inconstitucional pelo Acórdão do Tribunal Constitucional n.º 602/2013, processo n.º 531/12, publicado no Diário da República, 1.ª série, n.º 206, de 24 de Outubro de 2013, disponível em www.tribunalconstitucional.pt. Nos termos do artigo 66.º da Lei Orgânica do Tribunal Constitucional, a Lei n.º 28/82, de 15 de Novembro, alterada pelas Leis n.os 143/85, de 26 de Novembro, 85/89, de 7 de Setembro, 88/95, de 1 de Setembro, 13-A/98, de 26 de Fevereiro, e pela Lei Orgânica n.º 1/2011, de 30 de Novembro, a declaração de inconstitucionalidade ou de ilegalidade com força obrigatória geral tem os efeitos previstos no artigo 282.º da Constituição. De acordo com o n.º 1 do artigo 282.º da Constituição da República Portuguesa: "A declaração de inconstitucionalidade ou de ilegalidade com força obrigatória geral produz efeitos desde a entrada em vigor da norma declarada inconstitucional ou ilegal e determina a repristinação das normas que ela, eventualmente, haja revogado.". Significa isto, que por efeito do Acórdão do Tribunal Constitucional n.º 602/2013, as majorações ao período anual de férias estabelecidas em disposições de instrumentos de regulamentação colectiva de trabalho ou cláusulas de contratos de trabalho são válidas. Após o Acórdão do Tribunal Constitucional, a Lei n.º 48-A/2014, de 31 de Julho, veio revogar o n.º 3 do artigo 7.º da Lei n.º 23/2012.

6. O estabelecido no n.º 2 era desnecessário. Com efeito, que os dias úteis são Segunda-Feira, Terça-Feira, Quarta-Feira, Quinta-Feira e Sexta-Feira, não constituindo dias úteis o Sábado, Domingo e Feriado resultava já da alínea e) do artigo 279.º do Código Civil, conjugada com o n.º 1 do artigo 137.º do Código de Processo Civil.

7. O n.º 3 determina expressamente que para a contabilização dos dias de férias, sempre que os dias de descanso do trabalhador sejam em dias úteis, devem entender-se como dias de férias, em substituição dos dias úteis, os sábados e os domingos que não sejam feriados.

8. A renúncia referida no n.º 5 é um direito que não carece de aceitação da outra parte, para que possa ser exercida.

A faculdade permitida pelo n.º 5 admite que o trabalhador, em detrimento de gozar todos os dias de férias a que tem direito, preste o seu trabalho nalguns dos dias que deveria recuperar, sendo evidentemente remunerado pela prestação do trabalho nesse período, sem que com semelhante conduta possa ter qualquer diminuição da retribuição e do subsídio relativos ao período de férias vencido. Simultaneamente, quando o trabalhador renuncie a alguns dos dias de férias, a lei impõe um período minimo de duração das férias: 20 dias úteis, de modo a salvaguardar que o trabalhador pode recuperar física e psíquicamente, bem como beneficiar de disponibilidade pessoal, integração na vida familiar e participação social e cultural, cfr. n.º 4 do artigo 237.º Este período mínimo de 20 dias úteis coerentemente encontra-se previsto noutras normas, cfr. alínea a) do n.º 1 do artigo 257.º que permite que o trabalhador substitua a perda de retribuição de faltas injustificadas ou justificadas, que determinem a perda da retribuição, por renúncia a dias de férias, e alínea b) do n.º 3 do artigo 328.º que permite a aplicação da sanção disciplinar de perda de dias de férias.

9. Para efeitos do n.º 5, importa ter presente, que, nos termos da alínea j) do n.º 1 do artigo 127.º, é dever do empregador manter actualizado, em cada estabelecimento, o registo dos trabalhadores com indicação de nome, datas de nascimento e admissão, modalidade de contrato, categoria, promoções, retribuições, datas de início e termo das férias e faltas que impliquem perda da retribuição ou diminuição de dias de férias.

ARTIGO 239.º – Casos especiais de duração do período de férias

1 – No ano da admissão, o trabalhador tem direito a dois dias úteis de férias por cada mês de duração do contrato, até 20 dias, cujo gozo pode ter lugar após seis meses completos de execução do contrato.

2 – No caso de o ano civil terminar antes de decorrido o prazo referido no número anterior, as férias são gozadas até 30 de Junho do ano subsequente.

3 – Da aplicação do disposto nos números anteriores não pode resultar o gozo, no mesmo ano civil, de mais de 30 dias úteis de férias, sem prejuízo do disposto em instrumento de regulamentação colectiva de trabalho.

4 – No caso de a duração do contrato de trabalho ser inferior a seis meses, o trabalhador tem direito a dois dias úteis de férias por cada mês completo de duração do contrato, contando-se para o efeito todos os dias seguidos ou interpolados de prestação de trabalho.

5 – As férias referidas no número anterior são gozadas imediatamente antes da cessação do contrato, salvo acordo das partes.

6 – No ano de cessação de impedimento prolongado iniciado em ano anterior, o trabalhador tem direito a férias nos termos dos n.ºs 1 e 2.

7 – Constitui contra-ordenação grave a violação do disposto nos n.ºs 1, 4, 5 ou 6.

1. Este preceito corresponde aos artigos 212.º, 214.º e aos n.ºs 2 e 3 do artigo 220.º, todos do anterior Código do Trabalho, aprovado pela Lei n.º 99/2003.

2. O n.º 1 pretende evitar que, em resultado da celebração do contrato de trabalho, se vença de imediato o direito a férias, antes se exigindo que seja efectivamente prestado algum trabalho. Por efeito do n.º 1, num contrato de trabalho iniciado em 15 de Maio de 2016, só após seis meses pode o trabalhador gozar os dias de férias que se venceram, à ordem de dois dias úteis por cada mês de duração do contrato, ou seja só depois 14 de Novembro de 2017 poderá gozar as férias. Os seis meses constituem como que um período de garantia, ou um período de espera, sem que antes do seu decurso se possam vencer férias.

Este mesmo n.º 1 restringe a duração do período de férias no ano da admissão, a qual tem como limite 20 dias. Consequentemente, quando o contrato tenha tido início em 1 de Fevereiro de 2016, o trabalhador só poderá gozar férias após 31 de Julho, sendo que por efeito da restrição o trabalhador em detrimento de no final desse ano ter direito a 22 dias úteis de férias por aplicação dos dois dias por cada mês de duração do contrato, só terá 20 dias úteis.

3. Por determinação do n.º 2, caso o ano civil termine antes de decorrido o prazo de seis meses referido no número anterior, as férias são gozadas até 30 de Junho do ano seguinte. Este será o caso do trabalhador contratado em 1 de Novembro de 2016, que só após 30 de Abril de 2017 poderá gozar férias, sendo que estas devem ser gozadas até 30 de Junho de 2017. Neste exemplo, por aplicação do n.º 1 do artigo 237.º em 1 de Janeiro de 2017 vencer-se-iam férias com a duração de 22 dias úteis, cfr. n.º 1 do artigo 238.º, contudo e como os seis meses de execução do contrato de trabalho constituem uma exigência para que se possam vencer férias, cfr. n.º 1, deve entender-se que os 22 dias de férias se encontram sujeitos a condição suspensiva (sobre esta vejam-se as anotações ao artigo 135.º). Ou seja, só quando se verifique o decurso dos seis meses se vencem as férias relativas ao ano da admissão, bem como aquelas que, em condições normais, se venceriam em 1 de Janeiro. Assim, após terem decorridos seis meses, e tendo antes advindo um novo ano civil, ao trabalhador é permitido gozar os períodos de férias que se venceram na mesma ocasião, com o limite previsto no n.º 3.

Caso os seis meses do período de garantia, ou período de espera, decorram ainda no ano da contratação, não será aplicável o n.º 2, mas antes os n.ºs 2 e 3 do artigo 240.º

4. O n.º 3 pretende restringir que por efeito da contratação o trabalhador adquira férias superiores a 30 dias úteis no mesmo ano civil, o que só poderia ocorrer no ano seguinte ao do início do contrato de trabalho, sendo que por mera aplicação do n.º 1, conjugado com o n.º 1 do artigo 237.º e com o n.º 1 do artigo 238.º poderiam chegar aos 42 dias úteis. Nesta situação, o trabalhador acumula as férias vencidas relativas ao ano da contratação, que não foram gozadas no ano anterior, por não se terem vencido nesse ano da admissão, ou tendo-o sido, por não terem sido gozadas (por não ter havido acordo das partes na sua marcação, cfr. n.º 1 do artigo 241.º, ou por o empregador se encontrar impossibilitado de unilateralmente as marcar, porquanto o vencimento só ocorreria após 31 de Outubro, cfr. n.º 3 do artigo 241.º) com aquelas que se venceram em 1 de Janeiro. Por efeito deste n.º 3 poderão, consoante a data em que o trabalhador foi admitido, no ano anterior, ser desaproveitados até 12 dias úteis de férias, que são consumidos por este n.º 3, não sendo relativamente aos dias consumidos por efeito da lei devida a retribuição de férias e o subsídio correspondente. Como resulta da letra do n.º 3, pode o instrumento de regulamentação colectiva do trabalho estabelecer noutro sentido.

Para efeitos do n.º 3, constituem instrumentos de regulamentação colectiva de trabalho, cfr. n.os 2, 3 e 4 do artigo 2.º, a convenção colectiva (que pode ser um contrato colectivo, acordo colectivo, ou um acordo de empresa), o acordo de adesão, a decisão arbitral, a portaria de extensão, e a portaria de condições de trabalho.

5. O n.º 4 estabelece uma importante regra: quando o contrato de trabalho tenha, por qualquer motivo, uma duração total inferior a seis meses, o trabalhador tem direito a dois dias úteis de férias por cada mês completo de duração do contrato. Ou seja, este n.º 4 é aplicável quer se trate de um contrato de trabalho a termo certo celebrado por prazo inferior a seis meses, cfr. n.º 2 do artigo 148.º, quer se trate de um qualquer outro contrato de trabalho, desde que a sua duração seja inferior a seis meses. Se o legislador não distinguiu no n.º 4 contratos de trabalho a termo certo por prazo inferior a seis meses de contratos de trabalho por tempo indeteminado ou sem termo, não cabe ao intérprete fazer essa distinção. Assim, quando se verifique a cessação do contrato de trabalho cuja duração não atingiu os seis meses é aplicável este n.º 4 e não o n.º 3 do artigo 245.º

6. O n.º 5 contém uma solução que não é isenta de criticas, ao impor que as férias, em contratos de trabalho com uma duração total inferior a seis meses, sejam gozadas enquanto o contrato de trabalho se encontra em vigor, excepto quando empregador e trabalhador acordem no contrário.

7. O n.º 6 trata de regular um caso específico de duração do período de férias: o da verificação de impedimento prolongado iniciado e terminado em anos civis distintos. De acordo com o n.º 1 do artigo 296.º, o impedimento temporário respeitante ao trabalhador que não lhe seja imputável, e se prolongue por mais do que um mês, nomeadamente doença, acidente ou facto decorrente da aplicação da lei do serviço militar, determina a suspensão do contrato de trabalho. As férias do trabalhador que tenha estado, por impedimento prolongado, afastado da empresa serão distintas, consoante o impedimento prolongado tenha tido inicio e termo no mesmo ano, ou o impedimento prolongado tenha tido início num ano e termine noutro ano. Em regra, e de acordo com o n.º 2 do artigo 237.º, o direito a férias reporta-se ao trabalho prestado no ano civil anterior, mas não está condicionado à assiduidade ou efectividade de serviço, pelo que, e em princípio, quando o impedimento prolongado começa e finda no mesmo ano, o trabalhador terá direito a um período de férias retribuídas, que se vence em 1 de Janeiro de cada ano, cfr. n.º 1 do artigo 237.º Só assim não sucederá quando o trabalhador não se encontre a prestar o seu trabalho concretamente no dia 1 de Janeiro. Quando o impedimento prolongado tenha início num determinado ano, e só cesse no ano subsequente, por determinação do n.º 6 deste artigo em anotação, o trabalhador terá direito a férias nos termos dos n.os 1 e 2. Significa isto que no ano de cessação do impedimento prolongado, o trabalhador tem direito a dois dias úteis de férias por cada mês de efectiva prestação de trabalho, até 20 dias, cujo gozo pode ter lugar após seis meses completos de execução do contrato. No caso de o ano civil terminar antes de decorrido o prazo de seis meses completos de execução do contrato, as férias são gozadas até 30 de Junho do ano subsequente.

ARTIGO 240.º – Ano do gozo das férias

1 – As férias são gozadas no ano civil em que se vencem, sem prejuízo do disposto nos números seguintes.

2 – As férias podem ser gozadas até 30 de Abril do ano civil seguinte, em cumulação ou não com férias vencidas no início deste, por acordo entre empregador e trabalhador ou sempre que este as pretenda gozar com familiar residente no estrangeiro.

3 – Pode ainda ser cumulado o gozo de metade do período de férias vencido no ano anterior com o vencido no ano em causa, mediante acordo entre empregador e trabalhador.

4 – Constitui contra-ordenação grave a violação do disposto neste artigo.

1. Este preceito corresponde ao artigo 215.º do anterior Código do Trabalho, aprovado pela Lei n.º 99/2003.

2. O n.º 1 estabelece a regra em matéria de gozo de férias: as férias devem ser gozadas no ano civil em que se vencem. Excepcionalmente é admitida a cumulação, nas situações previstas no n.º 2 e no n.º 3.

Por outras palavras, o princípio vigente em matéria de gozo de férias, é que estas são gozadas no ano civil em que se vencem. Há 3 excepções a esta regra:

1) Mediante acordo entre empregador e trabalhador as férias podem ser gozadas até 30 de Abril do ano civil seguinte, conjuntamente ou não com as férias vencidas no início desse ano civil seguinte;
2) Sempre que o trabalhador pretenda gozar férias com familiar residente no estrangeiro, pode goza-las até 30 de Abril do ano civil seguinte, conjuntamente ou não com as férias vencidas no início desse ano civil seguinte;
3) Por acordo entre empregador e trabalhador, pode ser cumulado o gozo de metade do período de férias vencido no ano anterior com o vencido no ano em causa.

O gozo das férias é contínuo, ou seja, as férias devem ter lugar em dias consecutivos, apenas se permitindo o gozo de modo interpolado por acordo entre o empregador e o trabalhador, desde que sejam gozados no mínimo, 10 dias úteis consecutivos, cfr. n.º 8 do artigo 241.º

3. Para efeitos de aplicação do disposto no n.º 2 é irrelevante que o trabalhador seja cidadão português ou tenha outra nacionalidade. Ou seja, um trabalhador que pretenda gozar férias com um familiar que resida no estrangeiro terá direito a cumular as férias vencidas no ano anterior, com as férias vencidas no ano em causa, ou, não pretendendo cumular as férias já vencidas com as que se venceram no ano em que pretende deslocar-se ao estrangeiro, pode gozar apenas as férias vencidas no ano anterior. Num caso ou noutro, restringe-se este direito ao gozo de férias em ano distinto daquele em que se vencem, ao gozo efectivo até 30 de Abril. Trata-se, como se disse, de um direito do trabalhador, o qual não carece do acordo do empregador.

4. O n.º 3 permite que o empregador e o trabalhador acordem na acumulação, no mesmo ano civil, do gozo de até medade do período de férias vencido no ano anterior com o vencido no ano em causa, gozo esse em acumulação que pode ser realizado em qualquer momento do ano. Ou seja, no caso previsto no n.º 3 não há qualquer a restrição temporal quanto ao momento do ano em que as férias podem ser gozadas em acumulação, podendo por isso ultrapassar a data de 30 de Abril referida no n.º 3. Contudo, há um limite quanto ao período de férias vencido no ano anterior, autorizando-se que para efeitos de acumulação só poderá abranger metade do período de férias. Pretende-se assim salvaguardar que a metade do período de férias que não pode ser cumulado, seja efectivamente gozada no ano civil a que respeita, permitindo ao trabalhador um período minimo de recuperação.

ARTIGO 241.º – Marcação do período de férias

1 – O período de férias é marcado por acordo entre empregador e trabalhador.

2 – Na falta de acordo, o empregador marca as férias, que não podem ter início em dia de descanso semanal do trabalhador, ouvindo para o efeito a comissão de trabalhadores ou, na sua falta, a comissão intersindical ou a comissão sindical representativa do trabalhador interessado.

3 – Em pequena, média ou grande empresa, o empregador só pode marcar o período de férias entre 1 de Maio e 31 de Outubro, a menos que o instrumento de regulamentação colectiva de trabalho ou o parecer dos representantes dos trabalhadores admita época diferente.

4 – Na falta de acordo, o empregador que exerça actividade ligada ao turismo está obrigado a marcar 25% do período de férias a que os trabalhadores têm direito entre 1 de Maio e 31 de Outubro, que são gozados de forma consecutiva, ou percentagem superior que resulte de instrumento de regulamentação colectiva de trabalho.

5 – Em caso de cessação do contrato de trabalho sujeita a aviso prévio, o empregador pode determinar que o gozo das férias tenha lugar imediatamente antes da cessação.

6 – Na marcação das férias, os períodos mais pretendidos devem ser rateados, sempre que possível, beneficiando alternadamente os trabalhadores em função dos períodos gozados nos dois anos anteriores.

7 – Os cônjuges, bem como as pessoas que vivam em união de facto ou economia comum nos termos previstos em legislação específica, que trabalham na mesma empresa ou estabelecimento, têm direito a gozar férias em idêntico período, salvo se houver prejuízo grave para a empresa.

8 – O gozo do período de férias pode ser interpolado, por acordo entre empregador e trabalhador, desde que sejam gozados, no mínimo, 10 dias úteis consecutivos.

9 – O empregador elabora o mapa de férias, com indicação do início e do termo dos períodos de férias de cada trabalhador, até 15 de Abril de cada ano e mantém-no afixado nos locais de trabalho entre esta data e 31 de Outubro.

10 – Constitui contra-ordenação grave a violação do disposto nos n.os 2, 3 ou 4 e constitui contra-ordenação leve a violação do disposto em qualquer dos restantes números deste artigo.

1. Este preceito corresponde ao artigo 217.º do anterior Código do Trabalho, aprovado pela Lei n.º 99/2003.

2. A marcação de férias é feita por acordo entre o empregador e o trabalhador, nos termos do n.º 1, sendo este o princípio geral em matéria de marcação do período de férias. Na falta de acordo, é ao empregador que incumbe marcar as férias, observando o disposto nas demais normas deste artigo 214.º

Note-se que quando o empregador seja também utilizador de trabalhadores temporários é a si, nessa qualidade, que incumbe ainda marcar o período das férias desses trabalhadores que sejam gozadas ao seu serviço, nos termos do n.º 3 do artigo 185.º

3. A proibição do empregador, na falta de acordo entre este e o trabalhador, marcar as férias com início em dia de descanso semanal do trabalhador pretende obstar a que o empregador possa prejudicar o trabalhador que presta o seu trabalho em dia de descanso semanal que coincida com fim-de-semana, no seu direito a férias. Recorde-se que o período anual de férias é calculado em dias úteis, cfr. n.º 1 do artigo 238.º, sendo que por determinação do n.º 2 do mesmo artigo 238.º, para efeitos de férias são úteis os dias da semana de segunda a sexta-feira, com excepção de feriados.

4. O n.º 2 estabelece expressamente que na falta de acordo entre o empregador e o trabalhador, o empregador deve ouvir a comissão de trabalhadores ou, na sua falta, a comissão intersindical ou a comissão sindical, representativa do trabalhador interessado. Não se diz que nenhuma dessas estruturas de representação colectiva dos trabalhadores é consultada. Não obstante a letra não ser clara, parece-nos que a audição da estrutura de representação colectiva é um dever de consulta, carecendo portanto a marcação das férias de parecer prévio da comissão de trabalhadores ou, na sua falta as comissões intersindicais, as comissões sindicais ou os delegados sindicais. O exercício desta consulta tem um procedimento próprio, que se encontra regulado nos n.os 4 a 7 do artigo 427.º, relativamente às comissões de trabalhadores, aplicável às comissões intersindicais e às comissões sindicais por força das alíneas h) e g) do n.º 1 do artigo 442.º e do n.º 2 do artigo 466.º O empregador tem conhecimento da existência de uma comissão de trabalhadores porquanto os resultados da votação, da constituição e aprovação dos estatutos da comissão de trabalhadores, são-lhe comunicados, cfr. n.º 6 do artigo 432.º Quanto à comissão intersindical e comissões sindicais, o empregador tem conhecimento da existência destes porquanto a direcção do sindicato tem de comunicar por escrito ao empregador a identidade dos delegados sindicais que fizerem parte de comissão sindical ou intersindical, cfr. n.º 4 do artigo 462.º

5. Já o n.º 3 é inequívoco, no sentido da marcação de férias fora do período entre 1 de Maio e 31 de Outubro, em pequena, média ou grande empresa, só é admitida – se não o for pelo instrumento de regulamentação colectiva de trabalho – se precedida de parecer dos representantes dos trabalhadores, pelo que é aplicável a este procedimento, para obtenção do parecer, os n.os 4 a 7 do artigo 427.º Constituem instrumentos de regulamentação colectiva de trabalho, cfr. n.os 2, 3 e 4 do artigo 2.º, a convenção colectiva (que pode ser um contrato colectivo, acordo colectivo, ou um acordo de empresa), o acordo de adesão, a decisão arbitral, a portaria de extensão, e a portaria de condições de trabalho.

6. Da interpretação *a contrario* do n.º 3, conjugado com o n.º 1, resulta que, em microempresa, e na falta de acordo entre o empregador e o trabalhador, o primeiro poderá livremente marcar as férias fora do período entre 1 de Maio e 31 de Outubro.

7. Sobre os conceitos de microempresa, pequena, média e grande empresa, ver n.º 1 do artigo 100.º

8. Nos termos do n.º 5, em caso de cessação do contrato de trabalho sujeita a aviso prévio, o empregador pode determinar que o gozo das férias tenha lugar imediatamente antes da cessação. Caso as férias do trabalhador já tivessem sido marcadas em momento anterior ao conhecimento da cessação do contrato, o empregador pode alterar a marcação das férias, de modo a que o gozo das mesmas tenha lugar imediatamente antes da cessação, cfr. n.º 3 do artigo 243.º Estas faculdades têm em vista possibilitar que o empregador não tenha de proceder ao pagamento de férias vencidas e não gozadas, bem como ao respectivo subsídio, cfr. alínea a) do n.º 1 do artigo 245.º

9. O n.º 7 vem concretizar o que já se encontrava previsto em legislação específica relativamente à união de facto e à economia comum. Nos termos da Lei n.º 7/2001, de 11 de Maio, alterada pelas Leis n.os 23/2010, de 30 de Agosto, 2/2016, de 29 de Fevereiro, 49/2018, de 14 de Agosto e 71/2018, de 31 de Dezembro, quando duas pessoas, independentemente do sexo, vivam em união de facto há mais de dois anos, cfr. n.º 2 do artigo 1.º daquele diploma, beneficiam, por expressa previsão da alínea c) do artigo 3.º daquela Lei n.º 7/2001, do regime jurídico equiparado ao aplicável a pessoas casadas vinculadas por contrato de trabalho, em matéria de férias, feriados, faltas e licenças. De igual direito beneficiam os que vivam em economia comum, ou seja quando duas ou mais pessoas – em que pelo menos uma delas é maior de idade – vivam em comunhão de mesa e habitação há mais de dois anos e tenham estabelecido uma vivência em comum de entreajuda ou partilha de recursos, cfr. n.os 1 e 2 do artigo 2.º e alínea b) do n.º 1 do artigo 4.º, todos da Lei n.º 6/2001, de 11 de Maio, alterada pela Lei n.º 82-E/2014, de 31 de Dezembro.

Sempre se diga que não há nenhum dever do trabalhador informar o empregador que vive em união de facto, em economia comum, ou mesmo que celebrou um casamento, comunicação essa que se torna necessária se o trabalhador pretender beneficiar dos direitos atribuídos pela lei, designadamente: em matéria de impostos sobre o rendimento; gozo do descanso semanal em simultâneo de ambos os companheiros ou conjugues que sejam trabalhadores do mesmo empregador, cfr. n.º 4 do artigo 232.º; gozo de férias em simultâneo de ambos os companheiros ou conjugues que sejam trabalhadores do mesmo empregador, cfr. n.º 7 deste artigo; em matéria de faltas, cfr. alínea a) do n.º 2 do artigo 249.º, alínea a) do n.º 1 e n.º 2 do artigo 251.º, artigo 252.º, aviso prévio no caso do despedimento colectivo abranger ambos os companheiros ou conjugues que sejam trabalhadores do mesmo empregador, cfr. n.º 2 do artigo 363.º, etc..

10. Do n.º 8 resulta que o gozo do período de férias pode ser repartido por mais do que um período, desde que o empregador e o trabalhador acordem na repartição, e desde que o trabalhador goze um mínimo de 10 dias úteis consecutivos, de cada vez. A única excepção a esta norma é o gozo dos dias de férias remanescentes não permitirem a sua aplicação, o que sucede, por exemplo com o trabalhador que tendo direito a 25 dias úteis de férias, gozou dois períodos de 10 dias úteis cada, num total de 20 dias úteis, sendo que o último período de férias será de apenas 5 dias úteis.

ARTIGO 242.º – Encerramento para férias

1 – Sempre que seja compatível com a natureza da actividade, o empregador pode encerrar a empresa ou o estabelecimento, total ou parcialmente, para férias dos trabalhadores:

a) Até quinze dias consecutivos entre 1 de Maio e 31 de Outubro;

b) Por período superior a quinze dias consecutivos ou fora do período enunciado na alínea anterior quando assim estiver fixado em instrumento de regulamentação colectiva ou mediante parecer favorável da comissão de trabalhadores;

c) Por período superior a quinze dias consecutivos, quando a natureza da actividade assim o exigir.

2 – O empregador pode encerrar a empresa ou o estabelecimento, total ou parcialmente, para férias dos trabalhadores:

a) Durante cinco dias úteis consecutivos na época de férias escolares do Natal;

b) Um dia que esteja entre um feriado que ocorra à terça-feira ou quinta-feira e um dia de descanso semanal, sem prejuízo da faculdade prevista na alínea g) do n.º 3 do artigo 226.º

3 – Até ao dia 15 de dezembro do ano anterior, o empregador deve informar os trabalhadores abrangidos do encerramento a efetuar no ano seguinte ao abrigo da alínea b) do número anterior.

1. Este preceito corresponde ao artigo 216.º do anterior Código do Trabalho, aprovado pela Lei n.º 99/2003.

2. A redacção do n.º 2 deste preceito foi alterada pelo artigo 2.º da Lei n.º 23/2012, de 25 de Junho, enquanto que o n.º 3 foi introduzido pelo artigo 2.º da mesma Lei. Na versão originária do Código do Trabalho, aprovado pela Lei n.º 7/2009, de 12 de Fevereiro, aquele n.º 2 tinha a seguinte redacção:

> "2 – O empregador pode encerrar o estabelecimento durante cinco dias úteis consecutivos, na época de férias do Natal.".

3. Constituem instrumentos de regulamentação colectiva de trabalho, cfr. n.os 2, 3 e 4 do artigo 2.º, a convenção colectiva (que pode ser um contrato colectivo, acordo colectivo, ou um acordo de empresa), o acordo de adesão, a decisão arbitral, a portaria de extensão, e a portaria de condições de trabalho.

4. A alínea b) do n.º 1 estabelece expressamente que o encerramento por período superior a 15 dias consecutivos ou fora do período entre 1 de Maio e 31 de Outubro só é permitido se o instrumento de regulamentação colectiva de trabalho o admitir, ou independentemente do que estiver fixado neste instrumento, mediante parecer favorável da comissão de trabalhadores. Este parecer da comissão de trabalhadores deve ser solicitado previamente pelo empregador através de procedimento próprio, que se encontra regulado nos n.os 4 a 7 do artigo 427.º O empregador tem conhecimento da existência de uma comissão de trabalhadores porquanto os resultados da votação, da constituição e aprovação dos estatutos da comissão de trabalhadores, são-lhe comunicados, cfr. n.º 6 do art. 432.º Já quanto aos instrumentos de regulamentação colectiva de trabalho, cfr. n.os 2, 3 e 4 do artigo 2.º, estes podem ser uma convenção colectiva (que pode ser um contrato colectivo, acordo colectivo, ou um acordo de empresa), um acordo de adesão, uma decisão arbitral, uma portaria de extensão, ou uma portaria de condições de trabalho.

5. Quando o empregador encerre a empresa ou o estabelecimento, total ou parcialmente, porquanto tal encerramento é conciliável com a natureza da actividade prosseguida, o próprio empregador não se encontra dispensado de observar o disposto no artigo 241.º, ou seja, as férias são marcadas por acordo entre o empregador e o trabalhador, cfr. n.º 1 do artigo 241.º Na falta de acordo, o empregador marca as férias, que não podem ter início em dia de descanso semanal do trabalhador, ouvindo para o efeito a comissão de trabalhadores ou, na sua falta, a comissão intersindical ou a comissão sindical representativa do trabalhador interessado, cfr. n.º 2 do mesmo artigo 241.º

6. Depois de gozadas as férias enquanto a empresa se encontrava encerrada por duração prevista numa das alíneas a), b) ou c) do n.º 1, caso o trabalhador ainda tenha férias por gozar terá obviamente direito a goza-las. Significa isto que o facto da empresa encerrar não prejudica o direito a férias ao abrigo do n.º 1 do artigo 237.º, do n.º 1 do artigo 239.º ou do n.º 1 do artigo 245.º

7. O n.º 2 permite que o empregador encerre a empresa ou o estabelecimento durante cinco dias úteis seguidos na época de férias escolares do Natal, e em dia que que esteja entre um feriado que ocorra à terça ou à quinta-feira e um dia de descanso semanal. Relativamente à ultima destas situações, vulgarmente, o dia que esteja entre um feriado que ocorra à terça-feira ou quinta-feira e um dia de descanso semanal, é designado por "ponte".

De acordo com este n.º 2 o encerramento da empresa ou do estabelecimento pode ser total, podendo ainda encerrar-se apenas parte da empresa. Se parte da empresa pode encerrar, o estabelecimento de empresa já se achava incluído na previsão da norma, sendo que o legislador terá pretendido clarificar, afastando quaisquer dúvidas, de que também o estabelecimento poderia encerrar, totalmente ou parcialmente.

Caso o empregador encerre totalmente, ou apenas parcialmente, a empresa ou o estabelecimento, por determinação do n.º 2, considera-se que os trabalhadores que não prestem o seu trabalho devido ao fecho, se encontram a gozar férias.

8. Dias úteis são Segunda-Feira, Terça-Feira, Quarta-Feira, Quinta-Feira e Sexta-Feira. Sábado, Domingo e Feriados não constituem dias úteis, sendo que para o conceito de dias úteis é irrelevante que a empresa se encontre em funcionamento ao Sábado, Domingo ou Feriado. Este é o sentido da alínea e) do artigo 279.º do Código Civil, conjugado com o n.º 1 do artigo 137.º do Código de Processo Civil.

9. A parte final da alínea b) do n.º 2 estabelece que a admissibilidade do encerramento da empresa em dia considerado como "ponte", não impede que, por decisão do empregador, o referido encerramento seja compensado por prestação de trabalho por parte do trabalhador, trabalho este que, quando for prestado, não é entendido como sendo trabalho suplementar. Ou seja, é o empregador que define se poderá existir compensação ou não. Se permitir a compensação, também deverá determinar o modo de a efectuar, sendo que o trabalhador não deverá ser obrigado a realizar a compensação. Se o trabalhador não pretender a compensação, a "ponte" será considerada um dia de férias, como determinado por este n.º 2 do artigo 242.º Quanto aos limites do trabalho prestado para compensação de uma "ponte", vejam-se as anotações ao artigo 226.º

O encerramento da empresa em dia considerado como "ponte" está limitado pelo disposto no n.º 3. Significa isto que o encerramento da empresa ou do estabelecimento só poderá ocorrer se o empregador tiver préviamente informado os trabalhadores. O dever de informação prévia do empregador deve cumprir-se até ao dia 15 de Dezembro do ano anterior. Significa isto que o empregador que pretenda encerrar a empresa num dia considerado como "ponte" do ano de 2016, terá de informar os trabalhadores abrangidos pelo encerramento até ao dia 15 de Dezembro de 2015.

ARTIGO 243.º – Alteração do período de férias por motivo relativo à empresa

1 – O empregador pode alterar o período de férias já marcado ou interromper as já iniciadas por exigências imperiosas do funcionamento da empresa, tendo o trabalhador direito a indemnização pelos prejuízos sofridos por deixar de gozar as férias no período marcado.

2 – A interrupção das férias deve permitir o gozo seguido de metade do período a que o trabalhador tem direito.

3 – Em caso de cessação do contrato de trabalho sujeita a aviso prévio, o empregador pode alterar a marcação das férias, mediante aplicação do disposto no n.º 5 do artigo 241.º

4 – Constitui contra-ordenação leve a violação do disposto nos n.os 1 ou 2.

1. Este preceito corresponde ao artigo 218.º do anterior Código do Trabalho, aprovado pela Lei n.º 99/2003.

2. Por efeito do n.º 1 possibilita-se que o empregador altere o período de férias já marcado ou interrompa o período de férias já iniciadas, desde que tal alteração ou interrupção seja motivada por exigências imperiosas do funcionamento da empresa. Não basta por isso uma qualquer exigência, exigindo-se antes uma exigência impreterível. Nestes caso, o trabalhador tem direito a indemnização pelos prejuízos sofridos por deixar de gozar as férias no período marcado. Abrange-se assim, por exemplo, o pagamento da renda do imóvel para onde o trabalhador se iria deslocar, ou onde permanecia já, os custos que tenha já satisfeito com a viagem, etc..

Quando o trabalhador se encontre a gozar o período de férias a que tem direito, e o empregador, ao abrigo do n.º 1 interrompa aquele período, o trabalhador não poderá deixar de se apresentar ao serviço, e prestar o seu trabalho. Se, depois de informado, o trabalhador não regressar ao seu local de trabalho, incorre em faltas injustificadas. O regime das faltas injustificadas encontra-se previsto nos artigos 256.º e segs., estabelecendo-se no n.º 1 do artigo 256.º que a falta injustificada constitui violação do dever de assiduidade e determina perda da retribuição correspondente ao período de ausência, que não é contado na antiguidade do trabalhador. Acresce que uma falta injustificada é susceptível de fazer incorrer o trabalhador em infracção disciplinar, cfr. artigo 98.º, alínea b) do n.º 1 do artigo 128.º e n.º 2 do artigo 256.º, que em situações extremas poderá mesmo constituir justa causa do despedimento, cfr. n.º 1 e alínea g) do n.º 2, ambos do artigo 351.º

3. O n.º 2 estabelece que a interrupção das férias deve permitir o gozo seguido de metade do período a que o trabalhador tem direito, o que visa garantir que o trabalhador poderá, ainda que em termos menos profícuos do que sucederia caso não se verificasse a vicissitude da interrupção, recuperar física e psíquicamente, bem como beneficiar de disponibilidade pessoal, integração na vida familiar e participação social e cultural, cfr. n.º 4 do artigo 237.º Da redacção do n.º 2 resulta que, ainda que se verifiquem novas exigências imperiosas do funcionamento da empresa, e o trabalhador se encontre a gozar metade do período a que tem direito, por anteriormente as suas férias terem sido interrompidas pelo empregador, este último não poderá recorrer novamente à faculdade prevista no n.º 1.

4. O n.º 3 permite que o empregador, em caso de cessação do contrato de trabalho sujeita a aviso prévio, e quando as férias do trabalhador já tivessem sido marcadas em momento anterior ao conhecimento da cessação do contrato, determine que o gozo das férias tenha lugar imediatamente antes da cessação. Esta faculdade tem em vista possibilitar que o empregador não tenha de proceder ao pagamento de férias vencidas e não gozadas, bem como ao respectivo subsídio, cfr. alínea a) do n.º 1 do artigo 245.º

ARTIGO 244.º – Alteração do período de férias por motivo relativo ao trabalhador

1 – O gozo das férias não se inicia ou suspende-se quando o trabalhador esteja temporariamente impedido por doença ou outro facto que não lhe seja imputável, desde que haja comunicação do mesmo ao empregador.

2 – Em caso referido no número anterior, o gozo das férias tem lugar após o termo do impedimento na medida do remanescente do período marcado, devendo o período correspondente aos dias não gozados ser marcado por acordo ou, na falta deste, pelo empregador, sem sujeição ao disposto no n.º 3 do artigo 241.º

3 – Em caso de impossibilidade total ou parcial do gozo de férias, por motivo de impedimento do trabalhador, este tem direito à retribuição correspondente ao período de férias não gozado ou ao gozo do mesmo até 30 de Abril do ano seguinte e, em qualquer caso, ao respectivo subsídio.

4 – À doença do trabalhador no período de férias é aplicável o disposto nos n.os 2 e 3 do artigo 254.º

5 – O disposto no n.º 1 não se aplica caso o trabalhador se oponha à verificação da situação de doença nos termos do artigo 254.º

6 – Constitui contra-ordenação grave a violação do disposto nos n.os 1, 2 ou 3.

1. Este preceito corresponde aos n.os 3 e 4 do artigo 218.º, e aos n.os 1 e 2 do artigo 219.º, ambos do anterior Código do Trabalho, aprovado pela Lei n.º 99/2003.

2. O n.º 1 determina que o gozo das férias pelo trabalhador, que estivessem já marcadas, não tem inicío quando o trabalhador esteja temporariamente impedido por facto que não lhe seja imputável, desde que haja comunicação do mesmo ao empregador. Do n.º 1 resulta ainda que quando se verifique um impedimento temporário respeitante ao trabalhador que não lhe seja imputável na pendência das férias, ou seja enquanto o trabalhador já havia iniciado o seu gozo, este suspende-se. Numa ou noutra situação exige-se que o trabalhador comunique o impedimento ao empregador. Em regra, o impedimento refere-se a uma situação de doença, tal como referido no n.º 1, podendo também tratar-se de um acidente. Sucede assim que, nos termos do n.º 1, o falecimento de cônjuge, parente ou afim (embora seja considerada falta justificada quando o trabalhador se encontra a exercer o seu trabalho, cfr. alínea b) do n.º 2 do artigo 249.º e artigo 251.º), não tem por efeito alterar o período de férias do trabalhador.

3. O n.º 2 permite que quando o gozo das férias não se inicie ou se suspenda devido à verificação de um impedimento não imputável ao trabalhador, aquele gozo tenha lugar imediatamente após o termo do impedimento, na medida do remanescente do período marcado, o que pressupõe que o impedimento cessa na pendência do período de férias que havia sido marcado. Quanto aos dias de férias não gozados por força do impedimento (que podem ser apenas alguns daqueles que haviam sido marcados, ou a sua totalidade), devem ser marcados por acordo entre o empregador e o trabalhador ou, não se conseguindo obter esse acordo, pelo empregador, neste último caso em qualquer data do ano civil, mantendo-se o princípio que o gozo é seguido ou contínuo.

4. Do n.º 3 resulta que em caso de impossibilidade total ou parcial do gozo de férias, que seja devida a impedimento do trabalhador, o próprio trabalhador tem direito à retribuição relativa ao período de férias não gozado, ou ao gozo desse período de férias até 30 de Abril do ano seguinte. Num caso ou noutro, o trabalhador não deixará de auferir o subsídio de férias. Este n.º 3 abrange não só o impedimento temporário respeitante ao trabalhador por facto que não lhe seja imputável com uma duração inferior a um mês, como com uma duração superior a um mês, que neste último caso determina a suspensão do contrato de trabalho, cfr. n.º 1 do artigo 296.º

5. Por efeito do n.º 4, a prova da situação de doença do trabalhador é feita por declaração de estabelecimento hospitalar, ou centro de saúde ou ainda por atestado médico, sendo que a situação de doença pode ser verificada por médico, nos termos previstos nos artigos 17.º a 24.º da Lei n.º 105/2009, de 14 de Setembro, alterada pelas Leis n.os 60/2018, de 21 de Agosto, e 93/2019, de 4 de Setembro. À partida, o médico, que irá proceder à verificação da situação de doença, será designado pela segurança social, sendo que em determinados casos, poderá a verificação ser realizada por médico designado pelo empregador, desde que aquele profissional não tenha tido qualquer vínculo contratual anterior com o próprio empregador. Para que a situação de doença seja verificada por médico, deve o empregador seguir o procedimento previsto naqueles artigos da Lei n.º 105/2009, de 14 de Setembro, alterada pelas Leis n.os 60/2018, de 21 de Agosto, e 93/2019, de 4 de Setembro, que regulamenta o presente Código do Trabalho, pelo que se remete para as anotações ao artigo 254.º

6. Nos termos do n.º 5, a oposição do trabalhador, sem motivo atendível, à verificação da doença por médico, quando esta seja requerida pelo empregador, determina que o período de gozo das férias é tido como tal, tendo por isso inicio e não se suspendendo, não obstante a comunicação anterior do impedimento do trabalhador ao empregador. Ou seja, nesta situação, os dias da alegada doença ocorrida em período de férias, são considerados na duração do gozo destas.

7. Para além das situações previstas no n.º 1, há ainda um outro caso de suspensão do gozo das férias, por determinação legal. Trata-se do disposto no n.º 3 do artigo 65.º, segundo o qual, as licenças por situação de risco clínico durante a gravidez, por interrupção de gravidez, por adopção e licença parental em qualquer modalidade, suspendem o gozo das férias, devendo os dias remanescentes ser gozados após o seu termo, mesmo que tal se verifique no ano seguinte àquele que era expectável serem gozados.

ARTIGO 245.º – Efeitos da cessação do contrato de trabalho no direito a férias

1 – Cessando o contrato de trabalho, o trabalhador tem direito receber a retribuição de férias e respectivo subsídio:

a) Correspondentes a férias vencidas e não gozadas;

b) Proporcionais ao tempo de serviço prestado no ano da cessação.

2 – No caso referido na alínea a) do número anterior, o período de férias é considerado para efeitos de antiguidade.

3 – Em caso de cessação de contrato no ano civil subsequente ao da admissão ou cuja duração não seja superior a 12 meses, o cômputo total das férias ou da correspondente retribuição a que o trabalhador tenha direito não pode exceder o proporcional ao período anual de férias tendo em conta a duração do contrato.

4 – Cessando o contrato após impedimento prolongado do trabalhador, este tem direito à retribuição e ao subsídio de férias correspondentes ao tempo de serviço prestado no ano de início da suspensão.

5 – Constitui contra-ordenação grave a violação do disposto no n.º 1.

1. Este preceito corresponde ao artigo 221.º do anterior Código do Trabalho, aprovado pela Lei n.º 99/2003.

2. Sobre a retribuição do período de férias e o subsídio de férias, bem como o que cada uma destas prestações abrange, ver artigo 264.º e respectivas anotações.

3. Por efeito da alínea b) do n.º 1, o trabalhador tem direito aos proporcionais da retribuição de férias e do subsídio de férias referentes ao direito a férias que se venceria no dia 1 de Janeiro do ano seguinte. O disposto na alínea b) justifica-se porquanto as férias se reportam, em regra, ao trabalho prestado no ano civil anterior. Ou seja, o trabalhador prestou o seu trabalho, o qual era apto a permitir que as férias que iria gozar no ano seguinte se vencessem em 1 de Janeiro, o que só não ocorreu porquanto se verificou a cessação do contrato de trabalho. O legislador revelou este facto conferindo-lhe o direito a um crédito retributivo.

4. A antiguidade, referida no n.º 2, "é a qualidade correspondente à duração da situação jurídica laboral", Menezes Cordeiro, *Manual de Direito do Trabalho*, Livraria Almedina, 1991, página 675 e segs., e Acórdão do Tribunal da Relação de Lisboa, de 22 de Junho de 2005, processo 10307/2004-4, sumários em www.dgsi.pt. Significa isto que a duração de situações que não são de qualificar como sendo de trabalho subordinado não devem entrar no cômputo da antiguidade. A título exemplificativo, a duração de um contrato de estágio extracurricular, cfr. Decreto-Lei n.º 66/2011, de 1 de Junho, não correspondendo à prestação de trabalho subordinado, não dá lugar à contagem de antiguidade, ainda que posteriormente à cessação deste contrato venha a ser celebrado um contrato de trabalho.

5. Da redacção do n.º 3 resulta que a aplicação da proporcionalidade é feita quer nos casos em que o contrato de trabalho tenha cessado no ano civil subsequente, quer nas situações em que o contrato de trabalho cessa quando não tenha ainda sequer uma duração superior a 12 meses. Note-se contudo que quando o contrato de trabalho venha, por qualquer motivo, a ter uma duração total inferior a seis meses, não será de aplicar este n.º 3, mas sim o n.º 4 do artigo 239.º

6. A solução adoptada no n.º 3 procura obstar a que trabalhadores com menor antiguidade na empresa beneficiem de um período de férias pouco consonante com os demais trabalhadores, em princípio com uma maior duração da prestação de trabalho. Da mera aplicação do n.º 1 do artigo 239.º, conjugado com o n.º 1 do artigo 237.º, e ainda com a alínea b) do n.º 1 deste artigo 245.º, resultaria que o trabalhador cumulava as férias vencidas no ano da admissão, com as férias vencidas no dia 1 de Janeiro do ano civil subsequente à sua admissão, e ainda com os proporcionais ao tempo de serviço prestado no ano da cessação do contrato. Exemplificando, um trabalhador contratado em 1 de Março de 2016 que tenha cessado o seu contrato de trabalho em 30 de Junho de 2017, teria o total de 54 dias de férias, caso não existisse a norma prevista neste n.º 3. Com a adopção do critério de proporcionalidade para calcular as férias a que o trabalhador tenha direito por efeito da cessação do contrato de trabalho, no exemplo mencionado, o trabalhador terá apenas direito a 29,3 dias de férias.

7. Como se calculam as férias no caso previsto no n.º 3, ou seja, Em caso de cessação de contrato no ano civil subsequente ao da admissão ou cuja duração não seja superior a 12 meses?

Como referido no n.º 3, as férias são calculadas de modo a que a soma total das férias não ultrapasse o proporcional ao período anual de férias, tendo em conta a duração do contrato.

Exemplificando:

Um trabalhador admitido em 1 de Março de 2016, cessa o seu contrato de trabalho em 30 de Junho de 2017, permanecendo assim ao serviço do empregador durante 16 meses.

1.º: Na situação concreta, e atendendo a que o contrato susbsistiu por prazo superior a um ano, saber qual a duração das férias pelo período correspondente a doze meses do contrato.
O período anual de férias tem a duração de 22 dias úteis, cfr. n.º 1 do artigo 238.º

2.º: calcular a duração das férias relativas ao remanescente do prazo de vigência do contrato.

Tendo o contrato durado 16 meses, e já tendo sido encontrados os dias de férias correspondentes a 12 meses, falta encontrar os dias correspondentes aos 4 meses remanescentes (16 – 12 = 4). Esta duração é encontrada por aplicação de uma fórmula matemática designada por regra três simples, em que a duração é denominada por incógnita:

12 (meses) está para 22 (dias de férias no período de 12 meses), assim como 4 (número de meses remanescentes) está para a incógnita. A incógnita = (22 × 4) / 12
A incógnita é 7,3

3.º: calcular o cômputo total das férias.
22 dias + 7,3 = 29,3
O cômputo total das férias é assim de 29,3 dias úteis.

8. O n.º 4 trata de regular um caso específico de cessação do contrato de trabalho. De acordo com o n.º 1 do artigo 296.º, o impedimento temporário respeitante ao trabalhador que não lhe seja imputável, e se prolongue por mais do que um mês, nomeadamente doença, acidente ou facto decorrente da aplicação da lei do serviço militar, determina a suspensão do contrato de trabalho. As férias do trabalhador que tenha estado por impedimento prolongado afastado da empresa serão distintas, consoante o impedimento prolongado tenha tido inicio e termo no mesmo ano, ou o impedimento prolongado tenha tido início num ano e termine noutro ano. Em regra, e de acordo com o n.º 2 do artigo 237.º, o direito a férias reporta-se ao trabalho prestado no ano civil anterior, mas não está condicionado à assiduidade ou efectividade de serviço, pelo que, e em princípio, quando o impedimento prolongado começa e finda no mesmo ano, o trabalhador terá direito a um período de férias retribuídas, que se vence em 1 de Janeiro de cada ano, cfr. n.º 1 do artigo 237.º Só assim não sucederá quando o trabalhador não se encontre a prestar o seu trabalho concretamente no dia 1 de Janeiro. Quando o impedimento prolongado tenha início num determinado ano, e só cesse no ano subsequente, por determinação do n.º 6 do artigo 239.º, o trabalhador terá direito a férias nos termos dos n.ºs 1 e 2 do artigo 239.º Com a cessação do impedimento prolongado, e voltando o trabalhador à empresa, caso se verifique uma cessação do contrato de trabalho decorrido algum tempo sobre esse regresso, é este tempo que entretanto decorreu, que releva para efeitos da cessação do contrato de trabalho, de acordo com a alínea b) do n.º 1 deste artigo 245.º Ou seja, nesta situação, o trabalhador auferirá a retribuição do período de férias e o subsídio de férias proporcionais ao tempo de serviço prestado no ano da cessação. Face ao exposto, qual é então o sentido do n.º 4 deste artigo 245.º? Esta regra é então aplicável às situações em que tendo-se verificado um impedimento prolongado na pendência do contrato de trabalho, este último contrato vem a cessar, sem que o trabalhador torne a prestar o seu trabalho. Exemplificando, o contrato de trabalho esteve suspenso por o trabalhador ter sofrido um acidente, tendo posteriormente o empregador procedido a um despedimento colectivo, cfr. artigo 359.º e segs., que vem a abranger aquele trabalhador. Significa isto que neste caso, o trabalhador irá receber a retribuição do período de férias e o subsídio de férias correlativas ao tempo de serviço prestado no ano de início da suspensão, de acordo com o consignado neste n.º 4.

9. Quando cesse o contrato de trabalho e o trabalhador tenha gozado a título de férias, um período superior àquele que adviria por aplicação do n.º 1 ou do n.º 3, o empregador poderá compensar esse crédito com outros que tenha a favor do trabalhador, contando que não o faça enquanto o contrato de trabalho se mantiver em vigor. É que nos temos do n.º 1 do artigo 279.º, na pendência de contrato de trabalho, o empregador não pode compensar a retribuição em dívida com crédito que tenha sobre o trabalhador, nem fazer desconto ou dedução no montante daquela. No momento imediatamente a seguir à cessação do contrato de trabalho, não há impedimento a que o empregador proceda à referida compensação.

10. Cessando o contrato de trabalho, o trabalhador tem também direito ao subsídio de Natal, proporcional ao tempo de serviço prestado no ano civil da cessação do contrato de trabalho, cfr. alínea b) do n.º 2 do artigo 263.º, bem como aos demais créditos laborais como a retribuição correspondente ao número mínimo anual de horas de formação que não lhe tenha sido proporcionado, ou ao crédito de horas para formação de que seja titular à data da cessação, cfr. artigo 134.º

ARTIGO 246.º – Violação do direito a férias

1 – Caso o empregador obste culposamente ao gozo das férias nos termos previstos nos artigos anteriores, o trabalhador tem direito a compensação no valor do triplo da retribuição correspondente ao período em falta, que deve ser gozado até 30 de Abril do ano civil subsequente.

2 – Constitui contra-ordenação grave a violação do disposto no número anterior.

1. Este preceito corresponde ao artigo 222.º do anterior Código do Trabalho, aprovado pela Lei n.º 99/2003.

2. Doutrinalmente divide-se a culpa em duas modalidades: o dolo e a mera culpa ou negligência. Enquanto que esta última consiste na omissão da diligência exigível ao agente, por falta de cuidado, imprudência ou inabilidade, no dolo o agente representa o resultado danoso, praticando o acto com a intenção maléfica de o produzir. Sobre a culpa *vide* Mário Júlio de Almeida Costa, *Direito das Obrigações*, 8.ª edição, Almedina, página 424 e segs., e António Menezes Cordeiro, *Direito das Obrigações*, 2.º volume, A.A.F.D.L., 1999, página 314 e segs.

3. Nos termos do n.º 1 nos casos em que o empregador obste, com culpa, ao gozo das férias, o trabalhador receberá, a título de compensação, o triplo da retribuição correspondente ao período em falta. Para que o trabalhador possa auferir a compensação mostra-se necessário que se encontrem preenchidos os três requisitos nele previstos:

Que o trabalhador não tenha gozado as férias a que tinha direito;
Que o empregador tenha obstado ao gozo;
Que a conduta do empregador seja culposa.

Exigindo-se a culpa, a conduta do empregador tanto pode ser por acção como omissão. Contudo, este não tem sido o entendimento do Supremo Tribunal de Justiça, cfr. por todos o Acórdão do Supremo Tribunal de Justiça, de 19 de Outubro de 2005, processo 05S1761, documento SJ200510190017614, sumários em www.dgsi.pt. Para este tribunal a conduta meramente omissiva do empregador não é suficiente para que se considere preenchido o conceito de obstar ao gozo. De acordo com a jurisprudência do Supremo Tribunal de Justiça, obstar subentende uma atitude voluntária e consciente do empregador, em sentido de impedir o trabalhador de gozar as férias. Esta questão não é de somenos importância, pois entendendo-se que a omissão é suficiente para que o empregador tenha de proceder ao pagamento de uma compensação, basta por exemplo que o próprio empregador não tenha procedido à marcação do período de férias a que o trabalhador tinha direito, para que tenha de compensar o trabalhador. Se o mapa de férias não foi elaborado, ou tendo-o sido, o trabalhador não foi nele incluído, tais factos têm vindo a ser considerados pelo Supremo Tribunal de Justiça como insuficientes para que se possa concluir que o empregador quis impedir o gozo das férias quando constituam mero lapso ou esquecimento. Para este tribunal exige-se que se prove que houve uma conduta activa do empregador, em sentido de obstar a que o trabalhador gozasse as férias. Conduta activa não significa que o empregador tem de ordenar que o trabalhador não goze férias para que haja um impedimento, bastando que lhe dê ordem para executar um qualquer outro acto, para que obste a que o trabalhador goze as férias. Neste sentido, o Acórdão do Supremo Tribunal de Justiça, de 19 de Dezembro de 2007, processo 07S1931, documento SJ200712190019314, sumários em www.dgsi.pt, entendeu que: "Verifica-se a violação do direito a férias se na altura que coincidia com o gozo de férias do autor, a ré o incumbiu de realizar um estágio com vista à transferência para outra empresa do mesmo grupo económico e, verificada a transferência, o autor não gozou as férias.".

4. Resulta do n.º 1 que compete ao trabalhador alegar e provar que foi impedido pelo empregador de gozar férias ou de algum modo este último obstou a semelhante gozo, cfr. n.º 1 do artigo 342.º do Código Civil, por tal consubstanciar um facto constitutivo do direito a auferir a compensação prevista neste artigo 246.º

5. Nos termos do n.º 2 do artigo 337.º, o crédito correspondente a compensação por violação do direito a férias, vencido há mais de cinco anos, só pode ser provado por documento idóneo.

6. Jurisprudência:

> Acórdão do Supremo Tribunal de Justiça, de 19 de Outubro de 2005, processo 05S1761, documento SJ200510190017614, sumários em www.dgsi.pt: "1. São dois os requisitos do direito à indemnização por violação do direito a férias: que o trabalhador não as tenha gozado e que tal tenha acontecido por a isso ter obstado, sem fundamento válido, a entidade empregadora.
>
> 2. A simples não marcação das férias não é suficiente para concluir que o empregador obstou ao seu gozo.
>
> 3. O termo obstar exige mais do que a simples inércia do empregador na concessão do gozo de férias; pressupõe uma atitude voluntária e consciente nesse sentido.
>
> 4. Compete ao autor alegar e provar aqueles dois factos, por serem factos constitutivos do direito àquela indemnização.
>
> 5. O facto das escalas de organização dos turnos não conterem os períodos de férias dos respectivos trabalhadores não permite concluir que eles não gozaram férias e muito menos que tenham sido impedidos de o fazer pela entidade empregadora.".

ARTIGO 247.º – Exercício de outra actividade durante as férias

1 – O trabalhador não pode exercer durante as férias qualquer outra actividade remunerada, salvo quando já a exerça cumulativamente ou o empregador o autorize.

2 – Em caso de violação do disposto no número anterior, sem prejuízo da eventual responsabilidade disciplinar do trabalhador, o empregador tem direito a reaver a retribuição correspondente às férias e o respectivo subsídio, metade dos quais reverte para o serviço responsável pela gestão financeira do orçamento da Segurança Social.

3 – Para os efeitos previstos no número anterior, o empregador pode proceder a descontos na retribuição, até ao limite de um sexto, em relação a cada um dos períodos de vencimento posteriores.

1. Este preceito corresponde ao artigo 223.º do anterior Código do Trabalho, aprovado pela Lei n.º 99/2003.

2. O n.º 1 justifica-se por o exercício durante as férias de qualquer outra actividade é susceptível de pôr em causa a finalidade do período de férias. Com efeito, as férias visam proporcionar ao trabalhador a recuperação física e psíquica, condições de disponibilidade pessoal, integração na vida familiar e participação social e cultural, cfr. n.º 4 do artigo 237.º, podendo ainda ser encaradas como uma das formas de ambas as partes colaborarem na obtenção da maior produtividade, bem como na promoção humana, profissional e social do trabalhador, cfr. n.º 2 do artigo 126.º Afastado do local de trabalho, e privando, em princípio, com as pessoas que lhe são próximas, o trabalhador deve alhear-se de actividades que exijam um esforço físico e intelectual que sejam aptas a privá-lo de descansar. A regra de que o trabalhador não pode exercer durante as férias qualquer outra actividade remunerada, comporta duas excepções: o trabalhador já exercia a actividade antes e cumulativamente com a actividade subordinada que lhe permite o gozo do período de férias, e a situação em que o empregador autoriza o exercício de outra actividade durante as férias. Com estas duas excepções, quando o trabalhador exerça durante as férias outra actividade remunerada, por aplicação do n.º 2, o empregador tem direito a reaver a retribuição correspondente às férias e o respectivo subsídio, embora não inteiramente por completo, o que pretende desincentivar o trabalhador a não cumprir a finalidade das férias. Nesta situação, o empregador não reavê a retribuição correspondente às férias e o respectivo subsídio integralmente, dado que metade destes reverte para o serviço responsável pela gestão financeira do orçamento da segurança social.

Cumulativamente com o direito do empregador reaver a retribuição correlativa ao período de férias e o respectivo subsídio, pode ainda o empregador instaurar ao trabalhador um procedimento disciplinar, cfr. artigo 328.º e segs., porquanto a conduta deste último configura uma infracção disciplinar, que fundamenta o exercício do poder disciplinar, cfr. artigo 98.º Sendo ambos direitos que o empregador pode exercer, nada obriga a que exerça os dois, podendo socorrer-se de apenas um deles, ou mesmo de nenhum.

3. Note-se contudo, que o exercício de uma actividade não remunerada pelo trabalhador, durante as férias, não é abrangido por este artigo 247.º, permitindo-se que o trabalhador exerça actividades altruístas ou filantrópicas, que no caso de alguns trabalhores pode cumprir a finalidade das férias.

4. O n.º 3 constitui uma excepção ao princípio de que na pendência de contrato de trabalho, o empregador não pode compensar a retribuição em dívida com crédito que tenha sobre o trabalhador, nem fazer desconto ou dedução no montante daquela, cfr. n.º 1 do artigo 279.º

SUBSECÇÃO XI – Faltas

ARTIGO 248.º – Noção de falta

1 – Considera-se falta a ausência de trabalhador do local em que devia desempenhar a actividade durante o período normal de trabalho diário.

2 – Em caso de ausência do trabalhador por períodos inferiores ao período normal de trabalho diário, os respectivos tempos são adicionados para determinação da falta.

3 – Caso a duração do período normal de trabalho diário não seja uniforme, considera-se a duração média para efeito do disposto no número anterior.

1. Este preceito corresponde ao artigo 224.º do anterior Código do Trabalho, aprovado pela Lei n.º 99/2003.

2. O n.º 1 estabelece o conceito de falta. O local em que o trabalhador deve desempenhar a actividade é o local de trabalho, cfr. n.º 1 do artigo 193.º O período normal de trabalho diário tem por limite oito horas por dia, cfr. n.º 1 do artigo 203.º Da definição do n.º 1 resulta que só se considera falta a ausência durante o período normal de trabalho diário, pelo que não é abrangido pelo conceito de falta a ausência do trabalhador nos dias: de descanso semanal obrigatório (cfr. artigo 232.º), de descanso semanal complementar (cfr. artigo 233.º), que sejam feriado (cfr. artigo 234.º e segs.), e em que se encontre a gozar férias (cfr. artigo 237.º e segs.). Também não é considerada falta a ausência do trabalhador que devia prestar trabalho suplementar, cfr. artigo 226.º e segs., porquanto da própria noção de trabalho suplementar resulta que este é prestado fora do horário de trabalho, cfr. n.º 1 do artigo 226.º Relativamente ao trabalho suplementar, o trabalhador encontra-se obrigado a prestá-lo, cfr. n.º 3 do artigo 227.º, pelo que não o cumprindo incorre em responsabilidade disciplinar, podendo o empregador instaurar-lhe um procedimento disciplinar, cfr. artigo 328.º e segs., que nas situações mais graves pode mesmo ter intenção de despedimento, cfr. n.ºs 1 e 2 do artigo 351.º e 353.º e segs.

3. Sendo uma falta a ausência durante o período normal de trabalho diário, importa saber como proceder quando a ausência do trabalhador seja por período inferior. Nestas situações, o n.º 2 estabelece o critério a que se deve obedecer para determinar uma falta. Ou seja, quando o trabalhador se encontre ausente durante uma parte do período normal de trabalho, esse tempo deve ser adicionado a outros períodos de ausência inferiores ao período normal de trabalho diário, até perfazer o tempo correspondente ao período normal de trabalho. Este critério deve ser utilizado, por exemplo, quando o trabalhador se apresentar para prestar o seu trabalho com atraso injustificado, cfr. n.º 4 do artigo 256.º

4. O n.º 3 vem esclarecer como proceder quando a duração do período normal de trabalho diário não seja constante, como sucede na adaptabilidade, cfr. artigo 204.º e segs. Nestas situações, considera-se a duração média do período normal de trabalho, para efeito de determinação da falta.

ARTIGO 249.º - Tipos de falta

1 – A falta pode ser justificada ou injustificada.

2 – São consideradas faltas justificadas:

a) As dadas, durante 15 dias seguidos, por altura do casamento;

b) A motivada por falecimento de cônjuge, parente ou afim, nos termos do artigo 251.º;

c) A motivada pela prestação de prova em estabelecimento de ensino, nos termos do artigo 91.º;

d) A motivada por impossibilidade de prestar trabalho devido a facto não imputável ao trabalhador, nomeadamente observância de prescrição médica no seguimento de recurso a técnica de procriação medicamente assistida, doença, acidente ou cumprimento de obrigação legal;

e) A motivada pela prestação de assistência inadiável e imprescindível a filho, a neto ou a membro do agregado familiar de trabalhador, nos termos dos artigos 49.º, 50.º ou 252.º, respectivamente;

f) A motivada pelo acompanhamento de grávida que se desloque a unidade hospitalar localizada fora da ilha de residência para realização de parto;

g) A motivada por deslocação a estabelecimento de ensino de responsável pela educação de menor por motivo da situação educativa deste, pelo tempo estritamente necessário, até quatro horas por trimestre, por cada um;

h) A de trabalhador eleito para estrutura de representação colectiva dos trabalhadores, nos termos do artigo 409.º;

i) A de candidato a cargo público, nos termos da correspondente lei eleitoral;

j) A autorizada ou aprovada pelo empregador;

k) A que por lei seja como tal considerada.

3 – É considerada injustificada qualquer falta não prevista no número anterior.

1. Este preceito corresponde ao artigo 225.º do anterior Código do Trabalho, aprovado pela Lei n.º 99/2003.

2. A redacção da alínea f) do n.º 2 foi alterada pelo artigo 2.º da Lei n.º 90/2019, de 4 de Setembro, que manteve as alíneas originárias, mas que passaram a g), h), i), j) e k).

3. Nos termos do n.º 1, a falta assume uma de duas modalidades: justificada ou injustificada. Cada uma dessas modalidades tem regimes distintos. Quanto aos efeitos da falta justificada ver artigo 255.º Quanto aos efeitos da falta injustificada ver artigo 256.º

4. O n.º 2 estabelece em termos taxativos, todas as situações enquadráveis como faltas justificadas. É o que resulta do n.º 3, que determina que é considerada injustificada qualquer falta não prevista no n.º 2.

5. Não basta, para que a falta seja justificada, que a situação concreta caia no âmbito de aplicação de uma das várias alíneas do n.º 2. Ainda que assim seja, exige-se que o trabalhador comunique previamente a ausência, quando previsível, cfr. n.os 1, 2 e 3 do artigo 253.º, ou que a comunique logo que possível, quando imprevisível, cfr. n.º 2 do mesmo artigo 253.º, mais se exigindo ainda que o trabalhador prove o motivo justificativo da falta, quando o empregador ordene que faça essa prova, cfr. n.ºs 1, 2 e 3 do artigo 254.º

6. De acordo com a alínea a) do n.º 2 consideram-se justificadas as faltas dadas durante 15 dias seguidos por altura do casamento, daqui resultando que será necessário celebrar aquele para que se possa aplicar esta norma. Sendo o casamento um contrato, cfr. artigo 1577.º do Código Civil, terá este de ser celebrado para que possa validamente existir face ao ordenamento jurídico. No mesmo sentido veja-se Acórdão do Supremo Tribunal de Justiça, de 31 de Outubro de 2007, documento n.º SJ20071031028854, sumários em www. dgsi.pt. Atendendo ao conteúdo desta alínea a) do n.º 2 e ao artigo 250.º, não tem o empregador o direito de limitar o gozo dos quinze dias seguidos que o trabalhador pode beneficiar por ter contraído um matrimónio a um período inferior, nem poderá o empregador determinar o período em que aquelas faltas deverão ser dadas. Sempre se diga que não há nenhum dever do trabalhador informar o empregador que celebrou um casamento, comunicação essa que se torna necessária se o trabalhador pretender beneficiar dos direitos atribuídos pela lei, designadamente: em matéria de impostos sobre o rendimento; gozo do descanso semanal em simultâneo de ambos os cônjuges que sejam trabalhadores do mesmo empregador, cfr. n.º 4 do artigo 232.º; gozo de férias em simultâneo de ambos os cônjuges que sejam trabalhadores do mesmo empregador, cfr. n.º 7 do artigo 241.º; em matéria de faltas, cfr. alínea a) do n.º 2 deste artigo 249.º, alínea a) do n.º 1 e n.º 2 do artigo 251.º, artigo 252.º, aviso prévio no caso do despedimento colectivo abranger ambos os cônjuges que sejam trabalhadores do mesmo empregador, cfr. n.º 2 do artigo 363.º, etc..

Por força do artigo 1585.º do Código Civil, que admite desde a Lei n.º 61/2008, de 31 de Outubro, a cessação do vínculo da afinidade com o divórcio, o trabalhador que seja ex-cônjuge poderá agora casar com um ex-afim, ou seja, com um familiar do outro ex-cônjuge (sogro/sogra/genro/nora). Caso estas relações não se dissolvessem por divórcio, como sucedia até à publicação do diploma referido, a afinidade operaria como um impedimento matrimonial dirimente relativo, nos termos da alínea d) do artigo 1602.º do Código Civil, não sendo possível casar com um ex-afim.

7. A falta motivada pela prestação de prova em estabelecimento de ensino referida na alínea c) do n.º 2 não distingue entre as instituições particulares, cooperativas ou oficiais, pelo que abrange a prestação de prova em qualquer uma delas, tal como decorre do n.º 1 do artigo 89.º

8. Os motivos que determinam a impossibilidade de prestar o trabalho devido a facto não imputável ao trabalhador estabelecidos na alínea d) do n.º 2 são exemplificativos, como resulta da expressão: “nomeadamente”.

Entre estes, a ausência do trabalhador mais frequente, é a ausência por doença. Esta engloba as deslocações que o trabalhador tenha de realizar para aferir do seu estado de doença, e para assegurar o seu tratamento. Deve entender-se, do conteúdo desta norma, que a impossibilidade de prestar o trabalho advém, de facto, de doença, ou seja, o trabalhador tem realmente de se encontrar em estado de saúde que comprometa a execução do trabalho. Para que o trabalhador esteja em situação de doença não se exige que esteja em risco a sua vida, o que não seria de admitir atendendo ao princípio da dignidade da pessoa humana consagrado desde logo na Constituição da República Portuguesa.

9. A alínea d) do n.º 2 prevê ainda que se considera falta justificada a motivada por cumprimento de obrigação legal.

Entre as faltas que recaem na alínea d) n.º 2, in fine, contam-se aquelas que se devem a comparência perante um tribunal cível, cfr. n.º 1 do artigo 417.º do Código de Processo Civil, aprovado pela Lei n.º 41/2013, de 26 de Junho ou em processo penal, perante uma autoridade, tratando-se de testemunha, e perante o juiz, Ministério Público ou órgãos de polícia criminal, quando se trate de arguido, cfr., respectivamente alínea a) do n.º 1 do artigo 132.º e alínea a) do n.º 6 do artigo 61.º, ambos do Código de Processo Penal, aprovado pelo Decreto-Lei n.º 78/87, de 17 de Fevereiro.

Igualmente subsumíveis na parte final da alínea d) do n.º 2 são as situações que decorram da aplicação da lei do serviço militar, cfr. n.º 1 do artigo 296.º

Também as faltas de membros da mesa da assembleia de voto, previstas nas várias leis eleitorais recaem no âmbito de aplicação desta alínea d) do n.º 2, atendendo a que o desempenho dessas funções é obrigatório, salvo motivo de força maior ou justa causa, cfr. n.º 4 do artigo 35.º da Lei eleitoral para o Presidente da República, o Decreto-Lei n.º 319-A/76, de 3 Maio; n.º 4 do artigo 44.º da Lei eleitoral para a Assembleia da República, a Lei n.º 14/79, de 16 de Maio; n.º 1 do artigo 80.º da Lei eleitoral dos Órgãos das Autarquias Locais, a Lei Orgânica n.º 1/2001, de 14 de Agosto; n.º 4 do artigo 45.º da Lei Eleitoral da Assembleia Legislativa da Região Autónoma dos Açores, o Decreto-Lei n.º 267/80, 8 Agosto; e, por fim, n.º 4 do artigo 47.º da Lei Eleitoral da Assembleia Legislativa da Região Autónoma da Madeira, a Lei Orgânica n.º 1/2006, de 13 de Fevereiro. Os membros das mesas das assembleias de voto gozam do direito a dispensa de actividade profissional no dia da realização da eleição e no seguinte sem prejuízo de todos os seus direitos e regalias, incluindo o direito à retribuição, devendo para o efeito comprovar o exercício das respectivas funções cfr. n.º 1 do artigo 40.º-A Lei eleitoral para o Presidente da República, o Decreto-Lei n.º 319-A/76, de 3 Maio; n.º 5 do artigo 48.º da Lei eleitoral para a Assembleia da República, a Lei n.º 14/79, de 16 de Maio; artigo 81.º da Lei eleitoral dos Órgãos das Autarquias Locais, a Lei Orgânica n.º 1/2001, de 14 de Agosto; n.º 5 do artigo 49.º da Lei Eleitoral da Assembleia Legislativa da Região Autónoma dos Açores, o Decreto-Lei n.º 267/80, 8 Agosto; e, por fim, n.º 5 do artigo 51.º da Lei Eleitoral da Assembleia Legislativa da Região Autónoma da Madeira, a Lei Orgânica n.º 1/2006, de 13 de Fevereiro.

10. A alínea e) do n.º 2 considera justificada a falta motivada pela prestação de assistência inadiável e imprescindível a filho, a neto ou a membro do agregado familiar de trabalhador, nos termos dos artigos 49.º, 50.º ou 252.º Note-se que o Código do Trabalho não define o que entende por assistência inadiável e imprescindível, devendo, para nós, este conceito ser preenchido por recurso à impretabilidade e necessidade da assistência, próximo do estado de necessidade, cfr. artigo 339.º do Código Civil. Dito de outra forma, constituirá prestação de assistência inadiável e imprescindível, a assistência do trabalhador que não pode fazer substituir-se, que vise afastar um perigo actual e não removível de outro modo, que ameace interesses juridicamente protegidos de filho, neto ou membro do agregado familiar, como a vida, a integridade física e a saúde.

11. A alínea f) do n.º 2 considera justificada a falta para acompanhamento de grávida que se desloque a unidade hospitalar localizada fora da ilha de residência para realização de parto. Este tipo de falta encontra-se regulada no artigo 252.º-A, e determina a perda da retribuição quer quando exceda 30 dias por ano, cfr. alínea d) do n.º 2 artigo 255.º, como quando seja igual ou inferior a 30 dias, cfr. alínea l) do n.º 1 do artigo 65.º

12. De acordo com a alínea h) do n.º 2 e com os n.os 1 e 2 do artigo 409.º, as faltas de trabalhador eleito para estrutura de representação colectiva dos trabalhadores por motivo de desempenho de funções na própria estrutura de representação colectiva de que é membro, ainda que exceda o crédito de horas, e a ausência de delegado sindical fundamentada na necessidade de praticar actos necessários e inadiáveis no exercício das respectivas funções, consideram-se justificadas. Não obstante considerarem-se justificadas, estas faltas implicam a perda da retribuição, a não ser que o instrumento de regulamentação colectiva de trabalho disponha noutro sentido, cfr. artigo 250.º

13. A falta de candidato a cargo público considera-se, nos termos da alínea i) do n.º 2, justificada. O candidato a cargo público, em determinada eleição beneficia de dispensa do exercício de funções, pretendendo-se deste modo acautelar que os candidatos dispõem de um período de tempo mínimo que lhes permita divulgar junto dos eleitores o programa político que se propõe executar, caso sejam eleitos. O direito à dispensa do exercício de funções resulta desde logo do texto constitucional, em que se prevê que todos os cidadãos têm o direito de tomar parte na vida política e na direcção dos assuntos públicos do país, cfr. n.º 1 do artigo 48.º da Constituição da República Portuguesa. A Lei Fundamental estabelece ainda no n.º 1 do artigo 50.º que todos os cidadãos têm o direito de acesso, em condições de igualdade e liberdade, aos cargos públicos. Mais estabelece o n.º 2 do artigo 50.º da Constituição da República Portuguesa que ninguém pode ser prejudicado na sua colocação, no seu emprego, na sua carreira profissional ou nos benefícios sociais a que tenha direito, em virtude do exercício de direitos políticos ou do desempenho de cargos públicos. Atendendo ao texto constitucional, as várias leis eleitorais vigentes regulam a dispensa de funções. Assim, a Lei eleitoral para o Presidente da República, o Decreto-Lei n.º 319-A/76, de 3 Maio, estabelece no seu artigo 6.º, que desde a data da apresentação das candidaturas e até ao dia da eleição os candidatos têm direito à dispensa do exercício das respectivas funções, sejam públicas ou privadas, contando esse tempo para todos os efeitos, incluindo o direito à retribuição, como tempo de serviço efectivo. Por sua vez, a Lei eleitoral para a Assembleia da República, a Lei n.º 14/79, de 16 de Maio, estabelece no seu artigo 8.º que nos trinta dias anteriores à data das eleições, os candidatos têm direito à dispensa do exercício das respectivas funções, sejam públicas ou privadas, contando esse tempo para todos os efeitos, incluindo o direito à retribuição, como tempo de serviço efectivo. Já a Lei eleitoral dos Órgãos das Autarquias Locais, a Lei Orgânica n.º 1/2001, de 14 de Agosto, estabelece no seu artigo 8.º que durante o período da campanha eleitoral, os candidatos efectivos e os candidatos suplentes, no mínimo legal exigível, têm direito a dispensa do exercício das respectivas funções, sejam públicas ou privadas, contando esse tempo para todos os efeitos, incluindo o direito à retribuição, como tempo de serviço efectivo. Nos termos do artigo 47.º da Lei Orgânica n.º 1/2001, de 14 de Agosto, o período da campanha eleitoral inicia-se no décimo segundo dia anterior e finda às 24 horas da antevéspera do dia designado para as eleições. Por fim, a Lei eleitoral da Assembleia Legislativa da Região Autónoma da Madeira, a Lei Orgânica n.º 1/2006, de 13 de Fevereiro, e a Lei Eleitoral da Assembleia Legislativa da Região Autónoma dos Açores, o Decreto-Lei n.º 267/80, de 8 de Agosto, determinam igualmente ambas, no artigo 8.º que durante o período da campanha eleitoral, os candidatos efectivos e os candidatos suplentes têm direito a dispensa do exercício das respectivas funções, sejam públicas ou privadas, contando esse tempo para todos os efeitos, incluindo o direito à retribuição, como tempo de serviço efectivo.

Em matéria de dispensa de exercício de funções, tem entendido a Comissão Nacional de Eleições que os candidatos devem apresentar no local de trabalho uma certidão passada pelo Tribunal onde tenha sido apresentada a candidatura e donde conste tal qualidade. Note-se também que em 2 de Junho de 1998 a Comissão Nacional de Eleições entendeu que: "o trabalhador usando o direito de dispensa do serviço durante o período consignado por lei para efeitos de campanha não perde o direito ao subsídio de refeição".

14. A alínea j) do n.º 2, ao considerar como falta justificada a autorizada ou aprovada pelo empregador, confere a este último uma ampla margem de discricionariedade, permitindo que qualquer falta, independentemente da sua motivação, seja autorizada ou aprovada pelo empregador. Esta discricionariedade é contudo temperada pelo princípio da igualdade retributiva. Ou seja, determinando a falta injustificada a perda da retribuição, cfr. n.º 1 do artigo 256.º, já se achará vedado ao empregador que a mesma situação de dois trabalhadores faltosos seja tratada de modo distinto, autorizando relativamente a um trabalhador a falta, considerando-a justificada, enquanto que ao outro trabalhador considera-a injustificada.

Um dos princípios fundamentais do direito do trabalho, com consagração constitucional na alínea a) do n.º 1 do artigo 59.º da Constituição da República Portuguesa é o de que a trabalho igual, salário igual, princípio que é repetido no artigo 270.º Este princípio concretiza, no que diz respeito à retribuição do trabalho, o princípio da igualdade, consagrado na Lei Fundamental, cfr. artigo 13.º da Constituição da República Portuguesa, e traduz-se em termos simples, no entendimento que o trabalho igual em natureza, qualidade e quantidade, deve ser remunerado com o mesmo salário. O princípio da igualdade retributiva não significa contudo uma igualdade absoluta em todas as circunstâncias, nem obsta ou proíbe um tratamento diferenciado. O que se exige é que a diferenciação seja materialmente fundada, sob o ponto de vista da segurança jurídica e não se baseia em qualquer motivo inadmissível em termos legais. Assim, a diferenciação de tratamento é aceitável quando se baseia numa distinção objectiva de situações, não se fundamente em qualquer dos motivos indicados no n.º 2, do artigo 13.º da Constituição (distinção em razão de ascendência, sexo, raça, língua, território de origem, religião, convicções políticas ou ideológicas, instrução, situação económica, condição social ou orientação sexual), tenha um fim legítimo e se revele necessária, adequada e proporcionada à satisfação do objectivo que se pretende atingir. Desta forma, apenas haverá violação do princípio da igualdade em termos retributivos, se a diferenciação não resultar de critérios objectivos, isto é, se o trabalho prestado pelo trabalhador, independentemente da categoria profissional que lhe é atribuída, não for igual ao dos restantes trabalhadores, não só quanto à natureza, mas também qualidade e quantidade.

15. A alínea k) do n.º 2 permite que sejam consideradas como justificadas as faltas que assim sejam consideradas por lei, abrangendo várias situações previstas em legislação especial.

Atendendo ao disposto na alínea j) do n.º 2, as faltas dos delegados das candidaturas que sejam apresentadas nas várias eleições devem entender-se abrangidas por esta norma. Neste sentido, os delegados das candidaturas gozam do direito a dispensa de actividade profissional no dia da realização da eleição e no seguinte, sem prejuízo de todos os seus direitos e regalias, incluindo o direito à retribuição, devendo para o efeito comprovar o exercício das respectivas funções, cfr. n.º 2 do artigo 41.º-A da Lei eleitoral para o Presidente da República, o Decreto-Lei n.º 319-A/76, de 3 Maio; n.º 2 do artigo 50-A da Lei eleitoral para a Assembleia da República, a Lei n.º 14/79, de 16 de Maio; n.º 2 do artigo 89.º da Lei eleitoral dos Órgãos das Autarquias Locais, a Lei Orgânica n.º 1/2001, de 14 de Agosto; n.º 2 do artigo 52.º da Lei Eleitoral da Assembleia Legislativa da Região Autónoma dos Açores, o Decreto-Lei n.º 267/80, de 8 de Agosto; e, por fim, n.º 2 do artigo 54.º da Lei eleitoral da Assembleia Legislativa da Região Autónoma da Madeira, a Lei Orgânica n.º 1/2006, de 13 de Fevereiro.

Também a dádiva de sangue por parte dos dadores de sangue, cfr. alínea g) do n.º 1 do artigo 6.º e artigo 7.º, ambos da Lei n.º 37/2012, de 27 de Agosto, é considerada falta justificada.

Outra situação enquadrável serão as faltas dos trabalhadores que sejam praticantes desportivos de alto rendimento, pelo tempo necessário à sua preparação e participação desportivas, sendo consideradas como faltas justificadas, embora não pagas pelo empregador, cfr. n.º 1 do artigo 24.º do Decreto-Lei n.º 272/2009, de 1 de Outubro, mas pelo Estado. Estes trabalhadores não podem ser prejudicados na carreira profissional ou na percepção de regalias ou benefícios concedidos, designadamente em razão da assiduidade cfr. n.º 4 do artigo 24.º do mesmo Decreto-Lei n.º 272/2009, de 1 de Outubro.

Também os trabalhadores que sejam dirigentes desportivos beneficiam da dispensa da prestação de trabalho, nos termos previstos na legislação relativa à alta competição, e supra referida, quando prestem a sua actividade no âmbito da alta competição, acompanhem selecções ou representações nacionais ou se desloquem a congressos ou outros eventos de nível internacional, cfr. artigo 6.º do Decreto-Lei n.º 267/95, de 18 de Outubro.

Também as faltas dadas por trabalhador que seja presidente da direcção de associação dotada de personalidade jurídica que não tenha por fim o lucro económico dos associados ou da associação, por motivos relacionados com a actividade da respectiva associação, são consideradas justificadas, dentro dos limites definidos por lei, e em função do número de associados, cfr. n.º 1 do artigo 4.º da Lei n.º 20/2004, de 5 de Junho.

De acordo com o artigo 26.º do Decreto-Lei n.º 241/2007, de 21 de Junho, alterado pela Lei n.º 48/2009, de 4 de Agosto, pelo Decreto-Lei n.º 249/2012, de 21 de Novembro, pela Lei n.º 38/2017, de 2 de Junho, e pelo Decreto-Lei n.º 64/2019 de 16 de Maio, os bombeiros voluntários dos quadros de comando e activo podem faltar ao trabalho para o cumprimento de missões atribuídas aos corpos de bombeiros a que pertençam, incluindo a frequência de acções de formação, sem perda de remuneração ou quaisquer outros direitos e regalias, desde que o número de faltas não exceda, em média, três dias por mês. Estas faltas, são consideradas justificadas, e têm de ser precedidas de comunicação escrita e fundamentada do próprio, confirmada pelo comandante do corpo de bombeiros, podendo a comunicação ser feita verbalmente em caso de extrema urgência, caso em que é posteriormente confirmada por escrito pelo comandante, no prazo de três dias. Nestas situações, o empregador só pode opor-se à falta do seu trabalhador, em caso de manifesto e grave prejuízo para a empresa, em função de circunstâncias excepcionais e inopinadas, devidamente fundamentadas. São também consideradas justificadas as faltas para efeitos da frequência de cursos de formação na Escola Nacional de Bombeiros, caso em que os bombeiros voluntários têm a faculdade de faltar ao trabalho, sem perda de direitos, até ao máximo de 15 dias por ano, sendo as respectivas entidades patronais compensadas dos salários pagos pelos dias de trabalho perdidos.

Refere-se ainda que, para efeitos da alínea j) do n.º 2, as faltas dadas pela vítima de violência doméstica, que sejam motivadas por impossibilidade de prestar trabalho em razão da prática do crime de violência doméstica são consideradas justificadas, de acordo com o artigo 43.º da Lei n.º 112/2009, de 16 de Setembro, alterada pelas Leis n.os 19/2013, de 21 de Fevereiro, 82-B/2014, de 31 de Dezembro, 129/2015, de 3 de Setembro, 42/2016, de 28 de Dezembro, e 24/2017, de 24 de Maio, que estabelece o regime jurídico aplicável à prevenção da violência doméstica e à protecção e assistência das suas vítimas.

16. Apesar da alínea c) do n.º 3 do artigo 431.º estabelecer que o presidente e os dois vogais que compõem a mesa da secção de voto, em eleição para constituição e aprovação dos estatutos da comissão de trabalhadores, ou em eleição dos membros da comissão e das subcomissões de trabalhadores, estão dispensados da prestação de trabalho, sem determinar expressamente que esta ausência do trabalhador configura uma falta justificada, entendemos que este é o regime aplicável, enquadrando-se na alínea k) do n.º 2 deste artigo 249.º

17. Uma das questões que frequentemente se tem colocado, é a de saber se as faltas dadas por motivo de prisão devem considerar-se ou não injustificadas.

Relativamente às faltas determinadas por prisão preventiva, a doutrina vem-se inclinando, maioritariamente, para considerar que tais faltas devem ser consideradas justificadas, e tratadas segundo o regime destas, argumentando-se que a situação de prisão preventiva, traduzindo um impedimento, temporário, objectivo de o trabalhador efectuar a sua prestação, resultante de decisões de entidades alheias à relação laboral, não permite estabelecer um juízo de imputabilidade dessas faltas ao trabalhador, subsumindo-se a situação à previsão da alínea d) do n.º 2 do artigo 249.º Daí que essas faltas, por não se enquadrarem na hipótese contemplada na alínea g) do n.º 2 deste artigo 351.º, não possam constituir justa causa de despedimento, podendo, no entanto, quando a situação de que decorrem se prolongue por mais de um mês determinar a suspensão do contrato de trabalho, nos termos do n.º 1 do artigo 296.º Neste sentido, António Menezes Cordeiro, Manual de Direito do Trabalho, Livraria Almedina, Coimbra, 1994, página 769; Maria do Rosário Palma Ramalho, Direito do Trabalho, Parte II, Almedina, página 507; Albino Mendes Baptista, "Faltas por motivo de prisão", Questões Laborais, Ano V – 1998, Coimbra Editora, páginas 47 e segs.; Teresa Coelho Moreira, "O respeito pela esfera privada do trabalhador: natureza jurídica das faltas cometidas por motivo de prisão baseada em crimes praticados fora do trabalho", Questões Laborais, Ano VIII – 2001, Coimbra Editora, páginas 173 e segs.; e António Monteiro Fernandes, *Direito do Trabalho*, 15.ª Edição, Almedina, Abril 2010, página 414 e segs.

A jurisprudência, por seu turno, tem-se pronunciado, maioritariamente, no sentido de considerar injustificadas as faltas dadas pelo trabalhador por motivo de prisão preventiva, em especial quando advém de decisão condenatória pelos crimes que originaram a aplicação da medida de coacção de prisão preventiva, entendendo que essas faltas, porque resultantes de conduta imputável ao trabalhador, podem constituir justa causa de despedimento. Neste sentido, vejam-se os Acórdãos do Supremo Tribunal de Justiça, de 3 de Novembro de 1988, Boletim do Ministério da Justiça 381, 489, de 25 de Fevereiro de 1993, Colectânea de Jurisprudência (STJ 1993), I, 260, e de 14 de Maio de 1997, Boletim do Ministério da Justiça 467, 405 e de 4 de Junho de 2008, processo 08S601, documento n.º SJ2008060406014, em www.dgsi.pt.

Já as faltas dadas pelo trabalhador em cumprimento de pena de prisão têm gerado maior consenso, considerando-se imputáveis ao trabalhador, o qual teve uma conduta ilícita provada judicialmente, comportamento esse que resultou da ponderação de vários factores, entre os quais não poder comparecer no local e tempo de trabalho, pelo que tais faltas devem considerar-se injustificadas, cfr. n.º 3.

18. Para maiores desenvolvimentos relativamente ao estabelecido na legislação eleitoral quanto a candidatos a cargos públicos, delegados e membros das mesas, vide Jorge Miguéis, Carla Luís, João Almeida, Ana Branco, André Lucas e Ilda Rodrigues, Lei Eleitoral dos Órgãos das Autarquias Locais, edição dos Autores, 2013; Maria de Fátima Abrantes Mendes e Jorge Miguéis, Lei eleitoral do Presidente da República, 3.ª reedição, edição dos Autores, 2005; Maria de Fátima Abrantes Mendes e Jorge Miguéis, Lei eleitoral da Assembleia da República, 4.ª reedição, edição dos Autores, 2005; Jorge Miguéis, Carla Luís, João Almeida, Ana Branco, André Lucas e Ilda Rodrigues, Lei Eleitoral da Assembleia Legislativa da Região Autónoma dos Açores – anotada e comentada (edição revista e actualizada), Comissão Nacional de Eleições e Direção-Geral de Administração Interna, 2012; e Maria de Fátima Abrantes Mendes e Jorge Miguéis, Lei eleitoral da Assembleia Legislativa da Região Autónoma da Madeira, 3.ª reedição, edição dos Autores, 2004.

ARTIGO 250.º – Imperatividade do regime de faltas

As disposições relativas aos motivos justificativos de faltas e à sua duração não podem ser afastadas por instrumento de regulamentação colectiva de trabalho, salvo em relação a situação prevista na alínea g) do n.º 2 do artigo anterior e desde que em sentido mais favorável ao trabalhador, ou por contrato de trabalho.

1. Este preceito corresponde ao artigo 226.º do anterior Código do Trabalho, aprovado pela Lei n.º 99/2003.

2. Constituem instrumentos de regulamentação colectiva de trabalho, cfr. n.ºs 2, 3 e 4 do artigo 2.º, a convenção colectiva (que pode ser um contrato colectivo, acordo colectivo, ou um acordo de empresa), o acordo de adesão, a decisão arbitral, a portaria de extensão, e a portaria de condições de trabalho.

3. De acordo com este preceito, as disposições relativas aos motivos justificativos de faltas e à sua duração não podem ser afastadas por instrumento de regulamentação colectiva de trabalho, salvo em relação às faltas de trabalhador eleito para estrutura de representação colectiva dos trabalhadores, e desde que em sentido mais favorável ao trabalhador. A ausência de trabalhador por motivo de desempenho de funções em estrutura de representação colectiva dos trabalhadores de que seja membro, ainda que exceda o crédito de horas, e a ausência de delegado sindical fundamentada na necessidade de praticar actos necessários e inadiáveis no exercício das respectivas funções, consideram-se justificadas. Não obstante considerarem-se justificadas, estas faltas implicam a perda de retribuição, cfr. n.ºs 1 e 2 do artigo 409.º Atendendo ao disposto neste artigo 250.º, o instrumento de regulamentação colectiva de trabalho pode estabelecer que as faltas de trabalhador eleito para estrutura de representação colectiva dos trabalhadores, por motivo de desempenho de funções na estrutura de representação colectiva, ainda que exceda o crédito de horas, e a ausência de delegado sindical fundamentada na necessidade de praticar actos necessários e inadiáveis no exercício das respectivas funções são remuneradas.

4. Nos termos da parte final deste artigo 250.º, as disposições relativas aos motivos justificativos de faltas e à sua duração também não podem ser afastadas por contrato de trabalho, ainda que em sentido mais favorável ao trabalhador.

ARTIGO 251.º – Faltas por motivo de falecimento de cônjuge, parente ou afim

1 – O trabalhador pode faltar justificadamente:

a) Até cinco dias consecutivos, por falecimento de cônjuge não separado de pessoas e bens ou de parente ou afim no 1.º grau na linha recta;

b) Até dois dias consecutivos, por falecimento de outro parente ou afim na linha recta ou no 2.º grau da linha colateral.

2 – Aplica-se o disposto na alínea a) do número anterior em caso de falecimento de pessoa que viva em união de facto ou economia comum com o trabalhador, nos termos previstos em legislação específica.

3 – Constitui contra-ordenação grave a violação do disposto neste artigo.

1. Este preceito corresponde ao artigo 227.º do anterior Código do Trabalho, aprovado pela Lei n.º 99/2003.

2. Não há nenhum dever do trabalhador informar o empregador que vive em união de facto, em economia comum, ou mesmo que celebrou um casamento, comunicação essa que se torna necessária se o trabalhador pretender beneficiar dos direitos atribuídos pela lei, designadamente: em matéria de impostos sobre o rendimento; gozo do descanso semanal em simultâneo de ambos os companheiros ou conjugues que sejam trabalhadores do mesmo empregador, cfr. n.º 4 do artigo 232.º; gozo de férias em simultâneo de ambos os companheiros ou conjugues que sejam trabalhadores do mesmo empregador, cfr. n.º 7 do artigo 241.º; em matéria de faltas, cfr. alínea a) do n.º 2 do artigo 249.º, alínea a) do n.º 1 e n.º 2 deste artigo, artigo 252.º, aviso prévio no caso do despedimento colectivo abranger ambos os companheiros ou conjugues que sejam trabalhadores do mesmo empregador, cfr. n.º 2 do artigo 363.º, etc.. Sobre a união de facto, veja-se a Lei n.º 7/2001, de 11 de Maio, alterada pelas Leis n.os 23/2010, de 30 de Agosto, 2/2016, de 29 de Fevereiro, 49/2018, de 14 de Agosto e 71/2018, de 31 de Dezembro. Sobre a economia comum, veja-se a Lei n.º 6/2001, de 11 de Maio, alterada pela Lei n.º 82-E/2014, de 31 de Dezembro. Sobre o casamento, veja-se o artigo 1576.º e segs. do Código Civil.

3. Atendendo ao conteúdo da alínea b) do n.º 2 do artigo 249.º, ao n.º 1 deste artigo 251.º, e ao artigo 250.º, não tem o empregador o direito de limitar a um período inferior o gozo dos dias seguidos que o trabalhador pode beneficiar por ter falecido cônjuge, parente ou afim, nem poderá o empregador determinar o período em que aquelas faltas deverão ser dadas.

4. O falecimento de um afim, nos limites previstos no n.º 1, permite que o trabalhador falte justificadamente. A noção de afinidade resulta do artigo 1584.º do Código Civil, segundo o qual: "A afinidade é o vínculo que liga cada um dos cônjuges aos parentes do outro.". A afinidade surge com o casamento, originando laços de afecto tardios e mais vagos, não cessando pela dissolução do casamento por morte, nos termos do artigo 1585.º do Código Civil. Atendendo a que o artigo 1585.º do Código Civil apenas menciona expressamente que a afinidade não cessa pela dissolução do casamento por morte, retira-se da letra da lei que o casamento dissolvido por divórcio tem por efeito cessar a afinidade.

Significa isto que a afinidade cessa por força da invalidade do casamento, independentemente de se tratar de casamento declarado nulo ou anulado, e com o divórcio, pelo que o trabalhador que se tenha divorciado tenha ou não contraído um novo casamento, não poderá faltar justificadamente quando o "sogro" ou a "sogra" do casamento de que se encontra divorciado haja falecido. Ou seja, o trabalhador apenas pode faltar justificadamente caso o sogro ou sogra tenha falecido, e o trabalhador mantenha o casamento pelo qual se constituiu o vínculo da afinidade ao sogro e à sogra.

O legislador acolheu na Lei n.º 61/2008, de 31 de Outubro, que alterou o artigo 1585.º do Código Civil determinando a nova redacção supra referida, a tese de que a afinidade deveria cessar com a dissolução por divórcio, cfr. Francisco Pereira Coelho e Guilherme de Oliveira, *Curso de Direito da Família,* volume I, 2.ª edição, Coimbra Editora, página 43 e 44.

5. O n.º 2 vem concretizar o que já se encontrava previsto em legislação específica, relativamente à união de facto e à economia comum. Nos termos da Lei n.º 7/2001, de 11 de Maio, alterada pelas Leis n.ºs 23/2010, de 30 de Agosto, 2/2016, de 29 de Fevereiro, 49/2018, de 14 de Agosto e 71/2018, de 31 de Dezembro, quando duas pessoas, independentemente do sexo, vivam em união de facto há mais de dois anos, cfr. n.º 2 do artigo 1.º daquele diploma, beneficiam, por expressa previsão da alínea c) do artigo 3.º daquela Lei n.º 7/2001, do regime jurídico equiparado ao aplicável a pessoas casadas vinculadas por contrato de trabalho, em matéria de férias, feriados, faltas e licenças. De igual direito beneficiam os que vivam em economia comum, ou seja quando duas ou mais pessoas – em que pelo menos uma delas é maior de idade – vivam em comunhão de mesa e habitação há mais de dois anos e tenham estabelecido uma vivência em comum de entreajuda ou partilha de recursos, cfr. n.ºs 1 e 2 do artigo 2.º e alínea b) do n.º 1 do artigo 4.º, todos da Lei n.º 6/2001, de 11 de Maio, alterada pela Lei n.º 82-E/2014, de 31 de Dezembro.

6. O disposto neste artigo 251.º é ainda aplicável ao apadrinhamento civil, por força do disposto na alínea a) do n.º 1 do artigo 23.º da Lei n.º 103/2009, de 11 de Setembro, alterada pela Lei n.º 141/2015 de 8 de Setembro, que determina que os padrinhos e o afilhado têm direito a beneficiar do regime jurídico de faltas e licenças equiparado ao dos pais e dos filhos. O apadrinhamento civil consiste numa relação jurídica, tendencialmente de carácter permanente, entre uma criança ou jovem e uma pessoa singular ou uma família que exerça os poderes e deveres próprios dos pais e que com ele estabeleçam vínculos afectivos que permitam o seu bem-estar e desenvolvimento, constituída por homologação ou decisão judicial e sujeita a registo civil, cfr. artigo 2.º da Lei n.º 103/2009, de 11 de Setembro, regulamentada pelo Decreto-Lei n.º 121/2010, de 27 de Outubro, alterado pela Lei n.º 2/2016 de 29 de Fevereiro.

7.

FALTAS JUSTIFICADAS DO TRABALHADOR
POR MORTE DE PARENTES OU AFINS
(número máximo de dias consecutivos)

cônjuge ou pessoas que vivam em união de facto, ou em economia comum com o trabalhador – 5 dias

Linha recta ascenteste:

3.º grau: bisavô(ó) (do próprio ou do cônjuge) – 2 dias

2.º grau: avô(ó) (do próprio ou do cônjuge) – 2 dias
1.º grau: pai/mãe; sogro(a); padrasto/madrasta – 5 dias

Linha recta descendente:
1.º grau: filho(a) (biológico ou adoptado(a) plenamente); enteado(a); genro/nora – 5 dias
2.º grau: neto(a) (do próprio ou do cônjuge) – 2 dias
3.º grau: bisneto(a) (do próprio ou do cônjuge) – 2 dias

Linha colateral:
2.º grau: irmão(ã); cunhado(a) – 2 dias
3.º grau: tio(a); sobrinhos – 0 dias
4.º grau: primos – 0 dias

8. Para se aferir como são contados os dias seguidos de que um trabalhador pode beneficiar por motivo de falecimento de cônjuge, parente ou afim, releva o conceito de falta estabelecido no n.º 1 do artigo 248.º, o qual determina que se considera falta a ausência de trabalhador do local em que devia desempenhar a actividade durante o período normal de trabalho diário.

Assim, da definição de falta daquele n.º 1 do artigo 248.º resulta que só se considera falta a ausência durante o período normal de trabalho diário, pelo que não é abrangido pelo conceito de falta a ausência do trabalhador nos dias: de descanso semanal obrigatório (cfr. artigo 232.º); de descanso semanal complementar (cfr. artigo 233.º); que sejam feriado (cfr. artigo 234.º e segs.); e em que se encontre a gozar férias (cfr. artigo 237.º e segs.). Significa isto que, por exemplo, o trabalhador cujo avô faleceu num Sábado, dia este que no caso concreto seja um dia de descanso complementar, terá direito a gozar os 2 dias seguidos na segunda e terça-feira. Um outro trabalhador cujo avô faleu numa segunda-feira, terá direito a gozar os mesmos dois dias na terça e a quarta-feira.

ARTIGO 252.º – Falta para assistência a membro do agregado familiar

1 – O trabalhador tem direito a faltar ao trabalho até 15 dias por ano para prestar assistência inadiável e imprescindível, em caso de doença ou acidente, a cônjuge ou pessoa que viva em união de facto ou economia comum com o trabalhador, parente ou afim na linha recta ascendente ou no 2.º grau da linha colateral.

2 – Ao período de ausência previsto no número anterior acrescem 15 dias por ano, no caso de prestação de assistência inadiável e imprescindível a pessoa com deficiência ou doença crónica, que seja cônjuge ou viva em união de facto com o trabalhador.

3 – No caso de assistência a parente ou afim na linha recta ascendente, não é exigível a pertença ao mesmo agregado familiar.

4 – Para justificação da falta, o empregador pode exigir ao trabalhador:

a) Prova do carácter inadiável e imprescindível da assistência;

b) Declaração de que os outros membros do agregado familiar, caso exerçam actividade profissional, não faltaram pelo mesmo motivo ou estão impossibilitados de prestar a assistência;

c) No caso do número anterior, declaração de que outros familiares, caso exerçam actividade profissional, não faltaram pelo mesmo motivo ou estão impossibilitados de prestar a assistência.

1. Este preceito não tinha correspondência no anterior Código do Trabalho, aprovado pela Lei n.º 99/2003, de 27 de Agosto. Corresponde ao artigo 203.º da Lei n.º 35/2004, de 29 de Julho, que regulamentou o anterior Código do Trabalho.

2. Note-se que o Código do Trabalho não define o que entende por assistência inadiável e imprescindível, devendo, para nós, este conceito ser preenchido por recurso à impreterabilidade e necessidade da assistência, próximo do estado de necessidade, cfr. artigo 339.º do Código Civil. Dito de outra forma, constituirá prestação de assistência inadiável e imprescindível, a assistência do trabalhador que não pode fazer substituir-se, que vise afastar um perigo actual e não removível de outro modo, que ameace interesses juridicamente protegidos de filho, neto ou membro do agregado familiar, como a vida, a integridade física e a saúde.

3. O n.º 1 vem concretizar o que já se encontrava previsto em legislação específica, relativamente à união de facto e à economia comum. Nos termos da Lei n.º 7/2001, de 11 de Maio, alterada pelas Leis n.os 23/2010, de 30 de Agosto, 2/2016, de 29 de Fevereiro, 49/2018, de 14 de Agosto e 71/2018, de 31 de Dezembro, quando duas pessoas, independentemente do sexo, vivam em união de facto há mais de dois anos, cfr. n.º 2 do artigo 1.º daquele diploma, beneficiam, por expressa previsão da alínea c) do artigo 3.º daquela Lei n.º 7/2001, do regime jurídico equiparado ao aplicável a pessoas casadas vinculadas por contrato de trabalho, em matéria de férias, feriados, faltas e licenças. De igual direito beneficiam os que vivam em economia comum, ou seja quando duas ou mais pessoas – em que pelo menos uma delas é maior de idade – vivam em comunhão de mesa e habitação há mais de dois anos e tenham estabelecido uma vivência em comum de entreajuda ou partilha de recursos, cfr. n.os 1 e 2 do artigo 2.º e alínea b) do n.º 1 do artigo 4.º, todos da Lei n.º 6/2001, de 11 de Maio, alterada pela Lei n.º 82-E/2014, de 31 de Dezembro.

Sempre se diga que não há nenhum dever do trabalhador informar o empregador que vive em união de facto, em economia comum, ou mesmo que celebrou um casamento, comunicação essa que se torna necessária se o trabalhador pretender beneficiar dos direitos atribuídos pela lei, designadamente: em matéria de impostos sobre o rendimento; gozo do descanso semanal em simultâneo de ambos os companheiros ou conjugues que sejam trabalhadores do mesmo empregador, cfr. n.º 4 do artigo 232.º; gozo de férias em simultâneo de ambos os companheiros ou conjugues que sejam trabalhadores do mesmo empregador, cfr. n.º 7 do artigo 241.º; em matéria de faltas, cfr. alínea a) do n.º 2 do artigo 249.º, alínea a) do n.º 1 e n.º 2 do artigo 251.º, este artigo 252.º, aviso prévio no caso do despedimento colectivo abranger ambos os companheiros ou conjugues que sejam trabalhadores do mesmo empregador, cfr. n.º 2 do artigo 363.º, etc..

4. Os parentes ou afins na linha recta ascendente, referidos no n.º 1 são os pais, sogros, padrasto/madrasta, avós e bisavós (do trabalhador ou do cônjuge). Quanto aos parentes ou afins no 2.º grau da linha colateral são os irmãos e os cunhados.

5. A falta para assistência a membro do agregado familiar regulada neste artigo 252.º, apesar de ser considerada uma falta justificada, cfr. alínea e) do n.º 2 do artigo 249.º, e ser igualmente considerada como prestação efectiva de trabalho, determina a perda da retribuição, cfr. alínea c) do n.º 2 e n.º 3 do artigo 255.º

6. Quando se trate de assistência inadiável e imprescindível, em caso de doença ou acidente, a filho ver artigo 49.º Quando se trate de assistência inadiável e imprescindível, em caso de doença ou acidente a neto, ver n.os 3, 5 e 6 do artigo 50.º Também o adoptante, o tutor, a pessoa a quem for deferida a confiança judicial ou administrativa do menor, bem como o cônjuge ou a pessoa em união de facto com qualquer daqueles ou com o progenitor, desde que viva em comunhão de mesa e habitação com o menor, beneficia do regime das faltas para assistência a filho ou a neto, cfr. alínea c) do n.º 1 do artigo 64.º

7. O disposto neste artigo 252.º é ainda aplicável ao apadrinhamento civil, por força do disposto nas alíneas a) e c) do n.º 1 do artigo 23.º da Lei n.º 103/2009, de 11 de Setembro, alterada pela Lei n.º 141/2015 de 8 de Setembro, que determina que os padrinhos e o afilhado têm direito a beneficiar do regime jurídico de faltas e licenças equiparado ao dos pais e dos filhos, e de acompanhar-se reciprocamente na assistência na doença, como se fossem pais e filhos. O apadrinhamento civil consiste numa relação jurídica, tendencialmente de carácter permanente, entre uma criança ou jovem e uma pessoa singular ou uma família que exerça os poderes e deveres próprios dos pais e que com ele estabeleçam vínculos afectivos que permitam o seu bem-estar e desenvolvimento, constituída por homologação ou decisão judicial e sujeita a registo civil, cfr. artigo 2.º da Lei n.º 103/2009, de 11 de Setembro, regulamentada pelo Decreto-Lei n.º 121/2010, de 27 de Outubro, alterado pela Lei n.º 2/2016 de 29 de Fevereiro.

ARTIGO 252.º-A – Falta para acompanhamento de grávida que se desloque a unidade hospitalar localizada fora da ilha de residência para realização de parto

1 – O trabalhador cônjuge, que viva em união de facto ou economia comum, parente ou afim na linha recta ou no 2.º grau da linha colateral, pode faltar ao trabalho para acompanhamento de grávida que se desloque a unidade hospitalar localizada fora da ilha de residência para realização de parto, quando o acompanhamento se mostre imprescindível e pelo período de tempo adequado àquele fim.

2 – A possibilidade de faltar prevista no n.º 1 não pode ser exercida por mais do que uma pessoa em simultâneo.

3 – Para justificação da falta, o empregador pode exigir ao trabalhador:

a) Prova do carácter imprescindível e da duração da deslocação para o parto;

b) Declaração comprovativa passada pelo estabelecimento hospitalar onde se realize o parto.

1. Este preceito não tem correspondência com qualquer outro do anterior Código do Trabalho, aprovado pela Lei n.º 99/2003, nem mesmo com o Código do Trabalho aprovado pela Lei n.º 7/2009, de 12 de Fevereiro, sendo um artigo novo, introduzido pela Lei n.º 90/2019, de 4 de Setembro.

2. O Código do Trabalho não define o que entende por imprescindível, devendo, para nós, este conceito ser preenchido por recurso à impreterabilidade e necessidade do acompanhamento. Tratar-se-á de assegurar que a grávida tenha assistência por parte do trabalhador.

3. A deslocação prevista no n.º 1 refere-se quer a deslocações efectuadas para outra ilha, como para o continente, como ainda para outro país.

4. O n.º 1 vem concretizar o que já se encontrava previsto em legislação específica, relativamente à união de facto e à economia comum. Nos termos da Lei n.º 7/2001, de 11 de Maio, alterada pelas Leis n.os 23/2010, de 30 de Agosto, 2/2016, de 29 de Fevereiro, 49/2018, de 14 de Agosto, e 71/2018, de 31 de Dezembro, quando duas pessoas, independentemente do sexo, vivam em união de facto há mais de dois anos, cfr. n.º 2 do artigo 1.º daquele diploma, beneficiam, por expressa previsão da alínea c) do artigo 3.º daquela Lei n.º 7/2001, do regime jurídico equiparado ao aplicável a pessoas casadas vinculadas por contrato de trabalho, em matéria de férias, feriados, faltas e licenças. De igual direito beneficiam os que vivam em economia comum, ou seja quando duas ou mais pessoas – em que pelo menos uma delas é maior de idade – vivam em comunhão de mesa e habitação há mais de dois anos e tenham estabelecido uma vivência em comum de entreajuda ou partilha de recursos, cfr. n.os 1 e 2 do artigo 2.º e alínea b) do n.º 1 do artigo 4.º, todos da Lei n.º 6/2001, de 11 de Maio, alterada pela Lei n.º 82-E/2014, de 31 de Dezembro.

Sempre se diga que não há nenhum dever do trabalhador informar o empregador que vive em união de facto, em economia comum, ou mesmo que celebrou um casamento, comunicação essa que se torna necessária se o trabalhador pretender beneficiar dos direitos atribuídos pela lei, designadamente: em matéria de impostos sobre o rendimento; gozo do descanso semanal em simultâneo de ambos os companheiros ou conjugues que sejam trabalhadores do mesmo empregador, cfr. n.º 4 do artigo 232.º; gozo de férias em simultâneo de ambos os companheiros ou conjugues que sejam trabalhadores do mesmo empregador, cfr. n.º 7 do artigo 241.º; em matéria de faltas, cfr. alínea a) do n.º 2 do artigo 249.º, alínea a) do n.º 1 e n.º 2 do artigo 251.º, este artigo 252.º, aviso prévio no caso do despedimento colectivo abranger ambos os companheiros ou conjugues que sejam trabalhadores do mesmo empregador, cfr. n.º 2 do artigo 363.º, etc..

5. Os parentes ou afins na linha recta ascendente, referidos no n.º 1 são os pais, sogros, padrasto/madrasta, avós e bisavós (do trabalhador ou do cônjuge). Quanto aos parentes ou afins no 2.º grau da linha colateral são os irmãos e os cunhados.

6. A falta para acompanhamento de grávida que se desloque a unidade hospitalar localizada fora da ilha de residência para realização de parto regulada neste artigo 252.º-A, apesar de ser considerada uma falta justificada, cfr. alínea f) do n.º 2 do artigo 249.º, e ser igualmente considerada como prestação efectiva de trabalho, cfr. alínea l) do n.º 1 do artigo 65.º, determina a perda da retribuição quando exceda 30 dias por ano, cfr. alínea d) do n.º 2 artigo 255.º Quando não exceder os 30 dias por ano, ou seja, quando a ausência for de 30 dias ou menos, deverá igualmente haver perda de retribuição – não sendo a ausência remunerada pelo empregador –, cfr. alínea l) do n.º 1 do artigo 65.º

ARTIGO 253.º - Comunicação de ausência

1 – A ausência, quando previsível, é comunicada ao empregador, acompanhada da indicação do motivo justificativo, com a antecedência mínima de cinco dias.

2 – Caso a antecedência prevista no número anterior não possa ser respeitada, nomeadamente por a ausência ser imprevisível com a antecedência de cinco dias, a comunicação ao empregador é feita logo que possível.

3 – A falta de candidato a cargo público durante o período legal da campanha eleitoral é comunicada ao empregador com a antecedência mínima de 48 horas.

4 – A comunicação é reiterada em caso de ausência imediatamente subsequente à prevista em comunicação referida num dos números anteriores, mesmo quando a ausência determine a suspensão do contrato de trabalho por impedimento prolongado.

5 – O incumprimento do disposto neste artigo determina que a ausência seja injustificada.

1. Este preceito corresponde ao artigo 228.º do anterior Código do Trabalho, aprovado pela Lei n.º 99/2003.

2. A imposição no n.º 1 da comunicação do trabalhador ao empregador, quando a sua ausência seja previsível, pretende minorar os efeitos dessa ausência no seio da organização produtiva, permitindo ao próprio empregador socorrer-se de um outro trabalhador da empresa ao abrigo do *jus variandi* ou mobilidade funcional, cfr n.º 1 do artigo 120.º, ou contratar a prestação de serviços de um profissional que possa realizar uma prestação semelhante, ou tomar qualquer outro acto de gestão que possa fazer face à não prestação do trabalho pelo trabalhador.

3. De acordo com o n.º 1, a ausência quando previsível, é obrigatoriamente comunicada ao empregador, acompanhada da indicação do motivo justificativo, com a antecedência mínima de cinco dias. A título exemplificativo, um trabalhador que vai ser sujeito a uma intervenção cirúrgica deve informar o empregador que no dia "x" não irá prestar o seu trabalho.

4. A ausência, quando imprevisível, é obrigatoriamente comunicada ao empregador logo que possível, e é acompanhada da indicação do motivo justificativo, de acordo com o n.º 2. Esta situação pode ser ilustrada, com o facto do trabalhador ter sido hospitalizado na sequência de doença que o acometeu de súbito, e que o impede de comunicar a sua situação de doença, o que vem a fazer assim que recupera a sua consciência.

5. Nos termos dos n.os 1, 2, 3 e 4, a comunicação não reveste forma especial, podendo ser realizada por escrito, como verbalmente, pelo próprio, ou por interposta pessoa, nada vedando que o trabalhador se socorra da via telefónica para o fazer. Nada impede que seja adoptada pelo trabalhador uma uma declaração escrita enviada por correio electrónico (e-mail) para um endereço electrónico do empregador.

6. Nos termos dos n.os 4 e 5, o trabalhador que se encontra ausente do local de trabalho por tempo já comunicado ao empregador e que toma conhecimento de que a ausência se irá prolongar em termos tais que determina a suspensão do contrato de trabalho por impedimento prolongado, terá de fazer nova comunicação de ausência, acompanhada da indicação do motivo justificativo, sob pena da incorrer em faltas injustificadas.

ARTIGO 254.º - Prova de motivo justificativo de falta

1 – O empregador pode, nos 15 dias seguintes à comunicação da ausência, exigir ao trabalhador prova de facto invocado para a justificação, a prestar em prazo razoável.

2 – A prova da situação de doença do trabalhador é feita por declaração de estabelecimento hospitalar, ou centro de saúde ou ainda por atestado médico.

3 – A situação de doença referida no número anterior pode ser verificada por médico, nos termos previstos em legislação específica.

4 – A apresentação ao empregador de declaração médica com intuito fraudulento constitui falsa declaração para efeitos de justa causa de despedimento.

5 – O incumprimento de obrigação prevista nos n.os 1 ou 2, ou a oposição, sem motivo atendível, à verificação da doença a que se refere o n.º 3 determina que a ausência seja considerada injustificada.

1. Este preceito corresponde ao artigo 229.º do anterior Código do Trabalho, aprovado pela Lei n.º 99/2003.

2. O facto invocado para a justificação referido no n.º 1 deverá ter sido comunicado ao empregador, cfr. n.º 1 do artigo 253.º

3. Não se refere o que seja prazo razoável, para efeitos do n.º 1. Não será, com certeza, o prazo de um dia. Cremos contudo que nada veda que se entenda um prazo de 15 dias, após o termo dos 15 dias previstos no n.º 1, como sendo um prazo razoável.

4. Nada obsta a que o empregador tenha estabelecido o dever do trabalhador fazer prova do facto invocado para a justificação em regulamento interno da empresa, cfr. n.º 1 do artigo 99.º, desde que respeite a parte final do n.º 1, ou seja que essa prova seja realizada em prazo razoável. Assim, e salvo melhor opinião, nada veda que o empregador estabeleça uma norma que determine que nos quinze dias seguintes à comunicação da ausência realizada pelo trabalhador, este terá obrigatoriamente de provar os factos que invocou para a justificação da falta.

5. A legislação prevista no n.º 3 este preceito é a Lei n.º 105/2009, de 14 de Setembro, alterada pelas Leis n.os 60/2018, de 21 de Agosto, e 93/2019, de 4 de Setembro, que regulamenta este Código do Trabalho. *Infra* transcrevem-se na íntegra os preceitos daquela Lei que disciplinam a verificação da situação de doença, os artigos 17.º a 24.º:

"ARTIGO 17.º

Verificação da situação de doença por médico designado pela segurança social

1 – Para efeitos de verificação de incapacidade temporária para o trabalho por doença do trabalhador, o empregador requer a sua submissão à comissão de verificação de incapacidade temporária (CVIT) da segurança social da área da residência habitual do trabalhador.

2 – O empregador informa, na mesma data, o trabalhador do requerimento referido no número anterior.

3 – A deliberação da CVIT realizada a requerimento do empregador produz efeitos no âmbito da relação jurídica prestacional do sistema de segurança social de que o trabalhador é titular.

4 – Os serviços da segurança social devem, no prazo de 48 horas a contar da recepção do requerimento:

a) Convocar o trabalhador para apresentação à CVIT, indicando o dia, hora e local da sua realização, que deve ocorrer num dos três dias úteis seguintes;

b) Comunicar ao empregador a convocação efectuada;

c) Informar o trabalhador de que:

i) Deve apresentar, aquando da sua observação, informação clínica e os elementos auxiliares de diagnóstico de que disponha, comprovativos da sua incapacidade;

ii) Em caso de impossibilidade de comparência por motivo atendível, deve comunicar o facto nas vinte e quatro horas seguintes à recepção da convocatória;

iii) A sua não comparência, sem motivo atendível tem como consequência que os dias de alegada doença podem ser considerados faltas injustificadas ou que, caso ocorram em período de férias, são considerados na duração do gozo destas.

5 – O trabalhador que esteja impedido de se deslocar do seu domicílio para comparecer a exame médico pela CVIT deve informar os serviços da segurança social até à data prevista para o exame ou, em caso de impossibilidade, nas vinte e quatro horas seguintes ao termo da mesma.

6 – Consoante o impedimento do trabalhador, os serviços da segurança social marcam nova data para o exame médico pela CVIT, a ter lugar nas 48 horas seguintes e, se necessário, no domicílio do trabalhador, dando ao mesmo tempo conhecimento do facto ao empregador.

7 – Os serviços da segurança social devem comunicar ao empregador e ao trabalhador se este está ou não apto para desempenhar a actividade, nas vinte e quatro horas subsequentes à realização do exame médico pela CVIT.

8 – Os serviços da segurança social devem comunicar ao empregador:

a) A impossibilidade de submeter o trabalhador à CVIT nos termos da alínea a) do n.º 4, sendo caso disso, nas vinte e quatro horas seguintes à recepção do requerimento;

b) A não realização do exame médico, designadamente por falta de comparência do trabalhador com indicação do motivo impeditivo alegado por este, ou por estar a decorrer um período de incapacidade temporária para o trabalho por doença já anteriormente verificada por CVIT, sendo este o caso, nas vinte e quatro horas seguintes à recepção do requerimento.

Artigo 18.º
Verificação da situação de doença por médico designado pelo empregador

1 – O empregador pode designar um médico com o qual não tenha tido qualquer vínculo contratual anterior para verificar a situação de doença do trabalhador:

a) Caso seja informado da impossibilidade de realização de CVIT, ou se decorridas 48 horas após o requerimento sem que tenha recebido comunicação dos serviços da segurança social da convocação do trabalhador para apresentação à CVIT;

b) Caso seja informado de que o exame médico pela CVIT não se realizou no prazo a que se refere a alínea a) do n.º 4 ou o n.º 6 do artigo anterior.

2 – Ao processo de verificação da situação de doença por médico designado pelo empregador é aplicável o disposto nas alíneas a) e c) do n.º 4 e nos n.os 5 a 7 do artigo anterior, com as necessárias adaptações.

Artigo 19.º
Reavaliação da situação de doença

1 – Quando a deliberação da CVIT ou parecer de médico designado pelo empregador divirja da declaração ou atestado apresentado pelo trabalhador para prova da situação de doença, qualquer das partes pode requerer aos serviços da segurança social da área da residência habitual do trabalhador que o caso seja apreciado por comissão de reavaliação.

2 – A comissão de reavaliação é em regra constituída por três médicos, um designado pelos serviços da segurança social, que preside com voto de qualidade e que deve ser um dos médicos que integrou a CVIT e que procedeu à verificação da incapacidade temporária ao abrigo do artigo 17.º, caso esta tenha existido, um designado pelo trabalhador e outro pelo empregador.

3 – A comissão de reavaliação é constituída por apenas dois médicos em caso de:

a) O trabalhador ou o empregador não ter designado médico;

b) O trabalhador e o empregador não terem procedido às designações que lhes competem, cabendo aos serviços de segurança social a designação de outro médico.

4 – A verificação da situação de doença pela comissão de reavaliação produz efeitos no âmbito da relação jurídica prestacional do sistema de segurança social.

Artigo 20.º
Procedimento para reavaliação

1 – A reavaliação da situação de incapacidade temporária para o trabalho por doença pode ser requerida nas vinte e quatro horas subsequentes ao conhecimento do resultado da verificação da mesma, devendo, na mesma data, ser comunicado o pedido à contraparte.

2 – O requerimento deve conter a designação do médico referido no n.º 2 do artigo anterior, ou declaração de que o requerente prescinde dessa faculdade.

3 – A contraparte pode designar o médico nas vinte e quatro horas seguintes ao conhecimento do pedido.

4 – Ao procedimento para reavaliação é aplicável o disposto nas alíneas a) e c) do n.º 4 e nos n.os 5 a 7 do artigo 17.º

5 – No prazo de oito dias a contar da recepção do requerimento, a comissão deve proceder à reavaliação da situação de doença do trabalhador e comunicar o resultado da mesma a este e ao empregador, nos termos do n.º 7 do artigo 17.º

Artigo 21.º
Comunicações

As comunicações previstas no presente capítulo devem ser efectuadas por meio célere, designadamente telegrama, telefone, telefax ou correio electrónico.

Artigo 22.º
Eficácia do resultado da verificação da situação de doença

O empregador não pode fundamentar qualquer decisão desfavorável para o trabalhador no resultado da verificação da situação de incapacidade temporária para o trabalho por doença, efectuada nos termos dos artigos 17.º ou 18.º, enquanto decorrer o prazo para requerer a reavaliação ou, se esta for requerida, até à decisão final.

Artigo 23.º
Encargo da verificação ou reavaliação da situação de doença

O requerimento de submissão à CVIT da segurança social ou da intervenção da comissão de reavaliação está sujeito a taxa, regulada em portaria conjunta dos membros do Governo responsáveis pela área das finanças e pela área laboral.

Artigo 24.º
Direito subsidiário

Em tudo o que não se encontrar especialmente regulado no presente capítulo, e desde que o não contrarie, aplica-se subsidiariamente, e com as necessárias adaptações, o disposto no Decreto-Lei n.º 360/97, de 17 de Dezembro.".

6. As falsas declarações relativas à justificação de faltas constitui justa causa de despedimento, nos termos da alínea f) do n.º 2 do artigo 351.º

ARTIGO 255.º – Efeitos de falta justificada

1 – A falta justificada não afecta qualquer direito do trabalhador, salvo o disposto no número seguinte.

2 – Sem prejuízo de outras disposições legais, determinam a perda de retribuição as seguintes faltas justificadas:

a) Por motivo de doença, desde que o trabalhador beneficie de um regime de segurança social de protecção na doença;

b) Por motivo de acidente no trabalho, desde que o trabalhador tenha direito a qualquer subsídio ou seguro;

c) A prevista no artigo 252.º;

d) As previstas nas alínea f) e k) do n.º 2 do artigo 249.º quando excedam 30 dias por ano;

e) A autorizada ou aprovada pelo empregador.

3 – A falta prevista no artigo 252.º é considerada como prestação efectiva de trabalho.

1. Este preceito corresponde aos artigos 230.º do anterior Código do Trabalho, aprovado pela Lei n.º 99/2003, e 204.º da Lei n.º 35/2004, de 29 de Julho, que regulamentou o anterior Código do Trabalho.

2. A redacção da alínea d) do n.º 2 deste preceito foi alterada pelo artigo 2.º da Lei n.º 90/2019, de 4 de Setembro. Na versão originária do Código do Trabalho, aprovado pela Lei n.º 7/2009, de 12 de Fevereiro, aquela alínea tinha a seguinte redacção:

> "As previstas na alínea j) do n.º 2 do artigo 249.º quando excedam 30 dias por ano;"

3. O n.º 1 estabelece o princípio geral relativamente às faltas justificadas: não afectam qualquer direito do trabalhador. Se não prejudicam qualquer direito do trabalhador, a regra é que as faltas justificadas não determinam a perda da retribuição.

4. O n.º 2 estabelece as excepções ao princípio de que as faltas justificadas não prejudicam qualquer direito do trabalhador. As faltas justificadas previstas nas várias alíneas do n.º 2 determinam a perda da retribuição. Além das faltas justificadas previstas nas várias alíneas do n.º 2, outras há que também determinam a perda da retribuição, e que resultam de outras disposições legais, como se estabelece expressamente na primeira parte do n.º 2. Entre essas disposições legais encontram-se o n.º 1 do artigo 65.º, o n.º 3 do artigo 91.º e o artigo 409.º

Nos termos do n.º 1 do artigo 65.º não determinam perda de quaisquer direitos, salvo quanto à retribuição, e são consideradas como prestação efectiva de trabalho as ausências ao trabalho resultantes de: licença em situação de risco clínico durante a gravidez; licença para deslocação a unidade hospitalar localizada fora da ilha de residência para realização de parto; licença por interrupção de gravidez; licença parental, em qualquer das modalidades; licença por adopção; licença parental complementar em qualquer das modalidades; falta para assistência a filho; falta para assistência a neto; dispensa de prestação de trabalho no período nocturno; dispensa da prestação de trabalho por parte de trabalhadora grávida, puérpera ou lactante, por motivo deprotecção da sua segurança e saúde; dispensa para avaliação para adopção; e dispensa do acompanhante da mulher grávida, que se encontre numa das ilhas das regiões autónomas sem unidade hospitalar, nas deslocações desta à unidade hospitalar onde decorrerá o parto. Estabelece o n.º 3 do artigo 91.º que são retribuídas as faltas justificadas do trabalhador-estudante para prestação de provas de avaliação, até 10 faltas em cada ano lectivo, independentemente do número de disciplinar. De acordo com os n.ºs 1 e 2 do artigo 409.º, as faltas de trabalhador eleito para estrutura de representação colectiva dos trabalhadores por motivo de desempenho de funções na própria estrutura de representação colectiva de que é membro, ainda que exceda o crédito de horas, e a ausência de delegado sindical fundamentada na necessidade de praticar actos necessários e inadiáveis no exercício das respectivas funções, consideram-se justificadas, mas implicam a perda da retribuição, a não ser que o instrumento de regulamentação colectiva de trabalho disponha noutro sentido, cfr. artigo 250.º

5. Quando a falta justificada tenha por efeito perda da retribuição, de acordo com o n.º 2, ainda assim, nos termos do n.º 1 do artigo 257.º, permite-se que a perda de retribuição possa ser substituída por renúncia a dias de férias ou por prestação de trabalho em acréscimo ao período normal de trabalho, neste último caso quando semelhante solução seja permitida por instrumento de regulamentação colectiva do trabalho aplicável.

6. Relativamente ao conteúdo da alínea a) do n.º 2, impõe-se fazer um esclarecimento. Por força das regras de protecção social, todos os trabalhadores beneficiam de um regime de segurança social de protecção na doença. Presentemente, o regime jurídico de protecção social na eventualidade doença no âmbito do subsistema previdencial encontra-se consagrado no Decreto-Lei n.º 28/2004, de 4 de Fevereiro, alterado pelos Decretos-Leis n.os 146/2005, de 26 de Agosto, 302/2009, de 22 de Agosto, pela Lei n.º 28/2011, de 16 de Junho, e pelos Decretos-Leis n.os 133/2012, de 22 de Junho, e 53/2018, de 2 de Julho.De acordo com este diploma, o início do pagamento do subsídio de doença dos trabalhadores por conta de outrem está sujeito a um período de espera de três dias, sendo devido a partir do 4.º dia de incapacidade temporária para o trabalho, não se considerando o dia do início da incapacidade, se este tiver sido remunerado. Já não existe este período de espera de três dias nas situações de incapacidade temporária para o trabalho decorrente de: internamento hospitalar ou de cirurgia de ambulatório, verificados em estabelecimentos hospitalares do Serviço Nacional de Saúde ou particulares com autorização legal de funcionamento pelo Ministério da Saúde; tuberculose; ou doença com início no decurso do período de atribuição do subsídio parental que ultrapasse o termo deste período, cfr. n.os 1, 4 e 6 do artigo 21.º do Decreto-Lei n.º 28/2004, de 4 de Fevereiro. Da conjugação deste diploma com a alínea a) deste n.º 2, resulta que o empregador não tem de proceder ao pagamento da retribuição do trabalhador que tenha faltado justificadamente por motivo de doença. Quando exista o dever de compensar o trabalhador por este tipo de faltas, tal incumbe ao Estado, nos termos *supra* referidos, a não ser que o empregador, pelos usos da empresa, cfr. artigo 1.º, tenha vindo a remunerar os trabalhadores durante aqueles três primeiros dias de doença. Também incumbirá ao empregador proceder ao pagamento dos primeiros três dias de doença caso o trabalhador, por facto imputável ao empregador, não aufira o subsídio de doença, como sucederá quando o empregador não comunique à segurança social o início de actividade do trabalhador, excluindo-o, com esse seu comportamento da aplicação do regime de protecção social.

7. Nos termos da alínea j) do n.º 1 do artigo 127.º é dever do empregador manter actualizado, em cada estabelecimento, o registo dos trabalhadores com indicação de nome, datas de nascimento e admissão, modalidade de contrato, categoria, promoções, retribuições, datas de início e termo das férias e faltas que impliquem perda da retribuição ou diminuição de dias de férias.

8. Sobre a perda ou não de retribuição de candidatos a cargo público nas várias leis eleitorais, membros da mesa da assembleia de voto e delegados de candidaturas, ver anotações ao artigo 249.º

ARTIGO 256.º – Efeitos de falta injustificada

1 – A falta injustificada constitui violação do dever de assiduidade e determina perda da retribuição correspondente ao período de ausência, que não é contado na antiguidade do trabalhador.

2 – A falta injustificada a um ou meio período normal de trabalho diário, imediatamente anterior ou posterior a dia ou meio dia de descanso ou a feriado, constitui infracção grave.

3 – Na situação referida no número anterior, o período de ausência a considerar para efeitos da perda de retribuição prevista no n.º 1 abrange os dias ou meios dias de descanso ou feriados imediatamente anteriores ou posteriores ao dia de falta.

4 – No caso de apresentação de trabalhador com atraso injustificado:

a) Sendo superior a 60 minutos e para início do trabalho diário, o empregador pode não aceitar a prestação de trabalho durante todo o período normal de trabalho.

b) Sendo superior a 30 minutos, o empregador pode não aceitar a prestação de trabalho durante essa parte do período normal de trabalho.

1. Este preceito corresponde ao artigo 231.º do anterior Código do Trabalho, aprovado pela Lei n.º 99/2003.

2. A redacção do n.º 3 deste preceito foi alterada pelo artigo 2.º da Lei n.º 23/2012, de 25 de Junho. Na versão originária do Código do Trabalho, aprovado pela Lei n.º 7/2009, de 12 de Fevereiro aquele n.º 3 correspondia ao actual n.º 4, que inexistia.

3. Quanto ao dever de assiduidade, ver alínea b) do artigo 128.º

4. A antiguidade, referida no n.º 1, "é a qualidade correspondente à duração da situação jurídica laboral", Menezes Cordeiro, *Manual de Direito do Trabalho*, Livraria Almedina, 1991, página 675 e segs., e Acórdão do Tribunal da Relação de Lisboa, de 22 de Junho de 2005, processo 10307/2004-4, sumários em www.dgsi.pt. Significa isto que a duração de situações que não são de qualificar como sendo de trabalho subordinado não devem entrar no cômputo da antiguidade. A título exemplificativo, a duração de um contrato de estágio extracurricular, cfr. Decreto-Lei n.º 66/2011, de 1 de Junho, não correspondendo à prestação de trabalho subordinado, não dá lugar à contagem de antiguidade, ainda que posteriormente à cessação deste contrato venha a ser celebrado um contrato de trabalho.

5. A perda da retribuição é um efeito da falta injustificada, de acordo com o n.º 1. Ainda assim, nos termos do n.º 1 do artigo 257.º, permite-se que a perda de retribuição possa ser substituída por renúncia a dias de férias ou por prestação de trabalho em acréscimo ao período normal de trabalho, neste último caso quando semelhante solução seja permitida por instrumento de regulamentação colectiva do trabalho aplicável.

6. Nos termos do n.º 2, o trabalhador que falte injustificadamente a um período normal de trabalho diário, ou só a meio período normal de trabalho diário imediatamente anterior ou posterior a dia ou meio dia de descanso, ou a feriado, incorre em responsabilidade disciplinar, podendo o empregador instaurar-lhe um procedimento disciplinar, cfr. artigo 328.º e segs., que nas situações mais graves pode mesmo ter intenção de despedimento, cfr. n.ºs 1 e 2 do artigo 351.º e 353.º e segs.

Concomitantemente, o trabalhador pode ser responsabilizado pelo prejuízo causado ao empregador, cfr. n.º 1 do artigo 323.º

7. Quer o n.º 2, quer o n.º 3, pretendem obstar a que os trabalhadores aumentem os dias de ausência do local de trabalho, sobretudo quando se trata das vulgarmente designadas "pontes", estendendo, por recurso à falta, ou faltas injustificadas, os seus próprios dias de descanso. A verdade é que estas situações, em regra, nem sequer são antecedidas de comunicação ao empregador, cfr. artigo 253.º, e frequentemente causam distúrbios na organização do trabalho, pois ao empregador nem sequer é permitido prever a ausência, socorrendo-se de outro, ou outros trabalhadores na organização do trabalho, para desempenhar as funções do ausente.

8. O n.º 3 determina ainda que, em caso de falta injustificada num ou em meio período normal de trabalho diário, imediatamente antes ou imediatamente depois de um dia ou meio dia de descanso ou feriado, o período de ausência a considerar para efeitos de perda de retribuição corresponderá à totalidade deste período. Significa isto que um trabalhador que falte na véspera de um dia considerado feriado, cfr. artigos 234.º e 235.º, terá uma perda de retribuição correspondente não só ao dia em que faltou, a véspera do feriado, bem como ao dia feriado, pelo que a perda de retribuição será equivalente a dois dias.

Quando o trabalhador falte injustificadamente em meio período normal de trabalho diário, imediatamente antes ou imediatamente depois de um dia de descanso ou feriado, a perda de retribuição correspondente ao dia de descanso ou feriado será imediatamente posterior à falta, ou seja, no momento do vencimento da retribuição (em princípio a semana, a quinzena ou o mês de calendário, cfr. n.º 1 do artigo 278.º), o que poderá já não ocorrer quanto ao meio período normal de trabalho diário, dado que esta ausência é por períodos inferiores ao período normal de trabalho diário. Por efeito do n.º 2 do artigo 248.º, o tempo de ausência correspondente a meio período normal de trabalho diário deve ser adicionado a outro ou outros períodos de ausência, já verificados, ou que se venham a verificar no futuro, em cada ano civil, para determinação da falta, ou seja, até perfazer o tempo correspondente a um período normal de trabalho.

A redacção do n.º 3 não se mostra contudo a mais feliz, pois vem permitir que se possa entender que o período de férias, cfr. artigo 237.º e seguintes, se acha compreendido no conceito de descanso, e em consequência a perda de retribuição abranger os dias que sejam de férias. Com efeito, determina-se no n.º 3 que quando o trabalhador falte injustificadamente a um, ou a meio, período normal de trabalho diário, imediatamente anterior ou posterior a dia ou meio dia de descanso, o período de ausência a considerar para efeitos da perda de retribuição abrange o período normal de trabalho diário e ainda os dias ou meios-dias de descanso imediatamente anteriores ou posteriores ao dia de falta. As férias são, por inerência, tempo de descanso, o que resulta desde logo do artigo 199.º, que estabelece que se entende por período de descanso o período que não seja tempo de trabalho, pelo que a falta imediatamente antes ou após dia de descanso inclui os dias de férias.

Acresce que, em várias disposições deste Código, quando o legislador pretendeu delimitar o período de descanso ao descanso semanal, foi esta última a expressão utilizada (cfr. n.os 1 e 2 do artigo 79.º, alínea *c*) do n.º 1 do artigo 91.º, n.º 1 do artigo 200.º, n.º 2 do artigo 203.º, alinea *f*) do n.º 1 do artigo 215.º, n.º 3 do artigo 219.º, n.º 4 do artigo 221.º, n.º 3 do artigo 224.º, alínea *e*) do n.º 1 do artigo 228.º, n.º 4 do artigo 229.º, n.º 1 do artigo 230.º, artigo 232.º, artigo 233.º, n.º 2 do artigo 241.º e alínea *b*) do n.º 1 do artigo 268.º), o que abona a favor de quem pretender defender que o descanso referido no n.º 3 não se acha restringido ao descanso semanal, mas pelo contrário incluirá todo o descanso que se consubstancie em pelo menos um dia em que não exista prestação de trabalho. Em termos práticos, poderá assim entender-se que um trabalhador que falte injustificadamente no dia imediato ao gozo das suas férias que, por não terem sido marcadas por acordo, haviam sido determinadas pelo empregador num único período de 22 dias de férias, cfr. artigo 241.º, poderá perder a totalidade da retribuição do período de férias, cfr. n.º 1 do artigo 264.º, mantendo contudo o subsídio de férias.

9. Quando o trabalhador se apresentar com atraso injustificado superior a trinta minutos e o empregador não aceite a prestação de trabalho durante essa parte do período normal de trabalho, esse tempo deve ser adicionado a outros períodos de ausência inferiores ao período normal de trabalho diário, até perfazer o tempo correspondente ao período normal de trabalho, em cada ano civil, de acordo com o n.º 2 do artigo 248.º e com a alínea g) do n.º 2 do artigo 351.º Do mesmo modo, quando um trabalhador se apresente com atraso injustificado que não é superior a trinta minutos, e dado que essa ausência é por períodos inferiores ao período normal de trabalho diário, o respectivo tempo de ausência deve ser adicionado a outro ou outros períodos de ausência já verificados, ou que se venham a verificar no futuro, em cada ano civil, para determinação da falta, ou seja, até perfazer o tempo correspondente a um período normal de trabalho. Exemplificando, um trabalhador com um período normal de trabalho de oito horas, cfr. n.º 1 do artigo 203.º, que durante os dias 1, 2, 3, 6, 7, 8, 9, 10, 13, 14, 15, 16, 17, 20, 21, 22 de Abril chega com um atraso de trinta minutos ao local de trabalho, viola o dever de pontualidade, cfr. alínea b) do n.º 1 do artigo 128.º, incorrendo em responsabilidade disciplinar, sendo que no dia 22 de Abril perfaz o total de oito horas de ausência, pelo que nesse mesmo dia deve ser registada uma falta a um período normal de trabalho no registo a que se refere a alínea j) do n.º 1 do artigo 127.º, com os efeitos estabelecidos no n.º 1 deste artigo 256.º, apesar de nesse mesmo dia 22 de Abril o trabalhador se encontrar a prestar o seu trabalho.

10. Nos termos da alínea j) do n.º 1 do artigo 127.º é dever do empregador manter actualizado, em cada estabelecimento, o registo dos trabalhadores com indicação de nome, datas de nascimento e admissão, modalidade de contrato, categoria, promoções, retribuições, datas de início e termo das férias e faltas que impliquem perda da retribuição ou diminuição de dias de férias.

ARTIGO 257.º – Substituição da perda de retribuição por motivo de falta

1 – A perda de retribuição por motivo de faltas pode ser substituída:

a) Por renúncia a dias de férias em igual número, até ao permitido pelo n.º 5 do artigo 238.º, mediante declaração expressa do trabalhador comunicada ao empregador;

b) Por prestação de trabalho em acréscimo ao período normal, dentro dos limites previstos no artigo 204.º quando o instrumento de regulamentação colectiva de trabalho o permita.

2 – O disposto no número anterior não implica redução do subsídio de férias correspondente ao período de férias vencido.

1. Este preceito corresponde ao artigo 232.º e ao n.º 4 do artigo 255.º, ambos do anterior Código do Trabalho, aprovado pela Lei n.º 99/2003.

2. Este preceito é aplicável quer às faltas injustificadas, que determinam a perda da retribuição, cfr. n.os 1 e 3 do artigo 256.º, como às faltas justificadas que também determinem a perda retribuição, cfr. n.º 2 do artigo 255.º

3. A renúncia é um direito que não carece de aceitação da outra parte, para que possa ser exercida. A alínea a) do n.º 1, conjuntamente com o n.º 5 do artigo 238.º, permite que o trabalhador renuncie ao gozo de dias de férias que excedam 20 dias úteis, ou a correspondente proporção no caso de férias no ano de admissão. Ou seja, é uma compensação entre faltas, por dias de férias. Trata-se de uma possibilidade que é conferida por lei ao trabalhador. Nestes termos, resulta desta norma que o empregador não poderá impor a compensação ou a substituição ao trabalhador.

4. A declaração referida na alínea a) do n.º 1 não reveste forma especial, podendo ser realizada por escrito, como verbalmente, nada vedando que o trabalhador se socorra da via telefónica para o fazer, desde que essa declaração seja expressa, ou seja, que o trabalhador revele inequivocamente que pretende renunciar aos dias de férias. Nada impede que seja adoptada uma declaração escrita enviada por correio electrónico (e-mail) para um endereço electrónico do empregador. Deve ter-se contudo em conta que o n.º 4 do artigo 202.º impõe ao empregador que mantenha esta declaração durante cinco anos, pelo que deve ser adoptada a forma escrita, ou em alternativa, a declaração verbal do trabalhador terá de ser realizada através de um suporte que permita o cumprimento deste dever.

5. A alínea b) do n.º 1 permite que a perda de retribuição por motivo de falta seja substituída por prestação de trabalho em acréscimo ao período normal, desde que o instrumento de regulamentação colectiva de trabalho o admita. Constituem instrumentos de regulamentação colectiva de trabalho, cfr. n.os 2, 3 e 4 do artigo 2.º, a convenção colectiva (que pode ser um contrato colectivo, acordo colectivo, ou um acordo de empresa), o acordo de adesão, a decisão arbitral, a portaria de extensão, e a portaria de condições de trabalho. O trabalho que seja prestado em acréscimo ao período normal de trabalho, para compensar a retribuição que seria perdida pela falta, tem como limite a prestação total de até doze horas diárias, sendo que a duração do trabalho semanal pode atingir no limite, as sessenta horas. Nos termos da alínea e) do n.º 3 do artigo 226.º, o trabalho prestado nas condições previstas nesta alínea b) do n.º 1 não é considerado trabalho suplementar.

6. Nos termos da alínea j) do n.º 1 do artigo 127.º é dever do empregador manter actualizado, em cada estabelecimento, o registo dos trabalhadores com indicação de nome, datas de nascimento e admissão, modalidade de contrato, categoria, promoções, retribuições, datas de início e termo das férias e faltas que impliquem perda da retribuição ou diminuição de dias de férias.

CAPÍTULO III – Retribuição e outras prestações patrimoniais

SECÇÃO I – Disposições gerais sobre retribuição

ARTIGO 258.º – Princípios gerais sobre a retribuição

1 – Considera-se retribuição a prestação a que, nos termos do contrato, das normas que o regem ou dos usos, o trabalhador tem direito em contrapartida do seu trabalho.

2 – A retribuição compreende a retribuição base e outras prestações regulares e periódicas feitas, directa ou indirectamente, em dinheiro ou em espécie.

3 – Presume-se constituir retribuição qualquer prestação do empregador ao trabalhador.

4 – À prestação qualificada como retribuição é aplicável o correspondente regime de garantias previsto neste Código.

1. Este preceito corresponde ao artigo 249.º do anterior Código do Trabalho, aprovado pela Lei n.º 99/2003.

2. De acordo com o n.º 1 deste artigo, a retribuição corresponde à prestação que o empregador tem de pagar ao trabalhador como contrapartida do trabalho que este desempenha para o próprio empregador, ou da sua disponibilidade para o fazer. A prestação, em dinheiro ou em espécie, não tem de coincidir com o valor preciso do trabalho que é remunerado, e em regra não coincide. O trabalho prestado por um trabalhador tem em regra um valor económico superior ao valor da remuneração que lhe é efectivamente paga pelo empregador, sendo, em principio, também pela diferença entre o valor económico do trabalhado prestado pelo conjunto de trabalhadores e o valor total pago a título de cada retribuição individualmente considerada, que permite ao empregador fazer face aos custos da organização produtiva em que o trabalhador se insere, proceder ao pagamentos dos impostos e eventualmente retirar lucro.

3. O n.º 1 ao estabelecer que retribuição é: "a prestação a que, nos termos do contrato, das normas que o regem ou dos usos, o trabalhador tem direito" está a apontar no sentido de existir uma obrigatoriedade, um dever do empregador pagar a retribuição, dever este que é expressamente consagrado na alínea b) do n.º 1 do artigo 127.º, obrigatoriedade que pode advir ainda do contrato de trabalho, de instrumento de regulamentação colectiva do trabalho e dos usos laborais, sejam eles da empresa, do sector ou locais, cfr. artigo 1.º e n.º 1 do artigo 272.º

4. A retribuição é devida pelo empregador independentemente das adversidades que possam afectar a prestação do trabalho e não imputáveis ao trabalhador, como as oscilações na produção, a diminuição da procura dos bens ou serviços do empregador, ou outras, enquanto durar o contrato de trabalho, ainda que a prestação de trabalho não seja efectivamente realizada.

5. Com base no n.º 2 deste artigo, a jurisprudência qualifica com facilidade algumas prestações como sendo retribuição. As prestações quantitativamente variáveis, regular e periodicamente auferidas, para além da remuneração base, que assumam o carácter de contrapartida do trabalho prestado, têm uma natureza retributiva e são designadas de complementos salariais. Tradicionalmente os complementos salariais ou prestações complementares encontram-se em estreita conexão com as contingências especiais da prestação do trabalho como o isolamento, a penosidade, o perigo ou a toxicidade. Para a jurisprudência constitui um complemento salarial, por exemplo, o subsídio de turno. Sobre prestações que devem ser incluídas ou excluídas da retribuição, ver artigo 260.º e respectivas anotações.

6. A presunção referida no n.º 3 é uma presunção ilidível, ou seja, pode ser afastada mediante prova em contrário, cfr. n.º 2 do artigo 350.º do Código Civil. A *ratio* da presunção é acautelar os casos em que, sob a aparência de uma prestação não assumida como retribuição, o que o empregador pretende verdadeiramente é pagar uma contrapartida do trabalho desempenhado pelo trabalhador.

7. Para que uma determinada prestação possa ser considerada como retribuição exige-se que o seu pagamento assuma regularidade e periodicidade, o que tem um duplo significado: por um lado confirma uma vinculação prévia do empregador a proceder a esse pagamento, ao mesmo tempo que determina a medida das expectativas de rendimento do trabalhador. Ao utilizar a expressão "regulares", a lei quer referir-se a uma prestação não arbitrária, que segue uma fórmula permanente, sendo constante. Já com a expressão "periódicas", a lei entende que a prestação que deva qualificar-se como retribuição deve ser paga em períodos certos no tempo ou aproximados, de modo a incluir-se na ideia de ciclo e das necessidades de ambos os contraentes. Neste sentido, *vide* Acórdão do Supremo Tribunal de Justiça, de 13 de Janeiro de 1993, *Colectânea de Jurisprudência (STJ)*, Tomo I, página 226: "As ideias de regularidade e periodicidade não constituem apenas o suporte das aferições sobre o carácter retributivo de certa prestação, antes são também um elemento necessário para definir o que é a retribuição – tipo ou modular durante um período padrão de tempo a qual constitui a base de cálculo de inúmeros direitos dos trabalhadores.".

8. Uma das questões que se coloca é saber se as comissões integram o conceito de retribuição. Segundo a jurisprudência, entende-se por comissão a quantia calculada sobre o preço de bens ou serviços fornecidos por uma empresa, normalmente, pela aplicação de taxas ou percentagens pré-determinadas, e que são devidas a trabalhadores com intervenção directa ou indirecta nas vendas desses produtos. "Têm natureza retributiva as prestações quantitativamente variáveis, regular e periodicamente auferidas, para além da remuneração base, designadas de complementos salariais, entre as quais se incluem as comissões por vendas.", cfr. Acórdão do Supremo Tribunal de Justiça, de 20 de Fevereiro de 2008, sumários em www.dgsi.pt. "Integra a parte variável da retribuição devida a um Director Comercial o valor das "comissões" percebidas, além de uma remuneração base fixa, pelo seu desempenho laboral na direcção de duas delegações comerciais (valor correspondente a 4% do valor dos contratos angariados e facturados em cada uma das delegações).", cfr. Acórdão do Supremo Tribunal de Justiça, de 16 de Janeiro de 2008, sumários em www.dgsi.pt.

Ou seja, as comissões são o que a lei designa de retribuição variável, cfr. n.º do artigo 261.º, sendo que quando sejam pagas comissões, a retribuição total auferida pelo trabalhador deve qualificar-se como retribuição mista, uma vez que a lei não permite que o total da retribuição paga ao trabalhador seja apenas variável, exigindo que ao menos uma parcela seja certa, cfr. n.º 1 do artigo 273.º Estranhamente a alínea b) do n.º 1 do artigo 274.º estabelece, a propósito das prestações incluídas na retribuição mínima mensal garantida, que a comissão sobre vendas ou prémio de produção está incluída na retribuição mínima mensal garantida. Esta inclusão, nas situações em que o trabalhador aufere apenas a retribuição mínima mensal garantida, parece contrariar a própria natureza das comissões, criadas como forma de incentivar o trabalhador a aumentar a sua produtividade, que pode, pela sua intervenção, vir a receber um determinado montante em acréscimo daquele com que já contava para poder fazer face ao seu sustento e ao do seu agregado familiar.

9. Quanto a veículo automóvel, e "fringe benefits", e em que medida podem ser considerados retribuição, ver artigo seguinte e respectivas anotações.

10. A alínea d) do n.º 1 do artigo 129.º estabelece o princípio de irredutibilidade da retribuição, ou seja não pode ser diminuída a retribuição do trabalhador, salvo nas hipóteses previstas neste Código do Trabalho e nos instrumentos de regulamentação colectiva de trabalho (sobre os instrumentos de regulamentação colectiva de trabalho ver artigo 2.º). Quanto às situações específicas neste Código em que se admite a diminuição da retribuição do trabalhador, estas encontram-se previstas em caso de mudança do trabalhador para categoria inferior (artigo 119.º), no caso de mobilidade funcional (artigo 120.º), no caso do trabalhador passar a prestar o trabalho a tempo parcial (alínea a) do n.º 3 do artigo 154.º), no caso do trabalhador acordar em prestar trabalho intermitente, durante o período de inactividade (n.º 2 do artigo 160.º), na situação do trabalhador que cessa a comissão de serviço e regressa às anteriores funções (alínea a) do n.º 1 do artigo 164.º) e durante o período de redução temporária do período normal de trabalho ou suspensão do contrato por facto respeitante ao empregador, vulgarmente designado por *lay-off* (n.º 1 do artigo 305.º). Com excepção destas situações, não é permitido ao empregador diminuir a retribuição do trabalhador, aqui se compreendendo, nos termos do artigo 258.º, n.ºs 1 e 2, a remuneração base e todas as outras prestações regulares e periódicas, feitas como contrapartida do trabalho. Porém, a proibição de diminuir a retribuição do trabalhador contemplada na alínea d), do n.º 1 do artigo 129.º, não implica, sem mais, uma proibição do empregador alterar unilateralmente o conteúdo de uma retribuição, dita mista, do trabalhador. A lei (artigo 261.º) prevê três modalidades de retribuição: certa, variável ou mista, sendo esta ultima a retribuição que seja constituída por uma parte certa e outra variável. O Supremo Tribunal de Justiça tem vindo a entender, nos casos em que a retribuição é constituída por diversas parcelas ou elementos, que é lícito ao empregador não só alterar o quantitativo de algumas delas, como proceder à sua eliminação, desde que o quantitativo da retribuição global (apurado pelo somatório das parcelas retributivas) resultante da alteração, não se mostre inferior ao que resultaria do somatório das parcelas retributivas anterior a essa alteração. Neste sentido *vide*, entre outros, os Acórdãos do Supremo Tribunal de Justiça de 16 de Janeiro de 2008, processo 07S3786, 26 de Março de 2008, processo 07S3791, e 4 de Junho de 2008, processo 08S456, todos com sumários em www.dgsi.pt. E é também permitido ao empregador retirar ao trabalhador determinados complementos salariais se cessar, licitamente, a situação que serviu de fundamento à atribuição dos mesmos, sem que daí decorra a violação do princípio da irreversibilidade da retribuição. É que, as prestações complementares auferidas em função da natureza das funções ou da especificidade do desempenho de que o subsídio nocturno, a isenção de horário de trabalho e outros subsídios são exemplo, apenas são devidas enquanto persistirem as situações que lhes servem de fundamento, podendo o empregador suprimir as mesmas logo que cesse a situação específica que esteve na base da sua atribuição, sem que isso implique violação do princípio da irredutibilidade da retribuição — neste sentido, entre outros, os Acórdãos do Supremo Tribunal de Justiça, de 25 de Setembro de 2002, processo 02S1197, 4 de Maio de 2005, processo 04S779, e 17 de Janeiro de 2007, processo 06S2188, todos com sumários em www.dgsi.pt. Embora sejam de natureza retributiva, estas remunerações não se encontram submetidas ao princípio da irredutibilidade da retribuição, pelo que só serão devidas enquanto perdurar a situação que lhes serve de fundamento, podendo o empregador suprimi-las quando cesse a situação específica que esteve na base da sua atribuição.

11. A retribuição é um crédito do trabalhador, que goza de um regime específico de protecção contra os créditos do empregador, cfr. n.º 1 do artigo 279.º (que consagra o princípio de que o empregador não pode compensar a retribuição em dívida com crédito que tenha sobre o trabalhador, nem fazer desconto ou dedução no montante da própria retribuição); contra o próprio trabalhador, cfr. artigo 280.º, (que só admite a cedência do seu crédito, gratuita ou onerosa, na medida em que o crédito seja penhorável); contra os credores do empregador, cfr. artigo 333.º (que estabelece privilégios creditórios); e ainda, contra os credores do trabalhador, cfr. n.º 1 do artigo 738.º do Código de Processo Civil (que proíbe a penhora de dois terços dos salários que sejam auferidos).

12. Jurisprudência:

Acórdão do Tribunal da Relação do Porto, de 25 de Fevereiro de 2008, processo 0716724, sumários em www.dgsi.pt: "ao Autor sempre foi pago pela Ré – pelo menos no período que vai de Março de 2004 a Março de 2005 – determinado montante, ainda que variável, a título de ajudas de custo. Tal significa que o Autor tem legítima e fundada expectativa de receber todos os meses aquela prestação, por a mesma lhe ter sido atribuída de forma regular e permanente, criando a convicção de que ela faz parte do seu salário. E se assim é, e porque no caso dos autos se verifica a situação prevista na parte final do n.º 1 do artigo 260.º do Código do Trabalho, deve esse complemento remuneratório ser incluído na remuneração para efeitos de cálculo de pensão.".

13. Para maiores desenvolvimentos sobre a retribuição *vide* Bernardo Lobo Xavier, *Manual de Direito do Trabalho*, Verbo, 2011, página 532 e segs., e António Monteiro Fernandes, *Direito do Trabalho*, 15.ª Edição, Almedina, Abril 2010, página 465 e segs.

ARTIGO 259.º - Retribuição em espécie

1 – A prestação retributiva não pecuniária deve destinar-se à satisfação de necessidades pessoais do trabalhador ou da sua família e não lhe pode ser atribuído valor superior ao corrente na região.

2 – O valor das prestações retributivas não pecuniárias não pode exceder o da parte em dinheiro, salvo o disposto em instrumento de regulamentação colectiva de trabalho.

1. Este preceito corresponde aos n.ºs 2 e 3 do artigo 267.º do anterior Código do Trabalho, aprovado pela Lei n.º 99/2003.

2. Quando o empregador remunere o trabalhador apenas com a retribuição mínima mensal (vulgarmente designada por salário mínimo), cfr. n.º 1 do artigo 273.º, o montante da retribuição mínima mensal garantida inclui o valor da prestação em espécie, prestação em espécie esta cujo valor é calculado segundo os preços correntes na região, cfr. n.º 1 deste artigo 259.º e n.º 2 do artigo 274.º Sucede contudo que em matéria de retribuição mínima mensal o legislador foi mais longe, e estabeleceu limites ao valor da prestação em espécie, em montante pecuniário ou percentagens do valor da retribuição mínima mensal, cfr. n.º 2 do artigo 274.º

3. O n.º 2 deste artigo 259.º estabelece que o valor das prestações em espécie não pode exceder o da parte em dinheiro, salvo se o instrumento de regulamentação colectiva do trabalho o permitir. Constituem instrumentos de regulamentação colectiva de trabalho, cfr. n.ºs 2, 3 e 4 do artigo 2.º, a convenção colectiva (que pode ser um contrato colectivo, acordo colectivo, ou um acordo de empresa), o acordo de adesão, a decisão arbitral, a portaria de extensão, e a portaria de condições de trabalho.

Parece-nos contudo que há uma restrição a este preceito, em matéria de retribuição mínima mensal. Atendendo ao limite estabelecido na alínea e) do n.º 2 do artigo 274.º, de que o total das prestações em espécie não pode exceder 50% do valor da retribuição mínima mensal, deve entender-se que a alínea e) do n.º 2 do artigo 274.º é uma norma imperativa, quando o trabalhador aufira apenas a retribuição mínima mensal, não podendo nesta situação o instrumento de regulamentação colectiva do trabalho dispor que a retribuição em espécie possa exceder aquele limite, cfr. n.º 1 do artigo 3.º e alínea j) do n.º 3 do artigo 3.º

4. Em Portugal, a retribuição efectivamente paga à grande generalidade dos trabalhadores caracteriza-se, em regra, por ser mais baixa, comparativamente à maioria dos países europeus. Por outro lado, as políticas fiscais têm-se traduzido, em termos práticos para as empresas, num custo menor na utilização de veículos automóveis, independentemente do modo como essa utilização se materialize juridicamente (contrato de compra e venda, aluguer de longa duração, locação financeira, etc.), por comparação com o pagamento da retribuição efectiva a um trabalhador, sobre a qual incide uma carga fiscal total superior. Estes factores têm estimulado muitos empregadores a contrabalançar o pagamento de uma retribuição efectiva mais baixa pela atribuição ao trabalhador de um veículo automóvel. A jurisprudência não tem sido indiferente a este facto, considerando que a atribuição ao trabalhador de um veículo automóvel para que este o utilize em serviço e na sua vida privada, nomeadamente aos fins-de-semana e nas férias, pode ser considerada parte integrante da retribuição, uma vez que a utilização do veículo na vida privada representa para o trabalhador uma manifesta vantagem de natureza económica, qualificando semelhante retribuição como retribuição em espécie. Como se explica no Acórdão do Tribunal da Relação de Lisboa, de 22 de Janeiro de 2006, *Colectânea de Jurisprudência XXX*, 5.º, página153 "O nosso Supremo Tribunal tem entendido uniformemente que a atribuição a um trabalhador de veículo automóvel, com despesas de manutenção a cargo da entidade patronal, para o serviço e para o uso particular, constitui ou não retribuição conforme se prove que essa atribuição é feita com carácter obrigatório ou como um acto de mera tolerância (...). Neste sentido cfr. Acórdãos do Supremo Tribunal de Justiça, de 29 de Janeiro de 1988, 11 de Dezembro de 1988 e de 13 de Janeiro de 1989, *Acórdãos Doutrinais*, n.os 317, página 695 e 326, página 274 e *Boletim do Ministério da Justiça*, n.º 383, página 444. Será uma atribuição obrigatória quando a vinculação do empregador decorra da lei, de instrumento de regulamentação colectiva de trabalho, do contrato de trabalho, de regulamentação interna da empresa, ou dos usos. Faltando a vinculação, a atribuição de veículo automóvel constituirá uma mera liberalidade.

Assim, se o empregador conseguir ilidir a presunção legal de que constitui retribuição qualquer prestação do empregador ao trabalhador, cfr. n.º 3 do artigo 258.º, designadamente por a utilização do veículo automóvel ocorrer por causa das funções do trabalhador, e a sua utilização em serviço particular se dever a mera tolerância da empresa, então aquele veículo não constituirá uma componente da retribuição, cfr. Acórdão do Supremo Tribunal de Justiça, de 24 de Setembro de 2008, processo n.º 08S1031, documento SJ200809240010314, sumários em www.dgsi.pt. Se a utilização do veículo automóvel, não obstante as vantagens económicas que advém da mesma, não constituírem uma contrapartida directa do trabalho, por resultarem de uma mera liberalidade do empregador, poderá aquela utilização ser retirada a todo o tempo.

Se, pelo contrário, a atribuição do veículo automóvel for obrigatória, deve ser considerada uma componente da retribuição. Como se refere no Acórdão do Tribunal da Relação de Lisboa, de 15 de Junho de 1994, *Boletim do Ministério da Justiça* 438, página 308, a utilização desse veículo na vida privada do trabalhador pode também representar a satisfação de um interesse da entidade patronal, por daí resultar um maior prestígio para ela. Revestirá, contudo, a natureza de contraprestação quando a disponibilidade do veículo automóvel pelo trabalhador, como se fosse próprio, lhe acarrete um benefício de natureza económica, por evitar a aquisição de automóvel próprio e as inerentes despesas de manutenção e tal utilização corresponda ao exercício de um direito. A mesma doutrina vale, já que as razões são idênticas, para o uso de telemóvel.". E valerá também, acrescentamos, para o uso de computador portátil e acesso móvel à Internet.

Se o veículo automóvel, o uso de computador portátil, ou acesso móvel à Internet forem utilizados apenas para executar a actividade, então, não devem estes, ser considerados remuneração. É designadamente o que sucede com o trabalhador que pelos seus próprios meios se desloca diariamente para as instalações do empregador, onde, aí chegado inicia o uso do telemóvel, para no final da jornada ou dia de trabalho o imobilizar nessas mesmas instalações do empregador, não o utilizando nas suas férias.

5. Sobre a utilização pelo trabalhador, do telemóvel e do veículo automóvel que lhe foi atribuído pelo empregador, ainda que para ser usado em serviço e na vida privada, durante a suspensão do contrato de trabalho, ver anotação ao artigo 295.º

6. Do modelo tradicional da retribuição paga em dinheiro tem emergido nos últimos anos a atribuição de certas regalias a determinados trabalhadores, geralmente trabalhadores dirigentes, as quais são designadas de "fringe benefits", como a prestação de garantias bancária, a atribuição de um cartão de crédito com determinado limite de crédito autorizado, o pagamento de prémios de seguro de vida, de saúde ou outros, complementos de assistência em caso de doença, complementos de pensões de reforma, empréstimos para a aquisição de habitação, de veículo automóvel, etc. Entre as vantagens comummente apontadas aos "fringe benefits" encontram-se permitir aumentar a motivação dos trabalhadores, reduzir o absentismo, reduzir o "turn-over", ou seja a rotação de trabalhadores, aumentar a produtividade dos trabalhadores, atrair os melhores profissionais, melhorar a imagem da empresa no sector onde actua, e criar uma maior identificação do trabalhador com os objectivos da organização em que está inserido. Contudo, nem todos os "fringe benefits" devem ser entendidos como retribuição em espécie. Pelo menos os empréstimos que o empregador realize para a aquisição de habitação, de veículo automóvel, ou outros não devem ser entendidos como retribuição uma vez que podem deixar de ser concedidos em qualquer momento, a não ser que semelhante obrigação resulte de cláusula contratual, o que geralmente não sucede. Mais comum, e em ordem à natureza desses empréstimos é tratarem-se de um benefício social atribuído pelo empregador, que em qualquer momento pode alterar o montante de empréstimo, ou até suprimir a sua concessão futura aos trabalhadores, não podendo os trabalhadores invocar a constituição na sua esfera jurídica de qualquer direito a esses empréstimos. Sempre se diga, que depois de concedido um empréstimo a um trabalhador em determinadas condições, *ex vi* a amortização em 10 prestações iguais e sucessivas, não será lícito ao empregador, unilateralmente alterar as condições de reembolso para 5 prestações.

ARTIGO 260.º - Prestações incluídas ou excluídas da retribuição

1 – Não se consideram retribuição:

a) as importâncias recebidas a título de ajudas de custo, abonos de viagem, despesas de transporte, abonos de instalação e outras equivalentes, devidas ao trabalhador por deslocações, novas instalações ou despesas feitas em serviço do empregador, salvo quando, sendo tais deslocações ou despesas frequentes, essas importâncias, na parte que exceda os respectivos montantes normais, tenham sido previstas no contrato ou se devam considerar pelos usos como elemento integrante da retribuição do trabalhador.

b) As gratificações ou prestações extraordinárias concedidas pelo empregador como recompensa ou prémio dos bons resultados obtidos pela empresa;

c) As prestações decorrentes de factos relacionados com o desempenho ou mérito profissionais, bem como a assiduidade do trabalhador, cujo pagamento, nos períodos de referência respectivos, não esteja antecipadamente garantido.

d) a participação nos lucros da empresa, desde que ao trabalhador esteja assegurada pelo contrato uma retribuição certa, variável ou mista, adequada ao seu trabalho.

2 – O disposto na alínea a) do número anterior aplica-se, com as necessárias adaptações, ao abono para falhas e ao subsídio de refeição.

3 – O disposto nas alíneas b) e c) do número 1 não se aplica:

a) às gratificações que sejam devidas por força do contrato ou das normas que o regem, ainda que a sua atribuição esteja condicionada aos bons serviços do trabalhador, nem àquelas que, pela sua importância e carácter regular e permanente, devam, segundo os usos, considerar-se como elemento integrante da retribuição daquele.

b) às prestações relacionadas com os resultados obtidos pela empresa quando, quer no respectivo título atributivo quer pela sua atribuição regular e permanente, revistam carácter estável, independentemente da variabilidade do seu montante.

1. Este preceito corresponde aos artigos 260.º, 261.º e 262.º do anterior Código do Trabalho, aprovado pela Lei n.º 99/2003.

2. Da interpretação *a contrario* da alínea c) do n.º 1 resulta que as prestações decorrentes de factos relacionados com o desempenho ou mérito profissionais, cujo pagamento, nos períodos de referência respectivos, esteja antecipadamente garantido consideram-se retribuição. A alínea c) do n.º 1 inclui, no seu âmbito de aplicação, os vulgarmente designados prémios de desempenho e os prémios de equipa, os quais não são considerados retribuição desde que o seu pagamento não esteja antecipadamente garantido. A lei não nos diz o que se deve entender por antecipadamente garantido, pelo que ao intérprete cabe a espinhosa tarefa de concretizar este conceito. Para nós, antecipadamente garantido não significa que o empregador tenha de fazer depender a sua atribuição de uma variável cuja verificação não esteja apenas dependente do trabalhador e do seu exclusivo esmero. Significa antes que o pagamento da prestação estará antecipadamente garantido se, objectivamente, um trabalhador médio colocado na posição do trabalhador premiável conseguisse em concreto, com o seu mero trabalho habitual, preencher as condições para atribuição do prémio.

3. A referência ao subsídio de refeição, ou subsídio de alimentação, no n.º 2 deve restringir-se aos casos em que o empregador pague o subsídio de refeição, por uso, ou porque a tanto se encontra obrigado por instrumento de regulamentação colectiva de trabalho. É que o Código do Trabalho não obriga ao pagamento deste subsídio em concreto, sendo que o mesmo é frequentemente pago, ainda que inexista instrumento de regulamentação colectiva de trabalho, designadamente por motivos fiscais. O subsídio de refeição apenas é considerado base de incidência de imposto sobre o rendimento das pessoas singulares a partir de determinado limite, na parte em que exceder o limite legal estabelecido para os subsídios de refeição dos trabalhadores da Administração pública, ou em que o exceda em 60% sempre que o respectivo subsídio seja atribuído através de vales de refeição, nos termos da alínea b) do n.º 3 e do n.º 14, ambos do artigo 2.º do Código do Imposto sobre o Rendimento das Pessoas Singulares, aprovado pelo Decreto-Lei n.º 442-A/88, de 30 de Novembro. O mesmo sucede relativamente à base de incidência da taxa social única em matéria de segurança social, que tem o mesmo regime estabelecido em sede de Imposto sobre o Rendimento das Pessoas Singulares, razões pelas quais os empregadores preferem proceder ao seu pagamento, cfr. alínea l) do n.º 2 e n.º 3, ambos do artigo 46.º da Lei n.º 110/2009, de 16 de Setembro, que aprovou o Código dos Regimes Contributivos do Sistema Previdencial de Segurança Social.

Não obstante o elemento literal do n.º 2 ir no sentido de que o subsídio de refeição não deve integrar o conceito de retribuição, existiu uma tendência da jurisprudência para o classificar como tal. Neste sentido vejam-se os Acórdãos do Tribunal da Relação de Coimbra, de 7 de Abril de 1994, *Colectânea de Jurisprudência*, Tomo II, página 59, de 13 de Novembro de 1998, *Colectânea de Jurisprudência*, Tomo V, página 68, ou o Acórdão do Supremo Tribunal de Justiça, de 13 de Janeiro de 1993, *Colectânea de Jurisprudência (STJ)*, Tomo I, página 226: "No concernente ao subsídio de refeição, o seu pagamento começou por se justificar com o encargo imposto ao trabalhador de se deslocar ao local de trabalho, obrigando-o a tomar aí uma refeição, em lugar de o fazer em sua casa, com integração da correspondente despesa na economia conjunta do seu agregado familiar.". Determinante para o entendimento de que o subsídio de refeição deve ser considerado, para esta corrente jurisprudencial, enquanto remuneração foi a incidência fiscal que deixou de o atingir, "passando a funcionar como um complemento do vencimento, que conta para a economia familiar do trabalhador e que se vence independentemente de o trabalhador ter que tomar a refeição no lugar de trabalho, por ser distante da sua residência. Razões de natureza fiscal conduziam a privilegiar esta forma de remuneração...". Mais recentemente poderão consultar-se, no mesmo sentido, os Acórdãos do Tribunal da Relação de Lisboa de 14-09-2011, processo 1261/07.0TTLSB.L1-4, e de 21-05-2008, processo 708/2008-4, ambos disponíveis em www.dgsi.pt: "Não havendo factos que possam afastar o subsídio de alimentação do conceito legal de retribuição, o trabalhador tem direito ao pagamento do subsídio de alimentação diário vencido, desde a notificação da nota de culpa até à notificação da decisão de despedimento, com os respectivos juros de mora, vencidos desde a data dos respectivos vencimentos, ao abrigo do preceituado no art.º 417, do CT.".

À semelhança do vínhamos defendendo em edições anteriores desta obra, a jurisprudência mais recente tem vindo a inflectir a tendência de integrar o subsídio de refeição na retribuição do trabalhador. Com efeito, e quanto a nós, independentemente dos benefícios fiscais, ou outros, que se achem consagrados relativamente ao subsídio de refeição, a importância paga a esse título não perdeu o carácter de pretender compensar as despesas que o trabalhador tenha de realizar com a sua alimentação, por não se encontrar no seu domicílio em virtude da prestação de trabalho. O escopo do subsídio de refeição é fazer face a despesas concretas que o trabalhador tem de efectuar para poder executar o seu trabalho. No se vê como possam representar um ganho do trabalhador no seu orçamento familiar, ou que se traduza num benefício económico para este, dado que a própria prestação de um trabalho é uma actividade, que exige o dispêndio de energias, pretendendo-se garantir que o trabalhador se alimente em quantidade e qualidade suficientes para poder continuar a prestação do trabalho. A realidade é que o trabalhador teria sempre de se alimentar, o que no limite desconsideraria como sendo retribuição aquela parte da quantia recebida que o trabalhador sempre gastaria, ainda que fizesse a sua alimentação no seu proprio domicílio. É verdade que o subsídio de refeição, quando é pago, se vence independentemente do local onde o trabalhador toma a sua refeição, contudo este argumento parece ser insuficiente para deixar de atender à sua justificação. No sentido de que o subsídio de refeição não deve ser considerado retribuição estabelece não só este n.º 2 do artigo 260.º como dois outros diplomas. O primeiro deles é a Lei n.º 110/2009, de 16 de Setembro, que aprovou o Código dos Regimes Contributivos do Sistema Previdencial de Segurança Social, que na alínea l) do n.º 2 e no n.º 3, ambos do artigo 46.º, retira o subsídio de refeição, até certo limite, da sua base de incidência contributiva, fazendo-lhe aplicar o estabelecido em sede de Imposto sobre o Rendimento das Pessoas Singulares, sendo o outro doploma o último regime referido, cfr. alínea b) do n.º 3 e n.º 14, ambos do artigo 2.º do Código do Imposto sobre o Rendimento das Pessoas Singulares, aprovado pelo Decreto-Lei n.º 442-A/88, de 30 de Novembro, que *infra* se transcrevem:

"Artigo 2.º

Rendimentos da categoria A

3 – Consideram-se ainda rendimentos do trabalho dependente:

a) As remunerações dos membros dos órgãos estatutários das pessoas colectivas e entidades equiparadas, com excepção dos que neles participem como revisores oficiais de contas;

b) As remunerações acessórias, nelas se compreendendo todos os direitos, benefícios ou regalias não incluídos na remuneração principal que sejam auferidos devido à prestação de trabalho ou em conexão com esta e constituam para o respectivo beneficiário uma vantagem económica, designadamente:

1) Os abonos de família e respectivas prestações complementares, excepto na parte em que não excedam os limites legais estabelecidos;

2) O subsídio de refeição na parte em que exceder o limite legal estabelecido ou em que o exceda em 60% sempre que o respectivo subsídio seja atribuído através de vales de refeição;

14 – Os limites legais previstos neste artigo serão os anualmente fixados para os servidores do Estado.".

Entendemos pois, que atento o disposto neste n.º 2 do artigo 260.º, ao mandar aplicar a alínea a) do n.º 1 deste mesmo artigo 260.º, o subsídio de refeição só é devido ao trabalhador na parte em que a importância recebida a esse título ultrapasse os montantes normais. E, para saber se a importância recebida a título de subsídio de refeição excede ou não os montantes normais, cremos que, na falta de legislação específica, há que recorrer aos valores fixados a este título para os trabalhadores da Administração pública, em portaria publicada anualmente.

Assim entendido o subsídio de refeição, ou de alimentação, apesar do seu pagamento se efectuar de modo regular – e mesmo encontrando-se previsto no contrato de trabalho – não pode ser compreendido como retribuição (excepto se o seu valor ultrapassar os montantes normais, caso em que a diferença deve ser considerada remuneração), pelo que, e consequentemente não se deve proceder ao seu pagamento quando o trabalhador se achar suspenso preventivamente, cfr. artigo 354.º O mesmo sucede quando o trabalhador vir declarado o seu despedimento como ilícito, tendo como tal direito às designadas retribuições intercalares, caso em que o subsídio de alimentação não deve ser incluído nos salários intercalares.

No sentido de que o valor diário do subsídio de refeição, quando não exceda os montantes normais despendidos com o pagamento de qualquer refeição, assume uma natureza não retributiva, tem agora entendido – como referido – a mais recentemente a jurisprudência, cfr. Acórdão do Supremo Tribunal de Justiça, de 27 de Maio de 2010, processo 467/06.3TTCBR.C1.S1, disponível em www.dgsi.pt: "O subsídio de alimentação, embora assuma, na maior parte dos casos, natureza regular e periódica, só é considerado retribuição na parte que exceder os montantes normalmente pagos a esse título.". Já o Acórdão do Supremo Tribunal de Justiça, de 26 de Maio de 2015, processo 373/10.7TTPRT.P1.S1, disponível em www.dgsi.pt, entendeu que: "Ao subsídio de refeição, tal como ao abono para falhas, não deve ser conferido carácter retributivo, apesar da regularidade/periocidade da sua atribuição. A lei admite a sua consideração como tal se/quando o seu valor exceda um montante dito normal ou o mesmo seja tido, pelo contrato ou pelos usos, como elemento integrante da retribuição, sem embargo de, ainda assim, não ser devido nos dias em que, por qualquer razão, o trabalhador não compareça ao trabalho.". Por sua vez, entendeu o Acórdão do Tribunal da Relação de Lisboa, de 21 de Maio de 2014, processo 665/12.0TTBRR.L1-4, disponível em www.dgsi.pt, que: "Vigora quanto ao subsídio de alimentação uma presunção legal ilidível sobre o seu carácter não retributivo, pelo que durante o período de suspensão preventiva do trabalhador, tal subsídio não é devido, a não ser que seja ilidida pelo trabalhador essa presunção (cfr. art. 260.º n.º 1 e 2 do Código do Trabalho).".

4. Entendendo-se o subsídio de refeição como não constituindo retribuição (excepto se o seu valor ultrapassar os montantes normais, caso em que a diferença deve ser considerada remuneração), é lícito ao empregador, por sua decisão unilateral, alterar o modo do seu pagamento, deixando de o pagar em dinheiro, e passando a paga-lo através de vales de refeição, cartão eletrónico de refeição, ou outro. E vice-versa. Neste sentido entenderam o Acórdão do Tribunal da Relação de Coimbra, de 3 de Abril de 2014, processo 601/13.7TTVIS.C1, e o Acórdão do Tribunal da Relação de Guimarães, de 15 de Março de 2016, processo 470/15.2T8VNF.G1, ambos disponíveis em www.dgsi.pt.

5. O disposto no n.º 3 justifica-se porquanto as prestações quantitativamente variáveis, regular e periodicamente auferidas, para além da remuneração base, que assumam o carácter de contrapartida do trabalho prestado, têm uma natureza retributiva. Estas prestações designam-se de complementos salariais.

6. Jurisprudência:

Acórdão do Tribunal da Relação do Porto, de 25 de Fevereiro de 2008, processo n.º 0716724, sumários em www.dgsi.pt: "ao Autor sempre foi pago pela Ré – pelo menos no período que vai de Março de 2004 a Março de 2005 – determinado montante, ainda que variável, a título de ajudas de custo. Tal significa que o Autor tem legítima e fundada expectativa de receber todos os meses aquela prestação, por a mesma lhe ter sido atribuída de forma regular e permanente, criando a convicção de que ela faz parte do seu salário. E se assim é, e porque no caso dos autos se verifica a situação prevista na parte final do n.º 1 do artigo 260.º do Código do Trabalho, deve esse complemento remuneratório ser incluído na remuneração para efeitos de cálculo de pensão.".

7. Sobre o presente preceito *vide* Bernardo Lobo Xavier, *Manual de Direito do Trabalho*, Verbo, 2011, página 554 e segs.

ARTIGO 261.º – Modalidades de retribuição

1 – A retribuição pode ser certa, variável ou mista, sendo esta constituída por uma parte certa e outra variável.

2 – É certa a retribuição calculada em função de tempo de trabalho.

3 – Para determinar o valor da retribuição variável, quando não seja aplicável o respectivo critério, considera-se a média dos montantes das prestações correspondentes aos últimos 12 meses, ou ao tempo de execução de contrato que tenha durado menos tempo.

4 – Caso o processo estabelecido no número anterior não seja praticável, o cálculo da retribuição variável faz-se segundo o disposto em instrumento de regulamentação colectiva de trabalho ou, na sua falta, segundo o prudente arbítrio do julgador.

1. Este preceito corresponde aos artigos 251.º e 252.º do anterior Código do Trabalho, aprovado pela Lei n.º 99/2003.

2. O tempo de trabalho referido no n.º 2 encontra-se definido no n.º 1 do artigo 197.º, sendo que quando o tempo de trabalho for medido em número de horas por dia e por semana, denomina-se de período normal de trabalho, artigo 198.º, o qual não pode exceder as oito horas por dia e as quarenta horas por semana, cfr. n.º 1 do artigo 203.º

3. O n.º 3 ao estabelecer que para determinar o valor da retribuição variável, quando não seja aplicável o respectivo critério, considera-se a média dos montantes das prestações correspondentes aos últimos 12 meses, ou ao tempo de execução de contrato, quando o próprio contrato tenha durado menos tempo, revela que a regra para apurar o valor da retribuição variável é o critério definido pelas partes em momento anterior. Só se a aplicação daquele critério não for possível, é que se deve considerar a média dos montantes das prestações, resultando daqui que a segunda parte do n.º 3 é supletiva relativamente à primeira parte daquela norma.

4. Constituem instrumentos de regulamentação colectiva de trabalho, cfr. n.os 2, 3 e 4 do artigo 2.º, a convenção colectiva (que pode ser um contrato colectivo, acordo colectivo, ou um acordo de empresa), o acordo de adesão, a decisão arbitral, a portaria de extensão, e a portaria de condições de trabalho.

ARTIGO 262.º – Cálculo de prestação complementar ou acessória

1 – Quando disposição legal, convencional ou contratual não disponha em contrário, a base de cálculo de prestação complementar ou acessória é constituída pela retribuição base e diuturnidades.

2 – Para efeito do disposto no número anterior, entende-se por:

a) Retribuição base, a prestação correspondente à actividade do trabalhador no período normal de trabalho;

b) Diuturnidade, a prestação de natureza retributiva a que o trabalhador tenha direito com fundamento na antiguidade.

1. Este preceito corresponde ao artigo 250.º do anterior Código do Trabalho, aprovado pela Lei n.º 99/2003.

2. Da redacção do n.º 1 resulta que esta norma é supletiva. Assim, salvo disposição legal, convencional ou contratual em contrário, a base de cálculo de prestação complementar ou acessória, circunscreve-se à retribuição base e diuturnidades. Esta norma assume uma importância não despicienda, pois estabelece o critério que deve ser utilizado para proceder ao cálculo das várias prestações que sejam devidas ao trabalhador, como seja o subsídio de Natal, n.º 1 do artigo 263.º, por trabalho nocturno, n.º 1 do artigo 266.º, por trabalho suplementar, n.º 1 do artigo 268.º e por trabalho em empresa não obrigada a suspender o funcionamento em feriado, n.º 1 do artigo 269.º

3. O legislador, ao estabelecer, por aplicação do n.º 1, que a base de cálculo de prestação complementar ou acessória se limita à retribuição base e diuturnidades, assume a não consagração do princípio da omnicompreensibidade no direito do trabalho português. De acordo com o princípio da omnicompreensibilidade a retribuição é constituída por todas as prestações que tenham um nexo de causalidade com o contrato de trabalho, o que se traduz na relevância de toda e qualquer prestação complementar retributiva, independentemente do instituto retributivo em causa. No cálculo de prestação complementar ou acessória interessa apenas a retribuição base e diuturnidades, sendo afastadas por expressa vontade do legislador as demais prestações auferidas pelo trabalhador, ainda que regulares e periódicas.

4. O período normal de trabalho referido na alínea a) do n.º 2 encontra-se definido no artigo 198.º, segundo o qual designa-se período normal de trabalho, o tempo de trabalho que o trabalhador se obriga a prestar, medido em número de horas por dia e por semana. O período normal de trabalho não pode exceder as oito horas por dia e as quarenta horas por semana, cfr. n.º 1 do artigo 203.º

5. A antiguidade, referida na alínea b) do n.º 2, não corresponde necessariamente ao período temporal em que o trabalhador se encontra integrado na empresa, ou na organização laboral do empregador. Em causa, para o conceito de diuturnidade está a antiguidade na categoria ou na função. Ou seja, e no que se refere à antiguidade para efeitos de diuturnidade, releva o período temporal em que o trabalhador se encontra em determinada função, sendo que quando mude para outra, por efeito de promoção, o período temporal reinicia a sua contagem. A promoção consiste numa alteração da categoria profissional, cfr. artigo 118.º, a título definitivo, acordada entre as partes de um contrato de trabalho, expressa ou tacitamente, ou aplicável por força de uma disposição prevista em instrumento de regulamentação colectiva de trabalho (promoção automática). A promoção caracteriza-se por compreender uma modificação estável e profunda do conteúdo do negócio jurídico, sendo que, uma vez verificada esta, o trabalhador beneficia da garantia da irreversibilidade dessa outra categoria profissional adquirida, consagrada na alínea e) do n.º 1 do artigo 129.º, proibindo-se o empregador de mudar o trabalhador para uma categoria inferior, a não ser no caso previsto no artigo 119.º

ARTIGO 263.º – Subsídio de Natal

1 – O trabalhador tem direito a subsídio de Natal de valor igual a um mês de retribuição, que deve ser pago até 15 de Dezembro de cada ano.

2 – O valor do subsídio de Natal é proporcional ao tempo de serviço prestado no ano civil, nas seguintes situações:

a) No ano de admissão do trabalhador;

b) No ano de cessação do contrato de trabalho;

c) Em caso de suspensão de contrato de trabalho por facto respeitante ao trabalhador.

3 – Constitui contra-ordenação muito grave a violação do disposto neste artigo.

1. Este preceito corresponde ao artigo 254.º do anterior Código do Trabalho, aprovado pela Lei n.º 99/2003.

2. No subsídio de Natal, não devem ser consideradas nem as prestações que pressupõem a efectiva prestação do trabalho, como o subsídio de refeição, ou o subsídio de transporte, quando existam (dado que o Código do Trabalho não obriga a que estas existam), nem as prestações retributivas que sejam contrapartida do modo específico da execução do trabalho como o subsídio de turnos (quando exista, por ter sido acordado ou por imposição de instrumento de regulamentação colectiva do trabalho, dado que a mera aplicação do Código do Trabalho não obriga à sua existência), o trabalho nocturno, etc.. Assim, o montante do subsídio de Natal afere-se apenas pelo montante da retribuição base a que se soma o montante de diuturnidade, quando este exista, excluindo os complementos salariais, ainda que auferidos regular e periodicamente. Neste sentido dispõe o número um do artigo anterior. Quando exista uma disposição legal, uma cláusula no contrato de trabalho ou em instrumento de regulamentação colectiva que disponha que o cálculo do subsídio de Natal engloba outras prestações pecuniárias que não apenas a retribuição base e diuturnidades, então é essa disposição legal ou cláusula aplicável ao caso concreto, deixando de vigorar a doutrina estabelecida neste artigo.

Não obstante o supra referido, deve ter-se em atenção que a doutrina estabelecida neste artgo 263.º não é aplicável relativamente aos subsídios de Natal vencidos antes de 1 de Dezembro de 2003, dado que a norma que antecedeu este artigo 263.º (o artigo 254.º do Código do Trabalho, aprovado pela Lei n.º 99/2003, de 27 de Agosto), conjugada com uma outra norma do Código do Trabalho de 2003, o então n.º 1 do artigo 250.º (o actual n.º 1 do artigo 262.º) veio alterar profundamente a disciplina do subsídio de Natal, até então vigente. Isto significa que o regime do subsídio de Natal tal como consagrado neste artigo 264.º aplica-se aos subsídios de Natal vencidos subsequentemente à entrada em vigor do Código do Trabalho, aprovado pela Lei n.º 99/2003, de 27 de Agosto, (que entrou em vigor em 1 de Dezembro de 2003), pelo que se aplica, em termos práticos, ao subsídio de Natal de 2004, inclusive, e daí em diante. Isto significa que os subsídios de Natal vencidos antes da entrada em vigor do Código do Trabalho de 2003 podiam ter um valor distinto daquele que tiveram, ou deveriam ter, posteriormente à entrada em vigor daquele diploma, incluindo a remuneração base e todos os suplementos ou complementos remuneratórios que fossem retribuição, os quais eram calculados de acordo com os valores médios recebidos, nos termos previstos no n.º 1 do artigo 2.º do Decreto-Lei n.º 88/96, de 3 de Julho, e dos n.os 2 do artigos 82.º e 84.º da LCT (A LCT foi aprovada pelo Decreto-Lei n.º 49 408, de 24 de Novembro de 1969, tendo ficado vulgarmente conhecida como a Lei do Contrato de Trabalho, a qual veio a ser revogada pelo artigo 21.º da Lei n.º 99/2003, de 27 de Agosto).

3. Sobre o que o trabalhador tem direito quando cessa o contrato de trabalho, para além do subsídio de Natal, ver artigo 245.º e respectivas anotações.

4. Sobre o subsídio de Natal *vide* Bernardo Lobo Xavier, *Manual de Direito do Trabalho*, Verbo, 2011, página 551 e 552.

ARTIGO 264.º – Retribuição do período de férias e subsídio

1 – A retribuição do período de férias corresponde à que o trabalhador receberia se estivesse em serviço efectivo.

2 – Além da retribuição mencionada no número anterior, o trabalhador tem direito a subsídio de férias, compreendendo a retribuição base e outras prestações retributivas que sejam contrapartida do modo específico da execução do trabalho, correspondentes à duração mínima das férias.

3 – Salvo acordo escrito em contrário, o subsídio de férias deve ser pago antes do início do período de férias e proporcionalmente em caso de gozo interpolado de férias.

4 – Constitui contra-ordenação muito grave a violação do disposto neste artigo.

1. Este preceito corresponde ao artigo 255.º do anterior Código do Trabalho, aprovado pela Lei n.º 99/2003.

2. A redacção do n.º 2 deste preceito foi alterada pelo artigo 2.º da Lei n.º 23/2012, de 25 de Junho. Na versão originária do Código do Trabalho, aprovado pela Lei n.º 7/2009, de 12 de Fevereiro aquele n.º 2 tinha a seguinte redacção:

> "Além da retribuição mencionada no número anterior, o trabalhador tem direito a subsídio de férias, compreendendo a retribuição base e outras prestações retributivas que sejam contrapartida do modo específico da execução do trabalho, correspondentes à duração mínima das férias, não contando para este efeito o disposto no n.º 3 do artigo 238.º".

3. Este artigo 264.º estabelece dois tipos distintos de retribuição, mas intrinsecamente ligadas: a retribuição do período de férias e o subsídio de férias. A retribuição do período de férias fundamenta-se no necessário descanso anual que o trabalhador deve usufruir até como forma de melhor cumprir a prestação a que se acha vinculado, a de desempenhar o seu trabalho. As férias podem até ser vistas como uma das formas de ambas as partes colaborarem na obtenção da maior produtividade, bem como na promoção humana, profissional e social do trabalhador, cfr. n.º 2 do artigo 126.º Afastado do local de trabalho, e privando, em princípio com as pessoas que lhe são próximas, o trabalhador deve alhear-se de actividades que exijam um esforço físico e intelectual que sejam aptas a privá-lo de descansar. Por este motivo, o trabalhador não pode, em regra, exercer durante as férias qualquer outra actividade remunerada, salvo quando já a exerça cumulativamente, ou o empregador o autorize. Com estas duas excepções, quando o trabalhador exerça durante as férias outra actividade remunerada, o empregador tem direito a reaver a retribuição correspondente às férias e ao respectivo subsídio, embora não inteiramente por completo, cfr. n.os 1 e 2 do artigo 247.º Sensível a que o gozo das férias postula frequentemente a deslocação para locais de lazer afastados das rotinas diárias do trabalhador, com o inerente aumento de despesas, o legislador consagrou além da retribuição do período de férias, o subsídio de férias.

4. Do confronto entre o n.º 2 e o n.º 1 resulta que a retribuição do período de férias pode ter um montante diferente do subsídio de férias. Neste sentido, a retribuição do período de férias deve ser no mesmo montante da retribuição usualmente recebida pelo trabalhador, ou seja, como se o trabalhador estivesse a desempenhar o seu trabalho. Isto significa que a retribuição do período de férias deve incluir, quando estas existam (dado que o Código do Trabalho não obriga a que estas existam), as prestações pecuniárias como o subsídio de transporte. E deve incluir também, por maioria de razão aquelas outras prestações pecuniárias características do modo de prestar o trabalho como o subsídio de turnos (quando exista, por ter sido acordado ou por imposição de instrumento de regulamentação colectiva do trabalho, dado que a mera aplicação do Código do Trabalho não obriga à sua existência), o trabalho nocturno, a retribuição específica por isenção de horário de trabalho, etc.. A retribuição do período de férias deve ainda incluir as demais prestações que constituem o que se designa de retribuição variável, como as comissões, sendo que a lei estabelece como esta se deve apurar no n.º 3 do artigo 261.º, fixando que para determinar o valor da retribuição variável, quando não seja aplicável o respectivo critério, considera-se a média dos montantes das prestações correspondentes aos últimos 12 meses, ou ao tempo de execução de contrato, quando o próprio contrato tenha durado menos tempo. Exemplificando: um trabalhador com funções de vendedor, a quem é pago um subsídio de alimentação, que recebe uma percentagem no final do mês pelas vendas realizadas nesse mesmo mês, tem férias durante três semanas em Agosto. Na retribuição do período de férias irá receber a retribuição base, sendo que relativamente às comissões aplica-se o critério para determinar o seu pagamento: se vendeu no mês de Agosto (trabalhou apenas uma semana) irá receber a percentagem acordada, se não vendeu, não recebe quaisquer comissões.

Diferentemente, no subsídio de férias, parece-nos que não devem ser consideradas as prestações que pressupõem a efectiva prestação do trabalho e supra referidas, como o subsídio de refeição e o subsídio de transporte, quando existam. Deve sim ser considerado no subsídio de férias, além da retribuição base, as prestações retributivas que sejam contrapartida do modo específico da execução do trabalho como o subsídio de turnos, o trabalho nocturno, a retribuição específica por isenção de horário de trabalho, etc.. E porque o preceito refere expressamente que o subsídio de férias também inclui as prestações retributivas que sejam contrapartida do modo específico da execução do trabalho, a retribuição variável que seja recompensa da forma particular da realização da actividade, como as comissões, deve ser paga, calculando-se o seu valor de acordo com o n.º 3 do artigo 261.º, preceito que estabelece que para determinar o valor da retribuição variável, quando não seja aplicável o respectivo critério, considera-se a média dos montantes das prestações correspondentes aos últimos 12 meses, ou ao tempo de execução de contrato, quando o próprio contrato tenha durado menos tempo. Exemplificando: o mesmo trabalhador *supra* referido, deverá receber no subsídio de férias a retribuição base, não deve receber o subsídio de alimentação, mas receberá a média das comissões correspondentes aos últimos doze meses. No apuramento das comissões a pagar no subsídio de férias não se pode aplicar, neste exemplo, o critério das próprias comissões, por tal ser insusceptível de aplicação. Enquanto que na retribuição do período de férias o trabalhador estaria obrigado a trabalhar e o empregador a pagar-lhe a retribuição, tendo sido a lei quem isentou o primeiro de cumprir a sua prestação, pelo que efectivamente o trabalhador não prestou a sua actividade, é aplicável, no exemplo do vendedor comissionista, o critério definido para determinar o valor da retribuição variável: não tendo vendido – porque não se encontrava a desempenhar o seu trabalho – não recebe qualquer percentagem. No subsídio de férias o que existe é uma subvenção criada por lei, não sendo aplicável o critério para apurar a retribuição variável, há que recorrer à regra supletiva do n.º 3 do artigo 261.º que manda fazer a média dos últimos doze mezes, ou o tempo do contrato, se menor.

5. O subsídio de férias é calculado de acordo com a duração das férias, sendo que as férias podem ser repartidas, não tendo de ser gozadas num único período, desde que tal seja acordado entre o empregador e o trabalhador, devendo o trabalhador gozar no mínimo dez dias úteis consecutivos, cfr. n.º 8 do artigo 241.º Da interpretação conjunta da parte final do n.º 2 deste artigo com o n.º 1 do artigo 238.º que estabelece que o período de férias tem a duração mínima de 22 dias úteis, resulta que para efeitos de pagamento do subsídio de férias são os 22 dias úteis que devem ser considerados. Ou seja, ainda que o empregador atribua ao trabalhador alguns dias mais do que os 22 dias obrigatórios, esses dias a mais que sejam concedidos não conferem direito a subsídio de férias.

6. Nada obsta que a forma escrita, imposta pelos n.º 3, seja satisfeita através de documento electrónico, ou seja, por documento elaborado mediante processamento electrónico de dados. Por outras palavras, nada impede que a forma escrita seja adoptada através de uma declaração escrita enviada por correio electrónico (e-mail) para um endereço electrónico. Sobre a validade, eficácia e valor probatório dos documentos electrónicos remete-se para a anotação 4. ao artigo 107.º

7. Sobre o presente preceito *vide* Bernardo Lobo Xavier, *Manual de Direito do Trabalho*, Verbo, 2011, página 551 e 636 e segs.

ARTIGO 265.º – Retribuição por isenção de horário de trabalho

1 – O trabalhador isento de horário de trabalho tem direito a retribuição específica, estabelecida por instrumento de regulamentação colectiva de trabalho ou, na falta deste, não inferior a:

a) Uma hora de trabalho suplementar por dia;

b) Duas horas de trabalho suplementar por semana, quando se trate de regime de isenção de horário com observância do período normal de trabalho.-

2 – O trabalhador que exerça cargo de administração ou de direcção pode renunciar à retribuição referida no número anterior.

3 – Constitui contra-ordenação grave a violação do disposto no n.º 1.

1. Este preceito corresponde ao artigo 256.º do anterior Código do Trabalho, aprovado pela Lei n.º 99/2003.

2. Constituem instrumentos de regulamentação colectiva de trabalho, cfr. n.ºs 2, 3 e 4 do artigo 2.º, a convenção colectiva (que pode ser um contrato colectivo, acordo colectivo, ou um acordo de empresa), o acordo de adesão, a decisão arbitral, a portaria de extensão, e a portaria de condições de trabalho.

3. A retribuição por isenção de horário de trabalho é um complemento remuneratório que se prende com o modo específico como a actividade é exercida e/ou com a responsabilidade acrescida inerente ao exercício da actividade, de acordo com o previsto nos artigos 218.º e 219.º

4. Do n.º 1 resulta desde logo que a retribuição por isenção de horário de trabalho estabelecida nesta norma é supletiva, ou seja, só se aplica caso o instrumento de regulamentação colectiva de trabalho não disponha relativamente a este complemento remuneratório, ou caso não seja aplicável qualquer instrumento de regulamentação colectiva de trabalho.

5. Quanto ao cálculo de uma hora de trabalho suplementar por dia, cfr. alínea a) do n.º 1, e de duas horas de trabalho suplementar por semana, cfr. alínea b) do n.º 1, remete-se para o artigo 268.º e respectivas anotações.

6. A renúncia é um direito que não carece de aceitação da outra parte, para que possa ser exercida.

7. Face ao disposto no n.º 1, encontrando-se a retribuição específica por isenção de horário de trabalho, indexada ao valor da retribuição do trabalho suplementar – pelo menos quando não seja aplicável um instrumento de regulamentação colectiva de trabalho – a entrada em vigor da Lei n.º 23/2012, de 25 de Junho, poderá implicar uma diminuição dos valores pagos a trabalhador isento de horário de trabalho. Nos trabalhadores que venham a acordar na isenção de horário de trabalho após a entrada em vigor daquela lei não há dúvidas. É um reflexo da reforma do Código do Trabalho operada em 2012.

Já suscitará mais dúvidas a situação dos trabalhadores que vinham auferindo a retribuição especial devida pela prestação de trabalho com isenção de horário de trabalho paga de acordo com os montantes fixados na alínea a) do n.º 1 do artigo 268.º na redacção originária do Código do Trabalho aprovado pela Lei n.º 7/2009, de 12 de Fevereiro (em que uma hora de trabalho suplementar por dia era calculada de acordo com o valor da retribuição horária com o acréscimo de 50%, e em que duas horas de trabalho suplementar por semana eram calculadas de acordo com o valor da retribuição horária com o acréscimo de 50% pela primeira hora e 75% pela segunda hora). Relativamente a estes trabalhadores, a redução para metade dos valores do trabalho suplementar, fixados com a redacção do n.º 1 do artigo 268.º determinada pelo artigo 2.º da Lei n.º 23/2012, de 25 de Junho, constitui, em nosso entender um efeito colateral da diminuição realizada.

Na realidade, se assim não se entendesse seria gorado um dos efeitos visados pela reforma operada pela Lei n.º 23/2012, de 25 de Junho: diminuir os custos laborais. Com excepção da modalidade de isenção de horário de trabalho, que se define pela observância do período normal de trabalho acordado, as demais modalidades caracterizam-se pelo prestação de um maior número de horas de trabalho, que excedem o período normal de trabalho diário das 8 horas dias e 40 horas semanais. Significa isto que a isenção de horário de trabalho encontra-se muito próxima do trabalho suplementar, sendo uma figura intimamente ligada também ao acréscimo de trabalho, pelo que nenhum motivo existe para, diminuindo o valor da retribuição do trabalho suplementar, não reduzir igualmente os montantes pagos a título de isenção de horário de trabalho.

Acresce que nenhum fundamento existe para trabalhadores da mesma empresa, isentos de horário de trabalho, a desempenharem as mesmas funções, auferirem a este título uma retribuição distinta, apenas por terem acordado na isenção em data posterior à entrada em vigor da Lei n.º 23/2012, de 25 de Junho, pois um dos princípios estruturantes do direito do trabalho, com consagração constitucional, o da igualdade retributiva cfr. artigo 270.º, sempre vedaria a esta solução.

Em abono de que o pagamento da retribuição específica por isenção de horário de trabalho para os trabalhadores, que antes da entrada em vigor da Lei n.º 23/2012, de 25 de Junho (1 de Agosto de 2012) já a vinham auferindo, pode ser ajustado aos valores actuais, encontra-se ainda o facto de há muito ser entendido que não constitui violação do princípio da irreversibilidade da retribuição (cfr. alínea d) do n.º 1 do artigo 129.º) a retirada, pelo empregador, de determinados complementos salariais se cessar, licitamente, a situação que serviu de fundamento à atribuição dos mesmos. Seguindo este entendimento, seria mais gravoso assistir a uma retirada generalizada do complemento devido pela isenção de horário de trabalho apenas para conseguir diminuir os valores a pagar com acréscimos de trabalho, quando a redução se consegue pela aplicação dos valores agora previstos no n.º 1 do artigo 268.º

ARTIGO 266.º – Pagamento de trabalho nocturno

1 – O trabalho nocturno é pago com acréscimo de 25% relativamente ao pagamento de trabalho equivalente prestado durante o dia.

2 – O acréscimo previsto no número anterior pode ser substituído, mediante instrumento de regulamentação colectiva de trabalho, por:

a) Redução equivalente do período normal de trabalho;

b) Aumento fixo da retribuição base, desde que não importe tratamento menos favorável para o trabalhador.

3 – O disposto no n.º 1 não se aplica, salvo se previsto em instrumento de regulamentação colectiva de trabalho:

a) Em actividade exercida exclusiva ou predominantemente durante o período nocturno, designadamente espectáculo ou diversão pública;

b) Em actividade que, pela sua natureza ou por força da lei, deva funcionar à disposição do público durante o período nocturno, designadamente empreendimento turístico, estabelecimento de restauração ou de bebidas, ou farmácia, em período de abertura;

c) Quando a retribuição seja estabelecida atendendo à circunstância de o trabalho dever ser prestado em período nocturno.

4 – Constitui contra-ordenação muito grave a violação do disposto no n.º 1.

1. Este preceito corresponde ao artigo 257.º do anterior Código do Trabalho, aprovado pela Lei n.º 99/2003.

2. Sobre a noção de trabalho nocturno, veja-se o disposto no artigo 223.º

3. Salvo disposição legal, convencional ou contratual em contrário, o acréscimo de 25% da remuneração do trabalho nocturno relativamente ao pagamento de trabalho equivalente prestado durante o dia é aferido tendo por base de cálculo a retribuição base e diuturnidades do trabalho prestado durante o dia, cfr. n.º 1 do artigo 262.º

4. Constituem instrumentos de regulamentação colectiva de trabalho, cfr. n.os 2, 3 e 4 do artigo 2.º, a convenção colectiva (que pode ser um contrato colectivo, acordo colectivo, ou um acordo de empresa), o acordo de adesão, a decisão arbitral, a portaria de extensão, e a portaria de condições de trabalho.

5. A excepção do dever de proceder ao pagamento do trabalho nocturno com acréscimo de 25% relativamente ao pagamento de trabalho equivalente prestado durante o dia, efectuada nas alíneas a) e b) do n.º 3 é exemplificativo, como resulta da utilização do termo: "designadamente". Podem por isso ser abrangidas pela excepção outras actividades não referidas expressamente naquelas normas.

6. Para maiores desenvolvimentos sobre o trabalho nocturno *vide* Bernardo Lobo Xavier, *Manual de Direito do Trabalho*, Verbo, 2011, página 517.

ARTIGO 267.º – Retribuição por exercício de funções afins ou funcionalmente ligadas

1 – O trabalhador que exerça funções a que se refere o n.º 2 do artigo 118.º, ainda que a título acessório, tem direito à retribuição mais elevada que lhes corresponda, enquanto tal exercício se mantiver.-

2 – Constitui contra-ordenação grave a violação do disposto no número anterior.

1. Este preceito corresponde ao artigo 152.º do anterior Código do Trabalho, aprovado pela Lei n.º 99/2003.

2. Ver n.os 2 e 3 do artigo 118.º

3. Nos termos do n.º 1, caso o trabalhador exerça, para além das funções para que foi contratado, as funções que sejam afins ou funcionalmente ligadas àquelas (ou seja as funções para que foi contratado), independentemente de as desempenhar a título acessório, sendo estas funções conexas melhor remuneradas, é esta a retribuição que deve auferir. Por outras palavras, podendo o empregador atribuir ao trabalhador, de modo duradouro ou temporário, actividades acessórias – relativamente àquelas que fundamentaram a sua contratação – que envolvam uma retribuição superior, é esta retribuição mais elevada que lhe deverá ser paga. Este dever do empregador proceder ao pagamento da retribuição mais elevada mantém-se enquanto o trabalhador se encontrar a desempenhar as funções afins ou funcionalmente ligadas às funções para que foi contratado, o que decorre do princípio constitucional de que para trabalho igual, salário igual, previsto na alínea a) do n.º 1 do artigo 59.º da Constituição da República Portuguesa, princípio também consagrado no artigo 270.º

Importa ressalva contudo, que os efeitos retributivos previstos neste preceito não existem relativamente a trabalhador que exerça funções de sub-chefe ou de segundo responsável quando tenha de substituir o chefe ou responsável, porquanto o exercício daquelas funções já compreende o desempenho destas funções na ausência do chefe ou responsável. Tratando-se de um trabalhador indiferenciado que substitua o chefe ou responsável, já existirá este dever de proceder ao pagamento da retribuição mais elevada.

4. Para maiores desenvolvimentos sobre este preceito *vide* Bernardo Lobo Xavier, *Manual de Direito do Trabalho*, Verbo, 2011, página 462 e segs.

ARTIGO 268.º – Pagamento de trabalho suplementar

1 – O trabalho suplementar é pago pelo valor da retribuição horária com os seguintes acréscimos:

a) 25% pela primeira hora ou fracção desta e 37,5% por hora ou fracção subsequente, em dia útil;

b) 50% por cada hora ou fracção, em dia de descanso semanal, obrigatório ou complementar, ou em feriado.

2 – É exigível o pagamento de trabalho suplementar cuja prestação tenha sido prévia e expressamente determinada, ou realizada de modo a não ser previsível a oposição do empregador.

3 – (Revogado).

4 – Constitui contra-ordenação grave a violação do disposto no n.º 1.

1. Este preceito corresponde ao artigo 258.º do anterior Código do Trabalho, aprovado pela Lei n.º 99/2003.

2. A redacção dos n.os 1 e 3 foi alterada pelo artigo 2.º da Lei n.º 23/2012, de 25 de Junho. Posteriormente o artigo 10.º da Lei n.º 93/2019, de 4 de Setembro revogou o n.º 3. Na versão originária do Código do Trabalho, aprovado pela Lei n.º 7/2009, de 12 de Fevereiro, aqueles números tinham a seguinte redacção:

> "1 – O trabalho suplementar é pago pelo valor da retribuição horária com os seguintes acréscimos:
>
> a) 50% pela primeira hora ou fracção desta e 75% por hora ou fracção subsequente, em dia útil;
>
> b) 100% por cada hora ou fracção, em dia de descanso semanal, obrigatório ou complementar, ou em feriado.
>
> 3 – O disposto nos números anteriores pode ser afastado por instrumento de regulamentação colectiva de trabalho nos termos do n.º 6 do artigo 229.º".

3. Sobre a noção de trabalho suplementar, veja-se o artigo 226.º

4. Salvo disposição legal, convencional ou contratual em contrário, os acréscimos previstos no n.º 1 são aferidos tendo por base de cálculo a retribuição base e diuturnidades, cfr. n.º 1 do artigo 262.º A determinação do cálculo do valor da retribuição horária é aferido através da fórmula matemática prevista no n.º 1 do artigo 271.º

5. O n.º 1 estabelece expressamente que a prestação de trabalho suplementar é pago com referência a hora ou fracção de hora.

6. Nos termos da alínea j) do n.º 3 do artigo 3.º, as normas legais reguladoras de contrato de trabalho só podem ser afastadas por instrumento de regulamentação colectiva de trabalho que, sem oposição daquelas normas, disponha em sentido mais favorável aos trabalhadores quando respeitem à forma de cumprimento e garantias da retribuição, bem como pagamento de trabalho suplementar. Constituem instrumentos de regulamentação colectiva de trabalho, cfr. n.os 2, 3 e 4 do artigo 2.º, a convenção colectiva (que pode ser um contrato colectivo, acordo colectivo, ou um acordo de empresa), o acordo de adesão, a decisão arbitral, a portaria de extensão, e a portaria de condições de trabalho.

Assim, de acordo com a alínea j) do n.º 3 do artigo 3.º, permite-se que o instrumento de regulamentação colectiva de trabalho possa determinar o pagamento de quaisquer acréscimo retributivo quando seja prestado trabalho suplementar. Ou seja, o instrumento de regulamentação colectiva de trabalho apenas pode impor acréscimos superiores aos previstos no n.º 1. Parece que já não poderá estabelecer que a compensação pela prestação de trabalho suplementar seja efectuada exclusivamente mediante redução equivalente do tempo de trabalho que foi prestado em acréscimo. Ainda assim, a redação da alínea j) do n.º 3 do artigo 3.º não parece excluir soluções combinadas, ou seja, o instrumento de regulamentação colectiva de trabalho determinar que seja paga determinada quantia em dinheiro e cumulativamente exista redução do tempo de trabalho. É que sentido mais favorável aos trabalhadores, nem sempre corresponde ao pagamento de quantias monetárias, sendo também relevante, e frequentemente pode até ser mais importante, a utilização em proveito próprio de tempo.

7. Do confronto entre a redacção originária deste artigo 268.º com a redacção actual, resulta que a Lei n.º 23/2012 procedeu à redução da retribuição de trabalho suplementar. Contudo, esta Lei não se ficou pela redução, como obrigou, no seu n.º 4 do artigo 7.º, que a diminuição tivesse carácter imperativo em relação às cláusulas de contrato individual de trabalho pelo período de mais de dois anos, ou seja, entre 1 de Agosto de 2012 e 31 de Dezembro de 2014. Aquelas cláusulas ficaram suspensas, por determinação daquele n.º 4 do artigo 7.º da Lei n.º 23/2012, até 31 de Dezembro de 2014. Após este período, ou seja, a partir de 1 de Janeiro de 2015, no que concerne aos valores devidos a título de acréscimo de pagamento por trabalho suplementar, voltam a valer os montantes fixados no contrato de trabalho.

Importa apenas referir que por força do n.º 4 do artigo 7.º da Lei n.º 23/2012, também as disposições de instrumentos de regulamentação colectiva de trabalho se encontraram suspensas entre 1 de Agosto de 2012 e 31 de Dezembro de 2014. Na redacção original do n.º 5 do artigo 7.º daquela Lei, previa-se, à semelhança das cláusulas de contrato individual de trabalho, que o valor constante das disposições de instrumentos de regulamentação colectiva de trabalho após a suspensão, caso não fosse alterado, sofresse uma diminuição por imposição legal, mas aquele n.º 5 do artigo 7.º da Lei n.º 23/2012 foi julgado inconstitucional pelo Acórdão do Tribunal Constitucional n.º 602/2013, processo n.º 531/12, publicado no Diário da República, 1.ª série, n.º 206, de 24 de Outubro de 2013, disponível em www.tribunalconstitucional.pt, na parte em que se reportava às disposições de instrumentos de regulamentação colectiva de trabalho, tendo aquela mesma norma acabado por ser revogada por força da Lei n.º 48-A/2014, de 31 de Julho.

8. As partes num contrato de trabalho, empregador e trabalhador, não poderão afastar o disposto nos n.os 1 e 2, acordando por exemplo a inexistência de acréscimos retributivos quando seja prestado trabalho suplementar, ou combinando que a compensação por prestação de trabalho suplementar é realizada mediante redução equivalente do tempo de trabalho, ou parte em dinheiro e parte em redução do tempo de trabalho. É que, nos termos do n.º 5 do artigo 3.º, sempre que uma norma legal reguladora do contrato de trabalho determine que a mesma pode ser afastada por instrumento de regulamentação colectiva de trabalho, entende-se que o não pode ser por contrato de trabalho.

9. A prestação de trabalho suplementar pode conferir ainda ao trabalhador o direito a descanso compensatório, cfr. artigos 229.º e 230.º

ARTIGO 269.º – Prestações relativas a dia feriado

1 – O trabalhador tem direito à retribuição correspondente a feriado, sem que o empregador a possa compensar com trabalho suplementar.

2 – O trabalhador que presta trabalho normal em dia feriado em empresa não obrigada a suspender o funcionamento nesse dia tem direito a descanso compensatório com duração de metade do número de horas prestadas ou a acréscimo de 50% da retribuição correspondente, cabendo a escolha ao empregador.

1. Este preceito corresponde ao artigo 259.º do anterior Código do Trabalho, aprovado pela Lei n.º 99/2003.

2. A redacção do n.º 2 foi introduzida pelo artigo 2.º da Lei n.º 23/2012, de 25 de Junho. Na versão originária do Código do Trabalho, aprovado pela Lei n.º 7/2009, de 12 de Fevereiro, o n.º 2 tinha a seguinte redacção:

> "O trabalhador que presta trabalho normal em dia feriado em empresa não obrigada a suspender o funcionamento nesse dia tem direito a descanso compensatório de igual duração ou a acréscimo de 100% da retribuição correspondente, cabendo a escolha ao empregador.".

3. O presente preceito não distingue entre feriado obrigatório, cfr. artigo 234.º, e feriado facultativo, cfr. artigo 235.º, pelo que é aplicável a ambos, independentemente da modalidade que assuma o feriado.

4. Do n.º 1 resulta em termos expressos que os feriados são pagos.

5. O trabalhador que preste a sua actividade num feriado, em empresa que tenha de encerrar ou suspender a laboração, encontra-se a prestar trabalho suplementar. Nesta situação, o trabalho suplementar é pago pelo valor da retribuição horária com o acréscimo de 50% por cada hora ou fracção, cfr. alínea b) do n.º 1 do artigo 268.º Caso seja aplicável um instrumento de regulamentação colectiva de trabalho poderá este efectuar um pagamento com acréscimos superiores, como poderá consagrar uma solução mista ou combinada, com o pagamento nos acréscimos previstos na lei, e simultaneamente redução do tempo de trabalho a ser prestado, cfr. n.º 3 do artigo 3.º

6. Nos termos do n.º 2, a compensação por prestação de trabalho normal num feriado, em empresa legalmente dispensada de suspender a laboração, incumbe ao empregador. Nestas empresas, o empregador pode escolher entre proceder ao pagamento da retribuição com um acréscimo de 50%, ou em conceder um descanso compensatório com duração de metade do número de horas de trabalho prestadas. Salvo disposição legal, convencional ou contratual em contrário, o acréscimo de 50% da remuneração é aferido tendo por base de cálculo somente a retribuição base e diuturnidades do trabalho prestado durante o dia, cfr. n.º 1 do artigo 262.º

SECÇÃO II - Determinação do valor da retribuição

ARTIGO 270.º - Critérios de determinação da retribuição

Na determinação do valor da retribuição deve ter-se em conta a quantidade, natureza e qualidade do trabalho, observando-se o princípio de que, para trabalho igual ou de valor igual, salário igual.

1. Este preceito corresponde ao artigo 263.º do anterior Código do Trabalho, aprovado pela Lei n.º 99/2003.

2. Um dos princípios fundamentais do direito do trabalho, com consagração constitucional na alínea a) do n.º 1 do artigo 59.º da Constituição da República Portuguesa é o de que a trabalho igual, salário igual, repetindo-se o mesmo neste artigo 270.º Este princípio concretiza, no que diz respeito à retribuição do trabalho, o princípio da igualdade, consagrado na Lei Fundamental, cfr. artigo 13.º da Constituição da República Portuguesa, e traduz-se em termos simples, no entendimento que o trabalho igual em natureza, qualidade e quantidade, deve ser remunerado com o mesmo salário. O princípio da igualdade retributiva não significa contudo uma igualdade absoluta em todas as circunstâncias, nem obsta ou proíbe um tratamento diferenciado. O que se exige é que a diferenciação seja materialmente fundada, sob o ponto de vista da segurança jurídica e não se baseia em qualquer motivo inadmissível em termos legais. Assim, a diferenciação de tratamento é aceitável quando se baseia numa distinção objectiva de situações, não se fundamente em qualquer dos motivos indicados no n.º 2, do artigo 13.º da Constituição (distinção em razão de ascendência, sexo, raça, língua, território de origem, religião, convicções políticas ou ideológicas, instrução, situação económica, condição social ou orientação sexual), tenha um fim legítimo e se revele necessária, adequada e proporcionada à satisfação do objectivo que se pretende atingir. Desta forma, apenas haverá violação do princípio da igualdade em termos retributivos, se a diferenciação não resultar de critérios objectivos, isto é, se o trabalho prestado pelo trabalhador, independentemente da categoria profissional que lhe é atribuída, não for igual ao dos restantes trabalhadores, não só quanto à natureza, mas também qualidade e quantidade.

3. Para maiores desenvolvimentos sobre este preceito *vide* Bernardo Lobo Xavier, *Manual de Direito do Trabalho*, Verbo, 2011, página 566 e segs., e António

Monteiro Fernandes, *Direito do Trabalho*, 15.ª Edição, Almedina, Abril 2010, página 476 e segs.

ARTIGO 271.º – Cálculo do valor da retribuição horária

1 – O valor da retribuição horária é calculado segundo a seguinte fórmula:

$$(Rm \times 12) : (52 \times n)$$

2 – Para efeito do número anterior, ***Rm*** *é o valor da retribuição mensal e* ***n*** *o período normal de trabalho semanal, definido em termos médios em caso de adaptabilidade.*

1. Este preceito corresponde ao artigo 264.º do anterior Código do Trabalho, aprovado pela Lei n.º 99/2003.

2. A determinação do cálculo do valor da retribuição horária é fundamental, pois é esta fórmula matemática que está na base de vários cálculos a que é necessário proceder para estabelecer a retribuição por isenção de horário de trabalho, cfr. n.º 1 do artigo 265.º, o pagamento de trabalho suplementar, cfr. n.º 1 do artigo 268.º, etc..

ARTIGO 272.º – Determinação judicial do valor da retribuição

1 – Compete ao tribunal, tendo em conta a prática da empresa e os usos do sector ou locais, determinar o valor da retribuição quando as partes o não fizeram e ela não resulte de instrumento de regulamentação colectiva de trabalho aplicável.

2 – Compete ainda ao tribunal resolver dúvida suscitada sobre a qualificação como retribuição de prestação paga pelo empregador.

1. Este preceito corresponde ao artigo 265.º do anterior Código do Trabalho, aprovado pela Lei n.º 99/2003.

2. Constituem instrumentos de regulamentação colectiva de trabalho, cfr. n.os 2, 3 e 4 do artigo 2.º, a convenção colectiva (que pode ser um contrato colectivo, acordo colectivo, ou um acordo de empresa), o acordo de adesão, a decisão arbitral, a portaria de extensão, e a portaria de condições de trabalho.

3. Não tendo as partes, empregador e trabalhador determinado o valor da retribuição, não haverá uma nulidade do contrato. Ao invés, poderá o trabalhador requerer ao tribunal que determine o valor da retribuição, nos termos do n.º 1.

4. O valor da retribuição é uma informação que incube ao empregador prestar ao trabalhador, cfr. alínea h) do n.º 3 do artigo 106.º, por escrito, cfr. n.º 1 do artigo 107.º, nos 60 dias subsequentes ao início da execução do contrato, ou se este cessar antes deste prazo, até ao respectivo termo, cfr. n.º 4 do artigo 107.º

5. Sobre o presente preceito *vide* Bernardo Lobo Xavier, *Manual de Direito do Trabalho*, Verbo, 2011, página 567.

SECÇÃO III – Retribuição mínima mensal garantida

ARTIGO 273.º – Determinação da retribuição mínima mensal garantida

1 – É garantida aos trabalhadores uma retribuição mínima mensal, seja qual for a modalidade praticada, cujo valor é determinado anualmente por legislação específica, ouvida a Comissão Permanente de Concertação Social.

2 – Na determinação da retribuição mínima mensal garantida são ponderados, entre outros factores, as necessidades dos trabalhadores, o aumento de custo de vida e a evolução da produtividade, tendo em vista a sua adequação aos critérios da política de rendimentos e preços.

3 – Constitui contra-ordenação muito grave a violação do disposto no n.º 1.

4 – A decisão que aplicar a coima deve conter a ordem de pagamento do quantitativo da retribuição em dívida ao trabalhador, a efectuar dentro do prazo estabelecido para pagamento da coima.

1. Este preceito corresponde ao artigo 266.º do anterior Código do Trabalho, aprovado pela Lei n.º 99/2003.

2. A Comissão Permanente de Concertação Social é um órgão do Conselho Económico e Social, cfr. alínea c) do artigo 6.º da Lei n.º 108/91, de 17 de Agosto, alterada pelas Leis n.ºs 80/98, de 24 de Novembro, 128/99, de 20 de Agosto, 12/2003, de 20 de Maio, 37/2004, de 13 de Agosto, 75-A/2014, de 30 de Setembro e 135/2015, de 7 de Setembro, que definiu a orgânica e competências do Conselho Económico e Social. O Conselho Económico e Social tem previsão constitucional, no artigo 92.º da Constituição da República Portuguesa, sendo o órgão de consulta e concertação no domínio das políticas económica e social, participando na elaboração das propostas das grandes opções e dos planos de desenvolvimento económico e social. Do Conselho Económico e Social, fazem parte, designadamente, representantes do Governo, das organizações representativas dos trabalhadores, das actividades económicas e das famílias, das regiões autónomas e das autarquias locais. A Comissão Permanente de Concertação Social é presidida pelo Primeiro Ministro e tem como principal missão a promoção do diálogo e da concertação tripartida entre o Governo e os parceiros sociais, contribuir para a regulamentação das relações de trabalho e para a definição das políticas de rendimentos e preços, de emprego, formação profissional e protecção social. De acordo com o artigo 4.º do regulamento interno da Comissão Permanente de Concertação Social, aprovado em 4 de Junho de 1993 e publicado no Diário da República, 2.ª série, n.º 204, de 31 de Agosto de 1993, são várias as suas competências. Entre estas destacamos, nos termos das alíneas a), b) e c) do n.º 1 do artigo 4.º do seu regulamento interno, a competência da Comissão Permanente de Concertação Social para pronunciar-se sobre as políticas de reestruturação e de desenvolvimento socioeconómico, bem como sobre a execução das mesmas, quer através da emissão de pareceres que lhe sejam solicitados pelo Governo, quer por propostas e recomendações de sua própria iniciativa; para propor soluções conducentes ao regular funcionamento da economia, tendo em conta, designadamente, as suas incidências no domínio sociolaboral; e para apreciar regularmente a evolução da situação económica e social do País.

3. O n.º 1 deste artigo estabelece explicitamente que os trabalhadores têm direito a uma retribuição mínima mensal (vulgarmente designada por salário mínimo), independentemente da modalidade da retribuição praticada, ou seja, os trabalhadores recebem uma retribuição mínima mensal de determinado valor, quer a retribuição paga pelo empregador seja certa, variável ou mista, cfr. n.º 1 do artigo 261.º Contudo, e atenta a redacção do n.º 1 do artigo 274.º, não significa o n.º 1 deste artigo 273.º, que qualquer trabalhador tenha a legitima expectativa de mensalmente poder auferir o montante pecuniário fixado anualmente. O empregador é obrigado a remunerar o trabalhador no valor mensal fixado anualmente, mas esse valor inclui o valor da retribuição em espécie (desde que o valor do total das prestações em espécie não ultrapasse 50% do valor da retribuição mínima mensal, cfr. alínea e) do n.º 2 do artigo 274.º), a comissão sobre vendas ou prémio de produção e a gratificação que constitua retribuição. Sobre o que se deve achar incluido, ou não, no montante a pagar a título de retribuição mínima mensal garantida, ver artigo 274.º e respectivas anotações.

4. A retribuição mínima mensal fixada anualmente pode não corresponder àquilo que o trabalhador aufere verdadeiramente, quando se trata de trabalhador com capacidade de trabalho reduzida, e de trabalhador que seja praticante, aprendiz, estagiário ou formando em situação de formação certificada, uma vez que se estabelece relativamente a estes trabalhadores a admissibilidade do empregador reduzir uma determinada percentagem da retribuição mínima mensal garantida, cfr. artigo 275.º A redução estabelecida naquele artigo 275.º é uma possibilidade dada pela lei ao empregador, podendo este, querendo, não aplicar essa redução, cfr. n.º 4 do artigo 3.º

REMUNERAÇÃO MÍNIMA MENSAL

LEGISLAÇÃO	VALOR (Regime geral)	VALOR (Trabalhadores Rurais)	VALOR (Trabalhadores Serviço Doméstico)	ANO DE INCIDÊNCIA
Decreto-Lei n.º 217/74, de 27 de Maio	3,300$00	———	———	Maio 1974
Decreto-Lei n.º 292/75, de 16 de Junho	4,000$00	———	———	Junho 1975
Decreto-Lei n.º 49-B/77, de 12 de Fevereiro	4,500$00	3,500$00	———	1977
Decreto-Lei n.º 113/78, de 29 de Maio	5,700$00	4,600$00	3,500$00	Abril 1978
Decreto-Lei n.º 440/79, de 6 de Novembro	7,500$00	6,100$00	4,700$00	Outubro 1979

LEGISLAÇÃO	VALOR (Regime geral)	VALOR (Trabalhadores Rurais)	VALOR (Trabalhadores Serviço Doméstico)	ANO DE INCIDÊNCIA
Decreto-Lei n.º 480/80, de 15 de Outubro	9,000$00	7,500$00	5,700$00	Outubro 1980
Decreto-Lei n.º 296/81, de 27 de Outubro	10,700$00	8,950$00	6,800$00	Outubro 1981
Decreto-Lei n.º 47/83, de 29 de Janeiro	13,000$00	10,900$00	8,300$00	1983
Decreto-Lei n.º 24-A/84, de 16 de Janeiro	15,600$00	13,000$00	10.000$00	1984
Decreto-Lei n.º 49/85, de 27 de Fevereiro	19,200$00	16,500$00	13.000$00	1985
Decreto-Lei n.º 10/86, de 17 de Janeiro	22,500$00	19,500$00	15.200$00	1986
Decreto-Lei n.º 69-A/87, de 9 de Fevereiro	25,200$00	22,400$00	17,500$00	1987
Decreto-Lei n.º 411/87, de 31 de Dezembro	27,200$00	24,800$00	19.500$00	1988
Decreto-Lei n.º 494/88, de 30 de Dezembro	30,000$00	28,400$00	22.400$00	1.º Semestre 1989
Decreto-Lei n.º 242/89, de 4 de Agosto	31,500$00	30,000$00	24.000$00	2.º Semestre 1989
Decreto-Lei n.º 41/90, de 7 de Fevereiro	35,000$00	34,500$00	28,000$00	1990
Decreto-Lei n.º 14-B/91, de 9 de Janeiro	40,100$00		33,500$00	1991
Decreto-Lei n.º 50/92, de 9 de Abril	44,500$00		38,000$00	1992
Decreto-Lei n.º 124/93, de 16 de Abril	47,400$00		41,000$00	1993
Decreto-Lei n.º 79/94, de 9 de Março	49,300$00		43,000$00	1994
Decreto-Lei n.º 20/95, de 28 de Janeiro	52,000$00		45,700$00	1995
Decreto-Lei n.º 21/96, de 19 de Março	54,600$00		49,000$00	1996
Decreto-Lei n.º 38/97, de 4 de Fevereiro	56,700$00		51,450$00	1997
Decreto-Lei n.º 35/98, de 18 de Fevereiro	58,900$00		54,100$00	1998
Decreto-Lei n.º 49/99, de 16 de Fevereiro	61,300$00		56,900$00	1999

LEGISLAÇÃO	VALOR (Regime geral)	VALOR (Trabalhadores Rurais)	VALOR (Trabalhadores Serviço Doméstico)	ANO DE INCIDÊNCIA
Decreto-Lei n.º 573/99, de 30 de Dezembro	63,800$00		60,000$00	2000
Decreto-Lei n.º 313/2000, de 2 de Dezembro	67,000$00		64,300$00	2001
Decreto-Lei n.º 325/2001, de 17 de Dezembro	348,00 € (69,770$00)		341,25 € (68,410$00)	2002
Decreto-Lei n.º 320-C/2002, de 30 de Dezembro	356,60 €		353,20 €	2003
Decreto-Lei n.º 19/2004, de 20 de Janeiro	365,60 €			2004
Decreto-Lei n.º 242/2004, de 31 de Dezembro	374,70 €			2005
Decreto-Lei n.º 238/2005, de 30 de Dezembro	385,90 €			2006
Decreto-Lei n.º 2/2007, de 3 de Janeiro	403,00 €			2007
Decreto-Lei n.º 397/2007, de 31 de Dezembro	426,00 €			2008
Decreto-Lei n.º 246/2008, de 18 de Dezembro	450,00 €			2009
Decreto-Lei n.º 5/2010, de 15 de Janeiro	475,00 €			2010
Decreto-Lei n.º 143/2010, de 31 de Dezembro	485,00 €			2011, 2012, 2013 e até 30 Setembro de 2014
Decreto-Lei n.º 144/2014, de 30 de Setembro	505,00 €			A partir de 1 de Outubro 2014 e até 31 de Dezembro de 2015
Decreto-Lei n.º 254-A/2015, de 31 de Dezembro	530,00 €			2016
Decreto-Lei n.º 86-B/2016, de 29 de Dezembro	557,00 €			1 de Janeiro de 2017
Decreto-Lei n.º 156/2017, de 28 de Dezembro	580,00 €			1 de Janeiro de 2018
Decreto-Lei n.º 117/2018, de 27 de Dezembro	600,00 €			1 de Janeiro de 2019
Decreto-Lei n.º 167/2019, de 21 de Novembro	635,00 €			1 de Janeiro de 2020

Note-se que as Regiões Autónomas dos Açores e da Madeira têm vindo a estabelecer um acréscimo à retribuição mínima garantida no sentido de atenuar os efeitos dos custos da insularidade. Relativamente à Região Autónoma dos Açores veja-se o Decreto Legislativo Regional n.º 8/2002/A, de 10 de Abril, alterado pelos Decretos Legislativos Regionais n.os 22/2007/A, de 23 de Outubro, 6/2010/A, de 23 de Fevereiro, 3/2012/A, de 13 de Janeiro, 3/2013/A, de 23 de Maio, 2/2014/A, de 29 de Janeiro, 14/2014/A, de 1 de Agosto, 22/2014/A, de 27 de Novembro, 8/2015/A de 30 de Março, e 1/2016/A, de 8 de Janeiro, que estabelece um acréscimo de 5% sobre o valor da retribuição mínima nacional, ou seja o valor da retribuição mínima mensal nos Açores é de 666,75 €, a partir de 1 de Janeiro de 2020. Quanto à Região Autónoma da Madeira veja-se o Decreto Legislativo Regional n.º 1/2019/M, de 15 de Fevereiro, que aprovou a retribuição mínima mensal garantida para vigorar a partir de 1 de Janeiro de 2019 na Região Autónoma da Madeira, no montante de 615,00 €.

ARTIGO 274.º – Prestações incluídas na retribuição mínima mensal garantida

1 – O montante da retribuição mínima mensal garantida inclui:

a) O valor de prestação em espécie, nomeadamente alimentação ou alojamento, devida ao trabalhador em contrapartida do seu trabalho normal;

b) Comissão sobre vendas ou prémio de produção;

c) Gratificação que constitua retribuição, nos termos da alínea b) do n.º 1 do artigo 260.º

2 – O valor de prestação em espécie é calculado segundo os preços correntes na região e não pode ser superior aos seguintes montantes ou percentagens do valor da retribuição mínima mensal garantida, total ou do determinado por aplicação de percentagem de redução a que se refere o artigo seguinte:

a) 35% para a alimentação completa;

b) 15% para a alimentação constituída por uma refeição principal;

c) 12% para o alojamento do trabalhador;

d) 27,36 € por divisão assoalhada para a habitação do trabalhador e seu agregado familiar;

e) 50% para o total das prestações em espécie.

3 – O valor mencionado na alínea d) do número anterior é actualizado por aplicação do coeficiente de actualização das rendas de habitação, sempre que seja aumentado o valor da retribuição mínima mensal garantida.

4 – O montante da retribuição mínima mensal garantida não inclui subsídio, prémio, gratificação ou outra prestação de atribuição acidental ou por período superior a um mês.

1. Este preceito não tinha correspondência no anterior Código do Trabalho, aprovado pela Lei n.º 99/2003, de 27 de Agosto. Corresponde ao artigo 207.º da Lei n.º 35/2004, de 29 de Julho, que regulamentou o anterior Código do Trabalho.

2. Nos termos da alínea a) do n.º 1 o montante da retribuição mínima mensal garantida inclui o valor da prestação em espécie. A prestação em espécie visa a satisfação de necessidades pessoais do trabalhador ou da sua família, sendo que não lhe pode ser atribuído valor superior ao corrente na região, cfr. n.º 1 do artigo 259.º, tendo como limites os montantes ou percentagens do valor da retribuição mínima mensal garantida estabelecidos no n.º 2 deste artigo 274.º Sempre se refira que o n.º 2 do artigo 259.º estabelece que o valor das prestações em espécie não pode exceder o da parte em dinheiro, salvo se o instrumento de regulamentação colectiva do trabalho o permitir. Contudo, e atento o limite estabelecido na alínea e) do n.º 2 deste artigo 274.º, de que o total das prestações em espécie não pode exceder 50% do valor da retribuição mínima mensal, deve entender-se que esta alínea e) deste n.º 2 é uma norma imperativa, quando o trabalhador aufira apenas a retribuição mínima mensal, não podendo nesta situação o instrumento de regulamentação colectiva do trabalho dispor de forma diversa, cfr. n.º 1 do artigo 3.º e alínea j) do n.º 3 do artigo 3.º

3. Estranhamente a alínea b) do n.º 1 deste artigo 274.º estabelece que a comissão sobre vendas ou prémio de produção está incluída na retribuição mínima mensal garantida. Esta inclusão, nas situações em que o trabalhador aufere apenas a retribuição mínima mensal garantida, parece contrariar a própria natureza das comissões, criadas como forma de incentivar o trabalhador a aumentar a sua produtividade, que pode, pela sua intervenção, vir a receber determinado um montante em acréscimo daquele com que já contava para poder fazer face ao seu sustento e ao do seu agregado familiar. Sobre as comissões ver anotação ao artigo 258.º

4. O n.º 1 determina expressamente quais as prestações que estão incluídas na retribuição mínima mensal garantida (outrora designado de salário mínimo). O n.º 4 deste artigo 274.º, por sua vez, estabelece sem deixar dúvidas que o montante que seja pago a título de retribuição mínima mensal garantida não inclui o subsídio, o prémio, a gratificação ou outra prestação de atribuição acidental ou por período superior a um mês. Ou seja, deste n.º 4 parece resultar explicitamente que existem prestações pecuniárias que a retribuição mínima mensal garantida não abrange.

E que prestações serão essas que não se devem achar incluidas? Será, por exemplo, o caso da retribuição específica que é devida por isenção de horário de trabalho, cfr. artigo 265.º, quando o empregador e o trabalhador acordem que o trabalhador se encontre isento de horário de trabalho. O acrescimo salarial que seja pago como isenção de horário de trabalho constitui retribuição, como resulta do n.º 2 do artigo 258.º, e do n.º 1 do artigo 265.º E, em principio, o pagamento da isenção de horário de trabalho sempre iria vigorar por período superior a um mês, pelo que recai no âmbito de aplicação do n.º 4 deste artigo 274.º Há ainda um outro argumento a favor da tese de que a retribuição mínima mensal garantida não deverá incluir o pagamento da isenção de horário de trabalho. Tal argumento é que esse acréscimo pode a qualquer momento ser retirado, caso o modo de prestar o trabalho também seja alterado, deixando o trabalhador de prestar trabalho fora dos limites normais impostos pelas normas que regulam o horário de trabalho. Ou seja, podendo deixar de existir a qualquer momento a prestação de trabalho em regime de isenção de horário de trabalho por decisão do empregador (e assim deixar de ser devido o seu pagamento), o trabalhador cujo salário só fosse superior com o pagamento da isenção de horário de trabalho, passaria imediatamente com a decisão unilateral da empresa a receber abaixo da retribuição mínima mensal garantida, resultado que as normas que tutelam a retribuição mínima mensal garantida parecem não consentir.

Haverá outras prestações cujo tratamento jurídico deverá ser visto à luz do n.º 4 deste artigo 274.º, e assim não se encontrarem incluídas no montante mínimo fixado anualmente como retribuição minima mensal garantida, e que por isso devem acrescer àquele montante como sejam o montante auferido a título de subsídio de turno, (quando exista, por ter sido acordado ou por imposição de instrumento de regulamentação colectiva do trabalho, dado que a mera aplicação do Código do Trabalho não obriga à sua existência), e o pagamento do trabalho suplementar, cfr. artigo 268.º

ARTIGO 275.º – Redução da retribuição mínima mensal garantida relacionada com o trabalhador

1 – A retribuição mínima mensal garantida tem a seguinte redução relativamente a:

a) Praticante, aprendiz, estagiário ou formando em situação de formação certificada, 20%;

b) Trabalhador com capacidade de trabalho reduzida, a redução correspondente à diferença entre a capacidade plena para o trabalho e o coeficiente de capacidade efectiva para a actividade contratada, se a diferença for superior a 10%, com o limite de 50%.

2 – A redução prevista na alínea a) do número anterior não é aplicável por período superior a um ano, incluindo o tempo de formação ao serviço de outro empregador, desde que documentado e visando a mesma qualificação.

3 – O período estabelecido no número anterior é reduzido a seis meses no caso de trabalhador habilitado com curso técnico-profissional ou curso obtido no sistema de formação profissional qualificante para a respectiva profissão.

4 – A certificação do coeficiente de capacidade efectiva é feita, a pedido do trabalhador, do candidato a emprego ou do empregador, pelo serviço público de emprego ou pelos serviços de saúde.

1. Este preceito não tinha correspondência no anterior Código do Trabalho, aprovado pela Lei n.º 99/2003, de 27 de Agosto. Corresponde ao artigo 209.º da Lei n.º 35/2004, de 29 de Julho, que regulamentou o anterior Código do Trabalho.

2. A alínea g) do artigo 3.º do Decreto-Lei n.º 396/2007, de 31 de Dezembro, alterado pelo Decreto-Lei n.º 14/2017 de 26 de Janeiro, que estabelece o regime jurídico do Sistema Nacional de Qualificações define a formação certificada como a formação desenvolvida por entidade formadora certificada para o efeito ou por estabelecimento de ensino reconhecido pelos ministérios competentes.

3. Nos termos do n.º 1 a retribuição mínima mensal, fixada anualmente, pode não corresponder àquilo que o trabalhador aufere verdadeiramente, quando se trata de trabalhador com capacidade de trabalho reduzida, e de trabalhador que seja praticante, aprendiz, estagiário ou formando em situação de formação certificada, uma vez que se estabelece relativamente a estes trabalhadores a admissibilidade do empregador reduzir uma determinada percentagem da retribuição mínima mensal garantida. A redução estabelecida neste n.º 1 é uma possibilidade dada pela lei ao empregador, podendo este, querendo, não aplicar essa redução, cfr. n.º 4 do artigo 3.º

4. A alínea a) do n.º 1, ao referir que a retribuição mínima mensal é alvo de uma redução relativamente a praticante, aprendiz, estagiário ou formando é aplicável apenas ao praticante, aprendiz, estagiário ou formando que tenha a qualidade de trabalhador, recebendo ordens e encontrando-se sujeito à disciplina do empregador. Ou seja, esta norma, como as demais deste Código do Trabalho, é aplicável apenas quando a relação jurídica entre o praticante, aprendiz, estagiário ou formando, e o empregador é de subordinação jurídica. Quando a relação jurídica seja de outra natureza que não de subordinação jurídica não é, em princípio, a legislação laboral a aplicável. Exemplificando, ao estágio extracurricular são aplicáveis as disposições do Decreto-Lei n.º 66/2011, de 1 de Junho, que estabelece as regras a que deve obedecer a realização de estágios profissionais extracurriculares, incluindo os que tenham como objectivo a aquisição de uma habilitação profissional legalmente exigível para o acesso ao exercício de determinada profissão, não sendo nenhum daqueles estágios considerados uma relação de trabalho subordinado. O estágio profissional, para efeitos do Decreto-Lei n.º 66/2011, consiste nos termos do n.º 1 do seu artigo 2.º, na formação prática em contexto de trabalho que se destina a complementar e a aperfeiçoar as competências do estagiário, visando a sua inserção ou reconversão para a vida activa de forma mais célere e fácil, ou a obtenção de uma formação técnico-profissional e deontológica legalmente obrigatória para aceder ao exercício de determinada profissão. Assim, o estagiário, nos termos do Decreto-Lei n.º 66/2011, auferirá, pelo desempenho das actividades de estágio, um subsídio mensal de estágio – cujo valor não pode ser inferior ao valor correspondente ao indexante dos apoios sociais (IAS) – e não uma retribuição.

SECÇÃO IV – Cumprimento de obrigação de retribuição

ARTIGO 276.º – Forma de cumprimento

1 – A retribuição é satisfeita em dinheiro ou, estando acordado, em prestações não pecuniárias, nos termos do artigo 259.º

2 – A parte pecuniária da retribuição pode ser paga por meio de cheque, vale postal ou depósito à ordem do trabalhador, devendo ser suportada pelo empregador a despesa feita com a conversão do título de crédito em dinheiro ou o levantamento, por uma só vez, da retribuição.

3 – Até ao pagamento da retribuição, o empregador deve entregar ao trabalhador documento do qual constem a identificação daquele, o nome completo, o número de inscrição na instituição de segurança social e a categoria profissional do trabalhador, a retribuição base e as demais prestações, bem como o período a que respeitam, os descontos ou deduções e o montante líquido a receber.

4 – Constitui contra-ordenação muito grave a violação do disposto no n.º 1, contra-ordenação grave a violação do disposto no n.º 2 e contra-ordenação leve a violação do disposto no n.º 3.

1. Este preceito corresponde ao artigo 267.º do anterior Código do Trabalho, aprovado pela Lei n.º 99/2003.

2. Nos termos do n.º 2 do artigo 259.º, o valor das prestações em espécie não pode exceder o da parte em dinheiro, salvo se o instrumento de regulamentação colectiva do trabalho o permitir. Por outro lado, o n.º 1 do artigo 259.º estabelece que a prestação retributiva não pecuniária deve destinar-se à satisfação de necessidades pessoais do trabalhador ou da sua família e não lhe pode ser atribuído valor superior ao corrente na região.

3. De acordo com o n.º 2, a parte da retribuição em dinheiro pode ser paga por meio de cheque, vale postal ou depósito à ordem do trabalhador, desde que, nos termos do n.º 4 do artigo 278.º, o montante da retribuição estaja à disposição do trabalhador na data do vencimento ou em dia útil anterior. Da parte final do mesmo n.º 2 resulta que as despesas necessárias à conversão do título de crédito em dinheiro ou o levantamento, por uma só vez, da retribuição correm por conta do empregador.

4. Através do n.º 3 deste artigo 276.º, pretende-se que o empregador informe o trabalhador, sempre que aquele tenha de proceder ao pagamento da sua retribuição, de um conjunto de elementos, os quais poderá o próprio trabalhador utilizar até judicialmente. Com semelhante informação, permite-se que o trabalhador controle não só a sua retribuição, designadamente aferindo dos descontos ou deduções à mesma realizados (limitados pelo disposto no artigo 279.º), ao mesmo tempo que se mune o trabalhador da informação necessária para que, querendo, confirme que foi inscrito na Segurança Social, que foram feitas as deduções necessárias para esta, e que aquelas deduções foram efectivamente entregues àquela instituição. O documento referido no n.º 3 deste artigo 276.º é designado de recibo de retribuição, ou de vencimento.

5. Nos termos do n.º 2 do artigo 177.º da Lei n.º 98/2009, de 4 de Setembro, que regulamenta o regime de reparação de acidentes de trabalho e de doenças profissionais, os recibos de retribuição devem identificar a seguradora para a qual o risco se encontra transferido à data da sua emissão.

6. Nada impede que o documento referido no n.º 3 seja entregue através de documento electrónico, ou seja, por documento elaborado mediante processamento electrónico de dados, enviado por correio electrónico (e-mail) para os endereços electrónicos dos trabalhadores da empresa, nada obstando igualmente que o documento esteja disponível na intranet da empresa (rede interna de partilha de ficheiros e gestão de conhecimento da empresa), ou mesmo no website (sitio na Internet) da empresa, desde que nestes últimos casos o acesso à informação se encontre limitado, de modo a assegurar a protecção dos dados pessoais do trabalhador.

7. Sobre o presente preceito *vide* Bernardo Lobo Xavier, *Manual de Direito do Trabalho*, Verbo, 2011, página 572 e 587.

ARTIGO 277.º – Lugar do cumprimento

1 – A retribuição deve ser paga no local de trabalho ou noutro lugar que seja acordado, sem prejuízo do disposto no n.º 2 do artigo anterior.

2 – Caso a retribuição deva ser paga em lugar diverso do local de trabalho, o tempo que o trabalhador gastar para receber a retribuição considera-se tempo de trabalho.

1. Este preceito corresponde ao artigo 268.º do anterior Código do Trabalho, aprovado pela Lei n.º 99/2003.

2. Do n.º 1 resulta que em matéria de lugar do cumprimento da obrigação de retribuição é o acordo das partes que fixa aquele local. Caso as partes nada tenham acordado, a retribuição deve ser paga no local de trabalho. Este n.º 1 afasta assim o regime previsto no Código Civil, relativamente ao lugar do cumprimento, cfr. artigo 774.º do Código Civil.

3. Do n.º 2 resulta que caso as partes tenham acordado que a retribuição é paga noutro local que não o local de trabalho, como poderá suceder relativamente a trabalhador que desempenha o seu trabalho num determinado estabelecimento e que aufere a retribuição na sede da empresa, o tempo que o trabalhador tenha de dispender para a receber é considerado tempo de trabalho, cfr. artigo 197.º Sendo tempo de trabalho, e impondo o n.º 2 do artigo seguinte que a remuneração seja paga em dia útil, durante o período de trabalho, ou imediatamente a seguir a este, nada veda que o tempo que o trabalhador tenha de dispender para receber a retribuição seja fora do horário de trabalho, cfr. n.º 1 do artigo 226.º, o que se for o caso, será pago como trabalho suplementar, cfr. n.º 1 do artigo 268.º

4. Sobre a presente norma *vide* Bernardo Lobo Xavier, *Manual de Direito do Trabalho*, Verbo, 2011, página 572 e 573.

ARTIGO 278.º – Tempo do cumprimento

1 – O crédito retributivo vence-se por períodos certos e iguais, que, salvo estipulação ou uso diverso, são a semana, a quinzena e o mês do calendário.

2 – A retribuição deve ser paga em dia útil, durante o período de trabalho ou imediatamente a seguir a este.

3 – Em caso de retribuição variável com período de cálculo superior a 15 dias, o trabalhador pode exigir o pagamento em prestações quinzenais.

4 – O montante da retribuição deve estar à disposição do trabalhador na data do vencimento ou em dia útil anterior.

5 – O empregador fica constituído em mora se o trabalhador, por facto que não lhe seja imputável, não puder dispor do montante da retribuição na data do vencimento.

6 – Constitui contra-ordenação grave a violação do disposto no n.º 4.

1. Este preceito corresponde ao artigo 269.º do anterior Código do Trabalho, aprovado pela Lei n.º 99/2003.

2. Deste preceito resulta que a retribuição se vence automaticamente, não tendo o trabalhador de a exigir.

3. O n.º 1 permite que por estipulação ou uso, a retribuição seja diária.

4. Do n.º 1 resulta a consagração no ordenamento jurídico português do princípio da pós-numeração, ou seja, o pagamento ao trabalhador da retribuição só é realizado após a prestação do trabalho, durante determinado período de tempo. Por outras palavras a prestação do trabalho é antecipadamente realizada.

5. Da interpretação conjugada dos n.os 2 e 4 resulta que a retribuição deve estar à disposição do trabalhador na data do vencimento, e deve ser paga em dia útil, durante o período de trabalho ou imediatamente a seguir a este. Excluindo os casos em que é paga a retribuição no dia útil anterior, cremos que o sentido destas normas não é permitir ao empregador um lapso temporal desmedido entre o *terminus* da jornada do dia de trabalho e o pagamento da retribuição. Ou seja, e exemplificando, terminando um trabalhador o seu dia de trabalho no último dia útil do mês às 19:00 horas, não cremos que seja admissível que o empregador apenas coloque à disposição do trabalhador a retribuição às 23:59 desse mesmo dia. Estabelecendo-se no n.º 2 "imediatamente a seguir", pressupõe o legislador que o pagamento da retribuição, no limite, é no momento temporal contíguo à prestação do trabalho.

6. Sobre a presente norma *vide* Bernardo Lobo Xavier, *Manual de Direito do Trabalho*, Verbo, 2011, página 573 e 574.

ARTIGO 279.º – Compensações e descontos

1 – Na pendência de contrato de trabalho, o empregador não pode compensar a retribuição em dívida com crédito que tenha sobre o trabalhador, nem fazer desconto ou dedução no montante daquela.

2 – O disposto no número anterior não se aplica:

a) A desconto a favor do Estado, da segurança social ou outra entidade, ordenado por lei, decisão judicial transitada em julgado ou auto de conciliação, quando o empregador tenha sido notificado da decisão ou do auto;

b) A indemnização devida pelo trabalhador ao empregador, liquidada por decisão judicial transitada em julgado ou auto de conciliação;

c) À sanção pecuniária a que se refere a alínea c) do n.º 1 do artigo 328.º;

d) A amortização de capital ou pagamento de juros de empréstimo concedido pelo empregador ao trabalhador;

e) A preço de refeições no local de trabalho, de utilização de telefone, de fornecimento de géneros, de combustíveis ou materiais, quando solicitados pelo trabalhador, ou outra despesa efectuada pelo empregador por conta do trabalhador com o acordo deste;

f) A abono ou adiantamento por conta da retribuição.

3 – Os descontos a que se refere o número anterior, com excepção do mencionado na alínea a), não podem exceder, no seu conjunto, um sexto da retribuição.

4 – Os preços de refeições ou outros bens fornecidos ao trabalhador por cooperativa de consumo, mediante acordo entre esta e o trabalhador, não estão sujeitos ao limite mencionado no número anterior.

5 – Constitui contra-ordenação muito grave a violação do disposto no n.º 1.

1. Este preceito corresponde ao artigo 270.º do anterior Código do Trabalho, aprovado pela Lei n.º 99/2003.

2. A enumeração constante do n.º 2 não refere todas as situações que constituem excepção ao n.º 1. Além das situações estabelecidas no n.º 2, o empregador pode ainda, enquanto vigora o contrato de trabalho, descontar ou deduzir no montante da retribuição a pagar ao trabalhador no caso previsto no n.º 2 do artigo 247.º Ou seja, quando o trabalhador exerça durante as férias qualquer outra actividade remunerada, sem que a exercesse já antes, conjuntamente com o trabalho que presta ao empregador, ou sem que o empregador a tenha autorizado, o próprio empregador tem direito a reaver a retribuição correspondente às férias e o respectivo subsídio. Nesta situação, o empregador não reavê a retribuição correspondente às férias e o respectivo subsídio por completo, dado que metade destes reverte para o serviço responsável pela gestão financeira do orçamento da segurança social.

3. Do n.º 1 infere-se que o trabalhador não poderá renunciar às remunerações por trabalho prestado, férias, subsídios de férias e de Natal. A renúncia é um direito que não carece de aceitação da outra parte, para que possa ser exercida. A renúncia às remunerações por trabalho prestado, férias, subsídios de férias e de Natal é possível após a cessação do contrato de trabalho, cfr. n.º 1, que consagra o principio da proibição da compensação e de descontos ou deduções enquanto o contrato de trabalho estiver em vigor. Cessando o contrato de trabalho a compensação, descontos ou deduções tornam-se possíveis, desde que realizadas após a cessação.

4. Do disposto na alínea f) do n.º 2 resulta que quando o empregador realize um adiantamento por conta da retribuição deverá ter em conta que o valor que antecipar se encontra sujeito à proibição de descontar, posteriormente, mais do que um sexto da retribuição. Exemplificando, um trabalhador que aufira 1.200,00 euros mensais, e que receba um adiantamento no valor do salário, não poderá o empregador deixar de pagar o salário no mês seguinte, ainda que tenha o consentimento do trabalhador. Nos meses seguintes o empregador poderá apenas descontar-lhe o máximo de 200,00 euros em cada mês, até perfazer o montante adiantado.

5. Sobre a presente norma *vide* Bernardo Lobo Xavier, *Manual de Direito do Trabalho*, Verbo, 2011, página 580 e 581.

ARTIGO 280.º - Cessão de crédito retributivo

O trabalhador só pode ceder crédito a retribuição, a título gratuito ou oneroso, na medida em que o mesmo seja penhorável.

1. Este preceito corresponde ao artigo 271.º do anterior Código do Trabalho, aprovado pela Lei n.º 99/2003.

2. A cessão consiste num contrato através do qual o credor transmite a terceiro uma parte ou a totalidade do crédito, independentemente do consentimento do devedor, cfr. n.º 1 do artigo 577.º do Código Civil.

3. Deste preceito resulta que o trabalhador pode, em regra, ceder o crédito retributivo. Ainda assim, a cessão de crédito retributivo encontra-se limitada a um terço, de acordo com o estabelecido no n.º 1 do artigo 738.º do Código de Processo Civil.

Esta norma do Código de Processo Civil determina que um terço dos vencimentos, salários ou prestações de natureza semelhante são penhoráveis. Os restantes dois terços são, pois, impenhoráveis. De notar que a impenhorabilidade tem como limite máximo o montante equivalente a três retribuições mínimas mensais garantidas à data de cada apreensão e como limite mínimo, quando o trabalhador executado não tenha outro rendimento e o crédito exequendo não seja de alimentos, o montante equivalente a uma retribuição mínima mensal garantida (635,00 euros em 2020).

4. Sobre a presente norma, *vide* Bernardo Lobo Xavier, *Manual de Direito do Trabalho*, Verbo, 2011, página 581 e 582.

CAPÍTULO IV – Prevenção e reparação de acidentes de trabalho e doenças profissionais

ARTIGO 281.º – Princípios gerais em matéria de segurança e saúde no trabalho

1 – O trabalhador tem direito a prestar trabalho em condições de segurança e saúde.

2 – O empregador deve assegurar aos trabalhadores condições de segurança e saúde em todos os aspectos relacionados com o trabalho, aplicando as medidas necessárias tendo em conta princípios gerais de prevenção.

3 – Na aplicação das medidas de prevenção, o empregador deve mobilizar os meios necessários, nomeadamente nos domínios da prevenção técnica, da formação, informação e consulta dos trabalhadores e de serviços adequados, internos ou externos à empresa.

4 – Os empregadores que desenvolvam simultaneamente actividades no mesmo local de trabalho devem cooperar na protecção da segurança e da saúde dos respectivos trabalhadores, tendo em conta a natureza das actividades de cada um.

5 – A lei regula os modos de organização e funcionamento dos serviços de segurança e saúde no trabalho, que o empregador deve assegurar.

6 – São proibidos ou condicionados os trabalhos que sejam considerados, por regulamentação em legislação especial, susceptíveis de implicar riscos para o património genético do trabalhador ou dos seus descendentes.

7 – Os trabalhadores devem cumprir as prescrições de segurança e saúde no trabalho estabelecidas na lei ou em instrumentos de regulamentação colectiva de trabalho, ou determinadas pelo empregador.

1. Este preceito corresponde aos artigos 272.º a 280.º do anterior Código do Trabalho, aprovado pela Lei n.º 99/2003, cujos conteúdos foram agora sintetizados neste artigo 281.º

2. Nos termos das alínea g) e h) do n.º 1 do artigo 127.º, constituem deveres do empregador prevenir riscos e doenças profissionais, tendo em conta a protecção da segurança e saúde do trabalhador, e adoptar, no que se refere a segurança e saúde no trabalho, as medidas que decorram de lei ou instrumento de regulamentação colectiva de trabalho.

3. Este artigo 281.º consagra apenas as normas fundamentais do regime de segurança e saúde no trabalho. O legislador terá entendido, e bem, que a extensão, a minúcia e a complexidade técnica da matéria, bem como a sua sujeição a uma maior volatilidade, não se compaginavam com alguma perpetuidade no tempo a que um diploma codificador como o Código do Trabalho se deve achar submetido, razão pela qual terá subtraído a regulamentação da segurança e saúde no trabalho deste Código, remetendo-a para legislação específica, cfr. artigo 284.º

4. Em obediência ao estabelecido no n.º 1, a Lei n.º 102/2009, de 10 de Setembro, alterada pelas Leis n.os 42/2012, de 28 de Agosto, 3/2014, de 28 de Janeiro, pelo Decreto-Lei n.º 88/2015, de 28 de Maio, e pela Lei n.º 146/2015, de 9 de Setembro, que regula o disposto neste artigo 281.º, cfr. artigo 284.º, consagra na primeira parte do n.º 1 do seu artigo 5.º, que o trabalhador tem direito à prestação de trabalho em condições que respeitem a sua segurança e a sua saúde. O n.º 2 do artigo 5.º determina que deve assegurar-se que o desenvolvimento económico promove a humanização do trabalho em condições de segurança e de saúde, acrescentando o n.º 3 do mesmo artigo 5.º que a prevenção dos riscos profissionais deve assentar numa correcta e permanente avaliação de riscos e ser desenvolvida segundo princípios, políticas, normas e programas estabelecidos naquele diploma. O desenvolvimento do trabalho em condições de segurança e saúde é assumido pelo legislador como matéria relevante, tendo este estabelecido um conjunto de deveres que incidem sobre o empregador, em ordem a assegurar ao trabalhador condições efectivas de segurança e saúde na prestação do trabalho, cfr. artigo 15.º da Lei n.º 102/2009, de 10 de Setembro.

5. Em ordem ao n.º 2, a Lei n.º 102/2009, de 10 de Setembro, que regula o disposto neste artigo 281.º, cfr. artigo 284.º, consagra no n.º 2 do seu artigo 15.º os seguintes princípios gerais de prevenção:

a) Evitar os riscos;
b) Planificar a prevenção como um sistema coerente que integre a evolução técnica, a organização do trabalho, as condições de trabalho, as relações sociais e a influência dos factores ambientais;
c) Identificação dos riscos previsíveis em todas as actividades da empresa, estabelecimento ou serviço, na concepção ou construção de instalações, de locais e processos de trabalho, assim como na selecção de equipamentos, substâncias e produtos, com vista à eliminação dos mesmos ou, quando esta seja inviável, à redução dos seus efeitos;
d) Integração da avaliação dos riscos para a segurança e a saúde do trabalhador no conjunto das actividades da empresa, estabelecimento ou serviço, devendo adoptar as medidas adequadas de protecção;
e) Combate aos riscos na origem, por forma a eliminar ou reduzir a exposição e aumentar os níveis de protecção;
f) Assegurar, nos locais de trabalho, que as exposições aos agentes químicos, físicos e biológicos e aos factores de risco psicossociais não constituem risco para a segurança e saúde do trabalhador;
g) Adaptação do trabalho ao homem, especialmente no que se refere à concepção dos postos de trabalho, à escolha de equipamentos de trabalho e aos

métodos de trabalho e produção, com vista a, nomeadamente, atenuar o trabalho monótono e o trabalho repetitivo e reduzir os riscos psicossociais;

h) Adaptação ao estado de evolução da técnica, bem como a novas formas de organização do trabalho;

i) Substituição do que é perigoso pelo que é isento de perigo ou menos perigoso;

j) Priorização das medidas de protecção colectiva em relação às medidas de protecção individual;

l) Elaboração e divulgação de instruções compreensíveis e adequadas à actividade desenvolvida pelo trabalhador.

6. Em ordem ao previsto no n.º 3, a Lei n.º 102/2009, de 10 de Setembro, que regula o disposto neste artigo 281.º, cfr. artigo 284.º, estabelece no n.º 10 do seu artigo 15.º que na aplicação das medidas de prevenção, o empregador deve organizar os serviços adequados, internos ou externos à empresa, estabelecimento ou serviço, mobilizando os meios necessários, nomeadamente nos domínios das actividades técnicas de prevenção, da formação e da informação, bem como o equipamento de protecção que se torne necessário utilizar. Os serviços adequados referidos na parte final do n.º 3 referem-se ao serviço de segurança e saúde no trabalho que deve ser organizado pelo empregador. De acordo com o artigo 73.º-A da Lei n.º 102/2009, de 10 de Setembro, a actividade do serviço de segurança e de saúde no trabalho tem por objectivos:

a) Assegurar as condições de trabalho que salvaguardem a segurança e a saúde física e mental dos trabalhadores;

b) Desenvolver as condições técnicas que assegurem a aplicação das medidas de prevenção;

c) Informar e formar os trabalhadores no domínio da segurança e saúde no trabalho;

d) Informar e consultar os representantes dos trabalhadores para a segurança e saúde no trabalho ou, na sua falta, os próprios trabalhadores.

7. Em obediência ao estabelecido no n.º 4, a Lei n.º 102/2009, de 10 de Setembro, que regula o disposto neste artigo 281.º, cfr. artigo 284.º, consagra no n.º 1 do seu artigo 5.º, os princípios gerais em matéria de segurança e saúde, ali se determinando que o trabalhador tem direito à prestação de trabalho em condições que respeitem a sua segurança e a sua saúde, asseguradas pelo empregador ou pela pessoa, individual ou colectiva, que detenha a gestão das instalações em que a actividade é desenvolvida. Por sua vez, no n.º 1 do artigo 16.º da Lei n.º 102/2009 determina-se que quando várias empresas, estabelecimentos ou serviços desenvolvam, simultaneamente, actividades com os seus trabalhadores no mesmo local de trabalho, devem os respectivos empregadores, tendo em conta a natureza das actividades que cada um desenvolve, cooperar no sentido da protecção da segurança e da saúde. Não obstante a responsabilidade de cada empregador, prevê o n.º 2 daquele mesmo artigo 16.º da Lei n.º 102/2009, quais as entidades em concreto que devem assegurar a segurança e a saúde, quanto a todos os trabalhadores que no mesmo local de trabalho prestem o seu trabalho. Assim, semelhante incumbência é da empresa utilizadora, no caso de trabalhadores em regime de trabalho temporário, da empresa cessionária, no caso de trabalhadores em regime de cedência ocasional, ou da empresa em cujas instalações outros trabalhadores prestam serviço ao abrigo de contratos de prestação de serviços. Nos restantes casos, deve assegurar a segurança e a saúde, quanto a todos os trabalhadores que no mesmo local de trabalho prestem o seu trabalho, a empresa adjudicatária da obra ou do serviço, para o que deve garantir a coordenação dos demais empregadores através da organização das actividades de segurança e saúde no trabalho. A empresa utilizadora ou adjudicatária da obra ou do serviço deve assegurar que o exercício sucessivo de actividades por terceiros nas suas instalações ou com os equipamentos utilizados não constituem um risco para a segurança e saúde dos seus trabalhadores ou dos trabalhadores temporários, cedidos ocasionalmente ou de trabalhadores ao serviço de empresas prestadoras de serviços, cfr. n.º 3 do artigo 16.º da Lei n.º 102/2009.

8. Os modos de organização e funcionamento dos serviços de segurança e saúde no trabalho referidos no n.º 5 encontram-se previstos em legislação especial, nos termos do artigo 284.º Trata-se da Lei n.º 102/2009, de 10 de Setembro, que dedica um extenso capítulo aos serviços da segurança e da saúde no trabalho, cfr. artigos 73.º e segs., estabelecendo-se que o empregador deve organizar este serviço, que pode assumir uma de três modalidades: serviço interno, serviço comum, ou serviço externo.

De acordo com o artigo 73.º-B da Lei n.º 102/2009, de 10 de Setembro, o serviço de segurança e de saúde no trabalho deve tomar as medidas necessárias para prevenir os riscos profissionais e promover a segurança e a saúde dos trabalhadores, nomeadamente:

a) Planear a prevenção, integrando a todos os níveis e, para o conjunto das actividades da empresa, a avaliação dos riscos e as respectivas medidas de prevenção;
b) Proceder a avaliação dos riscos, elaborando os respectivos relatórios;
c) Elaborar o plano de prevenção de riscos profissionais, bem como planos detalhados de prevenção e protecção exigidos por legislação específica;
d) Participar na elaboração do plano de emergência interno, incluindo os planos específicos de combate a incêndios, evacuação de instalações e primeiros socorros;
e) Colaborar na concepção de locais, métodos e organização do trabalho, bem como na escolha e na manutenção de equipamentos de trabalho;
f) Supervisionar o aprovisionamento, a validade e a conservação dos equipamentos de protecção individual, bem como a instalação e a manutenção da sinalização de segurança;
g) Realizar exames de vigilância da saúde, elaborando os relatórios e as fichas, bem como organizar e manter actualizados os registos clínicos e outros elementos informativos relativos ao trabalhador;

h) Desenvolver actividades de promoção da saúde;
i) Coordenar as medidas a adoptar em caso de perigo grave e iminente;
j) Vigiar as condições de trabalho de trabalhadores em situações mais vulneráveis;
l) Conceber e desenvolver o programa de informação para a promoção da segurança e saúde no trabalho, promovendo a integração das medidas de prevenção nos sistemas de informação e comunicação da empresa;
m) Conceber e desenvolver o programa de formação para a promoção da segurança e saúde no trabalho;
n) Apoiar as actividades de informação e consulta dos representantes dos trabalhadores para a segurança e saúde no trabalho ou, na sua falta, dos próprios trabalhadores;
o) Assegurar ou acompanhar a execução das medidas de prevenção, promovendo a sua eficiência e operacionalidade;
p) Organizar os elementos necessários às notificações obrigatórias;
q) Elaborar as participações obrigatórias em caso de acidente de trabalho ou doença profissional;
r) Coordenar ou acompanhar auditorias e inspecções internas;
s) Analisar as causas de acidentes de trabalho ou da ocorrência de doenças profissionais, elaborando os respectivos relatórios;
t) Recolher e organizar elementos estatísticos relativos à segurança e à saúde no trabalho.

9. Nos termos do n.º 6, o património genético é protegido por lei, encontrando-se a sua regulação em legislação especial, como previsto no artigo 284.º, cfr. artigos 41.º e segs. da Lei n.º 102/2009, de 10 de Setembro. O artigo 48.º da Lei n.º 102/2009, de 10 de Setembro, estabelece que são proibidas ou condicionadas aos trabalhadores as actividades que envolvam a exposição aos agentes químicos, físicos e biológicos ou outros factores de natureza psicossocial que possam causar efeitos genéticos hereditários, efeitos prejudiciais não hereditários na progenitura ou atentar contra as funções e capacidades reprodutoras masculinas ou femininas, susceptíveis de implicar riscos para o património genético, referidos naquele diploma ou em legislação específica, conforme a indicação que constar dos mesmos. O n.º 1 do artigo 49.º da Lei n.º 102/2009, de 10 de Setembro, veda a utilização dos agentes proibidos, admitindo-a apenas para fins exclusivos de investigação científica ou em actividades destinadas à respectiva eliminação, sendo que mesmo nestas situações excepcionais, incide sobre o empregador um dever de comunicar previamente um conjunto de informações ao organismo competente para a segurança e saúde no trabalho do ministério responsável pela área laboral, cfr. n.º 3 do artigo 49.º da Lei n.º 102/2009, de 10 de Setembro.

10. O dever do trabalhador cumprir as prescrições de segurança e saúde no trabalho estabelecido no n.º 7 encontra-se regulado em legislação especial, como previsto no artigo 284.º, cfr. artigo 17.º da Lei n.º 102/2009, de 10 de Setembro.

Nos termos da alínea e) do n.º 1 do artigo 128.º, o trabalhador deve cumprir as ordens e instruções do empregador respeitantes a execução ou disciplina do trabalho, bem como a segurança e saúde no trabalho, que não sejam contrárias aos seus direitos ou garantias. Sempre se diga que constituem instrumentos de regulamentação colectiva de trabalho, cfr. n.os 2, 3 e 4 do artigo 2.º, a convenção colectiva (que pode ser um contrato colectivo, acordo colectivo, ou um acordo de empresa), o acordo de adesão, a decisão arbitral, a portaria de extensão, e a portaria de condições de trabalho. O artigo 17.º da Lei n.º 102/2009, de 10 de Setembro, tem o seguinte conteúdo:

"Obrigações do trabalhador

1 – Constituem obrigações do trabalhador:

a) Cumprir as prescrições de segurança e de saúde no trabalho estabelecidas nas disposições legais e em instrumentos de regulamentação colectiva de trabalho, bem como as instruções determinadas com esse fim pelo empregador;
b) Zelar pela sua segurança e pela sua saúde, bem como pela segurança e pela saúde das outras pessoas que possam ser afectadas pelas suas acções ou omissões no trabalho, sobretudo quando exerça funções de chefia ou coordenação, em relação aos serviços sob o seu enquadramento hierárquico e técnico;
c) Utilizar correctamente e de acordo com as instruções transmitidas pelo empregador, máquinas, aparelhos, instrumentos, substâncias perigosas e outros equipamentos e meios postos à sua disposição, designadamente os equipamentos de protecção colectiva e individual, bem como cumprir os procedimentos de trabalho estabelecidos;
d) Cooperar activamente na empresa, no estabelecimento ou no serviço para a melhoria do sistema de segurança e de saúde no trabalho, tomando conhecimento da informação prestada pelo empregador e comparecendo às consultas e aos exames determinados pelo médico do trabalho;
e) Comunicar imediatamente ao superior hierárquico ou, não sendo possível, ao trabalhador designado para o desempenho de funções específicas nos domínios da segurança e saúde no local de trabalho as avarias e deficiências por si detectadas que se lhe afigurem susceptíveis de originarem perigo grave e iminente, assim como qualquer defeito verificado nos sistemas de protecção;
f) Em caso de perigo grave e iminente, adoptar as medidas e instruções previamente estabelecidas para tal situação, sem prejuízo do dever de contactar, logo que possível, com o superior hierárquico ou com os trabalhadores que desempenham funções específicas nos domínios da segurança e saúde no local de trabalho.

2 – O trabalhador não pode ser prejudicado em virtude de se ter afastado do seu posto de trabalho ou de uma área perigosa em caso de perigo grave e iminente nem por ter adoptado medidas para a sua própria segurança ou para a segurança de outrem.

3 – As obrigações do trabalhador no domínio da segurança e saúde nos locais de trabalho não excluem as obrigações gerais do empregador, tal como se encontram definidas no artigo 15.º

4 – Constitui contra-ordenação muito grave a violação do disposto na alínea b) do n.º 1.

5 – Sem prejuízo do disposto no número anterior, o trabalhador que viole culposamente os deveres referidos no n.º 1 ou o trabalhador cuja conduta tiver contribuído para originar uma situação de perigo incorre em responsabilidade disciplinar e civil.".

11. A violação de regras de segurança, quando dela resulte perigo para a vida do trabalhador, perigo de grave ofensa para o corpo ou a saúde do trabalhador, ou ainda quando resulte ofensa à integridade física do trabalhador, ou mesmo a sua morte, é punida como crime, nos termos do artigo 152.º-B do Código Penal, aprovado pelo Decreto-Lei n.º 400/82, de 23 de Setembro. Estabelece aquele preceito da lei penal:

"Violação de regras de segurança

1 – Quem, não observando disposições legais ou regulamentares, sujeitar trabalhador a perigo para a vida ou a perigo de grave ofensa para o corpo ou a saúde, é punido com pena de prisão de um a cinco anos, se pena mais grave lhe não couber por força de outra disposição legal.

2 – Se o perigo previsto no número anterior for criado por negligência o agente é punido com pena de prisão até três anos.

3 – Se dos factos previstos nos números anteriores resultar ofensa à integridade física grave o agente é punido:

a) Com pena de prisão de dois a oito anos no caso do n.º 1;

b) Com pena de prisão de um a cinco anos no caso do n.º 2.

4 – Se dos factos previstos nos n.os 1 e 2 resultar a morte o agente é punido:

a) Com pena de prisão de três a dez anos no caso do n.º 1;

b) Com pena de prisão de dois a oito anos no caso do n.º 2.".

ARTIGO 282.º – Informação, consulta e formação dos trabalhadores

1 – O empregador deve informar os trabalhadores sobre os aspectos relevantes para a protecção da sua segurança e saúde e a de terceiros.

2 – O empregador deve consultar em tempo útil os representantes dos trabalhadores, ou os próprios trabalhadores, sobre a preparação e aplicação das medidas de prevenção.

3 – O empregador deve assegurar formação adequada, que habilite os trabalhadores a prevenir os riscos associados à respectiva actividade e os representantes dos trabalhadores a exercer de modo competente as respectivas funções.

4 – Em cada empresa, os trabalhadores são representados na promoção da segurança e saúde no trabalho por representantes eleitos com essa finalidade ou, na sua falta, pela comissão de trabalhadores.

1. Este preceito corresponde aos artigos 275.º e 278.º do anterior Código do Trabalho, aprovado pela Lei n.º 99/2003.

2. O dever do empregador fornecer ao trabalhador a informação e a formação adequadas à prevenção de riscos de acidente ou doença encontra-se expressamente previsto na alínea i) do n.º 1 do artigo 127.º

3. Nos termos do n.º 1, a Lei n.º 102/2009, de 10 de Setembro, alterada pelas Leis n.os 42/2012, de 28 de Agosto, 3/2014, de 28 de Janeiro, pelo Decreto-Lei n.º 88/2015, de 28 de Maio, e pela Lei n.º 146/2015, de 9 de Setembro, que regula o disposto neste artigo 282.º, cfr. artigo 284.º, consagra no n.º 4 do seu artigo 15.º que sempre que confiadas tarefas a um trabalhador, devem ser considerados os seus conhecimentos e as suas aptidões em matéria de segurança e de saúde no trabalho, cabendo ao empregador fornecer as informações e a formação necessárias ao desenvolvimento da actividade em condições de segurança e de saúde. Determina o n.º 1 do artigo 19.º da Lei n.º 102/2009, que cada trabalhador, deve dispor de informação actualizada sobre:

a) Os riscos para a segurança e saúde, bem como as medidas de protecção e de prevenção e a forma como se aplicam, quer em relação à actividade desenvolvida quer em relação à empresa, estabelecimento ou serviço;
b) As medidas e as instruções a adoptar em caso de perigo grave e iminente;
c) As medidas de emergência e primeiros socorros, de evacuação de trabalhadores e de combate a incêndios, bem como os trabalhadores ou serviços encarregues de as pôr em prática.

De acordo com o n.º 2 do mesmo artigo 19.º da Lei n.º 102/2009, a informação *supra* referida deve ser disponibilizada ao trabalhador, sempre que ocorra uma das seguintes situações:

a) Admissão na empresa;
b) Mudança de posto de trabalho ou de funções;
c) Introdução de novos equipamentos de trabalho ou alteração dos existentes;
d) Adopção de uma nova tecnologia;
e) Actividades que envolvam trabalhadores de diversas empresas.

4. Nos termos do n.º 2, a Lei n.º 102/2009, de 10 de Setembro, que regula o disposto neste artigo 282.º, cfr. artigo 284.º, consagra no seu artigo 18.º o dever do empregador consultar os trabalhadores. Sobre os representantes dos trabalhadores, vide n.º 4 deste artigo 282.º e respectiva anotação.

Estabelece o n.º 1 do artigo 18.º da Lei n.º 102/2009 que o empregador, com vista à obtenção de parecer, deve consultar por escrito, pelo menos uma vez por ano, previamente ou em tempo útil, os representantes dos trabalhadores para a segurança e saúde, ou na sua falta, os próprios trabalhadores, sobre um conjunto vasto de matérias. As matérias sob as quais incide a consulta são as seguintes:

a) A avaliação dos riscos para a segurança e a saúde no trabalho, incluindo os respeitantes aos grupos de trabalhadores sujeitos a riscos especiais;

b) As medidas de segurança e saúde antes de serem postas em prática ou, logo que possível, em caso de aplicação urgente das mesmas;
c) As medidas que, pelo seu impacte nas tecnologias e nas funções, tenham repercussão sobre a segurança e saúde no trabalho;
d) O programa e a organização da formação no domínio da segurança e saúde no trabalho;
e) A designação do representante do empregador que acompanha a actividade da modalidade de serviço adoptada;
f) A designação e a exoneração dos trabalhadores que desempenham funções específicas nos domínios da segurança e saúde no local de trabalho;
g) A designação dos trabalhadores responsáveis pela aplicação das medidas em matéria de primeiros socorros, de combate a incêndios e de evacuação;
h) A modalidade de serviços a adoptar, bem como o recurso a serviços externos à empresa e a técnicos qualificados para assegurar a realização de todas ou parte das actividades de segurança e de saúde no trabalho;
i) O equipamento de protecção que seja necessário utilizar;
j) Os riscos para a segurança e saúde, bem como as medidas de protecção e de prevenção e a forma como se aplicam, quer em relação à actividade desenvolvida quer em relação à empresa, estabelecimento ou serviço;
l) A lista anual dos acidentes de trabalho mortais e dos que ocasionem incapacidade para o trabalho superior a três dias úteis, elaborada até ao termo do prazo para entrega do relatório único relativo à informação sobre a actividade social da empresa;
m) Os relatórios dos acidentes de trabalho.

Para efeito da consulta por escrito *supra* referida, o empregador deve facultar o acesso às informações técnicas objecto de registo e aos dados médicos colectivos, não individualizados, assim como às informações técnicas provenientes de serviços de inspecção e outros organismos competentes no domínio da segurança e da saúde no trabalho.

5. Nos termos do n.º 3, o empregador deve fornecer formação adequada a trabalhadores e aos representantes dos trabalhadores. Sobre os representantes dos trabalhadores, vide n.º 4 deste artigo 282.º e respectiva anotação.

A Lei n.º 102/2009, de 10 de Setembro, que regula o disposto neste artigo 282.º, cfr. artigo 284.º, estabelece também o dever do trabalhador receber uma formação adequada no domínio da segurança e saúde no trabalho, tendo em atenção o posto de trabalho e o exercício de actividades de risco elevado, cfr. n.º 1 do seu artigo 20.º Por sua vez, o n.º 2 do artigo 20.º da Lei n.º 102/2009, determina que aos trabalhadores designados para se ocuparem de todas ou algumas das actividades de segurança e de saúde no trabalho deve ser assegurada, pelo empregador, a formação permanente para o exercício das respectivas funções. Não obstante a formação que cada trabalhador deve receber, o empregador deve ainda formar, em número suficiente, tendo em conta a dimensão da empresa e os riscos existentes, os trabalhadores responsáveis pela aplicação das medidas de primeiros socorros, de combate a incêndios e de evacuação de trabalhadores, bem como facultar-lhes material adequado, cfr. n.º 3 do artigo 20.º da Lei n.º 102/2009. A formação dos trabalhadores da empresa sobre segurança e saúde no trabalho deve ser assegurada de modo a que não possa resultar prejuízo para os mesmos, cfr. n.º 4 do artigo 20.º da Lei n.º 102/2009. Em matéria de formação dos trabalhadores, o empregador e as respectivas associações representativas podem solicitar o apoio dos organismos públicos competentes quando careçam dos meios e condições necessários à realização da formação cfr. n.º 5 do artigo 20.º da Lei n.º 102/2009.

6. O n.º 4 prevê expressamente a existência de representantes dos trabalhadores para a segurança e saúde no trabalho, os quais constituem uma estrutura de representação colectiva dos trabalhadores, cfr. alínea c) do artigo 404.º Estes representantes dos trabalhadores para a segurança e saúde no trabalho são eleitos e visam, no fundo, garantir que o empregador assegura aos trabalhadores condições de segurança e saúde em todos os aspectos relacionados com o trabalho, cfr. n.º 2 do artigo 281.º Para o cumprimento das suas funções, os representantes dos trabalhadores para a segurança e saúde no trabalho dispõem de várias prorrogativas como, o direito a ser consultados quanto à afectação de trabalhador a trabalho nocturno, quanto à organização deste que melhor se adapte ao trabalhador, as medidas de segurança e saúde a adoptar, cfr. n.º 6 do artigo 225.º; o direito a ser consultados sobre a preparação e aplicação de medidas de prevenção, cfr. n.º 2 do artigo 282.º ou o direito a receber do empregador a formação adequada que os habilite a exercer de modo competente as respectivas funções, cfr. n.º 3 do artigo 282.º A regulação desta estrutura de representação colectiva dos trabalhadores encontra-se, de acordo com o disposto no artigo 284.º, na Lei n.º 102/2009, de 10 de Setembro (que estabelece o regime jurídico da segurança e saúde no trabalho), nos artigos 21.º e segs. O empregador tem conhecimento da existência de representantes para a segurança e saúde no trabalho porquanto os resultados da eleição daqueles representantes, são-lhe comunicados, cfr. n.º 1 do artigo 39.º da Lei n.º 102/2009.

7. A parte final do n.º 4 estabelece expressamente que na falta dos representantes dos trabalhadores para a segurança e saúde no trabalho, os trabalhadores são representados pela comissão de trabalhadores. Daqui decorre que não tendo sido eleitos os primeiros, e existindo uma comissão de trabalhadores, os direitos previstos na Lei n.º 102/2009, de 10 de Setembro (que em ordem ao artigo 281.º estabelece o regime jurídico da segurança e saúde no trabalho), são exercidos pela comissão de trabalhadores, nos termos definidos nesse diploma. Assim, e quanto ao direito de consulta em matéria de segurança e saúde dos trabalhadores, é aplicável o procedimento próprio definido na Lei 102/2009, e não o exercício desta como regulado nos n.os 4 a 7 do artigo 427.º, relativamente às comissões de trabalhadores. O empregador tem conhecimento da existência de uma comissão de trabalhadores porquanto os resultados da votação, da constituição e aprovação dos estatutos da comissão de trabalhadores, são-lhe comunicados, cfr. n.º 6 do artigo 432.º

ARTIGO 283.º – Acidentes de trabalho e doenças profissionais

1 – O trabalhador e os seus familiares têm direito à reparação de danos emergentes de acidente de trabalho ou doença profissional.

2 – As doenças profissionais constam da lista organizada e publicada no Diário da República.

3 – A lesão corporal, perturbação funcional ou a doença não incluídas na lista a que se refere o número anterior, são indemnizáveis desde que se prove serem consequência, necessária e directa, da actividade exercida e não representem normal desgaste do organismo.

4 – A lei estabelece as situações que excluem o dever de reparação ou que agravam a responsabilidade.

5 – O empregador é obrigado a transferir a responsabilidade pela reparação prevista neste Capítulo para entidades legalmente autorizadas a realizar este seguro.

6 – A garantia do pagamento das prestações que forem devidas por acidentes de trabalho que não possam ser pagas pela entidade responsável, nomeadamente por motivo de incapacidade económica, é assumida pelo Fundo de Acidentes de Trabalho, nos termos da lei.

7 – A responsabilidade pela reparação dos danos emergentes de doenças profissionais é assumida pela segurança social, nos termos da lei.

8 – A responsabilidade pela reparação dos danos emergentes de doenças profissionais resultantes da prática de assédio é do empregador.

9 – A responsabilidade pelo pagamento da reparação dos danos emergentes de doença profissional prevista no número anterior é da segurança social, nos termos legalmente previstos, ficando esta sub-rogada nos direitos do trabalhador, na medida dos pagamentos efetuados, acrescidos de juros de mora vincendos.

10 – O empregador deve assegurar a trabalhador afectado de lesão provocada por acidente de trabalho ou doença profissional que reduza a sua capacidade de trabalho ou de ganho a ocupação em funções compatíveis.

1. Este preceito corresponde aos artigos 281.º a 312.º do anterior Código do Trabalho, aprovado pela Lei n.º 99/2003, cujos conteúdos foram agora sintetizados neste artigo 283.º Aqueles artigos 281.º a 312.º do anterior Código do Trabalho acabaram por nunca entrar em vigor, uma vez que a legislação regulamentar que deveria revogar a Lei n.º 100/97, de 13 de Setembro, que se previa na alínea g) do n.º 2 do artigo 21.º da Lei n.º 99/2003, de 27 de Agosto, não veio a entrar em vigor durante a vigência do Código do Trabalho aprovado pela Lei n.º 99/2003, de 27 de Agosto. Como tal, em matéria de acidentes de trabalho e doenças profissionais manteve-se em vigor quer a Lei n.º 100/97, de 13 de Setembro, quer o Decreto-Lei n.º 143/99, de 30 de Abril e ainda o Decreto-Lei n.º 248/99, de 2 de Julho. Estes diplomas (a Lei n.º 100/97, de 13 de Setembro, o Decreto-Lei n.º 143/99, de 30 de Abril e ainda o Decreto-Lei n.º 248/99, de 2 de Julho) foram revogados pela Lei n.º 98/2009, de 4 de Setembro, que entrou em vigor no dia 1 de Janeiro de 2010, cfr. alíneas a), b) e c) do artigo 186.º da Lei n.º 98/2009.

2. A redacção do n.º 8 foi alterada pelo artigo 2.º da Lei n.º 23/2012, de 25 de Junho, que introduziu também o n.º 9, e renumerou ainda o originário n.º 8, que passou ao actual n.º 10.

3. Nos termos das alínea g) e i) do n.º 1 do artigo 127.º, constituem deveres do empregador prevenir riscos e doenças profissionais, tendo em conta a protecção da segurança e saúde do trabalhador, devendo indemnizá-lo dos prejuízos resultantes de acidentes de trabalho, e fornecer ao trabalhador a informação e a formação adequadas à prevenção de riscos de acidente e de doença.

4. Este artigo 283.º consagra apenas as normas fundamentais do regime dos acidentes de trabalho e doenças profissionais. O legislador terá entendido, e bem, que a extensão, a minúcia e a complexidade técnica da matéria, bem como a sua sujeição a uma maior volatilidade, não se compaginavam com alguma perpetuidade no tempo a que um diploma codificador como o Código do Trabalho se deve achar submetido, razão pela qual terá subtraído a regulamentação dos acidentes de trabalho e doenças profissionais deste Código, remetendo-a para legislação específica, cfr. artigo 284.º

5. Nos termos do n.º 1 do artigo 8.º da Lei n.º 98/2009, de 4 de Setembro, que regulamenta o regime de reparação de acidentes de trabalho e de doenças profissionais, incluindo a reabilitação e reintegração profissionais, é acidente de trabalho aquele que se verifique no local e no tempo de trabalho e produza directa ou indirectamente lesão corporal, perturbação funcional ou doença de que resulte redução na capacidade de trabalho ou de ganho ou a morte. O n.º 1 do artigo 9.º do mesmo diploma procede à extensão do conceito de acidente de trabalho, considerando-se também como tal o acidente ocorrido:

a) No trajecto de ida para o local de trabalho ou de regresso deste;
b) Na execução de serviços espontaneamente prestados e de que possa resultar proveito económico para o empregador;
c) No local de trabalho e fora deste, quando no exercício do direito de reunião ou de actividade de representante dos trabalhadores,
d) No local de trabalho, quando em frequência de curso de formação profissional ou, fora do local de trabalho, quando exista autorização expressa do empregador para tal frequência;
e) No local de pagamento da retribuição, enquanto o trabalhador aí permanecer para tal efeito;
f) No local onde o trabalhador deva receber qualquer forma de assistência ou tratamento em virtude de anterior acidente e enquanto aí permanecer para esse efeito;
g) Em actividade de procura de emprego durante o crédito de horas para tal concedido por lei aos trabalhadores com processo de cessação do contrato de trabalho em curso;
h) Fora do local ou tempo de trabalho, quando verificado na execução de serviços determinados pelo empregador ou por ele consentidos.

Nos termos do n.º 2 do artigo 9.º da Lei n.º 98/2009, de 4 de Setembro, o conceito de acidente de trabalho ocorrido no trajecto de ida para o local de trabalho ou de regresso deste compreende o acidente que se verifique nos trajectos normalmente utilizados e durante o período de tempo habitualmente gasto pelo trabalhador:

a) Entre qualquer dos seus locais de trabalho, no caso de ter mais de um emprego, sendo que em tal caso, é responsável pelo acidente o empregador para cujo local de trabalho o trabalhador se dirige.
b) Entre a sua residência habitual ou ocasional e as instalações que constituem o seu local de trabalho;
c) Entre a sua residência habitual ou ocasional ou as instalações que constituem o seu local de trabalho e o local do pagamento da retribuição;
d) Entre a sua residência habitual ou ocasional ou as instalações que constituem o seu local de trabalho e o local onde ao trabalhador deva ser prestada qualquer forma de assistência ou tratamento por virtude de anterior acidente;
e) Entre o local de trabalho e o local da refeição;
f) Entre o local onde por determinação do empregador presta qualquer serviço relacionado com o seu trabalho e as instalações que constituem o seu local de trabalho habitual ou a sua residência habitual ou ocasional.

Não despiciendo é o n.º 3 do mesmo artigo 9.º da Lei n.º 98/2009, segundo o qual não deixa de se considerar acidente de trabalho o que ocorrer quando o trajecto normal tenha sofrido interrupções ou desvios determinados pela satisfação de necessidades atendíveis do trabalhador, bem como por motivo de força maior ou por caso fortuito.

6. A lista referida no n.º 2 consta do Decreto-Lei n.º 352/2007, de 23 de Outubro, que aprovou a Tabela Nacional de Incapacidades por Acidentes de Trabalho e Doenças Profissionais, e a Tabela Nacional para Avaliação de Incapacidades Permanentes em Direito Civil.

7. O dever do empregador transferir a responsabilidade pela reparação de danos emergentes de acidentes de trabalho, previsto no n.º 5, encontra-se também consagrado no n.º 1 do artigo 79.º da Lei n.º 98/2009, de 4 de Setembro. Esta obrigação que incide sobre o empregador vale igualmente em relação ao empregador que contrate trabalhadores exclusivamente para prestar trabalho noutras empresas, cfr. n.º 2 do artigo 79.º do mesmo diploma. Nos termos do n.º 3 do mesmo artigo 79.º, verificando-se uma actuação culposa do empregador, a seguradora do responsável satisfaz o pagamento das prestações que seriam devidas caso não houvesse actuação culposa, sem prejuízo do direito de regresso. Quando a retribuição declarada para efeito do prémio de seguro for inferior à real, a seguradora só é responsável em relação àquela retribuição, que não pode ser inferior à retribuição mínima mensal garantida, respondendo o empregador pela diferença relativa às indemnizações por incapacidade temporária e pensões devidas, bem como pelas despesas efectuadas com a hospitalização e assistência clínica, na respectiva proporção, cfr. n.ºs 4 e 5 do artigo 79.º da Lei n.º 98/2009.

8. Nos termos do n.º 7, o artigo 93.º da Lei n.º 98/2009 estabelece que a protecção da eventualidade de doenças profissionais se integra no âmbito material do regime geral de segurança social dos trabalhadores vinculados por contrato de trabalho e dos trabalhadores independentes e dos que sendo apenas cobertos por algumas eventualidades efectuem descontos nas respectivas contribuições com vista a serem protegidos pelo regime das doenças profissionais. Podem, ainda, ser abrangidos os trabalhadores aos quais, sendo apenas cobertos por algumas eventualidades, a taxa contributiva que lhes é aplicável integre o custo da protecção nas doenças profissionais.

9. Os n.os 8 e 9 estabelecem que consubstanciando-se uma situação em que o trabalhador vítima de assédio, cfr. n.º 2 do artigo 29.º, pelo empregador, ou pelo representante deste último, venha a desenvolver uma doença profissional que lhe cause danos, a resposabilidade pela reparação de tais danos incumbe ao empregador. O pagamento será efectuado contudo pela Segurança Social.

Para que o Estado não fique prejudicado pelos direitos conferidos aos trabalhadores que tenham tido danos emergentes de doenças profissionais resultantes de assédio, o próprio Estado, através da Segurança Social, substitui-se ao trabalhador para reclamar perante o empregador os montantes correspondentes aos montantes que tiver pago, aos quais se devem acrescentar os juros de mora que se vençam.

10. O n.º 10 visa garantir que as situações de incapacidade superveniente parcial do trabalhador são aptas a manter o vínculo laboral. Não é assim quando se constate uma impossibilidade superveniente, absoluta e definitiva, de o trabalhador prestar o seu trabalho ou de o empregador o receber, cfr. alínea b) do artigo 343.º, caso este que determina a caducidade do contrato de trabalho, por caducidade.

Quando o trabalhador afectado de lesão provocada por acidente de trabalho ou doença profissional que reduza a sua capacidade de trabalho ou de ganho, esteja ainda assim em condições de prestar parte do trabalho não haverá uma situação de impossibilidade superveniente, absoluta e definitiva. Assim, uma simples diminuição das qualidades do trabalhador, quando lhe possam ainda ser atribuídas outras tarefas, não conduz à caducidade do contrato de trabalho. Neste sentido, a jurisprudência tem vindo a entender que se o empregador puder colocar o trabalhador a exercer outras funções, o contrato de trabalho mantém-se, ainda que com eventual modificação do seu objecto, cfr. Acórdãos do Supremo Tribunal de Justiça, de 23 de Maio de 2001, processo 2956/00, de 27 de Abril de 2005, processo 4565/04, e de 07 de Março de 2007, processo 06S4277, todos com sumários em www.dgsi.pt.

11. Quando se trate de praticante, aprendiz, estagiário, ou ainda de administrador, director, gerente ou equiparado, sem contrato de trabalho, que seja remunerado por essa actividade, ou também de prestador de trabalho, sem subordinação jurídica, e ainda de trabalhador que exerça actividade por conta própria, veja-se o artigo 4.º da Lei n.º 7/2009, que aprovou este Código do Trabalho, e as respectivas anotações.

ARTIGO 284.º – Regulamentação da prevenção e reparação

O disposto neste Capítulo é regulado em legislação específica.

1. Este preceito não tem correspondência com qualquer outro do anterior Código do Trabalho, aprovado pela Lei n.º 99/2003, sendo um artigo novo.

2. A legislação específica prevista neste artigo 284.º é a Lei n.º 102/2009, de 10 de Setembro, alterada pelas Leis n.os 42/2012, de 28 de Agosto, 3/2014, de 28 de Janeiro, pelo Decreto-Lei n.º 88/2015, de 28 de Maio, e pela Lei n.º 146/2015, de 9 de Setembro, que estabelece o regime jurídico da segurança e saúde no trabalho, e a Lei n.º 98/2009, de 4 de Setembro, que regulamenta o regime de reparação de acidentes de trabalho e de doenças profissionais.

3. Relativamente à Lei n.º 102/209, de 10 de Setembro, deve notar-se que se aplica a todos os ramos de actividade, nos sectores privado ou cooperativo e social, aplicando-se ao trabalhador por conta de outrem e respectivo empregador, incluindo as pessoas colectivas de direito privado sem fins lucrativos, abrangendo também o trabalhador independente, cfr. n.º 1 do artigo 3.º da Lei n.º 102/209. Note-se ainda, que por expressa consagração do legislador, os princípios desta lei são aplicáveis, sempre que se mostrem compatíveis com a sua especificidade, ao serviço doméstico e às situações em que ocorra prestação de trabalho por uma pessoa a outra, sem subordinação jurídica, quando o prestador de trabalho deva considerar-se na dependência económica do beneficiário da actividade, cfr. n.º 3 do artigo 3.º da Lei n.º 102/209.

4. A Lei n.º 98/2009, de 4 de Setembro, que regulamenta o regime de reparação de acidentes de trabalho e de doenças profissionais, abrange o trabalhador por conta de outrem de qualquer actividade, seja ou não explorada com fins lucrativos, cfr. n.º 1 do artigo 3.º da Lei n.º 98/2009. Para efeitos daquele diploma, não se considera lucrativa a actividade cuja produção se destine exclusivamente ao consumo ou utilização do agregado familiar do empregador, cfr. artigo 4.º da Lei n.º 98/2009. De notar que o n.º 2 do artigo 3.º da Lei n.º 98/2009 estabelece que salvo imposição de norma daquele diploma em sentido contrário, presume-se que o trabalhador está na dependência económica da pessoa em proveito da qual presta serviços. De acordo com o n.º 3 do artigo 3.º da Lei n.º 98/2009, para além da situação do praticante, aprendiz e estagiário, considera-se situação de formação profissional a que tem por finalidade a preparação, promoção e actualização profissional do trabalhador, necessária ao desempenho de funções inerentes à actividade do empregador.

CAPÍTULO V – Vicissitudes contratuais

SECÇÃO I – Transmissão de empresa ou estabelecimento

ARTIGO 285.º – Efeitos de transmissão de empresa ou estabelecimento

1 – Em caso de transmissão, por qualquer título, da titularidade de empresa, ou estabelecimento ou ainda de parte de empresa ou estabelecimento que constitua uma unidade económica, transmitem-se para o adquirente a posição do empregador nos contratos de trabalho dos respectivos trabalhadores, bem como a responsabilidade pelo pagamento de coima aplicada pela prática de contra-ordenação laboral.

2 – O disposto no número anterior é igualmente aplicável à transmissão, cessão ou reversão da exploração de empresa, estabelecimento ou unidade económica, sendo solidariamente responsável, em caso de cessão ou reversão, quem imediatamente antes tenha exercido a exploração.

3 – Com a transmissão constante dos n.ºs 1 ou 2, os trabalhadores transmitidos ao adquirente mantêm todos os direitos contratuais e adquiridos, nomeadamente retribuição, antiguidade, categoria profissional e conteúdo funcional e benefícios sociais adquirido.

4 – O disposto nos números anteriores não é aplicável em caso de trabalhador que o transmitente, antes da transmissão, transfira para outro estabelecimento ou unidade económica, nos termos do disposto no artigo 194.º, mantendo-o ao seu serviço, excepto no que respeita à responsabilidade do adquirente pelo pagamento de coima aplicada pela prática de contra-ordenação laboral.

5 – Considera-se unidade económica o conjunto de meios organizados que constitua uma unidade produtiva dotada de autonomia técnico-organizativa e que mantenha identidade própria, com o objectivo de exercer uma actividade económica, principal ou acessória.

6 – O transmitente responde solidariamente pelos créditos do trabalhador emergentes do contrato de trabalho, da sua violação ou cessação, bem como pelos encargos sociais correspondentes, vencidos até à data da transmissão, cessão ou reversão, durante os dois anos subsequentes a esta.

7 – A transmissão só pode ter lugar decorridos sete dias úteis após o termo do prazo para a designação da comissão representativa, referido no n.º 6 do artigo seguinte, se esta não tiver sido constituída, ou após o acordo ou o termo da consulta a que se refere o n.º 4 do mesmo artigo.

8 – O transmitente deve informar o serviço com competência inspetiva do ministério responsável pela área laboral:

a) Do conteúdo do contrato entre transmitente e adquirente, sem prejuízo do disposto nos artigos 412.º e 413.º, com as necessárias adaptações;

b) Havendo transmissão de uma unidade económica, de todos os elementos que a constituam, nos termos do n.º 5.

9 – O disposto no número anterior aplica-se no caso de média ou grande empresa e, a pedido do serviço com competência inspectiva do ministério responsável pela área laboral, no caso de micro ou pequena empresa.

10 – Constitui contra-ordenação muito grave:

a) A conduta do empregador com base em alegada transmissão da sua posição nos contratos de trabalho com fundamento em transmissão da titularidade de empresa, ou estabelecimento ou de parte de empresa ou estabelecimento que constitua uma unidade económica, ou em transmissão, cessão ou reversão da sua exploração, quando a mesma não tenha ocorrido;

b) A conduta do transmitente ou do adquirente que não reconheça ter havido transmissão da posição daquele nos contratos de trabalho dos respetivos trabalhadores quando se verifique a transmissão da titularidade de empresa, ou estabelecimento ou de parte de empresa ou estabelecimento que constitua uma unidade económica, ou a transmissão, cessão ou reversão da sua exploração.

11 – A decisão condenatória pela prática de contra-ordenação referida na alínea a) ou na alínea b) do número anterior deve declarar, respectivamente, que a posição do empregador nos contratos de trabalho dos trabalhadores não se transmitiu, ou que a mesma se transmitiu.

12 – Constitui contra-ordenação grave a violação do disposto nos n.os 7, 8 ou 9.

1. Este preceito corresponde aos artigos 318.º e 319.º do anterior Código do Trabalho, aprovado pela Lei n.º 99/2003.

2. A redacção dos n.os 2, 3, 5 e 6 deste preceito foi alterada pelo artigo 2.º da Lei n.º 14/2018, de 19 de Março, que introduziu também os n.os 7, 8, 9, 10, 11 e 12. Na versão originária do Código do Trabalho, aprovado pela Lei n.º 7/2009, de 12 de Fevereiro, aqueles n.os tinham a seguinte redacção:

> "2 – O transmitente responde solidariamente pelas obrigações vencidas até à data da transmissão, durante o ano subsequente a esta.
>
> 3 – O disposto nos números anteriores é igualmente aplicável à transmissão, cessão ou reversão da exploração de empresa, estabelecimento ou unidade económica, sendo solidariamente responsável, em caso de cessão ou reversão, quem imediatamente antes tenha exercido a exploração.
>
> 5 – Considera-se unidade económica o conjunto de meios organizados com o objectivo de exercer uma actividade económica, principal ou acessória.
>
> 6 – Constitui contra-ordenação muito grave a violação do disposto no n.º 1 e na primeira parte do n.º 3.".

3. Aquele que transmite designa-se transmitente, enquanto que aquele que adquire se designa por transmissário ou por adquirente.

4. Este artigo 285.º tem por base a Directiva n.º 2001/23/CE, do Conselho, de 12 de Maio de 2001, que revogou a Directiva 77/187/CEE, do Conselho, de 14 de Fevereiro de 1977, alterada pela Directiva 98/50/CE, do Conselho, de 29 de Junho de 1998. Estas duas últimas directivas nunca foram transpostas para o direito interno, tendo a primeira sido transposta pelo artigo 318.º do Código do Trabalho, aprovado pela Lei n.º 99/2003, de 27 de Agosto.

Da Directiva n.º 2001/23/CE não consta a consagração de um direito de oposição do trabalhador à transmissão do seu contrato de trabalho da esfera jurídica do transmitente para a do transmissário. Sucede contudo, que o trabalhador pode aceitar celebrar o contrato de trabalho não apenas pela retribuição que lhe é paga, mas também por outros factores não despiciendos, e que poderão determinar as alterações futuras a esse mesmo contrato: as possibilidades de ascensão profissional, o tipo de formação profissional que é ministrada, a consistência financeira, o capital humano de que dispõe, o prestígio da marca ou marcas utilizadas, etc.. A alteração do empregador é por isso susceptível de alterar profundamente aqueles factores.

A jurisprudência do anterior Tribunal de Justiça das Comunidades Europeias, ora Tribunal de Justiça da União Europeia, adoptou um conceito amplo de transmissão, abrangendo a locação, cfr. Acórdão TJ, de 10 de Fevereiro de 1998, processo n.º 334/86 – Foreningen af Arbedjdsledere I Danmark v. Daddy's Dance Hall A/S, CJ, 1998, I – 00739. A mesma jurisprudência comunitária não tardou, contudo, a afirmar que as disposições da Directiva n.º 2001/23/CE não impedem que um trabalhador se oponha à transferência do seu contrato de trabalho, acrescentando que semelhante declaração de vontade do trabalhador não podia ser entendida como rescisão unilateral do vínculo laboral, concluindo que o destino da relação laboral do trabalhador que tenha manifestado a oposição, é matéria que incumbe aos Estados Membros regular, cfr. Acórdão TJ, de 16 de Dezembro de 1992, processos apensis C-132/91, C-138/91 e C-139/91 – Grigorios Katsikas v. Angelos Konstatinidis e Uwe Skreb e Günther Schroll v. PCO Stauereibebetried Paez & CO. Nachfolger GMBH, CJ, 1992 I – 06577. Note-se contudo que o entendimento do Tribunal de Justiça da União Europeia relativamente ao direito de oposição, do trabalhador, à transferência automática do seu contrato de trabalho, não tem sido seguido pela maioria dos países comunitários.

Do n.º 1 deste artigo 285.º resulta que o instituto da transmissão de empresa ou estabelecimento opera *ope legis*, sem necessidade do consentimento dos trabalhadores. Neste sentido, Bernardo Lobo Xavier, *Regime jurídico do contrato de trabalho anotado*, Coimbra, 1972, página 100, Coutinho de Abreu, *A empresa e o empregador em Direito do Trabalho*, Coimbra, 1982, página 43, Manuel Costa Abrantes, *A transmissão do estabelecimento comercial e seus efeitos nos contratos de trabalho*, Coimbra, 1989, página 265 e segs. E por efeito da transmissão transmitem-se para o cessionário os vínculos laborais constituídos à data da transmissão. Este é o regime regra. Não obstante, e dada a natureza *intuito personae* do contrato de trabalho, ou seja, tendo em conta o carácter pessoal das partes, deve ser possível a oposição dos trabalhadores à transmissão da sua relação laboral.

Numa primeira fase, os tribunais nacionais começaram por negar a existência de um direito de oposição, cfr. Acórdão do Supremo Tribunal de Justiça, de 30 de Junho de 1999, *Acórdãos Doutrinais*, 458.º, 297. Em 19 de Junho de 2002, o Supremo Tribunal de Justiça, no Acórdão proferido na Revista n.º 458/02, da 4.ª Secção, inverteu aquele que vinha sendo o seu entendimento, decidindo que impende sobre o empregador o dever de dar conhecimento aos trabalhadores da transmissão para que estes tenham a oportunidade de, querendo, se oporem.

No Acórdão do Supremo Tribunal de Justiça, de 27 de Maio de 2004, processo n.º 03S2467, documento n.º SJ200405270024674, sumários em www.dgsi.pt, entendeu-se que: "Os princípios da autonomia contratual e da livre escolha de profissão justificam a possibilidade de o trabalhador se opor à transferência, sem que tal possa ser interpretado como uma declaração de rescisão unilateral do contrato, pois o trabalhador pode ter motivos para não querer mudar de empregador, designadamente se tem dúvidas quanto à solvabilidade e viabilidade da empresa, ou se não lhe merece confiança a política de pessoal ou a organização do trabalho que o cessionário adopta, constituindo a oposição um meio que lhe permite controlar a própria conveniência da continuação da relação laboral, já que esta nem sempre é concretamente a solução que lhe é mais favorável. Esta oposição à transferência dos contratos de trabalho para o cessionário deverá ser manifestada antes de o acordo de transferência do estabelecimento produzir os seus efeitos em relação aos trabalhadores.". Este acórdão reconheceu ainda que não estando previsto o direito de oposição há uma lacuna a integrar nos termos gerais. Para proceder à integração da lacuna, o tribunal admite que se pode sufragar o entendimento de Júlio Gomes "A jurisprudência Recente do TJ das CE em matéria de transmissão de empresa, estabelecimento, ou parte de estabelecimento – inflexão ou continuidade?", *Estudos do Instituto do Direito do Trabalho*, I, página 481 e segs., reconhecendo ao trabalhador o direito de resolver o contrato de trabalho, o direito de manter a sua relação contratual com o transmitente quando tal seja possível (quando exista outro posto de trabalho compatível com a categoria profissional do trabalhador) ou que se considere verificada a caducidade do contrato nos casos em que seja impossível a subsistência da relação laboral com o cedente por haver um facto (a transmissão) que impossibilita o recebimento da prestação que o trabalhador continua capaz de oferecer.

Até à entrada em vigor da Lei n.º 14/2018, de 19 de Março, o que ocorreu em 20 de Março de 2018, este artigo 285.º era completamente omisso relativamente à admissibilidade do trabalhador se poder opor à transmissão. Não obstante tal omissão, o ordenamento jurídico já então não impedia que se conseguisse salvaguardar o direito de oposição do trabalhador, o qual se acha agora expressamente consagrado no artigo 286.º-A. Na verdade, o trabalhador tem, por efeito da alínea b) do n.º 3 do artigo 394.º o direito potestativo de poder resolver o contrato de trabalho, invocando justa causa objectiva, por alteração substancial e duradoura das condições de trabalho, alteração essa que é, claro, superveniente. Contudo, o princípio da segurança no emprego, previsto no artigo 53.º da Constituição da República Portuguesa determina o primado da manutenção do vínculo laboral, continuando o trabalhador a prestar o seu trabalho ao transmitente, sobre qualquer outra solução, conquanto tal seja possível. Assim, se o transmitente dispuser de outro estabelecimento onde o trabalhador possa continuar a prestar o seu trabalho, deve ser esta a solução a adoptar, excepto se semelhante posto compatível não existir ou, existindo, o trabalhador invocar prejuízo sério na eventual transferência, cfr. alínea b) do n.º 1 do artigo 194.º Se não existir um posto de trabalho compatível disponível é que o trabalhador deve recorrer à resolução com justa causa do contrato de trabalho. Se o trabalhador não resolver o seu contrato de trabalho poderá o transmitente vir a proceder à cessação daquele mesmo contrato através do despedimento colectivo, cfr. artigo 359.º e segs., sempre que aquela ocorrência se fundamente em encerramento de uma ou várias secções ou estrutura equivalente ou redução do número de trabalhadores determinada por motivos de mercado, estruturais ou tecnológicos, cfr. n.º 1 do artigo 359.º É defensável igualmente que o transmitente possa ainda, quando o trabalhador se tenha oposto à transmissão do seu contrato de trabalho, fazer cessar o contrato, por caducidade, cfr. artigo 343.º e segs.

5. Deve entender-se abrangido pelo conceito de transmissão de empresa ou estabelecimento, a cisão e a fusão de sociedades (sobre estas veja-se o disposto nos artigos 118.º e segs., e 97.º e segs., respectivamente, do Código das Sociedades Comerciais, aprovado pelo Decreto-Lei n.º 262/86, de 2 de Setembro). Devem integrar igualmente aquele conceito, o trespasse, a transmissão decorrente da venda judicial, a transmissão por morte do empregador, a aquisição de uma empresa privada por uma pessoa colectiva de direito público, a nacionalização e até casos de transmissão inválida, na medida em que a destruição do negócio pelo qual o estabelecimento foi transmitido não obsta à eficácia dos contratos de trabalho com o transmissário relativamente ao tempo em que os mesmos foram executados, cfr. Acórdão do Supremo Tribunal de Justiça, de 24 de Junho de 1995, *Colectânea de Jurisprudência (STJ)*, Ano III, página 294.

6. Quando o empregador assuma a natureza de uma sociedade comercial – a modalidade mais frequentemente adoptada pelos empregadores – a alteração da identidade dos sócios não conduz à aplicação das regras previstas nesta Secção I, relativa à transmissão de empresa ou estabelecimento. Tal sucede porquanto a sociedade comercial juridicamente mantém-se enquanto tal, não existindo uma modificação que para efeitos do direito do trabalho implique qualquer mudança relativamente aos contratos de trabalho. O que releva juridicamente é a sociedade, sendo esta a verdadeira entidade empregadora, e não o titular das participações sociais. Ou seja, a troca de participações sociais, ainda que alterem o controlo da sociedade comercial, não deve ser enquadrável, para efeitos do presente Código do Trabalho, como uma transmissão da titularidade da empresa.

7. Por força do n.º 1, transmitem-se para o transmissário as obrigações que decorram dos contratos de trabalho existentes à data da transmissão. Isto significa que os contratos de trabalho que tenham licitamente cessado, por qualquer motivo, antes da transmissão, e dos quais resultem eventualmente quaisquer obrigações, como trabalho suplementar que não foi retribuído, parte da retribuição que não foi paga, etc., são responsabilidade do transmitente.

Quando o contrato de trabalho cessou ilicitamente (por exemplo, o empregador decidiu aplicar a sanção de despedimento sem indemnização ou compensação, e o trabalhador impugnou judicialmente essa sanção), o que veio a ser reconhecido judicialmente após a transmissão, o vínculo laboral manteve-se, tudo se passando como se a actividade do trabalhador tivesse sido normalmente exercida até ao momento em que o tribunal declarou a ilicitude da cessação do contrato. O legislador criou a ficção legal de que o contrato de trabalho se manteve, como se o trabalhador estivesse ao serviço do empregador durante tal período, precisamente para evitar que o trabalhador venha a ser afectado por uma cessação do contrato de trabalho, promovida pelo empregador, que vem a ser declarada ilícita. Por efeito do n.º 1 do artigo 390.º o momento a atender, para a definição dos direitos conferidos ao trabalhador despedido ilicitamente, é a data da decisão final, sentença ou acórdão do tribunal, que haja declarado ou confirmado a ilicitude do despedimento, sendo esta decisão do tribunal que marca, na data em que for proferida, o termo da relação laboral que liga as partes, quando o trabalhador opte por não ser reintegrado, ou o tribunal exclua a reintegração (artigo 391.º ou 392.º). Assim, a responsabilidade pelo pagamento dos salários intercalares e da indemnização ao trabalhador (quando este opte por não ser reintegrado, ou o tribunal exclua a reintegração), quando o despedimento tenha sido considerado ilícito após a transmissão, é do transmissário.

8. Quando se verifique uma situação de transmissão de empresa ou estabelecimento, o transmitente e o transmissário devem cumprir um procedimento de informação e consulta dos representantes dos trabalhadores, ou caso estes não existam, os próprios trabalhadores, que se encontra regulado no artigo 286.º

9. O n.º 3 refere benefícios sociais, sem fornecer uma definição destes. Tratam-se de seguros de saúde, seguros de vida, assistência médica e medicamentosa, empréstimos efectuados pela empresa, subsídios concedidos a trabalhadores para compensação de encargos familiares, nomeadamente os relativos à frequência de creches, jardins-de-infância, estabelecimentos de educação, lares de idosos e outros serviços ou estabelecimentos de apoio social, aquisição de acções da própria entidade empregadora ou de sociedades dos grupos empresariais da entidade empregadora, etc..

Deve notar-se que apesar do n.º 3 determinar que com a transmissão os trabalhadores transmitidos mantêm todos os benefícios sociais adquiridos, a verdade é que tal pode não se verificar em concreto. Pense-se por exemplo que o transmitente permitia a alguns dos seus trabalhadores a aquisição de acções da própria entidade empregadora ou de sociedades dos grupos empresariais da entidade empregadora, beneficio que o adquirente não tem.

10. O n.º 6 estabelece um regime excepcional, segundo o qual o transmitente é solidariamente responsável pelos créditos do trabalhador emergentes do contrato de trabalho, da sua violação ou cessação, bem como pelos encargos sociais correspondentes até à data da transmisão, durante os dois anos subsequente à transmissão. Ou seja, de acordo com o regime especial previsto no n.º 6, o transmitente é solidáriamente responsável pelas obrigações vencidas até à transmissão, e durante os dois anos seguintes à data da transmissão. Diz-se que a obrigação é solidária, quando cada um dos devedores responde pela prestação integral e esta a todos liberta, ou quando cada um dos credores tem a faculdade de exigir, por si só, a prestação integral e esta libera o devedor para com todos eles, cfr. n.º 1 do artigo 512.º do Código Civil. No ordenamento jurídico português a regra é a parcialidade ou conjunção, cfr. artigo 513.º do Código Civil, sendo que a solidariedade só existe quando resulte da lei, ou da vontade das partes. Assim, quando o transmitente pague um crédito a um trabalhador por força deste n.º 6, tem direito de regresso contra o transmissário, cfr. artigo 524.º do Código Civil. Da redacção deste n.º 6 resulta que às partes, transmitente e transmissário, não é admissível afastar este regime, o que não lhes é igualmente permitido fazer ainda que tenham o assentimento dos trabalhadores.

Quanto às obrigações que não recaiam no âmbito de aplicação do n.º 6, é responsável o transmissário, por aplicação do critério estabelecido no n.º 1, ou seja as obrigações transmitem-se para o transmissário que passa a ocupar a posição contratual do transmitente.

11. O serviço com competência inspectiva na área laboral referido nos n.ºs 8 e 9, é a Autoridade para as Condições do Trabalho (A.C.T.), que prossegue, entre outras, as atribuições de promover, controlar e fiscalizar o cumprimento das disposições legais, regulamentares e convencionais, respeitantes às relações de trabalho, cfr. alínea a) do n.º 2 do artigo 11.º do Decreto-Lei n.º 167-C/2013, de 31 de Dezembro, alterado pelo Decreto-Lei n.º 28/2015, de 10 de Fevereiro, que aprovou a Lei

Orgânica do Ministério da Solidariedade, Emprego e Segurança Social, e alínea a) do n.º 2 do artigo 2.º do Decreto Regulamentar n.º 47/2012, de 31 de Julho, que aprovou a orgânica da Autoridade para as Condições do Trabalho.

12. Ver artigo 286.º-A sobre o direito de oposição do trabalhador à transmissão da posição de trabalhador. Nos termos da alínea d) do n.º 3 do artigo 394.º, constituem justa causa de resolução do contrato pelo trabalhador a transmissão para o adquirente da posição do empregador no respectivo contrato de trabalho, em consequência de transmissão, cessão ou reversão de empresa ou estabelecimento, ou de parte de empresa ou estabelecimento que constitua uma unidade económica, que seja efectuada quando o trabalhador tenha exercido o direito de oposição à transmissão da posição do empregador.

13. Nos termos do artigo 498.º, o instrumento de regulamentação colectiva de trabalho acompanha, em princípio, a empresa ou estabelecimento ou ainda a parte de empresa ou estabelecimento que constitua uma unidade económica, e que foi alvo de transmissão. Estabelece aquele preceito que em caso de transmissão, por qualquer título, da titularidade de empresa, ou estabelecimento ou ainda de parte de empresa ou estabelecimento que constitua uma unidade económica, bem como em caso de cessão ou reversão da exploração de empresa, estabelecimento ou unidade económica, o instrumento de regulamentação colectiva de trabalho que vincula o transmitente é aplicável ao adquirente até ao termo do respectivo prazo de vigência ou no mínimo durante 12 meses a contar da transmissão, salvo se entretanto outro instrumento de regulamentação colectiva de trabalho negocial passar a aplicar-se ao adquirente.

14. Quando o trabalhador passe a desempenhar o seu trabalho para uma outra entidade, sem que esta prestação de trabalho encontre qualquer socorro na lei, deve aplicar-se-lhe o regime da cedência ocasional ilícita, cfr. artigo 292.º concedendo-se ao trabalhador o direito de optar pela cessionária. Neste sentido, Liberal Fernandes, "Transmissão do Estabelecimento e oposição do trabalhador à transferência do contrato: uma leitura do art.º 37.º da LCT conforme o direito comunitário", *Questões Laborais*, Ano VI, n.º 14, Coimbra Editora, 1999, página 240.

15. Jurisprudência:

O Acórdão do Supremo Tribunal de Justiça, de 30 de Outubro de 2002, proferido na revista n.º 1579/02 da 4.ª Secção, considerou que por estabelecimento se deve entender "quer a organização afectada ao exercício de um comércio ou indústria, quer os "conjuntos subalternos", que correspondem a uma unidade técnica de venda, de produção de bens, ou de fornecimento de serviços, desde que a unidade destacada do estabelecimento global seja dotada de uma autonomia técnico-organizativa própria, constituindo uma unidade produtiva autónoma, com organização específica".

Quanto ao conceito de transferência de unidade económica, entendeu o Acórdão do Tribunal da Relação de Lisboa, de 7 de Junho de 2006, processo 4181/2006-4, em www.dgsi.pt: que: "haverá que tomar em consideração todas as circunstâncias de facto que caracterizam a operação em causa, entre as quais figuram, designadamente, o tipo de empresa ou de estabelecimento de que se trata, a transferência ou não dos elementos corpóreos tais como os edifícios e os bens móveis, o valor dos elementos incorpóreos no momento da transferência, o emprego ou não, por parte do novo empresário do essencial dos efectivos, a transferência ou não da clientela, bem como o grau de similitude das actividades exercidas antes e depois da transferência, e a duração de uma eventual suspensão destas actividades. (...) Nas empresas cuja actividade assenta na mão-de-obra, o factor determinante para se considerar a existência da mesma unidade económica, pode ser o da manutenção dos efectivos – um conjunto de trabalhadores que executa de forma durável uma actividade comum pode corresponder a uma unidade económica (proc. C-234/98, in http://curia.eu.int/pt) um conjunto organizado de trabalhadores que são especial e duradouramente afectos a uma tarefa comum pode, na ausência de outros factores de produção, corresponder a uma entidade económica (proc. C-127/96, in http://curia.eu.int/pt). E a importância do tradicional critério da transferência dos activos corpóreos pode ser secundarizada quando o novo empresário não se limita a prosseguir a actividade em causa, mas também retoma uma parte essencial, em termos de número e de competências, dos efectivos que o seu predecessor afectava especialmente a essa missão (proc. C-392/92, in http:// curia.eu.int/pt).".

Acórdão do Supremo Tribunal de Justiça de 27 de Maio de 2009, processo 08S3256, documento n.º SJ200905270032564, sumários em www.dgsi.pt: "Nas empresas cuja actividade assenta essencialmente na mão-de-obra – como é o caso da actividade de prestação de serviços de limpeza –, o factor determinante para se considerar a existência da mesma unidade económica é saber se houve manutenção do pessoal ou do essencial deste, na medida em que é esse complexo humano organizado que confere individualidade à empresa, e não tanto se se transmitiram, ou não, activos corpóreos.".

16. Sobre este preceito, no domínio da legislação anterior, pelo que será necessário proceder às adaptações necessárias, *vide* Bernardo Lobo Xavier, *Manual de Direito do Trabalho*, Verbo, 2011, página 691 e 692, e António Monteiro Fernandes, *Direito do Trabalho*, 15.ª Edição, Almedina, Abril 2010, página 265 e segs., e Rodrigo Serra Lopes "Sobre o direito de oposição dos trabalhadores na transmissão do estabelecimento ou empresa", *Revista da Ordem dos Advogados*, Ano 69, Lisboa, 2009, página 267 e segs.

ARTIGO 286.º – Informação e consulta de representantes dos trabalhadores

1 – O transmitente e o adquirente devem informar os representantes dos respetivos trabalhadores ou, caso não existam, os próprios trabalhadores, sobre a data e motivos da transmissão, suas consequências jurídicas, económicas e sociais para os trabalhadores e medidas projectadas em relação a estes, bem como sobre o conteúdo do contrato entre transmitente e adquirente, sem prejuízo do disposto nos artigos 412.º e 413.º, com as necessárias adaptações se a informação for prestada aos trabalhadores.

2 – O transmitente deve, ainda, se o mesmo não resultar do disposto no número anterior, prestar aos trabalhadores abrangidos pela transmissão a informação referida no número anterior, sem prejuízo do disposto nos artigos 412.º e 413.º, com as necessárias adaptações.

3 – A informação referida nos números anteriores deve ser prestada por escrito, antes da transmissão, em tempo útil, pelo menos 10 dias úteis antes da consulta referida no número seguinte.

4 – O transmitente e o adquirente devem consultar os representantes dos respectivos trabalhadores, antes da transmissão, com vista à obtenção de um acordo sobre as medidas que pretendam aplicar aos trabalhadores na sequência da transmissão, sem prejuízo das disposições legais e convencionais aplicáveis a tais medidas.

5 – A pedido de qualquer das partes, o serviço competente do ministério responsável pela área laboral participa na negociação a que se refere o número anterior, com vista a promover a regularidade da sua instrução substantiva e procedimental, a conciliação dos interesses das partes, bem como o respeito dos direitos dos trabalhadores, sendo aplicável o disposto no artigo 362.º

6 – Na falta de representantes dos trabalhadores abrangidos pela transmissão, estes podem designar, de entre eles, no prazo de cinco dias úteis a contar da recepção da informação referida nos n.ºs 1 ou 2, uma comissão representativa com o máximo de três ou cinco membros consoante a transmissão abranja até cinco ou mais trabalhadores.

7 – Para efeitos dos números anteriores, consideram-se representantes dos trabalhadores as comissões de trabalhadores, as associações sindicais, as comissões intersindicais, as comissões sindicais, os delegados sindicais existentes nas respectivas empresas ou a comissão representativa, pela indicada ordem de precedência.

8 – O transmitente deve informar imediatamente os trabalhadores abrangidos pela transmissão do conteúdo do acordo ou do termo da consulta a que se refere o n.º 4, caso não tenha havido intervenção da comissão representativa.

9 – Constitui contra-ordenação grave a violação do disposto nos n.ºs 1, 2, 3, 4 ou 8.

1. Este preceito corresponde ao artigo 320.º do anterior Código do Trabalho, aprovado pela Lei n.º 99/2003.

2. A redacção dos n.ºs 1, 2, 4 e 5 deste preceito foi alterada pelo artigo 2.º da Lei n.º 14/2018, de 19 de Março, que introduziu também os n.ºs 6, 7, 8 e 9 e renumerou ainda o originário n.º 3, que passou a n.º 4. Na versão originária do Código do Trabalho, aprovado pela Lei n.º 7/2009, de 12 de Fevereiro, aqueles n.ºs 1, 2, 4 e 5 tinham a seguinte redacção:

> "1 – O transmitente e o adquirente devem informar os representantes dos respectivos trabalhadores ou, caso não existam, os próprios trabalhadores, sobre data e motivos da transmissão, suas consequências jurídicas, económicas e sociais para os trabalhadores e medidas projectadas em relação a estes.
>
> 2 – A informação referida no número anterior deve ser prestada por escrito, antes da transmissão, em tempo útil, pelo menos 10 dias antes da consulta referida no número seguinte.

4 – Para efeitos dos números anteriores, consideram-se representantes dos trabalhadores as comissões de trabalhadores, bem como as comissões intersindicais, as comissões sindicais ou os delegados sindicais das respectivas empresas.

5 – Constitui contra-ordenação leve a violação do disposto nos n.os 1, 2 ou 3.".

3. Este artigo 286.º tem por base o artigo 7.º da Directiva n.º 2001/23/CE, do Conselho, de 12 de Maio de 2001, que revogou a Directiva 77/187/CEE, do Conselho, de 14 de Fevereiro de 1977, alterada pela Directiva 98/50/CE, do Conselho, de 29 de Junho de 1998. Estas duas últimas directivas nunca foram transpostas para o direito interno, tendo a primeira sido transposta pelo artigo 320.º do Código do Trabalho, aprovado pela Lei n.º 99/2003, de 27 de Agosto.

4. Quando se verifique uma situação de transmissão de empresa ou estabelecimento, cfr. artigo 285.º, o transmitente e o transmissário devem cumprir um procedimento de informação e consulta dos representantes dos trabalhadores, ou caso estes não existam, os próprios trabalhadores, que se encontra regulado neste artigo 286.º

Nos termos do n.º 1 e do n.º 3, o procedimento de informação e consulta inicia-se com uma comunicação escrita a efectuar pelo transmitente e pelo adquirente aos representantes dos trabalhadores, ou aos próprios trabalhadores, caso não existam representantes dos trabalhadores, que deve conter:

a) a data da transmissão;
b) os motivos da transmissão;
c) as consequências jurídicas, económicas ou sociais da transmissão, para os trabalhadores;
d) as medidas projectadas relativamente aos trabalhadores;
e) o conteúdo do contrato celebrado entre o transmitente e o adquirente.
f) a política de organização do trabalho do adquirente. Apesar de não se encontrar referência a esta política neste artigo 286.º, a parte final do artigo 286.º-A estabelece que caso a política de organização do trabalho do adquirente não merecer a confiança do trabalhador, pode o trabalhador exercer o direito de oposição à transmissão.

A comunicação inicial deve ser feita, claro, antes da realização da transmissão, e por força do n.º 3 há um prazo mínimo que o transmitente e o adquirente devem observar, de pelo menos 10 dias úteis, antes de se poder avançar para a fase seguinte, de consulta dos representantes dos trabalhadores.

Uma vez recebida a comunicação inicial pelos representantes dos trabalhadores, ou pelos próprios trabalhadores, caso inexistam representantes destes, pode ocorrer:

- o início da fase de consultas com os representantes dos trabalhadores;
- a designação dos trabalhadores que constituem a comissão representativa dos trabalhadores, quando inexistam representantes do trabalhadores, o que terá de se realizado no prazo de 5 dias úteis.
- a realização de um pedido de intervenção do serviço competente do ministério responsável pela área laboral, intervenção essa que pode ser requerida

por qualquer das partes (transmitente, adquirente ou trabalhadores, ou seus representantes se existirem).

5. O serviço competente do ministério responsável pela área laboral referido no n.º 5 é a Direcção-Geral do Emprego e das Relações de Trabalho, (D.G.E.R.T.), que nos termos da alínea c) do n.º 4 do artigo 2.º do Decreto Regulamentar n.º 40/2012, de 12 de Abril, prossegue, na área das relações profissionais, a atribuição de acompanhamento e intervenção nas relações laborais, tendo em vista prevenir ou superar eventuais conflitos coletivos de trabalho.

6. O n.º 5 manda aplicar, quando haja participação do ministério responsável pela área laboral na fase de consultas, o artigo 362.º, pelo que, das reuniões de negociação que sejam efectuadas, é lavrada a correspondente acta, cfr. n.º 2 do artigo 362.º

7. Por efeito do n.º 6, quando não haja na empresa comissão de trabalhadores, nem comissão intersindical nem comissões sindicais, os trabalhadores podem vir a constituir uma comissão representativa. Esta comissão representativa é uma comissão *ad hoc*, ou seja, é constituída com o fim específico de representar os trabalhadores cuja intenção do empregador é vir a transmitem-se para o adquirente a posição do empregador nos contratos de trabalho. A constituição de uma comissão representativa por parte dos trabalhadores abrangidos é um acto discricionário, não é um poder dever.

Caso não seja constituída uma comissão representativa dos trabalhadores, o n.º 8 impõe que o transmitente informe imediatamente os trabalhadores abrangidos pela transmissão do termo da fase de consultas, informação esta que releva para que o trabalhador querendo, possa deduzir oposição à transmissão, cfr. n.º 3 do artigo 286.º-A.

8. Nos termos do n.º 7, consideram-se representantes dos trabalhadores, por esta ordem de procedência:

1.º Comissões de Trabalhadores;
2.º Associações sindicais;
3.º Comissões intersindicais;
4.º Comissões sindicais;
5.º Delegados sindicais;
6.º Comissão representativa designada pelos trabalhadores no prazo de 5 dias úteis após a recepção da comunicação inicial, na falta de representantes de trabalhadores com procedência quanto a legitimidade representativa, cfr. n.º 6.

9. De acordo com o n.º 7, para efeitos do procedimento de informação e consulta, consideram-se representantes dos trabalhadores as comissões de trabalhadores, bem como as comissões intersindicais, as comissões sindicais ou os delegados sindicais das respectivas empresas. O empregador tem conhecimento da existência de uma comissão de trabalhadores porquanto os resultados da votação, constituição e aprovação dos estatutos da comissão de trabalhadores, são-lhe comunicados, cfr. n.º 6 do artigo 432.º, tendo igualmente conhecimento da identidade dos membros da comissão de trabalhadores, porquanto a sua eleição é precedida de votação cujos resultados têm de ser comunicados ao órgão de gestão da empresa, cfr. n.º 4 do artigo 433.º Quanto à comissão intersindical e comissões sindicais, o empregador tem conhecimento da existência destas porquanto a direcção do sindicato tem de comunicar por escrito ao empregador a identidade dos delegados sindicais que fizerem parte de comissão sindical ou intersindical, cfr. n.º 4 do artigo 462.º O mesmo ocorre com a identidade dos delegados sindicais, porquanto esses dados têm de lhe ser comunicados por escrito pela direcção do sindicato, o mesmo sucedendo no caso de destituição ou cessação de funções, cfr. n.os 4 e 5 do artigo 462.º

10. Entre a data em que deve ser enviada a comunicação inicial da projectada transmissão de estabelecimento e a data em que transmitente e adquirente podem executá-la devem mediar, pelo menos, 17 dias úteis, cfr n.º 7 do artigo 285.º, e o n.º 3 deste artigo 286.º Pode o prazo ser menor, de apenas 12 dias úteis se, não havendo outros representantes dos trabalhadores com precedência representativa, os trabalhadores não usarem da faculdade de designar a comissão representativa *ad hoc* nos 5 dias úteis após a recepção da comunicação inicial, cfr. n.º 6. Quanto a prazos máximos, a Lei não dispõe. Havendo intervenção da Administração laboral, ou seja, o serviço competente do ministério responsável pela área laboral, é de antever que o procedimento se prolongue por mais algum tempo, dado que será necessário compatibilizar a consulta com a disponibilidade dos serviços.

11. Nada obsta que a forma escrita, imposta pelo n.º 3, seja satisfeita através de documento electrónico, ou seja, por documento elaborado mediante processamento electrónico de dados. Por outras palavras, nada impede que a forma escrita seja adoptada através de uma declaração escrita enviada por correio electrónico (e-mail) para um endereço electrónico. Sobre a validade, eficácia e valor probatório dos documentos electrónicos remete-se para a anotação 4. ao artigo 107.º

12. Sobre este preceito, no domínio da legislação anterior, pelo que será necessário proceder às adaptações necessárias, *vide* Bernardo Lobo Xavier, *Manual de Direito do Trabalho*, Verbo, 2011, página 692, e António Monteiro Fernandes, *Direito do Trabalho*, 15.ª Edição, Almedina, Abril 2010, página 266 e segs., e Rodrigo Serra Lopes "Sobre o direito de oposição dos trabalhadores na transmissão do estabelecimento ou empresa", *Revista da Ordem dos Advogados*, Ano 69, Lisboa, 2009, página 267 e segs.

ARTIGO 286.º-A – Direito de oposição do trabalhador

1 – O trabalhador pode exercer o direito de oposição à transmissão da posição do empregador no seu contrato de trabalho em caso de transmissão, cessão ou reversão de empresa ou estabelecimento, ou de parte de empresa ou estabelecimento que constitua uma unidade económica, nos termos dos n.os 1 ou 2 do artigo 285.º, quando aquela possa causar-lhe prejuízo sério, nomeadamente por manifesta falta de solvabilidade ou situação financeira difícil do adquirente ou, ainda, se a política de organização do trabalho deste não lhe merecer confiança.

2 – A oposição do trabalhador prevista no número anterior obsta à transmissão da posição do empregador no seu contrato de trabalho, nos termos dos n.os 1 ou 2 do artigo 285.º, mantendo-se o vínculo ao transmitente.

3 – O trabalhador que exerça o direito de oposição deve informar o respectivo empregador, por escrito, no prazo de cinco dias úteis após o termo do prazo para a designação da comissão representativa, se esta não tiver sido constituída, ou após o acordo ou o termo da consulta a que se refere o n.º 4 do artigo 286.º, mencionando a sua identificação, a actividade contratada e o fundamento da oposição, de acordo com o n.º 1.

4 – Constitui contra-ordenação grave a violação do disposto no n.º 2.

1. Este preceito não tem correspondência com qualquer outro do anterior Código do Trabalho, aprovado pela Lei n.º 99/2003, nem mesmo com o Código do Trabalho aprovado pela Lei n.º 7/2009, de 12 de Fevereiro, sendo um artigo novo, introduzido pela Lei n.º 14/2018, de 19 de Março.

2. Este artigo 286.º-A vem consagrar um direito potestativo do trabalhador poder deduzir oposição à transmissão da posição do empregador no seu contrato de trabalho em caso de transmissão, cessão ou reversão de empresa ou estabelecimento, ou de parte de empresa ou estabelecimento que constitua uma unidade económica.

3. Nos termos do n.º 1, o trabalhador pode exercer o direito de oposição à transmissão da posição do empregador no seu contrato de trabalho em caso de transmissão, cessão ou reversão de empresa ou estabelecimento, ou de parte de empresa ou estabelecimento que constitua uma unidade económica, quando aquela possa causar-lhe prejuízo sério ou, se a política de organização do trabalho do adquirente não lhe merecer confiança.

4. O conceito de prejuízo sério constitui um conceito indeterminado, que lhe confere a maleabilidade necessária para que se possa adaptar às circunstâncias mais variadas da realidade, em constante mutação. Não bastará conjecturar a verificação de alguns incómodos ou transtornos, dado que as modificações na vida pessoal, familiar e laboral do trabalhador sempre hão-de surgir por força da transmissão da posição do empregador no contrato de trabalho, exigindo-se antes um prejuízo sério, a aferir consoante o caso concreto.

5. As situações que podem causar ao trabalhador prejuízo sério previstas neste preceito são exemplificativas, como resulta desde logo pela utilização da expressão: "nomeadamente". Entre estas encontram-se a manifesta falta de solvabilidade ou situação financeira difícil do adquirente.

6. Em caso de litígio, o ónus da prova do prejuízo sério impende sobre o trabalhador, cfr. n.º 1 do artigo 342.º do Código Civil.

7. De acordo com o n.º 2, a oposição do trabalhador obsta à transmissão da posição do empregador no seu contrato de trabalho, mantendo-se o seu vínculo laboral ao transmitente.

8. Para que o trabalhador possa licitamente exercer o direito de oposição à transmissão da posição do empregador, terá de iniciar um procedimento, o qual se consubstancia na comunicação ao empregador da sua oposição, por escrito, dentro do prazo de 5 dias úteis após:

- o termo do prazo para a designação da comissão representativa, se esta não tiver sido constituída; ou
- o acordo celebrado entre o transmitente e adquirente e os representantes dos respectivos trabalhadores que verse sobre as medidas que pretendam aplicar aos trabalhadores na sequência da transmissão; ou
- o termo do prazo para a consulta aos representantes dos trabalhadores, que o transmitente e o adquirente devem efectuar.

9. Nada obsta que a forma escrita, imposta pelo n.º 3, seja satisfeita através de documento electrónico, ou seja, por documento elaborado mediante processamento electrónico de dados. Por outras palavras, nada impede que a forma escrita seja adoptada através de uma declaração escrita enviada por correio electrónico (e-mail) para um endereço electrónico. Sobre a validade, eficácia e valor probatório dos documentos electrónicos remete-se para a anotação 4. ao artigo 107.º

10. A comunicação escrita dirigida ao empregador terá de incluir um determinado conteúdo mínimo, sob pena de invalidade:

- a identificação do próprio trabalhador;
- a actividade contratada;
- o fundamento da oposição, fundamento esse que poderá advir de que a transmissão é susceptível de causar ao trabalhador um prejuízo sério, designadamente por manifesta falta de solvabilidade ou situação financeira difícil do adquirente ou, ainda, se a política de organização do trabalho do adquirente não merecer confiança ao trabalhador.

11. Nos termos da alínea d) do n.º 3 do artigo 394.º, constituem justa causa de resolução do contrato pelo trabalhador a transmissão para o adquirente da posição do empregador no respectivo contrato de trabalho, em consequência de transmissão, cessão ou reversão de empresa ou estabelecimento, ou de parte de empresa ou estabelecimento que constitua uma unidade económica, que seja efectuada quando o trabalhador tenha exercido o direito de oposição à transmissão da posição do empregador.

ARTIGO 287.º – Representação dos trabalhadores após a transmissão

1 – Caso a empresa ou estabelecimento mantenha a autonomia após a transmissão, o estatuto e a função dos representantes dos trabalhadores afectados por esta não se alteram, desde que se mantenham os requisitos necessários para a instituição da estrutura de representação colectiva em causa.

2 – Caso a empresa, estabelecimento ou unidade económica transmitida seja incorporada na empresa do adquirente e nesta não exista a correspondente estrutura de representação colectiva dos trabalhadores prevista na lei, a existente na entidade incorporada continua em funções por um período de dois meses a contar da transmissão ou até que nova estrutura entretanto eleita inicie as respectivas funções ou, ainda, por mais dois meses, se a eleição for anulada.

3 – No caso de incorporação de estabelecimento ou parte de empresa ou estabelecimento prevista no número anterior:

a) A subcomissão exerce os direitos próprios de comissão de trabalhadores durante o período em que continuar em funções, em representação dos trabalhadores do estabelecimento transmitido;

b) Os representantes dos trabalhadores para a segurança e saúde no trabalho afectos à entidade incorporada exercem os direitos próprios desta estrutura, nos termos da alínea anterior.

4 – Os membros de estrutura de representação colectiva dos trabalhadores cujo mandato cesse, nos termos do n.º 2, continuam a beneficiar da protecção estabelecida nos n.os 3 a 6 do artigo 410.º ou em instrumento de regulamentação colectiva de trabalho, até à data em que o respectivo mandato terminaria.

1. Este preceito corresponde ao artigo 321.º do anterior Código do Trabalho, aprovado pela Lei n.º 99/2003.

2. Nos termos das alíneas a), b), c) e d) do artigo 404.º, constituem estruturas de representação colectiva dos trabalhadores as associações sindicais, as comissões de trabalhadores e subcomissões de trabalhadores, os representantes dos trabalhadores para a segurança e saúde no trabalho, e outras estruturas previstas em lei específica, designadamente conselhos de empresa europeus. Os conselhos de empresa europeus encontram-se regulados pela Lei n.º 96/2009, de 3 de Setembro, sendo que há ainda outras estruturas de representação colectiva dos trabalhadores em lei avulsa, como o conselho de trabalhadores numa sociedade anónima europeia, cfr. n.º 1 do artigo 2.º do Decreto-Lei n.º 215/2005, de 13 de Dezembro.

3. O empregador tem conhecimento da existência da comissão de trabalhadores e das subcomissões de trabalhadores, porquanto a constituição da comissão e das subcomissões de trabalhadores, é precedida de votação cujos resultados têm de ser comunicados ao órgão de gestão da empresa, cfr. n.º 6 do artigo 432.º

4. A eleição da comissão de trabalhadores e da subcomissão de trabalhadores encontra-se prevista no artigo 433.º Por sua vez, a eleição dos representantes dos trabalhadores para a segurança e saúde no trabalho é regulada em legislação específica como previsto no artigo 284.º, a Lei n.º 102/2009, de 10 de Setembro, alterada pelas Leis n.os 42/2012, de 28 de Agosto, 3/2014, de 28 de Janeiro, pelo Decreto-Lei n.º 88/2015, de 28 de Maio, e pela Lei n.º 146/2015, de 9 de Setembro, nos seus artigos 21.º e segs.

5. A alínea a) do n.º 3 constitui uma excepção ao princípio de que a subcomissão de trabalhadores exerce apenas as competências próprias previstas neste Código do Trabalho, cfr. alíneas b), c) e d) do n.º 2 do artigo 423.º, podendo ainda exercer aquelas que por lei lhe possam ser delegadas pela comissão de trabalhadores, cfr. alínea a) do n.º 2 do mesmo artigo 423.º Este regime decorre da natureza das próprias subcomissões de trabalhadores, as quais só são admitidas desde que se justifiquem pela existência de mais do que um estabelecimento do empregador disperso, ou dispersos, geograficamente, cfr. n.º 2 do artigo 415.º e n.º 3 do artigo 434.º Previstas nos estatutos da comissão de trabalhadores, as subcomissões estão obviamente sujeitas àquele estatuto, não carecendo de estatutos próprios. Como tal, à comissão de trabalhadores cabe as orientações gerais em matéria de defesa dos interesses dos trabalhadores, e de intervenção na empresa, às quais a subcomissão de trabalhadores se acha submetida juridicamente, cfr. n.º 2 do artigo 423.º: "Compete à subcomissão de trabalhadores, de acordo com orientação geral estabelecida pela comissão (...)". Por efeito da alínea a) do n.º 3 deste artigo 287.º, e sem dependência de qualquer delegação de poderes, a lei atribui à subcomissão o exercício de todos os direitos próprios da comissão de trabalhadores, circunscrevendo-os contudo à representação dos trabalhadores do estabelecimento transmitido.

SECÇÃO II – Cedência ocasional de trabalhador

ARTIGO 288.º – Noção de cedência ocasional de trabalhador

A cedência ocasional consiste na disponibilização temporária de trabalhador, pelo empregador, para prestar trabalho a outra entidade, a cujo poder de direcção aquele fica sujeito, mantendo-se o vínculo contratual inicial.

1. Este preceito corresponde ao artigo 322.º do anterior Código do Trabalho, aprovado pela Lei n.º 99/2003.

2. A cedência ocasional constitui uma excepção à proibição de que o empregador não pode ceder trabalhador para utilização de terceiro, cfr. alínea g) do n.º 1 do artigo 129.º

3. A cedência de trabalhadores assume características especiais, fugindo à pureza dos conceitos do direito do trabalho, o que constitui um motivo de preocupação social. Esta preocupação justifica as cautelas com que o legislador rodeou a sua admissão. Por outro lado, às empresas interessa poderem dispor de um meio célere que lhes assegure o desempenho de determinadas funções, que implicam não raro um know-how específico, de forma localizada no tempo, sem que por isso tenham de admitir um novo trabalhador, onerando-as com a dificuldade de cessação do contrato que adviria dessa admissão. Pesando esta dualidade de interesses o legislador, admitindo a cedência ocasional de trabalhadores, veio, porém, a circunscrever num apertado âmbito a forma como a admissão se haveria de processar e os termos do respectivo desenvolvimento.

4. A cedência ocasional baseia-se num ajuste, acordo esse que não origina uma relação de trabalho, relação essa que existe entre o trabalhador e aquele que o cede. Cessando a cedência ocasional, o trabalhador cedido regressa à empresa cedente, mantendo os direitos que tinha à antes da cedência, cfr. n.º 2 do artigo 290.º Nesta figura jurídica, a relação laboral é pois antecedente à cedência.

5. A cedência ocasional não deve confundir-se com outras figuras previstas neste Código. Desde logo, impõe-se distinguí-la do trabalho temporário, cfr. artigo 172.º e segs. Enquanto que na cedência ocasional o trabalhador não é contratado com o objectivo de ser cedido, mas sim com a finalidade de desenvolver uma actividade na empresa contratante, no trabalho temporário o objectivo da contratação do trabalhador pela empresa de trabalho temporário é cedê-lo um terceiro, cfr. alíneas a) e b) do artigo 172.º Por outro lado, na cedência ocasional a cedência de mão-de-obra surge incidentalmente, e sem intuitos lucrativos directos, não existindo a intermediação de uma empresa de trabalho temporário, que se dedica à cedência onerosa de trabalhadores a terceiros, empresa esta que já se exige no trabalho temporário. Outra distinção premente, é o desempenho, por um trabalhador, de uma actividade nas instalações de uma empresa que não constitui o seu empregador, por ordem deste último, que com aquela celebrou um contrato de prestação de serviços. Trata-se de situações comuns no sector das tecnologias de informação, como em empresas que prestam serviços em informática, em que ao trabalhador é frequentemente ordenado que preste o seu trabalho numa determinada empresa, durante parte ou todo o tempo do seu período normal de trabalho, mantendo-se o poder de direcção, cfr. artigo 97.º, no empregador. Esta situação distingue-se da cedência ocasional porquanto não existe na primeira uma fragmentação dos poderes do empregador, que mantém o poder de direcção e o poder disciplinar, cfr. artigo 98.º, enquanto que na cedência ocasional o poder disciplinar permanece no empregador, mas o poder de direcção transfere-se para a entidade que beneficia do trabalho. A cedência ocasional distingue-se ainda da cessão da posição contratual do empregador, não só por a transmissão do trabalhador não ser definitiva como ainda por o cessionário não se substituir ao cedente na relação contratual, cfr. artigo 424.º e segs. do Código Civil.

6. A empresa que cede o trabalhador designa-se de cedente, enquanto que a entidade a quem o trabalhador passa a prestar o seu trabalho designa-se de cessionária.

7. Da noção de cedência ocasional resulta a necessidade de verificação dos seguintes pressupostos: i) que um trabalhador seja cedido pelo empregador a uma entidade; ii) que a cedência seja temporária; e iii) que o vínculo contratual entre o empregador cedente e o trabalhador subsista.

8. Sobre a presente norma, *vide* Bernardo Lobo Xavier, *Manual de Direito do Trabalho*, Verbo, 2011, página 385 e segs.

ARTIGO 289.º – Admissibilidade de cedência ocasional

1 – A cedência ocasional de trabalhador é lícita quando se verifiquem cumulativamente as seguintes condições:

a) O trabalhador esteja vinculado ao empregador cedente por contrato de trabalho sem termo;

b) A cedência ocorra entre sociedades coligadas, em relação societária de participações recíprocas, de domínio ou de grupo, ou entre empregadores que tenham estruturas organizativas comuns;

c) O trabalhador concorde com a cedência;

d) A duração da cedência não exceda um ano, renovável por iguais períodos até ao máximo de cinco anos.

2 – As condições da cedência ocasional de trabalhador podem ser reguladas por instrumento de regulamentação colectiva de trabalho, com excepção da referida na alínea c) do número anterior.

3 – Constitui contra-ordenação grave a violação do disposto no n.º 1.

1. Este preceito corresponde aos artigos 323.º e 324.º do anterior Código do Trabalho, aprovado pela Lei n.º 99/2003.

2. Nos termos do n.º 1, o recurso à cedência ocasional só pode ocorrer quando se verificarem as condições estabelecidas nas alíneas a), b), c) e d). As condições estabelecidas naquelas alíneas são cumulativas, ou seja, exige-se a verificação de todas elas, para que possa ter lugar a cedência ocasional. A ausência de uma das condições obsta a que a cedência seja admitida.

3. A alínea b) do n.º 1 deve ser interpretada conjuntamente com o disposto no Código das Sociedades Comerciais, aprovado pelo Decreto-Lei n.º 262/86, de 2 de Setembro. Nos termos do artigo 482.º do Código das Sociedades Comerciais, consideram-se sociedades coligadas as sociedades em relação de simples participação, as sociedades em relação de participações recíprocas, as sociedades em relação de domínio e as sociedades em relação de grupo. O n.º 1 do artigo 483.º do Código das Sociedades Comerciais estabelece que se considera que uma sociedade está em relação de simples participação com outra quando uma delas é titular de quotas ou acções da outra em montante igual ou superior a 10% do capital desta, mas entre ambas não existe nem uma relação de participações recíprocas, nem uma relação de domínio, nem uma relação de grupo. Nos termos do n.º 1 do artigo 486.º do Código das Sociedades Comerciais, considera-se que duas sociedades estão em relação de domínio quando uma delas, dita dominante, pode exercer, directamente ou por sociedades ou pessoas, sobre a outra, dita dependente, uma influência dominante.

4. O Código do Trabalho não contém uma definição de sociedades que mantenham estruturas organizativas comuns. Tratam-se de sociedades que partilham entre si elementos típicos de uma instituição corporativa, como sejam as mesmas instalações, equipamentos, ou os mesmos recursos, como serviços de segurança ou limpeza, os quais aproveitam assim a mais do que uma entidade.

5. A alínea c) do n.º 1 exige taxativamente a concordância do trabalhador no momento da cedência, concordância essa que sendo declarada, terá constar do acordo escrito de cedência ocasional, cfr. alínea e) do n.º 1 do artigo 290.º

6. A alínea d) do n.º 1 limita a cedência ocasional a uma duração de um ano, a qual pode ser renovável por iguais períodos, até a um máximo de cinco anos. A *ratio* da norma é conferir à cedência ocasional um âmbito temporário, obstando a que por efeito da cedência o trabalhador permaneça indefinidamente a prestar o seu trabalho a outra entidade, que não o seu empregador. Aliás, da noção de cedência ocasional resulta mesmo que a disponibilização é temporária, o que sempre vedaria à manutenção de uma situação de forma perene.

7. A violação de qualquer uma das condições estabelecidas nas alíneas a), b), c) ou d) do n.º 1 tem por consequência a ilicitude da cedência ocasional, concedendo ao trabalhador cedido o direito de optar pela permanência ao serviço do cessionário em regime de contrato de trabalho sem termo, cfr. n.º 1 do artigo 292.º

8. Constituem instrumentos de regulamentação colectiva de trabalho, cfr. n.ºs 2, 3 e 4 do artigo 2.º, a convenção colectiva (que pode ser um contrato colectivo, acordo colectivo, ou um acordo de empresa), o acordo de adesão, a decisão arbitral, a portaria de extensão, e a portaria de condições de trabalho.

9. De acordo com o n.º 2, com excepção da imperatividade do assentimento do trabalhador, as condições da cedência podem ser reguladas por instrumento de regulamentação colectiva de trabalho. Quando assim seja, o instrumento de regulamentação colectiva de trabalho poderá estabelecer uma duração da cedência ocasional superior àquela que resulta da alínea d) do n.º 1. Contudo, não nos parece, atenta a natureza da cedência ocasional, que o instrumento de regulamentação colectiva possa estabelecer que a cedência ocasional não se encontra sujeita a quaisquer limites temporais, ou estabelecendo-os estes sejam excessivamente latos. Como *supra* referido, e não obstante a autonomia colectiva, a verdade é que não só a alínea d) do n.º 1 vai no sentido da cedência ocasional constituir uma situação temporária, como esta transitoriedade é também um pressuposto da natureza jurídica da cedência ocasional. Entender o contrário seria descaracterizar esta figura, além de que configuraria um fim contrário à lei, cfr. artigo 281.º do Código Civil.

10. A não ser que o instrumento de regulamentação colectiva de trabalho disponha mais favoravelmente, cfr. n.º 2, a cedência ocasional encontra-se limitada, por lei, a uma duração máxima de cinco anos, cfr. alínea d) do n.º 1. Como tal, o regime da pluralidade de empregadores, cfr. artigo 101.º, pode assumir-se como uma alternativa à prestação de trabalho por parte de um trabalhador a uma outra entidade, que não seja ao abrigo da cedência ocasional, porquanto aquela não se encontra limitada a uma duração máxima. Nos termos do n.º 1 do artigo 101.º, o trabalhador pode obrigar-se a prestar trabalho a vários empregadores entre os quais exista uma relação societária de participações recíprocas, de domínio ou de grupo, ou que tenham estruturas organizativas comuns.

ARTIGO 290.º – Acordo de cedência ocasional de trabalhador

1 – A cedência ocasional de trabalhador depende de acordo entre cedente e cessionário, sujeito a forma escrita, que deve conter:

a) Identificação, assinaturas e domicílio ou sede das partes;

b) Identificação do trabalhador cedido;

c) Indicação da actividade a prestar pelo trabalhador;

d) Indicação da data de início e da duração da cedência;

e) Declaração de concordância do trabalhador.

2 – Em caso de cessação do acordo de cedência ocasional, de extinção da entidade cessionária ou de cessação da actividade para que foi cedido, o trabalhador regressa ao serviço do cedente, mantendo os direitos que tinha antes da cedência, cuja duração conta para efeitos de antiguidade.

3 – Constitui contra-ordenação grave a violação do disposto na alínea e) do n.º 1 ou no n.º 2 e constitui contra-ordenação leve a violação de qualquer dos demais preceitos do n.º 1.

1. Este preceito corresponde ao artigo 325.º do anterior Código do Trabalho, aprovado pela Lei n.º 99/2003.

2. O n.º 1, ao dispor que a cedência ocasional se encontra sujeita a forma escrita, constitui uma excepção à liberdade de forma prevista no artigo 219.º do Código Civil, que vigora no ordenamento jurídico português, e de acordo com o qual a validade da declaração negocial não depende da observância de forma especial, salvo quando a lei a exigir.

3. Nos termos do n.º 1, impõe-se que a cedência ocasional seja títulada por um documento escrito, assinado pelo cedente e pelo cessionário, identificando o trabalhador cedido, a actividade a executar, a data de início da cedência e a duração da própria cedência, bem como a sede ou domicílio do cedente e cessionário. É neste documento reduzido a escrito que o trabalhador deve fazer a sua declaração de concordância com a cedência ocasional.

4. A inexistência ou irregularidade do documento que deve titular a cedência ocasional, nos termos estabelecidos no n.º 1, tem por consequência a ilicitude da cedência ocasional, concedendo ao trabalhador cedido o direito de optar pela permanência ao serviço do cessionário em regime de contrato de trabalho por tempo indeterminado ou sem termo, cfr. n.º 1 do artigo 292.º

5. Nada obsta que a forma escrita do acordo entre cedente e cessionário, imposta pelo n.º 1, seja satisfeita através de documento electrónico, ou seja, por documento elaborado mediante processamento electrónico de dados. Por outras palavras, nada impede que a forma escrita seja adoptada através de uma declaração escrita enviada por correio electrónico (e-mail) para um endereço electrónico. Sobre a validade, eficácia e valor probatório dos documentos electrónicos remete-se para a anotação 4. ao artigo 107.º

6. Nos termos do n.º 2, cessando a cedência ocasional, o trabalhador cedido regressa à empresa cedente, mantendo os direitos que tinha à antes da cedência, contando todo o tempo em que permaneceu cedido para efeitos de antiguidade. A cessação da cedência pode ocorrer por cessação do acordo de cedência ocasional, por extinção da entidade cessionária, por cessação da actividade para que foi cedido, ou por cessação do contrato de trabalho celebrado com o empregador, cfr. artigo 338.º e segs.

7. A antiguidade, referida no n.º 2, "é a qualidade correspondente à duração da situação jurídica laboral", Menezes Cordeiro, *Manual de Direito do Trabalho*, Livraria Almedina, 1991, página 675 e segs., e Acórdão do Tribunal da Relação de Lisboa, de 22 de Junho de 2005, processo 10307/2004-4, sumários em www.dgsi.pt.

8. Poderá o trabalhador, por sua única vontade, fazer cessar a cedência ocasional, regressando ao cedente? Cremos que não. Como resulta do n.º 1, a cedência ocasional resulta de um acordo entre cedente e cessionário, o qual carece de assentimento do trabalhador. Uma vez celebrado este negócio jurídico, e de acordo com o princípio de que os contratos devem ser cumpridos, cfr. n.º 1 do artigo 406.º do Código Civil, este negócio deve ser cumprido, não permitindo a lei que ao trabalhador seja concedido o poder de unilateralmente fazer cessar a cedência ocasional e regressar ao cedente. Claro que o trabalhador cedido poderá sempre por termo à cedência, fazendo cessar o seu contrato de trabalho, cfr. artigo 338.º e segs., sendo que quando assim for, e por o vínculo contratual durante a cedência se manter entre o trabalhador e o cedente, cfr. n.º 1 do artigo 288.º, e n.º 1 do artigo 293.º, a consequência é cessar a cedência e a relação jurídica que é um dos seus pressupostos.

ARTIGO 291.º – Regime de prestação de trabalho de trabalhador cedido

1 – Durante a cedência ocasional, o trabalhador está sujeito ao regime de trabalho aplicável ao cessionário no que respeita ao modo, local, duração de trabalho, suspensão do contrato de trabalho, segurança e saúde no trabalho e acesso a equipamentos sociais.

2 – O cessionário deve informar o cedente e o trabalhador cedido sobre os riscos para a segurança e saúde inerentes ao posto de trabalho a que este é afecto.

3 – Não é permitida a afectação de trabalhador cedido a posto de trabalho particularmente perigoso para a sua segurança ou saúde, salvo quando corresponda à sua qualificação profissional específica.

4 – O cessionário deve elaborar o horário de trabalho de trabalhador cedido e marcar o período das férias que sejam gozadas ao seu serviço.

5 – O trabalhador cedido tem direito:

a) À retribuição mínima que, em instrumento de regulamentação colectiva de trabalho aplicável ao cedente ou ao cessionário, corresponda às suas funções, ou à praticada por este para as mesmas funções, ou à retribuição auferida no momento da cedência, consoante a que for mais elevada;

b) A férias, subsídios de férias e de Natal e outras prestações regulares e periódicas a que os trabalhadores do cessionário tenham direito por idêntica prestação de trabalho, em proporção da duração da cedência.

6 – A cedência de trabalhador a uma ou mais entidades deve observar as condições constantes do contrato de trabalho.

7 – Constitui contra-ordenação grave a violação do disposto nos n.os 2, 3, 4 ou 5.

1. Este preceito corresponde aos artigos 327.º e 328.º do anterior Código do Trabalho, aprovado pela Lei n.º 99/2003.

2. Do n.º 1 resulta que o trabalhador cedido passa a prestar o seu labor na empresa a que é cedido, a quem incumbe o poder de direcção.

3. Da interpretação *a contrário* do n.º 1, a obrigação de proporcionar formação profissional incide sob o empregador, o cedente, que de acordo com a alínea d) do n.º 1 do artigo 127.º, a deve proporcionar ao trabalhador cedido, para que este último desenvolva a sua qualificação, podendo contudo essa formação ser assegurada pelo cessionário, caso em que o cedente fica exonerado de cumprir a obrigação, podendo nesta mesma situação o cedente compensar o cessionário, cfr. n.º 8 do artigo 131.º

4. O n.º 2 impõe o dever do cessionário informar não só o cedente, como o próprio trabalhador cedido relativamente aos riscos para a segurança e saúde intrínsecos ao posto de trabalho que o trabalhador ocupe, regime que se compreende porquanto o desenvolvimento da prestação de trabalho com a cedência passa a realizar-se na entidade cessionária. Sobre a segurança e saúde no trabalho, vejam-se os artigos 281.º e 282.º e respectivas anotações, bem como o disposto na Lei n.º 102/2009, de 10 de Setembro, alterada pelas Leis n.ºs 42/2012, de 28 de Agosto, 3/2014, de 28 de Janeiro, pelo Decreto-Lei n.º 88/2015, de 28 de Maio, e pela Lei n.º 146/2015, de 9 de Setembro, que estabelece o regime jurídico da segurança e saúde no trabalho.

5. O n.º 3 pretende vedar a que a cedência ocasional seja utilizada de modo a pôr em causa o direito do trabalhador a prestar o trabalho em condições de segurança e saúde, cfr. n.º 1 do artigo 281.º, ou que esta figura seja usada para se contornar a proibição ou condicionamento de certos trabalhos que incide sobre o empregador, dado que na cedência ocasional o empregador é o cedente e não o cessionário.

6. O n.º 4 é uma decorrência do n.º 1, em que se prevê que o poder de direcção é do cessionário, a este cabendo por isso regular o modo e duração de trabalho. Sobre o horário de trabalho vejam-se os artigos 212.º e segs. Sobre as férias vejam-se os artigos 237.º e segs., nos quais se incluem a sua marcação, cfr. artigo 241.º e segs.

7. Constituem instrumentos de regulamentação colectiva de trabalho, cfr. n.ºs 2, 3 e 4 do artigo 2.º, a convenção colectiva (que pode ser um contrato colectivo, acordo colectivo, ou um acordo de empresa), o acordo de adesão, a decisão arbitral, a portaria de extensão, e a portaria de condições de trabalho.

8. Mantendo-se o vínculo jurídico de subordinação jurídica com a entidade cedente, a retribuição do trabalhador é assegurada por esta. No mesmo sentido, Inspecção-Geral do Trabalho, *Código do Trabalho e Regulamentação Fichas Interpretativas*, Ficha VIII. 5. Cedência ocasional de trabalhadores. Titularidade do dever de pagar a retribuição, disponível em http://www.igt.gov.pt/DownLoads/content/Fichas_interpretativasJO.pdf: "Cabe ao cedente pagar a retribuição do trabalhador cedido ocasionalmente, na sua qualidade de empregador, da qual não se demite ao realizar a cedência, em conformidade com as prestações atribuídas pela cessionária aos seus trabalhadores. Apenas assim não sucederá quanto à titularidade desse dever quando, por força de acordo entre cedente e cessionária e sem oposição do trabalhador, regime diverso for fixado.".

9. O disposto no n.º 5 justifica-se pela vigência no direito do trabalho, do princípio da igualdade retributiva, nos termos do qual a trabalho igual deve corresponder salário igual. Trata-se de um princípio estruturante do direito do trabalho, com consagração constitucional na alínea a) do n.º 1 do artigo 59.º da Constituição da República Portuguesa, e reprodução no artigo 270.º deste Código.

10. Nos termos do n.º 5 a retribuição do trabalhador equivale à retribuição mínima fixada na lei ou em instrumento de regulamentação colectiva de trabalho aplicável à empresa cessionária, correspondente às funções a desempenhar, se outra mais elevada não for praticada pela própria empresa cessionária ou se não houver retribuição mais elevada consagrada em instrumento de regulamentação colectiva de trabalho aplicável à empresa cedente, e assegurando-se outros subsídios regulares e periódicos que sejam devidos pela empresa cessionária aos seus trabalhadores, por idêntica prestação de trabalho.

11. Guilherme Dray, Código do Trabalho Anotado, 2008, Almedina, página 621 e segs., entende que o poder disciplinar pode ser delegado pelo cedente no cessionário, podendo este último aplicar ao trabalhador as sanções prescritas por lei, com excepção do despedimento por facto imputável ao trabalhador. Cremos que não é assim. O titular do poder disciplinar laboral é o empregador, que detém o poder directivo sobre o trabalhador, e não o utilizador do trabalho ou a entidade que beneficie da actividade exercida pelo trabalhador, cfr. Acórdão do Supremo Tribunal de Justiça, de 23 de Fevereiro de 2000, processo 99S191, documento n.º SJ200002230001914, sumários em www.dgsi.pt. No sentido de que na cedência ocasional o poder disciplinar se mantém com o empregador, o cedente, prescreve o artigo 288.º, ou seja, da noção legal de cedência ocasional resulta que só o poder de direcção é que acompanha o trabalhador cedido, incumbindo aquele que beneficia do trabalho prestado, o cessionário. Por outro lado, o poder disciplinar pressupõe a faculdade do empregador aplicar sanções ao trabalhador pela violação dos seus deveres laborais, sanções essas que têm como único limite a lei, cfr. n.os 1 e 2 do artigo 328.º, pelo que, independentemente do efeito que possam produzir no vínculo laboral, e em concreto na manuteção deste último, nenhum motivo há para tornar uma ou algumas delas incidíveis das demais, propósito que nem sequer é assumido pelo legislador, que apenas exige relativamente a uma delas a realização prévia de um procedimento mais garantistico, cfr. artigo 351.º e segs.

12. Jurisprudência:

Acórdão do Supremo Tribunal de Justiça, de 14 de Maio de 2009, processo 08S2315, documento SJ20090514023154, sumários em www.dgsi.pt: "Verifica-se, nesta figura, um fraccionamento dos poderes do empregador: embora o trabalhador cedido continue a pertencer ao quadro da empresa cedente, a qual mantém a titularidade exclusiva do poder disciplinar, o poder de direcção e de conformação da prestação laboral cabe à empresa cessionária e o trabalho prestado desenvolve-se sob a direcção desta e demais condições nela existentes.".

ARTIGO 292.º – Consequência de recurso ilícito a cedência ou de irregularidade do acordo

1 – A cedência ocasional de trabalhador fora das condições em que é admissível, ou a falta do acordo nos termos do n.º 1 do artigo 290.º confere ao trabalhador cedido o direito de optar pela permanência ao serviço do cessionário em regime de contrato de trabalho sem termo.

2 – O direito previsto no número anterior pode ser exercido até ao termo da cedência, mediante comunicação ao cedente e ao cessionário por carta registada com aviso de recepção.

1. Este preceito corresponde ao artigo 329.º do anterior Código do Trabalho, aprovado pela Lei n.º 99/2003.

2. Quando faltar alguma das condições previstas no n.º 1 do artigo 289.º para a cedência ocasional, ou se constate a inexistência ou irregularidade do documento que a deve titular, o n.º 1 concede ao trabalhador o direito de escolher entre a integração na empresa cessionária, e a empresa cedente. Em termos práticos, atribui-se ao trabalhador a qualificação jurídica da sua própria situação, e face à conclusão que retirar dessa qualificação, optar por uma das empresas.

3. O n.º 2 estabelece que o direito de opção do trabalhador cedido deve ser exercido até ao termo da cedência, mediante comunicação a ambas as entidades envolvidas na cedência ocasional, a cedente e a cessionária, através de carta registada com aviso de recepção. Note-se que a escolha do trabalhador cedido pode ocorrer a todo o tempo, desde que o seja até ao termo da cedência.

ARTIGO 293.º - Enquadramento de trabalhador cedido

1 – O trabalhador cedido não é considerado para efeito da determinação das obrigações do cessionário que tenham em conta o número de trabalhadores empregados, excepto no que respeita à organização dos serviços de segurança e saúde no trabalho.

2 – O cessionário deve comunicar à comissão de trabalhadores o início da utilização de trabalhador em regime de cedência ocasional, no prazo de cinco dias úteis.

3- Constitui contra-ordenação leve a violação do disposto no número anterior.

1. Este preceito corresponde ao artigo 326.º do anterior Código do Trabalho, aprovado pela Lei n.º 99/2003.

2. Do n.º 1 deste preceito e do n.º 1 do artigo 288.º resulta que vínculo contratual, de subordinação jurídica, durante a cedência se mantém com o cedente. Porque assim é, o trabalhador cedido é considerado na informação anual sobre a actividade social da empresa que o empregador tem de prestar, no quadro de pessoal do cedente, cfr. n.º 1 do artigo 32.º da Lei n.º 105/2009, de 14 de Setembro, alterada pelas Leis n.os 60/2018, de 21 de Agosto, e 93/2019, de 4 de Setembro, e Portaria n.º 55/2010, de 21 de Janeiro, alterada pela Portaria n.º 108-A/2011, de 14 de Março.

3. O cessionário, enquanto empregador tem conhecimento da existência de uma comissão de trabalhadores porquanto os resultados da votação, da constituição e aprovação dos estatutos da comissão de trabalhadores, são-lhe comunicados, cfr. n.º 6 do artigo 432.º

SECÇÃO III – Redução da actividade e suspensão de contrato de trabalho

SUBSECÇÃO I – Disposições gerais sobre a redução e suspensão

ARTIGO 294.º – Factos determinantes de redução ou suspensão

1 – A redução temporária de período normal de trabalho ou a suspensão de contrato de trabalho pode fundamentar-se na impossibilidade temporária, respectivamente parcial ou total, de prestação de trabalho por facto relativo ao trabalhador ou ao empregador.

2 – Permitem também a redução do período normal de trabalho ou a suspensão do contrato de trabalho, designadamente:

a) A necessidade de assegurar a viabilidade da empresa e a manutenção de postos de trabalho, em situação de crise empresarial;

b) O acordo entre trabalhador e empregador, nomeadamente acordo de pré-reforma.

3 – Pode ainda ocorrer a suspensão de contrato de trabalho por iniciativa de trabalhador, fundada em falta de pagamento pontual da retribuição.

1. Este preceito corresponde ao artigo 330.º do anterior Código do Trabalho, aprovado pela Lei n.º 99/2003.

2. A suspensão do contrato de trabalho é uma neutralização dos efeitos essenciais do contrato, que não obstante se mantém em vigor, não prejudicando por isso o vínculo laboral, mas determinando uma intermitência da prestação de trabalho.

3. A impossibilidade de prestar o trabalho, referida no n.º 1, é uma impossibilidade superveniente, ou seja verifica-se após a celebração do contrato de trabalho.

4. Se a impossibilidade de prestar o trabalho for definitiva, e não temporária, a consequência é que o contrato de trabalho caduca, cfr. n.º 4 do artigo 296.º, alínea b) do artigo 343.º

5. As situações que permitem a redução do período normal de trabalho ou a suspensão do contrato de trabalho são, como resulta do n.º 2, exemplificativas.

6. As situações que permitem a redução temporária do período normal de trabalho ou a suspensão do contrato de trabalho genericamente previstas nos n.os 1 e 2 são, nos artigos seguintes, reguladas especificamente. Assim, os artigos 296.º e 297.º regulam a suspensão do contrato de trabalho por facto respeitante ao trabalhador, os artigos 298.º a 318.º a redução temporária do período normal de trabalho ou suspensão do contrato de trabalho por facto respeitante ao empregador (incluindo a situação de crise empresarial, e o encerramento e diminuição temporários de actividade), o artigo 317.º a licença sem retribuição, e os artigos 318.º a 322.º a pré-reforma.

7. O n.º 3 estabelece expressamente que a falta de pagamento pontual da retribuição confere ao trabalhador a faculdade de suspender o contrato de trabalho. A suspensão do contrato de trabalho, por não pagamento pontual da retribuição, encontra-se regulada nos artigos 325.º e segs., sendo-lhe ainda aplicável as disposições gerais relativas ao incumprimento do contrato, previstas nos artigos 323.º e 324.º Quando se verifique uma situação de falta de pagamento pontual da retribuição, o trabalhador pode ainda fazer cessar o contrato, nos termos dos artigos 394.º e segs.

8. Sobre este preceito, *vide* Bernardo Lobo Xavier, *Manual de Direito do Trabalho*, Verbo, 2011, página 652 e segs., e António Monteiro Fernandes, *Direito do Trabalho*, 15.ª Edição, Almedina, Abril 2010, página 515 e segs.

ARTIGO 295.º – Efeitos da redução ou da suspensão

1 – Durante a redução ou suspensão, mantêm-se os direitos, deveres e garantias das partes que não pressuponham a efectiva prestação de trabalho.

2 – O tempo de redução ou suspensão conta-se para efeitos de antiguidade.

3 – A redução ou suspensão não tem efeitos no decurso de prazo de caducidade, nem obsta a que qualquer das partes faça cessar o contrato nos termos gerais.

4 – Terminado o período de redução ou suspensão, são restabelecidos os direitos, deveres e garantias das partes decorrentes da efectiva prestação de trabalho.

5 – Constitui contra-ordenação grave o impedimento por parte do empregador a que o trabalhador retome a actividade normal após o termo do período de redução ou suspensão.

1. Este preceito corresponde ao artigo 331.º do anterior Código do Trabalho, aprovado pela Lei n.º 99/2003.

2. Entre os deveres do trabalhador que se mantêm durante a redução ou suspensão do contrato de trabalho encontra-se o dever de urbanidade, ou seja o dever de respeitar e tratar o empregador, os superiores hierárquicos, os companheiros de trabalho e as pessoas que se relacionem com a empresa, com urbanidade e probidade, previsto na alínea a) do n.º 1 do artigo 128.º e o dever de lealdade, nomeadamente não negociando por conta própria ou alheia em concorrência com ele, nem divulgando informações referentes à sua organização, métodos de produção ou negócios, previsto na alínea f) do n.º 1 do mesmo artigo 128.º A violação pelo trabalhador dos deveres que se mantêm durante a redução ou suspensão do contrato de trabalho pode consubstanciar uma infracção disciplinar, o que fundamenta o exercício do poder disciplinar, cfr. artigo 98.º, através de um procedimento disciplinar, cfr. artigo 328.º e segs., que no limite poderá levar à aplicação da sanção de despedimento, sem indemnização ou compensação.

3. Da redacção do n.º 1 resulta a existência de um princípio em matéria de redução temporária do período normal de trabalho ou suspensão do contrato de trabalho: não havendo prestação de trabalho, o dever de pagar a retribuição, cfr. alínea b) do n.º 1 do artigo 127.º, não se mantém. Este princípio sofre contudo algumas excepções, as quais se encontram taxativamente previstas, cfr. artigos 305.º, 309.º e 320.º

4. O n.º 2 ao determinar que o tempo de redução ou suspensão conta-se para efeitos de antiguidade, conduz a que as promoções do trabalhador, que decorram por efeito de instrumento de regulamentação colectiva de trabalho, se verificam apesar da redução temporária de período normal de trabalho ou da suspensão de contrato de trabalho. O mesmo sucede relativamente às diuturnidades, cfr. alínea b) do n.º 2 do artigo 262.º

5. A antiguidade, referida no n.º 2, "é a qualidade correspondente à duração da situação jurídica laboral", Menezes Cordeiro, *Manual de Direito do Trabalho*, Livraria Almedina, 1991, página 675 e segs., e Acórdão do Tribunal da Relação de Lisboa, de 22 de Junho de 2005, processo 10307/2004-4, sumários em www.dgsi.pt. Significa isto que a duração de situações que não são de qualificar como sendo de trabalho subordinado não devem entrar no cômputo da antiguidade. A título exemplificativo, a duração de um contrato de estágio extracurricular, cfr. Decreto-Lei n.º 66/2011, de 1 de Junho, não correspondendo à prestação de trabalho subordinado, não dá lugar à contagem de antiguidade, ainda que posteriormente à cessação deste contrato venha a ser celebrado um contrato de trabalho.

6. O n.º 3 ao estabelecer que a redução ou suspensão não tem efeitos no decurso do prazo de caducidade, significa que a redução ou suspensão não interrompe o decurso do prazo para efeitos de caducidade. Ou seja, não obstante a redução temporária do período normal de trabalho ou a suspensão do contrato de trabalho, se enquanto um deles subsistir, se se verificar o final do prazo estipulado no contrato a termo certo, ou final do prazo da sua renovação, ou ainda quando se preveja a ocorrência do termo no contrato a termo incerto, cfr. artigos 344.º e 345.º, o contrato de trabalho a termo caduca. O mesmo n.º 3 prevê ainda que a redução ou suspensão não evita que qualquer das partes faça cessar o contrato nos termos gerais, pelo que, por exemplo, poderá o empregador durante a suspensão comunicar ao trabalhador a nota de culpa, cfr. artigo 353.º, ou mesmo a decisão de despedimento em procedimento disciplinar que se encontrava a decorrer, cfr. n.º 6 do artigo 357.º e n.º 5 do artigo 358.º

7. Este preceito não estabelece o que sucede em matéria de férias do trabalhador. As férias do trabalhador têm um regime distinto, consoante se trate de suspensão do contrato de trabalho seja por facto respeitante ao trabalhador, ou de redução temporária do período normal de trabalho ou suspensão do contrato de trabalho por facto respeitante ao empregador.

Tratando-se de suspensão do contrato de trabalho por facto respeitante ao trabalhador o direito a férias do trabalhador encontra-se retraído, não se adicionando os períodos de férias não gozados enquando perdurar a suspenção. O direito a férias reporta-se ao trabalho prestado no ano civil anterior, cfr. n.º 2 do artigo 237.º, sendo gozadas, em princípio no ano civil em que se vencem, cfr. n.º 1 do artigo 240.º Assim, o n.º 1 do artigo 244.º determina que o gozo das férias (vencidas) não se inicia ou suspende-se quando o trabalhador esteja temporariamente impedido por facto que não lhe seja imputável, desde que haja comunicação do mesmo ao empregador. Nesta situação, o gozo das férias tem lugar após o termo do impedimento na medida do remanescente do período marcado, devendo o período correspondente aos dias não gozados ser marcado por acordo ou, na falta deste, pelo empregador, durante qualquer altura do ano civil, cfr. n.º 2 do artigo 244.º Em caso de impossibilidade total ou parcial do gozo de férias por motivo de impedimento do trabalhador, este tem direito à retribuição correspondente ao período de férias não gozado ou ao gozo do mesmo até 30 de Abril do ano seguinte e, em qualquer caso, ao respectivo subsídio, cfr. n.º 3 do artigo 244.º No ano de cessação da suspensão por facto respeitante ao trabalhador, este tem direito a dois dias úteis de férias por cada mês de efectiva prestação de trabalho, até 20 dias, cujo gozo pode ter lugar após seis meses completos de execução do contrato, cfr. n.º 6 do artigo 239.º No caso de o ano civil terminar antes de decorrido o prazo de seis meses completos de execução do contrato, as férias são gozadas até 30 de Junho do ano subsequente, cfr. n.º 6 do mesmo artigo 239.º

Tratando-se de redução temporária do período normal de trabalho ou suspensão do contrato de trabalho por facto respeitante ao empregador, o legislador previu a propósito da situação de crise empresarial, que o tempo de redução ou suspensão não afecta o vencimento e a duração do período de férias, cfr. n.º 1 do artigo 306.º No n.º 2 do mesmo artigo 306.º, estabelece-se que a redução ou suspensão não prejudica a marcação e o gozo de férias, nos termos gerais, tendo o trabalhador direito ao pagamento pelo empregador do subsídio de férias devido em condições normais de trabalho. Salvo melhor opinião, estes n.os 1 e 2 do artigo 306.º não se limitam às situação de crise empresarial, sendo extensíveis aos demais casos de redução temporária do período normal de trabalho ou suspensão do contrato de trabalho, por facto respeitante ao empregador.

8. Durante a suspensão do contrato de trabalho, o empregador não está obrigado a garantir a utilização, pelo trabalhador, do telemóvel e do veículo automóvel que lhe foi atribuído ainda que para ser usado em serviço e na vida privada. Quando a atribuição de veículo automóvel e de telemóvel assuma natureza remuneratória – logicamente na parte em que essa utilização se traduz em fins de natureza pessoal – e encontrando-se o contrato de trabalho suspenso, o trabalhador não tem o direito a manter na sua posse aqueles instrumentos de trabalho. Da mesma forma, não tendo o direito de os manter na sua posse, também não tem o direito de os utilizar para fins pessoais, uma vez que a sua utilização para estes fins estava intrinsecamente dependente da efectiva prestação da actividade. Neste sentido vejam-se os Acórdãos do Supremo Tribunal de Justiça de 21 de Fevereiro de 2006, processo 04S4336, sumários em www.dgsi.pt, e de 6 de Junho de 2007, processo 742/07, *Colectânea de Jurisprudência,* N.º 200 Tomo II/2007 (Abril/Julho) e o Acórdão do Tribunal da Relação de Lisboa, de 22 de Novembro de 2006, processo 6034/06, *Colectânea de Jurisprudência,* N.º 194 Tomo V/2006 (Novembro/Dezembro). Assim, e uma vez suspenso o contrato de trabalho, o empregador pode exigir a entrega do veiculo automóvel e o telemóvel que eram utilizados pelo trabalhador, quer em serviço, quer na sua vida privada, incluindo aos fins-de-semana e nas férias.

9. Sobre este preceito, *vide* Bernardo Lobo Xavier, *Manual de Direito do Trabalho,* Verbo, 2011, página 655 e segs., e António Monteiro Fernandes, *Direito do Trabalho,* 15.ª Edição, Almedina, Abril 2010, página 521 e segs.

SUBSECÇÃO II - Suspensão de contrato de trabalho por facto respeitante a trabalhador

ARTIGO 296.º - Facto determinante da suspensão respeitante a trabalhador

1 - Determina a suspensão do contrato de trabalho o impedimento temporário por facto respeitante ao trabalhador que não lhe seja imputável e se prolongue por mais de um mês, nomeadamente doença, acidente ou facto decorrente da aplicação da lei do serviço militar.

2 - O trabalhador pode suspender de imediato o contrato de trabalho:

a) na situação referida no n.º 1 do artigo 195.º, quando não exista outro estabelecimento da empresa para o qual possa pedir transferência;

b) nos casos previstos no n.º 2 do artigo 195.º, até que ocorra a transferência.

3 - O contrato de trabalho suspende-se antes do prazo referido no n.º 1, no momento em que seja previsível que o impedimento vai ter duração superior àquele prazo.

4 - O contrato de trabalho suspenso caduca no momento em que seja certo que o impedimento se torna definitivo.

5 - O impedimento temporário por facto imputável ao trabalhador determina a suspensão do contrato de trabalho nos casos previstos na lei.

1. Este preceito corresponde ao artigo 333.º do anterior Código do Trabalho, aprovado pela Lei n.º 99/2003.

2. Ver disposições gerais sobre a redução e suspensão, artigos 294.º e 295.º

3. Se o impedimento temporário por facto respeitante ao trabalhador for imputável a este, a título de culpa, estar-se-á perante uma situação de não cumprimento do contrato, incorrendo o trabalhador em responsabilidade disciplinar, podendo o empregador instaurar-lhe um procedimento disciplinar, cfr. artigo 328.º e segs., que nas situações mais graves pode mesmo ter intenção de despedimento, cfr. n.os 1 e 2 do artigo 351.º e 353.º e segs. Nesta situação, em detrimento de ser aplicado às ausências do trabalhador o regime da suspensão do contrato de trabalho, será o regime das faltas injustificadas o aplicável, cfr. n.º 3 do artigo 249.º e n.os 1, 2, 4 e 5 do artigo 253.º, sendo que se quando essas faltas atingirem as cinco seguidas no mesmo ano civil, o comportamento do trabalhador integra o conceito de justa causa para despedimento, cfr. n.º 1 e alínea g) do n.º 2 do artigo 351.º

4. Os impedimentos temporários que se prolonguem por mais de um mês referidos no n.º 1 são exemplificativos, podendo existir outros. É o que sucede relativamente ao desempenho de certos cargos públicos, cujo exercício determina a suspensão do contrato de trabalho. Em concreto, o regime da suspensão no que diz respeito ao desempenho de cargos públicos impõe-se desde logo pelo que resulta do texto constitucional, em que se prevê que todos os cidadãos têm o direito de tomar parte na vida política e na direcção dos assuntos públicos do país, cfr. n.º 1 do artigo 48.º da Constituição da República Portuguesa. A Lei Fundamental estabelece ainda nos n.º 1 do artigo 50.º que todos os cidadãos têm o direito de acesso, em condições de igualdade e liberdade, aos cargos públicos. Mais estabelece o n.º 2 do artigo 50.º da Constituição da República Portuguesa que ninguém pode ser prejudicado na sua colocação, no seu emprego, na sua carreira profissional ou nos benefícios sociais a que tenha direito, em virtude do exercício de direitos políticos ou do desempenho de cargos públicos. Assim, estabelece-se no n.º 2 do artigo 19.º do Estatuto dos Deputados, aprovado pela Lei n.º 7/93, de 1 de Março, com as alterações introduzidas pelas Leis n.os 24/95, de 18 de Agosto, 55/98 de 18 de Agosto, 8/99 de 10 de Fevereiro, 45/99 de 16 de Junho, 3/2001 de 23 de Fevereiro, 24/2003, de 4 de Julho, 52-A/2005 de 10 de Outubro, 44/2006 de 25 de Agosto, 45/2006 de 25 de Agosto, 43/2007, de 24 de Agosto, e 16/2009, de 1 de Abril, que os deputados têm direito a dispensa de todas as actividades profissionais, públicas ou privadas, durante a legislatura. O mesmo ocorre com os membros do Governo, autarcas, etc..

5. Apesar do disposto no n.º 1 há um caso em que por força da lei, o impedimento temporário por facto respeitante a trabalhador que não lhe seja imputável determina a suspensão do contrato de trabalho, sem que seja necessário que esse impedimento se prolongue por mais de um mês: a greve, cfr. artigo 536.º

6. Nos termos dos n.os 4 e 5 do artigo 253.º, o trabalhador que se encontra ausente do local de trabalho por tempo já comunicado ao empregador e que toma conhecimento de que a ausência se irá prolongar em termos tais que determina a suspensão do contrato de trabalho por impedimento prolongado, terá de fazer nova comunicação de ausência, acompanhada da indicação do motivo justificativo, sob pena da incorrer em faltas injustificadas.

7. Quando a empresa não disponha de outro estabelecimento, e dado que o trabalhador vítima de violência doméstica pode suspender de imediato o contrato de trabalho, o que determina a sua ausência, o trabalhador deve comunicar ao empregador, logo que possível, a ausência, a qual será em princípio imprevisível, cfr. n.os 2 e 4 do artigo 253.º, e que passa então a ser justificada, cfr. n.º 5 do artigo 253.º, podendo o empregador exigir prova do facto invocado pelo trabalhador no momento da comunicação, nos 15 dias seguintes a esta, cfr. n.º 1 do artigo 254.º, o que a ocorrer será cumprido com a apresentação de comprovativo pelo trabalhador de que apresentou denúncia da prática do crime de violência doméstica, ou através de comprovativo de que beneficia do estatuto de vítima de violência doméstica. Este estatuto de vítima de violência doméstica é, nos termos do n.º 1 do artigo 14.º da Lei n.º 112/2009, de 16 de Setembro, alterada pelas Leis n.os 19/2013, de 21 de Fevereiro, 82-B/2014, de 31 de Dezembro, 129/2015, de 3 de Setembro, 42/2016, de 28 de Dezembro, e 24/2017, de 24 de Maio, (que estabelece o regime jurídico aplicável à prevenção da violência doméstica e à protecção e assistência das suas vítimas), atribuído pelas autoridades judiciárias ou pelos órgãos de polícia criminal competentes. A atribuição ocorre após a apresentação da denúncia da prática do crime de violência doméstica, se não existirem fortes indícios de que a própria denúncia é infundada. No mesmo acto em que é atribuído o estatuto, é entregue à vítima documento comprovativo do próprio estatuto, que compreende os direitos e deveres estabelecidos na Lei n.º 112/2009, de 16 de Setembro, além da cópia do respectivo auto de notícia, ou da apresentação da queixa-crime.

Quando a empresa disponha de outro estabelecimento, e o trabalhador vítima de violência doméstica pretenda ser transferido, atento o procedimento fixado no n.º 1 do artigo 195.º, o empregador terá conhecimento do motivo da suspensão porque previamente a esta o trabalhador requereu a transferência para outro estabelecimento.

8. Problema maior é classificar a impossibilidade do trabalhador em prestar o seu trabalho por ter sido vítima de violência doméstica. A impossibilidade da prestação laboral pode ser temporária ou definitiva, cfr. n.º 1 e n.º 4. O n.º 4 estabelece expressamente que o contrato de trabalho suspenso caduca no momento em que o impedimento se torna definitivo, pelo que dúvidas podem surgir, se o impedimento a que se refere o n.º 4 não se pode referir aos casos em que não foi realizada a transferência, independentemente do motivo pelo qual a mesma não se efectuou. Salvo melhor opinião, o impedimento a que se refere o n.º 4 não deve ser entendido como podendo consubstanciar uma não transferência do trabalhador que foi vítima de violência doméstica, ainda que o empregador, tendo outro estabelecimento, prevê como certo que a transferência não se irá realizar. Desde logo, o elemento literal do n.º 4 refere expressamente impedimento, sendo que no caso de trabalhador que tenha sido vítima de violência doméstica é esta última o verdadeiro impedimento, a violência doméstica. Por outro lado, e mesmo quando o empregador, que tem outro estabelecimento, adia a transferência, com fundamento em exigências imperiosas da empresa ou serviço, ou porque não há um posto de trabalho compatível disponível, nenhum destes dois motivos é definitivo. Tratando-se de exigências imperiosas da empresa, estas hão-de ser circunscritas no tempo, sendo que haverá decerto um período em que deixarão de se verificar, seja por a empresa ter melhorado a sua produtividade, seja por, no limite, ocorrer o encerramento total e definitivo da empresa. Inexistindo posto de trabalho compatível disponível à data do pedido de transferência do trabalhador, também esta não é absoluta e definitiva, porquanto poderá ocorrer (o que não é determinável pelo empregador), uma impossibilidade superveniente, absoluta e definitiva de um outro trabalhador do estabelecimento, uma denúncia de contrato de trabalho, ou mesmo a morte de um outro trabalhador que preste o seu trabalho no estabelecimento pretendido pelo trabalhador vítima de violência doméstica. Atendendo quer ao n.º 1, que prevê exemplificativamente situações de impedimento temporário e prolongado, quer à inserção sistemática do n.º 2, que admite a suspensão do contrato de trabalho de trabalhador por este ter sido vítima de violência doméstica, esta impossibilidade foi configurada pelo legislador como um impedimento temporário. É certo que em princípio o facto que determina a suspensão não é imputável a título de culpa ao trabalhador, que nada há-de ter contribuído para a verificação do impedimento. Contudo, será exigível ao empregador que não tem um posto de trabalho compatível disponível noutro estabelecimento, ou não tem sequer um outro estabelecimento, manter em aberto, devido à suspensão do contrato de trabalho de trabalhador vítima de violência doméstica, um posto de trabalho por período incerto? A resposta da lei é positiva, admitindo-se que o empregador apenas pode fazer cessar o contrato nos termos gerais, ou admita outro trabalhador ao abrigo de contrato de trabalho a termo resolutivo incerto, cfr. alínea a) do n.º 2 do artigo 140.º

Sempre se diga que não constituirá não cumprimento culposo do contrato, o trabalhador que tenha imprudentemente contraído matrimónio, ou viva em união de facto há mais de dois anos com pessoa com vasto cadastro de maus tratos físicos ou psíquicos, a cônjuge ou ex-cônjuge, ou a pessoa de outro ou do mesmo sexo com quem manteve uma relação análoga à dos cônjuges. Semelhante relacionamento afectivo, sendo um comportamento da vida privada do trabalhador, e independentemente de se virem a verificar na pessoa do trabalhador os maus tratos – o que pode nunca vir a ocorrer –, não tem por si, reflexo na relação laboral, pelo que o trabalhador que escolha esse conjugue ou companheiro, não poderá ser punido disciplinarmente, até porque entendimento contrário violaria a proibição de discriminação prevista no n.º 1 do artigo 25.º Já assim não será, podendo o trabalhador vir a ser punido, mas não pela sua escolha, se se apresenta frequentemente no seu local de trabalho, onde procede ao atendimento ao público, com marcas visíveis de maus tratos físicos, pela susceptibilidade de lesar a imagem, prestígio ou credibilidade do empregador.

Relativamente aos demais direitos de que beneficia o trabalhador que tenha sido vítima de violência doméstica, veja-se o disposto no artigo 195.º, e nas respectivas anotações.

9. Quando o trabalhador suspenda o contrato, independentemente de existir ou não outro estabelecimento, o empregador deixa de estar vinculado ao dever de lhe pagar a retribuição, cfr. n.º 1 do artigo 295.º

10. O trabalhador que tenha o contrato de trabalho suspenso por impedimento temporário por facto a si respeitante, perde o direito ao subsídio de Natal por inteiro, recebendo este em termos proporcionais ao tempo de serviço prestado no ano civil em caso de suspensão, cfr. alínea c) do n.º 2 do artigo 263.º

ARTIGO 297.º – Regresso do trabalhador

No dia imediato à cessação do impedimento, o trabalhador deve apresentar-se ao empregador para retomar a actividade.

1. Este preceito corresponde ao artigo 334.º do anterior Código do Trabalho, aprovado pela Lei n.º 99/2003.

2. Impõe-se saber o que sucede caso o trabalhador não se apresente ao trabalho no dia imediato à cessação do impedimento. Nesta situação, o trabalhador incorre em faltas injustificadas, cfr. n.º 3 do artigo 249.º e n.ºs 1, 2, 4 e 5 do artigo 253.º, sendo que se essas faltas atingirem as cinco seguidas no mesmo ano civil, o empregador poderá instaurar-lhe um procedimento disciplinar com intenção de despedimento, cfr. n.ºs 1 e 2 do artigo 351.º e 353.º e segs.

3. Sobre este preceito *vide* Bernardo Lobo Xavier, *Manual de Direito do Trabalho*, Verbo, 2011, página 656.

SUBSECÇÃO III – Redução temporária do período normal de trabalho ou suspensão do contrato de trabalho por facto respeitante ao empregador

DIVISÃO I – Situação de crise empresarial

ARTIGO 298.º – Redução ou suspensão em situação de crise empresarial

1 – O empregador pode reduzir temporariamente os períodos normais de trabalho ou suspender os contratos de trabalho, por motivos de mercado, estruturais ou tecnológicos, catástrofes ou outras ocorrências que tenham afectado gravemente a actividade normal da empresa, desde que tal medida seja indispensável para assegurar a viabilidade da empresa e a manutenção dos postos de trabalho.

2 – A redução a que se refere o número anterior pode abranger:

a) Um ou mais períodos normais de trabalho, diários ou semanais, podendo dizer respeito a diferentes grupos de trabalhadores, rotativamente;

b) Diminuição do número de horas correspondente ao período normal de trabalho, diário ou semanal.

3 – O regime de redução ou suspensão aplica-se aos casos em que essa medida seja determinada no âmbito de declaração de empresa em situação económica difícil ou, com as necessárias adaptações, em processo de recuperação de empresa.

4 – A empresa que recorra ao regime de redução ou suspensão deve ter a sua situação contributiva regularizada perante a administração fiscal e a segurança social, nos termos da legislação aplicável, salvo quando se encontre numa das situações previstas no número anterior.

1. Este preceito corresponde aos artigos 335.º e 349.º do anterior Código do Trabalho, aprovado pela Lei n.º 99/2003.

2. A redacção do n.º 4 foi introduzida pelo artigo 2.º da Lei n.º 23/2012, de 25 de Junho. Na versão originária do Código do Trabalho, aprovado pela Lei n.º 7/2009, de 12 de Fevereiro, aquele número inexistia.

3. Ver disposições gerais sobre a redução e suspensão, artigos 294.º e 295.º

4. O n.º 1 consagra o que conceptualmente é definido por *lay-off*. O *lay-off* é assim uma redução temporária dos períodos normais de trabalho ou uma suspensão dos contratos de trabalho, realizada por iniciativa do empregador, por motivos de mercado, motivos estruturais ou tecnológicos, catástrofes ou outras ocorrências que tenham afectado gravemente a actividade normal da empresa, e desde que tal medida de redução temporária dos períodos normais de trabalho ou suspensão dos contratos de trabalho seja indispensável para assegurar a viabilidade da empresa e a manutenção dos postos de trabalho. O *lay-off* encontra-se regulado nos artigos 298.º a 308.º

5. Os motivos de mercado, estruturais ou tecnológicos encontram-se definidos no n.º 2 do artigo 359.º, norma para a qual se remete.

6. Para que possa ser aplicado um *lay-off*, o empregador terá de cumprir as exigências procedimentais estabelecidas nos artigos 298.º-A, 299.º, 300.º e 301.º Note-se contudo que apesar do *lay-off* ser antecedido de uma decisão do empregador, pode ser verificado pelo serviço com competência inspectiva do ministério responsável pela área laboral, por iniciativa própria ou a requerimento de qualquer interessado, cfr. n.º 2 do artigo 307.º

7. A declaração de empresas em situação económica difícil é regulada pelo Decreto-Lei n.º 353-H/77, de 29 de Agosto. Por sua vez, a insolvência e recuperação de empresa encontra-se regulada no Código da Insolvência e da Recuperação de Empresas, aprovado pelo Decreto-Lei n.º 53/2004, de 18 de Março, e alterado pelos Decretos-Leis n.os 200/2004, de 18 de Agosto, 76-A/2006, de 29 de Março, 282/2007, de 7 de Agosto, 116/2008, de 4 de Julho e 185/2009, de 12 de Agosto, pelas Leis n.os 16/2012, de 20 de Abril, e 66-B/2012, de 31 de Dezembro, pelos Decretos-Leis n.os 26/2015, de 6 de Fevereiro, 79/2017, de 30 de Junho, pela Rectificação n.º 21/2017, de 25 de Agosto, pelas Leis n.os 114/2017, de 29 de Dezembro, 8/2018, de 2 de Março, e pelo Decreto-Lei n.º 84/2019, de 28 de Junho.

8. Nos termos do n.º 4, para a empresa poder recorrer ao *lay-off* terá de ter a sua situação contributiva regularizada perante a administração fiscal e a segurança social. Só não se exige que a empresa tenha os impostos e as contribuições para a segurança social normalizada quando se encontre em situação económica difícil ou em processo de recuperação de empresa. Significa isto que quando a empresa que recorra ao lay-off não tenha a sua situação contributiva regularizada, a própria segurança social deve recusar a aplicação do lay-off, recusando-se a comparticipar na compensação retributiva atribuída aos trabalhadores, cfr. alínea d) do n.º 1 do artigo 303.º e n.º 4 do artigo 305.º

9. Sobre este preceito, no domínio da legislação anterior, pelo que será necessário proceder às adaptações necessárias, *vide* Bernardo Lobo Xavier, *Manual de Direito do Trabalho*, Verbo, 2011, página 658 e segs.

ARTIGO 298.º-A – Impedimento de redução ou suspensão

O empregador só pode recorrer novamente à aplicação das medidas de redução ou suspensão depois de decorrido um período de tempo equivalente a metade do período anteriormente utilizado, podendo ser reduzido por acordo entre o empregador e os trabalhadores abrangidos ou as suas estruturas representativas.

1. Este preceito não tem correspondência com qualquer outro do anterior Código do Trabalho, aprovado pela Lei n.º 99/2003, nem mesmo com o Código do Trabalho aprovado pela Lei n.º 7/2009, de 12 de Fevereiro, sendo um artigo novo, introduzido pela Lei n.º 23/2012, de 25 de Junho.

2. Este artigo 298.º-A limita o empregador que pretenda voltar a socorrer-se do *lay-off*. Ou seja, caso a empresa pretenda proceder a uma redução temporária dos períodos normais de trabalho ou a uma suspensão dos contratos de trabalho, quando em momento anterior já o havia feito, terá de observar um período de tempo correspondente a metade do tempo da duração do *lay-off* anterior. Esta limitação temporal só poderá ser menor quando o empregador tenha realizado um acordo com todos os trabalhadores que serão abrangidos pelo novo lay-off, ou quando tenha havido um acordo no sentido de redução temporal do impedimento, com as estruturas representativas dos trabalhadores.

3. Nos termos das alíneas a), b), c) e d) do artigo 404.º, constituem estruturas de representação colectiva dos trabalhadores as associações sindicais, as comissões de trabalhadores e subcomissões de trabalhadores, os representantes dos trabalhadores para a segurança e saúde no trabalho, e outras estruturas previstas em lei específica, designadamente conselhos de empresa europeus. Além destas, há ainda outras estruturas de representação colectiva dos trabalhadores em lei avulsa, como o conselho de trabalhadores numa sociedade anónima europeia, cfr. n.º 1 do artigo 2.º do Decreto-Lei n.º 215/2005, de 13 de Dezembro.

ARTIGO 299.º – Comunicações em caso de redução ou suspensão

1 – O empregador comunica, por escrito, à comissão de trabalhadores ou, na sua falta, à comissão intersindical ou comissões sindicais da empresa representativas dos trabalhadores a abranger, a intenção de reduzir ou suspender a prestação do trabalho, informando-as simultaneamente sobre:

a) Fundamentos económicos, financeiros ou técnicos da medida;

b) Quadro de pessoal, discriminado por secções;

c) Critérios para selecção dos trabalhadores a abranger;

d) Número e categorias profissionais dos trabalhadores a abranger;

e) Prazo de aplicação da medida;

f) Áreas de formação a frequentar pelos trabalhadores durante o período de redução ou suspensão, sendo caso disso.

2 – O empregador disponibiliza, para consulta, os documentos em que suporta a alegação de situação de crise empresarial, designadamente de natureza contabilística e financeira.

3 – Na falta das entidades referidas no n.º 1, o empregador comunica, por escrito, a cada trabalhador a abranger, a intenção de reduzir ou suspender a prestação de trabalho, podendo estes, nos cinco dias posteriores à recepção da comunicação, designar de entre eles uma comissão representativa com o máximo de três ou cinco elementos, consoante a medida abranja até 20 ou mais trabalhadores.

4 – No caso previsto no número anterior, o empregador disponibiliza, ao mesmo tempo, para consulta dos trabalhadores, a informação referida no n.º 1 e envia a mesma à comissão representativa que seja designada.

5 – Constitui contra-ordenação grave a violação do disposto neste artigo.

1. Este preceito corresponde ao artigo 336.º do anterior Código do Trabalho, aprovado pela Lei n.º 99/2003.

2. A redacção dos n.ºs 2, 3 e 4 deste preceito foi alterada pelo artigo 2.º da Lei n.º 23/2012, de 25 de Junho. Na versão originária do Código do Trabalho, aprovado pela Lei n.º 7/2009, de 12 de Fevereiro aqueles n.ºs 2 e 4 correspondiam aos actuais n.ºs 3 e 5, respectivamente, enquanto que o n.º 3 tinha a seguinte redacção:

"No caso previsto no número anterior, o empregador envia à comissão a informação referida no n.º 1.".

3. O empregador tem conhecimento da existência de uma comissão de trabalhadores porquanto os resultados da, votação da constituição e aprovação dos estatutos da comissão de trabalhadores, são-lhe comunicados, cfr. n.º 6 do artigo 432.º Quanto à comissão intersindical ou comissões sindicais, o empregador tem conhecimento da existência destas porquanto a direcção do sindicato tem de comunicar por escrito ao empregador a identidade dos delegados sindicais que fizerem parte de comissão sindical ou intersindical, cfr. n.º 4 do artigo 462.º

4. Da interpretação dos n.os 1, 3 e 4 resulta que quando não haja na empresa comissão de trabalhadores, nem comissão intersindical nem comissões sindicais, o primeiro passo para iniciar o procedimento de redução temporária dos períodos normais de trabalho ou suspenção dos contratos de trabalho é a realização de uma comunicação a cada um dos trabalhadores que se pretende que venham a ser abrangidos pela medida. Nesta situação, a comunicação parece bastar-se com uma frase em que se declare que é intenção reduzir ou suspender a prestação de trabalho. A verdade, é que quando não haja na empresa comissão de trabalhadores, nem comissão intersindical nem comissões sindicais, o empregador não tem logo na comunicação a cada um dos trabalhadores de os informar de todos os elementos referidos nas alíneas a), b), c), d) e) e f) do n.º 1, uma vez que os trabalhadores podem vir a constituir uma comissão representativa que receberá essa informação. Ainda assim, nada obsta, quando não exista na empresa comissão de trabalhadores, nem comissão intersindical nem comissões sindicais, que o empregador informe imediatamente na comunicação destinada aos trabalhadores a abranger os elementos referidos nas alíneas a) a f) do n.º 1.

O que o empregador tem de fazer quando não exista na empresa comissão de trabalhadores, nem comissão intersindical, nem comissões sindicais, é aguardar pelo decurso dos 5 dias de que os trabalhadores beneficiam após receberem a comunicação. Nos 5 dias referidos há duas possibilidades. Uma delas é os trabalhadores a abranger constituirem de entre si uma comissão representativa, o que a ocorrer determina que a empresa não só permita a consulta da informação sobre i) fundamentos económicos, financeiros ou técnicos da medida; ii) quadro de pessoal, discriminado por secções; iii) critérios para selecção dos trabalhadores a abranger; iv) número e categorias profissionais dos trabalhadores a abranger; v) prazo de aplicação da medida e vi) àreas de formação a frequentar pelos trabalhadores durante o período de redução ou suspensão, sendo caso disso, como determina ainda que ao mesmo tempo esta informação seja enviada à comissão representativa designada pelos trabalhadores. Significa isto que os membros da comissão representativa irão receber documentos com a informação referida, enquanto que todos os trabalhadores, sendo ou não membros da comissão representativa, poderão consultar a informação. A outra possibilidade é os trabalhadores não designarem de entre si qualquer comissão representativa. Se esta for a situação, o empregador apenas tem de permitir a consulta da informação mencionada, não tendo de a enviar aos trabalhadores abrangidos.

A constituição de uma comissão representativa por parte dos trabalhadores abrangidos é um acto discricionário, não é um poder dever.

5. O disposto no n.º 2, em como o empregador tem de disponibilizar, para consulta, os documentos em que suporta a alegação de situação de crise empresarial, nomeadamente os documentos de natureza contabilística e financeira é aplicável quer quando não haja na empresa comissão de trabalhadores, nem comissão intersindical nem comissões sindicais, quer quando exista alguma daquelas comissões. Significa isto que, também quando o empregador tenha de comunicar directamente a cada trabalhador a sua intenção de reduzir ou suspender a prestação de trabalho, que cada um dos trabalhadores pode aceder aos documentos que sustentam a situação de crise empresarial. De entre os documentos que devem ser permitidos consultar, encontram-se os documentos contabilísticos e financeiros.

6. Nada obsta que a forma escrita, imposta pelos n.os 1 e 3, seja satisfeita através de documento electrónico, ou seja, por documento elaborado mediante processamento electrónico de dados. Por outras palavras, nada impede que a forma escrita seja adoptada através de uma declaração escrita enviada por correio electrónico (e-mail) para um endereço electrónico. Sobre a validade, eficácia e valor probatório dos documentos electrónicos remete-se para a anotação 4. ao artigo 107.º

7. Sobre este preceito, no domínio da legislação anterior, pelo que será necessário proceder às adaptações necessárias, *vide* Bernardo Lobo Xavier, *Manual de Direito do Trabalho*, Verbo, 2011, página 661 e segs.

ARTIGO 300.º – Informações e negociação em caso de redução ou suspensão

1 – Nos cinco dias posteriores ao facto previsto nos n.os 1 ou 4 do artigo anterior, o empregador promove uma fase de informações e negociação com a estrutura representativa dos trabalhadores, com vista a um acordo sobre a modalidade, âmbito e duração das medidas a adoptar.

2 – A acta das reuniões de negociação deve conter a matéria acordada e, bem assim, as posições divergentes das partes, com as opiniões, sugestões e propostas de cada uma.

3 – Celebrado o acordo ou, na falta deste, após terem decorrido cinco dias sobre o envio da informação prevista nos n.os 1 ou 4 do artigo anterior ou, na falta desta, da comunicação referida no n.º 3 do mesmo artigo, o empregador comunica por escrito, a cada trabalhador, a medida que decidiu aplicar, com menção expressa do fundamento e das datas de início e termo da medida.

4 – Na data das comunicações referidas no número anterior, o empregador remete à estrutura representativa dos trabalhadores e ao serviço competente do ministério responsável pela área da segurança social a acta a que se refere o n.º 2, bem como relação de que conste o nome dos trabalhadores, morada, datas de nascimento e de admissão na empresa, situação perante a segurança social, profissão, categoria e retribuição e, ainda, a medida individualmente adoptada, com indicação das datas de início e termo da aplicação.

5 – Na falta de acta da negociação, o empregador envia às entidades referidas no número anterior um documento em que o justifique e descreva o acordo, ou as razões que obstaram ao mesmo e as posições finais das partes.

6 – O procedimento previsto nos n.os 4 e 5 é regulado por portaria dos membros do Governo responsáveis pelas áreas laboral e da segurança social.

7 – Constitui contra-ordenação leve a violação do disposto nos n.os 1 a 5.

1. Este preceito corresponde ao artigo 337.º do anterior Código do Trabalho, aprovado pela Lei n.º 99/2003.

2. A redacção dos n.os 1, 3 e 6 deste preceito foi alterada pelo artigo 2.º da Lei n.º 23/2012, de 25 de Junho. Já o n.º 7 deste preceito foi introduzido pelo mesmo artigo 2.º da Lei n.º 23/2012. Na versão originária do Código do Trabalho, aprovado pela Lei n.º 7/2009, de 12 de Fevereiro, aquele n.º 7 inexistia, enquanto que aqueles n.os 1, 3 e 6 tinham a seguinte redacção:

> "1 – Nos cinco dias posteriores ao facto previsto no n.º 1 ou 3 do artigo anterior, o empregador promove uma fase de informações e negociação com a estrutura representativa dos trabalhadores, com vista a um acordo sobre a modalidade, âmbito e duração das medidas a adoptar.
>
> 3 – Celebrado o acordo ou, na falta deste, após terem decorrido 10 dias sobre o envio da informação previsto no n.º 1 ou 3 do artigo anterior ou, na falta desta, da comunicação referida no n.º 2 do mesmo artigo, o empregador comunica a cada trabalhador, por escrito, a medida que decidiu aplicar, com menção expressa do fundamento e das datas de início e termo da aplicação.
>
> 6 – Constitui contra-ordenação leve a violação do disposto neste artigo.".

3. Nos termos do n.º 1, os cinco dias de prazo contam-se a partir de um de vários momentos, consoante o caso concreto. Assim, aqueles cinco dias serão subsequentes à comunicação do empregador, a manifestar a intenção de reduzir ou suspender a prestação do trabalho:

a) à comissão de trabalhadores ou, na falta desta,
b) à comissão intersindical ou comissões sindicais da empresa, ou na ausência de todas estas entidades,
c) a cada trabalhador a abranger,
d) à comissão representativa quando os trabalhadores a abranger tenham designado esta comissão.

4. A fase de informações e negociação que o empregador se encontra obrigado a promover com a estrutura representativa dos trabalhadores, pretende obter um consenso com esta estrutura, sobre a modalidade, âmbito e duração das medidas a adoptar. A estrutura representativa dos trabalhadores referida no n.º 1 pode ser a comissão de trabalhadores, a comissão intersindical ou comissões sindicais da empresa, ou a comissão representativa quando os trabalhadores a abranger tenham designado esta comissão. De acordo com o n.º 2, de todas as reuniões de negociação deve ser lavrada uma acta, a qual deverá conter a matéria acordada e, as posições divergentes das partes, com as opiniões, sugestões e propostas de cada uma.

5. Caso seja celebrado um acordo entre o empregador e a estrutura representativa dos trabalhadores, este acordo impõe-se a todos os trabalhadores que foram representados por aquela estrutura.

6. Para que seja aplicada uma redução temporária dos períodos normais de trabalho ou uma suspensão dos contratos de trabalho não se exige que seja obtido um acordo entre o empregador e a estrutura representativa dos trabalhadores, podendo o empregador decidir unilateralmente pela sua aplicação, como resulta dos n.os 3 e 5.

7. Dos n.os 3 e 4 resulta que na data em que a empresa comunicar a medida por si decidida adoptar a cada trabalhador, tem de remeter à estrutura de representação dos trabalhadores e ao Centro Distrital do Instituto da Segurança Social da área onde a empresa tem a sua sede, a acta das negociações, bem como relação de que conste o nome dos trabalhadores, morada, datas de nascimento e de admissão na empresa, situação perante a segurança social, profissão, categoria e retribuição e, ainda, a medida individualmente adoptada, com indicação das datas de início e termo da aplicação.

8. O regime da redução temporária dos períodos normais de trabalho ou de suspensão dos contratos de trabalho pressupõe, como resulta do n.º 1 do artigo 298.º, uma ocorrência que tenham afectado gravemente a actividade normal da empresa, pelo que ao empregador não é permitido, exclusivamente a expensas suas fazer aplicar este regime, designadamente procedendo por si ao pagamento da compensação retributiva, sem intervenção do ministério responsável pela área da segurança social. Semelhante comportamento do empregador seria ilícito por corresponder a uma diminuição da retribuição, não permitida pelo presente Código do Trabalho, cfr. alínea d) do n.º 1 do artigo 129.º

9. Nada obsta que a forma escrita, imposta pelos n.º 3, seja satisfeita através de documento electrónico, ou seja, por documento elaborado mediante processamento electrónico de dados. Por outras palavras, nada impede que a forma escrita seja adoptada através de uma declaração escrita enviada por correio electrónico (e-mail) para um endereço electrónico. Sobre a validade, eficácia e valor probatório dos documentos electrónicos remete-se para a anotação 4. ao artigo 107.º

10. Sobre este preceito, no domínio da legislação anterior, pelo que será necessário proceder às adaptações necessárias, *vide* Bernardo Lobo Xavier, *Manual de Direito do Trabalho*, Verbo, 2011, página 661 e segs., e António Monteiro Fernandes, *Direito do Trabalho*, 15.ª Edição, Almedina, Abril 2010, página 540 e segs.

ARTIGO 301.º – Duração de medida de redução ou suspensão

1 – A redução ou suspensão deve ter uma duração previamente definida, não superior a seis meses ou, em caso de catástrofe ou outra ocorrência que tenha afectado gravemente a actividade normal da empresa, um ano.

2 – A redução ou suspensão pode iniciar-se decorridos cinco dias sobre a data da comunicação a que se refere o n.º 3 do artigo anterior, ou imediatamente em caso de acordo entre o empregador e a estrutura representativa dos trabalhadores, a comissão representativa referida no n.º 3 do artigo 299.º ou a maioria dos trabalhadores abrangidos ou, ainda, no caso de impedimento imediato à prestação normal de trabalho que os trabalhadores abrangidos conheçam ou lhes seja comunicado.

3 – Qualquer dos prazos referidos no n.º 1 pode ser prorrogado por um período máximo de seis meses, desde que o empregador comunique tal intenção e a duração prevista, por escrito e de forma fundamentada, a estrutura representativa dos trabalhadores ou à comissão representativa referida no n.º 3 do artigo 299.º

4 – Na falta de estrutura representativa dos trabalhadores ou da comissão representativa referida no n.º 3 do artigo 299.º, a comunicação prevista no número anterior é feita a cada trabalhador abrangido pela prorrogação.

5 – Constitui contra-ordenação leve a violação do disposto neste artigo.

1. Este preceito corresponde ao artigo 339.º do anterior Código do Trabalho, aprovado pela Lei n.º 99/2003.

2. A redacção dos n.os 2, 3, 4 e 5 deste preceito foi alterada pelo artigo 2.º da Lei n.º 23/2012, de 25 de Junho. Na versão originária do Código do Trabalho, aprovado pela Lei n.º 7/2009, de 12 de Fevereiro, aquelas normas tinham a seguinte redacção:

> "2 – A redução ou suspensão pode iniciar-se decorridos 10 dias sobre a data da comunicação a que se refere o n.º 3 do artigo anterior, ou imediatamente em caso de impedimento imediato à prestação normal de trabalho que seja conhecido pelos trabalhadores abrangidos.
>
> 3 – Qualquer dos prazos referidos no n.º 1 pode ser prorrogado por um período máximo de seis meses, desde que o empregador comunique tal intenção e a duração prevista, por escrito e de forma fundamentada, à estrutura representativa dos trabalhadores e esta não se oponha, por escrito e nos cinco dias seguintes.
>
> 4 – Na falta de estrutura representativa dos trabalhadores, a comunicação prevista no número anterior é feita a cada trabalhador abrangido pela prorrogação, a qual só terá lugar quando o trabalhador manifeste, por escrito, o seu acordo.
>
> 5 – Constitui contra-ordenação leve a violação do disposto no n.º 1.".

3. Dos n.os 1 e 3 resulta que a redução temporária dos períodos normais de trabalho ou a suspensão dos contratos de trabalho não tem uma duração mínima fixada por lei, tendo contudo uma duração máxima de um ano e seis meses. Note-se contudo que para que atinja a duração máxima de um ano e meio, os últimos seis meses (ou o período inferior, dado que a prorrogação pode ter um período máximo de seis meses) para poderem vigorar exigem que o empregador comunique quer a intenção de prorrogar a redução ou a suspensão, quer a duração da prorrogação, por escrito, impondo-se ainda que esta comunicação seja fundamentada. Esta comunicação deve ter por destinatários a estrutura representativa dos trabalhadores ou a comissão representativa quando os trabalhadores a abranger tenham designado esta comissão, ou na falta destas estruturas e comissão deve ser recebida por cada um dos trabalhadores atingido pela prorrogação.

Significa isto que a oposição da estrutura representativa dos trabalhadores, ou na falta desta, de cada um dos trabalhadores abrangidos, não tem qualquer consequência, não obstando à prorrogação, cfr. n.os 3 e 4.

4. Nos termos do n.º 2, a redução temporária dos períodos normais de trabalho ou a suspensão dos contratos de trabalho pode iniciar-se decorridos 5 dias sobre a data da comunicação a cada trabalhador da medida decidida pelo empregador. Aquela redução ou suspensão pode começar imediatamente quando haja acordo entre o empregador e a estrutura representativa dos trabalhadores, ou entre o empregador e a comissão representativa quando os trabalhadores a abranger a tenham designado, ou ainda quando seja celebrado um acordo entre a empresa e a maioria dos trabalhadores abrangidos. Também pode a redução temporária dos períodos normais de trabalho ou a suspensão dos contratos de trabalho iniciar-se imediatamente no caso de impedimento imediato à prestação normal de trabalho que os trabalhadores abrangidos conheçam ou lhes seja comunicado.

5. A estrutura representativa dos trabalhadores referida nos n.os 2, 3 e 4 pode ser a comissão de trabalhadores, a comissão intersindical ou comissões sindicais da empresa. Já a comissão representativa referida no n.º 3 do artigo 299.º também mencionada naquelas três normas é a comissão representativa com o máximo de três ou cinco membros, quando os trabalhadores a abranger tenham designado esta comissão.

6. Nada obsta que a forma escrita, imposta pelos n.os 3 e 4, seja satisfeita através de documento electrónico, ou seja, por documento elaborado mediante processamento electrónico de dados. Por outras palavras, nada impede que a forma escrita seja adoptada através de uma declaração escrita enviada por correio electrónico (e-mail) para um endereço electrónico. Sobre a validade, eficácia e valor probatório dos documentos electrónicos remete-se para a anotação 4. ao artigo 107.º

7. Sobre este preceito, no domínio da legislação anterior, pelo que será necessário proceder às adaptações necessárias, *vide* Bernardo Lobo Xavier, *Manual de Direito do Trabalho*, Verbo, 2011, página 661.

ARTIGO 302.º – Formação profissional durante a redução ou suspensão

1 – A formação profissional a frequentar pelos trabalhadores durante o período de redução ou suspensão deve orientar-se para a viabilização da empresa e a manutenção dos postos de trabalho, ou o desenvolvimento da qualificação profissional dos trabalhadores que aumente a sua empregabilidade.

2 – O empregador elabora o plano da formação, precedido de consulta aos trabalhadores abrangidos e de parecer da estrutura representativa dos trabalhadores.

3 – A resposta dos trabalhadores e o parecer referido no número anterior devem ser emitidos em prazo indicado pelo empregador, não inferior a cinco dias.

4 – Constitui contra-ordenação leve a violação do disposto nos n.os 2 e 3.

1. Este preceito corresponde aos artigos 338.º e 344.º do anterior Código do Trabalho, aprovado pela Lei n.º 99/2003.

2. Nos termos do n.º 2, durante a redução temporária dos períodos normais de trabalho ou durante a suspensão dos contratos de trabalho, o empregador poderá elaborar um plano de formação profissional a frequentar pelos trabalhadores. Esta formação profissional a frequentar pelos trabalhadores deve orientar-se para a viabilização da empresa e a manutenção dos postos de trabalho, ou para o desenvolvimento da qualificação profissional dos trabalhadores que aumente a sua empregabilidade. Da parte final do n.º 1 resulta que o legislador terá configurado a hipótese do *lay-off* consubstanciar, como frequentemente sucede na prática, uma antecâmara do despedimento colectivo, ao revelar a preocupação de que a formação profissional que seja ministrada aos trabalhadores seja apta a ampliar as hipóteses de virem a ser contratados por outra empresa ou entidade. Para que a formação profissional possa ter lugar, o empregador terá de submeter o plano de formação a consulta de todos os trabalhadores abrangidos pela redução temporária dos períodos normais de trabalho ou pela suspensão dos contratos de trabalho, bem como submete-lo a parecer da estrutura representativa dos trabalhadores. Sobre a estrutura representativa dos trabalhadores no âmbito do *lay-off*, veja-se a anotação ao artigo 300.º

3. Nos termos da alínea c) do n.º 1 do artigo 304.º, constitui dever do trabalhador, durante a redução temporária dos períodos normais de trabalho ou durante a suspensão dos contratos de trabalho, frequentar as acções de formação profissional previstas no plano referido no n.º 2 deste artigo 302.º Caso o trabalhador não cumpra injustificadamente o dever de frequentar as acções de formação profissional, perde o direito à compensação retributiva que poderá auferir por efeito do *lay-off*, cfr. n.º 2 do artigo 304.º

4. Sobre este preceito, no domínio da legislação anterior, pelo que será necessário proceder às adaptações necessárias, *vide* Bernardo Lobo Xavier, *Manual de Direito do Trabalho*, Verbo, 2011, página 661 e 662.

ARTIGO 303.º – Deveres do empregador no período de redução ou suspensão

1 – Durante o período de redução ou suspensão, o empregador deve:

a) Efectuar pontualmente o pagamento da compensação retributiva, bem como o acréscimo a que haja lugar em caso de formação profissional;

b) Pagar pontualmente as contribuições para a segurança social sobre a retribuição auferida pelos trabalhadores;

c) Não distribuir lucros, sob qualquer forma, nomeadamente a título de levantamento por conta;

d) Não aumentar a retribuição ou outra prestação patrimonial atribuída a membro de corpos sociais, enquanto a segurança social comparticipar na compensação retributiva atribuída aos trabalhadores;

e) Não proceder a admissão ou renovação de contrato de trabalho para preenchimento de posto de trabalho susceptível de ser assegurado por trabalhador em situação de redução ou suspensão.

2 – Durante o período de redução ou suspensão, bem como nos 30 ou 60 dias seguintes à aplicação das medidas, consoante a duração da respectiva aplicação não exceda ou seja superior a seis meses, o empregador não pode fazer cessar o contrato de trabalho de trabalhador abrangido por aquelas medidas, excepto se se tratar de cessação da comissão de serviço, cessação de contrato de trabalho a termo ou despedimento por facto imputável ao trabalhador.

3 – Em caso de violação do disposto no número anterior, o empregador procede à devolução dos apoios recebidos, previstos nos n.os 4 e 5 do artigo 305.º, em relação ao trabalhador cujo contrato tenha cessado.

4 – Constitui contra-ordenação grave a violação do disposto neste artigo.

1. Este preceito corresponde ao artigo 342.º do anterior Código do Trabalho, aprovado pela Lei n.º 99/2003.

2. A redacção da alínea a) do n.º 1 e do n.º 2 deste preceito foi alterada pelo artigo 2.º da Lei n.º 23/2012, de 25 de Junho. Já os n.os 3 e 4 deste preceito foram introduzidos pelo mesmo artigo 2.º da Lei n.º 23/2012. Na versão originária do Código do Trabalho, aprovado pela Lei n.º 7/2009, de 12 de Fevereiro, aqueles n.os 3 e 4 inexistiam, enquanto que aquela alínea a) do n.º 1 e o n.º 2 tinham a seguinte redacção:

"1 – Durante o período de redução ou suspensão, o empregador deve:

a) Efectuar pontualmente o pagamento da compensação retributiva;

2 – Constitui contra-ordenação grave a violação do disposto no número anterior.".

3. Nos termos da alínea a) do n.º 1, enquanto durar a redução temporária dos períodos normais de trabalho ou a suspensão dos contratos de trabalho, o empregador tem de proceder ao pagamento, com pontualidade, da compensação retributiva, tendo ainda, de proceder ao pagamento de um acréscimo quando haja formação profissional. Relativamente a este último pagamento, determina o n.º 5 do artigo 305.º que em caso de frequência pelos trabalhadores de formação profissional adequada ao desenvolvimento da sua qualificação profissional, que aumente a sua empregabilidade, ou à viabilização da empresa e à manutenção dos postos de trabalho, o empregador poderá receber um acréscimo correspondente a 30% do Indexante dos Apoios Sociais (IAS), acréscimo este que deverá ser dividido, em partes iguais, com o trabalhador.

Quanto ao valor do IAS, nos termos do conjugados do n.º 3 do artigo 5.º da Lei n.º 53-B/2006, de 29 de Dezembro, alterada pela Lei n.º 3-B/2010, de 28 de Abril, pelo Decreto-Lei n.º 254-B/2015, de 31 de Dezembro, e pela Lei n.º 42/2016, de 28 de Dezembro, bem como da Portaria n.º 24/2019, de 17 de Janeiro, é de 435,76 €, para o ano de 2019.

4. Caso o empregador viole os deveres estabelecidos nas alíneas a), b), c) d) e e) do n.º 1, durante o período de redução temporária dos períodos normais de trabalho ou de suspensão dos contratos de trabalho a consequência não é meramente a responsabilidade contra-ordenacional, como prevista no n.º 4. Nos termos da alínea c) do n.º 2 do artigo 307.º, o incumprimento de algum dos deveres previstos no n.º 1 deste artigo 303.º determina que o serviço com competência inspectiva do ministério responsável pela área laboral, por iniciativa própria ou a requerimento de qualquer interessado, ponha termo à aplicação do regime de *lay-off* relativamente a todos ou a alguns trabalhadores.

5. O n.º 2 proibe que durante o período de redução temporária dos períodos normais de trabalho ou de suspensão dos contratos de trabalho o empregador faça cessar o contrato de trabalho de qualquer trabalhador abrangido pelo *lay-off*. Esta proibição abrange ainda os 30 seguintes à aplicação do *lay-off* quando a duração deste não ultrapasse os seis meses, e será maior, atingindo os 60 dias, quando a duração do *lay-off* seja superior a seis meses. Assim, se o *lay-off* durou seis meses, nos 30 dias seguintes o empregador não pode proceder à cessação do contrato de trabalho. Se tiver durado mais tempo, o empregador terá de observar 60 dias para poder cessar o contrato de trabalhador abrangido por redução temporária dos períodos normais de trabalho ou por suspensão do contrato de trabalho.

6. A parte final do n.º 2 determina que a proibição de cessação de contrato de trabalho durante a aplicação do *lay-off* e nos 30 ou 60 dias seguintes não inclui a cessação da comissão de serviço, a cessação de contrato de trabalho a termo ou o despedimento por facto imputável ao trabalhador. Sobre a cessação da comissão de serviço ver artigos 163.º e 164.º, sobre a cessação de contrato de trabalho a termo ver artigos 343.º, 344.º e 345.º, e sobre o despedimento por facto imputável ao trabalhador ver artigos 328.º a 332.º e 351.º a 358.º

Da interpretação da parte final do n.º 2 deste artigo 303.º resulta que será proibido verificar-se, relativamente a trabalhador abrangido pelo *lay-off*, um despedimento colectivo, cfr. artigo 359.º a 366.º, um despedimento por extinção de posto de trabalho, cfr. artigo 367.º a 372.º, um despedimento por inadaptação, cfr. artigo 373.º a 380.º, ou uma resolução pelo trabalhador, quando ocorra uma situação de justa causa subjectiva, ou seja, imputável a título de culpa ao empregador, cfr. artigo 394.º a 399.º

As demais formas de cessação do contrato de trabalho devem achar-se excluídas da proibição, as quais não são apenas o despedimento por facto imputável ao trabalhador, o termo do contrato, nos contratos a termo, e a comissão de serviço. Ao lado destas, e apesar de não mencionados no n.º 2 deste artigo 303.º também outros modos de cessação do contrato não devem entender-se como incluídos na proibição do empregador fazer cessar o contrato, como a caducidade, (designadamente em caso de impossibilidade superveniente, absoluta e definitiva do trabalhador prestar o seu trabalho ou do empregador o receber, cfr. artigos 343.º, 346.º e 347.º, e com a reforma do trabalhador, por velhice ou invalidez, cfr. artigos 343.º e 348.º) e, a denúncia pelo trabalhador, quando o trabalhador faz cessar o contrato de trabalho, independentemente de justa causa, mediante aviso prévio, ou quando o próprio trabalhador abandona o trabalho, cfr. artigo 400.º a 403.º

Já poderá haver maiores dúvidas quanto a saber se a proibição de cessação do contrato, enquanto durar o *lay-off* e no período subsequente a este, inclui ou não a revogação, ou seja, quando o empregador ou o trabalhador, por mútuo acordo, cessam o contrato, cfr. artigos 349.º e 350.º Salvo melhor opinião, a letra da lei, ao estabelecer que: "o empregador não pode fazer cessar o contrato de trabalho de trabalhador abrangido" estará a apontar em sentido da proibição abranger apenas as cessações por iniciativa do empregador, o que não abrange a revogação.

7. Caso o empregador cesse o contrato de trabalho quando não o podia fazer, a consequência não é meramente ter de devolver os apoios recebidos relativamente ao trabalhador cujo contrato cessos. Além desta, há ainda a responsabilidade contra-ordenacional, como prevista no n.º 4, mas pode haver ainda uma outra consequência. Nos termos da alínea c) do n.º 2 do artigo 307.º, o incumprimento do dever de manter os contratos de trabalho dos trabalhadores abrangidos pelo *lay-off*, previsto no n.º 2 deste artigo 303.º determina que o serviço com competência inspectiva do ministério responsável pela área laboral, por iniciativa própria ou a requerimento de qualquer interessado, ponha termo à aplicação do regime de *lay-off* relativamente a todos ou a alguns trabalhadores.

ARTIGO 304.º – Deveres do trabalhador no período de redução ou suspensão

1 – Durante o período de redução ou suspensão, o trabalhador deve:

a) Pagar contribuições para a segurança social com base na retribuição auferida e na compensação retributiva;

b) Caso exerça actividade remunerada fora da empresa, comunicar o facto ao empregador, no prazo de cinco dias a contar do início da mesma, para efeitos de eventual redução na compensação retributiva;

c) Frequentar acções de formação profissional previstas no plano referido no artigo 302.º

2 – O trabalhador que não cumpra injustificadamente o dever a que se refere a alínea b) ou c) do número anterior perde o direito a compensação retributiva e, no caso da alínea b), deve restituir o que tiver recebido a este título, constituindo ainda a omissão uma infracção disciplinar grave.

1. Este preceito corresponde ao artigo 345.º do anterior Código do Trabalho, aprovado pela Lei n.º 99/2003.

2. A compensação retributiva encontra-se prevista no artigo 305.º Do teor desse preceito resulta que o trabalhador pode não cumprir os pressupostos necessários para auferir esta compensação retributiva.

3. O exercício de outra actividade remunerada é um direito do trabalhador, cfr. alínea c) do n.º 1 do artigo 305.º Contudo, o trabalhador que exerça actividade remunerada fora da empresa durante o período de redução temporária dos períodos normais de trabalho ou de suspensão dos contratos de trabalho não acumula as retribuições e compensação retributiva. Nos termos da alínea a) do n.º 1 do artigo 305.º, durante o período de redução ou suspensão o trabalhador tem direito a auferir mensalmente um montante mínimo igual a dois terços da sua retribuição normal ilíquida, ou o valor da retribuição mínima mensal garantida correspondente ao seu período normal de trabalho, consoante o que for mais elevado. A retribuição que for paga ao trabalhador na outra empresa será descontada na compensação retributiva a que eventualmente tinha direito, por ter sido abrangido pela redução ou suspensão, para completar os dois terços da remuneração.

4. Nos termos do n.º 2, o trabalhador que, sem justificação, não frequente as acções de formação profissional durante a redução ou suspensão, perde o direito a compensação retributiva. Igual consequência terá o trabalhador que, injustificadamente, não comunique ao empregador dentro do prazo de cincos dias após o seu início, de que se encontra a exercer uma actividade remunerada fora da empresa, sendo que o trabalhador nesta situação deve ainda restituir o que tiver recebido a este título. Neste último caso, a omissão do trabalhador constitui uma infracção disciplinar grave, o que fundamenta o exercício do poder disciplinar, cfr. artigo 98.º, através de um procedimento disciplinar, cfr. artigo 328.º e segs.

ARTIGO 305.º – Direitos do trabalhador no período de redução ou suspensão

1 – Durante o período de redução ou suspensão, o trabalhador tem direito:

a) A auferir mensalmente um montante mínimo igual a dois terços da sua retribuição normal ilíquida, ou o valor da retribuição mínima mensal garantida correspondente ao seu período normal de trabalho, consoante o que for mais elevado;

b) Manter as regalias sociais ou prestações da segurança social a que tenha direito e que a que a respectiva base de cálculo não seja alterada por efeito da redução ou suspensão;

c) A exercer outra actividade remunerada.

2 – Durante o período de redução, a retribuição do trabalhador é calculada em proporção das horas de trabalho.

3 – Durante o período de redução ou suspensão, o trabalhador tem direito a compensação retributiva na medida do necessário para, conjuntamente com a retribuição de trabalho prestado na empresa ou fora dela, assegurar o montante mensal referido na alínea a) do n.º 1, até ao triplo da retribuição mínima mensal garantida, sem prejuízo do disposto no n.º 5.

4 – A compensação retributiva é paga em 30 % do seu montante pelo empregador e em 70 % pelo serviço público competente da área da segurança social.

5 – Quando, durante o período de redução ou suspensão, os trabalhadores frequentem cursos de formação profissional adequados ao desenvolvimento da qualificação profissional que aumente a sua empregabilidade ou à viabilização da empresa e manutenção dos postos de trabalho, em conformidade com um plano de formação aprovado pelo serviço público competente na área do emprego e formação profissional, este paga o valor correspondente a 30% do indexante dos apoios sociais destinado, em partes iguais, ao empregador e ao trabalhador, acrescendo, relativamente a este, à compensação retributiva prevista nos n.os 3 e 4.

6 – Os serviços públicos competentes nas áreas da segurança social e do emprego e formação profissional devem entregar a parte que lhes compete ao empregador, de modo que este possa pagar pontualmente ao trabalhador a compensação retributiva, bem como o acréscimo a que haja lugar.

7 – O subsídio de doença da segurança social não é atribuído relativamente a período de doença que ocorra durante a suspensão do contrato, mantendo o trabalhador direito à compensação retributiva.

8 – Em caso de não pagamento pontual do montante previsto na alínea a) do n.º 1 durante o período de redução, o trabalhador tem direito a suspender o contrato nos termos do artigo 325.º.

9 – Constitui contra-ordenação grave a violação do disposto na alínea b) do n.º 1.

1. Este preceito corresponde aos artigos 341.º, 343.º e 344.º do anterior Código do Trabalho, aprovado pela Lei n.º 99/2003.

2. A redacção dos n.os 3, 4, 5 e 6 foi alterada pelo artigo 2.º da Lei n.º 23/2012, de 25 de Junho, que introduziu ainda o n.º 9, e renumerou ainda os originários n.os 4 e 5, que passaram a n.os 7 e 8. Na versão originária do Código do Trabalho, aprovado pela Lei n.º 7/2009, de 12 de Fevereiro, n.os 3 e 6 tinham a seguinte redacção:

> "3 – Durante o período de redução ou suspensão, o trabalhador tem direito a compensação retributiva na medida do necessário para, conjuntamente com a retribuição de trabalho prestado na empresa ou fora dela, assegurar o montante mensal referido na alínea a) do n.º 1, até ao triplo da retribuição mínima mensal garantida.
>
> 6 – Constitui contra-ordenação grave a violação do disposto na alínea a) do n.º 1, ou na alínea b) do mesmo número na parte respeitante ao empregador.".

3. O exercício de outra actividade remunerada é um direito do trabalhador, cfr. alínea c) do n.º 1. Caso o trabalhador exerça actividade remunerada fora da empresa, deve, nos termos da alínea b) do n.º 1 do artigo 304.º, comunicar tal facto ao empregador, no prazo de cinco dias a contar do início da mesma, para efeitos de eventual redução na compensação retributiva. Assim, o trabalhador que exerça actividade remunerada fora da empresa durante o período de redução temporária dos períodos normais de trabalho ou de suspensão dos contratos de trabalho não acumula as retribuições e compensação retributiva. Nos termos da alínea a) do n.º 1, durante o período de redução ou suspensão o trabalhador tem direito a auferir mensalmente um montante mínimo igual a dois terços da sua retribuição normal ilíquida, ou o valor da retribuição mínima mensal garantida correspondente ao seu período normal de trabalho, consoante o que for mais elevado. A retribuição que for paga ao trabalhador na outra empresa será descontada na compensação retributiva a que eventualmente tinha direito, por ter sido abrangido pela redução ou suspensão, para completar os dois terços da remuneração.

4. Quanto à compensação retributiva referida nos n.os 3, 4, 5, 6 e 7 esta é comparticipada pela segurança social, como resulta do n.º 4. A comparticipação é de 70% do montante, cabendo os restantes 30% da compensação retributiva ao empregador. Esta comparticipação pode ainda acumular-se com um acréscimo quando haja formação profissional. Relativamente a este último pagamento, determina o n.º 5 que em caso de frequência pelos trabalhadores de formação profissional adequada ao desenvolvimento da sua qualificação profissional, que aumente a sua empregabilidade, ou à viabilização da empresa e à manutenção dos postos de trabalho, o empregador poderá receber um acréscimo correspondente a 30% do Indexante dos Apoios Sociais (IAS), que se destina a ser dividido, em partes iguais, com o trabalhador.

Quanto ao valor do IAS, nos termos do conjugados do n.º 3 do artigo 5.º da Lei n.º 53-B/2006, de 29 de Dezembro, alterada pela Lei n.º 3-B/2010, de 28 de Abril, pelo Decreto-Lei n.º 254-B/2015, de 31 de Dezembro, e pela Lei n.º 42/2016, de 28 de Dezembro, bem como da Portaria n.º 24/2019, de 17 de Janeiro, é de 435,76 €, para o ano de 2019.

5. Nos termos do n.º 6, os serviços públicos competentes nas áreas da segurança social e do emprego e formação profissional, quando, relativamente a este último, haja lugar a um acréscimo pela formação profissional, devem entregar a parte que lhes compete ao empregador. Enquanto durar a redução temporária dos períodos normais de trabalho ou a suspensão dos contratos de trabalho, o pagamento da compensação retributiva, e do acréscimo em caso de formação profissional, constitui um dever do empregador, estabelecido na alínea a) do n.º 1 do artigo 303.º

6. Como se calcula o valor da remuneração ou salário, pelo trabalho prestado?

A retribuição pelo trabalho prestado é calculada proporcionalmente, por aplicação da fórmula fixada no Código de Trabalho para o cálculo do valor da retribuição horária, cfr. n.º 1 do artigo 271.º

Exemplificando:

Um trabalhador tem uma retribuição mensal de 900,00 €, sendo o seu período normal de trabalho de 40 horas semanais (5 dias), período esse que ao abrigo do regime de lay off, foi reduzido para 24 horas semanais, ou seja, para 3 dias por semana.

1.º: saber quanto é 2/3 do salário do trabalhador.
Se a retribuição é de 900,00 €, então dois terços desse valor correspondem a 600,00 €. Este valor é encontrado por aplicação da seguinte fórmula matemática: 900,00 € / 3 × 2.

2.º: encontrar o valor da retribuição horária, cfr. artigo 271.º
Rh = (Rm × 12) / (52 × n)
Em que Rh = retribuição horária; Rm = retribuição mensal; 12 = número de meses do ano; 52 = número de semanas do ano; n = período normal de horas trabalhadas semanalmente.
Retribuição horária = (900 × 12) / (52 × 40) = € 5,19
(Quanto existirem complementos retributivos que sejam pagos com regularidade e periodicidade aos trabalhadores, nos termos do n.º 2 do artigo 258.º, o valor destes entra para o montante total da remuneração, ou seja, na fórmula supra referida, deve ser considerado uma parte de (Rm))

3.º: calcular o valor diário que o empregador paga ao trabalhador.
8 horas × 5,19 € = 41,52 €

4.º: calcular a remuneração mensal que o empregador paga ao trabalhador, com redução das horas de trabalho:
14 dias × 41,52 € = 581,28 €

5.º: calcular o valor da compensação retributiva a que o trabalhador tem direito.

2/3 de 900,00 € (retribuição normal) são 600,00 €, valor que é superior à retribuição mínima mensal garantida, será paga uma compensação retributiva calculada do seguinte modo:
A compensação retributiva é igual à diferença entre o valor correspondente a 2/3 da remuneração normal ilíquida (600,00 €) e a remuneração recebida na situação de redução do período normal de trabalho (581,28 €) ou seja € 600,00 – 581,28 € = 18,72 €.
A compensação retributiva é assim de 18,72 €.

6.º: calcular os valores suportados pelo empregador e pela segurança social.
Por aplicação das percentagens definidas na lei para o valor da compensação retributiva, cfr. alínea b) do n.º 3 do artigo 12.º da Lei n.º 7/2009, de 12 de Fevereiro, resulta que:
– O empregador suporta 30% de 18,72 €, ou seja, 5,62 €;
– A Segurança Social suporta 70% de 18,72 €, ou seja 13,10 €.
O pagamento da compensação retributiva ao trabalhador é uma obrigação do empregador, cfr. alínea a) do n.º 1 do artigo 303.º Não é a segurança social que realiza o pagamento de compensação retributiva ao trabalhador, mas antes comparticipa, concedendo um apoio ao empregador, cfr. alínea d) do n.º 1 do artigo 303.º

7.º: calcular o valor que deve ser registado como equivalência de remunerações para efeitos de segurança social.
– A retribuição a declarar pelo empregador à segurança social como base de incidência é 600,00 €;
– O valor das equivalências a registar é igual à diferença entre o salário normal ilíquido (sem descontos) e valor que foi pago ao trabalhador, ou seja, 900,00 € – (581,72 € + 18,72 €) = 300,00 €.

Neste caso, o valor mensal do registo de equivalências é de 300,00 €.

7. De acordo com o n.º 8, em caso de não pagamento pontual do montante mínimo igual a dois terços da sua retribuição normal ilíquida, ou o valor da retribuição mínima mensal garantida correspondente ao seu período normal de trabalho, consoante o que for mais elevado, durante o período de redução temporária dos períodos normais de trabalho, o trabalhador tem direito a suspender o contrato de trabalho, nos termos do artigo 325.º Quando suspenda o contrato de trabalho com fundamento na falta de pagamento pontual da retribuição por período de 15 dias sobre a data do vencimento, o próprio trabalhador beneficia de um regime de protecção previsto na Lei n.º 105/2009, de 14 de Setembro, alterada pelas Leis n.ºs 60/2018, de 21 de Agosto, e 93/2019, de 4 de Setembro, que regulamenta este Código do Trabalho, tendo direito a prestações de desemprego durante o período da suspensão. Sobre a suspensão do contrato por falta de pagamento pontual da retribuição remete-se para o artigo 325.º, e respectivas anotações.

Nos termos da alínea b) do n.º 3 do artigo 25.º da Lei n.º 105/2009, de 14 de Setembro, confere igualmente direito a prestações de desemprego o não pagamento pontual da compensação retributiva em situações de crise empresarial.

ARTIGO 306.º – Efeitos da redução ou suspensão em férias, subsídio de férias ou de Natal

1 – O tempo de redução ou suspensão não afecta o vencimento e a duração do período de férias.

2 – A redução ou suspensão não prejudica a marcação e o gozo de férias, nos termos gerais, tendo o trabalhador direito ao pagamento pelo empregador do subsídio de férias devido em condições normais de trabalho.

3 – O trabalhador tem direito a subsídio de Natal por inteiro, que é pago pela segurança social em montante correspondente a metade da compensação retributiva e pelo empregador no restante.

4 – Constitui contra-ordenação grave a violação do disposto nos n.os 1, 2 ou 3, este na parte respeitante ao empregador.

1. Este preceito corresponde aos artigos 346.º e 347.º do anterior Código do Trabalho, aprovado pela Lei n.º 99/2003.

2. Tratando-se de redução temporária do período normal de trabalho ou suspensão do contrato de trabalho por facto respeitante ao empregador, o legislador previu a propósito da situação de crise empresarial, que o tempo de redução ou suspensão não afecta o vencimento e a duração do período de férias, cfr. n.º 1. No n.º 2, estabelece-se que a redução ou suspensão não prejudica a marcação e o gozo de férias, nos termos gerais, tendo o trabalhador direito ao pagamento pelo empregador do subsídio de férias devido em condições normais de trabalho. Salvo melhor opinião, estes n.os 1 e 2 não se limitam às situação de crise empresarial, sendo extensíveis aos demais casos de redução temporária do período normal de trabalho ou suspensão do contrato de trabalho, por facto respeitante ao empregador.

3. Do n.º 2 resulta que o subsídio de férias não é comparticipado pela segurança social. Já quanto ao subsídio de Natal, o trabalhador tem direito este subsídio por inteiro, que é pago pela segurança social em montante correspondente a metade da compensação retributiva, e pelo empregador no restante, cfr. n.º 3. Quanto ao montante do subsídio de Natal, veja-se o artigo 263.º e respectivas anotações.

ARTIGO 307.º – Acompanhamento da medida

1 – O empregador informa trimestralmente as estruturas representativas dos trabalhadores ou a comissão representativa referida no n.º 3 do artigo 299.º ou, na sua falta, os trabalhadores abrangidos da evolução das razões que justificam o recurso à redução ou suspensão da prestação de trabalho.

2 – Durante a redução ou suspensão, o serviço com competência inspectiva do ministério responsável pela área laboral, por iniciativa própria ou a requerimento de qualquer interessado, deve pôr termo à aplicação do regime relativamente a todos ou a alguns trabalhadores, nos seguintes casos:

a) Não verificação ou cessação da existência do fundamento invocado;

b) Falta das comunicações ou recusa de participação no procedimento de informações e negociação por parte do empregador;

c) Incumprimento de qualquer dos deveres a que se referem os n.os 1 e 2 do artigo 303.º

3 – A decisão que ponha termo à aplicação da medida deve indicar os trabalhadores a quem se aplica e produz efeitos a partir do momento em que o empregador seja notificado.

4 – Constitui contra-ordenação grave a violação do disposto no n.º 1.

1. Este preceito corresponde ao artigo 340.º do anterior Código do Trabalho, aprovado pela Lei n.º 99/2003.

2. A redacção do n.º 1 e da alínea c) do n.º 2 foi alterada pelo artigo 2.º da Lei n.º 23/2012, de 25 de Junho, que introduziu ainda o n.º 4. Na versão originária do Código do Trabalho, aprovado pela Lei n.º 7/2009, de 12 de Fevereiro, n.os 3 e 6 tinham a seguinte redacção:

> "1 – O empregador informa trimestralmente as estruturas representativas dos trabalhadores da evolução das razões que justificam o recurso à redução ou suspensão da prestação de trabalho.
>
> 2 – Durante a redução ou suspensão, o serviço com competência inspectiva do ministério responsável pela área laboral, por iniciativa própria ou a requerimento de qualquer interessado, deve pôr termo à aplicação do regime relativamente a todos ou a alguns trabalhadores, nos seguintes casos:
>
> c) Incumprimento de qualquer dos deveres a que se refere o n.º 1 do artigo 303.º".

3. A estrutura representativa dos trabalhadores referida no n.º 1 pode ser a comissão de trabalhadores, a comissão intersindical ou comissões sindicais da empresa. Já a comissão representativa referida no n.º 3 do artigo 299.º também mencionada naquela norma é a comissão representativa com o máximo de três ou cinco membros, quando os trabalhadores a abranger tenham designado esta comissão.

4. O serviço com competência inspectiva do ministério responsável pela área laboral referido no n.º 2 é a Autoridade para as Condições do Trabalho, cfr. alínea a) do n.º 2 do artigo 11.º do Decreto-Lei n.º 167-C/2013, de 31 de Dezembro, alterado pelo Decreto-Lei n.º 28/2015, de 10 de Fevereiro, que aprovou a Lei Orgânica do Ministério da Solidariedade, Emprego e Segurança Social, e alínea a) do n.º 2 do artigo 2.º do Decreto Regulamentar n.º 47/2012, de 31 de Julho, que aprovou a orgânica da Autoridade para as Condições do Trabalho, nos termos das quais a Autoridade para as Condições do Trabalho prossegue, entre outras, a atribuição de fiscalizar o cumprimento das disposições legais, regulamentares e convencionais respeitantes às relações de trabalho.

5. Do confronto deste artigo 307.º com o artigo 300.º resulta que o procedimento de redução temporária do período normal de trabalho ou de suspensão do contrato de trabalho é decidido unilateralmente pelo empregador, ainda que sem o acordo da estrutura representativa dos trabalhadores, ou mesmo destes últimos – procedimento este que terá uma influência determinante no montante auferido pelos próprios trabalhadores, baixando em princípio de modo considerável – e uma vez decidido é enviado para uma entidade, o serviço competente do ministério responsável pela área da segurança social, incumbindo depois a sua fiscalização a um outro serviço totalmente distinto, o serviço com competência inspectiva do ministério responsável pela área laboral. Não é isenta de criticas esta opção do legislador. Na verdade, causa alguma perplexidade que numa matéria com tão graves repercussões não só pareça tão fácil arquitectar um esquema de conluio entre interessados em defraudar o erário público, como os interesses públicos podem estar comprometidos pela sua parca desenvoltura. Em termos práticos, que peca pela simplicidade do raciocínio, o empregador limita-se a apresentar ao serviço competente do ministério responsável pela área da segurança social uma factura, sendo que a análise do custo daquela factura – e a atender à morosidade referencial que o Estado nos tem habituado – é realizada apenas em momento subsequente, mormente depois da própria Administração ter procedido ao seu pagamento.

De assinalar que, não obstante ter existido um acordo entre o empregador e a estrutura representativa dos trabalhadores, o serviço com competência inspectiva do ministério responsável pela área laboral não se encontra limitado por esse acordo, podendo, com apoio na alínea a) do n.º 2, pôr termo à redução temporária do período normal de trabalho ou à suspensão do contrato de trabalho quando não se verifique ou tenha cessado a existência do fundamento invocado pelo empregador.

6. Sobre este preceito, no domínio da legislação anterior, pelo que será necessário proceder às adaptações necessárias, *vide* Bernardo Lobo Xavier, *Manual de Direito do Trabalho*, Verbo, 2011, página 661.

ARTIGO 308.º – Direitos dos representantes dos trabalhadores durante a redução ou suspensão

1 – A medida de redução ou suspensão relativa a trabalhador que seja delegado sindical ou membro de estrutura de representação colectiva dos trabalhadores não prejudica o direito ao exercício das correspondentes funções na empresa.

2 – Constitui contra-ordenação grave a violação do disposto no número anterior.

1. Este preceito corresponde ao artigo 348.º do anterior Código do Trabalho, aprovado pela Lei n.º 99/2003.

2. Quando existam, o empregador tem conhecimento da identidade dos delegados sindicais e dos membros de estrutura de representação colectiva dos trabalhadores da comissão de trabalhadores e das subcomissões de trabalhadores, porquanto a identidade dos mesmos é-lhe comunicada. Designadamente, é o que sucede com a identidade dos membros da comissão e das subcomissões de trabalhadores, porquanto a constituição destas, bem como a eleição dos seus membros, é precedida de votação cujos resultados têm de ser comunicados ao órgão de gestão da empresa, cfr. n.º 6 do artigo 432.º e n.º 4 do artigo 433.º E é igualmente o que ocorre com a identidade dos delegados sindicais, porquanto esses dados têm de lhe ser comunicados por escrito pela direcção do sindicato, o mesmo sucedendo no caso de destituição ou cessação de funções, cfr. n.os 4 e 5 do artigo 462.º

DIVISÃO II – Encerramento e diminuição temporários de actividade

ARTIGO 309.º – Retribuição durante o encerramento ou a diminuição de actividade

1 – Em caso de encerramento temporário ou diminuição temporária de actividade de empresa ou estabelecimento que não respeite a situação de crise empresarial, o trabalhador tem direito a:

a) Sendo devido a caso fortuito ou de força maior, 75% da retribuição;

b) Sendo devido a facto imputável ao empregador ou por motivo de interesse deste, a totalidade da retribuição.

2 – Ao valor da retribuição deduz-se o que o trabalhador receba no período em causa por outra actividade que tenha passado a exercer por efeito do encerramento ou diminuição de actividade.

3 – Constitui contra-ordenação grave a violação do disposto no n.º 1.

1. Este preceito corresponde aos artigos 350.º, 351.º e 352.º do anterior Código do Trabalho, aprovado pela Lei n.º 99/2003.

2. Ver disposições gerais sobre a redução e suspensão, artigos 294.º e 295.º

3. Independentemente do encerramento temporário ou a diminuição da actividade da empresa ou estabelecimento se dever a caso fortuido ou de força maior, cfr. alínea a) do n.º 1, ou a facto imputável ao empregador ou por motivo de interesse deste, cfr. alínea b) do n.º 1, deve existir um nexo de causalidade entre o facto que determina o encerramento e o próprio encerramento, em termos de este poder ser sindicável judicialmente.

4. Um caso fortuido ou de força maior, referido na alínea a) do n.º 1, é um evento imprevisível ou inevitável. Entre as situações que constituem caso fortuito ou de força maior contam-se um terramoto, incêndio, inundação, intempérie, atentado terrorista, situação de guerra, falta de energia, impossibilidade de obtenção de matérias-primas, etc.. Além destas, a lei permite a recondução a um caso fortuido ou de força maior, as situações de pandemia.

Se quanto às primeiras pouco há a dizer, já as situações de pandemia originam algumas dúvidas, porquanto relativamente a estas estarão em causa razões de interesse público e de protecção da saúde dos cidadãos, que impõem a adopção de medidas preventivas no sentido de evitar a propagação a cidadãos não afectados, razões essas que não raro não coincidem com os interesses do empregador, que poderá estar mais interessado na satisfação dos seus compromissos com terceiros (fornecedores, o próprio Estado, etc.). Atendendo a que as situações de pandemia interessam desde logo ao Estado, enquanto garante da saúde pública, do bem-estar das populações e do interesse colectivo, cfr. artigo 64.º da Constituição da República Portuguesa, deveria ser este a assegurar por inteiro o pagamento da retribuição aos trabalhadores enquanto se mantivesse o encerramento temporário ou diminuição temporária de actividade de empresa por motivo de pandemia, em detrimento de, por aplicação deste preceito, tal incumbir às empresas. Desta forma, garantir-se-ia que empregadores e trabalhadores não convergiam no interesse de ser prestado trabalho por trabalhador afectado por vírus ou maleita pandémica – o empregador porque encontrando-se obrigado a pagar a remuneração pretende receber a contra--prestação respectiva, o trabalho, e o trabalhador por não pretender perder parte da retribuição.

Subjacente ao entendimento estabelecido na alínea a) do n.º 1 encontra-se o facto de que o risco do contrato de trabalho corre, em regra, por conta do empregador, razão pela qual o legislador lhe atribuiu a responsabilidade pelo pagamento de parte da retribuição.

5. Entre as situações susceptíveis de integrar a alínea b) do n.º 1 – facto imputável ao empregador ou por motivo de interesse deste – encontram-se o encerramento para obras ou para subsituição das máquinas até então utilizadas, bem como as determinações de autoridade pública que obriguem ao encerramento da empresa, como pode suceder em matéria de violação de regras de saúde ou de segurança.

6. Pode suceder que caso fortuido ou de força maior, referido na alínea a) do n.º 1, afecte gravemente a actividade normal da empresa, pondo em causa a viabilidade da empresa e a manutenção dos postos de trabalho, o que permite assim a aplicabilidade simultânea quer do *lay-off*, ou seja a redução temporária do período normal de trabalho ou suspensão do contrato de trabalho, cfr. artigo 298.º e segs., quer do encerramento e diminuição temporários de actividade, cfr. este artigo 309.º e segs. Quando assim seja, o empregador deve optar pelo regime da redução temporária do período normal de trabalho ou suspensão do contrato de trabalho, cfr. artigo 298.º e segs., porquanto a retribuição que deverá pagar aos trabalhadores é mais baixa, quando comparada com a retribuição que deverá pagar por efeito da alínea a) do n.º 1 deste artigo 309.º, ou seja, 75% da retribuição.

7. O n.º 2 deve ser interpretado restritivamente. Só deve deduzir-se ao valor da retribuição o montante que o trabalhador receba de outro empregador, por trabalho prestado durante o período de encerramento ou diminuição da actividade, que se justaponha ao trabalho que deveria estar a ser prestado ao empregador original. Ou seja, se a nova actividade prestada pelo trabalhador for em horário diverso daquele que deveria cumprir, não deve verificar-se a dedução.

8. Não constituirá lock-out, cfr. n.º 1 do artigo 544.º, o encerramento temporário de empresa ou estabelecimento por facto imputável ao empregador, previsto neste artigo 309.º e segs., quando este procedimento já se encontrava em curso e visa atingir finalidades normais da actividade da empresa.

9. Nos termos da alínea a) do n.º 3 do artigo 25.º da Lei n.º 105/2009, de 14 de Setembro, alterada pelas Leis n.ºs 60/2018, de 21 de Agosto, e 93/2019, de 4 de Setembro, que regulamenta este Código do Trabalho, confere direito a prestações de desemprego o não pagamento pontual da retribuição devida em caso de suspensão do contrato de trabalho por facto respeitante ao empregador ou encerramento da empresa ou estabelecimento por período igual ou superior a 15 dias.

10. Sobre este preceito, no domínio da legislação anterior, pelo que será necessário proceder às adaptações necessárias, *vide* Bernardo Lobo Xavier, *Manual de Direito do Trabalho*, Verbo, 2011, página 658 e segs., e António Monteiro Fernandes, *Direito do Trabalho*, 15.ª Edição, Almedina, Abril 2010, página 547 e 548.

ARTIGO 310.º – Cessação de encerramento ou de diminuição de actividade

O empregador deve informar os trabalhadores cuja actividade está suspensa da cessação do encerramento ou da diminuição de actividade, devendo estes retomar a prestação de trabalho.

1. Este preceito corresponde ao artigo 353.º do anterior Código do Trabalho, aprovado pela Lei n.º 99/2003.

2. Se, depois de informado, o trabalhador não regressar ao seu local de trabalho, incorre em faltas injustificadas. O regime das faltas injustificadas encontra-se previsto nos artigos 256.º e segs., estabelecendo-se no n.º 1 do artigo 256.º que a falta injustificada constitui violação do dever de assiduidade e determina perda da retribuição correspondente ao período de ausência, que não é contado na antiguidade do trabalhador. Acresce que uma falta injustificada é susceptível de fazer incorrer o trabalhador em infracção disciplinar, cfr. artigo 98.º, alínea b) do n.º 1 do artigo 128.º e n.º 2 do artigo 256.º, que em situações extremas poderá mesmo constituir justa causa do despedimento, cfr. n.º 1 e alínea g) do n.º 2, ambos do artigo 351.º

3. Apesar deste preceito não o impor, o empregador poderá utilizar a forma escrita para informar os trabalhadores cuja actividade está suspensa, da cessação do encerramento, ou da cessação da diminuição da actividade, o que poderá facilitar-lhe a prova caso venha a ter de a realizar judicialmente.

ARTIGO 311.º – Procedimento em caso de encerramento temporário por facto imputável ao empregador

1 – O encerramento temporário de empresa ou estabelecimento por facto imputável ao empregador, sem que este tenha iniciado procedimento com vista a despedimento colectivo, a despedimento por extinção de posto de trabalho, a redução temporária do período normal de trabalho ou a suspensão do contrato de trabalho em situação de crise empresarial, ou que não consista em encerramento para férias, rege-se pelo disposto nos números seguintes.

2 – Para efeito do número anterior, considera-se que há encerramento temporário de empresa ou estabelecimento por facto imputável ao empregador sempre que, por decisão deste, a actividade deixe de ser exercida, ou haja interdição de acesso a locais de trabalho ou recusa de fornecimento de trabalho, condições e instrumentos de trabalho, que determine ou possa determinar a paralisação de empresa ou estabelecimento.

3 – O empregador informa os trabalhadores e a comissão de trabalhadores ou, na sua falta, a comissão intersindical ou as comissões sindicais da empresa, sobre fundamento, duração previsível e consequências de encerramento, com antecedência não inferior a 15 dias ou, sendo esta inviável, logo que possível.

4 – A comissão de trabalhadores pode emitir parecer sobre o encerramento no prazo de 10 dias.

5 – Constitui contra-ordenação muito grave a violação não dolosa do disposto no n.º 3.

1. Este preceito não tinha correspondência no anterior Código do Trabalho, aprovado pela Lei n.º 99/2003, de 27 de Agosto. Corresponde aos n.os 1, 2 e 3 do artigo 296.º e à alínea i) do n.º 1 do artigo 357.º, ambos da Lei n.º 35/2004, de 29 de Julho, que regulamentou o anterior Código do Trabalho.

2. Os n.os 3 e 4 estabelecem expressamente que o empregador deve consultar previamente a comissão de trabalhadores ou, na sua falta as comissões intersindicais ou as comissões sindicais. O exercício desta consulta tem um procedimento próprio, que se encontra regulado nos n.os 4 a 7 do artigo 427.º, relativamente às comissões de trabalhadores, aplicável às comissões intersindicais e às comissões sindicais por força das alíneas h) e g) do n.º 1 do artigo 442.º e do n.º 2 do artigo 466.º

3. O empregador tem conhecimento da existência da comissão de trabalhadores porquanto os resultados da votação, da constituição e aprovação dos estatutos da comissão de trabalhadores, são-lhe comunicados, cfr. n.º 6 do artigo 432.º Quanto à comissão intersindical ou comissões sindicais, o empregador tem conhecimento da existência destas porquanto a direcção do sindicato tem de comunicar por escrito ao empregador a identidade dos delegados sindicais que fizerem parte de comissão sindical ou intersindical, cfr. n.º 4 do artigo 462.º

4. O encerramento, temporário ou definitivo, de empresa ou estabelecimento que recaísse no âmbito de aplicação deste artigo 311.º, sem ter sido dado cumprimento a este mesmo artigo 311.º constitui um crime, punível com pena de prisão até dois anos, ou de multa até 240 dias, cfr. n.º 1 do artigo 316.º O propósito do legislador terá sido obstar aos encerramentos selvagens, ou seja os encerramentos que não foram antecedidos de qualquer procedimento, comunicação, ou respeito pelos direitos dos trabalhadores.

5. Do n.º 5 resulta que se o empregador não cumprir o dever de informação estabelecido no n.º 3, ainda que o faça apenas por negligência, incorre em contra-ordenação muito grave. 2. Da interpretação conjunta do n.º 5 e do n.º 1 do artigo 316.º resulta que a violação do dever de informação constitui simultaneamente crime e contra-ordenação. Quando o mesmo facto constituir simultaneamente crime e contra-ordenação, será o agente sempre punido a título de crime, sem prejuízo da aplicação das sanções acessórias previstas para a contra-ordenação, cfr. artigo 20.º do regime geral das contra-ordenações, o Decreto-Lei n.º 433/82, de 27 de Outubro, alterado pelos Decretos-Leis n.os 356/89, de 17 de Outubro, 244/95, de 14 de Setembro, e 323/2001, de 17 de Dezembro, e ainda pela Lei n.º 109/2001, de 24 de Dezembro, diploma este aplicável por força do artigo 549.º

ARTIGO 312.º – Caução em caso de encerramento temporário por facto imputável ao empregador

1 – Em situação prevista no artigo anterior, o empregador constitui a caução que garanta o pagamento de retribuições em mora, se existirem, de retribuições referentes ao período de encerramento e de compensações por despedimento, relativamente aos trabalhadores abrangidos.

2 – O empregador é dispensado de prestar caução relativa a compensações por despedimento colectivo em caso de declaração expressa neste sentido, por escrito, de dois terços dos trabalhadores abrangidos.

3 – A caução deve ser utilizada decorridos 15 dias após o não pagamento de qualquer prestação garantida ou, no caso de retribuição em mora, após a sua constituição.

4 – A caução deve ser reforçada proporcionalmente em caso de aumento de retribuições, da duração do encerramento ou da sua extensão a outro estabelecimento da empresa.

5 – É aplicável o regime da caução para o exercício da actividade de empresa de trabalho temporário no que respeita aos seguintes aspectos:

a) Entidade a favor da qual é constituída;

b) Forma por que é prestada;

c) Prova do não pagamento de prestações garantidas;

d) Cessação e devolução.

6 – Constitui contra-ordenação muito grave a violação não dolosa do disposto nos n.os 1 ou 4.

1. Este preceito não tinha correspondência no anterior Código do Trabalho, aprovado pela Lei n.º 99/2003, de 27 de Agosto. Corresponde aos n.os 4 e segs. do artigo 296.º da Lei n.º 35/2004, de 29 de Julho, que regulamentou o anterior Código do Trabalho.

2. O n.º 1 estabelece especificamente que a garantia a prestar em caso de encerramento temporário por facto imputável ao empregador é uma caução, e não qualquer outra garantia.

3. Nada obsta que a forma escrita, imposta pelo n.º 2, seja satisfeita através de documento electrónico, ou seja, por documento elaborado mediante processamento electrónico de dados. Por outras palavras, nada impede que a forma escrita seja adoptada através de uma declaração escrita enviada por correio electrónico (e-mail) para um endereço electrónico. Sobre a validade, eficácia e valor probatório dos documentos electrónicos remete-se para a anotação 4. ao artigo 107.º

4. O encerramento, temporário ou definitivo, de empresa ou estabelecimento que recaia no âmbito de aplicação do artigo 311.º, sem ter sido dado cumprimento àquele preceito e a este artigo 312.º constitui um crime, punível com pena de prisão até dois anos, ou de multa até 240 dias, cfr. n.º 1 do artigo 316.º

5. Do n.º 6 resulta que se o empregador não prestar a caução, ou não a reforçar, como estabelecido nos n.os 1 ou 4, ainda que o seu comportamento se deva a mera negligência, incorre em contra-ordenação muito grave. 2. Da interpretação conjunta do n.º 6 e do n.º 1 do artigo 316.º resulta que a violação do dever de constituir uma caução, ou de a reforçar, constitui simultaneamente crime e contra-ordenação. Quando o mesmo facto constituir simultaneamente crime e contra-ordenação, será o agente sempre punido a título de crime, sem prejuízo da aplicação das sanções acessórias previstas para a contra-ordenação, cfr. artigo 20.º do regime geral das contra-ordenações, o Decreto-Lei n.º 433/82, de 27 de Outubro, alterado pelos Decretos- Leis n.os 356/89, de 17 de Outubro, 244/95, de 14 de Setembro, e 323/2001, de 17 de Dezembro, e ainda pela Lei n.º 109/2001, de 24 de Dezembro, diploma este aplicável por força do artigo 549.º

ARTIGO 313.º – Actos proibidos em caso de encerramento temporário

1 – Em caso de encerramento temporário de empresa ou estabelecimento a que se refere o n.º 1 do artigo 311.º, o empregador não pode:

a) Distribuir lucros ou dividendos, pagar suprimentos e respectivos juros ou amortizar quotas sob qualquer forma;

b) Remunerar membros dos corpos sociais por qualquer meio, em percentagem superior à paga aos respectivos trabalhadores;

c) Comprar ou vender acções ou quotas próprias a membros dos corpos sociais;

d) Efectuar pagamentos a credores não titulares de garantia ou privilégio com preferência em relação aos créditos dos trabalhadores, salvo se tais pagamentos se destinarem a permitir a actividade da empresa;

e) Efectuar pagamentos a trabalhadores que não correspondam ao rateio do montante disponível, na proporção das respectivas retribuições;

f) Efectuar liberalidades, qualquer que seja o título;

g) Renunciar a direitos com valor patrimonial;

h) Celebrar contratos de mútuo na qualidade de mutuante;

i) Proceder a levantamentos de tesouraria para fim alheio à actividade da empresa.

2 – A proibição a que se refere qualquer das alíneas d) a g) do número anterior cessa em caso de declaração expressa neste sentido, por escrito, de dois terços dos trabalhadores abrangidos.

1. Este preceito não tinha correspondência no anterior Código do Trabalho, aprovado pela Lei n.º 99/2003, de 27 de Agosto. Corresponde ao artigo 297.º da Lei n.º 35/2004, de 29 de Julho, que regulamentou o anterior Código do Trabalho.

2. A violação do disposto neste artigo constitui um crime, punível com pena de prisão até três anos, sem prejuízo de pena mais grave aplicável ao caso, cfr. n.º 2 do artigo 316.º

3. A *ratio* do n.º 1 é obstar a que o empregador pudesse praticar actos que potencialmente fossem susceptíveis de prejudicar a garantia patrimonial dos créditos dos trabalhadores.

4. A renúncia referida na alínea g) do n.º 1 é um direito que não carece de aceitação da outra parte, para que possa ser exercida.

5. Ver artigo 314.º e respectivas anotações.

6. De acordo com o n.º 2, a inibição do empregador praticar os actos previstos nas alíneas d) a g) do n.º 1 cessa quando dois terços dos trabalhadores dêem expressamente o seu consentimento, por escrito.

7. Nada obsta que a forma escrita, imposta pelo n.º 2, seja satisfeita através de documento electrónico, ou seja, por documento elaborado mediante processamento electrónico de dados. Por outras palavras, nada impede que a forma escrita seja adoptada através de uma declaração escrita enviada por correio electrónico (e-mail) para um endereço electrónico. Sobre a validade, eficácia e valor probatório dos documentos electrónicos remete-se para a anotação 4. ao artigo 107.º

ARTIGO 314.º – Anulabilidade de acto de disposição

1 – O acto de disposição de património da empresa a título gratuito, praticado durante o encerramento temporário abrangido pelo n.º 1 do artigo 311.º, é anulável por iniciativa de qualquer interessado ou de estrutura de representação colectiva dos trabalhadores.

2 – O disposto no número anterior aplica-se a acto de disposição de património da empresa a título oneroso, praticado durante o mesmo período, se dele resultar diminuição da garantia patrimonial de créditos dos trabalhadores.

1. Este preceito não tinha correspondência no anterior Código do Trabalho, aprovado pela Lei n.º 99/2003, de 27 de Agosto. Corresponde ao artigo 298.º da Lei n.º 35/2004, de 29 de Julho, que regulamentou o anterior Código do Trabalho.

2. Este preceito tem por base a impugnação pauliana prevista no artigo 610.º e segs. do Código Civil.

3. Do n.º 1 resulta que os actos de disposição de bens da empresa levados a cabo pelo empregador, a título gratuito, são anuláveis. Quando os actos de disposição de bens da empresa sejam a título oneroso, também são anuláveis, desde que impliquem diminuição da garantia patrimonial dos créditos dos trabalhadores, cfr. n.º 2. Comparando este regime com o da impugnação pauliana, logo se verifica que esta última tem pressupostos bem mais exigentes, ao impor a verificação do requisito da diminuição da garantia patrimonial, quer os actos de disposição de bens tenham sido praticados a título gratuito, quer a título oneroso e, por outro lado, nesta última hipótese, a procedência da impugnação depende também da verificação da má fé, relativamente ao devedor e ao terceiro. Na situação de anulabilidade de acto de disposição, a boa ou má fé dos intervenientes é irrelevante, pelo que na disposição de bens a título oneroso o terceiro de boa fé pode ver a sua aquisição anulada, desde que se prove que a aquisição provocou a diminuição da garantia patrimonial dos créditos dos trabalhadores. Este regime não é isento de criticas, podendo-se argumentar que não acautela os interesses dos terceiros adquirentes de boa fé. Por outro lado, este regime é também susceptível de prejudicar os trabalhadores, porquanto os potenciais compradores de bens podem não vir a realizar a compra ou, efectuando-a, acordem em condições mais desvantajosas face ao risco acrescido de poderem ver as vendas anuladas, dado que é suficiente para tanto que se prove que a alienação determinou a diminuição da garantia patrimonial. Em abstracto, pode equacionar-se que a venda poderia ser necessária para assegurar a manutenção dos postos de trabalho, porquanto o capital dela recebido poderia fazer face aos danos produzidos pelo caso fortuito ou de força maior que determinou o encerramento temporário ou a diminuição temporária da actividade (incêndio, intempérie, etc.).

4. De acordo com o n.º 1 do artigo 287.º do Código Civil, só têm legitimidade para arguir a anulabilidade as pessoas em cujo interesse a lei a estabelece, e só dentro do ano subsequente à cessação do vício que lhe serve de fundamento. Enquanto, porém, o negócio não estiver cumprido, pode a anulabilidade ser arguida, sem dependência de prazo, tanto por via de acção como por via de excepção, cfr. n.º 2 do mesmo artigo 287.º do Código Civil.

ARTIGO 315.º – Extensão do regime a caso de encerramento definitivo

O regime previsto nos artigos 311.º a 314.º aplica-se, com as devidas adaptações, a encerramento definitivo de empresa ou estabelecimento que ocorra sem ser iniciado procedimento para despedimento colectivo ou sem ser cumprido o disposto no n.º 4 do artigo 346.º

1. Este preceito não tinha correspondência no anterior Código do Trabalho, aprovado pela Lei n.º 99/2003, de 27 de Agosto. Corresponde ao artigo 299.º da Lei n.º 35/2004, de 29 de Julho, que regulamentou o anterior Código do Trabalho.

2. De acordo com este preceito, quando o empregador decida encerrar definitivamente a empresa ou estabelecimento sem ter iniciado um despedimento colectivo, cfr. artigo 359.º e segs., ou tratando-se de microempresas, cfr. alínea a) do n.º 1 do artigo 100.º, quando o empregador não informe o trabalhador com a antecedência mínima prevista no n.º 4 do artigo 346.º, é aplicável o regime previsto nos artigos 311.º a 314.º Ou seja, nestas situações o empregador encontra-se inibido da prática de certos actos, cfr. n.º 1 do artigo 313.º, podendo ser anulados os actos de disposição do património da empresa, independentemente de estes serem realizados a título gratuito ou oneroso, cfr. artigo 314.º

ARTIGO 316.º – Responsabilidade penal em caso de encerramento de empresa ou estabelecimento

1 – O empregador que encerre, temporária ou definitivamente, empresa ou estabelecimento, em caso previsto no artigo 311.º ou no artigo anterior, sem ter dado cumprimento ao disposto nos artigos 311.º e 312.º, é punido com pena de prisão até dois anos ou de multa até 240 dias.

2 – A violação do disposto no artigo 313.º é punida com pena de prisão até três anos, sem prejuízo de pena mais grave aplicável ao caso.

1. Este preceito não tinha correspondência no anterior Código do Trabalho, aprovado pela Lei n.º 99/2003, de 27 de Agosto. Corresponde aos artigos 465.º e 466.º da Lei n.º 35/2004, de 29 de Julho, que regulamentou o anterior Código do Trabalho.

2. Nos termos do n.º 1, o encerramento, temporário ou definitivo, de empresa ou estabelecimento que recaísse no âmbito de aplicação do artigo 311.º, sem ter sido dado cumprimento a esse mesmo artigo 311.º constitui um crime, punível com pena de prisão até dois anos, ou de multa até 240 dias. O propósito do legislador terá sido obstar aos encerramentos selvagens, ou seja os encerramentos que não foram antecedidos de qualquer procedimento, comunicação, ou respeito pelos direitos dos trabalhadores, punindo semelhantes comportamentos como crimes.

SUBSECÇÃO IV – Licença sem retribuição

ARTIGO 317.º – Concessão e efeitos da licença sem retribuição

1 – O empregador pode conceder ao trabalhador, a pedido deste, licença sem retribuição.

2 – O trabalhador tem direito a licença sem retribuição de duração superior a 60 dias para frequência de curso de formação ministrado sob responsabilidade de instituição de ensino ou de formação profissional, ou no âmbito de programa específico aprovado por autoridade competente e executado sob o seu controlo pedagógico, ou para frequência de curso ministrado em estabelecimento de ensino.

3 – Em situação prevista no número anterior, o empregador pode recusar a concessão de licença:

a) Quando, nos 24 meses anteriores, tenha sido proporcionada ao trabalhador formação profissional adequada ou licença para o mesmo fim;

b) Em caso de trabalhador com antiguidade inferior a três anos;

c) Quando o trabalhador não tenha requerido a licença com a antecedência mínima de 90 dias em relação à data do seu início;

d) Quando se trate de microempresa ou de pequena empresa e não seja possível a substituição adequada do trabalhador, caso necessário;

e) Em caso de trabalhador incluído em nível de qualificação de direcção, chefia, quadro ou pessoal qualificado, quando não seja possível a sua substituição durante o período da licença, sem prejuízo sério para o funcionamento da empresa.

4 – A licença determina a suspensão do contrato de trabalho, com os efeitos previstos no artigo 295.º

5 – Constitui contra-ordenação grave a violação do disposto no n.º 2.

1. Este preceito corresponde aos artigos 354.º e 355.º do anterior Código do Trabalho, aprovado pela Lei n.º 99/2003.

2. Ver disposições gerais sobre a redução e suspensão, artigos 294.º e 295.º

3. Do n.º 1 resulta que a licença sem retribuição, em regra, carece, para ser concedida, do acordo de ambas as partes, o empregador e o trabalhador. A excepção a esta regra encontra-se prevista no n.º 2, de acordo com o qual o trabalhador já não carece do acordo do empregador para poder usufruir de uma licença sem retribuição, desde que esta seja para frequência de curso de formação ou de formação profissional, ou de programa específico aprovado por autoridade competente, ou para frequência de curso ministrado em estabelecimento de ensino, e desde que o trabalhador observe os requisitos estabelecidos no n.º 3.

4. Microempresas são as empresas que empreguem até dez trabalhadores, sendo que se empregar dez trabalhadores já é considerada pequena empresa, qualificação que mantém se tiver menos de cinquenta trabalhadores, ou seja até quarenta e nove trabalhadores, cfr. alíneas a) e b) do n.º 1 do artigo 100.º

5. A antiguidade, referida na alínea b) do n.º 3, "é a qualidade correspondente à duração da situação jurídica laboral", Menezes Cordeiro, *Manual de Direito do Trabalho*, Livraria Almedina, 1991, página 675 e segs., e Acórdão do Tribunal da Relação de Lisboa, de 22 de Junho de 2005, processo 10307/2004-4, sumários em www.dgsi.pt. Significa isto que a duração de situações que não são de qualificar como sendo de trabalho subordinado não devem entrar no cômputo da antiguidade. A título exemplificativo, a duração de um contrato de estágio extracurricular, cfr. Decreto-Lei n.º 66/2011, de 1 de Junho, não correspondendo à prestação de trabalho subordinado, não dá lugar à contagem de antiguidade, ainda que posteriormente à cessação deste contrato venha a ser celebrado um contrato de trabalho.

6. Além do estabelecido no n.º 2, tem ainda direito a licença sem retribuição o menor ao serviço do empregador, para a frequência de curso profissional que confira habilitação escolar ou curso de educação e formação para jovens, a qual só pode ser recusada se for susceptível de causar prejuízo grave à empresa, e sem prejuízo dos direitos do trabalhador-estudante, pelo que no caso de menor, não tem aplicação o n.º 3 deste artigo 317.º, mas sim o n.º 3 do artigo 67.º O mesmo sucede relativamente ao trabalhador-estudante, que tem também direito, em cada ano civil, a licença sem retribuição, com a duração de 10 dias úteis seguidos ou interpolados, cfr. n.º 2 do artigo 92.º, direito este que cessa quando o trabalhador-estudante não tenha aproveitamento no ano em que beneficie desse direito, cfr. n.º 1 do artigo 95.º Nos termos do n.º 4 do artigo 96.º, o trabalhador-estudante deve solicitar a licença sem retribuição com a seguinte antecedência:

a) Quarenta e oito horas ou, sendo inviável, logo que possível, no caso de um dia de licença;
b) Oito dias, no caso de dois a cinco dias de licença;
c) Quinze dias, no caso de mais de cinco dias de licença.

7. Nos termos da alínea c) do n.º 2 do artigo 140.º, a substituição directa ou indirecta de trabalhador em situação de licença sem retribuição permite a celebração de contrato a termo resolutivo, com o trabalhador admitido para proceder àquela substituição.

8. Sobre este preceito *vide* Bernardo Lobo Xavier, *Manual de Direito do Trabalho*, Verbo, 2011, página 650 e 651.

SUBSECÇÃO V – Pré-reforma

ARTIGO 318.º – Noção de pré-reforma

Considera-se pré-reforma a situação de redução ou suspensão da prestação de trabalho, constituída por acordo entre empregador e trabalhador com idade igual ou superior a 55 anos, durante a qual este tem direito a receber do empregador uma prestação pecuniária mensal, denominada de pré-reforma.

1. Este preceito corresponde ao artigo 356.º do anterior Código do Trabalho, aprovado pela Lei n.º 99/2003.

2. Ver disposições gerais sobre a redução e suspensão, artigos 294.º e 295.º

3. A pré-reforma ao permitir a redução temporária do período normal de trabalho ou a suspensão do contrato de trabalho possibilita não só que as empresas renovem os seus quadros de pessoal, como faculta, no caso da redução do período normal de trabalho, que este instrumento seja utilizado para comunicar o know-

-how ou conhecimento adquiridos. Trata-se de uma antecâmara da reforma, no sentido em que se permite ao trabalhador, sem prejuízo da subsistência do vínculo laboral e da reversibilidade da situação, de transitar de uma vida inteiramente activa para a reforma.

4. Da noção de pré-reforma resulta desde logo que esta é estabelecida por acordo entre o empregador e o trabalhador, não podendo por isso ser unilateralmente imposta pelo primeiro. Nos termos do artigo 319.º, o acordo está sujeito a forma escrita, devendo conter os elementos referidos nesse preceito. A prestação pecuniária mensal que tem de ser paga pelo empregador está sujeita a um montante mínimo e máximo, fixado no n.º 1 do artigo 320.º

5. Quanto à cessação da pré-reforma, ver artigo 322.º

6. Sobre este preceito, *vide* Bernardo Lobo Xavier, *Manual de Direito do Trabalho*, Verbo, 2011, página 721 e 722, e António Monteiro Fernandes, *Direito do Trabalho*, 15.ª Edição, Almedina, Abril 2010, página 549 e segs.

ARTIGO 319.º – Acordo de pré-reforma

O acordo de pré-reforma está sujeito a forma escrita e deve conter:
a) Identificação, assinaturas e domicílio ou sede das partes;
b) Data de início da pré-reforma;
c) Montante da prestação de pré-reforma;
d) Organização do tempo de trabalho, no caso de redução da prestação de trabalho.

1. Este preceito corresponde ao artigo 357.º do anterior Código do Trabalho, aprovado pela Lei n.º 99/2003.

2. O n.º 1, ao dispor que o acordo de pré-reforma se encontra sujeito a forma escrita, constitui uma excepção à liberdade de forma prevista no artigo 219.º do Código Civil, que vigora no ordenamento jurídico português, e de acordo com o qual a validade da declaração negocial não depende da observância de forma especial, salvo quando a lei a exigir.

3. Nada obsta que a forma escrita, imposta por este preceito, seja satisfeita através de documento electrónico, ou seja, por documento elaborado mediante processamento electrónico de dados. Por outras palavras, nada impede que a forma escrita seja adoptada através de uma declaração escrita enviada por correio electrónico (e-mail) para um endereço electrónico. No caso concreto da pré-reforma, sendo um acordo, à declaração de vontade de um dos contraentes, realizada por documento electrónico ao qual seja aposta uma assinatura electrónica certificada por entidade credenciada, deve corresponder uma outra declaração de vontade do outro contraente. Sobre a validade, eficácia e valor probatório dos documentos electrónicos remete-se para a anotação 4. ao artigo 107.º

4. Sobre este preceito, *vide* Bernardo Lobo Xavier, *Manual de Direito do Trabalho*, Verbo, 2011, página 722, e António Monteiro Fernandes, *Direito do Trabalho*, 15.ª Edição, Almedina, Abril 2010, página 549 e 550.

ARTIGO 320.º – Prestação de pré-reforma

1 – O montante inicial da prestação de pré-reforma não pode ser superior à retribuição do trabalhador na data do acordo, nem inferior a 25% desta ou à retribuição do trabalho, caso a pré-reforma consista na redução da prestação de trabalho.

2 – Salvo estipulação em contrário, a prestação de pré-reforma é actualizada anualmente em percentagem igual à do aumento de retribuição de que o trabalhador beneficiaria se estivesse em pleno exercício de funções ou, se não havendo tal aumento, à taxa de inflação.

3 – A prestação de pré-reforma goza das garantias dos créditos de trabalhador emergentes de contrato de trabalho.

1. Este preceito corresponde ao artigo 359.º do anterior Código do Trabalho, aprovado pela Lei n.º 99/2003.

2. O n.º 1 estabelece uma excepção ao princípio vigente em matéria de redução temporária do período normal de trabalho ou suspensão do contrato de trabalho, previsto no n.º 1 do artigo 295.º: não havendo prestação de trabalho, o dever de pagar a retribuição, cfr. alínea b) do n.º 1 do artigo 127.º, não se mantém.

3. De acordo com o n.º 1, a prestação pecuniária mensal que tem de ser paga pelo empregador ao trabalhador em situação de pré-reforma está sujeita a um montante minimo e máximo, podendo as partes, dentro destes limites, conformar a sua vontade, fixando o que lhes aprover. Neste sentido, e apesar do n.º 1 estebelecer, na sua primeira parte, que o montante da prestação de pré-reforma que não pode ser superior à retribuição que o trabalhador auferir à data do acordo, é o montante inicial, o que se pretende salvaguardar com esta redacção é o disposto no n.º 2. Ou seja, pode a prestação pecuniária mensal denominada pré-reforma ser superior àquela que o trabalhador auferia a título de retribuição na data do acordo, mas apenas se esse aumento advir da actualização anual correspondente ao aumento salarial que o trabalhador receberia se estivesse em exercício pleno de funções, ou da taxa de inflacção. Assim, o n.º 1 não permite que empregador e trabalhador acordem num esquema de pagamento da pré-reforma que estabelecesse um montante igual ao da retribuição no primeiro ano, um acréscimo de 50% no segundo ano, e de 100% no terceiro.

4. O disposto no n.º 1 justifica-se pela vigência no direito do trabalho, do princípio da igualdade retributiva, princípio estruturante do direito do trabalho, com consagração constitucional na alínea a) do n.º 1 do artigo 59.º da Constituição da República Portuguesa, e reprodução no artigo 270.º deste Código, nos termos do qual a trabalho igual deve corresponder salário igual. É que apesar da redução temporária do período normal de trabalho ou da suspensão do contrato de trabalho, este último subsiste, pelo que nenhuma razão há para que também nesta matéria da pré-reforma não tenha aplicação do princípio da igualdade retributiva.

5. Pretendendo as partes não se encontrarem sujeitas a qualquer limite minimo e máximo de quaisquer pagamentos a realizar pelo empregador ao trabalhador, devem recorrer ao regime da revogação do contrato de trabalho, previsto nos artigos 349.º e segs.

6. Sobre este preceito, *vide* Bernardo Lobo Xavier, *Manual de Direito do Trabalho*, Verbo, 2011, página 722, e António Monteiro Fernandes, *Direito do Trabalho*, 15.ª Edição, Almedina, Abril 2010, página 550.

ARTIGO 321.º – Direitos de trabalhador em situação de pré-reforma

1 – O trabalhador em situação de pré-reforma pode exercer outra actividade profissional remunerada.

2 – O acordo de pré-reforma pode atribuir ao trabalhador outros direitos não decorrentes na lei.

3 – Em caso de falta culposa de pagamento da prestação de pré-reforma ou, independentemente de culpa, se a mora se prolongar por mais de 30 dias, o trabalhador tem direito a retomar o pleno exercício de funções, sem prejuízo da antiguidade, ou a resolver o contrato, com direito a indemnização nos termos dos n.ºs 2 e 3 do artigo seguinte.

1. Este preceito corresponde aos artigos 358.º e 360.º do anterior Código do Trabalho, aprovado pela Lei n.º 99/2003.

2. O exercício de outra actividade profissional remunerada pelo trabalhador em situação de pré-reforma encontra-se limitada ao respeito por este, do dever de lealdade, nomeadamente não negociando por conta própria ou alheia em concorrência com ele, nem divulgando informações referentes à sua organização, métodos de produção ou negócios, previsto na alínea f) do n.º 1 do mesmo artigo 128.º, e que se mantém relativamente ao trabalhador na situação de pré-reforma, cfr. n.º 1 do artigo 295.º A violação pelo trabalhador dos deveres que se mantêm durante a redução ou suspensão do contrato de trabalho pode consubstanciar uma infracção disciplinar, o que fundamenta o exercício do poder disciplinar, cfr. artigo 98.º, através de um procedimento disciplinar, cfr. artigo 328.º e segs., que no limite poderá levar à aplicação da sanção de despedimento, sem indemnização ou compensação, que tem por efeito cessar o contrato de trabalho, cfr. n.º 7 do artigo 357.º e alínea c) do artigo 340.º Nos termos do n.º 3 do artigo 295.º, durante a redução ou suspensão não obsta a que qualquer das partes faça cessar o contrato de trabalho, sendo que por efeito da cessação do contrato de trabalho, cessa a pré-reforma, cfr. alínea c) do n.º 1 do artigo 322.º

3. O n.º 3 prevê a reversibilidade da pré-reforma. Assim, quando se consubstancie uma situação de falta culposa de pagamento da prestação de pré-reforma ou, independentemente de culpa, se a mora se prolongar por mais de 30 dias, o trabalhador tem direito a retomar o pleno exercício de funções, sem prejuízo da antiguidade, ou a resolver o contrato, com direito a indemnização. Caso o trabalhador nesta situação opte por retomar o pleno exercício de funções, a situação de pré-reforma cessa, cfr. alínea b) do n.º 1 do artigo 322.º Por sua vez, a resolução do contrato de trabalho pelo trabalhador tem por efeito fazer cessar o contrato de trabalho, cfr. alínea g) do artigo 340.º, sendo que cessando o contrato de trabalho, cessa igualmente a situação de pré-reforma, cfr. alínea c) do n.º 1 do artigo 322.º A resolução do contrato de trabalho encontra-se prevista no artigo 394.º e segs., obrigando a um procedimento para que o trabalhador consiga desvincular-se. Relativamente ao trabalhador em situação de pré-reforma, quando este resolva o contrato, em detrimento de ter direito à indemnização prevista no n.º 1 do artigo 396.º, a indemnização a pagar pelo empregador é calculada nos termos dos n.os 2 e 3 do artigo 322.º

4. A antiguidade, referida no n.º 3, "é a qualidade correspondente à duração da situação jurídica laboral", Menezes Cordeiro, *Manual de Direito do Trabalho*, Livraria Almedina, 1991, página 675 e segs., e Acórdão do Tribunal da Relação de Lisboa, de 22 de Junho de 2005, processo 10307/2004-4, sumários em www.dgsi.pt. Significa isto que a duração de situações que não são de qualificar como sendo de trabalho subordinado não devem entrar no cômputo da antiguidade. A título exemplificativo, a duração de um contrato de estágio extracurricular, cfr. Decreto-Lei n.º 66/2011, de 1 de Junho, não correspondendo à prestação de trabalho subordinado, não dá lugar à contagem de antiguidade, ainda que posteriormente à cessação deste contrato venha a ser celebrado um contrato de trabalho.

5. Sobre este preceito, *vide* Bernardo Lobo Xavier, *Manual de Direito do Trabalho*, Verbo, 2011, página 722 e 723, e António Monteiro Fernandes, *Direito do Trabalho*, 15.ª Edição, Almedina, Abril 2010, página 550.

ARTIGO 322.º – Cessação de pré-reforma

1 – A pré-reforma cessa:

a) Com a reforma do trabalhador, por velhice ou invalidez;

b) Com o regresso do trabalhador ao pleno exercício de funções, por acordo com o empregador ou nos termos do n.º 3 do artigo anterior;

c) Com a cessação do contrato de trabalho.

2 – Na situação prevista na alínea c) do número anterior, caso a modalidade de cessação do contrato de trabalho conferisse ao trabalhador direito a indemnização ou compensação se estivesse no pleno exercício de funções, aquele tem direito a indemnização no montante das prestações de pré-reforma até à idade legal de reforma por velhice.

3 – A indemnização referida no número anterior tem por base o montante da prestação de pré-reforma à data da cessação do contrato de trabalho.

1. Este preceito corresponde ao artigo 361.º do anterior Código do Trabalho, aprovado pela Lei n.º 99/2003.

2. A reforma por velhice está regulada no Decreto-Lei n.º 187/2007, de 10 de Maio, alterado pela Lei n.º 64-A/2008, de 31 de Dezembro, e pelo Decreto-Lei n.º 167-E/2013, de 31 de Dezembro, encontrando-se estabelecida a idade de 65 anos para que o beneficiário a possa requerer, à qual podem acrescer ainda alguns meses, sendo a idade normal de acesso à pensão determinada por portaria. De acordo com a Portaria n.º 378-G/2013, de 31 de Dezembro, a idade normal de acesso à pensão de velhice, em 2015, é 66 anos, enquanto que em 2016 é 66 anos e 2 meses, nos termos definidos pela Portaria n.º 277/2014, de 26 de Dezembro, em 2017 é de 66 anos e 3 meses, nos termos da Portaria n.º 67/2016, de 1 de Abril, e em 2018 é de 66 anos e 4 meses, nos termos da Portaria n.º 99/2017, de 7 de Março.

3. De acordo com a línea b) a pré-reforma cessa com o regresso do trabalhador ao pleno exercício de funções, por acordo com o empregador, ou em caso de falta culposa de pagamento da prestação de pré-reforma ou, independentemente de culpa, se a mora se prolongar por mais de 30 dias.

4. As modalidades de cessação do contrato de trabalho encontram-se previstas no artigo 340.º

5. Quando a modalidade de cessação do contrato de trabalho seja a resolução do contrato de trabalho pelo trabalhador, veja-se a anotação ao artigo anterior.

6. Sobre este preceito, *vide* Bernardo Lobo Xavier, *Manual de Direito do Trabalho*, Verbo, 2011, página 722, e António Monteiro Fernandes, *Direito do Trabalho*, 15.ª Edição, Almedina, Abril 2010, página 550.

CAPÍTULO VI – Incumprimento do contrato

SECÇÃO I – Disposições gerais

ARTIGO 323.º – Efeitos gerais do incumprimento do contrato de trabalho

1 – A parte que faltar culposamente ao cumprimento dos seus deveres é responsável pelo prejuízo causado à contraparte.

2 – O empregador que faltar culposamente ao cumprimento de prestações pecuniárias é obrigado a pagar os correspondentes juros de mora à taxa legal, ou a taxa superior estabelecida em instrumento de regulamentação colectiva de trabalho ou acordo das partes.

3 – A falta de pagamento pontual da retribuição confere ao trabalhador a faculdade de suspender ou fazer cessar o contrato, nos termos previstos neste Código.-

1. Este preceito corresponde aos artigos 363.º e 364.º do anterior Código do Trabalho, aprovado pela Lei n.º 99/2003.

2. O princípio previsto no n.º 1, segundo o qual a parte que faltar culposamente ao cumprimento dos seus deveres torna-se responsável pelo prejuízo que causa à contraparte resultava já do artigo 798.º do Código Civil, obtendo consagração expressa nesta legislação laboral, nas relações entre empregador e trabalhador.

3. De acordo com o artigo 799.º do Código Civil, presume-se a culpa do que faltar ao cumprimento dos seus deveres.

4. Constituem instrumentos de regulamentação colectiva de trabalho, cfr. n.os 2, 3 e 4 do artigo 2.º, a convenção colectiva (que pode ser um contrato colectivo, acordo colectivo, ou um acordo de empresa), o acordo de adesão, a decisão arbitral, a portaria de extensão, e a portaria de condições de trabalho.

5. Os juros de mora encontram-se fixados na Portaria n.º 291/2003, de 8 de Abril, a qual estabelece a taxa de 4% ao ano. Sempre se diga que é pouco frequente as partes convencionaram o valor dos juros de mora a pagar. Não obstante, quando empregador e trabalhador ajustem a taxa de juros, ou quando tal seja realizado por instrumento de regulamentação colectiva de trabalho, deve ter-se em conta o disposto no artigo 559.º-A do Código Civil que manda aplicar o previsto no artigo 1146.º do Código Civil a toda a estipulação de juros. De acordo com o n.º 1 do artigo 1146.º do Código Civil, é havido como usurário o contrato de mútuo em que sejam estipulados juros anuais que excedam os juros legais, acrescidos de 3% ou 5%, conforme exista ou não garantia real. Já o n.º 2 do mesmo artigo 1146.º do Código Civil estabelece que é havida também como usurária a cláusula penal que fixar como indemnização devida pela falta de restituição de empréstimo, relativamente ao tempo de mora, mais do que o correspondente a 7% ou 9% acima de juros legais, conforme exista ou não garantia real. Determina o n.º 3 do ainda mesmo artigo 1146.º do Código Civil que se a taxa de juros estipulada ou o montante da indemnização exceder o máximo previsto nos n.os 1 e 2 daquele preceito, considera-se reduzido a esses máximos, ainda que outra seja a vontade dos contraentes.

6. O n.º 3 estabelece expressamente que a falta de pagamento pontual da retribuição confere ao trabalhador a faculdade de suspender o contrato de trabalho, nos termos dos artigos 325.º e segs., ou de fazer cessar o contrato, nos termos dos artigos 394.º e segs. O direito do trabalhador suspender o contrato de trabalho por falta de pagamento pontual da retribuição resulta também do n.º 3 do artigo 294.º

ARTIGO 324.º – Efeitos para o empregador de falta de pagamento pontual da retribuição

1 – Ao empregador em situação de falta de pagamento pontual de retribuição é aplicável o disposto no artigo 313.º

2 – O acto de disposição do património da empresa praticado em situação de falta de pagamento pontual de retribuições, ou nos seis meses anteriores, é anulável nos termos do artigo 314.º

3 – A violação do n.º 1 é punida com pena de prisão até três anos, sem prejuízo de pena mais grave aplicável ao caso.

1. Este preceito não tinha correspondência no anterior Código do Trabalho, aprovado pela Lei n.º 99/2003, de 27 de Agosto. Corresponde aos artigos 301.º, 302.º e 467.º, todos da Lei n.º 35/2004, de 29 de Julho, que regulamentou o anterior Código do Trabalho.

2. Do n.º 1 resulta expressamente que o empregador em situação de falta de pagamento pontual de retribuição não pode:

a) Distribuir lucros ou dividendos, pagar suprimentos e respectivos juros ou amortizar quotas sob qualquer forma;
b) Remunerar membros dos corpos sociais por qualquer meio, em percentagem superior à paga aos respectivos trabalhadores;
c) Comprar ou vender acções ou quotas próprias a membros dos corpos sociais;

d) Efectuar pagamentos a credores não titulares de garantia ou privilégio com preferência em relação aos créditos dos trabalhadores, salvo se tais pagamentos se destinarem a permitir a actividade da empresa;
e) Efectuar pagamentos a trabalhadores que não correspondam ao rateio do montante disponível, na proporção das respectivas retribuições;
f) Efectuar liberalidades, qualquer que seja o título;
g) Renunciar a direitos com valor patrimonial;
h) Celebrar contratos de mútuo na qualidade de mutuante;
i) Proceder a levantamentos de tesouraria para fim alheio à actividade da empresa.

De acordo com o n.º 2 do artigo 313.º, a proibição a que se refere qualquer das alíneas d) a g) *supra* referidas cessa em caso de declaração expressa neste sentido, por escrito, de dois terços dos trabalhadores abrangidos.

A *ratio* da proibição é obstar a que o empregador pudesse praticar actos que potencialmente fossem susceptíveis de prejudicar a garantia patrimonial dos créditos dos trabalhadores.

3. O n.º 1 tem por consequência que em caso de falta de pagamento pontual de retribuições os actos de disposição de bens da empresa levados a cabo pelo empregador, independentemente de serem a título gratuito ou oneroso, são anuláveis. Contudo, e atendendo a que o n.º 2 deste artigo 324.º remete para o artigo 314.º, quando se trate de actos de disposição de bens da empresa a título oneroso, estes são anuláveis desde que impliquem diminuição da garantia patrimonial dos créditos dos trabalhadores. Exige-se que tais actos sejam contemporâneos da situação de mora das retribuições ou que tenham sido praticados dentro dos seis meses que antecederam a situação de falta de pagamento pontual da retribuição. Subjacente a este regime encontra-se a impugnação pauliana, cfr. artigo 610.º e segs. do Código Civil. Por comparação entre este regime e o da impugnação pauliana, logo se verifica que esta última tem pressupostos bem mais exigentes, ao impor a verificação do requisito da diminuição da garantia patrimonial, quer os actos de disposição de bens tenham sido praticados a título gratuito, quer a título oneroso e, por outro lado, nesta última hipótese, a procedência da impugnação depende também da verificação da má fé, relativamente ao devedor e ao terceiro. Na situação de anulabilidade de acto de disposição, a boa ou má fé dos intervenientes é irrelevante, pelo que na disposição de bens a título oneroso o terceiro de boa fé pode ver a sua aquisição anulada, desde que se prove que a aquisição provocou a diminuição da garantia patrimonial dos créditos dos trabalhadores. Este regime da impugnação, no caso de falta de pagamento pontual de retribuições não é isento de criticas, podendo argumentar-se que não só não acautela os interesses dos terceiros adquirentes de boa fé, mas também por ser susceptível de prejudicar os trabalhadores titulares de retribuições em mora. É que nos termos em que se encontra estabelecida, esta disciplina pode, por si só, comprometer a aquisição pelos potenciais compradores de bens ou, quando a efectuem, a façam em condições mais desfavoráveis face ao risco acrescido de poderem ver as vendas anuladas, sendo suficiente para tanto que se prove que a alienação ocasionou a diminuição da garantia patrimonial. Pode suceder, por exemplo, que a venda poderia ser necessária para assegurar o pagamento das retribuições em falta, porquanto o capital dela recebido era apto a satisfazê-las.

Em matéria de prova este regime de impugnação dos actos de disposição de bens nos casos de não pagamento pontual da retribuição, nada estabelece. A aplicação das regras gerais previstas no artigo 342.º do Código Civil levaria a que o ónus da prova recaísse sobre o trabalhador, por todos os factos serem constitutivos do seu direito. Não obstante, e atendendo ao disposto no artigo 611.º do mesmo Código Civil, semelhante lacuna deverá ser preenchida por recurso ao que sucede em matéria de impugnação pauliana, de modo que ao credor cabe a prova das dívidas e ao devedor ou adquirente cabe a prova de que o obrigado possui bens de valor igual ou superior ao dos créditos.

SECÇÃO II – Suspensão de contrato de trabalho por não pagamento pontual da retribuição

ARTIGO 325.º – Requisitos da suspensão de contrato de trabalho

1 – No caso de falta de pagamento pontual da retribuição por período de 15 dias sobre a data do vencimento, o trabalhador pode suspender o contrato de trabalho, mediante comunicação por escrito ao empregador e ao serviço com competência inspectiva do ministério responsável pela área laboral, com a antecedência mínima de oito dias em relação à data de início da suspensão.

2 – O trabalhador pode suspender o contrato de trabalho antes de decorrido o período de 15 dias referido no número anterior, quando o empregador declare por escrito que prevê que não vai pagar a retribuição em dívida até ao termo daquele prazo.

3 – A falta de pagamento pontual da retribuição por período de 15 dias é declarada, a pedido do trabalhador, pelo empregador ou, em caso de recusa, pelo serviço referido no n.º 1, no prazo de cinco ou 10 dias, respectivamente.

4 – A declaração referida no n.os 2 ou 3 deve especificar o montante das retribuições em dívida e o período a que respeitam.

5 – Constitui contra-ordenação leve a violação do disposto no n.º 3.

1. Este preceito corresponde ao n.º 2 do artigo 364.º do anterior Código do Trabalho, aprovado pela Lei n.º 99/2003, bem como ao artigo 303.º da Lei n.º 35/2004, de 29 de Julho, que regulamentou o anterior Código do Trabalho.

2. Ver artigos 323.º e 324.º, e respectivas anotações.

3. A data de vencimento da retribuição pode diferir, consoante o que tenha sido acordado entre o empregador e o trabalhador, sendo um elemento que é conhecido do trabalhador porquanto o empregador deve informar por escrito o trabalhador do valor e da periodicidade da retribuição nos sessenta dias subsequentes ao início da execução do contrato, ou até ao termo do contrato se este cessar antes dos sessenta dias, cfr. alínea h) do n.º 3 do artigo 106.º, e n.os 1 e 4 do artigo 107.º Este dever de informação considera-se cumprido quando a indicação da periodicidade da retribuição conste de contrato de trabalho ou de contrato-promessa de contrato de trabalho, reduzidos a escrito, cfr. n.º 3 do artigo 107.º Nos termos do n.º 1 do artigo 278.º o crédito retributivo vence-se por períodos certos e iguais, que salvo estipulação ou uso diverso, são a semana, a quinzena e o mês de calendário.

4. O serviço com competência inspectiva do ministério responsável pela área laboral referido no n.º 1 é a Autoridade para as Condições do Trabalho (A.C.T.), que prossegue, entre outras, as atribuições de promover, controlar e fiscalizar o cumprimento das disposições legais, regulamentares e convencionais, respeitantes às relações de trabalho, cfr. alínea a) do n.º 2 do artigo 11.º do Decreto-Lei n.º 167-C/2013, de 31 de Dezembro, alterado pelo Decreto-Lei n.º 28/2015, de 10 de Fevereiro, que aprovou a Lei Orgânica do Ministério da Solidariedade, Emprego e Segurança Social, e alínea a) do n.º 2 do artigo 2.º do Decreto Regulamentar n.º 47/2012, de 31 de Julho, que aprovou a orgânica da Autoridade para as Condições do Trabalho.

5. Independentemente do trabalhador ter suspendido o contrato de trabalho por falta de pagamento pontual da retribuição, o trabalhador pode iniciar o procedimento para resolver o contrato de trabalho, com justa causa. Se a falta de pagamento for culposa, cfr. alínea a) do n.º 2 do artigo 394.º, o trabalhador tem direito a indemnização prevista no artigo 396.º, direito que já não terá se a falta não for culposa, cfr. alínea c) do n.º 3 do artigo 394.º Nos termos do n.º 5 do artigo 394.º, considera-se culposa a falta de pagamento pontual da retribuição que se prolongue por período de 60 dias, ou quando o empregador, a pedido do trabalhador, declare por escrito a previsão de não pagamento da retribuição em falta, até ao termo daquele prazo. De acordo com o n.º 2 do artigo artigo 395.º, quando se deva considerar culposa a falta de pagamento da retribuição, o prazo para resolução conta-se a partir do termo do período de 60 dias ou da declaração do empregador.

6. Quando ao trabalhador não seja paga pontualmente a retribuição, tendo suspendido o contrato de trabalho, o trabalhador beneficia de um regime de protecção previsto na Lei n.º 105/2009, de 14 de Setembro, alterada pelas Leis n.ºs 60/2018, de 21 de Agosto, e 93/2019, de 4 de Setembro, que regulamenta este Código do Trabalho. *Infra* transcrevem-se na íntegra os preceitos daquela Lei que estabelecem aquele regime de protecção, os artigos 25.º a 31.º:

“Artigo 25.º

Casos especiais de direito a prestações de desemprego

1 – O trabalhador que suspenda o contrato de trabalho com fundamento em não pagamento pontual da retribuição tem direito a prestações de desemprego durante o período da suspensão.

2 – As prestações de desemprego podem também ser atribuídas em relação ao período a que respeita a retribuição em mora, desde que tal seja requerido e o empregador declare, a pedido do trabalhador, no prazo de cinco dias, ou em caso de recusa, mediante declaração do serviço com competência inspectiva do ministério responsável pela área laboral, o incumprimento da prestação no período em causa,

não podendo, porém, o seu quantitativo ser superior a um subsídio por cada três retribuições mensais não recebidas.

3 – Confere igualmente direito a prestações de desemprego o não pagamento pontual:

a) Da retribuição devida em caso de suspensão do contrato de trabalho por facto respeitante ao empregador ou encerramento da empresa ou estabelecimento por período igual ou superior a 15 dias;

b) Da compensação retributiva em situações de crise empresarial.

4 – A atribuição das prestações de desemprego a que se referem os números anteriores está sujeita ao cumprimento dos prazos de garantia, às demais condições exigidas e aos limites previstos no regime de protecção no desemprego.

Artigo 26.º
Suspensão de execução fiscal

1 – O processo de execução fiscal suspende-se quando o executado, sendo trabalhador com retribuições em mora por período superior a 15 dias, provar que de tal facto resulta o não pagamento da quantia exequenda.

2 – A suspensão referida no número anterior mantém-se até dois meses após a regularização das retribuições em dívida.

Artigo 27.º
Venda de bens penhorados ou dados em garantia

1 – A venda, judicial ou extrajudicial, de bens a que se refere o número seguinte penhorados ou dados em garantia justificada por falta de pagamento de dívidas relacionadas com a aquisição desses bens suspende-se quando o executado prove que o incumprimento se deve a ter retribuições em mora por período superior a 15 dias.

2 – O número anterior aplica-se a imóvel que constitua a residência permanente do trabalhador e a outros bens imprescindíveis à economia doméstica que naquele se encontrem.

Artigo 28.º
Execução de sentença de despejo

A execução de sentença de despejo em que a causa de pedir tenha sido a falta de pagamento das rendas suspende-se quando o executado prove que a mesma se deveu a ter retribuições em mora por período superior a 15 dias.

Artigo 29.º
Salvaguarda dos direitos do credor

O tribunal notifica o Fundo de Socorro Social do Instituto de Gestão Financeira da Segurança Social, I. P., da decisão que ordene a suspensão da execução da sentença de despejo, bem como da identidade do credor e do montante das prestações ou rendas em mora, a fim de que aquela assegure o respectivo pagamento, nos termos a regulamentar.

Artigo 30.º
Cessação da suspensão da instância

1 – Sempre que o pagamento das prestações ou rendas não tenha sido assegurado pelo Fundo de Socorro Social do Instituto de Gestão Financeira da Segurança Social, I. P., a suspensão da instância cessa oito dias após o recebimento, pelo trabalhador, das retribuições em mora.

2 – Se o trabalhador não tiver recebido as retribuições em mora, a suspensão cessa decorrido um ano sobre o seu início, salvo se provar que se encontra pendente acção judicial destinada ao pagamento dessas retribuições, caso em que a suspensão cessa na data em que se verifique o pagamento coercivo das mesmas ou a impossibilidade do pagamento.

3 – Requerido o prosseguimento dos autos, o executado é notificado para, no prazo de 10 dias, provar o pagamento ou depósito, em singelo, das prestações ou rendas em mora.

Artigo 31.º
Sub-rogação legal nos direitos do trabalhador

1 – O serviço responsável pelas prestações de desemprego e o Fundo de Socorro Social do Instituto de Gestão Financeira da Segurança Social, I. P. ficam sub-rogados nos direitos do trabalhador perante o empregador no montante correspondente às prestações que tiverem pago nos termos dos n.os 2 e 3 do artigo 25.º e do artigo 29.º, respectivamente, acrescidas dos juros de mora, não sendo liberatório o pagamento da quantia correspondente a entidade diferente, designadamente o trabalhador.

2 – Para efeitos do número anterior, o serviço responsável pelas prestações de desemprego e o Fundo de Socorro Social devem, ao mesmo tempo, notificar o empregador dos pagamentos que efectuar.".-

De acordo com este regime, os trabalhadores com salários em atraso por período superior a 15 dias podem beneficiar de um período de suspensão das execuções fiscais, por dívidas de impostos, suspensão essa que pode durar durante todo o tempo em que o trabalhador se ache privado das retribuições em dívida, e que tem como limite os dois meses após a regularização das retribuições. Para tanto, o trabalhador tem de provar que a falta de pagamento de impostos se deve ao não recebimento das retribuições que têm de ser pagas pelo empregador. Nestes termos, dezasseis dias de salário em atraso podem obstar às execuções fiscais, que em regra, incidem sobre contas bancárias, veículos automóveis, mobiliário, electrodomésticos, etc.. E a venda de bens penhorados por dívidas, como mobílias, incluindo o imóvel que constitua a residência permanente do trabalhador, fica com a execução da sentença, decidida pelos tribunais, suspensa. Não obstante, os credores não ficam desprotegidos, sendo o Fundo de Socorro Social, do Instituto de Gestão Financeira da Segurança Social, a assegurar os respectivos pagamentos das prestações em atraso.

Os trabalhadores com salários em atraso por período superior a 15 dias podem ainda beneficiar da suspensão da execução da sentença do tribunal que tenha decretado o despejo por falta de pagamento das rendas, desde que o trabalhador prove que a falta de pagamento das rendas se deve ao não recebimento das retribuições que têm de ser pagas pelo empregador.

Para que o Estado não fique prejudicado pelos direitos conferidos aos trabalhadores com salários em atraso por período superior a 15 dias, o próprio Estado, através da Segurança Social, substitui-se ao trabalhador para reclamar perante o empregador os montantes correspondentes às prestações que tiver pago. Caso o trabalhador não receba as retribuições em mora por parte do empregador ou a empresa encerrar, a suspensão das execuções fiscais ou de bens penhorados, cessam decorrido um ano sobre o seu início. Este prazo pode, contudo, ser alargado por tempo incerto, se se provar que se encontra pendente acção judicial destinada ao pagamento dessas retribuições.

7. Nada obsta que a forma escrita, imposta por este artigo 325.º, seja satisfeita através de documento electrónico, ou seja, por documento elaborado mediante processamento electrónico de dados. Por outras palavras, nada impede que a forma escrita seja adoptada através de uma declaração escrita enviada por correio electrónico (e-mail) para um endereço electrónico.

ARTIGO 326.º – Prestação de trabalho durante a suspensão

O trabalhador pode exercer outra actividade remunerada durante a suspensão do contrato de trabalho, com respeito do dever de lealdade ao empregador originário.

1. Este preceito não tinha correspondência no anterior Código do Trabalho, aprovado pela Lei n.º 99/2003, de 27 de Agosto. Corresponde ao artigo 307.º da Lei n.º 35/2004, de 29 de Julho, que regulamentou o anterior Código do Trabalho.

2. O dever de lealdade encontra-se previsto na alínea f) do n.º 1 do artigo 128.º

3. O trabalhador não se encontra apenas sujeito ao dever de lealdade ao empregador originário, enquanto durar a suspensão. Nesse sentido, o n.º 1 do artigo 295.º, para o qual se remete, dispõe que, durante a suspensão, se mantêm os direitos, deveres e garantias das partes na medida em que não pressuponham a efectiva prestação do trabalho, acrescentando o n.º 3 do mesmo preceito que a suspensão não tem efeitos no decurso do prazo de caducidade, nem obsta a que qualquer das partes faça cessar o contrato nos termos gerais. E tal como se previa no anterior diploma, o trabalhador encontra-se sujeito ao regime de protecção no desemprego, cfr. Decreto-Lei n.º 220/2006, de 3 de Novembro, que determina que o exercício de uma actividade remunerada pode ser motivo para determinar a suspensão ou cessação das prestações pagas ao trabalhador, cfr. artigos 52.º e 56.º do Decreto-Lei n.º 220/2006, de 3 de Novembro. A menção de que sobre o trabalhador incidem deveres para com a Segurança Social foi retirada – e bem, sempre se diga – deste Código do Trabalho pois trata-se de matéria relativa a deveres para com a Segurança Social, sendo nos respectivos diplomas que deve encontrar a sua regulamentação, e não numa lei laboral como é o Código do Trabalho.

ARTIGO 327.º - Cessação da suspensão do contrato de trabalho

A suspensão do contrato de trabalho cessa:

a) Mediante comunicação do trabalhador, nos termos do n.º 1 do artigo 325.º, de que põe termo à suspensão a partir de determinada data;

b) Com o pagamento integral das retribuições em dívida e juros de mora;

c) Por acordo entre trabalhador e empregador para regularização das retribuições em dívida e juros de mora.

1. Este preceito não tinha correspondência no anterior Código do Trabalho, aprovado pela Lei n.º 99/2003, de 27 de Agosto. Corresponde ao artigo 305.º da Lei n.º 35/2004, de 29 de Julho, que regulamentou o anterior Código do Trabalho.

2. Nos termos das alíneas a) e b), a suspensão do contrato de trabalho cessa por acto unilateral do trabalhador ou empregador, respectivamente. Já de acordo com a alínea c), exige-se o ajuste entre o empregador e o trabalhador.

3. A alínea a) exige que a comunicação de cessação da suspensão do contrato de trabalho assuma a forma escrita, que seja realizada ao empregador e ao serviço com competência inspectiva do ministério responsável pela área laboral, com a antecedência mínima de oito dias em relação à data de início da suspensão, devendo constar dessa comunicação a data a partir da qual o trabalhador põe termo à suspensão.

4. Sobre os juros de mora, veja-se artigo 323.º e respectivas anotações.

5. A suspensão do contrato de trabalho cessa também com a cessação do contrato de trabalho, cfr. n.º 3 do artigo 295.º

SECÇÃO III - Poder disciplinar

ARTIGO 328.º - Sanções disciplinares

1 – No exercício do poder disciplinar, o empregador pode aplicar as seguintes sanções:

a) Repreensão;

b) Repreensão registada;

c) Sanção pecuniária;

d) Perda de dias de férias;

e) Suspensão do trabalho com perda de retribuição e de antiguidade;

f) Despedimento sem indemnização ou compensação.

2 – O instrumento de regulamentação colectiva de trabalho pode prever outras sanções disciplinares, desde que não prejudiquem os direitos e garantias do trabalhador.

3 – A aplicação das sanções deve respeitar os seguintes limites:

a) As sanções pecuniárias aplicadas a trabalhador por infracções praticadas no mesmo dia não podem exceder um terço da retribuição diária e, em cada ano civil, a retribuição correspondente a 30 dias;

b) A perda de dias de férias não pode pôr em causa o gozo de 20 dias úteis;

c) A suspensão do trabalho não pode exceder 30 dias por cada infracção e, em cada ano civil, o total de 90 dias.

4 – Sempre que o justifiquem as especiais condições de trabalho, os limites estabelecidos nas alíneas a) e c) do número anterior podem ser elevados até ao dobro por instrumento de regulamentação colectiva de trabalho.

5 – A sanção pode ser agravada pela sua divulgação no âmbito da empresa.

6 – Constitui contra-ordenação grave a violação do disposto nos n.os 3 ou 4.

1. Este preceito corresponde aos artigos 366.º, 368.º e 369.º do anterior Código do Trabalho, aprovado pela Lei n.º 99/2003.

2. Vigora quanto às sanções disciplinares o princípio da tipicidade, só podendo aplicar-se uma sanção prevista na lei ou em instrumento de regulamentação colectiva do trabalho, estando vedado ao empregador a decisão por outra sanção. Constituem instrumentos de regulamentação colectiva de trabalho, cfr. n.os 2, 3 e 4 do artigo 2.º, a convenção colectiva (que pode ser um contrato colectivo, acordo colectivo, ou um acordo de empresa), o acordo de adesão, a decisão arbitral, a portaria de extensão, e a portaria de condições de trabalho. No sentido de que o direito disciplinar está sujeito ao princípio da tipicidade das sanções, Acórdão da Relação de Lisboa, de 27 de Junho de 1984, *Boletim do Trabalho e Emprego*, 2.ª série, n.os 5-6/87, página 901.

3. A sanção de repreensão prevista na alínea a) do n.º 1 é uma expressão de um juízo de censura e correctivo realizado pelo empregador ao trabalhador. Este juízo está na verdade subjacente a todas as demais sanções disciplinares. Uma vez que esta sanção não fica, nem pode ser, registada, esta repreensão só pode ser proferida verbalmente. Contudo, e antes de ser proferida esta sanção, o trabalhador tem, como em todas as outras sanções, o direito a apresentar a sua defesa, devendo ser ouvido previamente à aplicação da sanção, cfr. n.º 6 do artigo 329.º Esta sanção está também ela, como todas as outras sanções, sujeita às exigências do n.º 1 do artigo 330.º, devendo ser proporcional à gravidade da infracção e à culpabilidade do infractor, não podendo aplicar-se mais de uma pela mesma infracção. Há quem entenda que uma mera repreensão não é uma verdadeira sanção, argumentando que esta apenas assume contornos de verdadeira sanção, caso seja aplicada ao trabalhador perante um colectivo de trabalhadores, invocando ainda uma alegada dificuldade de a compatibilizar com o direito de audiência prévia do trabalhador, cfr. António Monteiro Fernandes, *Direito do Trabalho*, 15.ª Edição, Almedina, 2010, página 281, que tem pugnado para que esta sanção seja retirada do leque de sanções disciplinares. Com o devido respeito, entendemos que esta doutrina não é de subscrever. Na realidade, a repreensão só pode ser entendida como uma sanção disciplinar, de outro modo ao empregador seria ilegítimo censurar um trabalhador, pois incorreria em violação do dever de respeitar e tratar o trabalhador com urbanidade e probidade, consagrado na alínea a) do n.º 1 do artigo 127.º, além de que se assim se entendesse, o empregador constituir-se-ia no limite, no dever de indemnizar o trabalhador por danos não patrimoniais, cfr. artigo 483.º, pois faltar-lhe-ia o motivo justificativo para admoestar o trabalhador.

Esta sanção, quando for aplicada, e porque é uma mera repreensão não pode ser mencionada no registo dos trabalhadores a que se refere a alínea j) do n.º 1 do artigo 127.º Não obstante, e atendendo à redacção do artigo 332.º, que obriga ao registo das sanções disciplinares, a sua aplicação deverá ficar a constar de um documento reduzido a escrito. Ver artigo 332.º e respectiva anotação.

4. A sanção de repreensão registada, prevista na alínea b) do n.º 1, deve ser registada no registo de trabalhadores a que se refere a alínea j) do n.º 1 do artigo 127.º Além disso, deve ainda existir um registo das sanções disciplinares, como determina o n.º 1 do artigo 332.º

5. A sanção pecuniária, prevista na alínea c) do n.º 1 corresponde a um montante em dinheiro. O produto da sanção destina-se à segurança social, e não ao empregador. Ou seja, o empregador aplica, mas não beneficia dela, cfr. n.º 3 do artigo 329.º Apesar do empregador ter de entregar o montante da sanção pecuniária aplicada ao serviço responsável pela gestão financeira do orçamento da segurança social, este montante é dos poucos que pode ser compensado na pendência do contrato, cfr. alínea c) do n.º 2 do artigo 279.º Ou seja, o empregador pode, enquanto vigora o contrato de trabalho, descontar da retribuição que tem de entregar ao trabalhador, o valor correspondente à sanção pecuniária aplicada, encontrando-se esse desconto sujeito ao limite máximo de um sexto da retribuição, limite que não aumenta ainda que o empregador tenha outros créditos sobre o trabalhador, cfr. n.º 3 do artigo 279.º Esta sanção, quando for aplicada, deve ser mencionada no registo dos trabalhadores a que se refere a alínea j) do n.º 1 do artigo 127.º Além disso, deve ainda existir um registo das sanções disciplinares, como determina o n.º 1 do artigo 332.º

6. Relativamente à sanção de perda de dias de férias, prevista na alínea d) do n.º 1, foi uma sanção prevista *ex novo* com a Lei n.º 99/2003, de 27 de Agosto, que aprovou o Código do Trabalho. A alínea b) do n.º 3 impõe que esta sanção não pode pôr em causa o gozo de 20 dias úteis de férias. Trata-se de um período minimo de duração das férias: 20 dias úteis, de modo a salvaguardar a finalidade das férias. Estas devem permitir que o trabalhador recupere física e psíquicamente, bem como propiciar-lhe disponibilidade pessoal, integração na vida familiar e participação social e cultural, cfr. n.º 4 do artigo 237.º Na verdade, este período mínimo de 20 dias úteis coerentemente encontra-se previsto noutras normas, cfr. n.º 5 do artigo 238.º que permite que o trabalhador renuncie a dias de férias, e alínea a) do n.º 1 do artigo 257.º que possibilita que o trabalhador substitua a perda de retribuição de faltas injustificadas ou justificadas, que determinem a perda da retribuição, por renúncia a dias de férias.

Não obstante os limites fixados na alínea b) do n.º 3 do artigo 328.º, somos da opinião de que a mesma configura uma sanção abusiva, porquanto colide com o direito à saúde, na vertente do direito ao repouso anual dos trabalhadores. Aliás, semelhante inclusão nas sanções que é permitido ao empregador aplicar será de estranhar, quando a tendência da legislação laboral tem sido de aumentar significativamente o direito ao repouso, o qual mereceu inclusivamente tutela constitucional, cfr. alínea d) do n.º 1 do artigo 59.º da Constituição da República Portuguesa.

A título exemplificativo, no direito comparado, semelhante sanção é expressamente proibida no direito espanhol, por se entender que atenta contra os direitos de personalidade. A redução dos dias de férias por aplicação de sanção disciplinar, não implica a perda do subsídio de férias do trabalhador, que mantém o direito a auferir este. Esta sanção, quando for aplicada, deve ser mencionada no registo dos trabalhadores a que se refere a alínea j) do n.º 1 do artigo 127.º Além disso, deve ainda existir um registo das sanções disciplinares, como determina o n.º 1 do artigo 332.º

7. A sanção de suspensão do trabalho com perda de retribuição e de antiguidade prevista na alínea e) do n.º 1, caracteriza-se por o trabalhador não poder prestar o seu trabalho durante determinado período de tempo, no máximo trinta dias, por cada infracção, cfr. alínea c) do n.º 3 deste artigo 328.º, não tendo o empregador que proceder ao pagamento da retribuição. A antiguidade "é a qualidade correspondente à duração da situação jurídica laboral", Menezes Cordeiro, *Manual de Direito do Trabalho*, Livraria Almedina, 1991, página 675 e segs., e Acórdão do Tribunal da Relação de Lisboa, de 22 de Junho de 2005, processo 10307/2004-4, sumários em www.dgsi.pt. Significa isto que a duração de situações que não são de qualificar como sendo de trabalho subordinado não devem entrar no cômputo da antiguidade. A título exemplificativo, a duração de um contrato de estágio extracurricular, cfr. Decreto-Lei n.º 66/2011, de 1 de Junho, não correspondendo à prestação de trabalho subordinado, não dá lugar à contagem de antiguidade, ainda que posteriormente à cessação deste contrato venha a ser celebrado um contrato de trabalho.

No Código do Trabalho de 2003 estabelecia-se uma norma segundo a qual, quando fosse aplicada a sanção de suspensão do trabalho com perda de retribuição e de antiguidade, nem o empregador nem o trabalhador ficavam dispensados de proceder ao pagamento à segurança social das contribuições devidas sobre a remuneração correspondente ao período de suspensão, cfr. n.º 2 do artigo 370.º do Código do Trabalho aprovado pela Lei n.º 99/2003, de 27 de Agosto, norma essa que não tem equivalência neste Código do Trabalho aprovado pela Lei n.º 7/2009, de 12 de Fevereiro. Apesar de não ter equivalência, deve entender-se que o empregador não passou agora a estar dispensado de proceder ao pagamento à segurança social das contribuições devidas sobre a remuneração correspondente ao período de suspensão, atendendo ao disposto na alínea u) do n.º 2 e n.º 3 do artigo 46.º do Código dos Regimes Contributivos do Sistema Previdencial de Segurança Social, aprovado pela Lei n.º 110/2009, de 16 de Setembro. Esta sanção, quando for aplicada, deve ser mencionada no registo dos trabalhadores a que se refere a alínea j) do n.º 1 do artigo 127.º Além disso, deve ainda existir um registo das sanções disciplinares, como determina o n.º 1 do artigo 332.º

8. A sanção de despedimento sem indemnização ou compensação prevista na alínea f) do n.º 1, caracteriza-se por unilateralmente o empregador poder fazer cessar o contrato, cfr. alínea c) do artigo 340.º Para que tal possa ocorrer, o empregador terá de ter justa causa para o despedimento, cfr. artigo 338.º Quanto ao conceito de justa causa ver artigo 351.º e anotações ao mesmo. De modo a poder aplicar a sanção de despedimento sem indemnização ou compensação, o empregador terá de lançar mão de um procedimento disciplinar, o qual tem regras próprias face ao procedimento disciplinar para aplicação de outra sanção que não o despedimento, e que se encontram reguladas nos artigos 351.º a 358.º Não obstante, e quando a intenção do empregador for aplicar o despedimento além dos artigos 351.º a 358.º, há normas desta Secção III que se inicia com este artigo 328.º que são, além desta alínea f) do n.º 1 do artigo 328.º, também simultaneamente aplicáveis. É o caso do n.º 5 deste artigo 328.º, do artigo 329.º, dos n.os 1 e 4 do artigo 330.º, dos n.os 1, 2, 3, 4, 6 e 7 do artigo 331.º, do artigo 332.º

9. O alargamento das sanções disciplinares pelos instrumentos de regulamentação colectiva de trabalho é benéfico para os trabalhadores, uma vez que permite um maior distanciamento da sanção mais grave, o despedimento sem indemnização ou compensação, relativamente às demais, tornando mais difícil, porque outras mais existem, aplicar a sanção expulsiva. Contudo, a possibilidade admitida no n.º 2 deste artigo 328.º, dos instrumentos de regulamentação colectiva de trabalho preverem outras sanções disciplinares, assume um carácter bastante reduzido, uma vez que determina o preceito que o empregador poderá aplicar outras sanções disciplinares desde que fixadas em instrumento de regulamentação colectiva de trabalho, e sem prejuízo dos direitos e garantias gerais do trabalhador.

Em abstracto, e atendendo à redacção da alínea b) do n.º 1 do artigo 194.º, conjugada com o disposto na alínea f) do n.º 1 do artigo 129.º, parece-nos, salvo melhor opinião, que o instrumento de regulamentação colectiva de trabalho pode prever a aplicação de sanção de transferência do trabalhador para outro local de trabalho, salvo se implicar prejuízo sério para o trabalhador, ou se o trabalhador for membro de estrutura de representação colectiva dos trabalhadores, cfr. n.º 1 do artigo 411.º Outra sanção configurável, é a possibilidade do instrumento de regulamentação colectiva de trabalho vedar o acesso de trabalhador, que não seja membro de estrutura de representação colectiva, durante determinado período de tempo, a equipamentos e espaços sociais da empresa. Quando o instrumento de regulamentação colectiva do trabalho preveja outra sanção disciplinar que não seja uma das referidas no n.º 1 deste artigo 328.º, e essa for a sanção aplicada, deve ser mencionada no registo dos trabalhadores a que se refere a alínea j) do n.º 1 do artigo 127.º Além disso, deve ainda existir um registo das sanções disciplinares, como determina o n.º 1 do artigo 332.º

10. Em regra os instrumentos de regulamentação colectiva limitam-se a reproduzir o elenco legal, definindo alguns deles a aplicação de determinada sanção. Ou seja, e exemplificando, poderá o instrumento de regulamentação colectiva de trabalho estabelecer que para determinada conduta será aplicada a sanção de suspensão do trabalho até seis dias, enquanto que para outra conduta poderá ser aplicada a suspensão do trabalho até doze dias.

11. Quando o trabalhador impugne judicialmente a sanção disciplinar decidida pelo empregador, os poderes de pronúncia do tribunal são limitados. Ao tribunal cabe apenas revogar ou confirmar a sanção, não podendo substituir-se ao empregador na determinação da medida da sanção, dado que o exercício da acção disciplinar é uma prorrogativa do empregador e depende de critérios de gestão que o juiz não está em condições de avaliar. Neste sentido, cfr. Acórdão do Supremo Tribunal de Justiça, de 3 de Março de 2004, processo n.º 459/02, sumários em www.dgsi.pt e Acórdão do Tribunal da Relação do Porto, de 10 de Julho de 2013, processo n.º 412/11.4TTBRG.P1, sumários em www.dgsi.pt. Entender o contrário seria permitir aos tribunais interferir com os poderes de gestão do próprio empregador. Ou seja, entendendo o tribunal que a sanção decidida pelo empregador padece de invalidade, não pode o próprio tribunal aplicar outra sanção, pelo que o trabalhador fica sem qualquer punição. Como já tivemos oportunidade de salientar, *vide* o nosso *Prática e Procedimentos do Processo Disciplinar*, Princípia Editora, Março 2007, página 53, este resultado é *de per si* criticável, não só por potenciar o número de acções judiciais intentadas por trabalhadores que pouco tem a perder na contenta judicial – com o consequente aumento de processos pendentes em juízo – como também por motivos de justiça, dado que esta solução pode beneficiar um trabalhador infractor que viu anulada a sanção, ficando impune, face àquele outro seu colega punido com sanção de menor gravidade, ainda que a infracção praticada por ambos tenha sido a mesma e o agravamento da sanção se tenha motivado no comportamento reincidente do primeiro. Trata-se de um ponto que pede uma revisão urgente da parte do legislador.

ARTIGO 329.º – Procedimento disciplinar e prescrição

1 – O direito de exercer o poder disciplinar prescreve um ano após a prática da infracção, ou no prazo de prescrição da lei penal se o facto constituir igualmente crime.

2 – O procedimento disciplinar deve iniciar-se nos 60 dias subsequentes àquele em que o empregador, ou o superior hierárquico com competência disciplinar, teve conhecimento da infracção.

3 – O procedimento disciplinar prescreve decorrido um ano contado da data em que é instaurado quando, nesse prazo, o trabalhador não seja notificado da decisão final.

4 – O poder disciplinar pode ser exercido directamente pelo empregador, ou por superior hierárquico do trabalhador, nos termos estabelecidos por aquele.

5 – Iniciado o procedimento disciplinar, o empregador pode suspender o trabalhador se a presença deste se mostrar inconveniente, mantendo o pagamento da retribuição.

6- A sanção disciplinar não pode ser aplicada sem audiência prévia do trabalhador.

7 – Sem prejuízo do correspondente direito de acção judicial, o trabalhador pode reclamar para o escalão hierarquicamente superior ao que aplicou a sanção, ou recorrer a processo de resolução de litígio quando previsto em instrumento de regulamentação colectiva de trabalho ou na lei.

8 – Constitui contra-ordenação grave a violação do disposto no n.º 6.

1. Este preceito corresponde aos artigos 371.º, 372.º, e n.º 2 do artigo 365.º do anterior Código do Trabalho, aprovado pela Lei n.º 99/2003.

2. Ver artigo 98.º e respectiva anotação.

3. Nos termos do n.º 1 há que observar o prazo geral de prescrição da infracção, que é de um ano a contar do momento em que teve lugar, podendo ser maior se os factos praticados constituírem igualmente crime, aplicando-se nesse caso os prazos prescricionais estabelecidos na lei penal. Este alargamento é uma solução consagrada apenas no Código do Trabalho aprovado pela Lei n.º 99/2003, de 27 de Agosto. Até então entendiam a doutrina e a jurisprudência dominantes (cfr., entre outros, o Acórdão do Supremo Tribunal de Justiça, de 16 de Fevereiro de 1990, *Boletim do Trabalho e Emprego*, 2.ª série, n.os 10-11-12/92, página 1768, o Acórdão do Supremo Tribunal de Justiça, de 25 de Novembro de 1998, *Boletim do Ministério da Justiça*, 481.º, página 257, o Acórdão do Tribunal da Relação de Lisboa, de 26 de Abril de 2001, *Colectânea de Jurisprudência*, 2001, 2.º, página 154) que, ainda que os factos constituíssem simultaneamente infracção disciplinar e ilícito penal, a diferença entre os interesses subjacentes à infracção criminal e à infracção disciplinar laboral justificavam a estatuição de prazos diversos para as respectivas prescrições, o que foi aliás sufragado pelo Tribunal Constitucional (cfr. Acórdão n.º 287/2000, de 17 de Maio, *Boletim do Ministério da Justiça*, 497.º, página 97. Contra Bernardo Lobo Xavier "Prescrição da Infracção Disciplinar", *Revista de Direito e de Estudos Sociais*, XXXII, 1990, páginas 235 e segs. Ultrapassado o prazo de prescrição de um ano, ou outro que resulte da lei penal, quando os factos constituam igualmente crime, é ilícito o procedimento disciplinar que aplique ao trabalhador infractor uma sanção, como dispõe o n.º 1 do artigo 382.º

4. Nos termos configurados pelo legislador, após ter tido conhecimento da infracção, o empregador dispõe de um prazo de 60 dias para iniciar o procedimento. Se não o fizer, não mais poderá o trabalhador ser punido. É que, ultrapassado o prazo de caducidade dos 60 dias após o conhecimento da infracção, é ilícito o procedimento disciplinar que aplique ao trabalhador infractor uma sanção (cfr. n.º 1 do artigo 382.º). Tem entendido a doutrina que o início da contagem deste prazo depende da identificação do autor da infracção, não sendo suficiente o conhecimento da prática da mesma. Neste sentido Carlos Antunes e Amadeu Guerra, *Despedimentos e Outras Formas de Cessação do Contrato de Trabalho*, Coimbra, 1984, páginas 75 e segs., Bernardo Lobo Xavier, *A Extinção do Contrato de Trabalho*, página 449, Furtado Martins, *Cessação do Contrato de Trabalho*, Princípia, Cascais, 1999, páginas 83 e segs., Mário Pinto, Pedro Furtado Martins e António Nunes de Carvalho, *Comentário às Leis do Trabalho*, Volume I, Lisboa, páginas 156 e segs., Pedro Romano Martinez, *Direito do Trabalho*, Livraria Almedina, Coimbra, 2002, página 857. Maria Manuela Maia da Silva, "O Tempo no Processo Disciplinar", *I Congresso Nacional de Direito do Trabalho*, Livraria Almedina, Coimbra, 1998, página 206, vai mais longe, pugnando por que o empregador conheça não só a infracção e o seu autor, mas também as circunstâncias essenciais do enquadramento da infracção. No mesmo sentido, de que o início da contagem deste prazo depende da identificação do autor da infracção, não sendo suficiente o conhecimento da prática da mesma se pronunciou igualmente a jurisprudência, cfr. Acórdão do Supremo Tribunal de Justiça, de 13 de Julho de 2004, processo n.º 114/03, sumários em www.dgsi.pt.

5. A infracção disciplinar prescreve igualmente quando cessa o contrato de trabalho, pelo que cessando o contrato de trabalho, ao empregador não é licito aplicar uma sanção disciplinar, dado que falta o objecto desta: o trabalhador. Quanto às modalidades de cessação do contrato de trabalho, ver artigo 340.º

6. O n.º 3 constitui uma novidade deste Código do Trabalho, tendo sido acrescentado um novo prazo disciplinar. Este novo prazo determina que o procedimento disciplinar prescreve decorrido um ano contado da data em que é iniciado quando, nesse prazo, o trabalhador não seja notificado da decisão final. Apesar de novo no Código do Trabalho, este prazo não é uma originalidade para o ordenamento jurídico português, tendo sido instituído em termos em tudo semelhantes no Estatuto Disciplinar dos Trabalhadores que Exercem Funções Públicas, aprovado pela Lei n.º 58/2008, de 9 de Setembro, cfr. n.º 6 do artigo 6.º daquele Estatuto, que constituiu assim um balão de ensaio da solução que, no direito privado, veio a ser perfilhada.

O n.º 3 contém assim uma inovação cuja intenção mais não é do que procurar impedir que o empregador mantenha uma perspectiva de punição, como uma ameaça indefinidamente suspensa sobre o trabalhador, o que consubstancia por si só motivo suficiente para a subscrever. Até à consagração deste prazo, recordamos, a título exemplificativo, que se aceitava que, entre a data em que é entregue ao trabalhador a nota de culpa, e a data do proferimento da sanção, pode decorrer mais de um ano, como admitiu o Acórdão do Supremo Tribunal de Justiça, de 25 de Fevereiro de 1993, *Colectânea de Jurisprudência*, 1993, 1.º, página 260. Por outro lado, era entendimento pacífico da jurisprudência, que não havia nenhum prazo para levar a cabo o procedimento prévio de inquérito, não estando o empregador obrigado a concluí-lo dentro de certo período, desde que fosse iniciado nos trinta dias subsequentes à suspeita de existência de infracção, sendo exigido apenas que esse procedimento prévio fosse iniciado e conduzido de forma diligente, não mediando mais de trinta dias entre a sua conclusão e a notificação da nota de culpa, cfr., por todos, o Acórdão do Supremo Tribunal de Justiça, de 28 de Fevereiro de 1996, *Colectânea de Jurisprudência do Supremo Tribunal de Justiça*, 1996, I, páginas 258 a 260. Permitia-se assim que, e uma vez interrompidos os prazos de caducidade e prescrição, ou tão só de prescrição, do procedimento disciplinar, um procedimento prévio de inquérito se alongasse durante várias semanas, porventura largos meses.

Não obstante a premência deste n.º 3, esta disposição parece estar em desacerto com outras disposições. Desde logo, estabelece o artigo 352.º e o n.º 3 do artigo 353.º que o início do procedimento prévio de inquérito e a notificação da nota de culpa interrompem a contagem dos prazos de sessenta dias para início do procedimento disciplinar ou de um ano para o exercício do poder disciplinar. Contrariamente ao que sucede com estes dois prazos, não há qualquer preceito que imponha a interrupção do novo prazo de um ano para notificação ao trabalhador da decisão final. À primeira vista, o legislador parece ter-se esquecido que o novo prazo de um ano, que o empregador dispõe para instruir o procedimento disciplinar, deveria ser interrompido com a instauração do procedimento prévio de inquérito ou com a notificação da nota de culpa. Em abono da tese de que o legislador parece ter querido consagrar um novo prazo, sem que tenha tido contudo real consciência das suas implicações no instituto do procedimento disciplinar, precede o disposto no n.º 1 do artigo 382.º: "O despedimento por facto imputável ao trabalhador é ainda ilícito se tiverem decorrido os prazos estabelecidos nos n.os 1 ou 2 do artigo 329.º, ou se o respectivo procedimento for inválido.". Ou seja, atendendo à letra da lei, a violação do prazo de um ano para notificar o trabalhador arguido da decisão final não condiciona a validade do despedimento. Mas terá sido mesmo assim? Terá havido um lapso do legislador? Salvo melhor opinião, o facto do trabalhador ser notificado ultrapassado o prazo de um ano da instauração do procedimento disciplinar não veda a que o procedimento disciplinar seja considerado ilícito. A propósito do anterior n.º 3 do artigo 27.º da LCT, Bernardo Lobo Xavier já entendeu que: "no plano substantivo o prazo de um ano é absolutamente inidóneo para – nos casos graves – fazer presumir uma ressocialização do infractor e ainda menos para diluir as necessidades retributivas e de prevenção geral do despedimento", cfr. "Prescrição de infracção disciplinar (art. 27.º, 3 da LCT)", *Revista de Direito e de Estudos Sociais*, Coimbra, 1990, página 225 e segs., crítica que paralelisticamente pode agora equacionar-se novamente, com a consagração deste n.º 3 do artigo 329.º Na realidade, também não há neste Código do Trabalho uma norma que estabeleça expressamente a ilicitude do despedimento quando a decisão final não tenha sido proferida no prazo de trinta dias prescrito no n.º 1 do artigo 357.º Ainda assim, o facto de terem sido ultrapassados os trinta dias para o empregador proferir a decisão final não impede que o despedimento seja considerado ilícito pelo tribunal. Nos mesmos termos, o facto de ter sido ultrapassado o prazo de um ano, desde a data de instauração do procedimento disciplinar, sem que o trabalhador tenha sido notificado da decisão final, não veda a que o despedimento que lhe seja aplicado seja considerado ilícito, se se entender que tendo o procedimento disciplinar prescrito com fundamento na violação da nova norma constante deste n.º 3 do artigo 329.º, então o despedimento dele resultante não foi precedido do respectivo procedimento, cfr. alínea c) do artigo 381.º Deste modo, o trabalhador valer-se-á dos efeitos da ilicitude como forma de salvaguardar os direitos que lhe são conferidos pela lei e que *infra* trataremos.

Decorrido este prazo de um ano contado da data em que é iniciado o procedimento disciplinar sem que o trabalhador seja notificado da decisão final há, como se deixou exposto, prescrição do direito de exercer o poder disciplinar. Mas tratar-se-á de uma verdadeira prescrição, ou estaremos antes perante uma caducidade? Esta questão não é despicienda, uma vez que a caducidade surge frequentemente na lei sob a designação de "prescrição", em situações que tecnicamente devem ser qualificadas como sendo de caducidade. Sendo figuras análogas, uma vez que ambas são formas de extinção de um direito pelo decurso de tempo, é possível distingui-las com clareza. Na prescrição o direito extingue-se pelo seu não exercício, ou seja, se o titular o exercer, o direito, em princípio, não se extingue. Também em princípio, o direito não está sujeito a qualquer prazo, sendo que a prescrição só resulta da lei. Já na caducidade, que pode resultar da lei ou da vontade das partes, o direito a exercer está sujeito a um prazo, a uma morte pré-determinada à nascença. Ora, nos termos do n.º 2 do artigo 298.º do Código Civil, quando por força da lei ou por vontade das partes, um direito deva ser exercido dentro de certo prazo, são aplicáveis as regras da caducidade, a menos que a lei se refira expressamente à prescrição. Esta última situação é, designadamente, o que sucede no n.º 3 do artigo 329.º Neste preceito, a letra da lei é clara na qualificação, sujeitando o procedimento disciplinar, ou seja, o direito do empregador agir disciplinarmente contra o seu trabalhador, ao prazo de um ano para notificar o trabalhador da decisão final, contado desde a instauração do procedimento, prazo esse que não é interrompido pela instauração do procedimento prévio de inquérito, nem pela notificação da nota de culpa, cfr. artigo 352.º e n.º 3 do artigo 353.º Dito isto, e salvo melhor opinião, nenhuma razão haverá para configurar este prazo como um prazo de caducidade.

7. Quanto à questão de saber se a prescrição da infracção, bem como a prescrição ou a caducidade, consoante se entenda, do próprio procedimento disciplinar são ou não de conhecimento oficioso, tema que dividiu parte da jurisprudência e da doutrina, pronunciou-se o Acórdão de uniformização de jurisprudência n.º 4/03, de 21 de Maio de 2003. Até então, entendia parte da doutrina, *vide* José António Mesquita, *Ministério Publico*, 8.º, página 46 e segs., e da jurisprudência, cfr. Acórdão do Supremo Tribunal de Justiça, de 30 de Maio de 1989, *Boletim do Trabalho e Emprego*, 2.ª série, n.os 7-8-9/91, página 1052, Acórdão do Supremo Tribunal de Justiça, de 9 de Abril de 1997, processo n.º 210/97, *SASTJ*, 10.º, página 120, que a prescrição era de conhecimento oficioso, por aplicação subsidiária das normas de direito penal, face ao carácter sancionatório do direito disciplinar. Contrariando este argumento, defendia-se que as sanções disciplinares visam garantir apenas interesses do empregador que pouco ou nada têm de comum com interesses prosseguidos pelas normas penais, adjectivadas pelo processo penal. Com o acórdão de uniformização de jurisprudência supra-referido, a questão encontra-se por ora resolvida, entendendo-se que a caducidade do procedimento disciplinar laboral não é do conhecimento oficioso, tendo de ser invocada por aquele a quem aproveita. Tratando-se de direito privado, a disciplina substantiva aplicável por princípio será essa, motivo pelo qual perfilhamos a tese fixada pelo Acórdão de uniformização de jurisprudência n.º 4/03, de 21 de Maio de 2003. Assim, releva o disposto no Código Civil, que, nos seus artigos 303.º e 333.º, n.º 2 (que remete, em matéria não excluída da disponibilidade das partes, para o regime do artigo 303.º), expressamente determina a necessidade da sua invocação para ser eficaz.

8. Questão que tem ocupado a doutrina é a de saber se o prazo fixado no n.º 2 deste artigo 329.º é um prazo de prescrição ou de caducidade. No sentido de ser um prazo de caducidade, Furtado Martins, *Cessação do Contrato de Trabalho*, Princípia, Cascais, 1999. No sentido de que a qualificação do prazo de 60 dias é um prazo de prescrição, Abílio Neto, *Processo Disciplinar e Despedimentos*, Ediforum, Lisboa, Julho de 2004, página 24 e Pedro Romano Martinez *Direito do Trabalho*, Livraria Almedina, Coimbra, 2002, página 858 e segs. A jurisprudência, por seu turno, tem entendido ser um prazo de caducidade (cfr. Acórdão do Supremo Tribunal de Justiça, de 27 de Outubro de 2004, processo n.º 638/03, Acórdão do Supremo Tribunal de

Justiça, de 13 de Julho de 2004, processo n.º 114/03, Acórdão do Supremo Tribunal de Justiça, de 11 de Outubro de 2001, processo n.º 1097/00, sumários em www.dgsi.pt. Quanto a nós, entendemos tratar-se de um prazo de caducidade. Semelhante opinião assenta no disposto no n.º 2 do artigo 298.º do Código Civil, o qual estabelece que quando, por força da lei ou por vontade das partes, um direito deva ser exercido dentro de certo prazo, são aplicáveis as regras da caducidade, a menos que a lei se refira expressamente à prescrição, o que não sucede no n.º 1 do artigo 372.º Por outro lado, a caducidade pode ser interrompida (cfr. artigo 328.º do Código Civil), embora apenas nos casos em que a lei o determine. Ora, o prazo de 60 dias a que alude este n.º 2 pode ser interrompido (cfr. artigo 352.º e n.º 3 do artigo 353.º), pelo que nenhuma razão haverá para não configurar este prazo como um prazo de caducidade, se bem que atípico, dado que, como refere a lei, os prazos de caducidade, por princípio, não se suspendem nem se interrompem.

9. O procedimento disciplinar consiste na sucessão de actos, sujeitos a certas formalidades, através dos quais se investigam factos concretos que constituíram a violação dos deveres de um trabalhador e a gravidade da sua culpa, para que, em face dessa violação, se possa licitamente punir o seu infractor, através da aplicação de uma sanção tipificada na lei, cfr. artigo anterior. Neste sentido, Joaquim Pintado Nunes e Luísa Aguiar, *Guia Prático do Processo Disciplinar*, Almedina, Fevereiro de 2000. No procedimento disciplinar o princípio da igualdade de armas não tem a magnitude que lhe é reconhecida noutro tipo de processos. Na verdade, o procedimento disciplinar serve antes de mais interesses do empregador, sendo o contraditório apenas assegurado de modo pleno em sede judicial, à qual o trabalhador pode sempre recorrer se pretender contradizer a prova colhida no procedimento disciplinar. Como refere António Monteiro Fernandes, *Direito do Trabalho*, 15.ª Edição, Almedina 2010, página 285: "O procedimento disciplinar laboral não se destina a apurar, imparcialmente e objectivamente, uma verdade material – visa fundamentar uma decisão *de parte* que é a decisão disciplinar", o que pode ser refreado quando o empregador tenha nomeado um Instrutor que seja advogado, pelo dever que sobre este incide de não advogar contra o direito, não usar de meios ou expedientes ilegais, nem promover diligências reconhecidamente dilatórias, inúteis ou prejudiciais para a correcta aplicação da lei ou a descoberta da verdade, cfr. alínea a) do n.º 2 do artigo 90.º do Estatuto da Ordem dos Advogados, aprovado pela Lei n.º 145/2015, de 9 de Setembro.

10. Atendendo à redacção do n.º 4 deste artigo 329.º o poder disciplinar é exercido directamente pelo empregador, ou pelo superior hierárquico do trabalhador, nos termos estabelecidos pelo empregador. Para que o superior hierárquico possa exercer o poder disciplinar deverá então ter os necessários poderes, os quais podem constar de procuração realizada para o efeito, cfr. n.º 1 do artigo 262.º do Código Civil, ou do regulamento interno da empresa, cfr. artigo 99.º

E porque o poder disciplinar é exercido directamente pelo empregador ou pelo superior hierárquico, é a um deles que incumbe decidir da instauração do procedimento disciplinar, suspender preventivamente o trabalhador, cfr. n.º 5 do artigo

329.º e n.º 1 do artigo 354.º, comunicar a nota de culpa ao trabalhador, cfr. n.º 1 do artigo 353.º, ou proferir a sanção, cfr. n.º 1 do artigo 357.º Ou seja, mesmo que haja um Instrutor nomeado para instruir o procedimento disciplinar não é este que decide os actos supra referidos. Ver artigo 356.º e respectiva anotação.

11. O poder disciplinar enquanto manifestação de autoridade compreende a faculdade de exercício, como a decisão de não o exercer. A alínea l) do n.º 1 do artigo 127.º vem instituir uma excepção ao princípio de livre opção por parte do empregador, ao impor um dever de conduta, encontrando-se este obrigado a fazer uso do poder disciplinar, cfr. artigo 98.º quando lhe chegar ao conhecimento, alegadas situações de assédio no trabalho. Ou seja, em matéria de exercício disciplinar a alínea l) do n.º 1 do artigo 127.º consagra um entendimento único, inexistindo qualquer outra norma semelhante, que determina a obrigatoriedade do empregador dar inicio a um procedimento disciplinar, sempre que tenha informação de que possam ter sido praticados comportamentos que possam ser entendidos como assédio. Sobre a definição de assédio, ver n.º 2 do artigo 29.º

Note-se que a alínea l) do n.º 1 do artigo 127.º, apesar de obrigar o empregador a iniciar um procedimento disciplinar, não impõe que no seu final, o empregador venha a decidir aplicar uma sanção disciplinar, podendo o procedimento ser concluído com um arquivamento.

12. Pode suceder que, durante a instrução do procedimento disciplinar, ocorra a suspensão do contrato de trabalho por facto respeitante ao trabalhador, cfr. artigo 296.º e segs. Numa situação como esta, e cujo exemplo mais frequente na prática é o estado de doença do próprio trabalhador, o empregador, querendo exercer o poder disciplinar de que é titular, deverá cumprir os prazos para o exercício da acção disciplinar. Nesse sentido, o n.º 1 do artigo 295.º dispõe que, durante a suspensão, se mantêm os direitos, deveres e garantias das partes na medida em que não pressuponham a efectiva prestação do trabalho, acrescentando o n.º 3 do mesmo preceito que a suspensão não tem efeitos no decurso do prazo de caducidade, nem obsta a que qualquer das partes faça cessar o contrato nos termos gerais.

13. Estabelece o n.º 5 deste artigo 329.º que iniciado o procedimento disciplinar, o empregador pode suspender o trabalhador. Dado que o procedimento disciplinar inicia-se com a comunicação ao trabalhador dos factos que lhe são imputados – designadamente com a nota de culpa, quando o procedimento disciplinar seja reduzido a escrito, cfr. artigo 353.º – ou com o início do procedimento prévio de inquérito, cfr. artigo 352.º, o trabalhador pode ser suspenso antes de notificado dos factos que lhe são imputados. E pode também o trabalhador ser suspenso apenas quando lhe são comunicados esses mesmos factos. Trata-se de uma suspensão preventiva.

Quando o empregador configure a hipótese de vir a aplicar ao trabalhador a sanção de despedimento sem indemnização ou compensação há neste Código do Trabalho uma norma especial para a suspensão, cfr. artigo 354.º De notar, em todo o caso, que os requisitos do artigo 354.º para a suspensão do trabalhador são mais exigentes do que este n.º 5 do artigo 329.º Desta forma, quando o empregador pretenda vir a punir o trabalhador com a sanção expulsiva, deve cumprir os requisitos da suspensão preventiva previstos no artigo 354.º e não apenas os dois requisitos previstos neste n.º 5 do artigo 329.º Uma vez que o artigo 354.º está inserido sistematicamente na Divisão I - Despedimento por facto imputável ao trabalhador, da Subsecção I - Modalidades de despedimento da Secção IV - Despedimento por iniciativa do empregador, e não na Secção III - Poder Disciplinar, onde se insere o n.º 5 do artigo 329.º, urge saber, quando o procedimento disciplinar não vise aplicar a sanção de despedimento, mas sim qualquer uma das outras sanções previstas no artigo 328.º, qual é a norma aplicável, se este n.º 5 do artigo 329.º, se o artigo 354.º Quando a intenção é aplicar outra sanção que não o despedimento, deverá aplicar-se o disposto neste n.º 5. Este n.º 5 do artigo 329.º é uma norma geral, aplicável independentemente da sanção configurada pelo empregador.

Enquanto durar a suspensão preventiva, o empregador terá de manter o pagamento da retribuição. De facto, a suspensão preventiva do trabalho não corresponde juridicamente a uma sanção, o que fundamenta o dever do empregador pagar ao trabalhador suspenso preventivamente a retribuição devida, como se o próprio continuasse a realizar o seu trabalho no seu posto. A suspensão preventiva é assim uma faculdade que assiste ao empregador e da qual este pode lançar mão independentemente do procedimento disciplinar visar o despedimento por facto imputável ao trabalhador, ou a aplicação de qualquer outra sanção que não o despedimento com justa causa. É ao empregador que cabe (embora não através de um juízo de prognose acerca do desfecho do processo, porque a suspensão preventiva não constitui nenhum indício acerca da existência ou não de justa causa do eventual despedimento que se venha a decidir) aferir da potencialidade ou não de perturbação do procedimento disciplinar que a simples presença do trabalhador pode consubstanciar. Por outras palavras, o empregador, por se ter ou não decidido pela suspensão preventiva do trabalhador, não está condicionado na decisão final que vier a proferir, a entender o comportamento disciplinarmente relevante do trabalhador como apto a tornar impossível a subsistência da relação laboral. Nos termos configurados, a suspensão preventiva não é um direito que assiste ao trabalhador, mas um dever que o trabalhador tem de cumprir se vier a ser aplicada pelo empregador. Este n.º 5 do artigo 329.º é uma norma habilitante que permite ao empregador obstar justificadamente à prestação efectiva do trabalho, não incorrendo portanto na proibição da alínea b) do n.º 1 do artigo 129.º, durante parte ou mesmo todo o período de duração do procedimento disciplinar. O poder conferido por esta norma, a par com a suspensão preventiva do trabalhador em procedimento disciplinar que venha a visar o despedimento, cfr. artigo 354.º, bem como a admissibilidade do empregador, no despedimento colectivo, no despedimento por extinção de posto de trabalho e no despedimento por inadaptação, fazer cessar unilateralmente a relação de facto antes de decorrido o aviso prévio, sem prejuízo da manutenção da relação jurídica - que termina apenas após o decurso do prazo de aviso prévio, cfr. n.º 4 do artigo 363.º, artigo 372.º e n.º 1 do artigo 379.º - é das raras excepções no Código em que se admite que o empregador não esteja vinculado a receber a prestação de trabalho do trabalhador. Durante este período, não se mantêm, porque não há prestação de trabalho, todos os direitos e deveres das partes. Entre os deveres que não se mantêm, conta-se o dever de assiduidade, diligência, etc. Quando não haja lugar à prestação de trabalho, por aplicação desta norma, restringe-se também a admissibilidade de verificação de um acidente de trabalho. Inexistindo fundamento para proceder à suspensão, por a presença do trabalhador não se mostrar inconveniente, o empregador incorre na obrigação de indemnizar o trabalhador por danos não patrimoniais, cfr. artigo 483.º do Código Civil.

14. Todo o tempo durante o qual o trabalhador se encontre suspenso preventivamente conta como antiguidade. Pode até suceder que, devido à tramitação do procedimento disciplinar, o trabalhador permaneça mais tempo afastado do seu posto de trabalho, por via da suspensão preventiva, do que se se encontrasse impedido de prestar o seu trabalho por aplicação da sanção de suspensão do trabalho com perda de retribuição e antiguidade. Na verdade, e não existindo quanto à suspensão preventiva nenhuma norma de teor idêntico à alínea c) do n.º 3 do artigo 328.º, pode também ocorrer por hipótese que, num mesmo ano, e desde que sejam respeitados os prazos de exercício da acção disciplinar supramencionados e estabelecidos nos n.ºs 1, 2 e 3 deste artigo 329.º, por várias infracções ocorridas em momentos distintos, ao trabalhador sejam instaurados vários procedimentos disciplinares, sendo o mesmo suspenso preventivamente em todos eles. Assim, e exemplificativamente, podem, no mesmo ano civil, cumular-se cinco procedimentos disciplinares contra o mesmo trabalhador, permanecendo ele suspenso preventivamente nesses mesmos processos durante um total de 10 meses.

15. Caso o trabalhador suspenso preventivamente tenha sido eleito para a comissão de trabalhadores, a subcomissão de trabalhadores, ou uma associação sindical, mantém o acesso aos locais e actividades que se compreendam no exercício normal dessas funções, sem que o empregador possa alegar a suspensão preventiva para vedar a esse acesso, cfr. n.º 1 do artigo 410.º O empregador tem conhecimento da existência da comissão de trabalhadores e das subcomissões de trabalhadores, bem como da identificação dos seus membros, porquanto a constituição da comissão e das subcomissões de trabalhadores, bem como a eleição dos seus membros, é precedida de votação cujos resultados têm de ser comunicados ao órgão de gestão da empresa, cfr. n.º 6 do artigo 432.º e n.º 4 do artigo 433.º E tem também o empregador conhecimento da identificação dos delegados sindicais, bem como dos que fazem parte de comissão sindical ou intersindical, porquanto esses dados têm de lhe ser comunicados por escrito pela direcção do sindicato, o mesmo ocorrendo no caso de destituição ou cessação de funções, cfr. n.ºs 4 e 5 do artigo 462.º

16. Enquanto durar a suspensão preventiva, o trabalhador deverá estar disponível para, em qualquer momento, reocupar o seu posto de trabalho. Ou seja, a suspensão preventiva, não se enquadrando como a aplicação de uma sanção, não permite que o trabalhador se arrole ao direito de permanecer sem realizar o trabalho até à conclusão do procedimento disciplinar, caso o empregador decida que o seu regresso já pode ter lugar antes de lhe ser comunicada a decisão final. Nesse sentido, pode suceder que as diligências de prova tenham sido efectuadas em prazo mais curto do que o previsto, pelo que a presença do trabalhador no seu local de trabalho já não constitua um obstáculo ao desenvolvimento do procedimento disciplinar, caducando a fundamentação invocada com a própria suspensão preventiva. Se este for o caso, o empregador há-de notificar o trabalhador para o efeito. Se, depois de notificado, o trabalhador não regressar ao seu local de trabalho, incorre em faltas injustificadas, ou mesmo em abandono do trabalho.

17. Uma questão que se coloca na prática é a de saber se na suspensão preventiva, e apesar do trabalhador não perder o direito à retribuição, é devido o pagamento do subsídio de refeição, ou o também designado subsídio de alimentação, quando seja pago, dado que o Código do Trabalho não impõe que este exista. Desde logo nota-se que este dispositivo não concretiza o que entende por retribuição para os seus efeitos, pelo que o intérprete deverá socorrer-se do conceito legal, previsto no artigo 258.º, bem como das excepções àquele previstas, que se encontram no artigo 260.º Segundo os acórdãos do Tribunal da Relação do Porto, de 20 de Janeiro de 2003, *Colectânea de Jurisprudência*, 1.º, 2003, página 223, e do Supremo Tribunal de Justiça de 18 de Junho de 2003, *Sumários do Boletim Interno do Supremo Tribunal de Justiça*, Junho de 2003, entendia-se que a suspensão preventiva do trabalhador não suspende o pagamento do subsídio de refeição.

Como defendemos em anteriores edições da presente obra, não concordamos com aquele entendimento jurisprudêncial. Com efeito, atento o disposto no n.º 2 do artigo 260.º, ao mandar aplicar a alínea a) do n.º 1 desse mesmo artigo 260.º, o subsídio de refeição só é devido ao trabalhador suspenso preventivamente quando deva ser entendido como retribuição. Ou seja, na parte em que a importância recebida a título de subsídio de refeição ultrapasse os montantes normais, e desde que tenha sido expressamente previsto no contrato individual de trabalho, ou se deva considerar como elemento integrante da retribuição do trabalhador. Para saber se a importância recebida a título de subsídio de refeição excede ou não os montantes normais, cremos que, na falta de legislação específica, há que recorrer aos valores fixados a este título para a função pública, em portaria publicada anualmente. Sobre este ponto, e para maiores desenvolvimentos, ver anotação ao artigo 260.º

No sentido de que o valor diário do subsídio de refeição, quando não exceda os montantes normais despendidos com o pagamento de qualquer refeição, assume uma natureza não retributiva, e assim não é devido ao trabalhador suspenso preventivamente, tem agora entendido a mais recente a jurisprudência. Assim, julgou o Acórdão do Supremo Tribunal de Justiça, de 27 de Novembro de 2007, processo 07S2879, documento n.º SJ200711270028794, disponível em www.dgsi.pt que: "Sendo o trabalhador suspenso preventivamente em 7 de Julho de 2004, a partir dessa data e nos termos dos conjugados artigos 417.º, n.º 1, e 260.º, n.ºs 1 e 2, do Código do Trabalho, não lhe é devido subsídio de refeição, já que o valor diário dessa prestação, que importava em €5,55, não excedia os montantes normais despendidos com o pagamento de qualquer refeição, pelo que assume clara natureza não retributiva.". Já o Acórdão do Supremo Tribunal de Justiça, de 26 de Maio de 2015, processo 373/10.7TTPRT.P1.S1, disponível em www.dgsi.pt, entendeu que: "Ao subsídio de refeição, tal como ao abono para falhas, não deve ser conferido carácter retributivo, apesar da regularidade/periocidade da sua atribuição. A lei admite a sua consideração como tal se/quando o seu valor exceda um montante dito normal ou o mesmo seja tido, pelo contrato ou pelos usos, como elemento integrante da retribuição, sem embargo de, ainda assim, não ser devido nos dias em que, por qualquer razão, o trabalhador não compareça ao trabalho.". Por sua vez, o Acórdão do Tribunal da Relação de Lisboa, de 21 de Maio de 2014, processo 665/12.0TTBRR.L1-4, disponível em www.dgsi.pt, estabeleceu que: "Vigora quanto ao subsídio de alimentação uma presunção legal ilidível sobre o seu carácter não retributivo, pelo que durante o período de suspensão preventiva do trabalhador, tal subsídio não é devido, a não ser que seja ilidida pelo trabalhador essa presunção (cfr. art. 260.º n.º1 e 2 do Código do Trabalho).". No mesmo sentido, também o Acórdão do Tribunal da Relação de Lisboa, de 13 de Janeiro de 2010, processo 9/07.0TTSNT.L1-4, disponível em www.dgsi.pt: "Não constituindo retribuição, não é devido o pagamento do subsídio de refeição no período em que o trabalhador se encontra preventivamente suspenso no decurso do procedimento disciplinar, ao contrário do que acontece com o prémio de produtividade.".

18. A audiência prévia prescrita no n.º 6 é um princípio basilar de qualquer procedimento sancionatório, que tem inclusivamente tutela constitucional, cfr. n.º 10 do artigo 32.º da Constituição da República Portuguesa. A audiência prévia não significa que o trabalhador tenha de ser ouvido verbalmente. Significa que ao trabalhador tem de ser dada a faculdade de ser ouvido, audição que pode ser realizada por escrito, e que no procedimento disciplinar é designada por resposta à nota de culpa, cfr. n.º 1 do artigo 355.º O trabalhador não pode exigir ser ouvido verbalmente, sendo lícito ao empregador só aceitar a defesa do trabalhador que seja reduzida a escrito. Ver artigo 355.º e respectiva anotação. Contrariamente ao que sucede noutro tipo de procedimentos, o legislador não regulou de forma exaustiva a tramitação do procedimento disciplinar, apenas o tendo feito de forma mais detalhada relativamente ao procedimento disciplinar com vista ao despedimento, cfr. artigo 351.º e segs., em que se exige que este seja reduzido a escrito. Assim, e quando o procedimento disciplinar seja para aplicação de qualquer outra sanção que não o despedimento, o procedimento será menos formal, não havendo por exemplo exigência de forma escrita. Não obstante, refere explicitamente este n.º 6 que a sanção disciplinar não pode ser aplicada sem audiência prévia do trabalhador. Atendendo a que só no procedimento disciplinar com vista ao despedimento há um dispositivo que obriga a que o trabalhador possa consultar o processo e apresentar a sua defesa por escrito, poderia entender-se que em procedimentos que não visem o despedimento não haveria lugar a este direito. Não é assim. Aplicando-se ao procedimento disciplinar os princípios de direito processual penal, o trabalhador tem sempre direito a apresentar a sua defesa, e a consultar o processo, sob pena de nulidade, como tem vindo a entender a jurisprudência. Obviamente, se o procedimento disciplinar não tem em vista a aplicação da sanção de despedimento sem indemnização ou compensação, e não foi reduzido a escrito, a consulta pode não ser efectivada, por ausência de elementos que possam ser consultados. Se existirem apenas alguns elementos susceptíveis de ser consultados, o trabalhador há-de poder faze-lo, ainda que a intenção do procedimento não seja aplicar a sanção expulsiva de despedimento, assim se evitando a cominação da nulidade. Nada veda que quando a infracção não integra o conceito de justa causa, cfr. artigo 351.º, ou ainda que o faça, não é intenção do empregador aplicar o despedimento, o procedimento siga o formalismo dos artigos 352.º e segs. Aliás, razões de certeza jurídica, respeito devido pelo empregador ao trabalhador, alínea a) do n.º 1 do artigo 127.º, e a boa fé que deve sempre presidir às partes, n.º 1 do artigo 126.º e n.º 2 do artigo 762.º do Código Civil, podem justificar a sua redução a escrito, com a adopção da tramitação dos artigos 352.º e segs., com ressalva do envio de cópia da nota de culpa e da decisão final à comissão de trabalhadores, se existir, e também ao sindicato, ainda que o trabalhador seja representante sindical. O procedimento disciplinar que vise a aplicação de uma sanção que não o despedimento também não carece de parecer prévio da entidade que tenha competência na área da igualdade de oportunidades entre homens e mulheres, a C.I.T.E..

É que, não sendo o procedimento reduzido a escrito, a prova que o trabalhador se proponha fazer em sede judicial, em acção destinada a impugnar a sanção aplicada, apesar de não ser impossível, é susceptível de ficar fortemente coarctada. Independentemente da razão que assista ao trabalhador, cremos que o empregador, atenta essa sua posição, tudo deve fazer para não pôr em causa o exercício de um direito legítimo: o recurso a juízo. Por outro lado, são também motivos de salvaguarda dos interesses do empregador, que fazem com que o procedimento disciplinar que não vise o despedimento deva seguir a tramitação do procedimento para despedimento. Desde logo, em acção de impugnação judicial de decisão disciplinar proposta pelo trabalhador, é mais fácil o controlo jurisdicional da sanção aplicada, o que pode tornar mais difícil uma anulação judicial da decisão aplicada pelo empregador. Quanto à obrigatoriedade de realizar ou não as diligências probatórias requeridas pelo trabalhador quando a intenção do empregador não seja proceder ao despedimento, ver anotação ao artigo 356.º

19. Quando as infracções assacadas ao trabalhador constituírem infracções continuadas, o prazo prescricional da infracção disciplinar somente se deverá contar da prática do último facto ou, mais propriamente, do momento da sua plena consumação, ou seja, quando findar o último acto integrante da infracção continuada, cfr. Acórdão do Supremo Tribunal de Justiça, de 16 de Fevereiro de 1990, publicado no *Boletim do Trabalho e Emprego*, 2.ª Série, números 10 a 12 de 1992, 1786, e Acórdão do Supremo Tribunal de Justiça, de 12 de Fevereiro de 2009, processo 08S3965, sumários em www.dgsi.pt. Quanto ao conceito de ilícito continuado, ver artigo 30.º n.º 2 do Código Penal, aprovado pelo Decreto-Lei n.º 400/82, de 23 de Setembro. Uma infracção disciplinar continuada será assim a conduta infractora do trabalhador que se traduz numa sequência de vários actos parcelares do mesmo tipo, executados de um modo essencialmente homogéneo, e que coloca em causa o mesmo género de interesses.

20. Ao trabalhador cabe, em princípio, recorrer aos tribunais quando considere que os seus direitos não foram acautelados no decurso do procedimento disciplinar.

Ainda assim, pode o trabalhador reclamar para o escalão hierarquicamente superior na competência disciplinar àquele que aplicou a sanção, quando exista, ou recorrer a processo de resolução de litígio, quando previstos na lei ou em instrumentos de regulamentação colectiva de trabalho, cumulando esta reclamação ou recurso com a acção judicial que impugne a decisão disciplinar, cfr. n.º 7.

Atendendo a que as regras da lei processual penal que se destinam a preservar o núcleo essencial do direito de defesa do trabalhador são, com as necessárias adaptações, de aplicação subsidiária ao procedimento disciplinar, deve ter-se em conta a proibição de reformatio in pejus, cfr. n.º 1 do artigo 409.º Código de Processo Penal, o qual impede a modificação, na sua espécie ou medida, a sanção constante da decisão recorrida, em prejuízo do arguido. Significa isto que, quando o trabalhador reclamar para o escalão hierarquicamente superior na competência disciplinar àquele que aplicou a sanção, o escalão hierarquicamente superior poderá fazer uma de três coisas:

- Manter a sanção decidida em concreto;
- Reduzir a sanção decidida em concreto;
- Determinar o arquivamento do procedimento, sem qualquer consequência para o trabalhador arguido.

Ou seja, a sanção decidida pelo escalão hierarquicamente inferior, não poderá ser aumentada pelo escalão hierarquicamente superior.

21. Se a sanção disciplinar decidida for de despedimento sem indemização ou compensação, o trabalhador pode opor-se à mesma mediante apresentação de requerimento em formulário próprio, junto do tribunal competente, no prazo de 60 dias a contar da recepção da comunicação de despedimento, ou da data de cessação do contrato, se for posterior, cfr. n.º 2 do artigo 387.º

E se for outra sanção disciplinar? Qual é o prazo para impugnar judicialmente as sanções disciplinares que não sejam de despedimento?

É de um ano o prazo que os trabalhadores beneficiam para impugnar sanções disciplinares conservativas do vínculo laboral. Ou seja, quando se trate de repreensão, repreensão registada, sanção pecuniária, perda de dias de férias, ou suspensão do trabalho com perda de retribuição e de antiguidade, cfr. alíneas a), b), c), d) e e) do n.º 1 do artigo 328.º, o prazo de impugnação destas sanções disciplinares não expulsivas conta-se da comunicação da própria sanção. Neste sentido, entendeu o Acórdão do Supremo Tribunal de Justiça de 06 de Dezembro de 2011, processo 338/08.9TTLSB.L1.S1, disponível em www.dgsi.pt: "Atendendo a que com a impugnação judicial de uma sanção disciplinar se visa obter a sua anulabilidade, estabelecendo a lei geral (art. 287.º do Código Civil) o prazo de um ano prazo para a impugnação das invalidades, e que é, também, esse o prazo que o art. 435.º do Código do Trabalho de 2003 fixa para a sanção especifica do despedimento, as sanções disciplinares laborais, distintas do despedimento, na vigência do CT, devem ser judicialmente impugnadas no prazo de um ano a contar da data da sua comunicação ao infractor, sob pena de caducidade desse direito.". De modo semelhante se pronunciou ainda o Acórdão do Supremo Tribunal de Justiça de 19 de Fevereiro de 2014, processo 4272/08.4TTLSB.L1.S1, disponível em www.dgsi.pt: "As sanções disciplinares laborais, distintas do despedimento e das sanções abusivas, devem ser impugnadas no prazo de um ano a contar da data da sua comunicação ao infrator, mesmo que o contrato de trabalho não haja cessado.". No mesmo sentido também o Acórdão do Supremo Tribunal de Justiça, de 12 de Fevereiro de 2014, processo 298/12.1TTMTS-A.P1.S1, disponível em www.dgsi.pt, sendo que este último Acórdão já fez aplicação do Código do Trabalho aprovado pela Lei n.º 7/2009, de 12 de Fevereiro.

Assim, tendo decorrido mais de um ano entre a comunicação da sanção disciplinar ao trabalhador, e a instauração da acção judicial que vise impugnar aquela, caduca o direito do próprio trabalhador.

22. Não há qualquer prazo para os inferiores hierárquicos comunicarem ao superior hierárquico com competência disciplinar os factos susceptíveis de acção disciplinar. Numa microempresa, e numa pequena empresa, existindo uma conduta ilícita de um trabalhador, o procedimento disciplinar tende a ser o mais célere possível, atenta a maior proximidade entre o empregador e os trabalhadores. Contudo, em grandes empresas (empresas com 250 trabalhadores, ou mais, cfr. alínea d) do n.º 1 do artigo 100.º), sobretudo naquelas que estendem o seu âmbito de actividade por todo o território nacional, é comum que exista um único órgão centralizado detentor do poder disciplinar. Sucede não raro que, em empresas com semelhante envergadura, o meio pelo qual é dado conhecimento de um comportamento passível de sanção disciplinar – a participação disciplinar – pode levar meses até chegar ao superior hierárquico com competência disciplinar, sem que se mostrem excedidos os prazos para iniciar o procedimento. É que nada há na lei que estipule um prazo para a remessa da participação disciplinar ao superior hierárquico com competência disciplinar, com excepção do prazo de prescrição de um ano contado do momento da prática do facto ou factos, cfr n.º 1 deste artigo 329.º Como mencionado *supra*, o que releva para efeitos legais é o conhecimento da infracção por parte do empregador ou do superior hierárquico com competência disciplinar.

23. Pode suceder, consubstanciando uma situação distinta da supramencionada, que, detectando-se uma possível infracção disciplinar, exista na empresa um departamento de inspecção responsável por averiguar o comportamento do trabalhador e informar o empregador da possível prática de ilícito disciplinar, sem que esse departamento, ou mesmo as pessoas que o integram, detenham qualquer poder disciplinar. Trata-se de uma prática generalizada em empresas de grande dimensão, sobretudo na banca, e em algumas empresas de distribuição, cuja finalidade é apurar comportamentos e práticas que possam colocar em causa os interesses da empresa, dando-os a conhecer posteriormente ao empregador, normalmente em relatório escrito por esse departamento realizado. Quando assim acontece, pode a inspecção fazer diligências em tudo semelhantes às efectuadas por um Instrutor de um procedimento disciplinar, reunindo documentos, ouvindo pessoas, etc. Impõe-se assim saber se semelhantes inspecções interrompem os prazos de caducidade e prescrição (ou de prescrição apenas, consoante se entenda) para o exercício da acção disciplinar consagrados neste artigo 329.º Em sentido que é de acolher, o Supremo Tribunal de Justiça no Acórdão do Supremo Tribunal de Justiça de 10 de Abril de 2002, processo n.º 3519/01-4.ª, *Sumários do Boletim Interno do Supremo Tribunal de Justiça*, Abril de 2002, entendeu que o prazo de 60 dias – a que se refere actualmente o n.º 2 deste artigo 329.º – se inicia com o conhecimento da infracção por parte do empregador ou da entidade a quem tenha sido delegada a competência disciplinar, pelo que se os inspectores que realizaram a inspecção não forem superiores hierárquicos do trabalhador, não releva, para efeitos de início do prazo de caducidade do procedimento disciplinar, a data da conclusão da inspecção, admitindo ainda o tribunal que o conhecimento da infracção pelo empregador só ocorreu em data posterior, através do relatório elaborado pela direcção da inspecção. Apesar do acórdão referido ser anterior à consagração do prazo de prescrição estabelecido no n.º 3 deste artigo 329.º, o entendimento nele manifestado é-lhe aplicável *mutatis mutandis*, pelo que a realização da inspecção não releva para o começo da contagem do prazo de um ano que o empregador dispõe para comunicar a decisão final disciplinar. O mesmo já não sucede com o prazo de prescrição para exercer o poder disciplinar previsto no n.º 1 deste artigo 329.º, que ao contrário dos prazos estabelecidos nos n.ºs 2 e 3 deste artigo 329.º, começa a correr a partir da prática da infracção, sendo indiferente a realização de qualquer inspecção nos termos mencionados. Assim, nada veda que, uma vez iniciado o procedimento disciplinar, (pode até ter lugar, se verificados os seus requisitos, um procedimento prévio de inquérito, cfr. artigo 352.º, porquanto a inspecção realizada não conseguiu identificar o agente da infracção ou a totalidade dos factos e circunstâncias relevantes), o Instrutor aproveite as eventuais diligências realizadas durante uma inspecção, se esta teve lugar, designadamente se quaisquer pessoas prestaram declarações aos instrutores e se essas declarações foram reduzidas a escrito, bem como os documentos que tenham sido obtidos no decurso dessa inspecção, desde que o Instrutor junte esses elementos ao processo físico do procedimento disciplinar. Também nada veda que o Instrutor, já durante a instrução do procedimento, inquira os próprios inspectores que realizaram a inspecção, e mesmo que repita algumas das diligências efectuadas pelos inspectores, ouvindo algumas ou todas as pessoas que os inspectores tenham ouvido. No sentido de que as inspecções ou auditorias não relevam para efeitos dos prazos estabelecidos nos n.ºs 2 e 3 deste artigo 329.º, pronunciou-se ainda o Acórdão do Supremo Tribunal de Justiça, de 12 de Setembro de 2007, processo n.º 07S1698, sumários em www.dgsi.pt:" Se o conhecimento objectivado da prática das infracções disciplinares por parte do trabalhador apenas adveio ao Conselho de Administração do empregador com o relatório de uma auditoria, não pode afirmar-se que tal conhecimento já ocorrera em antecedente reunião daquele Conselho, em que foram dadas pelos responsáveis da auditoria, então em curso, informações não concretizadas que permitiam apenas um conhecimento genérico, dotado ainda de vacuidade e não claramente definido, sobre rupturas de tesouraria, deficiências organizacionais e irregularidades na utilização das verbas postas à disposição do empregador.".

24. Jurisprudência:

Acórdão do Supremo Tribunal de Justiça, de 2 de Julho de 2008, processo 07S4752, sumários em www.dgsi.pt: "O trabalhador suspenso mantém intocado o direito à retribuição de base e a todos os demais componentes salariais que não estejam directamente relacionados com a efectiva prestação de trabalho, compreendendo-se neste direito o valor despendido no período suspensivo com o telemóvel para uso particular se, na pendência do contrato, o empregador atribuiu ao trabalhador um telemóvel para este utilizar tanto em serviço como na sua vida particular, suportando o empregador todas as despesas inerentes à sua utilização.".

ARTIGO 330.º – Critério de decisão e aplicação de sanção disciplinar

1 – A sanção disciplinar deve ser proporcional à gravidade da infracção e à culpabilidade do infractor, não podendo aplicar-se mais de uma pela mesma infracção.

2 – A aplicação da sanção deve ter lugar nos três meses subsequentes à decisão, sob pena de caducidade.

3 – O empregador deve entregar ao serviço responsável pela gestão financeira do orçamento da Segurança Social o montante de sanção pecuniária aplicada.

4 – Constitui contra-ordenação grave a violação do disposto nos n.os 2 ou 3.

1. Este preceito corresponde aos artigos 367.º, 370.º e 373.º do anterior Código do Trabalho, aprovado pela Lei n.º 99/2003.

2. De acordo com o n.º 2, a aplicação da sanção só pode ter lugar nos três meses subsequentes à decisão, sob pena de caducidade. O efeito jurídico de não aplicação da sanção no prazo de três meses resultava já das regras gerais, cfr. n.º 2 do artigo 298.º do Código Civil, pelo que a clarificação da consequência jurídica da inércia do empregador era desnecessária.

3. A doutrina do n.º 2 vale apenas para a aplicação de qualquer outra sanção estabelecida no artigo 328.º, desde que não seja a sanção de despedimento sem indemnização ou compensação, porque esta, de acordo com o n.º 7 do artigo 357.º determina a cessação do contrato, logo que a decisão chega ao poder do trabalhador ou é dele conhecida ou, ainda, quando só por culpa do trabalhador não foi por ele oportunamente recebida.

4. A aplicação de outra sanção que não o despedimento nos três meses seguintes pode ser colocada em causa se se verificar uma situação de suspensão do contrato. Designadamente a sanção pecuniária, a suspensão do trabalho com perda de retribuição e de antiguidade, em princípio até 30 dias, e a perda de dias de férias podem, em caso de suspensão do contrato de trabalho, ser possíveis apenas passados três meses da decisão, por só depois desse período o trabalhador regressar ao trabalho. É lícito ao empregador, passado o prazo de três meses estabelecido, aplicar a sanção? Um dos requisitos para a aplicação de qualquer sanção é a sua exequibilidade. Faltando esta, não há sanção. Como tal, e não podendo iniciar-se a execução da sanção, ou não podendo continuar a ter lugar, suspende-se a sua aplicabilidade, sendo legítimo o empregador fazê-lo. Neste sentido, o Acórdão do Supremo Tribunal de Justiça de 6 de Novembro de 2002, *Acórdãos Doutrinais*, 497.º, página 838, admitiu a aplicação subsidiária da alínea a) do n.º 1 do artigo 125.º do Código Penal, aprovado pelo Decreto-Lei n.º 400/82, de 23 de Setembro.

5. Também a aplicação de outra sanção disciplinar que não seja o despedimento pode ser colocada em crise se ocorrer a cessação do contrato de trabalho. Se tal suceder, deixa existir a exequibilidade da sanção, relevando para esse efeito a data de cessação do contrato. Se a sanção disciplinar não foi aplicada, e o contrato cessou, ao empregador não mais é licito aplicar a sanção.

E o que sucede quando a sanção disciplinar se encontrava a ser cumprida, e entretanto o contrato cessa? A partir da data de cessação, o empregador não poderá continuar a aplicar a sanção, porque deixou de existir trabalhador. Exemplificando, tendo o empregador decidido que a sanção a aplicar a um trabalhador seria de 10 dias de suspensão do trabalho com perda de retribuição e de antiguidade, notificação que chega ao conhecimento do trabalhador numa segunda-feira e cessando o contrato na quinta-feira seguinte, atendendo a que o dia da notificação não se inclui na contagem do prazo, cfr. alínea b) do artigo 279.º do Código Civil, o trabalhador só poderá cumprir 3 dias da sanção decidida, no caso os dias correspondentes a terça-feira, quarta-feira e quinta-feira. Os 7 dias que ficaram a faltar para o cumprimento integral da sanção disciplinar deixam de se poder aplicar. Neste sentido, a sanção designa-se de suspensão do trabalho com perda de retribuição e de antiguidade, pelo que a própria sanção pressupõe que para existir a perda de retribuição tenha de existir suspensão do trabalho. Ora, se o trabalhador deixou de ter esta qualidade, não pode existir suspensão do trabalho, e consequentemente não poderá existir perda de retribuição.

ARTIGO 331.º – Sanções abusivas

1 – Considera-se abusiva a sanção disciplinar motivada pelo facto de o trabalhador:

a) Ter reclamado legitimamente contra as condições de trabalho;

b) Se recusar a cumprir ordem a que não deva obediência, nos termos da alínea e) do n.º 1 e do n.º 2 do artigo 128.º;

c) Exercer ou candidatar-se ao exercício de funções em estrutura de representação colectiva dos trabalhadores;

d) Ter alegado ser vítima de assédio ou ser testemunha em processo judicial e/ou contra-ordenacional de assédio;

e) Em geral, exercer, ter exercido, pretender exercer ou invocar os seus direitos ou garantias.

2 – Presume-se abusivo o despedimento ou outra sanção aplicada alegadamente para punir uma infracção, quando tenha lugar:

a) Até seis meses após qualquer dos factos mencionados no número anterior;

b) Até um ano após a denúncia ou outra forma de exercício de direitos relativos a igualdade, não discriminação e assédio.

3 – O empregador que aplicar sanção abusiva deve indemnizar o trabalhador nos termos gerais, com as alterações constantes dos números seguintes.

4 – Em caso de despedimento, o trabalhador tem direito a optar entre a reintegração e uma indemnização calculada nos termos do n.º 3 do artigo 392.º

5 – Em caso de sanção pecuniária ou suspensão do trabalho, a indemnização não deve ser inferior a 10 vezes a importância daquela ou da retribuição perdida.

6 – O empregador que aplique sanção abusiva no caso previsto na alínea c) do n.º 1 deve indemnizar o trabalhador nos seguintes termos:

a) Os mínimos a que se refere o número anterior são elevados para o dobro;

b) Em caso de despedimento, a indemnização não deve ser inferior ao valor da retribuição base e diuturnidades correspondentes a 12 meses.

7 – Constitui contra-ordenação muito grave a aplicação de sanção abusiva.

1. Este preceito corresponde aos artigos 374.º e 375.º do anterior Código do Trabalho, aprovado pela Lei n.º 99/2003.

2. A redacção da alínea b) do n.º 2 foi alterada pelo artigo 2.º da Lei n.º 73/2017, de 16 de Agosto. A redacção da alínea d) do n.º 1, e do n.º 7 foi alterada pelo artigo 2.º da Lei n.º 93/2019, de 4 de Setembro, que acrescentou a alínea e), embora com a redacção da alínea d).

Na versão originária do Código do Trabalho, aprovado pela Lei n.º 7/2009, de 12 de Fevereiro, aquela alínea d) do n.º 1, a alínea b) do n.º 2 e n.º 7, tinham a seguinte redacção:

> 1 – Considera-se abusiva a sanção disciplinar motivada pelo facto de o trabalhador:
>
> d) Em geral, exercer, ter exercido, pretender exercer ou invocar os seus direitos ou garantias.
>
> 2 – Presume-se abusivo o despedimento ou outra sanção aplicada alegadamente para punir uma infracção, quando tenha lugar:
>
> b) Até um ano após reclamação ou outra forma de exercício de direitos relativos a igualdade e não discriminação.
>
> 7 – Constitui contra-ordenação grave a aplicação de sanção abusiva.

3. Quanto ao conceito de estrutura de representação colectiva dos trabalhadores referido na alínea c) do n.º 1 ver artigo 404.º

4. Em tribunal, o princípio da livre apreciação das provas só cede perante situações de prova legal que fundamentalmente se verificam nos casos de prova por confissão, por documentos autênticos, por certos documentos particulares e por presunções legais ou judiciais. No n.º 2 o legislador consagrou uma presunção legal de aplicação de sanção disciplinar abusiva. Presunção ilidível, ou seja, pode ser afastada mediante prova em contrário, cfr. n.º 2 do artigo 350.º do Código Civil. A *ratio* da presunção é acautelar os casos em que, sob a aparência de uma infracção disciplinar, o que o empregador pretende verdadeiramente é, punir um comportamento anterior e legítimo do trabalhador, o que faz posteriormente, como forma de retaliação.

5. Quando o trabalhador despedido exerça ou seja candidato ao exercício de funções em associação sindical, comissão de trabalhadores, subcomissão de trabalhadores, representação dos trabalhadores para a segurança e saúde no trabalho, ou noutras estruturas previstas em lei específica, como conselhos de empresa europeus, presume-se abusivo o despedimento até seis meses após a eleição, se o trabalhador não foi eleito, ou até seis meses após a cessação das funções em estrutura de representação dos trabalhadores, cfr. alínea c) do n.º 1 e alínea a) do n.º 2. Caso a sanção de despedimento seja considerada abusiva pelo tribunal, o trabalhador tem direito a optar entre a reintegração e uma indemnização calculada entre 30 e 60 dias de retribuição base e diuturnidades por cada ano completo ou fracção de antiguidade, ou em instrumento de regulamentação colectiva de trabalho se o montante mínimo aí estabelecido for superior, não inferior à retribuição base e diuturnidades correspondentes a doze meses, cfr. n.os 3, 4 e alínea b) do n.º 6 deste artigo 331.º e n.º 6 do artigo 410.º Se o trabalhador fizer a prova em tribunal que foi despedido por aplicação de sanção abusiva, o empregador fica ainda obrigado a indemnizar o trabalhador por todos os danos patrimoniais e não patrimoniais causados, cfr. alínea a) do n.º 1 do artigo 389.º, e ainda a proceder ao pagamento de todas as retribuições que o trabalhador deixou de auferir desde a data do despedimento até ao transito em julgado da decisão do tribunal (estes últimos são os designados salários intercalares), cfr. n.º 1 do artigo 390.º

Além do que ficou supra exposto, quando o despedimento tenha sido de candidato a membro, ou de pessoa que exerça ou tenha exercido funções, nos corpos sociais de associação sindical, e só desta, há menos de três anos, presume-se feito sem justa causa, cfr. n.º 3 do artigo 410.º Quando o despedimento seja simultaneamente abusivo e sem justa causa, a indemnização prevista na alínea b) do n.º 6 deste artigo 331.º não é cumulável com a indemnização prevista no n.º 6 do artigo 410.º, mas é apenas uma, que deve ser calculada nos termos da alínea b) do n.º 6 do artigo 331.º

6. Sobre o assédio veja-se o artigo 29.º

7. A alínea b) do n.º 2 determina que se presume abusivo o despedimento ou outra sanção aplicada alegadamente para punir uma infracção, quando o despedimento ou outra sanção seja aplicada até um ano após a denúncia ou outra forma de exercício de direitos relativos a igualdade, não discriminação e assédio. Sobre igualdade e não descriminação, vejam-se os artigos 23.º e segs.

A menção a assédio na alínea b) do n.º 2, é redundante. Encontrando-se as normas relativas ao assédio na Subsecção III Igualdade e não discriminação, a qual abrange a a Divisão I Disposições gerais sobre igualdade e não discriminação, a Divisão II Proibição de assédio, e a Divisão III Igualdade e não discriminação em função do sexo, deve entender-se que o assédio sempre estaria incluído no conceito de igualdade e não discriminação, pelo que a referência na alínea b) do n.º 2 era desnecessária.

8. A alínea f) do n.º 2 do artigo 394.º estabelece que constituem justa causa de resolução do contrato pelo trabalhador, a ofensa à integridade física ou moral, liberdade, honra ou dignidade do trabalhador, punível por lei, incluindo a prática de assédio denunciada ao serviço com competência inspetiva na área laboral, praticada pelo empregador ou pelo seu representante.

ARTIGO 332.º - Registo de sanções disciplinares

1 – O empregador deve ter um registo actualizado das sanções disciplinares, feito por forma que permita facilmente a verificação do cumprimento das disposições aplicáveis, nomeadamente por parte das autoridades competentes que solicitem a sua consulta.

2 – Constitui contra-ordenação leve a violação do disposto no número anterior.

1. Este preceito corresponde ao artigo 376.º do anterior Código do Trabalho, aprovado pela Lei n.º 99/2003.

2. O registo não tem de observar quaisquer outros deveres que não seja o de permitir a verificação do cumprimento das disposições relativas ao procedimento disciplinar, não existindo qualquer outra norma que se refira ao conteúdo do registo. Pode portanto este registo ser realizado em livro próprio, nada impedindo que o mesmo seja realizado de forma electrónica. E por maioria de razão, parece-nos que quando o procedimento disciplinar seja reduzido a escrito não há nenhum fundamento para que o próprio processo, quando concluído, não seja arquivado em local que consubstancie em si mesmo um registo de sanções disciplinares, por exemplo em dossier com a designação de "registo de sanções disciplinares". O próprio processo físico em que foi reunido o procedimento disciplinar reduzido a escrito é a melhor forma de permitir a verificação do cumprimento das disposições aplicáveis por parte da autoridade com competência de fiscalização, a Autoridade para as Condições do Trabalho. Entender o contrário é duplicar registos, e, sem qualquer outra razão aparente, legitimar a burocracia, sem qualquer vantagem para o empregador nem para a administração do trabalho.

3. Com excepção da sanção de repreensão, e da sanção de despedimento sem indemnização ou compensação, as demais sanções previstas nos n.os 1 e 2 do artigo 328.º devem ainda ser mencionadas no registo dos trabalhadores a que se refere a alínea j) do n.º 1 do artigo 127.º

4. O dever do registo das sanções estar actualizado determina que, quando um tribunal venha a declarar a ilicitude de determinada sanção aplicada a um trabalhador, ou venha a considerar abusiva a sanção, o empregador deva consequentemente eliminar essa sanção deste registo.

SECÇÃO IV - Garantias de créditos do trabalhador

ARTIGO 333.º - Privilégios creditórios

1 – Os créditos do trabalhador emergentes de contrato de trabalho, ou da sua violação ou cessação gozam dos seguintes privilégios creditórios:

a) Privilégio mobiliário geral;

b) Privilégio imobiliário especial sobre bem imóvel do empregador no qual o trabalhador presta a sua actividade.

2 – A graduação dos créditos faz-se pela ordem seguinte:

a) O crédito com privilégio mobiliário geral é graduado antes de crédito referido no n.º 1 do artigo 747.º do Código Civil;

b) O crédito com privilégio imobiliário especial é graduado antes de crédito referido no artigo 748.º do Código Civil e de crédito relativo a contribuição para a segurança social.

1. Este preceito corresponde ao artigo 377.º do anterior Código do Trabalho, aprovado pela Lei n.º 99/2003.

2. Os privilégios creditórios traduzem-se numa garantia do credor, na situação prevista neste artigo 333.º o credor é o trabalhador, ser pago com preferência sobre os demais credores. Os privilégios creditórios previstos neste artigo e a sua graduação resultam de uma evolução legislativa desde há vários anos realizada, com vista a evitar as sucessivas situações de salários em atraso.

3. O legislador, neste artigo 333.º, adoptou uma concepção ampla do conceito de créditos laborais, nele se incluindo todos os créditos que resultem da celebração e da execução do contrato de trabalho (e por isso abrangendo os créditos remuneratórios), e ainda os resultantes da violação do contrato de trabalho, e da própria cessação do contrato.

4. De acordo com a alínea b) do n.º 1, os créditos reclamados de natureza laboral gozam do privilégio imobiliário especial sobre o bem imóvel que seja propriedade do empregador, desde que esse mesmo bem imóvel seja o local de trabalho do trabalhador. Quando estes pressupostos estejam reunidos, esses créditos laborais preferem à hipoteca, graduando-se antes dela, nos termos dos artigos 749.º e 751.º do Código Civil.

5. Na graduação dos créditos referidos no n.º 2, deve ter-se em atenção o previsto no artigo 746.º do Código Civil, que estabelece que: "Os privilégios por despesas de justiça, quer sejam mobiliários, quer imobiliários, têm preferência não só sobre os demais privilégios, como sobre as outras garantias, mesmo anteriores, que onerem os mesmos bens, e valem contra os terceiros adquirentes.".

Já o n.º 1 do artigo 747.º do Código Civil estabelece que: "Os créditos com privilégio mobiliário graduam-se pela seguinte ordem:

a) Os créditos por impostos, pagando-se em primeiro lugar o Estado e só depois as autarquias locais;
b) Os créditos por fornecimentos destinados à produção agrícola;
c) Os créditos por dívidas de foros;
d) Os créditos da vítima de um facto que dê lugar a responsabilidade civi;
e) Os créditos do autor de obra intelectual;
f) Os créditos com privilégio mobiliário geral, pela ordem segundo a qual são enumerados no artigo 737.º".

O artigo 748.º do Código Civil determina: "Os créditos com privilégio imobiliário graduam-se pela ordem seguinte:

a) Os créditos do Estado, pela contribuição predial, pela sisa e pelo imposto sobre as sucessões e doações;
b) Os créditos das autarquias locais, pela contribuição predial.".

6. O Acórdão do Supremo Tribunal de Justiça n.º 8/2016 publicado no Diário da República, 1.ª série, n.º 74, de 15 de Abril de 2016, que uniformizou jurisprudência, fixando o seguinte entendimento: "Os imóveis construídos por empresa de construção civil, destinados a comercialização, estão excluídos da garantia do privilégio imobiliário especial previsto no art. 377.º, n.º 1, al. b), do Código do Trabalho de 2003.". A norma actualmente equivalente à alínea b) do n.º 1 do artigo 377.º do Código do Trabalho aprovado pela Lei n.º 99/2003, é agora a alínea b) do n.º 1deste artigo 333.º

Este entendimento é muito pouco isento de críticas, pois, como bem foi notado num dos três votos de vencido, os imóveis em causa são frequentemente o único património das empresas de construção civil, na sua maioria pequenas e médias empresas, muitas vezes com a sede a funcionar em edifício arrendado, pelo que a decisão do Tribunal objecta à protecção do legislador relativamente aos créditos laborais dos trabalhadores.

7. Sobre este preceito *vide* Bernardo Lobo Xavier, *Manual de Direito do Trabalho*, Verbo, 2011, página 582 e 583, e António Monteiro Fernandes, *Direito do Trabalho*, 15.ª Edição, Almedina, Abril 2010, página 472 e segs.

ARTIGO 334.º – Responsabilidade solidária de sociedade em relação de participações recíprocas, de domínio ou de grupo

Por crédito emergente de contrato de trabalho, ou da sua violação ou cessação, vencido há mais de três meses, respondem solidariamente o empregador e sociedade que com este se encontre em relação de participações recíprocas, de domínio ou de grupo, nos termos previstos nos artigos 481.º e seguintes do Código das Sociedades Comerciais.

1. Este preceito corresponde ao artigo 378.º do anterior Código do Trabalho, aprovado pela Lei n.º 99/2003.

2. O Código das Sociedades Comerciais foi aprovado pelo Decreto-Lei n.º 262/86, de 2 de Setembro.

3. Sobre os artigos 481.º e segs. do Código das Sociedades Comerciais, *vide* António Menezes Cordeiro (coordenação), *Código das Sociedades Comerciais Anotado*, Almedina 2009.

4. O trabalhador, em princípio, terá conhecimento de que a sociedade para a qual presta o seu trabalho se encontra numa relação de participações recíprocas, de domínio ou de grupo, porquanto o empregador deve informar por escrito o trabalhador destes elementos nos sessenta dias subsequentes ao início da execução do contrato, ou até ao termo do contrato se este cessar antes dos sessenta dias, cfr. alínea a) do n.º 3 do artigo 106.º, e n.ºs 1 e 4 do artigo 107.º

5. O legislador, neste artigo 334.º, adoptou uma concepção ampla do conceito de créditos laborais, nele se incluindo todos os créditos que resultem da celebração e da execução do contrato de trabalho (e por isso abrangendo os créditos remuneratórios), e ainda os resultantes da violação do contrato de trabalho, e da própria cessação do contrato.

6. Este artigo 334.º inspirou-se no artigo 501.º do Código das Sociedades Comerciais.

7. O preceito em anotação estabelece um regime excepcional, segundo o qual a sociedade, ou sociedades que com o empregador se encontrem em relação de participações recíprocas, de domínio ou de grupo são solidariamente responsáveis pelos créditos laborais vencidos há mais de três meses. Diz-se que a obrigação é solidária, quando cada um dos devedores responde pela prestação integral e esta a todos liberta, ou quando cada um dos credores tem a faculdade de exigir, por si só, a prestação integral e esta libera o devedor para com todos eles, cfr. n.º 1 do artigo 512.º do Código Civil. No ordenamento jurídico português a regra é a parcialidade ou conjunção, cfr. artigo 513.º do Código Civil, sendo que a solidariedade só existe quando resulte da lei, ou da vontade das partes. Assim, quando a sociedade, ou uma das sociedades que com o empregador se encontrem em relação de participações recíprocas, de domínio ou de grupo, pague um crédito a um trabalhador por força deste artigo 334.º, tem direito de regresso contra o empregador, cfr. artigo 524.º do Código Civil. Assim, o trabalhador que detenha um crédito laboral abrangido por este artigo 334.º, pode demandar qualquer uma das sociedades, ou seja, não só aquela que assume a qualidade de empregador, como qualquer uma das sociedades que com o empregador se encontrem em relação de participações recíprocas, de domínio ou de grupo.

Sendo este artigo 334.º um regime especial, aplicável em matéria laboral, face ao disposto no artigo 501.º do Código das Sociedades Comerciais, deve prevalecer sobre o estabelecido naquele Código. Neste sentido, Maria do Rosário Palma Ramalho, *Grupos Empresariais e Societários. Incidências Laborais*, Almedina, Julho 2008, página 624.

8. Da redacção deste preceito resulta que ao empregador e à sociedade, ou sociedades que com o empregador se encontrem em relação de participações recíprocas, de domínio ou de grupo, não é admissível afastar este regime, o que não lhes é igualmente permitido fazer ainda que tenham o assentimento dos trabalhadores.

9. O Acórdão do Tribunal Constitucional, n.º 227/2015, de 28 de Abril de 2015, publicado no Diário da República, 2.ª série, n.º 111, de 9 de Junho de 2015, julgou inconstitucional a interpretação conjugada das normas contidas no artigo 334.º do Código do Trabalho e no artigo 481.º, n.º 2, proémio, do Código das Sociedades Comerciais, na parte em que impede a responsabilidade solidária da sociedade com sede fora de território nacional, em relação de participações recíprocas, de domínio ou de grupo com uma sociedade portuguesa, pelos créditos emergentes da relação de trabalho subordinado estabelecida com esta, ou da sua ruptura, por violação do princípio da igualdade, consagrado no artigo 13.º da Constituição da República Portuguesa. Significa isto que o Tribunal Constitucional entendeu que aquela interpretação: "estabelece uma discriminação intolerável entre trabalhadores postados em situações substantivamente idênticas, desprotegendo, infundadamente, aqueles que, por força de uma circunstância que não controlam e que, eventualmente, podem desconhecer, contratem com um empregador dominado por sociedade sediada fora de Portugal", acrescentando: "E se houvesse de colocar num dos pratos da balança da justiça o respeito absoluto pela regra de que uma sociedade se rege pelo direito aplicável no local da sua sede e no outro prato o princípio da igualdade, especificamente em matéria de garantias dos créditos fundados em trabalho subordinado prestado em Portugal, não haveria dúvidas de que este último deveria prevalecer. Até porque este, ao contrário daquele outro, se apoia numa norma constitucional.". A jurisprudência do Tribunal Constitucional permite assim que, como sucedeu no caso concreto analisado pelo Tribunal, os trabalhadores, confrontados com o risco de frustração dos créditos laborais, proponham acções directamente contra a sociedade estrangeira dominante. Na situação analisada pelo Tribunal, uma sociedade alemã detinha mais de 99% do capital social de uma subsidiária portuguesa declarada insolvente. Em termos práticos, o Tribunal Constitucional admite a extensão da responsabilidade solidária a sociedades estrangeiras, o que se por um lado se mostra favorável aos interesses dos trabalhadores, poderá por outro, ser desfavorável à captação de investimento estrangeiro em Portugal, e no limite à criação de emprego.

10. Sobre este preceito, no domínio da legislação anterior, pelo que será necessário proceder às adaptações necessárias, *vide* Maria do Rosário Palma Ramalho, *Grupos Empresariais e Societários. Incidências Laborais*, Almedina, Julho 2008, página 621 e segs.

ARTIGO 335.º – Responsabilidade de sócio, gerente, administrador ou director

1 – O sócio que, só por si ou juntamente com outros a quem esteja ligado por acordos parassociais, se encontre numa das situações previstas no artigo 83.º do Código das Sociedades Comerciais, responde nos termos do artigo anterior, desde que se verifiquem os pressupostos dos artigos 78.º, 79.º e 83.º daquele diploma e pelo modo neles estabelecido.

2 – O gerente, administrador ou director responde nos termos previstos no artigo anterior, desde que se verifiquem os pressupostos dos artigos 78.º e 79.º do Código das Sociedades Comerciais e pelo modo neles estabelecido.

1. Este preceito corresponde ao artigo 379.º do anterior Código do Trabalho, aprovado pela Lei n.º 99/2003.

2. O Código das Sociedades Comerciais foi aprovado pelo Decreto-Lei n.º 262/86, de 2 de Setembro.

3. Os artigos 78.º, 79.º e 83.º do Código das Sociedades Comerciais têm a seguinte redacção, respectivamente:

"Responsabilidade para com os credores sociais"

1 – Os gerentes ou administradores respondem para com os credores da sociedade quando, pela inobservância culposa das disposições legais ou contratuais destinadas à protecção destes, o património social se torne insuficiente para a satisfação dos respectivos créditos.

2 – Sempre que a sociedade ou os sócios o não façam, os credores sociais podem exercer, nos termos dos artigos 606.º a 609.º do Código Civil, o direito de indemnização de que a sociedade seja titular.

3 – A obrigação de indemnização referida no n.º 1 não é, relativamente aos credores, excluída pela renúncia ou pela transacção da sociedade nem pelo facto de o acto ou omissão assentar em deliberação da assembleia geral.

4 – No caso de falência da sociedade, os direitos dos credores podem ser exercidos, durante o processo de falência, pela administração da massa falida.

5 – Ao direito de indemnização previsto neste artigo é aplicável o disposto nos n.os 3 a 6 do artigo 72.º, no artigo 73.º e no n.º 1 do artigo 74.º

"Responsabilidade para com os sócios e terceiros"

1 – Os gerentes ou administradores respondem também, nos termos gerais, para com os sócios e terceiros pelos danos que directamente lhes causarem no exercício das suas funções.

2 – Aos direitos de indemnização previstos neste artigo é aplicável o disposto nos n.os 3 a 6 do artigo 72.º, no artigo 73.º e no n.º 1 do artigo 74.º

"Responsabilidade solidária do sócio"

1 – O sócio que, só por si ou juntamente com outros a quem esteja ligado por acordos parassociais, tenha, por força de disposições do contrato de sociedade, o direito de designar gerente sem que todos os sócios deliberem sobre essa designação responde solidariamente com a pessoa por ele designada, sempre que esta for responsável, nos termos desta lei, para com a sociedade ou os sócios e se verifique culpa na escolha da pessoa designada.

2 – O disposto no número anterior é aplicável também às pessoas colectivas eleitas para cargos sociais, relativamente às pessoas por elas designadas ou que as representem.

3 – O sócio que, pelo número de votos de que dispõe, só por si ou por outros a quem esteja ligado por acordos parassociais, tenha a possibilidade de fazer eleger gerente, administrador ou membro do órgão de fiscalização responde solidariamente com a pessoa eleita, havendo culpa na escolha desta, sempre que ela for responsável, nos termos desta lei, para com a sociedade ou os sócios, contanto que a deliberação tenha sido tomada pelos votos desse sócio e dos acima referidos e de menos de metade dos votos dos outros sócios presentes ou representados na assembleia.

4 – O sócio que tenha possibilidade, ou por força de disposições contratuais ou pelo número de votos de que dispõe, só por si ou juntamente com pessoas a quem esteja ligado por acordos parassociais de destituir ou fazer destituir gerente, administrador ou membro do órgão de fiscalização e pelo uso da sua influência determine essa pessoa a praticar ou omitir um acto responde solidariamente com ela, caso esta, por tal acto ou omissão, incorra em responsabilidade para com a sociedade ou sócios, nos termos desta lei.".

4. Do conteúdo dos artigos 78.º, 79.º e 83.º do Código das Sociedades Comerciais, e por força deste artigo 335.º, resulta que o trabalhador, que detenha um crédito laboral, nele se incluindo todos os créditos que resultem da celebração e da execução do contrato de trabalho (e por isso abrangendo os créditos remuneratórios), e ainda os resultantes da violação do contrato de trabalho, e da própria cessação do contrato, pode demandar um sócio, gerente ou administrador. De acordo com o n.º 1 deste artigo 335.º, o sócio, responde solidariamente com a sociedade, e com o gerente ou administrador designado ou eleito por sua influência. Já nos termos do n.º 2 deste artigo 335.º, o gerente ou o administrador responderá solidariamente com a sociedade.

5. Sobre os artigos 481.º e segs. do Código das Sociedades Comerciais, *vide* António Menezes Cordeiro (coordenação), *Código das Sociedades Comerciais Anotado*, Almedina 2009.

ARTIGO 336.º – Fundo de Garantia Salarial

O pagamento de créditos de trabalhador emergentes de contrato de trabalho, ou da sua violação ou cessação, que não possam ser pagos pelo empregador por motivo de insolvência ou de situação económica difícil, é assegurado pelo Fundo de Garantia Salarial, nos termos previstos em legislação específica.

1. Este preceito corresponde ao artigo 380.º do anterior Código do Trabalho, aprovado pela Lei n.º 99/2003.

2. A insolvência e recuperação de empresa encontra-se regulada no Código da Insolvência e da Recuperação de Empresas, aprovado pelo Decreto-Lei n.º 53/2004, de 18 de Março, e alterado pelos Decretos-Leis n.os 200/2004, de 18 de Agosto, 76-A/2006, de 29 de Março, 282/2007, de 7 de Agosto, 116/2008, de 4 de Julho e 185/2009, de 12 de Agosto, pelas Leis n.os 16/2012, de 20 de Abril, e 66-B/2012, de 31 de Dezembro, pelos Decretos-Leis n.os 26/2015, de 6 de Fevereiro, 79/2017, de 30 de Junho, pela Rectificação n.º 21/2017, de 25 de Agosto, pelas Leis n.os 114/2017, de 29 de Dezembro, 8/2018, de 2 de Março, e pelo Decreto-Lei n.º 84/2019, de 28 de Junho. Por sua vez, a declaração de empresas em situação económica difícil é regulada pelo Decreto-Lei n.º 353-H/77, de 29 de Agosto.

3. De acordo com a alínea o) do n.º 6 do artigo 12.º da Lei n.º 7/2009, de 12 de Fevereiro, os artigos 317.º a 326.º da Lei n.º 35/2004, de 29 de Julho, que regulamentava o Código do Trabalho aprovado pela Lei n.º 99/2003, de 27 de Agosto, relativos ao Fundo de Garantia Salarial mantinham-se em vigor até à entrada em vigor do diploma que regulasse a mesma matéria. O diploma em causa é o Decreto-Lei n.º 59/2015, de 21 de Abril, que aprovou o novo regime do Fundo de Garantia Salarial, que entou em vigor em 4 de Maio de 2015.

4. O Fundo de Garantia Salarial foi criado pelo Decreto-Lei n.º 219/99, de 15 de Junho, que foi revogado com a entrada em vigor da Lei n.º 35/2004, cfr. alínea m) do n.º 2 do artigo 21.º da Lei n.º 99/2003, encontrando-se actualmente regulado pelo Decreto- Lei n.º 59/2015, de 21 de Abril. O Fundo de Garantia Salarial assegura o pagamento ao trabalhador dos créditos emergentes do contrato de trabalho ou da sua violação ou cessação, desde que seja *a)* proferida sentença de declaração de insolvência do empregador; *b)* proferido despacho do juiz que designa o administrador judicial provisório, em caso de processo especial de revitalização; ou *c)* proferido despacho de aceitação do requerimento proferido pelo IAPMEI — Agência para a Competitividade e Inovação, I. P. (IAPMEI, I. P.), no âmbito do procedimento extrajudicial de recuperação de empresas.

Os créditos são pagos até ao montante global equivalente a seis meses de retribuição, não podendo o montante desta exceder o triplo da retribuição mínima mensal garantida. Este Fundo só assegura contudo, o pagamento dos créditos que se tenham vencido nos seis meses anteriores à propositura da acção de insolvência ou à apresentação do requerimento no processo especial de revitalização ou do requerimento de utilização do procedimento extrajudicial de recuperação de empresas, e desde que o pagamento dos créditos tenha sido requerido ao Fundo até um ano a aprtir do dia seguinte àquele em que cessou o contrato de trabalho. A compensação devida ao trabalhador por cessação do contrato de trabalho que seja calculada nos termos do artigo 366.º deste Código do Trabalho, diretamente ou por remissão legal, é paga pelo Fundo de Garantia Salarial, com exceção da parte que caiba ao fundo de compensação do trabalho (FCT), ao fundo de garantia de compensação do trabalho (FGCT) ou a mecanismo equivalente (ME), após o seu acionamento, salvo nos casos em que este não possa ter lugar.

Sempre se diga que o Fundo de Garantia Salarial fica sub-rogado nos direitos de crédito e respectivas garantias, nomeadamente privilégios creditórios dos trabalhadores, na medida dos pagamentos efectuados, acrescidos dos juros de mora vincendos.

5. No que se refere a créditos do trabalhador, deve ter-se em conta o disposto no Acordão do Supremo Tribunal de Justiça n.º 1/2014, de 8 de Maio de 2013, publicado no Diário da República, 1.ª série, n.º 39, de 25 de Fevereiro de 2014, que uniformizou jurisprudência, fixando o seguinte entendimento: "Transitada em julgado a sentença que declara a insolvência, fica impossibilitada de alcançar o seu efeito útil normal a acção declarativa proposta pelo credor contra o devedor, destinada a obter o reconhecimento do crédito peticionado, pelo que cumpre decretar a extinção da instância, por inutilidade superveniente da lide, nos termos da alínea e) do art. 287.º do C.P.C.". Por força do novo Código de Processo Civil aprovado pela Lei n.º 41/2013, de 26 de Junho, a norma actualmente equivalente à alinea e) do artigo 287.º é agora a alínea e) do artigo 277.º

6. Sobre este preceito, no domínio da legislação anterior, pelo que será necessário proceder às adaptações necessárias, *vide* Bernardo Lobo Xavier, *Manual de Direito do Trabalho*, Verbo, 2011, página 585 e 586, e António Monteiro Fernandes, *Direito do Trabalho*, 15.ª Edição, Almedina, Abril 2010, página 473 e 474.

SECÇÃO V – Prescrição e prova

ARTIGO 337.º – Prescrição e prova de crédito

1 – O crédito de empregador ou de trabalhador emergente de contrato de trabalho, da sua violação ou cessação prescreve decorrido um ano a partir do dia seguinte àquele em que cessou o contrato de trabalho.

2 – O crédito correspondente a compensação por violação do direito a férias, indemnização por aplicação de sanção abusiva ou pagamento de trabalho suplementar, vencido há mais de cinco anos, só pode ser provado por documento idóneo.

1. Este preceito corresponde ao artigo 381.º do anterior Código do Trabalho, aprovado pela Lei n.º 99/2003.

2. A prescrição é uma forma de extinção de um direito pelo decurso de tempo. Deve distinguir-se a prescrição da caducidade, pois esta última é também um modo de extinção que o decurso do tempo provoca sobre direitos subjectivos. Esta diferenciação não é despicienda, uma vez que a caducidade surge frequentemente na lei sob a designação de "prescrição", em situações que tecnicamente devem ser qualificadas como sendo de caducidade. Sendo figuras análogas, é possível distingui-las com clareza. Na prescrição o direito extingue-se pelo seu não exercício, ou seja, se o titular o exercer, o direito, em princípio, não se extingue. Também em princípio, o direito não está sujeito a qualquer prazo, sendo que a prescrição só resulta da lei. Já na caducidade, que pode resultar da lei ou da vontade das partes, o direito a exercer está sujeito a um prazo, a uma morte pré-determinada à nascença. Assim, enquanto a prescrição extingue aqueles direitos subjectivos, a caducidade torna-os inexigíveis. Ora, nos termos do n.º 2 do artigo 298.º do Código Civil, quando por força da lei ou por vontade das partes, um direito deva ser exercido dentro de certo prazo, são aplicáveis as regras da caducidade, a menos que a lei se refira expressamente à prescrição. Não estabelecendo a lei um critério para distinguir a prescrição da caducidade, essa distinção deve fazer-se através da interpretação das disposições normativas que fixam prazos para o exercício de direitos. Se um direito tiver de ser exercido dentro de determinado prazo, a sua inobservância provoca a inexigibilidade do direito, pelo que se estará então perante um caso de prescrição.

3. À prescrição prevista neste preceito, são aplicáveis as normas previstas no Código Civil quanto ao instituto da prescrição, cfr. artigo 296.º e segs. do Código Civil. Deste instituto resulta que são nulos os negócios jurídicos destinados a modificar os prazos legais da prescrição, ou a facilitar ou dificultar as condições em que a prescrição opera os seus efeitos, cfr. artigo 300.º do Código Civil. Por outro lado, a prescrição é irrenunciável enquanto não tiver decorrido o prazo prescricional, cfr. n.º 1 do artigo 302.º do Código Civil, sendo que nos termos do artigo 303.º do mesmo Código, a prescrição carece de ser invocada, judicial ou extrajudicialmente, por aquele a quem aproveita.

4. O n.º 1 adopta uma concepção ampla do conceito de crédito laboral, nele se incluindo todos os créditos que resultem da celebração e da execução do contrato de trabalho (e por isso abrangendo os créditos retributivos), e ainda os resultantes da violação do contrato de trabalho, e da própria cessação do contrato.

5. Nos termos do n.º 1, é o mesmo o prazo de prescrição dos créditos laborais, quer se trate de crédito do trabalhador, quer do empregador. Esta solução pretende facultar a eventual compensação de créditos que possam existir entre as partes, cfr. artigo 847.º e segs. do Código Civil. Não obstante, esta solução não é isenta de críticas, pois a verdade é que o empregador, quando tenha um crédito laboral sobre o trabalhador, muito dificilmente se encontra numa relação de dependência face ao trabalhador, pelo que nenhuma razão de peso subsiste para que o regime seja o mesmo, independentemente de se tratar de crédito do trabalhador, ou do empregador.

6. O n.º 1 estabelece um prazo especial para a prescrição dos créditos resultantes do contrato de trabalho, da sua violação ou cessação. Não obstante este prazo, que há muito se acha consagrado na legislação laboral, a jurisprudência e a maioria da doutrina têm entendido que, a prescrição não se inicia, nem corre, enquanto vigorar a relação laboral. Ou seja, na pendência do contrato de trabalho, têm-se considerarado que as regras gerais previstas no Código Civil quanto ao momento em que se inicia a prescrição, bem como quanto ao decurso desta, devem ser afastadas. Em abono deste entendimento têm-se argumentado com a subordinação jurídica do trabalhador em relação ao empregador, que resulta da própria natureza do contrato de trabalho, a qual na pendência do mesmo, é susceptível de inibir o trabalhador de fazer valer os seus direitos. Assim entendido, o prazo de um ano para a prescrição dos créditos laborais tem início no dia seguinte ao da cessação factual da relação laboral, sem que para o efeito releve a causa do acto que originou a cessação (caducidade, cfr. artigo 343.º e segs., revogação, cfr. artigo 349.º e segs., despedimento, cfr. artigo 351.º e segs., resolução, cfr. artigo 394.º, ou denúncia, cfr. artigo 400.º e segs.), e independentemente de se ter tratado de um acto lícito ou ilícito.

Não cuidamos que assim deva ser. Na realidade, o n.º 1 deste artigo 337.º não estabelece que os créditos laborais só prescrevem decorrido um ano a partir do dia seguinte àquele em que cessou o contrato de trabalho, ou seja, o n.º 1 nada prevê relativamente ao correr da prescrição enquanto dura a relação laboral. O que estabelece o n.º 1 é que os créditos laborais prescrevem decorrido um ano a partir do dia seguinte àquele em que cessou o contrato de trabalho, nada vedando que se interprete o n.º 1 como uma norma excepcional que faz prescrever todos os créditos cuja prescrição se encontrava a correr, e não fosse aquele prazo de um ano, se manteriam a correr por mais tempo (por exemplo, por mais quatro anos). A doutrina e a jurisprudência dominantes assumem que a vontade do trabalhador se encontra fortemente limitada. Se é certo que a relação laboral pode implicar um simples temor reverencial, já não se mostra que a subordinação jurídica seja por si só suficiente para tratar um trabalhador como permanecendo permantemente, enquando durar a relação laboral, num estado semelhante ao de um incapaz. Não deixa de se estranhar que para fundamentar a suspensão da prescrição na pendência do contrato de trabalho, se invoque frequentemente uma norma do Código Civil prevista a propósito de quem presta trabalho doméstico, relativamente ao patrão, cfr. alínea e) do artigo 318.º do Código Civil.

Por outro lado, não pode deixar de causar desconforto que um trabalhador, volvidos 40 anos sobre um vencimento de um crédito que não lhe foi pago atempadamente, possa vir reclama-lo, desde que a relação laboral tenha cessado há menos de um ano. Trata-se de uma solução sem paralelo no direito comparado, relativamente a ordenamentos jurídicos próximos do português. Na verdade, entendemos que nenhum motivo há para afastar as normas gerais do Código Civil em matéria de prescrição de créditos laborais. Uma vez aplicáveis essas normas, a prescrição inicia-se a partir do momento em que os créditos laborais são exigíveis, continuando a correr até à verificação da prescrição, ou seja, 5 anos para as prestações períodicas, cfr. artigo 310.º do Código Civil (nestas se incluindo o crédito retributivo), e 20 anos quanto às demais prestações não períodicas, cfr. artigo 309.º do Código Civil. Neste sentido, se o legislador pretendesse que a prescrição dos créditos laborais não se iniciasse, nem corresse na pendência do contrato de trabalho, tê-lo-ia previsto expressamente, à semelhança do que sucede a quem presta trabalho doméstico, cfr. alínea e) do artigo 318.º do Código Civil. Acresce que a dinâmica das relações laborais mudou o seu paradigma nos últimos anos, sendo agora comuns e frequentes práticas, que durante anos constituiam excepções, como a troca de participações sociais, transmissão da titularidade da empresa, coligação de sociedades, etc.. Pelo que, o tráfico jurídico impõe uma segurança jurídica e uma previsibilidade que é posta em causa pelo entendimento de que a prescrição dos créditos laborais não se inícia nem corre na vigência do contrato de trabalho. Com efeito, e não sendo o empregador obrigado a manter a correspondência, a escrituração mercantil e os documentos a ela relativos por período superior a 10 anos, cfr. n.º 1 do artigo 40.º do Código Comercial, aprovado pela Carta de Lei de 28 de Junho de 1888, a prova que este pretenda fazer do pagamento do crédito invocado pelo trabalhador, volvimos mais de 10 anos, encontra-se fortemente coartada, quando não se revele de todo inexequível. Para maiores desenvolvimentos poderá consultar-se Bernardo Lobo Xavier, "Prescrição dos Créditos Laborais", *Revista de Direito e de Estudos Sociais*, XLIX, Almedina, Novembro 2009, página 243 e segs.

7. Nos termos do n.º 2, o crédito correspondente a compensação por violação do direito a férias, cfr. n.º 1 do artigo 246.º, indemnização por aplicação de sanção abusiva, cfr. n.º 3 do artigo 331.º, ou pagamento de trabalho suplementar, cfr. artigo 268.º, vencido há mais de cinco anos, só pode ser provado por documento idóneo. Os créditos previstos no n.º 2 não deixam de se encontrar sujeitos ao prazo de prescrição previsto no n.º 1, de um ano a partir do dia seguinte àquele em que cessou o contrato de trabalho, mas porque se venceram há mais de cinco anos, o n.º 2 exige relativamente a estes uma prova sólida da sua veracidade. Trata-se de um regime que limita a prova que o trabalhador se proponha fazer. Apesar do legislador não dizer o que entende por documento idóneo, deve aproximar-se este n.º 2 do artigo 362.º do Código Civil, que entende por documento qualquer objecto elaborado pelo homem com o fim de reproduzir ou representar uma pessoa ou facto.

Sobre a prova do pagamento de trabalho suplementar por documento idóneo, ver anotações ao artigo 231.º

8. No que se refere a créditos do trabalhador, deve ter-se em conta o disposto no Acordão do Supremo Tribunal de Justiça n.º 1/2014, de 8 de Maio de 2013, publicado no Diário da República, 1.ª série, n.º 39, de 25 de Fevereiro de 2014, que uniformizou jurisprudência, fixando o seguinte entendimento: "Transitada em julgado a sentença que declara a insolvência, fica impossibilitada de alcançar o seu efeito útil normal a acção declarativa proposta pelo credor contra o devedor, destinada a obter o reconhecimento do crédito peticionado, pelo que cumpre decretar a extinção da instância, por inutilidade superveniente da lide, nos termos da alínea e) do art. 287.º do C.P.C.". Por força do novo Código de Processo Civil aprovado pela Lei n.º 41/2013, de 26 de Junho, a norma actualmente equivalente à alinea e) do artigo 287.º é agora a alínea e) do artigo 277.º

9. Sobre este preceito *vide* Bernardo Lobo Xavier, *Manual de Direito do Trabalho*, Verbo, 2011, página 588 e segs., e António Monteiro Fernandes, *Direito do Trabalho*, 15.ª Edição, Almedina, Abril 2010, página 511 e segs.

CAPÍTULO VII – Cessação de contrato de trabalho

SECÇÃO I – Disposições gerais sobre cessação de contrato de trabalho

ARTIGO 338.º – Proibição de despedimento sem justa causa

É proibido o despedimento sem justa causa ou por motivos políticos ou ideológicos.

1. Este preceito corresponde ao artigo 382.º do anterior Código do Trabalho, aprovado pela Lei n.º 99/2003.

2. Este preceito repete o que se acha já consagrado no artigo 53.º da Constituição da República Portuguesa, nos seguintes termos:" É garantida aos trabalhadores a segurança no emprego, sendo proibidos os despedimentos sem justa causa ou por motivos políticos ou ideológicos.".

3. O artigo 53.º da Constituição da República Portuguesa só proíbe os despedimentos sem justa causa, arbitrários, discricionários, ou seja, *ad nuntum*, sem razão suficiente e socialmente adequada.

4. O ordenamento jurídico português admite o despedimento por justa causa objectiva e subjectiva. O despedimento colectivo, cfr. artigo 359.º e segs. bem como o despedimento por extinção de posto de trabalho, cfr. artigo 367.º e segs. e o despedimento por inadaptação, cfr. artigo 373.º e segs., configuram os casos previstos na lei, cujo despedimento assenta numa justa causa objectiva, ou seja por razões ligadas à empresa ou seja, à organização produtiva. Esta justa causa objectiva fundamenta-se na constante mutação da realidade, a que as empresas não são alheias, que carecem em determinados períodos, para poderem subsistir no mercado e manter o maior número de postos de trabalho, de reduzir o número de trabalhadores. Caso não se admitisse o despedimento por justa causa objectiva, por motivos não imputáveis ao empregador nem ao trabalhador, adoptando-se um conceito rígido de justa causa, seria inviável a segurança no emprego almejada pelo próprio legislador constitucional. Já a justa causa subjectiva assenta num comportamento imputável, a título de culpa, ao trabalhador, cfr. n.º 1 do artigo 351.º, que estabelece que constitui justa causa de despedimento o comportamento culposo do trabalhador que, pela sua gravidade e consequências, torne imediata e praticamente impossível a subsistência da relação de trabalho. O despedimento por justa causa subjectiva exige que o empregador inicie um procedimento disciplinar, cfr. artigo 328.º e segs., manifestando a sua intenção de proceder ao despedimento do trabalhador, cfr. artigo 353.º, seguindo-se os demais termos previstos nos artigos 353.º e segs.

5. Para maiores desenvolvimentos sobre a proibição de despedimento sem justa causa *vide* Bernardo Lobo Xavier, *Manual de Direito do Trabalho*, Verbo, 2011, página 725 e segs., e António Monteiro Fernandes, *Direito do Trabalho*, 15.ª Edição, Almedina, Abril 2010, página 568 e segs.

ARTIGO 339.º – Imperatividade do regime de cessação do contrato de trabalho

1 – O regime estabelecido no presente capítulo não pode ser afastado por instrumento de regulamentação colectiva de trabalho ou por contrato de trabalho, salvo o disposto nos números seguintes ou em outra disposição legal.

2 – Os critérios de definição de indemnizações, os prazos de procedimento e de aviso prévio consagrados neste capítulo podem ser regulados por instrumento de regulamentação colectiva de trabalho.

3 – Os valores de indemnizações podem, dentro dos limites deste Código, ser regulados por instrumento de regulamentação colectiva de trabalho.

1. Este preceito corresponde ao artigo 383.º do anterior Código do Trabalho, aprovado pela Lei n.º 99/2003.

2. O presente capítulo – cessação do contrato de trabalho – tem início no artigo 338.º e estende-se até ao artigo 403.º

3. Constituem instrumentos de regulamentação colectiva de trabalho, cfr. n.os 2, 3 e 4 do artigo 2.º, a convenção colectiva (que pode ser um contrato colectivo, acordo colectivo, ou um acordo de empresa), o acordo de adesão, a decisão arbitral, a portaria de extensão, e a portaria de condições de trabalho.

4. O n.º 1 deste preceito estabelece expressamente que as disposições da lei tem natureza imperativa, não podendo ser afastadas por instrumento de regulamentação colectiva do trabalho ou por contrato de trabalho, salvo no que diz respeito aos critérios de definição e valores de indemnizações (estes dentro dos limites definidos neste Código do Trabalho), e aos prazos do procedimento, cfr. n.º 2 e n.º 3.

5. Note-se que o n.º 5 do artigo 3.º determina que sempre que uma norma legal reguladora de contrato de trabalho determine que a mesma possa ser afastada por instrumento de regulamentação colectiva de trabalho entende-se que o não pode ser por contrato de trabalho.

6. O conceito de indemnizações referido nos n.os 2 e 3 deve ser interpretado extensivamente, incluindo não só as indemnizações, mas também as compensações. Ou seja, e assim interpretadas aquelas normas, exclui-se a possibilidade do instrumento de regulamentação colectiva de trabalho regular os valores de indemnizações, estabelecendo um montante superior àquele que, por força deste Código do Trabalho, deva ser pago. Em regra, os valores das indemnizações previstos neste Código do Trabalho são valores mínimos, pelo que, quanto a estes, nenhum obstáculo existe a que o instrumento de regulamentação colectiva de trabalho estabeleça montante superior. Já assim não sucede relativamente aos artigos 391.º e 392.º, preceitos estes que estabelecem valores máximos de indemnização, pelo que ao instrumento de regulamentação colectiva de trabalho não é lícito regular para mais, a indemnização que resulta da aplicação em concreto daqueles preceitos. Quanto aos valores mínimos das indemnizações previstas no Código do Trabalho, estes também não poderão ser alterados para um montante inferior pelo instrumento de regulamentação colectiva de trabalho, sendo este o sentido do n.º 3 deste preceito, constituindo esses valores uma garantia miníma legal.

7. Há alguns instrumentos de regulamentação colectiva do trabalho, designadamente convenções colectivas, que influenciados pelo regime disciplinar dos trabalhadores da Administração pública, contêm entre as suas cláusulas, uma estipulação que exige, no procedimento disciplinar, cfr. artigo 329.º e segs., a realização de um relatório de procedimento prévio de inquérito ou a realização de um relatório de procedimento disciplinar, também designado por relatório final, ou mesmo de ambos. Reduzidos a escrito, o relatório de procedimento prévio de Inquérito teria lugar aquando da conclusão do procedimento prévio de inquérito, e antes da comunicação da nota de culpa ao trabalhador, aí se dando conta de tudo quanto foi feito no decorrer da instrução desse procedimento, enquanto que o relatório de procedimento disciplinar, também designado por relatório final, seria realizado após a conclusão das diligências probatórias, e antes de ser comunicada ao trabalhador a sanção decidida pelo empregador. Semelhantes relatórios, na prática frequentemente realizados, têm por vantagem munir o empregador do conhecimento necessário para que possa tomar a decisão de instaurar um procedimento disciplinar – no caso deste ter sido antecedido por um procedimento prévio de inquérito – ou para decidir de uma sanção que seja proporcional à gravidade da infracção e à culpabilidade do infractor que a lei exige – quando tenham sido concluídas as diligências probatórias e falte apenas o empregador decidir a sanção que irá aplicar. Quando produzidos estes relatórios, é usual que o Instrutor dê a conhecer a recusa de determinada testemunha em ser ouvida, propondo, eventualmente, que lhe seja instaurado um procedimento disciplinar com fundamento nessa recusa, caso exista um vínculo de subordinação jurídica entre a própria testemunha e o empregador, proponha o arquivamento dos autos, aconselhe a aplicação de uma sanção, ou faça as considerações que entender convenientes. A realização destes relatórios, em regra obrigatórios no Estatuto Disciplinar dos Trabalhadores que Exercem Funções Públicas, aprovado pela Lei n.º 58/2008, de 9 de Setembro, não têm paralelo no

Código do Trabalho. Uma vez que este último continua a não impor a realização destes documentos, semelhantes cláusulas em instrumento de regulamentação colectiva do trabalho, devem ter-se por nulas, por criarem um novo procedimento. Como se referiu supra, o n.º 1 deste preceito estabelece expressamente que as disposições da lei têm natureza imperativa, não podendo ser afastadas por instrumento de regulamentação colectiva do trabalho ou por contrato de trabalho, salvo no que diz respeito à matéria referida nos n.os 2 e 3.

ARTIGO 340.º – Modalidades de cessação do contrato de trabalho

Para além de outras modalidades legalmente previstas, o contrato de trabalho pode cessar por:

a) Caducidade;
b) Revogação;
c) Despedimento por facto imputável ao trabalhador;
d) Despedimento colectivo;
e) Despedimento por extinção de posto de trabalho;
f) Despedimento por inadaptação;
g) Resolução pelo trabalhador;
h) Denúncia pelo trabalhador.

1. Este preceito corresponde ao artigo 384.º do anterior Código do Trabalho, aprovado pela Lei n.º 99/2003.

2. Nos termos deste artigo, o contrato de trabalho pode cessar, por caducidade, designadamente quando se verifica o termo do contrato de trabalho nos contratos a termo certo ou incerto, cfr. artigo 343.º a 345.º , em caso de impossibilidade superveniente, absoluta e definitiva do trabalhador prestar o seu trabalho ou do empregador o receber, cfr. artigos 343.º, 346.º e 347.º, e com a reforma do trabalhador, por velhice ou invalidez, cfr. artigos 343.º e 348.º; por revogação, quando o empregador ou o trabalhador, por mútuo acordo, cessam o contrato, cfr. artigos 349.º e 350.º; por despedimento por facto imputável ao trabalhador, cfr. artigo 328.º a 332.º e 351.º a 358.º; por despedimento colectivo, cfr. artigo 359.º a 366.º; por despedimento por extinção de posto de trabalho, cfr. artigo 367.º a 372.º; por despedimento por inadaptação, cfr. artigo 373.º a 380.º; por resolução pelo trabalhador, quando o trabalhador faz cessar o contrato de trabalho com justa causa, cfr. artigo 394.º a 399.º; e, por denúncia pelo trabalhador, quando o trabalhador faz cessar o contrato de trabalho, independentemente de justa causa, mediante aviso prévio, ou quando o trabalhador abandona o trabalho, cfr. artigo 400.º a 403.º

3. O presente preceito não é isento de críticas, porquanto parece estar em desacerto com outros previstos no presente Código do Trabalho. Com efeito, o n.º 1 do artigo 114.º prevê a denúncia, por qualquer das partes, do contrato de trabalho, durante o período experimental, o mesmo sucedendo no n.º 1 do artigo 163.º que prevê igualmente a denúncia, por qualquer das partes, da comissão de serviço.

Ou seja, em várias outras disposições admite-se a cessação do contrato de trabalho por denúncia do empregador, situação que não foi contemplada neste artigo 340.º, limitando-se a denúncia aqui prevista ao trabalhador.

ARTIGO 341.º – Documentos a entregar ao trabalhador

1 – Cessando o contrato de trabalho, o empregador deve entregar ao trabalhador:

a) Um certificado de trabalho, indicando as datas de admissão e de cessação, bem como o cargo ou cargos desempenhados;

b) Outros documentos destinados a fins oficiais, designadamente os previstos na legislação de segurança social, que deva emitir mediante solicitação.

2 – O certificado de trabalho só pode conter outras referências a pedido do trabalhador.

3 – Constitui contra-ordenação leve a violação do disposto neste artigo.

1. Este preceito corresponde ao artigo 385.º do anterior Código do Trabalho, aprovado pela Lei n.º 99/2003.

2. O dever de entrega dos documentos quando cessa o contrato de trabalho não levanta especiais dúvidas se, até à data da cessação, o trabalhador se manteve a desempenhar o seu trabalho, sendo que até ao último dia de trabalho, o empregador poderá entregar-lhe, em mão, todos os documentos a que se encontra obrigado. O mesmo já não sucede quando o trabalhador tenha resolvido o contrato de trabalho com justa causa e com efeitos imediatos, cfr. artigo 394.º, tenha denunciado o contrato sem cumprir o prazo de aviso prévio, cfr. artigo 401.º, ou tenha abandonado o trabalho, cfr. artigo 403.º Nestas situações, impõe-se saber se o empregador deve colocar à disposição do trabalhador os documentos legalmente devidos, cabendo a este deslocar-se às instalações do empregador, ou se deve o empregador proceder ao seu envio ao trabalhador, designadamente por carta. Entendeu o Acórdão da Relação de Coimbra, de 1 de Outubro de 1998, *Boletim do Ministério da Justiça*, 480.º, 551 que se é obrigação do empregador emitir a declaração destinada à obtenção do subsídio de desemprego, então é ao trabalhador que cumpre desencadear junto dele a referida emissão, solicitando-lhe aquela.

3. Em caso cessação do contrato de trabalho, o empregador é obrigado a entregar ao trabalhador uma declaração comprovativa da situação de desemprego e da data a que se reporta a última remuneração, no prazo de cinco dias úteis a contar da data em que o trabalhador a solicite, sem prejuízo da possibilidade de a apresentar on-line no sítio da Internet da segurança social se o trabalhador lhe conferir autorização para tal, e desde que entregue ao trabalhador o respectivo comprovativo de entrega cfr. n.º 1 do artigo 43.º e n.º 2 do artigo 73.º, ambos do Decreto-Lei n.º 220/2006, de 3 de Novembro.

4. Atendendo à letra da lei, cfr. alínea a) do n.º 1, conjugado com o n.º 2, o empregador só poderá fazer constar do certificado de trabalho quaisquer referências a antecedentes disciplinares, designadamente à aplicação de qualquer sanção disciplinar, independentemente da sanção ter determinado a cessação do contrato, ou não, se o trabalhador o tiver solicitado. Caso o trabalhador tenha solicitado a emissão de certificado de trabalho com menção dos seus antecedentes disciplinares, deve o empregador solicitar ao trabalhador que o mesmo reduza a escrito esse mesmo pedido, como forma do próprio empregador poder fazer prova de que essas referência foram expressamente pedidas, desresponsabilizando-o da prática de contra-ordenação.

5. Quando o contrato cessar, por força do disposto no n.º 4 do artigo 109.º da Lei n.º 102/2009, de 10 de Setembro, alterada pelas Leis n.ºs 42/2012, de 28 de Agosto, 3/2014, de 28 de Janeiro, pelo Decreto-Lei n.º 88/2015, de 28 de Maio, e pela Lei n.º 146/2015, de 9 de Setembro, o médico responsável pela vigilância da saúde deve entregar ao trabalhador cópia da ficha clínica. A ficha clínica é um documento onde são registados os dados clínicos do trabalhador, bem como anotadas as observações clínicas relativas aos exames de saúde realizados pelo próprio trabalhador. A ficha clínica não deve conter dados sobre a raça, a nacionalidade, a origem étnica ou informação sobre hábitos pessoais do trabalhador, salvo quando estes últimos estejam relacionados com patologias específicas ou com outros dados de saúde. Assim, o médico do trabalho deverá fazer um uso adequado e parcimonioso da ficha clínica, tendo sempre em conta que cópia da mesma deverá um dia ser entregue ao trabalhador.

Face ao conteúdo da ficha clínica, que contém dados pessoais de saúde do trabalhador, e está sujeita ao segredo profissional, só podendo ser facultada às autoridades de saúde e aos médicos afectos ao organismo com competência para a promoção da segurança e da saúde no trabalho do ministério responsável pela área laboral, cfr. n.º 2 do artigo 109.º da Lei n.º 102/2009, a entrega da sua cópia deve ser assegurada pelo próprio médico. Ou, por outros profissionais de saúde obrigados a segredo profissional, que se encontrem sob a direcção e controlo do médico do trabalho, e que com este colaborem. É o que sucede com quaisquer trabalhadores administrativos que se encontrem na dependência do médico do trabalho, e o auxiliem, os quais se encontram, como referido, abrangidos pelo segredo profissional, e é também o que ocorre com o enfermeiro do trabalho, cfr. artigo 104.º da Lei n.º 102/2009.

Ou seja, não deverá a empresa socorrer-se de outras pessoas para assegurar aquela entrega. Esta questão poderia colocar-se uma vez que este artigo 341.º do Código do Trabalho impõe que quando cessar o contrato de trabalho, o empregador deve entregar ao trabalhador um certificado de trabalho, sendo que frequentemente nas empresas com maior dimensão existem departamentos encarregues de proceder à entrega do certificado de trabalho (Departamento de Pessoal, Departamento de Recursos Humanos, etc.), pelo que se poderia equacionar a utilização desse mesmo canal ou via de entrega. Não cremos que assim possa ser, atendendo à confidencialidade, e à especial protecção que o legislador confere aos dados clínicos do trabalhador, mesmo quando este deixa de ter essa qualidade.

ARTIGO 342.º – Devolução de instrumentos de trabalho

Cessando o contrato de trabalho, o trabalhador deve devolver imediatamente ao empregador os instrumentos de trabalho e quaisquer outros objectos pertencentes a este, sob pena de incorrer em responsabilidade civil pelos danos causados.

1. Este preceito corresponde ao artigo 386.º do anterior Código do Trabalho, aprovado pela Lei n.º 99/2003.

2. O entendimento expresso nesta norma é uma decorrência natural do princípio da boa fé, previsto no n.º 1 do artigo 126.º, e n.º 2 do artigo 762.º do Código Civil. Se o trabalhador, durante a vigência do contrato de trabalho tinha o dever de custódia, ou seja, o dever de velar pela conservação e boa utilização de bens relacionados com o trabalho que lhe forem confiados pelo empregador, previsto na alínea g) do n.º 1 do artigo 128.º, quando cessa o contrato de trabalho cessa o titulo da posse precária ou detenção de que o trabalhador beneficiava relativamente aos instrumentos de trabalho e objectos que tinha em seu poder, por efeito do vínculo laboral.

3. Esta norma prevê expressamente que o trabalhador que não devolver os objectos que são propriedade do empregador responderá civilmente pelos danos causados, aplicando-se assim o disposto nos artigos 483.º e segs., bem como os artigos 562.º e segs., todos do Código Civil. E nada veda que se entenda que o trabalhador que, uma vez terminada a relação jurídica de trabalho subordinado, não devolva os instrumentos de trabalho incorre ainda na prática de um crime de abuso de confiança, previsto e punido pelo artigo 205.º do Código Penal, aprovado pelo Decreto-Lei n.º 400/82, de 23 de Setembro. Não incorre o trabalhador em responsabilidade disciplinar, uma vez que o contrato já cessou, dado que a infracção disciplinar prescreve quando cessa o contrato de trabalho, pelo que ao empregador não é licito aplicar uma sanção disciplinar, dado que falta o objecto desta: o trabalhador. Sobre a prescrição disciplinar ver artigo 329.º e respectivas anotações.

4. Pode suceder, que por efeito da cessação do contrato de trabalho, o trabalhador tenha ainda créditos a receber do empregador, cfr. artigos 333.º e segs. Sendo esta a situação em concreto, o trabalhador deve recorrer, em princípio, aos meios judiciais para fazer valer os seus direitos, não se lhe sendo legítimo invocar o direito de retenção, cfr. artigo 754.º e segs. do Código Civil. Com efeito, entre aqueles que beneficiam do direito de retenção, não se encontra o trabalhador, cfr. n.º 1 do artigo 755.º do Código Civil. Diversamente, já poderá o trabalhador exercer o direito de retenção quando o crédito tenha origem em despesas feitas por causa dos instrumentos de trabalho ou de objectos do empregador, ou resulte de danos causados por esses instrumentos de trabalho ou por esses objectos. Nesta situação poderá encontrar-se o trabalhador que a expensas suas fez substituir os pneus do veículo automóvel que lhe foi entregue pelo empregador, quantia essa que não lhe é devolvida pelo empregador.

SECÇÃO II – Caducidade de contrato de trabalho

ARTIGO 343.º – Causas de caducidade de contrato de trabalho

O contrato de trabalho caduca nos termos gerais, nomeadamente:

a) Verificando-se o seu termo;

b) Por impossibilidade superveniente, absoluta e definitiva, de o trabalhador prestar o seu trabalho ou de o empregador o receber;

c) Com a reforma do trabalhador, por velhice ou invalidez.

1. Este preceito corresponde ao artigo 387.º do anterior Código do Trabalho, aprovado pela Lei n.º 99/2003.

2. A caducidade é uma modalidade de cessação do contrato de trabalho, cfr. alínea a) do artigo 340.º

3. As situações em que se verifica a caducidade previstas neste preceito são exemplificativas, como resulta desde logo pela utilização da expressão: "nomeadamente". Outras há que não se encontram previstas neste artigo 343.º, como sucede relativamente ao trabalhador que exerce actividade condicionada à posse de título profissional, título esse que lhe é retirado por decisão que já não admite recurso, caducando o contrato, por expressa determinação do n.º 2 do artigo 117.º, logo que as partes sejam notificadas da decisão. Também a não prorrogação de permanência em território nacional, por parte das entidades portuguesas, a trabalhador estrangeiro, nos termos previstos na Lei n.º 23/2007, de 4 de Julho, com as alterações introduzidas pelas Leis n.os 29/2012, de 9 de Agosto, 56/2015, de 23 de Junho, e 63/2015, de 30 de Junho, que define o regime jurídico de entrada, permanência, saída e afastamento de cidadãos estrangeiros do território nacional, deve determinar a caducidade do contrato de trabalhado.

4. Nos termos da alínea a) deste preceito, o contrato de trabalho caduca quando se verifica o termo do contrato de trabalho nos contratos a termo certo ou incerto, cfr. artigo 344.º e 345.º, respectivamente. Também no artigo 348.º se prevê a caducidade do contrato a termo de trabalhador reformado por velhice ou que tenha atingido os 70 anos, sem que se encontre reformado.

5. A impossibilidade superveniente, absoluta e definitiva do trabalhador prestar o seu trabalho ou do empregador o receber prevista na alínea b) corresponde a uma cláusula genérica. Deve ser integrada, por exemplo, nesta cláusula, a morte do trabalhador, situação esta que determina a caducidade do contrato de trabalho, e que opera na data da verificação do óbito, ainda que este só seja conhecido em momento posterior, desde logo porquanto a obrigação de prestar trabalho não se transmite aos sucessores do trabalhador.

Neste Código do Trabalho prevêem-se em dois preceitos algumas situações que recaem no âmbito de aplicação desta alínea b), a morte do empregador, extinção de pessoa colectiva ou encerramento de empresa, e a insolvência e recuperação de empresa, cfr. artigos 346.º e 347.º, respectivamente.

Da interpretação *a contrario* da alínea b) resulta desde logo que quando a impossibilidade superveniente é apenas parcial, não haverá caducidade.

Aferir o que se deve entender por impossibilidade superveniente, absoluta e definitiva é tarefa que nem sempre se afigura fácil. Na doutrina tem-se entendido que a impossibilidade será superveniente, quando a causa determinante só se verificar depois da constituição do vínculo laboral e não quando já existisse à data em que o mesmo se constituiu. A impossibilidade será absoluta, quando seja total, isto é, quando o trabalhador ou o empregador não estejam em condições de, respectivamente, prestar ou receber sequer parte do trabalho. E será definitiva, quando, face a uma evolução normal e previsível, nunca mais seja viável a prestação ou o recebimento do trabalho. Os tribunais, regra geral, mostram-se bastante exigentes no tocante ao requisito da absolutidade: uma simples diminuição das qualidades do trabalhador, quando lhe possam ainda ser atribuídas outras tarefas, não conduz à caducidade. Haverá aqui uma manifestação, pela positiva, do princípio da igualdade, cfr. artigo 13.º da Constituição da República Portuguesa. Não obstante, há quem venha argumentando que a tese segundo a qual a eficácia extintiva da impossibilidade depende da demonstração de uma incapacidade total para todo e qualquer trabalho, é claramente insuficiente. Para estes, aquilo que interessa é determinar se o trabalhador se encontra em condições de executar a prestação a que se obrigou, tal como ela é definida através da categoria profissional e não outra que se encontra fora do programa contratual e cuja execução pressupõe a alteração desse programa, ou seja, uma modificação do contrato de trabalho.

De acordo com aquela que tem sido a posição maioritária da jurisprudência, a impossibilidade absoluta é uma incapacidade para todo o tipo de trabalho, de tal modo que se o empregador puder colocar o trabalhador a exercer outras funções, o contrato não caduca, mas mantém-se, ainda que com eventual modificação do seu objecto. E vêm entendendo os tribunais que é sobre o empregador que impende o ónus de alegar e provar, quer os factos caracterizadores da impossibilidade, quer os factos que revelem a inexistência, no seio da empresa, de um posto de trabalho compatível com a capacidade diminuída do trabalhador, por se tratar, em qualquer dos casos, de factos constitutivos do direito de declarar a caducidade. Neste sentido, vejam-se, entre outros os Acórdãos do Supremo Tribunal de Justiça, de 23 de Maio de 2001, processo n.º 2956/00; de 27 de Abril de 2005, processo n.º 4565/04; e de 7 de Março de 2007, processo n.º 06S4277, todos com sumários em www.dgsi.pt.

6. A reforma do trabalhador, por velhice, estabelecida na alínea c), está prevista na legislação relativa à segurança social, no Decreto-Lei n.º 187/2007, de 10 de Maio, alterado pela Lei n.º 64-A/2008, de 31 de Dezembro, e pelo Decreto-Lei n.º 167-E/2013, de 31 de Dezembro, encontrando-se estabelecida a idade de 65 anos para que o beneficiário a possa requerer, à qual podem acrescer ainda alguns meses, sendo a idade normal de acesso à pensão determinada por portaria. De acordo com a Portaria n.º 378-G/2013, de 31 de Dezembro, a idade normal de acesso à pensão de velhice, em 2015, é 66 anos, enquanto que em 2016 é 66 anos e 2 meses, nos termos definidos pela Portaria n.º 277/2014, de 26 de Dezembro, em 2017 é de 66 anos e

3 meses, nos termos da Portaria n.º 67/2016, de 1 de Abril, e em 2018 é de 66 anos e 4 meses, nos termos da Portaria n.º 99/2017, de 7 de Março.

Neste Código do Trabalho apenas se prevê a conversão do contrato de trabalho em contrato a termo, do trabalhador reformado por velhice ou que tenha atingido os 70 anos sem que se encontre reformado e que permaneça ao serviço do empregador. Já a reforma por invalidez deve ser reconduzida a uma situação de impossibilidade superveniente, absoluta e definitiva do trabalhador prestar o seu trabalho, prevista na alínea b) deste artigo 343.º

7. Sobre este preceito, no domínio da legislação anterior, pelo que será necessário proceder às adaptações necessárias, *vide* Pedro Furtado Martins, *Cessação do Contrato de Trabalho*, Princípia, Cascais, 1999.

8. Jurisprudência:

> O Acórdão do Supremo Tribunal de Justiça, de 20 de Maio de 2009, processo 08S3258, documento SJ20090520003584, sumários em www.dgsi.pt, entendeu que: "Quer no âmbito da LCCT, quer no âmbito do Código do Trabalho de 2003, a jurisprudência do Supremo Tribunal de Justiça tem entendido, de modo uniforme, que a impossibilidade de o trabalhador prestar o trabalho, ou de o empregador o receber, para determinar a caducidade do contrato de trabalho deve ser superveniente (no sentido de que não se verificava, não tinha sido prevista, nem era previsível na data da celebração do contrato), absoluta (o que se traduzia numa efectiva inviabilidade, à luz dos critérios normais de valorização da prestação) e definitiva (no sentido de que face a uma evolução normal e previsível, não seria mais viável a respectiva prestação).".

ARTIGO 344.º – Caducidade de contrato de trabalho a termo certo

1 – O contrato de trabalho a termo certo caduca no final do prazo estipulado, ou da sua renovação, desde que o empregador ou o trabalhador comunique à outra parte a vontade de o fazer cessar, por escrito, respectivamente, 15 ou oito dias antes de o prazo expirar.

2 – Em caso de caducidade de contrato de trabalho a termo certo por verificação do seu termo, o trabalhador tem direito a compensação correspondente a 18 dias de retribuição base e diuturnidades por cada ano completo de antiguidade, calculada nos termos do artigo 366.º, salvo se a caducidade de correr de declaração do trabalhador nos termos do número anterior.

3 – (Revogado.)

4 – (Revogado.)

5 – Constitui contra-ordenação grave a violação do disposto no n.º 2.

1. Este preceito corresponde ao artigo 388.º do anterior Código do Trabalho, aprovado pela Lei n.º 99/2003.

2. A redacção do n.º 3 deste artigo foi introduzida pelo artigo 1.º da Lei n.º 53/2011, de 14 de Outubro, que renumerou os demais números em consonância, alterando ainda a redacção do n.º 5 para abranger no seu âmbito de aplicação a violação daquele n.º 3. A redacção dos n.os 2 e 5 deste preceito foi posteriormente alterada pelo artigo 2.º da Lei n.º 23/2012, de 25 de Junho, enquanto que os n.os 3 e 4 foram revogados pelo n.º 2 do artigo 9.º da mesma Lei. Postariormente o artigo 2.º da Lei n.º 69/2013, de 30 de Agosto, alterou a redacção do n.º 2, redacção essa que viria a ser alterada depois pelo artigo 2.º da Lei n.º 93/2019, de 4 de Setembro. Na versão originária do Código do Trabalho, aprovado pela Lei n.º 7/2009, de 12 de Fevereiro, os n.os 2 e 3 (depois n.º 4 com a Lei n.º 53/2011), tinham a seguinte redacção:

> "2 – Em caso de caducidade de contrato a termo certo decorrente de declaração do empregador, o trabalhador tem direito a compensação correspondente a três ou dois dias de retribuição base e diuturnidades por cada mês de duração do contrato, consoante esta não exceda ou seja superior a seis meses, respectivamente.
>
> 3 – A parte da compensação relativa a fracção de mês de duração do contrato é calculada proporcionalmente.".

3. O contrato de trabalho a termo certo é uma modalidade de contrato de trabalho que se encontra regulado no artigo 139.º e segs.

4. A comunicação à outra parte da vontade de fazer cessar o contrato a termo certo constitui uma declaração receptícia que carece de ser dada a conhecer ao destinatário, sendo eficaz logo que chega ao poder do destinatário ou dele é conhecida, artigo 224.º do Código Civil. Se, por exemplo, o empregador só coloca essa comunicação no correio no dia em que termina o prazo de 15 dias para a realizar, e ela só chega ao conhecimento do trabalhador no dia imediato, tem de concluir-se que a comunicação ocorreu fora de tempo útil. A consequência da comunicação intempestiva é a renovação do contrato a termo certo, cfr. n.º 2 do artigo 149.º, se esta ainda for possível, ou a conversão do contrato de trabalho a termo certo em contrato de trabalho sem termo, cfr. alíneas a) e b) do n.º 2 do artigo 147.º Nesta situação, pode até suceder que o trabalhador tivesse conhecimento da vontade do empregador fazer cessar o contrato – designadamente por essa vontade lhe ter sido comunicada verbalmente – sendo que o trabalhador já não tinha interesse na manutenção do vinculo, que, por comunicação intempestiva se renovou. Tendo ou não conhecimento da vontade do empregador cessar o contrato de trabalho a termo certo, o contrato que se tenha renovado por preterição das formalidades necessárias não vincula o trabalhador até ao seu termo, porquanto o próprio trabalhador poderá denunciar o contrato de trabalho nos termos do n.º 3 do artigo 400.º, desde que respeite uma antecedência mínima de 30 ou 15 dias, consoante a duração total do contrato seja de pelo menos seis meses ou inferior. Também nada veda que as partes, empregador e trabalhador acordem na revogação do contrato de trabalho, a qual terá por efeito a sua cessação, cfr. artigo 349.º e 350.º

5. Nada obsta que a forma escrita da comunicação da vontade de fazer cessar o contrato a termo certo, imposta pelo n.º 1, seja satisfeita através de documento electrónico, ou seja, por documento elaborado mediante processamento electrónico de dados. Por outras palavras, nada impede que a forma escrita seja adoptada através de uma declaração escrita enviada por correio electrónico (e-mail) para um endereço electrónico. Sobre a validade, eficácia e valor probatório dos documentos electrónicos remete-se para a anotação 4. ao artigo 107.º

6. Do n.º 2 resulta que o empregador tem o dever de pagar a compensação por verificação do termo do contrato, salvo se a caducidade decorrer de declaração do trabalhador, em sentido deste último se opor à sua renovação. Ou seja, a regra é de pagamento da compensação, excepto quando seja o próprio trabalhador a declarar a caducidade do contrato a termo certo. A compensação a que o trabalhador tem direito, correspondente a 18 dias de retribuição base e diuturnidades – se existirem – por cada ano completo de antiguidade, só é aplicável relativamente a contratos de trabalho a termo certo celebrados a partir de 1 de Outubro de 2013, data em que entrou em vigor a Lei n.º 69/2013, de 30 de Agosto, que deu a actual redacção do n.º 2 deste artigo 344.º Relativamente a contratos de trabalho celebrados em data anterior a 1 de Outubro de 2013, trataremos nas anotações infra.

O n.º 2 deste artigo 344.º, ao remeter o cálculo da compensação correspondente a 18 dias para o artigo 366.º, significa que para se determinar o valor a pagar ao trabalhador deve-se proceder ao apuramento da retribuição diária. Para tanto, a retribuição base mensal e diuturnidades, quando estas últimas existam, deve ser dividida por 30. Em caso de fracção de ano, o montante da compensação é calculado proporcionalmente. A compensação a receber pelo trabalhador tem limites máximos, fixados nas alíneas a) e b) do n.º 2 do artigo 366.º Assim, de acordo com aquelas normas, o valor da retribuição base mensal e diuturnidades, quando estas últimas existam, a considerar para efeitos de cálculo da compensação não pode ser superior a 20 vezes a retribuição mínima mensal garantida. Há ainda um segundo limite: o montante global da compensação não pode ser superior a 12 vezes a retribuição base mensal e diuturnidades, quando estas existam, ou, quando seja aplicável o limite previsto no ponto anterior, a 240 vezes a retribuição mínima mensal garantida.

Releva, para efeitos de aplicação desta norma, a duração total do contrato, e não apenas a eventual renovação que antecedeu a declaração do empregador, porquanto nos termos do n.º 5 do artigo 149.º, considera-se como único contrato aquele que seja objecto de renovação.

A compensação prevista no n.º 2 decorre da cessação do contrato de trabalho a termo certo. Consubstanciando-se uma situação de conversão do contrato de trabalho a termo certo, em contrato de trabalho sem termo, cremos inaplicável este n.º 2, pelo que nesse caso o trabalhador não terá direito à compensação.

7. Como se calcula o valor da compensação, pela caducidade do contrato a termo certo, nos termos do n.º 2?

Exemplificando:

> Um trabalhador contratado a termo certo, admitido em 1 de Janeiro de 2020, cessou o seu contrato de trabalho a termo certo em 30 de Junho de 2020, tendo uma retribuição mensal de 900,00 €, e um período normal de trabalho de 40 horas semanais (5 dias).

1.º aferir se o valor da retribuição base mensal e diuturnidades não ultrapassa o limite legal
20 × 635,00 € = 12.700,00 €
900,00 € é menor do que 12.700,00 €

2.º calcular o valor diário da retribuição base e diuturnidades.
900,00 € : 30 = 30 €

3.º calcular a compensação correspondente a 18 dias de retribuição base e diuturnidades por cada ano completo de antiguidade
30 € x 18 = 540 €

4.º calcular o montante da compensação proporcionalmente
(540 : 12) × 6 meses de duração do contrato = 270 €

5.º aferir se o valor não ultrapassa o limite legal fixado para o montante global da compensação
12 × 900,00 = 10.800,00 €
270 € é menor do que 10.800,00€
A compensação é assim de 270,00 €.

8. Quando as partes, no contrato de trabalho a termo certo, tenham acordado que o mesmo não fica sujeito a renovação, cfr. n.º 1 do artigo 149.º, a caducidade opera automaticamente, sem depender de qualquer comunicação do empregador ao trabalhador. Quando assim for, por força do n.º 2 deste artigo 344.º, o trabalhador terá direito a uma compensação pela caducidade do contrato. Ou seja, no caso de as partes acordarem que o contrato a termo certo não está sujeito a renovação, mantém-se o direito do trabalhador à compensação por caducidade, inexistindo qualquer consequência relativamente a pagamento da compensação nos contratos cuja renovação é excluída desde início.

O trabalhador só não terá direito à compensação, se a caducidade do contrato a termo certo advir de comunicação escrita do trabalhador dirigida ao empregador, informando da vontade do trabalhador de cessar o contrato.

9. Nos termos do artigo 134.º, cessando o contrato de trabalho, o trabalhador tem direito a receber a retribuição correspondente ao número mínimo anual de horas de formação que não lhe tenha sido proporcionado, ou ao crédito de horas para formação de que seja titular à data da cessação.

10. Quando o empregador ponha fim ao contrato a termo certo celebrado antes de 1 de Novembro de 2011 (incluindo o que tenha sido objecto de renovação extraordinária, nos termos da Lei n.º 3/2012, de 10 de Janeiro, com as alterações introduzidas pela Lei n.º 23/2012, de 25 de Junho), a compensação prevista no n.º 2 deste artigo 344.º é calculada de modo distinto, aplicando-se o disposto nos n.ºs 1, 3, 4 e 5 do artigo 6.º da Lei n.º 69/2013, de 30 de Agosto. Significa isto que por força daquele artigo 6.º, a compensação a pagar ao trabalhador poderá resultar da soma de três partes.

Em relação ao período de vigência do contrato a termo certo até 31 de Outubro de 2012 ou até à data da renovação extraordinária, caso seja anterior a 31 de Outubro de 2012, o montante da compensação corresponde a três ou dois dias de retribuição base e diuturnidades por cada mês de duração do contrato, consoante a duração total do contrato não exceda ou seja superior a seis meses, respectivamente. Significa isto que a retribuição diária é calculada a partir da retribuição horária, cfr. artigo 271.º do Código do Trabalho (o que corresponde a cerca de 1/22 do valor mensal).

Em relação ao período de vigência do contrato a termo contado a partir de 1 de Novembro de 2012, inclusive, e até 30 de Setembro de 2013, o montante da compensação corresponde a 20 dias de retribuição base e diuturnidades, quando estas últimas existam, por cada ano completo de antiguidade (ou seja, 1.66 dias por cada mês trabalhado). A retribuição diária é calculada através da divisão por 30 da retribuição base e diuturnidades, quando estas últimas existam (o que corresponde a 1/30 do valor mensal), sendo que em caso de fracção de ano, o montante da compensação é calculado proporcionalmente. A compensação a receber pelo trabalhador tem limites máximos. De acordo com um destes limites, o valor da retribuição base mensal e diuturnidades, quando estas últimas existam, a considerar para efeitos de cálculo da compensação não pode ser superior a 20 vezes a retribuição mínima mensal garantida. Há ainda um segundo limite: o montante global da compensação não pode ser superior a 12 vezes a retribuição base mensal e diuturnidades, quando estas existam.

Relativamente ao período de vigência do contrato a termo contado a partir de 1 de Outubro de 2013, inclusive, o montante da compensação corresponde à soma dos seguintes importâncias:

i) A 18 dias de retribuição base e diuturnidades, quando estas últimas existam, por cada ano completo de antiguidade, no que respeita aos três primeiros anos de duração do contrato (o que se aplica apenas nos casos em que o contrato de trabalho, a 1 de Outubro de 2013, ainda não tenha atingido a duração de três anos); e

ii) A 12 dias de retribuição base e diuturnidades, quando estas últimas existam, por cada ano completo de antiguidade, nos anos subsequentes.

Ainda no que se refere ao período de duração do contrato a partir de 1 de Outubro de 2013, inclusive, a retribuição diária é calculada através da divisão por 30 da retribuição base e diuturnidades, quando estas últimas existam (o que corresponde a 1/30 do valor mensal), sendo que em caso de fracção de ano, o montante da compensação é calculado proporcionalmente. A compensação a receber pelo trabalhador tem limites máximos. De acordo com um destes limites, o valor da retribuição base mensal e diuturnidades, quando estas últimas existam, a considerar para efeitos de cálculo da compensação não pode ser superior a 20 vezes a retribuição mínima mensal garantida. Há ainda um segundo limite: o montante global da compensação não pode ser superior a 12 vezes a retribuição base mensal e diuturnidades, quando estas existam.

Exemplificando, como se calcula o valor da compensação, pela caducidade do contrato a termo certo, quando o contrato tenha sido celebrado antes de 1 de Novembro de 2011?

A compensação é calculada por aplicação da fórmula fixada no Código de Trabalho para o cálculo do valor da retribuição horária, cfr. n.º 1 do artigo 271.º

Um trabalhador contratado a termo certo, admitido em 1 de Outubro de 2011, cessou o seu contrato de trabalho a termo certo em 30 de Setembro de 2012, tendo uma retribuição mensal de 900,00 €, e um período normal de trabalho de 40 horas semanais (5 dias).

1.º: encontrar o valor da retribuição horária, cfr. artigo 271.º
Rh = (Rm × 12) / (52 × n)
Em que Rh = retribuição horária; Rm = retribuição mensal; 12 = número de meses do ano; 52 = número de semanas do ano; n = período normal de horas trabalhadas semanalmente.
Retribuição horária = (900 × 12) / (52 × 40) = € 5,19
(Quanto existirem complementos retributivos que sejam pagos com regularidade e periodicidade aos trabalhadores, nos termos do n.º 2 do artigo 258.º, o valor destes entra para o montante total da remuneração, ou seja, na fórmula supra referida, deve ser considerado uma parte de (Rm))

2.º: calcular o valor diário que o empregador paga ao trabalhador.
8 horas × 5,19 € = 41,52 €

3.º: calcular o valor correspondente a dois dias de retribuição (o contrato teve a duração total de 12 meses):
2 dias × 41,52 € = 83,04 €

4.º: calcular o valor da compensação a que o trabalhador tem direito.
83,04 € × 12 = 996,48 €.
A compensação era assim de 996,48 €.

11. Quando o empregador ponha fim a um contrato a termo certo que tenha sido celebrado depois de 1 de Novembro de 2011, e até 30 de Setembro de 2013 (incluindo o que tenha sido objecto de renovação extraordinária, nos termos da Lei n.º 3/2012, de 10 de Janeiro, com as alterações introduzidas pela Lei n.º 23/2012, de 25 de Junho), a compensação prevista no n.º 2 deste artigo 344.º é calculada de modo distinto, aplicando-se o disposto nos n.os 2, 3, 4 e 5 do artigo 6.º da Lei n.º 69/2013, de 30 de Agosto. Ou seja, a qualquer contrato de trabalho a termo certo que tenha sido celebrado no período temporal compreendido entre 1 de Novembro de 2011 e 30 de Setembro de 2013 é aplicável o regime temporário previsto no n.º 2 do artigo 6.º da Lei n.º 69/2013. Significa isto que por força daquele n.º 2 do artigo 6.º da Lei n.º 69/2013, a compensação a pagar ao trabalhador poderá resultar da soma de duas partes.

Relativamente ao período de duração do contrato até 30 de Setembro de 2013, o montante da compensação corresponde a 20 dias de retribuição base e diuturnidades, quando estas últimas existam, por cada ano completo de antiguidade, ou é calculado proporcionalmente em caso de fracção de ano. A retribuição diária é calculada através da divisão por 30 da retribuição base e diuturnidades, quando estas últimas existam (o que corresponde a 1/30 do valor mensal), sendo que em caso de fracção de ano, o montante da compensação é calculado proporcionalmente. A compensação a receber pelo trabalhador tem limites máximos. De acordo com um destes limites, o valor da retribuição base mensal e diuturnidades, quando estas últimas existam, a considerar para efeitos de cálculo da compensação não pode ser superior a 20 vezes a retribuição mínima mensal garantida. Há ainda um segundo limite: o montante global da compensação não pode ser superior a 12 vezes a retribuição base mensal e diuturnidades, quando estas existam.

Em relação ao período de duração do contrato a partir de 1 de Outubro de 2013 inclusive, o montante da compensação corresponde à soma dos seguintes montantes:

i) A 18 dias de retribuição base e diuturnidades, quando estas últimas existam, por cada ano completo de antiguidade, no que respeita aos três primeiros anos de duração do contrato (o que se aplica apenas nos casos em que o contrato de trabalho, a 1 de Outubro de 2013, ainda não tenha atingido a duração de três anos) e;

ii) A 12 dias de retribuição base e diuturnidades, quando estas últimas existam, por cada ano completo de antiguidade, nos anos subsequentes.

Ainda em relação ao período de duração do contrato a partir de 1 de Outubro de 2013 inclusive, a retribuição diária é calculada através da divisão por 30 da retribuição base e diuturnidades, quando estas últimas existam (o que corresponde a 1/30 do valor mensal), sendo que em caso de fracção de ano, o montante da compensação é calculado proporcionalmente. A compensação a receber pelo trabalhador tem limites máximos. De acordo com um destes limites, o valor da retribuição base mensal e diuturnidades, quando estas últimas existam, a considerar para efeitos de cálculo da compensação não pode ser superior a 20 vezes a retribuição mínima mensal garantida. Há ainda um segundo limite: o montante global da compensação não pode ser superior a 12 vezes a retribuição base mensal e diuturnidades, quando estas existam.

Exemplificando, como se calculava o valor da compensação, pela caducidade do contrato a termo certo, quando o contrato tenha sido celebrado depois de 1 de Novembro de 2011, e até 30 de Setembro de 2013?

Um trabalhador contratado a termo certo, admitido em 1 de Dezembro de 2011, cessou o seu contrato de trabalho a termo certo em 30 de Novembro de 2012, tendo uma retribuição mensal de 900,00 €, e um período normal de trabalho de 40 horas semanais (5 dias).

1.º calcular o valor diário da retribuição base e diuturnidades.
900,00 € : 30 = 30,00 €

2.º calcular a compensação correspondente a 20 dias de retribuição base e diuturnidades por cada ano completo de antiguidade
30,00 × 20 = 600,00 600,00 × 1 = 600,00 €

3.º aferir se o valor da retribuição base mensal e diuturnidades não ultrapassava o limite legal
20 × 505,00 € = 9.700,00 € (o valor da retribuição mínima mensal garantida em 2012 era de 485,00€)
900,00 € é menor do que 9.700,00 €

4.º aferir se o valor não ultrapassava o limite legal fixado para o montante global da compensação
12 × 900,00 = 10.800,00 €
600,00 € é menor do que 10.800,00€
A compensação era assim de 600,00 €

12. Nos termos do artigo 8.º da Lei n.º 69/2013, de 30 de Agosto, são nulas as disposições de instrumentos de regulamentação colectiva de trabalho celebrados antes da entrada daquela lei (entrou em vigor em 1 de Outubro de 2013) que prevejam montantes superiores aos resultantes do n.º 2 deste artigo 344.º

ARTIGO 345.º – Caducidade de contrato de trabalho a termo incerto

1 – O contrato de trabalho a termo incerto caduca quando, prevendo-se a ocorrência do termo, o empregador comunique a cessação do mesmo ao trabalhador, com a antecedência mínima de sete, 30 ou 60 dias conforme o contrato tenha durado até seis meses, de seis meses a dois anos ou por período superior.

2 – Tratando-se de situação prevista na alínea e) ou h) do n.º 2 do artigo 140.º que dê lugar à contratação de vários trabalhadores, a comunicação a que se refere o número anterior deve ser feita, sucessivamente, a partir da verificação da diminuição gradual da respectiva ocupação, em consequência da normal redução da actividade, tarefa ou obra para que foram contratados.

3 – Na falta da comunicação a que se refere o n.º 1, o empregador deve pagar ao trabalhador o valor da retribuição correspondente ao período de aviso prévio em falta.

4 – Em caso de caducidade de contrato de trabalho a termo incerto, o trabalhador tem direito a compensação que corresponde à soma dos seguintes montantes:

a) A 18 dias de retribuição base e diuturnidades por cada ano completo de antiguidade, no que respeita aos três primeiros anos de duração do contrato;

b) A 12 dias de retribuição base e diuturnidades por cada ano completo de antiguidade, nos anos subsequentes.

5 – A compensação prevista no número anterior é calculada nos termos do artigo 366.º

6 – Constitui contra-ordenação grave a violação do disposto no n.º 4.

1. Este preceito corresponde ao artigo 389.º do anterior Código do Trabalho, aprovado pela Lei n.º 99/2003.

2. A redacção do n.º 4 deste artigo foi alterada pelo artigo 1.º da Lei n.º 53/2011, de 14 de Outubro. A redacção do n.º 4 deste preceito foi posteriormente alterada pelo artigo 2.º da Lei n.º 23/2012, de 25 de Junho. A actual redacção do n.º 4 resultou do artigo 2.º da Lei n.º 69/2013, de 30 de Agosto, que alterou também o n.º 5, e introduziu ainda o n.º 6, que corresponde ao anterior n.º 5. Na versão originária do Código do Trabalho, aprovado pela Lei n.º 7/2009, de 12 de Fevereiro, os n.os 4 e 5 tinham a seguinte redacção:

> "4 – Em caso de caducidade de contrato a termo incerto, o trabalhador tem direito a compensação calculada nos termos dos n.os 2 e 3 do artigo anterior.
>
> 5 – Constitui contra-ordenação grave a violação do disposto no número anterior.".

3. O contrato de trabalho a termo incerto é uma modalidade de contrato de trabalho, que se encontra regulado nos artigos 139.º e segs.

4. Do n.º 1 resulta a necessidade do empregador observar diferentes prazos para efectuar a comunicação de cessação do contrato de trabalho a termo incerto, consoante a duração efectiva do contrato. Quando o contrato de trabalho a termo incerto tenha durado até seis meses, a antecedência da comunicação do empregador terá de ser, no mínimo de sete dias, sendo que quando tenha tido uma duração entre seis meses e dois anos, a antecedência mínima é de 30 dias, passando para 60 dias quando a duração do contrato ultrapasse os dois anos. Caso o empregador não realize a comunicação de cessação do contrato de trabalho a termo incerto, ou fazendo-a, não observe a antecedência mínima fixada no n.º 1, o n.º 3 deste artigo 345.º impõe o dever do empregador pagar ao trabalhador o montante da retribuição relativa ao período de aviso prévio em falta.

5. De acordo com o n.º 3, quando se trate de contrato de trabalho a termo incerto celebrado com fundamento, em actividade sazonal ou outra cujo ciclo anual de produção apresente irregularidades decorrentes da natureza estrutural do respectivo mercado, incluindo o abastecimento de matéria-prima, ou com fundamento na execução de obra, projecto ou outra actividade definida e temporária, incluindo a execução, direcção ou fiscalização de trabalhos de construção civil, obras públicas, montagens e reparações industriais, em regime deempreitada ou em administração directa, bem como os respectivos projectos ou outra actividade complementar de controlo e acompanhamento, a comunicação de cessação do contrato deve ser feita sucessivamente. Para tanto, releva a verificação da diminuição gradual da respectiva ocupação.

6. Nos termos do n.º 4, o empregador tem o dever de pagar ao trabalhador contratado a termo incerto uma compensação quando se verificar a caducidade deste contrato. A compensação a que o trabalhador tem direito, correspondente a 18 dias de retribuição base e diuturnidades – se existirem – por cada ano completo de antiguidade, no que respeita aos 3 primeiros anos de duração do contrato, e correspondente a 12 dias de retribuição base e diuturnidades – se existirem – por cada ano completo de antiguidade, após terem sido completados os 3 anos, só é aplicável relativamente a contratos de trabalho a termo incerto celebrados a partir de 1 de Outubro de 2013. Tal sucede porquanto 1 de Outubro de 2013 foi a data em que entrou em vigor a Lei n.º 69/2013, de 30 de Agosto, que deu a actual redacção do n.º 4 deste artigo 345.º Relativamente a contratos de trabalho a termo incerto celebrados em data anterior a 1 de Outubro de 2013, trataremos nas anotações infra.

O n.º 5 deste artigo 345.º, ao remeter o cálculo da compensação correspondente a 18 dias, e a 12 dias para o artigo 366.º, significa que para se determinar o valor a pagar ao trabalhador deve-se proceder ao apuramento da retribuição diária. Para tanto, a retribuição base mensal e diuturnidades, quando estas últimas existam, deve ser dividida por 30. Em caso de fracção de ano, o montante da compensação é calculado proporcionalmente. A compensação a receber pelo trabalhador tem limites máximos, fixados nas alíneas a) e b) do n.º 2 do artigo 366.º Assim, de acordo com aquelas normas, o valor da retribuição base mensal e diuturnidades, quando estas últimas existam, a considerar para efeitos de cálculo da compensação não pode ser superior a 20 vezes a retribuição mínima mensal garantida. Há ainda um segundo limite: o montante global da compensação não pode ser superior a 12 vezes a retribuição base mensal e diuturnidades, quando estas existam, ou, quando seja aplicável o limite previsto no ponto anterior, a 240 vezes a retribuição mínima mensal garantida.

7. Como se calcula o valor da compensação, pela caducidade do contrato a termo incerto?

Exemplificando:

Um trabalhador contratado a termo incerto, admitido em 1 de Janeiro de 2020, cessou o seu contrato de trabalho a termo incerto em 30 de Junho de 2020, tendo uma retribuição mensal de 900,00 €, e um período normal de trabalho de 40 horas semanais.

1.º aferir se o valor da retribuição base mensal e diuturnidades não ultrapassa o limite legal
20 × 635,00 € = 12.700,00 €
900,00 € é menor do que 12.700,00 €

2.º calcular o valor diário da retribuição base e diuturnidades.
900,00 € : 30 = 30 €

3.º calcular a compensação correspondente a 18 dias de retribuição base e diuturnidades por cada ano completo de antiguidade
30 € × 18 = 540 €

4.º calcular o montante da compensação proporcionalmente
(540 : 12) × 6 meses de duração do contrato = 270 €

5.º aferir se o valor não ultrapassa o limite legal fixado para o montante global da compensação
12 × 900,00 = 10.800,00 €
270 € é menor do que 10.800,00€
A compensação é assim de 270,00 €.

8. A alínea c) do n.º 2 do artigo 147.º determina que se converte em contrato de trabalho sem termo, o contrato celebrado a termo incerto, quando o trabalhador permaneça em actividade após a data de caducidade indicada na comunicação do empregador ou, na falta desta, decorridos 15 dias após a verificação do termo. Convalidando-se o contrato, cremos inaplicável a compensação prevista no n.º 4 deste artigo 345.º

9. Nos termos do artigo 134.º, cessando o contrato de trabalho, o trabalhador tem direito a receber a retribuição correspondente ao número mínimo anual de horas de formação que não lhe tenha sido proporcionado, ou ao crédito de horas para formação de que seja titular à data da cessação.

10. Quando o empregador ponha fim ao contrato a termo incerto celebrado antes de 1 de Novembro de 2011, a compensação prevista no n.º 4 deste artigo 345.º é calculada de modo distinto, aplicando-se o disposto nos n.os 1, 3, 4 e 5 do artigo 6.º da Lei n.º 69/2013, de 30 de Agosto. Significa isto que por força daquele artigo 6.º, a compensação a pagar ao trabalhador poderá resultar da soma de três partes.

Em relação ao período de vigência do contrato a termo incerto até 31 de Outubro de 2012, o montante da compensação corresponde a três ou dois dias de retribuição base e diuturnidades por cada mês de duração do contrato, consoante a duração total do contrato não exceda ou seja superior a seis meses, respectivamente. Significa isto que a retribuição diária é calculada a partir da retribuição horária, cfr. artigo 271.º do Código do Trabalho (o que corresponde a cerca de 1/22 do valor mensal).

Em relação ao período de vigência do contrato a termo incerto contado a partir de 1 de Novembro de 2012, inclusive, e até 30 de Setembro de 2013, o montante da compensação corresponde a 20 dias de retribuição base e diuturnidades, quando estas últimas existam, por cada ano completo de antiguidade (ou seja, 1.66 dias por cada mês trabalhado). A retribuição diária é calculada através da divisão por 30 da retribuição base e diuturnidades, quando estas últimas existam (o que corresponde a 1/30 do valor mensal), sendo que em caso de fracção de ano, o montante da compensação é calculado proporcionalmente. A compensação a receber pelo trabalhador tem limites máximos. De acordo com um destes limites, o valor da retribuição base mensal e diuturnidades, quando estas últimas existam, a considerar para efeitos de cálculo da compensação não pode ser superior a 20 vezes a retribuição mínima mensal garantida. Há ainda um segundo limite: o montante global da compensação não pode ser superior a 12 vezes a retribuição base mensal e diuturnidades, quando estas existam.

Relativamente ao período de vigência do contrato a termo contado a partir de 1 de Outubro de 2013, inclusive, o montante da compensação corresponde à soma dos seguintes importâncias:

i) A 18 dias de retribuição base e diuturnidades, quando estas últimas existam, por cada ano completo de antiguidade, no que respeita aos três primeiros anos de duração do contrato (o que se aplica apenas nos casos em que o contrato de trabalho, a 1 de Outubro de 2013, ainda não tenha atingido a duração de três anos); e
ii) A 12 dias de retribuição base e diuturnidades, quando estas últimas existam, por cada ano completo de antiguidade, nos anos subsequentes.

Ainda no que se refere ao período de duração do contrato a partir de 1 de Outubro de 2013, inclusive, a retribuição diária é calculada através da divisão por 30 da retribuição base e diuturnidades, quando estas últimas existam (o que corresponde a 1/30 do valor mensal), sendo que em caso de fracção de ano, o montante da compensação é calculado proporcionalmente. A compensação a receber pelo trabalhador tem limites máximos. De acordo com um destes limites, o valor da retribuição base mensal e diuturnidades, quando estas últimas existam, a considerar para efeitos de cálculo da compensação não pode ser superior a 20 vezes a retribuição mínima mensal garantida. Há ainda um segundo limite: o montante global da compensação não pode ser superior a 12 vezes a retribuição base mensal e diuturnidades, quando estas existam.

Para saber como se calcula o montante da compensação em relação ao período de vigência do contrato a termo incerto celebrado antes de 1 de Novembro de 2011, ver anotação ao artigo 344.º

11. Quando o empregador ponha fim ao contrato a termo incerto celebrado depois de 1 de Novembro de 2011 e celebrado até 30 de Setembro de 2013, a compensação prevista no n.º 4 deste artigo 345.º é calculada de modo distinto, aplicando-se o disposto nos n.os 2, 3, 4 e 5 do artigo 6.º da Lei n.º 69/2013, de 30 de Agosto. Significa isto que por força daquele n.º 2 do artigo 6.º, a compensação a pagar ao trabalhador poderá resultar da soma de duas partes.

Relativamente ao período de duração do contrato até 30 de Setembro de 2013, o montante da compensação corresponde a 20 dias de retribuição base e diuturnidades, quando estas últimas existam, por cada ano completo de antiguidade, ou é calculado proporcionalmente em caso de fracção de ano. A retribuição diária é calculada através da divisão por 30 da retribuição base e diuturnidades, quando estas últimas existam (o que corresponde a 1/30 do valor mensal), sendo que em caso de fracção de ano, o montante da compensação é calculado proporcionalmente. A compensação a receber pelo trabalhador tem limites máximos. De acordo com um destes limites, o valor da retribuição base mensal e diuturnidades, quando estas últimas existam, a considerar para efeitos de cálculo da compensação não pode ser superior a 20 vezes a retribuição mínima mensal garantida. Há ainda um segundo limite: o montante global da compensação não pode ser superior a 12 vezes a retribuição base mensal e diuturnidades, quando estas existam.

Em relação ao período de duração do contrato a partir de 1 de Outubro de 2013 inclusive, o montante da compensação corresponde à soma dos seguintes montantes:

i) A 18 dias de retribuição base e diuturnidades, quando estas últimas existam, por cada ano completo de antiguidade, no que respeita aos três primeiros anos de duração do contrato (o que se aplica apenas nos casos em que o contrato de trabalho, a 1 de Outubro de 2013, ainda não tenha atingido a duração de três anos) e;

ii) A 12 dias de retribuição base e diuturnidades, quando estas últimas existam, por cada ano completo de antiguidade, nos anos subsequentes.

Ainda em relação ao período de duração do contrato a partir de 1 de Outubro de 2013 inclusive, a retribuição diária é calculada através da divisão por 30 da retribuição base e diuturnidades, quando estas últimas existam (o que corresponde a 1/30 do valor mensal), sendo que em caso de fracção de ano, o montante da compensação é calculado proporcionalmente. A compensação a receber pelo trabalhador tem limites máximos. De acordo com um destes limites, o valor da retribuição base mensal e diuturnidades, quando estas últimas existam, a considerar para efeitos de cálculo da compensação não pode ser superior a 20 vezes a retribuição mínima mensal garantida. Há ainda um segundo limite: o montante global da compensação não pode ser superior a 12 vezes a retribuição base mensal e diuturnidades, quando estas existam.

Para saber como se calcula o montante da compensação em relação ao período de vigência do contrato a termo incerto celebrado depois de 1 de Novembro de 2011, e até 30 de Setembro de 2013, inclusive, ver anotação ao artigo 344.º

12. Nos termos do artigo 8.º da Lei n.º 69/2013, de 30 de Agosto, são nulas as disposições de instrumentos de regulamentação colectiva de trabalho celebrados antes da entrada daquela lei (entrou em vigor em 1 de Outubro de 2013) que prevejam montantes superiores aos que resultem do disposto no n.º 4 deste artigo 345.º

ARTIGO 346.º – Morte de empregador, extinção de pessoa colectiva ou encerramento de empresa

1 – A morte de empregador em nome individual faz caducar o contrato de trabalho na data do encerramento da empresa, salvo se o sucessor do falecido continuar a actividade para que o trabalhador se encontra contratado, ou se verificar a transmissão da empresa ou estabelecimento.

2 – A extinção de pessoa colectiva empregadora, quando não se verifique a transmissão da empresa ou estabelecimento, determina a caducidade do contrato de trabalho.

3 – O encerramento total e definitivo de empresa determina a caducidade do contrato de trabalho, devendo seguir-se o procedimento previsto nos artigos 360.º e seguintes, com as necessárias adaptações.

4 – O disposto no número anterior não se aplica a microempresas, de cujo encerramento o trabalhador deve ser informado com a antecedência prevista nos n.os 1 e 2 do artigo 363.º

5 – Verificando-se a caducidade do contrato em caso previsto num dos números anteriores, o trabalhador tem direito a compensação calculada nos termos do artigo 366.º, pela qual responde o património da empresa.

6 – (Revogado.)

7 – Constitui contra-ordenação grave a violação do disposto no n.º 5.

1. Este preceito corresponde ao artigo 390.º do anterior Código do Trabalho, aprovado pela Lei n.º 99/2003.

2. A redacção do n.º 6 deste artigo foi alterada pelo artigo 1.º da Lei n.º 53/2011, de 14 de Outubro. A redacção do n.º 7 deste preceito foi posteriormente alterada pelo artigo 2.º da Lei n.º 23/2012, de 25 de Junho, enquanto que o n.º 6 foi revogado pelo n.º 2 do artigo 9.º da mesma Lei. Na versão originária do Código do Trabalho, aprovado pela Lei n.º 7/2009, de 12 de Fevereiro, o n.º 7 inexistia, enquanto que o n.º 6 tinha a seguinte redacção:

> "Constitui contra-ordenação grave a violação do disposto no número anterior.".

3. Poderá ocorrer o encerramento total e definitivo da empresa quando, por via legislativa ou administrativa, se imponha ao empregador o cumprimento de exigências que o próprio empregador não se encontra em condições de satisfazer, sendo que quando assim seja, os contratos de trabalho caducarão por determinação do n.º 3. E poderá também suceder o encerramento total e definitivo da empresa em caso de ocorrência de uma catástrofe, como uma inundação que destruiu totalmente a empresa, ou um incêndio. Também a mera decisão de gestão do empregador de encerrar total e definitivamente a empresa, ainda que a mesma seja economicamente viável recai no âmbito de aplicação deste preceito. Ponto assente, em todos estas situações é que o empregador não recupere a empresa.

4. Nos termos do n.º 3, o encerramento total e definitivo de empresa determina a caducidade do contrato de trabalho, impondo-se ao empregador que antes do encerramento siga o procedimento de despedimento colectivo, previsto nos artigos 360.º e segs., com as necessárias adaptações. Por efeito desta norma, os trabalhadores cuja empresa irá encerrar total e definitivamente irão receber uma compensação, cfr. n.º 1 do artigo 366.º Quanto aos demais direitos dos trabalhadores, remete-se para os preceitos relativos ao despedimento colectivo, e respectivas anotações.

Este procedimento, em caso de encerramento, aplica-se a todas as empresas, com excepção das microempresas. Microempresas são as empresas que empreguem até dez trabalhadores, sendo que se empregar dez trabalhadores já é considerada pequena empresa, cfr. alíneas a) e b) do n.º 1 do artigo 100.º Nas microempresas dispensa-se a observância das formalidades exigidas para o despedimento colectivo, com excepção do pré-aviso de cessação do contrato e do direito à compensação. Este aviso prévio encontra-se previsto por escalões, com diferentes prazos consoante a antiguidade do trabalhador, cfr. n.º 1 do artigo 363.º:

15 dias (trabalhador com antiguidade < a 1 ano);

30 dias (trabalhador com antiguidade = ou > a 1 ano e < a 5 anos);
60 dias (trabalhador com antiguidade = ou > a 5 anos e < a 10 anos); ou
75 dias (trabalhador com antiguidade = ou > a 10 anos).

Quando a cessação do contrato abranja trabalhadores da mesma empresa que sejam cônjugues um do outro, quando unidos pelo contrato de casamento, ou tão só companheiros, quando vivam em união de facto, a comunicação da cessação tem de ser realizada com a antecedência mínima prevista no escalão imediatamente superior, cfr. n.º 2 do artigo 363.º

5. A compensação a que o trabalhador tem direito pela caducidade do contrato de trabalho é calculada de modo distinto consoante a data de celebração do próprio contrato.

Nos contratos de trabalho celebrados a partir de 1 de Outubro de 2013 a indemnização é menor comparativamente aos contratos de trabalho celebrados em data anterior. No primeiro caso, o trabalhador tem direito a compensação correspondente a 12 dias de retribuição base e diuturnidades, quando estas últimas existam, por cada ano completo de antiguidade. A retribuição diária é calculada através da divisão por 30 da retribuição base e diuturnidades, quando estas últimas existam, sendo que em caso de fracção de ano, o montante da compensação é calculado proporcionalmente. A compensação a receber pelo trabalhador tem limites máximos, fixados nas alíneas a) e b) do n.º 2 do artigo 366.º Assim, de acordo com aquelas normas, o valor da retribuição base mensal e diuturnidades, quando estas últimas existam, a considerar para efeitos de cálculo da compensação não pode ser superior a 20 vezes a retribuição mínima mensal garantida. Há ainda um segundo limite: o montante global da compensação não pode ser superior a 12 vezes a retribuição base mensal e diuturnidades, quando estas existam, ou, quando seja aplicável o limite previsto no ponto anterior, a 240 vezes a retribuição mínima mensal garantida.

Ver anotações ao artigo 366.º para exemplos práticos de como se realizar os cálculos.

Já relativamente à cessação dos contratos de trabalho celebrados antes de 1 de Outubro de 2013 vejam-se também as anotações ao artigo 366.º, bem como os exemplos práticos ali perspectivados.

6. Nos termos do artigo 315.º, ao encerrramento definitivo de empresa ou estabelecimento que ocorra sem ser iniciado procedimento para despedimento colectivo, ou sem ser cumprido o disposto no n.º 4 deste artigo 346.º, é aplicável o regime previsto nos artigos 311.º a 314.º, com as necessárias adaptações. Assim, e entre outros deveres, exige-se que o empregador preste caução, cfr. artigo 312.º, encontrando-se proibido de praticar certos actos como: distribuir lucros ou dividendos, efectuar liberalidade, celebrar contratos de mútuo na qualidade de mutuante, etc., cfr. artigo 313.º

7. O encerramento da empresa que não seja total (encerramento parcial) não determina a caducidade do contrato de trabalho. Não obstante, poderá o empregador recorrer à cessação de contratos de trabalho através do despedimento colectivo, cfr. artigo 359.º e segs., sempre que aquela ocorrência se fundamente em encerramento de uma ou várias secções ou estrutura equivalente ou redução do número de trabalhadores determinada por motivos de mercado, estruturais ou tecnológicos, cfr. n.º 1 do artigo 359.º

8. O encerramento temporário da empresa também não determina a caducidade do contrato de trabalho. Desde que reunidos os requisitos, o empregador poderá promover a cessação de contratos de trabalho, através do despedimento colectivo, cfr. artigo 359.º e segs.

Poderá justificar o encerramento temporário uma situação de crise empresarial, com a verificação de motivos de mercado, estruturais ou tecnológicos, catástrofes ou outras ocorrências que tenham afectado gravemente a actividade normal da empresa, sendo que em tal situação o empregador pode suspender os contratos de trabalho, desde que tal medida seja indispensável para assegurar a viabilidade da empresa e a manutenção dos postos de trabalho, cfr. n.º 1 do artigo 298.º Quando não se trate de uma situação de crise empresarial, admite-se igualmente o encerramento temporário da empresa, devido a caso fortuito ou de força maior, por facto imputável ao empregador, ou por motivo de interesse do próprio empregador, cfr. artigos 309.º e segs. Quando se trate de encerramento temporário de empresa ou estabelecimento por facto imputável ao empregador, exige-se-lhe, entre outros deveres, que preste caução, cfr. artigo 312.º, encontrando-se o empregador proibido de praticar certos actos como: distribuir lucros ou dividendos, efectuar liberalidade, celebrar contratos de mútuo na qualidade de mutuante, etc., cfr. artigo 313.º

9. Nos termos do n.º 2 do artigo 290.º, tratando-se de cedência ocasional, em caso de extinção da entidade cessionária, o trabalhador regressa ao serviço do cedente, mantendo os direitos que tinha antes da cedência, cuja duração conta para efeitos de antiguidade.

10. Nos termos do artigo 134.º, cessando o contrato de trabalho, o trabalhador tem direito a receber a retribuição correspondente ao número mínimo anual de horas de formação que não lhe tenha sido proporcionado, ou ao crédito de horas para formação de que seja titular à data da cessação. E tem também direito o trabalhador aos demais créditos laborais, como sejam a retribuição de férias e respectivo subsídio correspondentes a férias vencidas e não gozadas, e aos proporcionais ao tempo de serviço prestado no ano da cessação, cfr. n.º 1 do artigo 245.º E terá ainda direito o trabalhador ao subsídio de Natal, proporcional ao tempo de serviço prestado no ano civil da cessação do contrato de trabalho, cfr. alínea b) do n.º 2 do artigo 263.º

ARTIGO 347.º – Insolvência e recuperação de empresa

1 – A declaração judicial de insolvência do empregador não faz cessar o contrato de trabalho, devendo o administrador da insolvência continuar a satisfazer integralmente as obrigações para com os trabalhadores enquanto o estabelecimento não for definitivamente encerrado.

2 – Antes do encerramento definitivo do estabelecimento, o administrador da insolvência pode fazer cessar o contrato de trabalho de trabalhador cuja colaboração não seja indispensável ao funcionamento da empresa.

3 – A cessação de contratos de trabalho decorrente do encerramento do estabelecimento ou realizada nos termos do n.º 2 deve ser antecedida de procedimento previsto nos artigos 360.º e seguintes, com as necessárias adaptações.

4 – O disposto no número anterior não se aplica a microempresas.

5 – Na situação referida no n.º 2, o trabalhador tem direito à compensação prevista no artigo 366.º

6 – O disposto no n.º 3 aplica-se em caso de processo de insolvência que possa determinar o encerramento do estabelecimento.

7 – Constitui constra-ordenação grave a violação do disposto no n.º 5.

1. Este preceito corresponde ao artigo 391.º do anterior Código do Trabalho, aprovado pela Lei n.º 99/2003.

2. A redacção do n.º 5 deste artigo foi alterada pelo artigo 1.º da Lei n.º 53/2011, de 14 de Outubro. A redacção do n.º 5 deste preceito foi posteriormente alterada pelo artigo 2.º da Lei n.º 23/2012, de 25 de Junho, enquanto que o n.º 7 foi introduzido pelo mesmo artigo 2.º da Lei n.º 23/2012. Na versão originária do Código do Trabalho, aprovado pela Lei n.º 7/2009, de 12 de Fevereiro, o n.º 5 correspondia ao actual n.º 6.

3. A insolvência e recuperação de empresa encontra-se regulada no Código da Insolvência e da Recuperação de Empresas que foi aprovado pelo Decreto-Lei n.º 53/2004, de 18 de Março, e foi alterado pelos Decretos-Leis n.os 200/2004, de 18 de Agosto, 76-A/2006, de 29 de Março, 282/2007, de 7 de Agosto, 116/2008, de 4 de Julho e 185/2009, de 12 de Agosto, pelas Leis n.os 16/2012, de 20 de Abril, e 66-B/2012, de 31 de Dezembro, pelos Decretos-Leis n.os 26/2015, de 6 de Fevereiro, 79/2017, de 30 de Junho, pela Rectificação n.º 21/2017, de 25 de Agosto, pelas Leis n.os 114/2017, de 29 de Dezembro, 8/2018, de 2 de Março, e pelo Decreto-Lei n.º 84/2019, de 28 de Junho.

4. De acordo com o n.º 1, a declaração judicial de insolvência, só por si, não determina a cessação dos contratos de trabalho.

5. Nos termos do n.º 3, a cessação de contrato de trabalho resultante do encerramento do estabelecimento, ou realizada pelo administrador da insolvência, determina a caducidade do contrato de trabalho, impondo-se que antes do encerramento seja adoptado o procedimento de despedimento colectivo, previsto nos artigos 360.º e segs., com as necessárias adaptações. Não se exige que o encerramento seja definitivo para que o contrato cesse, mas tão só a possibilidade do processo de insolvência poder conduzir ao encerramento, cfr. n.º 6. Por efeito destas normas, os trabalhadores cujo contrato cessar irão receber uma compensação que é calculada de modo distinto consoante a data de celebração do contrato de trabalho.

Nos contratos de trabalho celebrados a partir de 1 de Outubro de 2013 a indemnização é menor comparativamente aos contratos de trabalho celebrados em data anterior. No primeiro caso, o trabalhador tem direito a compensação correspondente a 12 dias de retribuição base e diuturnidades, quando estas últimas existam, por cada ano completo de antiguidade. A retribuição diária é calculada através da divisão por 30 da retribuição base e diuturnidades, quando estas últimas existam, sendo que em caso de fracção de ano, o montante da compensação é calculado proporcionalmente. A compensação a receber pelo trabalhador tem limites máximos, fixados nas alíneas a) e b) do n.º 2 do artigo 366.º Assim, de acordo com aquelas normas, o valor da retribuição base mensal e diuturnidades, quando estas últimas existam, a considerar para efeitos de cálculo da compensação não pode ser superior a 20 vezes a retribuição mínima mensal garantida. Há ainda um segundo limite: o montante global da compensação não pode ser superior a 12 vezes a retribuição base mensal e diuturnidades, quando estas existam, ou, quando seja aplicável o limite previsto no ponto anterior, a 240 vezes a retribuição mínima mensal garantida.

Já relativamente à cessação dos contratos de trabalho celebrados antes de 1 de Outubro de 2013 vejam-se as anotações ao artigo 366.º, bem como os exemplos práticos ali perspectivados.

Quanto aos demais direitos dos trabalhadores, remete-se também para os preceitos relativos ao despedimento colectivo, e respectivas anotações.

O procedimento específico de despedimento colectivo, quando tenha sido declarada judicialmente a insolvência do empregador, aplica-se a todas as empresas, com excepção das microempresas, cfr. n.º 4. Microempresas são as empresas que empreguem até dez trabalhadores, sendo que se empregar dez trabalhadores já é considerada pequena empresa, cfr. alíneas a) e b) do n.º 1 do artigo 100.º

6. O regime consagrado neste preceito, relativo a trabalhador que preste o seu trabalho a empregador que tenha sido judicialmente declarado insolvente, impõe-se às normas do Código da Insolvência e da Recuperação de Empresas. Aquele diploma estabelece vários preceitos relativos a determinados contratos, sendo que nenhum deles se refere ao contrato de trabalho. A este tipo de contrato refere-se, e bem, este artigo específico do Código do Trabalho. Não tem assim aplicação o n.º 1 do artigo 111.º do Código da Insolvência e da Recuperação de Empresas que estabelece que: "Os contratos que obriguem à realização de prestação duradoura de um serviço no interesse do insolvente, e que não caduquem por efeito do disposto no artigo anterior, não se suspendem com a declaração de insolvência, podendo ser denunciados por qualquer das partes nos termos do n.º 1 do artigo 108.º, aplicável com as devidas adaptações.". Caso fosse aplicável esta norma do Código da Insolvência e da Recuperação de Empresas, o administrador da insolvência poderia denunciar o contrato de trabalho "com um pré-aviso de 60 dias, se nos termos da lei ou do contrato não for suficiente um pré-aviso inferior", cfr. n.º 1 do artigo 108.º, do Código da Insolvência e da Recuperação de Empresas. Por efeito do n.º 3 deste artigo 347.º, excepto quando se trate de microempresas, e como se referiu *supra*, a cessação do contrato de trabalho tem de ser precedida do procedimento previsto nos artigos 360.º e segs., os quais estabelecem a necessidade de cumprir um pré-aviso que pode chegar aos 75 dias.

7. Nos termos do artigo 134.º, cessando o contrato de trabalho, o trabalhador tem direito a receber a retribuição correspondente ao número mínimo anual de horas de formação que não lhe tenha sido proporcionado, ou ao crédito de horas para formação de que seja titular à data da cessação. E tem também direito o trabalhador aos demais créditos laborais, como sejam a retribuição de férias e respectivo subsídio correspondentes a férias vencidas e não gozadas, e aos proporcionais ao tempo de serviço prestado no ano da cessação, cfr. n.º 1 do artigo 245.º E terá ainda direito o trabalhador ao subsídio de Natal, proporcional ao tempo de serviço prestado no ano civil da cessação do contrato de trabalho, cfr. alínea b) do n.º 2 do artigo 263.º

8. No que se refere a créditos do trabalhador, deve ter-se em conta o disposto no Acordão do Supremo Tribunal de Justiça n.º 1/2014, de 8 de Maio de 2013, publicado no Diário da República, 1.ª série, n.º 39, de 25 de Fevereiro de 2014, que uniformizou jurisprudência, fixando o seguinte entendimento: "Transitada em julgado a sentença que declara a insolvência, fica impossibilitada de alcançar o seu efeito útil normal a acção declarativa proposta pelo credor contra o devedor, destinada a obter o reconhecimento do crédito peticionado, pelo que cumpre decretar a extinção da instância, por inutilidade superveniente da lide, nos termos da alínea e) do art. 287.º do C.P.C.". Por força do novo Código de Processo Civil aprovado pela Lei n.º 41/2013, de 26 de Junho, a norma actualmente equivalente à alinea e) do artigo 287.º é agora a alínea e) do artigo 277.º

9. Para maiores desenvolvimentos sobre este preceito *vide* Bernardo Lobo Xavier, *Manual de Direito do Trabalho*, Verbo, 2011, página 689 e 690, e António Monteiro Fernandes, *Direito do Trabalho*, 15.ª Edição, Almedina, Abril 2010, página 563.

ARTIGO 348.º – Conversão em contrato a termo após reforma por velhice ou idade de 70 anos

1 – Considera-se a termo o contrato de trabalho de trabalhador que permaneça ao serviço decorridos 30 dias sobre o conhecimento, por ambas as partes, da sua reforma por velhice.

2 – No caso previsto no número anterior, o contrato fica sujeito ao regime definido neste Código para o contrato a termo resolutivo, com as necessárias adaptações e as seguintes especificidades:

a) É dispensada a redução do contrato a escrito;

b) O contrato vigora pelo prazo de seis meses, renovando-se por períodos iguais e sucessivos, sem sujeição a limites máximos;

c) A caducidade do contrato fica sujeita a aviso prévio de 60 ou 15 dias, consoante a iniciativa pertença ao empregador ou ao trabalhador;

d) A caducidade não determina o pagamento de qualquer compensação ao trabalhador.

3 – O disposto nos números anteriores é aplicável a contrato de trabalho de trabalhador que atinja 70 anos de idade sem ter havido reforma.

1. Este preceito corresponde ao artigo 392.º do anterior Código do Trabalho, aprovado pela Lei n.º 99/2003.

2. A reforma por velhice está regulada no Decreto-Lei n.º 187/2007, de 10 de Maio, alterado pela Lei n.º 64-A/2008, de 31 de Dezembro, e pelo Decreto-Lei n.º 167-E/2013, de 31 de Dezembro, encontrando-se estabelecida a idade de 65 anos para que o beneficiário a possa requerer, à qual podem acrescer ainda alguns meses, sendo a idade normal de acesso à pensão determinada por portaria. De acordo com a Portaria n.º 378-G/2013, de 31 de Dezembro, a idade normal de acesso à pensão de velhice, em 2015, é 66 anos, enquanto que em 2016 é 66 anos e 2 meses, nos termos definidos pela Portaria n.º 277/2014, de 26 de Dezembro, em 2017 é de 66 anos e 3 meses, nos termos da Portaria n.º 67/2016, de 1 de Abril, e em 2018 é de 66 anos e 4 meses, nos termos da Portaria n.º 99/2017, de 7 de Março.

3. A reforma do trabalhador por velhice, apesar de se tratar de uma situação que não permanece no domínio de actuação do empregador, sendo-lhe alheia, tem repercussões no vínculo laboral. Uma vez conhecida esta, o empregador dispõe de 30 dias para fazer cessar o contrato, por caducidade. Também nesta situação pode o trabalhador continuar a prestar o seu trabalho ao empregador, convertendo-se o contrato celebrado anteriormente, no final do trigésimo dia subsequente à data em que ambas as partes tiveram conhecimento da reforma do trabalhador por velhice, em contrato de trabalho a termo resolutivo. Caso o empregador, o trabalhador, ou mesmo ambos não pretendam a manutenção do vínculo, deve apenas tal ser comunicado à contraparte, dentro do prazo dos 30 dias subsequentes ao conhecimento de que o trabalhador obteve a reforma, cessando a relação nesse momento, sem dependência de qualquer aviso prévio. Caso não cesse o vínculo laboral, este mantém-se, convertendo-se o contrato de trabalho nos termos *supra* mencionados, deixando assim o trabalhador de beneficiar de todas as garantias trazidas pela estabilidade do vínculo, previstas relativamente ao contrato de trabalho sem termo, designadamente aquelas que se referem à cessação da relação entre as partes. Ou seja, a reforma tem por efeito a susbsistência do vínculo anterior, sendo-lhe aposto, automaticamente e por efeito da lei, um termo resolutivo.

4. O regime do contrato a termo resolutivo, referido no n.º 2, encontra-se previsto nos artigos 139.º e segs., bem como nos artigos 344.º e 345.º Por expressa previsão do n.º 2, aquele regime é inaplicável no seu todo ao trabalhador que viu o seu contrato de trabalho converter-se em contrato a termo resolutivo, estabelecendo-se nas alíneas a), b) e c) em que matérias específicas se afasta daquele. Não dispicienda é a alínea c) do n.º 2 que determina que a cessação do contrato a termo não implica o pagamento de qualquer compensação ao trabalhador.

5. O n.º 3 permite a aplicação do regime da conversão, por força da lei, do contrato de trabalho sem termo, em contrato de trabalho a termo resolutivo certo, do trabalhador que tendo atingido os 70 anos, não obteve a reforma. Também nesta situação pode o trabalhador continuar a prestar o seu trabalho para o empregador, convertendo-se o contrato celebrado anteriormente, no final do trigésimo dia subsequente à data em que completou os 70 anos, em contrato de trabalho a termo resolutivo. Caso o empregador, o trabalhador, ou mesmo ambos não pretendam a manutenção do vínculo, devem apenas comunicá-lo à contraparte, dentro do prazo dos 30 dias subsequentes ao conhecimento de que o trabalhador completou os setenta anos, cessando a relação nesse momento, sem dependência de qualquer aviso prévio. Este regime visa que os empregadores não sejam obrigados a manter uma relação laboral com trabalhadores com larga experiência, é certo, mas frequentemente menos produtivos, e não raro sinónimo de custos elevados para a organização, fruto das sucessivas alterações contratuais acordadas na pendência do vínculo.

6. Nada veda que o regime previsto nos n.os 2 e 3 se apliquem à celebração de um contrato de trabalho em que aquele que irá prestar o seu trabalho já se encontre, à data da celebração, reformado, ou tenha já completado os 70 anos, sem se encontrar reformado. Ou seja, uma empresa que pretende contratar um trabalhador reformado poderá faze-lo através de contratação a termo resolutivo, sem que tenha, desde logo de reduzir esse contrato a escrito. Entender-se o contrário seria uma violação do princípio da igualdade, consagrado no artigo 13.º da Constituição da República Portuguesa. Ora o princípio da igualdade veda situações de vantagem não fundamentadas e situações de desvantagem infundadas. Caso se admitisse que um trabalhador reformado só pudesse ser contratado inicialmente através de um contrato de trabalho sem termo, ou a termo resolutivo quando fosse para fazer face a necessidades temporárias – quando na empresa ao lado outro era o regime aplicável, apenas porque o trabalhador reformado já havia sido contratado antes da reforma – constituir-se-ia uma situação de desvantagem para a qual não se encontra fundamento, situação esta que por si só seria apta a subverter as regras da concorrência entre empresas.

7. Para maiores desenvolvimentos sobre este preceito *vide* Bernardo Lobo Xavier, *Manual de Direito do Trabalho*, Verbo, 2011, página 694 e segs., e António Monteiro Fernandes, *Direito do Trabalho*, 15.ª Edição, Almedina, Abril 2010, página 565 e segs.

SECÇÃO III – Revogação de contrato de trabalho

ARTIGO 349.º – Cessação de contrato de trabalho por acordo

1 – O empregador e o trabalhador podem fazer cessar o contrato de trabalho por acordo.

2 – O acordo de revogação deve constar de documento assinado por ambas as partes, ficando cada uma com um exemplar.

3 – O documento deve mencionar expressamente a data de celebração do acordo e a do início da produção dos respectivos efeitos, bem como o prazo legal para o exercício do direito de fazer cessar o acordo de revogação.

4 – As partes podem, simultaneamente, acordar outros efeitos, dentro dos limites da lei.

5 – Se, no acordo ou conjuntamente com este, as partes estabelecerem uma compensação pecuniária global para o trabalhador, presume-se que esta inclui os créditos vencidos à data da cessação do contrato ou exigíveis em virtude desta.

6 – Constitui contra-ordenação leve a violação do disposto nos n.os 2 ou 3.

1. Este preceito corresponde aos artigos 393.º e 394.º do anterior Código do Trabalho, aprovado pela Lei n.º 99/2003.

2. A redacção do n.º 3 foi alterada pelo artigo 2.º da Lei n.º 73/2017, de 16 de Agosto. Na versão originária do Código do Trabalho, aprovado pela Lei n.º 7/2009, de 12 de Fevereiro, aquele n.º 3 tinha a seguinte redacção:

"O documento deve mencionar expressamente a data de celebração do acordo e a de início da produção dos respectivos efeitos.".

3. A revogação é uma modalidade de cessação do contrato de trabalho, cfr. alínea b) do artigo 340.º

4. Nos termos do n.os 2 e 3, o acordo entre empregador e trabalhador para fazer cessar o contrato de trabalho deve ser reduzido a escrito, ser assinado por ambos em dois examplares, e terá de incluir um determinado conteúdo mínimo, sob pena de invalidade:

- a data de celebração do acordo;
- a data do início da produção dos efeitos da revoção, data essa que pode ser distinta da data de celebração; e
- o prazo legal para o exercício do direito de fazer cessar o acordo de revogação.

O prazo legal para o trabalhador poder fazer cessar o acordo de revogação, é de 7 dias, de acordo com o n.º 1 do artigo 350.º Não obstante a Lei permitir que o trabalhador se arrependa, e faça cessar o próprio acordo de revogação que põe fim ao seu contrato de trabalho, a verdade é que o empregador também poderá evitar tal faculdade, desde que ajuste com o trabalhador que as assinaturas do próprio acordo revogatório sejam objecto de reconhecimento notarial presencial. Ou seja, caso as assinaturas do acordo revogatório tenham sido reconhecidas notarial e presencialmente, o trabalhador não poderá em princípio fazer cessar o acordo de revogação.

Quando as assinaturas do acordo revogatório tenham sido objecto de reconhecimento notarial presencial, não é exigível que o acordo revogatório tenha de incluir a menção ao prazo legal para o exercício do direito de fazer cessar o acordo de revogação, pois tal exercício já não será possível.

5. De acordo com o n.º 5, a inserção a favor do trabalhador, no acordo de revogação do contrato de trabalho, de uma compensação pecuniária de natureza global, faz presumir que nela foram incluídos os créditos vencidos à data dessa cessação, ou exigíveis em virtude da mesma. Significa isto que a lei presume, não o pagamento deste ou daquele crédito emergente do contrato, mas sim que, sem prejuízo da existência de créditos do trabalhador pendentes, o que as partes quiseram foi vê-los incluídos naquela compensação, de modo a darem por definitivamente extintos quaisquer direitos, que entre si, pudessem exercer. Esta é uma presunção ilidível, ou seja, pode ser afastada mediante prova em contrário, cfr. n.º 2 do artigo 350.º do Código Civil. Trata-se de uma presunção que a doutrina designa por *iuris tantum*, ou seja, que admite prova em contrário.

A presunção poderá ser elidida, não pela demonstração da existência da dívida, mas pela prova de que as partes pretenderam excluir essa dívida do âmbito da compensação aprazada. Esta prova incumbirá ao trabalhador. Neste sentido pode ver-se o Acórdão da Relação de Évora, de 8 de Junho de 2010, processo 369/08.9TTPTM. E1, sumários em www.dgsi.pt.

6. A compensação pecuniária global referida no n.º 5 pode estar sujeita a I.R.S. e a incidência contributiva para a Segurança Social. Nos termos do Código dos Regimes Contributivos do Sistema Previdencial de Segurança Social, aprovado pela Lei n.º 110/2009, de 16 de Setembro, a compensação por cessação do contrato de trabalho por acordo, nas situações com direito a prestações de desemprego, integra a base de incidência contributiva, nos mesmos termos previstos no Código do Imposto sobre o Rendimento das Pessoas Singulares, cfr. alínea v) do n.º 2, e do n.º 3 do artigo 46.º da Lei n.º 110/2009. Determina o artigo 2.º, o artigo 2.º-A, ambos do Código do Imposto sobre o Rendimento das Pessoas Singulares, aprovado pelo Decreto-Lei n.º 442-A/88, de 30 de Novembro, que *infra* se transcrevem:

Artigo 2.º
Rendimentos da categoria A

1 – Consideram-se rendimentos do trabalho dependente todas as remunerações pagas ou postas à disposição do seu titular, provenientes de:

a) Trabalho por conta de outrem prestado ao abrigo de contrato individual de trabalho ou de outro a ele legalmente equiparado;

b) Trabalho prestado ao abrigo de contrato de aquisição de serviços ou outro de idêntica natureza, sob a autoridade e a direcção da pessoa ou entidade que ocupa a posição de sujeito activo na relação jurídica dele resultante;

c) Exercício de função, serviço ou cargo públicos;

d) Situações de pré-reforma, pré-aposentação ou reserva, com ou sem prestação de trabalho, bem como de prestações atribuídas, não importa a que título, antes de verificados os requisitos exigidos nos regimes obrigatórios de segurança social aplicáveis para a passagem à situação de reforma, ou, mesmo que não subsista o contrato de trabalho, se mostrem subordinadas à condição de serem devidas até que tais requisitos se verifiquem, ainda que, em qualquer dos casos anteriormente previstos, sejam devidas por fundos de pensões ou outras entidades, que se substituam à entidade originariamente devedora.

2 – As remunerações referidas no número anterior compreendem, designadamente, ordenados, salários, vencimentos, gratificações, percentagens, comissões, participações, subsídios ou prémios, senhas de presença, emolumentos, participações em multas e outras remunerações acessórias, ainda que periódicas, fixas ou variáveis, de natureza contratual ou não.

3 – Consideram-se ainda rendimentos do trabalho dependente:

a) Quaisquer indemnizações resultantes da constituição, extinção ou modificação de relação jurídica que origine rendimentos do trabalho dependente, incluindo as que respeitem ao incumprimento das condições contratuais ou sejam devidas pela mudança de local de trabalho, sem prejuízo do disposto no número seguinte e na alínea f) do n.º 1 do artigo seguinte;

4 – Quando, por qualquer forma, cessem os contratos subjacentes às situações referidas nas alíneas a), b) e c) do n.º 1, mas sem prejuízo do disposto na alínea d) do mesmo número, quanto às prestações que continuem a ser devidas mesmo que

o contrato de trabalho não subsista, ou se verifique a cessação das funções de gestor público, administrador ou gerente de pessoa colectiva, bem como de representante de estabelecimento estável de entidade não residente, as importâncias auferidas, a qualquer título, ficam sempre sujeitas a tributação:

a) Pela sua totalidade, na parte que corresponda ao exercício de funções de gestor público, administrador ou gerente de pessoa colectiva, bem como de representante de estabelecimento estável de entidade não residente;

b) Na parte que exceda o valor correspondente ao valor médio das remunerações regulares com carácter de retribuição sujeitas a imposto, auferidas nos últimos 12 meses, multiplicado pelo número de anos ou fracção de antiguidade ou de exercício de funções na entidade devedora, nos demais casos, salvo quando nos 24 meses seguintes seja criado novo vínculo profissional ou empresarial, independentemente da sua natureza, com a mesma entidade, caso em que as importâncias serão tributadas pela totalidade.

5 – Para efeitos do referido no número anterior, considera-se também criado um novo vínculo empresarial quando sejam estabelecidas com a entidade com a qual cessaram as relações laborais, comerciais ou de prestação de serviços, por sociedade ou outra entidade em que, pelo menos, 50% do seu capital seja detido, isoladamente ou em conjunto com algum dos elementos do respectivo agregado familiar, pelo beneficiário ou por uma pluralidade de beneficiários das importâncias recebidas, excepto se as referidas relações laborais, comerciais ou de prestação de serviços representarem menos de 50% das vendas ou prestações de serviços efectuadas no exercício.

6 – O regime previsto no n.º 4 não é aplicável às importâncias relativas aos direitos vencidos durante os referidos contratos ou situações, designadamente remunerações por trabalho prestado, férias, subsídios de férias e de Natal.

7 – As importâncias referidas no n.º 4 serão também tributadas pela totalidade quando o sujeito passivo tenha beneficiado, nos últimos cinco anos, da não tributação total ou parcial nele prevista.

Artigo 2.º-A
Delimitação negativa dos rendimentos da categoria A

1 – Não se consideram rendimentos do trabalho dependente:

a) As prestações efectuadas pelas entidades patronais para regimes obrigatórios de segurança social, ainda que de natureza privada, que visem assegurar exclusivamente benefícios em caso de reforma, invalidez ou sobrevivência;

b) Os benefícios imputáveis à utilização e fruicção de realizações de utilidade social e de lazer mantidas pela entidade patronal, desde que observados os critérios estabelecidos no artigo 43.º do Código do IRC e os "vales infância" emitidos e atribuídos nas condições previstas no Decreto-Lei n.º 26/99, de 28 de Janeiro;

c) As prestações relacionadas exclusivamente com acções de formação profissional dos trabalhadores, quer estas sejam ministradas pela entidade patronal, quer por organismos de direito público ou entidade reconhecida como tendo competência nos domínios da formação e reabilitação profissionais pelos ministérios competentes;

d) As importâncias suportadas pelas entidades patronais com a aquisição de passes sociais a favor dos seus trabalhadores, desde que a atribuição dos mesmos tenha carácter geral;

e) As importâncias suportadas pelas entidades patronais com seguros de saúde ou doença em benefício dos seus trabalhadores ou respetivos familiares desde que a atribuição dos mesmos tenha carácter geral;

f) As importâncias suportadas pelas entidades patronais com encargos, indemnizações ou compensações, pagos no ano da deslocação, em dinheiro ou em espécie, devidos pela mudança do local de trabalho, quando este passe a situar-se a uma distância superior a 100 km do local de trabalho anterior, na parte que não exceda 10% da remuneração anual, com o limite de (euro) 4 200 por ano.

2 – Não constituem rendimentos do trabalho dependente os auferidos após a extinção do contrato de trabalho, sempre que o titular seja colocado numa situação equivalente à de reforma, segundo o regime de segurança social que lhe seja aplicável.

3 – Não constitui rendimento do trabalho dependente a percentagem dos rendimentos brutos da categoria A dos sujeitos passivos que se encontrem na situação prevista na alínea d) do n.º 1 do artigo 16.º, fixada por despacho dos membros do Governo responsáveis pelas áreas dos negócios estrangeiros e das finanças, determinada para cada país de exercício de funções e adequada a ter em conta a relação de paridade de poder de compra entre Portugal e esse país.

4 – O disposto no número anterior é apenas aplicável aos sujeitos passivos que não aufiram de abono isento ou não sujeito a IRS que corresponda também àquela finalidade.

5 – Cada sujeito passivo apenas pode aproveitar da exclusão prevista na alínea f) do n.º 1 uma vez em cada período de três anos.".

Nos termos do n.º 4, do artigo 2.º do Código do Imposto sobre o Rendimento das Pessoas Singulares, há uma parte das remunerações que se encontram isentas. Para cálculo do montante sujeito a isenção, deve utilizar-se a seguinte fórmula: *A x (R:12)*, em que o *A* significa número de anos ou fracção de antiguidade ou de exercício de funções na entidade devedora, e o *R* significa o valor médio das remunerações regulares com carácter de retribuição sujeitas a imposto, auferidas nos últimos 12 meses. Sempre se diga que a letra da lei, ao mencionar exercício de funções na entidade devedora, pretende não relevar os casos em que, por acordo, empregador e trabalhador acordaram em conceder a este último uma antiguidade superior àquela que o trabalhador teria pela mera duração do contrato, pelo que para efeitos de cálculo do montante de isenção interessa apenas o tempo efectivo de duração do contrato de trabalho. No que diz respeito aos 12 meses, estes não correspondem aos últimos doze meses do calendário, mas sim aos últimos doze meses em que o trabalhador auferiu do empregador o total de remunerações relativas ao contrato de trabalho. Ou seja, se o contrato de trabalho esteve suspenso durante algum período de tempo, ou quando o empregador paga uma compensação na pendência de uma acção judicial de impugnação do despedimento, os doze meses que devem ser considerados são os últimos 12 meses de pagamento de retribuição e não os doze meses de calendário, se bem que possam coincidir alguns desses meses.

Sucede contudo, que o n.º 6 do mesmo artigo 2.º do Código do Imposto sobre o Rendimento das Pessoas Singulares estabelece que a isenção não se aplica aos direitos vencidos durante o contrato de trabalho, designadamente remunerações por trabalho prestado, férias, subsídios de férias e de Natal, ou seja, os designados créditos laborais. Não obstante aquele n.º 6 do artigo 2.º, nada parece obstar a que o trabalhador, depois da cessação do contrato de trabalho, renuncie aos créditos laborais, o que se assim for já não terá aplicação o n.º 6 do artigo 2.º, nada vedando que o montante recebido pelo trabalhador nos termos deste artigo 349.º do Código do Trabalho, seja sujeito à isenção prevista no n.º 4 do artigo 2.º do Código do Imposto sobre o Rendimento das Pessoas Singulares. A renúncia às remunerações por trabalho prestado, férias, subsídios de férias e de Natal é possível após a cessação do contrato de trabalho, cfr. artigo 279.º, disposição que consagra o principio da proibição da compensação e de descontos ou deduções enquanto o contrato de trabalho estiver em vigor.

7. Nada obsta a que as partes acordem, no acordo de revogação, na prestação de uma garantia bancária por parte do empregador, garantia que em muitas situações pode salvaguardar a defesa dos interesses do trabalhador.

8. Sobre este preceito *vide* Bernardo Lobo Xavier, *Manual de Direito do Trabalho*, Verbo, 2011, página 717 e segs., e António Monteiro Fernandes, *Direito do Trabalho*, 15.ª Edição, Almedina, Abril 2010, página 555 e segs.

ARTIGO 350.º - Cessação do acordo de revogação

1 – O trabalhador pode fazer cessar o acordo de revogação do contrato de trabalho mediante comunicação escrita dirigida ao empregador, até ao sétimo dia seguinte à data da respectiva celebração.

2 – O trabalhador, caso não possa assegurar a recepção da comunicação no prazo previsto no número anterior, deve remetê-la por carta registada com aviso de recepção, no dia útil subsequente ao fim do prazo.

3 – A cessação prevista no n.º 1 só é eficaz se, em simultâneo com a comunicação, o trabalhador entregar ou puser, por qualquer forma, à disposição do empregador a totalidade do montante das compensações pecuniárias pagas em cumprimento do acordo, ou por efeito da cessação do contrato de trabalho.

4 – Exceptua-se do disposto nos números anteriores o acordo de revogação devidamente datado e cujas assinaturas sejam objecto de reconhecimento notarial presencial, nos termos da lei.

1. Este preceito corresponde ao artigo 395.º do anterior Código do Trabalho, aprovado pela Lei n.º 99/2003.

2. O n.º 1 consagra uma figura jurídica que se vem designando como um direito de arrependimento, que assume por vezes na lei outras designações: direito de retratação, cfr. n.º 4 do artigo 8.º da Lei de Defesa do Consumidor, Lei n.º 24/96, de 31 de Julho, de livre revogação, cfr. artigo 17.º do Decreto-Lei n.º 133/2009, de 2 de Junho, de resolução, cfr. artigo 16.º do Decreto-Lei n.º 275/93, de 5 de Agosto, ou ainda de livre resolução, cfr. artigo 10.º do Decreto-Lei n.º 24/2014, de 14 de Fevereiro, e artigo 19.º do Decreto-Lei n.º 95/2006, de 29 de Maio. Ao direito de arrependimento refere-se o n.º 2 do artigo 322.º do Código de Valores Mobiliários, aprovado pelo Decreto-Lei n.º 486/99, de 13 de Novembro. O arrependimento do trabalhador não carece de indicação do motivo, não acarreta qualquer penalização do trabalhador – não lhe podendo ser assacada qualquer responsabilidade disciplinar – e não confere ao empregador qualquer direito a indemnização.

3. Nos termos estabelecidos no n.º 4 o empregador que pretenda obstar a um eventual direito de arrependimento do trabalhador – que poderá até ao sétimo dia seguinte à data da celebração do acordo revogatório fazer cessar o acordo – deverá ajustar com o trabalhador que as assinaturas do acordo revogatório sejam objecto de reconhecimento notarial presencial. Com a consagração de que o acordo revogatório cujas assinaturas sejam objecto de reconhecimento notarial presencial, inibe o trabalhador de cessar o acordo, pretendeu-se dar uma garantia especial de certeza, razão pela qual o trabalhador não poderá utilizar o direito de arrependimento, cessando unilateralmente os efeitos da cessação do contrato de trabalho.

4. Nos termos do n.º 5 do artigo 153.º do Código do Notariado, aprovado pelo Decreto-Lei n.º 207/95, de 14 de Agosto designa-se presencial o reconhecimento da letra e assinatura, ou só da assinatura, em documentos escritos e assinados ou apenas assinados, na presença do notário, ou o reconhecimento que é realizado estando o signatário presente ao acto.

5. Quando as assinaturas do acordo revogatório tenham sido objecto de reconhecimento notarial presencial, o acordo revogatório deixa de ser um mero documento particular para passar a ser um documento particular autenticado, cuja força probatória é plena, cfr. artigo 377.º do Código Civil. Não obstante a força probatória plena, e dado que o documento, seja particular ou autenticado, não prova nem garante que as declarações do trabalhador não sejam viciadas por erro, dolo, coacção ou mesmo simuladas, pode o trabalhador recorrer aos meios comuns para demonstrar a falta ou os vícios da vontade, para impugnar a declaração documentada. Neste caso admitem-se todos os meios de prova de que o trabalhador se possa socorrer, incluindo a prova por testemunhas, não tendo aplicação o n.º 2 do artigo 393.º do Código Civil quanto à falta e vícios da vontade.

6. Note-se que no caso do acordo revogatório a lei estabelece a necessidade de serem ambas as assinaturas objecto de reconhecimento notarial presencial, e não apenas a do trabalhador.

7. Realça-se que o n.º 1 consagra que o direito potestativo concedido ao trabalhador de fazer cessar o acordo revogatório dentro de certo prazo, é aferido pela data de celebração do próprio acordo revogatório, e não da sua produção de efeitos.

Melhor seria que o momento relevante para início da contagem de prazo para cessar o acordo revogatório fosse a data de produção de efeitos do próprio acordo revogatório, como sucedia no artigo 1.º da Lei n.º 38/96, de 31 de Agosto, que antecedeu o Código do Trabalho aprovado pela Lei n.º 99/2003, de 27 de Agosto. Se a cessação do acordo revogatório fosse aferida pela data de produção de efeitos obstar-se-ia às situações em que o empregador, no momento da contratação, faz depender esta da assinatura, pelo trabalhador de um acordo revogatório onde a data não consta, ficando o empregador com o poder discricionário de a exarar. Ou seja, numa situação hipotética como esta, no dia em que o empregador obstasse à prestação de trabalho, invocando a cessação da relação laboral por efeito de um acordo assinado pelo trabalhador, caso o direito de arrependimento ou de retratação fosse admitido nos dias seguintes à produção de efeitos, o próprio trabalhador poderia comunicar por escrito ao empregador a cessação do acordo de revogação nos sete dias posteriores à data em que o empregador evitou a prestação do trabalho.

8. O n.º 4 ao estabelecer que o acordo de revogação devidamente datado e cujas assinaturas sejam objecto de reconhecimento notarial presencial, nos termos da lei, obsta a que o trabalhador possa fazer cessar o acordo de revogação do contrato de trabalho, até ao sétimo dia seguinte à data da respectiva celebração, suscita a questão de saber se o advogado da empresa, ou mesmo do trabalhador, pode realizar o reconhecimento das assinaturas, valendo esse reconhecimento como se realizado presencialmente perante notário. O n.º 1 do artigo 5.º do Decreto-Lei n.º 237/2001, de 30 de Agosto, confere às câmaras de comércio e indústria, reconhecidas nos termos do Decreto-Lei n.º 244/92, de 29 de Outubro, alterado pelo Decreto-Lei n.º 154/2017, de 28 de Dezembro, aos advogados e aos solicitadores, competência para fazerem reconhecimentos com menções especiais, por semelhança, nos termos previstos no Código do Notariado. Nos termos do artigo 6.º do mesmo Decreto-Lei n.º 237/2001, de 30 de Agosto, os reconhecimentos efectuados pelas câmaras de comércio e indústria, por advogados e por solicitadores, têm a mesma força probatória que teria se tais actos tivessem sido realizados com intervenção notarial. Por sua vez, o artigo 38.º do Decreto-Lei n.º 76-A/2006, de 29 de Março, alterado pelo Decreto-Lei n.º 8/2007, de 17 de Janeiro, diploma que tem por objecto a adopção de medidas de simplificação e eliminação de actos e procedimentos registrais e notariais, tais como o alargamento das entidades que podem reconhecer assinaturas em documentos e autenticar e traduzir documentos, permitindo que tanto os notários como os advogados, os solicitadores, as câmaras de comércio e indústria e as conservatórias possam fazê-lo, cfr. alínea f) do n.º 1 do artigo 1.º procedeu à extensão do regime dos reconhecimentos de assinaturas e da autenticação e tradução de documentos. Dispõe o n.º 1 do artigo 38.º do Decreto-Lei n.º 76-A/2006, que "sem prejuízo da competência atribuída a outras entidades, as câmaras de comércio e indústria, reconhecidas nos termos do Decreto-Lei n.º 244/92, de 29 de Outubro, os conservadores, os oficiais de registo, os advogados e os solicitadores podem fazer reconhecimentos simples e com menções especiais, presenciais e por semelhança, autenticar documentos particulares, certificar, ou fazer e certificar, traduções de documentos, nos termos previstos na lei notarial, bem como certificar a conformidade das fotocópias com os documentos originais e tirar fotocópias dos originais que lhes sejam presentes para certificação, nos termos do Decreto-Lei n.º 28/2000, de 13 de Março. O n.º 2 do mesmo artigo 38.º estabelece que "os reconhecimentos, as autenticações e as certificações efectuados pelas entidades previstas nos números anteriores conferem ao documento a mesma força probatória que teria se tais actos tivessem sido realizados com intervenção notarial", mediante registo em sistema informático, cujo funcionamento, respectivos termos e custos associados são definidos por portaria do Ministro da Justiça, cfr. n.º 3. Nestes termos, a questão de saber se o advogado da empresa, ou mesmo do trabalhador, pode realizar o reconhecimento das assinaturas não é despicienda. Atendendo aos preceitos *supra* referidos, poderia pensar-se que o reconhecimento das assinaturas do acordo de revogação quando seja realizado por advogado, obsta a que o trabalhador possa fazer cessar o acordo de revogação do contrato de trabalho, até ao sétimo dia seguinte à data da respectiva celebração. Não cremos que seja assim, por duas ordens de razões: a primeira fundamenta-se no elemento literal do n.º 4, em que se refere expressamente "objecto de reconhecimento notarial presencial, nos termos da lei.", pelo que o legislador pretendeu explicitamente que o reconhecimento seja realizado perante o notário. Um segundo argumento vai no sentido de que o reconhecimento feito por advogado, no caso concreto do acordo revogatório, não tem por efeito precludir o direito de arrependimento do trabalhador: aquando da entrada em vigor quer do Código do Trabalho aprovado pela Lei n.º 99/2003, de 27 de Agosto, quer do actual Código do Trabalho, já se encontrava em vigor o Decreto-Lei n.º 237/2001, de 30 de Agosto que conferiu competência aos advogados para realizarem reconhecimentos nos termos previstos no Código do Notariado, pelo que a redacção do n.º 4 é mais exigente. Se o legislador tivesse pretendido que o reconhecimento das assinaturas do acordo revogatório pudesse ser realizado por advogado, teria sido suficiente uma formulação mais genérica onde se dissesse que as assinaturas teriam de ser objecto de reconhecimento presencial.

No sentido exposto, e aceitando os argumentos referidos, relativamente ao reconhecimento da assinatura numa situação de denúncia do contrato de trabalho, veio a entender o Acórdão do Tribunal da Relação do Porto, de 4 de Julho de 2011, processo 1050/08.4TTVNG.P1, n.º de documento RP201107041050/08.4TTVNG.P1, disponível em www.dgsi.pt: "O reconhecimento notarial presencial da assinatura da denúncia do contrato de trabalho a que se reporta o art. 449.º, n.ºs 1 e 4, do CT/2003 não pode, para efeitos do previsto nessa norma, ser efectuado por advogado pese embora o disposto no art. 38.º, n.ºs 1 e 2 do DL 76-A/2006, de 29.03.". E também o Acórdão do Tribunal da Relação de Lisboa, de 16 de Dezembro de 2015, processo 847/14.0TTLSB.L1-4, disponível em www.dgsi.pt: "II – O reconhecimento presencial notarial referido no n.º 1 do artigo 402.º do C.T./2009 só pode ser efectuado nos cartórios notariais e não por qualquer uma das entidades identificadas no artigo 38.º do Decreto-Lei n.º 76-A/2006 de 29 de Março. III – Ainda que tal reconhecimento presencial notarial pudesse ser também efectuado qualquer uma das entidades identificadas no artigo 38.º do Decreto-Lei n.º 76-A/2006 de 29 de Março, certo é que as mesmas estariam sujeitas não somente os princípios e impedimentos aplicáveis aos notários, quando da prática dos mesmos atos, como os advogados, apesar da inequívoca e valiosa qualidade de «auxiliares da justiça" teriam de cumprir as regras deontológicas constantes do seu Estatuto. IV – Resulta do confronto dessas normas regulamentares e éticas com a situação vivida na ação – reconhecimento, em ato contínuo e pelo advogado da Ré, da assinatura aposta pelo trabalhador da denúncia do vínculo laboral existente e que todo indica ter sido redigida pela própria entidade empregadora, assim impossibilitando, em termos imediatos, o exercício do seu direito de arrependimento por parte daquele – um conflito (irreconciliável) de interesses entre o papel ou função do ilustre causídico, enquanto advogado da Apelada e aquela pretensamente neutral ou imparcial que deve assumir, ao proceder ao (mero) reconhecimento da assinatura da «parte contrária» e ao defender e reforçar, dessa maneira e através dessa atuação equiparada a «notarial», a posição da sua cliente no conflito em presença.".

Em sentido contrário ao que defendemos, entendeu o Acórdão do Tribunal da Relação de Lisboa, de 30 de Junho de 2011, processo 243/09.1TTFUN.L1-4, disponível em www.dgsi.pt: "O entendimento de que um Advogado se encontra impedido de reconhecer presencialmente a assinatura de uma declaração de rescisão unilateral de um contrato de trabalho de um trabalhador de uma cliente sua afigura-se incompatível não só com a intenção do legislador ao atribuir aos Advogados tal possibilidade, assim como com a sua qualidade de "colaborador da justiça".", o Acórdão do Tribunal da Relação do Porto de 9 de Julho de 2014, processo 461/12.5TTMAI.P1, documento n.º RP20140709461/12.5TTMAI.P1, disponível em www.dgsi.pt, o Acórdão do Tribunal da Relação de Coimbra de 20 de Março de 2014, processo 1736/12.9TTCBR.C1, disponível em www.dgsi.pt, e ainda o Acórdão do Tribunal da Relação de Évora de 27 de Fevereiro de 2014, processo 43/13.4TTSTB.E1, disponível em www.dgsi.pt. No último destes Acórdãos, entendeu o Tribunal que para a interpretação, deverá atender-se aos elementos literal, sistemático, histórico e teológico, que impõem que ao utilizar a expressão "reconhecimento notarial presencial", o legislador teve em consideração as entidades competentes para a realização do acto, tendo pretendido referir-se apenas ao acto em si, e não à entidade que o realiza, dando especial ênfase a que do preâmbulo do Decreto-Lei n.º 76-A/2006 resultou uma deliberada opção pelo alargamento da competência para a prática de actos notariais, por outras entidades idóneas e aptas.

9. A função notarial destina-se a dar forma legal e conferir fé pública aos actos jurídicos extrajudiciais, podendo o notário para cumprimento das suas funções prestar assessoria às partes na expressão da sua vontade negocial, cfr. n.º 1 e 2 do artigo 1.º do Código do Notariado, aprovado pelo Decreto-Lei n.º 207/95, de 14 de Agosto. Nos termos do n.º 1 do artigo 4.º do Código do Notariado, compete, em geral, ao notário redigir o instrumento público conforme a vontade das partes, a qual deve indagar, interpretar e adequar ao ordenamento jurídico, esclarecendo-as do seu valor e alcance, pelo que deve o notário explicar às partes o sentido e o alcance do acordo revogatório, designadamente que o mesmo tem por efeito cessar o contrato de trabalho.

10. Os n.os 2 e 3 estabelecem que o trabalhador, caso não possa assegurar a recepção da comunicação de cessação do acordo até ao sétimo dia seguinte à data da celebração do acordo de revogação, deve remeter a comunicação de cessação do acordo por carta registada com aviso de recepção, no dia útil subsequente ao fim do prazo referido. A cessação do acordo de revogação do contrato de trabalho só é eficaz se, em simultâneo com a comunicação de cessação, o trabalhador entregar ou puser, por qualquer forma, à disposição do empregador a totalidade do montante das compensações pecuniárias pagas em cumprimento do acordo, ou por efeito da cessação do contrato de trabalho. A lei basta-se com a disponibilização da totalidade do montante das compensações pecuniárias pagas em cumprimento do acordo, ou por efeito da cessação do contrato de trabalho, ao empregador. Compreende-se que assim seja, pois caso obrigasse à entrega, o empregador que estivesse interessado na manutenção da cessação do contrato, poderia facilmente furtar-se ao seu recebimento. Será suficiente que o trabalhador faça depender o recebimento do montante das compensações pecuniárias pagas pelo empregador por efeito da cessação do contrato de trabalho, de um mero acto material, pelo que o trabalhador poderá solicitar-lhe: "a passagem pela sua própria residência, onde existe ordem de pagamento, instruções para transferência bancária, indicação para remessa de cheque ou outro meio de pagamento, etc.", neste sentido Bernardo Lobo Xavier, *O Despedimento Colectivo no Dimensionamento da Empresa*, Verbo, Lisboa, 2000, página 542. Também nada veda que o trabalhador proceda a transferência bancária para a conta bancária do empregador de onde, durante a pendência do contrato, foram sempre transferidas para a sua própria conta, a retribuição por aquele devida. Da mesma forma, poderá o trabalhador consignar em depósito a compensação, cfr. artigos 916.º e segs. do Código de Processo Civil.

11. Nada obsta que a forma escrita, imposta pelo n.º 1, ou mesmo o envio da comunicação nos termos do n.º 2, sejam satisfeitas através de documento electrónico, ou seja, por documento elaborado mediante processamento electrónico de dados. Por outras palavras, nada impede que a forma escrita seja adoptada através de uma declaração escrita enviada por correio electrónico (e-mail) para um endereço electrónico. Sobre a validade, eficácia e valor probatório dos documentos electrónicos remete-se para a anotação 4. ao artigo 107.º

12. Sobre este preceito *vide* Bernardo Lobo Xavier, *Manual de Direito do Trabalho*, Verbo, 2011, página 718 e 719.

SECÇÃO IV – Despedimento por iniciativa do empregador

SUBSECÇÃO I – Modalidades de despedimento

DIVISÃO I – Despedimento por facto imputável ao trabalhador

ARTIGO 351.º – Noção de justa causa de despedimento

1 – Constitui justa causa de despedimento o comportamento culposo do trabalhador que, pela sua gravidade e consequências, torne imediata e praticamente impossível a subsistência da relação de trabalho.

2 – Constituem, nomeadamente, justa causa de despedimento os seguintes comportamentos do trabalhador:

a) Desobediência ilegítima às ordens dadas por responsáveis hierarquicamente superiores;

b) Violação de direitos e garantias de trabalhadores da empresa;

c) Provocação repetida de conflitos com trabalhadores da empresa;

d) Desinteresse repetido pelo cumprimento, com a diligência devida, de obrigações inerentes ao exercício do cargo ou posto de trabalho a que está afecto;

e) Lesão de interesses patrimoniais sérios da empresa;

f) Falsas declarações relativas à justificação de faltas;

g) Faltas não justificadas ao trabalho que determinem directamente prejuízos ou riscos graves para a empresa, ou cujo número atinja, em cada ano civil, cinco seguidas ou 10 interpoladas, independentemente de prejuízo ou risco;

h) Falta culposa de observância de regras de segurança e saúde no trabalho;

i) Prática, no âmbito da empresa, de violências físicas, injúrias ou outras ofensas punidas por lei sobre trabalhador da empresa, elemento dos corpos sociais ou empregador individual não pertencente a estes, seus delegados ou representantes;

j) Sequestro ou em geral crime contra a liberdade das pessoas referidas na alínea anterior;

l) Incumprimento ou oposição ao cumprimento de decisão judicial ou administrativa;

m) Reduções anormais de produtividade.

3 – Na apreciação da justa causa, deve atender-se, no quadro de gestão da empresa, ao grau de lesão dos interesses do empregador, ao carácter das relações entre as partes ou entre o trabalhador e os seus companheiros e às demais circunstâncias que no caso sejam relevantes.

1. Este preceito corresponde ao artigo 396.º do anterior Código do Trabalho, aprovado pela Lei n.º 99/2003.

2. O despedimento por facto imputável ao trabalhador é uma modalidade de cessação do contrato de trabalho, cfr. alínea c) do artigo 340.º

3. Ver artigo 338.º e respectiva anotação.

4. De modo a poder aplicar a sanção de despedimento sem indemnização ou compensação, o empregador terá de lançar mão de um procedimento disciplinar, o qual tem regras próprias face ao procedimento disciplinar para aplicação de outra sanção que não o despedimento, e que se encontram reguladas nos artigos 351.º a 358.º Não obstante, e quando a intenção do empregador for aplicar o despedimento, além dos artigos 351.º a 358.º, há normas da Secção III que são simultaneamente aplicáveis: alínea f) do n.º 1 do artigo 328.º, n.º 5 do artigo 328.º, artigo 329.º, n.os 1 e 4 do artigo 330.º, n.os 1, 2, 3, 4, 6 e 7 do artigo 331.º, e artigo 332.º

5. A noção de justa causa é dada por um critério geral, que se encontra estabelecido no n.º 1. Deste n.º 1 resulta que a noção de justa causa de despedimento exige a verificação cumulativa de dois requisitos: (i) um comportamento ilícito e culposo do trabalhador, violador de deveres de conduta ou de valores inerentes à disciplina laboral, grave em si mesmo e nas suas consequências; (ii) que torne imediata e praticamente impossível a subsistência da relação laboral. Verifica-se a impossibilidade prática e imediata de subsistência da relação laboral quando ocorra uma situação de absoluta quebra de confiança entre o empregador e o trabalhador, susceptível de criar no espírito do primeiro a dúvida sobre a idoneidade futura da conduta do último, deixando de existir o suporte psicológico mínimo para o desenvolvimento dessa relação laboral.

A noção de justa causa constitui assim um conceito indeterminado, exemplificando-se no n.º 2 comportamentos que preencherão aquele conceito, mas sem que se encontrem limitados a esses mesmos exemplos. O legislador, no que poderemos assumir como uma tradição legislativa de há várias décadas, utiliza um conceito flexível – a justa causa – em detrimento de consagrar um preceito rígido e taxativo, em ordem a que este conceito se possa adaptar às circunstâncias mais variadas da realidade, em constante mutação.

Nestes termos, a culpa tem de assumir uma tal gravidade objectiva, em si e nos seus efeitos, que, minando irremediavelmente a confiança que deve existir entre as partes no cumprimento de um contrato de trabalho, torne inexigível ao empregador a manutenção da relação laboral. A culpa deve ser apreciada segundo o critério plasmado no n.º 2 do artigo 487.º do Código Civil, ou seja, pela diligência de um bom pai de família, em face das circunstâncias de cada caso, o que, no quadro da relação jurídica laboral, significa um trabalhador normal, colocado perante o condicionalismo concreto em apreciação. A inexigibilidade da manutenção da relação de trabalho verificar-se-á, sempre que, face ao comportamento do trabalhador e às circunstâncias do caso, a subsistência do vínculo atinja de modo violento a sensibilidade e liberdade psicológica de uma pessoa normal, quando colocada na posição real do empregador, no circunstancialismo apurado, o que pressupõe a necessidade de um prognóstico sobre a viabilidade da relação de trabalho, ou seja, um juízo, referido ao futuro, sobre a impossibilidade das relações contratuais. Daqui decorre que, assentando a relação laboral na cooperação e recíproca confiança entre o trabalhador e o empregador, e num clima de boa fé, a mesma não poderá manter-se se o trabalhador destruir ou abalar, de forma irreparável, a confiança na idoneidade futura da sua conduta. Já a gravidade do comportamento do trabalhador e a inexigibilidade da subsistência do vínculo não devem ser apreciadas em função do critério subjectivo do empregador, mas sim na perspectiva de um bom pai de família. Ou seja, deve ser apreciado na perspectiva de um empregador normal, regulado por critérios de objectividade e razoabilidade, devendo atender-se, ainda, no quadro da gestão da empresa, ao grau de lesão dos interesses do empregador, ao carácter das relações entre as partes ou entre os trabalhadores e os seus companheiros e às demais circunstâncias que no caso se mostrem relevantes.

6. Doutrinalmente divide-se a culpa em duas modalidades: o dolo e a mera culpa ou negligência. Enquanto que esta última consiste na omissão da diligência exigível ao agente, por falta de cuidado, imprudência ou inabilidade, no dolo o agente representa o resultado danoso, praticando o acto com a intenção maléfica de o produzir. Sobre a culpa *vide* Mário Júlio de Almeida Costa, *Direito das Obrigações*, 8.ª edição, Almedina, página 424 e segs., e António Menezes Cordeiro, *Direito das Obrigações*, 2.º volume, A.A.F.D.L., 1999, página 314 e segs.

7. Da própria noção de justa causa resulta que a sanção de despedimento, enquanto sanção expulsiva deve ser reservada a situações extremas, em que não seja razoavelmente equacionável a aplicação de uma qualquer outra sanção conservatória (repreensão, repreensão registada, sanção pecuniária, perda de dias de férias, e suspensão do trabalho com perda de retribuição e de antiguidade, cfr. alíneas a), b), c), d) e e) do n.º 1 do artigo 328.º).

8. Da alínea e) do n.º 2 não resulta qualquer noção do que se deve entender por interesses patrimoniais sérios. Trata-se, mais uma vez, da utilização de um conceito indeterminado. Para o preenchimento deste conceito, julgamos conveniente socorrermo-nos de outras normas que permitam delinear o âmbito de aplicação desta alínea e) do n.º 2. Para o efeito, de acordo com as alíneas a), b) e c) do artigo 202.º do Código Penal, aprovado pelo Decreto-Lei n.º 400/82, de 23 de Setembro, entende-se por valor elevado aquele que exceder 50 unidades de conta avaliadas no momento da prática do facto, por valor consideravelmente elevado aquele que exceder 200 unidades de conta avaliadas no momento da prática do facto e por valor diminuto aquele que não exceder uma unidade de conta avaliada no momento da prática do facto. Importa assim conhecer qual o valor da unidade de conta.

Nos termos do artigo 22.º do Decreto-Lei n.º 34/2008, de 26 de Fevereiro, alterado pelas Leis n.os 43/2008, de 27 de Agosto, 64-A/2008, de 31 de Dezembro, 3-B/2010, de 28 de Abril, pelo Decreto-Lei n.º 52/2011, de 13 de Abril, pelas Leis n.os 7/2012, de 13 de Fevereiro, 66-B/2012, de 31 de Dezembro, pelo Decreto-Lei n.º 126/2013, de 30 de Agosto, e pelas Leis n.os 72/2014, de 2 de Setembro, 7-A/2016, de 30 de Março, 42/2016, de 28 de Dezembro, 49/2018, de 14 de Agosto, pelo Decreto-Lei n.º 86/2018, de 29 de Outubro, e pela Lei n.º 27/2019, de 28 de Março, a unidade de conta é fixada em um quarto do valor do indexante dos apoios sociais (IAS) vigente em Dezembro do ano anterior, arredondada à unidade Euro, sendo actualizada anualmente com base na taxa de actualização do IAS. Assim, nos termos conjugados do n.º 3 do artigo 5.º da Lei n.º 53-B/2006, de 29 de Dezembro, alterada pela Lei n.º 3-B/2010, de 28 de Abril, pelo Decreto-Lei n.º 254-B/2015, de 31 de Dezembro, e pela Lei n.º 42/2016, de 28 de Dezembro, bem como da Portaria n.º 24/2019, de 17 de Janeiro, o valor do IAS para o ano de 2019 é de 435,76 €. Contudo, o artigo 182.º da Lei 71/2018, de 31 de Dezembro, manteve a suspensão da actualização automática da unidade de conta processual, sendo que o valor da unidade de conta a vigorar em 2019 continua a ser, desde 20 de Abril de 2009, de 102,00 €.

Da interpretação conjunta daquelas normas do Código Penal, com a alínea e) do n.º 2 deste artigo 351.º, resulta que a lesão de interesses patrimoniais do empregador, que excedam 200 unidades de conta, já poderá ser considerada uma lesão de interesses patrimoniais sérios da empresa.

9. Para efeitos da aplicação da alínea f) do n.º 2, releva o disposto no n.º 4 do artigo 254.º, segundo o qual a apresentação ao empregador de declaração médica com intuito fraudulento constitui falsa declaração para efeitos de justa causa de despedimento.

10. Para efeitos de aplicação da alínea g) do n.º 2 importa ter presente o conceito de falta, cfr. n.º 1 do artigo 248.º, de acordo com o qual se considera falta a ausência do trabalhador do local em que deveria prestar o seu trabalho, durante o período normal de trabalho diário, período esse que não pode ultrapassar as oito horas por dia, cfr. n.º 1 do artigo 203.º Quando a ausência do trabalhador se consubstancie em períodos de tempo inferiores ao período normal de trabalho diário, os respectivos tempos são adicionados para determinação da falta, cfr. n.º 2 do artigo 248.º

Nos termos da alínea g) do n.º 2, constitui justa causa de despedimento um determinado número de faltas, número esse que o legislador entendeu relevar, fixando que 5 faltas seguidas ou 10 faltas intercalares, serão suficientes para qualificar como aptas a produzirem a impossibilidade de subsistência da relação laboral. Ainda assim, o facto do comportamento integrar o número quantitativo de faltas não significa que automaticamente o empregador lhe possa aplicar a sanção de despedimento. Para que o possa fazer, o conceito de justa causa terá de ser preenchido não só através do quantitativo de ausências ao trabalho fixadas na alínea g) do n.º 2, como também mostrar-se que semelhante comportamento torna imediata e praticamente impossível a subsistência da relação laboral. Ou seja, as faltas não justificadas, quando o seu número atingir, num mesmo ano, 5 seguidas ou 10 interpoladas, e assumam gravidade e consequências que tornem imediata e praticamente impossível a subsistência da relação de trabalho, constituem justa causa de despedimento.

O ano civil referido na alínea g) do n.º 2 corresponde ao período de tempo que anualmente se acha compreendido entre 1 de Janeiro e 31 de Dezembro.

Não obstante o legislador ter considerado que um determinado número de faltas é susceptível de preencher o conceito de justa causa, isto não significa, como resulta da própria norma, que um número de faltas inferior, ou até que uma única falta do trabalhador não assuma gravidade e consequências que tornem imediata e praticamente impossível a subsistência da relação de trabalho. Na verdade, uma única falta, como resulta da primeira parte da alínea g) do n.º 2 pode tornar imediata e praticamente impossível a relação laboral. Exemplificando, a trabalhadora que, desempenhando funções de secretária do órgão de gestão da empresa, a gerência ou a administração, falta injustificadamente no dia em que se realiza uma reunião com um cliente que iria contratar com a empresa, falta essa que tem por consequência determinar um atraso significativo ou mesmo o adiamento da reunião, por a trabalhadora possuir no computador que lhe estava distribuído material essencial à realização da reunião, assim comprometendo a imagem de profissionalismo da empresa, pode constituir justa de despedimento.

11. As faltas interpoladas referidas na alínea g) do n.º 2 serão espaçadas no tempo. Significa isto que poderão existir dúvidas, designadamente se o que interessa é o ano civil, como refere a letra da Lei, ou, por exemplo se se deverá ter em conta a data da última falta. Em matéria de faltas, não é a data da última falta que importa atender. Neste sentido, veja-se o Acórdão do Supremo Tribunal de Justiça, de 25 de Junho de 2008, processo 08S835, documento n.º SJ2008062508354, disponível em www.dgsi.pt: "O comportamento exemplificativo de justa causa de despedimento consagrado na alínea g) do n.º 3 do art.º 396 do Código do Trabalho [cinco faltas injustificadas ou dez interpoladas, em cada ano civil], não é traduzido numa dada ou concreta ausência ao trabalho, mas sim numa actuação que desencadeou os somatórios das ausências ali mencionadas. Por isso, estando em causa a instauração de processo disciplinar com fundamento naquelas faltas ao trabalho, haverá que ter como referência o ano civil em que as faltas ocorreram para, alcançado que seja, pelo seu decurso, o conhecimento do comportamento do trabalhador quanto às faltas interpoladas e não justificadas dadas nesse período de tempo, se aquilatar da verificação no número das mesmas, em termos de se saber se ele consubstancia o específico comportamento integrador de justa causa. Assim, não se verifica a prescrição do procedimento disciplinar se, fundando-se a nota de culpa e a decisão de despedimento nas faltas dadas pela autora no ano civil de 2004, esta vem responder à nota de culpa em 27 de Fevereiro de 2005.".

12. Ainda ligada à alínea g) do n.º 2 têm-se colocado a questão de saber se as faltas dadas por motivo de prisão devem considerar-se ou não injustificadas.

Relativamente às faltas determinadas por prisão preventiva, a doutrina vem-se inclinando, maioritariamente, para considerar que tais faltas devem ser consideradas justificadas, e tratadas segundo o regime destas, argumentando-se que a situação de prisão preventiva, traduzindo um impedimento, temporário, objectivo de o trabalhador efectuar a sua prestação, resultante de decisões de entidades alheias à relação laboral, não permite estabelecer um juízo de imputabilidade dessas faltas ao trabalhador, subsumindo-se a situação à previsão da alínea d) do n.º 2 do artigo 249.º Daí que essas faltas, por não se enquadrarem na hipótese contemplada na alínea g) do n.º 2 deste artigo 351.º, não possam constituir justa causa de despedimento, podendo, no entanto, quando a situação de que decorrem se prolongue por mais de um mês, determinar a suspensão do contrato de trabalho, nos termos do n.º 1 do artigo 296.º Neste sentido, António Menezes Cordeiro, *Manual de Direito do Trabalho*, Livraria Almedina, Coimbra, 1994, página 769; Maria do Rosário Palma Ramalho, *Direito do Trabalho*, Parte II, Almedina, página 507; Albino Mendes Baptista, "Faltas por motivo de prisão", *Questões Laborais*, Ano V – 1998, Coimbra Editora, páginas 47 e segs.; Teresa Coelho Moreira, "O respeito pela esfera privada do trabalhador: natureza jurídica das faltas cometidas por motivo de prisão baseada em crimes praticados fora do trabalho", *Questões Laborais*, Ano VIII – 2001, Coimbra Editora, páginas 173 e segs.; e António Monteiro Fernandes, *Direito do Trabalho*, 15.ª Edição, Livraria Almedina, Coimbra, 2010, página 414 e segs.

A jurisprudência, por seu turno, tem-se pronunciado, maioritariamente, no sentido de considerar injustificadas as faltas dadas pelo trabalhador por motivo de prisão preventiva, em especial quando advém posteriormente uma decisão condenatória pelos crimes que originaram a aplicação da medida de coacção de prisão preventiva, entendendo que essas faltas, porque resultantes de conduta imputável ao trabalhador, podem constituir justa causa de despedimento. Neste sentido, vejam-se os Acórdãos do Supremo Tribunal de Justiça, de 3 de Novembro de 1988, *Boletim do Ministério da Justiça* 381, 489, de 25 de Fevereiro de 1993, *Colectânea de Jurisprudência (STJ)*, 1993, I, 260, e de 14 de Maio de 1997, *Boletim do Ministério da Justiça*, 467, 405, e de 4 de Junho de 2008, processo 08S601, documento n.º SJ2008060406014, em www.dgsi.pt.

Já as faltas dadas pelo trabalhador em cumprimento de pena de prisão têm gerado maior consenso, considerando-se imputáveis ao trabalhador, o qual teve uma conduta ilícita provada judicialmente, comportamento esse que resultou da ponderação de vários factores, entre os quais não poder comparecer no local e tempo de trabalho, pelo que tais faltas devem considerar-se injustificadas.

13. Nos termos da alínea i) do n.º 2, constitui justa causa do despedimento a agressão de um trabalhador a um colega, ainda que realizada fora do local de trabalho, motivada por uma repreensão que o agredido haja efectuado anteriormente ao agressor no próprio local de trabalho.

14. Na acção de impugnação do despedimento, cfr. artigo 387.º, o ónus da prova da verificação do despedimento incumbe ao trabalhador, enquanto que o ónus da prova dos factos que integram a justa causa incumbe ao empregador.

15. Para maiores desenvolvimentos sobre a justa causa *vide* Bernardo Lobo Xavier, *Manual de Direito do Trabalho*, Verbo, 2011, página 733 e segs., e António Monteiro Fernandes, *Direito do Trabalho*, 15.ª Edição, Almedina, Abril 2010, página 613 e segs. No domínio da legislação anterior, pelo que será necessário proceder às adaptações necessárias, *vide* Bernardo Lobo Xavier, *Curso de Direito do Trabalho*, 2.ª edição, Verbo, 1999, página 483 e segs.; Diogo Leote Nobre, A relevância dos comportamentos extra-laborais em sede de justa causa de despedimento, *Revista da Ordem dos Advogados*, Ano 68, Setembro/Dezembro 2008, Lisboa, página 923 e segs.; Pedro Romano Martinez, Direito do Trabalho, 3.ª edição, Almedina, 2006, página 953 e segs.

16. Acórdão do Supremo Tribunal de Justiça, de 25 de Junho de 2008, processo 08S835, documento n.º SJ2008062508354, disponível em www.dgsi.pt: "A circunstância de o trabalhador ter dado, num ano civil, cinco faltas injustificadas seguidas, ou dez interpoladas, não determina, de forma automática, a verificação de justa causa de despedimento: torna-se também necessário que se alegue e prove que tais faltas assumiram tal gravidade e consequências que se verifica a impossibilidade de manutenção do contrato de trabalho nos termos exigidos pelo n.º 1 do artigo 396.º do Código do Trabalho.".

ARTIGO 352.º – Inquérito prévio

Caso o procedimento prévio de inquérito seja necessário para fundamentar a nota de culpa, o seu início interrompe a contagem dos prazos estabelecidos nos n.os 1 ou 2 do artigo 329.º, desde que ocorra nos 30 dias seguintes à suspeita de comportamentos irregulares, o procedimento seja conduzido de forma diligente e a nota de culpa seja notificada até 30 dias após a conclusão do mesmo.

1. Este preceito corresponde ao artigo 412.º do anterior Código do Trabalho, aprovado pela Lei n.º 99/2003.

2. Apesar de consagrado na Divisão I – Despedimento por facto imputável ao trabalhador, da Subsecção I – Modalidades de despedimento da Secção IV – Despedimento por iniciativa do empregador, e não na Secção III – Poder Disciplinar, o procedimento prévio de inquérito é também possível quando a intenção do empregador no procedimento disciplinar que eventualmente venha a resultar da realização do inquérito não seja aplicar a sanção de despedimento, mas sim qualquer uma das outras sanções previstas no artigo 328.º Quando a intenção, se for já conhecida, é aplicar outra sanção que não o despedimento, é neste preceito que radica a admissibilidade do procedimento prévio de inquérito, razão pela qual entendemos este artigo 352.º não como uma norma especial aplicável apenas quando a intenção do empregador for aplicar o despedimento, mas sim como uma regra geral do próprio procedimento disciplinar, aplicável independentemente da sanção que se vise aplicar.

3. No caso de ter sido instaurado procedimento prévio de inquérito ou logo procedimento disciplinar, o trabalhador pode ser designado por arguido, trabalhador arguido, ou tão-só trabalhador, por aplicação subsidiária das normas de processo penal, n.º 1 do artigo 57.º do Código de Processo Penal.

4. A jurisprudência tem vindo a delimitar o procedimento prévio de inquérito, cfr. Acórdão do Supremo Tribunal de Justiça, de 11 de Outubro de 2001, processo n.º 1097/00, sumários em www.dgsi.pt., acrescentando que o procedimento prévio de inquérito tem de basear-se numa necessidade real e efectiva, que se verificará nas hipóteses em que o empregador tenha apenas suspeitas de um comportamento disciplinarmente punível, na hipótese de se desconhecer o agente da infracção ou a totalidade dos factos e circunstâncias relevantes. No âmbito do contorno desta figura, entende ainda a jurisprudência que o procedimento prévio de inquérito não é um meio de seleccionar ou documentar a prova, mas sim um meio de recolha de elementos para fundamentar a nota de culpa, elementos esses que se desconhecem. Compreende-se que assim seja, visto a nota de culpa dever circunstanciar os factos imputados ao trabalhador, como dispõe o n.º 1 do artigo 353.º, o que a jurisprudência e a doutrina têm entendido como necessidade de particularizar o lugar, o tempo e o modo da infracção, sob pena de ilicitude. Ainda quanto ao procedimento prévio de inquérito, não há, com excepção do prazo estabelecido pelo n.º 3 do artigo 329.º, nenhum outro prazo para o levar a cabo, não estando o empregador obrigado a conclui-lo dentro de certo período, Acórdão do Supremo Tribunal de Justiça, de 28 de Fevereiro de 1996, *Colectânea de Jurisprudência do Supremo Tribunal de Justiça*, 1996, I, páginas 258 a 260, e desde que o procedimento prévio de inquérito seja iniciado nos 30 dias subsequentes à suspeita de existência de infracção, exigindo-se que seja iniciado e conduzido de forma diligente, não mediando mais de 30 dias entre a sua conclusão e a notificação da nota de culpa.

5. A lei não diz expressamente quando é que o procedimento disciplinar se considera iniciado. Quando o procedimento disciplinar tem em vista o despedimento por facto imputável ao trabalhador, depreende-se, do artigo 352.º, do n.º 3 do artigo 353.º e do n.º 2 do artigo 329.º que tal ocorre com a comunicação da nota de culpa ao trabalhador, podendo, todavia, iniciar-se com o procedimento prévio de inquérito, nos casos em que tal inquérito se mostre necessário para fundamentar a nota de culpa. Note-se que na redacção anterior da norma equivalente ao artigo 352.º se dizia que os prazos de caducidade e prescrição disciplinar se interrompiam com o procedimento prévio de inquérito, através da instauração deste, enquanto que na redacção actual do artigo 352.º se diz que aqueles mesmos prazos se interrompem com o início do procedimento prévio de inquérito. Ou seja, entendia-se no domínio do Código do Trabalho aprovado pela Lei n.º 99/2003, de 27 de Agosto que a declaração do empregador de instaurar o procedimento prévio de inquérito, realizada frequentemente em documento escrito, a que se dá o nome de despacho, ou de termo de abertura de procedimento prévio de inquérito, era suficiente para definir o início do procedimento prévio de inquérito, não sendo necessária a realização de uma diligência para se obter o efeito interruptivo. Neste sentido Acórdão do Tribunal da Relação de Lisboa, de 27 de Abril de 2005, processo 742/2005-4, e Acórdão do Supremo Tribunal de Justiça, de 25 de Março de 2009, processo 08S3533, sumários em www.dgsi.pt. Esta alteração corresponde a uma modificação substantiva. Com a redacção do actual artigo 352.º deixa de existir uma disposição legal que atribua efeito interruptivo ao despacho da entidade empregadora que ordene a instauração do procedimento disciplinar, ao deixar cair o termo "instauração" que dominava o preceito equivalente na lei anterior. De modo a conseguir o efeito interruptivo, o artigo 352.º exige o início do procedimento prévio de inquérito. O início do procedimento prévio de inquérito ocorre com o começo da recolha de elementos que sejam aptos a fundamentar a nota de culpa, ou seja com a realização de uma diligência probatória. Não há um conceito de diligência probatória na lei, noção que é agora determinante para aferir qual o momento em que se deve considerar iniciado o procedimento prévio de inquérito. Em termos genéricos, pode definir-se diligência probatória como um ou mais actos de investigação de factos tendestes a produzir a prova, realizados através dos meios de prova legalmente admitidos: testemunhal, documental e pericial. Se quanto ao primeiro daqueles meios de prova indicados, a prova testemunhal, dúvidas não existem de que a realização de uma inquirição de um trabalhador pode ter por efeito iniciar o procedimento prévio de inquérito, desde que essa inquirição tenha lugar nos 30 dias subsequentes à suspeita de comportamentos irregulares, as incertezas são maiores relativamente aos demais meios de prova. Em termos exemplificativos, como deve agir um empregador que numa organização empresarial complexa toma conhecimento do desaparecimento de uma avultada quantia monetária, através da utilização de meios tecnológicos? É certo que a cada vez maior especialização dos trabalhadores pode permitir, num primeiro momento, delimitar a possível infracção a alguns dos trabalhadores, designadamente àqueles que tinham acesso aos meios tecnológicos, a partir dos quais há a suspeita de terem sido utilizados. Contudo, pode interessar ao empregador, e não raro tal ocorre, não principiar as investigações pela inquirição de algum trabalhador, dado que frequentemente uma inquirição tem por efeito, ainda que não desejado, criar-se um clima de suspeição entre os próprios trabalhadores, acabando por ser sabido entre eles que o empregador já teve conhecimento da existência de um comportamento ilícito, conhecimento esse que é susceptível de potenciar que o eventual agente do comportamento não volte a praticar o acto. Amiúde conhece-se o *modus operandi* de uma infracção pela sua prática repetida. No exemplo mencionado, ao empregador que numa organização empresarial toma conhecimento do desaparecimento de uma avultada quantia monetária, através da utilização de meios tecnológicos, não deve ser vedado que quaisquer exames aos meios tecnológicos, desde que necessários para esclarecer se determinados factos passíveis de serem entendidos como infracção disciplinar ocorreram ou não, em que termos sucederam, e a quem devem ser imputados, relevem para efeitos de ter-se como iniciado o procedimento prévio de inquérito, no momento em que principie esse exame, com as consequências daí resultantes, ou seja interrompendo-se os prazos de prescrição e caducidade previstos nos n.os 1 e 2 do artigo 329.º Semelhante exame aos meios informáticos, realizados por quem tenha capacidade técnicas para os empreender, há-de ser qualificado como uma perícia, cfr. artigo 388.º do Código Civil.

A alteração realizada pelo legislador neste artigo 352.º compreende-se. Não raro a declaração escrita do empregador que instaurava o procedimento prévio de inquérito, tinha aposta uma data que não tinha correspondência com a data da real intenção manifestada pelo próprio empregador de iniciar o procedimento prévio de inquérito. Frequentemente, no momento efectivo em que o empregador se decidia a reagir disciplinarmente, já se encontrava caducado ou mesmo prescrito o direito de o fazer, engendrando-se uma data no despacho, ou no termo de abertura de procedimento prévio de inquérito, que vedasse a tal efeito, dado que para a lei bastava a declaração de instauração para definir o início do procedimento prévio de inquérito. Agora, só com a produção de uma diligência probatória tem inicio o procedimento prévio de inquérito.

6. Não se exige que ao trabalhador seja dado conhecimento de que foi instaurado procedimento prévio de inquérito.

7. Realizando-se um procedimento prévio de inquérito, de modo a possibilitar ao empregador um maior conhecimento dos factos, bem como a melhor fundamentar a nota de culpa, pode nessa fase ser carreada prova para os autos, podendo desde logo ter lugar a inquirição de testemunhas. Nada impede que haja um Instrutor nomeado, cfr. n.º 1 do artigo 356.º, a quem incumbe a instrução do procedimento prévio de inquérito. Se o houver, a inquirição de testemunhas incumbe ao Instrutor nomeado. Se o Instrutor for advogado, encontra-se sujeito aos deveres de deontologia profissional estabelecidos no Estatuto da Ordem dos Advogados, aprovado pela Lei n.º 145/2015, de 9 de Setembro, pelo que, e ainda que o procedimento prévio de inquérito não seja judicial, o advogado nomeado pelo empregador, por si, ou por interposta pessoa, está impedido de instruir, influenciar ou, por qualquer meio, alterar o depoimento das testemunhas, prejudicando a descoberta da verdade, de acordo com o artigo 109.º daquele Estatuto. Aquele artigo 109.º, apesar de inserido num capítulo relativo a processos judiciais, deve ser interpretado de forma ampla, no sentido de abranger também os processos extrajudiciais. Ainda que assim não se entenda, a proibição de instruir ou influenciar o depoimento de quaisquer testemunhas há-de valer enquanto norma consuetudinária. Neste sentido o agora disposto no artigo 109.º foi uma novidade do Estatuto da Ordem dos Advogados, aprovado pela Lei n.º 15/2005, de 26 de Janeiro, no seu artigo 104.º, porquanto não estava até então codificado, embora já constituísse uma relevante norma deontológica decorrente da tradição forense portuguesa.

8. Quando concluída a instrução do procedimento prévio de inquérito e antes dos autos serem conclusos ao empregador para que este ou o superior hierárquico com competência disciplinar decida do arquivamento do procedimento prévio de inquérito ou do prosseguimento dos autos para notificação ao trabalhador de nota de culpa, é bastante comum, na prática, a realização, pelo Instrutor, de um documento escrito, onde consta tudo quanto foi feito na própria instrução, e que é vulgarmente designado por relatório de procedimento prévio de inquérito ou, tão somente, por relatório. A Lei não exige semelhante documento, e porque não exige semelhante documento, não pode ele ser considerado para efeitos de início de contagem do prazo de 30 dias que o empregador dispõe para notificar o trabalhador da nota de culpa. Ou seja, ainda que o Instrutor decida realizar semelhante documento, esse documento deverá ser realizado dentro do prazo de 30 dias, sendo irrelevante a sua realização para efeitos de contagem do prazo, que se inicia com a última diligência probatória efectuada no inquérito prévio.

Não obstante, há alguns instrumentos de regulamentação colectiva do trabalho, designadamente convenções colectivas, que contém entre as suas cláusulas, uma estipulação que exige a realização de um relatório de procedimento prévio de inquérito. Uma vez que este Código do Trabalho continua a não impor a realização deste documento, semelhante cláusula em instrumento de regulamentação colectiva do trabalho, deve ter-se por nula, por criar um novo procedimento. É que, as disposições da lei tem natureza imperativa, não podendo ser afastadas por instrumento de regulamentação colectiva do trabalho ou por contrato de trabalho, salvo no que diz respeito aos critérios de definição e valores de indemnizações e aos prazos do procedimento, cfr. artigo 339.º

ARTIGO 353.º – Nota de culpa

1 – No caso em que se verifique algum comportamento susceptível de constituir justa causa de despedimento, o empregador comunica, por escrito, ao trabalhador que o tenha praticado a intenção de proceder ao seu despedimento, juntando nota de culpa com a descrição circunstanciada dos factos que lhe são imputados.

2 – Na mesma data, o empregador remete cópias da comunicação e da nota de culpa à comissão de trabalhadores e, caso o trabalhador seja representante sindical, à associação sindical respectiva.

3 – A notificação da nota de culpa ao trabalhador interrompe a contagem dos prazos estabelecidos nos n.os 1 ou 2 do artigo 329.º

4 – Constitui contra-ordenação grave, ou muito grave no caso de representante sindical, o despedimento de trabalhador com violação do disposto nos n.os 1 ou 2.

1. Este preceito corresponde ao artigo 411.º do anterior Código do Trabalho, aprovado pela Lei n.º 99/2003.

2. O n.º 1 estabelece que a nota de culpa deve conter, *inter alia,* a descrição circunstanciada dos factos que são imputados ao trabalhador, não podendo ser invocados na decisão final sancionatória, factos não constantes da nota de culpa nem referidos na defesa escrita do trabalhador, salvo se atenuarem ou diminuírem a sua responsabilidade, cfr. n.º 4 do artigo 357.º Este dever de circunstanciar os factos tem sido entendido como a necessidade do empregador estruturar a nota de culpa particularizando o lugar, o tempo e o modo dos comportamentos atribuídos ao trabalhador, e susceptíveis de constituírem infracção disciplinar. Neste sentido, cfr. Maria do Rosário Palma Ramalho, *Direito do Trabalho,* Parte II, página 827, Pedro Romano Martinez, *Da Cessação do Contrato,* página 472, e Júlio Manuel Vieira Gomes, *Direito do Trabalho,* Volume I, página 1003. António Monteiro Fernandes, *Direito do Trabalho,* 15.ª edição, 2010, página 621, ensina que a "jurisprudência tem formado, a este respeito, exigências correspondentes a critérios de graduação notoriamente diversos: é necessário que na nota de culpa figurem todas as circunstâncias de modo, tempo e lugar dos factos imputados ao arguido, que ela enuncie «precisa e concretamente» esses factos, não bastando a «reprodução abstracta e genérica das disposições legais» ou uma descrição em termos vagos da conduta infractora (desinteresse das obrigações de trabalho, recusa de tarefas que competiam ao trabalhador), nem a formulação de «simples juízos conclusivos»". E, mais à frente, obra citada, página 622, "(...) mas o certo é que a lei exige a «descrição circunstanciada dos factos» que um enunciado obscuro e lacunoso jamais poderá preencher; e deve recordar-se, enfim, que o conteúdo da nota de culpa recorta o substrato factual da decisão – esta não poderá dirigir-se a factos não especificados na acusação – e, bem assim, da apreciação judicial que mais tarde venha a recair sobre ela". Na jurisprudência *vide* Acórdão do Supremo Tribunal de Justiça de 28 de Abril de 2004, *Colectânea de Jurisprudência,* Acórdãos do Supremo Tribunal de Justiça, 2004, tomo II, 257 e segs., Acórdão do Supremo Tribunal de Justiça de 19 de Dezembro de 2007, documento n.º SJ200712190034224, disponível em www.dgsi.pt.

3. Exigindo-se à nota de culpa que contenha a descrição circunstanciada dos factos imputados, particularizando o modo, o tempo e o lugar da infracção disciplinar, nada veda que se faça neste documento uma descrição da organização interna do empregador e a sua evolução no tempo com vista a enquadrar, de modo circunstanciado, os comportamentos infraccionais imputados ao trabalhador e a evidenciar o motivo da ruptura da relação laboral estabelecida.

4. No caso de ter sido instaurado procedimento disciplinar, o trabalhador pode ser designado por arguido, trabalhador arguido, ou tão-só trabalhador, por aplicação subsidiária das normas de processo penal, n.º 1 do artigo 57.º do Código de Processo Penal.

5. Exige o n.º 1 que o empregador comunique por escrito a sua intenção de proceder ao despedimento, juntando-lhe a respectiva nota de culpa. Trata-se de uma carta que acompanha a nota de culpa e onde o empregador manifesta a intenção de proceder ao despedimento. Ou seja, o empregador deverá formular antecipadamente um juízo de prognose acerca do desfecho do processo. Da letra deste preceito parece decorrer a existência de dois documentos distintos: um para a comunicação da intenção de despedir e outro para a nota de culpa. Porém, tal não é absolutamente necessário, podendo a intenção de despedimento constar da própria nota de culpa. Trata-se, portanto, de uma lacuna suprível pela própria nota de culpa. Aliás, semelhante solução resulta mesmo do entendimento dominante que tem vindo a ser feito pela jurisprudência. Veja-se o Acórdão do Supremo Tribunal de Justiça, de 4 de Junho de 1997, processo n.º 247/97, Sumários em www.dgsi.pt: "A nulidade proveniente da falta de comunicação da intenção de despedir não se verifica se esta constar, não da comunicação (que falta), mas da nota de culpa". E no mesmo sentido Acórdão do Supremo Tribunal de Justiça de 22 de Novembro de 1990, *Actualidade Jurídica*, 13.º/14.º-27, Acórdão do Tribunal da Relação de Lisboa de 27 de Fevereiro de 1985, Recurso n.º 1577, *Boletim do Ministério da Justiça*, 351.º, página 453, e *Boletim do Trabalho e Emprego*, 2.ª série, n.os 3-4/87, página 629, entre outros.

6. Sendo intenção do empregador proceder ao despedimento, na mesma data em que for entregue a nota de culpa ao trabalhador, deverá ser enviada cópia desta, bem como da carta que acompanha a nota de culpa e onde o empregador manifesta a intenção de proceder ao despedimento, à comissão de trabalhadores, se existir, e também ao sindicato, quando o trabalhador for representante sindical. O empregador tem conhecimento da existência da comissão de trabalhadores e das subcomissões de trabalhadores, bem como da identificação dos seus membros, porquanto a constituição da comissão e das subcomissões de trabalhadores, bem como a eleição dos seus membros, é precedida de votação cujos resultados têm de ser comunicados ao órgão de gestão da empresa, cfr. n.º 6 do artigo 432.º e n.º 4 do artigo 433.º E tem também o empregador conhecimento da identificação dos delegados sindicais, bem como dos que fazem parte de comissão sindical ou intersindical, porquanto esses dados têm de lhe ser comunicados por escrito pela direcção do sindicato, o mesmo ocorrendo no caso de destituição ou cessação de funções, cfr. n.os 4 e 5 do artigo 462.º

7. Na eventualidade de virem a ser conhecidos outros elementos relevantes ou mesmo factos novos, o empregador poderá lançar mão de um complemento à nota de culpa – o designado "Aditamento" ou "Adenda à nota de culpa" – aplicando-se os mesmos requisitos a que a nota de culpa deve obedecer. A Adenda ou Aditamento é admissível, ainda que remetida ao trabalhador depois de decorridos mais de 60 dias sobre o conhecimento dos factos, cfr. Acórdão do Supremo Tribunal de Justiça, de 2 de Novembro de 1995, *Colectânea de Jurisprudência*, 1995, III, página 292. Quer o empregador decida que os elementos conhecidos posteriormente, ou os factos novos, legitimam, com a adenda ou aditamento, uma intenção de despedir, quer a nota de culpa entregue em momento anterior manifestasse já a intenção de despedir, deve na adenda ou aditamento ser expressa essa intenção, de modo a que ao trabalhador arguido não restem dúvidas da gravidade que, para o empregador, assumiu o seu comportamento.

8. De acordo com o n.º 3, o procedimento disciplinar inicia-se com a comunicação da nota de culpa ao trabalhador, comunicação esta que suspende o prazo de caducidade estabelecido no n.º 2 do artigo 329.º, suspendendo igualmente o prazo de prescrição estabelecido no n.º 1 do artigo 329.º Não se suspende o prazo de um ano a contar da data em que é instaurado o procedimento para notificar o trabalhador da decisão final que o empregador tomou, fixado no n.º 3 do artigo 329.º Contudo, é também admissível que o processo físico tenha início com a instauração de um procedimento prévio de inquérito, o qual suspende igualmente os prazos do n.º 1 e 2 do artigo 329.º, cfr. artigo 352.º Quanto ao procedimento prévio de inquérito *vide* artigo 352.º e respectivas anotações.

9. Quanto aos efeitos da interrupção, cfr. artigo 326.º do Código Civil: "1. A interrupção inutiliza para a prescrição todo o tempo decorrido anteriormente, começando a correr novo prazo a partir do acto interruptivo (...).". 2. A nova prescrição está sujeita ao prazo da prescrição primitiva (...).".

10. Surge por vezes a dúvida de saber se a nota de culpa deve conter documentos anexos ou não. Como já foi mencionado, a nota de culpa deve conter a descrição circunstanciada dos factos imputados ao trabalhador arguido, particularizando o modo, o tempo e o lugar da infracção. Nestes termos, o que releva é o conteúdo da própria nota de culpa, nada vedando porém a que lhe sejam anexos os documentos através dos quais se mostra o alegado na própria nota de culpa. O que não poderá suceder é, sem circunstanciar os factos imputados, remeter-se apenas para quaisquer documentos juntos à nota de culpa. Por outras palavras, quaisquer documentos eventualmente anexos à nota de culpa, e mesmo à decisão final, têm por efeito apenas suportar o que é referido na dita nota de culpa. Não obstante, nada na lei obriga a que se proceda à junção de quaisquer documentos à nota de culpa e mesmo à decisão final, sendo que em muitas situações é difícil fazê-lo. Pense-se, por exemplo, num procedimento disciplinar instaurado a um empregado bancário que durante largo tempo fez suas as quantias depositadas por clientes da instituição bancária, tendo sido juntas ao processo algumas dezenas de comprovativos de depósitos efectuados pelos clientes. Enviar todos esses documentos na nota de culpa em que se imputasse ao trabalhador infractor o seu comportamento poderia ser, pelo menos, dispendioso. O que deve então ocorrer é a junção, ao próprio processo físico em que se há-de consubstanciar o procedimento disciplinar, de todos os documentos que se revelem essenciais à prova dos factos que esses mesmos documentos se propõe fazer, descrevendo-se os factos na nota de culpa. Juntos ao procedimento disciplinar, os documentos hão-de poder ser consultados pelo trabalhador, se este entender fazê-lo, cfr. n.º 1 do artigo 355.º O que releva, em suma, é que, com a nota de culpa, o trabalhador arguido entenda cabalmente o alcance e o âmbito dos factos que lhe são imputados. Desde modo, e cumprida a particularização do modo, do tempo e do lugar da infracção, improcede a defesa do trabalhador quando venha a alegar que documentos referidos na nota de culpa de que foi notificado, e que não lhe foram juntos, são indispensáveis para a validade da notificação da própria nota de culpa.

11. Na nota de culpa não tem que se proceder ao arrolamento das testemunhas que a suportam, cfr. Acórdão do Supremo Tribunal de Justiça, de 4 de Fevereiro de 2004, sumários em www.dgsi.pt.

12. Na nota de culpa e na carta que a acompanha (e em que o empregador manifesta a sua intenção de proceder ao despedimento) não tem de se indicar o local onde pode ser consultado o processo, cfr. Acórdão do Supremo Tribunal de Justiça, de 4 de Fevereiro de 2004, sumários em www.dgsi.pt, nem quando se pode consultar o processo, cfr. Acórdão do Supremo Tribunal de Justiça, de 17 de Outubro de 1995, *Acórdãos Doutrinais do Supremo Tribunal de Justiça*, 414.º, e Acórdão do Tribunal da Relação de Lisboa, de 24 de Abril de 1996, *Boletim do Trabalho e Emprego*, 2.ª Série, n.º 7-8-9/97.

13. Nada obsta que a forma escrita, imposta pelo n.º 1, seja satisfeita através de documento electrónico, ou seja, por documento elaborado mediante processamento electrónico de dados. Por outras palavras, nada impede que a forma escrita seja adoptada através de uma declaração escrita enviada por correio electrónico (e-mail) para um endereço electrónico. Sobre a validade, eficácia e valor probatório dos documentos electrónicos remete-se para a anotação 4. ao artigo 107.º

14. À contra-ordenação por violação do n.º 1 deste artigo, prevista no n.º 4, corresponde uma coima, coima esta que em concreto pode não ser aplicada, se o empregador assegurar ao trabalhador os direitos a que se refere o artigo 389.º, de acordo com o estabelecido no artigo 560.º

ARTIGO 354.º – Suspensão preventiva de trabalhador

1 – Com a notificação da nota de culpa, o empregador pode suspender preventivamente o trabalhador cuja presença na empresa se mostrar inconveniente, mantendo o pagamento da retribuição.

2 – A suspensão a que se refere o número anterior pode ser determinada nos 30 dias anteriores à notificação, desde que o empregador justifique, por escrito, que, tendo em conta indícios de factos imputáveis ao trabalhador, a presença deste na empresa é inconveniente, nomeadamente para a averiguação de tais factos, e que ainda não foi possível elaborar a nota de culpa.

1. Este preceito corresponde ao artigo 417.º do anterior Código do Trabalho, aprovado pela Lei n.º 99/2003.

2. A suspensão preventiva do trabalhador é também possível quando a intenção do empregador no procedimento disciplinar não seja aplicar a sanção de despedimento, mas sim qualquer uma das outras sanções previstas no artigo 328.º Quando a intenção é aplicar outra sanção que não o despedimento, o empregador poderá suspender o trabalhador ao abrigo do disposto no n.º 5 do artigo 329.º, que permite a suspensão preventiva desde que o procedimento disciplinar esteja já iniciado, a presença do trabalhador se mostre inconveniente, e desde que mantenha o pagamento da retribuição.

3. Quando o empregador configure a hipótese de vir a aplicar ao trabalhador a sanção de despedimento sem indemnização ou compensação, este artigo 354.º configura uma norma especial para a suspensão. De notar, em todo o caso, que os requisitos deste artigo 354.º para a suspensão do trabalhador são mais exigentes do que os do n.º 5 do artigo 329.º Desta forma, quando o empregador pretenda vir a punir o trabalhador com a sanção expulsiva, deve cumprir os requisitos da suspensão preventiva previstos neste artigo 354.º e não apenas os requisitos previstos no n.º 5 do artigo 329.º O n.º 5 do artigo 329.º é uma norma geral, aplicável independentemente da sanção configurada pelo empregador. Enquanto durar a suspensão preventiva, o empregador tem de manter o pagamento da retribuição, como expressamente se refere no n.º 1 deste artigo 354.º De facto, a suspensão preventiva do trabalho não corresponde juridicamente a uma sanção, o que fundamenta o dever do empregador pagar ao trabalhador suspenso preventivamente a retribuição devida, como se o próprio continuasse a realizar o seu trabalho no seu posto.

4. A suspensão preventiva é uma faculdade que assiste ao empregador e da qual este pode lançar mão independentemente do procedimento disciplinar visar o despedimento por facto imputável ao trabalhador, ou a aplicação de qualquer outra sanção que não o despedimento com justa causa. É ao empregador que cabe (embora não através de um juízo de prognose acerca do desfecho do processo, porque a suspensão preventiva não constitui nenhum indício acerca da existência ou não de justa causa do eventual despedimento que se venha a decidir) aferir da potencialidade ou não de perturbação do procedimento disciplinar que a simples presença do trabalhador pode consubstanciar. Por outras palavras, o empregador, por se ter ou não decidido pela suspensão preventiva do trabalhador, não está condicionado na decisão final que vier a proferir, a entender o comportamento disciplinarmente relevante do trabalhador como apto a tornar impossível a subsistência da relação laboral. Nos termos configurados, a suspensão preventiva não é um direito que assiste ao trabalhador, mas um dever que o trabalhador tem de cumprir se vier a ser aplicada pelo empregador. Este artigo 354.º é uma norma habilitante que permite ao empregador obstar justificadamente à prestação efectiva do trabalho, não incorrendo portanto na proibição da alínea b) do n.º 1 do artigo 129.º, durante parte ou mesmo todo o período de duração do procedimento disciplinar. O poder conferido por esta norma, a par com a suspensão preventiva do trabalhador em procedimento disciplinar que não venha a visar o despedimento, cfr. n.º 5 do artigo 329.º, bem como a admissibilidade do empregador, no despedimento colectivo, no despedimento por extinção de posto de trabalho e no despedimento por inadaptação, fazer cessar unilateralmente a relação de facto antes de decorrido o aviso prévio, sem prejuízo da manutenção da relação jurídica – que termina apenas após o decurso do prazo de aviso prévio, cfr. n.º 4 do artigo 363.º, artigos 372.º e n.º 1 do artigo 379.º

– é das raras excepções no Código em que se admite que o empregador não esteja vinculado a receber a prestação de trabalho do trabalhador. Durante este período, não se mantêm, porque não há prestação de trabalho, todos os direitos e deveres das partes. Entre os deveres que não se mantêm, conta-se o dever de assiduidade, diligência, etc. Quando não haja lugar à prestação de trabalho, por aplicação desta norma, restringe-se também a admissibilidade de verificação de um acidente de trabalho.

Inexistindo fundamento para proceder à suspensão, por a presença do trabalhador não se mostrar inconveniente, o empregador incorre na obrigação de indemnizar o trabalhador por danos não patrimoniais, cfr. artigo 483.º do Código Civil.

5. Todo o tempo durante o qual o trabalhador se encontre suspenso preventivamente conta como antiguidade. Pode até suceder que, devido à tramitação do procedimento disciplinar, o trabalhador permaneça mais tempo afastado do seu posto de trabalho, por via da suspensão preventiva, do que se se encontrasse impedido de prestar o seu trabalho por aplicação da sanção de suspensão do trabalho com perda de retribuição e antiguidade. Na verdade, e não existindo quanto à suspensão preventiva nenhuma norma de teor idêntico à alínea c) do n.º 3 do artigo 328.º, pode também ocorrer por hipótese que, num mesmo ano, e desde que sejam respeitados os prazos de exercício da acção disciplinar supramencionados e estabelecidos nos n.os 1, 2 e 3 do artigo 329.º, por várias infracções ocorridas em momentos distintos, ao trabalhador sejam instaurados vários procedimentos disciplinares, sendo o mesmo suspenso preventivamente em todos eles. Assim, e exemplificativamente, podem, no mesmo ano civil, cumular-se cinco procedimentos disciplinares contra o mesmo trabalhador, permanecendo ele suspenso preventivamente nesses mesmos processos durante um total de 10 meses.

6. Caso o trabalhador suspenso preventivamente tenha sido eleito para a comissão de trabalhadores, a subcomissão de trabalhadores, ou uma associação sindical, mantém o acesso aos locais e actividades que se compreendam no exercício normal dessas funções, sem que o empregador possa alegar a suspensão preventiva para vedar a esse acesso, cfr. n.º 1 do artigo 410.º O empregador tem conhecimento da existência da comissão de trabalhadores e das subcomissões de trabalhadores, bem como da identificação dos seus membros, porquanto a constituição da comissão e das subcomissões de trabalhadores, bem como a eleição dos seus membros, é precedida de votação cujos resultados têm de ser comunicados ao órgão de gestão da empresa, cfr. n.º 6 do artigo 432.º e n.º 4 do artigo 433.º E tem também o empregador conhecimento da identificação dos delegados sindicais, bem como dos que fazem parte de comissão sindical ou intersindical, porquanto esses dados têm de lhe ser comunicados por escrito pela direcção do sindicato, o mesmo ocorrendo no caso de destituição ou cessação de funções, cfr. n.os 4 e 5 do artigo 462.º

7. Enquanto durar a suspensão preventiva, o trabalhador deverá estar disponível para, em qualquer momento, reocupar o seu posto de trabalho. Ou seja, a suspensão preventiva, não se enquadrando como a aplicação de uma sanção, não permite que o trabalhador se arrole ao direito de permanecer sem realizar o trabalho até à conclusão do procedimento disciplinar, caso o empregador decida que o seu regresso já pode ter lugar antes de lhe ser comunicada a decisão final. Nesse sentido, pode suceder que as diligências de prova tenham sido efectuadas em prazo mais curto do que o previsto, pelo que a presença do trabalhador no seu local de trabalho já não constitua um obstáculo ao desenvolvimento do procedimento disciplinar, caducando a fundamentação evocada com a própria suspensão preventiva. Se este for o caso, o empregador há-de notificar o trabalhador para o efeito. Se, depois de notificado, o trabalhador não regressar ao seu local de trabalho, incorre em faltas injustificadas, ou mesmo em abandono do trabalho.

8. Uma questão que se coloca na prática é a de saber se na suspensão preventiva, e apesar do trabalhador não perder o direito à retribuição, é devido o pagamento do subsídio de refeição, ou o também designado subsídio de alimentação, quando seja pago, dado que o Código do Trabalho não impõe que este exista. Desde logo nota-se que este dispositivo não concretiza o que entende por retribuição para os seus efeitos, pelo que o intérprete deverá socorrer-se do conceito legal, previsto no artigo 258.º, bem como das excepções àquele previstas, que se encontram no artigo 260.º Segundo os acórdãos do Tribunal da Relação do Porto, de 20 de Janeiro de 2003, *Colectânea de Jurisprudência*, 1.º, 2003, página 223, e do Supremo Tribunal de Justiça de 18 de Junho de 2003, *Sumários do Boletim Interno do Supremo Tribunal de Justiça*, Junho de 2003, entendia-se que a suspensão preventiva do trabalhador não suspende o pagamento do subsídio de refeição.

Como defendemos em anteriores edições da presente obra, não concordamos com aquele entendimento jurisprudêncial. Com efeito, atento o disposto no n.º 2 do artigo 260.º, ao mandar aplicar a alínea a) do n.º 1 desse mesmo artigo 260.º, o subsídio de refeição só é devido ao trabalhador suspenso preventivamente quando deva ser entendido como retribuição. Ou seja, na parte em que a importância recebida a título de subsídio de refeição ultrapasse os montantes normais, e desde que tenha sido expressamente previsto no contrato individual de trabalho, ou se deva considerar como elemento integrante da retribuição do trabalhador. Para saber se a importância recebida a título de subsídio de refeição excede ou não os montantes normais, cremos que, na falta de legislação específica, há que recorrer aos valores fixados a este título para a função pública, em portaria publicada anualmente. Sobre este ponto, e para maiores desenvolvimentos, ver anotação ao artigo 260.º

No sentido de que o valor diário do subsídio de refeição, quando não exceda os montantes normais despendidos com o pagamento de qualquer refeição, assume uma natureza não retributiva, e assim não é devido ao trabalhador suspenso preventivamente, tem agora entendido a mais recente a jurisprudência. Assim, julgou o Acórdão do Supremo Tribunal de Justiça, de 27 de Novembro de 2007, processo 07S2879, documento n.º SJ200711270028794, disponível em www.dgsi.pt que: "Sendo o trabalhador suspenso preventivamente em 7 de Julho de 2004, a partir dessa data e nos termos dos conjugados artigos 417.º, n.º 1, e 260.º, n.ºs 1 e 2, do Código do Trabalho, não lhe é devido subsídio de refeição, já que o valor diário dessa prestação, que importava em €5,55, não excedia os montantes normais despendidos com o pagamento de qualquer refeição, pelo que assume clara natureza não retributiva.". Já o Acórdão do Supremo Tribunal de Justiça, de 26 de Maio de 2015, processo 373/10.7TTPRT.P1.S1, disponível em www.dgsi.pt, entendeu que: "Ao subsídio de refeição, tal como ao abono para falhas, não deve ser conferido carácter retributivo, apesar da regularidade/periocidade da sua atribuição. A lei admite a sua consideração como tal se/quando o seu valor exceda um montante dito normal ou o mesmo seja tido, pelo contrato ou pelos usos, como elemento integrante da retribuição, sem embargo de, ainda assim, não ser devido nos dias em que, por qualquer razão, o trabalhador não compareça ao trabalho.". Por sua vez, o Acórdão do Tribunal da Relação de Lisboa, de 21 de Maio de 2014, processo 665/12.0TTBRR.L1-4, disponível em www.dgsi.pt, estabeleceu que: "Vigora quanto ao subsídio de alimentação uma presunção legal ilidível sobre o seu carácter não retributivo, pelo que durante o período de suspensão preventiva do trabalhador, tal subsídio não é devido, a não ser que seja ilidida pelo trabalhador essa presunção (cfr. art. 260.º n.º1 e 2 do Código do Trabalho).". No mesmo sentido, também o Acórdão do Tribunal da Relação de Lisboa, de 13 de Janeiro de 2010, processo 9/07.0TTSNT.L1-4, disponível em www.dgsi.pt: "Não constituindo retribuição, não é devido o pagamento do subsídio de refeição no período em que o trabalhador se encontra preventivamente suspenso no decurso do procedimento disciplinar, ao contrário do que acontece com o prémio de produtividade.".

9. Nada obsta que a forma escrita, imposta pelo n.º 2, seja satisfeita através de documento electrónico, ou seja, por documento elaborado mediante processamento electrónico de dados. Por outras palavras, nada impede que a forma escrita seja adoptada através de uma declaração escrita enviada por correio electrónico (e-mail) para um endereço electrónico. Sobre a validade, eficácia e valor probatório dos documentos electrónicos remete-se para a anotação 4. ao artigo 107.º

10. Jurisprudência:

Acórdão do Supremo Tribunal de Justiça, de 2 de Julho de 2008, processo 07S4752, sumários em www.dgsi.pt: "O trabalhador suspenso mantém intocado o direito à retribuição de base e a todos os demais componentes salariais que não estejam directamente relacionados com a efectiva prestação de trabalho, compreendendo-se neste direito o valor despendido no período suspensivo com o telemóvel para uso particular se, na pendência do contrato, o empregador atribuiu ao trabalhador um telemóvel para este utilizar tanto em serviço como na sua vida particular, suportando o empregador todas as despesas inerentes à sua utilização.".

ARTIGO 355.º – Resposta à nota de culpa

1 – O trabalhador dispõe de 10 dias úteis para consultar o processo e responder à nota de culpa, deduzindo por escrito os elementos que considera relevantes para esclarecer os factos e a sua participação nos mesmos, podendo juntar documentos e solicitar as diligências probatórias que se mostrem pertinentes para o esclarecimento da verdade.

2 – Constitui contra-ordenação grave, ou muito grave no caso de representante sindical, o despedimento de trabalhador com violação do disposto no número anterior.

1. Este preceito corresponde ao artigo 413.º do anterior Código do Trabalho, aprovado pela Lei n.º 99/2003.

2. O direito de apresentar uma resposta à acusação do empregador, que se designa por resposta à nota de culpa tem por base o direito do trabalhador à audiência prévia, cfr. n.º 6 do artigo 329.º Este artigo 355.º é um reflexo directo do direito de audiência e defesa do trabalhador, o qual tem assento constitucional, cfr. n.º 10 do artigo 32.º da Constituição da República Portuguesa, sendo um direito análogo aos direitos, liberdades e garantias, pelo que a falta de audiência do arguido em processo sancionatório, como o procedimento disciplinar, implica a ofensa do conteúdo essencial de um direito fundamental, originando a nulidade do procedimento.

3. Notificado da nota de culpa, o trabalhador dispõe de 10 dias úteis para, querendo, apresentar a sua defesa. No mesmo prazo, poderá o trabalhador consultar o processo. Este é um único prazo. Não acresce. São 10 dias úteis para consultar e responder, ou vice-versa, se o trabalhador assim o entender.

Dias úteis são Segunda-Feira, Terça-Feira, Quarta-Feira, Quinta-Feira e Sexta-Feira. Sábado, Domingo e Feriados não constituem dias úteis, sendo que para o conceito de dias úteis é irrelevante que a empresa se encontre em funcionamento ao Sábado, Domingo ou Feriado. Este é o sentido da alínea e) do artigo 279.º do Código Civil, conjugado com o n.º 1 do artigo 137.º do Código de Processo Civil. Sempre se diga, que nos termos da alínea b) do artigo 279.º do Código Civil, na contagem de qualquer prazo não se inclui o dia em que ocorrer o evento a partir do qual o prazo começa a correr, pelo que o dia em que o trabalhador é notificado da nota de culpa não conta para efeitos de contagem de prazo.

4. A audiência prévia não significa que o trabalhador tenha de ser ouvido verbalmente. Significa que ao trabalhador tem de ser dada a faculdade de ser ouvido, audição que pode ser realizada por escrito, e que no procedimento disciplinar, quando é reduzido a escrito, é designada por resposta à nota de culpa, cfr. n.º 1 do artigo 355.º Como tal o trabalhador não pode exigir que seja ouvido verbalmente; tem é de lhe ser dada a possibilidade de apresentar a sua defesa por escrito, sendo lícito ao empregador só aceitar a defesa do trabalhador que seja reduzida a escrito.

5. Apesar de consagrado na Divisão I – Despedimento por facto imputável ao trabalhador, da Subsecção I – Modalidades de despedimento da Secção IV – Despedimento por iniciativa do empregador, e não na Secção III – Poder Disciplinar, a resposta à nota de culpa é também possível quando a intenção do empregador no procedimento disciplinar não seja aplicar a sanção de despedimento, mas sim qualquer uma das outras sanções previstas no artigo 328.º Quando a intenção é aplicar outra sanção que não o despedimento, é neste preceito que radica a admissibilidade da resposta à nota de culpa, razão pela qual entendemos este artigo 355.º não como uma norma especial aplicável apenas quando a intenção do empregador for aplicar o despedimento, mas sim como uma regra geral do próprio procedimento disciplinar, aplicável independentemente da sanção que se vise aplicar.

6. Pode suceder que, durante a instrução do procedimento disciplinar, ocorra a suspensão do contrato de trabalho por facto respeitante ao trabalhador, cfr. artigo

296.º e segs. Nesta situação, e cujo exemplo mais frequente, na prática, é o estado de doença do próprio trabalhador, o empregador, querendo exercer o poder disciplinar de que é titular, deverá cumprir os prazos para o exercício da acção disciplinar. Nesse sentido, ver n.º 1 do artigo 295.º Assim, o trabalhador arguido não está dispensado de apresentar a sua defesa no prazo fixado neste artigo 355.º, nem tão pouco desobrigado de assegurar que as testemunhas por si indicadas compareçam no local, na hora e na data agendadas para as respectivas inquirições. Contra, Maria Manuela Maia da Silva, "O Tempo no Processo Disciplinar", *I Congresso Nacional de Direito do Trabalho, Livraria Almedina,* Coimbra, 1998, página 214.

7. No decurso do procedimento disciplinar, pode verificar-se um justo impedimento. Por justo impedimento considera-se o evento não imputável à parte nem aos seus representantes ou mandatário que obste à prática atempada do acto, cfr. n.º 1 do artigo 140.º do Código de Processo Civil. São requisitos do justo impedimento que o evento que provocou o impedimento se refira ao trabalhador ou ao seu mandatário, não poder ser imputado dolo ou negligência ao trabalhador arguido ou seu mandatário quanto à ocorrência do evento, que o trabalhador ou seu mandatário invoque o justo impedimento logo que o mesmo cesse, e a prática do acto em falta logo que cesse o justo impedimento. Quando o empregador tenha conhecimento de um justo impedimento que impeça a possibilidade de apresentação de resposta à nota de culpa, deve suspender o prazo para consulta e resposta.

8. Quando o trabalhador solicita apoio judiciário junto da Segurança Social para apresentar resposta à nota de culpa o prazo para consulta e para apresentar a resposta à nota de culpa deverá ser suspenso até ao conhecimento da decisão sobre a concessão de protecção jurídica, que incumbe aos serviços de Segurança Social. É que, apesar de a constituição de mandatário não ser obrigatória, a assistência por advogado é sempre admissível cfr. n.º 3 do artigo 20.º da Constituição da República Portuguesa e n.º 3 do artigo 66.º do Estatuto da Ordem dos Advogado, aprovado pela Lei n.º 145/2015, de 9 de Setembro, pelo que a defesa do trabalhador não pode ser prejudicada se, no prazo dos 10 dias, tiver informado o empregador de que requereu o benefício do apoio judiciário.

9. Nada obriga o trabalhador a responder à nota de culpa, não podendo o mesmo ser penalizado se o não fizer, o que pode até consubstanciar uma estratégia do próprio. Uma vez que a plenitude do contraditório não existe no procedimento disciplinar, só é exercida judicialmente, poderá o trabalhador entender que só em tribunal deverá pronunciar-se. Assim, a opção por não responder à nota de culpa, não comporta qualquer confissão da parte do trabalhador.

10. Tem entendido a jurisprudência, cfr, por todos Acórdão do Supremo Tribunal de Justiça de 30 de Março de 1990, Recurso n.º 2402, *Actualidade Jurídica,* 7.º/90, página 23, que a resposta à nota de culpa constitui uma declaração receptícia que carece de ser dada a conhecer ao destinatário, sendo eficaz logo que chega ao poder do destinatário ou dele é conhecida, artigo 224.º do Código Civil. Se o trabalhador só coloca essa resposta no correio no dia em que termina o prazo para a sua apresentação e ela só chega ao conhecimento do empregador no dia imediato, tem de concluir-se que a apresentação ocorreu fora de tempo útil. Compreende-se: o procedimento disciplinar nos moldes em que é encarado pelo legislador correrá, em princípio, no local de trabalho, pelo que a solução de recorrer à expedição de quaisquer documentos pelo correio há-de ser necessariamente subsidiária.

11. Atendendo ao disposto no n.º 3 do artigo 20.º da Constituição da República Portuguesa, bem como no n.º 3 do artigo 66.º do Estatuto da Ordem dos Advogados, aprovado pela Lei n.º 145/2015, de 9 de Setembro, que estabelece que: "a representação e assistência por advogado são sempre admissíveis e não podem ser impedidos perante qualquer jurisdição, autoridade ou entidade pública ou privada, nomeadamente para defesa de direitos, patrocínio de relações jurídicas controvertidas, composição de interesses ou em processos de mera averiguação, ainda que administrativa, oficiosa ou de qualquer outra natureza.", a assistência por advogado é sempre admissível. Assim, em sede de procedimento disciplinar, e independentemente da intenção ser de despedimento ou não, o trabalhador pode, também ele, fazer-se representar e ser acompanhado por advogado. Devidamente mandatado, o advogado poderá subscrever a resposta à nota de culpa, proceder à consulta do processo, assistir à produção de prova da defesa apresentada pelo trabalhador, cfr. artigo 356.º, independentemente de quem seja o interventor na instrução do procedimento disciplinar, e apresentar os requerimentos que entender convenientes. Assim, é ilicito por exemplo, que o advogado do trabalhador, pretendendo assistir à inquirição das testemunhas por si indicadas, seja impedido de aceder às instalações da empresa onde serão ouvidas.

12. Na consulta que há-de empreender, querendo, o trabalhador, por si ou através de mandatário constituído, poderá conhecer todos os elementos constantes do procedimento disciplinar, designadamente todos os elementos de prova, testemunhal ou não, que o integram. E essa consulta do processo que o trabalhador efectuar, abrange inclusivamente o que foi realizado durante o processo prévio de inquérito, quando este teve lugar. Neste sentido o elemento literal do n.º 1 menciona que o trabalhador pode consultar o processo, e não que pode consultar o processo disciplinar ou o procedimento disciplinar, pelo que o legislador terá querido referir-se ao processo físico em que se consubstancia o procedimento disciplinar, empregando o termo "processo" sem grande precisão técnica e em termos latos, assim envolvendo o processo prévio de inquérito, não numa acepção de processo disciplinar *stricto sensu*. Para maiores desenvolvimentos ver o nosso *Prática e Procedimentos do Processo Disciplinar*, 2.ª Edição, Princípia Editora, Fevereiro 2011, página 32 e segs. Já Abílio Neto, *Processo Disciplinar e Despedimentos*, página 282, entende que a obrigatoriedade de permitir a consulta não abrange o procedimento prévio de inquérito, argumentando que se o legislador tivesse pretendido fazê-lo, tê-lo-ia expressado de forma clara e inequívoca. Na jurisprudência parece não existir ainda consenso. Entendeu o Tribunal da Relação de Coimbra, Acórdão do Tribunal da Relação de Coimbra, de 10 de Maio de 2001, sumários em www.dgsi.pt, que: "Após a comunicação ao trabalhador da nota de culpa, este pode ter acesso ao inquérito para melhor se defender, mas essa defesa respeita apenas ao teor da nota de culpa e não ao inquérito em si mesmo, que visou tão só reunir elementos consubstanciadores da nota de culpa. Porém, a lei apenas consagra como requisito essencial do processo disciplinar a audiência do trabalhador e não essa consulta do processo prévio, que a entidade patronal poderá ou não facultar ao trabalhador, a tal não sendo obrigada, excepto tratando-se de procedimento disciplinar com vista ao despedimento com justa causa". Não obstante, já o Supremo Tribunal de Justiça, Acórdão do Supremo Tribunal de Justiça de 24 de Setembro de 2003, processo n.º 6732/01, sumários em www.dgsi.pt., considerou que a inclusão a nível constitucional, no n.º 10 do artigo 32.º da Constituição da República Portuguesa, do direito de audiência e defesa no âmbito do procedimento disciplinar conduziu à caracterização desse direito como um direito análogo aos direitos, liberdades e garantias, pelo que a falta da audiência do arguido em processo sancionatório implica a ofensa do conteúdo essencial de um direito fundamental, originando a nulidade do procedimento. Esta apontada caracterização impõe, segundo a jurisprudência, que se apliquem subsidiariamente, com as necessárias adaptações, as regras da lei processual penal que se destinem a preservar o núcleo essencial do direito de defesa e audiência, começando por aquelas que visem assegurar um tratamento justo e imparcial do arguido. Tratamento justo e imparcial do arguido poderá ser interpretado como permitir-lhe a consulta de tudo quanto foi apurado no procedimento prévio de inquérito. E neste sentido, a lei processual penal, de aplicação subsidiária, estatui que, apesar de o processo criminal ser público, excepcionalmente pode ter uma fase secreta, cfr n.º 1 do artigo 86.º Código de Processo Penal, sendo que quando for público, o arguido tem acesso ao auto para promover o que for de direito. Seja como for, parece-nos que, independentemente do procedimento visar o despedimento ou não, o trabalhador terá sempre o direito de consultar também o que foi feito durante o procedimento prévio de inquérito, (e desde que este se ache concluído) até porque – e quantas vezes tal não sucede – o empregador pode aproveitar esta fase para recolher logo toda a prova, testemunhal ou não, prova essa que aproveitará para o procedimento disciplinar e que o trabalhador deve poder conhecer para, querendo, a refutar.

13. Tem entendido a jurisprudência que é irrelevante a omissão na nota de culpa, ou na carta que a acompanha e em que o empregador manifesta a sua intenção de proceder ao despedimento, de onde e quando pode ser consultado o procedimento disciplinar, cfr. Acórdão do Supremo Tribunal de Justiça, de 17 de Outubro de 1995, *Acórdãos Doutrinais do Supremo Tribunal de Justiça*, 414.º, página 914 e Acórdão do Tribunal da Relação de Lisboa de 24 de Abril de 1996, *Boletim do Trabalho e Emprego*, 2.ª Série, n.os 7-8-9/97, página1144. É ao trabalhador, perante a factualidade descrita na nota de culpa, que cabe aferir da necessidade ou não de proceder à consulta do processo, cabendo ao empregador facultar o processo apenas quando o trabalhador o solicite. A questão da consulta do procedimento disciplinar é uma das maiores dificuldades com que se deparam trabalhadores e empregadores. Designadamente, não há uma disposição expressa que consagre um local onde o procedimento disciplinar haja de permanecer para consulta. A jurisprudência, por seu turno, também não tem delimitado o local onde devem os autos de procedimento disciplinar permanecer para que o trabalhador possa exercer o direito de consulta. Correndo o procedimento disciplinar na empresa, por maioria de razão, há-de estar num de quatro locais: na sede do empregador, no estabelecimento do empregador em que se situe o departamento de recursos humanos, no estabelecimento da empresa em que o trabalhador preste o seu trabalho ou no domicilio profissional do Instrutor nomeado. Em nome do princípio da boa fé, cfr. n.º 1 do artigo 126.º e n.º 2 do artigo 762.º do Código Civil, todo e qualquer procedimento disciplinar instaurado deve, em princípio, permanecer no local normal e habitual que a empresa tem utilizado em procedimentos anteriores. O que não é admitir é a deslocação do procedimento disciplinar, sem qualquer justificação, tornando o direito do trabalhador à consulta mais difícil e oneroso. Para maiores desenvolvimentos ver o nosso *Prática e Procedimentos do Processo Disciplinar*, 2.ª Edição, Princípia Editora, Fevereiro 2011, páginas 33 e 48.

14. O empregador pode exigir que a consulta do procedimento disciplinar pelo arguido e seu advogado tenha lugar na presença de pessoas por ele indicadas. Neste sentido, veja-se o Acórdão do Tribunal da Relação de Lisboa, de 13 de Julho de 1988, *Colectânea de Jurisprudência*, 1988, 4.º, página 151. Compreende-se que assim seja: são motivos de segurança jurídica, designadamente, assegurar a integridade do próprio processo, o qual é constituído por documentos particulares e não raro por documentos autênticos, os quais são frequentemente documentos únicos cuja destruição, adulteração ou perda seriam susceptíveis de fazer perigar a prova dos factos que esses documentos se propõem fazer. Assim, pode o empregador exigir que a consulta se faça perante o seu próprio advogado.

15. A circunstância do trabalhador se encontrar suspenso do exercício de funções não é, por si mesma, impeditiva da consulta dos autos de procedimento disciplinar. O trabalhador suspenso preventivamente é suspenso se o empregador entender que a sua presença na empresa se mostra inconveniente. Ou seja, se o empregador entender que a realização da prestação de trabalho é susceptível de causar incómodo ao normal prosseguimento do procedimento disciplinar, pode suspender o trabalhador. Suspenso o trabalhador, encontra-se inibido de aceder aos locais e actividades que se compreendem no exercício da prestação do seu trabalho, acesso esse que lhe pode ser inclusivamente vedado pelo empregador, excepto quando o trabalhador tenha sido eleito como representante dos trabalhadores para a segurança e saúde no trabalho, para a comissão de trabalhadores, a subcomissão de trabalhadores, o conselho de empresa europeu ou uma associação sindical, caso estes em que o trabalhador suspenso mantém apenas o acesso aos locais e actividades que se compreendem no exercício normal destas funções, cfr. artigo 404.º e n.º 1 do artigo 410.º O princípio de inacessibilidade ao local de trabalho do trabalhador suspenso cede também perante o direito de audiência e defesa do trabalhador, pelo que se o trabalhador se deslocar à empresa, para proceder à consulta, não pode ser impedido de a fazer. E porque não pode ser impedido de realizar a consulta, não pode para esse efeito ser-lhe vedado o acesso ao local de trabalho, porque de outro modo não se efectivaria a própria consulta.

16. Não há no procedimento disciplinar a confiança do processo, cfr. artigo 165.º do Código de Processo Civil. Ou seja, sendo requerida pelo mandatário do trabalhador que o processo físico lhe seja confiado para exame fora do local onde o procedimento se encontra disponível para consulta, não há qualquer dever do empregador facultar a confiança do processo.

17. Da interpretação deste n.º 1 resulta que o prazo ali estabelecido para o trabalhador apresentar a sua defesa é o mesmo, quer a infracção, relevante disciplinarmente, assuma contornos de maior simplicidade, quer apresente maior complexidade. Uma outra questão que se coloca é a de saber se pode haver prorrogação de prazo para consulta do procedimento disciplinar e para responder à nota de culpa. Não existe na lei o dever de se prorrogar o prazo para consulta do processo e apresentação da defesa. Contudo, e apesar de nada obrigar o empregador a proceder a qualquer prorrogação de prazo para consulta e para resposta à nota de culpa, pode o mesmo, por si ou através de instrutor nomeado, conceder essa faculdade, enquanto poder discricionário que lhe assiste, por sua iniciativa ou mesmo por acordo com o trabalhador, ou seu mandatário. Designadamente, pode o empregador preferir que a apresentação da defesa do trabalhador arguido contenha todos os elementos susceptíveis de melhor asseverar uma decisão disciplinar adequada, dispondo-se a prorrogar o prazo. Concedendo-a, não pode é o empregador vir mais tarde alegar a prorrogação realizada para dela retirar qualquer efeito, designadamente procurando com essa hipotética arguição prejudicar a defesa do trabalhador, sob pena de incorrer em abuso de direito, cfr. artigo 334.º do Código Civil. Do mesmo modo, também não será lícito ao trabalhador vir, na resposta à nota de culpa ou noutro requerimento, a retirar qualquer efeito da prorrogação realizada se a requereu ou se a aceitou. Contudo, e ainda que o trabalhador arguido o requeira, pode o empregador, ou o instrutor, entender que não há lugar a nenhuma prorrogação, sem que o trabalhador tenha legitimidade para invocar qualquer invalidade por esse entendimento. Requerendo o trabalhador a prorrogação do prazo para consulta e apresentação da defesa, ou concedendo o empregador a prorrogação, deve o arguido ser sempre notificado dessa decisão.

A prorrogação de prazo para consulta e apresentação da defesa, em nome da boa fé, não poderá ser *ad aeternum*, com o efeito de postergar a instrução e, no limite, preterir a decisão final, desde logo porque semelhante situação configuraria um abuso do direito, cfr. artigo 334.º do Código Civil, por o empregador manter a perspectiva da punição como uma ameaça indeterminadamente suspensa sobre o trabalhador, conservando-o na incerteza, por não definir disciplinarmente a relevância do seu comportamento. Quanto ao prazo mínimo e máximo da prorrogação, aceitando-se esta, através da aplicação subsidiária das regras da lei processual penal, e designadamente do n.º 6 do artigo 107.º do Código de Processo Penal, permite-se que o juiz prorrogue o prazo para prática de determinados actos até ao limite máximo de 30 dias, inexistindo qualquer prazo mínimo para a prorrogação. No procedimento disciplinar, o empregador, através do instrutor, e à semelhança do juiz judicial, selecciona factos, decide da validade ou invalidade de determinados actos, não existindo nesta matéria nenhum obstáculo que vede – com o devido respeito pelos juízes de direito – o paralelismo de funções, e assim a aplicação subsidiária da norma em causa. Pelo contrário, quanto não pode beneficiar o trabalhador se lhe for permitido nem que seja mais um dia para exercer o seu direito de defesa? Nem que seja mais um dia de prazo pode ditar o sucesso da investigação que o próprio trabalhador há-de empreender para apresentar a sua defesa e, por exemplo, encontrar o documento que o pode ilibar dos factos que lhe são imputados. Assim, e com as devidas adaptações da lei processual penal ao procedimento disciplinar, se o empregador entender que o prazo legal de 10 dias úteis para responder à nota de culpa é insuficiente, e decidir prorrogá-lo, pode fazê-lo, por exemplo, por mais três dias úteis, não tendo de conceder um mínimo de 30 dias.

18. Através da aplicação subsidiária da lei processual penal, e uma vez que a lei laboral não o diz, é possível entender-se que o direito de consulta do trabalhador não se limita aos 10 dias úteis posteriores à notificação da nota de culpa. Se não for antes, pelo menos após a comunicação ao trabalhador da decisão disciplinar, há-de o próprio trabalhador, ou o mandatário que houver constituído, poder fazer a consulta do processo. A lei processual penal admite que, a partir do momento em que o processo penal é público, se possa fazer a consulta do auto e obter cópias, extractos e certidões de quaisquer partes dele (n.º 1 e n.º 6, alínea c) do artigo 86.º e artigo 89.º do Código de Processo Penal). Trata-se de permitir que o trabalhador conheça, sem necessidade de se socorrer dos tribunais, toda a prova junta aos autos do procedimento disciplinar que permitiu ao empregador proferir a sua decisão. Acrescenta ainda o n.º 1 do artigo 90.º do Código de Processo Penal, que qualquer pessoa que nisso revele interesse legítimo pode pedir que seja admitida a consultar auto de um processo que se não encontre em segredo de justiça e que lhe seja fornecido, à sua custa, cópia, extracto ou certidão de auto ou de parte dele, sendo que sobre o pedido decide a autoridade que presida à fase em que se encontra o processo. A aplicação subsidiária desta norma ao procedimento disciplinar permite que as associações sindicais possam, também elas, fazer a consulta do procedimento disciplinar. Compreende-se que assim seja. Tendo legitimidade para interpor acções em representação e substituição do trabalhador punido com uma sanção disciplinar, as associações sindicais hão-de poder fazer a consulta do procedimento antes de impugnar judicialmente a decisão disciplinar. As associações sindicais tem legitimidade para intentar acções relativas a direitos respeitantes aos interesses colectivos que representam, n.º 1 do artigo 5.º do Código de Processo do Trabalho, podendo ainda exercer o direito de acção, em representação e substituição de trabalhadores que o autorizem, em acções respeitantes a trabalhadores que pertençam ou exerçam qualquer cargo nos corpos gerentes da associação sindical, a trabalhadores seus associados que representem os trabalhadores e nas acções respeitantes à violação, com carácter de generalidade, de direitos individuais de idêntica natureza de trabalhadores seus associados, cfr. alíneas a), b) e c) do n.º 2 do artigo 5.º do Código de Processo do Trabalho. O Código de Processo do Trabalho foi aprovado pelo Decreto-Lei n.º 480/99, de 9 de Novembro, e alterado pelos Decretos-Leis n.ºs 323/2001, de 17 de Dezembro, 38/2003, de 8 de Março, 295/2009, de 13 de Outubro, pelas Leis n.ºs 63/2013, de 27 de Agosto, 55/2017, de 17 de Julho, 73/2017, de 16 de Agosto, e 107/2019 de 9 de Setembro. Cremos contudo que, a sufragar-se este entendimento, o instrutor poderá sempre vedar a reprodução e cópia dos autos quando entender que tal constituiria motivo grave.

19. Nada obsta que a forma escrita, imposta pelo n.º 1, seja satisfeita através de documento electrónico, ou seja, por documento elaborado mediante processamento electrónico de dados. Por outras palavras, nada impede que a forma escrita seja adoptada através de uma declaração escrita enviada por correio electrónico (e-mail) para um endereço electrónico. Sobre a validade, eficácia e valor probatório dos documentos electrónicos remete-se para a anotação 4. ao artigo 107.º

20. Jurisprudência:

> Acórdão do Supremo Tribunal de Justiça, de 25 de Fevereiro de 2009, processo 08S2461, sumários em www.dgsi.pt: "Tendo o trabalhador recusado receber a nota de culpa que a entidade empregadora lhe pretendia entregar em mão, a data relevante para o cômputo do prazo para responder à nota de culpa é a data daquela recusa e não a data em que recebeu a nota de culpa que, posteriormente, a entidade empregadora lhe enviou pelo correio.".

21. À contra-ordenação por violação do n.º 1 deste artigo, prevista no n.º 2, corresponde uma coima, coima esta que em concreto pode não ser aplicada, se o empregador assegurar ao trabalhador os direitos a que se refere o artigo 389.º, de acordo com o estabelecido no artigo 560.º

ARTIGO 356.º – Instrução

1 – O empregador, por si ou através de instrutor que tenha nomeado, deve realizar as diligências probatórias requeridas na resposta à nota de culpa, a menos que as considere patentemente dilatórias ou impertinentes, devendo neste caso alegá-lo fundamentadamente por escrito.

2 – (Revogado.)

3 – O empregador não é obrigado a proceder à audição de mais de três testemunhas por cada facto descrito na nota de culpa, nem mais de 10 no total.

4 – O trabalhador deve assegurar a comparência das testemunhas que indicar.

5 – Após a conclusão das diligências probatórias, o empregador apresenta cópia integral do processo à comissão de trabalhadores e, caso o trabalhador seja representante sindical, à associação sindical respectiva, que podem, no prazo de cinco dias úteis, fazer juntar ao processo o seu parecer fundamentado.

6 – Para efeito do número anterior, o trabalhador pode comunicar ao empregador, nos três dias úteis posteriores à recepção da nota de culpa, que o parecer sobre o processo é emitido por determinada associação sindical, não havendo neste caso lugar a apresentação de cópia do processo à comissão de trabalhadores.

7 – Constitui contra-ordenação grave, ou muito grave no caso de representante sindical, o despedimento de trabalhador com violação do disposto nos n.ºs 1, 5 e 6.

1. Este preceito corresponde ao artigo 414.º do anterior Código do Trabalho, aprovado pela Lei n.º 99/2003.

2. A redacção dos n.os 1, 3, 5 e 7 deste preceito foi alterada pelo artigo 2.º da Lei n.º 23/2012, de 25 de Junho, enquanto que o n.º 2 foi revogado pelo n.º 2 do artigo 9.º da mesma Lei. Na versão originária do Código do Trabalho, aprovado pela Lei n.º 7/2009, de 12 de Fevereiro, os n.os 1, 2, 3, 5 e 7 tinham a seguinte redacção:

> "1 – Cabe ao empregador decidir a realização das diligências probatórias requeridas na resposta à nota de culpa.
>
> 2 – Se o despedimento respeitar a trabalhadora grávida, puérpera ou lactante ou a trabalhador no gozo de licença parental, o empregador, por si ou através de instrutor que tenha nomeado, deve realizar as diligências probatórias requeridas na resposta à nota de culpa, a menos que as considere patentemente dilatórias ou impertinentes, devendo neste caso alegá-lo fundamentadamente por escrito.
>
> 3 – Quando haja lugar à instrução requerida pelo trabalhador, o empregador não é obrigado a proceder à audição de mais de três testemunhas por cada facto descrito na nota de culpa, nem mais de 10 no total.
>
> 5 – Após a recepção da resposta à nota de culpa ou a conclusão das diligências probatórias, o empregador apresenta cópia integral do processo à comissão de trabalhadores e, caso o trabalhador seja representante sindical, à associação sindical respectiva, que podem, no prazo de cinco dias úteis, fazer juntar ao processo o seu parecer fundamentado.
>
> 7 – Constitui contra-ordenação grave, ou muito grave no caso de representante sindical, o despedimento de trabalhador com violação do disposto nos n.os 2, 5 ou 6.".

3. No que é já uma tradição na regulação do procedimento disciplinar, quando se visa a aplicação da sanção de despedimento sem indemnização ou compensação, as diligências instrutórias requeridas pelo trabalhador na resposta à nota de culpa, em princípio, são obrigatórias. Só assim não sucedeu na versão originária deste preceito, em que os então n.os 1 e 2 afastavam aquele regime. Ou seja, quando o procedimento disciplinar visasse a aplicação da sanção de despedimento, e o trabalhador arguido não fosse trabalhador em gozo de licença parental nem fosse trabalhadora grávida, puérpera ou lactante, o empregador, por efeito dos n.os 1 e 2 do artigo 356.º na sua redacção originária aprovada em anexo à Lei n.º 7/2009, decidiria livremente se seriam realizadas ou não as diligências probatórias requeridas na resposta à nota de culpa. Sucede contudo que o n.º 1 deste artigo 356.º na sua redacção inicial foi declarado inconstitucional, com força obrigatória geral, pelo Acórdão do Tribunal Constitucional n.º 338/2010, processo n.º 175/09, publicado no Diário da República, 1.ª série, n.º 216, de 8 de Novembro de 2010, disponível em www.tribunalconstitucional.pt, por violação do artigo 32.º, n.º 10, conjugado com o artigo 53.º, ambos da Constituição da República Portuguesa. Ou seja, entendeu o Tribunal Constitucional que este n.º 1 viola os direitos de defesa em processo sancionatório e o direito à segurança no emprego. O Tribunal fez assim prevalecer o n.º 10 do artigo 32.º da Constituição da República Portuguesa que consagra que: "Nos processos de contra-ordenação, bem como em quaisquer processos sancionatórios, são assegurados ao arguido os direitos de audiência e defesa." e artigo 53.º da Constituição que dispõe que: "É garantida aos trabalhadores a segurança no emprego, sendo proibidos os despedimentos sem justa causa ou por motivos políticos ou ideológicos.".

Nos termos do artigo 66.º da Lei Orgânica do Tribunal Constitucional, a Lei n.º 28/82, de 15 de Novembro, alterada pelas Leis n.os 143/85, de 26 de Novembro, 85/89, de 7 de Setembro, 88/95, de 1 de Setembro, 13-A/98, de 26 de Fevereiro, e pela Lei Orgânica n.º 1/2011, de 30 de Novembro, a declaração de inconstitucionalidade ou de ilegalidade com força obrigatória geral tem os efeitos previstos no artigo 282.º da Constituição. De acordo com o n.º 1 do artigo 282.º da Constituição da República Portuguesa: "A declaração de inconstitucionalidade ou de ilegalidade com força obrigatória geral produz efeitos desde a entrada em vigor da norma declarada inconstitucional ou ilegal e determina a repristinação das normas que ela, eventualmente, haja revogado.". Assim, e por efeito da declaração de inconstitucionalidade, foi represtinado o n.º 1 do artigo 414.º do Código do Trabalho aprovado pela Lei n.º 99/2003, de 27 de Agosto, o qual determinava que: "O empregador, por si ou através de instrutor que tenha nomeado, procede às diligências probatórias requeridas na resposta à nota de culpa, a menos que as considere patentemente dilatórias ou impertinentes, devendo, nesse caso, alegá-lo fundamentadamente por escrito.". O legislador, ciente da repristinação aproveitou a reforma ao Código do Trabalho realizada através da Lei n.º 23/2012, de 25 de Junho, para consagrar as alterações necessárias a seguir o entendimento do Tribunal Constitucional.

4. A consequência prática do n.º 1 deste artigo 356.º é pois que o empregador se encontra obrigado a realizar as diligências probatórias que sejam requeridas pelo trabalhador arguido no procedimento disciplinar, em detrimento de as considerar facultativas. Ou seja, o princípio é o da obrigatoriedade da realização das diligências de prova solicitadas pelo trabalhador. E tanto assim é que a jurisprudência equipara a não realização das diligências requeridas pelo trabalhador arguido à falta da audiência do arguido. Como efeito desta equiparação têm entendido os tribunais que a falta de audiência do arguido gera a nulidade do procedimento, fundamentando-se o direito de audiência do arguido no direito fundamental com assento constitucional, consagrado no n.º 10 do artigo 32.º da Constituição da República Portuguesa.

Quando o trabalhador requeira na resposta à nota de culpa a realização de diligências probatórias, a verdade é que nem todas essas diligências podem ter de se realizar. É que se algumas ou todas essas diligências forem consideradas dilatórias ou impertinentes, o empregador não terá de realizar uma delas, ou mesmo todas. Na realidade, na fase instrutória são, por vezes, requeridas pelo trabalhador diligências desnecessárias cujo intento mais não é do que atrasar a decisão de despedimento, admitindo a lei um expediente de resposta que contraria a realização dessas diligências dilatórias: desde que se alegue, de forma fundamentada e por escrito, que essas diligências são patentemente dilatórias ou impertinentes, semelhantes diligências não têm de ser realizadas. A lei não o diz, mas cremos que, atendendo aos vectores que a jurisprudência tem delineado, quando sejam consideradas dilatórias ou impertinentes as diligências requeridas pelo trabalhador, deve-lhe ser dado conhecimento dessa decisão, pelo que a forma escrita e fundamentada exigida pelo n.º 1 deste artigo 356.º deve ser feita em comunicação ao trabalhador, e adicionada aos autos. Exemplificando, será impertinente, por constituir motivo grave, a entrega de cópia da gravação de vídeo do atendimento realizado por trabalhador arguido, numa superfície comercial, obtida por meio de vigilância à distância, e requerida na resposta à nota de culpa, porquanto semelhante entrega poderia permitir a divulgação de procedimentos internos de segurança do empregador, os quais se pretende manter confidenciais. Pode também ser considerada impertinente a presença do próprio arguido no momento em que são ouvidas as testemunhas, ainda que indicadas por si, por ser susceptível de causar pressão nas testemunhas, e mesmo por poder obstar ao apuramento e ao esclarecimento da verdade, o que obedece ao princípio de que o contraditório pleno só é assegurado judicialmente, e não na instrução do procedimento disciplinar.

5. Toda a prova produzida no procedimento disciplinar terá, caso o trabalhador venha a impugnar judicialmente a sanção proferida pelo empregador, de ser repetida em tribunal. Este é o regime vigente em matéria de lei adjectiva, no Código de Processo do Trabalho foi aprovado pelo Decreto-Lei n.º 480/99, de 9 de Novembro, e alterado pelos Decretos-Leis n.ºs 323/2001, de 17 de Dezembro, 38/2003, de 8 de Março, 295/2009, de 13 de Outubro, pelas Leis n.ºs 63/2013, de 27 de Agosto, 55/2017, de 17 de Julho, 73/2017, de 16 de Agosto, e 107/2019 de 9 de Setembro. Ora se a prova terá de ser repetida em tribunal, pode pensar-se que não há nenhuma vantagem em duplica-la, ou seja fazê-la no procedimento disciplinar, para ter de a fazer novamente em sede judicial. Não é assim. Desde logo e numa perspectiva de estratégia processual o empregador ao ter de realizar as diligências probatórias conhece antecipadamente os argumentos que o trabalhador virá a aduzir, caso impugne a sanção decidida, em sede judicial. Por outro lado, a realização das diligências probatórias requeridas pelo trabalhador permite ao empregador munir-se de mais alguns elementos que poderão facilitar a prova que tenha de vir a fazer em tribunal, da justa causa do despedimento. Partindo do princípio de que por exemplo, os depoimentos das testemunhas colhidos no procedimento disciplinar corresponderão àqueles que serão prestados em sede judicial, se houver impugnação da decisão disciplinar, o empregador tem todo o interesse em conhecer o seu sentido em momento anterior à aplicação da sanção de despedimento, e assim saber se esses depoimentos alicerçam o juízo de prognose da impossibilidade da manutenção da relação de trabalho, formulado aquando da nota de culpa. E facilitarão a prova que o empregador tenha de vir a fazer em tribunal, os testemunhos colhidos em procedimento disciplinar, de pessoas que tenham já esquecido os factos, cujo paradeiro seja simplesmente desconhecido e por isso se tenha frustrado a notificação pelo tribunal, ou mesmo que tenham falecido. Em abono da realização das diligências probatórias há ainda o facto da decisão final do procedimento disciplinar ter de ser fundamentada, cfr. n.º 5 do artigo 357.º Incidindo sob a decisão de despedimento este dever de fundamentação, a verdade é que a realização das diligências probatórias pode contribuir para a efectivação desta obrigação. Com efeito, as diligências probatórias podem ajudar na exposição de facto e de direito da decisão que esclareça concretamente a motivação do despedimento, pelo que se permitisse não realizar aquelas poder-se-ia comprometer a apreciação judicial que viesse a recair sobre a sanção decidida pelo empregador. Não é despiciendo recordar que, na acção de apreciação judicial do despedimento, o empregador apenas pode invocar factos e fundamentos constantes de decisão de despedimento comunicada ao trabalhador, cfr. n.º 2 do artigo 387.º

6. E quando o procedimento disciplinar não visar a aplicação do despedimento, mas sim a aplicação de outra sanção? As diligências instrutórias são obrigatórias? Como bem nota Bernardo Lobo Xavier, *Iniciação ao Direito do Trabalho,* páginas 178 e 290 e segs., o procedimento disciplinar é distinto consoante a aplicação da sanção seja de despedimento ou não. Entre as diferenças contam-se a ausência de determinados prazos que devem ser observados no procedimento para aplicação do despedimento. Contudo, e sem que exista uma norma reguladora dos actos de instrução no procedimento para aplicação de outra sanção que não o despedimento, a verdade é que o empregador deve sempre realizar as diligências probatórias, independentemente do procedimento disciplinar visar ou não o despedimento. Neste sentido, a jurisprudência tem considerado que a inclusão a nível constitucional, no n.º 10 do artigo 32.º da Constituição da República Portuguesa, do direito de audiência e defesa no âmbito do procedimento disciplinar, conduziu à caracterização desse direito como um direito análogo aos direitos, liberdades e garantias, cfr., por todos, Acórdão do Supremo Tribunal de Justiça, de 24 de Setembro de 2003, processo 6732/01, sumários em www.dgsi.pt, pelo que a falta da audiência do arguido em processo sancionatório implica a ofensa do conteúdo essencial de um direito fundamental, originando a nulidade do procedimento. Esta apontada caracterização impõe ainda, segundo a jurisprudência, que se apliquem subsidiariamente, com as necessárias adaptações, as regras da lei processual penal que se destinem a preservar o núcleo essencial do direito de defesa e audiência, começando por aquelas que visem assegurar um tratamento justo e imparcial do arguido, impondo ainda que a falta de audiência das testemunhas de defesa indicadas na resposta à nota de culpa equivale à falta de audiência do trabalhador.

7. O Código do Trabalho admite que o empregador nomeie um Instrutor que, devidamente mandatado, proceda em seu nome à instrução do procedimento disciplinar, cfr. n.º 1 deste artigo 356.º O cargo de Instrutor pode ser desempenhado, como frequentemente o é, por advogado, mas também por empregado, funcionário ou agente do empregador, o que não constitui relativamente a estes últimos actos próprios dos advogados, cfr. n.º 8 do artigo 1.º da Lei n.º 49/2004, de 24 de Agosto. Salienta-se contudo que o Instrutor não poderá substituir o empregador ou o superior hierárquico em certos actos, como instaurar um procedimento disciplinar, cfr. n.º 4 do artigo 329.º, suspender preventivamente o trabalhador, cfr. n.º 5 do artigo 329.º e n.º 1 do artigo 354.º, comunicar a nota de culpa ao trabalhador, cfr. n.º 1 do artigo 353.º, ou proferir a sanção, cfr. n.º 1 do artigo 357.º Ao Instrutor está reservada a redacção, por conta do empregador, de todos os documentos que se mostrem necessários ao procedimento disciplinar, como a suspensão preventiva, a nota de culpa, a comunicação da intenção de despedir, e mesmo a decisão final. Contudo, não poderá assinar todos estes documentos. Nada obsta que o Instrutor faça a redacção da nota de culpa e a assine, desde que, nos procedimentos com intenção de despedimento a comunicação escrita desta intenção seja assinada pelo empregador ou pelo superior hierárquico do trabalhador que tenha a seu favor competência disciplinar. Quanto aos autos de inquirições de testemunhas, quando há um Instrutor nomeado, pode este reduzir a escrito os depoimentos colhidos, se o foram prestados perante si, assinando-os a final.

8. Sucede frequentemente que a nomeação de Instrutor recai sobre um advogado. Compreende-se que assim seja: entre todos os profissionais, é o advogado quem melhor deverá estar preparado para tratar de questões jurídicas. De facto, ninguém melhor do que um advogado poderá estudar, conhecer e aconselhar a melhor forma de, segundo a Lei, salvaguardar os interesses de um empregador. Quando o Instrutor for advogado, incidem sobre estes profissionais um vasto conjunto de normas deontológicas que regulam a profissão, obrigando a certos deveres de cuidado na instrução do procedimento disciplinar. Para maiores desenvolvimentos quanto ao repercussão dos deveres deontológicos do advogado na instrução do procedimento disciplinar, *vide* o nosso *Prática e Procedimentos do Processo Disciplinar*, 2.ª Edição, Princípia Editora, Fevereiro 2011, página 69 e segs.

9. Nada obsta que a forma escrita, imposta pelo n.º 1, seja satisfeita através de documento electrónico, ou seja, por documento elaborado mediante processamento electrónico de dados. Por outras palavras, nada impede que a forma escrita seja adoptada através de uma declaração escrita enviada por correio electrónico (e-mail) para um endereço electrónico. Sobre a validade, eficácia e valor probatório dos documentos electrónicos remete-se para a anotação 4. ao artigo 107.º

10. Pode suceder que, durante a instrução do procedimento disciplinar, ocorra a suspensão do contrato de trabalho por facto respeitante ao trabalhador, cfr. artigo 296.º e segs., designadamente por estado de doença do próprio trabalhador. Nessa situação, o empregador encontra-se obrigado ao cumprimento dos prazos para o exercício da acção disciplinar, cfr. n.º 1 do artigo 295.º Também o trabalhador não está dispensado de assegurar que as testemunhas por si indicadas compareçam no local, na hora e na data agendadas para as respectivas inquirições, cfr. o mesmo n.º 1 do artigo 295.º, quando o empregador realize as diligências probatórias requeridas na resposta à nota de culpa, cfr. n.º 1 do artigo 356.º Contra, Maria Manuela Maia da Silva, "O Tempo no Processo Disciplinar", *I Congresso Nacional de Direito do Trabalho*, Livraria Almedina, Coimbra, 1998, página 214.

11. Nos termos do n.º 4, quando haja lugar à realização das diligências probatórias requeridas na resposta à nota de culpa, incumbe ao trabalhador assegurar a comparência das testemunhas que tenha indicado. Para dar cumprimento ao disposto neste n.º 4, o trabalhador arguido deve ser notificado do local, da hora e da data em que as respectivas inquirições terão lugar. Ainda assim, entendemos que se essas mesmas testemunhas estiverem na disponibilidade do empregador, se forem seus trabalhadores, deve ser este quem as deve notificar. Segundo tem entendido a jurisprudência, quando se proceder às diligências probatórias requeridas na resposta à nota de culpa, e constituindo o trabalhador arguido mandatário, o advogado do trabalhador arguido não tem de ser notificado do dia, hora e local da inquirição das testemunhas de defesa se o mandatário não referiu expressa e previamente o seu interesse em assistir à inquirição, o que não constitui qualquer irregularidade ou nulidade, cfr. Acórdão da Relação de Lisboa, de 14 de Fevereiro de 1990, *Boletim do Trabalho e Emprego*, 2.ª série, n.os 10-11-12/91, página 1158, e Acórdão da Relação de Évora, de 13 de Fevereiro de 1997, *Boletim do Ministério da Justiça*, 464.º, página 632. Não comparecendo as testemunhas indicadas pelo trabalhador no local, hora e data designados pelo empregador, designação que lhe assiste, Acórdão do Supremo Tribunal de Justiça, de 18 de Janeiro de 2005, processo n.º 3064/03, sumários em www.dgsi.pt, o empregador deverá agendar nova data para as inquirições, sob pena de preterir uma formalidade essencial, mas apenas se tal lhe for requerido pelo trabalhador. Faltando as testemunhas e nada requerendo o trabalhador, cessa a obrigatoriedade da respectiva audição, como se refere no Acórdão do Tribunal da Relação de Lisboa, de 11 de Março de 1998, *Colectânea de Jurisprudência*, 1998, II, 166-169.

12. Uma questão prática que se coloca com especial acuidade é a de saber sobre o que é que as testemunhas são ouvidas. Por princípio, as testemunhas indicadas pelo empregador que tenham conhecimento da infracção serão inquiridas quanto ao circunstancialismo que envolveu a infracção, podendo ser ainda ouvidas quanto às qualidades pessoais e profissionais do trabalhador. Já as testemunhas arroladas pelo trabalhador arguido serão ouvidas em relação à resposta à nota de culpa. Contudo, o empregador não está proibido de ouvir as testemunhas indicadas pelo trabalhador sobre quaisquer outros factos invocados na resposta à nota de culpa e mesmo os factos imputados ao trabalhador arguido, cfr. Acórdão do Supremo Tribunal de Justiça, de 17 de Fevereiro de 1999, *Acórdãos Doutrinais*, 454.º, página 1323, e *Colectânea de Jurisprudência – Acórdãos do Supremo Tribunal de Justiça*, 1999, 1.º, página 287. Após a resposta à nota de culpa, e mesmo depois de realizadas as diligências requeridas pelo trabalhador, podem ser acrescentadas outras provas no processo disciplinar, designadamente inquirições de outras testemunhas e documentos, sem que seja necessário notificar o trabalhador arguido, o que não constitui nulidade, cfr. Acórdão do Tribunal da Relação de Lisboa de 27 de Junho de 2001, *Boletim do Trabalho e Emprego*, 2.ª série, n.os 7-8-9/2003, página 803.

13. Se houver um Instrutor nomeado que seja advogado, encontra-se sujeito aos deveres de deontologia profissional estabelecidos no Estatuto da Ordem dos Advogados, aprovado pela Lei n.º 145/2015, de 9 de Setembro, pelo que, quando haja lugar à inquirição de testemunhas, e ainda que o procedimento disciplinar não seja judicial, o advogado nomeado pelo empregador está impedido de por si, ou por interposta pessoa, instruir, influenciar ou, por qualquer meio, alterar o depoimento das testemunhas, prejudicando a descoberta da verdade, de acordo com o artigo 109.º daquele Estatuto. Aquele artigo 109.º apesar de inserido num capítulo relativo a processos judiciais, deve ser interpretado de forma ampla, no sentido de abranger também os processos extrajudiciais. Ainda que assim não se entendesse, a proibição de instruir ou influenciar o depoimento de quaisquer testemunhas valeria enquanto norma consuetudinária. Neste sentido o entendimento agora expresso no artigo 109.º constituiu uma novidade do Estatuto da Ordem dos Advogados, aprovado pela Lei n.º 15/2005, de 26 de Janeiro, no seu artigo 104.º, porquanto não estava até então codificado, embora já constituísse uma relevante norma deontológica decorrente da tradição forense portuguesa.

14. Outra questão prática frequente, consiste em saber, se qualquer testemunha indicada, independentemente de o ter sido pelo empregador ou pelo trabalhador, pode recusar-se a ser ouvida, e quais as consequências dessa recusa. Competindo o exercício do poder disciplinar ao empregador, não tem este, no decurso da instrução do procedimento disciplinar, os poderes judiciais que assistem aos juízes, e designadamente a faculdade que a lei lhes concede de condenar testemunha faltosa ao pagamento de uma multa, e mesmo ordenar, sob custódia, a comparência de testemunha que sem justificação falte a diligência marcada, cfr. n.º 4 do artigo 508.º do Código de Processo Civil e n.º 2 do artigo 116.º do Código de Processo Penal. Nessa sede, a comparência de testemunha assume, e bem, um dever a que se encontra adstrita, só podendo recusar-se a depor nos casos previstos na lei (artigo 497.º do Código de Processo Civil e artigo 134.º do Código de Processo Penal). Não é assim no procedimento disciplinar. Neste, e salvo tratar-se de testemunha que preste o seu trabalho ao empregador que determinou o procedimento disciplinar, a não comparência de uma testemunha e mesmo a recusa em prestar declarações não tem outro efeito que não seja não constituir um elemento de prova. Diversamente, se a testemunha tiver um vínculo de subordinação jurídica com o empregador que instaurou o procedimento disciplinar, a sua não comparência, bem como a recusa em ser ouvida, independentemente de ter sido indicada pelo trabalhador ou pelo empregador, podem constituir violação dos seus deveres enquanto trabalhador, artigo 128.º, e legitimar que lhe seja instaurado um procedimento disciplinar. Não comparecer sem justificação, ou recusar-se a ser ouvido, é não contribuir para a descoberta da verdade, o que constitui violação do dever de respeito e de lealdade, alínea a) e f) do artigo 128.º, devidos pelo trabalhador ao empregador, passível por isso de punição disciplinar. O que é pedido à testemunha no procedimento disciplinar, à semelhança do que ocorre quanto a esta nos processos judiciais, é que compareça e preste as suas declarações com verdade.

15. Quando o trabalhador é representado por advogado, goza este último da prerrogativa de assistir à produção de prova da defesa. Mas assistir não quer dizer necessariamente intervir. Abílio Neto, *Processo Disciplinar e Despedimento*, Ediforum, Lisboa, Julho de 2004, página 282, entende que o advogado do trabalhador poderá intervir na produção de prova, por forma a garantir a observância do princípio da igualdade de armas. Já a jurisprudência tem entendido, na esteira de Pedro de Sousa Macedo *Poder Disciplinar Patronal*, Coimbra, Almedina, 1990, página 150, que, no procedimento disciplinar, o mandatário do arguido não tem direito a proceder à inquirição das testemunhas apresentadas, como foi referido no Acórdão do Supremo Tribunal de Justiça, de 4 de Fevereiro de 2004, *Acórdãos Doutrinais do Supremo Tribunal Administrativo*, 515, páginas 1756 e segs. Aliás, no douto acórdão, suscita-se mesmo a dúvida sobre se o mandatário do trabalhador teria direito a estar presente na inquirição de testemunhas, o que foi permitido pelo instrutor do procedimento em discussão naquele aresto. Segundo Pedro de Sousa Macedo, "a natureza inquisitória do processo disciplinar afasta o exercício do contraditório nos actos de produção de provas. Assim, não tem o trabalhador arguido que ser notificado da realização das diligências nem lhe é facultada a sua presença ou de advogado que o represente. No entanto, parece que se deve aceitar o seu acompanhamento por advogado quando lhe forem tomadas declarações". Como tal, pode o instrutor aceitar que o advogado que represente o trabalhador assista à audição das testemunhas indicadas pelo trabalhador, podendo igualmente recusar que o mandatário do trabalhador arguido, quando assista, inquira as testemunhas, o que pode ser realizado exclusivamente pelo próprio instrutor. Para o efeito, e antes de iniciada qualquer audição de testemunha, deve o instrutor informar o mandatário do trabalhador de que apenas irá assistir, não podendo inquirir as testemunhas. Caso o mandatário do trabalhador, no decurso da audição, apresente alguma questão, pode o instrutor obstar à continuidade da sua presença, exarando o sucedido no auto de inquirição da testemunha que está a ser ouvida.

16. De acordo com o n.º 5 prevê-se, que após a conclusão das diligências probatórias, o empregador apresente cópia integral do processo à comissão de trabalhadores e, caso o trabalhador seja representante sindical, à associação sindical respectiva, que podem fazer juntar ao processo o seu parecer fundamentado. Caso não sejam realizadas diligências probatórias, designadamente porque o trabalhador não as requereu na resposta à nota de culpa, e o empregador não assim teve necessidade de as realizar, o momento para apresentação de cópia integral do processo é após a recepção da resposta à nota de culpa. Nos termos do n.º 6, o trabalhador pode comunicar ao empregador, nos três dias úteis posteriores à recepção da nota de culpa, que o parecer sobre o processo é emitido por determinada associação sindical, não havendo nesse caso lugar a apresentação de cópia do processo à comissão de trabalhadores. Este n.º 6 confere assim um poder potestativo ao trabalhador, o qual pode escolher, em detrimento da comissão de trabalhadores da empresa, a emissão de parecer por uma determinada associação sindical. A intenção do legislador, ao acrescentar este novo preceito, parece ter sido tornar útil a emissão de um parecer, uma vez que, como é sabido, as comissão de trabalhadores são, no nosso ordenamento, em escasso número, o que na prática tem inviabilizado, para os trabalhadores que não sejam representantes sindicais, a junção ao procedimento de quaisquer pareceres. Para tanto, a nova solução consagra como regime supletivo a apreciação do procedimento disciplinar pela comissão de trabalhadores. Quando não haja lugar à aplicação do regime supletivo, particularmente por o trabalhador ter informado tempestivamente que o parecer será proferido por associação sindical por si identificada, privilegiam-se as organizações sindicais face às comissões de trabalhadores.

Regista-se agora uma tendência da inversão do caminho trilhado pelo legislador a partir de finais de 1975, e em particular com a entrada em vigor do Decreto-Lei n.º 84/76, de 28 de Janeiro, em que passou a privilegiar-se as comissões de trabalhadores face às organizações sindicais relativamente à apreciação dos processos disciplinares cfr. Bernardo Lobo Xavier, "A Recente Legislação dos Despedimentos (O processo disciplinar na rescisão por justa causa)", *Revista de Direito e de Estudos Sociais*, Coimbra, 1976, página 167 e segs.

Atenta a redacção do n.º 6 deste artigo 356.º, impõe-se fazer uma reflexão: a associação sindical que o trabalhador há-de querer que se pronuncie relativamente ao procedimento disciplinar é qualquer uma, ainda que nada se relacione com a actividade do trabalhador? Atendendo ao elemento literal deste n.º 6, poder-se-ia pensar que a associação sindical é qualquer uma, independentemente de nela o trabalhador estar filiado. Contudo, não é assim. O n.º 6 deste artigo 356.º deve ser interpretado em conjunção com o disposto noutras normas, em particular com aquelas que disciplinam as estruturas de representação colectiva dos trabalhadores, onde as associações sindicais se integram, cfr. artigos 404.º e segs. As associações sindicais visam a defesa e prossecução colectivas dos direitos e interesses dos trabalhadores, e podem assumir uma das várias classificações admitidas por lei, sendo a mais vulgarizada destas últimas o sindicato, cfr. n.º 1 do artigo 442.º Para o efeito, as associações sindicais, têm, entre outros, o direito a iniciar e intervir em processos judiciais e em procedimentos administrativos quanto a interesses dos seus associados, bem como o direito de prestar serviços de carácter económico e social aos seus associados. Para que uma associação sindical possa então intervir em determinado procedimento disciplinar, o trabalhador terá de ser associado da mesma. E apesar de vigorar entre nós o princípio da liberdade de inscrição sindical, semelhante liberdade não é plena, mas antes é subordinada pela lei à representação, pelo sindicato, da categoria do trabalhador, cfr. n.º 1 do artigo 444.º E nesta matéria, há ainda que atender à proibição do trabalhador se encontrar simultaneamente filiado, a título da mesma profissão ou actividade, em sindicatos diferentes, podendo contudo o trabalhador desfiliar-se, a todo o tempo, do sindicato onde se encontra inscrito, desde que o comunique, por escrito, com a antecedência mínima de trinta dias. Como tal, resulta da lei uma restrição clara à legitimidade da intervenção das associações sindicais nos procedimentos disciplinares. Por outras palavras, a escolha do trabalhador por determinada associação sindical para que esta emita um parecer no âmbito do procedimento disciplinar que lhe foi instaurado, está sujeita a limites objectivos e subjectivos cuja verificação cabe num primeiro momento à própria associação sindical: necessidade de filiação do próprio trabalhador e o exercício por este de uma profissão cujos interesses a associação sindical defenda e promova, nos termos dos seus próprios estatutos.

17. Terminada a instrução, e sendo intenção do empregador aplicar o despedimento, deverá ser apresentada cópia integral do processo à comissão de trabalhadores, se existir, e ao sindicato, se o trabalhador for representante sindical, ou tão somente ao sindicato designado pelo próprio trabalhador nos três dias subsequentes à recepção da nota de culpa. A apresentação de cópia integral do processo serve para, no prazo de 5 dias úteis, a comissão de trabalhadores e/ou o sindicato fazerem juntar ao processo o(s) seu(s) parecer(es) fundamentado(s), parecer(es) esse(s) não vinculativo(s), n.ºs 5 e 6 deste artigo 356.º e n.º 4 do artigo 357.º No mesmo momento, ou seja, concluídas as diligências probatórias, ou chegado esse momento se nada foi requerido na resposta à nota de culpa, quando o despedimento respeite a trabalhadora grávida, puérpera ou lactante ou a trabalhador no gozo de licença parental, dado que o despedimento destes trabalhadores carece de parecer prévio da entidade competente na área da igualdade de oportunidades entre homens e mulheres, n.º 1 do artigo 63.º – trata-se da Comissão para a Igualdade no Trabalho e no Emprego (C.I.T.E.) – deverá ser remetida cópia integral do processo a esta entidade, alínea a) do n.º 3 do artigo 63.º Ou seja, o parecer prévio da C.I.T.E. é requerido sem que esta entidade conheça o parecer da comissão de trabalhadores e/ou do sindicato.

18. De acordo com o n.º 7, e estranhamente, o não envio pelo empregador de cópia do processo à comissão de trabalhadores ou à associação sindical para emissão de parecer deixou de ter qualquer outra consequência que não seja a responsabilidade contra-ordenacional, cfr. artigo 382.º

19. À contra-ordenação prevista no n.º 7, corresponde uma coima, coima esta que em concreto pode não ser aplicada, se o empregador assegurar ao trabalhador os direitos a que se refere o artigo 389.º, de acordo com o estabelecido no artigo 560.º

ARTIGO 357.º – Decisão de despedimento por facto imputável ao trabalhador

1 – Recebidos os pareceres referidos no n.º 5 do artigo anterior ou decorrido o prazo para o efeito, o empregador dispõe de 30 dias para proferir a decisão de despedimento, sob pena de caducidade do direito de aplicar a sanção.

2 – Quando não exista comissão de trabalhadores e o trabalhador não seja representante sindical, o prazo referido no número anterior conta-se a partir da data da conclusão da última diligência de instrução.

3 – (Revogado.)

4 – Na decisão são ponderadas as circunstâncias do caso, nomeadamente as referidas no n.º 3 do artigo 351.º, a adequação do despedimento à culpabilidade do trabalhador e os pareceres dos representantes dos trabalhadores, não podendo ser invocados factos não constantes da nota de culpa ou da resposta do trabalhador, salvo se atenuarem a responsabilidade.

5 – A decisão deve ser fundamentada e constar de documento escrito.

6 – A decisão é comunicada, por cópia ou transcrição, ao trabalhador, à comissão de trabalhadores, ou à associação sindical respectiva, caso aquele seja representante sindical ou na situação a que se refere o n.º 6 do artigo anterior.

7 – A decisão determina a cessação do contrato logo que chega ao poder do trabalhador ou é dele conhecida ou, ainda, quando só por culpa do trabalhador não foi por ele oportunamente recebida.

8 – Constitui contra-ordenação grave, ou muito grave no caso de representante sindical, o despedimento de trabalhador com violação do disposto nos n.os 1, 2 e 5 a 7.

1. Este preceito corresponde aos artigos 415.º e 416.º do anterior Código do Trabalho, aprovado pela Lei n.º 99/2003.

2. A redacção do n.º 8 deste preceito foi alterada pelo artigo 2.º da Lei n.º 23/2012, de 25 de Junho, enquanto que o n.º 3 foi revogado pelo n.º 2 do artigo 9.º da mesma Lei. Na versão originária do Código do Trabalho, aprovado pela Lei n.º 7/2009, de 12 de Fevereiro, os n.os 3 e 8 tinham a seguinte redacção:

> "3 – Se o empregador optar por não realizar as diligências probatórias requeridas pelo trabalhador, a decisão só pode ser tomada depois de decorridos cinco dias úteis após a recepção dos pareceres dos representantes dos trabalhadores, ou o decurso do prazo para o efeito ou, caso não exista comissão de trabalhadores e o trabalhador não seja representante sindical, após a recepção da resposta à nota de culpa ou o decurso do prazo para este efeito.
>
> 8 – Constitui contra-ordenação grave, ou muito grave no caso de representante sindical, o despedimento de trabalhador com violação do disposto nos n.os 1 a 3 e 5 a 7.".

3. Estabelece o n.º 1 que recebidos os pareceres da comissão de trabalhadores, se existir, e/ou do sindicato, ou decorrido esse prazo, se a ele houver lugar, o empregador dispõe de 30 dias para proferir a decisão final, sob pena de caducidade do direito de aplicar a sanção. Esta caducidade só é suspensa – a caducidade pode ser suspensa nos casos em que a lei o determine, cfr. artigo 328.º do Código Civil – em caso de procedimento disciplinar com intenção de despedimento de trabalhadora grávida, puérpera ou lactante ou de trabalhador no gozo de licença parental, que carece de parecer prévio da entidade que tenha competência na área da igualdade de oportunidades entre homens e mulheres, actualmente a C.I.T.E. (Comissão para a Igualdade no Trabalho e no Emprego). Na situação de trabalhadora grávida, puérpera ou lactante, ou de trabalhador no gozo de licença parental, o empregador deverá enviar cópia do processo disciplinar à C.I.T.E. depois de realizadas as diligências probatórias, ou chegado esse momento, se a trabalhadora nada requer. A C.I.T.E. tem 30 dias para emitir o seu parecer, cfr. n.º 4 do artigo 63.º Realce-se que se a decisão de procedimento disciplinar de trabalhadora grávida, puérpera ou lactante, ou de trabalhador em gozo de licença parental, for o despedimento, sem a precedência do pedido de parecer à C.I.T.E., o despedimento é ilícito, alínea d) do artigo 381.º

4. Se a decisão de procedimento disciplinar de trabalhadora grávida, puérpera ou lactante, ou de trabalhador em gozo de licença parental, for o despedimento – ainda que precedido do pedido de parecer à C.I.T.E., a qual veio a emitir parecer favorável ao despedimento, ou não tendo emitido parecer, foi o mesmo deferido tacitamente – este despedimento beneficia da presunção de ter sido realizado sem justa causa, cfr. n.º 2 do artigo 63.º

5. O prazo de trinta dias fixado no n.º 1 conta-se a partir da recepção dos pareceres da comissão de trabalhadores e da associação sindical ou decorrido o prazo para esse efeito, ou quando não exista comissão de trabalhadores e o trabalhador não seja representante sindical, a partir da última diligência de instrução, cfr. n.º 2. A referência de que contagem do prazo de trinta dias, quando não exista comissão de trabalhadores e o trabalhador não seja representante sindical, se inicia com a última diligência de instrução é uma inovação deste Código do Trabalho. Contudo, o Código do Trabalho aprovado pela Lei n.º 7/2009, de 12 de Fevereiro não esclarece se a última diligência de instrução é a que foi requerida pelo trabalhador na resposta à nota de culpa, ou se é qualquer diligência de instrução realizada pelo empregador, ou pelo Instrutor por si nomeado. No Livro Branco das Relações Laborais, cfr. página 110, propôs-se expressamente na redacção que o prazo contaria a partir da última diligência de instrução realizada tanto por decisão do empregador como a requerimento do trabalhador. Na jurisprudência, os Acórdãos do Tribunal da Relação do Porto, de 19 de Dezembro de 2005, sumários em www.dgsi.pt, e do Tribunal da Relação de Lisboa, de 28 de Novembro de 2007, sumários em www.dgsi.pt, entenderam que o prazo se conta a partir da última diligência instrutória requerida pelo trabalhador. Em sentido divergente, de que a última diligência instrutória é qualquer uma, indiferentemente de solicitada pelo trabalhador ou indicada pelo empregador, desde que da realização dessa diligência resulte a possibilidade de se concluir que a gravidade e a culpabilidade do infractor é menor face aos factos imputados na nota de culpa, vide o nosso *Prática e Procedimentos do Processo Disciplinar*, Princípia Editora, Março 2007, página 43 e segs. No sentido exposto, de que a última diligência instrutóra abrange as diligências probatórias indicadas pelo empregador tem vindo a entender o Supremo Tribunal de Justiça, cfr. Acórdão do Supremo Tribunal de Justiça, de 14 de Maio de 2008, documento n.º SJ2008051406434, e Acórdão do Supremo Tribunal de Justiça, de 7 de Outubro de 2010, processo 887/07.6TTALM.L1.S1, ambos com sumários em www.dgsi.pt. No últimos destes Acórdãos entendeu aquele Tribunal que: "Embora os n.º 1 e 2 do artigo 414.º do Código do Trabalho de 2003 se refiram às diligências probatórias requeridas pelo trabalhador, na resposta à nota de culpa, o certo é que a correspondente epígrafe, que acolhe o termo "Instrução", e o primeiro segmento do n.º 3 do mesmo preceito, ao estatuir a tramitação subsequente, "*logo que concluídas as diligências probatórias*", apontam decisivamente no sentido de que a instrução é formada pelo conjunto dos actos necessários à averiguação dos factos alegados na acusação (nota de culpa) e na defesa (resposta à nota de culpa), não se confinando esta fase do processo à realização das diligências probatórias requeridas pelo trabalhador, até porque tais actos de instrução poderão justificar a realização de outras diligências para confirmar ou refutar os meios probatórios por ele produzidos.". Mais recentemente, quer o Acórdão do Supremo Tribunal de Justiça de 7 de Março de 2012, processo 17/10.7TTEVR.E1.S1, disponível em www.dgsi.pt, quer o Acórdão do Supremo Tribunal de Justiça, de 13 de Novembro de 2013, processo 196/12.9TTBRR.L1.S1, ambos disponíveis em www.dgsi.pt, vieram confirmar que o entendimento mais recente se mantém, esclarecendo que: "As diligências probatórias referidas no artigo 356.º, n.º 5, do Código do Trabalho de 2009 não se circunscrevem àquelas que o trabalhador haja requerido na sua resposta à nota de culpa, abrangendo quaisquer outras que, na sequência daquelas, o instrutor do processo entenda, oficiosa e justificadamente, promover.".

6. O prazo de 30 dias determinado pelo n.º 1 deste artigo 357.º não é o prazo que o empregador deve observar para notificar o trabalhador da sanção de despedimento decidida pela empresa, mas tão só o prazo para proferir a decisão final de despedimento sem indemnização ou compensação, cfr. Acórdãos do Supremo Tribunal de Justiça, de 14 de Maio de 2008, documento n.º SJ2008051406434, de 7 de Outubro de 2010, processo 887/07.6TTALM.L1.S1, de 7 de Março de 2012, processo 17/10.7TTEVR.E1.S1, e de 13 de Novembro de 2013, processo 196/12.9TTBRR.L1.S1, todos disponíveis em www.dgsi.pt. Por outras palavras, o prazo de 30 dias é para o empregador proceder à prolação ou pronúncia da decisão, não se incluindo nesse prazo a tomada de conhecimento da decisão pelo trabalhador, que pode ser posterior. Ou seja, desde que o empregador decida a sanção de despedimento, sem indemnização ou compensação, dentro do prazo legal dos 30 dias, o trabalhador a quem aquela decisão será comunicada, poderá só ter conhecimento da sanção decidida em momento posterior ao termo do prazo de 30 dias. Exemplificando, um trabalhador de uma sociedade comercial anónima pode só ter conhecimento da decisão de despedimento, sem indemnização ou compensação, várias semanas após o conselho de administração ter decidido aplicar-lhe aquela sanção, desde que aquele conselho de administração decida no prazo de 30 dias após a recepção dos pareceres, ou da última diligência probatória, quando não haja lugar há emissão de pareceres.

7. Quando concluída a instrução e antes dos autos serem conclusos ao empregador para que este ou o superior hierárquico com competência disciplinar decida da sanção a aplicar, é bastante comum, na prática, a realização, pelo Instrutor do procedimento disciplinar, de um documento escrito, onde consta tudo quanto foi feito na própria instrução, e que é vulgarmente designado por relatório final ou relatório de procedimento disciplinar. A lei não exige semelhante documento, e porque não exige semelhante documento, não pode ele ser considerado para efeitos de início de contagem do prazo de 30 dias que o empregador dispõe para proferir a decisão. Ou seja, ainda que o Instrutor decida realizar semelhante documento, esse documento deverá ser realizado dentro do prazo de 30 dias, sendo irrelevante a sua realização para efeitos de contagem do prazo, que se inicia com a última diligência probatória, quando a estas haja lugar, ou com a recepção dos pareceres da comissão de trabalhadores e da associação sindical respectiva, caso estes devam ser emitidos, ou decorrido o prazo para a sua emissão.

Não obstante, há alguns instrumentos de regulamentação colectiva do trabalho, designadamente convenções colectivas, que contém entre as suas cláusulas, uma estipulação que exige a realização de um relatório final. Uma vez que o Código do Trabalho continua a não impor a realização deste documento, semelhante cláusula em instrumento de regulamentação colectiva do trabalho, deve ter-se por nula, por criar um novo procedimento. É que, as disposições da lei tem natureza imperativa, não podendo ser afastadas por instrumento de regulamentação colectiva do trabalho ou por contrato de trabalho, salvo no que diz respeito aos critérios de definição e valores de indemnizações e aos prazos do procedimento, cfr. artigo 339.º

Nada obsta, quando seja realizado o relatório final, que a fundamentação da decisão de despedimento seja feita por mera adesão à fundamentação contida nesse relatório. Neste sentido pronunciou-se expressamente o Acórdão do Supremo Tribunal de Justiça, de 13 de Janeiro de 2010, processo 1321/06.4TTLSB.L1.S1, sumários em www.dgsi.pt. Entendeu-se neste acórdão que: "(...) a lei não proíbe que a fundamentação seja feita por remissão para o relatório elaborado pelo instrutor do processo disciplinar, uma vez que, ao remeter para tal relatório, o empregador subscreve a fundamentação aí aduzida pelo instrutor, o que torna a sua decisão verdadeiramente fundamentada. (...) E para nós é evidente, que o sentido que o autor podia e devia deduzir daquela expressão era o de que a ré tinha aderido não só à *proposta* de despedimento vertida na parte final do relatório elaborado pelo instrutor do processo disciplinar, mas também à fundamentação – exaustiva, aliás – em que a mesma se sustenta, o que vale por dizer que a decisão de despedimento se mostra devidamente fundamentada.".

8. O procedimento disciplinar padece de invalidade, cfr. alínea d) do n.º 2 do artigo 382.º, caso não se verifiquem os seguintes requisitos, cumulativos, relativamente à decisão final:

i) Tem de ser realizada por escrito;
ii) Tem de ser fundamentada;
iii) Tem de ser adequada.

9. Nada obsta que a forma escrita, imposta pelo n.º 5, seja satisfeita através de documento electrónico, ou seja, por documento elaborado mediante processamento electrónico de dados. Por outras palavras, nada impede que a forma escrita seja adoptada através de uma declaração escrita enviada por correio electrónico (e-mail) para um endereço electrónico. Sobre a validade, eficácia e valor probatório dos documentos electrónicos remete-se para a anotação 4. ao artigo 107.º

10. De acordo com o n.º 7, quando a decisão final do empregador seja o despedimento sem indemnização ou compensação, essa comunicação escrita consubstancia uma declaração de despedimento que determina a cessação do contrato de trabalho logo que chega ao poder do trabalhador arguido, ou é conhecida por ele. Procurando evitar-se que a não recepção da declaração de despedimento por culpa do trabalhador possa obstar à cessação do contrato de trabalho (o que sucede por exemplo quando o trabalhador não levanta a comunicação enviada pelo empregador na estação dos correios, ou tendo o trabalhador mudado de residência, não actualizou a sua morada perante o empregador, como deveria ter feito, cfr. n.º 3 do artigo 109.º), considera-se eficaz a declaração de despedimento que só por culpa do trabalhador não foi oportunamente recebida. O princípio estabelecido no n.º 7 deste artigo 357.º vigora mesmo quando ocorre a suspensão do contrato de trabalho por facto respeitante ao trabalhador, designadamente por estado de doença do próprio trabalhador, dado que a suspensão do contrato de trabalho não obsta a que qualquer das partes faça cessar o contrato nos termos gerais, n.º 3 do artigo 295.º

11. Apesar de todas as regras que incidem sobre o procedimento disciplinar, o legislador não estabeleceu que a sanção decidida na sua sequência beneficia de qualquer presunção, ainda que ilidível, de licitude da sanção, valendo o procedimento disciplinar para efeitos probatórios como um documento particular, cfr. artigo 363.º e segs. do Código Civil e Acórdão do Tribunal da Relação de Évora, de 24 de Maio de 1994, *Boletim do Ministério da Justiça*, 437.º, 613.

12. À contra-ordenação por violação do n.º 1 deste artigo, prevista no n.º 8, corresponde uma coima, coima esta que em concreto pode não ser aplicada, se o empregador assegurar ao trabalhador os direitos a que se refere o artigo 389.º, de acordo com o estabelecido no artigo 560.º

13. O prazo de 30 dias para a decisão final consagrado neste n.º 1 do artigo 357.º não é aplicável quando a intenção do empregador no procedimento disciplinar não seja aplicar a sanção de despedimento, mas sim qualquer uma das outras sanções previstas no artigo 328.º Quando a intenção é aplicar outra sanção que não o despedimento, nem por isso a celeridade, a que o procedimento disciplinar se acha submetido, se deve deixar de verificar. Contudo o prazo de 30 dias previsto no n.º 1 é uma norma especial aplicável apenas quando a intenção do empregador for aplicar o despedimento. Como bem nota Bernardo Lobo Xavier, *Iniciação ao Direito do Trabalho*, páginas 178 e 290 e segs. e *Manual de Direito do Trabalho*, Verbo, 2011, página 748, o procedimento disciplinar é distinto consoante a aplicação da sanção seja de despedimento ou não. Entre as diferenças contam-se a ausência de determinados prazos, que devem ser observados no procedimento para aplicação do despedimento. Não é isenta de críticas esta solução, pois a verdade é que o prazo de 30 dias para o empregador proferir a decisão deveria antes tratar-se de uma regra geral do próprio procedimento disciplinar, aplicável independentemente da sanção que se vise. De outra forma, parecem-nos intoleráveis os efeitos que podem advir da decisão final não se achar submetida a qualquer prazo, depois de realizadas as diligências probatórias. Se, por hipótese, é entregue a nota de culpa a um trabalhador no prazo de menos de um mês, contado desde a ocorrência dos factos que a fundamentaram, comunicando apenas a esse trabalhador que a intenção é aplicar-lhe uma sanção disciplinar, tendo sido posteriormente apresentada a resposta à nota de culpa em prazo, e seguindo-se-lhe diligências probatórias que demoraram uma semana, tendo o procedimento disciplinar demorado dois meses desde o despacho que o instaurou, parece-nos que o empregador não deve poder, onze meses após a última diligência probatória (o procedimento disciplinar é iniciado com a nota de culpa, não contando, para este efeito a data do despacho do empregador que o determina) proferir a decisão final da sanção aplicável. Neste exemplo, o empregador mais não faz do que manter indeterminada a situação do trabalhador, sobre quem faz pender a ameaça e a perspectiva de uma punição.

ARTIGO 358.º – Procedimento em caso de microempresa

1 – No procedimento de despedimento em microempresa, caso o trabalhador não seja membro de comissão de trabalhadores ou representante sindical, são dispensadas as formalidades previstas no n.º 2 do artigo 353.º, no n.º 5 do artigo 356.º e nos n.os 1, 2 e 6 do artigo anterior, sendo aplicável o disposto nos números seguintes.

2 – Na ponderação e fundamentação da decisão é aplicável o disposto no n.º 4 do artigo anterior, com excepção da referência a pareceres de representantes dos trabalhadores.

3 – O empregador pode proferir a decisão dentro dos seguintes prazos:

a) Se o trabalhador não responder à nota de culpa, 30 dias a contar do termo do prazo para resposta à mesma;

b) 30 dias a contar da conclusão da última diligência;

c) (Revogada.)

4 – Se o empregador não proferir a decisão até ao termo do prazo referido em qualquer das alíneas do número anterior, o direito de aplicar a sanção caduca.

5 – A decisão é comunicada, por cópia ou transcrição, ao trabalhador.

6 – Constitui contra-ordenação grave a violação do disposto nos n.os 3 ou 5.

1. Este preceito corresponde ao artigo 418.º do anterior Código do Trabalho, aprovado pela Lei n.º 99/2003.

2. A redacção dos n.os 1, 2 e da alínea b) do n.º 3 deste preceito foi alterada pelo artigo 2.º da Lei n.º 23/2012, de 25 de Junho, enquanto que a alínea c) do n.º 3 foi revogada pelo n.º 2 do artigo 9.º da mesma Lei. Na versão originária do Código do Trabalho, aprovado pela Lei n.º 7/2009, de 12 de Fevereiro, os n.os 3 e 8 tinham a seguinte redacção:

> "1 – No procedimento de despedimento em microempresa, caso o trabalhador não seja membro de comissão de trabalhadores ou representante sindical, são dispensadas as formalidades previstas no n.º 2 do artigo 353.º, no n.º 5 do artigo 356.º e nos n.os 1, 2, 3 e 6 do artigo anterior, sendo aplicável o disposto nos números seguintes.
>
> 2 – Na ponderação e fundamentação da decisão, é aplicável o disposto no n.º 4 do artigo anterior, com excepção da referência a pareceres de representantes dos trabalhadores.
>
> 3 – O empregador pode proferir a decisão dentro dos seguintes prazos:
>
> b) Caso realize as diligências probatórias requeridas pelo trabalhador, 30 dias a contar da conclusão da última diligência;
>
> c) Caso opte por não realizar as diligências probatórias requeridas pelo trabalhador, decorridos cinco dias úteis após a recepção da resposta à nota de culpa, e até 30 dias após esta data.".

3. Relativamente ao procedimento disciplinar em microempresa, quando se vise a aplicação de despedimento, mantêm-se a previsão de uma norma especial no Código do Trabalho.

4. Microempresas são as empresas que empreguem até dez trabalhadores, sendo que se empregar dez trabalhadores já é considerada pequena empresa, cfr. alíneas a) e b) do n.º 1 do artigo 100.º

5. No que é já uma tradição na regulação do procedimento disciplinar, quando se visa a aplicação da sanção de despedimento sem indemnização ou compensação, as diligências instrutórias requeridas pelo trabalhador na resposta à nota de culpa, em princípio, são obrigatórias. Só assim não sucedeu na versão originária deste preceito, em que o então n.º 1 afastava aquele regime. Ou seja, quando o procedimento disciplinar visasse a aplicação da sanção de despedimento e corresse termos em microempresas, as diligências de prova requeridas na resposta à nota de culpa – à semelhança do que sucedia no então n.º 1 do artigo 356.º – eram facultativas, sendo obrigatórias apenas quando o despedimento fosse de trabalhadora grávida, puérpera ou lactante ou a trabalhador no gozo de licença parental. Este seria o entendimento que resultava da interpretação do n.º 1 deste artigo 358.º na versão originária do Código do Trabalho, aprovado pela Lei n.º 7/2009, *a contrario*.

Sucede contudo que a possibilidade do empregador decidir não realizar as diligências probatórias requeridas pelo trabalhador, previstas no n.º 1 do artigo 356.º foi julgado inconstitucional, com força obrigatória geral, pelo Acórdão do Tribunal Constitucional n.º 338/2010, processo n.º 175/09, publicado no Diário da República, 1.ª série, n.º 216, de 8 de Novembro de 2010, disponível em www.tribunalconstitucional.pt, por violação do artigo 32.º, n.º 10, conjugado com o artigo 53.º, ambos da Constituição da República Portuguesa. Atendendo à declaração de inconstitucionalidade da instrução facultativa no procedimento disciplinar, e apesar do Acórdão não se ter pronunciado relativamente à versão originária deste artigo 358.º, a verdade é que a fundamentação da decisão do Tribunal Constitucional vale igualmente para este preceito. Com efeito, a possibilidade do empregador não realizar as diligências probatórias que sejam requeridas pelo trabalhador arguido na resposta à nota de culpa, apenas por sua decisão arbitrária, deve entender-se que colide desde logo com o disposto no n.º 10 do artigo 32.º da Constituição da República Portuguesa que consagra que: "Nos processos de contra-ordenação, bem como em quaisquer processos sancionatórios, são assegurados ao arguido os direitos de audiência e defesa.". É que o procedimento disciplinar, independentemente do empregador poder ser considerado uma microempresa ou não, é um processo sancionatório para efeitos de aplicação da norma constitucional, não relevando sequer o facto do empregador consubstanciar uma entidade privada. A mais, não se deve entender que o direito de defesa se encontra suficientemente exercido se ao trabalhador arguido for permitido apenas apresentar a resposta à nota de culpa. Esta apresentação permite o exercício do direito de audiência referido na norma constitucional, apenas se mostrando efectivado o direito de defesa quando ao trabalhador é assegurada a possibilidade de deduzir a sua defesa, que abrange a audição de testemunhas.

Da actual redacção do n.º 1 deste artigo 358.º resulta agora que a opção do empregador não realizar as diligências probatórias, requeridas pelo trabalhador, encontra-se limitada aos casos em que o empregador considere fundamentadamente aquelas mesmas diligências probatórias patentemente dilatórias ou impertinentes, cfr. n.º 1 do artigo 356.º

6. Quando se trate de trabalhadora grávida, puérpera ou lactante ou de trabalhador no gozo de licença parental, o empregador numa microempresa deverá remeter cópia do processo à entidade competente na área da igualdade de oportunidade entre homens e mulheres, a Comissão para a Igualdade no Trabalho e no Emprego (C.I.T.E.), após a realização das diligências probatórias requeridas na resposta à nota de culpa, nos termos do n.º 3 do artigo 63.º

7. Ao contrário do que sucedia no Código do Trabalho, aprovado pela Lei n.º 99/2003, o trabalhador que desempenha o seu trabalho em microempresa já não está restringido na sua defesa, quando requeira a realização de diligências probatórias, à audição das testemunhas que indicar, uma vez que essa era a única diligência de prova que poderia ser cumprida. Com a actual redacção deste artigo 358.º admitem-se todos os meios de prova: testemunhal (sendo permitida a acareação), documental (documentos escritos, reproduções mecânicas) e pericial.

8. À contra-ordenação prevista no n.º 6, corresponde uma coima, coima esta que em concreto pode não ser aplicada, se o empregador assegurar ao trabalhador os direitos a que se refere o artigo 389.º, de acordo com o estabelecido no artigo 560.º

DIVISÃO II – Despedimento colectivo

ARTIGO 359.º – Noção de despedimento colectivo

1 – Considera-se despedimento colectivo a cessação de contratos de trabalho promovida pelo empregador e operada simultânea ou sucessivamente no período de três meses, abrangendo, pelo menos, dois ou cinco trabalhadores, conforme se trate, respectivamente, de microempresa ou de pequena empresa, por um lado, ou de média ou grande empresa, por outro, sempre que aquela ocorrência se fundamente em encerramento de uma ou várias secções ou estrutura equivalente ou redução do número de trabalhadores determinada por motivos de mercado, estruturais ou tecnológicos.

2 – Para efeitos do disposto no número anterior consideram-se, nomeadamente:

a) Motivos de mercado – redução da actividade da empresa provocada pela diminuição previsível da procura de bens ou serviços ou impossibilidade superveniente, prática ou legal, de colocar esses bens ou serviços no mercado;

b) Motivos estruturais – desequilíbrio económico-financeiro, mudança de actividade, reestruturação da organização produtiva ou substituição de produtos dominantes;

c) Motivos tecnológicos – alterações nas técnicas ou processos de fabrico, automatização de instrumentos de produção, de controlo ou de movimentação de cargas, bem como informatização de serviços ou automatização de meios de comunicação.

1. Este preceito corresponde ao artigo 397.º do anterior Código do Trabalho, aprovado pela Lei n.º 99/2003.

2. O despedimento colectivo é uma modalidade de cessação do contrato de trabalho, cfr. alínea d) do artigo 340.º

3. Da redacção da alínea c) do artigo 425.º resulta que antes de iniciar um despedimento colectivo, o empregador deve consultar, solicitando o seu parecer, a comissão de trabalhadores. O empregador tem conhecimento da existência da comissão de trabalhadores porquanto os resultados da votação, da constituição e aprovação dos estatutos da comissão de trabalhadores, são-lhe comunicados, cfr. n.º 6 do artigo 432.º

4. Microempresas são as empresas que empreguem até dez trabalhadores, sendo que se empregar dez trabalhadores já é considerada pequena empresa, cfr. alíneas a) e b) do n.º 1 do artigo 100.º As empresas que empreguem entre cinquenta trabalhadores e duzentos e quarenta e nove, são consideradas médias empresas, enquanto que a empresa que empregar duzentos e cinquenta trabalhadores ou mais, é considerada uma grande empresa, cfr. alíneas c) e d) do n.º 1 do artigo 100.º Do n.º 1 deste artigo 359.º resulta a necessidade de um número minimo de trabalhadores abrangidos, para que o despedimento possa ser considerado colectivo, dois trabalhadores no caso de microempresa ou de média empresa, e cinco trabalhadores quando se trate de pequena empresa ou de grande empresa.

Este número minimo imposto por lei, para que se possa qualificar o despedimento como colectivo, deve verificar-se aquando do início do procedimento necessário para levar a efeito esta modalidade de cessação de contratos de trabalho. Ou seja, e exemplificando, tendo sido comunicado pelo empregador a dez trabalhadores de uma média empresa, a intenção de proceder ao despedimento colectivo, assim dando início ao procedimento necessário, não descaracteriza a qualificação do despedimento como sendo colectivo, se no final o empregador vem a decidir despedir apenas um desses dez trabalhadores, cfr. n.º 1 do artigo 363.º, tendo sido obtidas outras soluções relativamente aos restantes nove trabalhadores, no decorrer da fase de informações e negociação, cfr. artigo 361.º

5. Quando os motivos subjacentes ao despedimento não permitam abranger o número minimo de trabalhadores fixado no n.º 1 para o despedimento colectivo, havendo motivos económicos, poderá o empregador valer-se do despedimento por extinção de posto de trabalho, cfr. artigo 367.º e segs.

6. Quanto à contagem do prazo de três meses previsto no n.º 1 são aplicáveis as regras previstas no artigo 279.º do Código Civil, por força do artigo 296.º do mesmo Código Civil. No mesmo sentido, Bernardo Lobo Xavier, *O Despedimento Colectivo no Dimensionamento da Empresa*, Verbo, Lisboa, 2000, página 400.

7. O despedimento colectivo exige que seja observado um procedimento, o qual se encontra regulado nos artigos 360.º e segs. Caso não seja cumprido este procedimento, o despedimento que se vier a efectuar é ilícito, cfr. alínea c) do artigo 381.º

8. Como resulta do n.º 2, as situações que constituem motivos de mercado, motivos estruturais e motivos tecnológicos são exemplificativas.

9. Os motivos de mercado previstos tanto podem respeitar ao mercado nacional, como ao mercado internacional.

10. Se os motivos ou fundamentos invocados pelo empregador para proceder ao despedimento colectivo, forem judicialmente declarados improcedentes, o despedimento realizado é ilícido, cfr. alínea b) do artigo 381.º

11. A apreciação dos motivos ou fundamentos invocados pelo empregador para proceder a um despedimento colectivo só é realizado judicialmente após a decisão de despedimento. Pode suceder que durante o procedimento, e porque a lei exige a participação do serviço competente do ministério responsável pela área laboral, cfr. artigo 362.º, seja detectado por aquele serviço a falta de correspondência entre os motivos indicados e a realidade, contudo, a sindicância dos mesmos é realizada apenas pelos tribunais. Na apreciação da procedência dos motivos ou fundamentos invocados para o despedimento colectivo, o tribunal deve proceder, com respeito pelos critérios de gestão da empresa, não só ao controlo da veracidade dos fundamentos invocados, mas também à verificação da existência de um nexo de causalidade, ou seja, que existe uma relação causa-efeito, entre aqueles fundamentos e o despedimento, por forma a que, segundo juízos de razoabilidade, tais fundamentos sejam adequados a justificar a decisão de redução de trabalhadores através do despedimento colectivo. A verdade é que os fundamentos da decisão de despedimento colectivo é de muito difícil apreciação pelos tribunais. São essencialmente decisões de gestão com natureza predominantemente económica onde figuram factores como previsões, comportamentos do mercado, análises micro e macro económicas, e outras que não devem ser sindicadas pelos tribunais, reconduzindo frequentemente a apreciação do tribunal aos aspectos formais ou procedimentais do despedimento colectivo. E isto assim é até porque, ao tribunal não cabe substituir-se ao empregador. À semelhança do que sucede na apreciação judicial de certos actos administrativos, em que aos tribunais é vedado substituírem-se à Administração pública na prossecução do interesse público, também em matéria laboral extravasará as suas competências o tribunal que com meios que não são seus procure impor uma linha de gestão. Entender o contrário seria restringir a livre iniciativa económica privada, e mesmo uma clara ofensa ao direito constitucional à propriedade privada, o qual tem de abranger a sua livre administração. Como refere Bernardo Lobo Xavier, nos casos em que é decidido o encerramento da empresa, "Insistir muito em averiguar a motivação da qual emerge o encerramento supõe que o julgador se pode imiscuir na própria organização da empresa e em liberdades primárias quanto ao seu exercício. Os próprios casos de encerramento parcial não propiciam um controlo de motivações quando correspondam a uma objectividade ou materialidade demonstrável", cfr. *O Despedimento Colectivo no Dimensionamento da Empresa*, Verbo, Lisboa, 2000, página 418. Exemplifica este ilustre autor: "(...) se a empresa encerrou efectivamente uma linha de produção de peças, por ter considerado mais económico adquiri-las no mercado, dificilmente será controlável a motivação dessa mesma medida, colocando-se logo a questão de saber se o tribunal pode mandar continuar a laboração do segmento produtivo.". Aos tribunais resta assim aferir se o empregador não agiu abusando do direito, cfr. artigo 334.º do Código Civil, se não se encontra de má-fé, ou que os motivos invocados não são simulados.

12. O despedimento colectivo configura um dos casos previstos na lei, (bem como o despedimento por extinção de posto de trabalho, cfr. artigo 367.º e segs. e o despedimento por inadaptação, cfr. artigo 373.º e segs.) cujo despedimento assenta numa justa causa objectiva, ou seja por razões ligadas à organização, e não por comportamentos imputáveis ao trabalhador.

13. O encerramento total e definitivo de empresa determina a caducidade do contrato de trabalho, nos termos do artigo 346.º, impondo-se ao empregador que antes do encerramento siga o procedimento de despedimento colectivo, previsto nos artigos 360.º e segs., com as necessárias adaptações, cfr. artigo 315.º

14. Sobre este preceito, *vide* Bernardo Lobo Xavier, *Manual de Direito do Trabalho*, Verbo, 2011, página 787 e segs., António Monteiro Fernandes, *Direito do Trabalho*, 15.ª Edição, Almedina, Abril 2010, página 636 e segs, e no domínio da legislação anterior, pelo que será necessário proceder às adaptações necessárias, Bernardo Lobo Xavier, *O Despedimento Colectivo no Dimensionamento da Empresa*, Verbo, Lisboa, 2000, e Pedro Furtado Martins, *Cessação do Contrato de Trabalho*, Princípia, Cascais, 1999 página 101 e segs.

ARTIGO 360.º – Comunicações em caso de despedimento colectivo

1 – O empregador que pretenda proceder a um despedimento colectivo comunica essa intenção, por escrito, à comissão de trabalhadores ou, na sua falta, à comissão intersindical ou às comissões sindicais da empresa representativas dos trabalhadores a abranger.

2 – Da comunicação a que se refere o número anterior devem constar:

a) Os motivos invocados para o despedimento colectivo;

b) O quadro de pessoal, discriminado por sectores organizacionais da empresa;

c) Os critérios para selecção dos trabalhadores a despedir;

d) O número de trabalhadores a despedir e as categorias profissionais abrangidas;

e) O período de tempo no decurso do qual se pretende efectuar o despedimento;

f) O método de cálculo de compensação a conceder genericamente aos trabalhadores a despedir, se for caso disso, sem prejuízo da compensação estabelecida no artigo 366.º ou em instrumento de regulamentação colectiva de trabalho.

3 – Na falta das entidades referidas no n.º 1, o empregador comunica a intenção de proceder ao despedimento, por escrito, a cada um dos trabalhadores que possam ser abrangidos, os quais podem designar, de entre eles, no prazo de cinco dias úteis a contar da recepção da comunicação, uma comissão representativa com o máximo de três ou cinco membros consoante o despedimento abranja até cinco ou mais trabalhadores.

4 – No caso previsto no número anterior, o empregador envia à comissão neste referida os elementos de informação discriminados no n.º 2.

5 – O empregador, na data em que procede à comunicação prevista no n.º 1 ou no número anterior, envia cópia da mesma ao serviço do ministério responsável pela área laboral com competência para o acompanhamento e fomento da contratação colectiva.

6 – Constitui contra-ordenação grave o despedimento efectuado com violação do disposto nos n.os 1 a 4 e constitui contra-ordenação leve o efectuado com violação do disposto no n.º 5.

1. Este preceito corresponde ao artigo 419.º do anterior Código do Trabalho, aprovado pela Lei n.º 99/2003.

2. A redacção da alínea f) do n.º 2 deste preceito foi alterada pelo artigo 1.º da Lei n.º 53/2011, de 14 de Outubro. Posteriormente, aquela mesma norma foi alterada pelo artigo 2.º da Lei n.º 23/2012, de 25 de Junho, que retomou a redacção originária do Código do Trabalho, aprovado pela Lei n.º 7/2009, de 12 de Fevereiro.

3. O empregador tem conhecimento da existência da comissão de trabalhadores porquanto os resultados da votação, da constituição e aprovação dos estatutos da comissão de trabalhadores, lhe são comunicados, cfr. n.º 6 do artigo 432.º Quanto à comissão intersindical ou comissões sindicais, o empregador tem conhecimento da existência destas porquanto a direcção do sindicato tem de comunicar por escrito ao empregador a identidade dos delegados sindicais que fizerem parte de comissão sindical ou intersindical, cfr. n.º 4 do artigo 462.º

4. O serviço do ministério responsável pela área laboral com competência para o acompanhamento e fomento da contratação colectiva referido no n.º 5 é a Direcção-Geral do Emprego e das Relações de Trabalho, (D.G.E.R.T.), cfr. n.º 1 do artigo 2.º do Decreto Regulamentar n.º 40/2012, de 12 de Abril.

5. Da interpretação dos n.os 1, 3 e 4 resulta que quando não haja na empresa comissão de trabalhadores, nem comissão intersindical, nem comissões sindicais, o primeiro passo para iniciar o procedimento de despedimento colectivo é a realização de uma comunicação a cada um dos trabalhadores que se pretende que venham a ser abrangidos pelo despedimento. Nesta situação, a comunicação parece bastar-se com uma frase em que se declare que é intenção proceder ao seu despedimento colectivo. A verdade, é que quando não haja na empresa comissão de trabalhadores, nem comissão intersindical nem comissões sindicais, o empregador não tem logo, na comunicação a cada um dos trabalhadores, de os informar de todos os elementos referidos no n.º 2, uma vez que os trabalhadores podem vir a constituir uma comissão representativa que receberá essa informação. Esta comissão representativa é uma comissão *ad hoc*, ou seja, é constituída com o fim específico de representar os trabalhadores cuja intenção do empregador é virem a cessar os seus contratos de trabalho por efeito do despedimento colectivo. Ainda assim, nada obsta, quando não exista na empresa comissão de trabalhadores, nem comissão intersindical nem comissões sindicais, que o empregador informe imediatamente os trabalhadores a abranger, na comunicação que lhes dirigir, os elementos referidos no n.º 2. A constituição de uma comissão representativa por parte dos trabalhadores abrangidos é um acto discricionário, não é um poder dever. Caso não seja constituída uma comissão representativa dos trabalhadores a abranger pelo despedimento colectivo, os direitos a exercer na fase seguinte, a fase de informação e negociações, cfr. artigo 361.º, é exercida individualmente por cada um dos trabalhadores, pelo que estes deverão receber os elementos referidos no n.º 2.

6. De acordo com a alínea f) do n.º 2, o empregador é obrigado a comunicar o método de cálculo da compensação a conceder aos trabalhadores, compensação essa que tem um mínimo estabelecido por lei, cfr. artigo 339.º e respectivas anotações. Este mínimo é contudo distinto consoante a data de celebração do próprio contrato.

Nos contratos de trabalho celebrados a partir de 1 de Outubro de 2013 a indemnização é menor comparativamente aos contratos de trabalho celebrados em data anterior. No primeiro caso, o trabalhador tem direito a compensação correspondente a 12 dias de retribuição base e diuturnidades, quando estas últimas existam, por cada ano completo de antiguidade. A retribuição diária é calculada através da divisão por 30 da retribuição base e diuturnidades, quando estas últimas existam, sendo que em caso de fracção de ano, o montante da compensação é calculado proporcionalmente. A compensação a receber pelo trabalhador tem limites máximos, fixados nas alíneas a) e b) do n.º 2 do artigo 366.º Assim, de acordo com aquelas normas, o valor da retribuição base mensal e diuturnidades, quando estas últimas existam, a considerar para efeitos de cálculo da compensação não pode ser superior a 20 vezes a retribuição mínima mensal garantida. Há ainda um segundo limite: o montante global da compensação não pode ser superior a 12 vezes a retribuição base mensal e diuturnidades, quando estas existam, ou, quando seja aplicável o limite previsto no ponto anterior, a 240 vezes a retribuição mínima mensal garantida.

Já relativamente à cessação dos contratos de trabalho celebrados antes de 1 de Outubro de 2013 vejam-se as anotações ao artigo 366.º, bem como os exemplos práticos ali perspectivados.

7. Nos termos da alínea a) do artigo 383.º, o despedimento colectivo é ilícito se o empregador não tiver feito a comunicação prevista nos n.os 1 ou 4 deste artigo 360.º

8. O quadro de pessoal constitui informação que o empregador deve prestar anualmente à Administração laboral, cfr. artigo 32.º da Lei n.º 105/2009, de 14 de Setembro, alterada pelas Leis n.os 60/2018, de 21 de Agosto, e 93/2019, de 4 de Setembro, que regulamenta este Código do Trabalho, e Portaria n.º 55/2010, de 21 de Janeiro, alterada pela Portaria n.º 108-A/2011, de 14 de Março.

9. Os critérios que presidem à selecção, pelo empregador, dos trabalhadores que poderão ser abrangidos pelo despedimento colectivo revelam uma considerável margem de discricionariedade, não existindo em matéria de despedimento colectivo a imposição do empregador observar critérios relevantes, como sucede no despedimento por extinção de posto de trabalho, cfr. n.º 2 do artigo 368.º Existindo um motivo verdadeiro para proceder ao despedimento colectivo, apenas deverá haver um nexo de causalidade entre o fundamento invocado e o despedimento concreto.

10. Nada obsta que a forma escrita, imposta pelos n.os 1, 3, 4 e 5, seja satisfeita através de documento electrónico, ou seja, por documento elaborado mediante processamento electrónico de dados. Por outras palavras, nada impede que a forma escrita seja adoptada através de uma declaração escrita enviada por correio electrónico (e-mail) para um endereço electrónico. Sobre a validade, eficácia e valor probatório dos documentos electrónicos remete-se para a anotação 4. ao artigo 107.º

11. O encerramento total e definitivo de empresa determina a caducidade do contrato de trabalho, nos termos do artigo 346.º, impondo-se ao empregador que antes do encerramento siga o procedimento de despedimento colectivo, previsto nos artigos 360.º e segs., com as necessárias adaptações, cfr. artigo 315.º Caso o empregador encerre definitivamente empresa ou estabelecimento, sem ter cumprido este procedimento incorre em responsabilidade penal, cfr. n.º 1 do artigo 316.º

12. À contra-ordenação por violação do n.º 1 deste artigo, prevista no n.º 6, corresponde uma coima, coima esta que em concreto pode não ser aplicada, se o empregador assegurar ao trabalhador os direitos a que se refere o artigo 389.º, de acordo com o estabelecido no artigo 560.º

13. Acórdão do Supremo Tribunal de Justiça, de 18 de Outubro de 2006, processo n.º 06S1324, documento SJ200610180013244, sumários em www.dgsi.pt: "É ilícita, por improcedência dos fundamentos invocados (artigo 24.º, n.º 1, alínea e), da LCCT), a decisão de despedimento que não explicita em relação a um determinado trabalhador a interrelação existente entre a situação funcional desse trabalhador e os motivos económico-financeiros que estiverem na base do despedimento colectivo, a não ser que esta inter-relação resulte, de modo implícito, da descrição do motivo estrutural, tecnológico ou conjuntural que tenha sido invocado para justificar a redução de pessoal.".

14. Sobre este preceito, *vide* Bernardo Lobo Xavier, *Manual de Direito do Trabalho*, Verbo, 2011, página 792, António Monteiro Fernandes, *Direito do Trabalho*, 15.ª Edição, Almedina, Abril 2010, página 641, e no domínio da legislação anterior, pelo que será necessário proceder às adaptações necessárias, Pedro Furtado Martins, *Cessação do Contrato de Trabalho*, Princípia, Cascais, 1999 página 106.

ARTIGO 361.º – Informações e negociação em caso de despedimento colectivo

1 – Nos cinco dias posteriores à data do acto previsto nos n.os 1 ou 4 do artigo anterior, o empregador promove uma fase de informações e negociação com a estrutura representativa dos trabalhadores, com vista a um acordo sobre a dimensão e efeitos das medidas a aplicar e, bem assim, de outras medidas que reduzam o número de trabalhadores a despedir, designadamente:

a) Suspensão de contratos de trabalho;

b) Redução de períodos normais de trabalho;

c) Reconversão ou reclassificação profissional;

d) Reforma antecipada ou pré-reforma.

2 – A aplicação de medida prevista na alínea a) ou b) do número anterior a trabalhadores abrangidos por procedimento de despedimento colectivo não está sujeita ao disposto nos artigos 299.º e 300.º

3 – A aplicação de medida prevista na alínea c) ou d) do n.º 1 depende de acordo do trabalhador.

4 – O empregador e a estrutura representativa dos trabalhadores podem fazer-se assistir cada qual por um perito nas reuniões de negociação.

5 – Deve ser elaborada acta das reuniões de negociação, contendo a matéria acordada, bem como as posições divergentes das partes e as opiniões, sugestões e propostas de cada uma.

6 – Constitui contra-ordenação grave o despedimento efectuado com violação do disposto nos n.os 1 ou 3.

1. Este preceito corresponde ao artigo 420.º do anterior Código do Trabalho, aprovado pela Lei n.º 99/2003.

2. Na negociação participa o serviço competente do ministério responsável pela área laboral, cfr. n.º 1 do artigo 362.º Trata-se da Direcção-Geral do Emprego e das Relações de Trabalho, (D.G.E.R.T.), que nos termos da alínea b) do n.º 4 do artigo 2.º do Decreto Regulamentar n.º 40/2012, de 12 de Abril, prossegue, na área das relações profissionais, a atribuição de participação no processo de negociação no âmbito do procedimento de despedimento colectivo.

3. De acordo com o n.º 1, nos cinco dias posteriores à data da comunicação, pelo empregador, da intenção de proceder a um despedimento colectivo, à comissão de trabalhadores ou, na falta desta, à comissão intersindical ou às comissões sindicais, ou na falta destas entidades, nos cinco dias seguintes à comunicação a cada um dos trabalhadores dessa intenção, o empregador promove uma fase de informações e negociação. Esta comunicação do empregador constitui uma declaração receptícia que carece de ser dada a conhecer ao destinatário, sendo eficaz logo que chega ao poder do destinatário ou é dele conhecida, cfr. artigo 224.º do Código Civil. Se, por exemplo, o empregador comunica a intenção de proceder a um despedimento colectivo a vários trabalhadores, e essa comunicação chega ao conhecimento dos trabalhadores em diferentes datas, é a última destas datas que releva para efeitos de contagem do prazo de cinco dias previsto neste n.º 1. Ou seja, neste exemplo, e por aplicação das regras processuais, (cfr. n.º 2 do artigo 569.º do Código de Processo Civil, aprovado pela Lei n.º 41/2013, de 26 de Junho, e n.º 14 do artigo 113.º do Código de Processo Penal, aprovado pelo Decreto-Lei n.º 78/87, de 17 de Fevereiro), o inicio da contagem do prazo só se realiza após o conhecimento do último trabalhador, da comunicação que lhe foi dirigida, aproveitando assim aos demais trabalhadores.

4. A fase de informações e negociação pretende obter um acordo entre o empregador e a estrutura representativa dos trabalhadores (comissão de trabalhadores ou, na falta desta, comissão intersindical ou às comissões sindicais, ou na falta destas a comissão representativa designada pelos trabalhadores) ou, na falta desta estrutura entre o empregador e os trabalhadores abrangidos pela intenção de despedimento colectivo, sobre a dimensão e efeitos das medidas a aplicar e, bem assim, de outras soluções substitutivas, que reduzam o número de trabalhadores a despedir. O legislador aponta, a título exemplificativo algumas medidas que podem obviar à decisão de despedimento colectivo, cfr. parte final do n.º 1. Entre estas soluções que podem substituir o despedimento colectivo relativamente a um ou mais trabalhadores, encontram-se: o *lay-off*, que se traduz numa redução temporária dos períodos normais de trabalho ou uma suspensão dos contratos de trabalho (artigo 298.º e segs.), cfr. alíneas a) e b) do n.º 1; a reconversão ou reclassificação profissional do trabalhador, cfr. alínea c) do n.º 1; e a reforma antecipada ou pré-reforma (a pré-reforma encontra-se prevista nos artigos 318.º e segs.). Por expressa previsão do n.º 2, a aplicação do *lay-off* que decorra de acordo alcançado no decorrer do procedimento de despedimento colectivo, não se encontra sujeito ao procedimento estabelecido nos artigos 299.º e 300.º Por determinação do n.º 3, a reconversão, a reclasssificação profissional e a reforma antecipada e pré-reforma carece do acordo do trabalhador em concreto atingido por essa medida. Também nada veda, como sucede na prática, que no decorrer da fase de informações e negociação, o empregador e um, ou mais trabalhadores abrangidos pela intenção de despedimento colectivo revoguem o contrato de trabalho, cfr. artigo 349.º e segs.

5. Nos termos da alínea a) do artigo 383.º, o despedimento colectivo é ilícito se o empregador não tiver promovido a negociação prevista no n.º 1 deste artigo 361.º

6. Por aplicação de uma das medidas previstas no n.º 1, o número de trabalhadores a despedir em sede de despedimento colectivo diminui. No limite, pode até suceder que por efeito das negociações obtidas, venha a ser decidido pelo empregador proceder ao despedimento de apenas um trabalhador. Quando assim seja o factor quantitativo fixado no n.º 1 do artigo 359.º, que impõe um número minimo de trabalhadores imposto por lei, para que se possa qualificar o despedimento como colectivo, não é adulterado. Ou seja, não descaracteriza a qualificação do despedimento como sendo colectivo, se no final o empregador vem a decidir despedir apenas um dos trabalhadores.

7. Por determinação do n.º 4, quer o empregador quer a estrutura representativa dos trabalhadores podem, cada um deles, ser auxiliados por um perito, no decorrer das reuniões de negociação. Compreende-se esta faculdade permitida por lei: atenta a complexidade técnica da informação que estriba os motivos económicos que permitem o despedimento colectivo, o seu exame pode requerer conhecimentos específicos que os trabalhadores podem não dominar (o mesmo valendo para muitos empregadores), razão pela qual poderão ser coadjuvados por um técnico. Não raro, só um exame com alguma profundidade permite proceder não só ao controlo da veracidade dos fundamentos invocados, mas também à verificação da existência de um nexo de causalidade entre aqueles fundamentos e o despedimento.

8. Atendendo ao disposto no n.º 3 do artigo 20.º da Constituição da República Portuguesa, bem como no n.º 3 do artigo 66.º do Estatuto da Ordem dos Advogados, aprovado pela Lei n.º 145/2015, de 9 de Setembro, que estabelece que: "a representação e assistência por advogado são sempre admissíveis e não podem ser impedidos perante qualquer jurisdição, autoridade ou entidade pública ou privada, nomeadamente para defesa de direitos, patrocínio de relações jurídicas controvertidas, composição de interesses ou em processos de mera averiguação, ainda que administrativa, oficiosa ou de qualquer outra natureza.", a assistência por advogado é sempre admissível. Assim, em sede de despedimento colectivo, o trabalhador pode fazer-se representar e ser acompanhado por advogado. Devidamente mandatado, o advogado poderá acompanhar o trabalhador nas reuniões que tiverem lugar, ou mesmo estar presente sem que aquele ali permaneça, proceder à consulta do processo, e apresentar os requerimentos que entender convenientes.

9. A acta das reuniões de negociação, referida no n.º 5, que deve ser elaborada contendo a matéria acordada, bem como as posições divergentes das partes e as opiniões, sugestões e propostas de cada uma, deverá ser enviada ao serviço competente do ministério responsável pela área laboral se o empregador vier a decidir despedir algum trabalhador que foi abrangido pela intenção de despedimento colectivo, cfr.

alínea a) do n.º 3 do artigo 363.º Quando assim seja, o empregador deverá remeter cópia da acta à estrutura representativa dos trabalhadores, cfr. alínea b) do n.º 3 do artigo 363.º

10. A fase de informações e negociação parece estar sujeita a um prazo máximo, não podendo alongar-se indeterminadamente no tempo. Estabelece o n.º 1 do artigo 363.º que após terem decorrido 15 dias sobre a data da comunicação, pelo empregador, da intenção de proceder a um despedimento colectivo, à comissão de trabalhadores ou, na falta desta à comissão intersindical ou às comissões sindicais, ou na falta destas entidades, a cada um dos trabalhadores, o próprio empregador terá de comunicar a cada trabalhador a decisão de despedimento colectivo. Sobre este prazo ver artigo 363.º e respectivas anotações.

11. Nos termos do n.º 1 do artigo 63.º, o despedimento de trabalhadora grávida, puérpera ou lactante ou de trabalhador no gozo de licença parental carece de parecer prévio da entidade competente na área da igualdade de oportunidades entre homens e mulheres, a Comissão para a Igualdade no Trabalho e no Emprego (C.I.T.E.). Tratando-se de despedimento colectivo que abranja trabalhador naquela situação, a alínea b) do n.º 3 do mesmo artigo 63.º determina que o empregador remeta cópia do processo à entidade competente na área da igualdade de oportunidade entre homens e mulheres depois da fase de informações e negociação prevista neste artigo 361.º

12. À contra-ordenação por violação do n.º 1 deste artigo, prevista no n.º 6, corresponde uma coima, coima esta que em concreto pode não ser aplicada, se o empregador assegurar ao trabalhador os direitos a que se refere o artigo 389.º, de acordo com o estabelecido no artigo 560.º

ARTIGO 362.º – Intervenção do ministério responsável pela área laboral

1 – O serviço competente do ministério responsável pela área laboral participa na negociação prevista no artigo anterior, com vista a promover a regularidade da sua instrução substantiva e procedimental e a conciliação dos interesses das partes.

2 – O serviço referido no número anterior, caso exista irregularidade da instrução substantiva e procedimental, deve advertir o empregador e, se a mesma persistir, deve fazer constar essa menção da acta das reuniões de negociação.

3 – A pedido de qualquer das partes ou por iniciativa do serviço referido no número anterior, os serviços regionais do emprego e da formação profissional e da segurança social indicam as medidas a aplicar, nas respectivas áreas, de acordo com o enquadramento legal das soluções que sejam adoptadas.

4 – Constitui contra-ordenação leve o impedimento à participação do serviço competente na negociação referida no n.º 1.

1. Este preceito corresponde ao artigo 421.º do anterior Código do Trabalho, aprovado pela Lei n.º 99/2003.

2. O serviço competente do ministério responsável pela área laboral referido no n.º 1 é a Direcção-Geral do Emprego e das Relações de Trabalho, (D.G.E.R.T.), que nos termos da alínea b) do n.º 4 do artigo 2.º do Decreto Regulamentar n.º 40/2012, de 12 de Abril, prossegue, na área das relações profissionais, a atribuição de participação no processo de negociação no âmbito do procedimento de despedimento colectivo.

3. Nos termos do n.º 1, a participação do serviço competente do ministério responsável pela área laboral na negociação tem como finalidade impulsionar a regularidade da instrução substantiva e procedimental do procedimento de despedimento colectivo e a conciliação dos interesses das partes, ou seja, um acordo que harmonize os diferentes interesses em causa.

4. Sobre este preceito, *vide* Bernardo Lobo Xavier, *Manual de Direito do Trabalho*, Verbo, 2011, página 793, António Monteiro Fernandes, *Direito do Trabalho*, 15.ª Edição, Almedina, Abril 2010, página 641, e no domínio da legislação anterior, pelo que será necessário proceder às adaptações necessárias, Bernardo Lobo Xavier, *O Despedimento Colectivo no Dimensionamento da Empresa*, Verbo, Lisboa, 2000, página 466 e segs., e Pedro Furtado Martins, *Cessação do Contrato de Trabalho*, Princípia, Cascais, 1999 página 106 e segs.

ARTIGO 363.º – Decisão de despedimento colectivo

1 – Celebrado o acordo ou, na falta deste, após terem decorrido 15 dias sobre a prática do acto referido nos n.os 1 ou 4 do artigo 360.º ou, na falta de representantes dos trabalhadores, da comunicação referida no n.º 3 do mesmo artigo, o empregador comunica a cada trabalhador abrangido a decisão de despedimento, com menção expressa do motivo e da data de cessação do contrato e indicação do montante, forma, momento e lugar de pagamento da compensação, dos créditos vencidos e dos exigíveis por efeito da cessação do contrato de trabalho, por escrito e com antecedência mínima, relativamente à data da cessação, de:

a) 15 dias, no caso de trabalhador com antiguidade inferior a um ano;

b) 30 dias, no caso de trabalhador com antiguidade igual ou superior a um ano e inferior a cinco anos;

c) 60 dias, no caso de trabalhador com antiguidade igual ou superior a cinco anos e inferior a 10 anos;

d) 75 dias, no caso de trabalhador com antiguidade igual ou superior a 10 anos.

2 – No caso do despedimento abranger ambos os cônjuges ou pessoas que vivam em união de facto, a comunicação prevista no número anterior deverá ser feita com a antecedência mínima prevista no escalão imediatamente superior ao que seria aplicável se apenas um deles integrasse o despedimento.

3 – Na data em que envia a comunicação aos trabalhadores, o empregador remete:

a) Ao serviço competente do ministério responsável pela área laboral, a acta das reuniões de negociação ou, na sua falta, informação sobre a justificação de tal falta, as razões que obstaram ao acordo e as posições finais das partes, bem como relação de que conste o nome de cada trabalhador, morada, datas de nascimento e de admissão na empresa, situação perante a segurança social, profissão, categoria, retribuição, a medida decidida e a data prevista para a sua aplicação;

b) À estrutura representativa dos trabalhadores, cópia da relação referida na alínea anterior.

4 – Não sendo observado o prazo mínimo de aviso prévio, o contrato cessa decorrido o período de aviso prévio em falta a contar da comunicação de despedimento, devendo o empregador pagar a retribuição correspondente a este período.

5 – O pagamento da compensação, dos créditos vencidos e dos exigíveis por efeito da cessação do contrato de trabalho deve ser efectuado até ao termo do prazo de aviso prévio, salvo em situação prevista no artigo 347.º ou regulada em legislação especial sobre recuperação de empresas e reestruturação de sectores económicos.

6 – Constitui contra-ordenação grave o despedimento efectuado com violação do disposto nos n.os 1, 2 ou 5 e constitui contra-ordenação leve a violação do disposto no n.º 3.

1. Este preceito corresponde aos artigos 398.º e 422.º do anterior Código do Trabalho, aprovado pela Lei n.º 99/2003.

2. O prazo de quinze dias referido na primeira parte do n.º 1 é um prazo dilatório, ou seja, difere para certo momento a possibilidade de realização de um acto ou o início da contagem de um outro prazo, cfr. n.º 2 do artigo 139.º do Código de Processo Civil, como nota Bernardo Lobo Xavier, *O Despedimento Colectivo no Dimensionamento da Empresa*, Verbo, Lisboa, 2000, página 509, pelo que o empregador não poderá comunicar a cada trabalhador abrangido a decisão de despedimento antes deste prazo decorrer. Se o empregador não tiver observado o prazo para decidir o despedimento, referido neste n.º 1 do artigo 363.º, o despedimento é ilícito, cfr. alínea b) do artigo 383.º

Sendo o prazo de quinze dias, um prazo dilatório, da redacção deste artigo 363.º não resulta que o empregador tenha um prazo limite para proceder à comunicação de despedimento aos trabalhadores. Ponto assente é que também não será de permitir ao empregador que mantenha uma perspectiva de cessação do contrato de trabalho, como uma ameaça indefinidamente suspensa sobre o trabalhador, conservando-o na incerteza, pelo que ao empregador não será lícito comunicar a decisão de despedimento colectivo vários meses após terem decorrido aqueles quinze dias. Caso a fase de informação e negociação, cfr. artigo 361.º, se tenha efectivamente prolongado no tempo, parece de admitir que o empregador apenas comunique a decisão de despedimento colectivo algum tempo após ter decorrido o prazo dilatório dos quinze dias, contudo, e se aquela fase não se tiver alongado, o empregador poderá ter dificuldade em que se mantenham actualizados os motivos que determinaram o despedimento colectivo. Se por qualquer motivo o empregador deixar caducar o seu direito, não lhe será lícito proceder ao despedimento, tendo, caso subsistam os motivos previstos no artigo 359.º, de iniciar novo procedimento de despedimento colectivo.

3. O n.º 1 deste artigo 363.º vem consagrar um aviso prévio da decisão de despedimento colectivo com diferentes prazos, consoante a antiguidade do trabalhador, e a esta proporcional: quanto maior for a antiguidade do trabalhador, e desde que enquadrável nos limites quantitativos fixados, maior será o período de tempo que o empregador terá de respeitar para cessar o contrato de trabalho. A antiguidade "é a qualidade correspondente à duração da situação jurídica laboral", Menezes Cordeiro, *Manual de Direito do Trabalho*, Livraria Almedina, 1991, página 675 e segs., e Acórdão do Tribunal da Relação de Lisboa, de 22 de Junho de 2005, processo 10307/2004-4, sumários em www.dgsi.pt. Significa isto que a duração de situações que não são de qualificar como sendo de trabalho subordinado não devem entrar no cômputo da antiguidade. A título exemplificativo, a duração de um contrato de estágio extracurricular, cfr. Decreto-Lei n.º 66/2011, de 1 de Junho, não correspondendo à prestação de trabalho subordinado, não dá lugar à contagem de antiguidade, ainda que posteriormente à cessação deste contrato venha a ser celebrado um contrato de trabalho. A proporcionalidade do prazo de aviso prévio, para comunicar a decisão de despedimento colectivo, não é exclusivo deste, sendo igualmente o critério aplicado ao despedimento extinção de posto de trabalho, n.º 3 do artigo 371.º, e ao despedimento por inadaptação que também tem diferentes prazos consoante a antiguidade do trabalhador, n.º 2 do artigo 378.º

4. O n.º 2 releva o despedimento colectivo que abranja trabalhadores que sejam cônjuges um do outro, quando unidos pelo contrato de casamento, ou tão só companheiros, quando vivam em união de facto. Em qualquer uma destas situações, a comunicação da decisão de despedimento tem de ser realizada com a antecedência mínima prevista no escalão imediatamente superior. Ou seja, mantém-se o princípio da proporcionalidade do prazo da comunicação do despedimento face à antiguidade de cada um dos conjugues ou companheiros individualmente considerados, contudo, é aplicável efectivamente o escalão imediatamente superior àquele escalão que em abstracto regeria a sua antiguidade, não fosse o despedimento abranger ambos os membros do agregado familiar. Não há, por aplicação deste n.º 2, um aviso prévio único para ambos, o que se verifica é um alargamento do prazo. Exemplificando, dois trabalhadores pertencentes ao mesmo agregado familiar por vínculo do casamento ou união de facto, um deles com dois anos de antiguidade (ao qual seria aplicável 30 dias, não fosse o seu cônjuge ou companheiro estar também abrangido pelo mesmo despedimento), e outro com seis anos, (ao qual seria aplicável 60 dias, não fosse o seu cônjuge ou companheiro estar também abrangido pelo mesmo despedimento), terão um aviso prévio, o primeiro de 60 dias, e o segundo com 75 dias.

Sempre se diga que não há nenhum dever do trabalhador informar o empregador que vive em união de facto, ou mesmo que celebrou um casamento, comunicação essa que se torna necessária se o trabalhador pretender beneficiar dos direitos atribuídos pela lei, designadamente: em matéria de impostos sobre o rendimento; gozo do descanso semanal em simultâneo de ambos os companheiros ou conjugues que sejam trabalhadores do mesmo empregador, cfr. n.º 4 do artigo 232.º; gozo de férias em simultâneo de ambos os companheiros ou conjugues que sejam trabalhadores do mesmo empregador, cfr. n.º 7 do artigo 241.º; em matéria de faltas, cfr. alínea a) do n.º 2 do artigo 249.º, alínea a) do n.º 1 e n.º 2 do artigo 251.º, artigo 252.º, aviso prévio no caso do despedimento colectivo abranger ambos os companheiros ou conjugues que sejam trabalhadores do mesmo empregador, cfr. n.º 2 deste artigo, etc..

Sobre a união de facto, veja-se a Lei n.º 7/2001, de 11 de Maio, alterada pelas Leis n.os 23/2010, de 30 de Agosto, 2/2016, de 29 de Fevereiro, 49/2018, de 14 de Agosto, e 71/2018, de 31 de Dezembro. Sobre o casamento, veja-se o artigo 1576.º e segs. do Código Civil.

5. Ver artigo 366.º e respectivas anotações.

6. O serviço competente do ministério responsável pela área laboral referido na alínea a) do n.º 3 é a Direcção-Geral do Emprego e das Relações de Trabalho, (D.G.E.R.T.), que nos termos da alínea b) do n.º 4 do artigo 2.º do Decreto Regulamentar n.º 40/2012, de 12 de Abril, prossegue, na área das relações profissionais, a atribuição de participação no processo de negociação no âmbito do procedimento de despedimento colectivo.

7. A estrutura representativa dos trabalhadores referida na alínea b) do n.º 3 é aquela que interveio no procedimento de despedimento colectivo: a comissão de trabalhadores ou, na falta desta, comissão intersindical ou comissões sindicais, ou na falta destas, a comissão representativa designada pelos trabalhadores.

8. O entendimento do n.º 4 é diferente daquele que é consagrado quanto ao despedimento por facto imputável ao trabalhador, em que a decisão de despedimento determina a cessação do contrato de trabalho logo que chega ao poder do trabalhador, ou é dele conhecida, o que se compreende até porque o trabalhador no despedimento colectivo nada contribuiu para a verificação dos motivos de mercado, estruturais e tecnológicos que o determinaram. Este n.º 4 do artigo 363.º é uma norma habilitante que permite ao empregador, que se encontra obrigado a um aviso prévio de prazo diferente, consoante a antiguidade do trabalhador, obstar justificadamente à prestação efectiva do trabalho, não incorrendo portanto na proibição da alínea b) do n.º 1 do artigo 129.º, durante parte ou mesmo todo o período de aviso prévio. Ou seja, permite-se com este n.º 4 que a relação entre trabalhador e empregador termine de facto antes de decorrido o aviso prévio, por decisão unilateral do empregador, sendo que a relação jurídica contudo, termina apenas após o decurso do prazo de aviso prévio. Isto significa, que até ao decurso do prazo de aviso prévio, o empregador terá, como se o trabalho continuasse a ser prestado, de proceder ao pagamento da remuneração, bem como a proceder aos descontos que sobre esta incide. O poder conferido por esta norma, e bem assim no despedimento por extinção de posto de trabalho e no despedimento por inadaptação, aos quais é aplicável este n.º 4 do artigo 363.º, cfr. artigos 372.º e n.º 1 do artigo 379.º, a par com a suspensão preventiva do trabalhador em procedimento disciplinar, cfr. n.º 5 do artigo 329.º e artigo 354.º, é das raras excepções neste Código em que se admite que o empregador não esteja vinculado a receber a prestação de trabalho do trabalhador. Durante este período, quando não for observado o período mínimo de aviso prévio, não se mantêm, porque não há prestação de trabalho, nem dever do empregador de o receber, todos os direitos e deveres das partes. Entre os deveres que não se mantêm, conta-se o dever de assiduidade, diligência, etc.. Quando não haja lugar à prestação de trabalho até ao decurso do aviso prévio, por aplicação desta norma, restringe-se a admissibilidade de verificação de um acidente de trabalho.

Não se poderia compreender o sentido e o alcance desta norma, se não fosse o de obviar licitamente à prestação do trabalho. Se assim não fosse, como se poderia coadunar este preceito com situações em que um estabelecimento vai ser encerrado, onde aí prestam o seu trabalho trabalhadores com antiguidade diferente, e portanto beneficiários de distintos pré-avisos, e em que a cessação do contrato de alguns desses trabalhadores que têm um aviso prévio de 15 dias, determina a exequibilidade da prestação de trabalho pelos demais trabalhadores, sujeitos a um aviso prévio superior? Nas organizações produtivas modernas, o trabalho em série, com elevada especialização dos trabalhadores é bastante frequente, sendo por vezes um requisito da viabilidade económica da própria actividade. O empregador não deve por isso ser prejudicado pela actividade a que se dedica, sendo obrigado a manter trabalhadores dos quais não pode receber a prestação de trabalho, incorrendo ainda, se não se entender este n.º 4 como a norma habilitante para que o trabalhador seja dispensado de realizar o seu trabalho, em violação do direito de ocupação efectiva, cfr. alínea b) do n.º 1 do artigo 129.º

9. O n.º 5 é um reflexo de uma garantia de pagamento dos créditos laborais que existe nesta modalidade de cessação do contrato de trabalho, *vide* Bernardo Lobo Xavier, O Despedimento Colectivo no Dimensionamento da Empresa, Verbo, Lisboa, 2000, página 543: "nos despedimentos colectivos dão-se particulares garantias para os créditos vencidos ou exigíveis em virtude da cessação do contrato de trabalho, cujos meios de pagamento têm igualmente de ser, no prazo do aviso prévio, postos à disposição dos despedidos", porventura assim se impedindo que o empregador se socorra do despedimento colectivo para obviar ao pagamento de salários em atraso. Recusando-se o empregador a efectuar o pagamento dos créditos já vencidos e dos créditos exigíveis por força da cessação do contrato de trabalho, inquinará a licitude do próprio despedimento colectivo, uma vez que não estará a pôr à disposição do trabalhador esses créditos já vencidos, cfr. alínea c) do artigo 383.º E quando o trabalhador se recusar a receber a compensação, para não ficar onerado com a presunção de aceitação do despedimento prevista no n.º 4 do artigo 366.º, tal não prejudica o direito a receber os outros créditos vencidos e/ou emergentes da cessação do contrato, pelo que se deve entender que o empregador fica obrigado a proceder ao seu pagamento.

10. Nos termos do n.º 5 do artigo 241.º, em caso de cessação do contrato de trabalho sujeita a aviso prévio, o empregador pode determinar que o gozo das férias tenha lugar imediatamente antes da cessação. Caso as férias do trabalhador já tivessem sido marcadas antes da decisão de despedimento colectivo, o empregador pode alterar a marcação das férias, de modo a que o gozo das mesmas tenha lugar imediatamente antes da cessação do contrato de trabalho, cfr. n.º 3 do artigo 243.º Estas faculdades têm em vista possibilitar que o empregador não tenha de proceder ao pagamento de férias vencidas e não gozadas, bem como ao respectivo subsídio, cfr. alínea a) do n.º 1 do artigo 245.º

11. Nada obsta que a forma escrita, imposta pelo n.º 1 seja satisfeita através de documento electrónico, ou seja, por documento elaborado mediante processamento electrónico de dados. Por outras palavras, nada impede que a forma escrita seja adoptada através de uma declaração escrita enviada por correio electrónico (e--mail) para um endereço electrónico. Sobre a validade, eficácia e valor probatório dos documentos electrónicos remete-se para a anotação 4. ao artigo 107.º

12. Alguns representantes dos trabalhadores beneficiam de uma protecção especial em caso de despedimento. Nos termos do n.º 3 do artigo 410.º, o despedimento de trabalhador candidato a membro de qualquer dos corpos sociais de associação sindical ou que exerça ou haja exercido funções nos mesmos corpos sociais há menos de três anos presume-se feito sem justa causa. E por determinação do n.º 3 do mesmo artigo 410.º, a providência cautelar de suspensão de despedimento de trabalhador membro de estrutura de representação colectiva dos trabalhadores só não é decretada se o tribunal concluir pela existência de probabilidade séria de verificação da justa causa invocada.

13. Nos termos do n.º 5 do artigo 175.º, não é permitido celebrar contrato de utilização de trabalho temporário para satisfação de necessidades que foram asseguradas por trabalhador cujo contrato tenha cessado nos 12 meses anteriores por despedimento colectivo.

14. Caso o trabalhador impugne a decisão de despedimento colectivo, veja-se a anotação ao artigo 359.º, relativamente à apreciação que o tribunal deve fazer dos fundamentos invocados para o despedimento colectivo.

15. À contra-ordenação por violação do n.º 1 deste artigo, prevista no n.º 6, corresponde uma coima, coima esta que em concreto pode não ser aplicada, se o empregador assegurar ao trabalhador os direitos a que se refere o artigo 389.º, de acordo com o estabelecido no artigo 560.º

16. No que se refere a créditos do trabalhador, deve ter-se em conta o disposto no Acordão do Supremo Tribunal de Justiça n.º 1/2014, de 8 de Maio de 2013, publicado no Diário da República, 1.ª série, n.º 39, de 25 de Fevereiro de 2014, que uniformizou jurisprudência, fixando o seguinte entendimento: "Transitada em julgado a sentença que declara a insolvência, fica impossibilitada de alcançar o seu efeito útil normal a acção declarativa proposta pelo credor contra o devedor, destinada a obter o reconhecimento do crédito peticionado, pelo que cumpre decretar a extinção da instância, por inutilidade superveniente da lide, nos termos da alínea e) do art. 287.º do C.P.C.". Por força do novo Código de Processo Civil aprovado pela Lei n.º 41/2013, de 26 de Junho, a norma actualmente equivalente à alinea e) do artigo 287.º é agora a alínea e) do artigo 277.º

ARTIGO 364.º – Crédito de horas durante o aviso prévio

1 – Durante o prazo de aviso prévio, o trabalhador tem direito a um crédito de horas correspondente a dois dias de trabalho por semana, sem prejuízo da retribuição.

2 – O crédito de horas pode ser dividido por alguns ou todos os dias da semana, por iniciativa do trabalhador.

3 – O trabalhador deve comunicar ao empregador a utilização do crédito de horas, com três dias de antecedência, salvo motivo atendível.

4 – Constitui contra-ordenação leve a violação do disposto neste artigo.

1. Este preceito corresponde ao artigo 399.º do anterior Código do Trabalho, aprovado pela Lei n.º 99/2003.

2. O prazo de aviso prévio referido no n.º 1 encontra-se previsto nos n.os 1 e 2 do artigo 363.º, para os quais se remete, bem como para as respectivas anotações.

3. De acordo com o n.º 1, durante o prazo de aviso prévio o trabalhador tem direito a um crédito de horas equivalente a dois dias de trabalho por semana, sem que por isso tenha qualquer alteração na sua retribuição. Este crédito de horas visa facilitar a integração do trabalhador no mercado de trabalho, permitindo-lhe a procura de um novo empregador.

4. Caso o empregador obste à prestação do trabalho durante o aviso prévio, terminando de facto aquela prestação antes de decorrido o prazo de pré-aviso, por efeito do n.º 4 do artigo 363.º, para cuja a anotação se remete, sem prejuízo da relação jurídica que só termina após o decurso do prazo de aviso prévio, então o trabalhador não cumula esse regime com o crédito de horas previsto neste preceito.

ARTIGO 365.º – Denúncia do contrato pelo trabalhador durante o aviso prévio

Durante o prazo de aviso prévio, o trabalhador pode denunciar o contrato de trabalho, mediante declaração com a antecedência mínima de três dias úteis, mantendo o direito a compensação.

1. Este preceito corresponde ao artigo 400.º do anterior Código do Trabalho, aprovado pela Lei n.º 99/2003.

2. A denúncia é uma das formas típicas de cessação de contratos, definindo-se como uma manifestação de vontade de uma das partes, dirigida à outra, que visa pôr termo a um contrato duradouro ou obstar à renovação de um contrato, que sem aquela declaração teria lugar. Em regra, no regime da denúncia, a declaração não carece de qualquer justificação.

3. A denúncia encontra-se prevista nos artigos 400.º e segs. Por efeito deste preceito, permite-se que o trabalhador denuncie o contrato com uma antecedência de apenas três dias úteis, sem prejuízo de receber a compensação prevista no artigo 366.º A antecedência prevista neste artigo afasta-se do regime geral da denúncia, de trinta ou sessenta dias consoante a antiguidade do trabalhador seja de até dois anos, ou mais do que esta, cfr. n.º 1 do artigo 400.º, e de trinta ou quinze dias quando se trate de trabalhador contratado a termo e o contrato dure há pelo menos seis meses, ou menos do que esses seis meses, cfr. n.º 3 do artigo 400.º

4. A antecedência mínima de três dias úteis prevista neste preceito visa facilitar a integração do trabalhador no mercado de trabalho, sabendo-se que o seu actual vínculo jurídico irá cessar num curto espaço de tempo, permitindo-lhe de um modo fácil celebrar um novo contrato de trabalho com outro empregador.

ARTIGO 366.º - Compensação por despedimento colectivo

1 – Em caso de despedimento colectivo, o trabalhador tem direito a compensação correspondente a 12 dias de retribuição base e diuturnidades por cada ano completo de antiguidade.

2 – A compensação prevista no número anterior é determinada do seguinte modo:

a) O valor da retribuição base mensal e diuturnidades do trabalhador a considerar para efeitos de cálculo da compensação não pode ser superior a 20 vezes a retribuição mínima mensal garantida;

b) O montante global da compensação não pode ser superior a 12 vezes a retribuição base mensal e diuturnidades do trabalhador ou, quando seja aplicável o limite previsto na alínea anterior, a 240 vezes a retribuição mínima mensal garantida;

c) O valor diário de retribuição base e diuturnidades é o resultante da divisão por 30 da retribuição base mensal e diuturnidades;

d) Em caso de fracção de ano, o montante da compensação é calculado proporcionalmente.

3 – O empregador é responsável pelo pagamento da totalidade da compensação, sem prejuízo do direito ao reembolso, por aquele, junto do fundo de compensação do trabalho ou de mecanismo equivalente e do direito do trabalhador accionar o fundo de garantia de compensação do trabalho, nos termos previstos em legislação específica.

4 – Presume-se que o trabalhador aceita o despedimento quando recebe do empregador a totalidade da compensação prevista neste artigo.

5 – A presunção referida no número anterior pode ser ilidida desde que, em simultâneo, o trabalhador entregue ou ponha, por qualquer forma, a totalidade da compensação paga pelo empregador à disposição deste último.

6 – Nos casos de contrato de trabalho a termo e de contrato de trabalho temporário, o trabalhador tem direito a compensação prevista no n.º 2 do artigo 344.º e do n.º 4 do artigo 345.º, consoante os casos, aplicando-se, ainda, o disposto nos n.os 2 a 5 do presente artigo.

7 – Constitui contra-ordenação grave a violação do disposto nos n.os 1, 2, 3 e 6.

1. Este preceito corresponde ao artigo 401.º do anterior Código do Trabalho, aprovado pela Lei n.º 99/2003.

2. A redacção deste preceito foi alterada, primeiro, pelo artigo 2.º da Lei n.º 23/2012, de 25 de Junho, com o que ficou com uma redacção muito semelhante ao artigo 366.º-A aditado pela Lei n.º 53/2011, de 14 de Outubro, e que entretanto foi revogado pela própria Lei n.º 23/2012, e posteriormente pelo artigo 2.º da Lei n.º 69/2013, de 30 de Agosto. Na versão originária do Código do Trabalho, aprovado pela Lei n.º 7/2009, de 12 de Fevereiro, este preceito tinha a seguinte redacção:

> "1 – Em caso de despedimento colectivo, o trabalhador tem direito a compensação correspondente a um mês de retribuição base e diuturnidades por cada ano completo de antiguidade.
>
> 2 – Em caso de fracção de ano, a compensação é calculada proporcionalmente.
>
> 3 – A compensação não pode ser inferior a três meses de retribuição base e diuturnidades.
>
> 4 – Presume-se que o trabalhador aceita o despedimento quando recebe a compensação prevista neste artigo.

5 – A presunção referida no número anterior pode ser ilidida desde que, em simultâneo, o trabalhador entregue ou ponha, por qualquer forma, à disposição do empregador a totalidade da compensação pecuniária recebida.

6 – Constitui contra-ordenação grave a violação do disposto nos n.os 1 ou 2.".

3. Determina o n.º 1 que a compensação a pagar ao trabalhador abrangido por um despedimento colectivo corresponde a 12 dias de retribuição base e diuturnidades, quando estas últimas existirem.

Por retribuição base entende-se a prestação correspondente à actividade do trabalhador no período normal de trabalho (o qual não pode exceder as oito horas por dia, nem as quarenta horas por semana). Já por diuturnidade compreende-se a prestação de natureza retributiva a que o trabalhador tenha direito com fundamento na antiguidade, cfr. n.º 2 do artigo 262.º A antiguidade, por sua vez, "é a qualidade correspondente à duração da situação jurídica laboral", Menezes Cordeiro, Manual de Direito do Trabalho, Livraria Almedina, 1991, página 675 e segs., e Acórdão do Tribunal da Relação de Lisboa, de 22 de Junho de 2005, processo 10307/2004-4, sumários em www.dgsi.pt. Significa isto que a duração de situações que não são de qualificar como sendo de trabalho subordinado não devem entrar no cômputo da antiguidade. A título exemplificativo, a duração de um contrato de estágio extracurricular, cfr. Decreto-Lei n.º 66/2011, de 1 de Junho, não correspondendo à prestação de trabalho subordinado, não dá lugar à contagem de antiguidade, ainda que posteriormente à cessação deste contrato venha a ser celebrado um contrato de trabalho. O legislador, ao tomar em conta apenas a retribuição base e diuturnidades para o cálculo da compensação por despedimento colectivo assume a não consagração do princípio da omnicompreensibidade no direito do trabalho português. De acordo com o princípio da omnicompreensibilidade a retribuição é constituída por todas as prestações que tenham um nexo de causalidade com o contrato de trabalho, o que se traduz na relevância de toda e qualquer prestação complementar retributiva, independentemente do instituto retributivo em causa. No cálculo da compensação por despedimento colectivo interessa apenas a retribuição base e diuturnidades, sendo afastadas por expressa vontade do legislador as demais prestações auferidas pelo trabalhador, ainda que regulares e periódicas.

4. A retribuição mínima mensal garantida está prevista no Decreto-Lei n.º 167/2019, de 21 de Novembro, encontrando-se fixada nos 635,00 €. Sobre esta veja-se o artigo 273.º e respectivas anotações.

Note-se que as Regiões Autónomas dos Açores e da Madeira têm vindo a estabelecer um acréscimo à retribuição mínima garantida no sentido de atenuar os efeitos dos custos da insularidade. Relativamente à Região Autónoma dos Açores veja-se o Decreto Legislativo Regional n.º 8/2002/A, de 10 de Abril, alterado pelos Decretos Legislativos Regionais n.os 22/2007/A, de 23 de Outubro, 6/2010/A, de 23 de Fevereiro, 3/2012/A, de 13 de Janeiro, 3/2013/A, de 23 de Maio, 2/2014/A, de 29 de Janeiro, 14/2014/A, de 1 de Agosto, 22/2014/A, de 27 de Novembro, 8/2015/A de 30 de Março, e 1/2016/A, de 8 de Janeiro, que estabelece um acréscimo de 5%

sobre o valor da retribuição mínima nacional, ou seja o valor da retribuição mínima mensal nos Açores é de 666,75 €, a partir de 1 de Janeiro de 2020.

Quanto à Região Autónoma da Madeira veja-se o Decreto Legislativo Regional n.º 1/2019/M, de 15 de Fevereiro, que aprovou a retribuição mínima mensal garantida para vigorar a partir de 1 de Janeiro de 2019 na Região Autónoma da Madeira, no montante de 615,00 €.

5. Nos termos das alíneas a) e b) do n.º 2, fixam-se os limites máximos do montante da compensação que o trabalhador poderá receber. Assim, de acordo com aquelas normas, o valor da retribuição base mensal e diuturnidades, quando estas últimas existam, a considerar para efeitos de cálculo da compensação não pode ser superior a 20 vezes a retribuição mínima mensal garantida. Ou seja, não pode ser superior a 12.700,00 € (20 × 635,00 €). Há ainda um segundo limite: o montante global da compensação não pode ser superior a 12 vezes a retribuição base mensal e diuturnidades, quando estas existam, ou, quando seja aplicável o limite previsto no ponto anterior, a 240 vezes a retribuição mínima mensal garantida, ou seja, 152.400,00 € (240 × 635,00 €);

Sobre a retribuição mínima mensal garantida (vulgarmente designada por salário mínimo) veja-se o artigo 273.º e segs.

6. De acordo com a alínea c) do n.º 2, para calcular o valor diário de retribuição base e diuturnidades, quando estas últimas existirem, e independentemente da antiguidade respeitar a ano completo ou a fracção de ano, deve proceder-se à divisão do montante da retribuição base mensal e diuturnidades por 30. Assim, a retribuição diária corresponde a 1/30 da retribuição base mensal, em detrimento de se utilizar o valor da retribuição horária, cujo cálculo se encontra previsto no artigo 271.º

7. A alínea d) do n.º 2 refere-se expressamente ao cálculo da antiguidade quando esta não corresponda a anos completos. Assim, quando o trabalhador tenha uma antiguidade correspondente a fracção de ano, esta deve ser calculada proporcionalmente, utilizando-se o método proporcional para o cálculo do valor.

A utilização do método proporcional para cálculo da antiguidade, quando a própria antiguidade não atinja um ano completo resulta ainda do n.º 2 do artigo 396.º

8. Este artigo 366.º deverá ser interpretado conjuntamente com o disposto no artigo 5.º da Lei n.º 69/2013, de 30 de Agosto, que estabelece modos distintos de calcular a compensação a que o trabalhador tem direito nos termos deste artigo 366.º Da interpretação conjugada daquele artigo 5.º da Lei n.º 69/2013, de 30 de Agosto, com este artigo 366.º resulta que a compensação a que o trabalhador tem direito é calculada de modo distinto consoante a data de celebração do contrato de trabalho.

Nos contratos de trabalho celebrados a partir de 1 de Outubro de 2013 a indemnização é menor comparativamente aos contratos de trabalho celebrados em data anterior.

Este artigo 366.º aplica-se relativamente a trabalhadores que tenham celebrado um contrato de trabalho no dia 1 de Outubro de 2013, ou em data posterior a esta, nos termos do artigo 10.º da Lei n.º 69/2013, de 30 de Agosto, dado que 1 de Outubro foi a data de entrada em vigor da própria Lei n.º 69/2013.

De acordo com o disposto no n.º 1 deste artigo 366.º, o trabalhador tem direito a compensação correspondente a 12 dias de retribuição base e diuturnidades, quando estas últimas existam, por cada ano completo de antiguidade. A retribuição diária é calculada através da divisão por 30 da retribuição base e diuturnidades, quando estas últimas existam, sendo que em caso de fracção de ano, o montante da compensação é calculado proporcionalmente. A compensação a receber pelo trabalhador tem limites máximos, fixados nas alíneas a) e b) do n.º 2 deste artigo 366.º Assim, de acordo com aquelas normas, o valor da retribuição base mensal e diuturnidades, quando estas últimas existam, a considerar para efeitos de cálculo da compensação não pode ser superior a 20 vezes a retribuição mínima mensal garantida. Há ainda um segundo limite: o montante global da compensação não pode ser superior a 12 vezes a retribuição base mensal e diuturnidades – quando estas diuturnidades existam – ou, quando seja aplicável o limite previsto no ponto anterior, a 240 vezes a retribuição mínima mensal garantida.

9. O entendimento previsto nos n.os 1 e 2 deste artigo 366.º em termos práticos, consubstancia-se nos seguintes exemplos:

1) Trabalhador com nove anos de antiguidade e retribuição mensal de 1.000,00 €

1.º aferir se o valor da retribuição base mensal e diuturnidades não ultrapassa o limite legal
20 × 635,00 € = 12.700,00 €
1.000,00 € é menor do que 12.700,00 €

2.º calcular o valor diário da retribuição base e diuturnidades.
1.000,00 € : 30 = 33,33 €

3.º calcular a compensação correspondente a 12 dias de retribuição base e diuturnidades por cada ano completo de antiguidade
33,33 × 12 = 399,96 399,96 × 9 = 3.599,64 €

4.º aferir se o valor não ultrapassa o limite legal fixado para o montante global da compensação
12 × 1.000,00 = 12.000,00 €
3.599,64 € é menor do que 12.000,00€
A compensação é assim de 3.599,64 €

2) Trabalhador com nove anos de antiguidade e retribuição mensal de 15.000,00 €

1.º aferir se o valor da retribuição base mensal e diuturnidades não ultrapassa o limite legal
20 × 635,00 € = 12.700,00 €
15.000,00 € é maior do que 12.700,00 €.

2.º calcular o valor diário da retribuição base e diuturnidades.
12.700,00 € : 30 = 423,33 €

3.º calcular a compensação correspondente a 12 dias de retribuição base e diuturnidades por cada ano completo de antiguidade

423,33 × 12 = 5.079,96   5.079,96 × 9 anos de antiguidade = 45.719,64 €

4.º aferir se o valor não ultrapassa o limite legal fixado para o montante global da compensação
240 × 635,00 € = 152.400,00 €
45.719,64 € é menor do que 152.400,00 €
A compensação é assim de 45.719,64 €

10. Já relativamente à cessação dos contratos de trabalho celebrados antes de 1 de Outubro de 2013 deve ter-se também em consideração o disposto no artigo 5.º da Lei n.º 69/2013, de 30 de Agosto, que estabelece modos distintos de calcular a compensação a que o trabalhador tem direito nos termos deste artigo 366.º Daquele artigo 5.º da Lei n.º 69/2013, de 30 de Agosto, resulta que relativamente aos contratos celebrados antes de 1 de Outubro de 2013, a Lei distingue dois períodos de tempo: os contratos de trabalho que foram celebrados antes de 1 de Novembro de 2011, e os contratos de trabalho que foram celebrados depois de 1 de Novembro de 2011 e até 30 de Setembro de 2013.

Quanto aos primeiros, ou seja relativamente à cessação de contratos de trabalho celebrados antes de 1 de Novembro de 2011, a compensação corresponde ao montante que for apurado de acordo com as regras fixadas nos n.os 1, 2, 4, 5 e 6 do artigo 5.º da Lei n.º 69/2013, de 30 de Agosto. Assim, a compensação é apurada do seguinte modo:

a) em relação ao período de duração do contrato até 31 de Outubro de 2012, um mês de retribuição base e diuturnidades (se estas existirem) por cada ano completo de antiguidade ou é calculado proporcionalmente;
b) em relação ao período de duração do contrato a partir de 1 de Novembro de 2012, e até 30 de Setembro de 2013, 20 dias de retribuição base e diuturnidades (se estas existirem) por cada ano completo de antiguidade, calculado proporcionalmente ao período efectivo de trabalho prestado.
c) em relação ao período de duração do contrato a partir de 1 de Outubro de 2013 inclusive, o montante da compensação corresponde à soma dos seguintes montantes:
   i) A 18 dias de retribuição base e diuturnidades (se estas existirem) por cada ano completo de antiguidade, no que respeita aos três primeiros anos de duração do contrato. Só é aplicável nas situações em que o contrato de trabalho, a 1 de Outubro de 2013, ainda não tenha atingido a duração de 3 anos;
   ii) A 12 dias de retribuição base e diuturnidades (se estas existirem) por cada ano completo de antiguidade, nos anos subsequentes;

Nos contratos celebrados antes de 1 de Novembro de 2011, caso a compensação a pagar, relativamente ao período de duração do contrato até 31 de Outubro de 2012, seja igual ou superior a 12 retribuições base e diuturnidades, ou caso a compensação seja igual ou superior ao montante equivalente a 240 retribuições mínima mensal garantida (ou seja, em 2020, a 152.400,00 €), o trabalhador apenas recebe a compensação resultante da regra de um mês de retribuição base e diuturnidades por cada ano completo de antiguidade. Não acumula quaisquer outras quantias.

Ainda nos contratos celebrados antes de 1 de Novembro de 2011, caso a compensação a pagar, relativamente ao período de duração do contrato até 31 de Outubro de 2012, seja inferior a 12 retribuições base e diuturnidades, e ao montante equivalente a 240 retribuições mínima mensal garantida (ou seja, em 2020, a 152.400,00 €), o trabalhador acumula o valor resultante da regra de um mês de retribuição base e diuturnidades por cada ano completo de antiguidade com uma outra compensação. Esta outra compensação é calculada de acordo com o período de tempo de duração do contrato, ou seja, e como referido, 20 dias de retribuição base e diuturnidades (se estas existirem) por cada ano completo de antiguidade relativamente ao período de 1 de Novembro de 2012 até 30 de Setembro de 2013, 18 dias de retribuição base e diuturnidades (se estas existirem) relativamente ao período a partir de 1 de Outubro de 2013 – se o contrato em 1 de Outubro de 2013 ainda não atingiu três anos de duração e durante todo o tempo a partir de 1 de Outubro de 2013 até o contrato completar três anos –, e 12 dias de retribuição base e diuturnidades (se estas existirem) por cada ano completo de antiguidade nos anos seguintes. A acumulação tem por limite o valor equivalente a 12 retribuições base e diuturnidades, ou a 240 retribuições mínima mensal garantida (ou seja, em 2020, a 152.400,00 €). Há ainda um outro limite à acumulação: a retribuição mensal não pode exceder o montante equivalente a 20 retribuições mínima mensal garantida (ou seja, em 2020, a 12.700,00 €).

Independentemente das regras referidas, nos contratos celebrados antes de 1 de Novembro de 2011, o montante total da compensação nunca pode ser inferior a três meses de retribuição base e diuturnidades (se estas existirem), cfr. n.º 2 artigo 5.º da Lei n.º 69/2013. Visa-se nos contratos celebrados antes de 1 de Novembro de 2011, garantir alguma protecção aos trabalhadores despedidos que se encontram nas empresas há menos tempo.

Quanto aos segundos contratos, ou seja relativamente à cessação de contratos de trabalho celebrados de 1 de Novembro de 2011 a 30 de Setembro de 2013, inclusive, a compensação corresponde ao montante que for apurado de acordo com as regras fixadas nos n.os 3, 4, 5 e 6 do artigo 5.º da Lei n.º 69/2013, de 30 de Agosto. Assim, a compensação é apurada do seguinte modo:

a) em relação ao período de duração do contrato até 30 de Setembro de 2013, 20 dias de retribuição base e diuturnidades (se estas existirem) por cada ano completo de antiguidade, calculado proporcionalmente em caso de fracção de ano.

c) em relação ao período de duração do contrato a partir de 1 de Outubro de 2013 inclusive, o montante da compensação corresponde à soma dos seguintes montantes:

i) A 18 dias de retribuição base e diuturnidades (se estas existirem) por cada ano completo de antiguidade, no que respeita aos três primeiros anos de duração do contrato. Só é aplicável nas situações em que o contrato de trabalho, a 1 de Outubro de 2013, ainda não tenha atingido a duração de 3 anos;

ii) A 12 dias de retribuição base e diuturnidades (se estas existirem) por cada ano completo de antiguidade, nos anos subsequentes;

Nos contratos celebrados depois de 1 de Novembro de 2011 e até 30 de Setembro de 2013, caso a compensação a pagar, relativamente ao período de duração do contrato até 30 de Setembro de 2013, seja igual ou superior a 12 retribuições base e diuturnidades, ou caso a compensação seja igual ou superior ao montante equivalente a 240 retribuições mínima mensal garantida (ou seja, em 2020, a 152.400,00 €), o trabalhador apenas recebe a compensação resultante da regra dos 20 dias de base e diuturnidades (se estas existirem) por cada ano completo de antiguidade. Não acumula quaisquer outras quantias.

Ainda nos contratos celebrados depois de 1 de Novembro de 2011 e até 30 de Setembro de 2013, caso a compensação a pagar, relativamente ao período de duração do contrato até 30 de Setembro de 2013, seja inferior a 12 retribuições base e diuturnidades, e ao montante equivalente a 240 retribuições mínima mensal garantida (ou seja, em 2020, a 152.400,00 €), o trabalhador acumula o valor resultante da regra dos 20 dias de retribuição base e diuturnidades (se estas existirem) por cada ano completo de antiguidade, com uma outra compensação. Esta outra compensação é calculada de acordo com o período de tempo de duração do contrato, ou seja, e como referido, 18 dias de retribuição base e diuturnidades (se estas existirem) por cada ano completo de antiguidade relativamente ao período a partir de 1 de Outubro de 2013, inclusive, – se o contrato em 1 de Outubro de 2013 ainda não tinha três anos de duração e durante todo o tempo a partir de 1 de Outubro de 2013 até o contrato completar três anos –, e 12 dias de retribuição base e diuturnidades (se estas existirem) por cada ano completo de antiguidade nos anos seguintes. A acumulação tem por limite o valor equivalente a 12 retribuições base e diuturnidades, ou a 240 retribuições mínima mensal garantida (ou seja, em 2020, a 152.400,00 €). Há ainda um outro limite à acumulação: a retribuição mensal não pode exceder o montante equivalente a 20 retribuições mínima mensal garantida (ou seja, em 2020, a 12.700,00 €).

Em termos práticos, o entendimento previsto no artigo 5.º da Lei n.º 69/2013 consubstancia-se nos seguintes exemplos:

1) Trabalhador celebrou contrato em 31 de Outubro de 2011, que cessa em 06 de Maio de 2012. Retribuição mensal de 1.000,00 €
Dado que nos contratos celebrados antes de 1 de Novembro de 2011 o montante total da compensação não pode ser inferior a três meses de retribuição base e diuturnidades (se estas existirem), o trabalhador terá tido uma compensação de 3.000,00 €.

2) Trabalhador celebrou contrato em 1 de Novembro de 1992, que cessa em 31 de Outubro de 2019. Retribuição mensal de 1.000,00 €

Período até 31 de Outubro de 2012:

1.000,00 × 20 = 20.000,00 €

Dado que 20.000,00 € valor é superior a 12 retribuições base (12.000,00 €), o trabalhador recebe apenas a compensação resultante da regra de um mês de retribuição base por cada ano completo de antiguidade. Não acumula os 20.000,00 € com quaisquer outras quantias.
O trabalhador terá uma compensação de 20.000,00 €. Mesmo que continuasse a trabalhar após 31 de Outubro de 2019, não receberia mais, dado que o montante total da compensação tem por limite o valor equivalente a 12 retribuições base e diuturnidades, ou a 240 retribuições mínima mensal garantida.

3) Trabalhador celebrou contrato em 1 de Novembro de 2008, que cessa em 31 de Outubro de 2019. Retribuição mensal de 1.000,00 €

Período até 31 de Outubro de 2012:

1.000,00 × 4 anos = 4.000,00 €

Dado que 4.000,00 € é inferior a 12 retribuições e ao montante equivalente a 240 retribuições mínima mensal garantida, o trabalhador acumula este valor com uma outra compensação.

Período a partir de 1 de Novembro de 2012, até 30 de Setembro de 2013:

1.000 : 30 = 33.33

33.33 × 20 dias = 666.66

Para encontrar o período de tempo aplicamos uma fórmula matemática designada por regra três simples, em que o período de tempo é denominado por incógnita:

1 (ano) está para 12 (meses), assim como a incógnita está para 11 (número de meses entre 1.11.2012 a 30.09.2013). Incógnita = (1 × 11) / 12

A incógnita é 0,92

666.66 × 0,92 = 613,33

Período a partir de 1 de Outubro de 2013

33,33 × 12 dias = 399,96

Para encontrar o período de tempo aplicamos novamente a fórmula matemática designada por regra três simples, em que o período de tempo é denominado por incógnita:

1 (ano) está para 12 (meses), assim como a incógnita está para 73 (número de meses entre 1.10.2013 e 31.10.2019, data da cessação). Incógnita = (1 × 73) / 12

A incógnita é 6,08

399,96 × 6,08 = 2.431,76 €

4.000,00 + 613,33 + 2.431,76 = 7.045,09 €

O trabalhador terá uma compensação de 7.045,09 €.

Caso o trabalhador continuasse a trabalhar após 31 de Outubro de 2019, receberia mais, dado que o montante total da compensação (já com a acumulação) não atinge no exemplo construído, o valor equivalente a 12 retribuições base e diuturnidades, ou a 240 retribuições mínima mensal garantida.

11. Nos termos da alínea c) do artigo 383.º, o despedimento colectivo é ilícito se o empregador não tiver posto à disposição do trabalhador despedido, até ao termo do prazo de aviso prévio, a compensação a que se refere este artigo 366.º e os créditos vencidos ou exigíveis em virtude da cessação do contrato de trabalho, sem prejuízo do disposto na parte final do n.º 5 do artigo 363.º

12. O fundo de compensação do trabalho (FCT) e o fundo de garantia de compensação do trabalho (FGCT) referidos no n.º 3 são fundos destinados a assegurar o direito dos trabalhadores ao recebimento efectivo de metade do valor da compensação devida por cessação do contrato de trabalho, calculada nos termos deste artigo 366.º, cfr. n.º 1 do artigo 3.º da Lei n.º 70/2013, de 30 de Agosto, alterada pelo Decreto-Lei n.º 210/2015, de 25 de Setembro, sendo esta Lei a legislação específica referida no próprio n.º 3. Aqueles dois fundos são fundos de adesão individual e obrigatória, pelo empregador, e também de contribuição obrigatória por parte do próprio empregador. O empregador pode ainda aderir a mecanismo equivalente (ME), em alternativa à adesão ao fundo de compensação do trabalho, desde que se vincule a conceder ao trabalhador, através do mecanismo equivalente, garantia igual à que resultaria da vinculação do empregador ao fundo de compensação do trabalho. O mecanismo equivalente apenas pode ser constituído pelo empregador junto de instituições sujeitas a supervisão do Banco de Portugal ou do Instituto de Seguros de Portugal, e na condição de aquelas instituições se encontrarem legalmente autorizadas a exercer a gestão e comercialização desse instrumento, cfr. n.º 7 do artigo 36.º da Lei n.º 70/2013, de 30 de Agosto.

Com efeito, em caso de despedimento colectivo, o trabalhador tem direito a uma compensação, compensação esta que nos contratos de trabalho celebrados a partir de 1 de Outubro de 2013 é suportada integralmente pelo empregador, cfr. n.º 3 deste artigo 366.º e n.º 1 do artigo 33.º da Lei n.º 70/2013, de 30 de Agosto. Em qualquer caso de cessação do contrato de trabalho o empregador pode solicitar ao fundo de compensação do trabalho, com uma antecedência máxima de 20 dias relativamente à data da cessação do contrato de trabalho, o reembolso do saldo da conta de registo individualizado do respectivo trabalhador, incluindo a eventual valorização positiva. Caso a cessação do contrato de trabalho não determine a obrigação de pagamento de compensação calculada nos termos deste artigo 366.º, como sucede quando o trabalhador é despedido na sequência de um procedimento disciplinar, o valor reembolsado pelo fundo de compensação do trabalho reverte para o empregador, cfr. n.ºs 1 e 3 do artigo 34.º da Lei n.º 70/2013.

Sempre que o empregador não efectue, total ou parcialmente, o pagamento da compensação por si devida, o trabalhador pode accionar o fundo de garantia de compensação do trabalho, pelo valor necessário à cobertura de metade do valor da compensação, cfr. n.º 2 do artigo 33.º da Lei n.º 70/2013.

Note-se que nos termos do artigo 12.º da Lei n.º 70/2013, o valor das entregas a efectuar pelo empregador ao fundo de compensação do trabalho estão fixadas em 0,925% da retribuição base e diuturnidades, devidas a cada trabalhador abrangido, e, relativamente ao fundo de garantia de compensação do trabalho em 0,075% da retribuição base e diuturnidades, devidas a cada trabalhador abrangido pelo fundo de compensação do trabalho ou por mecanismo equivalente. Estas entregas são efectuadas mensalmente, doze vezes por ano.

Os procedimentos e os elementos necessários à operacionalização do fundo de compensação do trabalho e do fundo de garantia de compensação do trabalho foram definidos na Portaria n.º 294-A/2013, de 30 de Setembro.

13. Consagra o n.º 4 que se presume que o trabalhador aceita o despedimento quando recebe a totalidade da compensação prevista neste artigo 366.º Assim, a presunção referida no n.º 4 é uma presunção ilidível, ou seja, pode ser afastada mediante prova em contrário, cfr. n.º 2 do artigo 350.º do Código Civil. Trata-se de uma presunção que a doutrina designa por iuris tantum, ou seja, que admite prova em contrário.

14. O n.º 5 deste artigo 366.º consagra que a presunção de aceitação do despedimento só pode ser ilidida, desde que o trabalhador entregue ou ponha à disposição do empregador a totalidade da compensação pecuniária recebida. Esta norma exige portanto que o trabalhador devolva ou ponha à disposição do empregador a compensação pecuniária recebida, na sua totalidade. Durante a vigência do Código do Trabalho aprovado pela Lei n.º 99/2003, de 27 de Agosto, parte da doutrina entendia que, para afastar a presunção de aceitação do despedimento, bastava que o trabalhador declarasse, no acto de recebimento da compensação que não aceitava o despedimento. Não é assim no actual Código do Trabalho: exige-se do trabalhador um comportamento activo, que aja em sentido de entregar ou por à disposição do empregador a totalidade da compensação que este último lhe pagou.

Atendendo ao n.º 5 do artigo 363.º, o pagamento da compensação, dos créditos vencidos e dos exigíveis por efeito da cessação do contrato de trabalho deve ser efectuado até ao termo do prazo de aviso prévio, pelo que o trabalhador irá auferir além da compensação devida pelo despedimento colectivo, também os demais créditos vencidos decorrentes da cessação do contrato de trabalho. Questiona-se assim se o trabalhador para evitar a presunção estabelecida no n.º 4, de aceitação do despedimento, terá de devolver ou colocar à disposição do empregador a totalidade do montante recebido, ou tão somente o montante da compensação?

A letra da Lei, nos n.os 4 e 5 deste artigo 366.º vai em sentido do trabalhador devolver ou pôr à disposição a totalidade da compensação recebida do empregador. Só assim poderá ilidir a presunção de aceitação do despedimento. Salvo melhor opinião, o trabalhador não terá de devolver os créditos vencidos por efeito da cessação do contrato de trabalho, mas apenas a compensação em concreto, devida pelo despedimento se fundar em despedimento colectivo. E isto por duas razões. A primeira delas resulta do facto do despedimento constituir uma declaração negocial receptícia, que se torna eficaz logo que chega ao conhecimento do destinatário, cfr. artigo 224.º do Código Civil, não carecendo da aceitação do visado. Sendo plenamente eficaz, uma das consequências do despedimento, independentemente da sua licitude ou ilicitude, é o direito do trabalhador ao pagamento da retribuição referentes ao período do aviso prévio, ao pagamento das férias eventualmente vencidas e não gozadas e respectivo subsídio e das férias, subsídios de férias e de Natal proporcionais ao trabalho prestado no ano da cessação, n.º 4 do artigo 363.º, n.ºs 1 e 2 do artigo 245.º, alínea b) do n.º 2 do artigo 263.º, e n.ºs 1 e 2 do artigo 264.º Tratam-se portanto de créditos que o trabalhador sempre iria receber, independentemente até da cessação se dever a iniciativa do empregador, ou ter sido iniciativa do próprio trabalhador, nenhum motivo há para que o trabalhador não os receba e utilize como pretende. Por outro lado, e caso se fizesse depender a oposição ao despedimento da entrega ou disposição ao empregador de todos os montantes recebidos, como poderia o trabalhador assegurar a sua sobrevivência e a do seu agregado familiar, quando exista, e mesmo aceder aos tribunais? A verdade é que entender o n.º 5 deste artigo 366.º como um dever do trabalhador, querendo discutir o despedimento, de devolver a totalidade dos montantes pecuniários recebidos, pode ser, e será em muitos casos, a negação do acesso ao direito, vedando-se na prática o exercício efectivo de um direito legítimo: o recurso a juízo. Assim, o n.º 5 deste artigo 366.º deve ser interpretado conjuntamente com o n.º 5 do artigo 363.º, que distingue entre compensação e créditos vencidos e exigíveis por efeito da cessação do contrato de trabalho. Como tal, o trabalhador não deverá devolver a totalidade dos montantes auferidos com o despedimento, mas apenas a totalidade da compensação, para que possa ilidir a presunção do despedimento.

15. A expressão "em simultâneo" referida no n.º 5 é susceptível de levantar dúvidas interpretativas. Para ilidir a presunção de aceitação o trabalhador terá de entregar ou pôr à disposição do empregador a totalidade da compensação recebida da entidade patronal por efeito do despedimento colectivo, e ainda declarar expressamente que não aceita o despedimento. Só assim se poderá retirar qualquer efeito útil à expressão "em simultâneo". É verdade que o trabalhador beneficia do prazo de seis meses, contados da data da cessação do contrato de trabalho, para impugnar o despedimento colectivo, cfr. n.º 2 do artigo 388.º, contudo, deverá colocar à disposição do empregador ou entregar-lhe a totalidade da compensação deste último recebida, muito antes daquele prazo. Com efeito, têm entendido os tribunais que o momento relevante para ilidir a presunção de aceitação do despedimento difere apenas consoante o modo como foi paga a totalidade da compensação pelo empregador. Se o empregador pagou a compensação directamente ao trabalhador, por cheque ou em numerário, deverá devolve-la imediatamente, ou nem sequer recebe-la. Se a entidade empregadora procedeu ao pagamento da compensação através de transferência bancária, o trabalhador deverá devolve-la logo que tome conhecimento de que o valor foi creditado na sua conta bancária, cfr. Acórdão do Supremo Tribunal de Justiça, de 17 de Março de 2016, processo 1274/12.0TTPRT.P1.S1, disponível em www.dgsi.pt, e Acórdão do Tribunal da Relação do Porto de 8 de Julho de 2015, processo 1274/12.0TTPRT.P1, documento RP201507081274/12.0TTPRT.P1, disponível em www.dgsi.pt.

16. Para ilidir a presunção, além da oposição ao despedimento, a lei basta-se com a disponibilização da totalidade da compensação. Compreende-se que assim seja, pois caso obrigasse o n.º 5 deste artigo 366.º à entrega, o empregador, interessado na manutenção do despedimento colectivo por si operado, poderia facilmente furtar-se ao seu recebimento. Nada veda que o trabalhador proceda a transferência bancária para a conta bancária do empregador de onde, durante a pendência do contrato, foram sempre transferidas para a sua própria conta, a retribuição por aquele devida. Da mesma forma, poderá o trabalhador consignar em depósito a compensação, cfr. artigos 916.º e segs. do Código de Processo Civil.

17. Por força do disposto no n.º 6 deste artigo 366.º, ao trabalhador contratado a termo, certo ou incerto, e cujo contrato cesse por caducidade comunicada pelo empregador, cfr. n.º 2 do artigo 344.º e n.º 4 do artigo 345.º, e ao trabalhador temporário contratado a termo, certo ou incerto, e cujo contrato cesse por caducidade comunicada pelo empregador – ou seja, a empresa de trabalho temporário, cfr. n.º 7 do artigo 182.º –, embora o valor da compensação seja diferente daquela que resultaria se fosse integralmente aplicável este artigo 366.º, ainda assim é parcialmente aplicável este preceito. Significa isto que só o estabelecido nos n.os 2, 3, 4 e 5 deste artigo 366.º é aplicável àqueles trabalhadores quando sejam alvo de um despedimento colectivo, beneficiando de uma compensação ligeiramente superior àquela que resultaria do n.º 1 deste preceito, se a esta norma estivessem sujeitos.

18. Nos termos do artigo 134.º, cessando o contrato de trabalho, o trabalhador tem direito a receber a retribuição correspondente ao número mínimo anual de horas de formação que não lhe tenha sido proporcionado, ou ao crédito de horas para formação de que seja titular à data da cessação.

19. A compensação devida ao trabalhador abrangido por um despedimento colectivo nos termos previstos neste artigo 366.º, e desde que o contrato de trabalho tenha sido celebrado após 1 de Novembro de 2011, é também aplicável: ao trabalhador que seja abrangido por um despedimento por extinção de posto de trabalho, cfr. artigo 372.º; ao trabalhador que seja abrangido por um despedimento por inadaptação, cfr. n.º 1 do artigo 379.º; ao trabalhador que resolva o contrato de trabalho em comissão de serviço ou que esta cesse por iniciativa do empregador, cfr. alíneas b) ou c) do n.º 1 do artigo 164.º; ao trabalhador que resolva o contrato de trabalho em caso de transferência definitiva de local de trabalho que lhe cause prejuízo sério, cfr. n.º 5 do artigo 194.º; ao trabalhador cujo contrato caducou por encerramento total e definitivo da própria empresa, cfr. n.º 3 do artigo 346.º; e, ao trabalhador cujo contrato cessou por decorrência do encerramento do estabelecimento ou por decisão do administrador de insolvência, na sequência de processo de insolvência e recuperação da empresa, cfr. n.º 5 do artigo 347.º

20. Nos termos do artigo 8.º da Lei n.º 69/2013, de 30 de Agosto são nulas as disposições de instrumentos de regulamentação colectiva de trabalho celebrados antes da entrada daquela lei (entrou em vigor em 1 de Outubro de 2013) que prevejam montantes superiores aos resultantes da aplicação deste artigo 366.º

ARTIGO 366.º-A - *(Revogado.)*

DIVISÃO III - Despedimento por extinção de posto de trabalho

ARTIGO 367.º - Noção de despedimento por extinção de posto de trabalho

1 – Considera-se despedimento por extinção de posto de trabalho a cessação de contrato de trabalho promovida pelo empregador e fundamentada nessa extinção, quando esta seja devida a motivos de mercado, estruturais ou tecnológicos, relativos à empresa.

2 – Entende-se por motivos de mercado, estruturais ou tecnológicos os como tal referidos no n.º 2 do artigo 359.º

1. Este preceito corresponde ao artigo 402.º do anterior Código do Trabalho, aprovado pela Lei n.º 99/2003.

2. O despedimento por extinção de posto de trabalho é uma modalidade de cessação do contrato de trabalho, cfr. alínea e) do artigo 340.º

3. O despedimento por extinção de posto de trabalho configura um dos casos previstos na lei, (bem como o despedimento colectivo, cfr. artigo 359.º e segs., e o despedimento por inadaptação, cfr. artigo 373.º e segs.) cujo despedimento assenta numa justa causa objectiva, ou seja por razões ligadas à organização, e não por comportamentos imputáveis ao trabalhador.

4. Os motivos de mercado, estruturais ou tecnológicos encontram-se, como se refere no n.º 2, previstos no n.º 2 do artigo 359.º, remetendo-se para as anotações a esta norma.

5. Contrariamente ao que sucede no despedimento colectivo, cfr. artigos 359.º e segs., no despedimento por extinção de posto de trabalho, determinado posto de trabalho em concreto é extinguido, de facto e de direito, na organização.

6. Na apreciação da procedência dos motivos ou fundamentos invocados para o despedimento por extinção de posto de trabalho, o tribunal deve proceder, com respeito pelos critérios de gestão da empresa, não só ao controlo da veracidade dos fundamentos invocados, mas também à verificação da existência de um nexo de causalidade, ou seja, que existe uma relação causa-efeito, entre aqueles fundamentos e o despedimento, por forma a que, segundo juízos de razoabilidade, tais fundamentos sejam adequados a justificar a decisão de abolir um concreto posto de trabalho, através do despedimento por extinção de posto de trabalho. A verdade é que os fundamentos da decisão de despedimento por extinção de posto de trabalho, à semelhança do que ocorre relativamente ao despedimento colectivo, é de muito difícil apreciação pelos tribunais. São essencialmente decisões de gestão com natureza predominantemente económica onde figuram factores como previsões, comportamentos do mercado, análises micro e macro económicas, e outras que não devem ser sindicadas pelos tribunais, reconduzindo frequentemente a apreciação do tribunal aos aspectos formais ou procedimentais do despedimento por extinção de posto de trabalho.

7. Sobre este preceito *vide* Bernardo Lobo Xavier, *Manual de Direito do Trabalho*, Verbo, 2011, página 767 e segs., António Monteiro Fernandes, *Direito do Trabalho*, 15.ª Edição, Almedina, Abril 2010, página 627 e segs., e no domínio da legislação anterior, pelo que será necessário proceder às adaptações necessárias, Pedro Furtado Martins, *Cessação do Contrato de Trabalho*, Princípia, Cascais, 1999 página 113 e segs.

ARTIGO 368.º – Requisitos de despedimento por extinção de posto de trabalho

1 – O despedimento por extinção de posto de trabalho só pode ter lugar desde que se verifiquem os seguintes requisitos:

a) Os motivos indicados não sejam devidos a conduta culposa do empregador ou do trabalhador;

b) Seja praticamente impossível a subsistência da relação de trabalho;

c) Não existam, na empresa, contratos de trabalho a termo para tarefas correspondentes às do posto de trabalho extinto;

d) Não seja aplicável o despedimento colectivo.

2 – Havendo na secção ou estrutura equivalente uma pluralidade de postos de trabalho de conteúdo funcional idêntico, para determinação do posto de trabalho a extinguir, a decisão do empregador deve observar, por referência aos respectivos titulares, a seguinte ordem de critérios relevantes e não discriminatórios:

a) Pior avaliação de desempenho, com parâmetros previamente conhecidos pelo trabalhador;

b) Menores habilitações académicas e profissionais;

c) Maior onerosidade pela manutenção do vínculo laboral do trabalhador para a empresa;

d) Menor experiência na função;

e) Menor antiguidade na empresa.

3 – O trabalhador que, nos três meses anteriores ao início do procedimento para despedimento, tenha sido transferido para posto de trabalho que venha a ser extinto, tem direito a ser reafectado ao posto de trabalho anterior caso ainda exista, com a mesma retribuição base.

4 – Para efeito da alínea b) do n.º 1, uma vez extinto o posto de trabalho, considera-se que a subsistência da relação de trabalho é praticamente impossível quando o empregador não disponha de outro compatível com a categoria profissional do trabalhador.

5 – O despedimento por extinção do posto de trabalho só pode ter lugar desde que, até ao termo do prazo de aviso prévio, seja posta à disposição do trabalhador a compensação devida, bem como os créditos vencidos e os exigíveis por efeito da cessação do contrato de trabalho.

6 – Constitui contra-ordenação grave o despedimento com violação do disposto nas alíneas c) e d) do n.º 1 e nos n.os 2 ou 3.

1. Este preceito corresponde ao artigo 403.º do anterior Código do Trabalho, aprovado pela Lei n.º 99/2003.

2. A redacção dos n.os 2 e 4 deste preceito foi alterada pelo artigo 2.º da Lei n.º 23/2012, de 25 de Junho, e posteriormente pelo artigo 2.º da Lei n.º 27/2014, de 8 de Maio. Sucede contudo que os n.os 2 e 4 deste artigo 368.º na redacção que lhes foi dada pela Lei n.º 23/2012, de 25 de Junho, foram declarados inconstitucionais, com força obrigatória geral, pelo Acórdão do Tribunal Constitucional n.º 602/2013, processo n.º 531/12, publicado no Diário da República, 1.ª série, n.º 206, de 24 de Outubro de 2013, disponível em www.tribunalconstitucional.pt, por violação do artigo 53.º da Constituição da República Portuguesa. Ou seja, entendeu o Tribunal Constitucional que a redacção daqueles n.os 2 e 4 viola a proibição de despedimentos sem justa causa consagrada no artigo 53.º da Constituição da República Portuguesa. Aquele Tribunal fez assim prevalecer o artigo 53.º da Constituição da República Portuguesa que dispõe que: "É garantida aos trabalhadores a segurança no emprego, sendo proibidos os despedimentos sem justa causa ou por motivos políticos ou ideológicos.". Por efeito deste Acórdão, foi mais tarde publicada a Lei n.º 27/2014, de 8 de Maio.

Nos termos do artigo 66.º da Lei Orgânica do Tribunal Constitucional, a Lei n.º 28/82, de 15 de Novembro, alterada pelas Leis n.os 143/85, de 26 de Novembro, 85/89, de 7 de Setembro, 88/95, de 1 de Setembro, 13-A/98, de 26 de Fevereiro, e pela Lei Orgânica n.º 1/2011, de 30 de Novembro, a declaração de inconstitucionalidade ou de ilegalidade com força obrigatória geral tem os efeitos previstos no artigo 282.º da Constituição. De acordo com o n.º 1 do artigo 282.º da Constituição da República Portuguesa: "A declaração de inconstitucionalidade ou de ilegalidade com força obrigatória geral produz efeitos desde a entrada em vigor da norma declarada inconstitucional ou ilegal e determina a repristinação das normas que ela, eventualmente, haja revogado.".

Na versão originária do Código do Trabalho, aprovado pela Lei n.º 7/2009, de 12 de Fevereiro, aquelas normas tinham a seguinte redacção:

> "2 – Havendo na secção ou estrutura equivalente uma pluralidade de postos de trabalho de conteúdo funcional idêntico, para concretização do posto de trabalho a extinguir, o empregador deve observar, por referência aos respectivos titulares, a seguinte ordem de critérios:
> a) Menor antiguidade no posto de trabalho;
> b) Menor antiguidade na categoria profissional;
> c) Classe inferior da mesma categoria profissional;
> d) Menor antiguidade na empresa.
> 4 – Para efeito da alínea b) do n.º 1, uma vez extinto o posto de trabalho, considera-se que a subsistência da relação de trabalho é praticamente impossível quando o empregador não disponha de outro compatível com a categoria profissional do trabalhador.".

3. Da redacção do n.º 1 resulta que os requisitos fixados nas alíneas a), b), c) e d) são cumulativos, ou seja, para que o despedimento por extinção de posto de trabalho seja lícito, têm de se verificar todos os requisitos previstos no n.º 1. Nos termos da alínea a) do artigo 384.º, o despedimento por extinção de posto de trabalho é ilícito se o empregador não cumprir os requisitos do n.º 1 deste artigo 368.º

4. A necessidade imposta pelo legislador na alínea a) do n.º 1, dos motivos indicados para o despedimento por extinção de posto de trabalho não se deverem a conduta culposa do empregador ou do trabalhador justifica-se, quanto ao empregador, porquanto havendo culpa sua, deve ser este a suster os efeitos da sua conduta, até porque o risco corre por sua conta. Já quanto à conduta culposa do trabalhador, quando esta se verifique, deve reconduzir-se ao despedimento por justa causa subjectiva, ou seja, ao despedimento por facto imputável ao trabalhador, cfr. artigo 351.º e segs.

5. Nos termos da alínea b) do n.º 1 um dos requisitos do despedimento por extinção de posto de trabalho é que seja praticamente impossível a subsistência da relação de trabalho, o que nesta modalidade de cessação do contrato de trabalho se considera observado quando o empregador demonstre ter observado critérios relevantes e não descriminatórios face aos objectivos subjacentes à extinção do posto de trabalho, cfr. n.º 4. Significa isto que ainda que exista um outro posto de trabalho que seja compatível com a categoria profissional do trabalhador, este posto não tem de ser disponibilizado ao trabalhador visado pelo despedimento por extinção de posto de trabalho.

Da alínea b) do n.º 1 e do n.º 4 resulta que o despedimento por extinção de posto de trabalho deve ser o último recurso.

6. A alínea c) do n.º 1 exige que não existam contratos de trabalho a termo para tarefas correspondentes às do posto de trabalho extinto. Nos termos desta alínea, é indiferente se o contrato de trabalho é a termo certo ou incerto. Certo é que se estes existirem, não poderá o posto de trabalho ser extinto. Compreende-se que assim seja: sendo o contrato de trabalho a termo, em regra, admissível apenas para satisfazer necessidades temporárias da empresa e pelo período estritamente necessário à satisfação dessa necessidade, cfr. n.º 1 do artigo 140.º, a sua duração é transitória. Pelo que, antes de se proceder à ruptura do vínculo contratual com trabalhador que não tem qualquer termo aposto no seu contrato, através do despedimento, devem aqueles contratos a termo cessar. Por outro lado, se o despedimento por extinção de posto de trabalho assenta na eliminação na organização, de um determinado posto de trabalho em concreto, de facto e de direito, caso se admitisse a extinção de posto de trabalho quando se mantivesse um contrato de trabalho a termo celebrado para exercer funções idênticas àquelas que seriam extintas, tal significava que na realidade aquele posto não seria suprimido, pois as funções subsistiriam na empresa, o que contenderia com a natureza desta figura.

7. Da alínea d) do n.º 1 resulta que o despedimento por extinção de posto de trabalho se encontra limitado à cessação de contratos de trabalho de um ou até quatro trabalhadores, conforme se trate, respectivamente, de microempresa ou de pequena empresa, por um lado, ou de média ou grande empresa, por outro.

8. Para que um critério não possa ser qualificado como discriminatório, exige-se que seja objectivamente justificado por um fim legítimo, ou seja, que existe um motivo legítimo e justificável. Já será discriminatório se se fundar em razão, nomeadamente, de ascendência, idade, sexo, orientação sexual, estado civil, situação familiar, situação económica, instrução, origem ou condição social, património genético, capacidade de trabalho reduzida, deficiência, doença crónica, nacionalidade, origem étnica ou raça, território de origem, língua, religião, convicções políticas ou ideológicas e filiação sindical, cfr. artigo 24.º

9. Do n.º 2 resulta que o empregador, ao contrário do que sucede no despedimento colectivo, cfr. artigos 359.º e segs., tem de observar uma ordem de critérios para determinação do posto de trabalho a extinguir, quando existam uma variedade de postos de trabalho de conteúdo funcional idêntico, pelo que no despedimento por extinção de posto de trabalho é muito pouca a margem de discricionariedade do empregador relativamente aos trabalhadores que poderão vir a ser despedidos.

Existe assim, por efeito do n.º 2, uma ordem de critérios que o empregador tem de observar. Primeiro a avaliação de desempenho do trabalhador, as suas habilitações académicas, a onerosidade da manutenção do seu vínculo laboral, a sua experiência e só por fim a antiguidade do trabalhador. Determinam-se um conjunto de critérios de selecção objectivos e devidamente hierarquizados, com vista a evitar uma margem de discricionariedade que possibilitaria a realização de despedimentos arbitrários ou baseados na mera conveniência da empresa, o que é proibido.

Que sucede se não se verifica no caso concreto, algum dos critérios? Por exemplo, o que ainda é comum, o empregador não tem um sistema de avaliação de desempenho. Ou o que sucede quando, pela aplicação de um dos critérios, se verifica uma situação de empate entre dois trabalhadores que poderão ser abrangidos pelo despedimento por extinção de posto de trabalho, e só se pretende proceder à extinção de um dos postos? Nesses casos, deve passar-se, caso exista, ao critério seguinte.

Nos termos da alínea b) do artigo 384.º, o despedimento por extinção de posto de trabalho é ilícito se o empregador não respeitar o disposto no n.º 2 deste artigo 368.º

10. A redacção da alínea a) do n.º 2 permite ter em consideração o mérito do trabalhador, bem como a produtividade, o que se encontra em consonância com os deveres do empregador e do trabalhador, pois não só na execução do contrato de trabalho, as partes devem colaborar na obtenção da maior produtividade, cfr. n.º 2 do artigo 126.º, como um dos deveres do empregador é contribuir para a elevação da produtividade e empregabilidade do trabalhador, cfr. alínea d) do n.º 1 do artigo 127.º

A introdução do critério da avaliação de desempenho foi efectuada com a Lei n.º 27/2014, que entrou em vigor, nos termos do seu artigo 3.º, em 1 de Junho de 2014, o que significa que só após esta data é que as avaliações efectuadas poderam justificar o despedimento. Ou seja, as avaliações de desempenho realizadas antes de 1 de Junho de 2014 não poderão originar o despedimento por extinção de posto de trabalho, pois o trabalhador desconhecia que aquelas avaliações pudessem relevar para o efeito extintivo do contrato de trabalho.

11. A antiguidade referida na alínea e) do n.º 2 "é a qualidade correspondente à duração da situação jurídica laboral", Menezes Cordeiro, *Manual de Direito do Trabalho*, Livraria Almedina, 1991, página 675 e segs., e Acórdão do Tribunal da Relação de Lisboa, de 22 de Junho de 2005, processo 10307/2004-4, sumários em www.dgsi.pt. Significa isto que a duração de situações que não são de qualificar como sendo de trabalho subordinado não devem entrar no cômputo da antiguidade. A título exemplificativo, a duração de um contrato de estágio extracurricular, cfr. Decreto-Lei n.º 66/2011, de 1 de Junho, não correspondendo à prestação de trabalho subordinado, não dá lugar à contagem de antiguidade, ainda que posteriormente à cessação deste contrato venha a ser celebrado um contrato de trabalho.

12. O disposto no n.º 5 encontra-se igualmente previsto no n.º 4 do artigo 371.º Sobre a compensação referida no n.º 5, veja-se o artigo 372.º Recusando-se o empregador a efectuar o pagamento da compensação por despedimento por extinção de posto de trabalho, ou dos créditos já vencidos e dos créditos exigíveis por força da cessação do contrato de trabalho, inquinará a licitude do próprio despedimento por extinção de posto de trabalho, cfr. alínea d) do artigo 384.º

13. À contra-ordenação por violação do n.º 1 deste artigo, prevista no n.º 6, corresponde uma coima, coima esta que em concreto pode não ser aplicada, se o empregador assegurar ao trabalhador os direitos a que se refere o artigo 389.º, de acordo com o estabelecido no artigo 560.º

ARTIGO 369.º – Comunicações em caso de despedimento por extinção de posto de trabalho

1 – No caso de despedimento por extinção de posto de trabalho, o empregador comunica, por escrito, à comissão de trabalhadores ou, na sua falta, à comissão intersindical ou comissão sindical, ao trabalhador envolvido e ainda, caso este seja representante sindical, à associação sindical respectiva:

a) A necessidade de extinguir o posto de trabalho, indicando os motivos justificativos e a secção ou unidade equivalente a que respeita;

b) A necessidade de despedir o trabalhador afecto ao posto de trabalho a extinguir e a sua categoria profissional;

c) Os critérios para selecção dos trabalhadores a despedir.

2 – Constitui contra-ordenação grave o despedimento efectuado com violação do disposto no número anterior.

1. Este preceito corresponde ao artigo 423.º do anterior Código do Trabalho, aprovado pela Lei n.º 99/2003.

2. A alínea c) do n.º 2 deste preceito foi introduzida pelo artigo 2.º da Lei n.º 23/2012, de 25 de Junho. Na versão originária do Código do Trabalho, aprovado pela Lei n.º 7/2009, de 12 de Fevereiro, aquela alínea inexistia.

3. O empregador tem conhecimento da existência da comissão de trabalhadores porquanto os resultados da votação, da constituição e aprovação dos estatutos da comissão de trabalhadores, são-lhe comunicados, cfr. n.º 6 do artigo 432.º Quanto à comissão intersindical ou comissões sindicais, o empregador tem conhecimento da existência destas porquanto a direcção do sindicato tem de comunicar por escrito ao empregador a identidade dos delegados sindicais que fizerem parte de comissão sindical ou intersindical, cfr. n.º 4 do artigo 462.º

4. As comunicações referidas no n.º 1, que o empregador deve realizar, visam permitir não só que os trabalhadores tenham conhecimento dos motivos ou fundamentos invocados para a extinção de posto de trabalho, mas também que os mesmos se possam pronunciar sobre aqueles, cfr. n.º 1 do artigo 370.º

5. Nos termos da alínea c) do artigo 384.º, o despedimento por extinção de posto de trabalho é ilícito se o empregador não tiver feito as comunicações previstas neste artigo 369.º

6. Nada obsta que a forma escrita, imposta pelo n.º 1, seja satisfeita através de documento electrónico, ou seja, por documento elaborado mediante processamento electrónico de dados. Por outras palavras, nada impede que a forma escrita seja adoptada através de uma declaração escrita enviada por correio electrónico (e-mail) para um endereço electrónico. Sobre a validade, eficácia e valor probatório dos documentos electrónicos remete-se para a anotação 4. ao artigo 107.º

7. À contra-ordenação por violação do n.º 1 deste artigo, prevista no n.º 2, corresponde uma coima, coima esta que em concreto pode não ser aplicada, se o empregador assegurar ao trabalhador os direitos a que se refere o artigo 389.º, de acordo com o estabelecido no artigo 560.º

ARTIGO 370.º – Consultas em caso de despedimento por extinção de posto de trabalho

1 – Nos 15 dias posteriores à comunicação prevista no artigo anterior, a estrutura representativa dos trabalhadores, o trabalhador envolvido e ainda, caso este seja representante sindical, a associação sindical respectiva podem transmitir ao empregador o seu parecer fundamentado, nomeadamente sobre os motivos invocados, os requisitos previstos no n.º 1 do artigo 368.º ou os critérios a que se refere o n.º 2 do mesmo artigo, e as alternativas que permitam atenuar os efeitos do despedimento.

2 – Qualquer trabalhador envolvido ou entidade referida no número anterior pode, nos cinco dias úteis posteriores à comunicação do empregador, solicitar ao serviço com competência inspectiva do ministério responsável pela área laboral a verificação dos requisitos previstos nas alíneas c) e d) do n.º 1 e no n.º 2 do artigo 368.º, informando simultaneamente do facto o empregador.

3 – O serviço a que se refere o número anterior elabora e envia ao requerente e ao empregador relatório sobre a matéria sujeita a verificação, no prazo de sete dias após a recepção do requerimento.

1. Este preceito corresponde ao artigo 424.º do anterior Código do Trabalho, aprovado pela Lei n.º 99/2003.

2. A redacção dos n.os 1 e 2 deste preceito foi alterada pelo primeiro pelo artigo 2.º da Lei n.º 23/2012, de 25 de Junho, e posteriormente pelo artigo 2.º da Lei n.º 93/2019, de 4 de Setembro. Na versão originária do Código do Trabalho, aprovado pela Lei n.º 7/2009, de 12 de Fevereiro, aquelas normas tinham a seguinte redacção:

> "1 – Nos 10 dias posteriores à comunicação prevista no artigo anterior, a estrutura representativa dos trabalhadores, o trabalhador envolvido e ainda, caso este seja representante sindical, a associação sindical respectiva podem transmitir ao empre-

gador o seu parecer fundamentado, nomeadamente sobre os motivos invocados, os requisitos previstos no n.º 1 do artigo 368.º ou as prioridades a que se refere o n.º 2 do mesmo artigo, bem como as alternativas que permitam atenuar os efeitos do despedimento.

2 – Qualquer entidade referida no número anterior pode, nos três dias úteis posteriores à comunicação do empregador, solicitar ao serviço com competência inspectiva do ministério responsável pela área laboral a verificação dos requisitos previstos nas alíneas c) e d) do n.º 1 e no n.º 2 do artigo 368.º, informando simultaneamente do facto o empregador.".

3. A faculdade concedida pelo n.º 1, da estrutura representativa dos trabalhadores, o trabalhador envolvido e ainda, caso este seja representante sindical, a associação sindical respectiva, poderem enviar ao empregador o seu parecer fundamentado, constitui uma oposição, quando o parecer se manifestar contrário à intenção do empregador extinguir um ou mais postos de trabalho, cfr. alínea c) do n.º 2 do artigo 371.º

4. O serviço com competência inspectiva do ministério responsável pela área laboral referido no n.º 2 é a Autoridade para as Condições do Trabalho (A.C.T.), que prossegue, entre outras, as atribuições de promover, controlar e fiscalizar o cumprimento das disposições legais, regulamentares e convencionais, respeitantes às relações de trabalho, cfr. alínea a) do n.º 2 do artigo 11.º do Decreto-Lei n.º 167-C/2013, de 31 de Dezembro, alterado pelo Decreto-Lei n.º 28/2015, de 10 de Fevereiro, que aprovou a Lei Orgânica do Ministério da Solidariedade, Emprego e Segurança Social, e alínea a) do n.º 2 do artigo 2.º do Decreto Regulamentar n.º 47/2012, de 31 de Julho, que aprovou a orgânica da Autoridade para as Condições do Trabalho.

5. A contagem do prazo referido no n.º 3 é realizada de acordo com o disposto no artigo 87.º do Código do Procedimento Administrativo. Nos termos da alínea b) daquele preceito, não se inclui na contagem o dia em que ocorrer o evento a partir do qual o prazo começa a correr. De acordo com a alínea c) do mesmo artigo 87.º, o prazo suspende-se aos sábados, domingos e feriados, sendo que nos termos da alínea f) do mesmo preceito, o termo do prazo que coincida com dia em que o serviço perante o qual deva ser praticado o acto não esteja aberto ao público, ou não funcione durante o período normal, transfere-se para o primeiro dia útil seguinte. O Código do Procedimento Administrativo actualmente em vigor foi aprovado pelo Decreto-Lei n.º 4/2015, de 7 de Janeiro.

6. Nos termos do n.º 1 do artigo 63.º, o despedimento de trabalhadora grávida, puérpera ou lactante ou de trabalhador no gozo de licença parental carece de parecer prévio da entidade competente na área da igualdade de oportunidades entre homens e mulheres, a Comissão para a Igualdade no Trabalho e no Emprego (C.I.T.E.). Tratando-se de despedimento colectivo que abranja trabalhador naquela situação, a alínea c) do n.º 3 do mesmo artigo 63.º determina que o empregador remeta cópia do processo à entidade competente na área da igualdade de oportunidade entre homens e mulheres, depois das consultas referidas no n.º 1 deste artigo 370.º

ARTIGO 371.º – Decisão de despedimento por extinção de posto de trabalho

1 – Decorridos cinco dias a contar do termo do prazo previsto no n.º 1 do artigo anterior, ou, sendo caso disso, a contar da recepção do relatório a que se refere o n.º 3 do mesmo artigo ou do termo do prazo para o seu envio, o empregador pode proceder ao despedimento.

2 – A decisão de despedimento é proferida por escrito, dela constando:

a) Motivo da extinção do posto de trabalho;

b) Confirmação dos requisitos previstos no n.º 1 do artigo 368.º;

c) Prova da aplicação dos critérios de determinação do posto de trabalho a extinguir, caso se tenha verificado oposição a esta;

d) Montante, forma, momento e lugar do pagamento da compensação e dos créditos vencidos e dos exigíveis por efeito da cessação do contrato de trabalho;

e) Data da cessação do contrato.

3 – O empregador comunica a decisão, por cópia ou transcrição, ao trabalhador, às entidades referidas no n.º 1 do artigo 369.º e, bem assim, ao serviço com competência inspectiva do ministério responsável pela área laboral, com antecedência mínima, relativamente à data da cessação, de:

a) 15 dias, no caso de trabalhador com antiguidade inferior a um ano;

b) 30 dias, no caso de trabalhador com antiguidade igual ou superior a um ano e inferior a cinco anos;

c) 60 dias, no caso de trabalhador com antiguidade igual ou superior a cinco anos e inferior a 10 anos;

d) 75 dias, no caso de trabalhador com antiguidade igual ou superior a 10 anos.

4 – O pagamento da compensação, dos créditos vencidos e dos exigíveis por efeito da cessação do contrato de trabalho deve ser efectuado até ao termo do prazo de aviso prévio.

5 – Constitui contra-ordenação grave o despedimento efectuado com violação do disposto nos n.os 1 e 2, assim como a falta de comunicação ao trabalhador referida no n.º 3.

6 – Constitui contra-ordenação leve a falta de comunicação às entidades e ao serviço referidos no n.º 3.

1. Este preceito corresponde ao artigo 425.º do anterior Código do Trabalho, aprovado pela Lei n.º 99/2003.

2. A redacção das alíneas b) e c) do n.º 2 e o n.º 5 deste preceito foi alterada pelo artigo 2.º da Lei n.º 23/2012, de 25 de Junho. Já o n.º 6 deste preceito foi introduzido pelo mesmo artigo 2.º da Lei n.º 23/2012. Na versão originária do Código do Trabalho, aprovado pela Lei n.º 7/2009, de 12 de Fevereiro, aquele n.º 6 inexistia, enquanto que as alíneas b) e c) do n.º 2 e o n.º 5 tinham a seguinte redacção:

> "2 – A decisão de despedimento é proferida por escrito, dela constando:
>
> b) Confirmação dos requisitos previstos no n.º 1 do artigo 368.º, com menção, sendo caso disso, da recusa de alternativa proposta ao trabalhador;
>
> c) Prova da aplicação do critério de prioridades, caso se tenha verificado oposição a esta;

5 – Constitui contra-ordenação grave o despedimento efectuado com violação do disposto nos n.os 1 ou 2 ou do aviso prévio referido no n.º 3, e constitui contra-ordenação leve a violação do disposto no n.º 3.".

3. O prazo de cinco dias referido na primeira parte do n.º 1 é um prazo dilatório, ou seja, difere para certo momento a possibilidade de realização de um acto ou o início da contagem de um outro prazo, cfr. n.º 2 do artigo 139.º do Código de Processo Civil, pelo que o empregador não poderá comunicar ao trabalhador abrangido a decisão de despedimento antes deste prazo decorrer. Sendo o prazo de cinco dias, um prazo dilatório, da redacção deste artigo 371.º não resulta que o empregador tenha um prazo limite para proceder à comunicação de despedimento aos trabalhadores. Ponto assente é que também não será de permitir ao empregador que mantenha uma perspectiva de cessação do contrato de trabalho, como uma ameaça indefinidamente suspensa sobre o trabalhador, conservando-o na incerteza, pelo que ao empregador não será lícito comunicar a decisão de despedimento por extinção de posto de trabalho vários meses após terem decorrido aqueles cinco dias. Caso a fase de consultas, cfr. artigo 370.º, se tenha efectivamente prolongado no tempo, parece de admitir que o empregador apenas comunique a decisão de despedimento por extinção de posto de trabalho algum tempo após ter decorrido o prazo dilatório dos cinco dias. Contudo, e se aquela fase não se tiver alongado, o empregador poderá ter dificuldade em que se mantenham actualizados os motivos que determinaram o despedimento por extinção de posto de trabalho. Se por qualquer motivo o empregador deixar caducar o seu direito, não lhe será lícito proceder ao despedimento, tendo, caso subsistam os motivos previstos no artigo 359.º, cfr. artigo 367.º, de iniciar novo procedimento de despedimento por extinção de posto de trabalho.

4. A oposição a que se refere a alínea c) do n.º 2 terá sido realizada no âmbito das consultas a que o empregador tem de proceder, cfr. artigo 370.º Nos termos do n.º 1 do artigo 370.º, a estrutura representativa dos trabalhadores, o trabalhador envolvido e ainda, caso o próprio trabalhador seja representante sindical, a associação sindical respectiva, podem transmitir ao empregador o seu parecer fundamentado, nomeadamente sobre os critérios relevantes e não discriminatórios para concretização do posto de trabalho a extinguir, cfr. n.º 2 do artigo 368.º Assim, a prova da aplicação dos critérios de determinação do posto de trabalho a extinguir, só deverá constar da decisão escrita de despedimento por extinção de posto de trabalho caso se tenha sido manifestada uma discordância a esta.

5. O n.º 3 deste artigo 371.º vem consagrar um aviso prévio da decisão de despedimento por extinção de posto de trabalho com diferentes prazos, consoante a antiguidade do trabalhador, e a esta proporcional: quanto maior for a antiguidade do trabalhador, e desde que enquadrável nos limites quantitativos fixados, maior será o período de tempo que o empregador terá de respeitar para cessar o contrato de trabalho. A antiguidade "é a qualidade correspondente à duração da situação jurídica laboral", Menezes Cordeiro, *Manual de Direito do Trabalho*, Livraria Almedina, 1991, página 675 e segs., e Acórdão do Tribunal da Relação de Lisboa, de 22 de Junho de

2005, processo 10307/2004-4, sumários em www.dgsi.pt. Significa isto que a duração de situações que não são de qualificar como sendo de trabalho subordinado não devem entrar no cômputo da antiguidade. A título exemplificativo, a duração de um contrato de estágio extracurricular, cfr. Decreto-Lei n.º 66/2011, de 1 de Junho, não correspondendo à prestação de trabalho subordinado, não dá lugar à contagem de antiguidade, ainda que posteriormente à cessação deste contrato venha a ser celebrado um contrato de trabalho. A proporcionalidade do prazo de aviso prévio para comunicar a decisão de despedimento por extinção de posto de trabalho, não é exclusivo deste, sendo igualmente o critério aplicado ao despedimento colectivo, n.º 1 do artigo 363.º, e ao despedimento por inadaptação, que também tem diferentes prazos consoante a antiguidade do trabalhador, n.º 2 do artigo 378.º

6. Nos termos do n.º 5 do artigo 241.º, em caso de cessação do contrato de trabalho sujeita a aviso prévio, o empregador pode determinar que o gozo das férias tenha lugar imediatamente antes da cessação. Caso as férias do trabalhador já tivessem sido marcadas antes da decisão de despedimento por extição de posto de trabalho, o empregador pode alterar a marcação das férias, de modo a que o gozo das mesmas tenha lugar imediatamente antes da cessação do contrato de trabalho, cfr. n.º 3 do artigo 243.º Estas faculdades têm em vista possibilitar que o empregador não tenha de proceder ao pagamento de férias vencidas e não gozadas, bem como ao respectivo subsídio, cfr. alínea a) do n.º 1 do artigo 245.º

7. Nada obsta que a forma escrita, imposta pelo n.º 2, seja satisfeita através de documento electrónico, ou seja, por documento elaborado mediante processamento electrónico de dados. Por outras palavras, nada impede que a forma escrita seja adoptada através de uma declaração escrita enviada por correio electrónico (e-mail) para um endereço electrónico. Sobre a validade, eficácia e valor probatório dos documentos electrónicos remete-se para a anotação 4. ao artigo 107.º

8. O disposto no n.º 4 resultava já do n.º 5 do artigo 368.º Entre os créditos exigíveis por efeito da cessação do contrato de trabalho, referidos no n.º 4, poderão estar os relativos a formação. É que nos termos do artigo 134.º, cessando o contrato de trabalho, o trabalhador tem direito a receber a retribuição correspondente ao número mínimo anual de horas de formação que não lhe tenha sido proporcionado, ou ao crédito de horas para formação de que seja titular à data da cessação.

9. Nos termos do n.º 5 do artigo 175.º, não é permitido celebrar contrato de utilização de trabalho temporário para satisfação de necessidades que foram asseguradas por trabalhador cujo contrato tenha cessado nos 12 meses anteriores por despedimento por extinção de posto de trabalho.

10. À contra-ordenação por violação dos n.ºs 1 e 2, assim como por falta de comunicação ao trabalhador da decisão de despedimento, prevista no n.º 5, corresponde uma coima, coima esta que em concreto pode não ser aplicada, se o empregador assegurar ao trabalhador os direitos a que se refere o artigo 389.º, de acordo com o estabelecido no artigo 560.º

ARTIGO 372.º – Direitos de trabalhador em caso de despedimento por extinção de posto de trabalho

Ao trabalhador despedido por extinção do posto de trabalho aplica-se o disposto no n.º 4 e na primeira parte do n.º 5 do artigo 363.º e nos artigos 364.º a 366.º

1. Este preceito corresponde ao artigo 404.º do anterior Código do Trabalho, aprovado pela Lei n.º 99/2003.

2. A redacção deste preceito foi alterada pelo artigo 1.º da Lei n.º 53/2011, de 14 de Outubro. Posteriormente a redacção foi alterada pelo artigo 2.º da Lei n.º 23/2012, de 25 de Junho. Na versão originária do Código do Trabalho, aprovado pela Lei n.º 7/2009, de 12 de Fevereiro, este artigo 372.º tinha a seguinte redacção:

> "Ao trabalhador despedido por extinção de posto de trabalho aplica-se o disposto no n.º 4 do artigo 363.º e nos artigos 364.º a 366.º".

3. O entendimento deste artigo 372.º, ao permitir a aplicação do n.º 4 do artigo 363.º ao despedimento por extinção de posto de trabalho, é diferente daquele que é consagrado quanto ao despedimento por facto imputável ao trabalhador, em que a decisão de despedimento determina a cessação do contrato de trabalho logo que chega ao poder do trabalhador, ou é dele conhecida, o que se compreende até porque o trabalhador no despedimento por extinção de posto de trabalho, em princípio, nada há-de ter contribuído para a verificação dos motivos de mercado, estruturais e tecnológicos que o determinaram. Este artigo 372.º é uma norma habilitante que permite ao empregador, que se encontra obrigado a um aviso prévio de prazo diferente, consoante a antiguidade do trabalhador, obstar justificadamente à prestação efectiva do trabalho, não incorrendo portanto na proibição da alínea b) do n.º 1 do artigo 129.º, durante parte ou mesmo todo o período de aviso prévio. Ou seja, permite-se com este artigo 372.º que a relação entre trabalhador e empregador termine de facto antes de decorrido o aviso prévio, por decisão unilateral do empregador, contudo a relação jurídica termina apenas após o decurso do prazo de aviso prévio. Isto significa, que até ao decurso do prazo de aviso prévio, o empregador terá, como se o trabalho continuasse a ser prestado, de proceder ao pagamento da remuneração bem como a proceder aos descontos que sobre esta incide. O poder conferido por esta norma, e bem assim no despedimento colectivo e no despedimento por inadaptação, aos quais é aplicável o n.º 4 do artigo 363.º, cfr. esse mesmo preceito e o n.º 1 do artigo 379.º, a par com a suspensão preventiva do trabalhador em procedimento disciplinar, cfr. n.º 5 do artigo 329.º e artigo 354.º, é das raras excepções no Código em que se admite que o empregador não esteja vinculado a receber a prestação de trabalho do trabalhador. Durante este período, quando não for observado o período mínimo de aviso prévio, não se mantêm, porque não há prestação de trabalho, nem dever do empregador de a receber, todos os direitos e deveres das partes. Entre os deveres que não se mantêm, contam-se o dever de assiduidade, diligência, etc.. Quando não haja lugar à prestação de trabalho até ao decurso do aviso prévio, por aplicação desta norma, restringe-se a admissibilidade de verificação de um acidente de trabalho.

Assim, um dos sentidos deste 372.º, é o de o empregador poder obviar licitamente à prestação do trabalho podendo o trabalhador ser dispensado de realizar o seu trabalho, sem que com isso o empregador incorra em violação do direito de ocupação efectiva, cfr. alínea b) do n.º 1 do artigo 129.º

4. Este artigo 372.º, ao mandar aplicar o n.º 5 do artigo 363.º, vem impor que o pagamento da compensação, dos créditos vencidos e dos exigíveis por efeito da cessação do contrato de trabalho seja efectuado até ao termo do prazo de aviso prévio. Contudo, era desnecessária semelhante aplicação, pois este entendimento resultava já do n.º 4 do artigo anterior, o artigo 371.º

Nos termos da alínea d) do artigo 384.º, o despedimento por extinção de posto de trabalho é ilícito se o empregador não tiver colocado à disposição do trabalhador despedido, até ao termo do prazo de aviso prévio, a compensação por ele devida a que se refere o artigo 366.º, por remissão deste artigo 372.º, e os créditos vencidos ou exigíveis em virtude da cessação do contrato de trabalho.

5. Atendendo a que este preceito remete expressamente para os artigos 364.º a 366.º, vejam-se as respectivas anotações a estes preceitos.

DIVISÃO IV – Despedimento por inadaptação

ARTIGO 373.º – Noção de despedimento por inadaptação

Considera-se despedimento por inadaptação a cessação de contrato de trabalho promovida pelo empregador e fundamentada em inadaptação superveniente do trabalhador ao posto de trabalho.

1. Este preceito corresponde ao artigo 405.º do anterior Código do Trabalho, aprovado pela Lei n.º 99/2003.

2. O despedimento por inadaptação é uma modalidade de cessação do contrato de trabalho, cfr. alínea f) do artigo 340.º

3. A figura do despedimento por inadaptação pretende assumir-se como uma ferramenta ao serviço dos empregadores para obstar à permanência de trabalhadores no seio da organização que não conseguem acompanhar a evolução tecnológica, e que no limite poderiam comprometer não só outros postos de trabalho, como a viabilidade da própria organização. Com efeito, a organização do trabalho moderna pressupõe o encadeamento de diferentes tarefas asseguradas por distintos trabalhadores, pelo que o desajustamento de um trabalhador que ocupa um posto de trabalho pode ser susceptível de por em causa outro posto, que com aquele se encontre ligado numa relação de correlação, para a obtenção de um determinado resultado.

4. O despedimento por inadaptação configura um dos casos previstos na lei, (bem como o despedimento colectivo, cfr. artigo 359.º e segs., e o despedimento por extinção de posto de trabalho, cfr. artigo 367.º e segs.) cujo despedimento assenta numa justa causa objectiva, ou seja por razões ligadas à organização, e não por comportamentos imputáveis ao trabalhador. Quando o comportamento seja imputável ao trabalhador, a título de culpa, poderá tal comportamento consubstanciar uma infracção disciplinar, o que fundamenta o exercício do poder disciplinar, cfr. artigo 98.º, através de um procedimento disciplinar, cfr. artigo 328.º e segs., que no limite poderá levar à aplicação do despedimento por facto imputável ao trabalhador, cfr. artigo 351.º e segs.

5. Sobre este preceito *vide* Bernardo Lobo Xavier, *Manual de Direito do Trabalho*, Verbo, 2011, página 781 e segs., e António Monteiro Fernandes, *Direito do Trabalho*, 15.ª Edição, Almedina, Abril 2010, página 631 e segs. No domínio da legislação anterior, pelo que será necessário proceder às adaptações necessárias, Pedro Furtado Martins, *Cessação do Contrato de Trabalho*, Princípia, Cascais, 1999 página 125 e segs.

ARTIGO 374.º – Situações de inadaptação

1 – A inadaptação verifica-se em qualquer das situações previstas nas alíneas seguintes, quando, sendo determinada pelo modo de exercício de funções do trabalhador, torne praticamente impossível a subsistência da relação de trabalho:

a) Redução continuada de produtividade ou de qualidade;

b) Avarias repetidas nos meios afectos ao posto de trabalho;

c) Riscos para a segurança e saúde do trabalhador, de outros trabalhadores ou de terceiros.

2 – Verifica-se ainda inadaptação de trabalhador afecto a cargo de complexidade técnica ou de direcção quando não se cumpram os objectivos previamente acordados, por escrito, em consequência do seu modo de exercício de funções e seja praticamente impossível a subsistência da relação de trabalho.

3 – O disposto nos números anteriores não prejudica a protecção conferida aos trabalhadores com capacidade de trabalho reduzida, deficiência ou doença crónica.

4 – A situação de inadaptação referida nos números anteriores não deve decorrer de falta de condições de segurança e saúde no trabalho imputável ao empregador.

1. Este preceito corresponde ao artigo 406.º do anterior Código do Trabalho, aprovado pela Lei n.º 99/2003.

2. Os n.os 3 e 4 deste preceito foram introduzidos pelo artigo 2.º da Lei n.º 23/2012, de 25 de Junho. Na versão originária do Código do Trabalho, aprovado pela Lei n.º 7/2009, de 12 de Fevereiro, aqueles n.os 3 e 4 inexistiam.

3. Sobre o trabalhador com capacidade de trabalho reduzida, veja-se o artigo 84.º Sobre o trabalhador com deficiência ou doença crónica, vejam-se os artigos 85.º e segs.

4. Apesar das situações de inadaptação não serem raras, a verdade é que escassos são os despedimentos por inadaptação realizados no ordenamento jurídico português. Na verdade, e incumbindo a prova judicial da verificação dos requisitos de inadaptação ao empregador, muitas têm sido as cautelas dos próprios empregadores quanto a socorrerem-se desta modalidade de despedimento.

5. O n.º 1 estabelece o regime geral do despedimento por inadaptação, aplicável à generalidade dos trabalhadores. O n.º 2 prevê um regime especial, aplicável apenas ao trabalhador afecto a cargo de complexidade técnica ou de direcção.

6. Para efeitos de despedimento por inadaptação não se estabelece o que se considera impossibilidade de subsistência da relação de trabalho, ao contrário do que ocorre no despedimento por extinção de posto de trabalho, cfr. n.º 4 do artigo 368.º 4. Não obstante, deve entender-se que à semelhança do que sucede no despedimento por extinção de posto de trabalho, que a subsistência da relação de trabalho é praticamente impossível quando o empregador não disponha de outro posto compatível com a categoria profissional do trabalhador, cfr. alínea d) do n.º 1 do artigo 375.º

7. Nada obsta que a forma escrita, imposta pelo n.º 2, seja satisfeita através de documento electrónico, ou seja, por documento elaborado mediante processamento electrónico de dados. Por outras palavras, nada impede que a forma escrita seja adoptada através de uma declaração escrita enviada por correio electrónico (e-mail) para um endereço electrónico. Sobre a validade, eficácia e valor probatório dos documentos electrónicos remete-se para a anotação 4. ao artigo 107.º

8. O despedimento por inadaptação de trabalhador afecto a cargo de complexidade técnica ou de direcção, cfr. n.º 2, quando se incumpram os objectivos previamente acordados é possível, por efeito do n.º 3 do artigo 375.º, nas situações em que tenha havido introdução de novos processos de fabrico, de novas tecnologias ou equipamentos baseados em diferente ou mais complexa tecnologia, a qual implique modificação das funções relativas ao posto de trabalho, e também nos casos em que não tenha havido modificações no posto de trabalho. Na última destas circunstâncias exige-se que o empregador informe o trabalhador e a comissão de trabalhadores, e ainda no caso do trabalhador ser representante sindical, a associação sindical respectiva, juntando cópia dos documentos relevantes, da apreciação que faz da actividade prestada pelo trabalhador, com descrição circunstanciada dos factos, bem como de que o próprio trabalhador se pode pronunciar por escrito sobre os referidos elementos em prazo não inferior a cinco dias úteis. Neste caso, o trabalhador poderá, logo que receba a informação do empregador, denunciar o contrato, sem perder o direito à compensação devida pelo empregador por despedimento por inadaptação, cfr. n.º 2 do artigo 379.º

9. Nos termos da alínea a) do artigo 385.º, o despedimento por inadaptação é ilícito se o empregador não cumprir o disposto nos n.os 3 e 4 deste artigo 374.º

ARTIGO 375.º – Requisitos de despedimento por inadaptação

1 – O despedimento por inadaptação em situação referida no n.º 1 do artigo anterior só pode ter lugar desde que, cumulativamente, se verifiquem os seguintes requisitos:

a) Tenham sido introduzidas modificações no posto de trabalho resultantes de alterações nos processos de fabrico ou de comercialização, de novas tecnologias ou equipamentos baseados em diferente ou mais complexa tecnologia, nos seis meses anteriores ao início do procedimento;

b) Tenha sido ministrada formação profissional adequada às modificações do posto de trabalho, por autoridade competente ou entidade formadora certificada;

c) Tenha sido facultado ao trabalhador, após a formação, um período de adaptação de, pelo menos, 30 dias, no posto de trabalho, ou fora dele sempre que o exercício de funções naquele posto seja susceptível de causar prejuízos ou riscos para a segurança e saúde do trabalhador, de outros trabalhadores ou de terceiros;

d) Não exista na empresa outro posto de trabalho disponível e compatível com a categoria profissional do trabalhador;

e) (Revogada.)

2 – O despedimento por inadaptação na situação referida no n.º 1 do artigo anterior, caso não tenha havido modificações no posto de trabalho, pode ter lugar desde que, cumulativamente, se verifiquem os seguintes requisitos:

a) Modificação substancial da prestação realizada pelo trabalhador, de que resultem, nomeadamente, a redução continuada de produtividade ou de qualidade, avarias repetidas nos meios afectos ao posto de trabalho ou riscos para a segurança e saúde do trabalhador, de outros trabalhadores ou de terceiros, determinados pelo modo do exercício das funções e que, em face das circunstâncias, seja razoável prever que tenham carácter definitivo;

b) O empregador informe o trabalhador, juntando cópia dos documentos relevantes, da apreciação da actividade antes prestada, com descrição circunstanciada dos factos, demonstrativa de modificação substancial da prestação, bem como de que se pode pronunciar por escrito sobre os referidos elementos em prazo não inferior a cinco dias úteis;

c) Após a resposta do trabalhador ou decorrido o prazo para o efeito, o empregador lhe comunique, por escrito, ordens e instruções adequadas respeitantes à execução do trabalho, com o intuito de a corrigir, tendo presentes os factos invocados por aquele;

d) Tenha sido aplicado o disposto nas alíneas b) e c) do número anterior, com as devidas adaptações.

3 – O despedimento por inadaptação em situação referida no n.º 2 do artigo anterior pode ter lugar:

a) Caso tenha havido introdução de novos processos de fabrico, de novas tecnologias ou equipamentos baseados em diferente ou mais complexa tecnologia, a qual implique modificação das funções relativas ao posto de trabalho;

b) Caso não tenha havido modificações no posto de trabalho, desde que seja cumprido o disposto na alínea b) do número anterior, com as devidas adaptações.

4 – O empregador deve enviar à comissão de trabalhadores e, caso o trabalhador seja representante sindical, à respectiva associação sindical, cópia da comunicação e dos documentos referidos na alínea b) do n.º 2.

5 – A formação a que se referem os n.os 1 e 2 conta para efeito de cumprimento da obrigação de formação a cargo do empregador.

6 – O trabalhador que, nos três meses anteriores ao início do procedimento para despedimento, tenha sido transferido para posto de trabalho em relação ao qual se verifique a inadaptação tem direito a ser reafectado ao posto de trabalho anterior, caso não esteja ocupado definitivamente, com a mesma retribuição base.

7 – O despedimento só pode ter lugar desde que sejam postos à disposição do trabalhador a compensação devida, os créditos vencidos e os exigíveis por efeito da cessação do contrato de trabalho, até ao termo do prazo de aviso prévio.

8 – Constitui contra-ordenação grave a violação do disposto neste artigo.

1. Este preceito corresponde aos artigos 407.º e 408.º do anterior Código do Trabalho, aprovado pela Lei n.º 99/2003.

2. A redacção da alínea *b)* do n.º 1 e os n.os 2, 3, 4 e 5 foi alterada pelo artigo 2.º da Lei n.º 23/2012, de 25 de Junho, que introduziu ainda os n.os 6 e 7, e renumerou ainda o originário n.º 5, que passou a n.º 8, enquanto que as alíneas d) e e) do n.º 1 foram revogadas pelo n.º 2 do artigo 9.º da mesma Lei.

Sucede contudo que a revogação da alínea d) do n.º 1 deste artigo 375.º foi declarada inconstitucional, com força obrigatória geral, pelo Acórdão do Tribunal Constitucional n.º 602/2013, processo n.º 531/12, publicado no Diário da República, 1.ª série, n.º 206, de 24 de Outubro de 2013, disponível em www.tribunalconstitucional.pt, por violação do artigo 53.º da Constituição da República Portuguesa. Ou seja, entendeu o Tribunal Constitucional que a eliminação daquela alínea d) viola a proibição de despedimentos sem justa causa consagrada no artigo 53.º da Constituição da República Portuguesa. Aquele Tribunal fez assim prevalecer o artigo 53.º da Constituição da República Portuguesa que dispõe que: "É garantida aos trabalhadores a segurança no emprego, sendo proibidos os despedimentos sem justa causa ou por motivos políticos ou ideológicos.". Por efeito deste Acórdão, foi mais tarde publicada a Lei n.º 27/2014, de 8 de Maio.

Nos termos do artigo 66.º da Lei Orgânica do Tribunal Constitucional, a Lei n.º 28/82, de 15 de Novembro, alterada pelas Leis n.os 143/85, de 26 de Novembro, 85/89, de 7 de Setembro, 88/95, de 1 de Setembro, 13-A/98, de 26 de Fevereiro, e pela Lei Orgânica n.º 1/2011, de 30 de Novembro, a declaração de inconstitucionalidade ou de ilegalidade com força obrigatória geral tem os efeitos previstos no artigo 282.º da Constituição. De acordo com o n.º 1 do artigo 282.º da Constituição da República Portuguesa: "A declaração de inconstitucionalidade ou de ilegalidade com força obrigatória geral produz efeitos desde a entrada em vigor da norma declarada inconstitucional ou ilegal e determina a repristinação das normas que ela, eventualmente, haja revogado.".

Na versão originária do Código do Trabalho, aprovado pela Lei n.º 7/2009, de 12 de Fevereiro, aquelas normas tinham a seguinte redacção:

> "1 – O despedimento por inadaptação em situação referida no n.º 1 do artigo anterior só pode ter lugar desde que, cumulativamente, se verifiquem os seguintes requisitos:
>
> *b)* Tenha sido ministrada formação profissional adequada às modificações do posto de trabalho, sob controlo pedagógico da autoridade competente ou de entidade formadora certificada;

d) Não exista na empresa outro posto de trabalho disponível e compatível com a qualificação profissional do trabalhador;

e) A situação de inadaptação não decorra de falta de condições de segurança e saúde no trabalho imputável ao empregador.

2 – O trabalhador que, nos três meses anteriores ao início do procedimento para despedimento, tenha sido transferido para posto de trabalho em relação ao qual se verifique a inadaptação tem direito a ser reafectado ao posto de trabalho anterior caso ainda exista, com a mesma retribuição base.

3 – O despedimento por inadaptação em situação referida no n.º 2 do artigo anterior só pode ter lugar desde que se verifique o requisito referido na alínea *e*) do n.º 1 e, ainda, tenha havido introdução de novos processos de fabrico, de novas tecnologias ou equipamentos baseados em diferente ou mais complexa tecnologia, que implique modificação das funções relativas ao posto de trabalho.

4 – O despedimento só pode ter lugar desde que seja posta à disposição do trabalhador a compensação devida.".

3. Da redacção do n.º 1 resulta que os requisitos fixados nas alíneas a), b), c) e d) são cumulativos, ou seja, para que o despedimento por inadaptação seja lícito, têm de se verificar todos os requisitos previstos no n.º 1. Nos termos da alínea a) do artigo 385.º, o despedimento por inadaptação é ilícito se o empregador não cumprir os requisitos do n.º 1 deste artigo 375.º

4. Da interpretação conjugada do n.º 1, com o n.º 1 do artigo 374.º, resulta que a introdução de modificações no posto de trabalho tem de ser coincidente com a inadaptação do trabalhador.

5. A formação profissional exigida pela alínea b) do n.º 1 é aquela que se encontra prevista nos artigos 130.º e segs.

6. De acordo com a alínea c) do n.º 1 deste artigo 375.º, o trabalhador tem 30 dias para que a sua inadaptação cesse. Se não cessar, o procedimento deve prosseguir.

7. Da alínea d) do n.º 1 resulta que o empregador não tem de criar um novo posto de trabalho a que seja afecto o trabalhador que será abrangido por um despedimento por inadaptação. O que se exige, é que havendo um outro posto de trabalho disponível e compatível com a categoria profissional do trabalhador, esse posto deve ser-lhe disponibilizado, ainda que esta disponibilização configure uma alteração contratual, o que a ocorrer permite que o trabalhador não seja despedido por inadaptação. Havendo esse outro posto, o trabalhador pode ainda assim recusar a alteração contratual, o que a suceder pode determinar uma de duas consequências. Uma delas é o trabalhador ser despedido por inadaptação, quando a recusa for legítima. A outra consequência possível, sendo a recusa do trabalhador ilegítima (por o empregador ter ordenado funções afins ou funcionalmente ligadas, cfr. artigo 118.º), pode tal recusa consubstanciar uma infracção disciplinar, o que fundamenta o exercício do poder disciplinar, cfr. artigo 98.º, através de um procedimento disciplinar, cfr. artigo 328.º e seguintes, que no limite poderá levar à aplicação da sanção de despedimento, sem indemnização ou compensação.

Da alínea d) do n.º 1 resulta que o despedimento por inadaptação deve ser o último recurso.

8. Da redacção do n.º 2 resulta que os requisitos fixados nas alíneas a), b), c) e d) são cumulativos, ou seja, para que o despedimento por extinção de posto de trabalho seja lícito, têm de se verificar todos os requisitos previstos no n.º 2. Nos termos da alínea a) do artigo 385.º, o despedimento por inadaptação é ilícito se o empregador não cumprir os requisitos do n.º 2 deste artigo 375.º

9. Da interpretação conjugada do n.º 2, com o n.º 1 do artigo 374.º, resulta que se exige que seja coincidente a modificação substancial da prestação e a inadaptação do trabalhador.

10. Para efeitos da alínea b) do n.º 2, dias úteis são Segunda-Feira, Terça-Feira, Quarta-Feira, Quinta-Feira e Sexta-Feira. Sábado, Domingo e Feriados não constituem dias úteis, sendo que para o conceito de dias úteis é irrelevante que a empresa se encontre em funcionamento ao Sábado, Domingo ou Feriado. Este é o sentido da alínea e) do artigo 279.º do Código Civil, conjugado com o n.º 1 do artigo 137.º do Código de Processo Civil. Sempre se diga, que nos termos da alínea b) do artigo 279.º do Código Civil, na contagem de qualquer prazo não se inclui o dia em que ocorrer o evento a partir do qual o prazo começa a correr, pelo que o dia em que o trabalhador é notificado da nota de culpa não conta para efeitos de contagem de prazo.

11. O trabalhador tem 30 dias para que a sua inadaptação cesse, cfr. alínea c) do n.º 1 deste artigo 375.º, aplicável por força da alínea d) n.º 2. Se cessar, o procedimento de despedimento por inadaptação deve terminar sem que seja decidido aplicar o despedimento. Se não cessar, o procedimento deverá prosseguir.

12. Nos termos do n.º 3, o despedimento por inadaptação de trabalhador afecto a cargo de complexidade técnica ou de direcção, quando se incumpram os objectivos previamente acordados (por escrito), em consequência do modo de exercício das funções pelo próprio trabalhador e desde que seja praticamente impossível a subsistência da relação de trabalho, é possível nas situações em que tenha havido introdução de novos processos de fabrico, de novas tecnologias ou equipamentos baseados em diferente ou mais complexa tecnologia, a qual implique modificação das funções relativas ao posto de trabalho, e também nos casos em que não tenha havido modificações no posto de trabalho. Só assim não sucederá quando, de acordo com o n.º 6, o trabalhador, nos três meses anteriores ao início do procedimento para despedimento, tenha sido transferido para o posto de trabalho em relação ao qual se verifique a inadaptação, caso em que o trabalhador tem direito a ser reafectado ao posto de trabalho anterior, desde que este não esteja ocupado definitivamente, com a mesma retribuição base.

Nos casos em que não tenha havido modificações no posto de trabalho, exige-se que o empregador informe o trabalhador afecto a cargo de complexidade técnica ou de direcção e a comissão de trabalhadores, e ainda no caso do trabalhador ser representante sindical, a associação sindical respectiva, juntando cópia dos documentos relevantes, da apreciação que faz da actividade prestada pelo trabalhador, com descrição circunstanciada dos factos, bem como de que o próprio trabalhador se pode pronunciar por escrito sobre os referidos elementos em prazo não inferior a cinco dias úteis. Nesta situação, o trabalhador poderá, logo que receba a informação do empregador, denunciar o contrato, sem perder o direito à compensação devida pelo empregador por despedimento por inadaptação, cfr. n.º 2 do artigo 379.º

Nos termos da alínea a) do artigo 385.º, o despedimento por inadaptação de trabalhador afecto a cargo de complexidade técnica ou de direcção é ilícito se, o empregador, não cumprir o disposto no n.º 3 deste artigo 375.º

13. Do n.º 6 resulta que o empregador não tem de criar um novo posto de trabalho a que seja afecto o trabalhador que será abrangido por um despedimento por inadaptação. E também não terá o empregador de, havendo um outro posto de trabalho disponível e até compatível com a qualificação profissional do trabalhador, facultá-lo ao trabalhador abrangido pelo despedimento por inadaptação.

O que se exige, é que nas situações excepcionais em que o trabalhador tenha exercido anteriormente o seu trabalho noutro posto de trabalho, tendo entretanto ocupado o posto no qual se verifica a inadaptação, caso a mudança tenha ocorrido nos três meses antecedentes ao inicio do procedimento de despedimento, lhe seja assegurado o direito a regressar àquele posto prévio. Nestes casos pouco frequentes, o trabalhador que seria abrangido pelo despedimento por inadaptação tem direito a ser-lhe disponibilizado o anterior posto de trabalho, ainda que esta disponibilização configure uma alteração contratual, o que a ocorrer permite que o trabalhador não seja despedido por inadaptação. Deve contudo notar-se, que a reafectação só será possível quando o posto de trabalho antecedente não se encontre ocupado definitivamente, o que apenas poderá ocorrer quando não tenha havido um outro trabalhador a ocupá-lo, ou havendo-o, o mesmo se encontre ainda em período experimental, cfr. artigo 111.º e segs., como contratado a termo certo, cfr. artigo 139.º e segs., em comissão de serviço, cfr. artigo 161.º e segs., como trabalhador temporário, cfr. artigo 172.º e segs., ou como prestador de serviços.

Havendo ainda esse outro posto de trabalho, caso o trabalhador recuse a alteração contratual (por o empregador ter ordenado o regresso ao posto anterior), pode tal recusa consubstanciar uma infracção disciplinar, o que fundamenta o exercício do poder disciplinar, cfr. artigo 98.º, através de um procedimento disciplinar, cfr. artigo 328.º e segs., que no limite poderá levar à aplicação da sanção de despedimento, sem indemnização ou compensação.

14. A compensação prevista no n.º 7 terá de ser colocada à disposição do trabalhador até ao termo do prazo de aviso prévio previsto no n.º 2 do artigo 378.º, sob pena do despedimento por inadaptação ser considerado ilícito, nos termos da alínea c) do artigo 385.º Além da compensação, também os créditos vencidos ou exigíveis em virtude da cessação do contrato de trabalho terão de ser colocados à disposição do trabalhador até ao termo do prazo de aviso prévio, sob pena do despedimento por inadaptação ser também considerado ilícito, nos termos da mesma alínea c) do artigo 385.º Sobre a compensação, veja-se o artigo 379.º e respectivas anotações, que, por sua vez, remete para o artigo 366.º

15. À contra-ordenação por violação do n.º 1 deste artigo, prevista no n.º 8, corresponde uma coima, coima esta que em concreto pode não ser aplicada, se o empregador assegurar ao trabalhador os direitos a que se refere o artigo 389.º, de acordo com o estabelecido no artigo 560.º

ARTIGO 376.º – Comunicações em caso de despedimento por inadaptação

1 – No caso de despedimento por inadaptação, o empregador comunica, por escrito, ao trabalhador e, caso este seja representante sindical, à associação sindical respectiva:

a) A intenção de proceder ao despedimento, indicando os motivos justificativos;

b) As modificações introduzidas no posto de trabalho ou, caso estas não tenham existido, os elementos a que se referem as alíneas b) e c) do n.º 2 do artigo anterior;

c) Os resultados da formação profissional e do período de adaptação, a que se referem as alíneas b) e c) do n.º 1 e a alínea d) do n.º 2 do artigo anterior.

2 – Caso o trabalhador não seja representante sindical, decorridos três dias úteis após a recepção da comunicação referida no número anterior, o empregador deve fazer a mesma comunicação à associação sindical que o trabalhador tenha indicado para o efeito ou, se este não o fizer, à comissão de trabalhadores ou, na sua falta, à comissão intersindical ou comissão sindical.

3 – Constitui contra-ordenação grave o despedimento efectuado com violação do disposto neste artigo.

1. Este preceito corresponde ao artigo 426.º do anterior Código do Trabalho, aprovado pela Lei n.º 99/2003.

2. A redacção do n.º 1 foi alterada pelo artigo 2.º da Lei n.º 23/2012, de 25 de Junho, que introduziu também o n.º 2, e renumerou ainda o originário n.º 2, que passou a n.º 3. Na versão originária do Código do Trabalho, aprovado pela Lei n.º 7/2009, de 12 de Fevereiro, aquele n.º 1 tinha a seguinte redacção:

> "1 – No caso de despedimento por inadaptação, o empregador comunica, por escrito, à comissão de trabalhadores ou, na sua falta, à comissão intersindical ou comissão sindical, ao trabalhador e, caso este seja representante sindical, à associação sindical respectiva:
>
> a) A necessidade de fazer cessar o contrato de trabalho, indicando os motivos justificativos;
>
> b) As modificações introduzidas no posto de trabalho e os resultados da formação profissional e do período de adaptação, de acordo com as alíneas a) a c) n.º 1 do artigo anterior;
>
> c) A inexistência na empresa de outro posto de trabalho disponível e compatível com a qualificação profissional do trabalhador, de acordo com a alínea d) do n.º 1 do artigo anterior.".

3. O empregador tem conhecimento da existência da comissão de trabalhadores porquanto os resultados da votação, da constituição e aprovação dos estatutos da comissão de trabalhadores, são-lhe comunicados, cfr. n.º 6 do artigo 432.º Quanto à comissão intersindical ou comissões sindicais, o empregador tem conhecimento da existência destas porquanto a direcção do sindicato tem de comunicar por escrito ao empregador a identidade dos delegados sindicais que fizerem parte de comissão sindical ou intersindical, cfr. n.º 4 do artigo 462.º

4. Por imposição dos n.os 1 e 2 deste artigo 376.º, o empregador terá de comunicar, por escrito:

a) A intenção de proceder ao despedimento, indicando os motivos justificativos;
b) As modificações introduzidas no posto de trabalho ou, caso estas não tenham existido, os elementos a que se referem as alíneas *b*) e *c*) do n.º 2 do artigo 375.º;
c) Os resultados da formação profissional e do período de adaptação, a que se referem as alíneas *b*) e *c*) do n.º 1 e a alínea *d*) do n.º 2 do mesmo artigo 375.º

A comunicação é realizada ao trabalhador e, caso este seja representante sindical, à associação sindical respectiva, sendo que caso o trabalhador não seja representante sindical, decorridos três dias úteis após a recepção da comunicação pelo trabalhador, o empregador deve fazer a mesma comunicação à associação sindical que o trabalhador tenha indicado ou, se este não o fizer, à comissão de trabalhadores ou, na sua falta, à comissão intersindical ou comissão sindical.

5. Nos termos da alínea b) do artigo 385.º, o despedimento por inadaptação é ilícito se o empregador não tiver feito as comunicações previstas neste artigo 376.º

6. Nada obsta que a forma escrita, imposta pelo n.º 1, seja satisfeita através de documento electrónico, ou seja, por documento elaborado mediante processamento electrónico de dados. Por outras palavras, nada impede que a forma escrita seja adoptada através de uma declaração escrita enviada por correio electrónico (e-mail) para um endereço electrónico. Sobre a validade, eficácia e valor probatório dos documentos electrónicos remete-se para a anotação 4. ao artigo 107.º

7. Nos termos do n.º 2, o trabalhador pode comunicar ao empregador, nos três dias úteis posteriores à recepção da comunicação de intenção do empregador proceder ao despedimento por inadaptação, que o próprio empregador deve comunicar a intenção de despedimento por inadaptação a determinada associação sindical. Nesta situação não haverá lugar a comunicação à comissão de trabalhadores ou, na falta desta última, à comissão intersindical ou comissão sindical.

Com semelhante comunicação do trabalhador pretenderá este que o parecer sobre o despedimento por inadaptação seja emitido pela associação sindical por si indicada, cfr. n.º 3 do artigo 377.º Este n.º 2 confere assim um poder potestativo ao trabalhador, o qual pode escolher, em detrimento da comissão de trabalhadores da empresa, ou na falta desta última, da comissão intersindical ou da comissão sindical, que a emissão de parecer seja realizada por uma determinada associação sindical. A intenção do legislador, ao acrescentar este novo preceito, parece ter sido tornar útil a emissão de um parecer, uma vez que, como é sabido, as comissão de trabalhadores são, no nosso ordenamento, em escasso número, o que na prática tem inviabilizado, para os trabalhadores que não sejam representantes sindicais, a junção ao procedimento de despedimento por inadaptação de quaisquer pareceres. Para tanto, a nova solução consagra como regime supletivo a apreciação do procedimento de despedimento por inadaptação pela comissão de trabalhadores ou, na falta desta última, pela comissão intersindical ou pela comissão sindical. Quando não haja lugar à aplicação do regime supletivo, particularmente por o trabalhador ter informado tempestivamente que o parecer será proferido por associação sindical por si identificada, privilegiam-se as organizações sindicais face às comissões de trabalhadores.

Atenta a redacção do n.º 2 deste artigo 376.º, impõe-se fazer uma reflexão: a associação sindical que o trabalhador há-de querer que se pronuncie relativamente ao procedimento de despedimento por inadaptação é qualquer uma, ainda que nada se relacione com a actividade do trabalhador? Atendendo ao elemento literal deste n.º 2, poder-se-ia pensar que a associação sindical é qualquer uma, independentemente de nela o trabalhador estar filiado. Contudo, não é assim. O n.º 2 deste artigo 376.º deve ser interpretado em conjunção com o disposto noutras normas, em particular com aquelas que disciplinam as estruturas de representação colectiva dos trabalhadores, onde as associações sindicais se integram, cfr. artigos 404.º e segs. As associações sindicais visam a defesa e prossecução colectivas dos direitos e interesses dos trabalhadores, e podem assumir uma das várias classificações admitidas por lei, sendo a mais vulgarizada destas últimas o sindicato, cfr. n.º 1 do artigo 442.º Para o efeito, as associações sindicais, têm, entre outros, o direito a iniciar e intervir em processos judiciais e em procedimentos administrativos quanto a interesses dos seus associados, bem como o direito de prestar serviços de carácter económico e social aos seus associados. Para que uma associação sindical possa então intervir em determinado procedimento de despedimento por inadaptação, o trabalhador terá de ser associado da mesma. E apesar de vigorar entre nós o princípio da liberdade de inscrição sindical, semelhante liberdade não é plena, mas antes é subordinada pela lei à representação, pelo sindicato, da categoria do trabalhador, cfr. n.º 1 do artigo 444.º E nesta matéria, há ainda que atender à proibição do trabalhador se encontrar simultaneamente filiado, a título da mesma profissão ou actividade, em sindicatos diferentes, podendo contudo o trabalhador desfiliar-se, a todo o tempo, do sindicato onde se encontra inscrito, desde que o comunique, por escrito, com a antecedência mínima de trinta dias. Como tal, resulta da lei uma restrição clara à legitimidade da intervenção das associações sindicais nos procedimento de despedimento por inadaptação. Por outras palavras, a escolha do trabalhador por determinada associação sindical para que esta emita um parecer no âmbito do procedimento de despedimento por inadaptação, está sujeita a limites objectivos e subjectivos cuja verificação cabe num primeiro momento à própria associação sindical: necessidade de filiação do próprio trabalhador e o exercício por este de uma profissão cujos interesses a associação sindical defenda e promova, nos termos dos seus próprios estatutos.

8. À contra-ordenação por violação do n.º 1 deste artigo, prevista no n.º 3, corresponde uma coima, coima esta que em concreto pode não ser aplicada, se o empregador assegurar ao trabalhador os direitos a que se refere o artigo 389.º, de acordo com o estabelecido no artigo 560.º

ARTIGO 377.º – Consultas em caso de despedimento por inadaptação

1 – Nos 10 dias posteriores à comunicação prevista no artigo anterior, o trabalhador pode juntar os documentos e solicitar as diligências probatórias que se mostrem pertinentes, sendo neste caso aplicável o disposto nos n.os 3 e 4 do artigo 356.º, com as necessárias adaptações.

2 – Caso tenham sido solicitadas diligências probatórias, o empregador deve informar o trabalhador, a estrutura representativa dos trabalhadores e, caso aquele seja representante sindical, a associação sindical respectiva, do resultado das mesmas.

3 – Após as comunicações previstas no artigo anterior, o trabalhador e a estrutura representativa dos trabalhadores podem, no prazo de 10 dias úteis, transmitir ao empregador o seu parecer fundamentado, nomeadamente sobre os motivos justificativos do despedimento.

4 – Constitui contra-ordenação grave a violação do disposto no n.º 2.

1. Este preceito corresponde ao artigo 427.º do anterior Código do Trabalho, aprovado pela Lei n.º 99/2003.

2. A redacção deste preceito foi alterada pelo artigo 2.º da Lei n.º 23/2012, de 25 de Junho, que introduziu também os n.os 2, 3 e 4. Na versão originária do Código do Trabalho, aprovado pela Lei n.º 7/2009, de 12 de Fevereiro, aqueles n.os 2, 3 e 4 inexistiam, sendo a seguinte a redacção do então artigo 377.º:

> "Nos 10 dias posteriores à comunicação prevista no artigo anterior, a estrutura representativa dos trabalhadores, o trabalhador envolvido e ainda, caso este seja representante sindical, a associação sindical respectiva podem transmitir ao empregador o seu parecer fundamentado, nomeadamente sobre os motivos justificativos do despedimento, podendo ainda o trabalhador apresentar os meios de prova que considere pertinentes.".

3. Da conjugação dos n.os 1 e 3 deste artigo 377.º resulta que, notificado da intenção do empregador proceder ao despedimento por inadaptação, o trabalhador dispõe de 10 dias para, querendo, juntar os documentos e solicitar as diligências probatórias que entender pertinentes. A contar daquela mesma comunicação, o trabalhador (e também a estrutura representativa dos trabalhadores) poderá ainda, no prazo de 10 dias úteis, transmitir ao empregador o seu parecer fundamentado relativamente ao despedimento por inadaptação. Os prazos são distintos, mas não acrescem. O que sucede é que o prazo, para o trabalhador (e também a estrutura representativa dos trabalhadores) comunicar ao empregador o seu parecer fundamentado quanto ao despedimento, termina pouco depois do prazo de que o trabalhador beneficia para juntar documentos e requerer diligências probatórias.

4. Atendendo ao disposto no n.º 1 deste artigo 377.º, admitem-se todos os meios de prova de que o trabalhador se possa socorrer: testemunhal (sendo permitida a acareação), documental (documentos escritos, reproduções mecânicas) e pericial. Permitindo este preceito que o trabalhador apresente os meios de prova que considere pertinentes, e constituindo o despedimento por inadaptação um procedimento, o empregador terá de proceder à realização da produção de prova antes de proferir a decisão final, cfr. n.º 2.

5. Caso o trabalhador solicite a realização de diligências probatórias, por efeito do n.º 1 – que remete expressamente para os n.os 3 e 4 do artigo 356.º, normas estas que são aplicáveis com as necessárias adaptações – o empregador não é obrigado a proceder à audição de mais de três testemunhas por cada facto descrito na defesa do trabalhador, nem mais de 10 no total. Quando haja lugar à realização das diligências probatórias, é ao trabalhador que incumbe assegurar a comparência das testemunhas que tenha indicado. Para dar cumprimento ao disposto no n.º 4 do artigo 356.º, o trabalhador deve ser notificado do local, da hora e da data em que as respectivas inquirições terão lugar.

Ainda assim, entendemos que se as testemunhas indicadas pelo trabalhador estiverem na disponibilidade do empregador, se forem seus trabalhadores, deve ser este quem as deve notificar. Caso contrário seria fácil ao empregador inviabilizar a audição das testemunhas.

6. Atendendo ao disposto no n.º 3 do artigo 20.º da Constituição da República Portuguesa, bem como no n.º 3 do artigo 66.º do Estatuto da Ordem dos Advogados, aprovado pela Lei n.º 145/2015, de 9 de Setembro, que estabelece que: "a representação e assistência por advogado são sempre admissíveis e não podem ser impedidos perante qualquer jurisdição, autoridade ou entidade pública ou privada, nomeadamente para defesa de direitos, patrocínio de relações jurídicas controvertidas, composição de interesses ou em processos de mera averiguação, ainda que administrativa, oficiosa ou de qualquer outra natureza.", a assistência por advogado é sempre admissível. Assim, em sede de procedimento de despedimento por inadaptação, o trabalhador pode, também ele, fazer-se representar e ser acompanhado por advogado. Devidamente mandatado, o advogado poderá subscrever o parecer do trabalhador e assistir à produção de prova solicitada pelo trabalhador.

7. Quando o trabalhador solicita apoio judiciário junto da Segurança Social para apresentar juntar documentos e solicitar as diligências probatórias que entender pertinentes, bem como para transmitir o seu parecer fundamentado quanto ao procedimento de despedimento por inadaptação, o prazo de 10 dias para juntar documentos e solicitar as diligências probatórias, bem como o prazo de 10 dias úteis para transmitir ao empregador o seu parecer, deverá ser suspenso até ao conhecimento da decisão sobre a concessão de protecção jurídica, que incumbe aos serviços de Segurança Social. É que, apesar de a constituição de mandatário não ser obrigatória, a assistência por advogado é sempre admissível cfr. n.º 3 do artigo 20.º da Constituição da República Portuguesa e n.º 3 do artigo 66.º do Estatuto da Ordem dos Advogado, aprovado pela Lei n.º 145/2015, de 9 de Setembro, pelo que a defesa do trabalhador não pode ser prejudicada se, nos prazos referidos, o trabalhador tiver informado o empregador de que requereu o benefício do apoio judiciário.

8. Segundo tem entendido a jurisprudência em matéria disciplinar, entendimento que cremos ter igualmente aplicação no caso de despedimento por inadaptação, quando se proceder às diligências probatórias requeridas, e constituindo o trabalhador mandatário, o advogado do trabalhador não tem de ser notificado do dia, hora e local da inquirição das testemunhas indicadas se o mandatário não referiu expressa e previamente o seu interesse em assistir à inquirição.

9. Note-se que nos termos do n.º 4 deste artigo 377.º não há qualquer outra consequência para o empregador que não seja contra-ordenacional, caso este não realize as diligências probatórias solicitadas pelo trabalhador. Designadamente, a sua não realização não tem por efeito tornar o despedimento por inadaptação ilícito, cfr. artigo 385.º

10. Nos termos do n.º 1 do artigo 63.º, o despedimento de trabalhadora grávida, puérpera ou lactante ou de trabalhador no gozo de licença parental carece de parecer prévio da entidade competente na área da igualdade de oportunidades entre homens e mulheres, a Comissão para a Igualdade no Trabalho e no Emprego (C.I.T.E.). Tratando-se de despedimento por inadaptação que abranja trabalhador naquela situação, a alínea d) do n.º 3 do mesmo artigo 63.º determina que o empregador remeta cópia do processo à entidade competente na área da igualdade de oportunidade entre homens e mulheres depois das consultas referidas neste artigo 377.º

ARTIGO 378.º – Decisão de despedimento por inadaptação

1 – Após a recepção dos pareceres referidos no artigo anterior ou o termo do prazo para o efeito, o empregador dispõe de 30 dias para proceder ao despedimento, sob pena de caducidade do direito, mediante decisão fundamentada e por escrito de que constem:

a) Motivo da cessação do contrato de trabalho;

b) Confirmação dos requisitos previstos no artigo 375.º;

c) Montante, forma, momento e lugar do pagamento da compensação e dos créditos vencidos e dos exigíveis por efeito da cessação do contrato de trabalho;

d) Data da cessação do contrato.

2 – O empregador comunica a decisão, por cópia ou transcrição, ao trabalhador, às entidades referidas nos n.os 1 e 2 do artigo 376.º e, bem assim, ao serviço com competência inspectiva do ministério responsável pela área laboral, com antecedência mínima, relativamente à data da cessação, de:

a) 15 dias, no caso de trabalhador com antiguidade inferior a um ano;

b) 30 dias, no caso de trabalhador com antiguidade igual ou superior a um ano e inferior a cinco anos;

c) 60 dias, no caso de trabalhador com antiguidade igual ou superior a cinco anos e inferior a 10 anos;

d) 75 dias, no caso de trabalhador com antiguidade igual ou superior a 10 anos.

3 – Constitui contra-ordenação grave o despedimento efectuado com violação do disposto no n.º 1 ou do aviso prévio referido no n.º 2, e constitui contra-ordenação leve a violação do disposto no n.º 2, no que respeita à falta de comunicação às entidades e ao serviço nele referidos.

1. Este preceito corresponde ao artigo 428.º do anterior Código do Trabalho, aprovado pela Lei n.º 99/2003.

2. A redacção do corpo do n.º 1, da alínea b) do n.º 1 e do corpo do n.º 2 foi alterada pelo artigo 2.º da Lei n.º 23/2012, de 25 de Junho. Na versão originária do

Código do Trabalho, aprovado pela Lei n.º 7/2009, de 12 de Fevereiro, aquelas normas tinham a seguinte redacção:

"1 – Decorridos cinco dias sobre o termo do prazo a que se refere o artigo anterior, o empregador pode proceder ao despedimento, mediante decisão fundamentada e por escrito de que constem:

b) Confirmação dos requisitos previstos no artigo 375.º, com menção, sendo caso disso, da recusa de alternativa proposta ao trabalhador;

2 – O empregador comunica a decisão, por cópia ou transcrição, ao trabalhador, às entidades referidas no n.º 1 do artigo 376.º e, bem assim, ao serviço com competência inspectiva do ministério responsável pela área laboral, com antecedência mínima, relativamente à data da cessação, de:".

3. Estabelece o n.º 1 que, recebidos os pareceres ou decorrido o prazo para os receber, o empregador dispõe de 30 dias para proferir a decisão de despedimento, sob pena de caducidade do direito de despedir.

Ao estabelecer-se um prazo para proceder ao despedimento, visa-se impedir que o empregador mantenha uma perspectiva de cessação do contrato de trabalho, como uma ameaça indefinidamente suspensa sobre o trabalhador, conservando-o na incerteza. Significa isto que ao empregador não será lícito comunicar a decisão de despedimento por inadaptação após terem passado aqueles trinta dias.

Se por qualquer motivo o empregador deixar caducar o seu direito, não lhe será lícito proceder ao despedimento, tendo, caso subsistam as situações de inadaptação e os requisitos previstos no artigo 375.º, de iniciar novo procedimento de despedimento por inadaptação.

A caducidade só é suspensa – a caducidade pode ser suspensa nos casos em que a lei o determine, cfr. artigo 328.º do Código Civil – em caso de procedimento de despedimento por inadaptação de trabalhadora grávida, puérpera ou lactante ou de trabalhador no gozo de licença parental, que carece de parecer prévio da entidade que tenha competência na área da igualdade de oportunidades entre homens e mulheres, actualmente a C.I.T.E. (Comissão para a Igualdade no Trabalho e no Emprego). Na situação de trabalhadora grávida, puérpera ou lactante, ou de trabalhador no gozo de licença parental, o empregador deverá enviar cópia do processo à C.I.T.E. depois das consultas referidas no artigo 377.º, cfr. alínea d) do n.º 3 do artigo 63.º, ou seja, após o empregador receber os pareceres do trabalhador e da estrutura representativa dos trabalhadores, ou decorrido o prazo para os receber. A C.I.T.E. tem 30 dias para emitir o seu parecer, cfr. n.º 4 do artigo 63.º Realce-se que se a decisão de procedimento de despedimento por inadaptação de trabalhadora grávida, puérpera ou lactante, ou de trabalhador em gozo de licença parental, for o despedimento, sem a precedência do pedido de parecer à C.I.T.E., o despedimento é ilícito, alínea d) do artigo 381.º

Se a decisão de procedimento de despedimento por inadaptação de trabalhadora grávida, puérpera ou lactante, ou de trabalhador em gozo de licença parental, for o despedimento – ainda que precedido do pedido de parecer à C.I.T.E., a qual veio a emitir parecer favorável ao despedimento, ou não tendo emitido parecer, foi o mesmo deferido tacitamente – este despedimento beneficia da presunção de ter sido realizado sem justa causa, cfr. n.º 2 do artigo 63.º

4. O parecer pode ser emitido pelo trabalhador, e também por uma das seguintes estruturas: associação sindical de que o trabalhador seja representante sindical, associação sindical indicada pelo trabalhador quando não seja representante sindical, ou comissão de trabalhadores, ou na falta da comissão de trabalhadores, comissão intersindical ou comissão sindical, quando, relativamente a estas últimas três estruturas, o trabalhador não seja representante sindical e não tenha indicado uma associação sindical para emitir o parecer.

5. Entre os créditos exigíveis por efeito da cessação do contrato de trabalho, referidos na alínea c) do n.º 1, poderão estar os relativos a formação. É que nos termos do artigo 134.º, cessando o contrato de trabalho, o trabalhador tem direito a receber a retribuição correspondente ao número mínimo anual de horas de formação que não lhe tenha sido proporcionado, ou ao crédito de horas para formação de que seja titular à data da cessação.

6. O n.º 2 deste artigo 378.º vem consagrar um aviso prévio da decisão de despedimento por inadaptação com diferentes prazos, consoante a antiguidade do trabalhador, e a esta proporcional: quanto maior for a antiguidade do trabalhador, e desde que enquadrável nos limites quantitativos fixados, maior será o período de tempo que o empregador terá de respeitar para cessar o contrato de trabalho. A antiguidade "é a qualidade correspondente à duração da situação jurídica laboral", Menezes Cordeiro, *Manual de Direito do Trabalho*, Livraria Almedina, 1991, página 675 e segs., e Acórdão do Tribunal da Relação de Lisboa, de 22 de Junho de 2005, processo 10307/2004-4, sumários em www.dgsi.pt. Significa isto que a duração de situações que não são de qualificar como sendo de trabalho subordinado não devem entrar no cômputo da antiguidade. A título exemplificativo, a duração de um contrato de estágio extracurricular, cfr. Decreto-Lei n.º 66/2011, de 1 de Junho, não correspondendo à prestação de trabalho subordinado, não dá lugar à contagem de antiguidade, ainda que posteriormente à cessação deste contrato venha a ser celebrado um contrato de trabalho. A proporcionalidade do prazo de aviso prévio, para comunicar a decisão de despedimento por inadaptação, não é exclusivo deste, sendo igualmente o critério aplicado ao despedimento colectivo, n.º 1 do artigo 363.º, e ao despedimento por extinção de posto de trabalho, n.º 3 do artigo 371.º, que também têm diferentes prazos consoante a antiguidade do trabalhador.

7. Nos termos da alínea c) do artigo 385.º, o despedimento por inadaptação é ilícito se o empregador não tiver posto à disposição do trabalhador despedido, até ao termo do prazo de aviso prévio, previsto no n.º 2 deste artigo 378.º, a compensação devida pelo próprio empregador a que se refere o artigo 366.º, por remissão do n.º 1 do artigo 379.º, e os créditos vencidos ou exigíveis em virtude da cessação do contrato de trabalho.

8. Nos termos do n.º 5 do artigo 241.º, em caso de cessação do contrato de trabalho sujeita a aviso prévio, o empregador pode determinar que o gozo das férias tenha lugar imediatamente antes da cessação. Caso as férias do trabalhador já tivessem sido marcadas antes da decisão de despedimento por inadaptação, o empregador pode alterar a marcação das férias, de modo a que o gozo das mesmas tenha lugar imediatamente antes da cessação do contrato de trabalho, cfr. n.º 3 do artigo 243.º Estas faculdades têm em vista possibilitar que o empregador não tenha de proceder ao pagamento de férias vencidas e não gozadas, bem como ao respectivo subsídio, cfr. alínea a) do n.º 1 do artigo 245.º

9. O serviço com competência inspectiva do ministério responsável pela área laboral referido no n.º 2 é a Autoridade para as Condições do Trabalho (A.C.T.), que prossegue, entre outras, as atribuições de promover, controlar e fiscalizar o cumprimento das disposições legais, regulamentares e convencionais, respeitantes às relações de trabalho, cfr. alínea a) do n.º 2 do artigo 11.º do Decreto-Lei n.º 167-C/2013, de 31 de Dezembro, alterado pelo Decreto-Lei n.º 28/2015, de 10 de Fevereiro, que aprovou a Lei Orgânica do Ministério da Solidariedade, Emprego e Segurança Social, e alínea a) do n.º 2 do artigo 2.º do Decreto Regulamentar n.º 47/2012, de 31 de Julho, que aprovou a orgânica da Autoridade para as Condições do Trabalho.

10. Nada obsta que a forma escrita, imposta pelo n.º 1, seja satisfeita através de documento electrónico, ou seja, por documento elaborado mediante processamento electrónico de dados. Por outras palavras, nada impede que a forma escrita seja adoptada através de uma declaração escrita enviada por correio electrónico (e-mail) para um endereço electrónico. Sobre a validade, eficácia e valor probatório dos documentos electrónicos remete-se para a anotação 4. ao artigo 107.º

11. À contra-ordenação por violação do n.º 1 deste artigo, prevista no n.º 3, corresponde uma coima, coima esta que em concreto pode não ser aplicada, se o empregador assegurar ao trabalhador os direitos a que se refere o artigo 389.º, de acordo com o estabelecido no artigo 560.º

ARTIGO 379.º – Direitos de trabalhador em caso de despedimento por inadaptação

1 – Ao trabalhador despedido por inadaptação aplica-se o disposto no n.º 4 e na primeira parte do n.º 5 do artigo 363.º e nos artigos 364.º a 366.º

2 – Em caso de despedimento por inadaptação nas situações referidas no n.º 2 e na alínea b) do n.º 3 do artigo 375.º, a denúncia do contrato de trabalho por parte do trabalhador pode ter lugar após a comunicação referida na alínea b) do mesmo n.º 2.

1. Este preceito corresponde ao artigo 409.º do anterior Código do Trabalho, aprovado pela Lei n.º 99/2003.

2. A redacção deste preceito foi alterada pelo artigo 1.º da Lei n.º 53/2011, de 14 de Outubro, e posteriormente pelo artigo 2.º da Lei n.º 23/2012, de 25 de Junho, que introduziu ainda o n.º 2. Na versão originária do Código do Trabalho, aprovado pela Lei n.º 7/2009, de 12 de Fevereiro, este artigo 379.º tinha a seguinte redacção:

> "Ao trabalhador despedido por inadaptação aplica-se o disposto no n.º 4 do artigo 363.º e nos artigos 364.º a 366.º".

3. O entendimento do n.º 1 deste artigo 379.º, ao permitir a aplicação do n.º 4 do artigo 363.º ao despedimento por inadaptação, é diferente daquele que é consagrado quanto ao despedimento por facto imputável ao trabalhador, em que a decisão de despedimento determina a cessação do contrato de trabalho logo que chega ao poder do trabalhador, ou é dele conhecida. O n.º 1 deste artigo 379.º é uma norma habilitante que permite ao empregador, que se encontra obrigado a um aviso prévio de prazo diferente, consoante a antiguidade do trabalhador, obstar justificadamente à prestação efectiva do trabalho, não incorrendo portanto na proibição da alínea b) do n.º 1 do artigo 129.º, durante parte ou mesmo todo o período de aviso prévio. Ou seja, permite-se com o n.º 1 deste artigo 379.º que a relação entre trabalhador e empregador termine de facto antes de decorrido o aviso prévio, por decisão unilateral do empregador, sendo que a relação jurídica termina, contudo, apenas após o decurso do prazo de aviso prévio. Isto significa, que até ao decurso do prazo de aviso prévio, o empregador terá, como se o trabalho continuasse a ser prestado, de proceder ao pagamento da remuneração bem como a proceder aos descontos que sobre esta incidem. O poder conferido por esta norma, e bem assim como no despedimento colectivo e no despedimento por extinção de posto de trabalho, aos quais é aplicável o n.º 4 do artigo 363.º, cfr. esse mesmo preceito e o artigo 372.º, a par com a suspensão preventiva do trabalhador em procedimento disciplinar, cfr. n.º 5 do artigo 329.º e artigo 354.º, é das raras excepções no Código em que se admite que o empregador não esteja vinculado a receber a prestação de trabalho do trabalhador. Durante este período, quando não for observado o período mínimo de aviso prévio, não se mantêm, porque não há prestação de trabalho, nem dever do empregador de a receber, todos os direitos e deveres das partes. Entre os deveres que não se mantêm, conta-se o dever de assiduidade, diligência, etc.. Quando não haja lugar à prestação de trabalho até ao decurso do aviso prévio, por aplicação desta norma, restringe-se a admissibilidade de verificação de um acidente de trabalho.

Assim, um dos sentidos do n.º 1 deste 379.º, é o de o empregador poder obviar licitamente à prestação do trabalho podendo o trabalhador ser dispensado de realizar o seu trabalho, sem que com isso o empregador incorra em violação do direito de ocupação efectiva, cfr. alínea b) do n.º 1 do artigo 129.º

4. O n.º 1 deste artigo 379.º, ao mandar aplicar o n.º 5 do artigo 363.º, vem impor que o pagamento da compensação, dos créditos vencidos e dos exigíveis por efeito da cessação do contrato de trabalho seja efectuado até ao termo do prazo de aviso prévio. Contudo, era desnecessária semelhante aplicação, pois este entendimento resultava já do n.º 7 do artigo 375.º

Nos termos da alínea c) do artigo 385.º, o despedimento por inadaptação é ilícito se o empregador não tiver posto à disposição do trabalhador despedido, até ao termo do prazo de aviso prévio, previsto no n.º 2 do artigo 378.º, a compensação por ele devida a que se refere o artigo 366.º por remissão do n.º 1 deste artigo 379.º, e os créditos vencidos ou exigíveis em virtude da cessação do contrato de trabalho.

5. Atendendo a que o n.º 1 deste preceito remete expressamente para os artigos 364.º a 366.º, vejam-se as respectivas anotações a estes preceitos.

6. A denúncia referida no n.º 2 é uma das formas típicas de cessação de contratos, definindo-se como uma manifestação de vontade de uma das partes, dirigida à outra, que visa pôr termo a um contrato duradouro ou obstar à renovação de um contrato, que sem aquela declaração teria lugar. Em regra, no regime da denúncia, a declaração não carece de qualquer justificação.

7. A denúncia encontra-se prevista nos artigos 400.º e segs. Por efeito deste preceito, permite-se que nas situações em que não tenham sido introduzidas modificações no posto de trabalho, o trabalhador pode denunciar o seu contrato de trabalho a partir do momento em que recebe a comunicação do empregador, sem perder o direito a receber a compensação por despedimento por inadaptação.

Nos termos daquele n.º 2, a denúncia imediatamente após o início do procedimento de despedimento por inadaptação, ou seja, com a comunicação do empregador, pode ocorrer quando não tenham sido introduzidas modificações no posto de trabalho, em duas situações: *i)* modificação substancial da prestação do trabalhador, da qual resulte, nomeadamente, uma redução continuada da produtividade ou da qualidade, avarias repetidas nos meios afectos ao posto de trabalho ou riscos para a segurança e saúde do trabalhador, de outros trabalhadores ou de terceiros; e *ii)* trabalhador afecto a cargo de complexidade técnica ou de direcção quando não se cumpram os objectivos previamente acordados, por escrito, em consequência do seu modo de exercício de funções e seja praticamente impossível a subsistência da relação de trabalho.

ARTIGO 380.º – Manutenção do nível de emprego

1 – Nos 90 dias seguintes a despedimento por inadaptação, deve ser assegurada a manutenção do nível de emprego na empresa, por meio de admissão ou transferência de trabalhador no decurso de procedimento tendente a despedimento por facto que não lhe seja imputável.

2 – Em caso de incumprimento do disposto no número anterior, o serviço com competência inspectiva do ministério responsável pela área laboral notifica o empregador para que assegure a manutenção do nível de emprego, em prazo não superior a 30 dias.

3 – Constitui contra-ordenação grave o despedimento efectuado com violação do disposto nos n.os 1 ou 2, sendo a violação do n.º 2 punível com o dobro da coima.

1. Este preceito corresponde ao artigo 410.º do anterior Código do Trabalho, aprovado pela Lei n.º 99/2003.

2. O n.º 1 exige que o empregador que proceda a um despedimento por inadaptação mantenha o nível de emprego na empresa, nível esse que pode ser assegurado através de um trabalhador contratado a termo resolutivo, cfr. artigo 139.º e segs., não impondo a norma que o trabalhador tenha celebrado um contrato sem termo.

3. O serviço com competência inspectiva do ministério responsável pela área laboral referido no n.º 2 é a Autoridade para as Condições do Trabalho (A.C.T.), que prossegue, entre outras, as atribuições de promover, controlar e fiscalizar o cumprimento das disposições legais, regulamentares e convencionais, respeitantes às relações de trabalho, cfr. alínea a) do n.º 2 do artigo 11.º do Decreto-Lei n.º 167-C/2013, de 31 de Dezembro, alterado pelo Decreto-Lei n.º 28/2015, de 10 de Fevereiro, que aprovou a Lei Orgânica do Ministério da Solidariedade, Emprego e Segurança Social, e alínea a) do n.º 2 do artigo 2.º do Decreto Regulamentar n.º 47/2012, de 31 de Julho, que aprovou a orgânica da Autoridade para as Condições do Trabalho.

4. A contagem do prazo referido no n.º 2 é realizada de acordo com o disposto no artigo 87.º do Código do Procedimento Administrativo. Nos termos da alínea b) daquele preceito, não se inclui na contagem o dia em que ocorrer o evento a partir do qual o prazo começa a correr. De acordo com a alínea c) do mesmo artigo 87.º o prazo suspende-se aos sábados, domingos e feriados, sendo que nos termos da alínea f) do mesmo preceito, o termo do prazo que coincida com dia em que o serviço perante o qual deva ser praticado o acto não esteja aberto ao público, ou não funcione durante o período normal, transfere-se para o primeiro dia útil seguinte. O Código do Procedimento Administrativo actualmente em vigor foi aprovado pelo Decreto-Lei n.º 4/2015, de 7 de Janeiro.

5. À contra-ordenação por violação do n.º 1 deste artigo, prevista no n.º 3, corresponde uma coima, coima esta que em concreto pode não ser aplicada, se o empregador assegurar ao trabalhador os direitos a que se refere o artigo 389.º, de acordo com o estabelecido no artigo 560.º

SUBSECÇÃO II – Ilicitude de despedimento

ARTIGO 381.º – Fundamentos gerais de ilicitude de despedimento

Sem prejuízo do disposto nos artigos seguintes ou em legislação específica, o despedimento por iniciativa do empregador é ilícito:

a) Se for devido a motivos políticos, ideológicos, étnicos ou religiosos, ainda que com invocação de motivo diverso;

b) Se o motivo justificativo do despedimento for declarado improcedente;

c) Se não for precedido do respectivo procedimento;

d) Em caso de trabalhadora grávida, puérpera ou lactante ou de trabalhador durante o gozo de licença parental inicial, em qualquer das suas modalidades, se não for solicitado o parecer prévio da entidade competente na área da igualdade de oportunidades entre homens e mulheres.

1. Este preceito corresponde ao artigo 429.º e ao n.º 4 do artigo 51.º, ambos do anterior Código do Trabalho, aprovado pela Lei n.º 99/2003.

2. A ilicitude do despedimento só pode ser declarada por tribunal judicial, cfr. n.º 1 do artigo 387.º, e n.º 1 do artigo 388.º

3. Como se refere na epígrafe deste preceito, os fundamentos previstos nas alíneas a), b), c) e d) deste artigo 381.º são gerais ou comuns, estabelecendo-se nos artigos 382.º, 383.º, 384.º e 385.º os fundamentos específicos de ilicitude de despedimento por facto imputável ao trabalhador, colectivo, por extinção de posto de trabalho e por inadaptação, respectivamente. Enquanto fundamentos gerais, as causas de ilicitude previstas neste artigo 381.º são aplicáveis ao despedimento por facto imputável ao trabalhador, ao despedimento colectivo, ao despedimento por extinção de posto de trabalho, e ao despedimento por inadaptação.

4. A alínea a) pretende obstar aos despedimentos realizados verdadeiramente por motivos políticos, ideológicos, étnicos ou religiosos, o que decorre do consagrado no artigo 53.º da Constituição da República Portuguesa, segundo o qual:" É garantida aos trabalhadores a segurança no emprego, sendo proibidos os despedimentos sem justa causa ou por motivos políticos ou ideológicos.". Sanciona-se com a ilicitude o despedimento socialmente inadequado. Admite-se, contudo, a existência de excepções, em legislação específica, como previsto neste próprio preceito, o que sucede, por exemplo no n.º 2 do artigo 38.º da Lei dos Partidos Políticos, aprovada pela Lei Orgânica n.º 2/2003, de 22 de Agosto, e alterada pela Lei Orgânica n.º 2/2008, de 14 de Maio, que considera justa causa de despedimento o facto de um funcionário se desfiliar ou fazer propaganda contra o partido que o emprega ou a favor de uma candidatura sua concorrente.

5. A alínea b) comina a ilicitude para o despedimento em que o tribunal venha a entender que o motivo invocado pelo empregador não tem fundamento. À semelhança do que ocorre na alínea a), também a alínea b) decorre do consagrado no artigo 53.º da Constituição da República Portuguesa, segundo o qual são proibidos os despedimentos sem justa causa. Exigindo-se por princípio a existência de uma justa causa para que o empregador possa proceder ao despedimento, quando esta inexista, o despedimento só poderia considerar-se ilícito. Atendendo a que a noção de justa causa constitui um conceito indeterminado, em ordem a que se possa adaptar às circunstâncias mais variadas da realidade, em constante mutação, o preenchimento deste conceito é das questões que mais dúvidas suscita, motivo pela qual é mais repetidamente submetida aos tribunais.

6. A alínea c) pretende obstar aos despedimentos verbais, ou seja ao despedimento realizado pelo empregador sem observância do procedimento que devesse ser aplicável. Os procedimentos que permitem efectuar o despedimento do trabalhador por decisão do empregador são o despedimento por facto imputável ao trabalhador (cfr. alínea c) do artigo 340.º e artigo 351.º e segs.), o despedimento colectivo (cfr. alínea d) do artigo 340.º e artigo 359.º e segs.), o despedimento por extinção de posto de trabalho (cfr. alínea e) do artigo 340.º e artigo 367.º e segs.), e o despedimento por inadaptação (cfr. alínea f) do artigo 340.º e artigo 373.º e segs.).

7. A alínea d) encontra-se em consonância com o disposto no artigo 63.º, estabelecendo o n.º 1 daquele preceito que o despedimento de trabalhadora grávida, puérpera ou lactante ou de trabalhador no gozo de licença parental carece de parecer prévio da entidade competente na área da igualdade de oportunidades entre homens e mulheres, actualmente a Comissão para a Igualdade no Trabalho e no Emprego (C.I.T.E.). Não sendo solicitado o parecer prévio, por efeito da alínea d) deste artigo 381.º, o despedimento é ilícito. Nos termos do n.º 8 do artigo 63.º, se o despedimento for declarado ilícito, o empregador não se pode opor à reintegração do trabalhador nos termos do n.º 1 do artigo 392.º e o trabalhador tem direito, em alternativa à reintegração, a indemnização calculada nos termos do n.º 3 do referido artigo.

8. Quanto aos efeitos da ilicitude do despedimento, veja-se o n.º 1 do artigo 389.º

9. Sobre este preceito *vide* Bernardo Lobo Xavier, *Manual de Direito do Trabalho*, Verbo, 2011, página 760 e segs.

ARTIGO 382.º – Ilicitude de despedimento por facto imputável ao trabalhador

1 – O despedimento por facto imputável ao trabalhador é ainda ilícito se tiverem decorrido os prazos estabelecidos nos n.os 1 ou 2 do artigo 329.º, ou se o respectivo procedimento for inválido.

2 – O procedimento é inválido se:

a) Faltar a nota de culpa, ou se esta não for escrita ou não contiver a descrição circunstanciada dos factos imputados ao trabalhador;

b) Faltar a comunicação da intenção de despedimento junta à nota de culpa;

c) Não tiver sido respeitado o direito do trabalhador a consultar o processo ou a responder à nota de culpa ou, ainda, o prazo para resposta à nota de culpa;

d) A comunicação ao trabalhador da decisão de despedimento e dos seus fundamentos não for feita por escrito, ou não esteja elaborada nos termos do n.º 4 do artigo 357.º ou do n.º 2 do artigo 358.º

1. Este preceito corresponde ao artigo 430.º do anterior Código do Trabalho, aprovado pela Lei n.º 99/2003.

2. A ilicitude do despedimento só pode ser declarada por tribunal judicial, cfr. n.º 1 do artigo 387.º

3. Ver artigo 381.º quanto aos fundamentos gerais ou comuns da ilicitude de despedimento.

4. O despedimento por facto imputável ao trabalhador encontra-se previsto na alínea c) do artigo 340.º, e nos artigos 351.º a 358.º

5. De acordo com o n.º 1, o despedimento por facto imputável ao trabalhador é ilícito se o procedimento disciplinar for inválido, nos termos do n.º 2, ou tiverem decorrido os prazos de prescrição da infracção (de um ano após a prática da infracção, ou quando o facto constitua igualmente crime, o prazo de prescrição da lei penal) ou de caducidade (60 dias após o conhecimento da infracção), previstos nos n.os 1 e 2 do artigo 329.º

Note-se contudo, que o novo prazo disciplinar de prescrição fixado no n.º 3 do artigo 329.º, que determina que o procedimento disciplinar prescreve decorrido um ano contado da data em que é iniciado quando, nesse prazo, o trabalhador não seja notificado da decisão final, não recai no âmbito de aplicação do n.º 1 deste artigo 382.º Para maiores desenvolvimentos relativamente às consequências da violação do n.º 3 do artigo 329.º, ver anotações a esse preceito.

6. Nos termos da alínea a) do n.º 2, o procedimento é inválido se faltar a nota de culpa, ou se esta não for escrita ou não contiver a descrição circunstanciada dos factos imputados ao trabalhador, assim se cominando com a invalidade a violação do n.º 1 do artigo 353.º

7. Nos termos da alínea b) do n.º 2, o procedimento é inválido se faltar a comunicação da intenção de despedimento junta à nota de culpa, ou seja, a violação do n.º 1 do artigo 353.º fere de invalidade o procedimento disciplinar. Note-se contudo que do n.º 1 do artigo 353.º, bem como da alínea b) deste n.º 2, parece decorrer a existência de dois documentos distintos: um para a comunicação da intenção de despedir e outro para a nota de culpa. Porém, tal não é absolutamente necessário, podendo a intenção de despedimento constar da própria nota de culpa. Trata-se, portanto, de uma lacuna suprível pela própria nota de culpa. Neste sentido, veja-se o Acórdão do Supremo Tribunal de Justiça, de 4 de Junho de 1997, processo n.º 247/97, sumários em www.dgsi.pt: "A nulidade proveniente da falta de comunicação da intenção de despedir não se verifica se esta constar, não da comunicação (que falta), mas da nota de culpa", bem como Acórdão do Supremo Tribunal de Justiça de 22 de Novembro de 1990, *Actualidade Jurídica*, 13.º/14.º-27, Acórdão do Tribunal da Relação de Lisboa de 27 de Fevereiro de 1985, recurso n.º 1577, *Boletim do Ministério da Justiça*, 351.º, página 453, e *Boletim do Trabalho e Emprego*, 2.ª série, n.ºs 3-4/87, página 629, entre outros.

8. De acordo com a alínea c) do n.º 2, o procedimento é inválido se não tiver sido respeitado o direito do trabalhador a consultar o processo ou a responder à nota de culpa ou, ainda, o prazo para resposta à nota de culpa, cominação que será aplicável quando haja uma violação do n.º 1 do artigo 355.º

9. Nos termos da alínea d) do n.º 2, o procedimento é inválido se a comunicação ao trabalhador da decisão de despedimento e dos seus fundamentos não for feita por escrito, como determina o n.º 5 do artigo 357.º E será igualmente inválido se a decisão de despedimento não for elaborada ponderando-se: as circunstâncias do caso, nomeadamente na apreciação da justa causa, o grau de lesão dos interesses do empregador, o carácter das relações entre as partes ou entre o trabalhador e os seus companheiros e as demais circunstâncias que no caso sejam relevantes, a adequação do despedimento à culpabilidade do trabalhador, e os pareceres dos representantes dos trabalhadores (quando existam). A invalidade do procedimento é ainda o desvalor jurídico aplicável quando sejam invocados na decisão de despedimento factos não constantes da nota de culpa, ou da resposta à nota de culpa do trabalhador, a não ser que esses factos atenuem a responsabilidade deste último.

10. Nada obsta que a forma escrita da nota de culpa e da decisão de despedimento, seja satisfeita através de documento electrónico, ou seja, por documento elaborado mediante processamento electrónico de dados. Por outras palavras, nada impede que a forma escrita seja adoptada através de uma declaração escrita enviada por correio electrónico (e-mail) para um endereço electrónico. Sobre a validade, eficácia e valor probatório dos documentos electrónicos remete-se para a anotação 4. ao artigo 107.º

ARTIGO 383.º – Ilicitude de despedimento colectivo

O despedimento colectivo é ainda ilícito se o empregador:

a) Não tiver feito a comunicação prevista nos n.º 1 ou 4 do artigo 360.º ou promovido a negociação prevista no n.º 1 do artigo 361.º;

b) Não tiver observado o prazo para decidir o despedimento, referido no n.º 1 do artigo 363.º;

c) Não tiver posto à disposição do trabalhador despedido, até ao termo do prazo de aviso prévio, a compensação por ele devida a que se refere o artigo 366.º e os créditos vencidos ou exigíveis em virtude da cessação do contrato de trabalho, sem prejuízo do disposto na parte final do n.º 5 do artigo 363.º

1. Este preceito corresponde ao artigo 431.º do anterior Código do Trabalho, aprovado pela Lei n.º 99/2003.

2. A redacção da alínea c) deste preceito foi alterada pelo artigo 1.º da Lei n.º 53/2011, de 14 de Outubro, e posteriormente pelo artigo 2.º da Lei n.º 23/2012, de 25 de Junho. Na versão originária do Código do Trabalho, aprovado pela Lei n.º 7/2009, de 12 de Fevereiro, aquela alínea tinha a seguinte redacção: "Não tiver posto à disposição do trabalhador despedido, até ao termo do prazo de aviso prévio, a compensação a que se refere o artigo 366.º e os créditos vencidos ou exigíveis em virtude da cessação do contrato de trabalho, sem prejuízo do disposto na parte final do n.º 4 do artigo 363.º.".

Na redacção original da parte final da alínea c) constava um lapso, como demos conta na 1.ª edição da presente obra, ao referir o n.º 4 do artigo 363.º, quando deveria mencionar o n.º 5 do artigo 363.º Este lapso advinha da introdução de mais uma norma ao artigo 363.º no texto final do Código do Trabalho após a declaração de constitucionalidade do Tribunal Constitucional, cfr. Acórdão do Tribunal Constitucional n.º 632/2008, publicado no Diário da República, 1.ª Série, de 9 de Janeiro de 2009, sem que fosse realizada a correspondente alteração na alínea c) do artigo 383.º O lapso só seria corrigido com a Lei n.º 53/2011, de 14 de Outubro.

3. A ilicitude do despedimento só pode ser declarada por tribunal judicial, cfr. n.º 1 do artigo 388.º

4. Ver artigo 381.º quanto aos fundamentos gerais ou comuns da ilicitude de despedimento.

5. O despedimento colectivo encontra-se previsto na alínea d) do artigo 340.º, e nos artigos 359.º a 366.º

6. Nos termos da alínea a), o despedimento colectivo é ilícito se o empregador não tiver feito a comunicação escrita de intenção de proceder aquela modalidade de despedimento à comissão de trabalhadores ou, na sua falta, à comissão intersindical ou às comissões sindicais da empresa representativas dos trabalhadores a abranger, ou na falta destas entidades, à comissão representativa designada pelos trabalhadores, cfr. n.os 1 e 4 do artigo 360.º Por determinação da alínea a), o despedimento colectivo é ainda ilícito se o empregador não tiver promovido a fase de informações e negociação com a estrutura representativa dos trabalhadores, com vista a um acordo sobre a dimensão e efeitos das medidas a aplicar e, bem assim, de outras medidas que reduzam o número de trabalhadores a despedir, cfr. n.º 1 do artigo 361.º

7. De acordo com a alínea b), o despedimento colectivo é ilícito se o empregador não tiver observado o prazo dilatório de 15 dias para decidir o despedimento, referido no n.º 1 do artigo 363.º Ou seja, se o empregador comunicar a cada trabalhador abrangido a decisão de despedimento antes deste prazo decorrer, o despedimento é ilícito.

8. Nos termos da alínea c), o despedimento colectivo é ilícito se o empregador não tiver posto à disposição do trabalhador despedido, até ao termo do prazo de aviso prévio, a compensação por despedimento colectivo prevista no artigo 366.º, que seja por ele, empregador, devida, e os créditos vencidos ou exigíveis em virtude da cessação do contrato de trabalho. Determina o n.º 5 do artigo 363.º que o pagamento da compensação, dos créditos vencidos e dos exigíveis por efeito da cessação do contrato de trabalho deve ser efectuado até ao termo do prazo de aviso prévio, salvo em situação prevista no artigo 347.º ou regulada em legislação especial sobre recuperação de empresas e reestruturação de sectores económicos. Por efeito da alínea c) deste artigo 383.º, recusando-se o empregador a efectuar o pagamento da compensação ou dos créditos já vencidos ou dos exigíveis por força da cessação do contrato de trabalho, ou fazendo-o apenas após o termo do prazo de aviso prévio, inquinará a licitude do próprio despedimento colectivo.

ARTIGO 384.º – Ilicitude de despedimento por extinção de posto de trabalho

O despedimento por extinção de posto de trabalho é ainda ilícito se o empregador:

a) Não cumprir os requisitos do n.º 1 do artigo 368.º;

b) Não observar o disposto no n.º 2 do artigo 368.º;

c) Não tiver feito as comunicações previstas no artigo 369.º;

d) Não tiver colocado à disposição do trabalhador despedido, até ao termo do prazo de aviso prévio, a compensação por ele devida a que se refere o artigo 366.º, por remissão do artigo 372.º, e os créditos vencidos ou exigíveis em virtude da cessação do contrato de trabalho.

1. Este preceito corresponde ao artigo 432.º do anterior Código do Trabalho, aprovado pela Lei n.º 99/2003.

2. A redacção da alínea b) foi alterada pelo artigo 2.º da Lei n.º 23/2012, de 25 de Junho. Também a redacção da alínea d) deste preceito foi alterada, primeiro pelo artigo 1.º da Lei n.º 53/2011, de 14 de Outubro, e posteriormente pelo artigo 2.º da Lei n.º 23/2012, de 25 de Junho. Na versão originária do Código do Trabalho, aprovado pela Lei n.º 7/2009, de 12 de Fevereiro, aquelas alíneas tinham a seguinte redacção:

> "*b)* Não respeitar os critérios de concretização de postos de trabalho a extinguir referidos no n.º 2 do artigo 368.º;
>
> *d)* Não tiver colocado à disposição do trabalhador despedido, até ao termo do prazo de aviso prévio, a compensação a que se refere o artigo 366.º por remissão do artigo 372.º e os créditos vencidos ou exigíveis em virtude da cessação do contrato de trabalho.".

3. A ilicitude do despedimento só pode ser declarada por tribunal judicial, cfr. n.º 1 do artigo 387.º

4. Ver artigo 381.º quanto aos fundamentos gerais ou comuns da ilicitude de despedimento.

5. O despedimento por extinção de posto de trabalho encontra-se previsto na alínea e) do artigo 340.º, e nos artigos 367.º a 372.º

6. De acordo com a alínea a), o despedimento por extinção de posto de trabalho é ilícito se o empregador não cumprir os requisitos cumulativos que permitem a aplicação desta modalidade de despedimento, ou seja:

a) Os motivos indicados não sejam devidos a conduta culposa do empregador ou do trabalhador;
b) Seja praticamente impossível a subsistência da relação de trabalho;
c) Não existam, na empresa, contratos de trabalho a termo para tarefas correspondentes às do posto de trabalho extinto;
d) Não seja aplicável o despedimento colectivo.

7. Nos termos da alínea b), o despedimento por extinção de posto de trabalho é ilícito se o empregador não respeitar critérios relevantes e não discriminatórios para a concretização do posto de trabalho a extinguir, quando haja na secção ou estrutura equivalente uma pluralidade de postos de trabalho de conteúdo funcional idêntico. Para que um critério não possa ser qualificado como discriminatório, exige-se que seja objectivamente justificado por um fim legítimo, ou seja, que existe um motivo legítimo e justificável. Já será discriminatório se se fundar em razão, nomeadamente, de ascendência, idade, sexo, orientação sexual, estado civil, situação familiar, situação económica, instrução, origem ou condição social, património genético, capacidade de trabalho reduzida, deficiência, doença crónica, nacionalidade, origem étnica ou raça, território de origem, língua, religião, convicções políticas ou ideológicas e filiação sindical, cfr. artigo 24.º

8. De acordo com a alínea c), o despedimento por extinção de posto de trabalho é ilícito se o empregador não tiver comunicado, por escrito, à comissão de trabalhadores ou, na sua falta, à comissão intersindical ou comissão sindical, ao trabalhador envolvido e ainda, caso este seja representante sindical, à associação sindical respectiva, a necessidade de extinguir o posto de trabalho, indicando os motivos justificativos e a secção ou unidade equivalente a que respeita, bem como a necessidade de despedir o trabalhador afecto ao posto de trabalho a extinguir e a sua categoria profissional.

9. Nos termos da alínea d), o despedimento por extinção de posto de trabalho é ilícito se o empregador não tiver colocado à disposição do trabalhador despedido, até ao termo do prazo de aviso prévio, a compensação por despedimento por extinção do posto de trabalho, prevista no artigo 372.º (que remete para a aplicação do artigo 366.º) e os créditos vencidos ou exigíveis em virtude da cessação do contrato de trabalho. Determina o n.º 5 do artigo 368.º que o despedimento por extinção do posto de trabalho só pode ter lugar desde que, até ao termo do prazo de aviso prévio, seja posta à disposição do trabalhador a compensação devida, bem como os créditos vencidos e os exigíveis por efeito da cessação do contrato de trabalho. No mesmo sentido dispõe o n.º 4 do artigo 371.º Assim, e por efeito da alínea d) deste artigo 384.º, recusando-se o empregador a efectuar o pagamento da compensação, que seja por si devida, ou recusando-se a pagar os créditos já vencidos ou exigíveis por força da cessação do contrato de trabalho, ou caso os pague apenas após o termo do prazo de aviso prévio, inquinará a licitude do próprio despedimento por extinção de posto de trabalho.

ARTIGO 385.º – Ilicitude de despedimento por inadaptação

O despedimento por inadaptação é ainda ilícito se o empregador:

a) Não cumprir o disposto nos n.os 3 e 4 do artigo 374.º ou nos n.os 1 a 3 do artigo 375.º;

b) Não tiver feito as comunicações previstas no artigo 376.º;

c) Não tiver posto à disposição do trabalhador despedido, até ao termo do prazo de aviso prévio, a compensação por ele devida a que se refere o artigo 366.º por remissão do n.º 1 do artigo 379.º e os créditos vencidos ou exigíveis em virtude da cessação do contrato de trabalho.

1. Este preceito corresponde ao artigo 433.º do anterior Código do Trabalho, aprovado pela Lei n.º 99/2003.

2. A redacção da alínea *a)* foi alterada pelo artigo 2.º da Lei n.º 23/2012, de 25 de Junho. Também a redacção da alínea *c)* deste preceito foi alterada, primeiro pelo artigo 1.º da Lei n.º 53/2011, de 14 de Outubro, e posteriormente pelo artigo 2.º da Lei n.º 23/2012, de 25 de Junho. Na versão originária do Código do Trabalho, aprovado pela Lei n.º 7/2009, de 12 de Fevereiro, aquelas alíneas tinham a seguinte redacção:

> "*a)* Não cumprir os requisitos do n.º 1 do artigo 375.º;
>
> *c)* Não tiver posto à disposição do trabalhador despedido, até ao termo do prazo de aviso prévio, a compensação a que se refere o artigo 366.º por remissão do artigo 379.º e os créditos vencidos ou exigíveis em virtude da cessação do contrato de trabalho.".

3. A ilicitude do despedimento só pode ser declarada por tribunal judicial, cfr. n.º 1 do artigo 387.º

4. Ver artigo 381.º quanto aos fundamentos gerais ou comuns da ilicitude de despedimento.

5. O despedimento inadaptação encontra-se previsto na alínea f) do artigo 340.º, e nos artigos 373.º a 380.º

6. Sobre o trabalhador com capacidade de trabalho reduzida, veja-se o artigo 84.º Sobre o trabalhador com deficiência ou doença crónica, vejam-se os artigos 85.º e segs.

7. Nos termos da alínea *a)*, o despedimento por inadaptação é ilícito se abranger trabalhadores com capacidade de trabalho reduzida, deficiência ou doença crónica. Será também ilícito se decorrer de falta de condições de segurança e saúde no trabalho imputável ao empregador. Igual consequência terá o despedimento que não se tiverem verificado os requisitos do despedimento colectivo previstos nos n.os 1, 2 e 3 do artigo 375.º

8. De acordo com a alínea *b)*, o despedimento por inadaptação é ilícito se o empregador não tiver realizado, por escrito, as comunicações determinadas nos n.os 1 e 2 do artigo 376.º Por imposição daquelas normas, o empregador terá de comunicar:

a) A intenção de proceder ao despedimento, indicando os motivos justificativos;
b) As modificações introduzidas no posto de trabalho ou, caso estas não tenham existido, os elementos a que se referem as alíneas *b*) e *c*) do n.º 2 do artigo 375.º;
c) Os resultados da formação profissional e do período de adaptação, a que se referem as alíneas *b*) e *c*) do n.º 1 e a alínea *d*) do n.º 2 do mesmo artigo 375.º

A comunicação é realizada ao trabalhador e, caso este seja representante sindical, à associação sindical respectiva, sendo que caso o trabalhador não seja representante sindical, decorridos três dias úteis após a recepção da comunicação pelo trabalhador, o empregador deve fazer a mesma comunicação à associação sindical que o trabalhador tenha indicado ou, se este não o fizer, à comissão de trabalhadores ou, na sua falta, à comissão intersindical ou comissão sindical.

9. Nos termos da alínea *c)*, o despedimento por inadaptação é ilícito se o empregador não tiver colocado à disposição do trabalhador despedido, até ao termo do prazo de aviso prévio, a compensação por despedimento por inadaptação por si devida, prevista no n.º 1 do artigo 379.º (que remete para a aplicação dos artigos 366.º) e os créditos vencidos ou exigíveis em virtude da cessação do contrato de trabalho. Determina o n.º 7 do artigo 375.º que o despedimento por inadaptação só pode ter lugar desde que seja posta à disposição do trabalhador a compensação devida e os créditos vencidos e os exigíveis pela cessação até ao termo do prazo referido nesta alínea *c)*. Assim, e por efeito da alínea c) deste artigo 385.º, recusando-se o empregador a efectuar o pagamento da compensação ou dos créditos já vencidos ou exigíveis por força da cessação do contrato de trabalho, ou fazendo-o apenas após o termo do prazo de aviso prévio, inquinará a licitude do próprio despedimento por inadaptação.

ARTIGO 386.º - Suspensão de despedimento

O trabalhador pode requerer a suspensão preventiva do despedimento, no prazo de cinco dias úteis a contar da data da recepção da comunicação de despedimento, mediante providência cautelar regulada no Código de Processo do Trabalho.

1. Este preceito corresponde ao artigo 434.º do anterior Código do Trabalho, aprovado pela Lei n.º 99/2003.

2. De acordo com este artigo 386.º, se o trabalhador tiver fundado receio de que o despedimento sem indemnização ou compensação cause lesão grave e dificilmente reparável, pode requerer uma providência cautelar de suspensão de despedimento individual, no prazo de cinco dias úteis a contar da data da recepção da comunicação de despedimento, cfr. artigos 33.º-A a 40.º-A do Código de Processo do Trabalho. O Código de Processo do Trabalho foi aprovado pelo Decreto-Lei n.º 480/99, de 9 de Novembro, e alterado pelos Decretos-Leis n.os 323/2001, de 17 de Dezembro, 38/2003, de 8 de Março, 295/2009, de 13 de Outubro, pelas Leis n.os 63/2013, de 27 de Agosto, 55/2017, de 17 de Julho, 73/2017, de 16 de Agosto, e 107/2019 de 9 de Setembro.

A providência cautelar de suspensão de despedimento constitui uma reacção do trabalhador vocacionada a acautelar o perigo na demora da decisão definitiva judicial. Visa permitir ao trabalhador a sua reintegração imediata, asseverando igualmente o seu direito à retribuição.

Caso a suspensão seja decretada, temporariamente – dado que a situação pode alterar-se com a sentença ou com o acórdão que vier a ser proferido na acção de impugnação judicial da regularidade e licitude do despedimento – o trabalhador garante que se mantêm todos os efeitos jurídicos da relação laboral, como se a mesma não estivesse a ser sindicada judicialmente.

A suspensão preventiva do despedimento é uma providência cautelar especificada, que tem como requisitos para o seu decretamento a provável inexistência ou invalidade do processo disciplinar e a provável inexistência de justa causa, razões que permitem concluir pela probabilidade séria de ilicitude do despedimento. Já nos casos de despedimento coletivo, de despedimento por extinção de posto de trabalho ou de despedimento por inadaptação, constituem requisitos a provável verificação de qualquer dos fundamentos de ilicitude previstos no artigo 381.º deste Código do Trabalho ou, ainda, pela provável inobservância de qualquer formalidade prevista nas normas referidas, respectivamente, no artigo 383.º, no artigo 384.º ou no artigo 385.º todos deste Código do Trabalho.

Para além daqueles requisitos, previstos no artigo 39.º do Código de Processo do Trabalho, a jurisprudência tem entendido que é pressuposto a existência de um contrato de trabalho, bem como uma situação efectiva de despedimento. Neste sentido, veja-se o Acórdão do Tribunal da Relação de Lisboa, de 10 de Dezembro de 2009, processo 1979-09.2TTLSB.L1-4, disponível em www.dgsi.pt, e a extensa jurisprudência nele referida.

3. Quando tenha sido interposta uma providência cautelar por um trabalhador que permaneça numa determinada situação que a lei valora, o trabalhador beneficia de um regime especial que lhe assegura à partida uma maior protecção, como nos casos em que o trabalhador despedido seja representante sindical, membro de comissão de trabalhadores ou membro de conselho de empresa europeu, em que a providência só não é decretada se o tribunal concluir pela existência de probabilidade séria de verificação da justa causa invocada, cfr. n.º 4 do artigo 410.º Também a suspensão judicial do despedimento de trabalhadora grávida, puérpera ou lactante ou de trabalhador no gozo da licença de parental, quando tenha sido intentado um procedimento cautelar, só não é decretada se o parecer prévio da entidade competente na área da igualdade de oportunidades entre homens e mulheres, a Comissão para a Igualdade no Trabalho e no Emprego (C.I.T.E.), for favorável ao despedimento, e o tribunal considerar que existe probabilidade séria de verificação da justa causa, cfr. n.º 7 do artigo 63.º

4. Quanto a suspensão preventiva do despedimento requerida pelo trabalhador resulte da aplicação da sanção de despedimento sem indemnização ou compensação, cfr. alínea f) do n.º 1 do artigo 328.º, decidida pelo empregador após a instrução de um procedimento disciplinar, instrução essa confiada a advogado mandatado pelo empregador, cfr. n.º 1 do artigo 356.º, esse mesmo advogado não deve patrocinar o empregador na providência cautelar de suspensão do despedimento interposta pelo trabalhador, nem na acção de impugnação do despedimento que se lhe seguirá. Os advogados estão obrigados a um conjunto de normas deontológicas que regulam a profissão, as quais têm eficácia jurídica, e que se encontram estabelecidas no Estatuto da Ordem dos Advogados, aprovado pela Lei n.º 145/2015, de 9 de Setembro. Determina o n.º 1 do artigo 99.º do Estatuto da Ordem dos Advogados que constitui dever do advogado recusar o patrocínio de uma questão em que já tenha intervindo em qualquer outra qualidade, ou seja conexa com outra em que represente, ou tenha representado, a parte contrária. Como tal, o advogado que tenha exercido a função de Instrutor de um procedimento disciplinar estará impedido de patrocinar o empregador se o trabalhador vier a impugnar a sanção aplicada pelo empregador, independentemente da sanção aplicada. Na verdade, e apesar da decisão de aplicar uma sanção ser do empregador ou do superior hierárquico com competência disciplinar, no exercício do mandato o Instrutor exerce funções análogas às de um magistrado, deferindo e indeferindo os requerimentos que lhe sejam dirigidos e seleccionando a prova para juntar aos autos, entre outras. Por outro lado, a independência do advogado-instrutor sairia vilipendiada se, enquanto garante da legalidade do procedimento e propenso aconselhador do empregador, viesse mais tarde a intervir como defensor dos interesses do empregador em juízo. Aliás, pode até suceder que, na qualidade de Instrutor, venha a ser chamado para intervir como testemunha em tribunal, sem que por isso seja violado o dever de sigilo profissional que sobre os advogados impende, cfr. artigo 92.º do Estatuto da Ordem dos Advogados, porquanto a sua audição em juízo se destinará a provar factos alegados em defesa do cliente, o empregador. Pense-se, a título de exemplo, no caso do tribunal, em sede de um procedimento cautelar de suspensão do despedimento requerido pelo trabalhador pretender ouvir o Instrutor, ou mesmo tendo o trabalhador impugnado judicialmente a sanção aplicada, com fundamento em preterição do direito de defesa, por não terem sido ouvidas as testemunhas por si indicadas na resposta à nota de culpa, quando o deveriam ter sido, cfr. n.º 1 do artigo 356.º, o empregador venha a indicar o Instrutor como testemunha, para prova de que as mesmas compareceram perante o Instrutor mas não desejaram ser ouvidas. Na verdade, é a defesa dos interesses do empregador que obriga a semelhante entendimento. Quando um empregador contrata os serviços de um advogado, nomeando-o instrutor de um procedimento para eventual aplicação de sanção disciplinar, em detrimento de qualquer outro profissional, ou mesmo preterindo algum seu colaborador interno, fá-lo-á aguardando que esse procedimento vele pelo cumprimento da Lei, acautelando, tanto quanto seja possível fazer, uma decisão que depois poderá ser impugnada judicialmente. E cumprimento da Lei é também observar o disposto no Estatuto da Ordem dos Advogados em matéria de deontologia profissional, cfr. artigos 88.º a 113.º da Lei n.º 145/2015, de 9 de Setembro. Aliás, aquelas normas têm eficácia normativa, sendo que a sua infracção dá origem a processo disciplinar da exclusiva competência da Ordem dos Advogados, a qual exerce poder disciplinar sobre os seus membros, razão pela qual pode qualquer mandatário do trabalhador, o próprio trabalhador, quaisquer testemunhas ou mesmo o empregador apresentar uma participação por factos susceptíveis de constituir infracção disciplinar, desde que o participante se identifique devidamente. Assim, temos para nós que a possibilidade do Instrutor vir a ser ouvido em tribunal na qualidade de testemunha veda, por si só, o entendimento que deontologicamente aceitasse que um advogado-instrutor viesse mais tarde a patrocinar uma causa onde se discutisse a validade do procedimento por ele instruído. Assim, a *ratio* do n.º 1 do artigo 99.º do Estatuto da Ordem dos Advogados, aprovado pela Lei n.º 145/2015, de 9 de Setembro, é a de que quem já interveio em qualquer outra qualidade não pode intervir como participante na administração da Justiça. Importa ainda referir que sempre que o advogado exerça a sua actividade em associação, sob a forma de sociedade ou não, as limitações impostas ao advogado são extensíveis quer à associação, quer a cada um dos seus membros, cfr. n.º 6 do artigo 99.º do Estatuto da Ordem dos Advogados, aprovado pela Lei n.º 145/2015, de 9 de Setembro. No mesmo sentido dispõe o ponto 3.2.4 do Código de Deontologia dos Advogados da União Europeia: "Quando os advogados exerçam a sua actividade em grupo, os n.os 3.2.1 a 3.2.3, são aplicáveis ao grupo no seu conjunto e a todos os seus membros". Diversamente, o advogado que patrocine o trabalhador não está impedido de o representar quer na providência cautelar de suspensão do despedimento interposta pelo trabalhador, quer na acção de impugnação do despedimento iniciada por este. Quanto aos demais deveres deontológicos a que um advogado está sujeito e a sua repercussão na instrução de um procedimento disciplinar, *vide* o nosso *Prática e Procedimentos do Processo Disciplinar*, 2.ª Edição, Princípia Editora, Fevereiro 2011.

5. Nos termos do n.º 2 do artigo 98.º-C do do Código de Processo do Trabalho, caso tenha sido apresentada providência cautelar de suspensão preventiva do despedimento, o requerimento inicial do procedimento cautelar, do qual conste que o trabalhador requer a impugnação judicial da regularidade e licitude do despedimento, dispensa a apresentação do formulário previsto no n.º 2 do artigo 387.º deste Código do Trabalho.

ARTIGO 387.º – Apreciação judicial do despedimento

1 – A regularidade e licitude do despedimento só podem ser apreciadas por tribunal judicial.

2 – O trabalhador pode opor-se ao despedimento, mediante apresentação de requerimento em formulário próprio, junto do tribunal competente, no prazo de 60 dias, contados a partir da recepção da comunicação de despedimento ou da data de cessação do contrato, se posterior, excepto no caso previsto no artigo seguinte.

3 – Na acção de apreciação judicial do despedimento, o empregador apenas pode invocar factos e fundamentos constantes de decisão de despedimento comunicada ao trabalhador.

4 – Em casos de apreciação judicial de despedimento por facto imputável ao trabalhador, sem prejuízo da apreciação de vícios formais, o tribunal deve sempre pronunciar-se sobre a verificação e procedência dos fundamentos invocados para o despedimento.

1. Este preceito corresponde ao artigo 435.º do anterior Código do Trabalho, aprovado pela Lei n.º 99/2003.

2. Para impugnar o despedimento, ao trabalhador basta, inicialmente, apresentar no tribunal um requerimento em formulário próprio, cujo modelo foi aprovado pela Portaria n.º 1460-C/2009, de 31 de Dezembro, desde que o faça no prazo de 60 dias, não sendo necessário nesta fase socorrer-se de advogado. Apesar de não ser necessário, é aconselhável fazê-lo. Com este prazo substancialmente curto, face ao que dispunha a lei anterior (era um ano), o contacto com advogado deve ser um acto contínuo ao despedimento. Estranha-se contudo que este novo prazo tenha uma duração tão curta face ao prazo de impugnação do despedimento colectivo, cfr. n.º 2 do artigo 388.º, o que sucede sem que para tal haja uma fundamentação. Não obstante, para os empregadores esta solução trazida pelo Código do Trabalho aprovado pela Lei n.º 7/2009 é benéfica, pois permite conhecer mais cedo a posição dos trabalhadores relativamente ao despedimento que lhes foi aplicado.

3. A data da cessação do contrato a que se refere o n.º 2 *in fine*, é a data da cessação do contrato de trabalho nos casos de despedimento por extinção do posto de trabalho e por inadaptação. Isto significa, em ordem ao disposto no Código de Processo do Trabalho, que o trabalhador deverá recorrer à acção especial de impugnação judicial da regularidade e licitude do despedimento, quando pretenda impugnar judicialmente a decisão final de despedimento aplicada por empresa, quando tenha sido antecedida de procedimento disciplinar, e quando pretenda impugnar a decisão de despedimento tomada na sequência de um procedimento de extinção de posto de trabalho, cfr. artigo 367.º a 372.º, ou de inadaptação, cfr. artigo 373.º a 380.º Qualquer uma destas decisões de despedimento referidas pressupõe, para efeitos de aplicação do n.º 2 deste artigo 387.º que a decisão do empregador foi reduzida a escrito, o que resulta desde logo da própria letra da lei, que refere "recepção da comunicação de despedimento". A acção especial de impugnação judicial da regularidade e licitude do despedimento encontra-se prevista nos artigos 98.º-B e segs. do Código de Processo do Trabalho foi aprovado pelo Decreto-Lei n.º 480/99, de 9 de Novembro, e alterado pelos Decretos-Leis n.os 323/2001, de 17 de Dezembro, 38/2003, de 8 de Março, 295/2009, de 13 de Outubro, pelas Leis n.os 63/2013, de 27 de Agosto, 55/2017, de 17 de Julho, 73/2017, de 16 de Agosto, e 107/2019 de 9 de Setembro. Isto significa que nos demais casos, o trabalhador não poderá recorrer à acção especial de impugnação judicial da regularidade e licitude do despedimento, mas sim a uma acção comum, cfr. artigo 51.º e seguintes do Código de Processo do

Trabalho. Daqui resulta que todas as acções judiciais em que se pretenda discutir o tipo de vínculo contratual, designadamente naquelas em que o alegado despedimento tenha resultado de revogação de contrato de prestação de serviços, ou de caducidade de contrato a termo, e quando o despedimento tenha sido oral, não deverão seguir a acção especial de impugnação judicial da regularidade e licitude do despedimento.

Nas acções comuns em que esteja em causa o tipo de vínculo contratual, ou em que o despedimento foi oral, o prazo para o trabalhador instaurar a acção é de um ano a contar da data do despedimento, por aplicação do disposto no n.º 1 do artigo 337.º

Para maiores desenvolvimentos vide o nosso artigo "A nova acção de impugnação do despedimento", *Boletim da Ordem dos Advogados*, n.º 56, Julho 2009.

4. Na acção especial de impugnação judicial da regularidade e licitude do despedimento, o requerimento do trabalhador, sem necessidade de fundamentação, tem como efeito iniciar a instância, assim definindo o objecto do processo, cabendo a apresentação da petição inicial, ao empregador, que é o autor, enquanto que o trabalhador se designa de réu. A secretaria do tribunal apenas poderá recusar o formulário quando o mesmo não conste de modelo próprio, omita a identificação das partes, não esteja assinado, ou quando ao formulário não tenha sido junta a decisão de despedimento, cfr. artigo 98.º-E do Código de Processo do Trabalho foi aprovado pelo Decreto-Lei n.º 480/99, de 9 de Novembro, e alterado pelos Decretos-Leis n.ºs 323/2001, de 17 de Dezembro, 38/2003, de 8 de Março, 295/2009, de 13 de Outubro, pelas Leis n.ºs 63/2013, de 27 de Agosto, 55/2017, de 17 de Julho, 73/2017, de 16 de Agosto, e 107/2019 de 9 de Setembro.

5. Quando um trabalhador impugne judicialmente a decisão final de despedimento sem indemnização ou compensação, cfr. alínea f) do n.º 1 do artigo 328.º, que tenha sido antecedida de procedimento disciplinar instruído por advogado mandatado pelo empregador, cfr. n.º 1 do artigo 356.º, esse mesmo advogado não deve patrocinar o empregador nessa acção judicial. Sobre esta matéria *vide* anotação ao artigo 386.º

6. Quando o empregador tenha decidido aplicar a sanção de despedimento sem indemnização ou compensação e o trabalhador impugne judicialmente a sanção, os poderes de pronúncia do tribunal são limitados. Ao tribunal cabe apenas revogar ou confirmar a sanção, não podendo substituir-se ao empregador na determinação da medida da sanção, dado que o exercício da acção disciplinar é uma prorrogativa do empregador e depende de critérios de gestão que o juiz não está em condições de avaliar. Neste sentido, cfr. Acórdão do Supremo Tribunal de Justiça, de 3 de Março de 2004, processo n.º 459/02, sumários em www.dgsi.pt e Acórdão do Tribunal da Relação do Porto, de 10 de Julho de 2013, processo n.º 412/11.4TTBRG.P1, sumários em www.dgsi.pt. Entender o contrário seria permitir aos tribunais interferir com os poderes de gestão do próprio empregador. Ou seja, entendendo o tribunal que a sanção decidida pelo empregador padece de invalidade, não pode o próprio tribunal aplicar outra sanção, pelo que o trabalhador fica sem qualquer punição. Como já tivemos oportunidade de salientar, *vide* o nosso *Prática e Procedimentos do Processo*

Disciplinar, Princípia Editora, Março 2007, página 53, este resultado é *de per si* criticável, não só por potenciar o número de acções judiciais intentadas por trabalhadores que pouco tem a perder na contenta judicial – com o consequente aumento de processos pendentes em juízo – como também por motivos de justiça, dado que esta solução pode beneficiar um trabalhador infractor que viu anulada a sanção, ficando impune, face àquele outro seu colega punido com sanção de menor gravidade, ainda que a infracção praticada por ambos tenha sido a mesma e o agravamento da sanção se tenha motivado no comportamento reincidente do primeiro. Trata-se de um ponto que pede uma revisão urgente da parte do legislador.

7. No direito comparado o prazo para impugnação do despedimento é, em alguns sistemas jurídicos, ainda mais curto do que o prazo fixado no n.º 2. Em Espanha, por exemplo, o prazo é de 20 dias, cfr. n.º 3 do artigo 59. do Real Decreto Legislativo 1/1995, de 24 de Março, que aprovou a Ley del Estatuto de los Trabajadores, enquanto que na Alemanha é de três semanas, cfr. 1.ª frase do artigo 4.º do KSchG – Kundigungsschutzgesetz (Lei de protecção em matéria de despedimentos). Não obstante, em nenhum destes ordenamentos ao trabalhador bastará invocar que foi despedido, existindo o dever de fundamentar as razões pelas quais se opõe ao despedimento realizado.

8. A norma contida no n.º 4 é uma inovação deste Código do Trabalho. O tribunal é agora obrigado a pronunciar-se, em todos os casos que lhe sejam submetidos, sobre a verificação e procedência dos motivos invocados para o despedimento. Esta alteração é um reflexo de uma outra inovação, cfr. n.º 2 do artigo 389.º, relativamente aos efeitos da ilicitude do despedimento, os quais passam a ser distintos consoante o despedimento padeça de vícios formais causados por mera irregularidade ou também padeça de falta de fundamento, distinção que trataremos seguidamente. Esta doutrina obriga a um acréscimo de trabalho por parte dos juízes, tendo como vantagens intrínsecas não só uma maior clareza das decisões judiciais, como também obrigar os tribunais a conhecer dos motivos justificativos do empregador para ter procedido ao despedimento.

9. Na acção de impugnação do despedimento o ónus da prova da verificação do despedimento incumbe ao trabalhador, enquanto que o ónus da prova dos factos que integram a justa causa incumbe ao empregador.

10. Quanto ao critério pelo qual a justa causa é apreciada pelo tribunal, em procedimento disciplinar que visou o despedimento do trabalhador, pronunciou-se o Acórdão do Supremo Tribunal de Justiça, de 5 de Maio de 2005, processo n.º 683/02, sumários em www.dgsi.pt, no sentido de a apreciação ser realizada objectivamente e em termos concretos, de acordo com o entendimento de um bom pai de família ou de um empregador normal, segundo critérios de razoabilidade.

11. Qual é o prazo para impugnar judicialmente as sanções disciplinares que não sejam de despedimento?

É de um ano o prazo que os trabalhadores beneficiam para impugnar sanções disciplinares conservativas do vínculo laboral. Ou seja, quando se trate de repreensão, repreensão registada, sanção pecuniária, perda de dias de férias, ou suspensão do trabalho com perda de retribuição e de antiguidade, cfr. alíneas a), b), c), d) e e) do n.º 1 do artigo 328.º, o prazo de impugnação destas sanções disciplinares não expulsivas conta-se da comunicação da própria sanção. Neste sentido, entendeu o Acórdão do Supremo Tribunal de Justiça de 06 de Dezembro de 2011, processo 338/08.9TTLSB.L1.S1, disponível em www.dgsi.pt: "Atendendo a que com a impugnação judicial de uma sanção disciplinar se visa obter a sua anulabilidade, estabelecendo a lei geral (art. 287.º do Código Civil) o prazo de um ano prazo para a impugnação das invalidades, e que é, também, esse o prazo que o art. 435.º do Código do Trabalho de 2003 fixa para a sanção especifica do despedimento, as sanções disciplinares laborais, distintas do despedimento, na vigência do CT, devem ser judicialmente impugnadas no prazo de um ano a contar da data da sua comunicação ao infractor, sob pena de caducidade desse direito.". De modo semelhante se pronunciou ainda o Acórdão do Supremo Tribunal de Justiça de 19 de Fevereiro de 2014, processo 4272/08.4TTLSB.L1.S1, disponível em www.dgsi.pt: "As sanções disciplinares laborais, distintas do despedimento e das sanções abusivas, devem ser impugnadas no prazo de um ano a contar da data da sua comunicação ao infrator, mesmo que o contrato de trabalho não haja cessado.". No mesmo sentido também o Acórdão do Supremo Tribunal de Justiça, de 12 de Fevereiro de 2014, processo 298/12.1TTMTS-A.P1.S1, disponível em www.dgsi.pt, sendo que este último Acórdão já fez aplicação do Código do Trabalho aprovado pela Lei n.º 7/2009, de 12 de Fevereiro.

Assim, tendo decorrido mais de um ano entre a comunicação da sanção disciplinar ao trabalhador, e a instauração da acção judicial que vise impugnar aquela, caduca o direito do próprio trabalhador.

12. Sobre este preceito, pode consultar-se Albino Mendes Baptista, *A nova acção de impugnação do despedimento e a revisão do Código de Processo do Trabalho*, Coimbra Editora, 2010.

ARTIGO 388.º – Apreciação judicial do despedimento colectivo

1 – A ilicitude do despedimento colectivo só pode ser declarada por tribunal judicial.

2 – A acção de impugnação do despedimento colectivo deve ser intentada no prazo de seis meses contados da data da cessação do contrato.

3 – É aplicável à acção de impugnação do despedimento colectivo o disposto no n.º 3 do artigo anterior.

1. Este preceito corresponde ao artigo 435.º do anterior Código do Trabalho, aprovado pela Lei n.º 99/2003.

2. O prazo de seis meses para impugnar o despedimento colectivo é um prazo de caducidade, cfr. n.º 2 do artigo 298.º do Código Civil, e tem natureza substantiva. E porque tem natureza substantiva e não adjectiva, não é aplicável a este prazo a suspensão judicial do prazo prevista no artigo 138.º do Código de Processo Civil. Não obstante, o cômputo deste prazo de seis meses está submetido às regras do artigo 279.º do Código Civil, designadamente à alínea e), permitindo-se a transferência do termo do prazo que termine em férias judiciais para o primeiro dia útil após as férias. Não se trata, porquanto não se admite, de uma suspensão do prazo de caducidade, cfr. artigo 328.º do Código Civil, mas é antes uma dilação do termo desse prazo, para outro momento. Exemplificando, se a data da cessação do contrato constante da comunicação de despedimento for o dia 10 de Fevereiro de 2014, deve considerar-se tempestiva a acção de impugnação de despedimento colectivo instaurada em 1 de Setembro de 2014 – primeiro dia útil seguinte após as férias judiciais de Verão – uma vez que o termo do prazo de caducidade do direito de acção ocorreria nas férias judiciais, em 9 de Agosto de 2014.

3. A acção de impugnação do despedimento colectivo encontra-se regulada no Código de Processo de Trabalho, no Título VI, relativo aos processos especiais, cfr. artigos 156.º e segs. do Código de Processo do Trabalho foi aprovado pelo Decreto-Lei n.º 480/99, de 9 de Novembro, e alterado pelos Decretos-Leis n.os 323/2001, de 17 de Dezembro, 38/2003, de 8 de Março, 295/2009, de 13 de Outubro, pelas Leis n.os 63/2013, de 27 de Agosto, 55/2017, de 17 de Julho, 73/2017, de 16 de Agosto, e 107/2019 de 9 de Setembro.

ARTIGO 389.º – Efeitos da ilicitude de despedimento

1 – Sendo o despedimento declarado ilícito, o empregador é condenado:

a) A indemnizar o trabalhador por todos os danos causados, patrimoniais e não patrimoniais;

b) Na reintegração do trabalhador no mesmo estabelecimento da empresa, sem prejuízo da sua categoria e antiguidade, salvo nos casos previstos nos artigos 391.º e 392.º

2 – No caso de mera irregularidade fundada em deficiência de procedimento por omissão das diligências probatórias referidas nos n.os 1 e 3 do artigo 356.º, se forem declarados procedentes os motivos justificativos invocados para o despedimento, o trabalhador tem apenas direito a indemnização correspondente a metade do valor que resultaria da aplicação do n.º 1 do artigo 391.º

3 – Constitui contra-ordenação grave a violação do disposto no n.º 1.

1. Este preceito corresponde ao artigo 436.º do anterior Código do Trabalho, aprovado pela Lei n.º 99/2003.

2. A redacção do n.º 2 foi alterada pelo artigo 2.º da Lei n.º 23/2012, de 25 de Junho. Na versão originária do Código do Trabalho, aprovado pela Lei n.º 7/2009, de 12 de Fevereiro, aquele número tinha a seguinte redacção:

> "No caso de mera irregularidade fundada em deficiência de procedimento por omissão das diligências probatórias referidas nos n.os 2 e 3, do artigo 356.º, ou a inobservância do prazo referido no n.º 3 do artigo 357.º, se forem declarados procedentes os motivos justificativos invocados para o despedimento, o trabalhador tem apenas direito a indemnização correspondente a metade do valor que resultaria da aplicação do n.º 1 do artigo 391.º".

3. A antiguidade, referida na alínea b) do n.º 1, "é a qualidade correspondente à duração da situação jurídica laboral", Menezes Cordeiro, *Manual de Direito do Trabalho*, Livraria Almedina, 1991, página 675 e segs., e Acórdão do Tribunal da Relação de Lisboa, de 22 de Junho de 2005, processo 10307/2004-4, sumários em www.dgsi.pt. Significa isto que a duração de situações que não são de qualificar como sendo de trabalho subordinado não devem entrar no cômputo da antiguidade. A título exemplificativo, a duração de um contrato de estágio extracurricular, cfr. Decreto-Lei n.º 66/2011, de 1 de Junho, não correspondendo à prestação de trabalho subordinado, não dá lugar à contagem de antiguidade, ainda que posteriormente à cessação deste contrato venha a ser celebrado um contrato de trabalho.

4. A alínea b) do n.º 1 ao estabelecer que a reintegração do trabalhador é no mesmo estabelecimento da empresa, parece permitir que a reintegração, sem prejuízo da categoria e antiguidade, seja noutro posto de trabalho que não aquele que o trabalhador ocupava antes do despedimento. Não obstante, este preceito parece vedar a que a reintegração seja noutro estabelecimento, o que é de estranhar não só porque o estabelecimento em concreto em que o trabalhador desempenhava o seu trabalho pode já não existir no momento em que o trabalhador deve ser reintegrado, como a reintegração no mesmo estabelecimento parece estar em claro desacerto com as normas relativas à transferência do local de trabalho, cfr. artigo 194.º Na verdade, a decisão judicial de reintegração não deve sobrepor-se à lei, devendo ser permitido ao empregador reintegrar o trabalhador noutro estabelecimento, desde que respeite os limites da mobilidade geográfica, ou seja quando um motivo do interesse da empresa exija a reintegração do trabalhador noutro local de trabalho e a transferência para o local onde é reintegrado não implique prejuízo sério para o trabalhador.

5. Além das excepções à condenação do empregador à reintegração do trabalhador referidas na alínea b) do n.º 1 *in fine*, o de indemnização em substituição da reintegração a pedido do trabalhador e o de indemnização em substituição da reintegração a pedido do empregador, há ainda uma outra situação, que se encontra prevista na alínea b) do n.º 2 do artigo 393.º, *a contrario*: o do trabalhador despedido que tenha prestado o seu trabalho com fundamento na celebração lícita de um contrato a termo, certo ou incerto, cuja reintegração só pode ter lugar quando o termo do contrato ocorrer depois do trânsito em julgado da decisão do tribunal.

6. O n.º 2, preceito que entendemos taxativo e não exemplificativo, determina que quando ocorra uma mera irregularidade formal, se forem procedentes em tribunal, os motivos justificativos do despedimento, o trabalhador tem direito a apenas metade da indemnização que auferiria caso a ilicitude de despedimento não fosse determinada por uma mera irregularidade formal. Quando assim seja, não tem o trabalhador direito à reintegração. E isto significa também que o trabalhador não recebe, quando haja uma mera irregularidade formal, os chamados salários intercalares, entre a comunicação do despedimento e a sentença do tribunal. Desde que sejam declarados procedentes os motivos justificativos invocados para o despedimento, os vícios formais causados por mera irregularidade formal só podem ser originados por omissão das diligências probatórias requeridas na resposta à nota de culpa.

7. A solução consagrada neste n.º 2 apesar de mais equilibrada face à tradição que durante largo tempo imperou, que não distinguia entre quaisquer vícios ocorridos no decorrer da instrução do procedimento, impondo, em princípio, o mesmo desvalor jurídico à sua violação: a ilicitude. Não obstante, não deixa de causar alguma estranheza que entendendo-se, pelo tribunal, o acto de despedimento como materialmente justificado, ou seja com justa causa, ainda assim o trabalhador tenha direito a ser ressarcido. O n.º 2 configura um dos raros casos no direito português de indemnização por actos lícitos. Também o modo de cálculo da indemnização que o trabalhador, quando ocorra uma das irregularidades formais prescritas neste n.º 2, não é isento de dúvidas ao impor-se ao tribunal que formule um juízo hipotético, aferindo quanto determinaria caso o despedimento não fosse, como é, com justa causa, e só depois de fixar este montante é que deverá reduzi-lo a metade.

8. Quanto ao critério pelo qual a justa causa é apreciada pelo tribunal, em procedimento disciplinar que visou o despedimento do trabalhador, pronunciou-se o Acórdão do Supremo Tribunal de Justiça, de 5 de Maio de 2005, processo n.º 683/02, sumários em www.dgsi.pt, no sentido de a apreciação ser realizada objectivamente e em termos concretos, de acordo com o entendimento de um bom pai de família ou de um empregador normal, segundo critérios de razoabilidade.

9. Há ainda um outro efeito, não despiciendo, quando uma empresa tenha sido condenada por despedimento ilegal de grávidas, puérperas ou lactantes, previsto na Lei n.º 133/2015, de 7 de Setembro. Por efeito do artigo 1.º daquela Lei, quando uma empresa que, nos dois anos anteriores à candidatura a subsídios ou subvenções públicos, tenha sido condenada por sentença transitada em julgado por despedimento ilegal de grávidas, puérperas ou lactantes, fica impedida de ser beneficiária dos subsídios e subvenções públicos. Estranhamente, a Lei n.º 133/2015, de 7 de Setembro nada refere quanto ao pai, quando o mesmo seja trabalhador no gozo de licença parental, o que pode suscitar questões de compatibilidade daquela Lei com a Constituição da República Portuguesa.

10. Sobre este preceito, no domínio da legislação anterior, pelo que será necessário proceder às adaptações necessárias, *vide* Bernardo Lobo Xavier, *Manual de Direito do Trabalho*, Verbo, 2011, página 762 e segs. e 798 e segs., e também António Monteiro Fernandes, *Direito do Trabalho*, 15.ª Edição, Almedina, Abril 2010, página 602 e segs.

ARTIGO 390.º – Compensação em caso de despedimento ilícito

1 – Sem prejuízo da indemnização prevista na alínea a) do n.º 1 do artigo anterior, o trabalhador tem direito a receber as retribuições que deixar de auferir desde o despedimento até ao trânsito em julgado da decisão do tribunal que declare a ilicitude do despedimento.

2 – Às retribuições referidas no número anterior deduzem-se:

a) As importâncias que o trabalhador aufira com a cessação do contrato e que não receberia se não fosse o despedimento;

b) A retribuição relativa ao período decorrido desde o despedimento até 30 dias antes da propositura da acção, se esta não for proposta nos 30 dias subsequentes ao despedimento;

c) O subsídio de desemprego atribuído ao trabalhador no período referido no n.º 1, devendo o empregador entregar essa quantia à segurança social.

1. Este preceito corresponde ao artigo 437.º do anterior Código do Trabalho, aprovado pela Lei n.º 99/2003.

2. As retribuições referidas no n.º 1, que o trabalhador deixar de auferir desde o despedimento até ao trânsito em julgado da decisão do tribunal que declare a ilicitude do despedimento constituem os chamados salários ou remunerações intercalares.

3. Quando o despedimento seja declarado ilícito, o trabalhador tem direito a ser indemnizado pelo empregador, por todos os danos causados, patrimoniais e não patrimoniais, cfr. alínea a) do n.º 1 do artigo 389.º Além desta indemnização, quando o trabalhador opte por não ser reintegrado, ou o tribunal exclua a reintegração, o trabalhador tem direito a uma indemnização calculada de acordo com o fixado no artigo 391.º ou 392.º, consoante o fundamento da não reintegração. E por efeito do n.º 1 desde artigo 390.º, tem ainda direito o trabalhador às retribuições que mensalmente deixou de auferir desde a data do despedimento até à data do trânsito em julgado da decisão do tribunal, (ou seja, quando a decisão do tribunal se torna efectiva). Além desta retribuição mensal, o trabalhador tem ainda direito: às retribuições referentes aos subsídios de férias e aos subsídios de Natal, tal como aos proporcionais da retribuição de férias e do subsídio de férias referentes ao direito a férias que se venceria no dia 1 de Janeiro do ano seguinte ao daquele em que ocorrer o trânsito em julgado da decisão do tribunal que julga ilícito o despedimento (ou seja, estes proporcionais são referentes ao trabalho que teria sido prestado – não fosse o despedimento ilícito – no ano da declaração pelo tribunal de que o despedimento efectuado foi ilícito) e ao respectivo proporcional do subsídio de Natal (ou seja, este proporcional do subsídio de Natal é referente ao trabalho que teria sido prestado – não fosse o despedimento ilícito – no ano da declaração pelo tribunal de que o despedimento efectuado foi ilícito), cfr. alínea b) do n.º 1 do artigo 245.º, n.os 1 e 2 do artigo 264.º e artigo 263.º

Às retribuições mensais do trabalhador acrescem os juros de mora à taxa legal de 4%, cfr. Portaria n.º 291/03, de 8 de Abril, vencidos desde o último dia de cada um dos meses a que respeitam. Quanto aos juros de mora sobre o subsídio de Natal vencem-se desde o dia 15 de Dezembro de cada ano, cfr. n.º 1 do artigo 263.º Quanto aos juros de mora sobre o subsídio de férias, como não se conhece a data em que o trabalhador iria gozar as férias de cada ano, sabendo-se contudo que podem ser marcadas pelo empregador entre 1 de Maio e 31 de Outubro, e que salvo acordo escrito em contrário, o subsídio de férias deve ser pago antes do início do período de férias, cfr. n.º 3 do artigo 241.º e n.º 3 do artigo 264.º, é coerente considerar-se que os juros são devidos desde 30 de Setembro de cada ano.

4. O n.º 1, ao estabelecer que o trabalhador tem direito a receber as retribuições que deixar de auferir desde o despedimento até ao trânsito em julgado da "decisão do tribunal que declare a ilicitude do despedimento", não exige que se trate de sentença da 1.ª instância. O momento a atender como limite temporal final, para a definição dos direitos conferidos ao trabalhador é a data da decisão final, sentença ou acórdão do tribunal, que haja declarado ou confirmado a ilicitude do despedimento. Isto significa que da decisão de primeira instância pode haver recurso, não sendo o trabalhador prejudicado pela interposição daquele, caso o despedimento seja considerado ilícito. Ou seja, quando seja interposto recurso, haverá um agravamento dos montantes a pagar ao trabalhador.

Tudo se passa como se subsistisse e continuasse operante o contrato de trabalho, sem quebra de vínculo, como se a actividade tivesse sido normalmente exercida. O legislador criou a ficção legal de que o contrato de trabalho se manteve, como se o trabalhador estivesse ao serviço do empregador durante tal período, precisamente para evitar que o trabalhador venha a ser afectado por uma cessação do contrato de trabalho, promovida pelo empregador, que vem a ser declarada ilícita, motivo pelo qual se confere ao trabalhador o direito às retribuições previstas neste n.º 1, ou seja, aos salários intercalares. E porque o momento a atender como limite temporal final, para a definição dos direitos conferidos ao trabalhador é a data da decisão final, sentença ou acórdão do tribunal, que haja declarado ou confirmado a ilicitude do despedimento, é esta decisão do tribunal que marca, na data em que for proferida, o termo da relação laboral que liga as partes, quando o trabalhador opte por não ser reintegrado, ou o tribunal exclua a reintegração (artigo 391.º ou 392.º).

De acordo com as regras processuais civis, em qualquer altura do processo, desde que este não tenha já terminado, pode o empregador confessar na acção judicial, que o despedimento foi ilícito, sem prejuízo de em momento anterior, ou concomitantemente com a confissão, invocar que o trabalhador auferiu outros rendimentos de trabalho, após o despedimento, os quais, por força do n.º 2 deste artigo, devem ser deduzidos. Quando assim for, e se a acção judicial tiver de prosseguir, para apurar o montante em divida pelo empregador, deve entender-se que o momento que fixa o direito do trabalhador a receber os salários intercalares é o trânsito em julgado da sentença homologatória de confissão, cfr. n.º 1 do artigo 283.º e artigo 290.º, ambos do Código de Processo Civil.

5. Quanto ao subsídio de refeição, ou de alimentação, apesar do seu pagamento se efectuar de modo regular – e mesmo encontrando-se previsto no contrato de trabalho – não pode ser compreendido como retribuição (excepto se o seu valor ultrapassar os montantes normais, caso em que a diferença deve ser considerada remuneração), pelo que, e consequentemente não se deve proceder ao seu pagamento quando o trabalhador vir declarado o seu despedimento como ilícito. Ou seja, tendo em tal situação o trabalhador direito às designadas retribuições intercalares, uma vez que em princípio o subsídio de refeição não configura retribuição (a excepção é preenchida quando aquele subsídio exceder valores normais) não deve ser incluído nos salários intercalares.

No sentido de que o valor diário do subsídio de refeição, quando não exceda os montantes normais despendidos com o pagamento de qualquer refeição, assume uma natureza não retributiva, tem entendido a mais recente a jurisprudência.

Exemplo disto mesmo é o Acórdão do Supremo Tribunal de Justiça, de 27 de Maio de 2010, processo 467/06.3TTCBR.C1.S1, disponível em www.dgsi.pt: "O subsídio de alimentação, embora assuma, na maior parte dos casos, natureza regular e periódica, só é considerado retribuição na parte que exceder os montantes normalmente pagos a esse título.". Também o Acórdão do Supremo Tribunal de Justiça, de 26 de Maio de 2015, processo 373/10.7TTPRT.P1.S1, disponível em www.dgsi.pt, entendeu que: "Ao subsídio de refeição, tal como ao abono para falhas, não deve ser conferido carácter retributivo, apesar da regularidade/periocidade da sua atribuição. A lei admite a sua consideração como tal se/quando o seu valor exceda um montante dito normal ou o mesmo seja tido, pelo contrato ou pelos usos, como elemento integrante da retribuição, sem embargo de, ainda assim, não ser devido nos dias em que, por qualquer razão, o trabalhador não compareça ao trabalho.". E também o Tribunal da Relação de Lisboa tem perfilhado igual solução, cfr. o seu Acórdão de 21 de Maio de 2014, processo 665/12.0TTBRR.L1-4, disponível em www.dgsi.pt, que: "Vigora quanto ao subsídio de alimentação uma presunção legal ilidível sobre o seu carácter não retributivo, pelo que durante o período de suspensão preventiva do trabalhador, tal subsídio não é devido, a não ser que seja ilidida pelo trabalhador essa presunção (cfr. art. 260.º n.º1 e 2 do Código do Trabalho).".

6. O trabalhador, ainda que o solicite na acção de impugnação do despedimento, não tem direito a receber a retribuição a título de férias não gozadas, desde a data do despedimento até à data do trânsito em julgado da decisão do tribunal que declara ilícito o despedimento, porquanto não faz sentido dizer-se que o trabalhador esteve impedido de gozar férias ao longo desse período de tempo, devendo por isso considerar-se que nas retribuições mensais correspondentes ao período decorrido desde a data do despedimento até ao trânsito em julgado da decisão do tribunal que declara ilícito o despedimento, estão incluídas as retribuições de férias tal como se não tivesse ocorrido o despedimento. Aliás, concedendo-se a condenação do empregador no pagamento de retribuição a título de férias não gozadas, desde a data do despedimento até à data do trânsito em julgado da decisão do tribunal que declara ilícito o despedimento, constituiria uma situação de abuso de direito, cfr. artigo 334.º do Código Civil. Semelhante abuso de direito é enquadrável na modalidade de *exceptio doli*, ou seja, o exercício pelo trabalhador de uma posição jurídica atentando contra a boa fé, na medida, em que durante todo o tempo – ou apenas parte dele – durante o qual a acção esta pendente em tribunal, o trabalhador pode não exercer o seu trabalho, descansando, auferindo o subsídio de desemprego se reunir os requisitos previstos no Decreto-Lei n.º 220/2006, de 3 de Novembro.

7. Do n.º 2 resulta que, se, depois de lhe ter sido comunicado o despedimento, o trabalhador prestou o seu trabalho a outro empregador, auferindo uma remuneração, esses rendimentos do trabalho são descontados no valor que o empregador teria de pagar pelas retribuições que o trabalhador deixou de receber desde a data do despedimento, o mesmo sucedendo quando o trabalhador auferiu subsídio de desemprego, ou seja, deduzem-se esses montantes, devendo neste último caso o empregador entregar as quantias recebidas pelo trabalhador a título de subsídio de desemprego à segurança social. E se ocorrerem ambas as situações, o que é admissível, ou seja, se o trabalhador permanecer algum tempo desempregado, auferindo um subsídio de desemprego e depois for contratado por outro empregador, se tal vier a provar-se, serão também descontados esses montantes. São ainda deduzidos os montantes de retribuição respeitantes ao período decorrido desde a data do despedimento até 30 dias antes da propositura da acção, se a própria acção não for proposta nos 30 dias subsequentes ao conhecimento do despedimento. Ou seja, penaliza-se a inércia do trabalhador, se este pretendeu utilizar um prazo superior a trinta dias no prazo que lhe é concedido de sessenta dias para impugnar o despedimento, cfr. n.º 2 do artigo 387.º

8. Importa referir que nos termos do Código de Processo do Trabalho foi aprovado pelo Decreto-Lei n.º 480/99, de 9 de Novembro, e alterado pelos Decretos-Leis n.os 323/2001, de 17 de Dezembro, 38/2003, de 8 de Março, 295/2009, de 13 de Outubro, pelas Leis n.os 63/2013, de 27 de Agosto, 55/2017, de 17 de Julho, 73/2017, de 16 de Agosto, e 107/2019 de 9 de Setembro, na acção de impugnação judicial da regularidade e licitude do despedimento, o pagamento das retribuições intercalares ao trabalhador passa a ser efectuado pelo Estado, após o decurso de 12 meses. Estes 12 meses contam-se desde a apresentação do formulário aprovado pela Portaria n.º 1460-C/2009, de 31 de Dezembro, do qual consta declaração do trabalhador de oposição ao despedimento, até à notificação da decisão de 1.ª instância, cfr. n.º 1 do artigo 98.º-N do Código de Processo do Trabalho. Nos termos do n.º 3 do artigo 98.º-N, daquele diploma, o pagamento das retribuições intercalares ao trabalhador é efectuado pela entidade competente da área da segurança social, até 30 dias após o trânsito em julgado da decisão que declare a ilicitude do despedimento. Quando sejam pagas as retribuições intercalares pela entidade competente da área da segurança social deduzem-se as importâncias referidas no n.º 2 deste artigo 390.º, cfr. n.º 2 do artigo 98.º-O do Código de Processo do Trabalho. Por determinação do n.º 1 do mesmo artigo 98.º-O do Código de Processo do Trabalho, no período de 12 meses não se incluem:

a) Os períodos de suspensão da instância, nos termos do actual artigo 269.º do Código de Processo Civil;
b) O período correspondente à mediação, tentativa de conciliação e ao aperfeiçoamento dos articulados;
c) Os períodos de férias judiciais;
d) Os períodos em que a causa esteve a aguardar o impulso processual das partes por razão que lhes seja imputável.

Não é necessário que a economia se apresente em fase de recessão para perceber que a excessiva demora dos Tribunais do Trabalho se repercute directamente nas finanças das empresas, sendo mais gravosas quanto menor é a empresa. Ao contrário do que sucede noutros processos judiciais, de dividas, por exemplo, em que o atraso do tribunal em decidir uma acção traz igualmente consequências criticáveis, vencendo-se juros de mora de 4% ao ano se a divida for entre particulares, ou de cerca de 10% se entre empresas, só nos Tribunais do Trabalho os juros correspondem ao salário do trabalhador. E se a situação antes da revisão do Código de Processo do Trabalho, operada pelo Decreto-Lei n.º 295/2009, de 13 de Outubro, já era criticável, pois o atraso era pago pelas empresas, quando o despedimento é considerado ilícito, temos agora agravante desta delonga ser parcialmente paga com os dinheiros públicos, onerando-se, ainda mais, o cidadão contribuinte.

ARTIGO 391.º – Indemnização em substituição de reintegração a pedido do trabalhador

1 – Em substituição da reintegração, o trabalhador pode optar por uma indemnização, até ao termo da discussão em audiência final de julgamento, cabendo ao tribunal determinar o seu montante, entre 15 e 45 dias de retribuição base e diuturnidades por cada ano completo ou fracção de antiguidade, atendendo ao valor da retribuição e ao grau de ilicitude decorrente da ordenação estabelecida no artigo 381.º

2 – Para efeitos do número anterior, o tribunal deve atender ao tempo decorrido desde o despedimento até ao trânsito em julgado da decisão judicial.

3 – A indemnização prevista no n.º 1 não pode ser inferior a três meses de retribuição base e diuturnidades.

1. Este preceito corresponde ao artigo 438.º e 439.º do anterior Código do Trabalho, aprovado pela Lei n.º 99/2003.

2. O trabalhador pode não querer a reintegração no seu posto de trabalho, pretensão que é relevada pela lei. Se assim for, o trabalhador pode então optar por uma indemnização a fixar pelo tribunal, entre 15 e 45 dias de retribuição base e diuturnidades por cada ano completo ou fracção de antiguidade. Esta indemnização não pode ser inferior a três meses de retribuição base e diuturnidades, o que visa garantir alguma protecção aos trabalhadores despedidos que se encontram nas empresas há menos tempo. Por retribuição base entende-se a prestação correspondente à actividade do trabalhador no período normal de trabalho (o qual não pode exceder as oito horas por dia, nem as quarenta horas por semana). Já por diuturnidade compreende-se a prestação de natureza retributiva a que o trabalhador tenha direito com fundamento na antiguidade, cfr. n.º 2 do artigo 262.º A antiguidade, por sua vez, "é a qualidade correspondente à duração da situação jurídica laboral", Menezes Cordeiro, *Manual de Direito do Trabalho*, Livraria Almedina, 1991, página 675 e segs., e Acórdão do Tribunal da Relação de Lisboa, de 22 de Junho de 2005, processo 10307/2004-4, sumários em www.dgsi.pt. Significa isto que a duração de situações que não são de qualificar como sendo de trabalho subordinado não devem entrar no cômputo da antiguidade. A título exemplificativo, a duração de um contrato de estágio extracurricular, cfr. Decreto-Lei n.º 66/2011, de 1 de Junho, não correspondendo à prestação de trabalho subordinado, não dá lugar à contagem de antiguidade, ainda que posteriormente à cessação deste contrato venha a ser celebrado um contrato de trabalho. O legislador, ao tomar em conta apenas a retribuição base e diuturnidades para o cálculo da indemnização por despedimento ilícito assume a não consagração do princípio da omnicompreensibidade no direito do trabalho português. De acordo com o princípio da omnicompreensibilidade a retribuição é constituída por todas as prestações que tenham um nexo de causalidade com o contrato de trabalho, o que se traduz na relevância de toda e qualquer prestação complementar retributiva, independentemente do instituto retributivo em causa. No cálculo da indemnização em substituição da reintegração interessa apenas a retribuição base e diuturnidades, sendo afastadas por expressa vontade do legislador as demais prestações auferidas pelo trabalhador, ainda que regulares e periódicas.

3. O n.º 1 não se refere expressamente ao cálculo da antiguidade quando esta não corresponda a anos completos. Não obstante, ao utilizar "fracção de antiguidade" cremos que quando o trabalhador tenha uma antiguidade correspondente a fracção de ano, o montante entre 15 e 45 dias de retribuição base e diuturnidades, relativamente a essa fracção de ano, deve ser calculado proporcionalmente. Neste sentido, a utilização do método proporcional para o cálculo do valor, em antiguidade de fracção de ano, resulta da alínea d) do n.º 2 do artigo 366.º, e do n.º 2 do artigo 396.º Só não será assim quando a indemnização que deva ser paga ao trabalhador seja inferior a três meses de retribuição base e diuturnidades, cfr. n.º 3 deste 391.º

4. Do n.º 2 resulta que a antiguidade do trabalhador é contada até ao trânsito em julgado da decisão judicial. Isto significa que da decisão de primeira instância pode haver recurso, não sendo o trabalhador prejudicado pela interposição daquele, caso o despedimento seja considerado ilícito. Ou seja, quando seja interposto recurso, haverá um aumento da indemnização.

5. A indemnização por substituição da reintegração é cumulável com os designados salários intercalares, ou seja, as retribuições que o trabalhador deixar de auferir desde o despedimento até ao trânsito em julgado da decisão do tribunal que declare a ilicitude do despedimento.

6. A opção do trabalhador pela indemnização em substituição da reintegração, deve ser tomada até ao termo da discussão em audiência de julgamento. Caso o trabalhador nada diga, e entendendo o tribunal que o despedimento realizado foi ilícito, então a condenação do empregador é na reintegração do trabalhador, dado que esta indemnização é subsidiária face à reintegração.

7. A indemnização estabelecida neste preceito não pode ser aumentada por instrumento de regulamentação colectiva de trabalho, cfr. n.º 3 do artigo 339.º

8. Nos termos do n.º 4 do artigo 157.º da Lei n.º 98/2009, de 4 de Setembro, que regulamenta o regime de reparação de acidentes de trabalho e de doenças profissionais, incluindo a reabilitação e reintegração profissionais, o despedimento sem justa causa de trabalhador temporariamente incapacitado em resultado de acidente de trabalho ou de doença profissional confere àquele, sem prejuízo de outros direitos consagrados neste Código do Trabalho, caso não opte pela reintegração, o direito a uma indemnização igual ao dobro da que lhe competiria por despedimento ilícito.

ARTIGO 392.º – Indemnização em substituição de reintegração a pedido do empregador

1 – Em caso de microempresa ou de trabalhador que ocupe cargo de administração ou de direcção, o empregador pode requerer ao tribunal que exclua a reintegração, com fundamento em factos e circunstâncias que tornem o regresso do trabalhador gravemente prejudicial e perturbador do funcionamento da empresa.

2 – O disposto no número anterior não se aplica sempre que a ilicitude do despedimento se fundar em motivo político, ideológico, étnico ou religioso, ainda que com invocação de motivo diverso, ou quando o fundamento da oposição à reintegração for culposamente criado pelo empregador.

3 – Caso o tribunal exclua a reintegração, o trabalhador tem direito a indemnização, determinada pelo tribunal entre 30 e 60 dias de retribuição base e diuturnidades por cada ano completo ou fracção de antiguidade, nos termos estabelecidos nos n.os 1 e 2 do artigo anterior, não podendo ser inferior ao valor correspondente a seis meses de retribuição base e diuturnidades.

1. Este preceito corresponde aos artigos 438.º e 439.º do anterior Código do Trabalho, aprovado pela Lei n.º 99/2003.

2. Quanto ao conceito de microempresa *vide* alínea a) do n.º 1 do artigo 100.º Microempresas são as empresas que empreguem até dez trabalhadores, sendo que se empregar dez trabalhadores já é considerada pequena empresa, cfr. alíneas a) e b) do n.º 1 do artigo 100.º

3. Quando o trabalhador desempenhe o seu trabalho em empresa que empregue menos de dez trabalhadores, ou quando o trabalhador ocupe cargos de administração ou de direcção – cargos estes que pressupõem funções de elevada confiança –, pode o empregador, no decurso da acção judicial, solicitar a não reintegração do trabalhador, desde que justifique que o seu regresso seria gravemente prejudicial e perturbador para a prossecução da actividade empresarial, o que é apreciado pelo tribunal, que pode indeferir essa pretensão se o motivo alegado como causa da exclusão da reintegração tiver sido culposamente criado pelo empregador e quando a ilicitude do despedimento se fundar verdadeiramente em motivos políticos, ideológicos, étnicos ou religiosos.

4. Quando o tribunal, nos termos do n.º 3 rejeitar a reintegração, ao trabalhador será paga uma indemnização, fixada pelo tribunal, entre 30 e 60 dias de retribuição base e diuturnidades por cada ano completo ou fracção de antiguidade. Esta indemnização não pode ser inferior a seis meses de retribuição base e diuturnidades, o que visa garantir alguma protecção aos trabalhadores despedidos que se encontram nas empresas há menos tempo, equiparando estes trabalhadores àqueles que tem uma antiguidade de seis anos. Por retribuição base entende-se a prestação correspondente à actividade do trabalhador no período normal de trabalho (o qual não pode exceder as oito horas por dia, nem as quarenta horas por semana). Já por diuturnidade compreende-se a prestação de natureza retributiva a que o trabalhador tenha direito com fundamento na antiguidade, cfr. n.º 2 do artigo 262.º A antiguidade, por sua vez, "é a qualidade correspondente à duração da situação jurídica laboral", Menezes Cordeiro, *Manual de Direito do Trabalho*, Livraria Almedina, 1991, página

675 e segs., e Acórdão do Tribunal da Relação de Lisboa, de 22 de Junho de 2005, processo 10307/2004-4, sumários em www.dgsi.pt. Significa isto que a duração de situações que não são de qualificar como sendo de trabalho subordinado não devem entrar no cômputo da antiguidade. A título exemplificativo, a duração de um contrato de estágio extracurricular, cfr. Decreto-Lei n.º 66/2011, de 1 de Junho, não correspondendo à prestação de trabalho subordinado, não dá lugar à contagem de antiguidade, ainda que posteriormente à cessação deste contrato venha a ser celebrado um contrato de trabalho. O legislador, ao tomar em conta apenas a retribuição base e diuturnidades para o cálculo da indemnização por despedimento ilícito assume a não consagração do princípio da omnicompreensibidade no direito do trabalho português. De acordo com o princípio da omnicompreensibilidade a retribuição é constituída por todas as prestações que tenham um nexo de causalidade com o contrato de trabalho, o que se traduz na relevância de toda e qualquer prestação complementar retributiva, independentemente do instituto retributivo em causa. No cálculo da indemnização em substituição da reintegração interessa apenas a retribuição base e diuturnidades, sendo afastadas por expressa vontade do legislador as demais prestações auferidas pelo trabalhador, ainda que regulares e periódicas.

5. O n.º 3 não se refere expressamente ao cálculo da antiguidade quando esta não corresponda a anos completos. Não obstante, ao utilizar "fracção de antiguidade" cremos que quando o trabalhador tenha uma antiguidade correspondente a fracção de ano, o montante entre 30 e 60 dias de retribuição base e diuturnidades, relativamente a essa fracção de ano, deve ser calculado proporcionalmente. Neste sentido, a utilização do método proporcional para o cálculo do valor, em antiguidade de fracção de ano, resulta da alínea d) do n.º 2 do artigo 366.º, e do n.º 2 do artigo 396.º Só não será assim quando a indemnização que deva ser paga ao trabalhador seja inferior a seis meses de retribuição base e diuturnidades, cfr. n.º 3 deste 392.º

6. Do n.º 3, ao mandar aplicar o n.º 2 do artigo anterior, resulta que a antiguidade do trabalhador é contada até ao trânsito em julgado da decisão judicial. Isto significa que da decisão de primeira instância pode haver recurso, não sendo o trabalhador prejudicado pela interposição daquele, caso o despedimento seja considerado ilícito. Por outras palavras, quando seja interposto recurso, haverá um aumento da indemnização.

7. A indemnização por substituição da reintegração é cumulável com os designados salários intercalares, ou seja, as retribuições que o trabalhador deixar de auferir desde o despedimento até ao trânsito em julgado da decisão do tribunal que declare a ilicitude do despedimento.

8. A indemnização estabelecida neste preceito não pode ser aumentada por instrumento de regulamentação colectiva de trabalho, cfr. n.º 3 do artigo 339.º

SUBSECÇÃO III – Despedimento por iniciativa do empregador em caso de contrato a termo

ARTIGO 393.º – Regras especiais relativas a contrato de trabalho a termo

1 – As regras gerais de cessação do contrato aplicam-se a contrato de trabalho a termo, com as alterações constantes do número seguinte.

2 – Sendo o despedimento declarado ilícito, o empregador é condenado:

a) No pagamento de indemnização dos danos patrimoniais e não patrimoniais, que não deve ser inferior às retribuições que o trabalhador deixou de auferir desde o despedimento até ao termo certo ou incerto do contrato, ou até ao trânsito em julgado da decisão judicial, se aquele termo ocorrer posteriormente;

b) Caso o termo ocorra depois do trânsito em julgado da decisão judicial, na reintegração do trabalhador, sem prejuízo da sua categoria e antiguidade.

3 – Constitui contra-ordenação grave a violação do disposto no número anterior.

1. Este preceito corresponde ao artigo 440.º do anterior Código do Trabalho, aprovado pela Lei n.º 99/2003.

2. A antiguidade, referida na alínea b) do n.º 2, "é a qualidade correspondente à duração da situação jurídica laboral", Menezes Cordeiro, *Manual de Direito do Trabalho*, Livraria Almedina, 1991, página 675 e segs., e Acórdão do Tribunal da Relação de Lisboa, de 22 de Junho de 2005, processo 10307/2004-4, sumários em www.dgsi.pt. Significa isto que a duração de situações que não são de qualificar como sendo de trabalho subordinado não devem entrar no cômputo da antiguidade. A título exemplificativo, a duração de um contrato de estágio extracurricular, cfr. Decreto-Lei n.º 66/2011, de 1 de Junho, não correspondendo à prestação de trabalho subordinado, não dá lugar à contagem de antiguidade, ainda que posteriormente à cessação deste contrato venha a ser celebrado um contrato de trabalho.

3. Ao trabalhador despedido que tenha prestado o seu trabalho com fundamento na celebração de um contrato a termo, certo ou incerto, aplicam-se os artigos 389.º e 390.º, mas com algumas especificidades. Uma delas é que a compensação a receber pelo trabalhador não pode ser inferior à importância correspondente ao valor das retribuições que ele deixou de auferir desde a data do despedimento até ao termo certo ou incerto do contrato, ou até ao trânsito em julgado da decisão do tribunal, apenas quando o termo ocorrer posteriormente. A outra especificidade ficou já implícita, e diz respeito à reintegração do trabalhador, que só pode ter lugar quando o termo do contrato ocorrer depois do trânsito em julgado da decisão do tribunal. Quando o termo do contrato ocorrer após o trânsito em julgado da decisão judicial, e o trabalhador seja por isso reintegrado, nada obsta a que o empregador venha posteriormente à reintegração comunicar a cessação do mesmo, com a antecedência necessária, no final do prazo estipulado, ou da sua renovação, quando se trate de contrato a termo certo, cfr. n.º 1 do artigo 344.º, ou tratando-se de contrato a termo incerto, quando se previr a ocorrência do termo, cfr. n.º 1 do artigo 345.º

As especificidades *supra* mencionadas ocorrem quando o trabalhador na acção judicial admite que o contrato celebrado é de facto a termo. Contudo, e como sucede frequentemente, a acção judicial proposta pelo trabalhador tem um âmbito mais alargado e coloca frequentemente em causa não só o despedimento decidido pelo empregador, mas também a própria justificação do termo, pelo que pode o tribunal vir a considerar que o contrato celebrado, não obstante a qualificação inicial de contrato a termo, era verdadeiramente sem termo, ou por tempo indeterminado, não se aplicando assim esta norma especial prevista neste artigo 393.º, mas as normas gerais constantes dos artigos 389.º, 390.º e 391.º e, consequentemente, haverá por exemplo lugar à reintegração, sem qualquer limite de vigência do contrato.

SECÇÃO V – Cessação de contrato de trabalho por iniciativa do trabalhador

SUBSECÇÃO I – Resolução de contrato de trabalho pelo trabalhador

ARTIGO 394.º – Justa causa de resolução

1 – Ocorrendo justa causa, o trabalhador pode fazer cessar imediatamente o contrato.

2 – Constituem justa causa de resolução do contrato pelo trabalhador, nomeadamente, os seguintes comportamentos do empregador:

a) Falta culposa de pagamento pontual da retribuição;

b) Violação culposa de garantias legais ou convencionais do trabalhador, designadamente a prática de assédio praticada pela entidade empregadora ou por outros trabalhadores;

c) Aplicação de sanção abusiva;

d) Falta culposa de condições de segurança e saúde no trabalho;

e) Lesão culposa de interesses patrimoniais sérios do trabalhador.

f) Ofensa à integridade física ou moral, liberdade, honra ou dignidade do trabalhador, punível por lei, incluindo a prática de assédio denunciada ao serviço com competência inspectiva na área laboral, praticada pelo empregador ou seu representante.

3 – Constituem ainda justa causa de resolução do contrato pelo trabalhador:

a) Necessidade de cumprimento de obrigação legal incompatível com a continuação do contrato;

b) Alteração substancial e duradoura das condições de trabalho no exercício lícito de poderes do empregador;

c) Falta não culposa de pagamento pontual da retribuição;

d) Transmissão para o adquirente da posição do empregador no respectivo contrato de trabalho, em consequência da transmissão da empresa, nos termos dos n.os 1 ou 2 do artigo 285.º, com o fundamento previsto no n.º 1 do artigo 286.º-A.

4 – A justa causa é apreciada nos termos do n.º 3 do artigo 351.º, com as necessárias adaptações.

5 – Considera-se culposa a falta de pagamento pontual da retribuição que se prolongue por período de 60 dias, ou quando o empregador, a pedido do trabalhador, declare por escrito a previsão de não pagamento da retribuição em falta, até ao termo daquele prazo.

1. Este preceito corresponde ao artigo 441.º do anterior Código do Trabalho, aprovado pela Lei n.º 99/2003.

2. A redacção da alínea b) do n.º 2 foi alterada pelo artigo 2.º da Lei n.º 93/2019, de 4 de Setembro. A redacção da alínea f) do n.º 2 foi alterada pelo artigo 2.º da Lei n.º 73/2017, de 16 de Agosto. Já a alínea d) do n.º 3 foi introduzida pelo artigo 2.º da Lei n.º 14/2018, de 19 de Março. Na versão originária do Código do Trabalho, aprovado pela Lei n.º 7/2009, de 12 de Fevereiro, aquelas alíneas b) e f) do n.º 2 tinham a seguinte redacção:

> "2 – Constituem justa causa de resolução do contrato pelo trabalhador, nomeadamente, os seguintes comportamentos do empregador:
>
> b) Violação culposa de garantias legais ou convencionais do trabalhador;
>
> f) Ofensa à integridade física ou moral, liberdade, honra ou dignidade do trabalhador, punível por lei, praticada pelo empregador ou seu representante.".

3. A resolução pelo trabalhador é uma modalidade de cessação do contrato de trabalho, cfr. alínea g) do artigo 340.º

4. A resolução do contrato de trabalho justifica-se pela verificação de situações graves, que nos termos da lei permitem que o trabalhador obste à continuidade do vínculo laboral, sem que tenha de respeitar um pré-aviso, cfr. n.º 1.

5. As situações previstas no n.º 2 são exemplificativas, e não taxativas, o que resulta da expressão: "nomeadamente".

6. No n.º 2 prevêm-se as situações de justa causa subjectiva, ou seja, imputáveis a título de culpa ao empregador. Por esta razão, nos termos do n.º 1 do artigo 396.º, em caso de resolução do contrato com fundamento em facto previsto no n.º 2 deste artigo 394.º, o trabalhador tem direito a indemnização, a determinar entre 15 e 45 dias de retribuição base e diuturnidades por cada ano completo de antiguidade, atendendo ao valor da retribuição e ao grau da ilicitude do comportamento do empregador, não podendo ser inferior a três meses de retribuição base e diuturnidades. A mais, determina o n.º 3 do mesmo artigo 396.º, que o valor da indemnização pode ser superior, sempre que o trabalhador sofra danos patrimoniais e não patrimoniais de montante mais elevado.

7. Quando se verifique uma situação de falta de pagamento pontual da retribuição, o trabalhador pode fazer cessar o contrato, cfr. alínea a) do n.º 2 e alínea c) do n.º 3. Para aferir da falta de pagamento pontual da retribuição releva a data de vencimento da retribuição. Esta data de vencimento pode diferir, consoante o que tenha sido acordado entre o empregador e o trabalhador, sendo um elemento que é conhecido do trabalhador porquanto o empregador deve informar por escrito o trabalhador do valor e da periodicidade da retribuição, nos sessenta dias subsequentes ao início da execução do contrato, ou até ao termo do contrato se este cessar antes dos sessenta dias, cfr. alínea h) do n.º 3 do artigo 106.º, e n.os 1 e 4 do artigo 107.º Este dever de informação considera-se cumprido quando a indicação da periodicidade da retribuição conste de contrato de trabalho ou de contrato-promessa de contrato de trabalho, reduzidos a escrito, cfr. n.º 3 do artigo 107.º Nos termos do n.º 1 do artigo 278.º o crédito retributivo vence-se por períodos certos e iguais, que salvo estipulação ou uso diverso, são a semana, a quinzena e o mês de calendário.

Em detrimento da cessação do contrato, e verificando-se uma situação de falta de pagamento pontual da retribuição, o trabalhador tem a faculdade de suspender o contrato de trabalho, suspensão esta que se encontra regulada nos artigos 325.º e segs., sendo-lhe ainda aplicável as disposições gerais relativas ao incumprimento do contrato, previstas nos artigos 323.º e 324.º

Este artigo 394.º não estabelece o que sucede quando a falta de pagamento da retribuição, em detrimento de ser pontual é reiterada. Ainda assim, cremos que em tal situação, poderá igualmente o trabalhador fazer cessar o contrato de trabalho com justa causa, relevando neste caso, para efeitos indemnizatórios se essa falta é culposa ou não.

8. Nos termos da alínea f) do n.º 2, contitui justa causa de resolução do contrato de trabalho pelo trabalhador a ofensa à integridade física ou moral, liberdade, honra ou dignidade do trabalhador, punível por lei, praticada pelo empregador ou seu representante, sendo irrelevante para aplicação desta norma, que o representante do empregador tenha ou não poderes de representação do próprio empregador. Como tal, o superior hierárquico do trabalhador que injuriar o trabalhador, imputando-lhe factos, mesmo sob a forma de suspeita, ou dirigindo-lhe palavras, ofensivos da sua honra ou consideração, com o que pratica o crime de injúria, previsto e punido pelo n.º 1 do artigo 181.º do Código Penal, aprovado pelo Decreto-Lei n.º 400/82, de 23 de Setembro, recaí no âmbito de aplicação desta alínea f) do n.º 2.

9. A alínea f) do n.º 2 inclui expressamente entre os motivos que permitem a justa causa de resolução do contrato de trabalho pelo trabalhador, a prática de assédio por parte do empregador ou pelo seu representante. Contudo, faz depender a invocação da justa causa por parte do trabalhador, deste ter em momento anterior denunciado tal comportamento de assédio ao serviço com competência inspectiva na área laboral. Por outras palavras, a alínea f) do n.º 2 limita a protecção à integridade física e moral do trabalhador, que não beneficiará da admissibilidade de resolução do seu contrato de trabalho com justa causa, se antes da resolução não tiver dado a conhecer o comportamento do empregador ao serviço com competência inspectiva na área laboral.

10. O serviço com competência inspectiva na área laboral referido na alínea f) do n.º 2, é a Autoridade para as Condições do Trabalho (A.C.T.), que prossegue, entre outras, as atribuições de promover, controlar e fiscalizar o cumprimento das disposições legais, regulamentares e convencionais, respeitantes às relações de trabalho, cfr. alínea a) do n.º 2 do artigo 11.º do Decreto-Lei n.º 167-C/2013, de 31 de Dezembro, alterado pelo Decreto-Lei n.º 28/2015, de 10 de Fevereiro, que aprovou a Lei Orgânica do Ministério da Solidariedade, Emprego e Segurança Social, e alínea a) do n.º 2 do artigo 2.º do Decreto Regulamentar n.º 47/2012, de 31 de Julho, que aprovou a orgânica da Autoridade para as Condições do Trabalho.

11. Quando se verifique uma situação de necessidade de cumprimento de obrigação legal, o trabalhador pode fazer cessar o contrato, cfr. alínea a) do n.º 3. Em detrimento da cessação do contrato, e verificando-se uma situação de necessidade de cumprimento de obrigação legal, o trabalhador tem a faculdade de suspender o contrato de trabalho, quando o impedimento se prolongar por mais de um mês, suspensão esta que se encontra regulada nos artigos 296.º e segs. Não se prolongando o impedimento por mais de um mês e na mesma situação de necessidade de cumprimento de obrigação legal, poderá ainda o trabalhador recorrer ao regime das faltas justificadas, cfr. alínea d) do n.º 2 do artigo 249.º

Verificando-se uma situação de necessidade de cumprimento de obrigação legal, o trabalhador deve comunicar ao empregador a resolução do contrato de trabalho logo que possível, cfr. n.º 3 do artigo 395.º

12. As situações previstas nas alíneas b) e c) do n.º 3 assentam numa justa causa objectiva, ou seja por razões ligadas à organização, e não por comportamentos imputáveis, a título de culpa, ao empregador.

13. Por efeito da alínea b) do n.º 3 do artigo 394.º o trabalhador tem o direito potestativo de poder resolver o contrato de trabalho, invocando justa causa objectiva, por alteração substancial e duradoura das condições de trabalho, alteração essa que terá de ser superveniente.

14. Nas situações previstas nas várias alíneas do n.º 2 e do n.º 3, para que o trabalhador possa licitamente resolver o contrato de trabalho com justa causa, terá de iniciar um procedimento, o qual se consubstancia na comunicação ao empregador da resolução, por escrito, dentro do prazo de 30 dias, após o conhecimento dos factos, cfr. n.º 1 do artigo 395.º Este prazo só não é aplicável quando se verifique uma situação de necessidade de cumprimento de obrigação legal, caso em que o trabalhador deve comunicar ao empregador a resolução do contrato de trabalho logo que possível, cfr. n.º 3 do artigo 395.º Note-se contudo, que por efeito do n.º 5 do artigo 394.º, para que se considere culposa a falta de pagamento pontual da retribuição, esta falta de pagamento terá de se prolongar por 60 dias, ou, em alternativa, o empregador terá de declarar por escrito a previsão de não pagamento até ao final daqueles 60 dias, sendo que para que o trabalhador possa invocar a falta culposa de pagamento, terá de resolver o contrato nos 30 dias subsequentes ao termo dos 60 dias, ou nos mesmos 30 dias subsequentes à declaração de previsão de não pagamento, cfr. n.º 2 do artigo 395.º

15. O n.º 4 estabelece que a justa causa é apreciada nos termos do n.º 3 do artigo 351.º, com as necessárias adaptações, ou seja, deve atender-se ao quadro de gestão da empresa, ao grau de lesão dos interesses do trabalhador, ao carácter das relações entre as partes ou entre o trabalhador e os seus companheiros e às demais circunstâncias que no caso sejam relevantes.

16. Atenta a redacção do n.º 5, parece que o legislador consagrou uma presunção inilidível, ou seja, que não pode ser afastada mediante prova em contrário, cfr. n.º 2 do artigo 350.º do Código Civil.

17. Nada obsta que a forma escrita, imposta pelo n.º 5, seja satisfeita através de documento electrónico, ou seja, por documento elaborado mediante processamento electrónico de dados. Por outras palavras, nada impede que a forma escrita seja adoptada através de uma declaração escrita enviada por correio electrónico (e-mail) para um endereço electrónico. Sobre a validade, eficácia e valor probatório dos documentos electrónicos remete-se para a anotação 4. ao artigo 107.º

18. Quando o trabalhador não tenha justa causa para proceder à resolução do contrato de trabalho, poderá ainda assim proceder à cessação do contrato de trabalho, desde que cumpra um aviso prévio, o que no Direito do Trabalho se designa por denúncia, cfr. artigo 400.º e segs.

19. Sobre este preceito *vide* Bernardo Lobo Xavier, *Manual de Direito do Trabalho*, Verbo, 2011, página 817 e segs., e António Monteiro Fernandes, *Direito do Trabalho*, 15.ª Edição, Almedina, Abril 2010, página 648 e segs. No domínio da legislação anterior, pelo que será necessário proceder às adaptações necessárias, *vide* Pedro Furtado Martins, *Cessação do Contrato de Trabalho*, Princípia, Cascais, 1999 página 161 e segs.

ARTIGO 395.º – Procedimento para resolução de contrato pelo trabalhador

1 – O trabalhador deve comunicar a resolução do contrato ao empregador, por escrito, com indicação sucinta dos factos que a justificam, nos 30 dias subsequentes ao conhecimento dos factos.

2 – No caso a que se refere o n.º 5 do artigo anterior, o prazo para resolução conta-se a partir do termo do período de 60 dias ou da declaração do empregador.

3 – Se o fundamento da resolução for o referido na alínea a) do n.º 3 do artigo anterior, a comunicação deve ser feita logo que possível.

4 – O empregador pode exigir que a assinatura do trabalhador constante da declaração de resolução tenha reconhecimento notarial presencial, devendo, neste caso, mediar um período não superior a 60 dias entre a data do reconhecimento e a da cessação do contrato.

1. Este preceito corresponde aos artigos 442.º e 449.º do anterior Código do Trabalho, aprovado pela Lei n.º 99/2003.

2. Nos termos do n.º 1, para que o trabalhador possa licitamente resolver o contrato de trabalho, terá de cumprir um procedimento, que se inicia com a comunicação ao empregador da resolução, por escrito, dentro do prazo de 30 dias, após o conhecimento dos factos. Este prazo só não é aplicável quando se verifique uma situação de necessidade de cumprimento de obrigação legal, caso em que o trabalhador deve comunicar ao empregador a resolução do contrato de trabalho logo que possível, cfr. n.º 3. Note-se contudo, que por efeito do n.º 5 do artigo 394.º, para que se considere culposa a falta de pagamento pontual da retribuição, esta falta de pagamento terá de se prolongar por 60 dias, ou, em alternativa, o empregador terá de declarar por escrito a previsão de não pagamento até ao final daqueles 60 dias, sendo que para que o trabalhador possa invocar a falta culposa de pagamento, terá de resolver o contrato nos 30 dias subsequentes ao termo dos 60 dias, ou nos mesmos 30 dias subsequentes à declaração de previsão de não pagamento, cfr. n.º 2.

3. Do n.º 1, ao estabelecer que o trabalhador deve comunicar a resolução do contrato de trabalho ao empregador, com indicação sucinta dos factos que a justificam, resulta que ao primeiro incumbe demonstrar a existência em concreto de justa causa. Como tal, não basta ao trabalhador reproduzir o conteúdo normativo dos n.ºs 2 ou 3 do artigo 394.º, ou utilizar uma fórmula genérica. Deverá assim o trabalhador fazer uma concreta indicação dos factos e circunstâncias que a integram, ainda que suscinta, concretização essa que é absolutamente necessária para que o tribunal possa sindicar a veracidade dos factos invocados. É que o uso de fórmulas genéricas são susceptíveis de compreender uma diversidade de situações de facto, tornando-as aptas a impedir uma eventual apreciação jurisdicional. Note-se, que nos termos do n.º 3 do artigo 398.º, na acção em que for apreciada a licitude da resolução, apenas são atendíveis para a justificar os factos constantes da comunicação referida no n.º 1 deste artigo 395.º

4. De acordo com o n.º 4, o empregador poderá exigir ao trabalhador que a assinatura da comunicação da resolução seja objecto de reconhecimento notarial presencial, de modo a que semelhante reconhecimento tenha por efeito obstar a um eventual direito de arrependimento do trabalhador – que poderá, até ao sétimo dia seguinte à data em que a comunicação escrita de resolução chega ao poder do empregador, fazer cessar a resolução, cfr. n.º 1 do artigo 397.º Esta forma mais exigente da resolução, assinatura do trabalhador reconhecida presencialmente por notário, deve ser mediada por um período não superior a 60 dias entre a data do reconhecimento e a da cessação do contrato. Caso ultrapasse os 60 dias, renasce o direito de arrependimento, podendo o trabalhador revogar a resolução, ainda que a própria resolução tenha sido objecto de reconhecimento notarial presencial. Note-se contudo que caso o empregador exerça o direito previsto no n.º 4, exigindo ao trabalhador que a assinatura da comunicação da resolução seja objecto de reconhecimento notarial presencial, recusando-se o trabalhador a cumprir semelhante exigência, não torna a resolução do contrato de trabalho ilícita. Quanto muito, não cumprindo o trabalhador a exigência do empregador, incorre em responsabilidade disciplinar, podendo o empregador instaurar-lhe um procedimento disciplinar, cfr. artigo 98.º, e artigo 328.º e segs. Ainda assim, a responsabilidade disciplinar do trabalhador pode gorar-se, uma vez que a infracção disciplinar prescreve quando cessa o contrato de trabalho, sendo que o mais comum é o trabalhador comunicar a resolução do contrato de trabalho com efeitos imediatos, como é próprio da natureza da resolução, cfr. n.º 1 do artigo 394.º, pelo que será muito dificil obter-se qualquer consequência pela recusa do trabalhador em reconhecer a sua assinatura.

5. Nada obsta que a forma escrita, imposta pelo n.º 1, seja satisfeita através de documento electrónico, ou seja, por documento elaborado mediante processamento electrónico de dados. Por outras palavras, nada impede que a forma escrita seja adoptada através de uma declaração escrita enviada por correio electrónico (e-mail) para um endereço electrónico. Sobre a validade, eficácia e valor probatório dos documentos electrónicos remete-se para a anotação 4. ao artigo 107.º

6. Entendeu o Supremo Tribunal de Justiça, no Acórdão de 2 de Abril de 2008, sumários em www.dgsi.pt, que as declarações extintivas de resolução produzem os seus efeitos quando chegaram ao poder do empregador e são dele conhecidas, o que se pode verificar no dia imediato à remessa dessas declarações pelos trabalhadores.

7. Sobre este preceito *vide* Bernardo Lobo Xavier, *Manual de Direito do Trabalho*, Verbo, 2011, página 818. No domínio da legislação anterior, pelo que será necessário proceder às adaptações necessárias, *vide* Pedro Furtado Martins, *Cessação do Contrato de Trabalho*, Princípia, Cascais, 1999 página 164 e segs.

ARTIGO 396.º – Indemnização devida ao trabalhador

1 – Em caso de resolução do contrato com fundamento em facto previsto no n.º 2 do artigo 394.º, o trabalhador tem direito a indemnização, a determinar entre 15 e 45 dias de retribuição base e diuturnidades por cada ano completo de antiguidade, atendendo ao valor da retribuição e ao grau da ilicitude do comportamento do empregador, não podendo ser inferior a três meses de retribuição base e diuturnidades.

2 – No caso de fracção de ano de antiguidade, o valor da indemnização é calculado proporcionalmente.

3 – O valor da indemnização pode ser superior ao que resultaria da aplicação do n.º 1 sempre que o trabalhador sofra danos patrimoniais e não patrimoniais de montante mais elevado.

4 – No caso de contrato a termo, a indemnização não pode ser inferior ao valor das retribuições vincendas.

5 – Em caso de resolução do contrato com o fundamento previsto na alínea d) do n.º 3 do artigo 394.º, o trabalhador tem direito a compensação calculada nos termos do artigo 366.º

1. Este preceito corresponde ao artigo 443.º do anterior Código do Trabalho, aprovado pela Lei n.º 99/2003.

2. A redacção do n.º 5 foi introduzida pelo artigo 2.º da Lei n.º 14/2018, de 19 de Março. Na versão originária do Código do Trabalho, aprovado pela Lei n.º 7/2009, de 12 de Fevereiro, aquele n.º 5 inexistia.

3. O n.º 1 determina que quando a resolução do contrato de trabalho se fundamente numa das situações de justa causa subjectiva, ou seja, imputáveis a título de culpa ao empregador, previstas no n.º 2 do artigo 394.º, o trabalhador tem direito a indemnização, a determinar entre 15 e 45 dias de retribuição base e diuturnidades por cada ano completo de antiguidade, atendendo ao valor da retribuição e ao grau da ilicitude do comportamento do empregador. Esta indemnização não pode ser inferior a três meses de retribuição base e diuturnidades, o que visa garantir alguma protecção aos trabalhadores que se encontram nas empresas há menos tempo. Por retribuição base entende-se a prestação correspondente à actividade do trabalhador no período normal de trabalho (o qual não pode exceder as oito horas por dia, nem as quarenta horas por semana). Já por diuturnidade compreende-se a prestação de natureza retributiva a que o trabalhador tenha direito com fundamento na antiguidade, cfr. n.º 2 do artigo 262.º A antiguidade, por sua vez, "é a qualidade correspondente à duração da situação jurídica laboral", Menezes Cordeiro, *Manual de Direito do Trabalho*, Livraria Almedina, 1991, página 675 e segs., e Acórdão do Tribunal da Relação de Lisboa, de 22 de Junho de 2005, processo 10307/2004-4, sumários em www.dgsi.pt. Significa isto que a duração de situações que não são de qualificar como sendo de trabalho subordinado não devem entrar no cômputo da antiguidade. A título exemplificativo, a duração de um contrato de estágio extracurricular, cfr. Decreto-Lei n.º 66/2011, de 1 de Junho, não correspondendo à prestação de trabalho subordinado, não dá lugar à contagem de antiguidade, ainda que posteriormente à cessação deste contrato venha a ser celebrado um contrato de trabalho.

4. O n.º 2 adopta a utilização do método proporcional para o cálculo do valor, em antiguidade de fracção de ano, à semelhança do que sucede na alínea d) do n.º 2 do artigo 366.º Só não será assim quando a indemnização que deva ser paga ao trabalhador seja inferior a três meses de retribuição base e diuturnidades, cfr. n.º 1.

5. A possibilidade prescrita no n.º 3, do valor da indemnização poder exceder os montantes a que se chegaria pela aplicação do n.º 1, permite concluir que não há um limite indemnizatório máximo. O valor da indemnização poderá assim ser superior sempre que o trabalhador sofra danos patrimoniais e não patrimoniais de montante mais elevado.

6. Quando se trate de trabalhador contratado a termo, o n.º 4 determina que a indemnização não pode ser inferior ao valor das retribuições vincendas. Apesar de não se referir expressamente, deve entender-se que as retribuições vincendas abragem apenas a retribuição base e diuturnidades, de acordo com o previsto no n.º 1, bem como no n.º 1 do artigo 262.º

Por outro lado, o n.º 4 deve ser interpretado conjuntamente com a parte final do n.º 1, pelo que, quando o trabalhador contratado a termo proceda à resolução do contrato de trabalho, e a retribuição vincenda for inferior a três meses de retribuição base e diuturnidades, prevista no n.º 1, é esta última que deve aplicar-se. Ou seja, e em termos exemplificativos, quando o trabalhador a termo procede à resolução de contrato a termo certo, que teria apenas mais um mês de duração, a retribuição vincenda seria unicamente um mês, pelo que, e a atender-se apenas na letra do n.º 4, os trabalhadores a termo poderiam, sem qualquer justificação aparente, encontrar-se mais propensos à violação, pelo empregador, dos seus direitos. Salvo melhor opinião, o regime do n.º 4 pretente dissuadir o empregador de adoptar um comportamento culposo relativamente a um trabalhador contratado a termo (o que poderia ser-lhe mais fácil, atenta a situação de maior precariedade desse trabalhador, com um vínculo laboral limitado a determinada duração), o que o legislador faz através do estabelecimento de uma indemnização que parte do princípio que a duração do contrato é superior aos três meses previstos no n.º 1. Assim, quando da aplicação do n.º 4 resulte um valor inferior ao que resultaria da aplicação da parte final do n.º 1, é este n.º 1 que deverá sobrepor-se.

7. Nos termos do n.º 5, quando o trabalhador resolva o seu contrato de trabalho por motivo de ter ocorrido uma transmissão para o adquirente da posição do empregador no respectivo contrato de trabalho, em consequência de transmissão, cessão ou reversão de empresa ou estabelecimento, concluída após o trabalhador ter exercido o direito de oposição à transmissão, cfr. artigo 286.º-A, o próprio trabalhador terá direito a uma compensação.

Esta compensação, por efeito da remissão do n.º 5 para o artigo 366.º, é calculada de modo distinto consoante a data de celebração do próprio contrato.

Nos contratos de trabalho celebrados a partir de 1 de Outubro de 2013 a indemnização é menor comparativamente aos contratos de trabalho celebrados em data anterior. No primeiro caso, o trabalhador tem direito a compensação correspondente a 12 dias de retribuição base e diuturnidades, quando estas últimas existam, por cada ano completo de antiguidade. A retribuição diária é calculada através da divisão por 30 da retribuição base e diuturnidades, quando estas últimas existam, sendo que em caso de fracção de ano, o montante da compensação é calculado proporcionalmente. A compensação a receber pelo trabalhador tem limites máximos, fixados nas alíneas a) e b) do n.º 2 do artigo 366.º Assim, de acordo com aquelas normas, o valor da retribuição base mensal e diuturnidades, quando estas últimas existam, a considerar para efeitos de cálculo da compensação não pode ser superior a 20 vezes a retribuição mínima mensal garantida. Há ainda um segundo limite: o montante global da compensação não pode ser superior a 12 vezes a retribuição base mensal e diuturnidades, quando estas existam, ou, quando seja aplicável o limite previsto no ponto anterior, a 240 vezes a retribuição mínima mensal garantida.

Ver anotações ao artigo 366.º para exemplos práticos de como se realizar os cálculos.

Já relativamente à cessação dos contratos de trabalho celebrados antes de 1 de Outubro de 2013 vejam-se também as anotações ao artigo 366.º, bem como os exemplos práticos ali perspectivados.

8. Entendeu a Relação de Lisboa, no Acórdão do Tribunal da Relação de Lisboa, de 27 de Fevereiro de 2008, processo 8829/2007-4, sumários em www.dgsi.pt, que: "Na fixação do valor da indemnização devida por resolução do contrato de trabalho por justa causa, são de ponderar: (1) o valor da retribuição auferida pelo trabalhador, (2) a ilicitude do comportamento assumido pelo empregador e (3) a culpa deste na assunção desse comportamento.".

9. Não tendo o trabalhador provado o não pagamento das retribuições alegadamente em falta, factos que, objectivamente, integram o fundamento invocado para a resolução do contrato de trabalho, tal resolução carece de justa causa, não se lhe podendo reconhecer o direito indemnizatório, cfr. Acórdão do Supremo Tribunal de Justiça, de 28 de Maio de 2008, sumários em www.dgsi.pt.

10. Nos termos do n.º 3 do artigo 321.º quando se consubstancie uma situação de falta culposa de pagamento da prestação de pré-reforma ou, independentemente de culpa, se a mora se prolongar por mais de 30 dias, o trabalhador tem direito a retomar o pleno exercício de funções, sem prejuízo da antiguidade, ou a resolver o contrato, com direito a indemnização. Caso o trabalhador em situação de pré-reforma resolva o contrato de trabalho, em detrimento de ter direito à indemnização prevista no n.º 1 deste artigo 396.º, a indemnização a pagar pelo empregador é calculada nos termos dos n.os 2 e 3 do artigo 322.º Ou seja o trabalhador em situação de pré-reforma tem direito a indemnização no montante das prestações de pré-reforma até à idade legal de reforma por velhice, tendo a indemnização por base o montante da prestação de pré-reforma à data da cessação do contrato de trabalho.

11. Sobre este preceito, no domínio da legislação anterior, pelo que será necessário proceder às adaptações necessárias, *vide* Bernardo Lobo Xavier, *Manual de Direito do Trabalho*, Verbo, 2011, página 818 e 819.

ARTIGO 397.º – Revogação da resolução

1 – O trabalhador pode revogar a resolução do contrato, caso a sua assinatura constante desta não seja objecto de reconhecimento notarial presencial, até ao sétimo dia seguinte à data em que chegar ao poder do empregador, mediante comunicação escrita dirigida a este.

2 – É aplicável à revogação o disposto nos n.os 2 ou 3 do artigo 350.º

1. Este preceito corresponde ao artigo 449.º do anterior Código do Trabalho, aprovado pela Lei n.º 99/2003.

2. O n.º 1 consagra uma figura jurídica que se vem designando como um direito de arrependimento, que assume por vezes na lei outras designações: direito de retratação, cfr. n.º 4 do artigo 8.º da Lei de Defesa do Consumidor, Lei n.º 24/96, de 31 de Julho, de livre revogação, cfr. artigo 17.º do Decreto-Lei n.º 133/2009, de 2 de Junho, de resolução, cfr. artigo 16.º do Decreto-Lei n.º 275/93, de 5 de Agosto, ou ainda de livre resolução, cfr. artigo 10.º do Decreto-Lei n.º 24/2014, de 14 de Fevereiro, e artigo 19.º do Decreto-Lei n.º 95/2006, de 29 de Maio. Ao direito de arrependimento refere-se o n.º 2 do artigo 322.º do Código de Valores Mobiliários, aprovado pelo Decreto-Lei n.º 486/99, de 13 de Novembro. O arrependimento do trabalhador não carece de indicação do motivo, não acarreta qualquer penalização do trabalhador – não lhe podendo ser assacada qualquer responsabilidade disciplinar – e não confere ao empregador qualquer direito a indemnização.

3. Nos termos estabelecidos no n.º 1 o empregador que pretenda obstar a um eventual direito de arrependimento do trabalhador – que poderá, até ao sétimo dia seguinte à data em que a comunicação escrita de resolução chega ao poder do empregador, fazer cessar a resolução – deverá exigir ao trabalhador que a assinatura da comunicação da resolução seja objecto de reconhecimento notarial presencial. A forma mais exigente da resolução – assinatura do trabalhador reconhecida presencialmente por notário – pode ser exigida pelo empregador ao trabalhador, cfr. n.º 4 do artigo 395.º, devendo nesse caso mediar um período não superior a 60 dias entre a data do reconhecimento e a da cessação do contrato. Caso ultrapasse os 60 dias, renasce o direito de arrependimento, podendo o trabalhador revogar a resolução, ainda que tenha sido objecto de reconhecimento notarial presencial. Com a consagração de que a resolução, cuja assinatura seja objecto de reconhecimento notarial presencial, inibe o trabalhador de cessar os efeitos da resolução, pretendeu-se dar uma garantia especial de certeza, razão pela qual o trabalhador não poderá utilizar o direito de arrependimento, revogando a declaração de resolução do contrato de trabalho.

4. Nos termos do n.º 5 do artigo 153.º do Código do Notariado, aprovado pelo Decreto-Lei n.º 207/95, de 14 de Agosto, designa-se presencial o reconhecimento da letra e assinatura, ou só da assinatura, em documentos escritos e assinados ou apenas assinados, na presença do notário, ou o reconhecimento que é realizado estando o signatário presente ao acto.

5. Quando a assinatura da comunicação escrita de resolução tenha sido objecto de reconhecimento notarial presencial, a resolução deixa de ser um mero documento particular para passar a ser um documento particular autenticado, cuja força probatória é plena, cfr. artigo 377.º do Código Civil. Não obstante a força probatória plena, e dado que o documento, seja particular ou autenticado, não prova nem garante que as declarações do trabalhador não sejam viciadas por erro, dolo, coacção ou mesmo simuladas, pode o trabalhador recorrer aos meios comuns para demonstrar a falta ou os vícios da vontade, para impugnar a declaração documentada. Neste caso admitem-se todos os meios de prova de que o trabalhador se possa socorrer, incluindo a prova por testemunhas, não tendo aplicação o n.º 2 do artigo 393.º do Código Civil quanto à falta e vícios da vontade.

6. O n.º 1 ao estabelecer que a comunicação escrita de resolução cuja assinatura seja objecto de reconhecimento notarial presencial, obsta a que o trabalhador possa fazer cessar os efeitos da resolução do contrato de trabalho, até ao sétimo dia seguinte à data em que a comunicação de resolução chega ao poder do empregador, suscita a questão de saber se o advogado da empresa, ou mesmo do trabalhador, pode realizar o reconhecimento das assinaturas, valendo esse reconhecimento como se realizado presencialmente perante notário. O n.º 1 do artigo 5.º do Decreto-Lei n.º 237/2001, de 30 de Agosto, confere às câmaras de comércio e indústria, reconhecidas nos termos do Decreto-Lei n.º 244/92, de 29 de Outubro, alterado pelo Decreto-Lei n.º 154/2017, de 28 de Dezembro, aos advogados e aos solicitadores, competência para fazerem reconhecimentos com menções especiais, por semelhança, nos termos previstos no Código do Notariado. Nos termos do artigo 6.º do mesmo Decreto-Lei n.º 237/2001, de 30 de Agosto, os reconhecimentos efectuados pelas câmaras de comércio e indústria, por advogados e por solicitadores, têm a mesma força probatória que teria se tais actos tivessem sido realizados com intervenção notarial. Por sua vez, o artigo 38.º do Decreto-Lei n.º 76-A/2006, de 29 de Março, alterado pelo Decreto-Lei n.º 8/2007, de 17 de Janeiro, diploma que tem por objecto a adopção de medidas de simplificação e eliminação de actos e procedimentos registrais e notariais, tais como o alargamento das entidades que podem reconhecer assinaturas em documentos e autenticar e traduzir documentos, permitindo que tanto os notários como os advogados, os solicitadores, as câmaras de comércio e indústria e as conservatórias possam fazê-lo, cfr. alínea f) do n.º 1 do artigo 1.º procedeu à extensão do regime dos reconhecimentos de assinaturas e da autenticação e tradução de documentos. Dispõe o n.º 1 do artigo 38.º do Decreto-Lei n.º 76-A/2006, que "sem prejuízo da competência atribuída a outras entidades, as câmaras de comércio e indústria, reconhecidas nos termos do Decreto-Lei n.º 244/92, de 29 de Outubro, os conservadores, os oficiais de registo, os advogados e os solicitadores podem fazer reconhecimentos simples e com menções especiais, presenciais e por semelhança, autenticar documentos particulares, certificar, ou fazer e certificar, traduções de documentos, nos termos previstos na lei notarial, bem como certificar a conformidade das fotocópias com os documentos originais e tirar fotocópias dos originais que lhes sejam presentes para certificação, nos termos do Decreto-Lei n.º 28/2000, de 13 de Março. O n.º 2 do mesmo artigo 38.º estabelece que "os reconhecimentos, as autenticações e as certificações efectuados pelas entidades previstas nos números anteriores conferem ao documento a mesma força probatória que teria se tais actos tivessem sido realizados com intervenção notarial", mediante registo em sistema informático, cujo funcionamento, respectivos termos e custos associados são definidos por portaria do Ministro da Justiça, cfr. n.º 3. Nestes termos, a questão de saber se o advogado da empresa, ou mesmo do trabalhador, pode realizar o reconhecimento da assinatura não é despicienda. Atendendo aos preceitos *supra* referidos, poderia pensar-se que o reconhecimento da assinatura da comunicação de resolução quando seja realizado por advogado, obsta a que o trabalhador possa revogar a resolução do contrato de trabalho. Não cremos que seja assim, por duas ordens de razões: a primeira fundamenta-se no elemento literal do n.º 1, em que se refere expressamente "reconhecimento notarial presencial", pelo que o legislador pretendeu explicitamente que o reconhecimento seja realizado perante o notário. Um segundo argumento vai no sentido de que o reconhecimento feito por advogado, no caso concreto da resolução, não tem por efeito precludir o direito de arrependimento do trabalhador: aquando da entrada em vigor quer do Código do Trabalho aprovado pela Lei n.º 99/2003, de 27 de Agosto, quer do actual Código do Trabalho, já se encontrava em vigor o Decreto-Lei n.º 237/2001, de 30 de Agosto, que conferiu competência aos advogados para realizarem reconhecimentos nos termos previstos no Código do Notariado, pelo que a redacção do n.º 1 é mais exigente. Se o legislador tivesse pretendido que o reconhecimento da assinatura da comunicação de resolução pudesse ser realizado por advogado, teria sido suficiente uma formulação mais genérica onde se dissesse que a assinatura teria de ser objecto de reconhecimento presencial.

No sentido exposto, e aceitando os argumentos referidos, relativamente ao reconhecimento da assinatura numa situação de denúncia do contrato de trabalho, veio a entender o Acórdão do Tribunal da Relação do Porto, de 4 de Julho de 2011, processo 1050/08.4TTVNG.P1, n.º de documento RP201107041050/08.4TTVNG.P1, disponível em www.dgsi.pt: "O reconhecimento notarial presencial da assinatura da denúncia do contrato de trabalho a que se reporta o art. 449.º, n.ºs 1 e 4, do CT/2003 não pode, para efeitos do previsto nessa norma, ser efectuado por advogado pese embora o disposto no art. 38.º, n.ºs 1 e 2 do DL 76-A/2006, de 29.03.". E também o Acórdão do Tribunal da Relação de Lisboa, de 16 de Dezembro de 2015, processo 847/14.0TTLSB.L1-4, disponível em www.dgsi.pt: "II – O reconhecimento presencial notarial referido no n.º 1 do artigo 402.º do C.T./2009 só pode ser efectuado nos cartórios notariais e não por qualquer uma das entidades identificadas no artigo 38.º do Decreto-Lei n.º 76-A/2006 de 29 de Março. III – Ainda que tal reconhecimento presencial notarial pudesse ser também efectuado qualquer uma das entidades identificadas no artigo 38.º do Decreto-Lei n.º 76-A/2006 de 29 de Março, certo é que as mesmas estariam sujeitas não somente os princípios e impedimentos aplicáveis aos notários, quando da prática dos mesmos atos, como os advogados, apesar da inequívoca e valiosa qualidade de «auxiliares da justiça" teriam de cumprir as regras deontológicas constantes do seu Estatuto. IV – Resulta do confronto dessas normas regulamentares e éticas com a situação vivida na ação – reconhecimento, em ato contínuo e pelo advogado da Ré, da assinatura aposta pelo trabalhador da denúncia do vínculo laboral existente e que todo indica ter sido redigida pela própria entidade empregadora, assim impossibilitando, em termos imediatos, o exercício do seu direito de arrependimento por parte daquele – um conflito (irreconciliável) de interesses entre o papel ou função do ilustre causídico, enquanto advogado da Apelada e aquela pretensamente neutral ou imparcial que deve assumir, ao proceder ao (mero) reconhecimento da assinatura da «parte contrária» e ao defender e reforçar, dessa maneira e através dessa atuação equiparada a «notarial», a posição da sua cliente no conflito em presença.".

Em sentido contrário ao que defendemos, entendeu o Acórdão do Tribunal da Relação de Lisboa, de 30 de Junho de 2011, processo 243/09.1TTFUN.L1-4, disponível em www.dgsi.pt: "O entendimento de que um Advogado se encontra impedido de reconhecer presencialmente a assinatura de uma declaração de rescisão unilateral de um contrato de trabalho de um trabalhador de uma cliente sua afigura-se incompatível não só com a intenção do legislador ao atribuir aos Advogados tal possibilidade, assim como com a sua qualidade de "colaborador da justiça".", o Acórdão do Tribunal da Relação do Porto de 9 de Julho de 2014, processo 461/12.5TTMAI.P1, documento n.º RP20140709461/12.5TTMAI.P1, disponível em www.dgsi.pt, o Acórdão do Tribunal da Relação de Coimbra de 20 de Março de 2014, processo 1736/12.9TTCBR.C1, disponível em www.dgsi.pt, e ainda o Acórdão do Tribunal da Relação de Évora de 27 de Fevereiro de 2014, processo 43/13.4TTSTB.E1, disponível em www.dgsi.pt. No último destes Acórdãos, entendeu o Tribunal que para a interpretação, deverá atender-se aos elementos literal, sistemático, histórico e teológico, que impõem que ao utilizar a expressão "reconhecimento notarial presencial", o legislador teve em consideração as entidades competentes para a realização do acto, tendo pretendido referir-se apenas ao acto em si, e não à entidade que o realiza, dando especial ênfase a que do preâmbulo do Decreto-Lei n.º 76-A/2006 resultou uma deliberada opção pelo alargamento da competência para a prática de actos notariais, por outras entidades idóneas e aptas.

7. A função notarial destina-se a dar forma legal e conferir fé pública aos actos jurídicos extrajudiciais, podendo o notário para cumprimento das suas funções prestar assessoria às partes na expressão da sua vontade negocial, cfr. n.º 1 e 2 do artigo 1.º do Código do Notariado, aprovado pelo Decreto-Lei n.º 207/95, de 14 de Agosto. Nos termos do n.º 1 do artigo 4.º do Código do Notariado, compete, em geral, ao notário redigir o instrumento público conforme a vontade das partes, a qual deve indagar, interpretar e adequar ao ordenamento jurídico, esclarecendo-as do seu valor e alcance, pelo que deve o notário explicar ao trabalhador o sentido e o alcance da resolução, designadamente que a mesma tem por efeito cessar o contrato de trabalho.

8. Da aplicação do n.º 2 resulta que caso o trabalhador, não possa assegurar a recepção da revogação da resolução até ao sétimo dia seguinte à data em que a comunicação de resolução chegou ao poder do empregador, deve remeter a revogação da resolução através de carta registada com aviso de recepção, no dia útil subsequente ao fim do prazo. A revogação da resolução só é eficaz se, em simultâneo com a própria revogação, o trabalhador entregar ou puser, por qualquer forma, à disposição do empregador a totalidade do montante pago por efeito da cessação do contrato de trabalho. A lei basta-se com a disponibilização da totalidade do montante pago por efeito da cessação do contrato de trabalho ao empregador. Compreende-se que assim seja, pois caso obrigasse à entrega, o empregador que estivesse interessado na manutenção da cessação do contrato, poderia facilmente furtar-se ao seu recebimento. Será suficiente que o trabalhador faça depender o recebimento do montante pago pelo empregador por efeito da cessação do contrato de trabalho, de um mero acto material, pelo que o trabalhador poderá solicitar-lhe: "a passagem pela sua própria residência, onde existe ordem de pagamento, instruções para transferência bancária, indicação para remessa de cheque ou outro meio de pagamento, etc.", neste sentido Bernardo Lobo Xavier, *O Despedimento Colectivo no Dimensionamento da Empresa*, Verbo, Lisboa, 2000, página 542. Também nada veda que o trabalhador proceda a transferência bancária para a conta bancária do empregador de onde, durante a pendência do contrato, foram sempre transferidas para a sua própria conta, a retribuição por aquele devida. Da mesma forma, poderá o trabalhador consignar em depósito a compensação, cfr. artigos 916.º e segs. do Código de Processo Civil.

9. Nada obsta que a forma escrita da comunicação do trabalhador, imposta pelo n.º 1, seja satisfeita através de documento electrónico, ou seja, por documento elaborado mediante processamento electrónico de dados. Por outras palavras, nada impede que a forma escrita seja adoptada através de uma declaração escrita enviada por correio electrónico (e-mail) para um endereço electrónico. Sobre a validade, eficácia e valor probatório dos documentos electrónicos remete-se para a anotação 4. ao artigo 107.º

10. Sobre este preceito *vide* Bernardo Lobo Xavier, *Manual de Direito do Trabalho*, Verbo, 2011, página 820 e 821.

ARTIGO 398.º – Impugnação da resolução

1 – A ilicitude da resolução do contrato pode ser declarada por tribunal judicial em acção intentada pelo empregador.

2 – A acção deve ser intentada no prazo de um ano a contar da data da resolução.

3 – Na acção em que for apreciada a ilicitude da resolução, apenas são atendíveis para a justificar os factos constantes da comunicação referida no n.º 1 do artigo 395.º

4 – No caso de a resolução ter sido impugnada com base em ilicitude do procedimento previsto no n.º 1 do artigo 395.º, o trabalhador pode corrigir o vício até ao termo do prazo para contestar, mas só pode utilizar esta faculdade uma vez.

1. Este preceito corresponde aos artigos 444.º e 445.º do anterior Código do Trabalho, aprovado pela Lei n.º 99/2003.

2. Determina os n.os 1 e 2, que a ilicitude da resolução do contrato só pode ser declarada por tribunal judicial em acção intentada pelo empregador, no prazo de um ano, a contar da resolução. Apesar da redacção do n.º 1, também o trabalhador poderá intentar uma acção judicial contra o empregador, quando tendo o primeiro procedido à resolução do contrato de trabalho, o empregador não aceite a justificação da resolução, ou nada diga, não procedendo ao pagamento da indemnização prevista no artigo 396.º Neste caso, o pedido do trabalhador será a declaração de licitude da resolução do contrato de trabalho, e a condenação do empregador na indemnização que o tribunar entenda determinar.

3. Nos termos do n.º 3, na acção em que for apreciada a ilicitude da resolução, apenas são atendíveis para a justificar os factos constantes da comunicação referida no n.º 1 do artigo 395.º Do n.º 1 do artigo 395.º resulta que o trabalhador deve comunicar a resolução do contrato de trabalho ao empregador, por escrito, com indicação sucinta dos factos que a justificam, nos 30 dias subsequentes ao conhecimento daqueles factos, pelo que ao trabalhador incumbe demonstrar nessa comunicação a existência, em concreto, de justa causa. Como tal, não basta que o trabalhador reproduza o conteúdo normativo dos n.os 2 ou 3 do artigo 394.º, ou utilize uma fórmula genérica. Deverá assim o trabalhador ter realizado uma concreta indicação dos factos e circunstâncias que integram a justa causa, ainda que suscinta, concretização essa que é absolutamente necessária para que o tribunal possa sindicar a veracidade dos factos invocados.

Não obstante, e por efeito do n.º 4, permite-se que o trabalhador, quando a acção seja intentada pelo empregador, com fundamento em ilicitude do procedimento de resolução do contrato de trabalho, corrija o vício de procedimento até ao termo do prazo para contestar, restringindo contudo esta faculdade a uma única utilização. Quando assim tenha sucedido, pode o trabalhador, até ao termo do prazo para apresentar a contestação à acção judicial, corrigir os erros que originaram a ilicitude, o que pode fazer apenas numa única ocasião. Para o efeito, deve o trabalhador dar a conhecer ao tribunal que irá utilizar este regime, requerendo a suspensão da instância, ou seja a suspensão do processo judicial, até à conclusão da regularização do procedimento de resolução do contrato de trabalho. Entendemos contudo que o regime do n.º 4 deste artigo 398.º é inaplicável quando se trate de factos que eram conhecidos há mais de 30 dias pelo trabalhador. Nestes termos, cremos que não poderá beneficiar deste regime o trabalhador que tenha tido conhecimento de factos que intempestivamente não comunicou ao empregador, ou seja, que não observou o prazo de 30 dias previsto no n.º 1 do artigo 395.º, não podendo igualmente dele beneficiar o trabalhador que pretenda alargar os factos contidos na comunicação, a outros factos que constituíssem justa causa, conhecidos há mais de 30 dias. Assim, cremos que não poderá socorrer-se do n.º 4 deste artigo 398.º o trabalhador que tenha comunicado ao empregador, na comunicação escrita, a aplicação de uma sanção abusiva em determinada ocasião, sem discriminar a sanção, o tempo e demais circunstancialismos, e mais tarde, procedendo à correcção do procedimento em fase judicial, veio na nova comunicação enviada ao empregador, circunstanciar essa aplicação de sanção abusiva e comunicar-lhe uma outra já conhecida: a de que o empregador, algum tempo antes, o havia agredido quando, quanto a este comportamento, o trabalhador nada fez no prazo de caducidade para exercer a resolução.

4. Nos termos do n.º 1 do artigo 342.º do Código Civil, cabe ao trabalhador alegar e provar os factos por si invocados para justificar a resolução do contrato de trabalho, porque constitutivos do direito alegado (o direito de resolver o contrato com justa causa). Assim, quando se trate de falta de pagamento pontual de retribuição, incumbe ao trabalhador alegar e provar essa falta, enquanto que cabe, por outro lado, ao empregador provar que a falta de cumprimento da obrigação não procede de culpa sua (artigo 799.º, n.º 1, do Código Civil) e provar o pagamento das retribuições ditas em falta (n.º 2 do artigo 342.º do Código Civil).

5. Sobre este preceito *vide* Bernardo Lobo Xavier, *Manual de Direito do Trabalho*, Verbo, 2011, página 819.

ARTIGO 399.º – Responsabilidade do trabalhador em caso de resolução ilícita

Não se provando a justa causa de resolução do contrato, o empregador tem direito a indemnização dos prejuízos causados, não inferior ao montante calculado nos termos do artigo 401.º

1. Este preceito corresponde ao artigo 446.º do anterior Código do Trabalho, aprovado pela Lei n.º 99/2003.

2. Quando o tribunal declarar a ilicitude da resolução do contrato de trabalho pelo trabalhador, o trabalhador será condenado a indemnizar o empregador. Esta indemnização tem um montante minimo, ou seja, o valor igual à retribuição base e diuturnidades correspondentes ao período em falta, e que o trabalhador deveria ter cumprido, caso denunciasse o contrato de trabalho. Verificando-se um prejuízo para o empregador, decorrente da ilicitude da resolução do contrato de trabalho, caso este prove aquele prejuízo, e na situação do prejuízo ultrapassar o montante calculado nos termos do artigo 401.º, a indemnização a que o empregador terá direito será o valor desse prejuízo.

3. As situações que consubstanciam uma resolução ilícita do contrato de trabalho pelo trabalhador, são a postergação de um requisito procedimental, cfr. n.º 1 do artigo 395.º, cujo vício não tenha sido corrigido até ao termo do prazo para apresentar a contestação, cfr. n.º 4 do artigo 398.º, e a inexistência de justa causa (incluindo os casos em que esta simplesmente não se verificou, como os outros em que o trabalhador não logrou prová-la).

4. Sobre este preceito *vide* Bernardo Lobo Xavier, *Manual de Direito do Trabalho*, Verbo, 2011, página 818, e António Monteiro Fernandes, *Direito do Trabalho*, 15.ª Edição, Almedina, Abril 2010, página 652.

SUBSECÇÃO II - Denúncia de contrato de trabalho pelo trabalhador

ARTIGO 400.º - Denúncia com aviso prévio

1 – O trabalhador pode denunciar o contrato independentemente de justa causa, mediante comunicação ao empregador, por escrito, com a antecedência mínima de 30 ou 60 dias, conforme tenha, respectivamente, até dois anos ou mais de dois anos de antiguidade.

2 – O instrumento de regulamentação colectiva de trabalho e o contrato de trabalho podem aumentar o prazo de aviso prévio até seis meses, relativamente a trabalhador que ocupe cargo de administração ou direcção, ou com funções de representação ou de responsabilidade.

3 – No caso de contrato de trabalho a termo, a denúncia pode ser feita com a antecedência mínima de 30 ou 15 dias, consoante a duração do contrato seja de pelo menos seis meses ou inferior.

4 – No caso de contrato a termo incerto, para efeito do prazo de aviso prévio a que se refere o número anterior, atende-se à duração do contrato já decorrida.

5 – É aplicável à denúncia o disposto no n.º 4 do artigo 395.º

1. Este preceito corresponde ao artigo 447.º do anterior Código do Trabalho, aprovado pela Lei n.º 99/2003.

2. A denúncia pelo trabalhador é uma modalidade de cessação do contrato de trabalho, cfr. alínea h) do artigo 340.º

3. Quando o trabalhador tenha justa causa para proceder à cessação do contrato de trabalho, poderá fazer cessa-lo imediatamente, sem necessidade de, em princípio, observar qualquer pré-aviso, cfr. artigo 394.º e segs.

4. A denúncia é uma das formas típicas de cessação de contratos, definindo-se como uma manifestação de vontade de uma das partes, dirigida à outra, que visa pôr termo a um contrato duradouro ou obstar à renovação de um contrato, que sem aquela declaração teria lugar. Em regra, no regime da denúncia, a declaração não carece de qualquer justificação.

5. A antiguidade, referida no n.º 1, "é a qualidade correspondente à duração da situação jurídica laboral", Menezes Cordeiro, *Manual de Direito do Trabalho*, Livraria Almedina, 1991, página 675 e segs., e Acórdão do Tribunal da Relação de Lisboa, de 22 de Junho de 2005, processo 10307/2004-4, sumários em www.dgsi.pt. Significa isto que a duração de situações que não são de qualificar como sendo de trabalho subordinado não devem entrar no cômputo da antiguidade. A título exemplificativo, a duração de um contrato de estágio extracurricular, cfr. Decreto-Lei n.º 66/2011, de 1 de Junho, não correspondendo à prestação de trabalho subordinado, não dá lugar à contagem de antiguidade, ainda que posteriormente à cessação deste contrato venha a ser celebrado um contrato de trabalho.

6. O prazo de antecedência com que o trabalhador deve comunicar ao empregador a denúncia do contrato de trabalho designa-se de aviso prévio. Enquanto estiver a ser observado o aviso prévio, a relação jurídica laboral subsiste, mantendo-se integralmente todos os deveres entre as partes, e portanto o dever do trabalhador prestar o seu trabalho, e o dever do empregador pagar a retribuição. Por este motivo se diz que o aviso prévio é como que um termo suspensivo aposto à denúncia do contrato de trabalho. Assim, pode suceder que enquanto decorre o aviso prévio, qualquer uma das partes, trabalhador ou empregador, viole, com culpa, os seus deveres laborais, o que poderá permitir à contraparte invocar justa causa para fazer cessar antecipadamente a relação jurídica, cfr. 351.º e segs., e 394.º e segs.

Relativamente às consequências do incumprimento, parcial ou total do aviso prévio, por parte do trabalhador, ver artigo 401.º

7. A denúncia do contrato de trabalho pode encontrar-se condicionada. É o que sucede quando o empregador e o trabalhador tenham celebrado um pacto de permanência, através do qual o trabalhador se obrigou a não denunciar o contrato de trabalho, por período não superior a três anos, como compensação ao empregador por despesas avultadas feitas com a sua formação profissional. Nesta situação, o trabalhador pode desobrigar-se do cumprimento do pacto de permanência mediante o pagamento do montante correspondente às despesas realizadas, cfr. artigo 137.º

8. Nos termos do n.º 5 do artigo 241.º, em caso de cessação do contrato de trabalho sujeita a aviso prévio, o empregador pode determinar que o gozo das férias tenha lugar imediatamente antes da cessação. Caso as férias do trabalhador já tivessem sido marcadas antes da denúncia, o empregador pode alterar a marcação das férias, de modo a que o gozo das mesmas tenha lugar imediatamente antes da cessação, cfr. n.º 3 do artigo 243.º Estas faculdades têm em vista possibilitar que o empregador não tenha de proceder ao pagamento de férias vencidas e não gozadas, bem como ao respectivo subsídio, cfr. alínea a) do n.º 1 do artigo 245.º

9. Tem entendido a jurisprudência que a comunicação escrita prevista no n.º 1 é uma formalidade *ad probationem*, ou seja é necessária apenas para prova do acto, não produzindo a ausência da forma escrita a invalidade da denúncia. Esta tese jurisprudencial assenta no facto da exigência de forma escrita prevista no n.º 1 se dever a razões de segurança probatória, visando facilitar a prova quer da verificação da denúncia, quer da observância, pelo trabalhador, da antecedência necessária (aviso prévio). Em abono desta tese, a celebração de um contrato de trabalho sem termo não se encontra sujeita à forma escrita, cfr. artigo 110.º, em obediência ao princípio de liberdade de forma, que vigora no ordenamento jurídico português, previsto no artigo 219.º do Código Civil, pelo que não se compreenderia que para a cessação do contrato de trabalho pelo trabalhador se impusesse a observância de forma especial, designadamente a forma escrita. Salvo melhor opinião, a exigência da comunicação de denúncia prevista no n.º 1 visa assim, não só salvaguardar a posição do trabalhador, (que fica munido com um meio probatório de realização da comunicação, o qual lhe permite defender-se de um eventual pedido de indemnização por incumprimento do prazo de aviso prévio, cfr. artigo 401.º), como pretende minorar os efeitos da cessação daquele contrato de trabalho no seio da organização produtiva, permitindo ao empregador socorrer-se de um outro profissional que possa realizar uma prestação semelhante.

Entendendo-se a comunicação escrita prevista no n.º 1 como uma formalidade *ad probationem*, cuja inobservância da forma escrita não determina a invalidade da denúncia, significa que o efeito desvinculatório unilateral do trabalhador produz-se sempre, ainda que não tenha sido utilizada a forma escrita. Neste sentido cfr. Acórdão do Tribunal da Relação de Évora, de 14 de Novembro de 1989, *Colectânea de Jurisprudência*, Ano XIV, Tomo V, página 286, Acórdão do Tribunal da Relação de Lisboa, de 22 de Janeiro de 1992, *Colectânea de Jurisprudência*, Ano XVII, Tomo I, página 191, e Acórdão do Tribunal da Relação de Lisboa, de 30 de Abril de 2003, sumários em www.dgsi.pt. A comunicação de denúncia do contrato de trabalho constitui uma declaração receptícia que carece de ser dada a conhecer ao destinatário, sendo eficaz logo que chega ao poder do destinatário ou dele é conhecida, artigo 224.º do Código Civil. Como tal, deve ter-se como eficaz qualquer manifestação de vontade inequívoca, assumida pelo trabalhador, declarando a intenção de denunciar o contrato de trabalho, mesmo que essa manifestação de vontade assuma a forma meramente verbal. Em termos práticos, quando o trabalhador, dirigindo-se ao empregador, declare ser a sua vontade terminar o contrato de trabalho, ainda que o faça verbalmente, está a terminar naquele momento o vínculo laboral. Exemplificando, o trabalhador que diga ao empregador, ou a quem o representa: "Eu despeço-me.", está a emitir uma declaração de denúncia, declaração esta que produz efeitos a partir do momento em que for do conhecimento do destinatário, que neste caso, é imediatamente, porquanto a denúncia é transmitida, verbalmente ao empregador.

10. Nada obsta que a forma escrita, imposta pelo n.º 1, seja satisfeita através de documento electrónico, ou seja, por documento elaborado mediante processamento electrónico de dados. Por outras palavras, nada impede que a forma escrita seja adoptada através de uma declaração escrita enviada por correio electrónico (e-mail) para um endereço electrónico. Sobre a validade, eficácia e valor probatório dos documentos electrónicos remete-se para a anotação 4. ao artigo 107.º

11. Constituem instrumentos de regulamentação colectiva de trabalho, cfr. n.os 2, 3 e 4 do artigo 2.º, a convenção colectiva (que pode ser um contrato colectivo, acordo colectivo, ou um acordo de empresa), o acordo de adesão, a decisão arbitral, a portaria de extensão, e a portaria de condições de trabalho.

12. A duração do contrato de trabalho a termo referida nos n.os 3 e 4 deste artigo é a duração total do contrato. Significa isto que, quando se trate de contrato a termo certo, não conta apenas a eventual renovação do contrato a termo certo que anteceder a denuncia do trabalhador, dado que, nos termos do n.º 5 do artigo 149.º, considera-se como único contrato aquele que seja objecto de renovação.

O n.º 3 determina, relativamente ao contrato a termo certo, que o que releva para aferir a antecedência mínima com que o trabalhador pode efectuar a denúncia, é a duração prevista para o contrato. Ou seja, mesmo em situações em que o trabalhador pretende denunciar um contrato a termo certo que tinha uma duração de seis meses, quando se mostram decorridos apenas dois meses após o ínicio do mesmo, deverá observar uma antecedência mínima de 30 dias.

13. Nos termos do n.º 5, o empregador pode exigir que a assinatura do trabalhador, constante da declaração de denúncia do contrato de trabalho, tenha reconhecimento notarial presencial, devendo, neste caso, mediar um período não superior a 60 dias entre a data do reconhecimento e a da cessação do contrato. De acordo com este n.º 5, permite-se que o reconhecimento notarial presencial da assinatura do trabalhador obste a um eventual direito de arrependimento do trabalhador, uma vez que a denúncia do contrato de trabalho sem aquele reconhecimento possibilitaria que o próprio trabalhador, até ao sétimo dia seguinte à data em que a comunicação escrita de denúncia chega ao poder do empregador, fizesse cessar a denúncia, cfr. n.º 1 do artigo 402.º Esta forma mais exigente da denúncia, assinatura do trabalhador reconhecida presencialmente por notário, deve ser mediada por um período não superior a 60 dias entre a data do reconhecimento e a da cessação do contrato. Caso ultrapasse os 60 dias, renasce o direito de arrependimento, podendo o trabalhador revogar a denúncia, ainda que a própria denúncia tenha sido objecto de reconhecimento notarial presencial.

14. Nos termos da alínea g) do n.º 3 do artigo 106.º, os prazos de aviso prévio a observar pelo empregador e pelo trabalhador para a cessação do contrato, ou o critério para a sua determinação, constitui uma das informações que o empregador tem de prestar, por escrito, em documento por si assinado, nos 60 dias subsequentes ao início da execução do contrato de trabalho ou, se este cessar antes deste prazo, até ao respectivo termo cfr. n.os 1 e 4 do artigo 107.º Nos termos do n.º 3 do artigo 107.º, este dever considera-se cumprido quando a informação em causa conste de contrato de trabalho reduzido a escrito ou de contrato-promessa de contrato de trabalho.

15. Sobre este preceito *vide* Bernardo Lobo Xavier, *Manual de Direito do Trabalho*, Verbo, 2011, página 819, e António Monteiro Fernandes, *Direito do Trabalho*, 15.ª Edição, Almedina, Abril 2010, página 646 e 647. No domínio da legislação anterior, pelo que será necessário proceder às adaptações necessárias, *vide* Pedro Furtado Martins, *Cessação do Contrato de Trabalho*, Princípia, Cascais, 1999 página 170 e segs.

ARTIGO 401.º – Denúncia sem aviso prévio

O trabalhador que não cumpra, total ou parcialmente, o prazo de aviso prévio estabelecido no artigo anterior deve pagar ao empregador uma indemnização de valor igual à retribuição base e diuturnidades correspondentes ao período em falta, sem prejuízo de indemnização por danos causados pela inobservância do prazo de aviso prévio ou de obrigação assumida em pacto de permanência.

1. Este preceito corresponde ao artigo 448.º do anterior Código do Trabalho, aprovado pela Lei n.º 99/2003.

2. Este preceito determina que o trabalhador, que tenha celebrado um contrato de trabalho sem termo, que não cumpra integralmente ou parcialmente, o prazo de aviso prévio de 30 ou 60 dias, conforme tenha, respectivamente, até dois anos ou mais de dois anos de antiguidade, ou outro prazo fixado pelo instrumento de regulamentação colectiva de trabalho ou pelo contrato de trabalho quando se trate de trabalhador que ocupe cargo de administração ou direcção, ou com funções de representação ou de responsabilidade, se encontra obrigado a pagar ao empregador uma indemnização. Este dever de proceder ao pagamento de uma indemnização ao empregador recai igualmente sobre o trabalhador contratado a termo resolutivo, certo ou incerto.

A indemnização que o trabalhador deve pagar ao empregador é no valor da retribuição base e diuturnidades (quando estas existam, cfr. alínea b) do n.º 2 do artigo 262.º), correspondente ao período de aviso prévio em falta. Além desta indemnização, o trabalhador pode ainda ter de pagar uma indemnização pelos danos causados pela inobservância do prazo de aviso prévio, pelo que se mostra necessário que tenham existido esses danos para que surja o dever de os ressarcir. E pode ainda cumular-se a indemnização com o pagamento do montante correspondente às despesas com a formação profissional que o empregador tenha realizado, decorrente da celebração de um pacto de permanência entre o empregador e o trabalhador.

3. O pacto de permanência encontra-se previsto no artigo 137.º

4. Durante a vigência do contrato de trabalho, e por força do artigo 279.º, vigora o princípio de que o empregador não pode compensar a retribuição em dívida com crédito que tenha sobre o trabalhador, nem fazer desconto ou dedução no montante da própria retribuição. Isto significa que não obstante o empregador poder ter conhecimento de que o trabalhador não irá cumprir o aviso prévio, não poderá descontar da sua retribuição o montante da indemnização pela sua inobservância, previsto neste artigo 401.º, enquanto vigorar o contrato de trabalho. Contudo, logo que o contrato de trabalho cesse efectivamente, nada obsta a que o empregador proceda à compensação entre os créditos em dívida ao trabalhador, e o montante da indemnização devida pelo trabalhador.

ARTIGO 402.º – Revogação da denúncia

1 – O trabalhador pode revogar a denúncia do contrato, caso a sua assinatura constante desta não tenha reconhecimento notarial presencial, até ao sétimo dia seguinte à data em que a mesma chegar ao poder do empregador, mediante comunicação escrita dirigida a este.

2 – É aplicável à revogação o disposto nos n.ºs 2 ou 3 do artigo 350.º

1. Este preceito corresponde ao artigo 449.º do anterior Código do Trabalho, aprovado pela Lei n.º 99/2003.

2. O n.º 1 consagra uma figura jurídica que se vem designando como um direito de arrependimento, que assume por vezes na lei outras designações: direito de retratação, cfr. n.º 4 do artigo 8.º da Lei de Defesa do Consumidor, Lei n.º 24/96, de 31 de Julho, de livre revogação, cfr. artigo 17.º do Decreto-Lei n.º 133/2009, de 2 de Junho, de resolução, cfr. artigo 16.º do Decreto-Lei n.º 275/93, de 5 de Agosto, ou ainda de livre resolução, cfr. artigo 10.º do Decreto-Lei n.º 24/2014, de 14 de Fevereiro, e artigo 19.º do Decreto-Lei n.º 95/2006, de 29 de Maio. Ao direito de arrependimento refere-se o n.º 2 do artigo 322.º do Código de Valores Mobiliários, aprovado pelo Decreto-Lei n.º 486/99, de 13 de Novembro. O arrependimento do trabalhador não carece de indicação do motivo, não acarreta qualquer penalização do trabalhador – não lhe podendo ser assacada qualquer responsabilidade disciplinar – e não confere ao empregador qualquer direito a indemnização.

3. Nos termos estabelecidos no n.º 1, o empregador que pretenda obstar a um eventual direito de arrependimento do trabalhador – que poderá, até ao sétimo dia seguinte à data em que a comunicação escrita de denúncia chega ao poder do empregador, fazer cessar a denúncia – deverá requerer ao trabalhador que a assinatura da comunicação da denúncia seja objecto de reconhecimento notarial presencial. Com a consagração de que a denúncia cuja assinatura seja objecto de reconhecimento notarial presencial inibe o trabalhador de cessar os efeitos da denúncia, pretendeu-se dar uma garantia especial de certeza, razão pela qual o trabalhador não poderá utilizar o direito de arrependimento, revogando a declaração de denúncia do contrato de trabalho.

4. A forma mais exigente da denúncia – assinatura do trabalhador reconhecida presencialmente por notário – não pode ser exigida pelo empregador ao trabalhador. Sendo a denuncia, por princípio, livre, não necessitando da verificação de qualquer justa causa para ser invocada, cfr. n.º 1 do artigo 400.º, o empregador não pode fazer depender os efeitos da denúncia, do reconhecimento notarial presencial da assinatura do trabalhador.

5. Nos termos do n.º 5 do artigo 153.º do Código do Notariado, aprovado pelo Decreto-Lei n.º 207/95, de 14 de Agosto designa-se presencial o reconhecimento da letra e assinatura, ou só da assinatura, em documentos escritos e assinados ou apenas assinados, na presença do notário, ou o reconhecimento que é realizado estando o signatário presente ao acto.

6. Quando a assinatura da comunicação escrita de denúncia tenha sido objecto de reconhecimento notarial presencial, a denúncia deixa de ser um mero documento particular para passar a ser um documento particular autenticado, cuja força probatória é plena, cfr. artigo 377.º do Código Civil. Não obstante a força probatória plena, e dado que o documento, seja particular ou autenticado, não prova nem garante que as declarações do trabalhador não sejam viciadas por erro, dolo, coacção ou mesmo simuladas, pode o trabalhador recorrer aos meios comuns para demonstrar a falta ou os vícios da vontade, para impugnar a declaração documentada. Neste caso admitem-se todos os meios de prova de que o trabalhador se possa socorrer, incluindo a prova por testemunhas, não tendo aplicação o n.º 2 do artigo 393.º do Código Civil quanto à falta e vícios da vontade.

7. O n.º 1 ao estabelecer que a comunicação escrita de denúncia cuja assinatura seja objecto de reconhecimento notarial presencial, obsta a que o trabalhador possa fazer cessar os efeitos da denúncia do contrato de trabalho, até ao sétimo dia seguinte à data em que a comunicação de denúncia chega ao poder do empregador, suscita a questão de saber se o advogado da empresa, ou mesmo do trabalhador, pode realizar o reconhecimento das assinaturas, valendo esse reconhecimento como se realizado presencialmente perante notário. O n.º 1 do artigo 5.º do Decreto-Lei n.º 237/2001, de 30 de Agosto, confere às câmaras de comércio e indústria, reconhecidas nos termos do Decreto-Lei n.º 244/92, de 29 de Outubro, alterado pelo Decreto-Lei n.º 154/2017, de 28 de Dezembro, aos advogados e aos solicitadores, competência para fazerem reconhecimentos com menções especiais, por semelhança, nos termos previstos no Código do Notariado. Nos termos do artigo 6.º do mesmo Decreto-Lei n.º 237/2001, de 30 de Agosto, os reconhecimentos efectuados pelas câmaras de comércio e indústria, por advogados e por solicitadores, têm a mesma força probatória que teria se tais actos tivessem sido realizados com intervenção notarial. Por sua vez, o artigo 38.º do Decreto-Lei n.º 76-A/2006, de 29 de Março, alterado pelo Decreto-Lei n.º 8/2007, de 17 de Janeiro, diploma que tem por objecto a adopção de medidas de simplificação e eliminação de actos e procedimentos registrais e notariais, tais como o alargamento das entidades que podem reconhecer assinaturas em documentos e autenticar e traduzir documentos, permitindo que tanto os notários como os advogados, os solicitadores, as câmaras de comércio e indústria e as conservatórias possam fazê-lo, cfr. alínea f) do n.º 1 do artigo 1.º procedeu à extensão do regime dos reconhecimentos de assinaturas e da autenticação e tradução de documentos. Dispõe o n.º 1 do artigo 38.º do Decreto-Lei n.º 76-A/2006, que "sem prejuízo da competência atribuída a outras entidades, as câmaras de comércio e indústria, reconhecidas nos termos do Decreto-Lei n.º 244/92, de 29 de Outubro, os conservadores, os oficiais de registo, os advogados e os solicitadores podem fazer reconhecimentos simples e com menções especiais, presenciais e por semelhança, autenticar documentos particulares, certificar, ou fazer e certificar, traduções de documentos, nos termos previstos na lei notarial, bem como certificar a conformidade das fotocópias com os documentos originais e tirar fotocópias dos originais que lhes sejam presentes para certificação, nos termos do Decreto-Lei n.º 28/2000, de 13 de Março. O n.º 2 do mesmo artigo 38.º estabelece que "os reconhecimentos, as autenticações e as certificações efectuados pelas entidades previstas nos números anteriores conferem ao documento a mesma força probatória que teria se tais actos tivessem sido realizados com intervenção notarial", mediante registo em sistema informático, cujo funcionamento, respectivos termos e custos associados são definidos por portaria do Ministro da Justiça, cfr. n.º 3. Nestes termos, a questão de saber se o advogado da empresa, ou mesmo do trabalhador, pode realizar o reconhecimento da assinatura não é despicienda. Atendendo aos preceitos *supra* referidos, poderia pensar-se que o reconhecimento da assinatura da comunicação de denúncia quando seja realizado por advogado, obsta a que o trabalhador possa revogar a denúncia do contrato de trabalho. Não cremos que seja assim, por duas ordens de razões: a primeira fundamenta-se no elemento literal do n.º 1, em que se refere expressamente "reconhecimento notarial presencial", pelo que o legislador pretendeu explicitamente que o reconhecimento seja realizado perante o notário. Um segundo argumento vai no sentido de que o reconhecimento feito por advogado, no caso concreto da denúncia, não tem por efeito precludir o direito de arrependimento do trabalhador: aquando da entrada em vigor quer do Código do Trabalho aprovado pela Lei n.º 99/2003, de 27 de Agosto, quer do actual

Código do Trabalho, já se encontrava em vigor o Decreto-Lei n.º 237/2001, de 30 de Agosto, que conferiu competência aos advogados para realizarem reconhecimentos nos termos previstos no Código do Notariado, pelo que a redacção do n.º 1 é mais exigente. Se o legislador tivesse pretendido que o reconhecimento da assinatura da comunicação de denúncia pudesse ser realizado por advogado, teria sido suficiente uma formulação mais genérica onde se dissesse que a assinatura teria de ser objecto de reconhecimento presencial.

No sentido exposto, e aceitando os argumentos referidos, relativamente ao reconhecimento da assinatura numa situação de denúncia do contrato de trabalho, veio a entender o Acórdão do Tribunal da Relação do Porto, de 4 de Julho de 2011, processo 1050/08.4TTVNG.P1, n.º de documento RP201107041050/08.4TTVNG.P1, disponível em www.dgsi.pt: "O reconhecimento notarial presencial da assinatura da denúncia do contrato de trabalho a que se reporta o art. 449.º, n.ºs 1 e 4, do CT/2003 não pode, para efeitos do previsto nessa norma, ser efectuado por advogado pese embora o disposto no art. 38.º, n.ºs 1 e 2 do DL 76-A/2006, de 29.03.". E também o Acórdão do Tribunal da Relação de Lisboa, de 16 de Dezembro de 2015, processo 847/14.0TTLSB.L1-4, disponível em www.dgsi.pt: "II – O reconhecimento presencial notarial referido no n.º 1 do artigo 402.º do C.T./2009 só pode ser efectuado nos cartórios notariais e não por qualquer uma das entidades identificadas no artigo 38.º do Decreto-Lei n.º 76-A/2006 de 29 de Março. III – Ainda que tal reconhecimento presencial notarial pudesse ser também efectuado qualquer uma das entidades identificadas no artigo 38.º do Decreto-Lei n.º 76-A/2006 de 29 de Março, certo é que as mesmas estariam sujeitas não somente os princípios e impedimentos aplicáveis aos notários, quando da prática dos mesmos atos, como os advogados, apesar da inequívoca e valiosa qualidade de «auxiliares da justiça" teriam de cumprir as regras deontológicas constantes do seu Estatuto. IV – Resulta do confronto dessas normas regulamentares e éticas com a situação vivida na ação – reconhecimento, em ato contínuo e pelo advogado da Ré, da assinatura aposta pelo trabalhador da denúncia do vínculo laboral existente e que todo indica ter sido redigida pela própria entidade empregadora, assim impossibilitando, em termos imediatos, o exercício do seu direito de arrependimento por parte daquele – um conflito (irreconciliável) de interesses entre o papel ou função do ilustre causídico, enquanto advogado da Apelada e aquela pretensamente neutral ou imparcial que deve assumir, ao proceder ao (mero) reconhecimento da assinatura da «parte contrária» e ao defender e reforçar, dessa maneira e através dessa atuação equiparada a «notarial», a posição da sua cliente no conflito em presença.".

Em sentido contrário ao que defendemos, entendeu o Acórdão do Tribunal da Relação de Lisboa, de 30 de Junho de 2011, processo 243/09.1TTFUN.L1-4, disponível em www.dgsi.pt: "O entendimento de que um Advogado se encontra impedido de reconhecer presencialmente a assinatura de uma declaração de rescisão unilateral de um contrato de trabalho de um trabalhador de uma cliente sua afigura-se incompatível não só com a intenção do legislador ao atribuir aos Advogados tal possibilidade, assim como com a sua qualidade de "colaborador da justiça".", o Acórdão do Tribunal da Relação do Porto de 9 de Julho de 2014, processo 461/12.5TTMAI.P1, documento n.º RP20140709461/12.5TTMAI.P1, disponível em www.dgsi.pt, o Acórdão do Tribunal da Relação de Coimbra de 20 de Março de 2014, processo 1736/12.9TTCBR.C1, disponível em www.dgsi.pt, e ainda o Acórdão do Tribunal da Relação de Évora de 27 de Fevereiro de 2014, processo 43/13.4TTSTB.E1, disponível em www.dgsi.pt. No último destes Acórdãos, entendeu o Tribunal que para a interpretação do disposto neste artigo 402.º do Código do Trabalho, deverá atender-se aos elementos literal, sistemático, histórico e teológico, que impõem que ao utilizar a expressão "reconhecimento notarial presencial", o legislador teve em consideração as entidades competentes para a realização do acto, tendo pretendido referir-se apenas ao acto em si, e não à entidade que o realiza, dando especial ênfase a que do preâmbulo do Decreto-Lei n.º 76-A/2006 resultou uma deliberada opção pelo alargamento da competência para a prática de actos notariais, por outras entidades idóneas e aptas.

8. A função notarial destina-se a dar forma legal e conferir fé pública aos actos jurídicos extrajudiciais, podendo o notário para cumprimento das suas funções prestar assessoria às partes na expressão da sua vontade negocial, cfr. n.º 1 e 2 do artigo 1.º do Código do Notariado, aprovado pelo Decreto-Lei n.º 207/95, de 14 de Agosto. Nos termos do n.º 1 do artigo 4.º do Código do Notariado, compete, em geral, ao notário redigir o instrumento público conforme a vontade das partes, a qual deve indagar, interpretar e adequar ao ordenamento jurídico, esclarecendo-as do seu valor e alcance, pelo que deve o notário explicar ao trabalhador o sentido e o alcance da denúncia, designadamente que a mesma tem por efeito cessar o contrato de trabalho.

9. Da aplicação do n.º 2 resulta que caso o trabalhador, não possa assegurar a recepção da revogação da denúncia até ao sétimo dia seguinte à data em que a comunicação de denúncia chegou ao poder do empregador, deve remeter a revogação da denúncia através de carta registada com aviso de recepção, no dia útil subsequente ao fim do prazo. A revogação da denúncia só é eficaz se, em simultâneo com a própria revogação, o trabalhador entregar ou puser, por qualquer forma, à disposição do empregador a totalidade do montante pago por efeito da cessação do contrato de trabalho. A lei basta-se com a disponibilização da totalidade do montante pago por efeito da cessação do contrato de trabalho ao empregador. Compreende-se que assim seja, pois caso obrigasse à entrega, o empregador que estivesse interessado na manutenção da cessação do contrato, poderia facilmente furtar-se ao seu recebimento. Será suficiente que o trabalhador faça depender o recebimento do montante pago pelo empregador por efeito da cessação do contrato de trabalho, de um mero acto material, pelo que o trabalhador poderá solicitar-lhe: "a passagem pela sua própria residência, onde existe ordem de pagamento, instruções para transferência bancária, indicação para remessa de cheque ou outro meio de pagamento, etc.", neste sentido Bernardo Lobo Xavier, "O Despedimento Colectivo no Dimensionamento da Empresa", Verbo, Lisboa, 2000, página 542. Também nada veda que o trabalhador proceda a transferência bancária para a conta bancária do empregador de onde, durante a pendência do contrato, foram sempre transferidas para a sua própria conta, a retribuição por aquele devida. Da mesma forma, poderá o trabalhador consignar em depósito a compensação, cfr. artigos 916.º e segs. do Código de Processo Civil.

10. Nada obsta que a forma escrita da comunicação do trabalhador, imposta pelos n.º 1, seja satisfeita através de documento electrónico, ou seja, por documento elaborado mediante processamento electrónico de dados. Por outras palavras, nada impede que a forma escrita seja adoptada através de uma declaração escrita enviada por correio electrónico (e-mail) para um endereço electrónico. Sobre a validade, eficácia e valor probatório dos documentos electrónicos remete-se para a anotação 4. ao artigo 107.º

ARTIGO 403.º – Abandono do trabalho

1 – Considera-se abandono do trabalho a ausência do trabalhador do serviço acompanhada de factos que, com toda a probabilidade, revelam a intenção de não o retomar.

2 – Presume-se o abandono do trabalho em caso de ausência de trabalhador do serviço durante, pelo menos, 10 dias úteis seguidos, sem que o empregador seja informado do motivo da ausência.

3 – O abandono do trabalho vale como denúncia do contrato, só podendo ser invocado pelo empregador após comunicação ao trabalhador dos factos constitutivos do abandono ou da presunção do mesmo, por carta registada com aviso de recepção para a última morada conhecida deste.

4 – A presunção estabelecida no n.º 2 pode ser ilidida pelo trabalhador mediante prova da ocorrência de motivo de força maior impeditivo da comunicação ao empregador da causa da ausência.

5 – Em caso de abandono do trabalho, o trabalhador deve indemnizar o empregador nos termos do artigo 401.º

1. Este preceito corresponde ao artigo 450.º do anterior Código do Trabalho, aprovado pela Lei n.º 99/2003.

2. O abandono do trabalho vale como denúncia do contrato de trabalho pelo trabalhador, cfr. n.º 3, embora esta denúncia seja ilícita, porquanto o trabalhador não cumpriu o prazo de aviso prévio previsto no artigo 400.º

3. O abandono do trabalho, equivalendo à denúncia do contrato de trabalho pelo trabalhador, cfr. n.º 3, pode assumir-se, quando a situação fáctica permita o recurso a ambas as figuras, como uma alternativa à responsabilidade disciplinar. De facto, se a ausência do trabalhador for imputável a este, a título de culpa, estar-se-á perante uma situação de não cumprimento do contrato, incorrendo o trabalhador em responsabilidade disciplinar, podendo o empregador instaurar-lhe um procedimento disciplinar, cfr. artigo 328.º e segs., por faltas injustificadas, cfr. n.º 3 do artigo 249.º e n.os 1, 2, 4 e 5 do artigo 253.º, sendo que se quando essas faltas atingirem, em cada ano civil, as 5 seguidas, ou 10 intercaladas, o comportamento do trabalhador integra o conceito de justa causa para despedimento, cfr. n.º 1 e alínea g) do n.º 2 do artigo 351.º Quando a situação em concreto permita o recurso a ambas as figuras, o abandono do trabalho constitui um expediente de que o empregador se poderá socorrer, e que, por comparação com um procedimento disciplinar com vista ao despedimento, será mais célere, caso o trabalhador não ilida a presunção de abandono do trabalho.

4. A presunção referida no n.º 2 é uma presunção ilidível, ou seja, pode ser afastada mediante prova em contrário, cfr. n.º 2 do artigo 350.º do Código Civil. Trata-se de uma presunção que a doutrina designa por *iuris tantum*, ou seja, que admite prova em contrário. Contudo, a prova em contrário encontra-se limitada, nos termos do n.º 4, à prova da ocorrência de motivo de força maior impeditivo da comunicação ao empregador da causa da ausência.

Num primeiro momento a jurisprudência considerou, cfr. Acórdão do Supremo Tribunal de Justiça, de 22 de Outubro de 1996, proferido no processo n.º 93/96, da 4.ª Secção, *Acórdãos Doutrinais*, Ano XXXVI, Abril de 1997, n.º 424, página 534 e segs., que compete ao empregador que invoca o abandono do trabalho, o ónus da prova do facto positivo base da presunção de abandono do trabalho, ou seja, a ausência do trabalhador durante, pelo menos, 10 dias úteis seguidos, incumbindo-lhe apenas o ónus de alegação do facto negativo sobre a falta de comunicação do motivo da ausência. O ónus da prova do facto negativo, ou seja de que comunicou o motivo da ausência, cabe ao trabalhador. Mais tarde, contudo, e já na vigência do Código do Trabalho aprovado pela Lei n.º 99/2003, cuja redacção do preceito equivalente a este artigo 403.º apresenta poucas diferenças, a jurisprudência veio a seguir outra orientação. No Acórdão do Supremo Tribunal de Justiça, de 26 de Março de 2008, processo n.º 2715/07, da 4.ª Secção, (mencionado no Acórdão do Supremo Tribunal de Justiça, de 29 de Outubro de 2008, processo n.º 08S2273, documento SJ200810290022734, sumários em www.dgsi.pt), veio a entender-se que a prova do facto conhecido, base da presunção (artigo 349.º do Código Civil), cabe à parte que a presunção favorece, o empregador, pelo que é a este que incumbe o ónus de alegar e provar os factos integradores da presunção. Ou seja, de acordo com esta orientação cabe ao empregador fazer a prova quer da ausência do trabalhador ao serviço durante, pelo menos, 10 dias úteis seguidos, quer a não recepção de comunicação do motivo da ausência. Não conseguindo o empregador fazer a prova de qualquer um dos factos que suportam a referida presunção do abandono, a consequência é que a cessação do contrato de trabalho a que tenha procedido, com fundamento em abandono do trabalho, configurará um despedimento ilícito, com as consequências deste. Significa isto que o empregador é condenado a indemnizar o trabalhador por todos os danos causados, patrimoniais e não patrimoniais, cfr. alínea a) do n.º 1 do artigo 389.º, na reintegração do trabalhador, cfr. alínea b) do n.º 1 do mesmo artigo 389.º, e no pagamento de todas as retribuições que o trabalhador deixar de auferir, cfr. n.º 1 do artigo 390.º

5. Nada obsta que a comunicação ao trabalhador dos factos constitutivos do abandono ou da presunção do mesmo, imposta pelo n.º 3, seja satisfeita através de documento electrónico, ou seja, por documento elaborado mediante processamento electrónico de dados. Por outras palavras, nada impede que a forma escrita seja adoptada através de uma declaração escrita enviada por correio electrónico (e-mail) para um endereço electrónico. Sobre a validade, eficácia e valor probatório dos documentos electrónicos remete-se para a anotação 4. ao artigo 107.º

6. Não se estabelece o que se deve entender por motivo de força maior. Um motivo de força maior corresponde à verificação de um evento imprevisível ou inevitável, ou seja, à ocorrência de circunstâncias imprevisíveis, estranhas à vontade do trabalhador e que este não foi capaz de afastar.

7. Valendo, for força da lei, cfr. n.º 3, o abandono do trabalho como denúncia do contrato de trabalho pelo trabalhador, quando se verifique o abandono do trabalho o trabalhador não cumpriu o aviso prévio previsto no artigo 400.º, pelo que o n.º 5 estabeleceu expressamente que nesse cas o trabalhador deve indemnizar o empregador, remetendo para o artigo 401.º Sobre esta indemnização, veja-se o artigo 401.º, bem como as respectivas anotações.

8. Sobre este preceito *vide* Bernardo Lobo Xavier, *Manual de Direito do Trabalho,* Verbo, 2011, página 821 e 822, e António Monteiro Fernandes, *Direito do Trabalho,* 15.ª Edição, Almedina, Abril 2010, página 653 e segs. No domínio da legislação anterior, pelo que será necessário proceder às adaptações necessárias, *vide* Pedro Furtado Martins, *Cessação do Contrato de Trabalho,* Princípia, Cascais, 1999 página 172 e segs.

TÍTULO III – Direito colectivo

SUBTÍTULO I – Sujeitos

CAPÍTULO I – Estruturas de representação colectiva dos trabalhadores

SECÇÃO I – Disposições gerais sobre estruturas de representação colectiva dos trabalhadores

ARTIGO 404.º – Estruturas de representação colectiva dos trabalhadores

Para defesa e prossecução colectivas dos seus direitos e interesses, podem os trabalhadores constituir:

a) Associações sindicais;

b) Comissões de trabalhadores e subcomissões de trabalhadores;

c) Representantes dos trabalhadores para a segurança e saúde no trabalho;

d) Outras estruturas previstas em lei específica, designadamente conselhos de empresa europeus.

1. Este preceito corresponde ao artigo 451.º do anterior Código do Trabalho, aprovado pela Lei n.º 99/2003.

2. O direito dos trabalhadores de constituição de associações sindicais, disposto na alínea a), decorre de vários preceitos constitucionais. Desde logo os n.ºs 1 e 2 do artigo 46.º da Constituição da República Portuguesa estabelece, respectivamente, que: "os cidadãos têm o direito de, livremente e sem dependência de qualquer autorização, constituir associações, desde que estas não se destinem a promover a violência e os respectivos fins não sejam contrários à lei penal. As associações prosseguem livremente os seus fins sem interferência das autoridades públicas e não podem ser dissolvidas pelo Estado ou suspensas as suas actividades senão nos casos previstos na lei e mediante decisão judicial. Por sua vez, o n.º 1 do artigo 51.º da Constituição consagra que: "A liberdade de associação compreende o direito de constituir ou participar em associações e partidos políticos e de através deles concorrer democraticamente para a formação da vontade popular e a organização do poder político.". O n.º 1 do artigo 55.º da Constituição da República Portuguesa refere que: "É reconhecida aos trabalhadores a liberdade sindical, condição e garantia da construção da sua unidade para defesa dos seus direitos e interesses. Já as alíneas a) e c) do n.º 2 do mesmo artigo 55.º da Lei Fundamental estabelece que no exercício da liberdade sindical é garantido aos trabalhadores, sem qualquer discriminação, designadamente: a liberdade de constituição de associações sindicais a todos os níveis; e a liberdade de organização e regulamentação interna das associações sindicais. Por fim, o n.º 1 do artigo 56.º estabelece que compete às associações sindicais defender e promover a defesa dos direitos e interesses dos trabalhadores que representem.

As associações sindicais podem assumir uma de várias formas. Ver n.º 1 do artigo 442.º, bem como o artigo 440.º e segs.

3. O direito dos trabalhadores constituírem comissões de trabalhadores resulta do n.º 1 do artigo 54.º da Constituição da República Portuguesa, que consagra expressamente: "É direito dos trabalhadores criarem comissões de trabalhadores para defesa dos seus interesses e intervenção democrática na vida da empresa.". Este n.º 1 do artigo 54.º constitui um direito fundamental, directamente aplicável, e que vincula as entidades públicas e privadas, cfr. n.º 1 do artigo 18.º da Constituição da República Portuguesa. Relativamente às comissões de trabalhadores ver artigo 415.º e segs.

Quanto às subcomissões de trabalhadores, estas são uma criação por via legislativa ordinária. As subcomissões podem ser previstas nos estatutos da comissão de trabalhadores, desde que as subcomissões se justifiquem pela existência de mais do que um estabelecimento do empregador disperso, ou dispersos, geograficamente, cfr. n.º 2 do artigo 415.º e n.º 3 do artigo 434.º, regendo o artigo 433.º quanto à eleição dos seus membros, mandando aplicar, por força do n.º 4 do mesmo artigo 433.º, os artigos 431.º e 432.º na medida em que sejam conciliáveis com a natureza da subcomissão. Previstas nos estatutos da comissão de trabalhadores, as subcomissões estão obviamente sujeitas àquele estatuto, não carecendo de estatutos próprios. Já em matéria de duração do mandato dos membros da comissão de trabalhadores rege o artigo 418.º, que prevê que a sua duração máxima não pode exceder os quatro anos, permitindo-se contudo os mandatos sucessivos. Quanto às competências das subcomissões de trabalhadores, estas encontram-se definidas no n.º 2 do artigo 423.º

4. Quanto aos representantes dos trabalhadores para a segurança e saúde no trabalho, o n.º 4 do artigo 282.º, inserido no Capítulo IV, sob a epígrafe: "Prevenção e reparação de acidentes de trabalho e doenças profissionais", estabelece que, em cada empresa, os trabalhadores são representados na promoção da segurança e saúde no trabalho por representantes eleitos com essa finalidade ou, na sua falta, pela comissão de trabalhadores. Os representantes dos trabalhadores para a segurança e saúde no trabalho visam, no fundo, asseverar que o empregador assegura aos trabalhadores condições de segurança e saúde em todos os aspectos relacionados com o trabalho, cfr. n.º 2 do artigo 281.º Para o cumprimento das suas funções, os representantes dos trabalhadores para a segurança e saúde no trabalho dispõem de várias prorrogativas como o direito a ser consultados relativamente à afectação de trabalhador a trabalho nocturno, à organização deste que melhor se adapte ao trabalhador, sobre as medidas de segurança e saúde a adoptar, cfr. n.º 6 do artigo 225.º; o direito a ser consultados sobre a preparação e aplicação de medidas de prevenção, cfr. n.º 2 do artigo 282.º ou o direito a receber do empregador a formação adequada que os habilite a exercer de modo competente as respectivas funções, cfr. n.º 3 do artigo 282.º Não obstante o disposto no Capítulo IV deste Código do Trabalho, a matéria relativa à promoção e prevenção da segurança e da saúde no trabalho, é regulada em legislação específica como previsto no artigo 284.º Trata-se da Lei n.º 102/2009, de 10 de Setembro, alterada pelas Leis n.ºs 42/2012, de 28 de Agosto, 3/2014, de 28 de Janeiro, pelo Decreto-Lei n.º 88/2015, de 28 de Maio, e pela Lei n.º 146/2015, de 9 de Setembro.

No Capítulo IV, cfr. artigos 21.º e segs. da Lei n.º 102/2009, é regulada a matéria relativa aos representantes dos trabalhadores para a segurança e saúde no trabalho, bem como a respectiva eleição. Salientamos, a propósito da eleição dos representantes dos trabalhadores para a segurança e a saúde no trabalho, que, nos termos do n.º 3 do artigo 27.º da Lei n.º 102/2009, aquela eleição tem de ser comunicada aos organismos competentes do ministério responsável pela área laboral e ao empregador, com a antecedência mínima de 90 dias, a data do acto eleitoral. Após a recepção da comunicação o organismo competente do ministério responsável pela área laboral procede, de imediato, à publicação da comunicação no Boletim do Trabalho e Emprego, enquanto que o empregador deve afixá-la, também de imediato, em local apropriado na empresa e no estabelecimento, devendo o próprio empregador juntar uma referência à obrigatoriedade de publicação no Boletim do Trabalho e Emprego, cfr. n.º 1 do artigo 28.º da Lei n.º 102/2009. Realça-se igualmente, que nos termos do n.º 1 do artigo 39.º Lei n.º 102/2009, a comissão eleitoral que preside à eleição deve proceder à afixação dos elementos de identificação dos representantes eleitos, bem como cópia da acta da respectiva eleição no local ou locais em que a eleição teve lugar e remeter, ao organismo competente do ministério responsável pela área laboral, bem como aos órgãos de gestão da empresa. O organismo competente do ministério responsável pela área laboral regista o resultado da eleição e procede à sua publicação imediatamente no Boletim do Trabalho e Emprego, cfr. n.º 2 do artigo 39.º da Lei n.º 102/2009.

5. A alínea d) prevê que os trabalhadores possam, para defesa e prossecução colectiva dos seus direitos e interesses, criar outras estruturas previstas em lei específica, designadamente conselhos de empresa europeus. Da redacção desta alínea d) resulta que as estruturas de representação colectiva dos trabalhadores não se limitam às associações sindicais, às comissões de trabalhadores e subcomissões de trabalhadores e aos representantes dos trabalhadores para a segurança e saúde no trabalho. Também os conselhos de empresa europeus são estruturas de representação colectiva dos trabalhadores, encontrando-se actualmente regulados pela Lei n.º 96/2009, de 3 de Setembro.

Além dos conselhos de empresa europeus, há ainda outras estruturas de representação colectiva dos trabalhadores, admitidas por lei avulsa. Numa sociedade anónima europeia, o legislador consagrou o envolvimento dos trabalhadores na sua actividade, através da instituição de um conselho de trabalhadores, de um ou mais procedimentos de informação e consulta ou de um regime de participação dos trabalhadores, cfr. n.º 1 do artigo 2.º do Decreto-Lei n.º 215/2005, de 13 de Dezembro. Nos termos desde diploma entende-se por conselho de trabalhadores a estrutura de representação dos trabalhadores da sociedade anónima europeia e das respectivas filiais e estabelecimentos situados no espaço económico europeu, constituída, nos termos dos artigos 20.º e segs. deste Decreto-Lei n.º 215/2005, de 13 de Dezembro, com o objectivo de informar e consultar os trabalhadores representados, bem como, se for caso disso, de exercer direitos de participação relacionados com a referida sociedade, cfr. alínea a) do artigo 4.º Este conselho de trabalhadores não é obrigatório em sociedade anónima que seja uma empresa de dimensão comunitária ou uma empresa que exerce o controlo de um grupo de empresas de dimensão comunitária, cfr. n.º 1 do artigo 3.º do Decreto-Lei n.º 215/2005, de 13 de Dezembro.

6. Para maiores desenvolvimentos sobre as estruturas de representação colectiva dos trabalhadores *vide* Bernardo Lobo Xavier, *Manual de Direito do Trabalho*, Verbo, 2011, página 93 e segs., e António Monteiro Fernandes, *Direito do Trabalho*, 15.ª Edição, Almedina, Abril 2010, página 661 e segs. No domínio da legislação anterior, pelo que será necessário proceder às adaptações necessárias, *vide* Albino Mendes Baptista, Que Futuro para as Comissões de Trabalhadores", *Estudos sobre o Código do Trabalho*, Coimbra Editora, 2004, página 161 e segs.; Bernardo Lobo Xavier, *Curso de Direito do Trabalho*, I, 3.ª edição, Verbo, 2004, página 133 e segs.

ARTIGO 405.º – Autonomia e independência

1 – As estruturas de representação colectiva dos trabalhadores são independentes do Estado, de partidos políticos, de instituições religiosas ou associações de outra natureza, sendo proibidos qualquer ingerência destes na sua organização e gestão, bem como o seu recíproco financiamento.

2 – Sem prejuízo das formas de apoio previstas neste Código, os empregadores não podem, individualmente ou através das suas associações, promover a constituição, manter ou financiar o funcionamento, por quaisquer meios, de estruturas de representação colectiva dos trabalhadores ou, por qualquer modo, intervir na sua organização e gestão, assim como impedir ou dificultar o exercício dos seus direitos.

3 – O Estado pode apoiar as estruturas de representação colectiva dos trabalhadores nos termos previstos na lei.

4 – O Estado não pode discriminar as estruturas de representação colectiva dos trabalhadores relativamente a quaisquer outras entidades.

5 – Constitui contra-ordenação grave a violação do disposto nos n.ºs 1 ou 2.

1. Este preceito corresponde ao artigo 452.º do anterior Código do Trabalho, aprovado pela Lei n.º 99/2003.

2. O entendimento estabelecido no n.º 1 encontra consagração no n.º 4 do artigo 55.º da Constituição da República Portuguesa, relativamente às associações sindicais. Consagra o n.º 4 do artigo 55.º da Lei Fundamental que "as associações sindicais são independentes do patronato, do Estado, das confissões religiosas, dos partidos e outras associações políticas, devendo a lei estabelecer as garantias adequadas dessa independência, fundamento da unidade das classes trabalhadoras.".

3. Há duas excepções à proibição de financiamento por parte do empregador à estrutura de representação colectiva dos trabalhadores, constante do n.º 2.

Uma delas encontra-se consagrada relativamente ao conselho de trabalhadores numa sociedade anónima europeia, cfr. n.º 1 do artigo 2.º do Decreto-Lei n.º 215/2005, de 13 de Dezembro. O conselho de trabalhadores é a estrutura de representação dos trabalhadores da sociedade anónima europeia e das respectivas filiais e estabelecimentos situados no espaço económico europeu, constituída, nos termos dos artigos 20.º e segs. deste decreto-lei n.º 215/2005, de 13 de Dezembro, com o objectivo de informar e consultar os trabalhadores representados, bem como, se for caso disso, de exercer direitos de participação relacionados com a referida sociedade. Este conselho de trabalhadores é financiando pela sociedade anónima europeia, a qual, nos termos da alínea a) do n.º 2 do artigo 35.º do Decreto-Lei n.º 215/2005, de 13 de Dezembro, deve dotar os membros do conselho de trabalhadores dos recursos financeiros necessários às suas despesas de funcionamento.

A segunda das excepções à proibição de financiamento por parte do empregador à estrutura de representação colectiva dos trabalhadores constante do n.º 2 encontra-se prevista na Lei n.º 96/2009, de 3 de Setembro, relativa à instituição de um conselho de empresa europeu ou de um procedimento de informação e consulta dos trabalhadores nas empresas ou grupos de empresas de dimensão comunitária. De acordo com a Lei n.º 96/2009, também o conselho de empresa europeu em empresa ou grupo de empresas de dimensão comunitária, é financiado pela administração ou seja, pela direcção da empresa de dimensão comunitária ou a direcção da empresa que exerce o controlo do grupo de empresas de dimensão comunitária, a qual, nos termos da alínea b) do n.º 1 do artigo 22.º da Lei n.º 96/2009, de 3 de Setembro, deve dotar o conselho de empresa europeu dos recursos financeiros necessários ao seu funcionamento.

4. A proibição do empregador promover, por quaisquer meios, a constituição, manter ou financiar o funcionamento de estruturas de representação colectiva dos trabalhadores, não colide com o apoio que o empregador, por imposição dos n.ºs 1 e 2 do artigo 421.º, tem de conceder à comissão de trabalhadores, ou alternativamente, à subcomissão de trabalhadores. De acordo com os n.os 1 e 2 do artigo 421.º o empregador deve colocar à disposição de uma delas, instalações adequadas, bem como os meios materiais e técnicos necessários ao exercício das suas funções, e ainda um local apropriado para afixação de informação da comissão de trabalhadores ou da subcomissão de trabalhadores. Este apoio recai no âmbito da primeira parte do n.º 2 deste artigo 405.º, que refere: "Sem prejuízo das formas de apoio previstas neste Código", sendo precisamente um dos casos expressamente previstos neste Código do Trabalho.

5. A proibição de discriminação constante do n.º 4 não colide com o apoio que o Estado pode conceder a determinada estrutura de representação colectiva dos trabalhadores, e não o fazer relativamente a outra. O principio da igualdade estabelecido no artigo 13.º da Constituição da República Portuguesa veda situações de vantagem não fundamentadas e situações de desvantagem infundadas, admitindo discriminações positivas, ou seja, situações de vantagem fundamentada, em que por intermédio do direito se pretende pôr fim a desigualdades de facto. O Estado pode assim ajudar financeiramente, ou materialmente, certa estrutura de representação colectiva dos trabalhadores, desde que essa distinção vise corrigir uma situação de desigualdade.

6. A violação do disposto nos n.os 1 ou 2 deste artigo constitui um crime, o crime por violação da autonomia ou independência sindical, o qual é punido com pena de multa até 120 dias, de acordo com o n.º 1 do artigo 407.º, sendo que, e nos termos do n.º 2 do mesmo artigo 407.º, se a violação for praticada por administrador, director, gerente ou outro trabalhador que ocupe lugar de chefia, incorre o seu autor em pena de prisão até um ano. Já o dirigente ou delegado sindical condenado, pelo crime por violação da autonomia ou independência sindical, perde os direitos específicos atribuídos por este Código, cfr. n.º 3 do mesmo artigo 407.º

ARTIGO 406.º – Proibição de actos discriminatórios

1 – É proibido e considerado nulo o acordo ou outro acto que vise:

a) Subordinar o emprego de trabalhador à condição de este se filiar ou não se filiar numa associação sindical ou de se retirar daquela em que esteja inscrito;

b) Despedir, transferir ou, por qualquer modo, prejudicar trabalhador devido ao exercício dos direitos relativos à participação em estruturas de representação colectiva ou à sua filiação ou não filiação sindical.

2 – Constitui contra-ordenação grave a violação do disposto no número anterior.

1. Este preceito corresponde ao artigo 453.º do anterior Código do Trabalho, aprovado pela Lei n.º 99/2003.

2. A violação do disposto no n.º 1 deste artigo constitui um crime, o crime por acto discriminatório, o qual é punido com pena de multa até 120 dias, de acordo com o n.º 1 do artigo 407.º, sendo que, e nos termos do n.º 2 do mesmo artigo 407.º, se a violação for praticada por administrador, director, gerente ou outro trabalhador que ocupe lugar de chefia, incorre o seu autor em pena de prisão até um ano. Já o dirigente ou delegado sindical, condenado pelo crime por acto discriminatório, perde os direitos específicos atribuídos por este Código, cfr. n.º 3 do mesmo artigo 407.º

3. A proibição do n.º 1, associada ao desvalor jurídico do acordo ou acto discriminatório, concretiza o direito à igualdade no acesso a emprego e no trabalho. De acordo com o n.º 1 do artigo 24.º, o trabalhador ou candidato a emprego tem direito a igualdade de oportunidades e de tratamento no que se refere ao acesso ao emprego, à formação e promoção ou carreira profissionais e às condições de trabalho, não podendo ser privilegiado, beneficiado, prejudicado, privado de qualquer direito ou isento de qualquer dever em razão, nomeadamente, de filiação sindical. Por sua vez, a alínea d) do n.º 2 do mesmo artigo 24.º determina que o direito a igualdade de oportunidades e de tratamento respeita, também, a filiação ou participação em estruturas de representação colectiva. Estabelece o artigo 28.º que a prática de acto discriminatório lesivo de trabalhador confere-lhe o direito a indemnização por danos patrimoniais e não patrimoniais, nos termos gerais de direito.

4. O disposto na alínea b) é, relativamente a trabalhador que seja membro de estrutura de representação colectiva dos trabalhadores, um reflexo da protecção legal, com dignidade constitucional, de que beneficiam os representantes sindicais eleitos pelos trabalhadores, que gozam do direito à protecção legal adequada contra quaisquer formas de condicionamento, constrangimento ou limitação do exercício legítimo das suas funções, cfr. n.º 6 do artigo 55.º da Constituição da República Portuguesa. A Lei Fundamental estendeu ainda a protecção legal reconhecida aos delegados sindicais, aos membros das comissões de trabalhadores, cfr. n.º 4 do artigo 54.º da Constituição da República Portuguesa. Esta protecção adequada materializou-se através de um regime próprio relativamente a trabalhador que seja membro de estrutura de representação colectiva dos trabalhadores, de protecção em caso de procedimento disciplinar ou do despedimento, cfr. artigo 410.º, e de protecção em caso de transferência, cfr. artigo 411.º

ARTIGO 407.º - Crime por violação da autonomia ou independência sindical, ou por acto discriminatório

1 – A entidade que viole o disposto nos n.os 1 ou 2 do artigo 405.º ou no artigo anterior é punida com pena de multa até 120 dias.

2 – O administrador, director, gerente ou outro trabalhador que ocupe lugar de chefia que seja responsável por acto referido no número anterior é punido com pena de prisão até um ano.

3 – Perde os direitos específicos atribuídos por este Código o dirigente ou delegado sindical que seja condenado nos termos do número anterior.

1. Este preceito corresponde ao artigo 611.º do anterior Código do Trabalho, aprovado pela Lei n.º 99/2003.

2. Em obediência ao n.º 1 do artigo 29.º da Constituição da República Portuguesa, o legislador criou dois crimes, o crime por violação da autonomia ou independência sindical, e o crime por acto discriminatório, fixando neste artigo 407.º a punibilidade da acção, bem como os pressupostos para a sua punibilidade.

3. A instituição do crime por violação da autonomia ou independência sindical visa garantir a independência sindical, com tutela constitucional no n.º 4 do artigo 55.º da Constituição da República Portuguesa, enquanto que a previsão do crime por acto discriminatório visa garantir o direito à protecção legal adequada dos representantes eleitos dos trabalhadores contra quaisquer formas de condicionamento, constrangimento ou limitação do exercício legítimo das suas funções, direito este também com consagração constitucional, cfr. n.º 6 do artigo 55.º da Constituição da República Portuguesa.

ARTIGO 408.º – Crédito de horas de representantes dos trabalhadores

1 – Beneficiam de crédito de horas, nos termos previstos neste Código ou em legislação específica, os trabalhadores eleitos para as estruturas de representação colectiva dos trabalhadores.

2 – O crédito de horas é referido ao período normal de trabalho e conta como tempo de serviço efectivo, inclusivamente para efeito de retribuição.

3 – Sempre que pretenda utilizar o crédito de horas, o trabalhador deve informar o empregador, por escrito, com a antecedência mínima de dois dias, salvo motivo atendível.

4 – Não pode haver lugar a cumulação do crédito de horas pelo facto de o trabalhador pertencer a mais de uma estrutura de representação colectiva dos trabalhadores.

5 – Constitui contra-ordenação grave a violação do disposto no n.º 1.

1. Este preceito corresponde ao artigo 454.º do anterior Código do Trabalho, aprovado pela Lei n.º 99/2003.

2. O direito a crédito de horas por parte dos trabalhadores que sejam eleitos para as estruturas de representação colectiva do trabalho resulta genericamente deste artigo, sendo concretizado em várias outras disposições. Assim, o crédito de horas dos membros de subcomissão de trabalhadores, de comissão de trabalhadores e de comissão coordenadora encontra-se nos n.os 1, 2, 3, 4 e 5 do artigo 422.º Já o crédito de horas de delegado sindical encontra-se previsto no n.º 1 do artigo 467.º, enquanto que o crédito de horas de membro de direcção de associação sindical tem consagração no n.º 1 do artigo 468.º

3. A imposição no n.º 3, da comunicação escrita, para a utilização do crédito de horas, pretende minorar os efeitos que essa utilização acarreta na prestação de trabalho, que deixa de ser efectuada. Com semelhante comunicação, permite-se ao empregador que este se socorra de um outro trabalhador da empresa ao abrigo do *jus variandi* ou mobilidade funcional (n.º 1 do artigo 120.º), ou contratar a prestação de serviços de um profissional que possa realizar uma prestação semelhante, ou tomar qualquer outro acto de gestão que possa fazer face à não prestação do trabalho pelo trabalhador que é eleito para uma estrutura de representação colectiva dos trabalhadores.

4. Não despicienda é a questão de saber se os trabalhadores eleitos para as estruturas de representação colectiva dos trabalhadores estão dispensados ou não de fazer prova perante o empregador do facto invocado para a ausência do trabalhador do local onde deveria prestar o seu trabalho. Trata-se de uma questão controversa, cuja resposta não tem reunido consenso na jurisprudência.

A lei atribui aos trabalhadores que sejam eleitos para as estruturas de representação colectiva dos trabalhadores, um determinado número de horas em que estes não se encontram a desempenhar a actividade contratada, mas antes a exercer as suas funções de representantes, sendo que ainda assim, essas horas contam como tempo de serviço efectivo. Ou seja, o empregador acaba por remunerar uma parcela do trabalho mensal que o trabalhador deveria realizar e não realiza, o que representa um muito sério encargo económico e financeiro que o Estado coloca sobre o empregador, para o cumprimento de desígnios Constitucionais que ao próprio Estado competiria, garantir e assegurar, suportando os respectivos custos, como admitido pelo Acórdão do Tribunal da Relação de Lisboa, de 26 de Março de 2006, processo n.º 8780/2005-4, sumários em www.dgsi.pt. Não obstante, o crédito de horas não é um direito absoluto a faltar, não sendo um direito do trabalhador eleito a faltar para fazer o que bem entende. O crédito de horas é um direito estritamente vinculado à prossecução dos fins das estruturas de representação colectiva dos trabalhadores, razão pela qual é a própria lei que no n.º 1 do artigo 422.º, no n.º 1 do artigo 467.º, e no n.º 1 do artigo 468.º utiliza a expressão: "para o exercício das suas funções". E como vinculado a determinado fim, com encargo financeiro para o empregador, não diz respeito apenas à organização dos trabalhadores e ao próprio trabalhador. Até sob pena de não se puderem evitar eventuais abusos, sempre com prejuízo do empregador, abusos esses que verificando-se em concreto são passíveis de responsabilidade disciplinar, civil ou criminal, de acordo com o n.º 2 do artigo 414.º Incorrendo o encargo financeiro pelo empregador, não vemos porque não possa este, primeiro interessado em que os trabalhadores eleitos para as estruturas de representação dos trabalhadores exerçam correctamente as suas funções (se cabalmente desempenhadas terão reflexos directos na paz social da empresa e nos direitos laborais dos trabalhadores), solicitar ao trabalhador comprovativo da veracidade do motivo comunicado para utilização do crédito de horas. Em termos práticos, a utilização do crédito de horas recai no conceito de falta do n.º 1 do artigo 248.º, pelo que nenhum motivo há para afastar o regime das faltas, com as adaptações que se mostrem necessárias. Entre a matéria regulada no regime das faltas, encontra-se a possibilidade do empregador, nos 15 dias seguintes à comunicação do trabalhador, exigir-lhe prova do facto invocado para a justificação, cfr. n.º 1 do artigo 254.º Assim, sempre poderá o empregador exigir ao trabalhador eleito para uma estrutura de representação colectiva prova de que a ausência se deveu a utilização do crédito de horas, comunicada em momento anterior. Alias esta solução, do empregador poder exigir-lhe prova decorreria sempre do principio da boa fé que deve presidir na relação entre empregador e trabalhador, previsto no n.º 1 do artigo 126.º, e n.º 2 do artigo 762.º do Código Civil, qualidade esta que aquele que foi eleito para uma estruturas de representação colectiva dos trabalhadores não perde, por causa dessa eleição. Em abono deste entendimento, sempre se diga ainda, que mantendo o empregador sobre o trabalhador o poder disciplinar, cfr. artigo 98.º, sempre seria licito àquele, recorrer à instauração de um procedimento disciplinar para controlar o exercício de direitos legítimos deste último, em cada momento em que o trabalhador utilizasse o crédito de horas. Contudo, impor ao empregador semelhante prática, com todas as consequências decorrentes da instauração de um procedimento disciplinar, para conseguir um efeito que facilmente se obtém por intermédio do trabalhador eleito para uma estrutura de representação, parece-nos que sempre constituiria uma situação desproporcional, pela demasiada morosidade e onerosidade associadas, solução que o direito deve afastar.

No sentido de que as ausências ao serviço dadas pelos representantes dos trabalhadores no desempenho das respectivas funções enquanto membros de estruturas de representação colectiva dos trabalhadores, não devem ser consideradas como faltas ao serviço, pronunciou-se o Acórdão da Relação de Lisboa, de 24 de Janeiro de 2007, processo n.º 8885/2006-4, sumários em www.dgsi.pt. Neste Acórdão, apesar de se reconhecer que o gozo do crédito de horas por parte dos trabalhadores membros de órgãos representativos de trabalhadores, é susceptível de ser exercido de forma abusiva, nomeadamente com violação do fim a que se destina, o tribunal entendeu que a possibilidade de responsabilização não pode levar a que os trabalhadores instituídos em tais cargos tenham de cumprir mais do que a própria lei lhes exige: o aviso ao empregador da pretensão de exercício do direito ao gozo do crédito de horas legalmente concedido. Acrescenta o Acórdão que não se pode impor aos trabalhadores que sejam representantes dos trabalhadores uma comunicação como se de verdadeiras faltas ao serviço se tratasse, bem como a sua subsequente justificação. No sentido de que os empregadores, podem e devem verificar se o crédito de horas atribuído aos membros de estruturas de representação dos trabalhadores foi exercido para os fins estabelecidos na lei, *vide* Acórdão da Relação de Lisboa, de 27 de Outubro de 2004, processo n.º 1696/2004-4, sumários em www.dgsi.pt.

5. Nada obsta que a forma escrita, imposta pelo n.º 3, seja satisfeita através de documento electrónico, ou seja, por documento elaborado mediante processamento electrónico de dados. Por outras palavras, nada impede que a forma escrita seja adoptada através de uma declaração escrita enviada por correio electrónico (e-mail) para um endereço electrónico. Sobre a validade, eficácia e valor probatório dos documentos electrónicos remete-se para a anotação 4. ao artigo 107.º

ARTIGO 409.º – Faltas de representantes dos trabalhadores

1 – A ausência de trabalhador por motivo do desempenho de funções em estrutura de representação colectiva dos trabalhadores de que seja membro, que exceda o crédito de horas, considera-se justificada e conta como tempo de serviço efectivo, salvo para efeito de retribuição.

2 – A ausência de delegado sindical motivada pela prática de actos necessários e inadiáveis no exercício das correspondentes funções considera-se justificada, nos termos do número anterior.

3 – O trabalhador ou a estrutura de representação colectiva em que se integra comunica ao empregador, por escrito, as datas e o número de dias em que aquele necessita ausentar-se para o

exercício das suas funções, com um dia de antecedência ou, em caso de imprevisibilidade, nas 48 horas posteriores ao primeiro dia de ausência.

4 – A inobservância do disposto no número anterior torna a falta injustificada.

5 – Constitui contra-ordenação grave a violação do disposto no n.º 1.

1. Este preceito corresponde ao artigo 455.º do anterior Código do Trabalho, aprovado pela Lei n.º 99/2003.

2. Os n.os 1 e 2 estabelecem que a ausência de trabalhador por motivo de desempenho de funções em estrutura de representação colectiva dos trabalhadores de que seja membro, ainda que exceda o número horas, e a ausência de delegado sindical fundamentada na necessidade de praticar actos necessários e inadiáveis no exercício das respectivas funções, consideram-se justificadas, consideração que já resultava genericamente da alínea h) do n.º 2 do artigo 249.º Não obstante considerarem-se justificadas, estas faltas determinam a perda da retribuição. Só não terão efeitos relativamente à retribuição, se o instrumento de regulamentação colectiva de trabalho dispuser nesse sentido, cfr. artigo 250.º

3. O direito a crédito de horas por parte dos trabalhadores que sejam eleitos para as estruturas de representação colectiva do trabalho resulta genericamente do artigo anterior, sendo concretizado em várias outras disposições. *Vide* artigo 408.º e respectivas anotações.

4. A previsão legal do regime das faltas de trabalhador membro de estrutura de representação colectiva dos trabalhadores não se esgota neste artigo 409.º, nem na alínea h) do n.º 2 do artigo 249.º, existindo um outro preceito, este relativamente aos trabalhadores membros de direcção de associação sindical, o artigo 468.º

5. Do n.º 2 resulta, *a contrario*, que a ausência de qualquer membro de estrutura de representação colectiva dos trabalhadores, motivada pela prática de actos necessários e inadiáveis no exercício das correspondentes funções, considera-se injustificada, salvo quando se trate de delegado sindical.

6. A imposição no n.º 3, da comunicação escrita pelo trabalhador ou pela estrutura de representação colectiva ao empregador, quando a ausência do primeiro seja previsível, pretende minorar os efeitos dessa ausência no seio da organização produtiva, permitindo ao empregador socorrer-se de um outro trabalhador da empresa ao abrigo do *jus variandi* ou mobilidade funcional (n.º 1 do artigo 120.º), ou contratar a prestação de serviços de um profissional que possa realizar uma prestação semelhante, ou tomar qualquer outro acto de gestão que possa fazer face à não prestação do trabalho pelo trabalhador que é membro de uma estrutura de representação colectiva dos trabalhadores.

7. Nada obsta que a forma escrita, imposta pelo n.º 3, seja satisfeita através de documento electrónico, ou seja, por documento elaborado mediante processamento electrónico de dados. Por outras palavras, nada impede que a forma escrita seja adoptada através de uma declaração escrita enviada por correio electrónico (e-mail) para um endereço electrónico. Sobre a validade, eficácia e valor probatório dos documentos electrónicos remete-se para a anotação 4. ao artigo 107.º

ARTIGO 410.º – Protecção em caso de procedimento disciplinar ou despedimento

1 – A suspensão preventiva de trabalhador membro de estrutura de representação colectiva não obsta a que o mesmo tenha acesso a locais e exerça actividades que se compreendem no exercício das correspondentes funções.

2 – Na pendência de processo judicial para apuramento de responsabilidade disciplinar, civil ou criminal com fundamento em exercício abusivo de direitos na qualidade de membro de estrutura de representação colectiva dos trabalhadores, aplica-se ao trabalhador visado o disposto no número anterior.

3 – O despedimento de trabalhador candidato a membro de qualquer dos corpos sociais de associação sindical ou que exerça ou haja exercido funções nos mesmos corpos sociais há menos de três anos presume-se feito sem justa causa.

4 – A providência cautelar de suspensão de despedimento de trabalhador membro de estrutura de representação colectiva dos trabalhadores só não é decretada se o tribunal concluir pela existência de probabilidade séria de verificação da justa causa invocada.

5 – A acção de apreciação da licitude de despedimento de trabalhador a que se refere o número anterior tem natureza urgente.

6 – Em caso de ilicitude de despedimento por facto imputável ao trabalhador membro de estrutura de representação colectiva, este tem direito a optar entre a reintegração e uma indemnização calculada nos termos do n.º 3 do artigo 392.º ou em instrumento de regulamentação colectiva de trabalho, não inferior à retribuição base e diuturnidades correspondentes a seis meses.

1. Este preceito corresponde ao artigo 456.º do anterior Código do Trabalho, aprovado pela Lei n.º 99/2003.

2. Sobre as estruturas de representação colectiva dos trabalhadores ver artigo 404.º

3. O disposto neste artigo 410.º é um reflexo da protecção legal, com dignidade constitucional, de que beneficiam os representantes sindicais eleitos pelos trabalhadores, que gozam do direito à protecção legal adequada contra quaisquer formas de condicionamento, constrangimento ou limitação do exercício legítimo das suas funções, cfr. n.º 6 do artigo 55.º da Constituição da República Portuguesa. A Lei Fundamental estendeu ainda a protecção legal reconhecida aos delegados sindicais, aos membros das comissões de trabalhadores, cfr. n.º 4 do artigo 54.º da Constituição da República Portuguesa. O legislador ordinário alargou no Código do Trabalho a protecção aos demais trabalhadores que sejam membros de estrutura de representação colectiva dos trabalhadores, materializando a protecção adequada através de um regime próprio relativamente a trabalhador que seja membro de estrutura de representação colectiva dos trabalhadores, de protecção em caso de procedimento disciplinar ou do despedimento, estabelecido neste mesmo artigo 410.º, e de protecção em caso de transferência, cfr. artigo 411.º

4. Relativamente à suspensão preventiva referida no n.º 1, estabelece o n.º 5 do artigo 329.º que iniciado o procedimento disciplinar, o empregador pode suspender o trabalhador. Dado que o procedimento disciplinar se inicia com a comunicação ao trabalhador dos factos que lhe são imputados – designadamente com a Nota de culpa, quando o procedimento disciplinar seja reduzido a escrito, cfr. artigo 353.º – ou com o início do procedimento prévio de inquérito, cfr. artigo 352.º, o trabalhador pode ser suspenso antes de notificado dos factos que lhe são imputados. E pode também o trabalhador ser suspenso apenas quando lhe são comunicados esses mesmos factos. Trata-se de uma suspensão preventiva. Quando o empregador configure a hipótese de vir a aplicar ao trabalhador a sanção de despedimento sem indemnização ou compensação há no Código uma norma especial para a suspensão, cfr. artigo 354.º De acordo com este n.º 1, quando o trabalhador suspenso preventivamente tenha sido eleito para uma estrutura de representação colectiva dos trabalhadores, mantém o acesso aos locais e actividades que se compreendam no exercício normal dessas funções, durante todo o tempo em que durar a suspensão, sem que o empregador possa alegar a suspensão preventiva para vedar a esse acesso. Ou seja, este n.º 1 consagra um desvio ao princípio de inacessibilidade ao local de trabalho do trabalhador suspenso, principio que vigora relativamente a todos os trabalhadores que não sejam membros de estrutura de representação colectiva dos trabalhadores.

5. De acordo com o n.º 3, quando o despedimento tenha sido de candidato a membro, ou de pessoa que exerça ou tenha exercido funções, nos corpos sociais de associação sindical (só releva esta estrutura de representação colectiva dos trabalhadores), há menos de três anos, presume-se que esse despedimento é feito sem justa causa.

Em tribunal, o princípio da livre apreciação das provas só cede perante situações de prova legal que fundamentalmente se verificam nos casos de prova por confissão, por documentos autênticos, por certos documentos particulares e por presunções legais ou judiciais. No n.º 3 o legislador consagrou uma presunção legal de aplicação de despedimento sem justa causa.

6. A providência cautelar de suspensão de despedimento referida no n.º 4 é o meio através do qual o trabalhador pode requerer a suspensão preventiva do despedimento, e encontra-se regulada no artigo n.º 33.º-A a 40.º-A do Código de Processo do Trabalho. O Código de Processo do Trabalho foi aprovado pelo Decreto-Lei n.º 480/99, de 9 de Novembro, e alterado pelos Decretos-Leis n.os 323/2001, de 17 de Dezembro, 38/2003, de 8 de Março, 295/2009, de 13 de Outubro, pelas Leis n.os 63/2013, de 27 de Agosto, 55/2017, de 17 de Julho, 73/2017, de 16 de Agosto, e 107/2019 de 9 de Setembro. A providência cautelar de suspensão do despedimento deve ser apresentada em tribunal no prazo de cinco dias úteis a contar da data da recepção da comunicação de despedimento, cfr. artigo 386.º

7. Ver artigo 331.º e respectiva anotação.

ARTIGO 411.º – Protecção em caso de transferência

1 – O trabalhador membro de estrutura de representação colectiva dos trabalhadores não pode ser transferido de local de trabalho sem o seu acordo, salvo quando tal resultar de extinção ou mudança total ou parcial do estabelecimento onde presta serviço.

2 – O empregador deve comunicar a transferência do trabalhador a que se refere o número anterior à estrutura a que este pertence, com antecedência igual à da comunicação feita ao trabalhador.

3 – Constitui contra-ordenação grave a violação do disposto neste artigo.

1. Este preceito corresponde ao artigo 457.º do anterior Código do Trabalho, aprovado pela Lei n.º 99/2003.

2. Sobre as estruturas de representação colectiva dos trabalhadores ver artigo 404.º

3. O disposto no n.º 1 é um reflexo da protecção legal, com dignidade constitucional, de que beneficiam os representantes sindicais eleitos pelos trabalhadores, que gozam do direito à protecção legal adequada contra quaisquer formas de condicionamento, constrangimento ou limitação do exercício legítimo das suas funções, cfr. n.º 6 do artigo 55.º da Constituição da República Portuguesa. A Lei Fundamental estendeu ainda a protecção legal reconhecida aos delegados sindicais, aos membros das comissões de trabalhadores, cfr. n.º 4 do artigo 54.º da Constituição da República Portuguesa. O legislador ordinário alargou no n.º 1 deste artigo 411.º, a protecção aos demais trabalhadores que sejam membros de estrutura de representação colectiva dos trabalhadores, materializando a protecção legal através de um regime próprio de protecção em caso de procedimento disciplinar ou do despedimento, cfr. artigo 410.º, e de protecção em caso de transferência, n.º 1 deste artigo 411.º

4. O n.º 1 estabelece que o trabalhador membro de estrutura de representação colectiva dos trabalhadores não pode ser transferido do seu local de trabalho, sem o seu acordo, excepto quando a transferência derive de extinção ou mudança total ou parcial do estabelecimento onde o trabalhador presta o seu trabalho. Assim, e independentemente da transferência do local de trabalho, de trabalhador que seja membro de estrutura de representação colectiva dos trabalhadores, ser uma transferência definitiva ou temporária, o empregador apenas poderá unilateralmente transferi-lo quando a transferência se deva a extinção ou mudança total ou parcial do estabelecimento. Como tal, e ainda que a transferência de local de trabalho do trabalhador membro de estrutura de representação colectiva dos trabalhadores configure um interesse preponderante da empresa, e ainda que a transferência não cause qualquer prejuízo para o trabalhador, o empregador só poderá realizar a transferência se esta for acordada com o trabalhador. Representa este n.º 1 uma excepção ao artigo 194.º

5. O n.º 1 não parece abranger a transferência intra local de trabalho, ou seja a transferência interna no seio da mesma organização produtiva. Exemplificando, não deve considerar-se como englobada na proibição de transferência de local de trabalho, aqueles casos em que o membro de estrutura de representação colectiva dos trabalhadores exerce o seu trabalho no nono piso de um edifício – todo ele ocupado pela mesma empresa – e o empregador determina que passe a faze-lo no terceiro piso. O que se pretende vedar é que o membro da estrutura de representação colectiva dos trabalhadores deixe de poder contactar e conviver com os seus colegas de trabalho, contacto e convivências esses que sendo comuns tendem a facilitar a comunicação entre trabalhador e aquele que o representa, e que a distância geográfica pode, senão vedar, pelo menos dificultar. Ora na transferência intra local de trabalho, antes do início da prestação de trabalho diária, no intervalo para refeição e no final da prestação de trabalho, pode o trabalhador contactar com aqueles que o elegeram.

6. Atendendo ao escopo do n.º 1, o empregador que transfira todos os representados do membro da estrutura de representação colectiva, porque sob os representados não impende a protecção em caso de transferência, afastando o representante daqueles, abusa do direito, cfr. artigo 344.º do Código Civil.

7. O n.º 2 estabelece que o empregador deve comunicar a transferência do trabalhador, que resulte de extinção ou mudança total ou parcial do estabelecimento onde presta serviço, à estrutura de representação colectiva dos trabalhadores a que este pertence, com uma antecedência igual à antecedência da comunicação feita ao trabalhador. Isto significa que nos termos do artigo 196.º, o empregador deve comunicar a transferência ao trabalhador, e à estrutura de representação colectiva de que o trabalhador seja membro, por escrito, com oito ou 30 dias de antecedência, consoante esta seja temporária ou definitiva, comunicação esta que deve ser fundamentada e indicar a duração previsível da transferência, quando for determinável.

ARTIGO 412.º - Informações confidenciais

1 – O membro de estrutura de representação colectiva dos trabalhadores não pode revelar aos trabalhadores ou a terceiros informações que tenha recebido, no âmbito de direito de informação ou consulta, com menção expressa da respectiva confidencialidade.

2 – O dever de confidencialidade mantém-se após a cessação do mandato de membro de estrutura de representação colectiva dos trabalhadores.

3 – O empregador não é obrigado a prestar informações ou a proceder a consultas cuja natureza seja susceptível de prejudicar ou afectar gravemente o funcionamento da empresa ou do estabelecimento.

1. Este preceito corresponde aos artigos 458.º e 459.º do anterior Código do Trabalho, aprovado pela Lei n.º 99/2003.

2. O dever de confidencialidade imposto nos n.os 1 e 2 decorre do tipo de informação que é prestada pelo empregador aos membros das estruturas de representação colectiva dos trabalhadores, para o desempenho das funções destes e que se compreende. Na realidade, o empregador, por imposição legal, presta informações que, não raro, não tem sequer de conceder a quaisquer outras pessoas ou mesmo entidades públicas ou privadas. Entre estas informações, encontra-se por exemplo, a informação que a comissão de trabalhadores ou a subcomissão de trabalhadores tem direito a receber, nos termos do n.º 1 do artigo 424.º: planos gerais de actividade e orçamento; organização da produção e suas implicações no grau da utilização dos trabalhadores e do equipamento; situação do aprovisionamento; previsão, volume e administração de vendas; gestão de pessoal e estabelecimento dos seus critérios básicos, montante da massa salarial e sua distribuição por grupos profissionais, regalias sociais, produtividade e absentismo; situação contabilística, compreendendo o balanço, conta de resultados e balancetes; modalidades de financiamento; encargos fiscais e parafiscais; projecto de alteração do objecto, do capital social ou de reconversão da actividade da empresa. No mesmo exemplo, a comissão de trabalhadores ou a subcomissão de trabalhadores recebe ainda informação relativa à intenção de mudar o local de actividade da empresa ou estabelecimento, ou intenção de dissolução da empresa ou a intenção de requerer a insolvência da empresa, cfr. alíneas b) e d) do artigo 425.º Todas estas informações, ou pelo menos algumas delas, chegando ao conhecimento do mercado, ou tão somente de algum ou alguns dos concorrentes do empregador, são susceptíveis de obstar a uma estratégia de gestão da organização produtiva. De facto, as entidades empresariais são organizações económicas destinadas a produzir riqueza que, por sua vez, reverte em parte para os seus trabalhadores, sem que estes últimos tenham de partilhar sequer os riscos do negócio, sendo que o conhecimento de alguma da informação que for prestada a alguns deles, por exercício de funções de representação de trabalhadores, é susceptível, caso pudesse ser livremente divulgada, não só de por em causa a própria gestão da empresa, como potenciar riscos acrescidos. Como tal, pode o empregador declarar, por escrito, através de menção expressa nesse sentido, que determinada informação é confidencial, qualificação essa que nos termos do n.º 1 do artigo 413.º deve ser fundamentada por escrito, com base em critérios objectivos, assentes em exigências de gestão. A declaração assim realizada pelo empregador, obriga os receptores dessa informação, a não ser que a qualificação como confidencial da informação prestada seja impugnada judicialmente pela estrutura de representação colectiva dos trabalhadores em causa, nos termos previstos no Código de Processo do Trabalho, cfr. alínea f) do n.º 1 e n.º 2 do artigo 26.º e artigos 186.º-A e segs. do Código de Processo do Trabalho, e o tribunal se pronuncie pela não confidencialidade da informação. O Código de Processo do Trabalho foi aprovado pelo Decreto-Lei n.º 480/99, de 9 de Novembro, e alterado pelos Decretos-Leis n.ºs 323/2001, de 17 de Dezembro, 38/2003, de 8 de Março, 295/2009, de 13 de Outubro, pelas Leis n.ºs 63/2013, de 27 de Agosto, 55/2017, de 17 de Julho, 73/2017, de 16 de Agosto, e 107/2019 de 9 de Setembro.

3. Verificando-se uma violação do dever de confidencialidade, incorre o infractor em responsabilidade disciplinar, civil ou criminal, de acordo com o caso concreto, e na medida em que as mesmas se possam aplicar, cfr. n.º 2 do artigo 414.º

4. De acordo com o n.º 3, para que o empregador deixe de estar sujeito ao dever de informar ou proceder a consultas, basta a possibilidade de prejudicar ou afectar gravemente o funcionamento da empresa ou do estabelecimento, não sendo necessário a verificação do prejuízo ou a perturbação do funcionamento.

5. O n.º 3 constitui uma excepção ao regime geral de prestação de informações e de realização de consultas, razão pela qual a não prestação de informação ou a não realização de consulta deve ser, pelo empregador, fundamentada por escrito, com base em critérios objectivos, assentes em exigências de gestão, podendo a estrutura de representação colectiva dos trabalhadores que viu recusada a prestação da informação ou não realizada a consulta impugnar judicialmente esse acto do empregador, cfr. n.os 1 e 2 do artigo 413.º

Não obstante a possibilidade de impugnação judicial, o n.º 3 pode suscitar sérias dúvidas da sua compatibilidade com a Constituição da República Portuguesa, atenta a ampla margem de discricionariedade que atribui ao empregador relativamente à classificação da natureza da informação. De facto, à primeira vista parece denotar-se a existência de uma tensão entre os direitos postulados pelas alíneas a), b) e c) do n.º 5 do artigo 54.º e pelo n.º 6 do artigo 55.º da Constituição, e os direitos estabelecidos na Lei Fundamental no n.º 1 do artigo 61.º, no n.º 1 do artigo 86.º e n.º 1 do artigo 62.º Os direitos primeiramente enunciados (das comissões de trabalhadores receberem todas as informações necessárias ao exercício da sua actividade, de exercerem o controlo de gestão nas empresas, e de participar nos processos de reestruturação da empresa, bem como dos representantes eleitos dos trabalhadores gozarem do direito à informação e consulta) estão incluídos no Título II da Constituição, enquanto que os segundos direitos mencionados (iniciativa privada e de propriedade privada), constituem direitos fundamentais de natureza análoga, cfr. artigo 17.º *in fine* da Constituição. Uns e outros, vinculam, quer as entidades públicas, quer as privadas (n.º 1 do artigo 18.º da Constituição da República Portuguesa), só podendo ser restringidos ou comprimidos nos casos expressamente nela previstos, devendo as restrições limitarem-se ao necessário para a salvaguarda de outros direitos ou interesses constitucionalmente protegidos (n.º 2 do mesmo artigo 18.º). Sopesados devidamente o conflito de direitos e deveres que o sistema jurídico, na sua unidade, faz repercutir no empregador, o n.º 3 deste artigo 412.º é um reflexo da salvaguarda do direito de iniciativa privada, e da propriedade, constitucionalmente reconhecidos, direitos esses que podem ser postos em causa, pela possibilidade de ser prejudicado ou afectado gravemente o funcionamento da empresa ou do estabelecimento, razão pela qual, se permite neste caso, que o empregador não seja obrigado a prestar informações ou a proceder a consultas.

ARTIGO 413.º – Justificação e controlo judicial em matéria de confidencialidade de informação

1 – A qualificação de informação como confidencial, a não prestação de informação ou a não realização de consulta deve ser fundamentada por escrito, com base em critérios objectivos, assentes em exigências de gestão.

2 – A qualificação como confidencial da informação prestada, a recusa de prestação de informação ou a não realização de consulta pode ser impugnada pela estrutura de representação colectiva dos trabalhadores em causa, nos termos previstos no Código de Processo do Trabalho.

1. Este preceito corresponde ao artigo 460.º do anterior Código do Trabalho, aprovado pela Lei n.º 99/2003.

2. Nada obsta que a forma escrita, imposta pelos n.º 1, seja satisfeita através de documento electrónico, ou seja, por documento elaborado mediante processamento electrónico de dados. Por outras palavras, nada impede que a forma escrita seja adoptada através de uma declaração escrita enviada por correio electrónico (e-mail) para um endereço electrónico. Sobre a validade, eficácia e valor probatório dos documentos electrónicos remete-se para a anotação 4. ao artigo 107.º

3. Atendendo aos valores em causa, cfr. anotação ao artigo anterior, a acção de impugnação da confidencialidade de informações ou da recusa da sua prestação ou da realização de consultas tem carácter urgente, de modo a que se consiga assegurar o efeito útil da acção, cfr. alínea f) do n.º 1 e n.º 2 do artigo 26.º do Código de Processo do Trabalho. Esta acção encontra-se regulada nos artigos 186.º-A e segs. do Código de Processo do Trabalho. E, para que se consiga controlar judicialmente a qualificação como confidencial da informação prestada, a recusa de prestação de informação ou a não realização de consulta, pelo empregador, o legislador impôs o dever deste último fundamentar, por escrito, cada um daqueles actos.

4. O Código de Processo do Trabalho foi aprovado pelo Decreto-Lei n.º 480/99, de 9 de Novembro, e alterado pelos Decretos-Leis n.os 323/2001, de 17 de Dezembro, 38/2003, de 8 de Março, 295/2009, de 13 de Outubro, pelas Leis n.os 63/2013, de 27 de Agosto, 55/2017, de 17 de Julho, 73/2017, de 16 de Agosto, e 107/2019 de 9 de Setembro.

ARTIGO 414.º – Exercício de direitos

1 – O membro de estrutura de representação colectiva dos trabalhadores não pode, através do exercício dos seus direitos ou do desempenho das suas funções, prejudicar o normal funcionamento da empresa.

2 – O exercício abusivo de direitos por parte de membro de estrutura de representação colectiva dos trabalhadores é passível de responsabilidade disciplinar, civil ou criminal, nos termos gerais.

1. Este preceito corresponde ao n.º 3 do artigo 466.º e ao artigo 470.º do anterior Código do Trabalho, aprovado pela Lei n.º 99/2003.

2. O estabelecido no n.º 1 decorre da tutela constitucional dos direitos consagrados no n.º 1 do artigo 61.º, no n.º 1 do artigo 86.º e n.º 1 do artigo 62.º, ou seja, os direitos de iniciativa privada e de propriedade privada, que constituem direitos fundamentais de natureza análoga, cfr. artigo 17.º *in fine* da Constituição, beneficiando do regime dos direitos, liberdades e garantias, e por esse motivo vinculam, quer as entidades públicas, quer as privadas, cfr. n.º 1 do artigo 18.º da Constituição da República Portuguesa. Assim, não se permite que através do exercício, legítimo, dos seus direitos ou do desempenho das suas funções, o membro de estrutura de representação colectiva dos trabalhadores, prejudique o normal funcionamento da empresa.

3. A responsabilidade disciplinar do membro de estrutura de representação colectiva dos trabalhadores referida no n.º 2 pode não ser possível, uma vez que a infracção disciplinar prescreve quando cessa o contrato de trabalho. Verificando-se a cessação, cfr. artigo 340.º quanto às modalidades de cessação, sem que o trabalhador membro de estrutura de representação tenha sido punido, não mais o empregador poderá faze-lo, não obstante poder, nos termos gerais do direito responsabiliza-lo civil ou criminalmente.

4. Nos termos gerais de direito, podem também as estruturas de representação colectiva dos trabalhadores ser civilmente responsabilizadas.

SECÇÃO II – Comissões de trabalhadores

SUBSECÇÃO I – Disposições gerais sobre comissões de trabalhadores

ARTIGO 415.º – Princípios gerais relativos a comissões, subcomissões e comissões coordenadoras

1 – Os trabalhadores têm direito de criar, em cada empresa, uma comissão de trabalhadores para defesa dos seus interesses e exercício dos direitos previstos na Constituição e na lei.

2 – Podem ser criadas subcomissões de trabalhadores em estabelecimentos da empresa geograficamente dispersos.-

3 – Qualquer trabalhador da empresa, independentemente da idade ou função, tem o direito de participar na constituição das estruturas previstas nos números anteriores e na aprovação dos respectivos estatutos, bem como o direito de eleger e ser eleito.

4 – Podem ser criadas comissões coordenadoras para melhor intervenção na reestruturação económica, para articulação de actividades das comissões de trabalhadores constituídas nas empresas em relação de domínio ou de grupo, bem como para o exercício de outros direitos previstos na lei e neste Código.

1. Este preceito corresponde ao artigo 461.º do anterior Código do Trabalho, aprovado pela Lei n.º 99/2003.

2. O n.º 1 resultava já do n.º 1 do artigo 54.º da Constituição da República Portuguesa, preceito este que constitui um direito fundamental, directamente aplicável, e que vincula as entidades públicas e privadas, cfr. n.º 1 do artigo 18.º da Constituição da República Portuguesa, acrescentando-se na Lei Fundamental que é direito dos trabalhadores criarem comissões de trabalhadores não só para defesa dos seus interesses, como para "intervenção democrática na vida da empresa.". A comissão de trabalhadores representa todos os trabalhadores da empresa, independentemente de todos eles terem ou não participado na sua constituição ou na eleição dos seus membros.

3. O n.º 2 estabelece como condição de admissibilidade de subcomissões de trabalhadores a existência de estabelecimentos da empresa geograficamente dispersos.

4. O disposto no n.º 3 é uma decorrência do princípio da igualdade, cfr. artigo 13.º da Constituição da República Portuguesa, encontrando repetição nas normas deste Título III do Código do Trabalho. Com efeito, o direito de igualdade de tratamento do trabalhador da empresa, que independentemente da idade ou função, tem o direito de participar em estruturas de representação colectiva resultava já do n.º 1 do artigo 24.º, e da alínea d) do n.º 2 do mesmo artigo 24.º Assim, também o menor de idade, admitido na empresa nos termos dos artigos 68.º e 69.º pode participar nestas estruturas. Também o estagiário ou formando que preste uma relação de trabalho subordinado tem direito a participar nestas estruturas, o que já não sucede relativamente a um estagiário ou formando que não beneficie de uma relação daquele tipo, mas antes de uma relação que deva entender-se de formação, situação contratual esta que consubstancia uma modalidade do contrato de prestação de serviços, regulada no Decreto-Lei n.º 66/2011, de 1 de Junho. Já o trabalhador temporário, relativamente à empresa utilizadora, apesar de não ser juridicamente trabalhador desta empresa (mas sim da empresa de trabalho temporário, cfr. alínea a) do artigo 172.º), deve poder participar nas estruturas de representação colectiva dos trabalhadores da empresa utilizadora, por determinação expressa do n.º 1 do artigo 189.º, bem como na empresa de trabalho temporário, podendo assim ter uma dupla participação. Quanto ao trabalhador que tenha o contrato de trabalho suspenso, poderá igualmente participar na constituição da comissão de trabalhadores e na subcomissão de trabalhadores, bem como eleger e ser eleito, porquanto os seus direitos colectivos não se encontram dependentes da efectiva prestação da actividade. Nesse sentido, o n.º 1 do artigo 295.º dispõe que, durante a suspensão, se mantêm os direitos, deveres e garantias das partes na medida em que não pressuponham a efectiva prestação do trabalho. Com efeito, a suspensão do contrato de trabalho em nada afecta o vínculo do trabalhador à empresa, que subsiste, para poder ser retomado, em princípio, a todo o tempo, pelo que nenhuma razão há para afastar a sua legitimidade no processo de constituição, nem de eleição dos membros da comissão de trabalhadores, ou da subcomissão de trabalhadores quando esta seja admissível. O mesmo se diga relativamente ao trabalhador em situação de pré-reforma (a pré-reforma encontra-se prevista nos artigos 318.º e segs.), que tem também o direito de participar na constituição das estruturas de representação colectiva dos trabalhadores, bem como o direito de eleger e ser eleito.

Concretiza-se neste n.º 3, não só a capacidade activa e passiva do trabalhador, que pode eleger e ser eleito, como se explicita que em matéria de comissão de trabalhadores, o direito de participar na constituição e na aprovação dos estatutos destas estruturas se limita à comissão de trabalhadores e à subcomissão de trabalhadores. É que, relativamente às comissões coordenadores a competência para a sua eleição incumbe aos membros das comissões de trabalhadores, cfr. n.º 1 do artigo 437.º, sendo que serão as comissões de trabalhadores que participaram na constituição da comissão coordenadora que aprovarão os estatutos desta estrutura, cfr. artigos 435.º, 436.º e n.º 3 do artigo 438.º

5. O n.º 4 permite a criação das comissões coordenadoras, em ordem ao consagrado no n.º 3 do artigo 54.º da Constituição da República Portuguesa, que as admite para melhor intervenção na reestruturação económica e por forma a garantir os interesses dos trabalhadores, concretizando o legislador ordinário que as comissões coordenadores visam a articulação de actividades das comissões de trabalhadores constituídas nas empresas em relação de domínio ou de grupo.

Quanto às comissões coordenadoras ver artigos 435.º, 436.º, 437.º, n.os 3, 4, 5, 6 e 7 do artigo 438.º e artigo 439.º

Sobre as comissões coordenadoras, em termos que se mantêm perfeitamente actuais (com ressalva apenas dos preceitos se referirem à legislação anterior) Bernardo da Gama Lobo Xavier, *Curso de Direito do Trabalho*, I, 3.ª edição, Verbo, 2004, página 416 e segs.

6. Sobre este preceito *vide* Bernardo Lobo Xavier, *Manual de Direito do Trabalho*, Verbo, 2011, página 214 e segs., e António Monteiro Fernandes, *Direito do Trabalho*, 15.ª Edição, Almedina, Abril 2010, página 751 e segs.

ARTIGO 416.º - Personalidade e capacidade de comissão de trabalhadores

1 – A comissão de trabalhadores adquire personalidade jurídica pelo registo dos seus estatutos pelo serviço competente do ministério responsável pela área laboral.

2 – A capacidade da comissão de trabalhadores abrange todos os direitos e obrigações necessários ou convenientes para a prossecução dos seus fins.

1. Este preceito corresponde ao artigo 462.º do anterior Código do Trabalho, aprovado pela Lei n.º 99/2003.

2. O n.º 1 estabelece expressamente que a comissão de trabalhadores tem personalidade jurídica, a qual adquire pelo registo dos seus estatutos. Este registo é promovido pela comissão eleitoral, nos termos do n.º 1 do artigo 438.º, actualmente junto da Direcção-Geral do Emprego e das Relações de Trabalho (D.G.E.R.T.), cfr. alínea e) do n.º 3 do artigo 2.º do Decreto Regulamentar n.º 40/2012, de 12 de Abril.

3. Note-se que a Lei n.º 7/2009, de 12 de Fevereiro, contém normas de aplicação transitória, ou seja, esta Lei fixou a solução para alguns casos que se encontram na fronteira entre a lei anterior, a Lei n.º 99/2003, de 27 de Agosto, e o Código do Trabalho de 2009, resolvendo alguns problemas específicos. Entre estes está a validade dos estatutos de associações sindicais, associações de empregadores, comissões de trabalhadores e comissões coordenadoras, que à data da entrada em vigor da Lei n.º 7/2009 (17 de Fevereiro de 2009, cfr. artigo 14.º da própria Lei n.º 7/2009), não estejam em conformidade com o regime do Código do Trabalho. Neste sentido, o artigo 8.º da Lei n.º 7/2009 estabeleceu um prazo transitório para que os estatutos da comissão de trabalhadores, que afrontem normas imperativas, sejam alterados. Ver artigo 8.º da Lei n.º 7/2009, de 12 de Fevereiro, e respectivas anotações.

4. Sobre este preceito *vide* Bernardo Lobo Xavier, *Manual de Direito do Trabalho*, Verbo, 2011, página 215 e segs., e António Monteiro Fernandes, *Direito do Trabalho*, 15.ª Edição, Almedina, Abril 2010, página 757.

ARTIGO 417.º - Número de membros de comissão de trabalhadores, comissão coordenadora ou subcomissão

1. O número de membros de comissão de trabalhadores não pode exceder os seguintes:

a) Em empresa com menos de 50 trabalhadores, dois;

b) Em empresa com 50 ou mais trabalhadores e menos de 200, três;
c) Em empresa com 201 a 500 trabalhadores, três a cinco;
d) Em empresa com 501 a 1000 trabalhadores, cinco a sete;
e) Em empresa com mais de 1000 trabalhadores, sete a 11.

2 – O número de membros de subcomissão de trabalhadores não pode exceder os seguintes:
a) Em estabelecimento com 50 a 200 trabalhadores, três;
b) Em estabelecimento com mais de 200 trabalhadores, cinco.

3 – Em estabelecimento com menos de 50 trabalhadores, a função da subcomissão de trabalhadores é assegurada por um só membro.

4 – O número de membros de comissão coordenadora não pode exceder o número das comissões de trabalhadores que a mesma coordena, nem o máximo de 11 membros.

1. Este preceito corresponde aos artigos 464.º e 465.º do anterior Código do Trabalho, aprovado pela Lei n.º 99/2003.

2. Estranhamente as empresas que tenham duzentos trabalhadores não integram o âmbito de previsão do n.º 1. Atendendo à redacção das alíneas c) e d), as empresas com duzentos trabalhadores deverão ter uma comissão de trabalhadores com três membros, recaindo na alínea b).

3. Este artigo 417.º não estabelece qual é o critério para aferir do número de trabalhadores, o qual é determinante para apurar o número de membros de comissão de trabalhadores, ou subcomissão de trabalhadores. Não serão de aplicar nenhum dos critérios dos n.os 2 ou 3 do artigo 100.º, segundo os quais o número de trabalhadores corresponde à média do ano civil antecedente, enquanto que, no ano de início da actividade, o número de trabalhadores a ter em conta é o existente no dia da ocorrência do sistema. Para efeitos deste artigo 417.º, o número de trabalhadores que permitirá determinar o número de membros da comissão de trabalhadores, ou subcomissão de trabalhadores é aferido aquando da entrega do caderno eleitoral (constituído por lista elaborada pelo empregador), pelo próprio empregador aos trabalhadores que convocaram a votação ou à comissão eleitoral, cfr. n.os 1 e 2 do artigo 431.º, aplicáveis por força do n.º 4 do artigo 433.º

ARTIGO 418.º – Duração do mandato

O mandato de membros de comissão de trabalhadores, comissão coordenadora ou subcomissão de trabalhadores não pode exceder quatro anos, sendo permitidos mandatos sucessivos.

1. Este preceito não tinha correspondência no anterior Código do Trabalho, aprovado pela Lei n.º 99/2003, de 27 de Agosto. Corresponde aos artigos 343.º e 346.º, ambos da Lei n.º 35/2004, de 29 de Julho, que regulamentou o anterior Código do Trabalho.

2. Do disposto neste artigo resulta que o mandato dos membros da comissão de trabalhadores, da subcomissão de trabalhadores ou da comissão coordenadora tem, no máximo, uma duração de quatro anos, podendo ter menos do que estes quatro anos. Ou seja, os estatutos podem estabelecer que o mandato tenha por exemplo, uma duração de apenas um ano. Já não poderá ser estabelecido nos estatutos que o mandato dos membros da comissão de trabalhadores, por exemplo, tenha uma duração de cinco anos. A parte final deste preceito admite os mandatos sucessivos, o que é distinto de um mesmo mandato com duração vitalícia, este último proibido. Ou seja, a lei admite que os mesmos membros se recandidatem e sejam eleitos indefinidamente ao exercício de funções numa estrutura de representação colectiva dos trabalhadores, sem estabelecer qualquer limite ao número de mandatos sucessivos (esses limites aos mandatos sucessivos poderão existir nos estatutos, cfr n.º 2 do artigo 434.º relativamente à comissão de trabalhadores e à subcomissão de trabalhadores, e artigo 435.º relativamente à comissão coordenadora). O que se exige é que, de tempos a tempos (no máximo de quatro em quatro anos), aos trabalhadores seja possível escolher os seus representantes, directamente no caso da comissão e subcomissão de trabalhadores, cfr. n.º 1 do artigo 433.º, e indirectamente, no caso da comissão coordenadora, n.º 1 do artigo 437.º Compreende-se que assim seja, dado que é a própria Constituição da República Portuguesa que estabelece, no n.º 1 do artigo 54.º, que as comissões de trabalhadores visam também a intervenção democrática na vida das empresas – preceito este que constitui um direito fundamental, o qual é directamente aplicável, vinculando entidades públicas e privadas, cfr. n.º 1 do artigo 18.º da Constituição da República Portuguesa – sendo que este fim, o da intervenção democrática na empresa, impõe que a organização democrática principie, antes de mais pela própria estrutura de representação colectiva dos trabalhadores.

ARTIGO 419.º - Reunião de trabalhadores no local de trabalho convocada por comissão de trabalhadores

1 – A comissão de trabalhadores pode convocar reuniões gerais de trabalhadores a realizar no local de trabalho:

a) Fora do horário de trabalho da generalidade dos trabalhadores, sem prejuízo do normal funcionamento de turnos ou de trabalho suplementar;

b) Durante o horário de trabalho da generalidade dos trabalhadores até um período máximo de 15 horas por ano, que conta como tempo de serviço efectivo, desde que seja assegurado o funcionamento de serviços de natureza urgente e essencial.

2 – O empregador que proíba reunião de trabalhadores no local de trabalho comete contra-ordenação muito grave.

1. Este preceito corresponde ao artigo 468.º do anterior Código do Trabalho, aprovado pela Lei n.º 99/2003.

2. A comissão de trabalhadores (não a subcomissão nem a comissão coordenadora) pode convocar reuniões gerais de trabalhadores para serem realizadas no local de trabalho. A realização destas reuniões pode ter lugar fora do horário de trabalho da maioria dos trabalhadores, ou durante o horário de trabalho da generalidade dos trabalhadores. Num ou noutro caso, a reunião geral de trabalhadores obedece a um procedimento, o qual se encontra estabelecido no artigo seguinte.

Note-se contudo, que relativamente à reunião de trabalhadores realizada durante o horário de trabalho, há um limite máximo anual, de 15 horas por ano. Quando realizada durante o horário de trabalho e no limite das 15 horas anuais, a reunião conta como tempo de serviço efectivo, o que significa que apesar da prestação de trabalho não estar a ser cumprida – porque o trabalhador está em reunião – o próprio trabalhador não perde o direito à retribuição durante o tempo em que se encontra a participar na reunião.

3. Além desta reunião prevista neste artigo 419.º, a lei admite a realização de outras reuniões no local de trabalho, dentro ou fora do horário de trabalho da generalidade dos trabalhadores. É o que sucede com as reuniões de trabalhadores convocadas pela comissão sindical ou intersindical, ou por um terço ou 50 trabalhadores do respectivo estabelecimento, cfr. artigo 461.º, que quando ocorram durante o horário de trabalho contam também como tempo de serviço efectivo, estabelecendo-se igualmente um limite de 15 horas anuais. Impõe-se por isso saber se, estas horas são cumulativas, ou se a realização de uma ou mais reuniões por uma destas estruturas, faz precludir a realização de reuniões por uma outra estrutura. Apesar de ambas as reuniões em causa serem convocadas por estruturas de representação colectiva dos trabalhadores, cfr. alíneas a) e b) do artigo 404.º, tratam-se de diferentes estruturas, não obstante os fins de ambas as estruturas coincidirem – defesa dos direitos e interesses dos trabalhadores – sem que por isso se sobreponham, cfr. n.º 1 do artigo 405.º Por este motivo, a lei evidenciou as estruturas de representação colectiva individualmente, e não a justaposição dos interesses defendidos, assumindo como critério de distinção a formalidade da convocação da reunião. Assim, existindo na empresa diferentes estruturas de representação colectiva dos trabalhadores, podem os trabalhadores não realizar a prestação de trabalho, por se encontrarem a participar em reuniões de trabalhadores, até 30 horas por ano. Sem perda de retribuição.

ARTIGO 420.º – Procedimento para reunião de trabalhadores no local de trabalho

1 – A comissão de trabalhadores deve comunicar ao empregador, com a antecedência mínima de 48 horas, a data, hora, número previsível de participantes e local em que pretende que a reunião de trabalhadores se efectue e afixar a respectiva convocatória.

2 – No caso de reunião a realizar durante o horário de trabalho, a comissão de trabalhadores deve apresentar proposta que vise assegurar o funcionamento de serviços de natureza urgente e essencial.

3 – Após receber a comunicação referida no n.º 1 e, sendo caso disso, a proposta referida no número anterior, o empregador deve pôr à disposição da entidade promotora, desde que esta o requeira, um local no interior da empresa ou na sua proximidade apropriado à realização da reunião, tendo em conta os elementos da comunicação e da proposta, bem como a necessidade de respeitar o disposto na parte final da alínea a) ou b) do n.º 1 do artigo anterior.

4 – Constitui contra-ordenação muito grave a violação do disposto no número anterior.

1. Este preceito corresponde ao n.º 3 do artigo 468.º do anterior Código do Trabalho, aprovado pela Lei n.º 99/2003, sendo que o demais, ou seja, os n.ºs 2, 3 e 4 deste artigo 420.º, é uma novidade deste Código do Trabalho, aprovado pela Lei n.º 7/2009, de 12 de Fevereiro.

2. A afixação da convocatória, referida no n.º 1, é realizada pela comissão de trabalhadores, nas instalações da empresa e em local apropriado, disponibilizado pelo empregador, cfr. n.º 1 do artigo 465.º, aplicável por força do n.º 2 do artigo 421.º

3. A lei não diz o que se deve entender por funcionamento de serviços de natureza urgente e essencial. Ponto assente é que este funcionamento não é o normal funcionamento da empresa. Tratar-se-á sobretudo dos serviços que, por exemplo, evitam a ocorrência de danos nas máquinas utilizadas para laborar. O que consubstancie serviços de natureza urgente e essencial é matéria que deve ser concretizada caso a caso e sempre com aplicação do princípio da boa fé que deve presidir ao empregador e trabalhador na vigência do contrato de trabalho, cfr. n.º 1 do artigo 126.º e n.º 2 do artigo 762.º do Código Civil.

4. A violação do procedimento para realização de reunião no local de trabalho por parte da comissão de trabalhadores, tem como consequência a ilicitude da reunião, podendo gerar responsabilidade disciplinar, civil ou criminal, consoante as circunstâncias verificadas em concreto.

ARTIGO 421.º – Apoio à comissão de trabalhadores e difusão de informação

1 – O empregador deve pôr à disposição da comissão ou subcomissão de trabalhadores instalações adequadas, bem como os meios materiais e técnicos necessários ao exercício das suas funções.

2 – É aplicável à comissão e subcomissão de trabalhadores o disposto no artigo 465.º, com as necessárias adaptações.

3 – Constitui contra-ordenação grave a violação do disposto neste artigo.

1. Este preceito corresponde ao artigo 469.º do anterior Código do Trabalho, aprovado pela Lei n.º 99/2003.

2. O n.º 1, ao estabelecer que o empregador deve pôr à disposição da comissão ou da subcomissão de trabalhadores instalações adequadas, não tendo de o fazer relativamente a ambas as estruturas, mas tão somente relativamente a uma delas, bem como os meios materiais e técnicos necessários ao exercício das suas funções, tem de ser interpretado conjuntamente com o n.º 2 do artigo 405.º Nos termos deste último, os empregadores não podem, individualmente ou através das suas associações, promover a constituição, manter ou financiar o funcionamento, por quaisquer meios, de estruturas de representação colectiva dos trabalhadores ou, por qualquer modo, intervir na sua organização e gestão. Como tal, o dever imposto no n.º 1 deste artigo 421.º não pode ser lido como uma permissão para o empregador financiar a comissão de trabalhadores ou a subcomissão de trabalhadores.

3. O n.º 2 ao fazer aplicar à comissão de trabalhadores e à subcomissão de trabalhadores o disposto no artigo 465.º, confere a estas estruturas o direito de afixar, nas instalações da empresa e em local apropriado disponibilizado pelo empregador, convocatórias, comunicações, informações ou outros textos relativos à vida da empresa e à defesa e prossecução dos direitos e interesses dos trabalhadores, bem como proceder à sua distribuição, sem prejuízo do funcionamento normal da empresa.

De igual direito beneficiam os representantes dos trabalhadores para a segurança e a saúde no trabalho, por determinação do n.º 2 do artigo 24.º da Lei n.º 102/2009, de 10 de Setembro, alterada pelas Leis n.ºs 42/2012, de 28 de Agosto, 3/2014, de 28 de Janeiro, pelo Decreto-Lei n.º 88/2015, de 28 de Maio, e pela Lei n.º 146/2015, de 9 de Setembro, que aprovou o regime jurídico da segurança e saúde no trabalho.

4. Nem sempre o fim visado pelo n.º 2, o de permitir a informação dos trabalhadores, pode ser atingido. É o que sucede com o trabalhador em regime de teletrabalho, cfr. artigo 165.º e segs., que habitualmente se encontre fora da empresa e por esse motivo pode não ter acesso à informação. De acordo com o n.º 3 do artigo 171.º, permite-se que qualquer estrutura de representação colectiva dos trabalhadores – logo à comissão de trabalhadores e subcomissão de trabalhadores, cfr. alínea b) do artigo 404.º – utilize as tecnologias de informação e comunicação que constituam instrumentos de trabalho para, no exercício da sua actividade, comunicar com o trabalhador que se encontre em regime de teletrabalho. Deste modo permite-se que as estruturas de representação colectiva dos trabalhadores, através da utilização das tecnologias de informação e de comunicação, comuniquem ao trabalhador em regime de teletrabalho as convocatórias, comunicações, informações e outros textos relativos à actividade da estrutura em causa, bem como os textos que sejam do interesse do trabalhador.

ARTIGO 422.º – Crédito de horas de membros das comissões

1 – Para o exercício das suas funções, o membro das seguintes estruturas tem direito ao seguinte crédito mensal de horas:

a) Subcomissão de trabalhadores, oito horas;

b) Comissão de trabalhadores, vinte e cinco horas;

c) Comissão coordenadora, vinte horas.

2 – Em microempresa, os créditos de horas referidos no número anterior são reduzidos a metade.

3 – Em empresa com mais de 1000 trabalhadores, a comissão de trabalhadores pode deliberar por unanimidade redistribuir pelos seus membros um montante global correspondente à soma dos créditos de horas de todos eles, com o limite individual de 40 horas mensais.

4 – O trabalhador que seja membro de mais de uma das estruturas referidas no n.º 1 não pode cumular os correspondentes créditos de horas.-

5 – Em empresa do sector empresarial do Estado com mais de 1000 trabalhadores, a comissão de trabalhadores pode deliberar por unanimidade que um dos membros tenha crédito de horas correspondente a metade do seu período normal de trabalho, não sendo neste caso aplicável o disposto no n.º 3.

6 – Constitui contra-ordenação grave a violação do disposto nos n.ºs 1, 2, 3 ou 5.

1. Este preceito corresponde ao artigo 467.º do anterior Código do Trabalho, aprovado pela Lei n.º 99/2003.

2. O direito a crédito de horas por parte dos trabalhadores que sejam eleitos para as estruturas de representação colectiva do trabalho resulta genericamente do artigo 408.º, sendo concretizado em várias outras disposições, como sucede relativamente ao crédito de horas dos membros de subcomissão de trabalhadores, de comissão de trabalhadores e de comissão coordenadora que se encontram previstos nos n.os 1 e 2 deste artigo 422.º Estabelece expressamente o n.º 2 do artigo 408.º que o crédito de horas é referido ao período normal de trabalho e conta como tempo de serviço efectivo, inclusivamente para efeito de retribuição, o que significa que o trabalhador que beneficie de crédito de horas, quando o estiver a utilizar, não se encontra a cumprir a prestação de trabalho, não afectando qualquer dos seus direitos por isso.

3. Sobre a questão de saber se os trabalhadores eleitos para as estruturas de representação colectiva dos trabalhadores estão dispensados ou não de fazer prova perante o empregador do facto invocado para a ausência do trabalhador do local onde deveria prestar o seu trabalho, ao abrigo do crédito de horas, ver anotação ao artigo 408.º

4. Microempresas são as empresas que empreguem até dez trabalhadores, sendo que se empregar dez trabalhadores já é considerada pequena empresa, cfr. alíneas a) e b) do n.º 1 do artigo 100.º

5. As empresas do sector empresarial do Estado encontram-se reguladas no Decreto-Lei n.º 558/99, de 17 de Dezembro, alterado pelo Decreto-Lei n.º 300/2007, de 23 de Agosto, pela Lei n.º 64-A/2008, de 31 de Dezembro, e pela Lei n.º 55-A/2010, de 31 de Dezembro. Sobre as regras aplicáveis à comissão de trabalhadores de entidade pública empresarial, ver artigo 428.º e respectivas anotações.

SUBSECÇÃO II – Informação e consulta

ARTIGO 423.º – Direitos da comissão e da subcomissão de trabalhadores

1 – A comissão de trabalhadores tem direito, nomeadamente, a:

a) Receber a informação necessária ao exercício da sua actividade;

b) Exercer o controlo da gestão da empresa;

c) Participar, entre outros, em processo de reestruturação da empresa, na elaboração dos planos e dos relatórios de formação profissional e em procedimentos relativos à alteração das condições de trabalho;

d) Participar na elaboração da legislação do trabalho, directamente ou por intermédio das respectivas comissões coordenadoras;

e) Gerir ou participar na gestão das obras sociais da empresa;

f) Promover a eleição de representantes dos trabalhadores para os órgãos sociais das entidades públicas empresariais;

g) Reunir, pelo menos uma vez por mês, com o órgão de gestão da empresa para apreciação de assuntos relacionados com o exercício dos seus direitos.

2 – Compete à subcomissão de trabalhadores, de acordo com orientação geral estabelecida pela comissão:

a) Exercer, mediante delegação pela comissão de trabalhadores, os direitos previstos nas alíneas a), b), c) e e) do número anterior;

b) Informar a comissão de trabalhadores sobre os assuntos de interesse para a actividade desta;

c) Fazer a ligação entre os trabalhadores do respectivo estabelecimento e a comissão de trabalhadores;

d) Reunir com o órgão de gestão do estabelecimento, nos termos da alínea g) do número anterior.

3 – O órgão de gestão da empresa ou do estabelecimento, consoante o caso, elabora a acta da reunião referida nos n.os 1 ou 2, que deve ser assinada por todos os participantes.

4 – Constitui contra-ordenação grave a violação do disposto nas alíneas e) ou g) do n.º 1, na alínea d) do n.º 2 ou no número anterior.

1. Este preceito não tinha correspondência no anterior Código do Trabalho, aprovado pela Lei n.º 99/2003, de 27 de Agosto. Corresponde aos artigos 354.º e 355.º, ambos da Lei n.º 35/2004, de 29 de Julho, que regulamentou o anterior Código do Trabalho.

2. Os direitos estabelecido nas alíneas a) a f) do n.º 1 encontra consagração no n.º 5 do artigo 54.º da Constituição da República Portuguesa, preceito este que constitui um direito fundamental relativamente a pessoas colectivas, cfr. n.º 2 do artigo 12.º da Constituição da República Portuguesa, directamente aplicável, e que vincula as entidades públicas e privadas, cfr. n.º 1 do artigo 18.º da Constituição da República Portuguesa. Consagra o n.º 5 do artigo 54.º da Lei Fundamental que "Constituem direitos das comissões de trabalhadores:

a) Receber todas as informações necessárias ao exercício da sua actividade;
b) Exercer o controlo de gestão nas empresas;
c) Participar nos processos de reestruturação da empresa, especialmente no tocante a acções de formação ou quando ocorra alteração das condições de trabalho;
d) Participar na elaboração da legislação do trabalho e dos planos económico-sociais que contemplem o respectivo sector;
e) Gerir ou participar na gestão das obras sociais da empresa;
f) Promover a eleição de representantes dos trabalhadores para os órgãos sociais de empresas pertencentes ao Estado ou a outras entidades públicas, nos termos da lei.".

3. Os direitos atribuídos à comissão de trabalhadores nas alíneas a) e b) do n.º 1 são concretizados no artigo 424.º, que define o conjunto de matérias relativamente às quais a comissão de trabalhadores deve ser informada, dever esse que é também imposto noutras normas estabelecidas em várias disposições ao longo deste Código do Trabalho. Aliás, e como resulta do n.º 1, que utiliza o termo "nomeadamente", a informação a que a comissão de trabalhadores tem direito, nos termos deste preceito é exemplificativa, e não taxativa. Além da informação referida no n.º 1, tem também a comissão de trabalhadores direito a receber informação relativa:

- i) a celebração de contrato de trabalho a termo, com indicação do respectivo motivo justificativo, bem como a cessação do mesmo, no prazo de cinco dias úteis, cfr. n.º 1 do artigo 144.º;
- ii) ao início da actividade na empresa, de trabalhador temporário, no prazo de cinco dias úteis, cfr. n.º 8 do artigo 186.º;
- iii) a redução ou exclusão de intervalo de descanso, cfr. n.º 3 do artigo 213.º;
- iv) ao início da utilização de trabalhador em regime de cedência ocasional, no prazo de cinco dias úteis, cfr. n.º 2 do artigo 293.º;
- v) à intenção do empregador temporariamente reduzir ou suspender a prestação do trabalho, cfr. n.º 1 do artigo 299.º;
- vi) à intenção do empregador proceder a um despedimento colectivo, cfr. n.º 1 do artigo 360.º;
- vii) à intenção do empregador proceder a um despedimento por extinção de posto de trabalho, cfr. n.º 1 do artigo 369.º;
- viii) à intenção do empregador proceder a um despedimento por inadaptação, cfr. n.º 1 do artigo 376.º;

4. O exercício do controlo da gestão previsto na alínea b) do n.º 1, encontra-se regulado no artigo 426.º

5. Já o direito da comissão de trabalhadores participar em processo de reestruturação da empresa, previsto na alínea c) do n.º 1, encontra-se concretizado na alínea c) do artigo 425.º e no n.º 2 do artigo 429.º

6. O direito das comissões de trabalhadores participarem na elaboração da legislação do trabalho previsto na d) do n.º 1, directamente, ou através das comissões coordenadoras é concretizado no artigo 470.º

ARTIGO 424.º – Conteúdo do direito a informação

1 – A comissão de trabalhadores tem direito a informação sobre:

a) Planos gerais de actividade e orçamento;

b) Organização da produção e suas implicações no grau da utilização dos trabalhadores e do equipamento;

c) Situação do aprovisionamento;

d) Previsão, volume e administração de vendas;

e) Gestão de pessoal e estabelecimento dos seus critérios básicos, montante da massa salarial e sua distribuição por grupos profissionais, regalias sociais, produtividade e absentismo;

f) Situação contabilística, compreendendo o balanço, conta de resultados e balancetes;

g) Modalidades de financiamento;

h) Encargos fiscais e parafiscais;

i) Projecto de alteração do objecto, do capital social ou de reconversão da actividade da empresa.

2 – Constitui contra-ordenação grave a violação do disposto no número anterior.

1. Este preceito não tinha correspondência no anterior Código do Trabalho, aprovado pela Lei n.º 99/2003, de 27 de Agosto. Corresponde ao artigo 356.º da Lei n.º 35/2004, de 29 de Julho, que regulamentou o anterior Código do Trabalho.

2. A informação que deve ser recebida pela comissão de trabalhadores, referida no n.º 1 é uma concretização dos direitos estabelecido nas alíneas a) e b) do n.º 1 do artigo 423.º, direitos esses com consagração nas alíneas a) e b) do n.º 5 do artigo 54.º da Constituição da República Portuguesa, nos termos dos quais a comissão de trabalhadores deve receber todas as informações necessárias ao exercício da sua actividade, e a exercer o controlo da gestão da empresa.

3. Além da informação referida no n.º 1, a comissão de trabalhadores tem também direito a receber a demais informação que o legislador entendeu estabelecer em várias disposições ao longo deste Código do Trabalho. Sobre estas, ver anotação ao artigo anterior.

4. A prestação de informação à comissão de trabalhadores obedece a um procedimento próprio, o qual se encontra regulado nos n.ºs 1 a 3, e 7, todos do artigo 427.º

ARTIGO 425.º – Obrigatoriedade de consulta da comissão de trabalhadores

O empregador deve solicitar o parecer da comissão de trabalhadores antes de praticar os seguintes actos, sem prejuízo de outros previstos na lei:

a) Modificação dos critérios de classificação profissional e de promoções dos trabalhadores;

b) Mudança de local de actividade da empresa ou do estabelecimento;

c) Qualquer medida de que resulte ou possa resultar, de modo substancial, diminuição do número de trabalhadores, agravamento das condições de trabalho ou mudanças na organização de trabalho;

d) Dissolução ou pedido de declaração de insolvência da empresa.

1. Este preceito não tinha correspondência no anterior Código do Trabalho, aprovado pela Lei n.º 99/2003, de 27 de Agosto. Corresponde ao artigo 357.º da Lei n.º 35/2004, de 29 de Julho, que regulamentou o anterior Código do Trabalho.

2. Da redacção deste artigo 425.º resulta desde logo que o parecer é obrigatório, mas não é vinculativo. Ou seja, o empregador não é obrigado a seguir o entendimento manifestado nesse parecer.

3. Da redacção da alínea c) resulta que antes de iniciar um despedimento colectivo, cfr. alínea d) do artigo 340.º e artigos 359.º a 366.º, o empregador deve consultar, solicitando o seu parecer, a comissão de trabalhadores.

4. O direito da comissão de trabalhadores ser consultada previamente, quando possa verificar-se na empresa uma mudança substancial na organização de trabalho, ou a diminuição substancial do número de trabalhadores implica, em regra, um processo de reestruturação da empresa. Quando seja intenção do empregador realizar semelhante processo, os direitos da comissão de trabalhadores não se limitam à emissão de parecer prévio, sendo esses direitos amplamente alargados pelo n.º 2 do artigo 429.º, para o qual se remete.

5. A obrigatoriedade da comissão de trabalhadores se poder pronunciar relativamente aos actos do empregador, obedece a um procedimento próprio, o qual se encontra regulado nos n.os 4 a 7 do artigo 427.º

6. O n.º 1 estabelece expressamente que o empregador deve solicitar parecer nos actos referidos nas alíneas a), b), c) e d), sem prejuízo de outros previstos na lei. São numerosos os preceitos que neste Código do Trabalho impõem ao empregador que consulte a comissão de trabalhadores, em matérias como:

i) o tratamento de dados biométricos, cfr. n.º 4 do artigo 18.º;
ii) a utilização de meios de vigilância à distância no local de trabalho, cfr. n.º 4 do artigo 21.º;
iii) a elaboração de regulamentos internos da empresa, cfr. n.º 2 do artigo 99.º;
iv) a definição e organização dos horários de trabalho aplicáveis a todos, a parte dos trabalhadores da empresa, ou tão somente a um deles, cfr. n.º 3 do artigo 212.º;
v) a alteração dos horários de trabalho de todos, de parte dos trabalhadores da empresa, ou tão somente de um deles, cfr. n.os 2 e 3 do artigo 217.º,
vi) na relação nominal dos trabalhadores que prestaram trabalho suplementar no ano civil anterior, que o empregador deverá enviar ao serviço com competência inspectiva do ministério responsável pela área laboral, cfr. n.º 7 do artigo 231.º;
vii) na marcação de férias, quando não houve acordo entre o empregador e trabalhador, cfr. n.º 2 do artigo 241.º;
viii) na marcação de férias, quando não houve acordo entre o empregador e trabalhador, fora do período entre 1 de Maio e 31 de Outubro, cfr. n.º 3 do artigo 241.º;
ix) no encerramento por período superior a quinze dias fora do período entre 1 de Maio e 31 de Outubro, cfr. alínea b) do n.º 1 do artigo 242.º;
x) a preparação e aplicação das medidas de prevenção para a protecção da segurança e saúde dos trabalhadores, quando não tenham sido eleitos representantes dos trabalhadores para a segurança e saúde no trabalho, cfr. n.os 2 e 4 do artigo 282.º;
xi) o encerramento temporário por facto imputável ao empregador, cfr. n.º 4 do artigo 311.º;
xii) a aplicação da sanção de despedimento sem indemnização ou compensação a qualquer trabalhador, excepto quando o próprio trabalhador informe o empregador que o parecer é emitido por determinada associação sindical, e em caso de microempresa, quando o trabalhador não seja

membro da comissão de trabalhadores, cfr. n.os 5 e 6 do artigo 356.º e n.º 1 do artigo 358.º

Nas matérias sujeitas a consulta pela comissão de trabalhadores pode a lei estabelecer normas especiais – tais como o prazo para a comissão de trabalhadores se pronunciar – que derrogam o procedimento próprio de consulta regulado nos n.os 4 a 7 do artigo 427.º, tal como sucede no procedimento disciplinar com intenção de aplicar sanção de despedimento sem indemnização ou compensação, cfr. n.º 5 do artigo 356.º

SUBSECÇÃO III – Controlo de gestão da empresa

ARTIGO 426.º – Finalidade e conteúdo do controlo de gestão

1 – O controlo de gestão visa promover o empenhamento responsável dos trabalhadores na actividade da empresa.

2 – No exercício do controlo de gestão, a comissão de trabalhadores pode:

a) Apreciar e emitir parecer sobre o orçamento da empresa e suas alterações, bem como acompanhar a respectiva execução;

b) Promover a adequada utilização dos recursos técnicos, humanos e financeiros;

c) Promover, junto dos órgãos de gestão e dos trabalhadores, medidas que contribuam para a melhoria da actividade da empresa, designadamente nos domínios dos equipamentos e da simplificação administrativa;

d) Apresentar à empresa sugestões, recomendações ou críticas tendentes à qualificação inicial e à formação contínua dos trabalhadores, à melhoria das condições de trabalho nomeadamente da segurança e saúde no trabalho;

e) Defender junto dos órgãos de gestão e fiscalização da empresa e das autoridades competentes os legítimos interesses dos trabalhadores.

3 – O controlo de gestão não abrange:

a) O Banco de Portugal;

b) A Imprensa Nacional – Casa da Moeda, S. A.;

c) Estabelecimentos fabris militares e actividades de investigação militar ou outras com interesse para a defesa nacional;

d) Actividades que envolvam competências de órgãos de soberania, de assembleias regionais ou governos regionais.

4 – Constitui contra-ordenação grave o impedimento por parte do empregador ao exercício dos direitos previstos no n.º 2.

1. Este preceito não tinha correspondência no anterior Código do Trabalho, aprovado pela Lei n.º 99/2003, de 27 de Agosto. Corresponde aos artigos 359.º, 360.º e 361.º, todos da Lei n.º 35/2004, de 29 de Julho, que regulamentou o anterior Código do Trabalho.

2. O controlo de gestão é uma competência da comissão de trabalhadores, que a distingue juridicamente das demais estruturas de representação colectiva dos trabalhadores, cfr. n.º 1 deste artigo 426.º, alínea b) do n.º 1 do artigo 423.º e na alínea b) do n.º 5 do artigo 54.º da Constituição da República Portuguesa, preceito este que constitui um direito fundamental de pessoas colectivas, cfr. n.º 2 do artigo 12.º da Constituição da República Portuguesa, directamente aplicável, e que vincula as entidades públicas e privadas, cfr. n.º 1 do artigo 18.º da Constituição da República Portuguesa.

3. Do n.º 3 resulta expressamente quais as actividades ou entidades a que não se aplica o controlo de gestão. Assim, todas as actividades ou entidades não previstas no n.º 3 devem entender-se que estão abrangidas pelo dever de prestar as informações necessárias à comissão de trabalhadores, para que esta possa exercer o controlo de gestão, incluindo-se os serviços postal, de telecomunicações ou de meios de comunicação audiovisual, aos quais já se entendeu no passado, quando se tratasse de serviços públicos, não ser aplicável o controlo de gestão.

ARTIGO 427.º – Exercício do direito a informação e consulta

1 – A comissão de trabalhadores ou a subcomissão solicita por escrito, respectivamente, ao órgão de gestão da empresa ou do estabelecimento os elementos de informação respeitantes às matérias abrangidas pelo direito à informação.

2 – A informação é prestada por escrito, no prazo de oito dias, ou 15 dias se a sua complexidade o justificar.

3 – O disposto nos números anteriores não prejudica o direito de a comissão ou a subcomissão de trabalhadores receber informação em reunião a que se refere a alínea g) do n.º 1 ou a alínea d) do n.º 2 do artigo 423.º

4 – No caso de consulta, o empregador solicita por escrito o parecer da comissão de trabalhadores, que deve ser emitido no prazo de 10 dias a contar da recepção do pedido, ou em prazo superior que seja concedido atendendo à extensão ou complexidade da matéria.

5 – Caso a comissão de trabalhadores peça informação pertinente sobre a matéria da consulta, o prazo referido no número anterior conta-se a partir da prestação da informação, por escrito ou em reunião em que tal ocorra.

6 – A obrigação de consulta considera-se cumprida uma vez decorrido o prazo referido no n.º 4 sem que o parecer tenha sido emitido.

7 – Quando esteja em causa decisão por parte do empregador no exercício de poderes de direcção e organização decorrentes do contrato de trabalho, o procedimento de informação e consulta devem ser conduzidos por ambas as partes no sentido de alcançar, sempre que possível, o consenso.

8 – Constitui contra-ordenação grave a violação do disposto no n.º 2 ou na primeira parte do n.º 4.

1. Este preceito não tinha correspondência no anterior Código do Trabalho, aprovado pela Lei n.º 99/2003, de 27 de Agosto. Corresponde aos artigos 358.º e 357.º, ambos da Lei n.º 35/2004, de 29 de Julho, que regulamentou o anterior Código do Trabalho.

2. As matérias abrangidas pelo direito à informação da comissão de trabalhadores encontram-se genericamente estabelecidas no n.º 1 do artigo 423.º e no n.º 1 do artigo 424.º Não obstante, há muitos outros preceitos que impõem ao empregador o dever de informação. Sobre estas, *vide* anotações ao artigo 423.º

3. Este preceito vem regular o exercício do direito de consulta de que beneficiam as comissões de trabalhadores relativamente aos actos do empregador, previstos no artigo 425.º, bem como às demais matérias que outros preceitos deste Código do Trabalho – ou mesmo outras leis – imponham a consulta daquela estrutura, funcionando como o regime geral do exercício do direito de consulta, quando outra norma especial não determine um procedimento distinto do fixado neste artigo 427.º

Sobre as matérias sujeitas a consulta da comissão de trabalhadores, *vide* artigo 425.º e respectivas anotações.

4. Salvo quando a lei o imponha, o parecer que seja emitido, não é vinculativo para o empregador.

5. Nada obsta que a forma escrita, imposta pelos n.os 1, 2, 4 e 5, seja satisfeita através de documento electrónico, ou seja, por documento elaborado mediante processamento electrónico de dados. Por outras palavras, nada impede que a forma escrita seja adoptada através de uma declaração escrita enviada por correio electrónico (e-mail) para um endereço electrónico. Sobre a validade, eficácia e valor probatório dos documentos electrónicos remete-se para a anotação 4. ao artigo 107.º

6. Os n.os 1, 2, 4, 5, 6 e 7 deste artigo 427.º são aplicáveis à informação e consulta de delegados sindicais, por força do n.º 2 do artigo 466.º

ARTIGO 428.º – Representantes dos trabalhadores em órgãos de entidade pública empresarial

1 – A comissão de trabalhadores de entidade pública empresarial promove a eleição de representantes dos trabalhadores para os órgãos sociais da mesma, aplicando-se o disposto neste Código em matéria de caderno eleitoral, secções de voto, votação e apuramento de resultados.

2 – A comissão de trabalhadores deve comunicar ao ministério responsável pelo sector de actividade da entidade pública empresarial o resultado da eleição a que se refere o número anterior.

3 – O órgão social em causa e o número de representantes dos trabalhadores são regulados nos estatutos da entidade pública empresarial.

1. Este preceito não tinha correspondência no anterior Código do Trabalho, aprovado pela Lei n.º 99/2003, de 27 de Agosto. Corresponde ao artigo 362.º da Lei n.º 35/2004, de 29 de Julho, que regulamentou o anterior Código do Trabalho.

2. As empresas do sector empresarial do Estado encontram-se reguladas no Decreto-Lei n.º 558/99, de 17 de Dezembro, alterado pelo Decreto-Lei n.º 300/2007, de 23 de Agosto, pela Lei n.º 64-A/2008, de 31 de Dezembro, e pela Lei n.º 55-A/2010, de 31 de Dezembro.

3. Nos termos do n.º 1 aplica-se à comissão de trabalhadores de entidade pública o disposto nos artigos 431.º, 432.º e 433.º

SUBSECÇÃO IV – Participação em processo de reestruturação da empresa

ARTIGO 429.º – Exercício do direito de participação nos processos de reestruturação

1 – O direito de participar em processos de reestruturação da empresa é exercido pela comissão de trabalhadores, ou pela comissão coordenadora em caso de reestruturação da maioria das empresas cujas comissões esta coordena.

2 – No âmbito da participação na reestruturação da empresa, a comissão de trabalhadores ou a comissão coordenadora tem direito a:

a) Informação e consulta prévias sobre as formulações dos planos ou projectos de reestruturação;

b) Informação sobre a formulação final dos instrumentos de reestruturação e de se pronunciarem antes de estes serem aprovados;

c) Reunir com os órgãos encarregados de trabalhos preparatórios de reestruturação;

d) Apresentar sugestões, reclamações ou críticas aos órgãos competentes da empresa.

3 – Constitui contra-ordenação grave o impedimento por parte do empregador ao exercício dos direitos previstos no número anterior.

1. Este preceito não tinha correspondência no anterior Código do Trabalho, aprovado pela Lei n.º 99/2003, de 27 de Agosto. Corresponde aos artigos 363.º e 364.º, ambos da Lei n.º 35/2004, de 29 de Julho, que regulamentou o anterior Código do Trabalho.

2. O direito da comissão de trabalhadores ser consultada previamente, estabelecido na alínea a) do n.º 2, resultava já da alínea c) do artigo 425.º, dado que um processo de reestruturação da empresa implica, em regra, uma mudança substancial na organização do trabalho, concretizando o n.º 2 deste artigo 429.º o modo como pode participar uma daquelas estruturas de representação colectiva dos trabalhadores no processo de reestruturação. E resulta igualmente este direito de participar em processo de reestruturação de empresa, da alínea c) do n.º 1 do artigo 423.º, direito este até com tutela constitucional na alínea c) do n.º 5 do artigo 54.º da Constituição da República Portuguesa, e relativamente à comissão coordenadora, no n.º 3 do mesmo artigo 54.º da Constituição da República Portuguesa. Esta alínea c) do n.º 5, e o n.º 3, ambos do artigo 54.º da Lei Fundamental, constituem mesmo direitos fundamentais de pessoas colectivas, cfr. n.º 2 do artigo 12.º da Constituição da República Portuguesa, directamente aplicáveis, e que vinculam as entidades públicas e privadas, cfr. n.º 1 do artigo 18.º da Constituição da República Portuguesa.

SUBSECÇÃO V – Constituição, estatutos e eleição

ARTIGO 430.º – Constituição e aprovação dos estatutos de comissão de trabalhadores

1 – A constituição e a aprovação dos estatutos de comissão de trabalhadores são deliberadas em simultâneo pelos trabalhadores da empresa, com votos distintos, dependendo a validade da constituição da validade da aprovação dos estatutos.

2 – A deliberação de constituir a comissão de trabalhadores deve ser tomada por maioria simples dos votantes, sendo suficiente para a aprovação dos estatutos a deliberação por maioria relativa.

3 – A votação é convocada com a antecedência mínima de 15 dias por, pelo menos, 100 ou 20% dos trabalhadores da empresa, com ampla publicidade e menção expressa de data, hora, local e ordem de trabalhos, devendo ser remetida simultaneamente cópia da convocatória ao empregador.

4 – O regulamento da votação deve ser elaborado pelos trabalhadores que a convocam e publicitado simultaneamente com a convocatória.

5 – Os projectos de estatutos submetidos a votação são propostos por, no mínimo, 100 ou 20% dos trabalhadores da empresa, devendo ser nesta publicitados com a antecedência mínima de 10 dias.

6 – O disposto nos números anteriores é aplicável a alteração de estatutos, com as necessárias adaptações.

1. Este preceito não tinha correspondência no anterior Código do Trabalho, aprovado pela Lei n.º 99/2003, de 27 de Agosto. Corresponde aos artigos 328.º, 331.º, 334.º, 337.º e 339.º, todos da Lei n.º 35/2004, de 29 de Julho, que regulamentou o anterior Código do Trabalho.

2. Note-se que a Lei n.º 7/2009, de 12 de Fevereiro, contém normas de aplicação transitória, ou seja, esta Lei fixou a solução para alguns casos que se encontram na fronteira entre a lei anterior, a Lei n.º 99/2003, de 27 de Agosto, e o Código do Trabalho de 2009, resolvendo alguns problemas específicos. Entre estes está a validade dos estatutos de associações sindicais, associações de empregadores, comissões de trabalhadores e comissões coordenadoras, que à data da entrada em vigor da Lei n.º 7/2009 (17 de Fevereiro de 2009, cfr. artigo 14.º da própria Lei n.º 7/2009), não estejam em conformidade com o regime do Código do Trabalho. Neste sentido, o artigo 8.º da Lei n.º 7/2009 estabeleceu um prazo transitório para que os estatutos da comissão coordenadora, que afrontem normas imperativas sejam alterados. Ver artigo 8.º da Lei n.º 7/2009, de 12 de Fevereiro, e respectivas anotações.

3. A deliberação da constituição e a aprovação dos estatutos da comissão de trabalhadores pelos próprios trabalhadores, fixada no n.º 1, resultava já do n.º 2 do artigo 54.º da Constituição da República Portuguesa.

4. Quando esteja em causa a constituição de uma comissão de trabalhadores, estabelece o n.º 1 que esta constituição depende da validade de aprovação dos estatutos, mais determinando que a constituição e a aprovação dos estatutos de comissão de trabalhadores são deliberadas em simultâneo pelos trabalhadores da empresa, mas com votos distintos. Além destes dois votos, quando se pretenda constituir uma comissão de trabalhadores, há ainda a necessidade de um terceiro voto, este último para a eleição dos membros da comissão de trabalhadores, cfr. n.os 1 e 4 do artigo 433.º Quando se pretenda então constituir uma comissão de trabalhadores, deve haver três boletins de voto distintos a depositar em três urnas distintas, cfr. n.º 5 do artigo 431.º Relativamente ao conteúdo de cada um dos três boletins de voto, e em termos práticos, pode o boletim de voto relativo à constituição ter o seguinte teor: "Concorda com a constituição da comissão de trabalhadores?", enquanto que no boletim de voto relativo à aprovação dos estatutos pode perguntar-se "Concorda com o projecto de estatutos?", sendo que quando existir mais do que um projecto de estatutos, deve o boletim de voto em detrimento de questionar, identificar cada um dos projectos, o que é feito em regra por letras ou números, para que o trabalhador, querendo, possa escolher um deles. Já o conteúdo do voto para a eleição dos membros da comissão de trabalhadores pode ter a identificação por letras ou números da lista, ou listas candidatas, salvo outra regulação no regulamento da votação ou regulamento eleitoral.

5. Quando a votação pretenda somente proceder à eleição dos membros da comissão de trabalhadores, porque a comissão de trabalhadores já foi constituída em momento anterior é aplicável a essa eleição o disposto no artigo 433.º, nos estatutos da comissão de trabalhadores cfr. alínea b) do n.º 1 do artigo 434.º e no regulamento eleitoral ou regulamento da votação, cfr. n.º 4 deste artigo 430.º, aplicável por força do n.º 4 do artigo 433.º

6. Os "estatutos de comissão de trabalhadores" sujeitos a aprovação designam-se projectos de estatutos enquanto não forem aprovados. Neste sentido veja-se o n.º 5 deste artigo 430.º, o n.º 4 do artigo 431.º e n.º 5 do artigo 432.º Note-se que os estatutos devem obrigatoriamente regular o conjunto de matérias definido no artigo 434.º, pelo que o projecto de estatutos que seja submetido a votação terá de reflectir entre o seu conteúdo, o disposto no artigo 434.º, porquanto depois de aprovado o projecto, através de votação, este passa a constituir os estatutos da comissão de trabalhadores, não podendo ser alterados, a não ser que essa alteração obedeça ao procedimento formal estatuído neste artigo 430.º, por força do disposto no n.º 6 deste mesmo artigo. Por maioria de razão, ao procedimento de alteração estatutária são ainda aplicáveis os artigos 431.º e 432.º – pois enquanto o primeiro regula aspectos da votação, o segundo permite dar cumprimento ao n.º 1 do artigo 438.º que para efeitos de registo exige cópias certificadas de documentos regulados naquele artigo 432.º

7. De acordo com o n.º 2, a deliberação de constituir a comissão de trabalhadores deve ser tomada por maioria simples dos votantes, ou seja metade da totalidade dos votos expressos, acrescida de mais um. Exemplificando: existindo 30 votantes, terão de existir 16 votos favoráveis à comissão para que a comissão se possa validamente constituir.

Já a deliberação de aprovação dos estatutos carece de pelo menos uma maioria relativa dos votantes, ou seja, a maior votação obtida, ainda que não atinja a metade dos votos. Exemplificando: existindo 30 votantes, bastará um voto favorável à aprovação dos estatutos a mais, para que estes sejam aprovados.

8. A ampla publicidade a que se refere o n.º 3 é um conceito indeterminado. Em lado nenhum o legislador referiu o que entende por ampla publicidade. A ampla publicidade visa dar conhecimento da realização da votação ao colégio eleitoral, pelo que o meio que deve ser escolhido para a divulgar deve permitir que todos os trabalhadores tenham conhecimento da sua realização. Não se exige que todos tenham conhecimento, mas antes que possam ter conhecimento. Nestes termos, a ampla publicidade pode ser obtida pela afixação, na empresa, da convocatória. Também nada veda que a divulgação da convocatória seja satisfeita através de documento electrónico, ou seja, por documento elaborado mediante processamento electrónico de dados, enviado por correio electrónico (e-mail) para os endereços electrónicos dos trabalhadores da empresa, nada obstando igualmente que a convocatória esteja disponível na intranet da empresa (rede interna de partilha de ficheiros e gestão de conhecimento da empresa), ou mesmo no website (sitio na Internet) da empresa. Ponto assente é que a convocatória refira expressamente a data, hora, local e ordem de trabalhos.

9. O envio de cópia da convocatória ao empregador destina-se a que este entregue aos trabalhadores, que convocaram a assembleia que irá deliberar, em simultâneo, a constituição da comissão de trabalhadores e a aprovação dos estatutos da comissão de trabalhadores, e a eleição dos membros da comissão de trabalhadores, ou tão somente esta última (quando a comissão de trabalhadores já tenha sido constituída em momento anterior, cfr. n.º 4 do artigo 433.º), o caderno eleitoral. O caderno eleitoral tem de ser entregue pelo empregador aos trabalhadores no prazo de 48 horas após a recepção da cópia da convocatória, cfr. n.º 2 do artigo 431.º

10. O regulamento da votação referido no n.º 4 é o documento onde se disciplinam os termos em que é realizado o acto eleitoral, sendo também designado por regulamento eleitoral. O acto eleitoral é presidido por uma entidade, a comissão eleitoral, cfr. alínea a) do n.º 1 do artigo 434.º Atendendo a esta competência específica da comissão eleitoral, quando esteja em causa a constituição e aprovação dos estatutos de uma comissão de trabalhadores, é no regulamento da votação que se deve regular a comissão eleitoral, sendo que, quando se trate de mera eleição dos membros da comissão de trabalhadores (porque a comissão de trabalhadores já foi constituída em momento anterior), a comissão eleitoral rege-se nos termos dos estatutos, os quais devem prever a composição, eleição, duração do mandato e regras de funcionamento da comissão eleitoral, cfr. alínea a) do n.º 1 do artigo 434.º Para mais desenvolvimentos relativos à comissão eleitoral ver artigo 432.º e respectivas anotações.

O n.º 4 deste artigo 430.º não exige que o regulamento de votação seja enviado ao empregador, mas apenas que seja publicitado no mesmo momento em que é divulgada a convocatória.

11. O regulamento da votação pode dispor relativamente ao voto por procuração ou por intermédio de representante, ao voto do trabalhador que se faça acompanhar de outro trabalhador, ao voto antecipado por correspondência, e ao voto através de meios de comunicação à distância. Sobre estes, ver anotação ao artigo 433.º

12. De acordo com o n.º 6, para a aprovação da alteração dos estatutos é suficiente a deliberação por maioria relativa, cfr. n.º 2. Atendendo à redacção deste preceito, parece tratar-se de uma norma imperativa, razão pela qual não poderão os estatutos exigir uma maioria agravada, de por exemplo dois terços.

ARTIGO 431.º - Votação da constituição e aprovação dos estatutos de comissão de trabalhadores

1 – A identidade dos trabalhadores da empresa à data da convocação da votação deve constar de caderno eleitoral constituído por lista elaborada pelo empregador, discriminada, sendo caso disso, por estabelecimento.

2 – O empregador entrega o caderno eleitoral aos trabalhadores que convocaram a assembleia, no prazo de 48 horas após a recepção de cópia da convocatória, procedendo estes à sua imediata afixação nas instalações da empresa.

3 – A votação decorre de acordo com as seguintes regras:

a) Em cada estabelecimento com um mínimo de 10 trabalhadores deve haver, pelo menos, uma secção de voto;

b) Cada secção de voto não pode ter mais de 500 votantes;

c) A mesa da secção de voto dirige a respectiva votação e é composta por um presidente e dois vogais que são, para esse efeito, dispensados da respectiva prestação de trabalho.

4 – Cada grupo de trabalhadores proponente de um projecto de estatutos pode designar um representante em cada mesa, para acompanhar a votação.

5 – As urnas de voto são colocadas nos locais de trabalho, de modo a permitir que todos os trabalhadores possam votar, sem prejudicar o normal funcionamento da empresa ou estabelecimento.

6 – A votação inicia-se, pelo menos, 30 minutos antes do começo e termina, pelo menos, 60 minutos depois do termo do período de funcionamento da empresa ou estabelecimento, podendo os trabalhadores dispor do tempo indispensável para votar durante o respectivo horário de trabalho.

7 – A votação deve, na medida do possível, decorrer simultaneamente em todas as secções de voto.

8 – Constitui contra-ordenação muito grave a violação do disposto nos n.os 1 ou 2, na alínea a) do n.º 3, no n.º 5 ou na primeira parte do n.º 6, e constitui contra-ordenação grave a violação do disposto na parte final da alínea c) do n.º 3 ou na parte final do n.º 6.

1. Este preceito não tinha correspondência no anterior Código do Trabalho, aprovado pela Lei n.º 99/2003, de 27 de Agosto. Corresponde aos artigos 332.º, 333.º e 334.º, todos da Lei n.º 35/2004, de 29 de Julho, que regulamentou o anterior Código do Trabalho.

2. Estabelece o n.º 3 do artigo 415.º que qualquer trabalhador da empresa, independentemente da idade ou função, tem o direito de participar na constituição da comissão de trabalhadores e na aprovação dos respectivos estatutos, bem como o direito de eleger e ser eleito. *Vide* a este respeito a anotação àquele preceito.

3. Da redacção do n.º 2 resulta que logo que seja recebido do empregador o caderno eleitoral, constituído por lista dos trabalhadores da empresa, pelos trabalhadores que convocaram a assembleia, estes mesmos trabalhadores têm de proceder à imediata afixação desse caderno eleitoral nas instalações da empresa.

4. Atendendo à redacção dos n.os 1 e 2, impõe-se saber o que sucede quando o empregador não entregue o caderno eleitoral, constituído por lista dos trabalhadores, no prazo de 48 horas após a recepção da convocatória. É que, sem caderno eleitoral inviabiliza-se a votação, dado que o n.º 3 do artigo 432.º obriga a que a identidade dos votantes seja registada em documento próprio, com termos de abertura e encerramento (ou seja, este documento próprio é o caderno eleitoral), e os n.os 1 e 2 do artigo 438.º exigem, entre os documentos necessários para o registo da constituição da comissão de trabalhadores, para o registo dos estatutos ou das alterações a este, e para o registo da eleição dos membros da comissão de trabalhadores e das subcomissões de trabalhadores, que se encontrem cópias certificadas dos documentos de registo dos votantes. Também o n.º 3 do artigo 438.º exige o registo dos votantes, ou seja, o caderno eleitoral, entre os documentos necessários para proceder ao registo da constituição da comissão coordenadora, ao registo da aprovação dos estatutos ou das suas alterações, e para o registo da eleição dos membros da comissão coordenadora. Não entregando o empregador o caderno eleitoral, incorre na prática de uma contra-ordenação muito grave, de acordo com o estabelecido no n.º 8. Não obstante, e atendendo aos valores em causa, na hipótese do empregador, depois de ter recebido cópia da convocatória, não entregar o caderno eleitoral, aos trabalhadores que convocaram a assembleia, incumbe a estes recorrerem ao tribunal, nos termos gerais, podendo desde logo socorrerem-se de uma providência cautelar não especificada. Além deste direito, cremos que aos trabalhadores que convocaram a assembleia deve ainda ser permitido, sem necessidade de recorrerem ao tribunal, avançarem com o processo de constituição da comissão de trabalhadores e de aprovação dos estatutos, ou tão somente de alteração dos estatutos. Em abono deste entendimento, em nenhum lado se estabelece que as comissões de trabalhadores estão dependentes funcionalmente ou organicamente do empregador, pelo contrário, as comissões de trabalhadores gozam de autonomia e independência, cfr. n.º 2 do artigo 405.º, sendo que a sua criação é um direito dos trabalhadores, assegurado constitucionalmente no n.º 1 do artigo 54.º da Constituição da República Portuguesa. Pelo que, se a constituição de uma comissão de trabalhadores ficar dependente do empregador, como a não entrega do caderno eleitoral, por inércia ou decisão deliberada do próprio empregador, subverte-se o espírito que subjaz à admissibilidade desta estrutura de representação colectiva dos trabalhadores. Aliás, o recurso a tribunal, em algumas situações, pode mesmo inviabilizar todo um conjunto de exercício de direitos dos trabalhadores, exercício esse, que caso fosse criada a comissão de trabalhadores se asseguraria; pense-se por exemplo que previamente à comunicação por parte dos trabalhadores de constituir uma comissão de trabalhadores, já era intenção do empregador comunicar um despedimento colectivo, artigo 359.º e segs., recorrer ao redução temporária dos períodos normais de trabalho ou suspensão dos contratos de trabalho (*lay-off*), artigo 294.º e segs., etc..

5. A alínea c) do n.º 3 estabelece expressamente que o presidente e os dois vogais que compõem a mesa da secção de voto estão dispensados da prestação de trabalho. Atendendo a que se trata de uma ausência do local da prestação de trabalho que é previsível, devem comunicar a ausência ao empregador, com uma antecedência mínima de cinco dias, devendo nessa comunicação indicar o motivo justificativo, cfr. n.º 1 do artigo 253.º A comunicação deve ser dirigida ao órgão de gestão do empregador, a não ser que exista uma norma interna ou regulamento interno que prescrevam que as comunicações de falta sejam dirigidas a outro órgão ou departamento (Departamento de Recursos Humanos, por exemplo).

6. A lei não estabelece expressamente que o candidato a membro da comissão de trabalhadores se encontra impedido de ser um dos elementos da mesa de voto, desempenhando o cargo de presidente ou de vogal. Contudo, o n.º 4 deste artigo 431.º, ao estabelecer que "Cada grupo de trabalhadores proponente de um projecto de estatutos pode designar um representante em cada mesa, para acompanhar a votação", aponta no sentido dos candidatos não poderem fazer parte das mesas de voto, à semelhança do que sucede relativamente aos membros dos órgãos executivos das autarquias locais, que, por incompatibilidade, não podem ser designados membros da mesa de assembleia de voto, cfr. artigo 76.º da Lei Eleitoral dos Órgãos das Autarquias Locais, aprovada pela Lei Orgânica n.º 1/2001, de 14 de Agosto, com as alterações introduzidas pelas Leis Orgânicas n.os 5-A/2001, de 26 de Novembro e 3/2005, de 29 Agosto.

ARTIGO 432.º - Procedimento para apuramento do resultado

1 – A abertura das urnas de voto para o respectivo apuramento deve ser simultânea em todas as secções de voto, ainda que a votação tenha decorrido em horários diferentes.

2 – Os membros da mesa de voto registam o modo como decorreu a votação em acta que, depois de lida e aprovada, rubricam e assinam a final.

3 – A identidade dos votantes deve ser registada em documento próprio, com termos de abertura e encerramento, assinado e rubricado pelos membros da mesa, o qual constitui parte integrante da acta.

4 – O apuramento global das votações da constituição da comissão de trabalhadores e da aprovação dos estatutos é feito pela comissão eleitoral, que lavra a respectiva acta, nos termos do n.º 2.

5 – A comissão eleitoral referida no número anterior é constituída por um representante dos proponentes de projectos de estatutos e igual número de representantes dos trabalhadores que convocaram a assembleia constituinte.

6 – A comissão eleitoral, no prazo de 15 dias a contar da data do apuramento, comunica o resultado da votação ao empregador e afixa-o, bem como cópia da respectiva acta no local ou locais em que a votação teve lugar.

7 – Constitui contra-ordenação grave a oposição do empregador à afixação do resultado da votação, nos termos do número anterior.

1. Este preceito não tinha correspondência no anterior Código do Trabalho, aprovado pela Lei n.º 99/2003, de 27 de Agosto. Corresponde aos artigos 335.º, 336.º e 338.º, todos da Lei n.º 35/2004, de 29 de Julho, que regulamentou o anterior Código do Trabalho.

2. Este artigo 432.º é a primeira norma que prevê a existência de uma comissão eleitoral, cfr. n.os 4, 5 e 6. A comissão eleitoral é a entidade que preside ao acto eleitoral, cfr. alínea a) do n.º 1 do artigo 434.º A comissão eleitoral é constituída por um representante dos proponentes de projectos de estatutos, e por um representante dos trabalhadores que convocaram a assembleia constituinte, quando em causa esteja a constituição e aprovação dos estatutos de uma comissão de trabalhadores, cfr. n.º 5. Quando se trate de mera eleição dos membros da comissão de trabalhadores (porque a comissão de trabalhadores já foi constituída em momento anterior), a comissão eleitoral é eleita nos termos dos estatutos, sendo que se os estatutos não tiverem previsto a existência e respectiva regulamentação da comissão eleitoral, é aplicável a norma supletiva prevista no n.º 5 do artigo 433.º A comissão eleitoral tem um importante papel relativamente à Comissão de Trabalhadores. Dirigindo o acto eleitoral, a comissão eleitoral pratica os actos que se mostrem necessários à sua realização, como a recepção das listas concorrentes e verificação da sua licitude (n.º 3 do artigo 433.º), a organização das secções de voto, designação dos membros da mesa de voto (n.º 3 do artigo 431.º), colocação das urnas nos locais de trabalho (n.º 4 do artigo 431.º), apuramento global das votações com elaboração da respectiva acta (n.º 4 deste artigo 432.º), e publicita o resultado da votação por comunicação ao empregador e por afixação daquele, com cópia da acta nos locais onde decorreu a votação (n.º 6 deste 432.º). É também da comissão eleitoral a competência para requerer o registo da constituição da comissão de trabalhadores e dos estatutos, ou das suas alterações, e da eleição dos membros da comissão de trabalhadores e das subcomissões de trabalhadores, ao serviço competente do ministério responsável pela área laboral, quando em causa esteja a constituição e aprovação dos estatutos de uma comissão de trabalhadores. Quando se trate de mera eleição dos membros da comissão de trabalhadores e das subcomissões (porque a comissão e as subcomissões de trabalhadores já foram constituídas em momento anterior), a comissão eleitoral mantém a competência para requerer o respectivo registo da eleição dos membros da comissão de trabalhadores e das subcomissões de trabalhadores.

3. Da redacção do n.º 2 e do n.º 4 *in fine*, resulta que são elaboradas obrigatoriamente duas actas: *i)* uma acta onde é registado o modo como decorreu a votação, que tem de ser lida e posteriormente aprovada pelos membros da mesa de voto, que a rubricam e assinam, devendo esta acta ser aprovada por unanimidade dos membros da mesa; e *ii)* uma segunda acta onde são registados o apuramento global das votações da constituição da comissão de trabalhadores e da aprovação dos estatutos, acta esta que tem de ser lida e posteriormente aprovada pelos membros da comissão eleitoral, que a rubricam e assinam, devendo esta acta ser aprovada por unanimidade.

4. O n.º 3, ao estabelecer que a identidade dos votantes deve ser registada em documento próprio, refere-se ao caderno eleitoral, cfr. n.ºs 1 e 2 do artigo 431.º Se por lapso o nome de trabalhador que deveria constar no caderno eleitoral, aí não estiver, devem os membros da mesa de voto fazer constar tal facto na acta da mesa de voto, acrescentar o nome do trabalhador ao caderno eleitoral, e permitir que o trabalhador exerça o seu direito de voto.

ARTIGO 433.º – Regras gerais da eleição de comissão e subcomissões de trabalhadores

1 – Os membros da comissão e das subcomissões de trabalhadores são eleitos, de entre as listas apresentadas pelos trabalhadores da empresa ou estabelecimento, por voto directo e secreto, segundo o princípio de representação proporcional.

2 – A eleição é convocada com a antecedência de 15 dias, ou prazo superior estabelecido nos estatutos, pela comissão eleitoral constituída nos termos dos estatutos ou, na sua falta, por, no mínimo, 100 ou 20% dos trabalhadores da empresa, com ampla publicidade e menção expressa de data, hora, local e ordem de trabalhos, devendo ser remetida simultaneamente cópia da convocatória ao empregador.

3 – Só podem concorrer listas subscritas por, no mínimo, 100 ou 20% dos trabalhadores da empresa ou, no caso de listas de subcomissões de trabalhadores, 10% dos trabalhadores do estabelecimento, não podendo qualquer trabalhador subscrever ou fazer parte de mais de uma lista concorrente à mesma estrutura.

4 – A eleição dos membros da comissão e das subcomissões de trabalhadores decorre em simultâneo, sendo aplicável o disposto nos artigos 431.º e 432.º, com as necessárias adaptações.

5 – Na falta da comissão eleitoral eleita nos termos dos estatutos, a mesma é constituída por um representante de cada uma das listas concorrentes e igual número de representantes dos trabalhadores que convocaram a eleição.

1. Este preceito não tinha correspondência no anterior Código do Trabalho, aprovado pela Lei n.º 99/2003, de 27 de Agosto. Corresponde aos artigos 340.º, 341 e 342.º, todos da Lei n.º 35/2004, de 29 de Julho, que regulamentou o anterior Código do Trabalho.

2. O número de membros da comissão de trabalhadores varia consoante o número de trabalhadores da empresa, e encontra-se regulado no n.º 1 do artigo 417.º

3. Voto directo é aquele pelo qual os eleitores escolhem directamente os titulares dos órgãos e não apenas os membros intermediários de um colégio eleitoral. É indirecto o voto em que se elegem representantes, que posteriormente elegem outro órgão.

4. A eleição dos membros das comissões de trabalhadores por voto directo e secreto tem consagração constitucional, cfr. n.º 2 do artigo 54.º da Constituição da República Portuguesa.

5. Quando a votação pretenda somente proceder à eleição dos membros da comissão de trabalhadores, (porque a comissão de trabalhadores já foi constituída em momento anterior) é aplicável a essa eleição o disposto neste artigo, nos estatutos da comissão de trabalhadores cfr. alínea b) do n.º 1 do artigo 434.º, e no regulamento eleitoral ou regulamento da votação, cfr. n.º 4 do artigo 430.º, aplicável por força do n.º 4 deste artigo 433.º

6. Não estabelece o n.º 1 do artigo 433.º que o voto é pessoal, pelo que o exercício do sufrágio é susceptível de ser exercido por intermédio de representante. Assim, o voto por procuração ou por intermédio de representante não é proibido. Tal como não é proibido que o trabalhador se faça acompanhar de outro trabalhador, que garanta a fidelidade de expressão do seu voto, e desde que o acompanhante fique obrigado a sigilo, o que pode suceder relativamente a trabalhador com deficiência. E também não refere este preceito que o voto tem de ser presencial, pelo que os estatutos podem prever o voto antecipado por correspondência, e ainda o voto através de meios de comunicação à distância. Pretendendo-se que algum, ou alguns destes modos de exercício do voto sejam admitidos, devem os estatutos prevê-los. Caso os estatutos nada digam, e do regulamento eleitoral ou regulamento da votação não resulte, directa ou indirectamente, a sua exclusão, deve admitir-se o exercício do voto através de representação, o que designamos de voto por procuração ou por intermédio de representante, desde que o representante tenha sido habilitado para esse efeito, através de documento que comprove essa sua qualidade, documento esse que na terminologia jurídica dá pelo nome de instrumento de representação voluntária (vulgarmente designada por procuração), e desde que essa seja a vontade do próprio trabalhador representado, cfr. artigo 262.º e segs. do Código Civil.

Em matéria eleitoral, a comissão de trabalhadores não tem as limitações impostas pela Constituição e pela lei relativamente à eleição do Presidente da República, da Assembleia da República, das Assembleias Legislativas Regionais, dos órgãos das Autarquias Locais e do Parlamento Europeu. Apesar da própria Constituição, no n.º 1 do artigo 54.º, estabelecer que as comissões de trabalhadores visam a promoção dos interesses dos trabalhadores e a intervenção democrática na vida da empresa, o sufrágio das próprias comissões não se encontra sujeito ao direito eleitoral dos representantes políticos. Relativamente àqueles, há princípios gerais de direito eleitoral com dignidade constitucional como o princípio da pessoalidade e o da presencialidade do voto, cfr. n.º 2 do artigo 49.º e n.º 3 do artigo 121.º, ambos da Constituição da República Portuguesa, que proíbem, por exemplo, de forma clara o voto por procuração ou por intermédio de representante. No Código do Trabalho vigora, relativamente ao exercício do direito de voto directo e secreto, a autonomia privada, podendo os trabalhadores regular no demais que a esse exercício respeita, o que entenderem por conveniente à defesa dos seus interesses. Aliás, a consagração de diferentes modos de exercícios do voto pode até aproximar os trabalhadores dos seus representantes, podendo ser uma forma de impulsionar a participação no processo eleitoral do maior número de trabalhadores possíveis.

7. Uma vez eleita a comissão de trabalhadores, representa todos os trabalhadores da empresa.

8. Relativamente às subcomissões de trabalhadores, estas podem ser previstas nos estatutos da comissão de trabalhadores, desde que estas se justifiquem pela existência de mais do que um estabelecimento do empregador disperso, ou dispersos, geograficamente, cfr. n.º 2 do artigo 415.º e n.º 3 do artigo 434.º, regendo este artigo 433.º quanto à eleição dos seus membros, mandando aplicar, por força do n.º 4, os artigos 431.º e 432.º na medida em que sejam conciliáveis com a natureza da subcomissão. Previstas nos estatutos da comissão de trabalhadores, as subcomissões encontram-se, obviamente, sujeitas àqueles, não carecendo de estatutos próprios. Já em matéria de duração do mandato dos membros da comissão de trabalhadores rege o artigo 418.º, que prevê que a sua duração máxima não pode exceder os quatro anos, permitindo-se contudo os mandatos sucessivos. Quanto às competências das subcomissões de trabalhadores, estas encontram-se definidas no n.º 2 do artigo 423.º

A lei não proíbe que a duração do mandato dos membros das subcomissões de trabalhadores não coincida com a duração do mandato dos membros da comissão de trabalhadores. Contudo trata-se de uma solução que parece não ter apoio na lei. Neste sentido, o n.º 4 deste artigo 433.º estabelece que a eleição dos membros da comissão de trabalhadores e da subcomissão de trabalhadores, ou das subcomissões, se for mais do que uma, decorre em simultâneo. Compreende-se que assim seja: a subcomissão de trabalhadores e a própria comissão de trabalhadores devem ter a mesma política, partilhando a mesma visão estratégica para a defesa dos interesses dos trabalhadores, sendo politicamente solidários entre si, nessa visão. Trata-se, quanto a nós, de algo que só se conseguirá obter em termos cabais se a lista para a comissão de trabalhadores e para a subcomissão de trabalhadores partilhar o mesmo programa. Ainda assim, pode suceder que havendo várias listas concorrentes para a eleição dos membros da comissão de trabalhadores e para a eleição dos membros da subcomissão de trabalhadores na primeira ganhe a lista A, lista essa que num outro estabelecimento não conseguiu reunir os votos necessários para eleger os membros da subcomissão de trabalhadores, tendo-o conseguido a lista B. O legislador atribuiu nesta matéria maior relevância ao princípio da especialidade, nos termos do qual estarão mais aptos a representar os interesses dos trabalhadores aqueles que estão mais perto dos problemas dos representados. Independentemente disso, certo é que à comissão de trabalhadores cabe as orientações gerais em matéria de defesa dos interesses dos trabalhadores, e de intervenção na empresa, às quais a subcomissão de trabalhadores se acha submetida juridicamente, cfr. n.º 2 do artigo 423.º: "Compete à subcomissão de trabalhadores, de acordo com orientação geral estabelecida pela comissão (...)".

ARTIGO 434.º – Conteúdo dos estatutos da comissão de trabalhadores

1 – Os estatutos da comissão de trabalhadores devem prever:

a) A composição, eleição, duração do mandato e regras de funcionamento da comissão eleitoral que preside ao acto eleitoral, da qual tem o direito de fazer parte um delegado designado por cada lista concorrente, e que deve assegurar a igualdade de oportunidades e imparcialidade no tratamento das listas;

b) O número, duração do mandato e regras da eleição dos membros da comissão de trabalhadores e o modo de preenchimento das vagas;

c) O funcionamento da comissão;

d) A forma de vinculação, a qual deve exigir a assinatura da maioria dos seus membros, com um mínimo de duas assinaturas;

e) O modo de financiamento das actividades da comissão, o qual não pode, em caso algum, ser assegurado por uma entidade alheia ao conjunto dos trabalhadores da empresa;

f) A articulação da comissão, se for o caso, com subcomissões de trabalhadores ou comissão coordenadora;

g) O destino do respectivo património em caso de extinção da comissão, o qual não pode ser distribuído pelos trabalhadores da empresa.

2 – O mandato dos membros da comissão não pode ter duração superior a quatro anos, sendo permitida a reeleição para mandatos sucessivos, salvo disposição estatutária em contrário.

3 – Os estatutos podem prever a existência de subcomissões de trabalhadores em estabelecimentos geograficamente dispersos.

1. Este preceito não tinha correspondência no anterior Código do Trabalho, aprovado pela Lei n.º 99/2003, de 27 de Agosto. Corresponde aos artigos 329.º e 343.º, todos da Lei n.º 35/2004, de 29 de Julho, que regulamentou o anterior Código do Trabalho.

2. Note-se que a Lei n.º 7/2009, de 12 de Fevereiro, contém normas de aplicação transitória, ou seja, esta Lei fixou a solução para alguns casos que se encontram na fronteira entre a lei anterior, a Lei n.º 99/2003, de 27 de Agosto, e o Código do Trabalho de 2009, resolvendo alguns problemas específicos. Entre estes está a validade dos estatutos de associações sindicais, associações de empregadores, comissões de trabalhadores e comissões coordenadoras, que à data da entrada em vigor da Lei n.º 7/2009 (17 de Fevereiro de 2009, cfr. artigo 14.º da própria Lei n.º 7/2009), não estejam em conformidade com o regime do Código do Trabalho. Neste sentido, o artigo 8.º da Lei n.º 7/2009 estabeleceu um prazo transitório para que os estatutos da comissão de trabalhadores, que afrontem normas imperativas, sejam alterados. Ver artigo 8.º da Lei n.º 7/2009, de 12 de Fevereiro, e respectivas anotações.

3. Os "estatutos de comissão de trabalhadores" que ainda não foram sujeitos a aprovação designam-se projectos de estatutos enquanto não forem aprovados. Neste sentido veja-se o n.º 5 do artigo 430.º, o n.º 4 do artigo 431.º e n.º 5 do artigo 432.º Note-se que os estatutos devem obrigatoriamente regular o conjunto de matérias definido neste artigo 434.º, pelo que o projecto de estatutos que seja submetido a votação terá de reflectir entre o seu conteúdo, o disposto neste artigo, porquanto depois de aprovado o projecto, através de votação, este passa a constituir os estatutos da Comissão de Trabalhadores, não podendo ser alterados, a não ser que essa alteração obedeça ao procedimento formal estatuído no artigo 430.º, por força do disposto no n.º 6 daquele mesmo artigo 430.º

4. De acordo com a alínea b) do n.º 1, os estatutos devem prever as regras de eleição dos membros da comissão de trabalhadores, pelo que podem regular: o voto por procuração ou por intermédio de representante, o voto do trabalhador que se faça acompanhar de outro trabalhador, o voto antecipado por correspondência, e o voto através de meios de comunicação à distância. Sobre estes, ver anotação ao artigo anterior.

Apesar do disposto na alínea b) não se impõe que os estatutos tenham de prever todas as regras de eleição dos membros da comissão de trabalhadores, mal seria. Os estatutos podem prever regras gerais, podendo em cada eleição reservar-se as normas mais regulamentares, mais específicas, ou até mesmo aquelas que se podem encontrar mais vulneráveis a alterações, para o regulamento eleitoral ou regulamento da votação, documento este que visa regular a votação, independentemente da votação se destinar: *i)* à constituição da comissão de trabalhadores, aprovação dos estatutos e eleição dos membros da comissão de trabalhadores, cfr. n.º 4 do artigo 430.º, *ii)* à eleição dos membros da comissão de trabalhadores, cfr. n.º 4 do artigo 430.º, aplicável por força do n.º 4 do artigo 433.º, ou *iii)* à aprovação de alteração ao estatuto, cfr. n.º 4 do artigo 430.º, aplicável por força do n.º 6 do mesmo artigo 430.º

5. Os estatutos também têm de prever a forma de vinculação da comissão de trabalhadores, ou seja, o modo como a comissão de trabalhadores se obriga. É muito frequente os estatutos estabelecerem que a comissão de trabalhadores se vincula pela assinatura conjunta de dois dos seus membros, o que tem por mais valia permitir um controlo da exteriorização da vontade da comissão de trabalhadores – pois inteligivelmente os membros controlam-se uns aos outros, o que é mais difícil quando é suficiente a assinatura de apenas um dos membros – além de que, quando a comissão de trabalhadores tenha mais do que dois membros, cfr. n.º 1 do artigo 417.º, é mais fácil, em princípio reunir as assinaturas de apenas dois dos seus membros – por contraponto a uma solução que imponha um maior número de assinaturas, ou até de todos os membros da comissão de trabalhadores.

6. De acordo com a alínea e) do n.º 1, os estatutos têm de prever o modo de financiamento da comissão de trabalhadores. Da interpretação desta alínea e) do n.º 1 com os n.ºs 1, 2 e 3 do artigo 405.º resulta que a única entidade que poderá apoiar a comissão de trabalhadores, sem prejuízo da autonomia e da independência de que gozam as próprias comissões de trabalhadores, é o Estado, podendo este apoio consubstanciar-se em financiamento directo ou indirecto. Com estas limitações, as receitas da comissão de trabalhadores parecem estar circunscritas às contribuições voluntárias dos trabalhadores, ao produto de iniciativas de recolha de fundos, ao produto de venda de documentos e outros materiais por si editados, bem como a quaisquer outras receitas, desde que permitidas por lei.

Note-se que as contribuições voluntárias dos trabalhadores não poderão assumir uma quotização, como permitida às associações sindicais, pois não há relativamente à comissão de trabalhadores uma filiação, sendo impossível distinguir entre filiados e não filiados. Neste sentido *vide* António Monteiro Fernandes, *Direito do Trabalho*, 15.ª Edição, Almedina, Abril 2010, página 758. Uma vez eleita a comissão de trabalhadores, esta representa todos os trabalhadores da empresa (mesmo aqueles que não tenham participado na sua eleição).

7. A alínea g) do n.º 1, ao estabelecer que os estatutos têm de prever o destino do património da comissão de trabalhadores, caso esta venha a extinguir-se, determinando uma importante restrição à afectação do património em caso de extinção: o património não pode ser distribuído pelos trabalhadores da empresa. Compreende-se que assim seja. As comissões de trabalhadores visam a defesa e a prossecução colectiva dos direitos e interesses dos trabalhadores, cfr. artigo 404.º e n.º 1 do artigo 54.º da Constituição da República Portuguesa, fins estes que se devem manter enquanto existirem trabalhadores da empresa, que poderiam sair desvirtuados se aos trabalhadores de determinado momento fosse permitido extinguir a comissão para assim beneficiarem em proveito próprio do património que esta acumulou durante, porventura, largo tempo. Por outro lado, o Estado, sem prejuízo da autonomia e da independência de que gozam as comissões de trabalhadores, pode apoiar as próprias comissões de trabalhadores, cfr. n.º 3 do artigo 405.º e alínea b) do artigo 404.º, podendo este apoio consubstanciar-se em financiamento directo ou indirecto, como modo de as auxiliar, pelo que também por este motivo se pretende assegurar uma boa utilização dos dinheiros públicos. Também não será de admitir que em caso de dissolução da comissão de trabalhadores o património desta seja afecto a outra comissão de trabalhadores, acrescendo ao seu património, o que seria considerado financiamento da comissão de trabalhadores que recebesse aquele património, financiamento realizado por parte de uma entidade alheia ao conjunto de trabalhadores, cfr. alínea e) do n.º 1 deste artigo 434.º

Note-se que não se veda que o património seja dividido entre trabalhadores de outra empresa, ainda que essa outra empresa se encontre numa relação de participações recíprocas, de domínio ou de grupo com esta empresa que viu extinta a comissão de trabalhadores, desde que os trabalhadores, da empresa em que a comissão de trabalhadores foi extinta, não possam vir a beneficiar dessa divisão de património, o que sempre configuraria um fim contrário à lei, cfr. artigo 281.º do Código Civil. Também não é proibido que o património da comissão de trabalhadores, em caso de extinção, seja doado a uma instituição de solidariedade social.

8. O disposto no n.º 2 resultava já do artigo 418.º, tendo-se acrescentado neste n.º 2: "salvo disposição estatutária em contrário". Ou seja, do confronto dos dois artigos resulta que o mandato dos membros da comissão de trabalhadores tem, no máximo, uma duração de quatro anos, podendo ter menos do que estes quatro anos. Ou seja, os estatutos podem estabelecer que o mandato tenha por exemplo, uma duração de apenas um ano. Já não poderá ser estabelecido nos estatutos que o mandato dos membros da Comissão tenha uma duração de cinco anos. A parte final do n.º 2 deste artigo 434.º apenas admite que os estatutos proíbam os mandatos sucessivos dos membros da comissão de trabalhadores, ou que os estatutos limitem o número de mandatos sucessivos. Ou seja, a natureza supletiva deste n.º 2 opera apenas quanto aos mandatos sucessivos e não relativamente à duração máxima de cada mandato. Se assim não fosse, permitia-se que os estatutos estabelecessem, por exemplo, que o mandato durava por todo o tempo em que o membro mantivesse uma relação de trabalho subordinado com o empregador (relação esta que sabemos ser tendencialmente vitalícia, cfr. artigo 343.º), solução que cremos não só colidir com a própria letra da lei (n.º 2 deste artigo 434.º e artigo 418.º), como com a própria Lei Fundamental. Se a Constituição da República Portuguesa estabelece, no n.º 1 do artigo 54.º, que as comissões de trabalhadores visam também a intervenção democrática na vida das empresas – preceito este que constitui um direito fundamental, o qual é directamente aplicável, vinculando entidades públicas e privadas, cfr. n.º 1 do artigo 18.º da Constituição da República Portuguesa – não se compreenderia que o tipo de participação da comissão na vida da empresa estivesse inquinada na sua génese, por a comissão pretender um modo de participação exterior que internamente não praticaria, o que sempre seria uma contradição.

Quanto às subcomissões de trabalhadores, ver anotação ao artigo anterior.

ARTIGO 435.º - Estatutos da comissão coordenadora

Os estatutos da comissão coordenadora estão sujeitos ao disposto nos n.os 1 e 2 do artigo anterior, com as necessárias adaptações, devendo nomeadamente indicar a localidade da sede.

1. Este preceito não tinha correspondência no anterior Código do Trabalho, aprovado pela Lei n.º 99/2003, de 27 de Agosto. Corresponde ao artigo 344.º da Lei n.º 35/2004, de 29 de Julho, que regulamentou o anterior Código do Trabalho.

2. Note-se que a Lei n.º 7/2009, de 12 de Fevereiro, contém normas de aplicação transitória, ou seja, esta Lei fixou a solução para alguns casos que se encontram na fronteira entre a lei anterior, a Lei n.º 99/2003, de 27 de Agosto, e o Código do Trabalho de 2009, resolvendo alguns problemas específicos. Entre estes está a validade dos estatutos de associações sindicais, associações de empregadores, comissões de trabalhadores e comissões coordenadoras, que à data da entrada em vigor da Lei n.º 7/2009 (17 de Fevereiro de 2009, cfr. artigo 14.º da própria Lei n.º 7/2009), não estejam em conformidade com o regime do Código do Trabalho. Neste sentido, o artigo 8.º da Lei n.º 7/2009 estabeleceu um prazo transitório para que os estatutos da comissão coordenadora, que afrontem normas imperativas sejam alterados. Ver artigo 8.º da Lei n.º 7/2009, de 12 de Fevereiro, e respectivas anotações.

3. A comissão coordenadora visa uma melhor intervenção na reestruturação económica das empresas cujas comissões de trabalhadores a própria comissão coordenadora coordena, sendo que também pode ser criada para articulação de actividades das comissões de trabalhadores constituídas nas empresas em relação de domínio ou de grupo, cfr. n.º 4 do artigo 415.º No domínio dos processos de reestruturação da maioria das empresas cujas comissões de trabalhadores a comissão coordenadora coordena, a lei confere à própria comissão coordenadora o direito de neles participar, cfr. n.º 1 do artigo 429.º Este direito consubstancia-se no poder de: requerer e receber informação do órgão de gestão da empresa, ou empresas; de ser consultada previamente sobre as formulações dos planos ou projectos de reestruturação; de se pronunciar antes da aprovação dos instrumentos de reestruturação; de reunir com os órgãos encarregados de trabalhos preparatórios de reestruturação; e de apresentar sugestões, reclamações ou críticas, cfr. n.º 2 do mesmo artigo 429.º

4. Quanto aos estatutos da comissão coordenadora este preceito remete para os n.os 1 e 2 do artigo 434.º que os faz aplicar com as necessárias adaptações, pelo que deve ver-se as anotações àquele artigo. Entre as adaptações que se mostram indispensáveis é que, em caso de extinção da comissão coordenadora, o património desta deve poder ser dividido entre as comissões de trabalhadores que a ela aderiram. É que os valores que justificam a proibição de divisão do património em caso de extinção da comissão de trabalhadores, pelos trabalhadores da empresa, prevista na alínea g) do n.º 1 do artigo 434.º são, no caso da comissão coordenadora distintos. A comissão coordenadora há-de ser financiada pelas comissões de trabalhadores a ela aderentes, bem como pelo Estado, cfr. n.º 3 do artigo 405.º, sendo que, em caso de extinção da própria comissão coordenadora, os trabalhadores não ficam sem qualquer estrutura de representação colectiva, sendo a defesa dos seus interesses assegurada pela comissão de trabalhadores que decidiu ela própria aderir à comissão coordenadora. Por outro lado, quando o Estado tenha financiado uma comissão coordenadora, os dinheiros públicos terão um melhor aproveitamento se o património que porventura se haja acumulado também em razão desse financiamento, for, em caso de extinção da comissão coordenadora, dividido entre as comissões de trabalhadores, génese que são da própria comissão coordenadora.

ARTIGO 436.º – Adesão e revogação de adesão a comissão coordenadora

À adesão ou revogação de adesão de comissão de trabalhadores a uma comissão coordenadora é aplicável o disposto no n.º 1 do artigo 433.º

1. Este preceito não tinha correspondência no anterior Código do Trabalho, aprovado pela Lei n.º 99/2003, de 27 de Agosto. Corresponde ao artigo 347.º da Lei n.º 35/2004, de 29 de Julho, que regulamentou o anterior Código do Trabalho.

2. De acordo com este artigo 436.º são os trabalhadores, que através de votação, decidem se a comissão de trabalhadores deve aderir a uma comissão de trabalhadores, ou se deve revogar a adesão feita em momento anterior.

3. A revogação é uma forma típica de cessação de relações jurídicas, com efeitos apenas para o futuro. O ordenamento jurídico admite a revogação unilateral como por comum acordo.

4. Este artigo 436.º, ao prever a revogação da adesão, da comissão de trabalhadores a uma comissão coordenadora, pelos trabalhadores, é uma norma excepcional. Em regra, no ordenamento jurídico português, o poder de eleger não encerra o poder de destituir ou de revogar o mandato.

ARTIGO 437.º – Eleição de comissão coordenadora

1 – Os membros das comissões de trabalhadores aderentes elegem, de entre si, os membros da comissão coordenadora, por voto directo e secreto e segundo o princípio da representação proporcional.

2 – A eleição é convocada com a antecedência de 15 dias, ou prazo superior estabelecido nos estatutos, por pelo menos duas comissões de trabalhadores aderentes.

3 – A eleição é feita por listas subscritas por, no mínimo, 20% dos membros das comissões de trabalhadores aderentes, apresentadas até cinco dias antes da votação.

4 – Deve ser elaborada acta do acto eleitoral, assinada por todos os presentes, à qual fica anexo o documento de registo dos votantes.

1. Este preceito não tinha correspondência no anterior Código do Trabalho, aprovado pela Lei n.º 99/2003, de 27 de Agosto. Corresponde ao artigo 348.º da Lei n.º 35/2004, de 29 de Julho, que regulamentou o anterior Código do Trabalho.

2. De acordo com o n.º 4 do artigo 417.º, o número de membros da comissão coordenadora não pode exceder o número das comissões de trabalhadores que a mesma coordena, nem o máximo de onze membros.

3. Da acta do acto eleitoral, depois de assinada por todos os presentes, e de lhe ser anexo o documento de registo dos votantes, ou caderno eleitoral, deve ser realizada cópia, que depois de certificada, é um dos documentos necessários para instruir o pedido de registo da eleição da comissão coordenadora, cfr. alínea b) do n.º 3 do artigo 438.º, para o qual se remete, bem como para as respectivas anotações.

ARTIGO 438.º – Registos e publicações referentes a comissões e subcomissões

1 – A comissão eleitoral requer ao serviço competente do ministério responsável pela área laboral o registo da constituição da comissão de trabalhadores e dos estatutos ou das suas alterações, juntando os estatutos ou as alterações aprovados, bem como cópias certificadas das actas do apuramento global e das mesas de voto, acompanhadas dos documentos de registo dos votantes.

2 – A comissão eleitoral, no prazo de 10 dias a contar da data do apuramento, requer ainda ao serviço competente do ministério responsável pela área laboral o registo da eleição dos membros da comissão de trabalhadores e das subcomissões de trabalhadores, juntando cópias certificadas das listas concorrentes, bem como das actas do apuramento global e das mesas de voto, acompanhadas dos documentos de registo dos votantes.

3 – As comissões de trabalhadores que participaram na constituição da comissão coordenadora requerem ao serviço competente do ministério responsável pela área laboral, em caso de eleição no prazo de 10 dias, o registo:

a) Da constituição da comissão coordenadora e dos estatutos ou das suas alterações, juntando os estatutos ou as alterações aprovados, bem como cópias certificadas da acta da reunião em que foi constituída a comissão e do documento de registo dos votantes;

b) Da eleição dos membros da comissão coordenadora, juntando cópias certificadas das listas concorrentes, bem como da acta da reunião e do documento de registo dos votantes.

4 – As comunicações dirigidas ao serviço referido nos números anteriores devem indicar correctamente o endereço da estrutura em causa, indicação que deve ser mantida actualizada.

5 – Os estatutos de comissões de trabalhadores ou comissão coordenadora são entregues em documento electrónico, nos termos de portaria do ministro responsável pela área laboral.

6 – Nos 30 dias posteriores à recepção dos documentos referidos nos números anteriores, o serviço competente do ministério responsável pela área laboral:

a) Regista a constituição da comissão de trabalhadores ou da comissão coordenadora, bem como os estatutos ou as suas alterações;

b) Regista a eleição dos membros da comissão e subcomissões de trabalhadores ou da comissão coordenadora;

c) Publica no Boletim do Trabalho e Emprego *os estatutos da comissão de trabalhadores ou da comissão coordenadora, ou as respectivas alterações;*

d) Publica no Boletim do Trabalho e Emprego *a composição da comissão de trabalhadores, das subcomissões de trabalhadores ou da comissão coordenadora.*

7 – A comissão de trabalhadores, a subcomissão ou a comissão coordenadora só pode iniciar as suas actividades depois da publicação dos estatutos e da respectiva composição, nos termos do número anterior.

1. Este preceito não tinha correspondência no anterior Código do Trabalho, aprovado pela Lei n.º 99/2003, de 27 de Agosto. Corresponde aos artigos 342.º, 349.º, 350.º e 351.º, todos da Lei n.º 35/2004, de 29 de Julho, que regulamentou o anterior Código do Trabalho.

2. O serviço competente do ministério responsável pela área laboral onde deve ser promovido o registo é actualmente junto da Direcção-Geral do Emprego e das Relações de Trabalho (D.G.E.R.T.), cfr. alínea e) do n.º 3 do artigo 2.º do Decreto Regulamentar n.º 40/2012, de 12 de Abril.

3. Relativamente às cópias certificadas referidas neste artigo, impõe-se saber quem tem competência para as realizar. O artigo 1.º do Decreto-Lei n.º 28/2000, de 13 de Março confere às juntas de freguesia, ao operador de serviço público de correios, CTT – Correios de Portugal, S. A., às câmaras de comércio e indústria, reconhecidas nos termos do Decreto-Lei n.º 244/92, de 29 de Outubro, alterado pelo Decreto-Lei n.º 154/2017, de 28 de Dezembro, aos advogados e aos solicitadores, competência para certificar a conformidade de fotocópias com os documentos originais que lhes sejam apresentados para esse fim, bem como para proceder à extracção de fotocópias dos originais que lhes sejam presentes para certificação. As fotocópias que sejam conferidas nos termos do artigo 1.º do Decreto-Lei n.º 28/2000, de 13 de Março têm o valor probatório dos originais. Através do Decreto-Lei n.º 76-A/2006, de 29 de Março, alterado pelo Decreto-Lei n.º 8/2007, de 17 de Janeiro, procedeu-se à extensão do regime dos reconhecimentos de assinaturas e da autenticação e tradução de documentos, dispondo o n.º 1 do artigo 38.º que: "Sem prejuízo da competência atribuída a outras entidades, as câmaras de comércio e indústria, reconhecidas nos termos do Decreto-Lei n.º 244/92, de 29 de Outubro, os conservadores, os oficiais de registo, os advogados e os solicitadores podem fazer reconhecimentos simples e com menções especiais, presenciais e por semelhança, autenticar documentos particulares, certificar, ou fazer e certificar, traduções de documentos, nos termos previstos na lei notarial, bem como certificar a conformidade das fotocópias com os documentos originais e tirar fotocópias dos originais que lhes sejam presentes para certificação, nos termos do Decreto-Lei n.º 28/2000, de 13 de Março". O n.º 2 do mesmo artigo 38.º estabelece que "os reconhecimentos, as autenticações e as certificações efectuados pelas entidades previstas nos números anteriores conferem ao documento a mesma força probatória que teria se tais actos tivessem sido realizados com intervenção notarial", mediante registo em sistema informático, cujo funcionamento, respectivos termos e custos associados são definidos por portaria do Ministro da Justiça, cfr. n.º 3. Nestes termos, pode certificar um documento as juntas de freguesia, os CTT – Correios de Portugal, S. A., as câmaras de comércio e indústria, os advogados, os solicitadores, os conservadores e os oficiais de registo.

4. A portaria do ministro responsável pela área laboral, referida no n.º 5, que regula a entrega em documento electrónico dos estatutos de comissões de trabalhadores ou comissão coordenadora, é a Portaria n.º 1172/2009, de 6 de Outubro.

ARTIGO 439.º – Controlo de legalidade da constituição e dos estatutos das comissões

1 – Nos oito dias posteriores à publicação dos estatutos da comissão de trabalhadores ou da comissão coordenadora, ou das suas alterações, o serviço competente do ministério responsável pela área laboral remete ao magistrado do Ministério Público da área da sede da empresa, ou da sede da comissão coordenadora, uma apreciação fundamentada sobre a legalidade da constituição da comissão e dos estatutos, ou das suas alterações, bem como cópia certificada dos documentos referidos, respectivamente, no n.º 1 ou na alínea a) do 3 do artigo anterior.

2 – É aplicável, com as devidas adaptações, o disposto no artigo 447.º

1. Este preceito não tinha correspondência no anterior Código do Trabalho, aprovado pela Lei n.º 99/2003, de 27 de Agosto. Corresponde ao artigo 352.º da Lei n.º 35/2004, de 29 de Julho, que regulamentou o anterior Código do Trabalho.

2. O serviço competente do ministério responsável pela área laboral referido neste artigo 439.º é actualmente a Direcção-Geral do Emprego e das Relações de Trabalho (D.G.E.R.T.), cfr. alínea e) do n.º 3 do artigo 2.º do Decreto Regulamentar n.º 40/2012, de 12 de Abril.

3. Relativamente à cópia certificada impõe-se saber quem tem competência para a realizar. O artigo 1.º do Decreto-Lei n.º 28/2000, de 13 de Março confere às juntas de freguesia, ao operador de serviço público de correios, CTT – Correios de Portugal, S. A., às câmaras de comércio e indústria, reconhecidas nos termos do Decreto-Lei n.º 244/92, de 29 de Outubro, alterado pelo Decreto-Lei n.º 154/2017, de 28 de Dezembro, aos advogados e aos solicitadores, competência para certificar a conformidade de fotocópias com os documentos originais que lhes sejam apresentados para esse fim, bem como para proceder à extracção de fotocópias dos originais que lhes sejam presentes para certificação. As fotocópias que sejam conferidas nos termos do artigo 1.º do Decreto-Lei n.º 28/2000, de 13 de Março têm o valor probatório dos originais. Através do Decreto-Lei n.º 76-A/2006, de 29 de Março, alterado pelo Decreto-Lei n.º 8/2007, de 17 de Janeiro, procedeu-se à extensão do regime dos reconhecimentos de assinaturas e da autenticação e tradução de documentos, dispondo o n.º 1 do artigo 38.º que: "Sem prejuízo da competência atribuída a outras entidades, as câmaras de comércio e indústria, reconhecidas nos termos do Decreto-Lei n.º 244/92, de 29 de Outubro, os conservadores, os oficiais de registo, os advogados e os solicitadores podem fazer reconhecimentos simples e com menções especiais, presenciais e por semelhança, autenticar documentos particulares, certificar, ou fazer e certificar, traduções de documentos, nos termos previstos na lei notarial, bem como certificar a conformidade das fotocópias com os documentos originais e tirar fotocópias dos originais que lhes sejam presentes para certificação, nos termos do Decreto-Lei n.º 28/2000, de 13 de Março". O n.º 2 do mesmo artigo 38.º estabelece que "os reconhecimentos, as autenticações e as certificações efectuados pelas entidades previstas nos números anteriores conferem ao documento a mesma força probatória que teria se tais actos tivessem sido realizados com intervenção notarial", mediante registo em sistema informático, cujo funcionamento, respectivos termos e custos associados são definidos por portaria do Ministro da Justiça, cfr. n.º 3. Nestes termos, pode certificar um documento as juntas de freguesia, os CTT – Correios de Portugal, S. A., as câmaras de comércio e indústria, os advogados, os solicitadores, os conservadores e os oficiais de registo.

4. De acordo com o n.º 2, caso os estatutos contenham disposições contrárias à lei, o serviço competente do ministério responsável pela área laboral, nos oito dias posteriores à publicação dos estatutos da comissão de trabalhadores ou da comissão coordenadora, ou das suas alterações, notifica a comissão de trabalhadores ou a comissão coordenadora, consoante a estrutura em causa, para que esta altere as mesmas, no prazo de 180 dias. Caso não haja alteração no prazo dos 180 dias, o serviço competente procede de acordo com o disposto no n.º 1 deste artigo 439.º Caso a constituição ou os estatutos da comissão de trabalhadores ou da comissão coordenadora, ou as suas alterações sejam desconformes com a lei imperativa, o magistrado do Ministério Público da área da sede da empresa, ou da sede da comissão coordenadora, promove, no prazo de 15 dias a contar da recepção dos documentos referidos no n.º 1 deste artigo 439.º, a declaração judicial de extinção da comissão de trabalhadores ou da comissão coordenadora ou, no caso de norma dos estatutos, a sua nulidade, se a matéria for regulada por lei imperativa ou se a regulamentação da mesma não for essencial ao funcionamento da própria comissão de trabalhadores ou da comissão coordenadora. Em caso de extinção da associação, o serviço competente do Ministério responsável pela área laboral segue o procedimento previsto no n.º 2 do artigo 456.º ou, em caso de nulidade de norma dos estatutos, promove a publicação imediata de aviso no Boletim do Trabalho e Emprego.

5. A alínea a) do artigo 5.º-A do Código de Processo do Trabalho foi aprovado pelo Decreto-Lei n.º 480/99, de 9 de Novembro, e alterado pelos Decretos-Leis n.ºs 323/2001, de 17 de Dezembro, 38/2003, de 8 de Março, 295/2009, de 13 de Outubro, pelas Leis n.ºs 63/2013, de 27 de Agosto, 55/2017, de 17 de Julho, 73/2017, de 16 de Agosto, e 107/2019 de 9 de Setembro, estabelece que o Ministério Público tem legitimidade activa nas acções relativas ao controlo da legalidade da constituição e dos estatutos de associações sindicais, associações de empregadores e comissões de trabalhadores. Semelhante acção judicial é regulada pelo artigo 164.º-A do Código de Processo do Trabalho.

SECÇÃO III – Associações sindicais e associações de empregadores

SUBSECÇÃO I – Disposições preliminares

ARTIGO 440.º – Direito de associação

1 – Os trabalhadores têm o direito de constituir associações sindicais a todos os níveis para defesa e promoção dos seus interesses sócio-profissionais.

2 – Os empregadores têm o direito de constituir associações de empregadores a todos os níveis para defesa e promoção dos seus interesses empresariais.

3 – As associações sindicais abrangem sindicatos, federações, uniões e confederações.

4 – As associações de empregadores abrangem associações, federações, uniões e confederações.

5 – Os estatutos de federações, uniões e confederações podem admitir a representação directa de trabalhadores não representados por sindicatos, ou de empregadores não representados por associações de empregadores.

1. Este preceito corresponde aos artigos 475.º e 506.º do anterior Código do Trabalho, aprovado pela Lei n.º 99/2003.

2. O direito dos trabalhadores de constituição de associações sindicais a todos os níveis, disposto no n.º 1, decorria já da alínea a) do n.º 2 do artigo 55.º da Constituição da República Portuguesa, preceito este que constitui um direito fundamental, directamente aplicável, e que vincula as entidades públicas e privadas, cfr. n.º 1 do artigo 18.º da Constituição da República Portuguesa.

3. O direito dos empregadores constituírem associações de empregadores a todos os níveis não tem consagração constitucional. Não obstante, este direito estabelecido no n.º 2 deve ser entendido também como um direito fundamental, sabendo-se, como se sabe, que nada veda a que normas de direito ordinário atribuam direitos equiparados aos constantes de normas constitucionais, cfr. n.º 1 do artigo 16.º da Constituição da República Portuguesa. Entendendo-se o direito dos empregadores constituírem associações de empregadores a todos os níveis, como um direito fundamental, este beneficiará do regime constitucional dos direitos, liberdades e garantias, cfr. artigo 17.º da Constituição da República Portuguesa, pelo que, e em consequência, este será um direito directamente aplicável e que vincula as entidades públicas e privadas, cfr. n.º 1 do artigo 18.º da Constituição da República Portuguesa. Ainda assim, é aplicável aos empregadores a liberdade de associação, prevista e garantida pela Constituição da República Portuguesa no seu artigo 46.º e no n.º 1 do artigo 51.º, liberdade esta que é erigida à categoria de direito fundamental, cfr. artigo 17.º da Constituição da República Portuguesa. Do conteúdo do artigo 46.º da Constituição da República Portuguesa emerge o direito de livre prossecução dos fins das associações, e o direito de auto-organização das associações, se bem que é possível, de acordo com o texto constitucional, no seu todo, interpretar-se a existência de um principio de organização democrática interna das associações, princípio esse que limita, pelo menos em parte, a sua auto-organização. Neste sentido, sabiamente Jorge Miranda, *Manual de Direito Constitucional*, Tomo IV, 2.ª Edição, Coimbra Editora, 1998, página 422 e segs., retira de várias locuções constitucionais, cfr. n.º 2 do artigo 54.º, n.º 3 do artigo 55.º e n.º 3 do artigo 264.º, a vigência de uma regra de organização democrática interna relativamente às associações, da qual resulta a aprovação dos estatutos em assembleia geral ou plenário, cfr. n.º 2 do artigo 54.º da Constituição, a eleição periódica dos dirigentes, cfr. n.º 3 do artigo 55.º da Constituição, o voto directo e secreto, cfr. n.º 2 do artigo 54.º, n.º 3 do artigo 55.º e n.º 3 do artigo 264.º, todos da Constituição, o pluralismo de opiniões, cfr. n.º 2 do artigo 55.º da Constituição, e a participação activa dos seus membros, n.º 3 do artigo 55.º da Constituição. A tese deste autor parece ter sido acolhida pelo legislador no Código do Trabalho, pelo menos no que diz respeito às associações de empregadores, cfr. artigos 445.º e 451.º

ARTIGO 441.º – Regime subsidiário

1 – As associações sindicais e as associações de empregadores estão sujeitas ao regime geral do direito de associação em tudo o que não contrarie este Código ou a natureza específica da respectiva autonomia.

2 – Não são aplicáveis a associações sindicais e a associações de empregadores as normas do regime geral do direito de associação susceptíveis de determinar restrições inadmissíveis à respectiva liberdade de organização.

1. Este preceito corresponde aos artigos 482.º e 512.º do anterior Código do Trabalho, aprovado pela Lei n.º 99/2003.

2. O regime geral do direito de associação consta do artigo 46.º da Constituição da República Portuguesa; do Decreto-Lei n.º 594/74, de 7 de Novembro, alterado pelo Decreto-Lei n.º 71/77, de 25 de Fevereiro, e pela Lei n.º 29/2009, de 29 de Junho, que regulamenta o direito de associação; da Lei n.º 40/2007, de 24 de Agosto, alterada pelo Decreto-Lei n.º 247-B/2008, de 30 de Dezembro, que aprovou um regime especial de constituição imediata de associações; e dos artigos 157.º e segs. do Código Civil. Não obstante a aplicabilidade do Código Civil, o Tribunal Constitucional declarou inconstitucional, com força obrigatória geral, relativamente às associações sindicais a aplicação dos n.ºs 2, 3 e 4 do artigo 175.º do Código Civil, através dos Acórdãos n.ºs 64/88, de 22 de Março de 1988, e 159/88, de 12 de Julho de 1988, publicado o primeiro deles no Diário da República n.º 90, Série I, de 18 de Abril de 1988, e o segundo no Diário da República n.º 176, Série I, de 1 de Agosto de 1988. E julgou ainda inconstitucional aquele tribunal, também com força obrigatória geral, a aplicação da segunda parte do artigo 162.º do Código Civil às associações sindicais, o que fez no Acórdão n.º 449/91, de 28 de Novembro de 1991, publicado no Diário da Republica n.º 13, Série I-A, de 16 de Janeiro de 1992.

3. Sobre este preceito, no domínio da legislação anterior, pelo que será necessário proceder às adaptações necessárias, *vide* Bernardo Lobo Xavier, *Curso de Direito do Trabalho*, I, 3.ª edição, Verbo, 2004, página 168 e segs., bem como a bibliografia aí referida.

ARTIGO 442.º - Conceitos no âmbito do direito de associação

1 – No âmbito das associações sindicais, entende-se por:

a) Sindicato, a associação permanente de trabalhadores para defesa e promoção dos seus interesses sócio-profissionais;

b) Federação, a associação de sindicatos de trabalhadores da mesma profissão ou do mesmo sector de actividade;

c) União, a associação de sindicatos de base regional;

d) Confederação, a associação nacional de sindicatos, federações e uniões;

e) Secção sindical, o conjunto de trabalhadores de uma empresa ou estabelecimento filiados no mesmo sindicato;

f) Delegado sindical, o trabalhador eleito para exercer actividade sindical na empresa ou estabelecimento;

g) Comissão sindical, a organização dos delegados sindicais do mesmo sindicato na empresa ou estabelecimento;

h) Comissão intersindical, a organização, a nível de uma empresa, dos delegados das comissões sindicais dos sindicatos representados numa confederação, que abranja no mínimo cinco delegados sindicais, ou de todas as comissões sindicais nela existentes.

2 – No âmbito das associações de empregadores, entende-se por:

a) Associação de empregadores, a associação permanente de pessoas, singulares ou colectivas, de direito privado, titulares de uma empresa, que têm habitualmente trabalhadores ao seu serviço;

b) Federação, a associação de associações de empregadores do mesmo sector de actividade;

c) União, a associação de associações de empregadores de base regional;

d) Confederação, a associação nacional de associações de empregadores, federações e uniões.

1. Este preceito corresponde ao artigo 476.º do anterior Código do Trabalho, aprovado pela Lei n.º 99/2003.

2. A federação, a união e a confederação são associações de sindicatos ou associações de associações de empregadores.

3. As definições consagradas neste artigo 442.º relevam não só para a interpretação das normas estabelecidas nesta Secção III do Capítulo I, dedicada às associações sindicais e associações de empregadores, como também nas demais normas dispersas por todo o Código do Trabalho, mormente aquelas que impõem deveres do empregador consultar e/ou informar a comissão sindical ou a comissão intersindical.

ARTIGO 443.º - Direitos das associações

1 – As associações sindicais e as associações de empregadores têm, nomeadamente, o direito de:

a) Celebrar convenções colectivas de trabalho;

b) Prestar serviços de carácter económico e social aos seus associados;

c) Participar na elaboração da legislação do trabalho;

d) Iniciar e intervir em processos judiciais e em procedimentos administrativos quanto a interesses dos seus associados, nos termos da lei;

e) Estabelecer relações ou filiar-se, a nível nacional ou internacional, em organizações, respectivamente, de trabalhadores ou de empregadores.

2 – As associações sindicais têm, ainda, o direito de participar nos processos de reestruturação da empresa, especialmente no respeitante a acções de formação ou quando ocorra alteração das condições de trabalho.

3 – As associações de empregadores não podem dedicar-se à produção ou comercialização de bens ou serviços ou de qualquer modo intervir no mercado, sem prejuízo do disposto na alínea b) do n.º 1.

1. Este preceito corresponde aos artigos 477.º e 510.º do anterior Código do Trabalho, aprovado pela Lei n.º 99/2003.

2. O direito das associações sindicais celebrarem convenções colectivas, previsto na alínea a) do n.º 1, é um direito com consagração constitucional, cfr. n.os 3 e 4 do artigo 56.º da Constituição da República Portuguesa, normas estas que não sendo exequíveis por si próprias, ainda assim não permitem ao legislador que em sede de lei ordinária tenha a liberdade para regular o conteúdo que lhe aprouver, mas antes se achando este obrigado a conformar a regulamentação a que proceder, com o disposto na Constituição da República Portuguesa.

3. Estranhamente e apesar de se admitir, na alínea b) do n.º 1, a prestação de serviços de carácter económico e social aos seus associados, as associações de empregadores não podem dedicar-se à produção ou comercialização de bens ou serviços, ou de qualquer modo intervir no mercado, restrição que, estranhamente, não é aplicável às associações sindicais, cfr. n.º 3. Se de alguma forma se percebe a limitação quanto às associações de empregadores, que assim poderiam manipular o mercado, subvertendo as regras da concorrência, não se entende que sendo o "mercado" da própria associação, por natureza, os seus associados, não se impera semelhante restrição relativamente às associações sindicais. Não obstante, e como nota Bernardo Lobo Xavier, *Curso de Direito do Trabalho*, I, 3.ª edição, Verbo, 2004, página 421, não estarão as associações de empregadores impedidas de subscrever capital em sociedades, designadamente quando essas sociedades prossigam atribuições de que possam advir vantagens para os associados.

4. O direito das associações sindicais participarem na elaboração da legislação do trabalho, previsto na alínea c) do n.º 1, é um direito com consagração constitucional, cfr. alínea a) do n.º 2 do artigo 56.º da Constituição da República Portuguesa, preceito este que constitui um direito fundamental, directamente aplicável, e que vincula as entidades públicas e privadas, cfr. n.º 1 do artigo 18.º da Constituição da República Portuguesa.

5. A participação na elaboração de legislação do trabalho encontra-se regulada nos artigos 469.º e segs.

6. A alínea d) do n.º 1 atribui legitimidade às associações sindicais e às associações de empregadores para iniciar e intervir em processos judiciais e em procedimentos administrativos quanto a interesses dos seus associados. Quer o Código de Processo do Trabalho foi aprovado pelo Decreto-Lei n.º 480/99, de 9 de Novembro, e alterado pelos Decretos-Leis n.os 323/2001, de 17 de Dezembro, 38/2003, de 8 de Março, 295/2009, de 13 de Outubro, pelas Leis n.os 63/2013, de 27 de Agosto, 55/2017, de 17 de Julho, 73/2017, de 16 de Agosto, e 107/2019 de 9 de Setembro, cfr. artigos 4.º e 5.º, quer o Código de Processo nos Tribunais Administrativos, aprovado pela Lei n.º 15/2002, de 22 de Fevereiro, e alterado pela Declaração de Rectificação n.º 17/2002, de 6 de Abril, pelas Leis n.os 4-A/2003, de 19 de Fevereiro, 59/2008, de 11 de Setembro, 63/2011, de 14 de Dezembro, e pelo Decreto-Lei n.º 214-G/2015, de 2 de Outubro, conferem às associações sindicais e às associações de empregadores, a legitimidade necessária para intervir em juízo. Já o Código do Procedimento Administrativo, aprovado pelo Decreto-Lei n.º 4/2015, de 7 de Janeiro, permite, no seu artigo 12.º, a participação das associações que tenham por objecto a defesa dos seus interesses, na formação das decisões administrativa que lhes disserem respeito.

7. Relativamente à alínea e) do n.º 1 já se previa na Lei Fundamental, o direito das associações sindicais estabelecerem relações ou filiarem-se em organizações sindicais internacionais, cfr. n.º 5 do artigo 55.º da Constituição da República Portuguesa, preceito este que constitui também um direito fundamental, directamente aplicável, e que vincula as entidades públicas e privadas, cfr. n.º 1 do artigo 18.º da Constituição da República Portuguesa.

8. O disposto no n.º 2 é uma repetição literal do direito fundamental consagrado na alínea e) do n.º 2 do artigo 56.º da Constituição da República Portuguesa.

ARTIGO 444.º - Liberdade de inscrição

1 – No exercício da liberdade sindical, o trabalhador tem o direito de, sem discriminação, se inscrever em sindicato que, na área da sua actividade, represente a categoria respectiva.

2 – Pode manter a qualidade de associado o trabalhador que deixe de exercer a sua actividade, mas não passe a exercer outra não representada pelo mesmo sindicato ou não perca a condição de trabalhador subordinado.

3 – O empregador tem o direito de, sem discriminação, se inscrever em associação de empregadores que, na área da sua actividade, o possa representar.

4 – O empresário que não empregue trabalhadores pode inscrever-se em associação de empregadores, não podendo, contudo, intervir nas decisões respeitantes a relações de trabalho.

5 – O trabalhador não pode estar simultaneamente filiado, a título da mesma profissão ou actividade, em sindicatos diferentes.

6 – O trabalhador ou o empregador pode desfiliar-se a todo o tempo, mediante comunicação escrita com a antecedência mínima de 30 dias.

1. Este preceito corresponde aos artigos 479.º, 506.º, 516.º n.º 3 e 523.º do anterior Código do Trabalho, aprovado pela Lei n.º 99/2003.

2. Nos termos do n.º 2, não se exige o exercício efectivo da actividade, permitindo-se que o trabalhador que deixe de exercer a sua actividade mantenha a qualidade de associado de associação sindical, desde que não passe a exercer outra actividade não representada pelo mesmo sindicato, e desde que não perca a condição de trabalhador subordinado. Assim, o trabalhador que tenha o contrato de trabalho suspenso, poderá igualmente manter a qualidade de associado, sendo pela associação sindical representado, mantendo também o direito de participar na actividade da associação, incluindo o direito de eleger e ser eleito para os corpos sociais e ser nomeado para qualquer cargo associativo, sem prejuízo de, caso existam requisitos de idade e de tempo de inscrição, o trabalhador não os satisfazer, de acordo com a alínea a) do n.º 1 do artigo 451.º Com efeito, a suspensão do contrato de trabalho em nada afecta o vínculo de trabalho subordinado, que subsiste, para poder ser retomado, em princípio, a todo o tempo. O mesmo sucede relativamente ao trabalhador em situação de pré-reforma, prevista nos artigos 318.º e segs., que pode manter a qualidade de associado da associação sindical, mantendo o direito de participar na actividade da associação, incluindo o direito de eleger e ser eleito para os corpos sociais e ser nomeado para qualquer cargo associativo, sem prejuízo de, caso existam requisitos de idade e de tempo de inscrição, o trabalhador não os satisfazer.

3. O n.º 5 proíbe a filiação simultânea ou coincidente, a título da mesma profissão ou actividade, em sindicatos diferentes. Já assim não será quando o trabalhador exerce uma mesma profissão, mas em dois locais geograficamente distintos, e se encontre inscrito em dois sindicatos diferentes, de base regional (Sindicato dos Supervisores do Sul e Sindicato dos Supervisores do Norte), porquanto o âmbito geográfico de protecção dos interesses sócio profissionais de desses sindicatos não se entende ao outro. E também não proíbe que o trabalhador que exerça mais do que uma profissão esteja por isso inscrito em mais do que um sindicato diferente.

4. Nada obsta que a forma escrita da comunicação de desfiliação, imposta pelo n.º 6, seja satisfeita através de documento electrónico, ou seja, por documento elaborado mediante processamento electrónico de dados. Por outras palavras, nada impede que a forma escrita seja adoptada através de uma declaração escrita enviada por correio electrónico (e-mail) para um endereço electrónico. Sobre a validade, eficácia e valor probatório dos documentos electrónicos remete-se para a anotação 4. ao artigo 107.º

SUBSECÇÃO II – Constituição e organização das associações

ARTIGO 445.º – Princípios de auto-regulamentação, organização e gestão democráticas

As associações sindicais e as associações de empregadores regem-se por estatutos e regulamentos por elas aprovados, elegem livre e democraticamente os titulares dos corpos sociais e organizam democraticamente a sua gestão e actividade.

1. Este preceito corresponde aos artigos 478.º, 480.º e 511.º do anterior Código do Trabalho, aprovado pela Lei n.º 99/2003.

2. O previsto neste artigo decorre do texto constitucional. Relativamente às associações sindicais, a alínea c) do n.º 2 do artigo 55.º da Lei Fundamental prevê expressamente a liberdade de organização e regulamentação interna das associações sindicais, enquanto o n.º 3 do mesmo artigo 55.º da Constituição da República Portuguesa estabelece que, as associações sindicais devem reger-se pelos princípios da organização e da gestão democráticas, baseados na eleição periódica e por escrutínio secreto dos órgãos dirigentes, sem sujeição a qualquer autorização ou homologação, e assentes na participação activa dos trabalhadores em todos os aspectos da actividade sindical.

Na ausência de norma especial prevista na Constituição da República Portuguesa, às associações de empregadores é aplicável a liberdade de associação, prevista e garantida pela Constituição da República Portuguesa no seu artigo 46.º e no n.º 1 do artigo 51.º, liberdade esta que é erigida à categoria de direito fundamental, cfr. artigo 17.º da Constituição da República Portuguesa. Do conteúdo do artigo 46.º da Constituição da República Portuguesa emerge o direito de livre prossecução dos fins das associações, e o direito de auto-organização das associações, se bem que é possível, de acordo com o texto constitucional, no seu todo, interpretar-se a existência de um principio de organização democrática interna das associações, princípio esse que limita, pelo menos em parte, a sua auto-organização. Neste sentido, sabiamente Jorge Miranda, *Manual de Direito Constitucional,* Tomo IV, 2.ª Edição, Coimbra Editora, 1998, página 422 e segs., retira de várias locuções constitucionais, cfr. n.º 2 do artigo 54.º, n.º 3 do artigo 55.º e n.º 3 do artigo 264.º, a vigência de uma regra de organização democrática interna relativamente às associações, da qual resulta a aprovação dos estatutos em assembleia geral ou plenário, cfr. n.º 2 do artigo 54.º da Constituição, a eleição periódica dos dirigentes, cfr. n.º 3 do artigo 55.º da Constituição, o voto directo e secreto, cfr. n.º 2 do artigo 54.º, n.º 3 do artigo 55.º e n.º 3 do artigo 264.º, todos da Constituição, o pluralismo de opiniões, cfr. n.º 2 do artigo 55.º da Constituição, e a participação activa dos seus membros, n.º 3 do artigo 55.º da Constituição. A tese deste autor parece ter sido acolhida pelo legislador, pelo menos no que diz respeito às associações de empregadores, como decorre deste artigo 445.º, bem do artigo 451.º

3. De acordo com o n.º 5 do artigo 440.º, os estatutos de federações, uniões e confederações podem admitir a representação directa de trabalhadores não representados por sindicatos, ou de empregadores não representados por associações de empregadores.

ARTIGO 446.º – Autonomia e independência das associações

1 – O exercício de cargo de direcção de associação sindical ou de associação de empregadores é incompatível com o exercício de qualquer cargo de direcção em partido político, instituição religiosa ou outra associação relativamente à qual exista conflito de interesses.

2 – É aplicável a associações de empregadores o disposto nos n.os 1, 3 ou 4 do artigo 405.º, com as necessárias adaptações.

1. Este preceito corresponde aos artigos 481.º, 507.º e 509.º do anterior Código do Trabalho, aprovado pela Lei n.º 99/2003.

2. O n.º 2 estende o regime da autonomia e independência aplicável às estruturas de representação colectiva dos trabalhadores, às associações de empregadores. *Vide* anotações ao artigo 405.º

ARTIGO 447.º – Constituição, registo e aquisição de personalidade

1 – A associação sindical ou a associação de empregadores constitui-se e aprova os respectivos estatutos mediante deliberação da assembleia constituinte, que pode ser assembleia de representantes de associados, e adquire personalidade jurídica pelo registo daqueles por parte do serviço competente do Ministério responsável pela área laboral.

2 – O requerimento do registo de associação sindical ou associação de empregadores, assinado pelo presidente da mesa da assembleia constituinte, deve ser acompanhado dos estatutos aprovados e de certidão ou cópia certificada da acta da assembleia, tendo em anexo as folhas de registo de presenças e respectivos termos de abertura e encerramento.

3 – Os estatutos de associação sindical ou associação de empregadores são entregues em documento electrónico, nos termos de portaria do ministro responsável pela área laboral.

4 – O serviço competente do Ministério responsável pela área laboral regista os estatutos, após o que:

a) Publica os estatutos no Boletim do Trabalho e Emprego, *nos 30 dias posteriores à sua recepção;*

b) Remete ao magistrado do Ministério Público no tribunal competente certidão ou cópia certificada da acta da assembleia constituinte, dos estatutos e do pedido de registo, acompanhados de apreciação fundamentada sobre a legalidade da constituição da associação e dos estatutos, nos oito dias posteriores à publicação, sem prejuízo do disposto no número seguinte.

5 – Caso os estatutos contenham disposições contrárias à lei, o serviço competente, no prazo previsto na alínea b) do número anterior, notifica a associação para que esta altere as mesmas, no prazo de 180 dias.

6 – Caso não haja alteração no prazo referido no número anterior, o serviço competente procede de acordo com o disposto na alínea b) do n.º 4.

7 – A associação sindical ou a associação de empregadores só pode iniciar o exercício das respectivas actividades após a publicação dos estatutos no Boletim do Trabalho e Emprego, *ou 30 dias após o registo.*

8 – Caso a constituição ou os estatutos iniciais da associação sejam desconformes com a lei imperativa, o magistrado do Ministério Público no tribunal competente promove, no prazo de 15 dias a contar da recepção dos documentos a que se refere a alínea b) do n.º 4, a declaração judicial de extinção da associação ou, no caso de norma dos estatutos, a sua nulidade, se a matéria for regulada por lei imperativa ou se a regulamentação da mesma não for essencial ao funcionamento da associação.

9 – Na situação referida no número anterior, o serviço competente do Ministério responsável pela área laboral, em caso de extinção da associação, segue o procedimento previsto no n.º 4 do artigo 456.º ou, em caso de nulidade de norma dos estatutos, promove a publicação imediata de aviso no Boletim do Trabalho e Emprego.

1. Este preceito corresponde aos artigos 483.º, 491.º, 513.º e 521.º do anterior Código do Trabalho, aprovado pela Lei n.º 99/2003.

2. A redacção do n.º 9 foi alterada pelo artigo 2.º da Lei n.º 93/2019, de 4 de Setembro. Na versão originária do Código do Trabalho, aprovado pela Lei n.º 7/2009, de 12 de Fevereiro, aquele n.º tinha a seguinte redacção:

> "Na situação referida no número anterior, o serviço competente do Ministério responsável pela área laboral, em caso de extinção da associação, segue o procedimento previsto no n.º 2 do artigo 456.º ou, em caso de nulidade de norma dos estatutos, promove a publicação imediata de aviso no *Boletim do Trabalho e Emprego*.".

3. Note-se que a Lei n.º 7/2009, de 12 de Fevereiro, contém normas de aplicação transitória, ou seja, esta Lei fixou a solução para alguns casos que se encontram na fronteira entre a lei anterior, a Lei n.º 99/2003, de 27 de Agosto, e o Código do Trabalho de 2009, resolvendo alguns problemas específicos. Entre estes está a validade dos estatutos de associações sindicais, associações de empregadores, comissões de trabalhadores e comissões coordenadoras, que à data da entrada em vigor da Lei n.º 7/2009 (17 de Fevereiro de 2009, cfr. artigo 14.º da própria Lei n.º 7/2009), não estejam em conformidade com o regime do Código do Trabalho. Neste sentido, o artigo 8.º da Lei n.º 7/2009 estabeleceu um prazo transitório para que os estatutos da associação sindical e da associação de empregadores, que afrontem normas imperativas, sejam alterados. Ver artigo 8.º da Lei n.º 7/2009, de 12 de Fevereiro, e respectivas anotações.

4. Nos termos do n.º 2 o requerimento de registo de associação sindical ou de associação de empregadores é assinado pelo presidente da mesa da assembleia constituinte, e é instruído com os estatutos aprovados e com certidão ou cópia certificada da acta da assembleia. A certidão ou cópia certificada da acta da assembleia deve incluir as folhas de registo de presenças das pessoas que estiveram presentes na assembleia constituinte (estas folhas de registo de presenças devem permanecer, no livro de actas, anexas à acta da assembleia) bem como os termos de abertura e encerramento do livro de actas, onde a acta da assembleia se encontra.

5. Relativamente às cópias certificadas referidas neste artigo, impõe-se saber quem tem competência para as realizar. O artigo 1.º do Decreto-Lei n.º 28/2000, de 13 de Março confere às juntas de freguesia, ao operador de serviço público de correios, CTT – Correios de Portugal, S. A., às câmaras de comércio e indústria, reconhecidas nos termos do Decreto-Lei n.º 244/92, de 29 de Outubro, alterado pelo Decreto-Lei n.º 154/2017, de 28 de Dezembro, aos advogados e aos solicitadores, competência para certificar a conformidade de fotocópias com os documentos originais que lhes sejam apresentados para esse fim, bem como para proceder à extracção de fotocópias dos originais que lhes sejam presentes para certificação. As fotocópias que sejam conferidas nos termos do artigo 1.º do Decreto-Lei n.º 28/2000, de 13 de Março, têm o valor probatório dos originais. Através do Decreto-Lei n.º 76-A/2006, de 29 de Março, alterado pelo Decreto-Lei n.º 8/2007, de 17 de Janeiro, procedeu-se à extensão do regime dos reconhecimentos de assinaturas e da autenticação e tradução de documentos, dispondo o n.º 1 do artigo 38.º que: "Sem prejuízo da competência atribuída a outras entidades, as câmaras de comércio e indústria, reconhecidas nos termos do Decreto-Lei n.º 244/92, de 29 de Outubro, os conservadores, os oficiais de registo, os advogados e os solicitadores podem fazer reconhecimentos simples e com menções especiais, presenciais e por semelhança, autenticar documentos particulares, certificar, ou fazer e certificar, traduções de documentos, nos termos previstos na lei notarial, bem como certificar a conformidade das fotocópias com os documentos originais e tirar fotocópias dos originais que lhes sejam presentes para certificação, nos termos do Decreto-Lei n.º 28/2000, de 13 de Março". O n.º 2 do mesmo artigo 38.º estabelece que "os reconhecimentos, as autenticações e as certificações efectuados pelas entidades previstas nos números anteriores conferem ao documento a mesma força probatória que teria se tais actos tivessem sido realizados com intervenção notarial", mediante registo em sistema informático, cujo funcionamento, respectivos termos e custos associados são definidos por portaria do Ministro da Justiça, cfr. n.º 3. Nestes termos, pode certificar um documento as juntas de freguesia, os CTT – Correios de Portugal, S. A., as câmaras de comércio e indústria, os advogados, os solicitadores, os conservadores e os oficiais de registo.

6. A portaria do ministro responsável pela área laboral, referida no n.º 3, que regula a entrega em documento electrónico dos estatutos de associação sindical ou associação de empregadores, é a Portaria n.º 1172/2009, de 6 de Outubro.

7. A alínea a) do artigo 5.º-A do Código de Processo do Trabalho foi aprovado pelo Decreto-Lei n.º 480/99, de 9 de Novembro, e alterado pelos Decretos-Leis n.os 323/2001, de 17 de Dezembro, 38/2003, de 8 de Março, 295/2009, de 13 de Outubro, pelas Leis n.os 63/2013, de 27 de Agosto, 55/2017, de 17 de Julho, 73/2017, de 16 de Agosto, e 107/2019 de 9 de Setembro, estabelece que o Ministério Público tem legitimidade activa nas acções relativas ao controlo da legalidade da constituição e dos estatutos de associações sindicais, associações de empregadores e comissões de trabalhadores. Semelhante acção judicial é regulada pelo artigo 164.º-A do Código de Processo do Trabalho.

ARTIGO 448.º – Aquisição e perda da qualidade de associação de empregadores

A associação de empresários constituída ao abrigo do regime geral do direito de associação pode adquirir a qualidade de associação de empregadores, pelo processo definido no artigo anterior, desde que preencha os requisitos previstos neste Código, e pode perder essa qualidade por vontade dos associados ou decisão judicial tomada nos termos do n.º 8 do mesmo artigo.

1. Este preceito corresponde ao artigo 522.º do anterior Código do Trabalho, aprovado pela Lei n.º 99/2003.

2. Do conteúdo deste artigo 448.º resulta que quando a associação de empregadores perca esta qualidade, não deixa de ser uma associação, o que resultava já da liberdade de associação, prevista e garantida pela Constituição da República Portuguesa no seu artigo 46.º e no n.º 1 do artigo 51.º, liberdade esta que constitui mesmo um direito fundamental, cfr. artigo 17.º da Constituição da República Portuguesa. Do conteúdo do artigo 46.º da Constituição da República Portuguesa emerge o direito de livre prossecução dos fins das associações, e o direito de auto-organização das associações, apenas não se consentindo associações armadas, nem de tipo militar, militarizadas ou paramilitares, nem organizações racistas ou que perfilhem a ideologia fascista.

ARTIGO 449.º – Alteração de estatutos

1 – A alteração de estatutos fica sujeita a registo e ao disposto nos n.os 2 a 6 do artigo 447.º, com as necessárias adaptações.

2 – Caso as alterações dos estatutos da associação sejam desconformes com lei imperativa, o magistrado do Ministério Público no tribunal competente promove, no prazo de 15 dias a contar da recepção dessas alterações, a declaração judicial de nulidade das mesmas, mantendo-se em vigor os estatutos existentes à data do pedido de registo.

3 – Na situação referida no número anterior, é aplicado o n.º 9 do artigo 447.º

4 – As alterações a que se refere o n.º 1 só produzem efeitos em relação a terceiros após publicação no Boletim do Trabalho e Emprego *ou, na falta desta, 30 dias após o registo.*

1. Este preceito corresponde aos artigos 484.º e 514.º do anterior Código do Trabalho, aprovado pela Lei n.º 99/2003.

2. Note-se que a Lei n.º 7/2009, de 12 de Fevereiro, contém normas de aplicação transitória, ou seja, esta Lei fixou a solução para alguns casos que se encontram na fronteira entre a lei anterior, a Lei n.º 99/2003, de 27 de Agosto, e o Código do Trabalho de 2009, resolvendo alguns problemas específicos. Entre estes está a validade dos estatutos de associações sindicais, associações de empregadores, comissões de trabalhadores e comissões coordenadoras, que à data da entrada em vigor da Lei n.º 7/2009 (17 de Fevereiro de 2009, cfr. artigo 14.º da própria Lei n.º 7/2009), não estejam em conformidade com o regime do Código do Trabalho. Neste sentido, o artigo 8.º da Lei n.º 7/2009 estabeleceu um prazo transitório para que os estatutos de associação sindical ou de associação de empregadores, que afrontem normas imperativas, sejam alterados. Ver artigo 8.º da Lei n.º 7/2009, de 12 de Fevereiro, e respectivas anotações.

ARTIGO 450.º – Conteúdo dos estatutos

1 – Com os limites dos artigos seguintes, os estatutos de associação sindical ou associação de empregadores devem regular:

a) A denominação, a localidade da sede, o âmbito subjectivo, objectivo e geográfico, os fins e a duração, quando a associação não se constitua por período indeterminado;

b) Os respectivos órgãos, entre os quais deve haver uma assembleia geral ou uma assembleia de representantes de associados, um órgão colegial de direcção e um conselho fiscal, bem como o número de membros e o funcionamento daqueles;

c) A extinção e consequente liquidação da associação, bem como o destino do respectivo património.

2 – Os estatutos de associação sindical devem ainda regular o exercício do direito de tendência.

3 – A denominação deve identificar o âmbito subjectivo, objectivo e geográfico da associação e não pode confundir-se com a de outra associação existente.

4 – No caso de os estatutos preverem a existência de uma assembleia de representantes de associados, esta exerce os direitos previstos na lei para a assembleia geral, cabendo aos estatutos indicar, caso haja mais de uma assembleia de representantes de associados, a que exerce os referidos direitos.

5 – Em caso de extinção judicial ou voluntária de associação sindical ou associação de empregadores, os respectivos bens não podem ser distribuídos pelos associados, excepto quando estes sejam associações.

1. Este preceito corresponde aos artigos 485.º, 490.º, 515.º e 520.º do anterior Código do Trabalho, aprovado pela Lei n.º 99/2003.

2. O direito dos trabalhadores de constituição de associações sindicais, decorre da alínea a) do n.º 2 do artigo 55.º da Constituição da República Portuguesa, preceito este que constitui um direito fundamental, directamente aplicável, e que vincula as entidades públicas e privadas, cfr. n.º 1 do artigo 18.º da Constituição da República Portuguesa. O direito dos empregadores constituírem associações de empregadores não tem consagração constitucional expressa. Não obstante, este direito estabelecido no n.º 2 do artigo 440.º deve ser entendido também como um direito fundamental, sabendo-se que nada obsta a que normas de direito ordinário atribuam direitos equiparados aos constantes de normas constitucionais, cfr. n.º 1 do artigo 16.º da Constituição da República Portuguesa. Entendendo-se o direito dos empregadores constituírem associações de empregadores, como um direito fundamental, este beneficiará do regime constitucional dos direitos, liberdades e garantias, cfr. artigo 17.º da Constituição da República Portuguesa, pelo que, e em consequência, este será um direito directamente aplicável e que vincula as entidades públicas e privadas, cfr. n.º 1 do artigo 18.º da Constituição da República Portuguesa. Ainda assim, é aplicável aos empregadores, bem como aos trabalhadores a liberdade de associação, prevista e garantida pela Constituição da República Portuguesa no seu artigo 46.º e no n.º 1 do artigo 51.º, liberdade esta que é erigida à categoria de direito fundamental, cfr. artigo 17.º da Constituição da República Portuguesa. Do conteúdo do artigo 46.º da Constituição da República Portuguesa emerge o direito de livre prossecução dos fins das associações, e o direito de auto-organização das associações. O direito de auto-organização das associações postula uma livre formação dos seus órgãos e da respectiva vontade. Nestes termos, e como muito bem nota Bernardo Lobo Xavier, *Curso de Direito do Trabalho*, I, 3.ª edição, Verbo, 2004, página 167 e segs., não parece conformar-se com a Constituição da República Portuguesa os múltiplos requisitos que se exigem neste artigo 450.º para os estatutos de associação sindical.

3. De acordo com o n.º 5 do artigo 440.º, os estatutos de federações, uniões e confederações podem admitir a representação directa de trabalhadores não representados por sindicatos, ou de empregadores não representados por associações de empregadores.

4. A alínea b) do n.º 1 prevê a existência de uma assembleia geral ou uma assembleia de representantes de associados. A distinção entre uma e outra é que, enquanto na primeira poderão participar directamente todos as associados, na segunda a participação dos associados faz-se por intermédio de representantes dos associados. Esta solução visa, nas associações sindicais e nas associações de empregadores com um elevado número de associados, tornar mais célere o procedimento deliberatório, sem pôr em causa a participação dos associados. Trata-se de uma representação indirecta que não colide com o princípio da organização democrática interna da sua gestão e actividade, que resulta do artigo 46.º da Constituição da República Portuguesa, e explicitamente do artigo 445.º

5. A alínea c) do n.º 1, conjuntamente com o n.º 5, ao estabelecer que os estatutos têm de prever o destino do património da associação sindical ou da associação de empregadores, caso esta venha a extinguir-se, determina uma importante restrição à afectação do património em caso de extinção: o património não pode ser distribuído pelos associados. Compreende-se o motivo que presidiu a este entendimento. As associações sindicais e as associações de empregadores visam a defesa e a promoção dos seus interesses sócio-profissionais ou empresariais, cfr. n.os 1 e 2 do artigo 440.º e n.º 1 do artigo 56.º da Constituição da República Portuguesa, fins estes que se devem manter enquanto existirem trabalhadores e empregadores, e que poderiam sair desvirtuados se aos associados de determinado momento fosse permitido extinguir a associação para assim beneficiarem em proveito próprio do património que esta acumulou durante, porventura, largo tempo. Por outro lado, o Estado, sem prejuízo da autonomia e da independência de que gozam as associações sindicais, pode apoiar estas estruturas, cfr. n.º 3 do artigo 405.º e alínea a) do artigo 404.º, podendo este apoio consubstanciar-se em financiamento directo ou indirecto, como modo de as auxiliar, pelo que também por este motivo se pretende assegurar uma boa utilização dos dinheiros públicos.

De relevo é a parte final do n.º 5, que estabelece uma excepção da proibição de distribuir os bens em caso de extinção: desde que sejam associações permite-se a distribuição por estas. A razão de ser desta excepção poderá ser o benefício que esse património pode trazer ao associado, facilitando os fins prosseguidos por este, podendo até, com a dissolução, pretender-se agregar numa única associação associados e património, como forma de mais facilmente alcançar os fins a que ambas as associações se destinavam, (se forem, no todo ou em parte comuns) passando apenas uma delas a fazê-lo.

Também não será de admitir que em caso de dissolução da associação, independentemente de se tratar de associação sindical ou associação de empregadores, o património desta seja afecto a uma ou várias comissões de trabalhadores, acrescendo ao seu património, o que seria considerado financiamento da comissão de trabalhadores que recebesse aquele património, financiamento realizado por parte de uma entidade alheia ao conjunto de trabalhadores, cfr. alínea e) do n.º 1 deste artigo 434.º

6. O direito de tendência, referido no n.º 2 é uma especificidade das associações sindicais, não vigorando relativamente às associações de empregadores. Estabelece a alínea e) do n.º 2 do artigo 55.º da Constituição da República Portuguesa que no exercício da liberdade sindical é garantido aos trabalhadores o direito de tendência, nas formas que os respectivos estatutos determinarem, pelo que o texto constitucional assume que o direito de tendência decorre da liberdade sindical. Este direito consiste na faculdade de expressão institucional das diversas ideologias presentes em cada associação sindical. Neste sentido, Gomes Canotilho e Vital Moreira, *Constituição da República Portuguesa Anotada*, 4.ª edição, Coimbra Editora, 2007, página 735. A concretização do direito de tendência é pois matéria estatutária, no âmbito da liberdade de auto-organização ou auto-regulação própria da liberdade sindical.

ARTIGO 451.º – Princípios da organização e da gestão democráticas

1 – No respeito pelos princípios da organização e da gestão democráticas, as associações sindicais e as associações de empregadores devem reger-se, nomeadamente, em obediência às seguintes regras:

a) Todo o associado no gozo dos seus direitos tem o direito de participar na actividade da associação, incluindo o de eleger e ser eleito para os corpos sociais e ser nomeado para qualquer cargo associativo, sem prejuízo de poder haver requisitos de idade e de tempo de inscrição;

b) São asseguradas a igualdade de oportunidades e imparcialidade no tratamento das listas concorrentes a eleições para os corpos sociais;

c) O mandato dos membros da direcção não pode ter duração superior a quatro anos, sendo permitida a reeleição para mandatos sucessivos;

2 – Os estatutos de associação de empregadores podem atribuir mais de um voto a certos associados, com base em critérios objectivos, nomeadamente em função da dimensão da empresa, até ao limite de 10 vezes o número de votos do associado com o menor número de votos.

3 – Os estatutos podem permitir a participação de membros em mais de um órgão, salvo se um desses órgãos for o conselho fiscal, não podendo o número daqueles ultrapassar um terço do total dos membros.

1. Este preceito corresponde aos artigos 486.º e 516.º do anterior Código do Trabalho, aprovado pela Lei n.º 99/2003.

2. O previsto neste artigo decorre do texto constitucional. Relativamente às associações sindicais, a alínea c) do n.º 2 do artigo 55.º da Lei Fundamental prevê expressamente a liberdade de organização e regulamentação interna das associações sindicais, enquanto o n.º 3 do mesmo artigo 55.º da Constituição da República Portuguesa estabelece que, as associações sindicais devem reger-se pelos princípios da organização e da gestão democráticas, baseados na eleição periódica e por escrutínio secreto dos órgãos dirigentes, sem sujeição a qualquer autorização ou homologação, e assentes na participação activa dos trabalhadores em todos os aspectos da actividade sindical.

Na ausência de norma especial prevista na Constituição da República Portuguesa, às associações de empregadores é aplicável a liberdade de associação, prevista e garantida pela Constituição da República Portuguesa no seu artigo 46.º, liberdade esta que é erigida à categoria de direito fundamental, cfr. artigo 17.º da Constituição da República Portuguesa. Do conteúdo do artigo 46.º da Constituição da República Portuguesa emerge o direito de livre prossecução dos fins das associações, e o direito de auto-organização das associações, se bem que é possível, de acordo com o texto constitucional, no seu todo, interpretar-se a existência de um principio de organização democrática interna das associações, princípio esse que limita, pelo menos em parte, a sua auto-organização. Neste sentido, sabiamente Jorge Miranda, *Manual de Direito Constitucional*, Tomo IV, 2.ª Edição, Coimbra Editora, 1998, página 422 e segs., retira de várias locuções constitucionais, cfr. n.º 2 do artigo 54.º, n.º 3 do artigo 55.º e n.º 3 do artigo 264.º, a vigência de uma regra de organização democrática interna relativamente às associações, da qual resulta a aprovação dos estatutos em assembleia geral ou plenário, cfr. n.º 2 do artigo 54.º da Constituição, a eleição periódica dos dirigentes, cfr. n.º 3 do artigo 55.º da Constituição, o voto directo e secreto, cfr. n.º 2 do artigo 54.º, n.º 3 do artigo 55.º e n.º 3 do artigo 264.º, todos da Constituição, o pluralismo de opiniões, cfr. n.º 2 do artigo 55.º da Constituição, e a participação activa dos seus membros, n.º 3 do artigo 55.º da Constituição. A tese deste autor parece ter sido acolhida pelo legislador, pelo menos no que diz respeito às associações de empregadores, como decorre deste artigo 451.º, bem do artigo 445.º

3. Da alínea c) do n.º 1 resulta que o mandato dos membros da direcção tem, no máximo, uma duração de quatro anos, podendo ter menos do que estes quatro anos. Ou seja, os estatutos podem estabelecer que o mandato tenha por exemplo, uma duração de apenas um ano. Já não poderá ser estabelecido nos estatutos que o mandato dos membros da direcção da associação tenha uma duração de cinco anos. A parte final da alínea c) do n.º 1 apenas admite que os estatutos proíbam os mandatos sucessivos dos membros da direcção da associação sindical ou da associação de empregadores, ou que os estatutos limitem o número de mandatos sucessivos. Ou seja, a natureza supletiva desta alínea c) permite-se apenas quanto aos mandatos sucessivos e não relativamente à duração máxima de cada mandato. Se assim não fosse, permitia-se que os estatutos estabelecessem, por exemplo, que o mandato era vitalício, solução que cremos não só colidir com a própria letra da lei (alínea c) do n.º 1 deste artigo 451.º), como com a própria Lei Fundamental, cfr. n.º 3 do artigo 55.º da Constituição da República Portuguesa.

ARTIGO 452.º – Regime disciplinar

1 – O regime disciplinar aplicável aos associados deve assegurar o direito de defesa do associado e prever que o procedimento seja escrito e que a sanção de expulsão seja apenas aplicada em caso de grave violação de deveres fundamentais.

2 – O regime disciplinar da associação de empregadores não pode conter normas que interfiram com a actividade económica exercida pelos associados.

1. Este preceito corresponde ao artigo 517.º do anterior Código do Trabalho, aprovado pela Lei n.º 99/2003.

2. O n.º 1 impõe que as associações sindicais, e as associações de empregadores, asseverem o direito de defesa do associado, bem como a aplicação da sanção disciplinar máxima, a expulsiva, apenas em situações de violação grave de deveres fundamentais, por parte do associado, em ordem ao estabelecido no n.º 1 do artigo 51.º da Constituição da República Portuguesa, que integra o direito de participar em associações na liberdade de associação, liberdade esta que é um direito fundamental, cfr. artigos 46.º e 17.º da Constituição da República Portuguesa. O dever do procedimento disciplinar ser reduzido a escrito pretende garantir o direito de defesa do próprio associado.

3. Nada obsta que a forma escrita, imposta pelo n.º 1, seja satisfeita através de documento electrónico, ou seja, por documento elaborado mediante processamento electrónico de dados. Por outras palavras, nada impede que a forma escrita seja adoptada através de uma declaração escrita enviada por correio electrónico (e-mail) para um endereço electrónico. Sobre a validade, eficácia e valor probatório dos documentos electrónicos remete-se para a anotação 4. ao artigo 107.º

4. O n.º 2 decorre da tutela constitucional do direito consagrado no n.º 1 do artigo 61.º e no n.º 1 do artigo 86.º, ambos da Constituição da República Portuguesa, ou seja, o direito de iniciativa privada, que constitui um direito fundamental de natureza análoga, cfr. artigo 17.º *in fine* da Constituição, beneficiando do regime dos direitos, liberdades e garantias, e que por esse motivo vincula, quer as entidades públicas, quer as privadas, cfr. n.º 1 do artigo 18.º da Constituição da República Portuguesa. Assim, não se permite que através do exercício, legítimo, do poder disciplinar da associação de empregadores sob os seus associados, se prejudique quer o normal funcionamento do mercado, quer um direito fundamental do próprio associado.

ARTIGO 453.º - Impenhorabilidade de bens

1 – São impenhoráveis os bens móveis e imóveis de associação sindical ou associação de empregadores cuja utilização seja estritamente indispensável ao seu funcionamento.

2 – O disposto no número anterior não se aplica a bem imóvel quando se verifiquem as seguintes condições:

a) A aquisição, construção, reconstrução, modificação ou beneficiação desse bem seja feita mediante recurso a financiamento por terceiros, com garantia real previamente registada;

b) O financiamento por terceiros e as condições de aquisição sejam objecto de deliberação do órgão estatutariamente competente.

1. Este preceito corresponde aos artigos 488.º e 518.º do anterior Código do Trabalho, aprovado pela Lei n.º 99/2003.

2. O n.º 1 estabelece o princípio geral de impenhorabilidade de bens das associações sindicais e de empregadores. O n.º 2 admite uma excepção àquele principio, relativamente ao bem imóvel propriedade de associação sindical ou de associação de empregadores, em ordem a não obstar, a que na prática, estas associações não conseguissem obter financiamento para a aquisição de bens imóveis, o que poderia dificultar o exercício das suas funções.

ARTIGO 454.º – Publicitação dos membros da direcção

1 – O presidente da mesa da assembleia-geral deve remeter a identidade dos membros da direcção de associação sindical ou associação de empregadores, bem como cópia da acta da assembleia que os elegeu, ao serviço competente do ministério responsável pela área laboral no prazo de 30 dias após a eleição, para publicação imediata no Boletim do Trabalho e Emprego.

2 – A identidade dos membros da direcção deve ser entregue em documento electrónico, nos termos de portaria do ministro responsável pela área laboral.

1. Este preceito corresponde ao artigo 519.º do anterior Código do Trabalho, aprovado pela Lei n.º 99/2003.

2. Note-se que a Lei n.º 7/2009, de 12 de Fevereiro, contém normas de aplicação transitória, ou seja, esta Lei fixou a solução para alguns casos que se encontram na fronteira entre a lei anterior, a Lei n.º 99/2003, de 27 de Agosto, e o Código do Trabalho de 2009, resolvendo alguns problemas específicos. Entre estes está a publicação da identidade dos membros de direcção das associações sindicais e das associações de empregadores, que à data da entrada em vigor da Lei n.º 7/2009 (dia 17 de Fevereiro de 2009, cfr. artigo 14.º da própria Lei n.º 7/2009) não tenha sido requerida pelas próprias associações sindicais ou associações de empregadores, nos últimos seis anos. Neste sentido, o artigo 9.º da Lei n.º 7/2009 estabeleceu um prazo transitório para que a associação sindical, ou a associação de empregadores, requeira essa publicação, sob pena da própria associação vir a ser julgada extinta. Ver artigo 9.º da Lei n.º 7/2009, de 12 de Fevereiro, e respectivas anotações.

3. A portaria do ministro responsável pela área laboral, referida no n.º 2, que regula a entrega em documento electrónico da identidade dos membros da direcção de associação sindical ou associação de empregadores, é a Portaria n.º 1172/2009, de 6 de Outubro.

ARTIGO 455.º – Averbamento ao registo

A associação sindical ou associação de empregadores deve indicar a actualização do endereço da sede, quando a mesma não conste de alteração dos estatutos, ao serviço competente do ministério responsável pela área laboral, o qual procede ao seu averbamento no respectivo registo.

1. Este preceito não tem correspondência com qualquer outro do anterior Código do Trabalho, aprovado pela Lei n.º 99/2003, sendo um artigo novo.

2. O dever de indicação do endereço da sede da associação sindical ou da associação de empregadores, pretende manter os dados destas associações actualizados. Estranhamente, não se comina qualquer sanção pelo seu incumprimento.

ARTIGO 456.º – Extinção e cancelamento do registo

1 – Quando a associação sindical ou de empregadores não tenha requerido a publicação nos termos do n.º 1 do artigo 454.º da identidade dos membros da direcção num período de seis anos a contar da publicação anterior, o serviço competente do ministério responsável pela área laboral deve comunicar o facto ao magistrado do Ministério Público no tribunal competente, o qual promove, no prazo de 15 dias a contar da recepção dessa comunicação, a declaração judicial de extinção da associação.

2 – A extinção judicial ou voluntária de associação sindical ou associação de empregadores deve ser comunicada ao serviço competente do Ministério responsável pela área laboral:

a) Pelo tribunal, mediante cópia da decisão que determine a extinção, transitada em julgado;

b) Pelo presidente da mesa da assembleia-geral, mediante certidão ou cópia certificada da acta da assembleia que delibere a extinção, com as folhas de presenças e respectivos termos de abertura e encerramento.

3 – A comunicação deve ser acompanhada da identificação dos filiados na associação de empregadores em causa abrangidos por cada um dos contratos colectivos de que esta seja outorgante.

4 – O serviço referido no número anterior procede ao cancelamento do registo dos estatutos da associação em causa e promove a publicação imediata de aviso no Boletim do Trabalho e Emprego.

5 – O serviço referido nos números anteriores remete ao magistrado do Ministério Público no tribunal competente certidão ou cópia certificada da acta da assembleia que delibere a extinção, acompanhada de apreciação fundamentada sobre a legalidade da deliberação, nos oito dias posteriores à publicação do aviso.

6 – No caso de a deliberação de extinção da associação ser desconforme com a lei ou os estatutos, o magistrado do Ministério Público promove, no prazo de 15 dias a contar da recepção, a declaração judicial de nulidade da deliberação.

7 – O tribunal comunica a declaração judicial de nulidade da deliberação de extinção da associação, transitada em julgado, ao serviço referido nos números anteriores, o qual revoga o cancelamento e promove a publicação imediata de aviso no Boletim do Trabalho e Emprego.

8 – A extinção da associação ou a revogação do cancelamento produz efeitos a partir da publicação do respectivo aviso.

1. Este preceito corresponde aos artigos 491.º e 521.º do anterior Código do Trabalho, aprovado pela Lei n.º 99/2003.

2. A redacção do n.º 3 foi introduzida pelo artigo 2.º da Lei n.º 93/2019, de 4 de Setembro, que renumerou ainda os originários n.os 3, 4, 5, 6 e 7, todos do Código do Trabalho, aprovado pela Lei n.º 7/2009, de 12 de Fevereiro, que passaram a n.os 4, 5, 6, 7 e 8, respectivamente.

3. Note-se que a Lei n.º 7/2009, de 12 de Fevereiro, contém normas de aplicação transitória, ou seja, esta Lei fixou a solução para alguns casos que se encontram na fronteira entre a lei anterior, a Lei n.º 99/2003, de 27 de Agosto, e o Código do Trabalho de 2009, resolvendo alguns problemas específicos. Entre estes está a publicação da identidade dos membros de direcção das associações sindicais e das associações de empregadores, que à data da entrada em vigor da Lei n.º 7/2009 (dia 17 de Fevereiro de 2009, cfr. artigo 14.º da própria Lei n.º 7/2009) não tenha sido requerida pelas próprias associações sindicais ou associações de empregadores, nos últimos seis anos. Neste sentido, o artigo 9.º da Lei n.º 7/2009 estabeleceu um prazo transitório para que a associação sindical, ou a associação de empregadores, requeira essa publicação, sob pena da própria associação vir a ser julgada extinta. Ver artigo 9.º da Lei n.º 7/2009, de 12 de Fevereiro, e respectivas anotações.

4. Relativamente às cópias certificadas referidas neste artigo, impõe-se saber quem tem competência para as realizar. O artigo 1.º do Decreto-Lei n.º 28/2000, de 13 de Março confere às juntas de freguesia, ao operador de serviço público de correios, CTT – Correios de Portugal, S. A., às câmaras de comércio e indústria, reconhecidas nos termos do Decreto-Lei n.º 244/92, de 29 de Outubro, alterado pelo Decreto-Lei n.º 154/2017, de 28 de Dezembro, aos advogados e aos solicitadores, competência para certificar a conformidade de fotocópias com os documentos originais que lhes sejam apresentados para esse fim, bem como para proceder à extracção de fotocópias dos originais que lhes sejam presentes para certificação. As fotocópias que sejam conferidas nos termos do artigo 1.º do Decreto-Lei n.º 28/2000, de 13 de Março, têm o valor probatório dos originais. Através do Decreto-Lei n.º 76-A/2006, de 29 de Março, alterado pelo Decreto-Lei n.º 8/2007, de 17 de Janeiro, procedeu-se à extensão do regime dos reconhecimentos de assinaturas e da autenticação e tradução de documentos, dispondo o n.º 1 do artigo 38.º que: "Sem prejuízo da competência atribuída a outras entidades, as câmaras de comércio e indústria, reconhecidas nos termos do Decreto-Lei n.º 244/92, de 29 de Outubro, os conservadores, os oficiais de registo, os advogados e os solicitadores podem fazer reconhecimentos simples e com menções especiais, presenciais e por semelhança, autenticar documentos particulares, certificar, ou fazer e certificar, traduções de documentos, nos termos previstos na lei notarial, bem como certificar a conformidade das fotocópias com os documentos originais e tirar fotocópias dos originais que lhes sejam presentes para certificação, nos termos do Decreto-Lei n.º 28/2000, de 13 de Março". O n.º 2 do mesmo artigo 38.º estabelece que "os reconhecimentos, as autenticações e as certificações efectuados pelas entidades previstas nos números anteriores conferem ao documento a mesma força probatória que teria se tais actos tivessem sido realizados com intervenção notarial", mediante registo em sistema informático, cujo funcionamento, respectivos termos e custos associados são definidos por portaria do Ministro da Justiça, cfr. n.º 3. Nestes termos, pode certificar um documento as juntas de freguesia, os CTT – Correios de Portugal, S. A., as câmaras de comércio e indústria, os advogados, os solicitadores, os conservadores e os oficiais de registo.

5. O estabelecido nos n.os 7 e 8 pretende acautelar terceiros que pretendam celebrar negócios jurídicos com a associação, estabelecendo-se que no caso de extinção da associação, esta extinção só produz efeitos após a publicação de aviso no Boletim do Trabalho e Emprego, assim se conferindo a necessária publicidade para que esses terceiros possam conhecer a inexistência jurídica da associação.

SUBSECÇÃO III - Quotização sindical

ARTIGO 457.º - Quotização sindical e protecção dos trabalhadores

1 – O trabalhador não pode ser obrigado a pagar quotas para associação sindical em que não esteja inscrito.

2 – A cobrança e entrega de quotas sindicais pelo empregador não podem implicar para o trabalhador qualquer discriminação, nem o pagamento de despesas não previstas na lei ou limitar de qualquer modo a sua liberdade de trabalho.

3 – O empregador pode proceder ao tratamento informático de dados pessoais dos trabalhadores referentes a filiação sindical, desde que, nos termos da lei, sejam exclusivamente utilizados para cobrança e entrega de quotas sindicais.

4 – A associação sindical não pode recusar a passagem de documento essencial à actividade profissional do trabalhador que seja da sua competência, por motivo de falta de pagamento de quotas.

1. Este preceito corresponde aos artigos 492.º e 493.º do anterior Código do Trabalho, aprovado pela Lei n.º 99/2003.

2. O n.º 1 reproduz uma garantia com tutela constitucional, na alínea b) do n.º 2 do artigo 55.º da Constituição da República Portuguesa.

3. Em matéria de filiação sindical deve ter-se em conta o Regulamento (UE) 2016/679 do Parlamento Europeu e do Conselho, de 27 de Abril de 2016. Os regulamentos encontram-se previstos no artigo 288.º do Tratado Sobre o Funcionamento da União Europeia, sendo um acto juridico emanado de instituições comunitárias, com competência normativa, adoptada para execução dos Tratados e das políticas das Comunidades, que tem caráter geral, é obrigatório em todos os seus elementos, e é directamente aplicável em todos os Estados-Membros.

O n.º 1 do artigo 9.º Regulamento (UE) 2016/679 proibe o tratamento de dados pessoais que revelem a origem racial ou étnica, as opiniões políticas, as convicções religiosas ou filosóficas, ou a filiação sindical, bem como o tratamento de dados genéticos, dados biométricos para identificar uma pessoa de forma inequívoca, dados relativos à saúde ou dados relativos à vida sexual ou orientação sexual de uma pessoa.

O disposto no n.º 1 do artigo 9.º Regulamento (UE) 2016/679 não se aplica se se verificar um dos seguintes casos:

> "a) Se o titular dos dados tiver dado o seu consentimento explícito para o tratamento desses dados pessoais para uma ou mais finalidades específicas, exceto se o direito da União ou de um Estado-Membro previr que a proibição a que se refere o n.º 1 não pode ser anulada pelo titular dos dados;

b) Se o tratamento for necessário para efeitos do cumprimento de obrigações e do exercício de direitos específicos do responsável pelo tratamento ou do titular dos dados em matéria de legislação laboral, de segurança social e de proteção social, na medida em que esse tratamento seja permitido pelo direito da União ou dos Estados-Membros ou ainda por uma convenção coletiva nos termos do direito dos Estados-Membros que preveja garantias adequadas dos direitos fundamentais e dos interesses do titular dos dados;

c) Se o tratamento for necessário para proteger os interesses vitais do titular dos dados ou de outra pessoa singular, no caso de o titular dos dados estar física ou legalmente incapacitado de dar o seu consentimento;

d) Se o tratamento for efectuado, no âmbito das suas atividades legítimas e mediante garantias adequadas, por uma fundação, associação ou qualquer outro organismo sem fins lucrativos e que prossiga fins políticos, filosóficos, religiosos ou sindicais, e desde que esse tratamento se refira exclusivamente aos membros ou antigos membros desse organismo ou a pessoas que com ele tenham mantido contactos regulares relacionados com os seus objetivos, e que os dados pessoais não sejam divulgados a terceiros sem o consentimento dos seus titulares;

e) Se o tratamento se referir a dados pessoais que tenham sido manifestamente tornados públicos pelo seu titular;

f) Se o tratamento for necessário à declaração, ao exercício ou à defesa de um direito num processo judicial ou sempre que os tribunais atuem no exercício da suas função jurisdicional;

g) Se o tratamento for necessário por motivos de interesse público importante, com base no direito da União ou de um Estado-Membro, que deve ser proporcional ao objetivo visado, respeitar a essência do direito à proteção dos dados pessoais e prever medidas adequadas e específicas que salvaguardem os direitos fundamentais e os interesses do titular dos dados;

h) Se o tratamento for necessário para efeitos de medicina preventiva ou do trabalho, para a avaliação da capacidade de trabalho do empregado, o diagnóstico médico, a prestação de cuidados ou tratamentos de saúde ou de ação social ou a gestão de sistemas e serviços de saúde ou de ação social com base no direito da União ou dos Estados-Membros ou por força de um contrato com um profissional de saúde, sob reserva das condições e garantias previstas no n.º 3;

i) Se o tratamento for necessário por motivos de interesse público no domínio da saúde pública, tais como a proteção contra ameaças transfronteiriças graves para a saúde ou para assegurar um elevado nível de qualidade e de segurança dos cuidados de saúde e dos medicamentos ou dispositivos médicos, com base no direito da União ou dos Estados-Membros que preveja medidas adequadas e específicas que salvaguardem os direitos e liberdades do titular dos dados, em particular o sigilo profissional;

j) Se o tratamento for necessário para fins de arquivo de interesse público, para fins de investigação científica ou histórica ou para fins estatísticos, em conformidade com o artigo 89.º, n.º 1, com base no direito da União ou de um Estado-Membro, que deve ser proporcional ao objetivo visado, respeitar a essência do direito à proteção dos dados pessoais e prever medidas adequadas e específicas para a defesa dos direitos fundamentais e dos interesses do titular dos dados.".

4. Não se percebe a pertinência do n.º 4. Durante largos anos, os preceitos equivalentes ao ora n.º 4 tinham por fim não prejudicar a passagem de carteiras profissionais, as quais se mostravam essenciais à actividade profissional do trabalhador, quando a emissão desses documentos fosse – como durante algum tempo foi – da competência das associações sindicais, por falta de pagamento de quotas. Sucede contudo que, não obstante o disposto, primeiro, na alínea n) do n.º 2 do artigo 3.º do Decreto-Lei n.º 326-B/2007, de 28 de Setembro, e posteiormente na alínea m) do do n.º 2 do artigo 2.º do Decreto Regulamentar n.º 47/2012, de 31 de Julho, que aprovou a orgânica da Autoridade para as Condições do Trabalho, de que a competência para a emissão das carteiras profissionais incumbe à Autoridade para as Condições do Trabalho, a verdade é que estas foram eliminadas pelo Decreto-Lei n.º 92/2011, de 27 de Julho, que simplificou o acesso a profissões e actividades profissionais.

ARTIGO 458.º – Cobrança de quotas sindicais

1 – O empregador deve proceder à cobrança e entrega de quotas sindicais quando o instrumento de regulamentação colectiva de trabalho aplicável o preveja e o trabalhador o autorize, ou mediante opção expressa do trabalhador dirigida ao empregador.

2 – O trabalhador deve formular por escrito e assinar a declaração de autorização ou de opção referida no número anterior e nela indicar o valor da quota sindical ou o determinado em percentagem da retribuição a deduzir e a associação sindical à qual o mesmo deve ser entregue.

3 – A cobrança e entrega de quota sindical implica que o empregador deduza da retribuição do trabalhador o valor da quota e o entregue à associação sindical respectiva, até ao dia 15 do mês seguinte.

4 – A responsabilidade pelas despesas necessárias à entrega da quota sindical pode ser definida por instrumento de regulamentação colectiva de trabalho ou acordo entre empregador e sindicato ou trabalhador.

5 – O trabalhador pode fazer cessar a cobrança e entrega de quota sindical pelo empregador mediante declaração escrita e assinada que lhe dirija neste sentido.

6 – O trabalhador deve enviar cópias das declarações previstas nos números anteriores à associação sindical respectiva.

7 – A declaração de autorização ou de opção do trabalhador de cobrança da quota sindical e a declaração sobre a cessação deste procedimento produzem efeitos a partir do mês seguinte ao da sua entrega ao empregador.

8 – Constitui contra-ordenação muito grave a recusa ou falta de cobrança, pelo empregador, da quota sindical, através da dedução na retribuição do trabalhador que a haja autorizado ou decidido.

1. Este preceito corresponde aos artigos 494.º e 495.º do anterior Código do Trabalho, aprovado pela Lei n.º 99/2003.

2. A cobrança da quota sindical, por dedução do empregador na retribuição do trabalhador, constitui uma das poucas excepções ao princípio da proibição da compensação e de descontos ou deduções enquanto o contrato de trabalho estiver em vigor, cfr. alínea e) do n.º 2 do artigo 279.º Incluída nesta excepção, deve entender-se as despesas necessárias à entrega da quota, desde que essas despesas incorram por conta do empregador, nos termos do n.º 4 deste artigo 458.º

3. Nos termos do artigo seguinte, artigo 459.º, o empregador que retiver e não entregar à associação sindical a quota sindical cobrada, incorre na prática de um crime.

4. Uma vez que não se exige o exercício efectivo da actividade, permitindo-se que o trabalhador que deixe de exercer a sua actividade mantenha a qualidade de associado de associação sindical, nos termos do n.º 2 do artigo 444.º, tratando-se de trabalhador que tenha o contrato de trabalho suspenso, sem auferir por isso a retribuição, não poderá o empregador proceder à cobrança e entrega de quotas sindicais. Com efeito, sem pagamento da retribuição não conseguirá o empregador deduzir desta o valor da quota, pelo que em tais casos, deverá o trabalhador, por si, proceder ao pagamento da quotidização sindical. Só assim não será se os estatutos da associação sindical contiverem uma cláusula nos termos da qual o pagamento da quota se acha suspenso quando o contrato de trabalho se encontrar suspenso. Tais cláusulas são frequentes nos estatutos dos sindicatos, nestes se prevendo amiúde que situações de doença, cumprimento de serviço militar e outros casos, permitem que a obrigação de pagamento de quotas se suspenda durante esse período.

5. Nada obsta que a forma escrita, imposta pelos n.os 2 e 5, seja satisfeita através de documento electrónico, ou seja, por documento elaborado mediante processamento electrónico de dados. Por outras palavras, nada impede que a forma escrita seja adoptada através de uma declaração escrita enviada por correio electrónico (e-mail) para um endereço electrónico. Sobre a validade, eficácia e valor probatório dos documentos electrónicos remete-se para a anotação 4. ao artigo 107.º

ARTIGO 459.º – Crime de retenção de quota sindical

O empregador que retiver e não entregar à associação sindical a quota sindical cobrada é punido com a pena prevista para o crime de abuso de confiança.

1. Este preceito corresponde ao artigo 612.º do anterior Código do Trabalho, aprovado pela Lei n.º 99/2003.

2. Em obediência ao n.º 1 do artigo 29.º da Constituição da República Portuguesa, o legislador criou o crime de retenção de quota sindical, fixando neste artigo 459.º a punibilidade da acção ou omissão, bem como os pressupostos para a sua punibilidade.

3. O crime de abuso de confiança encontra-se previsto e punido no artigo 205.º do Código Penal, aprovado pelo Decreto-Lei n.º 400/82, de 23 de Setembro.

4. A instituição do crime de retenção de quota sindical visa garantir o efectivo recebimento por parte da associação sindical da quota por si cobrada, quota esta com previsão constitucional na alínea b) do n.º 2 do artigo 55.º da Constituição da República Portuguesa.

SUBSECÇÃO IV – Actividade sindical na empresa

ARTIGO 460.º – Direito a actividade sindical na empresa

Os trabalhadores e os sindicatos têm direito a desenvolver actividade sindical na empresa, nomeadamente através de delegados sindicais, comissões sindicais e comissões intersindicais.

1. Este preceito corresponde ao artigo 496.º do anterior Código do Trabalho, aprovado pela Lei n.º 99/2003.

2. O direito dos trabalhadores e sindicatos a desenvolver a actividade sindical na empresa decorre do n.º 1 e da alínea d) do n.º 2 do artigo 55.º da Constituição da República Portuguesa, preceito este que constitui um direito fundamental, directamente aplicável, e que vincula as entidades públicas e privadas, cfr. n.º 1 do artigo 18.º da Constituição da República Portuguesa.

ARTIGO 461.º – Reunião de trabalhadores no local de trabalho

1 – Os trabalhadores podem reunir-se no local de trabalho, mediante convocação por um terço ou 50 trabalhadores do respectivo estabelecimento, ou pela comissão sindical ou intersindical:

a) Fora do horário de trabalho da generalidade dos trabalhadores, sem prejuízo do normal funcionamento de turnos ou de trabalho suplementar;

b) Durante o horário de trabalho da generalidade dos trabalhadores até um período máximo de 15 horas por ano, que conta como tempo de serviço efectivo, desde que seja assegurado o funcionamento de serviços de natureza urgente e essencial.

2 – É aplicável à realização de reunião referida no número anterior o disposto no artigo 420.º, com as necessárias adaptações.

3 – Os membros de direcção de associações sindicais representativas dos trabalhadores que não trabalhem na empresa podem participar na reunião, mediante comunicação dos promotores ao empregador com a antecedência mínima de seis horas.

4 – O empregador que proíba reunião de trabalhadores no local de trabalho ou o acesso de membro de direcção de associação sindical a instalações de empresa onde decorra reunião de trabalhadores comete contra-ordenação muito grave.

1. Este preceito corresponde ao artigo 497.º do anterior Código do Trabalho, aprovado pela Lei n.º 99/2003.

2. De acordo com a alínea b) do n.º 1, os trabalhadores que se reúnam no local de trabalho, mediante convocação por um terço ou 50 trabalhadores do respectivo estabelecimento, ou pela comissão sindical ou intersindical, durante o horário de trabalho e no limite das 15 horas anuais, o tempo de duração da reunião conta como tempo de serviço efectivo, o que significa que apesar da prestação de trabalho não estar a ser cumprida – porque o trabalhador está em reunião – o próprio trabalhador não perde o direito à retribuição durante o tempo em que se encontra a participar na reunião.

3. Além desta reunião prevista neste artigo 461.º, a lei admite a realização de outras reuniões no local de trabalho, dentro ou fora do horário de trabalho da generalidade dos trabalhadores. É o que sucede com as reuniões de trabalhadores convocadas pela comissão de trabalhadores, cfr. artigos 419.º e 420.º Estas reuniões convocadas pela comissão de trabalhadores, quando ocorrerem durante o horário de trabalho, contam também como tempo de serviço efectivo, estabelecendo-se igualmente um limite de 15 horas anuais. Impõe-se por isso saber se, estas horas são cumulativas, ou se a realização de uma ou mais reuniões por uma destas estruturas, faz precludir o direito à realização de reuniões pela outra. Apesar de ambas as reuniões em causa serem convocadas por estruturas de representação colectiva dos trabalhadores, cfr. alíneas a) e b) do artigo 404.º, tratam-se de diferentes estruturas, não obstante os fins de ambas as estruturas coincidirem – defesa dos direitos e interesses dos trabalhadores – sem que por isso se sobreponham, cfr. n.º 1 do artigo 405.º Por este motivo, a lei evidenciou as estruturas de representação colectiva individualmente, e não a justaposição dos interesses defendidos, assumindo como critério de distinção a formalidade da convocação da reunião. Assim, existindo na empresa diferentes estruturas de representação colectiva dos trabalhadores, podem os trabalhadores não realizar a prestação de trabalho, por se encontrarem a participar em reuniões de trabalhadores, até 30 horas por ano, sem perda da retribuição.

4. A lei não diz o que se deve entender por funcionamento de serviços de natureza urgente e essencial. Ponto assente é que este funcionamento não é o normal funcionamento da empresa. Tratar-se-á sobretudo dos serviços que, por exemplo, evitam a ocorrência de danos nas máquinas utilizadas para laborar. O que consubstancie serviços de natureza urgente e essencial é matéria que deve ser concretizada caso a caso e sempre com aplicação do princípio da boa fé que deve presidir ao empregador e trabalhador na vigência do contrato de trabalho, cfr. n.º 1 do artigo 126.º e n.º 2 do artigo 762.º do Código Civil.

5. O n.º 2 ao remeter para o artigo 420.º, impõe que uma das entidades que, nos termos do n.º 1 deste artigo 461.º, seja a promotora da reunião, comunique ao empregador, com a antecedência mínima de 48 horas, a data, hora, número previsível de participantes e local em que pretende que a reunião de trabalhadores se efectue e afixe a respectiva convocatória. Quando a reunião a realizar tenha lugar durante o horário de trabalho, a entidade promotora deve apresentar proposta que vise assegurar o funcionamento de serviços de natureza urgente e essencial. Após receber a comunicação da realização da reunião e, a proposta dos termos em que é assegurado o funcionamento de serviços de natureza urgente e essencial, o empregador deve pôr à disposição da entidade promotora, desde que esta o requeira, um local no interior da empresa ou na sua proximidade apropriado à realização da reunião, tendo em conta os elementos da comunicação e da proposta. Neste acto, o empregador pode recordar à entidade promotora a necessidade de respeitar o disposto na parte final da alínea a) ou b) do n.º 1 deste artigo 461.º

A afixação da convocatória é realizada pela uma das entidades que, nos termos do n.º 1 deste artigo 461.º, seja a promotora da reunião, nas instalações da empresa e em local apropriado, disponibilizado pelo empregador para esse efeito, cfr. n.º 1 do artigo 465.º

6. A violação do procedimento para realização de reunião no local de trabalho por parte da entidade promotora tem como consequência a ilicitude da reunião, podendo gerar responsabilidade disciplinar, civil ou criminal, consoante as circunstâncias verificadas em concreto.

ARTIGO 462.º – Eleição, destituição ou cessação de funções de delegado sindical

1 – O delegado sindical é eleito e destituído nos termos dos estatutos do respectivo sindicato, por voto directo e secreto.

2 – O mandato do delegado sindical não pode ter duração superior a quatro anos.

3 – Podem constituir-se comissões sindicais na empresa ou estabelecimento e comissões intersindicais na empresa, de acordo com as alíneas g) e h) do n.º 1 do artigo 442.º

4 – A direcção do sindicato comunica por escrito ao empregador a identidade de cada delegado sindical, bem como dos que fazem parte de comissão sindical ou intersindical, e promove a afixação da comunicação nos locais reservados a informação sindical.

5 – O disposto no número anterior é aplicável em caso de destituição ou cessação de funções de delegado sindical.

1. Este preceito corresponde aos artigos 498.º e 499.º do anterior Código do Trabalho, aprovado pela Lei n.º 99/2003.

2. O n.º 2 estabelece que o mandato do delegado sindical não pode ter duração superior a quatro anos, nada se dizendo contudo, relativamente à admissibilidade de mandatos sucessivos. Não obstante, não nos parece que a possibilidade do delegado sindical ser reeleito esteja posta em causa. Neste sentido, podem desde logo os estatutos permitir mandatos sucessivos, sendo que, ainda que sejam omissos nessa matéria, julga-se que a possibilidade de reeleição do delegado sindical para mandatos sucessivos só não é referida neste n.º 2 por lapso do legislador. Contrariamente ao que sucede neste n.º 2, os membros da direcção da associação sindical têm uma previsão expressa na alínea c) do n.º 1 do artigo 451.º, que admite a sua reeleição para mandatos sucessivos, salvo disposição estatutária em contrário. Não vemos razão para distinguir, em matéria de mandato, um membro da direcção da associação sindical, de um delegado sindical.

3. Os n.os 4 e 5 constituem a base legal que consagra o dever da direcção do sindicato comunicar, por escrito, ao empregador, a identidade de cada delegado sindical, individualmente considerado ou integrado em comissão sindical ou intersindical, cfr. alíneas g) e h) do n.º 1 do artigo 442.º Só conhecendo a identidade de cada um dos delegados sindicais, em efectividade de função, pode o empregador dar cumprimento aos deveres que sobre si incidem nessa qualidade. A parte final do n.º 4 obriga ainda a que seja dada publicidade à identidade dos delegados sindicais, tenham eles sido eleitos, destituídos, ou por qualquer outra razão tenham cessado as suas funções. Antes de ser dado conhecimento ao empregador da identidade do delegado sindical pode aquele licitamente obstar ao exercício de direitos por parte do delegado sindical, sem que incorra em qualquer cominação por o fazer.

4. Nada obsta que a forma escrita, imposta pelo n.º 4, seja satisfeita através de documento electrónico, ou seja, por documento elaborado mediante processamento electrónico de dados. Por outras palavras, nada impede que a forma escrita seja adoptada através de uma declaração escrita enviada por correio electrónico (e-mail) para um endereço electrónico. Sobre a validade, eficácia e valor probatório dos documentos electrónicos remete-se para a anotação 4. ao artigo 107.º

ARTIGO 463.º – Número de delegados sindicais

1 – O número máximo de delegados sindicais que beneficiam do regime de protecção previsto neste Código é determinado da seguinte forma:

a) Em empresa com menos de 50 trabalhadores sindicalizados, um;

b) Em empresa com 50 a 99 trabalhadores sindicalizados, dois;

c) Em empresa com 100 a 199 trabalhadores sindicalizados, três;

d) Em empresa com 200 a 499 trabalhadores sindicalizados, seis;

e) Em empresa com 500 ou mais trabalhadores sindicalizados, o número resultante da seguinte fórmula:

$$6 + [(n - 500) : 200]$$

2 – Para efeito da alínea e) do número anterior, n é o número de trabalhadores sindicalizados.

3 – O resultado apurado nos termos da alínea e) do número anterior é arredondado para a unidade imediatamente superior.

1. Este preceito corresponde ao artigo 500.º do anterior Código do Trabalho, aprovado pela Lei n.º 99/2003.

2. Através deste artigo 463.º o legislador fixou um número máximo de delegados sindicais que beneficiam do regime específico previsto neste Código do Trabalho, o que se compreende. De facto, a lei atribui aos trabalhadores que sejam eleitos delegados sindicais, um regime de protecção através do qual, e entre outros direitos, estes beneficiam de um determinado número de horas em que não se encontram a desempenhar a actividade contratada, mas antes a exercer as suas funções de representantes, sendo que ainda assim, essas horas contam como tempo de serviço efectivo, cfr. n.º 1 do artigo 467.º e n.º 2 do artigo 408.º, do direito a instalações, cfr. n.º 1 do artigo 464.º, etc.. Ou seja, o exercício de direitos do delegado sindical é financeiramente suportado pelo empregador, o que representa um muito sério encargo económico e financeiro que o Estado coloca sobre o empregador, para o cumprimento de desígnios Constitucionais que ao próprio Estado competiria garantir e assegurar, suportando os respectivos custos. Obviamente, correndo estes encargos por conta do empregador, seria inaceitável que não se estabelecessem limites, apelando este preceito a um critério de proporcionalidade entre número de delegados sindicais, e os trabalhadores sindicalizados.

3. Para efeitos deste artigo 463.º, não se diz se o número de trabalhadores sindicalizados que se devem considerar são aqueles que se encontram inscritos em qualquer sindicato, ou se são somente aqueles que se encontram inscritos em associação sindical da qual o delegado sindical é representante. Um ou outro critério são decisivos, pois entendendo-se que releva o número total de trabalhadores filiados em qualquer sindicato, o número de delegados sindicais que beneficiam do regime de protecção pode ser bastante superior àquele outro que resultaria da aplicação apenas do número de trabalhadores inscrito no sindicato de que o delegado é representante. Atendendo a que o delegado sindical é o trabalhador eleito, apenas entre os trabalhadores da empresa filiados no sindicato de que é representante, coerentemente o critério que deve ser adoptado, para aferir do número de delegados sindicais que beneficiam do regime especial de protecção, é o número de trabalhadores que se encontram inscritos apenas na associação sindical de que o delegado sindical é representante.

ARTIGO 464.º – Direito a instalações

1 – O empregador deve pôr à disposição dos delegados sindicais que o requeiram um local apropriado ao exercício das suas funções, no interior da empresa ou na sua proximidade, disponibilizado a título permanente em empresa ou estabelecimento com 150 ou mais trabalhadores.

2 – Constitui contra-ordenação grave a violação do disposto no número anterior.

1. Este preceito corresponde ao artigo 501.º do anterior Código do Trabalho, aprovado pela Lei n.º 99/2003.

2. Note-se que nos termos do n.º 1, em empresa que tenha menos de 150 trabalhadores, o empregador só é obrigado a colocar à disposição dos delegados sindicais instalações adequadas, se os delegados sindicais o requererem.

ARTIGO 465.º – Afixação e distribuição de informação sindical

1 – O delegado sindical tem o direito de afixar, nas instalações da empresa e em local apropriado disponibilizado pelo empregador, convocatórias, comunicações, informações ou outros textos relativos à vida sindical e aos interesses socioprofissionais dos trabalhadores, bem como proceder à sua distribuição, sem prejuízo do funcionamento normal da empresa.

2 – Constitui contra-ordenação grave a violação do disposto no número anterior.

1. Este preceito corresponde ao artigo 502.º do anterior Código do Trabalho, aprovado pela Lei n.º 99/2003.

2. O dever do delegado sindical não prejudicar o normal funcionamento da empresa, que decorre do n.º 1, encontrava-se já previsto no n.º 1 do artigo 414.º, aplicável ao delegado sindical porquanto este é um membro de estrutura de representação colectiva dos trabalhadores, cfr. alínea f) do n.º 1 do artigo 442.º Nos termos do n.º 2 daquele artigo 414.º, o exercício abusivo de direitos por parte do delegado sindical, é passível de responsabilidade disciplinar, civil ou criminal, nos termos gerais.

3. Por força do n.º 2 do artigo 421.º, o direito de afixação e distribuição previsto no n.º 1 é aplicável, com as necessárias adaptações, às comissões e subcomissões de trabalhores. E de igual direito beneficiam os representantes dos trabalhadores para a segurança e a saúde no trabalho, por determinação do n.º 2 do artigo 24.º da Lei n.º 102/2009, de 10 de Setembro, alterada pelas Leis n.os 42/2012, de 28 de Agosto, 3/2014, de 28 de Janeiro, pelo Decreto-Lei n.º 88/2015, de 28 de Maio, e pela Lei n.º 146/2015, de 9 de Setembro, que aprovou o regime jurídico da segurança e saúde no trabalho.

4. Nem sempre o fim visado pelo n.º 1, o de permitir a informação dos trabalhadores, pode ser atingido. É o que sucede com o trabalhador em regime de teletrabalho, cfr. artigo 165.º e segs., que habitualmente se encontre fora da empresa e por esse motivo pode não ter acesso à informação. De acordo com o n.º 3 do artigo 171.º, permite-se que qualquer estrutura de representação colectiva dos trabalhadores, cfr. artigo 404.º, utilize as tecnologias de informação e comunicação que constituam instrumentos de trabalho para, no exercício da sua actividade, comunicar com o trabalhador que se encontre em regime de teletrabalho. Deste modo permite-se que as estruturas de representação colectiva dos trabalhadores, através da utilização das tecnologias de informação e de comunicação, comuniquem ao trabalhador em regime de teletrabalho convocatórias, comunicações, informações e outros textos relativos à actividade da estrutura em causa, bem como os textos que sejam do interesse do trabalhador.

ARTIGO 466.º – Informação e consulta de delegado sindical

1 – O delegado sindical tem direito a informação e consulta sobre as seguintes matérias, além de outras referidas na lei ou em convenção colectiva:

a) Evolução recente e provável evolução futura da actividade da empresa ou do estabelecimento e da sua situação económica;

b) Situação, estrutura e provável evolução do emprego na empresa ou no estabelecimento e eventuais medidas preventivas, nomeadamente quando se preveja a diminuição do número de trabalhadores;

c) Decisão susceptível de desencadear mudança substancial na organização do trabalho ou nos contratos de trabalho.

2 – É aplicável à informação e consulta de delegados sindicais o disposto nos n.os 1, 2, 4, 5, 6 e 7 do artigo 427.º

3 – O disposto no presente artigo não é aplicável a microempresa ou a pequena empresa.

1. Este preceito corresponde ao artigo 503.º do anterior Código do Trabalho, aprovado pela Lei n.º 99/2003.

2. De acordo com o n.º 2, o delegado sindical solicita por escrito, respectivamente, ao órgão de gestão da empresa, ou do estabelecimento, os elementos de informação respeitantes às matérias abrangidas pelo direito à informação. A informação é-lhe prestada por escrito, no prazo de oito dias, ou 15 dias se a sua complexidade o justificar. Quando se trate de consulta, o empregador solicita por escrito o parecer do delegado sindical, que deve ser emitido no prazo de 10 dias a contar da recepção do pedido, ou em prazo superior que seja concedido, atendendo à extensão ou complexidade da matéria. Decorrido o prazo que seja concedido, sem que tenha sido emitido o parecer, encontra-se cumprido pelo empregador o dever de consulta. Caso o delegado sindical peça informação pertinente sobre a matéria da consulta, o prazo de 10 dias conta-se a partir da prestação da informação, por escrito ou em reunião em que tal ocorra.-

Sempre se diga, que sempre que esteja em causa decisão do empregador no exercício dos seus poderes de direcção e organização, o procedimento de informação e consulta devem ser conduzidos por ambas as partes no sentido de alcançar, sempre que possível, o consenso.

3. Microempresas são as empresas que empregam até dez trabalhadores, sendo que se empregarem dez trabalhadores já são consideradas pequena empresa, qualificação que mantêm se tiverem menos de cinquenta trabalhadores, ou seja até quarenta e nove trabalhadores, cfr. alíneas a) e b) do n.º 1 do artigo 100.º

ARTIGO 467.º – Crédito de horas de delegado sindical

1 – O delegado sindical tem direito, para o exercício das suas funções, a um crédito de cinco horas por mês, ou oito horas por mês se fizer parte de comissão intersindical.

2 – Constitui contra-ordenação grave a violação do disposto no número anterior.

1. Este preceito corresponde ao artigo 504.º do anterior Código do Trabalho, aprovado pela Lei n.º 99/2003.

2. O direito a crédito de horas por parte dos trabalhadores que sejam eleitos para as estruturas de representação colectiva do trabalho resulta genericamente do artigo 408.º, sendo concretizado em várias outras disposições, como sucede relativamente ao crédito de horas de delegado sindical, que se encontra previsto no n.º 1 deste artigo 467.º Estabelece expressamente o n.º 2 do artigo 408.º que o crédito de horas é referido ao período normal de trabalho e conta como tempo de serviço efectivo, inclusivamente para efeito de retribuição, o que significa que o trabalhador que beneficie de crédito de horas, quando o estiver a utilizar, não se encontra a cumprir a prestação de trabalho, não afectando qualquer dos seus direitos por isso.

3. Sobre a questão de saber se os trabalhadores eleitos para as estruturas de representação colectiva dos trabalhadores estão dispensados ou não de fazer prova perante o empregador do facto invocado para a ausência do trabalhador do local onde deveria prestar o seu trabalho, ao abrigo do crédito de horas, ver anotação ao artigo 408.º

SUBSECÇÃO V – Membro de direcção de associação sindical

ARTIGO 468.º – Crédito de horas e faltas de membro de direcção

1 – Para o exercício das suas funções, o membro de direcção de associação sindical tem direito a crédito de horas correspondente a quatro dias de trabalho por mês, e a faltas justificadas, nos termos dos números seguintes.

2 – Sem prejuízo do disposto em instrumento de regulamentação colectiva de trabalho, em cada empresa, o número máximo de membros de direcção de associação sindical com direito a crédito de horas e a faltas justificadas sem limitação de número é determinado da seguinte forma:

a) Em empresa com menos de 50 trabalhadores sindicalizados, um;

b) Em empresa com 50 a 99 trabalhadores sindicalizados, dois;

c) Em empresa com 100 a 199 trabalhadores sindicalizados, três;

d) Em empresa com 200 a 499 trabalhadores sindicalizados, quatro;

e) Em empresa com 500 a 999 trabalhadores sindicalizados, seis;

f) Em empresa com 1000 a 1999 trabalhadores sindicalizados, sete;

g) Em empresa com 2000 a 4999 trabalhadores sindicalizados, oito;

h) Em empresa com 5000 a 9999 trabalhadores sindicalizados, 10;

i) Em empresa com 10000 ou mais trabalhadores sindicalizados, 12.

3 – No caso de membro de direcção de federação, união ou confederação, a aplicação da fórmula referida no número anterior tem em conta o número de trabalhadores filiados nas associações que fazem parte dessa estrutura.

4 – O trabalhador que seja membro de direcção de mais de uma associação sindical não tem direito a cumulação de crédito de horas.

5 – Os membros de direcção que excedam o número máximo calculado nos termos dos números anteriores têm direito a faltas justificadas até ao limite de 33 por ano.

6 – A direcção da associação sindical deve comunicar ao empregador, até 15 de Janeiro de cada ano e nos 15 dias posteriores a qualquer alteração da sua composição, a identidade dos membros a quem se aplica o disposto no n.º 2.

7 – A direcção da associação sindical pode atribuir crédito de horas a outro membro da mesma, desde que não ultrapasse o montante global atribuído nos termos dos n.os 1 e 2, e informe o empregador da alteração da repartição do crédito com a antecedência mínima de 15 dias.

8 – Quando as faltas justificadas se prolongarem efectiva ou previsivelmente para além de um mês, aplica-se o regime da suspensão do contrato de trabalho por facto respeitante ao trabalhador, sem prejuízo do disposto em instrumento de regulamentação colectiva de trabalho aplicável, que preveja funções sindicais a tempo inteiro ou outras situações específicas, relativamente ao direito à retribuição de trabalhador.

9 – Constitui contra-ordenação muito grave a violação do disposto no n.º 1.

1. Este preceito corresponde ao artigo 505.º do anterior Código do Trabalho, aprovado pela Lei n.º 99/2003.

2. O direito a crédito de horas por parte dos trabalhadores que sejam eleitos para as estruturas de representação colectiva do trabalho resulta genericamente do artigo 408.º, sendo concretizado em várias outras disposições, como sucede relativamente ao crédito de horas de membro de direcção de associação sindical, que se encontra previsto no n.º 1 deste artigo 468.º Estabelece expressamente o n.º 2 do artigo 408.º que o crédito de horas é referido ao período normal de trabalho e conta como tempo de serviço efectivo, inclusivamente para efeito de retribuição, o que significa que o trabalhador que beneficie de crédito de horas, quando o estiver a utilizar, não se encontra a cumprir a prestação de trabalho, não afectando qualquer dos seus direitos por isso.

3. Este artigo 468.º consagra um regime excepcional, estabelecido apenas para os membros da direcção das associações sindicais. Este regime encontra justificação pela necessidade dos membros da direcção das associações sindicais garantirem maior disponibilidade relativamente à condução e execução da acção sindical, à gestão da associação sindical e à representação da própria associação sindical. De forma a não condicionar esta disponibilidade, a lei atribui então ao trabalhador que seja membro da direcção de uma associação sindical uma garantia de retribuição mínima, correspondente a 4 dias de trabalho por mês. A intenção subjacente a este regime excepcional terá sido proteger o trabalhador membro da direcção da associação sindical, do condicionamento, constrangimento ou limitação do exercício legítimo das suas funções, cfr. n.º 6 do artigo 55.º da Constituição da República Portuguesa, de modo a não criar no seu espírito qualquer relutância em desempenhar as suas funções, pelo receio de perder, a totalidade da retribuição correspondente aos dias em que falta por cumprir as funções de dirigente.

4. Do texto do n.º 1 deste artigo 468.º, estabelecem-se, simultaneamente, dois direitos do trabalhador membro de direcção de uma associação sindical: o direito "a crédito de horas correspondentes a quatro dias por mês", e o direito "a faltas justificadas", sem limitação de número, acrescenta, quanto às faltas, o n.º 2 deste artigo 468.º De acordo com o n.º 1 do artigo 409.º a ausência de trabalhador por motivo do desempenho de funções em estrutura de representação colectiva dos trabalhadores de que seja membro, que exceda o crédito de horas, considera-se justificada e conta como tempo de serviço efectivo, salvo para efeito de retribuição.

5. Quando o trabalhador membro de direcção de associação sindical pretenda utilizar o crédito de horas, deve informar o empregador, nos termos do n.º 3 do artigo 408.º, informação que deve igualmente dar ao empregador, quando necessitar de faltar para exercício das funções, nos termos do n.º 3 do artigo 409.º

6. Sobre a questão de saber se os trabalhadores eleitos para as estruturas de representação colectiva dos trabalhadores estão dispensados ou não de fazer prova perante o empregador do facto invocado para a ausência do trabalhador do local onde deveria prestar o seu trabalho, ao abrigo do crédito de horas, ver anotação ao artigo 408.º

7. De acordo com o n.º 8, se a situação de ausência do membro de direcção de associação sindical do seu local de trabalho, se verificar por mais de 30 dias, o contrato suspende-se. Neste sentido vide Acórdão do Supremo Tribunal de Justiça, de 22 de Outubro de 1996, *Boletim do Ministério da Justiça* 460, página 514. Nesta situação, o trabalhador não tem, por isso, direito ao crédito de dias e horas, cfr. Acórdão do Tribunal da Relação de Lisboa, de 29 de Setembro de 2004, processo n.º 2602/2002-4, sumários em www.dgsi.pt.

CAPÍTULO II – Participação na elaboração de legislação do trabalho

ARTIGO 469.º – Noção de legislação do trabalho

1 – Entende-se por legislação do trabalho a que regula os direitos e obrigações dos trabalhadores e empregadores, enquanto tais, e as suas organizações.

2 – São considerados legislação do trabalho os diplomas que regulam, nomeadamente, as seguintes matérias:

a) Contrato de trabalho;
b) Direito colectivo de trabalho;
c) Segurança e saúde no trabalho;
d) Acidentes de trabalho e doenças profissionais;
e) Formação profissional;
f) Processo do trabalho.

3 – Considera-se igualmente matéria de legislação do trabalho a aprovação para ratificação de convenções da Organização Internacional do Trabalho.

1. Este preceito corresponde ao artigo 524.º do anterior Código do Trabalho, aprovado pela Lei n.º 99/2003.

2. O n.º 2 estabelece quais as matérias que se devem entender como incluídas em legislação do trabalho para efeitos de participação na sua elaboração, sendo que as matérias nele referidas são exemplificativas e não taxativas. Apesar de exemplificativas, não devem ser incluídas no conceito de legislação do trabalho, a legislação que episodicamente cuide de assuntos laborais, dado que se assim não for, os trabalhadores teriam de se pronunciar sobre grande parte da actividade legiferante. Como exemplifica com o Código da Estrada, entre outros diplomas codificadores, Bernardo Lobo Xavier, *Curso de Direito do Trabalho*, I, 3.ª edição, Verbo, 2004, página 520, quase todos os Códigos têm disposições sobre as quais ter-se-ia de permitir a participação dos trabalhadores, não sendo suficiente, por si, a existência dessas normas para fundamentar o direito de participação. Deve entender-se a existência deste dever que incide sob o legislador de permitir a participação dos trabalhadores apenas quando possa estar em causa a disciplina de direitos fundamentais dos trabalhadores, o que só no caso concreto se permite aferir.

3. Distinta tem sido a posição da doutrina relativamente às leis de autorização legislativa. Para uns não deve ser considerada legislação do trabalho, não se consubstanciando relativamente a elas qualquer direito de participação. Neste sentido Bernardo Lobo Xavier, *Curso de Direito do Trabalho*, I, 3.ª edição, Verbo, 2004, página 521. Para outros, com fundamento nos Acórdãos do Tribunal Constitucional n.ºs 107/88, de 31 de Maio de 1988, publicado no Diário da República n.º 141, 1.ª série, de 21 de Junho de 1988, e 64/91, de 4 de Abril de 1991, publicado no Diário da República n.º 84, Suplemento, Série 1-A, de 11 de Abril de 1991, as leis de autorização legislativa da Assembleia da República que versem sobre matéria laboral englobam o conceito de legislação do trabalho, e por isso devem entender-se como submetidas ao dever de permitirem a participação na sua elaboração. Nesta querela, seguimos Bernardo Lobo Xavier, que, com propriedade, nota que apenas os diplomas fundados nas leis de autorização legislativa devem ser objecto de consulta, assim se evitando uma duplicação de participação. Sobre as leis de autorização legislativa ver Jorge Miranda, *Manual de Direito Constitucional*, Tomo V, Coimbra Editora, 1997, página 303 e segs.

4. Para maiores desenvolvimentos sobre a participação na elaboração de legislação do trabalho *vide* Bernardo Lobo Xavier, *Manual de Direito do Trabalho*, Verbo, 2011, página 241 e segs., e António Monteiro Fernandes, *Direito do Trabalho*, 15.ª Edição, Almedina, Abril 2010, página 98 e segs.

ARTIGO 470.º – Precedência de discussão

Qualquer projecto ou proposta de lei, projecto de decreto-lei ou projecto ou proposta de decreto regional relativo a legislação do trabalho só pode ser discutido e votado pela Assembleia da República, pelo Governo da República, pelas Assembleias Regionais ou pelos Governos Regionais depois de as comissões de trabalhadores ou as respectivas comissões coordenadoras, as associações sindicais e as associações de empregadores se terem podido pronunciar sobre ele.

1. Este preceito corresponde ao artigo 525.º do anterior Código do Trabalho, aprovado pela Lei n.º 99/2003.

2. O direito das comissões de trabalhadores participarem na elaboração da legislação do trabalho encontra-se previsto na d) do n.º 1 do artigo 423.º, sendo um direito com consagração constitucional, cfr. alínea d) do n.º 5 do artigo 54.º da Constituição da República Portuguesa, preceito este que constitui um direito fundamental, directamente aplicável, e que vincula as entidades públicas e privadas, cfr. n.º 1 do artigo 18.º da Constituição da República Portuguesa. Prevendo igualmente a Lei Fundamental a criação de comissões coordenadoras para melhor intervenção na reestruturação económica e por forma a garantir os interesses dos trabalhadores, cfr. n.º 3 do artigo 54.º da Constituição da República Portuguesa, poderão estas tomar o lugar das comissões de trabalhadores que coordenem, e participar na elaboração da legislação.

3. O direito das associações sindicais participarem na elaboração da legislação do trabalho, encontra-se previsto na alínea c) do n.º 1 do artigo 443.º, sendo um direito com consagração constitucional, cfr. alínea a) do n.º 2 do artigo 56.º da Constituição da República Portuguesa, preceito este que constitui um direito fundamental, directamente aplicável, e que vincula as entidades públicas e privadas, cfr. n.º 1 do artigo 18.º da Constituição da República Portuguesa.

4. O direito dos empregadores participarem na elaboração da legislação do trabalho não tem consagração constitucional. Não obstante, este direito estabelecido neste artigo 470.º deve ser entendido também como um direito fundamental, sabendo-se como se sabe que nada veda a que normas de direito ordinário atribuam direitos equiparados aos constantes de normas constitucionais, cfr. n.º 1 do artigo 16.º da Constituição da República Portuguesa. Entendendo-se o direito dos empregadores participarem na elaboração da legislação laboral, como um direito fundamental, este beneficiará do regime constitucional dos direitos, liberdades e garantias, cfr. artigo 17.º da Constituição da República Portuguesa, pelo que, e em consequência, este será um direito directamente aplicável e que vincula as entidades públicas e privadas, cfr. n.º 1 do artigo 18.º da Constituição da República Portuguesa.

5. Caso não seja respeitado o disposto neste artigo 470.º, a consequência não pode deixar de ser a inconstitucionalidade do diploma, seja por violação de garantia explícita da própria Constituição da República Portuguesa de determinadas estruturas poderem participar na elaboração da legislação do trabalho, seja por equiparação desse direito a um direito fundamental, como sucede no caso das associações de empregadores, podendo, como se disse *supra*, as normas de direito ordinário atribuírem direitos equiparados aos constantes de normas constitucionais, cfr. n.º 1 do artigo 16.º da Constituição da República Portuguesa. Violando-se então o estabelecido neste artigo 470.º, inconstitucionalidade é o vicio de que padecerá o diploma, e não uma mera ilegalidade, por violação de uma lei, como sucederia se se entendesse que a participação das associações de empregadores é um direito de mera criação ordinária, sem qualquer equiparação a um direito fundamental. No sentido de que a ausência de participação das associações de empregadores gera apenas ilegalidade Bernardo Lobo Xavier, *Curso de Direito do Trabalho*, I, 3.ª edição, Verbo, 2004, página 521. No sentido de que o alheamento da participação das associações de empregadores gera inconstitucionalidade, se bem que utilizando um argumento distinto, António Monteiro Fernandes, *Direito do Trabalho*, 15.ª Edição, Almedina, Abril 2010, página 105.

6. Ver artigo 472.º

7. Sem prejuízo do disposto neste Capítulo II do Código do Trabalho, relativo à participação na elaboração de legislação do trabalho, o Decreto-Lei n.º 274/2009, de 2 de Outubro, regula o procedimento de consulta formal de entidades, públicas e privadas, realizado pelo Governo, no âmbito da fase de elaboração e instrução dos actos e diplomas sujeitos a aprovação do Conselho de Ministros ou dos membros do Governo. Nos termos deste diploma, a consulta formal tanto pode ser cumprida mediante consulta directa ou consulta pública, cfr. artigo 2.º do Decreto-Lei n.º 274/2009. A consulta directa realiza-se através do envio pelo ministério proponente às entidades, públicas ou privadas, da totalidade ou da parte do projecto de acto ou diploma relativamente ao qual caiba a consulta, envio esse que é preferencialmente efectuado através de meios electrónicos, cfr. n.ºs 1 e 2 do artigo 3.º do Decreto-Lei n.º 274/2009. Note-se que o n.º 4 daquele artigo 3.º estabelece que nos casos de consulta directa obrigatória, tem lugar nova consulta quando, após uma audição, forem introduzidas alterações no projecto de diploma que o tornem substancialmente diferente ou inovatório. Já a consulta pública realiza-se através da divulgação pública no Portal do Governo, cfr. n.º 1 do artigo 5.º, podendo complementarmente ser realizada em sítio na Internet da responsabilidade do ministério proponente, cfr. n.º 2 do artigo 5.º do mesmo Decreto-Lei n.º 274/2009. Refira-se ainda que, nos termos do artigo 6.º, os actos e diplomas aprovados pelo Governo cujos projectos tenham sido objecto de consulta directa contêm, na parte final do respectivo preâmbulo ou da exposição de motivos, referência às entidades consultadas e ao carácter obrigatório ou facultativo das mesmas. No caso de propostas de lei, deve ser enviada cópia à Assembleia da República dos pareceres ou contributos resultantes da consulta directa às entidades cuja consulta seja constitucional ou legalmente obrigatória e que tenham sido emitidos no decurso do procedimento legislativo do Governo.

ARTIGO 471.º – Participação da Comissão Permanente de Concertação Social

A Comissão Permanente de Concertação Social pode pronunciar-se sobre qualquer projecto ou proposta de legislação do trabalho, podendo ser convocada por decisão do Presidente mediante requerimento de qualquer dos seus membros.

1. Este preceito corresponde ao artigo 526.º do anterior Código do Trabalho, aprovado pela Lei n.º 99/2003.

2. A Comissão Permanente de Concertação Social é um órgão do Conselho Económico e Social, cfr. alínea c) do artigo 6.º da Lei n.º 108/91, de 17 de Agosto, alterada pelas Leis n.ºs 80/98, de 24 de Novembro, 128/99, de 20 de Agosto, 12/2003, de 20 de Maio, 37/2004, de 13 de Agosto, 75-A/2014, de 30 de Setembro e 135/2015, de 7 de Setembro, que definiu a orgânica e competências do Conselho Económico e Social. O Conselho Económico e Social tem previsão constitucional no artigo 92.º da Constituição da República Portuguesa, sendo o órgão de consulta e concertação no domínio das políticas económica e social, participando na elaboração das propostas das grandes opções e dos planos de desenvolvimento económico e social. Do Conselho Económico e Social, fazem parte, designadamente, representantes do Governo, das organizações representativas dos trabalhadores, das actividades económicas e das famílias, das regiões autónomas e das autarquias locais. A Comissão Permanente de Concertação Social é presidida pelo Primeiro Ministro e tem como principal missão a promoção do diálogo e da concertação tripartida entre o Governo e os parceiros sociais, contribuir para a regulamentação das relações de trabalho e para a definição das políticas de rendimentos e preços, de emprego, formação profissional e protecção social. De acordo com a alínea d) do n.º 1 do artigo 4.º do regulamento interno da Comissão Permanente de Concertação Social, aprovado em 4 de

Junho de 1993 e publicado no Diário da República, 2.ª série, n.º 204, de 31 de Agosto de 1993, compete-lhe apreciar os projectos de legislação respeitantes a matérias de âmbito sociolaboral, designadamente de legislação de trabalho.

3. Da redacção deste artigo 471.º resulta claramente que a pronúncia da Comissão Permanente de Concertação Social sobre qualquer projecto ou proposta de legislação do trabalho é uma mera possibilidade, não se tratando de um poder dever. Desta interpretação decorre, que sendo aprovado um diploma relativo a legislação do trabalho, sem que a Comissão Permanente de Concertação Social tenha emitido o seu parecer, esse diploma não padece de qualquer desvalor jurídico.

ARTIGO 472.º – Publicação de projectos e propostas

1 – Para efeitos do disposto no artigo 470.º, os projectos e propostas são publicados em separata das seguintes publicações oficiais:

a) Diário da Assembleia da República, tratando-se de legislação a aprovar pela Assembleia da República;

b) Boletim do Trabalho e Emprego, tratando-se de legislação a aprovar pelo Governo da República;

c) Diários das Assembleias Regionais, tratando-se de legislação a aprovar pelas Assembleias Regionais;

d) Jornal Oficial, tratando-se de legislação a aprovar por Governo Regional.

2 – As separatas referidas no número anterior contêm, obrigatoriamente:

a) O texto integral das propostas ou projectos, com os respectivos números;

b) A designação sintética da matéria da proposta ou projecto;

c) O prazo para apreciação pública.

3 – A Assembleia da República, o Governo da República, a Assembleia Regional ou o Governo Regional faz anunciar, através dos órgãos de comunicação social, a publicação da separata e a designação das matérias que se encontram em fase de apreciação pública.

1. Este preceito corresponde ao artigo 527.º do anterior Código do Trabalho, aprovado pela Lei n.º 99/2003.

2. A participação na elaboração de legislação do trabalho obedece a um procedimento. Este procedimento inicia-se com a publicação do projecto ou proposta de diploma na publicação oficial estabelecida no n.º 1, a qual terá de referir o prazo de apreciação pública, cfr. alínea c) do n.º 2 e artigo 473.º À publicação segue-se o anúncio da publicação, cfr. n.º 3, publicitação esta que é realizada através dos órgãos de comunicação social. Segue-se-lhe a fase de audição, a qual se consubstancia no poder das comissões de trabalhadores ou as respectivas comissões coordenadoras, as associações sindicais e as associações de empregadores emitirem o seu parecer e serem ouvidas oralmente, cfr. n.º 1 do artigo 474.º Por fim, o procedimento termina com a indicação dos resultados da apreciação pública, cfr. n.º 2 do artigo 475.º

3. Os n.os 1 e 2 instituem um verdadeiro direito à informação das comissões de trabalhadores ou as respectivas comissões coordenadoras, das associações sindicais e das associações de empregadores. Só conhecendo o âmbito e a extensão do projecto ou proposta de diploma, podem àquelas estruturas exercer cabalmente os seus direitos em matéria de participação na elaboração de legislação do trabalho.

4. O jornal oficial referido na alínea d) do n.º 1 é o Jornal Oficial da Região Autónoma dos Açores, no caso da Região Autónoma dos Açores, que se encontra disponível em www.azores.gov.pt/JO, e no caso da Região Autónoma da Madeira, é o Jornal Oficial da Região Autónoma da Madeira (JORAM), que se encontra disponível em www.gov-madeira.pt/joram/.

5. O anúncio deve coincidir com a publicação, de modo a permitir uma efectiva apreciação pública.

6. É distinto o conteúdo dos n.os 1 e 2, face ao n.º 3. Nos n.os 1 e 2 o que está em causa é o dever de informar cabalmente aqueles que por imperativo legal se podem pronunciar, razão pela qual a informação deve ser completa, e sê-lo-á se manifestar a intenção concreta do legislador, ou seja, se este apresentar o projecto ou proposta como se não houvesse o dever legal de permitir a participação na elaboração da legislação. No n.º 3, por sua vez, o que se pretende é permitir aos seus destinatários conhecer, não o conteúdo do projecto ou proposta de diploma, mas que esse projecto ou proposta existe, e que se encontra em fase de apreciação pública.

ARTIGO 473.º – Prazo de apreciação pública

1 – O prazo de apreciação pública não pode ser inferior a 30 dias.

2 – O prazo pode ser reduzido para 20 dias, a título excepcional e por motivo de urgência devidamente justificado no acto que determina a publicação.

1. Este preceito corresponde ao artigo 528.º do anterior Código do Trabalho, aprovado pela Lei n.º 99/2003.

2. O prazo de apreciação pública consta obrigatoriamente da publicação do projecto ou proposta de diploma na publicação oficial em que tal publicação deve ser realizada, cfr. alínea c) do n.º 2 do artigo 472.º

3. Sendo a apreciação pública, não são apenas as comissões de trabalhadores ou as respectivas comissões coordenadoras, as associações sindicais e as associações de empregadores que podem apreciar um projecto ou proposta de diploma, mas todos os cidadãos em geral. Não é despicienda a apreciação pública. Permite não só ao legislador colher outras eventuais soluções, como aperfeiçoar as que se pretende vir a implementar, como ainda contribuir para reforçar a efectividade da legislação laboral. Efectivamente, conhecendo as soluções legislativas será mais fácil por em prática os seus comandos normativos, independentemente de se tratar de empregadores, trabalhadores, sindicatos, comissões de trabalhadores, associações de empregadores, tribunais, advogados ou mesmo a administração do trabalho.

ARTIGO 474.º – Pareceres e audições das organizações representativas

1 – Durante o prazo de apreciação pública, as entidades referidas no artigo 470.º podem pronunciar-se sobre o projecto ou proposta, e solicitar audição oral à Assembleia da República, ao Governo da República, à Assembleia Regional ou ao Governo Regional, nos termos da regulamentação própria de cada um destes órgãos.

2 – O parecer da entidade que se pronuncia deve conter:

a) Identificação do projecto ou proposta;

b) Identificação da comissão de trabalhadores, comissão coordenadora, associação sindical ou associação de empregadores que se pronuncia;

c) Âmbito subjectivo, objectivo e geográfico ou, tratando-se de comissão de trabalhadores ou comissão coordenadora, o sector de actividade e a área geográfica da empresa ou empresas;

d) Número de trabalhadores ou de empregadores representados;

e) Data, assinatura de quem legalmente represente a entidade ou de todos os seus membros, e carimbo da mesma.

1. Este preceito corresponde ao artigo 529.º do anterior Código do Trabalho, aprovado pela Lei n.º 99/2003, bem como ao artigo 405.º da Lei n.º 35/2004, de 29 de Julho, que regulamentou o anterior Código do Trabalho.

2. A participação na elaboração de legislação do trabalho obedece a um procedimento. Este procedimento inicia-se com a publicação do projecto ou proposta de diploma na publicação oficial estabelecida no n.º 1 do artigo 472.º, a qual terá de referir o prazo de apreciação pública, cfr. alínea c) do n.º 2 do mesmo artigo 472.º e artigo 473.º À publicação segue-se o anúncio da publicação, cfr. n.º 3 do artigo 472.º, publicitação esta que é realizada através dos órgãos de comunicação social. Segue-se-lhe a fase de audição, a qual se consubstancia no poder das comissões de trabalhadores ou as respectivas comissões coordenadoras, as associações sindicais e as associações de empregadores emitirem o seu parecer e serem ouvidas oralmente, cfr. n.º 1. Por fim, o procedimento termina com a indicação dos resultados da apreciação pública, cfr. n.º 2 do artigo 475.º

3. De notar que a fase de audição estabelecida neste artigo 474.º abrange o direito das comissões de trabalhadores ou as respectivas comissões coordenadoras, as associações sindicais e as associações de empregadores, emitirem o seu parecer e ainda de serem ouvidas oralmente. Não se trata de direitos alternativos. Querendo, as comissões de trabalhadores ou as respectivas comissões coordenadoras, as associações sindicais e as associações de empregadores podem cumulativamente exercer ambos os direitos.

4. A pronúncia mediante parecer, e a audição oral não constituem obrigações das comissões de trabalhadores ou das respectivas comissões coordenadoras, das associações sindicais nem das associações de empregadores. Trata-se de um direito que estas querendo exercem, não existindo por isso nenhuma cominação se optarem pela inércia.

ARTIGO 475.º – Resultado de apreciação pública

1 – As posições das entidades que se pronunciam em pareceres ou audições são tidas em conta pelo legislador como elementos de trabalho.

2 – O resultado da apreciação pública consta:

a) De preâmbulo de decreto-lei ou de decreto regional;

b) De relatório anexo a parecer de comissão especializada da Assembleia da República ou da Assembleia Regional.

1. Este preceito corresponde ao artigo 530.º do anterior Código do Trabalho, aprovado pela Lei n.º 99/2003.

2. Do n.º 1 resulta desde logo que os pareceres ou audições não vinculam o legislador, sendo apenas tidos em conta como elementos de trabalho.

3. A participação na elaboração de legislação do trabalho obedece a um procedimento. Este procedimento inicia-se com a publicação do projecto ou proposta de diploma na publicação oficial estabelecida no n.º 1 do artigo 472.º, a qual terá de referir o prazo de apreciação pública, cfr. alínea c) do n.º 2 do mesmo artigo 472.º e artigo 473.º À publicação segue-se o anúncio da publicação, cfr. n.º 3 do artigo 472.º, publicitação esta que é realizada através dos órgãos de comunicação social. Segue-se-lhe a fase de audição, a qual se consubstancia no poder das comissões de trabalhadores ou as respectivas comissões coordenadoras, as associações sindicais e as associações de empregadores emitirem o seu parecer e serem ouvidas oralmente, cfr. n.º 1 do artigo 474.º Por fim, o procedimento termina com a indicação dos resultados da apreciação pública, cfr. n.º 2.

4. A indicação dos resultados da apreciação pública assume uma importância relevante, facilitando a verificação do exercício do direito de participação, ao mesmo tempo que poderá coadjuvar o intérprete na interpretação dos comandos jurídicos trazidos pelo novo diploma.

SUBTÍTULO II – Instrumentos de regulamentação colectiva de trabalho

CAPÍTULO I – Princípios gerais relativos a instrumentos de regulamentação colectiva de trabalho

SECÇÃO I – Disposições gerais sobre instrumentos de regulamentação colectiva de trabalho

ARTIGO 476.º – Princípio do tratamento mais favorável

As disposições de instrumento de regulamentação colectiva de trabalho só podem ser afastadas por contrato de trabalho quando este estabeleça condições mais favoráveis para o trabalhador.

1. Este preceito corresponde ao artigo 531.º do anterior Código do Trabalho, aprovado pela Lei n.º 99/2003.

2. Constituem instrumentos de regulamentação colectiva de trabalho, cfr. n.os 2, 3 e 4 do artigo 2.º, a convenção colectiva (que pode ser um contrato colectivo, acordo colectivo, ou um acordo de empresa), o acordo de adesão, a decisão arbitral, a portaria de extensão, e a portaria de condições de trabalho.

3. Reforça-se a autonomia contratual individual neste artigo 476.º, ao permitir que se afaste a aplicabilidade de instrumento de regulamentação colectiva de trabalho quando o contrato de trabalho estabeleça condições mais favoráveis ao trabalhador. *A contrario*, deste preceito resulta que o empregador e o trabalhador não poderão, por acordo, afastar as normas de instrumento de regulamentação colectiva de trabalho, para ajustarem outras, menos favoráveis ao próprio trabalhador. De certa forma permite-se ao empregador a gestão dos programas contratuais dos seus trabalhadores. Caso estabeleça no contrato de trabalho que acordar com alguns dos seus trabalhadores condições mais favoráveis permitir-lhe-á pelo menos em certos casos, favorecer alguns trabalhadores, distinção que pode necessitar para assegurar a contratação de alguns profissionais. Por outro lado atribui-se uma maior responsabilização ao empregador: se não pretender colocar em causa a paz social para que a contratação colectiva foi prevista, terá justamente de saber gerir as condições mais favoráveis que ajuste nos contratos de trabalho, caso contrário o conflito poderá surgir com maior facilidade.

4. Note-se que o n.º 5 do artigo 3.º determina que sempre que uma norma legal reguladora de contrato de trabalho determine que a mesma pode ser afastada por instrumento de regulamentação colectiva de trabalho entende-se que o não pode ser por contrato de trabalho. Por outro lado, a alínea a) do n.º 1 do artigo 478.º proíbe que um instrumento de regulamentação colectiva de trabalho contrarie uma norma legal imperativa.

5. Sobre este preceito *vide* Bernardo Lobo Xavier, *Manual de Direito do Trabalho*, Verbo, 2011, página 883 e segs. No domínio da legislação anterior, pelo que será necessário proceder às adaptações necessárias, *vide*, do mesmo autor, *Curso de Direito do Trabalho*, I, 3.ª edição, Verbo, 2004, página 577 e segs.

ARTIGO 477.º – Forma de instrumento de regulamentação colectiva de trabalho

O instrumento de regulamentação colectiva de trabalho reveste a forma escrita, sob pena de nulidade.

1. Este preceito corresponde ao artigo 532.º do anterior Código do Trabalho, aprovado pela Lei n.º 99/2003.

2. Constituem instrumentos de regulamentação colectiva de trabalho, cfr. n.os 2, 3 e 4 do artigo 2.º, a convenção colectiva (que pode ser um contrato colectivo, acordo colectivo, ou um acordo de empresa), o acordo de adesão, a decisão arbitral, a portaria de extensão, e a portaria de condições de trabalho.

3. A imposição da forma escrita de cada instrumento de regulamentação colectiva do trabalho resulta desde logo do n.º 1 do artigo 519.º que estabelece a necessidade da sua publicação no Boletim do Trabalho e Emprego, o que só é possível se o instrumento de regulamentação colectiva de trabalho for reduzido a escrito. Não obstante, há neste Código do Trabalho várias outras disposições das quais resulta a necessidade de redução a escrito de alguns dos instrumentos de regulamentação colectiva do trabalho, como sucede relativamente à obrigação de se proceder ao depósito, depósito este que só mostra exequível quando o instrumento de regulamentação colectiva de trabalho assuma a forma escrita, cfr. artigo 494.º relativamente à convenção colectiva, n.º 4 do artigo 504.º quanto ao acordo de adesão, e n.ºs 1 e 2 do artigo 505.º relativamente à decisão arbitral.

4. De acordo com este preceito, quando o instrumento de regulamentação colectiva do trabalho não seja reduzido a escrito, a consequência jurídica é que o mesmo é nulo. Em sentido de que a inobservância da forma escrita é a inexistência jurídica e não a nulidade, António Monteiro Fernandes, *Direito do Trabalho*, 15.ª Edição, Almedina, Abril 2010, página 798.

ARTIGO 478.º – Limites do conteúdo de instrumento de regulamentação colectiva de trabalho

1 – O instrumento de regulamentação colectiva de trabalho não pode:

a) Contrariar norma legal imperativa;

b) Regulamentar actividades económicas, nomeadamente períodos de funcionamento, regime fiscal, formação dos preços e exercício da actividade de empresas de trabalho temporário, incluindo o contrato de utilização;

c) Conferir eficácia retroactiva a qualquer cláusula que não seja de natureza pecuniária.

2 – O instrumento de regulamentação colectiva de trabalho pode instituir regime complementar contratual que atribua prestações complementares do subsistema previdencial na parte não coberta por este, nos termos da lei.

1. Este preceito corresponde ao artigo 533.º do anterior Código do Trabalho, aprovado pela Lei n.º 99/2003.

2. Constituem instrumentos de regulamentação colectiva de trabalho, cfr. n.ºs 2, 3 e 4 do artigo 2.º, a convenção colectiva (que pode ser um contrato colectivo, acordo colectivo, ou um acordo de empresa), o acordo de adesão, a decisão arbitral, a portaria de extensão, e a portaria de condições de trabalho.

3. Da alínea a) do n.º 1 resulta o primado da lei face à contratação colectiva.

4. A proibição da alínea b) do n.º 1 pretende, entre outros, que por mero efeito do instrumento de regulamentação colectiva, designadamente os negociais, cfr. n.º 2 do artigo 2.º possam as partes manipular o mercado, subvertendo as regras da concorrência. Assevera também esta proibição, no que aos regimes fiscais diz respeito, o monopólio do Estado em matéria fiscal.

5. A alínea c) do n.º 1 estabelece a proibição de retroactividade, que constitui a regra em matéria de regulamentação colectiva. A excepção à proibição de retroactividade é admitida quanto a disposições de carácter pecuniário, cfr. parte final da alínea c) do n.º 1. Se não há dúvidas que as partes, em instrumentos de regulamentação colectiva de trabalho negociais, cfr. n.º 2 do artigo 2.º, podem ajustar a retroactividade de cláusulas pecuniárias, já assim não é quando se trate de instrumentos de regulamentação colectiva de trabalho não negociais (portaria de extensão, portaria de condições de trabalho e a decisão arbitral em processo de arbitragem obrigatória ou necessária), cfr. n.º 4 do artigo 2.º De facto, a alínea c) do n.º 1 suscita sérias dúvidas da sua compatibilidade com a Constituição da República Portuguesa, ao permitir que a Administração pública possa impor retroactivamente efeitos pecuniários aos particulares. À primeira vista parece denotar-se a existência de uma tensão entre os direitos postulados por esta norma e os direitos estabelecidos na Lei Fundamental no n.º 1 do artigo 61.º e n.º 1 do artigo 62.º Os direitos mencionados, iniciativa privada e de propriedade privada, constituem direitos fundamentais de natureza análoga, cfr. artigo 17.º *in fine* da Constituição. Estes direitos fundamentais de natureza análoga vinculam, quer as entidades públicas, quer as privadas, cfr. n.º 1 do artigo 18.º da Constituição da República Portuguesa, só podendo ser restringidos ou comprimidos nos casos expressamente nela previstos, devendo as restrições limitarem-se ao necessário para a salvaguarda de outros direitos ou interesses constitucionalmente protegidos, cfr. n.º 2 do mesmo artigo 18.º Sopesados devidamente o conflito de direitos e deveres que o sistema jurídico, na sua unidade, faz repercutir no empregador, a alínea c) do n.º 1 deste artigo 478.º em nada salvaguarda o direito de iniciativa privada, e da propriedade privada, constitucionalmente reconhecidos, direitos esses que podem ser postos em causa, pela possibilidade de ser prejudicada ou gravemente afectada a empresa, por, e sem que os tivesse previsto, ter de proceder ao pagamento de montantes pecuniários por mera determinação da Administração pública. Actualmente, por força do n.º 3 da Resolução do Conselho de Ministros n.º 90/2012, publicada no Diário da República n.º 211, 1.ª série, de 31 de Outubro de 2012, a eficácia retroactiva da extensão das cláusulas de natureza pecuniária constantes da convenção colectiva, em portaria de extensão, não pode exceder o 1.º dia do mês da publicação da portaria de extensão no Diário da República.

6. Nos termos do n.º 2 permite-se que o instrumento de regulamentação colectiva de trabalho preveja um regime complementar contratual que atribua prestações complementares do subsistema previdencial na parte não coberta por este, nos termos da lei. Sobre o sistema previdencial, *vide* Lei n.º 4/2007, de 16 de Janeiro, alterada pela Lei n.º 83-A/2013, de 30 de Dezembro, bem como o Decreto-Lei n.º 91/2009, de 9 de Abril, alterado pelos Decretos-Leis n.ºs 70/2010, de 16 de Junho, e 133/2012, de 27 de Junho, pela Lei n.º 120/2015, de 1 de Setembro, pelos Decretos-Leis n.ºs 53/2018, de 2 de Julho, e 84/2019, de 28 de Junho, e pela Lei n.º 90/2019, de 4 de Setembro. No que se refere aos montantes dos subsídios previstos no Decreto-Lei n.º 91/2009, estes têm um acréscimo de 2% nas regiões autónomas da Madeira e dos Açores, nos termos da Lei n.º 7/2016, de 17 de Março.

ARTIGO 479.º – Apreciação relativa à igualdade e não discriminação

1 – No prazo de 30 dias a contar da publicação de instrumento de regulamentação colectiva de trabalho negocial ou decisão arbitral em processo de arbitragem obrigatória ou necessária, o serviço competente do ministério responsável pela área laboral, ouvidos os interessados, procede à apreciação fundamentada da legalidade das suas disposições em matéria de igualdade e não discriminação.

2 – Caso delibere no sentido da existência de disposições discriminatórias, o serviço competente do ministério responsável pela área laboral notifica as partes nos instrumentos de regulamentação colectiva de trabalho que contenham aquelas disposições para, no prazo de 60 dias, procederem às respectivas alterações.

3 – Decorrido o prazo previsto no número anterior sem que se verifiquem as necessárias alterações, o serviço competente do ministério responsável pela área laboral envia a sua apreciação ao magistrado do Ministério Público junto do tribunal competente, acompanhada dos documentos relevantes, nomeadamente de cópia da acta da deliberação e das pronúncias dos interessados.

4 – Para efeito do número anterior, considera-se competente, pela ordem a seguir indicada, o tribunal em cuja área tenham sede:

a) Todas as associações sindicais e associações de empregadores ou empresas celebrantes da convenção colectiva;

b) O maior número das entidades referidas;

c) Qualquer das entidades referidas.

5 – Caso constate a existência de disposição ilegal na matéria em causa, o magistrado do Ministério Público promove, no prazo de 15 dias, a declaração judicial da nulidade dessas disposições.

6 – A decisão judicial que declare a nulidade de disposição é remetida pelo tribunal ao serviço competente do ministério responsável pela área laboral, para efeito de publicação no Boletim do Trabalho e Emprego.

1. Este preceito não tem correspondência com qualquer outro do anterior Código do Trabalho, aprovado pela Lei n.º 99/2003, de 27 de Agosto, sendo um artigo novo.

2. A redacção do n.º 1 foi alterada pelo artigo 2.º da Lei n.º 23/2012, de 25 de Junho, que introduziu também os n.os 2 e 3, e renumerou ainda os originários n.os 2, 3 e 4, que passaram a n.os 4, 5 e 6. Na versão originária do Código do Trabalho, aprovado pela Lei n.º 7/2009, de 12 de Fevereiro, aquele n.º 1 tinha a seguinte redacção:

> "No prazo de 30 dias a contar da publicação de instrumento de regulamentação colectiva de trabalho negocial ou decisão arbitral em processo de arbitragem obrigatória ou necessária, o serviço competente do ministério responsável pela área laboral procede à apreciação fundamentada da legalidade das suas disposições em matéria de igualdade e não discriminação e, caso existam disposições discriminatórias, envia a apreciação ao magistrado do Ministério Público junto do tribunal competente.".

3. Os instrumentos de regulamentação colectiva de trabalho negociais são a convenção colectiva (que pode ser um contrato colectivo, acordo colectivo, ou um acordo de empresa), o acordo de adesão e a decisão arbitral em processo de arbitragem voluntária, cfr. n.os 2 e 3 do artigo 2.º A decisão arbitral em processo de arbitragem obrigatória ou necessária constituem instrumentos de regulamentação colectiva de trabalho não negociais, cfr. n.º 3 do artigo 2.º

4. Nos termos do n.º 1, no prazo de 30 dias a contar da publicação de instrumento de regulamentação colectiva de trabalho negocial ou decisão arbitral em processo de arbitragem obrigatória ou necessária, cfr. n.º 1 do artigo 519.º, o serviço competente do ministério responsável pela área laboral, ouvidos os interessados, procede à apreciação fundamentada da legalidade das suas disposições em matéria de igualdade e não discriminação. Trata-se da única situação em que é realizado um controlo de mérito, por parte da Administração pública. Caso existam disposições discriminatórias, o serviço competente do ministério responsável pela área laboral terá de notificar os que sejam partes no instrumento de regulamentação colectiva em causa para, no prazo de 60 dias, alterarem as disposições discriminatórias. Após o termo dos 60 dias sem que se tenha procedido às alterações das disposições discriminatórias, o serviço competente do ministério responsável pela área laboral terá de enviar a apreciação por si realizada ao magistrado do Ministério Público junto do tribunal competente, acompanhada dos documentos relevantes, designadamente cópia da acta da deliberação do serviço competente do ministério, e as pronúncias dos interessados, se existirem aquelas pronúncias.

O n.º 3 não o refere expressamente, mas deve entender-se que quando as alterações realizadas pelas partes não tenham por efeito eliminar as disposições consideradas pelo serviço competente do ministério responsável pela área laboral como discriminatórias, este serviço deverá na mesma enviar a sua apreciação ao magistrado do Ministério Público junto do tribunal competente. Este é o sentido de se utilizar a expressão "necessárias alterações" no n.º 3 deste artigo 479.º

5. A subsistência de normas ilegais, em matéria de igualdade e não discriminação, que seja detectada pelo serviço competente do ministério responsável pela área laboral, aquando do depósito de convenção colectiva, de acordo de adesão e de decisões arbitrais em processo de arbitragem voluntária, obrigatória e necessária, (fase essa anterior à publicação), não permite recusar esse depósito. O n.º 4 do artigo 494.º estabelece os requisitos de que depende o depósito da convenção colectiva, aplicáveis ao acordo de adesão e à decisão arbitral em processo de arbitragem voluntária, obrigatória e necessária, cfr. n.º 4 do artigo 504.º e n.º 1 do artigo 505.º Apenas a não verificação de um daqueles requisitos permite que a Administração pública possa, licitamente, recusar o depósito, sendo que entre eles não figura a existência de disposição discriminatória entre o conteúdo da convenção colectiva. Do próprio n.º 4 daquele artiigo 494.º resulta que em sede de depósito, o controlo que é efectuado pela Administração é meramente formal. O controlo de mérito não é realizado.

6. O serviço competente do ministério responsável pela área laboral que procede à apreciação fundamentada da legalidade das disposições em matéria de igualdade e não discriminação é a Direcção-Geral do Emprego e das Relações de Trabalho, cfr. alínea e) do n.º 3 do artigo 2.º do Decreto Regulamentar n.º 40/2012, de 12 de Abril.

7. Não são sujeitas a um controlo de mérito das disposições em matéria de igualdade e não discriminação, a portaria de extensão, cfr. artigos 514.º e segs., e a portaria de condições do trabalho, cfr. artigo 517.º e segs. Confia o legislador que sendo a mesma entidade que procede à apreciação fundamentada da legalidade, em matéria de igualdade e não discriminação, das disposições de convenção colectiva, de acordo de adesão e de decisões arbitrais em processo de arbitragem voluntária, obrigatória e necessária, e à preparação de portarias de extensão e de condições de trabalho, que a legalidade naquela matéria se encontra garantida. Trata-se da *supra* referida Direcção-Geral do Emprego e das Relações de Trabalho, cfr. alíneas e) e c), respectivamente, do n.º 3 do artigo 2.º do Decreto Regulamentar n.º 40/2012, de 12 de Abril. Por outro lado, a Administração pública, na qual também se insere aquela Direcção-Geral, encontra-se sujeita aos princípios da prossecução do interesse público, da legalidade, da igualdade, da proporcionalidade, da justiça, da imparcialidade e da boa-fé, cfr. n.os 1 e 2 do artigo 266.º da Constituição da República Portuguesa e artigos 4.º, 3.º, 6.º, 7.º, 8.º, 9.º e 10.º do Código do Procedimento Administrativo, aprovado pelo Decreto-Lei n.º 4/2015, de 7 de Janeiro, razão pela qual terá entendido o legislador que, igualmente por esta sujeição, a legalidade das portarias de extensão e de condições de trabalho estará acautelada.

8. O n.º 4 fixa a competência territorial do tribunal onde deve correr a acção com vista à declaração judicial de disposições discriminatórias. Note-se que como refere o n.º 4, a ordem das várias alíneas é taxativa. Ou seja, uma vez preenchida a alínea a) do n.º 4, será esta a aplicável. Só terá de se recorrer à alínea b) se a situação em concreto não for subsumível na alínea a). O referido relativamente à alínea a) vale relativamente às demais alíneas, até que se tenha por verificado o seu preenchimento, deste modo fixado a competência territorial do tribunal.

9. Nos termos do n.º 5, caso o magistrado do Ministério Público constate a existência de disposição ilegal em matéria de igualdade e não discriminação, promove, no prazo de 15 dias, a declaração judicial da nulidade dessas disposições. A alínea b) do artigo 5.º-A do Código de Processo do Trabalho foi aprovado pelo Decreto-Lei n.º 480/99, de 9 de Novembro, e alterado pelos Decretos-Leis n.os 323/2001, de 17 de Dezembro, 38/2003, de 8 de Março, 295/2009, de 13 de Outubro, pelas Leis n.os 63/2013, de 27 de Agosto, 55/2017, de 17 de Julho, 73/2017, de 16 de Agosto, e 107/2019 de 9 de Setembro, estabelece que o Ministério Público tem legitimidade activa nas acções de anulação e interpretação de cláusulas de convenções colectivas do trabalho, nos termos deste artigo 479.º Semelhante acção judicial é regulada pelos artigos 183.º e segs. do Código de Processo do Trabalho, por expressa determinação do n.º 2 do artigo 186.º-G do mesmo Código.

10. Em matéria de igualdade e não discriminação importa ainda referir o disposto no artigo 26.º Nos termos dos n.os 1 e 3 do artigo 26.º, a disposição de instrumento de regulamentação colectiva de trabalho que estabeleça profissão ou categoria profissional que respeite especificamente a trabalhadores de um dos sexos, ou que seja contrária ao princípio da igualdade em função de outro factor de discriminação, considera-se aplicável a trabalhadores de ambos sexos. De acordo com os n.os 2 e 3 do artigo 26.º, a disposição de instrumento de regulamentação colectiva de trabalho que estabeleça condições de trabalho, designadamente retribuição, aplicáveis exclusivamente a trabalhadores de um dos sexos para categoria profissional correspondente a trabalho igual ou a trabalho de valor igual, bem como a disposição que seja contrária ao princípio da igualdade em função de outro factor de discriminação, considera-se substituída pela disposição mais favorável aplicável a trabalhadores de ambos sexos.

ARTIGO 480.º – Publicidade de instrumento de regulamentação colectiva de trabalho aplicável

1 – O empregador deve afixar em local apropriado da empresa a indicação de instrumentos de regulamentação colectiva de trabalho aplicáveis.

2 – Constitui contra-ordenação leve a violação do disposto no número anterior.

1. Este preceito corresponde ao artigo 534.º do anterior Código do Trabalho, aprovado pela Lei n.º 99/2003.

2. Constituem instrumentos de regulamentação colectiva de trabalho, cfr. n.os 2, 3 e 4 do artigo 2.º, a convenção colectiva (que pode ser um contrato colectivo, acordo colectivo, ou um acordo de empresa), o acordo de adesão, a decisão arbitral, a portaria de extensão, e a portaria de condições de trabalho.

3. O dever de publicitar os instrumentos de regulamentação colectiva de trabalho aplicáveis em local apropriado da empresa destina-se a permitir aos trabalhadores que estes conheçam efectivamente os direitos e obrigações que incidem na relação laboral.

4. O empregador deve não só publicitar os instrumentos de regulamentação colectiva de trabalho aplicáveis em local apropriado da empresa, como deve também informar por escrito cada trabalhador de quais os instrumentos de regulamentação colectiva de trabalho aplicáveis nos sessenta dias subsequentes ao início da execução do contrato, ou até ao termo do contrato se este cessar antes dos sessenta dias, cfr. alínea l) do n.º 3 do artigo 106.º, e n.os 1 e 4 do artigo 107.º Este dever de informação a cada trabalhador considera-se cumprido quando a indicação desses instrumentos de regulamentação colectiva de trabalho constem de contrato de trabalho ou de contrato-promessa de contrato de trabalho, reduzidos a escrito, cfr. n.º 3 do artigo 107.º

SECÇÃO II – Concorrência de instrumentos de regulamentação colectiva de trabalho

ARTIGO 481.º – Preferência de instrumento de regulamentação colectiva de trabalho negocial vertical

O instrumento de regulamentação colectiva de trabalho negocial de um sector de actividade afasta a aplicação de instrumento da mesma natureza cujo âmbito se define por profissão ou profissões relativamente àquele sector de actividade.

1. Este preceito corresponde ao artigo 535.º do anterior Código do Trabalho, aprovado pela Lei n.º 99/2003.

2. Os instrumentos de regulamentação colectiva de trabalho negociais são a convenção colectiva (que pode ser um contrato colectivo, acordo colectivo, ou um acordo de empresa), o acordo de adesão e a decisão arbitral em processo de arbitragem voluntária, cfr. n.os 2 e 3 do artigo 2.º

3. Este preceito, como resulta desde logo da sua epígrafe, põe em evidência a distinção entre instrumento de regulamentação colectiva de trabalho negocial vertical e instrumento de regulamentação colectiva de trabalho negocial horizontal. Enquanto que um instrumento de regulamentação colectiva de trabalho negocial vertical tem por âmbito um determinado sector de actividade, um instrumento de regulamentação colectiva de trabalho negocial horizontal define o seu âmbito por profissão ou profissões.

4. De acordo com este preceito, o instrumento de regulamentação colectiva de trabalho negocial vertical prevalece, em termos de aplicabilidade, sobre um instrumento de regulamentação colectiva de trabalho negocial horizontal, quando se verifique uma situação de coincidência espacial, pessoal ou material de dois ou mais instrumentos de regulamentação colectiva de trabalho negociais. Exemplificando, quando ao mesmo trabalhador sejam aplicáveis dois instrumentos de regulamentação colectiva de trabalho negocial, é o instrumento de regulamentação colectiva de trabalho negocial que tiver por âmbito o sector de actividade em que desempenha o seu trabalho que deve ser aplicável. Adoptou-se, neste preceito, o princípio da verticalização na preferência que é dada ao instrumento de regulamentação colectiva de trabalho vertical, o que se compreende pela maior proximidade deste à realidade jus-laboral dos seus destinatários.

5. Sobre a concorrência entre instrumentos de regulamentação colectiva de trabalho *vide* Bernardo Lobo Xavier, *Manual de Direito do Trabalho*, Verbo, 2011, página 264 e segs., e página 887 e segs. No domínio da legislação anterior, pelo que será necessário proceder às adaptações necessárias, *vide*, do mesmo autor, *Curso de Direito do Trabalho*, I, 3.ª edição, Verbo, 2004, página 666 e segs.

ARTIGO 482.º – Concorrência entre instrumentos de regulamentação colectiva de trabalho negociais

1 – Sempre que exista concorrência entre instrumentos de regulamentação colectiva de trabalho negociais, são observados os seguintes critérios de preferência:

a) O acordo de empresa afasta a aplicação do acordo colectivo ou do contrato colectivo;

b) O acordo colectivo afasta a aplicação do contrato colectivo.

2 – Nos outros casos, os trabalhadores da empresa em relação aos quais se verifica a concorrência escolhem o instrumento aplicável, por maioria, no prazo de 30 dias a contar da entrada em vigor do instrumento de publicação mais recente, comunicando a escolha ao empregador interessado e ao serviço com competência inspectiva do ministério responsável pela área laboral.

3 – Na ausência de escolha pelos trabalhadores, é aplicável:

a) O instrumento de publicação mais recente;

b) Sendo os instrumentos em concorrência publicados na mesma data, o que regular a principal actividade da empresa.

4 – A deliberação prevista no n.º 2 é irrevogável até ao termo da vigência do instrumento adoptado.

5 – Os critérios de preferência previstos no n.º 1 podem ser afastados por instrumento de regulamentação colectiva de trabalho negocial, designadamente, através de cláusula de articulação de:

a) Convenções colectivas de diferente nível, nomeadamente interconfederal, sectorial ou de empresa;

b) Contrato colectivo que estabeleça que determinadas matérias, como sejam a mobilidade geográfica e funcional, a organização do tempo de trabalho e a retribuição, sejam reguladas por convenção colectiva.

1. Este preceito corresponde ao artigo 536.º do anterior Código do Trabalho, aprovado pela Lei n.º 99/2003.

2. A alínea b) do n.º 5 deste preceito foi introduzida pelo artigo 2.º da Lei n.º 23/2012, de 25 de Junho. Na versão originária do Código do Trabalho, aprovado pela Lei n.º 7/2009, de 12 de Fevereiro, aquela alínea b) inexistia.

3. Os instrumentos de regulamentação colectiva de trabalho negociais são a convenção colectiva (que pode ser um contrato colectivo, acordo colectivo, ou um acordo de empresa), o acordo de adesão e a decisão arbitral em processo de arbitragem voluntária, cfr. n.ºs 2 e 3 do artigo 2.º

4. De acordo com a alínea a) do n.º 1, o acordo de empresa prevalece, em termos de aplicabilidade, sobre um acordo colectivo e sobre um contrato colectivo, quando se verifique uma situação de coincidência espacial, pessoal ou material de dois ou mais instrumentos de regulamentação colectiva de trabalho negociais. A alínea b) do mesmo n.º 1, por sua vez, estabelece que verificando-se uma situação de coincidência espacial, pessoal ou material, um acordo colectivo prevalece sobre um contrato colectivo. Adoptou-se neste n.º 1 o princípio da especialidade, preferindo-se o instrumento de regulamentação colectiva de trabalho que tem maior proximidade à realidade jus-laboral dos seus destinatários. Recorde-se, que nos termos do n.º 3 do artigo 2.º, entende-se por contrato colectivo, a convenção celebrada entre associação sindical e associação de empregadores; por acordo colectivo, a convenção celebrada entre associação sindical e uma pluralidade de empregadores para diferentes empresas; e por acordo de empresa, a convenção celebrada entre associação sindical e um empregador para uma empresa ou estabelecimento. Note-se que os critérios de preferência previstos no n.º 1 podem ser derrogados por cláusula de articulação entre convenções colectivas de diferente nível, como expressamente prevê o n.º 5.

5. No n.º 2 prevê-se que os trabalhadores da empresa escolham eles próprios o instrumento de regulamentação colectiva de trabalho negocial, mas apenas quando pelos critérios de preferência estabelecidos no n.º 1 não seja possível resolver a concorrência, e concomitantemente não exista uma cláusula de articulação que o faça.

Esta escolha deve ser realizada no prazo de 30 dias, contados a partir da data da entrada em vigor do instrumento de regulamentação colectiva mais recente, e que suscitou a concorrência. A escolha dos trabalhadores é comunicada ao empregador e ao serviço com competência inspectiva do ministério responsável pela área laboral. Este serviço é a Autoridade para as Condições do Trabalho (A.C.T.), que prossegue, entre outras, as atribuições de promover, controlar e fiscalizar o cumprimento das disposições legais, regulamentares e convencionais, respeitantes às relações de trabalho, cfr. alínea a) do n.º 2 do artigo 11.º do Decreto-Lei n.º 167-C/2013, de 31 de Dezembro, alterado pelo Decreto-Lei n.º 28/2015, de 10 de Fevereiro, que aprovou a Lei Orgânica do Ministério da Solidariedade, Emprego e Segurança Social, e alínea a) do n.º 2 do artigo 2.º do Decreto Regulamentar n.º 47/2012, de 31 de Julho, que aprovou a orgânica da Autoridade para as Condições do Trabalho.

Não havendo escolha dos trabalhadores, ou havendo-a, esta foi intempestiva, é aplicável o instrumento de regulamentação colectiva de trabalho negocial cuja publicação tenha sido a mais recente, ou quando os instrumentos de regulamentação colectiva de trabalho negociais tenham sido publicados na mesma data, é aplicável aquele que regular a principal actividade da empresa, cfr. alíneas a) e b) do n.º 3. A aplicação de determinado instrumento de regulamentação colectiva de trabalho, realizada nos termos do n.º 3, parece-nos incumbir ao empregador, o qual não parece achar-se vinculado a qualquer dever de comunicação, como aquele que é estabelecido no n.º 2, relativamente aos trabalhadores. Não obstante, quando seja o empregador a determinar a aplicação de determinado instrumento, deve, nos termos do artigo 480.º afixar em local apropriado da empresa a identificação desse instrumento.

6. Nos termos do n.º 5, quando se verifique uma situação de coincidência espacial, pessoal ou material de dois ou mais instrumentos de regulamentação colectiva de trabalho negociais, poderá deixar de ter aplicação o princípio da especialidade, preferindo-se um instrumento de regulamentação colectiva de trabalho negocial que tem menos proximidade à realidade jus-laboral dos seus destinatários. Para tanto, deverá existir uma cláusula de articulação entre convenções colectivas de diferente nível, nomeadamente interconfederal, sectorial ou de empresa, ou uma cláusula de articulação em contrato colectivo que estabeleça que determinadas matérias, tais como a mobilidade geográfica e funcional, a organização do tempo de trabalho e a retribuição, podem ser reguladas por outra convenção colectiva.

Com a possibilidade de afastar os critérios de preferência estabelecidos no n.º 1 deste artigo 482.º, o legislador visou a promoção da contratação colectiva.

7. Sobre a concorrência entre instrumentos de regulamentação colectiva de trabalho *vide*, no domínio da legislação anterior, pelo que será necessário proceder às adaptações necessárias, Bernardo Lobo Xavier, *Manual de Direito do Trabalho*, Verbo, 2011, página 264 e segs., e página 887 e segs., e do mesmo autor, *Curso de Direito do Trabalho*, I, 3.ª edição, Verbo, 2004, página 666 e segs.

ARTIGO 483.º - Concorrência entre instrumentos de regulamentação colectiva de trabalho não negociais

1 – Sempre que exista concorrência entre instrumentos de regulamentação colectiva de trabalho não negociais, são observados os seguintes critérios de preferência:

a) A decisão de arbitragem obrigatória afasta a aplicação de outro instrumento;

b) A portaria de extensão afasta a aplicação de portaria de condições de trabalho.

2 – Em caso de concorrência entre portarias de extensão aplica-se o previsto nos n.os 2 a 4 do artigo anterior, relativamente às convenções colectivas objecto de extensão.

1. Este preceito corresponde ao artigo 537.º do anterior Código do Trabalho, aprovado pela Lei n.º 99/2003.

2. Os instrumentos de regulamentação colectiva de trabalho não negociais são a portaria de extensão, a portaria de condições de trabalho e a decisão arbitral em processo de arbitragem obrigatória ou necessária, cfr. n.º 4 do artigo 2.º

3. De acordo com a alínea a) do n.º 1, a decisão de arbitragem obrigatória prevalece, em termos de aplicabilidade, sobre os demais instrumentos de regulamentação colectiva de trabalho não negociais, quando se verifique uma situação de coincidência espacial, pessoal ou material de dois ou mais instrumentos de regulamentação colectiva de trabalho não negociais. A alínea b) do mesmo n.º 1, por sua vez, estabelece que verificando-se uma situação de coincidência espacial, pessoal ou material, uma portaria de extensão prevalece sobre uma portaria de condições de trabalho. Note-se que, nos termos do n.º 1 do artigo 517.º, a portaria de condições de trabalho só pode ser emitida quando não seja admissível legalmente recorrer a uma portaria de extensão.

4. De acordo com o n.º 2, quando se verifique uma situação de coincidência espacial, pessoal ou material de dois ou mais portarias de extensão, aplicam-se as regras previstas nos n.os 2 a 4 do artigo 482.º, relativamente às convenções colectivas objecto de extensão, para cujas anotações se remete. De acordo com o n.º 1 do artigo 514.º, a convenção colectiva ou a decisão arbitral (que nos termos do n.º 3 do artigo 505.º, produz os efeitos da convenção colectiva) pode ser aplicada a empregadores e a trabalhadores integrados no âmbito do sector de actividade e profissional definido na convenção colectiva ou na decisão arbitral, através de uma extensão dos efeitos de um daqueles instrumentos, cujas normas são estendidas no seu âmbito de aplicação, para passarem a abranger sujeitos que de outra forma não seriam delas destinatários. Sobre a questão de saber se a extensão abrange os trabalhadores inscritos noutro sindicato, ou os empregadores que sejam membros de outra associação de empregadores, diverso das entidades que celebraram a convenção colectiva, ou distinta das que foram partes no procedimento de arbitragem, do qual resultou uma decisão arbitral, ver anotação ao artigo 514.º

5. Sobre a concorrência entre instrumentos de regulamentação colectiva de trabalho *vide*, Bernardo Lobo Xavier, *Manual de Direito do Trabalho*, Verbo, 2011, página 264 e segs., e página 887 e segs. No domínio da legislação anterior, pelo que será necessário proceder às adaptações necessárias, *vide*, do mesmo autor, *Curso de Direito do Trabalho*, I, 3.ª edição, Verbo, 2004, página 666 e segs.

ARTIGO 484.º – Concorrência entre instrumentos de regulamentação colectiva de trabalho negociais e não negociais

A entrada em vigor de instrumento de regulamentação colectiva de trabalho negocial afasta a aplicação, no respectivo âmbito, de anterior instrumento de regulamentação colectiva de trabalho não negocial.

1. Este preceito corresponde ao artigo 538.º do anterior Código do Trabalho, aprovado pela Lei n.º 99/2003.

2. Os instrumentos de regulamentação colectiva de trabalho negociais são a convenção colectiva (que pode ser um contrato colectivo, acordo colectivo, ou um acordo de empresa), o acordo de adesão e a decisão arbitral em processo de arbitragem voluntária, cfr. n.os 2 e 3 do artigo 2.º Os instrumentos de regulamentação colectiva de trabalho não negociais são a portaria de extensão, a portaria de condições de trabalho e a decisão arbitral em processo de arbitragem obrigatória ou necessária, cfr. n.º 4 do artigo 2.º

3. Este artigo 484.º releva, entre outros, para dissipar eventuais dúvidas que o artigo 515.º e o n.º 2 do artigo 517.º pudessem suscitar, porquanto estabelecem a subsidiariedade dos instrumentos de regulamentação colectiva de trabalho não negociais face aos negociais.

4. De acordo com este preceito, o instrumento de regulamentação colectiva de trabalho negocial prevalece, em termos de aplicabilidade, sobre um instrumento de regulamentação colectiva de trabalho não negocial, quando se verifique uma situação de coincidência espacial, pessoal ou material de dois ou mais instrumentos de regulamentação colectiva de trabalho negocial. Adoptou-se, neste preceito, o princípio da especialidade na preferência que é dada ao instrumento de regulamentação colectiva de trabalho negocial, que à partida se encontrará mais próximo da realidade jus-laboral dos seus destinatários, reforçando a sua efectividade ou cumprimento.

5. Sobre a concorrência entre instrumentos de regulamentação colectiva de trabalho *vide* Bernardo Lobo Xavier, *Manual de Direito do Trabalho*, Verbo, 2011, página 264 e segs., e página 887 e segs. No domínio da legislação anterior, pelo que será necessário proceder às adaptações necessárias, *vide*, do mesmo autor, *Curso de Direito do Trabalho*, I, 3.ª edição, Verbo, 2004, página 666 e segs.

CAPÍTULO II – Convenção colectiva

SECÇÃO I – Contratação colectiva

ARTIGO 485.º – Promoção da contratação colectiva

O Estado deve promover a contratação colectiva, de modo a que as convenções colectivas sejam aplicáveis ao maior número de trabalhadores e empregadores.

1. Este preceito corresponde ao artigo 539.º do anterior Código do Trabalho, aprovado pela Lei n.º 99/2003.

2. A promoção da contratação colectiva pelo Estado passa também por não esvair o direito de contratação colectiva, o que sucederá se consecutivamente o Estado legislar, em termos que tornem desnecessário aquele direito.

3. O n.º 3 do artigo 56.º da Constituição da República Portuguesa estabelece que compete às associações sindicais exercer o direito de contratação colectiva, norma esta que não sendo exequível por si própria, ainda assim não permite ao legislador que em sede de lei ordinária tenha a liberdade para regular o conteúdo que lhe aprouver, mas antes se achando este obrigado a conformar a regulamentação a que proceder, com o disposto na Constituição da República Portuguesa.

4. As convenções colectivas tem-se assumido, ao logo dos anos, como fundamentais para a melhoria das condições de trabalho e mesmo para a melhoria das condições de vida dos próprios trabalhadores.

5. Sobre a contratação colectiva *vide* Bernardo Lobo Xavier, *Manual de Direito do Trabalho*, Verbo, 2011, página 248 e segs. e António Monteiro Fernandes, *Direito do Trabalho*, 15.ª Edição, Almedina, Abril 2010, página 763 e segs. No domínio da legislação anterior, pelo que será necessário proceder às adaptações necessárias, *vide* Bernardo Lobo Xavier, *Curso de Direito do Trabalho*, I, 3.ª edição, Verbo, 2004, página 537 e segs.

ARTIGO 486.º – Proposta negocial

1 – O processo de negociação inicia-se com a apresentação à outra parte de proposta de celebração ou de revisão de uma convenção colectiva.

2 – A proposta deve revestir forma escrita, ser devidamente fundamentada e conter os seguintes elementos:

a) Designação das entidades que a subscrevem em nome próprio ou em representação de outras;

b) Indicação da convenção que se pretende rever, sendo caso disso, e respectiva data de publicação;

c) Indicação de instrumento de regulamentação colectiva de trabalho negocial e respectiva data de publicação, sendo caso disso, para efeitos do n.º 5 do artigo 482.º

1. Este preceito corresponde ao artigo 544.º do anterior Código do Trabalho, aprovado pela Lei n.º 99/2003.

2. A alínea c) do n.º 2 deste preceito foi introduzida pelo artigo 2.º da Lei n.º 23/2012, de 25 de Junho. Na versão originária do Código do Trabalho, aprovado pela Lei n.º 7/2009, de 12 de Fevereiro, aquela alínea c) inexistia.

3. A proposta, nos termos do n.º 1 de celebração, ou de revisão, de uma convenção colectiva, tanto pode ser emitida por associação sindical, como por empregador, pluralidade de empregadores ou associação de empregadores, consoante a modalidade de convenção colectiva em causa, cfr. n.º 3 do artigo 2.º

4. Na proposta o proponente pode indicar que o direito de resposta do destinatário seja exercido em prazo superior aos trinta dias fixados no n.º 1 do artigo 487.º, cfr. n.º 1 *in fine* desse mesmo artigo 487.º

5. Conjuntamente com a proposta, poderá o proponente apresentar uma proposta de protocolo negocial, cfr. n.º 1 do artigo 489.º, com vista à sua aceitação, onde em regra se delimitam, por exemplo, o número, local e horas das sessões de negociações.

6. A proposta de celebração, ou de revisão, de uma convenção colectiva tem de ser fundamentada, por expressa previsão do n.º 2. Para auxiliar a parte que pretende elaborar uma proposta de celebração ou de revisão de convenção colectiva, pode esta requerer aos serviços competentes dos ministérios responsáveis pela área laboral e pela área de actividade, informação necessária de que aquele ou aqueles serviços disponham, cfr. n.º 1 do artigo 490.º

7. Os elementos referidos nas alíneas *b)* e *c)* do n.º 2 podem não ter de acompanhar a proposta. Com efeito, a indicação da convenção e respectiva data de publicação é um elemento que só existe quando se pretende rever uma convenção colectiva pré-existente. Também a indicação do instrumento de regulamentação colectiva de trabalho negocial e respectiva data de publicação, que se pretende vir a preferir em detrimento do critério legal previsto no n.º 1 do artigo 482.º, é um elemento que só tem de constar quando a intenção do proponente é afastar o princípio da especialidade, preterindo-se um instrumento de regulamentação colectiva de trabalho que tenha maior proximidade à realidade jus-laboral dos seus destinatários.

8. Nos termos do n.º 2 do artigo 490.º, o proponente deve enviar a proposta, com a respectiva fundamentação, ao ministério responsável pela área laboral, nos quinze dias posteriores à sua apresentação, ao seu destinatário ou destinatários.

9. Caso não sejam cumpridos os requisitos do n.º 2, importa conhecer as suas consequências. Desde logo o incumprimento daqueles requisitos revela o incumprimento da tramitação do procedimento de negociação de convenção colectiva, pelo que o destinatário da proposta, ou os destinatários não se encontram adstritos ao dever de responder à proposta. Caso o destinatário, ou os destinatários decidam ainda assim responder, deve ter-se por sanado o vício da ineficácia, que anteriormente incidia sobre a proposta. Neste sentido, Bernardo Lobo Xavier, *Curso de Direito do Trabalho,* I, 3.ª edição, Verbo, 2004, página 242 e segs.

10. Nada obsta que a forma escrita da proposta, imposta pelo n.º 2, seja satisfeita através de documento electrónico, ou seja, por documento elaborado mediante processamento electrónico de dados. Por outras palavras, nada impede que a forma escrita seja adoptada através de uma declaração escrita enviada por correio electrónico (e-mail) para um endereço electrónico. Sobre a validade, eficácia e valor probatório dos documentos electrónicos remete-se para a anotação 4. ao artigo 107.º

ARTIGO 487.º – Resposta à proposta

1 – A entidade destinatária da proposta deve responder, de forma escrita e fundamentada, nos 30 dias seguintes à recepção daquela, salvo se houver prazo convencionado ou prazo mais longo indicado pelo proponente.

2 – Em caso de proposta de revisão de uma convenção colectiva, a entidade destinatária pode recusar-se a negociar antes de decorrerem seis meses de vigência da convenção, devendo informar o proponente no prazo de 10 dias úteis.

3 – A resposta deve exprimir uma posição relativa a todas as cláusulas da proposta, aceitando, recusando ou contrapropondo.

4 – Em caso de falta de resposta ou de contraproposta, no prazo a que se refere o n.º 1 e nos termos do n.º 3, o proponente pode requerer a conciliação.

5 – Constitui contra-ordenação grave a violação do disposto nos n.os 1 ou 3.

1. Este preceito corresponde ao artigo 545.º do anterior Código do Trabalho, aprovado pela Lei n.º 99/2003.

2. O n.º 1 institui um dever de responder à proposta de celebração ou de revisão de convenção colectiva. Não obstante, este dever comporta uma excepção não despicienda. Caso não sejam cumpridos os requisitos da proposta fixados no n.º 2 do artigo 486.º haverá incumprimento da tramitação do procedimento de negociação de convenção colectiva, pelo que o destinatário da proposta, ou os destinatários não se encontram adstritos ao dever de responder à proposta. Não obstante a verificação de algum vício procedimental, se o destinatário, ou os destinatários, decidirem ainda assim responder, deve ter-se por sanado o vício da ineficácia, que anteriormente incidia sobre a proposta. Neste sentido, Bernardo Lobo Xavier, *Curso de Direito do Trabalho*, I, 3.ª edição, Verbo, 2004, página 242 e segs.

3. A resposta à proposta tem de ser fundamentada, por expressa previsão do n.º 1. Para auxiliar a parte que recebeu a proposta de celebração ou de revisão de convenção colectiva, pode esta requerer aos serviços competentes dos ministérios responsáveis pela área laboral e pela área de actividade, informação necessária de que aquele ou aqueles serviços disponham, cfr. n.º 1 do artigo 490.º Ainda que seja requerida informação àqueles serviços, o prazo estabelecido no n.º 1, de 30 dias para apresentar a resposta, após a recepção da proposta não se interrompe nem se suspende, pelo que o destinatário da proposta beneficia do mesmo prazo, quer solicite informação ou não. Nada obsta porém, que as partes prorroguem o prazo de 30 dias, por acordo, ou mesmo que o proponente, por sua iniciativa, prorrogue o prazo para a resposta, sendo que nada na lei obriga o proponente da proposta de celebração ou de revisão de convenção colectiva a fazê-lo.

4. Da obrigação do destinatário, ou destinatários, responderem à proposta de celebração, ou de revisão, de uma convenção colectiva, prevista no n.º 1, resulta a consagração de um dever geral de negociar. Ainda assim, a vigência no nosso ordenamento jurídico deste dever, não obriga a que as partes venham a celebrar efectivamente qualquer convenção colectiva. A excepção a este dever geral de negociar encontra-se prevista no n.º 2.

5. Do n.º 2 resulta que, quando tenha sido celebrada uma convenção colectiva há menos de seis meses, o destinatário da proposta de revisão dessa convenção colectiva pode recusar-se a negociar antes de se completarem seis meses de vigência da convenção. Ainda assim, o destinatário da proposta de revisão da convenção colectiva que vigora há menos de seis meses deve informar o proponente no prazo de 10 dias úteis. Deste n.º 2 resulta assim que, em matéria de convenções colectivas, há um período mínimo de paz social: seis meses.

6. Uma vez apresentada a resposta à proposta de celebração de convenção, ou de revisão, de uma convenção colectiva, não há qualquer dever de lhe responder por escrito, sendo que nem por isso deverá esta peça ficar sem réplica, pelo que, a pronuncia do proponente relativamente à resposta far-se-á no decorrer do processo de negociação colectiva, em reunião convocada para o efeito, cfr. n.º 1 do artigo 489.º

7. A faculdade prevista no n.º 4 já se acha consagrada na alínea b) do n.º 3 do artigo 523.º A possibilidade do proponente requerer a conciliação opera imediatamente, em caso de falta de resposta, ou existindo esta não se encontre a resposta devidamente fundamentada.

8. Nos termos do n.º 2 do artigo 490.º, a resposta, devidamente fundamentada, deve também ser enviada ao ministério responsável pela área laboral, nos quinze dias posteriores à sua apresentação ao seu destinatário ou destinatários.

9. Nada obsta que a forma escrita, imposta pelo n.º 1, seja satisfeita através de documento electrónico, ou seja, por documento elaborado mediante processamento electrónico de dados. Por outras palavras, nada impede que a forma escrita seja adoptada através de uma declaração escrita enviada por correio electrónico (e-mail) para um endereço electrónico. Sobre a validade, eficácia e valor probatório dos documentos electrónicos remete-se para a anotação 4. ao artigo 107.º

ARTIGO 488.º - Prioridade em matéria negocial

1 – As partes devem, sempre que possível, atribuir prioridade à negociação da retribuição e da duração e organização do tempo de trabalho, tendo em vista o ajuste do acréscimo global de encargos daí resultante, bem como à segurança e saúde no trabalho.

2 – A inviabilidade de acordo inicial sobre as matérias referidas no número anterior não justifica a ruptura de negociação.

1. *Este preceito corresponde ao artigo 546.º do anterior Código do Trabalho, aprovado pela Lei n.º 99/2003.*

2. *As matérias referidas no n.º 1 são precisamente aquelas que maior influência tem na fixação do custo do trabalho. Dessas matérias, a retribuição e a duração e organização do tempo de trabalho resumem frequentemente os procedimentos de revisão das convenções colectivas. Nada veda que estas matérias sejam negociadas não no início do processo negocial, mas sim no seu final.*

3. *O disposto no n.º 2 mostra-se desnecessário, porquanto resultava já do n.º 1, ao estabelecer que a algumas matérias deve ser atribuída prioridade, sempre que possível.*

ARTIGO 489.º - Boa fé na negociação

1 – As partes devem respeitar, no processo de negociação colectiva, o princípio de boa fé, nomeadamente respondendo com a brevidade possível a propostas e contrapropostas, observando o protocolo negocial, caso exista, e fazendo-se representar em reuniões e contactos destinados à prevenção ou resolução de conflitos.

2 – Os representantes das associações sindicais e de empregadores devem, oportunamente, fazer as necessárias consultas aos trabalhadores e aos empregadores interessados, não podendo, no entanto, invocar tal necessidade para obter a suspensão ou interrupção de quaisquer actos.

3 – Cada uma das partes deve facultar à outra os elementos ou informações que esta solicitar, na medida em que tal não prejudique a defesa dos seus interesses.

4 – Não pode ser recusado no decurso de processo de negociação de acordo colectivo e de empresa, o fornecimento dos relatórios e contas de empresas já publicados e o número de trabalhadores, por categoria profissional, que se situem no âmbito de aplicação do acordo a celebrar.

5 – Comete contra-ordenação grave a associação sindical, a associação de empregadores ou o empregador que não se faça representar em reunião convocada nos termos do n.º 1.

1. Este preceito corresponde ao artigo 547.º do anterior Código do Trabalho, aprovado pela Lei n.º 99/2003.

2. O n.º 1 ao utilizar o termo "nomeadamente" demonstra que os actos nele referidos são exemplificativos.

3. O n.º 1 é a única norma que se refere ao protocolo negocial, o qual pode ser celebrado entre as partes, nele se delimitando, como sucede em regra, e entre outras, o número, local e horas das sessões de negociações. Este protocolo negocial é facultativo, como resulta da letra da lei, não existindo nenhuma norma que imponha a sua celebração.

4. Apesar do n.º 2 impor a consulta dos trabalhadores e dos empregadores, o prazo estabelecido para a resposta à proposta, cfr. n.º 1 do artigo 487.º, não se interrompe nem suspende, para que se proceda a essas consultas, pelo que devem estas ser realizadas enquanto estiverem a decorrer quaisquer prazos previstos por lei.

5. O n.º 3 estabelece um dever de cooperação entre as partes, o qual vigora entre estas, excepto quando seja susceptível de prejudicar os interesses da parte que disponha da informação.

6. Sobre a boa fé *vide* António Menezes Cordeiro, *Tratado de Direito Civil Português*, Tomo I, Livraria Almedina, Coimbra, Março 1999, página 175 e segs.

ARTIGO 490.º - Apoio técnico da Administração

1 – Na preparação da proposta negocial e da respectiva resposta, bem como durante as negociações, os serviços competentes dos ministérios responsáveis pela área laboral e pela área de actividade fornecem às partes a informação necessária de que dispõem, que estas solicitem.

2 – As partes devem enviar as propostas e respostas, com a respectiva fundamentação, ao ministério responsável pela área laboral, nos 15 dias seguintes à sua apresentação.

1. Este preceito corresponde ao artigo 548.º do anterior Código do Trabalho, aprovado pela Lei n.º 99/2003.

2. Para que seja prestada a informação esta tem de ser requerida, tendo ainda de estar na posse dos serviços competentes dos ministérios responsáveis pela área laboral e pela área de actividade.

3. Note-se que, quando seja requerida informação aos serviços competentes dos ministérios responsáveis pela área laboral e pela área de actividade, e aquele que a requereu esteja adstrito ao cumprimento de um prazo fixado por lei – como sucede relativamente ao destinatário de proposta de celebração, ou de revisão, de convenção colectiva, que tem 30 dias para apresentar resposta após a recepção da proposta – esse prazo não se interrompe nem se suspende, pelo que o prazo corre independentemente de ser solicitada a informação ou não. Nada obsta porém, que as partes prorroguem, por acordo o prazo.

4. O dever estabelecido no n.º 2, de as partes deverem enviar as propostas e respostas, com a respectiva fundamentação, ao ministério responsável pela área laboral, nos 15 dias seguintes à sua apresentação pretende evitar que seja emitida uma portaria de extensão, cfr. artigo 515.º

SECÇÃO II – Celebração e conteúdo

ARTIGO 491.º – Representantes de entidades celebrantes

1 – A convenção colectiva é assinada pelos representantes das entidades celebrantes.

2 – Para efeitos do disposto no número anterior, consideram-se representantes:

a) Os membros de direcção de associação sindical ou associação de empregadores, com poderes para contratar;

b) Os gerentes, administradores ou directores com poderes para contratar;

c) No caso de empresa do sector empresarial do Estado, os membros do conselho de gerência ou órgão equiparado, com poderes para contratar;

d) As pessoas titulares de mandato escrito com poderes para contratar, conferido por associação sindical ou associação de empregadores, nos termos dos respectivos estatutos, ou por empregador.

3 – Sem prejuízo da possibilidade de delegação noutras associações sindicais, a associação sindical pode conferir à estrutura de representação colectiva dos trabalhadores na empresa poderes para, relativamente aos seus associados, contratar com empresa com, pelo menos, 150 trabalhadores.

4 – A revogação do mandato só é eficaz após comunicação à outra parte, por escrito e até à assinatura da convenção colectiva.

1. Este preceito corresponde ao artigo 540.º do anterior Código do Trabalho, aprovado pela Lei n.º 99/2003.

2. A redacção do n.º 3 foi alterada pelo artigo 2.º da Lei n.º 23/2012, de 25 de Junho. Na versão originária do Código do Trabalho, aprovado pela Lei n.º 7/2009, de 12 de Fevereiro, aquele número tinha a seguinte redacção:

> "Sem prejuízo da possibilidade de delegação noutras associações sindicais, a associação sindical pode conferir a estrutura de representação colectiva dos trabalhadores na empresa poderes para, relativamente aos seus associados, contratar com empresa com, pelo menos, 500 trabalhadores.".

3. Nos termos do n.º 3 do artigo 2.º, uma convenção colectiva pode ser um contrato colectivo, um acordo colectivo ou um acordo de empresa. Entende-se por contrato colectivo, a convenção celebrada entre associação sindical e associação de empregadores; por acordo colectivo, a convenção celebrada entre associação sindical e uma pluralidade de empregadores para diferentes empresas; e por acordo de empresa, a convenção celebrada entre associação sindical e um empregador para uma empresa ou estabelecimento.

4. As entidades celebrantes referidas no n.º 1 só poderão ser um, ou mais, empregadores, associações de empregadores e associações sindicais, estas últimas nos termos da alínea a) do n.º 1 do artigo 443.º Ou seja, além das associações de empregadores e associações sindicais, também um empregador poderá ser uma entidade celebrante de um acordo colectivo ou um acordo de empresa, o que resulta desde logo do n.º 3 do artigo 2.º O direito das associações sindicais celebrarem convenções colectivas é um direito com consagração constitucional, cfr. n.os 3 e 4 do artigo 56.º da Constituição da República Portuguesa normas estas que não sendo exequíveis por si próprias, ainda assim não permitem ao legislador que em sede de lei ordinária tenha a liberdade para regular o conteúdo que lhe aprouver, mas antes se achando este obrigado a conformar a regulamentação a que proceder, com o disposto na Constituição da República Portuguesa.

5. Nos termos do n.º 1, se a convenção é assinada, então tem de ser reduzida a escrito, imposição que já resulta do artigo 477.º, que determina a nulidade da convenção colectiva se esta não for escrita.

6. No n.º 2 prevêem-se, nas diversas alíneas, vários mandatos que têm por efeito a celebração de uma convenção colectiva. O mandato é o contrato pelo qual uma das partes se obriga a praticar um ou mais actos jurídicos por conta da outra, cfr. artigos 1157.º e segs. do Código Civil. O mandato para celebrar uma convenção colectiva será necessariamente com representação cfr. artigo 1178.º e segs. do Código Civil, ao qual se aplicam os artigos 258.º e segs. do mesmo diploma, por força do n.º 1 daquele artigo 1178.º De acordo com o artigo 258.º do Código Civil, o negócio jurídico realizado pelo representante em nome do representado, produz os seus efeitos na esfera jurídica do representado. Atendendo ao n.º 2 do artigo 262.º do Código Civil, a forma depende do negócio que deva ser realizado, pelo que quando se visar a celebração de convenção colectiva, deve o mandato ser reduzido a escrito.

7. As empresas do sector empresarial do Estado, mencionadas na alínea d) do n.º 2, encontram-se reguladas no Decreto-Lei n.º 558/99, de 17 de Dezembro, alterado pelo Decreto-Lei n.º 300/2007, de 23 de Agosto, pela Lei n.º 64-A/2008, de 31 de Dezembro, e pela Lei n.º 55-A/2010, de 31 de Dezembro.

8. O n.º 3 prevê que uma associação sindical confira poderes, relativamente aos seus associados, a uma estrutura de representação colectiva dos trabalhadores para contratar com empresa com pelo menos 150 trabalhadores. Nos termos do artigo 404.º, constituem estruturas de representação colectiva dos trabalhadores, além das associações sindicais, as comissões de trabalhadores e subcomissões de trabalhadores, os representantes dos trabalhadores para a segurança e saúde no trabalho, bem como outras estruturas previstas em lei específica, como sucede com os conselhos de empresa europeus. Atendendo à letra da lei, a possibilidade de uma estrutura de representação colectiva contratar em nome e representação de uma associação sindical, passando a ter uma capacidade que de outro modo não teria, parece que se limita aos acordos de empresa, ou seja, às convenções celebradas entre associação sindical e um empregador para uma empresa ou estabelecimento, cfr. alínea c) do n.º 3 do artigo 2.º Neste sentido, o legislador utilizou na parte final deste n.º 3, a expressão "empresa com, pelo menos, 150 trabalhadores.".

9. Nos termos da alínea b) do n.º 1 do artigo seguinte, o artigo 492.º, a convenção colectiva deve indicar o nome e qualidade em que intervêm os representantes das entidades celebrantes. Note-se ainda que o depósito a que a convenção colectiva se acha obrigatoriamente sujeita, encontra-se dependente de vários requisitos, entre os quais ser celebrada por quem tenha capacidade para o efeito, cfr. alínea a) do n.º 4 do artigo 494.º, e ser acompanhada de títulos comprovativos da representação das entidades celebrantes, no caso referido na alínea d) do n.º 2 deste artigo 491.º, emitidos por quem possa vincular as associações sindicais e as associações de empregadores ou os empregadores celebrantes, cfr. alínea b) do n.º 4 do artigo 494.º

10. Nada obsta que a forma escrita, imposta pelo n.º 4, seja satisfeita através de documento electrónico, ou seja, por documento elaborado mediante processamento electrónico de dados. Por outras palavras, nada impede que a forma escrita seja adoptada através de uma declaração escrita enviada por correio electrónico (e-mail) para um endereço electrónico. Sobre a validade, eficácia e valor probatório dos documentos electrónicos remete-se para a anotação 4. ao artigo 107.º

11. Sobre o mandato *vide* Inocêncio Galvão Telles, "Contratos Civis", *Revista da Faculdade de Direito da Universidade de Lisboa X*, 1954, e Pires de Lima e Antunes Varela, *Código Civil Anotado*, volume II, 4.ª edição, Coimbra Editora, página 786 e segs.

ARTIGO 492.º – Conteúdo de convenção colectiva

1 – A convenção colectiva deve indicar:

a) Designação das entidades celebrantes;

b) Nome e qualidade em que intervêm os representantes das entidades celebrantes;

c) Âmbito do sector de actividade, profissional e geográfico de aplicação, excepto tratando-se de revisão que não altere o âmbito da convenção revista;

d) Data de celebração;

e) Convenção revista e respectiva data de publicação, se for o caso;

f) Valores expressos de retribuição base para todas as profissões e categorias profissionais, caso tenham sido acordados;

g) Estimativa dos números de empregadores e de trabalhadores abrangidos pela convenção;

h) Instrumento de regulamentação colectiva de trabalho negocial e respectiva data de publicação, para efeitos do n.º 5 do artigo 482.º

2 – A convenção colectiva deve regular:

a) As relações entre as entidades celebrantes, em particular quanto à verificação do cumprimento da convenção e a meios de resolução de conflitos colectivos decorrentes da sua aplicação ou revisão;

b) As acções de formação profissional, tendo presentes as necessidades do trabalhador e do empregador;

c) As condições de prestação do trabalho relativas à segurança e saúde;

d) Medidas que visem a efectiva aplicação do princípio da igualdade e não discriminação;

e) Outros direitos e deveres dos trabalhadores e dos empregadores, nomeadamente retribuição base para todas as profissões e categorias profissionais;

f) Os processos de resolução dos litígios emergentes de contratos de trabalho, nomeadamente através de conciliação, mediação ou arbitragem;

g) A definição de serviços necessários à segurança e manutenção de equipamentos e instalações, de serviços mínimos indispensáveis para ocorrer à satisfação de necessidades sociais impreteríveis, caso a actividade dos empregadores abrangidos satisfaça necessidades sociais impreteríveis, bem como dos meios necessários para os assegurar em situação de greve;

h) Os efeitos decorrentes da convenção em caso de caducidade, relativamente aos trabalhadores abrangidos por aquela, até à entrada em vigor de outro instrumento de regulamentação colectiva de trabalho.

3 – A convenção colectiva deve prever a constituição e regular o funcionamento de comissão paritária com competência para interpretar e integrar as suas cláusulas.

4 – A convenção colectiva pode prever que o trabalhador, para efeito da escolha prevista no artigo 497.º, pague um montante nela estabelecido às associações sindicais envolvidas, a título de comparticipação nos encargos da negociação.

1. Este preceito corresponde ao artigo 541.º do anterior Código do Trabalho, aprovado pela Lei n.º 99/2003.

2. A alínea h) do n.º 1 deste preceito foi introduzida pelo artigo 2.º da Lei n.º 23/2012, de 25 de Junho. Na versão originária do Código do Trabalho, aprovado pela Lei n.º 7/2009, de 12 de Fevereiro, aquela alínea h) inexistia.

3. Nos termos dos n.os 2 e 3 do artigo 2.º, uma convenção colectiva é um instrumento de regulamentação colectiva de trabalho, e pode ser um contrato colectivo, um acordo colectivo ou um acordo de empresa. Entende-se por contrato colectivo, a convenção celebrada entre associação sindical e associação de empregadores; por acordo colectivo, a convenção celebrada entre associação sindical e uma pluralidade de empregadores para diferentes empresas; e por acordo de empresa, a convenção celebrada entre associação sindical e um empregador para uma empresa ou estabelecimento.

4. Ver disposições gerais sobre instrumentos de regulamentação colectiva de trabalho, previstas nos artigos 476.º a 480.º

5. O n.º 1 contém uma enumeração taxativa dos elementos que devem constar da convenção colectiva. Faltando algum desses elementos, a consequência é que o depósito a que a convenção colectiva se acha imperativamente sujeita, deve ser recusado, cfr. alínea c) do n.º 4 do artigo 494.º

Só assim não terá de ser quanto aos elementos referidos nas alíneas *e)*, *f)* e *h)* do n.º 1, que podem não ter de ser indicados. Com efeito, a indicação da convenção revista e respectiva data de publicação (alínea *e)* do n.º 1) é um elemento que só existe quando se pretende rever uma convenção colectiva pré-existente. Também os valores expressos de retribuição base para todas as profissões e categorias profissionais (alínea *f)* do n.º 1) só têm de ser indicados quando aqueles valores tenham sido acordados. Por fim a indicação do instrumento de regulamentação colectiva de trabalho negocial e respectiva data de publicação (alínea *h)* do n.º 1), que se pretende vir a preferir em detrimento do critério legal previsto no n.º 1 do artigo 482.º, é um elemento que só tem de ser indicado quando a intenção é afastar o princípio da especialidade, preterindo-se um instrumento de regulamentação colectiva de trabalho que tenha maior proximidade à realidade jus-laboral dos seus destinatários.

6. Da letra da alínea f) do n.º 1 resulta que as partes numa convenção colectiva estarão impedidas de acordar a retribuição base sobre uma profissão ou uma categoria profissional em concreto, sem que o façam relativamente às demais. Ou acordam os valores expressos de retribuição base para todas as profissões e categorias profissionais e estes são indicados na convenção colectiva, ou em alternativa não são indicados quaisquer valores de retribuição base.

Quando sejam acordados valores expressos de retribuição base, o empregador não se encontra impedido de proceder ao pagamento de determinadas prestações quantitativamente variáveis, ou não, para além da remuneração base.

7. O n.º 2 estabelece um conjunto de matérias que devem ser reguladas pela convenção colectiva. Não se trata de matéria que imperativamente tem de constar do conteúdo da convenção colectiva, uma vez que a ausência de regulação de alguma das matérias referidas no n.º 2 não comporta qualquer consequência. Deve notar-se apenas, relativamente à alínea d) do n.º 2, que não sendo obrigatória a consagração no texto da convenção colectiva de medidas que visem a efectiva aplicação do princípio da igualdade e não discriminação, nem por isso se admite que alguma das suas disposições seja discriminatória. Com efeito, e nos termos do n.º 1 do artigo 479.º, a convenção colectiva, no prazo de 30 dias a contar da sua publicação, é apreciada pelo serviço competente do ministério responsável pela área laboral em matéria de igualdade e não discriminação e, caso existam disposições discriminatórias, notifica as partes para em 60 dias procederem às necessárias alterações, o que se não ocorrer impõe que aquele serviço envie a apreciação fundamentada ao magistrado do Ministério Público junto do tribunal competente. Caso constate a existência de disposição ilegal em matéria de igualdade e não discriminação, o magistrado do Ministério Público promove, no prazo de 15 dias, a declaração judicial da nulidade dessas disposições, cfr. n.º 5 do mesmo artigo 479.º

8. Além das matérias referidas na alínea *g)* do n.º 2, a convenção colectiva pode regular, procedimentos de resolução de conflitos susceptíveis de determinar o recurso à greve, bem como limitar o recurso à greve por parte de associação sindical celebrante, durante a vigência daquela, com a finalidade de modificar o seu conteúdo, cfr. n.º 1 do artigo 542.º Quando na convenção colectiva seja limitado o recurso à greve, a cláusula que estabelece semelhante limitação designa-se de cláusula de paz social. Sobre esta ver anotações ao artigo 542.º

9. Sobre a comissão paritária referida no n.º 3, ver artigo 493.º e respectivas anotações.

10. Do n.º 4, conjugado com o n.º 1 do artigo 497.º, resulta que a convenção colectiva pode prever que quando sejam aplicáveis, no âmbito de uma empresa, uma ou mais convenções colectivas ou decisões arbitrais e o trabalhador dessa empresa, que não seja filiado em qualquer associação sindical, escolha uma delas como aplicável a si próprio (não obstante não estar inscrito em associação sindical), pague um montante estabelecido na convenção por ele escolhida, a título de participação nos encargos de negociação. O n.º 4 não refere, contudo, como deve ser pago pelo trabalhador às associações sindicais o montante a título de comparticipação nos encargos da negociação, se de uma única vez, ou se deve ser repartido durante determinado tempo, por exemplo um determinado número de meses, ou anos. Nestes termos, deve a convenção colectiva também regular este aspecto. Certo é que, o custo de comparticipação nos encargos de negociação não deve confundir-se com a quotização sindical, cfr. artigo 457.º, até porque o trabalhador não pode ser obrigado a pagar quotas para associação sindical em que não esteja inscrito, cfr. n.º 1 do artigo 457.º e alínea b) do n.º 2 do artigo 55.º da Constituição da República Portuguesa.

11. As regras sobre conteúdo obrigatório da convenção colectiva, aplicam-se à decisão arbitral, com as necessárias adaptações, cfr. n.º 1 do artigo 505.º

ARTIGO 493.º – Comissão paritária

1 – A comissão paritária a que se refere o n.º 3 do artigo anterior é formada por igual número de representantes das entidades celebrantes.

2 – A comissão paritária só pode deliberar desde que esteja presente metade dos representantes de cada parte.

3 – A deliberação tomada por unanimidade é depositada e publicada nos mesmos termos da convenção colectiva e considera-se para todos os efeitos como integrando a convenção a que respeita.

4 – A deliberação tomada por unanimidade, uma vez publicada, é aplicável no âmbito de portaria de extensão da convenção.

1. Este preceito corresponde ao artigo 542.º do anterior Código do Trabalho, aprovado pela Lei n.º 99/2003.

2. A comissão paritária não deve confundir-se com a arbitragem voluntária, cfr. artigo 506.º e segs., apesar desta última poder incidir também sobre as questões laborais resultantes, da interpretação e integração de convenção colectiva. Por um lado, a arbitragem voluntária não se limita à interpretação e integração de convenção colectiva, podendo ter um âmbito mais alargado, por outro, a arbitragem é um procedimento decisório que se caracteriza pela submissão a um terceiro, um ou mais árbitros, de uma ou mais questões laborais, incumbindo àquele terceiro proferir uma decisão que vincula as partes.

3. Note-se que a constituição de comissão paritária não veda a que os tribunais possam interpretar a convenção colectiva nas questões concretas que lhes sejam submetidas. Na verdade, ainda que determinado trabalhador se encontre inscrito em associação sindical que celebrou a convenção colectiva, nem por isso esse trabalhador se encontra impossibilitado de judicialmente suscitar a interpretação em sentido que seja mais conveniente à tutela dos seus próprios interesses.

4. Nos termos do n.º 1 a comissão paritária é formada por igual número de representantes das entidades celebrantes de uma convenção colectiva. O n.º 2 estabelece um número mínimo de presenças para que a comissão paritária possa validamente deliberar: metade dos representantes de cada parte. Nada veda que a comissão paritária tenha apenas um representante por cada parte. Quando assim seja, deve entender-se que a comissão paritária só pode decidir desde que todos os representantes estejam presentes. Quando a composição da comissão paritária tenha mais do que um membro, nada obsta a que a convenção colectiva preveja que os membros da comissão paritária possam eleger, de entre si, um presidente, com voto de qualidade, em caso de empate nas votações, cfr. n.º 3 do artigo 492.º

5. Nos temos do n.º 3, a deliberação da comissão paritária tomada por unanimidade tem de ser depositada e publicada nos termos da convenção colectiva, cfr. artigos 494.º e 519.º, razão pela qual esta deliberação tem de ser entregue em documento electrónico, entrega esta que se encontra regulada pela Portaria n.º 1172/2009, de 6 de Outubro. O depósito e promoção da publicação de deliberações de comissões paritárias é uma atribuição da Direcção-Geral do Emprego e das Relações de Trabalho, cfr. alínea b) do n.º 3 do artigo 2.º do Decreto Regulamentar n.º 40/2012, de 12 de Abril.

Quando a deliberação da comissão paritária não seja tomada por unanimidade, inexiste este dever de depósito e publicação. Não obstante, cremos que não deve entender-se que semelhante deliberação é destituída de quaisquer efeitos, sendo que dela devem emergir os efeitos obrigacionais necessários, para a tornar vinculativa entre as partes.

6. Entre as matérias que a convenção colectiva pode prever a título de regulação do funcionamento da comissão paritária encontra-se, entre outras, o local onde a comissão deve reunir, quando deve reunir, e qual o procedimento a adoptar para que esta reúna.

7. Nos termos do n.º 4, a deliberação da comissão paritária tomada por unanimidade, depois de publicada aplica-se no âmbito da portaria de extensão da convenção colectiva. Sobre a portaria de extensão, ver artigos 514.º e segs., e respectivas anotações.

O regime do n.º 4 é susceptível das maiores reservas. A verdade é, que, por aplicação deste n.º 4, a deliberação por unanimidade dos representantes das partes, tomada em sede de comissão paritária, não esgota os seus efeitos entre as próprias partes, aplicando-se automaticamente aos destinatários da portaria de extensão que estendeu a convenção colectiva que a deliberação interpreta. O controlo que é efectuado pela Administração em sede de depósito da deliberação tomada por unanimidade é meramente formal. O controlo de mérito da interpretação realizada pela deliberação tomada por unanimidade não é realizado. Isto significa que aos destinatários da convenção colectiva que tenha sido estendida é imposta uma interpretação cujo conteúdo jurídico não foi analisado por qualquer outra entidade que não a comissão paritária, que pode até dispensar-se de o fazer. Acresce que, os destinatários da convenção colectiva estendida nem sequer se podem opor ao conteúdo da deliberação tomada por unanimidade que por efeito da publicação lhes passa a ser igualmente aplicável. Por fim, o n.º 4 deste artigo 493.º é, por si só, susceptível de colocar em causa os princípios a que a Administração pública se acha vinculada e que nortearam a extensão dos efeitos da convenção colectiva que por intermédio de uma deliberação por unanimidade foi interpretada, e que constitui uma garantia para os particulares. De facto os interesses dos membros da comissão paritária não tem de coincidir com os interesses da Administração pública, não se encontrado aqueles sujeitos a princípios como os da prossecução do interesse público, da legalidade, da proporcionalidade, da justiça, e da imparcialidade, cfr. n.os 1 e 2 do artigo 266.º da Constituição da República Portuguesa e artigos 4.º, 3.º, 6.º, 7.º, 8.º, 9.º e 10.º do Código do Procedimento Administrativo, aprovado pelo Decreto-Lei n.º 4/2015, de 7 de Janeiro.

SECÇÃO III – Depósito de convenção colectiva

ARTIGO 494.º – Procedimento do depósito de convenção colectiva

1 – A convenção colectiva é entregue, para depósito, ao serviço competente do ministério responsável pela área laboral.

2 – A terceira revisão parcial consecutiva de uma convenção deve ser acompanhada de texto consolidado assinado nos mesmos termos, o qual, em caso de divergência, prevalece sobre os textos a que se refere.

3 – A convenção e o texto consolidado são entregues em documento electrónico, nos termos de portaria do ministro responsável pela área laboral.

4 – O depósito depende de a convenção satisfazer os seguintes requisitos:

a) Ser celebrada por quem tenha capacidade para o efeito;

b) Ser acompanhada de títulos comprovativos da representação das entidades celebrantes, no caso referido na alínea d) do n.º 2 do artigo 491.º, emitidos por quem possa vincular as associações sindicais e as associações de empregadores ou os empregadores celebrantes;

c) Obedecer ao disposto no n.º 1 do artigo 492.º;

d) Ser acompanhada de texto consolidado, sendo caso disso;

e) Obedecer ao disposto no n.º 3, bem como o texto consolidado, sendo caso disso.

5 – O pedido de depósito deve ser decidido no prazo de 15 dias a contar da recepção da convenção pelo serviço competente.

6 – A recusa fundamentada do depósito é imediatamente notificada às partes, sendo devolvidos a convenção colectiva, o texto consolidado e os títulos comprovativos da representação.

7 – Considera-se depositada a convenção cujo pedido de depósito não seja decidido no prazo referido no n.º 5.

1. Este preceito corresponde aos artigos 549.º e 550.º do anterior Código do Trabalho, aprovado pela Lei n.º 99/2003.

2. Nos termos dos n.os 2 e 3 do artigo 2.º, uma convenção colectiva é um instrumento de regulamentação colectiva de trabalho, e pode ser um contrato colectivo, um acordo colectivo ou um acordo de empresa. Entende-se por contrato colectivo, a convenção celebrada entre associação sindical e associação de empregadores; por acordo colectivo, a convenção celebrada entre associação sindical e uma pluralidade de empregadores para diferentes empresas; e por acordo de empresa, a convenção celebrada entre associação sindical e um empregador para uma empresa ou estabelecimento.

3. Ver disposições gerais sobre instrumentos de regulamentação colectiva de trabalho, previstas nos artigos 476.º a 480.º

4. O depósito e promoção da publicação de convenções colectivas de trabalho, da respectiva revogação, de acordos de adesão, decisões arbitrais e deliberações de comissões paritárias é uma atribuição da Direcção-Geral do Emprego e das Relações de Trabalho, cfr. alínea b) do n.º 3 do artigo 2.º do Decreto Regulamentar n.º 40/2012, de 12 de Abril.

5. O n.º 2 estabelece expressamente que a terceira revisão parcial sucessiva de uma convenção colectiva tem de ser acompanhada do texto consolidado assinado, ou seja, o texto integral da convenção colectiva resultante da celebração da convenção colectiva e das três revisões de que foi objecto essa convenção colectiva. A este texto consolidado o legislador conferiu o efeito de, em caso de discrepância com os textos anteriores, independentemente de se tratar do texto original que resultou da celebração da convenção colectiva, ou de uma das duas revisões parciais que se lhe seguiram, imperar sobre aqueles textos antecedentes.

Este n.º 2 pretende facilitar o cumprimento do n.º 3 do artigo 519.º, segundo o qual o instrumento de regulamentação colectiva de trabalho que seja objecto de três revisões parciais consecutivas é integralmente republicado, assim se dispondo a permitir um mais fácil acesso e conhecimento do seu conteúdo não só aos seus destinatários, como a todos aqueles que nisso tenham interesse.

6. A portaria do ministro responsável pela área laboral, referida no n.º 3, que regula a entrega em documento electrónico da convenção colectiva e correspondente texto consolidado, é a Portaria n.º 1172/2009, de 6 de Outubro.

7. O n.º 4 estabelece os requisitos de que depende o depósito da convenção colectiva. A não verificação de um daqueles requisitos é motivo bastantes para que a Administração pública possa, licitamente, recusar o depósito. Do próprio n.º 4 resulta que em sede de depósito, o controlo efectuado pela Administração é meramente formal. O controlo de mérito não é realizado, em nome do princípio da autonomia colectiva. Ainda assim, após a publicação da convenção colectiva, e nos termos do n.º 1 do artigo 479.º, a Administração procede à apreciação fundamentada da legalidade das disposições da convenção colectiva em matéria de igualdade e não discriminação.

Um dos requisitos é a convenção colectiva ser celebrada por quem tenha capacidade para o efeito, cfr. alínea a) do n.º 4. As associações sindicais e as associações de empregadores têm o direito de celebrar convenções colectivas, nos termos da alínea a) do n.º 1 do artigo 443.º, sendo que o direito das associações sindicais celebrarem convenções colectivas tem também consagração constitucional, cfr. n.os 3 e 4 do artigo 56.º da Constituição da República Portuguesa. Também um empregador pode celebrar uma convenção colectiva, de acordo com o previsto nas alíneas b) e c) do n.º 3 do artigo 2.º Para tanto, a lei exige que tenham personalidade jurídica, o que adquirem de modos distintos, e de acordo com a sua natureza. As associações sindicais e as associações de empregadores adquirem personalidade jurídica pelo registo dos estatutos pelo serviço competente do ministério responsável pela área laboral, cfr. n.º 1 do artigo 447.º, sendo que só podem iniciar o exercício das respectivas actividades após a publicação dos estatutos no Boletim do Trabalho e Emprego, ou 30 dias após o registo, cfr. n.º 7 do artigo 447.º Já os empregadores podem eles próprios assumirem uma de várias naturezas: associação, fundação, uma sociedade comercial, etc.. As sociedades comerciais são, no ordenamento jurídico português, a modalidade mais frequentemente adoptada pelos empregadores, gozando de personalidade jurídica e existem como tais a partir da data do registo definitivo do contrato pelo qual se constituem, cfr. artigo 5.º do Código das Sociedades Comerciais, aprovado pelo Decreto-Lei n.º 262/86, de 2 de Setembro, sem prejuízo do disposto naquele Código quanto à constituição de sociedades por fusão, cisão ou transformação. Na fusão e na cisão, a nova sociedade surge através do registo, cfr. artigo 112.º e 120.º, respectivamente, do Código das Sociedades Comerciais. Na transformação, o registo das sociedades transformadas já não é condição para a transformação, que ocorre em momento anterior, cfr. artigos 88.º e 140.º-A do Código das Sociedades Comerciais.

Outro dos requisitos é a convenção colectiva ser acompanhada de títulos comprovativos da representação das entidades celebrantes, no caso da convenção colectiva ser assinada por pessoas titulares de mandato escrito com poderes para contratar, emitidos por quem possa vincular as associações sindicais e as associações de empregadores ou os empregadores celebrantes, cfr. alínea b) do n.º 4.

Outro requisito é a convenção colectiva conter os elementos referidos nas várias alíneas do n.º 1 do artigo 492.º, salvo quando, tratando-se das alíneas *e)*, *f)* e *h)* do n.º 1 do mesmo artigo 492.º, a matéria ali referida não constitua a situação em concreto (alíneas *e)* e *h)* do n.º 1 do artigo 492.º), ou a matéria não tenha sido acordada (alínea *f)* do n.º 1 do artigo 492.º), cfr. alínea c) do n.º 4.

Outro dos requisitos é a convenção colectiva ser acompanhada de texto consolidado, quando se trate de terceira revisão parcial sucessiva de uma convenção colectiva, cfr. alínea *d)* do n.º 4. Veja-se anotação *supra*, relativa ao n.º 2 deste artigo 494.º

O último requisito é a convenção colectiva, e o texto consolidado quando este último deva ser efectuado, serem entregues em documento electrónico, cfr. alínea e) do n.º 4. Veja-se anotação *supra*, relativa ao n.º 3 deste artigo 494.º

Caso a Administração pública recuse o depósito, quando se encontrem reunidos todos os requisitos *supra* referidos, poderá tal decisão ser impugnada judicialmente, seguindo a acção judicial os trâmites previstos no Código de Processo nos Tribunais Administrativos, aprovado pela Lei n.º 15/2002, de 22 de Fevereiro, e alterado pela Declaração de Rectificação n.º 17/2002, de 6 de Abril, pelas Leis n.ºs 4-A/2003, de 19 de Fevereiro, 59/2008, de 11 de Setembro, 63/2011, de 14 de Dezembro, e pelo Decreto-Lei n.º 214-G/2015, de 2 de Outubro.

8. A contagem do prazo referido no n.º 5 é realizada de acordo com o disposto no artigo 87.º do Código do Procedimento Administrativo. Nos termos da alínea b) daquele preceito, não se inclui na contagem o dia em que ocorrer o evento a partir do qual o prazo começa a correr. De acordo com a alínea c) do mesmo artigo 87.º o prazo suspende-se aos sábados, domingos e feriados, sendo que nos termos da alínea f) do mesmo preceito, o termo do prazo que caia em dia, ou coincida com dia, em que o serviço perante o qual deva ser praticado o acto não esteja aberto ao público, ou não funcione durante o período normal, transfere-se para o primeiro dia útil seguinte. O Código do Procedimento Administrativo foi aprovado pelo Decreto-Lei n.º 4/2015, de 7 de Janeiro.

9. Nos termos do n.º 7, caso a Administração pública nada diga no prazo de 15 dias, a contar da recepção da convenção pelo serviço competente, considera-se depositada a convenção colectiva. Ou seja, o n.º 7 prevê um caso de deferimento tácito, cfr. n.º 1 do artigo 130.º do Código do Procedimento Administrativo.

10. O regime do depósito de convenção colectiva é aplicável ao acordo de adesão, cfr. n.º 4 do artigo 504.º, e à decisão arbitral em processo de arbitragem voluntária, obrigatória ou necessária, cfr. n.º 1 do artigo 505.º

11. Sobre o depósito de convenção colectiva *vide* Bernardo Lobo Xavier, *Manual de Direito do Trabalho*, Verbo, 2011, página 253 e segs., e António Monteiro Fernandes, *Direito do Trabalho*, 15.ª Edição, Almedina, Abril 2010, página 798 e segs.

ARTIGO 495.º – Alteração de convenção antes da decisão sobre o depósito

1 – Enquanto o pedido de depósito não for decidido, as partes podem efectuar, por acordo, qualquer alteração formal ou substancial da convenção entregue para esse efeito.

2 – A alteração referida no n.º 1 interrompe o prazo de depósito referido no n.º 5 do artigo anterior.

1. Este preceito corresponde ao artigo 551.º do anterior Código do Trabalho, aprovado pela Lei n.º 99/2003.

2. O n.º 1 permite que as partes outorgantes de uma convenção colectiva, após a sua celebração e uma vez entregue a própria convenção colectiva para depósito, ao serviço competente do ministério responsável pela área laboral, alterem essa mesma convenção colectiva. A alteração tanto pode ser formal como substancial. Esta faculdade de alterar a convenção colectiva, após a sua entrega, pode ser utilizada desde que não tenha ainda sido decidido o pedido de depósito e enquanto estiver a decorrer o prazo de 15 dias. Ou seja, uma vez decidido o pedido de depósito pelo serviço competente do ministério responsável pela área laboral, as partes já não podem alterar a convenção colectiva, sendo que essa decisão pode ser expressa, ou advir de um deferimento tácito, cfr. n.º 1 do artigo 130.º do Código do Procedimento Administrativo, aprovado pelo Decreto-Lei n.º 4/2015, de 7 de Janeiro, caso a Administração pública nada diga no prazo de 15 dias, a contar da recepção da convenção pelo serviço competente, cfr. n.º 7 do artigo 494.º

3. Nos termos do n.º 2, a alteração da convenção colectiva, quando feita tempestivamente, ou seja quando não tenha ainda sido decidido o depósito, interrompe o prazo de 15 dias que o serviço competente do ministério responsável pela área laboral tinha para decidir do depósito. A interrupção do prazo de 15 dias, a contar da recepção da convenção colectiva pelo serviço competente, tem por efeito inutilizar o prazo decorrido até então, o que significa que uma vez entregue a convenção colectiva alterada, a Administração pública beneficia de 15 dias para decidir do pedido de depósito.

4. Sobre alteração de convenção antes da decisão sobre o depósito *vide* António Monteiro Fernandes, *Direito do Trabalho*, 15.ª Edição, Almedina, Abril 2010, página 801.

SECÇÃO IV – Âmbito pessoal de convenção colectiva

ARTIGO 496.º – Princípio da filiação

1 – A convenção colectiva obriga o empregador que a subscreve ou filiado em associação de empregadores celebrante, bem como os trabalhadores ao seu serviço que sejam membros de associação sindical celebrante.

2 – A convenção celebrada por união, federação ou confederação obriga os empregadores e os trabalhadores filiados, respectivamente, em associações de empregadores ou sindicatos representados por aquela organização quando celebre em nome próprio, nos termos dos respectivos estatutos, ou em conformidade com os mandatos a que se refere o n.º 2 do artigo 491.º

3 – A convenção abrange trabalhadores e empregadores filiados em associações celebrantes no início do processo negocial, bem como os que nelas se filiem durante a vigência da mesma.

4 – Caso o trabalhador, o empregador ou a associação em que algum deles esteja inscrito se desfilie de entidade celebrante, a convenção continua a aplicar-se até ao final do prazo de vigência que dela constar ou, não prevendo prazo de vigência, durante um ano ou, em qualquer caso, até à entrada em vigor de convenção que a reveja.

1. Este preceito corresponde aos artigos 552.º, 553.º e 554.º do anterior Código do Trabalho, aprovado pela Lei n.º 99/2003.

2. Nos termos dos n.os 2 e 3 do artigo 2.º, uma convenção colectiva é um instrumento de regulamentação colectiva de trabalho, e pode ser um contrato colectivo, um acordo colectivo ou um acordo de empresa. Entende-se por contrato colectivo, a convenção celebrada entre associação sindical e associação de empregadores; por acordo colectivo, a convenção celebrada entre associação sindical e uma pluralidade de empregadores para diferentes empresas; e por acordo de empresa, a convenção celebrada entre associação sindical e um empregador para uma empresa ou estabelecimento.

3. Ver disposições gerais sobre instrumentos de regulamentação colectiva de trabalho, previstas nos artigos 476.º a 480.º

4. Este preceito estabelece o âmbito subjectivo ou pessoal da convenção colectiva, ou seja, a eficácia pessoal da convenção colectiva. A regra é que, para que as normas de uma convenção colectiva sejam aplicáveis, quer o empregador quer o trabalhador têm de se encontrar filiados nas respectivas associações outorgantes da convenção colectiva (de empregadores e sindicais, respectivamente), o que é designado pela doutrina como o princípio da dupla filiação, princípio este que não se verifica contudo quando o empregador celebra a convenção colectiva directamente, como sucede no acordo colectivo e no acordo de empresa. E também não se verifica este princípio nas situações de transmissão de empresa ou estabelecimento, cfr. artigo 498.º

O n.º 1 estabelece a eficácia da convenção colectiva, que exige relativamente aos trabalhadores que sejam membros de associação sindical que tenha celebrado a convenção colectiva, enquanto que relativamente ao empregador obriga a que este tenha celebrado directamente essa mesma convenção colectiva, ou a que se encontre filiado ou inscrito em associação de empregadores que a celebrou.

Já o n.º 2 regulamenta os casos em que a convenção colectiva é celebrada por associações de empregadores, que podem assumir uma de três formas, a federação, a união ou a confederação, cfr. alíneas b), c) e d) do n.º 2 do artigo 442.º, e por associações de sindicatos, que também podem assumir uma de três formas, a federação, união ou a confederação, cfr. alíneas b), c) e d) do n.º 1 do artigo 442.º Quando por aquelas é celebrada, a convenção colectiva obriga os empregadores e os trabalhadores filiados, respectivamente, em associações de empregadores, cfr. alínea a) do n.º 2 do artigo 442.º, ou sindicatos, cfr. alínea a) do n.º 1 do artigo 442.º, representados por uma daquelas organizações quando celebre em nome próprio, nos termos dos respectivos estatutos, ou em conformidade com os mandatos previstos no n.º 2 do artigo 491.º

5. O n.º 3 prevê que as normas de uma convenção colectiva se aplicam aos contratos de trabalho que subsistam à data do início do processo negocial que conduziu à celebração da própria convenção colectiva, bem como aos contratos de trabalho que venham a existir após aquele momento e enquanto se mantiver a vigência da convenção colectiva, celebrados entre trabalhadores e empregadores que estejam inscritos em associação que outorgou aquele instrumento de regulamentação colectiva. Quanto ao processo negocial referido neste n.º 3, inicia-se com a apresentação à outra parte de proposta de celebração de uma convenção colectiva, cfr. n.º 1 do artigo 486.º Nos termos estabelecidos, este n.º 3 afasta-se do princípio da dupla filiação, pretendendo-se afastar a circunstância de trabalhador ou empregador, ou mesmo ambos, se desfiliarem das respectivas associações, cfr. n.º 6 do artigo 444.º, com o intento de evitarem a aplicação da convenção colectiva que viesse a ser celebrada, ou mesmo de se esquivarem à sua aplicação uma vez já celebrada. Note-se que o n.º 3 não é expresso quanto aos trabalhadores e empregadores que se filiem após o início do processo negocial, contudo, estes devem ser incluídos no âmbito de aplicação deste n.º 3, por interpretação extensiva.

6. O n.º 4 estabelece que na situação do trabalhador, o empregador ou a associação em que algum deles esteja inscrito se desfilie de entidade celebrante da convenção colectiva, ainda assim a convenção continua a aplicar-se até ao final do prazo de vigência fixado na própria convenção colectiva, ou até à entrada em vigor de convenção colectiva que altere a anteriormente celebrada, se esta última ocorrer antes. Na hipótese da convenção colectiva não prever um prazo de vigência e o trabalhador, o empregador ou a associação de que algum deles seja membro se desfilie da entidade celebrante, a convenção colectiva continua a aplicar-se durante um ano ou, até à entrada em vigor de convenção que reveja a anteriormente outorgada, se esta última ocorrer antes do prazo de um ano.

7. Sobre o princípio da filiação *vide* Bernardo Lobo Xavier, *Manual de Direito do Trabalho*, Verbo, 2011, página 254 e segs. e António Monteiro Fernandes, *Direito do Trabalho*, 15.ª Edição, Almedina, Abril 2010, página 833 e segs. No domínio da legislação anterior, pelo que será necessário proceder às adaptações necessárias, *vide* Bernardo Lobo Xavier, *Curso de Direito do Trabalho*, I, 3.ª edição, Verbo, 2004, página 550 e segs.

ARTIGO 497.º – Escolha de convenção aplicável

1 – Caso sejam aplicáveis, no âmbito de uma empresa, uma ou mais convenções colectivas ou decisões arbitrais, o trabalhador que não seja filiado em qualquer associação sindical pode escolher qual daqueles instrumentos lhe passa a ser aplicável, desde que o mesmo se integre no âmbito do sector de actividade, profissional e geográfico do instrumento escolhido.

2 – O trabalhador pode efetuar a escolha a que se refere o número anterior nos três meses posteriores à entrada em vigor do instrumento escolhido ou ao início da execução do contrato de trabalho, se este for posterior.

3 – A aplicação da convenção nos termos do n.º 1 mantém-se até ao final da sua vigência, com o limite de 15 meses.

4 – O trabalhador pode revogar a escolha, cessando a aplicação da convenção seis meses após a comunicação dessa revogação ou antes se, entretanto, se esgotar o prazo referido no número anterior.

5 – O trabalhador só pode fazer uso da faculdade prevista no n.º 1 uma vez enquanto estiver ao serviço do mesmo empregador, ou de outro a que sejam aplicáveis as mesmas convenções colectivas ou decisões arbitrais.

1. Este preceito corresponde ao artigo 15.º não do anterior Código do Trabalho, aprovado pela Lei n.º 99/2003, mas sim da própria Lei n.º 99/2003, de 27 de Agosto.

2. A redacção dos n.os 1 a 4 foi alterada pelo artigo 2.º da Lei n.º 93/2019, de 4 de Setembro, que também introduziu o n.º 5. Na versão originária do Código do Trabalho, aprovado pela Lei n.º 7/2009, de 12 de Fevereiro, aqueles n.os 1 a 4 tinham a seguinte redacção:

> "1 – Caso sejam aplicáveis, no âmbito de uma empresa, uma ou mais convenções colectivas ou decisões arbitrais, o trabalhador que não seja filiado em qualquer associação sindical pode escolher qual daqueles instrumentos lhe passa a ser aplicável.
>
> 2 – A aplicação da convenção nos termos do n.º 1 mantém-se até ao final da sua vigência, sem prejuízo do disposto no número seguinte.
>
> 3 – No caso de a convenção colectiva não ter prazo de vigência, os trabalhadores são abrangidos durante o prazo mínimo de um ano.
>
> 4 – O trabalhador pode revogar a escolha, sendo neste caso aplicável o disposto no n.º 4 do artigo anterior.".

3. Nos termos dos n.os 2 e 3 do artigo 2.º, uma convenção colectiva é um instrumento de regulamentação colectiva de trabalho, negocial, e pode ser um contrato colectivo, um acordo colectivo ou um acordo de empresa. Entende-se por contrato colectivo, a convenção celebrada entre associação sindical e associação de empregadores; por acordo colectivo, a convenção celebrada entre associação sindical e uma pluralidade de empregadores para diferentes empresas; e por acordo de empresa, a convenção celebrada entre associação sindical e um empregador para uma empresa ou estabelecimento. Por sua vez, a decisão arbitral proferida em processo de arbitragem voluntária constitui um instrumento de regulamentação colectiva de trabalho negocial, cfr. n.º 2 do artigo 2.º, enquanto que a decisão arbitral proferida em processo de arbitragem obrigatória ou necessária constituí um instrumento de regulamentação colectiva de trabalho não negocial, cfr. n.º 4 do mesmo artigo 2.º

4. Ver disposições gerais sobre instrumentos de regulamentação colectiva de trabalho, previstas nos artigos 476.º a 480.º

5. O n.º 1 possibilita que ao trabalhador não filiado em qualquer associação sindical seja aplicável uma convenção colectiva ou uma decisão arbitral, desde que sejam aplicáveis no âmbito da empresa uma ou mais convenções colectivas ou decisões arbitrais, e o trabalhador não filiado, por sua vontade unilateral escolha qual daqueles instrumentos de regulamentação colectiva do trabalho lhe passa a ser aplicável. Esta norma vem consagrar um entendimento que vinha sendo estabelecido pela jurisprudência, embora limitado à matéria retributiva: deve aplicar-se a convenção colectiva a trabalhador não filiado, com fundamento no princípio da igualdade, cfr. artigo 13.º e alínea a) do n.º 1 do artigo 59.º, ambos da Constituição da República Portuguesa. Ou seja, a jurisprudência do Supremo Tribunal de Justiça tem seguido o sentido de que o princípio da igualdade retributiva, com consagração constitucional, segundo o qual para trabalho igual salário igual, é um principio fundamental do direito do trabalho, devendo mesmo prevalecer sobre o princípio da filiação. Nestes termos, tem vindo a ser reconhecido aos trabalhadores não filiados no sindicato outorgante de determinada convenção colectiva o direito de reclamar o estatuto remuneratório daquela convenção, estabelecido para trabalhadores que desempenhem funções idênticas, segundo a quantidade, natureza e qualidade. Neste sentido, ver os Acórdãos do Supremo Tribunal de 07 de Junho de 2000, processo 00S012, sumários em www.dgsi.pt, de 23 de Novembro de 1994, *Colectânea de Jurisprudência (STJ)*, ano 2., Tomo III, página 292, de 28 de Fevereiro de 1996, processo 4180, de 8 de Janeiro de 1997, processo 44/96, de 11 de Dezembro de 1996, processo 96/96 e de 9 de Abril de 1997, processo 124/96.

6. O n.º 2 fixa ao trabalhador não filiado o prazo para que este, querendo, exercer o direito a escolher a convenção colectiva ou a decisão arbitral que lhe deve passar a ser aplicável. Nos termos do n.º 2, o trabalhador beneficia de um prazo de três meses a contar da data de entrada em vigor da convenção colectiva, da decisão arbitral, ou do início do contrato de trabalho, se este for posterior, para efeitos de adesão individual de trabalhador.

7. Do n.º 3 resulta que, uma vez escolhida pelo trabalhador a convenção colectiva ou a decisão arbitral que lhe deve passar a ser aplicável, este instrumento de regulamentação colectiva do trabalho continua a aplicar-se até ao final do prazo de vigência nele fixado, estabelecendo um limite de 15 meses.

8. Nos termos do n.º 4, depois do trabalhador ter efectuado unilateralmente a sua escolha, pode revogá-la, sendo que nesta situação, ainda assim a convenção colectiva ou a decisão arbitral continua a aplicar-se-lhe por mais seis meses, a contar da data da comunicação da própria revogação, ou até ao final da vigência da convenção colectiva, se esta última ocorrer antes.

9. Dos n.os 2, 3 e 4 resulta que, caso o trabalhador se inscreva em associação sindical enquanto lhe for aplicável a convenção colectiva ou a decisão arbitral por ele escolhida, e por força dessa inscrição beneficiasse da aplicação de um outro instrumento de regulamentação colectiva do trabalho, a verdade é que este último não lhe deve ser aplicável enquanto não decorrerem os efeitos previstos neste artigo 497.º

10. Este preceito tem um efeito de desincentivo à filiação sindical, que decorre, desde logo, da admissibilidade de adesão individual de trabalhador a convenção colectiva celebrada por sindicato em que não se encontra filiado. Não obstante, o tribunal constitucional, chamado a pronunciar-se pela conformidade ou não de preceito com redacção em tudo semelhante a este artigo 497.º, entendeu, no Acórdão n.º 306/03, processo n.º 382/03, em http://www.tribunalconstitucional.pt/tc/acordaos, que tal solução não é inconstitucional.

11. Ver o n.º 4 do artigo 492.º, que estabelece que a convenção colectiva pode prever que o trabalhador, que não seja filiado em qualquer associação sindical e que escolha no âmbito da empresa esta convenção colectiva como lhe sendo aplicável, pague um montante estabelecido na convenção por ele escolhida, a título de participação nos encargos de negociação. Aquele n.º 4 do artigo 492.º pretende ultrapassar o efeito de desincentivo à filiação sindical que este artigo 497.º, por si só é susceptível de provocar.

12. Sobre este preceito, no domínio da legislação anterior, pelo que será necessário proceder às adaptações necessárias, *vide* Bernardo Lobo Xavier, *Manual de Direito do Trabalho*, Verbo, 2011, página 255 e segs. e António Monteiro Fernandes, *Direito do Trabalho*, 15.ª Edição, Almedina, Abril 2010, página 842 e segs.

ARTIGO 498.º – Aplicação de convenção em caso de transmissão de empresa ou estabelecimento

1 – Em caso de transmissão, por qualquer título, da titularidade de empresa, ou estabelecimento ou ainda de parte de empresa ou estabelecimento que constitua uma unidade económica, o instrumento de regulamentação colectiva de trabalho que vincula o transmitente é aplicável ao adquirente até ao termo do respectivo prazo de vigência ou no mínimo durante 12 meses a contar da transmissão, salvo se entretanto outro instrumento de regulamentação colectiva de trabalho negocial passar a aplicar-se ao adquirente.

2 – Após o decurso do prazo referido no número anterior, caso não seja aplicável ao adquirente qualquer instrumento de regulamentação colectiva de trabalho, mantêm-se os efeitos já produzidos no contrato de trabalho pelo instrumento de regulamentação colectiva de trabalho que vincula o transmitente, relativamente às matérias referidas no n.º 8 do artigo 501.º

3 – O disposto nos números anteriores é aplicável a transmissão, cessão ou reversão da exploração de empresa, estabelecimento ou unidade económica.

4 – Constitui contra-ordenação grave a violação do disposto no n.º 2.

1. Este preceito corresponde ao artigo 555.º do anterior Código do Trabalho, aprovado pela Lei n.º 99/2003.

2. A redacção do n.º 2, foi alterada pelo artigo 2.º da Lei n.º 14/2018, de 19 de Março, que introduziu também os n.os 3 e 4. Na versão originária do Código do Trabalho, aprovado pela Lei n.º 7/2009, de 12 de Fevereiro, aquele n.º 2 tinha a seguinte redacção:

> "O disposto no número anterior é aplicável a transmissão, cessão ou reversão da exploração de empresa, estabelecimento ou unidade económica."

3. Por unidade económica entende-se o conjunto de meios organizados com o objectivo de exercer uma actividade económica, principal ou acessória, cfr. n.º 5 do artigo 285.º

4. O regime previsto no n.º 1 deriva do disposto no n.º 1 do artigo 285.º, segundo o qual em caso de transmissão, por qualquer título, da titularidade de empresa, ou estabelecimento ou ainda de parte de empresa ou estabelecimento que constitua uma unidade económica, transmitem-se para o adquirente a posição do empregador nos contratos de trabalho dos respectivos trabalhadores. O n.º 1 deste artigo 498.º faz acompanhar durante determinado tempo a aplicabilidade de instrumento de regulamentação colectiva ao regime por este estabelecido nas relações individuais de trabalho, sem que a transmissão de empresa ou estabelecimento possa, só por si, alterar aquelas relações. A transmissão de empresa ou estabelecimento é susceptível de trazer profundas alterações nas relações laborais, sendo que este n.º 1 privilegia a estabilidade dessas relações, conferindo-se algum tempo para que empregadores e trabalhadores possam ter real consciência das alterações daquela transmissão.

5. Do n.º 1 resulta que, o instrumento de regulamentação colectiva de trabalho que vinculava quem transmitiu passa a vincular quem adquire a empresa ou estabelecimento até ao termo do respectivo prazo de vigência desse instrumento de regulamentação colectiva de trabalho, ou no mínimo durante 12 meses a contar da transmissão, o que significa que pode suceder que cesse a vigência do instrumento de regulamentação colectiva, mas este continua a aplicar-se por ainda não ter decorrido o prazo mínimo de 12 meses. Trata-se de uma excepção ao princípio da dupla filiação, previsto no artigo 496.º

6. A parte final do n.º 1 acautela a hipótese de entretanto outro instrumento de regulamentação colectiva de trabalho negocial (uma convenção colectiva – que pode ser um contrato colectivo, um acordo colectivo ou um acordo de empresa –, um acordo de adesão e uma decisão arbitral em processo de arbitragem voluntária, cfr. n.os 2 e 3 do artigo 2.º) passar a aplicar-se a quem adquiriu a empresa ou estabelecimento. Assim, e por exemplo, se o adquirente celebrar um acordo de empresa que entra em vigor enquanto vigorava um instrumento de regulamentação colectiva de trabalho que vinculava o transmitente, este último deixará de ser aplicável, independentemente do prazo mínimo de 12 meses, ou do seu prazo de vigência, passando o acordo de empresa a reger as relações laborais. Reforça-se, neste caso, a autonomia colectiva do adquirente. Também pode suceder que antes de decorrido o prazo mínimo de 12 meses, ou o prazo de vigência do instrumento de regulamentação colectiva, este mesmo instrumento seja revisto. Nesta situação, o adquirente deixa de estar vinculado àquele instrumento de regulamentação colectiva de trabalho. Exemplificando, caso fosse aplicável ao adquirente uma convenção colectiva apenas por força da transmissão da empresa ou estabelecimento, que entretanto foi revista, mais que não fosse pelo efeito da nova convenção colectiva, que revoga a anterior, cfr. n.º 1 do artigo 503.º, aquela primeira convenção colectiva deixa de ser aplicável ao adquirente, ao mesmo tempo que a nova convenção colectiva também não o obriga.

7. Nos termos do n.º 2, conjugado com o n.º 8 do artigo 501.º, se após o fim do prazo de vigência do instrumento de regulamentação colectiva de trabalho que vincula o transmitente ou, no mínimo, durante 12 meses a contar da transmissão, não for aplicável ao adquirente outro instrumento de regulamentação colectiva de trabalho, manter-se-ão os efeitos já produzidos nos contratos pelo instrumento que vincula o transmitente, relativamente:

a) à retribuição do trabalhador;
b) categoria profissional e respectiva definição;
c) duração do tempo de trabalho;
d) regimes de protecção social cujos benefícios sejam substitutivos dos assegurados pelo regime geral de segurança social ou com protocolo de substituição do Serviço Nacional de Saúde;

e) parentalidade; e
f) segurança e saúde no trabalho.

8. Sobre este preceito, no domínio da legislação anterior, pelo que será necessário proceder às adaptações necessárias, *vide* Bernardo Lobo Xavier, *Manual de Direito do Trabalho*, Verbo, 2011, página 691 e António Monteiro Fernandes, *Direito do Trabalho*, 15.ª Edição, Almedina, Abril 2010, página 835 e segs. No domínio da legislação anterior, pelo que será necessário proceder às adaptações necessárias, *vide* Bernardo Lobo Xavier, "A sobrevigência das convenções colectivas no caso das transmissões de empresas. O problema dos direitos adquiridos", *Revista de Direito e Estudos Sociais*, XXXVI, 1994, página 465 e segs.

SECÇÃO V – Âmbito temporal de convenção colectiva

ARTIGO 499.º – Vigência e renovação de convenção colectiva

1 – A convenção colectiva vigora pelo prazo ou prazos que dela constarem e renova-se nos termos nela previstos.

2 – Considera-se que a convenção, caso não preveja prazo de vigência, vigora pelo prazo de um ano e se renova sucessivamente por igual período.

1. Este preceito corresponde aos artigos 556.º e 557.º do anterior Código do Trabalho, aprovado pela Lei n.º 99/2003.

2. Nos termos dos n.os 2 e 3 do artigo 2.º, uma convenção colectiva é um instrumento de regulamentação colectiva de trabalho, negocial, e pode ser um contrato colectivo, um acordo colectivo ou um acordo de empresa. Entende-se por contrato colectivo, a convenção celebrada entre associação sindical e associação de empregadores; por acordo colectivo, a convenção celebrada entre associação sindical e uma pluralidade de empregadores para diferentes empresas; e por acordo de empresa, a convenção celebrada entre associação sindical e um empregador para uma empresa ou estabelecimento.

3. O princípio da autonomia colectiva revela-se no n.º 1, que permite que sejam as partes a acordar relativamente ao prazo de vigência da convenção colectiva, bem como aos termos em que a renovação se deve efectuar. Não existe qualquer norma que imponha que a convenção colectiva tem de vigorar por um determinado período de tempo, pelo que podem as partes acordar que a convenção colectiva vigore durante três meses, por exemplo. E também podem as partes sujeitar a vigência da convenção colectiva à verificação de uma condição resolutiva, estabelecendo que a convenção colectiva cesse quando o empregador tenha ao seu serviço um determinado número de trabalhadores.

4. A convenção colectiva começa a vigorar após a sua publicação, nos termos da lei, cfr. n.º 1 do artigo 519.º A lei que regula a publicação, identificação e formulário dos diplomas é a Lei n.º 74/98, de 11 de Novembro, alterada pelas Leis n.os 2/2005, de 24 de Janeiro, 26/2006, de 30 de Junho, 42/2007, de 24 de Agosto, e 43/2014, de

11 de Julho. Estabelece o n.º 1 do artigo 2.º da Lei n.º 74/98, de 11 de Novembro que os actos legislativos e os outros actos de conteúdo genérico entram em vigor no dia neles fixado, não podendo, em caso algum, o início da vigência verificar-se no próprio dia da publicação. Por seu turno, o n.º 2 do mesmo artigo 2.º da Lei n.º 74/98, de 11 de Novembro prevê que, na falta de fixação do dia, os actos legislativos e os outros actos de conteúdo genérico entram em vigor, em todo o território nacional e no estrangeiro, no 5.º dia após a publicação.

5. O n.º 2 é uma norma supletiva face ao n.º 1: a convenção colectiva vigora pelo prazo acordado pelas partes, sendo que, caso as partes não o tenham estabelecido, então a convenção colectiva vigora pelo prazo de um ano, renovando-se sucessivamente por períodos de um ano. Ou seja, neste último caso há renovação automática da convenção colectiva.

6. Nada veda, como sucede com frequência, que as partes estabeleçam na convenção colectiva a eficácia de determinadas cláusulas da convenção após a entrada em vigor da própria convenção colectiva. Na verdade, podem as partes acordar que algumas cláusulas, a partir do momento em que entrem em vigor, tenham efeitos apenas para o futuro, por exemplo três meses após a entrada em vigor da convenção, como podem estabelecer que algumas outras cláusulas têm efeitos para o passado (ou seja, sejam retroactivas), por exemplo desde um de Janeiro do ano anterior, conquanto nesta última situação a retroactividade seja apenas para cláusulas de natureza pecuniária, cfr. alínea c) do n.º 1 do artigo 478.º É até compreensível que o façam, porquanto a publicação de uma convenção colectiva, da qual depende a sua entrada em vigor, cfr. n.º 1 do artigo 519.º, se encontra subtraída em grande parte da sua disponibilidade, e que por isso não controlam, porquanto a mesma incumbe à Administração pública.

7. Sobre este preceito *vide* Bernardo Lobo Xavier, *Manual de Direito do Trabalho*, Verbo, 2011, página 256 e segs. e António Monteiro Fernandes, *Direito do Trabalho*, 15.ª Edição, Almedina, Abril 2010, página 849 e segs. No domínio da legislação anterior, pelo que será necessário proceder às adaptações necessárias, *vide* Bernardo Lobo Xavier, *Curso de Direito do Trabalho*, I, 3.ª edição, Verbo, 2004, página 554 e segs.

ARTIGO 500.º – Denúncia de convenção colectiva

1 – Qualquer das partes pode denunciar a convenção colectiva, mediante comunicação escrita dirigida à outra parte, acompanhada de proposta negocial global.

2 – A denúncia deve, sem prejuízo da sua validade e eficácia, ser acompanhada de fundamentação quanto a motivos de ordem económica, estrutural ou a desajustamentos do regime da convenção denunciada.

3 – No prazo de 10 dias a contar da data da denúncia, a parte autora da denúncia deve remeter ao serviço competente do ministério responsável pela área laboral cópia da mesma e da proposta negocial global referida no n.º 1.

4 – Não se considera denúncia a mera proposta de revisão de convenção, não determinando a aplicação do regime de sobrevigência e caducidade.

1. Este preceito corresponde ao artigo 558.º do anterior Código do Trabalho, aprovado pela Lei n.º 99/2003.

2. A redacção do n.º 2 foi alterada pelo artigo 2.º da Lei n.º 93/2019, de 4 de Setembro, que introduziu também o n.º 3, tendo ainda renumerado o originário n.º 2, que passou a n.º 4.

3. Nos termos dos n.os 2 e 3 do artigo 2.º, uma convenção colectiva é um instrumento de regulamentação colectiva de trabalho, negocial, e pode ser um contrato colectivo, um acordo colectivo ou um acordo de empresa. Entende-se por contrato colectivo, a convenção celebrada entre associação sindical e associação de empregadores; por acordo colectivo, a convenção celebrada entre associação sindical e uma pluralidade de empregadores para diferentes empresas; e por acordo de empresa, a convenção celebrada entre associação sindical e um empregador para uma empresa ou estabelecimento.

4. A denúncia é uma das formas típicas de cessação de contratos, definindo-se como uma manifestação de vontade de uma das partes, dirigida à outra, que visa pôr termo a um contrato duradouro ou obstar à renovação de um contrato, que sem aquela declaração teria lugar. Em regra, no regime da denúncia, a declaração não carece de qualquer justificação.

5. Nos termos do n.º 1, a denúncia da convenção colectiva pode ser feita a todo o tempo. Não se fixa nesta norma qualquer prazo mínimo que a parte que pretende denunciar a convenção deve respeitar, pelo que a denuncia pode ocorrer imediatamente a seguir à convenção colectiva ter entrado em vigor, cfr. n.º 1 do artigo 519.º

6. A denúncia de convenção colectiva, para que seja válida, encontra-se sujeita a dois requisitos, um deles relativo à forma, exigindo-se a forma escrita da comunicação, e um segundo requisito, de substância, exigindo-se que seja acompanhada de uma proposta negocial global. Nos termos do n.º 2, a denúncia deve ainda ser acompanhada de fundamentação quanto a motivos de ordem económica, estrutural ou a desajustamentos do regime da convenção denunciada, contudo, se esta fundamentação faltar, a denúncia mantém-se valida e eficáz, produzindo os seus efeitos.

7. Como sucede em regra na denúncia, também para que seja válida a denúncia de convenção colectiva, não se exige ao declarante que justifique o exercício do seu direito.

8. O serviço competente do Ministério responsável pela área laboral referido no n.º 3 é Direcção-Geral do Emprego e das Relações de Trabalho, a quem incumbe a elaboração e promoção da publicação de avisos sobre a data da cessação da vigência de convenções colectivas, cfr. alínea d) do n.º 3 do artigo 2.º do Decreto Regulamentar n.º 40/2012, de 12 de Abril.

9. Havendo uma denúncia da convenção colectiva, o n.º 3 do artigo 501.º estabelece que a convenção se mantém em regime de sobrevigência durante o período em que decorra a negociação, incluindo conciliação, mediação ou arbitragem voluntária, ou no mínimo durante 12 meses. Ou seja, ainda que a denúncia seja válida, a convenção colectiva mantém-se em vigor.

10. Nada obsta que a forma escrita, imposta pelo n.º 1, seja satisfeita através de documento electrónico, ou seja, por documento elaborado mediante processamento electrónico de dados. Por outras palavras, nada impede que a forma escrita seja adoptada através de uma declaração escrita enviada por correio electrónico (e-mail) para um endereço electrónico. Sobre a validade, eficácia e valor probatório dos documentos electrónicos remete-se para a anotação 4. ao artigo 107.º

11. Sobre este preceito, no domínio da legislação anterior, pelo que será necessário proceder às adaptações necessárias, *vide* Bernardo Lobo Xavier, *Manual de Direito do Trabalho*, Verbo, 2011, página 259 e segs. e António Monteiro Fernandes, *Direito do Trabalho*, 15.ª Edição, Almedina, Abril 2010, página 850 e segs. No domínio da legislação anterior, pelo que será necessário proceder às adaptações necessárias, *vide* Bernardo Lobo Xavier, *Curso de Direito do Trabalho*, I, 3.ª edição, Verbo, 2004, página 557 e segs.

ARTIGO 501.º – Sobrevigência e caducidade de convenção colectiva

1 – A cláusula de convenção que faça depender a cessação da vigência desta da substituição por outro instrumento de regulamentação colectiva de trabalho caduca decorridos três anos sobre a verificação de um dos seguintes factos:

a) Última publicação integral da convenção;

b) Denúncia da convenção;

c) Apresentação de proposta de revisão da convenção que inclua a revisão da referida cláusula.

2 – Após a caducidade da cláusula referida no número anterior, ou em caso de convenção que não regule a sua renovação aplica-se o disposto nos números seguintes.

3 – Havendo denúncia, a convenção mantém-se em regime de sobrevigência durante o período em que decorra a negociação, incluindo conciliação, mediação ou arbitragem voluntária, ou no mínimo durante 12 meses.

4 – Sempre que se verifique uma interrupção da negociação, incluindo conciliação, mediação ou arbitragem voluntária, por um período superior a 30 dias, o prazo de sobrevigência suspende-se.

5 – Para efeitos dos n.os 3 e 4 o período de negociação, com suspensão, não pode exceder o prazo de 18 meses.

6 – Decorrido o período referido nos n.os 3 e 5, consoante o caso, a convenção mantém-se em vigor durante 45 dias após qualquer das partes comunicar ao ministério responsável pela área laboral e à outra parte que o processo de negociação terminou sem acordo, após o que caduca.

7 – Na ausência de acordo anterior sobre os efeitos decorrentes da convenção em caso de caducidade, o ministro responsável pela área laboral notifica as partes, dentro do prazo referido no número anterior, para que, querendo, acordem esses efeitos, no prazo de 15 dias.

8 – Após a caducidade e até à entrada em vigor de outra convenção ou decisão arbitral, mantêm-se os efeitos acordados pelas partes ou, na sua falta, os já produzidos pela convenção nos contratos de trabalho no que respeita à retribuição do trabalhador, categoria e respectiva definição, duração do tempo de trabalho e regimes de protecção social cujos benefícios sejam substitutivos dos assegurados pelo regime geral de segurança social ou com protocolo de substituição do Serviço Nacional de Saúde, de parentalidade e de segurança e saúde no trabalho.

9 – Além dos efeitos referidos no número anterior, o trabalhador beneficia dos demais direitos e garantias decorrentes da legislação do trabalho.

10 – As partes podem acordar, durante o período de sobrevigência, a prorrogação da vigência da convenção por um período determinado, ficando o acordo sujeito a depósito e publicação.

11 – O acordo sobre os efeitos decorrentes da convenção em caso de caducidade está sujeito a depósito e publicação.

1. Este preceito corresponde ao artigo 557.º do anterior Código do Trabalho, aprovado pela Lei n.º 99/2003, de 27 de Agosto. Aquele artigo 557.º do anterior Código do Trabalho, aprovado pela Lei n.º 99/2003, veio, por efeito do artigo 1.º da Lei n.º 9/2006, de 20 de Março, a ser alterado.

2. A redacção dos n.os 1, 3, 4, 5 e 6 foi alterada pelo artigo 2.º da Lei n.º 55/2014, de 25 de Agosto, que renumerou os n.os 7, 8, 9, 10 e 11, respectivamente n.os 5, 6, 7, 8 e 9 na redacção inicial deste preceito. A redacção actual do n.º 8 foi introduzida pela Lei n.º 93/2019, de 4 de Setembro. Na versão originária do Código do Trabalho, aprovado pela Lei n.º 7/2009, de 12 de Fevereiro, este preceito tinha a seguinte redacção:

"1 – A cláusula de convenção que faça depender a cessação da vigência desta da substituição por outro instrumento de regulamentação colectiva de trabalho caduca decorridos cinco anos sobre a verificação de um dos seguintes factos:

a) Última publicação integral da convenção;

b) Denúncia da convenção;

c) Apresentação de proposta de revisão da convenção que inclua a revisão da referida cláusula.

2 – Após a caducidade da cláusula referida no número anterior, ou em caso de convenção que não regule a sua renovação aplica-se o disposto nos números seguintes.

3 – Havendo denúncia, a convenção mantém-se em regime de sobrevigência durante o período em que decorra a negociação, incluindo conciliação, mediação ou arbitragem voluntária, ou no mínimo durante 18 meses.

4 – Decorrido o período referido no número anterior, a convenção mantém-se em vigor durante 60 dias após qualquer das partes comunicar ao ministério responsável pela área laboral e à outra parte que o processo de negociação terminou sem acordo, após o que caduca.

5 – Na ausência de acordo anterior sobre os efeitos decorrentes da convenção em caso de caducidade, o ministro responsável pela área laboral notifica as partes, dentro do prazo referido no número anterior, para que, querendo, acordem esses efeitos, no prazo de 15 dias.

6 – Após a caducidade e até à entrada em vigor de outra convenção ou decisão arbitral, mantêm-se os efeitos acordados pelas partes ou, na sua falta, os já produzidos pela convenção nos contratos de trabalho no que respeita a retribuição do

trabalhador, categoria e respectiva definição, duração do tempo de trabalho e regimes de protecção social cujos benefícios sejam substitutivos dos assegurados pelo regime geral de segurança social ou com protocolo de substituição do Serviço Nacional de Saúde.

7 – Além dos efeitos referidos no número anterior, o trabalhador beneficia dos demais direitos e garantias decorrentes da legislação do trabalho.

8 – As partes podem acordar, durante o período de sobrevigência, a prorrogação da vigência da convenção por um período determinado, ficando o acordo sujeito a depósito e publicação.

9 – O acordo sobre os efeitos decorrentes da convenção em caso de caducidade está sujeito a depósito e publicação.".

3. Nos termos dos n.os 2 e 3 do artigo 2.º, uma convenção colectiva é um instrumento de regulamentação colectiva de trabalho, negocial, e pode ser um contrato colectivo, um acordo colectivo ou um acordo de empresa. Entende-se por contrato colectivo, a convenção celebrada entre associação sindical e associação de empregadores; por acordo colectivo, a convenção celebrada entre associação sindical e uma pluralidade de empregadores para diferentes empresas; e por acordo de empresa, a convenção celebrada entre associação sindical e um empregador para uma empresa ou estabelecimento.

4. Prevê-se no artigo 10.º da própria Lei n.º 7/2009, de 12 de Fevereiro, um mecanismo extraordinário de denúncia de convenção colectiva, através de um regime transitório aplicável a convenção colectiva anterior, que contenha cláusula que faça depender a cessação da sua vigência da substituição por outro instrumento. De acordo com este regime, a convenção colectiva, caso a sua caducidade não tenha ocorrido em data anterior, cessa os seus efeitos na data da entrada em vigor da própria lei n.º 7/2009 (ou seja 17 de Fevereiro de 2009), verificados os seguintes factos:

i) A última publicação integral da convenção que contenha a referida cláusula tenha entrado em vigor há, pelo menos, cinco anos;
ii) A convenção tenha sido denunciada validamente na vigência do Código do Trabalho aprovado pela Lei n.º 99/2003, de 27 de Agosto;
iii) Tenham decorrido pelo menos 18 meses a contar da denúncia;
iv) Não tenha havido revisão da convenção após a denúncia.

5. O n.º 1 pretende obstar à tendencial perpetuação no tempo que as convenções colectivas foram votadas no passado, e que tem constituído um obstáculo à promoção da regulação contratual colectiva, mantendo em vigor convenções colectivas de há décadas, negociadas e celebradas em determinado contexto social, as quais não previram mecanismos de revisão, ou prevendo-o fizeram-no em termos claramente insuficientes. Na realidade e, em termos históricos, o legislador entendeu, o passado, que as convenções colectivas deveriam manter-se em vigor até serem substituídas por outro instrumento de regulamentação colectiva. Este entendimento levou frequentemente à inclusão de uma cláusula no texto das convenções colectivas que fazia depender a cessação dessas convenções, da substituição das convenções colectivas por outro instrumento de regulamentação colectiva de trabalho. Consequentemente instaurou-se um verdadeiro marasmo da contratação colectiva, receando as partes que a possibilidade de iniciar um procedimento com vista à celebração de um novo instrumento de regulamentação colectiva tivesse que resultar imperativamente na atribuição de mais direitos a um dos seus destinatários, os trabalhadores, ou na perda desses direitos. O marasmo surgiu assim, e na falta de consenso, como um mal menor. Por efeito do n.º 1, a cláusula de convenção colectiva, que faça depender a cessação da sua vigência da substituição por outro instrumento de regulamentação colectiva de trabalho, caduca passados três anos sobre a ocorrência de um dos seguintes factos:

a) Última publicação integral da convenção colectiva;
b) Denúncia da convenção colectiva;
c) Apresentação de proposta de revisão da convenção colectiva que inclua a revisão da referida cláusula.

6. Após a caducidade daquela cláusula, ou em caso de convenção que não regule a sua renovação, a convenção colectiva:

- Havendo denúncia mantém-se em regime de sobrevigência durante o período em que decorra a negociação, incluindo conciliação, mediação ou arbitragem voluntária, ou no mínimo durante 12 meses.
- Decorrido esse período de 12 meses, a convenção mantém-se em vigor durante 45 dias após comunicação ao ministério responsável pela área laboral e à outra parte que o processo de negociação terminou sem acordo, após o que caduca.
- Após a caducidade e até à entrada em vigor de outra convenção ou decisão arbitral, mantêm-se os efeitos acordados pelas partes ou, na sua falta, os já produzidos pela convenção nos contratos de trabalho em matéria de retribuição, categoria e respectiva definição, duração do tempo de trabalho e regimes de protecção social.
- As partes podem acordar, durante o período de sobrevigência, a prorrogação da vigência da convenção por um período determinado.

7. O regime previsto no n.º 2 e segs., relativo à sobrevigência da convenção colectiva é supletivo, competindo às partes a adopção do regime que reputem mais adequado. Neste sentido, pronunciou-se o Tribunal Constitucional relativamente ao regime da sobrevigência previsto no Código do Trabalho aprovado pela Lei n.º 99/2003, de 27 de Agosto, cfr. Acórdão do Tribunal Constitucional n.º 306/03, disponível em www.tribunalconstitucional.pt/tc/acordaos/20030306.html. Só admitindo o regime da sobrevigência como supletivo, se respeita a autonomia colectiva.

8. Do n.º 3 resulta que a convenção colectiva se mantém em regime de sobrevigência durante todo o período em que decorra a negociação, incluindo conciliação, mediação ou arbitragem voluntária. O período de sobrevigência terá um mínimo de 12 meses, ainda que não hajam quaisquer negociações.

A conciliação encontra-se prevista nos artigos 523.º e segs., a mediação nos artigos 526.º e segs., e a arbitragem voluntária nos artigos 505.º, 506.º, 507.º e 529.º Destes preceitos, conjugados com o n.º 3 deste artigo 501.º, resulta que o regime da sobrevigência, durante o período em que decorra a negociação, incluindo conciliação, mediação ou arbitragem voluntária, a que se refere o n.º 3 não será de aplicar quando o objecto da conciliação, da mediação e da arbitragem voluntária seja um qualquer outro conflito colectivo de trabalho que não a revisão da convenção colectiva. Ou seja, o n.º 3 pretende apenas manter a sobrevigência durante todo o tempo em que se mantiver um processo negocial ou uma arbitragem voluntária tendente a conseguir uma convenção colectiva nova, substitutiva daquela que foi denunciada.

9. O n.º 4 determina que o prazo da sobrevigência se suspende sempre que ocorra uma interrupção da negociação, incluindo conciliação, mediação ou arbitragem voluntária durante mais de 30 dias, para eventualmente ser aquele prazo retomado em momento subsequente. Quando se verifique uma suspensão do prazo, a suspensão não pode ultrapassar o prazo de 18 meses, por expressa previsão do n.º 5.

10. A consequência da aplicação do disposto neste artigo 501.º, sem que venha a ser celebrada nova convenção colectiva está prevista na alínea b) do n.º 1 do artigo seguinte, é a cessação da convenção colectiva. Sobre as consequências da cessação, ver anotações a esse mesmo artigo.

11. Nos termos do n.º 8, se não houver um acordo celebrado entre as partes quanto aos efeitos da convenção colectiva após a caducidade, mantém-se, como se disse supra, os efeitos já produzidos pela convenção nos contratos de trabalho relativamente:

a) à retribuição do trabalhador (cfr. artigo 258.º e segs.);
b) categoria profissional e respectiva definição (cfr. artigo 115.º e segs.);
c) duração do tempo de trabalho (cfr. artigo 197.º e segs.);
d) regimes de protecção social cujos benefícios sejam substitutivos dos assegurados pelo regime geral de segurança social ou com protocolo de substituição do Serviço Nacional de Saúde;
e) parentalidade (cfr. artigo 33.º e segs.); e
f) segurança e saúde no trabalho (cfr. artigo 281.º e segs.).

Prática comum é a convenção colectiva estipular o pagamento dos três primeiros dias de doença do trabalhador, dado que a alínea a) do n.º 2 do artigo 255.º não obriga a este pagamento. Cessando a convenção, deve entender-se que passando a relação a ser regulada pelo disposto neste Código do Trabalho, não deve o empregador proceder àquele pagamento, a não ser que as partes tenham acordado no seu pagamento, entre os efeitos da convenção colectiva após a sua caducidade. É que, na falta de acordo entre as partes relativamente aos efeitos da convenção colectiva após a caducidade, mantêm-se os efeitos já produzidos pela própria convenção colectiva nos contratos de trabalho, no que respeita a regimes de protecção social cujos benefícios sejam substitutivos dos benefícios assegurados pelo regime geral de segurança social. Na verdade não há nesta matéria substituição de benefícios, porquanto o regime geral de segurança social não confere qualquer benefício aos trabalhadores nos primeiros três dias de doença, cfr. n.º 1 do artigo 21.º do Decreto-Lei n.º 28/2004, de 4 de Fevereiro, alterado pelos Decretos-Leis n.os 146/2005, de 26 de Agosto, 302/2009, de 22 de Agosto, pela Lei n.º 28/2011, de 16 de Junho, e pelos Decretos-Leis n.os 133/2012, de 22 de Junho, e 53/2018, de 2 de Julho.

12. Nos termos do n.º 10 e do n.º 11, quer o acordo da prorrogação da vigência da convenção colectiva por um determinado período, durante o período de sobrevigência, quer o acordo sobre os efeitos decorrentes da convenção em caso de caducidade, estão ambos sujeitos a depósito e publicação, razão pela qual qualquer um desses acordos deverá ser entregue em documento electrónico, entrega essa que se encontra regulada na Portaria n.º 1172/2009, de 6 de Outubro.

13. Para superar o regime da sobrevigência, podem as partes, por acordo, revogar a convenção colectiva, cfr. alínea a) do n.º 1 do artigo 502.º

14. Sobre este preceito *vide* Bernardo Lobo Xavier, *Manual de Direito do Trabalho*, Verbo, 2011, página 260 e segs. e António Monteiro Fernandes, *Direito do Trabalho*, 15.ª Edição, Almedina, Abril 2010, página 850 e segs.

ARTIGO 501.º-A – Arbitragem para a suspensão do período de sobrevigência e mediação

1 – Qualquer das partes pode requerer ao presidente do Conselho Económico e Social, no período entre 90 e 60 dias antes do decurso do período de sobrevigência referido nos n.os 3 ou 5 do artigo anterior, arbitragem para a suspensão do período de sobrevigência e mediação pelo árbitro presidente.

2 – A arbitragem referida no número anterior tem por objecto a verificação da existência de probabilidade séria de as partes chegarem a acordo para a revisão parcial ou total da convenção colectiva.

3 – A arbitragem rege-se pelo disposto no artigo 512.º e pela legislação específica a que se refere o artigo 513.º

4 – O tribunal arbitral, caso entenda que existe probabilidade séria de as partes chegarem a acordo, determina a suspensão do período de sobrevigência por um prazo não superior a quatro meses, e remete a negociação para mediação, podendo fixar o seu objecto.

5 – Esta suspensão não conta para o cômputo do prazo previsto no n.º 5 do artigo anterior.

6 – A mediação referida no n.º 4 é assegurada pelo árbitro que presidiu ao tribunal arbitral.

7 – A parte informa o serviço competente do Ministério responsável pela área laboral do pedido referido no n.º 1 e o tribunal arbitral informa o mesmo serviço do teor da decisão arbitral na data de notificação das partes.

8 – O mediador elabora e remete às partes a sua proposta de revisão parcial ou total da convenção no prazo correspondente a metade do prazo fixado de acordo com o n.º 4.

9 – É aplicável à mediação o disposto no artigo 527.º, com as necessárias adaptações.

10 – É aplicável, ao local em que decorre a mediação e ao seu apoio administrativo, o disposto em legislação específica sobre o local de funcionamento e apoio administrativo do tribunal arbitral, com as necessárias adaptações.

1. Este preceito não tem correspondência com qualquer outro do anterior Código do Trabalho, aprovado pela Lei n.º 99/2003, nem mesmo com o Código do Trabalho aprovado pela Lei n.º 7/2009, de 12 de Fevereiro, sendo um artigo novo, introduzido pela Lei n.º 93/2019, de 4 de Setembro.

2. Nos termos dos n.os 2 e 3 do artigo 2.º, uma convenção colectiva é um instrumento de regulamentação colectiva de trabalho, negocial, e pode ser um contrato colectivo, um acordo colectivo ou um acordo de empresa. Entende-se por contrato colectivo, a convenção celebrada entre associação sindical e associação de empregadores; por acordo colectivo, a convenção celebrada entre associação sindical e uma pluralidade de empregadores para diferentes empresas; e por acordo de empresa, a convenção celebrada entre associação sindical e um empregador para uma empresa ou estabelecimento.

3. Por efeito do n.º 1, a arbitragem para a suspensão do período de sobrevigência e mediação pode ser solicitada por qualquer uma das partes, entre 90 e 60 dias antes do termo do período de sobrevigência, sobrevigência esta que existirá durante o período de tempo em que decorra a negociação (incluindo conciliação, mediação ou arbitragem voluntário), ou no mínimo durante 12 meses após a denúncia, mas limitada ao máximo de 18 meses. A arbitragem para a suspensão do período de sobrevigência e mediação, funcionará no âmbito do Conselho Económico e Social.

4. Inexistindo uma probabidade séria das partes poderem chegar a acordo para a revisão parcial ou total da convenção colectiva, não há lugar à arbitragem para a suspensão do período de sobrevigência e mediação. Ou seja, esta arbitragem só terá lugar caso ambas as partes desejem prolongar as negociações, manifestando que é possível haver um acordo. Assim, se uma das partes declarar que é impossível, ou mesmo improvável um acordo, a arbitragem para a suspensão do período de sobrevigência e mediação não deverá ocorrer.

5. De acordo com o n.º 9, que faz aplicar à arbitragem para a suspensão do período de sobrevigência e mediação, o artigo 527.º, o tribunal arbitral terá um prazo máximo de 30 dias, para decidir e comunicar às partes sobre a suspensão temporária do prazo de sobrevigência da convenção colectiva denunciada por um prazo não superior a quatro meses. Nos termos do n.º 4, exige-se que o tribunal arbitral entenda que existe probabilidade séria de as partes chegarem a acordo para a revisão ou celebração de nova convenção colectiva, para decretar a suspenção. Se assim for, a negociação da convenção colectiva denunciada deve ser assegurada no âmbito de um procedimento de mediação, podendo o tribunal arbitral fixar o objecto da mediação, cfr. n.º 4, sendo o árbitro que presidiu ao tribunal arbitral o responsável pelo processo de mediação, cfr. n.º 6.

6. O serviço competente do ministério responsável pela área laboral referido no n.º 7 é Direcção-Geral do Emprego e das Relações de Trabalho, a quem incumbe o acompanhamento e intervenção nas relações laborais, tendo em vista prevenir ou superar eventuais conflitos coletivos de trabalho, cfr. alínea c) do n.º 4 do artigo 2.º do Decreto Regulamentar n.º 40/2012, de 12 de Abril.

ARTIGO 502.º – Cessação e suspensão da vigência de convenção colectiva

1 – A convenção colectiva pode cessar:

a) Mediante revogação por acordo das partes;

b) Por caducidade:

i) nos termos do artigo 501.º;

ii) decorrente de extinção de associação sindical ou associação de empregadores outorgantes.

2 – A convenção coletiva ou parte dela pode ser suspensa temporariamente na sua aplicação, em situação de crise empresarial, por motivos de mercado, estruturais ou tecnológicos, catástrofes ou outras ocorrências que tenham afetado gravemente a atividade normal da empresa, desde que tal medida seja indispensável para assegurar a viabilidade da empresa e a manutenção dos postos de trabalho, por acordo escrito entre as associações de empregadores e as associações sindicais outorgantes sem prejuízo da possibilidade de delegação.

3 – O acordo previsto no número anterior deve ter menção expressa à fundamentação e determinar o prazo de aplicação da suspensão e os efeitos decorrentes da mesma.

4 – Aplicam-se à suspensão e à revogação as regras referentes ao depósito e à publicação de convenção colectiva.

5 – A suspensão e a revogação prejudicam os direitos decorrentes da convenção, salvo se na mesma forem expressamente ressalvados pelas partes.

6 – Em caso de extinção ou perda da qualidade de associação sindical ou de associação de empregadores outorgantes de convenção colectiva, é aplicável o disposto no n.º 8 do artigo 501.º

7 – O disposto no número anterior não se aplica:

a) Havendo extinção ou perda da qualidade de associação de empregadores outorgante de contrato colectivo, promovida de forma voluntária com o objetivo de, por essa via, obter a caducidade da convenção, após apreciação do serviço competente do ministério responsável pela área laboral, e verificado o previsto nos n.os 4 a 7 do artigo 456.º, com as devidas adaptações, a deliberação que tenha aquelas por objecto será nula e de nenhum efeito;

b) Havendo extinção ou perda da qualidade de união, federação ou confederação sindical ou de empregadores outorgantes, em nome próprio e nos termos dos respetivos estatutos, de convenção colectiva, promovida de forma voluntária com o objectivo de, por essa via, obter a caducidade da convenção, após apreciação do serviço competente do ministério responsável pela área laboral, e verificado o previsto nos n.os 4 a 7 do artigo 456.º, com as devidas adaptações, a deliberação que tenha aquelas por objecto será nula e de nenhum efeito;

c) Nas hipóteses previstas nas alíneas anteriores, manter-se-á em vigor a convenção colectiva cuja caducidade se intentou promover.

8 – O serviço competente do ministério responsável pela área laboral procede à publicação no Boletim do Trabalho e Emprego *de aviso sobre a data da suspensão e da cessação da vigência de convenção coletiva, nos termos do artigo 501.º*

1. Este preceito corresponde ao artigo 559.º, ao artigo 549.º e ao n.º 2 do artigo 581.º, todos do anterior Código do Trabalho, aprovado pela Lei n.º 99/2003.

2. A epígrafe deste preceito, bem como a redacção dos n.os 2, 3 e 4 foi alterada pelo artigo 2.º da Lei n.º 55/2014, de 25 de Agosto, que acrescentou ainda os n.os 5 e 6. Posteriormente, o artigo 2.º da Lei n.º 93/2019, de 4 de Setembro alterou a redacção dos n.os 1 e 6, tendo introduzido ainda os n.os 7 e 8. Na versão originária do Código do Trabalho, aprovado pela Lei n.º 7/2009, de 12 de Fevereiro, os n.os 2, 3 e 4 deste preceito, sob a epigrafe "Cessação da vigência de convenção colectiva", tinham a seguinte redacção:

> "2 – Aplicam-se à revogação as regras referentes ao depósito e à publicação de convenção colectiva.
>
> 3 – A revogação prejudica os direitos decorrentes da convenção, salvo se na mesma forem expressamente ressalvados pelas partes.
>
> 4 – O serviço competente do ministério responsável pela área laboral procede à publicação no Boletim do Trabalho e Emprego de aviso sobre a data da cessação da vigência de convenção colectiva, nos termos do artigo anterior.".

3. Nos termos dos n.os 2 e 3 do artigo 2.º, uma convenção colectiva é um instrumento de regulamentação colectiva de trabalho, negocial, e pode ser um contrato colectivo, um acordo colectivo ou um acordo de empresa. Entende-se por contrato colectivo, a convenção celebrada entre associação sindical e associação de empregadores; por acordo colectivo, a convenção celebrada entre associação sindical e uma pluralidade de empregadores para diferentes empresas; e por acordo de empresa, a convenção celebrada entre associação sindical e um empregador para uma empresa ou estabelecimento.

4. A revogação é uma forma típica de cessação de relações jurídicas, com efeitos apenas para o futuro. O ordenamento jurídico admite a revogação unilateral como por comum acordo, sendo que quando se trate de convenção colectiva apenas se permite esta última, ou seja, a revogação por comum acordo. A revogação de convenção colectiva radica a sua admissibilidade na autonomia colectiva de que beneficiam as associações sindicais e as associações de empregadores, as quais podem celebrar convenções colectivas de trabalho, de acordo com a alínea a) do n.º 1 do artigo 443.º, direito este com expressa previsão constitucional relativamente às associações sindicais, cfr. n.º 3 do artigo 56.º da Constituição da República Portuguesa. O direito de celebrar convenções colectivas postula o direito de opção de as não celebrar, bem como, uma vez celebradas, acordar na sua cessação. Caso se formulasse o entendimento contrário estar-se-ia a limitar, em termos inadmissíveis, a autonomia colectiva. E por imperar a autonomia colectiva se admite igualmente que as partes procedam unicamente à revogação parcial da convenção colectiva, ou seja, que revoguem apenas parte da convenção colectiva.

5. Quanto à caducidade da convenção colectiva, tem por efeito, como não podia deixar de ser, a cessação deste instrumento de regulamentação colectiva de trabalho. Sobre a caducidade *vide* artigo 501.º, e respectivas anotações.

6. O n.º 2 admite a suspensão da vigência da convenção colectiva, a qual terá de ser sempre temporária. Ou seja às associações de empregadores e às associações sindicais, é vedado acordar uma suspensão da vigência ad aeternum, com o mero efeito de postergar a aplicabilidade da convenção colectiva. Neste sentido, por efeito do n.º 3, o acordo prévio que aquelas associações terão de celebrar e de reduzir a escrito, terá obrigatoriamente de, entre outras exigências, determinar o prazo de aplicação da suspensão.

7. Os motivos de mercado, estruturais ou tecnológicos referidos no n.º 2, encontram-se definidos no n.º 2 do artigo 359.º, norma para a qual se remete.

8. A suspensão temporária da vigência da convenção colectiva permitida pelo n.º 2 abrange situações de crise empresarial, cfr. artigo 298.º e segs., podendo assim ser aplicável no caso de ocorrer um *lay-off*. O *lay-off* é uma redução temporária dos períodos normais de trabalho ou uma suspensão dos contratos de trabalho, realizada por iniciativa do empregador, por motivos de mercado, motivos estruturais ou tecnológicos, catástrofes ou outras ocorrências que tenham afectado gravemente a actividade normal da empresa, e desde que tal medida de redução temporária dos períodos normais de trabalho ou suspensão dos contratos de trabalho seja indispensável para assegurar a viabilidade da empresa e a manutenção dos postos de trabalho.

A redacção do n.º 2 não é taxativa quanto aos fundamentos para a suspensão temporária da aplicação de uma convenção colectiva, o que resulta da possibilidade de existirem outras situações que tenham afectado gravemente a actividade normal da empresa, e que permitem recorrer à própria suspensão. O que se exige é que a suspensão temporária seja indispensável para assegurar a viabilidade da empresa e a manutenção dos postos de trabalho. Assim, apesar de não expressamente previstas, poderão permitir a suspensão temporária da convenção a declaração de empresas em situação económica difícil, cfr. Decreto-Lei n.º 353-H/77, de 29 de Agosto, ou a insolvência e recuperação de empresa, cfr. Código da Insolvência e da Recuperação de Empresas, aprovado pelo Decreto-Lei n.º 53/2004, de 18 de Março, e alterado pelos Decretos-Leis n.ºs 200/2004, de 18 de Agosto, 76-A/2006, de 29 de Março, 282/2007, de 7 de Agosto, 116/2008, de 4 de Julho e 185/2009, de 12 de Agosto, pelas Leis n.ºs 16/2012, de 20 de Abril, e 66-B/2012, de 31 de Dezembro, pelos Decretos-Leis n.ºs 26/2015, de 6 de Fevereiro, 79/2017, de 30 de Junho, pela Rectificação n.º 21/2017, de 25 de Agosto, pelas Leis n.ºs 114/2017, de 29 de Dezembro, 8/2018, de 2 de Março, e pelo Decreto-Lei n.º 84/2019, de 28 de Junho.

9. Da parte final do n.º 2 resulta que não poderá ocorrer a suspensão da vigência da convenção colectiva sem antes ter sido celebrado um acordo, reduzido a escrito, entre as associações de empregadores e as associações sindicais outorgantes da própria convenção que irá ter a sua aplicabilidade suspensa temporáriamente. Ou seja, ao empregador não é licito, por sua decisão unilateral, suspender a aplicação de uma convenção colectiva.

10. Nos termos do n.º 4, as regras relativas ao depósito e à publicação da convenção colectiva aplicam-se quer à suspensão da vigência da convenção colectiva quer à revogação da própria convenção colectiva. Assim, por determinação do n.º 4, são aplicáveis os artigos 494.º e 495.º, que regulam o depósito, bem como o n.º 1 do artigo 519.º que regula a publicação. Significa isto que este regime condiciona a eficácia da revogação do depósito e da publicação, o mesmo sucedendo quanto à suspensão da vigência da convenção cuja eficácia está também dependente do depósito e da publicação.

11. O n.º 5 prevê expressamente que quer a suspensão da vigência da convenção colectiva, quer a revogação, têm por efeito cessar os direitos que advinham da convenção colectiva, e que devido à própria convenção colectiva podiam ser invocáveis, a não ser que esses direitos sejam explicitamente exceptuados da revogação ou da suspensão. Não obstante a norma se referir unicamente aos direitos que resultavam da convenção colectiva, obviamente que a revogação determina também a cessação dos deveres que dimanavam deste instrumento de regulamentação colectiva de trabalho.

12. Nos termos do n.º 6, em caso de extinção ou perda da qualidade de associação sindical ou de associação de empregadores outorgantes de convenção colectiva, a regra é que se mantêm, os efeitos já produzidos pela convenção nos contratos de trabalho relativamente:

a) à retribuição do trabalhador (cfr. artigo 258.º e segs.);
b) categoria profissional e respectiva definição (cfr. artigo 115.º e segs.);
c) duração do tempo de trabalho (cfr. artigo 197.º e segs.);
d) regimes de protecção social cujos benefícios sejam substitutivos dos assegurados pelo regime geral de segurança social ou com protocolo de substituição do Serviço Nacional de Saúde;
e) parentalidade (cfr. artigo 33.º e segs.); e
f) segurança e saúde no trabalho (cfr. artigo 281.º e segs.).

Ainda assim, aquela regra admite excepções, as quais se encontram previstas no n.º 7.

13. O depósito e promoção da publicação de convenções colectivas de trabalho, da respectiva revogação, de acordos de adesão, decisões arbitrais e deliberações de comissões paritárias é uma atribuição da Direcção-Geral do Emprego e das Relações de Trabalho, cfr. alínea b) do n.º 3 do artigo 2.º do Decreto Regulamentar n.º 40/2012, de 12 de Abril.

14. Este regime da cessação da convenção colectiva suscita uma questão que entendemos não ser despicienda. Não raro, as convenções colectivas de trabalho celebradas foram alvo de uma portaria de extensão, cfr. 514.º e segs., tendo o Governo de então decidido estender os efeitos das convenções colectivas a trabalhadores não filiados nos sindicatos que as subscreveram. Quando tal ocorreu, e verificando-se posteriormente a caducidade da convenção colectiva, deve entender-se que essa portaria de extensão se mantém em vigor ou não? As portarias de extensão são instrumentos de regulamentação colectiva do trabalho não negociais, cfr. n.º 4 do artigo 2.º Estas portarias surgiram pela circunstância de, nas associações intervenientes nas convenções colectivas não estarem filiados todos os empregadores e todos os trabalhadores, o que torna conveniente que as normas negociadas sejam estendidas na sua aplicação a todos os sujeitos da relação de trabalho do sector. Apesar da lei prever a existência de portarias de extensão, consagrando igualmente a possibilidade de caducidade das convenções colectivas, desde 2009, e até à Lei n.º 93/2019, de 4 de Setembro, não havia regulado em termos expressos o que sucedia com uma portaria de extensão que estende os efeitos de uma convenção colectiva, que entretanto cessou. Como vinhamos defendendo nas edições anteriores desta obra, entendiamos que a solução se encontrava no regime da própria portaria de extensão. Ou seja, um dos pressupostos da portaria de extensão é que a convenção colectiva que lhe serve de base se encontre em vigor (neste sentido prescreve o n.º 1 do artigo 514.º). Cessando a convenção colectiva por algum motivo, *ex vi* revogação, a portaria de extensão deixa de ter objecto extensível, pelo que a única consequência possível é a caducidade da própria portaria de extensão.

Cessando a convenção colectiva, e caducando a portaria de extensão que eventualmente estendeu os efeitos daquela, criamos que, ainda assim, não haveria um vazio de regulamentação. Como defendemos nas edições anteriores, as relações laborais passarão, a partir desse momento, a ser reguladas pelo Código do Trabalho, sem prejuízo dos efeitos produzidos pela contratação colectiva na esfera jurídica do trabalhador, *maxime* os relativos à retribuição. Assim, tendo estabelecido uma convenção colectiva, o pagamento de determinada remuneração base, ou outras prestações que sejam devidas por corresponderem a contrapartida da actividade do trabalhador, cessando essa convenção colectiva, a consequência é que, e em obediência ao princípio da irredutibilidade da retribuição, previsto no na alínea d) do n.º 1 do artigo 129.º, o trabalhador não terá relativamente a estas qualquer alteração na sua remuneração. Já quanto a outras prestações, a cessação da convenção colectiva poderá ter um efeito na relação jurídica laboral *ex vi* naquelas prestações que não constituem retribuição. Assim será quando por exemplo a convenção colectiva estabelecia o pagamento do trabalho suplementar com um acréscimo de por exemplo 100% na primeira hora e 200% na segunda hora e subsequentes, valores estes que permanecendo acima do valor fixado por lei, cfr. n.º 1 do artigo 268.º a este se devem limitar se a convenção colectiva cessar. Em sentido contrário parece entender António Monteiro Fernandes, *Direito do Trabalho*, 15.ª Edição, Almedina, Abril 2010, página 866 e 867, que invoca legítimas expectativas juridicamente tuteladas dos trabalhadores, posição que não seguimos. E não o fazemos não só porquanto tal corresponderia a entender que a cessação de um instrumento de regulamentação colectiva não teria qualquer efeito prático, como também por semelhante posição ter subjacente o entendimento de que a contratação colectiva é imutável, correspondendo a um mínimo de protecção do trabalhador, mínimo esse que, para nós é a própria legislação laboral e não a contratação colectiva. Acresce que, no exemplo do trabalho suplementar o direito a receber o acréscimo retributivo só se materializa com a efectiva prestação do trabalho suplementar, prestação essa que é excepcional (para fazer face a acréscimo eventual e transitório, cfr. n.º 1 do artigo 227.º), pelo que não vemos como pode o trabalhador ter uma expectativa jurídica de uma prestação sua que pode até, e no limite, nunca ter de vir a prestar.

Com a Lei n.º 93/2019, de 4 de Setembro, o legislador veio solucionar em termos expressos os efeitos da cessação de vigência de convenção ou decisão arbitral aplicada por portaria de extensão, com o artigo 515.º-A, que determina por remissão para o n.º 8 do artigo 501.º, que após a cessação, mantém-se, os efeitos já produzidos pela convenção ou decisão arbitral nos contratos de trabalho relativamente:

a) à retribuição do trabalhador;
b) categoria profissional e respectiva definição;
c) duração do tempo de trabalho;
d) regimes de protecção social cujos benefícios sejam substitutivos dos assegurados pelo regime geral de segurança social ou com protocolo de substituição do Serviço Nacional de Saúde;
e) parentalidade; e
f) segurança e saúde no trabalho.

Pela aplicação deste artigo 502.º, conjugado com o artigo 501.º não há, cremos, uma desconsideração da autonomia privada, pelo contrário. A autonomia privada é reforçada, por se permitir de forma explícita que a vontade de manutenção de determinada convenção colectiva seja comum, e não imposta por uma das partes, o que sucederia caso se entendesse que as convenções colectivas deveriam manter-se no ordenamento jurídico sem possibilidade de cessarem. A imposição a uma das partes, por vontade unilateral da outra, da perpetuação de uma vinculação não desejada, seria um efeito que o direito sempre repudiou. No fundo, o legislador assume o que há muito é um princípio geral: a resolução do contrato por alteração das circunstâncias, cfr. artigo 437.º do Código Civil.

Ao contrário do que possa parecer, os trabalhadores não são constrangidos a negociar novas convenções colectivas e a aceitar, eventualmente, cláusulas menos favoráveis, na medida em que a alternativa é a caducidade das convenções anteriores e um eventual vazio de regulamentação ou as condições mínimas previstas na lei. Não deve, nem pode ver-se o direito colectivo como imutável, como uma mera soma sucessiva de direitos.

15. Sobre este preceito, no domínio da legislação anterior, pelo que será necessário proceder às adaptações necessárias, *vide* Bernardo Lobo Xavier, *Manual de Direito do Trabalho*, Verbo, 2011, página 261 e segs. e António Monteiro Fernandes, *Direito do Trabalho*, 15.ª Edição, Almedina, Abril 2010, página 849 e segs. No domínio da legislação anterior, pelo que será necessário proceder às adaptações necessárias, *vide* Bernardo Lobo Xavier, *Curso de Direito do Trabalho*, I, 3.ª edição, Verbo, 2004, página 557 e segs.

ARTIGO 503.º – Sucessão de convenções colectivas

1 – A convenção colectiva posterior revoga integralmente a convenção anterior, salvo nas matérias expressamente ressalvadas pelas partes.

2 – A mera sucessão de convenções colectivas não pode ser invocada para diminuir o nível de protecção global dos trabalhadores.

3 – Os direitos decorrentes de convenção só podem ser reduzidos por nova convenção de cujo texto conste, em termos expressos, o seu carácter globalmente mais favorável.

4 – No caso previsto no número anterior, a nova convenção prejudica os direitos decorrentes de convenção precedente, salvo se forem expressamente ressalvados pelas partes na nova convenção.

1. Este preceito corresponde ao artigo 560.º do anterior Código do Trabalho, aprovado pela Lei n.º 99/2003.

2. Nos termos dos n.os 2 e 3 do artigo 2.º, uma convenção colectiva é um instrumento de regulamentação colectiva de trabalho, negocial, e pode ser um contrato colectivo, um acordo colectivo ou um acordo de empresa. Entende-se por contrato colectivo, a convenção celebrada entre associação sindical e associação de empregadores; por acordo colectivo, a convenção celebrada entre associação sindical e uma pluralidade de empregadores para diferentes empresas; e por acordo de empresa, a convenção celebrada entre associação sindical e um empregador para uma empresa ou estabelecimento.

3. O n.º 1 consagra um princípio geral do direito, em matéria de convenções colectivas, ou seja a de que "lei" posterior derroga a "lei" anterior. Ou seja, a convenção colectiva posterior revoga na íntegra a convenção colectiva celebrada em momento anterior, excepto quando as partes tenham acautelado explicitamente alguma ou algumas das suas matérias, caso este em que estas matérias ressalvadas mantêm a sua aplicação. Nos termos do n.º 1, este artigo 503.º a sucessão de convenções colectivas refere-se à substituição de uma convenção colectiva por uma outra. Exige-se portanto uma identidade formal entre convenções colectivas, identidade essa que inexistirá quando uma convenção colectiva tenha cessado, e algum tempo volvido seja celebrada uma outra convenção colectiva que regule dispersamente relações laborais que previamente se encontravam no âmbito de aplicação da primeira convenção.

4. O n.º 2 estabelece que a simples substituição de uma convenção colectiva por uma outra é, por si própria, insusceptível de reduzir globalmente os direitos dos trabalhadores. A excepção a esta norma encontra-se prevista no n.º 3, em sentido de que os direitos decorrentes de convenção colectiva só podem ser reduzidos por nova convenção de cujo texto conste, em termos expressos, o seu carácter globalmente mais favorável. Desde logo, e apesar de à primeira vista parecer ter-se previsto no n.º 3 uma irreversibilidade dos direitos trazidos pela convenção colectiva celebrada anteriormente àquela que lhe sucede, a verdade é que esta não deve ser a interpretação do n.º 3. Na realidade, a autonomia colectiva de que beneficiam quer as associações sindicais quer as associações de empregadores, cfr. alínea a) do n.º 1 do artigo 443.º, e n.º 3 do artigo 56.º da Constituição da República Portuguesa postula o direito de as modificar, por acordo, no sentido que mais lhes aprouver. O entendimento contrário limitaria a autonomia colectiva, que como referido goza de consagração constitucional. Por outro lado, o direito colectivo não é imutável, não podendo corresponder a mera soma sucessiva de direitos de apenas um dos seus destinatários, os trabalhadores, sem qualquer paralelismo com a realidade. Pense-se, por exemplo, em situações de crise económica e financeira. Um entendimento estanque do direito colectivo que passasse por uma soma consecutiva de direitos dos trabalhadores desvirtuaria desde logo por completo a própria contratação colectiva que rapidamente ficaria votada ao marasmo por não se conseguir adaptar a situações de contingência, além de que, não muito longinquamente, acabaria por pôr em causa a globalidade dos postos de trabalho nas empresas, confrontadas com custos laborais irreduzíveis.

5. O n.º 3 exige, para que os direitos resultantes de convenção colectiva anterior possam ser diminuídos, um texto onde se diga explicitamente que a nova convenção colectiva é globalmente mais favorável. Trata-se portanto de uma declaração. Salvo melhor opinião, esta declaração é insindicável pelos tribunais e mesmo pela Administração pública, atendendo à autonomia colectiva de que beneficiam associações de empregadores e associações sindicais, sendo a estas últimas que incumbe defender e promover a defesa dos direitos e interesses dos trabalhadores que representem, cfr. n.º 1 do artigo 56.º da Constituição da República Portuguesa, encontrando-se portanto melhor colocadas para aferir ou não da natureza globalmente mais favorável para aqueles.

6. Do n.º 4 resulta expressamente que a aplicação de nova convenção colectiva prejudica os direitos trazidos por convenção colectiva anteriormente celebrada, a não ser que as partes os excepcionem no texto da nova convenção colectiva. Se prejudica aqueles direitos, ou seja, se exclui os direitos resultantes de convenção colectiva precedente, estes direitos não se mantêm. Não há por isso, lugar à aplicação da teoria da incorporação, segundo a qual, haveria uma apropriação individual do contrato de trabalho do conteúdo de normas, neste caso as normas de convenções colectivas, ainda que revogadas, com aspectos mais favoráveis para os trabalhadores.

7. Sobre este preceito *vide* Bernardo Lobo Xavier, *Manual de Direito do Trabalho*, Verbo, 2011, página 905 e segs. e António Monteiro Fernandes, *Direito do Trabalho*, 15.ª Edição, Almedina, Abril 2010, página 859 e segs. No domínio da legislação anterior, pelo que será necessário proceder às adaptações necessárias, *vide* Bernardo Lobo Xavier, *Curso de Direito do Trabalho*, I, 3.ª edição, Verbo, 2004, página 651 e segs.

CAPÍTULO III – Acordo de adesão

ARTIGO 504.º – Adesão a convenção colectiva ou a decisão arbitral

1 – A associação sindical, a associação de empregadores ou o empregador pode aderir a convenção colectiva ou a decisão arbitral em vigor.

2 – A adesão opera-se por acordo entre a entidade interessada e aquela ou aquelas que se lhe contraporiam na negociação da convenção, se nela tivesse participado.

3 – Da adesão não pode resultar modificação do conteúdo da convenção ou da decisão arbitral, ainda que destinada a aplicar-se somente no âmbito da entidade aderente.

4 – Ao acordo de adesão aplicam-se as regras referentes ao depósito e à publicação de convenção colectiva.

1. Este preceito corresponde ao artigo 563.º do anterior Código do Trabalho, aprovado pela Lei n.º 99/2003.

2. Nos termos dos n.os 2 e 3 do artigo 2.º, uma convenção colectiva é um instrumento de regulamentação colectiva de trabalho, negocial, e pode ser um contrato colectivo, um acordo colectivo ou um acordo de empresa. Entende-se por contrato colectivo, a convenção celebrada entre associação sindical e associação de empregadores; por acordo colectivo, a convenção celebrada entre associação sindical e uma pluralidade de empregadores para diferentes empresas; e por acordo de empresa, a convenção celebrada entre associação sindical e um empregador para uma empresa ou estabelecimento.

Por sua vez, a decisão arbitral proferida em processo de arbitragem voluntária constitui um instrumento de regulamentação colectiva de trabalho negocial, cfr. n.º 2 do artigo 2.º, enquanto que a decisão arbitral proferida em processo de arbitragem obrigatória ou necessária constituí um instrumento de regulamentação colectiva de trabalho não negocial, cfr. n.º 4 do mesmo artigo 2.º

Já o acordo de adesão, constitui igualmente um instrumento de regulamentação colectiva de trabalho negocial cfr. n.º 2 do mesmo artigo 2.º

3. Ver disposições gerais sobre instrumentos de regulamentação colectiva de trabalho, previstas nos artigos 476.º a 480.º

4. As associações sindicais e as associações de empregadores beneficiam de autonomia colectiva, podendo celebrar convenções colectivas de trabalho, de acordo com a alínea a) do n.º 1 do artigo 443.º, direito este com previsão constitucional relativamente às associações sindicais, cfr. n.º 3 do artigo 56.º da Constituição da República Portuguesa. O direito de celebrar convenções colectivas postula o direito de opção de as não celebrar. Como tal, uma associação sindical ou uma associação de empregadores pode ter não só decidido, legitimamente, não celebrar determinada convenção colectiva, como escolhido, mais tarde, aderir aquela convenção colectiva, cfr. n.º 1. Caso se entendesse o contrário estar-se-ia a limitar, em termos inadmissíveis, a autonomia colectiva.

5. O n.º 1 apenas admite a adesão a convenção colectiva ou a decisão arbitral em vigor. Sobre a entrada em vigor dos instrumentos de regulamentação colectiva de trabalho ver n.º 1 do artigo 519.º Ao limitar a adesão a estes instrumentos, podem estar a perder-se as vantagens que poderiam advir de uma adesão a instrumento já negociado e concluído, beneficiando da entrada em vigor em termos coincidentes.

6. O acordo de adesão referido no n.º 2 é reduzido a escrito, sob pena de nulidade, cfr. artigo 477.º Quanto à capacidade para celebrar o acordo de adesão, deve entender-se aplicável o n.º 2 do artigo 491.º

7. A adesão é um mero acto jurídico porquanto falta àquele que adere a convenção colectiva, ou a decisão arbitral, a liberdade de estipulação. A liberdade de estipulação caracteriza-se pela admissibilidade de se poder seleccionar o tipo de efeitos jurídicos que se irão produzir, sendo que, nos termos do n.º 3 se prevê expressamente que o aderente não tem qualquer poder de introduzir alterações ao conteúdo da convenção colectiva ou da decisão arbitral. Aquele que adere goza apenas de liberdade de celebração, ou seja, pode optar pela prática do acto, mas não lhe é permitido seleccionar a presença de determinados efeitos jurídicos, o que determina que estejamos perante um acto jurídico e não perante um negócio jurídico.

8. Não podendo aquele que adere, nos termos do n.º 3, alterar o conteúdo da convenção colectiva ou da decisão arbitral, ainda que essa alteração tivesse apenas por efeito a sua aplicação no âmbito da entidade aderente, cremos que não é permitida a adesão parcial a convenção colectiva ou a decisão arbitral. No mesmo sentido Bernardo Lobo Xavier, *Curso de Direito do Trabalho,* I, 3.ª edição, Verbo, 2004, página 600 e António Monteiro Fernandes, *Direito do Trabalho,* 15.ª Edição, Almedina, Abril 2010, página 840. Na realidade a adesão envolve a aceitação integral do conteúdo da convenção colectiva ou da decisão arbitral, razão pela qual cremos não ser admissível a adesão parcial. Se se aceita o conteúdo integral, acolhem-se os seus efeitos, tanto mais que, e no que respeita à convenção colectiva, o texto final resultou de cedências mútuas das partes envolvidas na sua celebração, o que corresponde frequentemente, e em termos exemplificativos, a ter-se fixado um retribuição superior que deve ser paga pelo empregador, por contrapartida a uma organização do tempo de trabalho mais favorável à empresa. Ora aceitar-se uma adesão parcial, por exemplo à matéria da retribuição, equivaleria não só a tornear a proibição do n.º 3, como também a subverter-se a inseparabilidade de certos conteúdos, indivisibilidade essa que nem sempre é fácil identificar. Sempre se diga que, não sendo admissível a adesão parcial, nem por isso a autonomia colectiva é beliscada porquanto é sempre possível aquele que pretendia aderir a convenção colectiva, ou a decisão arbitral, iniciar o procedimento tendente à celebração de um instrumento de regulamentação colectiva de trabalho. Em sentido contrário, admitindo a adesão parcial (embora reconhecendo a falta de liberdade de estipulação), Menezes Cordeiro *Manual de Direito do Trabalho,* Livraria Almedina, Coimbra, 1994, página 336.

9. De acordo com o n.º 4, as regras sobre depósito de convenção colectiva, cfr. artigo 494.º, aplicam-se ao acordo de adesão. Entre estas regras encontra-se a necessidade da convenção colectiva ser entregue em documento electrónico, entrega esta que se encontra regulada na Portaria n.º 1172/2009, de 6 de Outubro. O depósito e promoção da publicação de acordos de adesão é uma atribuição da Direcção-Geral do Emprego e das Relações de Trabalho, cfr. alínea b) do n.º 3 do artigo 2.º do Decreto Regulamentar n.º 40/2012, de 12 de Abril. Quanto às regras de publicação de convenção colectiva, estas encontram-se previstas no artigo 519.º

10. Sobre este preceito *vide* Bernardo Lobo Xavier, *Manual de Direito do Trabalho,* Verbo, 2011, página 266 e segs., e António Monteiro Fernandes, *Direito do Trabalho,* 15.ª Edição, Almedina, Abril 2010, página 840 e segs. No domínio da legislação anterior, pelo que será necessário proceder às adaptações necessárias, *vide* Bernardo Lobo Xavier, *Curso de Direito do Trabalho,* I, 3.ª edição, Verbo, 2004, página 599 e segs.

CAPÍTULO IV - Arbitragem

SECÇÃO I - Disposições comuns sobre arbitragem

ARTIGO 505.º - Disposições comuns sobre arbitragem de conflitos colectivos de trabalho

1 – As regras sobre conteúdo obrigatório e depósito de convenção colectiva aplicam-se à decisão arbitral, com as necessárias adaptações.

2 – Os árbitros enviam o texto da decisão arbitral às partes e ao serviço competente do ministério responsável pela área laboral, para efeitos de depósito e publicação, no prazo de cinco dias a contar da decisão.

3 – A decisão arbitral produz os efeitos da convenção colectiva.

4 – O regime geral da arbitragem voluntária é subsidiariamente aplicável.

1. Este preceito corresponde ao artigo 566.º, e aos n.os 4 e 5 do artigo 565.º do anterior Código do Trabalho, aprovado pela Lei n.º 99/2003.

2. Ver disposições gerais sobre instrumentos de regulamentação colectiva de trabalho, previstas nos artigos 476.º a 480.º

3. A arbitragem é um procedimento decisório que se caracteriza pela submissão a um terceiro, um ou mais árbitros, de uma ou mais questões laborais, incumbindo àquele terceiro proferir uma decisão que vincula as partes. É distinta da negociação, cfr. artigos 486.º e segs., da conciliação, cfr. artigos 523.º e segs., e da mediação, cfr. artigos 526.º e segs. A arbitragem comporta três modalidades: a arbitragem voluntária, cfr. artigos 506.º e 507.º, a arbitragem obrigatória, cfr. artigos 508.º, 509.º, 512.º e 513.º, e a arbitragem necessária, cfr. artigos 510.º a 513.º

4. De acordo com o n.º 1, as regras sobre conteúdo obrigatório, cfr. artigos 492.º, e sobre depósito de convenção colectiva, cfr. artigo 494.º, aplicam-se à decisão arbitral, com as necessárias adaptações. Entre estas regras encontra-se a necessidade da decisão arbitral ser entregue em documento electrónico, entrega esta que se encontra regulada pela Portaria n.º 1172/2009, de 6 de Outubro.

5. A decisão arbitral proferida em processo de arbitragem voluntária constitui um instrumento de regulamentação colectiva de trabalho negocial, cfr. n.º 2 do artigo 2.º, enquanto que a decisão arbitral proferida em processo de arbitragem obrigatória ou necessária constituí um instrumento de regulamentação colectiva de trabalho não negocial, cfr. n.º 4 do mesmo artigo 2.º

6. A imposição da decisão arbitral ser reduzida a escrito, estabelecida no n.º 2, decorre igualmente do artigo 477.º, que comina a nulidade se tal não suceder.

7. O serviço competente do ministério responsável pela área laboral, referido no n.º 2, e para o qual os árbitros devem enviar o texto da decisão arbitral, para efeitos de depósito e publicação, no prazo de cinco dias a contar da decisão é a Direcção-Geral do Emprego e das Relações de Trabalho, cfr. alínea b) do n.º 3 do artigo 2.º do Decreto Regulamentar n.º 40/2012, de 12 de Abril.

8. O n.º 4 estabelece que o regime geral da arbitragem voluntária é subsidiariamente aplicável. O regime geral subsidiariamente aplicável às várias modalidades de arbitragem (a arbitragem voluntária, cfr. artigos 506.º e 507.º, a arbitragem obrigatória, cfr. artigos 508.º, 509.º, 512.º e 513.º, e a arbitragem necessária, cfr. artigos 510.º a 513.º) não é a arbitragem voluntária prevista neste Código do Trabalho, mas sim a arbitragem voluntária consagrada na Lei n.º 31/86, de 29 de Agosto, com as alterações introduzidas pelo Decreto-Lei n.º 38/2003, de 8 de Março.

9. Sobre a arbitragem *vide* Bernardo Lobo Xavier, *Manual de Direito do Trabalho*, Verbo, 2011, página 267 e segs., e António Monteiro Fernandes, *Direito do Trabalho*, 15.ª Edição, Almedina, Abril 2010, página 904 e segs. No domínio da legislação anterior, pelo que será necessário proceder às adaptações necessárias, *vide* Bernardo Lobo Xavier, *Curso de Direito do Trabalho*, I, 3.ª edição, Verbo, 2004, página 251 e segs., e página 600 e segs.

SECÇÃO II - Arbitragem voluntária

ARTIGO 506.º - Admissibilidade da arbitragem voluntária

A todo o tempo, as partes podem acordar em submeter a arbitragem as questões laborais resultantes, nomeadamente, da interpretação, integração, celebração ou revisão de convenção colectiva.

1. Este preceito corresponde ao artigo 564.º do anterior Código do Trabalho, aprovado pela Lei n.º 99/2003.

2. Ver disposição comum aplicável à arbitragem voluntária, estabelecida no artigo 505.º

3. Este preceito não limita a arbitragem voluntária às questões laborais que advenham da interpretação, integração, celebração ou revisão de convenção colectiva. Este tipo de questões pode ser dirimido pela arbitragem voluntária, mas não a esgotam. Ao empregar o termo "nomeadamente" indica-se ao intérprete exemplificativamente que questões podem ser submetidas à arbitragem voluntária, não sendo taxativa essa indicação.

4. Nos termos do artigo 529.º, os conflitos colectivos de trabalho provenientes da interpretação de convenções colectivas, apenas podem ser dirimidos pela arbitragem voluntária, cfr. artigos 506.º e 507.º, e não por arbitragem obrigatória, cfr. artigos 508.º, 509.º, 512.º e 513.º, nem por arbitragem necessária, cfr. artigos 510.º a 513.º

5. A parte que pretenda submeter a questão laboral arbitral deve notificar desse facto a parte contrária, notificação que tem de ser realizada por carta registada com aviso de recepção., cfr. n.os 1 e 2 do artigo 11.º da Lei n.º 31/86, de 29 de Agosto, alterada pelo Decreto-Lei n.º 38/2003, de 8 de Março, e aplicável por força do n.º 4 do artigo 505.º

6. É duvidoso que a arbitragem voluntária possa incidir sobre uma decisão arbitral. Se é verdade que nos termos do n.º 3 do artigo 505.º a decisão arbitral produz os efeitos da convenção colectiva, a verdade é que a decisão arbitral tem por resultado solucionar uma questão ou um conflito concreto que opõe as partes. Uma vez decidida a questão ou o conflito, sem que tenha sido impugnado judicialmente, deverá este ficar dirimido. Este é o fim da arbitragem voluntária, decidir um litígio, decisão que as partes se comprometem a aceitar antes de a conhecerem, e independentemente do resultado. Se assim não se entender retira-se não só qualquer efeito útil à boa fé, cfr. n.º 1 do artigo 520.º e artigo 522.º, como se permite uma espiral de conflito, em que uma das partes comprometendo-se num primeiro momento, vem posteriormente por em causa o seu comportamento anterior, o que sempre lhe seria vedado por tal constituir um abuso de direito, cfr. artigo 334.º do Código Civil, na vertente *venire contra factum proprium.*

ARTIGO 507.º – Funcionamento da arbitragem voluntária

1 – A arbitragem voluntária rege-se por acordo das partes ou, na sua falta, pelo disposto nos números seguintes.

2 – A arbitragem é realizada por três árbitros, sendo dois nomeados, um por cada parte, e o terceiro escolhido por aqueles.

3 – As partes informam o serviço competente do ministério responsável pela área laboral do início e do termo do procedimento.

4 – Os árbitros podem ser assistidos por peritos e têm o direito de obter das partes, do ministério responsável pela área laboral e do ministério responsável pela área de actividade a informação disponível de que necessitem.

5 – Constitui contra-ordenação muito grave a não nomeação de árbitro nos termos do n.º 2 e constitui contra-ordenação leve a violação do disposto no n.º 3.

1. Este preceito corresponde ao artigo 564.º e ao artigo 565.º do anterior Código do Trabalho, aprovado pela Lei n.º 99/2003.

2. Do n.º 1 resulta que a arbitragem voluntária é regulada convencionalmente, sendo que quando assim não for, é aplicável o disposto neste Código do Trabalho. Por efeito desta norma, o regime estabelecido na lei é supletivo, com excepção do disposto nos n.os 3 e 5. Com efeito, os interesses que se encontram protegidos pelo disposto nestes n.os 3 e 5 não é matéria que se encontre na disponibilidade das partes, e por essa razão, ainda que as partes acordem nos termos em que a arbitragem voluntária terá lugar, terão sempre de informar o serviço competente do ministério responsável pela área laboral do início e do termo do procedimento, sob pena de incorrerem na prática de uma contra-ordenação leve.

3. Quando a arbitragem não for regulada convencionalmente, e seja de aplicar o disposto no n.º 2, o terceiro árbitro, ou seja aquele que foi escolhido de comum acordo entre os dois árbitros nomeados (um por cada parte), é o juiz presidente, cfr. n.º 1 do artigo 14.º da Lei n.º 31/86, de 29 de Agosto, alterada pelo Decreto-Lei n.º 38/2003, de 8 de Março, e aplicável por força do n.º 4 do artigo 505.º

4. O serviço competente do ministério responsável pela área laboral que deve ser informado do início e do termo do procedimento de arbitragem voluntária é a Direcção de Serviços para as Relações Profissionais, enquanto unidade orgânica nuclear da Direcção-Geral do Emprego e das Relações de Trabalho, cfr. alínea c) do n.º 4 do artigo 2.º do Decreto Regulamentar n.º 40/2012, de 12 de Abril e alíneas e) e f) do artigo 1.º e alínea e) do artigo 6.º, ambos da Portaria n.º 633/2007, de 30 de Maio.

5. Da conjugação do n.º 3, que estabelece o dever das partes informarem o serviço competente do ministério responsável pela área laboral do termo do procedimento de arbitragem voluntária, com o n.º 2 do artigo 505.º, que obriga a que os árbitros enviem o texto da decisão arbitral às partes e ao serviço competente do ministério responsável pela área laboral, no prazo de cinco dias a contar da decisão, resulta que o próprio serviço do ministério responsável pela área laboral é notificado por duas vezes, uma para conhecer o fim da arbitragem, e uma segunda vez para depósito e publicação da decisão arbitral.

6. Nos termos do n.º 4 os árbitros podem ser assistidos por peritos, direito que se justifica pela complexidade de alguns sectores da actividade económica, como as tecnologias de informação, as áreas financeiras, etc.. Os árbitros podem também solicitar a informação de que necessitem para prossecução do seu trabalho, dirimir a questão, ou questões, que lhes foram submetidas, a qualquer uma das partes, ao ministério responsável pela área laboral e ao ministério responsável pela área de actividade. Relativamente ao ministério responsável pela área laboral e ao ministério responsável pela área de actividade, para que seja prestada a informação aos árbitros, esta tem de ser requerida, tendo ainda de estar na posse dos serviços competentes dos ministérios responsáveis pela área laboral e pela área de actividade.

SECÇÃO III – Arbitragem obrigatória

ARTIGO 508.º – Admissibilidade de arbitragem obrigatória

1 – O conflito resultante de celebração de convenção colectiva pode ser dirimido por arbitragem obrigatória:

a) Tratando-se de primeira convenção, a requerimento de qualquer das partes, desde que tenha havido negociações prolongadas e infrutíferas, conciliação ou mediação frustrada e não tenha sido possível dirimir o conflito por meio de arbitragem voluntária, em virtude de má-fé negocial da outra parte, ouvida a Comissão Permanente de Concertação Social;

b) Havendo recomendação nesse sentido da Comissão Permanente de Concertação Social, com voto favorável da maioria dos membros representantes dos trabalhadores e dos empregadores;

c) Por iniciativa do ministro responsável pela área laboral, ouvida a Comissão Permanente de Concertação Social, quando estejam em causa serviços essenciais destinados a proteger a vida, a saúde e a segurança das pessoas.

2 – O disposto nas alíneas b) e c) do número anterior é aplicável no caso de revisão de convenção colectiva.

1. Este preceito corresponde ao n.º 1 do artigo 567.º do anterior Código do Trabalho, aprovado pela Lei n.º 99/2003.

2. Ver as disposições comuns aplicáveis à arbitragem necessária, estabelecidas nos artigos 505.º, 512.º e 513.º, e respectivas anotações.

3. A Comissão Permanente de Concertação Social é um órgão do Conselho Económico e Social, cfr. alínea c) do artigo 6.º da Lei n.º 108/91, de 17 de Agosto, alterada pelas Leis n.os 80/98, de 24 de Novembro, 128/99, de 20 de Agosto, 12/2003, de 20 de Maio, 37/2004, de 13 de Agosto, 75-A/2014, de 30 de Setembro e 135/2015, de 7 de Setembro, que definiu a orgânica e competências do Conselho Económico e Social. O Conselho Económico e Social tem previsão constitucional, no artigo 92.º da Constituição da República Portuguesa, sendo o órgão de consulta e concertação no domínio das políticas económica e social, participando na elaboração das propostas das grandes opções e dos planos de desenvolvimento económico e social. Do Conselho Económico e Social, fazem parte, designadamente, representantes do Governo, das organizações representativas dos trabalhadores, das actividades económicas e das famílias, das regiões autónomas e das autarquias locais. A Comissão Permanente de Concertação Social é presidida pelo Primeiro Ministro e tem como principal missão a promoção do diálogo e da concertação tripartida entre o Governo e os parceiros sociais, contribuir para a regulamentação das relações de trabalho e para a definição das políticas de rendimentos e preços, de emprego, formação profissional e protecção social. De acordo com o artigo 4.º do regulamento interno da Comissão Permanente de Concertação Social, aprovado em 4 de Junho de 1993 e publicado no Diário da República, 2.ª série, n.º 204, de 31 de Agosto de 1993, são várias as suas competências. Entre estas destacamos, nos termos das alíneas a), b) e c) do n.º 1 do artigo 4.º do seu regulamento interno, a competência da Comissão Permanente de Concertação Social para se pronunciar sobre as políticas de reestruturação e de desenvolvimento socioeconómico, bem como sobre a execução das mesmas, quer através da emissão de pareceres que lhe sejam solicitados pelo Governo, quer por propostas e recomendações de sua própria iniciativa; para propor soluções conducentes ao regular funcionamento da economia, tendo em conta, designadamente, as suas incidências no domínio sociolaboral; e para apreciar regularmente a evolução da situação económica e social do país.

4. As várias alíneas do n.º 1 são alternativas, ou seja, basta estarem reunidos os vários requisitos de uma delas para que seja possível a arbitragem obrigatória.

5. De notar que por efeito do n.º 2 do artigo 509.º, as partes são sempre ouvidas antes de ser determinada a arbitragem obrigatória. No caso da alínea a) do n.º 1 deste artigo 508.º, é previamente ouvida a contraparte requerida, bem como a entidade reguladora e de supervisão do sector de actividade em causa.

6. Da alínea a) do n.º 1 deste 508.º não resulta o que se entende temporalmente por negociações prolongadas. A conciliação referida na alínea a) encontra-se prevista nos artigos 523.º a 525.º, enquanto que a mediação está estabelecida nos artigos 526.º a 528.º

ARTIGO 509.º – Determinação de arbitragem obrigatória

1 – A arbitragem obrigatória pode ser determinada por despacho fundamentado do ministro responsável pela área laboral, atendendo:

a) Ao número de trabalhadores e empregadores afectados pelo conflito;

b) À relevância da protecção social dos trabalhadores abrangidos;

c) Aos efeitos sociais e económicos do conflito;

d) À posição das partes quanto ao objecto da arbitragem.

2 – O ministro responsável pela área laboral deve ouvir previamente as partes ou, no caso da alínea a) do n.º 1 do artigo anterior, a contraparte requerida, bem como a entidade reguladora e de supervisão do sector de actividade em causa.

3 – A audiência da entidade reguladora e de supervisão deve ser efectuada pela Comissão Permanente de Concertação Social previamente à recomendação prevista na alínea b) do n.º 1 do artigo anterior, em caso de conflito entre partes representadas por associações de trabalhadores e de empregadores com assento na Comissão, se estas o requererem conjuntamente.

4 – O despacho que determina a arbitragem obrigatória é imediatamente notificado às partes e ao secretário-geral do Conselho Económico e Social.

5 – O Código do Procedimento Administrativo é subsidiariamente aplicável.

1. Este preceito corresponde ao artigo 568.º do anterior Código do Trabalho, aprovado pela Lei n.º 99/2003.

2. Sobre a Comissão Permanente de Concertação Social, ver anotação ao artigo anterior.

3. De acordo com os n.os 1 e 2, são vários os elementos a que o ministro responsável pela área laboral deve atender. Contudo, nem por isso se pode dizer que o ministro beneficia de uma total discricionariedade. Assim, e no caso da alínea a) do n.º 1 do artigo anterior, quando se trate de primeira convenção, e tenha existido um requerimento de qualquer uma das partes, para que o conflito resultante de celebração convenção colectiva seja dirimido por arbitragem obrigatória, incide sobre o ministro um dever de decidir. Quer seja no sentido da arbitragem obrigatória se realizar, proferindo despacho de deferimento, ou no sentido de não haver lugar àquela, proferindo despacho de indeferimento, o dever de decidir é imposto legalmente, cfr. n.º 1 do artigo 13.º do Código do Procedimento Administrativo. Na decisão que proferir, o ministro responsável pela área laboral encontra-se sujeito aos princípios da prossecução do interesse público, da legalidade, da igualdade, da proporcionalidade, da justiça, da imparcialidade e da boa-fé, cfr. n.os 1 e 2 do artigo 266.º da Constituição da República Portuguesa e artigos 4.º, 3.º, 6.º, 7.º, 8.º, 9.º e 10.º do Código do Procedimento Administrativo. Independentemente da decisão ser de deferimento ou indeferimento, há um dever de fundamentação do despacho, fundamentação essa que terá de obedecer aos requisitos do artigo 153.º do Código do Procedimento Administrativo.

4. O Código do Procedimento Administrativo foi aprovado pelo Decreto-Lei n.º 4/2015, de 7 de Janeiro.

SECÇÃO IV – Arbitragem necessária

ARTIGO 510.º – Admissibilidade da arbitragem necessária

Caso, após a caducidade de uma ou mais convenções colectivas aplicáveis a uma empresa, grupo de empresas ou sector de actividade, não seja celebrada nova convenção nos 12 meses subsequentes, e não haja outra convenção aplicável a pelo menos 50% dos trabalhadores da mesma empresa, grupo de empresas ou sector de actividade, pode ser determinada uma arbitragem necessária.

1. Este preceito não tem correspondência com qualquer outro do anterior Código do Trabalho, aprovado pela Lei n.º 99/2003, de 27 de Agosto, sendo um artigo novo.

2. Ver as disposições comuns aplicáveis à arbitragem necessária, estabelecidas nos artigos 505.º, 512.º e 513.º, e respectivas anotações.

3. Não obstante a consagração da figura da arbitragem necessária, esta não corresponde verdadeiramente a uma modalidade de arbitragem, não se justificando a sua autonomização da arbitragem obrigatória, esta sim, uma verdadeira e própria modalidade de arbitragem, ao lado da arbitragem voluntária. Na realidade, e atenta a redacção deste artigo 510.º, a designada "arbitragem necessária" decorre de imposição legal, uma vez reunidos os requisitos estabelecidos neste preceito. No mesmo sentido, *vide* António Monteiro Fernandes, *Direito do Trabalho*, 15.ª Edição, Almedina, Abril 2010, página 914.

4. A percentagem de 50% dos trabalhadores, estabelecida neste preceito deve ser entendida como referente à totalidade dos trabalhadores da mesma empresa, grupo de empresas ou sector de actividade, e não somente aos trabalhadores que estejam inscritos em associação sindical.

ARTIGO 511.º – Determinação de arbitragem necessária

1 – A arbitragem necessária é determinada por despacho fundamentado do ministro responsável pela área laboral, mediante requerimento de qualquer das partes nos 12 meses subsequentes ao termo do prazo referido no artigo anterior.

2 – Para efeitos de verificação do requisito de não existência de outra convenção aplicável a, pelo menos, 50% dos trabalhadores da mesma empresa, grupo de empresas ou sector de actividade, o ministro responsável pela área laboral, promove a publicação imediata, no Boletim do Trabalho e Emprego, *de aviso mencionando o requerimento referido no número anterior para que os interessados possam deduzir oposição fundamentada por escrito no prazo de 15 dias.*

3 – A decisão sobre o requerimento referido no n.º 1 é proferida no prazo de 60 dias a contar da recepção do mesmo.

4 – Ao despacho referido no número anterior são aplicáveis os n.os 4 e 5 do artigo 509.º

5 – O objecto da arbitragem é definido pelas partes ou, se estas o não fizerem, pelos árbitros, tendo em consideração as circunstâncias e as posições assumidas pelas partes sobre o mesmo.

1. Este preceito não tem correspondência com qualquer outro do anterior Código do Trabalho, aprovado pela Lei n.º 99/2003, de 27 de Agosto, sendo um artigo novo.

2. De acordo com o n.º 1, qualquer uma das partes poderá requerer ao ministro responsável pela área laboral que seja determinada a arbitragem necessária. Para tanto, a parte interessada na arbitragem necessária terá de dirigir o requerimento ao ministro nos 12 meses subsequentes aos 12 meses que decorrerem desde a caducidade de uma ou mais convenções colectivas aplicáveis a uma empresa, grupo de empresas ou sector de actividade. Ou seja, desde o momento em que ocorre a caducidade da convenção colectiva, a iniciativa procedimental de uma das partes só pode ter lugar passados 12 meses, sendo que essa iniciativa, para que seja tempestiva, pode ser exercida 12 meses seguintes. Dado que este direito está sujeito a um prazo, a uma morte pré-determinada à nascença, não sendo exercido dentro deste prazo, a consequência é a caducidade, cfr. n.º 2 do artigo 298.º do Código Civil.

3. Nada obsta que a forma escrita, imposta pelo n.º 2, seja satisfeita através de documento electrónico, ou seja, por documento elaborado mediante processamento electrónico de dados. Por outras palavras, nada impede que a forma escrita seja adoptada através de uma declaração escrita enviada por correio electrónico (e-mail) para um endereço electrónico. Sobre a validade, eficácia e valor probatório dos documentos electrónicos remete-se para a anotação 4. ao artigo 107.º

SECÇÃO V – Disposições comuns à arbitragem obrigatória e à arbitragem necessária

ARTIGO 512.º – Competência do Conselho Económico e Social

1 – Compete ao presidente do Conselho Económico e Social participar na constituição das listas de árbitros nos termos de lei específica.

2 – Compete ao Conselho Económico e Social proceder em caso de necessidade ao sorteio de árbitros para efeito de arbitragem para a suspensão do período de sobrevigência, arbitragem obrigatória ou arbitragem necessária, nos termos previstos, respetivamente, nos artigos 501.º-A, 508.º e 510.º

3 – O Conselho Económico e Social assegura:

a) Pagamento de honorários, despesas de deslocação e de estada de árbitros e peritos;

b) O apoio técnico e administrativo necessário ao funcionamento do tribunal arbitral.

1. Este preceito corresponde aos artigos 569.º e 570.º do anterior Código do Trabalho, aprovado pela Lei n.º 99/2003.

2. A redacção do n.º 2 foi alterada pelo artigo 2.º da Lei n.º 93/2019, de 4 de Setembro. Na versão originária do Código do Trabalho, aprovado pela Lei n.º 7/2009, de 12 de Fevereiro, aquele n.º tinha a seguinte redacção: "Compete ao Conselho Económico e Social proceder em caso de necessidade ao sorteio de árbitros para efeito de arbitragem obrigatória ou arbitragem necessária.".

3. O presidente do Conselho Económico e Social participa na constituição das listas de árbitros nos termos dos artigos 2.º e segs. do Decreto-Lei n.º 259/2009, de 25 de Setembro, que regulamenta a arbitragem obrigatória e a arbitragem necessária.

4. Nos termos do n.º 2 deste preceito, compete ao Conselho Económico e Social proceder ao sorteio de árbitros, em caso de necessidade. A designação de árbitros encontra-se prevista no artigo 7.º do Decreto-Lei n.º 259/2009, de 25 de Setembro, que regulamenta a arbitragem obrigatória e a arbitragem necessária. Antes de analisarmos a designação, impõe-se referir que o tribunal arbitral em arbitragem obrigatória e arbitragem necessária é composto por três árbitros. Dois deles são escolhidos pelas partes, um árbitro por cada uma delas, e o terceiro, que preside ao tribunal, é escolhido pelos árbitros de parte ou, na sua falta, designado mediante sorteio de entre os constantes de uma lista de árbitros presidentes, organizada pelo Conselho Económico e Social, cfr. artigo 6.º do Decreto-Lei n.º 259/2009.

Nos termos do artigo 7.º daquele diploma, nas setenta e duas horas subsequentes à notificação do despacho que determina a arbitragem obrigatória ou necessária, cada parte designa o respectivo árbitro e comunica a sua identificação à outra parte, ao serviço competente do ministério responsável pela área laboral e ao secretário-geral do Conselho Económico e Social. Na falta de designação de árbitro por uma das partes, o secretário-geral do Conselho Económico e Social promove imediatamente o sorteio do árbitro em falta de entre os constantes da lista de árbitros dos representantes dos trabalhadores ou dos empregadores, consoante o caso. Em substituição do árbitro sorteado, a parte faltosa pode designar outro, nas quarenta e oito horas seguintes à notificação da identidade daquele, comunicando a designação à outra parte, ao serviço competente do ministério responsável pela área laboral e ao secretário-geral do Conselho Económico e Social. Nas setenta e duas horas subsequentes à última comunicação da designação de árbitro de acordo com os números anteriores, os árbitros designados escolhem o terceiro árbitro e comunicam a sua identificação às partes, ao serviço competente do ministério responsável pela área laboral e ao secretário-geral do Conselho Económico e Social. Na falta de escolha do terceiro árbitro, o secretário-geral do Conselho Económico e Social promove imediatamente a designação deste mediante sorteio de entre os constantes da lista de árbitros presidentes. Qualquer árbitro deve ser substituído na composição do tribunal arbitral em caso de morte, renúncia, incapacidade permanente ou incapacidade temporária, aplicando-se as regras supra referidas. Além destas situações, quando se trate de árbitro presidente, deve ainda este ser substituído quando se verifique um impedimento e o árbitro presidente não renunciar, aplicando-se nesta situação as mesmas regras supra mencionadas. O impedimento pode ser fundado em *i)* à data da aceitação da integração na lista o árbitro presidente ser, ter sido nos 12 meses anteriores àquela data, ou enquanto a respectiva lista se mantiver válida vir a ser, membro de corpos sociais de associação sindical, associação de empregadores ou de empregador filiado numa associação de empregadores; ou o árbitro presidente *ii)* exercer, ter exercido nos 12 meses anteriores, ou enquanto a respectiva lista se mantiver válida vir a exercer, qualquer actividade, com carácter regular ou dependente, ao serviço de associação sindical, associação de empregadores ou de empregador filiado numa associação de empregadores.

O modo como o sorteio deve ser realizado encontra-se regulado no artigo 8.º do mesmo Decreto-Lei n.º 259/2009, de 25 de Setembro. De acordo com aquele artigo 8.º, para efeitos de sorteio, cada lista de árbitros é ordenada alfabeticamente. O sorteio de árbitro efectivo e de suplente deve ser feito através de tantas bolas numeradas quantos os árbitros, com excepção dos que estejam impedidos, que estejam em funções de árbitro efectivo em arbitragem em curso ou do que, caso fiquem pelo menos seis árbitros disponíveis, tenha participado na arbitragem concluída há menos tempo, correspondendo a cada número o nome de um árbitro. O secretário-geral do Conselho Económico e Social notifica as partes do dia e hora do sorteio, com a antecedência mínima de vinte e quatro horas, podendo cada parte nomear um representante para a ele assistir. Se um ou ambos os representantes não estiverem presentes à hora marcada, o secretário-geral do Conselho Económico e Social designa em sua substituição funcionários do Conselho, em igual número, realizando-se o sorteio uma hora depois. O secretário-geral do Conselho Económico e Social elabora a acta do sorteio, que deve ser assinada pelos presentes, e comunica-a imediatamente às partes, aos árbitros que constituem o tribunal arbitral, aos suplentes e ao serviço competente do ministério responsável pela área laboral. As notificações e comunicações do secretário-geral do Conselho Económico e Social devem ser efectuadas por escrito e por meio célere, designadamente telegrama, telefax ou correio electrónico.

5. O disposto no n.º 3 encontra-se regulado no artigo 23.º do Decreto-Lei n.º 259/2009, de 25 de Setembro.

ARTIGO 513.º – Regulamentação da arbitragem

O regime da arbitragem para suspensão do período de sobrevigência, a arbitragem obrigatória ou necessária, no que não é regulado nas secções precedentes, consta de lei específica.

1. Este preceito não tem correspondência com qualquer outro do anterior Código do Trabalho, aprovado pela Lei n.º 99/2003, de 27 de Agosto, sendo um artigo novo.

2. A redacção deste preceito foi alterada pelo artigo 2.º da Lei n.º 93/2019, de 4 de Setembro. Na versão originária do Código do Trabalho, aprovado pela Lei n.º 7/2009, de 12 de Fevereiro, este preceito tinha a seguinte redacção:

> "Regulamentação da arbitragem obrigatória e arbitragem necessária
> O regime da arbitragem obrigatória e da arbitragem necessária, no que não é regulado nas secções precedentes, consta de lei específica.".

3. Nos termos deste preceito, o regime da arbitragem para a suspensão do período de sobrevigência (artigos 501.º-A e 513.º), o regime da arbitragem obrigatória (artigos 508.º, 509.º, 512.º e 513.º), e o regime da arbitragem necessária (artigos 510.º a 513.º), é regulamentado pelo Decreto-Lei n.º 259/2009, de 25 de Setembro.

CAPÍTULO V – Portaria de extensão

ARTIGO 514.º – Extensão de convenção colectiva ou decisão arbitral

1 – A convenção colectiva ou decisão arbitral em vigor pode ser aplicada, no todo ou em parte, por portaria de extensão a empregadores e a trabalhadores integrados no âmbito do sector de actividade e profissional definido naquele instrumento.

2 – A extensão é possível mediante ponderação de circunstâncias sociais e económicas que a justifiquem, nomeadamente a identidade ou semelhança económica e social das situações no âmbito da extensão e no do instrumento a que se refere.

1. Este preceito corresponde ao artigo 573.º e 575.º do anterior Código do Trabalho, aprovado pela Lei n.º 99/2003.

2. A portaria de extensão é um instrumento de regulamentação colectiva de trabalho, não negocial, cfr. n.os 1 e 4 do artigo 2.º

3. De acordo com o n.º 1 a convenção colectiva ou a decisão arbitral pode ser aplicada a empregadores e a trabalhadores integrados no âmbito do sector de actividade e profissional definido na convenção colectiva ou na decisão arbitral. Trata-se, como se refere no n.º 2, de uma extensão dos efeitos de um daqueles instrumentos, cujas normas são estendidas no seu âmbito de aplicação, para passarem a abranger sujeitos que de outra forma não seriam delas destinatários. Como resulta do n.º 1, a extensão faz abranger empregadores e trabalhadores integrados em determinado sector de actividade e profissional, que seja delimitado no instrumento que se estende.

Urge, assim, saber se a extensão abrange os trabalhadores inscritos noutro sindicato, ou os empregadores que sejam membros de outra associação de empregadores, diverso das entidades que celebraram a convenção colectiva, ou distinta das que foram partes no procedimento de arbitragem, do qual resultou uma decisão arbitral. Para solucionar esta questão deve atender-se antes de mais à autonomia colectiva de que beneficiam as associações sindicais e as associações de empregadores, as quais podem celebrar convenções colectivas de trabalho, prevista na alínea a) do n.º 1 do artigo 443.º, e ainda, relativamente às associações sindicais, no n.º 3 do artigo 56.º da Constituição da República Portuguesa. O direito de celebrar convenções colectivas postula o direito de opção de as não celebrar. Como tal, uma associação sindical pode ter não só decidido, legitimamente, não celebrar determinada convenção colectiva, como escolhido, mais tarde, não aderir aquela convenção colectiva, cfr. n.º 1 do artigo 504.º Caso se aceitasse que a extensão prevista no n.º 1 do artigo 514.º abrange os trabalhadores inscritos noutro sindicato, ou os empregadores que sejam membros de outra associação de empregadores, diverso das entidades que celebraram a convenção colectiva estar-se-ia a limitar, em termos inadmissíveis, a autonomia colectiva. Em abono deste entendimento deve ainda atender-se à tipicidade legislativa prevista na Lei Fundamental. Segundo o n.º 5 do artigo 112.º da Constituição da República Portuguesa: "Nenhuma lei pode criar outras categorias de actos legislativos ou conferir a actos de outra natureza o poder de, com eficácia externa, interpretar, integrar, modificar, suspender ou revogar qualquer dos seus preceitos.". Assim, não poderá o Estado, através de uma portaria de extensão, regulamentar as relações laborais, aspiração que já poderá satisfazer se, para tanto, se socorrer dos actos legislativos previstos na Lei Fundamental: leis, decretos-leis e decretos legislativos regionais, cfr. n.º 1 do artigo 112.º da Constituição da República Portuguesa. No mesmo sentido Bernardo Lobo Xavier, *Curso de Direito do Trabalho*, I, 3.ª edição, Verbo, 2004, páginas 607 e 608.

As associações sindicais e as associações de empregadores que não pretenderam celebrar ou aderir a convenção colectiva de trabalho ou a decisão arbitral que se pretenda estender através de portaria de extensão, poderão, no decorrer do procedimento de elaboração de portaria de extensão, utilizar o direito previsto no n.º 3 do artigo 516.º

4. É frequente distinguir-se a extensão interna da extensão externa. A extensão interna opera relativamente a empregadores e a trabalhadores do mesmo sector de actividade e profissional, no mesmo âmbito geográfico da convenção colectiva ou da decisão arbitral que se estende. Já a extensão externa actua relativamente a empregadores e a trabalhadores do mesmo sector de actividade e profissional, em âmbito geográfico distinto da convenção colectiva ou da decisão arbitral que se estende.

5. De acordo com o n.º 2, a entidade competente para a emissão da portaria de extensão deve atender às circunstâncias sociais e económicas que justifiquem a portaria de extensão, designadamente a identidade ou semelhança económica e social das situações no âmbito da extensão e no do instrumento a que se refere. Justifica assim a emissão de uma portaria de extensão se no plano social, as condições de trabalho dos trabalhadores de determinado sector de actividade e profissional forem manifestamente díspares, pretendendo-se com a portaria de extensão uniformiza-las, e ao mesmo tempo se visar, no plano económico, a aproximação das condições de concorrência entre as empresas do sector de actividade abrangido.

6. Sobre a extensão parcial *vide* anotação ao artigo 516.º

7. Para além do disposto no n.º 2 deste artigo 514.º, deve ainda atender-se à Resolução do Conselho de Ministros n.º 90/2012, publicada no Diário da República, 1.ª série, n.º 211, de 31 de Outubro de 2012. Esta Resolução define critérios mínimos, necessários e cumulativos a observar no procedimento para a emissão de portaria de extensão. De acordo com o n.º 1 da Resolução do Conselho de Ministros n.º 90/2012, são os seguintes os critérios mínimos:

a) A extensão deve ser requerida por, pelo menos, uma associação sindical e uma associação de empregadores outorgantes;
b) O pedido de extensão deve indicar, designadamente:
   i) O âmbito geográfico, de acordo com a Nomenclatura Comum das Unidades Territoriais Estatísticas (NUTS);

ii) O âmbito profissional, de acordo com a Classificação Portuguesa de Profissões (CPP/2010);
iii) O sector de actividade ou subsectores de actividade abrangidos pela extensão, nos termos da Classificação Portuguesa de Actividades Económicas (CAE);
iv) O âmbito pessoal, nomeadamente, o tipo de empresas a abranger, de acordo com a classificação prevista no artigo 100.º do Código do Trabalho; e
v) Caso seja pretendida, a limitação do âmbito de aplicação apenas às relações de trabalho existentes entre empregadores outorgantes ou empregadores filiados na parte empregadora subscritora da convenção e trabalhadores ao seu serviço não filiados em associação sindical;

c) Nos casos previstos nas subalíneas i) a iv) da alínea anterior, a parte empregadora subscritora da convenção colectiva deve ter ao seu serviço, pelo menos, 50% dos trabalhadores do sector de actividade, no âmbito geográfico, pessoal e profissional de aplicação pretendido;
d) O disposto na alínea anterior não é aplicável quando o pedido de extensão exclua as micro, pequenas e médias empresas.

A Resolução do Conselho de Ministros n.º 90/2012 determina também no seu n.º 2, que os projectos de portaria de extensão são publicados no Boletim do Trabalho e Emprego, para efeitos de dedução de oposição, no prazo máximo de 30 dias a contar da recepção dos respectivos requerimentos. E determina ainda no n.º 3 que a eficácia retroactiva da extensão das cláusulas de natureza pecuniária constantes da convenção colectiva não pode exceder o 1.º dia do mês da publicação da portaria de extensão no Diário da República.

8. Nos termos da alínea a) do n.º 1 do artigo 227.º da Constituição da República Portuguesa, e do n.º 3 do artigo 11.º da Lei n.º 7/2009, de 12 de Fevereiro, nas Regiões Autónomas, a regulamentação das condições de admissibilidade de emissão de portarias de extensão e de portarias de condições de trabalho compete às respectivas Assembleias Legislativas Regionais. As Assembleias Legislativas Regionais aprovaram dois diplomas onde esta matéria é regulada, tendo a Região Autónoma dos Açores, aprovado o Decreto Legislativo Regional n.º 19/2006/A, de 2 de Junho, alterado pelo Decreto Legislativo Regional n.º 24/2010/A, de 22 de Julho, e a Região Autónoma da Madeira aprovou o Decreto Legislativo Regional n.º 21/2009/M, de 4 de Agosto, com as alterações do Decreto Legislativo Regional n.º 39/2012/M, de 21 de Dezembro. Assim, a extensão de convenções colectivas e de decisões arbitrais realizada pelo ministro responsável pela área laboral ou por este e pelo ministro responsável pelo sector de actividade em causa, cfr. n.º 1 do artigo 516.º, é aplicável apenas no território do continente. Nas Regiões Autónomas semelhante competência afere-se pelo disposto no artigo 4.º do Decreto Legislativo Regional n.º 19/2006/A, de 2 de Junho, relativamente à Região Autónoma dos Açores, e pelo disposto no artigo 8.º do Decreto Legislativo Regional n.º 21/2009/M, de 4 de Agosto, relativamente à Região Autónoma da Madeira.

9. O controlo de legalidade das portarias de extensão compete aos Tribunais Administrativos, seguindo a acção judicial os trâmites previstos no Código de Processo nos Tribunais Administrativos, aprovado pela Lei n.º 15/2002, de 22 de Fevereiro, e alterado pela Declaração de Rectificação n.º 17/2002, de 6 de Abril, pelas Leis n.os 4-A/2003, de 19 de Fevereiro, 59/2008, de 11 de Setembro, 63/2011, de 14 de Dezembro, e pelo Decreto-Lei n.º 214-G/2015, de 2 de Outubro.

10. Sobre a caducidade da portaria de extensão *vide* anotação ao artigo 515.º-A.

11. Sobre a portaria de extensão *vide* Bernardo Lobo Xavier, *Manual de Direito do Trabalho*, Verbo, 2011, página 268 e segs., e António Monteiro Fernandes, *Direito do Trabalho*, 15.ª Edição, Almedina, Abril 2010, página 110 e segs. No domínio da legislação anterior, pelo que será necessário proceder às adaptações necessárias, *vide* Bernardo Lobo Xavier, *Curso de Direito do Trabalho*, I, 3.ª edição, Verbo, 2004, página 602 e segs. e Gonçalves da Silva, "Pressupostos, Requisitos e Eficácia da Portaria de Extensão", *Estudos do Instituto de Direito do Trabalho*, Volume I, Almedina Coimbra, 2001, página 669 e segs.

ARTIGO 515.º – Subsidiariedade

A portaria de extensão só pode ser emitida na falta de instrumento de regulamentação colectiva de trabalho negocial.

1. Este preceito corresponde ao artigo 3.º do anterior Código do Trabalho, aprovado pela Lei n.º 99/2003.

2. Nos termos dos n.os 2 e 3 do artigo 2.º, os instrumentos de regulamentação colectiva de trabalho negociais são a convenção colectiva, o acordo de adesão e a decisão arbitral em processo de arbitragem voluntária, sendo que as convenções colectivas podem ser um contrato colectivo, um acordo colectivo, e um acordo de empresa.

3. Atendendo ao disposto neste preceito, não há dúvidas de que a Administração pública se encontra impedida de emitir uma portaria de extensão quando, por exemplo, vigore uma convenção colectiva. Dúvidas já poderiam existir se, depois de emitida uma portaria de extensão, for celebrada uma convenção colectiva, com o mesmo âmbito de aplicação. As associações sindicais e as associações de empregadores beneficiam de autonomia colectiva, podendo celebrar convenções colectivas de trabalho, de acordo com a alínea a) do n.º 1 do artigo 443.º, e ainda, relativamente às associações sindicais, com o n.º 3 do artigo 56.º da Constituição da República Portuguesa. Atendendo a esta autonomia colectiva, com previsão constitucional, a convenção colectiva deve prevalecer sobre a portaria de extensão, sob pena de se violar a própria Constituição da República Portuguesa. Esta relevância da autonomia colectiva terá levado o legislador a resolver expressamente a questão da concorrência entre instrumentos de regulamentação colectiva de trabalho negociais e não negociais, o que fez no artigo 484.º Estabelece o artigo 484.º que a entrada em vigor de instrumento de regulamentação colectiva de trabalho negocial afasta a aplicação, no respectivo âmbito, de anterior instrumento de regulamentação colectiva de trabalho não negocial.

ARTIGO 515.º-A – Efeitos da cessação de vigência de convenção ou decisão arbitral aplicada por portaria de extensão

Em caso de cessação de vigência de convenção colectiva ou decisão arbitral aplicada por portaria de extensão, é aplicável o disposto no n.º 8 do artigo 501.º

1. Este preceito não tem correspondência com qualquer outro do anterior Código do Trabalho, aprovado pela Lei n.º 99/2003, nem mesmo com o Código do Trabalho aprovado pela Lei n.º 7/2009, de 12 de Fevereiro, sendo um artigo novo, introduzido pela Lei n.º 93/2019, de 4 de Setembro.

2. Nos termos dos n.os 2 e 3 do artigo 2.º, uma convenção colectiva é um instrumento de regulamentação colectiva de trabalho, negocial, e pode ser um contrato colectivo, um acordo colectivo ou um acordo de empresa. Entende-se por contrato colectivo, a convenção celebrada entre associação sindical e associação de empregadores; por acordo colectivo, a convenção celebrada entre associação sindical e uma pluralidade de empregadores para diferentes empresas; e por acordo de empresa, a convenção celebrada entre associação sindical e um empregador para uma empresa ou estabelecimento.

3. Não raro, as convenções colectivas de trabalho celebradas foram alvo de uma portaria de extensão, cfr. 514.º e segs., tendo o Governo de então decidido estender os efeitos das convenções colectivas a trabalhadores não filiados nos sindicatos que as subscreveram. Quando tal ocorreu, e verificando-se posteriormente a caducidade da convenção colectiva, colocava-se a questão de saber se aquela portaria de extensão se mantinha em vigor ou não. As portarias de extensão são instrumentos de regulamentação colectiva do trabalho não negociais, cfr. n.º 4 do artigo 2.º Estas portarias surgiram pela circunstância de, nas associações intervenientes nas convenções colectivas não estarem filiados todos os empregadores e todos os trabalhadores, o que torna conveniente que as normas negociadas sejam estendidas na sua aplicação a todos os sujeitos da relação de trabalho do sector. Apesar da lei prever a existência de portarias de extensão, consagrando igualmente a possibilidade de caducidade das convenções colectivas, desde 2009, e até à Lei n.º 93/2019, de 4 de Setembro, não havia regulado em termos expressos o que sucedia com uma portaria de extensão que estende os efeitos de uma convenção colectiva, que entretanto cessou. Como vínhamos defendendo nas edições anteriores desta obra, entendíamos que a solução se encontrava no regime da própria portaria de extensão. Ou seja, um dos pressupostos da portaria de extensão é que a convenção colectiva que lhe serve de base se encontre em vigor (neste sentido prescreve o n.º 1 do artigo 514.º). Cessando a convenção colectiva por algum motivo, *ex vi* revogação, a portaria de extensão deixa de ter objecto extensível, pelo que a única consequência possível é a caducidade da própria portaria de extensão.

Cessando a convenção colectiva, e caducando a portaria de extensão que eventualmente estendeu os efeitos daquela, criamos que, ainda assim, não haveria um vazio de regulamentação. Como defendemos nas edições anteriores, as relações laborais passarão, a partir desse momento, a ser reguladas pelo Código do Trabalho, sem prejuízo dos efeitos produzidos pela contratação colectiva na esfera jurídica do trabalhador, *maxime* os relativos à retribuição.

Assim, tendo estabelecido uma convenção colectiva, o pagamento de determinada remuneração base, ou outras prestações que sejam devidas por corresponderem a contrapartida da actividade do trabalhador, cessando essa convenção colectiva, a consequência é que, e em obediência ao princípio da irredutibilidade da retribuição, previsto no na alínea d) do n.º 1 do artigo 129.º, o trabalhador não terá relativamente a estas qualquer alteração na sua remuneração. Já quanto a outras prestações, a cessação da convenção colectiva poderá ter um efeito na relação jurídica laboral *ex vi* naquelas prestações que não constituem retribuição. Assim será quando por exemplo a convenção colectiva estabelecia o pagamento do trabalho suplementar com um acréscimo de por exemplo 100% na primeira hora e 200% na segunda hora e subsequentes, valores estes que permanecendo acima do valor fixado por lei, cfr. n.º 1 do artigo 268.º a este se devem limitar se a convenção colectiva cessar. Em sentido contrário parece entender António Monteiro Fernandes, *Direito do Trabalho*, 15.ª Edição, Almedina, Abril 2010, página 866 e 867, que invoca legítimas expectativas juridicamente tuteladas dos trabalhadores, posição que não seguimos. E não o fazemos não só porquanto tal corresponderia a entender que a cessação de um instrumento de regulamentação colectiva não teria qualquer efeito prático, como também por semelhante posição ter subjacente o entendimento de que a contratação colectiva é imutável, correspondendo a um mínimo de protecção do trabalhador, mínimo esse que, para nós é a própria legislação laboral e não a contratação colectiva. Acresce que, no exemplo do trabalho suplementar o direito a receber o acréscimo retributivo só se materializa com a efectiva prestação do trabalho suplementar, prestação essa que é excepcional (para fazer face a acréscimo eventual e transitório, cfr. n.º 1 do artigo 227.º), pelo que não vemos como pode o trabalhador ter uma expectativa jurídica de uma prestação sua que pode até, e no limite, nunca ter de vir a prestar.

Nos termos deste artigo 515.º-A, o legislador veio agora expressamente determinar que quando se verifique uma situação de cessação de vigência de convenção colectiva ou decisão arbitral que tenha sido aplicada por portaria de extensão, e até à entrada em vigor de outra convenção ou decisão arbitral, mantêm-se os efeitos acordados pelas partes ou, na sua falta, os já produzidos pela convenção nos contratos de trabalho no que respeita:

a) à retribuição do trabalhador (cfr. artigo 258.º e segs.);
b) categoria profissional e respectiva definição (cfr. artigo 115.º e segs.);

c) duração do tempo de trabalho (cfr. artigo 197.º e segs.);
d) regimes de protecção social cujos benefícios sejam substitutivos dos assegurados pelo regime geral de segurança social ou com protocolo de substituição do Serviço Nacional de Saúde;
e) parentalidade (cfr. artigo 33.º e segs.); e
f) segurança e saúde no trabalho (cfr. artigo 281.º e segs.).

ARTIGO 516.º – Competência e procedimento para emissão de portaria de extensão

1 – Compete ao ministro responsável pela área laboral a emissão de portaria de extensão, salvo havendo oposição a esta por motivos de ordem económica, caso em que a competência é conjunta com a do ministro responsável pelo sector de actividade.

2 – O ministro responsável pela área laboral manda publicar o projecto de portaria de extensão no Boletim do Trabalho e Emprego.

3 – Qualquer pessoa singular ou colectiva que possa ser, ainda que indirectamente, afectada pela extensão, pode deduzir oposição fundamentada, por escrito, nos 15 dias seguintes à publicação do projecto.

4 – O Código do Procedimento Administrativo é subsidiariamente aplicável.

1. Este preceito corresponde aos artigos 574.º e 576.º do anterior Código do Trabalho, aprovado pela Lei n.º 99/2003.

2. Nos termos do n.º 1, a competência para a emissão de portaria de extensão é exclusiva ou conjunta. É exclusiva do ministro responsável pela área laboral quando não tenha havido oposição à extensão, no decorrer do procedimento administrativo que visa a emissão, por parte dos interessados, e é conjunta, incumbindo ao ministro responsável pela área laboral e ao ministro responsável pelo sector de actividade em causa, quando tenha havido oposição por razões de ordem económica.

3. A publicação do projecto estabelecida no n.º 2 deve permitir informar cabalmente aqueles que por imperativo legal se podem opor à portaria de extensão, razão pela qual a informação deve ser completa. Só conhecendo o âmbito e a extensão do projecto de portaria de extensão, podem todos aqueles que a lei permite que deduzam oposição exercer efectivamente os seus direitos.

4. A contagem do prazo referido no n.º 3 é realizada de acordo com o disposto no artigo 87.º do Código do Procedimento Administrativo. Nos termos da alínea b) daquele preceito, não se inclui na contagem o dia em que ocorrer o evento a partir do qual o prazo começa a correr. De acordo com a alínea c) do do mesmo artigo 87.º, o prazo suspende-se aos sábados, domingos e feriados, sendo que nos termos da alínea f) do mesmo preceito, o termo do prazo que caia em dia, ou que coincida com dia, em que o serviço perante o qual deva ser praticado o acto não esteja aberto ao público, ou não funcione durante o período normal, transfere-se para o primeiro dia útil seguinte.

5. Para que se encontre preenchido o requisito da legitimidade para deduzir a oposição basta a susceptibilidade de ser afectado, directamente ou indirectamente, não se exigindo que se seja afectado de facto.

6. A oposição que seja deduzida não vincula a Administração pública, devendo apenas ser apreciada por aquela.

7. O ministro responsável pela área laboral, (ou este e o ministro responsável pelo sector de actividade em causa, quando tenha havido oposição por motivos de ordem económica) goza de uma discricionariedade considerável para a emissão da portaria de extensão. Semelhante conclusão resulta do termo "pode" empregue na primeira parte do n.º 1 do artigo 514.º A lei atribui uma significativa margem de autonomia à Administração pública para actuar, decidindo em cada caso concreto segundo os critérios que reputar mais adequados à prossecução do interesse público, sendo que, este último, pode mesmo impor que não seja emitida a portaria de extensão. Não obstante, a discricionariedade de actuação quando a Administração pública se decida pela emissão da portaria de extensão não é total. Desde logo, têm de ser ponderadas as circunstâncias sociais e económicas que justifiquem a portaria de extensão, designadamente a identidade ou semelhança económica e social das situações no âmbito da extensão e no do instrumento a que se refere, cfr. n.º 2 do artigo 514.º Por outro lado, o ministro responsável pela área laboral, ou este e o ministro responsável pelo sector de actividade em causa, encontra-se sujeito aos princípios da prossecução do interesse público, da legalidade, da igualdade, da proporcionalidade, da justiça, da imparcialidade e da boa-fé, cfr. n.ºs 1 e 2 do artigo 266.º da Constituição da República Portuguesa e artigos 4.º, 3.º, 6.º, 7.º, 8.º, 9.º e 10.º do Código do Procedimento Administrativo. Assim, será pelos efeitos concretos da extensão que se afere a violação ou não dos princípios a que a Administração pública se acha sujeita.

Será até pela aplicação dos princípios *supra* referidos que obstam a que, quando a Administração entender estender apenas parte de uma convenção colectiva ou decisão arbitral, como estabelecido no n.º 1 do artigo 514.º, se prejudique manifestamente o equilíbrio alcançado naqueles instrumentos que servem de base à portaria de extensão, estendendo apenas as vantagens relativas aos trabalhadores, o que não é de admitir.

8. Nada obsta que a forma escrita, imposta pelo n.º 3, seja satisfeita através de documento electrónico, ou seja, por documento elaborado mediante processamento electrónico de dados. Por outras palavras, nada impede que a forma escrita seja adoptada através de uma declaração escrita enviada por correio electrónico (e-mail) para um endereço electrónico. Sobre a validade, eficácia e valor probatório dos documentos electrónicos remete-se para a anotação 4. ao artigo 107.º

9. O Código do Procedimento Administrativo foi aprovado pelo Decreto-Lei n.º 4/2015, de 7 de Janeiro.

10. Ver disposições gerais sobre instrumentos de regulamentação colectiva de trabalho, previstas nos artigos 476.º a 480.º

11. A portaria de extensão é reduzida a escrito, sob pena de nulidade, cfr. artigo 477.º

12. Sobre a publicação e entrada em vigor de portaria de extensão, ver n.º 2 do artigo 519.º

CAPÍTULO VI – Portaria de condições de trabalho

ARTIGO 517.º – Admissibilidade de portaria de condições de trabalho

1 – Quando circunstâncias sociais e económicas o justifiquem, não exista associação sindical ou de empregadores nem seja possível a portaria de extensão, pode ser emitida portaria de condições de trabalho.

2 – A portaria de condições de trabalho só pode ser emitida na falta de instrumento de regulamentação colectiva de trabalho negocial.

1. Este preceito corresponde aos artigos 578.º e 3.º do anterior Código do Trabalho, aprovado pela Lei n.º 99/2003.

2. A portaria de condições de trabalho é um instrumento de regulamentação colectiva de trabalho, não negocial, cfr. n.ºs 1 e 4 do artigo 2.º

3. Deste preceito resulta que, quando exista uma associação sindical ou uma associação de empregadores, cfr. artigos 440.º e segs., ainda que nenhum destes se encontre munido da vontade negocial suficiente para concluir com sucesso um processo de contratação colectiva, não é permitido o recurso pela administração a uma portaria de condições de trabalho.

4. Nos termos dos n.ºs 2 e 3 do artigo 2.º, os instrumentos de regulamentação colectiva de trabalho negociais são a convenção colectiva, o acordo de adesão e a decisão arbitral em processo de arbitragem voluntária, sendo que as convenções colectivas podem ser um contrato colectivo, um acordo colectivo, e um acordo de empresa.

5. O n.º 1 estabelece requisitos cumulativos, ou seja, é necessário a verificação de todos eles, para que se possa emitir uma portaria de condições de trabalho. Entre estes requisitos, determina-se expressamente que a portaria de condições de trabalho só pode ser emitida quando não seja admissível legalmente recorrer a uma portaria de extensão. Outro dos requisitos é a inexistência de associação sindical ou de associação de empregadores, sendo suficiente a inexistência de uma destas estruturas para que este requisito se encontre preenchido. O último dos requisitos necessários é a subsistência de circunstâncias sociais e económicas que fundamentem a emissão de portaria de condições de trabalho.

6. Nos termos da alínea a) do n.º 1 do artigo 227.º da Constituição da República Portuguesa, e do n.º 3 do artigo 11.º da Lei n.º 7/2009, de 12 de Fevereiro, nas Regiões Autónomas, a regulamentação das condições de admissibilidade de emissão de portarias de condições de trabalho compete às respectivas Assembleias Legislativas Regionais. As Assembleias Legislativas Regionais aprovaram dois diplomas onde esta matéria é regulada, tendo a Região Autónoma dos Açores, aprovado o Decreto Legislativo Regional n.º 19/2006/A, de 2 de Junho, alterado pelo Decreto Legislativo Regional n.º 24/2010/A, de 22 de Julho, e a Região Autónoma da Madeira aprovou o Decreto Legislativo Regional n.º 21/2009/M, de 4 de Agosto, com as alterações do Decreto Legislativo Regional n.º 39/2012/M, de 21 de Dezembro. Assim, a extensão de convenções colectivas e de decisões arbitrais realizada pelo ministro responsável pela área laboral ou por este e pelo ministro responsável pelo sector de actividade em causa, cfr. n.º 1 do artigo 516.º, é aplicável apenas no território do continente. Nas Regiões Autónomas semelhante competência afere-se pelo disposto no artigo 5.º do Decreto Legislativo Regional n.º 19/2006/A, de 2 de Junho, relativamente à Região Autónoma dos Açores, e pelo disposto no artigo 9.º do Decreto Legislativo Regional n.º 21/2009/M, de 4 de Agosto, relativamente à Região Autónoma da Madeira.

7. Ver disposições gerais sobre instrumentos de regulamentação colectiva de trabalho, previstas nos artigos 476.º a 480.º

8. O controlo de legalidade das portarias de condições de trabalho compete aos Tribunais Administrativos, seguindo a acção judicial os trâmites previstos no Código de Processo nos Tribunais Administrativos, aprovado pela Lei n.º 15/2002, de 22 de Fevereiro, e alterado pela Declaração de Rectificação n.º 17/2002, de 6 de Abril, pelas Leis n.os 4-A/2003, de 19 de Fevereiro, 59/2008, de 11 de Setembro, 63/2011, de 14 de Dezembro, e pelo Decreto-Lei n.º 214-G/2015, de 2 de Outubro.

9. Sobre a portaria de condições de trabalho *vide* Bernardo Lobo Xavier, *Manual de Direito do Trabalho*, Verbo, 2011, página 270 e segs., e António Monteiro Fernandes, *Direito do Trabalho*, 15.ª Edição, Almedina, Abril 2010, página 110 e segs. No domínio da legislação anterior, pelo que será necessário proceder às adaptações necessárias, *vide* Bernardo Lobo Xavier, *Curso de Direito do Trabalho*, I, 3.ª edição, Verbo, 2004, página 611 e segs.

ARTIGO 518.º – Competência e procedimento para emissão de portaria de condições de trabalho

1 – São competentes para a emissão de portaria de condições de trabalho o ministro responsável pela área laboral e o ministro responsável pelo sector de actividade.

2 – Os estudos preparatórios de portaria de condições de trabalho são assegurados por uma comissão técnica constituída por despacho do ministro responsável pela área laboral.

3 – A comissão técnica é formada por membros designados pelos ministros competentes para a emissão da portaria e inclui, sempre que possível, assessores designados pelos representantes dos trabalhadores e dos empregadores interessados, em número determinado pelo despacho constitutivo.

4 – A comissão técnica deve elaborar os estudos preparatórios no prazo de 60 dias a contar do despacho que a constitua.

5 – O ministro responsável pela área laboral pode, em situações excepcionais, prorrogar o prazo previsto no número anterior.

6 – O disposto nos n.os 2 a 4 do artigo 516.º é aplicável à elaboração de portaria de condições de trabalho.

1. Este preceito corresponde aos artigos 577.º, 579.º e 580.º do anterior Código do Trabalho, aprovado pela Lei n.º 99/2003.

2. Nos termos do n.º 1, a competência para a emissão de portaria de condições de trabalho é conjunta, incumbindo ao ministro responsável pela área laboral e ao ministro responsável pelo sector de actividade.

3. A Administração, através do ministro responsável pela área laboral e do ministro responsável pelo sector de actividade, goza de uma discricionariedade considerável para a emissão da portaria de condições de trabalho. Semelhante conclusão resulta do termo "pode" empregue na primeira parte do n.º 1 do artigo 517.º A lei atribui uma significativa margem de autonomia à Administração pública para actuar, decidindo em cada caso concreto segundo os critérios que reputar mais adequados à prossecução do interesse público, sendo que, este último, pode mesmo impor que não seja emitida a portaria de condições de trabalho. Não obstante, a discricionariedade de actuação quando a Administração pública se decida pela emissão da portaria de condições de trabalho não é total. Desde logo, têm de ser ponderadas as circunstâncias sociais e económicas que justifiquem a portaria de condições de trabalho, cfr. o mesmo n.º 1 do artigo 517.º Por outro lado, a Administração pública encontra-se sujeita aos princípios da prossecução do interesse público, da legalidade, da igualdade, da proporcionalidade, da justiça, da imparcialidade e da boa-fé, cfr. n.os 1 e 2 do artigo 266.º da Constituição da República Portuguesa e artigos 4.º, 3.º, 6.º, 7.º, 8.º, 9.º e 10.º do Código do Procedimento Administrativo. Assim, será pelos efeitos concretos da portaria de condições de trabalho que se afere a violação ou não dos princípios a que a Administração pública se acha sujeita.

4. As conclusões, a que a comissão técnica encarregue de realizar os estudos preparatórios da emissão de portaria de condições de trabalho, referida nos n.os 2 a 4, chegue, não vinculam a Administração pública.

5. A contagem do prazo referido no n.º 4 é realizada de acordo com o disposto no artigo 87.º do Código do Procedimento Administrativo. O Código do Procedimento Administrativo foi aprovado pelo Decreto-Lei n.º 4/2015, de 7 de Janeiro. Nos termos da alínea b) do artigo 87.º do Código do Procedimento Administrativo, não se inclui na contagem o dia em que ocorrer o evento a partir do qual o prazo começa a correr. De acordo com a alínea c) do mesmo artigo 87.º o prazo suspende-se aos sábados, domingos e feriados, sendo que nos termos da alínea f) do mesmo preceito, o termo do prazo que caia em dia, ou que coincida com dia, em que o serviço perante o qual deva ser praticado o acto não esteja aberto ao público, ou não funcione durante o período normal, transfere-se para o primeiro dia útil seguinte. Atendendo a que, nos termos do n.º 5 deste artigo o ministro responsável pela área laboral pode prorrogar o prazo de 60 dias, em situações excepcionais, releva ainda a alínea d) do mesmo artigo 87.º do Código do Procedimento Administrativo, nos termos do qual na contagem dos prazos legalmente fixados em mais de seis meses incluem-se os sábados, domingos e feriados.

6. Nos termos do n.º 6 ao procedimento para emissão de portaria de condições de trabalho é aplicável o disposto nos n.os 2 a 4 do artigo 516.º, remetendo-se para as respectivas anotações.

7. A portaria de condições de trabalho é reduzida a escrito, sob pena de nulidade, cfr. artigo 477.º

8. Sobre a publicação e entrada em vigor de portaria de condições de trabalho, ver n.º 2 do artigo 519.º

CAPÍTULO VII – Publicação, entrada em vigor e aplicação

ARTIGO 519.º – Publicação e entrada em vigor de instrumento de regulamentação colectiva de trabalho

1 – O instrumento de regulamentação colectiva de trabalho é publicado no Boletim do Trabalho e Emprego e entra em vigor, após a publicação, nos termos da lei.

2 – O disposto no número anterior não prejudica a publicação de portaria de extensão e de portaria de condições de trabalho no Diário da República, da qual depende a respectiva entrada em vigor.

3 – O instrumento de regulamentação colectiva de trabalho que seja objecto de três revisões parciais consecutivas é integralmente republicado.

1. Este preceito corresponde ao artigo 581.º do anterior Código do Trabalho, aprovado pela Lei n.º 99/2003.

2. Do n.º 1 resulta que, todos os instrumentos de regulamentação colectiva de trabalho têm de ser publicados no Boletim do Trabalho e Emprego. Do n.º 1, conjugado com os n.os 2, 3 e 4 do artigo 2.º, conclui-se que são publicados no Boletim do Trabalho e Emprego a convenção colectiva (que pode ser um contrato colectivo, acordo colectivo, ou um acordo de empresa), o acordo de adesão, a decisão arbitral, a portaria de extensão, e a portaria de condições de trabalho.

3. O n.º 1 estabelece, expressamente, que os instrumentos de regulamentação colectiva de trabalho entram em vigor nos termos da lei. A lei que regula a publicação, identificação e formulário dos diplomas é a Lei n.º 74/98, de 11 de Novembro, alterada pelas Leis n.os 2/2005, de 24 de Janeiro, 26/2006, de 30 de Junho, 42/2007, de 24 de Agosto, e 43/2014, de 11 de Julho. Estabelece o n.º 1 do artigo 2.º da Lei n.º 74/98, de 11 de Novembro, que os actos legislativos e os outros actos de conteúdo genérico entram em vigor no dia neles fixado, não podendo, em caso algum, o início da vigência verificar-se no próprio dia da publicação. Por seu turno, o n.º 2 do mesmo artigo 2.º da Lei n.º 74/98, de 11 de Novembro, prevê que na falta de fixação do dia, os actos legislativos e os outros actos de conteúdo genérico entram em vigor, em todo o território nacional e no estrangeiro, no 5.º dia após a publicação. Sobre os procedimentos de publicação de actos no Diário da República *vide* Despacho Normativo n.º 35-A/2008, publicado no Diário da República, 2.ª série, n.º 145, de 29 de Julho de 2008.

O Boletim do Trabalho e Emprego, nas suas 1.ª e 2.ª séries, deixou de ser divulgado em suporte de papel a partir do 2.º semestre de 2007, tendo passado, nos termos do Despacho Normativo n.º 25/2007, publicado no Diário da República, 2.ª série, n.º 126, de 3 de Julho de 2007, a ser divulgado, gratuitamente, através da Internet, em http://bte.gep.msess.gov.pt. Na Internet, o Boletim do Trabalho e Emprego será disponibilizado progressivamente a partir de 1977, encontrando-se desde já para consulta a 1.ª série e as Separatas, desde 1998 até à actualidade. O Despacho Normativo n.º 25/2007 procedeu ainda à extinção da 2.ª série do Boletim do Trabalho e Emprego.

4. O n.º 2 estabelece que, a portaria de extensão e a portaria de condições de trabalho são também publicados no Diário da República. Atendendo à qualificação destes dois instrumentos de regulamentação colectiva de trabalho, tratam-se de regulamentos administrativos, este n.º 2 resultava já da alínea h) do n.º 1 da Constituição da República Portuguesa, que estabelece que são publicados no jornal oficial, o Diário da República, os decretos regulamentares e os demais decretos e regulamentos do Governo. Não sendo, a consequência jurídica é a ineficácia, cfr. n.º 1 do artigo 1.º e alínea p) do n.º 2 do artigo 3.º da Lei n.º 74/98, de 11 de Novembro. Atendendo a que a entrada em vigor de portaria de extensão e de portaria de condições de trabalho está dependente da respectiva publicação no Diário da República, caso a publicação neste último, bem como no Boletim do Trabalho e Emprego não seja temporalmente coincidente, é a publicação no Diário da República que prevalece, só entrando aqueles instrumentos em vigor após a publicação neste.

5. O n.º 3 pretende permitir um mais fácil acesso e conhecimento do conteúdo dos instrumentos de regulamentação colectiva de trabalho não só pelos seus destinatários, como por todos aqueles que nisso tenham interesse.

6. Sobre a publicação de instrumento de regulamentação colectiva de trabalho *vide* Bernardo Lobo Xavier, *Manual de Direito do Trabalho*, Verbo, 2011, página 253 e segs. e António Monteiro Fernandes, *Direito do Trabalho*, 15.ª Edição, Almedina, Abril 2010, página 798 e segs.

ARTIGO 520.º – Aplicação de instrumento de regulamentação colectiva de trabalho

1 – Os destinatários de instrumento de regulamentação colectiva de trabalho devem proceder de boa fé no seu cumprimento.

2 – Na aplicação de convenção colectiva ou acordo de adesão, atende-se às circunstâncias em que as partes fundamentaram a decisão de contratar.

3 – Quem faltar culposamente ao cumprimento de obrigação emergente de instrumento de regulamentação colectiva de trabalho é responsável pelo prejuízo causado, nos termos gerais.

1. Este preceito corresponde ao artigo 561.º e 562.º do anterior Código do Trabalho, aprovado pela Lei n.º 99/2003.

2. De acordo com o n.º 1 todos os destinatários de instrumento de regulamentação colectiva de trabalho devem proceder de boa fé. Trata-se de um dever jurídico que é imposto, independentemente do instrumento de regulamentação colectiva de trabalho ser negocial ou não negocial.

3. O n.º 2 releva para efeitos de interpretação de convenção colectiva ou acordo de adesão, segundo o qual o intérprete deverá atender às circunstâncias em que as partes fundamentaram a decisão de contratar. Na aplicação de convenção colectiva deverá ainda atender-se aos artigos 236.º e segs. do Código Civil.

O n.º 2 admite ainda a aplicabilidade ao direito colectivo do instituto da alteração das circunstâncias, cfr. Acórdão do Tribunal Constitucional n.º 306/03, disponível em www.tribunalconstitucional.pt/tc/acordaos/20030306.html. A figura da alteração anormal das circunstâncias encontra-se prevista no direito civil, no artigo 437.º do Código Civil. Sobre a resolução ou modificação dos contratos por alteração das circunstâncias *vide* Mário Júlio de Almeida Costa, *Direito das Obrigações*, 9.ª Edição, Almedina, Janeiro 2005, página 289 e segs.

4. O n.º 3 remete para o regime da responsabilidade civil contratual, também designada por responsabilidade obrigacional, cfr. artigos 798.º e segs. do Código Civil. Note-se que para os efeitos deste n.º 3, o que interessa é que o instrumento de regulamentação colectiva de trabalho seja aplicável, abrangendo portanto o caso em que, tratando-se de convenção colectiva o trabalhador, o empregador ou a associação em que algum deles esteja inscrito se desfilie de entidade celebrante, cfr. n.º 4 do artigo 496.º E abrange igualmente a situação em que o trabalhador não filiado em qualquer associação sindical escolhe uma convenção colectiva de entre uma ou mais convenções colectivas ou decisões arbitrais aplicáveis no âmbito da empresa onde presta o seu trabalho, cfr. artigo 497.º

5. Sobre a boa fé *vide* António Menezes Cordeiro, *Tratado de Direito Civil Português*, Tomo I, Livraria Almedina, Coimbra, Março 1999, página 175 e segs. Sobre a responsabilidade civil contratual *vide* Mário Júlio de Almeida Costa, *Direito das Obrigações*, 8.ª edição, Almedina, página 484 e segs., e 955 e segs.

ARTIGO 521.º – Violação de disposição de instrumento de regulamentação colectiva de trabalho

1 – A violação de disposição de instrumento de regulamentação colectiva de trabalho respeitante a uma generalidade de trabalhadores constitui contra-ordenação grave.

2 – A violação de disposição de instrumento de regulamentação colectiva de trabalho constitui, por cada trabalhador em relação ao qual se verifica a infracção, contra-ordenação leve.

3 – O disposto no n.º 1 não se aplica se, com base no n.º 2, forem aplicáveis ao empregador coimas em que o somatório dos valores mínimos seja igual ou superior ao quantitativo mínimo da coima aplicável de acordo com o n.º 1.

1. Este preceito corresponde ao artigo 687.º do anterior Código do Trabalho, aprovado pela Lei n.º 99/2003.

2. As contra-ordenações laborais encontram-se reguladas nos artigos 548.º e segs., sendo subsidiariamente disciplinadas, nos termos do artigo 549.º, pelo regime geral das contra-ordenações, previsto no Decreto-Lei n.º 433/82, de 27 de Outubro, alterado pelos Decretos-Leis n.os 356/89, de 17 de Outubro, 244/95, de 14 de Setembro, e 323/2001, de 17 de Dezembro, e ainda pela Lei n.º 109/2001, de 24 de Dezembro.

3. As contra-ordenações laborais obedecem a um procedimento, procedimento este cujo regime processual consta da Lei n.º 107/2009, de 14 de Setembro, alterada pelas n.os 63/2013, de 27 de Agosto, e 55/2017, de 17 de Julho.

SUBTÍTULO III - Conflitos colectivos de trabalho

CAPÍTULO I - Resolução de conflitos colectivos de trabalho

SECÇÃO I - Princípio de boa fé

ARTIGO 522.º - Boa fé

Na pendência de um conflito colectivo de trabalho as partes devem agir de boa fé.

1. Este preceito corresponde ao artigo 582.º do anterior Código do Trabalho, aprovado pela Lei n.º 99/2003.

2. De acordo com esta norma, as partes, enquanto se mantiver um conflito colectivo, e não obstante a sua existência, devem proceder de boa fé. Trata-se de um dever jurídico. Com este preceito pretende-se que as partes superem o conflito colectivo, conflito esse que pode não só advir do procedimento tendente à celebração ou à revisão de uma convenção colectiva, como pode surgir no quotidiano das relações laborais.

3. A lei não estabelece uma definição de conflito colectivo de trabalho. Sinteticamente, um conflito colectivo de trabalho corresponderá a uma divergência, expressa, relativamente às regras vigentes na relação de trabalho de uma associação sindical e um empregador, ou uma associação de empregadores.

4. Para maiores desenvolvimentos sobre os conflitos colectivos de trabalho *vide* Bernardo Lobo Xavier, *Manual de Direito do Trabalho,* Verbo, 2011, página 134 e segs., e António Monteiro Fernandes, *Direito do Trabalho,* 15.ª Edição, Almedina, Abril 2010, página 881 e segs. No domínio da legislação anterior, pelo que será necessário proceder às adaptações necessárias, *vide* Bernardo Lobo Xavier, *Curso de Direito do Trabalho,* 2.ª edição, Verbo, 1999, página 230 e segs.; sobre a boa fé *vide* António Menezes Cordeiro, *Tratado de Direito Civil Português,* Tomo I, Livraria Almedina, Coimbra, Março 1999, página 175 e segs.

SECÇÃO II - Conciliação

ARTIGO 523.º - Admissibilidade e regime da conciliação

1 – O conflito colectivo de trabalho, designadamente resultante da celebração ou revisão de uma convenção colectiva, pode ser resolvido por conciliação.

2 – Na falta de regulamentação convencional, a conciliação rege-se pelo disposto no número seguinte e no artigo seguinte.

3 – A conciliação pode ter lugar em qualquer altura:

a) Por acordo das partes;

b) Por iniciativa de uma das partes, em caso de falta de resposta à proposta de celebração ou de revisão de convenção colectiva, ou mediante aviso prévio de oito dias, por escrito, à outra parte.

1. Este preceito corresponde ao artigo 583.º e ao n.º 1 do artigo 584.º do anterior Código do Trabalho, aprovado pela Lei n.º 99/2003.

2. A conciliação é um procedimento em tudo semelhante à negociação, sendo que se caracteriza a mais do que aquela, pela intervenção de um terceiro, o serviço competente do ministério responsável pela área laboral, razão pela qual é comum designar-se a conciliação por negociação assistida. É distinta da mediação, cfr. artigos 526.º e segs., e da arbitragem, cfr. artigos 505.º e segs.

3. Do n.º 2 resulta que, a conciliação é regulada convencionalmente, sendo que quando assim não for, é aplicável o disposto neste Código do Trabalho. Por efeito desta norma, o regime estabelecido na lei é supletivo.

4. Sendo regulada convencionalmente, pode desde logo ser uma convenção colectiva a disciplinar a conciliação. E também nada veda que o procedimento da conciliação seja regulado por acordo específico celebrado para esse efeito. E, porque a autonomia colectiva impera na regulação da conciliação, podem as partes ter acordado que a conciliação seja efectuada por uma determinada entidade, escolhida por ambas, cfr. n.º 7 do artigo 524.º Ao abrigo da autonomia colectiva também podem as partes acordar um regime híbrido, que combine aspectos próprios do regime legal, com regras criadas pelas partes – desde que não sejam ilícitas – como por exemplo ser a conciliação realizada por determinada entidade, a qual se acha vinculada ao regime estabelecido no artigo 524.º Já não se nos afigura admissível o inverso, ou seja, ser a conciliação realizada pelo serviço competente do ministério responsável pela área laboral, mas encontrando-se esta entidade pública submetida a regras estabelecidas apenas pelas partes, derrogando o regime fixado no artigo 524.º É que, aquele serviço, enquanto entidade pública, encontra-se sujeito ao princípio da legalidade, apenas lhe sendo lícito actuar dentro dos limites dos poderes que lhes estejam atribuídos e em conformidade com os fins para que os mesmos poderes lhes foram conferidos, cfr. n.º 2 do artigo 268.º da Constituição da República Portuguesa e artigo 3.º do Código do Procedimento Administrativo, aprovado pelo Decreto-Lei n.º 4/2015, de 7 de Janeiro.

5. Do confronto entre o texto da alínea b) do n.º 3, com o n.º 1 do artigo 489.º, resulta que quando haja resposta à proposta de celebração ou de revisão de convenção colectiva não deve ter lugar a conciliação – ainda que precedida de pré-aviso de oito dias – sem que tenha havido pelo menos uma reunião entre as partes.

6. Nada obsta que a forma escrita, imposta pela alínea b) do n.º 3, seja satisfeita através de documento electrónico, ou seja, por documento elaborado mediante processamento electrónico de dados. Por outras palavras, nada impede que a forma escrita seja adoptada através de uma declaração escrita enviada por correio electrónico (e-mail) para um endereço electrónico. Sobre a validade, eficácia e valor probatório dos documentos electrónicos remete-se para a anotação 4. ao artigo 107.º

ARTIGO 524.º – Procedimento de conciliação

1 – A conciliação, caso seja requerida, é efectuada pelo serviço competente do ministério responsável pela área laboral, assessorado, sempre que necessário, pelo serviço competente do ministério responsável pelo sector de actividade.

2 – O requerimento de conciliação deve indicar a situação que a fundamenta e o objecto da mesma, juntando prova do aviso prévio no caso de ser subscrito por uma das partes.

3 – Nos 10 dias seguintes à apresentação do requerimento, o serviço competente verifica a regularidade daquele e convoca as partes para o início da conciliação, devendo, em caso de revisão de convenção colectiva, convidar para a conciliação a associação sindical ou de empregadores participantes no processo de negociação e não envolvida no requerimento.

4 – A associação sindical ou de empregadores referida na segunda parte do número anterior deve responder ao convite no prazo de cinco dias.

5 – As partes convocadas devem comparecer em reunião de conciliação.

6 – A conciliação inicia-se com a definição das matérias sobre as quais vai incidir.

7 – No caso de a conciliação ser efectuada por outra entidade, as partes devem informar do início e termo respectivos o serviço competente do ministério responsável pela área laboral.

8 – Comete contra-ordenação grave a associação sindical, a associação de empregadores ou o empregador que não faça representar em reunião para que tenha sido convocada.

1. Este preceito corresponde aos n.os 2 a 5 do artigo 584.º e ao artigo 585.º do anterior Código do Trabalho, aprovado pela Lei n.º 99/2003.

2. O serviço competente do ministério responsável pela área laboral para o qual deve ser enviado o requerimento de conciliação é a Direcção de Serviços para as Relações Profissionais, enquanto unidade orgânica nuclear da Direcção-Geral do Emprego e das Relações de Trabalho, cfr. alínea a) do n.º 4 do artigo 2.º do Decreto Regulamentar n.º 40/2012, de 12 de Abril, e alíneas e) e f) do artigo 1.º e alínea a) do artigo 6.º, ambos da Portaria n.º 633/2007, de 30 de Maio.

3. Após a recepção do requerimento de conciliação, e nos dez dias seguintes, o serviço competente do ministério responsável pela área laboral procede à verificação da regularidade daquele requerimento, convocando as partes para a primeira reunião de conciliação, onde se definirão as matérias sobre as quais vai incidir a conciliação. Não tem o serviço competente do ministério responsável pela área laboral de praticar qualquer outro acto, excepto quando tenham de ser convidadas outras estruturas para a conciliação, cfr. n.º 3 *in fine*.

4. No decorrer da reunião, o serviço competente do ministério responsável pela área laboral procurará esclarecer cada situação de discrepância entre as partes, analisando as faculdades de se obter um acordo. Não obstante, não lhe é permitido emitir propostas de solução.

5. Apesar de no n.º 3 se estabelecer que, em caso de revisão de convenção colectiva, o serviço competente do ministério responsável pela área laboral convida para a conciliação a associação sindical ou de empregadores participantes no processo de negociação e não envolvida no requerimento, quando se trate de celebração de uma primeira convenção colectiva deve seguir-se igualmente este método.

6. O n.º 7 prevê expressamente que a conciliação seja realizada por outra entidade que não o serviço competente do ministério responsável pela área laboral. Para tanto, ou convencionalmente já havia sido fixada a entidade que em caso de conflito procederia à conciliação, ou uma vez verificado o conflito, as partes celebraram um acordo especifico para esse efeito, nele determinando a entidade que efectua a conciliação. Não obstante esta possibilidade – e apesar de as partes poderem acordar um regime híbrido, que combine aspectos próprios do regime legal, com regras criadas pelas partes, desde que não sejam ilícitas – não cremos que seja admissível a conciliação realizada pelo serviço competente do ministério responsável pela área laboral, mas encontrando-se esta entidade pública submetida a regras estabelecidas apenas pelas partes, derrogando o regime fixado no artigo 524.º É que este serviço, enquanto entidade pública, acha-se submetida ao princípio da legalidade, apenas lhe sendo lícito actuar dentro dos limites dos poderes que lhes estejam atribuídos e em conformidade com os fins para que os mesmos poderes lhes foram conferidos, cfr. n.º 2 do artigo 268.º da Constituição da República Portuguesa e artigo 3.º do Código do Procedimento Administrativo, aprovado pelo Decreto-Lei n.º 4/2015, de 7 de Janeiro.

ARTIGO 525.º – Transformação da conciliação em mediação

A conciliação pode ser transformada em mediação, nos termos dos artigos seguintes.

1. Este preceito corresponde ao artigo 586.º do anterior Código do Trabalho, aprovado pela Lei n.º 99/2003.

2. Para que não haja dúvidas, esclarece-se neste preceito que a conciliação pode transformar-se, quando o resultado desta não tenha sido resolver com êxito o conflito entre as partes, em mediação, a qual se encontra regulada nos artigos 526.º a 528.º

SECÇÃO III – Mediação

ARTIGO 526.º – Admissibilidade e regime da mediação

1 – O conflito colectivo de trabalho, designadamente resultante da celebração ou revisão de uma convenção colectiva, pode ser resolvido por mediação.

2 – Na falta de regulamentação convencional, a mediação rege-se pelo disposto no número seguinte e nos artigos seguintes.

3 – A mediação pode ter lugar:

a) Por acordo das partes, em qualquer altura, nomeadamente no decurso da conciliação;

b) Por iniciativa de uma das partes, um mês após o início de conciliação, mediante comunicação, por escrito, à outra parte.

1. Este preceito corresponde aos n.os 1 e 2 artigo 587.º do anterior Código do Trabalho, aprovado pela Lei n.º 99/2003.

2. Do n.º 2 resulta que a mediação é regulada convencionalmente, sendo que quando assim não for, é aplicável o disposto neste Código do Trabalho. Por efeito desta norma, o regime estabelecido na lei é supletivo.

3. Sendo regulada convencionalmente, pode desde logo ser uma convenção colectiva a disciplinar a mediação. E também nada veda que o procedimento da mediação seja regulado por acordo específico celebrado para esse efeito. E, porque a autonomia colectiva impera na regulação da mediação, podem as partes ter acordado que a mediação seja efectuada por uma determinada entidade, ou por pessoas específicas, escolhida por ambas. Ao abrigo da autonomia colectiva também podem as partes acordar um regime híbrido, que combine aspectos próprios do regime legal, com regras criadas pelas partes – desde que não sejam ilícitas – como por exemplo ser a mediação realizada por determinada entidade, a qual se acha vinculada ao regime estabelecido no artigo 527.º Já não se nos afigura admissível ser a mediação realizada pelo serviço competente do ministério responsável pela área laboral, mas encontrando-se esta entidade pública submetida a regras estabelecidas apenas pelas partes, derrogando o regime fixado no artigo 527.º É que aquele serviço, enquanto entidade pública encontra-se sujeito ao princípio da legalidade, apenas lhe sendo lícito actuar dentro dos limites dos poderes que lhes estejam atribuídos e em conformidade com os fins par que os mesmos poderes lhes foram conferidos, cfr. n.º 2 do artigo 268.º da Constituição da República Portuguesa e artigo 3.º do Código do Procedimento Administrativo, aprovado pelo Decreto-Lei n.º 4/2015, de 7 de Janeiro.

Quando a mediação não seja efectuada pelo serviço competente do ministério responsável pela área laboral, este deve ser informado pelas partes dos respectivos início e termo, cfr. n.º 3 do artigo 528.º

4. Para efeitos de contagem do prazo de um mês para que uma das partes possa recorrer à mediação, nos termos da alínea b) do n.º 3, deve atender-se à primeira reunião de conciliação, a qual parece ter por efeito iniciar a conciliação, cfr. n.ºs 3 e 5 do artigo 524.º

5. Nada obsta que a forma escrita, imposta pela alínea b) do n.º 3, seja satisfeita através de documento electrónico, ou seja, por documento elaborado mediante processamento electrónico de dados. Por outras palavras, nada impede que a forma escrita seja adoptada através de uma declaração escrita enviada por correio electrónico (e-mail) para um endereço electrónico. Sobre a validade, eficácia e valor probatório dos documentos electrónicos remete-se para a anotação 4. ao artigo 107.º

ARTIGO 527.º – Procedimento de mediação

1 – A mediação, caso seja requerida, é efectuada por mediador nomeado pelo serviço competente do ministério responsável pela área laboral, assessorado, sempre que necessário, pelo serviço competente do ministério responsável pelo sector de actividade.

2 – O requerimento de mediação deve indicar a situação que a fundamenta e o objecto da mesma, juntando prova da comunicação à outra parte caso seja subscrito por uma das partes.

3 – Nos 10 dias seguintes à apresentação do requerimento, o serviço competente verifica a regularidade daquele e nomeia o mediador, dando do facto conhecimento às partes.

4 – Caso a mediação seja requerida por uma das partes, o mediador solicita à outra que se pronuncie sobre o objecto da mesma e, em caso de divergência, decide tendo em consideração a viabilidade da mediação.

5 – Para a elaboração da proposta, o mediador pode solicitar às partes e a qualquer departamento do Estado os dados e informações de que estes disponham e que aquele considere necessários.

6 – As partes devem comparecer em reuniões convocadas pelo mediador.

7 – O mediador deve remeter a proposta às partes no prazo de 30 dias a contar da sua nomeação e, no decurso do prazo referido no número seguinte, pode contactar qualquer das partes em separado, se o considerar conveniente para a obtenção do acordo.

8 – A aceitação da proposta por qualquer das partes deve ser comunicada ao mediador no prazo de 10 dias a contar da sua recepção.

9 – Recebidas as respostas ou decorrido o prazo estabelecido no número anterior, o mediador comunica em simultâneo a cada uma das partes, a aceitação ou recusa da proposta, no prazo de dois dias.

10 – O mediador deve guardar sigilo sobre as informações recebidas no decurso do procedimento que não sejam conhecidas da outra parte.

11 – Comete contra-ordenação grave a associação sindical, a associação de empregadores ou o empregador que não se faça representar em reunião convocada pelo mediador.

1. Este preceito corresponde ao n.º 3 do artigo 587.º, ao artigo 588.º e ao artigo 589.º do anterior Código do Trabalho, aprovado pela Lei n.º 99/2003.

2. O serviço competente do ministério responsável pela área laboral para o qual deve ser enviado o requerimento de mediação é a Direcção de Serviços para as Relações Profissionais, enquanto unidade orgânica nuclear da Direcção-Geral do Emprego e das Relações de Trabalho, cfr. alínea a) do n.º 4 do artigo 2.º do Decreto Regulamentar n.º 40/2012, de 12 de Abril e alíneas e) e f) do artigo 1.º e alínea a) do artigo 6.º, ambos da Portaria n.º 633/2007, de 30 de Maio.

3. O n.º 4 é apenas aplicável à mediação, não sendo aplicável a outros procedimentos de resolução de conflitos colectivos, designadamente à conciliação. Há contudo um dever de audiência estabelecido em termos semelhantes para a arbitragem obrigatória, cfr. n.º 2 do artigo 509.º, que resulta de norma expressa.

4. A proposta de solução é realizada tendo em conta a informação que as partes ofereceram, bem como a informação que o mediador recolheu em reuniões por este convocadas, e ainda a informação que qualquer departamento do Estado tenha disponibilizado ao próprio mediador, a seu pedido, procurando-se com essa solução solucionar o conflito que opõe as partes.

Dos n.ºs 5, 7, 8 e 9 resulta que o mediador tem de emitir uma proposta de solução, cuja aceitação pelas partes não é obrigatória.

5. A violação do dever de sigilo previsto no n.º 10 faz incorrer o mediador na prática do crime de violação de segredo, previsto e punido pelo artigo 195.º do Código Penal, aprovado pelo Decreto-Lei n.º 400/82, de 23 de Setembro, segundo o qual: "Quem, sem consentimento, revelar segredo alheio de que tenha tomado conhecimento em razão do seu estado, ofício, emprego, profissão ou arte é punido com pena de prisão até um ano ou com pena de multa até 240 dias.". As penas previstas naquele artigo 195.º do Código Penal são elevadas de um terço nos seus limites mínimo e máximo se o facto for praticado para obter recompensa ou enriquecimento, para o agente ou para outra pessoa, ou para causar prejuízo a outra pessoa ou ao Estado, ou através de meio de comunicação social. Estabelece ainda o artigo 196.º do mesmo Código Penal, que: "Quem, sem consentimento, se aproveitar de segredo relativo à actividade comercial, industrial, profissional ou artística alheia, de que tenha tomado conhecimento em razão do seu estado, ofício, emprego, profissão ou arte, e provocar deste modo prejuízo a outra pessoa ou ao Estado, é punido com pena de prisão até um ano ou com pena de multa até 240 dias.".

ARTIGO 528.º – Mediação por outra entidade

1 – As partes podem solicitar ao ministro responsável pela área laboral, mediante requerimento conjunto, o recurso a uma personalidade constante da lista de árbitros presidentes para desempenhar as funções de mediador.

2 – Caso o ministro concorde e a personalidade escolhida aceite ser mediador, os correspondentes encargos são suportados pelo ministério responsável pela área laboral.

3 – No caso de a mediação não ser efectuada pelo serviço competente do ministério responsável pela área laboral, este deve ser informado pelas partes dos respectivos início e termo.

1. Este preceito corresponde ao n.º 4 do artigo 587.º e ao n.º 2 do artigo 588.º do anterior Código do Trabalho, aprovado pela Lei n.º 99/2003.

2. O n.º 1 prevê que as partes possam requerer que o mediador seja uma pessoa constante da lista de árbitros presidentes, substituindo o mediador que fosse nomeado pelo serviço competente do ministério responsável pela área laboral. Para tanto, o requerimento terá de ser conjunto, ou seja, tem de ser realizado por ambas as partes. Caso o ministro defira o pedido e a pessoa aceite, a mediação será realizada por esse mediador. A mediação realizada nestes termos segue a tramitação do artigo 527.º, apenas sendo distinta daquela relativamente à origem do mediador, que em regra é nomeado pelo serviço competente do ministério responsável pela área laboral, ou no caso previsto neste artigo 528.º é designado pelo ministro responsável pela área laboral. Quando seja a mediação realizada por mediador constante da lista de árbitros presidentes, e tendo este de seguir a tramitação do artigo 527.º, entendemos que o requerimento que solicite uma personalidade da lista de árbitros só pode ser apresentado antes de se dar inicio à mediação, não sendo em princípio permitido que as partes, já tendo sido nomeado pelo serviço competente do ministério responsável pela área laboral o mediador, e uma vez iniciada a mediação, venham requerer um outro mediador.

SECÇÃO IV – Arbitragem

ARTIGO 529.º – Arbitragem

Os conflitos colectivos de trabalho que não resultem da celebração ou revisão de convenção colectiva podem ser dirimidos por arbitragem, nos termos previstos nos artigos 506.º e 507.º

1. Este preceito corresponde ao artigo 590.º do anterior Código do Trabalho, aprovado pela Lei n.º 99/2003.

2. Deste preceito resulta expressamente que os conflitos colectivos de trabalho provenientes da interpretação de convenções colectivas, apenas podem ser dirimidos pela arbitragem voluntária, cfr. artigos 506.º e 507.º, e não por arbitragem obrigatória, cfr. artigos 508.º, 509.º, 512.º e 513.º, nem por arbitragem necessária, cfr. artigos 510.º a 513.º

CAPÍTULO II – Greve e proibição de *lock-out*

SECÇÃO I – Greve

ARTIGO 530.º – Direito à greve

1 – A greve constitui, nos termos da Constituição, um direito dos trabalhadores.

2 – Compete aos trabalhadores definir o âmbito de interesses a defender através da greve.

3 – O direito à greve é irrenunciável.

1. Este preceito corresponde ao artigo 591.º do anterior Código do Trabalho, aprovado pela Lei n.º 99/2003.

2. O direito à greve constitui um direito fundamental, com consagração na Lei Fundamental, cfr. n.º 1 do artigo 57.º da Constituição da República Portuguesa, o qual é por isso directamente aplicável, vinculando as entidades públicas e privadas, cfr. n.º 1 do artigo 18.º da Constituição da República Portuguesa. Pela sua importância, transcreve-se o conteúdo do artigo 57.º da Constituição da República:

"Direito à greve e proibição do *lock-out*

1. É garantido o direito à greve.

2. Compete aos trabalhadores definir o âmbito de interesses a defender através da greve, não podendo a lei limitar esse âmbito.

3. A lei define as condições de prestação, durante a greve, de serviços necessários à segurança e manutenção de equipamentos e instalações, bem como de serviços mínimos indispensáveis para ocorrer à satisfação de necessidades sociais impreteríveis.

4. É proibido o *lock-out*.".

3. Quer do texto constitucional, quer deste artigo 530.º resulta que não foi consagrada qualquer definição de greve.

4. Enquanto direito fundamental, o direito à greve postula que os trabalhadores não podem ser proibidos de fazer greve, também não podendo ser obrigados a pôr um fim à greve.

5. Do n.º 1 deste artigo 530.º, e do texto constitucional, resulta claro que a titularidade do direito à greve é de todos e de cada um dos trabalhadores.

6. Do n.º 1 deste artigo 530.º, e do n.º 2 do artigo 57.º da Constituição da República Portuguesa resulta que a greve existe apenas relativamente a trabalhadores subordinados, pelo que há socialmente situações de paralisação que não constituem greve, sendo impropriamente designadas como tal. É o que sucede, por exemplo relativamente aos estudantes, a advogados, etc..

7. Os interesses a defender através da greve referidos no n.º 2, e no n.º 2 do artigo 57.º da Constituição da República Portuguesa, não poderão ser quaisquer uns. Neste sentido Bernardo Lobo Xavier, *Direito da Greve*, Verbo, Lisboa 1984, página 122. Aqueles interesses deverão ter uma correspondência com os direitos e interesses dos trabalhadores. Ainda assim, a amplitude do n.º 2 admite limites que decorrem directamente do texto constitucional. Neste sentido, o parecer da Procuradoria-Geral da República n.º 123/76-B, de 3 de Março de 1977, *Boletim do Ministério da Justiça*, 265, página 57 e segs., e em www.dgsi.pt, entendeu que a greve com fins políticos é ilícita quando se propõe atacar o organismo político do Estado e lesa ou põe em perigo a sua personalidade, seja relativamente aos seus elementos constitutivos (soberania, autonomia, independência), seja relativamente às instituições constitucionais, seja relativamente aos direitos públicos dos cidadãos. Deve considerar-se ilícita a greve que tenha por escopo obter modificações de natureza politica que a própria Constituição da República Portuguesa não admita, mesmo através do mecanismo da revisão constitucional.

Não obstante, tem-se entendido que os interesses dos trabalhadores não têm de ser interesses próprios, admitindo-se a greve de solidariedade, ou seja, a greve cujos objectivos escapam ao domínio de interesses que podem ser satisfeitos pelo empregador. No sentido da licitude desta greve veja-se o Acórdão do Supremo Tribunal de Justiça de 21 de Janeiro de 1983, *Boletim do Ministério da Justiça* 323, 287. Em sentido contrário pode ver-se o Acórdão da Relação de Lisboa de 24 de Julho de 1979, *Boletim do Ministério da Justiça* 294, 395.

8. A doutrina tem distinguido várias situações que não devem ser entendidas como greve. Entre estas encontram-se:

- a "greve de rendimento", ou seja os trabalhadores diminuem o ritmo do seu trabalho, de modo a que o resultado final seja também reduzido;
- a "greve de zelo", em que os trabalhadores passam a desempenhar o seu trabalho com tal minúcia que o processo produtivo é perturbado;
- a "greve de cortesia", em que os trabalhadores contactam os clientes com ausência de urbanidade;
- a "greve da mala", em que os trabalhadores de transportes colectivos não cobram os bilhetes, sem prejuízo das demais funções que continuam a exercer cabalmente;
- a "greve rotativa" em que é paralisado sucessivamente um ou mais sectores da empresa, mantendo os demais sectores uma disponibilidade dissimulada;

Já devem ser entendidos como greve:

- a "greve do trabalho suplementar", em que os trabalhadores prestam o seu trabalho no período normal de trabalho, recusando-se contudo a prestar trabalho suplementar. Nesta situação, apesar da greve ser apenas a uma parte da prestação, e ainda assim constituir uma abstenção colectiva, deve ser classificada como greve a uma prestação a que os trabalhadores se encontram vinculados, cfr. n.º 3 do artigo 227.º;

- a "greve trombose" em que é paralisado um sector indispensável do processo produtivo, e sem o qual a empresa pára, sem prejuízo da disponibilidade dos demais trabalhadores é aceite como greve, cfr. Acórdão do Tribunal da Relação de Lisboa, de 12 de Dezembro de 1990, *Colectânea de Jurisprudência* 90, 5, 179.

9. Sobre a greve *vide* Bernardo Lobo Xavier, *Manual de Direito do Trabalho*, Verbo, 2011, página 149 e segs., e António Monteiro Fernandes, *Direito do Trabalho*, 15.ª Edição, Almedina, Abril 2010, página 921 e segs. No domínio da legislação anterior, pelo que será necessário proceder às adaptações necessárias, *vide* Bernardo Lobo Xavier, *Direito da Greve*, Verbo, Lisboa 1984, e, do mesmo autor, *Curso de Direito do Trabalho*, 3.ª edição, Verbo, 2004, página 258 e segs.

ARTIGO 531.º – Competência para declarar a greve

1 – O recurso à greve é decidido por associações sindicais.

2 – Sem prejuízo do disposto no número anterior, a assembleia de trabalhadores da empresa pode deliberar o recurso à greve desde que a maioria dos trabalhadores não esteja representada por associações sindicais, a assembleia seja convocada para o efeito por 20% ou 200 trabalhadores, a maioria dos trabalhadores participe na votação e a deliberação seja aprovada por voto secreto pela maioria dos votantes.

1. Este preceito corresponde ao artigo 592.º do anterior Código do Trabalho, aprovado pela Lei n.º 99/2003.

2. Este artigo 531.º suscita sérias dúvidas de compatibilidade com a Lei Fundamental. Na realidade, o artigo 57.º da Constituição da República Portuguesa, não limita a competência para recorrer à greve às associações sindicais, cfr. artigos 440.º e segs., ou a uma assembleia de trabalhadores. Ainda que se admita que a lei ordinária possa regular o recurso à greve, estabelecendo um número mínimo de trabalhadores que seja necessário para a decretar, dificilmente se entende que a lei possa, como decorre do texto do n.º 2, determinar que a competência da assembleia de trabalhadores é subsidiária face às associações sindicais. Com efeito, o n.º 2 estabelece entre os vários requisitos necessários para que a assembleia de trabalhadores seja competente para deliberar o recurso à greve, que a maioria dos trabalhadores não esteja representada por associações sindicais. Este requisito não se compagina com o texto constitucional, onde não consta qualquer norma que restrinja às associações sindicais o direito de decretar a greve. No mesmo sentido Jorge Miranda e Rui Medeiros, *Constituição Portuguesa Anotada*, Tomo I, Coimbra Editora, 2005, página 577. Paradigmático é que o n.º 2 do artigo 57.º da Constituição da República Portuguesa atribui expressamente aos trabalhadores, e não às associações que defendem e promovem a defesa dos direitos e interesses dos trabalhadores, a competência para definir o âmbito de interesses a defender através da greve, ali se consagrando que a lei não pode limitar esse âmbito.

3. Decorre deste artigo 531.º que o recurso à greve não se encontra limitado ao recurso prévio a qualquer processo de resolução de conflitos, designadamente à arbitragem, cfr. artigos 505.º e segs., conciliação, cfr. artigo 523.º ou mediação, cfr. artigos 526.º e segs. Assim, o recurso à greve pode, em princípio, ocorrer de imediato, ficando aqueles meios de resolução de conflitos para momento posterior. Só constituirá impedimento à greve a existência de cláusula em convenção colectiva que limite o recurso àquela – a designada cláusula de paz social, cfr. artigo 542.º Assim, e nos termos do artigo 542.º, a convenção colectiva pode regular que antes de haver recurso à greve, as associações sindicais tenham de recorrer primeiramente a um dos procedimentos de resolução de conflitos como a arbitragem, a conciliação ou mediação.

4. Nos termos do n.º 1 do artigo seguinte, o artigo 532.º, quando seja a assembleia de trabalhadores da empresa a decidir o recurso à greve, esta mesma assembleia deve eleger uma comissão de greve, a qual representará os trabalhadores que aderirem à greve.

5. Uma vez decidido o recurso à greve, esta decisão carece de ser comunicada ao empregador, ou à associação de empregadores, e ao ministério responsável pela área laboral, com uma antecedência mínima de 5 dias úteis, ou de 10 dias úteis quando se trate de empresa ou estabelecimento que se destine à satisfação de necessidades sociais impreteríveis, cfr. n.º 1 do artigo 534.º

6. Quanto aos efeitos da greve, ver artigo 536.º

ARTIGO 532.º – Representação dos trabalhadores em greve

1 – Os trabalhadores em greve são representados pela associação ou associações sindicais que decidiram o recurso à greve ou, no caso referido o n.º 2 do artigo anterior, por uma comissão de greve, eleita pela mesma assembleia.

2 – As entidades referidas no número anterior podem delegar os seus poderes de representação.

1. Este preceito corresponde ao artigo 593.º do anterior Código do Trabalho, aprovado pela Lei n.º 99/2003.

2. Nos termos do n.º 1, quando seja a assembleia de trabalhadores da empresa a decidir o recurso à greve, esta mesma assembleia deve eleger uma comissão de greve, a qual representará os trabalhadores que aderirem à greve.

3. Quanto à eleição pela assembleia de trabalhadores da comissão de greve, esta deve ser realizada nos termos do n.º 2 do artigo 531.º, designadamente por voto secreto. Ainda que assim não fosse, no Código do Trabalho vigora, relativamente ao exercício do direito de voto, a regra de que este seja secreto, cfr. n.º 1 do artigo 443.º, n.º 1 do artigo 437.º, n.º 1 do artigo 462.º, e n.º 2 do artigo 531.º De acordo com o texto constitucional, no seu todo, é possível interpretar-se a existência de um princípio de organização democrática interna, cfr. n.º 2 do artigo 54.º, n.º 3 do artigo 55.º e n.º 3 do artigo 264.º, todos da Constituição da Republica Portuguesa, que impõe o voto secreto. Neste sentido, sabiamente Jorge Miranda, *Manual de Direito Constitucional*, Tomo IV, 2.ª Edição, Coimbra Editora, 1998, página 422 e segs.

ARTIGO 533.º – Piquete de greve

A associação sindical ou a comissão de greve pode organizar piquetes para desenvolverem actividades tendentes a persuadir, por meios pacíficos, os trabalhadores a aderirem à greve, sem prejuízo do respeito pela liberdade de trabalho de não aderentes.

1. Este preceito corresponde ao artigo 594.º do anterior Código do Trabalho, aprovado pela Lei n.º 99/2003.

2. Deste artigo resulta que a persuasão a empreender pelo piquete de greve sobre os trabalhadores que não pretendam aderir à greve terá de cingir-se a meios pacíficos. Assim, não poderão os membros do piquete impedir o acesso dos trabalhadores à empresa ou estabelecimento.

3. A persuasão permitida neste artigo 533.º não preclude a observância do disposto na Lei Penal. Neste sentido, não poderá o trabalhador grevista membro do piquete de greve, nem qualquer outro trabalhador praticar, por exemplo: o crime de ameaça, o crime de coacção, o crime de sequestro, o crime de injúria, etc.. Sobre estes crimes, ver anotação ao artigo 543.º

4. Jurisprudência:

Acórdão do Tribunal da Relação do Porto, de 12 Dezembro 2005, processo n.º 1076/05, *Colectânea de Jurisprudência*, n.º 186 Tomo V/2005 (Novembro/Dezembro): "Há exercício abusivo do direito à greve se a actuação do piquete de greve for acompanhada de ameaças ou violências ou de qualquer acto ou comportamento adequado a intimidar ou pressionar os não grevistas, obrigando-os a modificar a sua decisão inicial. Assim, exercendo o trabalhador grevista pressão sobre um colega não grevista, ameaçando-o se retomasse o trabalho não se responsabilizava pela sua integridade física e referindo-se ao mesmo como "fura greves", ao que aquele respondeu que "a política é para os políticos", retorquindo, então, o grevista "vai para os teus cornos" e "vai para a puta que te pariu", este seu comportamento é ofensivo dos deveres para com os trabalhadores não grevistas – liberdade da adesão à greve – e para com a entidade patronal – deveres de lealdade e de custódia – na medida em que esses mesmos deveres não estão suspensos pela declaração de greve.".

ARTIGO 534.º – Aviso prévio de greve

1 – A entidade que decida o recurso à greve deve dirigir ao empregador, ou à associação de empregadores, e ao ministério responsável pela área laboral, um aviso com a antecedência mínima de cinco dias úteis ou, em situação referida o n.º 1 do artigo 537.º, 10 dias úteis.

2 – O aviso prévio de greve deve ser feito por meios idóneos, nomeadamente por escrito ou através dos meios de comunicação social.

3 – O aviso prévio deve conter uma proposta de definição de serviços necessários à segurança e manutenção de equipamento e instalações e, se a greve se realizar em empresa ou estabelecimento que se destine à satisfação de necessidades sociais impreteríveis, uma proposta de serviços mínimos.

4 – Caso os serviços a que se refere o número anterior estejam definidos em instrumento de regulamentação colectiva de trabalho, este pode determinar que o aviso prévio não necessita de conter proposta sobre os mesmos serviços, desde que seja devidamente identificado o respectivo instrumento.

1. Este preceito corresponde ao artigo 595.º do anterior Código do Trabalho, aprovado pela Lei n.º 99/2003.

2. Nos termos do n.º 1, a associação sindical, ou a assembleia de trabalhadores, quando decida recorrer à greve terá de comunicar esta decisão ao empregador, ou à associação de empregadores, e ao ministério responsável pela área laboral, com uma antecedência mínima de 5 dias úteis, ou de 10 dias úteis quando se trate de empresa ou estabelecimento que se destine à satisfação de necessidades sociais impreteríveis. Este n.º 1 veda assim a que seja empreendida uma greve surpresa, diminuindo-se o impacto da greve. Procura-se desta forma acautelar prejuízos desproporcionais para o empregador, bem como, em empresa ou estabelecimento que se destine à satisfação de necessidades sociais impreteríveis, estabelecer os serviços mínimos que têm de ser prestados no decorrer da greve, cfr. artigo 537.º

3. Dias úteis são Segunda-Feira, Terça-Feira, Quarta-Feira, Quinta-Feira e Sexta-Feira. Sábado, Domingo e Feriados não constituem dias úteis, sendo que para o conceito de dias úteis é irrelevante que a empresa se encontre em funcionamento ao Sábado, Domingo ou Feriado. Este é o sentido da alínea e) do artigo 279.º do Código Civil, conjugado com o n.º 1 do artigo 137.º do Código de Processo Civil. Sempre se diga, que nos termos da alínea b) do artigo 279.º do Código Civil, na contagem de qualquer prazo não se inclui o dia em que ocorrer o evento a partir do qual o prazo começa a correr, pelo que o dia em que a entidade que decidiu a greve deu conhecimento do pré-aviso, não conta para efeitos de contagem de prazo.

4. Do dever de pré-aviso resulta que o aviso terá de conter a data e hora do início da greve, pois só se estes elementos integrarem o pré-aviso é que é possível aferir se foi cumprido aquele dever.

5. Ao impor um aviso prévio, o legislador foi sensível ao princípio da boa fé, que deve vigorar na pendência de um conflito de trabalho, cfr. artigo 522.º

6. O Tribunal Constitucional entende que o dever de pré-aviso de greve não é inconstitucional, cfr. Acórdão do Tribunal Constitucional n.º 289/92, disponível em http://www.tribunalconstitucional.pt/tc/acordaos/19920289.html.

7. Do n.º 3, do n.º 2 do artigo 535.º e do n.º 3 do artigo 537.º, resulta que os serviços necessários à segurança e manutenção de equipamento e instalações devem ser sempre assegurados durante uma greve. Este dever visa garantir que a organização produtiva subsiste após o termo da greve, ao mesmo tempo que acautela os postos de trabalho existentes, e que poderiam ficar comprometidos se a segurança e manutenção de equipamento e instalações não fossem salvaguardadas. A lei não veda, sendo essa uma decorrência normal da greve, que a empresa ou estabelecimento comportem prejuízos económico-financeiros, mas preocupa-se em conservar o equipamento e instalações, os quais constituem até uma garantia face a eventuais créditos que os trabalhadores detenham ou venham a deter sobre o empregador, cfr. artigos 333.º e segs. Por outro lado, protege-se o direito à propriedade privada, consagrado na Lei Fundamental, no n.º 1 do artigo 86.º e no n.º 1 do artigo 62.º O direito de propriedade privada, constitui um direito fundamental de natureza análoga, cfr. artigo 17.º *in fine* da Constituição, vinculando, quer as entidades públicas, quer as privadas (n.º 1 do artigo 18.º da Constituição da República Portuguesa), só podendo ser restringidos ou comprimidos nos casos expressamente nela previstos, devendo as restrições limitarem-se ao necessário para a salvaguarda de outros direitos ou interesses constitucionalmente protegidos (n.º 2 do mesmo artigo 18.º). Os serviços de segurança e manutenção de equipamento e instalações e os meios necessários para os assegurar devem ser definidos por instrumento de regulamentação colectiva de trabalho ou por acordo entre os representantes dos trabalhadores e os empregadores abrangidos pelo aviso prévio ou a respectiva associação de empregadores, cfr. n.º 1 do artigo 538.º Caso a associação sindical que declare a greve, ou a comissão de greve eleita pela assembleia de trabalhadores, e os trabalhadores aderentes à greve, não assegurarem a segurança e manutenção de equipamento e instalações, a tarefa a cargo de trabalhador em greve pode, enquanto esta estiver a decorrer, ser realizada por empresa contratada para esse fim, cfr. n.º 2 do artigo 535.º

Entendemos que os serviços necessários à segurança e manutenção de equipamento e instalações não constituem serviços mínimos, tratando-se, quanto a nós, e pelos motivos constantes da anotação ao artigo 538.º, de serviços distintos, não havendo qualquer equiparação entre eles. Em sentido contrário, e no domínio da legislação anterior, pelo que será necessário proceder às adaptações necessárias, *vide* Bernardo Lobo Xavier, *Curso de Direito do Trabalho*, 3.ª edição, Verbo, 2004, página 291 e segs.

8. De acordo com o n.º 3, o aviso prévio que seja realizado pela entidade que decidiu o recurso à greve, deve conter uma proposta de definição de serviços necessários à segurança e manutenção de equipamento e instalações. Esta proposta é vinculante para quem a realiza, caso o destinatário a aceite, ou seja, se o destinatário aceitar a proposta, não poderá o emissor vir posteriormente a alterar a proposta efectuada.

9. A duração da greve não tem de ser comunicada. Nada na lei o obriga, sendo contudo comum que a duração seja divulgada, porquanto permite aos trabalhadores que àquela podem aderir, aferir, desde logo, qual o impacto que a sua adesão terá, designadamente em matéria de retribuição, uma vez que enquanto durar a greve perdem o direito à retribuição, cfr. n.º 1 do artigo 536.º Não obstante, quando seja comunicada a duração da greve, esta é vinculante para a entidade que emite a declaração, de acordo com o princípio da boa fé, cfr. artigo 522.º, e com o artigo 539.º, o que significa que a greve poderá terminar antes do período comunicado, já não podendo prolongar-se após aquele período. Se a entidade que a declarou pretender prolongá-la, terá de realizar novo pré-aviso.

10. O pré-aviso assume uma importância não despicienda. Contendo este a identificação da entidade que decidiu o recurso à greve permite-se desde logo aferir do cumprimento do artigo 531.º Por outro lado, é através deste pré-aviso que se consegue avaliar quais os fins da greve, porquanto dele deve constar – ainda que de modo resumido – os objectivos pretendidos, sabendo-se, como se sabe, cfr. n.º 2 do artigo 57.º da Constituição e n.º 2 do artigo 530.º, que apesar de parcas serem as situações susceptíveis de determinar a ilicitude da greve, por visar motivos proibidos, estas poderão existir.

11. Nada obsta que a forma escrita do aviso prévio de greve, seja satisfeita através de documento electrónico, ou seja, por documento elaborado mediante processamento electrónico de dados. Por outras palavras, nada impede que a forma escrita seja adoptada através de uma declaração escrita enviada por correio electrónico (e-mail) para um endereço electrónico. Sobre a validade, eficácia e valor probatório dos documentos electrónicos remete-se para a anotação 4. ao artigo 107.º

12. Jurisprudência:

> Acórdão do Supremo Tribunal de Justiça, de 13 de Fevereiro de 2008, processo n.º 4006/07-4, *Colectânea de Jurisprudência*, n.º 206 Tomo I/2008 (Janeiro/Março): "Porém, a lei não exige uma proposta concreta e minuciosa da definição de serviços mínimos, bastando que as entidades sindicais que convocam a greve manifestem claramente a sua vontade e disponibilidade para assegurar esses serviços mínimos de uma forma que viabilize que os mesmos venham depois a ser definidos na prática.".

ARTIGO 535.º – Proibição de substituição de grevistas

1 – O empregador não pode, durante a greve, substituir os grevistas por pessoas que, à data do aviso prévio, não trabalhavam no respectivo estabelecimento ou serviço, nem pode, desde essa data, admitir trabalhadores para aquele fim.

2 – A tarefa a cargo de trabalhador em greve não pode, durante esta, ser realizada por empresa contratada para esse fim, salvo em caso de incumprimento dos serviços mínimos necessários à satisfação das necessidades sociais impreteríveis ou à segurança e manutenção de equipamento e instalações e na estrita medida necessária à prestação desses serviços.

3 – Constitui contra-ordenação muito grave a violação do disposto nos números anteriores.

1. Este preceito corresponde ao artigo 596.º do anterior Código do Trabalho, aprovado pela Lei n.º 99/2003.

2. Do n.º 1 resulta que durante a greve o empregador não se encontra impedido de celebrar novos contratos de trabalho, conquanto a celebração daqueles não vise substituir os trabalhadores que aderiram à greve.

3. Do n.º 2, conjuntamente com o n.º 3 do artigo anterior, e com o n.º 3 do artigo 537.º, resulta que os serviços necessários à segurança e manutenção de equipamento e instalações devem ser sempre assegurados durante uma greve. Sobre este dever, vide anotações ao artigo 534.º

4. Da interpretação do n.º 3 e do artigo 540.º resulta que a substituição de grevistas constitui simultaneamente crime e contra-ordenação. Quando o mesmo facto constituir simultaneamente crime e contra-ordenação, será o agente sempre punido a título de crime, sem prejuízo da aplicação das sanções acessórias previstas para a contra-ordenação, cfr. artigo 20.º do regime geral das contra-ordenações, o Decreto-Lei n.º 433/82, de 27 de Outubro, alterado pelos Decretos-Leis n.os 356/89, de 17 de Outubro, 244/95, de 14 de Setembro, e 323/2001, de 17 de Dezembro, e ainda pela Lei n.º 109/2001, de 24 de Dezembro, diploma este aplicável por força do artigo 549.º

ARTIGO 536.º – Efeitos da greve

1 – A greve suspende o contrato de trabalho de trabalhador aderente, incluindo o direito à retribuição e os deveres de subordinação e assiduidade.

2 – Durante a greve, mantêm-se, além dos direitos, deveres e garantias das partes que não pressuponham a efectiva prestação do trabalho, os direitos previstos em legislação de segurança social e as prestações devidas por acidente de trabalho ou doença profissional.

3 – O período de suspensão conta-se para efeitos de antiguidade e não prejudica os efeitos decorrentes desta.

1. Este preceito corresponde ao artigo 597.º do anterior Código do Trabalho, aprovado pela Lei n.º 99/2003.

2. O direito à greve é exercido individualmente, através da adesão do trabalhador. Ou seja, o trabalhador adere, se o pretender fazer, à greve, gozando da liberdade suficiente para que a declaração de greve não seja, em relação ao próprio trabalhador, vinculativa, ainda que a greve seja decidida pelo sindicato em que o próprio trabalhador esteja inscrito ou filiado. A adesão manifesta-se pela abstenção do trabalhador exercer a sua actividade. Também os trabalhadores não inscritos em sindicato que não declarou a greve, bem como os trabalhadores que não se encontrem filiados em qualquer sindicato poderão aderir à greve decidida por determinado sindicato, desde que esses trabalhadores sejam potencialmente abrangíveis pelo sindicato que a decidiu.

3. Por força deste artigo 536.º a interrupção da prestação a que o trabalhador se acha adstrito pela celebração do contrato de trabalho – interrupção essa que só por si constituiria uma violação contratual e consequentemente seria apta a provocar a cessação do contrato – é desconsiderada. Juridicamente, o legislador parece entender a greve do trabalhador, por consequência deste preceito, como um impedimento temporário por facto respeitante a trabalhador que não lhe é imputável, que determina a suspensão do contrato de trabalho. Na greve, e ao contrário do regime regra da suspensão do contrato de trabalho por facto respeitante ao trabalhador, não é necessário que o impedimento se prolongue por mais de um mês, cfr. n.º 1 do artigo 296.º

4. Um dos efeitos da greve mais relevantes para o trabalhador, é a suspensão da retribuição. Ou seja, enquanto durar a greve, o trabalhador que aderiu à greve perde o direito à retribuição. Isto significa que na retribuição semanal, quinzenal ou semanal, cfr. n.º 1 do artigo 278.º, que o trabalhador receberá, será descontado o montante proporcional ao tempo de duração da greve, durante o qual o trabalhador não prestou o trabalho. No montante que será deduzido devem incluir-se os complementos salariais ou as prestações retributivas que sejam contrapartida do modo específico da execução do trabalho que seriam pagos caso não se verificasse a suspensão do contrato por motivo de adesão a grave pelo trabalhador, como o subsídio de turnos (quando exista, por ter sido acordado ou por imposição de instrumento de regulamentação colectiva do trabalho, dado que a mera aplicação do Código do Trabalho não obriga à sua existência), o trabalho nocturno, etc..

5. A antiguidade, referida no n.º 3, "é a qualidade correspondente à duração da situação jurídica laboral", Menezes Cordeiro, *Manual de Direito do Trabalho*, Livraria Almedina, 1991, página 675 e segs., e Acórdão do Tribunal da Relação de Lisboa, de 22 de Junho de 2005, processo 10307/2004-4, sumários em www.dgsi.pt. Significa isto que a duração de situações que não são de qualificar como sendo de trabalho subordinado não devem entrar no cômputo da antiguidade. A título exemplificativo, a duração de um contrato de estágio extracurricular, cfr. Decreto-Lei n.º 66/2011, de 1 de Junho, não correspondendo à prestação de trabalho subordinado, não dá lugar à contagem de antiguidade, ainda que posteriormente à cessação deste contrato venha a ser celebrado um contrato de trabalho.

6. Quanto aos efeitos de greve ilícita, ver artigo 541.º

ARTIGO 537.º – Obrigação de prestação de serviços durante a greve

1 – Em empresa ou estabelecimento que se destine à satisfação de necessidades sociais impreteríveis, a associação sindical que declare a greve, ou a comissão de greve no caso referido o n.º 2 do artigo 531.º, e os trabalhadores aderentes devem assegurar, durante a mesma, a prestação dos serviços mínimos indispensáveis à satisfação daquelas necessidades.

2 – Considera-se, nomeadamente, empresa ou estabelecimento que se destina à satisfação de necessidades sociais impreteríveis o que se integra em algum dos seguintes sectores:

a) Correios e telecomunicações;

b) Serviços médicos, hospitalares e medicamentosos;

c) Salubridade pública, incluindo a realização de funerais;

d) Serviços de energia e minas, incluindo o abastecimento de combustíveis;

e) Abastecimento de águas;

f) Bombeiros;

g) Serviços de atendimento ao público que assegurem a satisfação de necessidades essenciais cuja prestação incumba ao Estado;

h) Transportes, incluindo portos, aeroportos, estações de caminho-de-ferro e de camionagem, relativos a passageiros, animais e géneros alimentares deterioráveis e a bens essenciais à economia nacional, abrangendo as respectivas cargas e descargas;

i) Transporte e segurança de valores monetários.

3 – A associação sindical que declare a greve, ou a comissão de greve no caso referido o n.º 2 do artigo 531.º, e os trabalhadores aderentes devem prestar, durante a greve, os serviços necessários à segurança e manutenção de equipamentos e instalações.

4 – Os trabalhadores afectos à prestação de serviços referidos nos números anteriores mantêm-se, na estrita medida necessária a essa prestação, sob a autoridade e direcção do empregador, tendo nomeadamente direito a retribuição.

1. Este preceito corresponde aos artigos 598.º e 600.º do anterior Código do Trabalho, aprovado pela Lei n.º 99/2003.

2. Este preceito estabelece a obrigação de prestação de dois tipos de serviços durante a greve, tendo um âmbito de aplicação que abrange quer a empresa ou estabelecimento que se destine à satisfação de necessidades sociais impreteríveis, aplicando-se-lhe os n.os 1, 2, 3 e 4, como a empresa ou estabelecimento que não se destine à satisfação daquelas necessidades, aplicando-se-lhe os n.os 3 e 4.

3. Caso a associação sindical que declare a greve, ou a comissão de greve eleita pela assembleia de trabalhadores, e os trabalhadores aderentes à greve não assegurarem os serviços mínimos indispensáveis à satisfação das necessidades sociais impreteríveis, a tarefa a cargo de trabalhador em greve pode, enquanto esta estiver a decorrer, ser realizada por empresa contratada para esse fim, cfr. n.º 2 do artigo 535.º Não obstante, e quando ao empregador seja lícito contratar uma empresa que assegure os serviços mínimos, a prestação de serviços daquela empresa encontra-se limitada ao estritamente necessário à prestação daqueles serviços mínimos, não podendo o empregador assegurar as tarefas ou funções normais do trabalhador ou trabalhadores em greve, através da empresa contratada. Nos termos do n.º 3 do artigo 541.º, em caso de incumprimento da obrigação de prestação de serviços mínimos, o Governo pode determinar a requisição ou mobilização, nos termos previstos em legislação específica.

4. Do n.º 2 resulta uma enumeração exemplificativa dos sectores em que se considera que as empresas ou estabelecimentos neles integrados se destinam à satisfação de necessidades sociais impreteríveis.

5. O n.º 3, conjugado com o n.º 3 do artigo 534.º e com o n.º 2 do artigo 535.º estabelece o dever de serem assegurados os serviços necessários à segurança e manutenção de equipamento e instalações durante uma greve. Sobre este dever, *vide* anotações ao artigo 534.º

6. Do n.º 4 resulta que os trabalhadores afectos à prestação dos serviços necessários à segurança e manutenção de equipamentos e instalações, e os trabalhadores afectos à prestação de serviços mínimos em empresa ou estabelecimento que se destine à satisfação de necessidades sociais impreteríveis, na estrita medida necessária a essa prestação, mantêm-se sob a autoridade e direcção do empregador. Estes trabalhadores, mantêm o seu direito à retribuição, o que significa que o seu contrato não se suspende durante a greve.

7. Sobre os serviços mínimos, *vide* Bernardo Lobo Xavier, *Manual de Direito do Trabalho*, Verbo, 2011, página 163 e segs. e António Monteiro Fernandes, *Direito do Trabalho*, 15.ª Edição, Almedina, Abril 2010, página 970 e segs.

ARTIGO 538.º – Definição de serviços a assegurar durante a greve

1 – Os serviços previstos nos n.os 1 e 3 do artigo anterior e os meios necessários para os assegurar devem ser definidos por instrumento de regulamentação colectiva de trabalho ou por acordo entre os representantes dos trabalhadores e os empregadores abrangidos pelo aviso prévio ou a respectiva associação de empregadores.

2 – Na ausência de previsão em instrumento de regulamentação colectiva de trabalho ou de acordo sobre a definição dos serviços mínimos previstos no n.º 1 do artigo anterior, o serviço competente do Ministério responsável pela área laboral, assessorado sempre que necessário pelo serviço competente do Ministério responsável pelo sector de actividade, convoca as entidades referidas no número anterior para a negociação de um acordo sobre os serviços mínimos e os meios necessários para os assegurar.

3 – Na negociação de serviços mínimos relativos a greve substancialmente idêntica a, pelo menos, duas greves anteriores para as quais a definição de serviços mínimos por arbitragem tenha igual conteúdo, o serviço referido no número anterior propõe às partes que aceitem essa mesma definição, devendo, em caso de rejeição, a mesma constar da acta da negociação.

4 – Em caso referido nos números anteriores, na falta de acordo nos três dias posteriores ao aviso prévio de greve, os serviços mínimos e os meios necessários para os assegurar são definidos:

a) Por despacho conjunto, devidamente fundamentado, do ministro responsável pela área laboral e do ministro responsável pelo sector de actividade;

b) Tratando-se de empresa do sector empresarial do Estado, por tribunal arbitral, constituído nos termos de lei específica sobre arbitragem obrigatória.

5 – A definição dos serviços mínimos deve respeitar os princípios da necessidade, da adequação e da proporcionalidade.

6 – O despacho e a decisão do tribunal arbitral previstos no número anterior produzem efeitos imediatamente após a sua notificação às entidades a que se refere o n.º 1 e devem ser afixados nas instalações da empresa, estabelecimento ou serviço, em locais destinados à informação dos trabalhadores.

7 – Os representantes dos trabalhadores em greve devem designar os trabalhadores que ficam adstritos à prestação dos serviços mínimos definidos e informar do facto o empregador, até 24 horas antes do início do período de greve ou, se não o fizerem, deve o empregador proceder a essa designação.

1. Este preceito corresponde ao artigo 599.º do anterior Código do Trabalho, aprovado pela Lei n.º 99/2003.

2. A alínea b) do n.º 4 deste preceito foi alterada pelo n.º 1 do artigo 35.º da Lei n.º 105/2009, de 14 de Setembro, alterada pelas Leis n.os 60/2018, de 21 de Agosto, e 93/2019, de 4 de Setembro. Na versão originária do Código do Trabalho, aprovado pela Lei n.º 7/2009, de 12 de Fevereiro, a alínea b) do n.º 4 tinha a seguinte redacção:

"b) Tratando-se de serviço da administração directa ou indirecta do Estado, de serviços das autarquias locais ou empresa do sector empresarial do Estado, por tribunal arbitral, constituído nos termos de lei específica sobre arbitragem obrigatória.".

3. Nos termos do n.º 1, os serviços mínimos indispensáveis à satisfacção de necessidades sociais impreteríveis, e os serviços de segurança e manutenção de equipamento e instalações, bem como os meios necessários para os assegurar, devem ser definidos por instrumento de regulamentação colectiva de trabalho ou por um acordo específico para este efeito, celebrado entre os representantes dos trabalhadores e os empregadores abrangidos pelo aviso prévio ou a respectiva associação de empregadores. Quando se trate de um acordo específico, poderá este ter por suporte o aviso prévio de greve, uma vez que este terá aviso prévio deverá conter uma proposta de definição daqueles serviços, cfr. n.º 3 do artigo 534.º

4. Os n.os 2, 3, 4, 5, 6 e 7 são aplicáveis aos serviços mínimos. Estas normas não serão aplicáveis quando se trate de serviços necessários à segurança e manutenção de equipamento e instalações. Na realidade, tratam-se de serviços distintos, não havendo qualquer equiparação entre eles. A dúvida poderia surgir por efeito da redacção do n.º 2 do artigo 535.º, que entendemos deficiente, contudo, as demais disposições apontam claramente na direcção de que se tratam de serviços distintos, com regimes igualmente divergentes, entendimento que também resulta do texto constitucional, cfr. n.º 3 do artigo 57.º da Constituição da República Portuguesa. No sentido de que se tratam de serviços distintos cfr. n.os 3 e 4 do artigo 534.º, epígrafe do artigo 537.º, n.os 3 e 4 do artigo 537.º, n.º 3 do artigo 541.º Por outro lado, e no sentido de que os n.os 2, 3, 4, 5, 6 e 7 deste artigo 538.º apenas se aplicam aos serviços mínimos, dispõem o próprio elemento literal destas normas, ao mencionar "serviços mínimos", por confronto com o n.º 1, em que se referem "serviços", para abranger os serviços necessários à segurança e manutenção de equipamentos e instalações e os serviços mínimos. Isto significa desde logo que, em matéria de serviços que sejam necessários à segurança e manutenção de equipamento e instalações, carece de competência o serviço competente do ministério responsável pela área laboral, para convocar os representantes dos trabalhadores e os representantes dos empregadores para a negociação de um acordo sobre estes serviços.

5. Nos termos da alínea b) do n.º 4, quando a prestação de serviços mínimos não for regulada por instrumento de regulamentação colectiva de trabalho, e não tenha havido acordo na reunião para negociar um acordo sobre os serviços mínimos e os meios para os assegurar, convocada pelo serviço competente do Ministério responsável pela área laboral, ou por falta de comparência nem se chegou a realizar aquela reunião, nos três dias posteriores ao aviso prévio de greve, e tratando-se de empresa do sector empresarial do Estado, os serviços mínimos e os meios necessários para os assegurar, são definidos por tribunal arbitral, constituído nos termos do Decreto-Lei n.º 259/2009, de 25 de Setembro. Para tanto, o serviço competente do Ministério responsável pela área laboral comunica estes factos ao secretário-geral do Conselho Económico e Social, instruindo a comunicação com cópias do aviso prévio de greve e da acta da reunião, nos termos do n.º 1 do artigo 25.º do Decreto-Lei n.º 259/2009, de 25 de Setembro. O secretário-geral do Conselho Económico e Social notifica de imediato o autor do aviso prévio de greve e o empregador ou associação de empregadores destinatário do mesmo, consoante a situação, da identidade dos membros do tribunal arbitral já constituído ou do dia e hora do sorteio dos árbitros, aplicando-se a este procedimento de arbitragem as regras estabelecidas no artigo 27.º do Decreto-Lei n.º 259/2009, de 25 de Setembro. Uma vez proferida a decisão arbitral, o secretário-geral do Conselho Económico e Social deve enviá-la em documento electrónico, de acordo com o estipulado na Portaria n.º 1172/2009, de 6 de Outubro, que regula aquele envio.

6. O n.º 5 estabelece que a definição dos serviços mínimos deve respeitar os princípios da necessidade, da adequação e da proporcionalidade, princípios estes que, quando sejam definidos por acordo entre a associação sindical, ou a comissão de greve, e o empregador ou empregadores, ou ainda associação de empregadores, são aplicáveis. Quando não tenha sido possível obter um acordo nos três dias posteriores ao aviso prévio de greve, e sendo os serviços mínimos e os meios necessários para os assegurar definidos por despacho conjunto do ministro responsável pela área laboral e do ministro responsável pelo sector de actividade, além daqueles princípios são ainda aplicáveis os demais a que a Administração pública se encontra sujeita. Com efeito, a Administração pública, por expressa determinação dos n.os 1 e 2 do artigo 266.º da Constituição da República Portuguesa e dos artigos 4.º, 3.º, 6.º, 7.º, 8.º, 9.º e 10.º do Código do Procedimento Administrativo, aprovado pelo Decreto-Lei n.º 4/2015, de 7 de Janeiro, na sua actuação encontra-se vinculada aos princípios da prossecução do interesse público, da legalidade, da igualdade, da proporcionalidade, da justiça, da imparcialidade e da boa-fé.

7. Nos termos do n.º 7, os representantes dos trabalhadores, ou seja, a associação sindical ou a comissão de greve devem designar os trabalhadores que ficam adstritos à prestação dos serviços mínimos definidos, e informar do facto o empregador, até 24 horas antes do início do período de greve. Nesta situação pode ocorrer que a associação sindical designe um ou mais trabalhadores, que ficam adstritos à prestação dos serviços mínimos, e que não se encontram inscritos na associação sindical. A empresa deve designar os trabalhadores necessários aos serviços mínimos, caso a associação sindical ou a comissão de greve não o faça, mantendo-se os trabalhadores afectos à prestação de serviços mínimos sob a autoridade e direcção do empregador, na estrita medida necessária a essa prestação, cfr. n.º 4 do artigo 537.º Ou seja, o trabalhador terá de cumprir a designação da empresa, caso contrário, incorre na prática de uma infracção disciplinar.

8. Sobre os serviços mínimos, *vide* Bernardo Lobo Xavier, *Manual de Direito do Trabalho*, Verbo, 2011, página 163 e segs. e António Monteiro Fernandes, *Direito do Trabalho*, 15.ª Edição, Almedina, Abril 2010, página 970 e segs.

ARTIGO 539.º – Termo da greve

A greve termina por acordo entre as partes, por deliberação de entidade que a tenha declarado ou no final do período para o qual foi declarada.

1. Este preceito corresponde ao artigo 602.º do anterior Código do Trabalho, aprovado pela Lei n.º 99/2003.

2. Nos termos deste preceito a greve poderá terminar antes do período comunicado, caso a sua duração tenha sido publicitada. Quando tenha sido comunicada a duração da greve, não havendo nenhuma norma que a tanto obrigue, esta é vinculante para a entidade que emite a declaração, de acordo com o princípio da boa fé, cfr. artigo 522.º Quando tenha sido comunicado um período de duração da greve, esta não poderá prolongar-se após aquele período, sendo que se a entidade que a declarou pretender prolongá-la, terá de realizar novo pré-aviso.

3. Sobre a cessação da greve *vide* Bernardo Lobo Xavier, *Manual de Direito do Trabalho*, Verbo, 2011, página 168 e segs.

ARTIGO 540.º – Proibição de coacção, prejuízo ou discriminação de trabalhador

1 – É nulo o acto que implique coacção, prejuízo ou discriminação de trabalhador por motivo de adesão ou não a greve.

2- Constitui contra-ordenação muito grave o acto do empregador que implique coacção do trabalhador no sentido de não aderir a greve, ou que o prejudique ou discrimine por aderir ou não a greve.

1. Este preceito corresponde ao artigo 603.º do anterior Código do Trabalho, aprovado pela Lei n.º 99/2003.

2. A proibição de discriminação resultava já do n.º 1 do artigo 25.º, estabelecendo-se expressamente no n.º 1 que por motivo de ter aderido a greve, ou não o ter feito, o trabalhador não poderá ser sujeito a coacção, nem sofrer qualquer prejuízo ou discriminação. Sempre se diga que um qualquer comportamento que prejudicasse ou discriminasse o trabalhador por este ter aderido ou não a uma greve, sempre colidiria com o princípio da igualdade. O principio da igualdade estabelecido no artigo 13.º da Constituição da República Portuguesa veda situações de vantagem não fundamentadas e situações de desvantagem infundadas, admitindo discriminações positivas, ou seja, situações de vantagem fundamentada, em que por intermédio do direito se pretende por fim a desigualdades de facto.

3. Nos termos da alínea d) do n.º 1 do artigo 331.º considera-se abusiva a sanção disciplinar motivada pelo facto de o trabalhador exercer, ter exercido, pretender exercer ou invocar os seus direitos ou garantias, norma que poderá ser aplicável quando a sanção disciplinar tenha sido motivada por o trabalhador ter aderido a uma greve, ou ter pretendido faze-lo. Por efeito da alínea a) do n.º 2 do mesmo artigo 331.º, presume-se abusivo o despedimento ou outra sanção aplicada alegadamente para punir uma infracção, quando tenha lugar até seis meses após o termo da greve, ainda que o despedimento tenha sido antecedido de procedimento disciplinar.

4. Da interpretação conjunta do n.º 2 e do artigo 543.º, resulta que a substituição de grevistas constitui simultaneamente crime e contra-ordenação. Quando o mesmo facto constituir simultaneamente crime e contra-ordenação, será o agente sempre punido a título de crime, sem prejuízo da aplicação das sanções acessórias previstas para a contra-ordenação, cfr. artigo 20.º do regime geral das contra-ordenações, o Decreto-Lei n.º 433/82, de 27 de Outubro, alterado pelos Decretos-Leis n.os 356/89, de 17 de Outubro, 244/95, de 14 de Setembro, e 323/2001, de 17 de Dezembro, e ainda pela Lei n.º 109/2001, de 24 de Dezembro, diploma este aplicável por força do artigo 549.º

ARTIGO 541.º – Efeitos de greve declarada ou executada de forma contrária à lei

1 – A ausência de trabalhador por motivo de adesão a greve declarada ou executada de forma contrária à lei considera-se falta injustificada.

2 – O disposto no número anterior não prejudica a aplicação dos princípios gerais em matéria de responsabilidade civil.

3 – Em caso de incumprimento da obrigação de prestação de serviços mínimos, o Governo pode determinar a requisição ou mobilização, nos termos previstos em legislação específica.

1. Este preceito corresponde aos artigos 601.º e 604.º do anterior Código do Trabalho, aprovado pela Lei n.º 99/2003.

2. Nos termos do n.º 1, a greve ilícita tem por efeito fazer incorrer os trabalhadores grevistas em faltas injustificadas, com perda de retribuição e de antiguidade, constituindo igualmente uma violação do dever de assiduidade, punível disciplinarmente, cfr. n.º 1 do artigo 256.º O recurso às faltas injustificadas só pode ser usado no caso de greves ilícitas, pois nestas o contrato de trabalho mantém-se em vigor.

O regime das faltas injustificadas encontra-se previsto nos artigos 256.º e segs., estabelecendo-se no n.º 1 do artigo 256.º que a falta injustificada constitui violação do dever de assiduidade e determina perda da retribuição correspondente ao período de ausência, que não é contado na antiguidade do trabalhador. Acresce que uma falta injustificada é susceptível de fazer incorrer o trabalhador em infracção disciplinar, cfr. artigo 98.º, alínea b) do n.º 1 do artigo 128.º e n.º 2 do artigo 256.º, que em situações extremas poderá mesmo constituir justa causa do despedimento, cfr. n.º 1 e alínea g) do n.º 2, ambos do artigo 351.º

3. Nos termos do n.º 2 o trabalhador cuja ausência decorra de adesão a greve declarada ou executada de forma contrária à lei, incorre na obrigação de indemnizar o empregador pelos danos causados, cfr. artigo 483.º do Código Civil.

Tendo em conta que habitualmente o recurso à greve é decidido por associações sindicais, nos termos do n.º 1 do artigo 531.º, a obrigação de indemnizar deverá impender sobre estas últimas, atendendo não só a que o trabalhador que aderiu a greve ilegal poderá tê-lo feito erradamente convicto da legalidade da greve – e assim sem culpa – e para cuja convicção concorreu irremediavelmente o facto de a greve, ilegal, ter sido decretada por aquelas associações, bem como por se revelar inefeciente accionar judicialmente cada um dos trabalhadores incumpridores. A responsabilização poderá ser feita por uma de duas vias, contratualmente, ou por facto ilícito, também designada por responsabilidade civil extracontratual. No primeiro caso quando se trate de greve ilícita por violação do disposto em convenção colectiva, e no segundo caso, quando a greve ilicita for imputável à associação sindical, e se mostrem reunidos todos os pressupostos da responsabilidade extracontraual – a existência de um facto voluntário do agente (ou a sua omissão), a ilicitude deste, a culpa do agente (imputação do facto ao agente a título de dolo ou mera culpa), o dano, e o nexo de causalidade entre o facto e o dano – cfr. artigos 483.º e segs. do Código Civil. Sabiamente Bernardo Lobo Xavier recorda em "Direito da Greve", Edição da Sociedade Científica da Universidade Católica de Lisboa, 1984, Verbo, págs 263 e segs. que as associações sindicais podem também ser responsabilizados, ao abrigo do artigo 500.º do Código Civil, como comitentes, pelos actos praticados por elementos do piquete de greve.

4. A requisição civil é regulada pelo Decreto-Lei n.º 637/74, de 20 de Novembro, alterado pelo Decreto-Lei n.º 23-A/79, de 14 de Fevereiro. Sobre a requisição civil, *vide* António Monteiro Fernandes, *Direito do Trabalho*, 15.ª Edição, Almedina, Abril 2010, página 985 e segs. No domínio da legislação anterior, pelo que será necessário proceder às adaptações necessárias, *vide* Bernardo Lobo Xavier, "Requisição Civil, Serviços Mínimos e Greve – Acórdão do Supremo Tribunal Administrativo (Pleno da 1.ª Secção) de 20.3.2002", *Cadernos de Justiça Administrativa*, n.º 42, página 15 e segs., e do mesmo autor, *Curso de Direito do Trabalho*, 3.ª edição, Verbo, 2004, página 300 e segs.

5. Jurisprudência:

Acórdão do Tribunal da Relação de Lisboa, de 3 de Dezembro de 2014, processo 2028/11.6TTLSB.L1-4, disponível em www.dgsi.pt: "A responsabilidade civil prevista no regime jurídico do direito de greve tem de ser encarada numa perspetiva estritamente laboral e não civilista, atenta as especialidades que separam o Direito do Trabalho do Direito Civil. Essa responsabilidade civil, quer dos sindicatos, como dos próprios trabalhadores (grevistas), tem de ser concatenada com a circunstância do direito de greve constituir, conjuntamente com a liberdade de associação sindical e o direito de negociação coletiva, um dos três pilares do direto laboral coletivo, por via dos quais a nossa legislação procura reequilibrar a relação de forças que, em termos individuais, pende em benefício e favor do empregador e transforma o trabalhador na parte débil ou frágil do vínculo de trabalho. Tais institutos, todos eles com assento constitucional e ainda que de exercício pautado por limites impostos por outros direitos e princípios de idêntica natureza, têm de ser olhados da forma mais abrangente e elástica que for socialmente consentida, de maneira a que possam ser efetiva e eficazmente concretizados sem os constrangimentos que outros direitos, de cariz estritamente individual e/ou privatístico, conhecem no nosso ordenamento jurídico e, por essa via aberta e "generosa", logrem o conteúdo, sentido e alcance que o legislador constitucional e ordinário lhe quis conferir. Nessa fotografia de grande plano, em que direito de greve surge como derradeiro meio legalmente consentido de coação sobre os empregadores e outras entidades, como forma de luta dos trabalhadores, há que chamar à colação os direitos de liberdade de reunião, manifestação e de expressão, que, igualmente e no descrito quadro de índole laboral, possuem um âmbito consideravelmente mais vasto e permissivo do que para o cidadão ou pessoa coletiva, no seu quotidiano particular, social ou económico.".

ARTIGO 542.º – Regulamentação da greve por convenção colectiva

1 – A convenção colectiva pode regular, além das matérias referidas na alínea g) do n.º 2 do artigo 492.º, procedimentos de resolução de conflitos susceptíveis de determinar o recurso à greve, bem como limitar o recurso a greve por parte de associação sindical celebrante, durante a vigência daquela, com a finalidade de modificar o seu conteúdo.

2 – A limitação prevista na segunda parte do número anterior não prejudica, nomeadamente a declaração de greve com fundamento:

a) Na alteração anormal de circunstâncias em que as partes fundamentaram a decisão de contratar;

b) No incumprimento da convenção colectiva.

3 – O trabalhador não pode ser responsabilizado pela adesão a greve declarada em incumprimento de limitação prevista no n.º 1.

1. Este preceito corresponde ao artigo 606.º do anterior Código do Trabalho, aprovado pela Lei n.º 99/2003.

2. Nos termos dos n.os 2 e 3 do artigo 2.º, uma convenção colectiva é um instrumento de regulamentação colectiva de trabalho, e pode ser um contrato colectivo, um acordo colectivo ou um acordo de empresa. Entende-se por contrato colectivo, a convenção celebrada entre associação sindical e associação de empregadores; por acordo colectivo, a convenção celebrada entre associação sindical e uma pluralidade de empregadores para diferentes empresas; e por acordo de empresa, a convenção celebrada entre associação sindical e um empregador para uma empresa ou estabelecimento.

3. A existência de cláusula em convenção colectiva que limite o recurso à greve é vulgarmente designada como cláusula de paz social.

4. O Tribunal Constitucional não considera admissíveis "renúncias" ao exercício do direito de greve por tempo ilimitado, nem "renúncias absolutas" embora limitadas ao período de vigência normal da convenção (no sentido de que, nesse período, as associações sindicais não poderiam declarar qualquer greve, independentemente da motivação e dos objectivos da mesma), cfr. Acórdão do Tribunal Constitucional n.º 306/03, disponível em www.tribunalconstitucional.pt/tc/acordaos/20030306.html.

5. Do n.º 1 resulta que a cláusula de paz social tem por efeito limitar o recurso à greve por parte de associação sindical celebrante de convenção colectiva, durante a vigência daquela, com a finalidade de modificar o seu conteúdo. Contudo, não impede que os próprios trabalhadores adiram a uma greve se esta for decidida por assembleia de trabalhadores, cfr. n.º 2 do artigo 531.º, nem que aderiam a uma greve decidida por outra associação sindical, ainda que esses trabalhadores estejam inscritos na associação sindical que se vinculou a não recorrer à greve. Não obstante o que se disse relativamente à associação sindical que celebrou a convenção colectiva em que foi inserida uma cláusula de paz social, e como se prevê no n.º 2, podem existir outros fundamentos que permitam o recurso à greve. Assim, poderá ser decidida a greve pela associação sindical outorgante, se esta tiver por motivo uma pretensão que seja distinta ao conteúdo da convenção colectiva.

6. Os motivos estabelecidos no n.º 2 são exemplificativos, e não taxativos, o que resulta da expressão: "nomeadamente".

7. A alínea a) do n.º 2 permite que, ainda que tenha sido acordada uma cláusula de paz social na convenção colectiva, ocorrendo uma alteração anormal das circunstâncias, poderá haver recurso à greve. A alteração anormal das circunstâncias encontra-se prevista não só nesta alínea a) do n.º 2, como no n.º 2 do artigo 520.º e no artigo 437.º do Código Civil.

8. Já a alínea b) do n.º 2 permite que, ainda que tenha sido acordada uma cláusula de paz social na convenção colectiva, caso o empregador ou a associação de empregadores incumpra integralmente ou cumpra apenas parcialmente, ou defeituosamente, os deveres acordados naquela convenção colectiva, poderá haver recurso à greve. A expecpção de não cumprimento encontra-se prevista não só nesta alínea b) do n.º 2, como nos artigos 428.º e segs. do Código Civil.

9. Nos termos do n.º 3, o trabalhador não pode ser responsabilizado pela adesão a greve declarada em incumprimento de limitação prevista no n.º 1, o mesmo já não sucedendo relativamente à associação sindical que incumpra com os deveres a que em momento anterior se vinculou. Nesta situação, a associação sindical, ou as associações sindicais incumpridoras incorrem na obrigação de indemnizar a contraparte, pelos danos causados, cfr. artigo 483.º do Código Civil.

10. Sobre o conteúdo deste preceito, *vide* Bernardo Lobo Xavier, *Manual de Direito do Trabalho*, Verbo, 2011, página 154 e segs., e António Monteiro Fernandes, *Direito do Trabalho*, 15.ª Edição, Almedina, Abril 2010, página 956 e segs. No domínio da legislação anterior, pelo que será necessário proceder às adaptações necessárias, *vide* Bernardo Lobo Xavier, *Curso de Direito do Trabalho*, 3.ª edição, Verbo, 2004, página 268 e segs.

ARTIGO 543.º – Responsabilidade penal em matéria de greve

A violação do disposto no n.º 1 ou 2 do artigo 535.º ou no n.º 1 do artigo 540.º é punida com pena de multa até 120 dias.

1. Este preceito corresponde ao artigo 613.º do anterior Código do Trabalho, aprovado pela Lei n.º 99/2003.

2. Da interpretação deste artigo e do n.º 3 do artigo 535.º resulta que a substituição de grevistas constitui simultaneamente crime e contra-ordenação. O mesmo sucede relativamente ao acto do empregador que implique coação, prejuízo ou discriminação de trabalhador por aderir ou não a greve, que nos termos deste artigo 543.º e do n.º 2 do artigo 540.º constitui crime e contra-ordenação. Quando o mesmo facto constituir simultaneamente crime e contra-ordenação, será o agente sempre punido a título de crime, sem prejuízo da aplicação das sanções acessórias previstas para a contra-ordenação, cfr. artigo 20.º do regime geral das contra-ordenações, o Decreto-Lei n.º 433/82, de 27 de Outubro, alterado pelos Decretos-Leis n.os 356/89, de 17 de Outubro, 244/95, de 14 de Setembro, e 323/2001, de 17 de Dezembro, e ainda pela Lei n.º 109/2001, de 24 de Dezembro, diploma este aplicável por força do artigo 549.º

3. No decorrer do período de greve podem ser praticados pelos trabalhadores determinados comportamentos susceptíveis de serem punidos penalmente, mas que não devem ser confundidos com a greve, e que se encontram previstos e punidos no Código Penal, aprovado pelo Decreto-Lei n.º 400/82, de 23 de Setembro. Estabelece o n.º 1 do artigo 153.º do Código Penal que: "Quem ameaçar outra pessoa com a prática de crime contra a vida, a integridade física, a liberdade pessoal, a liberdade e autodeterminação sexual ou bens patrimoniais de considerável valor, de forma adequada a provocar-lhe medo ou inquietação ou a prejudicar a sua liberdade de determinação, é punido com pena de prisão até um ano ou com pena de multa até 120 dias. Já o n.º 1 do artigo 154.º do Código Penal estabelece que quem, por meio de violência ou de ameaça com mal importante, constranger outra pessoa a uma acção ou omissão, ou a suportar uma actividade, é punido com pena de prisão até três anos ou com pena de multa. Estabelece o n.º 1 do artigo 158.º do Código Penal que quem detiver, prender, mantiver presa ou detida outra pessoa ou de qualquer forma a privar da liberdade é punido com pena de prisão até três anos ou com pena de multa. Por sua vez, o n.º 1 do artigo 181.º do mesmo Código Penal determina que quem injuriar outra pessoa, imputando-lhe factos, mesmo sob a forma de suspeita, ou dirigindo-lhe palavras, ofensivos da sua honra ou consideração, é punido com pena de prisão até três meses ou com pena de multa até 120 dias.

4. Jurisprudência:

Acórdão do Tribunal da Relação do Porto, de 2 Outubro 2000, processo 692/2000, *Colectânea de Jurisprudência*, Tomo IV/2000 2000: "Incorrem em comportamento que integra o crime de sequestro, as trabalhadoras que, entre as 14h15 e as 18 horas, impediram de sair da Fábrica, no 1.º dia de greve ilegal, dois representantes da entidade patronal constituindo tal comportamento, também, justa causa de despedimento.".

SECÇÃO II - *Lock-out*

ARTIGO 544.º - Conceito e proibição de *lock-out*

1 – Considera-se lock-out *qualquer paralisação total ou parcial da empresa ou a interdição do acesso a locais de trabalho a alguns ou à totalidade dos trabalhadores e, ainda, a recusa em fornecer trabalho, condições e instrumentos de trabalho que determine ou possa determinar a paralisação de todos ou alguns sectores da empresa, desde que, em qualquer caso, vise atingir finalidades alheias à normal actividade da empresa, por decisão unilateral do empregador.*

2 – É proibido o lock-out.

3 – Constitui contra-ordenação muito grave a violação do disposto no número anterior.

1. Este preceito corresponde ao artigo 605.º do anterior Código do Trabalho, aprovado pela Lei n.º 99/2003.

2. Da definição de lock-out resulta que este poderá existir mesmo nas situações em que o empregador mantém o pagamento da retribuição.

3. O ordenamento jurídico português não admite, à semelhança de outros ordenamentos, o princípio da igualdade de armas, permitindo ao empregador que a uma greve responda com o lock-out. A proibição do lock-out é uma garantia do direito à greve, cfr. n.º 1 do artigo 530.º e n.º 1 do artigo 57.º da Constituição da República Portuguesa, justificando-se esta proibição como forma de acautelar que não seja esmagada a liberdade de trabalho do trabalhador, constrangimento que poderia subsistir caso fosse permitida ao empregador uma total liberdade de escolha dos meios de luta, e entre estes, socorrer-se do lock-out. Neste sentido, cfr. Acórdão do Tribunal Constitucional n.º 480/89, disponível em www.tribunalconstitucional.pt/tc/acordaos/19890480.html. Neste mesmo Acórdão, chamado a pronunciar-se relativamente à constitucionalidade da proibição de lock-out, o Tribunal Constitucional entendeu que esta limitação é admissível face à Lei Fundamental. Já não constituirá lock-out o encerramento temporário de empresa ou estabelecimento por facto imputável ao empregador, previsto nos artigos 309.º e segs., nem o encerramento deifinitivo, previsto no artigo 315.º E também não constituirá lock-out a decisão final de um procedimento de redução ou suspensão temporária dos contratos de trabalho (*lay-off*), cfr. artigo 300.º, a decisão final de um despedimento colectivo, cfr. artigo 363.º, a decisão final de um despedimento por extinção de posto de trabalho, cfr. artigo 371.º, quando esses procedimentos já se encontravam em curso e visem atingir finalidades normais da actividade da empresa.

4. A proibição de lock-out prevista no n.º 3 encontra-se igualmente consagrada na Lei Fundamental, no n.º 4 do artigo 57.º da Constituição da República Portuguesa.

5. A proibição de lock-out não é absoluta. De acordo com o Tribunal Constitucional, "o lock-out, enquanto medida de defesa de bens como a vida ou a integridade física ou, mesmo, as instalações da empresa ou os seus bens, não pode deixar de ser admitido", cfr. Acórdão do Tribunal Constitucional n.º 480/89, disponível em www.tribunalconstitucional.pt/tc/acordaos/19890480.html.

6. Da interpretação do n.º 3 e do artigo 545.º resulta que o lock-out constitui simultaneamente crime e contra-ordenação. Quando o mesmo facto constituir simultaneamente crime e contra-ordenação, será o agente sempre punido a título de crime, sem prejuízo da aplicação das sanções acessórias previstas para a contra-ordenação, cfr. artigo 20.º do regime geral das contra-ordenações, o Decreto-Lei n.º 433/82, de 27 de Outubro, alterado pelos Decretos-Leis n.os 356/89, de 17 de Outubro, 244/95, de 14 de Setembro, e 323/2001, de 17 de Dezembro, e ainda pela Lei n.º 109/2001, de 24 de Dezembro, diploma este aplicável por força do artigo 549.º

7. Sobre o lock-out, *vide* António Monteiro Fernandes, *Direito do Trabalho*, 15.ª Edição, Almedina, Abril 2010, página 991 e segs.

ARTIGO 545.º – Responsabilidade penal em matéria de greve ou *lock-out*

A violação do disposto no n.º 2 do artigo 544.º é punida com pena de prisão até dois anos ou com pena de multa até 240 dias.

1. Este preceito corresponde ao artigo 613.º do anterior Código do Trabalho, aprovado pela Lei n.º 99/2003.

2. Da interpretação deste artigo 545.º e do n.º 3 do artigo 544.º resulta que o lock-out constitui simultaneamente crime e contra-ordenação. Quando o mesmo facto constituir simultaneamente crime e contra-ordenação, será o agente sempre punido a título de crime, sem prejuízo da aplicação das sanções acessórias previstas para a contra-ordenação, cfr. artigo 20.º do regime geral das contra-ordenações, o Decreto-Lei n.º 433/82, de 27 de Outubro, alterado pelos Decretos-Leis n.os 356/89, de 17 de Outubro, 244/95, de 14 de Setembro, e 323/2001, de 17 de Dezembro, e ainda pela Lei n.º 109/2001, de 24 de Dezembro, diploma este aplicável por força do artigo 549.º

3. Jurisprudência:

> Acórdão do Tribunal da Relação do Porto, de 21 Dezembro 2005, processo 974/05, *Colectânea de Jurisprudência*, n.º 186 Tomo V/2005 (Novembro/Dezembro): "I – O "lock-out" só constitui crime quando a suspensão de laboração ou a recusa de trabalho constitui forma de exercer pressão sobre os trabalhadores para tentar solucionar um conflito colectivo de trabalho. II – Não comete, por isso, tal crime aquele que, no propósito de despedir 8 dos 9 trabalhadores sem lhes pagar indemnizações, encerra definitivamente uma empresa por motivos de gestão empresarial e simultaneamente, celebra um contrato simulado de trespasse.".

LIVRO II – RESPONSABILIDADES PENAL E CONTRA-ORDENACIONAL

CAPÍTULO I – Responsabilidade penal

ARTIGO 546.º – Responsabilidade de pessoas colectivas e equiparadas

As pessoas colectivas e entidades equiparadas são responsáveis, nos termos gerais, pelos crimes previstos no presente Código.

1. Este preceito corresponde ao artigo 607.º do anterior Código do Trabalho, aprovado pela Lei n.º 99/2003.

2. O legislador, no n.º 7 do artigo 12.º da Lei n.º 7/2009, de 12 de Fevereiro, acautelou expressamente quaisquer eventuais dúvidas que pudessem surgir, estabelecendo que o regime sancionatório constante deste Código do Trabalho não revoga qualquer disposição do Código Penal.

3. A regra vigente em matéria de responsabilidade criminal é de que só as pessoas singulares são susceptíveis de responsabilidade criminal. A responsabilidade das pessoas colectivas e entidades equiparadas só é admitida quando seja expressamente prevista na lei, como sucede neste artigo 546.º, cfr. n.º 1 do artigo 11.º do Código Penal, aprovado pelo Decreto-Lei n.º 400/82, de 23 de Setembro, que pela sua importância se transcreve:

"Responsabilidade das pessoas singulares e colectivas

1 – Salvo o disposto no número seguinte e nos casos especialmente previstos na lei, só as pessoas singulares são susceptíveis de responsabilidade criminal.

2 – As pessoas colectivas e entidades equiparadas, com excepção do Estado, de outras pessoas colectivas públicas e de organizações internacionais de direito público, são responsáveis pelos crimes previstos nos artigos 152.º-A e 152.º-B, nos artigos 159.º e 160.º, nos artigos 163.º a 166.º, sendo a vítima menor, e nos artigos 168.º, 169.º, 171.º a 176.º, 217.º a 222.º, 240.º, 256.º, 258.º, 262.º a 283.º, 285.º, 299.º, 335.º, 348.º, 353.º, 363.º, 367.º, 368.º-A e 372.º a 374.º, quando cometidos:

a) Em seu nome e no interesse colectivo por pessoas que nelas ocupem uma posição de liderança; ou

b) Por quem aja sob a autoridade das pessoas referidas na alínea anterior em virtude de uma violação dos deveres de vigilância ou controlo que lhes incumbem.

3 – Para efeitos da lei penal a expressão pessoas colectivas públicas abrange:

a) Pessoas colectivas de direito público, nas quais se incluem as entidades públicas empresariais;

b) Entidades concessionárias de serviços públicos, independentemente da sua titularidade;

c) Demais pessoas colectivas que exerçam prerrogativas de poder público.

4 – Entende-se que ocupam uma posição de liderança os órgãos e representantes da pessoa colectiva e quem nela tiver autoridade para exercer o controlo da sua actividade.

5 – Para efeitos de responsabilidade criminal consideram-se entidades equiparadas a pessoas colectivas as sociedades civis e as associações de facto.

6 – A responsabilidade das pessoas colectivas e entidades equiparadas é excluída quando o agente tiver actuado contra ordens ou instruções expressas de quem de direito.

7 – A responsabilidade das pessoas colectivas e entidades equiparadas não exclui a responsabilidade individual dos respectivos agentes nem depende da responsabilização destes.

8 – A cisão e a fusão não determinam a extinção da responsabilidade criminal da pessoa colectiva ou entidade equiparada, respondendo pela prática do crime:

a) A pessoa colectiva ou entidade equiparada em que a fusão se tiver efectivado; e

b) As pessoas colectivas ou entidades equiparadas que resultaram da cisão.

9 – Sem prejuízo do direito de regresso, as pessoas que ocupem uma posição de liderança são subsidiariamente responsáveis pelo pagamento das multas e indemnizações em que a pessoa colectiva ou entidade equiparada for condenada, relativamente aos crimes:

a) Praticados no período de exercício do seu cargo, sem a sua oposição expressa;

b) Praticados anteriormente, quando tiver sido por culpa sua que o património da pessoa colectiva ou entidade equiparada se tornou insuficiente para o respectivo pagamento; ou

c) Praticados anteriormente, quando a decisão definitiva de as aplicar tiver sido notificada durante o período de exercício do seu cargo e lhes seja imputável a falta de pagamento.

10 – Sendo várias as pessoas responsáveis nos termos do número anterior, é solidária a sua responsabilidade.

11 – Se as multas ou indemnizações forem aplicadas a uma entidade sem personalidade jurídica, responde por elas o património comum e, na sua falta ou insuficiência, solidariamente, o património de cada um dos associados.".

4. Os crimes previstos neste Código do Trabalho encontram-se dispostos nos artigos 82.º (crime por utilização indevida de trabalho de menor), 316.º (encerramento temporário ou definitivo de empresa ou estabelecimento ilícito; prática de actos proibidos em caso de encerramento temporário), 407.º (crime por violação da autonomia ou independência sindical, e crime por acto discriminatório), 459.º (crime de retenção de quota sindical), 543.º (substituição de grevistas; acto do empregador que implique coação, prejuízo ou discriminação de trabalhador por aderir ou não a greve) e 545.º (prática de lock-out).

Contudo, as condutas puníveis criminalmente em matéria laboral não se limitam aos crimes previstos no presente Código do Trabalho. Há vários crimes previstos e punidos pelo Código Penal que são susceptíveis de ter uma conexão com a actividade laboral.

5. Quando o mesmo facto constituir simultaneamente crime e contra-ordenação, será o agente sempre punido a título de crime, sem prejuízo da aplicação das sanções acessórias previstas para a contra-ordenação, cfr. artigo 20.º do regime geral das contra-ordenações, o Decreto-Lei n.º 433/82, de 27 de Outubro, alterado pelos Decretos-Leis n.os 356/89, de 17 de Outubro, 244/95, de 14 de Setembro, e 323/2001, de 17 de Dezembro, e ainda pela Lei n.º 109/2001, de 24 de Dezembro, diploma este aplicável por força do artigo 549.º

ARTIGO 547.º – Desobediência qualificada

Incorre no crime de desobediência qualificada o empregador que:

a) Não apresentar ao serviço com competência inspectiva do ministério responsável pela área laboral documento ou outro registo por este requisitado que interesse ao esclarecimento de qualquer situação laboral;

b) Ocultar, destruir ou danificar documento ou outro registo que tenha sido requisitado pelo serviço referido na alínea anterior.

1. Este preceito corresponde ao artigo 609.º do anterior Código do Trabalho, aprovado pela Lei n.º 99/2003.

2. Estabelece o n.º 2 do artigo 348.º do Código Penal, aprovado pelo Decreto-Lei n.º 400/82, de 23 de Setembro que: "A pena é de prisão até dois anos ou de multa até 240 dias nos casos em que uma disposição legal cominar a punição da desobediência qualificada.". Este artigo 547.º constitui, para efeitos daquele n.º 2 do artigo 348.º do Código Penal, uma disposição que comina a punição da desobediência qualificada.

3. A punição do empregador no crime de desobediência qualificada decorre do poder de autoridade em que o serviço com competência inspectiva do ministério responsável pela área laboral, a Autoridade para as Condições do Trabalho (A.C.T.), se acha necessariamente investido, para o cumprimento das suas atribuições de promover, controlar e fiscalizar o cumprimento das disposições legais, regulamentares e convencionais, respeitantes às relações de trabalho, cfr. alínea a) do n.º 2 do artigo 11.º do Decreto-Lei n.º 167-C/2013, de 31 de Dezembro, alterado pelo Decreto-Lei n.º 28/2015, de 10 de Fevereiro, que aprovou a Lei Orgânica do Ministério da Solidariedade, Emprego e Segurança Social, e alínea a) do n.º 2 do artigo 2.º do Decreto Regulamentar n.º 47/2012, de 31 de Julho, que aprovou a orgânica da Autoridade para as Condições do Trabalho.

CAPÍTULO II – Responsabilidade contra-ordenacional

ARTIGO 548.º – Noção de contra-ordenação laboral

Constitui contra-ordenação laboral o facto típico, ilícito e censurável que consubstancie a violação de uma norma que consagre direitos ou imponha deveres a qualquer sujeito no âmbito de relação laboral e que seja punível com coima.

1. Este preceito corresponde ao artigo 614.º do anterior Código do Trabalho, aprovado pela Lei n.º 99/2003.

2. Nem sempre as infracções às leis acarretam relevo penal. No quadro de maior liberdade como a que se seguiu ao pós Segunda Guerra Mundial, verificou-se uma tendência para descriminalizar muitas infracções. Semelhante movimento recorreu para tanto ao ilícito de mera ordenação social, que se consubstancia na figura das contra-ordenações, cuja respectiva sanção se denomina coima. Sendo distintos os bens jurídicos protegidos comparativamente ao direito criminal, as contra-ordenações implicam uma menor gravidade da conduta. O processo contra-ordenacional segue uma tramitação mais abreviada, comparativamente àquela que resulta do procedimento criminal, não deixando por isso de se encontrar sujeito a algumas garantias que a Lei Fundamental consagra. Aplica-se-lhe, por isso, o princípio da legalidade, o direito de audiência do arguido, da lei mais favorável ao arguido, bem como o princípio *in dubio pro reu*. Do n.º 2 do artigo 32.º da Constituição da República Portuguesa resulta claro na apreciação dos factos, em julgamento, e na dúvida sobre a sua existência, a aplicabilidade do princípio *in dubio pro reu* aos processos criminais, de transgressão e de contra-ordenação.

3. Da definição deste artigo 548.º, conjugado com o n.º 1 do artigo 13.º do regime geral das contra-ordenações, que consta do Decreto-Lei n.º 433/82, de 27 de Outubro, alterado pelos Decretos-Leis n.os 356/89, de 17 de Outubro, 244/95, de 14 de Setembro, e 323/2001, de 17 de Dezembro, e ainda pela Lei n.º 109/2001, de 24 de Dezembro, resulta que nas contra-ordenações laborais a tentativa nunca é punível. O n.º 1 do artigo 13.º do regime geral das contra-ordenações estabelece que: "A tentativa só pode ser punida quando a lei expressamente o determinar.".

4. As contra-ordenações em matéria laboral não se limitam às que se encontram previstas no presente Código do Trabalho. Há várias outras previstas e punidas em legislação avulsa.

5. Quando o mesmo facto constituir simultaneamente crime e contra-ordenação, será o agente sempre punido a título de crime, sem prejuízo da aplicação das sanções acessórias previstas para a contra-ordenação, cfr. artigo 20.º do regime geral das contra-ordenações, que consta do Decreto-Lei n.º 433/82, de 27 de Outubro, alterado pelos Decretos-Leis n.os 356/89, de 17 de Outubro, 244/95, de 14 de Setembro, e 323/2001, de 17 de Dezembro, e ainda pela Lei n.º 109/2001, de 24 de Dezembro, aplicável por força do artigo seguinte, o artigo 549.º

6. Sobre a génese e evolução histórica das contra-ordenações vide José Lobo Moutinho, *Direito das contra-ordenações*, Universidade Católica Editora, Lisboa 2008, página 17 e segs.

ARTIGO 549.º – Regime das contra-ordenações laborais

As contra-ordenações laborais são reguladas pelo disposto neste Código e, subsidiariamente, pelo regime geral das contra-ordenações.

1. Este preceito corresponde ao artigo 615.º do anterior Código do Trabalho, aprovado pela Lei n.º 99/2003.

2. O regime geral das contra-ordenações consta do Decreto-Lei n.º 433/82, de 27 de Outubro, alterado pelos Decretos-Leis n.os 356/89, de 17 de Outubro, 244/95, de 14 de Setembro, e 323/2001, de 17 de Dezembro, e ainda pela Lei n.º 109/2001, de 24 de Dezembro.

3. A alínea k) do n.º 2 do artigo 2.º do Decreto Regulamentar n.º 47/2012, de 31 de Julho, que aprovou a orgânica da Autoridade para as Condições do Trabalho, estabelece que Autoridade para as Condições do Trabalho prossegue as atribuições de assegurar o procedimento das contra-ordenações laborais e organizar o respectivo registo individual. As contra-ordenações laborais obedecem a um procedimento, procedimento este cujo regime processual consta da Lei n.º 107/2009, de 14 de Setembro, alterada pelas n.os 63/2013, de 27 de Agosto, e 55/2017, de 17 de Julho, que estabelece o regime jurídico do procedimento aplicável às contra-ordenações laborais e de segurança social. Nos termos da alínea a) do n.º 1 do artigo 2.º da Lei n.º 107/2009, quando estejam em causa contra-ordenações por violação de norma que consagre direitos ou imponha deveres a qualquer sujeito no âmbito de relação laboral e que seja punível com coima, o procedimento das contra-ordenações compete à Autoridade para as Condições do Trabalho. Nos termos do n.º 2 do mesmo artigo 2.º daquele diploma, sempre que se verifique uma situação de prestação de actividade, por forma aparentemente autónoma, em condições características de contrato de trabalho, que possa causar prejuízo ao trabalhador ou ao Estado ou a falta de comunicação de admissão do trabalhador na segurança social, quer a Autoridade para as Condições do Trabalho, quer o Instituto da Segurança Social, I. P., é competente para o procedimento das contra-ordenações por esse facto.

ARTIGO 550.º – Punibilidade da negligência

A negligência nas contra-ordenações laborais é sempre punível.

1. Este preceito corresponde ao artigo 616.º do anterior Código do Trabalho, aprovado pela Lei n.º 99/2003.

2. A regra vigente em matéria de ilícito de contra-ordenação é de que a negligência só é punível quando seja expressamente prevista na lei, como sucede neste artigo 550.º, cfr. n.º 1 do artigo 8.º do regime geral das contra-ordenações, Decreto-Lei n.º 433/82, de 27 de Outubro, alterado pelos Decretos-Leis n.os 356/89, de 17 de Outubro, 244/95, de 14 de Setembro, e 323/2001, de 17 de Dezembro, e ainda pela Lei n.º 109/2001, de 24 de Dezembro. Por força deste artigo 550.º, nas contra-ordenações laborais a negligência é sempre punível. Não é assim em matéria criminal, em que só é punível o facto praticado com negligência nos casos especialmente previstos na lei, cfr. artigo 13.º do Código Penal, aprovado pelo Decreto-Lei n.º 400/82, de 23 de Setembro.

3. A negligência é a modalidade menos grave de culpa. Doutrinalmente divide-se a culpa em duas modalidades: o dolo, e a mera culpa ou negligência. Enquanto que esta última consiste na omissão da diligência exigível ao agente, por falta de cuidado, imprudência ou inabilidade, no dolo o agente representa o resultado danoso, praticando o acto com a intenção maléfica de o produzir. Sobre a culpa *vide* Mário Júlio de Almeida Costa, *Direito das Obrigações*, 8.ª edição, Almedina, página 424 e segs., e António Menezes Cordeiro, *Direito das Obrigações*, 2.º volume, A.A.F.D.L., 1999, página 314 e segs.

4. A Lei n.º 107/2009, de 14 de Setembro, alterada pelas n.os 63/2013, de 27 de Agosto, e 55/2017, de 17 de Julho, que consagra o regime jurídico do procedimento aplicável às contra-ordenações laborais, estabelece no seu artigo 19.º:

"Pagamento voluntário da coima

1 – Em qualquer altura do processo, mas sempre antes da decisão da autoridade administrativa competente, nos casos em que a infracção seja qualificada como leve, grave ou muito grave praticada com negligência, o arguido pode proceder ao pagamento voluntário da coima, nos termos seguintes:

a) Em caso de pagamento voluntário da coima efectuado no prazo de 15 dias estabelecido no n.º 1 dos artigos 17.º e 18.º, a coima é liquidada pelo valor mínimo que corresponda à contra-ordenação praticada com negligência, devendo ter em conta o agravamento a título de reincidência, sem custas processuais;

b) Em caso de pagamento voluntário da coima efectuado posteriormente ao decurso do prazo previsto na alínea anterior, mas antes da decisão da autoridade administrativa competente, a coima é liquidada pelo valor mínimo que corresponda à contra-ordenação praticada com negligência, devendo ter em conta o agravamento a título de reincidência, acrescido das devidas custas processuais.

2 – Se a contra-ordenação consistir na falta de entrega de mapas, relatórios ou outros documentos ou na omissão de comunicações obrigatórias, o pagamento voluntário da coima só é possível se o arguido sanar a falta no mesmo prazo.

3 – O pagamento voluntário da coima, nos termos do n.º 1, equivale a condenação e determina o arquivamento do processo, não podendo o mesmo ser reaberto, e não podendo os factos voltar a ser apreciados como contra-ordenação, salvo se à contra-ordenação for aplicável sanção acessória, caso em que prossegue restrito à aplicação da mesma.

4 – Se o infractor agir com desrespeito das medidas recomendadas no auto de advertência, a coima pode ser elevada até ao valor mínimo do grau que corresponda à infracção praticada com dolo.".

ARTIGO 551.º – Sujeito responsável por contra-ordenação laboral

1 – O empregador é o responsável pelas contra-ordenações laborais, ainda que praticadas pelos seus trabalhadores no exercício das respectivas funções, sem prejuízo da responsabilidade cometida por lei a outros sujeitos.

2 – Quando um tipo contra-ordenacional tiver por agente o empregador abrange também a pessoa colectiva, a associação sem personalidade jurídica ou a comissão especial.

3 – Se o infractor for pessoa colectiva ou equiparada, respondem pelo pagamento da coima, solidariamente com aquela, os respectivos administradores, gerentes ou directores.

4 – O contratante e o dono da obra, empresa ou exploração agrícola, bem como os respectivos gerentes, administradores ou directores, assim como as sociedades que com o contratante, dono da obra, empresa ou exploração agrícola se encontrem em relação de participações recíprocas, de domínio ou de grupo, são solidariamente responsáveis pelo cumprimento das disposições legais e por eventuais violações cometidas pelo subcontratante que executa todo ou parte do contrato nas instalações daquele ou sob responsabilidade do mesmo, assim como pelo pagamento das respectivas coimas.

1. Este preceito corresponde ao artigo 617.º do anterior Código do Trabalho, aprovado pela Lei n.º 99/2003.

2. A redacção do n.º 4 deste preceito foi alterada pelo artigo 2.º da Lei n.º 28/2016, de 23 de Agosto. Na versão originária do Código do Trabalho, aprovado pela Lei n.º 7/2009, de 12 de Fevereiro, aquele n.º 4 tinha a seguinte redacção: "O contratante é responsável solidariamente pelo pagamento da coima aplicada ao subcontratante que execute toda ou parte do contrato nas instalações daquele ou sob responsabilidade do mesmo, pela violação de disposições a que corresponda uma infracção muito grave, salvo se demonstrar que agiu com a diligência devida.".

3. Nos termos do n.º 3 respondem pelo pagamento da coima, solidariamente com aquela, os administradores, gerentes ou directores de pessoa colectiva ou equiparada, solução que é inovadora face ao direito anterior, em que se restringia a responsabilidade solidária dos administradores gerentes ou directores de empregador apenas nos casos em que este fosse subcontratante. De acordo com o mesmo n.º 3, a responsabilidade pelo pagamento da coima é solidária. Trata-se apenas de regras de responsabilidade pelo pagamento, pelo que no processo contra-ordenacional em concreto, não são arguidos.

4. O n.º 4 deve ser interpretado conjuntamente com o disposto no Código das Sociedades Comerciais, aprovado pelo Decreto-Lei n.º 262/86, de 2 de Setembro. Nos termos do artigo 482.º do Código das Sociedades Comerciais, as sociedades em relação de participações recíprocas, as sociedades em relação de domínio e as sociedades em relação de grupo, consideram-se sociedades coligadas. De acordo com o n.º 1 do artigo 486.º do Código das Sociedades Comerciais, considera-se que duas sociedades estão em relação de domínio quando uma delas, dita dominante, pode exercer, directamente ou por sociedades ou pessoas, sobre a outra, dita dependente, uma influência dominante.

O n.º 4 estabelece um regime excepcional, segundo o qual o contratante e o dono da obra, empresa ou exploração agrícola, bem como os respectivos gerentes, administradores ou directores, assim como as sociedades que com o contratante, dono da obra, empresa ou exploração agrícola se encontrem em relação de participações recíprocas, de domínio ou de grupo, são solidariamente responsáveis com o subcontratante. Ou seja, alarga-se a responsabilidade das entidades que são solidariamente responsáveis pelo cumprimento das disposições legais por parte do subcontratante que presta serviços nas instalações da entidade que o contratou, ou nas instalações que se encontrem sob a responsabilidade da entidade que o contratou, quando a propriedade das instalações não seja dessa mesma entidade contratante. Nas condições referidas no n.º 4, o contratante e o dono da obra, empresa ou exploração agrícola, bem como os respectivos gerentes, administradores ou directores, assim como as sociedades que com o contratante, dono da obra, empresa ou exploração agrícola se encontrem em relação de participações recíprocas, de domínio ou de grupo responderão solidariamente com a entidade subcontratada.

Diz-se que a obrigação é solidária, quando cada um dos devedores responde pela prestação integral e esta a todos liberta, ou quando cada um dos credores tem a faculdade de exigir, por si só, a prestação integral e esta libera o devedor para com todos eles, cfr. n.º 1 do artigo 512.º do Código Civil. No ordenamento jurídico português a regra é a parcialidade ou conjunção, cfr. artigo 513.º do Código Civil, sendo que a solidariedade só existe quando resulte da lei, ou da vontade das partes. Assim, quando a entidade contratante, ou uma das sociedades que com ela se encontrem em relação de participações recíprocas, de domínio ou de grupo, pague uma coima aplicada na sequência do procedimento de contra-ordenação pelo incumprimento de uma disposição legal por parte do subcontratante, tem direito de regresso contra a entidade subcontratada, cfr. artigo 524.º do Código Civil.

ARTIGO 552.º – Apresentação de documentos

1 – As pessoas singulares, colectivas e entidades equiparadas, notificadas pelo serviço com competência inspectiva do ministério responsável pela área laboral para exibição, apresentação ou entrega de documentos ou outros registos ou de cópia dos mesmos, devem apresentá-los no prazo e local identificados para o efeito.

2 – Constitui contra-ordenação leve a violação do disposto no número anterior.

1. Este preceito não tem correspondência com qualquer outro do anterior Código do Trabalho, aprovado pela Lei n.º 99/2003, de 27 de Agosto, sendo um artigo novo.

2. Este preceito não se confunde com o disposto no artigo 547.º, segundo o qual, incorre no crime de desobediência qualificada o empregador que:

a) Não apresentar ao serviço com competência inspectiva do ministério responsável pela área laboral documento ou outro registo por este requisitado que interesse ao esclarecimento de qualquer situação laboral;

b) Ocultar, destruir ou danificar documento ou outro registo que tenha sido requisitado pelo serviço referido na alínea anterior.

O dever de apresentação que incide sob o empregador, nos termos do n.º 1 deste artigo 552.º é aplicável em matéria de contra-ordenações laborais, o qual, sendo violado faz incorrer o empregador em contra-ordenação, enquanto que aquele artigo 547.º comina a punição do empregador no crime de desobediência qualificada, decorrente do poder de autoridade em que o serviço com competência inspectiva do ministério responsável pela área laboral, a Autoridade para as Condições do Trabalho (A.C.T.), se acha necessariamente investido, para o cumprimento das suas atribuições de promover, controlar e fiscalizar o cumprimento das disposições legais, regulamentares e convencionais, respeitantes às relações de trabalho, cfr. alínea a) do n.º 2 do artigo 11.º do Decreto-Lei n.º 167-C/2013, de 31 de Dezembro, alterado pelo Decreto-Lei n.º 28/2015, de 10 de Fevereiro, que aprovou a Lei Orgânica do Ministério da Solidariedade, Emprego e Segurança Social, e alínea a) do n.º 2 do artigo 2.º do Decreto Regulamentar n.º 47/2012, de 31 de Julho, que aprovou a orgânica da Autoridade para as Condições do Trabalho.

ARTIGO 553.º - Escalões de gravidade das contra-ordenações laborais

Para determinação da coima aplicável e tendo em conta a relevância dos interesses violados, as contra-ordenações laborais classificam-se em leves, graves e muito graves.

1. Este preceito corresponde ao artigo 619.º do anterior Código do Trabalho, aprovado pela Lei n.º 99/2003.

2. A Lei n.º 107/2009, de 14 de Setembro, alterada pelas n.os 63/2013, de 27 de Agosto, e 55/2017, de 17 de Julho, que estabelece o regime jurídico do procedimento aplicável às contra-ordenações laborais, estabelece no seu artigo 28.º, que a infracção classificada como leve ou grave, com valor mínimo legal inferior ou igual ao valor de dez unidades de conta, segue a forma de processo especial, o qual só não é aplicável quando o infractor já tenha sido condenado por infracção anterior, sobre a qual ainda não decorreu um prazo superior ao da prescrição da respectiva coima, contado a partir da data da decisão condenatória.

ARTIGO 554.º- Valores das coimas

1 – A cada escalão de gravidade das contra-ordenações laborais corresponde uma coima variável em função do volume de negócios da empresa e do grau da culpa do infractor, salvo o disposto no artigo seguinte.

2 – Os limites mínimo e máximo das coimas correspondentes a contra-ordenação leve são os seguintes:

a) Se praticada por empresa com volume de negócios inferior a € 10 000 000, de 2 UC a 5 UC em caso de negligência e de 6 UC a 9 UC em caso de dolo;

b) Se praticada por empresa com volume de negócios igual ou superior a € 10 000 000, de 6 UC a 9 UC em caso de negligência e de 10 UC a 15 UC em caso de dolo.

3 – Os limites mínimo e máximo das coimas correspondentes a contra-ordenação grave são os seguintes:

a) Se praticada por empresa com volume de negócios inferior a € 500 000, de 6 UC a 12 UC em caso de negligência e de 13 UC a 26 UC em caso de dolo;

b) Se praticada por empresa com volume de negócios igual ou superior a € 500 000 e inferior € 2 500 000, de 7 UC a 14 UC em caso de negligência e de 15 UC a 40 UC em caso de dolo;

c) Se praticada por empresa com volume de negócios igual ou superior a € 2 500 000 euros e inferior a € 5 000 000, de 10 UC a 20 UC em caso de negligência e de 21 UC a 45 UC em caso de dolo;

d) Se praticada por empresa com volume de negócios igual ou superior a € 5 000 000 e inferior a € 10 000 000, de 12 UC a 25 UC em caso de negligência e de 26 UC a 50 UC em caso de dolo;

e) Se praticada por empresa com volume de negócios igual ou superior a € 10 000 000, de 15 UC a 40 UC em caso de negligência e de 55 UC a 95 UC em caso de dolo.

4 – Os limites mínimo e máximo das coimas correspondentes a contra-ordenação muito grave são os seguintes:

a) Se praticada por empresa com volume de negócios inferior a € 500 000, de 20 UC a 40 UC em caso de negligência e de 45 UC a 95 UC em caso de dolo;

b) Se praticada por empresa com volume de negócios igual ou superior a € 500 000 e inferior € 2 500 000, de 32 UC a 80 UC em caso de negligência e de 85 UC a 190 UC em caso de dolo;

c) Se praticada por empresa com volume de negócios igual ou superior a € 2 500 000 e inferior a € 5 000 000, de 42 UC a 120 UC em caso de negligência e de 120 UC a 280 UC em caso de dolo;

d) Se praticada por empresa com volume de negócios igual ou superior a € 5 000 000 e inferior a € 10 000 000, de 55 UC a 140 UC em caso de negligência e de 145 UC a 400 UC em caso de dolo;

e) Se praticada por empresa com volume de negócios igual ou superior a € 10 000 000, de 90 UC a 300 UC em caso de negligência e de 300 UC a 600 UC em caso de dolo.

5 – O volume de negócios reporta-se ao ano civil anterior ao da prática da infracção.

6 – Caso a empresa não tenha actividade no ano civil anterior ao da prática da infracção, considera-se o volume de negócios do ano mais recente.

7 – No ano de início de actividade são aplicáveis os limites previstos para empresa com volume de negócios inferior a € 500 000.

8 – Se o empregador não indicar o volume de negócios, aplicam-se os limites previstos para empresa com volume de negócios igual ou superior a € 10 000 000.

9 – A sigla UC corresponde à unidade de conta processual.

1. Este preceito corresponde ao artigo 620.º do anterior Código do Trabalho, aprovado pela Lei n.º 99/2003.

2. O dolo é a modalidade mais grave de culpa. Doutrinalmente divide-se a culpa em duas modalidades, o dolo e a mera culpa ou negligência. Enquanto que esta última consiste na omissão da diligência exigível ao agente, por falta de cuidado, imprudência ou inabilidade, no dolo o agente representa o resultado danoso, praticando o acto com a intenção maléfica de o produzir. Sobre a culpa *vide* Mário Júlio de Almeida Costa, *Direito das Obrigações*, 8.ª edição, Almedina, página 424 e segs., e António Menezes Cordeiro, *Direito das Obrigações*, 2.º volume, A.A.F.D.L., 1999, página 314 e segs.

3. O n.º 1 estabelece que a coima varia em função do escalão de gravidade da infracção, do volume de negócios, e do grau de culpa do infractor, ressalvando na parte final, que nem sempre essa coima é variável em função do volume de negócios da empresa. Quando o agente não tenha trabalhadores ao serviço ou, sendo pessoa singular, não exerça uma actividade com fins lucrativos, o valor de coimas variará em função do escalão de gravidade da infracção e do grau de culpa, aplicando-se os n.os 2, 3 ou 4 do artigo 555.º, e não este artigo 554.º

4. O empregador poderá indicar o volume de negócio através da junção aos autos do processo de contra-ordenação do mapa de quadro de pessoal, como através da junção de qualquer outro documento que seja idóneo, como a declaração anual de Imposto sobre o Rendimento Colectivo (I.R.C.). Importa referir que, nos termos do n.º 1 do artigo 552.º, poderá ser o serviço com competência inspectiva do ministério responsável pela área laboral, como em regra sucede, a notificar a empresa para exibir ou entregar documento onde conste o volume de negócios da empresa.

5. Importa assim conhecer qual o valor da unidade de conta. Nos termos do artigo 22.º do Decreto-Lei n.º 34/2008, de 26 de Fevereiro, alterado pelas Leis n.os 43/2008, de 27 de Agosto, 64-A/2008, de 31 de Dezembro, 3-B/2010, de 28 de Abril, pelo Decreto-Lei n.º 52/2011, de 13 de Abril, pelas Leis n.os 7/2012, de 13 de Fevereiro, 66-B/2012, de 31 de Dezembro, pelo Decreto-Lei n.º 126/2013, de 30 de Agosto, e pelas Leis n.os 72/2014, de 2 de Setembro, 7-A/2016, de 30 de Março, 42/2016, de 28 de Dezembro, 49/2018, de 14 de Agosto, pelo Decreto-Lei n.º 86/2018, de 29 de Outubro, e pela Lei n.º 27/2019, de 28 de Março, a unidade de conta é fixada em um quarto do valor do indexante dos apoios sociais (IAS) vigente em Dezembro do ano anterior, arredondada à unidade Euro, sendo actualizada anualmente com base na taxa de actualização do IAS. Assim, nos termos conjugados do n.º 3 do artigo 5.º da Lei n.º 53-B/2006, de 29 de Dezembro, alterada pela Lei n.º 3-B/2010, de 28 de Abril, pelo Decreto-Lei n.º 254-B/2015, de 31 de Dezembro, e pela Lei n.º 42/2016, de 28 de Dezembro, bem como da Portaria n.º 24/2019, de 17 de Janeiro, o valor do IAS para o ano de 2019 é de 435,76 €. Contudo, o artigo 182.º da Lei 71/2018, de 31 de Dezembro, manteve a suspensão da actualização automática da unidade de conta processual, sendo que o valor da unidade de conta a vigorar em 2019 continua a ser, desde 20 de Abril de 2009, de 102,00 €.

6. Esquematicamente podem reconduzir-se os valores das coimas previstos neste artigo 554.º, da seguinte forma:

VOLUME DE NEGÓCIOS	CONTRA-ORDENAÇÃO LEVE		CONTRA-ORDENAÇÃO GRAVE		CONTRA-ORDENAÇÃO MUITO GRAVE	
	Negligência	Dolo	Negligência	Dolo	Negligência	Dolo
Até 499.999,99 €	2 UC a 5 UC	6 UC a 9 UC	6 UC a 12 UC	13 UC a 26 UC	20 UC a 40 UC	45 UC a 95 UC
500.000,00 € a 2.499.999,99 €	2 UC a 5 UC	6 UC a 9 UC	7 UC a 14 UC	15 UC a 40 UC	32 UC a 80 UC	85 UC a 190 UC
2.500.000,00 € a 4.999.999,99 €	2 UC a 5 UC	6 UC a 9 UC	10 UC a 20 UC	21 UC a 45 UC	42 UC a 120 UC	120 UC a 280 UC
5.000.000,00 € a 9.999.999,99 €	2 UC a 5 UC	6 UC a 9 UC	12 UC a 25 UC	26 UC a 50 UC	55 UC a 140 UC	145 UC a 400 UC
10.000.000,00 € ou mais	6 UC a 9 UC	10 UC a 15 UC	15 UC a 40 UC	55 UC a 95 UC	90 UC a 300 UC	300 UC a 600 UC

Legenda: UC = Unidade de Conta.

Exemplificando, uma sociedade comercial que tenha um volume de negócios de 115.000,00 €, que tenha praticado uma contra-ordenação leve, com negligência, irá ter uma coima de 2 UC a 5 UC, ou seja de 204,00 € a 510,00 €.

ARTIGO 555.º – Outros valores de coimas

1 – A cada escalão de gravidade das contra-ordenações, em caso em que o agente não tenha trabalhadores ao serviço ou, sendo pessoa singular, não exerça uma actividade com fins lucrativos corresponde o valor de coimas previsto nos números seguintes.

2 – A contra-ordenação leve corresponde coima de 1 UC a 2 UC em caso de negligência ou de 2 UC a 3,5 UC em caso de dolo.

3 – A contra-ordenação grave corresponde coima de 3 UC a 7 UC em caso de negligência ou de 7 UC a 14 UC em caso de dolo.

4 – A contra-ordenação muito grave corresponde coima de 10 UC a 25 UC em caso de negligência ou de 25 UC a 50 UC em caso de dolo.

1. Este preceito corresponde ao artigo 621.º do anterior Código do Trabalho, aprovado pela Lei n.º 99/2003.

2. Quando o agente não tenha trabalhadores ao serviço ou, sendo pessoa singular, não exerça uma actividade com fins lucrativos, o valor de coimas varia apenas em função do escalão de gravidade da infracção e do grau de culpa, aplicando-se os n.ºs 2, 3 ou 4 deste artigo.

3. O dolo é a modalidade mais grave de culpa. Doutrinalmente divide-se a culpa em duas modalidades, o dolo e a mera culpa ou negligência. Enquanto que esta última consiste na omissão da diligência exigível ao agente, por falta de cuidado, imprudência ou inabilidade, no dolo o agente representa o resultado danoso, praticando o acto com a intenção maléfica de o produzir. Sobre a culpa *vide* Mário Júlio de Almeida Costa, *Direito das Obrigações*, 8.ª edição, Almedina, página 424 e segs., e António Menezes Cordeiro, *Direito das Obrigações*, 2.º volume, A.A.F.D.L., 1999, página 314 e segs.

4. Tratando-se de pessoa singular que exerça actividade com fins lucrativos, é-lhe aplicável o preceito anterior, o artigo 554.º, e não este artigo 555.º

ARTIGO 556.º – Critérios especiais de medida da coima

1 – Os valores máximos das coimas aplicáveis a contra-ordenações muito graves previstas no n.º 4 do artigo 552.º são elevados para o dobro em situação de violação de normas sobre trabalho de menores, segurança e saúde no trabalho, direitos de estruturas de representação colectiva dos trabalhadores e direito à greve.

2 – Em caso de pluralidade de agentes responsáveis pela mesma contra-ordenação é aplicável a coima correspondente à empresa com maior volume de negócios.

1. Este preceito corresponde ao artigo 622.º do anterior Código do Trabalho, aprovado pela Lei n.º 99/2003.

2. O n.º 2 suscita reservas quanto à sua compatibilidade com o texto constitucional. De facto ao mandar aplicar a coima correspondente à empresa com maior volume de negócios em caso de pluralidade de agentes, este n.º 2 viola o princípio da igualdade consagrado no artigo 13.º da Constituição da República Portuguesa. Postula o princípio da igualdade que se deve tratar de forma igual o que é igual, e de modo desigual o que não é igual. Ora o princípio da igualdade estabelecido no artigo 13.º da Constituição da República Portuguesa veda situações de vantagem não fundamentadas e situações de desvantagem infundadas. Não se percebe porque razão, quando forem vários os agentes, e não sendo eles iguais, devam ainda assim, ser tratados de igual modo, o que constitui uma situação de desvantagem, para a qual não se encontra fundamento.

ARTIGO 557.º – Dolo

O desrespeito de medidas recomendadas em auto de advertência é ponderado pela autoridade administrativa competente, ou pelo julgador em caso de impugnação judicial, designadamente para efeitos de aferição da existência de conduta dolosa.

1. Este preceito corresponde ao artigo 623.º do anterior Código do Trabalho, aprovado pela Lei n.º 99/2003.

2. O dolo é a modalidade mais grave de culpa. Doutrinalmente divide-se a culpa em duas modalidades, o dolo e a mera culpa ou negligência. Enquanto que esta última consiste na omissão da diligência exigível ao agente, por falta de cuidado, imprudência ou inabilidade, no dolo o agente representa o resultado danoso, praticando o acto com a intenção maléfica de o produzir. Sobre a culpa *vide* Mário Júlio de Almeida Costa, *Direito das Obrigações,* 8.ª edição, Almedina, página 424 e segs., e António Menezes Cordeiro, *Direito das Obrigações,* 2.º volume, A.A.F.D.L., 1999, página 314 e segs.

3. O levantamento de auto de advertência é uma competência do inspector do trabalho, em caso de infracções classificadas como leves e das quais ainda não tenha resultado prejuízo grave para os trabalhadores, para a administração do trabalho ou para a segurança social, cfr. alínea d) do n.º 1 do artigo 10.º da Lei n.º 107/2009, de 14 de Setembro, alterada pelas n.os 63/2013, de 27 de Agosto, e 55/2017, de 17 de Julho, que estabelece o regime jurídico do procedimento aplicável às contra-ordenações laborais.

ARTIGO 558.º – Pluralidade de contra-ordenações

1 – Quando a violação da lei afectar uma pluralidade de trabalhadores individualmente considerados, o número de contra-ordenações corresponde ao número de trabalhadores concretamente afectados, nos termos dos números seguintes.

2 – Considera-se que a violação da lei afecta uma pluralidade de trabalhadores quando estes, no exercício da respectiva actividade, foram expostos a uma situação concreta de perigo ou sofreram dano resultante de conduta ilícita do infractor.

3 – A pluralidade de infracções dá origem a um processo e as infracções são sancionadas com uma coima única que não pode exceder o dobro da coima máxima aplicável em concreto.

4 – Se, com a infracção praticada, o agente obteve um benefício económico, este deve ser tido em conta na determinação da medida da coima nos termos do disposto no artigo 18.º do regime geral das contra-ordenações, na redacção dada pelo Decreto-Lei n.º 244/95, de 14 de Setembro.

1. Este preceito corresponde ao artigo 624.º do anterior Código do Trabalho, aprovado pela Lei n.º 99/2003.

2. De acordo com os n.os 1 e 2 resulta que o número de contra-ordenações corresponde ao número de trabalhadores quando haja uma pluralidade de trabalhadores afectados. Quando assim não for, aplica-se o artigo 19.º do regime geral das contra-ordenações, por força do artigo 549.º, aplicação esta que só não tem lugar quando se trate de violação de normas de segurança e saúde no trabalho. O regime geral das contra-ordenações consta do Decreto-Lei n.º 433/82, de 27 de Outubro, alterado pelos Decretos-Leis n.os 356/89, de 17 de Outubro, 244/95, de 14 de Setembro, e 323/2001, de 17 de Dezembro, e ainda pela Lei n.º 109/2001, de 24 de Dezembro. Estabelece o artigo 19.º do regime geral das contra-ordenações, sob a epígrafe: "concurso de contra-ordenações", que:

> "1 – Quem tiver praticado várias contra-ordenações é punido com uma coima cujo limite máximo resulta da soma das coimas concretamente aplicadas às infracções em concurso.
>
> 2 – A coima aplicável não pode exceder o dobro do limite máximo mais elevado das contra-ordenações em concurso.
>
> 3 – A coima a aplicar não pode ser inferior à mais elevada das coimas concretamente aplicadas às várias contra-ordenações.".

3. O artigo 18.º do regime geral das contra-ordenações, sob a epígrafe "Determinação da medida da pena" estabelece que:

> 1 – A determinação da medida da coima faz-se em função da gravidade da contra-ordenação, da culpa, da situação económica do agente e do benefício económico que este retirou da prática da contra-ordenação.
>
> 2 – Se o agente retirou da infracção um benefício económico calculável superior ao limite máximo da coima, e não existirem outros meios de o eliminar, pode este elevar-se até ao montante do benefício, não devendo todavia a elevação exceder um terço do limite máximo legalmente estabelecido.
>
> 3 – Quando houver lugar à atenuação especial da punição por contra-ordenação, os limites máximo e mínimo da coima são reduzidos para metade.".

ARTIGO 559.º – Determinação da medida da coima

1 – Na determinação da medida da coima, além do disposto no regime geral das contra-ordenações, são ainda atendíveis a medida do incumprimento das recomendações constantes de auto de advertência, a coacção, falsificação, simulação ou outro meio fraudulento usado pelo agente.

2 – No caso de violação de normas de segurança e saúde no trabalho, são também atendíveis os princípios gerais de prevenção a que devem obedecer as medidas de protecção, bem como a permanência ou transitoriedade da infracção, o número de trabalhadores potencialmente afectados e as medidas e instruções adoptadas pelo empregador para prevenir os riscos.

3 – Cessando o contrato de trabalho, no caso de o arguido cumprir o disposto no artigo 245.º, e proceder ao pagamento voluntário da coima por violação do disposto nos n.os 1 ou 5 do artigo 238.º, nos n.os 1, 4 ou 5 do artigo 239.º ou nos n.os 1, 2 ou 3 do artigo 244.º, esta é liquidada pelo valor correspondente à contra-ordenação leve.

1. Este preceito corresponde ao artigo 625.º do anterior Código do Trabalho, aprovado pela Lei n.º 99/2003.

2. A determinação da medida da coima, no regime geral das contra-ordenações, encontra-se prevista no seu artigo 18.º O regime geral das contra-ordenações consta do Decreto-Lei n.º 433/82, de 27 de Outubro, alterado pelos Decretos-Leis n.os 356/89, de 17 de Outubro, 244/95, de 14 de Setembro, e 323/2001, de 17 de Dezembro, e ainda pela Lei n.º 109/2001, de 24 de Dezembro. Estabelece o artigo 18.º desse diploma, sob a epígrafe: "Determinação da media da coima", que:

> 1 – A determinação da medida da coima faz-se em função da gravidade da contra-ordenação, da culpa, da situação económica do agente e do benefício económico que este retirou da prática da contra-ordenação.
>
> 2 – Se o agente retirou da infracção um benefício económico calculável superior ao limite máximo da coima, e não existirem outros meios de o eliminar, pode este elevar-se até ao montante do benefício, não devendo todavia a elevação exceder um terço do limite máximo legalmente estabelecido.
>
> 3 – Quando houver lugar à atenuação especial da punição por contra-ordenação, os limites máximo e mínimo da coima são reduzidos para metade.

3. O levantamento de auto de advertência é uma competência do inspector do trabalho, em caso de infracções classificadas como leves e das quais ainda não tenha resultado prejuízo grave para os trabalhadores, para a administração do trabalho ou para a segurança social, cfr. alínea d) do n.º 1 do artigo 10.º da Lei n.º 107/2009, de 14 de Setembro, alterada pelas n.os 63/2013, de 27 de Agosto, e 55/2017, de 17 de Julho, que estabelece o regime jurídico do procedimento aplicável às contra-ordenações laborais.

ARTIGO 560.º – Dispensa de coima

A coima prevista para as contra-ordenações referidas no n.º 4 do artigo 353.º, no n.º 2 do artigo 355.º, no n.º 7 do artigo 356.º, no n.º 8 do artigo 357.º, no n.º 6 do artigo 358.º, no n.º 6 do artigo 360.º, no n.º 6 do artigo 361.º, n.º 6 do artigo 363.º, n.º 6 do artigo 368.º, no n.º 2 do artigo 369.º, no n.º 5 do artigo 371.º, no n.º 8 do artigo 375.º, no n.º 3 do artigo 376.º, no n.º 3 do artigo 378.º e no n.º 3 do artigo 380.º, na parte em que se refere a violação do n.º 1 do mesmo artigo, não se aplica caso o empregador assegure ao trabalhador os direitos a que se refere o artigo 389.º

1. Este preceito corresponde ao n.º 2 do artigo 681.º do anterior Código do Trabalho, aprovado pela Lei n.º 99/2003.

2. A redacção deste preceito foi alterada pelo artigo 2.º da Lei n.º 23/2012, de 25 de Junho. Na versão originária do Código do Trabalho, aprovado pela Lei n.º 7/2009, de 12 de Fevereiro, este preceito tinha a seguinte redacção:

> "A coima prevista para as contra-ordenações referidas no n.º 4 do artigo 353.º, no n.º 2 do artigo 355.º, no n.º 7 do artigo 356.º, no n.º 8 do artigo 357.º, no n.º 6 do artigo 358.º, no n.º 6 do artigo 360.º, no n.º 6 do artigo 361.º, n.º 5 do artigo 363.º, n.º 6 do artigo 368.º, no n.º 2 do artigo 369.º, no n.º 5 do artigo 371.º, no n.º 5 do artigo 375.º, no n.º 2 do artigo 376.º, no n.º 3 do artigo 378.º ou no n.º 3 do artigo 380.º, na parte em que se refere a violação do n.º 1 do mesmo artigo, não se aplica caso o empregador assegure ao trabalhador os direitos a que se refere o artigo 389.º".

Visou-se adaptar em consequência das alterações empreendidas pela Lei n.º 23/2012, de 25 de Junho ao Código do Trabalho este artigo 560.º àquelas mudanças, que em alguns casos determinaram que a contra-ordenação passasse para um outro número do preceito onde havia sido anteriormente previsto na versão originária do Código.

Aproveitou-se a oportunidade, e com a Lei n.º 23/2012, de 25 de Junho, corrigiu-se o lapso que haviamos identificado na 1.ª edição desta obra, em que o artigo 560.º referia, na sua redacção originária o n.º 5 do artigo 363.º, quando na realidade a contra-ordenação se encontrava referida no n.º 6 do artigo 363.º

3. A dispensa de coima não desresponsabiliza o empregador pela prática de uma contra-ordenação laboral, o que sucede é que não tem de pagar a coima. Assim, e ainda que tenha sido dispensado, o sujeito responsável pela contra-ordenação é, para todos os efeitos condenado, pelo que deve constar do registo individual organizado pela Autoridade para as Condições do Trabalho, cfr. artigo 565.º e alínea k) do n.º 2 do artigo 2.º do Decreto Regulamentar n.º 47/2012, de 31 de Julho, que aprovou a orgânica da Autoridade para as Condições do Trabalho, relevando essa condenação para efeitos de reincidência, cfr. artigo 561.º

ARTIGO 561.º – Reincidência

1 – É sancionado como reincidente quem comete uma contra-ordenação grave praticada com dolo ou uma contra-ordenação muito grave, depois de ter sido condenado por outra contra-ordenação grave praticada com dolo ou contra-ordenação muito grave, se entre as duas infracções tiver decorrido um prazo não superior ao da prescrição da primeira.

2 – Em caso de reincidência, os limites mínimo e máximo da coima são elevados em um terço do respectivo valor, não podendo esta ser inferior ao valor da coima aplicada pela

contra-ordenação anterior desde que os limites mínimo e máximo desta não sejam superiores aos daquela.

1. Este preceito corresponde ao artigo 626.º do anterior Código do Trabalho, aprovado pela Lei n.º 99/2003.

2. O dolo é a modalidade mais grave de culpa. Doutrinalmente divide-se a culpa em duas modalidades, o dolo e a mera culpa ou negligência. Enquanto que esta última consiste na omissão da diligência exigível ao agente, por falta de cuidado, imprudência ou inabilidade, no dolo o agente representa o resultado danoso, praticando o acto com a intenção maléfica de o produzir. Sobre a culpa *vide* Mário Júlio de Almeida Costa, *Direito das Obrigações*, 8.ª edição, Almedina, página 424 e segs., e António Menezes Cordeiro, *Direito das Obrigações*, 2.º volume, A.A.F.D.L., 1999, página 314 e segs.

3. Este preceito constitui uma regra especial face ao disposto no regime geral das contra-ordenações, que não prevê regras relativas à reincidência. O regime geral das contra-ordenações consta do Decreto-Lei n.º 433/82, de 27 de Outubro, alterado pelos Decretos-Leis n.os 356/89, de 17 de Outubro, 244/95, de 14 de Setembro, e 323/2001, de 17 de Dezembro, e ainda pela Lei n.º 109/2001, de 24 de Dezembro.

ARTIGO 562.º – Sanções acessórias

1 – No caso de contra-ordenação muito grave ou reincidência em contra-ordenação grave, praticada com dolo ou negligência grosseira, é aplicada ao agente a sanção acessória de publicidade.

2 – No caso de reincidência em contra-ordenação prevista no número anterior, tendo em conta os efeitos gravosos para o trabalhador ou o benefício económico retirado pelo empregador com o incumprimento, podem ainda ser aplicadas as seguintes sanções acessórias:

a) Interdição do exercício de actividade no estabelecimento, unidade fabril ou estaleiro onde se verificar a infracção, por um período até dois anos;

b) Privação do direito de participar em arrematações ou concursos públicos, por um período até dois anos.

3 – A publicidade da decisão condenatória consiste na inclusão em registo público, disponibilizado na página electrónica do serviço com competência inspectiva do ministério responsável pela área laboral, de um extracto com a caracterização da contra-ordenação, a norma violada, a identificação do infractor, o sector de actividade, o lugar da prática da infracção e a sanção aplicada.

4 – A publicidade referida no número anterior é promovida pelo tribunal competente, em relação a contra-ordenação objecto de decisão judicial, ou pelo serviço referido no mesmo número, nos restantes casos.

1. Este preceito corresponde ao artigo 627.º do anterior Código do Trabalho, aprovado pela Lei n.º 99/2003.

2. O dolo é a modalidade mais grave de culpa. Doutrinalmente divide-se a culpa em duas modalidades, o dolo e a mera culpa ou negligência. Enquanto que esta última consiste na omissão da diligência exigível ao agente, por falta de cuidado, imprudência ou inabilidade, no dolo o agente representa o resultado danoso, praticando o acto com a intenção maléfica de o produzir. Sobre a culpa *vide* Mário Júlio de Almeida Costa, *Direito das Obrigações*, 8.ª edição, Almedina, página 424 e segs., e António Menezes Cordeiro, *Direito das Obrigações*, 2.º volume, A.A.F.D.L., 1999, página 314 e segs.

3. O n.º 1, ao estabelecer que no caso de contra-ordenação muito grave ou reincidência em contra-ordenação grave, praticada com dolo ou negligência grosseira, é aplicada ao agente a sanção acessória de publicidade, levanta dúvidas de compatibilidade constitucional, por determinar a aplicação automática da sanção acessória de publicidade.

4. O registo público referido no n.º 3 é disponibilizado na página electrónica do serviço com competência inspectiva do ministério responsável pela área laboral. O serviço com competência inspectiva do ministério responsável pela área laboral referido nesta norma é a Autoridade para as Condições do Trabalho, cfr. alínea a) do n.º 2 do artigo 11.º do Decreto-Lei n.º 167-C/2013, de 31 de Dezembro, alterado pelo Decreto-Lei n.º 28/2015, de 10 de Fevereiro, que aprovou a Lei Orgânica do Ministério da Solidariedade, Emprego e Segurança Social, e alínea a) do n.º 2 do artigo 2.º do Decreto Regulamentar n.º 47/2012, de 31 de Julho, que aprovou a orgânica da Autoridade para as Condições do Trabalho, nos termos das quais a Autoridade para as Condições do Trabalho prossegue, entre outras, a atribuição de fiscalizar o cumprimento das disposições legais, regulamentares e convencionais respeitantes às relações de trabalho.

5. A sanção acessória de publicidade prevista nos n.os 1, 3 e 4 pode ser dispensada, cfr. n.º 1 do artigo 563.º Quando for aplicada, é eliminada, em princípio, ao final de um ano, contado a partir do inicio da publicidade da decisão condenatória, cfr. n.º 2 do mesmo artigo 563.º

6. Quando não for promovida pelo tribunal competente, em relação a contra-ordenação objecto de decisão judicial, as sanções acessórias são aplicadas pelo Inspector-geral do Trabalho, cfr. alínea a) do n.º 1 do artigo 4.º do Decreto Regulamentar n.º 47/2012, de 31 de Julho, que aprovou a orgânica da Autoridade para as Condições do Trabalho, e alínea a) do n.º 1 do artigo 3.º da Lei n.º 107/2009, de 14 de Setembro, alterada pelas n.os 63/2013, de 27 de Agosto, e 55/2017, de 17 de Julho, que consagra o regime jurídico do procedimento aplicável às contra-ordenações laborais. O Inspector-geral do Trabalho pode delegar nos subinspectores-gerais, bem como autorizá-los a subdelegar, cfr. n.º 2 do artigo 4.º do Decreto Regulamentar n.º 47/2012, de 31 de Julho. O Inspector-geral do Trabalho designa o subinspector-geral que o substitui nas suas faltas e impedimentos, cfr. o mesmo n.º 2 do artigo 4.º do Decreto Regulamentar n.º 47/2012, de 31 de Julho.

7. A Lei n.º 107/2009, de 14 de Setembro, alterada pelas n.os 63/2013, de 27 de Agosto, e 55/2017, de 17 de Julho, que consagra o regime jurídico do procedimento aplicável às contra-ordenações laborais, estabelece no seu artigo 19.º:

"Pagamento voluntário da coima

1 – Em qualquer altura do processo, mas sempre antes da decisão da autoridade administrativa competente, nos casos em que a infracção seja qualificada como leve, grave ou muito grave praticada com negligência, o arguido pode proceder ao pagamento voluntário da coima, nos termos seguintes:

a) Em caso de pagamento voluntário da coima efectuado no prazo de 15 dias estabelecido no n.º 1 dos artigos 17.º e 18.º, a coima é liquidada pelo valor mínimo que corresponda à contra-ordenação praticada com negligência, devendo ter em conta o agravamento a título de reincidência, sem custas processuais;

b) Em caso de pagamento voluntário da coima efectuado posteriormente ao decurso do prazo previsto na alínea anterior, mas antes da decisão da autoridade administrativa competente, a coima é liquidada pelo valor mínimo que corresponda à contra-ordenação praticada com negligência, devendo ter em conta o agravamento a título de reincidência, acrescido das devidas custas processuais.

2 – Se a contra-ordenação consistir na falta de entrega de mapas, relatórios ou outros documentos ou na omissão de comunicações obrigatórias, o pagamento voluntário da coima só é possível se o arguido sanar a falta no mesmo prazo.

3 – O pagamento voluntário da coima, nos termos do n.º 1, equivale a condenação e determina o arquivamento do processo, não podendo o mesmo ser reaberto, e não podendo os factos voltar a ser apreciados como contra-ordenação, salvo se à contra-ordenação for aplicável sanção acessória, caso em que prossegue restrito à aplicação da mesma.

4 – Se o infractor agir com desrespeito das medidas recomendadas no auto de advertência, a coima pode ser elevada até ao valor mínimo do grau que corresponda à infracção praticada com dolo.".

8. A Lei n.º 107/2009, de 14 de Setembro, alterada pelas n.os 63/2013, de 27 de Agosto, e 55/2017, de 17 de Julho, que consagra o regime jurídico do procedimento aplicável às contra-ordenações laborais, estabelece no seu artigo 25.º:

"Decisão condenatória

1 – A decisão que aplica a coima e ou as sanções acessórias contém:

a) A identificação dos sujeitos responsáveis pela infracção;

b) A descrição dos factos imputados, com indicação das provas obtidas;

c) A indicação das normas segundo as quais se pune e a fundamentação da decisão;

d) A coima e as sanções acessórias.

2 – Da decisão consta também a informação de que:

a) A condenação se torna definitiva e exequível se não for judicialmente impugnada nos termos dos artigos 32.º a 35.º;

b) Em caso de impugnação judicial, o tribunal pode decidir mediante audiência ou, caso os sujeitos responsáveis pela infracção, o Ministério Público e o assistente, quando exista, não se oponham, mediante simples despacho.

3 – A decisão contém ainda a ordem de pagamento da coima no prazo máximo de 10 dias após o carácter definitivo ou o trânsito em julgado da decisão.

4 – Não tendo o arguido exercido o direito de defesa nos termos do n.º 2 do artigo 17.º e do n.º 1 do artigo 18.º, a descrição dos factos imputados, das provas, e das circunstâncias relevantes para a decisão é feita por simples remissão para o auto de notícia, para a participação ou para o auto de infracção.

5 – A fundamentação da decisão pode consistir em mera declaração de concordância com fundamentos de anteriores pareceres, informações ou propostas de decisão elaborados no âmbito do respectivo processo de contra-ordenação.".

ARTIGO 563.º – Dispensa e eliminação da publicidade

1 – A sanção acessória de publicidade pode ser dispensada, tendo em conta as circunstâncias da infracção, se o agente tiver pago imediatamente a coima a que foi condenado e se não tiver praticado qualquer contra-ordenação grave ou muito grave nos cinco anos anteriores.

2 – Decorrido um ano desde a publicidade da decisão condenatória sem que o agente tenha sido novamente condenado por contra-ordenação grave ou muito grave, é a mesma eliminada do registo referido no artigo anterior.

3 – O disposto no n.º 1 não se aplica no caso de contraordenação a que se refere o n.º 5 do artigo 29.º

1. Este preceito não tem correspondência com qualquer outro do anterior Código do Trabalho, aprovado pela Lei n.º 99/2003, de 27 de Agosto, sendo um artigo novo.

2. Nos termos do n.º 1, a sanção acessória de publicidade prevista nos n.os 1, 3 e 4 do artigo anterior, o artigo 562.º, pode ser dispensada. Para tanto, relevam as circunstâncias em que a infracção foi praticada, sendo que se exige ainda que o agente tenha pago imediatamente a coima em que foi condenado, e que o agente não tenha praticado qualquer outra contra-ordenação grave ou muito grave nos cinco anos anteriores. Quando for aplicada a sanção acessória de publicidade, esta é eliminada do registo público, disponibilizado na página electrónica do serviço com competência inspectiva do ministério responsável pela área laboral, em princípio, ao final de um ano, contado a partir do inicio da publicidade da decisão condenatória, cfr. n.º 2. Só não é eliminada se o agente tiver sido novamente condenado pela prática de contra-ordenação grave ou muito grave.

3. O n.º 3 foi introduzido pela Lei n.º 73/2017, de 16 de Agosto, e rectificado pela Declaração de Retificação n.º 28/2017, publicada no Diário da República, 1.ª série, N.º 190, de 2 de Outubro de 2017. Nos termos do n.º 3, nas situações relativas a contra-ordenação por prática de assédio, a sanção acessória de publicidade não pode ser dispensada.

ARTIGO 564.º – Cumprimento de dever omitido

1 – Sempre que a contra-ordenação laboral consista na omissão de um dever, o pagamento da coima não dispensa o infractor do seu cumprimento se este ainda for possível.

2 – A decisão que aplique a coima deve conter, sendo caso disso, a ordem de pagamento de quantitativos em dívida ao trabalhador, a efectuar dentro do prazo estabelecido para o pagamento da coima.

3 – Em caso de não pagamento, a decisão referida no número anterior serve de base à execução efectuada nos termos do artigo 89.º do Decreto-Lei n.º 433/82, de 27 de Outubro, aplicando-se as normas do processo comum de execução para pagamento de quantia certa.

1. Este preceito corresponde aos artigos 618.º e 669.º do anterior Código do Trabalho, aprovado pela Lei n.º 99/2003.

2. O disposto no n.º 1 encontra-se igualmente previsto no artigo 61.º da Lei n.º 107/2009, de 14 de Setembro, alterada pelas n.ºs 63/2013, de 27 de Agosto, e 55/2017, de 17 de Julho, que aprovou o regime processual aplicável às contra-ordenações laborais e de segurança social.

3. O n.º 3 remete expressamente para o regime geral das contra-ordenações, previsto no Decreto-Lei n.º 433/82, de 27 de Outubro, alterado pelos Decretos-Leis n.ºs 356/89, de 17 de Outubro, 244/95, de 14 de Setembro, e 323/2001, de 17 de Dezembro, e ainda pela Lei n.º 109/2001, de 24 de Dezembro.

ARTIGO 565.º – Registo individual

1 – O serviço com competência inspectiva do ministério responsável pela área laboral organiza um registo individual dos sujeitos responsáveis pelas contra-ordenações laborais, de âmbito nacional, do qual constam as infracções praticadas, as datas em que foram cometidas, as coimas e as sanções acessórias aplicadas, assim como as datas em que as decisões condenatórias se tornaram irrecorríveis.

2 – Os tribunais e os departamentos das administrações regionais dos Açores e da Madeira com competência para a aplicação de coimas remetem ao serviço referido no número anterior os elementos neste indicados.

1. Este preceito corresponde ao artigo 629.º do anterior Código do Trabalho, aprovado pela Lei n.º 99/2003.

2. A alínea k) do n.º 2 do artigo 2.º do Decreto Regulamentar n.º 47/2012, de 31 de Julho, que aprovou a orgânica da Autoridade para as Condições do Trabalho, estabelece que Autoridade para as Condições do Trabalho prossegue as atribuições de assegurar o procedimento das contra-ordenações laborais e organizar o respectivo registo individual.

3. Nos termos do n.º 1, o registo individual dos sujeitos responsáveis pelas contra-ordenações laborais contém todas as infracções praticadas.

ARTIGO 566.º – Destino das coimas

1 – Em processo cuja instrução esteja cometida ao serviço com competência inspectiva do ministério responsável pela área laboral, metade do produto da coima aplicada reverte para este, a título de compensação de custos de funcionamento e despesas processuais, tendo o remanescente o seguinte destino:

a) Fundo de Acidentes de Trabalho, no caso de coima aplicada em matéria de segurança e saúde no trabalho;

b) 35% para o serviço responsável pela gestão financeira do orçamento da Segurança Social e 15% para o Orçamento do Estado, relativamente a outra coima.

2 – O serviço referido no número anterior transfere trimestralmente para as entidades referidas no número anterior as importâncias a que têm direito.

1. Este preceito corresponde ao artigo 628.º do anterior Código do Trabalho, aprovado pela Lei n.º 99/2003.

2. De acordo com o n.º 1, quando seja o serviço com competência inspectiva do ministério responsável pela área laboral, o responsável pela instrução do processo de contra-ordenação, metade do produto da coima aplicada reverte para este, para que esse montante possa fazer face aos custos de funcionamento e despesas processuais.

3. A alínea k) do n.º 2 do artigo 2.º do Decreto Regulamentar n.º 47/2012, de 31 de Julho, que aprovou a orgânica da Autoridade para as Condições do Trabalho, estabelece que Autoridade para as Condições do Trabalho prossegue as atribuições de assegurar o procedimento das contra-ordenações laborais e organizar o respectivo registo individual. Nos termos da alínea a) do n.º 1 do artigo 2.º da Lei n.º 107/2009, de 14 de Setembro, alterada pelas n.ºs 63/2013, de 27 de Agosto, e 55/2017, de 17 de Julho, que estabelece o regime jurídico do procedimento aplicável às contra-ordenações laborais e de segurança social, quando estejam em causa contra-ordenações por violação de norma que consagre direitos ou imponha deveres a qualquer sujeito no âmbito de relação laboral e que seja punível com coima, o procedimento das contra-ordenações compete à Autoridade para as Condições do Trabalho. Nos termos do n.º 2 do mesmo artigo 2.º, sempre que se verifique uma situação de prestação de actividade, por forma aparentemente autónoma, em condições características de contrato de trabalho, que possa causar prejuízo ao trabalhador ou ao Estado ou a falta de comunicação de admissão do trabalhador na segurança social, quer a Autoridade para as Condições do Trabalho, quer o Instituto da Segurança Social, I. P., é competente para o procedimento das contra-ordenações por esse facto.

4. O n.º 2 determina que quando a intrução do processo de contra-ordenação incumba ao serviço com competência inspectiva do ministério responsável pela área laboral, este serviço é responsável por proceder à transferência, com carácter trimestral, de metade do produto da coima aplicada para o Fundo de Acidentes de Trabalho, no caso de coima em matéria de segurança e saúde no trabalho, ou quando se trate de outra coima aplicada, de 35% do produto da coima para o serviço responsável pela gestão financeira do orçamento da Segurança Social e o remanescente, 15%, para o Orçamento do Estado.

Exposição de Motivos que acompanhou a Proposta de Lei n.º 285/X/4.ª, que viria a ser a Lei n.º 105/2009, de 14 de Setembro[8]

O anterior Código do Trabalho, aprovado pela Lei n.º 99/2003, de 27 de Agosto, procedeu à revisão e à unificação da legislação laboral, até então dispersa por inúmeros diplomas. Parte significativa das suas disposições entraram em vigor mais tarde do que se previa, por terem que aguardar a entrada em vigor da Lei n.º 35/2004, de 29 de Julho, a qual, seguindo a preocupação sistematizadora do Código, se encontra organizada por capítulos que correspondem, em regra, à sequência das disposições do Código que cuidam de regulamentar.

Dando cumprimento a tais comandos e, por outro lado, ao que deixou vertido no seu Programa, o XVII Governo Constitucional definiu uma estratégia de revisão da legislação laboral. Após o trabalho de avaliação do impacto da legislação na realidade social e económica e do diagnóstico das necessidades de intervenção legislativa, o XVII Governo Constitucional foi fomentado o seu debate no seio do diálogo social e impulsionando a sua discussão, em sede de concertação social.

É neste contexto que a Resolução do Conselho de Ministros n.º 160/2006, de 30 de Novembro, criou a Comissão do Livro Branco das Relações Laborais (CLBRL), composta por um grupo de peritos com a missão de produzir um diagnóstico as necessidades de intervenção legislativa, tendo em conta o conjunto de conclusões vertidas no Livro Verde, designadamente em matéria de emprego, protecção social e relações de trabalho.

O Livro Branco das Relações Laborais (LBRL), relatório final da Comissão que foi publicado em Novembro de 2007 e que constituiu, também ele, alvo de debate em sede de Comissão Permanente de Concertação Social (CPCS), identifica os

[8] A Exposição de Motivos que acompanhou esta Proposta de Lei não veio a acompanhar a Lei n.º 105/2009, de 14 de Setembro.

principais problemas da realidade económica e social do país e enuncia as propostas de intervenção legislativa que considera adequadas.

Entre as várias propostas conta-se uma referente à sistematização. Assim, propôs-se que o acervo legislativo deveria ter a seguinte composição:

- Um Código do Trabalho com um número de artigos inferior ao que o conjunto do Código e da Lei n.º 35/2004, de 29 de Julho, totaliza actualmente;
- Cinco leis extravagantes: saúde e segurança no trabalho, trabalho no domicílio, fundo de garantia salarial e arbitragem não voluntária;
- Um diploma regulamentar do Código.

É na sequência destes acontecimentos que o XVII Governo Constitucional, em 22 de Abril de 2008, apresenta à CPCS um documento que deverá servir de base à formalização de um novo acordo em matéria de regulação das relações de trabalho, de protecção social e emprego, no qual se reflecte o acolhimento da generalidade das propostas apresentadas pela CLBRL, no tocante à sistematização e à simplificação dos instrumentos legislativos em vigor, em particular, do Código do Trabalho e do seu Regulamento.

É neste quadro programático e com este cenário de intensivo e alargado debate que o Governo e a maioria dos parceiros com assento na CPCS alcançaram, em 25 de Junho de 2008, o acordo tripartido que esteve na origem da iniciativa legislativa que ora se concretiza, a qual será complementada por intervenções específicas na área da protecção social e do emprego, e que é, por isso mesmo, o resultado de uma reflexão esclarecida, participativa e sedimentada ao longo de um período de dois anos.

No seguimento da proposta da CLBRL foi alcançado no «Acordo Tripartido para um novo Sistema de Regulação das Relações Laborais, das Politicas de Emprego e da Protecção Social em Portugal» um amplo consenso quanto à sistemática do acervo legislativo laboral.

Assim, acordaram os parceiros sociais e Governo na seguinte sistematização dos regimes do Código do Trabalho e da Lei n.º 35/2004, de 29 de Julho:

Ser integrados no Código do Trabalho, de modo unificado, os seguintes regimes, parcialmente regulados na referida Lei:

- Destacamento de trabalhadores (artigos 7.º a 8.º do Código e 11.º e 12.º da Lei n.º 35/2004, de 29 de Julho);
- Direitos de personalidade (artigos 15.º a 21.º do Código e artigos 27.º a 29.º da Lei n.º 35/2004, de 29 de Julho);
- Igualdade e não discriminação (artigos 22.º a 30.º do Código e artigos 31.º a 40.º da Lei n.º 35/2004, de 29 de Julho);
- Protecção da maternidade e da paternidade (artigos 33.º a 51.º do Código e artigos 67.º a 83.º da Lei n.º 35/2004, de 29 de Julho);
- Trabalho de menores (artigos 53.º a 70.º do Código e 115.º da Lei n.º 35/2004, de 29 de Julho);

- Trabalhador-estudante (artigos 79.º a 84.º do Código e artigos 148.º a 156.º da Lei n.º 35/2004, de 29 de Julho, com excepção do artigo 155.º sobre especificidades da frequência de estabelecimentos de ensino que passará para diploma sobre regulamentação do Código);
- Trabalhador estrangeiro ou apátrida (artigos 86.º a 90.º do Código e artigos 158.º e 159.º da Lei n.º 35/2004, de 29 de Julho);
- Formação profissional (artigos 123.º a 125.º e 137.º do Código e artigos 161.º a 169.º da Lei n.º 35/2004, de 29 de Julho); o artigo 170.º da Lei n.º 35/2004, de 29 de Julho, sobre relatório da formação contínua, deverá integrar diploma sobre regulamentação do Código;
- Horário de trabalho (artigos 170.º a 179.º do Código e artigos 178.º a 182.º da Lei n.º 35/2004, de 29 de Julho);
- Trabalho nocturno (artigos 192.º a 196.º do Código e artigos 184.º a 186.º da Lei n.º 35/2004, de 29 de Julho);
- Trabalho suplementar (artigos 197.º a 204.º do Código e 188.º e 189.º da Lei n.º 35/2004, de 29 de Julho);
- Faltas (artigos 224.º a 232.º do Código e artigos 203.º e 204.º da Lei n.º 35/2004, de 29 de Julho);
- Retribuição e outras atribuições patrimoniais (artigos 249.º a 271.º do Código e artigos 207.º a 210.º da Lei n.º 35/2004, de 29 de Julho);
- Redução da actividade e suspensão do contrato de trabalho (artigos 330.º a 353.º do Código e artigos 293.º a 299.º da Lei n.º 35/2004, de 29 de Julho);
- Incumprimento do contrato de trabalho (artigos 363.º e 364.º do Código e artigos 301.º a 307.º da Lei n.º 35/2004, de 29 de Julho); o regime da resolução do contrato de trabalho por parte do trabalhador com fundamento na falta de pagamento pontual da retribuição (artigo 308.º da Lei n.º 35/2004) deverá ser integrado na parte correspondente do capítulo da cessação do contrato de trabalho, e o regime da suspensão de execuções (artigos 310.º a 314.º da Lei n.º 35/2004, de 29 de Julho) deverá ser integrado na regulamentação do Código;
- Associações sindicais, cujo regime do Código deverá integrar os artigos 397.º, 398.º e 400.º a 403.º da Lei n.º 35/2004, de 29 de Julho;
- Comissões de trabalhadores (artigos 461.º a 470.º do Código e artigos 328.º a 364.º da Lei n.º 35/2004, de 29 de Julho);
- Participação na elaboração da legislação do trabalho (artigos 524.º a 530.º do Código e artigo 405.º da Lei n.º 35/2004, de 29 de Julho);
- Relativamente ao regime da segurança, higiene e saúde no trabalho e dos acidentes de trabalho e doenças profissionais, as normas fundamentais deverão constar do Código do Trabalho; a restante regulamentação constará de legislação específica, a qual conterá também o regime da protecção do património genético dos artigos 41.º a 65.º da Lei n.º 35/2004, de 29 de Julho.

Devendo ser integrados em leis específicas:

- O regime do trabalho no domicílio (artigos 14.º a 26.º da Lei n.º 35/2004, de 29 de Julho);
- Os regimes do trabalho marítimo e do transporte rodoviário;
- O regime do conselho de empresa europeu (artigos 471.º a 474.º do Código e artigos 365.º a 395.º da Lei n.º 35/2004, de 29 de Julho);
- O regime do Fundo de Garantia Salarial (artigos 316.º a 325.º da Lei n.º 35/2004);
- O regime sobre segurança, higiene e saúde no trabalho, acidentes de trabalho e doenças profissionais constante das disposições do Código (artigos 272.º a 312.º) que não sejam integradas neste como normas fundamentais, bem como as normas da Lei n.º 35/2004 sobre segurança, higiene e saúde no trabalho (artigos 212.º a 278.º) e sobre protecção do património genético (artigos 41.º a 65.º); ainda, os regimes das actividades proibidas ou condicionadas a trabalhadora grávida, puérpera ou lactante (artigos 84.º a 98.º da Lei n.º 35/2004, de 29 de Julho) e da protecção do trabalho de menor (artigos 116.º a 126.º da Lei n.º 35/2004, de 29 de Julho);
- O regime da arbitragem obrigatória, bem como a arbitragem para definição de serviços mínimos, na parte não integrada no Código do Trabalho (artigos 569.º e 599.º do Código e artigos 407.º a 449.º da Lei n.º 35/2004, de 29 de Julho).

Na medida em que não possam ser integrados em legislação própria, deverão ser integrados em diploma de regulamentação do Código do Trabalho os seguintes regimes da Lei n.º 35/2004, de 29 de Julho, ou do Código:

- Participação de menor em espectáculos ou outra actividade cultural, artística ou publicitária (artigos 138.º a 146.º da Lei n.º 35/2004, de 29 de Julho);
- Período de funcionamento (artigo 176.º da Lei n.º 35/2004, de 29 de Julho);
- Verificação de doenças (artigos 191.º a 201.º e 206.º da Lei n.º 35/2004, de 29 de Julho);
- Quadros de pessoal e balanço social (artigos 452.º a 464.º da Lei n.º 35/2004, de 29 de Julho), relatório anual de Segurança, Higiene e Saúde no Trabalho e Relatório Anual de Formação;
- Estatuto de trabalhador-estudante, na parte referente à frequência de estabelecimento de ensino (artigos 148.º, n.º 2, alínea *b*), 155.º e 156.º da Lei n.º 35/2004, de 29 de Julho);
- Regimes de segurança social em situações reguladas na legislação do trabalho;
- Subsídios em caso de faltas ou licenças no âmbito da protecção da maternidade ou paternidade (artigos 103.º a 106.º da Lei n.º 35/2004, de 29 de Julho);
- Efeitos de licenças na taxa de formação da pensão de invalidez ou velhice (artigo 50.º, n.º 3 do Código);

- Inscrição na segurança social de trabalhador menor (artigo 53.º, n.º 4 do Código);
- Pré-reforma (artigos 357.º, n.º 2 e 362.º do Código);
- Segurança social e seguro de acidentes de trabalho de trabalhador temporário (artigo 41.º da Lei n.º 19/2007, de 22 de Maio);
- Prestações de desemprego em caso de suspensão de contrato de trabalho por falta de pagamento pontual da retribuição (artigos 306.º e 315.º da Lei n.º 35/2004, de 29 de Julho);
- Contribuições para a segurança social em caso de sanção disciplinar de suspensão do trabalho com perda de retribuição (artigo 370.º, n.º 2, do Código).

Na sequência da publicação da Lei n.º 7/2009, de 12 de Fevereiro, que aprovou o novo Código do Trabalho, foram revogadas a Lei n.º 99/2003, de 27 de Agosto, e a Lei n.º 35/2004, de 29 de Julho.

A 12 de Fevereiro de 2009 foi publicado o novo Código do Trabalho pela Lei n.º 7/2009, de 12 de Fevereiro, com nova sistemática e maior simplificação, a que acresceu a expurga do Código de toda as matérias que não tinham uma natureza laboral.

Importa agora proceder à regulamentação do novo Código do Trabalho no seguimento do "Acordo Tripartido".

O regime jurídico proposto é profundamente baseado na anterior Regulamentação do Código, muito embora apresente alterações significativas com vista a introduzir uma maior eficácia.

O regime jurídico proposto regula as seguintes matérias:

- Participação de menor em espectáculos ou outra actividade cultural, artística ou publicitária;
- Período de funcionamento;
- Verificação de doenças;
- Informação sobre a actividade social da empresa;
- Estatuto de trabalhador-estudante, na parte referente à frequência de estabelecimento de ensino;
- Formação Profissional – Plano de Formação;
- Prestações de desemprego em caso de suspensão de contrato de trabalho por falta de pagamento pontual da retribuição;

Visando-se dar sequência ao novo compromisso entre direitos e deveres laborais presente no novo Código do Trabalho, tendo em vista o acréscimo de eficácia do quadro normativo existente e considerando o impacto da legislação na realidade social e económica, devem ser ouvidos os órgãos de governo próprio das Regiões Autónomas e, mediante discussão pública a realizar na Assembleia da República, devem ser assegurados todos os procedimentos necessários à garantia da participação das estruturas representativas dos trabalhadores e empregadores, em conformidade com o disposto nos artigos 470.º e 472.º do Código do Trabalho.

Lei n.º 105/2009, de 14 de Setembro

Regulamenta e altera o Código do Trabalho, aprovado pela Lei n.º 7/2009, de 12 de Fevereiro, e procede à primeira alteração da Lei n.º 4/2008, de 7 de Fevereiro

A Assembleia da República decreta, nos termos da alínea *c*) do artigo 161.º da Constituição, o seguinte:

CAPÍTULO I – Objecto e âmbito

ARTIGO 1.º – Objecto e âmbito

1 – A presente lei regula as seguintes matérias:

a) Participação de menor em actividade de natureza cultural, artística ou publicitária, a que se refere o artigo 81.º do Código do Trabalho, com a extensão a trabalho autónomo de menor com idade inferior a 16 anos decorrente do n.º 4 do artigo 3.º da Lei n.º 7/2009, de 12 de Fevereiro;

b) Especificidades da frequência de estabelecimento de ensino por trabalhador-estudante;

c) Aspectos da formação profissional;

d) Período de laboração, de acordo com o previsto no n.º 4 do artigo 201.º do Código do Trabalho;

e) Verificação de situação de doença de trabalhador, de acordo com o previsto no n.º 3 do artigo 254.º do Código do Trabalho;

f) Prestações de desemprego em caso de suspensão do contrato de trabalho pelo trabalhador com fundamento em não pagamento pontual da retribuição, prevista nos n.os 1 e 2 do artigo 325.º do Código do Trabalho;

g) Suspensão de execuções quando o executado seja trabalhador com retribuições em mora;

h) Informação periódica sobre a actividade social da empresa.

i) Referendo para a instituição de regime de banco de horas grupal.

2 – O regime a que se refere a alínea *b*) do número anterior transpõe parcialmente para a ordem jurídica interna a Directiva n.º 94/33/CE, do Conselho, de 22 de Junho, relativa à protecção dos jovens no trabalho.

CAPÍTULO II – Participação de menor em actividade de natureza cultural, artística ou publicitária

ARTIGO 2.º – Actividades permitidas a menor

1 – O menor pode participar em espectáculo ou outra actividade de natureza cultural, artística ou publicitária, designadamente como actor, cantor, dançarino, figurante, músico, modelo ou manequim.

2 – A situação prevista no número anterior não pode envolver contacto com animal, substância ou actividade perigosa que possa constituir risco para a segurança ou a saúde do menor.

3 – Sem prejuízo do previsto no número anterior, o menor só pode participar em espectáculos que envolvam animais desde que tenha pelo menos 12 anos e a sua actividade, incluindo os respectivos ensaios, decorra sob a vigilância de um dos progenitores, representante legal ou irmão maior.

4 – Constitui contra-ordenação muito grave, imputável à entidade promotora da actividade, a violação do disposto nos n.os 2 e 3, podendo ser aplicada a sanção acessória de publicidade da condenação, nos termos gerais, e ainda, tendo em conta os efeitos gravosos para o menor ou o benefício económico retirado pela entidade promotora:

a) Interdição do exercício de profissão ou actividade cujo exercício dependa de título público ou de autorização ou homologação de autoridade pública;

b) Privação do direito a subsídio ou benefício outorgado por entidade ou serviço público;

c) Encerramento de estabelecimento cujo funcionamento dependa de autorização ou licença de autoridade administrativa.

ARTIGO 3.º – Duração do período de participação em actividade

1 – A participação do menor na actividade, incluindo ensaios e outros actos preparatórios, não pode exceder, consoante a idade daquele:

a) Menos de 1 ano, uma hora por semana;

b) De 1 a menos de 3 anos, duas horas por semana;

c) De 3 a menos de 7 anos, duas horas por dia e quatro horas por semana;

d) De 7 a menos de 12 anos, três horas por dia e nove horas por semana, podendo qualquer dos limites ser excedido até três horas, caso o acréscimo de actividade ocorra em dia sem actividades escolares;

e) De 12 a menos de 16 anos, quatro horas por dia e doze horas por semana, podendo qualquer dos limites ser excedido até três horas, caso o acréscimo de actividade ocorra em dia sem actividades escolares.

2 – Durante o período de aulas, a actividade do menor deve não coincidir com o horário escolar, respeitar um intervalo mínimo de uma hora entre ela e a frequência das aulas e não impossibilitar de qualquer modo a participação em actividades escolares.

3 – A actividade do menor deve ser suspensa pelo menos um dia por semana, coincidente com dia de descanso durante o período de aulas.

4 – A actividade pode ser exercida em metade do período de férias escolares e não pode exceder, consoante a idade do menor:

a) De 6 a menos de 12 anos, seis horas por dia e doze horas por semana;

b) De 12 a menos de 16 anos, sete horas por dia e dezasseis horas por semana.

5 – Em situação referida nas alíneas *c*) a *e*) do n.º 1 ou no número anterior deve haver uma ou mais pausas de, pelo menos, trinta minutos cada, de modo que a actividade consecutiva não seja superior a metade do período diário referido naqueles preceitos.

6 – O menor só pode exercer a actividade entre as 8 e as 20 horas ou, tendo idade igual ou superior a 7 anos e apenas para participar em espectáculos de natureza cultural ou artística, entre as 8 e as 24 horas.

7 – Os n.os 1 a 5 são aplicáveis a menor que esteja abrangido pela escolaridade obrigatória.

8 – Constitui contra-ordenação muito grave, imputável à entidade promotora, a violação do disposto no presente artigo, podendo ser aplicadas as sanções acessórias referidas no n.º 4 do artigo anterior.

ARTIGO 4.º – Responsabilidade por acidente de trabalho

1 – O menor tem direito a reparação de danos emergentes de acidente de trabalho, nos termos do correspondente regime geral, assumindo, para este efeito, a entidade promotora a posição de empregadora.

2 – A entidade promotora deve transferir a responsabilidade por acidente de trabalho para entidade autorizada por lei a realizar este seguro.

3 – Constitui contra-ordenação grave a violação do disposto no número anterior, podendo ser aplicadas as sanções acessórias previstas no n.º 4 do artigo 2.º em caso de reincidência em contra-ordenação praticada com dolo ou negligência grosseira.

ARTIGO 5.º – Autorização ou comunicação de participação em actividade

1 – A participação de menor em actividade referida no artigo 2.º está sujeita a autorização ou comunicação.

2 – A comunicação só pode ter lugar no caso de participação que decorra num período de vinte e quatro horas e respeite a menor com, pelo menos, 13 anos de idade que não tenha participado, nos 180 dias anteriores, em actividade a que se refere o artigo 2.º

3 – É competente para a autorização e para receber a comunicação referidas no n.º 1 a Comissão de Protecção de Crianças e Jovens (CPCJ) cuja área abranja o domi-

cílio do menor ou, na sua falta, aquela cuja sede estiver mais próxima, funcionando em comissão restrita.

4 – A autorização é válida pelo período da participação do menor na actividade a que respeita, no máximo de nove meses, devendo ser renovada sempre que a participação for de duração superior.

5 – Constitui contra-ordenação muito grave, imputável à entidade promotora, a violação do disposto nos n.os 1, 2 ou 4, podendo ser aplicadas as sanções acessórias referidas no n.º 4 do artigo 2.º

ARTIGO 6.º – Pedido de autorização de participação em actividade

1 – A entidade promotora da actividade requer a autorização por escrito, indicando os seguintes elementos:

a) Identificação e data do nascimento do menor;

b) Estabelecimento de ensino frequentado pelo menor se este estiver abrangido pela escolaridade obrigatória;

c) Actividade em que o menor participará e local onde a mesma se realiza;

d) Tipo de participação do menor, referenciada através de sinopse detalhada;

e) Duração da participação do menor, que pode ser para uma ou várias actuações, por uma temporada ou outro prazo certo, ou ainda o período em que o espectáculo permaneça em cartaz ou outro prazo incerto;

f) Número de horas diárias e semanais de actividade do menor em actuação e actos preparatórios;

g) Pessoa disponível para, sendo caso disso, vigiar a participação do menor.

2 – O requerimento deve ser instruído com:

a) Ficha de aptidão que certifique que o menor tem capacidade física e psíquica adequadas à natureza e à intensidade da sua participação, emitido pelo médico do trabalho da entidade promotora, depois de ouvido o médico assistente do menor;

b) Declaração do horário escolar e informação sobre o aproveitamento escolar do menor abrangido pela escolaridade obrigatória, emitidas pelo estabelecimento de ensino;

c) Autorização dos representantes legais do menor, que deve mencionar os elementos referidos nas alíneas *c*) a *f*) do número anterior;

d) Parecer de sindicato e de associação de empregadores representativos sobre a compatibilidade entre a participação prevista e a idade do menor ou, na falta de resposta, prova de que o mesmo foi solicitado pelo menos cinco dias úteis antes da apresentação do requerimento;

e) Apreciação da entidade promotora relativamente a parecer desfavorável do sindicato ou da associação de empregadores, caso exista.

3 – São competentes para dar parecer sobre o pedido:

a) Qualquer sindicato representativo da actividade a exercer pelo menor, que tenha celebrado uma convenção colectiva que abranja a actividade promovida pela requerente;

b) Qualquer associação de empregadores em que a entidade promotora esteja inscrita, ou que tenha celebrado convenção colectiva que abranja a actividade promovida pela requerente.

4 – À renovação da autorização aplica-se o disposto nos números anteriores.

ARTIGO 7.º – Deliberação da Comissão de Protecção de Crianças e Jovens

1 – Antes de deliberar sobre o requerimento, a CPCJ deve ouvir o menor em causa, sempre que tal seja possível.

2 – A CPCJ autoriza a participação do menor se a actividade, o tipo de participação e o correspondente número de horas por dia e por semana respeitarem o disposto nos artigos anteriores e não prejudicarem a segurança, a saúde, o desenvolvimento físico, psíquico e moral, a educação e a formação do menor.

3 – A Comissão pode autorizar a participação com a condição de que esta decorra sob a vigilância de um dos representantes legais ou de pessoa maior indicada por estes.

4 – A decisão deve ser proferida no prazo de 20 dias.

5 – Considera-se deferido o requerimento que não seja decidido no prazo previsto no número anterior se os documentos referidos nas alíneas *a*) a *d*) do n.º 2 do artigo anterior forem favoráveis à participação do menor na actividade ou se este já não estiver abrangido pela escolaridade obrigatória.

6 – Considera-se indeferido o requerimento que não seja decidido no prazo referido no n.º 4, sem prejuízo do previsto no número anterior.

7 – A autorização deve identificar a entidade promotora e mencionar os elementos referidos no n.º 1 do artigo anterior.

8 – A CPCJ comunica a autorização e o prazo de validade da mesma ao requerente, ao serviço com competência inspectiva do ministério responsável pela área laboral, aos representantes legais do menor e, caso este esteja abrangido pela escolaridade obrigatória, ao estabelecimento de ensino.

ARTIGO 8.º – Procedimento de comunicação de participação em actividade

1 – A entidade promotora comunica a participação de menor em actividade, por escrito, à CPCJ, com a antecedência mínima de cinco dias úteis, indicando os elementos referidos no n.º 1 do artigo 6.º, bem como a data e as horas de início e termo da participação.

2 – A comunicação deve ser acompanhada dos documentos a que se referem as alíneas *a*) a *c*) do n.º 2 do artigo 6.º

ARTIGO 9.º – Celebração do contrato e formalidades

1 – O contrato que titula a prestação de actividade do menor é celebrado entre os seus representantes legais e a entidade promotora, por escrito e em dois exemplares, devendo indicar a actividade a realizar e a duração da participação do menor,

o correspondente número de horas por dia e por semana, a retribuição e a pessoa que exerce a vigilância do menor, no caso previsto no n.º 3 do artigo 7.º

2 – O exemplar do contrato que ficar na posse da entidade promotora deve ter anexas cópias da autorização da CPCJ ou da comunicação feita a esta entidade, do certificado de que o menor tem capacidade física e psíquica adequadas e da declaração comprovativa do horário escolar inicial e de alterações que ocorram durante a validade da autorização, se o menor estiver abrangido pela escolaridade obrigatória, bem como de documento comprovativo do seguro de acidentes de trabalho.

3 – Antes do início da actividade do menor, a entidade promotora deve enviar cópia do contrato e dos anexos ao serviço com competência inspectiva do ministério responsável pela área laboral, bem como ao estabelecimento de ensino de menor abrangido pela escolaridade obrigatória.

4 – Constitui contra-ordenação grave, imputável à entidade promotora, a violação do disposto neste artigo, podendo ser aplicadas as sanções acessórias previstas no n.º 3 do artigo 2.º em caso de reincidência em contra-ordenação praticada com dolo ou negligência grosseira.

ARTIGO 10.º – Consequências de alteração do horário ou do aproveitamento escolar de menor

1 – Em caso de alteração de horário, o estabelecimento de ensino deve comunicar de imediato tal facto à entidade promotora, à CPCJ e aos representantes legais do menor.

2 – Quando o período de validade da autorização abranger mais de um ano escolar, os representantes legais do menor devem enviar à entidade promotora e à CPCJ, no início de novo ano escolar, uma declaração de horário escolar emitida pelo estabelecimento de ensino.

3 – Nas situações referidas nos números anteriores, para que a prestação da actividade do menor possa prosseguir, a entidade promotora deve proceder às alterações do horário necessárias para respeitar o disposto nos n.os 2 e 3 do artigo 3.º, e comunicá-las ao estabelecimento de ensino e à CPCJ.

4 – No caso de menor abrangido pela escolaridade obrigatória, o estabelecimento de ensino deve comunicar à CPCJ qualquer relevante diminuição do aproveitamento escolar ou relevante afectação do comportamento do menor durante o prazo de validade da autorização.

5 – Sempre que a actividade exercida pelo menor tenha como consequência uma relevante diminuição do aproveitamento escolar ou uma relevante afectação do seu comportamento, a CPCJ notifica a entidade promotora para que lhe apresente, bem como ao serviço com competência inspectiva do ministério responsável pela área laboral, aos representantes legais do menor e, caso este esteja abrangido pela escolaridade obrigatória, ao estabelecimento de ensino, uma alteração das condições de participação adequada a corrigir a situação.

6 – A CPCJ revoga a autorização sempre que não seja feita a alteração prevista no número anterior ou esta não seja adequada a corrigir a situação.

7 – A CPCJ notifica a revogação da autorização à entidade promotora e às demais entidades referidas no n.º 5.

8 – A revogação prevista no n.º 6 produz efeitos 30 dias após a notificação, salvo se existirem riscos graves para o menor, caso em que a CPCJ determina a data de produção de efeitos.

9 – Constitui contra-ordenação grave, imputável à entidade promotora, a violação do disposto no n.º 3, podendo ser aplicadas as sanções acessórias previstas no n.º 4 do artigo 2.º em caso de reincidência em contra-ordenação praticada com dolo ou negligência grosseira.

ARTIGO 11.º - Autorização judicial

1 – Caso a CPCJ não autorize a participação ou revogue autorização anterior, os representantes legais do menor podem requerer ao tribunal de família e menores que autorize a participação ou mantenha a autorização anterior, observando-se, até ao trânsito em julgado, a deliberação da CPCJ.

2 – Ao processo referido no número anterior é aplicável, com as devidas adaptações, o regime do processo judicial de promoção e protecção previsto no diploma que regula a CPCJ.

CAPÍTULO III - Trabalhador-estudante

ARTIGO 12.º - Especificidades da frequência de estabelecimento de ensino por trabalhador-estudante

1 – O trabalhador-estudante não está sujeito:

a) A frequência de um número mínimo de disciplinas de determinado curso, em graus de ensino em que isso seja possível, nem a regime de prescrição ou que implique mudança de estabelecimento de ensino;

b) A qualquer disposição legal que faça depender o aproveitamento escolar de frequência de um número mínimo de aulas por disciplina;

c) A limitação do número de exames a realizar em época de recurso.

2 – Caso não haja época de recurso, o trabalhador-estudante tem direito, na medida em que seja legalmente admissível, a uma época especial de exame em todas as disciplinas.

3 – O estabelecimento de ensino com horário pós-laboral deve assegurar que os exames e as provas de avaliação, bem como um serviço mínimo de apoio ao trabalhador-estudante decorram, na medida do possível, no mesmo horário.

4 – O trabalhador-estudante tem direito a aulas de compensação ou de apoio pedagógico que sejam consideradas imprescindíveis pelos órgãos do estabelecimento de ensino.

5 – O disposto nos números anteriores não é cumulável com qualquer outro regime que vise os mesmos fins.

6 – O regime previsto no presente capítulo aplica-se ao trabalhador por conta própria, bem como ao trabalhador que, estando abrangido pelo estatuto do trabalhador-estudante, se encontre entretanto em situação de desemprego involuntário, inscrito em centro de emprego.

CAPÍTULO IV – Formação profissional

ARTIGO 13.º – Plano de formação

1 – O empregador deve elaborar o plano de formação, anual ou plurianual, com base no diagnóstico das necessidades de qualificação dos trabalhadores.

2 – O plano de formação deve especificar, nomeadamente, os objectivos, as entidades formadoras, as acções de formação, o local e o horário de realização destas.

3 – Os elementos que o plano de formação não possa especificar devem ser comunicados logo que possível aos trabalhadores interessados, à comissão de trabalhadores ou, na sua falta, à comissão intersindical, à comissão sindical ou aos delegados sindicais.

4 – O disposto nos números anteriores não se aplica às microempresas.

5 – Constitui contra-ordenação grave a violação do disposto no presente artigo.

ARTIGO 14.º – Informação e consulta sobre o plano de formação

1 – O empregador deve dar conhecimento do diagnóstico das necessidades de qualificação e do projecto de plano de formação a cada trabalhador, na parte que lhe respeita, bem como à comissão de trabalhadores ou, na sua falta, à comissão intersindical, à comissão sindical ou aos delegados sindicais.

2 – Os trabalhadores, na parte que a cada um respeita, bem como os representantes dos trabalhadores a que se refere o número anterior podem emitir parecer sobre o diagnóstico de necessidades de qualificação e o projecto de plano de formação, no prazo de 15 dias.

3 – Constitui contra-ordenação grave a violação do disposto no n.º 1.

ARTIGO 15.º – Informação sobre a formação contínua

O empregador deve incluir os elementos sobre a formação contínua assegurada em cada ano no quadro da informação sobre a actividade social da empresa.

CAPÍTULO V – Período de funcionamento

ARTIGO 16.º – Período de laboração

1 – O período de laboração é o compreendido entre as 7 e as 20 horas, sem prejuízo do disposto no número seguinte.

2 – O membro do Governo responsável pela área laboral, ouvidas as entidades públicas competentes, pode autorizar períodos de laboração do estabelecimento

com amplitude superior à definida no número anterior, por motivos económicos e tecnológicos.

3 – Os membros do Governo responsáveis pela área laboral e pelo sector de actividade em causa podem, mediante despacho conjunto, autorizar a laboração contínua do estabelecimento por motivos económicos ou tecnológicos.

4 – Para efeitos dos n.os 2 e 3, o empregador deve apresentar ao serviço com competência inspectiva do ministério responsável pela área laboral, a quem compete a direcção da instrução do processo, requerimento devidamente fundamentado, acompanhado de:

a) Parecer da comissão de trabalhadores ou, na sua falta, da comissão sindical ou intersindical ou dos delegados sindicais ou, 10 dias após a consulta, comprovativo do pedido de parecer;

b) Projecto de horário de trabalho a aplicar;

c) Comprovativo do licenciamento da actividade da empresa;

d) Declarações emitidas pelas autoridades competentes comprovativas de que tem a situação contributiva regularizada perante a administração tributária e segurança social.

5 – Constitui contra-ordenação grave a violação do disposto nos n.os 1, 2 e 3.

CAPÍTULO VI – Verificação da situação de doença

ARTIGO 17.º – Verificação da situação de doença por médico designado pela segurança social

1 – Para efeitos de verificação de incapacidade temporária para o trabalho por doença do trabalhador, o empregador requer a sua submissão à comissão de verificação de incapacidade temporária (CVIT) da segurança social da área da residência habitual do trabalhador.

2 – O empregador informa, na mesma data, o trabalhador do requerimento referido no número anterior.

3 – A deliberação da CVIT realizada a requerimento do empregador produz efeitos no âmbito da relação jurídica prestacional do sistema de segurança social de que o trabalhador é titular.

4 – Os serviços da segurança social devem, no prazo de 48 horas a contar da recepção do requerimento:

a) Convocar o trabalhador para apresentação à CVIT, indicando o dia, hora e local da sua realização, que deve ocorrer num dos três dias úteis seguintes;

b) Comunicar ao empregador a convocação efectuada;

c) Informar o trabalhador de que:

i) Deve apresentar, aquando da sua observação, informação clínica e os elementos auxiliares de diagnóstico de que disponha, comprovativos da sua incapacidade;

ii) Em caso de impossibilidade de comparência por motivo atendível, deve comunicar o facto nas vinte e quatro horas seguintes à recepção da convocatória;

iii) A sua não comparência, sem motivo atendível tem como consequência que os dias de alegada doença podem ser considerados faltas injustificadas ou que, caso ocorram em período de férias, são considerados na duração do gozo destas.

5 – O trabalhador que esteja impedido de se deslocar do seu domicílio para comparecer a exame médico pela CVIT deve informar os serviços da segurança social até à data prevista para o exame ou, em caso de impossibilidade, nas vinte e quatro horas seguintes ao termo da mesma.

6 – Consoante o impedimento do trabalhador, os serviços da segurança social marcam nova data para o exame médico pela CVIT, a ter lugar nas 48 horas seguintes e, se necessário, no domicílio do trabalhador, dando ao mesmo tempo conhecimento do facto ao empregador.

7 – Os serviços da segurança social devem comunicar ao empregador e ao trabalhador se este está ou não apto para desempenhar a actividade, nas vinte e quatro horas subsequentes à realização do exame médico pela CVIT.

8 – Os serviços da segurança social devem comunicar ao empregador:

a) A impossibilidade de submeter o trabalhador à CVIT nos termos da alínea *a*) do n.º 4, sendo caso disso, nas vinte e quatro horas seguintes à recepção do requerimento;

b) A não realização do exame médico, designadamente por falta de comparência do trabalhador com indicação do motivo impeditivo alegado por este, ou por estar a decorrer um período de incapacidade temporária para o trabalho por doença já anteriormente verificada por CVIT, sendo este o caso, nas vinte e quatro horas seguintes à recepção do requerimento.

ARTIGO 18.º – Verificação da situação de doença por médico designado pelo empregador

1 – O empregador pode designar um médico com o qual não tenha tido qualquer vínculo contratual anterior para verificar a situação de doença do trabalhador:

a) Caso seja informado da impossibilidade de realização de CVIT, ou se decorridas 48 horas após o requerimento sem que tenha recebido comunicação dos serviços da segurança social da convocação do trabalhador para apresentação à CVIT;

b) Caso seja informado de que o exame médico pela CVIT não se realizou no prazo a que se refere a alínea *a*) do n.º 4 ou o n.º 6 do artigo anterior.

2 – Ao processo de verificação da situação de doença por médico designado pelo empregador é aplicável o disposto nas alíneas *a*) e *c*) do n.º 4 e nos n.os 5 a 7 do artigo anterior, com as necessárias adaptações.

ARTIGO 19.º – Reavaliação da situação de doença

1 – Quando a deliberação da CVIT ou parecer de médico designado pelo empregador divirja da declaração ou atestado apresentado pelo trabalhador para prova da situação de doença, qualquer das partes pode requerer aos serviços da segurança social da área da residência habitual do trabalhador que o caso seja apreciado por comissão de reavaliação.

2 – A comissão de reavaliação é em regra constituída por três médicos, um designado pelos serviços da segurança social, que preside com voto de qualidade e que deve ser um dos médicos que integrou a CVIT e que procedeu à verificação da incapacidade temporária ao abrigo do artigo 17.º, caso esta tenha existido, um designado pelo trabalhador e outro pelo empregador.

3 – A comissão de reavaliação é constituída por apenas dois médicos em caso de:

a) O trabalhador ou o empregador não ter designado médico;

b) O trabalhador e o empregador não terem procedido às designações que lhes competem, cabendo aos serviços de segurança social a designação de outro médico.

4 – A verificação da situação de doença pela comissão de reavaliação produz efeitos no âmbito da relação jurídica prestacional do sistema de segurança social.

ARTIGO 20.º – Procedimento para reavaliação

1 – A reavaliação da situação de incapacidade temporária para o trabalho por doença pode ser requerida nas vinte e quatro horas subsequentes ao conhecimento do resultado da verificação da mesma, devendo, na mesma data, ser comunicado o pedido à contraparte.

2 – O requerimento deve conter a designação do médico referido no n.º 2 do artigo anterior, ou declaração de que o requerente prescinde dessa faculdade.

3 – A contraparte pode designar o médico nas vinte e quatro horas seguintes ao conhecimento do pedido.

4 – Ao procedimento para reavaliação é aplicável o disposto nas alíneas *a*) e *c*) do n.º 4 e nos n.os 5 a 7 do artigo 17.º

5 – No prazo de oito dias a contar da recepção do requerimento, a comissão deve proceder à reavaliação da situação de doença do trabalhador e comunicar o resultado da mesma a este e ao empregador, nos termos do n.º 7 do artigo 17.º

ARTIGO 21.º – Comunicações

As comunicações previstas no presente capítulo devem ser efectuadas por meio célere, designadamente telegrama, telefone, telefax ou correio electrónico.

ARTIGO 22.º – Eficácia do resultado da verificação da situação de doença

O empregador não pode fundamentar qualquer decisão desfavorável para o trabalhador no resultado da verificação da situação de incapacidade temporária para o trabalho por doença, efectuada nos termos dos artigos 17.º ou 18.º, enquanto decorrer o prazo para requerer a reavaliação ou, se esta for requerida, até à decisão final.

ARTIGO 23.º – Encargo da verificação ou reavaliação da situação de doença

O requerimento de submissão à CVIT da segurança social ou da intervenção da comissão de reavaliação está sujeito a taxa, regulada em portaria conjunta dos membros do Governo responsáveis pela área das finanças e pela área laboral.

ARTIGO 24.º – Direito subsidiário

Em tudo o que não se encontrar especialmente regulado no presente capítulo, e desde que o não contrarie, aplica-se subsidiariamente, e com as necessárias adaptações, o disposto no Decreto-Lei n.º 360/97, de 17 de Dezembro.

CAPÍTULO VII – Protecção do trabalhador em caso de não pagamento pontual da retribuição

ARTIGO 25.º – Casos especiais de direito a prestações de desemprego

1 – O trabalhador que suspenda o contrato de trabalho com fundamento em não pagamento pontual da retribuição tem direito a prestações de desemprego durante o período da suspensão.

2 – As prestações de desemprego podem também ser atribuídas em relação ao período a que respeita a retribuição em mora, desde que tal seja requerido e o empregador declare, a pedido do trabalhador, no prazo de cinco dias, ou em caso de recusa, mediante declaração do serviço com competência inspectiva do ministério responsável pela área laboral, o incumprimento da prestação no período em causa, não podendo, porém, o seu quantitativo ser superior a um subsídio por cada três retribuições mensais não recebidas.

3 – Confere igualmente direito a prestações de desemprego o não pagamento pontual:

a) Da retribuição devida em caso de suspensão do contrato de trabalho por facto respeitante ao empregador ou encerramento da empresa ou estabelecimento por período igual ou superior a 15 dias;

b) Da compensação retributiva em situações de crise empresarial.

4 – A atribuição das prestações de desemprego a que se referem os números anteriores está sujeita ao cumprimento dos prazos de garantia, às demais condições exigidas e aos limites previstos no regime de protecção no desemprego.

ARTIGO 26.º – Suspensão de execução fiscal

1 – O processo de execução fiscal suspende-se quando o executado, sendo trabalhador com retribuições em mora por período superior a 15 dias, provar que de tal facto resulta o não pagamento da quantia exequenda.

2 – A suspensão referida no número anterior mantém-se até dois meses após a regularização das retribuições em dívida.

ARTIGO 27.º – Venda de bens penhorados ou dados em garantia

1 – A venda, judicial ou extrajudicial, de bens a que se refere o número seguinte penhorados ou dados em garantia justificada por falta de pagamento de dívidas relacionadas com a aquisição desses bens suspende-se quando o executado prove que o incumprimento se deve a ter retribuições em mora por período superior a 15 dias.

2 – O número anterior aplica-se a imóvel que constitua a residência permanente do trabalhador e a outros bens imprescindíveis à economia doméstica que naquele se encontrem.

ARTIGO 28.º - Execução de sentença de despejo

A execução de sentença de despejo em que a causa de pedir tenha sido a falta de pagamento das rendas suspende-se quando o executado prove que a mesma se deveu a ter retribuições em mora por período superior a 15 dias.

ARTIGO 29.º - Salvaguarda dos direitos do credor

O tribunal notifica o Fundo de Socorro Social do Instituto de Gestão Financeira da Segurança Social, I. P., da decisão que ordene a suspensão da execução da sentença de despejo, bem como da identidade do credor e do montante das prestações ou rendas em mora, a fim de que aquela assegure o respectivo pagamento, nos termos a regulamentar.

ARTIGO 30.º - Cessação da suspensão da instância

1 – Sempre que o pagamento das prestações ou rendas não tenha sido assegurado pelo Fundo de Socorro Social do Instituto de Gestão Financeira da Segurança Social, I. P., a suspensão da instância cessa oito dias após o recebimento, pelo trabalhador, das retribuições em mora.

2 – Se o trabalhador não tiver recebido as retribuições em mora, a suspensão cessa decorrido um ano sobre o seu início, salvo se provar que se encontra pendente acção judicial destinada ao pagamento dessas retribuições, caso em que a suspensão cessa na data em que se verifique o pagamento coercivo das mesmas ou a impossibilidade do pagamento.

3 – Requerido o prosseguimento dos autos, o executado é notificado para, no prazo de 10 dias, provar o pagamento ou depósito, em singelo, das prestações ou rendas em mora.

ARTIGO 31.º - Sub-rogação legal nos direitos do trabalhador

1 – O serviço responsável pelas prestações de desemprego e o Fundo de Socorro Social do Instituto de Gestão Financeira da Segurança Social, I. P. ficam sub-rogados nos direitos do trabalhador perante o empregador no montante correspondente às prestações que tiverem pago nos termos dos n.os 2 e 3 do artigo 25.º e do artigo 29.º, respectivamente, acrescidas dos juros de mora, não sendo liberatório o pagamento da quantia correspondente a entidade diferente, designadamente o trabalhador.

2 – Para efeitos do número anterior, o serviço responsável pelas prestações de desemprego e o Fundo de Socorro Social devem, ao mesmo tempo, notificar o empregador dos pagamentos que efectuar.

CAPÍTULO VIII - Informação sobre a actividade social da empresa

ARTIGO 32.º - Prestação anual de informação sobre a actividade social da empresa

1 – O empregador deve prestar anualmente informação sobre a actividade social da empresa, nomeadamente sobre remunerações, duração do trabalho, trabalho suplementar, contratação a termo, formação profissional, segurança e saúde no trabalho e quadro de pessoal.

2 – A informação a que se refere o número anterior é apresentada por meio informático, com conteúdo e prazo regulados em portaria dos ministros responsáveis pelas áreas laboral e da saúde.

3 – O empregador deve dar a conhecer, previamente ao prazo constante da portaria a que se refere o número anterior, à comissão de trabalhadores ou, na sua falta, à comissão intersindical ou comissão sindical da empresa, a informação a que se refere o n.º 1, os quais podem suscitar a correcção de irregularidades, no prazo de 15 dias.

4 – A informação que, de acordo com a portaria referida no n.º 2, seja prestada de modo individualizado deve ser previamente dada a conhecer aos trabalhadores em causa, os quais podem suscitar a correcção de irregularidades, no prazo de 15 dias.

5 – O empregador deve disponibilizar a informação aos trabalhadores da empresa e enviá-la, em prazo constante da portaria a que se refere o n.º 2, às seguintes entidades:

a) O serviço com competência inspectiva do ministério responsável pela área laboral;

b) Os sindicatos representativos de trabalhadores da empresa que a solicitem, a comissão de trabalhadores, bem como os representantes dos trabalhadores para a segurança e saúde no trabalho na parte relativa às matérias da sua competência;

c) As associações de empregadores representadas na Comissão Permanente de Concertação Social que a solicitem.

6 – Os sindicatos e associações de empregadores podem solicitar a informação até 10 dias antes do início do prazo para entrega da mesma.

7 – O serviço a que se refere a alínea *a*) do n.º 5 deve remeter a informação ao serviço do mesmo ministério competente para proceder ao apuramento estatístico da informação no quadro do sistema estatístico nacional e em articulação com o Instituto Nacional de Estatística, I.P..

8 – A informação prestada aos representantes dos empregadores ou dos trabalhadores, com excepção das remunerações em relação aos sindicatos e ao serviço competente para proceder ao apuramento estatístico, deve ser expurgada de elementos nominativos, excluindo o sexo.

9 – O empregador deve conservar a informação enviada durante cinco anos.

10 – Constitui contra-ordenação muito grave a violação do disposto no n.º 8, na parte respeitante ao empregador, contra-ordenação grave a violação do disposto no n.º 5 e contra-ordenação leve a violação do disposto nos n.os 3, 4 e 9.

CAPÍTULO IX – Referendo para a instituição de regime de banco de horas grupal

ARTIGO 32.º-A – Convocação, informações e questão a referendar

1 – O referendo para a instituição ou cessação de um regime de banco de horas grupal, a que se referem os n.os 2 e seguintes do artigo 208.º-B do Código do Trabalho, é convocado pelo empregador com a antecedência mínima de 20 dias, com ampla publicidade, o qual deve informar os representantes dos trabalhadores e os próprios trabalhadores a abranger sobre o projecto do regime de banco de horas, e a data, hora e local do referendo, devendo simultaneamente remeter cópia da convocatória ao serviço com competência inspetiva do ministério responsável pela área laboral.

2 – Para efeitos do número anterior, consideram-se representantes dos trabalhadores a comissão de trabalhadores, as comissões intersindicais, as comissões sindicais e os delegados sindicais existentes na empresa, pela ordem de precedência indicada.

3 – Na falta de representantes dos trabalhadores abrangidos pelo regime de banco de horas grupal, estes podem designar, de entre eles, no prazo de cinco dias úteis a contar da recepção da informação referida no n.º 1, uma comissão representativa com o máximo de três ou cinco membros, consoante o regime abranja até cinco ou mais trabalhadores.

ARTIGO 32.º-B – Procedimento em caso de microempresa

1 – Tratando-se de microempresa, ou se o número de trabalhadores abrangidos pelo projecto de regime de banco de horas for inferior a 10, o empregador, caso não existam representantes dos trabalhadores, deve, juntamente com a comunicação a que se refere o n.º 1 do artigo anterior, requerer ao serviço com competência inspectiva do ministério responsável pela área laboral territorialmente competente a designação de uma data para a realização do referendo.

2 – O serviço a que se refere o número anterior notifica o empregador, nos 10 dias úteis a contar da recepção do requerimento, da data e do horário para a realização do referendo.

3 – Se no prazo de 90 dias o serviço com competência inspectiva do ministério responsável pela área laboral não marcar data para o referendo, a entidade patronal pode proceder à sua marcação, comunicando-a ao serviço inspectivo para o mesmo proceder à competente supervisão.

4 – O empregador comunica aos trabalhadores a abranger, por escrito, a data, horário e local do referendo, com a antecedência de 20 dias.

5 – A votação decorre sob supervisão de um representante do serviço com competência inspectiva do ministério responsável pela área laboral, e pode ser acompanhada por dois representantes dos trabalhadores.

6 – Terminada a votação, o representante do serviço com competência inspetiva do ministério responsável pela área laboral procede ao apuramento do resultado do referendo e comunica-o imediatamente ao empregador, por escrito.

7 – O empregador publicita o resultado do referendo nos locais de afixação dos mapas de horário de trabalho, comunica-o aos representantes dos trabalhadores, e, caso o regime de banco de horas tenha sido aprovado, designa o dia em que se inicia a sua aplicação, com a antecedência mínima de cinco dias úteis.

CAPÍTULO X – Disposições finais e transitórias

ARTIGO 33.º – Informação sobre prestadores de serviço

A informação anual sobre a actividade social da empresa a que se refere o artigo anterior deve abranger quem esteja vinculado ao empregador mediante contrato de prestação de serviço, relativamente às matérias especificadas na portaria prevista no n.º 2 do artigo anterior.

ARTIGO 34.º – Norma revogatória

A revogação do artigo 166.º, dos n.os 3 e 4 do artigo 167.º, dos artigos 170.º, 259.º, 452.º a 464.º e 480.º, do n.º 3 do artigo 484.º e dos artigos 490.º e 491.º, determinada pelo n.º 6 do artigo 12.º da Lei n.º 7/2009, de 12 de Fevereiro, produz efeitos no início do primeiro ano abrangido pelo regime da informação relativa à actividade social da empresa a que se refere o artigo 32.º

ARTIGO 35.º – Alteração ao Código do Trabalho, aprovado pela Lei n.º 7/2009, de 12 de Fevereiro

1 – É alterado o artigo 538.º do Código do Trabalho, aprovado pela Lei n.º 7/2009, de 12 de Fevereiro, que passa a ter a seguinte redacção:

(Nota: A alteração foi introduzida no próprio artigo)

2 – O disposto no número anterior produz efeitos a 17 de Fevereiro de 2009, sem prejuízo da validade dos actos praticados ao abrigo das disposições agora revogadas.

ARTIGO 36.º – Aditamento à Lei n.º 4/2008, de 7 de Fevereiro

É aditado o artigo 10.º-A à Lei n.º 4/2008, de 7 de Fevereiro, com a seguinte redacção:

«Artigo 10.º-A

Casos especiais de contrato de trabalho de muito curta duração

1 – O contrato de trabalho a termo resolutivo para a prestação de actividade artística de duração não superior a uma semana não está sujeito a forma escrita, devendo a entidade produtora ou organizadora dos espectáculos comunicar a sua celebração ao serviço competente da segurança social, mediante formulário electrónico, com os seguintes elementos:

a) Identificação, domicílio ou sede das partes;

b) Actividade do trabalhador e correspondente retribuição;

c) Local de trabalho;

d) Data de início do trabalho.

2 – No caso previsto no número anterior, a duração total de contratos de trabalho a termo com a mesma entidade produtora ou organizadora dos espectáculos não pode exceder 60 dias de trabalho no ano civil.

3 – Em caso de violação do disposto em qualquer dos números anteriores, o contrato considera-se celebrado pelo prazo de seis meses, contando-se nesse prazo a duração de contratos anteriores celebrados ao abrigo dos mesmos preceitos.»

ARTIGO 37.º – Entrada em vigor

A presente lei entra em vigor no dia seguinte ao da sua publicação.

Aprovada em 23 de Julho de 2009.

O Presidente da Assembleia da República, *Jaime Gama.*

Promulgada em 31 de Agosto de 2009.

Publique-se.

O Presidente da República, Aníbal Cavaco Silva.

Referendada em 31 de Agosto de 2009.

O Primeiro-Ministro, *José Sócrates Carvalho Pinto de Sousa.*

BIBLIOGRAFIA PRINCIPAL

ALMEIDA, TATIANA GUERRA DE, *Do período experimental no contrato de trabalho*, Almedina, Fevereiro 2007;

ANTUNES, CARLOS / GUERRA, AMADEU, *Despedimentos e Outras Formas de Cessação do Contrato de Trabalho*, Coimbra, 1984;

ARNAUT, ANTÓNIO,

— *Estatuto da Ordem dos Advogados Anotado*, 9.ª Edição, Coimbra Editora, Março 2005;

— *Iniciação à Advocacia*, 6.ª Edição, Coimbra Editora, 2002;

— *O Novo Estatuto da Ordem dos Advogados*, Boletim da Ordem dos Advogados n.º 37, 2005;

ASCENSÃO, JOSÉ DE OLIVEIRA,

— *Direito Civil Teoria Geral*, volume I, Coimbra Editora, 1997;

— *O Direito, Introdução e Teoria Geral*, 10.ª Edição, Livraria Almedina, Coimbra, 1997;

BAPTISTA, ALBINO MENDES,

— *A nova acção de impugnação do despedimento e a revisão do Código de Processo do Trabalho*, Coimbra Editora, 2010;

— *Estudos sobre o Código do Trabalho*, Coimbra Editora, 2004;

— *Jurisprudência do Trabalho Anotada Relação Individual do Trabalho*, 3.ª Edição, Quid Juris, 1999;

— *Tempo de trabalho efectivo, tempos de pausa e tempo de «terceiro tipo»*, Revista de Direito e de Estudos Sociais, XLIII, 2002;

COELHO, FRANCISCO PEREIRA/ OLIVEIRA, GUILHERME DE; Curso de Direito da Família, volume I, 2.ª edição, Coimbra Editora, 2001;

CANOTILLHO, J. J. GOMES/MOREIRA, VITAL, *Constituição da República Portuguesa Anotada*, 4.ª Edição, Coimbra Editora, 2007;

CAMPOS, JOÃO MOTA DE, *Manual de Direito Comunitário*, Fundação Calouste Gulbenkian, Lisboa 2000;

COMISSÃO PARA A IGUALDADE NO TRABALHO E NO EMPREGO, *Guia informativo para a prevenção e combate de situações de assédio no local de trabalho: um instrumento de apoio à autorregulação*, Comissão para a Igualdade no Trabalho e no Emprego, Março 2013;

COMISSÃO DO LIVRO BRANCO DAS RELAÇÕES LABORAIS, *Livro Branco das Relações Laborais*, Ministério do Trabalho e da Solidariedade Social, 1.ª Edição, Dezembro 2007;

CORDEIRO, ANTÓNIO MENEZES,

— (coordenação) *Código das Sociedades Comerciais Anotado*, Almedina, 2009;

— *Direito das Obrigações*, 2.º volume, Associação Académica da Faculdade de Direito de Lisboa, 1999;

— *Manual de Direito do Trabalho*, Livraria Almedina, Coimbra, 1994;

— *Tratado de Direito Civil Português*, Tomo I, Livraria Almedina, Coimbra, Março 1999;

COSTA, MÁRIO JÚLIO DE ALMEIDA, *Direito das Obrigações*, 8.ª Edição, Almedina, Setembro 2000;

COSTA, ORLANDO GUEDES DA, *Direito Profissional do Advogado*, 3.ª Edição, Livraria Almedina, Abril 2005;

CURADO, ARMANDO,

— *Manual Prático de Direito do Trabalho*, 3.ª Edição, Quid Júris, 2005;

— *Noções Elementares de Direito do Trabalho*, Editora RH, 1998;

DOMINGOS, MARIA ADELAIDE, *Poder e Procedimento Disciplinar no Código do Trabalho*, A Reforma do Código do Trabalho, Coimbra, 2004;

DORNELAS, ANTÓNIO E OUTROS, *Livro Verde das Relações Laborais*, Ministério do Trabalho e da Solidariedade Social, 1.ª Edição, Abril 2006;

FERNANDES, ANTÓNIO LEMOS MONTEIRO, *Direito do Trabalho*, 15.ª Edição, Almedina, Abril 2010;

FERNANDES, LUÍS CARVALHO, *Teoria Geral do Direito Civil*, volume I, Lex, 1995;

FERNANDES, MARIA MALTA, *Os Limites à Subordinação Jurídica do Trabalhador*, Lisboa, Quid Juris, 2008;

GOMES, JÚLIO MANUEL VIEIRA,

— *Direito do Trabalho*, Volume I, Coimbra, Coimbra Editora, 2007;

— *Dos usos da empresa em direito do trabalho*, Revista de Direito e de Estudos Sociais, 2008

GONÇALVES, MANUEL LOPES MAIA, *Código de Processo Penal Anotado e Comentado*, 13.ª Edição, Almedina, Setembro 2002;

GOUVEIA, JORGE BACELAR, *O Código do Trabalho e a Constituição Portuguesa*, O Espírito das Leis, Lisboa 2003;

GUERRA, AMADEU, *A Privacidade no Local de Trabalho*, Almedina;

HENRIQUES, MANUEL DE OLIVEIRA LEAL, *Procedimento Disciplinar*, 4.ª Edição, Rei dos Livros, Lisboa, 2002;

INSTITUTO DA SEGURANÇA SOCIAL, I.P., *Guia Prático – Regime de layoff*, Abril 2009;

JORGE, AMARO, *Poder e Procedimento Disciplinar no Código do Trabalho*, a Reforma do Código do Trabalho, 2004;

LIMA, PIRES DE/VARELA, ANTUNES,

— *Código Civil Anotado*, 4.ª Edição, Coimbra Editora, 1987;

— *Código Civil Anotado*, volume IV, 2.ª edição, Coimbra Editora, 1992;

MACEDO, PEDRO DE SOUSA, *Poder Disciplinar Patronal*, Almedina, Coimbra, 1990;

MARECOS, DIOGO VAZ,

— *A nova acção de impugnação do despedimento*, Boletim da Ordem dos Advogados, n.º 56, em Julho de 2009;

— *As alterações do Código do Trabalho revisto ao procedimento disciplinar*, Revista de Direito e de Estudos Sociais, Janeiro-Junho 2009;

— *Prática e Procedimentos do Processo Disciplinar*, 2.ª edição, Princípia Editora, Fevereiro 2011;

— *Uma nova ferramenta de gestão: O Contrato de estágio*, Coimbra Editora, Maio 2013;

— *Lei n.º 102/2009 Regime Jurídico da Promoção da Segurança e Saúde no Trabalho Anotado*, Petrony, Outubro 2016;

MARTINEZ, JOSÉ ANTÓNIO, *Comentários ao Código do Trabalho*, Editora Livros do Brasil, 2004;

MARTINEZ, PEDRO ROMANO,

— *A Justa Causa do Despedimento*, I Congresso Nacional de Direito do Trabalho, Livraria Almedina, Coimbra, 1998;

— *Da Cessação do Contrato*, 2.ª Edição, Almedina, 2006;

— *Direito do Trabalho*, 3.ª Edição, Livraria Almedina, Coimbra, 2006;

MARTINS, COSTA, *Sobre o Poder Disciplinar da Entidade Patronal*, I Congresso Nacional de Direito do Trabalho, Livraria Almedina, Coimbra, 1998;

MARTINS, PEDRO FURTADO, *Cessação do Contrato de Trabalho*, Princípia, Cascais, 1999;

MESQUITA, JOSÉ ANDRADE, *Direito do Trabalho*, 2.ª Edição AAFDL, 2004;

MIRANDA, JORGE,

— *Manual de Direito Constitucional*, Tomo IV, 2.ª Edição, Coimbra Editora, 1998;

— *Manual de Direito Constitucional*, Tomo V, Coimbra Editora, 1997;

MIRANDA, JORGE/MEDEIROS, RUI, *Constituição Portuguesa Anotada*, Tomo I, Coimbra Editora, 2005;

MONTEIRO, LUÍS MIGUEL, *Algumas questões sobre a organização do tempo de trabalho*, Revista de Direito e de Estudos Sociais, XLI, 2000;

MOREIRA, TERESA COELHO, *O respeito pela esfera privada do trabalhador: natureza jurídica das faltas cometidas por motivo de prisão baseada em crimes praticados fora do trabalho, Questões Laborais*, Ano VIII – 2001, Coimbra Editora;

MOUTINHO, JOSÉ LOBO, *Direito das contra-ordenações*, Universidade Católica Editora, Lisboa 2008;

NETO, ABÍLIO, *Processo Disciplinar e Despedimentos*, Ediforum, Lisboa, Julho 2004;

NOBRE, DIOGO LEOTE, *A Relevância dos Comportamentos Extra-Laborais em Sede de Justa Causa de Despedimento*, Revista da Ordem dos Advogados, Ano 68, Lisboa, Setembro/Dezembro 2008;

NUNES, JOAQUIM PINTADO / AGUIAR, LUÍSA, *Guia Prático do Processo Disciplinar*, 2.ª Edição, Almedina, Coimbra 2000;

PARREIRA, ISABEL RIBEIRO, *O assédio sexual no trabalho*, IV Congresso Nacional de Direito do Trabalho, Almedina, Janeiro 2002;

PINTO, MÁRIO / MARTINS, PEDRO FURTADO / CARVALHO, ANTÓNIO NUNES DE, *Comentário às Leis do Trabalho*, Vol. I, Lisboa;

PINTO, NUNO ABRANCHES, *Instituto Disciplinar Laboral*, Coimbra Editora, Novembro 2009;

QUINTAS, PAULA / QUINTAS, HÉLDER,
— *Código do Trabalho Anotado e Comentado*, 3.ª Edição, Almedina, Maio 2004;
— *Da prática laboral à luz do Novo Código*, Livraria Almedina, Coimbra 2004;
— *O Regime Jurídico dos Despedimentos*, Almedina, Novembro de 2005;
— *Regulamentação do Código do Trabalho Anotada*, 2.ª Edição, Almedina, Janeiro 2005;

RAMALHO, MARIA DO ROSÁRIO PALMA,
— *Direito do Trabalho, Parte I Dogmática Geral*, Almedina, 2.ª edição, Almedina, Outubro 2009;
— *Direito do Trabalho, Parte II Situações Laborais Individuais*, Almedina, Julho de 2006;
— *Sobre os Limites do Poder Disciplinar Laboral*, I Congresso Nacional de Direito do Trabalho, Livraria Almedina, Coimbra, 1998;

SALINAS, HENRIQUE, *Algumas questões sobre as nulidades do Processo Disciplinar*, Revista de Direito e Estudos Sociais, Coimbra 1992;

SILVA, MARIA MANUELA MAIA DA, *O Tempo no Processo Disciplinar*, I Congresso Nacional de Direito do Trabalho, Livraria Almedina, Coimbra, 1998;

VARELA, ANTUNES, *Direito da Família*, 1.º volume, 5.ª Edição, Livraria Petrony, Lda., 1999;

VASCONCELOS, JOANA, *Concretização do Conceito de Justa Causa*, Estudos do Instituto de Direito do Trabalho, Vol. III, Livraria Almedina, Maio 2002;

XAVIER, BERNARDO DA GAMA LOBO,
— *A Extinção do Contrato de Trabalho*, Revista de Direito e de Estudos Sociais, 1989;
— *A Recente Legislação dos Despedimentos (O processo disciplinar na rescisão por justa causa)*, Revista de Direito e de Estudos Sociais, Coimbra 1976;
— *A Sobrevigência das Convenções Colectivas no Caso de Transmissões de Empresas. O Problema dos Direitos Adquiridos*, Revista de Direito e de Estudos Sociais, Coimbra, 1994;
— *Curso de Direito do Trabalho*, Lisboa, Verbo, 1992;
— *Curso de Direito do Trabalho*, I, 3.ª edição, Verbo, 2004;
— *Deficiência da Nota de Culpa e Direito de Defesa em Processo Disciplinar Laboral*, Revista de Direito e de Estudos Sociais, 1987;
— *Iniciação ao Direito do Trabalho*, 3.ª Edição, Verbo, Lisboa – São Paulo, 2005;
— *Manual de Direito do Trabalho*, Verbo, 2011;
— *Prescrição de créditos laborais*, Revista de Direito e de Estudos Sociais, 2008;
— *Prescrição da Infracção Disciplinar*, Revista de Direito e de Estudos Sociais, 1990;
— *Procedimentos Laborais na Empresa*, Universidade Católica Editora, Lisboa, 2009.

INDICE DE LEGISLAÇÃO COMPLEMENTAR

CONSTITUIÇÃO DA REPÚBLICA PORTUGUESA

Constituição da República Portuguesa, de 2 de Abril de 1976, alterada pelas Leis Constitucionais n.os 1/82, de 30 de Setembro, 1/89, de 8 de Julho, 1/92, de 25 de Novembro, 1/97, de 20 de Setembro, 1/2001, de 12 de Dezembro e 1/2004, de 24 de Julho.

LEGISLAÇÃO QUE COMPLEMENTA O CÓDIGO DO TRABALHO

1. Regime de reparação de acidentes de trabalho e de doenças profissionais, incluindo a reabilitação e reintegração profissionais, nos termos do artigo 284.º do Código do Trabalho, aprovado pela Lei n.º 7/2009, de 12 de Fevereiro – Lei n.º 98/2009, de 4 de Setembro;

2. Regime jurídico da promoção e prevenção da segurança e da saúde no trabalho – Lei n.º 102/2009, de 10 de Setembro, alterada pelas Leis n.os 42/2012, de 28 de Agosto, 3/2014, de 28 de Janeiro, pelo Decreto-Lei n.º 88/2015, de 28 de Maio, e pelas Leis n.os 146/2015, de 9 de Setembro, Lei n.º 28/2016, de 23 de Agosto e 79/2019, de 02/09;

3. Regime jurídico do procedimento aplicável às contra-ordenações laborais – Lei n.º 107/2009, de 14 de Setembro, alterada pelas n.os 63/2013, de 27 de Agosto, e 55/2017, de 17 de Julho;

4. Regulamentação da arbitragem obrigatória e da arbitragem necessária, bem como da arbitragem sobre serviços mínimos durante a greve e os meios necessários para os assegurar, de acordo com o artigo 513.º e a alínea b) do n.º 4 do artigo 538.º do Código do Trabalho – Decreto-Lei n.º 259/2009, de 25 de Setembro;

5. Regimes jurídicos do fundo de compensação do trabalho, do mecanismo equivalente e do fundo de garantia de compensação do trabalho – Lei n.º 70/2013, de 30 de Agosto, alterada pelo Decreto-Lei n.º 210/2015, de 25 de Setembro;

6. Definição dos procedimentos e dos elementos necessários à operacionalização do Fundo de Compensação do Trabalho e do Fundo de Garantia de Compensação do Trabalho – Portaria n.º 294-A/2013, de 30 de Setembro;

7. Modelo de ficha de aptidão para o trabalho – Portaria n.º 71/2015, de 10 de Março;

CONTRATOS DE TRABALHO ESPECIAIS

1. Regime jurídico do trabalho no domicílio, previsto na Lei n.º 101/2009, de 8 de Setembro;

2. Regime jurídico do contrato de trabalho do serviço doméstico, previsto no Decreto-Lei n.º 235/92, de 24 de Outubro, com as alterações introduzidas pela Declaração de Rectificação n.º 174/92, de 31 de Outubro, e pela Lei n.º 114/99, de 3 de Agosto;

3. Regime jurídico dos porteiros dos prédios urbanos, previsto na Portaria de 2 de Maio de 1975, publicada no Boletim do Ministério do Trabalho n.º 18, de 15 de Maio, alterada pela Portaria de 20 de Junho de 1975, publicada no Boletim do Ministério do Trabalho n.º 24, de 29 de Junho;

4. Regime jurídico do contrato de trabalho do praticante desportivo, do contrato de formação desportiva, e do contrato de representação ou intermediação, previsto na Lei n.º 54/2017, de 14 de Julho;

5. Regime jurídico do trabalho portuário, previsto no Decreto-Lei n.º 280/93, 13 de Agosto, com as alterações introduzidas pela Declaração de Rectificação n.º 202/93, de 30 de Outubro, e pela Lei n.º 3/2013 de 14 de Janeiro;

6. Regime jurídico do contrato individual de trabalho a bordo das embarcações de pesca, previsto na Lei n.º 15/97, de 31 de Maio, alterada pelas Leis n.os 114/99, de 03 de Agosto, e 29/2018, de 16 de Julho;

7. Regulação da actividade de marítimos a bordo de navios que arvoram bandeira portuguesa, previsto na Lei n.º 146/2015, de 9 de Setembro, alterada pela Lei n.º 29/2018, de 16 de Julho;

8. O regime jurídico da actividade profissional do marítimo, previsto no Decreto-Lei n.º 166/2019, de 31 de Outubro;

9. Nível mínimo de formação de marítimos, previsto no Decreto-Lei n.º 34/2015, de 4 de Março, alterado pelo Decreto-Lei n.º 53/2016 de 24 de Agosto;

10. O regime dos contratos de trabalho dos profissionais dos espectáculos, previsto na Lei n.º 4/2008, de 7 de Fevereiro, alterado pelas Leis n.os 105/2009, de 14 de Setembro, 28/2011, de 16 de Junho, e 22/2019, de 26 de Fevereiro.

TRABALHO EM FUNÇÕES PÚBLICAS

1. Lei n.º 35/2014, de 20 de Junho – Lei Geral do Trabalho em Funções Públicas, alterada pelas Leis n.os 82-B/2014, de 31 de Dezembro, 84/2015, de 7 de Agosto, 18/2016, de 20 de Junho, 42/2016, de 28 de Dezembro, 25/2017, de 30 de Maio, 70/2017, de 14 de Agosto, 73/2017, de 16 de Agosto, 49/2018, de 14 de Agosto, 71/2018, de 31 de Dezembro, pelo Decreto-Lei n.º 6/2019, de 14 de Janeiro, pelas Leis n.os 79/2019, de 2 de Setembro, e 82/2019, de 2 de Setembro;

2. Adaptação à administração autárquica do disposto na Lei n.º 12-A/2008, de 27 de Fevereiro, e adaptação à administração autárquica do Decreto-Lei n.º 200/2006, de 25 de Outubro – Decreto-Lei n.º 209/2009, de 3 de Setembro, alterado pelas Leis n.os 3-B/2010, de 28 de Abril, 66/2012, de 31 de Dezembro, e 80/2013, de 28 de Novembro.

VÁRIOS

1. Código de Processo do Trabalho – Decreto-Lei n.º 480/99, de 9 de Novembro, alterado pelos Decretos-Leis n.os 323/2001, de 17 de Dezembro, 38/2003, de 8 de Março, 295/2009, de 13 de Outubro, pelas Leis n.os 63/2013, de 27 de Agosto, 55/2017, de 17 de Julho, 73/2017, de 16 de Agosto, e 107/2019 de 9 de Setembro;

2. Regime jurídico da empresa de trabalho temporário – Decreto-Lei n.º 260/2009, de 25 de Setembro, alterado pelas Leis n.os 5/2014, de 12 de Fevereiro, 146/2015, de 9 de Setembro, e 28/2016, de 23 de Agosto;

3. Conselhos de Empresa Europeus – Lei n.º 96/2009, de 3 de Setembro;

4. Regras gerais de planeamento, organização e coordenação para promover a segurança, higiene e saúde no trabalho em estaleiros da construção – Decreto-Lei n.º 273/2003, de 29 de Outubro;

5. Código dos Regimes Contributivos do Sistema Previdencial de Segurança Social – Lei n.º 110/2009, de 16 de Setembro, alterada pelas Lei n.os 119/2009, de 30 de Dezembro, pelo Decreto-Lei n.º 140-B/2010, de 30 de Dezembro, e pelas Leis n.os 55-A/2010, de 31 de Dezembro, 64-B/2011, de 30 de Dezembro, 20/2012, de 14 de Maio, 66-B/2012, de 31 de Dezembro, 83-C/2013, de 31 de Dezembro, 82-B/2014, de 31 de Dezembro, 23/2015, de 17 de Março, 42/2016, de 28 de Dezembro, pelo Decreto-Lei n.º 93/2017, de 1 de Agosto, pela Lei n.º 114/2017, de 29 de Dezembro, pelo Decreto-Lei n.º 2/2018, de 9 de Janeiro, pela Lei n.º 71/2018, de 31 de Dezembro, e pela Lei n.º 93/2019, de 4 de Setembro;

6. Prescrições mínimas para protecção dos trabalhadores contra os riscos para a saúde e a segurança devidos à exposição, durante o trabalho, a radiações ópticas de fontes artificiais – Lei n.º 25/2010, de 30 de Agosto;

7. Consolida as prescrições mínimas em matéria de protecção dos trabalhadores contra os riscos para a segurança e a saúde devido à exposição a agentes químicos no trabalho – Decreto-Lei n.º 24/2012, de 6 de Fevereiro, alterado pelos Decretos-Lei n.os 88/2015, de 28 de Maio e 41/2018, de 11 de Junho;

8. Regime das cláusulas contratuais gerais – Decreto-Lei n.º 446/86, de 25 de Outubro, alterado pelos Decretos-Leis n.os 220/95, de 31 de Agosto, 249/99, de 7 de Julho, e 323/2001, de 17 de Dezembro;

9. Estágios profissionais extracurriculares – Decreto-Lei n.º 66/2011, de 1 de Junho;

10. Código de Processo Civil – Lei n.º 41/2013, de 26 de Junho, alterada pelas Leis n.os 122/2015, de 1 de Setembro, 40-A/2016, de 22 de Dezembro, 8/2017, de 03 de Março, pelo Decreto-Lei n.º 68/2017, de 16 de Junho, pelas Leis n.os 114/2017, de 29 de Dezembro, 49/2018, de 14 de Agosto, e 27/2019, de 28 de Março, e pelo Decreto-Lei n.º 97/2019, de 26 de Julho.

INDICE GERAL

CÓDIGO DO TRABALHO